Nieder/Kössinger
Handbuch der Testamentsgestaltung

Handbuch der Testamentsgestaltung

Grundlagen und Gestaltungsmittel
für Verfügungen von Todes wegen und vorbereitende
Erbfolgemaßnahmen

von

Dr. Heinrich Nieder

Notariatsdirektor a. D.
Karlsruhe

Dr. Reinhard Kössinger

Notar
Illertissen

Dr. Winfried Kössinger

Notar
München

4., überarbeitete und aktualisierte Auflage

Verlag C. H. Beck München 2011

Verlag C. H. Beck im Internet:
beck.de

ISBN 978 3 406 61892 5

Wilhelmstraße 9, 80801 München
Druck: Bercker Graphischer Betrieb
Hooge Weg 100, 47623 Kevelaer

Satz: Druckerei C. H. Beck, Nördlingen

Gedruckt auf säurefreiem, alterungsbeständigem Papier
(hergestellt aus chlorfrei gebleichtem Zellstoff)

Vorwort zur 4. Auflage

Die Aktivitäten des Gesetzgebers führen gut drei Jahre nach der von den Lesern wiederum freundlich aufgenommenen 3. Auflage zu einer Neuauflage dieses Buches. So wurde die Darstellung des Erbschaftsteuerrechts und zweckmäßiger Gestaltungen (§ 6) in weiten Teilen neugefasst aufgrund des zum 1. 1. 2009 in Kraft getretenen Erbschaftsteuerreformgesetzes mit der darin enthaltenen Neuregelung u. a. der Bewertung von Grundbesitz und Betriebsvermögen/Gesellschaftsanteilen, der Neuschaffung von erbschaft- und schenkungsteuerlichen Begünstigungen (z. B. Familienheim; Verschonungsabschlag bei Betriebsvermögen), nunmehriger Maßgeblichkeit von Teilungsanordnung/Erbauseinandersetzung für die Erbschaftsteuer sowie Neuordnung der Freibeträge. Ferner wurde berücksichtigt das zum 1. 1. 2010 in Kraft getretene Wachstumsbeschleunigungsgesetz (u. a. Erweiterung der Betriebsvermögensbegünstigungen und Milderung der Steuerbelastung in Steuerklasse II – z. B. für Geschwister und Neffen/Nichten) und das zum 1. 1. 2011 in Kraft getretene Jahressteuergesetz 2011 (u. a. erbschaftsteuerliche Gleichstellung des eingetragenen Lebenspartners mit Ehegatten).

Weiter haben – außer der Entwicklung der Rechtsprechung – insbesondere das FGG-Reformgesetz vom 17. 12. 2008 sowie das Gesetz zur Änderung des Erb- und Verjährungsrechts vom 24. 9. 2009 eine Überarbeitung erforderlich gemacht.

Rechtsprechung und Schrifttum liegen mit Stand 10. November 2010 zugrunde. Das Gesetz zur Modernisierung des Benachrichtigungswesens in Nachlasssachen vom 22. 12. 2010 (mit Schaffung des Zentralen Testamentsregisters bei der Bundesnotarkammer zum 1. Januar 2012), das am 24. 2. 2011 vom Bundestag beschlossene Zweite Gesetz zur erbrechtlichen Gleichstellung nichtehelicher Kinder sowie der Entwurf eines Gesetzes zu dem Abkommen vom 4. Februar 2010 zwischen der Bundesrepublik Deutschland und der Französischen Republik über den Güterstand der Wahl-Zugewinngemeinschaft sind berücksichtigt.

Korrekturhinweise und Ergänzungsvorschläge nehmen wir gerne entgegen.

Bretten/Illertissen/München im Mai 2011

Heinrich Nieder
Reinhard Kössinger
Winfried Kössinger

Inhaltsübersicht

6. Teil. Die Beeinflussung der Erbfolge nach dem Erbfall

Inhaltsverzeichnis

Literaturverzeichnis

Bamberger/Roth, Kommentar zum Bürgerlichen Gesetzbuch,
Band 1, 2. A. 2007 (§§ 1–610, CISG)
Band 2, 2. A. 2008 (§§ 611–1296, ErbbauVO, WEG)
Band 3, 2. A. 2008 (§§ 1297–2385, EGBGB)
(zit. Bamberger/Roth/Bearbeiter)
Bauer/von Oefele, Grundbuchordnung, 2. A. 2006
(zit. Bauer/von Oefele/Bearbeiter)
Baumbach/Hopt, Handelsgesetzbuch, 34. A. 2010
Baumbach/Hueck, GmbH-Gesetz, 19. A. 2010
(zit. Baumbach/Hueck/Bearbeiter)
Baumbach/Lauterbach/Albers/Hartmann, Zivilprozessordnung, 68. A. 2010
Baumgärtel/Laumen/Prütting, Handbuch der Beweislast,
Grundlagen, 2. A. 2008
Bürgerliches Gesetzbuch Schuldrecht Besonderer Teil I, 3. A. 2009
Bürgerliches Gesetzbuch Sachenrecht, 3. A. 2010
Bürgerliches Gesetzbuch Erbrecht, 3. A. 2009
Baur/Stürner, Sachenrecht, 18. A. 2009
Bayer/Koch (Hrsg.), Aktuelle Fragen des Erbrechts, 2010
Beck'sches Formularbuch Bürgerliches, Handels- und Wirtschaftsrecht, 10 A. 2010
(zit. Bearbeiter in Beck'sches Formularbuch)
Beck'sches Formularbuch Erbrecht, 2. A. 2009
(zit. Bearbeiter in Beck'sches Formularbuch Erbrecht)
Beck'sches Handbuch der Personengesellschaften, 3. A. 2009
(zit. Beck PersGes-HB/Bearbeiter)
Beck'sches Notarhandbuch, 5. A. 2009
(zit. Bearbeiter in Beck'sches Notarhandbuch)
Bengel/Reimann, Handbuch der Testamentsvollstreckung, 4. A. 2010
(zit. Bearbeiter in Bengel/Reimann, TV)
Bonefeld, Haftungsfallen im Erbrecht, 2005
Brox/Walker, Erbrecht, 24. A. 2010
Crezelius, Unternehmenserbrecht, 2. A. 2009
Ebenroth/Boujong/Joost, Handelsgesetzbuch, 2 Bände, 2. A. 2008/2009
(zit. Ebenroth/Boujong/Joost/Bearbeiter)
Erman, Bürgerliches Gesetzbuch, 2 Bände, 12. A. 2008
(zit. Erman/Bearbeiter)
Eylmann/Vaasen, Bundesnotarordnung Beurkundungsgesetz, 2. A. 2004
Frieser/Sarres/Stückemann/Tschichoflos, Handbuch des Fachanwalts Erbrecht, 2. A. 2007
(zit. FA-ErbR/Bearbeiter)
Frohnmayer, Geschiedenentestament, 2004
Gebel, Betriebsvermögen und Unternehmernachfolge, 1997
Groll, Praxis-Handbuch Erbrechtsberatung, 3. A. 2010
Grube/Wahrendorf, SGB XII Sozialhilfe, 2. A. 2008
Grziwotz, Nichteheliche Lebensgemeinschaft, 4. A. 2006
Haug, Die Amtshaftung des Notars, 2. A. 1997
Hausmann/Hohloch, Handbuch des Erbrechts, 2. A. 2010
Hoyenberg, von, Vorweggenommene Erbfolge, 2010
Hüffer, Aktiengesetz, 9. A. 2010
Jauernig, Bürgerliches Gesetzbuch, 13. A. 2009
(zit. Jauernig/Bearbeiter)
Keidel, FamFG, 16. A. 2009

Kersten/Bühling, Formularbuch und Praxis der Freiwilligen Gerichtsbarkeit, 23. A. 2010
Kipp/Coing, Erbrecht, 13. Bearbeitung 1978
(= Band V aus: Ennecerus/Kipp/Wolff, Lehrbuch des Bürgerlichen Rechts)
Kornexl, Nachlassplanung bei Problemkindern, 2006
Kössinger R., Das Testament Alleinstehender, 4. A. 2010
Krauß, Überlassungsverträge in der Praxis, 2. A. 2010
Kroiß/Ann/Mayer, BGB Erbrecht, Band 5, 3. A. 2010
Kroppenberg, Privatautonomie von Todes wegen, 2008
Krug/Daragan, Die Immobilie im Erbrecht, 2010
Kuntze/Ertl/Herrmann/Eickmann, Grundbuchrecht, 6. A. 2006
(Zit. KEHE-Bearbeiter)
Landsittel, Gestaltungsmöglichkeiten von Erbfällen und Schenkungen, 3. A. 2006
Lange/Kuchinke, Erbrecht, 5. A. 2001
Langenfeld, Handbuch der Eheverträge und Scheidungsvereinbarungen, 5. A. 2005
(zit. Langenfeld, Eheverträge)
Langenfeld, Testamentsgestaltung, 4. A. 2010
(zit. Langenfeld, Testamentsgestaltung)
Lerch, Beurkundungsgesetz, 3. A. 2006
Littig/Mayer, Sozialhilferegreß gegenüber Erben und Beschenkten, 1999
Mayer (J.)/Bonefeld/Wälzholz/Weidlich, Testamentsvollstreckung, 2. A. 2005
(zit. Bearbeiter in M/B/W/W)
Mayer (J.)/Süß/Tanck/Bittler/Wälzholz, Handbuch Pflichtteilsrecht, 2. A. 2010
Meincke, Erbschaftsteuer- und Schenkungsteuergesetz, 15. A. 2009
Moench/Albrecht, Erbschaftsteuer, 2006
Münchener Anwaltshandbuch Erbrecht, Scherer (Hrsg.), 3. A. 2010
Münchener Handbuch des Gesellschaftsrechts
Band 1, 3. A. 2009 (zit. MünchHdb.GesR I/Bearbeiter)
Band 2, 3. A. 2009 (zit. MünchHdb.KG/Bearbeiter)
Band 3, 3. A. 2009 (zit. MünchHdb.GesR III/Bearbeiter)
Münchener Kommentar zum Aktiengesetz
Band 7, 2. A. 2001
(zit. MünchKommAktG/Bearbeiter)
Münchener Kommentar zum Bürgerlichen Gesetzbuch 5. Aufl. 2006 ff.
(zit. MünchKomm/Bearbeiter)
Münchener Vertragshandbuch,
Band 1. Gesellschaftsrecht, 6. A. 2005
Band 6. Bürgerliches Recht II, 6. A. 2010
(zit. MünchVertrHdb/Bearbeiter)
Muscheler, Erbrecht, 2010
Nomos Kommentar BGB, Band 5, 3. A. 2010 (zit. NK-BGB/Bearbeiter)
Oetker, Kommentar zum Handelsgesetzbuch (HGB), 2009
Palandt, Bürgerliches Gesetzbuch, 69. A. 2010
(zit. Palandt/Bearbeiter)
Reimann/Bengel/J. Mayer, Testament und Erbvertrag, 5. A. 2006
(zit. Bearbeiter in R/B/M)
Rinsche/Fahrendorf/Terbille, Die Haftung des Rechtsanwalts, 7. A. 2005
Röthel, Ist unser Erbrecht noch zeitgemäß, Verhandlungen des 68. Deutschen Juristentages, Band I Gutachten, A 1
Roth, Strategie und Taktik im Erbrecht, 2007
(zit. Roth, Strategie)
Roth/Hannes/Mielke, Vor- und Nacherbschaft, 2010
Sarres, Vermächtnis, 2009
Scherer: Siehe Münchener Anwaltshandbuch Erbrecht
Schippel/Bracker, Bundesnotarordnung, 8. A. 2006
(zit. Bearbeiter in Schippel/Bracker)

Schlüter, Erbrecht, 16. A. 2007
Schmidt, Karsten, Gesellschaftsrecht, 4. A. 2002
Schmidt, Karsten, Handelsrecht, 5. A. 1999
Schmidt, Ludwig, Einkommensteuergesetz, 29. A. 2010
(zit. Schmidt/Bearbeiter)
Schöner/Stöber, Grundbuchrecht, 14. A. 2008
Scholz, Kommentar zum GmbH-Gesetz, 3 Bände, 10. A. 2006/2010
Schulte, Testamentsgestaltung, 2006
Soergel, Bürgerliches Gesetzbuch mit Einführungsgesetz und Nebengesetzen, Kommentar
(zit. Soergel/Bearbeiter)
Erbrecht 1 §§ 1922–2063, 13. A. 2002
Erbrecht 2 §§ 2064–2273, 13. A. 2003
Erbrecht 3 §§ 2274–2385, 13. A. 2002
J. v. Staudingers Kommentar zum Bürgerlichen Gesetzbuch
(zit. Staudinger/Bearbeiter)
§§ 21–79 (2005)
§§ 80–103 (1995)
§§ 249–254 (2005)
§§ 311 b, 311c (2008)
§§ 854–882 (2007)
§§ 883–902 (2008)
§§ 985–1011 (2006)
§§ 1363–1563 (2007)
§§ 1922–1966 (2008)
§§ 1967–2063 (2002)
§§ 2064–2196 (2003)
§§ 2197–2264 (2003)
§§ 2265–2338 a (2006)
§§ 2339–2345 (2004)
§§ 2346–2385 (2010)
EGBGB Art. 1, 2, 50–218 (2005)
EGBGB Art. 3–6 (2003)
EGBGB/IPR Art. 25, 26 (2007)
EGBGB/IPR Art. 90–133,
BeurkG §§ 1–54, 63 (2004)
EGBGB Art. 219–245 (2003)
Sudhoff, Unternehmensnachfolge, 5. A. 2005
(zit. Sudhoff/Bearbeiter)
Straub, Die Rechtsfolgen ehebezogener Zuwendungen im Erbrecht, 2009
Süß/Haas, Erbrecht in Europa, 2004
Thomas/Putzo, ZPO, 31. A. 2010
(zit. Thomas/Putzo/Bearbeiter)
Troll/Gebel/Jülicher, Erbschaftsteuer- und Schenkungsteuergesetz, Stand Februar 2010
Viskorf H. U., Knobel, Schuck, Hofmann, Philipp, Richter, Viskorf St., Wälzholz, Wiegand, Erbschaftsteuer- und Schenkungsteuergesetz, Bewertungsgesetz, 2009
Völkers/Weinmann/Jordan, Erbschaft- und Schenkungsteuerrecht, 3. A. 2009
Wegmann, Ehegattentestament und Erbvertrag, 4. A. 2010
Weirich, Erben und Vererben, 6. A. 2010
Winkler, Beurkundungsgesetz, 16. A. 2008
Winkler, Der Testamentsvollstrecker nach bürgerlichem, Handels- und Steuerrecht, 18. A. 2007
Würzburger Notarhandbuch, 2. A. 2010
(zit. Bearbeiter in Würzburger Notarhandbuch)
Zöller, Zivilprozessordnung, 28. A. 2010
(zit. Zöller/Bearbeiter)

1. Teil. Überlegungen vor der Gestaltung von Verfügungen von Todes wegen

§ 1 Feststellung der gesetzlichen Erbfolge und des mutmaßlichen Nachlasses

An erster Stelle der Überlegungen eines Erblassers vor der Errichtung einer Verfügung von Todes wegen (**Testament oder Erbvertrag**) hat die Frage nach der gesetzlichen Erbfolge auf sein Ableben zu stehen, damit er das Maß der von ihm gewünschten Änderungen in der Erbfolge feststellen kann. Die nächste, darauf aufbauende Feststellung betrifft eventuell vorhandene Pflichtteilsberechtigte und ihre Quote, um die Grenzen seiner Abänderungsmöglichkeiten abstecken und eventuelle vorhandene Pflichtteilsminderungsmöglichkeiten nutzen zu können. 1

Die in diesem und dem nächsten Paragraphen enthaltenen Ausführungen sollen diese Feststellungen erleichtern.

I. Die gesetzliche Erbfolge

Die gesetzliche Erbfolge tritt ein, wenn der Erblasser keinen Erben durch Verfügung von Todes wegen eingesetzt hat oder dieser vor oder nach dem Erbfall weggefallen ist (**Vorrang der gewillkürten Erbfolge!**). Dies ist der Fall, wenn 2

a) der Erblasser keine Verfügung von Todes wegen errichtet hat,
b) die erfolgte Erbeinsetzung aus materiellen oder formellen Gründen nichtig ist, z.B. wegen Verstoß gegen die §§ 138, 2247 Abs. 1, 2249, 2250, 2251,
c) die erfolgte Einsetzung eines Erben unwirksam ist, z.B. weil der Eingesetzte vor dem Erblasser verstarb (§ 1923 Abs. 1) oder durch Vertrag mit ihm auf die Erbschaft verzichtete (§ 2352), oder die mit ihm bestehende Ehe oder Lebenspartnerschaft aufgelöst wurde oder ein dem gleich gestellter Tatbestand gegeben ist (§ 2077 Abs. 1, 3, § 10 Abs. 5 LPartG),
d) eine anfechtbare Erbeinsetzung durch Anfechtung vernichtet wurde (§§ 2078 bis 2082, 2281 bis 2283),
e) der Erblasser die Erbeinsetzung gültig widerrufen hat (§§ 2253 ff.),
f) der eingesetzte Erbe die Erbschaft ausschlägt (§ 1953) oder
g) der eingesetzte Erbe durch Urteil für erbunwürdig erklärt wird (§ 2344).

Liegen solche Voraussetzungen nur für einen Teil der Erbschaft vor, beschränkt sich die gesetzliche Erbfolge auf diesen Teil.

1. Gesetzliche Erbfolge nach einem unverheirateten Erblasser

Das System der gesetzlichen Erbfolge des BGB geht vom **Erbrecht der „Blutsverwandten" (Fälle der Annahme als Kind stehen dem gleich, § 1754 Abs. 1, 2, §§ 1755, 1756, 1770, 1772)** aus, neben denen es dem überlebenden Ehegatten des Erblassers eine nach dem Güterstand und der Erbordnung der Verwandten variable Erbquote gewährt. Innerhalb der Blutverwandtenerbfolge werden die Erbberechtigten erst ab der 4. Erbordnung (§ 1928) nach dem im Familienrecht gültigen Gradualsystem (§ 1589) ausgewählt, darunter erfolgt die Auswahl der Erben aus dem Kreis der Blutsverwandten nach Ordnungen oder Parentelen. Dabei wird die 1. Erbordnung von den Abkömmlingen des Erblassers gebildet (§ 1924 Abs. 1), die 2. Ordnung von den Eltern des Erblassers und ihren 3

Abkömmlingen (Geschwistern, Neffen und Nichten des Erblassers) (§ 1925 Abs. 2), die 3. Ordnung von den Großeltern des Erblassers und ihren Abkömmlingen (Onkeln, Tanten, Vettern und Basen des Erblassers) (§ 1926 Abs. 1) usw. Verwandte einer höheren Ordnung sind dabei erst dann als Erben berufen, wenn zurzeit des Erbfalls keine Verwandten einer niederen Ordnung mehr vorhanden sind (§ 1930). Innerhalb einer Ordnung erfolgt die Erbfolge nach Stämmen, d.h. jedes Kind in der 1. Ordnung und jeder Abkömmling in der 2. und 3. Ordnung bildet zusammen mit seinen Abkömmlingen einen gesonderten Stamm (§ 1924 Abs. 3). Dabei schließt in der 1. bis 3. Ordnung jeweils der am nächsten mit dem Erblasser verwandte Abkömmling innerhalb eines Stammes die durch ihn mit dem Erblasser verwandten entfernteren Abkömmlinge von der Erbfolge aus (**Repräsentationsprinzip**) (§§ 1924 Abs. 2, 1925 Abs. 3, 1926 Abs. 5) und umgekehrt treten an Stelle eines vor oder nach dem Eintritt des Erbfalls weggefallenen näheren Abkömmlings innerhalb eines Stammes gem. § 1924 Abs. 3 dessen Abkömmlinge (**Eintrittsrecht**). Dem Eintrittsrecht bei der gesetzlichen Erbfolge entspricht die Ersatzerbfolge (§ 2096) bei der gewillkürten Erbfolge. Abkömmlinge auf der gleichen Ebene innerhalb eines Stammes erben jeweils zu gleichen Teilen – nach Köpfen (§§ 1924 Abs. 4, 1925 Abs. 3, 1926 Abs. 5). In der 2. und 3. Ordnung gilt ferner, dass der Nachlass zu gleichen Teilen in die väterliche und mütterliche bzw. in die vier großväterlichen und großmütterlichen Linien aufgeteilt wird und dann diesen Verwandten bzw. bei ihrem Wegfall ihren Abkömmlingen, und zwar sowohl voll- wie halbbürtigen nach Stämmen aufgeteilt zusteht (**Erbrecht nach Linien**). Wenn in einer Linie kein Abkömmling vorhanden ist, erben die anderen Linien allein (§§ 1925 Abs. 2, 3, 1926 Abs. 2, 3, 4). Der **„Wegfall“** eines in der Erbfolge vorgehenden Verwandten kann dabei vor dem Erbfall eintreten durch Vorversterben (§ 1923 Abs. 1), Erbverzicht (§ 2346 Abs. 1) oder Enterbung (§ 1938) und nach dem Erbfall durch Erbausschlagung (§ 1953 Abs. 2) oder Geltendmachung der Erbunwürdigkeit (§ 2344 Abs. 1).

4 Kann bei mehreren Verstorbenen die zeitliche Reihenfolge ihrer Todesfälle (etwa bei gemeinsamen Unfalltod) und damit, wer den anderen beerbt hat, nicht mit Sicherheit festgestellt werden kann, greift die sog. **Kommorientenvermutung** des § 11 VerschG ein, d.h. es wird vermutet, dass sie gleichzeitig verstorben sind, so dass sich diese Personen nicht gegenseitig beerben.[1] Dies auch dann, wenn der Todeszeitpunkt dieser Personen gem. §§ 9 Abs. 1 oder 39ff. VerschG festgestellt wurde.[2]

5 Das Stammes- und Liniensystem ist in der 4. und den folgenden Ordnungen zugunsten des **Gradualsystems** aufgegeben (§ 1928). Der gradnähere Verwandte schließt dabei alle gradferneren Verwandten von der Erbfolge aus. Mehrere gradgleiche Verwandte erben zu gleichen Teilen. Der Grad der Verwandtschaft bestimmt sich nach der Zahl der sie vermittelnden Geburten (§ 1589 Satz 3). Diese Verwandtenerbfolge wird im BGB unbegrenzt weitergeführt. Das im Range allen anderen gesetzlichen Erben nachgehende gesetzliche Erbrecht des Fiskus (§ 1936) könnte theoretisch daher nur eingreifen, wenn der Erblasser ein umfassendes Ausschlusstestament nach § 1938 BGB errichtet hätte, ohne jemanden zum Erben eingesetzt zu haben.

6 In der Praxis findet die Erbfolge der weiter entfernten Ordnungen jedoch ihre Grenze darin, dass die Verwandtschaft nicht mehr nachgewiesen werden kann oder innerhalb angemessener Frist nicht ermittelt werden kann (§ 1964 BGB).

7 Wer bei der gesetzlichen Erbfolge **Abkömmling** ist, richtet sich nach den Abstammungsvorschriften des BGB, d.h. den §§ 1591 bis 1600e.[3] Dabei wird seit 1. 7. 1998 nicht mehr danach unterschieden, ob die Eltern zum Zeitpunkt der Geburt des Kindes

---

[1] BayObLGZ 1962, 373, 375; MünchKomm/Leipold § 1923 Rn 11f.

[2] BGHZ 62, 112, 116 = NJW 1974, 699 m.w. Nachw.; BGH Betr. 1978, 1731; KG FamRZ 1967, 514.

[3] Gesetz zur Reform des Kindschaftsrechts (KindRG) vom 16. 12. 1997, BGBl. I 1997, 2942; siehe hierzu Schwab/Wagenitz FamRZ 1997, 1377; Zimmermann DNotZ 1998, 404.

miteinander verheiratet sind.[4] Allerdings sind die Regeln der Vaterschaftsfeststellung immer noch insoweit zweigeteilt, als, wenn der Mann zum Zeitpunkt der Geburt mit der Mutter des Kindes verheiratet ist, die §§ 1592 Nr. 1, 1593 gelten, wenn keine Ehe besteht, die §§ 1592 Nr. 2 u. 3, 1594 bis 1598, 1600 d und e. Mutter des Kindes ist gemäß § 1591 die Frau, die es geboren hat. Vater des Kindes ist gemäß § 1592 der Mann, der entweder

- zum Zeitpunkt der Geburt mit der Mutter der Person verheiratet war **(Vaterschaft kraft Ehe mit der Mutter)** oder
- der die Vaterschaft gem. § 1594 unter Zustimmung der Mutter (§ 1595) anerkannt hat **(Vaterschaft kraft Anerkennung)** oder
- dessen Vaterschaft nach § 1600 d oder § 182 Abs. 1 FamFG gerichtlich festgestellt wurde **(gerichtlich festgestellte Vaterschaft)**.

Die Vaterschaft muss dabei in öffentlicher Urkunde anerkannt werden (§ 1597) und 8 die gerichtliche Feststellung erfolgt gem. §§ 169 ff., 38 FamFG durch Urteil. Die gerichtliche Vaterschaftsfeststellung kann auch nach dem Tod des Mannes unbefristet erfolgen. Die Vaterschaft kraft Ehe mit der Mutter und die Vaterschaft kraft Anerkennung gilt nicht, wenn auf Grund einer Anfechtung rechtskräftig festgestellt ist, dass der Mann nicht der Vater des Kindes ist (§ 1599 Abs. 1). Die Vaterschaft kann gem. §§ 1600 ff. durch Antrag gem. § 171 FamFG angefochten werden. Anfechtungsberechtigt sind gem. § 1600 der (gem. §§ 1592 Nrn. 1, 2, 1593 als Vater geltende) Mann, die Mutter und das Kind. Wegen Fällen mutmaßlichen Missbrauchs der Vaterschaftsanerkennung besteht seit 1. 6. 2008 auch die Anfechtungsberechtigung der zuständigen Behörde, § 1600 Abs. 1 Nr. 5, Abs. 3 BGB. Die Anfechtung hat gem. § 1600 b binnen zwei Jahren nach dem Zeitpunkt zu erfolgen, in dem der Berechtigte von den Umständen erfährt, die gegen die Vaterschaft sprechen. Für das Kind, dessen gesetzlicher Vertreter nicht rechtzeitig angefochten hat, beginnt mit seiner Volljährigkeit der Fristablauf neu (§ 1600 b Abs. 4). Einer Anfechtung der Vaterschaft bedarf es nach § 1599 Abs. 2 nicht, wenn das Kind nach Anhängigkeit des Scheidungsantrags geboren wird und innerhalb eines Jahres nach Rechtskraft des Scheidungsurteils (i. e. Beschluss gem. § 116 Abs. 1 FamFG) ein Dritter die Vaterschaft anerkennt. Allerdings bedarf die Anerkennung der Zustimmung der Mutter und des bisherigen Ehemannes. Nach Art. 224 § 1 EGBGB i. d. F. des KindRG richtet sich die Vaterschaft eines vor dem 1. 7. 1998 geborenen Kindes nach den bisherigen Vorschriften. Das bedeutet, dass neben den Feststellungstatbeständen des § 1592 n. F. hinsichtlich vor dem 1. 7. 1970 geborener Kinder gem. Art. 12 §§ 1 ff. NEhelG von 1969 auch weiterhin der „vollstreckbare Schuldtitel zur Unterhaltszahlungsverpflichtung des Mannes“ (Zahlvaterschaft) Feststellungswirkung hat.

Durch die auch noch nach dem Tod des Mannes mögliche gerichtliche Vaterschafts- 9 feststellung und die unbefristet mögliche Vaterschaftsanfechtung muss nicht im Zeitpunkt des Erbfalls zwingend die Vaterschaftsfeststellung vorliegen. Es genügt die Anerkennung oder Feststellung der Vaterschaft auch nach dem Eintritt des Erbfalls nach Maßgabe der familienrechtlichen Abstammungsbestimmungen.[5] Erst nach Verjährung des Erbschaftsanspruchs gem. § 2018 nach dreißig Jahren (§§ 2026, 197 Abs. 1 Nr. 1) drohen somit einem Nachlass keine Ansprüche mehr aus der nachträglichen geänderten Feststellungen der Verwandtschaftsbeziehungen.

Die gesetzlichen Erbquoten nach einem unverheirateten (= ledigen, geschiedenen oder 10 **verwitweten Erblasser)** berechnen sich danach wie folgt:

---

[4] Dettinger BWNotZ 1998, 122, 123.
[5] Rauscher ZEV 1998, 41, 43.

Verwandtschaftsverhältnis der Erben zum Erblasser und Erbordnung:	Erbquote:
1. Abkömmlinge (§ 1924 Abs. 1) **– 1. Ordnung –**	a) Zu gleichen Teilen (**Erbfolge nach Stämmen**) (§ 1924 Abs. 4) und alle anderen Verwandten ausschließend b) Ein lebender Abkömmling schließt dabei seine Nachkommen aus (**Repräsentationsprinzip**) c) An Stelle eines vorverstorbenen Abkömmlings treten dessen Abkömmlinge (**Eintrittsrecht**) (§ 1924 Abs. 3)
2. Eltern und deren Abkömmlinge (§ 1925 Abs. 1) **– 2. Ordnung –**	Beide Elternteile zu gleichen Teilen, d. h. nach zwei Linien (§ 1925 Abs. 2). Bei Vorversterben eines Elternteils erbt der andere allein. Sind jedoch vom Vorversterbenden Abkömmlinge, gleich aus welcher Verbindung, vorhanden, treten diese für den Teil des Vorverstorbenen ein (Erbfolge nach Linien) (§ 1925 Abs. 3), und zwar entsprechend den Regeln der 1. Ordnung, d. h. **nach Stämmen.**
3. Großeltern und deren Abkömmlinge (§ 1926 Abs. 1) **– 3. Ordnung –**	Alle vier Großelternteile erben zu gleichen Teilen, d. h. nach vier Linien (§ 1926 Abs. 2). An Stelle eines vorverstorbenen Großelternteils treten dessen Abkömmlinge, auch halbbürtige (**Erbfolge nach Linien**). Sind keine Abkömmlinge vorhanden, so tritt an Stelle des vorverstorbenen Großelternteils der andere Teil innerhalb dieses Paares bzw., wenn auch er vorverstorben ist, seine Abkömmlinge, auch halbbürtige (**Erbfolge nach Linien**) (§ 1926 Abs. 3). Erst wenn von dem einen Großelternpaar keiner, auch kein Abkömmling, mehr lebt, erbt das andere Großelternpaar bzw. deren Abkömmlinge, d. h. deren Linie allein (§ 1926 Abs. 4). Innerhalb einer Linie erfolgt die Beerbung nach den Regeln der 1. Ordnung, d. h. nach Stämmen.
4. Urgroßeltern und deren Abkömmlinge (§ 1928 Abs. 1) **– 4. und weitere Ordnungen –**	Etwa noch lebende Urgroßeltern erben zu gleichen Teilen und allein, d. h. keine Abkömmlinge treten an Stelle vorverstorbenen Urgroßelternteile (§ 1928 Abs. 2). Wenn kein Urgroßelternteil mehr lebt, tritt nur derjenige Abkömmling der Urgroßeltern ein, der mit dem Erblasser dem Grade nach am nächsten verwandt ist (**Gradualsystem**) (§ 1928 Abs. 3). Sind mehrere Abkömmlinge des gleichen Grades vorhanden, erben sie zu gleichen Teilen. Der Grad der Verwandtschaft richtet sich nach der Zahl der sie vermittelnden Geburten (§ 1589 Satz 3). Dabei wird die Geburt der Person, von der der Erblasser und der Erbe gemeinsam abstammen (**Stammvater oder Stammmutter**) nicht mitgezählt.

11 Wer in der ersten, der zweiten oder der dritten Ordnung verschiedenen Stämmen angehört, erhält in jedem dieser Stämme den ihm zufallenden Anteil. Jeder Anteil gilt als besonderer Erbteil (§ 1927). Mehrfache Stammzugehörigkeit kann entstehen durch Ehe unter Verwandten, z. B. aus Ehen zwischen Geschwisterkindern, oder bei einer Verwandtenadoption (§ 1756). Der Verwerfung der Aufgabe des Parentelsystems in § 1928 Abs. 3 und in § 1929 Abs. 2 wegen vermeintlicher Verfassungswidrigkeit[6] ist nicht zu folgen.[7]

[6] AG Starnberg Rpfleger 2003, 439 = FamRZ 2003, 1131; Bestelmeyer Rpfleger 2004, 604, 608.
[7] Leipold NJW 2003, 2657; Mayer ZEV 2004, 298.

2. Die gesetzliche Erbfolge nach einem verheirateten Erblasser

a) Die Auswirkung der Eheaufhebung und Ehescheidung auf die gesetzliche Erbfolge[8]

Voraussetzung des Ehegattenerbrechts ist das **Bestehen der Ehe im Zeitpunkt des Todes des Erblassers.** 12

Verstöße gegen die Ehefähigkeit und gegen Eheverbote sind durch Eheaufhebungsantrag geltend zu machen (§§ 1313, 1314). Antragsberechtigt sind dabei nicht nur die Eheleute sondern auch die Verwaltungsbehörde (§ 1316). Die Folgen der Eheaufhebung sind in § 1318 genannt. Hierher interessierend entfällt gem. § 1318 Abs. 5 auch ohne Eheaufhebung das gesetzliche Erbrecht nach § 1931 zugunsten eines Ehegatten, der bei Vorliegen der Aufhebungsgründe Geschäftsunfähigkeit eines Ehegatten (§ 1304), Doppelehe (§ 1306), Verwandtschaft (§ 1307), Verletzung der Form des § 1311, sowie Zustand der Bewusstlosigkeit oder vorübergehenden Störung der Geistestätigkeit (§ 1314 Abs. 2 Nr. 1), die Aufhebbarkeit der Ehe bei der Eheschließung gekannt hat.

Ist die Ehe vor dem Tod eines Ehegatten rechtskräftig aufgehoben (§ 1318) oder geschieden worden (§ 1564), entfällt das gesetzliche Ehegattenerbrecht. 13

Aber auch wenn die Ehe noch nicht rechtskräftig aufgehoben oder geschieden ist, entfällt nach § 1933 das gesetzliche Erbrecht des überlebenden Ehegatten, wenn 14

- der Erblasser vor seinem Tod die Scheidung **beantragt hat** und der Scheidungsantrag dem Ehegatten zugestellt wurde[9] (keine Rückwirkung auf den Zeitpunkt der Einreichung) oder der Erblasser vor seinem Tod dem Scheidungsantrag seines Ehegatten förmlich,[10] d.h. zur Niederschrift der Geschäftsstelle, in der mündlichen Verhandlung zur Niederschrift des Gerichts (§ 134 Abs. 1 FamFG) oder durch Schriftsatz seines bevollmächtigten Anwalts[11] **zugestimmt hat (formelle Voraussetzung)**; dabei ist nach LG Tübingen[12] die Zustimmung auch dann ausreichend, wenn sie nicht zu einer einverständlichen Scheidung gem. § 1566 Abs. 1 erfolgt, sondern zu einer gem. § 1566 Abs. 2, bei der die Zustimmung nicht erforderlich ist; und
- zum Zeitpunkt des Todes des Erblassers die **Voraussetzungen für die Scheidung der Ehe** (§§ 1565 bis 1568) gegeben waren (**materielle Voraussetzung**). Diese Voraussetzung, z.B. das Trennungsjahr muss daher durch die Verwandten des Erblassers vor dem Prozessgericht oder im Erbscheinsverfahren vor dem Nachlassgericht vorgetragen und bewiesen werden.[13]

Das Gesagte gilt entsprechend für das Eheaufhebungsverfahren. Nur muss hier der Erblasser den Antrag durch Zustellung erhoben haben (§ 1933 Satz 2). Die Antragstellung wird wirksam mit Rechtshängigkeit durch Zustellung des Schriftsatzes (§ 124 FamFG, §§ 253, 261 Abs. 1, 2, 166 Abs. 1 ZPO). § 167 ZPO ist nicht analog anwendbar.[14] 15

Sind die obigen Voraussetzungen erfüllt, entfällt ein Erbrecht des überlebenden Ehegatten. Es verbleibt ihm jedoch der güterrechtliche Zugewinnausgleich (§ 1371 Abs. 2)[15] und der Unterhaltsanspruch gegen die Erben nach §§ 1569 bis 1586 b, Letzterer allerdings nur bis zur Höhe seines fiktiven, kleinen, d.h. nicht nach § 1371 BGB erhöhten Pflichtteils (§ 1586 b). 16

Letztlich entfällt das Erbrecht, wenn die Ehe gem. § 1319 Abs. 2 durch Wiederverheiratung nach Todeserklärung aufgelöst ist. 17

---

[8] Nieder ZEV 1994, 156.
[9] BGHZ 111, 329 = NJW 1990, 2382 = FamRZ 1990, 1109; BayObLGZ 1990, 20 = NJW-RR 1990, 517 = FamRZ 1990, 666.
[10] OLG Zweibrücken OLGZ 1983, 160; OLG Saarbrücken FamRZ 1992, 109.
[11] BayObLG FamRZ 1983, 96; BayObLG NJW-RR 1996, 651; OLG Frankfurt NJW-RR 1990, 136; OLG Zweibrücken NJW 1995, 601.
[12] BWNotZ 1986, 22.
[13] Palandt/Edenhofer § 1933 Rn 7; OLG Bremen FamRZ 1986, 833.
[14] BGHZ 111, 329; Palandt/Edenhofer § 1933 Rn 2.
[15] BGH NJW 1987, 1764 = Rpfleger 1987, 243.

Achtung: Nur wenn der antragstellende Ehegatte verstirbt, entfällt das Erbrecht des überlebenden, nicht umgekehrt. Verstirbt der andere Ehegatte nach Antragstellung, dann beerbt ihn der antragstellende Ehegatte kraft Gesetzes oder auf Grund einseitiger letztwilliger Verfügung (§§ 1931, 1933, 2077). Diese Erbfolge entfällt nur, wenn der andere Ehegatte seinerseits Scheidungsantrag stellt oder dem des anderen förmlich zustimmt (§ 1933 Satz 1). Vorher besteht für den Antragsgegner nur die Möglichkeit den Antragsteller durch letztwillige Verfügung zu enterben, was allerdings das Pflichtteilsrecht bestehen lässt. Dieses müsste unter Angabe von Gründen nach §§ 2333 Abs. 2, 2336 in dem Testament ausdrücklich entzogen werden. Bei Tod nach Rechtskraft der Scheidung oder Eheaufhebung entfallen sowohl das gesetzliche Erbrecht als auch der Pflichtteil, da dann die Ehe zum Zeitpunkt des Erbfalls nicht mehr besteht.

b) Die Feststellung des gesetzlichen Ehegattenerbrechts

18 Das System der gesetzlichen Erbfolge des BGB geht vom Verwandtenerbrecht aus. Es gewährt dem überlebenden Ehegatten des Erblassers nur eine variable Erbquote neben dessen Verwandten (§ 1931 Abs. 1 Satz 1), deren Höhe sich danach richtet, welcher Erbordnung diese Verwandten angehören und in welchem Güterstand die Ehegatten gelebt haben. Diese gesetzliche Systematik erzwingt folgende **Prüfungsreihenfolge bei der Feststellung der Erbquoten verheirateter Erblasser:**

1. Schritt: Zunächst ist festzustellen, Verwandte welcher Ordnung neben dem Ehegatten als gesetzliche Erben in Frage kommen (§ 1931 Abs. 1 und 2);

2. Schritt: dann ist festzustellen, in welchem Güterstand die Eheleute beim Tod des Erblassers gelebt haben (§§ 1931 Abs. 3 u. 4, 1371);

3. Schritt: darauf ist der Erbanteil des Ehegatten auf Grund der für den betreffenden Güterstand geltenden Bestimmungen zu ermitteln und letztlich

4. Schritt: die dann verbleibende Restquote nach den Regeln des Verwandtenerbrechts auf die neben dem überlebenden Ehegatten erbberechtigten Verwandten zu verteilen. Dabei kann sich im Sonderfall des § 1931 Abs. 1 Satz 2 durch die gesetzliche Zuweisung, der fiktiv den neben lebenden Großeltern vorhandenen Abkömmlingen weggefallener Großeltern zustehenden Erbquoten an den überlebenden Ehegatten, nochmals eine Verschiebung zu seinen Gunsten ergeben.[16]

19 Gehört der überlebende Ehegatte gleichzeitig zu den erbberechtigten Verwandten des Erblassers, so erbt er zugleich als Verwandter. Der ihm auf Grund der Verwandtschaft zufallende Erbteil gilt als besonderer Erbteil (§ 1934). Dies erlangt nur Bedeutung, wenn der Erblasser einen Abkömmling seiner Eltern geheiratet hat, z. B. seine Nichte oder Großnichte, denn ein erst von den Großeltern des Erblassers abstammender Ehegatte schließt ja die Abkömmlinge der Großeltern aus (§ 1931 Abs. 1 Satz 2).

c) Verheirateter Erblasser im gesetzlichen Güterstand der Zugewinngemeinschaft

20 *aa) Die gesetzliche Erbquote nach ihm.* Die gesetzlichen Erbquoten nach einem im gesetzlichen Güterstand der Zugewinngemeinschaft verheirateten Erblasser berechnen sich für Erbfälle ab dem 1. 7. 1958 (vorher galt allein § 1931 Abs. 1) wie folgt:

Höhe der Erbquote des Ehegatten des Erblassers neben folgenden Verwandten:	Höhe der Resterbquote für diese Verwandten:
1. **Abkömmlinge** 1/4 (§ 1931 Abs. 1) + 1/4 (§§ 1931 Abs. 3, 1371 Abs. 1) = 1/2 + evtl. kl. Voraus (§ 1932)	1/2 (§ 1931 Abs. 1)

[16] LG Bochum Rpfleger 1989, 509, 510.

Höhe der Erbquote des Ehegatten des Erblassers neben folgenden Verwandten:	Höhe der Resterbquote für diese Verwandten:
2. Eltern und deren Abkömmlinge: ½ (§ 1931 Abs. 1) + ¼ (§§ 1931 Abs. 3, 1371 Abs. 1) = ¾ + gr. Voraus (§ 1932)	¼ (§ 1931 Abs. 1)
3. Großeltern: ½ (§ 1931 Abs. 1) + ¼ (§§ 1931 Abs. 3, 1371 Abs. 1) = ¾ + gr. Voraus (§ 1932) Wenn beim Wegfall einzelner Großeltern nach § 1926 Abs. 3 bis 5 an ihre Stelle ihre Abkömmlinge treten würden, wenn der Erblasser unverheiratet gewesen wäre, erbt der überlebende Ehegatte zusätzlich auch deren fiktive Erbteile (§ 1931 Abs. 1 Satz 2), sodass sich das den Großeltern insgesamt zustehende ¼ um diese Quote mindert	höchstens ¼ (§ 1931 Abs. 1)
4. Abkömmlinge von Großeltern, die ihrerseits alle weggefallen sind oder Verwandten der 4. oder ferneren Ordnungen: 1/1 (§ 1931 Abs. 2)	

Die Erhöhung des Erbteils des überlebenden der Ehegatten (**Erbrechtsverstärkung**), die 21
im gesetzlichen Güterstand der Zugewinngemeinschaft gelebt haben, um ¼ nach § 1371 Abs. 1 (**sog. erbrechtliche Lösung**) erfolgt auf Grund ausdrücklicher gesetzlicher Regelung (§ 1371 Abs. 1 Halbs. 2) ohne Rücksicht darauf, ob der verstorbene Ehegatte überhaupt einen Zugewinn während der Ehe erzielt hat, d.h. beim überlebenden Ehegatten ein Zugewinndefizit in entsprechender Höhe vorlag. Die Erbteilserhöhung erfolgt nicht im (künftigen) deutsch-französischen Güterstand der Wahl-Zugewinngemeinschaft.[16a] Gemäß Art. 12, 7 des Dt.-frz. Abkommens v. 4. 2. 2010 (das bei Redaktionsschluss noch nicht in innerstaatliches Recht umgesetzt ist) findet auch bei Beendigung des Güterstandes durch Tod der güterrechtliche Ausgleich statt.

Erbteil nach § 1931 Abs. 1 und Zusatzviertel nach § 1371 Abs. 3 bilden einen einheitli- 22
chen Anteil und können daher nur gemeinsam angenommen oder ausgeschlagen werden.[17]

Wenn die Ehegatten gleichzeitig versterben (z.B. durch Autounfall, Flugzeugabsturz, 23
Schiffsuntergang, Lawinenunglück, Brand- oder Explosionskatastrophe) bzw. dies nach § 11 VerschG (**Kommorientenvermutung**) vermutet wird, haben ihre jeweiligen Erben keinen Anspruch auf Zugewinnausgleich.[18] Die jeweiligen Erben jedes der beiden Ehegatten erhalten in diesem Fall gemäß § 1922 BGB nur das Vermögen ihres Erblassers.

Auch sonst steht den Erben des vorverstorbenen Ehegatten kein Anspruch auf Zuge- 24
winnausgleich gegen den überlebenden Ehegatten zu, selbst wenn dieser den höheren Zugewinn während der Ehe gemacht hat.[19] Es gibt keinen Zugewinnausgleich zu Gunsten, sondern nur zu Lasten der Erben des Vorverstorbenen, es sei denn, ein solcher Anspruch wäre aus anderen Gründen bereits vor dem Tod entstanden.

bb) Ausbildungskosten der Stiefabkömmlinge. Geschmälert wird die erbrechtliche Be- 25
vorzugung des überlebenden Ehegatten bei der Zugewinngemeinschaft durch das pau-

[16a] Hierzu näher Süß, ZErb 2010, 281, 285.

[17] Bamberger/Roth/Müller-Christmann § 1931 Rn 17.

[18] BGHZ 72, 85, 89ff. = NJW 1978, 1855 = DNotZ 1978, 732 m. zust. Anm. Werner; Werner FamRZ 1976, 249; Palandt/Brudermüller § 1371 Rn 13; Bamberger/Roth/J. Mayer § 1371 Rn 19; Bamberger/Roth/Müller-Christmann § 1931 Rn 8; MünchKomm/Koch § 1371 Rn 10.

[19] Werner FamRZ 1976, 249, 250 m. w. N.; BGH NJW 1982, 1099 = FamRZ 1982, 249.

schalisierte Zugewinnviertel (§ 1371 Abs. 1) dadurch, dass er nach § 1371 Abs. 4 aus dem Wert des ihm bei gesetzlicher Erbfolge anfallenden Zusatzviertels eine angemessene Ausbildung etwa vorhandener auch nichtehelicher erbberechtigter (d. h. neben ihm als gesetzliche Erben stehender) Stiefabkömmlinge des Erblassers finanzieren muss (**Ausbildungsbeihilfe**).[20] Diese Verpflichtung kann beseitigt werden entweder dadurch, dass der andere Ehegatte in einer Verfügung von Todes wegen zum Erben eingesetzt wird, der Stiefabkömmling zu einer Erbquote eingesetzt wird oder dass der gesetzliche Güterstand in einem Ehevertrag durch Ausschluss des Zusatzerbteils nach § 1371 Abs. 1 BGB modifiziert[21] oder Gütertrennung vereinbart oder dem Stiefabkömmling die Ausbildungsbeihilfe testamentarisch entzogen wird.[22] Ein ehevertraglicher Ausschluss der Verpflichtung nach § 1371 Abs. 4 unter Aufrechterhaltung des Zusatzerbteils ist dagegen nicht zulässig.

26 *cc) Pflichtteil trotz Erbausschlagung.* Bemerkenswert ist, dass bei der Ehegattenerbfolge von Eheleuten, die in Zugewinngemeinschaft gelebt haben, der Überlebende **immer die Wahl hat,** ob er die ihm zugefallene Erbschaft, erhöht um das pauschalierte Zugewinnviertel (§ 1371 Abs. 1), behält, oder ob er die Erbschaft ausschlägt, den güterrechtlichen Zugewinnausgleich wie bei einer Scheidung der Ehe fordert (§ 1371 Abs. 3) und dabei entgegen den allgemeinen Vorschriften des Pflichtteilsrechts, nach denen mit Ausnahme im Falle des § 2306 Abs. 1 Satz 2 eine Ausschlagung zwingend auch zum Verlust des Pflichtteilsrechts führt (§§ 2303 Abs. 2, 1953 Abs. 1), kraft der ausdrücklichen Vorschrift des § 1371 Abs. 3 zusätzlich **den kleinen,** d. h. aus der nicht erhöhten Erbquote berechneten **Pflichtteil erhält (Pflichtteil trotz Ausschlagung!).**

27 Der überlebende Ehegatte hat, falls er enterbt und ihm auch kein Vermächtnis zugewandt ist (§ 1371 Abs. 2) oder er die Erbschaft und/oder das Vermächtnis ausgeschlagen hat (§ 1371 Abs. 3), jedoch **nicht die Wahl,** statt des güterrechtlichen Zugewinnausgleichs und des kleinen Pflichtteils den auf Grund des erhöhten Erbteils berechneten Pflichtteil, **sog. großer Pflichtteil,** zu verlangen (**Einheitstheorie**).[23] Daran hat sich auch nichts durch die Einführung des § 1931 Abs. 4 im Jahre 1970 geändert, durch den ein überlebender Ehegatte bei der Gütertrennung unter Umständen wirtschaftlich besser stehen kann als bei der Zugewinngemeinschaft.[24] Die Zubilligung eines solchen Wahlrechts würde nach wie vor die Freiheit des Erblassers ohne gesetzliche Ermächtigung einschränken und mangels detaillierter Regelung Rechtsunsicherheit bringen.[25] Den sog. großen Pflichtteil kann der überlebende Ehegatte nur fordern als Zusatzpflichtteil gem. § 2305 und als Pflichtteilsrestanspruch gem. § 2307 Abs. 1 Satz 2, verliert dabei aber in beiden Fällen den güterrechtlichen Zugewinnausgleich.

28 *dd) Ehegattenerbteil bei Zusammentreffen mit Abkömmlingen von Großeltern (§ 1931 Abs. 1 Satz 2).* Diese Bestimmung kann allenfalls aus dem Grundsatz des § 1931 Abs. 2 heraus verstanden werden, dass der überlebende Ehegatte die Abkömmlinge von Großeltern ausschließt.[26] Sie besagt, dass der überlebende Ehegatte bei Vorhandensein von Großeltern des Erblassers zu seinem ihm gem. § 1931 Abs. 1 Satz 1 neben diesen zustehenden Erbteil auch noch die fiktiven Erbteile bekommt, die, wenn er selbst nicht vorhanden wäre (**Fiktion!**), gem. § 1926 Abs. 3 bis 5 den Abkömmlingen weggefallener Großelternteil zufallen würden. Bei dieser fiktiven Berechnung sind jedoch nur solche

[20] Palandt/Brudermüller § 1371 Rn 7 ff.

[21] Bamberger/Roth/J. Mayer § 1408 Rn 60.

[22] Staudinger/Thiele § 1371 Rn 134.

[23] BGHZ 42, 182 = NJW 1964, 2404; BGH NJW 1976, 2131; BGH NJW 1982, 2497 = DNotZ 1983, 187 m. Anm. Wolfsteiner; Palandt/Brudermüller § 1371 Rn 15.

[24] Dieckmann FamRZ 1979, 391; BGH NJW 1982, 2497 = DNotZ 1983, 187; a. M. d. h. für Wahltheorie: Lange NJW 1965, 369; Knur DB 1970, 1113, 1114; Bosch FamRZ 1972, 169, 171 f.; Haegele BWNotZ 1971, 134.

[25] BGH NJW 1982, 2497 = DNotZ 1983, 187.

[26] Erman/Schlüter § 1931 Rn 18; Staudinger/Thiele § 1931 Rn 26.

Abkömmlinge von Großelternteilen zu berücksichtigen, die auch zur Erbfolge gelangen würden, wenn der Ehegatte nicht erben würde.[27] Fiktive Erbteile von vorverstorbenen, enterbten oder erbverzichtenden Abkömmlingen gehen somit nicht auf den Ehegatten über, wohl jedoch von denen, die etwa die ihnen gar nicht zustehende Erbschaft ausschlagen. Die Höhe der insgesamt übergehenden Erbteile hängt von der Zahl der weggefallenen Großelternteile mit fiktiv erbenden Abkömmlingen ab. Dabei gehen Erbteile weggefallener Großelternteile ohne Abkömmlinge zunächst auf den anderen Großelternteil über. Ist auch er weggefallen und hat Nachkommen, gehen beide Erbteile dieses Großelternpaares auf den Ehegatten über. Hat dieser Großelternteil jedoch auch keine Abkömmlinge, gehen beide Erbteile dieses Großelternpaares anteilig (§ 1926 Abs. 2, 3), d.h. zu je $1/2$ auf das andere Großelternpaar über. Ist auch von diesem anderen Großelternpaar ein Teil unter Hinterlassung fiktiv erbender Nachkommen weggefallen, so erhält der Ehegatte dessen eigenen Erbteil und die ihm hälftig vom anderen Großelternpaar zugefallenen Erbteile.[28] Hinterlässt der weggefallene Großelternteil des einzig noch lebenden Großelternteils keine fiktiv erbenden Nachkommen, so erbt der einzig noch lebende Großelternteil alle Großelternteile.[29]

ee) Die Entscheidung des überlebenden Ehegatten zwischen erb- und güterrechtlicher Lösung. Die Entscheidung des überlebenden Ehegatten, ob es finanziell günstiger ist, es entweder bei dem um das Zusatzviertel erhöhten Ehegattenerbteil zu belassen oder die Erbschaft auszuschlagen und von den Erben den rechnerischen Zugewinnausgleich nebst dem kleinen Pflichtteil zu verlangen, hängt davon ab, neben welchen Verwandten er erbt und in welchem Verhältnis der in der Ehe gemachte Zugewinn des verstorbenen Ehegatten zur gesamten Erbmasse steht und ob und welchen Zugewinn der überlebende Ehegatte selbst in der Ehe erzielt hat. 29

Das wirtschaftliche Verhältnis zwischen erbrechtlicher und güterrechtlicher Lösung errechnet sich unter der Voraussetzung, dass nur der verstorbene Ehegatte Zugewinn erzielt hat, wie folgt: 30

- **neben Verwandten der 1. Ordnung:**

Hier erhält der überlebende Ehegatte gesetzlich $1/4$ (§ 1931 Abs. 1) + $1/4$ (§ 1371 Abs. 1) = $1/2$. Setzt man X für den gesuchten Prozentsatz des Zugewinns an der Erbmasse, der der gesetzlichen Erbbeteiligung von 50% entsprechen soll, so kann man, da bei der güterrechtlichen Lösung der überlebende Ehegatte die Hälfte des Zugewinns

$$\left(\frac{X}{2}\right)$$

bekommt und zusätzlich den kleinen Pflichtteil ($1/8$), berechnet aus dem um die Zugewinnausgleichsschuld verminderten Gesamtnachlass (100%), da die Zugewinnausgleichsforderung dem Pflichtteil im Range vorgeht (§§ 1991 Abs. 4 BGB, 327 Abs. 1 Nr. 1 InsO), folgende Gleichung bilden

$$\frac{X}{2}+\left(100-\frac{X}{2}\right)\times\frac{1}{8}=50,$$

die nach Auflösung zum Ergebnis X = 85,71 führt, d.h. **erst wenn der Anteil des Zugewinns am Gesamtnachlass zwischen 85,71% oder $6/7$ und 100% beträgt,** rentiert sich bei der gesetzlichen Ehegattenerbfolge neben Abkömmlingen die Wahl der güterrechtlichen Lösung.[30] Hat auch der überlebende Ehegatte Zugewinn gemacht, so er-

---

[27] Erman/Schlüter § 1931 Rn 19.

[28] Palandt/Edenhofer § 1931 Rn 7.

[29] Palandt/Edenhofer § 1931 Rn 8; krit. zu der wenig folgerichtigen, aber eindeutigen Regelung Bamberger/Roth/Müller-Christmann § 1931 Rn 13.

[30] So auch Maßfelder Betr. 1958, 563; v. Olshausen FamRZ 1976, 679; Bamberger/Roth/J. Mayer § 1371 Rn 32; Cypionka MittRhNotK 1986, 157, 164; Geißler BWNotZ 1990, 38.

höht sich dieser Schwellenwert durch die dann gem. § 1378 gebotene Ausgleichung entsprechend. Zu berücksichtigen wäre bei der Wahl aber auch einerseits der sog. kleine Voraus gem. § 1932 Abs. 1 Satz 2 BGB, der bei der gesetzlichen Erbfolge u.U. dem überlebenden Ehegatten neben Abkömmlingen zusteht und die evtl. Erhöhung der Ausgleichsforderung durch Hinzurechnung von unentgeltlichen Zuwendungen des Erblassers an Dritte (§ 1375 Abs. 2) und andererseits, dass sich der überlebende Ehegatte gem. § 1380 Zuwendungen des Erblassers anrechnen lassen muss, die Erben um Stundung der Ausgleichsforderung nachsuchen (§ 1382) und ein Leistungsverweigerungsrecht wegen grober Unbilligkeit geltend machen können (§ 1381).

- **neben Verwandten der 2. Ordnung:**
Hier erhält der überlebende Ehegatte gesetzlich $1/2$ (§ 1931 Abs. 1) + $1/4$ (§ 1371 Abs. 1) = $3/4$. Setzt man wieder X für den gesuchten Prozentsatz des Zugewinns an der Gesamterbmasse, der der gesetzlichen Erbbeteiligung von 75% am Nachlass entsprechen soll, so erhält man hier die Gleichung

$$\frac{X}{2}+\left(100-\frac{X}{2}\right)\times\frac{3}{8}=75,$$

die nach Auflösung X = 120 ergibt, d.h. hier würde auch bei 100%igem Anteil des Zugewinns am Nachlass die güterrechtliche Lösung weniger bringen als die erbrechtliche, und zwar, wie eine Gegenrechnung mit X = 100 ergibt,

$$\frac{100}{2}+\left(100-\frac{100}{2}\right)\times\frac{3}{8}$$

nur 68,75% gegenüber 75% bei der erbrechtlichen Lösung.

31 Als Ergebnis folgt, dass nur bei einer gesetzlichen Ehegattenerbfolge neben Abkömmlingen die Wahl der güterrechtlichen Lösung unter der Voraussetzung, dass nur der verstorbene Ehegatte Zugewinn erzielt hat, vorteilhaft sein kann, während neben Verwandten aller anderen Ordnungen die erbrechtliche Lösung stets eine höhere Nachlassbeteiligung bringt. Bei der Abwägung sollte auch bedacht werden, dass die Wahl der güterrechtlichen Lösung Streitigkeiten über die Höhe des Zugewinns mit sich bringen kann und dass der überlebende Ehegatte damit seine dingliche Beteiligung am Nachlass gegen die auf Geldzahlung gerichtete Ausgleichsforderung preisgibt. Misslich ist, dass die Wahl, wenn der Ehegatte zum Erben eingesetzt ist, innerhalb der gesetzlichen Ausschlagungsfrist von im Regelfall sechs Wochen (§ 1944) getroffen werden muss.[31] Ist ihm nur ein Vermächtnis zugewandt, besteht zwar keine Ausschlagungsfrist; das Vermächtnis kann aber nicht mehr ausgeschlagen werden, wenn es bereits angenommen ist (§ 2180).

32 **Problem:** Wird gem. § 1952 Abs. 1 das Ausschlagungsrecht des überlebenden Ehegatten innerhalb der Ausschlagungsfrist an mehrere Erben (§ 1952 Abs. 3) vererbt, so ist, da jeder von ihnen grundsätzlich unabhängig von den anderen die Ersterbschaft in Höhe seines Erbteils ausschlagen darf (§ 1952 Abs. 3), streitig, ob sie das Wahlrecht zwischen der erb- und güterrechtlichen Lösung unterschiedlich ausüben können,[32] oder ob sie wegen der sonst auftretenden Schwierigkeiten bezüglich der Tragung der Ausgleichsforderung durch die übrigen Erben oder Erbeserben dieses Wahlrecht nur einheitlich ausüben dürfen.[33]

33 **Problem:** Die durch § 1931 Abs. 1 Satz 2 erzwungene eigenartige Berechnungsweise der Ehegattenerbquote bei Vorhandensein von Abkömmlingen weggefallener Großelternteile und Vorhandensein anderer Großelternteile hat bei der Ehegattenerbfolge in der Zugewinngemeinschaft das Problem zur Folge, ob man bei der Berechnung von dem um

[31] Bamberger/Roth/J. Mayer § 1371 Rn 32.
[32] So Schramm BWNotZ 1966, 18, 34; Schmid BWNotZ 1970, 82, 83; differenzierend Staudinger/Thiele § 1371 Rn 32.
[33] So mit Recht v. Olshausen FamRZ 1976, 678; Bamberger/Roth/J. Mayer § 1371 Rn 29; MünchKomm/Koch § 1371 Rn 41; Palandt/Edenhofer § 1952 Rn 4.

das Zugewinnviertel erhöhten Ehegattenerbteil, d.h. $3/4$ ausgehen muss[34] oder ob man die gesamte Berechnung zunächst ohne Berücksichtigung der Erhöhung des Ehegattenerbteils durch § 1371 Abs. 1 BGB durchführt und diesen erst zu Schluss, d.h. nach Durchführung der Erhöhung gem. § 1931 Abs. 1 Satz 2 BGB dazuschlägt,[35] mit der Folge, dass dem überlebenden Ehegatten bei Wegfall von zwei oder drei Großelternteilen unter Hinterlassung von Abkömmlingen der gesamte Nachlass zusteht.[36] Die letztgenannte Berechnungsart ist abzulehnen, da das Gleichberechtigungsgesetz v. 18. 6. 1957 nicht von der gesetzlichen Regelung abweichen wollte, dass für den Kreis der erbberechtigten Verwandten der dritten Ordnung neben dem überlebenden Ehegatten auch dann noch etwas übrigbleibt, wenn die Erhöhung des Ehegattenerbteils nach § 1371 Abs. 1 stattfindet.[37]

d) Verheirateter Erblasser in Gütergemeinschaft ohne Vereinbarung der Fortsetzung

Kennzeichnend für den ehevertraglichen Güterstand der Gütergemeinschaft ist, dass das Vermögen beider Ehegatten gemeinschaftliches Vermögen (Gesamtgut) wird (§ 1416 Abs. 1). Ausgenommen sind lediglich die zum Sondergut (§ 1417) oder zum Vorbehaltsgut (§ 1418) gehörenden Gegenstände. Nach dem Tod eines Ehegatten gehört sein Anteil am Gesamtgut ($1/2$ gem. § 1476 Abs. 1), sofern nicht der Eintritt der fortgesetzten Gütergemeinschaft ehevertraglich vereinbart war, ebenso wie sein Vorbehalts- und Sondergut zum Nachlass (§ 1482 Satz 1 BGB). Für die Erbfolge und die Höhe der Erbquoten gelten die allgemeinen Vorschriften (§ 1482 Satz 2), d.h. die Erbquoten bestimmen sich direkt nach § 1931 Abs. 1, 2 BGB. Die **gesetzlichen Erbquoten nach einem in Gütergemeinschaft verheirateten Erblasser** berechnen sich danach wie folgt: 34

Höhe der Erbquote des Ehegatten des Erblassers neben folgenden Verwandten:	Höhe der Resterbquote für diese Verwandten:
1. **Abkömmlinge:** $1/4$ (§ 1931 Abs. 1 BGB) + evtl. kl. Voraus (§ 1932)	$3/4$ (§§ 1931 Abs. 1, 1924 BGB)
2. **Eltern und deren Abkömmlinge:** $1/2$ (§ 1931 Abs. 1 BGB) + gr. Voraus (§ 1932)	$1/2$ (§§ 1931 Abs. 1, 1925 BGB)
3. **Großeltern:** $1/2$ (§ 1931 Abs. 1 BGB) + gr. Voraus (§ 1932) Wenn beim Wegfall einzelner Großeltern nach § 1926 Abs. 3 bis 5 an ihre Stelle ihre Abkömmlinge treten würden, wenn der Erblasser keinen Ehegatten hinterlassen hätte, erbt der überlebende Ehegatte zusätzlich auch deren fiktive Erbteile (§ 1931 Abs. 1 Satz 2), sodass sich der den Großeltern insgesamt zustehende $1/2$ Erbteil um diese Quoten verringert	höchstens $1/2$ (§ 1931 Abs. 1)
4. **Abkömmlinge von Großeltern,** die ihrerseits weggefallen sind oder Verwandte der 4. oder ferneren Ordnungen: $1/1$ (§ 1931 Abs. 2)	0

[34] So mit Recht v. Olshausen FamRZ 1976, 678; MünchKomm/Leipold § 1931 Rn 29; MünchKomm/Koch § 1371 Rn 11.

[35] Erman/Schlüter § 1931 Rn 25; Bühler BWNotZ 1961, 109, 112; Haegele FamRZ 1964, 594, 600; Staudenmaier BWNotZ 1961, 323 ff.

[36] Siehe Berechnung bei v. Olshausen FamRZ 1981, 633.

[37] Staudinger/Werner § 1931 Rn 37; v. Olshausen FamRZ 1981, 633 ff.; Bamberger/Roth/Müller-Christmann § 1931 Rn 16.

35 Diese Ehegattenerbfolge gilt auch, wenn die Ehegatten auf Grund Ehevertrages vor dem 1. 7. 1958 in Errungenschafts- oder Fahrnisgemeinschaft des BGB a. F. lebten.

36 Haben die Ehegatten im Ehevertrag **fortgesetzte Gütergemeinschaft** (§§ 1483 ff.) vereinbart, wird der Anteil des verstorbenen Ehegatten am Gesamtgut nicht vererbt, vielmehr besteht die Gesamthand zwischen dem überlebenden Ehegatten und den gemeinschaftlichen erbberechtigten Abkömmlingen fort (§ 1483 Abs. 1).[38] Etwaiges Sonder- und Vorbehaltsgut des verstorbenen Ehegatten vererbt sich jedoch nach den obigen Erbquoten.

37 Da jeder Ehegatte mit Zustimmung des anderen einzelne und auch alle Abkömmlinge von der ehevertraglich vereinbarten Fortsetzung der Gütergemeinschaft durch letztwillige Verfügungen ausschließen kann (§§ 1511 Abs. 1, 1516 Abs. 1 BGB), können die Eheleute in einem formgerechten gemeinschaftlichen Testament die vereinbarte Fortsetzung ausdrücklich oder stillschweigend, insbesondere durch die Alleineinsetzung des überlebenden Ehegatten, wirksam ausschließen, ohne die ehevertragliche Form einhalten zu müssen, § 1516 Abs. 3.[39]

38 Ansprüche einseitiger Abkömmlinge des Erblassers wegen Ausbildungskosten entstehen beim Güterstand der Gütergemeinschaft gegen den überlebenden Ehegatten nicht.[40]

e) Verheirateter Erblasser in Gütertrennung

39 Bei der Gütertrennung fehlen jegliche güterrechtliche Beziehungen zwischen den Ehegatten.[41] Die Ehegatten stehen sich grundsätzlich vermögensrechtlich wie unverheiratete Personen gegenüber.[42] Seit dem 1. 7. 1970 erhöht sich jedoch bei der Gütertrennung der gesetzliche Ehegattenerbteil nach § 1931 Abs. 4 neben einem Kind auf die Hälfte der Erbschaft und bei zwei Kindern auf 1/3. Während die anderen Güterstände dem überlebenden Ehegatten jeweils feste Anteile am Nachlass des Erblassers gewährleisten, erhält er bei der Gütertrennung eine nach der Kinderzahl veränderliche Erbquote. Die Gütertrennung tritt auf Grund Ehevertrags ein, wenn sie in ihm ausdrücklich vereinbart ist, wenn die Ehegatten vor der Ehe den Eintritt des gesetzlichen Güterstandes ausschließen, ihn während der Ehe aufheben, den Ausgleich des Zugewinns ausschließen oder die Gütergemeinschaft aufheben (§ 1414 BGB). Kraft Gesetzes tritt die Gütertrennung ein mit der Rechtskraft der Entscheidung, durch die auf vorzeitige Aufhebung der Zugewinngemeinschaft erkannt wird (§ 1388) und mit der Rechtskraft der die Gütergemeinschaft aufhebenden Entscheidung (§§ 1449, 1470). Aufgrund seines speziellen gesetzlich vorgegebenen Inhalts lässt der Güterstand der Gütertrennung keine inhaltsändernden ehevertragliche Vereinbarungen zu, insbesondere kann er nicht durch „Einfügung" wesentlicher Inhalte der Zugewinngemeinschaft abgeschwächt werden.[43]

40 Die gesetzlichen Erbquoten nach einem in Gütertrennung verheirateten Erblasser berechnet sich für Erbfälle ab dem Tag des Inkrafttretens des Nichtehelichengesetzes am 1. 7. 1970 (vorher galt allein § 1931 Abs. 1) wie folgt:

Höhe der Erbquote des Ehegatten des Erblassers neben folgenden Verwandten:	Höhe der Resterbquote für diese Verwandte:
1. **Einem Kind oder bei seinem Wegfall seine Abkömmlinge** (§ 1924 Abs. 3): 1/2 (§ 1931 Abs. 4) + evtl. kl. Voraus (§ 1932)	1/2 (§ 1931 Abs. 4)

[38] Siehe hierzu im Einzelnen unten § 14 Rn 155 ff.
[39] RGZ 94, 314; KG JFG 15, 325; MünchKomm/Kanzleiter § 1483 Rn 6.
[40] Bosch FamRZ 1972, 176.
[41] Langenfeld, Eheverträge, Rn 138.
[42] BayObLG FamRZ 1961, 220, 221.
[43] OLG Schleswig NJW-RR 1996, 134; Bamberger/Roth/J. Mayer § 1414 Rn 23.

Höhe der Erbquote des Ehegatten des Erblassers neben folgenden Verwandten:	Höhe der Resterbquote für diese Verwandte:
2. Zwei Kinder oder bei ihrem Wegfall ihren Abkömmlingen (§ 1924 Abs. 3): (§ 1931 Abs. 4) + evtl. kl. Voraus (§ 1932)	$\frac{2}{3}$ (§ 1931 Abs. 4)
3. ab drei Kindern oder bei ihrem Wegfall ihren Abkömmlingen (§ 1924 Abs. 3): $\frac{1}{4}$ (§ 1931 Abs. 1) + evtl. gr. Voraus (§ 1932)	$\frac{3}{4}$ (§ 1931 Abs. 4)
4. Eltern und deren Abkömmlinge: $\frac{1}{2}$ (§ 1931 Abs. 1) + gr. Voraus (§ 1932)	$\frac{1}{2}$ (§ 1931 Abs. 1)
5. Großeltern: $\frac{1}{2}$ (§ 1931 Abs. 1) + gr. Voraus (§ 1932) Wenn beim Wegfall einzelner Großeltern nach § 1926 Abs. 3 bis 5 an ihre Stelle ihre Abkömmlinge treten würden, wenn der Erblasser keinen Ehegatten hinterlassen hätte, erbt der überlebende Ehegatte zusätzlich auch deren fiktive Erbteile (§ 1931 Abs. 1 Satz 2), sodass sich der den Großeltern insgesamt zustehende $\frac{1}{2}$ Erbteil um diese Quote vermindert	höchstens $\frac{1}{2}$ (§ 1931 Abs. 1)
6. Abkömmlingen von Großeltern, die ihrerseits weggefallen sind oder Verwandte der 4. oder ferneren Ordnungen: $\frac{1}{1}$ (§ 1931 Abs. 2)	0

Kinder des Erblassers im Sinne des § 1931 Abs. 4 sind alle von ihm abstammenden ehelichen und zwar gleichgültig ob sie aus der Ehe mit dem erbenden Ehegatten oder einer früheren stammen[44] sowie „nichtehelichen"[45] und die von ihm adoptierten Kinder. Da sie neben dem überlebenden Ehegatten als gesetzliche Erben berufen sein müssen, entfallen sie durch Enterbung (§ 1938), Erbverzicht (§ 2346), Erbunwürdigkeitserklärung (§ 2344), Ausschlagung (§ 1953) oder (vor dem 1. 1. 1998 wirksam zustande gekommenen) vorzeitigen Erbausgleich (§ 1934e a.F. i.V.m. Art. 227 Abs. 1 Nr. 2 EGBGB). Zu beachten ist, dass anstelle eines durch Vorversterben oder einem der genannten Gründe (mit Ausnahme des vorzeitigen Erbausgleichs) auf den Zeitpunkt des Erbfalls weggefallenen Kindes seine Abkömmlinge nach den für die erste Erbordnung geltenden Regeln treten (§§ 1931 Abs. 4 Halbs. 2, 1924 Abs. 3). Die Erhöhung nach § 1931 Abs. 4 tritt in den Fällen nicht ein, in denen ehevertraglich der gesetzliche Güterstand durch Ausschluss des pauschalierten Zugewinnviertels bei Beendigung des Güterstandes durch den Tod eines Ehegatten unter Beibehaltung des Zugewinnausgleichs in den anderen Fällen modifiziert wurde.[46] Bei der Gütertrennung gibt es keinen Ausbildungsanspruch einseitiger Abkömmlinge des Erblassers wie bei der Zugewinngemeinschaft (§ 1371 Abs. 4); die Regelung ist auch nicht analog anwendbar.[47] 41

[44] MünchKomm/Leipold § 1931 Rn 21.

[45] Staudinger/Werner § 1931 Rn 46 m.w.N.; Palandt/Edenhofer § 1931 Rn 4; Franke BWNotZ 1976, 166 m.w.N.

[46] Bamberger/Roth/J. Mayer § 1371 Rn 12.

[47] MünchKomm/Leipold § 1931 Rn 36.

f) Der Voraus des überlebenden Ehegatten

42 Der überlebende Ehegatte hat als **gesetzlicher Erbe** gegen die anderen Erben einen im Umfang nach dem Verwandtschaftsgrad seiner Miterben verschiedenen gesetzlichen Vermächtnisanspruch auf den **sog. Voraus,** d.h. auf die zum ehelichen Haushalt gehörenden Gegenstände und die Hochzeitsgeschenke (§ 1932). Da in einfachen Verhältnissen der Hausrat den Hauptteil des Vermögens ausmacht, führt das in diesen Fällen praktisch zur gesetzlichen Alleinerbschaft des überlebenden Ehegatten.

43 *aa) Voraussetzungen.* Der Anspruch auf den Voraus setzt wie die gesetzlichen Ehegattenerbfolge das Bestehen der Ehe im Zeitpunkt des Todes des Erblassers voraus.[48] In welchem Güterstand die Eheleute gelebt haben, ist für den Anspruch auf den Voraus unerheblich.[49] Lediglich im Falle der fortgesetzten Gütergemeinschaft (§ 1483) ist dieser Anspruch auf solche Gegenstände beschränkt, die sich im Vorbehaltsgut (§ 1418) oder Sondergut (§ 1417) des verstorbenen Ehegatten befanden, da gem. § 1483 Abs. 1 Satz 3 dessen Anteil am Gesamtgut nicht in seine Nachlassmasse fällt.[50] Anspruchsvoraussetzung ist, dass der Ehegatte endgültig gesetzlicher Miterbe geworden ist. Kein Anspruch besteht daher, wenn der Ehegatte durch Verfügung von Todes wegen zum Erben eingesetzt wurde,[51] er enterbt ist (§ 1938), auf sein Erbrecht verzichtet hat (§ 2346), die Erbschaft ausschlägt (§ 1942) oder erbunwürdig ist (§ 2339). Kein gesetzlicher Erbe und daher auch nicht Berechtigter i.S.d. § 1932 ist auch grundsätzlich der Ehegatte, der vom Erblasser in einer Verfügung von Todes wegen auf den gesetzlichen Erbteil gesetzt ist,[52] es sei denn im Einzelfall kann man durch Auslegung der Verfügung zu einem anderen Ergebnis kommen.[53] Der Ehegatte kann jedoch in solchen Fällen nach § 1948 die gewillkürte Erbfolge ausschlagen und damit die gesetzliche Erbfolge und seinen Anspruch auf den Voraus herbeiführen.[54] Allerdings ist dabei zu beachten, dass nach der h.M. eingesetzte (§ 2096) wie vermutete (§§ 2069, 2102 Abs. 1) Ersatzerben und das Anwachsungsrecht (§ 2094) der Teilbarkeit von Ausschlagung und Annahme gem. § 1948 Abs. 1 vorgehen,[55] so dass dieses Vorgehen letztlich nur bei Alleinerbeinsetzung des Ehegatten im Einzeltestament Erfolg verspricht,[56] und dass sich bei Auslegung der Verfügung von Todes wegen ergeben kann, dass in ihr zugleich die Entziehung des Voraus gewollt war.[57] Besteht daher im Einzelfall der Nachlass ganz oder überwiegend aus Hausratsgegenständen, so stellt sich der überlebende Ehegatte bei Ausschlagung der gewillkürten Erbschaft und Annahme seines gesetzlichen Erbteils günstiger als bei deren Annahme.[58] Dieses „Wahlrecht" muss er innerhalb der Frist des § 1944 ausüben. Die Lösung ist allerdings nicht gangbar, wenn für ihn Ersatzerben (§ 2096) oder Schlusserben (§ 2269 – „Berliner Testament") benannt sind,[59] oder wenn in der Erbeinsetzung durch die Verfügung von Todes wegen auch implizit eine Entziehung des Voraus enthalten ist.[60]

---

[48] Insoweit oben Rn 12ff.

[49] Eigel MittRhNotK 1983, 1, 3.

[50] Ripfel BWNotZ 1965, 267; ders., JurBüro 1979, 655, 658.

[51] BGHZ 73, 29 = NJW 1979, 546.

[52] BGHZ 73, 29 = MittBayNot 1979, 28, 29; Palandt/Edenhofer § 1932 Rn 2; differenzierend MünchKomm/Leipold § 1932 Rn 5 (stillschweigende Zuwendung des Voraus denkbar).

[53] Eigel MittRhNotK 1983, 1, 4.

[54] Staudenmaier DNotZ 1965, 68, 71f.; Schramm DNotZ 1965, 734; BGHZ 73, 29, 36 = NJW 1979, 546; Palandt/Edenhofer § 1932 Rn 2.

[55] Schramm DNotZ 1965, 735; Staudinger/Otte § 1948 Rn 2 m.w. Nachw.

[56] So auch der Fall in BGHZ 73, 29.

[57] MünchKomm/Leipold, § 1932 Rn 6; Holzhauer, Erbrechtliche Untersuchungen, 1973, S. 116.

[58] Staudenmaier BWNotZ 1965, 68, 71.

[59] Goller BWNotZ 1980, 12.

[60] MünchKomm/Leipold § 1931 Rn 6.

Problem: Obwohl der Voraus ein gesetzliches Vorausvermächtnis ist, geht er kraft der ausdrücklichen Vorschrift des § 2311 Abs. 1 Satz 2 den Pflichtteilsrechten der Eltern des Erblassers und seiner Abkömmlinge vor und ist bei der Pflichtteilsberechnung vom Bestand und Wert des Nachlasses abzusetzen. Umstritten ist, ob der Voraus dem überlebenden Ehegatten auch dann i. S. v. § 2311 Abs. 1 Satz 2 „gebührt" und pflichtteilsmindernd zu berücksichtigen ist, wenn der Ehegatte nicht gesetzlicher, sondern gewillkürter Allein- oder Miterbe geworden ist. Die h. M.[61] lässt die Pflichtteilsminderung nur zu, wenn der Ehegatte gesetzlicher Erbe geworden ist. Macht daher der „Voraus" den wesentlichen Teil des Nachlasses aus, dürfte es zweckmäßig sein, es in der Verfügung von Todes wegen bei der gesetzlichen Erbfolge zu belassen („Ich halte die gesetzliche Erbfolge aufrecht."), den Überlebenden zum Testamentsvollstrecker einzusetzen und ihm den Nießbrauch an der Erbschaft zu vermachen. Er steht sich dann fast wie ein Alleinerbe, ist aber soweit es den Voraus betrifft keinen Pflichtteilsansprüchen von Eltern und Abkömmlingen ausgesetzt.[62] Diese Gestaltung sollte gerade bei Zweitehen mit kleiner Habe erwogen werden. In die gleiche Richtung geht der Vorschlag, den Ehegatten nicht durch positive Verfügung als Alleinerben einzusetzen, sondern negativ durch Enterbung aller in Betracht kommender gesetzlicher Miterben (§§ 1931, 1935), sodass er dadurch gesetzlicher Alleinerbe wird und der Voraus bei der Berechnung der Pflichtteilsansprüche von Abkömmlingen oder Eltern außer Ansatz bleibt.[63] Ob die Rspr. in diesem Fall allerdings § 2311 Abs. 1 Satz 2 anwenden würde, erscheint im Hinblick auf die – allerdings durchaus diskutable[64] – Auffassung des BGH[65] zweifelhaft. 44

bb) Umfang des Voraus. Der Umfang des Voraus bestimmt sich danach, zu welcher Ordnung die mit dem Ehegatten zur gesetzlichen Erbfolge berufenen Personen gehören. 45

- Neben Verwandten der zweiten Ordnung und Großeltern des Erblassers gebührt dem Ehegatten der gesamte Voraus, d. h. **alle zum Haushalt gehörenden Gegenstände** und die Hochzeitsgeschenke (§ 1932 Abs. 1 Satz 1).
- Neben Verwandten der ersten Ordnung, stehen ihm dagegen diese Gegenstände nur zu, soweit er sie zur Führung eines **angemessenen Haushalts** benötigt (§ 1932 Abs. 1 Satz 2).

Der große, gesamte Voraus (§ 1932 Abs. 1 Satz 1) umfasst alle den Zwecken des ehelichen Haushalts dienenden Gegenstände. So z. B. die Wohnungseinrichtung, die Haushaltswäsche, Fernseh- und Radiogeräte, Haushalts- und Gartengeräte, Gartenmöbel und bei entsprechender Verwendung auch ein Kraftfahrzeug.[66] Ferner, da § 1932 nicht von Sachen sondern von Gegenständen (§ 90) spricht, können dazu Rechte gehören, wie z. B. aus Kauf-, Abzahlungs-, Leih-, Leasing- oder Mietgeschäften.[67] Zum gesamten Voraus können auch Luxussachen, kostbare Antiquitäten, Gemälde, umfangreiche Bibliotheken, Tafelsilber u. ä. gehören, sofern der Besitz derartiger Dinge nach dem Lebenszuschnitt des Ehepaares nicht ungewöhnlich ist.[68] Soweit solche Gegenstände im Mit- und Gesamthandeigentum der Ehegatten stehen, bezieht sich der Voraus auf das Anteilsrecht des Erblassers. Vor der Frage, ob ein Gegenstand des ehelichen Haushalts zum Voraus gehört, steht die, wie er bisher den Eheleuten dinglich zugeordnet war. An den dinglichen Zuordnungsverhältnissen ändert sich bezüglich der in der Ehe eingebrachten Gegenstän- 46

---

[61] Staudenmaier DNotZ 1965, 68; BGHZ 73, 29 = JR 1979, 243 m. Anm. Schubert = NJW 1979, 546 m. w. N. auch für die Gegenansicht; a. M. Holzhauer, Erbrechtl. Untersuchungen, 1973 S. 85 ff.; Kipp/Coing § 9 II 3; Goller BWNotZ 1980, 12; MünchKomm/Lange, § 2311 Rn 52.

[62] Goller BWNotZ 1980, 12, 13.

[63] Schäfer WürttNV 13 (1932), 90.

[64] Vgl. MünchKomm/Leipold § 1931 Rn 6.

[65] BGHZ 73, 29 = NJW 1979, 546 = MittBayNot 1979, 28.

[66] Ripfel JurBüro 1979, 655, 657.

[67] Eigel MittRhNotK 1983, 1, 6.

[68] Eigel MittRhNotK 1083, 1.

den bei der Gütertrennung und beim gesetzlichen Güterstand der Zugewinngemeinschaft (= **Gütertrennung mit Ausgleich des Zugewinns bei Beendigung des Güterstandes**) nichts. Bei der Gütergemeinschaft werden dagegen grundsätzlich das Vermögen des Mannes und das der Frau gemeinschaftliches Vermögen (Gesamtgut) beider Ehegatten (§ 1416), es sei denn es handelt sich um Gegenstände, die nicht durch Rechtsgeschäft übertragen werden können und daher im Sondergut der einzelnen Ehegatten verbleiben (§ 1417) oder der Gegenstand wird im notariellen Ehevertrag ausdrücklich dem Vorbehaltsgut eines Ehegatten zugewiesen (§ 1418). Bezüglich der während der Ehe erworbenen Gegenstände verbleibt es bei Gütertrennung und gesetzlichem Güterstand grundsätzlich bei den Erwerbstatbeständen des BGB, während sie bei der Gütergemeinschaft grundsätzlich ins Gesamtgut fallen. Gleichgültig, ob die Eheleute im gesetzlichen Güterstand oder in Gütertrennung leben, entsteht beim Erwerb im Rahmen der Schlüsselgewalt (§ 1357 Abs. 1) nicht automatisch Miteigentum der Eheleute zu je 1/2 (**keine dingliche Wirkung des § 1357!**),[69] es sei denn, ein anderweitiger Wille des handelnden Ehegatten (und des Vertragspartners) zum Erwerb zu Miteigentum ist – ggf. durch Auslegung – feststellbar (was die vorgenannte Gegenansicht als Regelfall unterstellt). Auch zwischen Ehegatten gilt, sofern sie einen Vermögensgegenstand in Mitbesitz haben, was unabhängig vom Güterstand bei allen dem gemeinsamen Gebrauch dienenden Hausratsgegenständen der Fall ist,[70] die widerlegbare Vermutung gem. § 1006, dass er ihnen in Miteigentum nach Bruchteilen zu je 1/2 zusteht.[71] Dies gilt dann auch zwischen einem Ehegatten und den Erben des verstorbenen anderen Ehegatten.[72] Lediglich für ausschließlich zum persönlichen Gebrauch eines Ehegatten bestimmte Sachen wird § 1006 auch im Verhältnis zwischen Eheleuten von § 1362 Abs. 2 überlagert, d.h. es wird Alleineigentum des Benützers vermutet.[73] Keine Haushaltsgegenstände nach § 1932 sind dagegen die höchstpersönlichen Gebrauchs- und Nutzungsgegenstände eines Ehegatten, wie z.B. Kleider, Anzüge, Schuhe, Kosmetika, daneben aber auch Schmuckgegenstände, es sei denn, sie dienen ausschließlich dem Zweck der Kapitalanlage.[74] Kein Voraus sind auch die Dinge, die nur dem besonderen Interesse und der Neigung des Ehepartners dienen, wie z.B. persönliche Sammlungen jeder Art, Hobbyliteratur oder nur von einem Ehepartner gespielte Musikinstrumente[75] sowie alles was der Berufsausübung eines Ehepartners dient, wie z.B. Arbeitskleidung, Werkzeuge, Fachbücher, Büromöbel oder ausschließlich zu beruflichen Zwecken genutzte Kraftfahrzeuge.[76] Seit der spezialgesetzlichen Regelung in § 563 (früher §§ 569a, 569 b) bedarf es nicht mehr der Einbeziehung des Mietrechts an der ehelichen Wohnung in die Vorschrift des § 1932.[77] Die genannte Vorschrift regelt den Eintritt des Ehegatten, Lebenspartners oder Familienangehörigen in die Rechtsstellung des Erblassers als Mieter.

47 *cc) Rechtsnatur des Voraus.* Der Voraus ist ein gesetzliches Vorausvermächtnis,[78] auf das die für Vermächtnisse geltenden Vorschriften anzuwenden sind (§ 1932 Abs. 2). Der Anspruch des Ehegatten auf den Voraus begründet eine Nachlassverbindlichkeit (§ 1967

---

[69] BGH NJW 1991, 2283; Wacke NJW 1979, 2585, 2591; Walter JZ 1981, 601; Palandt/Brudermüller § 1357 Rn 20; Bamberger/Roth/J. Mayer § 1357 Rn 33; a.A. z.B. Holzhauer JZ 1977, 731; Roth FamRZ 1979, 361, 369; Thiele FamRZ 1958, 118; OLG München 1972, 542; OLG Schleswig FamRZ 1989, 88; LG Münster MDR 1989, 270.

[70] BGHZ 73, 253, 256.

[71] RGZ 84, 45, 49; vgl. Bamberger/Roth/Fritzsche § 1006 Rn 18; MünchKomm/Baldus § 1006 Rn 21.

[72] OLG Oldenburg NJW-RR 1991, 963, 964; Bamberger/Roth/Fritzsche § 1006 Rn 18.

[73] MünchKomm/Baldus § 1006 Rn 11.

[74] Eigel MittRhNotK 1983, 1.

[75] Eigel MittRhNotK 1983, 1.

[76] Eigel MittRhNotK 1983, 1.

[77] Eigel MittRhNotK 1983, 1; Skibbe FS f. U. v. Lübtow, 1990 S. 247.

[78] BGHZ 73, 29, 33.

Abs. 2), die bei der Auseinandersetzung vorweg zu befriedigen ist (§ 2046 Abs. 1) und für die die Miterben als Gesamtschuldner haften (§ 2058). Er hat keinen Pflichtteilscharakter und ist im Nachlassinsolvenzverfahren (§ 327 Abs. 1 Nr. 2 InsO) sowie bei der Dürftigkeitseinrede (§ 1991 Abs. 4) nur gleichrangig mit den Vermächtnissen zu erfüllen,[79] d.h. rangmäßig erst nach zahlreichen vorrangigen Nachlassverbindlichkeiten. Wegen der ausdrücklichen Vorschrift des § 2311 Abs. 1 Satz 2 geht er jedoch den Pflichtteilsansprüchen der Eltern und Abkömmlingen vor und der Erbe kann ihn daher nicht gem. § 2318, 2322 kürzen.[80] Das Recht des Nacherben erstreckt sich im Zweifel nicht auf den Voraus (§ 2110 Abs. 2) und er ist beim Verkauf eines Erbteils im Zweifel nicht als mitverkauft anzusehen (§ 2373 Satz 1).

dd) Entziehungsmöglichkeiten durch den Erblasser. Da der Voraus voraussetzt, dass der überlebende Ehegatte **gesetzlicher Erbe** geworden ist, kann der Erblasser ihm den Voraus sowohl durch gewillkürte Erbeinsetzung als auch Enterbung (§§ 1937, 1938) entziehen. Er kann den Anspruch des Erblassers auf den Voraus auch dadurch beeinflussen, dass er die zum Voraus gehörenden Gegenstände ganz oder teilweise an Dritte vermacht.[81] Auch durch Vermächtnisse, die ja dem Voraus gleichrangig sind, kann er eingeschränkt werden.[82] 48

ee) Praktische Folgerungen. Will der Erblasser seinen Ehepartner möglichst weitgehend absichern, ohne ihn zum Alleinerben einzusetzen, sollte man daran denken, die Vorausgegenstände ihm im Wege des Vorausvermächtnisses gem. § 2150 in der Verfügung von Todes wegen ausdrücklich gesondert zuzuweisen.[83] Auch wenn der Ehegatte nur zum Vorerben eingesetzt wird und die Nacherbfolge bei Wiederheirat eintreten soll, sollte man ihm die Gegenstände des Voraus durch ausdrücklich aus der Nacherbfolge ausgenommenes Vorausvermächtnis (§ 2110 Abs. 2) zuwenden, um ihm auch nach einer etwaigen Wiederheirat die Fortführung des bisher gewohnten Lebens mit den vertrauten Haushaltsgegenständen zu ermöglichen.[84] 49

g) Der Dreißigste

Gemäß § 1969 haben die Familienangehörigen des Erblassers und damit auch der überlebende Ehegatte sowie der überlebende eingetragene Lebenspartner (§ 11 Abs. 1 LPartG), die bei seinem Tod zu seinem Hausstand gehörten und von ihm Unterhalt bezogen, einen Anspruch gegen den Erben auf Unterhalt sowie die Benutzung der Wohnung und der Haushaltsgegenstände für die Zeit von 30 Tagen nach dem Erbfall. Die Berechtigten (Familienangehörige) brauchen dabei nicht mit dem Erblasser verwandt zu sein, es können auch z.B. Pflegekinder oder nach wohl h.M.[85] der Partner einer eheähnlichen Gemeinschaft sein, nicht jedoch Hausangestellte, die keinen Unterhalt, sondern eine fixe Vergütung beziehen.[86] Der Anspruch auf den Dreißigsten ist ein gesetzliches Vermächtnis (§ 1969 Abs. 2) und kann vom Erblasser ausdrücklich letztwillig abgeändert oder ganz ausgeschlossen werden (§ 1969 Abs. 1 Satz 2). 50

h) Beeinflussung der gesetzlichen Ehegattenerbfolge durch Wahl des Güterstandes

Seit dem Inkrafttreten des Gleichberechtigungsgesetzes am 1. 7. 1958 und verstärkt seit dem des Nichtehelichengesetzes am 1. 7. 1970 ist die gesetzliche Ehegattenerbquote 51

[79] MünchKomm/Leipold § 1932 Rn 17.
[80] Bamberger/Roth/J. Mayer § 2318 Rn 2.
[81] Eigel MittRhNotK 1983, 1, 9.
[82] Eigel MittRhNotK 1983, 1, 9.
[83] Siehe z.B. MünchVertrHdb/Nieder/Otto, Bd. 6/2 Form. XVI. 25 § 2 (5).
[84] Siehe MünchVertrHdb/Nieder/Otto, Bd. 6/2, Form. XVI. 11 § 4 (1).
[85] OLG Düsseldorf NJW 1983, 1566 = FamRZ 1983, 274 m. krit. Anm. Bosch; Goetz FamRZ 1985, 987, 988 m.w.N.; Palandt/Edenhofer § 1969 Rn 1; MünchKomm/Küpper § 1969 Rn 2; Grziwotz ZEV 1994, 267; a.M. Steinert NJW 1986, 683; Diederichsen FamRZ 1988, 890.
[86] Bamberger/Roth/Lohmann § 1969 Rn 2.

vom Güterstand der Eheleute abhängig und damit durch dessen Wahl veränderbar.[87] Dies interessiert vor allem wegen der damit gegebenen Änderungsmöglichkeit des Pflichtteilsanspruchs, der sich aus dem gesetzlichen Erbteil errechnet.[88] Die beiden folgenden vergleichenden Übersichten sollen insoweit eine erste Orientierung bieten:

Vergleich der Ehegattenerbteile gegenüber Abkömmlingen bei den einzelnen Güterständen:

Güterstand:	Ehegatte Erbteil:	1 Kind Erbteil:	2 Kinder Erbteile zusammen:	mehr als 2 Kinder Erbteile zusammen:
Zugewinngemeinschaft	1/2	1/2	1/2	1/2
Gütertrennung	1/2	1/2	–	–
		–		–
	1/4	–	–	3/4
Gütergemeinschaft	1/4 (dazu die Hälfte des Gesamtguts)	3/4	3/4	3/4

52 Daneben ist der Anspruch des Überlebenden Ehegatten gem. § 1932 Abs. 1 Satz 2 auf den so genannten kleinen Voraus und allerdings nur bei der Zugewinngemeinschaft die Ausbildungsfinanzierungsverpflichtung des überlebenden Ehegatten gegenüber Stiefkindern (auch nichtehelichen) gem. § 1371 Abs. 4 zu berücksichtigen.

Vergleich der Ehegattenerbteile gegenüber anderen Verwandten bei den einzelnen Güterständen:

Güterstand	Ehegatte Erbteil:	Eltern u. deren Abkömmlinge Erbteile zusammen:	Großeltern Erbteile zusammen:
Zugewinngemeinschaft	3/4	1/4	höchstens 1/4
Güterstand	Ehegatte Erbteil:	Eltern u. deren Abkömmlinge Erbteile zusammen:	Großeltern Erbteile zusammen:
Gütertrennung	1/2	1/2	höchstens 1/2
Gütergemeinschaft	1/2 (dazu die Hälfte des Gesamtgutes)	1/2	höchstens 1/2

53 Daneben ist der Anspruch des überlebenden Ehegatten gem. § 1932 Abs. 1 Satz 1 auf den sogenannten großen Voraus zu berücksichtigen.

54 Bei der Wahl des Güterstandes im Hinblick auf die Veränderung des gesetzlichen Ehegattenerbteils und in der Folge der Pflichtteilsansprüche kommt es darauf an, welche Ziele der Erblasser damit verfolgt.

55 *aa) Der Erblasser will seinem Ehegatten möglichst wenig hinterlassen.* Hier würde ab zwei Kindern durch die Gütertrennung der gesetzliche Erb- und damit auch der Pflicht-

[87] Braga FamRZ 1972, 105, 116.

[88] Siehe insoweit Haegele BWNotZ 1972, 130, 131 ff.; Schramm BWNotZ 1959, 227, 235 ff.; Wieser MittBayNot 1970, 135, 137.

teil des überlebenden Ehegatten gegenüber dem gesetzlichen Güterstand verringert. Aber auch wenn keine Kinder vorhanden sind, führt die Gütertrennung zu einer solchen Verringerung. Gütergemeinschaft käme bei diesem Motiv nicht in Frage, da dann der überlebende Ehegatte, obwohl ihm auf Grund des Ehevertrags schon die Hälfte des gemeinschaftlichen Vermögens zusteht, nochmals von der Hälfte des Verstorbenen neben Kindern 1/4 und neben anderen gesetzlich erbberechtigten Verwandten 1/2 bekäme. Zu beachten ist, dass beim gesetzlichen Güterstand (**Zugewinngemeinschaft**) der Erb- und damit der Pflichtteil des überlebenden Ehegatten dadurch geschmälert werden kann, dass der Erblasser ihn **enterbt und mit keinem Vermächtnis bedenkt.** Dann entfällt gem. § 1371 Abs. 2 das Zusatzviertel, in dem wertmäßig nicht nur der Zugewinn, sondern auch das Anfangsvermögen des verstorbenen Ehegatten enthalten ist. Allerdings wird dann der überlebende Ehegatte den güterrechtlichen Zugewinnausgleich plus dem kleinen Pflichtteil, d.h. aus § 1931 Abs. 1 ohne der 1/4 – Zugewinnpauschale gem. § 1371 Abs. 1, verlangen, sodass diese Lösung nur zum Ziel führt, wenn innerhalb der Ehe vom Erblasser kein oder nur wenig Zugewinn gemacht worden ist. Besteht das Vermögen des Erblassers nur aus Zugewinn, so würde in diesem Fall auch bei Enterbung die überlebende Ehefrau 56,25% des Nachlasses erhalten, da zur Zugewinnausgleichsforderung von 50% das 1/8 kleiner Pflichtteil vom Rest = 6,25% käme.[89] Berechnet sich der Pflichtteil der von der Erbfolge ausgeschlossenen Ehefrau gemäß § 1371 Abs. 2 aus ihrem nicht erhöhten gesetzlichen Ehegattenerbteil gem. § 1931 Abs. 1, dann hat das eine entsprechende Erhöhung der Pflichtteile der Abkömmlinge zur Folge.[90] Dies gilt jedoch nur für den Fall, dass die Ehefrau enterbt und mit keinem Verhältnis bedacht ist (§ 1371 Abs. 2) oder sie ausgeschlagen hat (§ 1371 Abs. 3), in allen anderen Fällen bekommt sie den erhöhten Pflichtteil und die Abkömmlinge entsprechend weniger. Möglich wäre, vor allem wenn nur ein Kind vorhanden ist, auch eine Modifizierung der erbrechtlichen Güterstandsfolgen durch ehevertragliche Vereinbarung mit im übrigen Aufrechterhaltung des gesetzlichen Güterstandes. Hierbei käme der vollständige ehevertragliche Ausschluss des Zusatzviertels gem. § 1371 Abs. 1 im Todesfall in Frage[91] oder seine Minderung.[92] Beides würde zu einer Erbteils- und Pflichtteilsminderung beim überlebenden Ehegatten führen. Da es jedoch regelmäßig wieder zur Geltendmachung des güterrechtlichen Zugewinnausgleichs beim Todesfall führen wird, müsste in dem Ehevertrag dieser wenn nicht ganz ausgeschlossen so doch modifiziert werden, da sonst der Ausschluss des Zusatzviertels einfacher erbrechtlich und ohne Mitwirkung des anderen Ehegatten dadurch erzielt werden könnte, dass er enterbt und ihm auch kein Vermächtnis zugewendet wird (§ 1371 Abs. 2). Als Abänderung des güterrechtlichen Zugewinnausgleichs käme dabei in Frage, die Herausnahme bestimmter Vermögensgegenstände, z.B. eines bestimmten Betriebsvermögens oder einer Unternehmensbeteiligung aus dem Zugewinnausgleich (Vereinbarung über das Anfangsvermögen)[93] oder eine Vereinbarung hinsichtlich der Bewertung dieser Vermögensgegenstände.[94] Wenn nach Eheschluss kein namhafter Zugewinn zu erwarten ist, wie z.B. bei im Alter geschlossenen Ehen, bietet sich für einen Erblasser, der seinem Ehepartner möglichst wenig zukommen lassen will, die völlige Enterbung (§ 1938) oder die Verweisung auf den kleinen oder großen Pflichtteil an, was gem. § 2304 im Zweifel ebenfalls Enterbung unter Anerkennung des gesetzlichen Pflicht-

[89] Knur DNotZ 1957, 456; Lange NJW 1957, 1381, 1382.

[90] BGH NJW 1982, 2497 = DNotZ 1983, 187; Wolfsteiner DNotZ 1983, 190.

[91] MünchKomm/Koch § 1371 Rn 17; Zöllner FamRZ 1965, 113; Schramm BWNotZ 1966, 18, 33; Haegele FamRZ 1966, 601.

[92] MünchKomm/Koch § 1371 Rn 17; Bamberger/Roth/J. Mayer § 1408 Rn 14; Zöllner FamRZ 1965, 113; Schramm BWNotZ 1966, 18, 33; a.A. (nur gänzlicher Ausschluss möglich) Staudinger/Thiele § 1371 Rn 133.

[93] Langenfeld, Eheverträge, Rn 440 ff., 453 ff.

[94] Langenfeld, Eheverträge, Rn 512 ff.

teilsanspruchs bedeutet. Dem Ehepartner steht in beiden Fällen nur der kleine Pflichtteil, d.h. 1/8 des Nachlasswerts und die mangels Zugewinn wertlose Ausgleichsforderung zu.[95] Den großen Pflichtteil kann der Ehepartner nicht fordern.[96] Eine „Verweisung auf den großen Pflichtteil" dürfte jedoch wohl als Vermächtnis (wenn nicht als Erbeinsetzung) zu verstehen sein, denn der Ehegatte soll ja dann etwas erhalten, was ihm im Fall einer Enterbung kraft Gesetzes nicht zusteht.[97]

56 *bb) Der Erblasser will seinen Ehegatten, z.B. seine zweite Ehefrau, weitgehend vor Pflichtteilsansprüchen gemeinschaftlicher oder einseitiger (Stiefkinder) Abkömmlinge schützen.* Der **gesetzliche Güterstand** und bei nur einem Kind auch die Gütertrennung sind durch die Erhöhung des Ehegattenerbteils auf 1/2 und der dadurch bedingten entsprechenden Kürzung des Erb- und Pflichtteils der Abkömmlinge zur Erfüllung dieses Wunsches generell am günstigsten. Sind allerdings zwei oder mehr Kinder vorhanden, so würde die Gütertrennung zu einer Verminderung des Ehegattenerbteils führen. Hier sollte man es, wenn die Pflichtteile der Abkömmlinge nach dem zuerstversterbenden Gatten möglichst gering gehalten werden sollen, bei der Zugewinngemeinschaft belassen.[98] Sofern gewünscht, könnte der Zugewinnausgleich für den Fall der Scheidung durch Ehevertrag ausgeschlossen werden. Generell ist die Zugewinngemeinschaft in solchen Fällen auch deshalb günstig, weil der Zugewinnausgleichsanspruch bei Wahl der güterrechtlichen Lösung durch den überlebenden Ehegatten den Pflichtteilsansprüchen der Abkömmlinge oder Eltern im Range vorgeht (§§ 1991 Abs. 4, 327 InsO), sodass diese zwar nicht in ihrem Bruchteil, aber möglicherweise in ihrem Wert erheblich herabgesetzt sind.[99] Allerdings erhöhen sich die Pflichtteilsansprüche der Abkömmlinge bei Wahl der güterrechtlichen Lösung von 2/8 auf 3/8, da die Ehefrau neben der Ausgleichsforderung nur den kleinen Pflichtteil mit 1/8 erhält.[100]

57 Dagegen entfällt bei der **Gütertrennung** der Ausbildungsbeihilfeanspruch von Stiefabkömmlingen des Erblassers an den überlebenden Ehegatten gem. § 1371 Abs. 4. Eine Wiederverheiratung und die daraus herrührenden Verpflichtungen zugunsten des neuen Ehepartners, wie z.B. Pflichtteils- und Zugewinnausgleichsverbindlichkeiten und das Zusatzviertel bei der Zugewinngemeinschaft verstoßen nicht gegen bindend gewordene wechselseitige Verfügungen in einem gemeinschaftlichen Testament oder Erbvertrag[101] und sind keine den Pflichtteilsergänzungsanspruch auslösende Schenkungen.

58 Durch **Vereinbarung der Gütergemeinschaft** kann, wenn die Vermögen der Ehegatten verschieden groß sind, in besonderen Fällen eine Pflichtteilsminderung der Abkömmlinge erreicht werden. Man nimmt dabei allerdings die beachtlichen Nachteile der Gütergemeinschaft in Kauf, die sie während der Ehezeit hat, wie z.B. die Haftungsgemeinschaft der Eheleute mit dem Gesamtgut für unerlaubte Handlungen und Unterhaltsschulden sowie die zwingende Mitunternehmerschaft an einem Gewerbebetrieb.[102] Zu beachten ist bei Vereinbarung der Gütergemeinschaft, dass zwar die Hälfte des Vermögens des Ehegatten bei der Vereinbarung der Gütergemeinschaft auf den anderen Ehegatten übergeht, dafür aber beim Tod der Erbteil des Überlebenden sich von 1/2 auf 1/4 verringert. Die Umwandlung von Zugewinngemeinschaft in Gütergemeinschaft wirkt sich nur dann pflichtteilsmindernd gegenüber Abkömmlingen aus, wenn der Erstversterbende

[95] Bohnen NJW 1970, 1532; a.M. bei Zuwendung des großen Pflichtteils Erman/Schlüter § 2304 Rn 4, für Wahlrecht Ferid NJW 1960, 121.

[96] BGHZ 42, 182 = NJW 1964, 2404; BGH NJW 1982, 2497 = DNotZ 1983, 187 m. Anm. Wolfsteiner.

[97] MünchKomm/Lange § 2304 Rn 8; vgl. Bamberger/Roth/J. Mayer § 2304 Rn 8.

[98] Schramm BWNotZ 1959, 236.

[99] Erman/Schlüter § 2311 Rn 5 m.w. Nachw.

[100] BGHZ 37, 58, 66.

[101] BGH FamRZ 1969, 207, 208.

[102] Siehe hierzu des näheren Langenfeld, Eheverträge, Rn 598.

mehr als $^3/_4$ des Gesamtguts, bezogen auf den Zeitpunkt des Erbfalls, eingebracht hat, da erst wenn er über $^1/_4$ mehr als die Hälfte des Gesamtgut eingebracht und damit bei der Vereinbarung der Gütergemeinschaft dem anderen Ehegatten zugewendet hat, dies zusammen mit dem $^1/_8$, das vom Gesamtgut dem anderen beim Tod des Erstversterbenden zufällt, die Hälfte des eingebrachten übersteigt, die dem Überlebenden ja als gesetzlicher Erbteil bei der Zugewinngemeinschaft zugestanden hätte.[103] Denn wenn X der gesuchte Bruchteil ist, um den das Eingebrachte die Hälfte des Gesamtguts übersteigt, gilt

$$\frac{1}{8}+X=\frac{X+\frac{1}{2}}{2},$$

was aufgelöst X = $^1/_4$ ergibt. Hat der Zuerstversterbende weniger als $^3/_4$ des Gesamtguts eingebracht, erhöht sich durch die Umwandlung der Zugewinngemeinschaft in Gütergemeinschaft im Gegenteil der Pflichtteil der Abkömmlinge des Erstversterbenden. Da die Gütergemeinschaft nur pflichtteilmindernd wirkt, wenn der Zuerstversterbende mehr als $^3/_4$ des Gesamtguts eingebracht hat und niemand wissen kann, wer von den Ehegatten zuerst stirbt, eignet sich die Gütergemeinschaft nicht zur Pflichtteilsminderung gegenüber gemeinschaftlichen Abkömmlingen oder beiderseits vorhandenen einseitigen Abkömmlingen. Tauglich ist dagegen gegenüber nur auf der Seite des wohlhabenderen Ehegatten vorhandenen evtl. „nichtehelichen"[104] Abkömmlingen oder solchen aus einer anderen Ehe, wenn dieser mehr als $^3/_4$ des Gesamtguts eingebracht hat. Empfehlen wird sich dabei, den Ehevertrag durch eine Verfügung von Todes wegen zu ergänzen, auf Grund welcher beim Vorversterben des anderen Ehegatten der vermögendere nur Vorerbe und ihm genehme Verwandte Nacherben werden.

Nach h. M.[105] stellt die **Vereinbarung von Gütergemeinschaft** auch wenn die Einbrin- 59
gung des einen die des anderen übersteigt in aller Regel **keine Schenkung** nach § 516 und damit auch i. S. des § 2325 dar und wegen des die Hälfte des Gesamtgutes übersteigenden Teils des Eingebrachten kann daher keine Pflichtteilsergänzung geltend gemacht werden. Lediglich in extremen Fällen kann eine andere Beurteilung Platz greifen, wenn z. B. die Gütergemeinschaft kurz vor dem Tod des vermögenden Ehegatten vereinbart wird,[106] wenn wenige Tage nach ihrer Vereinbarung Gütertrennung oder Zugewinngemeinschaft vereinbart und bei der Auseinandersetzung der größte Teil des Vermögens auf den bis dahin vermögenslosen Ehegatten übertragen wird,[107] wenn die Gütergemeinschaft zwischen einem vermögenden Gatten in vorgeschrittenem Alter und mit gesichertem Einkommen und einem jüngeren unvermögenden Gatten vereinbart wird,[108] oder wenn ein verwitweter Ehegatte, der durch Erbvertrag oder gemeinschaftliches Testament in der Verfügung über seinen Nachlass gebunden ist, die Gütergemeinschaft mit seiner vermögenslosen zweiten Ehefrau abschließt und m. E. auch, wenn das gesamte Vermögen eines Ehegatten zum Vorbehalts- oder Sondergut erklärt wird.[109] Aber auch dann setzt die Annahme einer Schenkung voraus, dass sich beide Ehegatten darüber einig sind, dass die Zuwendung unentgeltlich erfolgt.[110] Dabei können die Eheleute die Werte der miteinander zu vergleichenden Leistungen grundsätzlich im Rahmen der Vertragsfreiheit selbst bestimmen.[111] Rein willkürliche Bewertungen der Leistungen werden jedoch nicht

103 Schramm BWNotZ 1959, 238; Wieser MittBayNot 1970, 137.
104 Wieser MittBayNot 1970, 137.
105 BGH DNotZ 1992, 503 = NJW 1992, 558; RGZ 87, 301; Langenfeld NJW 1994, 2133; Wegmann ZEV 1996, 201; Palandt/Edenhofer § 2325 Rn 12; MünchKomm/Lange § 2325 Rn 25.
106 BGH DNotZ 1992, 503, 505 unter Bestätigung von RGZ 87, 301.
107 RGZ 87, 301.
108 Haegele BWNotZ 1972, 71.
109 Haegele BWNotZ 1972, 71.
110 BGH NJW 1992, 503, 504.
111 BGHZ 59, 132, 135.

anerkannt.[112] Steht der Wert der empfangenen Leistung objektiv in einem groben Missverhältnis zum Wert der Gegenleistung, so spricht eine tatsächliche Vermutung dafür, dass die Parteien dies erkannt haben und jedenfalls über eine teilweise Unentgeltlichkeit einig gewesen sind,[113] d.h. für den Pflichtteilsberechtigten streitet eine tatsächliche Vermutung, wenn Leistung und Gegenleistung in einem groben Missverhältnis stehen.[114]

60 Wenn dem voraussichtlich überlebenden Ehegatten die Stellung des Gesamtgutsverwalters genügt und er bereit ist, sein Erbrecht auf Ableben des Erstversterbenden zu opfern und auch noch die Hälfte seines späteren Zuerwerbs wegzugeben, bietet die **Vereinbarung der fortgesetzten Gütergemeinschaft** (§§ 1483ff.) eine Möglichkeit, die Anteile der gemeinschaftlichen Abkömmlinge am Gesamtgut auf Ableben des Erstversterbenden durch letztwillige Verfügung auf die Hälfte herabzusetzen und die entzogenen Anteile dem Überlebenden oder einem Dritten zuzuwenden (§§ 1512, 1514) und/oder für die spätere Teilung des Gesamtguts Teilungsanordnungen zu treffen (§ 1515), ohne dass die Abkömmlinge gem. § 2306 die Erbschaft ausschlagen und sofort den Pflichtteil verlangen können.[115] Das klappt allerdings nur, wenn lediglich gemeinschaftliche Abkömmlinge des Erblassers vorhanden sind. Bezüglich seiner einseitigen, auch nichtehelichen, Abkömmlinge, gehört sein Gesamtgutsanteil zu seinem Nachlass (§ 1483 Abs. 2) und steht daher ihren Pflichtteilsansprüchen offen.[116] Letztlich ist zu beachten, dass bei der Vereinbarung der Gütergemeinschaft nach § 7 Abs. 1 Ziff. 4 ErbStG die Bereicherung, die der Ehegatte mit geringerem Vermögen dadurch erfährt, sofort als Schenkung unter Lebenden versteuert werden muss, was jedoch nach der Rechtsprechung nicht ohne weiteres zur Qualifizierung als Schenkung i.S. §§ 516, 2325, 2287 führt.[117]

61 *cc) Der Erblasser will bei kinderloser Ehe die Pflichtteilsansprüche seiner noch lebenden Eltern gering halten.* Hier empfiehlt sich die Beibehaltung des gesetzlichen Güterstandes (Zugewinngemeinschaft), da die Eltern unter keinen Umständen einen Zugewinnausgleichsanspruch haben und weil der Zugewinnausgleichsanspruch bei Wahl der güterrechtlichen Lösung durch den überlebenden Ehegatten dem Pflichtteilsanspruch der Eltern im Range vorgeht (§§ 1991 Abs. 4, 327 InsO), was zwar nicht den Bruchteil, wohl aber den Wert des Elternpflichtteils erheblich schmälern kann.[118] Gütertrennung würde demgegenüber den Pflichtteilsanspruch der Eltern erhöhen und Gütergemeinschaft würde, selbst wenn das gesamte beiderseitige Vermögen im Gesamtgut stünde, lediglich zum gleichen Ergebnis führen wie der gesetzliche Güterstand.

Schrifttum zum Ehegattenerbrecht: *Battes,* Die Änderung erbrechtlicher Vorschriften im Zusammenhang mit der Reform des Scheidungsrechts, FamRZ 1977, 433; *Benthien,* Probleme der Zugewinngemeinschaft heute, FamRZ 1982, 338; *Bock,* Die Änderung erbrechtlicher Vorschriften durch das 1. EheRG und ihre Auswirkungen auf die Rechtsstellung des überlebenden Ehegatten, MittRhNotK 1977, 205; *Braga,* Das Ehegattenerbrecht nach § 1931 Art. IV BGB, FamRZ 1972, 105; *Bühler,* Zur Reform des gesetzlichen Erbrechts des Ehegatten neben Abkömmlingen, DNotZ 1975, 5; *Büdenbender,* Die Neuordnung der „Schlüsselgewalt" in § 1357 n.F. BGB, FamRZ 1976, 662; *Cypionka,* Vereinbarungen über den Zugewinnausgleich in Eheverträgen und Scheidungsfolgenvereinbarungen, MittRhNotK 1986, 157; *Eigel,* Der Voraus des überlebenden Ehegatten, MittRhNotK 1983, 1; *Franke,* Der Erbteil der Witwe neben ehelichen und nichtehelichen Kindern nach § 1931 Abs. 4 BGB, BWNotZ 1976, 166; *Goller,* Zum Abzug des Voraus bei der Pflichtteilsberechnung, BWNotZ 1980, 12; *Haegele,* Sechs Jahre Zugewinngemeinschaft, Rpfleger 1964, 242; *ders.,* Weitere zwei Jahre Zugewinngemeinschaft, FamRZ 1966, 594; *ders.,* Zum gesetzlichen Erbrecht nach Gütertrennung, BWNotZ 1972, 130; *ders.,* Zur Weiterentwicklung der Güterstände der Zugewinn

[112] BGHZ 59, 132 = NJW 1972, 1709.
[113] BGHZ 59, 132.
[114] BGH NJW 1972, 1709; KG OLGZ 1974, 257, 259.
[115] Schramm BWNotZ 1959, 227, 242.
[116] Schramm BWNotZ 1959, 227, 241.
[117] BGH DNotZ 1992, 503, 504.
[118] Bamberger/Roth/J. Mayer § 2311 Rn 9 m.w. Nachw.

gemeinschaft und der Gütertrennung mit Ausblick auf eine künftige Erbrechtsgestaltung, Rpfleger 1976, 274; *Johannsen,* Erbrechtliche Auswirkungen des § 1371 Abs. I–III BGB, FamRZ 1961, 17; *Jung,* Gedanken zur Reform des Ehegattenerbrechts, Rpfleger 1984, 165; *Keller,* Vertragsfreiheit im Güterrecht, BWNotZ 1973, 163; *Knur,* Zugewinngemeinschaft, Ehevertrag und Verfügung von Todes wegen, DNotZ 1957, 451; *Lange,* Die Stellung des überlebenden Ehegatten bei der Zugewinngemeinschaft, NJW 1957, 1381; *Lange,* Bedarf es einer Reform des gesetzlichen Erbrechts des Ehegatten und des eingetragenen Lebenspartners?, DNotZ 2010, 749; *Nieder,* Das Geschiedenentestament und seine Ausgestaltung, ZEV 1994, 156; *Odersky,* Die Erbquote des Ehegatten und der Kinder in den Fällen des § 1931 Abs. 4 BGB, Rpfleger 1973, 239; *v. Olshausen,* Gesetzliches Ehegattenerbrecht neben Großeltern und deren Abkömmlingen im Güterstand der Zugewinngemeinschaft, FamRZ 1981, 633; *Ripfel,* Der gesetzliche Voraus des überlebenden Ehegatten, BWNotZ 1965, 266; *Schindler,* Erbrecht des Ehegatten nach § 1931 Abs. 1 BGB, BWNotZ 1961, 213; *Schramm,* Probleme zu § 1371 BGB, BWNotZ 1966, 18; *Staudenmaier,* Abzug des Voraus bei der Pflichtteilsberechnung, DNotZ 1965, 68; *ders.,* Konkurrierende Erbteile?, BWNotZ 1966, 279; *Stöcker,* Der Ausbau des Ehegattenerbrechts, FamRZ 1970, 444; *ders.,* § 1931 IV BGB wegen objektiver Zweckuntauglichkeit unanwendbar? FamRZ 1972, 429; *Stübe,* Die gesetzliche Erbfolge nach BGB und ZGB, 1994; *Süß,* Der deutsch-französische Güterstand der Wahl-Zugewinngemeinschaft als erbrechtliches Gestaltungsmittel, ZErb 2010, 281; *Wacke,* Streitfragen um die neugeregelte „Schlüsselgewalt“, NJW 1979, 2585; *Walter,* Dingliche Schlüsselgewalt und Eigentumsvermutung, JZ 1981, 601; *Wesener,* Der Voraus des überlebenden Ehegatten, FamRZ 1959, 84.

3. Das gesetzliche Erbrecht des Lebenspartners

Durch § 10 LPartG wird das gesetzliche Erbrecht des Ehepartners für den Lebenspartner i. S. § 1 LPartG nachgebildet. Der Güterstand der Lebenspartner beeinflusst die Erbquote wie bei Ehegatten, da § 6 Satz 2 LPartG auch die entsprechende Anwendung von § 1371 BGB anordnet. Lebenspartner können gemeinschaftliche Testamente errichten, § 10 Abs. 4 LPartG, was zur Anwendbarkeit der §§ 2269 bis 2273 BGB führt (§ 10 Abs. 4 Satz 2 LPartG). Die Vorschriften des § 2077 BGB und diejenigen über den Erbverzicht gelten entsprechend (§ 10 Abs. 5, Abs. 7 LPartG), ebenso die Vorschriften über den Ehegattenpflichtteil (§ 10 Abs. 6 LPartG) und den Erbverzicht (§ 10 Abs. 7 LPartG). Die Regelung des § 1933 BGB findet ihre Entsprechung in § 10 Abs. 3 LPartG, diejenige über den Voraus gem. § 1932 BGB in § 10 Abs. 1 Satz 3 bis 5 LPartG. Dass der Voraus in § 10 Abs. 3 LPartG im Gegensatz zu § 1933 Satz 1 BGB nicht erwähnt ist, dürfte auf einem Redaktionsversehen beruhen und hindert seinen Wegfall nicht.[119] 62

4. Gesetzliches Erbrecht bei „Nichtehelichen“

a) Die Regelungen bis zum 1. 4. 1998

Im Verhältnis zur Mutter und den mütterlichen Verwandten hatte das nichteheliche Kind schon immer die rechtliche Stellung eines ehelichen Kindes (§ 1705 a. F.) und die Vorschriften des Verwandtenerbrechts sind daher insoweit uneingeschränkt anwendbar. Nach der Fiktion des früheren § 1589 Abs. 2 a. F. galt jedoch ein nichteheliches Kind mit seinem Vater nicht als verwandt und damit entstand zwischen ihnen und ihren Verwandten kein gesetzliches Erbrecht. Aufgrund des Nichtehelichengesetzes vom 19. 8. 1969 (BGBl. I S. 1243) ist jedoch der Absatz 2 des § 1589 a. F. weggefallen und deshalb galten ab dem 1. 7. 1970 in der BRD die Regeln des gesetzlichen Verwandtenerbrechts bei einem nichtehelichen Kind gegenüber seinem leiblichen Vater und dessen Verwandten sowie umgekehrt wie für eheliche Kinder mit den folgenden Einschränkungen. Aufgrund der Übergangsvorschriften in Art. 12 § 10 NEhelG galt dies nur für Erbfälle nach dem 30. 6. 1970 und für nichteheliche Kinder die nach dem 30. 6. 1949 geboren waren. War der Erbfall vor dem 1. 7. 1970 eingetreten oder das Kind vor dem 1. 7. 1949 geboren, so galten die bisherigen Vorschriften weiter, d. h. die Erben seines Vaters hatten dem nichtehelichen Kind weiter, d. h. grundsätzlich bis zu seinem 18 Lebensjahr Unterhalt im Rah- 63

[119] Leipold ZEV 2001, 218; Palandt/Brudermüller § 10 LPartG Rn 4.

men des § 1708 a.F. zu gewähren, hatten jedoch kein Erbrecht gegenüber ihrem Vater und dessen Verwandten und umgekehrt. Das nichteheliche Kind konnte allerdings in diesen Fällen mit seinem Unterhaltsanspruch gem. § 1712 Abs. 2 a.F. von den Erben abgefunden werden. Nach neuem Recht erlosch seither gemäß §§ 1615a, 1615 n.F. für Kinder, die nach dem 1. 7. 1970 geboren waren. ihr Unterhaltsanspruch mit dem Tode des Vaters. Bei Erbfall nach dem 1. 7. 1970 und für ab dem 1. 7. 1949 geborene Kinder schlossen auch nichteheliche nähere Verwandte die Verwandten einer entfernteren Ordnung gemäß § 1930 von der Erbfolge aus und zwar auch dann, wenn sie nur einen Erbersatzanspruch nach §§ 1934a bis 1934e a.F. erhielten.[120] Das nichteheliche Kind gehörte beim Tod seines Vaters in die 1. Ordnung (§ 1924) und der nichteheliche Vater bei Tod des Kindes in die 2. Ordnung (§ 1925). Wenn jedoch dabei der Erbe, dessen Verwandtschaft mit dem Erblasser nichtehelich begründet war, mit den nächsten Angehörigen (Kernfamilie) des Erblassers zusammentraf, d.h. mit dessen Ehefrau oder seinen ehelichen Abkömmlingen oder beim nichtehelichen Kind als Erblasser mit dessen Mutter (**sog. Kollisionserben**) erhielt er in den Fallgruppen des § 1934a a.F. anstelle des gesetzlichen Erbteils einen sog. Erbersatzanspruch in Form eines Geldanspruchs gegen die Erben in Höhe des Wertes des ihm an sich zustehenden Erbteils.

64 In der **früheren DDR** galten hinsichtlich nichtehelicher Kinder bis 31. 3. 1966 die Vorschriften des BGB, d.h. das nichteheliche Kind war mit seinem Vater nicht verwandt (§ 1589 Abs. 2 a.F.). Aufgrund der §§ 9, 10 des Einführungsgesetzes zum Familiengesetzbuch der DDR (EGFGB) vom 20. 12. 1965[121] beerbten ab dem 1. 4. 1966 nichteheliche Kinder, soweit sie noch minderjährig waren, ihren Vater und ihre Großeltern, und wenn sie volljährig waren, ihren Vater oder die Großeltern, wenn sie noch unterhaltsbedürftig waren oder eine andere einer ganzen Reihe von Voraussetzungen vorlag.[122] Ebenso hatte umgekehrt der Vater und seine Verwandten unter gewissen Voraussetzungen ein gesetzliches Erbrecht beim Tod des nichtehelichen Kindes. Am 1. 1. 1976 trat dann das Zivilgesetzbuch der DDR (DDR-ZGB)[123] in Kraft, nach dessen § 365 Abs. 1 Satz 1 ZGB die nichtehelichen Kinder ab diesem Zeitpunkt den ehelichen erbrechtlich völlig gleichgestellt waren. Der erbrechtliche Ausschluss von nichtehelichen Kindern, die vor dem 1. 7. 1949 geboren waren, galt in der DDR nie.

Nach der Wiedervereinigung wurde durch den Einigungsvertrag gemäß Art. 235 § 1 Abs. 2 EGBGB für die nach dem 3. 10. 1990 verstorbenen Erblasser bestimmt, dass es in Ansehung ihres nichtehelichen Kindes, das vor dem Zeitpunkt des Beitritts geboren ist, bezüglich seiner erbrechtlichen Verhältnisse bei den bisherigen Regelungen verbleibt, das heißt, dass für die in der DDR geborenen oder lebenden nichehelichen Kinder weiterhin das unbeschränkte Erbrecht für alle Abkömmlinge galt. Die Vorschrift betrifft daher nur solche Erbfälle nach dem 2. 10. 1990, bei denen es ohne die beitrittsbedingte Rechtsänderung zum BGB infolge Anwendung des Erbrechts der früheren DDR zur erbrechtlichen Gleichstellung eines nichtehelichen Kindes mit den ehelichen gekommen wäre.[124] Die h.M. geht deshalb davon aus, dass diese Vorschrift nur anzuwenden ist, wenn der nichteheliche Vater am 2. 10. 1990 seinen **gewöhnlichen Aufenthalt** in der DDR hatte.[125] Dann galt die Regelung allerdings auch für vor dem 1. 7. 1949 geborene Kinder, weil insoweit das Recht der DDR bereits damals ein unbeschränktes Nichtehelichenerbrecht vorsah.[126]

---

[120] Siehe zu den Einzelheiten der Regelung die Rn 50 bis 91 in der 1. Auflage.

[121] GBl. DDR 1966 I, 19.

[122] Siehe zu den Einzelheiten Mampel NJW 1976, 593, 594; Schotten/Johnen DtZ 1991, 225, 226.

[123] GBl. DDR 1975 I, 465.

[124] Palandt/Edenhofer, Palandt-Archiv Teil II, Art. 235 § 1 Rn 2.

[125] OLG Köln OLGZ 1993, 487, 488 = DtZ 1993, 125; OLG Brandenburg FamRZ 1997, 1031; LG Berlin FamRZ 1992, 1105, 1106; Schlüter/Fegeler FamRZ 1998, 1337, 1334f.

[126] Palandt/Edenhofer, Palandt-Archiv Teil II Art. 235 § 1 Rn 2; G. Müller DNotI-Report 1998, 40.

Auf den gewöhnlichen Aufenthalt oder den Geburtsort des Kindes kommt es nicht an, sodass es auch in den alten Bundesländern gelebt haben kann.[127]

Am 1.4. 1998 ist das **Erbrechtsgleichstellungsgesetz** (ErbGleichG) vom 16.12. 1997 in 65
Kraft getreten, aufgrund dessen seit dem 1.4. 1998 durch Streichung der bisherigen Sonderregelungen der §§ 1934 a bis 1934 e, 2338 a a.F. die vollständige Angleichung des Erbrechts der ab dem 1. Juli 1949 geborenen nichtehelichen Kinder an das der ehelichen auch auf dem Gebiet der alten Bundesländer erfolgte. Gleichzeitig kam durch die Aufhebung der §§ 1934 d u. 1934 e die Möglichkeit in Wegfall, dass das nichteheliche Kind von seinem 21. bis 27. Lebensjahr den sog. **vorzeitigen Erbausgleichs** von seinem Vater verlangen konnte.

b) Die Regelung für Erbfälle bis 28. Mai 2009

Seither stellt sich die Rechtslage des **Nichtehelichenerbrecht in ganz Deutschland** wie 66
folgt dar. Kommt es dabei auf die Anwendbarkeit des Rechts der BRD oder der DDR an, ist allein auf den **gewöhnlichen Aufenthalt des nichtehelichen Vaters** zum Zeitpunkt des Beitritts am 3. 10. 1990 an und nicht auf den Geburts- oder Wohnort des nichtehelichen Kindes, weil analog Art. 25 Abs. 1 EGBGB der gewöhnliche Aufenthalt des Erblassers das Erbstatut bestimmt.[128]

aa) In den alten Bundesländern:

- Vor dem 1. 7. 1949 geborene nichteheliche Kinder 67
  Bezüglich ihnen verbleibt es dabei, dass sie und ihre Abkömmlinge kein Erbrecht gegenüber ihrem Vater und dessen Verwandten haben, ebenso umgekehrt.[129] Der Todeszeitpunkt des Vaters ist dabei gleichgültig. Nach § 10 a NEhelG kann allerdings der Vater durch notariellen Vertrag mit seinem vor dem 1. 7. 1949 geborenen nichtehelichen Kind sein gesetzliches Erb- und Pflichtteilsrecht verschaffen. Die Festlegung dieses Stichtags hielt sich nach Auffassung des BVerfG sich im Rahmen des dem Gesetzgeber von Verfassungs wegen gewährten Spielraums, während der Europäische Gerichtshof für Menschenrechte dies später anders beurteilte.[130]
- Seit dem 1. 7. 1949 geborene nichteheliche Kinder
  Hier kommt es auf den Zeitpunkt des Erbfalls an.
  - Bei Erbfällen zwischen dem 1. 7. 1970 und dem 31. 3. 1998 richtet sich das Erbrecht nach dem Nichtehelichengesetz (NEhelG), d.h. das nichteheliche Kind hat beim Zusammentreffen mit bestimmten nahen Angehörigen seines Vaters und umgekehrt nach §§ 1934 a ff. nur einen Erbersatzanspruch.
  - In Erbfällen seit dem 1. 4. 1998 ist das nichteheliche Kind erbrechtlich den ehelichen Kindern völlig gleichgestellt.

bb) In den neuen Bundesländern: Hatte der Kindsvater am 2. 10. 1990 seinen ge- 68
wöhnlichen Aufenthalt in der DDR, so hat das nichteheliche Kind gegenüber dem Vater und den väterlichen Verwandten (sowie umgekehrt) die folgende erbrechtliche Stellung auch dann, wenn es vor dem 1. 7. 1949 geboren ist.[131]
Hinsichtlich des Erbrechts kommt es auch hier auf den Zeitpunkt des Erbfalls an.

- Erbfälle vor dem 3. 10. 1990
  Hier bleibt es bei der jeweiligen gültigen Regelung nach DDR-Recht, d.h. dass nichteheliche Kinder ab dem 1. 4. 1966 unter bestimmten Voraussetzungen ein gesetzliches Erbrecht nach ihrem Vater haben und nach dem 1. 1. 1976 den ehelichen Kindern erbrechtlich völlig gleichgestellt waren.

---

[127] OLG Brandenburg FamRZ 1997, 1031.

[128] Schlüter/Fegeler FamRZ 1998, 1337, 1340; OLG Brandenburg FamRZ 1997, 1031; LG Berlin FamRZ 1992, 1105.

[129] Art. 12 § 10 NEhelG vom 19. 8. 1969; G. Müller DNotI-Report 1998, 39.

[130] BVerfG DNotZ 2004, 471; EGMR ZEV 2009, 510 = DNotZ 2010, 136 = NJW-RR 2009, 1603; vgl. unten Rn 72 f.

[131] Palandt/Edenhofer, 57. Aufl., Art. 235 § 1 Rn 2; G. Müller DNotI-Report 1998, 40.

- Erbfälle zwischen dem 3. 10. 1990 und dem 31. 3. 1998
  Hier ist zu unterscheiden, ob das nichteheliche Kind vor oder ab dem 3. 10. 1990 geboren ist:
  - Ist das Kind vor dem 3. 10. 1990 geboren, richtet sich gemäß Art. 235 § 1 Abs. 2 EGBGB sein Erbrecht nach seinem Vater und umgekehrt nach der bis dahin geltenden gesetzlichen DDR-Regelung.
  - Ist das Kind ab dem 3. 10. 1990 geboren, richtet sich das Erbrecht des nichtehelichen Kindes nach der in diesem Zeitabschnitt in der BRD geltenden Regelung, d. h. das nichteheliche Kind hat beim Zusammentreffen mit bestimmten nahen Angehörigen seines Vaters und umgekehrt nach §§ 1934a ff. nur einen Erbersatzanspruch. Art. 235 § 1 Abs. 2 EGBGB belässt es bei den bisherigen DDR-Regelungen nur für nichteheliche Kinder, die vor dem Beitritt geboren sind.
- Erbfälle seit dem 1. 4. 1998
  Für diese Erbfälle besteht für „nichteheliche" Kinder in ganz Deutschland das volle Erbrecht.

69 *cc) Die Sonderregelung des § 25 Abs. 2 RAG für in der DDR belegene Grundstücke.* In analoger Anwendung des Art. 3 Abs. 3 EGBGB erkannte man in der Bundesrepublik den § 25 des Rechtsanwendungsgesetzes (RAG) der DDR vom 5. 12. 1975 an, nach dem deren Erbrecht für das in der DDR belegene Grundvermögen anzuwenden war, sodass, wenn im Übrigen, wegen des gewöhnlichen Aufenthalts des Erblassers das Recht der BRD anzuwenden war, Nachlassspaltung eintrat. Bis zum 2. 10. 1990 konnte es somit unstreitig eintreten, dass das nichteheliche Kind eines in Westdeutschland wohnenden Vaters diesen hinsichtlich seines in Westdeutschland befindlichen Nachlasses nach den Regelungen des BGB beerbte, seinen in der DDR belegenen Grundbesitz jedoch nach deren Recht und dass dies sogar dazu führte, dass es, wenn es vor dem 1. 7. 1949 geboren war, in Westdeutschland nicht erbte, in der DDR dagegen das Grundstück.[132] Bestritten ist jetzt, ob man den Bestandschutz des Art. 235 § 1 Abs. 2 EGBGB so weit ausdehnen kann, dass man auch bei heutigen Erbfällen, sofern die Kinder vor dem 3. 10. 1990 geboren sind, diese Nachlassspaltung in Kauf nimmt.[133]

70 *dd) Die erbrechtliche Stellung des nichtehelichen Vaters.* Streitig ist, ob, wenn ein vor dem 1. 7. 1949 geborenes Kind nach dem 1. 4. 1998 und vor dem 29. Mai 2009 verstarb, sein am 3. 10. 1990 im Beitrittsgebiet lebender Vater ein volles gesetzliches Erb- und Pflichtteilsrecht nach dem Kind hat.[134] Dies ist zu bejahen, da Art. 235 § 1 Abs. 2 EGBGB nicht zwischen der Erbfolge nach dem Kind und der nach dem Vater differenziert, wobei Anknüpfungspunkt in beiden Fällen der ständige Aufenthalt des Vaters am 3. 10. 1990 ist.

Bei Erbfällen nach dem 1. 4. 1998 haben der nichteheliche Vater und seine Verwandten grundsätzlich ein uneingeschränktes gesetzliches Erbrecht nach seinem nichtehelichen Kind und seinen Verwandten. Nur wenn er vor diesem Zeitpunkt eine wirksame Vereinbarung über den vorzeitigen Erbausgleich getroffen oder darüber ein rechtskräftiges Urteil ergangen war, gilt nach wie vor die Vorschrift des § 1934e über die Rechtsfolgen des vorzeitigen Erbausgleichs (Art. 225 Abs. 1 Nr. 2 EGBGB).

71 *ee) Vertrag nach § 10a NEhelG.* Das ErbGleichG hat den § 10 Abs. 2 des Art. 12 NEhelG nicht geändert, sodass weiterhin die vor dem 1. 7. 1949 geborenen nichtehelichen

---

[132] Schlüter/Fegeler FamRZ 1998, 1337, 1340 f.

[133] Dafür: Eberhardt/Lübchen DtZ 1992, 209; Heß JR 1994, 273, 274; Schlüter/Fegeler FamRZ 1998, 1337, 1341 m. w. Nachw.; dagegen: Bestelmeyer Rpfleger 1992, 321, 325; Schotten/Johnen DtZ 1991, 225, 233; MünchKomm/Leipold (4. Aufl.) Art. 235 § 1 Rn 45; Palandt/Edenhofer, Palandt-Archiv Teil II Art. 235 § 1 EGBGB Rn 2.

[134] Dafür: Adlerstein/Desch DtZ 1991, 193, 197; Rauscher ZEV 1998, 41, 45; Wandel BWNotZ 1991, 1, 27; Palandt/Edenhofer, Palandt-Archiv Teil II Art. 235 § 1 Rn 4; dagegen: Schlüter/Fegeler FamRZ 1998, 1337, 1342.

Kinder, sofern ihr Vater nicht am 2. 10. 1990 seinen gewöhnlichen Aufenthalt in der DDR hatte, kein gesetzliches Erb- und Pflichtteilsrecht nach ihrem Vater haben. Durch Art. 14 § 14 des Gesetzes zur Reform des Kindschaftsrechts (KindRG) vom 16. 12. 1997[135] ist dem Vater solcher nichtehelicher Kinder durch die Einfügung des Art. 12 § 10 a in das NEhelG ab dem 1. 7. 1998 die Möglichkeit eröffnet worden, durch notariell zu beurkundeten Vertrag mit dem Kind, diesem das gesetzliche Erb- und Pflichtteilsrecht zu verschaffen. Sind beide verheiratet, bedürfen sie dazu der vorherigen Zustimmung ihrer Ehegatten. Weitere Voraussetzung ist die Feststellung der Vaterschaft nach § 1600 d Abs. 4 durch Anerkennung oder gerichtliche Feststellung (§ 1592). Für vor dem 1. 7. 1998 geborene Kinder richtet sich allerdings die Feststellung der Vaterschaft gem. Art. 224 § 1 EGBGB nach den bisherigen Vorschriften. Kommt der Vertrag zustande, so schafft er auch die gegenseitigen erbrechtlichen Beziehungen der beiderseitigen Verwandten.

c) Gesetzliche Neuregelung für Erbfälle ab dem 29. Mai 2009

Nach dem Vorstehenden verblieb eine Ungleichbehandlung nichtehelicher Kinder, die vor dem 1. Juli 1949 geboren waren und deshalb bei Inkrafttreten des Nichtehelichengesetzes 21 Jahre alt oder älter waren. Das Bundesverfassungsgericht hatte diese Ausnahme seinerzeit für verfassungsgemäß erachtet.[136] In dem Urteil vom 28. Mai 2009 hat der Europäische Gerichtshof für Menschenrechte diese Regelung jedoch als Verstoß gegen Art. 14, 8 EGMRK qualifiziert.[137] Das Zweite Gesetz zur erbrechtlichen Gleichstellung nichtehelicher Kinder, zur Änderung der Zivilprozessordnung und der Abgabeordnung, das der Bundestag am 24. 2. 2011 beschlossen hat (BT-Drs. 17/3305, 17/4776) sieht nun – mit Wirkung für alle ab dem 29. April 2010 eingetretenen und eintretenden Erbfälle eine völlige Gleichstellung auch der vor dem 1. Juli 1949 geborenen nichtehelichen Kinder mit sonstigen Kindern vor. Dies wird durch Änderungen des Gesetzes über die rechtliche Stellung der nichtehelichen Kinder (Änderungen der §§ 3, 10, 24, Aufhebung von § 10 a) und Aufhebung von Art. 235 § 1 Abs. 2 EGBGB verwirklicht. Für Erbfälle vor dem 29. April 2009 genießt das Vertrauen der Erblasser auf die seinerzeit als geltend angesehene Rechtslage Vorrang,[138] mit Ausgleichsregelungen für die seltenen Fälle der Beerbung durch den Fiskus. 72

Es ist zu begrüßen, dass sich der Gesetzgeber nun – entgegen ersten Überlegungen im Bundesministerium der Justiz – ohne komplizierte Differenzierungen durch Vor- und Nacherbfolge – zu einer uneingeschränkten Gleichstellung auch für die bislang noch ausgenommene Personengruppe durchzuringen scheint, wenn der Gesetzentwurf so beschlossen werden sollte. Dass es aufgrund des Rückwirkungsverbotes für vor dem 29. Mai 2009 abgeschlossene Sachverhalte bei der vorherigen Regelung verbleibt, ist sachgerecht. Kritisch ist die Anknüpfung bereits für Erbfälle, die nach dem Bekanntwerden der Entscheidung des EGMR eintreten nur dann, wenn der davon betroffene Erblasser testierunfähig ist und im Vertrauen auf die bisherige Regelung keine Verfügung von Todes wegen getroffen hat.[139] 73

5. Gesetzliches Erbrecht bei Adoption

a) Die Änderung des Adoptionverfahrens

Erfolgte bis zum 31. 12. 1976 die Adoption durch notariellen Vertrag zwischen dem Annehmenden und dem Anzunehmenden sowie dessen Bestätigung durch das zuständige Amtsgericht (**Vertragssystem**) so erfolgt sie **seit dem 1. 1. 1977** auf Grund des zu diesem 74

[135] BGBl. I 1997, 2942.
[136] BVerfGE 44, 1 ff.; BVerfG DNotZ 2004, 471 = ZEV 2004, 114 = FamRZ 2004, 433 f.
[137] EGMR (V. Sektion), Urteil vom 28. 5. 2009 – 3545/04, ZEV 2009, 510 = DNotZ 2010, 136 = NJW-RR 2009, 1603.
[138] OLG Stuttgart ZErb 2010, 34.
[139] König FMR 2010, 396, 398.

Zeitpunkt in Kraft getretenen Adoptionsgesetzes vom 2. 7. 1976 (BGBl. I S. 1749) durch Adoptionsbeschluss des Vormundschafts- bzw. nun Familiengerichts aufgrund notariell zu beurkundendem Antrag (**Dekretsystem**).

b) Erbrechtliche Wirkung der Altadoptionen[140]

75 Erbrechtlich bewirkte die Altadoption nur, dass der Angenommene und seine nach dem Abschluss des Adoptionsvertrages geborenen Abkömmlinge einseitig das gesetzliche Erb- und Pflichtteilsrecht gegenüber dem Annehmenden erhielten (§ 1757 Abs. 1 a.F.), nicht dagegen auch gegenüber dessen Verwandten. Die Adoptionswirkung und damit auch das Erb- und Pflichtteilsrecht gegen den Annehmenden erstreckte sich auf zurzeit des Vertragsschlusses bereits geborene Abkömmlinge des Angenommenen nur, wenn der Vertrag auch mit ihnen geschlossen wurde (§ 1762 a.F.).

76 Das Erb- und Pflichtteilsrecht des Angenommenen und seiner nachgeborenen Abkömmlinge gegenüber dem Annehmenden konnte im Adoptionsvertrag ausdrücklich ausgeschlossen werden (§ 1767 a.F.). In entsprechender Anwendung von § 2349 bezog man im Zweifel den Erbrechtsausschluss auch auf in den Vertrag eingeschlossene bereits lebende Abkömmlinge.[141] Dieser Ausschluss konnte auch auf den Pflichtteil beschränkt werden.[142] Der Annehmende selbst und seine Verwandten bekamen gegenüber dem Angenommenen und seinen Abkömmlingen kein Erb- und Pflichtteilsrecht (§ 1759 a.F.). Die gegenseitigen erbrechtlichen Beziehungen des Angenommenen und seiner Abkömmlinge einerseits und ihrer leiblichen Verwandten andererseits wurden durch die Adoption nicht berührt (§ 1764 a.F.).

c) Erbrechtliche Wirkung der Volladoption Minderjähriger

77 Die seit dem Inkrafttreten des Adoptionsgesetzes am 1. 1. 1977 erfolgte Adoption Minderjähriger und die auf Antrag und bei Vorliegen der Voraussetzungen des § 1772 seither ausgesprochenen Adoptionen Volljähriger mit starker Wirkung haben grundsätzlich zur Folge, dass der Angenommene und seine derzeitigen und künftigen Abkömmlinge voll, d.h. auch erbrechtlich in die neue Familie eingegliedert wird (§ 1754) und seine bisherigen Verwandtschaftsverhältnisse einschließlich des gegenseitigen Erb- und Pflichtteilsrechts erlöschen (§ 1755). Ein Ausschluss des Erb- und Pflichtteilsrechts des Angenommenen gegenüber dem Annehmenden ist innerhalb der Adoption nicht mehr möglich, dazu bedarf es eines separaten Erb- und/oder Pflichtteilsverzichtsvertrages. Dieser kann, analog § 2347 Abs. 1, der den Vertragsschluss unter Verlobten vorsieht, bereits vor dem Ausspruch der Adoption erfolgen.[143]

d) Erbrechtliche Wirkung der Adoption Volljähriger

78 *aa) Adoption Volljähriger mit schwacher Wirkung.* Bei der Adoption Volljähriger ab 1. 1. 1977 mit **sog. schwacher Wirkung** (§ 1770) entsteht nur ein gegenseitiges Erb- und Pflichtteilsrecht zwischen dem Annehmenden einerseits und dem Angenommenen und seinen sämtlichen Abkömmlingen andererseits. Der Angenommene wird nicht verwandt mit den Verwandten des oder der ihn Adoptierenden (§ 1770 Abs. 1 Satz 1). Der Angenommene und seine Abkömmlinge behalten das gesetzliche Erb- und Pflichtteilsrecht gegenüber ihren leiblichen Verwandten und umgekehrt (§ 1770 Abs. 2). Keine direkten gegenseitigen erbrechtlichen Beziehungen entstehen allerdings zwischen dem Annehmenden und seinen Verwandten und dem Angenommenen und seinen Verwandten aufstei-

[140] Siehe hierzu eingehend Haegele DNotZ 1969, 467 sowie Gutachten des DNotI in DNotI-Report 1999, 11.

[141] Schnitzerling MDR 1960, 894, 895.

[142] Schnitzerling MDR 1960, 894, 895; Schramm BWNotZ 1962, 40, 41.

[143] MünchKomm/Wegerhoff § 2346 Rn 7; Staudinger/Schotten § 2346 Rn 6; Bamberger/Roth/J. Mayer § 2346 Rn 5; Damrau, Erbverzicht als Mittel zweckmäßiger Vorsorge, S. 51; OLG Hamm Rpfleger 1952, 89.

gender Linie, wohl kann jedoch Vermögen indirekt durch Erbeserbfall in diese Richtungen geleitet werden. Beim Tode eines Ledigen als Volljähriger Angenommenen ohne Abkömmlinge erben daher seine leiblichen Eltern und seine Adoptiveltern als Erben der II. Ordnung nebeneinander.[144] Schwierigkeiten entstehen dadurch, dass § 1925 davon ausgeht, dass jedermann nur ein Elternpaar hat und daher ein dem § 1926 Abs. 3 entsprechendes Erbrecht nach Linien nicht enthält. Trotzdem ist § 1926 Abs. 3 entsprechend anzuwenden,[145] sodass jedes der beiden Elternpaare für sich den Regeln über die II. Erbfolgeordnung unterworfen ist, mit der Folge, dass leibliche und Adoptiveltern oder Alleinannehmender zwar zu gleichen Teilen erben, dass aber, wenn von den leiblichen Eltern ein Teil wegfällt, dessen Abkömmlinge an seine Stelle treten (**Eintrittsrecht nach § 1925 Abs. 3 Satz 1**) und erst, wenn von den leiblichen Eltern beide ohne Hinterlassung von Abkömmlingen verstorben sind, der Nachlass ganz an die Adoptiveltern oder den Alleinannehmenden übergeht.[146] Eine andere Meinung[147] will im letzteren Fall § 1926 Abs. 4 nicht anwenden, sondern unter Außerachtlassen des § 1930 das halbe Erbe der weggefallenen leiblichen Eltern ohne Abkömmlinge den leiblichen Verwandten der 3. oder einer ferneren Ordnung zufallen lassen. Umgekehrt findet eine Repräsentation eines oder beider verstorbener Adoptiveltern durch etwaige leibliche Abkömmlinge nicht statt, da sich die Wirkung der Volljährigenadoption nicht auf Verwandten des Annehmenden erstrecken (§ 1770 Abs. 1). Sind daher beide Adoptiveltern verstorben, fällt die Erbschaft ganz an die leibliche „Linie".[148]

bb) Volladoption Volljähriger. Nach § 1772 kann das Vormundschaftsgericht auch bei einem Volljährigen in vier Fällen auf Antrag die Adoption mit der starker Wirkung wie bei einem Minderjährigen (**Volladoption**) aussprechen, wenn 79
- ein minderjähriger Bruder oder eine minderjährige Schwester des Anzunehmenden von dem Annehmenden als Kind angenommen worden ist oder gleichzeitig angenommen wird oder
- der Anzunehmende bereits als Minderjähriger in die Familie des Annehmenden aufgenommen worden ist oder
- der Annehmende das Kind seines Ehegatten annimmt oder
- der Anzunehmende in dem Zeitpunkt, in dem der Antrag auf Annahme bei dem Vormundschaftsgericht eingereicht wird, nicht volljährig ist.

Trotz dem Vorliegen der Voraussetzungen darf die Annahme mit starker Wirkung nicht ausgesprochen werden, wenn ihr überwiegende Interessen der Eltern des Anzunehmenden entgegenstehen (§ 1772 Abs. 1 Satz 2). 80

e) Die Überleitung der Altadoptionen

Da der Gesetzgeber im Adoptionsgesetz für die Altadoption und die zum Zeitpunkt des Inkrafttretens laufenden Adoptionen verschiedenartige Überleitungen getroffen hat,[149] müssen auch diese neben den verschiedenen Arten der Neuadoption berücksichtigt werden und die Feststellung der erbrechtlichen Wirkungen einer bestimmten in der Vergangenheit liegenden Adoption wird daher mindestens auf ein Menschenalter hinaus jeweils umfangreiche Untersuchungen erfordern. Der Orientierung über die möglichen Varianten der erbrechtlichen Adoptionswirkungen dient folgende 81

---

[144] Dittmann Rpfleger 1978, 277, 282.
[145] Kemp MittRhNotK 1977, 137, 138; Bühler BWNotZ 1977, 129, 132; Dittmann Rpfleger 1978, 277, 282.
[146] MünchKomm/Leipold § 1925 Rn 8; Bamberger/Roth/Müller-Christmann § 1925 Rn 9.
[147] Kemp MittRhNotK 1977, 139; Dittmann Rpfleger 1978, 283.
[148] Dittmann Rpfleger 1978, 283.
[149] Siehe hierzu Kemp DNotZ 1976, 646.

Übersicht über die erbrechtlichen Adoptionswirkungen ab 1. 1. 1977

Zeitpunkt der Adoption, Alter des Adoptierten am 1. 1. 1977:	Erbrechtliche Wirkungen der Adoption:
1. **Adoption vor dem 31. 12. 1976** Angenommener war am 1. 1. 1977 über 18 Jahre	Schwache Adoptionswirkung wie oben unter d aa) (Art. 12 § 1 Abs. 1 AdoptionsG) Auf bei Vertragsschluss bereits geborene, aber in ihn nicht einbezogene Abkömmlinge des Adoptierten erstreckt sich die Wirkung auch weiterhin nicht (Art. 12 § 1 Abs. 2 AdoptionsG). Der Ausschluss des Erbrechts des Adoptierten gegen den Annehmenden im Adoptionsvertrag gilt weiterhin (Art. 12 § 1 Abs. 5 AdoptionsG).[150]
2. **Adoption vor dem 31. 12. 1976** Angenommener war am 1. 1. 1977 noch keine 18 Jahre	Ab 1. 1. 1978 starke Adoptionswirkung wie oben unter b) sowie Wegfall eines Ausschlusses des Erbrechts des Annehmenden im Adoptionsvertrag (Art. 12 § 2 Abs. 2 AdoptionsG),[151] es sei denn, Annehmender, Angenommener oder leibliche Eltern widersprachen in notarieller Urkunde, die bis spätestens 31. 12. 1977 beim Amtsgericht Schöneberg in Berlin-Schöneberg einzureichen war. Der Widerspruch konnte bis 31. 12. 1977 durch öffentlich beglaubigte Erklärung widerrufen werden. War der Widerspruch form- und fristgerecht erfolgt, worüber das Amtsgericht Schöneberg Auskunft erteilt, hat die Adoption nur die schwache Wirkung wie oben lit. d aa).[152] Zeitpunkt der Adoption, Alter des Adoptierten am 1. 1. 1977: Erbrechtliche Wirkungen der Adoption:
3. **Adoptionsvertrag vor dem 31. 12. 1976 geschlossen,** Bestätigung aber noch nicht erteilt	Hier hatten die Beteiligten gem. Art. 12 § 5 AdoptionsG ein Wahlrecht, ob sie den Ausspruch der Adoption nach altem oder neuem Recht wünschten. Wählten sie neues Recht, entstand die Wirkung wie unter Ziff. 4 oder 5, wählten sie altes Recht, erfolgte die Umstellung wie oben Ziff. 1 oder 2.
4. **Adoptionsantrag nach dem 1. 1. 1977** Anzunehmender ist unter 18 Jahre	Starke Adoptionswirkung, wie oben unter b) – Volladoption – (§§ 1754, 1755)
5. **Adoptionsantrag nach dem 1. 1. 1977** Anzunehmender ist über 18 Jahre	Grundsätzlich schwache Adoptionswirkung wie oben unter a) (§ 1770). Auf Antrag und unter den Voraussetzungen des § 1772 kann das Vormundschaftsgericht die Adoption mit starker Wirkung – Volladoption – aussprechen, dann Wirkung wie oben unter b) (§§ 1772, 1754, 1755).

[150] Siehe hierzu Gutachten des DNotI in DNotI-Report 1999, 11.
[151] Siehe hierzu Gutachten des DNotI in DNotI-Report 1999, 93.
[152] Siehe hierzu Gutachten des DNotI in DNotI-Report 1999, 93.

Eine Alt-Adoption, die mit schwacher Wirkung übergeleitet wurde, kann jederzeit neu vorgenommen werden und erstarkt dann zur Volladoption (Art. 12 § 7 AdoptionsG). 82

f) Die Aufhebung der Adoption

Hier und da wird in der Beratungspraxis der Wunsch nach der **Aufhebung einer Adoption** laut. Das ging nach altem Recht relativ einfach entweder durch einseitige Anfechtungserklärung nach §§ 119 Abs. 2, 123, 142 Abs. 1,[153] oder durch vom Amtsgericht bestätigungsbedürftigen Aufhebungsvertrag zwischen Annehmendem und Angenommenem (§ 1768 a. F.), oder durch die amtswegige Aufhebung im Interesse des noch minderjährigen Angenommenen (§ 1770 a a. F.), oder auf Antrag eines bei der Annahme übergangenen leiblichen Elternteils (§ 1770 b a. F.) durch das Vormundschaftsgericht. Seit dem Inkrafttreten des Adoptionsgesetzes am 1. 1. 1977 ist die Aufhebbarkeit wesentlich eingeschränkt. Dabei sind die neuen Vorschriften gem. Art. 12 § 1 Abs. 1 AdoptionsG auch bezüglich der Aufhebung des Adoptionsverhältnisses ab dem 1. 1. 1977 auf Altadoptionen anzuwenden[154] und zwar gelten dabei soweit sie in Volladoptionen übergeleitet wurden die §§ 1760 bis 1763 und soweit sie mit schwacher Wirkung übergeleitet wurden § 1771. Eine Aufhebung ist nach neuem Recht grundsätzlich bei minderjährigen Angenommenen nur möglich durch Beschluss des Familiengerichts auf notariell beurkundeten Antrag (§ 1762 Abs. 3) in Fällen fehlerhaften Zustandekommens der Adoption (§§ 1760 bis 1762) und von Amts wegen, wenn dies schwerwiegende Gründe zum Wohl des Kindes erfordern (§ 1763). Bei volljährigen Angenommenen gleichfalls auf Antrag in Fällen des fehlerhaften Zustandekommens (§§ 1771, 1760) und „auf Antrag des Annehmenden und des Angenommenen" wenn ein „wichtiger Grund" vorliegt (§ 1771). Auch dieser Antrag bedarf der notariellen Beurkundung (§§ 1767 Abs. 2, 1762 Abs. 3). Anfechtung etwa wegen Irrtums über persönliche Eigenschaften oder vertragliche Aufhebung ist unter dem Dekretsystem nicht mehr möglich. Nach § 1766 tritt die Aufhebung des Adoptionsverhältnisses kraft Gesetzes ein, wenn ein Annehmender mit dem Angenommenen oder einem seiner Abkömmlinge entgegen der eherechtlichen Vorschriften (§ 1308 BGB) die Ehe schließt. Eine Aufhebung, gleich aus welchem Grund und ob bei einem minderjährigen oder volljährigen Angenommenen ausgesprochen, wirkt nach § 1764 Abs. 1 Satz 1 nur für die Zukunft. Sie hat zur Folge, dass das durch die Annahme begründete Verwandtschaftsverhältnis erlischt und das des Angenommenen zu seinen leiblichen Verwandten wieder auflebt (§ 1764 Abs. 2, 3).[155] 83

§ 1771 mit seiner Aufhebung auf beiderseitigen Antrag aus „wichtigem Grund" ist nicht auf Volljährige anzuwenden, die als Minderjährige angenommen wurden, inzwischen aber volljährig geworden sind.[156] Die Aufhebung aus „wichtigem Grund" nach § 1771 setzt in wörtlicher Anwendung die Anträge beider Beteiligten voraus.[157] Streitig ist, ob die gem. § 1772 auf Antrag und unter den dortigen Voraussetzungen mit starker Wirkung ausgesprochene Volljährigenadoption (**Volladoption eines Volljährigen**) wirklich nur, wie § 1772 Abs. 2 bestimmt, bei fehlerhaftem Zustandekommen (§ 1760) auf- 84

[153] Staudinger/Engler, 10./11. Aufl., § 1755 a. F. Rn 1 ff.

[154] Behn ZBlJugR 1977, 463, 476.

[155] Bezüglich der Auswirkungen und ihrer Vermeidung, die die Aufhebung eines Adoptionsverhältnisses auf frühere Verfügungen von Todes wegen in den Familien der Annehmenden und des Angenommenen haben können, siehe Flik BWNotZ 1980, 132.

[156] BayObLG FamRZ 1991, 227, 228; BayObLGZ 1989, 383, 386 (offen gelassen allenfalls „in krassen Ausnahmefällen materiellen Unrechts"); Bamberger/Roth/Enders § 1771 Rn 2; a. A. Bosch FamRZ 1978, 656, 663 ff.; Behn ZBlJugR 1977, 463/485; dagegen: OLG Hamm NJW 1981, 2762; MünchKomm/Maurer § 1759 Rn 4; BayObLG FamRZ 1990, 204.

[157] BGHZ 103, 12, 15 = NJW 1988, 1139 f.; BayObLG FamRZ 1978, 736 = BayObLG 1978, 1; OLG Karlsruhe FamRZ 1988, 979, 980; Bamberger/Roth/Enders § 1771 Rn 3 f. m. w. N. pro und contra; a. A. Bosch FamRZ 1978, 656, 664 f.

gehoben werden kann[158] oder auch in analoger Anwendung des § 1771 bei Vorliegen eines **„wichtigen Grundes“**.[159]

85 Bei diesem Streitstand bleibt dem Notar und dem beratenden Rechtsanwalt, die stets den sichersten Weg aufzuzeigen haben, nichts anderes übrig, als davon auszugehen, dass nur Adoptionen, die bei Volljährigen mit schwacher Wirkung ausgesprochen oder übergeleitet wurden (§ 1770), und nur auf beiderseitigen notariell beurkundeten Antrag bei Vorliegen eines **„wichtigen Grundes“** (§ 1771) durch das Familiengericht aufgehoben werden können. Alle anderen Adoptionen können nur bei Vorliegen einer der unter § 1760 aufgeführten Verfahrensmängel innerhalb der Fristen des § 1762 auf Antrag und solange der Angenommene noch minderjährig ist nach § 1763 in seinem Interesse von Amts wegen durch das Familiengericht aufgehoben werden. Sonst stehen den Adoptiveltern als Ersatz nur die Möglichkeiten offen, die auch Eltern leiblicher Kinder haben, nämlich der Widerruf von Schenkungen (§§ 530 ff.), die Enterbung (§ 1938) und die Entziehung des Pflichtteils (§§ 2333, 2326).[160]

g) Die erbrechtliche Wirkung der Verwandtenadoption

86 Wird ein Minderjähriger von einer Person angenommen, die mit ihm im zweiten (Geschwister und ihre Ehegatten) oder dritten Grad (Großeltern, Onkeln und Tanten und ihre Ehegatten) verwandt oder verschwägert ist, soll er nicht ganz aus der Familie, in die er geboren wurde, herausgerissen werden. Deshalb erlischt in diesem Fall gem. § 1756 Abs. 1 nur das Verwandtschaftsverhältnis des Angenommenen und seiner Abkömmlinge zu den leiblichen Eltern, nicht auch zu den übrigen leiblichen Verwandten. Zusätzlich bestimmt § 1925 Abs. 4, dass trotz bestehen bleibender Verwandtschaft der Angenommene und seine leiblichen Geschwister im Verhältnis zueinander nicht Erben der zweiten Ordnung sind. Das schließt jedoch ein gegenseitiges Erbrecht in der dritten Erbfolgeordnung kraft Eintrittsrechts nicht aus, wenn gesetzliche Erben der zweiten Ordnung (Adoptiveltern, Adoptivgeschwister) und die gemeinsamen Großeltern als Erben der dritten Ordnung nicht vorhanden sind.[161] Wurde der Angenommene von seinen Großeltern angenommen, so können über das Adoptionsverwandtschaftsverhältnis auch seine leiblichen Geschwister, wenn sie auch Abkömmlinge des Annehmenden sind, kraft Eintrittsrecht gem. § 1925 Abs. 3 Erben zweiter Ordnung werden.[162] Darüber hinaus lässt die h. M.[163] bei der Verwandtenadoption mit Recht über § 1925 Abs. 3 auch ein Eintrittsrecht des von dem adoptierenden Großelternteil abstammenden leiblichen Elternteils mit der Begründung zu, dass sich der Ausschluss nach § 1925 Abs. 4 nur auf die leibliche Verwandtschaft nicht auch für die durch Adoption vermittelte neue Verwandtschaft bezieht.

h) Die erbrechtliche Wirkung der Stiefkindadoption

87 Nimmt ein Ehegatte das Kind seines – nicht von ihm geschiedenen,[164] allenfalls vorher gestorbenen[165] – Ehegatten an, so erlischt das Verwandtschaftsverhältnis nur zu seinem anderen Elternteil und dessen Verwandten (§ 1755 Abs. 2). Bis zum 30. 6. 1998 war dabei die Rechtslage, dass, wenn ein Ehegatte das eheliche Kind des anderen Ehegatten

[158] So Engler FamRZ 1976, 584, 592; MünchKomm/Maurer § 1772 Rn 10; Palandt/Diederichsen § 1772 Rn 4.

[159] So Bosch FamRZ 1978, 656, 664; BayObLG NJW 1986, 872, 873.

[160] BayObLGZ 1978, 1 = FamRZ 1978, 736.

[161] Lüderitz NJW 1976, 1870; Nägele BWNotZ 1978, 79.

[162] Schmitt-Kammler FamRZ 1978, 571; Bamberger/Roth/Müller-Christmann § 1925 Rn 10; MünchKomm/Leipold § 1925 Rn 13.

[163] Schmitt-Kammler FamRZ 1978, 570, 572 f.; MünchKomm/Leipold § 1925 Rn 13; Palandt/Edenhofer § 1925 Rn 5; a. A. Bühler BWNotZ 1977, 129, 131.

[164] Vgl. DNotI-Report 2010, 139 ff.

[165] LG Koblenz Rpfleger 2001, 34.

aus einer früheren, **durch den Tod aufgelöste Ehe (Halbwaisenadoption)** adoptierte, nach § 1756 Abs. 2 a.F. die Verwandtschaftsbeziehungen zu den Verwandten des verstorbenen Elternteils erhalten blieben. Anders war es jedoch bisher, wenn Kinder des Ehegatten aus einer früheren Ehe, **die durch Scheidung aufgelöst worden war (Scheidungswaisen)**, oder ein nichteheliches Kind des anderen Ehegatten adoptiert wurden. Hier trat bis zum 30. 6. 1998 die volle Wirkung des § 1755 ein, d.h. mit der Annahme erlosch das Verwandtschaftsverhältnis des Kindes und seiner Abkömmlinge zu dem anderen Elternteil und dessen Verwandten. Durch das Gesetz zur Reform des Kindschaftsrechts (KindRG) vom 16. 12. 1997[166] wurde § 1756 Abs. 2 dahin geändert, dass ab 1. 7. 1998 allgemein bei der Annahme des Kindes, auch eines nichtehelichen, des anderen Ehegatten das Verwandtschaftsverhältnis zu den Verwandten des anderen Elternteils **nicht erlischt,** wenn dieser **andere Elternteil**

- **verstorben ist und**
- **die elterliche Sorge hatte und zwar gleichgültig ob allein oder gemeinsam mit dem anderen leiblichen Elternteil.**[167]

Somit erlöschen die Verwandtschaftsbeziehungen durch die Adoption jetzt auch bei Scheidungswaisen dann nicht, wenn der andere Elternteil das Sorgerecht hatte und nach der Scheidung aber vor der Adoption verstorben ist. 88

Kontrovers ist nach wie vor die Anwendung des § 1925 Abs. 4 auf diese Fälle. Gemäß § 1925 Abs. 4 gehören die Abkömmlinge des verstorbenen Elternteils nicht zu den Erben zweiter Ordnung des Angenommenen und umgekehrt. Die wohl h.M.[168] bezieht diesen Ausschluss aus der zweiten Erbordnung jedoch nur auf die einseitigen Abkömmlinge des vorverstorbenen Elternteils, d.h. die leibliche Halbgeschwister des Angenommenen bzw. deren Abkömmlinge. 89

i) Hinweise für die Beratungs- und Beurkundungspraxis

Die Volladoption bietet mit Ausnahme ihrer Varianten als Verwandten- oder Stiefkindadoption der Beratungs- und Beurkundungspraxis wegen ihrer klaren erbrechtlichen Wirkungen keinerlei Schwierigkeiten. Umso mehr sind diese allerdings bei der Adoption mit schwacher Wirkung dadurch gegeben, dass bei ihr zwischen den Angenommenen und seinen leiblichen Verwandten gegenseitige gesetzliche Erb- und Pflichtteilsrechte verbleiben, was der BGH[169] noch zum alten Recht als „juristische Falle" bezeichnet hat. Das ist der Fall bei: 90

- Altadoptionen bei denen der Angenommene am 1. 1. 1977 bereits volljährig (18 Jahre) war (Art. 12 § 1 Abs. 1 AdoptionsG);
- Altadoptionen bei denen der Angenommene zwar am 1. 1. 1977 noch minderjährig (unter 18 Jahre) war, jedoch die Erklärung zur Ablehnung der Überleitung nach Art. 12 § 2 Abs. 2 AdoptionsG an das Amtsgericht in Berlin-Schöneberg abgegeben wurde;
- Volljährigen-Adoption ab 1. 1. 1977 mit schwacher Adoptionswirkung (§ 1770).

In diesen Fällen hat nach wie vor das Urteil des BGH vom 2. 5. 1972[170] unmittelbare Bedeutung. Nach ihm ist der Notar, der entweder direkt durch Beurkundung des Adoptionsantrags oder indirekt durch Beurkundung einer Verfügung von Todes wegen, mit einer Kindesannahme mit schwacher Wirkung befasst wird, auf Grund der von der Rechtsprechung entwickelten erweiterten Belehrungspflicht, gehalten, die Beteiligten auf das Fortbestehen gegenseitiger Erb- und Pflichtteilsrechte zwischen dem Angenommenen 91

---

[166] BGBl. I 1997, 2942.

[167] Palandt/Diederichsen § 1756 Rn 2; Zimmermann DNotZ 1998, 404, 429.

[168] Bamberger/Roth/Enders § 1756 Rn 5; MünchKomm/Leipold § 1925 Rn 14; Palandt/Edenhofer § 1925 Rn 10; Schmitt-Kammler FamRZ 1978, 570, 574; Nägele BWNotZ 1978, 79; a.A. Kraiß BWNotZ 1977, 5; Bühler BWNotZ 1977, 131; Dittmann Rpfleger 1978, 277, 280.

[169] BGHZ 58, 343, 349.

[170] BGHZ 58, 343 = NJW 1972, 1422 = DNotZ 1973, 240.

und seinen leiblichen Verwandten hinzuweisen und mit ihnen Möglichkeiten ihres Ausschlusses zu erörtern. Auf jeden Fall sollte er zu seinem Schutz etwa folgende Belehrungsvermerke bei der Beurkundung solcher Adoptionsanträge aufnehmen:

Formulierungsvorschläge:

Bei normaler Adoption mit schwacher Wirkung (§ 1770):

Die Beteiligten wurden darauf hingewiesen, dass mit dem Ausspruch der Adoption die Verwandtschaftsbeziehungen einschließlich des gegenseitigen gesetzlichen Erb- und Pflichtteilsrechts zwischen dem Adoptierten und seinen leiblichen Verwandten nicht erlöschen, zusätzlich aber solche zu dem/den Annehmenden, nicht jedoch seinen/ihren Verwandten begründet werden.

Bei der Adoption durch einen Verwandten 2. oder 3. Grades (§ 1756 Abs. 1):

Die Beteiligten wurden darauf hingewiesen, dass mit dem Ausspruch der Adoption die Verwandtschaftsbeziehungen einschließlich des gegenseitigen Erb- und Pflichtteilsrechts zwischen dem Adoptierten und seinen leiblichen Verwandten außer zu seinen leiblichen Eltern nicht erlöschen, zusätzlich aber solche zu dem/den Annehmenden und seinen/ihren Verwandten begründet werden.

Bei der Adoption eines Stiefkindes (§ 1756 Abs. 2):

Die Beteiligten wurden darauf hingewiesen, dass mit Ausspruch der Adoption die Verwandtschaftsbeziehungen einschließlich des gegenseitigen Erb- und Pflichtteilsrechts zwischen dem Adoptierten und seinen leiblichen Verwandten nicht erlöschen, zusätzlich aber solche zu dem/den Annehmenden und seinen/ihren Verwandten begründet werden.

92 **Regelungsziel:** Es soll verhindert werden, dass bei Adoption mit schwacher Wirkung (§ 1770) bei kinderlosem Ableben des Adoptierten oder seiner Abkömmlinge das vom Annehmenden ererbte Vermögen der Blutsverwandtschaft aufsteigender Linie des Adoptierten weitervererbt wird.

93 Hier bieten sich folgende Möglichkeiten an:

- Da eine Adoption mit schwacher Wirkung nur bei Volljährigen möglich ist, kann mit dem notariellen Adoptionsantrag ein in seiner Wirksamkeit durch den Ausspruch der Adoption aufschiebend bedingter Erbvertrag zwischen dem Adoptierten als Erblasser und dem Annehmenden als anderem Vertragsschließenden verbunden werden, in welchem der Adoptierte seine leiblichen Verwandten ausdrücklich von der Erbschaft ausschließt (§ 1938). Da die bloße Enterbung gem. § 1938 nicht erbvertragsmäßig i.S. § 2278 Abs. 2 oder wechselbezüglich i.S. § 2270 Abs. 3, 1 vorgenommen werden kann,[171] ist eine positive Erbeinsetzung (z.B. von Verwandten aus der Adoptivfamilie) vorzuziehen. **Nachteil (bei beiden Varianten):** Das Pflichtteilsrecht der leiblichen Eltern des Adoptierten bleibt bestehen.
- Der oder die Annehmenden setzen in einer Verfügung von Tode wegen den Adoptierten nur zum evtl. von den gesetzlichen Beschränkungen befreiten (§ 2136) Vorerben ein. Nacherben werden auf seinen Tod seine Abkömmlinge und sofern er keine hinterlässt, jemand anderes aus der Familie des Annehmenden, evtl. diejenigen, die gesetzliche Erben des Annehmenden wären, wenn er erst zum Zeitpunkt des Todes des Adoptierten verstorben wäre. Durch Anordnung mehrfacher Nacherbfolge[172] kann der Annehmende auch das Herausfallen des Vermögens aus seiner Familie für den Fall verhindern, dass erst die Kinder des Adoptierten ohne Abkömmlinge versterben.[173] Ledig-

[171] BayObLG DNotZ 1993, 450 = Rpfleger 1993, 325 = FamRZ 1993, 240; MünchKomm/Leipold § 1938 Rn 1.

[172] MünchKomm/Grunsky § 2100 Rn 17.

[173] Diestelkamp NJW 1965, 2041, 2043 f.

lich die 30-Jahresfrist des § 2109 setzt hier Grenzen. Bei der mehrfachen Nacherbeinsetzung dürfte allerdings die Zusatzbestimmung angezeigt sein, dass die weitere Nacherbfolge nur als angeordnet gilt, wenn der zweite Vor- und zugleich erste Nacherbe nichts anderes durch Erbeinsetzung oder Vermächtnisanordnung bestimmt,[174] was zulässig ist.[175] Durch die Nacherbeinsetzung verhindert der Erblasser auch die Beeinträchtigung des Familienvermögens durch Pflichtteilansprüche der ihm nicht genehmen leiblichen Erben des Angenommenen, da die Vorerbschaftsmasse nicht zum vererbbaren Vermögen des Angenommenen gehört.[176] **Nachteil:** Legt der Angenommene z.B. den ihm zur freien Verfügung zustehenden Reingewinn eines in der Erbschaft befindlichen Firmenvermögens wieder in dem Unternehmen an, so fällt dieser Wert in sein freies Vermögen und später in seine Erbmasse und seine leiblichen Verwandten können daran teilhaben.[177] Ein Ausweg, jedoch nicht gegen Pflichtteilsansprüche der leiblichen Eltern, bietet wieder die Enterbung der leiblichen Verwandten, die wegen der Unwiderruflichkeit am besten im Wege des Erbvertrages des Adoptierten mit dem Annehmenden erfolgen sollte. Das allerbeste wäre allerdings, wenn man die Eltern des Adoptierten bei der Antragstellung zu einem gegenseitigen notariellen Erb- und/oder Pflichtteilsverzicht dem Adoptierten gegenüber bewegen könnte.

Weitere Nachteile: Die Verfügungsbeschränkungen gem. §§ 2113 bis 2115 sowie die Kontroll- und Sicherungsrechte gem. §§ 2127 bis 2129 zugunsten der Nacherben schränken weitgehend auch den befreiten Vorerben zeitlebens ein. Sie finden auch zum Schutz des nur aufschiebend oder auflösend bedingt eingesetzten Nacherben Anwendung,[178] sodass diese lästigen Beschränkungen dem Adoptierten auch dann nicht erspart bleiben, wenn man die Nacherben nur unter der aufschiebenden Bedingung einsetzt, dass der Angenommene kinderlos verstirbt.[179] Eine Erleichterung der Beschränkungen bietet die Einsetzung eines sog. Nacherbentestamentsvollstreckers gem. § 2222 durch den Erblasser, der anstelle der oft noch unbekannten Nacherben die etwa erforderlichen Zustimmungen erteilen kann.[180] Allerdings kann nach der h.M.[181] der alleinige Vorerbe nicht zum alleinigen Nacherbentestamentsvollstrecker bestellt werden, was eine praktikable Lösung wäre, um den Adoptierten als Vorerben so frei wie möglich zu stellen.

- Will der Annehmende den Angenommenen nicht mit den bei der Nacherbfolge unvermeidbaren Beschränkungen belasten, ihn vielmehr für Verfügungen unter Lebenden und von Todes wegen weitgehend freistellen, trotzdem aber den Heimfall des ihm vererbten Vermögens an die eigene Familie sichern, besteht die Möglichkeit, den Adoptierten zum Vollerben einzusetzen, jedoch beschwert mit dem durch sein kinderloses Versterben aufschiebend bedingte und erst bei seinem Tod anfallende Sachvermächtnis zugunsten bestimmter Personen aus der eigenen Familie auf Herausgabe derjenigen Vermögensgegenstände, die ursprünglich zum Nachlass des Annehmenden gehört haben einschließlich der Surrogate im Sinne des § 2111 (aufschiebend befristetes Herausgabevermächtnis).[182] Der Endbedachte ist allerdings beim aufschiebend bedingten oder befristeten Herausgabevermächtnis gegen beeinträchtigende oder vereitelnde Verfügungen des Erben unter Lebenden nur durch Schadensersatzansprüche gem. §§ 2179,

[174] Haegele DNotZ 1969, 457, 471.
[175] MünchKomm/Grunsky § 2100 Rn 16; Zawar DNotZ 1986, 515, 521.
[176] Diestelkamp NJW 1965, 2041, 2045.
[177] Diestelkamp NJW 1965, 2041, 2044.
[178] MünchKomm/Grunsky § 2113 Rn 17; Bamberger/Roth/Litzenburger § 2113 Rn 28; OLG Hamm DNotZ 1970, 360; Kanzleiter DNotZ 1970, 326, 330; Heider ZEV 1995, 1, 3.
[179] A.A. offenbar Diestelkamp NJW 1965, 2041, 2045.
[180] Haegele DNotZ 1969, 457, 471.
[181] RGZ 77, 177; BayObLGZ 1959, 129; Bamberg/Roth/J. Mayer § 2222 Rn 5; MünchKomm/Zimmermann § 2222 Rn 4; a.M. Rohlff DNotZ 1971, 518, 527ff.
[182] Formular in MünchVertrHdb/Nieder/Otto, Bd. 6/2 Form. XVI. 5.

160 geschützt.[183] Dem Erblasser kommt es jedoch in diesen Fällen auf diesen Schutz gar nicht an, da er in erster Linie den Ausschluss der Weitervererbung der Ererbten durch den Erben an dessen Blutsverwandte aufsteigender Linie verhindern will.

Schrifttum zum Adoptiertenerbrecht: *Bökelmann,* Probleme des Legitimationsrechts, Das Standesamt 1969, 169; *ders.,* Zur Reform des Legitimationsrechts, FamRZ 1966, 546; *Bosch,* Die gescheiterte Adoption, FamRZ 1978, 656; *Bühler,* Hinweise und Einzelfragen zum neuen Adoptionsrecht, 1977, 129; *Dieckmann,* Probleme des Legitimationsrechts, Das Standesamt, 1983, 297; *Diestelkamp,* Adoption und Erbrecht, NJW 1965, 2041; *Dittmann,* Adoption und Erbrecht, Rpfleger 1978, 277; *Engler,* Nichtehelichengesetz und Adoptionsrecht, FamRZ 1970, 113; *ders.,* Das neue Adoptionsrecht, FamRZ 1976, 584; *Flik,* Beeinflußt die Aufhebung eines Adoptionsverhältnisses frühere Verfügungen von Todes wegen?, BWNotZ 1980, 132; *Haegele,* Zum Erbrecht beim Adoptivkind, DNotZ 1969, 457; *Kemp,* Die Übergangsvorschriften des Gesetzes über die Annahme als Kind, DNotZ 1976, 646; *Kraiß,* Das neue Adoptionsrecht, BWNotZ 1977, 1; *Lüderitz,* Das neue Adoptionsrecht, NJW 1976, 1865; *Nägele,* Auswirkungen des § 1925 IV BGB auf die Erbfolge, BWNotZ 1978, 79; *Schmitt-Kammler,* Zur erbrechtlichen Problematik der Verwandten- und Stiefkinderadoption nach § 1756 BGB, FamRZ 1978, 570; *Schramm,* Zum Erbrecht des Adoptivkindes, BWNotZ 1962, 40.

6. Die Feststellung des Fiskalerbrechts

94 Nach dem durch das ErbVerjRÄndG neu gefassten § 1936 BGB wird (bei Anwendbarkeit deutschen Erbrechts) ein Erblasser, der nicht durch Verfügung von Todes wegen einen Erben eingesetzt hat und weder einen Ehegatten, eingetragenen Lebenspartner noch irgendeinen (auch noch so entfernten) Verwandten hinterlässt, vom Fiskus des Bundeslandes beerbt, in dem er zum Zeitpunkt seines Todes tatsächlich (allerdings nicht nur vorübergehend) seinen Wohnsitz, ersatzweise seinen gewöhnlichen Aufenthalt hatte. Mangels Wohnsitz oder gewöhnlichen Aufenthalt in Deutschland wird der Bund Erbe.[184] Auf Ausländer findet die Vorschrift Anwendung, soweit – etwa aufgrund Rückverweisung oder Rechtswahl – deutsches Erbrecht Anwendung findet.[185] Das Fiskalerbrecht tritt zwar auch ipso iure mit dem Tod des Erblassers ein (§ 1942 Abs. 1), kann aber nach § 1966 durch oder gegen den Fiskus nur geltend gemacht werden, wenn das Nachlassgericht nach einem in §§ 1964 bis 1966 geregelten Verfahren förmlich das Fiskalerbrecht festgestellt hat.[186] Vor Erlass des Feststellungsbeschlusses hat das Nachlassgericht den Versuch zu unternehmen, andere Erben zu ermitteln (§ 1964 Abs. 1). Dies deshalb, weil die Verwandtenerbfolge nach Ordnungen gem. § 1929 unbegrenzt ist (keine Erbrechtsgrenze!) und es daher praktisch unmöglich ist, dass ein Erblasser keine Blutsverwandten hinterlässt. Umfang und Dauer der Ermittlungen richten sich nach dem Bestand des Nachlasses.[187] Die Kosten der Ermittlungen müssen zum Wert des Nachlasses in einem angemessenen Verhältnis stehen. Konnte innerhalb einer den Umständen entsprechenden Frist kein anderer Erbe ermittelt werden, so hat das Nachlassgericht nach § 1965 grundsätzlich eine öffentliche Aufforderung zur Anmeldung der Erbrechte vorzunehmen. Diese Aufforderung darf unterbleiben, wenn ihre Kosten dem Bestand des Nachlasses gegenüber unverhältnismäßig groß wären (§ 1965 Abs. 1 Satz 2). Nach §§ 435 bis 437 FamFG erfolgt die öffentliche Aufforderung zur Anmeldung des Erbrechts durch Aushang an der Gerichtstafel oder öffentliche Bekanntmachung in einem elektronischen Informations- und Kommunikationssystem und einmalige Veröffentlichung in dem elektronischen Bundesanzeiger. Dabei ist eine Aufgebotsfrist von mindestens 6 Wochen ab

[183] Bühler BWNotZ 1967, 174; Bungeroth NJW 1967, 1357; Zawar, Das Vermächtnis in der Kautelarjurisprudenz, 1983, S. 42.
[184] MünchKomm/Leipold § 1936 Rn 10 ff.
[185] MünchKomm/Leipold § 1936 Rn 17; Palandt/Edenhofer § 1936 Rn 3.
[186] Zum Verfahren insb. Frohn Rpfleger 1986, 37.
[187] Frohn Rpfleger 1986, 38.

dem Tag der Veröffentlichung festzusetzen. Ist die Aufgebotsfrist verstrichen, ohne dass eine Anmeldung erfolgte, oder ist eine öffentliche Aufforderung statthaft unterblieben, so hat das Nachlassgericht gem. § 1964 Abs. 1 in Beschlussform festzustellen, dass ein anderer Erbe als der Fiskus nicht vorhanden ist. Melden sich dagegen vermeintlich Erbberechtigte innerhalb der Anmeldefrist oder nach deren Ablauf, aber vor Erlass des Feststellungsbeschlusses, so ist das Verfahren auf drei Monate auszusetzen (**Nachweisfrist**), um dem Anmeldenden Gelegenheit zum Nachweis seines Erbrechts bzw. zur Erhebung einer Feststellungsklage gegen den Fiskus zu geben (§ 1965 Abs. 2). Die Prüfung des angemeldeten Erbrechts ist Sache des Nachlassgerichts (§ 26 FamFG). Der das Erbrecht des Fiskus feststellende Beschluss begründet lediglich die Vermutung, dass der Fiskus gesetzlicher Erbe ist (§ 1964 Abs. 2). Ein etwa doch vorhandener anderer Erbe wird durch ihn nicht mit seinem Erbrecht ausgeschlossen.[188] Der Fiskus ist daher stets nur Erbschaftsbesitzer. Es bleibt einem Erbprätendenten unbenommen, die widerlegbare Vermutung des § 1964 Abs. 2 durch den Beweis des Gegenteils zu entkräften (§ 292 ZPO). Er kann dazu den Feststellungsbeschluss entweder durch Beschwerde angreifen, oder gegen den Fiskus Feststellungsklage (§ 256 Abs. 1 ZPO) oder Herausgabeklage (§ 2018 BGB) erheben oder einen Erbscheinsantrag stellen.[189] Der Staat ist gesetzlicher Zwangserbe, er kann die ihm als gesetzlichen Erben angefallene Erbschaft nicht ausschlagen (§ 1942 Abs. 2). Der Staat kann seine Haftung für die Nachlassverbindlichkeiten in derselben Art und Weise auf den Nachlasswert beschränken wie ein anderer Erbe. Eine Inventarfrist kann ihm nicht gesetzt werden (§ 2011), er ist jedoch den Nachlassgläubigern gegenüber verpflichtet, über den Bestand des Nachlasses Auskunft zu erteilen.

Die Feststellung des Fiskalerbrechts durch Beschluss gem. § 1964 Abs. 1 hat nicht die Verkehrsschutzwirkung eines Erbscheins.[190] Der Fiskus kann daher daneben auch noch einen Erbschein beantragen. Er bedarf ihn regelmäßig, wenn zum Nachlass Grundstücke oder Rechte an Grundstücken gehören.[191] 95

Schrifttum zum Fiskalerbrecht: *Frohn,* Feststellung des Fiskalerbrechts und „Erbenaufgebot", Rpfleger 1986, 37; J. Mayer Fiskuserbrecht und Erbenermittlung: Probleme des „erbenlosen Nachlasses", ZEV 2010, 445.

II. Die Feststellung des vermutlichen Nachlasses

1. Notwendigkeit

Oberflächlich betrachtet ist bei der Beratung oder Gestaltung der gewillkürten Erbfolge die Kenntnis des vermutlichen Nachlasses des Erblassers nicht notwendig. Der Grundsatz der Gesamtrechtsnachfolge (**Universalsukzession**) nach § 1922 erfordert nur die abstrakt-rechnerische Aufteilung des Gesamtnachlasses in Bruchteilen, soweit nicht die Zuwendung des gesamten Nachlasses an eine einzelne Person vom Erblasser gewünscht wird. Lediglich wenn der Erblasser neben der abstrakt-rechnerischen Aufteilung noch konkrete, einzelne Vermögensstücke gesondert zuwenden will (**Einzelzuweisung**) sind diese und die Zuwendungsempfänger in der Verfügung von Todes wegen besonders aufzuführen. So wie jedoch der Ausgangspunkt der Überlegungen bei der Gestaltung einer Verfügung von Todes wegen regelmäßig die Frage sein sollte, wie sich im gegebenen Fall die gesetzliche Erbfolge gestalten würde, so sollte immer Umfang, Zusammensetzung und Bewertung des mutmaßlichen Nachlasses aufgeklärt werden. Dies insbesondere deshalb, weil 96

[188] KG Rpfleger 1970, 339, 340 m. w. N.
[189] Frohn Rpfleger 1986, 41 f.
[190] Staudinger/Marotzke § 1964 Rn 14; MünchKomm/Leipold § 1964 Rn 10.
[191] OLG Köln MDR 1965, 993, 994; BayObLG MDR 1987, 762.

- nur so festgestellt werden kann, ob der Erblasser bezüglich einzelner Vermögensstücke etwa nur Miterbe oder Vorerbe ist, sie mit einem Nachvermächtnis beschwert sind oder der Erblasser in fortgesetzter oder beendeter und noch nicht auseinandergesetzter Gütergemeinschaft lebt;
- nur in Kenntnis dessen, der Notar oder beratende Rechtsanwalt entscheiden kann, ob die Bestellung eines Testamentsvollstreckers (§§ 2197ff.) angezeigt ist;
- nur so festgestellt werden kann, ob nicht hinsichtlich einzelner Nachlassgegenstände oder Sachgesamtheiten, wie z.B. einem dem Höferecht unterliegenden land- oder forstwirtschaftlichen Betrieb oder einer Beteiligung an einer Personengesellschaft, eine Sondererbfolge stattfindet;
- wenn zum Nachlass ein Unternehmen gehört, dessen künftige Entwicklung zu bedenken und bei Unternehmensbeteiligungen die geltenden Satzungs- oder Vertragsregelungen auf den Todesfall zu berücksichtigen oder ihre Änderung anzustreben ist;
- geprüft werden kann, ob der Nachlass die zugewendeten Vermächtnisse überhaupt trägt;
- nur dann eine Wertberechnung darüber angestellt werden kann, ob einem pflichtteilsberechtigten Vermächtnisnehmer voraussichtlich ein Pflichtteilsrestanspruch nach § 2307 zusteht oder ein mit Vermächtnissen und/oder Auflagen belasteter Pflichtteilsberechtigter Erbe, deren Erfüllung gem. § 2318 verweigern kann;
- die Belegenheit eines Nachlassgegenstandes im Ausland über Art. 3 Abs. 3 (und ggf. auch Art. 4 Abs. 1) EGBGB zur Nachlassspaltung und Anwendung des Erbrechts des belegenen Staates auf diesen Gegenstand führen kann;
- nur mit dieser Kenntnis die optimale Ausnützung der erbschaftsteuerlichen Freibeträge nach § 16 ErbStG erfolgen kann, d.h. z.B. bei Ehegatten mit größerem Vermögen bereits beim Tod des Erstversterbenden ein Teil des Nachlasses den Abkömmlingen zugewendet werden sollte (oder umgekehrt gerade eine Vermögensverteilung auf die Ehegatten erfolgen sollte).

97 Die gebotene Feststellung der Vermögensverhältnisse des Erblassers sollte jedoch nicht dazu führen, bei bloßer Erbeinsetzung ohne Vermächtnis- oder Teilungsanordnung, die einzelnen Gegenstände in der Verfügung von Todes wegen aufzuführen (**gegenständliche Verteilung des Nachlasses**). Das könnte nach dem Erbfall dazu führen, dass im Wege der Auslegung die Zuwendung dieser Gegenstände lediglich als Vermächtniseinsetzung angesehen wird und bezüglich der evtl. vergessenen oder nach Errichtung der Verfügung hinzuerworbenen Gegenstände die gesetzliche Erbfolge eintritt. Besteht jedoch der Erblasser auf dieser Angabe, sollte sie mit einem Zusatz versehen werden, der ihr den Charakter der Vollständigkeit nimmt, wie z.B. „unter anderem" oder „neben anderen".

98 Nach § 1922 Abs. 1 geht das Vermögen des Erblassers im ganzen auf den Erben über. § 1967 Abs. 1 stellt zusätzlich klar, dass er damit auch für die Nachlassverbindlichkeiten haftet und vervollständigt damit das Prinzip der Gesamtrechtsnachfolge (**Universalsukzession**). Teil der Nachlassverbindlichkeiten sind dabei vor allem die vom Erblasser herrührenden Verbindlichkeiten (**Erblasserschulden**). Der Erblasser kann in einer ganzen Reihe von Rechtsbeziehungen gestanden haben, die beim Erbfall seinen Nachlass mindern oder mehren oder durch die Vermögensgegenstände am Nachlass vorbeigeführt werden. Auch sie müssen bei der Testamentsgestaltung berücksichtigt werden. Die wichtigsten und vor allem diejenigen, mit denen die Erblasser am wenigsten zu rechnen pflegen, sind in der Folge aufgeführt.

2. Unvererbliche Rechtsbeziehungen

99 Grundsätzlich sind alle vermögensbezogenen Rechte und Pflichten vererblich, während die persönlichkeitsbezogenen (immateriellen) unvererblich sind. Es gibt jedoch auch immaterielle Rechte, die vererblich sind, wie z.B. Urheberrechte (§§ 28, 64 UrhG) und gewerbliche Schutzrechte (§§ 6, 9, 15 Abs. 1 PatG; §§ 2, 7, 29 GeschmMG; §§ 11, 13, 22

GebrMG; §§ 4, 14, 27 MarkenG). Der Arbeitsvertrag erlischt beim Tod des Arbeitnehmers (§ 613 Satz 1), trotz § 613 Satz 2 jedoch grundsätzlich nicht beim Tod des Arbeitgebers.[192] Unterhaltsansprüche sind zwar vermögensrechtlicher Natur, grundsätzlich jedoch nicht vererblich, weil ihr Zweck mit dem Tod des Berechtigten wegfällt (§§ 1615 Abs. 1, 1360 a Abs. 3). Ausnahmsweise geht gem. § 1586 b beim Tod des Verpflichteten die Unterhaltspflicht gegenüber dem unterhaltsberechtigten geschiedenen Ehegatten auf die Erben über, jedoch begrenzt durch den fiktiven Pflichtteil des Berechtigten.[193] Unterhaltsansprüche, die bereits in der Person des Erblassers entstanden sind und rückständige Unterhaltsschulden des Erblassers, gehen auf die Erben über. Das auf dem Grundrecht der Menschenwürde (Art. 1 Abs. 1 GG) beruhende allgemeine Persönlichkeitsrecht, dem nach der Rspr. unmittelbarer deliktsrechtlicher Schutz zuteil wird (§ 823 Abs. 1), ist zwar unvererblich, wirkt aber als postmortaler Schutz des Lebensbildes des Verstorbenen gegen grobe ehrverletzende Entstellungen über seinen Tod hinaus, da es mit dem verfassungsverbürgten Gebot der Unverletzlichkeit der Menschenwürde unvereinbar wäre, „wenn der Mensch, dem Würde kraft seines Personseins zukommt, in diesem allgemeinen Achtungsanspruch nach seinem Tode herabgewürdigt oder erniedrigt werden dürfte".[194] Wahrnehmungsberechtigt ist in erster Linie der vom Verstorbenen zu Lebzeiten dazu Berufene, sonst in Analogie zu §§ 194 Abs. 2 i. V. m. § 77 Abs. 2 StGB, 22 KunstUrhG seine nahen Angehörigen.[195] Ein Auftrag (§§ 662 ff.) und ein entgeltlicher Geschäftsbesorgungsvertrag (§ 675) erlöschen im Zweifel nicht durch den Tod des Auftraggebers (§ 672) wohl aber durch den Tod des Beauftragten (§ 673), dessen Erben jedoch nach § 673 Satz 2 eine Anzeige- und Notbesorgungspflicht trifft. Wegen § 168 gilt dies auch für die mit dem Auftrag verknüpfte Vollmacht. Sie erlischt daher mit dem Tod des Bevollmächtigten, gilt jedoch beim Tod des Vollmachtgebers im Zweifel weiter für die rechtsgeschäftliche Vertretung der Erben.[196] Soweit sich der Bevollmächtigte im Rahmen des Auftrages und der Vollmacht hält, braucht er bis zum Widerruf durch die Erben zu Rechtsgeschäften nach dem Erbfall keine Zustimmung der Erben und muss sich auch vorbehaltlich der durch §§ 138, 242 gezogenen Schranken nicht vergewissern, ob sie mit dem beabsichtigten Geschäft einverstanden sind.[197] Darauf sollte der Erblasser bei der Testamentserrichtung hingewiesen werden.

3. Auf Lebenszeit beschränkte oder auf den Tod bestellte Rechte

a) Gesetzlich auf Lebenszeit beschränkte Rechte

Dingliche Rechte sind im Regelfall vererblich.[198] Diesem Grundsatz unterliegen auch 100
die sog. subjektiv-dinglichen Rechte, die dem jeweiligen Eigentümer des herrschenden Grundstücks bezüglich eines anderen Grundstücks zustehen, nach § 96 Grundstücksbestandteil sind und damit das erbrechtliche Schicksal dieses herrschenden Grundstücks teilen. Dazu gehören z. B. Grunddienstbarkeiten (§ 1018), subjektiv-dingliche Reallasten (§§ 1105 Abs. 2, 1110), subjektiv-dingliche Vorkaufsrechte (§ 1094 Abs. 2), der Heimfallanspruch nach § 3 ErbbauRG und das Recht auf Duldung des Überbaus (§ 912). Die wichtigste Ausnahme vom Grundsatz der Vererblichkeit dinglicher Rechte bilden jedoch die subjektiv-persönlichen beschränkten dinglichen Rechte, d. h. die beschränkte persön-

---

[192] Palandt/Weidenkaff Vorbem. v. § 620 Rn 2.

[193] Roessink FamRZ 1990, 924.

[194] BVerfG E 30, 173 u. BGHZ 50, 133 = NJW 1968, 1773 „Mephistofall"; BGH JZ 1990, 37 m. Anm. Schack; Buschmann NJW 1970, 2081; krit. H. P. Westermann FamRZ 1969, 561.

[195] BGHZ 50, 133, 140; LG Bückeburg NJW 1977, 1065, 1066.

[196] Palandt/Sprau § 672 Rn 1.

[197] BGH NJW 1969, 1245; BGH FamRZ 1985, 693, 695; Bamberger/Roth/Habermeier § 168 Rn 13.

[198] MünchKomm/Leipold § 1922 Rn 40; zu bedingten Zuwendungen allgemein vgl. § 9 Rn 137 ff.

liche Dienstbarkeit (§§ 1090, 1061 Abs. 2), das Wohnungsrecht (§§ 1093, 1090), der Nießbrauch (§ 1061), die subjektiv-persönliche und ausdrückliche oder ihrer Natur nach auf die Lebenszeit des Berechtigten beschränkte Reallast (§ 1111 Abs. 2)[199] und das subjektiv-persönliche und nicht ausdrücklich vererblich erklärte dingliche Vorkaufsrecht (§§ 1094 Abs. 1, 1098, 514).[200] Sie sind jeweils an die Person des Berechtigten gebunden und erlöschen notwendig mit seinem Tod. Ob bei diesen Rechten jeweils sog. Vorlöschungsklauseln gem. § 23 Abs. 2 GBO eingetragen werden können, die voraussetzen, dass das Recht auf die Lebenszeit des Berechtigten beschränkt ist und Rückstände von Leistungen denkbar sind, ist wegen der letztgenannten Voraussetzung nur bei der subjektiv-persönlichen Reallast und dem Nießbrauch unstreitig.[201]

101 Reallasten[202] und dingliche Vorkaufsrechte[203] können jeweils auch mit dinglicher Wirkung für die Beteiligten vererblich bestellt werden.

102 Nicht zulässig ist wegen Verstoß gegen den Vererblichkeitsgrundsatz nach § 1 Abs. 1 ErbbauRG und wegen des gegen den Sinn des die Beleihungsfähigkeit des Erbbaurechts garantierenden Bedingungsverbots nach § 1 Abs. 4 Satz 1 ErbbauRG verstoßenden ungewissen Endtermins ein durch den Tod einer Person befristetes Erbbaurecht.[204] Die nicht zulässige Befristung des Erbbaurechts auf die Lebenszeit des Berechtigten kann jedoch ohne weiteres durch die zulässige Vereinbarung eines Heimfallsanspruchs bei Tod des Erbbauberechtigten ersetzt werden.[205] Ferner wird die auf den Tod des Berechtigten befristete Bestellung eines Dauerwohnrechts gem. §§ 31 ff. WEG für zulässig gehalten, da der Gesichtspunkt der Beleihungsfähigkeit der einer Erbbaurechtsbestellung auf Lebenszeit entgegensteht, hier keine Rolle spielt, da das Dauerwohnrecht nicht mit Grundpfandrechten belastet werden kann.[206]

103 Die unvererblichen beschränkten dinglichen Rechte bieten die Möglichkeit, durch Rechtsgeschäft unter Lebenden oder von Todes wegen ein dingliches Nutzungsrecht an einem Gegenstand zuzuwenden, ohne dass man befürchten muss, dass das Recht durch Veräußerung oder im Erbgang an Fremde fällt. Der Berechtigte erhält zwar ein dingliches Recht, wird aber gleichzeitig vom Zuwendungsgeber in seiner Verfügungs- und Testierfreiheit bezüglich dieses Rechts beschränkt. Andererseits können sich im Vermögen eines Erblassers durch solche Gestaltungen wertvolle Nutzungsrechte befinden, die mit seinem Tod automatisch wegfallen. Die Gestalter von Verfügungen von Todes wegen sollten sich daher über das Vorhandensein solcher Rechte informieren, damit sich der Erblasser insoweit nicht über den Umfang des für seinen Erben verfügbaren Vermögens täuscht.

b) Quasivererblichkeit von auf Lebenszeit beschränkten Rechten

104 Bei den auf Lebenszeit befristeten beschränkten dinglichen Rechten bestehen verschiedene Möglichkeiten eine der Vererblichkeit ähnliche Wirkung herbeizuführen, die sich

---

[199] BayObLG Rpfleger 1983, 308.

[200] BGHZ 37, 147 = NJW 1962, 1344; durch eine juristische Person als Berechtigte lässt sich die Unvererblichkeit jedoch beseitigen (Schack JZ 1989, 609, 613); siehe auch LG Würzburg MittBayNot 1991, 120.

[201] Zum Meinungsstand siehe Streuer Rpfleger 1986, 245; Wufka MittBayNot 1996, 156, 158; Frank MittBayNot 1997, 217.

[202] BayObLG DNotZ 1985, 41; BGH Rpfleger 1965, 223; BGH DNotZ 1965, 612; OLG Oldenburg DNotZ 1968, 308; BayObLGZ 1983, 113, 116 = DNotZ 1985, 41; BayObLG DNotZ 1989, 567; OLG Hamm Rpfleger 1988, 248.

[203] AG Bochum NJW 1971, 289 m. Anm. Burkhardt.

[204] BGHZ 52, 269, 271 = NJW 1969, 2043 = DNotZ 1970, 32; OLG Celle Rpfleger 1964, 213; Bamberger/Roth/Maaß AT VI Rn 48.

[205] OLG Hamm NJW 1965, 1488 = DNotZ 1966, 41; MünchKomm/von Oefele, § 1 ErbbauRG Rn 72.

[206] Bauer/von Oefele AT V Rn 419; Bamberger/Roth/Hügel § 33 WEG Rn 3; Marschall DNotZ 1962, 381; Diester NJW 1963, 183; a.M. OLG Neustadt NJW 1961, 1974 = DNotZ 1962, 221; Böttcher MittRhNotK 1987, 219.

jeweils durch das Rechtsverhältnis der zeitlich Berechtigten zueinander und ihre Bestimmtheit unterscheiden:

aa) Inhaltsgleiche Rechte. Für den Erblasser und den vorgesehenen Erben werden von vornherein jeweils **inhalts- und ranggleiche Rechte** an dem Grundstück eingetragen, die sich lediglich in der tatsächlichen Nutzung gegenseitig beschränken (Alternativberechtigung). Evtl. kann die Ausübung des Rechts des vorgesehenen Endberechtigten auch schuldrechtlich beschränkt werden. Nach dem Tod des einen Berechtigten bleibt dann das Recht des Überlebenden wie bisher bestehen, ohne dass dafür besondere Vereinbarungen zu treffen wären.[207] 105

bb) Gesamtberechtigung nach § 428 BGB. Das Recht steht nach § 428 den mehreren Berechtigten gemeinsam zu mit der Maßgabe, dass jeder einzelne Berechtigte mit schuldbefreiender Wirkung Leistung an sich allein verlangen kann. Man wird daher für den Erblasser und den vorgesehenen Erben ein Recht in **Gesamtberechtigung** nach § 428 eingetragen, sodass jeder das Recht selbständig seinem ganzen Umfang nach ausüben kann, allerdings damit zugleich das Ausübungsrecht des anderen Berechtigten verbraucht wird. Auch in diesem Fall steht beim Tod des einen Gesamtberechtigten das Recht dem Überlebenden im vollen Umfang zu.[208] Die Gesamtberechtigung ist für alle dinglichen Rechte anerkannt, mit Ausnahme des Eigentums und der Vorkaufsrechte (wegen § 513 BGB). Die Eintragung hat zu erfolgen mit dem Zusatz „als Gesamtgläubiger gem. § 428 BGB".[209] 106

cc) Sukzessivberechtigung. Dass ein Recht auch mit **zeitlicher Aufeinanderfolge der Rechtsinhaberschaft** (Sukzessivberechtigung) in der Weise bestellt werden kann, dass das Recht zunächst allein für einen Lebenden besteht und nach seinem Tod dasselbe Recht eine bestimmt bezeichneten anderen Person, ohne dass der zweite der Rechtsnachfolger des anderen ist und die Art des Rechts eine Vorausabtretung ausschließt, ist entgegen einer früher vertretenen Meinung[210] zu verneinen.[211] Seit den Untersuchungen von Amann[212] und Liedel[213] dürfte feststehen, dass solche Rechte bei beschränkten dinglichen Rechten gar nicht und bei schuldrechtliche Verpflichtungen sichernden Vormerkungen[214] nur unter Bedenken bestellt werden können. Es können aber mittels verschiedener Hilfskonstruktionen ähnliche Rechtswirkungen erzielt werden. Dies kann in der Weise erfolgen, dass das Recht zunächst für die eine Person auflösend bedingt durch ein bestimmtes Ereignis (z. B. ihren Tod) und zugleich aufschiebend bedingt durch das gleiche Ereignis für eine bestimmte andere Person bestellt wird, sodass beim Eintritt des Ereignisses ein Wechsel des Berechtigten eintritt. Die Frage ist hierbei, wie dieser Wechsel dogmatisch begründet werden kann. Keine Schwierigkeit besteht bei übertragbaren Rechten, da der Wechsel dann durch eine Vorausabtretung herbeigeführt werden kann. Bei nicht übertragbaren Rechten und das sind die oben genannten subjektiv-persönlichen beschränk- 107

---

207 BayObLGZ 1957, 322 = Rpfleger 1958, 88 m. zust. Anm. Haegele; BayObLGZ 84, 256 = Rpfleger 1985, 55 = DNotZ 1985, 702.

208 KG JFG 10, 312; OLG Düsseldorf MittRhNotK 1979, 191; BayObLGZ 55, 155, 159; Faßbender DNotZ 1965, 662; OLG Hamm Rpfleger 1988, 248; a. M. Bader DNotZ 1965, 673.

209 BGHZ 46, 260 = Rpfleger 1967, 143; BGH Rpfleger19 80, 464 = DNotZ 1981, 121; BGHZ 46, 260 = Rpfleger 1967, 143; BGH Rpfleger 1980, 464 = DNotZ 1981, 121; zu Nachteilen dieser Lösung: Bauer/von Oefele/Wegmann § 47 Rn 156.

210 RGZ 76, 90; RGZ 128, 246; BGHZ 28, 99, 100 = NJW 1958, 1677; BayObLGZ 57, 322, 327; BayObLGZ 58, 164, 170 = NJW 1958, 1917 = DNotZ 1958, 639; BayObLGZ 1984, 256 = Rpfleger 1985, 55; LG Traunstein MittBayNot 1978, 61; LG Köln MittRhNotK 1978, 172; LG Oldenburg Rpfleger 1974, 263; OLG Köln OLGZ 1966, 231 = DNotZ 1966, 607; Tröster Rpfleger 1967, 313; Meder BWNotZ 1982, 36, 40; zweifelnd jetzt KEHE/Munzig § 20 Rn 60.

211 Schöner/Stöber Rn 261 c.

212 MittBayNot 1990, 225.

213 DNotZ 1991, 855.

214 Vgl. BayObLG DNotZ 1996, 366 Anm. Liedel = Rpfleger 1995, 498; Bauer/von Oefele/Wegmann § 47 Rn 146.

ten dinglichen Rechte, ist dies jedoch nur durch die Begründung zweier selbständiger Rechte möglich, von denen das eine durch den Tod des erstversterbenden der Berechtigten auflösend bedingt ist und das andere durch dieses Ereignis aufschiebend bedingt für den Überlebenden.[215]

108 *dd) Verpflichtung zur Neubegründung.* Der Eigentümer kann sich auch **schuldrechtlich verpflichten,** dem Erben des Berechtigten des auf Lebenszeit begrenzten Rechts ein **neues gleichlautendes Recht zu bestellen** und dieser bedingte Anspruch kann durch eine Vormerkung im Grundbuch gesichert werden.[216] Diese Verpflichtung kann entweder im Wege des Vertrages zugunsten Dritter (§ 328) gegenüber dem Erstberechtigten mit oder ohne eigene Anspruchsberechtigung für den Zweitberechtigten[217] oder unmittelbar gegenüber dem späteren Berechtigten eingegangen werden.[218] Die Vormerkung kann dabei bei einem echten Vertrag zugunsten Dritter (§ 328 Abs. 1) sowohl für den Versprechensempfänger (§ 335)[219] als auch für den späteren Berechtigten[220] im Grundbuch eingetragen werden, wegen des Bestimmtheitsgrundsatzes im Grundbuchverfahrensrecht[221] für den Dritten jedoch nur, wenn er namentlich bezeichnet oder nach sachlichen Merkmalen (z. B. jeweiliger Eigentümer eines anderen Grundstücks)[222] bereits jetzt eindeutig bestimmbar ist. Künftige Bestimmbarkeit, etwa durch Benennung, genügt nicht.[223] Dem Bestimmtheitsgrundsatz genügt allerdings auch hier, wenn die Person nach sachlichen Kriterien bestimmbar, aber noch nicht erzeugt ist (die künftigen Abkömmlinge einer lebenden Person).[224] Ist der spätere Berechtigte nur aufgrund festgelegter sachlicher Merkmale künftig bestimmbar, wenn auch nur durch eine vom Verhalten des Gläubigers oder Schuldners abhängige Potestativbedingung (Verhaltensbedingung nicht dagegen Willkürbedingung) (z. B. durch Benennung), kann die Vormerkung jedoch für den Erstberechtigten und Versprechensempfänger zugunsten des späteren Berechtigten im Grundbuch eingetragen werden, da nach der h. M.[225] beim Vertrag zugunsten Dritter das grundbuchmäßige Erfordernis der genauen Bezeichnung des Berechtigten nur für den (im Grundbuch als Vormerkungsberechtigten einzutragenden) Versprechensempfänger und Erstanspruchsberechtigten gilt.

c) Rechtsgeschäftlich auf Lebenszeit beschränkte oder auf den Tod bestellte Rechte

109 Bei durch Rechtsgeschäft unter Lebenden auf die Lebenszeit des Berechtigten beschränkt, d. h. **auflösend befristet** bestellten Rechten ist zu unterscheiden
- zwischen solchen, die beim Tod des Berechtigten automatisch wegfallen,
- und solchen bei denen nur schuldrechtliche Aufhebungs- oder Rückübertragungsansprüche entstehen und durch die Erben des Erstberechtigten erfüllt werden müssen.

---

[215] So Amann MittBayNot 1990, 225, 230; Liedel DNotZ 1991, 855; BayObLG MittBayNot 1995, 204.

[216] BGHZ 28, 99 = NJW 1958, 1677; BGH NJW 1983, 1543 = DNotZ 1983, 481; Röll MittBayNot 1963, 89; Tröster Rpfleger 1967, 315; Bauer/von Oefele/Wegmann § 47 Rn 147.

[217] BGHZ 28, 99, 102 = NJW 1958, 1677; BGH NJW 1983, 1543 = DNotZ 1983, 48; Bamberger/Roth/Kössinger § 883 Rn 34.

[218] MünchKomm/Joost § 1092 Rn 4.

[219] OLG Hamm DNotZ 1972, 495 m. w. N.; KG DNotZ 1973, 330, 331; LG München MittBayNot 1981, 123, 124.

[220] BGHZ 28, 99, 104 = NJW 1958, 1677; BGH NJW 1983, 1543 = DNotZ 1983, 481.

[221] Bauer/von Oefele/Bauer AT I Rn 16; Bauer/von Oefele/Kössinger § 19 Rn 79 f., 85.

[222] Bamberger/Roth/Kössinger § 883 Rn 35.

[223] OLG Hamm MDR 1953, 41; OLG Schleswig DNotZ 1957, 661 Anm. Hieber; Holch JZ 1958, 724, 725; BGH NJW 1983, 1543 = DNotZ 1983, 481, 486.

[224] MünchKomm/Kohler, § 883 Rn 30 m. w. N; Staudinger/Gursky § 883 Rn 71.

[225] KG JFG 9, 207 = JW 1932, 2445; BGHZ 28, 99, 104 = NJW 1958, 1677; BGH NJW 1983, 1543 = DNotZ 1983, 484, 486; LG Traunstein NJW 1962, 2207 = DNotZ 1963, 344; LG Regensburg MittBayNot 1971, 18; LG München II MittBayNot 1972, 229; LG Köln Rpfleger 1982, 17; Holch BWNotZ 1956, 144; Tröster Rpfleger 1967, 313, 316; Rißmann/Waldner Rpfleger 1984, 59; Staudinger/Gursky § 883 Rn 70.

Die gleiche Unterscheidung ist auch bei auf den Tod des Berechtigten für den künftigen Berechtigten aufschiebend befristeten Rechten zu machen. Dies rührt daher, dass bei manchen Rechten eine auflösend oder aufschiebend bedingte oder befristete dingliche Bestellung nicht zulässig ist. Im Einzelnen handelt es sich im wesentlichen um folgende Fallgruppen: 110

aa) Auf den Tod des Berechtigten auflösend oder aufschiebend befristete Rechte. Rechtsgeschäfte können grundsätzlich unter einer aufschiebenden oder auflösenden Bedingung oder Befristung vorgenommen werden, sind also grundsätzlich bedingungsfreundlich.[226] Gem. § 563 treten unabdingbar der mit dem Mieter in Hausgemeinschaft lebende Ehegatte oder Lebenspartner und seine Familienangehörigen mit seinem Tod außerhalb der Erbfolge in das Mietverhältnis ein. 111

Nicht unter einer Bedingung oder Befristung dürfen geschlossen werden, sind also kraft Gesetzes **bedingungsfeindlich:** 112

Die Auflassung (§ 925 Abs. 2), die Bestellung und Übertragung des Erbbaurechts (§ 1 Abs. 4; 11 Abs. 1 ErbbauRG), die Einräumung oder Aufhebung von Sondereigentum beim Wohnungseigentum (§§ 4 Abs. 2, 8 Abs. 2 WEG), die Eheschließung (§ 1311 Satz 2), die Begründung einer Lebenspartnerschaft (§ 1 Abs. 1 LPartG), die Anerkennung der Vaterschaft (§ 1594 Abs. 3), die Annahme und Ausschlagung einer Erbschaft (§ 1947) oder eines Vermächtnisses (§ 2180 Abs. 2), die Annahme oder Ablehnung des Testamentsvollstreckeramtes (§ 2202), der Antrag des Annehmenden auf Ausspruch der Annahme als Kind (§ 1752 Abs. 2) sowie die dazu erforderlichen Einwilligungen (§ 1750 Abs. 2).[227] Aus der Natur der Sache ergibt sich, dass die Ausübung von Gestaltungsrechten (z. B. Aufrechnung, Anfechtungserklärung, Rücktritt, Kündigung, Genehmigung und die Ausübung des Vorkaufsrechts) bedingungsfeindlich ist, da dem Erklärungsempfänger keine Ungewissheit und kein Schwebezustand zugemutet werden kann.[228] 113

In der Praxis pflegen im Wesentlichen **auf den Tod befristet** vorgenommen zu werden: 114

- Sämtliche **schuldrechtlichen Forderungsrechte** wie z. B. aus Miete (bei Wohnraum jedoch § 563), Pacht, Leihe usw., können auf den Tod des Berechtigten auflösend oder für den künftigen Berechtigten aufschiebend befristet werden (§ 163) und dadurch ihre Vererblichkeit vertraglich ausgeschlossen werden.[229] Eine Forderung kann auf den Tod des neuen Gläubigers (Zessionar) auflösend oder dem des bisherigen Gläubigers (Zedenten) aufschiebend befristet abgetreten werden.[230] Desgleichen kann eine Schuld auf den Tod des Gläubigers aufschiebend befristet erlassen werden.[231] Dies gilt insbesondere auch bezüglich der sog. „anderen Rechte" i. S. v. § 413, wie z. B. gewerblichen Schutzrechten und vor allem Mitgliedschaftsrechten an Personengesellschaften, wenn sie durch den Gesellschaftsvertrag oder die Zustimmung aller Gesellschafter übertragbar sind,[232] an Aktiengesellschaften (§§ 10, 24, 68 Abs. 1 AktG) und der GmbH (§ 15 GmbHG). Bei der GmbH ist die dingliche Übertragung von Geschäftsanteilen (Abtretung) unter aufschiebender oder auflösender Bedingung oder Befristung zulässig.
- Ebenfalls nicht bedingungs- und befristungsfeindlich und daher auf den Tod des Erwerbers oder dem des bisherigen Rechtsinhabers befristbar ist auch die **dingliche Erbteilsübertragung nach § 2033 Abs. 1.**[233]

---

[226] Palandt/Ellenberger Einf. v. § 158 Rn 12.
[227] Palandt/Ellenberger Einf. v. § 158 Rn 12.
[228] Palandt/Ellenberger Einf. v. § 158 Rn 13.
[229] MünchKomm/Leipold § 1922 Rn 21.
[230] RGZ 142, 141; OLG Hamburg NJW 1963, 449; OLG Frankfurt MDR 1966, 503.
[231] BGH NJW 1978, 423.
[232] BGHZ 45, 221 = NJW 1966, 1307.
[233] KG MittBayNot 1973, 263; Palandt/Edenhofer § 2033 Rn 7; Staudenmaier BWNotZ 1959, 191, 192; Winkler MittBayNot 1978, 1; Neusser MittRhNotK 1979, 143, 147.

- Die **Einigung über die Bestellung dinglicher Rechte an Grundstücken nach § 873** ist mit Ausnahme der Auflassung gem. § 925 Abs. 2 grundsätzlich aufschiebend oder auflösend bedingt oder befristet zulässig.[234] Da die anderen beschränkten dinglichen Rechte bereits kraft Gesetzes auf Lebenszeit begrenzt sind, kommt die durch den Tod des Berechtigten auflösende Befristung nur für die Hypothek (§§ 1113 ff.), die Grundschuld (§§ 1191 ff.) und das Pfandrecht an beweglichen Sachen (§§ 1204 ff.) in Frage. Dagegen ist die auf den Tod des Eigentümers aufschiebend befristete Bestellung bei allen dinglichen Grundstücksrechten mit Ausnahme des Erbbaurechts[235] und des Dauerwohnrechts[236] sowie mit Ausnahme des Eigentums selbst und der Einräumung und Aufhebung von Sondereigentum beim Wohnungseigentum zulässig und gebräuchlich. Bei der bedingt oder befristet bestellten Hypothek,[237] die zu unterscheiden ist von der Hypothek für eine künftige oder bedingte Forderung (§ 1113 Abs. 2), entsteht vor Beginn und nach Ende der Bedingung oder Befristung keine Eigentümergrundschuld.[238] Da die Bezugnahme gem. § 874 nur zur näheren Bezeichnung des Inhalts des Rechts zulässig ist, muss bei den Rechten die Bedingung oder Befristung in den Eintragungsvermerk selbst aufgenommen werden und nur ihr näherer Inhalt ist bezugnahmefähig.[239] Auf den Tod des Gläubigers befristete Grundpfandrechte können mit der sog. Vorlöschungsklausel gem. § 23 Abs. 2 GBO (Löschung auf Todesnachweis) versehen werden, da bei ihnen Rückstände möglich sind.[240]
- **Rechtsgeschäftliche Nachfolgeklauseln bei Personengesellschaften.** Bei Personengesellschaft ist es, um beim Tod eines Gesellschafters den automatischen Übergang seines Geschäftsanteils außerhalb des Nachlasses auf einen bestimmten Nachfolger sicherzustellen, gebräuchlich, dass sämtliche Gesellschafter zusammen mit dem vorgesehenen Nachfolger durch Vertrag unter Lebenden vereinbaren, dass dem Nachfolger der Geschäftsanteil seines Vorgängers durch dessen Tod aufschiebend befristet und sein Überleben aufschiebend bedingt abgetreten wird.[241] Da eine Verfügung zu Gunsten Dritter und ein Vertrag zu Lasten Dritter nicht möglich ist, bedarf diese Gestaltung auf jeden Fall der Beteiligung des vorgesehenen Nachfolgers.[242]

115 Geschützt wird der bedingt oder befristet aus einem Verfügungsgeschäft Berechtigte durch die §§ 160, 161, d.h. der Anwartschaftsberechtigte kann bei schuldhafter Vereitelung seines Rechtserwerbs von seinem Vertragspartner Schadensersatz verlangen (§ 160) und eine Zwischenverfügung ist gem. § 161 nach Bedingungseintritt oder Fristende absolut unwirksam, es sei denn der Erwerber hat den Gegenstand auf Grund einer Gutglaubensvorschrift erworben, was durch Grundbucheintrag der bedingten oder befristeten Verfügung verhindert wird und bei Forderungen und anderen Rechten gem. § 413 nicht möglich ist.[243]

116 *bb) Durch den Tod befristete Übertragungsansprüche.* Obwohl das Eigentum, das Erbbaurecht und die Begründung von Sondereigentum beim Wohnungseigentum nicht durch den Tod des Berechtigten auflösend befristet bestellt oder übertragen werden können, kann man wirtschaftlich den gleichen Effekt dadurch erreichen, dass an Stelle des selbst auflösend befristeten Rechts, ein durch den Tod des Berechtigten bedingter schuld-

---

[234] Staudinger/Gursky § 873 Rn 116 f.; Bauer/von Oefele/Kössinger § 20 Rn 175.
[235] BGHZ 52; 269; Palandt/Bassenge § 1 ErbbauRG Rn 13.
[236] Palandt/Bassenge § 33 WEG Rn 3; Bamberger/Roth/Hügel § 33 WEG Rn 3.
[237] Palandt/Bassenge § 1113 Rn 7.
[238] Palandt/Bassenge § 1113 Rn 7.
[239] Staudinger/Gursky § 873 Rn 267.
[240] Bauer/von Oefele/Kohler §§ 23, 24 Rn 33.
[241] Fall des BGH NJW 1959, 1433; Fall des BGH NJW 1970, 1638; MünchKomm/Ulmer/Schäfer § 727 Rn 51 f.
[242] BGHZ 22, 186; BGHZ 68, 225, 231 = NJW 1977, 1339; MünchKomm/Ulme/Schäfer § 727 Rn 51 m. w. N.; Bamberger/Roth/Timm/Schöne § 724 Rn 19; Göbel DNotZ 1979, 135.
[243] Palandt/Ellenberger § 161 Rn 3.

rechtlicher Übertragungsanspruch tritt, der dann seinerseits durch eine Vormerkung gem. §§ 883ff. im Grundbuch gesichert werden kann. Im Einzelnen ist dies bei folgenden Fallgruppen gebräuchlich:

• **Rückforderungsrechte bei Vorversterben (Rückforderungsvorbehalt):**[244] Bei Übergabe- und Schenkungsverträgen von Grundstücken ist es zur Sicherung der Familienbindung üblich, für den Fall des kinderlosen Versterbens des Übernehmers schuldrechtliche Rückfallansprüche an den Übergeber[245] und/oder darüber hinaus auch für das kinderlose Nachversterben des Übernehmers im Wege des Vertrages zugunsten Dritter gem. § 328 einen Übereignungsanspruch an seine Geschwister oder Neffen und Nichten schuldrechtlich zu vereinbaren.[246] Gegen die Sicherung dieser Ansprüche durch Vormerkungen wurde vorgebracht, dass Schuldner des Anspruchs auf dingliche Rechtsänderung immer nur derjenige sein könne, dessen gegenwärtiges Eigentum oder Grundstücksrecht von der künftigen Rechtsänderung betroffen wird (Identitätsgebot).[247] Das ist zwar grundsätzlich richtig,[248] hindert jedoch nach der h.M.[249] nicht die Vormerkbarkeit eines Anspruchs, der erst gegen die Erben des jetzt im Grundbuch eingetragenen Berechtigten als Nachlassverbindlichkeit durchsetzbar ist, weil er durch den Tod des eingetragenen Berechtigten aufschiebend bedingt ist. Der bedingte Auflassungsanspruch für den Fall des Vorversterbens ist auch keine Schenkung von Todes wegen gem. § 2301 Abs. 1, die als Verfügung von Todes wegen zu Lebzeiten des Erblassers nicht vormerkbar wäre,[250] da diese Vereinbarung keine Schenkung i.S. des § 516 Abs. 1 ist, sondern Vertragsbedingung des Grundstücksüberlassungsvertrages und damit nicht unentgeltlich.[251] Für den Fall, dass lediglich der Rückfall an den Schenker selbst beim kinderlosen Vorversterben des Beschenkten gesichert werden soll, wäre auch möglich, den Schenkungsvertrag für diesen Fall auflösend bedingt zu schließen. Der dann gegebene Kondiktionsanspruch wäre durch eine Vormerkung sicherbar.[252] Wird eine solche Rückfallklausel in einen Vertrag mit einem minderjährigen Übernehmer aufgenommen, ist dieser für ihn nicht mehr rechtlich vorteilhaft i.S.d. § 107,[253] kann daher von ihm selbst nicht abgeschlossen werden (§§ 107ff.) und seine Eltern sind in den Fällen der §§ 1629 Abs. 2, 1795 von der Vertretung ausgeschlossen und bedürfen eines Ergänzungspflegers (§ 1909). 117

• **Herausgabevermächtnisse:**[254] Dort wo auf den Ausschluss der Weitervererbung des Ererbten durch den Erben an dem Erblasser missliebige Personen Wert gelegt wird (z.B. bei Wiederverheiratungsklauseln, Geschiedenentestament, Annahme an Kindes statt mit schwacher Wirkung, Unternehmensnachfolge) und weniger auf die Sicherung des Bestandes des Nachlasses und des späteren Anfalls an den Endbedachten gegen Beeinträchtigungen durch den Erben und wenn man dem Erben auch diejenigen Beschränkungen nicht zumuten will, von denen ein Vorerbe nicht befreit werden kann, ist die Lösung ein 118

---

[244] Siehe hierzu Ellenbeck MittRhNotK 1997, 41; Schippers MittRhNotK 1998, 69; eingehend J. Mayer, Der Übergabevertrag, 1998, Rn 119ff., mit Formulierungsvorschlag Rn 143.

[245] Fall des BayObLGZ 77, 26 = NJW 1978, 700 = DNotZ 1978, 159; Fall des LG Aschaffenburg Rpfleger 1973, 426; OLG Hamm Rpfleger 1978, 137 = DNotZ 1978, 356.

[246] BGH DNotZ 1957, 548, 552f.; Safferling Rpfleger 1973, 413.

[247] LG Zweibrücken MittBayNot 1972, 118.

[248] BayObLG NJW 1983, 1567; Bamberger/Roth/Kössinger § 883 Rn 30.

[249] BGH NJW 1997, 861 = Rpfleger 1997, 208; BayObLG Rpfleger 1997, 59; BayObLGZ 1975, 215 = Rpfleger 1975, 334; BayObLG NJW 1978, 700 = Rpfleger 1978, 135, 136; Safferling Rpfleger 1973, 413; Jung Rpfleger 1998, 51; Palandt/Bassenge § 883 Rn 13; Bamberger/Roth/Kössinger § 883 Rn 32; a.M. LG Zweibrücken MittBayNotZ 1972, 118; OLG Hamm Rpfleger 1995, 20.

[250] BGHZ 12, 115.

[251] BayObLG NJW 1978, 700 = Rpfleger 1978, 135, 136; a.M. LG Zweibrücken MittBayNot 1972, 118; Liessem MittRhNotK 1988, 29, 31.

[252] Safferling Rpfleger 1973, 413, 414.

[253] BayObLG Rpfleger 1974, 309; Klüsener Rpfleger 1981, 258, 264.

[254] Vgl. hierzu auch § 8 Rn 35; § 14 Rn 98; § 15 Rn 170ff.; § 21 Rn 43, 54.

befristetes Herausgabevermächtnis gem. § 2177. Während das Vermächtnis grundsätzlich mit dem Erbfall anfällt (§ 2176), erfolgt der Anfall von aufschiebend bedingten oder befristeten (betagten) Vermächtnissen gem. § 2177 erst mit dem Eintritt der Bedingung oder des Termins. Der Bedachte hat zwischen Erbfall und Eintritt oder Ausfall der Bedingung bzw. des Termins eine geschützte Rechtsposition (**Anwartschaft**), die grundsätzlich vererblich, übertragbar und pfänd- und verpfändbar ist.[255] Gesichert wird diese Vermächtnisanwartschaft jedoch nur durch die §§ 160 Abs. 1, 162, nicht auch durch § 161, da die Vermächtnisanordnung keine dingliche Verfügung bewirkt, vielmehr lediglich ein Forderungsrecht gewährt.[256] Der Erblasser kann jedoch bei Vermächtnissen von Grundstücken und Grundstücksrechten ausdrücklich ihre Sicherung durch Vormerkung anordnen[257] und bei beweglichen Gegenständen ihre aufschiebend bedingte Übertragung.[258] Da die Bestimmungen des § 2087 nicht zwingend sind, sondern nur Ergänzungsregeln, die eingreifen, wenn der Erblasser nicht ausdrücklich etwas anderes bestimmt hat, kann der Erblasser auch ab dem Eintritt der Bedingung oder des Termin (z. B. Tod des Erben) den gesamten – dann noch vorhandenen – Nachlass mittels eines sog. Universalvermächtnisses dem Endbedachten zuwenden.[259] Befindet sich im voraussichtlichen Nachlass des testierenden Erblassers ein solches auf seinen Tod aufschiebend befristetes Herausgabevermächtnis, so ist das bei der Testamentsgestaltung zu berücksichtigen.

119 • **Auf den Tod betagte Erfüllungsansprüche:** Während vorstehend sich im voraussichtlichen Nachlass des Erblassers Gegenstände befinden, die er selbst mit einem durch Vermächtnis begründeten Herausgabeanspruch belastet geerbt hat, kann er solche schuldrechtlichen Ansprüche auch selbst durch Rechtsgeschäft unter Lebenden mit dem Anspruchsberechtigten oder durch Vertrag zugunsten Dritter (§ 328) begründen.[260] Das ist insbesondere bei Grundstücken gebräuchlich, da wegen der Bedingungsfeindlichkeit der Auflassung (§ 925 Abs. 2) eine auf den Tod des Eigentümers aufschiebend befristete Grundstücksübereignung nicht möglich ist und man daher auf schuldrechtliche Gestaltungen ausweichen muss. Wenn z. B. der Übernehmer erhebliche Aufwendungen für die Modernisierung, den Umbau oder Ausbau des elterlichen Anwesens oder Betriebes getätigt hat oder schon Abfindungen an seine Geschwister geleistet oder Pflegeleistungen an die Eltern erbracht hat, ihm ein bloßer Erbvertrag nicht sicher genug ist und andererseits die Eltern die Substanzhergabe scheuen und wenigstens das Titulareigentum behalten wollen, besteht die Lösung darin, das Grundstück zwar bedingungslos zu schenken oder zu übergeben, die Erfüllung dieses Vertrages durch Auflassung und/oder Grundbuchvollzug aber ausdrücklich bis zu ihrem Tod hinauszuschieben, zu betragen, sodass sie bis dahin noch im Grundbuch als Eigentümer eingetragen sind.[261] Dadurch besteht bereits zu Lebzeiten des Veräußerers ein unbedingter schuldrechtlicher Übereignungsanspruch, der beim Vorversterben des Anspruchsberechtigten auf dessen Erben übergeht, sodass § 2301 Abs. 1 wegen Fehlens der Überlebensbedingung nicht eingreift[262] und da-

---

[255] Staudinger/Otte § 2179 Rn 9; MünchKomm/Schlichting § 2179 Rn 7; Palandt/Edenhofer § 2179 Rn 1.

[256] Bungeroth NJW 1967, 1357; Bühler BWNotZ 1967, 174; Palandt/Edenhofer § 2179 Rn 2 m. w. N.

[257] BayObLG Rpfleger 1981, 190.

[258] Bühler BWNotZ 1967, 174, 181.

[259] KG DNotZ 1933, 288; Hieber MittBayNot 1960, 117, 120 f.; MünchKomm/Schlichting § 2087 Rn 6; Palandt/Edenhofer § 2087 Rn 2; Formular in MünchVertrHdb/Nieder/Otto, Bd. 6/2, XVI. 5.

[260] BGH NJW 1974, 2319 = DNotZ 1975, 414.

[261] BGHZ 8, 23 = NJW 1953, 182 = DNotZ 1953, 275; BGH NJW 1959, 2254; BGH NJW 1974, 2319 = DNotZ 1975, 414; MünchKomm/Musielak § 2301 Rn 4, 12; Bamberger/Roth/Litzenburger § 2301 Rn 6; Palandt/Edenhofer § 2301 Rn 3; ferner unten § 4 Rn 16 ff.

[262] OGH MDR 1949, 282.

her eine Absicherung des Anspruchs durch Vormerkung im Grundbuch möglich ist. Der Vertrag bedarf allerdings, falls die Verpflichtung schenkweise erfolgt, der notariellen Beurkundung gem. § 518 Abs. 1,[263] bei Grundstücken allerdings sowieso nach § 311 b Abs. 1. Auch durch solche betagten Verpflichtungen kann der voraussichtliche Nachlass des Erblassers geschmälert werden.

cc) Rechtsgeschäftlicher Ausschluss der Vererblichkeit von Rechten. Lediglich bei Forderungen kann durch Vertrag (**pactum de non cedendo**) dem sonst kraft Gesetzes veräußerlichen Recht diese Eigenschaft genommen werden.[264] Bei ihnen kann gem. § 399 Halbsatz 2 die Abtretbarkeit durch Vereinbarungen zwischen Gläubiger und Schuldner ausgeschlossen werden. Freilich hat eine derartige Vereinbarung keine Wirkung gegenüber den Gläubigern des Forderungsinhabers, da nach § 851 Abs. 2 ZPO durch sie die Pfändbarkeit der Forderung nicht berührt wird. Indirekt können durch eine solche Vereinbarung akzessorische Rechte, wie die Hypothek und das Pfandrecht, unveräußerlich gemacht werden.[265] Die Vereinbarung der Nichtabtretbarkeit (als dinglicher Inhalt des Rechts) ist auch möglich für Grundschulden und subjektiv-dingliche Reallasten.[266] Eine solche auf Parteivereinbarung beruhende Unübertragbarkeit eines Anspruchs zieht jedoch nicht ohne weiteres auch dessen Unvererblichkeit nach sich.[267] Durch die Vereinbarung einer auflösenden Bedingung des Todes des Gläubigers oder des Schuldners können die Beteiligten den Anspruch der Vererbung entziehen.[268] 120

4. Rechtsgeschäfte unter Lebenden auf den Todesfall

Es gibt eine Reihe von unentgeltlichen Rechtsgeschäften unter Lebenden, durch die auf den Todesfall schuldrechtliche Ansprüche gegen den Nachlass entstehen, die ihn mindern und daher vom Erblasser bei der Gestaltung seiner Verfügung von Todes wegen beachtet werden müssen. Durch diese lebzeitigen Zuwendungen auf den Todesfall verfolgt der Zuwendende denselben Zweck wie mit einem durch Verfügungen von Todes wegen zugewendeten Vermächtnis. Der Vorteil für ihn liegt darin, dass er dem strengeren Form- und Typenzwang der Verfügungen von Todes wegen entgeht. Es ist heute h. M., dass solche Geschäfte neben den Verfügungen von Todes wegen zulässig sind.[269] Begrenzt werden sie allerdings durch § 311 b Abs. 2. Im Einzelnen sind solche Geschäfte 121

- Die im Vollzug auf den Tod des Schenkers aufschiebend befristete Handschenkung (§ 516)[270]
- Die Versprechensschenkung unter Lebenden auf den Tod ohne Überlebensbedingung, d. h. die auf den Tod befristete Schenkung (§ 518).[271]
- Das vollzogene Schenkungsversprechen auf den Tod mit Überlebensbedingung (§ 2301 Abs. 2).[272]
- Der Vertrag zugunsten Dritter auf den Todesfall (§§ 328, 331).[273]

---

263 RGZ 53, 296; Palandt/Edenhofer § 2301 Rn 4.
264 Däubler NJW 1968, 1117.
265 Däubler NJW 1968, 1122.
266 OLG München JFG 16, 291, 295; OLG Stuttgart OLGZ 1965, 96; Palandt/Bassenge vor § 854 Rn 12.
267 Staudinger/Marotzke § 1922 Rn 302.
268 Staudinger/Marotzke § 1922 Rn 302.
269 Statt aller BGHZ 8, 23, 30 ff. = NJW 1953, 182 = DNotZ 1953, 275; vgl. hierzu auch § 9 Rn 144, § 4 Rn 78 ff.
270 Siehe unten § 4 Rn 6 ff.
271 Siehe unten § 4 Rn 15 ff.
272 Siehe unten § 4 Rn 19 ff.
273 Siehe unten § 4 Rn 35 ff.

5. Das sog. Oder-Gemeinschaftskonto

122 Gemeinschaftskonten sind Konten, deren Inhaber eine Gemeinschaft von mehreren Personen ist. Über die Verfügungsbefugnis bei Gemeinschaftskosten bestimmen die AGB der Kreditinstitute idR, dass jeder Inhaber allein (**Einzelverfügungsbefugnis**) über das Konto uneingeschränkt verfügen kann (**sog. Oder-Konto**), wenn nicht schriftlich eine gegenteilige Weisung erteilt ist, d.h. Gemeinschaftskonten sind im Zweifel sog. Oder-Konten.[274] Rechtlich sind die Kontoinhaber Gesamtgläubiger i.S.d. § 428.[275] Kein Kontoinhaber kann durch einseitige Erklärung gegenüber der Bank die alleinige Verfügungsbefugnis widerrufen, sodass aus dem Oder-Konto ein sog. Und-Konto wird, bei dem die Kontoinhaber jeweils nur gemeinsam verfügungsbefugt sind.[276] Ist Kontoüberziehung (vgl. § 493) durch einen zulässig und wird ein Oder-Konto passiv, so tritt eine gesamtschuldnerische Haftung aller Kontoinhaber ein[277] und zur Zwangsvollstreckung in die gesamte Einlageforderung sind beim Oder-Konto die Gläubiger jedes Kontoinhabers befugt, ohne dass dem oder den anderen dagegen ein Rechtsbehelf zusteht.[278] Auch beim Und-Konto haften alle Inhaber gesamtschuldnerisch für die Verbindlichkeiten aus dem Gemeinschaftskonto.[279] Das Risiko ist hier jedoch dadurch erheblich gemindert, dass die Verbindlichkeiten für das Konto nur durch gemeinschaftliches Handeln aller Kontoinhaber begründet werden können. Mit einem Titel gegen einen einzelnen Kontoinhaber kann beim Und-Konto nur in dessen Anteil an der Einlageforderung oder in sein künftiges Auseinandersetzungsguthaben vollstreckt werden. Die Berechtigung der Kontoinhaber an der Einlageforderung im Innenverhältnis richtet sich in erster Linie nach ihren Abreden, die auch konkludent erfolgen können. Mangels solcher Vereinbarungen steht gem. der Auslegungsregel des § 430 den Inhabern das Guthaben zu gleichen Teilen zu, und zwar unabhängig davon, aus wessen Mitteln das Guthaben stammt.[280] Bei diesem Berechtigungsverhältnis verbleibt es auch nach dem Tod eines der Kontoinhaber.[281] Beim Oder-Depotkonto besteht keine Vermutung für ein hälftiges Eigentum der Eheleute.[282] Die Auslegungsregel des § 430 gilt auch im Verhältnis zwischen Partnern einer eheähnlichen Lebensgemeinschaft.[283] Im Wege der gegenseitigen aufschiebend bedingten Abtretung auf den eigenen Todesfall, können sich die Inhaber eines Oder-Kontos aber auch jeweils die Guthabenanteile verstorbener Mitinhaber zuwenden und damit erreichen, dass dem oder den Überlebenden jeweils das ganze Guthaben nach dem Tod eines von ihnen endgültig zusteht.[284] Dies sind dann jeweils zu Lebzeiten der Schenker auf seinen Tod aufschiebend befristete vollzogene Handschenkungen auf den Tod i.S.d. § 516. Eine besondere Form ist dazu nicht einzuhalten. Es genügt, wenn die Inhaber bei der Errichtung des Oder-Kontos den für den Vollzug der Schenkung durch aufschiebend bedingte Abtretung der eigenen Guthabensanteile auf ihren Tod erforderlichen rechtsgeschäftlichen Willen gehabt haben und dies durch Auslegung festgestellt werden kann.[285] Damit

---

[274] Baumbach/Hopt V.(7) Rn A/39.

[275] OLG Nürnberg NJW 1961, 510; KG NJW 1976, 807; BGHZ 93, 315, 318 = NJW 1985, 1218; BGHZ 95, 185, 187 = NJW 1985, 2698; BGH WPM 1990, 239 = NJW 1990, 705.

[276] BGH NJW 1991, 420 = WM 1990, 2067; OLG Zweibrücken NJW 1991, 1835; Wagner NJW 1991, 1790; a.A. OLG Karlsruhe NJW 1986, 63.

[277] Baumbach/Hopt V.(7) Rn A/39.

[278] Baumbach/Hopt V.(7) Rn A/39.

[279] Baumbach/Hopt V.(7) Rn A/39.

[280] BGH NJW 1990, 705; BGH NJW 1992, 2630, 2631; BGH NJW 2000. 2347; Palandt/Grüneberg § 430 Rn 2; Palandt/Edenhofer § 1922 Rn 31.

[281] KG NJW 1976, 807 = WPM 1976, 66, 67; BGH NJW-RR 1986, 113 = FamRZ 1986, 982; OLG Köln WM 2000, 2485.

[282] BGH NJW 1997, 134; OLG Frankfurt/Main NJW-RR 2005, 87.

[283] OLG Celle FamRZ 1982, 63.

[284] BGH NJW-RR 1986, 1133 = FamRZ 1986, 982; Palandt/Edenhofer § 1922 Rn 31.

[285] BGH NJW-RR 1986, 1133 = FamRZ 1986, 982; BGH FamRZ 1985, 693.

erspart ein Oder-Konto nicht nur beim Tod eines Mitinhabers eine besondere postmortale Legitimation des überlebenden Inhabers zu Verfügungen über das Gemeinschaftskonto, sondern bietet auch eine einfache Möglichkeit, dem Mitinhaber im Todesfall das ganze Guthaben zuzuweisen, wenn nur seine unentgeltliche Zuwendung vereinbart war und dies nachweisbar ist.[286] Nachteilig ist bei dieser Lösung allerdings für den Mitinhaber die gesamtschuldnerische Haftung,[287] die ihn bei bloßer Erteilung einer Kontovollmacht nicht treffen würde. Der Erblasser sollte daher bei seinen Erwägungen auch diese Möglichkeit prüfen, insbesondere aber auch, ob nicht ein etwa zusammen mit seinem Ehegatten bestehendes Oder-Konto in ein Und-Konto umgewandelt werden sollte, um nicht seinen Inhalt dem Nachlass zu entziehen.

6. Unentgeltliches schuldrechtliches Wohnrecht auf den Tod

Obwohl die unentgeltliche Überlassung einer Sache zum Gebrauch vom Gesetz grund- 123
sätzlich nicht als Schenkung, sondern als Leihe (§ 598) angesehen wird, hat die Rechtsprechung und zum Teil auch die Literatur[288] früher in einer langfristigen unentgeltlichen Gebrauchsüberlassung von Wohnraum (**schuldrechtliches Wohnrecht**) wegen des Verzichts auf mögliche Mieterträge eine Schenkung gesehen, wobei die mangelnde notarielle Form gem. § 518 Abs. 1 nach § 518 Abs. 2 geheilt war, wenn der Schenker mit der Nutzungsüberlassung alles zur Bewirkung der Leistung Erforderliche getan hatte.[289] Nunmehr qualifiziert der Bundesgerichtshof[290] und die wohl h. M.[291] das unentgeltliche schuldrechtliche Wohnrecht jedoch als Leihe, mit der Folge, dass weder die Formvorschrift des § 518 Abs. 1 Anwendung findet, noch, falls es auf Lebenszeit des Beschenkten bestellt wird, gem. § 2301 Abs. 1 die Vorschriften über Verfügungen von Todes wegen.[292] Zwar hat sich der BGH in seiner Begründung auch darauf gestützt, dass § 2301 Abs. 1 nicht zur Anwendung komme, weil es an der Überlebensbedingung fehle, dann aber zumindest angedeutet, dass er die Vorschrift auch deshalb nicht anwende, weil es sich um ein Leihversprechen und kein Schenkungsversprechen handele.[293] Offengelassen hat der BGH[294] die Frage, ob, wenn auch die Form der Wohnungsleihe nicht dem Schenkungsrecht unterliegt, dies doch bezüglich der Drittwirkungen, insbesondere der erbrechtlichen Auswirkungen (z. B. §§ 2325, 2287, 2288), der Fall ist. Dies dürfte aber bei analoger Anwendung von Schenkungsrecht auf den angenommenen Erlass einer gedachten Mietzinsforderung für die Überlassung des Wohnraums zu bejahen sein.[295] Die Frage, ob wenigstens ein ausdrücklich unter Überlebensbedingung eingeräumtes unentgeltliches schuldrechtliches Wohnrecht dem § 2301 Abs. 1 unterfällt,[296] dürfte kaum praktisch werden, da das außerordentliche Kündigungsrecht gem. § 605 Nr. 3 beim Tod des Entleihers dem Schenker eine Überlebensbedingung ersetzen dürfte. Für die Praxis bedeutet die Änderung der Rechtsprechung, dass der Erblasser formlos unentgeltliche, schuldrechtliche Wohnrechte auch über seinen Tod hinaus (z. B. auf Lebenszeit den Berechtigten) an seinen Grundstücken einräumen kann und dabei lediglich eine ausdrückliche

[286] Liesecke WPM 1975, 293.
[287] Baumbach/Hopt VI (7) Rn A/39.
[288] BGH NJW 1970, 941; BGH WPM 1970, 1247; LG Köln NJW 1973, 1447; Reinicke NJW 1970, 1447.
[289] BGH NJW 1970, 941, 942.
[290] BGHZ 82, 354 = NJW 1982, 820; BGH NJW 1985, 313; BGH NJW 1985, 1553.
[291] OLG Koblenz NJW-RR 1996, 843; Slapnicar JZ 1983, 325; Nehlsen-von Stryk AcP 187, 552; Palandt/Weidenkaff Einf. v. § 598 Rn 4.
[292] BGH NJW 1985, 1553.
[293] Langen ZMR 1986, 150, 152.
[294] NJW 1985, 1553.
[295] So auch Slapnicar JZ 1983, 325, 330; Nehlsen-von Stryk AcP 187, 552, 580.
[296] Dafür Langen ZMR 1986, 150.

Überlebensbedingung vermeiden sollte[297] und dass bei der Testamentsgestaltung mit dem Vorliegen solcher formlos gültiger Leihversprechen auf den Tod gerechnet werden muss.

7. Haftung für fremde Schuld

124 Durch die Gesamtrechtsnachfolge beim Tod des Erblassers (§ 1922) gehen nicht nur bereits begründete Rechte und Pflichten an den oder die Erben über, sondern auch alle vermögensrechtlichen Beziehungen, auch die „unfertigen“, noch werdenden und schwebenden Rechtsbeziehungen des Erblassers, also auch bedingte oder künftige Rechte, Bindungen und Lasten.[298] Darunter fallen auch die vom Erblasser zur Sicherung künftiger fremder Verbindlichkeiten eingegangene Haftungsverpflichtungen. Dies sind insbesondere:

a) Bürgschaften

125 Grundsätzlich stellt eine vom Erblasser eingegangene Bürgschaft für den oder die Erben eine Erblasserschuld gem. § 1967 Abs. 1 dar, und zwar, da man sich gem. § 765 Abs. 2 auch für künftige Verbindlichkeiten verbürgen kann, in diesen Fällen auch, wenn zum Zeitpunkt des Erbfalls eine durch die Bürgschaft gesicherte Hauptschuld noch nicht bestand.[299] Die Rechtsprechung[300] lässt nach wie vor Bürgschaften für sämtliche künftigen Verbindlichkeiten des Hauptschuldners aus seiner Geschäftsverbindung mit dem Gläubiger (Verbürgung für laufende Kredite) zu und zwar auch ohne Begrenzung durch einen Höchstbetrag. Sie unterwirft jedoch formularmäßige Zweckerklärungen zu Bürgschaften, wie bei fremde Schulden sichernden Grundschulden und abstrakten Schuldanerkenntnissen, einer Inhaltskontrolle nach § 307 oder stuft sie gegebenenfalls als überraschende Klauseln nach § 305 c Abs. 1 ein.[301] Eine Erleichterung für die durch unerwarteten Bürgschaftshaftungen überraschten Erben sind das ordentliche und das außerordentliche Kündigungsrecht, das die Rechtsprechung[302] dem Bürgen bei einer auf unbestimmte Zeit für künftige Forderungen eingegangenen Bürgschaft nach Ablauf eines längeren Zeitraumes mit angemessener Frist (ordentliche Kündigung) oder Eintritt eines wichtigen Grundes fristlos (außerordentliche Kündigung) mit Wirkung für die Zukunft einräumt, jetzt auch die Kündigung aus wichtigem Grund gem. § 314 Abs. 1,[303] und die Einrede der Verwirkung, die die Rechtsprechung bei ganz außergewöhnlichen Umständen auf Grund § 242 gewährt,[304] wenn eine für künftige Forderungen eingegangene Bürgschaft nach jahrzehntelanger Nichtinanspruchnahme und nach inzwischen eingetretenen erheblichen allgemeinwirtschaftlichen Veränderungen für neu gewährte Kredite in Anspruch genommen werden soll, ohne dass vorher der Bürge vom Gläubiger davon unterrichtet wurde und Gelegenheit zu der oben erwähnten außerordentlichen Kündigung erhielt.

b) Abstrakte Schuldversprechen und Grundschuldbestellungen im Fremdinteresse

126 Während bei der Bürgschaft, und zwar auch für künftige Forderungen, die Haftung und ihr Umfang zumindest dem Erblasser bewusst sein wird, ist dies bei den privat-

[297] Langen ZMR 1986, 150.

[298] BGHZ 32, 367, 369 = NJW 1960, 1715; BGH MDR 1976, 1013 = WPM 1976, 808; MünchKomm/Küpper § 1967 Rn 9.

[299] BGH MDR 1976, 1013 = WPM 1976, 808; RG JW 1911, 447, 448.

[300] BGHZ 130, 19; BGH NJW 1986, 928 m.w.N.; Palandt/Sprau § 765 Rn 7; a.M. Reinicke/Tiedtke JZ 1985, 485.

[301] BGHZ 143, 95; BGHZ 142, 213; BGHZ 132, 6; BGH NJW 1996, 1470; Palandt/Sprau § 765 Rn 20c; Horn ZIP 1997, 525; Trapp ZIP 1997, 1279.

[302] OLG Frankfurt MDR 1978, 52; RG JW 1911, 447; BGH NJW 1985, 3007; BGH ZIP 1985, 1192, 1194; BGH NJW-RR 1993, 944; Palandt/Sprau § 765 Rn 16; MünchKomm/Habersack § 765 Rn 55ff.; Tiedtke ZIP 1986, 69, 77; Derleder NJW 1986, 97.

[303] Palandt/Grüneberg § 314 Rn 5.

[304] OLG Frankfurt MDR 1978, 52; BGH NJW-RR 1993, 944; MünchKomm/Habersack § 765 Rn 82.

schriftlichen formularmäßigen sog. erweiterten Zweckerklärungen oder Sicherungsabreden bei für fremde Verbindlichkeiten bestellten Grundschulden und abstrakten Schuldversprechen oder -anerkenntnissen mit persönlicher Unterwerfung unter die sofortige Zwangsvollstreckung (§ 780 BGB, § 800 ZPO) nicht immer nicht der Fall. Diese in der Bankpraxis allgemein üblichen erweiterten Sicherungsklauseln besagen, dass auch die zur Sicherung fremder Schulden begründeten Sicherungsmittel (Grundschuld und/oder abstraktes Schuldversprechen oder -anerkenntnis mit persönlicher Unterwerfung unter die sofortige Zwangsvollstreckung) zur Sicherung aller bestehenden und künftigen Ansprüche aus der Geschäftsverbindung des Gläubigers mit dem vom Sicherungsgeber personenverschiedenen Kreditnehmer dienen sollen.[305] Im Gegensatz zur Bürgschaft erklärt allerdings die Rechtsprechung,[306] da die Sicherheiten für die Schulden eines Dritten bei diesen Sicherungsmitteln kein gesetzlicher Regelfall sind,[307] hier, sofern es sich um Formularklauseln und keine Individualabreden nach § 305 b handelt, die erweiterten (auch künftigen Schulden des Dritten sichernden) Sicherungsabreden für unwirksam, und zwar als überraschende Klausel gem. § 305 c Abs. 1 und als den Sicherungsgeber entgegen den Geboten von Treu und Glauben unangemessen benachteiligend gem. § 307 Abs. 1. Sind Grundstückseigentümer, Sicherungsgeber und Kreditnehmer identisch, so können nach der h. M.[308] formularmäßig auch künftige Schulden durch die Zweckerklärung in den Deckungsbereich der Sicherungsmittel einbezogen werden. Dies jedoch nur, soweit diese Verbindlichkeiten innerhalb der bestehenden laufenden Geschäftsverbindungen entstehen, was z. B. nicht der Fall ist, wenn die Gläubigerin in bankunüblicher Weise eine Forderung eines Dritten erwirbt, nur um diesem innerhalb der für sie bestellten Sicherungsmittel Sicherheit zu verschaffen.[309] Trotz dieser Einschränkungen sollte der Erblasser, schon um seinen Erben Rechtsstreite zu ersparen, wenn er durch Errichtung einer Verfügung von Todes wegen „sein Haus bestellen" will, solche von ihm früher im Fremdinteresse eingegangenen Haftungen berücksichtigen und durch entsprechende Freistellungserklärungen zu bereinigen versuchen.

8. Vererbung von Anwartschaftsrechten und Rechtslagen

Außer Vollrechten sind auch Anwartschaftsrechte und Rechtslagen im Zweifel vererblich.[310] Im Einzelnen: 127

- Ein **zeitlich gedehntes Verfügungsgeschäft** kann durch den Erben zum endgültigen Rechtserwerb fortgeführt werden. Wenn z. B. der Erblasser eine künftige Forderung abgetreten hat, wird diese Abtretung erst mit der Entstehung der Forderung wirksam. Diese Wirksamkeitsvoraussetzung gehört jedoch nicht zum Abschlusstatbestand des Zessionsvertrages, bedarf daher nicht der fortdauernden Willensübereinstimmung der Vertragsparteien und kann deshalb auch noch nach dem Tod des Zedenten eintreten.[311] Schon durch die Abtretung werden aber der Zedent und seine Erben gebunden, sodass

---

[305] Siehe hierzu insbesondere Reithmann DNotZ 1982, 67; ders. WPM 1985, 441; ders. ZIP 1986, 1543.

[306] BGHZ 83, 56 = NJW 1982, 1035; OLG Oldenburg NJW 1985, 152 = DNotZ 1985, 229; BGH NJW 1987, 319 = ZIP 1986, 1540 m. Anm. Reithmann = BGHZ 94, 256; OLG Karlsruhe NJW 1986, 136; OLG Karlsruhe NJW 1986, 1500 = WPM 1986, 1102; Rastätter DNotZ 1987, 463; Eickmann ZIP 1989, 137, 140; Roemer MittRhNotK 1991, 69, 72 ff.

[307] BGH NJW 1986, 928, 929.

[308] Palandt/Bassenge § 1191 Rn 44; BGH WPM 1976, 347; BGH NJW 1981, 756; Reithmann WPM 1985, 445; BGH WPM 1987, 228, 229 f.; BGH NJW 1992, 1822; BGH NJW 1996, 191; BGH NJW 1997, 2672; BGHZ 109, 197; BGH NJW 2000, 2675; a. M. OLG Oldenburg NJW 1985, 152; OLG Stuttgart NJW 1987, 71.

[309] BGH NJW 1981, 1600 m. w. N.

[310] BGH NJW 1991, 2558; MünchKomm/Leipold § 1922 Rn 17, 41, 117 ff.

[311] BGHZ 32, 367, 369.

sie die Erwerbsaussicht des Zessionars nicht durch gegenteilige Verfügungen beeinträchtigen können.[312] Die materiellrechtliche Einigung nach § 873 Abs. 1[313] bzw. als Auflassung nach § 925 und die verfahrensrechtliche Eintragungsbewilligung nach § 19 GBO (sofern derart in den Rechtsverkehr gebracht, dass mit Zugang gerechnet werden konnte)[314] bleiben gem. § 130 Abs. 2 auch nach dem Tod des Betroffenen wirksam und führen zum Fortgang des Rechtserwerbs durch die Erben,[315] da diese außer in die materiellrechtliche Verfügungsmacht[316] auch in die verfahrensrechtliche Position des Erblassers einrücken.[317] Etwas anderes ist es jedoch, wenn es sich um ein auf Lebenszeit beschränktes Recht handelt.[318] War jedoch die materiellrechtliche Einigungserklärung nach § 873 Abs. 1 **nicht** durch eine der in § 873 Abs. 2 genannten Voraussetzungen dem Verstorbenen gegenüber bindend geworden, kann sie bis zur Grundbucheintragung einseitig durch den oder die Erben[319] und sogar allein durch einen Miterben[320] widerrufen werden. § 130 Abs. 2 ist auch auf die sachenrechtliche Einigung gem. § 929 beim **Fahrniserwerb** anwendbar und auch diese Einigung ist bis zur Übergabe des Fahrnisgegenstandes nicht bindend und kann bis dahin von den Erben widerrufen werden.[321] Allerdings muss dieser Widerruf ausdrücklich erfolgen, ein vorhandener, aber nicht geäußerter entgegenstehender Wille der Erben hindert den sich durch die Übergabe vollendenden Rechtserwerb nicht.[322] Es bedarf somit keiner bis zur Übergabe fortdauernder Einigung. Die Entscheidung des Reichsgerichts im sog. Bonifatius-Vereins-Fall[323] könnte daher mit ihrer damaligen Begründung nicht mehr gehalten werden, wohl aber damit, dass das zum Vollzug i.S. des § 2301 Abs. 2 erforderliche Vermögensopfer nicht mehr zu Lebzeiten des Erblassers erbracht wurde.[324]

128 • Gemäß § 130 Abs. 2 hat es auf die Wirksamkeit einer Willenserklärung keinen Einfluss, wenn der **Erklärende nach der Abgabe stirbt** oder geschäftsunfähig wird. Analog dazu bestimmt § 153, dass das Zustandekommen des Vertrages durch den Tod oder die Geschäftsunfähigkeit des Anbietenden vor der Angebotsannahme nicht gehindert wird, sofern die Auslegung des Vertrages keinen anderen Willen ergibt. Da jedoch nach § 1922 der Erbe vollständig in die Rechtsposition des Erblassers eintritt (**Universalsukzession**), kann er die Willenserklärung gem. § 130 Abs. 1 Satz 2 bis zu ihrem Zugang widerrufen. Bisweilen versuchen Erblasser mit den Regeln des § 130 Abs. 2 dadurch Missbrauch zu treiben, dass sie ein gemeinschaftliches Ehegattentestament formgerecht gegenüber dem anderen Ehegatten in der Weise widerrufen wollen, dass der Notar diese Erklärung dem anderen Ehegatten erst nach dem Tod des Erblassers zustellen soll. Ein solches Verfahren ist unwirksam, da Sinn und Zweck der §§ 130 Abs. 2, 2270, 2271 einen bewussten und geplanten Aufschub des Zugangs der Erklärung erst auf die Zeit nach dem Tod des Erklärenden nicht zulässt.[325]

129 • Gestaltungsrechte gehen, soweit sie nicht höchstpersönlich sind, auf die Erben über. So etwa das Anfechtungsrecht gem. §§ 119 ff.,[326] die Anfechtungsrechte des § 2 AnfG

[312] BGH NJW 1955, 544; BGH NJW 1960, 1003.
[313] Palandt/Bassenge § 878 Rn 2.
[314] Ertl Rpfleger 1982, 407, 409; Bauer/von Oefele/Kössinger § 19 Rn 97.
[315] BGHZ 48, 351 = DNotZ 1968, 414; BGH NJW 1978, 2027; LG Düsseldorf Rpfleger 1987, 14.
[316] KG JFG 1, 338, 341.
[317] Bauer/von Oefele/Kössinger § 19 Rn 97.
[318] Jung Rpfleger 1996, 94.
[319] BayObLGZ 1973, 139, 141.
[320] OLG Düsseldorf NJW 1956, 876.
[321] BGHZ 7, 111, 115.
[322] Damrau Jura 1970, 724.
[323] RGZ 83, 223, 229; Otte Jura 1993, 643, 646.
[324] BGHZ 87, 19, 25 = NJW 1983, 1487; Otte Jura 1993, 643, 648.
[325] BGHZ 9, 233; Dilcher JuS 1961, 20; MünchKomm/Musielak § 2271 Rn 9.
[326] BGH NJW 1951, 308; RGZ 107, 238, 239.

und der §§ 129 ff. InsO, das Recht zur Genehmigung des Handelns eines vollmachtlosen Vertreters, auch im Falle des § 181,[327] das Recht zum Widerruf, z.B. nach § 178 oder § 495, das Wahlrecht aus § 263, die Bestimmungsrechte der §§ 315, 316, Kündigungs- und Rücktrittsrechte und die Rechte aus § 437.[328] Auch das Einsichtsrecht in die Krankenunterlagen kann vererblich sein.[329]

• Vererblich sind auch diejenigen **Rechtslagen,** an die sich gesetzlich eine Gefährdungs- 130
haftung und eine Verschuldungshaftung knüpft.[330] So z.B. auch bei der Amtspflichtverletzung (§ 839) und der Notarhaftung (§ 19 BNotO), wenn der Erblasser als Amtsträger oder Notar durch eine Amtspflichtverletzung eine Schadensursache gesetzt hat und der Schaden erst nach seinem Tod eintritt oder dem Geschädigten bekannt wird. Nach der Regelung des § 199 Abs. 3 kann diese Haftung maximal noch 30 Jahre nach dem Setzen der Schadensursache geltend gemacht werden.[331]

• Im Zivilprozessverfahren tritt im Falle des Todes einer Partei automatisch eine Un- 131
terbrechung des Verfahrens bis zu seiner Aufnahme durch den Rechtsnachfolger ein (§§ 239, 242, 243 ZPO). Falls jedoch ein Prozessbevollmächtigter der verstorbenen Partei vorhanden ist, tritt keine Unterbrechung ein, auf Antrag ordnet das Prozessgericht jedoch die Aussetzung des Verfahrens an (§ 246 ZPO).

• Die Rechte aus einer für den Erblasser laufenden **Ersitzung** sind ebenfalls vererblich 132
(§ 943). Dies sind im Einzelnen die Ersitzung beweglicher Sachen nach zehnjährigem Eigenbesitz (§§ 937 ff.), die Buchersitzung (**Tabularersitzung**) von Grundstückseigentum und zum Besitz berechtigender Grundstücksrechte des dreißig Jahre im Grundbuch eingetragenen eigenbesitzenden Buchberechtigten gem. § 900 und das Aneignungsrecht (**Kontratabularersitzung**) gem. § 927 dessen, der ein Grundstück 30 Jahre lang, in denen keine Grundbucheintragung mit Zustimmung des Eigentümers erfolgt ist, in Eigenbesitz hatte und wobei der eingetragene Eigentümer gestorben, für tot erklärt oder verschollen ist, jedoch seine Erben nicht unbekannt oder nicht feststellbar zu sein brauchen,[332] nach Durchführung des Aufgebotsverfahrens gem. §§ 433 f., 442 ff. FamFG, § 1024 Abs. 1 ZPO. In allen diesen Fällen kommt für die Fristberechnung die beim Erblasser bzw. jedem anderen Rechtsvorgänger im Besitz verstrichene Ersitzungsfrist dem Erben zustatten (§§ 943, 900 Abs. 1, 927 Abs. 1).

• Nach §§ 857, 2169 Abs. 2 geht der **Besitz** auf den Erben über und ist daher vererb- 133
lich. Eine Vererbung der tatsächlichen Sachherrschaft ist dabei natürlich nicht möglich. Der auf der Rechtsfolgenzuordnung des § 857 beruhende Erbenbesitz ist seiner Natur nach Besitz ohne Sachherrschaft, bis der Erbe die tatsächliche Gewalt ergreift.[333] § 857 hat die Aufgabe, den Nachlass vor der Zersplitterung und vor ungerechtfertigten Eingriffen zu schützen, bis der wirkliche Berechtigte die tatsächliche Sachherrschaft (**Verkehrsbesitz**) über den Nachlass erlangt. Dies wird dadurch erreicht, dass der Erbe über § 857 den vollen Besitzschutz der §§ 854 bis 872, 1007 genießt. Das bedeutet auch, dass der wirkliche (wahre) Erbe in seinem ererbten Eigentum an beweglichen Sachen durch § 935 gegen gutgläubigen Dritterwerb geschützt wird, d.h., wenn ein Nichterbe oder ein etwa auf Grund eines später widerrufenen Testaments vermeintlicher Erbe (**Scheinerbe**) einen Nachlassgegenstand veräußert, kann der Erwerber ihn nicht gutgläubig erwerben, da er wegen des Erbenbesitzes dem wahren Erben gem. § 935 Abs. 1 als abhanden gekommen angesehen wird.[334] Ist allerdings der Scheinerbe durch einen Erbschein legitimiert und

[327] OLG Hamm MDR 1979, 277 = Rpfleger 1979, 17.
[328] Soergel/Stein § 1922 Rn 41.
[329] BGH NJW 1983, 2627; einschränkend MünchKomm/Leipold § 1922 Rn 25.
[330] LG Freiburg JW 1938, 1820 Nr. 26; RG DR 1942, 849 Nr. 7 = HRR 1942 Nr. 522.
[331] BGH NJW 1973, 1077 m.w.N. (zur alten Rechtslage, § 852).
[332] LG Köln MittRhNotK 1985, 215.
[333] Palandt/Bassenge § 857 Rn 1, 3.
[334] MünchKomm/Joost § 857 Rn 9.

wusste der Erwerber, dass es sich um einen Erbschaftsgegenstand handelt, erwirbt er bei Gutgläubigkeit den Gegenstand gem. § 2366. Verliert jedoch ein sog. vorläufiger Erbe durch Erbausschlagung (§ 1953), Anfechtung (§§ 1957, 2078 ff.) oder Erbunwürdigkeitserklärung (§ 2344) rückwirkend seine Erbenstellung, sieht die h. M.[335] von ihm veräußerte bewegliche Gegenstände nicht als „abhanden gekommen" i. S. d. § 935 Abs. 1 an, sodass der Erwerber bei Gutgläubigkeit auch ohne Erbscheinslegitimation des vorläufigen Erben gem. § 935 Eigentum erwirbt. Der Gewahrsam im strafrechtlichen Sinn (§§ 242, 246 StGB) geht nicht automatisch auf den Erben über, da der Erbenbesitz nach § 857 nur eine Zurechnung der Besitzfolgen begründet.[336] Tritt der Nacherbfall ein, so geht nach der h. M[337] der Erbenbesitz gem. § 857 nur an den Sachen auf den Nacherben über, an denen der Vorerbe noch keinen Verkehrsbesitz begründet hatte.

9. Ansprüche wegen enttäuschter Erberwartung oder fehlgeschlagener Vergütungserwartung

a) Bei Dienstleistungen

134 In Fällen, in denen eine Person jahrelang einer anderen Dienste für kein oder zu geringes Entgelt leistet in der vom Dienstberechtigten gebilligten Erwartung, von ihm zum Erben oder Vermächtnisnehmer eingesetzt zu werden, wendet die Rechtsprechung,[338] sofern sich die Erwartung nicht erfüllt, nicht den Bereicherungsanspruch wegen Zweckverfehlung nach § 812 Abs. 1 Satz 2 2. Alt. (condictio ob rem od. causa data causa non secuta) an, sondern die Grundsätze des faktischen Arbeitsverhältnisses nach § 612 Abs. 1. Voraussetzung für diese stillschweigende Vergütungsvereinbarung (§ 612 Abs. 1) ist, dass die Dienstleistung nach den Umständen nur gegen eine Vergütung zu erwarten ist,[339] was fraglich sein kann, wenn der Dienstleistende zur familienrechtlichen Mitarbeit gem. §§ 1353, 1360, 1619 verpflichtet ist[340] und dass sich beide zumindest stillschweigend über die atypische Vergütung (z. B. Erbeinsetzung, Hofübergabe, Betriebsübergabe, Heirat, Adoption) einig waren, d. h. die Erwartung nicht nur in der einseitigen subjektiven Vorstellung des Dienstleistenden bestand.[341] Aus der Dienstleistung allein folgt kein Vergütungsanspruch gem. § 612 Abs. 1.[342] Bei Einigkeit liegt gem. § 612 Abs. 1 ein schuldrechtlicher Vertrag vor, der den Rückgriff auf die Bereicherungsvorschriften verbietet.[343] War Erb- oder Vermächtniseinsetzung vereinbart, so ist diese Absprache nach § 2302 ungültig.[344] Der Vergütungsanspruch aus dem faktischen Arbeitsverhältnis, das anstelle der wegen § 2302 fehlgeschlagenen Erbvereinbarung getreten ist, wird dabei als gestundet angesehen, bis sich herausstellt, dass die versprochene Erb- oder Vermächtniseinsetzung nicht erfolgt ist, in der Regel also bis zum Tod des Arbeitgebers oder bis zur Testamentseröffnung. Er unterliegt dann der regelmäßigen Verjährung nach §§ 195, 199 Abs. 1.[345] Die

---

[335] MünchKomm/Joost § 857 Rn 12 m. w. N.; kritisch hierzu Wiegand JuS 1972, 87, 91 f.

[336] RGSt 58, 228, 229.

[337] MünchKomm/Joost § 857 Rn 11 m. w. N.

[338] BAG NJW 1963, 2188; BAG NJW 1970, 1701; BAG NJW 1974, 78; BAG NJW 1978, 444; BGH NJW 1965, 1224 = FamRZ 1965, 317; BGH WPM 1970, 90; KG OLGZ 1971, 22 = FamRZ 1970, 317; MünchKomm/Müller-Glöge § 612 Rn 13 f.; Canaris BB 1967, 165; MünchKomm/Musielak § 2302 Rn 5; Palandt/Edenhofer § 2302 Rn 2; siehe auch Lüke, Vertragliche Störungen beim „entgeltlichen" Erbvertrag, 1990 S. 35 ff.

[339] Palandt/Weidenkaff § 612 Rn 4.

[340] OLG Nürnberg FamRZ 1960, 119; BGH FamRZ 1972, 87; Fenn FamRZ 1968, 291.

[341] BAG NJW 1970, 1701; LAG Rheinland-Pfalz FamRZ 1983, 489; MünchKomm/Müller-Glöge § 612 Rn 15.

[342] BAG NJW 1974, 380.

[343] BGH NJW 1965, 1224 = FamRZ 1965, 317; KG OLGZ 1971, 22 = FamRZ 1970, 317.

[344] BAG 1963, 2188; BAG NJW 1970, 1701.

[345] BGH NJW 1965, 1224, 1225; BAG NJW 1963, 2188; BGH NJW 1974, 78 (zur alten Rechtslage).

Zusage, geleistete Dienste durch testamentarische Erbeinsetzung zu entgelten, kann jedoch auch jederzeit widerrufen werden und dann läuft die Verjährungsfrist ab dem Zeitpunkt des Widerrufs.[346] Die Höhe der Vergütung bestimmt sich nach § 612 Abs. 2. Der Dienstleistende trägt die Beweislast für die Vereinbarung der atypischen Vergütung, der Dienstberechtigte für die Vereinbarung von Unentgeltlichkeit.[347] Zuständig für solche Klagen sind die Arbeitsgerichte.

b) Bei sonstigen Leistungen

Bei sonstigen in Erwartung einer Erbeinsetzung, eines Vermächtnisses, einer Heirat, Adoption oder Fortsetzung der nichtehelichen Lebensgemeinschaft erbrachten Leistungen und bei Dienstleistungen, die in dieser Erwartung aber ohne zumindest stillschweigender Vereinbarung der betreffenden atypischen Vergütung erbracht wurden, wendet die Rechtsprechung für die Rückabwicklung bei Zweckverfehlung die condictio ob rem nach § 812 Abs. 1 Satz 2 2. Alt. an – **sogen. Veranlassungsfälle** –[348] Voraussetzung dafür ist das Vorliegen einer Zweckvereinbarung, d. h. einer Rechtsgrundabrede im Vorfeld rechtsgeschäftlicher Verbindlichkeit. Dafür genügt nicht die einseitige, wenngleich vom Empfänger der Leistung erkannte Erwartung des Leistenden, d. h. seines Motives, andererseits darf dieser Zweck aber auch nicht Gegenstand einer vertraglichen Bindung *(causa)* in dem Sinne sein, dass seine Durchsetzung erzwungen werden könnte oder er eine Bedingung des Rechtsgeschäfts ist. Es reicht für eine Zweckvereinbarung nicht aus, wenn der Empfänger der Leistung den vom Leistenden damit bezweckten Erfolg kennt, zwar nicht ausdrücklich widerspricht, aber seinerseits einen anderen von ihm mit der Entgegennahme der Leistung bezweckten Erfolg zum Ausdruck bringt.[349] Notwendig ist vielmehr eine tatsächliche auch stillschweigend mögliche Willenseinigung über den verfolgten Zweck.[350] Der Anspruch gem. § 812 Abs. 1 Satz 2 2. Alt. entsteht dabei, wenn feststeht, dass der bezweckte Erfolg nicht eintritt,[351] d. h. bei Leistungen in Erwartung der Erb- oder Vermächtniseinsetzung mit dem Tod des Erblassers bzw. der Eröffnung seines Testaments, da erst dann feststeht, dass der Erfolg nicht eintritt, während vorher von einem grundlosen Erlangen der Leistung nicht gesprochen werden kann. **135**

10. Ansprüche aus der Beendigung einer nichtehelichen Lebensgemeinschaft

In einer Ehe bestehen gegenseitige Unterhalts- und Mitarbeitspflichten (§§ 1353 Abs. 1 Satz 2, 1360) und für den Fall ihrer Auflösung durch den Tod ist der überlebende Ehegatte kraft Ehegattenerbrechts (§§ 1371 Abs. 1, 1931) am Nachlass des Verstorbenen beteiligt. Darüber hinausgehende Rückabwicklungsansprüche beim Tod des Ehegatten für einseitig erbrachte Leistungen innerhalb der Ehe sind zum Unterschied zur Beendigung der Ehe durch Scheidung[352] grundsätzlich nicht gegeben. Eine Ausnahme bilden die sog. **Ehegattengesellschaften,** (auch unter Lebenspartnern), die von der Rechtsprechung[353] jedoch, sofern nicht ausdrücklich vereinbart, nur anerkannt werden, wenn sich **136**

---

[346] BAG NJW 1978, 444.

[347] Palandt/Weidenkaff § 612 Rn 6.

[348] BGHZ 44, 321 = NJW 1966, 540; BGH WPM 1969, 1350; BGH NJW 1970, 136; BGH NJW 1973, 612 m. Anm. Ehmann in NJW 1973, 1035 = FamRZ 1973, 181, 182; BGH NJW 1984, 233; OLG Karlsruhe ZEV 2002, 196: Battes AcP 178, 337, 365; Söllner AcP 163, 21, 39; krit. Haas/Holla ZEV 2002, 169, 170 ff.

[349] BGH FamRZ 1973, 181.

[350] BGHZ 44, 321 = NJW 1966, 540; BGH WPM 1969, 1350, 1352; BGH NJW 1973, 612; OLG Stuttgart NJW 1977, 1779.

[351] BGHZ 35, 356 = NJW 1961, 2205; BGH NJW 1970, 136.

[352] Hierzu Langenfeld NJW 1986, 2541.

[353] BGH NJW 2006, 1268; NJW 2003, 2982; NJW 1999, 2962; NJW 1995, 3385; BGH FamRZ 1987, 907, 908; Frank FamRZ 1983, 441; Palandt/Sprau, § 705 Rn 39.

die Ehegatten – sei es auch nur durch schlüssiges Verhalten – in den Dienst einer gemeinsamen, über die Verwirklichung der durch die Ehe gegebenen Lebensgemeinschaft hinausgehenden Aufgabe (Sonderzweck) gestellt haben (z.B. Aufbau und gemeinsame Führung mittelständiger Handwerks-, Dienstleistungs- und Handelsbetrieben, insb. im Bereich des Hotel- und Gaststättengewerbes).[354] Durch solche fiktiven Gesellschaften kann es bei Beendigung der Ehe durch den Tod zu Auseinandersetzungsansprüchen gem. §§ 730ff. kommen, also außerhalb des Erbrechts und des Güterrechts.

137 Im Gegensatz dazu bestehen bei der **nichtehelichen Lebensgemeinschaft** weder rechtliche Mitarbeitspflichten noch gesetzliche Erb- und Ausgleichsverpflichtungen.[355] Sofern die Lebenspartner daher keine ausdrücklichen vertraglichen Vereinbarungen für den Fall der Auflösung ihrer nichtehelichen Lebensgemeinschaft getroffen haben, stellt sich, sofern sie durch Geld-, Sach- oder Arbeitsleistungen Vermögenswerte geschaffen haben, die Frage ihrer vermögensrechtlichen Abwicklung durch entsprechende Anwendung der allgemeinen Regeln des bürgerlichen Rechts.[356]

138 Sofern ein Erblasser, der eine Verfügung von Todes wegen errichten will, in einer solchen Lebensgemeinschaft lebt, muss er die Möglichkeit solcher Abwicklungsansprüche berücksichtigen, u.U. dadurch, dass er ihre Nichtgeltendmachung zur Bedingung einer Zuwendung von Todes wegen an den Lebenspartner macht. Einer Zuwendung an den Lebenspartner wird heute im Gegensatz zu früher,[357] selbst wenn der eine Teil noch anderweitig verheiratet ist, grundsätzlich die Anerkennung nicht mehr versagt, sofern sie nicht ausschließlich den Zweck verfolgt, die geschlechtliche Hingabe zu belohnen oder zu fördern[358] und wobei zudem die Beweislast für die Unsittlichkeit der Zuwendung derjenige trägt, der sich darauf beruft.[359]

139 Grundsätzlich war die Rechtsprechung sehr zurückhaltend, wenn es sich darum handelt, nach Beendigung einer nichtehelichen Lebensgemeinschaft einen Ausgleich für erbrachte vermögenswerte Leistungen zu gewähren oder den einen Partner am Vermögenszuwachs des anderen teilhaben zu lassen.[360] Die Rechtsprechung schließt im Ergebnis weitgehend Ausgleichs- und Rückgewähransprüche aus, gleichgültig ob sie auf Gesellschafts- oder Gemeinschaftsrecht, auf ungerechtfertigte Bereicherung oder die Lehre vom Wegfall der Geschäftsgrundlage gestützt werden.[361] Im Grundsatz gilt, dass es nach Beendigung der nichtehelichen Lebensgemeinschaft bei den bisherigen Vermögensverschiebungen verbleibt und kein Ausgleich stattfindet.[362] Haben die Partner an einem Vermögensgegenstand allerdings Mitbesitz, wird gem. § 1006 vermutet, dass beide Miteigentümer nach Bruchteilen sind.[363] Diese widerlegbare Vermutung wirkt auch nach der Trennung der Partner fort, sofern der den Mitbesitz aufgebende Partner nachweisen kann, dass durch die Änderung der Besitzverhältnisse keine Änderung der Eigentumslage herbeigeführt wurde.[364] Die Vermutung des § 1006 wird für Gegenstände des persönli-

---

[354] Derleder NJW 1980, 547; BGH NJW 1995, 3338.

[355] BGHZ 84, 388 = NJW 1982, 28, 63; BGH NJW 1986, 51 = FamRZ 1985, 1232; Grziwotz, 7. Teil Rn 34.

[356] Siehe dazu insb. Derleder NJW 1980, 545; Strätz FamRZ 1980, 301; Diederichsen NJW 1983, 1017; Steinert NJW 1986, 545; Schlüter/Belling FamRZ 1986, 405; Frank FS f. Wolfram Müller-Freienfels, 1986 S. 131ff.; Weber JR 1988, 309; Grziwotz 7. Teil Rn 34.

[357] BGH NJW 1968, 932 = FamRZ 1968, 241.

[358] BGHZ 53, 369 = NJW 1970, 1273 = DNotZ 1970, 496.

[359] BGHZ 53, 375, 379; BGH FamRZ 1971, 638; Palandt/Ellenberger § 138 Rn 50.

[360] Battes FS f. Hübner, 1984, S. 379, 385; Schlüter/Belling FamRZ 1986, 405; Weimar MDR 1997, 713; Palandt/Brudermüller, Einl. v. § 1297 Rn 32f.

[361] Diederichsen NJW 1983, 1017, 1021.

[362] BGH FamRZ 1982, 63, 64; BGH FamRZ 1983, 1213.

[363] Battes, Nichteheliches Zusammenleben im Zivilrecht, 1983, Rn 21ff.; de Witt/Huffmann, Nichtehliche Lebensgemeinschaft, 2. Aufl., 1986, Rn 336.

[364] Battes Nichteheliches Zusammenleben im Zivilrecht Rn 22.

chen Gebrauchs (§ 1362 analog) auch bei nichtehelichen Partnern durch diese für Ehegatten geltenden Spezialvorschriften verdrängt.[365] Vor allem aber lehnt der Bundesgerichtshof[366] es ab, nach Beendigung einer nichtehelichen Lebensgemeinschaft eine umfassende Gesamtauseinandersetzung herbeizuführen und dabei alle während ihres Bestehens erbrachten Leistungen und Zuwendungen zu berücksichtigen, da die nichteheliche Lebensgemeinschaft keine nach einheitlichen Rechtsgrundsätzen abzuwickelnde Rechtsgemeinschaft sei.[367] Bei den während der Dauer der Gemeinschaft erbrachten persönlichen und wirtschaftlichen Leistungen, um deren Ausgleich typischerweise gestritten wird und der Rechtsprechung hierzu kann man im Wesentlichen folgende Fallgruppen unterscheiden:

• Persönliche und wirtschaftliche Leistungen, die dem **Funktionieren der häuslichen Lebensgemeinschaft dienen,** wie die üblichen Hausarbeiten und die Bereitstellung des Lebensunterhalts. Für sie wird allgemein eine Ausgleichungspflicht abgelehnt, da die Gerichte annehmen, dass die beiderseitigen Leistungen zum Zwecke des gemeinsamen Lebens und Wirtschaftens erbracht werden und keiner von dem anderen eine Bezahlung erwartet, sie somit ohne Rückforderungswillen erbracht wurden.[368] 140

• Persönliche und wirtschaftliche Leistungen, **die gewöhnlich nur gegen Entgelt erbracht werden.** Handelt es sich dabei um Dienstleistungen, so ist die Rechtsprechung grundsätzlich nicht so schnell bereit, ein stillschweigendes Arbeitsverhältnis gem. § 612 Abs. 1 anzunehmen, wie dies sonst bei sog. fehlgeschlagenen Vergütungserwartungen der Fall ist, weil regelmäßig anzunehmen sei, dass zwischen Personen, die in einem eheähnlichen Verhältnis leben, kein Arbeitsverhältnis bestehe.[369] Auch wenn der halbseitig gelähmte, herzkranke Lebensgefährte ein Jahr lang bis zu seinem Tod gepflegt wird und daher die Dienste weit über die übliche Hausarbeit hinausgehen, sieht die Rechtsprechung[370] sie als altruistisch erbracht und damit als nicht vergütungspflichtig an. Lediglich wenn solche Arbeitsleistungen im Hinblick auf eine in Aussicht genommene Eheschließung erbracht wurden, wird eine stillschweigende Vergütungsvereinbarung nach § 612 Abs. 1 angenommen.[371] Auch bei das Übliche weit übersteigende finanzielle Beiträge zur gemeinsamen Haushalts- und Lebensführung pflegt die Rechtsprechung häufig eine Ausgleichungspflicht mit der Begründung zu versagen, die Leistung oder Zuwendung sei „im Interesse der Lebensgemeinschaft erbracht" worden.[372] Die außer bei Dienstleistungen mit stillschweigender Vergütungsvereinbarung sich auch hier anbietende condictio ob rem (§ 812 Abs. 1 Satz 2 2. Alt. = Zweckverfehlung), wird von der Rechtsprechung[373] meist mit der Begründung abgelehnt, der mit der Leistung verfolgte Zweck sei nicht verfehlt, da er nicht in der Aufrechterhaltung der nichtehelichen Lebensgemeinschaft bestanden habe. Bei der Schaffung von Vermögenswerten wird dieser Anspruch jedoch nun weitergehend bejaht.[374] 141

• Sofern jedoch **die Partner der nichtehelichen Lebensgemeinschaft die Absicht verfolgten,** mit dem Erwerb eines Vermögensgegenstandes (und sei es auch nur durch einen 142

---

365 Battes Nichteheliches Zusammenleben im Zivilrecht Rn 23.

366 BGH NJW 1981, 1502 = FamRZ 1981, 530.

367 BGHZ 77, 55 = NJW 1980, 1520 = DNotZ 1981, 32; BGH NJW 1981, 1502 = FamRZ 1981, 530; BGH FamRZ 1983, 1213.

368 BGHZ 77, 55 = NJW 1980, 1520; BGH NJW 1983, 1055 = FamRZ 1983, 349; BGH FamRZ 1983, 1213; OLG Frankfurt FamRZ 1981, 253.

369 OLG München FamRZ 1980, 239, 240; OLG Frankfurt NJW 1982, 1885 = FamRZ 1982, 265.

370 LG Berlin FamRZ 1979, 503, 504.

371 OLG Stuttgart NJW 1977, 1779 = FamRZ 1977, 545.

372 BGHZ 77, 55 = NJW 1980, 1520; BGH FamRZ 1983, 1213.

373 Dagegen: OLG Hamm FamRZ 1983, 494; dafür: OLG Stuttgart NJW-RR 1993, 1475; OLG Karlsruhe NJW 1994, 948; OLG Köln NJW 1995, 2232.

374 BGH NJW 2008, 3280; Palandt/Sprau § 812 Rn 89; Palandt/Brudermüller Einl. Vor § 1297 Rn 33.

von ihnen) einen, wenn auch nur wirtschaftlich **gemeinschaftlichen Wert zu schaffen,** der von ihnen für die Dauer der Partnerschaft nicht nur gemeinsam genutzt, sondern ihnen nach ihrer Vorstellung auch gemeinsam gehören sollte, hat die Rechtsprechung das Vorliegen einer BGB-Innengesellschaft oder doch die entsprechende Anwendung ihrer Bestimmung bejaht und damit bei Beendigung der Lebensgemeinschaft eine Auseinandersetzung nach §§ 730 ff. zugelassen.[375] Die Rechtsprechung des Bundesgerichtshofes hat damit der Gesellschaft des bürgerlichen Rechts zwischen Partnern nichtehelicher Lebensgemeinschaften eine andere und weitreichendere Ausgleichsfunktion zuerkannt als zwischen Ehegatten.[376]

143 • Haben die Partner einer nichtehelichen Lebensgemeinschaft untereinander **besondere Vereinbarungen getroffen,** wie z. B. Darlehen, Mietvertrag, Dienstvertrag u. ä., so werden diese Rechtsverhältnisse nach Beendigung der Gemeinschaft zwischen ihnen wie unter fremden Personen abgewickelt.[377] Sonst behält jeder der Partner das, was ihm gehört, ohne zu Ausgleichszahlungen verpflichtet zu sein, auch wenn die Anschaffung mit Mitteln des anderen finanziert worden ist.[378] Das gilt auch für das Guthaben von Girokonten, die allein auf den Namen eines der Partner lauten.[379] Zum Ausgleich kommt es allerdings dann, wenn zwischen den Partnern hinsichtlich bestimmter Vermögenswerte eine Rechtsgemeinschaft bestand, wie z. B. bei einem sog. Oder-Konto. An ihm sind die Partner mangels abweichender Vereinbarung gem. § 430 zu je $1/2$ berechtigt.[380] Wenn im Zeitpunkt der Auflösung der Gemeinschaft beide aus einem über den Auflösungszeitpunkt hinaus laufenden Ratenkredit verpflichtet waren, der für einen Vermögensgegenstand aufgenommen wurde, dessen wirtschaftliche Nutzung nach Beendigung der Gemeinschaft nur einem von ihnen oder seinen Erben zugute kommt, haben der oder die Nutznießer die künftig fällig werdenden Raten allein zu zahlen, während ein Ausgleich bezüglich der während der Dauer der Gemeinschaft getilgten Beträge nicht stattfindet.[381] Sollte eine Zuwendung während der Dauer der Gemeinschaft als Schenkung angesehen werden können, was die Einigung der Partner über die Unentgeltlichkeit voraussetzt (§ 516), können auch Rückforderungsansprüche dieser Geschenke wegen Verarmung des Schenkers oder wegen groben Undanks gem. §§ 529, 530, 531 Abs. 2, 818 Abs. 3 in Betracht kommen, ohne dass § 817 Satz 2 einem solchen Anspruch entgegenzustehen braucht.[382] Sind nach diesen Prinzipien der Rechtsprechung Ausgleichsansprüche gegeben, so können sie bei Beendigung der nichtehelichen Lebensgemeinschaft durch den Tod eines Partners gegen dessen Erben als vom Erblasser herrührende Schulden gem. § 1967 geltend gemacht werden.[383] Will der Erblasser, der in einer solchen Gemeinschaft lebt, sicher gehen, dass nicht solche Ansprüche gegen seine Erben geltend gemacht werden, kann er mit seinem nichtehelichen Partner einen sog. Partnerschaftsvertrag abschließen und in ihm auch bezüglich solcher Ausgleichsansprüche Regelungen treffen.[384]

---

[375] BGH FamRZ 2006, 607; 2005, 1151; NJW 1999, 2962; 1997, 3371; 1992, 906; OLG Frankfurt ZEV 1999, 404; Frank FamRZ 1983, 541, 543; BGH NJW-RR 1991, 898; BGH NJW-RR 1996, 1473; Palandt/Sprau § 705 Rn 40; N. Mayer ZEV 1999, 384.

[376] Frank FamRZ 1983, 544.

[377] Diederichsen NJW 1983, 1021.

[378] Derleder NJW 1980, 548; Finger JZ 1981, 508.

[379] OLG Düsseldorf FamRZ 1979, 581; OLG Frankfurt NJW 1982, 1885 = FamRZ 1982, 265 m. Anm. Bosch.

[380] OLG Celle FamRZ 1982, 63.

[381] BGH FamRZ 1981, 530 = NJW 1981, 1502; OLG Celle NJW 1983, 1063; OLG Frankfurt FamRZ 1984, 1013.

[382] BGHZ 35, 103, 108 ff. = NJW 1961, 1458; OLG Hamm NJW 1978, 224; Diederichsen NJW 1983, 1022.

[383] Diederichsen NJW 1983, 1025; Steinert NJW 1986, 689.

[384] Muster zu solchen Partnerschaftsverträgen in MünchVertrHdb/Langenfeld, Bd. 6/2, XI. 1 und XI. 2.

11. Kostenersatz und Anspruchsüberleitung nach Sozialhilferecht (SGB XII)

War der Erblasser Sozialhilfeempfänger, so hat die Sozialbehörde nach seinem Tod eine Reihe von Möglichkeiten, gegen den Nachlass Rückforderungsansprüche zu stellen. Das sollte bei der Gestaltung einer Verfügung von Todes wegen dieses Erblassers beachtet werden. Aber auch wenn ein vom Erblasser in der Verfügung Bedachter Sozialhilfeempfänger ist, ist dies beachtenswert. Im Einzelnen sind in diesem Zusammenhang für die Träger der Sozialhilfe folgende Möglichkeiten gegeben: 144

a) Erstattungsansprüche gegen den Erblasser

Sind beim Erbfall noch gegen den Erblasser entstandene Erstattungsansprüche von Sozialhilfeträgern offen, so gehen diese, soweit keine Sondervorschriften vorhanden sind (für Ansprüche gem. §§ 102, 103, 104 haftet der Erbe gemäß § 102 Abs. 2 S. 2 SGB XII ex lege beschränkt auf den Wert, des im Zeitpunkt des Erbfalls vorhandenen Nachlasses), analog § 1967 als Nachlassverbindlichkeiten auf den Erben über.[385] Will dieser seine Haftung auf den Nachlass beschränken, muss er eine der Beschränkungsmaßnahmen gem. §§ 1990, 1975 BGB, 315 ff. InsO ergreifen. Solche Rückerstattungsansprüche können sein: 145

aa) Ansprüche zur Rückerstattung zu Unrecht erbrachter Leistungen nach §§ 44 ff., 50 SGB X.[386] Diese Ansprüche waren gegenüber dem verstorbenen Sozialhilfeempfänger begründet und gehen auf die Erben als vom Erblasser herrührende sog. Erblasserschulden gem. § 1967 Abs. 2, 1. Halbsatz über. Waren die zurückzuerstattenden Leistungen auf Grund Verwaltungsaktes erbracht, entsteht der Erstattungsanspruch erst mit der Rücknahme des den Rechtsgrund dieser Leistungen begründenden Verwaltungsaktes (§§ 44 ff. SGB X). War dies bis zum Erbfall noch nicht erfolgt, so kann die Rücknahme und der Erstattungsbescheid gegenüber den Erben erfolgen.[387] Ist eine Ermessensentscheidung bezüglich der Geltendmachung eines Erstattungsanspruchs nach § 50 SGB X zu treffen, ist auf die Umstände in der Person des Erblassers, nicht des Erben abzustellen, während dem Erben nur die Möglichkeiten der Haftungsbeschränkung nach §§ 1975 ff. verbleiben.[388]

bb) Kostenersatzansprüche wegen zu Unrecht erbrachter Leistungen, sofern vorsätzlich oder fahrlässig herbeigeführt gem. § 104 SGB X. Der hiernach Verpflichtete und ein gem. § 50 SGB X Verpflichteter haften als Gesamtschuldner, § 104 Satz 2 SGB XII. Aufgrund der Verweisung auf § 103 (Abs. 2 S. 2) und von dort auf § 102 Abs. 2 S. 2 SGB XII haftet der Erbe mit dem Wert des im Zeitpunkt des Erbfalls vorhandenen Nachlasses.

b) Kostenerstattungspflicht der Erben gem. § 102 SGB XII

Im Sozialhilferecht gilt das Prinzip der sog. Nachrangigkeit oder Subsidiarität, d. h. Sozialhilfe erhält nur, wer sich nicht selbst zu helfen vermag oder die erforderliche Leistung von Dritten erhält (§ 2 Abs. 1 SGB XII). Der Hilfsbedürftige muss daher grundsätzlich vorrangig sein gesamtes verwertbares Vermögen einsetzen. Nur bestimmte Vermögensstücke sind nach § 90 Abs. 2 SGB XII davon ausgenommen (sog. Schonvermögen), so z. B. insbesondere ein „angemessenes Hausgrundstück", wenn es der Sozialhilfeempfänger allein oder zusammen mit Angehörigen, denen es nach seinem Tod weiter als Wohnung dienen soll, ganz oder teilweise bewohnt (§ 90 Abs. 2 Nr. 8 SGB XII).[389] Wird dem Hilfeempfänger ein „angemessenes Hausgrundstück" als Schonvermögen belassen, so blockiert das die Unterhaltsüberleitung gegen nachrangig Unterhaltsverpflichtete so 146

---

[385] MünchKomm/Leipold Einl. Vor § 1922 Rn 152.
[386] Staudinger/Marotzke § 1922 Rn 362.
[387] Staudinger/Marotzke, § 1922 Rn 362, 363.
[388] BVerwG NJW 2002, 1892; MünchKomm/Leipold Einl. Vor § 1922 Rn 152.
[389] Zu den Voraussetzungen hierzu (nach BSHG) siehe VerwG Berlin NJW 1987, 144 = FamRZ 1986, 96; Schulte NJW 1989, 1241, 1245; BVerwG MittBayNot 1991, 131.

lange, bis dieses Schonvermögen bei fiktiver Selbsthilfe für die Zahlung der Hilfekosten aufgezehrt wäre.[390] Soweit es sich nicht um Schonvermögen handelt, ist der Hilfesuchende verpflichtet, vorrangig sein Vermögen einzusetzen. Ist dessen sofortige Verwertung nicht möglich, oder würde es dem gegenüber, der es einzusetzen hat, eine Härte bedeuten, soll die Sozialhilfe als u.U. dinglich zu sicherndes Darlehen gewährt werden (§ 91 SGB XII). Nach dem Tod des Hilfeempfängers können die Hilfekosten jedoch in jedem Fall gegenüber seinen Erben gem. § 102 SGB XII mit folgenden Begrenzungen (§ 102 Abs. 3 SGB XII) geltend gemacht werden[391]

- Was länger als 10 Jahre vor dem Todesfall an Sozialhilfe geleistet wurde, kann nicht mehr geltend gemacht werden (§ 102c Abs. 1 Satz 2 SGB XII);
- soweit innerhalb dieses 10-Jahreszeitraumes vor dem Erbfall die Leistungen weniger als das Dreifache des Grundbetrages nach § 85 Abs. 1 SGB betragen haben (Bagatellgrenze), entfällt der Kostenersatzanspruch gegen die Erben und wird der Betrag überschritten, ist nur der übersteigende Betrag zu ersetzen (Freibetrag) (§ 102 Abs. 3 Nr. 1 SGB XII);
- wird der Hilfeempfänger von seinem Ehegatten, Lebenspartner oder einem seiner Verwandten beerbt und haben diese nicht nur vorübergehend bis zu seinem Tod mit ihm in häuslicher Gemeinschaft gelebt und ihn gepflegt, so erhöhen sich Freigrenze und Freibetrag auf derzeit EUR 15 340 (§ 102c Abs. 3 Nr. 2 SGB XII);
- der Anspruch auf Kostenersatz gegen die Erben ist in den Fällen nicht geltend zu machen, in denen ihre Inanspruchnahme nach der Besonderheit des Einzelfalles eine besondere Härte bedeuten würde (Härteklausel) (§ 102 Abs. 2 Nr. 3 SGB XII);
- letztlich sind die Grundsicherungsleistungen (§§ 41 ff. SGB XII) und die vor dem 1.1. 1987 entstandenen Kosten der Tuberkulosehilfe nicht ersatzpflichtig, § 102 Abs. 5 SGB XII.

147 Die Ersatzpflicht besteht auch gegenüber den Erben des Ehegatten oder Lebenspartners des Hilfeempfängers, falls der Ehegatte/Lebenspartner vor der leistungsberechtigten Person stirbt. Die Haftung der Erben des Ehegatten/Lebenspartners der leistungsberechtigten Person und die Haftung der Erben der leistungsberechtigten Person selbst bestehen nebeneinander.[392] § 102 SGB XII führt zu einer unmittelbaren, eigenständigen Haftung des Erben gegenüber dem Träger der Sozialhilfe. Die Ersatzpflicht des Erben gehört zu den die „Erben als solche treffenden Verbindlichkeiten“ (Erbfallschuld) gem. § 1967 Abs. 1, 2. Halbsatz.[393] Der Erbe haftet aber kraft Gesetzes nur mit dem Wert des Nachlasses zum Zeitpunkt des Erbfalls, ohne dass er die Haftungsbeschränkung nach den Vorschriften des BGB ausdrücklich geltend machen müsste, § 102 Abs. 2 Satz 2 SGB XII. Der Wert des Nachlasses ist auch bezüglich der Freibeträge das vom Erblasser hinterlassene Vermögen nach Abzug der Nachlassverbindlichkeiten mit Ausnahme der Pflichtteilsrechte, der Vermächtnisse und der Auflagen.[394] Der Anspruch auf Kostenersatz gegen die Erben erlischt 3 Jahre nach dem Tod der leistungsberechtigten Person oder ihres Ehegatten/Lebenspartners (§ 102 Abs. 4 Satz 2 i.V.m. § 103 Abs. 3 SGB XII). Die Kostenersatzpflichtigen müssen dem Träger der Sozialhilfe über ihre Einkommens- und Vermögensverhältnisse Auskunft geben, soweit es zur Durchführung des Gesetzes erforderlich ist (§ 117 Abs. 1 SGB XII). Eine Ausnahme gilt dann, wenn sie sich der Gefahr strafrechtlicher Verfolgung oder eines Verfahrens nach dem Ordnungswidrigkeitengesetz aussetzen würden (§§ 117 Abs. 5 SGB XII).

---

[390] Frank BWNotZ 1983, 153, 158.
[391] Zum Umfang der Haftung der Erben OVG Münster NJW 2002, 695.
[392] BVerwG NJW 2003, 3792.
[393] Staudinger/Marotzke § 1922 Rn 364.
[394] BVerwGE 66, 161 ff.; BVerwGE 90, 250 ff. = NJW 1993, 1089; Littig/J. Mayer, Sozialhilferegress Rn 189, 192, 193, 194; siehe auch Gutachten des DNotI in DNotI-Report 1999, 149 (sämtlich noch zum BSHG); Staudinger/Marotzke § 1922 Rn 364.

Nach § 103 Abs. 1 SGB XII ist zum Kostenersatz verpflichtet, wer die Voraussetzungen für die Leistungen durch vorsätzliches oder grob fahrlässiges Verhalten herbeigeführt hat (z. B. Trunk- oder Rauschgiftsucht, Straftaten usw.). Dies kann der Leistungsempfänger oder auch ein sonstiger Dritter sein.[395] Das vorsätzliche oder grob fahrlässige Herbeiführen der Voraussetzungen für die Gewährung der Sozialhilfe kann jedoch auch dadurch erfolgen, dass der Hilfeempfänger freiwillig Vermögensgegenstände unentgeltlich weggibt oder auf ihm zustehende Ansprüche vor ihrer Überleitung auf die Sozialbehörde verzichtet.[396] Diese Ersatzpflicht geht nach seinem Tod auf seine Erben (mittelbare Erbenhaftung) über, die jedoch auch hier kraft Gesetzes nur mit dem Wert des Nachlasses haften (§ §§ 103 Abs. 2 Satz 2m 102 Abs. 2 Satz 2 SGB XII). Dieser Anspruch auf Kostenersatz erlischt ebenfalls in 3 Jahren vom Ablauf des Jahres an, in dem die Leistung erbracht worden ist (§ 103 Abs. 1 SGB XII). 148

c) Die Überleitung des Schenkungswiderrufsanspruchs nach § 528 BGB

Hat der Sozialhilfeempfänger in den letzten 10 Jahren (§ 529 Abs. 1) eine Schenkung i. S. d. § 516 Abs. 1 gemacht, so kann die Behörde ihr Rückforderungsrecht wegen Bedürftigkeit gem. §§ 528 Abs. 1 Satz 1, 529, 812 ff. nach § 93 SGB XII auf sich überleiten.[397] Das kann auch bei Hofübergaben der Fall sein, da diese meist als gemischte Schenkungen anzusehen sind,[398] weil der Wert der Leibgedingsleistungen den Wert des übertragenen Vermögens nicht erreicht.[399] Der Beschenkte kann die Herausgabe des Geschenkes durch Zahlung des für den Unterhalt des Schenkers erforderlichen Betrages abwenden (§ 528 Abs. 1). Da der Rückforderungsanspruch nur insoweit besteht, als der Schenker außerstande ist, seinen angemessenen Unterhalt zu bestreiten, wandelt sich der Herausgabeanspruch bei einem unteilbaren Gegenstand in einen Zahlungsanspruch (Wertersatzanspruch), sofern der Schenker des Geschenks nur teilweise bedarf.[400] Der Rückforderungsanspruch ist nach § 529 Abs. 2 ausgeschlossen, soweit der Beschenkte außerstande ist, das Geschenk herauszugeben, ohne dass sein eigener standesgemäßer (angemessener) Unterhalt gefährdet wird.[401] Eine zu Lebzeiten des Beschenkten erfolgte Überleitung wirkt auf jeden Fall gegenüber seinen Erben.[402] Das Gleiche gilt, wenn der Anspruch noch vom Schenker zu Lebzeiten geltend gemacht wurde und ein Dritter (z. B. der Träger der Sozialhilfe) für seinen Unterhalt bis zu seinem Tod in Vorlage getreten ist.[403] Zunächst war die Rechtsprechung der Meinung, dass, da der Rückforderungsanspruch nicht vererblich ist (§§ 528 Abs. 1 Satz 3, 1615), die Überleitung nicht mehr nach dem Tod des Schenkers erfolgen könne.[404] Demgegenüber nimmt der BGH[405] eine Vererblichkeit des Rückforderungsanspruchs aus § 528 Abs. 1 Satz 1 und damit die Möglichkeit seiner Überleitung auch nach dem Tod des Schenkers an, sofern dieser von Drit- 149

[395] Grube/Wahrendorf/Schoenfeld § 103 Rn 14.

[396] Frank BWNotZ 1983, 153, 157 f., 160.

[397] Siehe hierzu eingehend Littig/J. Mayer, Sozialhilferegress Rn 39 ff.; BGHZ 94, 141 = NJW 1985, 2419 = DNotZ 1986, 198; BGHZ 96, 380 = NJW 1986, 1606; BGH NJW 1991, 1824; BGHZ 127, 354 = NJW 1995, 323 = ZEV 1995, 35 m. Anm. Kollhosser; Germer BWNotZ 1987, 61, 65; OVG Münster NJW 1988, 1866; OLG Stuttgart BWNotZ 1985, 70.

[398] BGH FamRZ 1967, 214.

[399] Gitter DNotZ 1984, 595, 604.

[400] BGHZ 94, 141, 143 f. = NJW 1985, 2419.

[401] Siehe hierzu OLG Düsseldorf FamRZ 1984, 887, 888; bzgl. § 826 bei Weiterveräußerung siehe OLG Köln FamRZ 1986, 988.

[402] BGHZ 96, 380, 382 = NJW 1986, 1606; BGH NJW 1995, 323 = ZEV 1995, 35 m. Anm. Kollhosser; Palandt/Weidenkaff § 528 Rn 4 m. w. N.

[403] BGHZ 123, 264 = NJW 1994, 256 = ZEV 1994, 49 m. Anm. Kollhosser.

[404] OLG Düsseldorf FamRZ 1984, 887, 890; OLG Stuttgart BWNotZ 1985, 70; OLG Celle Nds.Rpfl. 1993, 11; OLG Frankfurt NJW 1994, 1805.

[405] BGH NJW 2001, 2084; NJW 1995, 2287 = ZEV 1995, 378; eingehend hierzu Kollhosser ZEV 1995, 391.

ten unterhaltssichernde Leistungen entgegengenommen hat oder den Anspruch geltend gemacht oder abgetreten hat. Hat der Beschenkte den Gegenstand an einen Dritten weiterverschenkt, so ist er selbst entreichert (§ 818 Abs. 3). Der Schenker kann sich dann aber gem. §§ 528 Abs. 1 Satz 1, 822, 818, 819 Abs. 1 an den Dritten halten.[406] Hat der Beschenkte den Schenkungsgegenstand an seinen Ehegatten unentgeltlich weitergegeben, kann es sich um eine sog. unbenannte Zuwendung unter Ehegatten handeln, die nicht als unentgeltlich, sondern als Ausdruck der Verwirklichung der ehelichen Lebensgemeinschaft gewertet wird.[407] Das Rückforderungsrecht gem. § 528 besteht gem. § 534 nicht bezüglich Schenkungen aus sittlicher Pflicht oder Anstand.[408]

d) Die Überleitung anderer Ansprüche des Hilfeempfängers insbesondere von Versorgungsansprüchen (§ 93 SGB XII)

150 Aus dem Prinzip der Subsidiarität der Sozialhilfe (§ 2 Abs. 1 SGB XII) heraus kann gem. § 93 SGB XII der Träger der Sozialhilfe Ansprüche jeder Art der leistungsberechtigten Person oder ihres von ihr nicht getrennt lebenden Ehegatten/Lebenspartners oder bei Hilfen nach dem Fünften bis Neunten Kapitel ihrer Eltern gegen Dritte, unabhängig vom jeweiligen Grund und Inhalt des Anspruchs durch Verwaltungsakt auf sich überleiten. Die Überleitung ist auf Grund der ausdrücklichen Vorschrift des § 93 Abs. 1 Satz 4 SGB XII nicht dadurch ausgeschlossen, dass der Anspruch nicht übertragen, verpfändet oder gepfändet werden kann. Somit ist insbesondere überleitbar auch der noch nicht geltend gemachte Pflichtteilsanspruch.[409] Nicht überleitbar sind daher lediglich höchstpersönliche Sachansprüche[410] sowie Gestaltungsrechte ohne Anspruchscharakter. Die übergeleiteten Ansprüche behalten ihre Rechtsnatur und sind deshalb im Streitfall auf dem für sie zuständigen Rechtsweg geltend zu machen, d.h. bürgerlich-rechtliche Ansprüche vor den Zivilgerichten, während die Verwaltungsgerichte nur die Einhaltung der für die Überleitung maßgeblichen öffentlich-rechtlichen Vorschriften und sozialhilferechtlichen Grundsätze zu prüfen haben.[411] Der Übergang des Anspruchs setzt die schriftliche Anzeige an den Drittschuldner voraus, § 93 Abs. 2 Satz 1 SGB XII, §§ 31, 37 SGB X. Mit dem Zugehen dieses Verwaltungsaktes an den Drittschuldner tritt der Träger der Sozialhilfe in die Rechtsstellung des Anspruchsgläubigers mit allen Rechten und Pflichten ein (Gläubigerwechsel).[412] Sofern der Anspruch vererblich ist“ kann die Überleitungsanzeige an den Drittschuldner auch noch nach dem Tod des Hilfeempfängers erfolgen.[413] Die Überleitung ist nur zulässig bei zeitlicher Deckungsgleichheit zwischen der zeitlichen Leistungspflicht des Dritten und dem Zeitraum, für den die Sozialhilfe bewilligt, d.h. bestimmt war. Auch hier darf die Überleitung nur insoweit erfolgen, als die Hilfe bei rechtzeitiger Leistung des Drittschuldners nicht hätte gewährt zu werden brauchen, § 93 Abs. 1 Satz 3 SGB XII.[414] Das Ob und das Wie der Überleitung stehen im Ermessen der Behörde, dessen Ausübung gem. § 35 Abs. 1 Satz 3 SGB X zu begründen ist.[415] Im Einzelnen sind vor allem folgende Überleitungsmöglichkeiten für Erblasser beachtenswert:[416]

---

[406] BGHZ 106, 354 = NJW 1989, 1478; Palandt/Weidenkaff § 528 Rn 6; Knütel NJW 1989, 2504; a.M. MünchKomm/J. Koch § 528 Rn 8; a.M. OLG Düsseldorf FamRZ 1984, 887, 890; E. Koch JR 1993, 313.

[407] OLG Düsseldorf FamRZ 1984, 887, 890, bestr.

[408] BGH NJW 1986, 1926.

[409] Bengel in R/B/M Rn A 528.

[410] Grube/Wahrendorf § 93 Rn 11.

[411] BVerwGE 34, 219.

[412] Grube/Wahrendorf § 93 Rn 20.

[413] Heinze ZfF 1973, 274; BayVGH ZfF 1971, 120; OLG Düsseldorf FamRZ 1984, 887, 890 (je zu § 90 BSHG).

[414] Grube/Wahrendorf § 93 Rn 15.

[415] Grube/Wahrendorf § 93 Rn 16.

[416] Siehe hierzu insbesondere Littig/Mayer, Sozialhilferegress Rn 90 ff.

Anspruch aus Leibrenten-, Abfindungs-, Altenteils- und Übergabeverträgen, aus privaten Versicherungsverträgen, Beihilfen nach Beamtenrecht und Schadensersatzansprüche aus unerlaubter Handlung.[417] Ob auch obligatorische und dingliche Wohnungsrechte sowie Pflege- und Versorgungsverpflichtungen aus Übergabeverträgen für Zeiten übertragen werden können, in denen die Anspruchsberechtigten ihre Wohnung verlassen haben und in einem Alten- oder Pflegeheim aufgenommen wurden, ist str.[418] Umstritten ist dabei jeweils auch die Bewertung dieser Realleistungen.[419] Um eine solche Überleitung zu verhindern, wird vorgeschlagen, das Erlöschen der Leistungen für den Fall zu vereinbaren, dass der Gesundheitszustand des Berechtigten einen Aufenthalt in einer Klinik, einem Pflegeheim o. ä. erforderlich macht[420] und wobei hinsichtlich der Erforderlichkeit dieses Aufenthalts auf die Beurteilung des eigenen Hausarztes der Berechtigten abgestellt werden sollte. Dagegen dürfte die ausdrückliche Vereinbarung des Wegfalls der Leistungen für den Fall, dass Sozialhilfe in Anspruch genommen werden kann, wegen Sittenwidrigkeit unbeachtlich sein.[421] 151

e) Überleitung von Unterhaltsansprüchen nach bürgerlichem Recht (§ 94 SGB XII)

Da der Sozialhilfeempfänger grundsätzlich zunächst auf vorhandenes Einkommen 152
und Vermögen zu verweisen ist (§ 2 Abs. 1 SGB XII), gehen seine laufenden Unterhaltsansprüche gegen die ihm nach bürgerlichem Recht unterhaltspflichtigen Personen gem. § 94 Abs. 1 Satz 1 SGB XII auf den Sozialhilfeträger über (Legalzession).[422] Dies ist allerdings nur hinsichtlich der gesetzlichen Unterhaltsansprüche gegen Ehegatten, Eltern und Kinder möglich, während Unterhaltsansprüche gegen Großeltern, Enkelkinder oder noch in gerader Linie entferntere Verwandte nicht übergehen (§ 94 Abs. 1 Satz 3 SGB XII). § 94 Abs. 1–3 SGB XII enthält noch weitere Beschränkungen für den Übergang. Eine Forderung für die Vergangenheit ist außer unter den Voraussetzungen des bürgerlichen Rechts nur von der Zeit an möglich, zu welcher der Sozialhilfeträger dem Unterhaltspflichtigen die Erbringung der Leistung schriftlich mitgeteilt hat, § 94 Abs. 4 Satz 1 SGB XII.

f) Der Zugriff auf erbrechtliche Ansprüche

Wenn der Hilfsbedürftige Erbe wird oder er als Vermächtnisnehmer eingesetzt ist, entfällt, soweit er dadurch Vermögen erlangt, seine Hilfsbedürftigkeit. Im Falle der nicht sofort möglichen Verwertung dieses Vermögens besteht die Möglichkeit der Gewährung von Sozialhilfe in Form eines Darlehens nach § 91 SGB XII. 153

Ein dem Sozialhilfeempfänger zustehender Pflichtteilanspruch ist nach dem Erbfall 154
gem. § 93 SGB XII auf den Träger der Sozialhilfe überleitbar, selbst wenn er noch nicht vertraglich anerkannt oder rechtshängig geworden und damit nach § 852 ZPO noch nicht pfändbar ist.[423] Überleitbar ist der Pflichtteilsanspruch in allen Varianten, in denen er gem. § 2317 Abs. 1 automatisch mit dem Erbfall entsteht, das sind die Fälle der §§ 2303, 2305, 2307 Abs. 1 Satz 2. Überleitbar ist auch der Pflichtteilsergänzungsanspruch, und zwar sowohl der gegen den Erben gem. § 2325 als auch der subsidiäre gegen den Beschenkten nach § 2329. Dagegen hält die h. M. einen Pflichtteilsanspruch des

[417] Frank BWNotZ 1983, 153, 159.

[418] Bejahend Baur ZfS 1982, 229; Sbresny ZfF 1983, 222; Winkler MittBayNot 1979, 53, 57 f.; a. M. dagegen Karpen MittRhNotK 1988, 131, 146; OLG Braunschweig FamRZ 1997, 27 = FG Prax 1995, 224 = MittRhNotK 1996, 222; Littig/Mayer Rn 91.

[419] Siehe hierzu Baur ZfS 1982, 229; Sbresny ZfF 1983, 222.

[420] Winkler MittBayNot 1979, 53, 58; Gitter DNotZ 1984, 595, 603 f.

[421] Frank BWNotZ 1983, 153, 159; Krauß MittBayNot 1992, 77, 100; Littig/Mayer Rn 132 ff.; BGH NJW 1983, 1851 = FamRZ 1983, 137.

[422] Siehe hierzu eingehend Littig/J. Mayer, Sozialhilferegress Rn 155 ff.

[423] Frank BWNotZ 1983, 153, 159; van de Loo MittRhNotK 1989, 225; Linde BWNotZ 1988, 54, 57.

Sozialhilfeempfängers, der gemäß den §§ 2306 Abs. 1, 2307 Abs. 1 Satz 1, 1371 Abs. 3 die vorherige Ausschlagung der Zuwendung durch den Sozialhilfeempfänger voraussetzt, nicht als nach § 93 SGB XII überleitbar, weil er erst mit der Ausschlagung entsteht und als höchstpersönliches Gestaltungsrecht kein überleitbarer Anspruch ist.[424]

12. Die Vererbung erbrechtlicher Rechtsstellungen

a) Unvererblichkeit der Erbaussicht

155 Der Rechtserwerb kraft Erbrechts setzt nach § 1923 voraus, dass der Erbe zum Zeitpunkt des Erbfalls bereits und noch lebt oder doch wenigstens gezeugt ist und später auch geboren wird. Bei Vorversterben des gesetzlich oder gewillkürt Berufenen ist dessen Aussicht auf ein gesetzliches, testamentarisches oder erbvertragliches Erbrecht nicht vererblich.[425] Die gesetzliche oder gewillkürte Berufung zum Erben wird vielmehr in diesem Fall unwirksam.[426] Beim Wegfall eines gesetzlichen Erben regeln die Vorschriften über das gesetzliche Erbrecht, wer stattdessen eigenständig als Erbe berufen ist, so z.B. das Eintrittsrecht von Abkömmlingen eines näher mit dem Erblasser Verwandten (§ 1924 Abs. 3). Bei der gewillkürten Erbfolge kann der Erblasser für diesen Fall Vorsorge treffen, indem er einen Ersatzerben (§ 2096) einsetzt, der aber ebenso wenig wie der eintretende Abkömmling bei der gesetzlichen Erbfolge (§ 1924 Abs. 3) die Erbaussicht des Verstorbenen erbt, sondern ein eigenständiges Erbrecht erhält.[427] Hat der Erblasser nicht ausdrücklich einen Ersatzerben bestellt, so ist, sofern er einen seiner Abkömmlinge bedacht hat und dieser nach der Errichtung des Testaments wegfällt, gem. § 2069 im Zweifel anzunehmen, dass dessen Abkömmlinge ersatzweise von ihm insoweit bedacht sind, als sie bei der gesetzlichen Erbfolge an die Stelle des weggefallenen Abkömmlings treten würden. Eine entsprechende Anwendung dieses § 2069 auf Fälle, in denen der Erblasser nicht seine Abkömmlinge, sondern andere Personen bedacht hat, ist nicht möglich, da es an der hinreichenden Vergleichbarkeit der Fälle fehlt. Häufig kann jedoch im Wege der ergänzenden Testamentsauslegung die stillschweigende Ersatzberufung der Abkömmlinge der weggefallenen Erben angenommen werden, sofern der Erblasser nahe Angehörige bedacht hat.[428] Solange der Erblasser lebt, haben die kraft Gesetzes berufenen oder durch Verfügung von Todes wegen Eingesetzten – entgegen der Wortwahl des Gesetzes beim Erb- und Zuwendungsverzicht in den §§ 2346, 2349, 2350 und 2352 – kein Erbrecht im subjektiven Sinn, sondern nur eine Erbaussicht, eine bloße Hoffnung.[429] Diese Erbaussicht kann auch nicht als Anwartschaft und schon gar nicht als Anwartschaftsrecht bezeichnet werden, da sie weder übertragbar und vererblich, noch pfändbar oder durch einstweilige Verfügung oder Arrest sicherbar ist.[430] Auch eine Klage auf Feststellung des künftigen Erbrechts wird allgemein wegen Fehlens eines Rechtsverhältnisses i.S.d. § 256 ZPO abgelehnt.[431] Lediglich für die Rechtsstellung des Schlusserben eines Berliner Testaments (§ 2269) nach dem Tod des Ehegatten hält die Rechtsprechung – mit z.T. unklaren Aussagen –[432] mit einem Teil der Litera-

---

[424] Karpen MittRhNotK 1988, 149; Reimann MittBayNot 1990, 248; ders. MittBayNot 1994, 52; Kuchinke FamRZ 1992, 363; Nieder NJW 1994, 1266; J. Mayer DNotZ 1994, 347, 355; a.A. van de Loo NJW 1990, 2856.

[425] MünchKomm/Leipold § 1922 Rn 97.

[426] MünchKomm/Leipold § 1923 Rn 7.

[427] MünchKomm/Leipold, § 1922 Rn 97.

[428] BayObLG FamRZ 2000, 1394; 2001, 516; Palandt/Edenhofer § 2069 Rn 8 ff.; MünchKomm/Leipold § 2069 Rn 28 u. § 2102 Rn 9.

[429] Bamberger/Roth/Müller-Christmann § 1922 Rn 87.

[430] BGHZ 12, 115, 118; BGHZ 23, 249, 259; Boehmer FamRZ 1961, 255.

[431] BGHZ 37, 137, 145 = NJW 1962, 1723; BGHZ 37, 331, 335 = NJW 1962, 1913.

[432] BGHZ 37, 319, 322 = NJW 1962, 1910; OLG Düsseldorf ZEV 1996, 310; OLG Karlsruhe FamRZ 1989, 1351.

tur[433] die Bezeichnung „Anwartschaft", nicht Anwartschaftsrecht für denkbar, um allerdings gleichzeitig festzustellen, dass diese Rechtsstellung des Schlusserben vor dem zweiten Erbfall weder übertragbar, noch belastbar, noch vererblich ist. War der Erblasser bei seinem Tod bereits Inhaber einer unbedingten und unbefristeten erbrechtlichen Rechtsstellung als Erbe, so geht diese, ebenso wie sein Recht, die Erbschaft anzunehmen, auszuschlagen oder solche Erklärungen anzufechten, nach § 1922 auf seine Erben (**Erbeserben**) über.[434]

b) Unvererblichkeit der Aussicht auf Vermächtniserwerb

Beim Vermächtnis muss der Bedachte zwar zurzeit des Erbfalls weder leben noch be- 156
reits gezeugt sein (§§ 2162 Abs. 2, 2163, 2178), darf aber nicht bereits verstorben sein (§ 2160). Ist der Vermächtnisnehmer bereits vor dem Erbfall verstorben, so tritt allerdings nur dann Unwirksamkeit des Vermächtnisses ein, wenn der Erblasser keinen Ersatzvermächtnisnehmer (§ 2190) ausdrücklich bestellt hat und solche auch nicht gem. § 2069 zu vermuten sind und keine Anwachsung nach § 2158 stattfindet.[435] Auch dem Vermächtnisnehmer steht vor dem Erbfall keine übertragbare und vererbliche Anwartschaft zu.[436] Da jedoch bei der Vermächtniszuwendung im Gegensatz zur Erbeinsetzung nicht die Prinzipien *„semel heres, semper heres"*[437] und des Tabus einer ruhenden, subjektlosen Erbschaft *(hereditas iacens)* im geltenden Recht[438] bestehen, die solche Gestaltung bei der Erbeinsetzung zwingend zu konstruktiven Vor- und Nacherbfolgen (§§ 2104, 2105) werden lassen, ist bei aufschiebend bedingten oder befristeten Vermächtnissen eine Vererblichkeit in der Schwebezeit nach dem Erbfall gegeben.[439] Ein Vermächtnis fällt zwar grundsätzlich mit dem Erbfall an, d.h. der Leistungsanspruch wird begründet (§ 2176), dieser Zeitpunkt verschiebt sich aber bei aufschiebend bedingten oder befristeten (betagten) Vermächtnissen (§ 2177) oder wenn der Bedachte zurzeit des Erbfalls noch nicht geboren ist oder seine Persönlichkeit erst durch ein Ereignis nach dem Erbfall bestimmt wird (§ 2178) bis zum Eintritt der Bedingung, des Termins, der Geburt oder des Ereignisses. In diesen Fällen entsteht gem. § 2179 in der Zeit zwischen dem Erbfall und dem Anfall des Vermächtnisses für die bereits bekannten Bedachten eine rechtlich geschützte unentziehbare Rechtsposition (Anwartschaftsrecht), die übertragbar und pfänd- und verpfändbar[440] und bei aufschiebender Befristung auch vererblich ist. Aufschiebend bedingte Vermächtnisse entfallen allerdings gem. § 2074 im Zweifel, d.h. wenn kein anderer Wille des Erblassers festgestellt werden kann, wenn der Bedachte den Eintritt der Bedingung nicht erlebt, d.h. sie sind im Zweifel nicht vererblich. War allerdings der Bedachte ein Abkömmling des Erblassers, so kommt der Auslegungsregel des § 2069 Vorrang vor § 2074 zu[441] und der Abkömmling tritt an die an Stelle des weggefallenen Bedachten. Für das auflösend bedingte oder befristete Vermächtnis gilt § 2179 nicht.[442] Es ist gem. § 2176 mit dem Erbfall entstanden und daher vom Erben zu erfüllen (§ 2174). Tritt dann die auflösende Bedingung oder der Endtermin ein, so hat dies keine dingliche Wirkung, es ist vielmehr an den Nachvermächtnisnehmer (§ 2191) oder an den Beschwerten gem. § 812 Abs. 1 Satz 2, 1. Alt. herauszugeben.[443]

---

433 Palandt/Edenhofer § 2269 Rn 10; gegen diesen verwirrenden Begriff zu Recht Staudinger/Kanzleiter § 2269 Rn 14 m.w.N.
434 Bamberger/Roth/Müller-Christmann § 1922 Rn 87.
435 MünchKomm/Schlichting § 2160 Rn 1.
436 BGHZ 37, 331, 333, 335 = NJW 1962, 1913.
437 Digesta, 28, 5, 89, Gaius.
438 MünchKomm/Leipold § 1942 Rn 2; Staudinger/Behrends § 2105 Rn 1.
439 Bamberger/Roth/Müller-Christmann § 2179 Rn 6.
440 Staudinger/Otte § 2179 Rn 7–9; MünchKomm/Schlichting § 2179 Rn 7; Palandt/Edenhofer § 2177 Rn 2.
441 BGH NJW 1958, 22 = JZ 1958, 89.
442 Bamberger/Roth/Müller-Christmann § 2177 Rn 4.
443 Bamberger/Roth/Müller-Christmann § 2177 Rn 4.

157 Vererblich sind dagegen die bereits entstandenen Ansprüche aus gewillkürten (§ 2174) oder gesetzlichen (§ 1932) Vermächtnissen, mit Ausnahme des Dreißigsten (§ 1969), der den persönlichen Unterhalt sichern soll.[444]

c) Vererblichkeit der Nacherbenanwartschaft

158 Gem. § 2108 Abs. 1, der die entsprechende Anwendung des § 1923 auf die Nacherbfolge anordnet, kann Nacherbe nur werden, wer zum Zeitpunkt der Nacherbfolge (§ 2139), also beim Eintritt des hierfür bestimmten Zeitpunkts oder Ereignisses (§§ 2103–2105) oder beim Tod des Vorerben (§ 2106) lebt oder wenigstens gezeugt war und später auch geboren wird. Nicht erforderlich ist dagegen, dass er bereits beim Erbfall gelebt oder wenigstens gezeugt war (§ 2101). Stirbt der eingesetzte Nacherbe vor dem Erblasser, so wird seine Berufung von selbst hinfällig und der eingesetzte (Vor-)Erbe tritt als Vollerbe unbeschränkt in die Erbfolge ein,[445] es sei denn, der Erblasser hat ausdrücklich einen Ersatznacherben eingesetzt oder an Stelle des als Nacherben eingesetzten Abkömmlings treten gem. § 2069 widerlegbar dessen Abkömmlinge.[446] Hat der eingesetzte Nacherbe aber, gleichviel ob als erster oder späterer Nacherbe[447] oder bedingt[448] eingesetzt, den Erblasser überlebt, so steht ihm in der Zeit bis zum Nacherbfall ein gegenwärtiges Anwartschaftsrecht zu, das unentziehbar, unbeschränkbar und grundsätzlich vererblich und übertragbar ist.[449] Dieses Anwartschaftsrecht geht, falls er nach dem Erbfall aber vor dem Eintritt der Nacherbfolge verstirbt, als Bestandteil seines Nachlasses auf seine Erben über.[450] Der Nacherbe kann dabei seinerseits die Anwartschaft mit Nacherbschaft belasten oder einer Testamentsvollstreckung unterwerfen.[451] Mehrere Erben des Nacherben stehen hinsichtlich des Nacherbenanwartschaftsrechts in Erbengemeinschaft.[452] Die Vererblichkeit des Anwartschaftsrechts geht im Zweifel, d. h. widerlegbar, der Anwachsung nach § 2094 vor.[453]

159 Die grundsätzliche Vererblichkeit des Anwartschaftsrechts des Nacherben nach dem Erbfall ist jedoch in folgenden Fällen ausgeschlossen:

- Wenn der Erblasser die Vererblichkeit durch ausdrückliche oder stillschweigende Bestimmung ausschließt (§ 2108 Abs. 2 Satz 1: „sofern nicht ein anderer Wille des Erblassers anzunehmen ist“). Er kann den Ausschluss auch auf einen Teil der Nacherben beschränken.[454]
- Im Zweifel (widerlegbare Vermutung) wenn der Nacherbfall von einer aufschiebenden Bedingung abhängt (§§ 2108 Abs. 2 Satz 2, 2074), wie z. B. bei einer Wiederverheiratungsklausel mit Einsetzung von Nacherben für den Fall, dass der überlebende Ehegatten wieder heiratet. Zu den Bedingungen i. S. von § 2108 Abs. 2 Satz 2 gehört jedoch nicht das Erleben des Nacherbfalles, da es sich dabei um die gesetzliche Bedingung jeder Nacherbenberufung handelt.[455]
- Streitig ist, ob und inwieweit durch eine ausdrückliche, stillschweigende oder schlüssige Ersatznacherbenberufung die Vererblichkeit der Nacherbenanwartschaft ausgeschlos-

---

[444] Bamberger/Roth/Müller-Christmann § 1922 Rn 87.
[445] BGHZ 43, 390; MünchKomm/Grunsky § 2108 Rn 2.
[446] BGHZ 33, 60, 61; Staudinger/Behrends/Avenarius § 2108 Rn 2; MünchKomm/Grunsky § 2108 Rn 2; Bamberger/Roth/Litzenburger § 2108 Rn 1.
[447] KG DNotZ 1955, 408.
[448] OLG Hamm JMBl NRW 1959, 173.
[449] BGHZ 37, 319, 325; BGHZ 87, 367; Palandt/Edenhofer § 2100 Rn 12; Haegele Rpfleger 1967, 161 m. w. N.; Kempf NJW 1961, 1797; OLG Oldenburg Rpfleger 1989, 106.
[450] RGZ 65, 144; RGZ 103, 354.
[451] RGZ 103, 354; Schmidt BWNotZ 1966, 145, 147.
[452] Schmidt BWNotZ 1966, 145, 147 Fn. 6.
[453] RGZ 106, 357; KG JFG 15, 309.
[454] BGH NJW 1963, 1150.
[455] Soergel/Harder § 2108 Rn 8.

sen wird. Bei der **ausdrücklichen Berufung eines Ersatznacherben** soll nach der einen Meinung[456] daraus allein nicht auf den Ausschluss der Vererblichkeit geschlossen werden können, da die Ersatznacherbeneinsetzung auch für die Fälle des Versterbens vor dem Erbfall und der Ausschlagung des Vorerben gem. § 2142 sinnvoll bleibe. Nach der Gegenmeinung[457] liegt jedoch mit Recht in der Ersatznacherbenberufung im Zweifel, d. h. widerlegbar, die schlüssige Erklärung des Erblassers, dass die Vererblichkeit der Anwartschaft ausgeschlossen sein soll. Umgekehrt kann man aber nicht generell aus der Einsetzung eines Abkömmlings als Nacherben wegen der Auslegungsregel des § 2069 den Ausschluss der Vererblichkeit des Nacherbenanwartschaftsrechts folgern, obwohl dieser Wille bei Einsetzung eines Abkömmlings nahe liegen mag.[458] Neuerdings mehren sich die Stimmen, nach denen weder die ausdrückliche noch die vermutete Ersatznacherbeinsetzung generell für oder gegen die Vererblichkeit sprechen, vielmehr allein der durch Auslegung zu ermittelnde Wille des Erblassers im Einzelfall maßgeblich sein soll.[459]

Hinweis für die Praxis: Bei diesem verwirrenden Meinungsstreit empfiehlt es sich, wie 160
von Haegele[460] vorgeschlagen, die Vererblichkeit und Veräußerlichkeit des Nacherbenanwartschaftsrechts in der Verfügung von Todes wegen jeweils ausdrücklich auszuschließen und ausdrücklich Ersatznacherben einzusetzen.[461]

Formulierungsvorschlag:

Die Nacherbenanwartschaft ist weder vererblich noch veräußerlich, ausgenommen die Veräußerung an den Vorerben. In diesem Fall entfällt aus jede ausdrückliche oder stillschweigende Ersatznacherbeinsetzung. Abweichend von anderslautenden gesetzlichen Auslegungs-, Vermutungs- und Ergänzungsregelungen und anderen gesetzlichen Bestimmungen wird zum alleinigen und ausschließlichen Ersatznacherben der X bestimmt.

Auch der Ersatznacherbe hat nach dem Erbfall nach der h. M.[462] ein im Zweifel ver- 161
erbliches und übertragbares Anwartschaftsrecht, das allerdings schwach ist, weil es nur bedeutsam werden kann, wenn der Nacherbe vor dem Nacherbfall wegfällt. Vor dem Wegfall des Nacherben hat jedoch der Ersatznacherbe gegen den Vorerben neben dem Nacherben keine Kontroll-, Sicherungs- und Zustimmungsrechte gem. §§ 2113, 2121, 2127 und 2128, da auch dem gewöhnlichen Ersatzerben (§ 2096) vor dem Ersatzfall keine Rechte am Nachlass des Erben zustehen.[463] Vor dem Eintritt des Ersatzfalles weist das Gesetz dem Ersatznacherben daher nur die Rolle eines Ersatzmannes in Wartestel-

---

[456] RGZ 95, 97; RGZ 142, 171; RGZ 169, 38, 40 = DR 1942, 1187; BayObLGZ 1951, 570 u. 1961, 132; OLG Köln NJW 1955, 633; OLG Zweibrücken Rpfleger 1977, 305.

[457] Staudinger/Behrends/Avenarius § 2108 Rn 15 m. w. N.; Schiedermair DR 1942, 1188; Haegele Rpfleger 1967, 162 f.; OLG Dresden JFG 4, 134, 136; Nieder ZEV 1996, 241, 245 m. w. Nachw.

[458] BGH NJW 1963, 1150 = LM § 2108 Nr. 1 in Bestätigung von RGZ 169, 38 = Betr. 1942, 1187; Kipp/Coing § 47 IV 2 b.

[459] BGH LM § 2108 Nr. 1; BayObLG NJW-RR 1994, 460 = FamRZ 1994, 783; Lange/ Kuchinke § 28 VII 1 a; siehe auch J. Mayer MittBayNot 1994, 111, 114; Musielak ZEV 1995, 5, 7.

[460] Rpfleger 1967, 161, 163.

[461] So auch Kanzleiter DNotZ 1970, 326, 337; J. Mayer MittBayNot 1994, 111; Nieder ZEV 1996, 241, 245.

[462] MünchKomm/Grunsky, § 2102 Rn 11; Palandt/Edenhofer § 2100 Rn 8; Kempf NJW 1961, 1797; Haegele Rpfleger 1967, 161, 165; a. M. d. h. kein Anwartschaftsrecht Becher NJW 1969, 1463.

[463] RGZ 145, 316; BGHZ 40, 115, 119 = NJW 1963, 2320; BayObLG 60, 407, 410; MünchKomm/Grunsky § 2102 Rn 13; Palandt/Edenhofer § 2100 Rn 8; Bamberger/Roth/Litzenburger § 2102 Rn 7.

lung zu; Handlungen des wirksam eingesetzten Nacherben wirken auch für und gegen einen – auf Grund späterer Ereignisse – zum Zuge kommenden Ersatznacherben.[464] Der Ersatznacherbe ist jedoch im Erbschein aufzuführen[465] und muss gem. § 51 GBO im Grundbuch eingetragen werden, und zwar gleichgültig, ob er ausdrücklich oder durch die gesetzliche Vermutung des § 2069 berufen ist.[466] Im letzteren Fall ist gegebenenfalls für die noch unbekannten Ersatznacherben ein Pfleger zu bestellen (§ 1913) und der Ersatznacherbenvermerk pauschal (z.B. Abkömmlinge des X) zu fassen.[467] Bei Veräußerung des Grundstücks durch den Vorerben unter Zustimmung des Nacherben oder sofern diese wegen Entgeltlichkeit des Geschäfts (§§ 2136, 2113) nicht notwendig ist, bedarf es zur Löschung des Nacherbenvermerks nicht der Zustimmung des Ersatznacherben.[468] Zur bloßen Löschung des Nacherbenvermerks ohne gleichzeitige wirksame Veräußerung bedarf es jedoch der Zustimmung des Ersatznacherben,[469] und zwar auch dann, wenn der Nacherbe seine Anwartschaft auf den Vorerben, damit dieser Vollerbe wird, oder einen Dritten überträgt, da die Rechtsstellung des Ersatznacherben davon unberührt bleibt.[470]

162 **Hinweis für die Praxis:** Die Nacherbenanwartschaft sollte niemals an den Vorerben zur Erlangung der Vollerbschaft oder an einen Dritten veräußert werden, ohne dass der Ersatznacherbe seine Zustimmung dazu erteilt oder seine Anwartschaft ebenfalls überträgt,[471] da sonst der Erwerber seine Rechtsstellung in dem Augenblick verliert, in dem sie der Nacherbe an den Ersatznacherben verlieren würde.[472]

d) Vererblichkeit der Rechtsstellung des Vorerben

163 Löst der Tod des Vorerben den Nacherbfall aus, was gem. § 2106 Abs. 1 der Fall ist, wenn der Erblasser einen Nacherben einsetzt, ohne den Zeitpunkt der Nacherbfolge oder das sie auslösende Ereignis zu bestimmen, so stellt sich die Frage der Vererblichkeit der Vorerbenstellung nicht.[473] Da aber der Erblasser irgendeinen beliebigen Zeitpunkt oder ein zukünftiges Ereignis bestimmen kann, mit dem die Nacherbfolge eintreten soll (§ 2106 Abs. 1) und dabei nur durch die zeitliche Grenze des § 2109 Abs. 1 (30 Jahre oder einer der Fälle des § 2109 Abs. 1 Satz 2) beschränkt ist, bedeutet der Tod des Vorerben nicht immer den Wegfall der Vorerbenstellung. Stirbt aber der Vorerbe, ohne dass sein Tod den Nacherbfall auslöst (§ 2106), so geht seine auflösend bedingte oder befristete Rechtsstellung folgerichtig auf seine Erben über, aber selbstverständlich nur bis zum Eintritt des Nacherbfalls.[474] Der Vorerbe ist dabei auch nicht gehindert, über den Nachlass vorbehaltlich des Anwartschaftsrechts des Nacherben letztwillig zu verfügen.[475]

---

[464] MünchKomm/Grunsky § 2102 Rn 11 ff.

[465] RGZ 142, 171, 173; OLG Hamm OLGZ 1975, 150, 156.

[466] OLG Hamm DNotZ 1966, 108; OLG Hamm NJW 1970, 1606; BayObLG NJW 1970, 1794.

[467] Haegele Rpfleger 1969, 348.

[468] OLG Köln NJW 1955, 633; OLG Oldenburg DNotZ 1962, 405 = JR 1963, 23 m. Anm. Jansen; OLG Frankfurt Rpfleger 1977, 170; BayObLG DNotZ 1983, 320 = Rpfleger 1982, 467.

[469] OLG Hamm DNotZ 1955, 538 = Rpfleger 1956, 159 m. Anm. Haegele; OLG Frankfurt DNotZ 1970, 691; KG DNotZ 1940, 286; OLG Köln NJW 1955, 633; Palandt/Edenhofer Einf. Vor § 2100 Rn 6.

[470] OLG Hamm NJW 1970, 1606 = FamRZ 1970, 607 m. Anm. Schulze = MDR 1970, 766; BayObLG NJW 1970, 1794 = BayObLGZ 1970, 137; Kanzleiter DNotZ 1970, 693; Bauer/von Oefele/Schaub § 51 Rn 193; a. M. Becher NJW 1969, 1463.

[471] Kempf NJW 1961, 1797; LG Duisburg NJW 1960, 1205.

[472] OLG Stuttgart BWNotZ 1957, 152; Palandt/Edenhofer § 2100 Rn 16; Bamberger/Roth/Litzenburger § 2102 Rn 7; a.M. Becher NJW 1969, 1463, 1466 widerlegt von OLG Hamm NJW 1970, 1606 = FamRZ 1970, 607 m. Anm. Schulze.

[473] OLG Hamm FamRZ 1986, 612, 613.

[474] OLG Hamm FamRZ 1986, 612, 613.

[475] MünchKomm/Grunsky § 2100 Rn 20; Palandt/Edenhofer § 2112 Rn 5; a. M. Raape AcP 140, 233.

e) Vererblichkeit des entstandenen Pflichtteilsanspruchs

Der Anspruch auf den Pflichtteil entsteht gem. § 2317 Abs. 1 mit dem Erbfall, ohne dass der Berechtigte ihn geltend machen müsste.[476] Danach ist er gem. § 2317 Abs. 2 vererblich und übertragbar. Der entstandene Pflichtteilsanspruch kann dabei kraft Gesetzes oder auf Grund einer Verfügung von Todes wegen vererbt werden.[477] Vererblich ist der Pflichtteilsanspruch gegen den Erben bis zu seiner Verjährung nach drei Jahren von dem Zeitpunkt an, in dem der Pflichtteilsberechtigte vom Eintritt des Erbfalls und der ihn beeinträchtigenden Verfügung von Todes wegen Kenntnis erlangt hat, ohne sie nach dreißig Jahren (§ 199 Abs. 3 a). Der subsidiäre Pflichtteilsanspruch gegen den Beschenkten gem. § 2329 verjährt dagegen gem. § 2332 Abs. 1 immer nach drei Jahren und zwar auch dann, wenn der Beschenkte Miterbe ist.[478] Vererblich ist gem. § 2317 jeder Pflichtteilsanspruch, also auch der Pflichtteilsergänzungsanspruch nach § 2325 gegen den Erben, einschließlich des subsidiären Anspruchs gegen den Beschenkten nach § 2329.[479] 164

Im Wege des bedingten Pflichtteilsverzichts (§ 2346 Abs. 2) kann der Pflichtteilsberechtigte mit Wirkung für sich und seine Abkömmlinge (§ 2349) vor dem Erbfall in notariellem Vertrag (§ 2348) mit dem Erblasser auf die Vererblichkeit des entstandenen Pflichtanspruchs verzichten.[480] Ist der Pflichtteilsanspruch bereits entstanden, kann der Berechtigte auf ihn durch formlosen Erlassvertrag gem. § 397 mit dem Erben verzichten[481] und damit seine Weitervererbung verhindern. 165

Verstirbt ein nach §§ 2306 Abs. 1, 2307 Abs. 1 Satz 1 bedachter Pflichtteilsberechtigter, ohne innerhalb der noch laufenden Ausschlagungsfrist ausgeschlagen zu haben, so ist auch das Ausschlagungsrecht vererblich (§§ 1952 Abs. 1, 2180 Abs. 3). Es geht auf den Erben des Pflichtteilsberechtigten über, kann von diesem ausgeübt und dann der Pflichtteil verlangt werden.[482] 166

Problem: Mit Recht wird vertreten, dass der Erbe eines als Nacherbe eingesetzten Pflichtteilsberechtigten, dessen Ausschlagungsfrist noch nicht abgelaufen ist, was leicht möglich ist, da sie erst ab Kenntnis vom Nacherbfall läuft,[483] wobei allerdings die ab Kenntnis des Erbfalls laufende Pflichtteilsverjährungsfrist von drei Jahren zu beachten ist (§ 2332 Abs. 2), nur dann durch Ausschlagung der Nacherbschaft einen Pflichtteilsanspruch für sich begründen kann (§ 2306 Abs. 2), wenn ihm selbst die Nacherbenanwartschaft anfällt, von deren Ausschlagung die Geltendmachung des Pflichtteilsanspruchs anhängt, während ihm dies nicht möglich ist, wenn die Nacherbenanwartschaft durch Einsetzung eines Ersatznacherben auf einen Dritten übergeht,[484] weil durch die Unvererblichkeit der Nacherbenanwartschaft mit dem Tod des Nacherben auch sein Wahlrecht nach § 2306 Abs. 2 untergegangen ist. Andere[485] wollen dagegen dem Erben des zum Nacherben eingesetzten Pflichtteilsberechtigten, falls bei seinem Tod die Ausschlagungsfrist noch nicht abgelaufen oder der Pflichtteilsanspruch verjährt ist, ohne weiteres einen Pflichtteilsanspruch zuerkennen, weil durch den Tod des Pflichtteilsberechtigten feststehe, dass er nicht mehr Nacherbe werden könne und damit endgültig von der Erbfolge ausgeschlossen sei. 167

f) Vererbung der Haftung des Beschenkten für den Pflichtteilsergänzungsanspruch

Nach § 2325 kann ein Pflichtteilsberechtigter die Ergänzung seines Pflichtteils wegen einer vom Erblasser an einen Dritten innerhalb der letzten zehn Jahre vor dem Erbfall 168

---

[476] OLG Stuttgart DNotZ 1979, 104.
[477] Bamberger/Roth/J. Mayer § 2317 Rn 8.
[478] BGH NJW 1986, 1610 m. Anm. Sick in JR 1986, 111; NK-BGB/Bock 2332 Rn 3.
[479] Staudinger/Olshausen § 2329 Rn 42; Vorbem. zu §§ 2325 ff. Rn 14.
[480] Staudinger/Haas § 2317 Rn 29.
[481] Staudinger/Haas § 2317 Rn 17; RGZ 93, 298.
[482] Bamberger/Roth/J. Mayer § 2317 Rn 17.
[483] RGZ 59, 341, 344.
[484] So MünchKomm/Lange, § 2317 Rn 23; RG JW 1931, 1354; vgl. Bengel ZEV 2000, 388.
[485] RGRK/Johannsen § 2317 Rn 15.

gemachten Schenkung verlangen. Dieser Anspruch richtet sich primär gegen den mit dem Pflichtteil belasteten Erben (§§ 2303 Abs. 1, 1967). Soweit jedoch der Erbe rechtlich nicht zur Ergänzung des Pflichtteils verpflichtet ist, d. h. er nicht zahlungspflichtig ist, sei es weil kein Nachlass vorhanden oder er überschuldet ist (§§ 2311, 2325), oder wenn und soweit der Erbe den Ergänzungsanspruch nach den Grundsätzen der beschränkten Erbenhaftung nicht zu erfüllen braucht (§§ 1975, 1990, 2060) oder soweit er seinen eigenen Pflichtteilsanspruch schmälern würde (§ 2328) oder der Pflichtteilsberechtigte selbst Alleinerbe (§ 2329 Abs. 1 Satz 2) bzw. in entspr. Anwendung Miterbe[486] ist, haftet der Beschenkte gem. § 2329 subsidiär für den Ergänzungsanspruch. Dagegen entsteht dieser subsidiäre Anspruch nach der h. M. nicht bei **bloßer Zahlungsunfähigkeit** des unbeschränkt haftenden Erben, d. h. wenn er zwar zahlungspflichtig aber nicht zahlungsfähig ist.[487] Ist der Beschenkte im Falle seiner subsidiären Haftung vor dem Erbfall gestorben, richtet sich der Pflichtteilsergänzungsanspruch gegen seine Erben, da sie mit seinem Tod an seine Stelle treten und für die Nachlassverbindlichkeiten haften (§§ 1922, 1967 Abs. 2).[488] Sie treten dabei in eine Verpflichtung ein, die der Beschenkte auf Grund der Schenkung zu gewärtigen hatte und die sich in seiner Person verwirklicht hätte, wenn er den Erbfall erlebt hätte.[489] Diese bereits zu Lebzeiten des Beschenkten begründete potentielle Verpflichtungslage geht auf seine Erben über.[490] Der subsidiäre Haftungsanspruch gegen den Beschenkten gem. § 2329 verjährt gem. § 2332 Abs. 1 in drei Jahren nach Eintritt des Erbfalls, und zwar ohne Rücksicht auf die Kenntnis des Pflichtteilsberechtigten von der ihn beeinträchtigenden Schenkung, und gleichgültig, ob der Beschenkte selbst Erbe oder Miterbe ist.[491]

g) Vererblichkeit des Ausschlagungsrechts

169 Da das BGB dem Dogma huldigt, dass subjektlose Rechte und Pflichten undenkbar sind, hat es sich sowohl bei der Erbschaft als auch beim Vermächtnis (§§ 1942, 2176, 2180) für das System des sofortigen Anfalls mit Ausschlagungsmöglichkeiten (**Grundsatz des Von-Selbst-Erwerbs**) entschieden.[492] Der Erbe kann die Erbschaft in öffentlich beglaubigter Form gegenüber dem Nachlassgericht ausschlagen (§ 1945 Abs. 1). Im Falle der Ausschlagung gilt der Anfall an den Ausschlagenden als nicht erfolgt (§ 1953 Abs. 1). Die Erbschaft fällt dann demjenigen an, der berufen gewesen wäre, wenn der Ausschlagende zurzeit des Erbfalls nicht gelebt hätte. Dabei wird der Anfall beim Nächstberufenen auf den Erbfall zurückbezogen (§ 1953 Abs. 2). Die Ausschlagungsfrist beträgt regelmäßig sechs Wochen (§ 1944 Abs. 1). Wenn jedoch der Erblasser seinen letzten Wohnsitz nur im Ausland gehabt hat oder der Erbe sich beim Fristbeginn im Ausland aufhält, sechs Monate (§ 1944 Abs. 3). Die Frist beginnt bei der gesetzlichen Erbfolge mit dem Zeitpunkt, in dem der Erbe von dem Anfall und dem Grund der Berufung Kenntnis erlangt hat (§ 1944 Abs. 2 Satz 1). Bei einer Berufung durch Verfügung von Todes wegen muss hierzu noch deren Bekanntgabe kommen (§ 1944 Abs. 2 Satz 2). Die Ausschlagungsfrist kann sich erheblich verlängern, wenn z. B. der Erbe abwesend ist oder infolge fortgeschrittenen körperlichen und geistigen Verfalls vom Anfall der Erbschaft und dem Berufungsgrund nicht mehr Kenntnis nehmen kann.[493] In solchen Fällen ist ein Betreuer (§ 1896)

---

486 BGHZ 80, 205 = NJW 1981, 1446.

487 Dieckmann FS f. Beitzke S. 399, 419; Bamberger/Roth/J. Mayer § 2329 Rn 8; MünchKomm/Lange § 2329 Rn 8; Haegele BWNotZ 1972, 73; a. M. Kipp/Coing § 13 VI 2; Staudinger/Olshausen § 2329 Rn 10.

488 BGH NJW 1981, 1446 = DNotZ 1983, 111, 113 = BGHZ 80, 205.

489 BGH NJW 1981, 1446.

490 BGH NJW 1981, 1446.

491 Siehe oben Rn 164; BGH NJW 1986, 1610.

492 Palandt/Edenhofer § 1922 Rn 6; § 1942 Rn 1; Bamberger/Roth/Müller-Christmann § 1922 Rn 18.

493 BayObLG NJW 1953, 1431.

oder ein Abwesenheitspfleger (§ 1911) zu bestellen, der die Ausschlagung mit Genehmigung des Gerichts vornehmen kann (§§ 1902, 1908i bzw. §§ 1915, 1793, je i.V.m. § 1822 Nr. 2). Die Ausschlagungsfrist beginnt in diesen Fällen erst mit der Kenntnis des Betreuers/Pflegers von Anfall und Berufungsgrund. Die Ausschlagungsfrist ist eine gesetzliche Ausschlussfrist und kann daher weder vom Erblasser noch vom Nachlassgericht verlängert werden. Auch gibt es gegen ihr Versäumnis keine Wiedereinsetzung in den vorigen Stand. Die Vorschriften über die Fristhemmung sind jedoch entsprechend anwendbar (§§ 1944 Abs. 2 Satz 3, 206, 210). Beim Nacherben beginnt die Ausschlagungsfrist frühestens mit dem Eintritt der Nacherbfolge, denn erst dann ist gem. § 2139 für ihn der Anfall der Erbschaft i.S. des § 1944 Abs. 2 eingetreten.[494] Er kann jedoch gem. § 2142 Abs. 1 die Erbschaft schon ab dem Erbfall ausschlagen. Schlägt der Nacherbe die Erbschaft aus, so verbleibt sie dem Vorerben, soweit der Erblasser nicht ein anderes bestimmt hat (§ 2142 Abs. 2). Dieses „andere" kann sich unmittelbar aus der Verfügung von Todes wegen oder aus sonstigen Umständen des Einzelfalles ergeben, so insbesondere bei ausdrücklicher oder vermuteter Ersatznacherbfolge gem. §§ 2096, 2102, 2069 oder Anwachsung unter mehreren Nacherben gem. § 2094 oder Eintritt entfernter Berufener gem. § 2104,[495] nicht jedoch, wenn der Nacherbe die Nacherbschaft ausschlägt um seinen Pflichtteil vom Vorerben zu verlangen.[496] Gegenüber Vermächtnisnehmern läuft keine Ausschlagungsfrist.[497] Das Vermächtnis kann aber nicht mehr ausgeschlagen werden, wenn es bereits angenommen ist (§ 2180). Lediglich gegenüber einem pflichtteilsberechtigten Vermächtnisnehmer kann der Erbe gem. § 2307 Abs. 2 eine angemessene Erklärungsfrist über die Annahme des Vermächtnisses in Lauf setzen. Der Erblasser kann jedoch als Bedingung des Vermächtnisses seine Annahme binnen einer bestimmten Frist verfügen.[498] Gemäß § 1952 Abs. 1 ist das Recht des Erben, die Erbschaft auszuschlagen, vererblich. Die Vorschrift gilt entsprechend für das Vermächtnis (§ 2180 Abs. 3). Hatte der Erblasser durch ausdrückliche Erklärung oder schlüssige Handlung die Erbschaft bereits angenommen und damit das Ausschlagungsrecht verloren (§ 1943), kann es natürlich nicht mehr vererbt werden. Zugunsten des Erbeserben (**„Erbe des Erben"**, § 1952 Abs. 3) wird die Ausschlagungsfrist durch § 1952 Abs. 2 verlängert, falls sie vor der Ausschlagungsfrist für den zweiten Nachlass ablaufen sollte. Sonst läuft die gegenüber dem Ersterben in Lauf gesetzte Ausschlagungsfrist gegenüber dem Erbeserben wie bisher weiter und Beginn und Dauer der Frist (§ 1944 Abs. 1 oder 3) beurteilt sich aus der Person des Ersterben. Die Frist läuft daher auch weiter, wenn der Erbeserbe im Gegensatz zum Ersterben keine Kenntnis von Anfall und Berufungsgrund hatte.[499] Der Insolvenzverwalter kann wegen der ausdrücklichen Vorschrift des § 83 InsO und Nachlassverwalter, Nachlasspfleger und Testamentsvollstrecker können wegen der höchstpersönlichen Natur dieses Gestaltungsrechts weder hinsichtlich des direkt ihrer Verwaltung unterliegenden Nachlasses noch bezüglich einer in ihm enthaltenen Erbschaft das Ausschlagungsrecht ausüben.[500] Die ererbte Ausschlagungsmöglichkeit ist insbesondere interessant in den Fällen, in denen ein pflichtteilsberechtigter Erbe oder Vermächtnisnehmer durch Einsetzung eines Nacherben, die Ernennung eines Testamtensvollstreckers oder eine Teilungsanordnung beschränkt oder mit einem Vermächtnis oder einer Auflage beschwert oder nur zum Nacherben eingesetzt ist (§ 2306 Abs. 1, 2) oder er nur mit einem Vermächtnis bedacht ist (§ 2307), da dann nach Ausschlagung der

---

494 RGZ 59, 341, 344.
495 Erman/M. Schmidt § 2142 Rn 4.
496 BGHZ 33, 60, 62 = NJW 1960, 1899.
497 Palandt/Edenhofer § 2180 Rn 1.
498 Reichel AcP 138, 202.
499 MünchKomm/Leipold, § 1952 Rn 9.
500 MünchKomm/Leipold, § 1952 Rn 2; Schmid BWNotZ 1970, 82 Fn. 2; a.M. bezügl. Nachlasspfleger und einer im Nachlass enthaltenen Erbschaft Staudinger/Marotzke § 1960 Rn 48.

Pflichtteil gefordert werden kann,[501] aber auch wenn nach Ausschlagung des ererbten Nachlasses neben dem kleinen Pflichtteil noch ein güterrechtlicher Zugewinnausgleichsanspruch geltend gemacht werden kann (§ 1371 Abs. 2, 3, 1378).[502] Zu beachten ist, dass gem. 2332 Abs. 2 die Verjährung des Pflichtteilsanspruchs (3 Jahre) nicht dadurch gehemmt wird, dass er erst nach Ausschlagung der Erbschaft oder des Vermächtnisses geltend gemacht werden kann.[503] Ferner, dass in aller Regel die vermutete Ersatzerbfolge nach § 2069 nicht gilt, wenn der als Nacherbe berufene Abkömmling die Nacherbschaft ausschlägt und den Pflichtteil verlangt, da es nicht dem wirklichen oder hypothetischen Willen des Erblassers entspricht, den gleichen Erbenstamm doppelt zu berücksichtigen.[504] Umstritten ist, ob das Ausschlagungsrecht zum Vermögen und damit zum zweiten Nachlass des Erbeserben als dessen Bestandteil gehört, oder ob es neben ihm als vermitteltes Sondervermögen vererbt wird. Die h. M.[505] betrachtet das Ausschlagungsrecht als Bestandteil des zweiten Nachlasses. Der Erbeserbe verändert, wenn er von dem an ihn vererbten Ausschlagungsrecht Gebrauch macht, die erbrechtliche Stellung des ersten Erben. Ausschlagender i. S. des § 1953 ist deshalb, auch wenn sie von Erbeserben erklärt wird, der erste Erbe. Schlägt der alleinige Erbeserbe die seinem Erblasser *(Ersterbe)* angefallene Erbschaft aus, so fällt sie demjenigen an, der berufen gewesen wäre, wenn der Ersterbe selbst ausgeschlagen hätte.[506] Das kann ein eingesetzter oder vermuteter Ersatzerbe (§§ 2096, 2069) sein. Der Erbeserbe kann den Zweitnachlass annehmen und den Erstnachlass ausschlagen, jedoch nicht umgekehrt.[507] Wird der noch ausschlagungsberechtigte Ersterbe von mehreren Erbeserben beerbt, so kann gem. § 1952 Abs. 3, in Abweichung von der Regel des § 2033 Abs. 2, jeder Erbesmiterbe die Ersterbschaft in Höhe seines Erbteils ausschlagen. Streitig ist dabei, wem der von dem Erbesmiterben ausgeschlagene Anteil an der Erbschaft zufällt, d. h., ob er den übrigen Erbesmiterben anwächst oder an die fällt, die anstelle des weggefallenen Ersterben gesetzlich oder gewillkürt berufen sind.[508] Die h. M. ist für analoge Anwachsung bei den übrigen Erbesmiterben.[509] Ob das Wahlrecht beim Pflichtteil nach § 2306 Abs. 1 und zwischen der erb- oder güterrechtlichen Lösung nach § 1371 Abs. 2, 3 von den Erbesmiterben nur einheitlich oder auch anteilig ausgeübt werden kann, siehe oben Rn 32. Nach h. M.[510] können nicht nur der Vorerbe, sondern nach seinem Tod auch seine Erben, denen jedoch die Vorerbschaft selbst nicht als Nacherben zufällt, solange die Ausschlagungsfrist noch läuft, die Vorerbschaft ausschlagen, und zwar auch dann, wenn mit dem Tod des Vorerben der Nacherbfall eintritt. Ihr Interesse kann darin bestehen, dass ein Pflichtteilsanspruch (§ 2306 Abs. 1) und/oder ein Anspruch auf Zugewinnausgleich (§§ 1371 Abs. 2, 3, 1378) von dieser Ausschlagung abhängen. Dem Nacherben entsteht durch diese Ausschlagungsmöglichkeit der Erben des Vorerben regelmäßig kein Nachteil, da er, falls dem kein wirklicher oder hypothetischer Wille des Erblassers entgegensteht *(„im Zweifel")* gem.

---

501 MünchKomm/Leipold, § 1952 Rn 16.

502 MünchKomm/Leipold a. a. O.

503 RG JW 1931, 1356.

504 BGHZ 33, 60, 62 = NJW 1960, 1899.

505 Staudinger/Otte § 1952 Rn 1; MünchKomm/Leipold § 1952 Rn 5 ff.; Palandt/Edenhofer § 1952 Rn 1; BGHZ 44, 152; a. M. insb. v. Lübtow JZ 1969, 502, 503 m. w. N.

506 BayObLG NJW 1953, 1431, 1432; BGHZ 44, 152, 154.

507 MünchKomm/Leipold, § 1952 Rn 5.

508 So BayObLG NJW 1953, 1431, 1432 (Fall eines Allein-Erbeserben).

509 MünchKomm/Leipold § 1952 Rn 16; Bamberger/Roth/Seidl § 1952 Rn 7; Palandt/Edenhofer § 1952 Rn 3; Schmid BWNotZ 1970, 82 insb. zu den entspr. nachlassgerichtlichen Zeugnissen; Penz Rpfleger 1999, 516; a. A. Heinrich/Heinrich Rpfleger 1999, 201 und Staudinger/Otte § 1952 Rn 8 a (unter Aufgabe der in der Vorauflage vertretenen Ansicht).

510 BGHZ 44, 152 = NJW 1965, 2295 = FamRZ 1965, 604 Anm. Bosch S. 607; MünchKomm/Leipold § 1952 Rn 3; Palandt/Edenhofer § 1952 Rn 5; a. M. bzgl. der Begründung bei gleichem Ergebnis v. Lübtow, Probleme des Erbrechts, 1967, S. 29 ff.

§ 2102 Abs. 1 durch die Ausschlagung der Vorerbschaft als Ersatzerbe zum Zuge kommt. Im Rahmen der Pflichtteilsberechnung gem. §§ 2311 ff. ist umstritten, ob die Gegenstände, die der Erbe durch Ausschlagung rückwirkend dem Nachlass entzieht, in den Pflichtteilsumfang einzurechnen sind, oder ob mit der hier vertretenen Ansicht dies im Hinblick auf die dem Erben zu gewährende Entscheidungsfreiheit nicht zulässig ist.[511]

Hinweis für die Praxis: Ist der Erstnachlass schuldenfrei, während der Zweitnachlass verschuldet ist und ist der durch Verfügung von Todes wegen eingesetzte Erbeserbe zugleich gesetzlicher Erbe oder Ersatzerbe des Ersterblassers, so kann er sich, ohne durch § 1949 Satz 2 daran gehindert zu sein, durch Ausschlagung beider Erbschaften der persönlichen Gläubiger des Zweiterblassers entledigen und den Erstnachlass aus dem anderen Berufungsgrund annehmen.[512] Ist andererseits der Erstnachlass verschuldet, der zweite aber nicht, so kann der Erbeserbe durch Ausschlagung des Erstnachlasses verhindern, dass dessen Schulden seinen Zweitnachlass beeinträchtigen.[513] 170

13. Die Vererblichkeit familienrechtlicher Rechtsstellungen

a) Die vererbliche nachehelichen Unterhaltspflicht gem. § 1586 b BGB

Normalerweise erlischt der Unterhaltsanspruch nach § 1586 mit dem Tod des Berechtigten. War der Erblasser jedoch geschieden oder lebte er bei seinem Tod in Scheidung, sind die §§ 1586 b, 1933 Satz 3 zu beachten.[514] Nach § 1586 b ist der Unterhaltsanspruch eines geschiedenen Ehegatten nach dem Tod des unterhaltsverpflichteten anderen Ehegatten von dessen Erben als Nachlassverbindlichkeit bis zu dem Betrag weiter zu erfüllen, der dem fiktiven Pflichtteil des unterhaltsberechtigten Ehegatten entsprechen würde, wenn die Eheleute bis zum Erbfall noch verheiratet gewesen wären. Das Gleiche gilt nach § 1933 Satz 3, wenn beim Erblasser zum Zeitpunkt seines Todes die Voraussetzungen für die Scheidung der Ehe gegeben waren und er die Scheidung beantragt oder ihr zugestimmt hat. Dabei kommt der Leistungsfähigkeit des verstorbenen Unterhaltsschuldners zum Zeitpunkt seines Todes keine Bedeutung mehr zu (§§ 1586 b Abs. 1 Satz 2, 1581). Andererseits ist weiterhin die Bedürftigkeit des Unterhaltsberechtigten Voraussetzung.[515] Der vorhandene Nachlass haftet gemäß § 1586 b Abs. 1 Satz 3 nur für den Betrag, der dem Unterhaltsschuldner als Pflichtteil zugestanden hätte, wenn dieser bei Fortbestand aller anderen familiären Umstände noch bis zum Tod mit dem Erblasser verheiratet gewesen wäre (Fiktion).[516] Hinsichtlich der Pflichtteilsquote bleiben Besonderheiten auf Grund des Güterstandes, in dem die geschiedenen Ehegatten gelebt haben, gemäß § 1586 b Abs. 2 außer Betracht, sodass er sich immer aus § 1931 Abs. 1, 2 berechnet.[517] 171

Während man bisher weitgehend der Meinung war, dass ein allgemeiner Pflichtteilsverzicht eines Ehegatten auch ohne ausdrücklichen Hinweis diesen Anspruch mitumfasse,[518] mehren sich in letzter Zeit die Stimmen, die einen reinen Pflichtteilsverzichtsvertrag nicht für ausreichend halten, sondern einen ausdrücklichen Verzicht auf diese postmortale Unterhaltsforderung verlangen.[519] In solchen Fällen muss man entweder klarstellen, 172

---

511 Ebenso Staudinger/Haas § 2311 Rn 8 m. w. N.; siehe hierzu auch Meincke, Das Recht der Nachlassbewertung, 1973, S. 234; Brüstle BWNotZ 1976, 78; MünchKomm/Lange § 2311 Rn 8.

512 Staudinger/Otte § 1952 Rn 6; Bamberger/Roth/Seidl § 1952 Rn 1.

513 MünchKomm/Leipold § 1952 Rn 12.

514 OLG Celle FamRZ 1987, 1038, 1039.

515 Palandt/Brudermüller § 1586 b Rn 4.

516 Palandt/Brudermüller § 1586 b Rn 6.

517 Frenz ZEV 1997, 450.

518 Z. B. Dieckmann NJW 1980, 2777; ders. FamRZ 1992, 633; Palandt/Brudermüller § 1586 b Rn 8.

519 So Grziwotz FamRZ 1991, 1258; Frenz ZEV 1997, 450; Reul MittRhNotK 1997, 376; Pentz FamRZ 1998, 1344, 1346.

dass der Pflichtteilsverzicht evtl. Unterhaltsansprüche gem. §§ 1586 b, 1933 S. 3 nicht berührt, oder – umgekehrt – einen Pflichtteilsverzichtsvertrag wie folgt ergänzen:[520]

173 Ferner verzichten die Eheleute auch gegenseitig auf etwaige Unterhaltsansprüche in Höhe des Pflichtteils gegen die Erben des Erstversterbenden von ihnen gemäß § 1586 b und § 1933 Satz 3 BGB im Fall der Scheidung ihrer Ehe.

b) Die Vererblichkeit des güterrechtlichen Zugewinnausgleichsanspruchs

174 Ein entstandener Zugewinnausgleichsanspruch ist gem. § 1378 Abs. 3 Satz 1 vererblich und übertragbar. Der Anspruch entsteht jedoch erst mit Beendigung des Güterstandes (§ 1378 Abs. 3 Satz 1). Dies ist der Fall durch den Tod eines Ehegatten (§ 1371 Abs. 1), durch Scheidung oder Eheaufhebung, jeweils mit Rechtskraft des dies aussprechenden Beschlusses (§§ 1564, 1313 BGB),[521] durch rechtskräftigen Beschluss auf vorzeitigen Zugewinnausgleich (§§ 1385–1388) und durch Ehevertrag (§ 1414). Voraussetzung für die Entstehung des Zugewinnausgleichsanspruchs ist jeweils, dass beide Ehegatten bis zum Zeitpunkt der Beendigung des Güterstandes noch lebten.[522] Stirbt ein Ehegatte vor Beendigung des Güterstandes, so haben, auch wenn der Verstorbenen den geringeren Zugewinn erzielt hat, dessen Erben keine Ausgleichsforderungen gegen den überlebenden Ehegatten.[523] Stirbt aber ein Ehegatte nach Beendigung des Güterstandes, so geht seine – bereits entstandene – Ausgleichsforderung gem. § 1378 Abs. 3 Satz 1 oder seine Ausgleichsschuld auf seine Erben über.[524] Stirbt der überlebende Ehegatte, der vom Erstversterbenden enterbt und dem auch kein Vermächtnis zugewandt war (§ 1371 Abs. 2) oder hat er die Erbschaft auf Ableben des Erstversterbenden ausgeschlagen (§ 1371 Abs. 3), so erben, sofern nicht bereits Verjährung eingetreten war, seine Erben den güterrechtlichen Zugewinnausgleichsanspruch (§ 1378 Abs. 3) und den kleinen Pflichtteil (§ 1371 Abs. 2, 3).[525] Stirbt der überlebende Ehegatte während seiner Ausschlagungsfrist gem. § 1371 Abs. 3 gegenüber dem Nachlass des Erstversterbenden, so geht sein Recht auf Ausschlagung gem. § 1952 Abs. 1 auf seine Erben über und diese können, statt den gesetzlichen oder gewillkürten Erbteil anzunehmen, innerhalb der Frist ausschlagen und von den Erben des Erstversterbenden den kleinen Pflichtteil sowie den güterrechtlichen Zugewinnausgleichsanspruch fordern, da beide Rechte, wenn entstanden, vererblich sind (§§ 2317 Abs. 2, 1378 Abs. 3).[526] Sind mehrere Erbeserben vorhanden, so können sie die güterrechtliche Lösung jedoch trotz § 1952 Abs. 3 nur einheitlich wählen.[527] Die regelmäßige Verjährungsfrist der Ausgleichsforderung beträgt drei Jahre ab Kenntnis der Beendigung des Güterstandes, längstens jedoch 10 Jahre, § 199 Abs. 4. Endet der Güterstand jedoch durch den Tod eines Ehegatten, so beträgt diese Höchstfrist 30 Jahre wegen des Erfordernisses der Kenntnis einer Verfügung von Todes wegen, § 199 Abs. 3 a) und die Verjährung wird nicht dadurch gehemmt, dass die Ansprüche erst nach der Ausschlagung der Erbschaft oder eines Vermächtnisses geltend gemacht werden können (§ 2332 Abs. 2). Auch hier läuft die gegen den Erblasser begonnene Frist weiter. Ausgleichsforderungen aus früheren Zugewinngemeinschaften sind innerhalb der Verjährungsfrist auch bei der Pflichtteilsberechnung zu berücksichtigen.[528] Deshalb sollte man bei Vereinbarung von Gütertrennung zwischen Eheleuten, die bisher in Zugewinnge-

---

[520] Siehe hierzu auch mit Gestaltungsvorschlägen Frenz ZEV 1997, 450, sowie Klingelhöffer ZEV 1999, 13, der Abfindungen durch eine Lebensversicherung vorschlägt.

[521] OLG Hamburg FamRZ 1963, 648; BGH NJW 1990, 445 (zur Rechtslage vor dem 1. 7. 1998).

[522] OLG Hamburg FamRZ 1963, 648, 649.

[523] Werner FamRZ 1976, 249, 250 m. w. N.; BGH JZ 1982, 207, 208.

[524] BGH NJW 1990, 445; NJW 1995, 1832.

[525] BGH NJW 1984, 2935.

[526] Bamberger/Roth/J. Mayer § 1371 Rn 29; Bosch FamRZ 1965, 607.

[527] Bamberger/Roth/J. Mayer § 1371 Rn 29; MünchKomm/Koch § 1371 Rn 41.

[528] Flik BWNotZ 1978, 117.

meinschaft lebten, sofern kein Ausgleich des bisherigen Zugewinns vorgenommen wird, entweder einen ausdrücklichen Verzicht darauf aufnehmen, der allerdings als Schenkung gem. § 2325 angesehen werden wird und dann wegen § 2325 Abs. 3, Halbs. 2 unbefristet einen Pflichtteilsergänzungsanspruch auslösen kann, oder besser die kurze Verjährungsfrist des § 195 bewusst einkalkulieren mit folgendem

Formulierungsvorschlag nach Flik:[529]

Die Ehegatten wurden auf die Vorschriften über den Zugewinnausgleich gem. §§ 1372 ff. BGB hingewiesen, insbesondere auf die Verjährungsregelung in § 195, 199 Abs. 1 BGB. Sie wollen hierzu heute keine Vereinbarung treffen, auch keinen schenkweisen Erlass.

Dann würde sich nach Ablauf von drei Jahren kein Ausgleichsanspruch vererben können.

c) Vererblichkeit des Miterbenvorkaufsrechts

Verkauft ein Miterbe oder dessen Erbe[530] seinen Erbanteil an einen Nichterben, so sind die übrigen Miterben nach § 2034 Abs. 1 zum Vorkauf berechtigt. Ausgelöst wird dieses obligatorische, gesetzliche Vorkaufsrecht durch den schuldrechtlichen Kaufvertrag über den Erbteil (§§ 2371 f.). Das Vorkaufsrecht kann innerhalb der Ausübungsfrist von zwei Monaten durch formlose Erklärung (§ 464 Abs. 1) ausgeübt werden. Die Frist beginnt, wenn der Vorkaufsberechtigte die vom Verkäufer geschuldete, aber auch dem Käufer mögliche Mitteilung des Inhalts des Kaufvertrages empfangen hat (§§ 2034 Abs. 2, 469). Stirbt der vorkaufsberechtigte Miterbe innerhalb dieser Frist, ist das Vorkaufsrecht vererblich (§ 2034 Abs. 2 Satz 2),[531] obwohl es nicht übertragbar ist (§ 473), allerdings nur zusammen mit dem Miterbenanteil.[532] Verstirbt der Verpflichtete, kann das Vorkaufsrecht innerhalb der Ausübungsfrist gegenüber seinen Erben ausgeübt werden.[533] 175

d) Vererblichkeit bei der Gütergemeinschaft

Ist von den Ehegatten in einem notariellen Ehevertrag Gütergemeinschaft (§§ 1415 ff.) vereinbart worden, gehört der Anteil des verstorbenen Ehegatten am Gesamtgut zu seinem Nachlass. Der verstorbene Ehegatte wird nach den allgemeinen Vorschriften beerbt (§ 1482).[534] Solange nach dem Tod des Ehegatten die Auseinandersetzung über das Gesamtgut noch nicht stattgefunden hat, gehört nur der Anteil am Gesamtgut zum Nachlass. Dagegen sind die einzelnen Gegenstände des Gesamtgutes keine Nachlassgegenstände.[535] 176

Problem: Streitig ist, ob deshalb, falls der überlebende Ehegatte bei der Gütergemeinschaft vom Erstversterbenden zum Vorerben eingesetzt wurde, dieser vor der Auseinandersetzung des Gesamtgutes den Verfügungsbeschränkungen zu Gunsten des Nacherben gem. §§ 2113, 2114 unterliegt, wenn er nicht über den Anteil am Gesamtgut im ganzen, sondern nur über einzelne zum Gesamtgut gehörenden Gegenstände verfügt. Die h.M. 177

---

529 BWNotZ 1978, 117.

530 BGH NJW 1966, 2207 = DNotZ 1967, 313.

531 MünchKomm/Gergen § 2034 Rn 4; Staudinger/Werner § 2034 Rn 11; Johannsen WPM 1970, 748; BGH NJW 1969 = DNotZ 1969, 623.

532 Staudinger/Werner § 2034 Rn 11; Bamberger/Roth/Lohmann § 2034 Rn 8.

533 Staudinger/Werner § 2034 Rn 11.

534 BayObLG Rpfleger 1981, 282; eingehend siehe unten § 14 Rn 146 ff.

535 BGHZ 26, 382 = LM § 2138 Nr. 1 m. Anm. Johannsen; BGH NJW 1964, 768; OLG Stuttgart Die Justiz 1967, 119.

verneint die Anwendbarkeit dieser Schutzvorschrift vor der Auseinandersetzung mit der Begründung, dass sonst auch der nicht der Nacherbfolge unterliegende eigene Anteil des überlebenden Ehegatten am Gesamtgut diesen Verfügungsbeschränkungen unterworfen wäre.[536] Sie verneint dies auch für den Extremfall, dass der Vorerbe einziger „Gesamthänder" ist, weil er seinen Ehegatten, mit dem er in Gütergemeinschaft gelebt hat, als alleiniger Vorerbe beerbt hat.[537]

178 Haben die Eheleute im Ehevertrag **fortgesetzte Gütergemeinschaft** (§§ 1483 ff.) vereinbart, gehört beim Versterben eines Ehegatten dessen Anteil am Gesamtgut nicht zu seinem Nachlass, sondern die Gütergemeinschaft wird zwischen dem Überlebenden und den gemeinschaftlichen Abkömmlingen fortgesetzt (§ 1483 Abs. 1). Der Anteil des Verstorbenen verbleibt der fortgesetzten Gesamthand und wird am Nachlass vorbeigeführt. Sind nur gemeinschaftliche Abkömmlinge vorhanden, so erfolgt die Beerbung des Verstorbenen nur hinsichtlich seines Vorbehalts- und Sondergutes (§ 1483 Abs. 1). Pflichtteilsergänzungsansprüche können nur geltend gemacht werden, wenn die Schenkung aus dem Vorbehalts- oder Sondergut des Verstorbenen erfolgt war.[538] Erfolgte sie aus dem Gesamtgut, können sie gem. § 1505 erst nach Beendigung der fortgesetzten Gütergemeinschaft geltend gemacht werden. Sind neben den gemeinschaftlichen Abkömmlingen auch einseitige Abkömmlinge des Verstorbenen vorhanden, z. B. Kinder aus einer früheren Ehe, verbleibt es zwischen dem überlebenden Ehegatten und den gemeinschaftlichen Abkömmlingen bei der Fortsetzung der Gütergemeinschaft, während die nicht gemeinschaftlichen Abkömmlinge von ihr ausgeschlossen sind. Die nicht gemeinschaftlichen Abkömmlinge des Verstorbenen beerben ihn so, wie wenn die fortgesetzte Gütergemeinschaft nicht eingetreten wäre, d. h. sie erben zusätzlich zu ihren Anteilen am Vorbehalts- und Sondergut auch ihren Anteil am Gesamtgut (§ 1483 Abs. 2). Stirbt ein anteilsberechtigter Abkömmling, so gehört sein Anteil am Gesamtgut nicht zu seinem Nachlass, sondern an seine Stelle treten seine Abkömmlinge nach Maßgabe der gesetzlichen Erbfolge in die fortgesetzte Gütergemeinschaft ein, ersatzweise wächst sein Anteil den übrigen anteilsberechtigten Abkömmlingen an (§ 1490). Unersetzlich ist daher nur der überlebende Ehegatte. Tod und Ausscheiden eines Abkömmlings beenden die fortgesetzte Gütergemeinschaft dagegen nur, wenn er der einzige zur Gesamthand gehörende Abkömmling war und keine nachfolgenden Abkömmlinge hinterlässt.[539]

e) Unterhaltsanspruch der schwangeren Erbenmutter (§§ 1963, 2114)

179 Die Mutter eines nach § 1923 Abs. 2 gesetzlich oder auf Grund Verfügung von Todes wegen berufenen Erben, der beim Erbfall noch nicht lebt, aber bereits gezeugt war, kann von ihm gem. § 1963, falls sie außerstande ist, sich selbst zu unterhalten, bis zur Entbindung angemessenen Unterhalt aus dem Nachlass oder Erbteil des Kindes verlangen. Nach § 2141 gilt das Gleiche, falls das Kind als Nacherbe eingesetzt ist und beim Eintritt des Nacherbfalls noch nicht geboren, aber bereits gezeugt war. Der Anspruch ist kein gesetzliches Vermächtnis, sondern zwingend und kann durch Verfügung von Todes wegen nicht ausgeschlossen werden.[540]

---

[536] BGH DNotZ 1976, 554; BGH NJW 1978, 698 bei Miterbengesamthand; OLG Frankfurt Rpfleger 1975, 168; OLG Hamm OLGZ 76, 180; BayObLG Rpfleger 1976, 85; MünchKomm/Grunsky § 2113 Rn 4; Palandt/Edenhofer § 2113 Rn 3; Johannsen WPM 1977, 275 u. 1979, 606; Neuschwander BWNotZ 1977, 85; a. M. BGH NJW 1970, 943; Karsten Schmidt FamRZ 1976, 683, 689; MünchKomm/Kanzleiter § 1482 Rn 5.

[537] BayObLG Rpfleger 1996, 150 m. w. Nachw. = ZEV 1996, 64 m. krit. Anm. Kanzleiter; Bamberger/Roth/Litzenburger § 2113 Rn 5.

[538] Palandt/Brudermüller § 1483 Rn 2.

[539] Bamberger/Roth/J. Mayer § 1490 Rn 4.

[540] Palandt/Edenhofer § 1963 Rn 3; Bamberger/Roth/J. Mayer § 1963 Rn 1.

14. Vererblichkeit des Schmerzensgeldanspruchs

Seit der Streichung des früheren § 847 Abs. 1 Satz 2 zum 1. 7. 1990 (insoweit unverändert durch die Neuregelung in § 253 Abs. 2 im Jahr 2002) ist der Schmerzensgeldanspruch übertragbar und, ohne dass es einer Willenskundgebung bezüglich seiner Geltendmachung durch den verstorbenen Verletzten bedarf,[541] vererblich, sowie pfändbar und verpfändbar.[542] 180

15. Vererblichkeit von Mitgliedschaftsrechten

Mitgliedschaftsrechte in juristischen Personen und Gesamthandsgemeinschaften sind grundsätzlich vererblich, wenn sie überwiegend vermögensbezogen und nicht an die Person gebunden sind. Im einzelnen gilt: 181

a) Rechtsfähiger Verein

Die Mitgliedschaft in einem Verein ist in der Regel nicht vererblich (§ 38 Satz 1), da sie überwiegend an die Person gebunden ist. Die Satzung kann davon aber Ausnahmen zulassen (§ 40). 182

b) Eingetragene Genossenschaften

Die Mitgliedschaft ist (jedenfalls kurzfristig) vererblich. Sie endet jedoch grds. mit dem Schluss des Geschäftsjahres, in dem der Erbfall eingetreten ist (§ 77 Abs. 1 Satz 1 u. 2 GenG). Die Satzung kann allerdings die Fortsetzung der Mitgliedschaft durch die Erben eines Genossen zulassen. Die Fortsetzung kann von persönlichen Voraussetzungen der Erben abhängig gemacht werden. Sind mehrere Erben vorhanden, kann im Statut bestimmt werden, dass die Mitgliedschaft endet, wenn sie nicht binnen einer bestimmten Frist auf einen Miterben übertragen wird (§ 77 Abs. 2 Satz 3 GenG). 183

c) Gesellschaft mit beschränkter Haftung[543]

Im Gegensatz zu den Beteiligungen an Personengesellschaften, die grundsätzlich gem. §§ 717, 719 BGB nicht übertragbar und vererblich sind, können Geschäftsanteile grundsätzlich veräußert und vererbt werden (§ 15 Abs. 1 GmbHG). Der Gesellschaftsvertrag kann die Übertragung von Geschäftsanteilen erschweren, d. h. z. B. von der Zustimmung der anderen Gesellschafter oder der Gesellschaft abhängig machen, ja sogar nach verbreiteter Ansicht ganz ausschließen. Durch die Satzung kann weder – wie bei Personengesellschaften – eine Sonderrechtsnachfolge begründet noch die Vererblichkeit ausgeschlossen werden[544] und auch nicht durch Festlegung eines Genehmigungserfordernisses beschränkt werden.[545] Wohl kann jedoch eine dem Gesellschaftsverhältnis angepasste Steuerung der Gesellschafternachfolge in der Satzung dadurch erreicht werden, dass der Nachfolgerkreis eingeschränkt wird und entweder nicht nachfolgeberechtigte Erben zur Abtretung verpflichtet werden,[546] und evtl. zusätzlich einem Erben oder Dritten ein Eintrittsrecht eingeräumt wird,[547] oder der Gesellschaft das Recht zur Einziehung eingeräumt wird.[548] Die bei der Personengesellschaft zulässige und üblich automatisch wirkende qualifizierte Nachfolgeklausel (Fortsetzung nur mit einem Teil der Erben) ist allerdings bei der GmbH wegen des automatischen Übergangs des Anteils auf alle gesetz- 184

[541] BGH NJW 1995, 783.
[542] Palandt/Grüneberg, § 253 Rn 22.
[543] Zu Gestaltungsmöglichkeiten siehe § 20 Rn 69 ff.
[544] Scholz/Winter/Seibt GmbHG, § 15 Rn 22; Baumbach/Hueck/Fastrich § 15 Rn 9, 12; siehe hierzu auch unten § 20 Rn 69 ff.
[545] Scholz/Winter/Seibt § 15 Rn 28; H. W. Westermann ZIP 1985, 1249.
[546] Scholz/Winter/Seibt § 15 Rn 29, 32 ff.; Priester GmbH-Rdsch. 1981, 206, 208.
[547] Haegele BWNotZ 1976, 53, 56 m. w. N.; Priester GmbH-Rdsch. 1981, 206, 209.
[548] Priester GmbH-Rdsch. 1981, 206, 209; Scholz/Winter/Seibt § 15 Rn 30.

lichen oder gewillkürten Erben zur gesamten Hand nicht möglich. Bei einer Mehrheit von Erben steht der Geschäftsanteil ungeteilt der Erbengemeinschaft zu und geht nicht wie bei Personengesellschaften im Wege der Sondererbfolge aufgeteilt auf die Erben über. Soll im Wege der Erbauseinandersetzung oder der Vermächtniserfüllung oder darf nach der Satzung den Geschäftsanteil nur ein Erbe oder ein Dritter erhalten, so muss dies durch Abtretung in notarieller Form geschehen (§ 15 Abs. 3 GmbHG). Die Zulässigkeit einer automatisch wirkenden sog. Einziehung kraft Statuts auf den Todesfall, die indirekt zur Anerkennung des Ausschlusses der Vererblichkeit führen würde, wird von der h. M.[549] abgelehnt. Testamentsvollstreckung an GmbH-Anteilen ist zulässig.[550] Die Sicherung der gewünschten Nachfolge gegen die nichtnachfolgeberechtigten Erben kann durch auf seinen Tod aufschiebend befristete Abtretung des Anteils durch den Erblasser (ggf. unter Beachtung der Vinkulierungsregeln im Gesellschaftsvertrag) oder durch Anordnung einer entsprechenden Testamentsvollstreckung erfolgen. Eine solche aufschiebend befristete Abtretung würde allerdings die Mitwirkung des Nachfolgers bei der Vereinbarung der hierzu erforderlichen Satzungsbestimmung voraussetzen, da eine Abtretung zugunsten eines am Vertrag nicht beteiligten Dritten daran scheitert, dass es Verfügungen zugunsten und Verträge zu Lasten Dritter nicht gibt.[551]

d) Aktiengesellschaft

185 Die Mitgliedschaftsrechte der Aktionäre sind frei vererblich, da sie überwiegend vermögensbezogen sind. Das kann auch durch die Satzung nicht geändert werden, selbst wenn diese die rechtsgeschäftliche Übertragung an die Zustimmung der Gesellschaft gebunden hat (§ 68 Abs. 2 Satz 1 AktG). Es ist aber möglich, für den Fall des Todes eines Aktionärs in der Satzung eine Zwangseinziehung – nicht nur für vinkulierte Namensaktien – vorzusehen (§ 237 AktG).[552] Bei börsennotierten Aktiengesellschaften führen börsenrechtliche Vorgaben idR zur uneingeschränkten Vererblichkeit ohne Einziehungsbeschränkungen. Ferner sind auch über Aktien im Vollzug auf den Tod aufschiebend bedingte Verfügungen unter Lebenden zulässig,[553] soweit dem keine Vinkulierungsregelungen entgegenstehen.

e) Offene Handelsgesellschaft[554]

186 Durch den Tod eines Gesellschafters wird die offene Handelsgesellschaft nicht aufgelöst, sofern sich nicht aus dem Gesellschaftsvertrag ein anderes ergibt. Der Tod des Gesellschafters führt gem. § 131 Abs. 3 Nr. 1 HGB mangels abweichender vertraglicher Bestimmungen zum Ausscheiden des Gesellschafters und damit Fortsetzung der Gesellschaft durch die übrigen Gesellschafter. Der Anteil eines Gesellschafters an einer offenen Handelsgesellschaft ist weiterhin grundsätzlich unvererblich. Der Gesellschaftsvertrag kann jedoch vorsehen, dass die Gesellschaft beim Tod eines Mitglieds fortgesetzt werden soll, entweder, wie gesetzlich vorgesehen, unter den verbleibenden Gesellschaftern, oder anstelle des Verstorbenen mit seinen Erben, einzelnen von ihnen oder auch, dass ein Dritter in die Gesellschaft aufgenommen werden soll. Zu den mannigfachen möglichen und auch üblichen Regelungsmöglichkeiten der Nachfolge im Todesfall bei der OHG siehe unten § 20 Rn 1 ff., 8. Im Wesentlichen haben dabei die Gesellschafter die Wahl, ihre Nachfolge mittels bloßer Fortsetzungsklausel, rechtsgeschäftlicher Nachfolgeklausel oder Eintrittsklausel unmittelbar und allein im Gesellschaftsvertrag zu regeln, sodass sich die Nachfolge durch Rechtsgeschäft unter Lebenden am Nachlass vorbei vollzieht, oder sie können durch eine einfache oder qualifizierte erbrechtliche Nachfolgeklausel ihre Anteile

[549] Scholz/Winter/Seibt § 15 Rn 26; Baumbach/Hueck/Fastrich § 15 Rn 12.
[550] Baumbach/Hueck/Fastrich § 15 Rn 17.
[551] Priester GmbH-Rdsch. 1981, 206, 209.
[552] MünchKomm/Leipold § 1922 Rn 44 m. w. N; MünchKommAktG/Oechsler § 237 Rn 29.
[553] Lange/Kuchinke § 5 IV 2 a.
[554] Zu Gestaltungsmöglichkeiten vgl. § 20 Rn 8 ff.

vererblich stellen, müssen dann aber diese vertraglichen Bestimmungen durch entsprechende Verfügungen von Todes wegen ergänzen. Dabei treten im Falle des erbrechtlichen Anteilsübergangs auf eine Mehrzahl von Erben diese nicht gesamthänderisch an Stelle des verstorbenen Gesellschafters, sondern, da nach den Grundsätzen des Personengesellschaftsrechts eine Erbengemeinschaft nicht Mitglied einer werbenden Personengesellschaft sein kann, zerfällt der Gesellschaftsanteil und jeder Miterbe erhält im Wege der Sondererbfolge einen gesonderten Gesellschaftsanteil, der seinem Erbteil entspricht.[555]

f) Kommanditgesellschaft

Wie bei der OHG wird auch bei der KG durch den Tod des persönlich haftenden Gesellschafters gem. §§ 161 Abs. 2, 131 Abs. 3 Nr. 1 HGB die Kommanditgesellschaft nicht aufgelöst, sofern sich aus dem Gesellschaftsvertrag nichts anderes ergibt, und soweit noch ein persönlich haftender Gesellschafter vorhanden ist.[556] Die Probleme und ihre Lösung sind daher insoweit die gleichen wie bei der OHG. Der Anteil des Kommanditisten ist bei seinem Tod gem. § 177 HGB vererblich. Der Gesellschaftsanteil des Kommanditisten fällt an seine Erben, jedoch, da eine Erbengemeinschaft nicht Mitglied einer Personengesellschaft sein kann, nicht zur gesamten Hand, sondern jedem Miterben gesondert zu dem Anteil, der seinem Erbteil entspricht.[557] Im Gesellschaftsvertrag kann jedoch auch hinsichtlich der Vererblichkeit des Kommanditanteils eine abweichende Regelung getroffen werden. Seine Vererblichkeit kann mittelbar ausgeschlossen und seine Nachfolge durch Rechtsgeschäft unter Lebenden auf den Tod geregelt werden.[558] Wie bei der Beteiligung des Komplementärs sind auch bei der Kommanditbeteiligung qualifizierte erbrechtliche Nachfolgeklauseln,[559] rechtsgeschäftliche Nachfolgeklauseln und Eintrittsrechte im Sinne von Verträgen zugunsten Dritter auf den Todesfall möglich. Einer einfachen Nachfolgeklausel (Vererblichstellung) bedarf es für die Kommanditbeteiligung anders als für die Beteiligung des persönlich haftenden Gesellschafters (§§ 161 Abs. 2, 131 Abs. 3 Nr. 1 HGB) nicht. Der Gesellschaftsvertrag kann insbesondere auch eine Vertreterklausel enthalten, die den als Kommanditisten eintretenden Erben verbietet, die Gesellschafterrechte persönlich wahrzunehmen und ihnen gebietet, diese Rechte einheitlich durch einen Vertreter ausüben zu lassen.[560] 187

g) Die Partnerschaftsgesellschaft

Die Partnerschaft als Gesellschaftsform für bestimmte freie Berufe, die kein Handelsgewerbe betreiben, entsteht durch Eintragung im Partnerschaftsregister, kann selbst Träger von Rechten und Pflichten sein, ist im Zivilprozess parteifähig und folgt auch sonst im Wesentlichen dem Recht der OHG.[561] Im Falle des Todes eines Partners wird die Partnerschaft nicht aufgelöst, sondern der Partner scheidet aus der Partnerschaft aus. Dem Erben steht lediglich ein Auseinandersetzungsanspruch zu (§ 1 Abs. 4 PartGG, § 738 Abs. 1 Satz 2 BGB); vertragliche Abfindungsklauseln sind zulässig und üblich.[562] Die Partnerschaftsbeteiligung ist daher grundsätzlich nicht vererblich, der Partnerschaftsvertrag kann dies aber anders regeln (§ 9 Abs. 4 PartGG).[563] Dann muss jedoch der eintretende Erbe partnerschaftsfähig sein, d. h. ein entsprechender Freiberufler sein.[564] 188

[555] BGHZ 22, 186; BGHZ 68, 225, 237; BGH JZ 1984, 890.
[556] BayObLG BB 2000, 1211; Baumbach/Hopt § 131 Rn 34; § 177 Rn 1.
[557] BGH NJW 1983, 2376 = DNotZ 1984, 35.
[558] KG JR 1971, 421 m. Anm. Säcker.
[559] Baumbach/Hopt § 177 Rn 3, 7.
[560] BGHZ 46, 291 = NJW 1967, 826 m. Anm. Koll auf S. 1908.
[561] Palandt/Sprau, § 705 Rn 7.
[562] Baumbach/Hopt HGB § 131 Rn 58 ff.
[563] Siehe dazu MünchHdb GesR I/Salger, § 44 Rn 41 ff.
[564] Lange/Kuchinke § 5 VI. E. 2.

h) Gesellschaft des bürgerlichen Rechts

189 Die Gesellschaft des bürgerlichen Rechts wird gem. § 727 Abs. 1 mit dem Tod eines Gesellschafters aufgelöst, sofern sich aus dem Gesellschaftsvertrag nichts anderes ergibt. Bleibt die Gesellschaft nach den Bestimmungen des Gesellschaftsvertrages fortbestehen und übernehmen die Erben nicht den Gesellschaftsanteil, so wächst er den verbleibenden Gesellschaftern an und die Erben sind mit dem Auseinandersetzungsguthaben abzufinden (§§ 738 bis 740), sofern nicht die Abfindung im Gesellschaftsvertrag ausgeschlossen ist.[565] Der Gesellschaftsvertrag kann aber auch eine Fortsetzung der Gesellschaft mit allen oder einzelnen Erben oder deren Eintritt vorsehen.[566] Wird die Gesellschaft mit den Erben fortgesetzt, so wird auch hier der Gesellschaftsanteil im Wege der Sondererbfolge automatisch unter ihnen nach Maßgabe ihrer Erbquoten aufgeteilt.[567]

i) Stille Gesellschaft

190 Bei der stillen Gesellschaft löst der Tod des Geschäftsinhabers gem. § 727 Abs. 1 die Gesellschaft auf, während sie beim Tod des stillen Gesellschafters gem. § 234 Abs. 2 HGB nicht aufgelöst, vielmehr mit den Erben fortgesetzt wird. Mehrere Erben treten dabei als Erbengemeinschaft an die Stelle des stillen Gesellschafters. Der Gesellschaftsvertrag kann auf beiden Seiten Abweichendes vorsehen. Entsprechendes gilt für die Unterbeteiligung an Personen- und Kapitalgesellschaftsanteilen.

16. Vereinigung von Schuld und Forderung durch den Erbfall (Konfusion)

191 Die Vereinigung von Schuld und Forderung wird in der juristischen Terminologie **Konfusion** und die von Vollrecht und beschränktem dinglichen Recht **Konsolidation** genannt. Beides kommt durch die Gesamtrechtsnachfolge häufig im Erbfall zustande. Grundsätzlich erlischt dabei das Schuldverhältnis, da niemand sein eigener Schuldner sein kann. Im Erbrecht wird jedoch in folgenden Fällen diese Rechtsfolge durch ausdrückliche gesetzliche Regelung dadurch vermieden, dass jeweils trotz Konfusion Schuld und Forderung als fortbestehend fingiert werden („gelten als fortbestehend"). Das Gleiche gilt bei der Konsolidation.

- Bei der Eröffnung der Nachlassverwaltung oder des Nachlassinsolvenzverfahrens (§ 1976)
- Bei der Erhebung der Einrede der Dürftigkeit des Nachlasses (§ 1991 Abs. 2) (dadurch kann der Erbe in diesen Verfahren jeweils seine eigenen Forderungen trotz Konfusion geltend machen)
- Beim Nacherbfall leben gemäß § 2143 alle beim Erbfall durch Konfusion oder Konsolidation erloschene Schuldverhältnisse wieder auf.
- Nach § 2175 erlöschen vermachte Forderungen und Rechte, die dem Erblasser gegen den Vermächtnisnehmer zustanden nicht im Wege der Konfusion oder Konsolidation.
- Beim Erbschaftskauf gelten gemäß § 2377 alle beim Erbfall durch Konfusion oder Konsolidation erloschenen Forderungen und Rechte des Verkäufers im Verhältnis zum Käufer als nicht erloschen.

192 In Analogie zu diesen gesetzlich geregelten Fällen bildete die h. M.[568] den Rechtssatz, dass Forderung und Schuld bzw. Recht und Belastung dann nicht durch Konfusion oder Konsolidation erlöschen, wenn sie beim Gläubiger oder Schuldner zu **verschiedenen Vermögensmassen** gehören. Dies ist der Fall:

---

[565] Lange/Kuchinke, § 5 VI.

[566] Siehe zu den Möglichkeiten Rapp MittBayNot 1987, 70.

[567] BGH NJW 1981, 749 = BB 1981, 201; Rapp MittBayNot 1987, 70; Eickmann Rpfleger 1985, 85, 92 ff.; Lange/Kuchinke § 5 VI A. 4, C; BayObLG FamRZ 1986, 613, 616 = NJW-RR 1986, 629, 630; BayObLG Rpfleger 1991, 58; BGH DNotZ 1984, 35.

[568] Kollhosser/Jansen JA 1988, 305, 306.

– Wenn im Erbfall Testamentsvollstreckung angeordnet ist.[569]
– Im Falle einer Erbengemeinschaft bezüglich der Rechtsbeziehungen die bereits vor dem Erbfall zwischen einzelnen Miterben und dem Erblasser bestanden haben.[570]

Aber auch in anderen Fällen hat die Rechtsprechung trotz Konfusion Schuld und Forderung als fortbestehend angesehen, so z. B. sind bei der Pflichtteilsberechnung auch die durch Konfusion erloschenen Ansprüche der Erben gegen den Erblasser zu ihren Gunsten zu berücksichtigen.[571] So kann, wenn beim Berliner Testament (§ 2269) Pflichtteilsansprüche gegen den Schlusserben geltend gemacht werden, dieser seinen noch offenen Pflichtteilsanspruch auf das Ableben des Erstversterbenden als Nachlassverbindlichkeit bei der Pflichtteilsberechnung geltend machen, obwohl sein Anspruch an sich durch Konfusion untergegangen wäre.[572] Auch wenn der Nacherbe sein Nacherbenrecht an den Vorerben veräußert, lässt die Rechtsprechung[573] die Nacherbenanwartschaft dann noch weiter bestehen, wenn auf ihr Rechte Dritter lasten. Wird der Beschenkte Erbe des verarmten Schenkers und hat dieser Sozialhilfe in Anspruch genommen, so tritt bezüglich der Rückforderungsansprüche des verarmten Schenkers nach § 528 durch den Erbfall keine Konfusion ein, sodass der Sozialhilfeträger diesen Anspruch an sich überleiten kann.[574] 193

Aus diesen Rechtsprechungsbeispielen kann man mit Kollhosser[575] schließen, dass die Konfusion jeweils nur dann zum Untergang des Anspruchs führt, wenn niemand mehr ein schutzwürdiges Interesse an seinem Fortbestand hat. 194

Schrifttum zum Nachlassumfang: *Angermaier,* Die Sicherung des Rückauflassungsanspruchs des Schenkers durch eine Vormerkung für den Fall, daß der Beschenkte vor dem Schenker verstirbt, MittBayNot 1973, 77; *Bach,* Das Angebot an den noch zu benennenden Dritten, MittRhNotK 1984, 161; *Battes,* Gesellschaftsrechtliche Überlegungen zur nichtehelichen Lebensgemeinschaft, ZHR 143, 385; *Batsch,* Zum Bereicherungsanspruch bei Zweckverfehlung, NJW 1973, 1639; *Baur,* Überleitung und Bewertung von Wohnungsrechten nach § 90 BSHG, ZfS 1982, 229; *Bestelmeyer,* Entwicklung des Erbrechts aus der Sicht der nachlassgerichtlichen Praxis, RPfleger 2004, 604; *Bork,* Die Errichtung von Konten- und Depotsperren, NJW 1981, 905; *Brüstle,* Erbeserbschaft und Pflichtteilsberechnung, BWNotZ 1976, 78; *Bühler,* Zur Drittbegünstigung im Todesfall, BWNotZ 1977, 84; *Buschmann,* Zur Fortwirkung des Persönlichkeitsrechts nach dem Tode, NJW 1970, 2081; *Canaris,* Inhaberschaft und Verfügungsbefugnis bei Bankkonten, NJW 1973, 825; *Däubler,* Rechtsgeschäftlicher Ausschluß der Veräußerlichkeit von Rechten? NJW 1968, 1117; *ders.,* Entwicklungstendenzen im Erbrecht, ZPR 1975, 136; *Denck,* Die Auflassungsvermerkung für den Versprechensempfänger und den Schutz des unbenannten Dritten, NJW 1984, 1009; *Derleder,* Vermögenskonflikte zwischen Lebensgefährten bei Auflösung der Gemeinschaft, NJW 1980, 545; *Diederichsen,* Die nichteheliche Lebensgemeinschaft im Zivilrecht, NJW 1983, 1017; *Eichel,* Vom Einzel- und Anderkonto, MittBayNot 1977, 43; *Ertl,* Rechtsgrundlagen der Vormerkung für künftige und bedingte Ansprüche, Rpfleger 1977, 345; *Flik,* Die Behandlung der Ausgleichsforderung aus der früheren Zugewinngemeinschaft bei der Pflichtteilsberechnung, BWNotZ 1978, 117; *Rainer Frank,* Gesellschaften zwischen Ehegatten und Nichtehegatten, FamRZ 1983, 541; *ders.,* Vermögensrechtliche Ansprüche beim Scheitern nichtehelicher Lebensgemeinschaften, FS f. Wolfram Müller-Freienfels, 1986, 131; *Werner Frank,* Leistungsvoraussetzungen und Ersatzpflichten in der Sozialhilfe, BWNotZ 1983, 153; *Germer,* Vertragliche Versorgungsrechte, insbesondere Pflegerecht, im Sozialrecht, BWNotZ 1983, 73; *Gitter,* Der Einfluß des Sozialrechts auf die Vertragsgestaltung, DNotZ 1984, 595; *Goetz,* Erbrechtliche Ansprüche außerhalb des Familienrechts, FamRZ 1985, 987;

---

569 BGHZ 25, 275, 283; BGHZ 48, 214, 218.

570 RGZ 76, 57 ff.

571 BGHZ 98, 382 = NJW 1987, 1260.

572 BGH NJW 1987, 1260; Kuchinke JZ 1984, 97; Dieckmann FamRZ 1983, 1104 ff.; Damrau JR 1984, 113.

573 BGH ZEV 1995, 453.

574 BGH NJW 1995, 2287, 2288 = FamRZ 1995, 1123 = ZEV 1995, 378.

575 ZEV 1995, 391; Kollhosser/Jansen JA 1988, 305; erstmals Heck, Grundriss des Schuldrechts, 1929 § 64 S. 193.

Haas/Holla, Ausgleich für die enttäuschte Erberwartung, ZEV 2002, 169; *Haegele*, Erbrechtsfragen zur GmbH, BWNotZ 1976, 53; *Hußmann*, „Sozialhilferegress": Überleitung und Übergang von Ansprüchen nach der Reform des Sozialrechts durch „Hartz IV", ZEV 2005, 54; *Kapp*, Abgrenzung zwischen nachträglicher Entlohnung und letztwilliger Zuwendung, DStR 1987, 80; *Käppler*, Die Steuerung der Gesellschaftererbfolge in der Satzung einer GmbH, ZGR 1978, 542; *Krauß*, Sozialfürsorgerecht 2005: Neuerungen im Rahmen des SGB XII und SGB II MittBayNot 2004, 330; *Langenfeld*, Zum Rückforderungsrecht bei Schenkung und Übergabe von Grundstücken, BWNotZ 1976, 12; *ders.*, Zur Rückabwicklung von Ehegattenzuwendungen im gesetzlichen Güterstand, NJW 1986, 2541; *Langen*, Das (Wohnungs-) Leihversprechen von Todes wegen, ZMR 1986, 150; *Leipold*, Wandlungen in den Grundlagen des Erbrechts, AcP 180, 160; *Lichtenberger*, Die Vormerkung zur Sicherung künftiger oder bedingter Ansprüche, NJW 1977, 1755; *Littig/J. Mayer*, Sozialhilferegreß gegenüber Erben und Beschenkten, 1999; *v. Lübtow*, Die Vererblichkeit des Ausschlagungsrechts, JZ 1969, 502; *Ludwig*, Die Auflassungsvormerkung und der noch zu benennende Dritte, NJW 1983, 2792; *Meder*, Mehrere Begünstigte bei Leibgedingsrechten, BWNotZ 1982, 36; *Müller*, Der Rückgriff gegen Angehörige von Sozialleistungsempfängern, 2. A. 2008; *Müller-Christmann*, Rechtsfragen der nichtehelichen Lebensgemeinschaft, RpflStud 1986, 88; *Mutscheler*, Bürgerliches Recht: Der freigebige Erblasser, JuS 1986, 790; *Priester*, Nachfolgeklauseln im GmbH-Vertrag, GmbH-Rdsch. 1981, 206; *Promberger*, Zum Vormerkungsschutz bei Fristverlängerung, Rpfleger 1977, 157; *Rehmann*, Zur Beschränkung der postmortalen Vollmacht durch eine angeordnete Testamentsvollstreckung am Beispiel der Bankvollmacht, BB 1987, 213; *Reithmann*, Die Zweckerklärung bei der Grundschuld, WPM 1985, 441; *Riedel*, Besondere erbrechtliche Vereinbarungen innerhalb und außerhalb des Erbrechts, insbesondere vorweggenommene Erbfolge, JurBüro 1980, 1282; *Safferling*, Vererbungsabreden und Grundbuch, Rpfleger 1973, 413; *Sbresny*, Zu Rechtsfragen im Zusammenhang mit der Überleitung von Ansprüchen aus sogenannten Altenteilsverträgen, ZfS 1983, 222; *Slapnicar*, Unentgeltliches Wohnen nach geltendem Recht ist Leihe, nicht Schenkung, JZ 1983, 325; *Schlüter/Belling*, Die nichteheliche Lebensgemeinschaft und ihre vermögensrechtliche Abwicklung, FamRZ 1986, 405; *Schröder*, Zum Übergang inhaltlich variabler Verpflichtungen auf den Erben, JZ 1978, 379; *Speth*, Schutz des überlebenden Ehegatten bei gemeinschaftlichem Testament, NJW 1985, 463; *Staudenmaier*, Abzug des Voraus bei der Pflichtteilsberechnung, DNotZ 1965, 68; *Steinert*, Vermögensrechtliche Fragen während des Zusammenlebens und nach Trennung Nichtverheirateter, NJW 1986, 683; *Strätz*, Rechtsfragen des Konkubinats im Überblick, FamRZ 1980, 301; *Streuer*, Löschungserleichterung bei Auflassungsvormerkung und Vorkaufsrecht, Rpfleger 1986, 245; *Tröster*, Rechtsnachfolgeklausel und Sukzessivberechtigung im Grundbuchverkehr, Rpfleger 1967, 313; *Wacke*, Der Tote erbt den Lebendigen. La mort saisit le vif. JA 1982, 242; *Winkler*, Randfragen zum Übergabevertrag, MittBayNot 1979, 53; *Zawar*, Der bedingte oder befristete Erwerb von Todes wegen, DNotZ 1986, 515.

§ 2 Das Pflichtteilsrecht als Schranke der erbrechtlichen Gestaltungsfreiheit

Im Folgenden sollen die Grenzen dargestellt werden, die durch das Pflichtteilsrecht gegenüber der **Testierfreiheit** durch Gesetz und Rechtsprechung bestehen. Unter Testierfreiheit ist das Recht natürlicher Personen zu verstehen, die Nachfolge in ihren Nachlass weitgehend nach Gutdünken und freiem Ermessen durch Verfügung von Todes wegen zu regeln.[1] Die Testierfreiheit ist die erbrechtliche Ausprägung der rechtsgeschäftlichen Privatautonomie.[2] Sie ist in ihrem Kern durch die verfassungsrechtliche Garantie des Erbrechts gem. Art. 14 Abs. 1 Satz 1 GG geschützt. Die Testierfreiheit hat Vorrang vor dem Prinzip der Familienerbfolge, da diese nur bezüglich der engeren Familie durch das nur Geldansprüche aber keine Erbteile gewährende Pflichtteilsrecht in ihrem Kern geschützt wird. 1

Eingeschränkt wird die Testierfreiheit: 2

- durch das Pflichtteilsrecht (§§ 2303 ff.), das nahen Familienangehörigen eine Mindestteilhabe am Nachlass sichert und damit den Ausgleich zwischen Familienerbrecht und Testierfreiheit herstellt; durch seinen Beschluss vom 19. 4. 2005[3] hat das Bundesverfassungsgericht festgestellt, dass das Pflichtteilsrecht nicht nur verfassungsgemäß ist, sondern sogar Verfassungsrang hat;
- durch das Verbot sittenwidriger (§ 138) und gegen Verbotsgesetze verstoßender (§ 134) Rechtsgeschäfte,
- durch den erbrechtlichen Typenzwang, das Verbot der Entscheidungsverlagerung (§ 2065), die Selbstbeschränkung durch Bindung beim Erbvertrag (§ 2289) und gemeinschaftlichem Testament (§ 2271)
- und teilweise durch die Sondererbfolgen im Höferecht.

Im Folgenden wird das Pflichtteilsrecht aus der Sicht des Testierers dargestellt, der durch dieses Recht in seiner Testierfreiheit beschränkt wird. An und für sich braucht sich der Testierer bei einer Verfügung von Todes wegen nicht um das Pflichtteilsrecht zu kümmern. Lediglich in den Fällen des § 2306 Abs. 1 Satz 1 a. F. konnte bis zur **Pflichtteilsreform** eine solche Haltung zu einer Teilnichtigkeit der Verfügung von Todes wegen führen. Sonst liegt es bei dem übergangenen Pflichtteilsberechtigten, seinen Geldanspruch gegen den oder die Erben geltend zu machen. Die letztwilligen Verfügungen bleiben davon unberührt. Will allerdings der Erblasser dem Bedachten die mit einem Pflichtteilsverlangen verbundenen Widrigkeiten ersparen, muss er sich bei der Abfassung seiner Verfügung von Todes wegen um die Grenzen kümmern, die ihm das Pflichtteilsrecht zieht. Dabei kann man überschlägig feststellen, dass für den Erblasser, bei dem bei Eintritt der gesetzlichen Erbfolge der gesamte Nachlass Pflichtteilberechtigten (Frau und Kinder) zufallen würde, lediglich die Hälfte seines Nachlasses erbrechtlich frei disponibel ist.[4] 3

I. Der ordentliche Pflichtteil

1. Rechtsnatur und Höhe des Pflichtteils

Der Pflichtteil ist ein grundsätzlich unentziehbarer Geldanspruch gegen den oder die Erben und umfasst jeweils die Hälfte des Wertes des gesetzlichen Erbteils (§ 2303). Der 4

[1] BGH FamRZ 1956, 130 = LM § 138 (Cd) Nr. 5.
[2] Staudinger/Otte Vorbem. zu §§ 1937–1941 Rn 12.
[3] BVerfG NJW 2005, 1561 = ZEV 2005, 301.
[4] Dieckmann DNotZ 1983, 631.

Pflichtteil ist eine vererbliche und übertragbare Geldforderung (§§ 2303 Abs. 1, 2317 Abs. 2, 1967 Abs. 1). Er ist zwar gemäß §§ 851, 829 ZPO **pfändbar**, § 852 Abs. 1 ZPO beschränkt die Pfändung jedoch auf die Fälle der vertraglichen Anerkennung oder der Rechtshängigkeit des Anspruchs. Sinn der Pfändungsbeschränkung des § 852 ZPO ist es, dass allein dem Pflichtteilsberechtigten die Entscheidung überlassen bleiben soll, ob er den Anspruch geltend macht oder nicht.[5] Nachdem vorher immer eine durch die künftige Anerkenntnis oder Rechtshängigkeit bedingte Pfändung abgelehnt wurde,[6] hat der BGH[7] diese jetzt mit der Begründung anerkannt, es handle sich um einen „in seiner zwangsweisen Verwertbarkeit aufschiebend bedingten Anspruch". Bei Eintritt der Verwertungsvoraussetzungen (Anerkenntnis oder Rechtshängigkeit) entsteht dann ein vollwertiges Pfandrecht, dessen Rang sich nach dem Zeitpunkt der Pfändung bestimmt.[8] Viel bringt eine solche Pfändung allerdings dem Pfändungsgläubiger nicht, da schlichtes Untätigbleiben seines pflichtteilsberechtigten Schuldners genügt, um den Anspruch für ihn unerreichbar zu machen.[9]

5 Der Pflichtteilsanspruch ist mit dem Eintritt des Erbfalls **sofort fällig** (§§ 271, 2317). Der Pflichtteilsanspruch kann unter gewissen Voraussetzungen vom Nachlassgericht gemäß dem durch die Pflichtteilsreform geänderten und erweiterten § 2331a auf Antrag jedes Erben und zwar nicht nur eines selbst pflichtteilsberechtigten Erben wie bisher **gestundet** werden.[10] Gesetzliche Voraussetzung der Stundung ist, dass die sofortige Erfüllung des gesamten Anspruchs für den Erben wegen der Art der Nachlassgegenstände eine unbillige Härte wäre, insbesondere wenn sie ihn zur Aufgabe des Familienheims oder zur Veräußerung eines Wirtschaftsguts zwingen würde, das für den Erben und seine Familie die wirtschaftliche Lebensgrundlage bildet. Die Interessen des Pflichtteilsberechtigten sind dabei angemessen zu berücksichtigen.

Die in der Vorauflage angekündigten **Pflichtteilsreform** ist am 1. 1. 2010 unter dem Namen „Gesetz zur Änderung des Erb- und Verjährungsrechts"[11] in Kraft getreten. Die Reform ist allerdings nicht der „große Wurf".[12] Viele geplante Änderungen kamen im Laufe des Gesetzgebungsverfahrens in Wegfall. Auf die Änderungen wird in Folgendem jeweils hingewiesen.[13] Alle Änderungen der Reform gelten für Erbfälle nach dem 1. 1. 2010 und zwar unabhängig davon, ob an Ereignisse vor den Inkrafttreten angeknüpft wird (Art. 229 § 23 Abs. 4 EGBGB).

2. Pflichtteilsberechtigte Angehörige

6 Pflichtteilsberechtigt sind nur Abkömmlinge, auch nichteheliche (§ 2338a a.F.), der Ehegatte und die Eltern des Erblassers (§ 2303 Abs. 1, 2). Dabei sind Abkömmlinge und Eltern nach § 2309 nur pflichtteilsberechtigt, wenn sie bei Eintritt der gesetzlichen Erbfolge zu Erben berufen wären, d.h. Abkömmlinge nicht, wenn sie durch einen näheren Abkömmling (§ 1924 Abs. 2) und Eltern nicht, wenn sie durch Abkömmlinge (§ 1930) von der gesetzlichen Erbfolge ausgeschlossen wären. Im einzelnen haben entferntere Abkömmlinge und Eltern, die im konkreten Fall anstelle enterbter näherer Pflichtteilsbe-

---

[5] Behr JurBüro 1996, 65.

[6] RG JW 1935, 3486.

[7] BGHZ 123, 183 = NJW 1993, 2876 = FamRZ 1993, 1307; BGH ZEV 1997, 345 = WM 1997, 1407; BGH NJW-RR 2009, 997 = ZEV 2009, 247; Kuchinke NJW 1994, 1769; Schubert JR 1994, 419; Behr JurBüro 1996, 65 mit Pfändungsmuster; Klumpp ZEV 1998, 123; Keim ZEV 1998, 127.

[8] MünchKomm/Fank, 3. Aufl., § 2317 Rn 16.

[9] BGH ZEV 1997, 345 = WM 1997, 1407; Keim ZEV 1998, 127, 128.

[10] Siehe hierzu Klingelhöffer ZEV 1998, 121; Muscheler ZEV 2008, 106.

[11] BGBl. I 2009, 3142.

[12] Bonefeld/Tanck/Lange ZErb 2007, 292/300.

[13] Gesamtüberblick über die Reform bieten Müller/Tomhave ErbStB 2009, 167, 197, 244; Langenfeld NJW 2009, 3121; J. Mayer ZEV 2010, 2.

rechtigter zur gesetzlichen Erbfolge berufen gewesen wären (§§ 1938, 1924 Abs. 3, 1930), aber ihrerseits enterbt wurden, nach § 2309, der selbst kein Pflichtteilsrecht gibt sondern nur verhindern will, dass demselben Stamm mehrere Pflichtteilsrechte oder Zuwendungen zukommen,[14] dann kein Pflichtteilsrecht (**Pflichtteilsverdrängung**), wenn und soweit ein näher Berechtigter entweder

- selbst den Pflichtteil verlangen kann (nicht wirklich verlangt!), weil er entweder enterbt (§ 2303) oder zu gering bedacht ist (§ 2305) oder die Zuwendung nach §§ 2306 Abs. 1 Satz 2, 2307 Abs. 1 Satz 1 zulässigerweise ausgeschlagen hat, oder
- das ihm Hinterlassene (worunter auch anrechnungs- und/oder ausgleichungspflichtige Zuwendungen unter Lebenden zu verstehen sind)[15] annimmt.

Ein näher Pflichtteilsberechtigter fällt gem. § 2309 weg, beseitigt diese Sperre und macht den Weg für das nach den §§ 2303 ff. vorliegende Pflichtteilsrecht des entfernteren Pflichtteilsberechtigten frei, wenn und soweit[16]

- er vor dem Erbfall verstorben ist, oder
- er ausgeschlagen hat (§ 1953), so dass auf Grund der Ausschlagung kein Pflichtteilsrecht mehr besteht (also nicht bei einer Ausschlagung zur Erlangung des Pflichtteils nach § 2306 Abs. 1), oder
- er für erbunwürdig erklärt ist (§ 2344), oder
- ihm der Pflichtteil gesetzlich begründet und formgerecht entzogen wurde (§§ 2333, 2336, 2337).

Wenn er auf sein gesetzliches Erb- und/oder Pflichtteilsrecht verzichtet hat (§ 2346) 7
und der entferntere Abkömmling nicht von den Wirkungen des § 2349 erfasst wird, muss man differenzieren:

- Hat der näher Berechtigte mit dem Erblasser einen Erbverzichtsvertrag (§ 2346 Abs. 1) abgeschlossen, entfällt dadurch die Pflichtteilsverdrängung und dem entfernteren Berechtigten steht der Pflichtteil zu.[17]
- Hat der näher Berechtigte lediglich auf seinen Pflichtteil verzichtet (§ 2346 Abs. 2) so ist streitig, ob sein gesetzliches Erbrecht, auf das er ja nicht verzichtet hat, trotz seiner Enterbung das Nachrücken des entfernteren Berechtigten ausschließt[18] oder ob m. E. zu Recht beim Vorliegen einer Enterbung der näher Berechtigte dadurch, dass er auf sein Pflichtteilsrecht verzichtet hat, die Verdrängung beseitigt hat, so dass die entfernteren Pflichtteilsberechtigten nachrücken.[19]

Zu keinem Wegfall nach § 2309 führte der vorzeitige Erbausgleich nach § 1934 d a. F., 8
da durch ihn gem. § 1934 e a. F. auf jeden Fall die entfernteren Pflichtteilsberechtigten ausgeschlossen waren.

Beim Wegfall näherer Pflichtteilsberechtigter nach § 2309 haben die entfernteren Be- 9
rechtigten nur dann Pflichtteilsrechte, wenn und soweit sie ihnen nach den allgemeinen Vorschriften der §§ 2303 ff. zugestanden hätten, wenn die Weggefallenen beim Erbfall nicht vorhanden gewesen wären. § 2309 selbst begründet nie ein Pflichtteilsrecht.[20] Lediglich der Ehegatte ist entsprechend seinem festen gesetzlichen Erbteil immer pflichtteilsberechtigt.

---

[14] Mot. V, 401 § 1983.

[15] Staudinger/Ferid/Cieslar § 2309 Rn 21; Soergel/Dieckmann § 2309 Rn 6; RGRK/Johannsen § 2309 Rn 16.

[16] Des Näheren siehe Staudinger/Ferid/Cieslar § 2309 Rn 2 ff.; MünchKomm/Lange § 2309 Rn 4.

[17] MünchKomm/Lange § 2309 Rn 8; Staudinger/Ferid/Cieslar, 12. Aufl., § 2309 Rn 51.

[18] So Staudinger/Ferid/Cieslar, 12. Aufl., § 2309 Rn 53; Soergel/Dieckmann, 10. Aufl., § 2309 Rn 10; J. Mayer ZEV 1998, 434.

[19] So Maenner Recht 1920, 138; MünchKomm/Lange § 2309 Rn 8; RGRK/Johannsen, 12. Aufl., § 2309 Rn 12.

[20] Bestelmeyer FamRZ 1997, 1124.

3. Entstehung und Voraussetzung des ordentlichen Pflichtteilsanspruchs

10 Der Pflichtteilsanspruch entsteht mit dem Erbfall (§ 2317 Abs. 1). Vorher besteht nur ein abstraktes Pflichtteilsrecht, das zwischen dem Erblasser und seinen Abkömmlingen, Eltern und seinem Ehegatten bereits zu seinen Lebzeiten schlechthin besteht,[21] aus dem unter den unten aufgeführten Voraussetzungen beim Erbfall ein Pflichtteilsanspruch entsteht und auf dessen Feststellung bereits zu Lebzeiten des Erblassers geklagt werden kann.[22] Auf das Pflichtteilsrecht (vor dem Erbfall) kann der Berechtigte nur gem. §§ 2346, 2348 in notariellem Vertrag mit dem Erblasser verzichten, während der Pflichtteilsanspruch (nach dem Erbfall) durch formlosen Vertrag (§ 397) zwischen Berechtigtem und Erben erlassen werden kann.[23]

a) Voller Pflichtteil

11 Der Pflichtteilsberechtigte kann im konkreten Fall den vollen Pflichtteil nur verlangen, d.h. der Pflichtteilsanspruch entsteht, wenn er bei Eintritt der gesetzlichen Erbfolge berufen gewesen wäre, jedoch **durch Verfügung von Todes wegen:**

12 • von der **Erbfolge ausgeschlossen** ist. Der Ausschluss kann dabei ausdrücklich durch den Erblasser in der Verfügung von Todes wegen erfolgen, oder dadurch, dass er den Pflichtteilsberechtigten bei der erschöpfenden Erbquotenzuweisung oder gegenständlichen Nachlassverteilung übergeht, oder dass er ihn ausdrücklich auf den Pflichtteil verweist. Lässt die Auslegung Zweifel, ob Erbeinsetzung oder Verweisung auf den Pflichtteil gemeint war, ist gem. § 2304 letzteres anzunehmen. Ausschluss von der Erbfolge ist auch die Berufung lediglich zum Ersatzerben (§ 2096), sowie eine Erbeinsetzung unter einer aufschiebenden Bedingung bis zu deren Eintritt. Wer auf sein gesetzliches Erb- oder Pflichtteilsrecht verzichtet hat, ist nicht pflichtteilsberechtigt (§ 2346).

13 • zu einem **Erbteil** eingesetzt ist, unbeschadet seiner Größe, der jedoch dadurch **beschränkt** ist, dass er entweder nur als Vor- oder Nacherbe eingesetzt, oder durch Vermächtnis, Auflage, Testamentsvollstreckung oder Teilungsanordnung beschwert ist und er den Erbteil innerhalb der gesetzlichen Ausschlagungsfrist ausgeschlagen hat (§ 2306 Abs. 1 BGB n.F.); (**taktische Ausschlagung**)[24] wobei § 2306 Abs. 1 entgegen seinem Wortlaut *(„Erbteil")* auch auf den **Alleinerben** anwendbar ist.[25]

14 Ist in diesem Fall der hinterlassene Erbteil mit Vermächtnissen oder Auflagen so stark belastet, dass sein Wert hinter dem seines Pflichtteils zurückbleibt und schlägt der Pflichtteilserbe trotzdem die Erbschaft nicht aus, um gem. § 2306 Abs. 1 BGB n.F. den Pflichtteilsanspruch geltend zu machen, so kann er nicht etwa gem. § 2318 Abs. 3 zur Verteidigung seines Pflichtteils die Vermächtnisse oder Auflagen entsprechend kürzen, sondern muss die gesamte Vermächtnis- oder Auflagenlast tragen und zwar auch auf Kosten seines eigenen Pflichtteils.[26] Trifft den Pflichtteilserben jedoch zusätzlich zur Vermächtnis- oder Auflagenlast auch noch eine Pflichtteilslast, so kann er Vermächtnis oder Auflage auch bei einer Erbenmehrheit gem. § 2308 Abs. 3 entsprechend kürzen, jedoch nicht mehr als bis zur Differenz zwischen dem Erbteilswert und dem Wert der ungekürzten Vermächtnisse oder Auflagen, da er mangels Ausschlagung auch ohne die Pflichtteilslast nicht mehr bekommen hätte.[27] Eine größere Kürzung kann er auch nicht

---

[21] BGHZ 28, 177, 178 = NJW 1958, 1964.

[22] RGZ 92, 1; RGZ 169, 98; BGH NJW 1974, 1084, 1085.

[23] RGZ 93, 298.

[24] Siehe Siebert ZEV 2010, 454.

[25] BGH NJW 2006, 3353; BayObLG NJW 1959, 1734; OLG Karlsruhe ZErb 2008, 19; a.A. OLG Stuttgart NJW 1959, 1735.

[26] BGHZ 95, 222 = NJW 1985, 2828 = WPM 1985, 1301 = JZ 1986, 87 m. Anm. Kuchinke; v. Olshausen FamRZ 1986, 524; Tanck ZEV 1998, 133.

[27] BGHZ a.a.O.; v. Olshausen FamRZ 1986, 524 m.w.N.; Palandt/Edenhofer § 2318 Rn 5; Tanck ZEV 1998, 133; Gutachten DNotI-Report 1998, 232; BayObLG DNotI-Report 1998, 235.

im Falle des § 2319 Satz 1 nach Teilung der Erbengemeinschaft gegenüber anderen Pflichtteilsberechtigten vornehmen.[28] Eine Teilungsanordnung i. S. v. § 2306 Abs. 1 liegt auch vor, wenn in der Verfügung von Todes wegen angeordnet ist, dass der Pflichtteilsberechtigte sich Vorempfänge in Abweichung von den gesetzlichen Vorschriften der §§ 2315, 2316 anrechnen lassen muss[29] oder dass bestimmte Nachlassgegenstände mit festgelegten Werten angesetzt werden müssen;

• nur als **Nacherbe eingesetzt** ist; hier hat er die Wahl anzunehmen oder auszuschlagen 15
(taktische Ausschlagung)[30] und seinen Pflichtteil zu fordern (§ 2306 Abs. 1, Abs. 2);[31]

• nur mit einem **Vermächtnis,** unbeschadet seiner Größe und etwaigen Beschränkun- 16
gen oder Beschwerungen, Bedingungen oder Befristungen (bestr.) bedacht ist und dieses, ohne Fristbegrenzung, sofern der Erbe keine Erklärungsfrist gem. § 2307 Abs. 2 gesetzt hat, ausgeschlagen hat (§ 2307 Abs. 1 Satz 1);

• als Überlebender von in **Zugewinngemeinschaft** lebenden Ehegatten den gesetzlichen 17
oder einen ihm vom Erstversterbenden zugewandten Erbteil, gleich welcher Höhe, ausgeschlagen hat (§ 1371 Abs. 3) **(taktische Ausschlagung)**, wobei sich dann der Pflichtteil nach dem nicht durch die Zugewinnpauschale erhöhten Ehegattenerbteil berechnet *(kleiner Pflichtteil;* BGHZ 42, 142). Zusätzlich kann er den rechnerischen Zugewinnausgleich verlangen (§§ 1371 Abs. 3, 1373–1383, 1390).

Achtung! Wenn ein zu einer Erbquote eingesetzter Erbe die Erbschaft außer in den 18
vorgenannten Fällen (§§ 2306 Abs. 1, 2307, Abs. 1 Satz 1, 1371 Abs. 3) ausschlägt, **verliert** er mit der Erbquote auch seinen Pflichtteil,[32] da er nicht enterbt ist (§ 2303 Abs. 1 Satz 1), behält aber einen etwa entstandenen Pflichtteilsrestanspruch gem. §§ 2305, 2307 Abs. 1 Satz 2[33] und einen evtl. Pflichtteilsergänzungsanspruch nach § 2325. Man kann die Erbenstellung nicht zurückweisen, um sich auf den Geldpflichtteil zurückzuziehen.[34]

Ist dem Erben dieser Fehler unterlaufen, ist wegen seiner Behebung zu unterscheiden:

• Hat sich der Erbe allgemein über die **pflichtteilsrechtlichen Folgen seiner Ausschla-** 19
gung geirrt, weil er z. B glaubte, durch eine Ausschlagung könne man immer zum Pflichtteil kommen, hat aber vom Standpunkt des § 2306 Abs. 1 Satz 2 a. F. aus zu Unrecht ausgeschlagen, war bisher **eine Anfechtung der Ausschlagung** nach §§ 1954, 119 nicht möglich, da es sich um einen unbeachtlichen Motivirrtum handle.[35] Lediglich das OLG Hamm[36] sah bisher in diesen Fällen einen als Inhaltsirrtum gem. § 119 Abs. 1 beachtlichen **Rechtsfolgenirrtum** als gegeben an. Ein solcher Irrtum war bisher nach der h. M. nur anfechtbar, wenn man sich über die mit dem Rechtsgeschäft **unmittelbar erstrebten wesentlichen Rechtsfolgen** geirrt hatte und nicht nur um seine nicht erkannte und nicht gewollte Nebenwirkungen. Nach einem ausgezeichnet begründeten Vorlagebeschluss des OLG Hamm[37] **ist der BGH[38] jetzt der zutreffenden Meinung,** dass es sich

---

[28] v. Olshausen FamRZ 1986, 524, 527 f.; a. M. d. h. Kürzung bis zum eigenen vollen Pflichtteil Planck/Greiff § 2319 Anm. 1; Staudinger/Ferid/Cieslar § 2319 Rn 6; RGRK/Johannsen § 2319 Rn 2.

[29] RGZ 67, 309, RGZ 113, 46.

[30] Siehe Siebert ZEV 2010, 454.

[31] Palandt/Edenhofer § 2306 Rn 15.

[32] RGZ 93, 9; BGHZ 28, 177 = NJW 1958, 1964; OLG Hamm Rpfleger 1981, 402 = NJW 1981, 2585 LS; Staudinger/Ferid/Cieslar § 2303 Rn 31; Palandt/Edenhofer § 2303 Rn 1; Haftpflichtecke DNotZ 1974, 597, 598 f.; Lang AnwBl. 1983, 166.

[33] RGZ 93, 3, 9; RGZ 113, 45, 48; Soergel/Dieckmann Vor § 2303 Rn 6.

[34] Staudinger/Ferid/Cieslar § 2303 Rn 31.

[35] Schwab JuS 1965, 437; Soergel/Stein § 1954 Rn 2; Schlüter, ErbR, 13. Aufl., Rn 988; MünchKomm/Lange § 2305 Rn 2; BayObLGZ 1995, 120, 128 = NJW-RR 1995, 904; BayObLG MittBayNot 1999, 194.

[36] OLGZ 1982, 41, 47 = Rpfleger 1981, 402 = MDR 1981, 1017 = MittRhNotK 1981, 202.

[37] OLG Hamm NJW 2006, 3808 = ZEV 2006, 168 mit Anm. Haas/Jeske.

[38] BGH NJW 2006, 3353 = DNotZ 2006, 926 = ZEV 2006, 498 m. zust. Anm. Leipold; ebenso bereits OLG Düsseldorf FamRZ 2001, 946 = ZEV 2001, 109; Keim ZEV 2003, 358/360 f.

allgemein bei den Wirkungen der Annahme oder Ausschlagung gem. § 2306 um **wesentliche und damit anfechtbare Rechtsfolgen** handelt. Obwohl es sich bei dem Fall des BGH um die irrtümlich Annahme einer Erbschaft handelte, dürfte die irrtümliche Ausschlagung künftige ebenso anfechtbar sein und sich dadurch die Handlungsmöglichkeit der erbrechtlichen Berater in diesen Fällen vereinfacht haben.

20 • Hat der Erbe bei der Ausschlagung eine Beschränkung oder Beschwerung seines Erbteils i.S.d. § 2306 Abs. 1 angenommen, die in Wirklichkeit bereits weggefallen war, ohne dass er es wusste, bietet ihm § 2308 eine ausdrückliche Anfechtungsmöglichkeit. Damit wird in Erweiterung der allgemeinen Anfechtungsregeln ausnahmsweise, und damit der analogen Anwendung unzugänglich, ein Motivirrtum als beachtlich erklärt.[39] § 2308 setzt voraus, dass die Beschränkung bereits zum Zeitpunkt der Ausschlagung weggefallen ist. Ein nachträglicher Wegfall, z.B. durch Ausschlagung, führt nicht zur Anfechtungsmöglichkeit nach § 2308.[40] Für den umgekehrten Fall der irrtümlichen Annahme einer vermeintlich unbelasteten, tatsächlich aber belasteten Zuwendung ließ bereits bisher die wohl h.M.[41] die Anfechtung gem. § 119 Abs. 2 wegen Eigenschaftsirrtum zu.

21 • Irrt sich der Erbe über seinen quotenmäßigen Anteil am Gesamtnachlass, etwa weil eine Erbeinsetzung nach Vermögensgruppen oder durch Zuwendung einzelner Gegenstände erfolgte und schlägt er deshalb für sich i.S.d. § 2306 Abs. 1 ungünstig aus, ist darin ein Irrtum über eine verkehrswesentliche Eigenschaft des Erbanteils gem. § 119 Abs. 2 zu erblicken und gewährt die Anfechtungsmöglichkeit.[42] Irrt er sich jedoch nur über den Gesamtwert seines gesamten Anteils, ist dies ein unbeachtlicher Motivirrtum, während ein Irrtum über den Wert einzelner Nachlassbestandteile wiederum ein beachtlicher Eigenschaftsirrtum gem. § 119 Abs. 2 ist.[43]

22 Fehler dieser Art können von vornherein vermieden werden, wenn sich der Erbe zur Ermittlung der Sach- und Rechtslage Zeit nimmt. Er hat sie, da, wie unten dargetan, die Ausschlagungsfrist erst zu laufen beginnt, wenn er von den Beschränkungen und Beschwerungen zweifelsfrei Kenntnis hat und, falls die Erbeinsetzung nicht zu einer Quote, sondern gegenständlich erfolgt, er das Wertverhältnis seiner Zuwendung zum Gesamtnachlass überblicken kann. Letztlich besteht in solchen Fällen für ihn die Möglichkeit, bei der Ausschlagung das Entstehen seines vollen Pflichtteilsanspruchs zur Gültigkeitsvoraussetzung zu machen. Das lassen manche[44] unter den Voraussetzungen des § 2306 Abs. 1 zu und das verstößt nach meiner Meinung auch nicht gegen das Verbot bedingter Ausschlagung nach § 1947, da es sich nicht um eine echte Bedingung handelt sondern um eine sog. Gegenwartsbedingung. Hat der Erbe die Voraussetzungen des § 2306 Abs. 1 falsch eingeschätzt, ist die unter diesem Vorbehalt erklärte Ausschlagung unwirksam.

b) Zusatzpflichtteil

23 Den sog. Zusatzpflichtteil bzw. Pflichtteilsrestanspruch (§§ 2305, 2307 Abs. 1 Satz 2), d.h. einen Geldanspruch in Höhe des **Wertunterschiedes** zwischen dem ihm zugewandten Erbteil oder Vermächtnis und seinem Pflichtteil kann ein Pflichtteilsberechtigter ver-

---

[39] Staudinger/Ferid/Cieslar § 2308 Rn 1, 3; RGRK/Johannsen § 2308 Rn 1.

[40] OLG Stuttgart Die Justiz 1983, 305; a.M. BGHZ 112, 229 = NJW 1991, 169 = FamRZ 1991, 52.

[41] Palandt/Edenhofer § 2308 Rn 1; Staudinger/Ferid/Cieslar § 2308 Rn 20; MünchKomm/Lange § 2308 Rn 11; Soergel/Dieckmann § 2308 Rn 4; RGRK/Johannsen § 2308 Rn 3.

[42] OLG Hamm NJW 1966, 1080; Pohl AcP 177, 77; Palandt/Edenhofer § 1954 Rn 4.

[43] Palandt/Edenhofer a.a.O.

[44] OLG Düsseldorf DNotZ 1998, 839 = ZEV 1998, 429; Frohn Rpfleger 1982, 56; Palandt/Edenhofer § 1950 Rn 1; MünchKomm/Leipold, 3. Aufl., § 1950 Rn 5; Soergel/Stein § 1950 Rn 1; Staudinger/Otte/Marotzke § 1950 Rn 3; Erman/Schlüter § 1950 Rn 2; a.M. jedoch LG München FamRZ 2000, 1380; Specks ZEV 2007, 356.

langen, wenn er bei Eintritt der gesetzlichen Erbfolge berufen gewesen wäre, aber durch Verfügung von Todes wegen

- zu einem Erbteil (**Erbquote**) eingesetzt ist, der **kleiner als** seine gesetzliche Pflichtteilsquote ist und er **nicht** ausschlägt. Bei der Berechnung des Wertes bleiben dabei Beschränkungen und Beschwerungen der in § 2306 Abs. 1 BGB n. F. bezeichenden Art außer Betracht (§ 2305 Satz 2 BGB n. F.). 24
- nur mit einem Vermächtnis bedacht ist, dessen Wert **kleiner als der Wert** seines Pflichtteils ist und er es **nicht** ausschlägt (§ 2307 Abs. 1 Satz 2). Bei der Berechnung des Wertunterschieds zwischen Pflichtteil und zugewandtem Vermächtnis bleiben dabei etwaige Beschränkungen und Beschwerungen des Vermächtnisses der in § 2306 Abs. 1 BGB n. F. bezeichneten Art außer Betracht (§ 2307 Abs. 1 Satz 2 2. Halbs.).

Schlägt er das Vermächtnis aus, erhält er den vollen Pflichtteil.[45]

c) Beschränkungen oder Beschwerungen

Belastungen des Pflichtteilsberechtigten mit Vor- oder Nacherbschaft, Vermächtnis, Auflage, Testamentsvollstreckung oder Teilungsanordnung (auch Teilungsbeschränkungen oder -verbote gem. § 2044[46]) **fielen bei Erbfällen bis 31. 12. 2009 hinsichtlich des beschwerten Erbteils, nicht jedoch insgesamt, automatisch weg, wenn er zu einem Erbteil *(Erbquote)* eingesetzt war, der gleich oder kleiner als seine gesetzliche Pflichtteilsquote war** (§ 2306 Abs. 1 Satz 1 BGB a. F.) und er bekam, falls der Wert des ihm zugewandten Erbteils geringer als der seiner Pflichtteilsquote war, nur den Zusatzpflichtteil nach § 2305 und einen evtl. Pflichtteilsergänzungsanspruch nach § 2325. Die Beschränkungen und Beschwerungen fielen jedoch nur hinsichtlich des Erbteils des Pflichtteilsberechtigten weg, grundsätzlich nicht gegenüber von Miterben, deren Erbteil über ihrer Pflichtteilsquote lagt.[47] Nur wenn sich die Auswirkungen nicht zwischen dem belasteten Pflichtteilsberechtigten und den nicht betroffenen Miterben aufspalten lassen, konnte es zu einem vollständigen Wegfall der Belastung kommen.[48] Die Beschränkungen und Beschwerungen fielen dabei jeweils in voller Höhe weg und nicht etwa nur bis zum Wert des Pflichtteils. War dem pflichtteilsberechtigten Erben neben seinem Erbteil noch ein Vorausvermächtnis zugewandt, so war bei der Prüfung der Frage, ob der hinterlassene Erbteil die Höhe des gesetzlichen Pflichtteils unterschreitet, erreicht oder übersteigt der Wert des Vermächtnisses dem des Erbteils zuzurechnen.[49] Weil jedoch der Pflichtteilsberechtigte das ihm zusätzlich zugewandte Vermächtnis unabhängig von seinem Wert nicht anzunehmen braucht, kann er es ausschlagen und wurde dann von den Beschränkungen oder Beschwerungen gem. § 2306 Abs. 1 Satz 1 BGB a. F. frei.[50] Der nur zum Nacherben eingesetzte Pflichtteilsberechtigte (§ 2306 Abs. 2) wurde, wenn die Nacherbquote die Hälfte der gesetzlichen Erbquote nicht überstieg, automatisch zum Vollerben.[51] § 2306 Abs. 2 BGB a. F. bzw. jetzt § 2306 Abs. 1 BGB n. F. galt jedoch nicht, wenn der Pflichtteilsberechtigte nur unter einer aufschiebenden Bedingung zum Nacherben eingesetzt war. Dann war er zunächst als von der Erbfolge ausgeschlossen anzusehen und konnte daher, ohne ausschlagen zu müssen, den Pflichtteil verlangen, müsse ihn sich allerdings 25

[45] Siehe Siebert ZEV 2010, 454.

[46] OLG Hamburg NJW-RR 1994, 1231.

[47] MünchKomm/Lange § 2306 Rn 16; Palandt/Edenhofer § 2306 Rn 5; Soergel/Dieckmann § 2306 Rn 10.

[48] Schubert JR 1081, 466/467 f.; MünchKomm/Lange § 2306 Rn 16; Soergel/Dieckmann § 2306 Rn 10.

[49] BGHZ 80, 263 = NJW 1981, 1837, 1838.

[50] BGHZ 80, 263 = NJW 1981, 1837, 1838; Lang AnwBl. 1983, 168; MünchKomm/Lange § 2307 Rn 14.

[51] Soergel/Dieckmann § 2306 Rn 10; MünchKomm/Lange § 2306 Rn 6; Staudinger/Ferid/Cieslar § 2306 Rn 55; RGRK/Johannsen § 2306 Rn 29; OLG Schleswig NJW 1961, 1929.

beim Eintritt des Nacherbfalls anrechnen lassen.[52] Dagegen bedeutet die Einsetzung eines Schlusserben (§ 2269) im gemeinschaftlichen Testament keine Beschränkung i.S.d. § 2306 Abs. 1 und dem Schlusserben ist auch nichts zugewendet, so dass er unmittelbar seinen Pflichtteilsanspruch gem. § 2303 geltend machen kann.[53]

26 Durch die **Erbrechtsreform** wird für Erbfälle ab 1. 1. 2010 die in § 2306 Abs. 1 BGB a.F. enthaltene Differenzierung, ob der mit den Beschränkungen oder Beschwerungen belastete Erbteil des pflichtteilsberechtigten Erben, **die Hälfte seines gesetzlichen Erbteils übersteigt**, beseitigt und die Rechtslage wie beim Vermächtnis entsprechend § 2307 ausgestaltet. Daher kann der belastete oder beschwerte pflichtteilsberechtigte Erbe ohne Rücksicht auf die Höhe des ihm hinterlassenen Erbteils immer wählen, ob er die belastete Erbschaft annimmt oder den Pflichtteil verlangt. Ein automatischer Wegfall der Beschränkungen oder Beschwerungen bei geringerer Erbquote als der Pflichtteilsquote ist damit entfallen. Durch diese Regelung, ist eine der größten Haftungsfallen im Erbrecht beseitigt (siehe insoweit die Vorauflage § 2 Rn 104).

27 **d) Quoten- oder Wertvergleich?**

28 Nach § 2306 Abs. 1 Satz 1 und 2 BGB a.F. war es sehr wichtig, ob der dort genannte „Erbteil", der mit Beschränkungen oder Beschwerungen belastet war, kleiner, gleich oder größer als die Hälfte des gesetzlichen Erbteils des pflichtteilsberechtigten Erben war. In den beiden ersten Fällen (kleiner oder gleich) vielen nämlich die Beschränkungen oder Beschwerungen **automatisch** weg. Es war daher die Frage, ob unter Erbteil die Erbquote oder sein Wert zu verstehen war. Unter der nach § 2306 Abs. 1 entscheidenden *„Hälfte des gesetzlichen Erbteils"* war nach der h.M. grundsätzlich die Erbquote (= Bruchteilsgröße des Anteils am Nachlass, z.B. ¼ oder 25%) zu verstehen (**Quotentheorie**) und nicht ihr wirtschaftlicher Wert.[54] Zu vergleichen waren daher der zugewandte quotenmäßige (bruchteilsmäßige) Erbteil mit der halben gesetzlichen Erbquote (**Pflichtteilsquote**), wobei die Beschränkungen und Beschwerungen des hinterlassenen Erbteils unberücksichtigt blieben.[55] Bei einer Erbeinsetzung nach Vermögensgruppen oder Zuwendung einzelner Gegenstände war zuvor die Quote des Hinterlassenen aus dem Wertverhältnis zwischen den Zuwendungen und dem Gesamtnachlass zu errechnen.[56] Wenn jedoch zur Berechnung des Pflichtteils Werte heranzuziehen waren, die nicht effektiv im Nachlass enthalten sind, wie bei der Anrechnung (§ 2315) und Ausgleichung (§ 2316) von eigenen oder fremden Vorempfängen oder bei der Erbeinsetzung nach Vermögensgruppen,[57] war nach der h.M.[58] der Bruttowert des hinterlassenen Erbteils, d.h. ohne Abzug der Beschränkungen und Beschwerungen nach § 2306, mit dem rechnerischen Betrag des Pflichtteils unter Berücksichtigung der Anrechnungs- und/oder Aus-

[52] BayObLG 1966, 227, 230 = FamRZ 1967, 695, 696; OLG Hamm NJW-RR 1996, 1414; MünchKomm/Lange, § 2306 Rn 7; Staudinger/Ferid/Cieslar § 2306 Rn 34; RGRK/Johannsen § 2306 Rn 9; Palandt/Edenhofer, § 2306 Rn 8; a.M. Soergel/Dieckmann § 2306 Rn 4.

[53] Staudinger/Ferid/Cieslar § 2306 Rn 25.

[54] RGZ 113, 45, 48; RG LZ 1919, 879; RG HRR 1939 Nr. 369; BGH WPM 1968, 542, 543 = LM § 2306 Nr. 4 = Rpfleger 1968, 183; OLG Schleswig NJW 1961, 1929 m. Anm. Lange BayObLG 1968, 112, 117 = MDR 1968, 762; Staudinger/Ferid/Cieslar § 2306 Rn 47; Soergel/Dieckmann § 2306 Rn 2; MünchKomm/Lange § 2306 Rn 2; RGRK/Johannsen § 2306 Rn 2; Erman/Schlüter § 2306 Rn 1; Palandt/Edenhofer § 2306 Rn 3.

[55] Palandt/Edenhofer § 2306 Rn 3; BayObLG 1968, 112, 117 = MDR 1968, 762.

[56] Palandt/Edenhofer § 2306 Rn 3; RG LZ 32, 1050.

[57] BGH FamRZ 1990, 396.

[58] RGZ 93, 3, 5; RGZ 113, 45, 48 = JW 1926, 1543, 1544 m. Anm. Kipp; BayObLG 1959, 77, 80; BayObLG 1968, 112, 114 = MDR 1968, 762; OLG Köln ZEV 1997, 298; Staudinger/Ferid/Cieslar § 2306 Rn 48; MünchKomm/Lange, § 2306 Rn 3; Soergel/Dieckmann § 2306 Rn 3; RGRK/Johannsen § 2306 Rn 3; Erman/Schlüter § 2306 Rn 1; Palandt/Edenhofer § 2306 Rn 5; a.M. Natter JZ 1955, 138; OLG Stuttgart NJW 1959, 138; Kingelhöffer ZEV 1997, 299.

gleichungspflicht zu vergleichen (= Anwendung der sog. Werttheorie). Auch wenn neben der hinterlassenen Erbquote zusätzlich noch ein Vermächtnis zugewendet war, hatte der Vergleich wertmäßig unter Einbeziehung des Wertes des Vermächtnisses zum Bruttowert des Erbteils zu erfolgen, d. h. war die Werttheorie anzuwenden.[59] Lag dabei der Wert des hinterlassenen Erbteils nicht über der Hälfte des gesetzlichen Erbteils, so konnte der Bedachte das zusätzlich zugewandte Vermächtnis ausschlagen und hinsichtlich des Erbteils den Wegfall von Beschränkungen und Beschwerungen gem. § 2306 Abs. 1 Satz 1 BGB a. F. geltend machen.[60]

Umstritten war,[61] ob auch im Falle einer Pflichtteilsergänzung (§ 2325) anstelle des 29
Quotenvergleichs ein Wertvergleich vorzunehmen ist. Dies dürfte aber zu verneinen sein, da der Pflichtteilsergänzungsanspruch ein selbständiger Anspruch ist und sein Schuldner nach § 2329 nicht notwendigerweise der Erbe sein muss.

Nachdem das Wirksamkeitshindernis für Beschränkungen und Beschwerungen des pflichtteilsberechtigten Erben („*Hälfte des gesetzlichen Erbteils*") nach § 2306 Abs. 1 Satz 1 und 2 BGB a. F. durch die Pflichtteilsrechtsreform in Wegfall gekommen ist, hat der Gegensatz zwischen Quoten- und Werttheorie erheblich verloren.[62]

e) Beginn der Ausschlagungsfrist zwecks Pflichtteilsverlangen

Die Ausschlagungsfrist beginnt unbeschadet der allgemeinen Voraussetzungen nach 30
§ 1944 Abs. 2 gem. § 2306 Abs. 1 erst, wenn der Pflichtteilsberechtigte zweifelsfrei Kenntnis von den Beschränkungen oder Beschwerungen erlangt hat.[63] Hat der Pflichtteilsberechtigte berechtigte Zweifel an der Gültigkeit der gesamten Verfügung von Todes wegen, so scheitert der Fristbeginn bereits an § 1944 Abs. 2 Satz 1;[64] hat er sie nur bezüglich der angeordneten Beschränkungen oder Beschwerungen, wird der Fristbeginn nach § 2306 Abs. 1 verzögert.[65] Hat der Erblasser den Pflichtteilsberechtigten nur ungenau durch Zuwendung von Summen, Gegenständen oder Vermögensgruppen berufen und damit die Erbquote nur mittelbar bestimmt, **beginnt die Ausschlagungsfrist erst zu laufen**, wenn der Erbe das **Wertverhältnis der Zuwendung zum gesamten Nachlass** und damit die auf ihn entfallende Erbquote kennt,[66] da er erst dann wissen kann, ob der ihm hinterlassene Erbteil gem. der **„Quotentheorie"** die Hälfte des gesetzlichen Erbteils übersteigt. Aber auch wenn die Höhe des Pflichtteils durch **Anrechnungs- und/oder Ausgleichspflichten** beeinflusst wird und daher die **„Werttheorie"** Anwendung findet, beginnt die Ausschlagungsfrist erst zu laufen, wenn der Pflichtteilserbe das Verhältnis

[59] Staudinger/Ferid/Cieslar § 2307 Rn 10; MünchKomm/Lange § 2307 Rn 12 ff.; Soergel/Dieckmann § 2307 Rn 6; RGRK/Johannsen § 2307 Rn 12 f.; Palandt/Edenhofer § 2307 Rn 4 f.; Grothe MittRhNotK 1998, 193, 207 f.; eingehend: J. Mayer in Bamberger/Roth, § 2307 Rn 8 ff.; OLG Neustadt NJW 1957, 1523; OLG Düsseldorf FamRZ 1996, 444 = ZEV 1996, 72, 73 m. Anm. Stein; BGHZ 80, 263 = NJW 1981, 1837.

[60] BGHZ 80, 263 = NJW 1981, 1837.

[61] Dafür: AK-Däubler § 2306 Rn 3; Staudinger/Ferid/Cieslar § 2306 Rn 48 bis 50; Natter JZ 1955, 138, 139; die Vorauflage; dagegen wohl: MünchKomm/Lange § 2306 Rn 3; offen gelassen von BayObLG NJW-RR 1988, 387, 389; eingehend hierzu Schindler ZErb 2006, 186, der allerdings die Gegenmeinung von der Berücksichtigung des Gesamtpflichtteils bei § 2306 vertritt.

[62] Bonefeld/Lange/Tanck ZErP 2007, 292; Muscheler ZEV 2008, 105; de Leve ZEV 2010, 184; J. Mayer ZEV 2010, 2.

[63] BGHZ DNotZ 1968, 555 = Rpfleger 1968, 183; OLG München NJW-RR 2006, 1668 = ZEV 2006, 554.

[64] RG WarnRspr. 1914 Nr. 26; Staudinger/Ferid/Cieslar § 2306 Rn 78; MünchKomm/Lange, § 2306 Rn 17.

[65] BGH WPM 1968, 542 = LM § 2306 Nr. 4.

[66] RGZ 113, 45 = JW 1926, 1543, 1544 m. Anm. Kipp; OLG Zweibrücken ZErb 2006, 421 = MittBayNot 2007, 229; Palandt/Edenhofer § 2306 Rn 13; MünchKomm/Lange § 2306 Rn 18; Soergel/Dieckmann § 2306 Rn 9; Staudinger/Ferid/Cieslar § 2306 Rn 80; RGRK/Johannsen § 2306 Rn 25.

zwischen dem rechnerischen Betrag seines Pflichtteils unter Berücksichtigung der Anrechnungs- und/oder Ausgleichungspflicht und dem Wert des ihm hinterlassenen Erbteils ohne Abzug evtl. Beschränkungen oder Beschwerungen kennt.[67] Nimmt allerdings der Erbe irrig an, er sei Beschwerungen und Beschränkungen ausgesetzt, wird dadurch der Beginn der Ausschlagungsfrist nicht hinausgeschoben.[68] Auch dem überlebenden Ehegatten in der Zugewinngemeinschaft muss man diese verlängerte Ausschlagungsfrist zubilligen, obwohl er nach § 1371 Abs. 3 unbeschadet der Höhe des ihm hinterlassenen Erbteils ausschlagen könnte, da zwischen den beiden Ausschlagungsmöglichkeiten insofern ein Unterschied besteht, als ihre Ausschlagungsfristen verschieden beginnen und der Pflichtteilsrestanspruch gem. § 2305 bis zum großen Pflichtteil gefordert werden kann.[69] Da bei der Zugewinngemeinschaft der als Erbe oder Vermächtnisnehmer berufene überlebende Ehegatte die Wahl hat, es bei der erbrechtlichen Lösung zu belassen oder auszuschlagen, um den güterrechtlichen Zugewinnausgleich nebst dem kleinen Pflichtteil zu verlangen (§§ 1371 Abs. 3, 2307 Abs. 1, 1371 Abs. 2), stehen die Pflichtteilsbruchteile von Eltern oder Abkömmlingen immer erst fest, wenn der Ehegatte entweder seine Wahl getroffen hat, oder seine Ausschlagungsfrist abgelaufen ist, so dass auch die eigenen Ausschlagungsfristen dieser Pflichtteilsberechtigten erst dann beginnen können.[70] Ist der Pflichtteilsberechtigte nur zum Nacherben eingesetzt (§ 2306 Abs. 2), so beginnt seine Ausschlagungsfrist nach § 1944 Abs. 2 Satz 1 in Verbindung mit § 2139 frühestens mit dem Eintritt des Nacherbfalls.[71] Da jedoch unabhängig davon die Verjährung seines Pflichtteilsanspruchs läuft (§ 2332 Abs. 3), muss er die Ausschlagung innerhalb dieser Frist vornehmen; oder den Pflichtteil vom Nacherben und den evtl. Ersatznacherben anerkennen lassen.[72] Die Ausschlagung eines Vermächtnisses ist dagegen grundsätzlich nicht befristet (§§ 2176, 2180) und daher, falls es nicht angenommen wurde (§ 2180 Abs. 1), bis zu seiner Verjährung nach 30 Jahren (§ 195)[73] möglich. Damit jedoch für den beschwerten Erben Klarheit geschaffen wird, ob ein pflichtteilsberechtigter Vermächtnisnehmer das Vermächtnis oder den Pflichtteil fordert (§ 2307 Abs. 1), kann er ihm gem. § 2307 Abs. 2 eine angemessene Frist zur Erklärung über die Annahme des Vermächtnisses setzen, bei deren fruchtlosem Ablauf es als ausgeschlagen gilt. Vermächtnisnehmer, die nicht zum Kreis der Pflichtteilsberechtigten gehören, können dagegen die Annahme des Vermächtnisses bis zu seiner Verjährung in 30 Jahren in der Schwebe halten. Der Erblasser kann allerdings als Bedingung die Annahme binnen einer bestimmten Frist verfügen.[74] Auch bei befristeten und bedingten Vermächtnissen gilt die lange Schwebezeit. Sind sie allerdings einem Pflichtteilsberechtigten zugewendet, muss er sein Wahlrecht nach § 2307 Abs. 1 wegen der dreijährigen Pflichtteilsverjährungsfrist des § 2332 notgedrungen in diesem Zeitraum ausüben, da er sonst bei Ausfall der Bedingung Gefahr läuft, überhaupt nichts zu erhalten.[75] Annahme wie Ausschlagung des Vermächtnisses erfolgen durch formlose, empfangsbedürftige Willenserklärung gegenüber dem Beschwerten (§ 2180) und können auch in schlüssigem Verhalten gefunden werden.[76]

---

[67] RGZ 113, 45; BayObLG 1959, 77; OLG Zweibrücken ZErb 2006, 421 = RNotZ 2006, 546; Palandt/Edenhofer § 2306 Rn 13; Staudinger/Ferid/Cieslar § 2306 Rn 81; Soergel/Dieckmann § 2306 Rn 9; MünchKomm/Lange § 2306 Rn 18; a. M. OLG Stuttgart NJW 1959, 1735; Natter JZ 1955, 138.

[68] BGHZ 112, 229 = NJW 1991, 169.

[69] Staudinger/Ferid/Cieslar § 2306 Rn 70; MünchKomm/Lange § 2306 Rn 18; Palandt/Edenhofer § 2306 Rn 12.

[70] MünchKomm/Lange § 2306 Rn 18; RGRK/Johannsen § 2306 Rn 24.

[71] RGZ 59, 341, 345.

[72] Donau MDR 1958, 134 u. 735.

[73] Erman/Hefermehl § 195 Rn 2.

[74] Reichel AcP 138, 202.

[75] Staudinger/Ferid/Cieslar § 2307 Rn 17 f.

[76] Palandt/Edenhofer § 2180 Rn 1.

Annahme und Ausschlagung unterliegen als Willenserklärungen der Anfechtung nach den allgemeinen Vorschriften.[77]

Hat der Erbe die Erbschaft angenommen, da er glaubte, ein ihn belastendes Vermächtnis sei vom Erblasser wirksam widerrufen, dann kann er, nachdem dieser Irrtum durch einen Hinweis des Gerichts aufgeklärt wurde, die Annahme der Erbschaft wegen Eigenschaftsirrtums gem. § 119 Abs. 2 innerhalb der Frist des § 1954 Abs. 1 anfechten.[78] 31

f) Wirkung der Ausschlagung zwecks Pflichtteilsverlangen

Schlägt der Berechtigte die Erbschaft zulässigerweise (§§ 2306 Abs. 1, 1371 Abs. 3) aus, um den Pflichtteil zu verlangen, so fällt sie nach § 1953 Abs. 2 demjenigen zu, welcher von als Erbe berufen gewesen wäre, wenn der Ausschlagende zurzeit des Erbfalls vorverstorben gewesen wäre.[79] Dies kann ein ausdrücklich eingesetzter oder vermuteter Ersatzerbe sein oder der Erbteil kann einem Miterben anwachsen oder insoweit tritt die gesetzliche Erbfolge ein. Wer an die Stelle des ausschlagenden Pflichtteilsberechtigten tritt, bleibt regelmäßig mit den Beschränkungen und Beschwerungen belastet und hat als gesetzlicher oder eingesetzter Erbe gem. § 2322 die Pflichtteilslast zu tragen, kann allerdings wegen dieser Last Vermächtnisse und Auflagen gem. § 2322 kürzen.[80] § 2322 legt für den Fall einer Ausschlagung gem. §§ 2306 Abs. 1 Satz 2, 2307, allerdings abdingbar, den Vorrang des Pflichtteilsanspruchs fest, wenn Vermächtnisse oder Auflagen, die auf zwecks Pflichtteilsverlangen ausgeschlagenen Erbschaften oder Vermächtnissen ruhen, zusammen mit dem Pflichtteilsanspruch die Summe dessen übersteigen (Überschwerung), was der an Stelle des ausschlagenden Pflichtteilsberechtigten Getretene aus dem Nachlass erhält.[81] Aufgrund dieser Kürzungsbefugnis darf der Eintretende die Vermächtnisse oder Auflagen jedoch nur insoweit kürzen, als das zur Befriedigung des Pflichtteilsanspruchs notwendig ist. Darüber hinaus muss er diese Beschwerungen tragen, auch wenn ihm selbst nichts verbleibt.[82] Eigenvermögen braucht der Eintretende allerdings nicht zu opfern. Davor schützen ihn die §§ 1992, 1935, 2095 als Erben und §§ 2187, 2159 als Vermächtnisnehmer. Anstelle des zwecks Pflichtteilsverlangen ausschlagenden Erben treten grundsätzlich in dieser Reihenfolge (§ 2099), der vom Erblasser ausdrücklich oder stillschweigend (vermutet) eingesetzte Ersatzerbe (§ 2096), die eingesetzten Miterben im Wege der Anwachsung (§ 2094) und, sofern der Erblasser nichts anderes bestimmt hat, die gesetzlichen Erben (§ 1930).[83] Schlägt ein Vorerbe aus, tritt im Zweifel gem. § 2102 Abs. 1 der Nacherbe als Ersatzerbe an seine Stelle.[84] Schlägt der Nacherbe aus, so wird im Zweifel gem. § 2141 Abs. 2 der Vorerbe Vollerbe. Diesem Anrecht des Vorerben gehen jedoch eine ausdrückliche oder vermutete Ersatznacherbberufung (§ 2096), sofern die Ausschlagung nicht wegen Pflichtteilsverlangen erfolgt, und das Anwachsungsrecht der Mitnacherben (§ 2094) vor.[85] Schlägt der Vermächtnisnehmer das Vermächtnis aus, um den Pflichtteil zu verlangen (§ 2307 Abs. 1), gilt der Anfall an den Ausschlagenden gem. §§ 2180 Abs. 3, 1953 Abs. 1 als nicht erfolgt. An seine Stelle treten in erster Linie die ausdrücklich eingesetzten oder gesetzlich vermuteten (§ 2069) Ersatzvermächtnis- 32

[77] Staudinger/Otte § 2180 Rn 6.

[78] BGHZ 106, 359, 363 = NJW 1989, 2885 = FamRZ 1989, 496; Kingelhöffer ZEV 1997, 299.

[79] MünchKomm/Lange § 2306 Rn 15; Soergel/Dieckmann § 2306 Rn 8; Staudinger/Ferid/Cieslar § 2306 Rn 71; RGRK/Johannsen § 2306 Rn 21.

[80] Soergel/Dieckmann a. a. O.; MünchKomm/Lange a. a. O.; Staudinger/Ferid/Cieslar a. a. O.; RGRK/Johannsen a. a. O.

[81] Staudinger/Ferid/Cieslar § 2322 Rn 1.

[82] BGHZ 19, 309, 311.

[83] Staudinger/Ferid/Cieslar § 2306 Rn 71.

[84] v. Lübtow, Probleme des Erbrechts, 1967, S. 41.

[85] Soergel/Harder § 3242 Rn 5 f.; MünchKomm/Grunsky, 2. Aufl., § 2142 Rn 5; Staudinger/Behrends § 2142 Rn 7, 9; RGRK/Johannsen § 2142 Rn 8.

nehmer (§ 2190) und wenn solche nicht vorhanden sind (§§ 2190, 2099),[86] wächst, falls mehreren derselbe Gegenstand vermacht ist, der Anteil des Ausschlagenden den übrigen Bedachten nach dem Verhältnis ihrer Anteile an (§ 2158). Nur wenn beides nicht eintritt, ist das Vermächtnis hinfällig (§ 2160).[87] Wer an die Stelle des ausschlagenden Vermächtnisnehmers tritt oder dem sonstwie die Ausschlagung zustatten kommt, hat gem. § 2321 die Pflichtteilslast zu tragen.[88]

33 Problematisch ist, ob eine ausdrückliche oder stillschweigende Ersatzerben- oder Vermächtnisnehmerberufung den Abkömmlingen des Erstbedachten auch dann zugute kommen soll, wenn der Erstberufene gem. §§ 2306 Abs. 1, 2307 Abs. 1 ausschlägt um seinen Pflichtteil zu erlangen. Hier wäre der Stamm des Ausschlagenden doppelt am Nachlass beteiligt (Pflichtteil plus Zuwendung), was meist nicht dem Willen des Erblassers entsprechen wird. Bei jeder ausdrücklichen Ersatzberufung besteht keine gesetzliche oder tatsächliche Vermutung gegen das ersatzweise Eintreten von Abkömmlingen bei Ausschlagungen zwecks Pflichtteilsverlangen.[89] Der Erblasser sollte daher in diesen Fällen bedenken, dass, sofern die Voraussetzungen dazu gegeben sind, der pflichtteilsberechtigte Bedachte ausschlagen kann, um den Pflichtteil zu erlangen und dass dann infolge der ausdrücklichen Ersatzberufung trotzdem der Stamm des Ausschlagenden Erbe oder Vermächtnisnehmer wird, allerdings gem. §§ 2320 Abs. 2, 2321 belastet mit der Pflichtteilslast für den Ausschlagenden. Will der Erblasser diese Rechtsfolge zuverlässig ausschließen, muss er eine Verwirkungsklausel etwa folgenden Inhalts in seine Verfügung von Todes wegen aufnehmen:

Formulierungsvorschlag:

Ein den Pflichtteil verlangender Bedachter ist mit seinem ganzen Stamm von Zuwendungen jeder Art ausgeschlossen.

34 Streitig ist jedoch die Frage, ob bei Ausschlagung der Erbeinsetzung gem. § 2306 Abs. 1, der Nacherbeinsetzung gem. § 2306 Abs. 2 oder der Vermächtniseinsetzung gem. § 2307 Abs. 1 jeweils durch den Pflichtteilsberechtigten zwecks Erlangung des Pflichtteils seine Abkömmlinge kraft der gesetzlichen Auslegungsregel des § 2069 an seine Stelle treten können. Die eine Meinung verneint dies zu Recht ganz allgemein,[90] da ohne erkennbare gegenteilige Absicht des Erblassers nicht anzunehmen ist, dass er den Stamm des Ausschlagenden, der ja nicht leer ausgeht, sondern in der Person des Ausschlagenden den Pflichtteil als Ersatz für sein Erbrecht erhält, durch Aufrechterhaltung der Ersatzberufung doppelt berücksichtigen wollte (**Doppelberücksichtigung**). Die andere Meinung hält § 2069 auch in diesen Fällen für anwendbar, da ein unbilliges Ergebnis dadurch vermieden würde, dass gem. §§ 2320 Abs. 2, 2321 die nachrückenden Abkömmlinge im Innenverhältnis den Pflichtteilsanspruch des Ausschlagenden zu tragen haben.[91] Weitge-

[86] BayObLG NJW-RR 1997, 517.

[87] MünchKomm/Skibbe, 2. Aufl., § 2180 Rn 8; Soergel/Wolf § 2180 Rn 12; Staudinger/Otte § 2180 Rn 12; Palandt/Edenhofer § 2160 Rn 1.

[88] Staudinger/Ferid/Cieslar § 2321 Rn 14; Soergel/Dieckmann § 2321 Rn 2 f.; MünchKomm/Lange § 2321 Rn 3.

[89] Staudinger/Otte § 2096 Rn 7.

[90] Braga AcP 153, 144, 154; BGHZ 33, 60 = NJW 1960, 1988 = DNotZ 1960, 662; OLG Frankfurt Rpfleger 1970, 391 = DNotZ 1971, 490; BayObLG 1962, 239 = FamRZ 1962, 538; RGRK/Johannsen § 2069 Rn 8; Kipp/Coing, ErbR, 13. Bearb., § 22 IV Fn. 21 u. § 50 II 2; v. Lübtow, ErbR, I S. 287; Palandt/Edenhofer § 2069 Rn 3.

[91] Höfer NJW 1961, 588; MünchKomm/Leipold, 2. Aufl., § 2069 Rn 13; Soergel/Damrau § 2069 Rn 13; Erman/Hense § 2069 Rn 7; differenzierend: Staudinger/Otte § 2069 Rn 11.

hend Einigkeit im Ergebnis besteht jedoch, dass, wenn ein Nacherbe vor Eintritt des Nacherbfalls ausschlägt, um vom Vorerben den Pflichtteil zu verlangen (§ 2306 Abs. 2), eine tatsächliche Vermutung dafür spricht, dass der Erblasser für diesen Fall den ganzen Stamm des ausschlagenden Nacherben ausgeschlossen sehen wollte und zwar gleichgültig, ob die Ersatznacherbfolge ausdrücklich angeordnet war oder gem. § 2069 vermutet wird, da sonst dieser Stamm durch den sofortigen Erhalt des Pflichtteils und den Wegfall des Risikos des Nachlassschwunds während der Vorerbschaft gegenüber den anderen bevorzugt wäre.[92] Will bei diesem Meinungsstand der Erblasser Auslegungsstreitigkeiten vermeiden, sollte er in einschlägigen Fällen die obige Verwirkungsklausel aufnehmen.

g) Feststellung des für die Pflichtteilsquote maßgeblichen Erbteils

Da die Pflichtteilsquote nach § 2301 Abs. 1 Satz 2 die Hälfte des gesetzlichen Erbteils 35
beträgt, ist zunächst dieser abstrakt, d.h. ohne Berücksichtigung von Enterbungen, Erbverzichten, Ausschlagungen, Erbunwürdigkeit und Pflichtteilsentziehungen, nach Bruchteilen so zu bestimmen, als wäre die gesetzliche Erbfolge tatsächlich eingetreten. Während ein einzelner Pflichtteilsberechtigter stets die Hälfte des Nachlasses erhält, hängt bei mehreren die Größe der Quote jedes einzelnen von der Zahl der gesetzlichen Erben und ihrer Stellung innerhalb der gesetzlichen Erbenordnung ab. Es ist deshalb zunächst fiktiv die gesetzliche Erbfolge nach dem Erblasser festzustellen und sind die Erbquoten zu berechnen. Danach ist festzustellen, welche näheren Pflichtteilsberechtigten gem. § 2309 wegfallen und durch entferntere ersetzt werden (siehe oben Rn 6). Erst danach sind die so gewonnenen Quoten, jedoch nur innerhalb derselben Erbordnung (Parentel) und im Verhältnis zum überlebenden Ehegatten,[93] gem. § 2310 zu berichtigen. Diese Vorschrift bestimmt, welche anderen grundsätzlich pflichtteilsberechtigten Angehörigen, innerhalb derselben Erbordnung und gegenüber dem überlebenden Ehegatten, bei der Feststellung des für die Pflichtteilsquote maßgeblichen Erbteils zu berücksichtigen sind. Wer danach mitzuzählen ist, vermindert die Quoten der anderen, wer nicht mitzählt, vergrößert sie. Mitzuzählen sind gem. § 2310 Satz 1:

- wer erbt oder ein Vermächtnis erhält;
- wer durch letztwillige Verfügung von der Erbfolge ausgeschlossen (enterbt) ist (§ 1938);
- wer seinen Erbteil ausgeschlagen hat (§ 1953 Abs. 2);
- wer für erbunwürdig erklärt ist (§§ 2399ff.).

Treten jedoch anstelle eines dadurch weggefallenen Abkömmlings nach § 2309 ent- 36
ferntere Abkömmlinge oder die Eltern des Erblassers mit ihren Pflichtteilsrechten, darf der Weggefallene nicht zu Lasten dieser entfernteren Berechtigten mitgezählt werden. § 2309 enthält insoweit eine Sonderregelung gegenüber § 2310.[94] Da nach § 2310 Wegfallende danach nicht mitgezählt werden, wenn es um den Pflichtteil der Eltern oder entfernterer Abkömmlinge gem. § 2309 geht, wohl aber in der gleichen Sache, wenn der Pflichtteil des überlebenden Ehegatten berechnet wird, kann es zu wenig befriedigenden Ergebnissen kommen, die jedoch ohne gesetzwidrige Vernachlässigung von § 2309 oder § 2310 nicht zu korrigieren sind.[95] Nicht mitzuzählen ist nach § 2310 Satz 2:

[92] Höfer NJW 1961, 588; BGHZ 33, 60 = NJW 1960, 1988; BGH NJW 1974, 43; BGH FamRZ 1960, 433; BayObLG 1962, 239 = FamRZ 1962, 538; OLG Stuttgart Rpfleger 1982, 106; LG Düsseldorf NJW 1956, 1880, 1881; LG München II MittBayNot 1980, 29, 30; MünchKomm/Leipold, 2. Aufl., § 2069 Rn 13; MünchKomm/Grunsky, 2. Aufl., § 2142 Rn 5; Soergel/Damrau § 2069 Rn 13; Soergel/Harder § 2142 Rn 6; Staudinger/Otte § 2069 Rn 11; Staudinger/Behrends § 2142 Rn 10.

[93] Staudinger/Ferid/Cieslar § 2310 Rn 8; Soergel/Dieckmann § 2310 Rn 1; MünchKomm/Lange § 2310 Rn 6f.; RGRK/Johannsen § 2310 Rn 2.

[94] MünchKomm/Lange § 2310 Rn 6.

[95] MünchKomm/Lannge § 2310 Rn 7.

- wer Erbverzicht geleistet hat (§ 2346 Abs. 1). Dagegen wird mitgezählt, wer nur auf sein Pflichtteilsrecht verzichtet hat (§ 2346 Abs. 2). Ebenfalls mitgezählt wird, wer sich beim Erbverzicht ausdrücklich den Pflichtteil vorbehalten hat.[96] Wer etwa durch Erbvertrag oder bindend gewordenes gemeinschaftliches Testament von der gesetzlichen Erbfolge ausgeschlossen ist, zusätzlich jedoch noch Erbverzicht geleistet hat, wird trotzdem nicht mitgezählt, da erst der Erbverzicht endgültig das Pflichtteilsrecht beseitigt hat;[97]
- wer als nichtehelicher pflichtteilsberechtigter Verwandter wirksamen vorzeitigen Erbausgleich gem. §§ 1934d, 1934e a.F. abgeschlossen oder durch Urteil zuerkannt bekommen hat.[98]

37 **Folgerungen für den Erblasser:** Daraus, dass gem. § 2310 wer nur auf seinen Pflichtteil verzichtet hat und enterbt wurde bei der Pflichtteilsberechnung mitzählt und dadurch die Pflichtteilsquoten der anderen Pflichtteilsberechtigten schmälert, während, wer Erbverzicht geleistet hat, nicht mitzählt und daher die Pflichtteilsquoten der anderen erhöht, folgt, dass, ausgenommen in Sonderfällen, wie z.B. bei Testierunfähigkeit des Erblassers oder zur Beseitigung wechselbezüglicher Verfügungen, der bloße Pflichtteilsverzicht dem Erblasser gegenüber den nicht verzichtenden Pflichtteilsberechtigten eine größere letztwillige Handlungsfreiheit gewährt als der Erbverzicht.

h) Besonderheiten des Ehegattenpflichtteils bei der Zugewinngemeinschaft

38 Wie die Höhe des gesetzlichen Erbteils (siehe oben § 1 Rn 18) so richtet sich auch die von ihm abhängende Pflichtteilsquote des überlebenden Ehegatten und in der Folge auch die Pflichtteilsquoten der Abkömmlinge und Eltern nach dem Güterstand, in dem die Eheleute beim Erbfall gelebt haben. Lebten sie im gesetzlichen Güterstand der Zugewinngemeinschaft, so erhebt sich die Frage, wann sich der Ehegattenpflichtteil aus dem nach § 1371 Abs. 1 erhöhten gesetzlichen Erbteil (**großer Pflichtteil**) berechnet, d.h. 1/4 neben Abkömmlingen und 3/8 neben Verwandten der 2. bzw. 3. Ordnung beträgt, und wann er sich nur nach dem Ehegattenerbteil gem. § 1931 (**kleiner Pflichtteil**) berechnet und daher neben Abkömmlingen 1/8 und neben Verwandten der 2. bzw. 3. Ordnung 1/4 beträgt und wobei sich, jeweils die Pflichtteilsquoten der anderen Pflichtteilsberechtigten entsprechend ändern, da die Pflichtteile zusammen nie mehr als die Hälfte des Nachlasses betragen können.[99]

Höhe der Pflichtteilsquoten des überlebenden Ehegatten neben folgenden Verwandten:	Höhe der Restpflichtteilsquoten dieser Verwandter insgesamt:
1. neben Abkömmlingen 1/4 (3/8)	1/4 (3/8)
2. neben Eltern und deren Abkömmlingen (3/8) (1/4)	nur Eltern (1/8) (1/4)
3. neben Großeltern	Kein Anspruch
a) grundsätzlich (1/4)	
b) sofern § 1931 Abs. 1 Satz 2 Anwendung findet bis zu 15/32 (7/16)	
Angegeben sind jeweils die großen Pflichtteile, dahinter in Klammer die der kleinen.	

39 Zur Beantwortung der Frage, wann der große und wann der kleine Pflichtteil beim überlebenden Ehegatten maßgebend ist, sind folgende Fallgruppen zu unterscheiden:

[96] Staudinger/Ferid/Cieslar § 2310 Rn 18; BGH NJW 1982, 2497.

[97] Schramm BWNotZ 1977, 88; Soergel/Dieckmann § 2310 Rn 2; Staudinger/Ferid/Cieslar § 2310 Rn 20; Palandt/Edenhofer § 2310 Rn 2.

[98] Staudinger/Ferid/Cieslar § 2310 Rn 15; Wirner MittBayNot 1984, 13.

[99] Soergel/Dieckmann § 2303 Rn 21.

- Eine Verfügung von Todes wegen liegt nicht vor, es tritt gesetzliche Erbfolge ein. Hier hat der überlebende Ehegatte die Wahl, entweder
  - gesetzlicher Erbteil nach § 1931 plus Zugewinnpauschale von 1/4 nach § 1371 Abs. 1, ohne rechnerischen Zugewinnausgleichsanspruch, oder
  - Erbausschlagung gem. § 1371 Abs. 3, dann kleiner Pflichtteil plus güterrechtlichem Zugewinnausgleich (1371 Abs. 2, 3).
- Es liegt eine Verfügung von Todes wegen vor. Der Überlebende ist darin enterbt und erhält auch kein Vermächtnis.
  - Hier erhält er den kleinen Pflichtteil (§ 2303) plus dem güterrechtlichen Zugewinnausgleich gem. § 1371 Abs. 2.
- Es liegt eine Verfügung von Todes wegen vor mit Zuwendung einer Erbquote an den überlebenden Ehegatten die gleich oder größer als seine große Pflichtteilsquote ist oder er ist sogar zum Alleinerben eingesetzt. Hier hat der Überlebende die Wahl, entweder
  - Annahme der Erbschaft, dann erhält er nur das ihm Zugewandte und hat keinen Anspruch auf den rechnerischen Zugewinnausgleich, oder
  - Erbausschlagung gem. § 1371 Abs. 3, dann kleiner Pflichtteil plus güterrechtlichem Zugewinnausgleich (§ 1371 Abs. 2, 3).
- Es liegt eine Verfügung von Todes wegen vor mit Zuwendung einer Erbquote, die jedoch kleiner als die große Pflichtteilsquote des Überlebenden. Hier hat der überlebende Ehegatte die Wahl zwischen
  - Annahme der Erbschaft plus ihrer Ergänzung durch den Pflichtteilsrestanspruch gem. § 2305 bis zum Wert des großen Pflichtteils, jedoch ohne rechnerischen Zugewinnausgleichsanspruch, oder
  - Erbausschlagung gem. § 1371 Abs. 3, dann kleiner Pflichtteil plus güterrechtlichem Zugewinnausgleichsanspruch (§ 1371 Abs. 2, 3).
- Es liegt eine Verfügung von Todes wegen vor, in dem dem überlebenden Ehegatten nur ein Vermächtnis ohne Rücksicht auf seine Größe und etwaige Beschränkungen oder Beschwerungen zugewandt wurde. Hier hat der überlebende Ehegatte die Wahl zwischen
  - Annahme des Vermächtnisses und Duldung evtl. Beschränkungen und Beschwerungen und evtl. seiner Ergänzung bis zum großen Pflichtteil durch den Pflichtteilsrestanspruchs gem. § 2307 Abs. 1 Satz 2,[100] er erhält jedoch keinen güterrechtlichen Zugewinnausgleich oder
  - Ausschlagung des Vermächtnisses gem. § 2307 Abs. 1 Satz 1, dann kleiner Pflichtteil plus güterrechtlichem Zugewinnausgleich (§ 1371 Abs. 2).[101]

Bei der Prüfung, ob die ihm zugewendete Erbquote größer, gleich oder kleiner als seine große Pflichtteilsquote ist, muss der überlebende Ehegatte jeweils wertmäßig auch ein ihm zusätzlich zugewandtes Vermächtnis mitberücksichtigen, falls er es nicht ausschlägt. 40

Achtung! Der überlebende Ehegatte kann bei der Zugewinngemeinschaft – ohne Gründe angeben zu müssen – immer einen ihm zugewandten Erbteil ausschlagen, unbeachtlich der Höhe der ihm zugewandten Erbquote und ihrem Verhältnis zu seinem großen Pflichtteil und statt dessen den kleinen Pflichtteil und den rechnerischen Zugewinnausgleich verlangen (§ 1371 Abs. 3). Er kann dies immer und nicht nur, wie andere Pflichtteilsberechtigte, wenn er gem. § 2306 Abs. 1 in seiner Erbeneigenschaft beschränkt ist. Es handelt sich hierbei um eine Ausnahme von den erbrechtlichen Bestimmungen der §§ 2305 bis 2307, die bei der Ausschlagung der Erbschaft nur unter bestimmten Voraussetzungen trotzdem den Pflichtteil gewähren. 41

---

[100] Palandt/Edenhofer § 2307 Rn 1.
[101] Palandt/Edenhofer § 2307 Rn 3.

42 Die obige Aufstellung zeigt, dass der große Pflichtteil jeweils nur als Rechengröße Anwendung findet beim Pflichtteilsrestanspruch (§§ 2305, 2307 Abs. 1 Satz 2), bei der Anrechnung auf den Pflichtteil (§ 2315), bei der Kürzung von Vermächtnissen (§ 2318), beim Leistungsverweigerungsrecht nach § 2319 und bei der Pflichtteilsergänzung gem. §§ 2325 ff.[102] Sonst, d.h. nach Ausschlagung durch den überlebenden Ehegatten oder seiner völligen Enterbung, ist stets der kleine Pflichtteil maßgeblich. Die Pflichtteile der Abkömmlinge und Eltern berechnen sich entsprechend der Maßgabe des erhöhten Ehegattenerbteils, falls der überlebende Ehegatte gesetzlicher oder gewillkürter Erbe oder auch nur Vermächtnisnehmer geworden ist.[103] Ist der überlebende Ehegatte jedoch infolge Enterbung oder Erbausschlagung nicht Erbe geworden, so bestimmt sich auch der Pflichtteil der Abkömmlinge und Eltern nach dem nicht erhöhten Ehegattenerbteil (§ 1371 Abs. 2), d.h. er erhöht sich. Daran zeigt sich, dass sowohl der Erblasser als auch sein überlebender Ehegatte die Höhe der Pflichtteile beeinflussen können, die dem Überlebenden, den Eltern und den Abkömmlingen zufallen. Lässt der überlebende Ehegatte z.B. die gesetzliche Erbfolge eintreten, so sichert er sich den erhöhten Erbteil, so dass die enterbten Abkömmlinge des Erblassers insgesamt nur einen Pflichtteil in der Höhe des Wertes von 1/4 der Erbschaft erhalten können. Schlägt der überlebende Ehegatte dagegen die Erbschaft aus, so erhält er den kleinen Pflichtteil, so dass sich der der Abkömmlinge auf 3/8 des Nachlasses erhöht.[104] Der Erblasser kann durch eine testamentarische Zuwendung gleich welcher Art und in welcher Höhe, wie z.B. einem geringfügigem Vermächtnis, dem Überlebenden stets eine Nachlassbeteiligung im Umfang des großen Pflichtteils verschaffen, während er ihn durch völlige Enterbung immer auf den kleinen Pflichtteil nebst dem vielleicht gar nicht existierenden güterrechtlichen Zugewinnausgleichsanspruch ohne Wahlmöglichkeit verweisen kann. Die anfangs vieldiskutierte Frage, ob der überlebende Ehegatte bei Ausschlagung der Erbschaft nicht anstelle des güterrechtlichen Zugewinnausgleichs nebst kleinem Pflichtteil den großen Pflichtteil ohne Zugewinnausgleich wählen kann *(Wahltheorie)*,[105] wird heute von der ganz herrschenden Einheitstheorie verneint.[106]

43 **Entscheidungswahl:** Wie oben (§ 1 Rn 29) dargelegt, rentiert es sich für den Überlebenden Ehegatten neben Abkömmlingen bei der Zugewinngemeinschaft nur dann, statt der gesetzlichen Erbfolge oder der Annahme des ihm in einer Verfügung von Todes wegen Zugewandten evtl. ergänzt durch den Pflichtteilsrestanspruch gem. §§ 2305, 2307 Abs. 1 Satz 2 (**erbrechtliche Lösung**) den kleinen Pflichtteil und den rechnerischen Zugewinnausgleich (**güterrechtliche Lösung**) zu wählen, wenn der **Anteil des Zugewinns am Nachlass über 85,71% bzw. 6/7 beträgt.** Neben Verwandten der 2. oder 3. Ordnung rentiert sich das nie. Liegt allerdings das dem überlebenden Ehegatten Zugewandte wertmäßig unter dem Wert seines um 1/4 erhöhten gesetzlichen Erbteils, so senkt sich der zur Rentierlichkeit notwendige Prozentsatz entsprechend. Bei Nachlassüberschuldung kann es im Einzelfall für den überlebenden Ehegatten empfehlenswert sein, nicht die Ergänzung zum großen Pflichtteil zu verlangen oder ein ihm zugewandtes Vermächtnis anzunehmen, sondern den kleinen Pflichtteil zusammen mit dem rechnerischen Zugewinnausgleich durch Ausschlagung geltend zu machen, da der rechnerische Zugewinnausgleich nicht wie der Pflichtteil oder ein Vermächtnis im Insolvenzverfahren hinter den übrigen Nachlassgläubigern rangiert (§ 327 InsO), sondern in einer Reihe mit den sonstigen nicht bevorrechtigten Insolvenzgläubigern zu befriedigen ist, da es sich bei der Zugewinnausgleichsforderung um eine Nachlassverbindlichkeit gem. § 1967 Abs. 2 han-

---

[102] Soergel/Dieckmann § 2303 Rn 24.
[103] BGHZ 37, 58 = NJW 1962, 1719; OLG Hamburg FamRZ 1961, 318.
[104] Schlüter, ErbR, 13. Aufl., Rn 1042.
[105] So vor allem Lange NJW 1958, 228.
[106] BGHZ 42, 182 = NJW 1964, 2404; BGH NJW 1976, 2131; BGH NJW 1982, 2497 = DNotZ 1983, 197 m. Anm. Wolfsteiner; Soergel/Dieckmann § 2303 Rn 29 m.w.N.

delt.[107] Auch die dem überlebenden Ehegatten bei der gesetzlichen Erbfolge durch § 1371 Abs. 4 auferlegte Pflicht, aus dem zusätzlichen Erbviertel Stiefkindern eine angemessene Ausbildung zu gewähren, kann die Wahl zur güterrechtlichen Lösung beeinflussen, da bei ihr diese Pflicht entfällt.[108] Auch wenn dem Nachlass als Endvermögen verschenktes, verschwendetes oder in Benachteiligungsabsicht verbrauchtes Gut gem. § 1375 Abs. 2 zuzurechnen ist, kann sich die Ausschlagung und Wahl der güterrechtlichen Lösung lohnen.[109] Wegen weiterer Verschiedenheiten, die die Wahl des überlebenden Ehegatten zwischen erb- und güterrechtlicher Lösung beeinflussen können siehe bei Lange.[110] Erbschaftsteuerliche Gründe dürften seit der Reform des Erbschaftsteuerrechts zum 1. 1. 1975 kaum mehr entscheidungserheblich sein, da nicht mehr wie bis dahin das Ausgleichsviertel generell steuerfrei ist, wenn es zur erbrechtlichen Lösung kommt, sondern nur der Betrag, der sich als Ausgleichsforderung bei einer güterrechtlichen Lösung ergäbe (§ 5 Abs. 1 ErbStG). Letztlich ist festzuhalten, dass der überlebende Ehegatte die rechnerische Zugewinnausgleichsforderung auch dann geltend machen kann, wenn er wegen vorbehaltslosem Erbverzicht (§ 2346 Abs. 1), Pflichtteilsverzicht (§ 2346 Abs. 2), Erbunwürdigkeit (§§ 2339 ff.), Pflichtteilsunwürdigkeit (§ 2345 Abs. 2), Pflichtteilsentziehung (§ 2335) oder wegen einer anhängigen Ehescheidung (§ 1933) keinen Pflichtteilsanspruch erheben kann.[111] Dabei ist allerdings zu bedenken, dass die Verfehlungen des überlebenden Ehegatten in der Ehe, die zur Erb- oder Pflichtteilsunwürdigkeit (§§ 2339 ff.) oder der Pflichtteilsentziehung (§ 2335) führten, auch das Leistungsverweigerungsrecht gegenüber dem Zugewinnausgleichsanspruch gem. § 1381 wegen grober Unbilligkeit begründen können.[112]

4. Die für den Pflichtteil maßgebliche Nachlassbewertung

a) Feststellung des Nachlassbestandes

Der **Bestand des Nachlasses i. S. v. § 2311 Abs. 1 Satz 1** ergibt sich aus der Differenz von Aktiv- und Passivbestand. Das Aktivvermögen ist dabei grundsätzlich das Erblasservermögen zum Todeszeitpunkt. Auszuscheiden sind jedoch Vermögensgegenstände, die unvererblich sind, beim Tode erlöschen oder außerhalb der Erbfolge auf Dritte übergehen. Rechtsverhältnisse, die infolge des Erbfalls durch Vereinigung von Recht und Verbindlichkeit (**Konfusion**) oder von Recht und dinglicher Belastung (**Konsolidation**) erloschen sind, gelten für die Pflichtteilsberechnung als nicht erloschen. Das ist zwar im Gesetz nicht ausdrücklich ausgesprochen, wird aber in entsprechender Anwendung aus §§ 1976, 1991 Abs. 2, 2143, 2175, 2377 geschlossen.[113] Umstritten ist, ob Gegenstände, die der Erbe durch Ausschlagung einer im Nachlass befindlichen anderen Erbschaft diesem entzieht, in den Pflichtteilsumfang einzurechnen sind, oder ob dies richtigerweise wegen der dem Erben zuzubilligenden Entscheidungsfreiheit nicht zulässig ist.[114] 44

---

[107] Baur, FamRZ 1954, 258; Jaeger/Weber, KO, 8. Aufl., §§ 226, 227 Rn 14; Staudinger/Ferid/Cieslar § 2303 Rn 61; Soergel/Dieckmann § 2303 Rn 31.

[108] Bosch FamRZ 1958, 297; Rittner DNotZ 1957, 483.

[109] Palandt/Brudermüller § 1371 Rn 19; Soergel/Dieckmann § 2303 Rn 31.

[110] NJW 1967, 1381, 1383.

[111] Soergel/Dieckmann § 2303 Rn 32.

[112] Braga FamRZ 1957, 334, 340.

[113] BGH DNotZ 1978, 487, 489; BGH NJW 1975, 1123, 1124; Staudinger/Ferid/Cieslar § 2311 Rn 11; MünchKomm/Lange § 2311 Rn 5; Soergel/Dieckmann § 2311 Rn 2; RGRK/Johannsen § 2311 Rn 3.

[114] So auch MünchKomm/Lange § 2311 Rn 6; RGRK/Johannsen § 2311 Rn 2; Palandt/Edenhofer § 2311 Rn 2; Brüstle BWNotZ 1976, 78; Staudinger/Ferid/Cieslar § 2311 Rn 28; a. M. Meincke, Das Recht der Nachlassbewertung im BGB, 1973, S. 234 m. w. N.

45 Da der Pflichtteilsberechtigte erst aus dem **schuldenfreien Nachlass** Befriedigung erlangen kann,[115] sind die **Nachlassverbindlichkeiten** vom Aktivbestand zum Zeitpunkt des Erbfalls **abzuziehen.** Dabei sind grundsätzlich zunächst alle diejenigen Nachlassverbindlichkeiten abziehbar, die nach der allgemein verbindlichen Rangordnung des § 327 InsO (früher: § 226 KO) dem Pflichtteil vorgehen. Abzuziehen sind ferner nur solche Verbindlichkeiten, die auch beim Eintreten der gesetzlichen Erbfolge entstanden wären, da sie dann auch vom Pflichtteilsberechtigten zu tragen gewesen wären (Ersatzfunktion des Pflichtteils).[116] Ferner kommt es bei der Erfassung der Aktiva grundsätzlich auf den Zeitpunkt des Erbfalls an, während bei den Passiva in gewissem Umfang auch später begründete Nachlassverbindlichkeiten abgesetzt werden können, wenn nur ihr Rechtsgrund und ihre Notwendigkeit aus der Sicht des Pflichtteilsberechtigten auf den Erbfall zurückgeführt werden können.[117]

Ist der Nachlass überschuldet, besteht kein Pflichtteilsanspruch.[118]

46 Im Einzelnen können bei der Pflichtteilsberechnung insbesondere folgende Verbindlichkeiten vom Aktivnachlass abgezogen werden:

47 • Alle Schulden, die schon vor dem Tod des Erblassers bestanden haben (sog. **Erblasserschulden** gem. § 1967 Abs. 2), wie z.B. Verbindlichkeiten aus Verträgen zugunsten Dritter auf den Todesfall (§§ 328, 331) (unten § 4 Rn 35), aus auf den Tod befristeten Schenkungen ohne Überlebensbedingung,[119] aus vollzogenen Schenkungen von Todes wegen gem. § 2301 Abs. 2 (unten § 4 Rn 19) und aus allen sonstigen vom Erblasser unter Lebenden eingegangenen und auf seinen Tod aufschiebend befristeten oder erst fällig werdenden Verbindlichkeiten. Dies können auch bedingte oder künftige Verbindlichkeiten aus werdenden und schwebenden Rechtsbeziehungen des Erblassers sein.[120] Abziehbare Verbindlichkeiten können auch aus unerlaubten Handlungen des Erblassers herrühren, auch wenn sich die schädlichen Folgen erst nach dem Erbfall eingestellt haben.[121] Abzuziehen sind auch Herausgabeansprüche die aus Nachvermächtnissen und auf den Tod aufschiebend bedingten Herausgabevermächtnissen bedingt sind.[122] Abzuziehen ist auch die auf den fiktiven Pflichtteil begrenzte Unterhaltsverbindlichkeit gegenüber einem geschiedenen Ehegatten gem. § 1586b, die Ansprüche der Mutter eines nichtehelichen Kindes gem. § 1615k gegen den nichtehelichen Vater auf Erstattung der Entbindungskosten und der durch die Schwangerschaft notwendig gewordenen weiteren Aufwendungen, der Unterhaltsanspruch der Kindsmutter gem. § 1615l sowie die Beerdigungskosten der durch die Schwangerschaft oder die Entbindung verstorbenen Kindsmutter gem. § 1615m, und zwar auch dann, wenn der Vater vor der Geburt des Kindes verstorben ist (§ 1615 n). Abzuziehen war auch der Anspruch des nichtehelichen Kindes auf vorzeitigen Erbausgleich (§ 1935d a.F.), der auf einer wirksamen Vereinbarung oder einer rechtskräftigen gerichtlichen Entscheidung beruhte.[123] Absetzbar sind auch Steuern die bereits gegen den Erblasser entstanden sind.[124] Prozesskosten können sowohl Erblasser- als auch Nachlasserbenschulden sein, je nachdem sie in der Person des

---

[115] RGZ 90, 205; OLG Stuttgart NJW-RR 1989, 1283.

[116] Staudinger/Ferid/Cieslar § 2311 Rn 62; Soergel/Dieckmann § 2311 Rn 12.

[117] Staudinger/Ferid/Cieslar § 2311 Rn 67.

[118] RGRK/Johannsen § 2317 Rn 1; OLG Stuttgart NJW-RR 1989, 1283.

[119] § 226 Abs. 2 Ziff. 3 KO; Staudinger/Ferid/Cieslar § 2315 Rn 23; oben Rn 157.

[120] BGHZ 32, 367, 369; BGH WPM 1968, 37; BGH WPM 1976, 808; BGH WPM 1981, 719.

[121] RG HRR 1942 Nr. 522.

[122] BGH MDR 1972, 851, 852 = FamRZ 1977, 128, 129; J. Mayer in Mayer/Süß/Tanck/Bittler/Wälzholz, Handbuch Pflichtteilsrecht, § 12 Rn 23ff., zweifelnd allerdings sofern der Vermächtnisanfall erst mit dem Tod des Beschwerden eintreten soll, dem jedoch Reimann MittBayNot 2002, 4, 7f. widerspricht.

[123] Staudinger/Ferid/Cieslar § 2311 Rn 66; Soergel/Dieckmann § 2311 Rn 12; Staudinger/Werner § 1934d Rn 18.

[124] Sudhoff NJW 1963, 421.

Erblassers entstanden waren oder durch die Fortführung des Rechtsstreits durch die Erben entstanden sind. War die Fortführung im Interesse des Nachlasses, sind sie voll absetzbar.

• **Abzuziehen** sind ferner vom Aktivnachlass diejenigen den Erben als solchen treffen- 48
den, Verbindlichkeiten i. S. v. § 1967 Abs. 2 (**Erbfallschulden**), deren Rechtsgrund und Notwendigkeit aus der Sicht des Pflichtteilsberechtigten auf den Erbfall zurückzuführen sind[125] oder die zumindest auch im Interesse des Pflichtteilsberechtigten erfolgt sind oder ihn auch getroffen hätten, wenn er unbeschränkter und unbeschwerter gesetzlicher Erbe geworden wäre.[126] Wenn sich nämlich der innere Grund und die Notwendigkeit der Ausgabe schon aus dem Nachlassstand zurzeit des Erbfalls herleiten, war schon damals damit zu rechnen, dass solche Kosten zur Verwertung des Nachlasses aufzuwenden sein werden. Dann handelt es sich aber nicht um zufällige spätere Ereignisse, die den Pflichtteilsberechtigten nicht berühren, sondern um Kosten und Ausgaben, die, weil schon beim Erbfall mit ihnen zu rechnen war, den Nachlasswert schon damals minderten.[127] Hierher gehören:

Die Kosten der standesgemäßen Beerdigung des Erblassers (§ 1968), wozu auch die Kosten für das Grabmal und die Erstanlage der Grabstätte gehören.[128] Die laufende Grabpflege ist dagegen nur sittliche Pflicht des Erben und keine Rechtspflicht.[129] Weiter sind abzugsfähig die Kosten der Nachlassfeststellung und -sicherung, einschließlich der Nachlasspflegschaft (§§ 1960, 1961), der Ermittlung der Nachlassgläubiger (§ 1965), der Inventarerrichtung (§§ 1993, 2314 Abs. 2), der Auskunftserteilung (§ 2314), die Kosten nicht mutwillig im Interesse des Nachlasses geführter Prozesse,[130] die Kosten für die Schätzung des Nachlasses (§ 2314 Abs. 2)[131] sowie die Kosten für die Pflichtteilsberechnung und für die Verwertung von Nachlasswerten.[132] Abzugsfähig sind auch die Kosten einer Nachlassverwaltung.[133] Die Kosten einer Testamentsvollstreckung sind nur abzugsfähig, soweit sie dem Pflichtteilsberechtigten nützen, weil sie Kosten zur Feststellung und Sicherung des Nachlasses ersparten.[134] Abzusetzen ist auch die güterrechtliche Zugewinnausgleichsforderung des überlebenden Ehegatten, und zwar sowohl wenn sie beim Erbfall wegen einer früheren Güterstandsänderung bereits entstanden war (§ 1372), als auch wenn sie erst mit dem Erbfall entstanden ist (§ 1371 Abs. 2, 3), da sie dem Pflichtteilsanspruch als vollberechtigte Nachlassverbindlichkeit gem. § 327 InsO (früher: § 226 Abs. 1 KO) im Range vorgeht.[135]

• **Erbfallschulden** sind dagegen **nicht abzugsfähig, wenn** sie den Pflichtteilsverbind- 49
lichkeiten gem. § 327 InsO (früher: § 226 KO) im Range nachgehen, wie die Verbind-

[125] Staudinger/Ferid/Cieslar § 2311 Rn 67; Soergel/Dieckmann § 2311 Rn 12; Erman/Schlüter § 2311 Rn 5.

[126] Staudinger/Ferid/Cieslar § 2311 Rn 69.

[127] OLG Kiel OLGE 40, 152.

[128] Palandt/Edenhofer § 1968 Rn 3.

[129] RGZ 160, 256.

[130] OLG Hamburg OLGZ 12, 393.

[131] BGH NJW 1975, 258, 259.

[132] Staudinger/Ferid/Cieslar § 2311 Rn 69.

[133] RG JW 1906, 114; Soergel/Dieckmann § 2311 Rn 12; OLG Kiel OLGZ 40, 152; a. A., d. h. nur wenn sie im Interesse des Pflichtteilsberechtigten erfolgte, Staudinger/Ferid/Cieslar § 2311 Rn 67.

[134] BGHZ 95, 222, 228 = NJW 1985, 2828; Staudinger/Ferid/Cieslar § 2311 Rn 67; Soergel/Dieckmann § 2311 Rn 12; Erman/Schlüter § 2311 Rn 5; a. M. RGRK/Johannsen § 2311 Rn 7.

[135] Staudinger/Ferid/Cieslar § 2311 Rn 68; Soergel/Dieckmann § 2311 Rn 12; BGHZ 37, 58, 64 = NJW 1962, 1719, 1721; MünchKomm/Lange § 2311 Rn 10; Erman/Schlüter § 2311 Rn 5; Palandt/Edenhofer § 2311 Rn 5; für den Fall, dass beim Erbfall noch Ausgleichsforderungen aus einem Güterstandswechsel aus der Zugewinngemeinschaft unverjährt sind siehe Flik BWNotZ 1978, 117 und oben § 1 Rn 174.

lichkeiten aus Vermächtnissen, auch wenn sie dem Pflichtteilsberechtigten selbst zugewandt wurden,[136] Auflagen und Verbindlichkeiten gegenüber Erbersatzberechtigten § 327 InsO (früher: § 226 Abs. 2 Ziff. 5, 6 KO). Hierher gehören auch nicht bereits unter Lebenden vollzogene Schenkungen von Todes wegen gem. § 2301 Abs. 1, da auf sie nicht nur die Form, sondern grundsätzlich alle Vorschriften über Verfügungen von Todes wegen für anwendbar erklärt sind und die Schenkung eines Gegenstandes daher als Vermächtnis zu bewerten ist.[137] Nicht abziehbar sind auch wegen ihres Vermächtnischarakters die Ansprüche der Familienangehörigen auf den Dreißigsten (§ 1969). Selbstverständlich können auch Pflichtteilsansprüche aus dem vorliegenden Nachlass nicht abgezogen werden. Ferner sind folgende Erbfallschulden nicht abziehbar, weil ihr Rechtsgrund und ihre Notwendigkeit nicht schon auf den Erbfall zurückzuführen sind oder sie nicht auch im Interesse des Pflichtteilsberechtigten entstanden sind: Die Erbschaftssteuer, die Kosten der Nachlassauseinandersetzung, die Kosten für die Verwaltung des Nachlasses durch den Erben sowie die eines Nachlasskonkurses und die Kosten der Testamentseröffnung.[138]

50 • Obwohl der **Voraus** (§ 1932) ein gesetzliches Vorausvermächtnis an den überlebenden Ehegatten ist, geht er kraft der ausdrücklichen Vorschrift des § 2311 Abs. 1 Satz 2 den Pflichtteilsrechten der Eltern und Abkömmlinge des Erblassers **vor** und ist bei der Berechnung ihrer Pflichtteile vom Aktivnachlass abzuziehen. Nach der h. M.[139] ist dies jedoch nur der Fall, wenn beim überlebenden Ehegatten die gesetzliche Erbfolge eintritt. Beerbt er den Erstversterbenden auf Grund Verfügung von Todes wegen als Mit- oder Alleinerben, ist der fiktive Voraus nicht abzugsfähig. Auch bei der Berechnung des Pflichtteils des überlebenden Ehegatten selbst ist der Voraus nicht abzuziehen.[140]

51 • Aufgrund der ausdrücklichen Vorschrift des § 2313 bleiben aufschiebend bedingte Rechte und Verpflichtungen sowie ungewisse und unsichere Rechte und zweifelhafte Verbindlichkeiten bei der Nachlassfeststellung außer Ansatz. Tritt nachträglich die aufschiebende oder auflösende Bedingung ein oder fällt die Unsicherheit oder Ungewissheit weg oder wird der Zweifel behoben, haben sich die Beteiligten entsprechend auszugleichen (§ 2313 Abs. 1 Satz 3). Unsicher ist z. B. das zum Nachlass gehörende Nacherbenanwartschaftsrecht an einem anderen Nachlass.[141] Zweifelhaft sind auch Verbindlichkeiten, die vom Erben bestritten werden, selbst wenn sie schon eingeklagt sind,[142] ferner Verpfändungen und Bürgschaften für fremde Schulden,[143] dingliche Belastungen,[144] sowie unverjährte Pflichtteilsansprüche gegen im Nachlassbestand befindliche andere Nachlässe, z. B. bei Vorliegen einer Verwirkungsklausel,[145] da zu den zweifelhaften Verbindlichkeiten i. S. v. § 2313 Abs. 2 Satz 1 nicht nur die in ihrem Rechtsbestand zweifelhaften Verbindlichkeiten gehören, sondern auch solche, bei denen lediglich die Realisierung durch den Gläubiger unsicher ist.[146]

---

[136] BGH WPM 1970, 1520; BGH Rpfleger 1987, 501.

[137] Marotzke AcP 184 (1984), 568.

[138] MünchKomm/Lange, § 2311 Rn 11; Staudinger/Ferid/Cieslar § 2311 Rn 72 ff.; Soergel/Dieckmann § 2311 Rn 12.

[139] Siehe hierzu oben § 1 Rn 44.

[140] Palandt/Edenhofer § 2311 Rn 8.

[141] RGZ 83, 253 = JW 1914, 50; MünchKomm/Lange § 2313 Rn 6; Soergel/Dieckmann § 2313 Rn 2; Staudinger/Ferid/Cieslar § 2313 Rn 10.

[142] RG Gruchot 50, 1014.

[143] RG SeuffA 68 Nr. 129 = WarnR 1913 Nr. 251.

[144] BGH ZNotP 2011, 16 = ZEV 2011, 27.

[145] v. Olshausen DNotZ 1979, 722.

[146] RG WarnR 1913 Nr. 251; Staudinger/Ferid/Cieslar § 2313 Rn 13.

b) Die Bestimmung des Nachlasswertes

Der nach § 2311 Abs. 1 Satz 1 für die Pflichtteilsberechnung maßgebende Wert des Nachlasses ist der sog. gemeine (= allgemeine) Wert, d.h. der Wert, den der Gegenstand für jedermann hat.[147] Dieser gemeine Wert der einzelnen Nachlassgegenstände ist falls erforderlich durch Sachverständige zu schätzen (§ 2311 Abs. 2 Satz 1). Ein Liebhaberwert spielt für die Pflichtteilsberechnung keine Rolle.[148] Der gemeine Wert deckt sich in normalen Zeiten und bei frei veräußerlichen Nachlassgegenständen mit dem Verkaufswert.[149] Wenn jedoch infolge außergewöhnlicher wirtschaftlicher Verhältnisse der normale Marktmechanismus außer Kraft gesetzt ist (z.B. in Zeiten der Bewirtschaftung oder Preisbindung), kann der aktuelle Verkaufswert des Nachlassgegenstandes geringer sein als der nach der Rechtsprechung[150] für die Pflichtteilsberechnung maßgebliche *„innere"* oder *„wahre"* Wert.[151] Das Bestehen solcher außergewöhnlicher Verhältnisse hat der BGH[152] als wertmindernd für eine Sache erachtet, wobei er die Wertminderung umso größer ansieht, je geringer die Aussicht ist, dass diese Umstände in absehbarer Zeit wegfallen. Falls der Erbe den Pflichtteilsanspruch in einem solchen Fall nicht aus Eigenmitteln aufbringen kann und es ihm auch nicht zuzumuten ist, die benötigten Mittel anders als durch Veräußerung gerade des preisgebundenen Nachlassgegenstandes aufzubringen, hat ihm der BGH in der genannten Entscheidung auf Grund § 242 ein Leistungsverweigerungsrecht für den Differenzbetrag zwischen Stopppreis und wahrem inneren Wert der Sache zugebilligt. Allerdings ist ein Preisrückgang, der bei nüchterner Beurteilung schon zum Stichtag als vorübergehend erkennbar war, bei einem Vermögensgegenstand, der nicht zum Verkauf ansteht, auf den *„wirklichen"* Wert ohne Einfluss.[153] Ist in einem Personengesellschaftsvertrag für den Fall des Ausscheidens eines Gesellschafters durch den Tod der Abfindungsausschluss oder eine unterwertige Abfindung vorgesehen und der Gesellschaftsanteil auch nicht frei veräußerlich, ist auch das ein wertmindernder Faktor.[154] Auch hier muss daher, wenn dem Erben die Realisierung des Anteilswertes billigerweise nicht versagt werden oder der Verbleib in der Gesellschaft nicht zugemutet werden kann, die fehlende freie Verwertungsmöglichkeit bei der Feststellung des wahren inneren Wertes des Anteils wertmindernd berücksichtigt und gegebenenfalls ein Leistungsverweigerungsrecht zugebilligt werden.[155] Grundsätzlich ist jedoch für die Pflichtteilsberechnung der zu schätzende wahre innere Wert des Gegenstandes und nicht ein durch einen bereits erfolgten Verkauf erzielte Verkaufserlös maßgeblich,[156] da kein Grund besteht, das Risiko eines ungünstigen Verkaufs vom Erben auf den Pflichtteilsberechtigten zu verlagern, da dieser auch nicht am Gewinn beteiligt wird, den der Erbe bei einem Verkauf über dem Schätzwert erzielt.[157] Der Pflichtteilsberechtigte kann auch umgekehrt nicht zwecks Wertfeststellung den Verkauf oder die Zwangsversteigerung aller oder einzelner Nachlassgegenstände verlangen.[158] Wenn § 2311 Abs. 2 eine Schätzung nur „soweit erforderlich" verlangt, so kann sie doch nur in den Fällen unterlassen wer- 52

[147] BayObLG OLGE 44, 105; BGHZ 14, 368, 376 = NJW 1954, 1764, 1765; BGH NJW-RR 1991, 900.
[148] BGHZ 13, 45, 47 = NJW 1954, 1037.
[149] BGHZ 13, 45, 47.
[150] BGHZ 13, 45, 47.
[151] BGH NJW 1965, 1590; BGH NJW-RR 1986, 226, 228 = FamRZ 1986, 37, 39; BGH NJW-RR 1991, 900.
[152] BGHZ 13, 45, 47; BGH NJW 1965, 1590.
[153] BGH-NJW-RR 1986, 226, 228 = FamRZ 1986, 37, 39.
[154] BGHZ 75, 195, 201 = NJW 1980, 229, ergangen zur Zugewinnausgleichsberechnung.
[155] Johannsen WPM 1970, 110, 112.
[156] RG JW 1910, 238; OLG Kiel OLGE 40, 152; RGRK/Johannsen § 2311 Rn 11; Staudinger/Ferid/Cieslar § 2311 Rn 42.
[157] Meincke, Das Recht der Nachlassbewertung im BGB, 1973, S. 161.
[158] RGZ 72, 381.

den, in denen der Wert des Nachlassgegenstandes klar zutage tritt, wie z.B. bei barem Geld oder einer sicheren und zweifellosen Forderung.[159] Gem. § 2311 Abs. 1 Satz 1 ist als Stichtag für die Nachlassbewertung zum Zwecke der Pflichtteilsberechnung der Zeitpunkt des Erbfalls vorgeschrieben. Diese Regelung gilt nicht nur für die Ermittlung des Pflichtteilsumfangs und seines Wertes, sondern auch für die Fälle der §§ 2305, 2306 Abs. 1 Satz 2 und 2307, in denen schon der Pflichtteilsanspruch selbst von der Nachlassbewertung abhängig sein kann.[160] Wertsteigerungen und Wertminderungen nach dem Erbfall bleiben unberücksichtigt, auch wenn sie auf Währungsveränderungen beruhen.[161] Diese Stichtagsbezogenheit darf jedoch nicht dazu führen, später eintretende Umstände und insbesondere den subjektiven Wert, den der Nachlassgegenstand für den Erben hat, bei der Bewertung für die Pflichtteilsberechnung völlig außer acht zu lassen.[162] Solche Umstände können durchaus als wertbildende Faktoren die Bewertung beeinflussen.[163] Es darf nämlich nicht unberücksichtigt bleiben, dass der Zweck des Pflichtteils darin besteht, zwischen dem gewillkürten Erben und den von der gesetzlichen Erbfolge ausgeschlossenen nächsten Angehörigen einen angemessenen Ausgleich zu schaffen.[164] Der Pflichtteil stellt lediglich einen Ersatz für das gesetzliche Erbrecht dar.[165] Die Pflichtteilsberechtigten sollen deshalb nicht schlechter aber auch nicht besser gestellt werden als der Erbe. Daraus folgt, dass der Wert eines Nachlassgegenstandes in seiner Eigenschaft als Bemessungsgrundlage für den Pflichtteil nicht unabhängig von seiner Realisierbarkeit im Zeitpunkt des Erbfalls festgestellt werden darf.[166]

53 Wertbestimmungen des Erblassers sind gem. § 2311 Abs. 2 Satz 2 für die Pflichtteilsberechnung nicht maßgebend. Ausnahmsweise können sie dies jedoch indirekt dadurch werden, dass z.B. in einem Gesellschaftsvertrag bindende Bewertungsgrundsätze für die Gesellschaftsanteile vorgeschrieben sind (siehe unten Rn 61). Für die Bewertung sind keine bestimmten Bewertungsmethoden vorgeschrieben.[167] Lediglich in § 2312 ist für Landgüter u.U. die Pflichtteilsberechnung nach dem Ertragswertverfahren vorgeschrieben. Bei den übrigen Nachlassgegenständen können die Gerichte nach pflichtgemäßem Ermessen unter den von der Betriebswirtschaftslehre entwickelten objektiven Bewertungsverfahren wählen.

54 Die Bewertung ist dabei zwar grundsätzlich eine der Beurteilung des Revisionsgerichts entzogene Tatsachenfrage. Sie kann aber von ihm darauf überprüft werden, ob sie auf rechtsfehlerhaften Erwägungen beruht oder gegen Denkgesetze oder Erfahrungswerte verstößt.[168]

c) Einzelfälle der Nachlassbewertung

55 *aa) Grundstücke.* Bezüglich der üblichen Bewertungsmethoden für Grundstücke ist zu unterscheiden, ob es sich um bebaute oder unbebaute Grundstücke handelt und bei

---

[159] RG JW 1910, 238.

[160] Meincke a.a.O. S. 216.

[161] BGHZ 7, 134; Soergel/Dieckmann § 2311 Rn 2; Dieckmann FSt Beitzke 1979, 399, 402; a.M. Braga AcP 153 (154), 144, 164, der Veränderungen bis zur Annahme der Erbschaft berücksichtigen will.

[162] So aber Meincke a.a.O. S. 160 und Heckelmann, Abfindungsklauseln in Gesellschaftsverträgen, 1973, S. 209.

[163] Soergel/Dieckmann § 2311 Rn 2; BGH NJW 1973, 509, 511.

[164] Siebert NJW 1960, 1033, 1034.

[165] Braga AcP 153 (1954), 157.

[166] Siebert NJW 1960, 1034.

[167] BGHZ 13, 45, 46; BGH LM § 2311 Nr. 5; BGH NJW 1972, 1269; BGH NJW 1973, 509.

[168] BGH LM § 2311 Nr. 5; BGHZ 3, 162, 176 = NJW 1952, 23; BGHZ 13, 45, 46 = NJW 1954, 1037; BGH NJW 1970, 2018; BGH NJW 1972, 1269; BGH WPM 1979, 432; BGH NJW 1982, 575 = WPM 1982, 17, 18; BGH NJW-RR 1986, 226, 228 = FamRZ 1986, 37, 39.

letzteren, ob sie eigen- oder fremdgenutzt sind. Bei unbebauten Grundstücken erfolgt die Wertermittlung hauptsächlich durch Vergleich mit den Verkaufspreisen benachbarter Vergleichsgrundstücke (unmittelbarer Preisvergleich) oder mit Hilfe von Bodenrichtwerten (mittelbarer Preisvergleich), während die Wertermittlung über den mutmaßlichen Ertrag, mit Ausnahme bei Landgütern (§ 2311), weniger gebräuchlich ist. Bei bebauten Grundstücken stehen sich das Sach- und das Ertragswertverfahren gegenüber. Beim **Sachwertverfahren** wird zunächst der Bodenwert durch Preisvergleich ermittelt. Zur Ermittlung des Gebäudewerts wird ein Gebäudenormalherstellungswert zu durchschnittlichen Herstellungskosten zum Stichtag errechnet, der dann um die Wertminderung wegen etwaiger Baumängel und Bauschäden und vor allem wegen Alters gekürzt wird. In gleicher Weise wird der Wert der Außenanlagen ermittelt. Beim **Ertragswertverfahren** wird der Bodenwert ebenfalls nach den Grundsätzen des Vergleichswertverfahrens festgestellt. Der Gebäudewert wird dagegen als Rentenbarwert ermittelt. Ausgegangen wird von dem nachhaltig erzielbaren jährlichen Reinertrag des Gebäudes, der sich aus dem Rohertrag nach Abzug der Bewirtschaftungskosten ergibt. Dieser Reinertrag ist um den Verzinsungsbetrag des Bodenwerts zu kürzen. Der danach verbleibende Reinertrag der Baulichkeiten wird als Jahresbetrag einer Zeitrente über die geschätzte Restnutzungsdauer des Gebäudes mittels der Rentenformel für zeitliche Renten kapitalisiert. Der dabei verwendete Kapitalisierungszinsfuß ist unter Berücksichtigung der zum Bewertungszeitpunkt auf dem Geld- und Kapitalmarkt bestehenden Zinsverhältnisse festzusetzen. Der so ermittelte Kapitalbetrag reicht unter der Voraussetzung seiner gewinnbringenden Anlage zusammen mit seinen Zinserträgen aus, um während der Restnutzungsdauer des Gebäudes seinen jährlichen Reinertrag zu erbringen. Wenn der Wert der Außenanlagen in gleicher Weise ermittelt ist, ergeben die beiden Ertragswerte zusammen mit dem Bodenwert den Grundstückswert. Das Sachwertverfahren wird hauptsächlich für eigengenutzte Einfamilienhäuser und Geschäftshäuser als sachgerecht angesehen,[169] während Mietwohngrundstücke in der Regel nach dem Ertragswertverfahren zu schätzen sind.[170] Ergänzend kann aber auch bei Renditehäusern der Sachwert zu berücksichtigen sein.[171] Der BGH[172] lässt auch die Bildung des arithmetischen Mittels aus dem Ertrags- und Sachwert als gangbare Bewertungsmethode zu, während sich die Bewertungsliteratur eindeutig gegen eine rein schematische Mittelung ausspricht.[173]

bb) Bargeld, Wertpapiere und Forderungen. Bei Bargeld und anderen Gegenständen, 56
deren Wert klar und zweifelsfrei ist, wie z.B. unbestrittene Forderungen, ist eine Schätzung natürlich nicht erforderlich.[174] Bei Wertpapieren, die einen Kurswert besitzen, ist der mittlere Tageskurs zum Zeitpunkt des Erbfalls maßgeblich, und zwar auch dann, wenn er an diesem Tag außergewöhnlich hoch oder niedrig war.[175] Der Wert von Forderungen auf wiederkehrende Geldleistungen (Rentenforderungen), anderer Nutzungsrechte und wiederkehrenden Leistungen ist entsprechend § 13 Abs. 1 Bewertungsgesetz nach

---

169 BGH NJW 1970, 2018; OLG Köln MDR 1963, 411.

170 BGHZ 10, 171, 180 = NJW 1953, 1466; BGHZ 17, 236, 240 = NJW 1955, 1106; BGH NJW 1961, 2205; BGH NJW 1962, 2293; BGH NJW 1970, 2018; OLG Frankfurt FamRZ 1980, 576; OLG Düsseldorf BB 1988, 1001.

171 BGH WPM 1961, 700, 703; BGHZ 13, 45, 47 = NJW 1954, 1037.

172 BGH LM § 2311 Nr. 5; BGH NJW 1970, 2018; BGH NJW-RR 1986, 226, 228 = FamRZ 1986, 37, 39; so auch OLG Köln NJW 1961, 785.

173 Just/Brückner, Verkehrswert von Grundstücken, 4. Aufl., 1979, S. 129, 130; Rössler/Langner/Simon, Schätzung und Ermittlung von Grundstückswerten, 4. Aufl., 1981, S. 188 f.

174 Staudinger/Ferid/Cieslar § 2311 Rn 40.

175 Staudinger/Ferid/Cieslar § 2311 Rn 40 m.w.N.; a.M. Nirk NJW 1962, 2185; Palandt/Edenhofer § 2311 Rn 11; die in solchen Fällen den inneren Wert durch Schätzung ermitteln wollen.

ihrem summierten und abgezinsten Kapitalwert zu berechnen.[176] Der Abzinsungsprozentsatz ist dabei wieder unter Berücksichtigung der zum Bewertungszeitpunkt auf dem Geld- und Kapitalmarkt bestehenden Zinsverhältnisse zu bestimmen.[177]

57 *cc) Betagte, aufschiebend befristete und aufschiebend bedingte Forderungen.* Hinsichtlich der Wertberechnung von Pflichtteilsansprüchen ist nach § 2313 zwischen betagten, aufschiebend befristeten und aufschiebend bedingten Forderungen wie folgt zu unterscheiden:

- **Betagte Forderungen** sind solche, die bereits entstanden, aber noch nicht fällig sind.[178] Sie sind nach § 2311 Abs. 1 Satz 1 sofort in die Pflichtteilsberechnung einzubeziehen, ebenso wie die **aufschiebend befristeten Forderungen.**[179] Der Grund dafür ist, dass bei beiden feststeht, dass die Leistung zu erbringen ist und allenfalls der Zeitpunkt der Leistungserbringung ungewiss ist. Bei betagten Forderungen ist der Nennbetrag der Forderung um Zwischenzinsen zu kürzen.[180]
  Der Wert von aufschiebend befristeten Forderungen ist gem. § 2311 Abs. 2 Satz 1 zu schätzen.[181]
- Aufschiebend **bedingte Forderungen** sind solche, die erst zu einem späteren Zeitpunkt bei Eintritt der Bedingung entstehen. Bei ihnen ist bis dahin die Verpflichtung zur Leistung selbst ungewiss.[182] Dies sind auch Grundschulden zur Sicherung von Fremdverbindlichkeiten.[183] Sie bleiben deshalb nach § 2313 Abs. 1 Satz 1 zunächst außer Ansatz. Tritt dann die Bedingung ein, so hat die der veränderten Rechtslage entsprechende Ausgleichung zu erfolgen (§ 2313 Abs. 1 Satz 3). Das Gleiche gilt nach § 2313 Abs. 2 für ungewisse und unsichere Rechte und zweifelhafte Verbindlichkeiten.

58 *dd) Handelsunternehmen.* Für die Pflichtteilsberechnung ist bei einem Unternehmen der wirkliche innere Wert des lebenden Unternehmens in seiner Gesamtheit einschließlich der stillen Reserven und seines Geschäftswerts (= good will) maßgeblich (Fortführungswert) und nicht sein Liquidationswert zum Stichtag.[184] Dieser wirkliche Wert eines Unternehmens entspricht nicht dem Ergebnis der Addition von Buchwert und stiller Reserven.[185] Nur wenn das Unternehmen lediglich subjektbezogen auf den Fähigkeiten seines Inhabers beruht, wie z.B. bei einem Handelsvertreterunternehmen, besitzt es keinen besonderen Firmenwert **(= good will).**[186] Der **Liquidationswert** ist bei ertragslosen Unternehmen heranzuziehen, aber nur wenn sie wirklich liquidiert werden, und bildet sonst allgemein die Wertuntergrenze.[187] Hatte das Unternehmen am Bewertungsstichtag auch unter Berücksichtigung der Zukunftsaussichten keinen positiven Ertragswert, so kann der Liquidationswert auch dann noch der Bewertung zugrundegelegt werden, wenn es erst drei Jahre später liquidiert wird.[188] Wie aus dem Rechtsgedanken des § 2313 zu ent-

---

[176] Meincke, Das Recht der Nachlassbewertung im BGB, 1973, S. 205f.; RGZ 72, 379, 382; BGHZ 14, 368, 374f.

[177] BGHZ 14, 368, 375.

[178] KG MDR 1998, 459.

[179] Staudinger/Haas § 2311 Rn 64 und § 2313 Rn 3.

[180] Staudinger/Haas § 2311 Rn 64.

[181] BGH FamRZ 1979, 787, 788; Staudinger/Haas, § 2313 Rn 32.

[182] BGH FamRZ 1979, 787, 788.

[183] BGH DNotI-Report 2011, 6 m.w. Nachw. = ZEV 2011, 27.

[184] BGHZ 75, 195 = NJW 1980, 229, 230; BGH NJW 1985, 192 = DNotZ 1986, 31; Palandt/Edenhofer § 2311 Rn 15; Breidenbach Betr. 1974, 104.

[185] BGH NJW 1985, 192 = DNotZ 1986, 31.

[186] BGHZ 68, 163, 166.

[187] BGH NJW 1973, 509 = LM § 2311 Nr. 10 = Betr. 1973, 563; BGH NJW 1982, 2441; Breidenbach Betr. 1974, 104; BGH NJW 1978, 1326.

[188] NJW 1982, 2497, 2498; BGH NJW-RR 1986, 1066, 1068.

nehmen ist, widerspricht es nicht dem Stichtagsprinzip des § 2311, bereits erkennbar gewordenen zukünftige Entwicklungen des Unternehmens in die Bewertung einzubeziehen, wie z. B. eine geplante Betriebsumstellung, die Veräußerung einer Unternehmensabteilung oder die Aufgabe oder Veräußerung des ganzen Unternehmens.[189] Ob der Unternehmer den Liquidationswert durch Betriebsaufgabe realisieren will, der dann auch der Pflichtteilsberechnung zugrunde zu legen ist, obliegt seiner selbständigen unternehmerischen Entscheidung.[190] Nur vorübergehende negative Umstände sind bei der Feststellung des wahren Werts des Unternehmens nicht zu berücksichtigen.[191] Eine allgemein anerkannte oder rechtlich vorgeschriebene Methode für die Bewertung von Handelsunternehmen gibt es nicht. Vielmehr unterliegt es dem pflichtgemäßen Urteil der mit der Bewertung betrauten Sachverständigen, unter den in der Betriebswirtschaftslehre und der betriebswirtschaftlichen Praxis vertretenen Verfahren das im Einzelfall geeignet erscheinende auszuwählen.[192] Früher war verbreitete Übung, den Unternehmenswert als Kombination von Substanz- und Ertragswert zu ermitteln.[193] Dabei wurde meist das arithmetische Mittel beider Werte gewählt (**Mittelwertmethode oder Praktikermethode**).[194] Heute ist es in der Betriebswirtschaftslehre und der Rechtsprechung nahezu unstreitig, dass der richtige Wert des Unternehmens nur sein Ertragswert sein kann, zuzüglich einer Einzelbewertung des nicht betriebsnotwendigen Vermögens.[195] Die **Ertragswertmethode** besteht in einer Prognose der künftigen Überschüsse der Einnahmen über die Ausgaben, wobei der erwartete Überschuss auf den Zeitpunkt der Bewertung abgezinst wird. Die Zukunftsprognose wird dabei aus den Vergangenheitsergebnissen des Unternehmens gewonnen. Im Einzelnen werden bei der Ertragswertmethode die Jahresergebnisse der letzten 3 bis 5 Jahre genommen und zunächst hinsichtlich periodenfremder Aufwendungen und Erträge korrigiert. Danach sind für den Analysezeitraum die buchmäßigen Abschreibungen durch betriebswirtschaftlich gerechtfertigte zu ersetzen, die Grundlage für die Zukunftsprognose sein können. Als Aufwand ist auch dort, wo dies steuerlich nicht zulässig ist, ein angemessener Unternehmerlohn in Abzug zu bringen. Die so korrigierten Jahreserträge für den Analysezeitraum werden meistens noch dadurch gewichtet, dass man den höchsten und niedrigsten Ertrag weglässt. Dann wird aus der Summe der Erträge entweder das einfache arithmetische Mittel (= Summe der einzelnen Erträge dividiert durch ihre Anzahl) oder das gewogene arithmetische Mittel (= Summe der Erträge multipliziert mit ihrer Häufigkeit und dividiert durch die Summe der Häufigkeiten) gebildet. Das Ergebnis ist der aus den Vergangenheitserfolgen geschätzte zukünftige Jahresdurchschnittsgewinn (G). Um ihn zu kapitalisieren, ist ein Kapitalisierungszinsfuß (p) zu bestimmen. Er orientiert sich üblicherweise an der Effektivverzinsung inländischer öffentlicher Anleihen, da sie sich leicht ermitteln lässt und die herrschenden Kapitalmarktverhältnisse zuverlässig widerspiegelt.[196] Dieser Zinsfuß ist evtl. aufgrund des Branchenzinsfußes zu korrigieren, ferner um Zuschläge wegen des Unternehmerrisikos und des Mobilitätsgewinnes des ausgezahlten Kapitals zu erhöhen und um eine Geldentwertungsquote zu kürzen. Zuschläge bedeuten dabei Minderung des Ertragswertes,

---

189 BGH NJW 1973, 509 = Betr. 1973, 563, 565.

190 BGH NJW 1973, 509 = Betr. 1973, 563, 564.

191 BGHZ 13, 45; BGH NJW 1965, 1589.

192 BGH NJW 1978, 1316, 1319; OLG München BB 1988, 429; BGH NJW 1982, 2373.

193 BGH NJW 1973, 509 = LM § 2311 Nr. 10; BGH WPM 1979, 432; BGH NJW 1982, 575 = WPM 1982, 17.

194 BGH NJW 1982, 575 = WPM 1982, 17.

195 Piltz/Wissmann NJW 1985, 2673, 2674; Großfeld, Unternehmensbewertung im Gesellschaftsrecht, 1983, S. 35; Fritzsche WPM 1986, 780; Wöhe, Einf. in die Allg. Betriebswirtschaftslehre, 19. Aufl., S. 794 ff.; BGH NJW 1978, 1316, 1319; BGH NJW 1982, 2441; BGH NJW 1985, 192, 193 = DNotZ 1986, 31 m. Bespr. Schulze-Osterloh in ZGR 1986, 545; OLG Düsseldorf Betr. 1984, 817; a. M. Rid NJW 1986, 1317.

196 BGH NJW 1982, 575 = Betr. 1982, 106.

Abschläge seine Erhöhung. Den Ertragswert (E) erhält man dann durch Anwendung der Barwertformel für ewige Renten:[197]

$$E = G \times \frac{100}{P}$$

59 Der Ertragswert ist demnach das Kapital, das bei gewinnbringender Anlage immerwährend den geschätzten Jahresdurchschnittsgewinn erbringt, ohne selbst aufgebraucht zu werden. Neben dem Ertragswert ist für die Pflichtteilsberechnung das nicht betriebsnotwendige (neutrale) Vermögen zusätzlich zu bewerten und ihm zuzurechnen.[198] Während bei den früheren Bewertungsmethoden sog. schwebende Geschäfte (§ 740) gesondert abzurechnen waren, ist dies beim Ertragswertverfahren nicht notwendig, da bei ihm die Vor- und Nachteile schwebender Geschäfte unmittelbar erfasst werden.[199] Wird ein Unternehmen nach dem Erbfall veräußert oder aufgegeben, so sind die durch die Aufdeckung der stillen Reserven gem. § 16 EStG auf den Veräußerungs- bzw. Aufgabegewinn entstehenden Ertragssteuern zwar keine Nachlassverbindlichkeiten, wohl aber bei der Bewertung des Unternehmens zu berücksichtigen.[200]

60 *ee) Anteile an Personengesellschaften.* Sofern der Erblasser Gesellschafter einer Personengesellschaft war (**OHG, KG, GbR**), sind vor der Beantwortung der Frage, wie sein Gesellschaftsanteil zwecks Pflichtteilsberechnung zu bewerten ist, verschiedene Vorfragen zu klären. Zunächst ist es fraglich, ob der Gesellschaftsanteil überhaupt in den Nachlass gefallen ist und nur dann Gegenstand eines ordentlichen Pflichtteils sein kann. Beim Tod eines Kommanditisten wird die Gesellschaft gem. § 177 HGB mangels abweichender vertraglicher Bestimmung mit dessen Erben fortgesetzt. Der Kommanditanteil ist also kraft Gesetzes vererblich und fällt an den Erben des verstorbenen Kommanditisten, ohne dass es einer gesellschaftsrechtlichen Nachfolgeklausel bedarf. Anders ist die gesetzliche Regelung dagegen für den Komplementär einer Personengesellschaft.

Er scheidet gem. §§ 161 Abs. 2, 131 Abs. 3 Satz 1 Nr. 1 HGB mangels abweichender gesellschaftsvertraglicher Regelung aus der Gesellschaft aus und sein Gesellschaftsanteil wächst den verbleibenden Gesellschaftern an, mit der Folge, dass seine Erben abzufinden sind (§§ 161 Abs. 2, 105 Abs. 3 HGB, 738 Abs. 1 BGB). Bezüglich der gesellschaftsvertraglichen Gestaltungsmöglichkeiten mit denen diese gesetzlichen Rechtsfolgen abgeändert werden können, siehe unten § 20 (Gesellschaftsvertragliche Nachfolgeregelungen).

61 Steht fest, dass der Gesellschaftsanteil oder der Abfindungsanspruch in den Nachlass fällt oder Pflichtteilsberechtigten ein Pflichtteilsergänzungsanspruch zusteht, erhebt sich letztlich die Frage, ob bei der dann erforderlichen Pflichtteilsberechnung der Gesellschaftsanteil mit seinem vollen, nach der gesetzlichen Regelung des § 738 zu berechnenden,[201] Wert oder nach einem im Gesellschaftsvertrag vereinbarten minderen Klauselwert zu bewerten ist. Unstreitig ist dabei lediglich, dass, wenn das Ausscheiden des Gesellschafters, das die Abfindung auslöst, vor oder gleichzeitig mit dem Erbfall stattfindet, etwa wegen Verweigerung der Kommanditistenstellung nach § 139 HGB, der Klauselwert zugrunde zu legen ist, da hier eben nur der durch die Klausel geminderte Abfindungsanspruch in den Nachlass fällt.[202] Wird allerdings durch eine vom Erblasser eingegangene, auf seinen Tod befristete, schuldrechtliche Abtretungsverpflichtung gegen ge-

---

[197] BGH NJW 1982, 575 = Betr. 1982, 106 = WPM 1982, 17, 18.

[198] Großfeld a. a. O. S. 97.

[199] Großfeld a. a. O. S. 55; Schulze-Osterloh ZGR 1986, 545, 557 ff.

[200] BGH LM § 2311 Nr. 7 = Betr. 1972, 1229; Sudhoff NJW 1963, 421.

[201] BGH NJW 1984, 362, 364.

[202] Heckelmann, Abfindungsklauseln in Gesellschaftsverträgen, 1973, S. 199 ff.; Eiselt NJW 1981, 2447, 2448 f.; Reimann DNotZ 1992, 473; ders., ZEV 1994, 7; siehe auch BayObLG NJW-RR 1996, 1125.

mindertem Entgelt ein Dritter begünstigt, so ist der dann gegebene Pflichtteilsergänzungsanspruch gem. §§ 2325, 2329 aus dem vollen Anteilswert zu berechnen. Für die anderen Fälle gibt es eine Vielzahl einen Kompromiss suchender Meinungen.[203] Nach der wohl h. M. ist jedoch zur Berechnung des ordentlichen Pflichtteils wie auch eines Pflichtteilsergänzungsanspruchs beim Vorliegen einer vertraglichen Abfindungsklausel ohne Berücksichtigung des Ausscheidungsrisikos der wahre Wert der fortgeführten Beteiligung zugrunde zu legen.[204] Eine andere Beurteilung kann angebracht sein, wenn die Beteiligung alsbald nach dem Erbfall zwingend zum minderen Klauselwert abgefunden wird, etwa weil der mittellose Erbe gezwungen ist, zur Erfüllung der Pflichtteilsansprüche den Anteil zu verwerten.[205] Hinsichtlich des Bewertungsverfahrens sind, falls dies nach den obigen Ausführungen überhaupt zulässig ist, zunächst die evtl. gesellschaftsvertraglichen Regelungen (z. B. Buchwertklausel) maßgeblich. Bezüglich der Verfahren zur Ermittlung des sonst maßgeblichen wirklichen Wertes (Vollwert) kann auf die obigen Ausführungen zur Wertermittlung bei Handelsunternehmen (Rn 58) Bezug genommen werden. Der BGH[206] hat bezüglich der Bewertung von Gesellschaftsanteilen die neuere betriebswirtschaftliche Bewertungspraxis mit ihren stärker auf den Ertragswert bezogenen Bewertungsgrundsätzen akzeptiert. Damit ist die ältere Rechtsprechung und das Schrifttum, das bei der Unternehmensbewertung in erster Linie von der Substanzwertmethode ausging und der Ertragskraft durch Einsatz eines Firmenwertes oder eines *„good will"* Rechnung trug, im wesentlichen überholt.[207] Allerdings hat der BGH[208] kürzlich ausgesprochen, dass das aus der steuerlichen Bewertung stammende sog. *„Stuttgarter Verfahren"*, das bei der Berechnung des gemeinen Wertes eines Kapitalanteils vom Vermögenswert ausgeht und ihn dann durch eine zeitlich begrenzte Berücksichtigung der Ertragsaussichten korrigiert, sogar dann nicht schlechthin ungeeignet ist, wenn es ein Unternehmen zu bewerten gilt, das seine Erträge weniger mit der Vermögenssubstanz als durch persönlichen Einsatz seiner Geschäftsführer erwirtschaftet.

Abschließend sei in diesem Zusammenhang darauf hingewiesen, dass die früher bewährte gesellschaftsrechtliche Praxis nicht mehr zulässig ist, im Gesellschaftsvertrag festzulegen, dass zwar alle Pflichtteilsberechtigten nach dem Gesellschafter-Erblasser in die Gesellschaft aufzunehmen sind, aber mit Ausnahme des zur Nachfolge als persönlich haftendem Gesellschafter Berufenen nur als Kommanditisten und mit der Maßgabe, dass sie vom persönlich haftenden Gesellschafter jederzeit nach freiem Ermessen und ohne dass in ihrer Person ein wichtiger Grund vorliegen müsste, hinausgekündigt und zu einem nicht vollwertigen Klauselwert abgefunden werden können.[209] Nach der neueren gefestigten Rechtsprechung des BGH[210] sind solche Klauseln grundsätzlich nichtig und nur dann zulässig, wenn eine solche Regelung wegen außergewöhnlicher Umstände sach- 62

[203] Im Einzelnen siehe Eiselt NJW 1981, 2447; Hdb.-PersGes./H. Westermann I Rn 512; Goroncy NJW 1962, 1895; Reimann FamRZ 1989, 1248, 1251 ff.

[204] Staudinger/Ferid/Cieslar § 2311 Rn 54; Soergel/Dieckmann § 2325 Rn 13; MünchKomm/Lange § 2311 Rn 26; RGRK/Johannsen § 2311 Rn 21; Palandt/Edenhofer § 2311 Rn 14; Ulmer ZGR 1972, 324, 343; Michalski Betr. 1980 Beil. 5 S. 22; Zimmermann BB 1969, 965, 971; Randenborgh BB 1986, 75, 80 f.; BGHZ 75, 195 = NJW 1980, 229 für den Zugewinnausgleich; siehe insb. J. Mayer ZEV 1994, 335.

[205] Michalski Betr. 1980 Beil. 5 S. 22; Eiselt NJW 1981, 2447, 2450.

[206] BGH WPM 1984, 1506 = NJW 1985, 192; Reimann ZEV 1994, 7, 8; J. Mayer ZEV 1994, 334.

[207] Flume NJW 1979, 902.

[208] BGH GmbHR 1986, 425 = BB 1987, 710; neuerdings wird das Stuttgarter Verfahren als ungeeignet angesehen: Heller GmbHR 1999, 594; zu Abfindungsklauseln in GmbH-Verträgen siehe insb. Haibt MittRhNotK 1998, 261.

[209] MünchKomm/Ulmer, 2. Aufl., § 738 Rn 25.

[210] BGHZ 68, 212; BGHZ 81, 263 = NJW 1981, 2565; BGH WPM 1985, 772 = NJW 1985, 2421; Kellermann StbJb 1986, 87, 403.

lich gerechtfertigt erscheint und die Abfindung hat dann nicht zum geminderten Klauselwert sondern zum Vollwert zu erfolgen.

63 *ff) GmbH-Anteile.* Im Unterschied zu den Anteilen an Personengesellschaften sind die GmbH-Anteile kraft ausdrücklicher gesetzlicher Vorschrift (§ 15 Abs. 1 GmbHG) vererblich. Sie müssen daher nicht wie die Anteile an Personengesellschaften durch entsprechende Nachfolgeklauseln im Gesellschaftsvertrag vererblich gestellt werden, sondern gehen mit dem Tod des Gesellschafters mindestens zunächst auf den oder die Erben in Erbengemeinschaft über.[211] Nach ganz einhelliger Meinung kann diese Vererblichkeit des GmbH-Anteils auch nicht ausgeschlossen oder beschränkt oder der automatische Übergang auf den oder die Erben im Wege der Gesamtrechtsnachfolge von einem Zustimmungserfordernis der Gesellschaft oder der Gesellschafter abhängig gemacht werden,[212] da § 15 Abs. 5 GmbHG Einschränkungen nur für Abtretungen vorsieht und die Vererbung keine Abtretung ist.[213] Kann auch der Anteilsübergang durch Erbfolge bezüglich eines GmbH-Anteils nicht verhindert werden, so kann doch durch entsprechende Satzungsbestimmungen, die als Nachlassverbindlichkeiten auf die Erben übergehen, der GmbH-Anteil im Interesse der Gesellschaft und der übrigen Gesellschafter nach Eintritt des Erbfalls aus dem Nachlass heraus in bestimmter Richtung gesteuert und auf diese Weise indirekt der Kreis der endgültig Nachfolgeberechtigten beschränkt werden. Die Mittel hierzu sind eine auf den Tod des Gesellschafters allgemein oder durch weitere Bedingungen modifizierte **Abtretungsverpflichtung** bezüglich des Anteils und eine ebenfalls durch den Tod aufschiebend befristete **Einziehungsermächtigung** der Gesellschaft hinsichtlich des GmbH-Anteils.[214] Die statutarische Abtretungsverpflichtung hat dabei im gestalterischen Repertoir bei der GmbH dieselben Aufgaben zu übernehmen, die bei Personengesellschaftsanteilen der qualifizierten Nachfolgeklausel und der rechtsgeschäftlichen Eintrittsklausel zukommen, nämlich den künftigen Mitgliederkreis zu steuern und z.B. zu verhindern, dass durch den Erbfall andere Personen als Mitgesellschafter oder enge Familienangehörige des Erblassers in die Gesellschaft kommen. Anspruchsberechtigt ist dabei in der Regel nur die Gesellschaft. Die Satzung kann aber auch dem vorgesehenen Nachfolger einen eigenen Anspruch einräumen (Erwerbsrecht), was, falls der designierte Nachfolger nicht bereits der Gesellschaft angehört, im Wege des Vertrages zugunsten Dritter geschieht.[215] Von der h. M.[216] wird dabei auch die auf den Tod des Gesellschafters aufschiebend befristete Abtretung als zulässig erachtet, was allerdings, weil Verfügungen zu Gunsten und Verträge zu Lasten Dritter nicht zulässig sind, die Mitwirkung des designierten Nachfolgers voraussetzt[217] und ferner wegen der rechtlichen Bindung gegenüber dem Nachfolger meist kein geeignetes Mittel zur Nachfolgeregelung sein wird, da diese bis zum Tod flexibel sein sollte.[218] Die Vereinbarung einer Einziehungsermächtigung auf den Tod entspricht dagegen der einfachen Fortsetzungsklausel bei Personengesellschaften und ist zur Steuerung der Gesellschaftsnachfolge lediglich

[211] BGH WPM 1985, 21; Hachenburg/Schilling/Zutt 7. Aufl., § 15 Rn 6 u. Anh. § 15 Rn 104 ff.; Scholz/Winter, 7. Aufl., § 15 Rn 18.

[212] Hachenburg/Schilling/Zutt § 15 Rn 5 ff.; Scholz/Winter § 15 Rn 20 ff.; Priester GmbH-Rdsch. 1981, 206, 208.

[213] Scholz/Winter § 15 Rn 20.

[214] Hachenburg/Schilling/Zutt Anh. § 15 Rn 107, 108; Scholz/Winter § 15 Rn 24 ff.; Priester GmbH-Rdsch. 1981, 206, 208 f.; Leßmann GmbH-Rdsch. 1986, 409, 410 f.; siehe hierzu auch unten Rn 1020.

[215] Priester GmbH-Rdsch. 1981, 209.

[216] Hachenburg/Schilling/Zutt Anh. § 15 Rn 105; Scholz/Winter § 22 Rn 22; Priester GmbH-Rdsch. 1981, 209; a. M. Staudinger/Ferid/Cieslar § 2311 Rn 61: Abtretung eines Geschäftsanteils ist aus Gründen der Rechtssicherheit und Rechtsklarheit bedingungsfeindlich, gegen die h. M. siehe MünchKomm/H. P. Westermann, 2. Aufl., § 158 Rn 33 Fn. 66.

[217] Hachenburg/Schilling/Zutt a. a. O.; Scholz/Winter a. a. O.; Priester a. a. O.

[218] Scholz/Winter § 15 Rn 22.

geeignet, wenn sie mit der Abtretungsverpflichtung derart kombiniert wird, dass die Einziehung des Anteils als Druckmittel erst dann erfolgen kann, wenn die Erben ihrer Abtretungsverpflichtung gegenüber dem oder den Begünstigten nicht nachkommen. Eine automatisch wirkende Einziehungsbefugnis kraft Satzungsvereinbarung in der Weise, dass der Geschäftsanteil eines verstorbenen Gesellschafters mit seinem Tod und ohne dass es eines Gesellschafterbeschlusses und einer Erklärung gegenüber den Erben bedürfte, ohne weiteres untergeht (**automatische Einziehung kraft Satzung**) wird von der h. M.[219] mit der Begründung abgelehnt, dass die neben dem Einziehungsbeschluss notwendige Erklärung der Gesellschaft gegenüber den Erben als Gestaltungserklärung bedingungs- und befristungsfeindlich ist.

Beim Vorliegen statutarischer Abtretungsverpflichtungen und Einziehungsermächtigungen fällt beim Tod eines Gesellschafters sein GmbH-Anteil immer zunächst in seinen Nachlass, ausgenommen er hat ihn bereits durch Rechtsgeschäft unter Lebenden auf den Tod formgerecht zu notarieller Urkunde (§ 15 Abs. 3 GmbHG) aufschiebend befristet auf seinen Tod vertraglich mit dem designierten Nachfolger diesem übertragen. Nur in diesem Sonderfall erfolgt der Rechtsübergang beim Tod des Gesellschafters unmittelbar an den Nachfolger am Nachlass vorbei.[220] 64

Mangels abweichender Bestimmungen in der Satzung sind den Erben des verstorbenen Gesellschafters bei erzwungener Abtretung oder Einziehung der volle Wert des Geschäftsanteils (**Verkehrswert**) zu erstatten.[221] Dabei ist zu beachten, dass gem. § 30 GmbHG die Auszahlung nicht das Stammkapital angreifen darf. Erfolgt das durch die Abtretungsverpflichtung oder Einziehungsermächtigung erzwungene Ausscheiden aus der Gesellschaft gegen volles Entgelt, tritt dieses an Stelle des Geschäftsanteils[222] und hinsichtlich der Erben und Pflichtteilsberechtigten tritt durch das Ausscheiden keine Änderung gegenüber dem vorherigen Rechtszustand ein. Fraglich ist dagegen, wie sich satzungsmäßige Ausschlüsse oder Minderungen des Entgelts in diesen Fällen auf die Erben und Pflichtteilsberechtigten auswirken. Grundsätzlich erkennt die h. M.[223] sogar die Zulässigkeit der entschädigungslosen Einziehung oder Abtretung im Todesfall an, sofern sie für alle Gesellschafter gleichmäßig gilt. Auch dazu wurde früher wie bei Personengesellschaftsanteilen die Meinung vertreten, beim allseitigen Abfindungsausschluss liege ein entgeltliches aleatorisches Geschäft vor.[224] Im Gegensatz zum Meinungsstand bei Personengesellschaftsanteilen ist diese Auffassung bei GmbH-Anteilen jedoch überwunden. Nach heutiger Auffassung liegen in solchen Klauseln unentgeltliche Zuwendungen zugunsten der Mitgesellschafter bei der Einziehung bzw. zugunsten der Eintrittsberechtigten bei der unentgeltlichen Abtretung, die jeweils bereits unter Lebenden aufschiebend bedingt vollzogen sind, so dass sich die Formfrage gem. §§ 518 Abs. 1, 2301 Abs. 1 nicht stellt, abgesehen davon, dass die Form bereits durch die nach § 15 Abs. 3 GmbHG erforderliche erfüllt sein dürfte.[225] 65

[219] Hachenburg/Schilling/Zutt § 15 Rn 5 u. Anh. § 15 Rn 105; Hachenburg/Hohner § 34 Rn 50; Scholz/Winter § 15 Rn 22; Baumbach/Hueck § 15 Rn 12; Priester GmbH-Rdsch. 1981, 118; a. M. Däubler, Die Vererbung des Geschäftsanteils bei der GmbH, 1965, S. 117 ff.; Schuler GmbH-Rdsch. 1962, 114; Vogel GmbH-Rdsch. 1971, 132; LG Frankfurt GmbH-Rdsch. 1962, 118; Haegele BWNotZ 1976, 53, 56.

[220] Hachenburg/Schilling/Zutt Anh. § 15 Rn 105; Priester GmbH-Rdsch. 1981, 209.

[221] Priester GmbH-Rdsch. 1981, 210.

[222] Däubler, Die Vererbung des Geschäftsanteils bei der GmbH, 1965, S. 65 f.; Haegele BWNotZ 1976, 53, 55.

[223] BGH WPM 1977, 192 = BB 1977, 563 = DNotZ 1978, 166; Hachenburg/Schilling/Zutt Anh. § 15 Rn 110; Hachenburg/Ulmer Anh. § 34 Rn 40; Scholz/Winter § 15 Rn 25; Priester GmbH-Rdsch. 1981, 210 f.

[224] So z. B. Schilling GmbH-Rdsch. 1962, 205, 206.

[225] Hachenburg/Schilling/Zutt Anh. § 15 Rn 111; Hachenburg/Hohner § 34 Rn 12; Hachenburg/Ulmer Anh. § 34 Rn 40; Scholz/Winter § 15 Rn 25, 27; Scholz/Westermann § 34 Rn 21 ff.;

Ulmer[226] nimmt m.E. zu Recht nur beim Ausscheiden der Erben ohne oder mit stark eingeschränkter Abfindung eine unentgeltliche Zuwendung an, während er, wenn die Abfindung aller Gesellschafter nur mäßig beschränkt ist (z.B. Buchwertklauseln), Entgeltlichkeit als gegeben ansieht, da es dann regelmäßig am Schenkungswillen des vom Ausschluss betroffenen Gesellschafters fehlen wird.[227]

66 Ist nach den obigen Ausführungen in der statutarischen Abtretungsverpflichtung oder Einziehungsermächtigung eine Schenkung i.S.v. § 516 zu erblicken, so können, da es sich um ein Rechtsgeschäft unter Lebenden handelt, zugunsten benachteiligter Pflichtteilsberechtigter nur Pflichtteilsergänzungsansprüche bzw. unter Abkömmlingen und, falls gesetzliche Erbfolge eintritt, Ausgleichsansprüche gem. §§ 2050ff. in Frage kommen.[228]

67 Bezüglich der Frage, wie sich eine unterwertige Abfindungsregelung in der Satzung auf die Bewertung des GmbH-Anteils bei der Pflichtteilsberechnung auswirkt, sind Interessenlage und Lösungsmöglichkeiten dieselben wie bei den Personengesellschaftsanteilen (siehe oben Rn 61). Auch hier werden mehrere Meinungen vertreten.[229] Wie bei den Personengesellschaftsanteilen geht jedoch die h.M.[230] dahin, dass grundsätzlich der volle Wert zugrunde zu legen ist, ohne Rücksicht auf eine dem Anteil anhaftende satzungsmäßige Minderentgeltsklausel. Ist allerdings der Erbe wegen der Pflichtteilslast zur Veräußerung des Anteils gezwungen, so kann auch hier nur der Verkaufserlös der Pflichtteilsberechnung zugrundegelegt werden.[231] Auf jeden Fall kann jedoch bei der Berechnung des Pflichtteilsergänzungsanspruchs die Wertminderung, die der GmbH-Anteil durch die statutarische Abtretungsverpflichtung oder Einziehungsermächtigung nach ihrer Ausübung erleidet, nicht wertmindernd berücksichtigt werden, da sonst die durch die Minderentgeltsklausel unentgeltlich Bedachten im Ergebnis den Pflichtteilsberechtigten vorgingen.[232] Geht jedoch der Pflichtteilsergänzungsanspruch gem. § 2329 gegen den Begünstigten selbst und muss dieser den Anteil deshalb veräußern, muss m.E. auch hier die Minderung auf den tatsächlichen Verkaufserlös erfolgen.

68 Im Einzelnen können sich daher bei einer Abfindung unter Vollwert die Erben, denen der GmbH-Anteil durch eine satzungsmäßige Abtretungsverpflichtung oder Einziehungsermächtigung am Nachlass vorbeigeführt oder aus ihm wieder entzogen wird, Pflichtteilsergänzungsansprüchen gem. § 2325 der Pflichtteilsberechtigten ausgesetzt sehen, die sich aus der Differenz zwischen dem Vollwert des Anteils und dem Klauselwert errechnen.[233] Sind dabei die Erben selbst pflichtteilsberechtigt, können sie gem. § 2328 den Ergänzungsanspruch insoweit verweigern, als ihr eigener Pflichtteilsanspruch einschließlich der Ergänzung beeinträchtigt wird.[234]

Priester GmbH-Rdsch. 1981, 210f.; die Formvorschriften der § 2276 und § 15 Abs. 3 GmbHG differieren heute nur noch insoweit, als sich der Erblasser nicht vertreten lassen und ein Erbvertrag nicht sukzessive durch Angebot und Annahme errichtet werden kann (§ 2276).

[226] Hachenburg/Ulmer Anh. § 34 Rn 40.

[227] So auch Priester GmbH-Rdsch. 1981, 211 und Fleck in FS f. Stimpel, 1985, S. 353, 370.

[228] Hachenburg/Schilling/Zutt Anh. § 15 Rn 111; Scholz/Winter § 15 Rn 25, 27; a.M. Däubler, Die Vererbung des Geschäftsanteils bei der GmbH, 1965, S. 84, 111 und Haegele BWNotZ 1976, 53, 55, 59, die auf solche Rechtsgeschäfte unter Lebenden auf den Todesfall erbrechtliche Normen entsprechend angewendet wissen wollen und daher den durch die Klausel Begünstigten wie einen Vermächtnisnehmer behandeln („Vermächtnis kraft Gesellschaftsvertrages").

[229] Däubler a.a.O. S. 42ff.; Reimann DNotZ 1992, 473, 485 m.w.N.

[230] Soergel/Dickmann § 2311 Rn 3; MünchKomm/Lange § 2311 Rn 20; Palandt/Edenhofer § 2311 Rn 14; Ebeling GmbH-Rdsch. 1976, 153.

[231] Däubler a.a.O. S. 43ff.

[232] Däubler a.a.O. S. 84, 97.

[233] Hachenburg/Schilling/Zutt Anh. § 15 Rn 111.

[234] Wer allerdings wie Däubler a.a.O. S. 84, 111 und Haegele BWNotZ 1976, 53, 55, 59 auf solche Satzungsklauseln erbrechtliche Normen entsprechend anwendet, kommt zu einem ordentlichen

Beeinträchtigt die unterwertige Abfindungsklausel den oder die selbst pflichtteilsberechtigten Erben in dem Maße, dass ihnen ihr aus dem Vollwert des GmbH-Anteils berechneter Pflichtteil nicht bleibt, so können sie gem. § 2329 Abs. 1 Satz 2, der zumindest entsprechend auch zugunsten von pflichtteilsberechtigten Miterben anwendbar ist,[235] Pflichtteilsergänzungsansprüche gegen die durch die Klausel begünstigten übrigen Gesellschafter oder Eintrittsberechtigten geltend machen. 69

Nach der zumindest insoweit klärenden Rechtsprechung des BGH[236] beginnt in den obigen Fällen die 10-Jahresausschlussfrist für die Pflichtteilsergänzung nach § 2325 Abs. 3 erst mit dem Eintreten des wirtschaftlichen Leistungserfolgs und damit erst mit dem Tod des Gesellschafters. 70

Hinsichtlich des Bewertungsverfahrens kann wiederum auf die obigen Ausführungen zur Wertermittlung bei Handelsunternehmen (Rn 58) Bezug genommen werden. 71

gg) Landgüter.[237] Um die Zersplitterung landwirtschaftlicher Betriebe zu vermeiden und damit dem öffentlichen Interesse an der Erhaltung leistungsfähiger Höfe in bäuerlichen Familien zu dienen,[238] hat der Gesetzgeber in § 2312 für landwirtschaftlich genutzte Grundstücke unter bestimmten Voraussetzungen den Ertragswert bei der Pflichtteilsberechnung für maßgeblich erklärt *(agrarpolitische Schutzvorschrift)*. Da der Ertragswert normalerweise nur 10–20% des Verkehrswertes beträgt,[239] stellt dies eine erhebliche Bevorzugung des übernehmenden Erben und eine Benachteiligung der Pflichtteilsberechtigten dar. Trotzdem hat das Bundesverfassungsgericht[240] die Übereinstimmung dieser Regelung mit dem Gleichheitsgebot des Art. 3 Abs. 1 GG bestätigt und die Verschiedenbehandlung damit begründet, dass der Grund und Boden in der Landwirtschaft im Unterschied zur gewerblichen Wirtschaft nicht nur Standort, sondern maßgebender Produktionsfaktor ist, den landwirtschaftlichen Produktionsbedingungen von der Natur her Schranken gesetzt sind und deshalb die Landwirtschaft gegenüber der gewerblichen Wirtschaft in natürlicher und wirtschaftlicher Hinsicht benachteiligt ist.[241] Allerdings verbietet, was bei der Auslegung des § 2312 zu beachten ist, das Gleichheitsgebot des Art. 3 Abs. 1 GG, dass es bei der Anwendung des Ertragswertes als Bewertungsmaßstab zu einer unverhältnismäßigen Verschiebung der „Opfergrenze" zu Lasten des Pflichtteilsberechtigten kommt.[242] Die Verfassung lässt vielmehr Abweichungen vom allgemeinen Recht zur Schonung landwirtschaftlicher Betriebe nur insoweit zu, als sie unentbehrlich sind, um leistungsfähige Betriebe in der Hand bäuerlicher Familien zu erhalten. Mit Johannsen[243] erscheint daher eine Reduktion des Anwendungsbereichs des § 2312 aus seinem Schutzzweck heraus gerechtfertigt. Den sieht der BGH[244] in der Er- 72

Pflichtteilsanspruch gem. § 2303 gegen die Erben und in der Folge nicht nur zum Kürzungsrecht des selbst pflichtteilsberechtigten Erben gem. § 2318 Abs. 3, sondern auch zu der auch einem selbst nicht pflichtteilsberechtigten Erben zustehenden Möglichkeit, gem. § 2318 Abs. 1 das in der begünstigten Klausel liegende „Vermächtnis" so zu kürzen, dass sich die Pflichtteilslast zwischen ihm und dem „Vermächtnisnehmer" im Verhältnis ihrer Beteiligungen am Nachlass teilt; so auch unter Hinweis auf Däubler und Haegele jeweils Staudinger/Ferid/Cieslar § 2311 Rn 59 und Soergel/Dieckmann § 2311 Rn 3.

235 BGHZ 80, 205 = NJW 1981, 1446.

236 BGHZ 98, 226 = NJW 1987, 122 = DNotZ 1987, 315 m. Anm. Nieder.

237 Siehe hierzu insb. und eingehend Ruby ZEV 2006, 351 und 2007, 263.

238 BVerfGE 67, 348 = NJW 1985, 1329 = AgrarR 1985, 15; BVerfGE 15, 337, 342 = NJW 1963, 947; BGH NJW 1987, 951, 952 = BGHZ 98, 375; siehe hierzu Müller-Feldhammer ZEV 1995, 161.

239 Faßbender AgrarR 1986, 131.

240 BVerfGE 67, 348 = NJW 1985, 1329; BVerfGE 15, 337, 342 = NJW 1963, 947.

241 BVerfGE 28, 227, 240 f. = NJW 1970, 1539.

242 BVerfGE 67, 348 = NJW 1985, 1329, 1330.

243 WPM 1977, 303.

244 BGH VersR 1983, 1080; BGH NJW 1987, 1260 = AgrarR 1987, 109.

haltung des konkreten Landguts in seinem Bestand dadurch, dass seine Wirtschaftlichkeit nicht durch Belastung mit übermäßigen Pflichtteilsansprüchen gefährdet wird.

73 Die gesetzlichen Voraussetzungen für die Anwendung des Ertragswertes bei der Pflichtteilsberechnung sind nach § 2312:

74 • Dass die im Nachlass befindlichen landwirtschaftlichen Grundstücke ein Landgut i.S.d. § 2312 bilden (**Landgutsfähigkeit**). Das ist der Fall, wenn sie im Zeitpunkt des Erbfalls eine zum selbständigen und dauernden Betrieb der Landwirtschaft einschließlich der Viehzucht oder der Forstwirtschaft geeignete und bestimmte Wirtschaftseinheit darstellen, die mit den nötigen Wohn- und Wirtschaftsgebäuden versehen ist und tatsächlich landwirtschaftlich genutzt wird.[245] Der Besitz muss zum selbständigen Betrieb einer Landwirtschaft geeignet sein.[246] Die Besitzung muss eine gewisse Größe erreichen und für den Inhaber eine selbständige Nahrungsquelle darstellen; dass eine Ackernahrung vorliegt, ist nicht erforderlich.[247] Der Betrieb kann auch nebenberuflich geführt werden, wenn er nur zu einem erheblichen Teil zum Lebensunterhalt seines Inhabers beiträgt, d.h. vor allem kein Zuschussbetrieb ist.[248] Dass die Besitzung im Erbfall vorübergehend verpachtet war (Interimsverpachtung), steht ihrer Landgutsfähigkeit grundsätzlich nicht entgegen.[249] Es muss jedoch die realisierbare Absicht bestehen, den Betrieb selbst wieder aufzunehmen und auf die Dauer fortzuführen.[250] Der BGH[251] scheint dabei die Selbstbewirtschaftung nicht zu verlangen, sondern für die Wiederaufnahme des Betriebes seine „Verpachtung als Wirtschaftseinheit" genügen lassen zu wollen. Darauf sollte man sich jedoch nicht verlassen, da das Bundesverfassungsgericht[252] bei zum Zeitpunkt des Erbfalls verpachteten Grundstücken die Landgutseigenschaft verneint, wenn bei realistischer Betrachtungsweise keine Anhaltspunkte gegeben sind, dass der Eigentümer oder seine Abkömmlinge den Hof in Zukunft wieder selbst bewirtschaften können.[253] Praktisch baureife Grundstücke und Bauerwartungsland, die ohne Gefahr für die dauernde Lebensfähigkeit aus dem Landgut herausgelöst werden können, sind für die Pflichtteilsberechnung mit ihrem wirklichen Verkehrswert zu veranschlagen.[254] Da die Vorschrift bezweckt, das Landgut als wirtschaftliche Einheit zu erhalten, ist § 2312 nicht anwendbar, wenn der Hof bzw. das Landgut dem Erblasser nur zu einem Bruchteil gehört hat, weil er in diesem Fall für seine Erhaltung als Wirtschaftseinheit in aller Regel nicht sorgen konnte.[255] Landgutsfähig sind deshalb grundsätzlich nur Alleineigentumsbesitzungen und Besitzungen in fortgesetzter Gütergemeinschaft (§ 1515), die bei realistischer Betrachtung auch in Zukunft weiter als aktive landwirtschaftliche Betriebe gehalten werden können.[256]

---

[245] BGH LM § 2312 Nr. 2 = MDR 1972, 496; BGH NJW 1987, 951 = BGHZ 98, 375; BGH NJW 1995, 1352 = FamRZ 1995, 352 = ZEV 1995, 74; OLG Stuttgart NJW-RR 1986, 823; OLG München ZErb. 2009, 182.

[246] OLG Stuttgart NJW-RR 1986, 823.

[247] OLG Stuttgart NJW-RR 1986, 822.

[248] BGH LM § 2329 Nr. 5, 6 = NJW 1964, 1414, 1416; BGH NJW 1987, 951 = BGHZ 98, 375; OLG Stuttgart NJW-RR 1986, 823.

[249] BGH NJW 1964, 1414; OLG Stuttgart NJW-RR 1986, 823.

[250] BGH LM § 2312 Nr. 2 = MDR 1972, 496.

[251] BGH NJW 1987, 951, 952; BGHZ 98, 375.

[252] BVerfGE 67, 348 = NJW 1985, 1329.

[253] So auch OLG Stuttgart NJW-RR 1986, 822, 823.

[254] BGH NJW 1987, 1260 = AgrarR 1987, 109.

[255] BGH NJW 1973, 995 = WPM 1973, 976; Faßbender AgrarR 1986, 131, 133.

[256] A.M. OLG Oldenburg RdL 1957, 220; Staudinger/Ferid/Cieslar § 2312 Rn 13, 14; Soergel/Dieckmann § 2312 Rn 2; Haegele BWNotZ 1973, 34, 36: die entgegen dem Gesetzeswortlaut und der verfassungsmäßig gebotenen einschränkenden Auslegung des § 2312 die Auffassung vertreten, dass auch Miteigentums- oder Gesamtgutsanteile zu Ertragswertbedingungen vererbbar seien, wenn das Landgut bisher einheitlich bewirtschaftet war und der pflichtteilsberechtigte Mitberechtigte den Erblasseranteil übernehmen soll.

• Der das Landgut übernehmende Erbe zu dem nach § 2303 **pflichtteilsberechtigten Personenkreis** gehört, d.h. Abkömmling (ehelich, nichtehelich oder adoptiert), Elternteil oder Ehegatte ist (§ 2312 Abs. 3). Dass der Übernehmer im konkreten Fall wirklich pflichtteilsberechtigt ist und nicht gem. § 2309 durch Näherstehende verdrängt wird oder aus einem sonstigen Grund keinen Pflichtteilsanspruch hat, ist nicht erforderlich.[257] § 2312 kann nur Anwendung finden, wenn der Übernehmer das ganze Grundstück und nicht nur einen Bruchteil übernimmt, da sonst der Bestand des Landgutes als Wirtschaftseinheit nicht hinreichend gewährleistet ist.[258] Bei Miterben kann nur einem das Übernahmerecht zu ermäßigten Abfindungsbedingungen eingeräumt werden[259] und auch nicht zusammen mit seiner Ehefrau. 75

• Dass im Falle einer Mehrheit von Erben (§ 2312 Abs. 1) entweder der **Erblasser ausdrücklich angeordnet** hat, dass einer von mehreren Erben das Recht haben soll, das Landgut zum Ertragswert zu übernehmen, **oder die Auslegungsregel des § 2049 eingreift**, nach der ein Landgut bei der Erbauseinandersetzung im Zweifel zum Ertragswert anzusetzen ist, wenn der Erblasser angeordnet hat, dass einer der Miterben das Recht haben soll, ein zum Nachlass gehörendes Landgut zu übernehmen. Dabei ist es in diesem Zusammenhang gleichgültig, ob dem Miterben das Übernahmerecht im Wege des Vorausvermächtnisses oder der bloßen Teilungsanordnung zugewandt ist. Im Fall, dass der Erblasser nur einen Erben hinterlässt (§ 2312 Abs. 2), muss der Erblasser angeordnet haben, dass der Berechnung des Pflichtteils der Ertragswert zugrunde gelegt werden soll.[260] Die vom Gesetz vorgeschriebenen Anordnungen des Erblassers brauchen nicht ausdrücklich getroffen zu sein, sondern können durch ergänzende Testamentsauslegung festgestellt werden.[261] Die Anordnungen können im Übergabevertrag oder durch letztwillige Verfügung erfolgen.[262] Mit erbvertraglich bindender Wirkung kann die Anordnung nicht erfolgen (§ 2278 Abs. 2). 76

Formulierungsvorschlag:[263]

Für das in meinen Nachlass fallender Landgut … ordne ich an, dass der Berechnung hierauf bezogener Pflichtteils- und Pflichtteilsergänzungsansprüche der Ertragwert zugrunde gelegt werden soll, soweit dieser zum maßgeblichen Berechnungszeitpunkt niedriger ist als der Verkehrswert.

• Dass der betreffende Erbe **„von dem Recht Gebrauch macht"** (§ 2312 Abs. 1), d.h., dass er das Landgut zum Ertragswert übernimmt.[264] 77

§ 2312 ist entsprechend anwendbar, wenn das Landgut zu Lebzeiten seines Eigentümers an einen zum Kreis der Pflichtteilsberechtigten gehörenden Nachfolger **übergeben** 78

[257] BGH NJW 1964, 1414, 1415; Goller BWNotZ 1959, 18; Haegele BWNotZ 1973, 50; Staudinger/Ferid/Cieslar § 2312 Rn 3 m.w.N.; Palandt/Edenhofer § 2312 Rn 4.

[258] BGH FamRZ 1977, 195 = LM § 2312 Nr. 4; BGH NJW 1973, 995 = LM § 2325 Nr. 9; MünchKomm/Lange § 2312 Rn 3; Soergel/Dieckmann § 2312 Rn 2; Staudinger/Ferid/Cieslar § 2312 Rn 13.

[259] BGH FamRZ 1977, 195.

[260] BGH NJW 1964, 1414 = DNotZ 1965, 354.

[261] BGH DNotZ 1966, 239 = MDR 1965, 642 = LM § 2325 Nr. 5; OLG Oldenburg RdL 1962, 40; OLG München ZEV 2007, 276; Haegele BWNotZ 1973, 51 Fn. 60; MünchKomm/Lange 2312 Rn 2; Soergel/Dieckmann § 2312 Rn 1; Staudinger/Ferid/Cieslar § 2312 Rn 7.

[262] BGH NJW 1964, 1414 = DNotZ 1965, 354.

[263] Nach Ivo in Beck'sches Formularbuch Erbrecht, G. X. 2.

[264] Staudinger/Ferid/Cieslar § 2312 Rn 10.

wird und gegen diesen nach dem Tod des Übergebers Pflichtteilsergänzungsansprüche, gleichgültig ob nach § 2325 oder 2329 geltend gemacht werden.[265]

79 Die Berechnung des Ertragswertes erfolgt auf Grund der durch Art. 137 EGBGB dem Landesrecht vorbehaltenen Vorschriften.[266] Danach wird der jährliche Reinertrag des Landgutes, d.h. der Überschuss des Rohertrages nach Abzug der Aufwendungen, mit einem in den Landesgesetzen jeweils festgelegten Kapitalisierungsfaktor (variierend von 17- bis 25-fach) vervielfältigt. Der jährliche Reinertrag errechnet sich nicht nach dem steuerlichen Bewertungsgesetz, sondern wegen der Besonderheit jedes Einzelfalles nach betriebswirtschaftlichen Jahresabschlüssen.[267] Dabei ist auf die Bodenqualität, das spezielle Klima, die Gebäudegestaltung, die Kulturartenverhältnisse, die Verkehrslage, die innere Betriebsstruktur und -organisation und die Betriebsgröße abzustellen. Die Berechnung des jährlichen Reinertrages wird damit in der Regel einen Sachverständigen erfordern.[268] Von dem so gewonnenen Ertragswert sind jeweils noch die auf dem Grundstück ruhenden Belastungen abzuziehen, sofern sie nicht ausnahmsweise bei der Ermittlung des Ertragswertes bereits als wertmindernd berücksichtigt wurden.[269] Stehen die Grundstücke des landwirtschaftlichen Betriebes Eheleuten in Bruchteilseigentum oder unterschiedlichem Alleineigentum zu, so besteht die einzige zuverlässige Möglichkeit, um sie als Landgut zum Ertragswert auf den Nachfolger übergehen zu lassen in der Vereinbarung der fortgesetzten Gütergemeinschaft gem. §§ 1483 ff. nebst Anordnung des Übernahmerechts eines gemeinschaftlichen Abkömmlings zum Ertragswert beim Tod des Längstlebenden durch letztwillige gemeinschaftliche Verfügung oder mit Zustimmung des jeweils anderen (§ 1516). Sind dann beim Tod des Erstversterbenden nur gemeinschaftliche Abkömmlinge vorhanden, können diese, da der Anteil des verstorbenen Ehegatten am Gesamtgut nicht zum Nachlass gehört (§ 1463 Abs. 1 Satz 3), insoweit keine ordentlichen oder außerordentlichen Pflichtteilsansprüche bezüglich des Gesamtgutes geltend machen. Erst beim Tod des Längstlebenden erfolgt die Auseinandersetzung des Gesamtguts zum Ertragswert. Erbvertraglich bindend kann die Anordnung auch hier nicht erfolgen (§ 2278 Abs. 2). Die Eheleute können auch durch gemeinschaftliche Verfügung oder mit förmlicher (§ 1516) Zustimmung des jeweils anderen einen gemeinschaftlichen Abkömmling von der fortgesetzten Gütergemeinschaft ausschließen (§§ 1511, 1516). Dann steht diesem beim Tod des Erstversterbenden zwingend (§ 2318) aus dem Wert des Gesamtgutes bei Eintritt der fortgesetzten Gütergemeinschaft ein Betrag zu, der sich entsprechend den für den Pflichtteilsanspruch geltenden Vorschriften berechnet, weshalb nach allgem. M.[270] die Ertragswertberechnung nach § 2312 nicht angeordnet werden kann. Das Landgutsrecht löst keine dem Höferecht entsprechende Abfindungsergänzung im Falle der zweckwidrigen Verwendung des zu Vorzugsbedingungen unter Sonderopfern der weichenden Erben erlangten Landgutes aus.

80 Unterfällt das Landgut der in den Bundesländern Hamburg, Niedersachsen, Nordrhein-Westfalen und Schleswig-Holstein geltenden Höfeordnung, gilt gem. § 12 Abs. 10

---

[265] BGH Rpfleger 1964, 312 m. Anm. Haegele = NJW 1964, 1329; BGH NJW 1964, 1414, 1415; BGH WPM 1977, 202, 203; BGH LM § 2325 Nr. 5; BGH NJW 1995, 1352 = ZEV 1995, 74; MünchKomm/Lange § 2312 Rn 3; Soergel/Dieckmann § 2312 Rn 3; Palandt/Edenhofer § 2312 Rn 5; LG Ulm BWNotZ 1964, 283; Kraker BWNotZ 1966, 41.

[266] Siehe die Fundstellen der einschlägigen Landesgesetze und der in ihnen enthaltenen Reinertrags-Multiplikator bei Damrau/Riedel/Lenz, Erbrecht, § 2312 Rn 14; Ruby ZEV 2006, 351, 354; ders. ZEV 2007, 263/265; § 23 Schl.-H. AGBGB ist von BVerfG für verfassungswidrig erklärt NJW 1988, 2723 = DNotZ 1988, 717.

[267] OLG Düsseldorf FamRZ 1986, 168; OLG Frankfurt OLGZ 70, 268.

[268] Foag Rd L 1955, 5; Fritzen Rd L 1963, 5; Haegele BWNotZ 1973, 34; Köhne AgrarR 1982, 29 u. AgrarR 1986, 41.

[269] Böck MittBayNot 1984, 243.

[270] Staudinger/Thiele/Burkart § 1511 Rn 17, 22; Staudinger/Ferid/Cieslar § 2312 Rn 18; Erman/Heckelmann § 1511 Rn 3; Palandt/Brudermüller § 1511 Rn 3.

HöfeO die noch günstigere Bewertungsregel des § 12 Abs. 2 Satz 2 HöfeO (das Eineinhalbfache des steuerlichen Betriebseinheitswertes = ca. 4,55% des Verkehrswertes), die allerdings durch den Abfindungsergänzungsanspruch gem. § 12 HöfeO für den Veräußerungsfall innerhalb von 20 Jahren für Pflichtteilsberechtigte gemildert wird.[271] Da nach der st. Rspr. des BGH[272] die Hofeigenschaft jederzeit aufgehoben werden kann, ist eine erbvertragliche oder durch Vertrag unter Lebenden begründete Bindung des Hofeigentümers gegenüber dem Hofnachfolger hinsichtlich dieser besonders vorteilhaften Übernahmeweise illusorisch geworden.

hh) Reichsheimstätten. Aufgrund des Reichsheimstättengesetzes vom 12. 5. 1920 81
i.d.F. des Ges. vom 24. 11. 1937[273] nebst der VO zur Ausführung des Reichsheimstättengesetzes vom 19. 7. 1940 (AVO)[274] **galt bis zum 1. 10. 1993** für Heimstätten ein Sondererbrecht sowie eine Wertbegrenzung bei der Pflichtteilsberechnung. Durch das Aufhebungsgesetz vom 17. 6. 1993,[275] in Kraft getreten am 1. 10. 1993, ist das Reichsheimstättengesetz und seine Ausführungsverordnung aufgehoben worden. Lediglich für Erbfälle aus der Zeit vor dem 1. 10. 1993 gilt weiterhin das Sondererbrecht des Reichsheimstättengesetzes. Siehe dazu die 1. Auflage Rn 263.

5. Die Träger der ordentlichen Pflichtteilslast

a) Im Außenverhältnis

Die Pflichtteilslast trifft im Außenverhältnis zum Pflichtteilsberechtigten immer den 82
Erben (§§ 1967 Abs. 2, 2303 Abs. 1 Satz 1), nie den Vermächtnisnehmer oder den Auflagenbegünstigten. Bei Nacherbschaftsanordnung trifft sie vor Eintritt der Nacherbfolge nur den Vorerben.[276] Jeder Erbe, auch der Miterbe, kann die Zahlung des Pflichtteilsanspruchs, wie die jeder anderen Nachlassverbindlichkeit, gem. § 2014 für drei Monate ab der Annahme der Erbschaft verweigern. Miterben haften nach §§ 241, 2058, 426 den Pflichtteilsberechtigten **vor der Teilung** grundsätzlich als Gesamtschuldner. Vor der Teilung wird der einzelne Miterbe durch § 2059 geschützt, d.h. er kann, sofern er nicht ausnahmsweise unbeschränkbar haftet, die Berichtigung der Pflichtteilsansprüche aus seinem Eigenvermögen verweigern und den Berechtigten auf den Nachlass und seinen Anteil daran verweisen. Ferner kann er die Haftung auf den Nachlass beschränken durch Nachlasskonkurs, Nachlassvergleichsverfahren, Nachlassverwaltung oder die Einreden nach §§ 1990, 1992. **Nach der Teilung** haftet der Miterbe dem Pflichtteilsberechtigten, außer bei Verlust seines Haftungsbeschränkungsrechts, unter den Voraussetzungen der §§ 2060, 2061 verhältnismäßig nach seiner Erbquote, sonst weiter als Gesamtschuldner. Er kann jedoch immer noch, falls er nicht sein Haftungsbeschränkungsrecht verloren hat, durch Nachlasskonkurs oder die Einreden nach §§ 1990, 1992 die Haftungsbeschränkung auf den Nachlass herbeiführen. Grundsätzlich ist die Pflichtteilsschuld allerdings wie jede andere Nachlassverbindlichkeit bei der Erbteilung aus der Teilungsmasse vorweg zu befriedigen (§ 2046 Abs. 1). Hat der Erblasser gem. § 2324 die Pflichtteilslast nur einem oder einigen Miterben auferlegt, können diese nur verlangen, dass die Berichtigung aus dem erfolgt, was ihnen bei der Auseinandersetzung zukommt (§ 2046 Abs. 2). Ist ein Testamentsvollstrecker ernannt, so ist der Pflichtteilsanspruch trotzdem gegenüber den Erben geltend zu machen (§ 2213 Abs. 1 Satz 3). Dasselbe gilt

---

[271] Siehe hierzu im Einzelnen insb. Faßbender/Hötzel/Pikalo, HöfeO, 1978 Anm. zu §§ 12, 13.
[272] BGHZ 101, 57 = AgrarR 1987, 222 m. abl. Anm. Faßbender in AgrarR 1987, 295.
[273] RGBl. I 1937, 1291 = BGBl. III 2 Nr. 2332-1.
[274] RGBl. I 1940, 1027 = BGBl. III 2 Nr. 2332-1-1.
[275] BGBl. I S. 912.
[276] RGZ 113, 49.

für den seine Natur teilenden Auskunftsanspruch gem. § 2314 und den Pflichtteilsergänzungsanspruch gem. § 2325.[277]

b) Im Innenverhältnis

83 Darüber, wie im Innenverhältnis die Miterben untereinander und im Verhältnis zum einzelnen Erben die Vermächtnisnehmer und Auflagebegünstigten die Pflichtteilslast zu tragen haben, entscheidet in erster Linie gem. § 2324 der Erblasser in der Verfügung von Todes wegen.[278] Fehlt es an einer entsprechenden Lastenverteilung des Erblassers, die auch konkludent erfolgen kann,[279] hat das Gesetz in den §§ 2318 bis 2324 folgende Regelung getroffen:

- Miterben haben die Pflichtteilslast nach dem Verhältnis ihrer Erbanteile zu tragen (§§ 2038 Abs. 2 Satz 1, 748, 2047 Abs. 1).
- Da der Erbe bzw. die Miterbengemeinschaft im Außenverhältnis alleinige Pflichtteilsschuldner sind und bei der Berechnung des Pflichtteils wegen seines Vorrangs (§ 1991 Abs. 4 BGB, § 327 InsO) Verbindlichkeiten aus Vermächtnissen und Auflagen nicht abgesetzt werden dürfen,[280] kann der Allein- oder Miterbe die Vermächtnisnehmer und Auflagebegünstigten dadurch zur Tragung des Pflichtteils heranziehen, dass er den Betrag des Vermächtnisses oder der Auflage jeweils nach dem Verhältnis des Wertes des Vermächtnisses oder der Auflage zum Wert des ungekürzten Nachlasses oder Erbanteils kürzt (**§ 2318 Abs. 1**). Die Kürzung kann nur erfolgen, wenn der Pflichtteil gegen den Erben geltend gemacht wurde, was auch der Fall ist, wenn er ihm nach seiner Entstehung vertraglich erlassen wurde.[281] Das Gesetz gewährt dem Erben insoweit ein Leistungsverweigerungsrecht gegenüber dem Vermächtniserfüllungsanspruch. Sind mehrere Vermächtnisnehmer oder Auflagebegünstigte vorhanden, hat der Erbe jedem gegenüber das Recht der verhältnismäßigen Kürzung, es sei denn, der Erblasser hat einem Vermächtnis (Auflage) nach § 2189 den Vorrang vor den übrigen beigelegt oder die Schutzbestimmung des **§ 2318 Abs. 2** greift ein.[282] Die verhältnismäßige Abwälzung der Pflichtteilslast auf Vermächtnisnehmer bzw. Auflagebegünstigte gem. § 2318 Abs. 1 lässt sich wie folgt in einer Formel ausdrücken:[283]

$$\text{Kürzungsbetrag} = \frac{\text{Vermächtniswert} \times \text{Wert des Pflichtteils}}{\text{Wert des Gesamtnachlasses}}$$

84 Die Beweislast für die Voraussetzungen des Einrederechts nach § 2318 Abs. 1 trägt der Erbe.[284] § 2318 Abs. 1 galt auch für den nach Entziehung des Erbersatzanspruchs gegebenen Pflichtteilsanspruch nach § 2338 a. Hat der Erbe das Vermächtnis bereits ungekürzt erfüllt, kann er die Zuvielleistung gemäß § 813 Abs. 1 zurückverlangen.[285] Ist der Vermächtnisnehmer selbst pflichtteilsberechtigt, so darf der Erbe gemäß § 2318 Abs. 2 das Vermächtnis nur insoweit kürzen, dass dem Vermächtnisnehmer sein Pflichtteil verbleibt.[286] Bezüglich der Erweiterung des Kürzungsrecht des Erben gemäß § 2318 Abs. 3, wenn er selbst pflichtteilsberechtigt ist, siehe unten Rn 95. Falls sowohl der Erbe als auch der Vermächtnisnehmer pflichtteilsberechtigt sind (Zusammentreffen von §§ 2318

[277] Staudinger/Ferid/Cieslar § 2303 Rn 91.
[278] v. Olshausen MDR 1986, 89.
[279] BGH WPM 1981, 335.
[280] MünchKomm/Lange § 2318 Rn 1.
[281] LG München NJW-RR 1989, 8.
[282] MünchKomm/Lange § 2318 Rn 4.
[283] Siehe hierzu Martin ZBlFG 14, 789/790; KG FamRZ 1977, 267/269; Ebenroth/Fuhrmann BB 1989, 2049/2055.
[284] Palandt/Edenhofer § 2318 Rn 1.
[285] KG FamRZ 1977, 267; OLG Frankfurt FamRZ 1991, 283, 239.
[286] Ebenroth/Fuhrmann BB 1989, 2049, 2055.

Abs. 2 und 3) siehe unten Rn 100. Ist das Vermächtnis einem Erben als Vorausvermächtnis zugewandt (§ 2150), so muss in der obigen Formel dem Vermächtniswert der Wert des Erbteils des Vermächtnisnehmers hinzugerechnet werden.

• **§ 2319** gewährt dem pflichtteilsberechtigten Miterben nach der Teilung gegenüber anderen Pflichtteilsberechtigten ein Leistungsverweigerungsrecht in der Höhe, dass ihm sein eigener Pflichtteil verbleibt. Für den Ausfall haften die übrigen Miterben, die nicht pflichtteilsberechtigt sind.[287] Aus der Regelung folgt, dass dem pflichtteilsberechtigten Miterben bei der Erbauseinandersetzung fremde Pflichtteile nur soweit angerechnet werden dürfen, dass der eigene Pflichtteil gewahrt bleibt.[288] 85

• Nach **§ 2323** kann der Erbe die ihn belastenden Vermächtnisse und Auflagen insoweit nicht gem. § 2318 Abs. 1 verhältnismäßig kürzen, als er sie auf Grund der Vorschriften der §§ 2320 bis 2322 auf Miterben oder Vermächtnisnehmer abwälzen oder mindern kann. Dabei sind die Regelungen der §§ 2321, 2322, die Abweichungen vom Grundsatz der verhältnismäßigen Verteilung der Pflichtteilslast zwischen Erben und Vermächtnisnehmern in zwei Sonderfällen enthalten, weitgehend unproblematisch. 86

• **§ 2321** ist im Zusammenhang mit § 2307 Abs. 1 Satz 1 zu sehen, nach dem ein mit einem Vermächtnis bedachter Pflichtteilsberechtigter den Pflichtteil erhält, wenn er das Vermächtnis ausschlägt. Das Vermächtnis fällt dabei durch die Ausschlagung entweder einem Ersatzberechtigten (§ 2190) oder einem Anwachsungsberechtigten (§§ 2158, 2159) an, oder der beschwerte Erbe wird von der Vermächtnisschuld frei. Je nachdem, wer danach den Vorteil von der Vermächtnisausschlagung hat, trägt im Innenverhältnis die Last des dadurch entstandenen Pflichtteilsanspruchs in Höhe des erlangten Vorteils allein und kann nicht andere Vermächtnisnehmer oder Miterben zur Tragung dieser Pflichtteilslast gem. § 2318 Abs. 1 heranziehen.[289] 87

• **§ 2322** besagt, dass, wem die Ausschlagung einer Erbschaft (z. B. nach § 2306 Abs. 1 Satz 2) oder eines Vermächtnisses (z. B. nach § 2307 Abs. 1) durch den Pflichtteilsberechtigten zustatten kommt, und wer deshalb gem. §§ 2320 oder 2321 im Innenverhältnis die Pflichtteilslast in Höhe seines Vorteils zu tragen hat, falls die ihm durch die Ausschlagung zugefallene Zuwendung ihrerseits mit einem Untervermächtnis oder einer Auflage beschwert ist, die Berechtigten dieser Rechte nicht gem. § 2318 Abs. 1 im Verhältnis der beiderseitigen Beteiligungen am Nachlasswert zur Pflichtteilslast heranziehen kann, sondern nur insoweit, als die Summe von Pflichtteil und Vermächtnis den Wert der ihm angefallenen Zuwendung übersteigt.[290] Der Erbe soll lediglich nicht genötigt sein, aus seinem eigenen Vermögen den Pflichtteilsanspruch oder den Vermächtnisanspruch zu erfüllen. Dem Ersatzberufenen darf also nach Erfüllung des Pflichtteilsanspruchs und Durchführung der Kürzung gem. § 2322 nichts mehr verbleiben, weil es dem mutmaßlichen Erblasserwillen widersprechen würde, dem Ersatzmann, den er nicht unmittelbar bedacht hat und der erst infolge der Ausschlagung des Pflichtteilsberechtigten zu Erbschaft oder Vermächtnis gelangt ist, Nachlasswerte auf Kosten der von ihm unmittelbar bedachten Vermächtnisnehmer (Auflagebegünstigten) zukommen zu lassen.[291] Geht das Vermächtnis in diesen Fällen auf eine unteilbare Leistung, wie z. B. die Bestellung eines Nießbrauchs, hat der Vermächtnisnehmer entweder einen Ausgleichsbetrag an den Erben zu zahlen, oder ihm ist nur der verhältnismäßig gekürzte Schätzwert zu entrichten.[292] 88

---

[287] Kerscher/Tanck, Pflichtteilsrecht, § 6 Rn 133.
[288] Palandt/Edenhofer § 2319 Rn 2.
[289] RG JW 1914, 593, 594; RG DR 1941, 441, 442.
[290] BGHZ 19, 309, 311 = NJW 1956, 507; BGH NJW 1983, 2378, 2379 = MDR 1983, 828, 829.
[291] BGH NJW 1983, 2378, 2379 = MDR 1983, 828, 829; MünchKomm/Lange § 2322 Rn 2.
[292] BGH 19, 309, 311 = LM § 2322 Nr. 1 m. Anm. Johannsen = NJW 1956, 507; a. M. Natter JZ 1956, 284.

89 • Bezüglich **§ 2320**, der die Pflichtteilslast des an Stelle des Pflichtteilsberechtigten Erbenden im Innenverhältnis regelt, bestehen insbesondere über sein Verhältnis zum Grundsatz der verhältnismäßigen Abwälzung gem. § 2318 Abs. 1 Unklarheiten und Meinungsverschiedenheiten.[293] Nach § 2320 trägt im Innenverhältnis zu seinen Miterben derjenige Miterbe, der an Stelle des Pflichtteilsberechtigten kraft Gesetzes (§ 2320 Abs. 1) oder durch Verfügung von Todes wegen (§ 2320 Abs. 2) Erbe wird, in Höhe seines dadurch erlangten Vorteils den Pflichtteilsanspruch seines Vormannes und, falls der Pflichtteilsberechtigte ein ihm zugewendetes Vermächtnis annimmt (z.B. § 2307), auch dieses allein. Die Fälle, in denen Miterben bei der gesetzlichen Erbfolge an Stelle des Pflichtteilsberechtigten i.S.d. § 2320 Abs. 1 gesetzliche Erben werden, sind die Ausschließung des Pflichtteilsberechtigten von der gesetzlichen Erbfolge durch sog. negatives Testament gem. § 1938, die Ausschlagung durch den Pflichtteilsberechtigten im Falle des § 2306 Abs. 1 Satz 2 und der Erbverzicht unter Pflichtteilsvorbehalt (entgegen § 2346 Abs. 1 Satz 2).[294] In den genannten Fällen macht es dabei keinen Unterschied, ob derjenige, dem der Erbanteil anfällt, durch die Ausschließung des Vorberechtigten erst zur Erbfolge berufen wird oder ob er den Erbteil im Wege der Erhöhung (§ 1935) hinzuerwirbt, oder bei der gewillkürten Erbfolge er ihn durch Anwachsung (§ 2094) oder Ersatzberufung (§ 2096) erwirbt.[295] Nach der Auslegungsregel des § 2320 Abs. 2 tritt im Zweifel diese Zuweisung der Pflichtteilslast im Innenverhältnis zu den Miterben auch bei dem ein, dem der Erblasser den gesetzlichen Erbteil des Pflichtteilsberechtigten durch Verfügung von Todes wegen zugewendet hat. Während das Schrifttum[296] weitgehend für die „Zuwendung des Erbteils des Pflichtteilsberechtigten" i.S.d. § 2320 Abs. 2 die bewusste und gewollte Ersetzung eines Pflichtteilsberechtigten durch Zuwendung des ihm vom Gesetz zugedachten Erbteils an eine oder mehrere andere Personen fordert, begnügt sich die Gerichtspraxis[297] meist damit, die im konkreten Fall tatsächlich angeordneten Erbquoten mit denen zu vergleichen, die sich bei der gesetzlichen Erbfolge ergeben hätten, und wendet, sofern hierbei jemand besser gestellt ist, als er bei der gesetzlichen Erbfolge stünde, zu seinen Lasten § 2320 Abs. 2 an.[298] Unklarheit besteht in der Literatur[299] auch hinsichtlich der Frage, ob der mit einem Vermächtnis (Auflage) beschwerte Miterbe auch eine ihm gem. § 2320 zusätzlich auferlegte Pflichtteilslast gem. § 2318 Abs. 1 verhältnismäßig auf seinen Vermächtnisnehmer (Auflagebegünstigten) abwälzen kann, oder ihm das nur bezüglich der ihm ohne diese Sondervorschrift obliegenden Pflichtteilslast möglich ist. Von Olshausen[300] kommt mit Recht zu dem aus § 2323 gewonnenen Ergebnis, dass das Gesetz für die Beteiligung eines Vermächtnisnehmers (Auflagebegünstigten) an der Pflichtteilslast grundsätzlich darauf abstellt, inwieweit der jeweils beschwerte Miterbe die Last im Innenverhältnis der Miterben zu tragen hat. Wenn somit der mit dem Vermächtnis (Auflage) beschwerte Miterbe nach § 2320 von der Pflichtteilslast frei wird, profitiert gem. § 2323 auch der ihn beschwerende Vermächtnisnehmer (Auflagebegünstigte) von dieser Freistellung. Umgekehrt hat er dann aber auch, sofern der beschwerte Miterbe gem. § 2320 eine erhöhte Pflichtteilslast zusätzlich zu tragen hat, sich an dieser gem. § 2318 Abs. 1 verhältnismäßig zu beteiligen. Sind alle Miterben mit dem Vermächtnis (Auflage) beschwert, so geht den Vermächtnisnehmer (Auflagebegünstigten) die interne Verteilung der Pflichtteilslast zwischen den Miterben gem. § 2320 nichts an,

[293] Siehe hierzu eingehend und mit Berechnungsbeispielen v. Olshausen MDR 1986, 89.

[294] Staudinger/Ferid/Cieslar § 2320 Rn 10ff.; Soergel/Dieckmann § 2320 Rn 2; MünchKomm/Lange § 2320 Rn 3.

[295] Höfer NJW 1961, 589; Palandt/Edenhofer § 2320 Rn 1.

[296] Siehe die Zitate bei v. Olshausen MDR 1986, 89, 90 Fn. 10.

[297] RG WarnR 1918 Nr. 77; RG DR 1941, 441, 442; BGH NJW 1983, 2378 = MDR 1983, 828f.

[298] v. Olshausen MDR 1986, 89, 90.

[299] Siehe die Zitate bei v. Olshausen MDR 1986, 89, 94.

[300] MDR 1986, 89, 96.

er hat sich nur gem. § 2318 Abs. 1 an der gesamten Pflichtteilslast zu beteiligen. Ist der Weggefallene der Ehegatte des Erblassers, kann bei der Zugewinngemeinschaft der Erbteil, den der Eintretende erhält, je nachdem die erbrechtliche oder die güterrechtliche Lösung gewählt wurde, verschieden sein.[301]

c) Abweichende Regelung der Pflichtteilslast durch den Erblasser

§ 2324 gibt dem Erblasser die Befugnis: 90

- die Pflichtteilslast im Verhältnis der Miterben zueinander von der gesetzlichen Regel abweichend zu regeln sowie;
- von den Vorschriften der §§ 2318 Abs. 1, 2319 Satz 2, 2320 bis 2323 abweichende Anordnungen zu treffen, nicht dagegen von den Bestimmungen der §§ 2318 Abs. 2, 3 und 2319 Satz 1.

Durch solche Anordnungen kann der Erblasser jedoch nur die Tragung der Pflichtteils- 91
last im Innenverhältnis zwischen Miterben, Vermächtnisnehmern und Auflagenbegünstigten gegenüber der dispositiven gesetzlichen Regelung ändern, so z.B. das Kürzungsrecht gegenüber Vermächtnisnehmern und Auflagebegünstigten erweitern, beschränken oder ganz ausschließen.[302] Er kann damit weder die Pflichtteilsansprüche nach §§ 2303, 2325 ff. ändern, noch in die eigenen Pflichtteilsrechte der Erben oder Vermächtnisnehmer eingreifen (§§ 2318 Abs. 2, 3, 2319 Satz 1). Die Anordnung des Erblassers muss durch Testament oder Erbvertrag getroffen werden.[303] Eine von der gesetzlichen abweichende Regelung der Pflichtteilslast kann auch stillschweigend aus dem Zusammenhang der Verfügung von Todes wegen geschlossen werden. Dazu bedarf es jedoch hinreichender Anhaltspunkte, die nach der in der Rechtsprechung herrschenden sog. Andeutungstheorie in der Verfügung selbst irgendwie – wenn auch nur unvollkommen – zum Ausdruck gekommen sein müssen.[304]

Fazit: Bei entsprechender Fallgestaltung sollte in die Verfügung von Todes wegen im- 92
mer ein Vermerk darüber aufgenommen werden, wer die Pflichtteilslast zu tragen hat.

6. Der Schutz des eigenen Pflichtteils des Bedachten[305]

Mit einer Reihe von Vorschriften sichert das Gesetz dem pflichtteilsberechtigten Be- 93
dachten sein eigenes Pflichtteilsrecht vor der **Überschwerung** mit Vermächtnissen, Auflagen und Pflichtteilslasten und setzt dadurch indirekt der Gestaltungsfreiheit des Erblassers Grenzen.

a) Der Schutz des Erbenpflichtteils

Der **eigene Pflichtteil des Allein- oder Miterben** vor der Überschwerung mit Ver- 94
mächtnissen oder Auflagen wird vor allem durch § 2306 Abs. 1 geschützt. Danach steht seit der Pflichtteilsreform **unabhängig von der Größe des ihm zugewandten Erbteils** dem pflichtteilsberechtigten Erben die Wahlmöglichkeit zu, den belasteten Erbteil anzunehmen oder ihn auszuschlagen und den Pflichtteil zu verlangen. Schlägt er in einem solchen Fall die Erbschaft **nicht aus,** treffen ihn grundsätzlich alle in § 2306 Abs. 1 Satz 1 aufgeführten Beschränkungen und Beschwerungen.[306] Allerdings kann er Vermächtnisse und Auflagen nach § 2318 Abs. 1 verhältnismäßig kürzen, so dass im Innenverhältnis die Vermächtnisnehmer bzw. die Auflagebegünstigten im Verhältnis ihrer Einsetzung die Pflichtteilslast zu tragen haben (siehe oben Rn 83). Bei dieser Kürzungsmöglichkeit verbleibt es, wenn der Erbe nicht selbst pflichtteilsberechtigt ist.

---

[301] RGRK/Johannsen § 2320 Rn 11 ff. und Mauch BWNotZ 1992, 146.
[302] RG WarnR 1927 Nr. 35; BGH WPM 1981, 335; OLG Stuttgart BWNotZ 1985, 88.
[303] MünchKomm/Lange § 2324 Rn 3.
[304] BGH FamRZ 1983, 692, 694.
[305] Siehe hierzu insbesondere Schlitt ZEV 1998, 91; Tanck ZEV 1998, 132.
[306] Kuchinke JZ 1986, 90; Schlitt ZEV 1998, 91.

b) Ist der Erbe oder Miterbe[307] selbst pflichtteilsberechtigt und

95 • **mit Vermächtnissen oder Auflagen beschwert und**

• **werden daneben auch noch fremde Pflichtteilsansprüche gegen ihn geltend gemacht,** findet **§ 2318 Abs. 3** Anwendung und er muss zwar die betreffenden Pflichtteilsansprüche erfüllen, kann aber grundsätzlich die ihn beschwerenden Vermächtnisse und Auflagen **wegen dieser Pflichtteilslast** mit der Formel unter Rn 83 kürzen.[308] Nach dem Wortlaut des § 2318 Abs. 3 könnte man dabei annehmen, dem Erben müsse in diesen Fällen stets sein voller Pflichtteilswert verbleiben und er könne insoweit die Vermächtnisse oder Auflagen kürzen. Dies würde jedoch in Widerspruch zu § 2306 Abs. 1 stehen, nach dem der Erbe, der das Erbe mit der Belastung angenommen hat, diese auch erfüllen muss. § 2318 Abs. 3 berechtigt deshalb den Erben nicht zur Kürzung der Vermächtnisse und Auflagen um seinen vollen Pflichtteil zu erhalten, sondern nur soweit durch den **fremden Pflichtteilsanspruch** („**wegen der Pflichtteilslast**") sein eigener Pflichtteil **zusätzlich** zu den Einbußen durch die Vermächtnisse und Auflagen beeinträchtigt würde.[309] Der eigene Pflichtteil wird dem pflichtteilsberechtigten Erben, sofern er in einem Fall des § 2306 Abs. 1 die Erbschaft **nicht ausschlägt,** nur in dem durch Vermächtnisse oder Auflagen bereits geminderten Umfang belassen. Dagegen kann sich der selbst pflichtteilsberechtigte Erbe **nur** durch Ausschlagung und anschließende Geltendmachung seines Pflichtteilsanspruchs nach § 2306 Abs. 1 wehren.[310]

Wenn er jedoch nicht ausschlägt **und** sein Pflichtteil **weiter dadurch beeinträchtigt wird, dass er dritte Pflichtteilsberechtigte zu befriedigen hat,** braucht er dies nicht zu dulden. Er kann vielmehr die **daraus entstehende Pflichtteilslast** vollständig auf die Vermächtnisse oder Auflagen abwälzen.[311]

96 In Formeln ausgedrückt bedeutet das, wenn:

E = Erbteilswert,
V = Vermächtnis- oder Auflagewert
ePf = eigener Pflichtteil
fPf = fremder Pflichtteil
K = Kürzungsbetrag gem. § 2318 Abs. 3.

- Wenn (E – V) – ePf größer als 0, dann nur verhältnismäßige Anrechnung gem. § 2318 Abs. 1, jedoch keine Sonderkürzung nach § 2318 Abs. 3. Wenn sich allerdings nach der verhältnismäßigen Kürzung nach § 2318 Abs. 1 zeigt, dass neben den vom Pflichtteilsberechtigten zu tragenden Beeinträchtigungen seines Pflichtteils durch Vermächtnisse und Auflagen eine weitere **durch einen fremden Pflichtteil** erfolgt, ist in einem weiteren Schritt wiederum § 2318 Abs. 3 anzuwenden, wobei dann allerdings nur der „**Pflichtteilskern**"[312] (E – V) geschützt wird.[313]
- Wenn dagegen (E – V) – ePf kleiner als 0, erfolgt Kürzung nur nach § 2318 Abs. 3, wobei der Kürzungsbetrag (K) gleich dem fremden Pflichtteil (fPf) ist, sofern fPf gleich oder kleiner als ePf ist und K = ePf, wenn fPf größer als ePf ist.

Zusammenfassung: Ist der Erbteil des selbst pflichtteilsberechtigten Erben mit Beschränkungen und Beschwerungen belastet und werden zusätzlich Pflichtteilsansprüche

---

[307] Nach dem BGHZ 95, 222/225 = NJW 1985, 2828/2829 = FamRZ 1985, 1023 ist § 2318 Abs. 3 auch bei Erbenmehrheit anwendbar; so jetzt auch MünchKomm/Lange § 2318 Rn 11; Tanck ZEV 1998, 134.

[308] BGHZ 95, 222/225 ff. = NJW 1985, 2828 = JZ 1986, 87 m. Anm. Kuchinke.

[309] BGH a. a. O. S. 227.

[310] BGHZ 95, 222/227 = NJW 1985, 2828 = FamRZ 1985, 1023; J. Mayer in Bamberger/Roth § 2318 Rn 9.

[311] RGRK/Johannsen § 2318 Rn 8.

[312] So Tanck ZEV 1998, 133.

[313] Staudinger/Ferid/Cieslar § 2318 Rn 33; Tanck ZEV 1998, 132/133; v. Olshausen FamRZ 1986, 524; J. Mayer in Bamberger/Roth § 2318 Rn 9.

Dritter geltend gemacht, dann sollte er, sofern seine Erbquote größer ist als sein Pflichtteil, zunächst § 2306 Abs. 1 BGB beachten und erst danach § 2318 Abs. 3.

Die Kürzungsregelung des § 2318 Abs. 3 ist entgegen einer weitverbreiteten Auffassung nicht nur bei einem Alleinerben anwendbar, sondern kommt auch Miterben zugute.[314] Die Vorschrift des § 2318 Abs. 3 ist gem. § 2324 nicht abdingbar.[315] Für den Umfang seines Pflichtteilsanspruchs trägt im Falle des § 2318 Abs. 3 der Erbe die Beweislast.[316] 97

Während § 2318 Abs. 3 den Erbenpflichtteil vor den Gefahren schützen will, die ihm aus dem Zusammentreffen von Pflichtteilslast und Vermächtnisbeschwerung drohen, schützt § 2319 den pflichtteilsberechtigten Miterben davor, dass er nach der Nachlassteilung gem. dem Grundsatz des § 2058 Abs. 1 Satz 1 für den ganzen Pflichtteilsanspruch eines anderen Pflichtteilsberechtigten haftet, obwohl er wertmäßig vielleicht nur einen gerade seinem Pflichtteil entsprechenden oder sogar darunter liegenden Teil des Nachlasses als Miterbe erhalten hat.[317] § 2319 gewährt ihm daher nach der Teilung das gem. § 2324 unabdingbare Leistungsverweigerungsrecht, die Befriedigung eines anderen Pflichtteilsberechtigten soweit zu verweigern, dass ihm sein eigener Pflichtteil verbleibt. Vor der Erbteilung gewährt dem Miterben die Einrede gem. § 2059 Abs. 1 Satz 1 Schutz.[318] Ein Alleinerbe kann nicht in diese Situation geraten, weil bei ihm die Summe aller Pflichtteile (einschließlich seines eigenen) höchstens die Hälfte des Nachlasswertes ausmachen kann.[319] Soweit das ausnahmsweise im Falle eines Pflichtteilsergänzungsanspruchs anders ist, wird der Alleinerbe durch den insoweit funktionsgleichen § 2328 geschützt.[320] Wie bei § 2318 Abs. 3 kann ein durch Vermächtnis oder Auflage überschwerter Miterbe durch die Einrede nach § 2319 nur den Teil seines eigenen Pflichtteils verteidigen, der der Differenz zwischen dem Wert seines Erbteils und dem Wert der ungekürzten Vermächtnisse oder Auflagen entspricht (E – V = Pflichtteilskern), da er mangels Ausschlagung auch ohne die Pflichtteilslast nicht mehr bekommen hätte.[321] Ist der Pflichtteil eines Miterben nicht nur durch eine über seinen quotenmäßigen Anteil an der Pflichtteilslast hinausgehende Inanspruchnahme mit fremden Pflichtteilsansprüchen gefährdet, sondern auch durch das Hinzutreten von Vermächtnissen (Auflagen), kommt neben § 2319 vorrangig auch § 2318 Abs. 3 zur Anwendung.[322] Für das Vorhandensein der Voraussetzungen der „rechtszerstörenden" Einrede des § 2319 trägt der in Anspruch genommene Erbe die Beweislast.[323] § 2319 war auch auf den Erbersatzanspruch sinngemäß anzuwenden (§ 1934 b Abs. 2 Satz 1) und galt bei dessen Entziehung auch für den sich dann ergebenden Pflichtteilsanspruch gem. § 2338 a a. F. [324] 98

[314] BGHZ 95, 222/226 = NJW 1985, 2828 = FamRZ 1985, 1023; Soergel/Dieckmann § 2318 Rn 5; Palandt/Edenhofer § 2318 Rn 5; MünchKomm/Lange § 2318 Rn 11; eingehend: v. Olshausen FamRZ 1986, 524/525; Tanck ZEV 1998, 134; a. M. d. h. wegen § 2319 Anwendung nur bei Alleinerben: Staudinger/Ferid/Cieslar § 2318 Rn 35; RGRK/Johannsen § 2318 Rn 9; Erman/Schlüter § 2318 Rn 3.

[315] MünchKomm/Lange § 2324 Rn 2; Soergel/Dieckmann § 2318 Rn 5; Palandt/Edenhofer § 2318 Rn 5; v. Olshausen FamRZ 1986, 524/526; a. M. wegen § 2306 Abs. 1 Satz 2 Staudinger/Ferid/Cieslar § 2324 Rn 3; Kipp/Coing § 12 II 2 d.

[316] Baumgärtel, Hdb. b. Beweislast, § 2318.

[317] BGHZ 95, 222/226; v. Olshausen FamRZ 1986, 524/525.

[318] v. Olshausen FamRZ 1986, 524/525.

[319] v. Olshausen FamRZ 1986, 524/525.

[320] BGHZ 95, 222/226; BGHZ 85, 274/285 ff.

[321] Soergel/Dieckmann § 2319 Rn 1, 2; v. Olshausen FamRZ 1986, 524/528; Palandt/Edenhofer § 2319 Rn 1; a. M. d. h. Einrede bis zum vollen eigenen Pflichtteil: Planck/Greiff § 2319 Anm. 1; Staudinger/Ferid/Cieslar § 2319 Rn 6; RGRK/Johannsen § 2319 Rn 2.

[322] BGHZ 95, 222/226 f.; v. Olshausen FamRZ 1986, 524/527.

[323] Staudinger/Ferid/Cieslar § 2319 Rn 5.

[324] Palandt/Edenhofer § 2319 Rn 1.

99 Ist einem pflichtteilsberechtigten Erben eine unbeschwerte und unbeschränkte (sonst § 2306) Erbquote zugewandt, die jedoch hinter seiner Pflichtteilsquote zurückbleibt, steht ihm gem. § 2305 ein **Pflichtteilsrestanspruch** hinsichtlich der Differenz zu. Aber auch wenn bei einem Abkömmling des Erblassers die Erbquote höher ist, aber der Wert dieses Erbteils unter Berücksichtigung einer im Falle des Eintritts der gesetzlichen Erbfolge bei anderen Abkömmlingen bestehenden Ausgleichungspflichten gem. §§ 2050 ff. hinter dem Wert seines Pflichtteils zurückbleiben würde, kann der Abkömmling gem. § 2316 Abs. 2 in Abweichung von der bei der Pflichtteilsberechnung sonst anzuwendenden Quotentheorie von seinen Miterben den Differenzbetrag zwischen dem (höheren) Ausgleichungspflichtteil und dem (niedrigeren) Erbteil als Pflichtteilsrestanspruch verlangen.[325]

c) Der Schutz des Pflichtteils des Vermächtnisnehmers

100 Ein Pflichtteilsberechtigter Vermächtnisnehmer wird durch § 2307 dagegen geschützt, dass ihm wertmäßig ein geringeres Vermächtnis zugewandt wird, als der Wert seines Pflichtteils beträgt (oben Rn 24). Da den Vermächtnisnehmer keine Pflichtteilslast trifft, ist ein Schutz seines Pflichtteils gegen fremde Pflichtteilsansprüche wie beim pflichtteilsberechtigten Erben nicht notwendig. Wohl ist dieser Schutz jedoch gegen die verhältnismäßige Kürzung seines Vermächtnisses wegen der Pflichtteilslast des Erben gem. § 2318 Abs. 1 nötig. Nach der gem. § 2324 nicht abdingbaren Vorschrift des § 2318 Abs. 2 ist deshalb das einem selbst pflichtteilsberechtigten Vermächtnisnehmer zugewandte Vermächtnis bis zur Höhe seines Pflichtteilsanspruchs nicht gem. § 2318 Abs. 1 kürzungsfähig, sondern nur hinsichtlich des Mehrbetrages. Beträgt in solchen Fällen der Wert des Vermächtnisses mehr als der des Pflichtteils, ist zur Berechnung des Kürzungsbetrages das Vermächtnis mit seinem vollen Wert bei der Berechnung gem. § 2318 Abs. 1 einzusetzen, also nicht nur in Höhe des Pflichtteils. Der so erhaltene Kürzungswert ist danach soweit zu kürzen, dass dem pflichtteilsberechtigten Vermächtnisnehmer der Wert seines Pflichtteils verbleibt.[326] Treffen ein pflichtteilsberechtigter Vermächtnisnehmer (§ 2318 Abs. 2) und ein pflichtteilsberechtigter Erbe (§ 2318 Abs. 3) zusammen, geht das Pflichtteilsrecht des Erben vor.[327]

7. Folgerungen für die Beurkundungspraxis

101 • Mögliche Pflichtteilsansprüche sind bei jeder Gestaltung einer Verfügung von Todes wegen in die Überlegungen einzubeziehen. Sie gehen zwar nur auf den halben gesetzlichen Erbteil, bemessen sich aber aus den vollen Verkehrswerten der Nachlassgegenstände und ihre Zahlung kann grundsätzlich sofort nach dem Erbfall verlangt werden. Besteht der Nachlass im Wesentlichen nicht aus Barvermögen, sondern in langfristig fest angelegten Vermögenswerten, insbesondere Immobilien, können Pflichtteilsansprüche den Erben in erhebliche Liquiditätsschwierigkeiten bringen und ihn zur Kreditaufnahme zu vielleicht hohen Kapitalmarktzinsen oder zur Veräußerung von Nachlassgegenständen zur Unzeit zwingen. Hat ein pflichtteilsberechtigter Erbe die Möglichkeit ohne Einbußen seinen Erbteil auszuschlagen und dafür seinen Pflichtteil zu verlangen, besteht zudem immer die Gefahr, dass er sich den Mühen und Lasten der Erbenstellung entzieht und sich auf die zwar weniger einflussreiche und gesicherte, aber dafür auch ungleich bequemere und verantwortungslosere Stellung eines kapitalistischen Geldgläubigers[328]

[325] MünchKomm/Lange § 2326 Rn 19.

[326] MünchKomm/Lange § 2318 Rn 5; Kipp/Coing § 12 II 2c; RGRK/Johannsen § 2318 Rn 7; a. A. Planck/Greiff § 2318 Anm. 3.

[327] Soegel/Dieckmann § 2318 Rn 5; RGRK/Johannsen § 2318 Rn 8; ders. WPM 1970, 241; Palandt/Edenhofer § 2318 Rn 6; Erman/Schlüter § 2318 Rn 3; Staudinger/Ferid/Cieslar § 2318 Rn 37; a. M. d. h. Vorrang des Vermächtnisnehmers: MünchKomm/Lange § 2318 Rn 10.

[328] Staudinger/Boehmer, 11. Aufl., Einl. § 17 Rn 20.

zurückzieht. Obwohl die Rechtswirkungen nicht unmittelbar mit der Errichtung der Verfügung von Todes wegen eintreten, sondern erst mit dem Erbfall, hat der Notar bei ihrer Beurkundung auf die möglichen Ansprüche übergangener Pflichtteilsberechtigter hinzuweisen.[329] Bei den Gestaltungsüberlegungen sollte man daher, wenn beim Erbfall mit Pflichtteilsberechtigten zu rechnen ist, solche Ansprüche möglichst dadurch zu vermeiden trachten, dass man für die Berechtigten Zuwendungen in solcher Höhe und in solcher erbrechtlichen Form vorsieht, dass sie den Pflichtteil nicht ohne eigene Nachteile verlangen können.

Durch die Pflichtteilsrechtsreform ist die Differenzierung zwischen pflichtteilsunter- und pflichtteilsüberschreitenden Zuwendung und damit auch die Wertgrenze des § 2306 Abs. 1 Satz 1 BGB a. F. beseitigt mit dem gefährlichen automatischen Wegfall der Beschränkungen und Beschwerungen.[330] **102**

Wenn der dem Pflichtteilsberechtigten zugewandte Erbteil mit Beschränkungen oder Beschwerungen belastet ist muss sich der Erbe künftig entscheiden: **103**

- Behält er den Erbteil, dann erbt er die Beschränkungen und Beschwerungen mit, sie fallen nicht mehr weg. **104**
- Schlägt er aus, verliert er alle Vorteile seiner Erbenstellung und wird ein reiner Nachlassgläubiger.[331] **105**

Keine Hilfe bietet die **sog. socinischen Klausel** (nach dem im 15. Jahrhundert lebenden Juristen Marianus Socinus dem Jüngeren) nach der der Erblasser im Testament den mit den Beschränkungen oder Beschwerungen belasteten Erben vor **die Wahl stellt,** entweder den ihm zugewendeten Erbteil mitsamt den Beschränkungen oder Beschwerungen anzunehmen oder auszuschlagen und den Pflichtteil zu verlangen.[332] Bedingt für den Fall, dass er ausschlägt, setzt ihn der Erblasser nochmals zum Erben ein, aber nur mit der Erbquote, die seinem Pflichtteil entspricht. Dies in der Hoffnung, dass der Bedachte nicht in die Erbengemeinschaft eingebunden werden will. Der BGH[333] hat die socinische Klausel jedoch als unwirksam abgelehnt, da ihr § 2306 Abs. 1 als Schutzvorschrift zugunsten der Pflichtteilsberechtigten und zwingendem Recht entgegenstehe. Wirklich pflichtteilssicher ist somit nur die Einsetzung der Pflichtteilsberechtigten zu unbeschränkten und unbeschwerten Erbquoten, die gleich oder größer sind als ihre Pflichtteilsquoten. Gegenüber dem überlebenden Ehegatten in Zugewinngemeinschaft gibt es dagegen keine pflichtteilssichere Verfügung von Todes wegen. **106**

Bei der betragsmäßigen Berechnung des Pflichtteilsanspruchs kann nicht einfach der dem Pflichtteilsberechtigten bei Eintritt der gesetzlichen Erbfolge als Erbteil am vorhandenen Reinnachlass zustehende Betrag halbiert werden, da bei der Pflichtteilsberechnung nicht sämtliche Nachlassverbindlichkeiten abziehbar sind, die den Erbteil mindern.[334] Ferner können Anrechnungs- und Ausgleichungsverpflichtungen zu berücksichtigen sein. **107**

8. Übersicht über die Pflichtteilsrechte von Erben und Vermächtnisnehmern

Pflichtteilsansprüche kommen grundsätzlich nur in Betracht, wenn ein Pflichtteilsberechtigter, d. h. Abkömmlinge, Ehegatte, oder, sofern nicht durch Abkömmlinge ausge- **108**

---

[329] Pagendarm DRiZ 1959, 133; Scheffler MittRhNotK 1967, 427; Reithmann DNotZ 1969, 70, 81; Reithmann/Röll/Geßele, Handbuch der notariellen Vertragsgestaltung 5. Aufl., Rn 706; Dittmann/Reimann/Bengler, Testament und Erbvertrag, 2. Aufl., § 17 BeurkG Rn 10.

[330] J. Mayer ZEV 2010, 2.

[331] Staudinger/Ferid/Cieslar § 2307 Rn 12; MünchKomm/Lange § 2307 Rn 14; Soergel/Dieckmann § 2307 Rn 6; BGHZ 80, 263 = NJW 1981, 1837, 1838.

[332] J. Mayer ZEV 2010, 2, 3.

[333] BGHZ 120, 96 = NJW 1993, 1005 = DNotZ 1993, 810; MünchKomm/Lange § 2306 Rn 12; Palandt/Edenhofer § 2306 Rn 10; Schubert JR 1993, 368; Schlitt, Klassische Testamentsklauseln, S. 80; a. M. Kanzleiter DNotZ 1993, 780.

[334] BGH Rpfleger 1987, 501; siehe oben Rn 47.

schlossen, Elternteil des Erblassers von der Erbfolge **gänzlich ausgeschlossen** ist (§ 2303 Abs. 1 BGB). Die Fälle und ihre Voraussetzungen in denen der Berechtigte, obwohl nicht völlig von der Erbfolge ausgeschlossen, trotzdem den Pflichtteil verlangen kann, sind im Folgenden dargestellt.

Der Pflichtteilsberechtigte hat durch Verfg. v. Todes wegen erhalten:	**Um mehr zu erhalten, muss er unternehmen:** als Ehegatte des Erblassers im ges. Güterstand (Zugewinngemeinschaft):	**als sonstiger Pflichtteilsberechtigter:**
1. Einen Erbteil der ***gleich oder größer*** ist als sein Pflichtteil sowie unbeschränkt und unbeschwert	Wahl: a) Annahme b) Ausschlagung, dann kleiner Pflichtteil = aus der ges. Erbquote ohne Zugewinnviertel (§ 1371 Abs. 3 BGB) u. zusätzlich der güterrechtliche Zugewinnausgleich (§ 1372 BGB)	Nichts! Bei Ausschlagung würde er jeden erbrechtlichen Anspruch verlieren (BGHZ 28, 177), ausgenommen einem evtl. Pflichtteilsergänzungsanspruch
2. Einen Erbteil ***kleiner*** als sein Pflichtteil, sowie unbeschränkt und unbeschwert –	Wahl: a) Annahme u. Forderung des Pflichtteilsrestanspruchs (Zusatzpflichtteil) gem. § 2305 BGB berechnet aus dem großen Pflichtteil = ges. Erbteil + Zugewinnviertel b) Ausschlagung, dann kleiner Pflichtteil + güterrechtlicher Zugewinnausgleich	Geltendmachung des Pflichtteilsrestanspruchs (§ 2305 BGB) = Differenzbetrag zwischen dem Wert der zugewandten Erbquote und dem Wert des Pflichtteils unter Berücksichtigung der Anrechnungen und Ausgleichungen und evtl. Vermächtnisse. Bei Ausschlagung erhält er **nur** diesen Pflichtteilsrestanspruch (RGZ 93, 3/9; BGH NJW 1973, 995, 996)
3. Erbteil ***gleich oder kleiner*** als sein Pflichtteil und **beschränkt durch Nacherbschaft, Testamentsvollstreckung od. Teilungsanordnung od. beschwert mit Vermächtnis od. Auflage** (§ 2306 Abs. 1) oder der. Pflichtteilsberechtigte ist zu dem Erbteil bloß als Nacherbe eingesetzt (§ 2306 Abs. 2)	Wahl: a) Annahme mit Beschränkung u. Belastung (§ 2306 Abs. 1). Dazu kommt evtl. ein Zusatzpflichtteil (§ 2305 BGB) b) Ausschlagung, dann kleiner Pflichtteil +	Wahl: a) Annahme mit Beschränkung u. Beschwerung, sowie Zusatzpflichtteil (§ 2305 BGB) b) Ausschlagung, dann voller Pflichtteil (§ 2306 Abs. 1 BGB n.F.).

Der Pflichtteilsberechtigte hat durch Verfg. v. Todes wegen erhalten:	**Um mehr zu erhalten, muss er unternehmen:**	
	als Ehegatte des Erblassers im ges. Güterstand (Zugewinngemeinschaft):	**als sonstiger Pflichtteilsberechtigter:**
	güterrechtlicher Zugewinnausgleich	
4. Erbteil ***größer*** als sein Pflichtteil aber **beschränkt** durch Nacherbschaft, Testamentsvollstreckung oder Teilungsanordnung oder **beschwert** mit Vermächtnis oder Auflage (§ 2306 Abs. 1 BGB) oder der Pflichtteilsberechtigte ist zu dem Erbteil nur als Nacherbe eingesetzt (§ 2306 Abs. 2 BGB)	Wahl: a) Annahme mit Beschränkung u. Belastung (§ 2306 Abs. 1 BGB) b) Ausschlagung, dann kleiner Pflichtteil + güterrechtlicher Zugewinnausgleich (BGHZ 42, 142)	Wahl: a) Annahme mit Beschränkung u. Beschwerung b) Ausschlagung, dann voller Pflichtteil (§ 2306 Abs. 1 BGB n.F.).
5. Nur ein **Vermächtnis**	Wahl: a) Annahme	Wahl: a) Annahme
a) unabhängig von dessen Wert	b) Ausschlagung, dann kleiner Pflichtteil + güterrechtlicher Zugewinnausgleich (§ 1371 Abs. 3 BGB)	b) Ausschlagung, dann Pflichtteil (§ 2307 Abs. 1 Satz 3 BGB)
b) wenn der Wert des Vermächtnisses **kleiner** ist als der Wert des Pflichtteils	a) Annahme u. Forderung des Pflichtteilsrestanspruchs = Wertdifferenz zwischen Vermächtnis u. dem großen Pflichtteil ohne Abzug von Beschränkungen u. Beschwerungen (§ 2307 Abs. 1 Satz 2 BGB) b) Ausschlagung, dann kleiner Pflichtteil + güterrechtlicher Zugewinnausgleich (§ 1371 Abs. 3 BGB)	Wahl: a) Annahme u. Forderung des Pflichtteilsrestanspruchs = Differenz zwischen Wert des Vermächtnisses ohne Abzug seiner Beschränkungen u. Beschwerungen u. dem Pflichtteil (§ 2307 Abs. 1 Satz 2 BGB) b) Ausschlagung, dann Pflichtteil (§ 2307 Abs. 1 Satz 1 BGB)
6. **Neben** einer Erbquote ein Vermächtnis	In diesen Fällen muss zunächst durch Zusammenrechnen des Wertes des Erbteils und des Vermächtnisses eine neue Quote gebildet werden mit der dann die Zif-	

Der Pflichtteilsberechtigte hat durch Verfg. v. Todes wegen erhalten:	Um mehr zu erhalten, muss er unternehmen: als Ehegatte des Erblassers im ges. Güterstand (Zugewinngemeinschaft):	als sonstiger Pflichtteilsberechtigter:
	fern 1–5 anwendbar sind.[335]	

109 **II. Der außerordentliche Pflichtteil (Pflichtteilsergänzungsanspruch wegen Schenkungen)[336]**

1. Zweck und Anspruchsinhalt

110 Das Pflichtteilsrecht will den nächsten Angehörigen des Erblassers einen Mindestanteil am Nachlass sichern. Da sich der Pflichtteil nach dem Wert und Bestand des Nachlasses zum Zeitpunkt des Erbfalls richtet (§ 2311), könnte ihn der Erblasser durch unentgeltliche Zuwendungen unter Lebenden ganz erheblich verringern und sogar auf Null reduzieren. Die Ausgleichspflicht gem. § 2316 hilft dagegen nicht, da sie die Pflichtteilsansprüche nur aus dem vorhandenen Nachlass ausgleicht und auch nur zwischen Abkömmlingen des Erblassers anwendbar ist. Deshalb soll der Pflichtteilsergänzungsanspruch gem. §§ 2325 ff. für solche Fälle einen Ausgleich schaffen. Der Pflichtteilsberechtigte darf danach nicht dadurch benachteiligt werden, dass der Erblasser durch Schenkungen (siehe dazu unten Rn 112) unter Lebenden sein Vermögen schmälert, und zwar ohne Rücksicht auf den Umfang der Schenkungen und, anders als bei § 2287, unbeschadet ob der Erblasser eine Benachteiligung des Pflichtteilsberechtigten beabsichtigt hat.[337] Dabei bleiben allerdings Schenkungen, die beim Erbfall länger als 10 Jahre zurückliegen, außer Betracht (siehe dazu unten Rn 145). Diese zeitliche Schranke besteht nicht bei Schenkungen gegenüber dem Ehegatten, da für sie die Zehnjahresfrist nicht vor der Auflösung der Ehe durch Tod, Scheidung usw. zu laufen beginnt (§ 2325 Abs. 3). Unberücksichtigt bleiben Pflicht- und Anstandsschenkungen (§ 2330). Der Wert der Schenkung wird dem realen Nachlass hinzugerechnet und aus dem so erhöhten fiktiven Nachlass der Pflichtteil berechnet.

111 Die Differenz zwischen diesem fiktiven Pflichtteil und dem auf Grund des vorhandenen Nachlasses errechneten, kann der Pflichtteilsberechtigte als Ergänzung seines ordentlichen Pflichtteils verlangen. Es handelt sich somit um einen von dem nach §§ 2303, 2315, 2316 zu berechnenden ordentlichen Pflichtteil **verschiedenen, selbständigen** und gegebenenfalls zu ihm ergänzend hinzutretenden Anspruch,[338] für den die Vorschriften über den ordentlichen Pflichtteilsanspruch gelten.[339] Er setzt nicht voraus, dass zunächst ein Anspruch auf den ordentlichen Pflichtteil gem. § 2303 besteht.[340] Der Pflichtteilsergänzungsanspruch kann auch bestehen, wenn der Berechtigte gesetzlicher oder gewillkürter Mit- oder Alleinerbe geworden ist (§ 2326) und auch, wenn er die Erbschaft ausgeschlagen hat.[341] Schuldner des Pflichtteilsergänzungsanspruchs ist regelmäßig der Erbe

[335] Im Einzelnen siehe *J. Mayer* in Bamberger/Roth § 2307 Rn 8 ff.
[336] Cornelius, Der Pflichtteilsergänzungsanspruch, Diss. Bayreuth, 2004.
[337] RGZ 80, 135.
[338] BGH NJW 1973, 995 = LM § 2325 Nr. 9 = WPM 1973, 976; BGHZ 103, 333 = NJW 1988, 1667 = FamRZ 1988, 716; v. Lübtow, ErbR, 1. Bd. S. 595; RGRK/Johannsen § 2325 Rn 3; MünchKomm/Lange, § 2325 Rn 4.
[339] RG LZ 1925, 1071.
[340] BGH a. a. O.
[341] BGH LM § 2325 Nr. 9 = NJW 1973, 995, 996 = MDR 1973, 750; MünchKomm/Lange, § 2326 Rn 4; Steiner MDR 1997, 906.

(§ 2325) (siehe unten Rn 157) und nur ausnahmsweise der Beschenkte, wenn und soweit der Erbe zur Ergänzung des Pflichtteils nicht verpflichtet ist (§ 2329) (siehe unten Rn 159). Der Pflichtteilsergänzungsanspruch ist wie der ordentliche Pflichtteil vererblich und übertragbar (§ 2317 Abs. 1) und im Rahmen des § 852 Abs. 2 ZPO auch pfändbar und zwar als bedingter Anspruch auch bevor er anerkannt oder rechtshängig geworden ist (siehe oben Rn 4).

2. Nachlassminderung durch Schenkung des Erblassers

a) Schenkungsbegriff

Schenkungen i.S. des § 2325 Abs. 1 sind nach der h.M.[342] nur solche i.S. von § 516 Abs. 1, d.h. es müssen vorliegen: 112

- eine objektiv unentgeltliche Zuwendung an einen anderen aus dem gegenwärtigen (§ 517) Vermögen des Schenkers, das ihn entreichert und den Beschenkten bereichert und
- die **subjektive Einigung** von Schenker und Beschenkten über die **Unentgeltlichkeit** dieser Zuwendung. Kraft der Privatautonomie steht es den Parteien nämlich frei, auch eine objektiv wesentlich geringere Gegenleistung subjektiv nach als gleichwertig anzusehen (**Prinzip der subjektiven Äquivalenz**).[343]

Die geforderte Einigung über die Unentgeltlichkeit ist ein Vertrag[344] und betrifft den Rechtsgrund der Zuwendung, d.h. dass und warum der Empfänger die Zuwendung behalten darf. Die Einigkeit über die Unentgeltlichkeit kann sich auch nur auf einen Teil der Zuwendung beziehen (**gemischte Schenkung**). Der Gesetzgeber hat der Schenkung somit einen geringeren Wert beigemessen als dem Pflichtteil,[345] aber eben nur der Schenkung i.S. des § 516 Abs. 1. Andere nachlassverringernde Zuwendungen des Erblassers lösen keinen Pflichtteilsergänzungsanspruch aus.[346] Der Schutz des Pflichtteilsberechtigten gegen eine Verringerung des Nachlasses zu Lebzeiten des Erblassers ist nicht absolut. Nach der durch die Entscheidung des IV. Senats des BGH vom 21. 6. 1972[347] nur hinsichtlich der Beweisanforderungen (**tatsächliche Vermutung**) aufgegebenen Entscheidung des V. Senats des BGH vom 9. 11. 1960,[348] können die Vertragsparteien bei einem Austauschvertrag die beiderseitigen Leistungen grundsätzlich frei bewerten, so dass es selbst bei einem Missverhältnis zwischen beiden an einer Einigung über die Unentgeltlichkeit fehlen kann. Dieses Prinzip wird jedoch von der Rechtsprechung eingeschränkt, wenn „ein auffallendes, grobes Missverhältnis" zwischen den wirklichen Werten von **Leistung und Gegenleistung** festzustellen ist[349] und wobei hierfür der Zeitpunkt der Zuwendung maßgebend ist.[350] Dann besteht eine Beweiserleichterung in Form einer der der Lebenserfahrung entsprechenden tatsächlichen Vermutung für eine Einigung der Beteiligten über eine teilweise Unentgeltlichkeit der Zuwendungen des Erblassers. Neuerdings lässt der BGH ein „objektiv über ein geringes Maß deutlich hinausgehende Missverhältnis zwi- 113

[342] RGZ 128, 187, 188f.; RG JW 1931, 1356; BGH NJW 1955, 1185; BGH NJW 1961, 604 = LM § 2325 Nr. 1; BGH FamRZ 1961, 272; BGH RdL 1965, 180; BGHZ 59, 132, 135 = NJW 1972, 1709 = DNotZ 1973, 426 = Anm. Johannsen in LM § 2325 Nr. 7.
[343] BGHZ 59, 132, 135; BGHZ 82, 274, 281; BGH NJW-RR 1986, 1135; BGH WPM 1990, 1790, 1791; MünchKomm/Kollhosser, 3. Aufl., § 516 Rn 23.
[344] Spellenberg FamRZ 1974, 350, 352 m.w.N.
[345] BGH DNotZ 1983, 112.
[346] BGH NJW 1961, 604, 605; Spellenberg FamRZ 1974, 350, 359.
[347] BGHZ 59, 132, 136f. = NJW 1972, 1709.
[348] BGH NJW 1961, 604, 605 = LM 2325 Nr. 1.
[349] BGHZ 59, 132, 136; BGHZ 82, 274, 281; BGHZ 116, 178, 183 = NJW 1992, 558, 559; BGH NJW-RR 1989, 706; MünchKomm/Kollhosser, 3. Aufl., § 516 Rn 24.
[350] BGH NJW 1981, 2458 unter II.

schen Leistung und Gegenleistung" genügen.[351] Nach Kerscher/Riedel/Lenz, Pflichtteilsrecht, 3. Aufl. 2002 § 9 Rn 24 sollte schon ein objektiv nicht vorhandener Mehrwert von 20 bis 25% die Beweislastregelung auslösen.

b) Missverhältnis von Leistung und Gegenleistung

114 Da derjenige, der einen Pflichtteilsergänzungsanspruch geltend macht, den Schenkungscharakter der Zuwendung, ihren Wert und den maßgebenden Zeitpunkt beweisen muss,[352] hat er zu beweisen, dass sich die Vertragspartner über die Unentgeltlichkeit der Zuwendung einig gewesen sind. Dabei gewährte die Rechtsprechung[353] früher dem Pflichtteilsberechtigten keinerlei Erleichterung und zog nur die auch heute noch bestehende Grenze, dass die Bewertung der Leistungen durch die Vertragspartner für die Frage der Unentgeltlichkeit nicht auf Willkür beruhen darf. Seit der Grundsatzentscheidung des IV. Senats des BGH vom 21. 6. 1972[354] gewähren Rechtsprechung[355] und Lehre[356] dem Anspruchsteller hinsichtlich des subjektiven Tatbestands der Einigkeit der Vertragspartner über die Unentgeltlichkeit der Zuwendung bei objektivem Vorliegen eines auffallend groben Missverhältnisses (**bei der Grundsatzentscheidung des BGH waren es immerhin 30%**) zwischen dem wirklichen Wert der beiderseitigen Leistungen eine Beweiserleichterung in Form einer tatsächlichen Vermutung dahin, dass die Vertragspartner das Missverhältnis erkannt haben und sich in Wahrheit über die Unentgeltlichkeit der Zuwendung des Mehrbetrages einig waren, der sich bei einer verständigen und nach den Umständen vertretbaren Bewertung der beiderseitigen Leistungen ergeben hätte. Es ist dann Sache des Erben, Tatsachen vorzutragen und zu beweisen, die geeignet sind, das Missverhältnis trotzdem zu rechtfertigen. Ein auffallendes Missverhältnis der beiderseitigen Leistungen führt somit nicht zu einer Beweislastumkehr,[357] die zu einer Verurteilung der Erben führen würde, wenn die Frage der Einigung über die Unentgeltlichkeit nicht aufgeklärt werden kann. Ein non liquet insoweit geht nach wie vor zu Lasten des Anspruchstellers.[358] Auf die Bewertung von Leistung und Gegenleistung, d.h. das Vorliegen des groben Missverhältnisses bezieht sich die vom BGH gewährte Beweiserleichterung nicht, insoweit trägt der Pflichtteilsberechtigte die volle Beweislast.[359] Für die Frage, ob und inwieweit in einem gegenseitigen Vertrag eine Schenkung enthalten ist, kommt es auf die Bewertung der beiderseitigen Leistungen im Zeitpunkt der Zuwendung an.[360] Bei der **Bewertung der Gegenleistung** kann die Bewertung der einzelnen Komponenten gemäß **§ 287 Abs. 2 ZPO** vom Richter unabhängig von der Beweislast und den angetretenen Beweisen in freier Beweiswürdigung auf Grund seiner **pflichtgemäßen Überzeugung** vorgenommen werden, wenn die völlige Aufklärung zu schwierig und der Streit geringfügig ist.[361]

---

[351] BGH NJW 1995, 1349 = DNotZ 1996, 640; auch BGHZ 87, 980; aber BGH ZEV 1996, 197.

[352] BGHZ 89, 26; BGH FamRZ 1981, 765; Baumgärtel, Hdb. d. Beweislast, Bd. 2, § 2325 Rn 1.

[353] RGZ 163, 257, 259; BGH NJW 1961, 604 = LM § 2325 Nr. 1.

[354] BGHZ 59, 132, 136 = NJW 1972, 1709 = DNotZ 1973, 426 = Anm. Johannsen in LM § 2325 Nr. 7.

[355] BGH WPM 1981, 909 = NJW 1981, 2458; BGHZ 82, 274, 281 = NJW 1982, 43; BGH NJW 1982, 2497 = DNotZ 1983, 187 m. Anm. Wolfsteiner; BGH NJW 1984, 487, 489; KG OLGZ 1974, 257, 259.

[356] RGRK/Johannsen § 2325 Rn 23; MünchKomm/Lange § 2325 Rn 12; Soergel/Dieckmann § 2325 Rn 6; Staudinger/Ferid/Cieslar § 2325 Rn 9; Palandt/Edenhofer § 2325 Rn 8 u. 20.

[357] BGH WPM 1973, 680, 681.

[358] Baumgärtel, Hdb. d. Beweislast, Bd. 2, § 2325 Rn 13.

[359] BGH NJW 1981, 2458, 2459 = WPM 1981, 909; Schlüter, ErbR. 12. Aufl., § 47 II 1 a.

[360] Staudinger/Ferid/Cieslar § 2325 Rn 4; MünchKomm/Lange § 2325 Rn 13; RG JW 1916, 117; BGH NJW 1964, 1323; BGH FamRZ 1981, 765, 766f.

[361] LG Osnabrück NJW-RR 1992, 453.

c) Einzelfälle

aa) Gemischte Schenkungen. Gemischte Schenkungen sind Zuwendungen, die zum Teil durch Gegenleistungen des Beschenkten aufgewogen werden und wobei zwischen den Vertragspartnern Einigkeit darüber besteht, dass der überschießende Wert unentgeltlich gegeben wird.[362] Grundstücksübertragungsverträge (**Übergabeverträge**) mit den üblichen Gegenleistungen, wie die Einräumung eines Wohnungsrechts, Pflegerechts, Rentenrechts, Nießbrauchs, Schuldübernahme, Abfindungszahlungen usw., werden z. B. von der Rechtsprechung[363] grundsätzlich als gemischte Schenkungen beurteilt. Nach der hierbei angewandten Trennungstheorie ist nur der überschießende Wert als Schenkung anzusehen und im Rahmen des § 2325 zur Ergänzung heranzuziehen.[364] Bei der Berechnung der Gegenleistungen, die der Empfänger der gemischten Schenkung zu erbringen hat, sind nicht nur diejenigen zu berücksichtigen, die dem Schenker unmittelbar, sondern auch solche, die auf seine Veranlassung einem Dritten zu erbringen sind.[365] Die Bewertungen der Vertragspartner müssen anerkannt werden, wenn sie unter Berücksichtigung des Verwandtschaftsverhältnisses noch in einem vernünftigen Rahmen bleiben.[366] Verwandtschaftliche oder freundschaftliche Beziehungen zwischen Veräußerer und Erwerber sowie die Erwartung des Veräußerers, vom Erwerber gepflegt zu werden, ändern am Verkehrswert des hingegebenen Gegenstandes und infolgedessen an einem etwaigen Mehrwert und der sich daraus ergebenden objektiven Bereicherung nichts; sie können jedoch ein Anzeichen dafür sein, dass die Vertragsparteien trotz Ungleichwertigkeit von Leistung und Gegenleistung nicht den Willen zur (gemischten) Schenkung, sondern zu einem (voll) entgeltlichen Geschäft hatten (Freundschaftspreis).[367] Eine willkürliche Bemessung von Leistung und Gegenleistung wird jedoch nicht anerkannt[368] und ein objektiv grobes Missverhältnis zwischen Leistung und Gegenleistung spricht zugunsten des Pflichtteilsberechtigten (tatsächliche Vermutung, keine Beweislastumkehr!) für die Einigkeit über die Unentgeltlichkeit.[369] 115

Bei der **Bewertung** von die Schenkung zumindest teilweise ausschließenden **Gegenleistungen** bei **gemischten Schenkungen** sind insbesondere auch die vom Schenker vorbehaltenen dinglichen oder schuldrechtlichen Nutzungsrechte und vom Beschenkten übernommene zeitliche oder lebenslange Pflege- und Rentenverpflichtungen zu berücksichtigen.[370] 116

Nach der überwiegenden Meinung richtet sich die **Bewertung** nach den Wertverhältnissen zum Zeitpunkt der Schenkung unter Berücksichtigung des Kaufkraftschwundes, **unabhängig von der späteren tatsächlichen Entwicklung,** z. B. dem nicht vorhersehbaren baldigen Tod des Berechtigten (**abstrakte Berechnung**),[371] d. h. die Berechnung erfolgt 117

---

[362] Palandt/Weidenkaff § 516 Rn 13.
[363] BGH NJW 1964, 1323; BGH NJW 1965, 1526; BGHZ 30, 120; BGHZ 59, 132, 135; BGH FamRZ 1967, 214; BGH FamRZ 1974, 215; BGH FamRZ 1974, 650; BGH NJW 1975, 1832.
[364] Staudinger/Ferid/Cieslar § 2325 Rn 9; Palandt/Edenhofer § 2325 Rn 20; BGH NJW-RR 1990, 1158, 1159; a. M. Soergel/Dieckmann § 2325 Rn 19.
[365] BGH DNotZ 1983, 187 m. Anm. Wolfsteiner = NJW 1982, 2497.
[366] BGH NJW 1961, 604 = LM § 2325 Nr. 1.
[367] BGH FamRZ 1964, 429.
[368] BGH NJW 1961, 604 = LM § 2325 Nr. 1.
[369] BGHZ 59, 132 = NJW 1972, 1709.
[370] BGH WPM 1979, 442, 443.
[371] BGHZ 82, 274, 278 unter Hinweis auf BGHZ 65, 75, 77 = für § 2325; BGH NJW-RR 1996, 705 = FamRZ 1997, 416; Spellenberg NJW 1986, 2531, 2535; OLG Hamburg FamRZ 1992, 228, 230; OLG Oldenburg NJW-RR 1997, 263 = MittBayNot 1997, 183; OLG Düsseldorf DNotZ 1996, 652, 655 = MittBayNot 1996, 203; OLG Köln MittRhNotK 1995, 186; RGRK/Johannsen § 2325 Rn 22; Staudinger/Ferid/Cieslar § 2325 Rn 76; Behmer FamRZ 1994, 1375; Reiff ZEV 1998, 241, 246 f., der mit Recht darauf hinweist, dass sonst die Einigung über die Unentgeltlichkeit der Zuwendung bzw. ihr Maß gem. § 516 nicht möglich ist; kritisch zur abstrakten Berechnung: Sostmann MittRhNotK 1976, 503; N. Mayer FamRZ 1994, 739, 744; Pentz FamRZ 1997, 724;

nicht **konkret** nach der tatsächlichen Lebenszeit des Berechtigten, sondern nach der allgemein anzunehmenden Lebenserwartung, die auf Grund Anlage 9 zum BewG oder nach der allgemeinen Sterbetafel der Lebensversicherungen festgestellt wird (**ex-ante-Betrachtung**). Die konkrete Lebensdauer kommt nur in Ausnahmefällen, z.B. bereits ausgebrochene tödliche Krankheit, in Betracht. Betont sei jedoch, dass die Frage bisher höchstrichterlich noch nicht eindeutig entschieden ist und der BGH[372] nicht immer schlechthin auf die allgemeine Lebenserwartung abgestellt hat, sondern auch eine Schätzung nach dem Gesundheitszustand des Übergebers im konkreten Fall zugelassen hat. Feststehen dürfte allerdings, dass, wenn der Schenker zum Zeitpunkt des Vertragsschlusses gesundheitlich noch wohlauf und überhaupt nicht auf die Pflege angewiesen ist, der abstrakt errechnete Wert nicht voll als Gegenleistung angerechnet werden kann.[373]

118 Nach einer verbreiteten Meinung erlaubt es die Vertragsfreiheit, dass bereits geleistete (**alte**) **Leistungen,** die zunächst als Schenkung erbracht worden sind, im Wege der Vertragsänderung in einen entgeltlichen Vertrags **umgewandelt** werden oder anlässlich einer weiteren Zuwendung verrechnet werden (**sog. nachträgliche Entgeltsabrede**).[374]

119 Ferner kann auch nachträglich für eine bereits unentgeltlich erbrachte Leistung eine Vergütung erfolgen. So z.B. eine Grundstücksübertragung im Hinblick auf bereits erbrachte Pflegeleistungen.[375] Die Leistung ist dann als **vorweggenommene Erfüllungshandlung** in Bezug auf einen noch abzuschließenden entgeltlichen Vertrag anzusehen.[376] Hier besteht allerdings die Gefahr, dass die nachträgliche Vereinbarung als Scheingeschäft gem. § 117 angesehen wird.[377]

120 Der die gemischte Schenkung beurkundende Notar sollte in der Urkunde auf alle Umstände hinweisen, die geeignet sind, eine unübliche, außergewöhnliche Höherbewertung der Gegenleistung zu rechtfertigen,[378] so z.B. der Gesundheitszustand und damit das Risiko eines jahrelangen Siechtums bei der Bewertung einer Pflegeverpflichtung oder der Verzicht des Pflegeverpflichteten auf günstige Berufsaussichten, um die Pflegeverpflichtung übernehmen zu können.[379]

121 *bb) Belohnende (remuneratorische) Schenkungen.* Dazu zählen solche Rechtsgeschäfte, durch die der Schenker dem Beschenkten für eine von diesem erbrachte Leistung eine rechtlich nicht geschuldete Belohnung gewährt.[380] Wer dagegen für eine noch vorzunehmende Handlung eine Vergütung zusagt, gibt kein Schenkungsversprechen ab, sondern schließt einen entgeltlichen Vertrag.[381] Dabei ist es ohne Bedeutung, ob der andere Teil eine Verpflichtung zur Vornahme dieser Handlung übernimmt, oder ob die nicht geschuldete Leistung des einen Teils Bedingung für das Entstehen der Verpflichtung des anderen ist.[382] Belohnende Schenkungen fallen grundsätzlich im ganzen Umfang unter

---

Gutachten in DNotI-Report 2002, 178; a.M. d.h. für die konkrete Berechnung: OLG Hamburg FamRZ 1992, 228 230; OLG Köln FamRZ 1992, 480.

[372] BGH FamRZ 1975, 485 = NJW 1975, 1831; BGHZ 140, 275 = NJW 1999, 1626.

[373] OLG Hamburg FamRZ 1992, 228, 230.

[374] BGH NJW-RR 1986, 1135; BGH NJW-RR 1989, 706; BGH NJW-RR 2007, 803 = ZEV 2007, 326 m. Anm. Kornexel = ZNotP 2007, 229; BayObLGZ 1995, 181, 192; OLG Düsseldorf DNotZ 1996, 652, 653; MünchKomm/Kollhosser, 3. Aufl., § 516 Rn 18; a.M. Staudinger/Cremer, 13.Bearb., § 516 Rn 30.

[375] BGH NJW 1992, 2566, 2567.

[376] BGH NJW 1992, 2566, 2567; RG JW 1929, 3497; OLG Düsseldorf DNotZ 1996, 652; OLG Oldenburg MittBayNot 1997, 183; MünchKomm/Kollhosser, 3. Aufl., § 516 Rn 17.

[377] So BGH ZEV 1996, 186 = NJW-RR 1996, 705.

[378] Beckmann MittRhNotK 1977, 25, 27.

[379] Vergl. das Beispiel bei Spellenberg FamRZ 1974, 350, 359, wo die Tochter teilweise auf die Ausübung ihres Arztberufs verzichtete, um die Pflege übernehmen zu können.

[380] BGH FamRZ 1982, 143.

[381] BGH a.a.O.

[382] BGH a.a.O.

§ 2325, vorbehaltlich des Gegenbeweises, dass sie ganz oder teilweise eine nicht ergänzungspflichtige Pflichtschenkung gem. § 2330 darstellen.[383] Belohnende Schenkungen entsprechen jedoch nur insoweit einer sittlichen Pflicht i. S. des § 2330, als das Geschenk nicht erheblich über das Maß an Freigebigkeit hinausgeht, das der Beschenkte anständigerweise als Ausgleich für seine eigene Leistung vom Schenker erwarten durfte.[384] Eine sittliche Verpflichtung zur Belohnung einer Pflegeleistung wird nach der Rechtsprechung[385] im Allgemeinen nur angenommen, wenn besondere Umstände vorliegen, die das Ausbleiben einer solchen Belohnung als sittlich anstößig erscheinen lassen, so z. B. wenn der Pflegende schwerwiegende persönliche Opfer erbringen musste (z. B. Aufgabe der Berufstätigkeit) und deswegen selbst in eine Notlage geraten ist.

cc) Schenkungsversprechen. Bei Schenkungsversprechen (§ 518 Abs. 1), die beim Erbfall noch nicht vollzogen sind, ist der verschenkte Gegenstand die Forderung des Versprechensempfängers gegen den Erblasser.[386] Diese Forderung ist Nachlassverbindlichkeit und, falls der Ergänzungsanspruch geltend gemacht wird, gleichzeitig Nachlassbestandteil,[387] so dass sie bei der Pflichtteilsberechnung zwecks Pflichtteilsergänzung praktisch nicht zu berücksichtigen ist.[388] 122

dd) Zweckschenkung. Enthält eine sog. Zweckschenkung eine auflösende Bedingung bei Zweckverfehlung, so ist sie, solange der Schwebezustand dauert, eine Schenkung i. S. des § 2325.[389] Das Gleiche gilt, wenn die Zweckerreichung nur Geschäftsgrundlage der Schenkungsabrede ist, was eine – sei es auch nur stillschweigende – tatsächliche Willensübereinstimmung der Beteiligten über den verfolgten Zweck voraussetzt[390] und bei Zweckverfehlung einen Bereicherungsanspruch wegen Nichteintritt des bezweckten Erfolgs gem. § 812 Abs. 1 Satz 2 HS. 2 auslöst.[391] 123

ee) Auflage. Die Schenkung unter Auflage ist zwar im vollen Umfang Schenkung i. S. des § 2325,[392] trotzdem ist der Wert der Auflage unter Berücksichtigung des Niederstwertprinzips vom Wert der Schenkung abzuziehen.[393] 124

ff) Ausstattung. Eine **Ausstattung**, d. h. eine Zuwendung, die von einem Elternteil an sein Kind mit Rücksicht auf dessen Eheschließung oder auf die Erlangung einer selbständigen Lebensstellung zur Begründung oder zur Erhaltung der Wirtschaft (**d. h. des Haushalts**) oder der Lebensstellung erfolgt, ist nur insoweit Schenkung, als sie das den Umständen, insbesondere den Vermögensverhältnissen des Vaters oder der Mutter, entsprechende Maß übersteigt (§ 1624 Abs. 1). Dabei ist auf den Zeitpunkt der Versprechenserteilung abzustellen.[394] Sie kann daher nur bezüglich dieses Übermaßes gem. § 2325 zur Pflichtteilsergänzung herangezogen werden. Siehe hierzu im einzelnen unten Rn 217. 125

---

[383] Staudinger/Ferid/Cieslar § 2325 Rn 6; BGH NJW 1986, 1926; BGH NJW 1981, 111; BGH WPM 1962, 1200, 1203.

[384] BGH NJW 1981, 111.

[385] BGH NJW 1986, 1926 = FamRZ 1986, 1079.

[386] Staudinger/Ferid/Cieslar § 2325 Rn 5.

[387] RG LZ 28, 53; RGRK/Johannsen § 2325 Rn 18.

[388] RGRK/Johannsen a. a. O.

[389] Staudinger/Ferid/Cieslar § 2325 Rn 13.

[390] BGH NJW 1973, 612 = FamRZ 1973, 181; BGH FamRZ 1983, 1214, 1215.

[391] BGH a. a. O.

[392] RGZ 60, 238; Staudinger/Ferid/Cieslar § 2325 Rn 10.

[393] BGHZ 118, 49, 51; BGH NJW-RR 1996, 705 = ZEV 1996, 186, 188 = FamRZ 1997, 416; MünchKomm/Lange § 2325 Rn 13.

[394] RGZ 141, 359; siehe zur Ausstattung eingehend Tanck, Die Ausgleichung und Anrechnung im Erb- und Pflichtteilsrecht und die Einflussmöglichkeiten des Erblassers, Diss. Konstanz, 2005, Seite 7 ff.

126 *gg) Nachfolge.* In welchen Fällen die durch Rechtsgeschäft unter Lebenden auf den Tod geregelte **Nachfolge bei Personengesellschaften** eine ergänzungspflichtige Schenkung i. S. des § 2325 ist, siehe oben Rn 61.[395]

127 *hh) Aufnahme als Gesellschafter.* Die Aufnahme in eine Personalgesellschaft **als persönlich haftender Gesellschafter** ist grundsätzlich selbst dann keine ergänzungspflichtige Schenkung, wenn der aufgenommene keine Einlage zu erbringen hat.[396] Die erforderliche Gegenleistung wird dabei in dem regelmäßig geschuldeten Einsatz der vollen Arbeitskraft und vor allem in der Übernahme der persönlichen Haftung für die Verbindlichkeiten der Gesellschaft gesehen. Demgegenüber wird die **Zuwendung eines Kommanditanteils** regelmäßig anders beurteilt, da der Kommanditist, wenn er seine Einlage erbracht hat, nicht persönlich haftet Deshalb wird auf die Zuwendung eines Kommanditanteils, wenn der Kommanditist nichts für seinen Erwerb aufwendet, insbesondere keine Gegenleistung zu erbringen hat und die Parteien über die Unentgeltlichkeit einig sind, Schenkungsrecht angewendet.[397]

128 *ii) Vereinbarung von Gütergemeinschaft.* Die Vereinbarung der Gütergemeinschaft mit einem vermögenslosen Ehegatten ist lediglich in extremen Fällen als ergänzungspflichtige Schenkung gem. § 2325 anzusehen.[398] Ob im Wechsel vom gesetzlichen Güterstand zur Gütertrennung und der dadurch bedingten Auslösung eines Zugewinnausgleichs (Gütertrennungmodell) eine Schenkung i. S. des § 2325 gesehen werden kann, ist bisher von der Rechtsprechung noch nicht entschieden, wird aber wohl zu verneinen sein.[399] Zweifelhaft dürfte die Pflichtteilsfestigkeit allerdings sein, später wegen der niedrigeren Pflichtteilsquote der Abkömmlinge wieder von der Gütertrennung zur **Zugewinngemeinschaft** zu wechseln (**Güterstandsschaukel**)[400].

129 *kk) Gewagte Rechtsgeschäfte.* Keine Schenkungen sind auch gewagte Rechtsgeschäfte wie z. B. der Leibrentenkauf, mag er sich auch nachträglich als schädlich für den Nachlass herausstellen, da der Zuwendungszeitpunkt darüber entscheidet, ob und inwieweit eine Schenkung vorliegt.[401]

130 *ll) Vertrag zugunsten Dritter.* Bei einem Vertrag zugunsten Dritter (§ 328) liegt dann eine Schenkung i. S. des § 2325 vor, wenn es sich im Verhältnis zwischen dem Versprechungsempfänger und dem Dritten (**Valutaverhältnis**) objektiv um eine unentgeltliche Zuwendung handelt und zwischen den beiden die Einigung über ihre Unentgeltlichkeit erfolgt, was auch noch nach dem Tod des Versprechensempfängers durch Annahme der Schenkung geschehen kann.[402] Der Rechtsgrund im Verhältnis zwischen Versprechendem und Versprechensempfänger (**Deckungsverhältnis**) ist unerheblich.

---

[395] Wegmann ZEV 1998, 135.

[396] BGH NJW 1959, 1433; KG DNotZ 1978, 109, 111; BGH NJW 1981, 1956 = WPM 1981, 623; BGH LM § 516 Nr. 3; BGH WPM 1965, 359; BGH WPM 1971, 1338; Johannsen WPM 1982 Beil. 2 S. 18; MünchKomm/Kollhosser § 516 Rn 52; Soergel/Mühl § 516 Rn 19; GroßkommHGB/Fischer § 105 Anm. 56; Wegmann ZEV 1998, 135; Gutachten in DNotI-Report 2002, 43, 44; a. M. Hueck Betr. 1966, 1043, 1044; Kuchinke JZ 1987, 253 f.

[397] BGH NJW 1990, 2616, 2617; Staudinger/Olshausen § 2325 Rn 30; Gutachten in DNotI-Report 2002, 43, 44.

[398] BGHZ 116, 178 = NJW 1992, 558; Palandt/Edenhofer § 2325 Rn 10; Staudinger/Olshausen § 2325 Rn 22.

[399] Schotten NJW 1990, 2841, 2846; Wegmann ZEV 1996, 201, 202, 206 f.; Brambring ZEV 1996, 252.

[400] So jedoch Wegmann ZEV 1996, 201, 206; Hayler MittBayNot 2000, 293; ders. DNotZ 2000, 681, 686; Hüttemann DB 1999, 249; dagegen Brambring ZEV 1996, 248, 253; J. Mayer in Mayer/Süß/Tanck/Bittler/Wälzholz, Handbuch Pflichtteilsrecht, § 8 Rn 52 ff.; bezüglich einer Alternative siehe Wall ZEV 2007, 249.

[401] Staudinger/Ferid/Cieslar § 2325 Rn 7; MünchKomm/Lange § 2325 Rn 13; RGRK/Johannsen § 2325 Rn 10; BGH FamRZ 1981, 765, 766 f.

[402] Staudinger/Ferid/Cieslar § 2325 Rn 17.

mm) Lebensversicherungen. **Lebensversicherungen auf den Todesfall.** Grundsätzlich fällt die Versicherungssumme in den Nachlass des Versicherten. Ist jedoch ein Dritter als Bezugsberechtigter benannt (§§ 328 ff), geht im Todesfall die Versicherungssumme am Nachlass vorbei direkt an diesen.[403] Ob dann ein Pflichtteilsergänzungsanspruch gegen den Begünstigten besteht, richtet sich nach dem Valutaverhältnis. Hinsichtlich der **Bewertung der Zuwendung** im Pflichtteilsrecht, sofern die Versicherungssumme nicht in den Nachlass fällt, sah die h. M.[404] bisher lediglich die **entrichteten Prämien** und nicht die Versicherungssumme als Schenkungsgegenstand, da nur sie **aus dem Vermögen des Erblassers** stammen.[405] Soweit es sich um Pflicht- und Anstandsschenkungen (§ 2330) handelt, kommt nicht einmal die Ergänzung durch die gezahlten Prämien in Betracht.[406] Diente die Lebensversicherung jedoch der Kreditsicherung, dann soll nach dem BGH[407] die Versicherungssumme in der Höhe zum Nachlass gehören und bei der Pflichtteilsberechnung zu berücksichtigen sein, in der sie beim Erbfall noch an das Kreditinstitut abgetreten ist. Unter **ausdrücklicher Aufgabe seiner bisherigen Rechtsprechung** bemisst der BGH[408] die Pflichtteilsergänzung jetzt allein nach dem Wert, den der Erblasser aus den Rechten seiner Lebensversicherung in der letzten – juristischen – Sekunde seines Lebens nach objektiven Kriterien für sein Vermögen hätte umsetzen können, d. h. in aller Regel dem **Rückkaufswert.** 131

nn) Vorzeitiger Erbausgleich. Ein überhöhter vorzeitiger Erbausgleich (§ 1934 d a. F.) war nach einhelliger Meinung[409] keine Schenkung und konnte daher nicht die Grundlage für einen Pflichtteilsergänzungsanspruch bilden. 132

oo) Verjährte Ansprüche. Das Verjährenlassen von Ansprüchen ist mangels Schenkungsvertrags keine Schenkung.[410] 133

pp) Verzicht u. ä. Aufgrund ausdrücklicher gesetzlicher Vorschrift in § 517 liegen keine Schenkungen vor und es kann daher auch zu keiner Ergänzungspflicht gem. §§ 2325, 2329 kommen,[411] wenn jemand zum Vorteil eines anderen 134

- einen **künftigen Vermögenserwerb unterlässt** (§ 517 1. Alt.), z. B. Nichtannahme eines Vertragsangebots, Nichtgenehmigung eines vom vollmachtlosen Vertreter geschlossenen Rechtsgeschäfts, Nichtausübung eines Anfechtungsrechts,[412]

---

[403] BGHZ 13, 232, 32, 47; siehe insb. Elfring ZEV 2004, 305.

[404] RGZ 128, 187, 190; BGHZ 7, 142, 143; BGHZ 130, 377, 380; BGH FamRZ 1976, 615, 616 m. Abl. Anm. Harder; Staudinger/Ferid/Cieslar § 2325 Rn 18; RGRK/Johannsen § 2325 Rn 13; Soergel/Dieckmann § 2325 Rn 8; Münch/Komm/Lange, § 2325 Rn 17; Erman/Schlüter § 2325 Rn 1; Palandt/Edenhofer § 2325 Rn 11; Ebenroth, ErbR, Rn 535; eingehend zu der in den Einzelheiten strittigen Rechtslage Liessem MittRhNotK 1988, 29, 39 f.; Klingelhöffer ZEV 1995, 180; Staudinger/Kaduk § 330 Rn 20 ff.; BGH NJW 1987, 3131, 3132; a. M. Elfring ZEV 2004, 305; Harder FamRZ 1976, 617.

[405] Bei der Glaubigerbenachteiligung nach dem AnfG und der InsO hat der BGH in NJW 2004, 214 allerdings auf Herausgabe der Versicherungssumme und nicht nur der geleisteten Prämien entschieden; siehe auch Elfring NJW 2004, 483.

[406] OLG Braunschweig FamRZ 1963, 376.

[407] BGH ZEV 1996, 263 = NJW 1996, 2230; Klingelhöfer ZEV 1995, 180; Kerscher/Riedel/Lenz, Pflichtteilsrecht, 3. Aufl., § 15 Rn 7 ff.

[408] BGH VersR 2010, 895 = ZEV 2010, 305, mit abl. Anm. von Wall; bejahend eingehend Rudy ZErb 2010, 351.

[409] Johannsen WPM 1970 Bei. 3 S. 17; Damrau FamRZ 1969, 589; Staudinger/Ferid/Cieslar § 2325 Rn 7; Soergel/Dieckmann § 2325 Rn 7; MünchKomm/Lange § 2325 Rn 15; Erman/Schlüter § 2325 Rn 1; Palandt/Edenhofer § 2325 Rn 16.

[410] Schramm BWNotZ 1959, 227, 232; Staudinger/Ferid/Cieslar § 2325 Rn 7; MünchKomm/Kollhosser § 517 Rn 5; a. M. Staudinger/Reuss § 516 Rn 3 u. § 517 Rn 1; Erman/Seiler § 516 Rn 2.

[411] Frank JR 1987, 245.

[412] MünchKomm/Kollhosser § 517 Rn 2.

- auf ein **angefallenes,** noch nicht endgültig erworbenes **Recht verzichtet** (§ 517 2. Alt.), d.h. auf ein aufschiebend bedingtes Recht (§ 158 Abs. 1), und zwar auch wenn dadurch ein Anwartschaftsrecht begründet ist,[413] es sei denn bei einer entgeltlich erworbenen Anwartschaft ist die Gegenleistung bereits ganz oder teilweise erbracht.[414] Entsprechendes gilt für aufschiebend befristete Rechte.[415] Nicht unter § 517 fallen Zuwendungen unter einer auflösenden Bedingung (§ 158 Abs. 2),[416] sowie der Erlass eines betagten *(d.h. noch nicht fälligen)* Rechts.[417]
- eine **Erbschaft** (§ 1953) oder ein **Vermächtnis** (§ 2180) **ausschlägt** (§ 517 3. Alt.). Die Vorschrift war entspr. auf die Ausschlagung eines Erbersatzanspruchs (§ 1934b Abs. 2) anzuwenden,[418] nicht jedoch auf den Erlass eines entstandenen Pflichtteilsanspruchs.[419] Analog anwendbar ist § 517 auch auf einen unentgeltlichen Erb- und/oder Pflichtteilsverzicht.[420]

135 *qq) Wohnrecht.* Keine Schenkung sondern Leihe ist die Vereinbarung eines unentgeltlichen schuldrechtlichen Wohnrechts und zwar auch auf Lebenszeit.[421] Nach der h.M.[422] sind auf diese Wohnungsleihen die Vorschriften des Schenkungsrechts, insbesondere die Formvorschrift des § 518, nicht entsprechend anwendbar. Noch nicht höchstrichterlich entschieden ist jedoch die Frage, ob solche unentgeltlichen **Wohnungsleihen** auch Bestandskraft gegenüber den dem Schutz von Vertragserben und Pflichtteilsberechtigten dienenden Rechtsfolgeregelungen der §§ 2287, 2288, 2325 haben.[423]

136 *rr) Erb- und Pflichtteilsverzicht.* Ob der Erb- und/oder Pflichtteilsverzicht als Gegenleistung der für ihn gezahlten Abfindung anzusehen ist, die der gewährten Abfindung den Schenkungscharakter nimmt, ist im Schrifttum umstritten,[424] während die Rechtsprechung dazu bisher noch nicht eindeutig Stellung genommen hat.[425] M.E. ist Entgeltlichkeit nur gegeben, wenn der Erblasser durch den Verzicht seine zuvor durch Erbvertrag oder bindend gewordenes gemeinschaftliches Testament verlorene Testierfreiheit zurückerlangt und die Abfindung dafür nicht mehr beträgt, als der voraussichtliche Wert

---

[413] MünchKomm/Kollhosser § 517 Rn 3; OLG Schleswig SchlHA 1949, 23; RGRK/Metzger § 517 Rn 2; Palandt/Weidenkaff § 517 Rn 3; Erman/Seiler § 517 Rn 2; a.A. Staudinger/Reuss § 517 Rn 1; Soergel/Ballerstedt § 517 Rn 1.

[414] MünchKomm/Kollhosser § 517 Rn 3; Jauernig/Vollkommer § 517 Anm. 1; OLG Frankfurt OLGZ 8, 452 für die Vermögensverschiebung im AnfG.

[415] MünchKomm/Kollhosser § 517 Rn 3; Palandt/Weidenkaff § 517 Rn 3; a.M. Erman/Seiler § 517 Rn 3; RGRK/Metzger § 517 Rn 4.

[416] MünchKomm/Kollhosser § 517 Rn 5.

[417] MünchKomm/Kollhosser § 517 Rn 3.

[418] MünchKomm/Kollhosser § 517 Rn 3.

[419] MünchKomm/Kollhosser § 517 Rn 4; Palandt/Weidenkaff § 517 Rn 4.

[420] Haegele Rpfleger 1968, 250; Staudinger/Ferid/Cieslar Einl. zu §§ 2346ff. Rn 54; MünchKomm/Strobel, 2. Aufl., § 2346 Rn 5; Soergel/Damrau Vor § 2346 Rn 2; RGRK/Johannsen § 2346 Rn 1.

[421] BGHZ 82, 354; BGHZ 101, 229; BGH ZEV 2008, 192 m. Anm. J. Mayer; OLG Hamm NJW-RR 1996, 717 m.w. Nachw.; MünchKomm/Kollhosser, 3. Aufl., § 516 Rn 3b m.w. Nachw.; MünchKomm/Musielak, 3. Aufl., § 2287 Rn 3.

[422] MünchKomm/Kollhosser, a.a.O.

[423] Dafür: MünchKomm/Musielak, 3. Aufl., § 2287 Rn 3; dagegen: Nehlsen-von Stryk AcP 187 (1987), 552, 596.

[424] Zum Streitstand siehe Pentz MDR 1998, 660; Dafür: Lange FS Nottarp, 1961 S. 119f.; Coing NJW 1967, 278; v. Lübtow, ErbR, 1. Bd., S. 533 Fn. 61; Damrau FamRZ 1969, 131; Erman/Schlüter Vor § 2346 Rn 3; dagegen: Speckmann NJW 1970, 117; MünchKomm/Lange § 2325 Rn 14; differenzierend: Haegele BWNotZ 1971, 39; Schramm BWNotZ 1971, 162; Wieser MittBayNot 1970, 135, 139; Soergel/Dieckmann § 2325 Rn 7; Sostmann MittRhNotK 1976, 479, 496f.; Mauch BWNotZ 1995, 88, 91; Pentz MDR 1998, 660.

[425] Ausdrücklich offengelassen in BGH NJW 1986, 127, 129 = LM § 2314 Nr. 14; siehe auch BGH FamRZ 1991, 695.

des gesetzlichen oder gewillkürten Erbteils des Verzichtenden abzüglich der auf ihm lastenden Pflichtteilsansprüche Dritter.[426] Bei dieser Rechtslage dürfte es für die Praxis zweckmäßig sein, bei einem Erb- und/oder Pflichtteilsverzicht jeweils ausdrücklich festzulegen, was von der Abfindung Entgelt für den Verzicht und was Schenkung bzw. bei Abkömmlingen Ausstattung sein soll.[427]

ss) Rechtsgrundlose Verfügungen. Bei einer rechtsgrundlosen Verfügung ist kein Pflichtteilsergänzungsanspruch gegeben, da der Kondiktionsanspruch (§§ 812 ff.) wertmäßig an die Stelle der weggegebenen Sache tritt und damit die in §§ 2325 ff. vorausgesetzte Nachlasswertverringerung nicht eintritt.[428] 137

tt) Zuwendungen unter Ehegatten. Zuwendungen unter Ehegatten ohne ausdrückliche Gegenleistung werden von der Rechtsprechung[429] und der Literatur[430] grundsätzlich als sog. **unbenannte oder ehebedingte Zuwendungen** behandelt, sofern nicht eine ausdrückliche Abrede über den Schenkungscharakter oder einen anderen Rechtsgrund vorliegt.[431] Es handelt sich dabei um einen im Gesetz nicht ausdrücklich geregelten familienrechtlichen Vertrag eigener Art,[432] der im modernen partnerschaftlichen Eheverständnis wurzelt, auf eine angemessene Beteiligung beider Ehepartner an den Früchten des ehelichen Zusammenwirkens zielt und einen vorweggenommenen Zugewinnsausgleich bewirkt,[433] ohne auf den gesetzlichen Güterstand beschränkt zu sein.[434] Diese unbenannten oder ehebedingten Zuwendungen sind nach einhelliger Meinung keine Schenkungen i. S. des § 516, da es sich um nur **objektiv unentgeltliche Rechtsgeschäfte** handelt.[435] Der BGH hat die Anwendbarkeit des § 1374 Abs. 2 ausdrücklich mit dieser Begründung verneint.[436] Dagegen war die Frage, ob und inwieweit auf solche unbenannten Zuwendungen die Vorschriften Anwendung finden, die Dritte vor nachteiligen Auswirkungen durch Vermögensverschiebungen zwischen Eheleuten schützen sollen, wie §§ 2287, 2888, 2325 Abs. 3 oder § 134 InsO und § 4 AnfG, höchstrichterlich lange nicht entschieden und in der Literatur wenig behandelt.[437] Die Lösung von Morhard,[438] sie in einer entsprechenden Anwendung des in § 1624 (Ausstattung) und der Rechtsprechung zu § 2330 (Pflicht- 138

[426] So auch Wieser MittBayNot 1970, 135, 139; zu dem Problem eingehend Rheinbay, Erbverzicht – Abfindung – Pflichtteilsergänzung, 1983, der eine erweiterte Anwendung des § 2310 Satz 2 vorschlägt; so hat jetzt auch der BGH ZEV 2009, 77 = ZNotP 2009, 108 im Wesentlichen entschieden.

[427] Schramm BWNotZ 1971, 162, 163.

[428] Spellenberg FamRZ 1974, 350, 357.

[429] BGHZ 65, 320 = NJW 1976, 328; BGHZ 68, 299; BGHZ 82, 227 = NJW 1982, 1093; BGHZ 84, 361 = NJW 1982, 2236; BGHZ 87, 145 = NJW 1983, 1611; BGH DNotZ 1987, 304; BGH MittBayNot 1988, 181; OLG Hamm FamRZ 1987, 521; BGH NJW-RR 1990, 386.

[430] Rossak MittBayNot 1985, 74; Göppinger, Vereinbarungen anlässlich der Ehescheidung, 5. Aufl., 1985, Rn 517 ff.; Reinicke-Tiedke WPM 1982, 946; Tiedke DNotZ 1983, 2236; Sandweg BWNotZ 1985, 34; Morhard NJW 1987, 1734; Schotten NJW 1990, 2841; Jaeger DNotZ 1991, 431.

[431] BGHZ 87, 145, 146 = NJW 1983, 1611; BGH FamRZ 1985, 351; BGH FamRZ 1986, 576; Morhard NJW 1987, 1734; a. M. OLG Stuttgart NJW-RR 1988, 134.

[432] Tiedke DNotZ 1983, 162; Morhard NJW 1987, 1734.

[433] BGHZ 65, 320 = NJW 1976, 328.

[434] BGH NJW 1982, 2237 u. BGH NJW-RR 1988, 962 für Gütertrennung; BGH DNotZ 1987, 304 für Gütergemeinschaft.

[435] BGH DNotZ 1983, 177; BGHZ 87, 145, 146 = NJW 1983, 1611; Morhard NJW 1987, 1734, 1735.

[436] BGHZ 82, 227, 234 f. = NJW 1982, 1093 = Anm. Holzhauer in JuS 1983, 830; BGH FamRZ 1982, 778, 779.

[437] Morhard NJW 1987, 1734, siehe auch BGHZ 71, 61 = NJW 1978, 1326; OLG Celle NJW 1990, 720; zum Meinungsstand Schotten NJW 1991, 2687.

[438] NJW 1987, 1734; a. M. Sandweg NJW 1989, 1965; Schmidt-Kessel DNotZ 1989, Sonderbeil. S. 162; siehe auch Schotten NJW 1990, 2841.

schenkung)[439] enthaltenen Rechtsgedankens zu finden und dem Zweck der unbenannten Zuwendung als freiwilligem, güterstandsneutralem vorweggenommenem Zugewinnausgleich zu betrachten, hat sich leider nicht durchgesetzt.[440] Danach wäre eine unbenannte oder ehebedingte Zuwendung insoweit keine Schenkung i. S. des § 2325 gewesen, als sie zum Zeitpunkt der Zuwendung das Maß eines angemessenen güterrechtlichen Ausgleichs nicht übersteigen würde.[441] Dabei wäre nicht nur der bereits erzielte Zugewinn, sondern auch der nach den Umständen zu erwartende zu berücksichtigen gewesen.[442] Ergänzungspflichtige Schenkung i. S. des § 2325 wäre nach dieser Ansicht eine unbenannte Schenkung nur mit dem Übermaß, d. h. soweit sie nicht als Ausgleich für geleistete Mitarbeit oder als angemessene Beteiligung an den Früchten des ehelichen Zusammenwirkens aufgefasst werden könnte.[443] Übermaß wäre grundsätzlich zu vermuten, wenn und soweit ein Ehegatte durch die Zuwendung auf die Dauer mehr als die Hälfte des während der Ehe erworbenen Vermögens erhalten würde.[444] Der BGH hat jedoch in einer Grundsatzentscheidung[445] entschieden, dass **ehebedingte Zuwendungen im Verhältnis zu den Schutzvorschriften für Vertragserben und Pflichtteilsberechtigte** (§§ 2287, 2288, 2325) **trotz ihrer nur objektiven Unentgeltlichkeit wie Schenkungen zu betrachten sind, so dass die drittschützenden Vorschriften voll auf sie angewendet werden.** Bei ausdrücklicher Einigung über die Unentgeltlichkeit kann jedoch nach wie vor auch zwischen Eheleuten ein Schenkungsvertrag geschlossen werden.[446] Dient jedoch die Zuwendung einer angemessenen **Altersversorgung**, selbst wenn sie unterhaltsrechtlich nicht geschuldet ist, kann darin nach einer verbreiteten Meinung eine objektiv angemessene entgeltlich Zuwendung liegen, die der Pflichtteilsergänzung entzogen ist.[447]

139 Schwierigkeiten bereitet die rechtliche Einordnung von objektiv unentgeltlichen Zuwendungen unter Ehegatten, deren Motiv nicht der Ausgleich der während der Ehe geschaffenen Vermögenswerte ist (dann unbenannte Zuwendung), sondern etwa die vorweggenommene Erbfolge oder eine Übertragung aus steuerlichen Gründen. In diesen Fällen dürfte grundsätzlich Schenkung der Rechtsgrund der Zuwendung sein und die geforderte Einigung über die Unentgeltlichkeit aus dem Motiv zu schließen sein. Dort wo das Motiv der Zuwendung der Versuch ist, Schutzmaßnahmen vor befürchteten Gläubigerzugriffen zu treffen oder privates Vermögen aus dem Risikobereich unternehmerischer Betätigung auszusondern, bietet sich der Treuhandauftrag als Rechtsgrund an.[448] Dann wäre allerdings der erstrebte Schutz vor Gläubigerzugriffen wegen der Absichtsanfechtung (§§ 133 InsO, 3 Abs. 1 AnfG) und vor allem, weil das Treugut auch beim Treuhänder dem Zugriff der Gläubiger des Treugebers offen steht,[449] nicht gegeben. Soll daher die Zuwendung in diesen Fällen endgültig sein, dürfte sie auch hier als Schenkung evtl. mit bedingtem Widerrufsvorbehalt einzuordnen sein.[450]

---

[439] BGH MDR 1963, 575; BGH LM § 2330 Nr. 2 = FamRZ 1967, 214; BGH WPM 1978, 905; BGH NJW 1981, 2458 = WPM 1981, 909.

[440] BGH MDR 1963, 575; BGH LM § 2330 Nr. 2 = FamRZ 1967, 214; BGH WPM 1978, 905; BGH NJW 1981, 2458 = WPM 1981, 909.

[441] Morhard NJW 1987, 1740; a. M. Sandweg NJW 1989, 1965; Schmidt-Kessel DNotZ 1989, Sonderbeil. S. 162.

[442] Morhard a. a. O.

[443] Morhard NJW 1987, 1739.

[444] Morhard a. a. O.

[445] BGHZ 116, 167 = NJW 1992, 564 = FamRZ 1992, 300.

[446] BGHZ 82, 227 = NJW 1982, 1093 = Anm. Holzhauer in JuS 1983, 830; BGHZ 87, 145 = NJW 1983, 1611; BGH DNotZ 1983, 177.

[447] OLG Schleswig-Holstein ZErb 2010, 148 m. w. Nachw.

[448] Holzhauer JuS 1983, 831, 832; Rossak MittBayNot 1984, 75; Sandweg BWNotZ 1985, 37; a. M. BGH NJW-RR 1990, 386, der auch hier eine unbenannte Zuwendung annimmt.

[449] Palandt/Bassenge § 903 Rn 42.

[450] Rossak MittBayNot 1984, 75.

Hinweis für die Praxis: Bei der Beurkundung von objektiv unentgeltlichen Zuwendungen unter Eheleuten ist festzustellen und klar zum Ausdruck zu bringen, ob es sich um eine unbenannte Zuwendung oder eine Schenkung handelt oder ob ein anderer Rechtsgrund vorliegt, da der BGH[451] dem in der Urkunde gewählten Wortlaut große Bedeutung beimisst.[452] Dabei ist mit dem BGH[453] von der unbenannten Zuwendung als Regelfall auszugehen.[454] 140

uu) Arbeits- und Dienstleistungen. Unentgeltliche Arbeits- und Dienstleistung können ebenso wie die unentgeltliche Gebrauchsüberlassung (z. B. Wohnrechtseinräumung) nicht unmittelbar als Schenkung i. S. des § 516 Abs. 1 angesehen werden, da diese voraussetzt, dass der Schenker die Substanz seines Vermögens vermindert und das Vermögen des Beschenkten entsprechend vermehrt,[455] in diesen Fällen jedoch beim Zuwendenden keine unmittelbare Vermögenseinbuße eintritt.[456] Wohl kann aber Gegenstand der Schenkung die ersparte Vergütung sein, die für derartige Leistungen üblicherweise gewährt zu werden pflegt,[457] und zwar durch Erlass der entstandenen Vergütungsschuld[458] oder durch Verzicht auf den anderweitigen Einsatz der Arbeitskraft oder der Nutzung der überlassenen Sache zugunsten des Bedachten.[459] 141

vv) Anstands- und Pflichtschenkungen. Aufgrund ausdrücklicher gesetzlicher Vorschrift in § 2330 sind sog. **Anstands- und Pflichtschenkungen** von der Ergänzungspflicht gem. §§ 2325, 2329 ausgenommen. Unter **Anstandsschenkungen** sind dabei kleinere Zuwendungen zu verstehen, wie z. B. die üblichen Gelegenheitsgeschenke zu besonderen Tagen (Weihnachten, Geburtstage usw.) und Anlässen (Jubiläum, Geburt usw.) und das Trinkgeld und wobei bezüglich des Anlasses und des Wertes der Schenkung die örtliche und gesellschaftliche Verkehrssitte eine große Rolle spielt.[460] Schenkungen zur Erfüllung einer sittlichen Pflicht (**Pflichtschenkungen**) liegen dagegen dann vor, wenn dem Schenker eine besondere Pflicht für die Zuwendung oblag, die aus den konkreten Umständen des Falles erwachsen ist, in den Geboten der Sittlichkeit wurzelt und wobei das Vermögen und die Lebensstellung der Beteiligten sowie ihre persönlichen Beziehungen zueinander zu berücksichtigen sind.[461] Eine sittliche Pflicht ist nur zu bejahen, wenn das Handeln geradezu sittlich geboten ist. Es genügt nicht, wenn die Schenkung bloß sittlich berechtigt ist. Bei der Beurteilung sind Anlass und Zweck der Schenkung mit dem gebotenen Schutz des Pflichtteilsrechts abzuwägen.[462] Die Unterhaltszahlung für nahe, aber nicht unterhaltsberechtigte Verwandte (z. B. Geschwister) wird als klassisches Beispiel einer Pflichtschenkung angesehen.[463] Auch die Sicherung des Lebensunterhalts für Partner einer nichtehelichen Lebensgemeinschaft kann unter § 2330 fallen.[464] Ferner wird es als sittliche Pflicht eines erwerbstätigen Ehegatten angesehen, entsprechend seinen wirtschaftlichen Verhältnissen für die dauernde, über seinen Tod hinausgehende Sicherung 142

---

451 BGHZ 87, 145 = NJW 1983, 1611; BGH FamRZ 1985, 351.
452 Rossak MittBayNot 1984, 76; Morhard NJW 1987, 1743.
453 BGHZ 87, 145 = NJW 1983, 1611.
454 Rossak MittBayNot 1984, 77.
455 BGHZ 82, 345, 357 = NJW 1982, 820; BGHZ 84, 361, 365 = NJW 1982, 2236; BGH NJW 1987, 2816, 2817 = DNotZ 1988, 436.
456 BGH NJW 1987, 2816, 2817.
457 BGH LM § 516 Nr. 2.
458 Staudinger/Reuss § 516 Rn 4.
459 BGH NJW 1987, 2816, 2817.
460 BGH NJW 1981, 111; BGH NJW 1984, 2939.
461 RGZ 70, 15, 19; RG WarnRspr. 1913 Nr. 409; BGH MDR 1963, 575, 576; BGH NJW 1986, 1926 = FamRZ 1986, 1079 = WPM 1986, 860.
462 BGHZ 91, 273, 277 = NJW 1984, 2089.
463 MünchKomm/Kollhosser § 534 Rn 4; BGH NJW 1984, 2940.
464 BGH NJW 1983, 674 = WPM 1983, 19, 21; BGH NJW 1984, 2940.

des zukünftigen Unterhalts des anderen Ehegatten zu sorgen.[465] Diese Pflicht entfällt jedoch, wenn die Eheleute beim Erbfall getrennt und in Scheidung leben.[466] Der hohe Wert des Schenkungsgegenstandes steht anders als bei der Anstandsschenkung der Annahme einer Pflichtschenkung grundsätzlich nicht entgegen.[467] Gegebenenfalls kann auch die Zuwendung eines Grundstücks oder eines Nießbrauchs aus Dankbarkeit für unbezahlte langjährige Dienste im Haushalt oder für unentgeltliche Pflege und Versorgung einer sittlichen Pflicht entsprechen.[468] Dabei darf jedoch bei solchen belohnenden Schenkungen das Geschenk nicht erheblich über das Maß an Freigebigkeit hinausgehen, das der Beschenkte anständigerweise als Ausgleich für seine eigenen Leistungen an den Schenker von diesem erwarten durfte.[469] Überschreitet eine Schenkung nur zum Teil das Maß einer Anstands- oder Pflichtschenkung, so unterliegt sie nur mit dem überschießenden Mehrbetrag der Ergänzung gem. § 2325.[470]

143 *ww) Vorweggenommene Erfüllung eines Vermächtnisses.* Überträgt der Erblasser, der ein Vermächtnis zugewendet hat, dem Vermächtnisnehmer den **Vermächtnisgegenstand** bereits zu seinen Lebzeiten unentgeltlich, kommt es darauf an, ob es sich dabei um eine gem. § 2325 ergänzungsbedürftige Schenkung i. S. des § 516 handelt, oder um die Vorwegnahme der Erfüllung der späteren Vermächtnisschuld. Im letzten Fall haben die Erben nur die Wahl, entweder nach Eintritt des Erbfalles den Erblasserwillen zu respektieren oder, gem. § 2306 vorzugehen und den Pflichtteil zu verlangen, in den dann der Wert des Vermächtnisses einzurechnen ist.[471] In dem Zuwendungsgeschäft sollte daher die Willensrichtung des Erblassers deutlich zum Ausdruck kommen z. B. „überträgt in vorweggenommener Erfüllung des Vermächtnisses …“.[472]

Ist dies nicht der Fall, macht man gemeinhin einen Unterschied zwischen dem Stück- und dem Gattungsvermächtnis.[473] Man wird bei lebzeitiger unentgeltlicher Zuwendung eines bestimmten vermachten Gegenstandes in entsprechender Anwendung von §§ 2171, 2169 Abs. 1 davon ausgehen können, dass der Erblasser den künftig entstehenden Vermächtnisanspruch vorweg erfüllen wollte und das später wirksame Vermächtnis den Rechtsgrund der Zuwendung bildet oder das Vermächtnis stand unter der selbstverständlichen stillschweigenden Bedingung, dass der Erblasser den Vermächtnisnehmer nicht schon vorher befriedigt.[474] Erfolgt dagegen die Zuwendung entgeltlich, entfällt das Stückvermächtnis wegen rechtlicher Unmöglichkeit.[475] Beim Gattungsvermächtnis fehlen den §§ 2169 Abs. 1, 2171 entsprechende Anhaltspunkte, hier ist durchaus möglich, dass der Erblasserwille auf eine weitere Leistung zurzeit des Erbfalles geht.

144 *xx) Zuwendungen an Stiftungen.* Die lebzeitige Zuwendung an eine bereits bestehende Stiftung ist stets Schenkung i. S. von § 2325.[476] Aber auch auf die bei der Errichtung einer Stiftung unter Lebenden gemachten Vermögenszuwendungen wird, obwohl es sich

[465] BGHZ 74, 38, 46.
[466] BGH NJW 1982, 436 = WPM 1982, 100 = FamRZ 1982, 165.
[467] BGH WPM 1981, 909, 910; BGH NJW 1984, 2939, 2940.
[468] BGH WPM 1977, 1410, 1411; BGH WPM 1978, 905; BGH NJW 1984, 2939, 2940 = LM § 2330 Nr. 5.
[469] BGH NJW 1981, 111; BGH NJW-RR 1986, 1202.
[470] BGH LM § 2330 Nr. 2 = FamRZ 1967, 214; BGH WPM 1977, 1410; BGH NJW 1981, 2458 = WPM 1981, 909; BGH WPM 1978, 905.
[471] Kuchinke JZ 1983, 483.
[472] Kuchinke JZ 1983, 483, 486.
[473] Keuk, Der Erblasserwille post testamentum und die Auslegung des Testaments, 1965, S. 45 f. m. w. N.
[474] Staudinger/Otte § 2174 Rn 20; Kuchinke a. a. O. S. 486; Kerk a. a. O. S. 47.
[475] Kuchinke a. a. O.
[476] BGH DNotZ 2004, 475; Röthel, ZEV 2006, 8, 9; Cornelius, ZErb 2006, 230, 232.

nicht um einen Schenkungsvertrag sondern eine einseitige Willenserklärung (Stiftungsgeschäft) handelt, § 2325 analog angewandt.[477]

3. Ausschlussfrist für die Berücksichtigung der Schenkung (zeitliche Schranke)

Nach § 2325 Abs. 3 BGB a. F. blieben hinsichtlich der Pflichtteilsergänzung alle Schenkungen des Erblassers unberücksichtigt, bei denen zum Zeitpunkt des Erbfalls zehn Jahre seit der Leistung des verschenkten Gegenstandes verstrichen waren (**Ausschlussfrist**). Die **Pflichtteilsreform** hat jedoch für Erbfälle ab 1. 1. 2010 diese starre 10-Jahresbestimmung durch eine gleitende „Abschmelzungsregelung" in der Weise ersetzt, dass sich der für die Bemessung des Pflichtteilsergänzungsanspruchs dem Nachlass hinzuzurechnende Betrag für jedes volle Jahr, das zwischen Schenkung und Erbfall liegt, um 1/10 des Zugewendeten mindert (§ 2325 Abs. 3 BGB n. F. **sog. Pro-rata-Regelung**).[478] 145

Schenkungen des Erblassers an seine Ehefrau sind und bleiben davon ausgenommen. 146
Bei ihnen beginnt die Zehnjahresfrist nicht vor der Auflösung der Ehe (§ 2325 Abs. 3 Satz 2), d. h., wenn die Ehe durch den Tod des Erblassers aufgelöst wird, sind sämtliche Schenkungen an den Ehegatten während der Dauer der Ehe mit Ausnahme der Pflicht- und Anstandsschenkungen gem. § 2330 ergänzungspflichtig.[479] Streitig war und ist, ob unter „Leistung" des verschenkten Gegenstandes, ab der die Ausschlussfrist zu laufen beginnt, die Leistungshandlung (**Anwartschaftsbegründung**), der wirtschaftliche Leistungserfolg (**wirtschaftliche Ausgliederung plus Vermögensopfer**) oder erst der rechtliche Leistungserfolg (**Vollendung des Rechtsübergangs**) zu verstehen ist.[480] Der BGH[481] hat die Frist zunächst im Falle einer auf den Tod des schenkenden Gesellschafters aufschiebend bedingten Übertragung eines Personengesellschaftsanteils eindeutig mit der Leistungshandlung (Anwartschaftsbegründung) beginnen lassen. Der Schenker müsse nur alles getan haben, was von seiner Seite für den Erwerb des Leistungsgegenstandes durch den Beschenkten erforderlich sei. Es genüge die Begründung eines unentziehbaren Anwartschaftsrechts, das sich zwangsläufig zum Vollrecht entwickeln müsse.[482] Im Falle einer Grundstücksschenkung rückte der BGH[483] vorsichtig von dieser Meinung ab, um sie schließlich in der Grundsatzentscheidung vom 17. 9. 1986[484] ausdrücklich ganz zugunsten des Fristbeginns zum Zeitpunkt des wirtschaftlichen Leistungserfolgs (**wirtschaftliche Ausgliederung plus Vermögensopfer, Genussverzicht**) aufzugeben. Der BGH fordert in dieser Entscheidung unter ausdrücklicher Aufgabe seiner früheren Rechtsprechung für den Beginn der Zehnjahresausschlussfrist, „dass der Erblasser einen Zustand geschaffen hat, dessen Folgen er selbst noch zehn Jahre lang zu tragen hat und der schon im Hinblick auf diese Folgen von einer böslichen Schenkung abhalten kann" und weiter, dass es dazu „jedenfalls einer wirtschaftlichen Ausgliederung des Geschenks aus dem Vermögen des Erblassers" bedarf.[485] Dieses Abstellen auf konturlose wirtschaftliche As-

---

[477] RGZ 54, 399, 400; OLG Hamburg OLGE 38, 235, 238; Haegele, BWNotZ 1972, 69, 71; Rawert/Katschinski ZEV 1996, 161, 162; Staudinger/Olshausen § 2325 Rn 39.

[478] G. Müller ZNotP 2007, 445; Trappe, ZEV 2010, 388.

[479] Die Ungleichbehandlung von Ehegattenschenkungen und Drittschenkungen ist verfassungskonform: BVerfG NJW 1991, 217.

[480] Zum Meinungsstand Paulus Rpfleger 1986, 206.

[481] NJW 1970, 1638 m. abl. Anm. Speckmann = JuS 1970, 1638 m. abl. Anm. Reuter in JuS 1971, 289.

[482] So auch Dänzer-Vanotti JZ 1981, 432; Sudhoff Betr. 1971, 227 und 1973, 54; Palandt/Edenhofer bis 46. Aufl., 1987, § 2325 Anm. 5 m. w. N.

[483] NJW 1974, 2320 m. Anm. Finger in NJW 1975, 535 = DNotZ 1975, 414.

[484] BGHZ 98, 226 = NJW 1987, 122 = DNotZ 1987, 315 m. Anm. Nieder = JR 1987, 240 m. Anm. Frank = JZ 1987, 150 m. Anm. Paulus.

[485] So auch die wohl h. M. in der Literatur: Soergel/Stein § 2325 Rn 15 m. w. N.; Reuter JuS 1971, 289, 292 ff.

pekte dient nicht dem Gebot der Rechtssicherheit,[486] zudem der BGH auch noch mit dem Kriterium „bösliche“ Schenkung, ohne durch den Gesetzeswortlaut dazu gezwungen zu sein, dem § 2325 ein subjektives Tatbestandsmerkmal hinzugefügt hat.[487] Dem Bedürfnis nach Rechtssicherheit und Rechtsklarheit hätte es m.E. allein entsprochen, wenn auf den vollen rechtlichen Leistungserfolg abgestellt worden wäre.[488] Lediglich bei Grundstücksschenkungen sollten Auflassung und Stellung des Grundbuchantrags durch den Beschenkten zum Fristbeginn ausreichen, da der Gesetzgeber auch in anderem Zusammenhang das vom Zufall abhängige Eintragungsdatum nicht als entscheidend ansieht (so z.B. in §§ 878, 892 Abs. 2 und § 879 i.V.m. § 45 GBO).[489] In seiner Entscheidung vom 2. 12. 1987[490] lässt der BGH allerdings bei Grundstücksschenkungen die Frist erst mit dem **Grundbuchvollzug** und bei der Schenkung beweglicher Sachen erst mit dem Eigentumsübergang beginnen und nähert sich damit und in der Auswahl seiner Zitate dem hier vertretenen Fristbeginn bei Vollendung des rechtlichen Leistungserfolgs.

147 Schwierigkeiten bereitet die wirtschaftliche Betrachtungsweise besonders bei Schenkungen, bei denen sich der Schenker durch schuldrechtliche oder dingliche Vereinbarung die Nutzung des verschenkten Gegenstandes noch ganz oder **teilweise vorbehält** (z.B. Grundstücksschenkung unter Nießbrauchsvorbehalt oder mit Rücktrittsmöglichkeit), so dass von einer endgültigen wirtschaftlichen Ausgliederung des Geschenks aus dem Vermögen des Erblassers trotz Herbeiführung des rechtlichen Leistungserfolgs nicht gesprochen werden kann.[491] Nachdem man zunächst geglaubt hatte, auch in diesen Fällen grundsätzlich von einer „wirtschaftlichen Ausgliederung“ und damit dem Fristbeginn ausgehen zu können, da der Schenker zumindest die Verfügungsmöglichkeit über den Schenkungsgegenstand verliere,[492] hat der BGH[493] rigoros entschieden, dass ein auf Lebenszeit des Übergebers vorbehaltener **Totalnießbrauch** den Beginn der 10-Jahresfrist des § 2325 Abs. 3 hindere. Inwieweit bei einem **Wohnungsrecht**, das sich nur auf einzelne Teile des Zuwendungsobjekts bezieht, die Frist zu laufen beginnt, ist vom BGH noch nicht entschieden.[494] Manche wollen mangels klarer Abgrenzung dann bezüglich des ganzen Objekts keinen Fristbeginn annehmen,[495] andere wollen ihn trotzdem beginnen lassen[496] und wieder andere glauben, dass die Frist beginnt, wenn das Wohnungsrecht lediglich einen unwesentlichen Teil des Grundstücks umfasst.[497] Die Vereinbarung von einzelnen Rückforderungsrechten (z.B. zur Sicherung von Verfügungsbeschränkungen, bei Vermögensverfall, Vorversterben des Erwerbers, Scheidung usw.) soll den Fristbeginn nicht hindern.[498] Ob dies auch für ein freies Widerrufsrecht angenommen werden kann,

---

486 Frank JR 1987, 244.

487 Paulus JZ 1987, 153; Nieder DNotZ 1987, 320f.

488 So OLG Hamm NJW 1969, 2148; MünchKomm/Lange § 2325 Rn 24; ders., JR 1987, 244; Paulus Rpfleger 1986, 206; ders., JZ 1987, 154; Palandt/Edenhofer, bis 47. Aufl., § 2325 Anm. 5.

489 Frank JR 1987, 244; LG Marburg NJW-RR 1987, 1290; offen gelassen in BGH Rpfleger 1987, 416 = DNotZ 1987, 773.

490 BGHZ 102, 289 = NJW 1988, 821 = FamRZ 1988, 280.

491 Frank JR 1987, 244.

492 Wieser MittBayNot 1970, 135, 139; Dittmann/Reimann/Bengel, Testament und Erbvertrag, 2. Aufl., 1986, D 75; Frank JR 1987, 244; Nieder DNotZ 1987, 320; LG Marburg NJW-RR 1987, 1290, 1291; siehe auch BGHZ 59, 343, 347; a.M. Speckmann NJW 1970, 1638 u. 1978, 358 u. Schmidt-Kessel WPM 1988 Beil. 8 S. 17.

493 BGHZ 125, 395 = NJW 1994, 1791 = ZEV 1994, 233 = DNotZ 1994, 784.

494 Siehe OLG Düsseldorf FamRZ 1997, 1114; OLG Düsseldorf FamRZ 1999, 1546; OLG Celle OLG-Report 2003, 370; OLG Bremen NJW 2005, 1726; OLG Oldenburg ZEV 2006, 80; OLG Karlsruhe ZEV 2008, 244, die je nach Sachlage den Fristbeginn ablehnen oder bejahen.

495 N. Mayer ZEV 1994, 325, 329.

496 Siegmann DNotZ 1994, 787; Meyding ZEV 1994, 202.

497 Heinrich MittRhNotK 1995, 157; N. Mayer ZEV 1994, 325; LG Münster MittBayNot 1997, 113.

498 Heinrich MittRhNotK 1995, 165.

dürfte zweifelhaft sein. Zuzustimmen ist dem BGH,[499] dass sich der Begriff „Leistung“ in § 2325 Abs. 3 nicht mit dem in den §§ 518 Abs. 2, 2301 Abs. 2 bzgl. des Vollzugs von Schenkungsversprechen unter Lebenden und von Todes wegen deckt und auch nicht bei diesen Bestimmungen untereinander. Den Vorschriften liegen unterschiedliche Zielvorstellungen zugrunde. Der Schutz des Pflichtteilsberechtigten vor fremder Einflussnahme erfordert strengere Maßstäbe als der gesetzliche Schutz des Schenkers vor seiner eigenen Entscheidung.[500] Zum Vollzug der Versprechensschenkung unter Lebenden (§ 518 Abs. 2) und des Schenkungsversprechens von Todes wegen (§ 2301 Abs. 2) genügt die Anwartschaftsbegründung.[501] Es können daher nach Auffassung des BGH sehr wohl Vermögensgegenstände durch Rechtsgeschäft unter Lebenden am Nachlass vorbeigeführt werden, jedoch nicht zum Nachteil der Pflichtteilsberechtigten. Da bei der fortgesetzten Gütergemeinschaft gegenüber gemeinschaftlichen Abkömmlingen das Gesamtgut beim Tod des Erstversterbenden nicht zum Nachlass gehört (§ 1483 Abs. 1 Satz 3), können gemeinschaftliche Abkömmlinge auf den ersten Erbfall weder ordentliche noch außerordentliche Pflichtteilsansprüche geltend machen. Für alle während der Dauer der Gütergemeinschaft von beiden Ehegatten aus dem Gesamtgut gemachten Schenkungen bestimmt § 1505, dass für die Pflichtteilsergänzung der erstverstorbene Ehegatte als erst zum Zeitpunkt der Beendigung der fortgesetzten Gütergemeinschaft verstorben anzusehen ist. Das hat jedoch nur zur Folge, dass Pflichtteilsergänzungsansprüche wegen Gesamtgutsschenkungen erst ab diesem Zeitpunkt zu verjähren beginnen.[502] Da die Zehnjahresfrist gem. § 2325 Abs. 3 davon nicht berührt wird, entfällt ein Pflichtteilsergänzungsanspruch, wenn seit der Schenkung aus dem Gesamtgut zu Lebzeiten beider Ehegatten zehn Jahre bis zur Beendigung der fortgesetzten Gütergemeinschaft (meist durch den Tod des längstlebenden Ehegatten) verstrichen sind. Grundsätzlich sind daher bei der fortgesetzten Gütergemeinschaft Pflichtteilsergänzungsansprüche für von beiden Ehegatten gemachte Gesamtgutsschenkungen ausgeschlossen, wenn nur einer der beiden Ehegatten die Schenkung um mehr als zehn Jahre überlebt.[503] Während der fortgesetzten Gütergemeinschaft sind Schenkungen aus dem Gesamtgut nur mit Zustimmung der fortsetzenden Abkömmlinge möglich (§§ 1487, 1425).

Achtung: Immer wenn ein Pflichtteilsergänzungsanspruch durch Fristablauf (§ 2325 148
Abs. 3) scheitert, sollte geprüft werden, ob nicht wegen der Zuwendung ein Pflichtteilsausgleichsanspruch nach § 2316 besteht, der keine Ausschlussfrist kennt.[504]

4. Die Berechtigten des Pflichtteilsergänzungsanspruchs

a) Enterbte als Berechtigte (§ 2325)

Berechtigter bei der Pflichtteilsergänzung ist zunächst, wer **beim Erbfall** zum Kreis der 149
konkret Pflichtteilsberechtigten gehört (§§ 2303, 2309), gleichgültig, ob ihm im konkreten Fall ein ordentlicher Pflichtteilsanspruch gem. §§ 2303 ff. zusteht (arg. §§ 2326, 2329 Abs. 1 Satz 2).[505] Denn auch beim Pflichtteilsergänzungsanspruch gilt der § 2309, so dass auch hier die näheren Abkömmlinge die entfernteren und die Eltern ausschließen[506] Entferntere Abkömmlinge und Eltern können den Ergänzungspflichtteil nur in den Fäl-

[499] BGHZ 98, 226 = NJW 1987, 122 = DNotZ 1987, 315, 316; BGH DNotZ 1987, 322, 323.
[500] Rüthers/Henssler JuS 1984, 953, 957.
[501] BGHZ 87, 19; BGH NJW 1970, 1638.
[502] RG JW 1911, 996.
[503] MünchKomm/Kanzleiter, 2. Aufl., § 1505 Rn 3; Staudinger/W. Thiele/B. Thiele § 1505 Rn 7.
[504] J. Mayer ZErb 2007, 130, 132.
[505] RGZ 80, 135/137; BGH NJW 1961, 870 = FamRZ 1961, 272 = LM § 2325 Nr. 2; BGH NJW 1973, 995 = LM § 2325 Nr. 9.
[506] OLG Köln ZEV 1998, 434.

len verlangen, in denen sie gem. § 2309 pflichtteilsberechtigt sind.[507] Der Pflichtteilsergänzungsanspruch kann auch bestehen, wenn kein ordentlicher Pflichtteilsanspruch gegeben ist, weil z.B. der Wert des hinterlassenen Erbteils bzw. Vermächtnisses den Wert des ordentlichen Pflichtteilsanspruchs abdeckt (§§ 2303, 2305, 2307, 2326 Satz 1), wenn auch vielleicht erst zusammen mit dem Zusatzpflichtteil gem. § 2305.[508] Ist kein Nachlass vorhanden, so entsteht auch kein ordentlicher Pflichtteilsanspruch.[509] Sofern jedoch in diesem Fall bei Hinzurechnung des Geschenks sich der Nullbestand des reinen Nachlasses in einen Aktivbestand verwandelt, besteht wenigstens ein aus ihm zu berechnender Pflichtteilsergänzungsanspruch.[510] Ergibt sich allerdings **auch bei Hinzurechnung des Geschenks kein aktiver Nachlass**, ist auch für den Ergänzungsanspruch kein Raum und zwar auch nicht gegen den Beschenkten gem. § 2329, weil der Pflichtteilsberechtigte dann auch bei ausgebliebener Schenkung leer ausgegangen wäre.[511]

150 Da der Pflichtteilsergänzungsanspruch keine Enterbung voraussetzt, behält ihn der Erbe auch, wenn er die Erbschaft ausschlägt,[512] und zwar auch dann, wenn er durch die Ausschlagung seinen ordentlichen Pflichtteil verliert.[513] Da auch nach der Ausschlagung der Erbschaft sich der Ergänzungsanspruch gem. § 2326 Satz 2 aus der Differenz zwischen dem Wert des ordentlichen Pflichtteils plus dem Ergänzungspflichtteil und dem Wert des Hinterlassenen (jedoch Ausgeschlagenen) errechnet,[514] erleidet der Ausschlagende Nachteile, wenn er nach den allgemeinen Regeln des Pflichtteilsrechts (§ 2303 Abs. 1 Satz 1: *„von der Erbfolge ausgeschlossen"*) mit der Ausschlagung seinen ordentlichen Pflichtteil verliert[515] oder wenn und soweit der hinterlassene Erbteil größer als sein Pflichtteil und unbeschwert und unbelastet war,[516] da er sich dann das ihm über seinen ordentlichen, nach dem wirklichen Nachlassbestand berechneten Pflichtteilsanspruch hinaus Zugewendete (**Mehrhinterlassung**) gem. § 2326 Satz 2 auf seinen Pflichtteilsergänzungsanspruch anrechnen lassen muss, obwohl es durch die Ausschlagung wegfällt. Lediglich, wenn der mit mehr als der Hälfte des gesetzlichen Erbteils bedachte pflichtteilsberechtigte Erbe i.S. des § 2306 Abs. 1 beschränkt oder beschwert ist, nimmt die h.M.[517] diese Anrechnung der Mehrhinterlassung gem. § 2326 Satz 2 nicht vor. Ob dies alles entsprechend bei der Ausschlagung von Vermächtnissen gilt[518] oder nur, wenn sie beschränkt oder beschwert sind,[519] ist umstritten. Hat der Bedachte die beschränkte oder beschwerte Zuwendung (Erbteil oder Vermächtnis) in Unkenntnis der ergänzungspflichtigen Schenkung angenommen, gesteht ihm die h.M.[520] ein Anfechtungsrecht gem. § 119 zu.

151 **Weitere Voraussetzung des Pflichtteilsergänzungsanspruchs ist**, dass der Berechtigte auch **beim Vollzug der Schenkung** bereits zum Kreis der abstrakt Pflichtteilsberechtigten (§ 2303) gehörte (**sog. Doppelberechtigung**). Entgegen der überwiegenden Meinung in

---

[507] Staudinger/Ferid/Cieslar § 2325 Rn 41; Soergel/Dieckmann § 2325 Rn 1.
[508] Soergel/Dieckmann § 2326 Rn 1.
[509] BGHZ 28, 177/181; BGH NJW 1965, 1526 = Rpfleger 1966, 251; BGH ZEV 2000, 274.
[510] RGRK/Johannsen § 2326 Rn 1; Dieckmann FS Beitzke, 1979, 399/405.
[511] RG JR 27 Nr. 1655.
[512] BGH NJW 1973, 995 = LM § 2325 Nr. 9.
[513] BGH NJW 1973, 995; MünchKomm/Lange § 2326 Rn 1; Soergel/Dieckmann § 2326 Rn 1; RGRK/Johannsen § 2326 Rn 1.
[514] MünchKomm/Lange § 2326 Rn 4.
[515] Soergel/Dieckmann § 2326 Rn 1; RGRK/Johannsen § 2326 Rn 1.
[516] MünchKomm/Lange § 2326 Rn 4; Soergel/Dieckmann § 2326 Rn 3.
[517] Soergel/Dieckmann § 2326 Rn 4; MünchKomm/Lange § 2326 Rn 4; Jauernig/Stürner § 2326 Anm. 1.
[518] So MünchKomm/Lange § 2326 Rn 4.
[519] So Soergel/Dieckmann § 2326 Rn 4.
[520] Staudinger/Ferid/Cieslar § 2326 Rn 11; MünchKomm/Lange § 2326 Rn 2; RGRK/Johannsen § 2326 Rn 4; Soergel/Dieckmann § 2326 Rn 6; Palandt/Edenhofer § 2326 Rn 3.

der Literatur[521] sollen nämlich nach dem Bundesgerichtshof[522] nur solche Schenkungen Pflichtteilsergänzungsansprüche auslösen, die zu einer Zeit gemacht worden sind, zu der das rechtliche Verhältnis schon bestand, das den Pflichtteilsanspruch begründet (**abstrakte Pflichtteilsberechtigung**), d. h. alle Schenkungen vor der Eheschließung, der Adoption oder der Zeugung eines nichtehelichen Kindes bleiben unberücksichtigt. Lediglich bei ehelichen Abkömmlingen stellt der BGH[523] inkonsequenterweise nicht auf den Zeitpunkt der Zeugung, sondern auf den der Eheschließung ab.

Kinder haben nach ihren Eltern zwei getrennte Pflichtteilsansprüche, so dass auch bei 152
Vorliegen eines gemeinschaftlichen Testaments beim Tode des Letztverstorbenen Geschenke des Vorverstorbenen außer Betracht bleiben.[524] Verlangt der überlebende Ehegatte neben dem Pflichtteil den güterrechtlichen Zugewinnausgleich (§ 1371 Abs. 2 u. 3), sind Schenkungen des Erblassers, obwohl sie bereits bei der Bewertung der Ausgleichsforderung nach § 1375 Abs. 2 Ziffer 1 berücksichtigt sind, nochmals in voller Höhe bei der Berechnung des Pflichtteilsergänzungsanspruchs einzusetzen, da andererseits die Ausgleichsforderung als Nachlassverbindlichkeit bei der Pflichtteilsberechnung voll in Abzug zu bringen ist.[525] Ein nichteheliches Kind kann seinen Pflichtteilsergänzungsanspruch nach seinem Vater erst geltend machen, wenn die Vaterschaft gem. § 1594 durch Anerkennung oder gem. § 1600 d durch gerichtliche Entscheidung festgestellt ist.[526]

Auch der Pflichtteilsergänzungsanspruch entsteht gem. § 2317 mit dem Erbfall und ist 153
vererblich und übertragbar.[527] Gepfändet kann er jedoch nur werden, wenn er durch Vertrag anerkannt oder rechtshängig geworden ist (§ 852 Abs. 1 ZPO). Vor dem Erbfall kann der Berechtigte auf seinen Pflichtteilsergänzungsanspruch verzichten, entweder durch notariellen gegenständlich beschränkten Pflichtteilsverzichtsvertrag mit dem Erblasser,[528] oder in einem nur schuldrechtlich wirksamen Vertrag mit dem künftigen Erben, der, weil er nur einen Einzelgegenstand betrifft, nicht § 312 (jetzt § 311 b Abs. 4) unterliegt,[529] jedoch entspr. § 2348 beurkundungspflichtig ist.[530] Nach dem Erbfall ist dies formlos durch Erlassvertrag nach § 397 möglich.[531] Fraglich war, ob der fiktive Pflichtteil, auf den der postmortale Unterhaltsanspruch des geschiedenen Ehegatten des Erblassers gem. § 1586 b begrenzt ist, sich aus dem ergänzten oder dem ordentlichen Pflichtteil berechnet.[532]

Der BGH[533] hat sich jetzt dafür entschieden, aus dem ergänzten Anspruch zu berechnen. 154

---

[521] Z. B. Bosch FamRZ 1973, 90; v. Lübtow FS Bosch 1976, 573; Reinicke NJW 1973, 9597; MünchKomm/Lange § 2325 Rn 6; Soergel/Dieckmann § 2325 Rn 2; Staudinger/Ferid/Cieslar § 2325 Rn 32 jeweils m. w. N.

[522] BGHZ 59, 210 = NJW 1973, 40 = FamRZ 1973, 87 = JR 1973, 288 m. zust. Anm. Kühne; BGH NJW 1997, 2676 = MDR 1997, 741 = ZEV 1997, 373 m. Anm. Otte = MittBayNot 1997, 298 m. Anm. Reimann; Keller ZEV 2000, 268; Palandt/Edenhofer, § 2325 Rn 5; a. M. Reinicke NJW 1973, 597; Pentz MDR 1997, 717; Otte ZEV 1997, 375; Reimann MittBayNot 1997, 298; sowie das überwiegende Schrifttum MünchKomm//Lange § 2325 Rn 6 m. w. N.

[523] BGHZ 59, 210/216.

[524] BGHZ 88, 102 = NJW 1983, 2875; Palandt/Edenhofer § 2325 Rn 1.

[525] RGRK/Johannsen § 2325 Rn 26; MünchKomm/Lange § 2325 Rn 7; Staudinger/Ferid/Cieslar § 2325 Rn 56 ff.

[526] BGHZ 85, 274 = FamRZ 1985, 1023.

[527] Staudinger/Ferid/Cieslar § 2317 Rn 1.

[528] Wieser MittBayNot 1972, 106/111; Schramm BWNotZ 1959, 227/235; Staudinger/Ferid/Cieslar § 2346 Rn 37.

[529] RG LZ 24, 587; OGH NJW 1949, 603; BGH LM § 312 Nr. 3.

[530] Damrau, Der Erbverzicht als Mittel zweckmäßiger Vorsorge für den Todesfall, 1966 S. 50.

[531] RG BayZ 1913, 171; RG SeuffA 82 Nr. 107; RG JW 1928, 907; KG OLGZ 74, 263/266; Staudinger/Ferid/Cieslar § 2317 Rn 27.

[532] Dieckmann FamRZ 1977, 171 Fn. 218; Soergel/Dieckmann § 2325 Rn 24.

[533] NJW 2001, 828.

155 Den ordentlichen Pflichtteilsanspruch gem. § 2303 kann ein Miterbe grundsätzlich nicht geltend machen. Ihm stehen nur bei Vorliegen der entsprechenden Voraussetzungen Ansprüche gem. §§ 2305, 2306, 2308 zu.[534] Dagegen kann auch ein Miterbe unter den Voraussetzungen des § 2325 einen Ergänzungsanspruch gegen seine Miterben oder über § 2329 gegen den beschenkten Dritten erlangen.[535] Reicht der vorhandene Nachlass dabei nicht zur Befriedigung seines Pflichtteilsergänzungsanspruchs aus, kann der selbst pflichtteilsberechtigte Miterbe analog zu § 2329 Abs. 1 Satz 2 direkt gegen den Beschenkten oder dessen Erben vorgehen, ohne vorher den primären Anspruch aus § 2325 gegen die anderen Miterben erheben zu müssen, da sich diese sogleich auf die Dürftigkeitseinrede nach §§ 1990, 1991 Abs. 4 und das Leistungsverweigerungsrecht aus § 2328 berufen könnten.[536] Da bei der fortgesetzten Gütergemeinschaft beim Tod des Erstversterbenden das Gesamtgut gegenüber gemeinschaftlichen Abkömmlingen nicht zum Nachlass gehört (§ 1483 Abs. 1 Satz 3), können diese auf den ersten Erbfall hinsichtlich des Gesamtguts weder ordentliche Pflichtteilsansprüche noch Pflichtteilsergänzungsansprüche wegen Schenkungen aus dem Gesamtgut geltend machen.[537] Pflichtteilsergänzungsansprüche wegen solcher Schenkungen aus dem Gesamtgut stehen ihnen, sofern nicht die Frist gem. § 2325 Abs. 3 abgelaufen ist, gem. § 1505 erst nach Beendigung der fortgesetzten Gütergemeinschaft zu. Die Beendigung der fortgesetzten Gütergemeinschaft kann von den gemeinschaftlichen Abkömmlingen ohne Zustimmung des überlebenden Ehegatten allerdings nur in schwerwiegenden Fällen durch Aufhebungsklage gem. § 1495 erreicht werden.

b) Erben als Berechtigte (§ 2326)

156 Auch der gesetzliche oder gewillkürte Erbe oder Vermächtnisnehmer kann unter den Voraussetzungen des § 2325, gleichgültig ob er die Zuwendung annimmt oder ausschlägt, einen Pflichtteilsergänzungsanspruch gegen die Erbengemeinschaft (§ 2325) oder als Alleinerbe direkt gegen den Beschenkten (§ 2329 Abs. 1 Satz 2) haben, und zwar auch dann, wenn ihm eine größere Erbquote als seine ordentliche Pflichtteilsquote[538] hinterlassen ist (§ 2326 Satz 1). Allerdings mindert sich im letzteren Fall der Ergänzungsanspruch um den Betrag, um den der Wert des ihm Hinterlassenen (Erbteil oder Vermächtnis) den Wert des ordentlichen Pflichtteils ohne Hinzurechnung der Schenkung übersteigt (§ 2326 Satz 2 – **„Mehrhinterlassung"**),[539] d. h. er erhält nur die Differenz zwischen dem Wert des Hinterlassenen und dem seines ordentlichen Pflichtteils plus dem Ergänzungspflichtteil.[540] Bei dieser Bewertung werden analog § 2307 Abs. 1 Satz 2 Beschränkungen und Beschwerungen des Hinterlassenen nicht wertmindernd berücksichtigt.[541]

5. Die Schuldner der Pflichtteilsergänzungsansprüche

a) Der selbst nicht pflichtteilsberechtigte Erbe

157 Der Pflichtteilsergänzungsanspruch richtet sich grundsätzlich **gegen den oder die Erben** als Nachlassverbindlichkeit, auch wenn ein Dritter die Schenkung erhalten hat

---

[534] Soergel/Dieckmann § 2303 Rn 17.

[535] BGH NJW 1961, 870 = LM § 2325 Nr. 2; BGH NJW 1986, 1610 = Rpfleger 1985, 494 = JR 1986, 110 m. Anm. Sick.

[536] BGHZ 80, 205/209 = NJW 1981, 1446 = DNotZ 1983, 111.

[537] MünchKomm/Kanzleiter, 2. Aufl., Vor § 1483 Rn 10; Staudinger/W. Thiele/B. Thiele § 1483 Rn 16; Erman/Heckelmann § 1483 Rn 4.

[538] Staudinger/Ferid/Cieslar § 2326 Rn 9.

[539] BGH NJW 1973, 995/996 = LM § 2325 Nr. 9; BGH FamRZ 1989, 273/275 = WM 1989, 182.

[540] MünchKomm/Lange § 2326 Rn 2.

[541] Staudinger/Ferid/Ciesdlar § 2326 Rn 10; MünchKomm/Lange § 2326 Rn 2.

(§§ 2325, 2329).[542] Der nicht selbst pflichtteilsberechtigte Erbe muss u. U. für Pflichtteil und Ergänzungspflichtteil den ganzen Nachlass opfern, ohne sich an den Beschenkten halten zu können.[543] Mit seinem Eigenvermögen haftet er allerdings nur, sofern er von seinen Haftungsbeschränkungsmöglichkeiten gem. §§ 1975, 1981 ff., 1990, 1991 Abs. 4 gegenüber dieser Nachlassverbindlichkeit keinen Gebrauch gemacht hat.[544] Gegen den Beschenkten richtet sich der Anspruch nur, soweit der Erbe zur Ergänzung des Pflichtteils nicht verpflichtet ist (§ 2329 Abs. 1 Satz 1). Auch selbst pflichtteilsberechtigte Erben können Schuldner sein, genießen allerdings den Haftungsvorzug nach § 2328. Ist der Erbe selbst Beschenkter, bleibt es grundsätzlich bei seiner Haftung nach § 2325.[545] Hat er allerdings seine Haftung zulässigerweise beschränkt und reicht der Nachlass nicht aus oder kann er sich als selbst Pflichtteilsberechtigter auf § 2328 berufen, kommt gegen ihn nur der subsidiäre Ergänzungsanspruch als Beschenkter gem. § 2329 in Betracht, für den er unbeschränkbar haftet.[546] Gegen den Anspruch nach § 2329 steht dem selbst pflichtteilsberechtigten Erben jedoch das Leistungsverweigerungsrecht (Einrede) nach § 2328 zu.[547] Wie der ordentliche Pflichtteilsanspruch auch, kann der Pflichtteilsergänzungsanspruch gegen sämtliche Miterben als Gesamtschuldner geltend gemacht werden, um sich dann aus dem noch ungeteilten Nachlass zu befriedigen. Er kann aber auch gegen einen oder mehrere Miterben auf Grund ihrer gesamtschuldnerischen Haftung für die Nachlassverbindlichkeiten geltend gemacht werden (§§ 1967, 2058, 421, 1967 Abs. 2).

b) Der selbst pflichtteilsberechtigte Erbe

Der selbst pflichtteilsberechtigte Erbe kann gem. § 2328 die Ergänzung des Pflichtteils 158
soweit verweigern, dass ihm sein eigener Pflichtteil einschließlich dessen verbleibt, was ihm selbst zur Ergänzung seines Pflichtteils gebühren würde (**ergänzter Pflichtteil**). Gleichgültig ist dabei, ob der Ergänzungspflichtige Allein- oder Miterbe ist.[548] Durch diese Vorschrift soll, ebenso wie durch die §§ 2318 Abs. 3 und 2319, der pflichtteilsberechtigte Schuldner eines Pflichtteilsergänzungsanspruchs davor bewahrt werden, das erlangte Vermögen zunächst – ganz oder teilweise – auskehren und dann wegen seines eigenen Pflichtteils zuzüglich der ihm zukommenden Ergänzung bei anderen Beschenkten seinerseits Ersatz suchen zu müssen.[549] Die Einrede auf Grund § 2328 schützt jedoch lediglich vor dem Ergänzungsanspruch, während gegen den ordentlichen Pflichtteilsanspruch nur § 2319 schützt.[550] Treffen mit dem Ergänzungsanspruch Vermächtnisse und/oder Auflagen zusammen, so kann der selbst pflichtteilsberechtigte Erbe seinen ergänzten Pflichtteil gem. § 2318 Abs. 3 auch gegen sie verteidigen.[551] § 2328 enthält eine Begünstigung des als Erben eingesetzten Pflichtteilsberechtigten gegenüber dem nichterbenden Pflichtteilsberechtigten, da er seinen ergänzten Pflichtteil behalten darf und nur den Mehrbetrag an die anderen nichterbenden Pflichtteilsberechtigten auszuzahlen braucht, während für den Ausfall der Beschenkte gem. § 2329 haftet.[552] Haftet der selbst pflichtteilsberechtigte

[542] Staudinger/Ferid/Cieslar § 2325 Rn 49; BGHZ 80, 205/207 = NJW 1981, 1446.

[543] Staudinger/Ferid/Cieslar § 2325 Rn 49; Soergel/Dieckmann § 2325 Rn 3; BGHZ 85, 274/280 = NJW 1983, 1485.

[544] BGH WPM 1983, 824; BGH FamRZ 1968, 150/151 = LM § 2325 Nr. 6.

[545] RGZ 58, 124.

[546] RGZ 80, 135; RG JW 1912, 913; BGH MDR 1961, 491 = LM § 2325 Nr. 2; BGHZ 80, 208 f.; BGHZ 85, 274/282 = NJW 1983, 1485 = BGHZ 88, 102/112 = NJW 1983, 2875.

[547] BGHZ 85, 274/284 = NJW 1983, 1485 = DNotZ 1983, 374.

[548] Staudinger/Ferid/Cieslar § 2328 Rn 3; Soergel/Dieckmann § 2328 Rn 1; Palandt/Edenhofer § 2328 Rn 1.

[549] BGHZ 85, 274/285 = NJW 1983, 1485 = DNotZ 1983, 374; BGH FamRZ 1989, 273/275.

[550] Soergel/Dieckmann § 2328 Rn 1; MünchKomm/Lange § 2328 Rn 1; Staudinger/Ferid/Cieslar § 2328 Rn 2; Palandt/Edenhofer § 2328 Rn 1.

[551] MünchKomm/Lange § 2328 Rn 4; Soergel/Dieckmann § 2328 Rn 3.

[552] Bührer ZBlFG 15, 213/216; Soergel/Dieckmann § 2328 Rn 2; MünchKomm/Lange § 2328 Rn 2; Staudinger/Ferid/Cieslar § 2328 Rn 8.

Erbe nur nach § 2329, da er gegenüber dem Anspruch nach § 2325 die beschränkte Erbenhaftung geltend gemacht hat, kann auch er seinen eigenen ergänzten Pflichtteil mit dem Leistungsverweigerungsrecht gem. § 2328 verteidigen.[553] Dabei ist bei der Bewertung des Geschenks auf den Zeitpunkt der Zwangsvollstreckung abzustellen, damit sein Wertverfall nach dem Erbfall nicht wegen der Regelung in § 2329 Abs. 1 zu Lasten des Beschenkten geht bzw. eine Wertsteigerung nicht dem Pflichtteilsberechtigten vorenthalten wird.[554]

c) Die subsidiäre Haftung des Beschenkten

159 Soweit der Erbe zur Ergänzung des Pflichtteils **nicht verpflichtet** ist, richtet sich der Ergänzungsanspruch subsidiär gegen den Beschenkten (§ 2329 Abs. 1 Satz 1). Die Haftung des Beschenkten setzt somit dort ein, wo die des Erben aufhört.[555] Nicht zur Ergänzung verpflichtet ist der Erbe und die subsidiäre Haftung des Beschenkten (**Durchgriff gegen den Beschenkten**) tritt in folgenden Fällen ein:

- Es ist kein Nachlass vorhanden oder der Nachlass ist überschuldet.[556]
  Bei Überschuldung ist allerdings zunächst zu prüfen, ob durch Hinzurechnen der Schenkung überhaupt ein Aktivnachlass entstehen würde, anderenfalls entfällt jeglicher Ergänzungsanspruch auch gegen den Beschenkten.[557]
- Der Erbe hat durch eine Maßnahme nach §§ 1975 ff, 1981, 1990, 1991 Abs. 4, 2060 BGB, 327 Abs. 1 InsO seine beschränkte Erbenhaftung herbeigeführt hat.[558] Auch die Einrede der Dürftigkeit des Nachlasses durch den Erben genügt für die Verlagerung der Verpflichtung auf den Beschenkten.[559]
- Wenn der Erbe seinen eigenen Pflichtteil nach § 2328 verteidigen kann und zwar gleichgültig, ob er die Einrede nur erheben kann oder bereits erhoben hat.[560]
- Last not least kann der **Alleinerbe** nach § 2329 Abs. 1 Satz 2 seinen Pflichtteilsergänzungsanspruch immer direkt gegen den Beschenkten geltend machen, unbeachtlich ob er selber beschränkt oder unbeschränkt haftet.

160 Dagegen löst nach der jetzt h. M.[561] die **bloße Zahlungsunfähigkeit** des Erben – nicht des Nachlasses – (z. B. durch **Eigengläubiger** des Erben) oder Unerreichbarkeit des an sich unbeschränkt haftenden Erben, d. h. dass er zwar verpflichtet ist, von ihm aber nichts zu holen ist, den subsidiären Ergänzungsanspruch gegen den Beschenkten nicht aus. Der Beschenkte schuldet die Ergänzung auch dem pflichtteilsberechtigten Alleinerben, soweit dieser sie nach § 2326 zu beanspruchen hat (§ 2329 Abs. 1 Satz 2). Über den Wortlaut des § 2329 Abs. 1 Satz 2 hinaus können **pflichtteilsberechtigte** Miterben direkt

---

[553] BGHZ 85, 274/284 = NJW 1983, 1485 = DNotZ 1983, 374.

[554] BGHZ 85, 274/285 ff.; Palandt/Edenhofer § 2329 Rn 7; Jauernig/Stürner § 2328 Rn 1.

[555] Palandt/Edenhofer, § 2329 Rn 1; Staudinger/Olshausen, 13. Aufl., § 2329 Rn 1.

[556] RGZ 80, 126; BGH FamRZ 1968, 150; BGH NJW 1974, 1327.

[557] Staudinger/Olshausen, 13. Aufl., § 2329 Rn 7; Palandt/Edenhofer § 2329 Rn 3; RG JR 27 Nr. 1655.

[558] Staudinger/Olshausen, 13. Aufl. § 2329 Rn 7; MünchKomm/Lange § 2329 Rn 2; Soergel/Dieckmann § 2329 Rn 1; BGH NJW 1961, 870 = LM § 2325 Nr. 2 = MDR 1961, 491; BGH WPM 1983, 823/825.

[559] Staudinger/Olshausen, 13. Aufl., § 2329 Rn 8.

[560] RGRK/Johannsen § 2329 Rn 1; Soergel/Dieckmann § 2329 Rn 7; Kipp/Coing § 13 VI 1; BGHZ 80, 205/209 = NJW 1981, 1446/1447 = DNotZ 1983, 111; a. M. d. h. nur nach Erhebung der Einrede: Staudinger/Olshausen, 13. Aufl., § 2329 Rn 9; MünchKomm/Lange § 2329 Rn 3.

[561] BGH NJW 1983, 1485; Palandt/Edenhofer § 2329 Rn 2 (ab der 58. Aufl.); RGRK/Johannsen § 2329 Rn 2; MünchKomm/Lange § 2329 Rn 2; Soergel/Dieckmann § 2329 Rn 8; Erman/Schlüter § 2329 Rn 1; Schlüter, ErbR, 13. Aufl., Rn 1009; Dieckmann FS f. Beitzke, 1979 S. 399/419 m. w. N.; v. Lübtow, ErbR, Bd. 1 S. 597; Haegele BWNotZ 1972, 69/73; zum Streitstand: Pentz MDR 1998, 132; a. M. d. h. auch bei Zahlungsunfähigkeit: Kipp/Coing § 13 VI 2; Staudinger/Olshausen, 13. Aufl., § 2329 Rn 10; AK/Däubler, § 2329 Rn 3; Palandt/Edenhofer, § 2329 Rn 2 (bis zur); Jauernig/Stürner § 2326 Rn 1.

vom beschenkten Dritten Ergänzung ihres Pflichtteils verlangen, wenn der Nachlass wertlos ist oder doch zur Befriedigung ihrer Pflichtteilsansprüche nicht ausreicht.[562] Dabei ist nicht Voraussetzung, dass die anderen Miterben die Einrede nach § 2328 erhoben haben.[563] Ist der Beschenkte selbst pflichtteilsberechtigt, hat ihm analog § 2328 soviel zu verbleiben, wie sein eigener ergänzter Pflichtteil ausmacht.[564] Ist der Beschenkte verstorben, richtet sich der Ergänzungsanspruch nach § 2329 gegen seine Erben.[565]

Während der ordentliche Pflichtteilsanspruch gem. § 2303 und der Pflichtteilsergänzungsanspruch gem. § 2325 reine Geldansprüche sind, geht der Anspruch gegen den Beschenkten gem. § 2329 auf „Herausgabe des Geschenks zum Zwecke der Befriedigung wegen des fehlenden Betrages nach den Vorschriften einer ungerechtfertigten Bereicherung".[566] Klagantrag und Verurteilung haben daher bei Schenkungen individueller Gegenstände zu lauten: **161**

„... wird verurteilt, die Zwangsvollstreckung wegen eines Geldbetrags von ... EUR (Bezifferung des Fehlbetrages) in ... (Bezeichnung des Schenkungsgegenstandes) zu dulden".[567]

Der Beschenkte haftet dem Pflichtteilsberechtigten nach den Vorschriften über die ungerechtfertigte Bereicherung. Bei Geldschenkungen und falls der geschenkte Gegenstand sich nicht mehr beim Beschenkten befindet, ohne dass seine Bereicherung weggefallen ist, geht der Anspruch nach § 2329 ausnahmsweise direkt auf Zahlung des Fehlbetrages (§ 818 Abs. 2). Dieser Zahlungsanspruch kann als Hilfsanspruch gleichzeitig mit dem Duldungsanspruch erhoben werden.[568] Während sich die Voraussetzungen des Anspruchs nach § 2329 bestimmen, regelt sich sein Umfang nach den Bestimmungen des Bereicherungsrechts, d. h. den §§ 818 bis 822.[569] Gemäß § 818 Abs. 3 entfällt daher die Haftung des Beschenkten, soweit er nicht mehr bereichert ist. Dies kann auch wegen wirksamer Anfechtung der Schenkung im Insolvenzverfahren (§ 134 InsO) oder außerhalb des Insolvenzverfahrens (§ 4 AnfG) der Fall sein.[570] Die Haftung des Beschenkten verschärft sich gem. § 819 Abs. 1, wenn er Umfang und Wert des Nachlasses und die Ergänzungsbedürftigkeit des Pflichtteils kannte. Hat der Beschenkte den Schenkungsgegenstand weiter verschenkt, wenn auch vor dem Erbfall, und ist er dadurch nicht mehr bereichert, haftet der beschenkte Dritte für den Pflichtteilsergänzungsanspruch nach § 822.[571] Hat der Erblasser **mehrere Personen zeitlich nacheinander beschenkt,** so haftet gem. § 2329 Abs. 3 in erster Linie der zuletzt Beschenkte. Die anderen haften nur soweit der Letztbeschenkte, etwa wegen Wegfalls seiner Bereicherung, nicht verpflichtet ist, nicht jedoch schon soweit er nur zahlungsunfähig ist.[572] Nach § 2329 Abs. 2 kann der Beschenkte die **162**

[562] BGHZ 80, 205/208 f. = NJW 1961, 1446 = FamRZ 1981, 655; BGH NJW 1986, 1610 = JR 1986, 110 m. Anm. Sick; Pentz MDR 1998, 132.

[563] BGHZ a. a. O., OLG Zweibrücken NJW 1977, 1825.

[564] BGHZ 85, 274/284 = NJW 1983, 1485 = DNotZ 1983, 374.

[565] BGHZ 80, 205/210 = NJW 1981, 1446 = DNotZ 1983, 111.

[566] MünchKomm/Lange § 2329 Rn 9; BGHZ 85, 274/282 = NJW 1983, 1485 = DNotZ 1983, 374.

[567] BGHZ 85, 274/282 = NJW 1983, 1485 = DNotZ 1983, 374; Palandt/Edenhofer § 2329 Rn 8; RGRK/Johannsen § 2329 Rn 7; Erman/Schlüter § 2329 Rn 2.

[568] Erman/Schlüter § 2329 Rn 2.

[569] RGZ 139, 17/22.

[570] Soergel/Dieckmann § 2329 Rn 5 m. w. N.

[571] Soergel/Dieckmann § 2329 Rn 21; Staudinger/Olshausen, 13. Aufl. § 2329 Rn 30; MünchKomm/Lange § 2329 Rn 12; Knötel NJW 1989, 2504/2506; offen gelassen in BGHZ 80, 205/211 f. = NJW 1981, 1446/1447 r. Sp. a. E.

[572] BGHZ 17, 336 = NJW 1955, 1185; BGH WPM 1983, 823/825.

Vollstreckung durch Zahlung des am Pflichtteil fehlenden Betrages (nicht etwa durch Zahlung des Wertes des Schenkungsgegenstandes) abwenden (**Ersetzungsbefugnis**). Der Pflichtteilsberechtigte hat die Voraussetzungen für seinen Anspruch gem. § 2329 gegen den Beschenkten zu beweisen.[573]

163 Bei dem Anspruch nach § 2329 handelt es sich um keine Nachlassverbindlichkeit.[574] Ein Miterbe, der in seiner Eigenschaft als Beschenkter nach § 2329 in Anspruch genommen wird, kann daher seine Haftung nicht auf den Nachlass beschränken.[575] Damit wird auf jeden Fall verhindert, dass Pflichtteilsberechtigte durch Schenkungen an eines von mehreren Kindern, die zweite Ehefrau oder einen Familienfremden, die den Nachlass aushöhlen, ganz leer ausgehen,[576] sofern nicht seit der Schenkung die zehnjährige Ausschlussfrist abgelaufen ist.

164 Neben dem Anspruch aus § 2329 kann der Beschenkte auch dem Anspruch aus § 2287 ausgesetzt sein, wenn durch die Schenkung der Vertragserbe oder bindend eingesetzte Schlusserbe beeinträchtigt wurde. Die Ansprüche stehen dann selbständig nebeneinander.

6. Die Berechnung des Pflichtteilsergänzungsanspruchs

a) Bei Schenkungen an Dritte, d. h. Nichterben

165 Gem. § 2325 Abs. 1 kann der Pflichtteilsberechtigte als Ergänzung seines Pflichtteils den Betrag verlangen, um den sich sein ordentlicher Pflichtteil erhöhen würde, wenn der einem anderen vom Erblasser geschenkte Gegenstand sich noch im Nachlass befinden würde. Dabei ist ordentlicher Pflichtteil der Betrag, den der Pflichtteilsberechtigte bei Errechnung nach den §§ 2303 bis 2316 ohne Berücksichtigung der Drittschenkung erhält. Beschenkter Dritter i. S. des § 2325 kann auch ein anderer Pflichtteilsberechtigter sein.[577] Geschenke an den Ergänzungsberechtigten selbst sind nach § 2327 zu behandeln (siehe unten Rn 169) und solche an den selbst pflichtteilsberechtigten Erben nach § 2328 (siehe oben Rn 158).[578] Die Berechnung des Ergänzungspflichtteils geschieht in vier Schritten:[579]

- Bildung des fiktiven Ergänzungsnachlasses durch Zurechnung der Schenkung;
- Bildung des fiktiven Ergänzungserbteils auf Grund der gesetzlichen Erbquote des Ergänzungsberechtigten;
- Bildung des Ergänzungspflichtteils durch Halbierung des fiktiven Ergänzungserbteils;
- Feststellung des Ergänzungsbetrages durch Subtraktion des ordentlichen Pflichtteils vom Ergänzungspflichtteil.

166 In einer Formel ausgedrückt ergibt sich bei

EP = Ergänzungspflichtteil,
n = Nachlass zum Zeitpunkt des Erbfalls,
S = Summe aller Schenkungen und
q = Nenner der gesetzlichen Erbquote des Ergänzungsberechtigten:

$$EP = \frac{n+s}{2q} - \frac{n}{2q} \text{ oder aufgelöst } EP = \frac{S}{2q}$$

573 Staudinger/Ferid/Cieslar § 2329 Rn 17.
574 Staudinger/Ferid/Cieslar § 2329 Rn 34.
575 RGZ 80, 137; Staudinger/Ferid/Cieslar § 2329 Rn 36.
576 Haegele BWNotZ 1972, 69/74.
577 RGZ 69, 389; Staudinger/Ferid/Cieslar § 2325 Rn 2; Sturm/Sturm FG f. v. Lübtow, 1980 S. 599, 604.
578 Soergel/Dieckmann § 2325 Rn 17.
579 Staudinger/Ferid/Cieslar § 2325 Rn 55.

Sofern dem Pflichtteilsberechtigten ein größerer Erbteil als sein Pflichtteil zugewandt ist, muss von EP gemäß § 2326 Satz 2 der Mehrwert abgezogen werden, da er nur Anspruch auf den Pflichtteil aus dem realen Nachlass vermehrt um die Geschenke hat. 167

Da somit der Pflichtteilsergänzungsanspruch eine Funktion der ergänzungspflichtigen Schenkung ist, lässt er sich zumeist einfach aus der Summe der Geschenke errechnen.[580] Lediglich wenn der pflichtteilserhebliche Nachlass die Nullgrenze unterschreitet, versagt die vereinfachte Berechnungsweise mittels der aufgelösten Formel[581] und der Ergänzungspflichtteil muss mit der ursprünglichen Formel unter Berücksichtigung des negativen Nachlasses berechnet werden. Der Pflichtteilsergänzungsanspruch kann auch bestehen, wenn es für einen ordentlichen Pflichtteilsanspruch an einem Aktivnachlass fehlt.[582] Er ist lediglich ausgeschlossen, wenn das Aktivvermögen im Nachlass trotz des mit dem Wertansatz des § 2325 Abs. 2 hinzugerechneten Geschenks in dem für die Pflichtteilsberechnung erheblichen Zeitpunkt des Erbfalls (§ 2311) die Nachlassverbindlichkeiten nicht übersteigt, die bei der Pflichtteilsberechnung den Nachlass schmälern, d.h., dass dabei diejenigen Schulden außer Ansatz bleiben, die den Pflichtteilsberechtigten gem. § 327 InsO im Nachlassinsolvenzverfahren nachstehen, sowie diejenigen, die bei der Pflichtteilsberechnung außer Ansatz bleiben (siehe oben Rn 49).[583] Die obige Berechnungsweise ist auch anwendbar, wenn ein ergänzungspflichtiges Geschenk an einen anderen pflichtteilsberechtigten Nichterben zugleich nach § 2315 anrechnungspflichtig ist,[584] d.h. die Schenkung ist in den fiktiven Ergänzungsnachlass des Ergänzungsberechtigten einzurechnen und gleichzeitig beim ordentlichen Pflichtteil des selbst pflichtteilsberechtigte Ergänzungsverpflichteten nach § 2315 anzurechnen. Bezüglich der Behandlung der Fälle, in denen das Drittgeschenk zugleich eine ausgleichungspflichtige Zuwendung i.S. des § 2316 ist, siehe Rn 321 und falls eine Zuwendung zugleich anrechnungs-, ausgleichungs- und ergänzungspflichtig ist Rn 322. 168

b) Bei Eigenschenkungen an den Ergänzungsberechtigten selbst

Nach § 2327 Abs. 1 Satz 1 ist ein Geschenk des Erblassers an denjenigen Pflichtteilsberechtigten, der wegen eines Geschenks an einen Dritten die Ergänzung seines Pflichtteils nach § 2325 fordert, in gleicher Weise wie das dem Dritten gemachte Geschenk dem Nachlass hinzuzurechnen und dann von der Ergänzungsforderung abzuziehen.[585] Formelmäßig ausgedrückt heißt dies bei[586] 169

EP = Ergänzungspflichtteil,
n = Nachlass zum Zeitpunkt des Erbfalls,
S = Summe aller Schenkungen, einschließlich des Eigengeschenks an den Ergänzungsberechtigten,
q = Nenner der gesetzlichen Erbquote des Ergänzungsberechtigten und
A = Geschenk an den Ergänzungsberechtigten:

$$EP = \left(\frac{n+S}{2q} - \frac{n}{2q}\right) - a \text{ oder aufgelöst } EP = \frac{S}{2q} - a$$

Auch hier muss, sofern dem Pflichtteilsberechtigten ein größerer Erbteil als sein Pflichtteil zugewandt ist, von EP gemäß § 2326 Satz 2 der Mehrwert abgezogen werden, da er nur Anspruch auf den Pflichtteil aus dem realen Nachlass vermehrt um die Geschenke hat. 170

---

[580] Soergel/Dieckmann § 2325 Rn 18; Sturm/Sturm FG f. v. Lübtow, 1980, S. 599, 604.
[581] Soergel/Dieckmann a. a. O.
[582] RGZ 77, 284.
[583] Dieckmann FS f. Beitzke, 1979 S. 399, 417; Soergel/Dieckmann § 2325 Rn 1.
[584] Sturm/Sturm FG f. v. Lübtow, 1980 S. 599, 607f.
[585] BGHZ 88, 102, 104 = NJW 1983, 2875.
[586] siehe zur Formel auch J. Mayer in Bamberger/Roth, § 2327 Rn 4.

171 Auch hier ist wie bei § 2325 der Pflichtteilsergänzungsanspruch eine Funktion aller Schenkungen. Aus ihnen wird der dem Pflichtteil des Ergänzungsberechtigten entsprechende Anteil errechnet und hiervon das ihm zugewendete Geschenk (a) abgezogen. Ist sein Geschenk größer als sein Ergänzungspflichtteil, so muss der Ergänzungsberechtigte zwar nichts zum Nachlass zurückerstatten, hat jedoch keinen Ergänzungsanspruch, da das ihm gegebene Geschenk die Ergänzung aufzehrt.[587] Sein ordentlicher Pflichtteil bleibt ihm aber auch in diesem Fall ungeschmälert, sofern ihn die anderen Pflichtteilsberechtigten nicht bei unzureichendem Nachlass nach § 2329 in Anspruch nehmen.[588] Für die Fälle in denen neben den Drittschenkungen das Eigengeschenk auch noch nach § 2315 anrechnungspflichtig ist (§ 2317 Abs. 1 Satz 2).

172 **Anders als bei Drittschenkungen gilt bei Eigenschenkungen nicht die Zehnjahreszeitschranke gem. § 2325 Abs. 3.**[589] Den Drittbeschenkten trifft die Beweislast für seine Behauptung, der Ergänzungsberechtigte habe selbst vom Erblasser Schenkungen erhalten.[590] Nach der wohl h. M.[591] ist für den Bewertungszeitpunkt der Eigenschenkungen i. S. des § 2327 der § 2315 Abs. 2 Satz 2 und nicht § 2325 Abs. 2 maßgebend. Fällt ein pflichtteilsberechtigter Abkömmling, der vom Erblasser ein Geschenk erhalten hat, vor oder nach dem Erbfall weg, muss sich der an seine Stelle tretende Abkömmling diese Schenkung in gleicher Weise anrechnen lassen wie der Weggefallene (§ 2327 Abs. 2).

173 **Problem:** Entgegen der früher h. M.[592] nimmt der BGH[593] beim Berliner Testament hinsichtlich der Anrechnung von Eigengeschenken gem. § 2327 Abs. 1 Satz 1 eine getrennte Behandlung von Erst- und Schlusserbfall in der Weise vor, dass Eigengeschenke des Erstversterbenden nicht auf den Pflichtteilsergänzungsanspruch nach dem Längstlebenden angerechnet werden können. Dabei hat der BGH angedeutet, dass er beim Berliner Testament (§ 2269) den erweiterten Erblasserbegriff (**= als Erblasser gilt auch der erstverstorbene Ehegatte**) bei den §§ 2066–2069 und 2052 weiterhin gelten lassen will,[594] während er bei den Bestimmungen der §§ 2315, 2316 ebenso wie bei § 2327 von dem engen Erblasserbegriff (**= Schenker und Erblasser müssen identisch sein**) ausgeht.[595] Wie bei der Anrechnungsbestimmung und der Ausgleichungsanordnung (siehe unten Rn 236, 295) kann auch hier mit einem gegenständlich beschränkten notariellen Pflichtteilsverzichtsvertrag geholfen werden, in dem der Beschenkte in dem Umfang auf seinen Pflichtteilsanspruch nach dem Längstlebenden der Ehegatten verzichtet, in dem dieser gem. § 2327 gemindert worden wäre, wenn das Geschenk des Erstversterbenden aus dem Vermögen des Längstlebenden gekommen wäre. Über die Möglichkeit des beim Berliner Testament als Schlusserben berufenen Abkömmlings, in solchen Fällen seinen noch offenen, wenn auch verjährten und nach dem Erbfall des Längstlebenden durch Konfusion (= Vereinigung von Recht und Verbindlichkeit) erloschenen Pflichtteilsanspruch nach dem Erstver-

---

[587] Bührer ZBlFG 15, 213, 222; Kretzschmar Recht 1912 Sp. 40; Sturm/Sturm a. a. O. S. 610; Palandt/Edenhofer § 2327 Rn 2.

[588] Bührer a. a. O.; Sturm/Sturm a. a. O.; Palandt/Edenhofer a. a. O.

[589] RGZ 69, 389; BGH LM § 2327 Nr. 1; KG NJW 1974, 2131; BGHZ 88, 102, 107 = NJW 1983, 2875; Kuchinke JZ 1984, 96; Palandt/Edenhofer § 2327 Rn 1.

[590] BGH NJW 1964, 1414, 1415 = LM § 2329 Nr. 5, 6.

[591] MünchKomm/Lange § 2327 Rn 9; RGRK/Johannsen § 2327 Rn 3; Soergel/Dieckmann § 2327 Rn 3; Palandt/Edenhofer § 2327 Rn 4; a. M. Staudinger/Ferid/Cieslar § 2327 Rn 16.

[592] KG OLGZ 1974, 257 = NJW 1974, 2131; Staudinger/Ferid/Cieslar § 2327 Rn 5; RGRK/Johannsen § 2327 Rn 1; Erman/Schlüter § 2327 Rn 2; Palandt/Edenhofer, bis 43. Aufl., § 2327 Anm. 1; Kipp/Coing § 13 IX Fn. 36.

[593] BGHZ 88, 102 = NJW 1983, 2875 = JZ 1984, 93 m. Anm. Kuchinke = JR 1984, 109 m. Anm. Damrau = FamRZ 1983, 1013 m. Anm. Dieckmann in FamRZ 1983, 1104; schon bisher wie der BGH: Soergel/Dieckmann § 2327 Rn 1; MünchKomm/Lange § 2327 Rn 4.

[594] BGHZ 88, 102, 109.

[595] BGHZ 88, 102, 107.

sterbenden geltend zu machen und dadurch den Nachlass zu schmälern, aus dem sich die Pflichtteile der anderen berechnen, siehe Rn 44, 314.

c) Die Bewertung der Schenkung beim Pflichtteilsergänzungsanspruch (Niederstwertprinzip)

174 Für die Bewertung von Schenkungen beim Pflichtteilsergänzungsanspruch gelten die gleichen Grundsätze wie für die des Nachlasses bei der Berechnung des ordentlichen Pflichtteils, d.h. maßgeblich ist der gemeine Wert (§ 2311). Während jedoch der bewertungsmaßgebliche **Zeitpunkt** beim ordentlichen Pflichtteil gem. § 2311 Abs. 1 Satz 1 BGB der **Erbfall** ist, legt dies für die Bewertung der Schenkung beim Pflichtteilsergänzungsanspruch § 2325 Abs. 2 BGB verschieden fest.

175 Für **verbrauchbaren Sachen (§ 92 BGB)** ist dies gem. § 2325 Abs. 2 Satz 1 BGB grundsätzlich der Zeitpunkt der Schenkung. Zu den verbrauchbaren Sachen i.S. des § 2325 Abs. 2 Satz 1 BGB zählt auch der schenkweise Erlass einer Geldforderung, da er als Hingabe von Geld gilt.[596]

176 Alle **andere Gegenstände,** insbesondere Grundstücke, müssen gem. § 2325 Abs. 2 Satz 2 BGB mit ihrem *Wert zurzeit des Erbfalls oder dem niedrigeren Wert des Schenkungszeitpunkts* angesetzt werden (**Niederstwertprinzip**).

177 Bei dessen Feststellung ist folgende **Vergleichsberechnung** vorzunehmen:[597]

- Feststellung des Wertes des Gegenstandes zum Zeitpunkt des Schenkungsvollzugs. Dieser Wert ist dann wegen des bis zum Erbfall evtl. eingetretenen Kaufkraftschwunds durch die **Indexierungs-Formel:**

$$\frac{\textit{Geldwert zum Zeitpunkt des Empfangs} \times \textit{Lebenshaltungskostenindex zum Zeitpunkt des Erbfalls}}{\textit{Lebenshaltungskostenindex zum Zeitpunkt der Zuwendung}}$$

  zu neutralisieren,[598] d.h. Bewertungsmaßstab hinsichtlich der Feststellung des Niederstwertes ist immer der Euro mit seiner **Kaufkraft zum Zeitpunkt des Erbfalls.** Dies gilt auch, wenn die Schenkung vor dem Erbfall noch nicht vollzogen ist und nur ein Erfüllungsanspruch besteht.[599]
- Feststellung des Wertes des Gegenstandes zum Zeitpunkt des Erbfalls.

178 Maßgeblich ist danach der geringere Wert von beiden (**Niederstwertprinzip gem. § 2325 Abs. 2. Satz 2 BGB**).

179 Durch das Niederstwertprinzip belastet das Gesetz somit den Pflichtteilsberechtigten mit dem Risiko des Wertverfalls.[600] Aber auch an einer Wertsteigerung bis zum Erbfall ist er nicht beteiligt. Diese Bevorzugung des Erben steht im Gegensatz dazu, dass das Gesetz beim Pflichtteil grundsätzlich davon ausgeht, dass sich der geschenkte Gegenstand beim Erbfall noch im Nachlass befindet.

180 Zeitpunkt des Schenkungsvollzugs ist der des rechtlichen Leistungserfolgs der Schenkung, somit bei Grundstücksschenkungen der Zeitpunkt der Eintragung im Grundbuch.[601]

181 Bei gemischten Schenkungen gilt das Niederstwertprinzip für den Überschuss aus Leistung und Gegenleistung.[602]

182 *aa) Die Rechtssprechung des BGH bezüglich vorbehaltener Nutzungsrechten bei der Pflichtteilsergänzung.* Schwierigkeiten bei der Wertfeststellung nach dem **Niederstwertprinzip** treten bei **Grundstücksschenkungen unter Nießbrauchs- oder Wohnungsrechtsvorbehalt (= Nutzungsvorbehalte)**[603] auf.

---

[596] BGHZ 98, 226.
[597] Zum Niederstwertverfahren siehe BGH ZErb 2003, 317.
[598] BGHZ, 65, 75; BGHZ 85, 274/282 = NJW 1983, 1485 = FamRZ 1983, 377; BGH WPM 1983, 823/824; Johannson FamRZ 1980, 1074; kritisch Pentz ZEV 1999, 167.
[599] BGHZ 85, 274/283.
[600] Dieckmann FS f. Beitzke, 1979 S. 399/403.
[601] BGH NJW 1975, 1831/1832 f. m. Anm. v. Löbecke NJW 1975, 2293.
[602] BGHZ 89, 24/33 = NJW 1984, 487.
[603] Für Wohnungsrechte BGH MittBayNot 1996, 307.

183 Nach der **ständigen und gefestigten Rechtsprechung des BGH**[604] ist in diesen Fällen folgende **mehrstufige Berechnung** vorzunehmen:

- In einer **ersten Stufe** ist zunächst der **Wert zum Zeitpunkt des Schenkungsvollzugs korrigiert** durch den Kaufkraftschwund (**Indexierungs-Formel!**) bis zum Erbfall aber **ohne Berücksichtigung** der **vorbehaltenen Nutzungsrechte** festzustellen.
- Dem ist der Wert zum **Zeitpunkt des Erbfalls,** ebenfalls ohne Berücksichtigung des Nutzungsrecht, gegenüber zu stellen (**Vergleichsberechnung nach 2325 Abs. 2 Satz 2 Halbsatz 2**)
- **Ist bei dieser Vergleichsberechnung der Wert zum Zeitpunkt des Erbfalls höher als der beim Schenkungsvollzug (gestiegener Grundstückswert)**, ist dieser Wert (d. h. der zum Zeitpunkt des Schenkungsvollzugs ohne Inflationsbereinigung) in einer **zweiten Stufe** aufzuteilen in den **kapitalisierten Wert** des dem Erblasser vorbehaltenen Nießbrauchs oder Wohnungsrechts und dem Restwert des Grundstücks.[605] Nur den so ermittelten Restwert des Grundstücks (**Differenz zwischen Grundstücks- und Nießbrauchswert**) hat der Erblasser aus seinem Vermögen weggeschenkt. **Erst dieser Restwert ist dann wieder unter Berücksichtigung des Kaufkraftschwundes auf den Todestag des Erblassers hochzurechnen (Indexierungs-Formel!)** und unterliegt dann der Pflichtteilsergänzung. Vereinfacht ausgedrückt, der Wert des Nutzungsrechts wird vom Wert des Grundstücks zum Zeitpunkt des Schenkungsvollzugs abgezogen.
- Ist dagegen der **Wert des Grundstücks zum Zeitpunkt des Erbfalls** ohne Berücksichtigung der vorbehaltenen Rechte **geringer (gesunkener Grundstückswert)**, bleibt der kapitalisierte Wert des Nießbrauchs oder Wohnungsrechts **unberücksichtigt**, d. h. der Wert des **Nutzungsrechts wird nicht abgezogen.** Dies wird damit begründet, dass, wenn der Erbfall Stichtag des Berechnung ist, das Nutzungsrecht bereits erloschen ist und dann eben nicht mehr abgezogen werden kann.

184 Zusammengefasst bewertet der BGH bei der nach § 2325 Abs. 2 Satz 2 Halbsatz 2 vorgeschriebenen Vergleichsberechnung die Grundstücke in einer **ersten Stufe** zu den beiden Stichtagen jeweils ohne die Vorbehaltsrechte zu berücksichtigen, wobei allerdings der Wert zum Zeitpunkt des Schenkungsvollzugs gegen Kaufkraftschwund bis zum Erbfall zu indizieren ist.

185 Ist dann der Wert beim Schenkungsvollzug der niedrigere, wird in einer **zweiten Stufe** der kapitalisierte Nutzungswert von dem tatsächlichen Wert zum Zeitpunkt des Schenkungsvollzugs (d. h. ohne die Kaufkraftindizierung) abgezogen und das Ergebnis nach erneuter Kaufkraftschwundkorrektur bei der Pflichtteilsergänzungsberechnung dem Nachlass zugeschlagen.

186 Ist der geringere dagegen der Wert beim Erbfall, werden die Nutzungen **nicht berücksichtigt,** da sie zu diesem Zeitpunkt erloschen und praktisch der Schenkung während der Restlebenszeit des Schenkers dem Schenkungsgegenstand zugewachsen sind (**zeitlich gestreckter Rechtserwerb**).[606]

187 In seinem **Urteil vom 8. 3. 2006, IV ZR 263/04**[607] verteidigt der BGH sein Festhalten an dieser Rechtsprechung damit, dass bei der gebotenen wirtschaftlichen Betrachtungsweise im Rahmen der Bewertungsvorschrift des § 2325 Abs. 2 BGB der Pflichtteilsberechtigte so stehen muss, als sei der geschenkte Gegenstand zum Zeitpunkt des Schen-

[604] BGHZ 118, 49/51 = NJW 1992, 2887 = FamRZ 1992, 802; BGHZ 125, 395 = NJW 1994, 1791 = FamRZ 1994, 233 = ZEV 1994, 233; BGH NJW-RR 1996, 705 = FamRZ 1997, 416 = ZEV 1996, 186; BGH ZEV 2003, 416 = FamRZ 2003, 1552; BGH FamRZ 2006, 777 = ZEV 2006, 265; eingehende Darstellung in J. Mayer, Der Übergabevertrag, 2. Aufl. Rn 75 f.; ders. in Mayer/Süß/Tanck/Bittler/Wälzholz; Handbuch Pflichtteilsrecht, § 8 Rn 88; Riedel/Lenz in Damrau, Erbrecht, § 2325 Rn 100; a. M. z. B. Reiff FamRZ 1991, 553; ders. NJW 1992, 2857/2861; Dingerdissen JZ 1993, 402/404; Soergel/Dieckmann, 12. Aufl., § 2325 Rn 38.

[605] So J. Mayer, Der Übergabevertrag, 1998, Rn 161.

[606] MünchKomm/Leipold § 2325 Rn 17 a.

[607] FamRZ 2006, 777 = ZEV 2006, 265/267.

kungsvollzugs in Geld umgesetzt worden und nur der dabei hypothetisch erzielte Erlös sei dem Nachlass bei der Pflichtteilsergänzung hinzuzurechnen. Dann liege es auf der Hand, dass das vorbehaltene Nutzungsrecht zu diesem Zeitpunkt für den Erblasser einen Wert hat und dass dieser Wert die Schenkung mindert und daher von ihrem Wert abzuziehen ist. Ferner, dass im Fall des Erbfallsstichtages der Wert des Nutzungsrechts wegen des dann eintretenden vollständigen Wertverlustes der Nutzung nicht mehr abgezogen werden kann. Dem ist nach dem BGH im Rahmen der gesetzlichen Regelung nach den vorgegebenen Bewertungsstichtagen – unbeschadet etwaiger Härten im Einzelfall – Rechnung zu tragen.

bb) Die Bewertung des Nutzungsrechts. Zur **Kapitalisierung** der auf Lebenszeit vorbehaltenen Nutzungsrechte stellt der BGH und die h.M. immer noch auf die im Zeitpunkt des Schenkungsvollzugs nach der allgemeinen Sterbetafel der Lebensversicherungen anzunehmenden allgemeine Lebenserwartung des Schenkers ab (**abstrakte Berechnung**).[608] Anders ist es, wenn der individuelle Sachverhalt eine kürzere Lebenserwartung des Schenkers wahrscheinlich macht.[609] 188

Die Anwendung der nach dem Erbfall möglichen **konkreten Berechnung** des Nutzungswertes[610] soll sich wegen dem im Schenkungsrecht herrschenden Grundsatz der **subjektiven Äquivalenz**[611] hinsichtlich der **subjektiven Einigung** von Schenker und Beschenktem über die Unentgeltlichkeit der Zuwendung verbieten, da diese logischerweise nur zum Zeitpunkt des Schenkungsvollzugs erfolgen kann und zu diesem Zeitpunkt nur eine abstrakte Berechnung vorgenommen werden kann.[612] 189

Der mit der abstrakten Berechnung gefundene Betrag ist jedoch noch nach betriebswirtschaftlichen Grundsätzen abzuzinsen,[613] etwa indem man den Jahresnutzungswert statt mit der restlichen Lebenserwartung mit dem Vervielfältiger der Tabelle 7 zu § 13 Abs. 1 BewG multipliziert. 190

cc) Die dem BGH widersprechenden Meinungen hinsichtlich des Abzugs des Nutzungswertes. Übereinstimmend kritisieren die widersprechenden Meinungen, dass nach der Methode des BGH die Abzugsfähigkeit davon abhängig ist, ob der Grundstückswert in der Zeitspanne zwischen dem Schenkungsvollzug und dem Erbfall gestiegen oder gefallen ist. Im Übrigen sind diese Meinungen jedoch uneinheitlich. Grob gesehen kann man die widersprechenden Meinungen wie folgt in drei Gruppen einteilen:[614] 191

- **Der Wert des Nutzungsrechts ist unter keinen Umständen abzuziehen:** 192
  Nach dieser Meinung soll der Wert des Vorbehaltsrechts weder zum Zeitpunkt des Schenkungsvollzugs noch zu dem des Erbfalls vom Wert des Zuwendungsgegenstands abgezogen werden,[615] da im Falle der Übertragung unter Nutzungsvorbehalt ein „gestreckter Vermögenserwerb" vorliege, der sich erst im Zeitpunkt des Todes des Erblasser vollende. Dem wird jedoch entgegnet, dass diese völlige Negierung des vorbehaltenen Nutzungsrechts zum Zeitpunkt des Schenkungsvollzugs den Gegebenheiten des

---

608 BGH NJW-RR 1990, 1158/1159 = DNotZ 1990, 902; BGH NJW-RR 1996, 705/707; OLG Oldenburg NJW-RR 1997, 263/264; OLG Koblenz FamRZ 2002, 772/773 = ZErb 2002, 104; Gutachten in DNotI-Report 2002, 178.

609 BGHZ 65, 75/77; OLG Celle NJW-RR 2002, 1448 = ZEV 2003, 83.

610 So aber Staudinger/Haas § 2325 Rn 104.

611 MünchKomm/Kollhosser, 3. Aufl., § 516 Rn 23.

612 Reiff ZEV 1998, 241/247; OLG Oldenburg FamRZ 1998, 516/517; J. Mayer in Mayer/Süß/Tanck/Bittler/Wälzholz, Handbuch Pflichtteilsrecht, § 8 Rn 96.

613 J. Mayer in Mayer/Süß/Tanck/Bittler/Wälzholz, Handbuch Pflichtteilsrecht, § 8 Rn 97; Reiff ZEV 1998, 241/247.

614 J. Mayer in Mayer/Süß/Tanck/Bittler/Wälzholz, Handbuch Pflichtteilsrecht, § 8 Rn 90, 91, 92.

615 So vor allem Reiff ZEV 1998, 241, 244; ders., Die Dogmatik der Schenkung unter Nießbrauchsvorbehalt, 1989, S. 230 ff.

Wirtschaftslebens widerspricht, da auf dem Grundstücksmarkt eine mit einem Nutzungsrecht belastete Immobilie wesentlich niedriger bewertet wird.[616]

193 • **Der Wert des Nutzungsrechts ist bei der Vergleichsberechnung immer vom Wert beim Schenkungsvollzug abzuziehen:**
Diese Meinung will bei der Vergleichsberechnung vom Wert beim Vollzug der Schenkung den Wert des Nutzungsrechts immer abziehen, vom dem beim Erbfall jedoch nie, da dann das Recht erloschen ist.[617] Dies hat nur den Nachteil, dass dabei die Wertsteigerung zu Gunsten des Beschenkten unberücksichtigt bleibt, die entstehen kann, wenn der Schenker frühzeitig stirbt, was bei der Kapitalisierung nicht berücksichtigt ist.

194 • **Der Wert des Nutzungsrechts ist bei der Vergleichsberechnung von dem jeweils niedreren Stichtagswert abzuziehen:**
Diese Meinung will den Nutzungswert bei der Vergleichsberechnung jeweils vom niedrigeren und damit maßgeblichen der beiden in Frage kommenden Stichtagswerte abziehen.[618] Hierbei wird jedoch wieder verkannt, dass beim Erbfall das Nutzungsrecht erloschen ist.

7. Folgerungen für die Beurkundungspraxis

195 Da es das Ziel eines jeden Erblassers sein wird, Pflichtteilsergänzungsansprüche im Gefolge seines Erbfalls zu vermeiden, hat die Kautelarjurisprudenz bei der Gestaltung von Zuwendungen insbesondere folgendes zu beachten:

Eine Zuwendung sollte grundsätzlich nur dann als Schenkung gestaltet werden, wenn wirklich kein anderer Rechtsgrund gegeben ist (**Schenkungen vermeiden!**). Bei Vorliegen ist jede Gegenleistung und ihre Bewertung genau anzugeben, um zumindest eine gemischte Schenkung zu erreichen (siehe oben Rn 115. Dabei können die Vertragsparteien die beiderseitigen Leistungen grundsätzlich frei bewerten, sofern sie nicht willkürlich vorgehen (Rn 113). Ferner sind Zuwendungen beim Vorliegen der Voraussetzungen in dem zulässigen Umfang als Ausstattungen (Rn 125) auszugestalten. Letztlich sind alle Umstände festzuhalten, die eine Zuwendung als Pflicht- oder Anstandsschenkung (Rn 142) erscheinen lassen können.

196 Zwecks Ausnützung der zehnjährigen Ausschlussfrist nach § 2325 Abs. 3 ist möglichst frühzeitig zu schenken (**frühzeitig schenken!**). Ferner sollte eine Vertragsgestaltung gewählt werden, die nach der Rechtsprechung den Beginn dieser Zehnjahresfrist zuverlässig auslöst (**Frist in Gang setzen!**) (Rn 145). Beide Ratschläge sind nach dem Inkrafttreten der pro-rata-Lösung noch wichtiger als bisher.

197 Da Wertsteigerungen des Schenkungsgegenstandes zwischen dem Schenkungszeitpunkt und dem Erbfall bei der Pflichtteilsergänzung gem. § 2325 Abs. 2 unberücksichtigt bleiben, soweit sie über den allgemeinen Kaufkraftschwund hinausgehen, sollten insbesondere bei gemischten Schenkungen der Schenkungsgegenstand und seine Zubehörstücke auf den Schenkungszeitpunkt amtlich geschätzt werden.[619]

198 Wenn irgend möglich, sollten die Pflichtteilsberechtigten zum Schenkungsvertragsabschluss zugezogen und veranlasst werden, notariell auf ihren Pflichtteilsergänzungsanspruch bezüglich des Schenkungsgegenstandes durch gegenständlich beschränkten Pflichtteilsverzichtsvertrag mit dem Erblasser zu verzichten.[620] In diesem Zusammenhang sollte beachtet werden, dass bei Schenkungen an die Kinder auch dem anderen Ehegatten ein

---

[616] Soergel/Dieckmann § 2325 Rn 38.

[617] Staudinger/Olshausen, § 2325 Rn 102 ff.; Kerscher/Riedel/Lenz, Pflichtteilsrecht, 3. Aufl., Rn 83; Riedel/Lenz in Damrau, Erbrecht, § 2325 Rn 101; Dingerdissen JZ 1993, 402, 404; Gottwald, Pflichteilsrecht § 2325 Rn 70.

[618] N. Mayer FamRZ 1994, 739, 743; ders., ZEV 1994, 325, 326; früher BGH NJW-RR 1990, 1158; Pentz FamRZ 1997, 724, 728; OLG Celle ZErb 2002, 233; OLG Celle ZErb 2003, 383.

[619] Kraker BWNotZ 1966, 37, 44.

[620] Kraker a. a. O.

Pflichtteilsergänzungsanspruch zusteht und bei Ehegattenschenkungen die Zehnjahresfrist gem. § 2325 Abs. 3 nicht vor Auflösung der Ehe zu laufen beginnt (**keine Frist unter Ehegatten!**).

Der Pflichtteilsentzug durch den Erblasser (§§ 2333 ff.) als erbrechtliches Gestaltungsmittel (§ 8 Rn 112) und der Erb- und/oder Pflichtteilsverzicht (§§ 2346 ff.) als Rechtsgeschäft unter Lebenden auf den Todesfall (§ 19 Rn 1) werden in den entsprechenden Abschnitten behandelt und die Möglichkeiten der Einwirkung auf den Pflichtteil bei den Fallgruppen der Testamentsgestaltung (§ 21 Rn 1). 199

III. Die Berücksichtigung von Vorempfängen bei Erb- und Pflichtteilsansprüchen

Für die Berücksichtigung von **lebzeitigen Vorempfängen bei der Erbteilung und der Berechnung von Pflichtteilen** stehen im Erbrecht folgende Rechtsinstitute zur Verfügung: 200
- Erbteilungsausgleichung (§§ 2050 ff) Rn 204,
- Pflichtteilsausgleichung (§ 2050, 2316) Rn 279,
- Anrechnung auf den Pflichtteil (§ 2315) Rn 290 sowie
- Pflichtteilsergänzung (§ 2325) Rn 110.

Zu beachten sind die unterschiedlichen Zielrichtungen und Rechtsfolgen dieser Rechtsinstitute,[621] weshalb sie auch unterschiedliche Fälle und Personen erfassen. Nicht hierher gehören die §§ 2287 und 2288, die voraussetzen, dass ein bindend Bedachter Vertrags- oder Schlusserbe durch böswillige Schenkungen benachteiligt wird. 201

Zu beachten ist vor allem, 202
- dass Anrechnung und Ausgleichung zeitlich unbegrenzt sind, während die Pflichtteilsergänzung (ausgenommen Eigenschenkungen an den Pflichtteilsschuldner) nur innerhalb der Zehnjahresfrist, gemäßigt durch die Abschmelzungslösung, wirkt;
- dass sich die Anrechnung auf den Pflichtteil allein auf das Pflichtteilsrecht auswirkt;
- dass sich die Ausgleichung auf den Erbteil zwar zunächst primär auf die Bemessung der sog. Teilungsquote im Rahmen der Erbauseinandersetzung auswirkt, jedoch über § 2316 sich auch den Pflichtteil auswirkt und diese **„pflichtteilsrechtliche Fernwirkung"** sogar nach § 2316 Abs. 3 zwingend ist;
- dass die Anrechnung und Ausgleichung nicht zur Rückzahlung von Vorempfängen führen, wahrend dies bei der Pflichtteilsergänzung möglich ist;
- dass sich die Anrechnung auf den Pflichtteil nur zugunsten des Erben auswirkt, dessen Pflichtteilslast gemindert wird, während die Ausgleichung beim Pflichtteil bei gleich bleibender Pflichtteilslast sich nur zugunsten der zu kurz gekommenen Abkömmlinge auswirkt.

Nach § 2311 ist bei der Berechnung des Pflichtteils der Nachlassbestand zum Zeitpunkt des Erbfalls zugrunde zu legen. Lebzeitige Zuwendungen des Erblassers an den Pflichtteilsberechtigten selbst oder dritte Personen können somit grundsätzlich den Pflichtteil weder schmälern noch erhöhen.[622] Ausnahmen bilden die §§ 2315, 2316, die sich gegen eine Doppelbeteiligung des Pflichtteilsberechtigten am Vermögen des Erblassers richten und die §§ 2325 bis 2331, die verhindern sollen, dass der Erblasser durch unentgeltliche Zuwendungen vor seinem Tode die Pflichtteilsansprüche aushöhlt.[623] Der Zweck der Anrechnungspflicht von Zuwendungen auf den Pflichtteil gem. § 2315 ist dabei, die Höhe der Pflichtteilslast zu regeln, für welche der Erbe unter Berücksichtigung der anrechnungspflichtigen Vorempfänge aufzukommen hat, während der ausschließliche Zweck der zwingenden Berücksichtigung der Ausgleichungspflicht bei der Pflicht- 203

---

[621] Siehe hierzu J. Mayer ZEV 2007, 130.
[622] MünchKomm/Lange § 2315 Rn 1; RGRK/Johannsen § 2315 Rn 1.
[623] Brox, ErbR, 10. Aufl., Rn 534, 537.

teilsberechnung gem. § 2316 darin besteht, die evtl. unter Berücksichtigung des § 2315 errechnete Gesamtsumme der Pflichtteile gerecht unter die ausgleichungspflichtigen Abkömmlinge zu verteilen.[624] Eine Ausgleichung ist dabei nur unter Abkömmlingen möglich, während eine Anrechnung für alle Pflichtteilsberechtigten, also auch Ehegatten und Eltern in Betracht kommt.[625] Die Ausgleichung setzt voraus, dass mindestens zwei Abkömmlinge zur gesetzlichen Erbfolge berufen wären, während die Anrechnung auch den treffen kann, der im Falle gesetzlicher Erbfolge Alleinerbe wäre.[626] Eine Anrechnung setzt immer eine Anrechnungsbestimmung des Erblassers voraus, während eine Ausgleichung auch aufgrund Gesetzes bei **sog. geborenen ausgleichungspflichtigen Zuwendungen** gem. § 2050 Abs. 1 und 2 möglich ist.[627]

1. Die Ausgleichung von Vorempfängen bei der Erbteilung (Erbteilungsausgleichung)[628]

204 Um die Abkömmlinge des Erblassers bei der gesetzlichen Erbfolge oder ihrer verhältnismäßig gleichen gewillkürten Erbeinsetzung möglichst gleich zu behandeln, hat der Gesetzgeber in den §§ 2050 ff. die Ausgleichung bestimmter Vorempfänge, die den künftigen Nachlass des Erblassers mindern, unter den ihn gesetzlich oder gewillkürt beerbenden Abkömmlingen **bei der Erbauseinandersetzung** angeordnet.

a) Beim Vorliegen der gesetzlichen Erbfolge (§§ 2050 ff.)

205 Nach § 2050 findet diese Ausgleichung nur zwischen den Abkömmlingen des Erblassers statt und nur, **wenn die gesetzliche Erbfolge eintritt**, der Erblasser also keine Verfügung von Todes wegen hinterlassen hat.

b) Beim Vorliegen von Quotengleichheit bei der gewillkürten Erbfolge (§ 2052)

206 Um die Abkömmlinge des Erblassers bei der gesetzlichen Erbfolge und der gewillkürten Erbeinsetzung möglichst gleich zu behandeln, hat der Gesetzgeber in § 2052. die Ausgleichung der in § 2051 aufgeführten Vorempfänge auch bei der gewillkürten Erbfolge bestimmt, wenn der Erblasser seine Abkömmlinge auf die **gesetzlichen Erbquoten oder ihnen entsprechende Quoten eingesetzt (Quotengleichheit)** und damit das Verhältnis der gesetzlichen Erbteile zueinander lediglich bestätigt hat.

Da es sich bei § 2052 jedoch um eine **Auslegungsregel** handelt, kann der Erblasser auch im Testament oder bei der Zuwendung abweichende Anordnungen treffen und zwar auch hinsichtlich der Durchführung der Ausgleichung[629] nach § 2055.

207 Wenn daher bei der Zuwendung lediglich die Ausgleichung der Zuwendung angeordnet wird, dann dürfte, sofern die individuelle Auslegung nichts anderes ergibt, auch bei nicht erbquotengleich eingesetzten Abkömmlingen die Ausgleichung nach den Auslegungsregeln der §§ 2052, 2055 vorzunehmen sein.

208 Forderungen aus der Ausgleichung verjähren gem. § 199 Abs. 3a BGB n.F. erst in 30 Jahren.

209 Obwohl die Ausgleichung auf den Erbteil nach §§ 2050 ff. systematisch zum Bereich der Erbauseinandersetzung unter Miterben gehört, ist sie hier zu behandeln, da sie durch die Bezugnahme in § 2316 Abs. 3 Fernwirkung auf die Pflichtteilsberechnung hat.

---

[624] Martin ZBlFG 14. Jg. S. 789, 797.

[625] MünchKomm/Lange § 2315 Rn 4.

[626] MünchKomm/Lange a. a. O.

[627] MünchKomm/Lange a. a. O.; Staudinger/Ferid/Cieslar § 2315 Rn 9; J. Mayer ZErb 2007, 130, 137.

[628] Siehe eingehend und mit Beispielen: J. Mayer Zerb 2007, 130; ferner BGH ZNotP 2010, 28 = Zerb 2010, 81; Heinze ZNotP 2010, 64.

[629] Lohmann in Bamberger/Roth § 2052 Rn 2, § 2055 Rn 1; Staudinger/Werner § 2050 Rn 2; Soergel/Wolf § 2050 Rn 20; MünchKomm/Heldrich § 2050 Rn 21, 28; Frischknecht BWNotZ 1960, 270.

Im Folgenden werden Voraussetzungen, Durchführung und Folgen der Ausgleichung im Hinblick auf die **Erbauseinandersetzung** zwischen mehreren Abkömmlingen erläutert, während ihre **unabdingbare Fernwirkung** bei der Berechnung von Pflichtteilsansprüchen unter Rn 279 behandelt wird. 210

c) Normzweck

Nach § 2050 hat, sofern der Erblasser dies will, zwischen seinen Abkömmlingen **bei der Erbteilung** eine Ausgleichung bezüglich bestimmter von ihm vor dem Erbfall erhaltener **Vorempfänge** zu erfolgen, wenn sie entweder als gesetzliche Erben zur Erbfolge gelangen (§ 2050 Abs. 1) oder wenn, bei gewillkürter Erbfolge, ihre Erbteile zumindest im gleichen Verhältnis wie bei der gesetzlichen Erbfolge stehen (§ 2052). Die Durchführung des Ausgleichs erfolgt **nicht durch Rückgewähr der Zuwendung** zum Nachlass, sondern durch wertmäßige Verrechnung der Zuwendung (§ 2055), wobei ein Mehrempfang nicht herausgegeben werden muss (§ 2056 Abs. 1). Durch die Ausgleichungspflicht soll dem vermuteten Willen des Erblasser Rechnung getragen werden, sein Vermögen gleichmäßig unter seinen Abkömmlingen zu verteilen, sofern er sich von ihnen gesetzlich beerben lässt oder sie zu dementsprechenden Erbquoten einsetzt.[630] 211

Die Vorschrift ist im Erbteilungsverfahren nicht zwingender Natur. Der Erblasser kann daher eine nach § 2050 Abs. 1 und 2 gebotene Ausgleichung ganz oder teilweise ausschließen, ändern oder auch einen niedrigeren als den tatsächlichen Wert als Ausgleichungsbetrag festsetzen.[631] 212

Gemäß § 2316 Abs. 3 müssen Zuwendungen im Sinne des § 2050 Abs. 1 und 2 jedoch **bei der Pflichtteilsberechnung** der übrigen Abkömmlinge automatisch zwingend berücksichtigt werden und zwar unabhängig davon, ob der zur Ausgleichung berechtigte Abkömmling zum Erben berufen oder neben dem Verpflichteten nur pflichtteilsberechtigt ist. **Im Pflichtteilsrecht sind somit die Ausgleichungsvorschriften zwingend (= pflichtteilsrechtliche Fernwirkung der Erbteilungsausgleichung).** Bezüglich der Auswirkungen der Ausgleichungspflicht auf den Pflichtteil im Einzelnen siehe unten Rn 279. 213

d) Ausgleichungspflichtiger und -berechtigter Personenkreis

Ausgleichspflichtig und -berechtigt sind **nur Abkömmlinge des Erblassers,** soweit sie als gesetzliche Erben zur Erbfolge gelangen (§ 2050 Abs. 1) oder, aber nur im Zweifel, wenn sie durch Verfügung von Todes wegen zu Erbteilen eingesetzt sind, die in **demselben Verhältnis zueinander** stehen wie bei der gesetzlichen Erbfolge (§ 2052) **(Quotengleichheit).**[632] Das ist im Zweifel auch der Fall, wenn die Erbteile der Abkömmlinge größer oder kleiner als ihre gesetzlichen sind, wenn sie nur untereinander im Verhältnis der gesetzlichen Erbteile stehen, und auch dann, wenn nur einige der Abkömmlinge nach dem Verhältnis ihrer gesetzlichen Erbteile eingesetzt sind,[633] so z. B. wenn der Erblasser seinen Ehegatten enterbt, oder neben den Abkömmlingen familienfremde Erben einsetzt, die Abkömmlinge aber zueinander nach gesetzlicher Erbregel.[634] Wenn der Erblasser nur einige Abkömmlinge untereinander nach gesetzlicher Erbregel einsetzt findet die Ausgleichung nur unter diesen statt.[635] An der Ausgleichungspflicht ändert sich auch nichts, wenn ein Abkömmling durch Vorausvermächtnis, Auflage oder eine andere Anordnung eine Begünstigung erfahren hat.[636] Fallen Abkömmlinge weg, so haben die kraft Eintrittsrechts an ihre Stelle tretenden entfernteren Abkömmlinge aus- 214

---

630 BGHZ 65, 75.

631 Staudinger/Werner § 2050 Rn 2; Soergel/Wolf § 2050 Rn 20; MünchKomm/Heldrich § 2050 Rn 21, 28; Frischknecht BWNotZ 1960, 270.

632 RGZ 90, 420.

633 Staudinger/Werner § 2052 Rn 2; MünchKomm/Heldrich § 2052 Rn 2.

634 MünchKomm/Heldrich § 2052 Rn 2.

635 RGZ 90, 420.

636 RGZ 90, 4210; Staudinger/Werner § 2052 Rn 4.

zugleichen (§ 2051 Abs. 1). Sind für weggefallene Abkömmlinge Ersatzerben eingesetzt, so haben diese im Zweifel ebenfalls auszugleichen (§ 2051 Abs. 2). Entferntere Abkömmlinge haben das, was sie vor dem Wegfall der sie ausschließenden näheren Abkömmlinge vom Erblasser erhalten haben, im Falle ihres Erbantritts nur dann zur Ausgleichung zu bringen, wenn der Erblasser dies bei der Zuwendung angeordnet hat (§ 2053), da er sonst zurzeit der Zuwendung nicht mit der Möglichkeit rechnet, der Empfänger werde künftig sein Erbe sein.[637] Hat der Erblasser jedoch zum Zeitpunkt der Zuwendung die näheren Abkömmlinge bereits enterbt, haben auch die entfernten Abkömmlinge, wenn sie nach Maßgabe der gesetzlichen Erbfolge erben, diese Zuwendung auszugleichen.[638] Grundsätzlich muss der Schenker und der spätere Erblasser dieselbe Person sein.[639] Ausnahmen hiervon bestehen bei der Gütergemeinschaft und dem Berliner Testament (siehe unten Rn 265).

e) Gegenstand der Erbteilungsausgleichung

215 Ausgleichspflichtig sind nach § 2050 nur „lebzeitige Zuwendungen des Erblassers". Der Begriff der „Zuwendung" erfasst jede Hingabe von Vermögensvorteilen durch den Erblasser, die dessen künftigen Nachlass mindert.[640] Zuwendungen in diesem Sinne sind dabei nicht allein Schenkungen i.S. von § 516, sondern auch solche mit nur teilweiser Unentgeltlichkeit und ohne die von Schenkungen vorausgesetzte Einigkeit darüber.[641] Der Zuwendungsgegenstand muss nach dem Gesetzeswortlaut vom Erblasser kommen und nicht von dessen Ehefrau oder Dritten Personen.[642] Bezüglich der hinsichtlich Schlusserben (§§ 2269 Abs. 1, 2280) teilweise gemachten Ausnahme siehe unten Rn 265.

f) Ausgleichungsvoraussetzungen

216 *aa) Geborene Ausgleichstatbestände kraft gesetzlicher Vermutung.*[643] Dies sind solche Tatbestände, bei denen automatisch durch **gesetzliche Auslegungsregel vermutet wird,** dass der Erblasser sie ausgeglichen haben wollte. Diese Vermutung entfällt jedoch durch eine ausdrückliche oder schlüssige Bestimmung des Erblassers, die allerdings bereits bei der Zuwendung erfolgen muss.[644] Geborene Ausgleichstatbestände sind:

217 • **Ausstattungen nach § 1624 Abs. 1,**[645] die der Erblasser als Vater oder Mutter einem Kind zu Lebzeiten zu einem der in § 1624 Abs. 1 genannten Zwecke unentgeltlich zugewendet hat (**Zwecksetzung unverzichtbar!**), sofern die Ausgleichungspflicht bei der Zuwendung nicht ausgeschlossen wurde (§ 2050 Abs. 1), was jedoch nicht zum Nachteil eines Pflichtteilsberechtigten möglich ist (§ 2316 Abs. 3). **Ausstattungszwecke oder Anlässe** sind dabei gem. § 1624 Abs. 1, dass die Zuwendung von den Eltern an das Kind mit Rücksicht auf seine **Verheiratung** oder auf die **Erlangung einer selbständigen Lebensstellung** zur **Begründung oder zur Erhaltung der Wirtschaft oder dieser Lebensstellung** erfolgt (**Existenzhilfe**). Ausstattung ist auch das, was einem Kind von den Eltern zur Verbesserung seiner Wirtschaft oder Lebensstellung zu dem Zweck zugewendet wird, ihm eine auskömmliche Lebensführung zu ermöglichen.[646] Ausstattung kann jede Vermögensvermehrung sein, die zu den obengenannten Zwecken vorgenommen wird, z.B.

---

[637] RGZ 149, 129, 134.
[638] RGZ 149, 129, 134.
[639] RGZ 149, 129, 134.
[640] RG JW 1938, 2971; MünchKomm/Heldrich § 2050 Rn 8f.; Thubauville MittRhNotK 1992, 289, 292.
[641] MünchKomm/Heldrichj, § 2050 Rn 11; Thubauville MittRhNotK 1992, 289, 292.
[642] Thubauville MittRhNotK 1992, 289, 293.
[643] Diese Terminologie stammt von Kerscher/Tanck, Pflichtteilsrecht, 1997 S. 49.
[644] MünchKomm/Heldrich § 2050 Rn 21.
[645] Siehe hierzu insb. Schindler ZEV 2006, 389.
[646] RG HRR 29 Nr. 608.

eine Aussteuer,[647] Renten,[648] Grundstücksnutzungsrechte,[649] die Einrichtung eines Handwerksbetriebs, die Zahlung der Schulden des Schwiegersohnes,[650] eine einmalige Kapitalzuwendung und überhaupt jeder Vermögensvorteil, den der Abkömmling vom Erblasser zumindest auch zu einem der genannten Ausstattungszwecke erhalten hat, grundsätzlich jedoch keine unentgeltliche Arbeits- oder Dienstleistungen.[651] Eine Aussteuer, die an Stelle der Kosten einer angemessenen Berufsausbildung tritt (z.B. weil die Tochter gleich nach Schulabschluss heiratet) und diese nicht übersteigt, ist nicht ausgleichungspflichtig.[652] Die Zuwendung darf jedoch nicht nur aus reiner Freigebigkeit erfolgt sein,[653] sondern mindestens auch zu einem der Ausstattungszwecke.[654] Die Ausstattung kann mit einem entgeltlichen Geschäft verbunden sein, z.B. bei einer Hofübergabe.[655] **Voraussetzung** für das Vorliegen einer Ausstattung i.S. des § 1624 ist, dass sie das den Umständen, **insbesondere den Vermögensverhältnissen** des Vaters oder der Mutter, **entsprechende Maß** nicht überschreitet (**nur maßvolle Ausstattung**). Auf Ausstattungen, die das den Umständen, insbesondere den Vermögensverhältnissen der Eltern entsprechende Maß **nicht übersteigen,** finden insbesondere die Schenkungsvorschriften keine Anwendung (§ 1624 Abs. 1). Übermäßige Ausstattungen sind sofern die Merkmale des § 516 vorliegen Schenkungen, d.h. es liegen dann zwei Rechtsgeschäfte vor, unterhalb des Übermaßes eine Ausstattung und darüber eine Schenkung, jedes zu einem bestimmten Betrag und mit eigenen rechtlichen Wirkungen.[656] Bei der Feststellung, ob die Ausstattung übermäßig und damit gem. § 1624 Abs. 1 als Schenkung zu werten ist,[657] ist auf die Verhältnisse zum Zeitpunkt des Versprechens abzustellen.[658] Jedoch können die Vertragspartner auch kraft der Vertragsfreiheit bestimmen, dass auch das Übermaß als Ausstattung angesehen werden soll.[659] Das **Übermaß** der Ausstattung wird jedoch in jedem Fall als **pflichtteilsergänzungspflichtige Schenkung** gem. § 2325 angesehen.[660] Aufgrund der bestehenden Vertragsfreiheit ist es sowohl möglich, eine Zuwendung, die vom Gegenstand und den Begleitumständen her objektiv eine Ausstattung ist, als Schenkung zu deklarieren, als auch umgekehrt eine Schenkung als Ausstattung.[661] Es besteht keine Rechtspflicht zur Gewährung einer Ausstattung.[662] Es kann jedoch ein **Ausstattungsversprechen** gegeben werden, das, da bei der maßvolle Ausstattung § 518 Abs. 1 nicht gilt, **formlos (!)** erklärt und angenommen werden kann[663] und einklagbar ist. Das Ausstattungsversprechen kann unter dem stillschweigenden Vorbehalt gleichbleibender Verhältnisse oder unter der Voraussetzung, dass die Erreichung des mit ihm verfolgten Zwecks möglich bleibt, gegeben sein.[664] Nach den Umständen des Einzelfalles ist zu entscheiden,

---

[647] BGHZ 11, 206; 13, 205.
[648] RGZ 79, 266, 267.
[649] RG SeuffA 74 Nr. 69.
[650] RG JW 1912, 913.
[651] BGH NJW 1987, 2816, 2817 = DNotZ 1988, 436.
[652] BGH NJW 1982, 575, 577 = WPM 1982, 17.
[653] RG Warn 38 Nr. 22.
[654] BGHZ 44, 91, 93 = NJW 1965, 2056 = FamRZ 1965, 502; OLG Stuttgart BWNotZ 1977, 150.
[655] RGZ 54, 107, 111.
[656] Schmid BWNotZ 1971, 29, 30; RG JW 1908, 71; RGZ 62, 273, 275; Palandt/Brudermüller § 1624 Rn 3.
[657] MünchKomm/Hinz § 1624 Rn 12.
[658] RGZ 141, 359.
[659] RG JW 1908, 71; Schmid BWNotZ 1971, 29, 30.
[660] Staudinger/Ferid/Cieslar § 2325 Rn 6; MünchKomm/Lange, § 2325 Rn 13; Schmid BWNotZ 1971, 29, 35.
[661] Schmidt BWNotZ 1971, 29, 30 f.; RG HRR 29 Nr. 608.
[662] Palandt/Brudermüller § 1624 Rn 2.
[663] BGHZ 44, 91, 93 = NJW 1965, 2050 = FamRZ 1965, 502; KG FamRZ 1963, 449, 451.
[664] BGHZ 44, 91, 95; RGZ 141, 358, 359; RG JW 1916, 588.

ob das Versprechen hinfällig werden soll, wenn es beim Tod des Versprechenden noch nicht erfüllt ist.[665] Grundsätzlich muss die Ausstattungsabsicht nicht ausdrücklich erklärt werden, sondern kann sich aus den Umständen ergeben. Die dem Notar obliegende Aufklärungs- und Formulierungspflicht gebietet ihm jedoch, die Ausstattungsabsicht deutlich zum Ausdruck zu bringen. Wenn eine Zuwendung bei der Hingabe ausdrücklich als Ausstattung bezeichnet wurde, ist diese Absicht maßgebend, solange nicht dargetan ist, dass entgegen dieser ausdrücklichen Erklärung mit der Zuwendung keine Ausstattungsabsicht verbunden war.[666] Liegt eine maßvolle Ausstattung vor, hat dies eine Reihe von rechtlichen Auswirkungen. So bedarf sie z.B. ihr Versprechen keiner Form gem. § 518 Abs. 1, gelten die Regeln des Notbedarfs (§§ 519, 528) und des Widerrufs (§ 530) nicht, gibt es keine Gläubigeranfechtung nach §§ 4 AnfG, 134, 39 Ziff. 4 InsO und keine Pflichtteilsergänzung nach §§ 2325 ff. Hierher interessierend ist eine Ausstattung gem. § 2050 Abs. 1 ohne weiteres unter den Abkömmlingen des Erblassers auszugleichen, sofern dieser nicht ausdrücklich etwas anderes bestimmt hat (§ 2050 Abs. 3). Entgegen dem Wortlaut des § 1624 kann dabei gem. § 2053 auch auszugleichen sein, was der Erblasser nicht seinen Kindern, sondern entfernteren Abkömmlingen zu einem Ausstattungszweck gegeben hat.[667] Insbesondere kommt es entgegen der sonstigen Wirkungen des § 1624 für die **Ausgleichungspflicht** nicht darauf an, ob die Ausstattung den Vermögensverhältnissen der Beteiligten gerecht wird oder als übermäßig anzusehen ist (**Ausgleichung von Ausstattungen nach § 2050 Abs. 1 auch bei Übermaß!**).[668]

218 • **Zuschüsse, die zu dem Zwecke gegeben sind, als Einkünfte verwendet zu werden** und zwar auch, wenn sie unter den Begriff der Ausstattung fallen, **aber nur hinsichtlich des Übermaßes,** d.h. soweit sie das den Vermögensverhältnissen des Erblassers entsprechende Maß übersteigen und soweit der Erblasser die Anrechnung nicht bei der Zuwendung ausgeschlossen hat (§ 2050 Abs. 2) (**nur für Übermaß!**). Zuschüsse zu Einkunftszwecken, also zur Erfüllung des laufenden Bedarfs, setzen eine gewisse Dauer und Regelmäßigkeit voraus, ohne dass allerdings eine entsprechende Erblasserverpflichtung vorliegen muss.[669] Ein einmaliger Zuschuss ist ohne entsprechende Erblasseranordnung nicht ausgleichungspflichtig.

219 • **Aufwendungen für die Vorbildung zu einem Beruf,** jedoch nur **hinsichtlich des Übermaßes** und soweit der Erblasser die Anrechnung nicht bei der Zuwendung ausgeschlossen hat (§ 2050 Abs. 2). Nicht hierunter fallen die Kosten der allgemeinen Schulbildung an höheren Schulen. Der Ausgleichungskläger, der sich auf die Vermutung des § 2050 Abs. 1 und 2 beruft, hat darzulegen und zu beweisen, dass der in Anspruch genommene Miterbe eine Zuwendung in dieser Art erhalten hat. Das wird ihm durch die nach § 2057 gegebene Auskunftspflicht des vermutlichen Zuwendungsempfängers erleichtern. Ist ihm dieser Beweis gelungen, greift zu seinen Gunsten die gesetzliche Vermutung des § 2050 Abs. 1 und 2 für eine Ausgleichungspflicht ein.[670] Der Zuwendungsempfänger müsste demgegenüber beweisen, dass die Vermutung auf Grund besonderer, formlos gültiger Erblasseranordnung entkräftet ist.

220 Auch bei Zuschüssen und Ausbildungskosten sind für die Feststellung des Übermaßes die Verhältnisse zum Zeitpunkt der Zuwendung maßgebend.[671] Die Frage, ob bei Ausstattung, Zuschüssen oder Ausbildungsaufwendungen ein Übermaß vorliegt, lässt sich

[665] BGHZ 44, 91, 95.

[666] RG HRR 29 Nr. 608; RG JW 1906, 426; Siegmann BWNotZ 1977, 152; Schmid BWNotZ 1971, 29, 32.

[667] MünchKomm/Heldrich § 2050 Rn 15; Staudinger/Werner § 2050 Rn 21.

[668] Staudinger/Werner § 2050 Rn 22; MünchKomm/Heldrich, § 2050 Rn 16; RGRK/Kregel § 2050 Rn 7.

[669] MünchKomm/Heldrich § 2050 Rn 24.

[670] Baumgärtel/Strieder, Hdb. d. Beweislast im PrivatR, 1984 Bd. 2, § 2050.

[671] MünchKomm/Heldrich § 2050 Rn 26; Soergel/Wolf § 2050 Rn 15; Staudinger/Werner § 2050 Rn 26; Dieckmann FamRZ 1988, 714 ff.

nur anhand der konkreten Umstände des Einzelfalles beantworten.[672] Richtschnur kann dabei sein, in Gedanken eine Erbteilung auf den Zeitpunkt der Zuwendung unter Berücksichtigung aller früheren und der beabsichtigten Zuwendungen durchzurechnen und dabei auch mögliche Veränderungen in der Kinderzahl und den Vermögensverhältnissen in der Zukunft zu berücksichtigen. Fällt dann der Zuwendungsempfänger mit einem Teil seines fiktiven Erbanspruchs gem. § 2056 aus, muss in Höhe dieses Ausfalls ein Übermaß angenommen werden.[673] Zuschüsse und Ausbildungsaufwendungen, die nach Gegenstand und Begleitumständen zugleich zur Ausstattung gehören, sind lediglich im Rahmen eines etwaigen Übermaßes ausgleichungspflichtig.[674]

bb) Gekorener Ausgleichstatbestand kraft Erblasseranordnung. Dies sind **alle anderen Zuwendungen** jedoch erst, **wenn dies der Erblasser bei der Zuwendung ausdrücklich anordnet.** Hierin liegt der Fehler der gesetzlichen Ausgleichungsregeln. Hätte der Gesetzgeber, wie beim Zugewinnausgleich nach § 1380 Abs. 1 Satz 2, in Form einer Auslegungsregel die Vermutung der Ausgleichung auch dieser Zuwendungen festgelegt, wären die Vorschriften praktikabel, so sind sie es nicht.

Gekorene Ausgleichstatbestände sind alle anderen lebzeitigen Zuwendungen des Erblassers an Abkömmlinge und zwar nicht nur gebräuchliche Gelegenheitsgeschenke, sondern auch wertvolle Schenkungen (z. B. Kunstsammlungen oder kostbaren Schmuck usw.) **sind nur auszugleichen, wenn dies der Erblasser bei der Zuwendung angeordnet hat** (§ 2050 Abs. 3). Diese Anordnung kann auch hinsichtlich Zuschüssen und Aufwendungen für die Berufsausbildung unterhalb des Übermaßes erfolgen.[675] Auch hinsichtlich des Erblassers eines vom Erblasser einem Abkömmling gegebenen Darlehens auf den Zeitpunkt des Todes des Darlehensgebers kann Ausgleichungsanordnung erfolgen.[676] Eine Form ist für diese Anordnung nicht vorgeschrieben, sie kann daher auch konkludent erfolgen.[677] Sie sollte aus Beweisgründen jedoch schriftlich erfolgen. Wolfsteiner[678] schlägt z. B. dafür folgende Formulierung vor: 221

„Der Empfänger der Schenkung hat deren Wert im Verhältnis zu den übrigen Abkömmlingen des Schenkers auszugleichen."

Die Bezeichnung der Zuwendung als Ausstattung ordnet die Ausgleichung auch für das Übermaß an.[679] Die Bestimmung, dass die Übertragung **„in Vorwegnahme der zukünftigen Erbregelung"** oder **„im Wege vorweggenommener Erbfolge"** erfolge, stellt dagegen keine eindeutige Ausgleichsanordnung dar.[680] Erfolgt die Zuwendung mit dieser Klausel, ist für die Pflichtteilsberechnung im Wege der Auslegung zu ermitteln, ob der Erblasser damit die Ausgleichung gemäß §§ 2316 Abs. 1, 2050 Abs. 3 BGB, eine Anrechnung gemäß § 2315 Abs. 1 BGB oder beides zusammen (§ 2316 Abs. 4 BGB) anordnen wollte.[681] Dies ist daher im Vertrag zweifelsfrei festzulegen.[682] 222

[672] MünchKomm/Heldrich § 2050 Rn 26.
[673] Schmid BWNotZ 1971, 29, 30.
[674] RGZ 79, 266, 267.
[675] Staudinger/Werner § 2050 Rn 31.
[676] MünchKomm/Heldrich § 2050 Rn 12, Peter BWNotZ 1986, 28, 29.
[677] Staudinger/Werner § 2050 Rn 32.
[678] MittBayNot 1982, 61.
[679] Schramm BWNotZ 1959, 227, 228.
[680] Palandt/Edenhofer § 2050 Rn 16; OLG Stuttgart BWNotZ 1977, 150, 151; OLG Düsseldorf ZEV 1994, 173 m. Anm. Baumann = FamRZ 1994, 1491; Weimar JR 1967, 97, 98; a. M. BGH NJW 1982, 43 = Rpfleger 1982, 28 = BGHZ 82, 274, 278 = Anm. Kuchinke in JuS 1988, 853.
[681] BGH ZNotP 2010, 228 = ZErb 2010, 320.
[682] Kühn ZEerb 2010, 320.

223 **Beachte:** Hat der Erblasser bei einer Zuwendung i. S. des § 2050 Abs. 3 die Ausgleichung **angeordnet**, kann er den ausgleichungsberechtigten Abkömmlingen **nicht nachträglich** das einmal entstandene **Recht auf Erhöhung des Pflichtteils** gem. § 2316 Abs. 1, 2 wieder nehmen. Durch die Ausgleichungsanordnung bei der Zuwendung ist (ähnlich wie im Fall des § 2316 Abs. 3 bezüglich der Zuwendungen i. S. des § 2050 Abs. 1, 2) ein der Verfügung des **Erblassers entzogener Faktor der Pflichtteilsberechnung entstanden,**[683] auf den die Berechtigten allerdings durch gegenständlich beschränkten notariell zu beurkundenden Pflichtteilsverzichtsvertrag mit dem Erblasser verzichten können.

224 Nach der Pflichtteilsrechtsreform[684] sollte in den §§ 2050 Abs. 1 und 3 und 2053 Abs. 1 jeweils nach den Wörtern „bei der Zuwendung" die Wörter **„oder nachträglich durch Verfügung von Todes wegen"** eingefügt werden. Dies wurde aber im Laufe des Gesetzgebungsverfahrens leider aufgegeben.

g) Übersicht über die gem. § 2050 ausgleichspflichtigen Zuwendungen

225

Gesetzliche Vorschrift	Art der Zuwendung	Rechtsfolge = Ausgleichspflicht
§ 2050 Abs. 1	*Ausstattung* gem. § 1624	a) ja, es sei denn, der Erblasser hat dies vor oder bei der Zuwendung ausgeschlossen b) bei Pflichtteilsberechnung immer (§ 2316 Abs. 3) c) bei Übermaß u. U. zusätzlich pflichtteilsergänzungspflichtig (§ 2325)
§ 2050 Abs. 2 1. Variante	Zuschüsse, die als Einkünfte verwendet werden sollen und das den Vermögensverhältnissen des Erblassers entsprechende Maß übersteigen *(Übermaßzuschüsse)*	a) ja, es sei denn, der Erblasser hat dies vor oder bei Zuwendung ausgeschlossen b) bei Pflichtteilsberechnung immer (§ 2316 Abs. 3) c) wenn Schenkungscharakter gegeben, zusätzlich pflichtteilsergänzungspflichtig (§ 2325)
§ 2050 Abs. 2 2. Variante	Aufwendungen für die Vorbildung zu einem Beruf, die das den Vermögensverhältnissen des Erblassers entsprechende Maß übersteigen *(Übermaßausbildungskosten)*	a) ja, es sei denn, der Erblasser hat dies vor oder bei der Zuwendung ausgeschlossen b) bei Pflichtteilsberechnung immer (§ 2316 Abs. 3) c) da Übermaß u. U. zusätzlich pflichtteilsergänzungspflichtig. (§ 2316 Abs. 3)
§ 2050 Abs. 3	*Sonstige Zuwendungen*	a) nur wenn der Erblasser dies vor oder bei der Zuwendung anordnet b) dann auch bei der Pflichtteilsberechnung (§ 2316 Abs. 3) (des näheren hierzu

[683] MünchKomm/Lange § 2316 Rn 6; Staudinger/Haas, § 2316 Rn 9 und 13; Palandt/Edenhofer § 2316 Rn 2; J. Mayer ZErb 2007, 130, 137; Thubauville MittRhNotK 1992, 289, 298; J. Mayer ZEV 1996, 441, 443; Peter BWNotZ 1986, 28, 33.

[684] Siehe Referentenentwurf eines „Gesetzes zur Änderung des Erb- und Verjährungsrechts" in ZEV 2007, Heft 5, Seiten VI f.

Gesetzliche Vorschrift	Art der Zuwendung	Rechtsfolge = Ausgleichspflicht
		Staudinger/Murad/Ferid § 2316 Rn 15) c) wenn Schenkungscharakter, zusätzlich pflichtteilsergänzungspflichtig (§ 2325).

h) Einflussmöglichkeit des Erblassers auf die Erbteilungsausgleichung

Bei den §§ 2050 ff. handelt es sich grundsätzlich um disposible Vorschriften. Der Erb- 226
lasser kann daher die Rechtsfolgen der gesetzlichen Tatbestände der Abs. 1 und 2 des § 2050 unbedingt, bedingt, ganz oder teilweise vor oder bei der Zuwendung ausschließen.[685] Hinsichtlich sonstiger Zuwendungen nach § 2050 Abs. 3 hat er es in der Hand, ob er die Ausgleichung vor oder bei der Zuwendung anordnet oder dies unterlässt. Die Anordnung der **Erbteilungsausgleichung** liegt somit völlig im Belieben des Erblassers.

Zu untersuchen ist jedoch noch, welche zeitlichen und formalen Anforderungen an die 227
Anordnung zu stellen sind und ob der Erblasser sie auch noch nach der Zuwendung treffen kann und wieweit er an eine einmal erklärte Anordnung gebunden ist.

i) Zeitpunkt und Form der Ausgleichungsanordnung gem. § 2050 Abs. 3

Die **Ausgleichungsanordnung** des Erblassers gem. § 2050 Abs. 3 muss spätestens 228
gleichzeitig mit der Zuwendung dem Bedachten so deutlich zur Kenntnis gebracht werden, dass er die Zuwendung ablehnen oder durch seine Annahme sein Einverständnis erklären kann.[686] Nach der Pflichtteilsrechtsreform sollte die Anordnung auch nachträglich in einer Verfügung von Todes wegen erfolgen können, was jedoch leider nicht Gesetz wurde. Ein minderjähriger Bedachter braucht zur Annahme einer Schenkung unter Ausgleichsanordnung keiner Einwilligung seines gesetzlichen Vertreters.[687] Die Anordnung ist keine Auflage, sondern eine das Erbrecht gestaltende Anordnung.[688] Die Anordnung kann auch im Voraus für zukünftige Zuwendungen erfolgen.[689] Ferner wird man, wie bei der Anordnung der Anrechnungspflicht nach § 2315 im Schrifttum ausdrücklich anerkannt,[690] die **Ausgleichungsanordnung** auch in der Weise **aufschiebend oder auflösend bedingt** treffen können, dass eine jetzt gewährte Zuwendung bei Eintritt eines späteren Ereignisses ausgleichungspflichtig werden oder die zunächst angeordnete Ausgleichspflicht wegfallen soll.[691] Der Erblasser kann sich auch bei der Schenkung die **nachträgliche Anordnung** der Ausgleichungspflicht in einer Verfügung von Todes wegen **ausdrücklich vorbehalten.**[692]

Formulierungsvorschlag:

„Der Veräußerer behält sich die vermächtnisweise Anordnung einer Ausgleichungsverpflichtung nach §§ 2050 ff. BGB vor."

[685] MünchKomm/Heldrich § 2050 Rn 21; Soergel/Wolf, § 2050 Rn 22; Bamberger/Roth/Lohmann § 2050 Rn 11.

[686] RGZ 67, 308.

[687] BGHZ 15, 168 = NJW 1955, 1353.

[688] Kipp/Coing, ErbR, 13. Bearb. § 120 IV, 4; BGHZ 15, 168, 171.

[689] Staudinger/Werner § 2050 Rn 32.

[690] Staudinger/Ferid § 2315 Rn 41; Staudinger/Ferid/Cieslar § 2315 Rn 40; Sostmann MittRhNotK 1976, 484.

[691] Thubauville MittRhNotK 1992, 289, 297.

[692] Wegmann, Grundstücksüberlassung, 1994 Rn 445; DNotI-Report 1993, Heft 14 S. 2; J. Mayer ZEV 1996, 441, 445; so z. B. MünchVertrHdb/Nieder, Bd. 6 II, Form. XVI, 27 § 4.

229 Der Normzweck des § 2050 Abs. 3, dem Empfänger die Möglichkeit zu geben, die Zuwendung wegen der angeordneten Ausgleichungspflicht zurückzuweisen[693] ist m. E. auch bei einer vorbehaltenen Ausgleichungsanordnung gem. § 2050 Abs. 3 erfüllt. Konstruktiv handelt es sich dabei um eine aufschiebend bedingte Ausgleichungsanordnung.[694] Dogmatisch davon zu unterscheiden, jedoch im Ergebnis gleich ist, wenn bei der Zuwendung ausdrücklich dem Zuwendungsgeber vom Zuwendungsempfänger gem. §§ 315 Abs. 1, 316 ein Leistungsänderungs- und -bestimmungsrecht vertraglich eingeräumt wird, auf Grund dessen er später durch lebzeitige Erklärung oder Verfügung von Todes wegen eine andere Art des Wertausgleichs unter seinen Abkömmlingen anordnen kann.[695] Hierbei handelt es sich um einen nur schuldrechtlich wirksamen gegenseitigen Vertrag unter Lebenden und nicht um eine Anordnung nach § 2050 Abs. 3. Eine Form ist für die Anordnung nach § 2050 Abs. 3 nicht vorgeschrieben. Die Anordnung der Ausgleichung kann ebenso wie die des Ausschlusses konkludent erfolgen.[696] Die Anordnung muss aber so erfolgen, dass der Empfänger sie erkennen und die Zuwendung deshalb ablehnen kann.[697] Für die Anordnung der Ausgleichung durch den Erblasser gem. § 2050 Abs. 3 ist der Ausgleichungskläger voll darlegungs- und beweispflichtig.[698]

k) Möglichkeiten und Grenzen nachträglicher Ausgleichungsanordnung oder ihre Aufhebung[699]

230 Nach § 2050 Abs. 3 hat der Erblasser die Ausgleichung von Zuwendungen an Abkömmlinge, die als gesetzliche oder mit der gesetzlichen übereinstimmenden gewillkürten Erbfolge Erben werden, vor oder spätestens bei der Zuwendung anzuordnen und zwar formlos, sofern nicht die Zuwendung selbst ein formbedürftiges Rechtsgeschäft bildet, dessen Bestandteil die Anordnung ist.[700] Schlüsse darüber, ob bei der Zuwendung das erforderliche beiderseitige Einvernehmen über die spätere Ausgleichung zumindest stillschweigend bestand, können auch aus späteren oder früheren letztwilligen Anordnungen gezogen werden,[701] so dass es sich empfiehlt, in Verfügungen von Todes wegen ausdrücklich auf solche Anordnungen hinzuweisen. Eine nachträgliche Anordnung ist durch Rechtsgeschäft unter Lebenden zwischen dem Erblasser und den Zuwendungsempfänger **mit erbrechtlich-dinglicher Wirkung** nicht möglich.[702]

231 Nach der Pflichtteilsrechtsreform sollte die Ausgleichsanordnung auch nachträglich in einer Verfügung von Todes wegen erfolgen können.[703] Diese Möglichkeit entfiel jedoch im Laufe des Gesetzgebungsverfahrens.

232 Aber auch davon abgesehen ist eine **nachträgliche Ausgleichsanordnung durch Verfügung von Todes wegen** mittels Vorausvermächtnis (§ 2150) zugunsten der anderen Miterben und zu Lasten des Zuwendungsempfängers möglich,[704] **wodurch aber das Pflicht-**

---

[693] RGZ 67, 306, 308.

[694] J. Mayer ZEV 1996, 441, 445.

[695] So BGH MittBayNot 1985, 119, 120 ff. = NJW-RR 1986, 164 = FamRZ 1985, 696; MünchKomm/Heldrich, § 2050 Rn 31; Thubauville MittRhNotK 1992, 289, 297.

[696] RG WarnRspr. 1910 Nr. 245; Soergel/Wolf § 2050 Rn 17, 20; Staudinger/Werner § 2050 Rn 32.

[697] RGZ 67, 306, 308.

[698] Baumgärtel/Strieder, Hdb. d. Beweislast im PrivatR, 1984, Bd. 2, § 2050 Rn 2.

[699] Siehe hierzu eingehend und mit Formulierungsvorschlägen J. Mayer ZEV 1996, 441.

[700] RGRK/Kregel § 2050 Rn 18.

[701] RG ZBlFG 9, 70.

[702] KG OLGE 21, 318; OLG Hamburg OLGE 34, 260; RGZ 90, 422; RGRK/Kregel § 2050 Rn 19; MünchKomm/Heldrich § 2050 Rn 31; Soergel/Wolf § 2050 Rn 20; Staudinger/Werner § 2050 Rn 33 f.

[703] Siehe hierzu J. Mayer, Nachträgliche Änderung von erbrechtlichen Anrechnung- und Ausgleichsbestimmungen, ZEV 1996, 441.

[704] RGZ 90, 422; Soergel/Wolf § 2050 Rn 5, 17; BGH NJW 1982, 575, 577; OLG Stuttgart BWNotZ 1977, 150; J. Mayer ZEV 1996, 441, 443.

teilsrecht des Zuwendungsempfängers wegen § 2316 Abs. 3 nicht beeinträchtigt werden darf. Umgekehrt kann **eine getroffene Ausgleichsanordnung nachträglich durch** den Erblasser in einer **Verfügung von Todes wegen** mittels eines Vorausvermächtnisses zugunsten des Zuwendungsempfängers und zu Lasten der ausgleichungsberechtigten Abkömmlinge **aufgehoben werden,**[705] **ohne allerdings dadurch deren Pflichtteilsrechte (§ 2316 Abs. 3) schmälern zu können,**[706] d.h. **hinsichtlich der Pflichtteilsberechnung** kann sowohl eine nach § 2050 Abs. 1, 2 zwingend zu berücksichtigende als auch eine nach § 2050 Abs. 3 mit Ausgleichungsanordnung getroffene Zuwendung auch durch letztwillige Verfügung nicht mehr widerrufen werden.[707] Dies ist bezüglich der **geborenen Ausgleichungstatbestände nach §§ 2050 Abs. 1 u. 2** allg. M., bezüglich des gekorenen Ausgleichungstatbestands nach **§ 2050 Abs. 3** jedoch nur die h. M.[708] Ein Erschwernis ist, dass bei nachträglicher Ausgleichungsanordnungen mittels Vermächtnis zugunsten der übrigen Miterben der Zuwendungsempfänger gemäß § 2306 Abs. 1 seinen Erbteil ausschlagen muss, wenn er seinen Pflichtteil retten will.[709]

Sowohl bei der nachträglichen Anordnung einer Erbteilsausgleichung als auch ihrer nachträglichen Aufhebung muss man sich immer vor Augen halten, dass bezüglich der pflichtteilsrechtlichen Fernwirkung der Ausgleichungspflicht nach § 2316 Abs. 3 „der Zug bereits abgefahren ist", soweit durch die (mit oder ohne) Ausgleichsverpflichtung erfolgten Zuwendung der Pflichtteil anderer beeinflusst wird.[710] Anders ist es allerdings soweit nur die Ausgleichsanordnung hinsichtlich der Erbteilung geändert werden soll.[711] **233**

Zulässig ist eine nachträgliche **einverständliche** Ausgleichsvereinbarung des Erblassers mit dem Zuwendungsempfänger **als Rechtsgeschäft unter Lebenden** in Form eines Vertrages zugunsten Dritter (§ 328), d.h. der übrigen Abkömmlinge.[712] Diese Vereinbarung hat jedoch **nur schuldrechtliche und nicht unmittelbar erbrechtlich-dingliche Wirkung** und auch keine Wirkung auf die Pflichtteilsberechnung unter Berücksichtigung der Ausgleichungspflicht nach § 2316, da diese sich nach dem Wert des Erbteils in seiner gesetzlichen, entsprechend der gesetzlichen Anrechnungsvorschriften des § 2050 ermittelten Größe richtet.[713] Als Verpflichtungsvertrag über das Erbrecht ist diese Vereinbarung entsprechend § 2348 notariell beurkundungsbedürftig.[714] **234**

Möglich sind auch Erbschaftsverträge zwischen künftigen gesetzlichen Erben über die Ausgleichung von Vorempfängen,[715] die nach § 312 Abs. 2 der notariellen Form bedürfen. **235**

Mit erbrechtlich-dinglicher Wirkung und damit auch pflichtteilsrechtlich wirksam kann nachträglich die Ausgleichungspflicht nur durch einen notariell zu beurkundenden **236**

---

[705] RGZ 71, 133, 135; RGZ 90, 419; Soergel/Wolf § 2050 Rn 20; Palandt/Edenhofer § 2050 Rn 16; J. Mayer ZEV 1996, 441, 444 m. Formulierungsvorschlag für ein solches Vermächtnis.

[706] RGRK/Kregel § 2050 Rn 19; Staudinger/Werner § 2050 Rn 34; Schmid BWNotZ 1971, 29, 34.

[707] Lange/Kuchinke, Lb. d. ErbR., 4. Aufl., § 37 VI 92 Fn. 346.

[708] MünchKomm/Lange § 2316 Rn 8; Staudinger/Ferid/Cieslar § 2316 Rn 25; RGRK/Johannsen § 2316 Rn 17; Bamberger/Roth/J. Mayer § 2316 Rn 16; Thubauville MittRhNotK 1992, 289, 298; Peter BWNotZ 1986, 28, 33; a. M. Ebenroth/Bacher/Lorz JZ 1991, 277, 283, da Zuwendungen nach § 2050 Abs. 3 der vollen Disposition des Erblassers unterliegen und die Pflichtteilsberechtigten durch die §§ 2325 ff. hinreichend geschützt sind; unbestimmt Lange/Kuchinke, 4. Aufl., § 37 Fn 346.

[709] Palandt/Edenhofer, § 2050 Rn 16.

[710] So die anschauliche Formulierung von J. Mayer ZEV 1996, 441, 443.

[711] J. Mayer ZEV 1996, 441, 442; ders., ZErb 2007, 130, 137.

[712] Staudinger/Werner § 2050 Rn 33; MünchKomm/Heldrich § 2050 Rn 31; Soergel/Wolf § 2050 Rn 17; Thubauville MittRhNotK 1992, 289, 297; über die Formulierung siehe Fröschlin BWNotZ 1997, 30.

[713] RGZ 71, 133, 135.

[714] A. M. d. h. formfrei gültig Staudinger/Werner § 2050 Rn 33; wie hier Damrau, Der Erbverzicht als Mittel zweckmäßiger Vorsorge für den Todesfall, 1966, S. 50.

[715] RG Recht 1920 Nr. 927; Soergel/Wolf § 2050 Rn 21; J. Mayer ZEV 1996, 441, 444 f.

Teilpflichtteilsverzichtsvertrag des Zuwendungsempfängers mit dem Erblasser auf einen der Zuwendung entsprechenden Teil des Erbrechts herbeigeführt werden,[716] etwa mit der Formulierung:

> „Ich (Zuwendungsempfänger) verzichte hiermit mit Wirkung auch gegenüber meinen Abkömmlingen auf mein Pflichtteilsrecht nach dem (Erblasser) insoweit, als bei der Pflichtteilsberechnung die von mir vom Erblasser erhaltene Zuwendung X als ausgleichungspflichtig gem. § 2050 BGB in die Berechnung einzubeziehen ist."

237 Wenn umgekehrt zu Lasten der anderen Abkömmlinge nachträglich die Ausgleichungsanordnung aufgehoben werden soll, müssen diese mit dem Erblasser einen notariell zu beurkundenden gegenständlich beschränkten Pflichtteilsverzichtsvertrag abschließen, der etwa folgendem Wortlaut haben kann:[717]

> „Die (Verzichtenden) verzichten hiermit vertraglich mit dem (Erblasser) für sich und ihre Abkömmlinge auf ihr Pflichtteilsrecht am Nachlass des (Erblasser) in der Weise, dass der Vertragsgegenstand der Urkunde des Notars ... vom ... (UR.Nr... .) bei der Berechnung ihrer Pflichtteile auf Ableben des (Erblasser) als nicht zum Nachlass des (Erblasser) gehörend angesehen und als Berechnungsgrundlage für den Pflichtteilsanspruch, den Ausgleichungspflichtteil und den Pflichtteilsergänzungsanspruch ausgeschieden wird. Der (Erblasser) nimmt diesen gegenständlich beschränkten Pflichtteilsverzicht entgegen und an."

238 Nach dem Erbfall etwa bei der Erbauseinandersetzung steht es den ausgleichungspflichtigen Miterben frei, sich einverständlich über die gesetzliche Regelung hinwegzusetzen.[718]

239 Letztlich kann der Erblasser **indirekt** eine angeordnete **Ausgleichungspflicht** dadurch **beseitigen,** dass er die Abkömmlinge nachträglich in einem anderen Verhältnis als dem der gesetzlichen Erbfolge zueinander als Erben einsetzt und damit die Voraussetzungen der gesetzlichen Ausgleichungspflicht nach den §§ 2050, 2052 beseitigt.[719] Da es sich bei § 2052 nur um eine Auslegungsregel handelt,[720] kann der Erblasser eine angeordnete Ausgleichungspflicht auch dadurch indirekt beseitigen, dass er seine Abkömmlinge zwar im Verhältnis ihrer gesetzlichen Erbteil zu Erben einsetzt, dabei aber ausdrücklich eine nach § 2052 **„im Zweifel"** eintretende Ausgleichungspflicht ausschließt.[721] In beiden Fällen entfällt die Ausgleichung mangels ihrer Voraussetzungen nach den §§ 2050, 2052[722] nicht jedoch auch die pflichtteilsrechtliche Fernwirkung nach § 2316, da sie nur das Vorhandensein mehrerer Abkömmlinge voraussetzt.

l) Durchführung der Ausgleichung bei der Erbauseinandersetzung[723]

240 Da eine **Ausgleichung nur unter Abkömmlingen** stattfindet (§ 2050 Abs. 1), sind zunächst die Werte der Anteile der anderen Miterben (des überlebenden Ehegatten oder der

[716] Damrau, Erbverzicht, S. 56; MünchKomm/Heldrich § 2050 Rn 31; RGRK/Kregel § 2050 Rn 19; Staudinger/Werner § 2050 Rn 33.
[717] Nach Jörg Mayer, Der Übergabevertrag, 1998, Rn 146; ders. ZEV 1996, 441, 443.
[718] RGZ 149, 129, 131; MünchKomm/Heldrich § 2050 Rn 33; J. Mayer ZEV 1996, 441, 445.
[719] Schmid BWNotZ 1971, 29, 34 f.
[720] RGZ 90, 421.
[721] Peter BWNotZ 1986, 28, 33; J. Mayer, ZErb 2007, 130, 138.
[722] Lange/Kuchinke, 4. Aufl., § 15 III 3 b Fn. 30.
[723] Siehe hierzu mit Berechnungsbeispielen Bertolini MittBayNot 1995, 109.

neben den Abkömmlingen durch Verfügung von Todes wegen eingesetzten anderen Erben) vom wirklichen Reinnachlass abzuziehen. Danach ist der Wert sämtlicher Zuwendungen, die zur Ausgleichung zu bringen sind, dem so gewonnenen Teilnachlasswert zuzurechnen (**rechnerische Ausgleichung = Idealkollation,** § 2055 Abs. 1 Satz 2). Der so erhaltene fingierte Nachlasswert ist auf die Abkömmlinge im Verhältnis ihrer Erbteile aufzuteilen und dabei jeweils bei den ausgleichungspflichtigen Abkömmlingen der Wert ihrer auszugleichenden Zuwendungen (die sie ja schon erhalten haben) abzuziehen (§ 2050 Abs. 1 Satz 1). Diese Rechnung wird im Allgemeinen zu Teilungsquoten (**Teilungsverhältnis**) führen, die von den Quotienten der Erbteile (Erbschaftsquoten) abweichen und im Gegensatz zu diesen die davon verschiedenen wirtschaftlichen (finanziellen) Beteiligungen der einzelnen Miterben am Nachlass widerspiegeln.[724]

In einer Formel kann man das wie folgt ausdrücken: 241

N = der den Abkömmlingen zustehende Nachlasswert
S = Summe der auszugleichenden Zuwendungen
N = Gesamtzahl der Abkömmlinge
n_1, n_2 usw. = einzelne Abkömmlinge
s_1, s_2 usw. = von den einzelnen Abkömmlingen auszugleichende Zuwendungen

Der auf den Abkömmling n_1 entfallende Teilwert an dem auf die Abkömmlinge entfal- 242
lenden Nachlasswert beträgt sodann:

$$\frac{N+S}{n} - S_1$$

Setzt man die so errechneten Wertanteile der einzelnen Abkömmlinge miteinander ins 243
Verhältnis, so erhält man die von den einzelnen Erbquoten abweichenden Teilungsquoten der Abkömmlinge.[725]

Da sowohl die auszugleichenden Zuwendungen als auch der Nachlass zu bewerten 244
sind, stellt sich die Frage nach dem Bewertungsmaßstab und dem Zeitpunkt der Bewertung. Für den Wert der Zuwendung ist in erster Linie eine etwaige Anordnung des Erblassers maßgebend.[726] Dabei kann der Erblasser sowohl einen niedrigeren Wert als den Verkehrswert festlegen[727] als auch, im Wege eines Vertrages zugunsten der anderen Abkömmlinge, einen höheren.[728] Anderenfalls ist der Verkehrswert oder gemeine Wert der Zuwendung durch Schätzung zu ermitteln.[729] Ein Landgut ist dabei nach seinem Ertragswert zu bewerten (§ 2312). Maßgebend für die Bewertung der Zuwendung ist gem. § 2055 Abs. 2 der Zeitpunkt der Zuwendung. Da sich dies nur auf den Sachwert bezieht, ist nach der wohl h.M. der Bewertungsmaßstab die Deutsche Mark mit ihrer Kaufkraft zum Zeitpunkt des Erbfalls. Der Kaufkraftschwund zwischen dem Zeitpunkt der Zuwendung und dem Erbfall wird dabei dadurch neutralisiert, dass der Wert des zugewendeten Gegenstandes zum Empfangszeitpunkt mit dem vom statistischen Bundesamt ermittelten Lebenshaltungskostenindex im Zeitpunkt des Erbfalls multipliziert und dieser Betrag durch den Lebenshaltungskostenindex zum Zeitpunkt der Zuwendung dividiert wird, d.h. dass man den Wert zum Empfangszeitpunkt mit dem **Veränderungsquotient** des Lebenshaltungskostenindexes multipliziert.[730]

---

[724] BGHZ 96, 174 = NJW 1986, 931, 932 = Rpfleger 1986, 55 = FamRZ 1986, 156.

[725] BGHZ 96, 174 = NJW 1986, 931, 932 = DNotZ 1986, 539 = FamRZ 1986, 156.

[726] Staudinger/Werner § 2055 Rn 12; MünchKomm/Heldrich § 2055 Rn 16.

[727] RGRK/Kregel § 2050 Rn 8; Frischknecht BWNotZ 60, 269, 270; Peter BWNotZ 1986, 28, 29.

[728] Staudinger/Werner § 2050 Rn 33; Peter BWNotZ 1986, 29, 30; siehe dazu auch Thubauville MittRhNotK 1992, 289, 305.

[729] Soergel/Wolf § 2055 Rn 3.

[730] BGHZ 65, 75 = DNotZ 1975, 721 = NJW 1975, 1831 m. Anm. Löbbecke in NJW 1975, 1193; BGH WPM 1975, 1179; BGHZ 96, 174, 180 = NJW 1986, 931, 932 = Rpfleger 1986, 55 =

245 **Berechnung der Indexierung:**

$$\frac{\text{Geldwert zum Zeitpunkt des Empfangs} \times \text{Lebenshaltungskostenindex zum Zeitpunkt des Erbfalls}}{\text{Lebenshaltungskostenindex zum Zeitpunkt der Zuwendung}}$$

246 Der Nachlass selbst wird ebenfalls zum Verkehrswert geschätzt, und zwar zum Stichtag des Erbfalls.[731]

247 Ist bei Durchführung der obigen Berechnung der Wert der vorempfangenen Zuwendung bei einem ausgleichungspflichtigen Abkömmling höher als sein Anteil an dem um die auszugleichenden Zuwendungen erhöhten Nachlass, d.h. ergibt die obige Formel einen negativen Wert, erhält dieser Abkömmling bei der Auseinandersetzung nichts, hat aber auch nichts an den Nachlass herauszuzahlen (§ 2056 Satz 1). Bei der Berechnung der Wertanteile der übrigen Abkömmlinge hat seine Zuwendung und seine Erbquote außer Ansatz zu bleiben (§ 2056 Satz 2). D.h. wenn z.B. n_1 zu viel Vorempfang (s_1) erhalten hat, errechnet sich der Wertanteil von n_1 nach der obigen Formel wie folgt:

$$\frac{N + (S - s_1)}{n - n_1} - s_s$$

248 Es ändert sich somit nicht nur die Teilungsmasse im Zähler durch Streichung der Einwerfungspost (s_1), sondern auch infolge Wegfalls der Erbquote der Nenner des Bruches.[732] Sind nur Abkömmlinge mit gleicher gesetzlicher Erbquote vorhanden und nur ein einziger ist zu hoch bedacht, ist die Rechnung einfach. Der Nenner ist gleich der Zahl der verbliebenen Abkömmlinge. Sind die gesetzlichen Erbquoten der Abkömmlinge jedoch unterschiedlich, weil z.B. neben Kindern Enkel gesetzliche Erben sind, müssen die Erbquoten der Miterben, die bei der Auseinandersetzung beteiligt bleiben, trotz Wegfall der Quote des Ausscheidenden zueinander im gleichen Verhältnis stehen wie vorher, da sich sonst grobe Unbilligkeiten ergeben würden.[733] Das wird dadurch erreicht, dass man die Erbquoten der Verbleibenden zunächst auf einen Nenner bringt und danach die Summe der Zähler jeweils zum gemeinsamen Nenner der im Zähler gleich bleibenden Erbquoten macht, so dass man zusammen wieder ein Ganzes erhält.[734] Zu den so erhaltenen Bruchteilen ist die um die Zuwendung des Ausgeschiedenen verminderte fiktive Teilungsmasse unter die verbleibenden Abkömmlinge aufzuteilen und dabei ist jeweils wieder der eigene Vorempfang abzuziehen. Haben mehrere Abkömmlinge auszugleichende Zuwendungen erhalten, hat man das genannte Verfahren zunächst beim Höchstbedachten anzuwenden. Scheidet er aus und stellt sich bei erneuter Berechnung heraus, dass auch der am zweithöchsten Bedachte zu viel erhalten hat, erfolgt auch bezüglich ihm das gleiche Verfahren usw.[735]

FamRZ 1986, 156; BGH NJW-RR 1989, 259, 260; eingehend hierzu Ebenroth/Bacher BB 1990, 2053 und Thubauville MittRhNotK 1992, 289, 303f.; a.A. d.h. Bewertung zum Zeitpunkt der Erbauseinandersetzung und statt Berücksichtigung des allgemeinen Kaufkraftschwunds die der individuellen Wertsteigerung des empfangenen Gegenstands: Werner DNotZ 1978, 66, 69f. u. Staudinger/Werner § 2055 Rn 8f.; siehe auch Krug ZEV 2000, 41.

[731] BGHZ 96, 174 = NJW 1986, 931, 932 = Rpfleger 1986, 55 = FamRZ 1986, 156; Meincke AcP 178, 45, 59; ders., Das Recht der Nachlassbewertung im BGB, 1973, S. 220ff.; Thubauville MittRhNotK 1992, 289, 301; a.M. d.h. Bewertung zum Zeitpunkt der Auseinandersetzung: Staudinger/Werner § 2055 Rn 1; MünchKomm/Heldrich § 2055 Rn 12; Soergel/Wolf § 2055 Rn 1; Peter BWNotZ 1986, 28, 30.

[732] RGRK/Kregel § 2056 Rn 2.

[733] RGRK/Kregel § 2056 Rn 2.

[734] Küntzel Gruchot 41, 616ff.; Bührer ZBlFG 22, 282, 290; Staudinger/Werner § 2056 Rn 7; RGRK/Kregel § 2056 Rn 2.

[735] Küntzel Gruchot 41, 617; Bührer ZBlFG 22, 281, 288f.; Soergel/Wolf § 2056 Rn 5; RGRK/Kregel § 2056 Rn 4.

Die Bestimmung des § 2056, nach der ein ausgleichungspflichtiger Zuwendungsempfänger nichts herauszuzahlen braucht, gilt grundsätzlich auch gegenüber dem Pflichtteilsrecht.[736] Ist allerdings die ausgleichspflichtige Zuwendungen zugleich eine nach §§ 2325 ff. ergänzungspflichtige Schenkung, so ist die Ausgleichung der Vorempfänge nur dann durch § 2056 beschränkt, wenn der Vorempfang eines ausgleichungspflichtigen gesetzlichen Erben geringer ist, als sein unter Einrechnung sowohl der ergänzungspflichtigen Schenkungen als auch der ausgleichspflichtigen Zuwendungen berechneter gesetzlicher Erbteil. Ist der so berechnete Erbteil des ergänzungspflichtigen Miterben dagegen größer als sein Vorempfang, ist er trotz § 2056 mit dem Mehrbetrag zur Pflichtteilsergänzung verpflichtet (siehe des näheren auch unten Rn 287).[737] 249

m) Ausgleichung bei besonderen Leistungen eines Abkömmlings (§ 2057 a)

Die Erbrechtsreform hat diese Vorschrift nur insoweit geändert, dass ein Ausgleich von dem Erblasser von Abkömmlingen erbrachte Pflegeleistungen nicht mehr den Verzicht auf berufliches Einkommen voraussetzt.[738] Damit ist jetzt nach § 2057 a BGB n. F. einem Abkömmling auf Verlangen bei der Erbauseinandersetzung ein Wertausgleich zu gewähren, wenn er durch Mitarbeit im Haushalt, Beruf oder im Unternehmen des Erblassers während längerer Zeit in besonderem Maß zur Erhaltung oder Vermehrung des Nachlasses beigetragen oder den Erblasser während längerer Zeit gepflegt hat. Die an der Ausgleichung beteiligten Abkömmlinge müssen gesetzliche Erben geworden oder vom Erblasser auf ihre gesetzliche Erbteile oder in deren Verhältnis zu Miterben eingesetzt sein (§ 2057 a Abs. 1 Satz 1). Die Vorschrift ist subsidiär, d. h. eine Ausgleichung entfällt, wenn für die Leistung ein angemessenes Entgelt gewährt oder rechtswirksam vereinbart worden ist oder soweit dem Abkömmling ein Anspruch aus anderem Rechtsgrund zusteht (§ 2057 a Abs. 2), z. B. aus Dienst-, Arbeits- oder Gesellschaftsverhältnis oder Geschäftsführung ohne Auftrag oder ungerechtfertigte Bereicherung vorliegen. Dagegen schließt eine Verpflichtung zur Leistung nach §§ 1619, 1620 den Anspruch nicht aus (§ 2057 a Abs. 3). Die Höhe der Ausgleichung ist so zu bemessen, wie es mit Rücksicht auf die Dauer und den Umfang der Leistung und auf den Wert des Nachlasses der Billigkeit entspricht (§ 2057 a Abs. 3). Die Ausgleichung nach § 2057 a ist wie folgt durchzuführen: 250

- Zuerst sind vom Reinnachlass die Werte der Erbquoten der nicht an der Ausgleichung unter Abkömmlingen beteiligten Miterben (überlebender Ehegatte, familienfremde eingesetzte Erben) abzuziehen.
- Von dem verbleibenden Rest des Nachlasses sind danach die Beträge, die nach § 2057 a auszugleichen sind, abzuziehen (§ 2057 Abs. 4 Satz 2).
- Der so ermittelte fiktive Nachlasswert ist unter die Abkömmlinge im Verhältnis der Erbquoten zueinander aufzuteilen.
- Zu dem so gewonnenen Erbteilswert ist bei jedem ausgleichungsberechtigten Abkömmling sein ihm nach § 2057 a zustehender Ausgleichsbetrag hinzuzurechnen (§ 2057 a Abs. 4 Satz 1).

Der Erblasser kann den Wegfall oder eine Einschränkung dieses Ausgleichsrechts durch Verfügung von Todes wegen anordnen. Eine derartige Anordnung ist als Vermächtnis zu Gunsten der anderen Abkömmlinge anzusehen.[739] 251

In der Erb- und Pflichtteilsrechtsreform[740] sollten diese Bestimmungen in einem neuen „§ 2057 b" hinsichtlich der Pflegeleistungen dahingehend vereinfacht werden, dass die 252

---

[736] RGZ 77, 282, 284.

[737] BGH NJW 1965, 1526 = Rpfleger 1966, 251 = LM § 2325 Nr. 5; BGH FamRZ 1988, 280 m. Anm. Dieckmann FamRZ 1988, 712, 713; a. M. RGZ 77, 282; siehe auch unten Rn 287.

[738] Ludyga ZErb 2009, 289.

[739] Damrau FamRZ 1969, 581; Palandt/Edenhofer § 2057 a Rn 16; MünchKomm/Heldrich § 2057 a Rn 3 m. w. N.; siehe auch OLG Stuttgart DNotZ 1989, 184 m. abl. Anm. Cieslar.

[740] Siehe Referentenentwurf eines „Gesetzes zur Änderung des Erb- und Pflichtteilsrechts" in ZEV 2007, Heft 5 Seiten VI ff.

Leistungen die ein **gesetzlicher Erbe** für eine längere Pflegezeit des Erblassers erbringt, bei der Erbauseinandersetzung **voraussetzungslos** ausgeglichen werden und dabei sollten sich der Ausgleichungsbetrag in der Regel nach den Beträgen des § 36 Abs. 3 des SGB XI richten. Dies ist jedoch leider nie Gesetz geworden.

n) Der Auskunftsanspruch der gesetzlichen Erben über Vorempfänge nach § 2057 BGB

253 Den Abkömmlingen des Erblasser steht gegen den oder die Erben gemäß § 2057 ein Auskunftsanspruch zu bezüglich all gem. den §§ 2050 bis 2053 eventuell ausgleichspflichtiger Zuwendungen. Auskunftsberechtigt sind nur Abkömmlinge, die abstrakt zum Kreis der gesetzlichen Erben gehören und zwar auch dann, wenn sie nicht Erbe geworden sind, da sie dann zur Berechnung ihrer Pflichtteilsansprüche nach § 2316 ebenfalls auf die Kenntnis der Vorempfänge angewiesen sind.[741] Auskunftspflichtig ist jeder Miterbe, der zu den ausgleichspflichtigen Personen gehört und jeder pflichtteilsberechtigte Abkömmling.[742] Die Auskunft hat gemäß § 2057 Satz 2 entsprechend den §§ 260, 261 zu erfolgen.

o) Folgerungen für die Beurkundungspraxis

254 **Grundsatz:** Bei jeder ganz oder teilweise unentgeltlichen Zuwendung an Abkömmlinge sollte der Erblasser die Ausgleichungspflicht positiv oder negativ ausdrücklich regeln. Da eine Ausgleichung gesetzlich nur unter Abkömmlingen stattzufinden hat, sind solche Anordnungen nur erforderlich, wenn der Erblasser oder Veräußerer überhaupt mehrere, in der gesetzlichen Erbfolge nebeneinander stehende Abkömmlinge hat.

255 **Nachteile der gesetzlichen Erbausgleichungsregeln:** Die Regelung der §§ 2050 ff. BGB beruht auf dem mutmaßlichen oder durch Ausgleichungsanordnung ausdrücklich geäußerten Erblasserwillen auf Gleichbehandlung seiner Abkömmlinge.[743] Dieses Ziel wird aus folgenden Gründen oft nicht erreicht:

- § 2050 stellt nicht durchgängig auf eine ausdrückliche Ausgleichungsanordnung ab oder vermutet den Ausgleichungswillen des Erblassers, sondern mischt beide Möglichkeiten. Dieser Fehler wurde in § 1380 Abs. 1 beim Zugewinnausgleichsverfahren vermieden. Dort sind alle Vorempfänge im Zweifel anzurechnen.
- Weitgehend unbekannt ist, dass bei den meisten Zuwendungen gem. § 2050 Abs. 3 eine ausdrückliche Ausgleichungsanordnung des Erblassers vor oder bei der Zuwendung notwendig ist.
- Die Ausgleichung findet nur unter den Kindern statt, nicht auch gegenüber dem Ehegatten.
- Da nach § 2056 Satz 1 ein Mehrempfang nicht herausgegeben werden muss, gelingt der Ausgleich nicht, wenn bereits zu Lebzeiten viel verteilt und im Nachlass wenig vorhanden ist.
- Eine Ausgleichungsanordnung hat die meist ungewollte Wirkung, dass sich dadurch das Pflichtteilsrecht der anderen Abkömmlinge erhöht (§ 2316), was nach § 2316 Abs. 3 auch nicht abbedungen werden kann.
- Da Vorempfänge nach § 2055 Abs. 2 grundsätzlich nur mit ihrem Wert zum Zeitpunkt der Zuwendung indiziert auf den Erbfall auszugleichen sind, können sich die Nachlassbeteiligungen bis zur Nachlassauseinandersetzung wertmäßig verzerren.
- Oft ist auch unerwünscht, dass über den Ausgleichspflichtteil frühere Zuwendungen berücksichtigt werden, obwohl für sie die Pflichtteilsergänzungsfrist des § 2325 Abs. 3 bereits abgelaufen ist.

---

[741] RGZ 73, 371; Staudinger/Ferid/Cieslar § 2057 Rn 3.
[742] OLG Nürnberg NJW 1957, 1482.
[743] Meincke AcP 178 (1978) 45, 66.

- Meist scheitern in der Praxis die Ausgleichungs- und Anrechnungsmöglichkeiten bereits an der Beweisbarkeit der entsprechenden Erblasseranordnung. Das kann dann zu dem unerwünschten Ergebnis führen, dass eine Ausgleichung nur von Zuwendungen stattfindet, für die nach § 2050 Abs. 1 und 2 eine automatische gesetzliche Ausgleichungspflicht besteht, von anderen nicht.

aa) Bekräftigung der gesetzlichen Ausgleichung. Soll die Ausgleichung wie im Gesetz vorgesehen erfolgen, so macht die bloße Formulierung: „Die Schenkung ist ausgleichungspflichtig" den Vertragsparteien nicht bewusst, dass eine Ausgleichungspflicht bei der gewillkürten Erbfolge entfällt, wenn nicht die Auslegungsregel des § 2052 Anwendung findet.[744] Auch wird ihnen nicht bewusst, zu welchem Wert die Anrechnung zu erfolgen hat. Besser daher: 256

Formulierungsvorschlag:

Der Erwerber ist mit der Zuwendung unter den Voraussetzungen der §§ 2050 ff. BGB zum heutigen Verkehrswert ausgleichungspflichtig.

oder, falls die Berücksichtigung der **individuellen Wertsteigerung** des zugewendeten Gegenstandes gewünscht wird:[745]
... zum Verkehrswert zum Zeitpunkt des Todes des Veräußerers,
oder, falls ein **fester Betrag** festgelegt werden soll:
... mit ... EUR ausgleichungspflichtig, wobei dieser Betrag dem künftigen Kaufkraftschwund nach den vom Bundesgerichtshof aufgestellten Berechnungsgrundsätzen auf den Zeitpunkt des Erbfalls (oder: der endgültigen Erbauseinandersetzung) anzupassen ist.

Die in der Klausel enthaltene Wertsicherung bedarf nicht der Genehmigung nach § 3 Satz 2 WährG bzw. § 2 Preisklauselverordnung (PrKV), da vor dem Erbfall insoweit noch kein Schuldverhältnis besteht.[746] 257

bb) Anordnung der Pflichtteilsanrechnung und Vorbehalt der Erbausgleichung. Bei der Anordnung der Ausgleichungspflicht sollte beachtet werden, dass sich dies gem. § 2316 Abs. 1 zwar für den Vorempfänger pflichtteilsmindernd, für die übrigen Pflichtteilsberechtigten Abkömmlinge aber pflichtteilserhöhend auswirkt.[747] 258

Wird dagegen nur die Anrechnungspflicht auf den Pflichtteil gem. § 2315 angeordnet, so stellt dies, sofern neben den Abkömmlingen ein überlebender Ehegatte vorhanden ist, die stärkste Form der Pflichtteilsminderung der Abkömmlinge dar.[748] 259

Geringer kann dagegen die Pflichtteilsminderung sein, wenn, wie üblich,[749] für dieselbe Zuwendung Anrechnungs- und Ausgleichungspflicht (§ 2316 Abs. 4) angeordnet 260

---

[744] Peter BWNotZ 1986, 28, 29; Zuwendungsgeber und Zuwendungsempfänger können allerdings bei der Zuwendung die Ausgleichung auch für den Fall vereinbaren, dass die Voraussetzungen der §§ 2050 ff. nicht vorliegen, z. B. bei von den gesetzlichen Erbquoten abweichender gewillkürter Erbfolge (Staudinger/Werner § 2050 Rn 2, 33; MünchKomm/Heldrich 2050 Rn 22; Soergel/Wolf § 2050 Rn 2, 17).

[745] Unstreitig ist, dass, unbeschadet der Pflichtteilsrechte der anderen Abkömmlinge, ein niedriger Wert als der Verkehrswert festgesetzt werden darf; streitig jedoch, ob es auch, unbeschadet des Pflichtteilsrechts, ein höherer Wert sein kann, dafür: OLG Hamm MDR 1966, 330; Palandt/Edenhofer, § 2055 Rn 3; Werner DNotZ 78, 66; Meincke AcP 178 (1978) 45, 55; dagegen Wegmann, Grundstücksüberlassung, 1994 Rn 447 Fn. 196, da dies sonst die Wirkung eines unzulässigen gegenständlichen Erbverzichts habe; siehe hierzu auch Thubauville MittRhNotK 1992, 289, 305.

[746] Dürkes, Wertsicherungsklauseln, 9. Aufl., 1982, Rn 500 ff.

[747] Schramm BWNotZ 1959, 229.

[748] Schmid BWNotZ 1971, 29, 35.

[749] So z. B. Wolfsteiner MittBayNotZ 1982, 61.

wird.[750] Schramm[751] rät deshalb, um dem Erblasser für die Zukunft alle Möglichkeiten offen zu halten, mit Recht, bei Zuwendungen nur die Anrechnung nach § 2315 anzuordnen, die Ausgleichungsanordnung dagegen in einem Testament zu treffen, das jederzeit widerrufen werden kann. Die Anrechnungsbestimmung könnte dabei wie folgt lauten:[752]

Formulierungsvorschlag:

Der Erwerber hat sich die Zuwendung zum heutigen Verkehrswert auf seinen Pflichtteil nach dem Veräußerer, bei mehreren zunächst hinsichtlich des Erstversterbenden, anrechnen zu lassen. Der Veräußerer behält sich jedoch das Recht vor, vermächtnisweise eine Anordnung der Ausgleichung nach den §§ 2050 ff. BGB zu bestimmen, die dann auch den Pflichtteil des Erwerbers insoweit einschränken kann."

261 Diese Gestaltung wirkt allerdings nur hinsichtlich der nicht kraft Gesetzes automatisch ausgleichspflichtigen Zuwendungen (§ 2050 Abs. 3), während bei Vorliegen eines sog. geborenen Ausgleichstatbestandes, d.h. bei Ausstattungen und Übermaßzuschüssen für Einkünfte oder Übermaßausbildungskosten (§ 2050 Abs. 1 u. 2), die zwingende pflichtteilsrechtliche Fernwirkung gemäß § 2316 Abs. 3 trotzdem eintritt. Dagegen kann nur helfen, bei der Zuwendung die gesetzlichen Zweckrichtungen zu verneinen oder später mittels Auslegung auszuschließen zu versuchen, dass die entsprechenden Tatbestände vorliegen.[753]

262 Um bei der gewillkürten Erbfolge die Anwendung der Auslegungsregel des § 2052 mit er nachteiligen Erhöhung des Pflichtteils durch die Ausgleichung auszuschließen, schlägt Jerschke[754] vor, bei der Zuwendung zu bestimmen, dass die Ausgleichungspflicht nur bei Eintritt der gesetzlichen Erbfolge gelten soll, nicht aber bei der gewillkürten Erbfolge.

263 *cc) Ausgleichung mit anderen als Abkömmlingen.* Mangels ausdrücklicher Regelung können die Vorschriften über die Ausgleichung von Vorempfängen nicht sinngemäß auf andere voraussichtliche Erben angewendet werden, die nicht zu den Abkömmlingen gehören, wie z.B. Eltern, Geschwister, Ehegatten.[755] Der Erblasser kann aber in einer Verfügung von Todes wegen eine vergleichbare Wirkung auch im Verhältnis zu anderen Personen als Abkömmlinge durch eine Teilungsanordnung (§ 2048) verbunden mit einem Vermächtnis zugunsten der anderen Miterben erzielen,[756] wobei allerdings die Pflichtteilsansprüche unberührt bleiben. Ebenso wie nachträglich eine Vereinbarung des Erblassers mit dem Begünstigten über eine Ausgleichung im Wege des Vertrages zu Gunsten Dritter als Rechtsgeschäft unter Lebenden getroffen werden kann,[757] kann auch auf diesem Weg eine den §§ 2050 ff. entsprechende Ausgleichung zwischen anderen voraussichtlichen Erben als Abkömmlingen getroffen werden. Dies verstößt auch nicht gegen § 312, da der Vertrag nicht zwischen Dritten über dem Nachlass eines noch lebenden Erblas-

---

[750] Sostmann MittRhNotK 1979, 479, 491, 494; Schmidt BWNotZ 1971, 29, 35.

[751] BWNotZ 1959, 227, 229 f.; so auch Thubauville MittRhNotK 1992, 289, 307.

[752] Siehe auch J. Mayer ZEV 1996, 441, 443.

[753] J. Mayer ZEV 1996, 441, 443.

[754] Beck'sches Notarhandbuch, 4. Aufl., A V Rn 90; ebenso v. Dickhuth-Harrach FS Rheinisches Notariat, S. 185, 194; J. Mayer ZErb 2007, 130, 137.

[755] RGRK/Kregel § 2050 Rn 20; Palandt/Edenhofer § 2050 Rn 6; Staudinger/Werner § 2050 Rn 38; MünchKomm/Heldrich § 2050 Rn 36; OLG Stuttgart BWNotZ 1977, 150; a.A. Planck/Ebbecke § 2050 Anm. 4.

[756] Palandt/Edenhofer § 2050 Rn 6; Wolfsteiner MittBayNot 1982, 61.

[757] Staudinger/Werner § 2050 Rn 33; MünchKomm/Heldrich § 2050 Rn 31; Soergel/Wolf § 2050 Rn 17.

sers, sondern mit diesem erfolgt.[758] Ein solcher Vertrag zu Gunsten Dritter hat allerdings nur schuldrechtliche, keine erbrechtlich-dingliche Wirkung und beeinflusst auch nicht die Pflichtteilsrechte der Beteiligten. Hierzu wären Erb- und/oder Pflichtteilsverzichtsverträge (§ 2346) erforderlich. Letztlich können Miterben eine gesetzlich nicht gegebene Ausgleichungspflicht vertraglich begründen.[759]

dd) Ausgleichung mit gesetzlich nicht erfassten Zuwendungen. Nach dem Gesetzes- 264
wortlaut des § 2050 können nur Zuwendungen „des Erblassers" ausgeglichen werden. Hiervon gibt es jedoch zwei Ausnahmen: Nach § 2054 gilt eine Zuwendung, die aus dem Gesamtgut einer Gütergemeinschaft erfolgt, als von jedem Ehegatten zur Hälfte gemacht. Die Ausgleichung hat deshalb, wenn sie nicht bis zur Beendigung einer fortgesetzten Gütergemeinschaft hinausgeschoben ist (§§ 1483, 1497), regelmäßig zweimal je zur Hälfte stattzufinden.[760] Stammt jedoch ein Abkömmling nur von einem der in Gütergemeinschaft lebenden Ehegatten ab, so gilt die Zuwendung als nur von diesem erfolgt (§ 2054 Abs. 1).

Problematisch ist der Fall, dass Ehegatten ein **sog. Berliner Testament (§ 2269)** errichtet 265
und ihren gemeinschaftlichen Kindern Ausstattungen oder andere ausgleichungspflichtige Zuwendungen gewährt haben. Stirbt hier einer der Ehegatten, wird der andere Alleinerbe und erst nach seinem Tod werden die Abkömmlinge Erben und müssen sich ausgleichen. Folgerichtig müsste diese Ausgleichung nur hinsichtlich der Zuwendungen des Letztversterbenden erfolgen, was aber nicht gewollt sein kann.[761] Nach der wohl h. M.[762] gilt im Regelfall beim Berliner Testament, jedoch nur dort, auch der erstverstorbene Ehegatte als Erblasser i. S. v. § 2052 (**erweiterter Erblasserbegriff**), ohne dass dies ausdrücklich bei der Ausgleichungsanordnung oder im Testament festgestellt werden müsste. Trotzdem kann es nichts schaden, bei der Zuwendung ausdrücklich anzuordnen, dass für den Fall, dass der erstversterbende Zuwendungsgeber von dem anderen Ehegatten allein beerbt werden sollte, die Zuwendung als von dem Überlebenden allein gemacht gelten und als seine Zuwendung auf seinen Tod in voller Höhe ausgeglichen werden soll.

Sollen jedoch darüber hinaus von den Ausgleichungsvorschriften nicht erfasste Zu- 266
wendungen zur Ausgleichung gebracht werden, kann dies nur durch Vertrag zugunsten Dritter (§ 328) mit dem Zuwendungsempfänger oder durch dessen gegenständlichem Pflichtteilsverzicht geschehen.[763]

ee) Ausgleichungsanordnung mit Zuzahlungsanordnung. Anrechnungs- wie Ausglei- 267
chungsanordnungen haben nur einen Sinn, wenn der Erblasser erwarten kann, noch genügend Nachlass zu hinterlassen. Wenn der Erblasser befürchtet, dass wegen § 2056 der Nachlass zur Ausgleichung nicht ausreicht, bietet sich, da die Vorschrift über die Idealkollation nach § 2055 dispositiv ist,[764] die Gestaltung an, bei der Zuwendung ausdrücklich zu vereinbaren, dass der Zuwendungsempfänger nach dem Erbfall einen bestimmten Geldbetrag in den Nachlass zu bezahlen hat.[765]

---

758 BGHZ 37, 319, 328 = NJW 1962, 1910, 1912.

759 RG Recht 1920 Nr. 927; MünchKomm/Heldrich § 2050 Rn 22; so jetzt ausdrücklich BGH ZNotP 2010, 28 = ZErb 2010, 81; Heinze ZNotP 2010, 64.

760 RGRK/Kregel § 2054 Rn 3.

761 Schmid BWNotZ 1971, 29, 34.

762 RG WarnRspr. 38 Nr. 22; RGRK/Kregel § 2052 Rn 4; Soergel/Wolf § 2052 Rn 9 u. § 2052 Rn 4; Staudinger/Werner § 2052 Rn 6; MünchKomm/Heldrich § 2052 Rn 2; Palandt/Edenhofer § 2052 Rn 1; OLG Kiel SchlHA 1935, 324; KG NJW 1974, 2131 = OLGZ 1974, 257; OLG Stuttgart BWNotZ 1977, 150; offen gelassen BGH NJW 1983, 2875, 2876 = BGHZ 88, 102, 109; a. M. Thubauville MittRhNotK 1992, 289, 295; soweit allerdings die Ausgleichung gem. § 2316 Abs. 3 bei der Pflichtteilsberechnung zwingend zu erfolgen hat, ist nach BGHZ 88, 102, 107 = NJW 1983, 2875 diese Ausweitung des Erblasserbegriffs nicht mehr zulässig (enger Erblasserbegriff).

763 Siehe hierzu Thubauville MittRhNotK 1992, 289, 295 f. mit Formulierungsvorschlägen.

764 RGRK/Kregel § 2055 Rn 4; MünchKomm/Heldrich § 2055 Rn 5; Soergel/Wolf § 2055 Rn 1.

765 Peter BWNotZ 1986, 28, 32.

Formulierungsvorschlag:

„Der Erwerber ist mit der Zuwendung unter den Voraussetzungen der §§ 2050 ff. BGB in der Weise ausgleichungspflichtig, dass er einen Betrag von ... EUR dem Nachlassteil, der zwischen den Abkömmlingen zur Verteilung kommt, zuzuführen hat. Dieser Betrag ist dem künftigen Kaufkraftschwund nach den vom Bundesgerichtshof entwickelten Berechnungsgrundsätzen auf den Zeitpunkt der Erbauseinandersetzung anzupassen."

268 *ff) Bedingte Ausgleichungsanordnung.* Will der Erblasser die Geschwister des Zuwendungsempfängers unter Lebenden aus seinem Vermögen gleichstellen, kann folgende Formulierung angezeigt sein:

Formulierungsvorschlag:

„Der Veräußerer beabsichtigt die Geschwister des Zuwendungsempfängers durch andere Zuwendungen zu seinen Lebzeiten gleichzustellen. In diesem Fall entfällt die sonst unter den Voraussetzungen der §§ 2050 ff. BGB eintretende Ausgleichungspflicht des Zuwendungsempfängers mit der heutigen Zuwendung."

269 *gg) Vorbehalt der Ausgleichungsanordnung.* Falls der Erblasser sich bei der Zuwendung vertraglich ein **Leistungsänderungs- und -bestimmungsrecht** gem. §§ 315 Abs. 1, 316 zwecks nachträglicher Ausgleichungsbestimmung vorbehalten will, kann wie folgt formuliert werden:[766]

Formulierungsvorschlag:

„Durch diese Zuwendung soll der Zuwendungsempfänger nicht gegenüber seinen Geschwistern bevorzugt werden. Ich behalte mir vertraglich das Recht vor, durch empfangsbedürftige Willenserklärung unter Lebenden gegenüber dem Zuwendungsempfänger einseitig entsprechend §§ 315 Abs. 1, 316 BGB oder in der Form einer letztwilligen Verfügung einen Betrag zu bestimmen, den der Zuwendungsempfänger dem unter meinen Abkömmlingen nach meinem Tod zur Verteilung kommenden Nachlassteil zuzuführen hat. Erfolgt keine solche Bestimmung, entfällt eine Ausgleichungspflicht mit der heutigen Zuwendung."

270 Dass dabei die Gegenleistung zunächst noch unbestimmt ist, verstößt bei Grundstücken nicht gegen § 313. Die Bestimmung selbst kann formlos erfolgen.[767]

271 *hh) Hinweis auf Ausgleichungsanordnungen in Verfügungen von Todes wegen.* Zwar kann eine bei der Zuwendung versäumte Ausgleichungsanordnung bis jetzt in einer Verfügung von Todes wegen nicht mehr nachgeholt werden. Trotzdem empfiehlt es sich, in ihr auf getroffene Ausgleichsanordnungen hinzuweisen. Dies kann z.B. in allgemeiner Form etwa wie folgt geschehen:[768]

---

[766] Peter BWNotZ 1986, 28, 32; BGH MittBayNot 1985, 119 ff. = NJW-RR 1986, 164 = FamRZ 1985, 696; krit. hierzu J. Mayer ZEV 1996, 441, 445.

[767] RGZ 165, 161, 163; BGH DNotZ 1968, 546; BGH MittBayNot 1985, 119, 121 = FamRZ 1985, 696.

[768] Peter BWNotZ 1986, 28, 33.

Formulierungsvorschlag:

„Ich habe meinen Abkömmlingen bereits bisher Zuwendungen erbracht. Sofern dabei eine Ausgleichungspflicht festgelegt wurde, bleibt diese bestehen."

Dies empfiehlt sich schon deshalb, weil es sich bei § 2052, nach dem die gesetzliche Ausgleichungspflicht bei gewillkürter Erbfolge eintritt, wenn der Erblasser die Abkömmlinge im Verhältnis ihrer gesetzlichen Erbteile eingesetzt hat, nur um eine Auslegungsregel handelt, die dann nicht eingreift, wenn aus der letztwilligen Verfügung oder aus anderen Umständen der Wille des Erblassers ermittelt werden kann, er habe keine Ausgleichung gewollt.[769] Werden die Abkömmlinge nicht im Verhältnis der gesetzlichen Erbfolge eingesetzt, kann diese Klausel allerdings nicht verwandt werden. 272

Wäre die geplante Pflichtteilsrechtsreform[770] in Kraft getreten, hätte der Erblasser nachträglich in einer Verfügung von Todes wegen (eigenhändig oder notariell) die Ausgleichung von Vorempfängen zwischen seinen Abkömmlingen anordnen können. Dies ist jedoch nicht Gesetz geworden. 273

ii) Ausschluss der vermuteten Ausgleichungsanordnung. Soll eine Ausgleichung zwischen den Abkömmlingen nicht stattfinden, so sollte dies auf jeden Fall in der Verfügung von Todes wegen klargestellt werden, da sie sonst auf Grund der Auslegungsregel des § 2052 eintritt, wenn die Abkömmlinge oder einzelne von ihnen untereinander und sei es auch nur hinsichtlich eines Teils des Nachlasses im Verhältnis ihrer gesetzlichen Erbteile als Erben eingesetzt werden. Daher 274

Formulierungsvorschlag:[771]

„In dieser letztwilligen Verfügung habe ich meine Abkömmlinge zu Erben eingesetzt. Zur Klarstellung im Hinblick auf § 2052 BGB bestimme ich, dass meine Abkömmlinge wegen aller evtl. Vorempfänge nicht zur Ausgleichung verpflichtet sind."

oder

Aus gleichen Erbteilen von Abkömmlingen soll entgegen § 2052 BGB eine Ausgleichungspflicht zwischen ihnen nicht entnommen werden können.

Wie oben Rn 232 ausgeführt, können angeordnete Ausgleichungsverpflichtungen auch vermächtnisweise zugunsten des Zuwendungsempfängers beseitigt werden. 275

Ganz allgemein sollte bei einer Änderung von Erbteilen von Abkömmlingen, die bisher im Verhältnis der gesetzlichen Erbfolge zueinander gestanden haben, geklärt werden, was mit bisherigen ausgleichungspflichtigen Zuwendungen geschehen soll.[772] Erfolgt die Erbeinsetzung der Abkömmlinge in Abweichung vom gesetzlichen Erbfolgeverhältnis, so kann allerdings mangels der gesetzlichen Voraussetzungen nicht etwa die gesetzliche Ausgleichungspflicht gem. §§ 2050 ff. in der Verfügung von Todes wegen aufrecht erhalten werden. In diesem Fall kann letztwillig eine Ausgleichung nur durch entsprechende 276

---

769 RGZ 90, 421.

770 Siehe Referentenentwurf eines „Gesetzes zur Änderung des Erb- und Pflichtteilsrechts" in ZEV 2007, Heft 5, Seiten VI f.

771 Peter BWNotZ 1986, 28, 32; J. Mayer ZEV 1996, 441, 444.

772 Schmid BWNotZ 1971, 29, 35 Fn. 37.

Teilungsanordnungen und Vorausvermächtnisse herbeigeführt werden.[773] Will ein ausgleichungsberechtigter Abkömmling bei einer vom gesetzlichen Verhältnis abweichenden Erbeinsetzung eine Ausgleichung erreichen, muss er versuchen nach dem Erbfall entweder in der Verfügung von Todes wegen durch Auslegung eine entsprechende letztwillige Anordnung (Teilungsanordnung und Vorausvermächtnis) nachzuweisen oder die Verfügung durch Anfechtung nach § 2078 so zu vernichten, dass durch Eintritt der gesetzlichen Erbfolge ein gesetzliches Ausgleichungsrecht gegeben ist.[774]

277 *kk) Pflichtteilsminderung durch auszugleichende Zuwendungen?* Eine Pflichtteilsminderung, wegen § 2316 allerdings keine völlige Vermeidung, kann nur durch eine Ausstattung (Voraussetzung: Ausstattungszweck = § 1624 Abs. 1)[775] erzielt werden, da laufende Zuschüsse und Ausbildungskosten auch unterhalb des Übermaßes Schenkungscharakter haben und damit innerhalb der 10-Jahresfrist zur Pflichtteilsergänzung herangezogen werden können, was bei der Ausstattung nur hinsichtlich des Übermaßes der Fall sein kann (§ 1624 Abs. 1).

278 *ll) Schlussfolgerung.* Die gesetzliche Erbausgleichung gem. §§ 2050ff. führt nur dann zum Ziel der Gleichbehandlung mehrerer Abkömmlinge des Erblassers, wenn dieser von vornherein bei jeder größerer Zuwendung an einen der Abkömmlinge die Ausgleichung gem. § 2050 Abs. 3 anordnet und sicherheitshalber die gesetzlichen Vermutungen des § 2050 Abs. 1 und 2 bestätigt und die auch noch beweiskräftig dokumentiert. Das kann eigentlich nur ein darauf spezialisierter Jurist. Die Praxis zeigt, dass der Erblasser meist bereits erhebliche Zuwendungen ohne Ausgleichs- und Anrechnungsanordnung an einzelne Abkömmlinge gemacht hat, wenn er anlässlich einer beurkundungspflichtigen Zuwendung einen Rechtskundigen aufsuchen muss. Sofern der Erblasser überhaupt eine Gleichbehandlung anstrebt, kann dann nur mittels einer mit allen Abkömmlingen einvernehmlichen Lösung durch gegenständliche Pflichtteilsverzichtegleichbehandlung erzielt werden. Kann dies nicht erreicht werden, sollte in dem beurkundeten Zuwendungsvertrag grundsätzlich nur die Pflichtteilsanrechnung angeordnet und die Erbausgleichung vorbehalten werden (siehe unten Rn 302).

2. Die Fernwirkungen der Erbteilungsausgleichung auf den Pflichtteil (Pflichtteilsausgleichung)

a) Pflichtteilsausgleichung auf Grund hypothetischer gesetzlicher Erbfolge

279 Sind beim Erbfall mehrere Abkömmlinge, d.h. mindestens zwei vorhanden und **hätten sie hypothetisch im Falle des Eintritts der gesetzlichen Erbfolge** bei der Erbauseinandersetzung Zuwendungen des Erblassers gem. §§ 2050ff. (siehe hierzu oben Rn 215) oder eigene besondere Leistungen gem. § 2057a (siehe hierzu oben Rn 250) untereinander auszugleichen, so bestimmen sich gem. § 2316 Abs. 3 ihre Pflichtteile **zwingend** nach demjenigen, was auf ihre gesetzlichen Erbteile unter Berücksichtigung der Ausgleichspflichten bei der Erbauseinandersetzung entfallen würde (§ 2316 Abs. 1 Satz 1). Es ist dies die **pflichtteilsrechtliche Fernwirkung** der Erbteilungsausgleichungspflicht.[776] Während somit die Ausgleichungspflicht bei der Erbauseinandersetzung nach §§ 2050, 2052 unter Abkömmlingen des Erblassers nur eintritt, wenn der Erblasser dies will und damit dispositiv ist, hat die Ausgleichung der sich nach § 2050 Abs. 1 bis 3 ergebenden Ausgleichsposten gem. § 2316 Abs. 1, 3 **im Rahmen der Pflichtteilsberechnung** zwingend unter mehreren pflichtteilsberechtigten Abkömmlingen ohne Rücksicht darauf zu erfolgen, ob sie kraft Gesetzes oder gewillkürt erben, ob ihre Erbquoten zueinander im Verhältnis der gesetzlichen Erbregel

[773] MünchKomm/Heldrich § 2052 Rn 2.
[774] Erman/Schlüter, 2. Aufl., § 2052 Rn 4; MünchKomm/Heldrich 2052 Rn 5.
[775] Siehe oben Rn 125.
[776] J. Mayer, ZEV 1996, 441, 442.

stehen, sie von der Erbfolge ausgeschlossen sind, die Erbschaft ausgeschlagen haben, oder für erbunwürdig erklärt werden (§ 2310 Satz 1). Lediglich wer durch Erbverzicht von der gesetzlichen Erbfolge ausgeschlossen ist, wird nicht berücksichtigt (§ 2316 Abs. 1 Satz 2). Hinsichtlich des Pflichtteils kann daher der Erblasser die Ausgleichungspflicht auch nicht indirekt dadurch ausschalten, dass er die Erbquoten seiner Abkömmlinge entgegen dem Verhältnis der gesetzlichen Erbteile ändert. Bei der im Pflichtteilsrecht gem. § 2316 Abs. 3 zwingend vorgeschriebenen Ausgleichung kann der Erblasser im Gegensatz zu der Auseinandersetzung unter mehreren Abkömmlingen bei gesetzlicher Erbfolge gem. §§ 2050 ff. weder die Ausgleichungspflicht einer Ausstattung gem. § 2050 Abs. 1 noch – obwohl in § 2316 Abs. 3 nicht ausdrücklich erwähnt – diejenige für übermäßige Zuschüsse und Ausbildungskosten gem. § 2050 Abs. 2 zum Nachteil Pflichtteilsberechtigter ausschließen,[777] d.h. für die Pflichtteilsberechnung ist der nach § 2050 Abs. 1 und 2 vor oder bei der Zuwendung zulässige Ausschluss der Ausgleichungspflicht kraft der ausdrücklichen Vorschrift des § 2316 Abs. 3 unbeachtlich. Aber auch wenn der Erblasser bei sonstigen Zuwendungen i.S.v. § 2050 Abs. 3 vor oder bei der Zuwendung die Ausgleichungspflicht angeordnet hat, kann er dies **zu Lasten der Pflichtteilsberechtigten nicht nachträglich wieder rückgängig machen.**[778] Nachträgliche Änderungen dieser festliegenden Rechtsverhältnisse sind mit Wirkung gegen die Pflichtteilsberechtigten nur durch förmliche beschränkte Pflichtteilsverzichtsverträge des Erblassers mit diesen Pflichtteilsberechtigten möglich.[779] Da die rechnerische Vergrößerung des Nachlasses durch die ausgleichungspflichtigen Vorempfänge auch dem Pflichtteilsberechtigten zustatten kommen soll, der Erbe geworden ist,[780] hat nach § 2316 Abs. 2 ein pflichtteilsberechtigter Abkömmling als Miterbe, wenn ihm wertmäßig weniger hinterlassen ist als sein Pflichtteil unter Berücksichtigung der Ausgleichungsposten betragen würde, gegen seine Miterben einen Pflichtteilsrestanspruch auf wertmäßige Aufstockung seines Erbteils bis zur Höhe des Wertes seines ausgeglichenen Pflichtteils. Bei der Pflichtteilsausgleichung kann, anders als bei der Erbteilungsausgleichung,[781] nach den Grundsätzen („Trennungsdenken") des Urteils des BGH vom 13.7.1983[782] bei Vorliegen eines sog. Berliner Testaments (§ 2269) das beiderseitige Vermögen der Eheleute **nicht** als Einheit mit der Folge angesehen werden, dass eine ausgleichspflichtige Zuwendung des Erstversterbenden beim Tod des Längstlebenden berücksichtigt werden kann.[783] Auch hier kann das gewünschte Ergebnis nur durch einen Teilerbverzichtsvertrag oder eine letztwillige Verfügung im Wege des Vermächtnisses, letzteres jedoch ohne Wirkung gegenüber den Pflichtteilsberechtigten, erzielt werden.[784] Für einen ausgleichsbezogenen Pflichtteilsverzicht kann der Formulierungsvorschlag unter Rn 236 entsprechend abgeändert verwendet werden.

Beachte: Automatisch, d.h. ohne ausdrückliche oder konkludente Ausgleichungsanordnung des Erblassers, entsteht die Ausgleichungspflicht gem. § 2050 Abs. 1 (und nach h.M. auch Abs. 2) nur und wirkt sich über § 2316 Abs. 3 **zwingend automatisch** auf den Pflichtteil aus bei *(auch übermäßigen)* **Ausstattungen** (§ 2050 Abs. 1), **übermäßigen Zuschüssen** (§ 2050 Abs. 2 1. Variante) und **übermäßigen Ausbildungskosten** (§ 2050 Abs. 2 2. Variante) (siehe oben Rn 217 bis 219). Mit anderen Worten sind solche Zu- **280**

[777] RGRK/Johannsen § 2316 Rn 16; Staudinger/Ferid/Cieslar § 2316 Rn 14; Soergel/Dieckmann § 2316 Rn 4; MünchKomm/Lange § 2316 Rn 6; Palandt/Edenhofer § 2316 Rn 2; Erman/Schlüter § 2316 Rn 3; Johannsen WPM 1970, 117.

[778] RGZ 67, 306; RGZ 71, 133; MünchKomm/Lange § 2316 Rn 8; Soergel/Dieckmann § 2316 Rn 4; Staudinger/Ferid/Cieslar § 2316 Rn 15; RGRK/Johannsen § 2316 Rn 17.

[779] RGZ 67, 306; RGZ 71, 133; RGZ 90, 419, 422; BGH NJW 1982, 575, 577.

[780] Soergel/Dieckmann § 2316 Rn 11.

[781] Palandt/Edenhofer § 2052 Rn 2.

[782] BGHZ 88, 102 = NJW 1983, 2875.

[783] Schmid BWNotZ 1971, 29, 34; Dieckmann FamRZ 1983, 1104.

[784] Schmid BWNotZ 1971, 29, 34.

wendungen stets bei der Berechnung des Pflichtteils eines enterbten Abkömmlings nach § 2316 BGB zu berücksichtigen.[785] Allerdings setzt dies bei der **Ausstattung** deren gesetzliche Voraussetzungen voraus und das ist ein **objektiver Anlass und ein subjektiver Zweck** i.S. des § 1624 Abs. 1 und die kann der Zuwendende ausschließen und statt dessen die Schenkung wählen,[786] mit der Folge, dass dann hinsichtlich der Zuwendung keine zwingende Pflichtteilsausgleichung erfolgt. Kehrseite ist allerdings die Geltung des Schenkungsrechts und damit ein evtl. Pflichtteilsergänzungsanspruch. Für Übermaßzuschüsse gilt das Gleiche, auch deren zwingende Folgen im Pflichtteilsrecht können durch Vermeidung ihrer Voraussetzungen abgewendet werden.

281 Bei allen **sonstigen Zuwendungen** (§ 2050 Abs. 3) gleich welcher Höhe ist **eine ausdrückliche oder konkludente Ausgleichungsanordnung des Erblassers** notwendig (siehe oben Rn 221).

282 Bezüglich entsprechender Formulierungsvorschläge für Ausgleichungsanordnungen siehe oben Rn 256, über Zeitpunkt und Form der Ausgleichungsanordnung oben Rn 228 und bezüglich der Möglichkeiten und Grenzen nachträglicher Anordnungen und deren Änderungen oben Rn 230 und unten Rn 288, 302.

b) Die Durchführung der Pflichtteilsausgleichung

283 Die Ausgleichung wird bei der Pflichtteilsberechnung gem. § 2055 rechnerisch wie oben Rn 240 beschrieben durchgeführt und dabei dem Wert des Nachlasses, soweit er auf die ausgleichungspflichtigen und -berechtigten Abkömmlinge entfällt, sämtliche Ausgleichsbeträge (nicht nur die des betreffenden Ausgleichungspflichtigen wie bei der Anrechnung) hinzugerechnet (**fiktive Nachlasssumme**) und daraus die Werte der Erbteile der einzelnen Abkömmlinge nach den Regeln der gesetzlichen Erbfolge berechnet (kollektive Ausgleichung). Von den so ermittelten fiktiven Erbteilen jedes einzelnen Abkömmlings werden dann die ihm gemachten ausgleichspflichtigen Zuwendungen abgezogen (**Ausgleichserbteil**). Die Hälfte des so gefundenen Betrages ist dann der Pflichtteil des Abkömmlings (**Ausgleichspflichtteil**). Der Ausgleichungsvorgang kann auf folgende Formel nach Planck-Greiff[787] gebracht werden:

$$\frac{n+Z}{q} - z \times \frac{1}{2} = p$$

Dabei sind:

n = der bei gesetzlicher Erbfolge auf die ausgleichungspflichtigen Abkömmlinge entfallende Nachlassanteil, d.h. nach Abzug der auf den Ehegatten oder die Eltern entfallenden Anteile
Z = die Summe sämtlicher ausgleichungspflichtiger Zuwendungen der Abkömmlinge
z = die von dem betreffenden Abkömmling auszugleichende Zuwendung
q = die Zahl der mitzuzählenden Abkömmlinge
P = der Ausgleichungspflichtteil des betreffenden Abkömmlings.

Bezüglich der Durchführung der Ausgleichung besonderer Leistungen eines Abkömmlings gem. § 2057a siehe oben Rn 250.[788]

284 Da sämtliche Ausgleichsposten dem Gesamtnachlass zugerechnet werden *(kollektive Ausgleichung)* vermindert die Ausgleichungsverpflichtung mittelbar über § 2316 Abs. 1 nur den Pflichtteilsanspruch des im Voraus Begünstigten, erhöht jedoch gleichzeitig die der anderen pflichtteilsberechtigten Abkömmlinge. Die Pflichtteilssumme bleibt die gleiche, es ändert sich durch die Anordnung der Ausgleichung nur ihre Verteilung unter den

[785] Herrler/Schmied ZNotP 2008, 178/179.
[786] Schmid, BWNotZ 1971, 29, 31; Schindler ZEV 2006, 389, 392.
[787] Abgedruckt in Staudinger/Ferid/Cieslar § 2316 Rn 39.
[788] OLG Stuttgart DNotZ 1989, 184 m. abl. Anm. Cieslar.

pflichtteilsberechtigten Abkömmlingen.[789] Die Ausgleichung gem. § 2316 Abs. 1 dient daher lediglich der Umverteilung der Pflichtteilssumme unter den Abkömmlingen nach Maßgabe ihrer unterschiedlichen Vorempfänge, während die Anrechnung die Pflichtteilslast in ihrer absoluten Höhe mindert.

Ist bei der obigen Berechnung die ausgleichspflichtige Zuwendung (z) größer als der auf den betreffenden ausgleichspflichtigen Abkömmling entfallende Ausgleichserbteil (**n + Z / q**) entfällt gem. § 2056 Satz 2 bei der Berechnung der Ausgleichspflichtteile der anderen Abkömmlinge der Wert seiner Zuwendung und seine Erbquote, d. h. es ist eine neue Berechnung vorzunehmen, bei der er und seine Zuwendung völlig außer Betracht bleiben.[790] 285

In solchen Fällen können jedoch Pflichtteilsergänzungsansprüche gem. §§ 2325 ff. in Betracht kommen, wenn und soweit die ausgleichspflichtigen Zuwendungen zugleich als Schenkungen i. S. v. § 516 Abs. 1 anzusehen sind,[791] was bei übermäßigen Ausstattungen und Zuschüssen gem. § 2050 Abs. 1, 2 und bei sonstigen Zuwendungen nach § 2050 Abs. 3 der Fall sein kann oder wenn neben ausgleichspflichtigen Zuwendungen demselben Abkömmling in ergänzungspflichtiger Zeit Schenkungen gemacht wurden. Aus § 2056 folgt nämlich nicht, dass ausgleichspflichtige Zuwendungen, soweit sie auch als Schenkungen i. S. v. § 516 Abs. 1 anzusehen sind, nicht zu einem Anspruch auf Pflichtteilsergänzung nach § 2325 führen könnten. Nach dieser Vorschrift ist der Pflichtteilsberechtigte so zu stellen, als wäre der verschenkte Wert z. Zt. des Erbfalls noch im Nachlass vorhanden. 286

Beim Zusammentreffen von Ausgleichs- und Ergänzungspflicht bei einer Zuwendung ist daher die Ausgleichsberechnung auch aus dem um den Wert der ergänzungspflichtigen Schenkung vermehrten Nachlass vorzunehmen. **Z dann = Summe der ausgleichspflichtigen und der ergänzungspflichtigen Zuwendungen.** Wenn dann die Zuwendung kleiner ist als der so berechnete Ausgleichserbteil des Beschenkten, kommt eine Beschränkung der Ausgleichung durch § 2056 schon seinem Wortlaut nach nicht in Frage.[792] In diesem Fall kann die ausgleichspflichtige Schenkung auch nicht zur Pflichtteilsergänzung herangezogen werden, da sie bereits bei der Ausgleichung gem. §§ 2316, 2050 ff. berücksichtigt wurde und eine Doppelberücksichtigung nicht statthaft ist.[793] Ist die Schenkung jedoch größer als der Ausgleichserbteil, so dass bei einer Erbauseinandersetzung für den **Mehrbetrag** § 2056 Anwendung finden würde, stellt sich die Frage, ob im Pflichtteilsrecht § 2056 etwa als lex specialis gegenüber den §§ 2325 ff. die Heranziehung des bei der Ausgleichung nicht berücksichtigten Mehrbetrages zur Pflichtteilsergänzung verbietet[794] oder ob man richtigerweise mit der ganz h. M.,[795] gerade weil der den Ausgleichserbteil übersteigende Betrag bei der Ausgleichung nicht berücksichtigt wird, ihn zur Pflichtteilsergänzung heranzieht, da sonst die anderen pflichtteilsberechtigten Abkömmlinge an ihm überhaupt nicht partizipieren. 287

---

[789] Sostmann MittRhNotK 1976, 479, 493.

[790] Siehe im Einzelnen oben Rn 247; RGZ 77, 282; RG Recht 1911 Nr. 3105; RG WarnR 1913 Nr. 252; Soergel/Dieckmann § 2316 Rn 7; Staudinger/Ferid/Cieslar § 2316 Rn 44; MünchKomm/Lange § 2316 Rn 13; Bührer BadRechtspraxis 1911, 273.

[791] RGZ 77, 282; Soergel/Dieckmann § 2316 Rn 7.

[792] BGH NJW 1965, 1526 = Rpfleger 1966, 251 m. Anm. Haegele; Scholz JhJ 84. Bd. 2, Folge 48. Bd. (1934), 291, 305; Palandt/Edenhofer § 2325 Rn 25.

[793] BGH DNotZ 1963, 113; Soergel/Dieckmann § 2327 Rn 4; MünchKomm/Lange § 2316 Rn 15; Palandt/Edenhofer § 2316 Rn 8; Scholz a. a. O.; Schramm BWNotZ 1959, 227, 228 f.

[794] So legt Staudinger/Boehmer Einl. § 20 Rn 16 zu § 1922 die mehrdeutige RGZ 77, 282, 284 aus; ebenso Fleischmann, Lebzeitige Verfügungsfreiheit bei erbrechtlicher Bindung, 1989 S. 114.

[795] Bührer ZBlFG 15, 213, 226 ff.; ders. ZBlFG 14, 777; Scholz JhJ 84, 291, 304; Staudinger/Boehmer Einl. § 20 Rn 16 zu § 1922; MünchKomm/Lange, § 2316 Rn 15; Soergel/Dieckmann § 2327 Rn 4; Staudinger/Ferid/Cieslar § 2316 Rn 58; RGRK/Johannsen § 2325 Rn 16; Sostmann MittRhNotK 1976, 479, 507 ff. eingehend und mit Berechnungsbeispielen. BGH LM § 2325 Nr. 5 = NJW 1965, 1526 = Rpfleger 1966, 251; BGH NJW 1988, 821 = FamRZ 1988, 280 m. Anm. Dieckmann FamRZ 1988, 712, 713.

288 Die ausgleichspflichtige Zuwendung ist mit dem Wert anzusetzen, den sie zurzeit der Zuwendung hatte (§ 2055 Abs. 2) und wobei der Kaufkraftschwund bis zum Erbfall wieder durch Anwendung der Formel

$$\frac{\text{Geldwert zum Zeitpunkt des Empfangs} \times \text{Lebenshaltungskostenindex zum Zeitpunkt des Erbfalls}}{\text{Lebenshaltungskostenindex zum Zeitpunkt der Zuwendung}}$$

zu neutralisieren ist.[796] Der Erblasser kann den Wert bei der Ausgleichungsanordnung aber auch bindend festsetzen oder für die Wertberechnung den Zeitpunkt des Erbfalls vorschreiben.[797] Grenzen ergeben sich jedoch wieder durch die Pflichtteilsrechte der anderen an der Ausgleichung Beteiligten.[798]

289 Während die Anrechnung nach § 2315 zu einer Verminderung der Pflichtteilsschuld des Erben führt, hat die Ausgleichung nach § 2316 nur eine Veränderung in der Verteilung der gleich bleibenden Pflichtteilssumme unter den pflichtteilsberechtigten Abkömmlingen zur Folge.

3. Die Anrechnung von Vorempfängen auf den Pflichtteil[799]

a) Die Anrechnungspflicht

290 Nach § 2315 Abs. 1 BGB hat sich ein Pflichtteilsberechtigter eine lebzeitige freigebige Zuwendung des Erblassers dann auf seinen Pflichtteil anrechnen zu lassen, wenn der Erblasser dies **bei der Zuwendung bestimmt** hat. Die Pflichtteilsanrechungspflicht kann, anders als die Pflichtteilsausgleichung, nicht nur bei Abkömmlingen, sondern auch bei Ehegatten oder pflichtteilsberechtigten Eltern bestehen. Der Begriff der freigebigen Zuwendung ist dabei weiter als der der Schenkung gem. § 516 Abs. 1, da insbesondere auch Ausstattungen, die das den Umständen entsprechende Maß **nicht übersteigen** (§ 1624), darunter fallen, sowie gemischte Schenkungen (beschränkt auf den wirtschaftlichen Vorteil) und zinslose Darlehen in Höhe des gewährten wirtschaftlichen Vorteils[800] und ferner das unbedingte formgültige Schenkungsversprechen gem. § 518 Abs. 1,[801] nicht dagegen Schenkungsversprechen von Todes wegen gem. § 2301. Die Zuwendung muss aus dem Vermögen des Erblassers erfolgen, d. h. sein mutmaßlicher Nachlass muss eine Verminderung erfahren haben.[802] Eine einheitliche Betrachtungsweise des Vermögens beider Ehegatten, wie dies bei § 2052 h. M. ist (siehe oben Rn 265), so dass beim Vorhandensein eines Berliner Testaments (§ 2269) nach dem Schlusserbfall sich der Zuwendungsempfänger auch die vom Erstversterbenden unter Anrechnungsbestimmung „nach seinen Eltern" erhaltenen Zuwendungen auf den Pflichtteil nach dem Längstlebenden anrechnen lassen muss, ist nach der eindeutigen Entscheidung des BGH vom 13. 7. 1983[803] – obwohl sie sich unmittelbar nur auf den Erblasserbegriff in § 2327 Abs. 1 Satz 1 bezieht – nicht mehr möglich.[804] Das gleiche Ergebnis kann jedoch durch

[796] BGHZ 65, 75 = NJW 1975, 1831; BGH NJW 1982, 43, 44; BGHZ 96, 174 = NJW 1986, 931, 932 = DNotZ 1986, 539.
[797] OLG Hamm MDR 1966, 330.
[798] Soergel/Wolf § 2055 Rn 3.
[799] Eingehend und mit Beispielen: J. Mayer ZErb 2007, 130.
[800] MünchKomm/Lange § 2315 Rn 7; Staudinger/Ferid/Cieslar § 2315 Rn 20 ff.
[801] Staudinger/Ferid/Cieslar § 2325 Rn 23; RGRK/Johannsen § 2315 Rn 4.
[802] Staudinger/Ferid/Cieslar § 2315 Rn 27.
[803] BGHZ 88, 102 = NJW 1983, 2875 = JZ 1984, 93 m. Anm. Kuchinke = JR 1984, 109 m. Anm. Damrau = FamRZ 1983, 1013 m. Anm. Dieckmann in FamRZ 1983, 1104.
[804] Siehe hierzu auch Schmid BWNotZ 1971, 29, 34 und Dieckmann FamRZ 1983, 1104, 1106.

einen bedingten gegenständlich beschränkten Pflichtteilsverzichtsvertrag (anrechnungsbezogener Pflichtteilsverzicht)[805] der Eheleute als Erblasser mit dem Zuwendungsempfänger erzielt werden.[806]

Formulierungsvorschlag:

Die Zuwendung ist auf den Pflichtteil anzurechnen. Für den Fall, dass der überlebende Zuwendungsgeber den erstversterbenden allein beerbt und der Zuwendungsempfänger keinen Pflichtteil nach dem Erstversterbenden bekommen hat, soll die Zuwendung als vom überlebenden Zuwendungsgeber allein erfolgt gelten. Soweit dabei die Zuwendung nicht aus dem Vermögen des überlebenden Zuwendungsgebers kam, verzichtet der Zuwendungsempfänger zugleich für seine Abkömmlinge insoweit auf seine Pflichtteilsansprüche nach dem überlebenden Zuwendungsgeber, als dies für diese Rechtswirkung notwendig ist. Der überlebende Zuwendungsgeber nimmt diesen gegenständlich beschränkten Pflichtteilsverzicht hiermit an.

Bei gemischten Schenkungen und Schenkungen unter Auflage wäre der erste Satz zu 291
ergänzen durch die Worte:

soweit der Wert der Zuwendung die Gegenleistung übersteigt.

Verlangt bei dieser Formulierung der Zuwendungsempfänger den Pflichtteil nach dem Erstversterbenden, hat er sich lediglich dessen Zuwendungsteil anrechnen zu lassen, während der Teil des Überlebenden zur Anrechnung auf den Pflichtteil bei seinem Erbfall vorbehalten bleibt. Die Klausel kann variiert werden, etwa, dass die Zuwendung, gleichgültig woher sie kommt, nur auf den Pflichtteil nach dem Elternteil anzurechnen ist, der voraussichtlich den umfangreichsten Nachlass hinterlässt. Weiter muss die Zuwendung an den Pflichtteilsberechtigten selbst erfolgen, also nicht an seine Ehefrau oder seinen Abkömmling.[807] Kraft Vereinbarung hat allerdings auch eine Anrechnung für fremden Empfang zu erfolgen.[808] Eine gesetzliche Anrechnungspflicht für fremden Empfang gibt es im Fall des auf den § 2051 Abs. 1 verweisenden § 2315 Abs. 3, wonach sich ein Abkömmling des Erblassers, der an die Stelle eines vor oder nach dem Erbfall weggefallenen Abkömmlings getreten ist, die Zuwendungen an den Weggefallenen anrechnen lassen muss, deren Anrechnung vom Erblasser angeordnet war, sofern er nicht beweisen kann, dass die Anrechnungspflicht nur in der Person des Empfängers der Zuwendung begründet sein sollte.[809] Treten die Eltern des Erblassers oder sein Ehegatte anstelle des anrechnungspflichtigen Abkömmlings, ist § 2315 Abs. 3 nicht anwendbar. Trotzdem können sie, sofern der Wegfall nicht durch Vorversterben erfolgt, soweit der Wert der anrechnungspflichtigen Zuwendung reicht, den Pflichtteil nicht geltend machen, weil die

805 Bezüglich der Zulässigkeit eines gegenständlich beschränkten Pflichtteilsverzichtsvertrages siehe Weirich DNotZ 1986, 5; zur Zulässigkeit eines bedingten Erbverzichts siehe OLG Frankfurt DNotZ 1952, 488; Haegele Rpfleger 1968, 247, 250 u. MünchKomm/Strobel, 2. Aufl., § 2346 Rn 15.

806 Sostmann MittRhNotK 1976, 479, 482; Damrau, Der Erbverzicht als Mittel zweckmäßiger Vorsorge für den Todesfall, 1966, S. 58.

807 Staudinger/Ferid/Cieslar § 2315 Rn 29; BGH DNotZ 1963, 133.

808 BGH DNotZ 1963, 113, 114; MünchKomm/Lange § 2315 Rn 10.

809 Siehe hierzu eingehend MünchKomm/Lange § 2315 Rn 17–20.

h.M. die Annahme des anrechnungspflichtigen Vorempfangs als die Pflichtteilsverdrängung nach § 2309 auslösende Annahme des Hinterlassenen ansieht.[810] Unterliegt die Zuwendung auch dem Ausgleichungszwang, so ist nicht § 2315 sondern § 2316 Abs. 4 maßgeblich.

b) Die Anrechnungsbestimmung

292 Die Zuwendung muss mit der Bestimmung gemacht sein, dass sie auf den Pflichtteil angerechnet werden soll. Diese Bestimmung muss dabei bis jetzt zwingend gleichzeitig mit der Zuwendung erfolgen oder im Voraus für künftige Zuwendungen.[811]

293 In der Pflichtteilsrechtsreform war ursprünglich vorgesehen, dass auch die Anrechnungsbestimmung später durch Verfügung von Todes wegen erfolgen können sollte. Leider ist auch das nicht ins Gesetz übernommen worden.

294 Die Anrechnungsbestimmung ist eine einseitige empfangsbedürftige, jedoch nicht formbedürftige Willenserklärung.[812] Zweckmäßigerweise sollte sich der Erblasser zu Beweiszwecken vom Empfänger einer formlos gültigen Zuwendung die Kenntnis der Anrechnungsbestimmung schriftlich bestätigen lassen.[813] Stillschweigende Anrechnungsbestimmung wird für genügend gehalten, da sonst § 2315 kaum praktisch würde und das Erfordernis einer besonderen Anrechnungsbestimmung weitgehend unbekannt ist. Der Berechtigte muss sich dabei aber der Anrechnungspflicht bewusst werden.[814] Für beurkundungspflichtige Zuwendungen empfiehlt sich folgender

Formulierungsvorschlag:

Der Erwerber hat sich den Wert der Zuwendung (evtl.: in Höhe von EUR ...) auf seinen Pflichtteil nach dem Veräußerer anrechnen zu lassen.

295 Die Anrechnungsbestimmung kann auch bedingt getroffen werden, entweder im Hinblick auf eine künftige Zuwendung oder es kann bei einer Zuwendung angeordnet werden, dass sie bei Eintritt eines nach der Zuwendung liegenden Ereignisses anrechnungspflichtig werden (aufschiebende Bedingung), oder dass die zunächst gegebene Anrechnungspflicht wegfallen soll (auflösende Bedingung).[815]

Eine **nachträgliche Anrechnungsbestimmung** kann nicht erfolgen; insbesondere nicht durch Anordnung von Todes wegen, da dies eine Beeinträchtigung des Pflichtteils wäre.[816] Ausnahmen sind zu machen, wenn sich der Zuwendende die nachträgliche Anrechnungsbestimmung ausdrücklich bei der Zuwendung vorbehalten hat,[817] wenn ein Grund zur Pflichtteilsentziehung (§ 2333) vorliegt oder soweit durch sie beim zum Erben eingesetzten Pflichtteilsberechtigten keine Schmälerung seines Pflichtteils eintritt.[818] Letztlich ist die nachträgliche Anrechnungsbestimmung durch einen der Form des § 2348 BGB genügenden beschränkten Pflichtteilsverzichtsvertrag zwischen Erblasser und dem betreffen-

---

810 Palandt/Edenhofer § 2309 Rn 5.

811 Staudinger/Ferid/Cieslar § 2315 Rn 33 f.

812 Palandt/Edenhofer § 2315 Rn 2.

813 Staudinger/Ferid/Cieslar § 2315 Rn 62.

814 OLG Düsseldorf ZEV 1994, 173 m. Anm. Baumann; Palandt/Edenhofer § 2315 Rn 2; Sostmann MittRhNotK 1976, 479, 483; BayObLGE 1959, 81; OLG Schleswig AgrarR 1972, 362; Soergel/Dieckmann § 2315 Rn 3.

815 Staudinger/Ferid/Cieslar § 2315 Rn 40; Sostmann MittRhNotK 1976, 479, 484.

816 Staudinger/Ferid/Cieslar § 2315 Rn 35.

817 Staudinger/Ferid/Cieslar § 2315 Rn 40; Sostmann MittRhNotK 1976, 484.

818 Staudinger/Ferid/Cieslar § 2315 Rn 38; RGRK/Johannsen § 2315 Rn 10.

den Pflichtteilsberechtigten möglich.[819] **Die bei der Zuwendung getroffene Anrechnungsbestimmung kann der Erblasser nachträglich formlos einseitig wider rufen.**[820] Da der Widerruf der Anrechnungsbestimmung den Zuwendungsempfänger nur begünstigt, bedarf es nicht seiner Zustimmung und da die Pflichtteilsanrechnung nur individuell gegenüber dem Zuwendungsempfänger wirkt, bleiben davon die **Pflichtteilsansprüche anderer,** anders als bei der Pflichtteilsausgleichung nach § 2316, unberührt.[821] Es ist Tatfrage, ob eine Anrechnungsbestimmung, wenn der Bedachte doch nicht auf den Pflichtteil gesetzt wurde, sondern seinen gesetzlichen Erbteil erhalten hat, als Ausgleichsanordnung gewertet werden kann.[822] Die Anrechnungsbestimmung muss sich auf den Pflichtteil beziehen. Bestimmt der Erblasser allgemein die Anrechnung auf den Erbteil, kann dies ausnahmsweise im Wege der Auslegung auch als Anrechnung auf den Pflichtteil verstanden werden.[823]

c) Die Durchführung der Anrechnung

Die Anrechnung erfolgt gem. § 2315 BGB in der Weise, dass, da jeder Pflichtteilsberechtigte sich nur das anrechnen lassen muss, was gerade ihm unter Anrechnungsbestimmung zugewendet wurde, für jeden einzelnen Pflichtteilsberechtigten eine gesonderte Berechnung aufgestellt wird **(individuelle Anrechnung im Gegensatz zur kollektiven Ausgleichung).** Dabei werden zunächst nur seine anrechnungspflichtigen Zuwendungen **(nicht sämtliche, wie bei der Ausgleichung)** fiktiv dem wirklichen Nachlass zugerechnet, dann wird aus diesem rein rechnerischen Gesamtnachlass der rein rechnerische Pflichtteilsanspruch des betreffenden Anrechnungspflichtigen berechnet und zum Schluss von dem so berechneten Pflichtteil seine Zuwendungen, d.h. das Gleiche, was zunächst fiktiv dem Nachlass zugerechnet wurde, abgezogen. **296**

Die Anrechnung schmälert den Pflichtteil des Anrechnungspflichtigen um seinen Vorempfang. Sie kommt daher dem Erben als Pflichtteilsschuldner zugute. **Letztlich zahlt bei der Pflichtteilsanrechnung der Erblasser den Pflichtteil des Beschenkten durch die anrechnungspflichtige Zuwendung zu Gunsten des Erben bereits zu Lebzeiten.** Auf die Pflichtteilsansprüche anderer Pflichtteilsberechtigter wirkt sich die Anrechnung, anders als die Ausgleichung, nicht aus. **297**

In einer Formel ausgedrückt, stellt sich die Berechnung des Anrechnungspflichtteils bei einem anrechnungspflichtigen Pflichtteilsberechtigten wie folgt dar: **298**

$$\frac{n + s_1}{2q} - s_1 = p$$

wobei bedeutet:

n = Reinnachlass zum Zeitpunkt des Erbfalls
s_1 = bei dem betreffenden Pflichtteilsberechtigten anrechnungspflichtige Zuwendung
q = Nenner der gesetzlichen Erbquote des Pflichtteilsberechtigten
P = effektiver Pflichtteilsanspruch des betreffenden anrechnungspflichtigen Pflichtteilsberechtigten.

Aus der Formel ist zu ersehen, dass, da gem. § 2315 Abs. 2 Satz 1 vor der Anrechnung der Zuwendung auf den Pflichtteil diese dem Nachlass hinzuzurechnen ist, sich der **299**

---

[819] Staudinger/Ferid/Cieslar a.a.O.; Damrau, Der Erbverzicht als Mittel zweckmäßiger Vorsorge für den Todesfall, 1966, S. 58.

[820] Staudinger/Ferid/Cieslar § 2315 Rn 63; Sostmann MittRhNotK 1976, 484; Thubauville MittRhNotK 1992, 289, 298; Kasper, Anrechnung und Ausgleichung im Pflichtteilsrecht, 1999, S. 17; a.M. Lange/Kuchinke, 4. Aufl., § 37 VI 9 Fn. 332 m.w. Nachw.

[821] J. Mayer ZEV 1996, 441, 446; RGZ 67, 306; Damrau/Riedel/Lenz, Erbrecht, § 2315 Rn 4.

[822] Staudinger/Ferid/Cieslar § 2315 Rn 47.

[823] MünchKomm/Lange § 2315 Rn 11; RG Recht 1904 Nr. 1312; RG WarnJb 1913, 168; RG SeuffA 76 Nr. 57; RG JW 1925, 2124 Nr. 13; OLG Karlsruhe v. 12. 2. 1982 – 14 U 8/80 – zitiert bei Peter BWNotZ 1986, 28, 31.

Pflichtteil nicht um den vollen Wert der Zuwendung mindert, vielmehr eine dem Pflichtteil aus der Zuwendung entsprechende Kürzung des anzurechnenden Betrages eintritt.[824] Wobei die Kürzung beträgt:

$$\frac{s_1}{2q}$$

300 Eine ähnliche Regelung enthält § 1380 für die Anrechnung von Vorempfängen auf die Ausgleichsforderung eines Ehegatten bei der Zugewinngemeinschaft. Der Erblasser kann hinsichtlich seines überlebenden Ehegatten bei der Zugewinngemeinschaft die Anrechnung von Vorempfängen sowohl auf die Zugewinnausgleichsforderung gem. § 1380 als auch auf den Pflichtteil gem. § 2315 anordnen. Dabei ist allerdings eine echte Doppelanrechnung ausgeschlossen, da die Anrechnung in jedem dieser Bereiche nur insoweit in Betracht kommt, als sie im anderen Bereich nicht bereits verbraucht ist.[825] Die Einzelheiten der dabei anzuwendenden Berechnungsweise sind allerdings umstritten.[826] Der Erblasser kann die Reihenfolge der Anrechnungen bestimmen. Fehlt es daran, ist zunächst der Pflichtteilsanspruch zu kürzen, da er gegenüber der Zugewinnausgleichsforderung rangschlechter und somit für den Ehegatten weniger sicher ist.[827]

301 Der Wert der anrechnungspflichtigen Zuwendung bestimmt sich, wenn der Erblasser keine Wertbestimmung vorgenommen hat, nach dem Zeitpunkt ihrer Vornahme (§ 2315 Abs. 2 Satz 2); wobei der Kaufkraftschwund des Geldes bis zum Zeitpunkt des Erbfalls durch Anwendung der Formel:

$$\frac{\text{Wert der Zuwendung zur Zuwendungszeit} \times \text{Lebenshaltungskostenindex beim Erbfall}}{\text{Lebenshaltungskostenindex zur Zuwendungszeit}}$$

ausgeglichen wird.[828] Der Erblasser kann, da er die Anrechnungsbestimmung auch unterlassen könnte, die Anrechnung eines geringeren als des wahren Wertes bestimmen, so z.B. den Ausschluss der Anpassung an den Kaufkraftschwund. Die Anrechnungsbestimmung eines höheren Wertes setzt dagegen einen Teilpflichtteilsverzicht des Empfängers voraus.[829] Bei gemischten Schenkungen ist lediglich der unentgeltliche Teil der Zuwendung gem. § 2315 anzurechnen, wobei die Festlegung des Teilwerts bei solchen Zuwendungen zweckmäßig ist. Bei regelmäßig wiederkehrenden Leistungen ist ihr Kapitalwert zu berechnen, gegebenenfalls auf Grund der Lebenserwartung des Berechtigten, berechnet nach der allgemeinen Sterbetafel, § 14 BewG oder § 24 KostO. Zu beachten ist, dass die Anrechnung nach § 2315 nicht zur Rückzahlung erhaltener Vorempfänge führen kann,[830] d.h. übersteigt der Wert der anrechnungspflichtigen Zuwendung den Pflichtteil, so braucht der Empfänger nichts herauszuzahlen. War die Zuwendung allerdings eine Schenkung i.S.v. § 516 Abs. 1, kann gegen den Empfänger unter den Voraussetzungen der §§ 2325 ff. ein Pflichtteilsergänzungsanspruch bestehen.[831]

---

[824] Maenner Recht 1921, 3; J. Mayer ZErb 2007, 130, 131.

[825] RGRK/Johannsen § 2315 Rn 26; Staudinger/Ferid/Cieslar § 2315 Rn 96; Soergel/Dieckmann § 2315 Rn 9.

[826] Siehe einerseits RGRK/Johannsen § 2315 Rn 26–28; Staudinger/Ferid/Cieslar § 2315 Rn 96–99 und andererseits v. Olshausen FamRZ 1978, 755.

[827] Soergel/Dieckmann § 2315 Rn 9; Soergel/Lange § 1371 Rn 24; Staudinger/Ferid/Cieslar § 2315 Rn 100; MünchKomm/Gernhuber § 1371 Rn 48; a.M. d.h. verhältnismäßige Verteilung: RGRK/Johannsen § 2315 Rn 39; Johannsen FamRZ 1961, 20; v. Olshausen FamRZ 1978, 761.

[828] BGHZ 65, 75 = NJW 1975, 1831; kritisch hierzu Werner DNotZ 1978, 66; Pentz ZEV 1999, 167.

[829] MünchKomm/Lange § 2315 Rn 16.

[830] RGZ 58, 57.

[831] MünchKomm/Lange § 2315 Rn 14; Bührer ZBlFG 15, 213, 224.

d) Folgerungen für die Beurkundungspraxis

Die unterschiedliche Art der Berechnung (**individuelle Anrechnung und kollektive Ausgleichung**) führt dazu, dass die Anrechnung auf den Pflichtteil (§ 2315) eine einschneidendere Beschränkung des Pflichtteils bewirkt als die Berücksichtigung der Ausgleichungspflicht (§§ 2316, 2055 ff.).[832] Stellt die Zuwendung im Verhältnis zum Nachlass das wesentliche Vermögen des Erblassers dar und ist deshalb der ordentliche Pflichtteil des Zuwendungsempfängers geringer als der Wert der Zuwendung, führen die bloße Anrechnung gem. § 2315 und die kumulative Anrechnung und Ausgleichung gem. § 2316 Abs. 4 beide zum völligen Wegfall des ordentlichen Pflichtteils beim Zuwendungsempfänger. Ist jedoch dessen ordentlicher Pflichtteil, berechnet aus dem verbleibenden Nachlass, größer als die Zuwendung, führen die bloße Anrechnungsbestimmung nach § 2315 und die gleichzeitige Anordnung von Anrechnung und Ausgleichung (§ 2316 Abs. 4) nur dann zur gleichen Pflichtteilsminderung des Zuwendungsempfängers, wenn ausschließlich Abkömmlinge pflichtteilsberechtigt sind und nur einer von ihnen eine ausgleichungspflichtige Zuwendung erhalten hat.[833] Beim Vorhandensein eines überlebenden Ehegatten wird die Pflichtteilslast des Erben am stärksten durch bloße Anrechnungsbestimmung (§ 2315) gemindert, danach durch Zusammentreffen von Anrechnungs- und Ausgleichungspflicht (§ 2316 Abs. 4) und überhaupt nicht durch bloße Anordnung der Ausgleichung gem. § 2316 Abs. 1.[834] Um dem Erblasser für die Zukunft alle Möglichkeiten offen zu halten, sollte man daher bei Zuwendungen immer nur ihre Anrechnung gem. § 2315 bestimmen, die Ausgleichung aber einem jederzeit abänderbaren Testament vorbehalten.[835] Die Anrechnungsbestimmung könnte dabei etwa lauten: 302

Formulierungsvorschlag:

Der Erwerber hat sich die Zuwendung zum heutigen Verkehrswert auf seinen Pflichtteil nach dem Veräußerer anrechnen zu lassen. Der Veräußerer behält sich die vermächtnisweise Anordnung der Ausgleichung vor.

Nachträglich angeordnete Ausgleichungspflichten dürfen zwar grundsätzlich nicht so umfassend sein, dass sie den Pflichtteil des Zuwendungsempfängers berühren, sonst können sie nicht mehr durch Verfügung von Todes wegen, sondern nur durch einen notariellen Teilpflichtteilsverzichtsvertrag mit dem Zuwendungsempfänger herbeigeführt werden.[836] Da in unserem Fall jedoch bei der Zuwendung die den Pflichtteil des Zuwendungsempfängers viel stärker beeinträchtigende Anrechnung auf den Pflichtteil (§ 2315) angeordnet war, erhöht sich sein Pflichtteil sogar durch die nachträgliche zusätzliche Ausgleichsanordnung (§§ 2050 Abs. 3, 2316 Abs. 1, 4), so dass die testamentarische Ausgleichsordnung in jedem Fall gegen den Zuwendungsempfänger wirkt.[837] Soweit es sich allerdings bei den Zuwendungen um Ausstattungen (§ 1624), Übermaßfrüchte (§ 2050 Abs. 2) oder Übermaßkosten (§ 2050 Abs. 2) handelt, ist der Ausgleichungsvorbehalt wegen § 2316 Abs. 3 nicht möglich. Die Ausgleichung hat auf jeden Fall zu erfolgen. 303

[832] Sostmann MittRhNotK 1976, 479, 493; Staudinger/Ferid/Cieslar § 2315 Rn 10.
[833] Sostmann MittRhNotK 1976, 479, 495.
[834] Sostmann MittRhNotK 1976, 479, 494; Schmid BWNotZ 1971, 29, 35; Wieser MittBayNot 1972, 106, 111.
[835] So Schramm BWNotZ 1959, 227, 229 f.; oben Rn 260.
[836] RGZ 67, 309; RGZ 71, 113, 135; RGZ 90, 419, 422; BGH NJW 1982, 575, 577; Staudinger/Werner § 2050 Rn 33; Damrau, Der Erbverzicht als Mittel zweckmäßiger Vorsorge für den Todesfall, 1966, S. 57 f.
[837] Schramm BWNotZ 1959, 227, 230.

304 Bei allen diesen Überlegungen muss sich der Erblasser jedoch im Klaren sein, dass weder die Anrechnungsbestimmung auf den Pflichtteil noch die Ausgleichungsanordnung dazu führen, dass der Zuwendungsempfänger nach dem Erbfall das zu viel Empfangene dem Nachlass zuführen muss. Kann die Gleichstellung nicht aus Mitteln[838] des vorhandenen Nachlasses erfolgen, kann nur ein Pflichtteilsergänzungsanspruch gem. §§ 2325, 2329 in Frage kommen.

305 Ist das Ziel des Erblassers nicht eine weitgehende Entlastung des Erben von Pflichtteilsansprüchen der anderen Abkömmlinge, sondern beabsichtigt er im Gegenteil deren Pflichtteil zu erhöhen, sollte nur die Ausgleichung gem. § 2316 Abs. 1 angeordnet werden, da nur durch sie sich die Pflichtteile der übergangenen Abkömmlinge zu Lasten des Pflichtteils des Zuwendungsempfängers erhöhen. Eine Ausgleichsanordnung kann jedoch in solchen Fällen unterbleiben, wenn die übergangenen Pflichtteilsberechtigten unter Ausschluss des Zuwendungsempfängers durch Verfügung von Todes wegen bedacht werden oder die Durchsetzung ihrer Pflichtteilsergänzungsansprüche gewährleistet erscheint. Will der Erblasser dagegen die Pflichtteilsansprüche der übergangenen Abkömmlinge möglichst niedrig halten, sollte er sowohl die Anrechnungsbestimmung als auch die Ausgleichungsanordnung unterlassen. Handelt es sich bei der Zuwendung an einen Abkömmling um eine Ausstattung i. S. d. § 1624 Abs. 1, sollten bei Vorhandensein weiterer Abkömmlinge die tatbestandmäßige Ausstattungsabsicht oder ihr Fehlen deutlich zum Ausdruck gebracht werden.[839]

306 Bei allem sollte jedoch nicht übersehen werden, dass zum Zeitpunkt der unentgeltlichen Zuwendung deren erbrechtliche Auswirkungen nicht voll vorhersehbar sind,[840] da sie von zahlreichen zu diesem Zeitpunkt noch unbestimmten Faktoren abhängigen, wie z. B. der Höhe des Nachlasses des Erblassers im Verhältnis zum Wert der Zuwendung, von etwaigen weiteren Zuwendungen unter Lebenden zugunsten anderer Abkömmlinge und von vom Erblasser künftig errichteten Verfügungen von Todes wegen. Deshalb obliegt dem Notar auch keine Rechtspflicht, die erbrechtlichen Auswirkungen einer unentgeltlichen Zuwendung mit den Beteiligten von sich aus zu erörtern und Ermittlungen in dieser Richtung anzustellen.[841]

307 Ferner sollte bei der Anordnung der Ausgleichungspflicht gem. § 2316 beachtet werden, dass sich dies zwar gem. § 2316 Abs. 1 für den Voremmpfänger pflichtteilsmindernd, für die übrigen Pflichtteilsberechtigten (evtl. nichtehelichen Kinder) aber pflichtteilserhöhend auswirkt.[842] Letztlich sollte beachtet werden, dass bei der durch die Ausgleichung erreichten Umverteilung der gegenüber dem Erben gleichbleibenden Pflichtteilssumme unter den Abkömmlingen gem. § 2316 Abs. 1 Satz 2 ein durch Erbverzicht von der gesetzlichen Erbfolge ausgeschlossener Abkömmling bei der Berechnung außer Betracht bleibt und sich dadurch die Anteile der anderen entsprechend erhöhen, während dies beim bloßen Pflichtteilsverzicht nicht der Fall ist[843] und damit der Ausgleichsvorteil dem Erben zugute kommt.

308 **Übersicht über die Auswirkungen der Pflichtteilsanrechnung- bzw. Ausgleichung:** Untersuchungen[844] ergaben:

- Die bloße Anordnung der Anrechnung nach § 2315 führt allein zu einer Pflichtteilsentlastung für den Nachlass in voller Höhe der Vorempfänge.

---

838 Rn 249.

839 Sostmann MittRhNotK 1976, 479, 515; Schmidt BWNotZ 1971, 29, 30 f.; RG HRR 29 Nr. 608.

840 Sostmann MittRhNotK 1976, 479, 515.

841 Röll in Reithmann/Röll/Geßele, Handbuch der notariellen Vertragsgestaltung, 6. Aufl., Rn 577.

842 Schramm BWNotZ 1959, 229.

843 Staudinger/Ferid/Cieslar § 2316 Rn 7, 30.

844 Siehe J. Mayer ZErb 2007, 130, 132; J. Mayer in Mayer/Süß/Tanck/Bittler/Wälzholz, Handbuch Pflichtteilsrecht, § 11 Rn 33; Tanck ZErb 2003, 41.

- Die bloße Anordnung der Pflichteilsausgleichung nach § 2316 führt zu keiner Entlastung des Nachlasses, sondern nur zu einer Umverteilung des Pflichteils zugunsten derjenigen Pflichtteilsberechtigten, die keine oder weniger Vorempfänge erhalten haben.
- Die Kombination von Anrechnungs- und Ausgleichsanordnung führt zu einer Pflichtteilsentlastung des Nachlasses in Höhe der Hälfte der Vorempfänge und zu einer, allerdings geringeren, Umverteilung des Pflichteils zugunsten der Pflichtteilsberechtigten, die keine oder weniger Vorempfänge erhalten haben.
- Somit wirkt allein die bloße Pflichtteilsanrechnungsanordnung für den Erben pflichtteilsreduzierend, nicht jedoch die bloße Ausgleichsanordnung oder die Kombination beider Bestimmungen.[845]
- Schramm[846] rät deshalb, um dem Erblasser für die Zukunft alle Möglichkeiten offen zu halten, zu Recht, bei Zuwendungen nur die Anrechnung nach § 2315 anzuordnen, die Ausgleichungsanordnung dagegen in einem Testament zu treffen, das jederzeit widerrufen werden kann.
- Die Anordnung der Ausgleichung auf den Erbteil ist bei der Zuwendung wegen der meist nicht gewollten und irreparablen Fernwirkung auf den Pflichtteil (§ 2316 Abs 3) in der Regel zu vermeiden.[847]

4. Streitvermeidende Regelungen bezüglich künftiger Pflichtteilsansprüche

Unentgeltliche Zuwendungen unter Lebenden können erbrechtlich nicht nur Pflichtteilsergänzungsansprüche auslösen (dazu oben Rn 110), sondern entfalten auch über die §§ 2050, 2315, 2316 Wirkungen auf den Pflichtteil. Dem Notar obliegt es dabei grundsätzlich nicht, die erbrechtlichen Auswirkungen einer unentgeltlichen Zuwendung mit den Beteiligten von sich aus zu erörtern und Ermittlungen in dieser Hinsicht anzustellen.[848] Lediglich wenn sich aus dem Vorbringen der Beteiligten ergibt, dass auch diese Spätfolgen der Zuwendung geregelt werden sollen, trifft den Notar eine entsprechende Aufklärungs- und Belehrungspflicht.[849] Die beste Lösung erreicht man in solchen Fällen, wenn alle weichenden Pflichtteilsberechtigten bei der Beurkundung der Zuwendung mitwirken. Sie können dann entweder generell auf ihre Pflichtteile gegenüber dem Erblasser verzichten (§ 2346 Abs. 2) oder nur gegenständlich beschränkt auf die Zuwendung. Das ist zulässig und führt zur Aussonderung des Wertes der Zuwendung aus der Nachlassmasse bei der Pflichtteilsberechnung.[850] 309

Formulierungsvorschlag:

Die Geschwister des Übernehmers verzichten hiermit auf ihre Pflichtteilsrechte am Nachlass des Übergebers in der Weise, dass der Vertragsgegenstand bei der Berechnung des Pflichtteilsanspruchs als nicht zum Nachlass des Übergebers gehörig angesehen und aus der Berechnungsgrundlage für den Pflichtteilsanspruch ausgeschieden werden soll. Der Übergeber nimmt diesen gegenständlich beschränkten Pflichtteilsverzicht hiermit an.

Möglich ist bei Mitwirkung aller Pflichtteilsberechtigten bei der Zuwendung auch eine schuldrechtliche Gleichstellungserklärung im Wege des schuldrechtlichen, der notariellen Beurkundung bedürftigen Vertrages über die Pflichtteile am Nachlass eines noch lebenden Dritten unter den Pflichtteilsberechtigten gem. § 311 b Abs. 5. 310

---

[845] Tanck ZErb 2003, 41; eingehend und grundlegend Sostmann, MittRhNotK 1976, 479, 493.
[846] BWNotZ 1959, 227, 229 f.; so auch Thubauville MittRhNotK 1992, 289, 307.
[847] J. Mayer ZErb 2007, 130, 132.
[848] Röll in Reithmann/Röll/Geßele, Handbuch der notariellen Vertragsgestaltung, 6. Aufl., Rn 577.
[849] Röll in Reithmann/Röll/Geßele a. a. O.
[850] Cremer MittRhNotK 1978, 170; MünchKomm/Strobel, 2. Aufl., § 2346 Rn 20; Jordan Rpfleger 1985, 7; Weirich DNotZ 1986, 5.

Formulierungsvorschlag:

Der Übernehmer und seine Geschwister betrachten sich hinsichtlich aller vom Übergeber ihnen bisher und im Rahmen dieses Vertrages gemachter Zuwendungen als gleichgestellt. Sie verpflichten sich insoweit gegenseitig, nach dem Tode des Übergebers keinerlei Ansprüche irgendwelcher Art gegeneinander geltend zu machen.

311 Sind jedoch die bei der Zuwendung nicht bedachten Pflichtteilsberechtigten nicht bereit oder in der Lage bei der Zuwendung mitzuwirken, kann nur versucht werden, dem jeweiligen Willen des Erblassers durch Anrechnungsbestimmung gem. § 2315, Ausgleichungsanordnung gem. §§ 2050 Abs. 3, 2316 Abs. 1 bzw. Klarstellung der vorhandenen Ausstattungsabsicht gem. §§ 1624 Abs. 1, 2050 Abs. 1 oder gleichzeitige Anordnung von Anrechnungs- und Ausgleichungspflicht (§ 2316 Abs. 4) Rechnung zu tragen. Dabei sind die oben (Rn 308) aufgezeigten verschiedenen Auswirkungen dieser Gestaltungsmöglichkeiten auf die Pflichtteile zu beachten. Ob dabei allerdings die bloße Anrechnung auf den Pflichtteil (§ 2315) oder die zusätzliche Ausgleichungsanordnung (§ 2316 Abs. 4) für die Beteiligten günstiger ist, kann im Einzelfall vom Notar kaum entschieden werden, weil insoweit die Verhältnisse im Zeitpunkt des Erbfalls und nicht der Zuwendung maßgeblich sind,[851] so insbesondere das seinerzeitige Wertverhältnis zwischen Nachlass und heutiger Zuwendung, spätere Zuwendungen an andere Pflichtteilsberechtigte und das Vorhandensein eines überlebenden Ehegatten neben den Abkömmlingen. Fest steht dabei nur, dass die bloße Anrechnung auf den Pflichtteil (§ 2315) die Pflichtteilslast des Erben am stärksten mindert und die reine Ausgleichungsanordnung gem. §§ 2050 Abs. 3, 2316 Abs. 1 bzw. die Festlegung der Ausstattungsabsicht die Pflichtteilswerte der übergangenen Pflichtteilsberechtigten am stärksten erhöht. Formulierungsvorschläge für die Anrechnungsbestimmung siehe Rn 294.

312 **Achtung!** Weder die Anrechnungsbestimmung (§ 2315) noch die Ausgleichungsanordnung (§§ 2050 Abs. 3, 2316 Abs. 1) bewirken, dass der Zuwendungsempfänger das zu viel empfangene dem Nachlass zuführen muss. Kann die Gleichstellung nicht aus Mitteln des vorhandenen Nachlasses erfolgen, kann nur noch ein Pflichtteilsergänzungsanspruch in Frage kommen. Anrechnungsbestimmungen und/oder Ausgleichsanordnungen sollten auch bezüglich der Gleichstellungsgelder getroffen werden, die der Übernehmer auf Grund des Übergabevertrages an seine weichenden Geschwister zu zahlen hat,[852] obwohl vertreten wird, dass sich das bereits durch Vertragsauslegung ergebe.[853]

Formulierungsvorschlag:

Der Erwerber hat an seine Geschwister zu deren Gleichstellung folgende Zahlungen zu leisten: ... die Berechtigten haben sich diese Zuwendungen auf ihre Pflichtteilsansprüche nach dem Veräußerer anrechnen zu lassen.

313 In Fällen, in denen der Erbfall in der Ferne zu liegen scheint und die dann maßgeblichen Verhältnisse noch im Dunkeln liegen, oder wenn sich der Veräußerer über seine Ziele noch nicht im klaren ist, sollte die Zuwendung nur mit der Bestimmung der Anrechnung auf den Pflichtteil erfolgen (§ 2315). Will später der Erblasser den Zuwendungsempfänger auf den Pflichtteil setzen, so hat er in aller Regel auch den Wunsch,

---

851 Sostmann MittRhNotK 1976, 479, 515.

852 Reithmann/Röll/Geßele, Handbuch der notariellen Vertragsgestaltung, 5. Aufl., Rn 428.

853 Sostmann MittRhNotK 1976, 479, 514; BGH NJW 1965, 1526 = Rpfleger 1966, 251 = FamRZ 1965, 494.

diesen Pflichtteil weitmöglichst zu mindern. Die vorsorgliche Bestimmung der Anrechnungspflicht hält ihm diese Möglichkeit offen. Die Ausgleichungsanordnung sollte der Erblasser dagegen in einem Testament treffen, das er jederzeit widerrufen kann. Durch die Anrechnungsbestimmung wirkt die testamentarische Ausgleichungsanordnung in jedem Fall gegen den Zuwendungsempfänger.[854] Durch die nachträgliche testamentarische Ausgleichsanordnung werden die Pflichtteilsansprüche der anderen Pflichtteilsberechtigten nicht geschmälert, sondern vielmehr verbessert. Aber auch der Pflichtteilsanspruch des Zuwendungsempfängers wird gegenüber der bisherigen, viel stärker wirkenden bloßen Anrechnungsbestimmung (§ 2315) verbessert. Somit wird durch die nachträgliche testamentarische Ausgleichsanordnung kein Pflichtteilsanspruch tangiert, sondern lediglich durch eine Verfügung von Todes wegen die Pflichtteilslast des Erben gegenüber vorher erhöht. Erwägungswert ist in solchen Fällen auch der Vorbehalt der späteren Anrechnung und/oder Ausgleichung oder des späteren Widerrufs einer zunächst getroffenen Ausgleichungs- und/oder Anrechnungsbestimmung in einer Verfügung von Todes wegen.[855] Handelt es sich bei der Zuwendung um ein Landgut i.S.v. § 2312, ist die dann zulässige Vereinbarung des Ertragswertes für die Pflichtteilsberechnung anzuraten (siehe hierzu oben Rn 76).

Der Pflichtteilsanspruch entsteht gem. § 2317 Abs. 1 mit dem Erbfall, ohne dass der **314**
Berechtigte ihn geltend machen müsste. Ab seiner Entstehung ist er gem. § 2317 Abs. 2 vererblich und übertragbar bis zu seiner Verjährung nach drei Jahren (§ 2332 Abs. 1). Bei dieser Rechtslage sollte bei der Gestaltung einer Verfügung von Todes wegen gegebenenfalls geprüft werden, ob nicht zugunsten des Erblassers noch unverjährte Pflichtteilsansprüche offen stehen, deren Geltendmachung der Erblasser nach seinem Tod nicht wünscht oder die seine ganze Erbfolgeplanung durchkreuzen könnten. Abhilfe kann dadurch geschaffen werden, dass der Erblasser auf seinen noch nicht verjährten Pflichtteilsanspruch in formlos gültigem, jedoch zu Beweiszwecken schriftlich niederzulegendem Erlassvertrag mit dem Erben gem. § 397 verzichtet,[856] was auch durch ein Angebot an den Erben auf Abschluss dieses Verzichtsvertrages gem. §§ 397, 145, 153 in letztwilliger Verfügung geschehen kann.[857] Werden beim Berliner Testament (§ 2269) Pflichtteilsansprüche gegen den Schlusserben geltend gemacht, kann dieser seinen noch offenen, nicht erfüllten Pflichtteilsanspruch auf Ableben des erstversterbenden Ehegatten als Nachlassverbindlichkeit bei der Pflichtteilsberechnung gegen den Nachlass des längstlebenden Ehegatten geltend machen. Er kann dies in entsprechender Anwendung des in den §§ 1976, 1991 Abs. 2, 2143, 2175, 2377 enthaltenen Rechtsgedankens, obwohl sein Pflichtteilsanspruch nach dem erstversterbenden Ehegatten durch seine Beerbung des Längstlebenden durch Konfusion erloschen ist und auch noch nach seiner Verjährung, sofern vom längstlebenden Ehegatten nicht die Einrede der Verjährung erhoben war.[858] Eine Möglichkeit wäre, im Berliner Testament (§ 2269) bereits dem Schlusserben den Verzicht auf den Pflichtteil nach dem Erstversterbenden zur Auflage (§§ 2192 ff.) oder zur Bedingung (§ 2074) seiner Erbeinsetzung zu machen.

Seit der BGH im Urteil vom 13. 7. 1983[859] ausdrücklich zu § 2327, obiter dicta aber **315**
auch zu §§ 2315, 2316, entgegen der bisherigen h. M.,[860] beim Berliner Testament, die

---

[854] Schramm BWNotZ 1959, 227, 330.

[855] Sostmann MittRhNotK 1976, 479, 516.

[856] RGZ 93, 298; Staudinger/Ferid/Cieslar § 2317 Rn 27.

[857] Staudinger/Ferid/Cieslar § 2317 Rn 8.

[858] BGHZ 88, 102, 108 = NJW 1983, 2875; BGHZ 98, 382, 389 = NJW 1987, 1260, 1262 = AgrarR 1987, 109; Kuchinke JZ 1984, 97 f.; Dieckmann FamRZ 1983, 1105 ff.; Damrau JR 1984, 113; MünchKomm/Lange, § 2311 Rn 5.

[859] BGHZ 88, 102 = NJW 1983, 2875 = JZ 1984, 93 m. Anm. Kuchinke = JZ 1984, 109 m. Anm. Damrau = FamRZ 1983, 1013 m. Anm. Dieckmann in FamRZ 1983, 1104.

[860] KG OLGZ 1974, 257 = NJW 1974, 2131; Staudinger/Ferid/Cieslar § 2327 Rn 5; RGRK/Johannsen § 2327 Rn 1; Erman/Schlüter § 2327 Rn 2; Palandt/Edenhofer bis zur 43. Aufl., § 2327

Möglichkeit verneint hat, Zuwendungen des Erstversterbenden beim Erbfall des Längstlebenden hinsichtlich der Anrechnungs-, Ausgleichungs- und Pflichtteilsergänzungspflicht als vom Längstlebenden herrührend anzusehen (**Einheitsprinzip**), muss sich die Kautelarjurisprudenz mit bei der Zuwendung abzuschließenden gegenständlich beschränkten, notariellen Pflichtteilsverzichtsverträgen zu helfen versuchen (siehe unten § 19 Rn 12).

316 Zum Schutz des längstlebenden Elternteils vor den Pflichtteilsansprüchen des Zuwendungsempfängers bei Vorliegen eines Berliner Testaments (§ 2269) sollte man jeweils einen Pflichtteilsverzicht des Beschenkten auf den Erbfall des Erstversterbenden für den Fall vorsehen, dass der überlebende Elternteil Alleinerbe wird. Gegebenenfalls könnte dieser Pflichtteilsverzicht noch dadurch bedingt werden, dass in dem Berliner Testament der Zuwendungsempfänger vom Längstlebenden entsprechend bedacht ist.

317 Letztlich ist trotz der Rechtsprechung des BGH über den stillschweigenden Erbverzicht,[861] anlässlich einer Schenkung auch ein notarieller, auf den Pflichtteilsergänzungsanspruch wegen der Schenkung gegenständlich beschränkter Pflichtteilsverzicht des Ehegatten des Schenkers anzuraten.

5. Das Zusammentreffen von Ausgleichungs- und Anrechnungspflicht

318 Wenn eine Zuwendung gleichzeitig ausgleichungspflichtig nach § 2316 und anrechnungspflichtig nach § 2315 ist, erfolgt gem. § 2316 Abs. 4 zunächst die Ausgleichung gem. §§ 2316 Abs. 1, 2050 ff., d. h. wie oben Rn 240 und danach ist von dem so bezüglich des betreffenden Pflichtteilsberechtigten errechneten Ausgleichspflichtteils gemäß § 2316 Abs. 4 lediglich die Hälfte des Wertes der (auch) anrechnungspflichtig erklärten Zuwendung (**halber Vorempfang**) abzuziehen, da ja dieser Vorempfang zur anderen Hälfte bereits bei der zuerst durchgeführten Ausgleichung berücksichtigt wurde.[862]

319 Diese Berechnung wird nach heute h. M. auch beim Zusammentreffen des überlebenden Ehegatten mit den Abkömmlingen unter diesen in gleicher Weise vorgenommen, obwohl bei dem zunächst vorzunehmenden Ausgleich nach § 2316 Abs. 1 die Ausgleichsposten nur dem Bruchteil des Nachlasses zugerechnet werden, während nach § 2315 die Anrechnungsposten jeweils dem ganzen Nachlass, also auch dem auf den überlebenden Ehegatten entfallenden Anteil zuzuschlagen sind.[863]

320 Wenn von mehreren Zuwendungen die einen anrechnungspflichtig und die anderen ausgleichungspflichtig sind, liegt kein Fall des § 2326 Abs. 4 vor. Es gelten hier die für die Anrechnung und Ausgleichung jeweils gegebenen Regeln.[864]

6. Der Pflichtteilsergänzungsanspruch neben Ausgleichung und Anrechnung

a) Pflichtteilsergänzung nach §§ 2325 ff. neben der Ausgleichung gem. §§ 2316, 2050 ff.

321 Pflichtteilsausgleichung und Pflichtteilsergänzung treffen zusammen, wenn der Erblasser zu Lebzeiten einem oder mehreren der an der Ausgleichung beteiligten Abkömmlinge sowohl eine auszugleichende Zuwendung als auch eine ergänzungspflichtige Schenkung gemacht hat. Beim Zusammentreffen von Ausgleichs- und Ergänzungspflicht bei einer Zuwendung ist nach Rechtssprechung und Literatur (eine gesetzliche Regelung gibt es

---

Anm. 1; Kipp/Coing § 13 IX Fn. 36; schon bisher wie der BGH: Soergel/Dieckmann § 2327 Rn 1; MünchKomm/Lange § 2327 Rn 4.

861 BGH NJW 1977, 1728 = Rpfleger 1977, 247.

862 Staudinger/Ferid/Cieslar § 2316 Rn 49; Kretzschmar ZBlFG 9, 369, 370 f.

863 Staudinger/Ferid/Cieslar § 2316 Rn 54 u. Rn 22; MünchKomm/Lange § 2316 Rn 21; Sostmann MittRhNotK 1976, 479, 494; Thubauville MittRhNotK 1992, 289, 300; Kasper, Anrechnung und Ausgleichung im Pflichtteil, S. 11.

864 Kasper a. a. O. S. 11 f. m. w. Nachw.

nicht) die Ausgleichsberechnung auch aus dem um den Wert der ergänzungspflichtigen Schenkung vermehrten Nachlass vorzunehmen. Wenn dann die Zuwendung kleiner ist als der so berechnete Ausgleichserbteil des Beschenkten, kommt eine Beschränkung der Ausgleichung durch § 2056 schon seinem Wortlaut nach nicht in Frage.[865] In diesem Fall kann die ausgleichspflichtige Schenkung auch nicht zur Pflichtteilsergänzung herangezogen werden, da sie bereits bei der Ausgleichung gem. §§ 2316, 2050 ff. berücksichtigt wurde und eine Doppelberücksichtigung nicht statthaft ist.[866] Ist die Schenkung jedoch größer als der Ausgleichserbteil, so dass bei einer Erbauseinandersetzung für den Mehrbetrag § 2056 Anwendung finden würde, stellt sich die Frage, ob im Pflichtteilsrecht § 2056 etwa als lex specialis gegenüber den §§ 2325 ff. die Heranziehung des bei der Ausgleichung nicht berücksichtigten Mehrbetrages zur Pflichtteilsergänzung verbietet[867] oder ob man richtigerweise mit der ganz h. M.,[868] gerade weil der den Ausgleichserbteil übersteigende Betrag bei der Ausgleichung nicht berücksichtigt wird, ihn zur Pflichtteilsergänzung heranzieht, da sonst die anderen pflichtteilsberechtigten Abkömmlinge an ihm überhaupt nicht partizipieren würden. Dem Pflichtteilsergänzungsanspruch unterliegt somit in diesen Fällen nur der Mehrempfang im Sinne des § 2056. Dieser setzt zunächst voraus. dass der Ausgleichserbteil abzüglich Vorempfang kleiner als null ist. Danach ist der Mehrempfang, der der Pflichtteilsergänzung unterliegt, der um den Ausgleichserbteil verminderte Vorempfang.

b) Pflichtteilsergänzungsanspruch bei Eigengeschenk gem. § 2327 Abs. 1 Satz 2 neben der Pflichtteilsanrechnung gem. § 2315

Nach § 2327 muss sich ein Pflichtteilsberechtigter, der Pflichtteilsergänzungsansprüche **322**
wegen Geschenken an Dritte geltend macht, die Geschenke, die er selbst vom Erblasser erhalten hat (sog. Eigengeschenke), auf seinen Pflichtteilsergänzungsanspruch anrechnen lassen (siehe oben Rn 169). Wie ist die Berechnung vorzunehmen, wenn er sich kraft einer Anrechnungsbestimmung des Erlassers dieses Geschenk zusätzlich gemäß § 2315 auf seinen Pflichtteil anrechnen lassen muss, d. h. wenn die Anrechnung nach § 2327 und die nach § 2315 zusammentreffen. Die Anrechnung darf dann, wie sich aus der Vorschrift des § 2327 Abs. 1 Satz 2 ergibt, nur einmal erfolgen (keine Doppelanrechnung). Das Anrechnungsverfahren ist umstritten, da es im Gegensatz zu § 2327 Abs. 1 Satz 1 für den Fall des § 2327 Abs. 1 Satz 2 nicht gesetzlich geregelt ist.[869] Im Wesentlichen geht der Streit darum, ob zunächst auch in diesem Fall der ordentliche Pflichtteil unter Berücksichtigung der Anrechnung berechnet werden muss und nur der Betrag der Eigenschenkung, der dort nicht abgesetzt werden kann, weil er über den ordentlichen Pflicht-

---

[865] BGH NJW 1965, 1526 = Rpfleger 1966, 251 m. Anm. Haegele = LM § 2325 Nr. 5; Scholz JhJ 84. Bd. 2. Folge 48. Bd. (1934), 291, 305.

[866] RGZ 77, 282, 284; BGH DNotZ 1963, 113; Soergel/Dieckmann § 2327 Rn 4; MünchKomm/Lange § 2316 Rn 15; Palandt/Edenhofer § 2325 Rn 25; Scholz a. a. O.; Schramm BWNotZ 1959, 227, 228 f.

[867] So legt Staudinger/Boehmer Einl. § 20 Rn 16 zu § 1922 die mehrdeutige RGZ 77, 282, 284 aus.

[868] Bührer ZBlFG 15, 213, 226 ff.; ders. ZBlFG 14, 777; Scholz JhJ 84, 291, 304; Staudinger/Boehmer Einl. § 20 Rn 16 zu § 1922; MünchKomm/Lange § 2316 Rn 15; Soergel/Dieckmann § 2327 Rn 4; Staudinger/Ferid/Cieslar § 2316 Rn 58; RGRK/Johannsen § 2325 Rn 16; Sostmann MittRhNotK 1976, 479, 507 ff.; Kerscher/Tanck, Pflichtteilsrecht, § 8 Rn 17 ff.; eingehend und mit Berechnungsbeispielen. BGH NJW 1965, 1526 = Rpfleger 1966, 251 = LM § 2325 Nr. 5; BGHZ 102, 289 = FamRZ 1988, 280 m. Anm. Dieckmann FamRZ 1988, 712, 713; eingehend hierzu Kasper, Anrechnung und Ausgleichung im Pflichtteilsrecht, S. 42 ff., der immer nur den bei der Ausgleichung nicht berücksichtigen Wert der Zuwendung zur Pflichtteilsergänzung heranziehen will (S. 60).

[869] Siehe eingehend zu den verschiedenen vorgeschlagenen Anrechnungsverfahren Kasper, Anrechnung und Ausgleichung im Pflichtteilsrecht, S. 33 ff.

teilsanspruch hinausgeht, vom Ergänzungspflichtteil abzuziehen ist,[870] oder ob der ordentliche Pflichtteil und der Ergänzungspflichtteil zunächst ohne Berücksichtigung der Anrechnung zu berechnen sind und dann die Anrechnung auf den Ergänzungspflichtteil zu erfolgen hat.[871] Der Streit ist deshalb von praktischer Bedeutung, weil sich der Berechtigte wegen des ordentlichen Pflichtteils nur an den Nachlass halten kann, während er wegen des Ergänzungsanspruchs gem. § 2329 Abs. 1 Satz 1 subsidiär vom Beschenkten die Duldung der Zwangsvollstreckung in das Geschenk verlangen kann.[872] **Anders als bei Drittschenkungen gilt im Übrigen bei Eigenschenkungen nicht die Zehnjahreszeitschranke gem. § 2325 Abs. 3.**[873]

323 M.E. ist entsprechend der erstgenannten Berechnungsart für den Ergänzungsberechtigten zunächst der Ergänzungspflichtteil in der Weise zu berechnen, dass dem Nachlass sämtliche ergänzungspflichtigen Geschenke einschließlich des Eigengeschenks hinzuzuaddieren sind und diese Summe durch die Pflichtteilsquote des Ergänzungsberechtigten zu teilen und davon der Wert des Eigengeschenks abzuziehen ist (Gesamtpflichtteil). Sodann ist ohne Berücksichtigung der Fremdgeschenke die Pflichtteilsanrechnung des Eigengeschenks des Ergänzungsberechtigten gem. § 2315 vorzunehmen (ordentlicher Pflichtteil) und das Ergebnis von dem Gesamtpflichtteil abzuziehen. Die Differenz ist dann der Ergänzungspflichtteil unter Berücksichtigung der Anrechnungspflicht.[874] In Formeln ausgedrückt heißt dies bei

EP = Ergänzungspflichtteil
n = Nachlasswert zum Zeitpunkt des Erbfalls
S = Summe aller Schenkungen, einschließlich der Eigenschenkung an den Ergänzungsberechtigten
q = Nenner der gesetzlichen Erbquote des Ergänzungsberechtigten
a = Wert des Eigengeschenks an den Ergänzungsberechtigten, das auch unter Anrechnungsbestimmung steht:

$$EP = \left(\frac{n+S}{2q} - a\right) - \left(\frac{n+a}{2q} - a\right)$$

324 Nach der wohl h.M.[875] ist für den Bewertungszeitpunkt der Eigenschenkungen i.S. des § 2327 der § 2315 Abs. 2 Satz 2 und nicht § 2325 Abs. 2 maßgebend. Fällt ein pflichtteilsberechtigter Abkömmling, der vom Erblasser ein Geschenk erhalten hat, vor oder nach dem Erbfall weg, muss sich der an seine Stelle tretende Abkömmling diese Schenkung in gleicher Weise anrechnen lassen wie der Weggefallene (§ 2327 Abs. 2).

c) Pflichtteilsergänzungsanspruch bei Eigengeschenk gem. § 2327 neben der Ausgleichungspflicht gemäß § 2316

325 Ist das Eigengeschenk des die Pflichtteilsergänzung von Drittgeschenken fordernden Ergänzungsberechtigten ausgleichungspflichtig nach den §§ 2316, 2050ff., so ist zunächst, nachdem zuvor die auf den überlebenden Ehegatten oder die Eltern entfallenden Nachlassanteile abgezogen wurden, der ordentliche Pflichtteil unter Berücksichtigung

---

[870] So RGRK/Johannsen § 2327 Rn 5; Soergel/Dieckmann § 2327 Rn 5; Sturm/Sturm FG f. Lübtow, 1980, S. 599, 614 die hierfür Formeln bringen; Kretzschmar, Das Recht, 1912 Sp. 42.

[871] So Bührer ZBlFG 15, 213, 224; MünchKomm/Lange § 2327 Rn 8; Staudinger/Ferid/Cieslar § 2327 Rn 14; Palandt/Edenhofer § 2327 Rn 2.

[872] Sturm/Sturm a.a.O. S. 613.

[873] RGZ 69, 389; BGH LM § 2327 Nr. 1; KG NJW 1974, 2131; BGHZ 88, 102, 107 = NJW 1983, 2875; Palandt/Edenhofer § 2327 Rn 1.

[874] So rechnen Sturm/Sturm FG f. Lübtow, 1980 S. 599, 614 und Kretzschmar Recht 1912, Sp. 42; zur Formel siehe auch J. Mayer in Bamberger/Roth § 2327 Rn 9.

[875] MünchKomm/Lange § 2327 Rn 9; RGRK/Johannsen § 2327 Rn 3; Soergel/Dieckmann § 2327 Rn 3; Palandt/Edenhofer § 2327 Rn 4; a.M. Staudinger/Ferid/Cieslar § 2327 Rn 16.

der Ausgleichung nach § 2316 zu berechnen. Danach ist der Gesamtpflichtteil unter Berücksichtigung aller ergänzungspflichtigen Schenkungen, einschließlich des zugleich ausgleichungspflichtigen Eigengeschenks zu berechnen. Die Differenz zwischen dem ordentlichen Pflichtteil und dem Gesamtpflichtteil ist dann der Ergänzungspflichtteil von dem nur noch der hälftige Schenkungsbetrag in Abzug zu bringen ist (entspr. § 2316 Abs. 4), da die andere Hälfte bereits bei der Berechnung des Ausgleichspflichtteils in Abzug gelangt ist.[876]

7. Anrechnung und Zugewinnausgleich

Strittig ist bisher das Verhältnis zwischen der Anrechnung einer Zuwendung unter Ehegatten auf den Pflichtteil gem. § 2315 und der Anrechnung gem. § 1380 Abs. 1 auf den Zugewinnausgleich bei dessen Geltendmachung.[877] Schlägt der Überlebenden der in Zugewinngemeinschaft lebenden Ehegatten die Erbschaft aus und macht den konkreten Zugewinnausgleich und seinen kleinen Pflichtteil geltend (güterrechtliche Lösung), dann hat er sich gemäß § 2315 die lebzeitigen Zuwendungen des Verstorbenen auf seinen Pflichtteil anrechnen zu lassen, sofern der Erblasser dies bestimmt hat. Zugleich hat er sich diese Zuwendung gemäß § 1380 Abs. 1 auf seinen Zugewinn anrechnen zu lassen, und zwar nicht nur, wenn dies der verstorbenen Übergeber angeordnet hat, sondern im Zweifel immer, wenn der Wert der Zuwendung den von Gelegenheitsgeschenken übersteigt, die nach den Lebensverhältnissen der Ehegatten üblich waren. Das Problem ist, in welcher Reihenfolge die beiden Anrechnungen vorzunehmen sind. Dafür ist in erster Linie der Erblasserwille maßgeblich.[878] Hat der Erblasser keine Reihenfolge bestimmt, muss Voraussetzung sein, dass der Ehegatte durch die doppelte Aufrechnungsbestimmung nicht schlechter gestellt wird, als wenn er die Zuwendung nicht erhalten hätte.[879] Nach einer verbreiteten Ansicht,[880] soll dies dadurch erreicht werden, dass die Anrechnung zunächst auf den Pflichtteil erfolgt. Ist der Vorempfang so groß, dass er bei der Pflichtteilsanrechnung nicht völlig aufgebraucht wurde, dann ist bezüglich des Restes eine Anrechnung auch auf den Zugewinn vorzunehmen. 326

IV. Der Auskunfts- und Wertermittlungsanspruch des Pflichtteilsberechtigten

1. Anspruchsinhalt

Nach §§ 2314 Abs. 1, 260 hat der pflichtteilsberechtigte **Nichterbe** gegen den Erben auf Kosten des Nachlasses einen Anspruch auf Auskunft über den Bestand des Nachlasses durch Erteilung eines schriftlichen Verzeichnisses der Nachlassgegenstände und Ermittlung deren Werte.[881] § 2314 regelt letztlich drei voneinander unabhängige Ansprüche:[882] 327

---

[876] BGH LM § 2327 Nr. 1; MünchKomm/Lange § 2327 Rn 7 m. w. Nachw.; Kerscher/Tanck § 7 Rn 100.

[877] Siehe hierzu eingehend Kasper, Anrechnung und Ausgleichung im Pflichtteilsrecht S. 91 ff.; v. Olshausen FamRZ 1978, 755; Thubauville MittRhNotK 1992, 289, 300 f.; Kerscher/Tanck a. a. O. § 8 Rn 36.

[878] MünchKomm/Lange § 2315 Rn 23; Soergel/Dieckmann § 2315 Rn 21; Thubauville MittRhNotK 1992, 289, 300.

[879] MünchKomm/Lange § 2315 Rn 22; Thubauville MittRhNotK 1992, 289, 300.

[880] Staudinger/Ferid/Cieslar § 2315 Rn 98; Staudinger/Thiele § 1380 Rn 29; RGRKomm/Johannsen § 1215 Rn 38 m. Formel; MünchKomm/Lange, § 2315 Rn 24; über die anderen vorgeschlagenen Berechnungsarten siehe eingehend Kasper a. a. O. S. 111 ff.

[881] Muster eines solchen Nachlassverzeichnisses bei Klingelhöffer, Pflichtteilsrecht, Rn 150.

[882] Kerscher/Tanck a. a. O. § 11 Rn 12.

- Den Auskunftsanspruch auf Vorlage eines privaten Bestandsverzeichnisses (§ 2314 Abs. 1 Satz 1)
- den Anspruch auf Vorlage eines amtlichen Nachlassverzeichnisses (§ 2314 Abs. 1 Satz 3)
- den Anspruch auf Wertermittlung auf Kosten des Nachlasses durch einen Sachverständigen (§ 2314 Abs. 1 Satz 2).

328 Die Ansprüche stehen nebeneinander. Der Pflichtteilsberechtigte kann die Vorlage eines notariellen Bestandsverzeichnisses auch dann fordern, wenn er bereits ein privates Nachlassverzeichnis erhalten hat.[883] Der Berechtigte kann nach § 2314 Abs. 1 Satz 2 verlangen, dass er bei der Ausnahme, auch eines amtlichen Bestandsverzeichnisses, zugezogen wird.

329 Der Auskunftsanspruch des Pflichtteilsberechtigten umfasst nicht nur die beim Erbfall tatsächlich vorhandenen Nachlassgegenstände, sondern auch die ausgleichspflichtigen Zuwendungen des Erblassers, seine Schenkungen innerhalb der letzten zehn Lebensjahre und die Nachlassverbindlichkeiten.[884] Auskunft ist auch hinsichtlich sogenannter ehebezogener Zuwendungen zu geben.[885] Falls der Erbe die zur Auskunft erforderlichen Kenntnisse nicht selbst hat, hat er sie sich soweit möglich zu verschaffen.[886] Dazu gehört auch, dass er von einem vertraglichen Auskunftsrecht gegenüber dem Kreditinstitut des Erblassers Gebrauch macht.[887] Der Erbe ist grundsätzlich nicht verpflichtet, dem Anspruchsberechtigten Unterlagen und Belege vorzulegen,[888] da er nur zur Auskunft und nicht zur Rechnungslegung verpflichtet ist. § 2314 Abs. 1 Satz 2 verweist ausdrücklich nur auf § 260 und nicht auch auf § 259. Als Beweismittel sieht das Gesetz allein die Abgabe der Versicherung an Eidesstatt gem. § 260 Abs. 2 vor. Eine Ausnahme hiervon macht die Rechtsprechung in Fällen, in denen sich ein Unternehmen oder eine Unternehmensbeteiligung im Nachlass befindet und eine Beurteilung bzw. Berechnung des Pflichtteils ohne Einsicht in die Unterlagen und Belege nicht möglich ist.[889] Unter den Voraussetzungen des § 260 Abs. 2, d. h. wenn Grund zu der Annahme besteht, dass das Verzeichnis nicht mit der erforderlichen Sorgfalt aufgestellt worden ist, kann der Pflichtteilsberechtigte eine eidesstattliche Versicherung über die Vollständigkeit der Angaben über den Bestand des Nachlasses vom Erben verlangen. Grundsätzlich verjährt der Anspruch des Pflichtteilsberechtigten auf Auskunft erst in 30 Jahren (§ 195). Als Hilfsanspruch kann er allerdings nicht später verjähren als der Pflichtteilsanspruch (§ 2332) als Hauptanspruch.[890] Neuerdings lässt der BGH[891] die Auskunft auch bei verjährtem Pflichtteilsanspruch zu, sofern der Pflichtteilsberechtigte ein besonderes Interesse daran nachweisen kann.

2. Anspruchsgläubiger

330 Der Auskunfts- und Wertermittlungsanspruch steht nur pflichtteilsberechtigten Abkömmlingen, Eltern und dem Ehegatten des Erblassers zu, sofern sie durch Verfügung von Todes wegen von der Erbfolge ausgeschlossen wurden (§ 2303) oder die Erbschaft

---

[883] BGHZ 33, 373 = NJW 1961, 602.
[884] BGHZ 33, 373 = BGH NJW 1961, 602, 603; BGHZ 89, 24, 27.
[885] OLG Düsseldorf NJW 1996, 3156.
[886] Schmitz WM 1998 Sonderbeil. 3 S. 13.
[887] BGHZ 107, 104 = WM 1989, 518 = NJW 1989, 1601; siehe auch Bartsch ZErb 1999, 20.
[888] Palandt/Heinrichs, § 261 Rn 21; BGH LM § 810 Nr. 5; OLG Koblenz WM 1997, 871; Kerscher/Tanck, a. a. O. § 11 Rn 34; Klingelhöffer, Pflichtteilsrecht, Rn 137.
[889] BGH NJW 1975, 1774, 1777; BGH FamRZ 1965, 135; BGHZ 33, 373, 378 = NJW 1961, 602, 604; MünchKomm/Lange § 2314 Rn 4.
[890] BGHZ 33, 373, 379 = NJW 1961, 602, 604; OLG Zweibrücken FamRZ 1969, 230, 231.
[891] BGH FamRZ 1985, 178 = NJW 2985, 384 = LM § 2314 Nr. 13; BGHZ 108, 393 = NJW 1990, 180 = FamRZ 1990, 41.

gem. § 2306 Abs. 1 Satz 2 ausgeschlagen haben bzw. dem Ehegatten im Falle des § 1371 Abs. 3. Auskunftsberechtigt sind auch Pflichtteilsberechtigte, die **nur mit einem Vermächtnis bedacht** sind, ohne dass sie das Vermächtnis gem. § 2307 Abs. 1 Satz 1 ausschlagen müssen.[892] Der Auskunfts- und Wertermittlungsanspruch nach § 2314 steht dem pflichtteilsberechtigten Nichterben auch gegen den vom Erblasser innerhalb der letzten zehn Jahre beschenkten Dritten zu.[893]

Keinen Auskunfts- und Wertermittlungsanspruch hat schon nach dem Wortlaut des § 2314 der **pflichtteilsberechtigte Miterbe,** da er sich auf Grund seiner Stellung als Erbe (§§ 2038, 2027, 2028, 2057) die erforderlichen Informationen selbst beschaffen kann.[894] Die Rechtsprechung[895] gewährt ihm allerdings in folgenden Fällen einen Auskunftsanspruch nach § 242, wenn er sich die erforderlichen Kenntnisse nicht auf andere ihm zumutbare Weise verschaffen kann und der Beschenkte die Auskunft unschwer zu geben vermag: 331

- Des pflichtteilsberechtigten Erben gegen einen Miterben, den der Erblasser beschenkt haben soll;[896]
- Des pflichtteilsberechtigten Erben gegen den vom Erblasser in den letzten zehn Jahren beschenkten Dritten;[897]
- Des pflichtteilsberechtigten Erben gegen den Beschenkten, wenn der Erbe einen Zusatzpflichtteil gem. § 2305 geltend macht;[898]
- Des Beschenkten gegen den Erben, der ihn nach § 2329 in Anspruch nimmt, wegen der selbst vom Erblasser empfangenen Geschenke.[899]

Der Unterschied des Anspruch nach § 242 gegenüber dem nach § 2314 ist, dass bei letzterem die Kosten der Nachlass trägt, während die Kosten einer Auskunft, die sich auf § 242 stützt, demjenigen zur Last fallen, der die Auskunft begehrt.[900] Nach dem BGH hat allerdings die Kosten der Wertermittlung nicht der Beschenkten sondern der sie verlangende Pflichtteilsberechtigte zu tragen.[901] 332

Keinen Auskunftsanspruch nach § 2314 hat der Nacherbe gegen den Vorerben, da er sich gem. §§ 2121, 2122 und 2127 informieren kann und zwar auch nicht wenn seine Rechtsstellung auflösend bedingt ist.[902] Wohl hat er jedoch einen Auskunftsanspruch gegen den vom Vorerben Beschenkten.[903] 333

3. Anspruchsschuldner

Auskunftsverpflichtet ist der Erbe persönlich, Miterben als Gesamtschuldner gem. § 431.[904] Der beschenkte Dritte ist dem pflichtteilsberechtigten Nichterben gemäß § 2314 334

---

[892] BGHZ 28, 177 = NJW 1958, 1964; OLG Düsseldorf FamRZ 1995, 1236, 1237; OLG Oldenburg NJW-RR 1993, 782, 783; MünchKomm/Lange § 2314 Rn 16.

[893] BGHZ 55, 378; BGHZ 89, 24, 30 = NJW 1984, 487; BGHZ 107, 200 = NJW 1989, 2887 = FamRZ 1989, 856.

[894] BGH NJW 1993, 2737; BGHZ 61, 180 = NJW 1973, 1876; Lorenz JuS 1995, 569; Hohloch JuS 1994, 76; Kempfler NJW 1970, 1533; MünchKomm/Lange § 2314 Rn 18.

[895] BGHZ 61, 180, 184 = NJW 1973, 1876, 1877; OLG Zweibrücken OLGZ 1973, 218; MünchKomm/Lange, § 2314 Rn 18.

[896] BGH NJW 1993, 2737 = FamRZ 1993, 1063; Hohloch JuS 1994, 76.

[897] BGHZ 61, 180 = NJW 1973, 1876; BGHZ 58, 237; BGH FamRZ 1985, 124 = NJW 1986, 127; BGHZ 108, 393 = NJW 1990, 180 = FamRZ 1990, 41.

[898] BGH 61, 180, 184 = NJW 1973, 1876; BGH NJW 1986, 127, 128.

[899] BGH NJW 1964, 1414 = LM § 2329 Nr. 5, 6.

[900] Klingelhöffer a. a. O. Rn 140; BGHZ 108, 393 = NJW 1990, 180 = FamRZ 1990, 41.

[901] BGHZ 107, 200 = NJW 1989, 2887 = FamRZ 1989, 856.

[902] BGH NJW 1981, 2051.

[903] BGHZ 55, 378; BGHZ 58, 237.

[904] BGHZ 107, 200, 202.

und dem pflichtteilsberechtigten Allein- oder Miterben gem. § 242 zur Auskunft und gegebenenfalls Wertermittlung verpflichtet.[905]

4. Prozessuale Durchsetzung

335 Weigert sich der Erbe die Auskunft zu erteilen und den Pflichtteilsanspruch anzuerkennen, kann der Pflichtteilsberechtigte gegen ihn eine Stufenklage gem. § 254 ZPO erheben.[906]
- In der 1. Stufe wird dabei Auskunftserteilung begehrt.
- In der 2. Stufe die Abgabe der eidesstattlichen Versicherung über die Richtigkeit der erteilten Auskunft verlangt.
- In der 3. Stufe wird die Zahlung des entsprechend der erteilten Auskunft berechneten Pflichtteilsanspruchs beantragt.

336 Die Stufenklage hat nach altem Recht die Verjährung unterbrochen[907] und hemmt nach neuem Recht die Verjährung.[908]

V. Die Verjährung im Pflichtteilsrecht

Das seit dem 1. 1. 2010 geltende Gesetz zur Änderung des Erb- und Verjährungsrechts (Pflichtteilsreform) hat die Sonderverjährung erbrechtlicher Ansprüche (§§ 197 Abs. 1 Nr. 2, 2332 BGB a.F.) abgeschafft.[909] Von den in § 197 Abs. 1 Nr. 1 BGB n.F. genannten Ansprüchen aus den §§ 2018, 2130 und 2362 BGB abgesehen, unterliegen „erbrechtliche" Ansprüche nunmehr der 3-jährigen Regelverjährung nach § 195 BGB n.F.

337 Die **Verjährungsfrist** für
- den ordentlichen Pflichtteilsanspruch nach § 2303
- den Pflichtteilsrestanspruch gem. §§ 2305, 2307 Abs. 1 Satz 2
- den Pflichtteilsausgleichsanspruch gem. § 2316 und den
- Pflichtteilsergänzungsanspruch nach §§ 2325, 2329

beträgt daher einheitlich **drei Jahre** (§ 195 BGB n.F.).

Verjährungsbeginn: Für die **Pflichtteilsansprüche nach den §§ 2303 bis 2307** setzt gem. § 199 Abs. 1 BGB n.F. der Beginn der Verjährungsfrist beim Pflichtteilsberechtigten folgende **doppelte Kenntnis** voraus:
- Kenntnis vom Eintritt des Erbfalls.
- Kenntnis von der ihn beeinträchtigenden Verfügung. Dabei kann die „beeinträchtigende Verfügung" sowohl eine Verfügung von Todes wegen als auch eine Rechtsgeschäft unter Lebenden sein.[910]

338 Ohne Kenntnis verjährt der Anspruch spätestens in dreißig Jahren (§ 199 Abs. 3a BGB n.F.).[911]

339 Für **Pflichtteilsergänzungsansprüche gegen Erben (§ 2325)** ist zusätzlich die Kenntnis der das Erblasservermögen verkürzenden Schenkung für den Fristbeginn erforderlich.[912] Es kann daher sehr wohl sein, dass der normale Pflichtteilsanspruch verjährt ist, während der Pflichtteilsergänzungsanspruch noch besteht.[913]

---

905 MünchKomm/Lange § 2314 Rn 20.

906 Formularvorschlag einer Stufenklage bei Kerscher/Tanck § 13 Rn 24.

907 BGH NJW 1975, 1409; BGH NJW 1999, 1101.

908 OLG Schleswig ZErb 2003, 296.

909 Siehe Roland ZEerb 2007, 429.

910 Siehe hierzu eingehend Ruby ZErb 2006, 86; BGHZ 103, 333 = NJW 1988, 1667 = FamRZ 1988, 716.

911 Bezüglich dieser Verjährungshöchstfrist siehe eingehend Küpper ZEV 2010, 397.

912 BGHZ 103, 333.

913 BGH NJW 1995, 1157.

Die Verjährungsfrist des **Pflichtteilsergänzungsanspruch gegen den Beschenkten (§ 2329)** beginnt gemäß § 2332 Abs. 1 BGB n.F. immer ohne Rücksicht auf die Kenntnis der beeinträchtigenden Verfügung unter Lebenden **mit dem Zeitpunkt des Erbenfall.** Dieser frühzeitige Beginn der Verjährungsfrist tritt auch ein, wenn der **Beschenkte gleichzeitig Erbe oder Miterbe** ist.[914] Allerdings unterbricht eine auf § 2325 gestützte Klage des Pflichtteilsberechtigten gegen den **beschenkten Erben** auch die Verjährung des Anspruchs gegen ihn aus § 2329.[915] 340

Setzt die Geltendmachung des Pflichtteilsanspruchs die Ausschlagung eines Erbteils oder Vermächtnisses voraus (§§ 2306 Abs. 1, 2307, 1371 Abs. 3), so beginnt gemäß § 2332 Abs. 2 BGB n.F. die Verjährungsfrist nicht erst mit der Ausschlagung, sondern zum Zeitpunkt gem. § 2332 Abs. 1. Die Verjährung der Pflichtteilsansprüche entfernterer Abkömmlinge und der Eltern (§ 2309) beginnt erst, wenn der Berechtigte auch vom Wegfall des Vorberufenen Kenntnis erlangt hat.[916] 341

Hat der Erblasser den Pflichtteilsberechtigten durch verschiedene Schenkungen zu verschiedenen Zeiten benachteiligt, dann können sich daraus verschiedene Pflichtteilsergänzungsansprüche gegen den Erben (§ 2325) mit unterschiedlich laufenden Verjährungsfristen ergeben.[917] Nach jetzt h.M. beginnt die Verjährungsfrist in Fällen, in denen eine Beeinträchtigung des Pflichtteilsberechtigten erst durch das Zusammenwirken mehrerer Verfügungen herbeigeführt wird (**Doppelbeeinträchtigung**), einheitlich erst mit der letzten Kenntnis zu laufen.[918]

Die Verjährungsfrist beginnt nicht zu laufen, wenn der Pflichtteilsberechtigte die ihn beeinträchtigende Verfügung für **unwirksam** hält und diese Bedenken nicht ganz von der Hand zu weisen sind.[919] Dagegen ist ein Irrtum des Pflichtteilsberechtigten über das **Ausmaß der Beeinträchtigung,** gleichgültig ob er auf einem Irrtum über den Umfang der Nachlassmasse oder auf einer **unrichtigen rechtlichen Auslegung** der Verfügung von Todes wegen beruht, für den Verjährungsbeginn unerheblich.[920] Die Hemmung der Verjährungsfrist richtet sich nach den §§ 203 bis 211 BGB und ihre Unterbrechung nach den § 212 BGB. Zu beachten ist, dass die Auskunftsklage allein die Verjährung nicht unterbricht, sondern nur die Zahlungs- oder Stufenklage.[921] 342

Nach § 202 Abs. 2 BGB kann die Verjährung auf bis zu 30 Jahre ab dem gesetzlichen Verjährungsbeginn verlängert werden. Da Kenntnis vom Erbfall und von der beeinträchtigenden Verfügung regelmäßig schon bald nach dem Erbfall besteht, verjähren Pflichtteilsansprüche relativ schnell. Bei Pflichtteilsansprüchen von Abkömmlingen ist die schnelle Verjährung nicht selten unerwünscht. In solchen Fällen kann der Erblasser in der § 202 Abs. 2 BGB verlängern. 343

344

Formulierungsvorschlag:

Pflichtteilsansprüche unserer gemeinsamen Abkömmlinge gegenüber dem Nachlass des zuerst versterbenden Ehegatten sollen im Wege des Vermächtnisses zu Gunsten des Pflichtteilsberechtigten erst in dreißig Jahren nach dessen Tod verjähren.

---

914 BGH NJW 1986, 1610 = FamRZ 1986, 150/151; OLG Hamm NJW-RR 1986, 166; Palandt/Edenhofer § 2332 Rn 8.

915 BGHZ 107, 200 = WM 1989, 919.

916 RG JW 1912, 70; RG WarbR 1913 Nr. 153.

917 BGH a.a.O.

918 BGH a.a.O.; BGH NJW 1972, 760; BGHZ 95, 76/80.

919 BGH NJW 1984, 2935/2936 = FamRZ 1984, 655; BGH NJW 1993, 2439; MünchKomm/Lange § 2332 Rn 7.

920 BGH NJW 1995, 1157 = FamRZ 1995, 421 = ZEV 1995, 219; eingehend besprochen von Ebenroth/Koos ZEV 1995, 233.

921 RGZ 115, 29; BGH NJW 1975, 1409/1410; Klingelhöffer, Pflichtteilsrecht, Rn 126.

Im Übrigen bleibt der Anspruch auf Auseinandersetzung der Erbengemeinschaft nach § 2042 gemäß §§ 2042 Abs. 2, 758 auch in Zukunft unverjährbar.

VI. Pflichtteil und Erbschaftsteuer[922]

345 Als erbschaftsteuerlicher Erwerb von Todes wegen gilt auch „der Erwerb auf Grund eines geltend gemachten Pflichtteilsanspruchs" (§ 3 Abs. 1 Ziff. 1 ErbStG). Der Anspruch auf den Pflichtteil entsteht zwar bereits mit dem Erbfall (§ 2317). Das Erbschaftsteuergesetz sieht den Anspruch aber solange als nicht vorhanden an, wie er nicht geltend gemacht wird (§§ 3 Abs. 1 Ziff. 1, 9 Abs. 1 Ziff. 1 b, 10 Abs. 5 Ziff. 2 ErbStG). Der steuerpflichtige Wert des Pflichtteils ist die nach den bürgerlich-rechtlichen Bewertungsmaßstäben der §§ 2311 bis 2313 zu ermittelnde Geldforderung des Pflichtteilsberechtigten an den Erben. Der Pflichtteilsanspruch kann auch, etwa vergleichsweise, nur teilweise geltend gemacht werden. Dann entsteht die Steuer „begrenzt durch die Höhe, in der dieser (Anspruch) geltend gemacht worden ist".[923] Der Verzicht auf den entstandenen Pflichtteilsanspruch ist nach § 13 Abs. 1 Ziff. 11 ErbStG erbschaftsteuerfrei. Diese Befreiungsvorschrift greift allerdings nicht mehr ein, wenn der Pflichtteilsanspruch bereits geltend gemacht worden, aber noch nicht ausgezahlt ist. In diesem Fall ist in dem Verzicht eine unentgeltliche Zuwendung zu erblicken.[924] Wird für den Verzicht des entstandenen aber noch nicht geltend gemachten Pflichtteils eine Abfindung gewährt, ist diese gem. § 3 Abs. 2 Ziff. 4 ErbStG zu versteuern. Was als Abfindung für einen Pflichtteilsverzichtsvertrag gem. § 2346 Abs. 2 vor dem Erbfall bezahlt wird, ist gem. § 7 Abs. 1 Ziff. 5 ErbStG zu versteuern. Den geltend gemachten Pflichtteilsanspruch kann der Erbe als wirtschaftliche Minderung von seinem steuerpflichtigen Erwerb in Abzug bringen (§ 10 Abs. 5 Ziff. 2 ErbStG).

346 Der Pflichtteil wird erbschaftsteuerlich nur dann berücksichtigt, wenn er ernstlich verlangt („geltend gemacht") wurde (§ 3 Abs. 1 Nr. 1 ErbStG), ist aber dann im vollen Umfang abzugsfähig (§ 10 Abs. 5 Nr. 2 ErbStG). Eine Steuerminderungsmöglichkeit[925] kann deshalb darin bestehen, dass die Abkömmlinge beim Tod eines Ehegatten und Alleinerbschaft des Überlebenden, sofern keine Pflichtteilsstrafklausel besteht, ihre Pflichtteilsansprüche im Einverständnis mit dem überlebenden Elternteil in Höhe ihrer Erbschaftsteuerfreibeträge von Euro 400 000,– geltend machen, jedoch auf den Tod des Überlebenden stunden.[926] Die Stundung hat allerdings auf die sofortige Fälligkeit der Steuer keinen Einfluss.[927] Erfolgt die Stundung zinslos, führt dies in entsprechender Anwendung des § 12 Abs. 3 BewG dazu, dass die gestundete Pflichtteilsforderung abzuzinsen ist und in einen Kapital- und eine Zinsanteil zerfällt, wobei der letztere als Kapitalertrag der Einkommensteuer unterliegt.[928] Die Vereinbarung zwischen dem überlebenden Elternteil und den Kindern sollte zu Beweiszwecken schriftlich erfolgen. Der Anspruch auf den Pflichtteil verjährt zwar in drei Jahren (§ 2332), kann jedoch auch noch danach mit erbschaftsteuerlicher Wirkung erfüllt werden.[929] Ist der pflichtteilsbelastete Elternteil ebenfalls verstorben, so erlöschen an sich, sofern ihn die Abkömmlinge beerben, ihre Pflichtteilsansprüche nach dem Erstverstorbenen durch Konfusion. § 10 Abs. 3 ErbStG bestimmt jedoch ausdrücklich, dass die beim Erbfall durch Vereinigung von Recht und Verbindlichkeit erloschenen Rechtsverhältnisse „als nicht erloschen gelten". Die Ab-

---

[922] Siehe hierzu Crezelius ZErb 2002, 142.
[923] BFH BStBl. II 1973, S. 798, 800.
[924] Petzoldt, Erbschaftsteuer- und Schenkungssteuergesetz, 2. Aufl., § 13 Rn 45.
[925] Siehe hierzu Moench DStR 1987, 139, 143 f.
[926] Siehe hierzu eingehend J. Mayer ZEV 1998, 50, 53 f.
[927] Petzoldt, a. a. O. § 9 Rn 30; Meincke, ErbStG, 11. Aufl., § 9 Rn 33.
[928] Bühler BB 1997, 551, 555 Fn. 5; J. Mayer ZEV 1998, 50, 55; a. M. Kaeser ZEV 1998, 210.
[929] Moench DStR 1987, 139, 144 m. w. N.

kömmlinge können sich deshalb gegenüber dem Finanzamt auf ihre Pflichtteilsrechte nach dem Erbfall des erstverstorbenen Elternteils berufen und die Steuer ist so zu berechnen, als sei der Anspruch zu Lebzeiten des längerlebenden Elternteils bereits mit bürgerlichrechtlicher Wirkung geltend gemacht worden.[930] Dass dies auch gelten muss, wenn beim Tod des längstlebenden Elternteils der Pflichtteilsanspruch nach dem Erstversterbenden bereits verjährt ist, dürfte nach der neueren Rechtsprechung des BGH,[931] kaum mehr zu bezweifeln sein.[932] Bei Vergleichsberechnungen mit dieser steuergünstigen Aufspaltung des Elternvermögens unter Ausnutzung der Freibeträge sollte auch die Steuerermäßigung nach § 27 ErbStG (mehrfacher Erwerb desselben Vermögens) mit in Betracht gezogen werden.[933]

Enthält die Verfügung von Todes wegen eine Pflichtteilsstrafklausel etwa in der Form der sog. Jastrow'schen Klausel, dann kann die Pflichtteilsvereinbarung als Pflichtteilsverlangen mit enterbender Wirkung gesehen werden. Er ist daher dringend angezeigt, Pflichtteilsstrafklauseln etwa wie folgt einzuschränken:[934] 347

Formulierungsvorschlag:

Verlangt und erhält einer unserer Abkömmlinge nach dem Tod des erstversterbenden Elternteils **entgegen dem Willen des Längstlebenden** seinen Pflichtteil, so …

Schrifttum: *Cornelius,* Der Pflichtteilsergänzungsanspruch, Diss. Bayreuth, 2004; *Ebenroth/Bacher/Lorz,* Anrechnung lebzeitiger Leistungen auf Erb- und Pflichtteilsrechte, JZ 1991, 277; *Elfring,* Die Lebensversicherung im Erbrecht, ZEV 2004, 305; *Heinze,* Der schwierige Umgang mit Anrechnungs- und Ausgleichungsbestimmungen, ZNotP 2010, 64; *Henrich,* Testierfreiheit vs. Pflichtteilsrecht, 2000; *Kasper,* Anrechnung und Ausgleichung im Pflichtteilsrecht, Diss. Tübingen 1999; *Kerscher/Riedel/Lenz,* Pflichtteilsrecht in der anwaltschaftlichen Praxis, 3. Aufl. 2002; *Klingelhöffer,* Pflichtteilsrecht, 2. Aufl. 2003; *Mayer/Süß/Tanck/Bittler/Wälzholz,* Handbuch Pflichtteilsrecht, 2003; *Jörg Mayer,* Nachträgliche Änderung von erbrechtlichen Anrechnungs- und Ausgleichungsbestimmungen, ZEV 1996, 441, *ders.,* Anrechnung und Ausgleichung im Erb- und Pflichtteilsrecht – eine Einführung an Hand von Beispielsfällen, ZErb 2007, 130; ders., Die Auswirkungen der Erbrechtsreform auf die Kautelpraxis, ZEV 2010,2; *Lange,* Reform des Pflichtteilsrechts: Änderungsvorschläge zu Anrechnung und Stundung, DNotZ 2007, 84; *Schindler,* Pflichtteilsberechtigter Erbe und pflichtteilsberechtigter Beschenkter, Diss. Tübingen, 2004; *ders.,* Zuwendungsarten bei der Ausgleichung unter Miterben nach § 2050 BGB, ZEV 2006, 389; *Schlitt,* Klassische Testamentsklauseln, 1991; *Seiler,* Der Begriff der Schenkung, Diss. Passau, 2006; *Tanck,* Die Ausgleichung und Anrechnung im Erb- und Pflichtteilsrecht und die Einflussmöglichkeiten des Erblassers, Diss. Konstanz, 2005; *ders.,* Keine Pflichtteilsreduzierung bei Kombination von Anrechnung (§ 2315 BGB) und Ausgleichung (§ 2316 BGB), ZErb 2003, 41; *ders.,* § 2318 Abs. 3 BGB schützt nur den Pflichtteilskern, ZEV 1998, 132; *Wiegand,* Reformfragen des Pflichtteilsrechts, DNotZ 2007, 97.

---

930 Moench a. a. O.
931 BGHZ 88, 102, 108 = NJW 1983, 2875; BGH NJW 1987, 1260, 1262.
932 So schon FG Düsseldorf DStZ/B 1954, 422; a. M. noch Moench DStR 1987, 139, 144; Meincke/Michel, ErbStG, 8. Aufl., § 3 Rn 36.
933 Siehe hierzu Moench DStR 1987, 139, 144; Biergans/Sigloch Betr. 1975, 758.
934 So J. Mayer ZEV 1998, 50, 54; Dressler NJW 1997, 2848, 2850.

§ 3 Sonstige Schranken der Gestaltungsfreiheit

I. Gesetz- oder sittenwidrige Verfügungen von Todes wegen

1. Verstoß gegen Verbotsgesetze

a) Allgemein

1 Letztwillige Verfügungen können gegen gesetzliche Verbote i. S. des § 134 verstoßen und sind dann nichtig, wie für Vermächtnisse und Auflagen im Gesetz (§§ 2171, 2192) ausdrücklich erwähnt.[1] Verbotsgesetze i. S. des § 134 ergeben sich insbesondere aus dem Strafrecht und evtl. aus devisenrechtlichen Vorschriften, wobei bei letzteren jedoch darauf zu achten ist, ob sich das Verbot überhaupt gegen das Verpflichtungsgeschäft und nicht etwa nur gegen eine bestimmte Art der Erfüllung richtet.[2]

2 Nach der h. M.[3] entfalten die Grundrechte des Grundgesetzes keine unmittelbare privatrechtliche Drittwirkung und sind daher keine den Privatrechtsverkehr bindenden Verbotsgesetze i. S. des § 134.[4] Das schließt jedoch nicht aus, dass die Grundrechte über die wertausfüllungsbedürftige Generalklausel des Gebots der guten Sitten (§ 138) erbrechtliche Verfügungen diskriminieren können.[5]

b) Zuwendungsverbot nach § 14 HeimG[6]

3 Nach § 14 des Heimgesetzes vom 7. 8. 1974 in der Fassung der Bekanntmachung vom 5. 11. 2001 (BGBl. I S. 2970) ist es zum Schutz volljähriger Heimbewohner vor Ausnutzung ihrer Abhängigkeit, Hilflosigkeit und Arglosigkeit dem **Träger des Heims, seinem Leiter, den Beschäftigten oder sonstigen Mitarbeitern** untersagt, sich von oder zugunsten von Bewohnern oder Bewerber um einen Heimplatz über das für die Unterbringung, Beköstigung und Pflege der Bewohner vereinbarte Entgelt hinaus Geld- oder geldwerte Leistungen **versprechen oder gewähren zu lassen** (§ 14 Abs. 1 u. 5 HeimG), soweit es sich jeweils nicht um geringwertige Aufmerksamkeiten handelt. Nach der Neufassung des Heimgesetzes vom 5. 11. 2001 fallen Einrichtungen des **sog. betreuten Wohnens** nicht unter das Verbotsgesetz, so lange keine Verpflichtung des Mieters besteht, Verpflegung und weitergehende Betreuungsleistungen von bestimmten Anbietern anzunehmen.[7] Mit der Föderalismusreform ging die Gesetzgebungskompetenz für das Heimwesen auf die Länder über.[8] Bisher haben nur Baden-Württemberg[9] und Bayern[10] eigene Gesetze erlassen, die jedoch dem § 14 HeimG entsprechende Vorschriften enthalten, so dass die hierzu ergangene Rechtsprechung auch weiterhin maßgeblich sein dürfte.[11]

---

[1] v. Lübtow ErbR, Bd. 1, S. 308; Staudinger/Otte Vorbem. zu §§ 2064–2086 Rn 135; Otte JA 1985, 192.

[2] Staudinger/Otte a. a. O. Rn 136, 137; Otte JA 1985, 193.

[3] BVerfGE 7, 198, 211 ff.; BVerfGE 34, 269, 279 f.; BGHZ 70, 313, 324 f.; Maunz/Dürig/Herzog/Scholz Art. 1 GG Rn 127 ff.; Otte JA 1985, 192, 193.

[4] Palandt/Heinrichs, § 134 Rn 4; a. M. Boehmer, Erbrecht, in Neumann/Nipperdey/Scheuner, Die Grundrechte, Bd. II, 1954, 401.

[5] Staudinger/Otte a. a. O. Rn 138; Otte JA 1985, 192, 194.

[6] Umfassend hierzu G. Müller in „Zehn Jahre Deutsches Notarinstitut", 2003, S. 153 ff.

[7] DNotI-Report 2002, 7; Heinemann MittBayNot 2002, 69 ff.; Forst RNotZ 2003, 292/299 f.

[8] DNotI-Report 2008, 143.

[9] GBl. BW 2008, 169.

[10] BayGVBl. 2008, 346.

[11] DNotI-Report 2008, 143.

Schutzzweck der Vorschrift des § 14 HeimG ist[12] 4
- eine unterschiedliche, bevorzugende oder benachteiligende, sachlich nicht gerechtfertigte Behandlung der Heimbewohner zu verhindern (**Schutz des Heimfriedens**),
- die Heimbewohner vor finanzieller und wirtschaftlicher Ausbeutung oder Benachteiligung, insbesondere durch die nochmalige Abgeltung einer Leistung des Trägers zu schützen, sowie
- die Testierfreiheit der Heimbewohner zu sichern.[13]

Die Regelung ist verfassungsmäßig.[14]

Allgemein anerkannt ist, dass unter das Verbot des § 14 HeimG nicht nur Zuwendungsverträge unter Lebenden, wie Schenkungen und Schenkungsversprechen unter Lebenden und von Todes fallen, sondern auch Zuwendungsverträge von Todes wegen, d.h. **Erbverträge** gemäß §§ 2274ff.[15] Dagegen unterfallen **testamentarische (= einseitigen) Zuwendungen** der Vorschrift nur, wenn sich der Eintritt des Vermögensvorteils auf ein **Einvernehmen zwischen dem Testierenden und dem Bedachten gründet**, da nur der lebende Heimbewohner geschützt werden soll.[16] Dies folgert die h.M. aus dem Begriff „sich gewähren lassen".[17] Hat der Heimträger von einer einseitigen testamentarischen Zuwendung zu seinen Gunsten erst nach dem Tod des Erblassers Kenntnis erlangt, ist diese letztwillige Verfügung nicht nach § 14 Abs. 1 HeimG unwirksam.[18] Das OLG München[19] nimmt jedoch neuerdings einen Verstoß gegen § 14 HeimG auch dann an, wenn der Heimträger zwar erst nach dem Tod des Erblassers Kenntnis von der Zuwendung erlangt, der Heimbewohner aber weiterhin in dem Heim lebt. Ein Einvernehmen liegt bereits vor, wenn der Heimträger von der letztwilligen Verfügung Kenntnis erhält und sich nach Kenntniserlangung in einer Weise verhält, aus der der Heimbewohner auf das Einverständnis des Heimträgers mit der letztwilligen Verfügung schließen kann.[20] Die Kenntnis von der einseitigen Verfügung von Todes wegen zugunsten des Heims muss nicht dessen rechtsgeschäftlicher Vertreter haben, es genügt vielmehr das Wissen eines Mitarbeiters, den der Heimträger nach seiner Organisation als Ansprechpartner für die Heimbewohner bestimmt hat und der wegen seiner Stellung im Heim wesentlichen Einfluss auf die konkrete Lebenssituation der Heimbewohner ausüben kann (**Wissensvertreter**).[21] Geschützt werden durch § 14 Abs. 1 und 5 HeimG die Heimbewohner, auch soweit zu deren Gunsten Leistungen von Dritten an den Heimträger erbracht werden.[22] Auch Zuwendungen von Eltern von Heimbewohnern fallen unter das Verbot.[23] Eine bereits vor dem Einzug in ein Heim zugunsten des Heimträgers errichtete letztwillige Verfügung wird nach dem Einzug nach § 14 Abs. 1 HeimG nichtig, wenn über sie zwischen Heimträger und Heimbewohner **Einvernehmen** besteht und eine Ausnahmege-

---

[12] Vgl. BT-Drucks. 11/5120, S. 17f.

[13] BGHZ 110, 235, 239 = NJW 1990, 1603; BVerwG NJW 1990, 2268; Rossak ZEV 1996, 41; ders. ZEV 1998, 34; Dubischar DNotZ 1993, 419.

[14] BGH ZEV 1996, 145f; BVerfG NJW 1998, 2964 = FamRZ 1998, 1498.

[15] BGH ZEV 1996, 312; BayObLG DNotZ 1992, 258; BayObLG NJW 1993, 1143; BVerwG NJW 1990, 2268; OLG München ZEV 1996, 148; OLG München ZEV 1996, 145; KG FGPrax 1998, 183; Rossak ZEV 1996, 41, 43 m.w.N.

[16] BayObLGZ 1991, 251 = NJW 1992, 55, 56 = DNotZ 1992, 258; KG DNotI-Report 1998, 142; G. Müller in 10 Jahre Deutsches Notarinstitut 2003, 153, 157.

[17] BVerwG NJW 1990, 2268; BayObLG NJW 1993, 1143, 1144; OLG München ZEV 1996, 148; OLG München ZEV 1996, 145; KG NJW-RR 1999, 2 = ZEV 1998, 437.

[18] BayObLGZ 1992, 344 = NJW 1993, 1143.

[19] OLG München NJW 2006, 2642 = DNotZ 2006, 933; a.M. Tersteegen ZErb 2007, 414.

[20] KG FGPrax 1998, 185, 186 m.w. Nachw.

[21] BayObLGZ 1992, 344, 349 = NJW 1993, 1143 = DNotZ 1993, 453; OLG Karlsruhe u. BGH ZEV 1996, 145, 147; KG FGPrax 1998, 185.

[22] OLG München NJW 2006, 2642.

[23] LG Flensburg NJW 1993, 1866.

nehmigung nicht eingeholt wird.[24] In der Folge wurde dann durch das 3. Gesetz zur Änderung des HeimG (BGBl. 2001 I, 2960ff.) die Schutzvorschrift ausdrücklich auf Heimbewerber ausgedehnt. Ab wann allerdings zeitlich von einem Heimbewerber gesprochen werden kann, ist immer noch streitig. Man wird dazu fordern müssen, dass der Wille des Betreffenden nach außen erkennbar in Erscheinung getreten ist.[25] Verboten ist die Leistungsannahme dem Träger des Heimes und dem Heimpersonal (§ 14 Abs. 5 HeimG), zu denen auch alle Personen gehören, die aufgrund besonderen Verträge oder ehrenamtlich in dem Heim tätig sind, wie z.B. der Hausarzt oder der Psychologe.[26] Ferner erfasst das Verbot auch die Angehörigen der in § 14 Abs. 5 HeimG genannten Personen,[27] wobei in diesen Fällen allerdings der Zusammenhang zwischen Heimbetreuung und letztwilliger Verfügung genau zu prüfen ist. Das Verbot der Annahme von Vermögensvorteilen für Leiter und Beschäftigte gilt nämlich nicht, wenn kein Zusammenhang mit den Leistungen besteht, die im Heim den Bewohnern angeboten werden. Um die Vorschrift nicht leerlaufen zu lassen, wird allerdings der Zusammenhang des versprochenen oder gewährten Vermögensvorteils mit diesen Leistungen erfahrungsgemäß bis zum Beweis des Gegenteils vermutet.[28] Die Feststellungslast im Erbscheinsverfahren trägt daher der Begünstigte.[29] Der beurkundende Notar, der nicht auf die Bedenken gegen die Wirksamkeit des Testaments auf Grund § 14 HeimG hinweist, kann schadensersatzpflichtig sein.[30] Eine analoge Anwendung von § 14 HeimG auf Zuwendungen des Betreuten an den Betreuer i.S. der §§ 1896ff ist nach der derzeitigen Gesetzeslage nicht möglich.[31] Desgleichen an einen ambulanten Pflegedienst.[32] oder für Zuwendungen des Vollmachtgebers an seinen Vorsorgebevollmächtigten.[33] Vom Verbot des Abs. 1 und seit dem Änderungsgesetz auch dem des Abs. 5 kann die Heimaufsichtsbehörde Ausnahmen zulassen, soweit der Schutz der Bewohner das Verbot nicht erfordert (§ 14 Abs. 6 HeimG). Nach der Rechtsprechung des BVerwG[34] ist dabei eine **nachträgliche Genehmigung nicht zulässig.** Dies wurde dann durch das Änderungsgesetz vom 23. 4. 1990 ausdrücklich in § 14 Abs. 6 festgeschrieben.

6 Nach der jetzt h.M.[35] ist § 14 ein Verbotsgesetz i.S. von § 134 BGB mit der Folge, dass eine dagegen verstoßende Verfügung automatisch nichtig ist und dem Bedachten erst gar nicht anfällt.[36] Das Verbot ist verfassungsgemäß.[37]

---

[24] BGH NJW-RR 1995, 1272; KG FGPrax 1998, 185; OLG Karlsruhe ZEV 1996, 146; KG DNotI-Report 1998, 142 = ZEV 1998, 437 = NJW-RR 1999, 2; siehe hierzu auch M. Rastätter, Der Einfluss des § 14 HeimG auf Verfügungen von Todes wegen, Diss. Freiburg, 2003, S. 106.

[25] G. Müller in „Zehn Jahre Deutsches Notarinstitut", 2003, S. 153, 163.

[26] Kunz/Ruf/Wiedemann; HeimG, 7. Aufl., § 13 Rn 6, 7.

[27] OLG Düsseldorf ZEV 1997, 459 m. Anm. Rossak in ZEV 1998, 34; Kunz/Ruf/Wiedemann a.a.O. § 14 Rn 22.

[28] Gössling/Knopp, Heimgesetz, 2. Aufl., 1980, § 14 Rn 14, 25; Kunz/Ruf/Wiedemann, HeimG, 7. Aufl., § 14 Rn 22; BGHZ 110, 235, 239 = NJW 1990, 1603; OLG Frankfurt ZEV 2001, 364 m. Anm. Rossak; Dubischar DNotZ 1993, 427; Rossak ZEV 1996, 41, 43.

[29] Kieser ZErb 2002, 33.

[30] OLG München ZEV 1996, 145f. m. Anm. Rossak.

[31] G. Müller ZEV 1998, 219; BayObLGZ 1998, 374 = NJW 1998, 2369; LG Hamburg DNotI-Report 2000, 86; Rossak MittBayNot 1998, 407.

[32] OLG Düsseldorf NJW 2001, 2338 = ZEV 2001, 366; LG Bonn NJW 1999, 2977; a.A. Niemann ZEV 1998, 419ff.

[33] BayObLG Rpfleger 2003, 130 = FGPrax 2003, 34.

[34] NJW 1988, 984 = DNotZ 1988, 367.

[35] BGHZ 110, 235 = NJW 1990, 1603, 1604 m.w.N.; BayObLG NJW 1992, 55, 56; BVerwG NJW 1990, 2268; Kunz/Ruf/Wiedemann, HeimG, 7. Aufl., § 14 Rn 24; Palandt/Heinrichs, § 134 Rn 19.

[36] BayObLG NJW 1992, 55, 56; MünchKomm/Leipold, 3. Aufl., § 1942 Rn 12; Kunz/Ruf/Wiedemann, HeimG, 7. Aufl., § 14 Rn 24; Rossak ZEV 1996, 41, 45f.

[37] BGH ZEV 1996, 145; a.M. Münzel NJW 1997, 112.

Den Bediensteten staatlicher oder kommunaler Altenpflegeeinrichtungen sind außerdem die Annahme von Belohnungen oder Geschenke ohne Zustimmung des Dienstherrn gem. § 10 BAT für Angestellte und § 43 BRRG bzw. § 70 BBG für Beamte verboten. Desgleichen den Zivildienstleistenden gem. § 78 Abs. 2 Zivildienstgesetz i.V. mit § 19 Soldatengesetz. Die Zuwendungen sind dabei nur zustimmungspflichtig, wenn sie dienstbezogen sind (Kausalität erforderlich!) und nicht etwa wegen der Beziehungen zwischen Schenker und Bedachtem hauptsächlich in der privaten Sphäre begründet sind.[38] Zweck dieser Vorschriften ist, schon den Anschein zu vermeiden, Beamte oder Angestellte des öffentlichen Dienstes könnten in ihrer dienstlichen Tätigkeit durch Geschenke beeinflussbar sein. Deshalb greifen nach einer m.E. richtigen verbreiteten Meinung im Gegensatz zu § 14 Abs. 2 HeimG die §§ 10 BAT, 70 BBG, 43 BRRG, 19 SG nicht erst bei einem Zusammenwirken zwischen dem Geber und dem Belohnten ein. Ihr Regelungsziel setzt vielmehr schon früher ein, da bereits der böse Anschein vermieden werden soll.[39] In diesen Fällen ist daher auch die Annahme einer ohne Wissen und Einvernehmen mit dem Bedachten erfolgten testamentarischen Zuwendung als gegen das Zustimmungserfordernis verstoßend anzusehen,[40] sofern die Belohnung dienstbezogen war. Sehr umstritten waren die Rechtsfolgen eines Verstoßes gegen eine der genannten dienstrechtlichen Zustimmungsbestimmungen.[41] Das BVerWG hat die Frage offengelassen.[42] Der BGH[43] hat jetzt allerdings entschieden, dass der Verstoß gegen ein beamten- oder tarifrechtliches Verbotsgesetz nicht zu einer Unwirksamkeit des Zuwendungsgeschäfts führt.. Zuzustimmen ist Rossak,[44] dass man die Entscheidung dahingestellt lassen kann, da ja die Anwendbarkeit des § 14 HeimG neben den dienstrechtlichen Vorschriften erhalten bleibt.[45] 7

2. Verstoß gegen die guten Sitten

a) Der Rechtsbegriff der guten Sitten

Sittenwidrigkeit i.S. des § 138 ist gegeben, wenn das betreffende Rechtsgeschäft nach seinem aus der Zusammenfassung von Beweggrund, Inhalt und Zweck zu entnehmenden Gesamtcharakter *„dem Anstandsgefühl aller billig und gerecht Denkenden widerspricht“*.[46] Der BGH legt dabei den Schwerpunkt der Bewertung, obwohl sich über die Motive Verstorbener trefflich streiten lässt, eindeutig auf den Beweggrund, wenn er z.B. den entscheidenden Grund für die Sittenwidrigkeit einer letztwilligen Verfügung in der *„in ihr zum Ausdruck kommenden und eine Verwirklichung erstrebenden unredlichen Gesinnung“* des Erblassers sieht.[47] Es ist ein durchschnittlicher Maßstab anzulegen.[48] Die besonderen Anforderungen oder Freiheiten einer kirchlich, sozialistisch oder liberal geprägten Sozial- und Individualethik können daher nicht als allgemein verpflichtende Ordnung der guten Sitten i.S. des § 138 herangezogen werden.[49] Maßgeblich ist nicht 8

---

[38] BayObLG Rpfleger 1990, 56.

[39] BAG DÖD 1984, 290, 291 = NVwZ 1985, 142, 143.

[40] *Stach* NJW 1988, 943; BayObLG Rpfleger 1990, 56; Rossak ZEV 1996, 46; a.M. Dubischar DNotZ 1993, 430.

[41] Siehe zu den unterschiedlichen Auffassung Rossak ZEV 1996, 46.

[42] ZEV 1996, 343 = NJW 1996, 2319; siehe hierzu die berechtigte Kritik von Meincke in ZEV 1996, 384.

[43] BGHZ 143, 283.

[44] ZEV 1996, 46.

[45] So auch Dubischar in DNotZ 1993, 419, 429.

[46] Motive z. Entw. BGB Bd. II, S. 727; RGZ 80, 219, 221; BGHZ 10, 228, 232; BGHZ 20, 71, 74; BGHZ 52, 17.

[47] BGH LM § 138 (Cd) Nr. 2; BGHZ 20, 71, 72; Stauf MittRhNotK 1974, 61, 64.

[48] RGZ 80, 221; BGHZ 10, 232.

[49] BGHZ 21, 340, 350; Wieacker JZ 1954, 466.

die unkontrollierbare subjektive Auffassung des Gerichts, sondern eine kontrollierbare objektive Wertung.[50] Als Maßstab zur Konkretisierung der guten Sitten wird die der herrschenden Wirtschafts- und Sozialordnung immanente Rechtsethik angesehen (herrschende Rechts- und Sozialmoral),[51] d.h. das Minimum an gemeinsamen Wertvorstellungen, das auch in einer pluralistischen Gesellschaftsordnung besteht. Sie stellen keine unveränderliche Größe dar, sondern sind dem jederzeitigen Wandel durch die Gesellschaft unterworfen.[52] Maßgeblich für die Beurteilung der Sittenwidrigkeit sind jeweils die Verhältnisse im Zeitpunkt der Vornahme des Rechtsgeschäfts.[53]

9 Insbesondere wird der Rechtsbegriff der guten Sitten von dem in den **Grundrechten des Grundgesetzes verkörperten Wertsystem** bestimmt.[54] Ein Rechtsgeschäft verstößt zunächst dann gegen die guten Sitten, wenn sein Geschäftsinhalt unmittelbar unsittlich ist (endogene Sittenwidrigkeit), d.h. wenn in ihm ein unsittliches Verhalten, ein unsittlicher Erfolg oder seine Förderung versprochen wird.[55] Es ist jedoch auch dann unsittlich, wenn sich sein unsittlicher Gesamtcharakter objektiv oder subjektiv aus einem verwerflichen Zweck oder Beweggrund ergibt (exogene Sittenwidrigkeit).[56] Besteht das Rechtsgeschäft in einer Zuwendung durch Verfügung von Todes wegen, so kann nicht über § 138 ein unmoralischer Lebenswandel des Bedachten bestraft werden, da es allein um die Frage der Sittenwidrigkeit des Rechtsgeschäfts geht. § 138 greift vielmehr nur ein, wenn die vorgesehene Leistung selbst unsittlich ist (endogene Sittenwidrigkeit) oder der Erblasser mit der Verfügung selbst einen unsittlichen Erfolg bezweckt, d.h. dass im Gesamtbild der letztwilligen Verfügung eine unredliche (also verwerfliche) Gesinnung des Erblassers zum Ausdruck kommt und eine Verwirklichung erstrebt (exogene Sittenwidrigkeit).[57] Die am Rechtsgeschäft Beteiligten brauchen sich nicht der Sittenwidrigkeit ihres Tuns bewusst gewesen zu sein. Es genügt, wenn sie die Tatumstände gekannt haben, die das Rechtsgeschäft objektiv sittenwidrig erscheinen lassen.[58]

b) Einzelfälle sittenwidriger Verfügungen von Todes wegen

10 Da das Erbrecht des BGB vom Grundsatz der Testierfreiheit beherrscht ist, wird der Erblasser regelmäßig – bezüglich der Ausnahme beim Geliebtentestament siehe unten – in seiner Testierfreiheit weder durch moralische Pflichten gegenüber Personen beschränkt, die für ihn sorgten und die ihm nahe standen, noch gehindert, seine Angehörigen zurückzusetzen oder ungleich zu behandeln.[59] Auch diskriminierende Verfügungen

---

[50] Soergel/Hefermehl, 12. Aufl., § 138 Rn 4; Wieacker JZ 1961, 337, 343; BayObLG NJW 1987, 910, 911.

[51] Palandt/Heinrichs § 138 Rn 2; LG Münster NJW 1975, 2070, 2073; MünchKomm/Mayer-Maly, 2. Aufl., § 138 Rn 13.

[52] BGHZ 63, 365; MünchKomm/Mayer-Maly § 138 Rn 17.

[53] BGHZ 7, 111; BGH Betr. 1983, 2185.

[54] BVerfGE 7, 198, 206 = NJW 1958, 257; BVerfGE 24, 251; BVerfGE 89, 214, 229 = NJW 1994, 36; BGHZ 70, 313, 324; BGH NJW 1986, 2944 = ZIP 1986, 1057; BGH ZEV 1999, 59, 61; jetzt vor allem die sog. Hohenzollern-Entscheidung des BVerfG FamRZ 2004, 765 = NJW 2004, 2008 = ZEV 2004, 241; MünchKomm/Mayer-Maly § 138 Rn 11 ff.

[55] Soergel/Hefermehl, 12. Aufl., § 138 Rn 20.

[56] BGHZ 53, 369, 375 = NJW 1970, 1273, 1275 = FamRZ 1970, 368 = DNotZ 1970, 496; Soergel/Hefermehl, 12. Aufl., § 138 Rn 29.

[57] Müller-Freienfels JZ 1968, 441, 446; BGHZ 53, 369, 375 = FamRZ 1970, 368, 371 = NJW 1970, 1273, 1275; BGHZ NJW 1983, 674, 675 = FamRZ 1983, 53, 54; BGH FamRZ 1984, 1154; BayObLG FamRZ 1985, 1082.

[58] BGH LM § 138 (Ca) Nr. 1, 3; BGHZ 23, 184, 193 f.; BGH WPM 1976, 289, 291; BGH Betr. 1977, 669; Soergel/Hefermehl, 12. Aufl., § 138 Rn 33.

[59] BGH LM 138 (Cd) Nr. 19; BGHZ 70, 313, 324 ff.; BGH FamRZ 1956, 83; BGH FamRZ 1972, 255; BayObLG FamRZ 1984, 1153; BayObLG FamRZ 1985, 1082; BayObLG NJW 1987, 910 = FamRZ 1986, 1248 m. Anm. Bosch; Palandt/Edenhofer, § 1937 Rn 22.

von Todes wegen sind wegen der Testierfreiheit grundsätzlich nicht sittenwidrig.[60] So hält der BGH[61] eine Bevorzugung männlicher vor weiblichen Abkömmlingen für zulässig und auch die Einsetzung eines nichtehelichen Kindes durch seinen verheirateten Erzeuger zum Alleinerben wird bei Vorhandensein ehelicher Kinder nicht als sittenwidrig angesehen.[62] Lediglich Diskriminierungen der gesetzlichen Erben aus rassischen oder religiösen Gründen sind auf Grund des Gleichheitsgrundsatzes gem. Art. 3 GG sittenwidrig und daher gem. § 138 nichtig.[63]

c) Insbesondere das Geliebtentestament

Unter dieser Bezeichnung bzw. unter dem Etikett Mätressentestament behandeln Rechtsprechung und Literatur nicht nur die dem Wortsinn entsprechenden Fälle, sondern auch Zuwendungen an den Partner einer auf Dauer angelegten nichtehelichen Lebensgemeinschaft. 11

aa) Die frühere Auffassung der Rechtsprechung zum Geliebtentestament.[64] In Anschluss an die ständige Rechtsprechung des Reichsgerichts vertrat der BGH zunächst die Auffassung, dass letztwillige Zuwendungen an einen Partner des anderen Geschlechts, zu dem außereheliche sexuelle Beziehungen bestanden haben, **grundsätzlich nichtig** seien, da zu vermuten sei, dass diese gegeben werden, um den Partner für diese Beziehungen zu belohnen oder zu ihrer Fortsetzung zu bestimmen.[65] Lediglich wenn der Erblasser sich nicht hauptsächlich von diesen sexuellen Beziehungen leiten ließ, sondern für ihn in erster Linie oder doch maßgeblich andere achtenswerte Beweggründe, wie z.B. jahrelange Haushaltsführung, aufopfernde Krankenpflege oder ähnliche Dienste bestimmend waren, wurden die Zuwendungen ganz oder teilweise als gültig angesehen. Die Beweislast für diese achtenswerten Motive trug jedoch der bedachte Partner, da nach einem Erfahrungssatz der unsittliche Charakter einer derartigen Zuwendung nach dieser Rechtsprechung grundsätzlich zu vermuten war.[66] Dies galt, gleichgültig ob beide Partner verheiratet waren, oder nur einer von ihnen oder gar keiner von beiden.[67] 12

bb) Die heutige Rechtsprechung zum Geliebtentestament. Die obige Auffassung stieß im Hinblick auf die gewandelte Sexualmoral auf zunehmende Kritik im Schrifttum.[68] In der Grundsatzentscheidung vom 31. 3. 1970 änderte der BGH[69] seine strenge Auffassung, insbesondere bezüglich der Beweislast für die achtenswerten Motive,[70] so dass jetzt Folgendes gilt: 13

• **Belohnung sittenwidrigen Verhaltens:** Eine Zuwendung von Todes wegen oder eine unentgeltliche Zuwendung unter Lebenden ist nach wie vor sittenwidrig und daher nich- 14

[60] Grunsky JZ 1972, 766; Staudinger/Otte Vorbem zu §§ 2064–2086 Rn 146 unter Angabe des Meinungsstandes; MünchKomm/Mayer-Maly § 138 Rn 16; Brox, ErbR, 16. Aufl., Rn 258; a.M. Thielmann, Sittenwidrige Verfügungen von Todes wegen, 1973, S. 302ff.

[61] BGHZ 70, 313, 325 = NJW 1978, 943, 945.

[62] OLG Hamm OLGZ 79, 425; Siegers FamRZ 1965, 594; Staudinger/Otte Vorbem. zu §§ 2064–2086 Rn 145; Palandt/Heinrichs, § 138 Rn 49.

[63] Mikat FS f. Nipperdey, 1965, Bd. I, S. 581ff.; Notariat V Mannheim BWNotZ 1989, 16.

[64] Siehe hierzu allgemein Sasse JA 1996, 160.

[65] RG JW 1910, 6; RGZ 166, 395, 399; BGHZ LM § 138 (Cd) Nr. 2; BGHZ 20, 71, 72 = NJW 1956, 865; BGH FamRZ 1963, 287, 288; BGH NJW 1968, 932, 934.

[66] RGZ 166, 395, 399; BGH NJW 1964, 764, 765; BGH NJW 1968, 932, 934; BGH NJW 1969, 1343, 1346.

[67] So BGH FamRZ 1958, 127.

[68] Gernhuber FamRZ 1960, 326, 329ff.; Breithaupt NJW 1968, 932; Müller-Freienfels JZ 1968, 441, 444; Ramm JZ 1970, 129; Husmann NJW 1971, 404, 406.

[69] BGHZ 53, 369 = NJW 1970, 1273 = FamRZ 1970, 368 = DNotZ 1970, 496; Müller-Freienfels FS f. Schiedermair, 1976, S. 409, 412ff.

[70] RGRK/Johannsen § 2078 Rn 5, 18f.; Soergel/Stein § 1937 Rn 31.

tig, wenn sie **ausschließlich** die geschlechtliche Hingabe belohnen oder den Empfänger zur Fortsetzung der sexuellen Beziehungen bestimmen oder diese festigen will, da Entlohnung für geschlechtliche Hingabe nach wie vor als sittenwidrig angesehen wird (**Belohnungs- und Anreizmotiv**).[71] Damit das nicht der Fall ist, müssen auch nach wie vor neben der Belohnung andere achtenswerte, d.h. sittlich nicht anstößige oder wertneutrale Motive für die Zuwendung im Vordergrund stehen. Diese sind jetzt allerdings nicht mehr nur gegeben, wenn die letztwillige Zuwendung dazu bestimmt war, Dienste und Opfer, insbesondere Pflegeleistungen zu entgelten, sondern anerkannt werden auch ethische Beweggründe, wie z.B. die Rücksichtnahme auf den langjährigen gemeinsamen Daseinskampf, die Dankbarkeit für gewährte Lebensgemeinschaft[72] oder die moralische Pflicht, bei einer langjährigen nichtehelichen Lebensgemeinschaft für den Unterhalt des Partners zu sorgen und dessen wirtschaftliche Existenz nach dem eigenen Tod in angemessener Weise zu sichern.[73] Die wesentliche Änderung ist jedoch, dass jetzt nicht mehr die Unsittlichkeit vermutet wird, wenn zwischen Erblasser und Bedachtem sexuelle Beziehungen bestanden haben, sondern insoweit jede Partei die Umstände darzutun und zu beweisen hat, die bei der Beurteilung der Frage der Sittenwidrigkeit der letztwilligen Verfügung jeweils zu ihren Gunsten von Bedeutung sein können.[74] Im Gegensatz zu früher hat der BGH jetzt den Erfahrungssatz aufgestellt, dass sich länger dauernde Verbindungen regelmäßig nicht im Sexualbereich erschöpfen und daher Zuwendungen keinen reinen Entgeltcharakter haben dürften.[75] Sittenwidrigkeit und damit Nichtigkeit der letztwilligen Verfügungen wegen sexueller Beziehungen zwischen Erblasser und Bedachtem kann daher nur in besonders krassen Ausnahmefällen angenommen werden.[76] Es handelt sich dabei um die Fälle, in denen allein die Sexualität mit der Zuwendung belohnt werden sollte, wobei in der Flüchtigkeit der Beziehungen ein Indiz liegen dürfte.[77] Allerdings scheint der BGH nach wie vor dem Bedachten zumindest die Darlegungslast bezüglich der achtenswerten Motive aufzuerlegen, wenn er in solchen Fällen von den Gerichten die umfassende Würdigung des Verhaltens und der Beziehung aller beteiligten Personen verlangt[78] und einen anderen Fall zur weiteren Aufklärung an das OLG zurückverweist, weil es keine näheren Feststellungen über die Art der Beziehungen zwischen dem Erblasser und der Bedachten getroffen hatte, aus denen sich feststellen ließ, ob die letztwillige Verfügung lediglich als Entgelt für sexuelle Hingabe gedacht war.[79] Es geht dem BGH offensichtlich darum, sich jeweils ein Gesamtbild zu verschaffen, welches ihm ermöglicht, das der letztwilligen Verfügung zugrunde liegende Motivbündel zu würdigen.[80]

---

[71] BGHZ 53, 369, 376 = NJW 1970, 1273; BGH NJW 1973, 1645 = FamRZ 1973, 537; BGH NJW 1984, 2150, 2151 = JR 1984, 412 m. Anm. Olzen; BayObLG FamRZ 1992, 226; OLG Düsseldorf FamRZ 1998, 583; Staudinger/Sack, 13. Bearb. § 138 Rn 438ff.; Soergel/Stein § 1937 Rn 31.

[72] OLG Düsseldorf OLGZ 1970, 110; Staudinger/Dilcher § 138 Rn 64.

[73] BGH NJW 1983, 674, 676 = FamRZ 1983, 53 = DNotZ 1984, 42 = JZ 1983, 606 m. Anm. Finger.

[74] BGHZ 53, 369, 379 = NJW 1970, 1273, 1274; BGH FamRZ 1971, 638, 639 = WPM 1971, 1153; OLG Düsseldorf FamRZ 1998, 583; BayObLG FamRZ 2002, 915; Staudinger/Sack a.a.O. § 138 Rn 441.

[75] BGHZ 53, 369, 380; BGH NJW 1973, 1645, 1646; BayObLG FamRZ 1984, 1153, 1154; Johannsen WPM 1977, 270, 274; Soergel/Stein § 137 Rn 31.

[76] BGH NJW 1983, 674, 675 = FamRZ 1983, 53 = DNotZ 1984, 42; Johannsen WPM 1971, 921 u. WPM 1977, 274.

[77] Thielmann, Sittenwidrige Verfügungen von Todes wegen, 1973, S. 226.

[78] BGHZ 53, 369, 377ff.; BGH NJW 1983, 674, 675; Otte JA 1985, 192, 196; Sasse JA 1996, 160, 162.

[79] BGH NJW 1983, 674, 675 = FamRZ 1983, 53 = DNotZ 1984, 42 = JZ 1983, 606 m. Anm. Finger; Otte JA 1985, 192, 196; Simshäuser, Zur Sittenwidrigkeit der Geliebten-Testamente, 1971, S. 55ff.

[80] Baumgärtel/Laumen, Hdb. d. Beweislast, Bd. 1, § 138 Rn 3.

Diese für das „Geliebtentestament" entwickelten Grundsätze gelten auch, wenn ein Ehemann seinen homosexuellen Partner als Miterben einsetzt.[81]

15 • **Hinweis für die Praxis:** Sofern bei einer Verfügung von Todes wegen der Erblasser mit dem Bedachten auch außereheliche sexuelle Beziehungen hat oder hatte, empfiehlt es sich zur Vermeidung späterer Rechtsstreite, dies zu offenbaren und die vorhandenen achtenswerten Motive herauszustellen. Sollten diese erst später eintreten, empfiehlt es sich, die letztwillige Verfügung erneut zu treffen, da die Rechtsprechung für die Beurteilung der Sittenwidrigkeit auf den Zeitpunkt der Errichtung der Verfügung abstellt.[82]

16 • **Auffällige Benachteiligung naher Familienangehöriger durch übermäßige Partnerbegünstigung.** Selbst wenn sich die letztwillige Zuwendung nicht in der Belohnung sexueller Beziehungen erschöpft und daneben achtenswerte oder wertneutrale Beweggründe vorhanden sind, kann sie sittenwidrig sein, wenn die materielle Zurücksetzung insbesondere der nächsten, d.h. im konkreten Fall pflichtteilsberechtigten Angehörigen durch den Erblasser bei der Verteilung des Nachlasses unter den jeweils gegebenen besonderen Umständen mit den guten Sitten nicht vereinbar ist (**sittenwidrige Auswirkungen**).[83] Die Unsittlichkeit der Zuwendung besteht in diesen Fällen in der Verletzung familiärer Pflichten,[84] die aus einer familienfeindlichen Gesinnung des Erblassers heraus erfolgt.[85]

17 Nach dem BGH[86] kann grundsätzlich nur eine Zurücksetzung **pflichtteilsberechtigter Angehöriger** zur Sittenwidrigkeit führen, während diejenige von entfernt oder gar nicht verwandten Personen, die entweder gesetzliche Erben sind oder zunächst als Erben eingesetzt waren, nur dann dazu führen kann, wenn zwischen ihnen und dem Erblasser besondere Beziehungen bestanden haben, die ihre Zurücksetzung um der Geliebten willen als sittlich verwerflich erscheinen lassen, wie z.B. lange aufopfernde Pflege oder sonstige erhebliche Opfer.[87] Besondere Umstände, die ein Übergehen naher Familienangehöriger als sittenwidrig erscheinen lassen können, sind nach der Rechtsprechung[88] z.B., die Beziehungen und das Verhalten des Zurückgesetzten zum Erblasser, die wirtschaftlichen Auswirkungen bei dem Zurückgesetzten, die Herkunft des Zugewendeten, das rechtliche Verhältnis, in das der Zurückgesetzte zum Bedachten durch die letztwillige Verfügung tritt, die Art und Dauer der Beziehungen des Bedachten zum Erblasser und evtl. Opfer, die er dem Erblasser erbracht hat, sowie sonstige Umstände, die die Verfügung zu seinen Gunsten als gerechtfertigt erscheinen lassen (**moralisches Anrecht**). Ferner kann ein solcher Umstand auch darin bestehen, dass durch die Zuwendung die Unterhaltsansprüche naher Angehöriger gefährdet werden oder zur Aushöhlung eines Erbvertrages mit einer nahen Angehörigen führt.[89]

18 Eine Besonderheit dieser Sittenwidrigkeit wegen übermäßiger Partnerbegünstigung ist, dass nur ihr Übermaß als nichtig angesehen wird, was zur Annahme der **Teilnichtigkeit der Verfügung von Todes** wegen führt.[90]

---

[81] OLG Frankfurt NJW-RR 1995, 265.

[82] Sasse JA 1996, 160, 162.

[83] BGHZ 52, 17, 20 = FamRZ 1969, 323 m. Anm. Bosch, S. 327; BGHZ 53, 369, 377f. = NJW 1970, 1273; BGH NJW 1983, 674, 675 = FamRZ 1983, 53 = DNotZ 1984, 42; BGH NJW 1973, 1645, 1646 = FamRZ 1973, 537 = MDR 1973, 840; BGH NJW 1984, 2150, 2151; OLG Düsseldorf FamRZ 1998, 583, 584.

[84] Otte JA 1985, 192, 196.

[85] BGH NJW 1983, 674, 676 = FamRZ 1983, 53 = DNotZ 1984, 42.

[86] BGHZ 53, 369, 377; Johannsen WPM 1971, 921.

[87] BGHZ 53, 369, 377; Johannsen WPM 1971, 921.

[88] BGHZ 53, 376; BGH NJW 1973, 1646; BGH NJW 1983, 674; de Witt/Huffmann, Nichteheliche Lebensgemeinschaft, 2. Aufl., 1986 Rn 308ff.

[89] BGH NJW 1973, 1645, 1646; BGH NJW 1984, 2150, 2151 = JR 1984, 412 m. Anm. Olzen.

[90] BGHZ 52, 17, 24 = FamRZ 1969, 323; BGHZ 53, 369, 383; BGH NJW 1983, 674, 676; OLG Karlsruhe FamRZ 1967, 691; OLG Düsseldorf FamRZ 1998, 583, 584; Staudinger/Dilcher § 138

19 Bemerkenswert ist, dass der Gesichtspunkt der ungleichen Nachlassverteilung und der Zurücksetzung von Angehörigen von der Rechtsprechung bisher nur bei Zuwendungen zugunsten der Partner außerehelicher geschlechtlicher Beziehungen herangezogen worden ist.[91] So hat das BayObLG[92] die Erbeinsetzung des behandelnden Arztes und seiner Frau gegenüber der Schwester des Erblassers und einer Frau, die er zunächst als Alleinerbin eingesetzt und die ihn 10 Jahre betreut hatte, nicht als sittenwidrig angesehen. Nach Johannsen[93] soll jedoch die Prüfung, ob die Nachlassverteilung unter den jeweils gegebenen Umständen mit den guten Sitten vereinbar ist, nicht nur erfolgen, wenn der Erblasser seine Geliebte bedacht hat, sondern stets, wenn er pflichtteilsberechtigte Angehörige zugunsten anderer Personen übergeht. Nach Otte[94] verstößt eine Verfügung von Todes wegen gegen die guten Sitten, wenn sie Kinder zugunsten nicht pflichtteilsberechtigter Personen übergeht und diese die vom Erblasser vorhergesehene oder nur infolge Gleichgültigkeit übersehene Folge hat, dass ein Kind bedürftig im Sinne des Unterhaltsrechts bleibt oder wird. Zweifellos geraten diese Rechtsmeinungen in bedenkliche Nähe zu einem dem deutschen Recht fremden materiellen Noterbrecht nächster Angehöriger[95] und sind daher abzulehnen. Letztlich kann sich die Sittenwidrigkeit einer letztwilligen Verfügung zugunsten des Partners intimer Beziehungen daraus ergeben, dass die Angehörigen des Erblassers dadurch gedemütigt werden, so z. B. wenn die Geliebte als Testamentsvollstreckerin für die Kinder eingesetzt wird[96] oder wenn Ehefrau und Geliebte durch die letztwillige Regelung in einem Haus zusammen wohnen müssen[97] oder die Ehefrau und die Kinder nicht dinglich am Nachlass beteiligt sind und sich deshalb als Pflichtteilsberechtigte an die zur Alleinerbin eingesetzte Geliebte des Erblassers wenden müssen.[98]

20 Streitig ist noch der **ausschlaggebende Zeitpunkt** der Bewertung des Testaments als sittenwidrig. Die Rechtsprechung und h. M. in der Literatur gehen vom Zeitpunkt der Errichtung der Verfügung aus.[99]

21 Alles Gesagte gilt ebenso für Zuwendungen unter Lebenden,[100] sofern sie ganz oder überwiegend unentgeltlich sind.[101] Insbesondere gelten diese Grundsätze auch für die Zuwendung der Bezugsberechtigung aus einer Lebensversicherung, wobei es auf die Kenntnis des Versicherers von der Zielsetzung des Erblassers nicht ankommt.[102] Das BayObLG[103] wendet diese Grundsätze auch auf Zuwendungen an Personen, die dem Partner einer gleichgeschlechtlichen Beziehung gemacht wurden. Nicht anwendbar sind diese Rechtsprechungsgrundsätze jedoch auf Verfügungen von Partnern einer nichtehelichen Lebensgemeinschaft zugunsten „Drittgeliebter".[104]

Rn 69; Staudinger/Sack, 13. Bearb. § 138 Rn 118; Johannsen WPM 1971, 926; kritisch hierzu Sasse JA 1996, 160, 162.

[91] Otte JA 1985, 192, 197; Soergel/Stein § 1937 Rn 32.

[92] FamRZ 1985, 1082.

[93] WPM 1971, 920.

[94] Staudinger/Otte Vorbem. zu §§ 2064–2086 Rn 150.

[95] Bosch FamRZ 1963, 290.

[96] BGH LM § 138 (Cd) Nr. 2.

[97] BGHZ 20, 71.

[98] BGHZ 52, 17, 23; Staudinger/Dilcher § 138 Rn 69; Staudinger/Otte Vorbem. zu §§ 2064–2086 Rn 156.

[99] BGHZ 20, 71, 74 = NJW 1956, 865; BGH FamRZ 1969, 323; KG FamRZ 1977, 267, 270; OLG Hamm OLGZ 1979, 425; BayObLGZ 1996, 225. Staudinger/Sack, 13. Beab., § 138 Rn 87; Palandt/Heinrichs § 138 Rn 10; Birk FamRZ 1964, 120.

[100] BGHZ 53, 369, 376 = NJW 1970, 1273; BGH NJW 1973, 1645, 1646 = FamRZ 1973, 537 = MDR 1973, 840; BGH NJW 1984, 2150 = JR 1984, 412 m. Anm. Olzen; Soergel/Hefermehl, 12. Aufl., § 138 Rn 224.

[101] BGH LM § 138 Nr. 11.

[102] Staudinger/Dilcher § 138 Rn 66; Soergel/Hefermehl, 12. Aufl., § 138 Rn 226; BAG Betr. 1984, 887.

[103] NJW 1987, 910 = FamRZ 1986, 1248 m. abl. Anm. Bosch.

[104] Liebl-Wachsmuth MDR 1983, 988; MünchKomm/Mayer-Maly, 2. Aufl., § 138 Rn 53.

Folgerungen für die Praxis: Während die Sittenwidrigkeit einer Verfügung von Todes wegen mit der Begründung, sie habe allein der Belohnung und/oder dem Anreiz sexueller Beziehungen zum Bedachten gedient, in der Praxis kaum vorkommen dürfte, sind letztwillige Zuwendungen an Personen, zu denen dem Erblasser sexuelle Kontakte nachgewiesen werden können, immer noch wegen evtl. sittenwidriger Auswirkungen gegenüber nahen Angehörigen des Erblassers zumindest teilweise gefährdet. Der Beispielskatalog für solche Sittenwidrigkeitsgründe, den der BGH ausdrücklich ohne Anspruch auf Vollständigkeit aufgestellt hat,[105] lässt dies vermuten. Ein Ersatzgeschäft unter Lebenden durch „vorweggenommene Erbfolgeregelung" verbietet sich, da auf sie die Rechtsprechung dieselben Grundsätze anwendet. Wenn jedoch innerhalb einer nichtehelichen Lebensgemeinschaft der eine dem anderen über das übliche Maß hinausgehende Dienste leistet, kann man durch einen korrekten Dienst- oder Arbeitsvertrag noch am ehesten einen sozialen Ausgleich herbeiführen, der Bestand hat und die Provokation eines langwierigen und kostspieligen Rechtsstreits vermeidet.[106] Die finanziellen Belastungen durch Lohnsteuer und Sozialabgaben sollten davor nicht zurückschrecken lassen. Der gemeinsame Erwerb von hochwertigen Vermögensgegenständen, wie z. B. Hausgrundstücke und Eigentumswohnungen, müsste jeweils wie unter Fremden zu den den finanziellen Beiträgen entsprechenden Miteigentumsquoten vorgenommen und dies auch verlautbart werden.

d) Insbesondere das Behindertentestament

22 Eltern behinderter Kinder, denen droht, später Sozialhilfe zu benötigen, pflegen ihre letztwilligen Verfügung so zu treffen, dass der Sozialhilfeträger die Zuwendungen an den Behinderten weder auf sich überleiten noch auf die Sozialhilfeleistung anrechnen kann. Als Gestaltungsmittel dazu kommen im Wesentlichen die Vor- und Nacherbfolge und die Testamentsvollstreckung in Betracht, da durch die §§ 2215 BGB, 773 ZPO, 83 InsO und 2214 BGB der der Nacherbenbindung und der Testamentsvollstreckung unterliegende Nachlass praktisch unangreifbar ist.[107] Gegen diese Gestaltungen wurde oft sehr vehement der Vorwurf der Sittenwidrigkeit erhoben.[108] Der BGH hat in zwei Entscheidungen diesen Vorwurf zurückgewiesen.[109] Nach dem BGH sind Gestaltungen, die dem behinderten Kind zu seinen Lebzeiten zusätzlich zu den Leistungen der Sozialhilfe laufende Einnahmen verschaffen, den Nachlass selbst aber dem Zugriff des Sozialhilfeträgers entziehen, nicht sittenwidrig. Das Nachrangprinzip der Sozialhilfe sei bereits durch das BSHG selbst im erheblichen Umfang durchbrochen und habe daher nicht die für einen Maßstab der Sittenwidrigkeit erforderliche Prägekraft. Es fehle auch eine allgemeine Rechtsüberzeugung, dass Eltern ihrem behinderten Kind von einer gewissen Größe ihres Vermögens an einen über den Pflichtteil hinaus gehenden Erbteil hinterlassen müssten, damit es nicht ausschließlich der Allgemeinheit zur Last falle.[110] Eine andere Beurteilung kann sich ergeben, wenn durch die Testamentsgestaltung dem Behinderten oder dem Sozialhilfeträger bei großen Nachlässen auch der Zugriff auf die Früchte der Vorerbschaft versperrt werden soll, so dass das Ziel der Regelung allein die Vermögensthesaurierung zugunsten der Nacherben ist. Letztlich ist auch noch nicht endgültig entschieden, ob der Sozialhilfeträger nicht dem Behinderten die Sozialhilfe mit der Begründung verweigern kann, dessen Möglichkeit, den unbelasteten Pflichtteil u verlangen, sei verwertbares Vermögen, das der Behinderte gemäß §§ 2, 19 Abs. 1 bis 3 SGB XII vorrangig verbrauchen muss.

---

[105] BGHZ 53, 369, 377 f. = NJW 1970, 1273, 1275.
[106] Stauf MittRhNotK 1974, 61, 114.
[107] Siehe dazu unten § 21 Rn 84 ff. sowie Nieder NJW 1994, 1264.
[108] Z. B. Goebel FamRZ 1997, 656; Raiser MDR 1995, 237, 238.
[109] BGHZ 111, 36, 42 = NJW 1990, 2055 = FamRZ 1990, 730; BGHZ 123, 368 = NJW 1994, 248 = DNotZ 1994, 380; so auch OVG Saarland DNotI-Report 2006, 99 = ZErb 2006, 275.
[110] Palandt/Heinrichs § 138 Rn 50 a.

e) Insbesondere sittenwidrige Bedingungen

23 Oft will ein Erblasser mit einer Verfügung von Todes wegen nicht nur über sein Vermögen verfügen, sondern auch versuchen, für die Zeit nach seinem Tod Einfluss auf die Lebensführung und Handlungsfreiheit des Bedachten zu nehmen.[111] Als Mittel dafür stehen ihm entsprechende Potestativbedingungen (§ 2074)[112] zur Verfügung, mit denen er die Zuwendungen davon abhängig machen kann, dass der Bedachte dieses tut oder jenes unterlässt. Solche Bedingungen sind unstreitig sittenwidrig, wenn das Verhalten, zu dem der Bedachte veranlasst werden soll, seinerseits gesetz- oder sittenwidrig, z. B. strafbar ist.[113]

24 Umstritten sind jedoch jene Fälle, in denen die Bedingung **die persönliche Entschließungsfreiheit des Bedachten** beeinträchtigt. Unstreitig war früher, dass bestimmte Lebensentscheidungen, wie z. B. die Gattenwahl und die Wahl des religiösen Bekenntnisses auf freier innerer Überzeugung und nicht auf der Aussicht auf Vermögensvorteile beruhen soll und dass daher **Bedingungen**, die dazu veranlassen sollen, **wegen der Vermengung ideeller und materieller Gesichtspunkte unsittlich sind.**[114]

25 Neuerdings wird jedoch in der Literatur[115]und der Rechtsprechung[116] statt dessen die **Ausübung eines unzumutbaren Drucks** auf die Entschließungsfreiheit oder sonstige Rechte des Bedachten, den der Erblasser durch seine Anordnung auszuüben versucht, als Kriterium für die Feststellung der Sittenwidrigkeit einer letztwilligen Potestativbedingung gesehen. Bei der Entscheidung der Frage, wann dieser Druck unzulässig ist, würde jedoch eine pauschale Unterscheidung danach, ob der Erblasser vom Bedachten eine ausschließlich auf das Vermögen bezogene Handlung oder Unterlassung abverlangt oder mit der Bedingung auf die persönliche Lebensführung und die persönliche Entschließungsfreiheit des Bedachten Einfluss zu nehmen sucht, was früher unzulässig sein sollte,[117] die Potestativbedingungen zu weit einschränken. **Es ist vielmehr jeweils unter Berücksichtigung aller Umstände des Einzelfalles zu entscheiden.**[118] Dabei muss eine **Abwägung** zwischen der **grundrechtlich geschützten Testierfreiheit** des Erblassers und den **etwaigen betroffenen Grundrechten** auf Seiten des Bedachten im Einzelfall erfolgen.[119] Dabei ist zu berücksichtigen, dass die Grundrechte nicht nur Abwehrrechte gegenüber

[111] Keuk FamRZ 1972, 9.

[112] Der Terminus „Potestativbedingung" wird hier und künftig im Gegensatz zu sog. Wollensbedingungen gebraucht, die unmittelbar auf eine Vertretung des Erblassers im Willen hinauslaufen.

[113] MünchKomm/Leipold, 3. Aufl., § 2074 Rn 14; Soergel/Damrau § 2074 Rn 4; Staudinger/Otte § 2074 Rn 25; Otte JA 1985, 192, 199.

[114] Staudinger/Otte § 2074 Rn 26; RGRK/Johannsen § 2078 Rn 6 f.; Soergel/Damrau § 2074 Rn 4; MünchKomm/Leipold, 3. Aufl., § 2074 Rn 15; Goebel, FamRZ 1997, 659 f.; Brox, ErbR, 16. Aufl., Rn 258; BGH LM § 138 (Cd) Nr. 5 = FamRZ 1956, 130 = JZ 1956, 279; OLG Rostock SeuffArch 49 Nr. 4; BayObLG SeuffArch 80 Nr. 97; BayObLG SeuffArch Nr. 97; RG SeuffArch 69 Nr. 48; RGZ 21, 279; BayObLG DJZ 1929, 926; OLG Düsseldorf NJW 1988, 2615.

[115] Keuk FamRZ 1972, 13; Thielmann, Sittenwidrige Verfügungen von Todes wegen, 1973, S. 115 ff.; MünchKomm/Leipold, 3 Aufl., § 2074 Rn 14; Staudinger/Otte § 2074 Rn 26 ff.; Schlüter ErbR, 13. Aufl., Rn 217.

[116] Vor allem die sog. Hohenzollern-Entscheidung des BVerfG in FamRZ 2004, 765 = NJW 2004, 2008 = ZEV 2004, 241 sowie dessen Entscheidung zum Pflichtteilsrecht NJW 2005, 1561 = ZEV 2005, 301.

[117] So Keuk FamRZ 1972, 13 f., Otte JA 1985, 199; AnwK-BGB/Beck § 2074 Rn 23; MünchKomm/Leipold, § 2074 Rn 14 ff.; Damrau/Seiler/Rudolf, Erbrecht, § 2074 Rn 18 f.; a. M. Smid NJW 1990, 409, der einen Einfluss des Erblasser auf den (weiteren) Lebenswandel des Erben nur in § 2338 Abs. 1 vergleichbaren Fällen zulassen will.

[118] Staudinger/Otte § 2074 Rn 28 ff.; Schlüter ErbR, 12. Aufl., § 22 IV 3.

[119] Dieser Ansicht ist vor allem die sog. Hohenzollern-Entscheidung des BVerfG in FamRZ 2004, 765 = NJW 2004, 2008 = ZEV 2004, 241; Gutmann NJW 2004, 2347; Isensee DNotZ 2004, 754; Otte ZEV 2004, 393.

der Obrigkeit sind, sondern eine objektive Wertordnung verkörpert, die auf die Zivilrechtsordnung einwirken (**„Drittwirkung der Grundrechte"**).[120] Kriterien können dabei sein[121], die vom Erblasser verfolgten Ziele, der Umfang der Zuwendung, inwieweit der Bedachte auf sie angewiesen ist, inwieweit die Einflussnahme geeignet ist, auf die Entschließungsfreiheit des Bedachten einzuwirken und auch die Motivation des Erblassers. Danach sind z. B. die Bedingung, überhaupt nicht zu heiraten, jemand Bestimmtes zu heiraten oder nicht zu heiraten oder sich scheiden zu lassen, jeweils nichtig, während die auflösende Bedingung der Heirat, wenn die Zuwendung nur die Unversorgtheit einer unverheirateten Bedachten ausgleichen sollte oder die aufschiebende Bedingung irgendeiner Eheschließung, wenn dadurch die wirtschaftlichen Voraussetzungen für die Familiengründung geschaffen oder verbessert werden sollen, zulässig sind.[122] Wiederverheiratungsklauseln mit durch die Wiederheirat auflösend bedingter Zuwendung sind nicht sittenwidrig, wenn durch sie nicht allein die Wiederheirat verhindert (**Eifersuchtsklausel**), sondern der **Nachlass der eigenen Familie gesichert und eine Abwanderung in die Familie des zweiten Ehegatten verhindert werden soll.**[123] Umstritten ist, ob die Klausel, wenn der enterbte Pflichtteilsberechtigte seinen Pflichtteil geltend macht, werde dessen als Erben eingesetzte Kinder enterbt, sittenwidrig ist.[124]

Immer ist zu beachten, dass das Erbrecht des BGB vom **Grundsatz der Testierfreiheit** beherrscht wird und dass dieser Grundsatz heute unter dem Schutz des Art. 14 Abs. 1 Satz 1 GG steht.[125] Die **Testierfreiheit** gestattet dem Erblasser, nach freiem Ermessen über sein Vermögen von Todes wegen zu verfügen. Für letztwillige Verfügungen des Erblassers gilt z. B. der Grundsatz der Gleichbehandlung aller Kinder gerade nicht.[126] Der Erblasser kann daher, unbeschadet des Pflichtteilsrechts, gleichnahe Abkömmlinge im Testament bewusst benachteiligen, z. B. die weiblichen[127] oder in Adelskreisen die nicht ebenbürtig verheirateten (**Ebenbürtigkeitsklausel**).[128] 26

Auch Erbeinsetzungen unter der Bedingung, dass der Bedachte seinerseits den Erblasser oder einen bestimmten Dritten von Todes wegen bedenkt (**kaptatorische Verfügungen**), sind grundsätzlich nicht sittenwidrig,[129] sofern nicht ausnahmsweise im Einzelfall nach Inhalt, Zweck und Auswirkungen Nichtigkeit wegen Gesetzesumgehung nach § 134 oder wegen Sittenverstoß nach § 138 vorliegt. Unzulässig sind jedoch wegen § 2065 solche Potestativbedingungen, die aus der Sicht des Erblassers nur den Zweck 27

---

[120] BVerfG 7, 198, 206 f = NJW 1958, 257 „Lüth-Urteil"; MünchKomm/Mayer-Maly/Armbrüster, § 138 Rn 20 ff.; Staudinger/Sack § 138 Rn 40 m. w. Nachw.

[121] Siehe Staudinger/Otte, § 2074 Rn 34 ff.; MünchKomm/Leipold § 2074 Rn 20 ff.

[122] Staudinger/Otte § 2074 Rn 33.

[123] MünchKomm/Musielak, 3. Aufl., § 2269 Rn 45; Soergel/Stein § 1937 Rn 30; Staudinger/Kanzleiter § 2269 Rn 38 ff.; Thielmann, Sittenwidrige Verfügungen von Todes wegen, 1973, S. 257 ff.; Simshäuser FamRZ 1972, 273; RGZ 156, 172; BGH FamRZ 1965, 600, 601; mit der Einschränkung, dass bei Wiederheirat dem Ehegatten wenigstens der gesetzliche Erbteil belassen sein muss: Staudinger/Otte § 2074 Rn 34; MünchKomm/Leipold, 3. Aufl., § 2074 Rn 15.

[124] Dagegen: OLG Hamm ZEV 2006, 167; dafür: Staudinger/Otte, § 2074 Rn 64 a.

[125] BGH ZEV 1999, 59, 61 m. weit. Nachw.

[126] BGH a. a. O. S. 61.

[127] BGHZ 70, 313, 324 ff.

[128] BGHZ 140, 118 = ZEV 1999, 59 = NJW 1999, 566; BGH NJE 2006, 2856; OLG Stuttgart ZEV 1998, 185; BayObLG ZEV 1997, 119; a. A. kontrovers zum BGH unter Einschränkung der Testierfreiheit BVerfG „Hohenzollern" NJW 2004, 2008 = FamRZ 2004, 765; noch nicht so deutlich BVerfG „Leiningen" im Nichtannahmebeschluss NJW 2000, 2495 f = DNotZ 2000, 391; siehe auch Scheuren-Brandes ZEV 2005, 185.

[129] Palandt/Edenhofer § 2302 Rn 1; Staudinger/Otte § 2074 Rn 43; Soergel/Damrau § 2074 Rn 5; MünchKomm/Leipold § 2074 Rn 13; Litzenburger in Bamberger/Roth § 2302 Rn 1; BGH LM § 533 Nr. 1 = MDR 1972, 36 = Betr. 1971, 2152 = WarnR 1971 Nr. 204 = WPM 1971, 1509 = DNotZ 1972, 231; BGH NJW 1977, 950; krit. RGRK/Johannsen § 2074 Rn 12; Brox FS f. Bartholomeyczik, 1973, S. 41, 50.

verfolgen, dem Bedachten oder einem Dritten die Entscheidung über die Zuwendung zu überlassen.[130]

28 Ist die Bedingung sittenwidrig, so fragt es sich, ob damit die ganze Verfügung unwirksam ist, oder sie als unbedingte bestehen bleiben kann. Nach der h. M.[131] machen unsittliche aufschiebende Bedingungen grundsätzlich die ganze Verfügung unwirksam, da sie untrennbar zum ganzen Rechtsgeschäft gehören.[132] Oft wird jedoch in diesen Fällen der hypothetische Wille des Erblassers auf die Aufrechterhaltung der Verfügung ohne Bedingung gerichtet sein und daher die Auslegung helfen können.[133] Andere begründen in restriktiver Interpretation des § 138 die Gültigkeit der Zuwendung ohne Bedingung unabhängig vom wirklichen oder hypothetischen Erblasserwillen mit der Überlegung, dass der Schutz der Erschließungsfreiheit des Bedachten lediglich die Streichung der Bedingung aber nicht die Gesamtnichtigkeit erfordere. Eine auflösende Bedingung wird dagegen nicht als untrennbarer Bestandteil der Verfügung angesehen,[134] so dass hier das Gebot der Teilaufrechterhaltung nach § 2085 gilt,[135] sofern man § 2085 und nicht § 139 auf die Nichtigkeit eines Teils einer einzigen Verfügung bei quantitativer Teilbarkeit entsprechend anwendet.[136]

f) Aushöhlungsnichtigkeit bindender Verfügungen von Todes wegen

29 Der Schutz der durch Erbverträge oder bindend gewordene gemeinschaftliche Testamente Bedachten ist gegenüber späteren widersprechenden Verfügungen von Todes wegen gut, gegenüber Verfügungen unter Lebenden jedoch wegen § 2286 schlecht. Ab der Entscheidung vom 8. 7. 1954 hielt der BGH[137] unter dem Schlagwort „Testamentsaushöhlung“ Verfügungen des gebundenen Erblassers unter Lebenden (sog. Zweitgeschäfte), die wirtschaftlich dem Ziel des Erbvertrages oder bindend gewordenen gemeinschaftlichen Testaments widersprachen, wegen Gesetzesumgehung gem. § 134 oder Sittenverstoß gem. § 138 für nichtig.[138] In der Grundsatzentscheidung vom 5. 7. 1972[139] gab der BGH diese Rechtsprechung jedoch ausdrücklich auf und schützt seither die Bedachten durch eine extensive Anwendung der §§ 2287, 2288. Schenkweise Zuwendungen, die Erbverträge oder bindend gewordene gemeinschaftliche Testamente beeinträchtigen, sind danach nach dem Erbfall kondizierbar, wenn die Beeinträchtigung nicht durch ein sog. **„lebzeitiges Eigeninteresse“** des Erblassers gerechtfertigt ist.[140] Trotz dieser Abkehr von der „Aushöhlungsnichtigkeit“ kann ein gegen einen Erbvertrag oder bindend gewordenes gemeinschaftliches Testament verstoßendes lebzeitiges Zweitgeschäft des Erblassers immer noch nach § 138 nichtig sein, wenn besondere Umstände hinzutreten, die es als

---

[130] BGHZ 15, 199, 201; MünchKomm/Leipold, 3. Aufl., § 2065 Rn 5.

[131] Soergel/Damrau § 2074 Rn 4; Staudinger/Otte § 2074 Rn 55; RGRK/Johannsen Vor § 2064 Rn 20; Palandt/Edenhofer § 2074 Rn 4; Erman/Hense § 2074 Rn 1; Thielmann; Sittenwidrige Verfügung von Todes wegen, 1973, S. 191 m. w. N.

[132] V. Lübtow ErbR., Bd. I, S. 352; Meincke FS f. Kaser, 1976, S. 437, 451 ff.

[133] Staudinger/Otte § 2074 Rn 57.

[134] Staudinger/Dilcher Vor § 148 Rn 12; Soergel/Wolf, 12. Aufl., § 158 Rn 32; Staudinger/Otte § 2074 Rn 57 u. § 2085 Rn 14.

[135] Staudinger/Otte § 2074 Rn 57.

[136] Schlüter, ErbR, 13. Aufl., Rn 199; Mewes NJW 1957, 1262; MünchKomm/Leipold, 3. Aufl., § 2085 Rn 9; BGH NJW 1983, 277, 278 m. Anm. Stürner in JZ 1983, 149; anders die bisher h. M., die § 139 und daher im Zweifel Gesamtnichtigkeit annimmt: Palandt/Edenhofer § 2085 Rn 5 m. w. N.

[137] NJW 1956, 1501 = LM 2271 Nr. 4 = DNotZ 1955, 85.

[138] Siehe hierzu Burkart NJW 1956, 1501; Mattern DNotZ 1964, 196; Johannsen WPM 1969, 1227 u. 1973, 532; Bund JuS 1968, 268.

[139] BGHZ 59, 343 = NJW 1973, 240 = DNotZ 1973, 421.

[140] Erstmals Spellenberg FamRZ 1972, 349; BGH NJW-RR 1987, 2; OLG München NJW-RR 1987, 1484;

unvereinbar mit den guten Sitten erscheinen lassen.[141] Der BGH[142] führt als Beispiel hierzu das anstößige Zusammenwirken des Erblassers mit einem Dritten an, um die in einem entgeltlichen Erbvertrag übernommene Bindung im Ergebnis wirkungslos zu machen und den Dritten zu bereichern.

g) Für die Beurteilung maßgeblicher Zeitpunkt

Wie bei Rechtsgeschäften unter Lebenden auf den Zeitpunkt der Vornahme[143] stellen die Rechtsprechung und ein Teil der Literatur[144] bei einer Änderung der für die Beurteilung der Sittenwidrigkeit maßgeblichen tatsächlichen Verhältnisse in der Zeit zwischen der Errichtung der Verfügung von Todes wegen und dem Erbfall **auf den Zeitpunkt ihrer Errichtung** ab und verlangen, dass der Erblasser nach einem späteren Fortfall der Sittenwidrigkeitsgründe, wenn er z. B. die Geliebte heiratet oder geschieden wird, eine neue Verfügung von Todes wegen errichtet.[145] Ist eine Verfügung von Todes wegen dagegen im Zeitpunkt ihrer Errichtung sittlich unbedenklich, führt sie aber wegen inzwischen hinzugetretener Umstände nach dem Erbfall zu unsittlichen Auswirkungen, so ist sie nach dieser Meinung in konsequenter Weise wirksam und gegen ihre Durchführung kann nur der Einwand der unzulässigen Rechtsausübung (§ 242) erhoben werden.[146] Diese Auffassung hat mit Recht in der Literatur weitgehend mit der Begründung Widerspruch gefunden, dass durch § 138 nicht die verwerfliche Gesinnung des Erblassers bei der Errichtung der Verfügung bestraft werden, sondern nur ein missbilligter Rechtserfolg der Verfügung verhindert werden soll, so dass für die Beurteilung der Sittenwidrigkeit die **tatsächlichen Verhältnisse zum Zeitpunkt ihres Wirksamwerdens beim Erbfall** maßgeblich sein müssen.[147] Bei einem Wandel der sittlichen Anschauungen seit der Errichtung der Verfügung von Todes wegen stellt die wohl h. M. dagegen auf den Zeitpunkt des Erbfalls ab.[148] 30

h) Rechtsfolgen des Verstoßes gegen die guten Sitten

Enthält eine Verfügung von Todes wegen mehrere Verfügungen, d. h. selbständige Einzelanordnungen, und ist eine oder sind einzelne davon nichtig (z. B. wegen Sittenwidrigkeit), so bleiben gem. § 2085, der gem. § 2279 Abs. 1 auch auf Erbverträge anwendbar ist, die anderen Anordnungen grundsätzlich gültig, es sei denn, der Erblasser hätte sie 31

---

[141] BGHZ 59, 343, 348 = NJW 1973, 240; Soergel/Hefermehl, 12. Aufl., § 138 Rn 185.

[142] A. a. O.

[143] BGH NJW 1983, 2692; BGH NJW 1984, 2150, 2151.

[144] BGHZ 20, 71, 73 = NJW 1965, 865; BGH LM § 138 (Cd) Nr. 11; BGH FamRZ 1969, 323, 325; offen gelassen BGHZ 140, 118, 128 = NJW 1999, 566; KG FamRZ 1977, 267, 270; BayObLG 96, 225; OLG Stuttgart ZEV 1998, 185; § 138 Rn 10; Soergel/Schippel, 10. Aufl., § 1937 Rn 14; Erman/Hense Vor § 2064 Rn 14; Birk FamRZ 1964, 129; Mikat FS f. Nipperdey, 1965, Bd. I, S. 581, 593 Fn. 46; Steffen DRiZ 1970, 349; differenzierend: MünchKomm/Burkart § 2247 Rn 65.

[145] BGHZ 20, 71, 74.

[146] BGHZ 20, 71, 75; Palandt/Heinrichs § 138 Rn 9; Soergel/Schippel, 10. Aufl., § 1937 Rn 14.

[147] OLG Hamm OLGZ 1979, 427; RGRK/Johannsen § 2078 Rn 14; ders., WPM 1971, 923; Soergel/Stein § 1937 Rn 28; Erman/Brox § 138 Rn 52; ders., AllgTeil, 10. Aufl., Rn 286; ders., ErbR, 10. Aufl., Rn 258; Gernhuber FamRZ 1960, 334; Palandt/Heinrichs, § 138 Rn 10; Lange/Kuchinke § 34 IV 5 b; Kipp/Coing § 16 III 1 a; v. Lübtow, ErbR, Bd. I, S. 312 f.; Schlüter ErbR, 12. Aufl., § 23 I 2 c; Leipold ErbR, 6. Aufl., Rn 204; Dittmann/Reimann/Bengel, Testament und Erbvertrag, 2. Aufl., 1986, A 91; Thielmann, Sittenwidrige Verfügungen von Todes wegen, 1973, S. 158; Keuk, Der Erblasserwille post testamentum und die Auslegung des Testaments, 1965, S. 21 ff.; Weimar MDR 1968, 110; Gaul FamRZ 1961, 501; differenzierend: Staudinger/Otte Vorbem zu §§ 2064–2086; ders. JA 1985, 192, 201.

[148] OLG Hamm OLGZ 1979, 425, 427 = FamRZ 1979, 1074 = Rpfleger 1979, 458; Palandt/Heinrichs, § 138 Rn 10; Lange/Kuchinke, 4. Aufl., § 35 IV 6 b; RGRK/Kregel § 1936 Rn 4; RGRK/Johannsen § 2078 Rn 17, insoweit differenzierend: Thielmann a. a. O. S. 161 ff.; a. M. Staudinger/Otte Vorbem. zu §§ 2064–2086 Rn 166; ders. JA 1985, 192, 201.

ohne die nichtige Anordnung nicht getroffen. Ist jedoch ein quantitativ abteilbarer Teil einer Verfügung von Todes wegen nichtig, z. B. einer Alleinerbeinsetzung oder eines Geldvermächtnisses, so ist streitig, ob auf die Regel des § 139 zurückgegriffen werden muss (grundsätzlich Gesamtnichtigkeit) oder ob, um das Testament möglichst aufrecht zu halten, § 2085 mit der Folge der Teilnichtigkeit entsprechend angewendet werden kann.[149] Die Streitfrage kann durch Aufnahme einer Teilunwirksamkeitsklausel in die Verfügung von Todes wegen umgangen werden.[150]

Formulierungsvorschlag:

Verstößt eine der vorstehenden Verfügungen von Todes wegen ganz oder teilweise gegen eine zwingende Vorschrift, so sollen der andere Teil und die übrigen Verfügungen dadurch nicht ebenfalls nichtig werden.

32 Von der Möglichkeit der Teilnichtigkeit einer Verfügung von Todes wegen hat die Rechtsprechung vor allem beim Geliebtentestament wegen übermäßiger Zurücksetzung naher Familienangehöriger Gebrauch gemacht.[151] Der BGH ist zu diesem Ergebnis ohne Entscheidung der obigen Streitfrage dadurch im Wege der ergänzenden Auslegung gekommen, dass er jeweils hypothetischen Willen des Erblassers angenommen hat, dem Bedachten möglichst viel und damit alles zuwenden zu wollen, was sittlich zulässig ist.[152] Nach dieser Rechtsprechung kann daher die letztwillige Zuwendung an eine Geliebte teilweise unsittlich sein, soweit sie nämlich mit Rücksicht auf die moralische Verpflichtung des Erblassers gegenüber einem Teil der zurückgesetzten Personen die Grenzen des sittlich Erträglichen überschreitet,[153] das heißt z. B. die Einsetzung der Geliebten zur Alleinerbin ist unsittlich, kann aber als Miterbeinsetzung teilweise aufrecht erhalten werden,[154] oder ein maßvolles Vermächtnis an die Geliebte kann voll wirksam sein, während dies die Alleinerbeinsetzung nicht wäre.[155] Im Falle der Nichtigkeit oder Teilnichtigkeit ist stets zu prüfen, ob an die Stelle der gesetz- oder sittenwidrigen Verfügung eine wirkliche (§ 2096) oder auf dem hypothetischen Willen des Erblassers[156] beruhende Ersatzberufung tritt. Ist dies nicht der Fall, führt § 2088 Abs. 1 zum partiellen Eingreifen der gesetzlichen Erbfolge.[157]

---

[149] Gegen die analoge Anwendung von § 2085: RGZ 63, 23, 27; BGH 1962, 912; OLG Hamm NJW 1972, 2132 = OLGZ 1973, 83; RGRK/Johannsen § 2085 Rn 7; Erman/Hense § 2085 Rn 1; Palandt/Edenhofer § 2085 Rn 5; Ramm JZ 1970, 129; offen gelassen in BGHZ 52, 17, 25 = NJW 1969, 1343, 1347; richtigerweise dafür: Soergel/Damrau § 2085 Rn 3; MünchKomm/Leipold, 3. Aufl., § 2085 Rn 9; Staudinger/Otte § 2085 Rn 11; Jauernig/Stürner § 2085 Anm. 3; Schlüter, ErbR, 13. Aufl., Rn 199; Kipp/Coing § 21 VI; Lange/Kuchinke, 4. Aufl. § 35 IV 2 b; Brox, ErbR 16. Aufl., Rn 259; v. Lübtow ErbR, Bd. I, S. 280; Mees NJW 1957, 1262; dieser Ansicht zuneigend: BGH NJW 1983, 278 = JZ 1983, 147 m. Anm. Stürner.

[150] Kohler DNotZ 1961, 195; Palandt/Edenhofer § 2085 Rn 6.

[151] BGHZ 52, 17, 23 f.; BGHZ 53, 369, 381 ff.; Staudinger/Otte Vorbem. zu §§ 2064–2086 Rn 168; kritisch hierzu: Reinicke NJW 1969, 1343; Ramm JZ 1970, 129; Husmann NJW 1971, 409; mit Recht zustimmend: Lange/Kuchinke § 34 IV; Brox, ErbR, 16. Aufl., Rn 258; Leipold ErbR, 6. Aufl., Rn 205; Otte JA 1985, 192, 200; Schlüter, ErbR, 12. Aufl., § 23 I 2 f.; Speckmann JZ 1970, 401; ders. NJW 1971, 924; Gernhuber FamRZ 1960, 334; Steffen DRiZ 1970, 348; Thielmann, Sittenwidrige Verfügungen von Todes wegen, 1973, S. 176 ff.

[152] BGHZ 52, 17, 25; BGHZ 53, 369, 383.

[153] Schlüter ErbR, 12. Aufl., § 23 I 2 f.

[154] BGH FamRZ 1963, 287; BGHZ 52, 17.

[155] BGH NJW 1983, 674 = FamRZ 1983, 53 = JZ 1983, 606 m. Anm. Finger.

[156] Z. B. § 2069.

[157] Staudinger/Otte Vorbem. zu §§ 2064–2086 Rn 170.

i) Sittenwidriges Zustandekommen einer Verfügung von Todes wegen

aa) Sittenwidriges Zustandekommen von Erbverträgen. Eine Verfügung von Todes 33
wegen kann letztlich nichtig sein, weil sie auf eine sittlich zu missbilligende Art und Weise zustande gekommen ist. Das kann in erster Linie für Erbverträge zutreffen.[158] Bei ihnen hat das der BGH wiederholt[159] angenommen, **wenn die erbvertragliche Bindung** des Erblassers unter bewusster Ausnützung seiner Unerfahrenheit oder geistigen Beschränktheit oder einer psychischen Zwangslage durch den Vertragspartner herbeigeführt wurde.[160] Dagegen sieht der BGH die schlichte Benutzung einer günstigen Lage und die Zurückstellung fremder Interessen gegenüber den eigenen noch nicht als für § 138 ausreichend an.[161]

bb) Ausnutzung der Todesnot des Erblassers. Nach dem früheren § 48 Abs. 3 TestG, der seit dem 1. 4. 1953 außer Kraft ist, war eine Verfügung von Todes wegen nichtig, wenn ein anderer den Erblasser durch Ausnützung seiner Todesnot zu ihrer Errichtung veranlasst hat. Heute ist in diesen Fällen in erster Linie die Anfechtungsmöglichkeit gem. § 2078 Abs. 2 (Drohung) gegeben, die als speziellere Norm dem § 138 Abs. 1 vorgeht.[162] Die Drohung kann dabei auch darin bestehen, einen Kranken hilflos sterben zu lassen, wenn er nicht in einer bestimmten Weise testiere.[163] Unter Umständen kann jedoch auch die Nichtigkeit wegen Sittenwidrigkeit gegeben sein,[164] so, wenn auch der Inhalt der Verfügung sittenwidrig ist[165] oder keine Drohung, sondern nur ein Hinweis auf die Todesnot des Erblassers vorliegt, deren Ausnützung aber im gegebenen Fall gegen die guten Sitten verstößt.[166] In solchen Fällen kann jedoch auch Erbunwürdigkeit nach § 2329 Abs. 1 Ziff. 3 gegeben sein.

Schrifttum: G. Müller, Zur Anwendung des § 14 HeimG auf Verfügungen von Todes wegen, insbesondere im Rahmen des sog. Behindertentestaments, in „Zehn Jahre Deutsches Notarinstitut", 2003, Seite 153 ff.;

II. Einschränkungen durch den erbrechtlichen Typenzwang

1. Eingrenzung der Gestaltungsfreiheit im Erbrecht

Die Testierfreiheit ermächtigt nicht zu jeder Beliebigen nicht verbotenen Rechtsgestal- 34
tung,[167] vielmehr besteht im Erbrecht ein dem Sachenrecht ähnlicher Typenzwang,[168] da auch die Bestimmungen des Erbrechts wie die des Sachenrechts weitgehend die Güterzuordnung regeln und nicht nur obligatorische Wirkungen schaffen. Der Erblasser kann

[158] Johannsen WPM 1971, 927 ff.

[159] BGHZ 50, 63, 70 = WPM 1971, 759 m. Anm. Mattern in LM § 138 (Aa) Nr. 19; BGH LM § 138 (Bc) Nr. 1 m. Anm. Ascher; sowie die von Johannsen WPM 1971, 928 zitierten unveröffentlichten Entscheidungen.

[160] OLG Braunschweig FamRZ 2000, 1189 f; Palandt/Edenhofer Überbl. v. § 2274 Rn 9; Soergel/Wolf Vor § 2274 Rn 16.

[161] BGHZ 50, 63, 71.

[162] v. Lübtow ErbR. Bd. I, S. 323 f.; Thielmann, Sittenwidrige Verfügungen von Todes wegen, 1973, S. 319; Finke DNotZ 1953, 180; BGH FamRZ 1956, 221.

[163] RG JW 1902 Beil. 286.

[164] Palandt/Edenhofer § 2078 Rn 8; MünchKomm/Leipold § 2078 Rn 40; Brox ErbR, 16. Aufl., Rn 230.

[165] Schlüter ErbR, 12. Aufl., § 23 I 3 b.

[166] Thielmann a. a. O. S. 320 m. w. N.

[167] Staudinger/Otte Vorbem. zu §§ 1937–1941 Rn 12.

[168] Kipp/Coing § 20 I; Staudinger/Otte a. a. O.; MünchKomm/Leipold § 1937 Rn 10; v. Lübtow, ErbR, Bd. 1, S. 110 f.; Dittmann/Reimann/Bengel, Testament u. Erbvertrag, 2. Aufl., A 87; Strothmann Jura 1982, 349 ff.; Bund JuS 1968, 271.

daher nur solche Verfügungen treffen, die im Gesetz ausdrücklich als zulässig anerkannt sind oder deren Zulässigkeit sich, wenn auch nur indirekt durch Auslegung, aus dem Inhalt der gesetzlichen Bestimmungen ergibt.[169] In den §§ 1937 bis 1940 sind ohne Anspruch auf Vollständigkeit die wichtigsten Inhalte letztwilliger Verfügungen aufgezählt, zahlreiche weitere befinden sich im Erbrecht und anderen Büchern des BGB, vor allem im Familienrecht. Einen Überblick über die bestehenden erbrechtlichen Zuwendungsmöglichkeiten ergibt sich auch aus § 3 ErbStG, da sie alle der Erbschaftssteuer unterliegen. Unter den vom Gesetz zugelassenen Typen haben die Beteiligten die freie Wahl. Für eine individuelle inhaltliche Ausgestaltung des gewählten Typus bestehen wegen der weitgehend zwingenden Festlegung der Rechtsfolgen keine oder nur geringfügige Möglichkeiten.[170] Lediglich dort, wo es um die inhaltliche Ausgestaltung schuldrechtlicher Forderungen gegen Erben oder Vermächtnisnehmer geht, d.h. im Bereich der Vermächtnisse und Auflagen, besteht ähnlich wie bei Rechtsgeschäften unter Lebenden für den Erblasser ein erheblicher Gestaltungsspielraum.[171] Im Übrigen besteht die Gestaltungsfreiheit im Erbrecht vor allem darin, dass die verschiedenen zugelassenen Gestaltungsmöglichkeiten miteinander kombiniert werden können.[172] Im Einzelfall hier die richtige Kombination zu finden, ist die Kunst des juristischen Beraters.[173] Trifft der Erblasser in einer Verfügung von Todes wegen eine unzulässige Anordnung, so ist sie ohne weiteres unwirksam, ohne dass es eines Rückgriffs auf § 134 bedürfte.[174] In solchen Fällen sollte allerdings immer die Möglichkeit der Umdeutung (§ 140) und der Teilnichtigkeit (§ 2085) erwogen werden. Nicht gehindert ist der Erblasser durch den erbrechtlichen Typenzwang, in eine Verfügung von Todes wegen auch ein Rechtsgeschäft unter Lebenden aufzunehmen *(z.B. eine postmortale Vollmacht),* oder aber die mit den erbrechtlichen Geschäftstypen, nicht erreichbaren Rechtsfolgen durch eines der unter § 4 Rn 78ff. behandelten Rechtsgeschäfte unter Lebenden auf den Todesfall zu erreichen.

2. Insbesondere Verbote, die der Sicherung der Testierfreiheit dienen

a) Grundsatz der formellen Höchstpersönlichkeit (Verbot der Stellvertretung)

35 Nach § 2064 kann der Erblasser ein Testament nur persönlich errichten. Das bedeutet den Ausschluss der gesetzlichen und gewillkürten Vertretung sowohl im Willen als auch in der Erklärung.[175] Auch die Mitwirkung eines Boten ist ausgeschlossen.[176] Für einen Testierunfähigen (§ 2229) besteht daher keine Möglichkeit, ein Testament zu errichten. Die persönliche Errichtung ist auch für den Erblasser beim Erbvertrag vorgeschrieben (§ 2274), während der andere Vertragsbeteiligte sich vertreten lassen kann, desgleichen für den Erblasser beim Erbverzichtsvertrag (§ 2347). Auch die zwingend den Widerruf des öffentlichen Testaments bewirkende Rücknahme aus der amtlichen Verwahrung kann nur höchstpersönlich durch den Erblasser erfolgen (§ 2256 Abs. 2), während die Übersendung eines eigenhändigen Testaments zur Verwahrung durch Boten erfolgen kann.[177] Die Folge eines Verstoßes gegen die formelle Höchstpersönlichkeit ist die unheilbare Nichtigkeit.

---

[169] Staudinger/Otte a.a.O.; MünchKomm/Leipold a.a.O.
[170] Strothmann Jura 1982, 349, 355.
[171] Strothmann a.a.O. S. 356.
[172] Kipp/Coing § 20 III 2; Staudinger/Otte a.a.O. Rn 12.
[173] Kipp/Coing a.a.O.
[174] Strothmann Jura 1982, 349, 357 m.w.N.; Dittmann/Reimann/Bengel, Testament u. Erbvertrag, 2. Aufl., A 87.
[175] BGHZ 15, 199, 200 = NJW 1955, 100.
[176] Soergel/Damrau § 2064 Rn 3.
[177] KGJ 20, 259.

b) Grundsatz der materiellen Höchstpersönlichkeit (Verbot der Drittbestimmung)[178]

Gem. § 2065 Abs. 1 kann der Erblasser eine letztwillige Verfügung nicht in der Weise treffen, dass **ein anderer** zu bestimmen hat, **ob sie gelten soll oder nicht (Verbot der Drittbestimmung über die Geltung einer letztwilligen Verfügung).** „Ein anderer", der bestimmen soll, ist nach der h. M.[179] jede Person mit Ausnahme des Erblassers, daher auch der Bedachte und der Beschwerte.[180] Unter das Verbot fällt auch, wenn der **Dritte** zwischen zwei Testamenten die **Auswahl treffen soll.**[181] § 2065 Abs. 1 bedeutet jedoch nur, dass die Geltung der letztwilligen Verfügung nicht von einer Willenserklärung eines Dritten abhängig gemacht werden darf, die unmittelbar auf ihre Geltung gerichtet ist (sog. Wollensbedingungen), d. h. es ist **keine Vertretung im Willen** zulässig.[182] Dagegen kann der Erblasser sie sehr wohl vom Eintritt eines Ereignisses (z. B. Erwerb von Fähigkeiten oder Heilung von Trunksucht) oder einem **bestimmten Verhalten** (Erklärung, Handlung oder Unterlassung) des Bedachten oder eines Dritten abhängig machen, auch wenn der Eintritt oder Ausfall dieser Bedingung allein vom freien Willen des Bedachten oder des Dritten abhängt **(Potestativbedingung),** sofern dieser Wille sich nicht in der bloßen Zustimmung zu der testamentarisch angeordneten Rechtsfolge erschöpft, sondern einen **anderen Zweck** verfolgt.[183] Charakteristisch für solche Potestativbedingungen ist, dass die an das Verhalten geknüpften Rechtswirkungen, d. h. der Eintritt oder Ausfall der Bedingung, unabhängig davon eintreten, ob der Bedachte oder Dritte diese Wirkung will oder nicht.[184] So darf z. B. der Erblasser die künftigen Adoptivkinder seines überlebenden Ehegatten zu Erben einsetzen, obwohl es dann dem Überlebenden überlassen ist, ob er überhaupt, und wenn ja, welche Kinder er adoptiert.[185] Die Handlung des Überlebenden hat dabei nicht unmittelbar die Erbenbestimmung zum Gegenstand und erschöpft sich nicht in ihr. Da der **Bedachte** immer die Entschließungsfreiheit hat, ob er die Zuwendung annimmt oder ausschlägt, kann ihm auch die Entscheidung über **ihre Geltung** überlassen werden.[186] 36

Ein **Verstoß gegen § 2065 Abs. 1** führt zur Nichtigkeit der ganzen Verfügung, deren Geltung der Erblasser von der Bestimmung eines Dritten abhängig machen wollte.[187] Enthält die Verfügung von Todes wegen noch andere Verfügungen, so richtet sich deren Wirksamkeit nach § 2085, sofern sie nicht untrennbare Bestandteile der nichtigen Verfügung sind.[188] 37

---

[178] Siehe auch Helms ZEV 2007, 1.

[179] MünchKomm/Leipold, 3. Aufl., § 2065 Rn 8; Soergel/Loritz, 12. Aufl., § 2065 Rn 8; Staudinger/Otte, 13. Aufl., § 2065 Rn 18; Frank MittBayNot 1987, 231, 233; unentschieden OLG Zweibrücken OLGZ 1989, 268, 270 = NJW-RR 1989, 453, 454; a. M. Brox, 16. Aufl., Rn 103; Raape AcP 140, 233 f.

[180] Motive V, 30.

[181] Lange/Kuchinke, 4. Aufl., § 27 I 6 a Fn. 20.

[182] BGHZ 15, 199, 201 = NJW 1955, 100, 101; OLG Köln OLGZ 1984, 299 = Rpfleger 1984, 236; BayObLG FamRZ 1986, 606, 607; OLG Frankfurt FamRZ 1992, 226. MünchKomm/Leipold, 3. Aufl., § 2065 Rn 5.

[183] Staudinger/Otte, 13. Aufl., § 2065 Rn 14; Soergel/Damrau § 2065 Rn 11; MünchKomm/Leipold, 3. Aufl., § 2065 Rn 5; RGRK/Johannsen § 2065 Rn 8; BGHZ 15, 199, 201; Raape, FS f. Zitelmann, 1913 S. 2, 3 ff. u. 28 ff.; siehe auch OLG Zweibrücken NJW-RR 1989, 458 m. w. N.

[184] Staudinger/Otte, 13. Aufl., § 2065 Rn 13 ff.; Erman/Hefermehl § 158 Rn 12; Stiegeler BWNotZ 1986, 25, 26.

[185] BayObLGZ 1965, 457 = NJW 1966, 662 m. Anm. Immel in NJW 1966, 1222; OLG Köln OLGZ 1984, 299 = Rpfleger 1984, 236 = BB 1984, 878; a. M. Soergel/Damrau § 2065 Rn 11.

[186] Raape AcP 140, 233 ff.; Brox ErbR, 16. Aufl., Rn 103; Soergel/Damrau § 2065 Rn 2; a. A. MünchKomm/Leipold, 3 Aufl., § 2065 Rn 8; Stiegeler BWNotZ 1986, 25, 26; Frank MittBayNot 1987, 231, 233.

[187] Staudinger/Otte, 13. Bearb., § 2065 Rn 44.

[188] MünchKomm/Leipold, 3. Aufl., § 2065 Rn 26.

c) Verbot der Erbenauswahl durch einen Dritten

38 Nach § 2065 Abs. 2 BGB kann der Erblasser **die Bestimmung der Person,** die eine Zuwendung (also Erbeinsetzung, Vermächtnis oder Auflage) erhalten soll, sowie **des Gegenstandes der Zuwendung,** unbeschadet der Ausnahmen nach §§ 2151–2154, 2156, 2193, 2048 und 2198 ff., nicht **einem anderen** überlassen (**materielle Höchstpersönlichkeit**). Das Reichsgericht[189] sah dadurch nur verboten, dass ein anderer den Erben „bestimmt", nicht auch, dass er ihn „bezeichnet". Nach dem RG konnte der Erblasser einen Dritten damit beauftragen, aus einem so eng begrenzten Kreis von Personen, nach so genau festgelegten sachlichen Gesichtspunkten, dass für eine Willkür des Dritten kein Raum blieb, nach seinem Urteil über das Vorliegen jener Voraussetzungen, einen Erben auszuwählen, auch wenn dies ein reines Werturteil des Dritten darstellte oder ein solches einschloss (d. h. kein freies, jedoch gebundenes Ermessen zulässig). Das RG hielt somit eine Wertung innerhalb der vom Erblasser gegebenen Merkmale und damit eine echte Ermessensentscheidung des Dritten im Sinne einer Wahl zwischen mehreren gleichermaßen in den Rahmen dieser Ermächtigung fallenden Möglichkeiten für zulässig.[190] Dies hat der Bundesgerichtshof[191] unter Aufrechterhaltung der allerdings wenig aussagekräftigen Unterscheidung zwischen „Bestimmung" und „Bezeichnung" des Erben, dahin eingeschränkt, dass nach ihm die Verfügung von Todes wegen so genaue Hinweise enthalten muss, dass die Bezeichnung des Erben von jeder mit genügend Sachkunde ausgestatteten Person, durch objektive Bestimmung erfolgen kann, ohne dass deren eigenes Ermessen bestimmend oder auch nur mitbestimmend sein darf. Damit lässt der BGH nur zu, dass der Dritte den objektiv feststellbaren Willen des Erblassers verwirklicht (feststellende Ermächtigung), nicht jedoch, dass er an Stelle des Erblassers eine Auswahl und eine echte Ermessensentscheidung treffen kann (echt wählende Ermächtigung), d. h. einen Wertungsspielraum hat.[192] Nach dem BGH darf der Dritte nicht wählen, er darf nur bezeichnen.[193] In ähnlich einschränkender Weise entschied bereits das OLG Dresden,[194] dass die Einsetzung derjenigen „Person der Familie, die mich im Alter unterstützt und verpflegt hat" zum Erben in Ermangelung objektiv feststellbarer Auswahlkriterien gegen § 2065 Abs. 2 verstößt. Wo jedoch nach dieser Rechtsprechung die Grenze zwischen Bezeichnung und Bestimmung liegt und wie genau die Auswahlkriterien festzulegen sind, bleibt unklar. Deshalb konnte das OLG Köln[195] entscheiden, die vom Erblasser gesetzte Bedingung der Befähigung zur Unternehmensführung sei für die Zulässigkeit der Erbenfremdbestimmung ausreichend, da sie sich ohne Willkür eines Dritten durch eine sachkundige Person objektiv bestimmen lasse. Damit hat sich das OLG Köln, obwohl es sich auf die Rechtsprechung des BGH bezieht, jedoch deren Unterschied zu der des RG leugnet,[196] wieder der Rechtsprechung des RG genähert, denn die Bestimmung des Unternehmensnachfolgers nach seiner Eignung erfordert eine Wertung, die eben gerade nicht für jeden Sachkundigen objektiv nachvollziehbar ist, wie dies der BGH fordert.[197] Überraschenderweise hat der BGH,[198] allerdings nur obiter dicta, die Meinung vertreten, einem Testamentsvollstrecker könne die Auswahl des Nacherben nach dem Kriterium überlassen werden, dass er die Gewähr für die ordnungsgemäße Verwaltung und Erhaltung eines bestimmten Grundstücks biete. Die Literatur hat sich zum größten Teil der

[189] RGZ 159, 296, 299 = DRW 1939, 310 m. zust. Anm. Vogel („Rittergutsentscheidung").

[190] Westermann FS f. Möhring, 1965 S. 182, 191.

[191] BGHZ 15, 199 = NJW 1955, 100 = DNotZ 1955, 402 m. Anm. Johannsen in LM § 2106 Nr. 1; so auch LG Frankfurt MDR 1987, 762 und BayObLG FamRZ 1991, 610, 611.

[192] Haegele BWNotZ 1972, 74, 75; Westermann a. a. O. S. 193.

[193] Dobroschke Betr. 1967, 803.

[194] NJW 1949, 346.

[195] OLGZ 1984, 299 = Rpfleger 1984, 236 = BB 1984, 878.

[196] OLG Köln OLGZ 1984, 299, 303.

[197] Leipold ErbR, 6. Aufl., Rn 223.

[198] WPM 1970, 930, 931.

Auffassung des RG angeschlossen und lässt zu, dass der Erblasser dem Dritten einen gewissen Beurteilungsspielraum zuerkennt,[199] während eine Mindermeinung der engeren Auslegung des BGH folgt.[200] Bei dieser Rechtsunsicherheit ist die Brauchbarkeit dieser Gestaltungsmöglichkeit, z. B. für die erbrechtliche frühzeitige Auswahl des Unternehmensnachfolgers, nicht mehr gegeben.[201] Zulässig wäre zweifellos z. B. die Anordnung, der Dritte habe denjenigen der beiden Söhne zum Erben zu bestimmen, der ein bestimmtes Ingenieurstudium an einer bestimmten technischen Universität mit dem besseren Abschluss von beiden absolviere, nicht jedoch den für die Betriebsführung am besten geeigneten der beiden. Damit wird aber im Grunde nur die Auslegung gestattet.[202] Warum der BGH[203] in solchen Fällen trotzdem verlangt, dass der Erblasser einen Bestimmungsberechtigten benennt und nicht die Ermittlung des objektiv aus der Verfügung erkennbaren Willens des Erblassers durch Auslegung zulässt, ist nicht einzusehen.[204] In der Praxis ist es jedoch in diesen Fällen so, dass die Eignung der verschiedenen Personen zwar bezüglich der einzelnen Beurteilungspunkte differieren, im ganzen aber annähernd gleich sein werden, und dass die Ansicht über die Eignung zum Nachfolger davon abhängt, welche Eigenschaften der Auswählende für die Leitung gerade dieses Unternehmens zu diesem Zeitpunkt für die wichtigsten hält, dass die Auswahl daher nicht rein feststellender Natur sein kann, vielmehr eine echte gebundene Ermessensentscheidung sein muss.[205] Wird im Einklang mit den Voraussetzungen des Bundesgerichtshofs einem Dritten die Ermächtigung zur Erbenauswahl erteilt, stellt sich die Frage nach der Rechtslage des Nachlasses in der Zeit zwischen Erbfall und Auswahlerklärung. Da in dieser Zeit Ungewissheit über die Person des Erben herrscht, bleibt nur der Ausweg, nach § 1960 BGB einen Nachlasspfleger zu bestellen.[206] Um das zu vermeiden, ist es bei der Ermächtigung eines Dritten zur Erbenauswahl unumgänglich, Testamentsvollstreckung anzuordnen und zweckmäßigerweise die Auswahlermächtigung dem Testamentsvollstrecker zu erteilen.[207] Die Auswahlerklärung selbst ist dem Nachlassgericht gegenüber abzugeben,[208] während das OLG Celle[209] zusätzlich noch ihren Zugang bei den ausgeschlossenen Bedachten verlangt. Erbenbestimmungen, die nach § 2065 einem Dritten nicht überlassen werden können, können auch nicht dem Testamentsvollstrecker eingeräumt werden.[210] Die zweifellos dem Verbot des § 2065 unterfallende alternative Erbenberufung (z. B. mein Erbe soll A oder B sein), will Baldus[211] in analoger Anwendung von § 2073 dahin lösen, dass er sämtliche alternativ bezeichneten Erben als zu gleichen Teilen bedacht ansieht. Stiegeler[212] grenzt wohl mit Recht die zulässige Ermächtigung von der unzulässigen nach den Beweggrün-

---

[199] Lange/Kuchinke, 4. Aufl., § 27 I; Staudinger/Seybold § 2065 Rn 9; Staudinger/Otte § 2065 Rn 32 ff. m. w. Nachw.; RGRK/Johannsen § 2065 Rn 16; Soergel/Damrau § 2065 Rn 7; MünchKomm/Leipold, 3. Aufl., § 2065 Rn 18; Erman/Hense § 2065 Rn 5; Brox, ErbR, 16. Aufl., Rn 104; Großfeld JZ 1968, 121; Klunzinger BB 1970, 1198; Rötelmann NJW 1958, 953; Westermann FS f. Möhring, 1965 S. 195; N. Mayer ZEV 1995, 248.

[200] Kipp/Coing § 18 II 4; v. Lübtow ErbR, Bd. I, S. 145; Schlüter, ErbR, 13. Aufl., Rn 142; Palandt/Edenhofer § 2065 Rn 4.

[201] Langenfeld, Das Testament des Gesellschafter-Geschäftsführers einer GmbH und GmbH & Co., 1980, S. 78.

[202] Lüderitz, Familien- u. Erbrecht, 1971, S. 150.

[203] NJW 1965, 2201 = LM § 2065 Nr. 4 = BB 1965, 1052.

[204] Lüderitz a. a. O. S. 150.

[205] Westermann a. a. O. S. 190 f.; Klunzinger BB 1970, 1197, 1198.

[206] Klunzinger BB 1970, 1197, 1200.

[207] Klunzinger a. a. O.; Haegele BWNotZ 1972, 74, 79.

[208] Klunzinger BB 1970, 1201; Rötelmann DNotZ 1958, 432, 434; Haegele BWNotZ 1972, 74, 77; Palandt/Edenhofer § 2065 Rn 5.

[209] NJW 1958, 953.

[210] RGZ 100, 76 ff.

[211] JR 1969, 179; zweifelnd hierzu Staudinger/Otte § 2065 Rn 44.

[212] Der Grundsatz der Selbstentscheidung, Diss. Freiburg, 1985, S. 115 ff.

den des Erblassers ab. Will sich der Erblasser infolge seiner vom Gesetz missbilligten Unentschlossenheit der Last der Verantwortung für die Erbenbestimmung entziehen, soll die Verfügung wegen Verstoß gegen § 2065 nichtig sein. Hat er dagegen für die Ermächtigung gute Gründe (z.B. Sicherung der Firmenfortführung), soll sie zulässig sein.

39 Ein **Verstoß gegen das Drittauswahlverbot** des § 2065 Abs. 2 führt zur Nichtigkeit der Einräumung der Befugnis des Dritten, den Zuwendungsempfänger oder den Zuwendungsgegenstand zu bestimmen. Damit wird allerdings auch die Zuwendung selbst hinfällig, da sie keinen bestimmten Empfänger oder Gegenstand mehr hat.[213] Auch hier bestimmt sich das Schicksal weiterer Verfügungen in dem Testament nach § 2085, sofern sie nicht untrennbarer Bestandteil der nichtigen Verfügung sind.[214]

Folgerungen für die Praxis: Als durch die höchstrichterliche Rechtsprechung gesichert kann für die Praxis zurzeit nur gelten, dass die Auswahl und Bestimmung des oder der Erben durch einen Dritten (**Erbendrittbestimmung**) nur zulässig ist, wenn der Erblasser den Bestimmungsberechtigten ausdrücklich benennt,[215] einen bestimmten eng begrenzten Personenkreis bezeichnet, aus dem der oder die Erben ausgewählt werden sollen[216] und wenn er vor allem die sachlichen **Auswahlkriterien** so eindeutig festlegt, dass es jeder mit genügend Sachkunde ausgestatteten Person – d.h. nicht nur dem Bestimmungsberechtigten – objektiv möglich ist, den oder die Bedachten auf Grund dieser Kriterien zu bezeichnen, ohne dass das eigene Ermessen dieser Person dabei bestimmend oder mitbestimmend ist, d.h. Festlegung jedes Auswahlermessen ausschließender Auswahlkriterien.[217] Da dem Dritten kein Ermessensspielraum eingeräumt sein darf, kommt eine Drittbezeichnung des Erben nur dort in Frage, wo objektiv fassbare Kriterien vom Erblasser vorgegeben werden können, wie z.B. Ablegung eines Staatsexamens mit bestimmter Note, Abschluss einer Ausbildung u.ä.[218] Bei dieser Rechtslage sollte der Erblasser von der Anordnung der Erbenauswahl durch einen Dritten absehen und stattdessen zur Erreichung seines Regelungszieles eine der unten näher behandelten gesetzlich zugelassenen Ersatzlösungen (**Vermächtnis oder Auflage**) wählen.[219] Letztlich kann das Verbot des Erbendrittbestimmungsrechts weitgehend durch Verpflichtungen und Verfügungen unter Lebenden auf den Tod umgangen werden.[220] Dies hat auch den Vorteil, dass die Verpflichtung bei Grundstücken durch Vormerkung zugunsten der zur Auswahl stehenden Personen in Gesamtberechtigung nach § 428 gesichert werden kann.

d) Ausnahmen vom Drittbestimmungsverbot

40 Vom Drittbestimmungsverbot des § 2065 für letztwillige Zuwendungen gibt es eine Reihe von Ausnahmen, die entweder vom Gesetz ausdrücklich zugelassen sind oder von der Rechtsprechung zugelassen werden:

41 • Nach der ganz h.M.[221] ist die Bestimmung zulässig, dass **unter mehreren genau** bezeichneten **Personen das Los entscheiden** soll, wer Erbe wird, weil sich der Erblasser da-

---

[213] Staudinger/Otte, 13. Bearb., § 2065 Rn 44.

[214] MünchKomm/Leipold, 3. Aufl., § 2065 Rn 26.

[215] BGH NJW 1965, 2201 = LM § 2065 Nr. 4; OLG Celle RdL 1955, 137.

[216] BGH a.a.O.; OLG Hamm RdL 1961, 45, KG OLGZ 1968, 329.

[217] BGHZ 15, 199, 202f. = NJW 1955, 100.

[218] Voit in Dittmann/Reimann/Bengel, Testament u. Erbvertrag, 4.Aufl., Vorbem zu §§ 2229ff. Rn 25.

[219] So auch Rohs DNotZ 1951, 373; Bunke MittRhNotK 1962, 536, 546; Dobroschke Betr. 1967, 803, 804; Sudhoff Betr. 1966, 649, 650; Haegele BWNotZ 1968, 133, 142; Klunzinger BB 1970, 1197, 1199; Langenfeld, Das Testament des Gesellschafter-Geschäftsführers, 1980 S. 78f.; Stiegeler a.a.O. S. 114; Formular hierzu in MünchVertrHdb/Nieder/Otto, 6. Aufl., Bd. 6/2, XVI. 7.

[220] Siehe hierzu unten Rn 81.

[221] RG SeuffArch 91 Nr. 106; OLG Kiel SchlHolStAnz. 1935, 222 u. 1937, 106; Staudinger/Seybold § 2065 Rn 8; Staudinger/Otte § 2065 Rn 12; RGRK/Johannsen § 2065 Rn 15; Soergel/Damrau § 2065 Rn 11; Lange/Kuchinke, 4. Aufl., § 27 I 6d; v. Lübtow ErbR, Bd. I, S. 144f.; a.M. MünchKomm/Leipold, 3. Aufl., § 2065 Rn 14.

mit zwar dem Zufall unterwirft, nicht jedoch der eigenverantwortlichen Entscheidung entzieht, sondern ein Zufallsergebnis zur Bedingung seiner Zuwendung macht. Bis zur Entscheidung durch das Los sind die gesetzlichen Erben gem. § 2105 Abs. 2 Vorerben.[222]

• Es verstößt nicht gegen § 2065, einem Dritten oder dem Testamentsvollstrecker[223] 42
die Entscheidung von Streitigkeiten über die Gültigkeit, Anfechtbarkeit und Auslegung eines Testaments als **Schiedsrichter** oder die Feststellung von Tatsachen, die für einen Rechtsstreit erheblich sein können, als **Schiedsgutachter** zu überlassen.[224] Nach § 1048 ZPO ist die Einsetzung eines Schiedsgerichts durch letztwillige Verfügung möglich. Die sachlichen Grenzen werden jedoch durch § 2065 wiederum stark eingeschränkt. So kann der Schiedsrichter nicht darüber entscheiden, ob eine letztwillige Verfügung gelten oder welche Person Erbe werden soll, wohl kann er aber aus Rechtsgründen entscheiden, ob jemand Erbe geworden ist.[225] Er kann auch nicht ein formungültiges Testament für gültig erklären[226] und auch kein Testament frei auslegen.[227] Letztlich kann er keine Entscheidung über den Bestand seines eigenen Amtes treffen.[228] Ein Schiedsgutachter, der, im Gegensatz zu dem anstelle des staatlichen Gerichts den Rechtsstreit entscheidenden Schiedsrichters, lediglich Tatsachenfeststellungen trifft, die für die Entscheidung eines Rechtsstreits erheblich sein können,[229] kann ebenfalls letztwillig bestimmt werden, z.B. zur Feststellung, ob eine Bedingung eingetreten oder ausgefallen ist oder ob eine Auflage erfüllt wurde.[230] Auf das Schiedsgutachterverfahren werden die Regeln über die Leistungsbestimmung durch Dritte gem. §§ 317–319 mit der Folge angewendet, dass gem. § 319 Abs. 1 die Entscheidung des Schiedsgutachters vor dem ordentlichen Gericht angegriffen werden kann, wenn sie offenbar unbillig ist.[231]

• Verfügungen von Todes wegen können unter **aufschiebenden oder auflösenden Be-** 43
dingungen getroffen werden (§§ 2074, 2075), deren Eintritt auch allein vom Willen des Bedachten oder eines Dritten abhängen kann, wenn die ausbedungene Willenserklärung sich nicht unmittelbar sondern **nur mittelbar** auf die Geltung der Verfügung, die Person des Zuwendungsempfängers oder den Gegenstand der Zuwendung bezieht (**Potestativbedingung**).[232] Zur verbindlichen Feststellung des Eintritts der Bedingung kann vom Erblasser ein Schiedsgutachter bestimmt werden.

• Zulässig ist, nach der überwiegenden Meinung,[233] diejenigen **Personen zu Erben bzw.** 44
Nacherben einzusetzen, die ein anderer zu seinen Erben einsetzt (sog. Dieterle-Klausel),

---

[222] v. Lübtow, ErbR, Bd. I, S. 145.

[223] RGZ 100, 78.

[224] Staudinger/Otte § 2065 Rn 10; Soergel/Damrau § 2065 Rn 18; MünchKomm/Leipold § 2065 Rn 6; RGRK/Johannsen § 2065 Rn 5, 6; Palandt/Edenhofer § 2065 Rn 7; Jauernig/Stürner § 2065 Anm. 3; Walter MittRhNotK 1984, 69, 76 ff.; siehe auch unten § 15 Rn 329.

[225] Staudinger/Otte Vorbem. zu §§ 1937–1941 Rn 6; Kohler DNotZ 1962, 129; Walter MittRhNotK 1984, 69, 77.

[226] Walter a. a. O.

[227] Walter a. a. O.

[228] BGHZ 41, 23.

[229] BGHZ 48, 25, 30 = DNotZ 1968, 241.

[230] Staudinger/Otte § 2065 Rn 11; MünchKomm/Leipold § 2065 Rn 6; RGRK/Johannsen § 2065 Rn 13; BGH WPM 1970, 930.

[231] MünchKomm/Leipold § 2065 Rn 6; Walter MittRhNotK 1984, 69, 78.

[232] Staudinger/Otte § 2065 Rn 13; MünchKomm/Leipold § 2065 Rn 5; Soergel/Damrau § 2065 Rn 11; RGRK/Johannsen § 2065 Rn 7; Palandt/Edenhofer, § 2065 Rn 5, 11; OLG Hamm OLGZ 1968, 80, 84; BayObLG FamRZ 1986, 606, 607; OLG Zweibrücken NJW-RR 1989, 453, 454. BayObLG FamRZ 2004, 59; Der Terminus „Potestativbedingung" wird hier und künftig im Gegensatz zu Wollensbedingungen gebraucht, die auf eine Vertretung des Erblassers im Willen hinauslaufen.

[233] Dieterle BWNotZ 1971, 15, 16; Schäfer BWNotZ 1962, 203; Gaberdiel Rpfleger 1966, 265; Wagner ZEV 1998, 255; J. Mayer ZEV 1995, 247; Ivo DNotZ 2002, 260, 264 f.; Otte ZEV 2001, 318, 319; Keim FamRZ 2003, 137, 140; Staudinger/Otte § 2065 Rn 16; MünchKomm/Leipold, § 2065 Rn 19; Palandt/Edenhofer § 2065 Rn 7; v. Lübtow, ErbR, Bd. I, S. 143; a. M. OLG Frank-

da hierbei nur **indirekt** (mittelbar) eine Entscheidungsbefugnis des Dritten über die Zuwendungen des Erblassers gegeben ist und auch nur, wenn er diese Anordnungen des Erblassers kennt.[234] Gebräuchlich ist z. B. die Einsetzung derjenigen Personen zu Nacherben, die der Vorerbe zu seinen eigenen Erben beruft. Die auf Sicherheit bedachte Kautelarjurisprudenz dürfte allerdings künftig auf das Bestimmungsvermächtnis nach § 2151 ausweichen.[235]

45 • Auch die Erbeinsetzung unter der Bedingung, dass der Bedachte seinerseits den Erblasser oder einen bestimmten Dritten von Todes wegen bedenkt **(kaptatorische Verfügung)**, verstößt nicht gegen §§ 2065 oder 2302, denn dabei wird nur die Zuwendung und nicht die Testierfreiheit selbst beschränkt.[236]

46 • Bezüglich der Zulässigkeit der **Nacherbeinsetzung unter der Bedingung**, dass der Vorerbe nicht selbst anderweitig über den Nachlass von Todes wegen verfügt, siehe des näheren unten § 10 Rn 70.

e) Insbesondere Auswahl des Bedachten beim Vermächtnis

47 *aa) Bestimmungsvermächtnis.*[237] Während die Drittbestimmung eines Erben lediglich als feststellende Bezeichnung zulässig ist und daher einen schwankenden Boden für eine zuverlässige letztwillige Anordnung bildet, kann hinsichtlich der Auswahl der Person des mit einem bestimmten Vermächtnisgegenstand Bedachten der vom Erblasser dazu ermächtigte Beschwerte oder ein Dritter eine echte freie Ermessensentscheidung treffen.[238] Nach § 2151 (**Bestimmungsvermächtnis**) braucht der Erblasser bei Anordnung eines gegenständlich bestimmten Vermächtnisses – bei Unbestimmtheit des vermachten Gegenstandes greifen die §§ 2154–2156 ein[239] – lediglich **einen beschränkten, leicht übersehbaren Personenkreis**[240] zu bezeichnen, aus dem der Beschwerte oder ein Dritter (**Bestimmungsberechtigter**) den Bedachten durch formlose, empfangsbedürftige und unwiderrufliche Willenserklärung auszuwählen hat. Diese Bestimmung des Berechtigten hat dabei, sofern das Bestimmungsrecht dem Beschwerten zusteht, gegenüber dem Auserwählten und, falls das Bestimmungsrecht einem Dritten zusteht, gegenüber dem Beschwerten zu erfolgen (§ 2151 Abs. 2). Der Kreis der Wählbaren kann dabei nicht in das Belieben des Bestimmungsberechtigten gestellt werden, sondern muss vom Erblasser unbedingt bezeichnet werden. Der vom Erblasser zu bestimmende Kreis der für die Auswahl bestimmten Personen muss jedoch nicht wie bei der Erbenauswahlermächtigung eng begrenzt sein, es genügt ein objektiv bestimmbarer, überschaubarer Personenkreis, der vom Erblasser in der Verfügung von Todes wegen so genau bestimmt sein muss, dass sich die Zugehörigkeit zu diesem Kreis zweifelsfrei ergibt,[241] so dass aus der letztwilligen

---

furt/M ZEV 2001, 316 = FamRZ 2000, 1607, 1608; Soergel/Damrau § 2065 Rn 11; Voit in Dittmann/Reimann/Bengel, Testament u. Erbvertrag, Vor §§ 2229 ff. Rn 24; Soergel/Loritz § 2065 Rn 14, da in diesen Fällen der Erblasser die Auswahl seines Erben einem Dritten überlässt und nicht nur, wie bei der Potestativbedingung, diesen über die Geltung des vom ihm gebildeten Willens entscheiden lässt; zweifeln Kanzleiter DNotZ 2001, 149.

[234] Staudinger/Otte a. a. O.

[235] Keim, FamRZ 2003, 137, 140.

[236] Staudinger/Otte § 2065 Rn 24; MünchKomm/Frank, 3. Aufl., § 2065 Rn 11; Soergel/Damrau § 2065 Rn 16; Palandt/Edenhofer § 2074 Rn 4 und § 2302 Rn 3; Damrau/Krüger, Erbrecht, § 2302 Rn 2; BGH LM § 533 Nr. 1 = MDR 1972, 36 = Betr. 1971, 2152 = WPM 1971, 1509 = DNotZ 1972, 231; BGH NJW 1977, 950; krit. RGRK/Johannsen § 2074 Rn 12; ders. WPM 1973, 550; Brox FS f. Bartholomeyczik, 1973, S. 41, 50; siehe auch unten Rn 68.

[237] Siehe hierzu insbesondere N. Mayer ZEV 1995, 247, 248.

[238] Westermann FS f. Möhring, 1966, S. 183, 190, 196.

[239] Palandt/Edenhofer § 2151 Rn 1.

[240] RGZ 96, 15, 17; KG JW 1937, 2200, 2201.

[241] Soergel/Wolf § 2151 Rn 2; RGRK/Johannsen § 2151 Rn 3; MünchKomm/Schlichting, 3. Aufl., § 2151 Rn 2; Palandt/Edenhofer § 2151 Rn 1.

Verfügung im Falle des § 2151 Abs. 3 die Gesamtgläubiger feststellbar sind.[242] Die Zahl der in Betracht kommenden Personen darf deshalb nicht allzu weit ausgedehnt werden.[243] Ist diese Grenze überschritten oder die Bestimmung sonstwie mehrdeutig, so kann sie in eine Auflage (§ 2193 Abs. 1) umgedeutet werden.[244] Zu dem Personenkreis können auch Erben gehören, da § 2151 auch für das Vorausvermächtnis gilt.[245] Auch der Bestimmungsberechtigte und der Beschwerte können zu dem Personenkreis gehören.[246] Nach der h. M.[247] ist die Bestimmung des Vermächtnisnehmers, abgesehen vom Fall der Arglist, der gerichtlichen Nachprüfung entzogen, braucht nicht der Billigkeit zu entsprechen und kann nach freiem Ermessen oder Belieben vorgenommen werden. Der Erblasser kann jedoch Auswahlrichtlinien festsetzen aber auch die Bestimmung nach Billigkeit anordnen.[248] Hat der Erblasser Auswahlkriterien festgelegt, ist ihre gerichtliche Überprüfbarkeit umstritten. Nach der überwiegenden Meinung ist sie zu verneinen.[249] Hat der Erblasser keinen Bestimmungsberechtigten benannt, ist der Beschwerte auswahlberechtigt (§ 2152). Kann der Bestimmungsberechtigte die Auswahl nicht treffen, oder trifft er sie trotz Fristsetzung durch das Nachlassgericht nicht, steht das Vermächtnis allen Bedachten als Gesamtgläubiger nach § 428 zu (§ 2151 Abs. 3). Das Bestimmungsrecht ist nicht übertragbar.[250]

Formulierungsbeispiel:

Ich vermache im Wege des Bestimmungsvermächtnisses mein in … gelegenes Grundstück … eingetragen im Grundbuch von … Blatt Nr. … unter der Flst.Nr. … an meine drei Kindern … mit der Maßgabe, dass der Testamentsvollstrecker …, den ich hiermit hierzu ernenne, innerhalb von sechs Monaten nach dem Erbfall dasjenige der Kinder auszuwählen hat, das das Vermächtnis erhalten soll. Die Kosten der Vermächtniserfüllung hat der Vermächtnisnehmer zu tragen, ebenso die Kosten der Testamentsvollstreckung.

Die Möglichkeit der Drittbestimmung des Vermächtnisnehmers wird in der Praxis we- 48
gen der engen Auslegung des § 2065 Abs. 2 durch den BGH bei der Erbeinsetzung vor allem dort angewandt, wo es gilt, wirtschaftliche oder ideelle Werte von Todes wegen unmittelbar in die richtige Hand zu bringen, insbesondere beim **sog. vorzeitigen Unternehmertestament.**[251]

---

[242] RGZ 96, 15, 18; Palandt/Edenhofer a. a. O.; Formular hierzu in MünchVertrHdb/Nieder/Otto, 6. Aufl., Bd. 6/2, XVI. 4 § 2 b.

[243] Haegele BWNotZ 1972, 74, 78; Lange/Kuchinke, 4. Aufl., § 27 III 2 b; Palandt/Edenhofer a. a. O.

[244] Staudinger/Otte § 2151 Rn 3; Soergel/Wolf § 2151 Rn 2; Haß SchlHA 1974, 136; N. Mayer ZEV 1995, 248.

[245] KG JW 1937, 2200.

[246] Staudinger/Otte § 2151 Rn 3; Soergel/Wolf § 2151 Rn 2; MünchKomm/Schlichting § 2151 Rn 3; RGRK/Johannsen § 2151 Rn 8; Palandt/Edenhofer § 2151 Rn 1.

[247] Staudinger/Otte § 2151 Rn 6 f.; Soergel/Wolf § 2151 Rn 4; MünchKomm/Schlichting, 3. Aufl., § 2151 Rn 12; RGRK/Johannsen § 2151 Rn 6; Erman/Hense § 2151 Rn 2; N. Mayer ZEV 1995, 248 f.; a. M. d. h. sie muss billig sein: Palandt/Edenhofer § 2151 Rn 2.

[248] Prot. z. Entw. BGB Bd. V, S. 28; Staudinger/Otte § 2151 Rn 7; Soergel/Wolf § 2151 Rn 4; Brox ErbR, 16. Aufl., Rn 413; Lange/Kuchinke, 4. Aufl., § 29 III 2 b; Kipp/Coing § 55 IV 1; a. A. MünchKomm/Schlichting § 2151 Anm. 12.

[249] RGRKomm/Johannsen § 2251 Rn 6; Soergel/Wolf § 2151 Rn 4; Lange/Kuchinke, 4. Aufl., § 29 III 2 b; a. M. N. Mayer ZEV 1995, 249.

[250] Erman/Hense § 2151 Rn 3.

[251] Formular hierzu in MünchVertrHdb/Nieder/Otto, 6. Aufl., Bd. 6/2, XVI. 7.

Formulierungsbeispiel:

Meine unter der Firma X einzelkaufmännisch betriebene Elektrogroßhandlung vermache ich hiermit mit Aktiven und Passiven und dem Betriebsvermögen, wie es sich aus der letzten Jahresbilanz vor meinem Tod ergibt, meinen beiden Söhnen B und C in der Weise, dass mein Prokurist M als Testamentsvollstrecker frühestens nach der Volljährigkeit und spätestens nach Vollendung des 25. Lebensjahres des jüngsten der beiden Söhne nach freiem Ermessen, d.h. ohne gerichtliche Nachprüfbarkeit bestimmen soll, wer von ihnen als für die Betriebsführung am geeignetsten das Vermächtnis erhalten und Unternehmensnachfolger werden soll. Das Vermächtnis ist Vorausvermächtnis. Ersatzvermächtnisnehmer werden nicht bestellt.

Dem anderen Sohn, ersatzweise seinen Abkömmlingen, vermache ich eine atypische stille Beteiligung an dem Unternehmen. Sie errechnet sich dabei nach dem seiner Erbquote entsprechenden Teil des bilanzierten Eigenkapitals zum Zeitpunkt der Unternehmensübernahme durch seinen Bruder. Der Stille soll dabei nicht nur am Gewinn und Verlust, sondern im Innenverhältnis auch am Gesellschaftsvermögen in gleicher Weise wie ein Kommanditist beteiligt sein. Das Vermächtnis fällt zum Zeitpunkt der Unternehmensübernahme durch den Bruder an und ist dann sofort fällig. Es ist ein Vorausvermächtnis.

49 Wenn ein Erblasser seinen ganzen oder nahezu ganzen Nachlass gegenständlich zuwendet und dies ausdrücklich als Vermächtnisanordnung bezeichnet, gibt er damit entgegen der Auslegungsregel des § 2087 Abs. 2 kund, dass er die rechtstechnische Realisierung seines Willens dem Vermächtnisrecht unterstellen will. Es ist nun bezweifelt worden, ob auch zur Auswahl des Bedachten eines solchen **Universalvermächtnisses** ein Bestimmungsberechtigter gem. § 2151 eingesetzt werden kann. Die Verneinung[252] wird damit begründet, dass eine Verfügung, mit der der Erblasser seinen Nachlass im Ganzen zuwendet, gem. § 2087 Abs. 1 als Erbeinsetzung anzusehen sei und bei dieser nach § 2065 die Drittbestimmung verboten sei. Dabei wird jedoch verkannt, dass § 2087 Abs. 1 und 2 nicht zwingender Natur sind[253] und die Ausnützung dieser Tatsache keine unzulässige Gesetzesumgehung sein kann, da der Gesetzgeber bewusst den § 2087 als Auslegungsregel ausgestaltet hat, die als Schaltstelle der Gestaltungsmöglichkeit einer Universalzuwendung als Erb- oder Vermächtniseinsetzung dienen soll.[254] Die h.M. lässt daher die Drittbestimmung auch beim Universalvermächtnis zu.[255] Dabei hat allerdings nach der h.M.[256] der Universalvermächtnisnehmer die Nachlassverbindlichkeiten analog der §§ 2378, 2385 zu tragen.

50 *bb) Verteilungsvermächtnis.* Nach § 2153 kann der Erblasser mehrere mit einem bestimmten, zumindest ideell teilbaren Vermächtnisgegenstand in der Weise bedenken, dass der Beschwerte oder ein Dritter zu bestimmen hat, was jeder von dem vermachten Gegenstand erhalten soll. Die Bestimmung der Anteile erfolgt dabei bei Teilbarkeit des Vermächtnisgegenstandes nach realen Teilen, bei Unteilbarkeit nach ideellen Bruchteilen.[257] Die Bestimmungserklärung hat entsprechend § 2151 Abs. 2 zu erfolgen.

---

[252] Menz Betr. 1966, 1719; Sudhoff Betr. 1966, 1720; Schlüter ErbR, 13. Aufl., Rn 902.

[253] RG DNotZ 1937, 340; KGJ 38 A 69.

[254] Klunzinger BB 1970, 1197, 1200.

[255] Schäfer BWNotZ 1962, 188, 203; Dobroschke Betr. 1967, 803, 805; Klunzinger BB 1970, 1197, 1199; Haegele BWNotZ 1972, 74, 79; ders., Rpfleger 1973, 203; Soergel/Wolf § 2151 Rn 1; Staudinger/Otte § 2151 Rn 2; MünchKomm/Schlichting, 3. Aufl., § 2151 Rn 8; Palandt/Edenhofer Einf. v. § 2147 Rn 6; Lange/Kuchinke, 4. Aufl., § 29 II 2a; N. Mayer ZEV 1995, 248.

[256] Staudinger/Ferid/Cieslar § 2385 Rn 10.

[257] Palandt/Edenhofer § 2153 Rn 1; MünchKomm/Schlichting § 2153 Rn 2; Soergel/Wolf § 2153 Rn 3.

cc) Verbindung von Bestimmungsvermächtnis mit Verteilungsvermächtnis. Das Bestimmungsvermächtnis (§ 2151) und das Verteilungsvermächtnis (§ 2153) können miteinander verbunden werden.[258] Dann kann der Bestimmungsberechtigte aus einem vom Erblasser bestimmten, beschränkten und leicht übersehbaren Personenkreis mehrere Vermächtnisnehmer auswählen und ferner bestimmen, wie der vermachte Gegenstand unter ihnen summen- oder bruchteilsmäßig aufzuteilen ist, z. B. der Testamentsvollstrecker soll eine bestimmte Geldsumme unter die noch lebenden Schulkameraden des Erblassers nach seinem freien Ermessen aufteilen.[259] Dabei kann der Bestimmungsberechtigte wegen der ihm gem. § 2151 Abs. 1 übertragenen Auswahlbefugnis auch einzelne Angehörige des vom Erblasser bezeichneten Personenkreises bei der Verteilung übergehen.[260] 51

f) Insbesondere Auswahl des Gegenstandes beim Vermächtnis

aa) Wahlvermächtnis. Nach § 2154 kann der Erblasser den Bedachten bestimmen und mehrere Vermächtnisgegenstände, von denen der Bedachte jedoch nur den einen oder einzelne erhalten soll. Hat hierbei der Erblasser keinen Auswahlberechtigten bestimmt, kann der Beschwerte selbst auswählen (§ 2154 Abs. 2). Der Erblasser kann aber auch den Bedachten oder einen Dritten zum Auswahlberechtigten bestimmen (§ 2154 Abs. 1 Satz 2). Neben § 2154 finden die Vorschriften über die Wahlschuld gem. §§ 262–265 ergänzend Anwendung.[261] Die Vorschrift ist nach der h. M.[262] auch auf Fälle anwendbar, in denen der Erblasser nur einen Gegenstand zuwenden wollte, diesen jedoch so unklar bezeichnete, dass die Bezeichnung auf mehrere im Nachlass befindliche Gegenstände zutrifft. 52

Formulierungsbeispiel:

Im Wege des Wahlvermächtnisses vermache ich meinem Neffen X diejenige meiner fünf Eigentumswohnungen in der Wohnanlage ...., die er sich nach Eintritt des Erbfalls auswählt. Er hat die Auswahl innerhalb eines Jahres nach dem Erbfall zu treffen. Hat er bis dahin keine Auswahl getroffen, geht das Bestimmungsrecht auf den Erben über. Die Kosten der Vermächtniserfüllung trägt der Vermächtnisnehmer. Für den Fall, dass der Vermächtnisnehmer vor oder nach dem Erbfall wegfällt, wird entgegen jeder anderslautenden gesetzlichen oder richterlichen Auslegungs- oder Vermutungsregel kein Ersatzvermächtnisnehmer bestellt.

bb) Gattungsvermächtnis. Nach § 2155 kann der Erblasser die vermachte Sache nur der Gattung nach bestimmen und die Bestimmung der Sache dem Beschwerten, dem Bedachten oder einem Dritten überlassen.[263] Dabei ist eine den Verhältnissen des Bedachten entsprechende Sache zu leisten (§ 2155 Abs. 1). Hat der Erblasser hierbei keinen Bestimmungsberechtigten bezeichnet, so obliegt die Bestimmung dem Beschwerten (§ 243 Abs. 2). 53

---

[258] RGZ 96, 15, 17.

[259] Palandt/Edenhofer § 2153 Rn 1; Soergel/Wolf § 2153 Rn 1; MünchKomm/Schlichting § 2153 Rn 2; Staudinger/Otte § 2153 Rn 1; RGRK/Johannsen § 2153 Rn 5.

[260] OLG Braunschweig OLG 42, 137; Staudinger/Otte § 2153 Rn 1.

[261] Soergel/Wolf § 2154 Rn 1.

[262] RGRK/Johannsen § 2154 Rn 1; Soergel/Wolf § 2154 Rn 2; MünchKomm/Schlichting § 2154 Rn 2; a. M. Staudinger/Otte § 2154 Rn 10.

[263] MünchKomm/Schlichting, 3. Aufl., § 2155 Rn 5.

Formulierungsbeispiel:

Mein Neffe Y erhält im Wege des Gattungsvermächtnisses aus Mitteln des Nachlasses einen Mittelklasse-Pkw der Marke ... Der Vermächtnisnehmer darf sich den Pkw selbst auswählen. Er hat innerhalb eines Jahres nach dem Erbfall das Vermächtnis geltend zu machen und die Auswahl zu treffen. Anderenfalls geht das Bestimmungs- und Auswahlrecht auf den Erben über.

54 *cc) Zweckvermächtnis.* Nach § 2156 kann der Erblasser den oder die Bedachten bestimmen, jedoch die Bestimmung des Vermächtnisgegenstandes dem Beschwerten oder einem Dritten überlassen, wenn er nur den Vermächtniszweck wenigstens so weitgehend bestimmt hat, dass sich für das billige Ermessen bei der Bestimmung der Leistung ausreichende Anhaltspunkte ergeben.[264] Auf ein solches Vermächtnis finden die Vorschriften der §§ 315–319 entsprechend Anwendung (§ 2156 Satz 2), so dass die Bestimmung nicht nach freiem Belieben sondern nach gerichtlich nachprüfbarem billigem Ermessen zu erfolgen hat.[265] Beim Zweckvermächtnis erstreckt sich das Bestimmungsrecht auf Gegenstand, Zeit und Bedingung der Leistung, nicht dagegen auf die Person des Bedachten. Beispiele für zulässige Vermächtniszwecke sind: Studium, Reise, Versorgung,[266] Abfindung für entgangenen Erbteil[267] und die Verschaffung der Stellung eines Gesellschafters.[268] Voraussetzung ist, dass der Erblasser selbst das Vermächtnis als solches anordnet und lediglich Art und Gegenstand der Leistung offen lässt. Er kann nicht den Beschwerten oder einen Dritten ermächtigen, darüber zu entscheiden, ob überhaupt ein Vermächtnis ausgeworfen werden soll.[269] Der oder die Bedachten können nicht zugleich Bestimmungsberechtigte sein.[270]

Formulierungsbeispiel:

Meiner Nichte XY vermache ich im Wege des Zweckvermächtnisses aus meinem Nachlass den Betrag, den sie für die Finanzierung einer Schiffreise rund um die Welt in einem Schiff der Luxusklasse benötigt. Über die Einzelheiten entscheidet der Alleinerbe.

g) Auswahl der Person des Bedachten und des Vermächtnisgegenstandes

55 Nach ganz h. M.[271] können die der Auflockerung des Prinzips der materiellen Höchstpersönlichkeit der Verfügungen von Todes wegen dienenden Vorschriften der §§ 2151–2154, 2156 miteinander kombiniert werden, was entgegen der Meinung von Schlich-

---

[264] Staudinger/Otte § 2156 Rn 1; Soergel/Wolf § 2156 Rn 3; MünchKomm/Schlichting, 3. Aufl., § 2156 Rn 3, 4.

[265] BGH NJW 1983, 277, 278.

[266] Schäfer BWNotZ 1962, 207.

[267] BGH NJW 1983, 278 m. Anm. Stürner in JZ 1983, 149.

[268] BGH NJW 1984, 2570, 2572.

[269] RG WarnRspr. 1911 Nr. 42; Soergel/Wolf § 2156 Rn 2.

[270] MünchKomm/Schlichting, 3. Aufl., § 2156 Rn 4; Staudinger/Otte § 2156 Rn 3; RGRK/Johannsen § 2156 Rn 3; Palandt/Edenhofer § 2156 Rn 1; BGH NJW 1991, 1885 = FamRZ 1991, 933; a. M. Soergel/Wolf § 2156 Rn 4; Erman/Hense § 2156 Rn 2; Kanzleiter DNotZ 1992, 511.

[271] RGZ 96, 15, 17, 19; Soergel/Wolf §§ 2151 Rn 3, 2153 Rn 1, 2154 Rn 1, 2155 Rn 2, 2156 Rn 1; Staudinger/Otte §§ 2153 Rn 1 u. 3, 2156 Rn 1; RGRK/Johannsen §§ 2153 Rn 5, 2156 Rn 1; MünchKomm/Schlichting, 3. Aufl., §§ 2151 Rn 1, 2153 Rn 2, 2156 Rn 2; Palandt/Edenhofer §§ 2153 Rn 1, 2156 Anm. 1; Keller BWNotZ 1970, 49, 51 f.; Haegele BWNotZ 1972, 74, 78.

ting[272] für die Kautelarjurisprudenz durchaus von praktischer Bedeutung ist. Am weitgehendsten kann der Erblasser ein Vermächtnis anordnen, bei dem er **lediglich den damit verfolgten Zweck ausreichend anzugeben braucht und einen beschränkten, leicht überschaubaren Personenkreis festzulegen hat,** aus dem ein von ihm ernannter Bestimmungsberechtigter den Bedachten auszuwählen und den Gegenstand des Vermächtnisses zweckgerecht zu bestimmen hat (**Kombination von Bestimmungs- und Zweckvermächtnis**).[273] Die Auswahl des Bedachten hat dabei nach freiem, die des Vermächtnisgegenstandes nach billigem, gerichtlich nachprüfbaren Ermessen zu erfolgen.

Formulierungsvorschlag:

Mein Testamentsvollstrecker hat aus Mitteln meines Nachlasses junge Leistungssportler des X-Sportvereins in Y durch Gewährung finanzieller Zuwendungen zu fördern.

h) Sog. Supervermächtnis

Um die steuerlich Freibeträge nach Ableben des erstversterbenden Ehegatten nach Sachlage optimal ausnutzen zu können, wurde vorgeschlagen,[274] durch Kombination des Zweckvermächtnisses (§ 2156), mit dem Bestimmungsvermächtnis (§§ 2151, 2153) und § 2181 dem zum Alleinerben eingesetzten überlebenden Ehegatten einzuräumen, die Höhe, die Bedingungen, den Leistungszeitpunkt und den oder die aus dem Kreis der Abkömmlinge zu bestimmen, die und zu welchen Anteilen das Vermächtnis erhalten sollen. 56

Formulierungsvorschlag:[275]

Unsere gemeinschaftlichen Abkömmlinge nach Maßgabe der gesetzlichen Erbfolge, erhalten vom erstversterbenden Ehegatten ein Vermächtnis nach § 2156 BGB zum Zwecke der ganzen oder teilweisen Ausnutzung ihrer Erbschaftsteuerfreibeträge. Der überlebende Ehegatte kann dabei den Gegenstand, die Höhe, die Bedingungen und den Leistungszeitpunkt des Vermächtnisses gem. den §§ 2156, 315 BGB, sowie diejenigen, die aus dem Kreis der oben Genannten Vermächtnisse erhalten sollen (§ 2151 BGB) und zu welchen Anteilen (§ 2153 BGB) bestimmen.

i) Insbesondere Auswahl der Peron des Begünstigten und des Leistungsumfangs bei der Auflage

aa) Zweckauflage. Nach § 2193 kann der Erblasser bei Anordnung einer bestimmten Auflage, die ja keinen Anspruch des Begünstigten begründet, sofern er den **Zweck der Auflage bezeichnet,** die Bestimmung der Person, an welche die Leistung erfolgen soll, dem Beschwerten oder einem Dritten überlassen und braucht dabei im Gegensatz zu § 2151 nicht einmal den Personenkreis der Begünstigten genau zu umschreiben.[276] Den Zweck der Auflage muss der Erblasser selbst mit hinreichender Deutlichkeit bestimmen, wobei es jedoch genügt, wenn er durch Auslegung aus dem begünstigten Personenkreis 57

[272] MünchKomm/Schlichting, 3. Aufl., § 2153 Rn 2.

[273] RGZ 96, 15, 19.

[274] Schmidt BWNotZ 1998, 97; Langenfeld JuS 2002, 351; J. Mayer, DStR 2004, 1371 ff. u. 1409 ff.; Ebeling, ZEV 2000, 87, Everts, ZErb 2004, 373 ff.

[275] Nach Langenfeld JuS 2002, 351.

[276] Soergel/Dieckmann § 2193 Rn 1; Staudinger/Otte § 2193 Rn 1; MünchKomm/Schlichting, 3. Aufl., § 2193 Rn 1; BGH WPM 1987, 564 = DNotZ 1987, 768, 770, BGHZ 121, 357 = NJW 1993, 2168.

und der Leistungsangabe ermittelt werden kann.[277] Nach §§ 2192, 2065 hat der Erblasser grundsätzlich den Leistungsumfang der Auflage selbst zu bestimmen.[278] Da jedoch § 2192 auch die entsprechende Anwendung der §§ 2154–2156 anordnet, kann durch eine Kombination der §§ 2193 Abs. 1, 2192, 2156[279] neben der Bestimmung des Begünstigten nach freiem Ermessen (Belieben) auch die Bestimmung der Leistung dem allerdings billigen Ermessen des Beschwerten oder eines Dritten überlassen werden, wenn nur der angegebene Zweck genügend Maßstäbe für diese Bestimmung bietet.[280] Unverzichtbare Voraussetzung ist in Fällen, in denen bei der Auflage die Person des Begünstigten und der Leistungsinhalt der Drittbestimmung überlassen werden, dass der Erblasser entspr. § 2156 den Zweck so genau angibt, dass sich für das billige Ermessen bei der Bestimmung der Leistung ausreichende Anhaltspunkte ergeben, sonst ist keine gültige Auflage, sondern nur ein rechtlich unverbindlicher Wunsch des Erblassers gegeben.[281]

Formulierungsvorschlag:

Mein Testamentsvollstrecker soll im Wege der Auflage aus Mitteln meines Nachlasses den Turm der Bonifaziuskirche in X renovieren lassen.

58 Eine allgemein gehaltene Zweckbestimmung reicht lediglich bei Auflagen aus, bei denen der Erblasser den Leistungsumfang genau festgelegt hat.[282]

Formulierungsvorschlag:

Mein Testamentsvollstrecker soll im Wege der Auflage aus meinem Nachlass EUR ... für wohltätige Zwecke verwenden.

Der Erblasser kann auch den Gegenstand der Auflage alternativ oder der Gattung nach bestimmen, so dass der Gegenstand aus der Gattung zu leisten ist, die den Zwecken der Auflage entspricht (§§ 2192, 2154, 2155).[283]

59 *bb) Ernennung des Testamentsvollstreckers durch Dritte.* In Abweichung von § 2065 kann der Erblasser nach § 2198 Abs. 1 Satz 1 einem Dritten die Bestimmung der Person des Testamentsvollstreckers überlassen. Die Bestimmung erfolgt nach freiem Ermessen des Dritten.[284] Der Bestimmungsberechtigte haftet den Erben und den sonstigen Nachlassbeteiligten grundsätzlich nicht für die richtige Auswahl des Testamentsvollstreckers, abgesehen vom Fall des § 826.[285]

60 *cc) Teilungsanordnungen.* Nach § 2048 kann der Erblasser durch letztwillige Verfügung Teilungsanordnungen treffen und insbesondere anordnen, dass die **Auseinandersetzung nach dem billigen Ermessen eines Dritten,** z.B. des Testamentsvollstreckers erfolgen soll. Nach § 2048 Satz 3 ist der vom Dritten aufgestellte Teilungsplan für die Erben nur dann nicht verbindlich, wenn er **offenbar unbillig** ist. In diesem Fall erfolgt die Aufstel-

---

[277] Soergel/Dieckmann § 2193 Rn 3.
[278] Soergel/Dieckmann § 2193 Rn 1.
[279] RGZ 96, 15, 19.
[280] Soergel/Dieckmann § 2192 Rn 7.
[281] Soergel/Dieckmann § 2193 Rn 4; Staudinger/Otte § 2193 Rn 2.
[282] LG Köln OLGZ 18, 319; BayObLGZ 13, 743; RG Recht 1920 Nr. 1531.
[283] Schlüter, ErbR, 12. Aufl., § 44 II 2.
[284] Palandt/Edenhofer, § 2198 Rn 2.
[285] Reimann in Bengel/Reimann, Hdb. d. Testamentsvollstreckung, 2. Aufl., 2. Kap. Rn 133.

lung des Teilungsplans nach billigem Ermessen durch Gestaltungsurteil des Gerichts, das dabei nicht an die gesetzlichen Teilungsregeln gebunden ist.[286]

dd) Hoferbenbestimmung durch den überlebenden Ehegatten. Im Gebiet der Geltung der Höfeordnung (Hamburg, Niedersachsen, Nordrhein-Westfalen und Schleswig-Holstein) kann in Abweichung vom Grundsatz des § 2065 Abs. 2 gemäß § 14 Abs. 3 HöfeO der Hofeigentümer in einer Verfügung von Todes wegen seinem überlebenden Ehegatten die Befugnis erteilen, nach seinem Tod den Hoferben unter seinen Abkömmlingen zu bestimmen.[287] Diese Befugnis erlischt, wenn sich der überlebende Ehegatte wieder verheiratet oder wenn der gesetzliche Hoferbe (§§ 5, 6 HöfeO) das 25. Lebensjahr vollendet hat. 61

3. Insbesondere zeitliche Grenze der Wirksamkeit erbrechtlicher Anordnungen

Um eine übermäßig lange, fideikommissähnliche Bindung des Nachlasses zu verhüten, hat der Gesetzgeber für folgende erbrechtliche Anordnungen eine **Zeitgrenze von grundsätzlich 30 Jahren** festgesetzt,[288] die mit dem Erbfall beginnt: 62
- bei der **Nacherbschaft** (§ 2109 Abs. 1 Satz 2)
- beim **aufgeschobenen Vermächtnis** (§§ 2162, 2163 Abs. 1 Nr. 1) und dem **Nachvermächtnis** (§§ 2191, 2162, 2163), jedoch nicht bei der Auflage (§ 1940)
- beim **Teilungsverbot** (§ 2044 Abs. 2 Satz 2[289])
- bei der **Dauertestamentsvollstreckung** (§§ 2209, 2210 Satz 2).

Nach Ablauf der Frist fallen diese Anordnungen jeweils ersatzlos weg.

Gesetzliche Durchbrechung der Zeitbegrenzung:

Diese **30-Jahresfrist** kann sich jedoch bei der Nacherbschaft und dem aufgeschobenen Vermächtnis bzw. Nachvermächtnis im Einzelfall **erheblich verlängern, wenn der Erblasser die Anordnung:** 63
- bei Nacherbschaft, aufgeschobenem Vermächtnis und Nachvermächtnis für den Fall des Eintritts eines **personenbezogenen Ereignisses** im Leben eines beim Erbfall lebenden oder doch erzeugten Beteiligten (§ 2109 Abs. 1 Nr. 1) oder
- für den Fall der **Geburt** eines *(auch Halb-)*Bruders oder einer *(auch Halb-)*Schwester (§ 2109 Abs. 1 Nr. 2)

getroffen hat.[290]

Nach § 2109 Abs. 2 gilt die Sonderregelung nicht für juristische Personen. 64

Die Verwaltungsvollstreckung kann gem. § 2210 Satz 2 BGB länger als 30 Jahre dauern, wenn der Erblasser angeordnet hat, dass die Verwaltung 64a
- bis zum Tode des Erben, auch Nacherben
- bis zum Tode des Testamentsvollstreckers
- bis zum Tode eines anderen Ereignisses in der Person des Erben oder Testamentsvollstreckers

fortdauern soll. Die Alternative „bis zum Tode des Testamentsvollstreckers" hat dabei zu unterschiedlichen Meinungen geführt.[291] Der BGH[292] hat sich jetzt der sog. Amtstheorie angeschlossen, nach der die Testamentsvollstreckung nur dann gem. § 2210 Satz 2 BGB

---

[286] MünchKomm/Dütz, 3. Aufl., § 2048 Rn 19.

[287] Staudinger/Otte, 13. Bearb., § 2065 Rn 47; MünchKomm/Leipold, 3. Aufl., § 2065 Rn 20.

[288] Kipp/Coing § 16 III 2; v. Lübtow, ErbR, Bd. 2, S. 972; Kegel FS f. Lange, 1976 S. 927, 928; Schack JZ 1989, 609, 612.

[289] Palandt/Edenhofer § 2044 Rn 1.

[290] Siehe hierzu insb. Edenfeld, „Lebenslange Bindung im Erbrecht?" DNotZ 2003, 4, der an Beispielen nachweist, dass sich diese Verlängerung weit über 100 Jahre betragen kann; OLG Hamburg FamRZ 1985, 538; im Einzelnen siehe dazu unter § 10 Rn 4.

[291] Siehe BGH ZEV 2008, 138; Reimann ZEV 2008, 142.

[292] BGHZ ZEV 2008, 138.

über die 30-Jahres-Frist bestehen bleibt, wenn der Testamentsvollstrecker oder Ersatztestamentsvollstrecker vor Ablauf von 30 Jahren seit dem Erbfall ernannt wurde. Dies gleichgültig, ob er vom Erblasser oder nach den §§ 2198–2000 BGB ernannt wurde.

64b Strebt der Erblasser eine zeitlich unbegrenzte Bindung der Erbschaft an, bietet sich für ihn die **rechtsfähige Stiftung** (§§ 80 ff.) an. Mit ihr kann er seinen Willen praktisch unsterblich machen, da der Stiftungszweck ohne zeitliche Beschränkung vom Stifter (Erblasser) festgelegt wird und eine Zweckänderung nur erfolgen kann, wenn seine Erfüllung unmöglich geworden ist oder das Gemeinwohl gefährdet (§ 87 Abs. 1). Da die Stiftung allerdings nur mit behördlicher Genehmigung errichtet werden darf (§§ 80 Satz 1, 83), prüft der Staat, ob der Stiftungszweck ein selbständiges Vermögen auf längere Sicht rechtfertigt.

4. Insbesondere Unzulässigkeit rechtsgeschäftlicher Beschränkung der Testierfreiheit

a) Geltungsbereich und Normzweck

65 Ist eine dinglich wirkende Selbstbeschränkung der Testierfreiheit grundsätzlich gem. §§ 1937, 1938 unzulässig,[293] so ist nach § 2302 ein Vertrag nichtig, durch den sich jemand verpflichtet (= *Schuldvertrag*), eine Verfügung von Todes wegen zu errichten oder nicht zu errichten, aufzuheben oder nicht aufzuheben. Ein Erblasser kann nur durch Erbvertrag (§ 2289) oder gemeinschaftliches Ehegattentestament (§ 2271 Abs. 2) und dabei auch nur hinsichtlich vertragsmäßiger bzw. wechselbezüglicher Verfügungen für die Zeit nach dem Tod des anderen Ehegatten und nur sofern er die Erbschaft des verstorbenen nicht ausgeschlagen hat, eine erbrechtlich-dingliche *(keine schuldrechtliche)* Bindung eingehen. § 2302 selbst verbietet nur das rein schuldrechtliche Verpflichtungsgeschäft[294] und zieht damit die Grenze zwischen der Schuldvertragsfreiheit und der Testierfreiheit (= *die Testierfreiheit ist verpflichtungsfeindlich*). Die Testierfreiheit kann vertraglich nicht weiter beschränkt werden, als sich das aus den Bestimmungen über die bindende Wirkung eines gemeinschaftlichen Testaments und eines Erbvertrages ergibt.[295] Eine Beschränkung der Testierfreiheit mit sogar dinglicher Wirkung wird allerdings durch die Vor- und Nacherbfolge beim Vorerben hinsichtlich der Substanz der Erbschaft erreicht. Der Normzweck des § 2302 ist der Schutz der Testierfreiheit.[296] Unzulässig ist danach insbesondere auch die schuldrechtliche Verpflichtung, eine Verfügung von Todes wegen in einer bestimmten Art als Erbvertrag oder Testament oder in einer bestimmten Testamentsform zu errichten.[297] Unzulässig ist auch der Verzicht in einem Erbvertrag auf das künftige Recht des Erblassers zur Aufhebung (§§ 2290 bis 2292) oder das gesetzliche Rücktrittsrecht (§§ 2294, 2295) bei Vorliegen der jeweiligen Voraussetzungen.[298] Dies gilt auch dann, wenn der Erbvertrag mit einem anderen Vertrag (etwa einem Ehe- oder Übergabevertrag) verbunden ist[299] und wobei die Anwendbarkeit des § 139 auf den Anfechtungsfall zweifelhaft ist.[300] Eine Auflage in einer Verfügung von Todes wegen an den

---

[293] Staudinger/Boehmer, 11. Aufl., Bd. V, Einl. § 21 Rn 7.

[294] Prot. z. Entw. BGB Bd. V, S. 5.

[295] Johannsen WPM 1973, 530.

[296] BGHZ 29, 129, 133 = NJW 1959, 625; BGH NJW 1977, 950 = DNotZ 1978, 154; MünchKomm/Musielak § 2302 Rn 1; Soergel/Wolf § 2302 Rn 1; Staudinger/Kanzleiter § 2302 Rn 3; Palandt/Edenhofer § 2302 Rn 1; Staudinger/Boehmer, 11. Aufl., Bd. V, Einl. § 21 Rn 1; Johannsen WPM 1973, 530; a. A. Battes AcP 178, 337, 345 ff.

[297] MünchKomm/Musielak § 2302 Rn 2; Soergel/Wolf § 2302 Rn 2.

[298] BGHZ 29, 129, 130 = NJW 1959, 625; MünchKomm/Musielak § 2302 Rn 2; Soergel/Wolf § 2302 Rn 2; RGRK/Kregel § 2302 Rn 2; Staudinger/Kanzleiter § 2302 Rn 6; Johannsen WPM 1973, 530.

[299] BGHZ 29, 129, 130 = NJW 1959, 625.

[300] BGH a. a. O.; Palandt/Edenhofer § 2276 Rn 12.

Bedachten, seinerseits in bestimmter Weise zu testieren, ist unwirksam, da sie im Gegensatz zur Bedingung zu einer Verpflichtung des Bedachten führt (§ 525 Abs. 1),[301] wenn auch nur gegenüber dem Vollziehungsberechtigten (§ 2194). § 2302 betrifft zwar ausdrücklich nur vertragliche Verpflichtungen, trotzdem sind auch einseitige Verpflichtungen des Erblassers, und zwar auch wenn sie ihm durch eine Verfügung von Todes wegen auferlegt sind, zur Errichtung, Aufrechterhaltung oder Aufhebung einer Verfügung von Todes wegen schon wegen § 305 nichtig.[302] Nicht unter das Verbot des § 2302 fällt die Verpflichtung, eine Erbschaft auszuschlagen,[303] wobei jedoch, sofern die Verpflichtung gegenüber dem Erblasser erfolgt, die Form des § 2348 einzuhalten und wenn die Verpflichtung zu Lebzeiten des Erblassers gegenüber Dritten erfolgt, § 312 anzuwenden ist.[304] Wie sich aus den §§ 2078 Abs. 1, 2079 Satz 2 ergibt, kann der Erblasser bei Verfügungen von Todes wegen grundsätzlich auf ein künftiges Anfechtungsrecht verzichten.[305]

b) Rechtsfolgen des Verstoßes

Die Nichtigkeit gem. § 2302 ergreift den ganzen Vertrag, also auch die etwa in ihm 66
enthaltene Verpflichtung zur Gegenleistung. Anders ist es gem. § 139 nur, wenn anzunehmen ist, dass der übrige Inhalt des Vertrages auch ohne den gem. § 2302 nichtigen Teil geschlossen worden wäre.[306] Da infolge der Nichtigkeit keine rechtliche Verpflichtung begründet wird, kann aus der Zusage einer erbrechtlichen Zuwendung, wenn sie nicht eingehalten wird, grundsätzlich kein Schadensersatzanspruch hergeleitet werden[307] und auch die Vereinbarung einer Vertragsstrafe ist gemäß § 344 unwirksam.[308]

c) Möglichkeiten der Umdeutung

Unter den subjektiven und objektiven Voraussetzungen des § 140 (Vorliegen der we- 67
sentlichen Merkmale und des mutmaßlichen Parteiwillens für das zulässige Rechtsgeschäft) besteht oft die Möglichkeit, ein nach § 2302 nichtiges Rechtsgeschäft in ein zulässiges umzudeuten.[309] Beispiele für Umdeutungen aus der Rechtsprechung: Umdeutung der Verpflichtungen zum Abschluss eines bestimmten Erbvertrages in einen Vertrag zugunsten Dritter gem. § 328.[310] Umdeutung einer unwirksamen Auflage an den Bedachten, in bestimmtem Sinne zu testieren, in die Anordnung einer bedingten Nacherbfolge.[311] Umdeutung der in einem Ehegattenerbvertrag übernommenen Verpflichtung des

[301] BayObLGZ 1958, 225, 230; OLG Hamm NJW 1974, 60; LG Hamburg JurBüro 1971, 567; Staudinger Kanzleiter § 2302 Rn 8; Dittmann/Reimann/Bengel § 2302 Rn 7; Palandt/Edenhofer § 2192 Rn 6; Jochem JuS 1977, 474.

[302] Staudinger/Kanzleiter § 2302 Rn 7.

[303] Staudinger/Kanzleiter § 2302 Rn 4; MünchKomm/Musielak § 2302 Rn 4; Soergel/Wolf § 2302 Rn 3; a. M. Erman/Hense § 2302 Rn 1.

[304] Staudinger/Kanzleiter § 2302 Rn 5.

[305] OLG Celle NJW 1963, 353 = MDR 1963, 221; BGH NJW 1983, 2247, 2249 = LM § 185 Nr. 26; MünchKomm/Musielak § 2281 Rn 16 u. § 2271 Rn 37; RGRK/Kregel § 2281 Rn 6; Erman/Hense § 2281 Rn 2; Johannsen DNotZ 1977, 69, 74; Kipp/Coing § 38 II 4; Dittmann/Reimann/Bengel § 2281 Rn 14; Bengel DNotZ 1984, 132, der aber auch die Grenzen der Verzichtsmöglichkeit aufzeigt; einschränkend: Soergel/Damrau § 2079 Rn 4; a. M. Staudinger/Otte § 2079 Rn 11.

[306] Dittmann/Reimann/Bengel § 2302 Rn 10.

[307] BGH NJW 1967, 1126 (LS) = WarnRspr. 1967 Nr. 9 = MDR 1967, 480; OLG Frankfurt Rpfleger 1980, 117, 118.

[308] BGH NJW 1977, 950 = DNotZ 1978, 154 = JuS 1977, 473 m. Anm. Jochem; OLG Frankfurt a. a. O.; Staudinger/Kanzleiter § 2302 Rn 10.

[309] BGH WPM 1961, 87 = LM § 140 Nr. 3; OLG Stuttgart NJW 1989, 2700; Staudinger/Kanzleiter § 2302 Rn 12 ff.; Soergel/Wolf § 2302 Rn 4; MünchKomm/Musielak § 2302 Rn 6; Dittmann/Reimann/Bengel § 2302 Rn 1.

[310] BGH WPM 1961, 87 = MDR 1961, 128 = LM § 140 Nr. 3; Johannsen WPM 1973, 530 f.

[311] OLG Hamm NJW 1974, 60.

Längstlebenden sein Vermögen auf die gemeinsamen Kinder zu übertragen, in eine Schlusserbeinsetzung dieser Kinder.[312] Umdeutung der Anordnung des Ehemannes, der seiner Ehefrau ein Vermächtnis zugewandt hat, sie solle den zugewendeten Gegenstand den Kindern vererben, als Nachvermächtnis der Kinder.[313] Umdeutung der unwirksamen Verpflichtung, überhaupt keine Verfügung von Todes wegen zu errichten oder an der gesetzlichen Erbfolge nichts zu ändern, sofern die Erbvertragsform gewahrt ist, in einen Erbeinsetzungsvertrag zugunsten der gesetzlichen Erben (sog. konservativer Erbvertrag).[314] Das nicht eingehaltene, gem. § 2302 unwirksame Versprechen des Erblassers, ihm erbrachte Dienstleistungen durch eine letztwillige Zuwendung zu entgelten, kann in eine stillschweigende Vergütungsvereinbarung gem. § 612 Abs. 1 umgedeutet werden.[315]

d) Zulässige Möglichkeiten zur Beeinflussung des Erblasserwillens

68 *aa) Kaptatorische Verfügungen.* So wie sie grundsätzlich nicht gegen § 138[316] und den Grundsatz der Selbstentscheidung des Erblassers nach § 2065[317] verstoßen, sind Zuwendungen unter Lebenden oder von Todes wegen unter der **auflösenden Bedingung,** dass der Bedachte nicht, oder der **aufschiebenden Bedingung,** dass der Bedachte seinerseits den Geber oder einen von ihm bezeichneten Dritten durch Verfügung von Todes wegen bedenkt (**kaptatorische Verfügung**), auch nicht wegen § 2302 unwirksam,[318] da durch diese Bedingung keine Verpflichtung des Bedachten begründet wird, es vielmehr in seinem freien Belieben steht, ob er die Bedingung erfüllen und dadurch die Zuwendung behalten will oder nicht. Allerdings führt eine unter einer kaptatorischen Bedingung erfolgte Erbeinsetzung zwingend zu Vor- und Nacherbschaft (§§ 2101, 2104, 2105). Dagegen verstößt eine **Auflage** an den Bedachten, in bestimmter Weise zu testieren, nach der h.M.[319] gegen den Grundsatz der Testierfreiheit, da sie gem. §§ 525 Abs. 1, 2194 zu einer gem. § 2302 unzulässigen Verpflichtung des Bedachten führen würde. Eine solche Auflage kann jedoch u.U. in eine Vor- und Nacherbschaft umgedeutet werden.[320] Verboten nach § 2302 sind Verträge, bei denen die Verpflichtung zur Errichtung oder Nichterrichtung der Verfügung von Todes wegen unmittelbar erzwingbar wäre, nicht dagegen der mittelbare Druck durch Abhängigmachen einer Zuwendung von einer bestimmten Verfügung von Todes wegen.

69 *bb) Zweckschenkungen.* Wird bei einer Schenkung neben dem Schenkungszweck als weiterer Zweck ausdrücklich eine bestimmte letztwillige Verfügung des Beschenkten vereinbart, so ist diese zwar ebenfalls nicht direkt erzwingbar, die Zuwendung kann aber wegen Zweckverfehlung gem. § 812 Abs. 1 Satz 2, 2. Alt. kondiziert werden, wenn der Beschenkte nicht entsprechend testiert.[321]

---

[312] OLG Hamm JMBl NRW 1960, 125.
[313] BGH DRiZ 1966, 398.
[314] MünchKomm/Musielak § 2302 Rn 4; Dittmann/Reimann/Bengel § 2302 Rn 2.
[315] Siehe hierzu oben § 1 Rn 134.
[316] Oben Rn 27.
[317] Oben Rn 45.
[318] BGH LM § 533 Nr. 1 = MDR 1972, 36 = WPM 1971, 1509 = Betr. 1971, 2152 = WarnR 1971 Nr. 204 = DNotZ 1972, 231; BGH NJW 1977, 950 = WPM 1977, 535 = DNotZ 1978, 154 = JuS 1977, 473 m. Anm. Jochem; OLG Zweibrücken OLGZ 1981, 167, 170; MünchKomm/Musielak § 2302 Rn 3; Staudinger/Seybold Bem. zu §§ 2074–2076 Rn 16; Staudinger/Kanzleiter § 2302 Rn 8; Staudinger/Otte § 2074 Rn 43; Soergel/Wolf § 2302 Rn 3; RGRK/Kregel § 2302 Rn 1; Palandt/Edenhofer § 2302 Rn 3; Johannsen WPM 1979, 634; Riedel JurBüro 1980, 1282.
[319] BayObLGZ 1958, 225, 230; BayObLG FamRZ 1986, 608, 609; OLG Hamm NJW 1974, 60; Staudinger/Kanzleiter § 2302 Rn 8; Soergel/Dieckmann Vor § 2192 Rn 3; Palandt/Edenhofer § 2302 Rn 3 u. § 2192 Rn 6.
[320] OLG Hamm NJW 1974, 60.
[321] Jochem JuS 1977, 474; BGH NJW 1984, 233.

cc) Wegfall der Geschäftsgrundlage. Aber auch wenn die Errichtung einer bestimmten Verfügung von Todes wegen durch den Bedachten nur Geschäftsgrundlage der Schenkungsabrede ist, was eine, wenn auch nur stillschweigende, tatsächliche Willensübereinstimmung der Beteiligten über diesen Zweck voraussetzt,[322] kann sich, wenn der Bedachte eine entsprechende letztwillige Verfügung unterlässt, dieser Wegfall der Geschäftsgrundlage nach § 242 auf den Inhalt der Schenkung auswirken.[323] 70

dd) Lösung durch Rechtsgeschäft unter Lebenden auf den Todesfall. Die gegen § 2302 verstoßenden Verträge auf Errichtung oder Nichterrichtung von Verfügungen von Todes wegen haben meist das Motiv, sicherzustellen, dass ein bestimmter einzelner Vermögensgegenstand beim Tod des Erstbedachten auf einen Zweitbedachten übergeht.[324] Dieses Ziel lässt sich am einfachsten und sichersten dadurch erreichen, dass der Zuwendende mit dem Erstbedachten gem. §§ 328 ff. einen Vertrag zugunsten des Zweitbedachten als Drittem abschließt.[325] Sofern dabei das zum Rechtsübergang vom Erstbedachten auf den Zweitbedachten erforderliche dingliche Leistungsvollzugs-(verfügungs-)geschäft einen auf den Tod des Erstbedachten aufschiebend befristeten (betagten) Vollzug zulässt, was bei Forderungen, beweglichen Gegenständen und beschränkten dinglichen Rechten der Fall ist, kann es, allerdings nur unter Mitwirkung des Zweitbedachten,[326] bereits vorgenommen werden. Bei Grundstücken kann der Übertragungsanspruch durch Vormerkung gesichert werden, und zwar auch ohne Mitwirkung des Zweitbedachten.[327] Die genannte Möglichkeit besteht allerdings nur hinsichtlich bestimmter einzelner Vermögensstücke oder des ganzen zum Zeitpunkt des Vertrages (gegenwärtig) vorhandenen Vermögens (§ 311 b Abs. 3), aber gemäß § 311 b Abs. 2 nicht des ganzen beim Tod vorhandenen Vermögens oder eines Bruchteils desselben. Eine darüber durch Vertrag unter Lebenden auf den Tod getroffene schuldrechtliche Verpflichtung ist gem. § 311 b Abs. 2 nichtig.[328] Ein solches Verlangen ist nur durch Erbvertrag (§§ 2274 ff.) in den gegebenen sachlichen und zeitlichen Grenzen erfüllbar. 71

5. Inhaltliche Grenzen der Selbst- und Fremdbeschränkung der lebzeitigen Verfügungsfreiheit

a) Unzulässigkeit einer rechtsgeschäftlichen dinglichen Verfügungsbeschränkung

Nach **§ 137 Satz 1** kann die Verfügungsbefugnis über ein veräußerliches Recht nicht mit **dinglicher Wirkung (Drittwirkung)** durch Rechtsgeschäft ausgeschlossen oder beschränkt werden. Das heißt zunächst, dass sich der Erblasser nicht einem Dritten, etwa seinem künftigen Erben oder Vermächtnisnehmer, gegenüber mit dinglicher Wirkung verpflichten kann, über seine Vermögensgegenstände unter Lebenden nicht zu verfügen (**Selbstbeschränkung**). Nur durch Erbvertrag oder bindend gewordenes gemeinschaftliches Testament ist in den engen Grenzen, die die §§ 2286 bis 2288 ziehen, eine solche Beschränkung der Verfügungsfreiheit unter Lebenden zugunsten der künftigen Erben und Vermächtnisnehmer zulässig.[329] Da jedoch nach a. M. Rechtsgeschäft i. S. von § 137 Satz 1 sowohl Vertrag und einseitiges Rechtsgeschäft als auch Verfügung von Todes wegen umfasst, ist § 137 Satz 1 auch auf Verfügungsbeschränkungen anzuwenden, die dem 72

---

[322] BGH FamRZ 1983, 1214, 1215.

[323] BGH NJW 1977, 950 = WPM 1977, 535 = DNotZ 1978, 154 = JuS 1977, 473 m. Anm. Jochem = LM § 2302 Nr. 6; MünchKomm/Musielak, 3. Aufl., § 2302 Rn 5; Soergel/Wolf § 2302 Rn 3; Johannsen WPM 1979, 635.

[324] So Fall des BGH WPM 1961, 87 = LM § 140 Nr. 3 = MDR 1961, 128.

[325] So auch der Antrag der Revision auf Umdeutung in BGH a. a. O.; siehe auch unten Rn 374.

[326] Palandt/Heinrichs Einf. v. § 328 Rn 4.

[327] Siehe oben § 1 Rn 118.

[328] BGHZ 8, 23, 34.

[329] Staudinger/Boehmer, 11. Aufl., Bd. V, Einl. § 21 Rn 3.

Bedachten in einer Verfügung von Todes wegen auferlegt werden (**Fremdbeschränkung**).[330] Der Normzweck des § 137 Satz 1 ist der Schutz der Verfügungsfreiheit des Rechtsinhabers und der des Rechtsverkehrs vor unvorhersehbaren dinglich wirkenden Verfügungsverboten.[331] Kraft Spezialnormen sind im Erbrecht dinglich wirkende Verfügungsbeschränkungen durch Anordnung einer Testamentsvollstreckung (§ 2211) sowie einer Vor- und Nacherbschaft (§§ 2113 ff.) in dem jeweils gesetzlich geregelten Umfang zulässig.[332] Aber auch in diesen Fällen greift das Gebot der Verfügungsfreiheit nach § 137 Satz 1 insoweit durch, als gem. § 2286 Verfügungen unter Lebenden grundsätzlich zulässig bleiben und der Erblasser nicht wirksam ausschließen kann, dass Vor- und Nacherbe oder Testamentsvollstrecker und Erbe gemeinsam über einen Nachlassgegenstand verfügen.[333] Der Erblasser kann somit wegen § 137 Satz 1 auch mit Hilfe von Testamentsvollstreckung oder Nacherbschaft eine dingliche Verfügung des Erben über Nachlassgegenstände, sei sie entgeltlich oder unentgeltlich, nicht völlig unterbinden.

b) Zulässigkeit schuldrechtlicher Verfügungsbeschränkungen

73 Nach **§ 137 Satz 2** ist die **schuldrechtliche Verpflichtung,** über ein veräußerliches Recht nicht unter Lebenden zu verfügen, wirksam, nicht dagegen, sofern durch Übereignungsverpflichtung sanktioniert, hinsichtlich des künftigen ganzen Vermögens oder eines Bruchteils desselben (§ 311 b Abs. 2). Teilweise wird in über 30 Jahre hinausgehenden Bindungen eine verbotene Umgehung von § 137 Satz 1 gesehen.[334] Das erbrechtliche Mittel zur Anordnung solcher schuldrechtlicher Verfügungsbeschränkungen des Bedachten ist die **Auflage** gem. §§ 1940, 2192 ff., deren Gegenstand ein Tun oder Unterlassen (§ 241 Satz 2) des beschwerten Erben oder Vermächtnisnehmers sein kann.[335] Die Befolgung der Auflage kann durch einen etwa vorhandenen, kraft seines Amtes dazu verpflichteten Testamentsvollstrecker gem. §§ 2203, 2208 Abs. 2, 2223 erzwungen werden,[336] sonst nur durch die nach § 2194 Vollziehungsberechtigten (§§ 887, 888, 913, 890 ZPO), die allerdings auch Nichtbedachte sein können und nicht zur Erzwingung verpflichtet sind.[337] Der evtl. durch diese Auflage Begünstigte hat keinen eigenen Vollziehungsanspruch.[338] Da solche Verbotsauflagen nur schuldrechtliche Unterlassungsverpflichtungen begründen, wird durch sie die Wirksamkeit verbotswidrig vom Bedachten abgeschlossener schuldrechtlicher oder dinglicher Rechtsgeschäfte mit Dritten nicht beeinträchtigt.

Ein weiteres Anwendungsgebiet des § 137 Satz 2 im Erbrecht sind die **Beschränkungen der Auseinandersetzung einer Miterbengemeinschaft** auf Grund § 2044, die ebenfalls

---

[330] BGHZ 40, 115, 117 = NJW 1963, 2320; BGHZ 31, 13, 18; BGHZ 56, 275, 278; BayObLGZ 1965, 212, 215; BayObLGZ 1966, 49, 57; Staudinger/Dilcher § 137 Rn 10; MünchKomm/Mayer-Maly § 137 Rn 13; Soergel/Hefermehl § 137 Rn 8; Erman/Brox § 137 Rn 2; Palandt/Heinrichs § 137 Rn 3; Strobel, Mittelbare Sicherung erbrechtlicher Erwerbsaussichten, 1982, S. 9 ff.

[331] BayObLGZ 1977, 268 = NJW 1978, 700, 701 = Rpfleger 1978, 135 = DNotZ 1978, 159; Ziegler, Bedingte Verfügungen und § 137 Satz 1 BGB, Diss. Regensburg, 1980, S. 105; Strobel a. a. O. S. 42 ff.

[332] BGHZ 40, 115, 117; BGHZ 56, 275, 278; Staudinger/Boehmer, 11. Aufl., Bd. V, Einl. § 21 Rn 8; Furtner NJW 1966, 182 f.

[333] BGHZ 40, 115 = NJW 1963, 2320; BGHZ 56, 278; BGHZ 57, 84, 87, 92 ff.; Johannsen WPM 1973, 535.

[334] So z. B. Großfeld/Gersch JZ 1988, 937, 944; siehe auch Schack JZ 1989, 609, 612.

[335] RG Recht 1913, 1613; KGJ 43 A 79 ff.; BGHZ 40, 115, 117 = NJW 1963, 2320; BGH FamRZ 1985, 278, 279; BayObLG FamRZ 1986, 608, 609; OLG Köln FamRZ 1990, 1402, 1403; RGRK/Kregel § 1940 Rn 5; Soergel/Stein § 1940 Rn 3; Staudinger/Otte § 1940 Rn 5; Palandt/Edenhofer § 2192 Rn 5; Johannsen WPM 1973, 535; MünchKomm/Leipold, 3. Aufl., § 1940 Rn 6.

[336] MünchKomm/Brandner § 2203 Rn 5; Soergel/Damrau § 2203 Rn 5; Palandt/Edenhofer § 2194 Rn 1; KGJ 43 A 79, 80.

[337] Haß SchlHA 1978, 61.

[338] Staudinger/Dilcher § 137 Rn 20.

nur schuldrechtliche Unterlassungspflichten der Miterben begründen.[339] Je nach dem Willen des Erblassers kann dieses Auseinandersetzungsverbot als Vorausvermächtnis (§ 2150) jedem oder einzelnen Miterben ein Recht zur Verweigerung der Auseinandersetzung geben oder es kann die eingeschränkt verpflichtende Wirkung einer Auflage, mit nichtbedachten Vollziehungsberechtigten (§ 2194), entfalten sollen.[340] Auf jeden Fall berührt auch hier die Verletzung der Erblasseranordnung nicht die Wirksamkeit von schuldrechtlichen oder dinglichen Rechtsgeschäften mit Dritten oder unter den Miterben, da das Veräußerungsverbot nicht dinglich wirkt.[341] Auch das Verfügungsrecht des Miterben über seinen Anteil am Nachlass gem. § 2033 Abs. 1 Satz 1 kann nicht mit dinglicher Wirkung ausgeschlossen werden; wohl kann er jedoch schuldrechtlich vom Erblasser zur Unterlassung der Verfügung verpflichtet werden.[342]

Letztlich werden **schuldrechtliche Verfügungsverbote** durch Rechtsgeschäft unter Lebenden oder letztwilligen Anordnungen zur **Abschirmung von Erbverträgen und Vermächtnissen** verwendet.[343] Der Erblasser verpflichtet sich dabei neben dem Erbvertrag gegenüber dem Vertragsbedachten mit schuldrechtlicher Wirkung, Verfügungen (Veräußerung, Belastung oder Duldung der Zwangsvollstreckung) zu Lebzeiten über bestimmte Gegenstände seines Vermögens zu unterlassen.[344] Eine solche Nichtveräußerungsverpflichtung bedarf bei Grundstücken nicht der Form des § 313.[345] Lediglich wenn der Verfügungsunterlassungsvertrag mit einem Erbvertrag durch den Einheitlichkeitswillen der Parteien zu einer rechtlichen Einheit zusammengefasst wird, bedarf er der Form des Erbvertrages.[346] Der Verfügungsunterlassungsvertrag kann auch stillschweigend abgeschlossen werden.[347] Für das Vorliegen einer stillschweigenden Unterlassungsverpflichtung besteht jedoch keine rechtliche oder tatsächliche Vermutung.[348] Hat der Erblasser jedoch als Gegenleistung für seine erbvertragliche Zuwendung bereits Vermögenswerte erhalten oder versprochen bekommen, so entspricht eine solche Verpflichtung der Sachlage und kann durch Auslegung festgestellt werden.[349] 74

Der Erblasser kann auch in einem Testament die Erwerbsaussicht eines Zweitbedachten (**Nachvermächtnisnehmer oder Schlusserben**) durch ein den Erstbedachten beschwerendes **Verfügungsunterlassungsvermächtnis** zugunsten des Zweitbedachten zu sichern versuchen.[350] 75

---

[339] BGHZ 40, 115, 117 = NJW 1963, 2320 = DNotZ 1964, 623 m. w. N.

[340] Jauernig/Stürner § 2044 Anm. 2; Palandt/Edenhofer § 2044 Rn 2; siehe hierzu eingehend Bengel ZEV 1995, 178; siehe auch unten Rn 994 ff.

[341] MünchKomm/Dütz § 2044 Rn 8; BGHZ 40, 115, 117 = NJW 1963, 2320 = DNotZ 1964, 623.

[342] MünchKomm/Dütz § 2033 Rn 4; Kohler DNotZ 1958, 245, 246.

[343] Furtner NJW 1966, 182; Pikalo DNotZ 1972, 644; Teichmann JZ 1974, 32; MünchKomm/Mayer-Maly § 137 Rn 26; Dittmann/Reimann/Bengel § 2286 Rn 7 f.; Palandt/Edenhofer § 2286 Rn 2; umfassend Strobel, Mittelbare Sicherung erbrechtlicher Erwerbsaussichten, 1982; siehe auch unten Rn 1215 f.

[344] BGHZ 31, 13, 18 = NJW 1959, 2252 = DNotZ 1960, 207 = JZ 1960, 537 m. Anm. Coing; BGH DNotZ 1962, 497 = LM § 137 Nr. 2; BGH LM § 2174 Nr. 7 = NJW 1963, 1602 = DNotZ 1964, 232; BGH DNotZ 1964, 214; BGH FamRZ 1967, 470; BGH WPM 1969, 1055; BayOLG FamRZ 1989, 321; Lange NJW 1963, 1571, 1576; Hieber DNotZ 60, 209; Baumgärtel MDR 1960, 296; Beckmann MittRhNotK 1977, 25, 31; Recker MittRhNotK 1978, 125, 129 f.; Buchholz Jura 1989, 393; Formular in MünchVertrHdb/Nieder/Otto, 6. Aufl., Bd. 6/2, XVI. 31 § 2.

[345] BGH NJW 1963, 1602, 1603 = DNotZ 1964, 214 = MDR 1963, 578; BGH FamRZ 1967, 470.

[346] BGHZ 36, 65, 70 = NJW 1962, 249 = DNotZ 1962, 249, 250.

[347] BGHZ 31, 13, 19; MünchKomm/Musielak § 2286 Rn 11 m. w. N.

[348] BGH NJW 1963, 1602, 1603 = LM § 2174 Nr. 7 = DNotZ 1964, 214.

[349] BGHZ 31, 13, 19; Lange NJW 1963, 1571, 1576.

[350] Mattern BWNotZ 1966, 1, 13; Recker MittRhNotK 1978, 125, 127 f.; Soergel/Wolf § 2286 Rn 7; Staudinger/Kanzleiter § 2286 Rn 18 u. Vorbem. zu §§ 2265 ff. Rn 39; Palandt/Edenhofer

76 Bei Verstoß gegen eine solche Nichtverfügungsverpflichtung entsteht nur ein vom Verschulden unabhängiger Erfüllungsanspruch des Bedachten gegen den Erblasser oder Erstbedachten, der sich bei zu vertretender Unmöglichkeit der Erfüllung in einen Schadensersatzanspruch entspr. §§ 276, 280, 286, 325, 326 verwandelt.[351] Ein gefährdeter Unterlassungsanspruch kann schon zu Lebzeiten des Erblassers oder Erstbedachten gegen diese im Wege der einstweiligen Verfügung (§§ 935, 938 ZPO) durch Erlass eines, bei Grundstücken im Grundbuch eintragbaren, Verfügungsverbots gem. §§ 136, 135 gesichert werden.[352] Dagegen können die Ansprüche aus dem Verfügungsunterlassungsvertrag oder -vermächtnis unmittelbar nicht durch Vormerkung im Grundbuch gesichert werden (§ 883),[353] dazu bedarf es der unten behandelten, ausdrücklich durch Vertrag unter Lebenden zu vereinbarenden, aufzuerlegenden oder mitzuvermachenden Sanktion des Verstoßes gegen das Verfügungsverbot durch eine bedingte positive Verpflichtung zur Übertragung des zu sichernden Vermögensgegenstandes an den Bedachten.

Beachte: Solche schuldrechtlichen Selbstbeschränkungen der Verfügungsfreiheit durch Vertrag unter Lebenden oder letztwilliger Auflage sind nur **hinsichtlich einzelner bestimmter Vermögensgegenstände oder des ganzen derzeitigen Vermögens** (§ 311 b Abs. 3) wirksam. Eine solche Verpflichtung über das ganze künftige Vermögen oder einen Bruchteil desselben wäre gem. § 311 b Abs. 2 nichtig, sofern die Unterlassung durch eine Übereignungsverpflichtung sanktioniert ist. Wünsche in dieser Richtung können nur durch einen Erbvertrag (§§ 2274 ff.) in dem dort geregelten beschränkten Umfang erfüllt werden.

c) Verstärkungsmöglichkeiten der schuldrechtlichen Verfügungsbeschränkungen

77 *aa) Strafvermächtnis.* Eine gewisse Sicherung einer Verfügungsverbotsauflage kann der Erblasser dadurch erreichen, dass er einem Dritten unter der aufschiebenden Bedingung einer Zuwiderhandlung des Erben gegen die Verbotsauflage ein Vermächtnis aussetzt.[354]

78 *bb) Bedingte Zuwendungen.* Weit häufiger und von der h. M. zugelassen[355] ist jedoch

- die Sicherung der **Verbotsauflage und des Verfügungsunterlassungsvermächtnisses** mittels einer durch die Zuwiderhandlung auflösend bedingten (§ 158) Vermächtnisanord-

---

§ 2286 Rn 2; Strobel a. a. O. S. 27; Langenfeld NJW 1987, 1577, 1580; Buchholz Jura 1989, 393, 400 f.; Formular in MünchVertrHdb/Nieder/Otto, 6. Aufl., Bd. 6/2 XVI. 28 § 4; siehe auch unten § 13 Rn 22.

[351] BGHZ 31, 13, 19 = NJW 1959, 2252; BGH DNotZ 1962, 497, 499 = LM § 137 Nr. 2; BGH NJW 1963, 1602, 1604 = DNotZ 1964, 214; BGH WPM 1969, 1055; Mattern BWNotZ 1966, 1, 12.

[352] BGH DNotZ 1962, 497, 499 = LM § 137 Nr. 2; OLG Stuttgart BWNotZ 1959, 70; Hieber DNotZ 1960, 210; Furtner NJW 1966, 182, 183; Pikalo DNotZ 1972, 644, 651; Staudinger/Kanzleiter § 2286 Rn 16; a. M. Lange NJW 1963, 1571, 1576.

[353] BGHZ 12, 115, 123 = NJW 1954, 635; Staudinger/Dilcher § 137 Rn 19; Staudinger/Gursky § 883 Rn 23.

[354] Furtner NJW 1966, 182; Staudinger/Dilcher § 137 Rn 10.

[355] Die folgenden Zitate betreffen allerdings hauptsächlich die Fälle der bedingten Verfügung durch Rechtsgeschäft unter Lebenden: MünchKomm/Leipold, 3 Aufl., § 2074 Rn 29; Soergel/Hefermehl, 1. Aufl., § 137 Rn 4; Staudinger/Boehmer, 11. Aufl., Bd. V, Einl. § 21 Rn 7; Staudinger/Kanzleiter § 2286 Rn 18; Staudinger/Dilcher § 137 Rn 19; Soergel/Dieckmann Vor § 2192 Rn 5; Staudinger/Otte § 2074 Rn 53; RGRK/Krüger-Nieland § 137 Rn 5; RGRK/Johannsen § 2074 Rn 11; Erman-Hense § 2075 Rn 2; Palandt/Edenhofer § 2286 Rn 2; Kipp-Coing § 80 II 2; v. Lübtow ErbR, Bd. 1, S. 346; Holthöfer DRiZ 1954, 141; ders., JR 1955, 11, 12; Haegele JurBüro 1969, 1, 5; Pikalo DNotZ 1972, 644, 651; Kohler DNotZ 1958, 245, 247; Furtner NJW 1966, 182, 184; Böttcher Rpfleger 1983, 51; Strobel a. a. O. S. 33 ff.; KG KGJ 40 A 123, 124 f.; RG SeuffArch 78 Nr. 3; BayObLG 1977, 268 = NJW 1978, 700 = Rpfleger 1978, 135 = DNotZ 1978, 159; BayObLGZ 1978, 287 = NJW 1978, 70 = Rpfleger 1978, 442 = DNotZ 1979, 27; OLG Düsseldorf OLGZ 1984, 90; OLG Zweibrücken OLGZ 1981, 167 = Rpfleger 1981, 189; BGHZ 134, 182 = NJW 1997, 861; a. M. d. h. unzulässige mittelbare Verdinglichung des schuldrechtlichen Verfügungsverbots: Schott FS f. Felix Dahn, 1905, Bd. III, S. 303 ff., 319 ff., MünchKomm/Mayer-Maly § 137 Rn 33; Flume AT II, 1965, § 17, 7; Erman/Brox § 137 Rn 9; Jauernig § 137 Anm. 2; Timm JZ 1989, 13, 21; zweifelnd: RGRK/Kregel § 2286 Rn 2.

nung oder Erbeinsetzung (Verwirkungsklausel), allerdings ohne dingliche Rückwirkung (§§ 158, 159)

- bzw. die Sicherung von **Verfügungsunterlassungsverträgen unter Lebenden** mittels einer durch die verbotswidrige Verfügung aufschiebend bedingten Übertragungsverpflichtung.[356]

Zutreffend hält Ziegler[357] diese **mittelbare Sicherung** von schuldrechtlichen Verfügungsbeschränkungen gem. § 137 Satz 2 und zwar gleichgültig ob dies durch Verfügung unter Lebenden oder von Todes wegen, durch auflösend bedingte Rechtsübertragung, bedingt vorgemerkten Auflassungsanspruch oder bedingte Vermächtnisanordnung oder Erbeinsetzung erfolgt, überall dort für zulässig, wo sie einen bestehenden, sich aus Gesetz oder aus Vertrag ergebenden bestimmten (Rück-)Erwerbsanspruch verstärken soll, während sie im Einzelfall unzulässig ist, wenn sie, ohne dass ein solcher Anspruch besteht, lediglich der Beschränkung der Verfügungsfreiheit des Bedachten mit dinglicher Wirkung bezweckt. Diese bedingte Übertragungsverpflichtung bedarf bei Grundstücken, sofern sie durch Vertrag unter Lebenden begründet wird, der in § 311 b Abs. 1 vorgeschriebenen notariellen Form.[358] Die so begründete bedingte lebzeitige Übertragungsverpflichtung, nicht der Vermächtnisanspruch oder der Verfügungsunterlassungsanspruch, kann bei Grundstücken durch **Vormerkung im Grundbuch** gesichert werden, wobei der Anspruch dazu bei der Verwirkungsklausel mitvermacht sein muss.[359] Ist nach der Formulierung des Erblassers zweifelhaft, ob die ein Verfügungsverbot verstärkende Verwirkungsklausel eine auflösende oder aufschiebende Bedingung sein soll, ist gem. der Auslegungsregel des § 2075 eine auflösende Bedingung anzunehmen, da der Bedachte sonst bis zum Ablauf der Verbotszeit nicht in den Genuss der Zuwendung kommen würde. Wegen Formulierungsvorschlägen für die Anordnung eines testamentarischen Familiengutes und seiner Sicherung mittels eines durch auflösend bedingte Erbeinsetzung gesicherten Teilungsverbotes siehe Kohler in NJW 1957, 1173 und DNotZ 1958, 245 und unten § 15 Rn 256.

cc) Gesetzliche Folgen der bedingten Zuwendung. Ist ein Vermächtnis durch eine abredewidrige Verfügung auflösend bedingt, so erlischt der Vermächtnisanspruch ersatzlos, sofern der Erblasser keinen Nachvermächtnisnehmer (§ 2191) berufen hat.[360] Handelt es sich jedoch um eine auflösend bedingte Erbeinsetzung, so tritt, da eine Erbschaft ohne Rechtsträger nicht möglich ist, notwendigerweise eine **sog. konstruktive Nacherbfolge** (Schluss aus §§ 2101, 2104, 2105) ein, auch wenn der Erblasser dies nicht ausdrücklich verfügt hat.[361] Der auf diese Weise eingesetzte Vorerbe ist in der Regel befreiter Vorer- 79

---

[356] Siehe insbesondere Ziegler, Bedingte Verfügungen und § 137 Satz 1 BGB, Diss. Regensburg, 1980, S. 43 ff.; siehe ferner unter Rn 972.

[357] A. a. O. S. 105 f.; ihm folgend Soergel/Hefermehl, 12. Aufl., 1987 § 137 Rn 14; Medicus AT, 3. Aufl., Rn 852; Kohler DNotZ 1989, 339; Buchholz Jura 1989, 393, 398.

[358] Staudinger/Kanzleiter § 2286 Rn 17.

[359] Staudinger/Kanzleiter § 2286 Rn 17; Staudinger/Dilcher § 137 Rn 17; Dittmann/Reimann/Bengel § 2286 Rn 8 jeweils m. w. N.; MünchKomm/Wacke § 883 Rn 29; Staudinger/Gursky § 883 Rn 23, 127; Palandt/Bassenge § 883 Rn 9; Palandt/Heinrichs § 137 Rn 6; Pikalo DNotZ 1972, 644, 651; Weber BWNotZ 1972, 6, 10; Kohler DNotZ 1989, 339; Merrem JR 1993, 53; Stadler Jura 1998, 189; KGJ 40 A 123, 124 f.; BayObLG DNotZ 1958, 158; BayObLG DNotZ 1978, 159, 162 f.; BayObLG DNotZ 1979, 27; OLG Zweibrücken OLGZ 1981, 167; LG Köln MittRhNotK 1988, 67; BayObLG FamRZ 1989, 321; BGH 134, 182 = NJW 1997, 861; dagegen wegen unzulässiger mittelbarer Verdinglichung des schuldrechtlichen Verfügungsverbots: Erman/Brox § 137 Rn 9; MünchKomm/Mayer-Maly § 137 Rn 33; Timm JZ 1989, 13, 21; zweifelnd: OLG Köln MittRhNotK 1987, 198.

[360] MünchKomm/Leipold § 2075 Rn 30; Birk DNotZ 1972, 284, 291.

[361] MünchKomm/Leipold § 2074 Rn 9, 30; Soergel/Damrau § 2075 Rn 8; Staudinger/Behrends § 2100 Rn 11; RGRK/Johannsen Vor § 2100 Rn 4; Birk DNotZ 1972, 284, 291; Haegele JurBüro 1969, 1, 3; BayObLGZ 1962, 47, 57 = NJW 1962, 1060, 1061; BayObLGZ 1965, 457, 462; Bay-

be.[362] Nacherben sind die übrigen Erben, wenn der Erblasser dies ausdrücklich bestimmt hat oder es aus der Verfügung im Wege der Auslegung hervorgeht,[363] sonst gem. § 2104 die gesetzlichen Erben.

80 **Achtung! Verwirkungsklauseln bezüglich Erbeinsetzungen** führen **zwangsläufig** zu **Vor- und Nacherbschaft** und belasten den in erster Linie eingesetzten Erben mit den zwingenden Kontroll-, Sicherungs- und Mitwirkungsrechten zugunsten der bedingten Nacherben. Der Kautelarjurist sollte sich daher immer fragen, ob der Zweck nicht auch durch ein bedingtes Herausgabe- oder Geldvermächtnis zu erreichen ist.

Ist einem Erben oder Vermächtnisnehmer durch Auflage oder Verfügungsunterlassungsvermächtnis die Veräußerung eines bestimmten Nachlassgegenstandes verboten und ist die Zuwendung durch den Verstoß auflösend bedingt, bleibt die verbotswidrige Veräußerung wegen § 137 Abs. 1 bzw. weil der Eintritt einer auflösenden Bedingung gem. §§ 158 Abs. 2, 159 nicht mit dinglicher Wirkung zum rückwirkenden Wegfall der Zuwendung führt, wirksam.[364] Es werden lediglich Schadensersatzansprüche gegen den Erblasser begründet, zu deren Erfüllung auf Grund der Erbenhaftung auch seine Erben verpflichtet sind.[365] Nur bei Grundstücken könnte eine aufzuerlegende oder mitvermachte Vormerkung helfen. Soweit jedoch die verbotswidrige Veräußerung die Nacherbfolge bewirkt, können die Verfügungsbeschränkungen der §§ 2113 ff. eingreifen.[366] Besteht die Rechtsfolge der Verwirkungsklausel in einer Nacherbfolge oder einem Nachvermächtnis, so richten sich die zeitlichen Grenzen nach den §§ 2109, 2169 (30 Jahre). Diese Zeitgrenzen sind jedoch auch auf Verwirkungsklauseln mit anderen Rechtsfolgen analog anzuwenden.[367] Gegebenenfalls kann die Auslegung einer solchen Verwirkungsklausel jedoch auch dazu führen, dass der veräußerungsbeschränkte Erstbedachte Vollerbe ist und nur verpflichtet, bei Verstoß die zugewendeten Gegenstände an einen Dritten als Vermächtnisnehmer herauszugeben.[368]

Schrifttum: *Helms,* Erbrechtliches Drittbestimmungsverbot und kautelarjuristische Praxis, ZEV 2007, 1; *Norbert Mayer,* Die Bestimmung des Erben durch Dritte, ZEV 1995, 247; *Zawar,* Das Vermächtnis in der Kautelarjurisprudenz, 1983.

III. Einschränkungen durch Selbstbindung des Erblassers

81 Ist die rechtsgeschäftliche Selbst- und Fremdbeschränkung der lebzeitigen Verfügungsfreiheit mit dinglicher Wirkung grundsätzlich unzulässig,[369] mit nur schuldrechtlicher Wirkung dagegen zulässig,[370] so wird das Verbot der erbrechtlich-dinglichen und schuldrechtlichen Selbst- und Fremdbeschränkung der Testierfreiheit[371] kraft ausdrücklicher gesetzlicher Vorschriften insoweit durchbrochen, als der Erblasser bezüglich vertraglicher Verfügungen in der Form des Erbvertrages §§ 2274 ff.) und der überlebende Ehegat-

---

ObLGZ 1966, 49, 54; LG Freiburg BWNotZ 1979, 67, 68; eingehend Wilhelm NJW 1990, 2857, 2860 ff; siehe auch unten Rn 589.

[362] BayObLGZ 1962, 47, 57 = NJW 1962, 1060, 1061.

[363] MünchKomm/Leipold § 2075 Rn 30.

[364] Staudinger/Seybold Bem. zu §§ 2074–2076 Rn 15; Staudinger/Otte § 2074 Rn 53; Haegele JurBüro 1969, 1, 5; MünchKomm/Leipold, 3 Aufl., § 2074 Rn 29.

[365] Dittmann/Reimann/Bengel § 2286 Rn 7.

[366] MünchKomm/Leipold a. a. O.; Staudinger/Otte a. a. O.

[367] Staudinger/Seybold Bem. zu §§ 2074–2076 Rn 16; MünchKomm/Leipold, 3. Aufl., § 2074 Rn 31; Birk DNotZ 1972, 284, 300; Großfeld/Gersch JZ 1988, 937, 944.

[368] Soergel/Damrau § 2075 Rn 9; Zawar, Das Vermächtnis in der Kautalarjurisprudenz, 1983, S. 28; BayObLGZ 1962, 47, 57 = NJW 1962, 1060, 1061; Kehrer BWNotZ 1957, 125, 137 f.

[369] Oben Rn 72.

[370] Oben Rn 73.

[371] Oben Rn 65.

ten, der die Erbschaft des vorverstorbenen angenommen hat, in einem gemeinschaftlichen Ehegattentestament (§§ 2265 ff.) bezüglich sog. wechselbezüglicher Verfügungen in ihrer Testierfreiheit durch das Verbot der Einschränkung oder des Widerrufs dieser Verfügungen beschränkt sind.[372] Da diese Bindungswirkung beim Erbvertrag und dem bindend gewordenen gemeinschaftlichen Testament gem. §§ 2289, 2271 Abs. 2 neue Verfügungen von Todes wegen insoweit nichtig werden lässt, als sie den früheren bindenden Anordnungen widersprechen bzw. den dort Bedachten beeinträchtigen, hat der Notar oder der einen Testamentsentwurf fertigende Rechtsberater, sofern der Einzelfall dazu Anlass gibt, die Frage der Testierfreiheit des Erblassers vorab zu klären.[373] Es genügt dabei, dass der Testator gefragt wird, ob er schon früher Verfügungen von Todes wegen errichtet hat, und falls er dies bejaht, ob es sich dabei um ein gemeinschaftliches Testament oder einen Erbvertrag gehandelt hat, aus denen sich Bindungen ergeben können, die der beabsichtigten Verfügung entgegenstehen.[374] Lediglich wenn der Notar ernsthafte Zweifel an der Rechtswirksamkeit der letztwilligen Verfügung wegen fehlender Testierfreiheit hat, besteht eine weitergehende Aufklärungspflicht,[375] und ist der Notar verpflichtet, über die zweifelhafte Rechtslage zu belehren.[376] Bei der Errichtung eines Testaments einer Witwe ist der Notar nicht verpflichtet, die Nachlassakten des Mannes nach bindenden Verfügungen von Todes wegen zu durchforschen.[377] Auf jeden Fall empfiehlt sich zum Selbstschutz des Notars, die Nachfrage in der Urkunde zu vermerken.

Formulierungsvorschlag:

Der Testierer versichert, noch nicht testiert zu haben und insbesondere nicht durch Erbvertrag oder bindend gewordenes gemeinschaftliches Testament an den vorstehenden Verfügung von Todes wegen verhindert zu sein. Fürsorglich widerruft er hiermit – soweit zulässig – alle etwa doch von ihm bisher getroffenen letztwilligen Verfügungen.

Die Selbstbeschränkung der Testierfreiheit des Erblassers durch Erbvertrag oder bindend gewordenes gemeinschaftliches Ehegattentestament, ihre Begrenzungsmöglichkeiten sowie die Möglichkeiten ihrer Beseitigung werden eingehend unter in § 11 behandelt. Die Durchbrechung der Bindungswirkung durch Rechtsgeschäfte unter Lebenden sind in § 18 und der dagegen gegebene Schutz in § 19 behandelt. 82

IV. Einschränkung der Testierfähigkeit durch das landwirtschaftliche Sondererbrecht (Anerbenrecht)

Das Anerbenrecht ist die Sonderregelung der Erbfolge in land- und forstwirtschaftliche Betriebe mit dem Ziel, die unwirtschaftliche Zersplitterung von Höfen im Erbgang zu verhindern und einem sozialtypischen Erblasserwillen in der bäuerlichen Bevölkerung zur ungeteilten Hoferbfolge Rechnung zu tragen. Es will sicherstellen, dass der Hof 16 HöfeO) Hoferben, den Anerben fällt. In der Bundesrepublik besteht kein einheitliches Anerbenrecht. In den Bundesländern Hamburg, Niedersachsen, Nordrhein-Westfalen 83

[372] Staudinger/Boehmer, 11. Aufl., Bd. V, § 21 Rn 6.

[373] BGH DNotZ 1974, 296 m. Anm. Haug; OLG Stuttgart DNotZ 1974, 22; OLG Düsseldorf DNotZ 1974, 23.

[374] OLG Köln DNotZ 1936, 630; RG DNotZ 1940, 152; Geßele in Reithmann/Röll/Geßele, Handbuch der notariellen Vertragsgestaltung, 5. Aufl., Rn 694.

[375] OLG Stuttgart BWNotZ 1960, 147.

[376] BGH VersR 1958, 782; BGH Rpfleger 1974, 59.

[377] LG Ravensburg BWNotZ 1959, 163.

und Schleswig-Holstein gilt die Höfeordnung (HöfeO) i. d. F. v. 26. 7. 1976 als partielles Bundesrecht (Art. 72 Abs. 2 Nr. 3 GG). Die Länder Baden-Württemberg, Bremen, Hessen und Rheinland-Pfalz haben eigene Landesgesetze, während in Bayern, dem Saarland und West-Berlin kein Anerbenrecht besteht.[378] Bundeseinheitlich kann auf Grund des in den §§ 13 bis 17 des Grundstücksverkehrsgesetzes v. 28. 7. 1961[379] geregelten Verfahrens über die gerichtliche Zuweisung eines landwirtschaftlichen Betriebes das Landwirtschaftsrecht Grundstücke auf Antrag einem Miterben zu Eigentum zuweisen, wobei die übrigen Miterben zum Ertragswert abzufinden sind. Die einzelnen Anerbengesetze verfolgen ihr Ziel entweder im Wege der Sondererbfolge[380] oder im Wege eines gesetzlichen Übernahmerechts innerhalb der Erbauseinandersetzung.[381] Hauptsächlich wird das Ziel jedoch erreicht durch für den Anerben äußerst günstige Bewertungsvorschriften zu Lasten der Abfindungsansprüche der weichenden Miterben und etwaiger Pflichtteilsberechtigter, so bei den südwestdeutschen Anerbenrechten zum 18 bis 25fachen des Ertragswertes und nach § 12 Abs. 2 HöfeO zum 1,5fachen des steuerlichen Einheitswertes.[382] Dabei bemisst sich der steuerliche Einheitswert bei landwirtschaftlichen Grundstücken z. Zt. auf ca. $1/8$ des Ertragswertes und $1/20$ des Verkehrswertes. Die Unterwerfung unter das Anerbenrecht ist grundsätzlich in allen Bundesländern fakultativ, d. h. der Hofeigentümer kann die Hofeigenschaft seines Betriebes jederzeit durch Erklärung oder Antrag gegenüber der zuständigen Behörde und Löschung des Hofvermerks aufheben (**freie Austrittsmöglichkeit**).[383, 384] Nach sämtlichen landesrechtlichen Anerbengesetzen ist die Ausschließung der Anerbenrechtsregelung durch letztwillige Verfügung zulässig, so dass sie alle die Testierfreiheit nicht beschränken.[385] Dies beruht darauf, dass gem. Art. 64 Abs. 2 EGBGB zur Gewährleistung der Testierfähigkeit die Landesgesetze das Recht des Erblassers nicht beschränken dürfen, über seine dem Anerbenrecht unterliegenden Grundstücke von Todes wegen zu verfügen. Die Testierfähigkeit wurde dann allerdings im Reichserbhofgesetz vom 29. 9. 1933[386] durch Einführung eines Zwangserbrecht für Erbhöfe weitgehend beseitigt. Ein Erbhof war grundsätzlich unveräußerlich und unbelastbar. Die Sondererbfolge in den Erbhof hatte zwingend an einen Anerben auf Grund einer starren gesetzlichen Blutsverwandtenanerbenordnung unter Bevorzugung des Mannesstammes zu erfolgen (§ 20 RErbhG). Der Erblasser konnte nur unter bestimmten engen Voraussetzungen den Anerben unter seinen männlichen Abkömmlingen auswählen und nur,

---

[378] Bezgl. der z. Zt. geltenden höferechtlichen Vorschriften siehe MünchKomm/Leipold, 3. Aufl., Einl. Rn 67 ff.; Steffen RdL 1979, 309.

[379] BGBl. I 1961, 1091.

[380] So § 4 HöfeO; § 14 HöfeO Rheinland-Pfalz; Art. 3, 9 Württ. AnerbenG; § 9 Brem.HöfeG.

[381] So § 10 Bad.Hofgütergesetz; § 11 HessLandgüterO; §§ 13 bis 17 Grundstücksverkehrsgesetz.

[382] Siehe oben § 2 Rn 72.

[383] MünchKomm/Leipold, 3. Aufl., Bd. 9, Einl. Rn 75.

[384] Das im Landesteil Baden des Bundeslandes Baden-Württemberg geltende Badische Hofgütergesetz vom 20. 8. 1898 gilt für ca. 4900 von amtswegen auf Grund eines Gesetzes vom 23. 5. 1888 festgestellte Hofgüter, die in verschiedenen Amtsgerichtsbezirken Mittel- und Südbadens gelegen sind. Eine freiwillige Unterstellung eines Hofes unter dieses Gesetz ist nicht möglich *(keine Antragshöfe)*. Umgekehrt ist aber gem. § 3 HofGG eine Aufhebung der Hofguteigenschaft nur mit Genehmigung des Landwirtschaftsamts möglich, d. h. es besteht nur eingeschränkte Austrittsmöglichkeit (Kreuzer AgrarR 1977, 12, 16). Nach § 6 der rheinlandpfälzischen HöfeO gilt die Anerbenrechtsregelung für Höfe zwar nur kraft freiwilliger Unterstellung und Eintragung des Hofvermerks, dem Antrag auf Löschung eines Hofes in der Höferolle darf das Landwirtschaftsgericht nach Anhörung des Höfeausschusses jedoch nur bei Vorliegen eines wichtigen Grundes stattgeben, d. h. auch hier nur eingeschränkte Austrittsmöglichkeit (Kreuzer AgrarR 1977, 12, 17; Steffen RdL 1979, 309, 312). Ein strenges Zwangsanerbenrecht mit „ewiger" Unterstellung bestimmter Höfe unter das Anerbenrecht ohne jede Austrittsmöglichkeit, wie im Reichserbhofgesetz v. 29. 9. 1933, gibt es im heutigen deutschen Recht nicht mehr.

[385] Kreuzer AgrarR 1977, 12, 17.

[386] RGBl. I 1933, 685.

wenn keiner innerhalb der Anerbenordnung bauernfähig war, einen bauernfähigen Fremden zu Anerben bestimmen (§ 25 RErbhG). Eine Entschädigung der weichenden Erben war nicht vorgesehen. Sie hatten nur einen Versorgungsanspruch bis zur Volljährigkeit, einen Anspruch auf standesgemäße Ausbildung oder Aussteuer und für den Notfall auf Heimatzuflucht (§ 30 RErbhG). Nach der Aufhebung des RErbhG durch das Kontrollratsgesetz Nr. 45 vom 20. 2. 1947 enthielt die in der britischen Besatzungszone[387] in Kraft gesetzte, an das RErbhG angelehnte Höfeordnung vom 24. 4. 1947, die als partielles Bundesrecht weiter gilt und daher nicht Art. 64 EGBGB unterfällt, insoweit immer noch weitgehende Einschränkungen der Testierfähigkeit, dass sie für Höfe mit mindestens 10 000,– DM Einheitswert das Zwangsanerbenrecht (§ 1 Abs. 2 HöfeO a. F.) und das auch heute noch bestehende Verbot des Ausschlusses der gesetzlichen Anerbenordnung gem. §§ 5, 6 HöfeO durch Verfügung von Todes wegen enthielt (§ 16 Abs. 1 Satz 1 HöfeO). Bis zum 30. 6. 1976 gab es daher im Gebiet des Höferechts keine Möglichkeit der Hofaufhebung. Außerdem bedurfte der Hofeigentümer für die Übergehung seiner sämtlichen Abkömmlinge bei der Hoferbenbestimmung gem. § 7 Abs. 2 HöfeO a. F. der Zustimmung des Landwirtschaftsgerichts (Sippenbindung). Nachdem jedoch durch das Änderungsgesetz zur Höfeordnung v. 29. 3. 1976[388] ab 1. 7. 1976 die freie Aufhebbarkeit der Hofeigenschaft (**Austrittsmöglichkeit**) sowohl für geborene Höfe als auch für Antragshöfe eingeführt wurde (§ 1 Abs. 1 Satz 2, Abs. 4 HöfeO), bestehen auch im Gebiet der Höfeordnung für die Vererbung land- und forstwirtschaftlichen Grundbesitzes das fakultative Höferecht und nur noch geringfügige Einschränkungen der Testierfähigkeit, die im Folgenden als hierher gehörend näher behandelt werden.

1. Hofeigenschaft

Nach der Höfeordnung unterliegen dem Anerbenrecht nur Höfe die im Alleineigentum einer natürlichen Person oder gemeinschaftlichen Eigentum (Miteigentum, Gesamthandeigentum) von Ehegatten (Ehegattenhof) stehen oder zum Gesamtgut einer fortgesetzten Gütergemeinschaft gehören, eine zur Bewirtschaftung geeignete Hofstelle besitzen (Hoffähigkeit) und entweder 84

- einen nach den steuerlichen Bewertungsvorschriften festzustellenden **Wirtschaftswert** von mindestens 10 200,– Euro aufweisen und für den der Hofvermerk im Grundbuch eingetragen ist (§ 1 Abs. 1 Satz 1 HöfeO; **geborene Höfe bzw. sog Ist-Höfe**)

oder

- einen **Wirtschaftswert** von zwischen 5100,– Euro und 10 200,– Euro aufweisen **und** der Eigentümer gegenüber dem Landwirtschaftsgericht eine Erklärung auf Erlangung der Hofeigenschaft in öffentlich beglaubigter Form (§ 4 HöfeVfO) abgegeben hat (**Hofeinführungserklärung**) und der Hofvermerk im Grundbuch eingetragen wurde (§ 1 Abs. 1 Satz 3 HöfeO; **Antragshöfe bzw. sog. Kann-Höfe**).

Wirtschaftswert ist dabei der Einheitswert minus dem Wohnungswert, da sich der Einheitswert einer land- oder forstwirtschaftlichen Besitzung gem. § 48 BewG aus dem Wirtschaftswert (§ 46 BewG) und dem Wohnungswert (§ 47 BewG) zusammensetzt. 85

Die **Ehegattenhofeigenschaft** entsteht kraft Gesetzes, wenn die den obigen Voraussetzungen entsprechende Besitzung „im gemeinschaftlichen Eigentum von Eheleuten", d. h. Miteigentum oder Gesamthandseigentum, steht (§ 1 Abs. 1 Satz 1 HöfeO). Dabei brauchen die Eigentumsanteile der Ehegatten nicht gleich groß zu sein.[389] Ehegatten können aber auch ohne Rücksicht auf die beiderseitigen Eigentumsverhältnisse einen Ehegattenhof bilden, wenn sie gem. § 1 Abs. 2 HöfeO gegenüber dem Landwirtschaftsgericht eine entsprechende öffentlich beglaubigte Erklärung abgeben. Durch diese Erklärung ändert sich nichts an den bisherigen Eigentumsverhältnissen der Eheleute. 86

[387] Bundesländer Hamburg, Niedersachsen, Nordrhein-Westfalen und Schleswig-Holstein.
[388] BGBl. I 1976, 881; neu bekanntgemacht in BGBl. I 1976, 1933.
[389] Quadflieg/Weirauch FamRZ 1977, 228, 230; a. M. Faßbender DNotZ 1976, 393, 398.

87 Die **Hofeigenschaft entfällt,**

- wenn entweder die **Hoffähigkeit wegfällt** (§ 1 Abs. 3 HöfeO) oder
- der Eigentümer in öffentlich beglaubigter Form beim Landwirtschaftsamt eine **Hofaufhebungserklärung (sog. negative Hoferklärung)** abgibt und der Hofvermerk im Grundbuch gelöscht wird (§ 1 Abs. 4 HöfeO), d.h. dass die Geltung des Anerbenrechts fakultativ ist und nicht zwingend. Diese **Aufhebungserklärung ist jederzeit möglich,** auch dann, wenn er bereits einen Hoferben bestimmt hat.[390] Inwieweit ein verpachteter Hof die Hofeigenschaft behalten kann, siehe bei Wellmann.[391]

88 Die Rechtswirkungen einer Eintragung oder Löschung eines Hofvermerks treten rückwirkend zum Zeitpunkt des Eingangs der Hoferklärung beim Landwirtschaftsgericht ein (§ 1 Abs. 7 HöfeO). Weder die Eintragung noch die Löschung des Hofvermerks im Grundbuch sind konstitutiv, so dass man sich bei der Prüfung der Hofeigenschaft nicht auf sie verlassen kann. Dies insbesondere auch, weil die Dauerwirkung einer Hoferklärung – Einführung wie Aufhebung – über einen Eigentumswechsel hinaus umstritten ist.[392] Es empfiehlt sich daher, bei jedem Eigentumswechsel eine **vorsorgliche Hoferklärung** abzugeben.[393] Ein öffentlicher Glaube an den Hofvermerk im Grundbuch besteht nicht.[394]

89 Eine Beschränkung der Freiheit des Eigentümers zu lebzeitigen Verfügungen (**Veräußerungs- und Belastungsverbot),** wie beim RErbhG, ist mit der Höfeeigenschaft nicht verbunden (§ 7 Abs. 2 Satz 3 HöfeO). Zwingend ist jedoch, dass gem. § 4 HöfeO der Hof nur einem Hoferben bzw. über den Wortlaut dieser Vorschrift hinaus einem Ehepaar[395] zufallen kann.

2. Gesetzliche Hoferbenordnung

90 Sofern der Erblasser keine andere Hoferbenbestimmung trifft, was ihm gem. § 7 HöfeO ohne Beschränkung auf einen bestimmten Personenkreis möglich ist, stellt § 5 HöfeO folgende Rangordnung der Hoferben auf: In erster Linie sind die Kinder des Erblassers und deren Abkömmlinge zu Hoferben berufen, in zweiter Linie der Ehegatte, in dritter Linie die Eltern des Erblasser, wenn der Hof von ihnen oder aus ihrer Familie stammt, und danach die Geschwister des Erblasses und deren Abkömmlinge. Diese Regelung wird in § 6 HöfeO dahin präzisiert, dass sich der Anerbe aus der Zahl der Abkömmlinge auf Grund folgender Kriterien in folgender Reihenfolge bestimmt: Bewirtschaftungsübertragung, Ausbildung, Beschäftigung und Jüngster oder Ältester je nach dem in der Gegend bestehenden Brauch. Innerhalb dieser Hoferbenordnung scheidet als Hoferbe aus, wer nicht wirtschaftsfähig ist. Dies gilt jedoch nicht, wenn allein mangelnde Altersreife der Grund der Wirtschaftsunfähigkeit ist oder es sich um die Vererbung an den überlebenden Ehegatten gem. § 8 HöfeO handelt (§ 6 Abs. 6 HöfeO). Wirtschaftsfähig ist, wer nach seinen körperlichen und geistigen Fähigkeiten, nach seinen Kenntnissen und seiner Persönlichkeit in der Lage ist, den von ihm zu übernehmenden Hof selbständig ordnungsmäßig zu bewirtschaften (§ 6 Abs. 7 HöfeO). Das zwingende Erfordernis der Wirtschaftsfähigkeit des Hoferben führt bei Vorversterben des Ehegatten dazu, dass der Hof beim Tode des Längstlebenden und Eintritt der gesetzlichen Hoferbfolge an einen wirtschaftsfähigen Seitenverwandten fällt, auch wenn Abkömmlinge vorhanden sind, sofern diese nicht wirtschaftsfähig sind.[396] Für den Ehegattenhof trifft § 8 eine be-

[390] BGHZ 73, 324; BGHZ 101, 57 = NJW 1988, 710.
[391] Zerb 2010, 12.
[392] Lange/Wulff/Lüdtke-Handjery; HöfeO, 10. Aufl. 2001, § 1 Rn 56 m. w. N.
[393] Faßbender DNotZ 1982, 737; ders. in Faßbender/Hötzel/v. Jeinsen/Pikalo, HöfeO, § 1 Rn 86.
[394] v. Jeinsen in Faßbender/Hötzel/v. Jeinsen/Pikalo, HöfeO, § 5 Rn 6.
[395] Faßbender/Hötzel/Pikalo, 2. Aufl., HöfeO, § 4 Rn 11, § 7 Rn 11.
[396] Faßbender/Pikalo DNotZ 1980, 67, 73.

sondere Regelung. Der überlebende Ehegatte wird als Vollerbe Rechtsnachfolger an dem Anteil des Erblassers am Hof. Dies ist auch der Fall, wenn der überlebende Ehegatte überhaupt kein Eigentum an dem Hof hatte und die Ehegattenhofeigenschaft nur auf Grund einer höferechtlichen Erklärung beider Ehegatten gem. § 1 Abs. 2 HöfeO begründet wurde.[397] Nach § 10 HöfeO vererbt sich der Hof nach der bürgerlichrechtlichen Erbfolge, wenn kein gesetzlicher Hoferbe vorhanden ist und durch den Erblasser keine Hoferbenbestimmung erfolgte (sog. verwaister Hof).

3. Hoferbenbestimmung

Die obige gesetzliche Hoferbenordnung kann gem. § 7 HöfeO mit der Einschränkung 91
des § 16 HöfeO vom Hofeigentümer bzw. den Ehegatten beim Ehegattenhof frei abgeändert werden, ohne dass eine Beschränkung auf einen bestimmten Personenkreis, etwa die gesetzlich Hoferbenberechtigten, besteht. Man kann bei der Bestimmung sogar seine sämtlichen Abkömmlinge als Hoferben übergehen (keine Sippenbindung mehr!). Der vom Eigentümer bestimmte Hoferbe muss lediglich wirtschaftsfähig sein (§ 7 Abs. 1 Satz 2 HöfeO). Das Erfordernis der Wirtschaftsfähigkeit des erwählten Hoferben entfällt jedoch, wenn allein mangelnde Altersreife der Grund ist und bei einer Vererbung an den überlebenden Ehegatten. Besitzen weder ein Abkömmling noch der überlebende Ehegatte die Wirtschaftsfähigkeit, so kann auch ein wirtschaftsunfähiger Abkömmling bestimmt werden (§ 7 Abs. 1 Satz 2 HöfeO). Der Hoferbe kann vom Eigentümer bestimmt werden durch Verfügung von Todes wegen, Hofübergabevertrag, Übergabevorvertrag oder sog. formlose Hoferbenbestimmung.[398] Diese formlose Hoferbenbestimmung geschieht entweder durch vorbehaltlose Übertragung der Hofbewirtschaftung an einen hoferbenberechtigten Abkömmling (§§ 6 Abs. 1 Nr. 1, 7 Abs. 2 Satz 1 HöfeO) oder durch seine Beschäftigung auf dem Hof, wenn diese durch Art und Umfang erkennen lässt, dass er den Hof übernehmen soll (§§ 6 Abs. 1 Nr. 2, 7 Abs. 2 Satz 2 HöfeO). Diese formlose Hoferbenbestimmung steht gem. § 7 Abs. 2 HöfeO späteren anderweitigen Hoferbenbestimmungen entgegen. Über die rechtliche Qualifikation der formlosen Hoferbenbestimmung (Übergabevorvertrag mit lebzeitiger Beschränkung der Verfügungsbefugnis oder Erbvertrag) besteht keine Einigkeit.[399] Durch die obengenannten auf Grund des Änderungsgesetzes vom 29. 3. 1976 ins Gesetz gekommenen Vorschriften sind die von der Rechtsprechung des BGH[400] entgegen dem gesetzlichen Formzwang entwickelten Grundsätze über die formlose Hoferbenbestimmung weitgehend überholt.[401] In den Fällen, in denen die Hoferbenbestimmung in einem Erbvertrag oder bindend gewordenen gemeinschaftlichen Testament erfolgte, eine formlos bindende Hofzusage gem. § 7 Abs. 2 HöfeO vorliegt oder bereits ein Hofübergabevorvertrag oder ein noch nicht vollzogener Übergabevertrag abgeschlossen wurde, kann der Hofeigentümer in unmittelbarer oder entsprechender Anwendung des § 2289 Abs. 1 Satz 2 keine andere Hoferbenbestimmung mehr vornehmen (bindende Hoferbenbestimmung).[402] Er ist dann nach der h. M.[403] auch gem.

---

[397] Faßbender/Hötzel/Pikalo a. a. O. § 8 Rn 18.

[398] Faßbender/Hötzel/Pikalo a. a. O. § 7 Rn 2 ff.; BGHZ 101, 57 = NJW 1988, 710.

[399] Pikalo AgrarR 1986, 339, 340.

[400] BGHZ 12, 286, 303 = NJW 1954, 1241 m. Anm. Rötelmann NJW 1954, 1644; BGHZ 23, 249; Steffen Rpfleger 1981, 104.

[401] Schulte AgrarR 1977, 55; Pikalo DNotZ 1976, 403; Humbert AgrarR 1981, 1; Stöcker AgrarR 1981, 240; nach BGHZ 73, 324, 329 = DNotZ 1979, 564, 566 u. BGH Rpfleger 1983, 436 ist jedoch auch nach der Novellierung der HöfeO in besonderen Härtefällen ein Rückgriff auf diese sich auf § 242 stützende ältere Rechtsprechung möglich.

[402] Faßbender/Hötzel/Pikalo a. a. O. § 7 Rn 14 ff.; Lüdke-Handjery DNotZ 1985, 342; Pikalo AgrarR 1986, 339.

[403] BGH DNotZ 1951, 343; BGHZ 8, 23, 33; BGH LM § 12 HöfeO Nr. 3; BGH NJW 1976, 1635; Faßbender/Hötzel/Pikalo a. a. O. § 17 Rn 14.

§ 2289 Abs. 1 Satz 2 gehindert, den Hof einem anderen als dem bindend bestimmten Hoferben zu übergeben *(Übergabeverbot),* da man in dem Hofübergabevertrag wegen seiner Doppelnatur auch eine „Verfügung von Todes wegen“ sieht. Nicht gehindert ist er allerdings, die Höfeeigenschaft durch Hofaufhebungserklärung aufzuheben, was bei Ehegattenhöfen der Erklärung beider Ehegatten bedarf (§ 1 Abs. 5 Satz 2 HöfeO), und damit die formlose oder ausdrückliche[404] bindende Hoferbenbestimmung weitgehend illusorisch zu machen. Die in einem einseitigen Testament des Hofeigentümers enthaltene Hoferbenbestimmung kann natürlich jederzeit widerrufen werden (§§ 2253, 2254). Eine frühere bindende Hoferbenbestimmung wird gegenstandslos, wenn der designierte Hoferbe stirbt oder wenn seine Wirtschaftsfähigkeit auf Dauer entfällt[405] und eine formlose Hoferbenbestimmung nach §§ 6 Abs. 1, 7 Abs. 2 HöfeO, wenn die Bewirtschaftung des Hofes durch den Abkömmling oder seine Beschäftigung auf ihm endet. Nach § 14 Abs. 3 HöfeO kann in Abweichung von § 2065 der Hofeigentümer durch Verfügung von Todes wegen seinen überlebenden Ehegatten ermächtigen, nach seinem Tod den Hoferben zu bestimmen, obwohl zunächst die gesetzliche Hoferbfolge eingetreten ist. Die Befugnis erlischt, wenn der überlebende Ehegatte sich wieder verheiratet oder der gesetzliche Hoferbe das 25. Lebensjahr vollendet hat. Die Bestimmung ist gegenüber dem Landwirtschaftsgericht zu Protokoll oder in öffentlich beglaubigter Form abzugeben.

92 Beim Ehegattenhof können die Ehegatten nur gemeinsam über den ganzen Hof einen Übergabevertrag schließen, nur gemeinsam einen Dritten zum Hoferben bestimmen und dies nur gemeinsam widerrufen (§ 8 Abs. 2 HöfeO). Natürlich kann jeder Ehegatte beim Ehegattenhof den anderen hinsichtlich seines Hofanteils zum vollen Hoferben einsetzen. Dagegen kann nach der h. M.[406] beim Ehegattenhof eine getrennte Vererbung des Eigentumsanteils eines Ehegatten am Hof an Dritte und auch an den anderen als bloßen Hofvorerben wegen des Grundsatzes der geschlossenen Hofvererbung nach §§ 4, 16 HöfeO nicht erfolgen. Insbesondere können die Ehegatten beim Ehegattenhof auch nicht durch gemeinsame Verfügung von Todes wegen den überlebenden Ehegatten zum Vorerben des ganzen Hofes, d. h. auch bezüglich seines eigenen Eigentumsanteils berufen, was gem. § 8 Abs. 1 HöfeO a. F. bis 30. 6. 1976 kraft Gesetzes eintrat *(„Beerbung bei lebendigem Leib“).*

4. Sondererbfolge

93 Nach § 4 Satz 1 HöfeO fällt der Hof nebst allem, was zu seiner Wirtschaftseinheit gehört, mit dem Erbfall kraft Gesetzes (eo ipso) als Teil der Erbschaft in das Alleineigentum des gesetzlichen oder gewillkürten **Hoferben,** ohne vorher in das Gesamthandseigentum der Erbengemeinschaft zu fallen (**dinglich wirkende Sondererbfolge**). Eine Sondererbfolge in den Hof findet auch statt nach § 9 Brem.HöfeG, § 14 HöfeO Rheinland-Pfalz und Art. 3, 9 Württ. AnerbenG, während § 10 Bad.Hofgütergesetz und § 11 Hess.LandgüterO nur ein Übernahmerecht begründen. An die Stelle des Hofes tritt innerhalb der Erbengemeinschaft der Hofeswert (§ 4 Satz 2 HöfeO), der sich nach § 12 HöfeO errechnet. Das sog. hoffreie Vermögen vererbt sich nach der bürgerlichrechtlichen Erbfolge. Im Außenverhältnis haftet der Hoferbe zusammen mit den Miterben für die gesamten Nachlassverbindlichkeiten als Gesamtschuldner, auch wenn er am übrigen Nachlass nicht beteiligt ist (§ 15 Abs. 1 HöfeO). Im Innenverhältnis der Miterben ist jedoch zur Deckung der Nachlassverbindlichkeiten, einschließlich der durch Grundpfandrecht auf dem Hof gesicherten, in erster Linie der hoffreie Nachlass heranzuziehen

---

[404] BGHZ 73, 324 = DNotZ 1979, 564, 566; BGHZ 101, 57 = NJW 1988, 710 = DNotZ 1988, 37 m. w. N.; zustimmend: Otte NJW 1988, 672; ablehnend: Faßbender AgrarR 1987, 296.

[405] BGH RdL 1963, 270.

[406] Faßbender/Hötzel/Pikalo a. a. O. § 8 Rn 5 ff.; Pikalo/Faßbender DNotZ 1980, 67, 79; Lüdtke-Handjery DNotZ 1978, 27, 31 f.; OLG Hamm AgrarR 1980, 50 m. Anm. Stöcker in AgrarR 1980, 165; a. M. Stöcker DNotZ 1979, 88.

(§ 15 Abs. 2 HöfeO). Insoweit hat der Hoferbe gegen seine Miterben einen Schuldbefreiungsanspruch. Soweit jedoch der freie Nachlass zur Befriedigung der Nachlassverbindlichkeiten nicht ausreicht, hat sie der Hoferbe allein zu tragen (§ 15 Abs. 3 HöfeO).

Infolge der Sondererbfolge kann auch im Gegensatz zum BGB (§ 1950) nach dem Höferecht der Hof gesondert ausgeschlagen werden (§ 11 HöfeO). Die Ausschlagung des Anfalls des Hofes ohne Ausschlagung des übrigen Nachlasses erfolgt gegenüber dem Landwirtschaftsgericht.[407] 94

5. Abfindung der weichenden Erben

Der Hauptvorteil des Hoferben oder Hofübernehmers liegt in den für ihn äußerst günstigen Bemessungssätzen für die **Abfindungsansprüche** der gesetzlichen oder gewillkürten Miterben, die jedoch nicht Hoferben geworden sind. Diese Ansprüche errechnen sich kraft Gesetzes, wenn vom Hofeigentümer keine andere Regelung getroffen wurde, gem. § 12 Abs. 2 HöfeO aus dem sog. Hofeswert, der das $1/2$fache des zuletzt festgestellten steuerlichen Einheitswertes gem. § 48 BewG beträgt. Von diesem Wert sind zunächst die Nachlassverbindlichkeiten abzuziehen, die im Verhältnis der Miterben zueinander den Hof betreffen und daher vom Hoferben allein zu tragen sind (§ 15 Abs. 3 HöfeO). Danach muss jedoch den Miterben mindestens $1/3$ des $1\,1/2$-fachen Einheitswertes = $1/2$ des Einheitswertes verbleiben (**Garantiedrittel**). In diesen Betrag teilen sich die Miterben mit Einschluss des Hoferben, soweit er zu ihnen gehört, gemäß den allgemeinen nachlassrechtlichen Vorschriften des bürgerlichen Rechts. Der so berechnete Hofeswert ist auch für einen etwaigen Pflichtteilsanspruch (§ 2303) maßgeblich (§ 12 Abs. 10 HöfeO). Kommen besondere Umstände des Einzelfalles, die für den Wert des Hofes von erheblicher Bedeutung sind, in dem Hofeswert nicht oder ungenügend zum Ausdruck, können gemäß § 12 Abs. 2 Satz 3 HöfeO auf Verlangen Zuschläge oder Abschläge nach billigem Ermessen gemacht werden. Da die Feststellung der Einheitswerte nur noch sehr unregelmäßig oder gar nicht mehr erfolgt, ist diese Billigkeitsvorschrift nach der Rechtsprechung des BGH[408] praktisch allgemein anzuwenden. Da nach § 17 Abs. 2 HöfeO mit der **Übergabe des Hofes zu Lebzeiten**[409] an einen hoferbenberechtigten Abkömmling der Erbfall wegen des Hofes zugunsten der anderen Abkömmlinge als eingetreten gilt (**Erbfallsfiktion**), ist diese gesetzliche Abfindungsregelung auch für Hofübergabeverträge maßgeblich. Der Erblasser oder Hofübergeber kann jedoch diese Abfindungsansprüche durch letztwillige Anordnung oder vertragliche Vereinbarung[410] erhöhen oder mindern (§ 12 Abs. 1 HöfeO),[411] muss jedoch dabei eine untere und eine obere Grenze beachten: 95

- Hat der Erblasser oder Übergeber die Abfindungsansprüche den weichenden Erben ganz entzogen oder sie geringer als den Pflichtteil festgesetzt, was jeweils in der Verfügung von Todes wegen oder im Hofübergabevertrag ausdrücklich geschehen muss, so kann der Pflichtteilsberechtigte je nachdem, den ordentlichen Pflichtteil nach §§ 2303, 2304 oder den Zusatzpflichtteil nach § 2305 vom Hoferben verlangen. Der Pflichtteil beträgt die Hälfte des nach den obigen Bestimmungen berechneten Abfindungsanspruchs (§§ 12 Abs. 2, 10, 16 Abs. 2 HöfeO).[412] Dabei muss ohne Rücksicht auf die Höhe der Nachlassverbindlichkeiten der Berechnung der Pflichtteilsansprüche mindestens das Garantiedrittel, d.h. der halbe Einheitswert zugrundegelegt werden (§ 12 Abs. 2, 3, 10 96

[407] Hötzel in Faßbender/Hötzel/von Jeinsen/Pikalo, HöfeO, 3. Aufl., § 11 Rn 4; BGH RdL 1972, 123.

[408] BGHZ 146, 74 = NJW 2001, 1726.

[409] Siehe hierzu Söbbeke ZEV 2006, 493.

[410] Bezüglich vertraglicher Verzichte auf Abfindungs- und Nachabfindungsansprüchen siehe Ivo ZEV 2004, 316.

[411] BGHZ 25, 287, 289 = NJW 1958, 139.

[412] BGHZ 25, 287, 290 = NJW 1958, 139.

HöfeO).[413] Ist der Abfindungsanspruch in einem Hofübergabevertrag entzogen oder geringer als der Pflichtteil festgesetzt, so entsteht infolge der Erbfallsfiktion gem. § 17 Abs. 2 HöfeO der Pflichtteilsanspruch mit dem Vertragsabschluss und muss vom Pflichtteilsberechtigten innerhalb von drei Jahren ab Kenntniserlangung vom Vertrag geltend gemacht werden (§ 2332 analog).[414]

97 • Hat der Erblasser oder Übergeber die Abfindung über den gesetzlichen Anspruch hinaus erhöht, so kann der Hoferbe, falls ihm deswegen die ordnungsmäßige Bewirtschaftung des Hofes nicht mehr möglich ist, die Stundung der Abfindungszahlungen durch das Landwirtschaftsgericht beantragen (§ 15 Abs. 5 HöfeO).

98 Ist ein weichender Erbe noch minderjährig, ist sein Abfindungsanspruch bis zur Volljährigkeit gestundet, der Hoferbe hat ihm jedoch zu Lasten des Abfindungsanspruchs den angemessenen Lebensbedarf und eine angemessene Berufsausbildung und bei Verselbständigung oder Heirat eine angemessene Ausstattung zu gewähren (§ 12 Abs. 6 HöfeO).

99 Die gegenüber dem Verkehrswert geringe Höhe des gesetzlichen Abfindungsanspruchs (z. Zt. ca. $1/15$ des Verkehrswertes) wird dadurch gemildert, dass den weichenden Erben nach § 13 HöfeO ein **Nachabfindungsanspruch** zusteht, falls der Hoferbe innerhalb von **20 Jahren** nach dem Erbfall den Hof oder Teile desselben veräußert oder ihn gewinnträchtig in anderer Weise als land- oder forstwirtschaftlich nutzt, so z. B. bei Bestellung eines Erbbaurechts.[415]

100 Ist der Hoferbe ein Abkömmling des Erblassers, so steht dem überlebenden Ehegatten unbeschadet seines Abfindungsanspruchs nach § 12 HöfeO die Verwaltung und Nutznießung am Hof bis zur Vollendung des 25. Lebensjahres des Hoferben zu. Ein Recht, das allerdings vom Erblasser ausgeschlossen oder vom Landwirtschaftsgericht auf Antrag aufgehoben werden kann (§ 14 Abs. 1 HöfeO). Steht dem Überlebenden dieses Recht nicht zu, so kann er, bei Verzicht auf seinen Abfindungsanspruch, vom Hoferben auf Lebenszeit den üblichen Altenteil verlangen (§ 14 Abs. 2 HöfeO).

6. Die Beschränkung der Testierfähigkeit kraft Höferechts

101 Die nordwestdeutsche Höfeordnung beschränkt die Testierfreiheit und entsprechend die Übergabefreiheit des Hofeigentümers in folgender Hinsicht:

102 • Gemäß §§ 4, 16, 17 HöfeO kann der Hof immer nur an einen Erben oder Übernehmer oder an Eheleute vererbt oder übergeben werden. Diese Anerbenregelung kann weder durch Verfügung von Todes wegen noch einen Hofübergabevertrag abbedungen werden, wohl jedoch eingeschränkt, z. B. durch Anordnung von Vor- und Nacherbschaft, Testamentsvollstreckung, Nießbrauchsvermächtnis oder -vorbehalt und Verlängerung der Nutzverwaltung des überlebenden Ehegatten und wobei hierzu die Zustimmung des Landwirtschaftsgerichts erforderlich ist, soweit sie für Rechtsgeschäfte gleichen Inhalts unter Lebenden nach dem Grundstücksverkehrsgesetz erforderlich wäre (§§ 16, 17 HöfeO).

103 • Der Hoferbe oder Hofübernehmer muss wirtschaftsfähig sein (§§ 6 Abs. 6, 7 Abs. 1 Satz 2 HöfeO). Eine Voraussetzung, die lediglich bei mangelnder Altersreife oder Vererbung an den überlebenden Ehegatten entfällt.

104 • Hat der Hofeigentümer einem gem. § 5 HöfeO gesetzlich hoferbenberechtigten Abkömmling die Bewirtschaftung des Hofes vorbehaltslos auf Dauer übertragen (§ 6 Abs. 1 Nr. 1 HöfeO) oder hat er ihn durch Art und Umfang der Beschäftigung auf dem Hof erkennen lassen, dass er den Hof übernehmen soll (§ 6 Abs. 1 Nr. 2 HöfeO), ist die Bestimmung eines anderen Hoferben und damit die Vererbung des Hofes an ihn ausge-

[413] Faßbender/Hötzel/Pikalo, HöfeO, § 12 Rn 68.
[414] Faßbender/Hötzel/Pikalo, HöfeO, § 17 Rn 84.
[415] BGHZ 73, 282, 285.

schlossen (§ 7 Abs. 2 HöfeO). Wegen seiner Natur auch als Verfügung von Todes wegen ist auch eine anderweite Hofübergabe ausgeschlossen (siehe oben Rn 91).

• Letztlich liegt eine Beschränkung der Testierfreiheit durch die HöfeO darin, dass bei einem Ehegattenhof keiner der Ehegatten über seinen Eigentumsanteil am Hof ohne den anderen von Todes wegen oder durch Übergabevertrag verfügen kann. 105

Da jedoch der Bundesgerichtshof in ständiger Rechtsprechung[416] die **Hofaufhebungserklärung** gem. § 1 Abs. 4 Satz 1 HöfeO als Rechtsgeschäft unter Lebenden und nicht als **„Quasi-Testament"** sieht, kann sich der Hofeigentümer (Erblasser) allen diesen Beschränkungen seiner Testierfreiheit jederzeit, solange er Hofeigentümer ist, durch Abgabe der **negativen Hoferklärung** gegenüber dem Landwirtschaftsgericht entledigen, ohne daran durch eine **sog. bindende ausdrückliche oder formlose Hoferbenbestimmung** gehindert zu sein (§ 2286). Beim Ehegattenhof bedarf es allerdings der Aufhebungserklärung beider Ehegatten. 106

7. Der Schutz des bindend bestimmten Hofnachfolgers vor der Hofaufhebung

Durch eine **Hofaufhebungserklärung** gem. § 1 Abs. 4 Satz 1 HöfeO wird eine erbrechtliche, vertragliche oder höferechtliche Bindung, die der Hofeigentümer (Erblasser) zuvor bei der Hoferbenbestimmung eingegangen ist, **grundsätzlich nicht beseitigt.** In welchem Umfang und auf welche Weise der Hofnachfolger geschützt bleibt, richtet sich jeweils nach der Art der vom Hofeigentümer (Erblasser) insoweit eingegangenen Bindung.[417] 107

• Bei einem **noch nicht vollständig erfüllten Hofübergabevertrag,** z.B. bei auf den Tod des Hofeigentümers aufgeschobener Erfüllung, kann der Übernehmer seinen Eigentumsverschaffungsanspruch auch nach Aufhebung der Hofeigenschaft gegenüber dem Hofeigentümer oder seinen Erben durchsetzen. Die Abfindung der weichenden Erben erfolgt jetzt allerdings nicht mehr nach § 12 HöfeO und auch die Erbfallsfiktion des § 17 HöfeO tritt nicht ein. Soweit die weichenden Erben pflichtteilsberechtigt sind, stehen ihnen bei Vorliegen der entsprechenden Voraussetzungen Pflichtteilsergänzungsansprüche gem. §§ 2325, 2329 zu. Dabei ist der Hof nach den auf Übergabeverträge entsprechend anwendbaren §§ 2049, 2312 mit dem Ertragswert zu bewerten, der sich nach den entsprechenden landesgesetzlichen Vorschriften berechnet, allerdings gegenüber dem Hofeswert nach § 12 HöfeG mehrfach höher liegt. Durch die Hofaufhebung verliert der Hof die pflichtteilsrechtlichen Privilegien der Erbhöfe, behält jedoch die der Landgüter. 108

• Entsprechendes gilt bei Vorliegen eines **Hofübergabevorvertrages,** der als Rechtsgeschäft unter Lebenden einen Anspruch auf Abschluss eines Übergabevertrages gewährt.[418] 109

• War der Hofnachfolger in einem Erbvertrag oder einem bindend gewordenen gemeinschaftlichen **Testament** oder durch **konkludentes Verhalten** gem. §§ 6 Abs. 1, 7 Abs. 2 HöfeO zum Hoferben bestimmt, so kann nach der Aufhebung der Hofeigenschaft eine Vererbung nach Höferecht nicht mehr in Betracht kommen.[419] Die Vererbung muss sich daher im Rahmen des allgemeinen bürgerlichrechtlichen Erbrechts vollziehen. Durch Auslegung der betreffenden Verfügung von Todes wegen, der m. E. auch die formlose Hoferbenbestimmung gleichzustellen ist,[420] kann in diesen Fällen die Einsetzung des Hofnachfolgers zum Miterben in Verbindung mit einer entsprechenden Teilungsanord- 110

[416] BGHZ 73, 324 = DNotZ 1979, 564, 566; BGHZ 101, 57 = NJW 1988, 710 = DNotZ 1988, 37; Otte NJW 1988, 672; Kroeschell JR 1989, 418; a.M. Faßbender AgrarR 1987, 295; ders. AgrarR 1988, 125.

[417] BGHZ 101, 57, 60 = NJW 1988, 710.

[418] BGHZ 101, 57, 61.

[419] BGHZ 101, 57, 62.

[420] So auch Otte NJW 1988, 672, 674.

nung bezüglich der landwirtschaftlichen Besitzung angenommen werden.[421] Die Bewertung des landwirtschaftlichen Betriebes ist dabei im Verhältnis zu den Miterben und Pflichtteilsberechtigten wiederum nach §§ 2049, 2312[422] vorzunehmen.[423]

111 • Einen weiteren Schutz des bindend bestimmten Hoferben gegen die Folgen der Hofaufhebungserklärung bietet § 2057a. Nach dieser Vorschrift kann ein Abkömmling, der im landwirtschaftlichen Betrieb des Erblassers während längerer Zeit mitgearbeitet hat, bei der Auseinandersetzung eine **Ausgleichung** unter den Abkömmlingen verlangen. Dieser Ausgleich ist so zu bemessen, wie es mit Rücksicht auf die Dauer und den Umfang der Leistungen und auf den Wert des Nachlasses der Billigkeit entspricht.[424]

112 • Meist wird jedoch dem Hofnachfolger die ihm durch eine Hofaufhebung drohende Übernahme nur zu Landgutsbedingungen zu teuer sein. Die Agrarkautelarjurisprudenz hat daher eine Reihe von **Kautelen** entwickelt, die dem **Schutz des Hofnachfolgers** vor der Hofaufhebung dienen sollen, allerdings höchstrichterlich noch nicht gebilligt sind:

113 • Der Hofeigentümer schließt mit dem Hofnachfolger einen Erbvertrag ab, in dem er ihn zum Hoferben bestimmt. Zusätzlich schließen beide einen Verfügungsunterlassungsvertrag,[425] in dem sich der Hofeigentümer (Erblasser) verpflichtet, über den Hof nicht ohne den Nachfolger zu verfügen und insbesondere ihn weder zum Ehegattenhof zu machen noch die Hofeigenschaft aufzuheben (§ 137 Abs. 2). Für den Fall, dass er gegen diese Verpflichtungen verstößt, verpflichtet er sich zusätzlich zur sofortigen Übereignung des Hofes zu festgelegten Bedingungen und ferner, dem Hofnachfolger den durch die höheren Abfindungsansprüche der weichenden Erben (**Ertragswert statt Hofeswert!**) entstehenden Schaden zu ersetzen. Der Nachteil dieser Lösung ist, dass der Hofeigentümer wegen § 137 Abs. 1 trotz des Aufhebungsverbotes die Hofaufhebungserklärung abgeben kann und der Nachfolger dann auf Schadensersatzansprüche gegen ihn angewiesen ist.

114 • Sicherer sind dagegen die Lösungen, in denen der Hofeigentümer statt eine bindende Hoferbenbestimmung abzugeben, den Hof sofort **dem Hofnachfolger zu Eigentum überträgt** und sich damit der Aufhebungsmöglichkeit begibt. Zur Sicherung des Übergebers kann ein Rücktrittsrecht bei Vorliegen bestimmter Voraussetzungen vereinbart werden, wie z. B. Ehescheidung oder Kinderlosigkeit des Übernehmers, oder Verstoß gegen ein vereinbartes Verfügungsverbot oder vorsätzliche und grobe Vertragsverletzung durch den Übernehmer.[426] Ein solcher Übergabevertrag bedarf gem. §§ 17 Abs. 1, 16 Abs. 1 HöfeO der Genehmigung des Landwirtschaftsgerichts.

115 • Am besten geeignet, um eine für den Hofnachfolger sichere Regelung zu treffen und die berechtigten Interessen des Hofeigentümers zu berücksichtigen, erscheint mir eine **sofort vollzogene Übergabe** des Hofes unter dem **Vorbehalt** des Nießbrauchs für den Übergeber, der den Hof dann sofort oder zu einem festgelegten späteren Zeitpunkt an den Hofnachfolger verpachtet (**sog. „Rheinische Hofübergabe"**).[427] Dieser Pacht- oder Pachtvorvertrag muss, wegen des zweifellos vorhandenen Einheitlichkeitswillens der Parteien, nach dem Vollständigkeitsgrundsatz des § 311 b zusammen mit dem Hofübergabevertrag beurkundet werden.[428] Eine andere Möglichkeit ist die unentgeltliche Betriebsüberlassung durch den Nießbraucher an den Eigentümer, die allerdings steuerlich auch dann in vollem Umfang als unentgeltlich angesehen wird, wenn vom Nutzungsbe-

---

[421] BGHZ 101, 57, 63; Otte NJW 1988, 672, 674.

[422] Siehe hierzu oben § 2 Rn 72.

[423] BGH a. a. O.; Otte a. a. O.

[424] BGHZ 101, 57, 64.

[425] Siehe oben Rn 74.

[426] Siehe hierzu Faßbender DNotZ 1986, 67, 75 f.; Lüdke-Handjery DNotZ 1986, 332, 351 ff.; Pikalo DNotZ 1968, 69, 80.

[427] Siehe hierzu Faßbender DNotZ 1986, 67, 73 ff.; Faßbender/Hötzel/Pikalo, HöfeO § 17 Rn 40 ff.; Pikalo DNotZ 1968, 69, 81; Niewerth AgrarR 1979, 215.

[428] BGH NJW 1984, 974; BGH BB 1988, 1140.

rechtigten Gegenleistungen zur Versorgung des Nießbrauchers geleistet werden.[429] Der Nießbraucher hat bei diesen Gestaltungen die Möglichkeit noch Einfluss auf die Betriebsführung zu nehmen und kann die Übergabe daher bereits in mittleren Jahren vornehmen, andererseits hat der vorgesehene Hofnachfolger bereits in jungen Jahren den vollen Schutz vor der Hofaufhebung. Auch diese Gestaltungen bedürfen gem. §§ 17 Abs. 1, 16 Abs. 1 HöfeO der Genehmigung des Landwirtschaftsgerichts.

Schrifttum: *Ivo,* Der Verzicht auf Abfindungs- und Nachabfindungsansprüchen gemäß §§ 12, 13 HöfeO, ZEV 2004, 316; *Ruby,* Das Landwirtschaftserbrecht: Ein Überblick, ZEV 2006, 351; *Söbbeke,* Landwirtschaftsrecht: Die Nordwestdeutsche HöfeO, ZEV 2006, 395; *dies.,* Landwirtschaftserbrecht: Die Hofübergabe zu Lebzeiten, ZEV 2006, 493; *Wellmann,* Landwirtschaftserbrecht, ZErb 2010, 12.

---

[429] BFH BStBl. II 1984 S. 60.

§ 4 Verfügungen von Todes wegen und Rechtsgeschäfte unter Lebenden

1 **Verfügungen von Todes wegen** (Testamente, Erbverträge) unterscheiden sich von **Rechtsgeschäften unter Lebenden** dadurch, dass

- Verfügungen von Todes wegen die **fortdauernde Verfügungsfreiheit** des Erblassers unter Lebenden gewähren (§ 2286 BGB) und erst nach dem Tod des Erblassers Rechte für den Bedachten begründen, während er vorher nur eine Chance auf den späteren Rechtserwerb hat,
- während bei Rechtsgeschäfte unter Lebenden grundsätzlich eine **Verpflichtungs- oder Verfügungswirkung bereits zu Lebzeiten** des Handelnden eintritt, wenn auch die Erfüllung des sofort entstehenden Anspruch auf den Zeitpunkt seines Todes aufgeschoben sein kann.[1]

2 Dieses Merkmal steht bei Verfügungen von Todes wegen fest, während es bei Rechtsgeschäften unter Lebenden, bedingt durch gesetzliche Vorschriften (§§ 331, 2301 BGB) und die Vertragsfreiheit **Zwischenformen** gibt und zwar auch hinsichtlich der vertraglichen Bindung.

3 Besonders bei unentgeltlichen Rechtsgeschäften besteht oft der Wunsch, einerseits die Rechtsfolgen erst nach dem Tod des Veräußerers wirksam werden zu lassen, andererseits aber dem Bedachten bereits zu Lebzeiten des Veräußerers eine mehr oder weniger unentziehbare Rechtsposition zu verschaffen. Dieser Wunsch kann weitgehend durch sog. Rechtsgeschäfte unter Lebenden auf den Tod erfüllt werden, die wie reine Rechtsgeschäfte unter Lebenden bereits zu Lebzeiten des Veräußerers im gewünschten Umfang Rechte und Pflichten begründen, ihre volle Wirksamkeit aber erst nach dem Tod des Verpflichteten entfalten. Sie können allerdings wegen der §§ 310, 311 BGB nur hinsichtlich Einzelgegenständen aus dem Vermögen des Verpflichteten geschlossen werden und machen daher nur den Vermächtnissen Konkurrenz. Sie können bei beweglichen Sachen und Forderungen das im BGB fehlende gemeinrechtliche Vindikationslegat ersetzen.[2]

Die gebräuchlichsten und von der Rechtsprechung anerkannten unentgeltlichen Rechtsgeschäfte unter Lebenden auf den Tod sind:[3]

1. Schenkungen auf den Todesfall

a) Versprechensschenkung von Todes wegen mit Überlebensbedingung = Schenkung von Todes wegen (§ 2301 Abs. 1 BGB)

4 Da die Unentgeltlichkeit (§ 1922 BGB) und die Überlebensbedingung (§ 1923 BGB) Hauptmerkmale der Verfügungen von Todes wegen sind, hat der Gesetzgeber in § 2301 Abs. 1 BGB den Grundsatz aufgestellt, dass ein Schenkungsversprechen (§ 518 BGB) auf den Tod des Schenkers, das unter der Bedingung erteilt wird, dass der Beschenkte den Schenker überlebt (**Überlebensbedingung**), hinsichtlich Form (Erbvertrag), Voraussetzungen und Rechtsfolgen den Vorschriften des Erbrechts unterliegt. Der Gesetzgeber deutet somit ein Schenkungsversprechen unter Überlebensbedingung in eine Verfügung von Todes wegen um. Damit ist dieses Gestaltungsmittel für den Kautelarjuristen unbrauchbar und zwingt ihn, falls eine Überlebensbedingung bei einem Schenkungsversprechen gewünscht wird, unmittelbar eine Verfügung von Todes wegen zu wählen.

---

[1] Lange/Kuchinke, 4. Aufl., § 1 VII 3.
[2] Däubler ZPR 1975, 136, 144.
[3] Zum Folgenden siehe auch Nieder BWNotZ 1996, 129; ders. ZNotP 1998, 143 ff. u. 192 ff.

Von dem Grundsatz des § 2301 Abs. 1 BGB gibt es bei Schenkungsversprechen auf den Tod drei Ausnahmen. Bei zwei von ihnen fehlt jeweils eines der Tatbestandsmerkmale des § 2301 Abs. 1 *(Schenkungsversprechen + Überlebensbedingung)* und die Dritte ist in § 2301 Abs. 2 selbst geregelt. 5

b) Im Vollzug auf den Tod des Schenkers aufschiebend befristete Handschenkungen (§ 516 BGB)

Das deutsche Recht hat die **sog. Handschenkung** (§ 516 BGB) als Realvertrag ausgestaltet, d.h. mit dem **sofortigen Schenkungsvollzug** muss die Einigung über dessen Unentgeltlichkeit (**Schenkungsabrede**) entweder zusammenfallen (§ 516 Abs. 1 BGB) oder nachfolgen (§ 516 Abs. 2 BGB).[4] Immer dann, wenn sich die Parteien zwar über die Unentgeltlichkeit der Zuwendung einigen, der sofortige Vollzug aber nicht stattfindet oder, wie z.B. bei den gestreckten Erwerbtatbeständen des Liegenschaftsrechts nicht stattfinden kann, liegt eine **Versprechensschenkung i.S. von § 518 BGB** vor, bei der die Erklärung des Schenkers der notariellen Beurkundung bedarf (§ 518 Abs. 1 BGB), der spätere Schenkungsvollzug aber diesen Formmangel heilt (§ 518 Abs. 2 BGB). 6

• **Die Handschenkung kann bedingt oder befristet (§§ 158 ff. BGB) vorgenommen werden.**[5] Dabei kann sowohl das in ihr liegenden dingliche Vollzugsgeschäft bedingt oder befristet werden, sofern es nicht wie § 925 BGB bedingungsfeindlich ist,[6] als auch die sog. Schenkungsabrede, da auf sie alle Bestimmungen über Rechtsgeschäfte anwendbar sind.[7] 7

• Gebräuchlich sind insbesondere durch **auf den Tod des Schenkers aufschiebend bedingte bzw. befristete Abtretung vollzogenen Schenkungen** von Forderungen (§ 398 BGB) und durch aufschiebend bedingte Einigung (§ 929 BGB) und Besitzmittlungsverhältnis (§ 930 BGB) auf den Tod aufschiebend befristet übertragene bewegliche Gegenstände. Da es sich hierbei nicht um Schenkungsversprechen handelt, sondern um sofort vollzogene Handschenkungen, kann sowohl die Schenkungsabrede als auch die Abtretungserklärung oder die Einigung über den Eigentumsübergang bei beweglichen Gegenständen bedingt oder befristet sein und zwar auch durch das Überleben des Beschenkten ohne gegen § 2301 Abs. 1 BGB zu verstoßen.[8] 8

• Eine Handschenkung kann auch dadurch eingeleitet werden, dass der Schenker einen Mittler (Bevollmächtigter oder Erklärungsbote) mit der Übermittlung des Schenkungs- und Übereignungsangebotes beauftragt (**„eingeleitete Handschenkung"**). Bei einem Bevollmächtigten richtet sich die Wirksamkeit seiner Erklärung nach §§ 164 ff. BGB, bei einem Erklärungsboten nach §§ 130 Abs. 2, 153 BGB. 9

• Soll die Handschenkung in einem solchen Fall **ohne die Überlebensbedingung des Beschenkten** erfolgen, d.h. auch Bestand für den Fall behalten, dass der Beschenkte vor dem Schenker stirbt und dann seine Erben in seine Stellung einrücken sollen, so untersteht sie nach der Rechtsprechung des BGH[9] unbeschränkt der Anwendung der §§ 516 ff., d.h. der Schenkungen unter Lebenden[10] und es gilt folgendes: 10

---

[4] MünchKomm/Kollhosser, 3. Aufl., § 516 Rn 1 und 37; BGHZ 87, 19, 24 = NJW 1983, 1487.

[5] Herrmann MDR 1980, 883, 886; Staudinger/Cremer, 13. Bearb. § 516 Rn 13; BGHZ 8, 23, 31.

[6] RG WarnR 1909, S. 96 Nr. 141 = Recht 1908, S. 51 Nr. 287; OLG Hamburg NJW 1961, 76; OLG Hamburg NJW 1963, 449; KG NJW 1970, 332; BGH WPM 1976, 1930; Staudinger/Ostler § 516 Rn 50.

[7] MünchKomm/Kollhosser, 3. Aufl., § 516 Rn 11; Soergel/Mühl § 516 Rn 5; Erman/Seiler § 516 Rn 9.

[8] OLG Hamburg NJW 1963, 449, 450; BGHZ 8, 31; BGH WPM 1976, 1930; BGH NJW 1978, 423; BGH FamRZ 1985; 693, 696; KG NJW 1970, 332; Lange/Kuchinke, 4. Aufl., § 1 VII 3 b; Staudinger/Kanzleiter, 12. Aufl., Vorbem. zu §§ 2274 ff. Rn 6.

[9] BGH NJW 1988, 2731, 2732; BGHZ 99, 97, 100 = NJW 1987, 839, 840; BGH LM § 598 Nr. 4 = NJW 1985, 1553, 1554.

[10] MünchKomm/Kollhosser, 3. Aufl., § 516 Rn 49.

Hatte der Mittler eine Vollmacht, so erlischt diese im Zweifel nicht mit dem Tod des Vollmachtgebers (§§ 168 Satz 1, 672 Satz 1, 675 BGB)[11] und der Vollzug der Handschenkung ist auch noch nach dem Tod des Schenkers möglich,[12] sofern die **Erben nicht** vorher den Übermittlungsauftrag und/oder die Vollmacht **widerrufen.** War dem Bevollmächtigten eine trans- oder postmortale Vollmacht vom Schenker erteilt, so ist nach der h. M.[13] auch ein solcher postmortaler Übermittlungsauftrag zulässig und der Tod des Schenkers unterbricht den Schenkungsvollzug nicht. Handelt es sich bei dem Mittler um einen Erklärungsboten, so ist der Rechtserwerb des Beschenkten kraft der ausdrücklichen Vorschrift der §§ 130 Abs. 2, 153 BGB auch erst nach dem Tod des Schenkers möglich und zwar auch dann, wenn der Schenker Vorkehrungen trifft, durch die der Zugang bewusst auf die Zeit nach seinem Tod hinausgezögert wird.[14] In diesen Fällen ist jedoch Vorsicht am Platze. Eine ausdrückliche Weisung des Schenkers an den Übermittler den Schenkungsgegenstand erst nach dem Tod des Schenkers dem Beschenkten zu übertragen, kann als Überlebensbedingung ausgelegt werden und damit zu § 2301 BGB führen.

11 • Erfolgte jedoch die Handschenkung **unter der Bedingung des Überlebens des Beschenkten,** so unterbricht, da es sich dann um eine Schenkung von Todes wegen i. S. von § 2301 Abs. 1 BGB handelt, bei einer Bevollmächtigung des Mittlers der Tod des Schenkers die weitere Vollzugsmöglichkeit und zwar selbst dann, wenn es sich um eine unwiderrufliche Vollmacht handelte.[15] War der Mittler in diesen Fällen ein Erklärungsbote so will eine verbreitete Meinung[16] darin nur dann eine Umgehung des § 2301 Abs. 1 BGB sehen und das Geschäft dieser Vorschrift und damit den Verfügungen von Todes wegen unterwerfen, wenn der Erklärungsbote auf Grund des Auftrages des Schenkers das Schenkungs- und Übereignungsangebot **absichtlich** erst nach dem Tod des Schenkers überbringen sollte. Der BGH[17] sieht aber ganz allgemein bei Schenkungen unter Überlebensbedingung durch den Tod des Schenkers eine Zäsur gegeben, die danach eine Vollendung des Schenkungsvollzugs nicht mehr zulässt.[18]

12 Schenkungen unter Lebenden unterscheiden sich von denen von Todes wegen darin, dass der Schenker bei diesen bezüglich des Schenkungsgegenstandes sofort gebunden ist, bei jenen nicht. Ferner darin, dass der Anspruch des Beschenkten bei den ersten vererblich ist, bei den letzten nicht.[19]

13 Für die Prüfung, ob es sich um eine Schenkung unter Lebenden oder von Todes wegen handelt, gab der BGH in seinem Urteil vom 12. 11. 1986[20] den Tatrichtern den Hinweis, dass eine Schenkung von Todes wegen erfahrungsgemäß vielfach auch dann gewollt sei, wenn der Erblasser nicht ausdrücklich eine Überlebensbedingung im Sinne von § 2301 Abs. 1 BGB erklärt habe. Auch sei zu bedenken, dass die Anwendung der Vorschriften über die Verfügung von Todes wegen von den Tatrichtern nicht zu weit zurückgedrängt werden dürften. Dieser Hinweis veranlasste die Gegner dieser Gestaltungsform[21] zu hoffen, dass der BGH künftig immer mehr von der Erforderlichkeit der Überlebensbedingung bei der Schenkung von Todes wegen abgehe, da sie nicht geeignet sei, die Rege-

---

[11] Palandt/Heinrichs § 168 Rn 4.

[12] BGH FamRZ 1985, 693, 695.

[13] BGH NJW 1962, 1718; BGH NJW 1969, 1245 m. abl. Anm. Finger in NJW 1969, 1624.

[14] RGZ 170, 380; Roth NJW 1992, 791 m. w. Nachw.

[15] BGHZ 87, 19, 25 = NJW 1983, 1487; BGHZ 99, 97, 100 = NJW 1987, 839, 840.

[16] MünchKomm/Musielak, 3. Aufl., § 2301 Rn 23 m. w. Nachw.; Martinek/Röhrborn JuS 1994, 473, 569; OLG Düsseldorf NJW-RR 1997, 199 = ZEV 1996, 423, 425.

[17] BGHZ 87, 19, 25 = NJW 1983, 1487, 1489.

[18] Siehe im einzelnen MünchKomm/Musielak, 3. Aufl., § 2301 Rn 28, der diese Auffassung allerdings ablehnt.

[19] OLG Düsseldorf NJW-RR 1997, 199 = ZEV 1996, 423, 424.

[20] BGHZ 99, 97, 100 f. = NJW 1987, 840.

[21] Olzen JR 1987, 372 f.; Leipold JZ 1987, 362 f.

lungskomplexe Schenkung unter Lebenden und von Todes wegen exakt voneinander abzugrenzen. Dies sollte nach dieser Meinung[22] durch eine richterliche Auslegungsregel erfolgen, nach der bei feststellbarem Todesbezug stets von einem Schenkungsversprechen mit Überlebensbedingung i.S. des § 2301 Abs. 1 BGB ausgegangen werden solle.

Diesen Ansätzen erteilte der BGH im Urteil vom 18. 5. 1988[23] eine ausdrückliche und deutliche Absage und kehrte damit zu der bisherige h.M.[24] zurück. Statt einer solchen einseitigen richterlichen Auslegungsregel will der BGH nach diesem Urteil in Zweifelsfällen der Abgrenzung von lebzeitigen und letztwilligen Rechtsgeschäften den § 2084 BGB entsprechend angewandt wissen, sodass in diesen Fällen immer diejenige Auslegungsmöglichkeit vorzuziehen ist, bei der die Erklärung wirksam ist und Erfolg haben kann. 14

c) Versprechensschenkung unter Lebenden auf den Tod ohne Überlebensbedingung = auf den Tod befristete Schenkung (§ 518 BGB)

Nicht dem § 2301 Abs. 1 BGB unterfällt ein Schenkungsversprechen, dessen Erfüllung oder Fälligkeit zwar auf den Zeitpunkt des Todes des Schenkers hinausgeschoben wird, dann aber an den Beschenkten oder, falls er vorverstorben sein sollte, an seine Erben anfallen soll, d.h. dass es ohne Überlebensbedingung gemacht wurde. Hier gilt nicht § 2301 BGB sondern § 518 BGB.[25] Als Schenkungsversprechen unter Lebenden muss es nach der Formvorschrift des § 518 Abs. 1 BGB notariell beurkundet werden. Der Mangel der Form wird jedoch nach § 518 Abs. 2 durch die Bewirkung der versprochenen Leistung geheilt. Zur Bewirkung der Leistung genügt es dabei, dass der Schenker freiwillig das seinerseits zur Vollziehung Erforderliche getan hat, d.h. er die Leistungshandlungen vorgenommen hat, ohne dass der volle Leistungserfolg bereits eingetreten sein muss (**Erforderlichkeits- oder Erfüllungshandlungstheorie**).[26] Dabei kann das Verfügungsgeschäft, sofern es nicht wie die Auflassung(§ 925 BGB) bedingungsfeindlich ist, so z.B. die Abtretung einer Forderung oder die Einigung über den Eigentumsübergang einer beweglichen Sache, auflösend oder aufschiebend bedingt oder befristet sein (§§ 163, 160 Abs. 1 BGB)[27] und ist trotzdem Schenkungsvollzug i.S. von § 518 Abs. 2 BGB.[28] Auch ein gleichzeitiger Widerrufsvorbehalt steht dem Bewirken i.S. des § 518 Abs. 2 BGB nicht entgegen.[29] Der bedingte Schenkungsvollzug i.S. von § 518 Abs. 2 BGB kann auch erst mit dem Tod des Schenkers wirksam werden sollen.[30] Ferner kann die Heilung des Formmangels nach § 518 Abs. 2 BGB auch auf Grund über den Tod des Schenkers hinaus geltenden Vollmachten (§§ 164ff. BGB) und Aufträgen an Boten (§§ 130 Abs. 2, 153 BGB) (**postmortaler Übermittlungsauftrag**) in der Weise erfolgen, dass der Vollzug erst nach dessen Tod aus seinem Nachlass erfolgt, sofern den Erben nicht zuvor ein Widerruf gelingt.[31] Eine ausdrückliche Weisung des Schenkers an den Übermittler den Schen- 15

---

[22] Leipold JZ 1987, 362, 364; Bork JZ 1988, 1059, 1063.

[23] BGH WPM 1988, 984 = FamRZ 1988, 945, 947 = NJW 1988, 2731 = JZ 1988, 1079 m. abl. Anm. Bork JZ 1988, 1959; ablehnend auch MünchKomm/Kollhosser, 3. Aufl., § 516 Rn 50; zustimmend: Schmidt-Kessel, FS f. Schippel S. 326.

[24] RG LZ 1924, 161; RG LZ 1927, 523; BGH FamRZ 1985, 693, 695; BGH NJW 1988, 2731.

[25] MünchKomm/Kollhosser, 3. Aufl., § 516 Rn 49; Staudinger/M. Cremer, 13. Bearb. § 516 Rn 90.

[26] BGH NJW 1974, 2319; Palandt/Putzo § 518 Rn 9; BGHZ 87, 19, 26 = NJW 1983, 1487; BGH WPM 1978, 896.

[27] BGH NJW-RR 1989, 1282 = FamRZ 1989, 959, 960; BGHZ 99, 97 = NJW 1987, 840; OLG Stuttgart NJW 1987, 782, 783; OLG Düsseldorf ZEV 1996, 423, 424; MünchKomm/Kollhosser, 3. Aufl., § 518 Rn 18; Staudinger/M. Cremer, 13. Bearb. § 518 Rn 12 u. 25; Palandt/Putzo § 518 Rn 9.

[28] Staudinger/Kollhosser, 3. Aufl., § 518 Rn 18.

[29] BGH NJW-RR 1989, 1282; BGH FamRZ 1985, 693, 696; MünchKomm/Kollhosser, 3. Aufl., § 518 Rn 18.

[30] BGH WM 1976, 1130.

[31] BGH 99, 97 = NJW 1987, 840 m. Anm. Leipold JZ 1987, 362; BGH FamRZ 1985, 693, 696; BGH JZ 1988, 1078 m. Anm. Bork JZ 1988, 1059.

kungsgegenstand erst nach dem Tod des Schenkers dem Beschenkten zu übertragen, kann jedoch als Überlebensbedingung ausgelegt werden und damit zu § 2301 BGB führen.

16 Die **Leistungsbewirkung** gem. § 518 Abs. 2 BGB unterscheidet sich von dem unten unter Rn 19 behandelten Leistungsvollzug i. S. von § 2301 Abs. 2 BGB dadurch, dass

- Schenkungen von Todes wegen, d. h. **mit Überlebensbedingung (§ 2301 Abs. 2)** nach dem Tod des Schenkers nicht mehr durch Handlungen von Boten oder Bevollmächtigten vollzogen werden können,[32] sondern nur durch automatische Vollendung auf Grund der vom Schenker zu seinen Lebzeiten vollständig bewirkten Leistungshandlungen,[33] während
- **lebzeitige Versprechensschenkungen** ohne Überlebensbedingungen (§ 518 Abs. 2) durch die Hilfspersonen auch noch nach dem Tod des Schenkers vollzogen werden können, sofern den Erben des Schenkers nicht zuvor der Widerruf von Angebot, Auftrag oder Vollmacht gelingt[34] und wobei dieser Widerruf gem. §§ 130, 153 BGB dem Empfänger vor oder gleichzeitig mit dem Angebot zugehen muss.[35]

17 Die formlose Versprechensschenkung ohne Überlebensbedingung ist eine Schenkung unter Lebenden, deren den Formfehler heilenden Vollzug ausschließlich deren Regeln folgt und für die der Tod des Schenkers keine prinzipielle Zäsur bedeutet, wie wegen § 2301 Abs. 1 BGB bei dem Schenkungsversprechen auf den Tod mit Überlebensbedingung.[36]

18 **Merke:** Formheilung durch Bewirken der versprochenen Leistung gem. § 518 Abs. 2 BGB ist auch noch nach dem Tod des Schenkers durch einen Mittler möglich (siehe unten Rn 25).

Formulierungsbeispiel für eine in der Erfüllung auf den Tod des Schenkers betagte Grundstücksschenkung:[37]

Der A schenkt hiermit sein Grundstück Flst. Nr.... unbedingt, d. h. insbesondere ohne die Bedingung, dass der Beschenkte den Schenker überlebt, dem B, der diese Schenkung annimmt. Die Erfüllung dieser Schenkung durch Auflassung und Grundbucheintragung soll jedoch erst nach dem Tod des Schenkers erfolgen. Danach soll der B das Grundstück auf Grund der ihm hiermit erteilten Vollmacht und einer Sterbeurkunde des A auf sich auflassen und den Antrag zum Vollzug des Eigentumswechsels im Grundbuch stellen können. Bis zum Tod des Schenkers ist der Anspruch des Beschenkten durch Eintragung einer Vormerkung im Grundbuch zu sichern, die hiermit bewilligt und beantragt wird."

d) Vollzogenes Schenkungsversprechen auf den Tod mit Überlebensbedingung (§ 2301 Abs. 2 BGB)

19 Eine weitere Ausnahme von der Regel des § 2301 Abs. 1 BGB stellt das Gesetz in § 2301 Abs. 2 BGB auf, nach dem eine Versprechensschenkung auf den Tod mit Überlebensbedingung dann als Schenkung unter Lebenden anzusehen und deshalb nicht den Vorschriften über Verfügungen von Todes wegen unterworfen ist, wenn der Schenker die Schenkung zu Lebzeiten durch Leistung des zugewendeten Gegenstandes vollzogen hat (**Leistungsvollzug**). Der etwaige Formmangel wird dadurch gleichzeitig gem. § 518

[32] BGHZ 99, 97, 100 = NJW 1987, 840; BGH WM 1988, 984; BGH NJW 1995, 953 = WPM 1995, 536 = FamRZ 1995, 424.
[33] BGH NJW-RR 1989, 1282 = FamRZ 1989, 959, 960.
[34] MünchKomm/Kollhosser, 3. Aufl., § 518 Rn 19 b.
[35] BGH FamRZ 1985, 693, 694.
[36] BGHZ 99, 97, 100 = NJW 1987, 840.
[37] Siehe Fall des BGHZ 8, 23.

Abs. 2 BGB geheilt. Zum Leistungsvollzug i. S. des § 2301 Abs. 2 BGB hat der Schenker wie bei der Leistungsbewirkung nach § 518 Abs. 2 BGB hinsichtlich der dinglichen Erfüllung bereits so viel für die Vermögensverschiebung zu veranlassen, dass diese bei seinem Tod ohne weiteres Zutun eintreten kann und wobei er selbst noch zu Lebzeiten das wirtschaftliche Opfer erbracht haben muss (**Erforderlichkeit- oder Erfüllungshandlungstheorie**).[38] Auch hier ist wie bei § 518 Abs. 2 BGB der Leistungsvollzug i. S. von § 2301 Abs. 2 BGB gegeben, wenn die dingliche Erfüllung des Schenkungsversprechens mit Überlebensbedingung aufschiebend oder auflösend bedingt oder befristet vorgenommen wird,[39] da dann der Beschenkte bereits eine Anwartschaft auf Rechtserwerb zu Lebzeiten des Schenkers erhalten hat. Der Leistungsvollzug kann dabei auch unter Überlebensbedingung erfolgen, sofern das dingliche Vollzugsgeschäft nicht bedingungsfeindlich ist. Auch ein Widerrufsvorbehalt ist mit dem lebzeitigen Leistungsvollzug vereinbar.[40] Im Unterschied zu § 518 Abs. 2 BGB reicht jedoch ein Handeln auf Grund widerruflicher oder unwiderruflicher Vollmacht des Schenkers an den Beschenkten oder einen Dritten, von der diese erst nach dem Tod des Schenkers zugunsten des Beschenkten Gebrauch machen, nicht zum Leistungsvollzug i. S. des § 2301 Abs. 2 BGB aus, da bei Vorliegen einer Überlebensbedingung der Schenkungsgegenstand gem. § 2301 Abs. 1 BGB nach dem Tod des Schenkers endgültig dem Erbrecht unterworfen ist[41] und deshalb die Tätigkeit dieses Bevollmächtigten nach dem Tod des Schenkers keinen Leistungsvollzug i. S. von § 2301 Abs. 2 BGB mehr herbeiführen kann. Nach § 2302 Abs. 2 BGB bildet der Tod des Schenkers anders als nach § 518 Abs. 2 BGB eine Zeitschranke für jegliches Handeln bevollmächtigter Personen.

20 Während ein Schenkungsversprechen mit Überlebensbedingung grundsätzlich nach dem Tod des Schenkers nicht mehr i. S. des § 2301 Abs. 2 BGB durch einen Bevollmächtigten (§ 164 BGB) vollzogen werden kann, lässt eine verbreitete Meinung dies auf Grund der §§ 130 Abs. 2, 153 BGB auch nach dem Tod des Schenkers noch zu, **wenn der Tod zufällig erfolgte** und der Schenker nicht dem Boten die Weisung gegeben hatte, die Erklärung erst nach seinem Tod abzugeben.[42] Dieser Auffassung steht jedoch die deutliche Äußerung des BGH[43] entgegen, dass bei einer Schenkung unter Überlebensbedingung keine postmortalen Willenerklärungen oder Handlungen zur Vollendung des Rechtserwerbs mehr abgegeben werden können.

21 Zusammenfassend muss zum Leistungsvollzug eines Schenkungsversprechens **mit Überlebensbedingung** gem. § 2301 Abs. 2 BGB nach der Erforderlichkeits- oder Erfüllungshandlungstheorie mindestens vorliegen:

- Bei beweglichen Gegenständen die **dingliche Einigung** evtl. ebenfalls mit Überlebensbedingung und die **Übergabe** des Gegenstandes oder ein Übergabesurrogat;
- bei Forderungen die auch bedingte oder befristete Abtretung;[44]
- bei Grundstücken die Verschaffung eines **dinglichen Anwartschaftsrechts** auf Eigentumserwerb für den Beschenkten, d. h. entweder Auflassung und Grundbuchantrag des Erwerbers oder Auflassung und Eintragung einer Eigentumserwerbsvormerkung für den Erwerber.[45] Bei der Anwartschaftsbegründung durch Auflassung und Eintragung

---

[38] BGHZ 87, 19, 26 = NJW 1983, 1487; OLG Karlsruhe IPRax 1991, 259, 261.

[39] Palandt/Edenhofer § 2301 Rn 10; MünchKomm/Musielak, 3. Aufl., § 2301 Rn 21.

[40] Palandt/Edenhofer § 2301 Rn 9; MünchKomm/Musielak, 3. Aufl., § 2301 Rn 22.

[41] BGHZ 99, 97, 100 = NJW 1987, 840; BGHZ 87, 19, 25 = NJW 1983, 1487; BGH NJW 1988, 2731, 2732; BGH NJW 1995, 953; Staudinger/Cremer, 13. Bearb. § 516 Rn 89; Bork JZ 1988, 1059.

[42] OLG Düsseldorf NJW-RR 1997, 199 = ZEV 1996, 423, 425 m. w. Nachw.; MünchKomm/Musielak, 3. Aufl., § 2301 Rn 23 m. w. Nachw. Palandt/Edenhofer, § 2301 Rn 10; bestr.

[43] BGHZ 87, 19, 25 = NJW 1983, 1487, 1489; BGHZ 99, 97, 100 = NJW 1987, 840.

[44] OLG Karlsruhe IPRax 1991, 259, 261.

[45] OLG Hamm NJW 1975, 879; BGHZ 83, 395, 399; BGH DNotZ 1981, 130; BGHZ 106, 108; Palandt/Bassenge § 925 Rn 25; Schwerdtner Jura 1980, 609, 612.

einer Vormerkung wird teilweise vertreten,[46] die Vormerkung könne nicht eingetragen werden, da es sich vor Anwartschaftsbegründung noch nicht um einen lebzeitigen Vollzug i.S. von § 2301 Abs. 2 handle, daher § 2301 Abs. 1 anzuwenden wäre und deshalb keine durch Vormerkung sicherbare Forderung vorliegen würde. Diese Ansicht ist m.E. zu formalistisch, denn Forderung und Anwartschaft entstehen gleichzeitig mit der Eintragung der Vormerkung im Grundbuch.[47]

22 Das ergibt für die Praxis hinsichtlich Schenkungsversprechen von Grundstücken mit Überlebensbedingung folgende Gestaltungsmöglichkeiten, sofern lebtäglicher Leistungsvollzug gem. § 2301 Abs. 2 BGB erfolgen soll:
- entweder Auflassung unter Zurückstellung des Eintragungsantrags bis zum Tod des Schenkers und Eintragung einer Eigentumserwerbsvormerkung für den Beschenkten (bestr.) oder
- Auflassung und Eigentumsumschreibung auf den Beschenkten und Sicherung des durch sein Vorversterben bedingten Rückübertragungsanspruchs durch eine Rückübertragungsvormerkung zugunsten des Schenkers.

23 **Merke:** Heilung durch Leistung des versprochenen Gegenstandes gem. § 2301 Abs. 2 BGB zu Lebzeiten des Schenkers ist nach dem Tod des Schenkers nicht mehr durch einen Bevollmächtigten oder Boten möglich, der absichtlich oder zufällig erst nach dem Tod des Schenkers tätig wird.

24 **Achtung:** Wenn in den Fällen des lebtäglichen Leistungsvollzugs von Schenkungen von Todes wegen (§ 2301 Abs. 2 BGB) der Schenker den Beschenkten überlebt, kann er von den Erben des Beschenkten den geschenkten Gegenstand gemäß §§ 812ff. BGB herausverlangen, da die Schenkung ja unter Überlebensbedingung erfolgt ist.[48] Sofern das Vollzugsgeschäft der Bedingung oder Befristung zugänglich ist, kann bereits dieses durch das Vorversterben des Beschenkten auflösend bedingt abgeschlossen werden.

e) Insbesondere die Einschaltung eines Mittlers zum Vollzug von Rechtsgeschäften unter Lebenden auf den Tod

25 Bei den vorstehend behandelten Rechtsgeschäften unter Lebenden auf den Tod, mit Ausnahme des Vertrages nach § 2301 Abs. 1 BGB, sowie beim nachstehend behandelten Vertrag zugunsten Dritter auf den Tod (§§ 328, 331 BGB) kann sich der Erblasser zum Abschluss des Schenkungsvertrages und/oder seiner Erfüllung eines Mittlers (= Bote, Bevollmächtigter oder Treuhänder) bedienen, der nach seinem Tod für ihn rechtsgeschäftlich tätig werden soll.

26 Hinsichtlich der Bevollmächtigung unterscheidet man zwischen sog. transmortalen Vollmachten (= Vollmachten über den Tod hinaus) und sog. postmortalen Vollmachten (= Vollmachten ab dem Tod).[49]

27 In allen diesen Fällen können der oder die Erben, die mit dem Erbfall in die Rechtsstellung des Erblassers getreten sind, nach dem Tod des Vollmachtgebers die Vollmacht bzw. das ihr zugrundeliegende Auftragsverhältnis (Geschäftsbesorgungsvertrag) mit der Folge widerrufen, dass das Rechtsgeschäft unter Lebenden auf den Tod nicht zustande kommt, sofern der Bevollmächtigte es nicht bereits abgeschlossen hat (Wettlaufsituation!).[50] Bei einer Erbenmehrheit kann jeder Miterbe Vollmacht und Auftrag für sich

---

[46] Liessem MittRhNotK 1988, 31; Staudinger/Kanzleiter, 13. Bearb. § 2301 Rn 24; zweifelnd MünchKomm/Musielak, 3. Aufl., § 2301 Rn 26.

[47] So auch Preuß DNotZ 1998, 602, 610 mit eingehender Begründung; ferner Baumann MittRhNotK 1999, 299, 301; Recker MittRhNotK 1978, 125, 129; Erman/M. Schmidt, 9. Aufl., § 2301 Rn 10; Soergel/M. Wolf, 12. Aufl., § 2301 Rn 19; siehe auch Nieder DNotI-Report 1999, 99.

[48] MünchKomm/Musielak, 3. Aufl., § 2301 Rn 16 m.w. Nachw.

[49] Siehe hierzu eingehend Trapp ZEV 1995, 314ff.

[50] BGH NJW 1975, 382, 383f. = LM § 331 Nr. 5; OLG Stuttgart NJW-RR 1990, 924; MünchKomm/Gottwald, 3. Aufl., § 331 Rn 6; Staudinger/Cremer, 13. Bearb. § 516 Rn 98.; siehe hierzu eingehend Gubitz ZEV 2006, 333.

widerrufen.[51] Auch der Nachlassverwalter[52] und der Nachlasspfleger[53] können die Vollmacht widerrufen. Auch der Testamentsvollstrecker kann die postmortale Vollmacht im Rahmen seines Verwaltungsrechts nach §§ 2205, 2216 BGB widerrufen.[54]

Umstritten ist, ob und wie dieses Widerrufsrecht der Erben vom Erblasser ausgeschlossen werden kann. Das Erlöschen einer Vollmacht richtet sich gemäß § 168 Satz 1 u. 2 BGB nach dem ihrer Erteilung zugrunde liegenden Rechtsverhältnis, das auch darüber bestimmt, ob und wieweit die Vollmacht widerruflich ist. Nach § 671 Abs. 1 BGB kann dabei ein Auftrag grundsätzlich jederzeit widerrufen werden. Deshalb ist auch das Widerrufsrecht einer kausale Vollmacht grundsätzlich dann unverzichtbar, wenn der Auftrag nur dem Interesse des Auftraggebers dient.[55] Unstrittig ist, dass der Erblasser als Auftraggeber das Widerrufsrecht der Erben nicht ausschließen kann, wenn er es sich selbst bis zu seinem Tod vorbehält.[56] Weitgehend unstrittig ist auch, dass eine ausdrückliche Vereinbarung der Unwiderruflichkeit in den Fällen zulässig ist, in denen der Auftrag auch im Interesse des Beauftragten (= Bevollmächtigten) oder eines Dritten erteilt ist.[57] Deshalb wird eine mit dem Bevollmächtigten ausdrücklich zu vereinbarende Unwiderruflichkeit der Vollmacht bei transmortalen Vollmachten dann als zulässig erachtet, wenn sie wesentlich dem Interesse und Vorteil des Bevollmächtigten dient,[58] weniger dagegen bei postmortalen Vollmachten, da hier die erbrechtlichen Vorschriften zu deutlich umgangen werden.[59] Auf jeden Fall ist eine sog. isolierte Vollmacht, d.h. eine der keine Kausalvereinbarung zugrunde liegt, immer frei widerruflich[60] und letztlich ist jede unwiderrufliche Vollmacht bei Vorliegen eines wichtigen Grundes widerruflich.[61] 28

Das Widerrufsrecht der Erben ist meist deshalb illusorisch, weil sie, die ja in solchen Fällen keinen Kontakt mehr zum Erblasser hatten, von der Vollmacht über den Tod hinaus nichts wissen. Ihrem Interesse entspräche es daher, wenn der Beauftragte (= Bevollmächtigte) erst bei ihnen rückfragen oder sie wenigstens unterrichten müsste, bevor er nach dem Tod des Vollmachtgebers tätig wird (**Rückfragepflicht**). Eine solche **Rückfragepflicht** hat nunmehr der BGH in seinem Urteil vom 25. 10. 1994[62] eindeutig verneint. 29

f) Prüfungsreihenfolge bei Schenkungen auf den Tod

1. Schritt:

Handelt es sich 30

- um eine Schenkung unter Lebenden, da der Schenker sofort am Schenkungsgegenstand die Verfügungsfreiheit verlieren und der Anspruch des Beschenkten vererbbar sein soll oder
- um eine Schenkung von Todes wegen, da der Schenker weiterhin seine Verfügungsfreiheit über den Schenkungsgegenstand behalten und Überlebensbedingung bestehen soll?

---

51 BGH NJW 1962, 1718; OLG Hamburg DNotZ 1967, 37.

52 KG NJW 1971, 566.

53 Gleismer Rpfleger 1985, 482.

54 Bengel/Reimann, Hdb. d. Testamentsvollstreckung, 1. Kap., Rn 57.

55 BGH DNotZ 1972, 229.

56 BGH WPM 1976, 1130, 1132; OLG Celle WPM 1996, 851, 853; MünchKomm/Gottwald, 3. Aufl., § 331 Rn 6; Lange/Kuchinke, 4. Aufl., § 33 III, 3 Fn. 108 m. w. Nachw.

57 Lange/Kuchinke a. a. O. Fn. 108 u.114; BGH DNotZ 1972, 229; BGHZ 110, 363, 367.

58 BayObLG FamRZ 1990, 98.

59 Lange/Kuchinke a. a. O. Fn. 110.

60 BGHZ 110, 363, 367.

61 BGH WPM 1985, 646.

62 BGHZ 127, 239 = NJW 1995, 250 = WPM 1994, 2190 = DNotZ 1995, 388 = ZEV 1995, 187 m. abl. Anm. Krampe = LM § 164 Nr. 78 m. zust. Anm. Langenfeld = JuS 1995, 264 m. zust. Anm. Emmerich; siehe hierzu auch den kritischen Aufsatz von Schultz NJW 1995, 3345; BGH NJW 1995, 953 = FamRZ 1995, 424 = ZEV 1995, 190.

2. Schritt:

31 Ist die Schenkung bereits vor dem Tod des Schenkers entweder

- i.S. des § 516 Abs. 1 BGB (Handschenkung) durch unentgeltliche Zuwendung mit Schenkungsabrede vollzogen, wenn auch bedingt oder befristet
  oder
- i.S. des § 518 Abs. 2 BGB (Schenkungsversprechen unter Lebenden ohne Überlebensbedingung) bewirkt, wenn auch bedingt oder befristet und wodurch auch der Formmangel geheilt ist
  oder
- i.S. des § 2301 Abs. 2 BGB (Schenkung von Todes wegen mit Überlebensbedingung) lebtäglich vollzogen, wenn auch bedingt oder befristet (auch durch das Überleben des Beschenkten) und wodurch auch der Formmangel geheilt ist,

so unterliegen die Rechtsbeziehungen allein dem **Schuldrecht.**

32 Der Vollzug kann dabei in den beiden ersten Fällen auch auf Grund Auftrages des Schenkers nach dessen Tod durch einen Mittler (Bote, Bevollmächtigter oder Treuhänder) erfolgen, sofern nicht zuvor ein Erbenwiderruf erfolgt ist. Im letzten Fall ist dies nach dem Tod des Schenkers nicht mehr möglich, da das Geschäft ab diesem Zeitpunkt dem **Erbrecht unterfällt** (§ 2301 Abs. 1 BGB).

3. Schritt:

33 Liegt beim Tod des Schenkers Vollzug nach Ziffer 2 nicht vor, ist zu unterscheiden, ob

- die Schenkung schuldrechtlich **unter Überlebensbedingung** des Beschenkten erfolgt ist. Dann unterfällt sie gem. § 2301 Abs. 1 BGB nach Form (Erbvertrag!), Voraussetzungen und Rechtsfolgen den **Vorschriften des Erbrechts** und der sog. lebtägliche Vollzug gem. § 2301 Abs. 2 BGB kann daher nach dem Tod des Schenkers nicht mehr durch einen Mittler (Bote, Bevollmächtigter, Treuhänder) vollendet werden.
- die Schenkung schuldrechtlich **ohne Überlebensbedingung** erfolgte. Dann kann ihr Vollzug durch einen Mittler (Bote, Bevollmächtigter, Treuhänder) auch noch nach dem Tod des Schenkers vollendet werden, sofern nicht zuvor ein Erbenwiderruf erfolgt ist. Durch diesen postmortalen Vollzug wird auch der Formmangel gem. § 518 Abs. 2 BGB geheilt.
- Bei Zweifeln, ob die Schenkung mit oder ohne Überlebensbedingung erfolgt ist, soll nach dem BGH[63] in entsprechender Anwendung des § 2084 BGB diejenige der beiden Auslegungsmöglichkeiten vorgezogen werden, bei der das Geschäft wirksam bleibt.

34 Bei den Schenkungen auf den Tod muss immer streng unterschieden werden zwischen der Wirksamkeit des dinglichen Rechtsgeschäfts (**Verfügung**) und dem ihm zugrundeliegenden **Kausalgeschäft.** Allein letzteres entscheidet darüber, ob die Verfügung kondiktionsfest ist, d.h. das erworbene Recht oder Eigentum behalten werden darf.[64]

2. Vertrag zugunsten Dritter auf den Tod (§§ 328, 331 BGB)

a) Allgemeines zum Vertrag zugunsten Dritter (§§ 328 ff. BGB)

35 Statt vertraglich eine Zweierbeziehung zwischen Gläubiger und Schuldner zu begründen, können die Vertragsparteien gem. §§ 328 ff. BGB vereinbaren, dass der Schuldner (Versprechender) die Leistung an einen vom Gläubiger (Versprechensempfänger) verschiedenen Dritten zu erbringen hat (**Vertrag zugunsten Dritter**). Jeder schuldrechtliche Verpflichtungsvertrag kann durch eine entsprechende Abrede der Vertragsschließenden zu eine Vertrag zugunsten Dritter ausgestaltet werden.[65] Der Dritte muss dabei nicht konkret bezeichnet werden, es genügt, wenn er bestimmbar ist.[66]

---

[63] BGH NJW 1988, 2731 = FamRZ 1988, 945, 947 = WPM 1988, 984.
[64] Lorenz ZEV 1996, 406.
[65] RGZ 150, 133.
[66] BGHZ 75, 75; BGH ZnotP 2008, 159.

Die Rechtsstellung des Dritten kann dabei unterschiedlich ausgestaltet sein. Es bieten sich folgende Varianten an:

• Neben dem Versprechensempfänger (§ 335 BGB) soll auch dem Dritten ein Forderungsrecht gegen den Versprechenden auf Leistung an den Dritten zustehen (§ 328 Abs. 1 BGB) (**echter oder berechtigender Vertrag zugunsten Dritter**). Vermutungen über den Parteiwillen enthalten für bestimmte Fälle die §§ 329, 330, 331 Abs. 1 BGB. Eine allgemeine gesetzliche Vermutung, wonach jeder im Interesse eines Dritten geschlossene Vertrag diesem auch ein unmittelbares Recht gibt, besteht nicht.[67] Der beurkundende Notar sollte daher jeweils etwa formulieren: 36

„Dem Dritten steht aus dieser Vereinbarung ein eigenes Forderungsrecht zu (echter Vertrag zugunsten Dritter)."

Das Forderungsrecht des Dritten entsteht von selbst, d.h. ohne seine Mitwirkung, originär, d.h. ohne Durchgangserwerb durch das Vermögen des Versprechensempfängers,[68] allein auf Grund des Vertrages zwischen Versprechendem und Versprechensempfänger.[69] Eines Beitritts des Dritten bedarf es nicht. Er hat aber ein Zurückweisungsrecht nach § 333 BGB.

Soll dem Dritten ein eigenes Recht zustehen, ist die weitere Frage, ob sofort, später oder nur unter gewissen Voraussetzungen (§ 328 Abs. 2 BGB). 37

Mangels besonderer Anhaltspunkte ist davon auszugehen, dass die Forderung im Zweifel sofort mit dem Vertragsabschluss entsteht.[70]

Soll die Leistung an den Dritten erst nach dem Tod des Versprechensempfängers erfolgen (**Vertrag zugunsten Dritter auf den Tod**), so erwirbt gem. § 331 Abs. 1 BGB im Zweifel der Dritte das Recht erst dann. 38

Bei Rechtserwerb durch den Dritten ergibt sich auch die Frage, ob nach dem Parteiwillen der Dritte unwiderruflich bezugsberechtigt sein soll, oder ob die Vertragsschließenden sich vorbehalten wollen, das Recht des Dritten gemeinsam oder einseitig ohne seine Zustimmung aufheben, widerrufen oder abändern zu können (§ 328 Abs. 2 BGB). 39

Nach § 332 BGB kann sich auch der Versprechensempfänger die Befugnis vorbehalten, ohne Zustimmung des Versprechenden einen anderen Dritten zu benennen. Ist dieser Vorbehalt erfolgt, kann er gem. § 332 BGB *im Zweifel* auch in einer Verfügung von Todes wegen ausgeübt werden. Für Lebensversicherungsverträge gilt diese Auslegungsregel jedoch gem. § 13 Abs. 3 ALB nicht, da hierin ausdrücklich die Änderung der Bestimmung des Dritten durch schriftliche Anzeige an die Hauptverwaltung des Versicherers vorgeschrieben ist.[71] 40

• Nur der Versprechensempfänger nicht auch der Dritte soll ein Forderungsrecht gegen den Versprechenden auf Leistung an den Dritten erhalten, d.h. der Dritte ist nur empfangsberechtigt für die Leistung (**sog. unechter oder ermächtigender Vertrag zugunsten Dritter**) (§ 328 Abs. 2 BGB z.B. § 329 BGB). 41

Nach der h.M.[72] sind dingliche Verträge und schuldrechtliche Verfügungsverträge zugunsten Dritter nicht möglich, da bei ihrer Zulässigkeit Rechtsunsicherheit bezüglich der Zuordnung der dinglichen Rechte entstehen würde. Der Vertrag zugunsten Dritter eignet sich daher nicht dazu, ein dem Versprechensempfänger zustehendes dingliches Recht mit unmittelbarer Wirkung dem Dritten zuzuwenden oder für ihn mit unmittelbarer Wirkung ein dingliches Recht zu begründen. Möglich ist jedoch die treuhänderische Eigen- 42

---

[67] Staudinger/Kaduk § 328 Rn 73.

[68] Muscheler WPM 1994, 921.

[69] RGZ 71, 324; Palandt/Heinrichs, Einf. v. § 328 Rn 6.

[70] Soergel/Hadding § 328 Rn 71; Staudinger/Kaduk Vorbem. zu §§ 328 ff. Rn 36.

[71] BGH NJW 1993, 3133, 3134; BGHZ 81, 98; Palandt/Heinrichs, § 332 Rn 2.

[72] BGHZ 41, 95; BGH WM 1984, 799, 800; BGH WM 1986, 749, 750; BGH NJW 1993, 2617; OLG Düsseldorf MittRhNotK 1990, 52; Palandt/Heinrichs, Einf. v. § 328 Rn 9.

tumsübertragung an den Versprechenden, der dann dem Versprechensempfänger verspricht, den Herausgabeanspruch, der eine Forderung ist, an den Dritten zu übertragen. Unzulässig sind auch Verträge zu Lasten Dritter.[73]

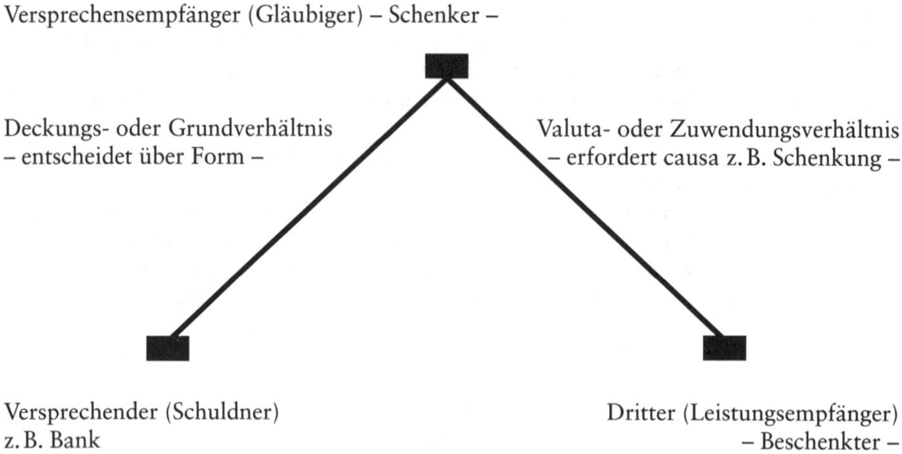

43 Zwischen den Versprechenden und dem Versprechensempfänger besteht das **sog. Deckungs- oder Grundverhältnis.** In ihm liegt allein der Rechtsgrund für die Leistung des Versprechenden an den Dritten. Deshalb ist allein aus diesem Rechtsverhältnis heraus zu entscheiden, ob und welcher Form der Vertrag zugunsten Dritter bedarf.[74]

Mit dem originären Erwerb der Forderung gegen den Versprechenden durch den Dritten ist jedoch noch kein Behaltensgrund für ihn geschaffen. Hierzu bedarf es eines eigenen Rechtsgrundes, der vertraglich zwischen dem Versprechensempfänger und dem Dritten zustande kommen muss, z. B. eines Schenkungsvertrages. Dieses Rechtsverhältnis zwischen Versprechensempfänger und Drittem wird **Valuta- oder Zuwendungsverhältnis** genannt. Ist kein Valutaverhältnis zustande gekommen, entsteht ein Rückabwicklungsverhältnis auf Grund ungerechtfertigter Bereicherung (§§ 812 ff.).

b) Verträge zugunsten Dritter auf den Todesfall (§ 331 BGB)

44 Soll nach dem Vertrag zugunsten Dritter die Leistung an den Dritten erst nach dem Tod des Versprechensempfängers erfolgen, so erwirbt der Dritte, wenn nach der Auslegung gem. §§ 328 Abs. 2, 330 BGB feststeht, dass er überhaupt ein eigenes Forderungsrecht gegen den Versprechenden erhalten soll, nach der Auslegungsregel des § 331 Abs. 1 BGB **im Zweifel dieses Forderungsrecht erst beim Tode des Versprechensempfängers.**

45 Vor dem Tod des Versprechensempfängers hat der Dritte kein Recht, auch kein bedingtes oder befristetes, sondern nur eine **Erwartung, Hoffnung oder Chance auf künftigen Rechtserwerb,** ohne jede Sicherheit.[75] Insbesondere hat er keine Anwartschaft.[76] Solange der Versprechensempfänger lebt, gehört der Anspruch zu seinem Vermögen.[77] Der Versprechensempfänger kann daher über den Anspruch aus dem Vertrag selbst frei verfügen, ihn abtreten und verpfänden.[78] Gerät der Versprechensempfänger zu seinen Leb-

[73] BGHZ 54, 247; Palandt/Heinrichs, Einf. v. § 328 Rn 10.
[74] Palandt/Heinrichs Einf. v. § 328 Rn 7.
[75] Staudinger/Jagmann, 13. Bearb. § 331 Rn 6; RGZ 51, 403, 404; RGZ 71, 324, 326; BGH NJW 1982, 1807, 1808; OLG Düsseldorf NJW-RR 1992, 625; OLG Frankfurt NJW-RR 1990, 968 m. w. Nachw.; OLG Düsseldorf NJW-RR 1997, 1497, 1498.
[76] Palandt/Heinrichs § 331 Rn 3.
[77] BGHZ 81, 95, 97 = NJW 1981, 2245.
[78] BGHZ 21, 148; OLG Frankfurt NJW-RR 1990, 968.

zeiten in Konkurs, so fällt der Anspruch aus dem Vertrag in die Konkursmasse. Ebenso sind Zwangsvollstreckungen von Gläubigern des Versprechensempfängers in diesen Anspruch möglich.[79] Ist daher z. B. vom Versprechensempfänger (= Schenker) das Bankkonto vor seinem Tod geleert, so steht dem Dritten (= Beschenkten) kein Anspruch auf Ersatz gegen den Nachlass zu.[80]

Bis zum Tod des Versprechensempfängers ist die Rechtsstellung des Dritten **ohne seine Zustimmung** frei abänderbar und zwar

- durch Vertrag zwischen dem Versprechenden und dem Versprechensempfänger[81]
- durch einseitige Erklärung des Versprechensempfängers gegenüber dem Versprechenden, sofern dieser Vorbehalt im Vertrag zugunsten Dritter gemacht wurde, was auch stillschweigend geschehen kann (§ 328 Abs. 2 BGB)[82]
- durch Kündigung des Deckungsverhältnisses oder einfach dadurch, dass das Spar- oder Girokonto durch Abhebungen reduziert oder es umgebucht wird.[83]

Dass der Dritte das Recht erst mit dem Tod des Versprechensempfängers erwirbt, gilt **46** gemäß § 331 Abs. 1 BGB nur im Zweifel. Abweichendes kann vereinbart werden. Bei der Lebensversicherung bewirkt eine **unwiderrufliche Bezugsberechtigung** (§ 13 Abs. 2 ALB) auch einen sofortigen Rechtserwerb des Dritten.[84]

c) Schenkungen durch Verträge zugunsten Dritter auf den Tod

Damit der Dritte nach dem Tod des Versprechensempfängers gegenüber dessen Erben **47** das ihm nach dem Tod des Versprechensempfängers entstehende Forderungsrecht gegen den Versprechenden behalten darf, muss zwischen ihm und dem Versprechensempfänger, d. h. im Valutaverhältnis ein **Rechtsgrund** zustande kommen,[85] da sonst ein Rückabwicklungsverhältnis zugunsten der Erben kraft ungerechtfertigter Bereicherung gem. §§ 812 ff. BGB entsteht. War der Dritte an dem Vertrag zugunsten Dritter beteiligt oder wurde er ihm vor dem Tod des Versprechensempfängers von diesem mitgeteilt, dann ist der **Schenkungsvertrag** durch schlüssiges Verhalten gem. §§ 151 Satz 1, 145 BGB zustandegekommen.[86] War dies jedoch nicht der Fall, so kann nach der h. M. die causa, d. h. die Schenkung auch noch nach dem Tod des Versprechensempfängers dadurch zustandekommen, dass der Versprechensempfänger dem Versprechenden den Auftrag gibt, das Schenkungsangebot dem Dritten nach seinem Tod mitzuteilen (**postmortaler Übermittlungsauftrag**). Das ist nach §§ 130 Abs. 2, 153 BGB möglich und zwar ohne dass es einer Annahmeerklärung bedarf (§ 151 BGB).[87] Allerdings wird dieses Schenkungsangebot unwirksam, wenn dem Dritten vor oder gleichzeitig mit seinem Zugang (§ 130 Abs. 1 Satz 2 BGB) ein Widerruf des Erben des Versprechensempfängers, auf den dessen Widerrufsrecht übergegangen ist, zugeht (**Wettlaufsituation**).[88] Fraglich ist allerdings, ob der Erblasser (= Versprechensempfänger) und damit auch seine Erben das in der automatischen Begründung des Forderungsanspruchs gegen den Versprechenden liegende Schen-

---

[79] Staudinger/Jagmann, 13. Bearb., § 331 Rn 8.

[80] OLG Frankfurt NJW-RR 1990, 968; Staudinger/Jagmann, 13. Bearb., § 331 Rn 21.

[81] BGH NJW 1982, 1807.

[82] Muscheler WPM 1994, 921, 923.

[83] Muscheler a. a. O.; OLG Frankfurt NJW-RR 1990, 968; OLG Celle WPM 1995, 1953.

[84] Staudinger/Jagmann, 13. Bearb., § 331 Rn 13.

[85] OLG Hamm NJW-RR 1996, 1328; Palandt/Heinrichs, § 331 Rn 4 m. w. Nachw.

[86] OLG Köln NJW-RR 1995, 1224 = FamRZ 1996, 380, OLG Düsseldorf NJW-RR 1996, 1329, 1330.

[87] Siehe Roth NJW 1992, 791; BGH FamRZ 1985, 693, 695; BGH NJW 1986, 2107, 2108; OLG Koblenz NJW-RR 1995, 1074; OLG Düsseldorf NJW-RR 1996, 1329; Staudinger/Jagmann, 13. Bearb. § 331 Rn 18; Schmidt-Kessel, FS f. Schippel S. 322.

[88] BGH NJW 1975, 382, 383 f.; OLG Hamm WM 1998, 2236; siehe hierzu eingehend Gubitz ZEV 2006, 333; a. M. bei Lebensversicherungen auf den Todesfall Peters ZEerb 2010, 165 ff. und 195 ff.

kungsangebot widerrufen können, da es nach allg. Meinung[89] gem. § 516 Abs. 2 Sätze 1, 2 BGB bis zur Entscheidung des Bereicherten über seine Annahme bindend ist. Auf jeden Fall ist jedoch die dem Versprechenden erteilte Vollmacht und der Auftrag zur postmortalen Weiterleitung des Angebots widerruflich.[90]

48 Damit ist die schenkweise Übertragung einer Forderung von Todes wegen gem. §§ 328, 331 wirtschaftlich gesehen einer Verfügung von Todes wegen gleich.

Mit dem Tod des Versprechensempfängers wird auch der Formmangel des Schenkungsversprechens gem. § 518 Abs. 2 BGB durch Leistungsbewirkung geheilt, da dann der Dritte automatisch auf Grund des Vertrages zugunsten Dritter den Forderungsanspruch gegen den Versprechenden erwirbt,[91] sodass nur noch die Einigung über den unentgeltlichen Erwerb gemäß § 516 Abs. 1 BGB hinzukommen muss.[92]

49 Im Falle des Vorversterbens des Dritten steht das Recht auf die Leistung im Zweifel wieder dem Versprechensempfänger zu und fällt in dessen Nachlass, sofern im Vertrag kein Ersatzberechtigter benannt ist, was auch stillschweigend erfolgen kann.[93] Nach dem BGH[94] ist dabei § 2069 BGB nicht analog anwendbar, sodass die Abkömmlinge des Berechtigten nicht im Zweifel seine Ersatzberechtigten sind. Damit steht der Vertrag zugunsten Dritter auf den Tod üblicherweise unter der Überlebensbedingung des Dritten. Trotzdem unterfällt er nicht gem. § 2301 Abs. 1 BGB. Nach der st. Rspr. und h. M.[95] wird nämlich der § 2301 BGB beim Vertrag zugunsten Dritter auf den Todesfall als ein sowohl im Deckungs- als auch Valutaverhältnis Rechtsgeschäft unter Lebenden durch die Sondervorschrift des § 331 BGB vollständig verdrängt.[96]

50 Lässt sich ein Heimträger von einem Heimbewerber das Guthaben einer Kontos zum Zeitpunkt des Todes durch Schenkung von Todes wegen gem. §§ 328, 331 versprechen, so ist § 14 Abs. 1 HeimG anwendbar und der Heimträger erwirbt das Guthaben nach dem Tod des Heiminsassen ohne Rechtsgrund.[97]

d) Sicherungsmöglichkeiten gegen den Erbenwiderruf

51 • Das Sicherste ist, **den Dritten bereits zu Lebzeiten** des Versprechensempfängers den Vertrag zu seinen Gunsten **annehmen zu lassen,** wodurch auch gleichzeitig der Formmangel nach § 518 Abs. 1 BGB mit dem Tod des Versprechensempfängers geheilt wird.[98]

52 • **Absicherung durch parallele letztwillige Verfügungen**

Der Versprechensempfänger gibt dabei seinen Erben in einer letztwilligen Verfügung auf, den drittbegünstigenden Anspruch nicht zu widerrufen, indem er dem Dritten durch **Vermächtnis einen entsprechenden Unterlassungsanspruch** zuwendet.[99]

53 • **Ausschluss der Widerrufsmöglichkeit**

Wenn der Versprechensempfänger selbst auf sein Widerrufsrecht durch Abbedingung des § 130 Abs. 1 Satz 2 BGB verzichtet, gilt das nach der h. M. auch für seine Erben,

---

[89] Schmidt-Kessel, FS f. Schippel S. 322; MünchKomm/Kollhosser, 3. Aufl., § 516 Rn 38; Staudinger/Cremer, 13. Bearb., § 516 Rn 35.

[90] Schmidt-Kessel a. a. O.; BGH WPM 1975, 115, 116 = NJW 1975, 382, 383.

[91] BGH NJW 1984, 480; BGH NJW 1964, 1124.

[92] Staudinger/Jagmann, 13. Bearb., § 331 Rn 18 m. w. Nachw.

[93] BGH NJW 1993, 2172 = DNotZ 1994, 49.

[94] BGH NJW 1993, 2172 = DNotZ 1994, 49.

[95] RGZ 106, 1; RGZ 128, 187; BGHZ 66, 8, 12 f.; BGH WM 1984, 1190; BGH NJW 2004, 767 = ZEV 2004, 118 m. Anm. Leipold; Palandt/Edenhofer § 2301 Rn 17; OLG Köln NJW-RR 1995, 1224 = FamRZ 1996, 380.

[96] RGZ 106, 1; BGHZ 41, 95 = NJW 1964, 1124; BGH NJW 1993, 2171; Staudinger/Jagmann, 13. Bearb., § 331 Rn 17; Soergel/Hadding, 12. Aufl., § 331 Rn 11; kritisch MünchKomm/Musielak, 3. Aufl., § 2301 Rn 31.

[97] OLG Karlsruhe ZEV 1996, 148, Nichtannahme durch den BGH in ZEV 1996, 147.

[98] OLG Köln NJW-RR 1995, 1224 = FamRZ 1996, 380; OLG Düsseldorf NJW-RR 1996, 1329; OLG Hamm WM 1998, 2236, 2238; Staudinger/Jagmann, 13. Bearb., § 331 Rn 22.

[99] BGH WPM 1976, 1130, 1132; Staudinger/Jagmann, 13. Bearb., § 331 Rn 22.

denn wenn der Erblasser dieses Recht nicht hatte, kann es auch nicht im Wege der Universalsukzession auf seine Erben übergehen.[100] Durch diesen Verzicht wird der Versprechensempfänger nicht einschneidend in seinen Verfügungsmöglichkeiten beschränkt, da er jederzeit das Deckungsverhältnis zu dem Versprechenden aufheben kann[101] und außerdem der Erblasser trotz des Ausschlusses des Widerrufs sein lebzeitiges Verfügungsrecht über Konto, Sparbuch und Depotinhalt behält,[102] da nur die Schenkungsofferte unwiderruflich ist und außerdem die versprochene Leistung nur auf das Guthaben geht, das beim Tod des Versprechensempfängers noch vorhanden ist. Letztlich ist Gegenstand der Schenkung ohnehin nur der Bestand des Kontos am Todestag.[103] Dagegen ist es nicht möglich, in dem Vertrag zugunsten Dritter den Erben ihr späteres Widerrufsrecht zu entziehen, während der Versprechensempfänger selbst sich ein solches ausdrücklich oder konkludent vorbehält.[104]

- **Selbstkontrahierungsklausel**[105] 54

Der Versprechensempfänger schließt zu seinen Lebzeiten mit sich selbst und als Vertreter des Begünstigten einen Schenkungsvertrag hinsichtlich des Schenkungsgegenstandes. Von diesem Vertrag muss der Begünstigte zu Lebzeiten des Versprechensempfängers noch keine Kenntnis erhalten, so dass das Geheimhaltungsinteresse des Versprechensempfängers gewahrt bleibt. Behält er sich zudem das Rücktrittsrecht bis zu seinem Tod vor, erhält er sich auch seine lebzeitige Dispositionsfreiheit über den Schenkungsgegenstand. Er handelt zwar insoweit als Vertreter ohne Vertretungsmacht, dies führt jedoch nicht zur Nichtigkeit des Schenkungsvertrages, sondern nur zu seiner schwebenden Unwirksamkeit (§ 177). Der Beschenkte kann dann nach dem Tod des Versprechensempfängers, wenn er auf Grund des Auftragsverhältnisses durch den Versprechenden (z. B. die Bank) Kenntnis von der Begünstigung erhält, das Geschäft genehmigen. Diese Genehmigung hat gemäß § 184 Abs. 1 Rückwirkung. Da der Versprechensempfänger den Mangel seiner Vertretungsmacht kannte, haben er und seine Erben nach § 178 Satz 1 keine Widerrufsmöglichkeit.

e) Praktische Anwendung der Verträge zugunsten Dritter auf den Tod

In der Praxis haben folgende Typen von Verträgen zu Gunsten Dritter auf den Todesfall Bedeutung erlangt und führen dazu, dass die betreffenden Ansprüche außerhalb des Nachlasses entstehen und an ihm vorbeigeführt werden, ihn aber indirekt schmälern: 55

- **Die Lebensversicherung auf den Todesfall (§ 330).**[106] § 330 enthält für den **Lebensversicherungsvertrag, den Leibrentenvertrag, die unentgeltliche Zuwendung unter Auflage und die Vermögens- und Gutsübernahme unter Abfindung** die Auslegungsregel, dass bei einer vereinbarten Zahlung oder anderen Leistung an einen Dritten **zu vermuten** ist, 56

[100] Kümpel WPM 1977, 1186, 1193 f.; ders. WM 1993, 825; Palandt/ Heinrichs § 130 Rn 11; MünchKomm/Gottwald, 3. Aufl., § 331 Rn 6; Soergel/Hadding, 12. Aufl., § 331 Rn 16; BGH WM 1975, 115 = NJW 1975, 382, 383; BGH NJW 1975, 1360, 1361; BGH WM 1976, 1130, 1132; BGH NJW 1984, 480, 481; OLG Celle 3. Senat WM 1996, 851; Gubitz ZEV 2006, 333, 334; zweifelnd: Muscheler WPM 1994, 921, 934 ff.; ablehnend: OLG Celle 22. Senat WM 1993, 591; OLG Düsseldorf WPM 1976, 1130; Staudinger/Jagmann, 13. Bearb., § 331 Rn 21.

[101] Kümpel WPM 1977, 1186, 1194; Muscheler WPM 1994, 921, 923.

[102] Muscheler WPM 1994, 921, 934.

[103] BGH FamRZ 1985, 693, 696.

[104] Canaris, Bankvertragsrecht, 3. Aufl., 1991, Rn 215.

[105] Dieses Lösung wurde von Bühler in NJW 1976, 1727, 1728 entwickelt und zunächst, insb. von Muscheler WM 1994, 921, 934 weitgehend abgelehnt; es ist jetzt von Gubitz, „Vererben am Nachlass vorbei“, Diss. Regensburg, 2005; ders. ZEV 2006, 333, 336; aufgegriffen und nach Überprüfung bejaht worden; bejahend auch Lehmann in Beck'sches Formularbuch Erbrecht, I. VI.

[106] Eingehend Peters ZErb 2010, 165 ff. und 195 ff.

dass ein echter Vertrag zugunsten Dritter gewollt ist und daher der Dritte ein unmittelbares Forderungsrecht gegen den Versprechenden erwirbt (§ 328 Abs. 1). Ferner wird bei Lebensversicherungen auf den Todesfall nach § 331 Abs. 1 **vermutet,** dass der Dritte dieses Forderungsrecht **erst mit dem Tod des Versprechensempfängers** (Versicherten) **erwirbt.** Letztlich kann nach § 332 die vorbehaltene Auswechslung des Bezugsberechtigten im Zweifel auch in einer Verfügung von Todes wegen erfolgen. Diesen Auslegungsregeln gehen jedoch für **Lebensversicherungen** die §§ 166 bis 168 VVG und § 13 ALB n.F. vor. Die Versicherungssumme fällt nach § 168 VVG nur dann in den Nachlass, wenn der Versicherungsnehmer **keinen Bezugsberechtigten benannt** hat, der Bezugsberechtigte den Erwerb ablehnt oder vor oder gleichzeitig mit dem Versicherungsnehmer gestorben ist.[107] Die Bestimmung einer Bezugsberechtigung wird nach § 167 Abs. 2 VVG auch dann angenommen, wenn allgemein der oder die Erben des Versicherungsnehmers benannt sind. Auch dann erhalten diese die Zahlung nicht aus dem Nachlass, sondern als Bezugsberechtigte. Das Bezugsrecht des Dritten bei der Lebensversicherung auf den Todesfall ist gem. § 166 Abs. 2 VVG im Zweifel widerruflich.[108] Der benannte Bezugsberechtigte erwirbt, wie nach § 331 Abs. 1 auch, sein Leistungsrecht im Zweifel erst mit dem Eintritt des Versicherungsfalls, d.h. mit dem Tod des Versicherungsnehmers als Versprechensempfängers.[109] Bis dahin hat er nur eine Hoffnung auf einen künftigen Rechtserwerb. Die Bestimmung des Bezugsberechtigten und ihr Widerruf werden nach § 13 Abs. 2 ALB n.F., auch wenn sie gem. § 332 in einer Verfügung von Todes wegen enthalten sind, erst dann wirksam, wenn sie dem Versicherer angezeigt sind.[110] Der § 332, nach dem im Zweifel die Änderung des Bezugsberechtigten auch in einer Verfügung von Todes wegen geschehen kann, ist somit durch § 13 Abs. 2 ALB n.F. praktisch außer Kraft gesetzt, da danach ganz allgemein die Einräumung und Aufhebung einer Drittberechtigung durch den Versicherungsnehmer erst mit der schriftlichen Anzeige an den Vorstand des Versicherers wirksam wird.[111] Das gem. § 166 Abs. 2 VVG im Zweifel bestehende Widerrufsrecht hinsichtlich des Bezugsberechtigten bis zum Tod des Versicherungsnehmers kann auf dessen Antrag an die Versicherung und durch deren schriftliche Bestätigung ausgeschlossen werden (§ 13 Abs. 2 ALB n.F.). Durch die Vereinbarung der Unwiderruflichkeit mit dem Versicherer tritt zugleich auch der sofortige Rechtserwerb des Bezugsberechtigten ein.[112] Durch die mit dinglicher Wirkung vereinbarte Unaufhebbarkeit der Bezugsberechtigung wird auch die mangelnde Form eines Schenkungsversprechens im Valutaverhältnis zwischen Versicherungsnehmer und Bezugsberechtigtem gem. § 518 Abs. 2 geheilt.[113] Diese Heilung tritt auch ein, wenn bei einem aufhebbaren Bezugsrecht (§ 166 Abs. 1 VVG) der Versicherungsnehmer bis zu seinem Tod das Bezugsrecht des Dritten nicht aufhebt.[114] Dem Versicherungsnehmer verbleibt jedoch auch bei Unwiderruflichkeit das Recht, das Versicherungsverhältnis jederzeit zu kündigen (§ 165 Abs. 1 VVG, § 6 Nr. 1 AVB), wobei allerdings der dann gegen den Versicherer entstehende Anspruch auf Rückvergütung dem unwiderruflich Bezugsberechtigten zusteht.[115] Auch bei Lebensversicherungsverträgen auf den Todesfall ist zwischen dem Deckungsverhältnis zwischen Versicherer und Versicherungsnehmer und dem Valutaverhältnis zwischen Versichertem und Bezugsberechtigtem zu unterscheiden. Das Valutaverhältnis bedarf eines

---

107 Erman/Schlüter § 1922 Rn 51.

108 RGZ 51, 404; RGZ 128, 187; Finger VersR 1986, 508.

109 § 166 Abs. 2 VVG, § 13 Abs. 1 Satz 2 ALB n.F., § 331 Abs. 1.

110 BGHZ 81, 95, 98 = NJW 1981, 2245; BGH NJW 1993, 3133 = DNotZ 1994, 377; Liessem MittRhNotK 1988, 29, 36.

111 BGHZ 81, 95, 98 = NJW 1981, 2245; Soergel/Hadding § 332 Rn 2; Liessem MittRhNotK 1988, 29, 36.

112 BGHZ 45, 162, 165.

113 BGH NJW 1975, 1360.

114 BGH NJW 1975, 1360 = WPM 1975, 745.

115 BGHZ 45, 162, 167f.

rechtlichen Grundes, meist einer Schenkung, damit der Bezugsberechtigte die Leistung behalten darf.[116] Wie in Rn 47 ausgeführt, kann es daher auch hier zu einer Wettlaufsituation kommen.[117] Bei einer sog. Todesfall- und Erlebensversicherung wird die Versicherungssumme zu einem bestimmten Zeitpunkt im Leben des Versicherten, auf jeden Fall aber bei seinem Tod fällig. Das Recht des auf den Todesfall Bezugsberechtigten ist dabei auflösend bedingt durch den Eintritt des Erlebensfalls. Trotzdem ist auch hier eine unwiderrufliche Bezugsberechtigung auf den Todesfall möglich.[118] Bezüglich der Behandlung von Lebensversicherungen auf den Todesfall beim Pflichtteilsergänzungsanspruch siehe oben § 2 Rn 131. Liegt im Lebensversicherungsvertrag ein echter Vertrag zugunsten Dritter vor, dann erwirbt der Dritte (Bezugsberechtigte) das Recht auf Leistung unmittelbar aus dem Vertrag, d.h. der Anspruch auf die Versicherungssumme entsteht ohne Durchgang im Vermögen des Versicherungsnehmers (Erblassers) unmittelbar in der Person des Bezugsberechtigten, fällt also nicht in den Nachlass.[119] Das hat zur Folge, dass sich Rechte etwaiger Nacherben nicht auf die Versicherungssumme erstrecken,[120] dass sie nicht zur Berechnung von ordentlichen Pflichtteilsansprüchen herangezogen werden kann und dass sich das Verwaltungsrecht eines Testamentsvollstreckers nicht auf sie erstreckt. Lediglich Pflichtteilsergänzungsansprüche nach den §§ 2325 ff. können in Betracht kommen (siehe oben § 2 Rn 131). Ist der **Ehegatte der versicherten Person** als Bezugsberechtigter benannt, so hat nach der ständigen Rechtsprechung des BGH[121] eine Scheidung darauf keinen Einfluss. Auch eine entsprechende Anwendung des § 2077 Abs. 3 auf diesen Fall scheidet aus.[122] Allerdings soll in diesen Fällen nach Auffassung des BGH[123] ein Ausgleich zwischen der geschiedenen, aber bezugsberechtigten Exehefrau und den Erben des Versicherungsnehmers nach den Grundsätzen über den Wegfall der Geschäftsgrundlagen möglich sein.

- **Vereinbarungen mit einer Bank,** dass diese nach dem Tod des Kontoinhabers das Guthaben oder eine bestimmte Summe aus ihm an einen Dritten auszahlen soll.[124] Ein **Gemeinschaftskonto** zwischen dem Schenker und dem Begünstigten ist dabei in der Form des Und-Kontos und dem des Oder-Kontos möglich.[125] Das Und-Konto bietet dabei keine sinnvolle Möglichkeit zur Vermögenszuweisung am Nachlass vorbei, da im Todesfall das Konto in den Nachlass des Inhabers fällt. Beim Oder-Konto sind dagegen die Inhaber Gesamtgläubiger i.S. von § 428, d.h. im Todesfall des einen steht dem anderen zunächst das ganze Konto zu. Allerdings verbleibt den Erben des verstorbenen Teils die hälftige Ausgleichspflicht nach der Auslegungsregel des § 430. Soll auch diese dem Überlebenden verbleiben, ist mit der Bank hinsichtlich des Kontos eine Verfügung zugunsten Dritter auf den Todesfall zu treffen.[126] 57
- **Anlegung eines Sparkontos** auf den Namen des Dritten unter dem Vorbehalt eigener Verfügungsbefugnis bis zum Tod;[127] wobei das Zurückbehalten des Sparbuchs ein Be- 58

116 BGHZ 91, 288, 290.
117 Siehe BGH, VersR 2008, 1054/1055 = NJW 2008, 2702; eingehend und a.M. Peters ZErb 2010, 165 ff. und 195 ff.
118 BGHZ 45, 162, 166 f.
119 BGHZ 156, 350 = NJW 2004, 214; Staudinger/Jagmann § 330 Rn 23.
120 OLG Schleswig ZEV 1999, 107 m. Anm. Muscheler in ZEV 1999, 229 f.
121 BGHZ 79, 295, 298; BGH VersR 1975, 1020; BGH NJW 1987, 3131 = VersR 1987, 659; BGH ZNotP 2007, 263.
122 BGH VersR 1975, 1020; BGH NJW 1987, 3131 = VersR 1987, 659.
123 BGH ZEV 1995, 150.
124 RGZ 88, 137; RGZ 106, 1; BGHZ 46, 198 = NJW 1967, 101; BGHZ 66, 8 = NJW 1976, 749 = LM § 2301 Nr. 6 Anm. Johannsen BGH WPM 1976, 1130; Finger WPR 1981, 9; BGH NJW-RR 1986, 1133, 1134; Kümpel WPM 1977, 1186.
125 Eichel MittBayNotK 1975, 615; Borg NJW 1981, 905; Werkmüller ZEV 2000, 440.
126 BGH MittBayNotK 1986, 197; BGH NJW 1992, 2630 = FamRZ 1992, 1067.
127 BGHZ 46, 198, 203; BGH NJW 1970, 1181; OLG Hamm WPM 1989, 562.

weisanzeichen für den Vorbehalt dieser Verfügungsbefugnis sein kann (§ 808).[128] Über die Nachteile dieser Gestaltung siehe Bork. [129] Ein Sparbuch ist ein qualifiziertes Legimationspapier gemäß § 808,[130] dessen Eigentümer der Inhaber der Forderung gegenüber der Bank ist (§ 951). Die Bank kann gemäß § 808 Abs. 1 gegenüber jedem Inhaber des Sparbuchs, unabhängig davon, ob er auch der Forderungsinhaber ist, befreiend leisten, sofern sie nicht den Mangel seiner Berechtigung erkennen konnte.[131] Durch die Anlage eines Sparbuchs auf den Namen eines Dritten geht jedoch die Forderungsinhaberschaft grundsätzlich nicht bereits auf den Dritten über, vielmehr wird darin nur die Vorbereitungshandlung einer Zuwendung durch eine Forderungsabtretung unter Lebenden (§§ 398 ff.) oder einen Vertrag zugunsten Dritter auf den Todesfall gesehen.[132]

59 • **Zuwendung** des schuldrechtlichen Anspruchs gegen die Bank auf Übereignung **des Wertpapierdepots.**[133] Wie oben ausgeführt, eignet sich der Vertrag zu Gunsten Dritter nicht dazu, Gegenstände, die sich im Vermögen des Versprechensempfängers befinden, auf seinen Tod einem Dritten zu übertragen. Das Problem ist jedoch dadurch lösbar, dass der Versprechensempfänger dem Versprechenden diese Vermögenswerte treuhänderisch überträgt und sich im Deckungsverhältnis von ihm gem. §§ 328, 331 Abs. 1 versprechen lässt, sie nach seinem Tod dem Dritten zu übertragen, sodass der Dritte mit dem Todesfall den vertraglichen Rückübertragungsanspruch gem. §§ 667, 665, 675 aus dem Treuhandvertrag erwirbt.[134] Sofern der Schenker zu Lebzeiten den unmittelbaren Besitz und die Nutzung an dem Treugut behalten will, ist zusätzlich zur Übereignung und zum Treuhandvertrag der Abschluss eines Besitzmittlungsverhältnisses gem. § 930 erforderlich.[135] Hauptanwendungsgebiet dieser Gestaltung ist die Zuwendung von Wertpapierdepots auf den Tod bei Sonderverwahrung, die dann nicht im Eigentum oder Miteigentum des Erblassers (Schenkers) bleiben dürfen, sondern treuhänderisch der verwahrenden Bank übertragen werden müssen.[136] Auch hier ist natürlich die Begründung der Schenkung im Valutaverhältnis erforderlich, notfalls nach dem Tod des Schenkers durch postmortalen Übermittlungsauftrag (§§ 130, 153, 151) bei Gefahr des Erbenwiderrufs.

60 • **Bausparverträge mit Drittbegünstigung** auf den Todesfall.[137]

61 • **Hofübergabeverträge** in denen für die weichenden Erben Ansprüche auf den Tod der Übergeber begründet werden;[138] die sie allerdings mit der Übergabe erwerben.

62 • **Rechtsgeschäftliche Eintrittsklauseln** in Gesellschaftsverträgen von Personengesellschaften,[139] jedoch nicht sog. rechtsgeschäftliche Nachfolgeklauseln,[140] sofern der Nachfolger nicht an der Vereinbarung der Klausel beteiligt ist.

---

[128] BGH LM 328, Nr. 42; Knobbe-Keuk, FS f. Flume, 1978 Bd. II S. 149, 164; a. A OLG Frankfurt NJW 1986, 64; BGH MDR 2005, 855.

[129] NJW 1981, 905.

[130] BGH NJW-RR 1998, 1661.

[131] BGHZ 28, 368 = NJW 1959, 622.

[132] BGH NJW 1994, 931.

[133] BGHZ 41, 95 = NJW 1964, 1124 = LM § 2301 Nr. 2 Anm. Mattern; Hinz JuS 1965, 299; Kümpel WPM 1977, 1186.

[134] RGRK/Ballhaus § 328 Rn 71 u. § 331 Rn 7; MünchKomm/Gottwald § 328 Rn 38; Büsselberg NJW 1964, 1952; Hinz JuS 1965, 299, 305; Scherner BB 1969, 820; Kümpel WPM 1977, 1186, 1188; Olzen Jura 1987, 116, 122; Liessem MittRhNotK 1988, 29, 33; BGH WPM 1976, 1130 = FamRZ 1976, 694 (LS).

[135] Liessem MittRhNotK 1988, 29, 33.

[136] Formular in MünchVertrHdb/v. Westphalen, 4. Aufl., Bd. 3/1, III.11; Lange/Kuchinke, 4. Aufl., § 33 II 2 b.

[137] BGH NJW 1965, 1913 = DNotZ 1966, 494.

[138] Staudinger/Kanzleiter § 2301 Rn 49.

[139] RGZ 80, 177; MünchKomm/Musielak § 2301 Rn 45; Formular in MünchVertrHdb/Nieder/Otto, 6. Aufl., Bd. 6/2 Form XVI. 10 Ziff. II; MünchKomm/Ulmer § 727 Rn 39.

[140] BGHZ 68, 230.

• **Möglichkeit zur Beeinflussung des Erblasserswillens eines Erstbedachten.** Die gegen § 2302 verstoßenden Verträge auf Errichtung oder Nichterrichtung von Verfügungen von Todes wegen haben meist das Motiv, sicherzustellen, dass ein bestimmter einzelner Vermögensgegenstand beim Tod des Erstbedachten auf einen Zweitbedachten übergeht.[141] Dieses Ziel lässt sich am einfachsten und sichersten dadurch erreichen, dass der Zuwendende mit dem Erstbedachten gem. §§ 328 ff. einen Vertrag zugunsten des Zweitbedachten als Drittem abschließt.[142] Sofern dabei das zum Rechtsübergang vom Erstbedachten auf den Zweitbedachten erforderliche dingliche Leistungsvollzugs-(verfügungs-)geschäft einen auf den Tod des Erstbedachten aufschiebend befristeten (betagten) Vollzug zulässt, was bei Forderungen, beweglichen Gegenständen und beschränkten dinglichen Rechten der Fall ist, kann es, allerdings nur unter Mitwirkung des Zweitbedachten,[143] bereits vorgenommen werden. Bei Grundstücken kann der Übertragungsanspruch durch Vormerkung gesichert werden, und zwar auch ohne Mitwirkung des Zweitbedachten.[144] Die genannte Möglichkeit besteht allerdings nur hinsichtlich bestimmter einzelner Vermögensstücke oder des ganzen zum Zeitpunkt des Vertrages (gegenwärtig) vorhandenen Vermögens (§ 311 b Abs. 3), aber gemäß § 311 b Abs. 2) nicht des ganzen beim Tod vorhandenen Vermögens oder eines Bruchteils desselben. Eine darüber durch Vertrag unter Lebenden auf den Tod getroffene schuldrechtliche Verpflichtung ist gem. § 310 nichtig.[145] Ein solches Verlangen ist nur durch Erbvertrag (§§ 2274 ff.) in den gegebenen sachlichen und zeitlichen Grenzen erfüllbar. 63

f) Formulierungsbeispiele für Verträge zugunsten Dritter auf den Tod

Bei Übergabeverträgen, an denen die weichenden Erben nicht beteiligt sind:

„Der Übernehmer A hat an seine Schwester B nach dem Tod des letztversterbenden der Übergeber EUR 50 000,– zu zahlen. Die B soll hierauf sofort ein eigenes Forderungsrecht erhalten, das für die Vertragsschließenden nicht mehr aufheb- oder abänderbar ist."

Bei einem Sparkonto:

„Die N-Sparkasse als Versprechende und der B als Versprechensempfänger vereinbaren, dass alle Rechte aus seinem Konto-Nr.... bei ihr nach dem Tod des B unmittelbar auf seinen Neffen S übergehen sollen. Diese Vereinbarung kann von B zu Lebzeiten widerrufen werden. Die Sparkasse soll den Begünstigten erst nach dem Tod des B von dieser Vereinbarung unterrichten."

Bei einem Depotkonto:

„Die N-Sparkasse (Depotinstitut) und der B (Depotinhaber) treffen über sein Depotkonto-Nr.... folgende Vereinbarung:
Das Eigentum – bei Sammelverwahrung das Miteigentum – an Inhaber- und Orderpapieren geht auf den Zeitpunkt des Todes des Depotinhabers auf das Depotinstitut über. S, der Neffe des B, erwirbt mit dem Tod des B das Recht, von der N-Sparkasse die Übertragung des auf Grund der obigen Vereinbarung auf sie übergegangenen Wertpapiereigentums zu fordern. Diese Vereinbarung kann von B zu Lebzeiten widerrufen werden. Die Sparkasse wird den Begünstigten erst nach dem Tode des B von dieser Vereinbarung benachrichtigen."

Hier muss, da es dingliche Verträge zugunsten Dritter nicht gibt, das Eigentum an den Wertpapieren zunächst treuhänderisch auf das Depotinstitut übertragen werden. Der 64

---

[141] So Fall des BGH WPM 1961, 87 = LM § 140 Nr. 3 = MDR 1961, 128.
[142] So auch der Antrag der Revision auf Umdeutung in BGH a. a. O.
[143] Palandt/Heinrichs 64. Aufl. Einf. v. § 328 Rn 6.
[144] Siehe oben § 1 Rn 118.
[145] BGHZ 8, 23, 34.

Schenker hat danach eine Herausgabeforderung anstelle seines unmittelbaren Eigentums, die Gegenstand eines Vertrages zugunsten Dritter sein kann.[146]

Rechtsgeschäftliche Eintrittsklausel im OHG- oder KG-Vertrag (formfrei):

Beim Tod des Gesellschafters A steht demjenigen, den der Verstorbene durch Erklärung gegenüber der Gesellschaft zu Lebzeiten oder durch Verfügung von Todes wegen aus dem Kreise seiner Abkömmlinge als seinen Nachfolger bestimmt hat, das Recht zu, zu den Bedingungen der Mitgliedschaft des Verstorbenen seinen Eintritt in die Gesellschaft als persönlich haftender Gesellschafter zu erklären. Der Eintritt hat durch Erklärung gegenüber den übrigen Gesellschaftern spätestens 3 Monate nach dem Erbfall zu erfolgen. Nach fruchtlosem Ablauf dieser Frist wird die Gesellschaft von den übrigen Gesellschaftern unter Abfindung der Erben des Verstorbenen fortgesetzt. Tritt der Eintrittsberechtigte in die Gesellschaft ein, so haben ihm die überlebenden Gesellschafter, wozu sie sich hiermit ihm gegenüber verpflichten, den bis dahin von ihnen treuhänderisch gehaltenen Kapitalanteil des Verstorbenen unentgeltlich zu übertragen. Abfindungsansprüche der Erben des Verstorbenen gegen die Gesellschaft sind in diesem Fall ausgeschlossen.

3. Abgrenzung von lebzeitigen und letztwilligen Rechtsgeschäften und Entscheidungen in Zweifelsfällen

a) Abgrenzung

65 Die Abgrenzung zwischen lebzeitigen und letztwilligen Rechtsgeschäften ist zunächst wegen der unterschiedlichen Formvorschriften wesentlich, dann aber vor allem im Hinblick auf die rechtliche Situation der Pflichtteilsberechtigten und Nachlassgläubiger.[147] Die Nachlassgläubiger können grundsätzlich nur auf den Nachlass zugreifen, der zum Zeitpunkt des Erbfalls vorhanden ist, müssen die vom Erblasser durch Rechtsgeschäft unter Lebenden vorgenommenen Minderungen des Nachlasses hinnehmen und haben lediglich ein zeitlich begrenztes Anfechtungsrecht gegenüber unentgeltlichen Zuwendungen unter Lebenden gem. § 4 AnfG.[148] Der Umfang der Pflichtteilsansprüche berechnet sich gem. § 2311 nach dem Wert des Nachlasses zum Zeitpunkt des Erbfalls. Gegenstände, über die der Erblasser bereits durch ein Rechtsgeschäft unter Lebenden verfügt hat, bleiben bei der Berechnung außer Betracht. Pflichtteilsberechtigte können jedoch gem. §§ 2325 ff. zeitlich begrenzt die Ergänzung bezüglich lebzeitiger Schenkung verlangen.[149] Letztlich sind Vertragserben und -vermächtnisnehmer nach § 2289 Abs. 1 nur vor späteren sie beeinträchtigenden Verfügungen von Todes wegen geschützt, nicht gegen beeinträchtigende Rechtsgeschäfte unter Lebenden, sofern es sich nicht um Schenkung handelt, für die der Erblasser kein billigenswertes lebzeitiges Eigeninteresse hatte (§§ 2287, 2288).[150]

66 Die kautelare Praxis sollte jeweils durch Verwendung der zutreffenden Rechtsbegriffe und Formulierungen deutlich machen, ob es sich im Einzelfall um ein lebzeitiges Rechtsgeschäft oder eine letztwillige Verfügung handeln soll. Bei Mehrdeutigkeit ist dies im Streitfall durch den Richter der Tatsacheninstanz durch Auslegung zu ermitteln.[151] Hauptauslegungskriterium ist dabei nach der h. M.,[152] ob der oder die Erklärenden mit

---

[146] Liessem BB 1989, 862, 863; MünchKomm/Musielak, 3. Aufl., § 2301 Rn 42 m. w. Nachw.

[147] Olzen Jura 1987, 16, 18.

[148] Siehe Rn 73.

[149] Siehe oben § 2 Rn 110.

[150] Siehe Rn 75 und unten § 12 Rn 5.

[151] BGH NJW 1984, 46, 47 = WPM 1983, 939 = FamRZ 1983, 897.

[152] RG SeuffArch 77 Nr. 60 S. 103; RG SeuffArch 79 Nr. 13 S. 25; RG HRR 1930 Nr. 1464; BGHZ 8, 23, 30 f. = NJW 1953, 182 = DNotZ 1953, 275; BGHZ 31, 13, 20 = NJW 1959, 2252;

dem Rechtsgeschäft schon zu Lebzeiten Rechte und Pflichten begründen wollten, auch wenn diese, wie bei bedingten oder befristeten Rechten, erst beim Tod eines Vertragsteils voll wirksam werden sollen (= Rechtsgeschäfte unter Lebenden), oder ob der Verfügende zu Lebzeiten keine Bindung durch eine unmittelbare dingliche Rechtsänderung (Verfügung) oder eine schuldrechtliche Belastung (Verpflichtung) seines gegenwärtigen Vermögens eingehen wollte und dem Begünstigten bis zum Tod keinen Anspruch, auch keine rechtlich gesicherte Anwartschaft (Anwartschaftsrecht), sondern nur eine tatsächliche Aussicht, beim Erbfall den Anspruch an dem vermachten Gegenstand zu erwerben, begründen wollte (= Verfügung von Todes wegen). Schließlich erhält selbst beim Erbvertrag der Vertragsgegner kein gegenwärtiges Recht und der Erblasser wird auch nicht in seiner Verfügungsbefugnis zu Rechtsgeschäften unter Lebenden beschränkt (§ 2286), sofern er davon nicht in Benachteiligungsabsicht (§§ 2287, 2288) Gebrauch macht.[153] Ein Erbvertrag hindert den Erblasser nur, von Todes wegen über sein Vermögen anders zu verfügen (§ 1989 Abs. 1 Satz 2). Das Kennzeichen der Verfügung von Todes wegen gegenüber Rechtsgeschäften unter Lebenden ist die Unverbindlichkeit und Wirkungslosigkeit zu Lebzeiten des Erblassers.[154]

Ein wichtiges Auslegungskriterium zugunsten eines Rechtsgeschäfts unter Lebenden 67
auf den Tod ist auch gegeben, wenn in einer Weise für den künftigen Nachlass Vorsorge getroffen worden ist, die als Verfügung von Todes wegen nicht zulässig ist,[155] so z.B., wenn die Bestimmung der Person, die eine Zuwendung erhalten soll, einem anderen überlassen wird, was gem. § 2065 Abs. 2 bei einer Verfügung von Todes wegen nicht möglich ist.[156]

b) Wohlwollende Auslegung und Umdeutung

Verbleiben bei der Auslegung einer zweifelsfrei bestehenden rechtsgeschäftlichen Er- 68
klärung Zweifel darüber, ob es sich um eine letztwillige Verfügung oder ein Rechtsgeschäft unter Lebenden auf den Todesfall handelt, so ist nach der h. M.[157] unter entsprechender Anwendung des § 2084 diejenige Auslegungsmöglichkeit vorzuziehen, bei der die Erklärung wirksam sein und Erfolg haben kann, d.h. die Auslegung kann sowohl zu einer Verfügung von Todes wegen als auch zu einem Rechtsgeschäft unter Lebenden führen. Die Konkurrenz zwischen lebzeitigen und letztwilligen Verfügungen ist somit nach der Priorität des Verfügungserfolgs zu beurteilen.[158] Nicht anwendbar ist § 2084 dage-

---

BGH NJW 1984, 46, 47 = WPM 1983, 939 = FamRZ 1983, 897; BayObLG DNotZ 1953, 599, 602; OLG Düsseldorf NJW 1954, 1041; KG JR 1959, 101, 102; Dittmann/Reimann/Bengel Vorbem. zu §§ 2274 ff. Rn 4; Flume, Allg. Teil BGB, 1979. Bd. II § 11 6 b; RGRK/Kregel § 1936 Rn 3; v. Lübtow, ErbR, Bd. 1 S. 100; Staudinger/Otte Vorbem. zu §§ 1937–1941 Rn 2; Lange/Kuchinke, 4. Aufl., § 33 I 6 c; John, Grdz. d. ErbR, 1981 Rn 254; Harder, Zuwendungen unter Lebenden auf den Todesfall, 1968 S. 16 ff., 48 ff.; Zusammenstellung der anderen Abgrenzungstheorien bei Olzen, Die vorweggenommene Erbfolge, 1984, S. 50 ff.; ders. Jura 1987, 16, 19 f.

153 RG SeuffArch 79 Nr. 13 S. 25; BayObLGZ 1952, 289, 290.

154 Lange/Kuchinke, 4. Aufl., § 33 I 6 b m. w. N.

155 BGHZ 8, 23, 31 = NJW 1953, 182 = DNotZ 1953, 275.

156 BGH NJW 1984, 46, 47 = WPM 1983, 939 = FamRZ 1983, 897; BayObLG FamRZ 1981, 402, 403.

157 RG LZ 1924, 161; RG LZ 1927, 523; BGH LM § 2084 Nr. 3; BGH LM § 2084 Nr. 13 = FamRZ 1965, 561 (LS), BGH FamRZ 1985, 693, 695; BGH WPM 1988, 984, 985 = MittBayNot 1988, 185 = NJW 1988, 2731 = JZ 1988, 1079 m. Anm. Bork JZ 1988, 1059 = DNotZ 1989, 172; KG NJW 1959, 1441; BayObLGZ 1963, 58, 61 = MDR 1963, 503; RGRK/Johannsen § 2084 Rn 28; ders., WPM 1972, 69; Soergel/Damrau § 2084 Rn 2; Staudinger/Otte § 2084 Rn 4 ff. m. w. N.; MünchKomm/Leipold § 2084 Rn 34; Palandt/Edenhofer § 2084 Rn 16; Jauernig/Stürner § 2084 Anm. 4; Erman/Hense § 2084 Rn 3; a. M. KG JR 1959, 223; Kipp/Coing § 21 V b, c; Lange/Kuchinke, 4. Aufl., § 34 II c; Soergel/Stein § 1937 Rn 2, die jedoch über § 140 zum gleichen Ergebnis kommen.

158 Anm. Reuter in JuS zu BGH WPM 1971, 1338.

gen, wenn keine Zweifel über die rechtliche Natur der Willenserklärung bestehen, sondern ob überhaupt eine rechtsgeschäftliche Erklärung gewollt war oder nur eine unverbindliche, z.B. eine Ankündigung, ein Entwurf oder ein Wunsch ohne Rechtsbindungswille (Problem des Brieftestaments). Es gibt keine Vermutung zugunsten einer letztwilligen Verfügung. Solche Zweifel sind auf Grund der allgemeinen Auslegungsregel des § 133 unter Heranziehung aller erheblichen, auch außerhalb der Urkunde liegenden Umstände und der allgemeinen Lebenserfahrung vom Tatrichter zu lösen.[159] Ist dagegen nicht die rechtliche Natur des Rechtsgeschäfts zweifelhaft, sondern steht fest, dass das nichtige Geschäft gewollt war, kann bei Vorliegen der subjektiven und objektiven Voraussetzungen (= Vorliegen der wesentlichen Merkmale und des mutmaßlichen Parteiwillens für das andere Rechtsgeschäft) Umdeutung nach § 140 in Frage kommen, und zwar sowohl die einer Verfügung von Todes wegen in ein Rechtsgeschäft unter Lebenden als auch umgekehrt.[160] Dabei kann auch ein wegen Verstoß gegen die Bindungswirkung eines gemeinschaftlichen Testaments (§ 2271 Abs. 1) nichtiger Erbvertrag (§ 2289 Abs. 1 Satz 2) in einen Schenkungsvertrag unter Lebenden umgedeutet werden.[161] Da die Form des Testaments erheblich leichter zu erfüllen ist als die des Schenkungsversprechens (§ 518 Abs. 1), lässt sich das gescheiterte Schenkungsversprechen eher in ein Testament umdeuten als umgekehrt.[162]

4. Die Kritik an der Zulässigkeit und Wirkung von unentgeltlichen Rechtsgeschäften unter Lebenden auf den Tod

69 Die **höchstrichterliche Rechtsprechung**[163] **und die h.M. in der Literatur**[164] lassen unter Hinweis auf die Vertragsfreiheit (§ 305 BGB), die §§ 331, 2301 BGB[165] und dem durch die bisherige Rechtsprechung geschaffenen Vertrauenstatbestand[166] zu, dass ein Erblasser durch Vertrag zugunsten Dritter auf den Tod (§ 331 BGB), unbedingtes Schenkungsversprechen auf den Tod (§ 518 BGB) und vollzogene Schenkung von Todes wegen (§ 2301 Abs. 2 BGB) ohne Einhaltung erbrechtlicher Formen unentgeltlich Ansprüche gegen sein Vermögen am Nachlass vorbei begründet. Das gibt ihm die Möglichkeit, formlos und unentgeltlich Vermögensgegenstände mit Wirkung auf seinen Erbfall zu übertragen, ohne zu Lebzeiten die Nutzungen und die Verfügungsbefugnis daran zu verlieren.

70 Dem gegenüber hält eine **Mindermeinung**[167] **in der Literatur** solche Rechtsgeschäfte wegen Umgehung erbrechtlicher Formvorschriften für nichtig und eine Mittelmeinung

[159] RG LZ 1927, 523; BGH LM § 2084 Nr. 13; KG NJW 1959, 1441; BayObLGZ 1963, 58, 62; BayObLGZ FamRZ 1981, 402, 403; BayObLGZ 1982, 59, 64; Staudinger/Otte § 2084 Rn 2; MünchKomm/Leipold § 2084 Rn 33; Soergel/Damrau § 2084 Rn 2; RGRK/Johannsen § 2084 Rn 26; ders. WPM 1972, 69 u. 1979, 603; Palandt/Edenhofer § 2084 Rn 16; Jauernig/Stürner § 2084 Anm. 4; a.M. nur OLG Stuttgart BWNotZ 1960, 150.

[160] MünchKomm/Leipold, § 2084 Rn 62, 76, 81; Staudinger/Otte § 2084 Rn 5ff.; beide mit umfangreichen Rspr.-Zitaten.

[161] BGH NJW 1978, 423 = WPM 1978, 169 = FamRZ 1978, 182; a.M. Tiedtke NJW 1978, 2572 u. FamRZ 1981, 1, 4, da dann von der Bindungswirkung nichts mehr übrig bleibe; krit. auch Schubert JR 1978, 289.

[162] Lange/Kuchinke, 4. Aufl., § 33 I 6b.

[163] Z.B. BGHZ 8, 23, 31; BGHZ 31, 13, 20; BGHZ 41, 95, 96 = NJW 1964, 1124; BGH NJW 1984, 46; BGH NJW 1984, 480, 481; BGH NJW 1987, 3131; BGH NJW 2004, 767 = ZEV 2004, 118 m. Anm. Leipold.

[164] Staudinger/Kanzleiter § 2301 Rn 42ff.; MünchKomm/Gottwald § 331 Rn 4; Staudinger/Jagmann, 13. Bearb. § 331 Rn 20; MünchKomm/Kollhosser, 3. Aufl., § 518 Rn 7; MünchKomm/Musielak, 3. Aufl., § 2301 Rn 32ff.; Palandt/Edenhofer § 2301 Rn 17; Lange/Kuchinke, 4. Aufl., 1995 § 33 V 2.

[165] BGHZ 8, 23, 31 BGHZ 66, 8, 12.

[166] BGHZ 66, 8, 13.

[167] So vor allem OGH NJW 1949, 822; OLG Stuttgart-Karlsruhe HEZ 3, 1/5; OLG Stuttgart JR 1949, 385; Staudinger/Boehmer, 10. Aufl., 1937, Bd. V Einl. §§ 26ff.; Staudinger/Boehmer, 11. Aufl.,

will sie zwar nicht in der Rechtsform, wohl aber in der Wirkung ganz oder teilweise erbrechtlichen Normen unterstellen.[168]

So leicht das Argument der Umgehung erbrechtlicher Vorschriften in einer Zeit völliger Abkehr von der Begriffsjurisprudenz und Hinwendung zu wertorientierten Entscheidungen zu widerlegen ist, so schwer wiegt der Einwand, durch solche im Rechtserfolg auf den Tod des Zuwendenden hinausgeschobenen unentgeltlichen Rechtsgeschäfte werde die rechtliche Situation der Pflichtteilsberechtigten, Nachlassgläubiger, Vertragserben, Vermächtnisnehmer und Auflagebedachten unzumutbar geschmälert. Dem ist jedoch nicht so. 71

Da nach der h. M. bei keinem der obigen Zuwendungen ihr Vermögenswert beim Erbfall in den Nachlass fällt, scheidet er zwar für den ordentlichen Pflichtteil gem. §§ 2303, 2311 BGB aus. Die Pflichtteilsberechtigten erhalten dafür aber einen Pflichtteilsergänzungsanspruch gem. § 2325 BGB, der wie der ordentliche Pflichtteilsanspruch grundsätzlich gegen den Erben geht und nur in den Fällen des § 2329 BGB hilfsweise als Bereicherungsanspruch gegen den Beschenkten. Trotz dieser Verschiedenheit könnte man m. E. darin nur dann einen erheblichen Nachteil für die Pflichtteilsberechtigten erblicken, wenn man, wie früher,[169] die Zehnjahresausschlussfrist für Pflichtteilsergänzungsansprüche gem. § 2325 Abs. 3 BGB bereits mit der Vornahme der Leistungshandlung (= Anwartschaftsbegründung) beginnen ließe, da sie dann bei auf den Tod bedingten Zuwendungen sofort beginnen würde und im Erbfall meist abgelaufen wäre. Lässt man diese Frist, aber wie jetzt der BGH,[170] erst mit dem wirtschaftlichen Leistungserfolg beginnen, dann beginnt sie bei solchen Zuwendungen erst ab dem Erbfall und ist daher nicht relevant. 72

Nachlassgläubiger haben im Falle der außerkonkursmäßigen Befriedigung gegenüber dem durch unentgeltliche Zuwendung unter Lebenden auf den Tod Begünstigten ein Anfechtungsrecht gem. § 4 AnfG, wogegen sie gegenüber einem Vermächtnisnehmer oder Auflagebedachten ohne weiteres in den Nachlass vollstrecken können. Wären diese jedoch bereits vom Erben befriedigt, hätten die Nachlassgläubiger gem. § 5 AnfG auch gegen sie nur ein Anfechtungsrecht. Im Nachlassinsolvenzverfahren gehen die gewöhnlichen Nachlassgläubiger gem. bisher § 226 Abs. 2 Ziff. 3, 5 KO jetzt § 327 InsO den Nachlassgläubigern aus Freigebigkeit des Erblassers unter Lebenden und von Todes wegen auf jeden Fall im Range vor. Dasselbe gilt auch nach § 1991 Abs. 4 BGB für den Fall der Vollstreckungspreisgabe bei Dürftigkeit des Nachlasses. Bei dieser Rechtslage könnte die Unterstellung der lebzeitigen unentgeltlichen Zuwendungen auf den Todesfall unter Schenkungsrecht statt unter Erbrecht nur dann eine schwerwiegende Beeinträchtigung für die Nachlassgläubiger bilden, wenn man als maßgeblichen Zeitpunkt, bis zu dem das anfechtbare Rechtsgeschäft „vorgenommen" sein muss, um innerhalb der Zeitschranke von bisher nach § 3 Abs. 1 Ziff. 3, 4 AnfG bzw. § 32 Ziff. 1, 2 KO (**ein Jahr** bzw. **zwei Jahre** bei Ehegattenschenkungen) jetzt gem. § 4 AnfG bzw. § 134 InsO unabhängig davon, an wen sie erfolgt, **vier Jahre** zu liegen, bereits das obligatorische Rechtsgeschäft (z. B. Schenkungsversprechen) oder eine noch nicht vollendete Vollzugshandlung ansehen würde[171] und nicht, wie jetzt der BGH, wie bei der Ausschlussfrist des Pflichtteilsergänzungsanspruchs (§ 2325 Abs. 3 BGB), die Vollendung des Erwerbsvorganges, d. h. bei 73

1954, Bd. V Einl. §§ 24–27; Boehmer, Grdlagen d. bürgl. RechtsO, 1952, 2. Buch § 26; Kipp/Coing, 10. Bearb. 1955 § 61, abgemildert ab der 13. Bearb. 1978 § 81 V 2 c; Wall ZEV 2011, 3.

[168] So z. B. Lange/Kuchinke noch in 3. Aufl., § 31 IV 3; in der 4. Aufl., 1995 hat der Autor diese Meinung in § 33 V 3 ausdrücklich aufgegeben; Harder, Zuwendungen unter Lebenden auf den Todesfall, 1968, S. 154, 164 ff.; v. Lübtow, ErbR, Bd. 2 S. 1237; Olzen, Die vorweggenommene Erbfolge, 1984, S. 57–110; Otte AcP 186, 313; Marotzke AcP 184, 541, 575.

[169] Z. B. BGH NJW 1970, 1638.

[170] Seit BGHZ 98, 226 = NJW 1987, 122 = DNotZ 1987, 315 m. Anm. Nieder; BGH NJW 1988, 68.

[171] So z. B. Damrau JurA 1970, 720; Kipp/Coing § 81 II 1 b.

mehraktigen Verpflichtungs- und Vollzugsgeschäften die Erfüllung des letzten Tatbestandsmerkmals.[172] Nach dieser richtigen Ansicht beginnt bei Zuwendungen unter Lebenden auf den Tod die Anfechtungsfrist erst mit dem Tod des Erblassers (Zuwendungsgebers).

74 Vermächtnisnehmer und Auflagebedachte sind, wenn sie mit Bedachten von Zuwendungen auf den Todesfall durch Rechtsgeschäft unter Lebenden konkurrieren, schlechter gestellt, als wenn dies mit ihresgleichen geschieht, da sie im Nachlasskonkurs (bisher § 226 Abs. 2 Ziff. 3, 5 KO jetzt § 327 InsO) und in den Fällen der Vollstreckungspreisgabe (§ 1191 Abs. 4 BGB) den lebzeitigen unentgeltlichen Zuwendungen regelmäßig nachgeordnet sind. Dies verdanken sie jedoch allein dem Willen des Erblassers, der diese Rechtswirkung auch innerhalb des Erbrechts gem. § 2189 BGB herbeiführen könnte.

75 Letztlich sind Vertragserben und -vermächtnisnehmer gegen nachträgliche Rechtsgeschäfte unter Lebenden auf den Tod nicht durch § 2289 Abs. 1 BGB geschützt. Es steht ihnen lediglich nach dem Erbfall gegenüber böswilligen Schenkungen ein Rückforderungsanspruch gegen den Beschenkten gem. §§ 2287, 2288 BGB zu.[173] Aber auch das stellt keine so erhebliche Beeinträchtigung dar, dass sie zu einer erbrechtlichen Behandlung solcher auf den Tod hinausgeschobenen Zuwendungen zwingen würde, da schließlich der Erblasser nach § 2286 BGB auch durch die erbvertragliche Bindung nicht gehindert ist, sein Vermögen durch Rechtsgeschäfte unter Lebenden zu verteilen, solange dies nicht mangels eines billigenswerten **lebzeitigen Eigeninteresses** gegen die §§ 2287, 2288 BGB verstößt.[174]

76 Die Interessen der Pflichtteilsberechtigten, Nachlassgläubiger, Vertragserben, Vermächtnisnehmer und Auflagebedachten erfordern es daher nicht, entgegen der ausdrücklichen Entscheidung des historischen Gesetzgebers[175] unentgeltliche Zuwendungen unter Lebenden auf den Todesfall allgemein statt dem Schenkungsrecht dem Erbrecht zu unterstellen.[176]

77 Bei diesem Streitstand kann sich die kautelare Praxis unbesorgt auch bei unentgeltlichen Zuwendungen dieser Gestaltungsmittel und ihrer Vorteile bedienen.

5. Die Vorteile von Rechtsgeschäften unter Lebenden auf den Tod gegenüber erbrechtlichen Lösungen[177]

a) Umfassende Bindungs- und Sicherungsmöglichkeit

78 Abgesehen von der freien Widerruflichkeit testamentarischer Verfügungen hindern auch der Erbvertrag und das bindend gewordene gemeinschaftliche Testament den Erblasser nur, durch spätere Verfügungen von Todes wegen den bindend Bedachten zu beeinträchtigen (§§ 2289 Abs. 1 Satz 2, 2271 Abs. 1, 2 BGB). Er ist dagegen nicht gehindert, durch lebzeitiges Zweitgeschäft über den „bindend" vermachten Vermögensgegenstand anderweitig und den Bedachten beeinträchtigend zu verfügen.[178] Daran hindern ihn auch die §§ 2287, 2288 BGB nicht, sofern er ein lebzeitiges Eigeninteresse an dem Zweitgeschäft hat.[179] Auch bei Erb- und/oder Pflichtteilsverzichtsverträgen können sich nicht am Vertrag beteiligte bindend Bedachte nicht darauf verlassen, dass die Vertrags-

[172] So jetzt eindeutig BGH BB 1988, 1352 unter Hinweis auf sein Urteil BGH NJW 1988, 821 bzgl. des Fristbeginns nach § 2325 Abs. 3; so schon bisher: BGH WPM 1956, 703, 704; BGH WPM 1972, 363, 364; BGH NJW 1979, 102, 103; Jaeger/Lent, KO, 8. Aufl., §§ 31 Rn 9, 32 Rn 4 u. 16; Kuhn/Uhlenbruck, KO, 10. Aufl., 1986, § 32 Rn 4 u. 19.

[173] BGHZ 66, 8, 14; BGHZ 77, 264, 267.

[174] Brox, ErbR, 16. Aufl., Rn 743.

[175] Prot. BGB Bd. V S. 460; Hinz JuS 1965, 299, 303.

[176] Wieacker FS Lehmann, 1956 S. 270, 275; Brox ErbR, 10. Aufl., Rn 742 f.

[177] Siehe hierzu Liessem BB 1989, 862.

[178] BGHZ 8, 23, 30.

[179] BGHZ 59, 343; BGHZ 88, 269; BGH NJW-RR 1986, 1135.

schließenden sie nicht aufheben und damit die Pflichtteilsansprüche wieder aufleben lassen.[180] Selbst wenn der Erb- und/oder Pflichtteilsverzichtsvertrag nicht aufgehoben wird, sieht der BGH[181] keinen Verstoß gegen die §§ 2287, 2288 BGB, wenn der Wert der Schenkung an den früheren Pflichtteilsberechtigen sein ihm im Falle der Aufhebung des Erb- und/oder Pflichtteilsverzichts zustehendes Pflichtteilsrecht nicht übersteigt. Auch familienrechtliche Rechtsgeschäfte wie Eheschließung, Annahme eines Kindes oder dessen Ehelichkeitserklärung, sind dem Erblasser durch die Bindung nicht verwehrt, auch wenn der bindend Bedachte dadurch mittelbar durch Begründung von Pflichtteilsrechten beeinträchtigt wird.[182] Weder der Vertragsgegner noch der Bedachte eines bindend gewordenen gemeinschaftlichen Testaments haben daher vor dem Erbfall einen gesicherten Anspruch oder ein Anwartschaftsrecht auf den Nachlass oder den ihnen vermachten Nachlassgegenstand und können das Erhoffte bei Bedrohung vor dem Erbfall durch Arrest oder einstweilige Verfügung verteidigen oder bei Grundstücken durch eine Vormerkung gesichert bekommen.[183] Sie haben nur eine Hoffnung, eine Chance, eine tatsächliche Aussicht auf künftigen Rechtserwerb.[184] Ein bindend Bedachter hat wegen einer Beeinträchtigung seiner Rechtsstellung auch keine Schadensersatzansprüche aus Deliktsrecht.[185] Es wird ihm lediglich fallweise die Zulässigkeit einer Feststellungsklage bei Vorliegen eines rechtlichen Interesses im Einzelfall, etwa über die Gültigkeit einer Anfechtung, zugestanden.[186] *„Daraus folgt, dass die Verfügungen von Todes wegen ihrer Rechtswirkung unzulänglich sind, wo berechtigte Interessen eine sofortige Bindung des Verfügenden oder eine sofortige Änderung des Rechtszustandes seines Vermögens fordern oder doch wenigstens angebracht erscheinen lassen“.*[187] Das ist der Fall bei teilweisen direkten (z.B. Pflegeverpflichtungen) oder indirekten (z.B. Um- und Ausbau eines Hauses des Erblassers) Gegenleistungen des Bedachten an den Erblasser. In solchen Fällen ist der auszuwählende Vertragstyp natürlich vor allem die Grundstückszuwendung unter Nießbrauchs-, Wohnungsrechts- oder Altenteilsvorbehalt. Es gibt jedoch Fälle, in denen aus physiologischen Gründen der Übergeber wünscht, bis zu seinem Tod als Eigentümer im Grundbuch eingetragen zu bleiben. Hier kann eine in der Erfüllung auf den Tod des Schenkers betagte Grundstücksschenkung (siehe oben Ziffern 1.3) allseits Zufriedenheit schaffen. Allgemein ist es die Aufgabe der Rechtsgeschäfte unter Lebenden auf den Todesfall, dass sie im Gegensatz zu den Verfügungen von Todes wegen sofort sicherbare Ansprüche erzeugen und je nach Bedarf unwiderruflich, bindend, bedingt oder befristet gestaltet werden können. So ist es z.B. in der Kautelarpraxis üblich, die durch Erbvertrag oder gemeinschaftliches Testament bindend Bedachten zusätzlich durch Verfügungsunterlassungsvereinbarungen, die für den Fall verbotswidrigen Verfügens durch aufschiebend bedingte Übertragsverpflichtungen bezüglich des vermachten Vermögensgegenstandes sanktioniert sind, abzusichern. Es fragt sich, ob man statt in dieser komplizierten Weise eine bindende Verfügung von Todes wegen abzuschirmen, sich nicht gleich für die Zuwendung durch ein Rechtsgeschäft unter Lebenden auf den Todesfall entscheiden sollte. Mit ihm kann allerdings nur ein bestimmter Gegenstand und kein künftiges Vermögen (§ 310 BGB) zugewendet werden (Einzelstückzuwendung). Die Ansprüche der Bedachten aus den Rechtsgeschäften unter Lebenden auf den Tod sind auch bei Bedingung oder Befristung für Grundstücke durch Vormerkungen im

---

180 BGHZ 77, 264, 269f.
181 BGHZ 77, 264, 270; a.M. Hülsmeier NJW 1981, 2043; Lange/Kuchinke, 4. Aufl., § 25 V 5b (3).
182 BGH FamRZ 1969, 207.
183 BGHZ 12, 115; BGHZ 37, 319; BayObLGZ 1952, 289.
184 BGHZ 12, 115, 118; BGHZ 21, 343, 349; BGHZ 37, 331, 336.
185 MünchKomm/Leipold § 2286 Rn 5.
186 BGHZ 37, 331.
187 BGHZ 8, 23, 30f.

Grundbuch sicherbar und die Anwartschaften aus solchen bedingten oder befristeten Rechtsgeschäften genießen den Schutz gegen Zwischenverfügungen des noch berechtigten Veräußerers nach §§ 160 ff. BGB.

b) Formfreiheit

79 Verfügungen von Todes wegen sind streng formgebunden. Dies gilt für die ordentlichen Testamente (§§ 2231, 2247 BGB), die Erbverträge (§ 2276 BGB), sowie für die außerordentlichen Testamente (§§ 2249, 2250 Abs. 2, 2251 BGB). Im Recht der Verfügungen von Todes wegen gilt der Grundsatz, dass ein letzter Wille unbeachtlich ist, wenn er nicht formgültig erklärt wurde.[188] Wird eine Muss-Vorschrift verletzt, so hat dies grundsätzlich die Nichtigkeit der ganzen Verfügung von Todes wegen zur Folge (§ 125 BGB). § 2084 ist bei Formmängeln grundsätzlich nicht anwendbar.[189] Demgegenüber sind Rechtsgeschäfte unter Lebenden auf den Todesfall grundsätzlich formfrei, es sei denn, die Übertragung des Gegenstandes der Zuwendung erfordert eine Form (z.B. § 313 BGB, § 15 GmbHG). Schenkungsversprechen unter Lebenden fordern nach § 518 Abs. 1 BGB die notarielle Form, deren Mangel jedoch gem. § 518 Abs. 2 BGB durch Bewirkung, die auch noch nach dem Tod des Schenkers durch postmortalen Übermittlungsauftrag erfolgen kann, geheilt wird. Mit dem Vertrag zugunsten Dritter auf den Tod (§ 331 BGB) stellt der Gesetzgeber dem Erblasser eine Gestaltungsmöglichkeit zur Verfügung, mit der er, da sich die Formbedürftigkeit nach dem Deckungsverhältnis richtet, auch Schenkungsversprechen im Valutaverhältnis ohne Beachtung der Formvorschriften der §§ 518 Abs. 1, 2301 Abs. 1 BGB auf seinen Tod und sogar mit Überlebensbedingung vornehmen kann,[190] sofern er zu Lebzeiten den Dritten davon unterrichtet.

c) Keine Höchstpersönlichkeit und kein Verbot von Sukzessivbeurkundungen

80 Der Erblasser kann ein Testament nur persönlich, nicht durch einen Vertreter errichten (§ 2064 BGB). Auch einen Erbvertrag (§ 2274 BGB) und einen Erb- und/oder Pflichtteilsverzichtsvertrag oder Zuwendungsverzichtsvertrag (§§ 2347 Abs. 2, 2352 Satz 3 BGB) kann der Erblasser nur persönlich, nicht durch einen Vertreter schließen,[191] während sich der Vertragsgegner und der Verzichtende vertreten lassen können. Ferner ist bei einem Erbvertrag die Sukzessivbeurkundung, d.h. die getrennte Beurkundung von Angebot und Annahme (§§ 128, 152 BGB), unzulässig (§ 2276 Abs. 1 Satz 1 BGB). Diese Beschränkungen bestehen bei einem Rechtsgeschäft unter Lebenden auf den Todesfall nicht.

d) Möglichkeiten der Drittbestimmung des Zuwendungsempfängers

81 Das Recht der Verfügungen von Todes wegen wird vom Grundsatz der Selbstentscheidung des Erblassers bestimmt. Er darf grundsätzlich nicht bestimmen, dass ein anderer über die Geltung seiner Verfügungen zu entscheiden hat (§ 2065 Abs. 1 BGB) und darf vor allem nicht die Bestimmung der Person des Zuwendungsempfängers und des Zuwendungsgegenstandes einem anderen überlassen (§ 2065 Abs. 2 BGB). Dieser Grundsatz ist lediglich bei der Vermächtniszuwendung und der Begünstigung durch Auflage durchbrochen. Das Erbendrittbestimmungsverbot kann jedoch weitgehend durch Rechtsgeschäfte unter Lebenden auf den Todesfall in der Form des Vertrages zugunsten Dritter (§§ 328, 331 BGB) umgangen werden.

e) Keine Anfechtung wegen Motivirrtums

82 Als Verfügungen von Todes wegen können bindend gewordene wechselbezügliche Verfügungen in gemeinschaftlichen Testamenten (§§ 2281 ff., 2285 BGB entspr.)[192] und ver-

---

[188] Dittmann/Reimann/Bengel A Rn 99.
[189] Dittmann/Reimann/Bengel A Rn 109.
[190] BGHZ 8, 23, 31; BGHZ 66, 8, 13.
[191] BGHZ 37, 319, 321.
[192] BGHZ 37, 331, 333.

tragliche Verfügungen in Erbverträgen (§§ 2281 ff., 2285 BGB) durch den Erblasser selbst (Selbstanfechtung) und nach seinem Tod, sofern die Frist dazu noch nicht abgelaufen ist, durch die in § 2080 BGB bezeichneten Personen angefochten werden. Anfechtungsgründe sind dabei nicht nur wie bei Rechtsgeschäften unter Lebenden der Erklärungs- und der Inhaltsirrtum, sondern auch jeder Motivirrtum (§ 2078 Abs. 2 BGB), d.h. z.B. der Irrtum über die Bindungswirkung,[193] über die Erwartung des Abbaus bestehender persönlicher Unstimmigkeiten,[194] über den harmonischen Fortgang der Ehe[195] oder über die Nicht- oder Schlechterfüllung der vereinbarten Gegenleistung.[196] Ob vom Erblasser generell auf sein künftiges Anfechtungsrecht verzichtet werden kann, ist umstritten. Sicherlich kann ein solcher Verzicht nur bezüglich solcher Irrtümer anerkannt werden, mit denen der Erblasser rechnen oder die er voraussehen konnte, nicht dagegen wegen unvorhersehbarer Umstände.[197] Dieser Unsicherheit kann durch Ausweichen auf ein Rechtsgeschäft unter Lebenden auf den Todesfall begegnet werden, dessen Anfechtungsmöglichkeiten sich auf die §§ 119 ff. BGB beschränken und den Anfechtenden zusätzlich durch die Pflicht, dem Vertragsgegner den Vertrauensschaden gem. § 122 BGB ersetzen zu müssen, abschreckt.

f) Möglichkeit gegenseitiger Verträge

Wie sich aus § 34 Abs. 2 BeurkG ergibt, kann ein Erbvertrag mit einem anderen Vertrag verbunden werden und dabei auch den Charakter eines entgeltlichen Rechtsgeschäfts annehmen.[198] Trotzdem sind dann die vertragsmäßigen Leistungen, die sich die Vertragspartner gegenseitig gewähren, rechtlich voneinander abstrakt und stehen nicht in einem Verhältnis von Leistung und Gegenleistung (Synallagma) i.S. der §§ 320 ff. BGB, d.h. es **liegt kein gegenseitiger Vertrag** vor.[199] Da die ausgewogenen Vorschriften für gegenseitige Verträge bezüglich Unmöglichkeit, Rücktritt, Verzug und anderen Leistungsstörungen gem. §§ 320 ff. BGB keine Anwendung finden, muss bei einer Verbindung des Erbvertrages mit anderen Verträgen die Verklammerung durch vereinbarten Bedingungszusammenhang (§ 158 BGB) oder Geschäftseinheit (§ 139 BGB) hergestellt und die Sanktionen für Störungen des Austauschverhältnisses müssen jeweils individuell vereinbart werden. Ein reines Rechtsgeschäft unter Lebenden auf den Tod mit Gegenleistungen hat demgegenüber keine Schwierigkeiten als gegenseitiger Vertrag anerkannt zu werden. 83

g) Durchbrechung der Bindungswirkung von Erbverträgen und gemeinschaftlichen Testamenten

Im Gegensatz zu denen, die unentgeltliche Zuwendungen durch Rechtsgeschäfte unter Lebenden auf den Todesfall als Sondererbfolge ansehen oder als einseitige Zuwendung von Todes wegen besonderer Art und daher hinsichtlich ihrer Wirkung den erbrechtlichen Regeln unterstellen wollen, sieht die h.M. sie als Schenkungen unter Lebenden an und wendet daher auf sie, sofern sie einen durch Erbvertrag oder bindend gewordenes gemeinschaftliches Testament gebundenen Schenkungsgegenstand betreffen, nicht § 2289 Abs. 1 BGB, mit der Folge der Unwirksamkeit der späteren Verfügung, sondern § 2286 BGB an, sodass sie nur dann gem. §§ 2287, 2288 BGB nach dem Tod des Schenkers nach Bereicherungsrecht herauszugeben sind, wenn die Schenkung in Beeinträchtigungsabsicht, d.h. ohne lebzeitiges Eigeninteresse des Schenkers erfolgt ist.[200] Handelt es sich bei 84

193 OLG Hamm OLGZ 66, 497.
194 BGH WPM 1973, 974.
195 BayObLG FamRZ 1983, 1275.
196 OLG Hamm DNotZ 1977, 756.
197 Bengel DNotZ 1984, 132; Dittmann/Reimann/Bengel § 2281 Rn 14.
198 BGHZ 36, 65, 70 f.
199 MünchKomm/Musielak Einl. § 2274 Rn 21, § 2295 Rn 1; Knieper DNotZ 1968, 331.
200 Liessem MittRhNotK 1988, 29, 38; Staudinger/Kanzleiter § 2287 Rn 9 ff.; J. Mayer in Dittmann/Reimann/Bengel § 2287 Rn 4 ff.

einer solchen Zuwendung um einen Vertrag zugunsten Dritter auf den Tod (§ 331 BGB), so kann der gebundene Erblasser bei lebzeitigem Eigeninteresse einen bestimmten Vermögensgegenstand entgegen der Bindungswirkung auf seinen Tod übertragen, ohne zuvor auf seine lebzeitige Verfügungs- und Nutzungsmöglichkeit verzichten zu müssen.[201] Damit sie ihre evtl. Ansprüche aus §§ 2287, 2288 BGB geltend machen können, hat die Rechtsprechung[202] den durch Erbvertrag oder bindend gewordenes gemeinschaftliches Testament Bedachten unmittelbare Auskunftsansprüche gegen die vom vertraglich gebundenen Erblasser Beschenkten eingeräumt. Auch wenn sich der Erblasser eines gemeinschaftlichen Testaments zu Lebzeiten beider Ehegatten scheut, einen Widerruf seiner Verfügung in notarieller Urkunde seinem Ehegatten zustellen zu lassen (§§ 2271 Abs. 1, 2296 BGB), kann er statt dessen heimlich durch einen Vertrag unter Lebenden mit Wirkung auf seinen Tod das Offenheitsprinzip umgehen, da die analoge Anwendung der §§ 2287, 2288 BGB auf das gemeinschaftliche Testament auf die Zeit der Bindung nach dem Tod des erstversterbenden Ehegatten beschränkt ist.[203]

h) Abwicklung am Nachlass vorbei

85 Bei der im Vollzug auf den Tod des Schenkers aufschiebend befristeten Handschenkung (§ 516 BGB), dem unter Lebenden vollzogenen Schenkungsversprechen auf den Tod (§ 2301 Abs. 2 BGB) und der Schenkung durch Vertrag zugunsten Dritter auf den Tod (§ 331 BGB) fällt der Zuwendungsgegenstand beim Tod des Schenkers nicht in seinen Nachlass, sondern wird an ihm vorbeigeführt. Das kann im Einzelfall von Vorteil sein, so z. B., dass nicht wie beim Vermächtnis seine freiwillige Erfüllung vom guten Willen des Erben abhängt, sondern sich automatisch vollzieht. Ferner erstrecken sich die Rechte eines etwaigen Nacherben nicht auf den Zuwendungsgegenstand[204] und er unterfällt nicht dem Verwaltungsrecht des Testamentsvollstreckers. Allerdings schützt diese Umgehung des Nachlasses nicht vor Pflichtteilsergänzungsansprüchen und vor der Schenkungsanfechtung von Nachlassgläubigern.

i) Ersatz für Verfügungen von Todes wegen bei schreibunfähigen Stummen

86 Nach einhelliger Meinung in Rechtsprechung und Literatur[205] war bisher ein schreibunfähiger Stummer faktisch testierunfähig, da er sich mündlich nicht erklären kann und ihm wegen seiner Schreibunfähigkeit auch der Weg der §§ 2231 Nr. 2 BGB, 31 BeurkG verschlossen war. Da jedoch § 31 BeurkG nur für Verfügungen von Todes wegen galt, konnten bisher seine Willenserklärungen nur unter Lebenden gem. § 24 BeurkG durch Zuziehung einer Vertrauensperson, die sich mit ihm zu verständigen vermochte, notariell beurkundet werden.[206] Seit jedoch durch die Gesetzesänderung im OLGVertrÄndG (BGBl. I 2002 S. 2850) die Sonderregelungen für Stumme in den §§ 2233 Abs. 3 BGB, 31 BeurkG ersatzlos weggefallen sind, kann auch ein Taubstummer, mit dem eine schriftliche Verständigung nicht möglich ist, mit Hilfe eines sog. Informationstransferhelfers nach § 24 BeurkG n. F. ein notarielles Testament errichten.[207]

k) Nur Einzelzuwendung

87 Ein gewisser Nachteil der Zuwendung durch Rechtsgeschäft unter Lebenden auf den Todesfall liegt darin, dass sie nur hinsichtlich bestimmter einzelner Vermögensgegenstände oder bei notarieller Beurkundung des zum Zeitpunkt des Vertragsschlusses ge-

---

[201] BGHZ 66, 8, 14 = NJW 1976, 749; K. Schmidt JuS 1976, 395 f.
[202] BGHZ 97, 188.
[203] BGHZ 82, 274, 276; BGHZ 87, 19, 23.
[204] OLG Schleswig ZEV 1999, 107 m. Anm. Muscheler in ZEV 1999, 229.
[205] OLG Hamm NJW-RR 1994, 593 = FamRZ 1994, 993; Rossak MittBayNot 1991, 193; Ertl MittBayNot 1991, 196.
[206] Ertl, a. a. O. S. 200 f.
[207] Siehe insbesondere Rossak ZEV 1999, 254; ders. ZEV 2002, 436.

genwärtig vorhandenen Vermögens im Ganzen oder zu einem Bruchteil (§ 311b Abs. 3) vorgenommen werden können, jedoch wegen § 311b Abs. 2 nicht bezüglich des ganzen beim Tod des Schenkers vorhandenen Vermögens oder eines Bruchteils desselben.[208] Hierüber kann nur ein Erbvertrag geschlossen werden. Rechtsgeschäfte unter Lebenden auf den Todesfall können daher zwar bei Mobilien und Forderungen das dem BGB unbekannte Vindikationslegat ersetzen,[209] nicht jedoch die Gesamtrechtsnachfolge im Erbfall (§ 1922 Abs. 1 BGB).

l) Ungeeignet für Pflichtteilsminderung und Gläubigerbenachteiligung

Unentgeltliche Zuwendungen durch Rechtsgeschäfte unter Lebenden auf den Todesfall 88 eignen sich nicht mehr zum Ausschluss des Pflichtteilsergänzungsanspruchs gem. §§ 2325, 2329 BGB seit der BGH[210] die Zehnjahresausschlussfrist gem. § 2325 Abs. 3 BGB nicht mehr bereits mit der Vornahme der Leistungshandlung (Anwartschaftsbegründung) beginnen lässt, sondern erst mit dem wirtschaftlichen Leistungserfolg, d.h. in diesen Fällen mit dem Tod des Schenkers. Auch den Pflichtteilsberechtigten billigt die Rechtsprechung[211] einen unmittelbaren Auskunftsanspruch gegen den in dieser Weise beschenkten Dritten zu.

Auch die Anfechtungsfrist der Nachlassgläubiger bei unentgeltlichen Zuwendungen unter Lebenden nach dem Anfechtungsgesetz (§ 3 Abs. 1 Ziff. 3 u. 4 AnfG) läuft bei solchen Zuwendungen erst ab dem Tod, sodass sie sich auch nicht zur Gläubigerbenachteiligung eignen.

m) Kein Wegfall bei Ehescheidung

Ein gewisser Nachteil der Rechtsgeschäfte unter Lebenden auf den Todesfall ist, dass 89 die Begünstigung des Ehegatten bei einer Scheidung der Ehe nicht auf Grund der Auslegungsregel des § 2077 BGB wegfällt. Eine analoge Anwendung dieser erbrechtlichen Vorschrift z.B. auf die unwiderrufliche Bezugsberechtigung des Ehegatten in Lebensversicherungsverträgen wird von der h.M.[212] abgelehnt. Der BGH kommt allerdings dadurch zum gleichen Ergebnis, dass er wegen des Scheiterns der Ehe regelmäßig im Valutaverhältnis die Geschäftsgrundlage wegfallen lässt.[213] Dagegen soll bei unwiderruflicher Bezugsberechtigung „meiner Ehefrau" dies automatisch allein für die Ehefrau im Zeitpunkt des Versicherungsfalles gelten und nicht für die geschiedene im Zeitpunkt der Begründung der Bezugsberechtigung.[214]

6. Vergleichende Übersicht der Rechtsgeschäfte unter Lebenden auf den Tod

90

Art des Rechtsgeschäfts	einschlägige Bestimmungen	Form und Heilungsmöglichkeit	Bestandskraft beim Erbfall
1. Im Vollzug auf den Tod des Schenkers aufschiebend befristete Handschenkung (oben Rn 6)	§ 516	formlos, sofern die Übertragung nicht formpflichtig	a) bei Forderungen kein Widerruf der Erben möglich b) bei beweglichen Sachen Widerruf der Erben bis zur Über-

[208] BGHZ 8, 23, 34.
[209] Däubler ZPR 1975, 136, 144; Prot. BGB Bd. V S. 364 f.; RGZ 80, 175, 177.
[210] BGHZ 98, 226 = DNotZ 1987, 315 m. Anm. Nieder; OLG Düsseldorf NJW-RR 1997, 1497.
[211] BGHZ 55, 378; BGHZ 58, 237; BGHZ 61, 180, 183; BGHZ 89, 24, 27.
[212] BGH NJW 1987, 3131, Tappmeier DNotZ 1987, 715 m.w.N.
[213] BGH a.a.O.; Palandt/Edenhofer § 2077 Rn 9; OLG Karlsruhe NJW 1995, 1082 = FamRZ 1995, 229.
[214] BGHZ 79, 295.

Art des Rechtsgeschäfts	einschlägige Bestimmungen	Form und Heilungsmöglichkeit	Bestandskraft beim Erbfall
			gabe bzw. Besitzerlangung möglich
2. Zufällige Unterbrechung durch den Tod des Erblassers zwischen Schenkungsangebot und seinem Zugang (oben Rn 10)	§§ 130 Abs. 2, 153, 151	formlos, sofern die Übertragung nicht formpflichtig	Widerrufsmöglichkeit der Erben vor oder gleichzeitig mit dem Zugang des Angebots (§ 130 Abs. 1 Satz 2)
3. Schenkung auf den Tod ohne Überlebensbedingungen durch Auftrag und Vollmacht über den Tod hinaus (oben Rn 25)	§§ 168 Satz 1, 672 Satz 1	formlos (bestr., und zwar bei postmortalen Vollmachten mehr als bei transmortalen), sofern die Übertragung nicht formgebunden	Widerrufsmöglichkeit durch die Erben bis zum Vollzug (Wettlaufsituation), sofern der Erblasser nicht auf sein eigenes Widerrufsrecht verzichtet hat (bestr.)
4. Versprechensschenkung auf den Tod ohne Überlebensbedingung (oben Rn 15)	§ 518	notarielle Beurkundung (§ 518 Abs. 1), jedoch Heilung durch Bewirkung auch noch nach dem Tod (§ 518 Abs. 2)	
5. Versprechensschenkung auf den Tod mit Überlebensbedingung (oben Rn 4)	§ 2301 Abs. 1	Form der Verfügung von Todes wegen	Bis zum Tod des Schenkers lediglich aufhebbar wie ein Erbvertrag
6. Unter Lebenden vollzogene Versprechensschenkung auf den Tod mit Überlebensbedingungen (oben Rn 19)	§ 2301 Abs. 2	formlos = eigentlich notarielle Beurkundung (§ 518 Abs. 1), jedoch Heilung durch Vollzug nach § 2301 Abs. 2 – formgebunden, wenn Übertragungsakt formpflichtig!	Keine Widerrufsmöglichkeit der Erben, wenn die Schenkung bis zum Tod des Schenkers vollzogen war. Nach seinem Tod kein Vollzug mehr möglich, es sei denn, der Zugang der Übereignungsofferte wurde zufällig durch den Tod des Schenkers unterbrochen (bestr.) (Rn 20)
7. Vertrag zugunsten Dritter auf den Todesfall (oben Rn 35)	§§ 328, 331	formlos, sofern das Deckungsverhältnis nicht formpflichtig	a) Keine Widerrufsmöglichkeit der Erben, wenn der Versprechensempfänger zu seinen Lebzeiten dem Dritten von der Zuwendung Mitteilung gemacht hat

Art des Rechtsgeschäfts	einschlägige Bestimmungen	Form und Heilungsmöglichkeit	Bestandskraft beim Erbfall
			b) Bei bis zum Tod verheimlichten Schenkungen können die Erben bis zum Zugang der Offerte an den Dritten auf Grund eines postmortalen Übermittlungsauftrags widerrufen (Wettlaufsituation), es sei denn, der Erblasser hat auf sein eigenes Widerrufsrecht verzichtet (bestr.)

7. Rechtsgeschäfte unter Lebenden in Verfügungen von Todes wegen

91 Rechtsgeschäfte unter Lebenden können rein äußerlich in eine Verfügung von Todes wegen aufgenommen werden, ohne dadurch ihre Rechtsnatur zur verlieren. Sie müssen die auch sonst für sie geltenden Wirksamkeitsvoraussetzungen erfüllen.[215] So müssen für solche nicht erbrechtlichen Willenserklärungen die für sie vorgeschriebenen Formvorschriften eingehalten werden und es muss, soweit sie empfangsbedürftig sind, sichergestellt werden, dass sie gem. § 130 Abs. 1 dem Adressaten zugehen, was jedoch gem. § 130 Abs. 2 wirksam auch noch nach dem Tod des Erklärenden erfolgen kann.[216]

a) Widerruf einer Schenkung

92 Nach § 530 kann eine Schenkung vom Schenker wegen groben Undanks des Beschenkten widerrufen werden. Der Widerruf hat mittels formloser, einseitiger und empfangsbedürftiger Willenserklärung gegenüber dem Beschenkten zu erfolgen (§ 532 Abs. 1). Nach der h. M.[217] kann dieser **Widerruf auch in einem Testament** erklärt werden und geht dann bestimmungsgemäß unter Ausnutzung des § 130 Abs. 2 dem Beschenkten erst nach dem Tod des Schenkers zu.[218] Da allerdings die Jahresausschlussfrist für den Widerruf gem. § 532 bereits ab Kenntnis des Schenkers von der Verfehlung läuft und der Widerruf, auch wenn er in einem Testament erklärt ist, **erst mit seinem Zugang beim Beschenkten wirksam wird** (§ 130 Abs. 1), dürfte diese Widerrufsform regelmäßig nur theoretische Bedeutung haben.[219] Eine Mindermeinung[220] will allerdings entsprechend § 332 auf das Zugangserfordernis verzichten.

[215] MünchKomm/Leipold, 3. Aufl., § 1937 Rn 31; Staudinger/Otte Vorbem. zu §§ 1937–1941 Rn 11; Soergel/Stein § 1937 Rn 11; Palandt/Edenhofer § 1937 Rn 12.

[216] MünchKomm/Leipold, 3. Aufl., § 1937 Rn 31; Palandt/Edenhofer § 1937 Rn 12; Strothmann Jura 1982, 354.

[217] RGZ 170, 380, 383; Staudinger/Reuss § 531 Rn 1; RGRK/Mezger § 531 Rn 1; MünchKomm/Förschler, 3. Aufl., § 130 Rn 31; Palandt/Putzo § 531 Rn 1; Erman/Seiler, 8. Aufl., § 531 Rn 1.

[218] A. M. weil § 130 Abs. 2 nur für Fälle des unerwarteten Todes gelte: Harder FamRZ 1976, 418, 421; MünchKomm/Kollhosser, 3. Aufl., § 531 Rn 1.

[219] RGZ 170, 380, 384.

[220] Titze ZAfDR 1943, 134, 135 f.; Staudinger/Reuss § 531 Rn 1.

b) Erteilung und Widerruf einer Vollmacht

93 Auch die Vollmacht und ihr Widerruf sind formlose, einseitige und empfangsbedürftige Willenserklärungen (§§ 167, 168). Auch bei ihnen lässt die jetzt h. M.[221] die Abgabe i. S. des § 130 Abs. 1 in einer Verfügung von Todes wegen zu, auch wenn sie vor dem Tod des Vollmachtgebers weder dem Bevollmächtigten noch dem Dritten zugeht (§ 130 Abs. 2).[222] Der zur Wirksamkeit der Vollmachtserklärung notwendige Zugang an den Vertreter oder den Dritten, demgegenüber die Vertretung stattfinden soll, wird erst nach Ablieferung, Eröffnung und Bekanntmachung des Testaments möglich sein. Es ist daher Sache des Erblassers, den Zugang durch begleitende Maßnahmen sicherzustellen.[223] Z. B. kann der beurkundende Notar vom Testator und Vollmachtgeber angewiesen werden, dem Bevollmächtigten sofort nach Beurkundung eine Ausfertigung zu erteilen. Der Tod des Vollmachtgebers zwischen Abgabe und Wirksamwerden der Vollmacht durch Zugang ist nach § 130 Abs. 2 unbeachtlich, und zwar nach der h. M.[224] auch dann, wenn wie hier der Erklärende das Wirksamwerden absichtlich bis nach seinem Tod aufgeschoben hat. Die Vollmacht wirkt dann für und gegen die Erben des Vollmachtgebers.[225] Die Erben sind dadurch geschützt, dass sie die Vollmacht jederzeit widerrufen können.[226] Miterben können den Widerruf einzeln und mit Wirkung für sich erklären.[227]

Wegen der Schwierigkeiten des Nachweises der Vollmacht und ihres Zugangs wird der Kautelarjurist jedoch im Normalfall von der Aufnahme einer postmortalen Vollmacht in eine Verfügung von Todes wegen abraten und auf gesonderte Beurkundung bzw. Beglaubigung dieser Bevollmächtigung hinwirken. Lediglich eine Vollmacht an den Vermächtnisnehmer zur Erfüllung des Vermächtnisses an sich selbst ist allgemein gebräuchlich und sollte es auch bleiben.

c) Bestimmung des Dritten beim Vertrag zugunsten Dritter

94 Nach § 332 kann die in einem Vertrag zugunsten Dritter (§ 328) dem Versprechensempfänger vorbehaltene einseitige Auswechslung des Dritten im Zweifel auch in einer Verfügung von Todes wegen vorgenommen werden, ist dann eine nicht empfangsbedürftige Willenserklärung und bedarf daher nicht des Zugangs. Die Vereinbarung einer solchen einseitigen Änderungsbefugnis wird zwar nach §§ 166 Abs. 1, 180 VVG bei Kapitallebens- und Unfallversicherungen vermutet (siehe hierzu oben Rn 56), dies wird aber, da es sich um nachgiebiges Recht handelt, durch § 13 Abs. 2 ALB n. F. praktisch außer Kraft gesetzt, da danach ganz allgemein die Änderung der Bezugsberechtigung durch den Versicherungsnehmer erst mit ihrer schriftlichen Anzeige an den Vorstand des Versicherers wirksam wird.[228] Wegen dieses Anzeigeerfordernisses greift § 332 bei Lebensversicherungen in der Regel nicht ein.[229]

---

[221] KG JW 1936, 2462; LG Siegen NJW 1950, 226 = DNotZ 1950, 164; OLG Köln NJW 1950, 702 = DNotZ 1951, 36; RGZ 170, 380, 383; Grussendorf DNotZ 1950, 164; Müller, Freienfels, Die Vertretung beim Rechtsgeschäft, 1955, S. 320f.; Haegele Rpfleger 1968, 345; Staudinger/Reimann Vorbem. zu §§ 2197ff. Rn 56 m. w. N.; Soergel/Damrau § 2205 Rn 51; Staudinger/Dilcher § 167 Rn 15; MünchKomm/Thiele, 3. Aufl., § 167 Rn 11; MünchKomm/Brandner, 3. Aufl., Vor § 2197 Rn 12; Soergel/Schultze-v Lasaulx § 167 Rn 5; RGRK/Steffen § 167 Rn 3; Palandt/Heinrichs § 167 Rn 1; a. M. KG HRR 1928 Nr. 590 = DNotZ 1928, 309, KG SeuffBl. 75, 401, 403; Titze ZAkfDR 1943, 134.

[222] Staudinger/Reimann, Vor §§ 2197ff. Rn 104.

[223] OLG Köln Rpfleger 1992, 299.

[224] Medicus, AllgTeil, 3. Aufl., § 22 Rn 292.

[225] OLG Hamburg DNotZ 1967, 30, 31.

[226] OLG Hamburg a. a. O.

[227] BGH NJW 1962, 1718 = LM § 2205 Nr. 9.

[228] BGHZ 81, 95, 98 = NJW 1981, 2245; BGH DNotZ 1994, 377; Völker VersR 1992, 539; Soergel/Hadding, 11. Aufl., § 332 Rn 2.

[229] Jauernig/Vollkommer § 332 Anm. 1.

d) „Gegenleistungen" in Verfügungen von Todes wegen

Da § 2302 jeden Vertrag für nichtig erklärt, „durch den sich jemand verpflichtet (= Schuldvertrag), eine Verfügung von Todes wegen zu errichten oder nicht zu errichten, aufzuheben oder nicht aufzuheben" (siehe hierzu auch oben § 3 Rn 65), können erbrechtliche Verfügungen nicht mit Gegenverpflichtungen zu einem synallagmatischen Verhältnis verknüpft werden, d.h. nicht Gegenstand eines gegenseitigen Vertrages i.S. der §§ 320ff. sein.[230] Die erbrechtliche Verfügung und die schuldrechtliche Verpflichtung zur Leistung eines Entgelts stehen sich vielmehr in solchen Fällen wesensverschieden und grundsätzlich rechtlich selbständig gegenüber.[231] Trotzdem ist es möglich, die erbrechtliche Verfügung mit der Gegenleistungspflicht jeweils so zu verknüpfen, dass für beide Teile eine Sicherung gewährleistet ist.[232] 95

„Gegenleistung" als Zweck eines Testaments: Der Erblasser hat zur Verknüpfung seiner testamentarischen Zuwendung mit einer ihm gegenüber unter Lebenden begründeten schuldrechtlichen Leistungsverpflichtung des Bedachten verschiedene Möglichkeiten. So kann er 96

- die Erfüllung dieser Leistungspflicht **zur Bedingung** seiner letztwilligen Zuwendung zu machen,[233]
- weiter kann der Erblasser die Gegenleistung ausdrücklich **zum Motiv seiner letztwilligen Zuwendung** machen, mit der Folge, dass diese bei Nicht- oder Schlechterfüllung nach seinem Tod gem. § 2078 Abs. 2 wegen Motivirrtums anfechtbar wird,
- letztlich bleibt dem Erblasser immer der Ausweg des **Testamentswiderrufs** (§ 2253 Abs. 1).

Dem in seiner Erberwartung Enttäuschten stehen hinsichtlich der dem Erblasser erbrachten Leistungen nur die oben unter § 1 Rn 134ff. aufgeführten Ansprüche zu. 97

e) Entgeltlicher Erbvertrag

Ein Erbvertrag kann mit einem anderen Vertrag in derselben Urkunde verbunden werden (§ 34 Abs. 2 BeurkG). Dieser andere Vertrag kann auch in einer schuldrechtlichen Verpflichtung des Bedachten gegenüber dem Erblasser bestehen, die mit Rücksicht auf die erbrechtliche Zuwendung erfolgt ist (**sog. entgeltlicher Erbvertrag**). § 2295 gewährt in diesem Fall dem Erblasser ein gesetzliches Rücktrittsrecht von seinem Erbvertrag nur, wenn die in wiederkehrenden Leistungen bestehende schuldrechtliche Gegenverpflichtung des Bedachten vor dem Tod des Erblassers aufgehoben wird, nicht jedoch bei ihrer bloßen Nicht- oder Schlechterfüllung (siehe oben § 11 Rn 50). Bei **entsprechender Motivangabe** im Erbvertrag oder auf Grund der sog. unbewussten Vorstellung des Erblassers, der Bedachte werde seine vertraglichen Gegenverpflichtungen erfüllen, kann jedoch bei Nicht- oder Schlechterfüllung der Erblasser selbst gem. §§ 2281 Abs. 1, 2078 Abs. 2 den Erbvertrag wegen Motivirrtums anfechten.[234] Sicherere Wege sind allerdings entweder die Vereinbarung eines **Rücktrittsrechts** vom Erbvertrag gem. § 2293 für den Fall der Nicht- oder Schlechterfüllung der Gegenleistung (Entgeltsabrede)[235] oder die erbvertragliche Zuwendung unter die **auflösende Bedingung** der Nicht- oder Schlechterfüllung der Gegenleistung zu stellen, sodass die vertragsmäßige Verfügung automatisch außer Kraft tritt, wenn der Bedachte seiner Verpflichtung nicht nachkommt, ohne dass es eines förmlichen Rücktritts bedarf.[236] Auf jeden Fall kann der Erblasser bei Störungen der Gegen- 98

---

[230] MünchKomm/Musielak, 3. Aufl., Vor § 2274 Rn 21, 29, § 2295 Rn 1; Staudinger/Kanzleiter § 2295 Rn 3, 8; Soergel/Wolf § 2295 Rn 4; RGRK/Kregel § 2295 Rn 1, 3; Thielmann, Sittenwidrige Verfügungen von Todes wegen, 1973, S. 99ff.; Palandt/Edenhofer § 2295 Rn 1.

[231] OLG Hamburg MDR 1950, 615; Staudinger/Kanzleiter § 2295 Rn 3.

[232] Siehe insb. Lange/Kuchinke, 4. Aufl., § 25 X 2b.

[233] Thielmann, Sittenwidrige Verfügungen von Todes wegen, 1973, S. 111.

[234] Stürzebecher NJW 1988, 2717 m.w.N.; siehe auch oben § 11 Rn 50.

[235] Thielmann a.a.O.; siehe auch oben § 11 Rn 51.

[236] BayObLG Rpfleger 1976, 290; OLG Hamm Rpfleger 1977, 208 = DNotZ 1977, 751, 754.

leistung nach der h. M. nicht gem. § 326 vom Erbvertrag zurücktreten, da wegen § 2302 kein gegenseitiger Vertrag i. S. der §§ 320 ff. vorliegt.[237] War die Entgeltsabrede von vornherein nichtig oder ist sie es durch Anfechtung rückwirkend geworden, so ist bei Vorliegen eines **Einheitlichkeitswillens gem. § 139** auch der Erbvertrag nichtig.[238] Dieser Einheitlichkeitswille kann z. B. durch die Worte „Pflegevertrag und Erbvertrag bilden sein einheitliches Rechtsgeschäft i. S. von § 139 BGB" festgehalten werden. Vom Bedachten dem Erblasser bereits erbrachte Gegenleistungen können bei Unwirksamkeit des Erbvertrages nach den Regeln der ungerechtfertigten Bereicherung (§ 812 Abs. 1 Satz 2 2. Alt.) zurückgefordert werden.[239]

f) Rechtsgeschäfte unter Lebenden zur Sicherung erbrechtlicher Erwerbsaussichten

99 Da auch ein durch Erbvertrag oder bindend gewordenes gemeinschaftliches Testament bindend Bedachter vor dem Erbfall keinen, auch keinen künftigen oder bedingten Erwerbsanspruch hat, sondern nur eine nicht übertragbare und vererbliche **Erwerbsaussicht oder Erwerbschance,**[240] zwingt das verständliche Sicherungsbedürfnis des Bedachten, insbesondere wenn er sich zu „Gegenleistungen" verpflichtet hat, die Praxis zu mittelbaren Sicherungen. Diese bestehen darin, dass man neben die bindenden erbrechtlichen Anordnungen selbständige Rechtsgeschäfte unter Lebenden begründet, auf Grund deren es dem Erblasser unmöglich gemacht oder doch erschwert wird, dem bindend Bedachten seine Erwerbsaussichten zu vereiteln (siehe zu den Möglichkeiten hierzu unten § 13 Rn 28).

Schrifttum: *Gubitz,* Der Wettlauf zwischen Erben und Begünstigten beim Vertrag zugunsten Dritter auf den Todesfall ist vermeidbar!, ZEV 2006, 333. *Wall,* Wider die herrschende Meinung: Forderungsvermächtnis statt Schenkung im Valutaverhältnis des Vertrags zugunsten Dritter auf den Todesfall, ZEV 2011, 3.

---

[237] Lüke, Vertragliche Störungen beim „entgeltlichen" Erbvertrag, 1990, S. 14 ff. m. w. N.; a. M. Stürzebecher NJW 1988, 2717; ders., Rücktritt vom entgeltlichen Erbvertrag, 1987.

[238] Knieper DNotZ 1968, 331, 337; Staudinger/Kanzleiter § 2295 Rn 3; MünchKomm/Musielak, 3. Aufl., § 2295 Rn 6.

[239] MünchKomm/Musielak, 3. Aufl., § 2295 Rn 9; Staudinger/Kanzleiter § 2295 Rn 13; RGRK/Kregel § 2295 Rn 3; Palandt/Edenhofer § 2295 Rn 5; Erman/Hense/Schmidt § 2295 Rn 7; BGH NJW 1977, 950 = WPM 1977, 535 = JuS 1977, 473 m. Anm. Jochem = LM § 2302 Nr. 6.

[240] BGHZ 12, 115 = NJW 1954, 633 = DNotZ 1954, 264 m. Anm. Hieber; Palandt/Edenhofer § 2286 Rn 2, 3.

§ 5 Grundzüge des internationalen Erbrechts[1]

I. Auslandsberührung, Anknüpfungsgegenstand und Anknüpfungspunkt, Qualifikation

1. Auslandsberührung

Ein Erbfall mit Auslandsberührung liegt vor oder kann aus der Sicht bei Testamentserrichtung eintreten, wenn der Erblasser oder Testator eine fremde (auch doppelte) Staatsangehörigkeit hat, im Ausland wohnt oder dort seinen gewöhnlichen Aufenthalt hat (oder konkret zu erwarten ist, dass ein solcher Fall später möglicher Weise eintritt), Nachlassgegenstände im Ausland liegen oder eine Verfügung von Todes wegen im Ausland errichtet wurde oder errichtet werden soll. Bei einem verheirateten Testator ist auch das Güterrechtsstatut zu ermitteln (Art. 15, 14 EGBGB), da der Güterstand sich auf das Erbrecht auswirken kann (§ 1371 Abs. 1, § 1931 Abs. 4). 1

2. Vorschlag für eine Europäische Erbrechtsverordnung

Mit Datum 14. 10. 2009 hat die Kommission (Generaldirektion für Justiz, Freiheit und Sicherheit) einen Vorschlag für eine „VERORDNUNG DES DEUROPÄISCHEN PARLAMENS UND DES RATES über die Zuständigkeit, das anzuwendende Recht, die Anerkennung und die Vollstreckung von Entscheidungen und öffentlichen Urkunden in Erbsachen sowie zur Einführung eines Europäischen Nachlasszeugnisses" veröffentlicht – KOM (2009) 154 endgültig, COD 2009/0157 –.[2] Der Fortgang des Gesetzgebungsverfahrens ist derzeit nicht abschätzbar. Die Maßnahme wird auf Art. 65, 61 EG-Vertrag gestützt. Die deutsche Fassung des veröffentlichten Textes krankt auch daran, dass die Übersetzung aus dem französischen „Urtext" nicht immer präzise ist. 1a

Vorgesehene Regelungen sind unter anderem: 1b

- Die Rechtsnachfolge von Todes wegen soll dem Recht des Staates unterliegen, in dem der Erblasser im Zeitpunkt seines Todes seinen gewöhnlichen Aufenthalt hatte (Art. 16).
- Eine Rechtswahl (hinsichtlich des gesamten Nachlasses) zugunsten des Rechts des Staates, dessen Staatsangehörigkeit der Erblasser besitzt, soll zulässig sein (Art. 17 Abs. 1) und „ausdrücklich" im Wege einer Erklärung erfolgen, die den Formerfordernissen einer Verfügung von Todes wegen entspricht (Art. 17 Abs. 2).
- Für die Zulässigkeit von Erbverträgen wird auf das am Tag der Errichtung fiktiv maßgebliche Recht eines der beteiligten Erblasser abgestellt (Art. 18 Abs. 1, 2).
- Die Anwendbarkeit der lex rei sitae wird partiell zugelassen (Art. 21, 22).
- Die Anwendbarkeit der nationalen IPR-Regelungen wird ausgeschlossen (Art. 26).
- Ein Ordre public-Vorbehalt allein wegen abweichender Pflichtteilsvorschriften wird ausgeschlossen (Art. 27 Abs. 2).
- Ein Europäisches Nachlasszeugnis wird eingeführt (Art. 36 ff.). Nationale Nachlasszeugnisse werden nicht ausgeschlossen (Art. 36 Abs. 2), jedoch soll die Erteilung des Europäischen Nachlasszeugnisses nach derzeitigem Stand auch nicht von einem grenz-

[1] Siehe hierzu insb. Schotten, Das Internationale Privatrecht in der notariellen Praxis, 2. Aufl. 2007; Kroiß, Internationales Erbrecht – Einführung und Länderüberblick, 1999.

[2] Hierzu umfassend: Dörner ZEV 2010, 221 ff.; Süß ZErb 2009, 342 ff.; Kindler IPRax 2010, 44 ff.; Stellungnahme des Deutschen Notarverein (DNotV) v. 19. 1. 2010, abrufbar unter http://www.dnotv.de/_files/Dokumente/Stellungnahmen/ErbVOStellungnahmeDNotV_clean_VersandVO.pdf.

überschreitenden Bezug abhängen. Zuständig für die Erteilung sind grds. die Gerichte des Staates, in dessen Hoheitsgebiet der Erblasser im Todeszeitpunkt seinen gewöhnlichen Aufenthalt hatte (Art. 4), wobei eine Verfahrensaussetzung möglich ist mit Aufforderung an die Parteien, das Gericht des Staates anzurufen, dessen Recht der Erblasser gewählt hatte (Art. 5 Abs. 1).

1c Das Vorhaben, die Regeln im Zusammenhang mit grenzüberschreitenden Nachlassfällen zu koordinieren und auch geeignete Verfahrensregeln zu schaffen, ist zu begrüßen. Der bisherige Regelungsvorschlag lässt jedoch noch manche Fragen ungeklärt, manche wird er erst aufwerfen. Vor allem scheint die Abgrenzung zu und Synchronisierung mit den nationalen Sachenrechten, insbesondere zum Rechtserwerb im Hinblick auf die bestehenden Grundunterschiede der nationalen Rechtsordnungen (Anfalls- oder Antrittsgrundsatz) noch nicht gelöst. Auch der Regelungsvorschlag zur „Anerkennung öffentlicher Urkunden“ in Art. 34 ist hinsichtlich Zweck und Tragweite absolut unklar. Zwingend erforderlich scheinen Übergangsbestimmungen insbesondere im Hinblick auf die in Art. 16 und 17 vorgesehenen Regelungen. Das weitere Gesetzgebungsverfahren bleibt somit abzuwarten.

1d Da Inkrafttreten und finaler Inhalt noch in keiner Weise absehbar sind, ergeben sich derzeit aus dem veröffentlichten Vorschlag noch keine Pflichten für den Rechtsgestalter. Wer im Hinblick auf mögliche künftige Regelungen im Sinne der Vorschläge zu Art. 16 und 17 „vorauseilenden Gehorsam“ nicht scheut und die Klarstellung, dass dem Rechtsgestalter die derzeit gültigen Regeln des Art. 25 EGBGB nicht unbekannt sind, nicht eigenartig findet, mag, um das Verbleiben in der deutschen Rechtsordnung zu „stabilisieren“, eine vorsorgliche ausdrückliche Rechtswahl zugunsten des Rechts der Bundesrepublik Deutschland für den Fall des Wegverlegens des gewöhnlichen Aufenthalts oder des Bestehens von Wohnsitzen auch im Ausland, in Betracht ziehen.

3. Staatsvertragliche Regelung

2 Welche der nationalen Rechtsordnungen *(Sachnormen)* der am Erbfall beteiligten Staaten Anwendung finden, bestimmt sich in erster Linie (soweit nicht unmittelbar anwendbare Regelungen der Europäischen Gemeinschaft maßgeblich sind) auf Grund eines zwischen den beteiligten Staaten geschlossenen Staatsvertrages, soweit dieser unmittelbar anwendbares innerstaatliches Recht geworden ist, Art. 3 EGBGB.

3 Dies sind z. Zeit:[3]

- Deutsch-iranisches Niederlassungsabkommen vom 17. 2. 1929.[4] Nach dessen Art. 8 Abs. 3 ist für den gesamten Nachlass das Recht des Heimatstaates maßgebend. Ob dies (vorrangig vor Art. 3a Abs. 2 EGBGB) auch für in Drittstaaten belegenes Vermögen gilt, ist str.[5]
- Deutsch-Türkischer Konsularvertrag vom 28. 5. 1929.[6] Nach § 14 der Anlage zu Art. 20 (Nachlassabkommen) richtet sich die Erbfolge in Mobilien nach dem Heimatrecht und die in Immobilien nach dem Lagerecht.[7]
- Konsularabkommen zwischen der Bundesrepublik und der UdSSR vom 25. 4. 1958.[8] Nach Art. 28 Abs. 3 gilt für Immobilien Lagerecht. Dieser Vertrag gilt im Verhältnis zu den Nachfolgestaaten der früheren UdSSR – wohl – fort. Teilweise wurden ausdrückliche Vereinbarungen über die Fortgeltung geschlossen.[9]

---

[3] Schotten, IPR, Rn 263 ff.

[4] BGBl. II 1955, 829; hierzu auch Schotten/Wittkoski, FamRZ 1995, 264.

[5] Pro: Bamberger/Roth/S. Lorenz Art. 25 EGBGB Rn 11; MünchKomm/Birk Art. 25 EGBGB Rn 297; contra: Staudinger/Dörner vor Art. 25 f. Rn 152.

[6] BGBl. II 1952, 608.

[7] Hierzu Naumann RNotZ 2003, 343, 345.

[8] BGBl. II 1959, 233 u. 469.

[9] Nachweise bei Bamberger/Roth/S. Lorenz Art. 25 EGBGB Rn 13.

4. Nationales Kollisionsrecht

4 Wenn zwischen den betreffenden Staaten **kein Staatsvertrag** mit einschlägigen Bestimmungen besteht, der auf jeden Fall Vorrang hat (Staatsvertrag = lex specialis) (Art. 3 Nr. 2 EGBGB), bestimmen die international-erbrechtlichen Kollisionsnormen (Verweisungsnormen) des Staates, aus dessen Sicht der Erbfall behandelt werden soll, welche nationale Rechtsordnung Anwendung findet. Da die Kollisionsnormen der einzelnen Staaten nicht immer übereinstimmen, kann das Ergebnis, d.h. die Verweisung aus der Sicht der einzelnen Staaten, verschieden sein. Aufgabe der Kollisionsnormen ist die Festlegung von Kriterien (Anknüpfungspunkte), die über die Verknüpfung eines generell materiell-privatrechtlichen Sachverhalts (Anknüpfungsgegenstand), wie z.B. Erbrecht, Sachenrecht usw. mit einer der beteiligten Rechtsordnungen (lex causae) entscheiden. Die Kollisionsnormen für den Anknüpfungsgegenstand „Erbrecht" sind im deutschen internationalen Privatrecht (IPR) die Art. 25, 26 EGBGB.[10] Art. 25 EGBGB ist eine allseitige Kollisionsnorm, d.h. durch sie wird sowohl die Anwendbarkeit des deutschen als auch des fremden Rechts geregelt. Da beim Erbrecht Anknüpfungspunkt die Staatsangehörigkeit[11] ist, **wird jeder Erblasser aus deutscher Sicht nach seinem Heimatrecht zur Zeit seines Todes beerbt.** Die erbrechtlichen Normen seines Heimatrechts nennt man sein Erbstatut. Da man bis zum Tod eines Erblassers nicht weiß, welches Erbrecht maßgebend sein wird, ist das Erbstatut ein sog. schwebendes Statut. Bei **Doppel- oder Mehrstaatern** richtet sich gem. Art. 5 Abs. 1 Satz 1 EGBGB das Erbstatut nach dem Recht des Staates, mit dem der Erblasser am engsten verbunden war, insbesondere durch seinen gewöhnlichen Aufenthalt oder durch den Verlauf seines Lebens (**Grundsatz der effektiven Staatsangehörigkeit**). War der Erblasser jedoch **auch Deutscher,** so gilt das deutsche Erbstatut, d.h. deutsches Recht findet Anwendung (Art. 5 Abs. 1 Satz 2 EGBGB). War der Erblasser staatenlos oder kann seine Staatsangehörigkeit nicht festgestellt werden, so gilt das Erbstatut des Staates, in dem er seinen gewöhnlichen Aufenthalt oder, mangels eines solchen, seinen Aufenthalt hatte (Art. 5 Abs. 2 EGBGB). Volksdeutsche Flüchtlinge und Vertriebene mit fremder Staatsangehörigkeit und ihre Ehegatten und Abkömmlinge sind seit dem 24. 5. 1949 kollisionsrechtlich deutschen Staatsangehörigen gleichgestellt.[12] Personen, die am 1. 8. 1999 Deutsche im Sinne von Art. 116 Abs. 1 GG waren, haben an diesem Tag ex lege die deutsche Staatsangehörigkeit erworben, § 40a StAG; die Bedeutung der Gleichstellung ist insoweit entfallen. Die Einordnung (Qualifikation) des im Einzelfall gegebenen Sachverhalts unter den Anknüpfungspunkt „Erbrecht" nach Art. 25 EGBGB und damit der Umfang der Anwendung des Erbstatuts erfolgt nach den Begriffen der lex fori, d.h. des deutschen Rechts.[13]

5. Erbrechtliche Anknüpfung aus deutscher Sicht

5 Vom Blickwinkel des deutschen Rechts her betrachtet unterfallen dem Erbstatut alle mit dem Erbfall zusammenhängenden Fragen, wie z.B.: Berufung zur Erbschaft, Erbunwürdigkeit, Erbfähigkeit (ob Rechtsfähigkeit selbständig anzuknüpfende Vorfrage ist[14] oder nach Erbstatut zu prüfen ist,[15] ist str.). Testierfähigkeit, Form einer Verfügung von

[10] Das Internationale Privatrecht wurde durch Gesetz vom 25. 7. 1986 (BGBl. I S. 1142) neu geregelt. Das Gesetz, das die betreffenden Artikel des EGBGB neu fasste, trat am 1. 9. 1986 in Kraft. Seine Übergangsvorschriften befinden sich in Art. 220 EGBGB. Siehe zu den Übergangsvorschriften eingehend Dölle DNotZ 1988, 67, 69 ff.

[11] Über den Erwerb und Verlust der deutschen Staatsangehörigkeit siehe Staudinger/Blumenwitz Anhang II zu Art. 5 EGBGB und die ausländischer Staaten Anh. III zu Art. 5 EGBGB.

[12] Art. 116 GG und Art. 9 Abschn. II Z. 5 Fam. RÄndG v. 11. 8. 1961, BGBl. I S. 1222.

[13] BGHZ 24, 352 = NJW 1957, 1316; Palandt/Thorn, Einl. v. EGBGB Art. 3 Rn 27; BGHZ 29, 139; BGH FamRZ 1996, 604; OLG Düsseldorf FamRZ 1997, 61.

[14] Palandt/Thorn Art. 25 EGBGB Rn 16.

[15] Bamberger/Roth/S. Lorenz Art. 25 EGBGB Rn 24.

Todes wegen,[16] materielle Voraussetzungen und zulässiger Inhalt von Verfügungen von Todes wegen, Erbvertrag, gemeinschaftliches Testament, Testamentsauslegung, Testamentsanfechtung, Testamentsvollstreckung, Zulässigkeit und Inhalt der Vor- und Nacherbfolge, Erwerb, Annahme und Ausschlagung einer Erbschaft, Erbverzicht., Verhältnis der Erben zueinander, Pflichtteilsrecht, Pflichtteilsergänzungsanspruch, zwingendes Erbrecht des Ehegatten und der Abkömmlinge, Erbenhaftung, Anrechnung von Vorempfängen, Ausgleichspflicht, Anrechnung auf den Pflichtteil, Umfang des Nachlasses, Auskunftsanspruch gegen den Erbschaftsbesitzer, Aktivlegitimation der Miterben, Erbschaftsanspruch, Erbschaftskauf, Schenkung von Todes wegen und gesetzliches Erbrecht des Fiskus.[17]

6 Nicht unter das Erbstatut fallen der Eintritt des Todes (Personalstatut), Todeserklärung und Todesvermutung.[18] Auch das Güterrecht ist isoliert anzuknüpfen, Art. 15, 14 EGBGB.[19]

6. Berücksichtigung des IPR der ausländischen Rechtsordnung(en)

7 Parallel zur Ermittlung der aus deutscher Sicht anwendbaren Rechtsordnung(en) sollte bei erbrechtlicher Beratung (sowohl eines ausländischen Staatsangehörigen, als auch eines Deutschen mit Wohnsitz und/oder Vermögen im Ausland) jedoch auch die aus der Sicht des möglicherweise – in Betracht kommenden ausländischen Rechts anwendbare Rechtsordnung ermittelt werden; wird später ein Nachlassverfahren oder ein streitiges Verfahren im Ausland durchgeführt, wird die dortige Entscheidung aus der Sicht der ausländischen Rechtsordnung heraus ergehen. Außerdem kann das ausländische IPR zu einer Weiterverweisung auf eine dritte Rechtsordnung oder eine Rückverweisung zum deutschen Recht führen.

II. Rück- und Weiterverweisung

8 Die Verweisung durch Art. 25 EGBGB auf ein fremdes Recht erfolgt gem. Art. 4 Abs. 1 Satz 1 EGBGB grds. auf das gesamte fremde Recht (Gesamtverweisung), d. h. einschließlich dessen Kollisionsnormen.[20] Vor Anwendung der materiellen Normen des fremden Rechts ist daher zu prüfen, ob die IPR-Normen dieses Rechts die Verweisung überhaupt annehmen. Dies ist bei Ländern, die ebenfalls dem Staatsangehörigkeitsprinzip folgen, kein Problem, wohl aber bei Ländern, deren Anknüpfungspunkt das Domizil des Erblassers ist. Bei ihnen besteht die Möglichkeit, dass das IPR des fremden Staates auf das deutsche Recht ganz oder teilweise zurückverweist *(renvoi)* oder gar auf das Recht eines dritten Staates weiterverweist. Eine Rückverweisung auf deutsches Recht wird nach Art. 4 Abs. 1 EGBGB grundsätzlich angenommen.[21] Voraussetzung und Umfang einer solchen Rück- oder Weiterverweisung beurteilen (qualifizieren) sich dabei nach den Begriffen (z. B. „*Domizil*" oder „*Wohnsitz*") der fremden, verweisenden Rechtsordnung, d. h. der lex causae.[22] Die Rück- oder Weiterverweisung ist allerdings, um einen Zirkelschluss zu vermeiden, nur Sachnormenverweisung (d. h. keine IPR-Verweisung oder Gesamtverweisung), sodass die Verweisung beim deutschen Recht abgebrochen

---

[16] Art. 26 EGBGB bzw. das vorgehende jedoch gleichlautende HaagerTestÜbk.

[17] Palandt/Thorn Art. 25 EGBGB Rn 10 ff.

[18] Staudinger/Dörner Art. 25 EGBGB Rn 73 ff.; z. T. a. A. MünchKomm/Birk Art. 25 EGBGB Rn 194.

[19] Vgl. im Einzelnen Staudinger/Dörner Art. 25 EGBGB Rn 30 ff.

[20] BGHZ 28, 380 = NJW 1958, 750; BayObLGZ 1980, 276, 282 m. w. Nachw.

[21] BGH NJW 1958, 750; BGHZ 45, 351.

[22] BGH FamRZ 1980, 673 = NJW 1980, 2016, 2017; BGHZ 24, 352, 355 = NJW 1957, 1316; MittRhNotK 1986, 60.

wird (Art. 4 Abs. 1 Satz 2 EGBGB). Wird auf das Recht eines Staates mit mehreren Teilrechtsordnungen verwiesen, so bestimmt gemäß Art. 4 Abs. 3 EGBGB das Recht dieses Staates, welche Teilsrechtsordnung anzuwenden ist.

III. Nachlassspaltung

Wenn die Rück- oder Weiterverweisung gem. Art. 4 Abs. 1 EGBGB nicht das ganze zu beurteilende Rechtsverhältnis ergreift, ist sie eine partielle. Das ist bei Ländern, die in ihrem IPR für die Beerbung des unbeweglichen Nachlasses Lagerecht (= *lex rei sitae,* = Belegenheitsrecht) anwenden, der Fall und führt zur sog. **Nachlassspaltung.** Der durch Aufspaltung entstandene Nachlassteil ist dabei als selbständiger Nachlass anzusehen und entgegen dem Prinzip der Universalsukzession (Gesamtrechtsnachfolge) nach dem für ihn maßgeblichen Erbstatut so zu behandeln, als ob er der Gesamtnachlass wäre.[23] In diesen Fällen ist somit möglich, bezüglich der verschiedenen Rechten unterliegenden Erbmassen unterschiedliche Erben zu jeweils nur auf die betreffende Einzelmasse bezogenen Erbquoten einzusetzen.[24] Für jede Nachlassmasse ist ein besonderer (Eigen- oder Fremdrechts-)Erbschein auszustellen. 9

Nach Art. 3a Abs. 2 EGBGB beziehen sich Verweisungen im Internationalen Familien- und Erbrecht, die das Vermögen einer Person dem Recht eines Staates unterstellen, nicht auf Gegenstände, die sich nicht in diesem Staat befinden, und nach dem Recht des Staates, in denen sie sich befinden, besonderen Vorschriften unterliegen. Zu diesen besonderen Vorschriften, die somit dem Erbstatut vorgehen, gehören auch die Kollisionsnormen von Belegenheitsstaaten (wie z.B. Frankreich[25]), die für die Bestimmung des Sachrechts eine unterschiedliche Anknüpfung für bewegliches und unbewegliches Vermögen vorsehen.[26] Dieser Grundsatz des **Vorrangs eines Sonderstatuts** (= Einzelstatuts) gegenüber dem Gesamtstatut nach Art. 3a Abs. 2 EGBGB (Vortrittsklausel) führt nach der h.M.[27] vor allem dazu, dass auch bei einem deutschen Erblasser, der Grundstücke in einem Land mit Nachlassspaltung hat, hinsichtlich dieser das deutsche Erbstatut dem ausländischen Einzelstatut weichen muss und er deshalb bezüglich dieser Grundstücke mit allen Konsequenzen nach dem Recht des Belegenheitsstatuts beerbt wird. Ein deutscher Erbschein wäre in solchen Fällen mit der Einschränkung zu erteilen, dass er nicht die Erbfolge des in dem fremden Staat belegenen Grundbesitzes bezeugt.[28] Es verbleibt weiterhin gegenüber den Ländern mit „besonderen Vorschriften" des Belegenheitsrechts = Nachlassspaltung, wie z.B. England, Kanada, Einzelstaaten der USA, Frankreich, Belgien, Südafrika.[29] Durch die gem. Art. 25 Abs. 2 EGBGB für im Inland gelegenes unbewegliches Vermögen eines ausländischen Erblassers zulässige Rechtswahl zugunsten des deutschen Rechts kann ausnahmsweise auch nach dem Recht der Bundesrepublik Deutschland eine Nachlassspaltung eintreten. 10

Aus der Sicht der deutschen Rechtsordnung kann eine Nachlassspaltung, sieht man von staatsvertraglichen Sonderregelungen ab, in dreifacher Weise eintreten:[30] 11

---

[23] BGHZ 24, 352, 355; BayObLG NJW 1960, 775 = DNotZ 1960, 431.

[24] OLG Karlsruhe JFG 7, 135, 139; MünchKomm/Birk Art. 25 EGBGB Rn 130; Dörner DNotZ 1988, 100.

[25] BayObLG ZEV 2005, 165; Sonnenberger IPRax 2002, 170.

[26] Palandt/Thorn Art. 3a Rn 6; Schotten IPR, Rn 15; BGHZ 50, 63 = NJW 1968, 1571.

[27] Staudinger/Dörner Art. 25 Rn 554ff.; Palandt/Thorn Art. 3a Rn 6; BGH NJW 1966, 2270; BGHZ 50, 63 = NJW 1968, 1571 = DNotZ 1968, 662; BayObLGZ 59, 391 = NJW 1960, 775; LG München I Rpfleger 1990, 167 m. Anm. Lorenz.

[28] Firsching DNotZ 1960, 565, 572f.; Karle BWNotZ 1970, 78, 80; Weithase Rpfleger 1985, 267.

[29] Palandt/Thorn Art. 3a Rn 6; Dörner DNotZ 1977, 324, 336.

[30] Jayme IPrax 1986, 265, 270; Dörner DNotZ 1988, 67, 97f.

- durch eine teilweise Rückverweisung, die auf einer Nachlassspaltung im ausländischen IPR beruht (Art. 4 Abs. 1);
- durch Vorrang des Einzelstatuts (Art. 3 a Abs. 2);
- durch Rechtswahl bezüglich des unbeweglichen Inlandsvermögens eines ausländischen Erblassers (Art. 25 Abs. 2).

IV. Überblick über die erbrechtlichen Anknüpfungspunkte ausländischer Rechtsordnungen

12 Man unterscheidet zwischen Ländern mit Nachlasseinheit und solchen mit Nachlassspaltung.

Rechtsordnungen mit Nachlasseinheit knüpfen ohne Unterschied der Art der Nachlassgegenstände das Erbstatut entweder an die Staatsangehörigkeit, den letzten Wohnsitz oder das Domizil des Erblassers an. Dabei ist jedoch zu beachten, dass der Begriff „domicile“ im anglo-amerikanischen Rechtskreis nicht unserem Wohnsitz entspricht, sondern mehr dem, was wir unter Heimat verstehen. Deshalb kommt das Domizilprinzip in diesem Rechtskreis dem Staatsangehörigkeitsprinzip nahe.[31]

13 **Nachlasseinheit** haben mit

- **Staatsangehörigkeitsprinzip:** Afghanistan, Ägypten, Albanien (jedoch Belegenheitsrecht für in Albanien belegenes unbewegliches Vermögen), Algerien, Republik China (Taiwan), Finnland (solange nicht fünf Jahre gewöhnlicher Aufenthalt im Ausland besteht) Griechenland, Indonesien (jedoch Belegenheitsrecht für in Indonesien belegene Grundstücke), Irak, Italien, Japan, Kosovo, Kroatien, Kuba, Kuwait, Libanon, Libyen, Liechtenstein, Marokko, Niederlande (solange nicht fünf Jahre gewöhnlicher Aufenthalt im Ausland besteht), Österreich (für Sterbefälle seit 1. 1. 1979; Erwerbsmodus für unbewegliches Vermögen jedoch nach Belegenheitsrecht),[32] Philippinen, Polen, Portugal, Saudi-Arabien, Schweden, Serbien, Slowakei, Slowenien, Spanien, Südkorea, Syrien, Tschechische Republik, Tunesien, Ungarn, Vatikanstaat.
- **Wohnsitzprinzip (bzw. gewöhnlicher Aufenthalt):** Brasilien, Dänemark, Finnland (nach 5 Jahren im Ausland), Island, Israel, Nicaragua, Niederlande (nach 5 Jahren im Ausland), Norwegen, Schweiz.

Länder mit **Nachlassspaltung** knüpfen die Vererbung von Grundstücken an das Erbrecht des Lageorts (lex rei sitae), während sie hinsichtlich des beweglichen Nachlasses wieder entweder an die Staatsangehörigkeit, den letzten Wohnsitz oder das Domizil des Erblassers anknüpfen.

Es haben **Nachlassspaltung** mit

- **Staatsangehörigkeitsprinzip** *(Heimatrecht)* bezüglich der Mobilien und Lagerecht bezüglich der Immobilien:
  Volksrepublik China, Rumänien, San Marino, Türkei.
- **Wohnsitz- bzw. Domizilprinzip** bezüglich der Mobilien und Lagerecht bezüglich der Immobilien:
  Argentinien, Australien, Belgien, Bulgarien, Burma, Großbritannien, Irland, Frankreich, Hongkong, Indien, Kanada, Luxemburg, Monaco, Neuseeland, Pakistan, Singapur, Südafrika, Thailand, USA (alle Einzelstaaten außer Mississippi, dort ist die gesetzliche Erbfolge in beweglichen Nachlass, soweit dieser in Mississippi gelegen ist, dem Recht von Mississippi unterstellt); Zypern.
- Vererbung aller Nachlassgegenstände nach dem jeweiligen **Lagerecht:** Honduras, Mexiko, Uruguay.

[31] Raape DNotZ 1950, 183, 192.
[32] Vgl. hierzu Steiner ZEV 2003, 500.

Gemischte Systeme bestehen in: Chile, Bolivien, El Salvador, Ecuador, Kolumbien, Costa Rica, Guatemala, Panama, Venezuela, Peru und letztlich wegen der eingeschränkten Rechtswahlmöglichkeit nach § 25 Abs. 2 EGBGB Bundesrepublik Deutschland.[33] 14

V. Vorfragen

Als Vorfragen versteht man im IPR alle zur Subsumtion eines Lebensvorgangs unter eine bestimmte Kollisionsnorm präjudiziellen Fragen, wie z. B. die Wirksamkeit der Ehe bezüglich des Ehegattenerbrechts, des Kindschaftsverhältnisses bezüglich des Aszendentenerbrechts, des Güterstands, der Adoption usw. Es war streitig, ob diese Vorfragen nach dem Kollisionsrecht der *lex fori* zu beantworten sind, d.h. eine selbständige Anknüpfung stattzufinden habe[34] oder ob die Anknüpfung unselbständig, d.h. nach der *lex causae* stattfindet. Die heutige deutsche IPR-Rechtsprechung vertritt hierzu keinen radikalen Entweder-Oder-Standpunkt, sondern entscheidet nach dem Maß der Inlandsbeziehung des Einzelfalles, ob der internen oder der internationalen Entscheidungsharmonie der Vorzug zu geben ist.[35] Die Staatsangehörigkeit des Erblassers bestimmt sich jedoch in jedem Fall nach den Gesetzen des Staates, dem er angehört.[36] 15

VI. Disharmonie zwischen Güterrecht und Erbrecht

In Erbfällen mit Auslandsberührung können Disharmonien entstehen, wenn z. B., bedingt durch die verschiedenen Anknüpfungspunkte der Kollisionsnormen für Erb- und Güterrecht, diese Rechtsbereiche verschiedenen Rechtsordnungen unterfallen und gleichzeitig das anzuwendende Erbrecht vom Güterrecht bestimmt wird. Da das Güterrechtsstatut aus der Sicht des deutschen Rechts unwandelbar mit der Heirat erworben wird (Art. 15 Abs. 1 EGBGB), während das Erbstatut wandelbar bleibt (z. B. Staatsangehörigkeitswechsel und eingeschränkte Rechtswahlmöglichkeit für Ausländer) sind solche Divergenzen nicht selten. Man spricht von sog. Normenmangel, wenn z. B. das Erbstatut kein Ehegattenerbrecht kennt, weil diese Rechtsordnung die Beteiligung des überlebenden Ehegatten am Vermögen des Verstorbenen allein güterrechtlich regelt (z. B. Schweden und die französische, belgische und luxemburgische universale Gütergemeinschaft mit Zuteilung des vollständigen Gesamtgutes an den überlebenden Ehegatten *(clause d'attribution au survivant)*. Normenhäufung ist dagegen, wenn Erb- und Güterrechtsstatut die Beteiligung des überlebenden Ehegatten mit dem Ergebnis regeln, dass der Überlebende sowohl erb- wie güterrechtlich am Vermögen des Erstversterbenden beteiligt wird. Hier kann nur durch Angleichung (Anpassung) der Kollisions- und/oder Sachnormen im Einzelfall unter Berücksichtigung der Interessenlage eine Harmonisierung der verschiedenen Rechtssysteme erreicht werden.[37] 16

---

[33] Eine eingehende Übersicht über die erbrechtlichen Kollisionsnormen fremder Rechtsordnungen bieten Bamberger/Roth/S. Lorenz Art. 25 EGBGB Rn 83; Hertel in Würzburger Notarhandbuch, Teil 7 Kapitel 3 Rn 40; Staudinger/Dörner Anh. zu Art. 25 f. EGBGB.

[34] So die früher h. M. z. B. Firsching DNotZ 1952, 330, 336.

[35] BGHZ 41, 136; 46, 87; BGH NJW 73, 1619; BGH NJW 1981, 1900, 1901 a. E. für lex fori; BGHZ 43, 213, 218 = NJW 1965, 1129 im Ergebnis für Lex causae; siehe hierzu auch Wengler NJW 1981, 2617; Palandt/Thorn Einl. v. EGBGB Art. 3 Rn 29 ff. (grds. selbständige Anknüpfung); Johnen MittRhNotK 1986, 57.

[36] Palandt/Thorn Einl. v. EGBGB Art. 3 Rn 30.

[37] Palandt/Thorn Einl. v. EGBGB Art. 3 Rn 32; Bamberger/Roth/S. Lorenz Einl. IPR EGBGB Rn 90; Clausnitzer, Die güter- und erbrechtliche Stellung des überlebenden Ehegatten nach den Kollisionsrechten der Bundesrepublik Deutschland und der USA, Diss. Konstanz, 1986.

17 Streitig ist auch die Frage, ob die **Zugewinnpauschale nach § 1371 Abs. 1 BGB** güterrechtlich oder erbrechtlich zu qualifizieren ist.[38] Die überwiegende Meinung qualifiziert die Pauschale güterrechtlich[39] und gewährt sie daher grds. auch, wenn deutsches Güterrecht neben ausländischem Erbrecht anzuwenden ist, jedoch nur unter Korrektur durch Angleichung, wenn sonst unbillige Doppelbegünstigung einträte. Nach wiederum a. A. rechtfertigt die güterrechtliche Qualifizierung es nicht, den Zugewinn als Erbquote auch dann zu verwirklichen, wenn sich das Erbstatut nach ausländischem Recht richtet und dieses eine solche Erbquote nicht kennt,[40] so dass der Zugewinnausgleich nur nach den Regeln der §§ 1373 ff. erfolgen soll; §§ 1371 Abs. 3, 1372 stünden dem dann nicht entgegen.[41] Die andere Meinung qualifiziert sie erbrechtlich,[42] sodass sie nur gewährt wird, wenn Güterrecht und Erbrecht deutschem Recht unterliegen (allerdings unter Durchführung des Zugewinnausgleichs nach § 1371 Abs. 2). Eine dritte Meinung qualifiziert sie sowohl erbrechtlich als auch güterrechtlich,[43] mit der Konsequenz, dass auch dann die Erhöhung des Erbteils bei Anwendung ausländischen Rechts wegfällt. Den Vorzug verdient die güterrechtliche Qualifizierung des § 1371 Abs. 1 BGB, verbunden mit der Korrektur unbilliger Ergebnisse im Einzelfall durch Angleichung (Anpassung).[44] Für im Inland belegene unbewegliche Vermögensgegenstände kann der Zweifel dadurch behoben werden, dass der Erblasser das deutsche Erbstatut wählt (Art. 25 Abs. 2 EGBGB) und zugleich dafür mit seinem Ehegatten gem. Art. 15 Abs. 2 Ziff. 3 EGBGB das deutsche Güterrechtsstatut.[45] Die Erhöhung des Ehegattenerbteils bei der Gütertrennung durch § 1931 Abs. 4 wird von der h. M. erbrechtlich qualifiziert. Seine Anwendung bei ausländischem Güterrechtsstatut setzt jedoch eine der deutschen entsprechende ausländische Gütertrennung voraus.[46]

VII. Lebenspartnerschaft

1. Isolierte Anknüpfung

18 Ebenso wie das Bestehen einer Ehe und deren güterrechtliche Folgen ist auch für die Begründung einer Lebenspartnerschaft einerseits und deren güterrechtliche Folgen andererseits isoliert vom Erbstatut anzuknüpfen. Art. 17b Abs. 1 Satz 1 EGBGB erklärt hier das Sachrecht des Register führenden Staates für anwendbar.

2. Erbstatut

19 Für das Erbrecht von Lebenspartnern verweist Art. 17b Abs. 1 Satz 2 HS 1 EGBGB grds. auf die allgemeinen erbrechtlichen Anknüpfungsregeln. Für den Fall, dass die Lebenspartnerschaft nach der hiernach berufenen Rechtsordnung kein gesetzliches Erbrecht begründet, wird durch HS 2 die Anwendbarkeit des Rechts des Register führenden Staates festgelegt, was bei in Deutschland registrierten Lebenspartnerschaften zur Anwendbarkeit materiellen deutschen Erbrechts führen würde.

---

[38] Zum Streitstand Staudinger/Dörner Art. 25 EGBGB Rn 34 ff.; Clausnitzer/Schotten MittRhNotK 1987, 15 ff.

[39] Palandt/Thorn Art. 15 EGBGB Rn 26 m. w. N.; OLG Karlsruhe NJW 1990, 1420; OLG Stuttgart DNotZ 2005, 632 = FGPrax 2005, 168 = NJW-RR 2005, 740.

[40] OLG Stuttgart FGPrax 2005, 168.

[41] OLG Stuttgart FGPrax 2005, 168, 169.

[42] MünchKomm/Siehr Art. 15 EGBGB Rn 117; MünchKomm/Birk Art. 25 EGBGB Rn 158.

[43] OLG Düsseldorf MittRhNotK 1988, 68, 69.

[44] So LG Bonn MittRhNotK 1985, 106; Clausnitzer a. a. O.; ders. ZRP 1986, 254; ders. MittRhNotK 1987, 15; ders. IPrax 1987, 102; Palandt/Thorn Art. 15 EGBGB Rn 26.

[45] Henrich FamRZ 1986, 841, 847.

[46] Palandt/Thorn Art. 15 Rn 28.

VIII. Ordre public (Vorbehaltsklausel)

Die fremden Erbrechtsvorschriften werden gem. Art. 6 EGBGB jeweils nur unter dem Vorbehalt anerkannt, dass ihre Anwendung nicht zu einem Ergebnis führt, das mit wesentlichen Grundsätzen des deutschen Rechts offensichtlich unvereinbar ist.[47] Ferner sind die Bestimmungen des deutschen IPR und einer durch sie anzuwendenden fremden Rechtsordnung auf ihre Vereinbarkeit mit den Grundrechten zu prüfen.[48] 20

IX. Rechtswahl (Parteiautonomie)[49]

1. Rechtswahl auf der Grundlage deutschen Rechts

Eine Rechtswahl ist bei der Bestimmung des Erbrechts grundsätzlich unbeachtlich, die materiellrechtliche Testierfreiheit beinhaltet per se nicht die Befugnis zur rechtsgeschäftlichen Bestimmung des Erbstatuts,[50] soweit dies nicht durch gesetzliche Vorschrift (Art. 25 Abs. 2 EGBGB) eröffnet ist. Ein ausländischer Erblasser kann gem. Art. 25 Abs. 2 EGBGB *„für im Inland belegenes unbewegliches Vermögen in der Form einer Verfügung von Todes wegen deutsches Recht wählen"*, was sich nur auswirkt, wenn nicht ohnehin gemäß Art. 25 Abs. 1, ggf. in Verbindung mit einer Rück- oder Weiterverweisung (Art. 4 Abs. 1 EGBGB), oder auf Grund staatsvertraglicher Regelung deutsches Recht zur Anwendung kommt. Die Rechtswahl ist in folgender Weise eingeschränkt: 21

- Sie gilt **nur für unbewegliches im Inland belegenes Vermögen.** Ausländische Erblasser können deshalb, selbst wenn sie ihren gewöhnlichen Aufenthalt in der Bundesrepublik Deutschland haben, nicht für ihr Gesamtvermögen deutsches Erbrecht wählen. Sie können dies nur für ihr inländisches unbewegliches Vermögen, nicht für ihr bewegliches Vermögen und das im Ausland belegene unbewegliche Vermögen. Falls jedoch ausländische Eheleute unbedingt ihr gesamtes inländisches Vermögen deutschem Erbrecht unterstellen wollen, bietet sich die Ersatzlösung an, für ihr gesamtes Vermögen durch Güterrechtswahl gem. Art. 15 Abs. 2 EGBGB deutsches Güterrecht zu wählen und dann fortgesetzte Gütergemeinschaft (§§ 1483ff.) zu vereinbaren und dabei das inländische unbewegliche Vermögen zum Vorbehaltsgut zu erklären. Dieses Vorbehaltsgut könnte dann auf Grund Erbrechtswahl dem Überlebenden nach deutschem Erbrecht vererbt werden. Bezüglich des Restvermögens hätte der überlebende Ehegatte als Gesamtgutsverwalter zeitlebens eine starke Stellung gegenüber den gemeinschaftlichen Abkömmlingen (§ 1487 BGB). 22
- **Nur deutsches Erbrecht** kann gewählt werden und das auch nur als ganzes, d.h. auch mit den Bestimmungen über den Pflichtteil. Es können somit nur Ausländer und keine deutsche Staatsangehörige und Mehrstaater mit deutscher Staatsangehörigkeit die Rechtswahl treffen und die Ausländer haben hinsichtlich ihres unbeweglichen Inlandsvermögens lediglich die Wahl, ihr fremdes Erbstatut zu belassen oder das deutsche Erbrecht zu wählen. 23
- Die Rechtswahl darf nur in der **Form einer Verfügung von Todes wegen** getroffen werden. 24

Die Wahl deutschen Rechts bedeutet, dass der Erblasser deutsches materielles Erbrecht für maßgeblich erklären kann (Sachnormverweisung), nicht etwa auch deutsches Kollisionsrecht (Art. 4 Abs. 2 EGBGB).[51]

---

[47] Staudinger/Dörner Art. 25 EGBGB. Rn 709ff.; BGH WPM 1988, 894.

[48] BVerfGE 31, 58.

[49] Siehe hierzu insb. Riering ZEV 1995, 404.

[50] BGH NJW 1972, 1001, 1002 = DNotZ 1972, 692; BayObLGZ 1994, 40, 48; Bamberger/Roth/S. Lorenz Art. 25 EGBGB Rn 18.

[51] Palandt/Thorn Art. 4 EGBGB Rn 10.

Im Einzelnen ist hinsichtlich dieser eingeschränkten Rechtswahlmöglichkeit vieles ungeklärt und streitig. Die Zweifelsfälle sind im Wesentlichen.

25 • Da der **Begriff unbewegliches Vermögen** bisher dem deutschen IPR fremd war (§§ 864, 865 ZPO sind wegen der zwangsvollstreckungsrechtlichen Zielsetzung nicht verwertbar),[52] ist streitig, was alles unter ihn subsumiert werden kann. Unstreitig ist, dass die Auslegung des Begriffs nach deutschem Recht zu erfolgen hat.[53] Unstreitig ist ferner, dass unter den Begriff „unbewegliches Vermögen" neben dem Eigentum und Miteigentum an Grundstücken einschließlich deren Bestandteile und Zubehörstücke das Wohnungs- und Teileigentum und die Erbbaurechte fallen.[54] Weiter setzt sich im Schrifttum immer mehr die Meinung durch, dass auch die sonstigen beschränkten dinglichen Rechte einschließlich der Hypotheken und Grundschulden dem Begriff zuzuordnen sind.[55] Nicht mit umfasst sind schuldrechtliche Ansprüche auf Erwerb oder Nutzung von Eigentum oder Grundstücksrechten[56] und Anteile an Erbengemeinschaften mit Grundstücken und Grundstücksgesellschaften.[57] Eher können Anwartschaftsrechte auf Erwerb obiger Grundstücksrechte darunter gezählt werden.[58] Wegen der anderweitig nur schwer lösbaren Probleme, wenn Ehepartner, von denen zumindest einer eine Wahl deutschen Erbrechts nach Art. 25 Abs. 2 EGBGB trifft, einem gütergemeinschaftsähnlichen Güterstand ausländischen Rechts leben, wird die Auffassung vertreten, dass auch ein „Gesamtgutsanteil" in diesem Sinne „unbewegliches Vermögen" ist, wenn sich in ihm jedenfalls auch inländische Immobilien befinden.[59]

26 • Wie auch bei Art. 15 Abs. 2 Ziff. 3 EGBGB ist umstritten, ob ein ausländischer Erblasser, der in der Bundesrepublik **mehrere Grundstücke** besitzt, alle diese Grundstücke **nur** einer **einheitlichen Rechtswahl** unterwerfen kann (einheitliche oder unbeschränkte Rechtswahl) oder auch verschiedene dem deutschen Recht unterstellen kann, während es für andere bei seinem ausländischen Erbstatut verbleibt (partielle oder gegenständlich beschränkte Rechtswahl). Aus dem Gesetzeswortlaut *(„... kann für im Inland belegenes unbewegliches Vermögen ...")* kann m. E. der Zweifel nicht behoben werden. Zwar heißt es nicht *„für das"* oder *„für sein im Inland belegenes Vermögen"*, es heißt aber auch nicht *„... kann jeweils für im Inland belegene unbewegliche Vermögensgegenstände ..."* und der Sammelbegriff *„unbewegliches Vermögen"* weist eher auf eine einheitliche Rechtswahl hin,[60] insbesondere wenn die Ausnahme des Art. 25 Abs. 2 EGBGB vom Grundsatz der Nachlasseinheit seine einschränkende Auslegung nahelegt. Außerdem geht keiner derjenigen, die bei Art. 15 Abs. 2 Ziff. 3 EGBGB n. F. für die partielle Güterrechtswahl eintreten, so weit, dass er für jedes Grundstück die Wahl eines anderen deutschen Güterstandes zulassen würde[61] oder eine Rechtswahl nur hinsichtlich eines Teils des deutschen Erbrechts,[62] obwohl der unklare Gesetzeswortlaut beides decken würde. Vor allem muss sich aber m. E. aus Gründen der praktischen Handhabbarkeit die

---

[52] Bamberger/Roth/S. Lorenz Art. 25 EGBGB Rn 20.

[53] Jayme IPRax 1986, 265, 270; Lichtenberger DNotZ 1986, 644, 659; Krzywon BWNotZ 1986, 154, 159; Palandt/Thorn Art. 25 EGBGB Rn 7.

[54] Palandt/Thorn Art. 25 EGBGB Rn 7.

[55] Jayme IPRax 1986, 265, 270; Krzywon BWNotZ 1986, 154, 159; Reinhart BWNotZ 1987, 97, 101; Lichtenberger DNotZ 1986, 644, 659; Dörner DNotZ 1988, 67, 95; Palandt/Thorn Art. 25 EGBGB Rn 7.

[56] Str., a. A. BGH NJW 2000, 2421 = IPrax 2002, 40; Dörner DNotZ 1988, 67, 96.

[57] Str., BGHZ 146, 310; BayObLGZ 1998, 242; Bamberger/Roth/S. Lorenz Art. 25 EGBGB Rn 20; Reinhard BWNotZ 1987, 97, 101; Palandt/Thorn Art. 25 EGBGB Rn 7; a. A. Krzywon BWNotZ 1986, 154, 159; Dörner DNotZ 1988, 67, 95 f.

[58] So Lichtenberger DNotZ 1986, 644, 659.

[59] Döbereiner MittBayNot 2001, 264, 267 m. w. N. pro und contra.

[60] So auch Wegmann NJW 1987, 1740, 1743.

[61] Böhringer BWNotZ 1987, 109; Wegmann NJW 1987, 1740, 1743.

[62] Krzywon BWNotZ 1987, 4, 5.

Rechtswahl auf das gesamte unbewegliche Vermögen beziehen. Trotzdem tritt eine beachtliche und immer stärker werdende Meinung in der Literatur[63] unter Hinweis auf den Gesetzeswortlaut sowohl bei der Güterrechtswahl als auch bei der Erbrechtswahl für die Zulässigkeit einer partiellen Rechtswahl ein. Bei dieser Rechtslage ist dem professionellen Rechtsgestalter nach der Richtschnur des „sichersten Weges" dringend zu raten, bis zur höchstrichterlichen Klärung der Frage gegenständlich beschränkte Rechtswahlen zu unterlassen oder zumindest hilfsweise für den Fall ihrer Unzulässigkeit die unbeschränkte Rechtswahl für alles unbewegliche Inlandsvermögen treffen zu lassen.

• Umstritten ist auch, ob die in einer Verfügung von Todes wegen zu treffende **Rechtswahl** gem. Art. 25 Abs. 2 EGBGB **bindend erfolgen kann.** Art. 26 Abs. 5 Satz 1 EGBGB verweist hinsichtlich der Bindung auf die anzuwendenden Sachnormen und somit auf das deutsche Erbrecht. Damit ist die in einem Testament vorgenommene Rechtswahl jederzeit widerruflich (§ 2253). In einem gemeinschaftlichen Ehegattentestament wäre sie es dagegen nicht, wenn sie wechselbezüglich (§ 2270) und in einem Erbvertrag, wenn sie vertragsmäßig (§ 2278) erfolgen könnte. Da jedoch nach §§ 2270 Abs. 3, 2278 Abs. 2 nur Erbeinsetzungen, Vermächtnisse und Auflagen wechselbezüglich oder vertragsmäßig sein können, verneint die eine Meinung die Möglichkeit einer bindenden Rechtswahl,[64] sieht jedoch die Interessen des Partners dadurch gewahrt, dass durch den Widerruf der Rechtswahl die durch sie bedingte Gültigkeit und Bindung der vor oder gleichzeitig mit ihr errichteten Verfügungen von Todes wegen nicht berührt wird. Die Gegenmeinung, die eine vertragsmäßige oder wechselbezügliche und damit bindende Rechtswahl zulässt, sieht hierin eine zu formale Betrachtungsweise.[65] Statt sich darauf zu verlassen, sollte man im Bedarfsfall lieber die Beständigkeit der Rechtswahl durch eine auflösend bedingte Erbeinsetzung oder Vermächtniszuwendung sichern. Im Übrigen kann die Rechtswahl auch befristet oder bedingt getroffen werden.[66] 27

Die Rechtswahl muss (derzeit, und vorbehaltlich etwaiger Änderungen aufgrund europäischer Regelungen, siehe oben Rn 1 b) in den Verfügungen von Todes wegen nicht ausdrücklich erfolgen. Es genügt eine **schlüssige Rechtswahl,** z. B. durch die inhaltliche Gestaltung der Verfügung von Todes wegen unter Verwendung deutscher erbrechtlicher Begriffe.[67] Die Rechtswahl kann in einer Verfügung von Tods wegen auch isoliert vorgenommen werden und führt dann zum Eintreten der gesetzlichen Erbfolge.[68] Die Rechtswahl bedeutet, dass (soweit nicht auch zum Zeitpunkt des Erbfalls allgemein deutsches Recht als Erbstatut berufen ist) die deutschen Grundstücke als ein selbständiger Nachlass anzusehen sind und das restliche Vermögen des Erblassers als ein anderer. Jeder der beiden wird nachlassrechtlich so behandelt, als sei er der Gesamtnachlass.[69] Für die 28

[63] Zustimmend: Lichtenberger DNotZ 1986, 644, 665 u. DNotZ 1987, 300; Siehe IPRax 1987, 477, Reinhart BWNotZ 1987, 97, 102; Hoffmann DNotZ 1987, 646; Dörner DNotZ 1988, 67, 86; Röll MittBayNot 1989, 1, 6; Palandt/Thorn Art. 25 Rn 8; Bamberger/Roth/S. Lorenz Art. 25 EGBGB Rn 21; LG Mainz NJW-RR 1994, 73 = DNotZ 1994, 564; ablehnend: Kühner IPRax 1987, 69, 73; für Art. 15 Abs. 2 Ziff. 3 EGBGB n. F. Langenfeld BWNotZ 1986, 153 u. FamRZ 1987, 9, 13; Wegmann NJW 1987, 1740, 1743; Schneider MittRhNotK 1989, 33, 42; Schotten Rpfleger 1991, 186 f.; ders. DNotZ 1994, 569; zweifelnd: Henrich FamRZ 1986, 841, 847; Krzywon BWNotZ 1987, 4, 6.

[64] Dörner DNotZ 1988, 67, 91; Kühne IPRax 1987, 69, 74; Palandt/Thorn Art. 25 EGBGB Rn 8; Bamberger/Roth/S. Lorenz Art. 25 EGBGB Rn 22.

[65] So Lichtenberger DNotZ 1986, 665; Krzywon BWNotZ 1987, 6; Siehr IPRax 1987, 4, 7; Riering ZEV 1995, 404, 406.

[66] Krzywon BWNotZ 1987, 4, 6; einschränkend bezüglich der bedingten Rechtswahl: Dörner DNotZ 1988, 67, 89 f.

[67] Bamberger/Roth/S. Lorenz Art. 25 EGBGB Rn 21; Dölle DNotZ 1988, 67, 89; Krzywon BWNotZ 1987, 4, 6; Reinhart BWNotZ 1987, 97, 102.

[68] Kühne IPRax 2987, 69, 74.

[69] BGHZ 24, 352, 355; BayObLGZ 1999, 296, 302.

Nachlassschulden haften grundsätzlich beide Nachlässe, was jedoch für jeden gesondert zu prüfen ist.[70] Wählt ein verheirateter Ausländer für seine inländischen Grundstücke deutsches Erbrecht, muss er stets auch sein Ehegüterrecht beachten. Hier sollte jeweils Gleichlauf erstrebt werden, was durch parallele Güterrechtswahl gem. Art. 15 Abs. 2 EGBGB n. F. erreicht werden kann.

Formulierungsvorschlag für eine Erbrechtswahl innerhalb einer Verfügung von Todes wegen:[71]

Als Erbstatut für meinen gesamten (gegenwärtigen und zukünftigen) in der Bundesrepublik Deutschland befindlichen unbeweglichen Nachlass wähle ich hiermit deutsches Erbrecht. Es ist mir bekannt, dass sich diese Rechtswahl hinsichtlich des genannten Vermögens nicht nur auf die in dieser Urkunde enthaltenen Verfügungen von Todes wegen bezieht, sondern auf das deutsche Erbrecht als Ganzes, insbesondere auch auf die Bestimmungen über den Pflichtteil.

29 Die Rechtswahl sollte immer dann in Betracht gezogen werden, wenn der Ausländer auch künftig die Bundesrepublik als Mittelpunkt seiner Lebensinteressen wählen will. Sie schafft „klare" Verhältnisse insbesondere dann, wenn sie auch von den anderen in Betracht kommenden Rechtsordnungen anerkannt wird. Eine Rechtswahl auf deutsches Erbrecht ist auch nicht überflüssig, wenn das Heimatrecht des Ausländers ganz oder jedenfalls hinsichtlich des dem deutschen Recht unterstellten unbeweglichen Vermögens auf das deutsche Erbrecht zurückverweist (Art. 4 Abs. 1 EGBGB). Zunächst ist die Feststellung des ausländischen Rechts meist schwierig und die Rechtswahl schafft Klarheit und erspart die Kosten eines Rechtsgutachtens.[72] Sodann gibt es Fälle, in denen der fremde Staat zwar das Wohnsitzprinzip oder Lagerecht anwendet, dann aber wieder die Rückverweisung durch Art. 25 Abs. 1 EGBGB annimmt, sodass aus seiner Sicht doch wieder sein Erbrecht anzuwenden ist, während das deutsche IPR gem. Art. 4 Abs. 1 Satz 2 EGBGB deutsches Erbrecht anwendet.[73] Sodann braucht der deutsche Begriff des unbeweglichen Vermögens nicht mit dem des abzuwählenden ausländischen Rechts übereinzustimmen. Bei der bloßen Rückverweisung wäre der Begriff nach der ausländischen Rechtsordnung auszulegen,[74] bei der zusätzlichen Rechtswahl jedoch nach der uns geläufigen deutschen. Letztlich wird durch die Rechtswahl der ausländische *ordre public* ausgeschaltet, sodass Erbverzicht, Erbschaftskauf, Schenkung auf den Todesfall, gemeinschaftliches Testament, Erbvertrag und Nacherbeinsetzung möglich sind, selbst wenn das Heimatrecht dies verbietet.[75]

30 Bei der Beurkundung einer Rechtswahl ist der deutsche Notar nach § 17 Abs. 3 BeurkG, ausgenommen einer evtl. Rückverweisung auf deutsches Recht, nicht zur Ermittlung des Erbkollisionsrechts des Heimatstaates des Erblassers und zur Belehrung darüber verpflichtet.[76] Deshalb braucht er auch nicht darüber zu belehren, wie die zugunsten des deutschen Erbrechts getroffene Rechtswahl aus der Sicht seines Heimatlandes beurteilt wird und welche Folgen dies für sein Auslandsvermögen haben kann. Hat er nämlich in seinem Heimatland nicht nur unbeträchtliches Vermögen, so kann evtl. dort ein Ausgleich zugunsten naher testamentarisch übergangener Angehöriger wegen

[70] Palandt/Thorn Art. 25 EGBGB Rn 9; Bamberger/Roth/S. Lorenz Art. 25 EGBGB Rn 51.
[71] Siehe hierzu auch Lichtenberger DNotZ 1986, 645, 685; Röll MittBayNot 1989, 1, 5.
[72] Dölle DNotZ 1988, 67, 86; Basedow NJW 1986, 2977.
[73] Hoffmann DNotZ 1987, 646.
[74] Palandt/Thorn Art. 4 EGBGB Rn 1.
[75] Reinhart BWNotZ 1987, 97, 102.
[76] Lichtenberger DNotZ 1986, 644, 675 f.; Krzywon BWNotZ 1987, 4, 5; Dörner DNotZ 1988, 67, 86.

des ihnen in der Bundesrepublik entzogenen Grundvermögens erfolgen, der wirtschaftlich gesehen die hiesige Erbrechtsgestaltung aufhebt.[77] Als nobile officium – wenn nicht zusätzlich eine Ermittlung des nach ausländischem IPR anwendbaren Rechts erfolgt – sollte trotzdem bei einer Verfügung von Todes wegen mit Rechtswahl neben der unten Ziff. XIV. (Rn 47) vorgeschlagenen Belehrungs- und Haftungsausschlussklausel folgender Hinweis aufgenommen werden:

Dem Notar ist nicht bekannt und muss auch nicht bekannt sein, ob und inwieweit die getroffene Erbrechtswahl vom Heimatrecht des Erblassers anerkannt wird. Sofern der Erblasser im Ausland wesentliches Vermögen hinterlässt, könnte dessen Nachlassabwicklung im Falle einer Nichtanerkennung der Rechtswahl zu den Motiven dieser Verfügung von Todes wegen entgegenstehenden Auswirkungen führen, z. B. könnten u. U. übergangene Pflichtteils- oder Noterbberechtigte sich am Auslandsvermögen für das ihnen durch diese Verfügung von Todes wegen entgangene Inlandsvermögen schadlos halten. Es ist Sache des Erblassers, sich über die Reaktion seines Heimatlandes auf die hier getroffene Rechtswahl und ihre möglichen Folgen zu informieren. 31

Bereits vor der Neuregelung wurde es als statthaft angesehen, wenn der Erblasser in einem Testament ausdrücklich anordnete, nach welcher Rechtsordnung seine Verfügungen auszulegen sind:[78] 32

„Ich erkläre, dass für die Auslegung meiner letztwilligen Verfügung, soweit dies infolge meiner Rechtswahl nicht sowieso anzuwenden ist, deutsches Recht angewandt werden soll."

Man kann auch nicht, um zur Rechtswahl zu kommen, auf eine Schenkung (ohne Überlebensbedingung i. S. § 2301 BGB), deren Erfüllung auf den Tod des Schenkers aufgeschoben und damit nach deutscher Auffassung eine Schenkung unter Lebenden ist,[79] ausweichen. Bereits nach deutschem IPR ist nämlich streitig, ob auf solche Schenkungen das Schenkungs- oder das Erbstatut anzuwenden ist, welchen Inhalt das Schenkungsstatut hat und wenn es anwendbar ist, ob es eine Rechtswahl zulässt. Da es einen in den Rechtsordnungen einheitlichen Begriff der Schenkung auf den Tod nicht gibt, ist ihre kollisionsrechtliche Einordnung, Zulässigkeit und Wirkung in fremden Rechtsordnungen kaum vorhersehbar, sodass schon deshalb diese Rechtsform für die vorsorgende Rechtspflege im internationalen Bereich ausscheiden dürfte.[80] 33

2. Rechtswahl auf der Grundlage ausländischen Rechts

Mangels einer aus der Testierfreiheit fließenden allgemeinen Rechtswahlbefugnis kommt einer Wahlentscheidung auf der Grundlage deutschen Rechts somit nur begrenzte Bedeutung zu. Lässt jedoch die nach Art. 25 Abs. 1 EGBGB anwendbare Rechtsordnung eine weitergehende Rechtswahl zu, folgt aus der Gesamtverweisung (Art. 4 Abs. 1 EGBGB) die Anerkennung dieser Rechtswahl unabhängig davon, ob dies zur Anwendbarkeit einer ausländischen Rechtsordnung führt oder – insoweit dann über die Grenzen 34

[77] Str. zur Angleichungsproblematik vgl. Bamberger/Roth/S. Lorenz Art. 25 EGBGB Rn 51 m. w. N.

[78] BGH NJW 1972, 1001, 1002 = DNotZ 1972, 692; Nußbraum Deutsches IPR, 1932 S. 263 f.; Dölle RabelsZ 30 (1966), 205, 211 sowie die dort zitierte Rspr.; Dopffel DNotZ 1976, 347.

[79] BGHZ 8, 31; BGH NJW 1985, 1553; Bamberger/Roth/Litzenburger § 2301 Rn 6.

[80] Siehe hierzu Winkler, Die Schenkung auf den Todesfall im internationalen Privatrecht, Diss. München 1967.

von Art. 25 Abs. 2 EGBGB hinaus – zur Anwendbarkeit deutschen Rechts auf den Gesamtnachlass.[81] Führt also das deutsche IPR zur derart umfassenden Anwendbarkeit eines ausländischen Erbstatuts, so umfasst dies auch die Regelungen jener Rechtsordnung, welche die Zulässigkeit einer Rechtswahl betreffen. Macht der Erblasser hiervon Gebrauch, wird das hiernach gewählte Recht auch aus der Sicht des deutschen Rechts maßgeblich, das deutsche Recht nimmt diese Erweiterung der Parteiautonomie infolge Art. 4 Abs. 1 EGBGB hin.[82]

X. Formstatut

35 Das Formstatut ist ein Sonder- oder Spezialstatut, das für die Form eines Rechtsgeschäfts mit Auslandsberührung neben dem Grund- oder Hauptstatut, der lex causae oder, wie es im Gegensatz zum Formstatut auch genannt wird, dem Wirkungsstatut steht. Die Anknüpfungspunkte für das Formstatut fanden sich im deutschen IPR für Testamente (auch Nottestamente) und gemeinschaftliche Testamente im Haager Übereinkommen über das auf die Form letztwilliger Verfügungen anzuwendende Recht vom 5. 10. 1961[83] – TestÜbK – bezüglich der Erbverträge in Art. 11 Abs. 1 i. Verb. m. 24, 25 EGBGB a. F. Das TestÜbK ist in der Bundesrepublik seit 1. 1. 1966 und in der ehemaligen DDR seit 21. 9. 1974 in Kraft. Mit dem Zeitpunkt des Inkrafttretens ist jeweils das IPR des das TestÜbK ratifizierenden Staates in seinem Sinn abgeändert, d. h. in der Bundesrepublik ist es für letztwillige Verfügungen an die Stelle des Art. 11 Abs. 1 i. V. m. 24, 25 EGBGB a. F. getreten.[84] Nach Art. 6 TestÜbK findet es auch gegenüber Erblassern Anwendung, die keine Angehörigen eines Vertragsstaates sind, und auch, wenn das hiernach maßgebliche Recht nicht das eines Vertragsstaates ist.[85] Die Vorschriften des Haager Übereinkommens sind bei der Neuordnung in Art. 26 Abs. 1 bis 3 EGBGB aufgenommen (inkorporiert) worden. Sowohl das Haager Abkommen als auch Art. 26 bestimmen nur die Gültigkeit der Verfügung, während die Wirkungen der Verfügung sich nach dem Erbstatut richten. Auch was unter Form zu verstehen ist (Qualifikation), definiert das Abkommen nicht, dies beantwortet sich vielmehr auch weiterhin nach der lex fori. Art. 5 TestÜbK setzt lediglich fest, dass auf jeden Fall Beschränkungen und Verbote nationaler Rechte, die für Erblasser oder Testamentszeugen in Bezug auf die Staatsangehörigkeit, die Rasse, das Geschlecht oder andere persönliche Eigenschaften, wie z. B. Blind-, Stumm- oder Taubheit, Geisteskrankheit, Geistesschwäche, Verschwendung oder Trunksucht bestehen, zur Form zu rechnen sind. **Die Frage der Zulässigkeit gemeinschaftlicher Testamente gehört nicht in den Bereich der Form, sondern wird in den Ländern, die dieses Verbot haben, meist nach dem jeweiligen Erbstatut beantwortet.**[86] Eine letztwillige Verfügung (Testament) ist nach Art. 1 TestÜbK bzw. Art. 26 Abs. 1 EGBGB hinsichtlich ihrer Form gültig, wenn sie den Formerfordernissen des Staates entspricht, dessen Staatsangehörigkeit der Erblasser bei der Errichtung der Verfügung oder im Zeitpunkt seines Todes besaß oder denen, die am Ort ihrer Errichtung oder an dem Ort gelten, an dem der Erblasser im Zeitpunkt ihrer Errichtung oder seines Todes seinen Wohnsitz oder gewöhnlichen Aufenthalt hatte oder wo sich unbewegliches Vermögen befindet, das Gegenstand der Verfügung ist. Dazu kommt für das deutsche IPR, wie nach Art. 3 TestÜbK zugelassen, gem. Art. 26 Abs. 1 Ziff. 5 EGBGB die Form der lex causae, d. h.

[81] H. M.; BayObLGZ 1995, 366 = FamRZ 1996, 694, 696; Dörner DNotZ 1988, 67; Riering ZEV 1995, 404, 406; Bamberger/Roth/S. Lorenz Art. 25 EGBGB Rn 19.

[82] Lange DNotZ 2000, 332, 341; Mankowski/Osthaus DNotZ 1997, 10, 13; Sieghörtner in R/B/M Rn B. 31.

[83] BGBl. II 1965, 1145; abgedruckt bei Palandt/Thorn Anhang zu Art. 26 EGBGB.

[84] Schack DNotZ 1966, 131.

[85] Palandt/Thorn Art. 26 EGBGB Rn 1.

[86] Schack DNotZ 1966, 131, 134; Umstätter DNotZ 1984, 532.

des Erbstatuts des Erblassers.[87] Die genannten Anknüpfungsvorschriften gelten nicht nur für die Form der Errichtung einer letztwilligen Verfügung, sondern nach Art. 26 Abs. 2 EGBGB auch für ihren Widerruf. Für die Form der Erbverträge und gemeinschaftlichen Testamente gelten gem. Art. 26 Abs. 4 EGBGB die obigen Anknüpfungspunkte entsprechend. Diese Erweiterung der Vorschriften des Abkommens bedeutet jedoch lediglich eine Formerleichterung. **Über die Zulässigkeit, Gültigkeit und den Inhalt von Erbverträgen oder gemeinschaftlichen Testamenten entscheidet nach wie vor das Erbstatut des berufenen Rechts.** Sieht es in einem Verbot solcher Verfügungen von Todes wegen eine materiell-rechtliche Norm, so hilft die Anerkennung der Formgültigkeit durch das deutsche Recht im konkreten Fall nicht, so dass nach Art. 25 EGBGB anzuknüpfen ist.[88] Anderes kann sich ergeben, wenn die maßgebliche Rechtsordnung mit dem Verbot nicht materiell-rechtliche Zwecke (z. B. Erhaltung der Testierfreiheit), sondern Formzwecke verfolgt.[89]

Nicht unter das Haager Übereinkommen bzw. Art. 26 EGBGB fallen die Vorschriften über die Testierfähigkeit.[90] Soweit es sich dabei um eine Frage der Geschäftsfähigkeit handelt, muss Art. 7 Abs. 1 EGBGB geprüft werden. Soweit auf eine besondere, nur das Testieren betreffende Fähigkeit abgestellt wird, gilt das Erbstatut. 36

XI. Statutenwechsel

Staatsangehörigkeitswechsel zieht auch im internationalen Erbrecht einen Wechsel des Erbstatuts nach sich. Aus deutscher Sicht ist nach Art. 25 EGBGB für die Beerbung die Staatsangehörigkeit des Erblassers z. Zt. seines Todes, nicht eine frühere, maßgebend.[91] Dieser Grundsatz erleidet durch Art. 26 Abs. 5 Satz 1 EGBGB dahin eine Ausnahme, als ein Statutenwechsel an den Wirksamkeitsvoraussetzungen, d. h. der Formgültigkeit und Bindungswirkung bisher vom Erblasser errichteter Verfügungen von Todes wegen und seiner bisherigen Testierfähigkeit nichts ändert (**Errichtungsstatut**),[92] d. h. z. B. das von Deutschen errichtete gemeinschaftliche Testament bleibt auch gültig, wenn sie als Italiener sterben, für die diese Art von letztwilligen Verfügungen unzulässig ist. Die Testierfähigkeit unterliegt dem Erbstatut des Testierers, das anzuwenden wäre, wenn er zum Zeitpunkt der Errichtung der Verfügung verstorben wäre und wird durch einen späteren Statutenwechsel nicht beeinträchtigt (Art. 26 Abs. 5 Satz 2 EGBGB).[93] Die einmal erlangte Testierfähigkeit bleibt bestehen. 37

XII. Internationales Nachlassverfahrensrecht

1. Die internationale Zuständigkeit der Nachlassgerichte

Die Bearbeitung von Nachlasssachen ausländischer Staatsangehöriger ist nur möglich, wenn das betreffende deutsche Organ international zuständig ist. Das EuGVVO[94] und das Lugano-Übereinkommen[95] sind nach ihrem Art. 1 Abs. 2 Ziff. 1 lit. A auf erbrechtliche Streitigkeiten nicht anwendbar. Die internationale Zuständigkeit eines deutschen 38

[87] Schack DNotZ 1966, 131, 145; Palandt/Thorn Art. 26 EGBGB Rn 3.
[88] Reinhart BWNotZ 1987, 97; BayObLGZ 1957, 376; OLG Frankfurt IPrax 1986, 112.
[89] Bamberger/Roth/S. Lorenz Art. 26 EGBGB Rn 5 m. w. N. und Art. 25 EGBGB Rn 28 m. w. N.
[90] Palandt/Thorn Art. 26 EGBGB Rn 6.
[91] Bamberger/Roth/S. Lorenz Art. 25 EGBGB Rn 15.
[92] OLG Hamm NJW-RR 1996, 906.
[93] Van Venrooy JR 1988, 485.
[94] Verordnung EG Nr. 44/2001 v. 22. 12. 2000 ABl. EG Nr. L 12/2001 v. 16. 1. 2001; hierzu Piltz NJW 2002, 789; Geimer IPrax 2002, 69.
[95] BGBl. II 1994 S. 2660.

Nachlassgerichts folgt gem. § 105 FamFG nun in Bezug auf alle Verfahren der örtlichen Zuständigkeit,[96] was eine gewaltige Ausdehnung der Zuständigkeit deutscher Gerichte mit sich bringt.[97] Bis 31. 8. 2009 war die internationale Zuständigkeit eines örtlich zuständigen deutschen Nachlassgerichts für den Nachlass eines Ausländers nur gegeben, wenn durch Staatsvertrag oder Rückverweisung oder zulässige Rechtswahl mindestens teilweise deutsches materielles Erbrecht auf den Fall anzuwenden war (**Gleichlaufgrundsatz = Gleichlauf von deutschem materiellen und Verfahrensrecht**).[98] Ausnahmen von dieser Regel waren schon bisher

- die Erteilung eines sog. Fremdrechtserbscheins nach § 2369 BGB a. F. mit Wirkung für im Inland befindliche Nachlassgegenstände,[99]
- die Anordnungen von vorläufigen Sicherungsmaßnahmen (§ 74 FGG),[100] wie Maßnahmen nach § 1960, Inventarerrichtung[101] und die Eröffnung von Verfügungen von Todes wegen.[102]
- Teilweise wird bereits nach altem Recht eine internationale Zuständigkeit deutscher Nachlassgerichte auch in Fällen angenommen, in denen der Erblasser beim Tod in Deutschland seinen Aufenthalt gehabt hat, er früher Deutscher war oder Nachlassgegenstände sich im Inland befinden **und eine Ablehnung der Zuständigkeit zur Rechtsverweigerung führen würde,** weil das Heimat- oder Wohnsitzgericht nicht tätig wird und die Anwendung ausländischen Rechts zu deutschem Recht ähnlichen Maßnahmen führt (**Notzuständigkeit**).[103]
  - Umstritten war, ob auch die Erbschaft angenommen oder ausgeschlagen werden konnte.[104]

Örtlich zuständig ist gemäß § 343 FamFG

- das Nachlassgericht des letzten Wohnsitzes oder Aufenthalts des Erblasseres (§ 343 Abs. 1 FamFG)
- das Amtsgericht Schöneberg in Berlin für deutsche Erblasser aufgrund der Hilfszuständigkeit gemäß § 343 Abs. 2 FamFG (mit der Möglichkeit aus wichtigen Gründen an ein anderes Gericht zu verweisen),
- für ausländische Erblasser ohne Wohnsitz oder Aufenthalt im Inland jedes Gericht, in dessen Bezirk sich Nachlassgegenstände befinden (§ 343 Abs. 3 FamFG).

2. Die internationale Zuständigkeit der Notare

39 Werden deutsche Notare im Inland tätig, sind sie grundsätzlich auch dann international zuständig, wenn an dem Beurkundungsakt ausländische Staatsangehörige oder Personen mit ausländischem Wohnsitz beteiligt sind oder wenn sich die Urkunde auf im Ausland belegene Gegenstände bezieht.[105] Nach h. M. gilt die Urkundsgewährungspflicht des § 15 BNotO grds. auch in Fällen mit Auslandsberührung.[106] § 15 Abs. 1 Satz 2 BNotO

[96] Keidel/Engelhardt FamFG § 105 Rn 3.
[97] Heinemann, FamFG für Notare, 2009, Rn 290.
[98] Pinckernelle/Spreen DNotZ 1967, 195; BGHZ 49, 1; BayObLG FamRZ 2003, 1594; FamRZ 2005, 310; OLG Zweibrücken ZEV 2001, 488; KG FamRZ 2001, 794; Keidel/Zimmermann, § 343 FamFG Rn 50.
[99] BayObLG MittRhNotK 1995, 105.
[100] Palandt/Thorn Art. 25 EGBGB Rn 19; Bamberger/Roth/S. Lorenz Art. 25 EGBGB Rn 64.
[101] BayObLGZ 1965, 423.
[102] BayObLG OLGE 40, 160.
[103] Siehe dazu Heldrich NJW 1967, 417; Firsching Rpfleger 1972, 1, 4 ff.; OLG Zweibrücken OLGZ 1985, 413, 416; BayObLGZ 1986, 466, 469 = NJW 1987, 1148.
[104] Dafür: BayObLGZ 1965, 423, 429; BayObLGZ 1976, 151; Ultsch, MittBayNotK 1995, 6; dagegen: BayObLG ZEV 1994, 175.
[105] Blumenwitz DNotZ 1966, 712 ff.; Eder BWNotZ 1982, 74.
[106] N. Zimmermann in Beck'sches Notarhandbuch Teil H Rn 3.

schließt lediglich eine Pflicht zur Beurkundung in einer Fremdsprache aus, nicht zu einer Beurkundung für einen Sachverhalt mit einem Bezug zu einer fremden Rechtsordnung. Das Gesetz sieht in einer Auslandberührung als solcher keinen ausreichenden Grund zur Urkundsverweigerung. Ein solcher Grund i. S. § 15 Abs. 1 Satz 1 BNotO kann jedoch vorliegen, wenn die Beteiligten einen vom Notar gewünschten Vermerk i. S. § 17 Abs. 3 Satz 1 BeurkG nicht zulassen wollen[107] oder wenn besonders schwerwiegende Zweifel rechtlicher oder tatsächlicher Art bestehen, welche etwa dazu führen, dass mit der Vornahme einer Beurkundung die Gefahr einer Schädigung anderer Personen verbunden wäre.[108]

XIII. Handlungsanweisung für Verfügungen von Todes wegen mit Auslandsberührung[109]

Wer eine Verfügung von Todes wegen entwirft oder beurkundet, muss jeweils darauf achten, ob nicht ein Fall mit Auslandsberührung vorliegt oder er später kollisionsrechtlich relevant werden könnte. Der fremdländisch klingende Namen oder Akzent, oder der ausländische Wohnsitz eines Beteiligten müssen - trotz des Risikos, sich dem Vorwurf der Diskriminierung auszusetzen – zur Frage nach der Staatsangehörigkeit veranlassen.[110] Ein weiteres Indiz ist die Lage von Vermögensgegenständen im Ausland. 40

Sofern eine Auslandsberührung vorliegt, ist der deutsche Anknüpfungspunkt festzustellen, und zwar, falls keine Staatsverträge vorgehen, nach Art. 25 EGBGB (Staatsangehörigkeit) oder Art. 3 a Abs. 2 EGBGB (Einzelstatut der auslandsbelegenen Sache). Dabei ist bei Vorfragen (Güterstand, Ehelichkeit der Abkömmlinge usw.) zu prüfen, ob für sie nicht selbständige Anknüpfungspunkte gegeben sind, die das Statut der Hauptfrage verdrängen. 41

Sofern die deutsche Kollisionsnorm auf fremdes Erbrecht (Erbstatut) verweist, sind zunächst 42

- dessen Kollisionsnormen zu prüfen, ob sie nicht ganz oder teilweise (Nachlassspaltung) auf deutsches Recht zurückverweisen oder gar auf ein drittes Recht weiterverweisen;[111] trifft dies nicht zu, ist
- auf Grund der erbrechtlichen Sachnormen des fremden Erbstatuts zu prüfen, ob die vom Erblasser gewünschte Verfügung zulässig ist.

Nach deutscher Sicht ist für Verfügungen von Todes wegen die Ortsform auf jeden Fall ausreichend.[112] Soll die Verfügung auch in einem anderen Land Geltung haben, ist auch die dort geforderte Form zu ermitteln und anzuwenden.[113] Da in vielen Rechtsordnungen streitig ist, ob die Pflicht zur Zuziehung von Zeugen bei der Beurkundung eine Frage des formellen oder materiellen Rechts ist, sollten im Zweifel immer Zeugen zugezogen werden (von Bedeutung ist die Zuziehung von drei unbeteiligten Zeugen insbesondere im Hinblick auf einige Bundesstaaten der USA).[114] Besondere Vorsicht ist geboten, wenn ein gemeinschaftliches Testament oder ein Erbvertrag errichtet werden soll, weil viele Staaten diese Verfügungen von Todes wegen nicht zulassen, d. h. entweder ausdrücklich verbieten oder aber im Gesetz keine Regelung vorsehen.[115] 43

---

[107] Reithmann in Schippel/Bracker § 15 Rn 56 f.
[108] Eylmann/Vaasen/Frenz § 15 BNotO Rn 25.
[109] Siehe hierzu insb. von Oertzen ZEV 1995, 167.
[110] BGH DNotZ 1963, 315 ff.; Grader DNotZ 1959, 563, 566 f.; Sturm FS Ferid, 417, 428.
[111] Zur Ermittlung des anwendbaren Rechts vgl. Horn ZEV 2008, 73 ff.
[112] Siehe hierzu Art. 26 Abs. 1 Ziff. 2 EGBGB und Art. 1 TestÜbK.
[113] Länderübersicht bei Hertel in Würzburger Notarhandbuch Teil 7 Kapitel 3 Rn 141.
[114] Hertel a. a. O. (vorherige Fn) Rn 141, 156.
[115] Seibold BWNotZ 1979, 158; eingehend mit Länderübersicht Umstätter DNotZ 1984, 532; ferner Lange/Kuchinke § 24 I 2.

44 Muss die Verfügung wegen Nachlassspaltung, Belegenheit des Nachlasses in verschiedenen Staaten, Beteiligung von Personen mit verschiedenem Erbstatut oder vorauszusehendem Statuswechsel in mehreren Ländern Wirksamkeit entfalten, so muss die Prüfung ihrer formellen und materiellen Gültigkeit aus der Sicht jedes dieser Länder vorgenommen werden. Danach muss durch entsprechende Gestaltung versucht werden, ihre Rechtsbeständigkeit und den Gleichlauf ihrer Wirkungen in den verschiedenen Ländern zu erreichen.[116] Diese Untersuchungen kann der Rechtsanwalt oder Notar, wenn er sich dazu befähigt fühlt, auf Grund der einschlägigen deutschen Literatur selbst vornehmen.[117] Standardwerke dazu sind: Ferid/Firsching/Dörner/Hausmann, Internationales Erbrecht, 9 Bde. Loseblatt Stand Sept. 2010; Riering, IPR-Gesetze in Europa, 1997; Staudinger/Dörner Internationales Erbrecht (Art. 25–26), 2007; Süß/Haas, Erbrecht in Europa, 2004. Einen Überblick über das Ehe- und Erbrecht ausgewählter Staaten geben auch Hertel/Süß in Würzburger Notarhandbuch, 2. A. 2010, Teil 7 Kapitel 4. In schwierigen Fällen sollte der Notar den Beteiligten jedoch die Einholung eines Gutachtens einer der in DNotZ 2003, 310 aufgeführten Sachverständigen für ausländisches und internationales Privatrecht anraten, wozu ihn Sturm FS Ferid S. 417, 429 aus dem Gesichtspunkt der Betreuungspflicht heraus sogar für verpflichtet hält. Auskunftsersuchen nach dem Europäischen Rechtsauskunftsübereinkommen können Notare und Rechtsanwälte nicht stellen.[118] In DNotZ 1979, 130 sind jedoch diejenigen ausländischen Notarorganisationen und Notare aufgeführt, die bereit sind, auf kollegialer Basis Auskünfte über ihre nationalen Rechte zu erteilen. Notare können sich des Deutschen Notarinstituts in Würzburg bedienen.

45 Ohne genaue Untersuchung des fremden Rechts einschließlich seiner Kollisionsnormen sollte nur bei naher Todesgefahr des Erblassers[119] oder wenn die Beteiligten von sich aus die Wirksamkeit der Verfügung kraft eigener Kenntnis des ausländischen Rechts behaupten[120] eine letztwillige Verfügung beurkundet oder entworfen werden. Da viele Rechtsordnungen eine Bindung an Verfügungen von Todes wegen durch Erbvertrag oder gemeinschaftliches Testament ablehnen, sollte man in solchen Fällen jedenfalls getrennt testieren lassen.[121] Sodann empfiehlt sich die Aufnahme einer von Kohler DNotZ 1961, 195 angeregten Teilunwirksamkeitsklausel etwa mit folgendem Inhalt:

46 Sind einzelne der letztwilligen Verfügungen in Ländern, in denen sie Wirkung entfalten sollen, ganz oder teilweise unwirksam oder unanwendbar, oder ist eine Berufung hierauf ausgeschlossen, so sollen sie jeweils, soweit zulässig, in erster Linie durch Auslegung, dann durch Umdeutung und letztlich durch Bestimmung eines vom Nachlassgericht zu ernennenden Testamentsvollstreckers oder der entsprechenden Person im fremden Recht durch diejenige zulässige Regelung ersetzt werden, die dem Zweck der unzulässigen Verfügung am nächsten kommt. Mangels einer passenden Ersatzregelung ist das Interesse des Bedachten in Geld zu ersetzen.

46a Die Risiken einer Unwirksamkeit oder Unanwendbarkeit nach ausländischem Recht werden gemindert bei Einhaltung folgender Faustregeln:[122]
- Insbesondere bei Relevanz für USA ggf. Zuziehung von drei unbeteiligten Zeugen
- Vorsorglich nur einseitiges Testament, kein gemeinschaftliches Testament oder Erbvertrag

[116] Blumenwitz DNotZ 1968, 712, 724; Sturm FS Ferid S. 417, 424 f.
[117] Grader DNotZ 1959, 563, 576.
[118] Wolf NJW 1975, 1583, 1584.
[119] Sturm FS Ferid S. 430.
[120] Josef DNotZ 1930, 123; Grader DNotZ 1959, 563, 576.
[121] Raape DNotZ 1950, 183, 190.
[122] Hierzu auch Hertel in Würzburger Notarhandbuch Teil 7 Kapitel 3 Rn 156.

- Möglichst einfache Regelungen, insbesondere Erbeinsetzung und Vermächtnis
- Testamentsvollstreckung wegen divergierender Bedeutung in anderen Rechtsordnungen meiden; bei Common Law-Bezug ggf. vorsorglich, für den Fall dass der Erbe nach der maßgeblichen Rechtsordnung von der Verwaltung den Nachlass (jedenfalls vorübergehend) ausgeschlossen ist, den Erben selbst, ersatzweise eine andere Person als „executor" benennen.

XIV. Eingrenzung der Verantwortung in Fällen mit Auslandsbezug

Grundsätzlich ist es dem Notar ebenso wie jedem anderen Träger eines öffentlichen Amtes versagt, sich von der Haftung für Amtspflichtverletzungen freizuzeichnen.[123] Nach § 17 Abs. 3 Satz 2 BeurkG braucht der Notar jedoch über den Inhalt ausländischer Rechtsordnungen nicht zu belehren und sie demnach auch nicht zu kennen.[124] Ihre Kenntnis fällt somit nicht unter seine Amtspflichten. Streitig ist hierbei nur, ob er die deutschen und fremden Kollisionsnormen kennen und über sie belehren muss oder ob er, wie die wohl h. M. annimmt, **wenigstens die deutschen Kollisionsnormen einschließlich der Staatsverträge kennen muss**, zur Prüfung etwaiger Rück- oder Weiterverweisungen aber nicht zwingend verpflichtet ist.[125] Auch der beratende Rechtsanwalt hat in vollem Umfang dafür einzustehen, dass er die in Deutschland geltenden Vorschriften des Internationalen Privat- und Zivilverfahrensrechts kennt, richtig anwendet und den Mandanten über die sich daraus ergebenden Folgen umfassend berät und aufklärt.[126] Dagegen ist auch er nicht verpflichtet, ausländisches Recht zu kennen und richtig und im Interesse des Auftraggebers zu berücksichtigen.[127] Nach § 17 Abs. 3 Satz 1 BeurkG hat der Notar die Beteiligten darauf hinzuweisen, dass das beurkundete Geschäft fremdem Recht unterliegen kann oder zumindest hinsichtlich der Geltung deutschen Rechts Zweifel bestehen (Hinweispflicht). Er hat dies in der Urkunde zu vermerken, macht sich jedoch, falls der Hinweis erfolgt ist, durch das Unterlassen des Vermerks nicht haftpflichtig.[128] Der Hinweis ist nur erforderlich, wenn die Umstände des Falles (insbesondere ausländisch klingender Name, fremdländischer Akzent oder (bekannt gewordener früherer, jetziger oder erkennbarer künftiger) ausländischer Wohnsitz/gewöhnlicher Aufenthalt) Anlass geben, an die Möglichkeit von Auslandsbeziehungen zu denken.[129] Nimmt der Notar diesen Hinweis in die Urkunde auf und die Beteiligten nehmen trotz der ungeklärten Rechtslage keinen Abstand von der Beurkundung, kann er – insofern dann grds. ohne das Risiko einer Haftung – nach und auf Grund deutschen Rechts verfahren und haftet nicht, falls die Urkunde ganz oder teilweise unwirksam ist, weil tatsächlich fremdes Recht Anwendung findet.[130] Von Interesse ist hierzu auch die Auffassung der Rechtsprechung,[131] wenn deutsche Beteiligte einen ausländischen Notar aufsuchten, komme dies einem Verzicht auf Belehrung gleich, da von ihm regelmäßig keine Kenntnis des fremden 47

[123] Schneider NJW 1962, 705, 709; Schramm in Schippel/Bracker § 19 Rn 100 f.; Eylmann/Vaasen/Frenz § 19 BNotO Rn 4; RG JW 1913, 1152.

[124] OLG Düsseldorf NJW-RR 1995, 1147.

[125] Sturm FS Ferid 1978 S. 417, 422 m. w. N. pro und contra; Lerch BWNotZ 1997, 5356; Haug, Amtshaftung des Notars, Rn 500 f.

[126] Sieg ZAP, Fach 23, S. 239, 247; siehe auch Rinsche/Schlüter, Anwaltstätigkeit im internationalen Bereich, ZAP, Fach 23, S. 115; Sieg, Haftung des Rechtsanwalts bei der Zusammenarbeit mit ausländischen Anwälten, ZAP, Fach 23, S. 341.

[127] Sieg ZAP Fach 23, S. 248.

[128] BGH DNotZ 1974, 296.

[129] BGH DNotZ 1963, 315.

[130] Sturm FS Ferid S. 417, 427, 433; Reithmann in Schippel/Bracker § 15 Rn 56 f.; Grader DNotZ 1959, 563, 569 f.

[131] BGH DNotZ 1981, 451, 453.

Rechts und damit eine umfassende Belehrung erwartet werden könne. Die Hinweispflicht besteht auch für den beratenden Rechtsanwalt.[132] Belehrt der Notar jedoch über das ausländische Recht, und das ist letztlich immer der Fall, wenn er die Urkunde entsprechend dem fremden Recht abzufassen versucht, muss die Belehrung richtig sein. Dies folgt aus dem Grundsatz, dass eine Auskunft sachgerecht, unmissverständlich und vollständig zu erteilen ist, auch wenn eine Pflicht zu ihrer Erteilung nicht besteht. Sorgfältige Abfassung des Hinweises ist geboten, da die allgemeinen Versicherungsbedingungen vieler deutscher Haftpflichtversicherungen den Versicherungsschutz für Schäden ausschließen, die wegen Verletzung oder Nichtbeachtung ausländischen Rechts (oder jedenfalls bestimmter Rechtsordnungen) entstehen.

Formulierungsvorschlag für eine Haftungsausschlussklausel:

Der Notar weist den Erblasser darauf hin, dass auf seinen Nachlass (auch) ausländisches Erbrecht zur Anwendung kommen kann (auch in Bezug auf Regelungen, welche er im Rahmen dieser Urkunde treffen möchte), jedoch auch die Möglichkeit der Rückverweisung auf deutsches Erbrecht besteht. Es gehört nicht zu den Amtspflichten eines deutschen Notars, ausländisches Recht einschließlich der ausländischen Rückverweisungsnormen zu kennen. Die Hinweise des Notars beziehen sich ausschließlich auf deutsches Recht, auch soweit im Text Bezüge zu möglicher Weise anwendbaren Regelungen einer ausländischen Rechtsordnung anklingen. Der Erblasser wurde darauf hingewiesen, dass die Möglichkeit besteht, ein Gutachten eines Universitätsinstituts für ausländisches und internationales Privatrecht einzuholen. Der Erblasser will davon jedoch keinen Gebrauch machen, sondern bestand auf der sofortigen Beurkundung des Testaments in dieser Form und mit diesem Inhalt und befreit den Notar, soweit für diesen keine Belehrungspflicht besteht, von jeglicher Haftung.

48 Wünschenswert ist, dass sich die Rechtsprechung (oder der Gesetzgeber) der Auffassung anschließt, dass das „Alles oder nichts" – Prinzip in Bezug auf die Belehrung über ausländisches Recht zuungunsten der Beteiligten wirkt. Wenn es dem Berater wirksam möglich wäre, offenzulegen, dass er sich um Kenntnis nur der Grundzüge der fraglichen Regelungen der – möglicher Weise oder wahrscheinlich – anwendbaren Rechtsordnung bemüht hat, welche Erkenntnisquellen er hierzu herangezogen hat, und was das Ergebnis dieser Überlegungen ist, und dass sich seine Amtspflichten nur auf diese hinsichtlich des Umfangs und der Intensität und der Quellenforschung eingeschränkte Maßnahme bezieht, würden wahrscheinlich weniger nur eingeschränkt sachgerechte Verfügungen von Todes wegen entstehen.

XV. Das Erbrecht der ehemaligen DDR und seine Überleitung

49 Im Hinblick auf den zeitlichen Abstand zur Wiedervereinigung wird auf die Ausführungen in der 3. Auflage, Rn 49–51 verwiesen.

Schrifttum: *Basedow,* Die Neuregelung des Internationalen Privat- und Prozeßrechts, NJW 1986, 2971; *Böhringer,* Die Rechtswahl nach Art. 220 III 1 Nr. 2 und 15 II Nr. 3 EGBGB und die Auswirkungen auf den Grundstückserwerb, BWNotZ 1987, 104; *Bünten,* Grundzüge des schweizerischen Ehe- und Erbrechts unter Einschluß des internationalen Privatrechts, MittRhNotK 1984, 1; *Clausnitzer,* Die güter- und erbrechtliche Stellung des überlebenden Ehegatten nach den Kollisionsrechten der Bundesrepublik Deutschland und der USA, Diss. Konstanz 1986; *Clausnitzer/Schotten,* Zur Anwendbarkeit des § 1371 Abs. 1 BGB bei ausländischem Erb- und deutschem Güterstatut, MittRhNotK 1987, 15; *Döbereiner,* Die Rechtswahl nach Art. 25 Abs. 2 EGBGB bei ausländischem

[132] OLG Hamm OLGE 1995, 250.

Güterrechtsstatut, MittBayNot 2001, 264; *Dörner,* Probleme des neuen Internationalen Erbrechts, DNotZ 1988, 67; *Dopfel,* Deutsch-englische gemeinschaftliche Testamente, DNotZ 1979, 335; *Eder,* Die internationale Zuständigkeit des deutschen Notars, BWNotZ 1982, 74; *Eckernkamp,* Die Abwicklung deutsch-französischer Erbfälle in der Bundesrepublik Deutschland, BWNotZ 1988, 158; *Fetsch,* Auslandsvermögen im Internationalen Erbrecht, (Teil 1), RNotZ 2006, 1; (Teil 2), RNotZ 2006, 77; *Flick/Piltz,* Der Internationale Erbfall, 2. A. 2008; *Geimer,* Salut für die Verordnung (EG) Nr. 44/2001 (Brüssel I-VO) – Einige Betrachtungen zur „Vergemeinschaftung" des EuGVÜ, IPRax 2002, 69; *Heinen,* Zum Erbstatut des Mehrstaaters mit deutscher Staatsangehörigkeit, MittRhNotK 1985, 34; *Horn,* Wie wird bei einem internationalen Erbfall das anzuwendende in- oder ausländische Erbrecht ermittelt?, ZEV 2008, 73; *Jayme,* Das neue IPR-Gesetz – Brennpunkte der Reform, IPRax 1986, 265; *Kiefer,* Grundzüge des internationalen Erbrechts, MittRhNotK 1977, 65; *Klinke,* Deutsch-niederländisches Ehegüterrecht im Wandel der Zeiten, MittRhNot 1984, 45; *Koenigs,* Grundzüge des niederländischen Erbrechts, MittRhNotK 1987, 237; *Kroiß,* Internationales Erbrecht – Einführung und Länderüberblick, 1999; *Krzywon,* Der Begriff des unbeweglichen Vermögens in Artikel 25 Abs. 2 EGBGB, BWNotZ 1986, 154; *ders.,* Die Rechtswahl im Erbrecht, BWNotZ 1987, 4; *Kühne,* Die außerschuldvertragliche Parteiautonomie im neuen Internationalen Privatrecht, IPRax 1987, 69; *Lange,* Rechtswahl als Gestaltungsmittel bei der Nachfolgeplanung, DNotZ 2000, 332; *Langenfeld,* Hinweise zur Rechtswahl nach Art. 15 II EGBGB, BWNotZ 1986, 153; *ders.,* Ehevertragsgestaltung nach Ehetypen, FamRZ 1987, 9; *Lichtenberger,* Zum Gesetz zur Neuregelung des Internationalen Privatrechts, DNotZ 1986, 645; *Mankowski/Osthaus,* Gestaltungsmöglichkeiten durch Rechtswahl beim Erbrecht des überlebenden Ehegatten in internationalen Fällen, DNotZ 1997, 10; *v. Oertzen,* Praktische Handhabung eines Erbrechtsfalls mit Auslandsberührung, ZEV 1995, 167; *Naumann,* Grundzüge des neuen türkischen Ehegüter- und Erbrechts, RNotZ 2003, 343; *Piltz,* Vom EuGVÜ zur Brüssel-I-Verordnung, NJW 2002, 789; *Pinckernelle/Spreen,* Das Internationale Nachlaßverfahrensrecht, DNotZ 1967, 195; *Pintens,* Neueste Entwicklungen im Belgischen Erbrecht, MittRhNotK 1984, 56; *Reinhart,* Zur Neuregelung des deutschen internationalen Erbrechts, BWNotZ 1987, 97; *Schotten,* Das Internationale Privatrecht in der notariellen Praxis, 2. A. 2007; *Seibold,* Die Errichtung einer Verfügung von Todes wegen durch ausländische Staatsangehörige, BWNotZ 1979, 153; *Siehr,* Das internationale Erbrecht nach dem Gesetz zur Neuregelung des IPR, IPRax 1987, 4; *Steiner,* Grundregeln der Testamentsgestaltung in Fällen der faktischen Nachlassspaltung, ZEV 2003, 145; *ders.,* Grundregeln der Testamentsgestaltung in Fällen der funktionellen Nachlassspaltung, ZEV 2003, 500; *Umstätter,* Gemeinschaftliche Testamente mit Auslandsberührung, DNotZ 1984, 532; *van Venrooy,* Die Testierfähigkeit im Internationalen Privatrecht, JR 1988, 485; *Wegmann,* Rechtswahlmöglichkeiten im internationalen Familienrecht, NJW 1987, 1740.

§ 6 Grundzüge des Erbschaftsteuerrechts und steuerlich zweckmäßiger Gestaltungsmöglichkeiten[1]

I. Grundzüge der Erbschaft- und Schenkungsteuer

1. Grundlagen

a) Überblick

1 Die Erbschaft- und Schenkungsteuer steht den Bundesländern zu (Art. 106 Abs. 2 Nr. 2 GG). Das Aufkommen betrug 2005 rund 4,1 Mrd. Euro und stellt rund 20% des Aufkommens an Ländersteuern dar.[2] Bei etwa 80% aller Erbschaften und Schenkungen betrug der steuerliche Erwerb weniger als 100 000,– Euro, bei 5% mehr als 500 000,– Euro. In weniger als 2% aller Fälle unterlag der steuerpflichtige Erwerb einem Steuersatz von mehr als 30%. Fast 65% des gesamten Erbschaftsteueraufkommens entfällt auf die drei Bundesländer Bayern, Baden-Württemberg und Nordrhein-Westfalen.[3]

2 Der Schwerpunkt der Darstellung betrifft die Erbschaftsteuer. Da die erbrechtliche Beratung jedoch stets auch – bereits erfolgte oder noch zu gestaltende – lebzeitige Schenkungen zu berücksichtigen hat, umfasst sie auch die Darstellung der Grundzüge des Schenkungsteuerrechts.

b) Rechtsgrundlagen

3 Die Erbschaftsteuer wird erhoben auf Grund des **Erbschaft- und Schenkungsteuergesetzes** (ErbStG). Der Bund hat die ihm gemäß Art. 105 Abs. 2 GG zustehende konkurrierende Gesetzgebungsbefugnis ausgeübt.

4 Maßgebend sind ferner das **Bewertungsgesetz** (BewG), das durch Verweisung gemäß § 12 ErbStG Anwendung findet und die **Erbschaftsteuer-Durchführungsverordnung** (ErbStDV) auf der Grundlage von § 36 Abs. 1 ErbStG.[4] Hierin sind vor allem die Anzeigepflichten geregelt. Für die Praxis der Finanzverwaltung sind bedeutsam die **Erbschaftsteuer-Richtlinien** (ErbStR)[5] sowie die Ergänzenden Hinweise der Obersten Länderfinanzbehörden (ErbStH).[6] Allgemein anwendbar ist die **Abgabenordnung** (AO); jedoch gilt im Erbschaftsteuerrecht grundsätzlich die zivilrechtliche Sichtweise, die wirtschaftliche Betrachtungsweise gemäß § 39 Abs. 2 Nr. 1 AO nur eingeschränkt.

---

[1] Spezielle erbschaftsteuerliche Probleme sind jeweils bei den erbrechtlichen Gestaltungsmitteln behandelt.

[2] BVerfG vom 7. 11. 2006, Tz. 40.

[3] Zur fiskalischen Bedeutung der Erbschaftsteuer Gebel in Troll/Gebel/Jülicher, Einführung zum ErbStG, Rn 10; Wachter, ZNotP 2007, 46; ders. DNotZ 2005, 523.

[4] BGBl. I. 1998, 2658; 1998, 1183.

[5] Vom 17. 3. 2003, BStBl. I Sondernummer 1/2003, 2; erlassen durch die Bundesregierung mit Zustimmung des Bundesrates. Die Neufassung der ErbStR soll nicht vor Herbst 2011 erfolgen.

Diese Weisungen an die Finanzbehörden zur einheitlichen Anwendung des Erbschafts- und Schenkungsteuerrechts fassen bisherige Erlasse und Verwaltungsanweisungen unter Berücksichtigung der anwendbaren Rechtsprechung zusammen. Geck/Weinmann ZEV 2003, 185; Weinmann ZEV 2004, 503.

[6] Gleich lautende Erlasse der obersten Finanzbehörden der Länder, welche – wie die Richtlinien – nur Bindungswirkung für die Finanzverwaltung haben. In diesen Hinweisen sind auch verschiedene Beispielsberechnungen enthalten. U. a. Gl. Ländererlass vom v. 25. 6. 2009, Anwendung der geänderten Vorschriften des Erbschaftsteuer- und Schenkungsteuergesetzes (AEErbSt, BStBl. I 2009, 698); hierzu Hannes/Onderka ZEV 2009, 422 ff.

c) Erbschaft- und Schenkungsteuergesetz (ErbStG)

Am 1. 7. 1906 ist das erste deutsche Reichserbschaftsteuergesetz in Kraft getreten; vormals galten 26 verschiedene Landesgesetze hierzu.[7] Das Erbschaftsteuer- und Schenkungsteuergesetz wurde erlassen am 17. 4. 1974[8] und seither vielfach geändert.[9] 5

Die darin enthaltene Besteuerung des Grundbesitzes auf der Grundlage der auf den Wertverhältnissen zum 1. 1. 1964 ermittelten Einheitswerten wurde durch das Bundesverfassungsgericht wegen Verstoßes gegen den Gleichheitssatz (Art. 3 GG) erstmals 1995 für verfassungswidrig erklärt.[10] Aufgrund dessen wurde das Erbschaftsteuer- und Schenkungssteuergesetz wesentlich geändert durch das Jahressteuergesetz 1997 (JStG 1997).[11] Dabei wurde auch im Bewertungsgesetz das Bedarfsbewertungsverfahren eingeführt zur gesonderten Bewertung für die Zwecke der Erbschafts- und Schenkungsteuer.[12] 6

Auf Grund Normenkontrollantrags des Bundesfinanzhofs (BFH)[13] wurde 2006 auch die Neuregelung hinsichtlich der §§ 10, 12, 13 a, 19 und 19 a ErbStG einschließlich der darin in Bezug genommenen Vorschriften des BewG durch das Bundesverfassungsgerichts für **verfassungswidrig** erklärt wegen Verstoß gegen Art. 3 Abs. 1 GG.[14] Die durch § 19 Abs. 1 ErbStG angeordnete Erhebung der Erbschaftsteuer mit einheitlichen Steuersätzen auf den Wert des Erwerbs war mit dem Grundgesetz unvereinbar, weil sie an Steuerwerte anknüpfte, deren Ermittlung bei wesentlichen Gruppen von Vermögensgegenständen (Betriebsvermögen, Grundvermögen, Anteilen an Kapitalgesellschaften und land- und forstwirtschaftlichen Betrieben) den Anforderungen des Gleichheitssatzes aus Art. 3 Abs. 1 GG nicht genügt. Das BVerfG ging in seiner Entscheidung davon aus, dass z. B. bebaute Grundstücke häufig nur mit der Hälfte ihres Wertes[15] und land- und forstwirtschaftliches Vermögen z. T. nur mit etwa 10% der tatsächlichen Bereicherung besteuert wurde.[16, 17] Die Bewertung des anfallenden Vermögens bei der Ermittlung der erbschaftsteuerlichen Bemessungsgrundlage muss wegen der dem geltenden Erbschaftsteuerrecht zugrunde liegenden Belastungsentscheidung des Gesetzgebers, den durch Erbfall oder Schenkung anfallenden Vermögenszuwachs zu besteuern, einheitlich am gemeinen Wert als dem maßgeblichen Bewertungsziel ausgerichtet sein. Die Bewertungsmethoden müssen gewährleisten, dass in einem ersten Schritt **alle Vermögensgegenstände in einem Annäherungswert an den gemeinen Wert erfasst** werden. Bei den weiteren, sich an die Bewertung anschließenden Schritten zur Bestimmung der Steuerbelastung darf der Gesetzgeber auf den so ermittelten Wert der Bereicherung aufbauen und **Lenkungszwe-** 7

---

[7] Meincke ZEV 2006, 285.

[8] Zur Historie der „großen Steuerreform": Gebel in Troll/Gebel/Jülicher, Einführung zum ErbStG, Rn 81.

[9] Zuletzt durch das Gesetz zur Beschleunigung des Wirtschaftswachstums (Wachstumsbeschleunigungsgesetz) vom 22. 12. 2009 BGBl. I 3950, 3953 f. und das Jahressteuergesetz 2010 BGBl. I 2010, 1768, 1795 f.

[10] Beschluss vom 22. 6. 1995, 2 BvR 552/91, ZEV 1995, Beil. zu H. 9, S. 10 = NJW 1995, 2624 = DNotZ 1995, 758.

[11] Vom 20. 12. 1996, BGBl. I. 1996, 2049, das rückwirkend zum 1. 1. 1996 in Kraft trat.

[12] Zur Erbschaftsteuer 1997 Weinmann ZEV 1997, 41; Meincke ZEV 1997, 52; Piltz ZEV 1997, 61; ErbStR v. 21. 12. 98 BStBl. I, Sonder-Nr. 2, S. 2 ff.

[13] ZEV 2002, 372 ff. mit Anm. Heidemann/Ostertun S. 386 ff. = NJW 1995, 2624 = DNotZ 1995, 758.

[14] Urteil des BVerfG 1BvL 10/02 vom 7. 11. 2006, Verkündung am 31. 1. 2007, BGBl. I 2007, 194 v.9./28. 2. 2007; ZEV 2007, 76 ff. mit Anm. Piltz S. 92. Hierzu auch Crezelius DStR 2007, 415; Geck DNotZ 2007, 264; Hannes/Onderka/von Oertzen, ZEV 2007, 123; Seer ZEV 2007, 101; Wälzholz ZErb 2007, 111; ders. MittBayNot 2007, 161. Das frühere Recht ist anwendbar für Steuertatbestände bis 31. 12. 2008.

[15] Vgl. auch BFH im Vorlagebeschluss ZEV 2002, 381, wonach im Ertragswertverfahren für bebaute Grundstücke nur in 7% der Fälle $8/10$ des Verkaufspreises erreicht wurde.

[16] Vgl. auch BFH im Vorlagebeschluss ZEV 2002, 381 f.

[17] ZEV 2002, 381.

cke, etwa in Form zielgenauer und normenklarer steuerlicher Verschonungsregelungen, ausgestalten. Siehe hierzu und zu den verfassungsrechtlichen Vorgaben auch Abschnitt I.4. (**Wertermittlung und Begünstigung**) Rn 49ff.

8 Am 1. 1. 2009 ist das Gesetz zur Reform des Erbschaftsteuer- und Bewertungsrechts (**Erbschaftsteuerreformgesetz** – ErbStRG) in Kraft getreten.[18] Die Änderung des Erbschaftsteuer- und Schenkungsteuergesetzes enthielt neben den vom BVerfG aufgestellten Postulaten auch weitere Änderungen, behielt jedoch die Struktur des bisherigen Gesetzes grundsätzlich bei. Ferner wurde in Art. 2 geändert das Bewertungsgesetz. Im Zweiten Teil („Besondere Bewertungsvorschriften") ist im Anschluss an § 156 BewG neugeschaffen ein „Sechster Abschnitt: Vorschriften für die Bewertung von Grundbesitz für die Erbschaftsteuer ab 1. 1. 2009" (§§ 157ff. BewG) mit dem Ziel der Annäherung der Steuerwerte an den gemeinen Wert. Korrekturen erfolgten seither, so zum 1. 1. 2010 durch das Wachstumsbeschleunigungsgesetz,[19] insbesondere Erleichterungen bei der Unternehmensnachfolge[20] und Steuertarifsenkungen bei der Steuerklasse II,[21] und durch das Jahressteuergesetz 2010,[22] wodurch insbesondere eingetragene Lebenspartner den Ehegatten bei persönlichem Freibetrag, besonderem Versorgungsfreibetrag, Steuerklasse und Steuertarif gleichgestellt werden.

Ferner hat das nationale Erbschaft- und Schenkungsteuerrecht dem **Europäischen Gemeinschaftsrecht** zu entsprechen, und zwar den europarechtlichen Normen über die Kapitalverkehrsfreiheit (Art. 56ff. EGV). Hieraus ergibt sich auch das Verbot der Diskriminierung von Vermögen durch nationales Recht, welches im EGV-Bereich belegen ist.[23] So unterliegt der rechtlichen Überprüfung des EuGH, ob es dem **Europäischen Gemeinschaftsrecht** entspricht, dass inländische Wirtschaftsgüter anders zu bewerten und zu besteuern sind als in anderem Mitgliedstaat belegene Wirtschaftsgüter.[24]

d) Rechtsnatur

9 Die Erbschaftsteuer ist eine **Erbanfallsteuer;** sie besteuert nicht den Nachlass als solchen, sondern die beim jeweiligen Empfänger eintretende Bereicherung.[25] Sie umfasst als Erbschaftsteuer den Erwerb von Todes wegen (§ 1 Abs. 1 Nr. 1, § 3 ErbStG), als Schenkungsteuer die Schenkung unter Lebenden (§ 1 Abs. 1 Nr. 2, § 7 ErbStG), ferner Zweckzuwendungen (§ 1 Abs. 1 Nr. 3, § 8 ErbStG) sowie als Ersatzsteuer den fiktiven Ver-

---

[18] BGBl. 2008 I S. 3018–3082, Nr. 66 v. 24. 12. 2008; Beschluss des Bundestags v. 27. 11. 2008 und des Bundesrats v. 5. 12. 2008. Zu verfassungsrechtlichen Bedenken H. U. Viskorf, Dt. Steuerberatertag 2008, Bonn.; S Viskorf/Hernler, DB 2008, 2507. Der seinerzeitige Berliner Finanzsenator Sarazin hat die Reform „unumwunden als verfassungswidrig bezeichnet" (FAZ 5. 12. 2008).

[19] Gesetz zur Beschleunigung des Wirtschaftswachstums v. 22. 12. 2009, BGBl. 2009 I 3950, 3953f. Zu weiteren geplanten Änderungen durch das Jahressteuergesetz 2010: Geck/Messner ZEV 2010, 405.

[20] Insb. Erleichterungen bei § 13a ErbStG bezüglich Lohnsummenregelungen und Behaltefristen. Die Änderungen zu §§ 13a, 19a ErbStG gelten rückwirkend zum 1. 1. 2009.

[21] § 19 ErbStG: Z. B. Halbierung des Eingangssteuersatzes (bis Euro 75.000) bei StKl. II von 30% auf 15%. Die Änderungen zum Tarifverlauf gelten für Erwerbe ab dem 1. 1. 2010.

[22] BGBl. I 2010, 1768, 1795f. In offenen Fällen gelten die Änderungen für eingetragene Lebenspartner rückwirkend ab dem 1. 8. 2001.

[23] Gebel in Troll/Gebel/Jülicher, Einführung zum ErbStG, Rn 50ff.; Geck DNotZ 2007, 267; Wachter DNotZ 2005, 530, auch zur Entscheidung des EuGH v. 11. 12. 2003 „Barbier" hinsichtlich Schuldenabzugs bei beschränkter Steuerpflicht nach dem früheren niederländischen Erbschaftssteuerrecht. Zur Rechtswidrigkeit der niedrigeren Schenkungsteuerfreibeträge für beschränkt Steuerpflichtige wegen Eingriff in die Kapitalverkehrsfreiheit: EuGH Urt. v. 22. 4. 2010, ZEV 2010, 270ff. mit Anm. Jochum S. 274f.

[24] Zur Anwendung der Betriebsvermögensbegünstigungen auf in Frankreich belegenes land- und forstwirtschaftliches Vermögen, welches ein Inländer erwirbt: ZEV 2006, 464 m. Anm. Jochum S. 466; vgl. auch EuGH ZEV 2010, 270ff. m. Anm. Jochum S. 274f.

[25] BVerfG vom 7. 11. 2006, Tz. 101. Siehe § 10 Abs. 1 S. 1 ErbStG: „Bereicherung des Erwerbers".

mögensübergang von Familienstiftungen nach jeweils 30 Jahren (§ 1 Abs. 1 Nr. 4 ErbStG).[26]

Grundsätzlich sieht das Gesetz eine grundsätzliche Gleichbehandlung aller Formen der unentgeltlichen Vermögensübertragung vor.[27] Jedoch bestimmt § 1 Abs. 2 ErbStG, dass grundsätzlich die Vorschriften des ErbStG über die Erwerbe von Todes wegen auch für Schenkungen[28] gelten, jedoch nicht umgekehrt; so ist die Zuwendung des Familienheims an den Ehegatten zu Lebzeiten gemäß § 13 Abs. 1 Nr. 4 a ErbStG steuerfrei, während der Übergang von Todes wegen auf den Ehegatten nur unter den weiteren Voraussetzungen des § 13 Abs. 1 Nr. 4 b steuerbefreit ist. Ferner sind Einzelvorschriften, die sich nur auf Sachverhalte beziehen, die nur bei Erbfällen auftreten, nicht auf Schenkungen anzuwenden.[29] 10

e) Verhältnis zu anderen Steuern

Der Grundstückserwerb von Todes wegen und Grundstücksschenkungen unter Lebenden i. S. d. ErbStG unterliegen nicht der **Grunderwerbsteuer** (§ 3 Nr. 2 GrErwStG). Gleichwohl kann es im Einzelfall zu einer wirtschaftlichen **Doppelbesteuerung** kommen.[30] Z. B. kann die unentgeltliche Übertragung der Anteile einer grundbesitzenden GmbH Schenkungsteuer auslösen gemäß § 7 Abs. 1 Nr. 1 ErbStG sowie Grunderwerbsteuer auf Grund Anteilsvereinigung gemäß § 1 Abs. 3 GrErwStG; der Besteuerungsausnahmetatbestand des § 3 Nr. 2 GrErwStG ist nicht erfüllt, da kein Grundstück übertragen wird. Aus dem gleichen Grund entstände auch Grunderwerbsteuerpflicht, wenn die Anteilsübertragung erfolgen würde an den Ehegatten oder ein Kind, da § 3 Nr. 4 und 6 GrErwStG nur eingreifen beim Erwerb von Grundstücken. 11

Erwerbe auf Grund von Todes wegen oder mittels Schenkung unter Lebenden unterfallen regelmäßig keiner Einkünfteart des § 2 **Einkommensteuergesetz** (EStG). Im Einzelfall können sich Überschneidungen ergeben, die unter Umständen zu Doppelbelastungen führen können.[31] Wendet der Erblasser dem vorgesehenen Testamentsvollstrecker einen Geldbetrag zu, der die angemessene Höhe einer Testamentsvollstreckervergütung (§ 2221 BGB) übersteigt, kann der Betrag insgesamt der Einkommensteuer unterliegen als Einkünfte aus selbstständiger Tätigkeit,[32] sofern es sich nicht um ein gesondertes Vermächtnis handelt; eine Einordnung als Vermächtnis scheidet aus, wenn die Zuwendung tatsächlich oder rechtlich ist mit der Durchführung der Testamentsvollstreckung zusammenhängt. Soweit die Vergütung der Einkommensteuer unterliegt, liegen die Voraussetzungen für die Festsetzung der Erbschaftsteuer nicht vor. 12

Handelt es sich bei dem Testamentsvollstrecker um einen umsatzsteuerlichen Unternehmer, kann gemäß § 1 Abs. 1 Nr. 1 Umsatzsteuergesetz (UStG) **Umsatzsteuer** anfallen. 13

f) Maßgeblichkeit des Zivilrechts; steuerliche Anerkennung unwirksamer Testamente

Das Erbschaftsteuerrecht ist von dem Prinzip der Maßgeblichkeit des Zivilrechts geprägt.[33] Insbesondere **folgt das Erbschaftsteuerrecht grundsätzlich dem bürgerlich-rechtlichen Rechtserwerb.** So beruhen die sachlichen Tatbestände der §§ 3 und 7 ErbStG auf bürgerlich-rechtlichen Rechtsverhältnissen, an denen das Steuerrecht anknüpft. Jedoch weicht das ErbStG vom Zivilrecht teilweise ab, in dem Tatbestände fingiert werden. So 14

[26] Zur Erbersatzsteuer von Löwe/du Roi Droege ZEV 2006, 530.

[27] Moench, ErbStG, Einf. Rn 1.

[28] Und für Zweckzuwendungen.

[29] Z. B. besonderer Versorgungsfreibetrag § 17 ErbStG. Weitere Aufstellung bei Moench/Albrecht, Rn 18.

[30] Halaczinsky ErbStB 2005, 100, 129; ders. ZEV 2003, 97 ff.

[31] Zum Verhältnis der Erbschaftsteuer zu anderen Steuerarten: Gebel in Troll/Gebel/Jülicher, ErbStG, Einführung Rn 15 ff.; Zur Erbschaft als Betriebseinnahme: BFH ZEV 2006, 419 m. Anm. Crezelius S. 421.

[32] BFH ZEV 2005, 357 = NJW 2005, 1967.

[33] OFD Berlin, ZEV 1997, 329 m. w. N.

„gilt" gemäß § 3 Abs. 1 Nr. 4 ErbStG „jeder Vermögensvorteil, der auf Grund eines vom Erblasser geschlossenen Vertrags bei dessen Tode von einem Dritten unmittelbar erworben wird", insbesondere Leistungen aus Lebensversicherungsverträgen, als „Erwerb von Todes wegen", obwohl es sich zivilrechtlich um einen lebzeitigen Erwerb handelt.

15 Die Finanzverwaltung hat im Regelfall das Erbrecht zugrunde zu legen, wie es sich aus dem Erbschein oder öffentlichen Urkunden[34] ergibt, ferner sonstige zivilrechtliche Rechtsverhältnisse wie Vermächtnisansprüche.

16 Verfügungen von Todes wegen, die **zivilrechtlich formunwirksam**[35] sind, können für Zwecke der Erbschaftsteuer jedoch gleichwohl anerkannt werden. Voraussetzung für die erbschaftsteuerliche Anerkennung zivilrechtlich unwirksamer Verfügungen von Todes wegen ist, dass zum einen eine – wenn auch formunwirksame – Anordnung des Erblassers vorliegt, die dieser im Hinblick auf seinen Tod getroffen hat, und zum anderen, dass die von den am Erbfall Beteiligten vorgenommene Regelung auf Grund dieser Erblasserverfügung ausgeführt worden ist. Der Beschwerte muss dem Bedachten das diesem zugedachte Vermögen übertragen, um dadurch den Willen des Erblassers zu vollziehen.[36] Wenn diese Voraussetzungen vorliegen, ist die Verfügung erbschaftsteuerlich zu erfassen.[37]

17 **Beispiel:** Ordnet der kinderlose und ledige Erblasser E auf dem Sterbebett mündlich an, dass seine Lebensgefährtin L sein Haus vermächtnisweise erhalten solle und erfüllt dessen Mutter M als gesetzliche Alleinerbin (§ 1925 Abs. 3 Satz 2) diesen – formunwirksamen – letzten Willen des Sohnes, so ist dieser Erwerb durch L zu versteuern als Erwerb von Todes wegen (§ 3 Abs. 1 Nr. 1 ErbStG), M kann dies jedoch als Verbindlichkeit aus Vermächtnis in Abzug bringen (§ 10 Abs. 5 Nr. 2 ErbStG). Liegt hingegen keine Anordnung des E vor, und schenkt M das Haus an L zur deren Versorgung oder aus sonstigen Gründen, hat L dies in gleicher Höhe zu versteuern als Schenkung unter Lebenden (§ 7 Abs. 1 Nr. 1 ErbStG), M kann dies jedoch nicht als Nachlassverbindlichkeit von ihrem Erwerb in Abzug bringen.

18 Auch ein sog. **Erbvergleich** oder **erbrechtlicher Auslegungsvertrag**, d. h. die einvernehmliche Bereinigung streitiger Erbrechtsverhältnisse einschließlich etwa bestehender Ungewissheiten über einzelne Erbteile oder über die den Erben und sonstigen Berechtigten zufallenden Beträge, ist nach ständiger Rechtsprechung des BFH auch der Besteuerung zugrunde zu legen. Voraussetzung hierfür ist, dass dieser den Willen des Erblassers ausführt; diese Rechtsprechung beruht ebenfalls auf § 41 Abs. 1 AO. Abzugrenzen ist diese Ausnahme vom Grundsatz, dass weder die Miterben noch sonst am Nachlass beteiligte Personen berechtigt sind, den Kreis der steuerpflichtigen Personen oder den Umfang der steuerpflichtigen Bereicherung nach dem Erbfall durch freie Vereinbarung eigenmächtig neu zu bestimmen.[38]

g) Steuerpflichtiger Erwerb

19 Der Gesetzgeber verfolgt mit der Erbschaftsteuer das Ziel, den durch Erbfall oder Schenkung anfallenden Vermögenszuwachs gemäß seinem Wert zu erfassen und die daraus resultierende Steigerung der wirtschaftlichen Leistungsfähigkeit des Erwerbers zu besteuern.[39] Schlüsselnorm des ErbStG ist § 10 Abs. 1 Satz 1 ErbStG, wonach als **steuerpflichtiger Erwerb** gilt die **Bereicherung des Erwerbers,** soweit sie nicht steuerfrei ist. Die

---

[34] Notarielle Testamente oder Erbverträge. Vgl. § 35 Abs. 1 Satz 2 Grundbuchordnung.

[35] Die Rechtsprechung beruht auf dem Rechtsgedanken des § 41 Abs. 1 Satz 1 AO; BFH ZEV 2000, 335 m. w. N. Wachter MittBayNot 2006, 10. Zur Anerkennung wirksamer, jedoch verspätet aufgefundener Testamente im Steuerrecht und der Rückgängigmachung der Besteuerung des Scheinerben: Theyson-Wadle, ZEV 2002, 358 f.

[36] BFH ZEV 2007, 285; BFH ZEV 2000, 335.

[37] BFH ZEV 2007, 343. Gebel in Troll/Gebel/Jülicher, § 3 ErbStG Rn 56 ff.; ErbStR § 3/R 44.

[38] BFH ZEV 2008, 549; zum erbrechtlichen Auslegungsvertrag/Erbvergleich und seinen steuerlichen Auswirkungen: Frhr. v. Proff ZEV 2010, 348 ff.

[39] BVerfG v. 7. 11. 2006, Tz. 101.

erbschaftsteuerliche Bemessungsgrundlage ergibt sich auf Grund der gesetzlichen Systematik wie folgt:

Gesamter Vermögensanfall (mit Steuerwerten)
./. Verbindlichkeiten und Belastungen, soweit gemäß § 10 Abs. 3 ff. ErbStG abzugsfähig
= „Bereicherung des Erwerber"
./. Zugewinnausgleich, soweit gemäß § 5 ErbStG steuerfrei
./. sachliche Steuerbefreiungen (§§ 13 ff. ErbStG)
./. persönliche Steuerfreibeträge (§§ 16 ff. ErbStG)
= „steuerpflichtiger Erwerb" i. S. d. § 10 Abs. 1 Satz 1 ErbStG
./. Abrundung auf volle € 100 (§ 10 Abs. 1 Satz 6 ErbStG)
= Bemessungsgrundlage;
hieraus Ermittlung der Erbschaftsteuer gemäß § 19.

2. Persönliche Steuerpflicht (§ 2 ErbStG)

a) Unbeschränkte Steuerpflicht

Unterliegt ein Erwerbsvorgang einem Tatbestand einer sachlichen Steuerpflicht,[40] fällt 20 für den gesamten Vermögensanfall eine Steuerpflicht ein, falls **einer der Beteiligten**, d. h. entweder der Erblasser/Schenker oder der Bedachte/Erwerber, **Inländer** i. S. d. § 2 Abs. 1 Nr. 1 Satz 2 ErbStG ist. Dies ist insbesondere der Fall, wenn eine natürliche Person im Inland einen Wohnsitz (§ 8 AO) oder den gewöhnlichen Aufenthalt (§ 9 AO) hat, was sich nach tatsächlichen Gegebenheiten beurteilt. Die Steuerpflicht ist grundsätzlich unabhängig von der Staatsangehörigkeit. Jedoch erstreckt sich die unbeschränkte Steuerpflicht auch auf deutsche Staatsangehörige, die sich nicht länger als fünf Jahre dauernd im Ausland aufgehalten haben, ohne im Inland einen Wohnsitz zu besitzen („verlängerte unbeschränkte Steuerpflicht").[41] Beim Vermögenserwerb einer **Gesamthandsgemeinschaft** (GbR, OHG, KG; siehe unten lit. d) kommt es für die Erbschaftsteuerpflicht auf die Inländereigenschaft des jeweiligen Gesamthänders an und nicht auf den Ort der Geschäftsleitung oder des Sitzes der Personengesellschaft, da Erwerber und Steuerschuldner der Gesamthänder ist.[42]

Liegt eine unbeschränkte Steuerpflicht vor, unterliegt der **gesamte Vermögenserwerb** 21 der deutschen Erbschaftsteuer, unabhängig davon, ob das Vermögen im Inland oder Ausland belegen ist und ob eine weiterer Beteiligter Steuerausländer (also nicht Inländer i. S. des § 2 Abs. 1 ErbStG) ist.

b) Beschränkte Steuerpflicht

Soweit keine unbeschränkte Steuerpflicht gegeben ist, unterliegt der Vermögensanfall 22 von **Inlandsvermögen** i. S. d. § 121 BewG der beschränkten Steuerpflicht gemäß § 2 Abs. 1 Satz 1 Nr. 3 ErbStG. Bei diesem besteuerten Vermögensübergang von einem **Nicht-Inländer auf einen anderen Nicht-Inländer** besteht nur ein beschränkter Schuldenabzug (§ 10 Abs. 6 Satz 2 ErbStG). Ferner ist zu beachten, dass der Freibetrag gemäß § 16 Abs. 2 ErbStG nur 2000,– EUR beträgt, unabhängig vom Verwandtschaftsverhältnis; im Hinblick auf die Rechtsprechung des EuGH[43] ist jedoch mit einer gesetzlichen Neuregelung zu rechnen.[44]

---

[40] Siehe hierzu nachstehend Abschnitt 3.

[41] § 2 Abs. 1 Nr. 1 Satz 2 b) ErbStG

[42] Moench/Albrecht, Rn 25; BFH ZEV 1995, 74.

[43] Zur Rechtswidrigkeit der niedrigeren Schenkungsteuerfreibeträge für beschränkt Steuerpflichtige wegen Eingriff in die Kapitalverkehrsfreiheit: EuGH Urt. v. 22. 4. 2010, ZEV 2010, 270 ff. mit Anm. Jochum S. 274 f.: Deutsche erhielt von ihrer Mutter schenkweise ein Grundstück in Düsseldorf. Sowohl Schenkerin als auch Beschenkte sind bereits langjährig wohnhaft in den Niederlanden. Es wurde nicht der (seinerzeitige) persönliche Freibetrag von € 205 000 (heute € 400 000), sondern € 1100 (heute € 2000) gewährt.

[44] Überblick zum Internationalen Erbschaftsteuerrecht: Beck'sches Formularbuch Erbrecht/Mutter Abschnitt L. XX. S. 1055 ff.

c) Doppelbesteuerung

23 Vermögensanfälle mit persönlichem und/oder sachlichem Auslandsbezug unterliegen häufig einer grundsätzlichen **Steuerpflicht bei zwei** (oder mehreren) **Staaten,** z. B. bei Wohnsitz von Erblasser/Schenker und Bedachtem in unterschiedlichen Staaten und/oder Belegenheit des Vermögensgegenstandes in einem anderen Staat.[45] Dies beruht auf dem weitreichenden Tatbestand der unbeschränkten Steuerpflicht, der alternativ anknüpft an die Ansässigkeit des Erblassers/Schenkers oder des Erwerbers, ferner dass für den „Wohnsitz" (§ 8 AO) auch ein Zweit- oder Nebenwohnsitz ausreichend ist sowie den weiten Begriff des Inlandsvermögens (§ 2 Abs. 1 Nr. 3 ErbStG, § 121 BewG).

24 Eine dadurch eintretende Doppel- oder Mehrfachbesteuerung kann vermieden werden, soweit bilaterale **Doppelbesteuerungsabkommen** (DBA) bestehen und die jeweilige Kollision darin geregelt ist.[46] DBA der Bundesrepublik Deutschland bestehen derzeit mit Dänemark, Griechenland, Frankreich,[47] Israel, Österreich (umfasst nur Erbfälle, nicht auch Schenkungen), Schweden, Schweiz und den Vereinigten Staaten von Amerika (USA).[48]

25 Ansonsten können Erwerber gemäß § 21 ErbStG beantragen, die in einem ausländischen Staat gezahlte ausländische Steuer auf die deutsche Erbschaftsteuer **anrechnen** zu lassen, soweit die ausländische Steuer zum einen auf das **Auslandsvermögen** i. S. d. § 21 Abs. 2 ErbStG entfallen ist und zum anderen, falls die ausländische Steuer der deutschen Erbschaftsteuer entspricht.[49] Manche ausländische Staaten erheben keine der deutschen Erbschaft- und Schenkungsteuer direkt vergleichbare Steuer.[50] Häufig jedoch haben die nationalen Steuersysteme anderer Staaten unterschiedliche Anknüpfungskriterien, so dass dadurch mehrfache Besteuerung beim Erwerb von ausländischem Vermögen kommt.[51]

d) Gesamthandsgemeinschaften als Zuwendungsbeteiligte[52]

26 **Fällt** einer **Gesamthandsgemeinschaft** durch Erbanfall oder Schenkung **Vermögen zu,** sind für die Erbschaft- und Schenkungsteuer die Gesamthänder als vermögensmäßig bereichert anzusehen, unabhängig von der Frage, ob zivilrechtlich ggf. die Gesamthand Erbin oder Beschenkte ist. Erwerber und damit Steuerschuldner i. S. v. § 20 ErbStG sind in einem solchen Fall die Gesamthänder, nicht die Gesamthand.[53] Nach der Rechtspre-

---

[45] Zur EU-Rechtmäßigkeit der fehlenden Anrechnung von spanischer bei deutscher Erbschaftsteuer: EuGH, Urt. v. 12. 2. 2009 ZEV 2009, 203 (Block). Die deutsche und in Deutschland wohnende Erblasserin hatte auch Kapitalvermögen bei spanischen Banken. Das FA erkannte die spanische Steuerschuld zwar als Nachlassverbindlichkeit an (str. im Hinblick auf § 10 Abs. 8 ErbStG), versagte aber die Anrechnung der spanischen Steuer auf die (niedrigere) deutsche Steuer. Die Doppelbesteuerung stellt n. A. des EuGH keine Beschränkung der Kapitalverkehrsfreiheit dar.

[46] Zur Doppelbesteuerung Jülicher in Troll/Gebel/Jülicher, § 2 ErbStG, Rn 136 ff.

[47] Gottschalk ZEV 2007, 217.

[48] Zu einzelnen Doppelbesteuerungsabkommen Jülicher in Troll/Gebel/Jülicher, § 2 ErbStG, Rn 205 ff. Zum Erbschaftssteuerabkommen mit der Schweiz: KonsVerCHEF, BGBl. I 2010, 2187 f.

[49] Zum restriktiven Verständnis des BFH zur Entsprechensklausel des § 21 ErbStG Crezelius ZEV 2004, 50. Vgl. Sachverhalt von EuGH ZEV 2009, 203: Guthaben bei spanischen Banken ist kein „Auslandsvermögen".

[50] Zur Verfassungswidrigkeit des österreichischen Erbschaftsteuerrechts öster. VfGH ZEV 2007, 237 m. Anm. Steiner S. 239. Zur Wiedereinführung der 2001 abgeschafften Erbschaft- und Schenkungsteuer in Italien Castelli, ZEV 2007, 218 und Reiß ZErb 2007, 145. Zur Abschaffung in Hongkong ZEV 2006, 115.

[51] Wachter MittBayNot 2002, 28.

[52] Zu Personengesellschaften als Steuersubjekte im Erbschaft- und Schenkungsteuerrecht: Daragan, ZEV 1998, 367 ff.

[53] BFH ZEV 1995, 74 f. = NJW 1995, 1176 = DNotZ 1995, 300 unter Aufgabe von BStBl. II 1989, 237. Im entschiedenen Fall: Grundstücksschenkung einer Mutter an deren Söhne als Gesellschafter einer GbR. Nach Aussage des Vizepräsidenten des BFH Viskorf auf der Jahresarbeitstagung

chung des BFH ist als Erwerb von Todes wegen (§ 3 Abs. 1 Nr. 1 ErbStG) bzw. Schenkung unter Lebenden (§ 7 Abs. 1 ErbStG) nicht der (zivilrechtliche) Rechtsvorgang als solcher gemeint, sondern der dadurch bewirkte Übergang von Vermögen auf den Bedachten. Da das Ergebnis des Erwerbs, d.h. die Bereicherung des Bedachten, der Steuer unterliegt, kann sich die Frage, wer schenkungsteuerlich als Erwerber durch den Vermögensübergang bereichert ist, nicht (allein) danach richten, wer als Beschenkter am zivilrechtlichen Schenkungsvorgang beteiligt ist. Vielmehr bedarf es einer eigenständigen schenkungsteuerrechtlichen Prüfung, wer als Bedachter (Erwerber) durch die freigebige Zuwendung auf Kosten des Zuwendenden bereichert wurde. Ist eine Gesamthandsgemeinschaft (**OHG, KG** oder **GbR**) zivilrechtlich als Beschenkte am Schenkungsvorgang beteiligt, sind die Gesamthänder schenkungsteuerrechtlich als bereichert anzusehen; hieran ändert deren gesamthänderische Bindung (§ 719 BGB) nichts, auch nicht eine Teilrechtsfähigkeit der Gesamthand. Das gilt auch bei einer Bereicherung durch Erbanfall.[54]

27 Bei einem **schenkweisen Erwerb von** einer **Gesamthandsgemeinschaft** ist umgekehrt schenkungsteuerlich der Bedachte auf Kosten der **Gesamthänder** bereichert, unabhängig von der Frage, ob zivilrechtlich ggf. die Gesamthand als Zuwendende anzusehen ist.[55]

3. Sachliche Steuerpflicht (§§ 1, 3, 7, 8 ErbStG)

a) Erwerb von Todes wegen (§ 3 ErbStG)

28 Als **Erwerb von Todes wegen** (§§ 1 Abs. 1 Nr. 1, 3 ErbStG)"gilt" insbesondere:

• der Erwerb durch **Erbanfall** (§ 1922 BGB; § 3 Abs. 1 Nr. 1 Fall 1 ErbStG). Grundsätzlich ermittelt das Finanzamt selbst, wer Erbe ist.[56] Bei Vorliegen eines Erbscheins wird dessen Richtigkeit vermutet.[57] Eine **Teilungsanordnung** (§ 2048 BGB) hat grundsätzlich keine Auswirkung auf die Erbschaftsbesteuerung; Seit 2009 hat jedoch die **Erbteilung** – sei es einvernehmlich, sei es aufgrund einer Teilungsanordnung – Bedeutung für die Zuordnung verschiedener Begünstigungen (z.B. § 13 Abs. 1 Nr. 4b S. 2ff.; § 13 Abs. 1 Nr. 4c S. 2ff.; § 13b Abs. 3; § 13c Abs. 2; § 19a Abs. 2 ErbStG).[58] Bei der Vor- und Nacherbschaft gilt erbschaftsteuerlich der **Vorerbe** als Erbe und ist unbeschränkt, d.h. ohne Berücksichtigung seiner Beschränkungen durch die Nacherbfolge für seinen vollen Wertanteil steuerpflichtig (§ 6 Abs. 1 ErbStG). Tritt die Nacherbfolge ein, unterliegt der **Nacherbe** der erneuten Erbschaftsteuerpflicht (§ 6 Abs. 2 ErbStG), wobei für ihn Erleichterungen gewährt werden;[59]

29 • der Erwerb durch **Vermächtnis** (§§ 2147ff. BGB; § 3 Abs. 1 Nr. 1 Fall 3 ErbStG).

30 • der Erwerb auf Grund eines durch Erbfall entstandenen und **geltend gemachten Pflichtteilsanspruchs** (§§ 2303ff. BGB; § 3 Abs. 1 Nr. 1 Fall 4 ErbStG). Die Steuer entsteht mit dem Zeitpunkt der Geltendmachung (§ 9 Abs. 1 Nr. 1 b) ErbStG), und zwar für den gesamten Pflichtteilsanspruch, auch wenn zunächst nur ein Teilbetrag oder unbezifferter Anspruch geltend gemacht wird. Das bloße Bestehen eines Pflichtteilsrechts ist

---

des Notariats am 24. 9. 2010 wird sich diese steuerliche Sicht des BFH auch nicht ändern durch die Rechtsprechung des BGH, wonach der GbR bürgerlich-rechtlich nach außen eine beschränkte Rechtsubjektivität zuerkannt wird.

[54] BFH ZEV 1995, 74, 75.

[55] BFH ZEV 1998, 393 mit Anm. Daragan S. 395. Im entschiedenen Fall: Überlassungsvertrag der Gesellschafter einer OHG mit dem Enkel bzw. Sohn bezüglich u.a. des der OHG gehörenden Grundbesitzes.

[56] § 88 AO.

[57] § 2365 BGB. Zur ausnahmsweisen Anerkennung unwirksamer letztwilliger Verfügungen s.o. Abschnitt 1.e).

[58] Seit ErbStRG BGBl. 2008 I 3018ff. Zur Besteuerung von Vermächtnissen, auch Vorausvermächtnissen (§ 2150 BGB) siehe unten Rn 29.

[59] Zur Vor- und Nacherbschaft siehe unten Abschnitt 8 Rn 137ff.

erbschaftsteuerlich ohne Belang, auch die spätere Leistung.[60] Ebenso entfällt die Steuerpflicht nicht, wenn der entstandene Anspruch nicht mehr realisiert werden kann, z.B. auf Grund Insolvenz des Erben (anders bei § 3 Abs. 2 Nr. 4 ErbStG). Ab Geltendmachung entfällt auch die Gestaltungsmöglichkeit der Vereinbarung einer Abfindung gemäß § 3 Abs. 2 Nr. 4 ErbStG, welche mit dem Steuerwert anzusetzen ist. Zur **Geltendmachung** des Pflichtteilsanspruchs reicht aus, dass der Pflichtteilsberechtigte (oder dessen anwaltlicher Vertreter) den Pflichtteil „ernstlich verlangt"; eine Bezifferung des Anspruchs ist nicht erforderlich.[61] Auch wird bereits in der Stundung die Geltendmachung gesehen.[62] Strittig ist, ob eine Stufenklage – anders als eine bloße Auskunftsklage – eine Geltendmachung darstellt.[63] Bei Auskunftsersuchen des Pflichtteilsberechtigten sollte klargestellt werden, ob entweder – insbesondere zur Fristwahrung, § 2332 BGB – eine Geltendmachung erfolgt oder aber umgekehrt gerade nicht. Liegt eine Geltendmachung vor, entsteht in diesem Zeitpunkt die Erbschaftsteuerschuld für den vollen Wert des Pflichtteilsanspruchs, auch wenn der Berechtigte auch **nur eine Teilleistung** auf den Pflichtteil fordert.[64] Zu unterscheiden hiervon ist der Erwerb einer Abfindung für den Verzicht auf den – mit Eintritt des Erbfalls – entstandenen, aber noch nicht geltendgemachten Pflichtteilsanspruch (§ 3 Abs. 2 Nr. 4; siehe unten Rn 36) sowie einen Pflichtteilsverzicht zu Lebzeiten des Erblassers (§ 2346 Abs. 2 BGB; § 7 Abs. 1 Nr. 5 ErbStG) oder einen lebzeitigen Erbschaftsvertrag (§ 311b Abs. 5 BGB, § 7 Abs. 1 Nr. 1 ErbStG).[65] Der Steuerpflicht des Pflichtteilsberechtigten korrespondiert eine Abzugsfähigkeit beim Erben gemäß § 10 Abs. 5 Nr. 2 Fall 3 ErbStG. Maßgeblich ist der gemeine Wert des Geldanspruchs, unabhängig von dessen Erfüllung, insb. auch wenn an Erfüllungs statt (§ 364 Abs. 1 BGB) ein Grundstück geleistet Grundstück wird;[66]

31 • der Erwerb durch **Schenkung auf den Todesfall** (§ 2301 BGB; § 3 Abs. 1 Nr. 2 Satz 1 ErbStG). Als solche gilt auch der auf dem Ausscheiden eines Gesellschafters beruhende **Übergang des Anteils**[67] eines Gesellschafters einer **Personen- oder Kapitalgesellschaft** bei dessen Tod[68] auf die anderen Gesellschafter,[69] soweit der Steuerwert Abfindungsansprüche (§ 738 Abs. 1 Satz 2 BGB) Dritter übersteigt (§ 3 Abs. 1 Nr. 2 Satz 2 ErbStG). Umfasst wird hiervon insbesondere der Erwerb durch **Anwachsung** (§ 738 BGB, ggf. i.V. mit § 105 Abs. 3, § 161 Abs. 2 HGB). Als Schenkung auf den Todesfall gilt ferner die Werterhöhung von Mitgesellschaftern einer **GmbH** infolge **Einziehung eines Geschäftsanteils** des Erblassers bei dessen Tod (§ 3 Abs. 1 Nr. 2 Satz 3 ErbStG.[70] Zur Steuerbarkeit von gesellschaftsrechtlichen Erwerbsvorgängen zu Lebzeiten siehe Rn 46;[71]

---

[60] Dem korrespondiert § 10 Abs. 5 Nr. 2 ErbStG, wonach nur Verbindlichkeiten aus geltendgemachten Pflichtteilen als Nachlassverbindlichkeiten abzugsfähig sind.

[61] BFH ZEV 2006, 514 m. Anm. Messner S. 515; hierzu Geck DNotZ 2007, 272. ErbStR § 7/R 24: Ein Pflichtteilsanspruch ist in dem Zeitpunkt geltend gemacht, in dem der Pflichtteilsberechtigte dem Belasteten zu erkennen gibt, dass er aus seinem Anspruch Rechte herleiten will. Zur Frage, ob – ab Geltendmachung – die **zinslose Stundung des Pflichtteilsanspruchs** hinsichtlich der Zinsen eine gesonderte Zuwendung gemäß § 7 Abs. 1 Nr. 1 darstellt: Meincke, § 7 ErbStG Rn 50; Geck/Messner, ZEV 2009, 385, 386.

[62] J. Mayer ZEV 1998, 53.

[63] Bejahend von Oertzen/Cornelius ErbStB 2006, 50 m.w.N.

[64] ErbStR § 7/R 24.

[65] Zu steuerrechtlichen Gestaltungen hinsichtlich des Pflichtteilsrechts siehe unten II.3.a) Rn 243 sowie von Oertzen ErbStB 2006, 49.

[66] BFH ZEV 1998, 34 (Änderung der Rspr.) m. Anm. Daragan S. 35. Jedoch besteht diese Gestaltungsmöglichkeit im Falle von § 3 Abs. 2 Nr. 4 ErbStG.

[67] Oder eines Teils eines Anteils.

[68] Bei lebzeitigem Ausscheiden: § 7 Abs. 7 ErbStG.

[69] Oder auf die Gesellschaft.

[70] Eingehend zu erbschaft-/schenkungsteuerlichen Folgen gesellschaftsrechtlicher Abfindungsbeschränkungen für die verbleibenden Gesellschafter: Hübner/Maurer, ZEV 2009, 361 ff., 428 ff.

[71] Bei Einziehung zu Lebzeiten: § 7 Abs. 7 Satz 2 ErbStG.

• die sonstigen Erwerbe, auf die die für Vermächtnisse geltenden Vorschriften des bürgerlichen Rechts Anwendung finden (§ 3 Abs. 1 Nr. 3 ErbStG). Steuerbar sind dadurch insbesondere der Erwerb auf Grund **Voraus** (§ 1932 BGB)[72] des Ehegatten[73] und des eingetragenen Lebenspartners[74] sowie von Familienangehörigen auf Grund **Dreißigsten** (§ 1969 BGB); 32

• jeder Vermögensvorteil, der auf Grund eines vom Erblasser geschlossenen Vertrags bei dessen Tode von einem Dritten unmittelbar erworben wird (§ 3 Abs. 1 Nr. 4 ErbStG),[75] insbesondere auf Grund **Vertrages zugunsten Dritter auf den Todesfall** (§§ 328, 331 BGB). Der wichtigste Anwendungsfall ist der Erwerb einer Versicherungssumme aus einer **Lebensversicherung** (§§ 150 ff. VVG BGBl. 2007 I 2655), wenn der Dritte als Bezugsberechtigter beim Tod des Versicherungsnehmers einen Anspruch gegen die Versicherungsgesellschaft erhält auf Zahlung der Versicherungsleistung (Kapitalsumme oder Rente).[76] Der steuerpflichtige Erwerb umfasst jeden Vermögensvorteil.[77] Hingegen sind kraft Gesetz entstehende Hinterbliebenenbezüge nicht erbschaftssteuerbar, z. B. Versorgungsbezüge von Beamten, Angestellten aus gesetzlicher Rentenversicherung und Angehörigen freier Berufe aus berufständischer Pflichtversicherung.[78] 33

• der Vermögensübergang auf eine vom Erblasser[79] angeordnete **Stiftung** (§ 3 Abs. 2 Nr. 1 Satz 1 ErbStG). Gleichgestellt wird gemäß Satz 2 die Bildung oder Ausstattung einer Vermögensmasse ausländischen Rechts; dadurch wird insbesondere erfasst der **Trust** nach anglo-amerikanischem Recht, bei dem Vermögen an einen Treuhänder („Trustee") zugunsten Begünstigter („beneficiaries") übertragen wird.[80] 34

• was jemand infolge Vollziehung einer vom Erblasser angeordneten **Auflage** erwirbt (§ 3 Abs. 2 Nr. 2 Alt. 1 ErbStG); 35

• die **Abfindung** für einen **Verzicht** auf den durch Erbfall entstandenen, aber noch nicht geltendgemachten **Pflichtteilsanspruch,** (§ 3 Abs. 2 Nr. 4 Halbs. 1 ErbStG). Der abfindungslose Verzicht auf die Geltendmachung des Pflichtteilsanspruchs ist gemäß § 13 Nr. 11 ErbStG steuerfrei; dies gilt auch für den unterdotierten Teil, soweit die Abfindung niedriger ist. Übersteigt hingegen die Abfindung den Wert des Pflichtteilsanspruchs, liegt im überdotierten Teil eine Schenkung i. S. des § 7 Abs. 1 vor.[81] Anders als bei der Steuerpflicht gemäß § 3 Abs. 1 Nr. 1 Fall 4 ErbStG (geltendgemachter Pflichtteilsanspruch; siehe oben Rn 30) knüpft diese Steuerpflicht an die Gewährung, nicht die bloße Vereinbarung des Verzichts an. Maßgeblich ist – anders als bei § 3 Abs. 1 Nr. 1 Fall 4 – der **Steuerwert der gewährten Abfindung**; gemäß der gesetzlichen Fiktion der Vorschrift („Als vom Erblasser zugewendet gilt …") sind nicht die Grundsätze über Sachleistungsansprüche anzuwenden. Der Steuerpflicht des Pflichtteilsberechtigten nach 36

---

[72] Partieller Pflichtteilsschutz gemäß § 2311 Abs. 1 Satz 2 BGB.

[73] Hierfür besteht jedoch der sachliche Freibetrag nach § 13 Abs. 1 Satz 1 Nr. 1 a) ErbStG.

[74] Hierfür besteht der sachliche Freibetrag nach § 13 Abs. 1 Satz 1 Nr. 1 c) ErbStG. Der allgemeine Freibetrag des Lebenspartners beträgt nur € 5200,– (§ 16 Abs. 1 Nr. 5 ErbStG).

[75] Durchbrechung der Maßgeblichkeit des Zivilrechts: Der Anspruch fällt bürgerlich-rechtlich nicht in den Nachlass, „gilt" aber als erbschaftsteuerpflichtiger Erwerb.

[76] Ferner Ansprüche aus einer Unfallversicherung; Moench/Albrecht Rn 105 f.

[77] Zu Versicherungsverträgen eingehend Gebel in Troll/Gebel/Jülicher, § 3 ErbStG Rn 288 ff., § 7 Rn 127 ff., zur Bewertung (Rückkaufswert/Versicherungssumme) Rn 295 f., § 10 Rn 21; § 12 Rn 134 ff. Zur zivilrechtlichen Bewertung bezüglich des Pflichtteilsergänzungsanspruchs: BGH v. 28. 4. 2010, ZEV 2010, 305 ff. mit Anm. Wall S. 311: Liquidationswert; „in aller Regel ist dabei auf den Rückkaufswert abzustellen."

[78] R 8 Abs. 1 ErbStR. Dies ist auch Hintergrund des besonderen Versorgungsfreibetrags gemäß § 17 ErbStG.

[79] Vgl. § 7 Abs. 1 Nr. 8 ErbStG für den Vermögensübergang auf Grund eines Stiftungsgeschäfts unter Lebenden.

[80] Hierzu Jülicher in Troll/Gebel/Jülicher § 2 ErbStG Rn 111 ff.

[81] Von Oertzen/Cornelius ErbStB 2006, 51.

§ 3 Abs. 2 Nr. 4 ErbStG korrespondiert eine Abzugsfähigkeit beim Erben gemäß § 10 Abs. 5 Nr. 3 ErbStG.[82] Die Steuer entsteht mit dem Zeitpunkt des Verzichts (§ 9 Abs. 1 Nr. 1 f. ErbStG). Zu unterscheiden von diesen Rechtshandlungen nach dem Tod des Erblassers ist die gemäß § 7 Abs. 1 Nr. 5 ErbStG steuerbare Abfindung für einen Erbverzicht zu Lebzeiten des Erblassers (hierzu unten Rn 43).

37 • die **Abfindung** für die **Ausschlagung einer Erbschaft** oder eines **Vermächtnisses** (§ 3 Abs. 2 Nr. 4 Halbs. 2 ErbStG). Zur Maßgeblichkeit des Steuerwerts der gewährten Abfindung siehe oben Rn 36. Die Steuer entsteht mit dem Zeitpunkt der Ausschlagung (§ 9 Abs. 1 Nr. 1 f ErbStG). Zur Ausschlagung siehe § 25;

38 • was als Entgelt für die Übertragung der Nacherbanwartschaft gewährt wird (§ 3 Abs. 2 Nr. 6 ErbStG);

39 • was ein Vertragserbe auf Grund einer beeinträchtigenden Schenkung des Erblassers gem. § 2287 BGB von dem Beschenkten nach dem Erbfall auf Grund ungerechtfertigter Bereicherung erhält (§ 3 Abs. 2 Nr. 7 ErbStG).

b) Schenkungen unter Lebenden (§ 7 ErbStG)

Als **Schenkung unter Lebenden** (§§ 1 Abs. 1 Nr. 2, 7 ErbStG) „gilt“ insbesondere:

40 • jede freigebige **Zuwendung unter Lebenden,** soweit der Bedachte durch sie auf Kosten des Zuwendenden bereichert wird (§ 7 Abs. 1 Nr. 1 ErbStG). Dies erfordert auch eine objektive **Unentgeltlichkeit** der Zuwendung; dies fehlt z. B. bei Leistungen von Gesellschaftern zur Förderung des Gesellschaftszwecks. Sogenannte **„unbenannte“ (ehebedingte) Zuwendungen an Ehegatten** stellen zwar zivilrechtlich keine Schenkung i. S. d. § 516 BGB dar, unterliegen jedoch grundsätzlich der Schenkungsteuerpflicht.[83] Hingegen sind Zuwendungen an Ehegatten oder Kinder zur Erfüllung der gesetzlichen Unterhaltspflicht nicht unentgeltlich. Steuerbar ist auch der unentgeltliche vorzeitige Verzicht auf ein vorbehaltenes Nießbrauchsrecht.[84] Gegenleistungen, die nicht in Geld veranschlagt werden können, werden bei der Feststellung, ob eine **Bereicherung** vorliegt, nicht berücksichtigt (§ 7 Abs. 3 ErbStG). Als subjektiver Zuwendungstatbestand ist ferner das Bewusstsein des Zuwendenden erforderlich, zur Vermögenshingabe rechtlich nicht verpflichtet zu sein (Wille zur Unentgeltlichkeit);[85]

41 • was infolge Vollziehung einer von dem Schenker angeordneten **Auflage** erlangt wird (§ 7 Abs. 1 Nr. 2 Alt. 1 ErbStG);

42 • die Bereicherung, die ein Ehegatte bei **Vereinbarung der Gütergemeinschaft** (§ 1415 BGB) erfährt (§ 7 Abs. 1 Nr. 4 ErbStG);

43 • was als **Abfindung für einen Erb- oder Zuwendungsverzicht** (§§ 2346, 2352 BGB) gewährt wird (§ 7 Abs. 1 Nr. 5 ErbStG). Dies umfasst auch die Abfindung für den auf das Pflichtteilsrecht beschränkten Verzicht (**Pflichtteilsverzicht;** § 2346 Abs. 2 BGB).[86] Dies umfasst die Rechtshandlungen zu Lebzeiten des Erblassers, während gemäß § 3 Abs. 2 Nr. 4 ErbStG eine Abfindung für die dort genannten Rechtshandlungen nach dem Tode des Erblassers steuerbar ist;

44 • was ein **Vorerbe dem Nacherben** mit Rücksicht auf die angeordnete Nacherbschaft **vor ihrem Eintritt herausgibt** (§ 7 Abs. 1 Nr. 7 ErbStG);

45 • der Übergang von Vermögen auf Grund eines **Stiftungsgeschäfts** unter Lebenden[87] (§ 7 Abs. 1 Nr. 8 Satz 1 ErbStG);

---

[82] Gebel in Troll/Gebel/Jülicher § 10 ErbStG Rn 174; von Oertzen/Cornelius ErbStB 2006, 49.

[83] Seit der Grundlagenentscheidung des BFH vom 2. 3. 1994, DNotZ 1994, 554 mit Anm. Schuck.

[84] BFH ZEV 2004, 211.

[85] Zu den geringen Anforderungen hierzu: Moench/Albrecht Rn 152 ff.

[86] Crezelius ZEV 2004, 49. Der Pflichtteilsverzicht ist zivilrechtlich gegenüber dem Erbverzicht regelmäßig vorzugswürdig, insbesondere auf Grund der beim Erbverzicht eintretenden Erhöhung der Pflichtteile Dritter (§ 2310 Satz 2 BGB).

[87] Vgl. § 3 Abs. 2 Nr. 1 ErbStG für den Vermögensübergang einer vom Erblasser angeordneten Stiftung.

• der auf dem **Ausscheiden eines Gesellschafters** beruhende Übergang von dessen Anteil[88] an einer **Personen- oder Kapitalgesellschaft** auf die anderen Gesellschafter,[89] soweit der Steuerwert den Abfindungsanspruch (§ 738 Abs. 1 Satz 2 BGB) übersteigt (§ 7 Abs. 7 Satz 1 ErbStG). Als Schenkung des ausgeschiedenen Gesellschafters gilt ferner die Werterhöhung der Anteile von Mitgesellschaftern einer **GmbH** infolge **Einziehung eines Geschäftsanteils** einer Regelung im Gesellschaftsvertrag (§ 7 Abs. 7 Satz 2 ErbStG).[90] Bei Hinauskündigungsklauseln bei Personengesellschaften (§ 10 Abs. 10 Satz 1 ErbStG) und Übertragungsverpflichtungs-/Einziehungsklauseln bei GmbH (§ 10 Abs. 10 Satz 2 ErbStG) ist der Wert des übertragenen Gesellschaftsanteils steuerbar, soweit dieser den gesellschaftsvertraglich festgelegten Abfindungsanspruch übersteigt. Diese gesellschaftsrechtlichen Erwerbsvorgänge können seit der Bewertung der Gesellschaftsanteile zum gemeinen Wert hohe und ungeahnte erbschaftsteuerliche Belastungen auslösen, insbesondere bei nicht miteinander verwandten Gesellschaftern.[91] 46

c) Zweckzuwendungen (§ 8 ErbStG)

Der Erbschaftsteuer (Schenkungsteuer) unterliegen ferner die Zweckzuwendungen (§ 1 Abs. 1 Nr. 3 ErbStG). **Zweckzuwendung** ist gemäß § 8 ErbStG die Übertragung von Vermögen auf eine andere Person mit der Auflage, das Vermögen für einen bestimmten Zweck zu verwenden, jedoch nicht für eigene Zwecke des Empfängers. Das Erworbene darf nicht das Entgelt für eine vertragliche Leistung sein. Die Zuwendung kann erfolgen von Todes wegen oder freigebig unter Lebenden. Zweckzuwendungen unterliegen unabhängig von der Person des Zuwendungsempfängers stets der Steuerklasse III (§ 15 Abs. 1 a. E. ErbStG). Steuerschuldner ist der mit der Ausführung der Zuwendung Beschwerte (§ 20 Abs. 1 Satz 1). 47

d) Familienstiftung und familienbezogene Vereine (§ 1 Abs. 1 Nr. 4 ErbStG)

Der Erbschaftsteuer (Schenkungsteuer) als funktioneller **Erbersatzsteuer** unterliegt das Vermögen von Familienstiftungen mittels einer periodischen Versteuerung in Zeitabständen von 30 Jahren (§ 1 Abs. 1 Nr. 4 ErbStG), erstmals seit dem Zeitpunkt des ersten Übergangs von Vermögen auf die Stiftung oder auf den Verein. **Familienstiftung** ist in §§ 1 Abs. 1 Nr. 4, 15 Abs. 2 Satz 1 ErbStG definiert als Stiftung, die errichtet ist wesentlich im Interesse einer Familie oder bestimmter Familien. Gleichgestellt ist ein **Verein**, dessen Zweck wesentlich im Interesse einer Familie oder bestimmter Familien auf die Bindung von Vermögen gerichtet ist.[92] 48

In den Fällen des § 1 Abs. 1 Nr. 4 ErbStG kann der Steuerpflichtige gemäß § 24 ErbStG verlangen, dass die Steuer in 30 Jahresbeträgen zu entrichten ist.

Freibleibend 49

4. Wertermittlung und Begünstigung

a) Grundlagen, verfassungsrechtliche Anforderungen

Die erbschaftsteuerliche Bewertung richtet sich nach § 12 ErbStG und den darin in Bezug genommenen Bestimmungen des **Bewertungsgesetzes** (BewG).[93] 50

Grundsätzlich ist Bewertungen der **gemeine Wert** zugrunde zu legen (§ 9 Abs. 1 BewG). Gemäß der Entscheidung des Bundesverfassungsgerichts vom 7. 11. 2006 muss 51

---

[88] Oder Teils eines Anteils.

[89] Oder auf die Gesellschaft.

[90] Bei Einziehung auf Grund Tod des Erblassers § 3 Abs. 1 Nr. 2 Satz 3 ErbStG.

[91] Eingehend zu erbschaft-/schenkungsteuerlichen Folgen gesellschaftsrechtlicher Abfindungsbeschränkungen für die verbleibenden Gesellschafter: Hübner/Maurer, ZEV 2009, 361 ff., 428 ff.

[92] Übersicht über die Behandlung der inländischen Familienstiftung und des inländischen Familienvereins im ErbStG: Jülicher in Troll/Gebel/Jülicher, § 1 ErbStG, Rn 21 ff.

[93] Für Erwerbe seit 1. 1. 1996. Siehe oben Abschnitt 1.c) Rn 6.

die Bewertung des anfallenden Vermögens bei der Ermittlung der erbschaftsteuerlichen Bemessungsgrundlage auf einer ersten **Bewertungsebene** einheitlich am gemeinen Wert als dem maßgeblichen Bewertungsziel ausgerichtet sein. Lediglich ein Verkehrswert, der innerhalb einer „Streubreite von **plus/minus 20% der Verkaufspreise**“ liegt, wird als noch vertretbar angesehen.[94]

52 Gemeiner Wert ist z.B. bei Bargeld der Nennbetrag und bei Wertpapieren oder Aktien der Kurswert zum Bewertungsstichtag. Der gemeine Wert gilt auch für Forderungen, insbesondere nicht erfüllte Sachleistungsansprüche.[95]

53 *freibleibend*

54 Auf einer zweiten, sich an die Bewertung anschließenden **Begünstigungsebene** kann der Gesetzgeber zur Bestimmung der Steuerbelastung und zur Ermittlung der Bemessungsgrundlagen Lenkungszwecke verwirklichen.[96] Bei Vorliegen hinreichender Gemeinwohlgründe kann der Gesetzgeber mittels Verschonungsregelungen den Erwerb bestimmter Vermögensgegenstände – „gegebenenfalls auch sehr weitgehend“ – begünstigen. Solche Normen müssen allerdings den allgemein für Regelungen zur außerfiskalischen Lenkung oder Förderung geltenden verfassungsrechtlichen Anforderungen genügen. Insbesondere müssen die Lenkungszwecke von erkennbaren gesetzgeberischen Entscheidungen getragen sein, der Kreis der Begünstigten sachgerecht abgegrenzt und die Lenkungszwecke gleichheitsgerecht ausgestaltet sein. Erforderlich ist deshalb, dass die Begünstigungswirkungen ausreichend zielgenau und innerhalb des Begünstigungskreises möglichst gleichmäßig eintreten.[97] Die steuerlichen Verschonungsregelungen sind zielgenau und normenklar auszugestalten.[98]

b) Allgemeines zur Bewertung von Grundvermögen

55 Seit dem 1. 1. 2009 ist für die **Bewertung von Grundvermögen** gemäß § 12 Abs. 3 ErbStG der nach § 151 Abs. 1 Satz 1 Nr. 1 BewG auf den Bewertungsstichtag (§ 11 ErbStG) gesondert festgestellte Wert anzusetzen. Den Bewertungen von Grundbesitz nach §§ 179, 182 bis 185 BewG ist gemäß § 12 Abs. 3 ErbStG i.V. mit § 177 BewG der **gemeine Wert** (§ 9 BewG) zugrunde zu legen. Die Vorschriften sind hierzu enthalten in §§ 176–187 BewG und dienen der annäherungsweisen Erreichung dieses Bewertungsgrundsatzes. Hierzu ergingen die gleich lautenden Erlasse der obersten Finanzbehörden der Länder zur Besteuerung des Grundvermögens (AEBewGrV).[99]

56 Dies ist nicht nur maßgeblich für das inländische Grundvermögen, sondern auch wenn dieses in einem Mitgliedsstaat der Europäischen Gemeinschaft oder einem Staat des Europäischen Wirtschaftsraumes liegt. Sonstiges **ausländisches Grundvermögen** ist mit dem gemeinen Wert zu bewerten (§§ 12 Abs. 7 Alt. 1 ErbStG, 31 BewG).

57 Zum **Grundvermögen** gehören gemäß § 176 Abs. 1 BewG
- der Grund und Boden, die Gebäude, die sonstigen Bestandteile und das Zubehör;
- das Erbbaurecht;

---

[94] BVerfG vom 7. 11. 2006, Rn 137.

[95] Vgl. den Sachverhalt der Entscheidung des BVerfG vom 7. 11. 2006 (Abschnitt 1.c).

[96] BVerfG vom 7. 11. 2006, Leitsatz 2.b).

[97] BVerfG vom 7. 11. 2006, Rn 201.

[98] BVerfG vom 7. 11. 2006, Leitsatz 2.b).

[99] Nach dem Sechsten Abschnitt des Zweiten Teils des Bewertungsgesetzes. Gl. Ländererlasse zur Feststellung von Grundbesitzwerten, von Anteilswerten und von Betriebsvermögenswerten BStBl. I 2009, S. 546 ff. (Feststellungsverfahren), S. 552 ff. (Bewertung des land- und forstwirtschaftlichen Vermögens), S. 590 ff. (Bewertung des Grundvermögens), S. 698 ff. (Bewertung des betrieblichen Vermögens – Gewerbebetriebe einschließlich Anteilsbewertung und Bewertung von Beteiligungen an Personengesellschaften „BV-Erlass“ –) sowie S. 713 ff. (Neuregelungen bei der Erbschaft-/Schenkungsteuer – ErbSt-Erlass). Zur Erlasslage zur Bewertung des Grundvermögens Tremel ZEV 2009, 445 ff.

– das Wohnungseigentum, Teileigentum, Wohnungserbbaurecht und Teilerbbaurecht nach dem WEG,

soweit es sich nicht um land- und forstwirtschaftliches Vermögen (§§ 158 und 159 BewG) oder Betriebsgrundstücke (§ 99 BewG) handelt.

In das Grundvermögen sind **nicht** einzubeziehen gemäß § 176 Abs. 2 BewG

– Bodenschätze
– die Maschinen und sonstigen Vorrichtungen aller Art, die zu einer Betriebsanlage gehören (Betriebsvorrichtungen), auch wenn sie wesentliche Bestandteile sind.

Gemäß § 198 BewG[100] kann der Steuerpflichtige für alle Fälle der Bewertung von Grundvermögen nachweisen, dass der gemeine Wert[101] niedriger ist als der nach § 179, 182 bis 186 BewG ermittelte Wert (**Öffnungsklausel**).[102] Der Nachweis kann insbesondere durch Gutachten eines Sachverständigen für Bewertung von Grundstücken geführt werden. Das Gutachten muss den Vorgaben der Immobilienwertermittlungsverordnung (ImmoWertV)[103] entsprechen (§ 198 Satz 2 BewG i. V. mit § 199 Abs. 1 BauGB). Der Nachweis ist erbracht, wenn das Finanzamt dem Gutachten ohne Einschaltung weiterer Sachverständiger folgen kann.[104] Ob das Gutachten den geforderten Nachweis erbringt, unterliegt der freien Beweiswürdigung des Finanzamtes.[105] Die Beweislast trägt der Steuerpflichtige, ebenso die Kosten, auch wenn der Nachweis gelingt. 58

Der **Verkehrswert** wird nach der Legaldefinition des § 194 BauGB durch den Preis bestimmt, der in dem Zeitpunkt, auf den sich die Ermittlung bezieht, im gewöhnlichen Geschäftsverkehr nach den rechtlichen Gegebenheiten und tatsächlichen Eigenschaften, der sonstigen Beschaffenheit und der Lage des Grundstücks ohne Rücksicht auf ungewöhnliche oder persönliche Verhältnisse zu erzielen wäre. Dies entspricht im Regelfall dem „gemeinen Wert" i. S. des § 9 BewG.

Schulden sind – beim Erbfall wie bei Schenkung (insb. Schuldübernahme) – voll abziehbar.[106]

Soweit Grundbesitz zu Unternehmen gehört, welche nach § 11 Abs. 2 BewG bewertet werden, wird dieser Grundbesitz im Rahmen der Unternehmensbewertung bewertet und nicht gesondert als Grundbesitz.

c) Unbebaute Grundstücke

aa) Wertermittlung. § 178 f. BewG (i. V. mit § 12 Abs. 3 ErbStG) regelt die Ermittlung des Wertes **unbebauter Grundstücke.** Dies sind diejenigen Grundstücke, auf denen sich keine benutzbaren Gebäude befinden (§ 178 Abs. 1 Satz 1 BewG) oder vorhandene Gebäude auf Dauer keiner Nutzung zugeführt werden können (§ 178 Abs. 2 BewG). 59

---

[100] Bis zum JStG 2007 v. 13. 12. 2006 BGBl. I 2006, 2878, war die Öffnungsklausel enthalten in § 145 Abs. 3 Satz 3 und 146 Abs. 7 BewG und galt nur für die dort behandelten Grundstücksarten, danach in § 138 Abs. 4 BewG.

[101] Maßgeblich sind die tatsächlichen Verhältnisse und Wertverhältnisse am Tag der Steuerentstehung (§ 9 ErbStG) als Besteuerungszeitpunkt; zum alten Recht noch BFH ZEV 2010, 489 ff. mit Anm. Drosdzol S. 491 f.

[102] Zum Verkehrswertnachweis bei der erbschaftsteuerlichen Immobilienbewertung: Eisele ZEV 2009, 451 ff.

[103] Verordnung über die Grundsätze für die Ermittlung der Verkehrswerte von Grundstücken (Immobilienwertermittlungsverordnung – ImmoWertV) v. 19. 5. 2010 BGBl. 2010 I 639 ff.; hierzu Drosdzol ZEV 2010, 403 f. Diese ist maßgeblich für die Verkehrswertgutachten.

[104] BFH vom 3. 12. 2008, DStR 2009, 573.

[105] BFH vom 10. 11. 2004, BStBl. II 2005, 259.

[106] Keine Pro-rata-Rechnung (wie bis 2008) bei Schenkung privater Immobilien aufgrund des nunmehr unterstellten wahren Wertes (vormals R 17 ErbStG). Unterscheide hiervon ertragsteuerlich die geänderte Rspr. des BFH (Beschluss vom 17. 12. 2007, GrS 2/04), wonach der Erbe einen vom Erblasser nicht ausgenutzten Verlustabzug nach § 10 d EStG nicht bei seiner eigenen Veranlagung zur Einkommensteuer geltend machen kann.

Für Grundstücke im Zustand der Bebauung sind Sonderregelungen in § 196 BewG enthalten.

60 Maßgebend ist gemäß § 179 BewG „regelmäßig" die Fläche des unbebauten Grundstücks und der **Bodenrichtwert** gem. § 196 BauGB.[107] Dieser wird vom Gutachterausschuss (§ 192 BauGB) auf Grund der Kaufpreissammlung (§ 195 BauGB) ermittelt.[108] Die Gutachterausschüsse sind verpflichtet, flächendeckend Bodenrichtwerte unter Berücksichtigung des Entwicklungszustands der Grundstücke zu ermitteln:

- land- und forstwirtschaftlich genutzte Flächen
- Bauerwartungsland
- Rohbauland
- baureifes Land.

61 Es ist der zuletzt ermittelte, d.h. aktuellste Bodenrichtwert anzusetzen. Die Wertermittlung des Gutachterausschusses ist jedoch für die Finanzverwaltung nicht bindend: Das Finanzamt kann einen abweichenden Wert festsetzen, wenn es der Auffassung ist, dass der Gutachterausschussrichtwert nicht dem gemeinen Wert entspricht.

62 *freibleibend*

63 *bb) Begünstigung.* Eine Begünstigungsnorm für den Erwerb von unbebauten Grundstücken besteht nicht.

d) Bebaute Grundstücke

64 *aa) Wertermittlung.* Die Ermittlung des Wertes **bebauter Grundstücke** ist in § 180 BewG (i.V. mit § 12 Abs. 3 ErbStG) geregelt. Grundsätzlich ist auch hierfür der gemeine Wert maßgeblich.[109]

Bebaute Grundstücke sind Grundstücke, auf denen sich benutzbare Gebäude befinden (§ 180 Abs. 1 Halbs. 1 BewG). Als solche gilt auch ein **Gebäude auf fremden Grund und Boden,** selbst wenn es wesentlicher Bestandteil des Grund und Bodens wurde (§ 180 Abs. 2 BewG); hierfür gelten die Sonderregelungen des § 195 BewG.

65 Für die Bewertungsverfahren wird unterschieden nach **sechs Arten bebauter** Grundstücke i.S. des § 181 BewG.[110] Hiernach richtet sich, welches der drei vom Gesetz vorgegebenen typisierenden Wertermittlungsverfahren gemäß § 182 BewG zur Anwendung kommt.

66 *aaa) Vergleichswertverfahren.* Gemäß § 182 Abs. 2 BewG sind grundsätzlich im **Vergleichswertverfahren (§ 183 BewG)** zu bewerten:

1. Einfamilienhäuser, Zweifamilienhäuser. Ein Grundstück gilt auch dann als Ein- oder Zweifamilienhaus, wenn es zu weniger als 50%, berechnet nach der Wohn- und Nutzfläche, zu anderen als Wohnzwecken mitbenutzt und dadurch die Eigenart als Ein- oder Zweifamilienhaus nicht wesentlich beeinträchtigt wird (§ 181 Abs. 2 Satz 2 BewG).[111] In § 181 Abs. 9 ist die Legaldefinition einer **„Wohnung"** niedergelegt; insbesondere muss eine solche eine Mindestgröße von 23 qm, die notwendigen Nebenräume (Küche, Bad oder Dusche, Toilette) und einen selbständigen Zugang haben;

---

[107] Beispiel: Bauplatz 800 qm Fläche. Bodenrichtwert € 200,–/qm. Steuerwert: € 160 000,–. Der pauschale Abschlag von 20% gemäß § 145 Abs. 3 BewG a.F. zur Berücksichtigung individueller Wertminderungen galt nur bis 2008. Dieser wurde abgeschafft, obwohl das BVerfG eine Toleranzbreite von 20% als zulässig angesehen hat.

[108] Änderung des BauGB bezüglich des Gutachterausschusses in BGBl. 2008 I 3081 ff.

[109] Ein pauschaler Abschlag, insbesondere zur Abgeltung individueller negativer Wertfaktoren, ist nicht vorgesehen. Der Alterswertabschlag von 0,5% gemäß § 146 Abs. 4 BewG a.F. endete 2008.

[110] Das Verfahren ist der WertVO (§ 195 BauGB) für die Gutachterausschüsse nachgebildet.

[111] Für Ein- und Zweifamilienhäuser erfolgt kein Zuschlag von 20%, wie bis 2008 gem. § 146 Abs. 5 BewG.

2. Wohnungseigentum, Teileigentum (§ 181 Abs. 4, 5 BewG).

Gemäß § 183 Abs. 1 Satz 2 BewG sind beim Vergleichswertverfahren Grundlage „vorrangig" die von den Gutachterausschüssen mitgeteilten Kaufpreise für Vergleichsgrundstücke[112] (§ 183 Abs. 1 BewG) und Vergleichsfaktoren (§ 183 Abs. 2 BewG). Der Bodenwert ist ggf. gesondert zu bewerten.

Die Vergleichsgrundstücke müssen hinsichtlich der ihren Wert beeinflussenden Merkmalen mit dem zu bewertenden Grundstück (nur) „hinreichend" übereinstimmen (§ 183 Abs. 1 Satz 1 BewG).

Gemäß § 193 Abs. 5 BauGB haben die Gutachterausschüsse für die Wertermittlung der Finanzverwaltung weitere Daten festgestellt:

- Kapitalisierungszinssätze, mit denen die Verkehrswerte von Grundstücken im Durchschnitt marktüblich verzinst werden (Liegenschaftszinssätze)
- Faktoren zur Anpassung der Sachwerte an die jeweilige Lage auf dem Grundstücksmarkt (Sachwertfaktoren)
- Umrechnungskoeffizienten für das Wertverhältnis von sonst gleichen Grundstücken, z. B. bei unterschiedlichem Maß der baulichen Nutzung.

Die Wertermittlung des Gutachterausschusses ist für die Finanzverwaltung nicht bindend.

„Besonderheiten, insbesondere die den Wert beeinflussenden **Belastungen** privatrechtlicher und öffentlich-rechtlicher Art", werden im Vergleichswertverfahren (§ 183 Abs. 3 BewG) **nicht berücksichtigt.**[113] Hierzu gehören z. B. Nießbrauchs- und sonstige Nutzungsrechte, Wegerechte, langfristige Miet-/Pachtverträge, Vorkaufsrechte. Der Steuerpflichtige kann in solchen Fällen wählen: Berücksichtigung solcher wertmindernder Belastungen aus Nutzungsrechten

- in der **Bewertungsebene** durch Nachweis des niedrigeren Wertes gemäß § 198 BewG. Hierbei hat der Steuerpflichtige den Wert der Belastung nachzuweisen und die Kosten des Gutachters zu tragen;

  oder (§ 10 Abs. 6 Satz 6 ErbStG) i. d. R. vorteilhafter
- Berücksichtigung bei der **Steuerfestsetzung** im Rahmen des § 10 Abs. 5 ErbStG. Hierbei hat das FA den Wert der Belastung zu ermitteln.

bbb) Ertragswertverfahren. Gemäß § 182 Abs. 3 BewG sind im **Ertragswertverfahren** 67
(§§ 184–188 BewG) zu bewerten:

3. Mietwohngrundstücke: Das sind Grundstücke, die zu mehr als 80%, berechnet nach der Wohn- und Nutzfläche, Wohnzwecken dienen, und nicht Ein- und Zweifamilienhäuser oder Wohnungseigentum sind (§ 181 Abs. 3 BewG);

4. Geschäftsgrundstücke (§ 181 Abs. 6 BewG)

5. Gemischt genutzte Grundstücke (§ 181 Abs. 7 BewG), für die sich auf dem örtlichen Grundstücksmarkt eine übliche Miete ermitteln lässt.

Beim Ertragswertverfahren ist der **Wert der baulichen Anlage getrennt vom Bodenwert auf der Grundlage des Ertrags zu ermitteln.** Der Bodenwert ist wie der Wert des unbebauten Grundstücks nach § 179 BewG zu ermitteln. Es sind also Bodenwert und Gebäudewert zu addieren, wobei die Bodenwertverzinsung vorab bei der Ertragsberechnung ausgeschieden wird. Insb. bei wertvollen und großen Grundstücken ergibt sich häufig eine hohe abzuziehende Bodenwertverzinsung. Mindestwert ist jedoch stets der Wert des unbebauten Grundstücks (§ 184 Abs. 3 Satz 2 BewG).

---

[112] Auch das zu bewertende Grundstück selbst kann ein solches sein: Z. B. Das vererbte/verschenkte Grundstück wurde
- vom Erblasser/Schenker kurz vorher von Dritten gekauft;
- vom Erben/Beschenkten kurz danach an Dritte verkauft.

[113] Demgegenüber sind derartige wertbeeinflussende Belastungen bei der Wertermittlung zu berücksichtigen gemäß § 5 Abs. 2 WertV, welche gemäß § 198 BewG, § 199 BauGB grundsätzlich anwendbar ist.

68 **Berechnungsschema Ertragswertverfahren** (§§ 184–188 BewG):
(A) Bodenwert:
Entspricht dem Wert des unbebauten Grundstücks (§ 179 BewG; s.o. Rn 59ff.): Grundstücksfläche × zuletzt ermittelter Bodenrichtwert (ohne Abschlag)
(B) Gebäudeertragswert (§ 185 BewG): (Jahres-)**Rohertrag** (§ 186 BewG: Vereinbarte[114] Jahresmiete, ggf.[115] übliche Miete;[116] ohne Betriebskosten)
./. **Bewirtschaftungskosten** (§ 187 BewG; nachhaltig entstehende Verwaltungskosten, Betriebskosten –ohne Umlagen – Instandhaltungskosten und Mietausfallwagnis; **nicht tatsächliche,** sondern pauschaliert: Erfahrungssätze nach Gutachterausschüssen, sonst nach Anl. 23 BewG; ansonsten Nachweis gemeiner Wert gemäß § 198 BewG)
= **Reinertrag des Grundstücks**
./. **Bodenwertverzinsung** (§ 185 Abs. 2 BewG; Liegenschaftszins § 188 BewG: Gemäß Gutachterausschuss, ansonsten nach Pauschalen gemäß § 188 Abs. 2 Satz 2 BewG: z.B. Mietwohngrundstücke 5%)
= **Gebäudereinertrag** (Jahreswert)
× Vervielfältiger (§ 185 Abs. 3 BewG; Anlage 21; Wirtschaftliche Gesamtnutzungsdauer Anlage 22: z.B. Mietwohngrundstück 80 Jahre, bei 5% Liegenschaftszins: Vervielfältiger 21, 57)
= **Gebäudeertragswert.**
(C) Summe[117] (A) und (B) = Ertragswert des bebauten Grundstücks (= Bemessungsgrundlage für Erbschaft-/Schenkungsteuer).

Beispiel Ertragswert bebautes Grundstück:[118]
Mietwohnhaus, 25 Jahre alt, Rohertrag p.a. von € 100 000,–, Bodenwert € 250 000,–, keine gesonderten Werte von Gutachterausschuss:
€ 100 000,– Rohertrag
./. 27% Bewirtschaftungskosten
= € 73 000,–
./. 12 500,– Bodenwertverzinsung (€ 250.000,– × 5%)
= € 60 000,– Reinertrag
× 18,63 (Restnutzungsdauer (80 – 25 =) 55 Jahre, 5% Zinssatz; Anlage 21 zum BewG)
= € 1 127 115,–
+ € 250 000,– Bodenwert
= € 1 377 115,– (= 13,7-facher Rohertrag)
./. 10% Abschlag § 13 c ErbStG (Mietwohnhaus)
= € 1 093 750,– Grundbesitzwert.

69 *ccc) Sachwertverfahren.* Gemäß § 182 Abs. 4 BewG sind im **Sachwertverfahren (§§ 189 ff. BewG)** zu bewerten:
- Grundstücke i.S. des § 182 Abs. 2 BewG (Vergleichswertverfahren), wenn kein Vergleichswert vorliegt;
- Geschäftsgrundstücke und gemischt genutzte Grundstücke, für die sich auf dem örtlichen Grundstücksmarkt keine übliche Miete ermitteln lässt;
- **6. Sonstige bebaute Grundstücke** (§ 181 Abs. 8 BewG).

Auch beim Sachwertverfahren ist – wie beim Ertragswertverfahren, s.o. Rn 67 ff. – der Wert der baulichen Anlagen und der Wert der sonstigen Anlagen getrennt vom Bodenwert nach Herstellungswerten zu ermitteln; anders als beim Ertragswertverfahren wird

---

[114] Mietausfälle mindern den Rohertrag nicht.
[115] Falls tatsächliche Miete um mehr als 20% abweicht von der üblichen Miete, ferner bei eigengenutzten, ungenutzten oder unentgeltlich überlassenen Grundstücken.
[116] Schätzung gemäß Miete für vergleichbare Räume.
[117] Ein doppelter Ansatz des Bodenwerts soll vermieden werden durch den Abzug der Bodenwertverzinsung.
[118] Nach Halaczinsky, ZErb 2009, 21, 25.

der Wert nicht nach dem Ertrag, sondern nach den Herstellungskosten ermittelt. Das Sachwertverfahren kann in besonderem Maße zur Überbewertung führen; insbesondere sieht das Gesetz keine Kappung durch den Ertragswert vor.[119]

Der Bodenwert ist wie der Wert des unbebauten Grundstücke nach § 179 BewG zu ermitteln.

Berechnungsschema Sachwertverfahren (§§ 189–191 BewG): 70

(A) Bodenwert:

Entspricht dem Wert des unbebauten Grundstücks (§ 179 BewG; s. o. Rn 59ff.): Grundstücksfläche x zuletzt ermittelter Bodenrichtwert

(B) Gebäudesachwert (§§ 189f. BewG):

Regelherstellungskosten Gebäude (Flächenpreis) (§ 190 Abs. 1); nicht tatsächliche Herstellungskosten, sondern pauschalisiert nach Maßgabe von Anlage 24 zum BewG je nach

– Art des Objekts (z. B. EFH/ZFH, Wohnungseigentum, Geschäftsgrundstück)
– Baujahr
– Ausstattungsstandard (einfach, mittel, gehoben);

× Bruttogrundfläche
= Gebäuderegelherstellungswert
./. Alterswertminderung (§ 190 Abs. 2: Verhältnis des Gebäudes am Bewertungsstichtag zur wirtschaftlichen Gesamtnutzungsdauer nach Anlage 22; i. d. R. Mindestwert 40%, § 190 Abs. 2 letzter Satz)[120]
= Gebäudesachwert.

(C) Summe (A) und (B) = **Vorläufiger Sachwert des bebauten Grundstücks x Wertzahl** (§§ 189 Abs. 3, 191: Gemäß Gutachterausschuss (§ 191 Abs. 1 BewG), ansonsten gemäß Anlage 25; Marktanpassungsfaktor).[121]

(D) Ggf. zusätzlich besonders werthaltige Außenanlagen (§ 189 Abs. 1 Satz 2 BewG).

(E) = Sachwert des bebauten Grundstücks.

Beispiel Sachwert bebautes Grundstück:[122]

EFH Berlin, mit UG, EG, OG, nichtausgebautes DG, überbaute Fläche 8 m × 9 m, mittlere Ausstattung, 84 Jahre alt, Rohertrag von T€ 100, Grundstück 468 qm, Bodenrichtwert € 260,–/qm:

(A) Bodenwert: 260 €/qm × 468 qm = € 121 680,–.

(B) Gebäudenormalherstellungswert = 550 €/qm × 288 qm Bruttogeschossfläche (BGF: 72 qm × 4 Geschosse) = € 158 400,–
./. € 95 040,– (60% Alterswertminderung)
= € 63 360,– Gebäudesachwert.

(C) A + B = € 185 040 vorläufiger Sachwert × 1,1 (Wertzahl) = € 203 544.[123]

bb) Begünstigung. Für bebaute Grundstücke bestehen folgende Begünstigungsnormen: 71

---

[119] Häufig lassen sich die Herstellungswerte beim Verkauf nicht realisieren.

[120] Bsp.: Mietwohnungsgrundstück, 80 Jahre Gesamtnutzungsdauer.

Bsp. 1: Am Stichtag 30 Jahre alt: $^{30}/_{80}$ ex 80 Jahre, Abschlag von 37,5%.

Bsp. 2: Am Stichtag 50 Jahre alt: $^{50}/_{80}$ ex 80 Jahre, grds. Abschlag von 62,5%. Jedoch Mindestwert 40%, d. h. max. 60% Abschlag.

[121] Dies soll den vorläufigen Sachwert an die Marktpreise anpassen. Die Wertzahlen führen bei niedrigen Sachwerten zu einer Erhöhung, bei höheren zu einer Reduzierung gegenüber dem vorläufigen Sachwert.

[122] Nach Drosdzol, ZEV 2009, 10, 15.

[123] Dies entsprach 88,5% des Verkehrswertes aufgrund eines hierzu erstellten Gutachtens.

71a *aaa) Begünstigung des Familienheims, § 13 Abs. 1 Nr. 4 a, 4 b, 4 c ErbStG.*[124]

(A) § 13 Abs. 1 Nr. 4 a ErbStG:[125] **Lebzeitige Zuwendung an Ehegatten**[126]

Gemäß der in der Praxis wichtigen Steuerbefreiungsnorm § 13 Abs. 1 Nr. 4 a ErbStG kann ein Ehegatte (bzw. Lebenspartner) insbesondere das Eigentum (oder Miteigentum) am Familienheim völlig steuerfrei, ohne Höchstgrenze bezüglich des Wertes und/oder der Wohnfläche, ohne Behaltenspflicht, ohne Objektverbrauch,[127] unabhängig vom Güterstand und ohne Anrechnung auf den persönlichen Freibetrag **dem Ehegatten** (bzw. Lebenspartner) **zu Lebzeiten übertragen.**

Es handelt sich um einen zusätzlichen sachlichen Freibetrag; eine Anrechnung auf frühere, gleichzeitige oder künftige Zuwendungen (§ 14 ErbStG) erfolgt nicht.[128]

Begünstigt ist das im Inland, einem Mitgliedsstaat der Europäischen Union oder in einem Staat des Europäischen Wirtschaftsraum[129] belegene bebaute Grundstück im Sinne des § 181 Abs. 1 Nr. 1 bis 5 BewG,[130] „soweit" darin eine Wohnung zu eigenen Wohnzwecken genutzt wird. Das Familienheim kann sich somit auch in einem im übrigen vermieteten Haus befinden.[131] Soweit im bebauten Grundstück auch eine andere Nutzung ausgeübt wird, hat eine Aufteilung stattzufinden in begünstigte und nicht-begünstigte Gebäudeteile durch das Lagefinanzamt bei der Feststellung des Grundbesitzwertes. Das Gesetz bestimmt keinen Aufteilungsmaßstab; naheliegend ist eine Aufteilung nach Wohn-/Nutzfläche; denkbar erscheint auch eine Aufteilung nach den konkreten Wertverhältnissen. Das Familienheim kann sich auch über bewertungsrechtlich zwei Wohnungen erstrecken. Auch ein im Wohnbereich liegendes Arbeitszimmer ist umfasst, ferner Garagen und Nebengebäude.

Im Familienheim muss sich im Zeitpunkt der Zuwendung der Mittelpunkt des familiären Lebens befinden.[132] Zweit-, Wochenend- und Ferienwohnungen sind nicht begünstigt. Hingegen ist das Bestehen einer Haushaltsgemeinschaft mit Angehörigen i. S. von § 15 AO unschädlich. Ist der zuwendende Ehegatte aus dem Familienheim ausgezogen, kann die Übertragung des Familienheims an den mit den Kindern dort verbleibenden Ehegatten dem vom Gesetzgeber beabsichtigten Schutzes des familiären Lebensraumes dienen; es reicht deshalb für die Begünstigung aus, wenn der Erwerber jedenfalls mit Kindern in der Wohnung wohnt.[133]

Die Vorschrift enthält drei Befreiungstatbestände:

- § 13 Abs. 1 Nr. 4 a S. 1 Halbs. 1: Zuwendung des (Mit-) Eigentums;

---

[124] Zur Neuregelung der Steuerbefreiung für das Familienheim durch die Erbschaftsteuerreform und Auswirkungen auf die Vertragsgestaltung: N. Mayer ZEV 2009, 439 ff.; „15 Ratschläge zum Umgang mit dem Familienheim": Reimann ZEV 2010, 174 ff.

[125] Die Vorschrift wurde im Kern unverändert übernommen gemäß der bis 2008 geltenden Regelung. Jedoch modifiziert in BGBl. 2008 I 3020 f: Insbesondere Erstreckung auf Lebenspartner, Belegenheit in einem Mitgliedsstaat der Europäischen Union oder einem Staat des Europäischen Wirtschaftsraums, ferner „Familienheim" statt „Familienwohnheim". Wichtige Änderung war, dass bisher ausschließlich zu eigenen Wohnzwecken genutzte Immobilien begünstigt waren, während sich seit 2009 das Familienheim sich auch in einem„bebauten Grundstück im Sinne des § 181 Abs. 1 Nr. 1 bis 5 des Bewertungsgesetzes" befinden kann.

[126] Oder (eingetragenen) Lebenspartner (§ 13 Abs. 1 Nr. 4 a S. 3).

[127] Im Rahmen des § 42 AO.

[128] Anders, soweit das Grundstück kein Familienheim darstellt (z. B. vermieteter Teil) und damit eine steuerpflichtige Zuwendung darstellt.

[129] Deutsche Steuerbarkeit des Erwerbs des im Ausland befindlichen Familienheims liegt nur vor, wenn die Ehegatten unbeschränkt steuerpflichtig sind. Hierzu Geck, ZEV 2008, 557, 558.

[130] Somit z. B. auch Mietwohngrundstücke, § 181 Abs. 1 Nr. 2 BewG, oder Geschäftsgrundstücke, § 181 Abs. 1 Nr. 4 BewG.

[131] Anders noch bis 2008 „Alles-oder-Nichts-Prinzip".

[132] Anders als § 13 Abs. 1 Nr. 4 b reicht eine „Verhinderung aus zwingenden Gründen" nicht aus.

[133] BFH-Urteil vom 26. 2. 2009, II R 69/06; Meincke, ErbStG, § 13 Rn 20 a.

- § 13 Abs. 1 Nr. 4a S. 1 Halbs. 2: Freistellung des anderen Ehegatten von eingegangenen Verpflichtungen im Zusammenhang mit der Anschaffung oder der Herstellung des Familienheims;
- § 13 Abs. 1 Nr. 4a S. 2: Tragung des nachträglichen Herstellungs- oder Erhaltungsaufwands für ein Familienheim, das im gemeinsamen Eigentum der Ehegatten oder im Eigentum des anderen Ehegatten steht.

Eine Weiterveräußerung löst keine Nachversteuerung aus. Anders als § 13 Abs. 1 Nr. 4b, 4c sieht Nr. 4a keine Behaltensfrist vor. Ferner besteht keine Mindestfrist zur Beibehaltung des Familienheim. Wechselt die Familie im Jahr nach der Zuwendung an den Ort eines neuen Arbeitsplatzes oder nach Eintritt des Ruhestandes an einen Altersruhesitz, entfällt zum einen nicht die Steuerbefreiung für die erfolgte Zuwendung, und zum anderen besteht die Möglichkeit der erneuten Zuwendung des (neuen) Familienheims.

Wegen der zusätzlichen einschränkenden Voraussetzung beim Erwerb des Ehegatten von Todes wegen nach § 13 Abs. 1 Nr. 4b (s. unten Rn 71b) ist die Übertragung zu Lebzeiten nach § 13 Abs. 1 Nr. 4a steuerlich vorzugswürdig:

- Die Ehegatten können umziehen und/oder das Familienheim verkaufen.
- Der überlebende (beschenkte) Ehegatte kann nach dem Tod des zuwendenden Ehegatten umziehen und/oder das Familienheim verkaufen.
- Für den Fall des Überlebens des zuwendenden Ehegatten kann diesem im Übertragungsvertrag ein bedingter Rückübertragungsanspruch eingeräumt werden. Der überlebende Ehegatte kann damit nach dem Tod des beschenkten Ehegatten in Ausübung des vorbehaltenen Anspruchs steuerfrei das Eigentum am Familienheim zurückerwerben.

(B) § 13 Abs. 1 Nr. 4b ErbStG: **Erwerb von Todes wegen durch den überlebenden** 71b
Ehegatten[134]

Voraussetzung für die Steuerbefreiung des Familienheims (s. hierzu oben Rn 71a) beim Erwerb durch den **Ehegatten** (oder Lebenspartner) **von Todes wegen** ist, dass („soweit") der **Erblasser** darin bis zum Erbfall eine Wohnung zu eigenen Wohnzwecken genutzt hat,[135] außer er war aus zwingenden Gründen an einer Selbstnutzung zu eigenen Wohnzwecken gehindert (§ 13 Abs. 1 Nr. 4a S. 1 ErbStG):[136] Dies wird gegeben sein bei der gebotenen Unterbringung in einem Pflegeheim, wird aber im Einzelfall problematisch sein z. B. bei einem sog. „betreuten Wohnen".

Weitere Voraussetzung ist gemäß § 13 Abs. 1 Nr. 4a S. 1 ErbStG letzter Halbs., dass die Wohnung beim **Erwerber** (überlebender Ehegatte) unverzüglich zur **Selbstnutzung** zu eigenen Wohnzwecken bestimmt ist.

Ferner entfällt die Steuerbefreiung ex tunc und vollständig[137] (§ 13 Abs. 1 Nr. 4b. Satz 5 ErbStG), wenn der Erwerber das Familienheim innerhalb von zehn Jahren nach dem Erwerb nicht mehr zu Wohnzwecken selbst nutzt (zehnjährige **Behaltensfrist**), es sei denn, er ist aus zwingenden Gründen an einer Selbstnutzung zu eigenen Wohnzwecken gehindert: Eine Unterbringung in einem Pflegeheim muss „zwingend" geboten sein; nicht ausreichend wird sein z. B. ein Wechsel in kleinere Wohnung, weil das Familienheim zu groß bzw. für die Unterhaltung zu teuer war nach dem Tod des Ehegatten und Auszug der Kinder. Wegen dieser zusätzlichen Voraussetzungen ist die Übertragung zu Lebzeiten nach § 13 Abs. 1 Nr. 4a ErbStG vorteilhaft (s. oben Rn 71a).

Die sachliche Steuerbefreiung erhält nur der Erwerber, der das Familienheim auch tatsächlich erhält.[138] Überträgt der überlebende Ehegatte aufgrund Vermächtnis oder Tei-

[134] Oder (eingetragenen) Lebenspartner.
[135] Zweitwohnung reicht nicht, s. o. lit. (A).
[136] Hierzu Geck ZEV 2008, 557, 558.
[137] „Fallbeileffekt".
[138] § 13 Abs. 1 Nr. 4b S. 2–4. Siehe hierzu unten lit. (D), Rn 73.

lungsanordnung oder freiwilliger Erbauseinandersetzung des Familienheim an ein Kind, kann nur dieses die Steuerbefreiung geltend machen, wenn dessen Voraussetzungen nach § 13 Abs. 1 Nr. 4c ErbStG vorliegen (hierzu nachstehend Rn 71c).

Kann (oder will) der überlebende Ehegatte das Familienheim nicht nutzen, obwohl kein zwingender Grund i.S. des § 13 Abs. 1 Nr. 4b Satz 5 ErbStG vorliegt, und kann und will ein Kind das Haus als Familienheim nutzen (steuerfreier Erwerb gemäß § 13 Abs. 1 Nr. 4c ErbStG, s. nachfolgend, Rn 71c, bestehen folgende Gestaltungsmöglichkeiten:

- Falls der Überlebende Alleinerbe ist (Berliner Testament): Der Überlebende kann dem Kind das Haus als Abfindung für einen entstandenen, aber noch nicht geltend gemachten Pflichtteilsanspruch übertragen. Damit gilt das als Abfindung hingegebene Haus als vom Erblasser zugewendet (§ 3 Abs. 2 Nr. 4 ErbStG, s. oben Rn 36). Steuerlich erfolgt der Erwerb damit direkt durch das Kind gemäß § 13 Abs. 1 Nr. 4c ErbStG.
- Falls der Überlebende Miterbe ist mit dem Kind (z.B. gesetzliche Erbfolge): Der Überlebende einigt sich mit dem Kind, dass dieses das Haus im Rahmen der Erbauseinandersetzung erhält.

71c (C) § 13 Abs. 1 Nr. 4c ErbStG: **Erwerb von Todes wegen durch Kinder**[139]

Für den Erwerb des Familienheims **durch die Kinder** (oder Kinder verstorbener Kinder im Sinne der Steuerklasse I Nr. 2) **von Todes wegen** gemäß § 13 Abs. 1 Nr. 4c ErbStG[140] gelten grundsätzlich die Voraussetzungen wie beim Erwerb durch den Ehegatten von Todes wegen gemäß § 13 Abs. 1 Nr. 4b ErbStG (siehe hierzu oben lit. (B), Rn 71b.[141]

Insbesondere muss

- der Erblasser (Elternteil) beim Todeszeitpunkt im Familienheim gewohnt haben (oder durch zwingenden Grund daran gehindert gewesen sein, s.o. Rn 71b) und
- der Erwerber (Kind) das Familienheim unverzüglich und dann zehn Jahre selbst als solches nutzen.

Bezüglich der zehnjährigen Behaltensfrist des Erwerbers wird ein „zwingender Grund“ i.S. des § 13 Abs. 1 Nr. 4c Satz 5 ErbStG nur vorliegen insbesondere bei Pflegebedürftigkeit oder Tod des Erwerbers. Nicht ausreichen wird nach dem Gesetzeswortlaut ein beruflich bedingter Ortswechsel oder wenn die Wohnverhältnisse nicht mehr geeignet sind für die Bedürfnisse des Erwerbers.

Es gilt ferner für das Kind folgende einschränkende weitere Voraussetzung: Steuerbefreiung wird nur gewährt, „soweit“ die **Wohnfläche** der Wohnung **200 Quadratmeter** nicht übersteigt; bei Übersteigen wird die Steuerbefreiung nur anteilig gewährt.

Die sachliche Steuerbefreiung erhält nur das erwerbenden Kind, das das Familienheim auch tatsächlich erhält (Erwerberklausel § 13 Abs. 1 Nr. 4c S. 2–4 ErbStG). Erhält aufgrund letztwilliger Verfügung oder einvernehmlicher Erbauseinandersetzung) ein Kind – als Miterbe mit Teilungsanordnung oder aufgrund entsprechendem Vorausvermächtnisdas Familienheim zum Alleineigentum, kommt die Steuerbefreiung gemäß § 13 Abs. 1 Nr. 4c ErbStG allein diesem zugute. Bei der Gestaltung der letztwilligen Verfügung der Eltern ist dabei zu achten, dass mittels Teilungsanordnung oder (Voraus-)Vermächtnis) das Familienheim dem Kind zugeordnet wird, welches dieses als eigenes Familienheim benutzen kann (und will). Soweit der mutmaßliche künftige Nachlass die allgemeinen Freibeträge bei den anderen Kindern voraussichtlich übersteigen wird, ist ferner zu ermitteln, ob ein Ausgleich bezüglich des steuerlichen Vorteils geboten ist.

---

[139] Oder der Kinder verstorbener Kinder.

[140] Eine dem § 13 Abs. 1 Nr. 4 a) entsprechende Begünstigung für den Erwerb des Familienheims durch Kinder zu Lebzeiten des Eigentümers/Elternteils besteht nicht.

[141] Der Erwerb des Familienheim zu Lebzeiten durch Kinder ist nicht gesondert steuerbefreit. Eine entsprechende Norm zu § 13 Abs. 1 Nr. 4a besteht für Kinder nicht.

bbb) § 13 c ErbStG: 10%-Bewertungsabschlag für Mietwohnimmobilien. § 13 c ErbStG enthält eine Begünstigung für **zu Wohnzwecken vermietete Grundstücke**[142] mittels eines Bewertungsabschlags von 10%, und zwar für Erwerbe von Todes wegen wie für Schenkungen. Bebaute Grundstücke, die 71d

- nicht zum begünstigten Betriebsvermögen[143] im Sinne des § 13 a ErbStG gehören,[144]
- im Inland, einem Mitgliedsstaat der Europäischen Union oder in einem Staat des Europäischen Wirtschaftsraum liegen und
- zu Wohnzwecken vermietet werden,

sind nur mit 90% ihres Werts anzusetzen. Korrespondierend sind auch Verbindlichkeiten nur zu 90% zu berücksichtigen (§ 10 Abs. 6 S. 5 ErbStG).

Unbebaute Grundstücke sind nicht privilegiert. „Bebaut" ist ein Grundstück, wenn ein benutzbares Gebäude vorhanden ist (§ 178 BewG). Liegt ein solches vor, ist das ganze Grundstück begünstigt, auch wenn dies sehr groß ist.[145] Gemischt genutzte Grundstücke sind aufzuteilen (§ 13 c Abs. 3 ErbStG: „… Grundstücke oder Grundstücksteile …"); die Art der Aufteilung (Wohn-/Nutzfläche, Ertrag, gesonderte Bewertung der beiden Grundstücksteile) ist im Gesetz nicht geregelt.

Eine Haltefrist durch den Erwerber/Nachversteuerungsregelung bei Veräußerung besteht nicht.[146]

Das Tatbestandsmerkmal „zu Wohnzwecken" wird im Erbschaftsteuerrecht tendenziell eng ausgelegt. Nicht umfasst werden wohl sein z. B.

- Ferienwohnungen, die nicht zum dauerhaften Bewohnen geeignet sind;
- Räume in einem Seniorenpflegeheim, wenn die „Wohneinheit" nicht mit einer eigenen Küche und Bad ausgestattet sind (vgl. Legaldefinition der „Wohnung" in § 181 Abs. 9 BewG).

Das Tatbestandsmerkmal „vermietet" schließt die Privilegierung unentgeltlich zu Wohnzwecken überlassener Wohnungen aus.[147] Problematisch sind teilentgeltlich überlassene Wohnungen, ferner vermietete Wohnungen, die zeitweise eigengenutzt werden.

Zur Berücksichtigung von Übertragungspflichten gemäß § 13 c Abs. 2 ErbStG: S. unten Rn 73.

ccc) § 28 Abs. 3 ErbStG: Erbschaftsteuerstundung für Mietwohngrundstücke und selbstgenutzte Wohnungen. Erbschaftsteuer, die entfällt auf **Mietwohngrundstücke** im Sinne des § 13 c Abs. 3 ErbStG, kann gemäß § 28 Abs. 3 Satz 1 ErbStG bis zu **zehn Jahren gestundet** werden, soweit der Steuerpflichtige die Steuer nur durch Veräußerung dieses Vermögens aufbringen kann. Gleiches gilt gemäß § 28 Abs. 3 Satz 2 ErbStG, wenn zum Erwerb ein Ein- oder Zweifamilienhaus oder Wohneigentum gehört, das der Erwerber nach dem Erwerb zu eigenen Wohnzwecken nutzt, jedoch längstens für die Dauer der Selbstnutzung. Hierzu ist erforderlich, dass der Erwerber die insoweit anfallende Erbschaftsteuer weder aus sonstigem ererbten Vermögen noch aus seinem eigenen Vermögen zahlen kann. Die Vorschrift hatte bisher in der Praxis „keine Bedeutung".[148] 71e

---

[142] Andere Wohnimmobilien genießen keine Begünstigung, obwohl das BVerfG ausdrücklich „Belange der Bau- und insbesondere Wohnungswirtschaft" als gewichtige Gemeinwohlgründe bezeichnet hat (BVerfG vom 7. 11. 2006, Rn 157 f.).

[143] Oder begünstigten Vermögen eines Betriebs der Land- und Forstwirtschaft.

[144] Keine Doppelbegünstigung durch § 13 a und § 13 c.

[145] Keine Verhältniskontrolle zwischen Wert des Gebäudes und Wert des Grundstücks wie in § 72 Abs. 2 BewG.

[146] Der Gesetzentwurf 2008 sah ursprünglich eine Haltefrist von 15 Jahren vor.

[147] Vgl. § 535 Abs. 2 BGB.

[148] Geck ZEV 2008, 557, 560.

72 *ddd) Grundstücke im Betriebsvermögen (§ 13b Abs. 2 Nr. 1 lit. d ErbStG).* Soweit sich **Grundstücke**[149] **im Betriebsvermögen** befinden, sind diese dort zu bewerten nach den Bestimmungen des Betriebsvermögens (s. unten lit. f., Rn 82ff.).

Die zum Betrieb gehörenden Grundstücke unterliegen den Verschonungsregelungen des § 13a ErbStG (s. hierzu unten lit. f). Dritten zur Nutzung überlassene Grundstücke gehören zum – grundsätzlich begünstigungsschädlichen – Verwaltungsvermögen (§ 13b Abs. 2 Satz 1 ErbStG).

(A) Toleriertes **Verwaltungsvermögen**

Soweit die 50%-Grenze nach § 13b Abs. 2 ErbStG (Verwaltungsvermögen) (bzw. 10%-Grenze nach § 13a Abs. 8 Nr. 3 ErbStG bei der Nulloption) nicht überschritten wird, genießt dieser betrieblich nicht genutzte Grundbesitz im Betriebsvermögen die erheblichen Verschonungen des Betriebsvermögens, wenn die sonstigen Voraussetzungen (Lohnsummenklausel, Behaltefristen; siehe hierzu unten lit. f) eingehalten sind. Soweit dieser vom Gesetz tolerierte fremdgenutzte Immobilienbestand nicht ausgenutzt ist, kann es zweckmäßig sein, rechtzeitig (2 Jahresfrist) vor einer Zuwendung des Betriebes noch Grundbesitz einzubringen.

(B) **Wohnungsunternehmen,** § 13b Abs. 2 Satz 2 Nr. 1 lit. d) ErbStG

Gehört der Grundbesitz zum gesamthänderisch gebundenen Betriebsvermögen einer Personengesellschaft oder Vermögen einer Kapitalgesellschaft, deren Hauptzweck in der Vermietung von Wohnungen besteht, und deren Erfüllung einen wirtschaftlichen Geschäftsbetrieb (§ 14 AO) erfordert, liegt gemäß § 13b Abs. 2 Satz 2 Nr. 1 lit. d) ErbStG begünstigtes Betriebsvermögen (und kein schädliches Verwaltungsvermögen) vor.

Die Abgrenzung zwischen Vermögensverwaltung einerseits und vorstehend privilegiertem Wohnungsunternehmen andererseits wird schwierig und streitbefangen sein. Zielführend kann sein, das vermietete Grundvermögen einer Familie in einer gewerblich geprägten Personengesellschaft (GmbH & Co. KG) oder einer Kapitalgesellschaft zusammenzufassen, um die erforderliche Größenordnung zu erreichen. Die Anteile an dieser Gesellschaft können dann – häufig steuerfrei – übertragen werden.[150]

73 *(eee) Erbschaftsteuerliche Berücksichtigung von Erbauseinandersetzungen, Teilungsanordnungen und Vermächtnissen.* Grundsätzlich stellen die Rechtsnachfolge von Todes wegen einerseits sowie die daran anschließende Erbauseinandersetzung – sei es aufgrund Teilungsanordnung, sei es aufgrund einvernehmlicher Vereinbarung der Miterben – zwei steuerlich gesonderte Vorgänge dar. Ebenso ist die Gesamtrechtsnachfolge aufgrund Erbschaft (§ 1922 BGB) vom Vermächtnisanspruch (§§ 2147, 2174 BGB) des Bedachten und dessen gesondertem Erfüllungsgeschäft zivilrechtlich zu trennen.[151]

In § 13 Abs. 1 Nr. 4 b/4c, § 13a Abs. 3 Satz 2, § 13b Abs. 3, § 13c Abs. 2 sowie § 19a Abs. 2 ErbStG (Betriebsvermögen) ordnet das Gesetz seit 2009 eine Berücksichtigung an. Die dort jeweils vorgesehene steuerliche Begünstigung (z.B. Bewertungsabschlag) erhält (nur) der erhält nur der Erwerber, der die begünstigte Immobilie auch tatsächlich erhält.

Verfahrensrechtlich stellt eine Erbauseinandersetzung mit privilegiertem Vermögen ein rückwirkendes Ereignis i.S.d. § 175 AO dar: Es ändert sich die Bewertung des jedem Erben zuzurechnenden Vermögens. Erbauseinandersetzung – aufgrund Teilungsanordnung oder aufgrund Einvernehmens – und Vermächtnisanordnung führen insoweit seit 2009 zu übereinstimmenden erbschaftsteuerlichen Belastungsergebnissen. Aufgrund der steuerlich zu berücksichtigenden Weiterübertragungspflicht kommt z.B. beim Vermächtnis die Begünstigung dem Bedachten und nicht dem gemäß § 2174 BGB zur Weitergabe

---

[149] Ebenso: Grundstücksteile, grundstücksgleiche Rechte und Bauten, § 13b Abs. 2 Nr. 1 ErbStG.

[150] Abzuwarten bleibt, ob der Umstand, dass der Erwerber von fünf Mietwohnungen nur einen Bewertungsabschlag von 10% erfährt, jedoch der Erwerber einer Wohnungsgesellschaft mit 500 Wohnungen die weitgehenden Betriebsvermögensverschonungen genießt, dauerhaft auch im Hinblick auf Art. 3 GG Bestand haben wird.

[151] Dem entsprach auch die erbschaftsteuerliche Behandlung bis 2008.

verpflichteten Erben zugute. Das gleiche gilt, wenn bei einer lebzeitigen Schenkung der Erstbeschenkte einen solchen privilegierten Gegenstand an einen Dritten weiterzuübertragen hat. Ebenso ist die Erbauseinandersetzung zu berücksichtigen; die Begünstigung kommt dem Miterben zugute, der z. B. die privilegierte Miet-/Familienheim-Immobilie im Rahmen der Teilung des Nachlasses erhält.

e) **Erbbaurechte**

aa) Wertermittlung. Zivilrechtlich ist das Erbbaurecht gemäß der Legaldefinition in § 1 Abs. 1 ErbbauRG das veräußerliche und vererbliche Recht (als Belastung des Grundstückseigentums; ausschließlich erste Rangstelle, § 10 ErbbauRG), auf oder unter der Oberfläche des Grundstücks ein Bauwerk zu haben. Abweichend von § 94 BGB gilt gemäß § 12 ErbbauRG das aufgrund des Erbbaurechts errichtete (oder bei Bestellung schon vorhandene) Bauwerk als wesentlicher Bestandteil des Erbbaurechts; somit ist der Erbbauberechtigte während der Laufzeit des Erbbaurechts der Gebäudeeigentümer. Regelmäßig hat der Erbbauberechtigte hierfür dem Grundstückseigentümer ein Entgelt zu leisten (Erbbauzins, § 9 ErbbauRG). 74

Erlischt das Erbbaurecht, geht das Eigentum am Gebäude vom (vormaligen) Erbbauberechtigten auf den Grundstückseigentümer über (§ 12 Abs. 3 ErbbauRG). Erlischt das Erbbaurecht durch Zeitablauf, hat der Grundstückseigentümer dem Erbbauberechtigten den Wert des ihm zufallenden Gebäudes zu erstatten; als Inhalt des Erbbaurechts können (abweichende) Vereinbarungen über die Höhe dieser Entschädigung oder aber auch über ihre Ausschließung getroffen werden (§ 27 Abs. 1 ErbbauRG).[152] Entsprechendes gilt für den Heimfall (§ 32 ErbbauRG).

Gemäß diesen bürgerlich-rechtlichen Vorgaben erfolgt die erbschaftsteuerliche Bewertung. Die Wertermittlung von Erbbaurechten ist in §§ 192 ff. BewG (i. V. mit § 12 Abs. 3 ErbStG) geregelt. Hiernach sind

- die wirtschaftliche Einheit **Erbbaurecht** (§ 193 BewG; lit. aaa, Rn 75 f.) und
- die wirtschaftliche Einheit des belasteten Grundstücks (**Erbbaurechtsgrundstück**) (§ 194 BewG; lit. bbb, Rn 78 f.)

gesondert zu ermitteln.

aaa) Die Bewertung des Erbbaurechts hat gemäß § 193 BewG zu erfolgen entweder durch Vergleichskaufpreise oder durch finanzmathematische Bewertung (§ 193 Abs. 2 ff. BewG). Der Wert des Erbbaurechts ist (nur dann) im Vergleichwertverfahren zu ermitteln, wenn für das zu bewertende Erbbaurecht Vergleichskaufpreise oder aus Kaufpreisen abgeleitete Vergleichsfaktoren vorliegen (§ 193 Abs. 1 BewG). Hierzu wird erforderlich sein eine Vergleichbarkeit von Grundstücksart, Bodenwertniveau, Erbbauzins einschließlich deren Anpassung, Restlaufzeit sowie Entschädigungsregelung bei Ablauf des Erbbaurechts. 75

Liegt dies nicht vor, erfolgt die finanzmathematische Bewertung gemäß § 193 Abs. 2–5 BewG. Hiernach setzt sich der Wert des Erbbaurechts gemäß § 193 Abs. 2 BewG zusammen aus einem Bodenwertanteil und einem Gebäudewertanteil. Ist das Erbbaurechtsgrundstück (noch) nicht bebaut, entspricht der Wert des Erbbaurechts ausschließlich dem Bodenwertanteil.

(A) **Bodenwertanteil** (§ 193 Abs. 3 BewG): 76

Ein positiver Bodenwertanteil liegt für den Erbbauberechtigten dann vor, wenn der Erbbauzins niedriger ist als die angemessene Verzinsung des unbelasteten Grundstücks, ein negativer, wenn der Erbbauzins höher ist (z. B. bei gefallenen Grundstückspreisen). Der Bodenwertanteil beträgt Null, wenn der Erbbauzins der Bodenwertverzinsung entspricht.

---

[152] Zu Mindestwerten der Entschädigung bei Wohn-Erbbaurechten § 27 Abs. 2 ErbbauRG, zur Abwendungsmöglichkeit der Entschädigung durch Verlängerung des Erbbaurechts § 27 Abs. 3 ErbbauRG.

Der Bodenwertanteil ist zu errechnen aus

- dem angemessenen Verzinsungsbetrags des Bodenwerts (gemäß § 193 Abs. 4 BewG grundsätzlich zu errechnen aus dem Liegenschaftszinssatz des Gutachterausschusses, ansonsten aus den Zinssätzen gemäß § 193 Abs. 4 S. 2 BewG[153]) und
- abzüglich („Unterschiedsbetrag") dem vertraglich vereinbarten jährlichen Erbbauzins,
- zu kapitalisieren auf die Restlaufzeit mit dem Vervielfältiger gemäß Anlage 21 zum BewG.

77 (B) **Gebäudewertanteil** (§ 193 Abs. 5 BewG):

Ist das Erbbaurechtsgrundstück bebaut, kommt der Gebäudewertanteil hinzu.

Dieser ist – entsprechend der Bewertung von bebauten Grundstücken – zu errechnen aus dem Gebäudeertragswert (§ 185 BewG) bzw. Gebäudesachwert (§ 190 BewG).

Entspricht die Entschädigung bei Ablauf des Erbbaurechts – gemäß der dispositiven gesetzlichen Regelung, § 27 Abs. 1 Satz 1 ErbbauRG – dem Gebäudewert in voller Höhe, entspricht die Summe von Bodenwertanteil und Gebäudewertanteil dem steuerlichen Wert des Erbbaurechts. Ist der Gebäudewert bei Ablauf des Erbbaurechts hingegen nicht oder nur teilweise zu entschädigen, erfolgt eine Kürzung gemäß § 193 Abs. 5 Satz 2 BewG. Der Gebäudewertanteil des Erbbaurechts ist dann um den Gebäudewert des Erbbaugrundstücks (§ 194 Abs. 4 BewG) zu mindern.

78 *bbb)* Der Wert des **Erbbaugrundstücks** (belastetes Grundstück) ist (nur dann) im Vergleichswertverfahren zu ermitteln, wenn für das zu bewertende Grundstück Vergleichskaufpreise oder aus Kaufpreisen abgeleitete Vergleichsfaktoren vorliegen (§ 194 Abs. 1 BewG). Zur Vergleichbarkeit s. o. lit. aaa).

Liegt dies nicht vor, setzt sich der Wert des Erbbaugrundstücks gemäß der finanzmathematischen Berechnungsvorgabe des § 194 Abs. 2 BewG zusammen aus einem Bodenwertanteil und einem Gebäudewertanteil.

(A) Bodenwertanteil (§ 194 Abs. 3 BewG):

Gesetzgeberischer Ausgangspunkt ist, dass der Eigentümer das derzeit mit dem Erbbaurecht belastete Grundstück nach dessen Ablauf unbelastet zurückerhält. Dieser zukünftige Wert ist auf den Bewertungsstichtag abzuzinsen. Daher ist der Bodenwert zu errechnen aus

- dem abgezinsten Bodenwert des unbelasteten Grundstücks. Der Abzinsungsfaktor ergibt sich aus Anlage 26 zum BewG nach Maßgabe des Zinssatzes nach § 194 Abs. 4 BewG und der Restlaufzeit des Erbbaurechts; und
- zuzüglich dem über die Restlaufzeit kapitalisierten vertraglich vereinbarten jährlichen Erbbauzins (Vervielfältiger gemäß Anlage 21 zum BewG).

79 (B) **Gebäudewertanteil** (§ 194 Abs. 4 BewG):

Der Gebäudewertanteil (des Erbbaurechtsgrundstücks) hängt ab von der vom Eigentümer bei Beendigung des Erbbaurechts zu leistenden Entschädigung: Anzusetzen ist der anteilige Gebäudewert, der dem Grundstückseigentümer bei Beendigung des Erbbaurechts durch Zeitablauf entschädigungslos zufällt. Entspricht die **Entschädigung bei Ablauf des Erbbaurechts** – gemäß der dispositiven gesetzlichen Regelung, § 27 Abs. 1 Satz 1 ErbbauRG – dem Gebäudewert in voller Höhe, ist der Gebäudewertanteil für den Grundstückseigentümer Null. Ist der Gebäudewert bei Ablauf des Erbbaurechts hingegen nicht oder nicht in voller Höhe zu entschädigen, erhöht dieser Gebäudewertanteil den Wert des Erbbaurechtsgrundstücks; umgekehrt ist der Gebäudewertanteil des Erbbaurechts dann um diesen Gebäudewert des Erbbaugrundstücks (§ 194 Abs. 4 BewG) zu mindern gemäß § 193 Abs. 5 Satz 2 BewG.

80 *bb) Begünstigung.* Das Erbbaurecht gehört gemäß § 176 Abs. 1 Nr. 2 BewG zum Grundvermögen.

---

[153] Z. B. 3% für Ein- und Zweifamilienhäuser, 5% für Mietwohngrundstücke.

Die Begünstigungen für bebaute Grundstücke (s. o. lit. d) bb), Rn 71 ff.) gelten auch für Erbbaurechte, insbesondere die Steuerbefreiung von Familienheimen und der Wertabschlag von 10%, den § 13 c ErbStG als Begünstigung für bebaute Grundstücke anordnet, die zu Wohnzwecken vermietet werden. 81

f) Betriebsvermögen, Gesellschaftsanteile

aa) Wertermittlung. **Anteile an Kapitalgesellschaften,** für die ein Wert nach § 151 Abs. 1 Satz 1 Nr. 3 BewG festzustellen ist, sind mit dem auf den Bewertungsstichtag (§ 11) gesondert festgestellten Wert anzusetzen (§ 12 Abs. 2 ErbStG). Hierzu ist gemäß § 12 Abs. 1 ErbStG i. V. mit § 11 Abs. 2 BewG[154] der gemeine Wert anzusetzen.[155] Dieser ist vorrangig zu ermitteln aus **Verkäufen unter fremden Dritten,**[156] die weniger als ein Jahr zurück liegen, ansonsten grundsätzlich nach dem **Ertragswertverfahren** oder aber nach einer anderen anerkannten und üblichen Methode zur Ermittlung des Kaufpreises, die ein Erwerber der Bemessung zugrundelegen würde. Untergrenze ist stets der **Substanzwert** (Summe der gemeinen Werte der Einzelwirtschaftsgüter des Unternehmens abzüglich der Schulden) als Mindestwert. 82

Inländisches[157] **Betriebsvermögen,** für das ein Wert nach § 151 Abs. 1 Satz 1 Nr. 2 BewG festzustellen ist, ist gemäß § 12 Abs. 5 ErbStG mit dem auf den Bewertungsstichtag (§ 11) gesondert festgestellten Wert anzusetzen. Hierzu ist gemäß § 12 Abs. 1 ErbStG i. V. mit § 109 BewG der gemeine Wert[158] anzusetzen; § 11 Abs. 2 BewG gilt entsprechend. 83

Zuständig für die Feststellung des Wertes des Gewerbebetriebs (einschließlich Freiberufler) sowie des Anteils am Betriebsvermögen einer Personengesellschaft und des Anteils an einer Kapitalgesellschaft ist das Betriebsstättenfinanzamt.[159]

Ist der gemeine Wert von Anteilen an einer Kapitalgesellschaft oder des Betriebsvermögens unter Berücksichtigung der Ertragsaussichten zu ermitteln, „kann" gemäß §§ 11 Abs. 2 S. 4, 199 BewG das **vereinfachte Ertragswertverfahren** (§ 200 BewG) angewendet werden, wenn dieses nicht zu offensichtlich unzutreffenden Ergebnissen führt. Bei diesem vereinfachten Verfahren ist der Ertragswert gemäß § 200 Abs. 1 BewG zu ermitteln auf der Grundlage des „nachhaltig erzielbaren Jahresertrags" (§§ 201 und 202 BewG); dieser ist zu multiplizieren mit dem Kapitalisierungsfaktor nach § 203 BewG.

Nicht betriebsnotwendiges Vermögen[160] ist zusätzlich mit dem gemeinen Wert anzusetzen. Beteiligungen, die nicht ohnehin nicht betriebsnotwendiges Vermögen sind, sind ebenfalls gesondert mit dem gemeinen Wert anzusetzen(§ 200 Abs. 3 BewG). Wurden **Wirtschaftsgüter** innerhalb von zwei Jahren vor dem Bewertungsstichtag **eingelegt,** werden diese sowie die mit diesen im wirtschaftlichen Zusammenhang stehenden Schulden mit dem eigenständig zu ermittelnden gemeinen Wert angesetzt (§ 200 Abs. 4 BewG).

Der nachhaltig zu erzielende **Jahresertrag** ist gemäß § 201 Abs. 1, 2 BewG grundsätzlich zu ermitteln aus dem Durchschnittsertrag,[161] der sich ergibt aus den Betriebsergeb-

---

[154] Neugefasst BGBl. 2008 I 3029.

[155] Gl. Ländererlass zur Feststellung von Grundbesitzwerten, von Anteilswerten und von Betriebsvermögenswerten BStBl. I 2009, 546. Zu den Erlassen der Finanzverwaltung bezüglich der Bewertung und Verschonung des Betriebsvermögens Hannes/Onderka, ZEV 2009, 421 ff.

[156] Für an der Börse gehandelte Wertpapiere gilt gemäß § 11 Abs. 1 BewG der Börsenkurs.

[157] Ausländisches Betriebsvermögen wird grundsätzlich nach § 31 BewG bewertet, § 12 Abs. 7 Alt. 2 ErbStG. Jedoch ordnet das Gesetz (§ 13 b Abs. 1 ErbStG) Begünstigungen auch an u. a. für Betriebsvermögen und Kapitalgesellschaftsanteile, wenn sich deren Betriebsstätte bzw. Sitz der Gesellschaft befindet in einem Mitgliedsstaat der Europäischen Union (EU) oder einem Staat des Europäischen Wirtschaftsraums (EWR).

[158] Bis 2008: Steuerbilanzwert.

[159] § 151 Abs. 1 Nrn. 2, 3 BewG.

[160] Legaldefinition in § 200 Abs. 2 BewG.

[161] Keine Gewichtung wie beim Stuttgarter Verfahren (R 99 Abs. 3 ErbStR 2003).

nissen (§ 202 BewG) der letzten drei vor dem Bewertungsstichtag abgelaufenen Wirtschaftsjahre.[162] § 201 Abs. 3 BewG enthält Sonderregelungen bei „nachhaltiger Veränderung des Charakters des Unternehmens", **Umstrukturierungen** und Änderung der Rechtsform innerhalb des **Dreijahreszeitraum.**

Das **Betriebsergebnis** ist zu ermitteln gemäß § 202 BewG: Als Ausgangswert ist heranzuziehen der Gewinn i. S. des § 4 Abs. 1 S. 1 EStG. Dieser ist gemäß § 202 Abs. 1 S. 2 BewG „zu korrigieren", wobei die ertragsteuerrechtlichen Bilanzvorschriften auch für die Erbschaftsteuer anzuwenden sind. Unter anderem sind

- **hinzuzurechnen** (§ 202 Abs. 1 S. 2 Nr. 1 BewG):
  Sonder- und Teilwertabschreibungen, Zuführungen zu steuerfreien Rücklagen, Absetzungen auf den Geschäfts- oder Firmenwert, einmalige Veräußerungsverluste sowie außerordentliche Aufwendungen, Ertragsteueraufwand;
- **abzuziehen** (§ 202 Abs. 1 S. 2 Nr. 2 BewG):
  Gewinnerhöhende Auflösungsbeträge steuerfreier Rücklagen, Teilwertzuschreibungen gemäß § 6 Abs. 1 Nr. 1 S. 4 u. a. EStG, einmalige Veräußerungsgewinne sowie außerordentliche Erträge, Erträge aus der Erstattung von Ertragssteuern (Körperschaftsteuer, Zuschlagsteuer und Gewerbesteuer).

Abzuziehen ist ferner gemäß § 202 Abs. 1 S. 2 Nr. 2 lit. d) BewG „ein angemessener **Unternehmerlohn**", soweit dieser bei der Ergebnisrechnung nicht berücksichtigt wurde. Der Abzug ist möglich in der Höhe, die ein nicht beteiligter Geschäftsführer erhalten würde.[163] Ferner kann neben dem Unternehmerlohn auch ein fiktiver Lohnaufwand für bislang unentgeltlich tätige Familienangehörige berücksichtigt werden.

§ 202 Abs. 1 S. 2 Nr. 3 BewG enthält eine Generalklausel, wonach auch „wirtschaftlich nicht begründete Vermögensminderungen oder -erhöhungen" mit Einfluss auf den Jahresertrag zu korrigieren sind.

Für die **Einnahmen-Überschuss-Rechner** (§ 4 Abs. 3 EStG) ist gemäß § 202 Abs. 2 BewG vom Überschuss der Betriebseinnahmen über die Betriebsausgaben auszugehen. Dieser steuerliche Überschuss ist wiederum entsprechend § 202 Abs. 1 Satz 2 entsprechend zu korrigieren; insbesondere ist ein angemessener Unternehmerlohn abzuziehen.

Zur pauschalierten Abgeltung des Ertragsteueraufwandes ist das gemäß Vorstehenden korrigierte Betriebsergebnis um 30% zu mindern (§ 202 Abs. 3 BewG); dies gilt unabhängig von der Rechtsform und unterschiedlichen Besteuerungssystemen für alle Unternehmensformen.

84 Berechnungsschema **Vereinfachtes Ertragswertverfahren** (§ 200 BewG):
(A) Betriebsergebnisse der letzten drei Jahre vor Bewertungsstichtag
+/– Gewinnkorrekturen, z. B. Unternehmerlohn (s. o.)
./. 30% pauschaler Abschlag vom korrigierten Gewinn (§ 202 Abs. 3 BewG)
= nachhaltig erzielbarer Jahresertrag
× Kapitalisierungsfaktor (§§ 200 Abs. 1, 203 BewG): „Basiszinssatz"[164] + 4,5%
= Ertragswert
(B) Plus ggf.: Nicht betriebsnotwendiges Vermögen u. a. (§ 200 Abs. 2, 3 BewG).

Andere Ertragswertverfahren sind zulässig, soweit sie dem Ziel der Annäherung an den gemeinen Wert dienen, z. B. Bewertungsstandard IDW S 1 oder branchenübliche Verfahren.

---

[162] Verwendung des noch nicht abgelaufenen Wirtschaftsjahres anstelle des drittletzten Jahres nach Maßgabe von § 201 Abs. 2 S. 2 BewG.

[163] Anwendbar sind die aktuellen Gehaltstudien.

[164] Aus langfristig erzielbarer Rendite öff. Anleihen. Unterscheide hiervon „Basiszinssatz" i. S. des § 247 BGB.

Eine zurückgehende Konjunktur führt idR. zu sinkenden Zinsen und damit einem niedrigeren Basiszins. Da der Ertragswert des Unternehmens aber aus dessen Kehrwert berechnet wird, führt eine schwache Konjunktur tendenziell zu höheren Ertragswerten!

bb) Begünstigung. aaa) Übersicht. Auf den nach § 11 BewG ermittelten gemeinen Wert sind dann die **Betriebsvermögensprivilegien** der §§ 13a, 13b (Verschonungsabschlag von 85% oder 100%, Abzugsbetrag von € 150000,–) und § 19a ErbStG (tarifliche Gleichstellung von Erwerbern der Stkl. II und III zur Stkl. I) anzuwenden. Ferner besteht für Erbschaftsteuer, die auf Betriebsvermögen entfällt, eine Stundungsmöglichkeit nach § 28 ErbStG. 85

bbb) Verschonungsabschlag. § 13a ErbStG sieht vor, dass der Wert von Betriebsvermögen, land- und forstwirtschaftlichen Vermögen und Anteilen an Kapitalgesellschaften grundsätzlich außer Ansatz bleibt (**Verschonungsabschlag**),[165] sofern es sich um begünstigtes Vermögen i.S. des § 13b BewG handelt. Hiernach wird der Anteil des begünstigten Vermögens pauschaliert auf 85% festgelegt (§ 13b Abs. 4). 15% unterliegen – nach Berücksichtigung eines gleitenden **Abzugsbetrags** von € 150000,– (§ 13a Abs. 2 ErbStG) – der Besteuerung, sofern der Steuerpflichtige nicht die Option nach § 13a Abs. 8 wählt. 86

Voraussetzungen für den Verschonungsabschlag sind:

(A) **Begünstigtes Vermögen** i.S. des § 13b Abs. 1 ErbStG:

Insbesondere

Nr. 2: Betriebsvermögen im Inland oder das einer Betriebsstätte in der EU oder dem EWR dient, Anteile an Personengesellschaften;

Nr. 3: Anteile an Kapitalgesellschaften mit Sitz im Inland oder in der EU oder dem EWR, wenn der Erblasser oder Schenker zu mehr als 25% am Nennkapital der Gesellschaft beteiligt war (Mindestbeteiligung). Jedoch werden Stimmrechtsbindungen und andere Poolungen zusammengezählt.

(B) Das gemäß § 13b Abs. 2 ErbStG definierte **Verwaltungsvermögen**[166] darf 50% des Betriebsvermögens (im Zeitpunkt der Entstehung der Steuer, § 9 ErbStG) nicht übersteigen.[167] Zur Berechnung des Anteils des Verwaltungsvermögens wird einerseits das Verwaltungsvermögen mit dem gemeinen Wert von dessen Einzelwirtschaftsgütern bewertet und andererseits die begünstigte unternehmerische Einheit nach dem Ertragswert.[168] 87

Das diese Grenze unterschreitende Verwaltungsvermögen muss beim Bewertungsstichtag bereits zwei Jahre dem Betriebsvermögen zuzurechnen sein. Gestaltungen sind insoweit rechtzeitig durchzuführen, zum einen überschießendes Verwaltungsvermögen aus dem Unternehmen zu entnehmen oder anderweitig das Unterschreiten der 50%-Schwelle sicherzustellen, zum anderen etwaiges sonstiges – bisher nicht privilegiertes – Vermögen (z.B. private Immobilien, Wertpapiere) in das Betriebsvermögen einzubringen bis zur 50%-Schwelle.

Zum (schädlichen) Verwaltungsvermögen gehören gemäß § 13b Abs. 2 S. 2 Nr. 1 ErbStG u.a. Dritten zur Nutzung überlassene **Grundstücke**, jedoch mit folgenden Ausnahmen (d.h. keine Verwaltungsvermögen):

- Betriebsaufspaltung[169] (§ 13b Abs. 2 S. 2 Nr. 1 S. 2 lit. a) ErbStG)
- Betriebsverpachtung (§ 13b Abs. 2 S. 2 Nr. 1 S. 2 lit. b) ErbStG)
- Konzernsachverhalte (§ 13b Abs. 2 S. 2 Nr. 1 S. 2 lit. c) ErbStG)
- Wohnungsunternehmen (§ 13b Abs. 2 S. 2 Nr. 1 S. 2 lit. d) ErbStG)
- verpachtete land- und forstwirtschaftliche Grundstücke (§ 13b Abs. 2 S. 2 Nr. 1 S. 2 lit. e) ErbStG).[170]

Zum Verwaltungsvermögen gehört ferner u.a. gemäß

- § 13b Abs. 2 S. 2 Nr. 2 ErbStG: Anteile an Kapitalgesellschaften von 25% oder weniger (mit dort aufgeführten Ausnahmen, z.B. Kreditinstitute, Poolabreden).

---

[165] Kürzung der Bemessungsgrundlage, nicht Erlass oder Stundung.
[166] Zum Verwaltungsvermögen im neuen Erbschaftsteuerrecht: Piltz ZEV 2008, 229.
[167] Alles-oder-Nichts-Grenze.
[168] Geck ZEV 2008, 557, 563.
[169] Hierzu Geck ZEV 2008, 557, 561.
[170] Bauer/Wartenburger, MittBayNot 2009, 85, 95.

- § 13b Abs. 2 S. 2 Nr. 3 ErbStG: Beteiligungen an Gesellschaften, deren Verwaltungsvermögen mehr als 50% beträgt. Bei doppel- (oder mehr-)stöckigen gewerblichen Unternehmensstrukturen erfolgt zur Vermeidung von Umgehungen eine Zurechnung der entsprechenden Beteiligung zum Verwaltungsvermögen der höheren Unternehmensebene, wenn das Verwaltungsvermögen auf der unteren Unternehmensebene die dort näher geregelten Voraussetzungen erfüllt.
- § 13b Abs. 2 S. 2 Nr. 4 ErbStG: „Wertpapiere sowie vergleichbare Forderungen" (mit dort aufgeführten Ausnahmen).[171]

Die gewerblich geprägte GmbH & Co. KG (§ 15 Abs. 3 Nr. 2 EStG) ist grundsätzlich nicht begünstigt, da ihr Betriebsvermögen regelmäßig zu 100% aus Verwaltungsvermögen besteht, sofern nicht ein Ausnahmefall vorliegt (insb. Wohnungsunternehmen).

(C) Voraussetzung für den Verschonungsabschlag[172] ist ferner gemäß § 13a Abs. 1 S. 2 ff. die Einhaltung des sog. **Lohnsummenkriteriums**: Die Summe der jährlichen Lohnsummen innerhalb der Lohnsummenfrist von fünf Jahren darf 400% der Ausgangslohnsumme[173] (§ 13a Abs. 1 S. 3 ErbStG)[174] nicht unterschreiten. Die Lohnsumme ist nach § 13b Abs. 4 ErbStG zu errechnen, insbesondere sind Lohnsummen von Beteiligungsgesellschaften von über 25% Anteil gemäß § 13b Abs. 4 S. 5 ErbStG einzubeziehen; Anteilseigener mit 25% oder weniger können hingegen ihre Beteiligung in eine Holding einbringen, so dass die Lohnsummen der Tochtergesellschaften nicht mehr zugerechnet werden. Das Lohnsummenkriterium gilt nicht, wenn die Ausgangslohnsumme 0 Euro beträgt oder der Betrieb nicht mehr als 20 Beschäftigte hat (§ 13a Abs. 1 S. 4 ErbStG). Im Falle eines Unterschreitens der Mindestlohnsumme vermindert sich der Verschonungsabschlag im gleichen prozentualen Verhältnis (§ 13a Abs. 1 S. 5 ErbStG).[175] Der Erwerber ist gemäß § 13b Abs. 6 ErbStG verpflichtet, dem Finanzamt binnen sechs Monaten nach Ablauf der Lohnsummenfrist ein Unterschreiten der Lohnsummengrenze anzuzeigen.

88 Der **Verschonungsabschlag entfällt** insbesondere bei

- Veräußerung oder Aufgabe des Unternehmens, Veräußerung von Anteilen an Kapitalgesellschaften, Veräußerung wesentlicher Betriebsgrundlagen oder Überentnahmen während der Behaltensfrist von 7 Jahren (§ 13a Abs. 5 ErbStG). Damit soll dem Postulat des Bundesverfassungsgerichts zur Sicherstellung der Lenkungszwecke durch Regelungen zum Wegfall der Begünstigung (Nachbesteuerungsvorbehalt) bei schädlichen Verwendungen Rechnung getragen werden.[176]
- Aufhebung einer (nach § 13b Abs. 1 Nr. 3 ErbStG erforderlichen) Verfügungsbeschränkung/Stimmrechtsbindung (Poolabrede) (§ 13a Abs. 5 S. 1 Nr. 5 ErbStG).

Gemäß § 13a Abs. 5 S. 2 ErbStG enthält jedoch eine pro-rata-temporis-Regelung,[177] wonach sich der Wegfall des Verschonungsabschlags beschränkt auf die anteilige verbleibende Behaltensfrist (Pro-rata-temporis-Abschmelzung), ausgenommen bei Überentnahmen (S. 1 Nr. 3). Ferner erfolgt gemäß § 13a Abs. 5 S. 3 ErbStG keine Nachversteuerung, wenn der Veräußerungserlös innerhalb der begünstigten Vermögensart verbleibt, insbesondere bei Reinvestition binnen sechs Monaten.

---

[171] Zu Abgrenzungsproblemen Geck ZEV 2008, 557, 562.

[172] Nicht aber für die Gewährung des Abzugsbetrags nach § 13a Abs. 2 ErbStG.

[173] D. h.: Möglich ist durchschnittliche nominale Kürzung bis zu 20% jährlich sowie Kompensierung innerhalb der Fünfjahresfrist. Zu Gestaltungsüberlegungen zur Beeinflussung der Mindestlohnsumme bei Konzernstrukturen: Weber/Schwind, ZEV 2010, 351 ff.

[174] Die Kriterien wurden zum 1. 1. 2010 durch das Wachstumsbeschleunigungsgesetz (BGBl. 2009 I 3953) erleichtert. Die Lohnsumme ist nicht an eine Indexierung gekoppelt.

[175] Kein „Fallbeileffekt" bezüglich des gesamten Abschlags.

[176] BVerfG vom 7. 11. 2006, Rn 129 (Nachversteuerungsvorbehalt) und 201 (sachgerechte Abgrenzung der Begünstigten).

[177] Anders noch die „Fallbeilregelung" des Regierungsentwurfs 2008.

Der Erwerber kann – unwiderruflich – gemäß § 13 a Abs. 8 ErbStG optieren[178] zu einer 100%-Begünstigung (statt 85% gemäß § 13 b Abs. 4 ErbStG), wenn er die verschärften Tatbestandsvoraussetzungen zu erfüllen überzeugt ist („**Nulloption**"): 89

- Lohnsummenkriterium von 700% auf sieben Jahren (statt 400% auf fünf Jahre),
- Behaltensfrist von sieben Jahren (statt fünf Jahren),[179]
- Obergrenze Verwaltungsvermögen 10% (statt 50%). Wird jedoch (nur) diese Grenze von 10% überschritten, steht dem Erwerber der 85%-Verschonungsabschlag zu.[180]

Die Nulloption wird nur im Einzelfall vorteilhaft sein, zum einen aufgrund des strengeren Lohnsummenkriteriums und des von 5 auf 7 Jahre verlängerten Prognosezeitraums, zum anderen da bei niedrigem Verwaltungsvermögen sonst nicht begünstigtes Vermögen (private Immobilien, Wertpapiere) bis zur 50%-Grenze eingebracht werden kann, so dass dann das Gesamtvermögen den 85%-Verschonungsabschlag erhält.

ccc) Abzugsbetrag § 13 a Abs. 2 ErbStG. Soweit das erworbene Betriebsvermögen nicht vom 85%-Verschonungsabschlag nach § 13 b Abs. 4 ErbStG begünstigt ist, ist bezüglich des begünstigten Vermögens[181] der verbleibende Rest[182] begünstigt von dem **Abzugsbetrag** nach § 13 a Abs. 2 ErbStG, der neben dem Verschonungsabschlag von Amts wegen gewährt wird. Es handelt sich um einen gleitenden Freibetrag von € 150 000,–, der sich bei Übersteigen dieses Betrags um 50% des übersteigenden Betrags verringert. Über € 3 000 000,– Betriebsvermögenswert entfällt der Abzugsbetrag.[183] Er kann innerhalb von 10 Jahren nur einmal ausgenutzt werden. 90

Beispiel:
€ 1 100 000,– Unternehmenswert
./. 935 000,– Verschonungsabschlag 85%
= € 165 000,– nicht begünstigtes Betriebsvermögen
./. € 142 500,– Abzugsbetrag (max. € 150 000,– des nicht begünstigten Vermögens, verringert sich um 50% des übersteigenden Betrags: ½ × 15 000)
= € 22 500,– zu versteuernder Wert des Betriebsvermögens.
(./. Persönlicher Freibetrag; falls dieser ausgeschöpft:)
Daraus 7% ErbSt
= € 1575,– zu entrichtende Steuer.

ddd) § 19 a ErbStG. Der Erwerb von Betriebsvermögen durch Schenkung oder von Todes wegen ist ferner durch § 19 a ErbStG dadurch erbschaftsteuerlich begünstigt, dass die Bedachten, soweit sie natürliche Personen sind, wirtschaftlich durch einen Entlastungsbetrag wirtschaftlich so gestellt werden, als würden sie nach Steuerklasse I besteuert werden, auch wenn sie sonst nach Steuerklasse II oder III gehören würden. § 19 a Abs. 5 ordnet die fünf-/siebenjährige Behaltensfrist nach § 13 a ErbStG an. Dadurch sind früher ins Auge gefasste erbschaftsteuerlich motivierte Adoptionen von Personen, z. B. Neffen, die für die Unternehmensnachfolge vorgesehen sind, meist entbehrlich. 91

eee) Stundungsmöglichkeit. Gehört zum Erwerb Betriebsvermögen oder land- und forstwirtschaftliches Vermögens, kann der Erwerber beantragen, die darauf entfallende 92

---

[178] Antragstellung wohl bis zur Bestandskraft des Steuerbescheides. Geck ZEV 2008, 557, 563.

[179] Auch diese Kriterien wurden zum 1. 1. 2010 durch das Wachstumsbeschleunigungsgesetz (BGBl. 2009 I 3953) erleichtert.

[180] Geck ZEV 2008, 557, 563.

[181] Nicht für Verwaltungsvermögen i. S. des § 13 b Abs. 2 ErbStG; Jülicher in Troll/Gebel/Jülicher, § 13 a ErbStG, Rn 36.

[182] Somit ist ein Wert des begünstigten Vermögens von 1 000 000,– € steuerfrei, T€ 850 mittels Verschonungsabschlag und T€ 150 mittels Abzugsbetrag.

[183] 15%-Anteil = € 450 000,–. Der T€ 150 übersteigende Wert von T€ 300 ist damit vollständig aufgezehrt.

Erbschaftsteuer bis zu 10 Jahre zu stunden, soweit dies zur Erhaltung des Betriebes notwendig ist (§ 28 Abs. 1 ErbStG). Diese **Stundung** erfolgt bei Erwerb von Todes wegen zinslos, sonst zu 6% p.a. (§§ 234 Abs. 1 Satz 1, 238 AO).

g) Land- und forstwirtschaftliches Vermögen

93 *aa) Wertermittlung.* Der Begriff des land- und forstwirtschaftlichen (LuF) Betriebs und der Umfang des zugehörigen Vermögens ist definiert in § 158 BewG.[184] Wird dieser Betrieb in Form einer Personengesellschaft oder Gemeinschaft geführt, ist das Sonderbetriebsvermögen mit einzubeziehen (§ 158 Abs. 2 S. 2 BewG). Der Betrieb der Land- und Forstwirtschaft umfasst gemäß § 160 Abs. 1 BewG den Wirtschaftsteil,[185] die Betriebswohnungen und den Wohnteil (§ 141 BewG). § 159 BewG enthält eine Abgrenzung zum Grundvermögen.

Die Wertermittlung erfolgt durch ein vereinfachtes **Reinertragsverfahren**. Bei der Ermittlung der Wirtschaftswerte ist gemäß §§ 163 ff. BewG von einer Fortführung[186] des Betriebs auszugehen. § 162 BewG sieht eine Haltefrist vor von 15 Jahren in Abs. 3 für den Betrieb und Abs. 4 für wesentliche Wirtschaftsgüter,[187] wobei binnen sechs Monaten eine Reinvestition erfolgen kann. Bei Nichteinhaltung der Haltefrist erfolgt der Wertansatz ex tunc mit dem um 10% ermäßigten Liquidationswert (§ 166 BewG). Auszugehen ist von dem nachhaltig erzielbaren **Reingewinn** (§ 163 Abs. 1 BewG). Dieser umfasst gemäß § 163 Abs. 2 BewG das ordentliche Ergebnis, abzüglich eines angemessenen Lohnansatzes für die Arbeitsleistung des Betriebsinhabers und der nicht entlohnten Arbeitskräfte. Der Reingewinn wird nicht individuell aufgrund des jeweils erwirtschafteten Ergebnisses ermittelt, sondern abstrakt aufgrund der gesetzlich festgelegten Durchschnittswerten und typisierten Reingewinnen gemäß § 163 BewG und der in Bezug genommenen Anlagen. Der Reingewinn bestimmt sich nach der Region,[188] der maßgeblichen Nutzungsart (Betriebsform) und der Betriebsgröße nach der Europäischen Größeneinheit (EGE) (§ 163 Abs. 3 BewG). Verbindlichkeiten sind bei der Ermittlung des Wirtschaftswertes beim Ertragswertverfahren nicht zusätzlich in Abzug zu bringen, da dies über die Berücksichtigung des Zinsaufwandes Einfluss findet. Maßgeblicher Referenzzeitraum sind die letzten fünf abgelaufenen Wirtschaftsjahre vor dem Bewertungsstichtag (§ 163 Abs. 2 BewG).

Der somit ermittelte Reingewinn ist gemäß § 163 Abs. 11 BewG zu kapitalisieren mit einem Zinssatz von 5,5% und einem Kapitalisierungsfaktor von 18,6.

94 Gemäß § 164 BewG mit in Bezug genommenen Anlagen 14–18, § 165 Abs. 2 BewG ist ein **Mindestwert** anzusetzen auf der Grundlage der mit 5,5% kapitalisierten Nettopacht[189] für Grund und Boden, zusätzlich dem kapitalisiertem Wert der übrigen Wirtschaftsgüter gemäß § 164 Abs. 4 BewG (Besatzkapital)[190] sowie gemindert um den Wert der Verbindlichkeiten gemäß § 164 Abs. 6 BewG.

Der Steuerpflichtige kann einen niedrigeren gemeinen Wert nachweisen (§ 165 Abs. 3 BewG).

Ein negativer Wert kann nicht entstehen, der Mindestwert darf nicht weniger als 0 Euro betragen (§ 164 Abs. 6 S. 2 BewG).

---

[184] Hierzu Gl. Ländererlass zur Bewertung des land- und forstwirtschaftlichen Vermögens BStBl. I 2009, 552 ff.

[185] In § 141 Abs. 1 Nr. 1 BewG a. F. (2008) „Betriebsteil".

[186] § 165 BewG.

[187] Bei Veräußerung wesentlicher Wirtschaftsgüter erfolgt nur die Neubewertung dieser veräußerten Güter.

[188] Siehe Anlage 14, BGBl. 2008 I 3043–3059. So sind z. B. für jeden der 7 bayerischen Bezirke eigene Werte niedergelegt.

[189] Siehe Anlage 14 Spalte 5, BGBl. 2008 I 3043 ff.

[190] Siehe Anlage 14, Spalte 6, BGBl. 2008 I 3043 ff.

Der Wert der **Betriebswohnungen** und der Wert des **Wohnteils** sind nach den allgemeinen Vorschriften für Wohngrundstücke zu ermitteln (§ 167 BewG). Für die Abgrenzung zum Wirtschaftsteil ist für Betriebswohnungen und Wohnteil höchstens das Fünffache der bebauten Fläche zugrunde zu legen (§ 167 Abs. 2 BewG). Ferner ist deren Wert pauschal zu mindern um 15% im Falle einer engen räumliche Verbindung von Wohnraum mit dem Betrieb (§ 167 Abs. 3 BewG). Dem Steuerpflichtigen steht die Möglichkeit des Nachweises eines niedrigeren Wertes zu (§ 167 Abs. 4 BewG).

Gesondert zu bewerten sind **Stückländereien** gemäß § 160 Abs. 7 BewG. Dies sind einzelne land- und forstwirtschaftlich genutzte Flächen, bei denen die Wirtschaftsgebäude und/oder die Betriebsmittel nicht dem Eigentümer des Grund und Bodens gehören, sondern am Bewertungsstichtag für mindestens 15 Jahre einem anderen Betrieb der LuF zu dienen bestimmt sind.[191] Der Wert der Stückländerei als (gesonderter) Betrieb der LuF (nur Wirtschaftsteil; kein Wohnteil) ist gesondert gemäß § 162 Abs. 2 Alt. 2 BewG nach dem Mindestwert (Pachtwert; § 164 BewG) zu ermitteln, somit ohne Ermittlung des Wirtschaftswertes nach § 163 BewG. Nachteilig ist, dass Stückländereien nicht zum begünstigten Vermögen gehören gemäß § 13 b Abs. 1 Nr. 1 ErbStG.[192, 193]

bb) Begünstigung. Gemäß § 13 a ErbStG bleibt der Wert von land- und forstwirtschaftlichen Vermögen und Betriebsvermögen grundsätzlich außer Ansatz (Verschonungsabschlag, § 13 a Abs. 1 und 8), und es wird der Abzugsbetrag gemäß § 13 a Abs. 2 ErbStG gewährt, sofern es sich um begünstigtes Vermögen i. S. des § 13 b Abs. 1 Nr. 1 ErbStG handelt. Bezüglich Grundstücken ist hierfür erforderlich, dass 95

- es sich um **land- und forstwirtschaftlich genutzte Flächen** i. S. des § 159 BewG handelt, es sich also insbesondere nicht um Bauerwartungsland (§ 159 Abs. 1 BewG) oder Bauland (§ 159 Abs. 3 BewG) handelt; und
- es **„selbst bewirtschaftet"** ist (§ 13 b Abs. 1 Nr. 1 ErbStG). Begünstigt sind somit grundsätzlich nicht Verpachtungsbetriebe; ausgenommen und damit begünstigt sind jedoch verpachtete land- und forstwirtschaftliche Grundstücke (§ 13 b Abs. 2 S. 2 Nr. 1 S. 2 lit. e) ErbStG). Möglich ist, den Betrieb unbefristet an ein Kind zu verpachten und dieses Kind als Erben einzusetzen (§ 13 b Abs. 2 Satz 1 b) aa) ErbStG.

Stückländereien sind nicht begünstigt. Zu den Begünstigungen von Betriebsvermögen im Übrigen siehe oben bei Rn 85 ff.

h) Bewertung von sonstigem Vermögen 96

Der Wert von **Nutzungen** und **Leistungen** ist nach §§ 13 ff BewG zu bestimmen. Der Kapitalwert von lebenslänglichen Nutzungen und Leistungen ist zu bestimmen auf der Grundlage der jeweils aktuellen Sterbetafel des Statistischen Bundesamts (§ 14 Abs. 1 BewG).[194] Das BMF erstellt eine Tabelle des Vervielfältigers für den Kapitalwert einer lebenslänglichen Nutzung/Leistung nach Lebensalter und Geschlecht des Berechtigten, welche im Bundessteuerblatt veröffentlicht wird. 97

Maßgebend für die Ermittlung des gemeinen Wertes eines **Kunstgegenstandes**[195] ist gemäß § 9 Abs. 2 BewG ein auf den Bewertungsstichtag fingierter Verkauf. Beim Fehlen 98

---

[191] Legaldefinition in § 160 Abs. 7 S. 2 BewG. Bei Pachtverträgen unter 15 Jahren kann sich nach der Begründung des Finanzausschusses eine Eigenschaft als Stückländerei ergeben, wenn dauerhaft keine Wiederaufnahme des Betriebs erfolgt.

[192] Denkbar ist, die Grundstücke in eine gewerblich geprägte GmbH & Co. KG einzubringen. Gemäß § 13 b Abs. 2 S. 2 lit. e) sind Grundstücke, die an Dritte zur landwirtschaftlichen Nutzung verpachtet sind, kein schädliches Verwaltungsvermögen.

[193] Beispiel zur Bewertung eines landwirtschaftlichen Betriebes bei Hutmacher, ZNotP 2008, 218, 229.

[194] BGBl. 2008 I 3042; Nr. 16 und 3029 Nr. 4. Die aufgehobene Anlage 9 (zu § 14 BewG) stellte auf die Sterbetafel 1986/1988 ab. Aufgrund der verlängerten Lebensdauer tritt eine Werterhöhung von ca. 10% ein.

[195] Steuerbefreiungstatbestand § 13 Abs. 1 Nr. 2 ErbStG.

aussagekräftiger vergleichbarer Verkaufsfälle ist der gemeine Wert zu schätzen (§ 162 Abs. 1 AO). Bestehen keine Kenntnisse über den einschlägigen Kunstmarkt, ist ein Sachverständigengutachten einzuholen.[196]

99 **Ansprüche** aus gegenseitigen Verträgen[197] sind grundsätzlich mit dem gemeinen Wert anzusetzen, nicht mit dem Steuerwert des Gegenstandes, auf dessen Übertragung der Anspruch gerichtet ist. Werden **treuhänderisch** gehaltene Vermögensgegenstände übertragen, ist Gegenstand der Zuwendung der Herausgabeanspruch des Treugebers nach § 667 BGB gegen den Treuhänder auf Übereignung;[198] ist der Treuhandgegenstand begünstigt, z. B. eine Gesellschaftsbeteiligung, ist aus erbschaftsteuerlichen Gründen eine Umwandlung in eine Direktbeteiligung erforderlich.

100 **Sachleistungsansprüche** werden gemäß § 12 Abs. 1 ErbStG i. V. m. § 9 BewG grundsätzlich mit dem gemeinen Wert und nicht mit dem Steuerwert der Sache, auf die sie gerichtet ist, bewertet. Eine Ausnahme hiervon hat die Rechtsprechung lediglich gemacht für **einseitige** Sachleistungsansprüche, die zu keiner Zeit Gegenstand eines Gegenseitigkeitsverhältnisses waren, so dass ein Sachvermächtnis mit dem Steuerwert des Vermächtnisgegenstandes zu bewerten ist.[199]

Gemäß § 12 Abs. 4 BewG sind noch nicht fällige Ansprüche aus **Lebens-**, Kapital- oder Rentenversicherung mit dem Rückkaufswert zu bewerten.[200]

i) Bewertungsstichtag[201]

101 Für die Wertermittlung ist gemäß § 11 ErbStG grundsätzlich der Zeitpunkt der Entstehung der Steuer maßgebend (Stichtagsprinzip). Die Entstehung der Steuer ist geregelt in § 9 ErbStG. Sie entsteht im Regelfall

- bei Erwerben von Todes wegen mit dem **Tode des Erblassers**[202] (§ 9 Abs. 1 Nr. 1 Halbs. 1 ErbStG);
- bei Schenkungen unter Lebenden mit dem Zeitpunkt der **Ausführung der Zuwendung** (§ 9 Abs. 1 Nr. 2 ErbStG).

102 Dieser Stichtag ist neben der Bewertung auch maßgeblich für das anwendbare Recht bei Steueränderungen, Berücksichtigung von Vorschenkungen (§ 14 ErbStG),[203] den Fristlauf von Nachversteuerungstatbeständen sowie die Verjährung der Steuer (§ 170 AO).

103 Für verschiedene Tatbestände des Erwerbs von Todes wegen sind besondere Entstehungszeitpunkte in § 9 Abs. 1 Nr. 1 Halbs. 2 ErbStG geregelt; so z. B. gilt als Erwerbszeitpunkt eines geltend gemachten Pflichtteilsanspruchs (§ 3 Abs. 1 Nr. 1 Var. 3 ErbStG) der Zeitpunkt der Geltendmachung (§ 9 Abs. 1 Nr. 1 Halbs. 2 lit. b.) ErbStG), einer Abfindung für die Ausschlagung einer Erbschaft (§ 3 Abs. 2 Nr. 4 ErbStG) der Zeitpunkt der Ausschlagung (§ 9 Abs. 1 Nr. 1 Halbs. 2 lit. f.) ErbStG).

104 Eine **Grundstücksschenkung** ist zivilrechtlich erst erfüllt mit Eintragung des Eigentumsübergangs im Grundbuch.[204] Schenkungsteuerlich gilt die Zuwendung jedoch bereits als ausgeführt, wenn die Auflassung beurkundet wurde und der Schenker die Eintragung der Rechtsänderung im Grundbuch bewilligt hat.[205]

---

[196] BFH ZEV 2002, 331 ff. mit Anm. Wachter S. 333.

[197] Anders bei einseitigen Sachleistungsansprüchen: R 92 Abs. 2 ErbStR.

[198] Schreiben des Bay. Staatsmin. der Finanzen vom 14. 6. 2005, MittBayNot 2005, 525 f.; krit. zum Treuhand-Erlass Hannes/Otto, ZEV 2005, 464.

[199] Zur früheren Problematik der Bewertung von Grundstücksvermächtnissen: BFH ZEV 2004, 474 ff; Wachter DNotZ 2005, 533; Geck ZEV 2006, 201; BFH v. 9. 4. 2008, II R 24/06.

[200] Das bis 2008 geltende „Zwei-Drittel-Privileg" ist entfallen.

[201] Siehe auch unten zur Entstehung der Steuer I. 10. a) Rn 169.

[202] Dies folgt dem bürgerlich-rechtlichen Anfallsprinzip gemäß § 1942 Abs. 1, § 1922 Abs. 1 BGB.

[203] Siehe unten Abschnitt 9.

[204] §§ 873 Abs. 1, 925 BGB.

[205] BFH ZEV 2005, 218 = NJW-RR 2005, 882; hierzu Wachter DNotZ 2005, 523, 542.

Wertänderungen von Nachlassgegenständen nach dem Stichtag sind unerheblich. Für Wertminderungen des Nachlasses, z.B. Wertpapiere, die in der Zeit zwischen dem Bewertungsstichtag und der freien Verfügungsmöglichkeit des (Mit-)Erben über das Nachlassvermögen eintreten, kann im Einzelfall allenfalls ein Grund für Billigkeitsmaßnahmen (Erlass gemäß §§ 163, 227 AO hinsichtlich des Steuermehrbetrags auf Grund der verzögerten Verfügungsmöglichkeit) sein.[206] 105

5. Abzug von Nachlassverbindlichkeiten (§ 10 Abs. 5 ff. ErbStG)

Von dem Steuerwert der Zuwendung sind Nachlassverbindlichkeiten abzugsfähig nach Maßgabe von § 10 Abs. 5 ff. ErbStG. Zu diesen gehören die vom Erblasser herrührenden Schulden (**Erblasserschulden;** § 10 Abs. 5 Nr. 1 ErbStG). Abzugsfähig sind damit auch **Steuerschulden,** die gemäß § 1922 BGB, § 45 AO auf den Erben übergegangen sind, unabhängig davon, ob die Steuern beim Erbfall bereits festgesetzt waren oder nicht.[207] Nicht abzugsfähig ist hingegen die vom Erwerber selbst zu entrichtende eigene Erbschaftsteuer (§ 10 Abs. 8 ErbStG). 106

Abzugsfähig sind ferner die Verbindlichkeiten, die auf Grund des Erbfalles zu erfüllen sind (**Erbfallschulden**). Hierzu gehören zum einen Verbindlichkeiten aus Vermächtnissen, Auflagen und geltend gemachten Pflichtteilsansprüchen (§ 10 Abs. 5 Nr. 2 ErbStG) einschließlich der Kosten der Erfüllung.[208] Abzugsfähig sind als solche gemäß § 10 Abs. 5 Nr. 3 ErbStG die Kosten der Bestattung des Erblassers einschließlich angemessenem Grabdenkmal sowie der Kapitalwert der Kosten der üblichen **Grabpflege.**[209] Abzugsfähig sind auch die Kosten, die dem Erwerber unmittelbar in Zusammenhang mit der **Abwicklung des Nachlasses** oder der Erlangung des Erwerbs entstehen. Für die Kosten nach § 10 Abs. 5 Nr. 3 ErbStG können insgesamt 10 300,– EUR pauschal ohne Nachweis abgezogen werden. 107

Nicht abzugsfähig sind die Kosten für die **Verwaltung des Nachlasses**[210] (§ 10 Abs. 5 Nr. 3 Satz 3 ErbStG). Die Kosten für einen **Testamentsvollstrecker** sind demgemäß aufzuteilen in die (abzugsfähigen) Kosten, die für die Tätigkeit der Erlangung entstehen, z.B. Konstituierung, Abwicklung und Verteilung des Nachlasses, und in die (nicht abzugsfähigen) Kosten, falls der Aufgabenkreis des Testamentsvollstreckers auch die spätere Verwaltung umfasst. 108

Steuerberatungskosten für die Erstellung der Erbschaftsteuererklärung sind als Nachlassregelungskosten zum Abzug zugelassen, hingegen nicht die Kosten, die in einem sich an die Steuerfestsetzung anschließenden Rechtsbehelfs- und Finanzgerichtsverfahren anfallen und vom Erwerber zu tragen sind.[211] 109

Nicht abzugsfähig sind Schulden, soweit sie mit einem zum Erwerb gehörenden Gewerbebetrieb in wirtschaftlichen Zusammenhang stehen und bereits nach § 12 Abs. 5 und 6 berücksichtigt worden sind (§ 10 Abs. 5 Nr. 3 Satz 3 ErbStG).

6. Steuerbefreiungen

Soweit eine Bereicherung des Erwerbers steuerfrei ist, gilt sie nicht als steuerpflichtiger Erwerb (§ 10 Abs. 1 Satz 1 ErbStG). 110

---

[206] Naujok ZEV 2003, 97.

[207] Die Steuerschulden müssen jedoch rechtlich bestehen und den Erben wirtschaftlich belasten: FG Düsseldorf, ZEV 2003, 168.

[208] Zur Abzugsfähigkeit von Pflichtteilsschulden Meincke ZEV 2006, 199.

[209] Gemäß § 13 Abs. 2 BewG das 9,3-fache des Jahreswerts der jährlichen Aufwendungen.

[210] Zur zivilrechtlichen Abzugsfähigkeit dieser sog. Nachlasserbenschulden: MünchKommBGB/*Siegmann* § 1967 Rn 15 ff.

[211] Klose ZEV 2006, 150; OFD Frankfurt, Rdvfg. v. 30. 9. 2002, ZEV 2003, 109.

a) Sachliche Steuerbefreiungen

111 § 13 ErbStG enthält eine Vielzahl von sachlichen Steuerbefreiungsvorschriften, die jeweils für sich anzuwenden sind (§ 13 Abs. 3 Satz 1 ErbStG).

112 Gemäß § 13 Abs. 1 ErbStG bleiben insbesondere **steuerfrei**

- **Hausrat** bzw. andere **bewegliche** körperliche **Gegenstände** im Wert bis zu 41 000,– EUR bzw. 12 000,– EUR beim Erwerb durch Personen der Steuerklasse I (§ 13 Abs. 1 Nr. 1 a) bzw. b) ErbStG), beim Erwerb durch Personen der Steuerklasse II und III hierfür insgesamt 12 000,– EUR (§ 13 Abs. 1 Nr. 1 c) ErbStG).[212] Somit kann jeder Elternteil jedem Kind vorgenannte bewegliche Gegenstände bis zu 53 000,– EUR vererben oder verschenken, ohne den persönlichen Freibetrag gemäß § 16 ErbStG in Anspruch nehmen zu müssen;
- Gegenstände, auch Grundbesitz, mit Bedeutung für **Kunst, Geschichte, Wissenschaft** oder **Denkmalpflege** nach Maßgabe von § 13 Abs. 1 Nr. 2 ErbStG;[213]
- die **lebzeitige Zuwendung** eines **Familienheims** oder eines Miteigentumsanteils hieran **an den Ehegatten** (§ 13 Abs. 1 Nr. 4 a ErbStG) und der Erwerb eines Familienheims **von Todes wegen durch den Ehegatten oder Kinder** (§ 13 Abs. 1 Nr. 4 b, 4 c ErbStG).[214]
- ein steuerpflichtiger Erwerb bis zu 20 000,– EUR für Personen, die dem Erblasser unentgeltlich oder gegen unzureichendes Entgelt **Pflege** oder **Unterhalt** gewährt haben, soweit das Zugewendete als angemessenes Entgelt anzusehen ist (§ 13 Abs. 1 Nr. 9 ErbStG). Zweckmäßig ist hierfür, in der letztwilligen Verfügung die vorgesehene Zuwendung (z. B. Geldvermächtnis für Nachbarn)[215] entsprechend als Entgelt für eine bestimmte Pflegetätigkeit zu bezeichnen. Steuerfrei sind ferner Geldzuwendungen unter Lebenden für eine Pflegeperson nach Maßgabe von § 13 Abs. 1 Nr. 9 a ErbStG;
- Vermögensgegenstände, die Eltern ihren Abkömmlingen durch Schenkung oder Übergabevertrag zugewandt haben und auf Grund Vorversterbens des Abkömmlings von Todes wegen **zurückfallen** (§ 13 Abs. 1 Nr. 10 ErbStG).[216] War hingegen im Überlassungsvertrag ein bedingter Rückübertragungsanspruch des Veräußerers (Eltern) bereits vorbehalten, erfolgt der Rückfall – nach Bedingungseintritt, insbesondere Vorversterben des Kindes – auf Grund Rechtsanspruchs der Eltern und stellt keine freigebige Zuwendung dar. Letzteres gilt auch, wenn ein gesetzlicher Anspruch bestand, z. B. gemäß §§ 527 ff., 812 ff., 2287 f. BGB. Ferner erlischt auch die Erbschaftsteuer für die Vergangenheit, soweit ein Geschenk wegen eines Rückforderungsrechts herausgegeben werden musste oder die Herausgabe durch Unterhaltszahlung gemäß § 528 Abs. 1 S. 2 BGB abgewendet worden ist (§ 29 Abs. 1 Nr. 1, 2 ErbStG);
- der **Verzicht** auf die Geltendmachung des **Pflichtteilsanspruchs** (§ 13 Abs. 1 Nr. 11 ErbStG). Erfolgt der Verzicht jedoch gegen Abfindung, ist diese steuerpflichtig (§ 3 Abs. 2 Nr. 4 ErbStG). Wurde der Pflichtteil bereits geltendgemacht, entsteht bereits die Steuerpflicht (§§ 3 Abs. 1 Nr. 1, 9 Abs. 1 Nr. 1 b) ErbStG) und damit auch die Abzugsfähigkeit durch den Erben (§ 10 Abs. 5 Nr. 2 ErbStG). Ein anschließender Verzicht ist eine neue Zuwendung an den Erben;
- Zuwendungen unter Lebenden zum Zwecke des angemessenen **Unterhalts** oder zur **Ausbildung** des Bedachten (§ 13 Abs. 1 Nr. 12 ErbStG). Sofern der Unterhalt auf Grund gesetzlicher Verpflichtung gewährt wird, liegt gar keine freigebige Zuwendung

---

[212] Hierzu Jülicher ZEV 2000, 94.

[213] Hierzu Leisner ZEV 2003, 436.

[214] Hierzu Rn 71 ff.

[215] Personen der Steuerklasse III unterliegen bei steuerpflichtigen Erwerben über 20 000 EUR bereits 30% Erbschaftsteuer.

[216] Hierzu Wenhardt ErbStB 2007, 25. Vgl. auch die Besserstellung von Eltern (und Voreltern) beim Erwerb von Todes wegen bezüglich der Steuerklasse I (§ 15 Abs. 1 StKl. I Nr. 4 ErbStG) und damit auch des Freibetrags (§ 16 Abs. 1 Nr. 4 ErbStG).

vor. Die Steuerbefreiung ist nicht entsprechend anzuwenden auf entsprechende Zuwendungen von Todes wegen;

- die üblichen **Gelegenheitsgeschenke** (§ 13 Abs. 1 Nr. 14 ErbStG). Für die Frage der üblichen Höhe ist das Gesamtbild des Falles, auch das Verhältnis des Geldwertes zur Leistungsfähigkeit des Schenkers maßgeblich. Geschenke, die das übliche Maß überschreiten, sind in vollem Maße steuerpflichtig;[217]
- Zuwendungen an Kirchen und kirchliche, gemeinnützige oder mildtätige Institutionen (§ 13 Abs. 1 Nr. 16 ErbStG) sowie Zuwendungen zu kirchlichen. gemeinnützigen oder mildtätigen Zwecken (§ 13 Abs. 1 Nr. 17 ErbStG);[218]
- Zuwendungen an politische Parteien (§ 13 Abs. 1 Nr. 18 ErbStG).

b) Allgemeiner persönlicher Freibetrag (§ 16 ErbStG)

Jedem Erwerber steht ein allgemeiner persönlicher Freibetrag zu. Dieser ist zur Ermitt- 113
lung des steuerpflichtigen Erwerbs von der Bereicherung des jeweiligen Erwerbers abzuziehen (§ 10 Abs. 1 S. 1 ErbStG). Es handelt sich um echte Freibeträge, nicht um Freigrenzen. Sie hängen ab von der Steuerklasse (§ 15 ErbStG); bei Eltern (und Voreltern) wird ferner noch differenziert nach der Art des Erwerbs: Erwerb von Todes wegen Steuerklasse I, Erwerb zu Lebzeiten Steuerklasse II.[219]

Die persönlichen Freibeträge[220] betragen bei unbeschränkter Steuerpflicht (§ 2 Abs. 1 Ziffer 1 u. 2 ErbStG):

Steuerklasse I	
– Ehegatte	500 000 EUR
Eingetragene Lebenspartner[221]	500 000 EUR
– Kind oder Enkelkind, das anstelle eines bereits verstorbenen Elternteils Vermögen von den Großeltern erwirbt	400 000 EUR
– Enkel im Übrigen	200 000 EUR
– Übrige Personen der Steuerklasse I, insbesondere Ur-Enkel sowie Eltern bei Erwerb von Todes wegen	100 000 EUR
Steuerklasse II	
– Alle Personen der Steuerklasse II, auch Geschwister, Eltern bei Schenkungen unter Lebenden, Neffen/Nichten, Schwiegerkinder,[222] -eltern, und geschiedene Ehegatten	20 000 EUR
Steuerklasse III	
– Alle übrigen Personen der Steuerklasse III, auch nichteheliche Lebensgefährten	20 000 EUR

Dieser Freibetrag steht jeder Person gesondert gegenüber jeder anderen Person zu, d. h. jedes Kind hat nach jedem Elternteil den persönlichen Freibetrag.

---

[217] RFH RStBl. 29, 497.

[218] Raudszus ZEV 2003, 481.

[219] Zur Steuerklasse s. u. Rn 155 ff.

[220] Gemäß Beschluss des BVerfG vom 22. 6. 1995 hat der Gesetzgeber den erbschaftsteuerlichen Zugriff auf Familienangehörige im Sinne der damaligen Steuerklasse I so zu gestalten, dass diesem Personenkreis „der Wert des persönlichen Gebrauchsvermögens" ungeschmälert verbleibt. Aus der zeitgleichen Entscheidung des BVerfG zum Vermögensteuergesetz ist zu entnehmen, dass hierbei der Wert durchschnittlicher Einfamilienhäuser zu verstehen ist.

[221] BGBl. I 2010, 1768, 1795 (JStG 2010 nach Maßgabe der Entscheidung des BVerfG v. 21. 7. 2010 1 BvR 611/07, 1 BvR 2464/07, DStR 2010, 1721). Zum verfassungsrechtlichen Gebot zur Gleichbehandlung mit Ehegatten gemäß Rspr. des BVerfG (BGBl. 2010, 1295): Siehe unten § 21 V. 3.

[222] Unterscheide hiervon die Gleichstellung von Schwiegerkindern gemäß § 3 Nr. 6 S. 3 GrErwStG.

Bei beschränkter Steuerpflicht (§ 2 Abs. 1 Nr. 3 ErbStG) beträgt der allgemeine persönliche Freibetrag derzeit einheitlich 2.000 EUR (§ 16 Abs. 2 ErbStG).[223]

c) Versorgungsfreibetrag (§ 17 ErbStG)

114 Versorgungsbezüge nach dem Tod eines Ehegatten/Elternteils sind erbschaftsteuerlich unterschiedlich geregelt.

115 Es unterliegen **nicht** der Erbschaftsteuer die kraft Gesetzes entstehenden Versorgungsansprüche Hinterbliebener (R 8 Abs. 1 ErbStR), insbesondere
- Versorgungsbezüge der Hinterbliebenen von Beamten
- Versorgungsbezüge, die den Hinterbliebenen von Angestellten und Arbeitern aus der gesetzlichen Rentenversicherung zustehen. Dies gilt auch in den Fällen freiwilliger Weiter- und Höherversicherung;
- Versorgungsbezüge, die den Hinterbliebenen von Angehörigen freier Berufe aus einer berufständischen Pflichtversicherung bei einer berufständischen Versorgungseinrichtung zustehen.

116 Ferner unterliegen nicht der Erbschaftsteuer Hinterbliebenenbezüge, die auf Tarifvertrag, Betriebsvereinbarung oder betrieblicher Übung beruhen (R 8 Abs. 2 ErbStR).

117 Der **Erbschaftsteuer unterliegen** hingegen Vermögensvorteile, die auf Grund eines vom Erblasser geschlossenen Vertrages bei dessen Tode von einem Dritten unmittelbar erworben hat (§ 3 Abs. 1 Nr. 4 ErbStG), insbesondere **private Versorgungsrenten**. Diese Steuerbelastung soll der Freibetrag nach § 17 ErbStG mildern. Im Falle des Erwerbs von Todes wegen steht dem überlebenden Ehegatten[224] und den Kindern (bis zur Vollendung des 27. Lebensjahres) gemäß § 17 ErbStG ein besonderer Versorgungsfreibetrag zu, zusätzlich zum allgemeinen Freibetrag nach § 16 Abs. 1 ErbStG. Der Versorgungsfreibetrag beträgt beim Ehegatten und eingetragenen Lebenspartner 256 000 EUR, bei Kindern – nach Alter gestaffelt – maximal 52 000 EUR. Diese Beträge werden jedoch gekürzt um den kapitalisierten Wert von Versorgungsbezügen, die nicht der Erbschaftsteuer unterliegen.

7. Zugewinngemeinschaft (§ 5 ErbStG)[225]

a) Güterstand

118 Der zivilrechtliche Güterstand von Ehegatten ist bedeutsam, ob und in welchem Maße nach dem Tode des erstversterbenden Ehegatten dem überlebenden Ehegatten – zusätzlich zu sonstigen Freibeträgen – der **Zugewinn** erbschaftsteuerfrei verbleibt. Wurde Gütertrennung (§ 1414 BGB) oder ein vollständiger Verzicht auf einen Zugewinnausgleich im Todesfall vereinbart, findet bürgerlich-rechtlich kein Zugewinnausgleich statt; dem folgend sieht das ErbStG hierfür keine Befreiung vor.

119 Findet ein Zugewinnausgleich statt, folgt das Erbschaftsteuerrecht der zivilrechtlichen Weichenstellung, ob der überlebende Ehegatte den pauschalierten erbrechtlichen Ausgleich gemäß §§ 1371 Abs. 1, 1931 Abs. 3 BGB wählt (hierzu lit. b) oder den konkreten güterrechtlichen Zugewinnausgleich gemäß § 1371 Abs. 2 BGB (hierzu lit. c).

120 Die Bestimmung in § 5 Abs. 2 ErbStG zum güterrechtlichen Zugewinnausgleich findet auch Anwendung, wenn der Güterstand der Zugewinngemeinschaft endet in anderer Weise als durch den Tod eines Ehegatten, insbesondere im Falle der **Scheidung** der Ehe oder einer der Eheschließung nachfolgenden ehevertraglichen Vereinbarung einer **Gütertrennung** (hierzu lit. d).

---

[223] Zur Rechtswidrigkeit der niedrigeren Schenkungsteuerfreibeträge für beschränkt Steuerpflichtige wegen Eingriff in die Kapitalverkehrsfreiheit: EuGH Urt. v. 22. 4. 2010, ZEV 2010, 270 ff. mit Anm. Jochum S. 274 f.; aufgrund dessen wird mit einer gesetzlichen Neuregelung gerechnet. Siehe hierzu auch oben zur persönlichen Steuerpflicht.

[224] Sowie den eingetragenen Lebenspartnern aufgrund Jahresteuergesetz 2010.

[225] Zu Gestaltungen siehe unten § 6 II.2.i, Rn 210 ff.

b) Erbrechtliche Lösung (§ 5 Abs. 1 ErbStG)

Beim Tod eines Ehegatten wird bürgerlich-rechtlich der Ausgleich des Zugewinns gemäß §§ 1371 Abs. 1, 1931 Abs. 3 BGB dadurch verwirklicht, dass sich der gesetzliche Erbteil des überlebenden Ehegatten pauschal um ein Viertel erhöht. Voraussetzung hierfür ist, dass der überlebende Ehegatte „gesetzlicher Erbe" ist; hierbei ist auch ausreichend, dass diesem ein Erbteil oder Vermächtnis zugewendet wurde.[226] Unerheblich ist hierbei, ob und in welcher Höhe der Überlebende einen Zugewinn erzielt hat.[227] Schlägt der Ehegatte hingegen aus, erfolgt der Ausgleich des Zugewinns nach der güterrechtlichen Lösung gemäß § 1371 Abs. 2 BGB (siehe hierzu unten lit. c). **121**

Erbschaftsteuerlich gilt hingegen bei der erbrechtlichen Lösung gemäß § 5 Abs. 1 ErbStG beim überlebenden Ehegatten nur der Betrag, den er nach Maßgabe des § 1371 Abs. 2 BGB i.V.m. § 5 Abs. 1 S. 2ff. ErbStG als Ausgleichsforderung geltend machen könnte, nicht als erbschaftsteuerlicher Erwerb i.S.d. § 3 ErbStG. **Steuerbefreit** ist somit **nicht das pauschale zivilrechtliche Viertel, sondern eine** für steuerliche Zwecke zu ermittelnde **fiktive Ausgleichsforderung.** Diese fiktive Ausgleichsforderung ist grundsätzlich zu berechnen wie bei der güterrechtlichen Lösung gemäß §§ 1372ff. BGB,[228] jedoch mit folgenden Maßgaben. **122**

Gemäß § 1377 Abs. 3 BGB wird zivilrechtlich vermutet, dass das Endvermögen eines Ehegatten sein **Anfangsvermögen** darstellt, soweit kein Verzeichnis des Anfangsvermögens erstellt wurde; diese Vermutung findet für erbschaftsteuerliche Zwecke keine Anwendung (§ 5 Abs. 1 S. 3 ErbStG). Die infolge eines Kaufkraftschwunds nur nominale Wertsteigerung des Anfangsvermögens eines Ehegatten während der Ehe stellt keinen Zugewinn dar; der Wert des Anfangsvermögens ist daher zu indexieren.[229] **123**

Güterrechtliche Vereinbarungen, die Abweichungen beinhalten von §§ 1373 bis 1383 und 1390 BGB (**ehevertragliche Modifikationen**), sind erbschaftsteuerlich nicht zu berücksichtigen (§ 5 Abs. 1 S. 2 ErbStG), z.B. Herausnahme einzelner Vermögensgegenstände oder abweichende Bewertungsmaßstäbe oder abweichende Ausgleichsquote. Wird z.B. vereinbart, dass das sich im Eigentum des erstversterbenden Ehegatten befindliche Unternehmen vom Zugewinn ausgenommen ist, entsteht der steuerfreie Ausgleichsanspruch des längerlebenden Ehegatten gemäß § 5 Abs. 1 ErbStG in voller Höhe auch hinsichtlich jenes – zivilrechtlich ausgenommenen – Gegenstandes. **124**

Bestand zwischen Ehegatten einer anderer Güterstand, insbesondere Gütertrennung, und wird während der Ehezeit der Güterstand der Zugewinngemeinschaft durch Ehevertrag vereinbart, können die Ehegatten zivilrechtlich vereinbaren, dass die Rechtsfolgen zurückwirken auf einen früheren Zeitpunkt, insbesondere den Tag der Eheschließung; erbschaftsteuerlich gilt jedoch als **Zeitpunkt des Eintritts des Güterstandes** der Tag des Vertragsabschlusses (§ 5 Abs. 1 S. 4 ErbStG), so dass ein vor Vertragsabschluss entstandener Zugewinn nicht steuerbefreit ist.[230] **125**

Die zivilrechtliche Ausgleichsforderung wird grundsätzlich nach tatsächlichen Werten (Verkehrswert) ermittelt;[231] erbschaftsteuerlich wird jedoch der Nachlass des Erblassers bei Ermittlung der fiktiven Ausgleichsforderung mit **Steuerwerten** angesetzt (§ 5 Abs. 1 S. 5 ErbStG).[232] Steuerfrei ist somit nur der Teilbetrag der so errechneten Ausgleichsfor- **126**

---

[226] Siehe eingehend zum Ehegattenerbrecht oben § 1.

[227] § 1371 Abs. 1 S. 2 BGB.

[228] Das Anfangsvermögen kann gemäß § 1374 Abs. 3 auch negativ sein (ZugewinnAusglVormschRÄndG v. 6. 7. 2009).

[229] R 11 Abs. 3 Satz 3 ErbStR; BMF-Schr. v. 17. 2. 2006 ZEV 2006, 402; BayStMinFin Schr. v. 25. 9. 2006 MittBayNot 2007, 168.

[230] BFH ZEV 2006, 85.

[231] Ein land- oder forstwirtschaftlicher Betrieb wird nach Maßgabe von § 1376 Abs. 4 BGB nach Ertragswerten ermittelt.

[232] Zur rechnerischen Ermittlung der erbschaftsteuerfreien Zugewinnausgleichsforderung: Ebeling, ZEV 2006, 19ff.

derung, der dem Verhältnis des Steuerwerts zum Verkehrswert des Endvermögens (Nachlass des verstorbenen Ehegatten) entspricht. Der nach § 5 Abs. 1 ErbStG steuerfreie Betrag der fiktiven Ausgleichsforderung wird nach folgender Formel ermittelt:

$$\frac{\text{fiktive zivilrechtliche Ausgleichsforderung} \times \text{Steuerwert des Nachlasses}}{\text{Verkehrswert des Nachlasses}}$$

127 Bei dieser Umrechnung sind unentgeltliche Zuwendungen i. S. d. § 1375 Abs. 2 Nr. 1 BGB nicht dem Nachlass hinzuzurechnen.[233]

128 In Höhe dieser erbschaftsteuerlichen Ausgleichsforderung liegt kein steuerpflichtiger Erwerb vor (§ 10 Abs. 1 S. 1 ErbStG); es handelt sich um einen zusätzlichen persönlichen Freibetrag für den überlebenden Ehegatten.

c) Güterrechtlicher Zugewinnausgleich im Todesfall (§ 5 Abs. 2 Alt. 2 ErbStG)

129 Wird der Ehegatte nicht Erbe,[234] insbesondere durch Enterbung seitens des Erblassers oder Ausschlagung seitens des überlebenden Ehegatten, wird der Zugewinn bürgerlichrechtlich nach § 1371 Abs. 2 Halbs. 1 BGB ausgeglichen nach Maßgabe der §§ 1373 bis 1383, 1390 BGB. Ferner steht dem Ehegatten trotz Ausschlagung der sog. kleine Pflichtteil zu (§ 1371 Abs. 3, 2 Halbs. 2 BGB).[235]

130 Erbschaftsteuerfrei bleibt gemäß § 5 Abs. 2 Alt.2 ErbStG die **tatsächliche zivilrechtliche Ausgleichsforderung** i. S. d. § 1378 BGB. Die Sonderbestimmungen des § 5 Abs. 1 S. 2 bis 5 ErbStG sind hierauf nicht anzuwenden. Damit gelten grundsätzlich auch **ehevertragliche Modifikationen** für die Berechnung; wird dadurch eine erhöhte güterrechtliche Ausgleichsforderung verschafft und sollen mit den Vereinbarungen jedoch in erster Linie nicht güterrechtliche, sondern erbrechtliche Wirkungen herbeigeführt werden, geht die Finanzverwaltung von einer steuerpflichtigen Schenkung auf den Todesfall bzw. einer Schenkung unter Lebenden aus.[236] Ferner ist die Ausgleichsforderung nicht beschränkt auf den anteiligen Steuerwert wie bei § 5 Abs. 1 S. 5 ErbStG. Bestand während der Ehe zunächst Gütertrennung und vereinbarten die Ehegatten später den Güterstand der Zugewinngemeinschaft zivilrechtlich zulässig **rückwirkend** auf den Beginn der Ehe, und wählt nach dem Tod des Erstversterbenden der verwitwete Ehegatte den güterrechtlichen Zugewinnausgleich nach § 1371 Abs. 2 BGB, so greift die Beschränkung auf den Tag des Vertragsabschlusses (§ 5 Abs. 1 Satz 4 ErbStG) nicht; dem Verwitweten steht die konkrete zivilrechtliche Ausgleichsforderung zu und die Ausgleichsforderung durch die rückwirkende Vereinbarung des Güterstand der Zugewinngemeinschaft auf den Ehebeginn ist nicht steuerpflichtig.[237]

131 Die konkrete Zugewinnausgleichsforderung stellt einen gesetzlich entstandenen Anspruch des verwitweten Ehegatten dar, so dass bereits tatbestandlich kein Erwerb von Todes wegen vorliegt. § 5 Abs. 2 ErbStG beinhaltet – anders als § 5 Abs. 1 ErbStG – somit keinen Freibetrag, sondern eine Klarstellung, dass diese Forderung nicht zum Erwerb i. S. d. § 3 ErbStG gehört.

---

[233] BFH ZEV 2005, 488 m. Anm. Gebel; hierzu Schreiben des BayFinMin vom 25. 9. 2006, MittBayNot 2007, 168 mit Berechnungsbeispiel = ZEV 2007, 48.

[234] Und ihm steht auch kein Vermächtnis zu, § 1371 Abs. 2 BGB.

[235] Der hinzutretende Pflichtteilsanspruch ist – nach Geltendmachung – als Geldanspruch nach allgemeinen Vorschriften erbschaftsteuerlich anzusetzen.

[236] R 12 Abs. 2 ErbStR.

[237] BFH v. 12. 7. 2005 ZEV 2005, 490 mit Anm. Münch S. 491; Erl. Bayer. Landesamt für Steuern ZEV 2007, 48. FG Düsseldorf MittBayNot 2007, 250 m. Anm. Wachter.

d) Güterrechtlicher Zugewinnausgleich zu Lebzeiten (§ 5 Abs. 2 Alt. 1 ErbStG); Scheidung, Gütertrennung, Güterstandsschaukel[238]

Wird der Güterstand der Zugewinngemeinschaft in anderer Weise als durch den Tod eines Ehegatten beendet, wird der Zugewinn gemäß § 1372 BGB ausgeglichen nach den Vorschriften der §§ 1373 bis 1390 BGB. Dies gilt insbesondere für den Fall der rechtskräftigen **Scheidung** und den Fall der nachträglichen Vereinbarung eines anderen Güterstandes durch **Ehevertrag.** 132

Erbschaftsteuerfrei bleibt gemäß § 5 Abs. 2 Alt.1 ErbStG die tatsächliche zivilrechtliche Ausgleichsforderung i. S. d. § 1378 BGB. Die Sonderbestimmungen des § 5 Abs. 1 S. 2 bis 5 ErbStG sind hierauf nicht anzuwenden. 133

Vereinbaren Ehegatten, die im Güterstand der Zugewinngemeinschaft leben, den Güterstand der **Gütertrennung** (§ 1414 Satz 1 BGB), bleibt die konkrete Zugewinnausgleichforderung steuerfrei. Erforderlich hierfür ist jedoch die formelle Beendigung des Güterstandes durch Vereinbarung der Gütertrennung; der bloße schuldrechtliche zwischenzeitliche Ausgleich eines rechnerischen Zugewinnes – bei fortbestehender Zugewinngemeinschaft; ohne Beendigung des Güterstandes – lässt bürgerlich-rechtlich keine gesetzliche Ausgleichsforderung gemäß § 1378 BGB und damit auch keine steuerfreie Ausgleichsforderung gemäß § 5 Abs. 2 ErbStG entstehen (sog. **„fliegender Güterstandswechsel“**).[239] 134

Vereinbaren die Ehegatten nach wirksamer Vereinbarung der Gütertrennung wieder den Güterstand der Zugewinngemeinschaft (**„Güterstandsschaukel“**), lässt dies nach Auffassung des BFH[240] die vorher durch tatsächliche güterrechtliche Abwicklung der (früheren) Zugewinngemeinschaft entstandene steuerfreie Ausgleichsforderung unberührt. 135

Unentgeltliche Zuwendungen unter in Zugewinngemeinschaft lebenden Ehegatten sind im Zweifel zu behandeln als Vorauszahlungen auf den Zugewinnausgleichsanspruch. Daher wird nach Maßgabe des § 1380 BGB auf die Ausgleichsforderung (§ 1378 BGB) eines Ehegatten angerechnet, was ihm **von dem anderen** (ausgleichspflichtigen) **Ehegatten** durch Rechtsgeschäft unter Lebenden **zugewendet** wurde;[241] die erforderliche Anrechnungsbestimmung wird unter den Voraussetzungen des § 1380 Abs. 1 S. 2 BGB vermutet. Gemäß **§ 29 Abs. 1 Nr. 3 ErbStG erlischt die Schenkungssteuer** für die seinerzeitige Zuwendung mit Wirkung für die Vergangenheit, soweit eine Anrechnung auf die Ausgleichsforderung erfolgte. Damit besteht durch ehevertragliche Gestaltung die Möglichkeit, nachträglich eine entstandene Schenkungssteuer für **früher erfolgte Ehegattenschenkungen** entfallen zu lassen.[242] 136

---

238 Zu Gestaltungsmöglichkeiten bezüglich Güterstandsänderungen aus primär steuerlichen Beweggründen siehe § 6 II. 2.i) Rn 210 ff., bezüglich Güterstandsänderungen aus primär zivilrechtlichen Beweggründen siehe § 21 IX. 3. Rn 134 ff.

239 BFH ZEV 2006, 41 ff.

240 BFH v. 12. 7. 2005 ZEV 2005, 490 mit Anm. Münch S. 491. Im entschiedenen Fall wurde sowohl Beendigung als auch Neubegründung in einer Urkunde vereinbart, und die Neubegründung der Zugewinngemeinschaft ab dem auf die Beurkundung (und Beendigung der bisherigen Zugewinngemeinschaft) folgenden Tage. Dies kann für dauerhafte Gestaltungen nicht empfohlen werden. Der BFH war an die Tatsachenfeststellungen der Erstinstanz gebunden. Im Hinblick auf § 42 AO sollten außersteuerliche Gründe den Güterstandswechsel und ggf. Rückwechsel veranlassen.

241 Zur Berechnung der auf die Ausgleichsforderung anzurechnenden Schenkungen: Ebeling, ZEV 2006, 19, 20 f.

242 Dies gilt auch bei der Berechnung der fiktiven Ausgleichsforderung nach § 5 Abs. 1 ErbStG, was durch § 29 Abs. 1 Nr. 3 Satz 2 ErbStG (BGBl. 2008 I 3018) klargestellt wurde. Zum früheren Streitstand Wachter ZNotP 2007, 50.

8. Vor- und Nacherbschaft (§ 6 ErbStG), betagte Vermächtnisse

a) Zivilrechtlicher Überblick

137 Zivilrechtlich kann der Erblasser gemäß § 2100 BGB einen Erben in der Weise einsetzen, dass dieser erst Erbe wird, nachdem zunächst ein anderer Erbe geworden ist.[243] Der Erblasser kann damit zunächst sein Vermögen einem **Vorerben** bis zu einem bestimmten Ereignis, im gesetzlichen Regelfall dem Todes des Vorerben (§ 2106 Abs. 1 BGB), oder für eine bestimmte Zeit als Gesamtrechtsnachfolger zuwenden und gleichzeitig bestimmen, dass dann das Vermögen in nochmaliger Gesamtrechtsnachfolge nach dem Erblasser auf den **Nacherben** übergeht, unabhängig davon, wer Gesamtrechtsnachfolger des Vorerben ist. Bürgerlich-rechtlich beerbt der Nacherbe unmittelbar den Erblasser, nicht den Vorerben. Mit dem Eintritt der Nacherbfolge „hört der Vorerbe auf, Erbe zu sein, und fällt die Erbschaft dem Nacherben an" (§ 2139 BGB). Bis zum Eintritt der Nacherbfolge bildet die Erbschaft ein Vermögen, das der Vorerbe gesondert von seinem sonstigen Vermögen zu verwalten hat; der Nacherbe erwirbt mit dem Erbfall hieran bereits ein grundsätzlich vererbliches und übertragbares Anwartschaftsrecht.

b) Die Besteuerung des Vorerben (§ 6 Abs. 1 ErbStG)

138 Der Vorerbe ist Erbe des Erblassers (§ 2100 Halbs. 2 BGB) und damit dessen Gesamtrechtsnachfolger (§ 1922 Abs. 1 BGB), ungeachtet der für ihn geltenden Beschränkungen und Verpflichtungen (§§ 2113 ff., 2136 BGB). Insofern ist § 6 Abs. 1 ErbStG nur eine Klarstellung zum Erwerbstatbestand des § 3 Abs. 1 Nr. 1 ErbStG,[244] dass neben dem Nacherben auch der Vorerbe Erbe i. S. d. Erbschaftsteuerrecht ist. Dies gilt auch dann, wenn die Stellung des Vorerben weitgehend der eines Nießbrauchers angenähert ist.

139 Der Vorerbe wird, obwohl er nur „Erbe auf Zeit" ist, **grundsätzlich wie ein Vollerbe** besteuert. Die Beschwerung des Vorerben mit u. U. weitreichenden Verpflichtungen und Beschränkungen sind als „persönliche Verhältnisse" nicht zu berücksichtigen (§ 12 Abs. 1 ErbStG i. V. m. § 9 Abs. 2 S. 3, Abs. 3 BewG).

140 Endet die Vorerbschaft nicht mit dem Tod des Vorerben, sondern tritt die **Nacherbfolge** abweichend von § 2106 Abs. 1 BGB bereits **zu Lebzeiten des Vorerben** ein, gilt die Vorerbfolge als auflösend bedingter Anfall (§ 6 Abs. 3 S. 1 ErbStG); siehe hierzu unten lit. e) Rn 149.

141 Steuerschuldner ist der Vorerbe (§ 20 Abs. 1 ErbStG), der auch mit seinem Gesamtvermögen hierfür haftet. Jedoch trifft die Erbschaftsteuerlast des Vorerben wirtschaftlich den Nacherben: Der Vorerbe ist gemäß § 20 Abs. 4 ErbStG berechtigt, die durch die Vorerbschaft veranlasste **Steuer aus den Mitteln der Vorerbschaft** zu entrichten.

c) Die Besteuerung des Nacherben bis zum Eintritt des Nacherbfalles

142 Bis zum Eintritt des Nacherbfalles entsteht für den Nacherben noch keine Steuerpflicht. Wenngleich der Nacherbe ab dem Tod des Erblassers bereits eine Anwartschaft erhält, die grundsätzlich vererblich (§ 2108 Abs. 2 BGB) und übertragbar ist, ist diese gemäß § 10 Abs. 4 ErbStG nicht steuerbar. Die Übertragung einer solchen Anwartschaft unter Lebenden ist nicht steuerpflichtig, wenn dies schenkweise erfolgt (§§ 1 Abs. 2 i. V. m. § 10 Abs. 4 ErbStG), jedoch steuerpflichtig bei Gewährung eines Entgelts (§ 3 Abs. 2 Nr. 6 ErbStG). Der Nacherbe kann – nach dem Erbfall, aber auch bereits vor dem Nacherbfall, § 2142 BGB – die Erbschaft **ausschlagen** und auf sein Nacherbenrecht verzichten; erfolgt dies gegen Abfindung, ist dies ebenfalls gemäß § 3 Abs. 2 Nr. 6 ErbStG steuerpflichtig. Als steuerpflichtige Schenkung unter Lebenden gilt ferner, was ein Vorerbe dem Nacherben mit Rücksicht auf die angeordnete Nacherbschaft **vor ihrem Eintritt**

---

[243] Siehe zivilrechtlich zur Nacherbschaft eingehend § 10.

[244] Im ErbStG 1906 und ErbStG 1919 wurde der nichtbefreite Vorerbe als Nießbraucher behandelt.

herausgibt (§ 7 Abs. 1 Nr. 7 ErbStG). Hierfür gilt grundsätzlich das Verhältnis des Nacherben zum Vorerben. Jedoch kann der Nacherbe beantragen, das Verhältnis zum Erblasser zugrunde zu legen gemäß § 7 Abs. 2 ErbStG;[245] es enthält jedoch keine Verweisung auf die Anrechnungsmöglichkeit gemäß § 6 Abs. 3 S. 2 ErbStG.

d) Nacherbfolge beim Tod des Vorerben (§ 6 Abs. 2 ErbStG)

Mit dem **Eintritt des Nacherbfalls** hört der Vorerbe auf, Erbe zu sein, und fällt die 143
Erbschaft dem Nacherben an (§ 2139 BGB); wurde die Nacherbenanwartschaft übertragen, tritt der Erwerber dieser in die Rechtsstellung des Nacherben ein. Der Rechtserwerb erfolgt bürgerlich-rechtlich als Erbschaft vom Erben, nicht vom Vorerben. Ein Übertragungsakt von Seiten des Vorerben oder dessen Gesamtrechtsnachfolger ist nicht erforderlich bezüglich des Eigentums; jedoch hat der Vorerbe dem Nacherben den unmittelbaren Besitz zu verschaffen.[246]

Der Nacherbe hat diesen Erwerb durch Erbanfall gemäß § 3 Abs. 1 Nr. 1 ErbStG zu 144
versteuern. § 6 Abs. 2 ErbStG trifft hierzu lediglich Sonderregelungen für den gesetzlichen Regelfall, dass die Nacherbfolge durch den Tod des Vorerben eintritt (§ 2106 Abs. 1 BGB).[247]

Bei Eintritt der Nacherbfolge haben „diejenigen, auf die das Vermögen übergeht", also 145
der Nacherbe oder Ersatznacherbe oder Erwerber der Nacherbenanwartschaft, „den Erwerb als **vom Vorerben stammend** zu versteuern" (§ 6 Abs. 2 S. 1 ErbStG). Das ErbStG ordnet hierbei eine bewusste Abweichung von § 2100 BGB an, wonach der Nacherbe Erbe des Erblassers ist.[248] Das Erbschaftsteuerrecht ordnet für jeden der beiden Erbfälle (Anfall der Vorerbschaft, Anfall der Nacherbschaft) die Steuerpflicht an, ohne Berücksichtigung, dass es sich um das gleiche Nachlassvermögen handelt und der für den Vorerben geltenden Beschränkungen. Die Anordnung der Nacherbfolge führt – beim Regelfall des Anfalls beim Tod des Vorerben – zur erbschaftsteuerlichen **Doppelbesteuerung.** Dauert die Vorerbschaft nicht mehr als zehn Jahre, kann sich lediglich für Personen der Steuerklasse I die Steuerbelastung verringern nach Maßgabe von § 27 ErbStG.

Für Steuerklasse, Freibeträge und Steuersatz ist gemäß § 6 Abs. 2 S. 1 ErbStG das **Ver-** 146
hältnis des Nacherben zum Vorerben zugrunde zu legen. Gemäß § 6 Abs. 2 S. 2 ErbStG ist auf Antrag des Nacherben dessen **Verhältnis zum Erblasser** zugrunde zu legen. Diese Antragstellung hat jedoch nur Auswirkung auf das Angehörigkeitsverhältnis und die daraus resultierende Steuerklasse (§ 15 ErbStG),[249] nicht auch auf andere Besteuerungsmerkmale.[250]

Aus der erbschaftsteuerlichen Fiktion ergeben sich für den Nacherben ferner Nachtei- 147
le, wenn dieser neben der Nacherbschaft auch **sonstiges Vermögen vom Vorerben erwirbt.** Die beiden Vermögensanfälle sind hinsichtlich der Steuerklasse getrennt zu behandeln im Falle der Antragstellung nach Satz 2 (§ 6 Abs. 2 Abs. 3 ErbStG). Wenngleich zivilrechtlich Erwerbsvorgänge von zwei Personen (Erblasser und Vorerbe) vorliegen, steht dem Nacherben grundsätzlich nur ein Freibetrag zu; stellt der Nacherbe den Antrag gemäß § 6 Abs. 2 S. 2 ErbStG, erhält er zwar an sich **zwei Freibeträge,** und zwar

[245] Siehe hierzu und zu den anwendbaren Vorschriften des § 6 Abs. 2 S. 3 bis 5 ErbStG unten lit. d).

[246] § 857 BGB ist nicht anwendbar. Der Herausgabeanspruch ergibt sich aus § 2130 BGB. MünchKomm/*Grunsky*, § 2139/Rn 2.

[247] Zum gesetzlichen und tatsächlichen Ausnahmefall der Nacherbfolge zu Lebzeiten des Vorerben siehe unten zu § 6 Abs. 3 ErbStG).

[248] Anders bei Nacherbfolge, die nicht durch den Tod des Vorerben bedingt ist: Hierbei erfolgt der aufschiebend bedingte Anfall auch steuerlich direkt vom Erblasser (§ 6 Abs. 3 S. 1 ErbStG).

[249] Vgl. § 6 Abs. 2 S. 3 ErbStG.

[250] Z.B. für die Zusammenrechnung mehrerer Erwerbe. BFH BStBl. II 1999, 235 = ZEV 1999, 237.

- für das Nacherbschaftsvermögen gemäß dem Verhältnis des Nacherben zum Erblasser, da sich der Freibetrag gemäß § 16 ErbStG aus der Steuerklasse ergibt;
- für das sonstige „eigene" vom Vorerben erworbene Vermögen gemäß dem Verhältnis des Nacherben zum Vorerben. Dieser Freibetrag wird jedoch nur gewährt, soweit der Freibetrag für das Nacherbfolge unterliegende Vermögen nicht verbraucht ist (§ 6 Abs. 2 S. 4 ErbStG).[251]

148 Im Falle der Antragstellung nach § 6 Abs. 2 S. 2 ErbStG sind zwar die beiden Erwerbe bezüglich der Steuerklasse getrennt zu behandeln, jedoch errechnet sich die **Steuersatzprogression** (§ 19 ErbStG) aus dem Gesamterwerb (§ 6 Abs. 2 S. 5 ErbStG).[252]

e) Nacherbfolge zu Lebzeiten des Vorerben (§ 6 Abs. 3 ErbStG)

149 Tritt die Nacherbfolge abweichend vom gesetzlichen Regelfall des § 2106 Abs. 1 BGB nicht durch den Tod des Vorerben ein, sondern endet die Vorerbschaft zu dessen Lebzeiten, z.B. im Falle einer Wiederverheiratungsklausel, gilt die Nacherbfolge als aufschiebend bedingter Anfall (§ 6 Abs. 3 S. 1 ErbStG).

150 Gemäß § 12 Abs. 1 ErbStG, § 4 BewG werden Wirtschaftsgüter, deren Erwerb vom Eintritt einer aufschiebenden Bedingung abhängt, erst berücksichtigt, wenn die Bedingung eingetreten ist. Tritt die Nacherbfolge ein, erfolgt beim Vorerben keine Berichtigung, sondern gemäß der Sonderbestimmung des § 6 Abs. 3 S. 2 ErbStG ist dem Nacherben die vom Vorerben entrichtete Steuer **anzurechnen** abzüglich desjenigen Steuerbetrags, welcher der tatsächlichen Bereicherung des Vorerben (z.B. Nutzungen, Entnahmen) entspricht.[253] Soweit jedoch die Steuer des Nacherben die vom Vorerben gezahlte Steuer unterschreitet, besteht kein Erstattungsanspruch.

f) Nachvermächtnisse und beim Tode des Beschwerten fällige Vermächtnisse (§ 6 Abs. 4 ErbStG)

151 Durch ein **Nachvermächtnis** kann der Erblasser ein Untervermächtnis anordnen, wonach der erste (Vor-) Vermächtnisnehmer verpflichtet ist, den Vermächtnisgegenstand zu einem nach Vermächtnisanfall eintretenden Zeitpunkt oder Ereignis einem Dritten (Nachvermächtnisnehmer) weiterzugeben (§ 2191 Abs. 1 BGB). Anders als bei der Nacherbfolge tritt keine Gesamtrechtsnachfolge ein, sondern bestehen nur schuldrechtliche Ansprüche (§ 2174 BGB), die durch Einzelrechtsübertragung zu erfüllen sind. Ist vom Erblasser nichts bestimmt, erfolgt der Anfall des Nachvermächtnisses mit dem Tod des Vorvermächtnisnehmers (§ 2191 Abs. 2 i.V.m. § 2106 Abs. 1 BGB). Nachvermächtnisse sind erbschaftsteuerlich Nacherbschaften gleichgestellt (§ 6 Abs. 4 Alt.1 ErbStG).

152 Die Vermächtnisforderung entsteht (**Anfall** des Vermächtnisses) mit dem Erbfalle (§ 2176 BGB), somit mit dem Tode des Erblassers (§ 1922 Abs. 1 BGB). Für die hiervon zu trennende Fälligkeit der Vermächtnisforderung gelten die allgemeinen Bestimmungen, so dass der Schuldner sie sofort zu bewirken hat, soweit keine Zeit bestimmt ist (§ 271 Abs. 1 BGB). Hat der Erblasser hiervon abweichend angeordnet, dass die Vermächtnisforderung erst **beim Tode des Beschwerten fällig** ist, verbleibt dem Beschwerten (Erbe oder Hauptvermächtnisnehmer, § 2147 BGB) solange der Vermächtnisgegenstand. Dies findet z.B. Anwendung, wenn ein Erblasser seinen Ehegatten als Erben einsetzt, jedoch für (evtl. einseitige) Abkömmlinge zu deren Absicherung Vermächtnisse nach seinem Tode anordnet, die der zuletzt versterbende Ehegatte (bzw. dessen Rechtsnachfolger) erst nach dessen Tode zu erfüllen hat. Haben Ehegatten in einem sog. Berliner Testament neben der gegenseitigen Erbeinsetzung ein Vermächtnis angeordnet, das nach dem Tod des Überlebenden erfüllt werden soll, bestimmt die Auslegungsregel des § 2269 Abs. 2 BGB, dass im Zweifel der Vermächtnisanfall erst erfolgt mit dem Tod des Überlebenden.

---

[251] Berechnungsbeispiel bei Meincke, § 6 ErbStG, Rn 16.
[252] Wirkung wie ein Progressionsvorbehalt.
[253] Berechnungsbeispiel bei Moench/Albrecht, Erbschaftsteuer, Rn 400.

Ferner werden derartige Vermächtnisse bedingt angeordnet zur Verringerung von Pflichtteilsansprüchen nach dem längerlebenden Ehegatten (sog. Jastrow'sche Klausel).[254]

Erbschaftsteuerlich werden derart **betagte Vermächtnisse** (und Auflagen)[255] Nacherbschaften gleichgestellt (§ 6 Abs. 4 Alt. 2 ErbStG). Bei sonstigen Vermächtnissen[256] gelten diese „als vom Erblasser zugewendet" (§ 3 Abs. 2 i. V. Abs. 1 Nr. 1 ErbStG) und der Erbe kann diese Verbindlichkeiten aus Vermächtnissen als Nachlassverbindlichkeit von seinem Erwerb abziehen (§ 10 Abs. 5 Nr. 2 ErbStG). Dies wird für das beim Tode des Beschwerten fällige Vermächtnis gemäß § 6 Abs. 4 Alt. 2 ErbStG für Zwecke der Erbschaftsteuer geändert: Gemäß dem damit anwendbaren § 6 Abs. 2 S. 1 ErbStG gilt das Vermächtnis als vom Beschwerten stammend, nicht als Erwerb vom Erblasser. Damit kann der Beschwerte dieses betagte Vermächtnis auch **nicht** von seinem Erwerb nach dem Erblasser **in Abzug bringen.** **153**

Betagte Vermächtnisse sind grundsätzlich nach Auffassung der Finanzverwaltung auf den Todeszeitpunkt mit ihrem ggf. abgezinsten Wert zu versteuern (§ 9 Abs. 1 Nr. 1.a) ErbStG). Aufgrund der Sonderregelung des § 6 Abs. 4 ErbStG erfolgt ihr Erwerb und die Steuerentstehung erst mit dem Tode des Beschwerten. **154**

9. Berechnung der Steuer

a) Steuerklassen (§ 15 ErbStG)

Die Steuerklasse hat insbesondere Bedeutung für **155**
- einzelne sachliche Steuerbefreiungen gemäß § 13 ErbStG;
- den Freibetrag gemäß § 16 ErbStG;
- den Steuersatz gemäß § 19 ErbStG sowie
- den Mehrfacherwerb gemäß § 27 ErbStG.

Nach den persönlichen Verhältnissen des Erwerbers zum Erblasser werden gem. § 15 ErbStG folgende drei Steuerklassen unterschieden: **156**

Zur **Steuerklasse I gehören:**
- der Ehegatte,
- eingetragener Lebenspartner i. S. des § 1 LPartG,[257]
- die Kinder und Stiefkinder,
- die Abkömmlinge der Kinder und Stiefkinder,
- die Eltern und Voreltern bei Erwerben von Todes wegen.

Zur **Steuerklasse II** gehören:
- die Eltern und Voreltern, soweit sie nicht zur Steuerklasse I gehören, somit insbesondere bei Schenkungen (der Kinder) unter Lebenden
- die Geschwister,
- die Abkömmlinge ersten Grades von Geschwistern (Nichten, Neffen),
- die Stiefeltern,
- die Schwiegerkinder,[258]
- die Schwiegereltern,
- der geschiedene Ehegatte.

---

[254] DNotZ 2004, 424.

[255] Ergänzt durch BGBl. 2008 I 3018; zur vormaligen Gestaltungsmöglichkeit Daragan DStR 1999, 343.

[256] Auch bei anderweitig betagten Vermächtnissen, die z. B. fällig werden bei Wiederverheiratung oder zu einem bestimmten Zeitpunkt.

[257] Geändert durch das JStG 2010 BGBl. I 2010, 1768, 1795, in offenen Fällen rückwirkend für Erwerbe ab dem 1. 8. 2001; aufgrund Entscheidung des BVerfG 1 BvR 611/07, 1 BvR 2464/07 vom 21. 7. 2010, BGBl. 2010, 1295. Der Lebenspartner gehörte bis 2010 zwar der Steuerklasse III an, hatte jedoch schon weitreichende Vergünstigungen, z. B. den persönlichen Freibetrag von € 500 000.

[258] Unterscheide hingegen die Gleichstellung in § 3 Nr. 6 Satz 3 GrErwStG.

Zur **Steuerklasse III** gehören alle übrigen Erwerber, auch nichteheliche Lebensgefährten, und die Zweckzuwendungen.

157 **Übersicht der Steuerklassen nach dem Verwandtschaftsverhältnis zum Erblasser:**

Erblasser:	Erbe:	Steuerklasse:
Ehegatte	Ehegatte	I
geschiedener Ehegatte	geschiedener Ehegatte	II
Eltern	Kinder	I
Mutter	nichteheliche Kinder	I
Vater	nichteheliche Kinder	I
Stiefeltern	Stiefkinder	I
Adoptiveltern	Adoptivkinder	I
Großeltern	Enkel (auch adoptierte) und Stiefkinder von Kindern	I
entfernte Voreltern (Urgroßeltern usw.)	Abkömmlinge (auch adoptierte und Stiefkinder)	I
Kinder	Eltern,	
	a) bei Erwerb von Todes wegen	I
	b) bei Schenkung unter Lebenden	II
Enkel, Urenkel usw.	Voreltern,	
	a) bei Erwerb von Todes wegen	I
	b) bei Schenkung unter Lebenden	II
Stiefkinder	Stiefeltern	II
Voll- und Halbgeschwister	Voll- und Halbgeschwister	II
Onkel, Tanten	Neffen, Nichten (auch adoptierte und Stiefkinder), jedoch nicht Großneffen und -nichten	II
Schwiegereltern	Schwiegerkinder	II
Schwiegerkinder	Schwiegereltern	II
sonstige Erblasser	andere Erben, juristische Personen und die Zweckzuwendungen	III

158 Bei der Steuerklasseneinteilung wird das **Adoptivkind** entgegen dem bürgerlichen Recht auch bei der Volladoption sowohl gegenüber seinen leiblichen Eltern als auch gegenüber den Adoptiveltern wie ein leibliches Kind behandelt (§ 15 Abs. 1 a ErbStG). Das Adoptivkind hat somit erbschaftsteuerlich zwei Elternpaare.

159 § 15 Abs. 3 ErbStG enthält ein **Steuerklassenprivileg für den Schlusserben** eines „Berliner Testaments“, wenn der Dritte gegenüber den jeweiligen Ehegatten in unterschiedlichen Steuerklassen eingruppiert ist. Dies gilt auch für den **Vermächtnisnehmer** nach dem Letztversterbenden (§ 2269 Abs. 2 BGB) und bei einer entsprechenden Einsetzung in einem Erbvertrag von Ehegatten. Gemäß der Auslegungsregel des § 2269 Abs. 1 BGB ist bürgerlich-rechtlich im Zweifel der „Dritte“ (Schlusserbe) für den gesamten Nachlass als Erbe des zuletzt versterbenden Ehegatten eingesetzt. Erbschaftsteuerlich ist der Schlussbedachte jedoch gemäß § 15 Abs. 3 Satz 1 ErbStG **als Erbe des Erstversterbenden anzusehen,** wenn er **mit diesem näher verwandt** ist, jedoch nur soweit das Vermögen des Erstverstorbenen beim Tode des überlebenden Ehegatten noch vorhanden ist. Dies entspricht dem Antragsrecht des Nacherben gemäß § 6 Abs. 2 Satz 2 ErbStG.

160 **Beispiel:** E1 verstirbt als Erster, Schlusserbe nach E2 ist der Neffe N des E1, der mit E2 nicht verwandt ist. Aufgrund § 15 Abs. 3 ErbStG wird für den Erwerb des noch vorhandenen Nachlassvermögens des E1 durch N nicht Steuerklasse III (N ist mit E1 nicht verwandt), sondern als Abkömmling ersten Grades eines Geschwisters von E1 Steuerklasse II angewendet.

Für die Schlusserbeinsetzung von **einseitigen Kindern** hat § 15 Abs. 3 ErbStG keine Bedeutung, da **Stiefkinder** erbschaftsteuerlich den Kindern in § 15 Abs. 1 in Steuerklasse I gleichgestellt sind. 161

Die Privilegierung des § 15 Abs. 3 Satz 1 ErbStG gilt jedoch nur, „soweit der überlebende Ehegatte **an die Verfügung gebunden** ist". Nach der Rechtsprechung ist keine absolute Bindung erforderlich; ein bloßer Änderungsvorbehalt schadet nicht, auch keine Änderung durch den Überlebenden hinsichtlich anderer Bedachter, z.B. Anordnung eines Vorausvermächtnisses für einen Miterben oder eines zusätzlichen Vermächtnisses für einen Nichterben. Die Privilegierung entfällt jedoch insgesamt, wenn der Überlebende auf Grund vorbehaltenen Änderungsrechts die Verfügung bezüglich des betroffenen Bedachten – auch nur geringfügig – ändert, sei es durch Änderung der Erbquote oder Änderung des Vermächtnisgegenstandes.[259] 162

§ 15 Abs. 3 Satz 1 ErbStG betrifft nur die Steuerklasse. Hinsichtlich Freibetrag und Steuersatz gilt § 6 Abs. 2 Sätze 3–5 i.V.m. § 15 Abs. 3 Satz 2 ErbStG entsprechend. 163

b) Steuersätze (§ 19 ErbStG)

Besteuert wird der Wert des steuerpflichtigen Erwerbs (§ 10 ErbStG) gem. § 19 ErbStG nach folgenden Prozentsätzen in Abhängigkeit von der Steuerklasse:[260] 164

Wert des steuerpflichtigen Erwerbs[261] bis einschließlich Euro	Steuersatz in der Steuerklasse in %		
	I	II	III
75 000	7	15	30
300 000	11	20	30
600 000	15	25	30
6 000 000	19	30	30
13 000 000	23	35	50
26 000 000	27	40	50
über 26 000 000	30	43	50

Es handelt sich um einen Stufentarif,[262] so dass der Steuersatz der erreichten Wertstufe für den **gesamten Erwerb** Geltung hat. Das sprunghafte Ansteigen beim Übergang zur nächsten Wertstufe und damit höherem Steuersatz für den Gesamterwerb wird lediglich gemildert durch den Härteausgleich gemäß § 19 Abs. 3 ErbStG: Für nur geringfügige Überschreitung der Wertstufen der obigen Tabelle erfolgt eine Limitierung (**Stufenübergangsregelung**) in der Weise, dass der Unterschied zwischen der Steuer, die sich bei strikter Anwendung der obigen Wertstufen ergibt und der Steuer, die sich berechnen würde, wenn der Erwerb die letztvorhergehende Wertgrenze nicht überstiegen hätte, nur insoweit erhoben wird, als er 165

[259] BFH 2000, 35 m. Anm. Jülicher S. 36.

[260] Die Steuersätze der Steuerklasse II wurden gemildert durch das Wachstumsbeschleunigungsgesetz BGBl. 2009 I 3950, 3953, insbesondere durch Halbierung des Satzes bei steuerpflichtigen Erwerben bis T€ 75 von 30% auf 15%. Im Jahre 2009 bestand sachlich kein Unterschied zwischen Steuerklasse II und III.

[261] Ist im Falle des § 2 Abs. 1 Nr. 1 ErbStG ein Teil des Vermögens der inländischen Besteuerung entzogen auf Grund eines Abkommens zur Vermeidung der Doppelbesteuerung, ist die Steuer nach dem Steuersatz zu erheben, der für den ganzen Erwerb gelten würde (Progressionsvorbehalt mit Freistellungsmethode).

[262] Vollmengenstaffeltarif; anders z.B. das EStG.

- bei einem Steuersatz bis zu 30% aus der Hälfte,[263]
- bei einem Steuersatz über 30% aus drei Vierteln

des die Wertgrenze übersteigenden Betrages gedeckt werden kann.

c) Berücksichtigung früherer Erwerbe (§ 14 ErbStG)[264]

166 Die Zusammenrechnung nach § 14 soll bewirken, dass zwischen den gleichen Personen durch Aufspaltung einer Zuwendung in mehrere Teilbeträge kein Steuervorteil erzielt wird.[265] Mehrere innerhalb von **zehn Jahren**[266] von derselben Person anfallende Vermögensvorteile (Erwerbe) sind daher nach Maßgabe von § 14 ErbStG dem letzten Erwerb nach ihrem früheren Wert zuzurechnen. Es erfolgt eine Zusammenrechnung des „letzten" (aktuellen) Erwerbs mit den Vorerwerben; für diesen rechnerischen Gesamterwerb wird die Steuer ermittelt. Hiervon wird – zur Vermeidung einer Doppelbesteuerung – ein Steuerbetrag abgezogen, der fiktiv nach Tarif und persönlichen Verhältnissen im Zeitpunkt des letzten Erwerbs ermittelt wird (§ 14 Abs. 1 S. 2 ErbStG); ist jedoch die effektiv gezahlte Steuer höher, ist dieser Betrag abzuziehen (§ 14 Abs. 1 S. 3 ErbStG). Jedoch ist die Steuer, die sich aus dem letzten Erwerb ohne Zusammenrechnung mit früheren Erwerben ergibt, die Untergrenze der für diesen Erwerb festzusetzenden Steuer (§ 14 Abs. 1 S. 4 ErbStG). Negative Erwerbe werden nicht berücksichtigt (§ 14 Abs. 1 S. 5 ErbStG).[267] § 14 ErbStG bewirkt einen Progressionsvorbehalt, wonach Erst- und Zweiterwerb aufgrund ihres zeitlichen Zusammenhangs auf der Stufe des Gesamterwerbs zu versteuern sind.

167 Die persönlichen Freibeträge können alle zehn Jahre bezüglich Zuwendungen von derselben Person erneut in Anspruch genommen werden.[268]

d) Mehrfacher Erwerb desselben Vermögens (§ 27 ErbStG)

168 § 27 ErbStG sieht Steuerermäßigungen zwischen 10 und 50 v.H. für Fälle vor, in denen Personen der Steuerklasse I **von Todes wegen** Vermögen anfällt, das in den letzten zehn Jahren bereits von Personen der Steuerklasse I – zu Lebzeiten oder von Todes wegen – erworben und versteuert worden ist. Wichtiger Anwendungsfall ist der **aufeinanderfolgende Tod von Ehegatten,** wenn der Zweitversterbende als gesetzlicher Erbe oder auf Grund einer gegenseitigen (Allein-) Erbeinsetzung (Berliner Testament) gewillkürter Erbe bereits der Steuerpflicht unterlag und dessen Vermögen dann auf die Abkömmlinge übergeht.

---

[263] Beispiel gemäß Meincke, § 19 ErbStG, Rn 9: Steuerpflichtiger Erwerb (StKl. I) von 52 000 EUR: × 7% ergibt 3640 EUR Erbschaftsteuer. Steuerpflichtiger Erwerb (StKl. I) von 52 100 EUR: × 11% ergäbe 5731 EUR Erbschaftsteuer; daher begrenzt § 19 Abs. 3 ErbStG die Mehrbelastung auf 50% (bzw. 75%) des Mehrerwerbs, somit auf (3640 + 50 =) 3690 EUR. Von den 100 EUR Mehrzuwendung bleibt dem Empfänger nur 50 EUR, der Steuersatz beträgt hierfür 50%.

[264] Hierzu R 70 ErbStR. Zur Zusammenrechnung mehrerer Erwerbe nach § 14 ErbStG: Götz, ZEV 2001, 9 ff.; Halaczinsky, ErbStB 2006, 187 ff.; zu nicht festgesetzten oder fehlerhaft besteuerten Vorerben Loy ErbStB 2007, 176.

[265] Zur Systematik und auftretenden Problemen, wenn zwischen den zusammen zu rechnenden Erwerben Änderungen (z. B. bezüglich Steuersatz oder Freibeträgen) eintraten, eingehend Jülicher in Troll/Gebel, Jülicher, ErbStG, § 14 Rn 3 ff.

[266] Zu überlappenden Zehnjahresfristen: BFH ZEV 2005, 405 mit Anm. Dobroschke S. 407; R 70 Abs. 5 ErbStR.

[267] Zur Berechnung der Abzugssteuer: BFH ZEV 2009, 642 ff. und Meincke ZEV 2009, 604 ff.

[268] Zur Berechnung des Zehnjahreszeitraums und zum Meinungsstand der Frage, ob die Rückrechnung noch den Zuwendungstag erfasst (Bsp.: Vater schenkt seinem Kind jeden Geburtstag ein Geschenk in Höhe von $\frac{1}{10}$ des Kinderfreibetrags): Meincke, ErbStG, § 14 Rn 8.

Die Stufen dieser Steuerermäßigung sind:

Ermäßigung um Prozent:	wenn zwischen den beiden Zeitpunkten der Entstehung der Steuer liegen:
50	nicht mehr als 1 Jahr
45	mehr als 1 Jahr, aber nicht mehr als 2 Jahre
40	mehr als 2 Jahre, aber nicht mehr als 3 Jahre
35	mehr als 3 Jahre, aber nicht mehr als 4 Jahre
30	mehr als 4 Jahre, aber nicht mehr als 5 Jahre
25	mehr als 5 Jahre, aber nicht mehr als 6 Jahre
20	mehr als 6 Jahre, aber nicht mehr als 8 Jahre
10	mehr als 8 Jahre, aber nicht mehr als 10 Jahre

10. Entstehung, Festsetzung und Erhebung der Steuer

a) Entstehung und Fälligkeit der Steuer (§ 9 ErbStG)

Die Steuer entsteht[269] bei **Erwerben von Todes** wegen grundsätzlich mit dem **Tode des Erblassers** (§ 9 Abs. 1 Nr. 1 ErbStG).[270] Jedoch sieht diese Vorschrift verschiedene abweichende Bestimmungen vor, z.B. für den Fall eines Pflichtteilsanspruchs (erst) den Zeitpunkt von dessen Geltendmachung. 169

Die Steuer entsteht bei **Schenkungen unter Lebenden** mit dem Zeitpunkt der **Ausführung der Zuwendung.** Die Zuwendung ist grundsätzlich (erst) ausgeführt, wenn der Beschenkte erhalten hat, was ihm nach der Schenkungsabrede verschafft werden soll.[271] Jedoch hat die Rechtsprechung bei **Grundstückschenkungen** auf Grund der Eintragungsbedürftigkeit im Grundbuch ausnahmsweise bereits eine Ausführung angenommen, wenn die Auflassung (§ 925 BGB) formgerecht erklärt wurde und die Vertragspartner die für die Eintragung der Rechtsänderung im Grundbuch erforderlichen Erklärungen in gehöriger Form abgegeben haben, so dass der Beschenkte auf Grund dieser Erklärungen in der Lage ist, beim Grundbuchamt die Eintragung der Rechtsänderung zu beantragen; die Antragstellung selbst ist nicht erforderlich.[272] 170

Dieser **Stichtag** des Entstehens der Steuer hat insbesondere Bedeutung für die Tatbestandsmäßigkeit der persönlichen Steuerpflicht (§ 2 ErbStG), die Wertermittlung (§ 11 ErbStG), die Berechnung der Zehnjahresfrist gemäß § 14 ErbStG, die Ermäßigung gemäß § 27 ErbStG sowie das anwendbare Recht bei Steueränderungen.[273] Die entstandene Steuerschuld geht gemäß § 45 AO beim Tod des Steuerpflichtigen auf dessen Erbe über. 171

Die **Fälligkeit** der Steuer tritt hingegen erst ein mit Bekanntgabe des die Erbschaftsteuer festsetzenden Steuerbescheides (§ 220 Abs. 2 S. 2 AO). Nach § 222 AO kann auf Antrag die Steuerschuld durch die Finanzbehörde ganz oder teilweise gestundet werden. gehört zum Erwerb Betriebsvermögen oder land- und forstwirtschaftliches Vermögen, besteht ein Anspruch auf **Stundung** gemäß § 28 ErbStG, soweit dies zur Erhaltung des Betriebs notwendig ist; bei Erwerben von Todes wegen erfolgt diese Stundung zinslos. 172

Die **Festsetzungsfrist** beträgt vier Jahre (§ 169 Abs. 2 Nr. 2 AO). Für den Beginn der Festsetzungsfrist für Erbschaftsteuer (Schenkungsteuer) enthält § 170 Abs. 5 AO Sonderregelungen. 173

---

[269] § 38 AO.

[270] Zum Stichtag bei Erwerben durch Vermächtnis und Erbanfall: Landsittel ZEV 2003, 221.

[271] Zur Ausführung der Schenkung: Meincke, § 9 ErbStG, Rn 42ff.

[272] BFH BStBl. II 91, 320.

[273] Siehe bereits oben I. 4. i) zum Bewertungsstichtag Rn 101ff. Übergangsregelungen in § 37 ErbStG.

174 **Steuerschuldner** ist grundsätzlich der Erwerber (§ 20 Abs. 1 S. 1 Halbs. 1 ErbStG), somit auch Vermächtnisnehmer und Personen, die ihren Pflichtteil geltendgemacht haben. Miterben haften in Höhe ihres Erbteils. Weitere Steuerschuldner sind z. B. der Schenker selbst (§ 20 Abs. 1 S. 1 Halbs. 2 ErbStG) und der, dem der Erwerb unentgeltlich zugewendet wurde (§ 20 Abs. 5 ErbStG). Der Nachlass **haftet** bis zur Auseinandersetzung (§ 20 Abs. 3 ErbStG); ein Erbschaftskäufer haftet insoweit mit der erworbenen Erbschaft (§§ 2382 f.).[274]

175 Eine bereits entstandene Steuer kann unter den Voraussetzungen des **§ 29 ErbStG rückwirkend zum Erlöschen** gebracht werden. § 29 Abs. 1 Nr. 2 ist nach wohl überwiegender Ansicht trotz des Wortlauts analog auf die Fälle des fiktiven Zugewinnausgleichs nach § 5 Abs. 1 ErbStG anzuwenden.[275]

b) Steuererklärung, Anzeigepflichten, Zuständigkeit (§§ 30 ff. ErbStG)

176 Für die Erbschaft- und Schenkungsteuer besteht keine allgemeine Verpflichtung zur Abgabe einer **Steuererklärung.** Das Finanzamt kann von jedem, der an einem Erbfall oder Schenkung beteiligt ist, die Abgabe einer Steuererklärung verlangen ohne Rücksicht darauf, ob dieser steuerpflichtig ist (§ 31 Abs. 1 ErbStG). Das Finanzamt kann verlangen, dass die Erklärung auf einem Vordruck nach amtlichem Muster abzugeben ist, in der der Steuerschuldner die Steuer selbst zu berechnen hat; diese Steuer ist innerhalb eines Monats nach Abgabe der Steuererklärung zu entrichten (§ 31 Abs. 7 ErbStG).[276] Ist ein **Testamentsvollstrecker**[277] oder **Nachlassverwalter** vorhanden (§ 31 Abs. 5 ErbStG) oder ein **Nachlasspfleger** bestellt (§ 31 Abs. 6 ErbStG), ist die Steuererklärung von diesen abzugeben; diese Personen „haben für die Bezahlung der Erbschaftsteuer zu sorgen" (§ 32 Abs. 1 S. 2, Abs. 2 S. 2 ErbStG). Die Steuererklärung hat ein **Verzeichnis der Nachlassgegenstände** zu enthalten sowie Angaben zur **Wertfeststellung** (§ 31 Abs. 2 ErbStG). Bezüglich des Feststellungsverfahrens nach §§ 151 ff. BewG, wodurch die Ermittlung der Besteuerungsgrundlagen (Grundbesitzwerte, Betriebsvermögen und Anteile hieran, Anteile an Kapitalgesellschaften u. a.) von der Steuerfestsetzung entkoppelt ist und bei der Festsetzung der Erbschaft- und Schenkungsteuer als Grundlagenbescheide (§ 171 Abs. 10 AO) berücksichtigt werden, kann das Finanzamt gemäß § 153 BewG die Abgabe einer **Feststellungserklärung** verlangen.[278] Zuständig ist für die Feststellung der Grundbesitzwerte das Lagefinanzamt (Bewertungsstelle),[279] für Betriebsvermögen und Anteilsbewertung das Betriebsstättenfinanzamt.[280]

177 Jedoch ist jeder der Erbschaftsteuer unterliegende Erwerb dem Finanzamt **anzuzeigen,** und zwar grundsätzlich vom Erwerber[281] (§ 30 Abs. 1 ErbStG), bei Rechtsgeschäften unter Lebenden auch derjenige, aus dessen Vermögen der Erwerb stammt (§ 30 Abs. 2 ErbStG).

178 Die Anzeige hat zu erfolgen binnen drei Monaten nach erlangter Kenntnis vom Anfall und die Angaben gemäß § 30 Abs. 4 ErbStG zu enthalten. Das **„zuständige Finanzamt"** i. S. d. § 30 Abs. 1 ErbStG sind die durch die Länder festgelegten **„Schenkungsteuerstellen".** Die **örtliche Zuständigkeit** ist geregelt in § 35 ErbStG; im Regelfall ist das Finanzamt-Schenkungsteuerstelle zuständig, in deren Bezirk der Erblasser oder Schenker seinen Wohnsitz hatte.[282]

---

[274] Zur Haftung in Erbschaftsteuerangelegenheiten Halaczinsky ErbStB 2007, 208.
[275] Jülicher in Troll/Gebel/Jülicher, § 29 ErbStG Rn 40.
[276] Diese Selbsterklärungspflicht scheint in der Praxis selten angewendet werden.
[277] Zu den Steuererklärungspflichten des Testamentsvollstreckers: Siebert ZEV 2010, 121, 123.
[278] Zur Steuererklärungspflicht nach § 153 BewG: Höne/Krause, ZEV 2010, 179 ff.
[279] § 151 Abs. 1 Nr. 1 BewG.
[280] § 151 Abs. 1 Nrn. 2, 3 BewG.
[281] Bei Zweckzuwendungen vom Beschwerten.
[282] Das örtlich zuständige Finanzamt kann ermittelt werden unter www.finanzamt.de.

Eine Anzeige der Beteiligten bedarf es in Fällen des § 30 Abs. 3 ErbStG nicht, insbesondere wenn der Erwerb auf einer von einem deutschen Gericht eröffneten Verfügung von Todes wegen beruht oder eine Schenkung unter Lebenden notariell beurkundet ist. Dem korrespondiert die schriftliche **Anzeigepflicht der Gerichte, Behörden** (insbesondere Standesämter)[283] und **Notare** über u. a. Beurkundungen, „die für die Festsetzung einer Erbschaftsteuer von Bedeutung sein können" (§ 34 Abs. 1 BeurkG).[284] 179

Eine Anzeigepflicht obliegt ferner, wer sich gewerbsmäßig mit der **Verwahrung oder Verwaltung fremden Vermögens** befasst (§ 33 ErbstG). Demgemäß haben insbesondere **Banken** nach dem Tod eines Erblassers dessen Vermögensgegenstände und Forderungen dem Finanzamt anzuzeigen.[285] **Versicherungsunternehmen** haben, bevor sie Versicherungssummen oder Leibrenten an andere als dem Versicherungsnehmer auszahlen, dem Finanzamt Anzeige zu erstatten (§ 33 Abs. 3 ErbStG).[286] Bei Auszahlung in das Ausland, bevor die Steuer entrichtet oder bezahlt ist, haften diese Unternehmen (§ 20 Abs. 6 f. ErbStG). Die Institute können hierfür vor Zahlung eine Unbedenklichkeitsbescheinigung des Erbschaftsteuerfinanzamtes einholen.[287] 180

Die Erbschaftsteuer-Durchführungsverordnung (ErbStDV)[288] konkretisiert diese Anzeigepflichten. 181

c) Besteuerung von Renten und Nutzungen (§ 23 ErbStG)

Erwirbt ein Steuerpflichtiger ein Recht auf Rentenzahlung, Nutzung oder andere wiederkehrende Leistung, entsteht die Steuer grundsätzlich sofort für den gesamten Rechtserwerb. Der steuerpflichtige Erwerb wird mit dem **Kapitalwert** unter Abzinsung der künftigen Leistungen und Nutzungen berechnet gemäß §§ 13 ff. BewG.[289] Die Steuer wird durch einmaligen Betrag erhoben, obwohl der Zufluss der Leistungen erst zukünftig erfolgen wird. 182

Aus diesem Grund kann der Steuerpflichtige zu seiner Liquiditätsschonung **wählen,** dass die Steuer statt vom vollen Kapitalwert **jährlich** im Voraus von dem Jahreswert entrichtet wird. Hierfür ordnet § 23 Abs. 1 ErbStG als besondere Bewertungsregelung an, dass das Renten- oder Nutzungsrecht mit dem Jahreswert zu ermitteln ist;[290] es ist der Teilbetrag des Kapitalwerts, der anzusetzen wäre, wenn das Renten- oder Nutzungsrecht nur für ein Jahr eingeräumt wäre. Dieser Jahreswert wird dann über die ganze Laufzeit des Rechts hinweg Jahr für Jahr (**Jahreserbschaftsteuer**) erhoben.[291] 183

Der Steuerpflichtige kann das ausgeübte Wahlrecht zur Jahressteuer nicht rückgängig machen, jedoch gemäß § 23 Abs. 2 ErbStG die **Ablösung** der Steuer mit ihrem Kapitalwert beantragen. Der Kapitalwert ist gemäß § 13, 14 BewG zu ermitteln.[292] 184

Während § 23 ErbStG Regelungen trifft für den Erwerber von Nutzungs- und Rentenrechten, enthielt § 25 ErbStG (2008) Abzugsverbote für bestimmte Erben oder Beschenkte, deren Vermögenserwerb mit Nutzungs- oder Rentenpflichten oder sonstigen wiederkehrenden Leistungen beschwert waren. Diese Sonderregelungen wurden aufgrund der 185

---

[283] Hierzu § 4 ErbStDV.

[284] Hierzu §§ 7, 8 ErbStDV.

[285] Hierzu § 1 ErbStDV. Zur Anzeigepflicht für die von ausländischer Zweigniederlassung einer inländischen Bank verwahrten oder verwalteten Vermögensgegenstände BFH ZEV 2007, 232.

[286] Hierzu § 3 ErbStDV.

[287] Zur Bankenhaftung bei Zahlung einer Bank nach Unbedenklichkeitsbescheinigung Niedersächs. FG ZEV 2007, 234.

[288] Auf der Grundlage des § 36 Abs. 1 Nr. 1 lit. e) ErbStG.

[289] I. V. m. § 12 Abs. 1 ErbStG.

[290] Berechnungsbeispiel bei Moench, ZEV 2001, 303.

[291] Zur Ermittlung der Jahressteuer Götz ZEV 2006, 260.

[292] Zu Vor- und Nachteilen von Wahl und Abwahl der Jahreserbschaftsteuer: Moench, ZEV 2001, 303; Korezkij, ZEV 2001, 305.

Annäherung des Steuerwerts an den gemeinen Wert mit Wirkung zum 1. 1. 2009 aufgehoben.

186 Übernommene Belastungen sind abzugsfähig. Der Wert von Nutzungen und Leistungen ist gemäß §§ 13 ff. BewG zu berechnen.

II. Steuerlich zweckmäßige Gestaltungsmöglichkeiten

1. Grundlagen

187 Die Erbschaft- und Schenkungsteuer bietet wie kaum eine andere Steuerart Möglichkeiten, durch geeignete Gestaltungen die Besteuerung zu mindern oder zu vermeiden. Vor der Anwendung erbschaftsteuerlich günstiger Gestaltungsvorschläge sollte jedoch immer geprüft werden, ob sie auch mit den wirtschaftlichen Erfordernissen und Zielen des Erblassers übereinstimmen. Eine Verfügung von Todes wegen sollte in erster Linie nach den Bedürfnissen und Wünschen des Erblassers gestaltet werden. Nur wenn diese auch durch eine steuerlich günstigere Regelung erfüllt werden können, sollte diese gewählt werden. Häufig wird der Erblasser im Rahmen einer Abwägung zum Ergebnis kommen, einer zivilrechtlichen Absicherung von sich selbst, seinem Ehegatten oder Dritten den Vorzug zu geben vor einer steuerlichen Optimierung. Ferner ist letztwilligen Verfügungen regelmäßig ein unbekannter, häufig erst Jahrzehnte später eintretender Besteuerungszeitpunkt immanent.[293] Die Gestaltung sollte daher im Rahmen der erforderlichen Prognose der künftigen Gesetzgebung und Rechtsprechung für den Erblasser auf möglichst dauerhaften Grundlagen basieren.

2. Gestaltungsmöglichkeiten zu Lebzeiten des Erblassers

a) Ausnutzung von Freibeträgen und Staffeltarif

188 Erbschaftsteuerlich vorteilhaft ist, den Nachlass auf **möglichst viele Erwerber** zu verteilen, da bei jedem der persönliche Freibetrag zum Abzug gelangt.[294]

189 **Beispiel:** Vierköpfige Familie M, F, Kind1, Kind2. **Jedes Kind hat nach jedem Elternteil den Freibetrag** von jeweils 400 000,– EUR, so dass – hinreichende Vermögensverteilung zwischen M und F vorausgesetzt – die Eltern auf einmal insgesamt Vermögen im Steuerwert von 1 600 000,– EUR an die Kinder steuerfrei übertragen können.

190 Ferner wirkt sich dann die progressive Staffelung des Erbschaftsteuertarifs nicht so stark aus, da sich die Progression des § 19 ErbStG auf den jeweiligen Erwerb bezieht.[295] Im Grundsatz gilt: Je mehr Bedachte, umso geringer ist in der Regel die Erbschaftsteuer. Während bei kleineren Nachlässen mehr auf die Auswirkungen der Freibeträge zu achten ist, steht bei großen Nachlässen die Auswirkungen einer Aufteilung auf die Steuerprogression im Vordergrund. Unberührt bleiben zivilrechtliche Vorbehalte gegenüber größeren Erbengemeinschaften sowie Gestaltungsmöglichkeiten durch z. B. Vermächtnisse und Testamentsvollstreckung.

Soll einem Freund (Steuerklasse III) ein Gesamtwert von € 80 000,– vermächtnisweise (oder schenkweise) zugewendet werden, kann – entsprechende Konstellation und Vertrauensverhältnis vorausgesetzt – dem Freund selbst, dessen Frau und dessen beiden Kindern je € 20 000,– zugewendet werden. Alternativ kann der Freund mit einem Vermächtnis in Höhe von € 80 000,– bedacht werden, jedoch beschwert mit einem Unterbestimmungsvermächtnis (§§ 2153, 2151 ff.) in Höhe von € 60 000,– zugunsten seiner Familienangehörigen, wobei der Beschwerte bestimmen kann, was jeder von dem vermachten Gegenstand erhalten soll.

---

[293] Anders hingegen bei lebzeitigen Zuwendungen, bei denen die Rechtslage des Besteuerungszeitpunkts regelmäßig bekannt ist.

[294] Siehe I. 6. b) Rn 113.

[295] Zur Ausgestaltung der Erbschaftsteuer als Erbanfallsteuer siehe oben § 6 I.1 Rn 9, zum Steuersatz I. 9.b) Rn 164.

Da jedem Erwerber gesonderte Freibeträge und Progressionsvorteile **nach jedem Schenker bzw. Erblasser** zustehen, ist ferner steuerlich vorteilhaft, den Vermögensübergang **bei der Übergeberseite aufzuspalten.** Ist umfangreiches Familienvermögen bei nur einem Elternteil konzentriert, kann eine **Übertragung auf den anderen Elternteil** die Voraussetzung schaffen, die Freibeträge der Kindern nach dem anderen Elternteil auszuschöpfen. Für die Übertragung bietet sich neben dem allgemeinen Freibetrag des Ehegatten von 500 000 EUR aus steuerlichen Zwecken insbesondere an, zusätzlich das **Familienwohnheim**[296] i. S. d. § 13 Abs. 1 Nr. 4 a ErbStG oder Anteile hieran – ohne Anrechnung auf den persönlichen Freibetrag und frühere Erwerbe sowie ohne Objektverbrauch, ohne Wertgrenze und ohne Nachnutzungsverpflichtung[297] – ganz oder teilweise zu Lebzeiten vorab auf den Ehegatten zu übertragen. Dies gilt unabhängig vom Güterstand. Ferner besteht die Möglichkeit, durch Erfüllung des durch die Vereinbarung der Gütertrennung entstehenden lebzeitigen **Zugewinnausgleichsanspruchs** einvernehmlich und steuerfrei Vermögenswerte auf den Ehegatten mit dem geringeren Zugewinn zu übertragen; siehe hierzu unten II. 2. i) Rn 210 ff. 191

b) Rechtzeitige Übergabe

Nach § 14 ErbStG werden von demselben Erblasser oder Schenker innerhalb von 10 Jahren demselben Empfänger gemachte Zuwendungen in der Weise zusammengerechnet, dass dem letzten Erwerb die früheren Erwerbe nach ihrem früheren Wert zugerechnet werden und von der Steuer für den Gesamtbetrag die Steuer abgezogen wird, welche für die früheren Erwerbe zurzeit des letzten zu erheben gewesen wäre. Das gilt auch für unentgeltliche Zuwendungen, die der Erbe oder Vermächtnisnehmer innerhalb der letzten 10 Jahre vor dem Erbfall von dem Erblasser erhalten hat. Letztlich bedeutet das, dass die persönlichen **Freibeträge alle 10 Jahre** einmal voll ausgeschöpft werden können. Das kann der vermögende Erblasser ausnützen und frühzeitig alle 10 Jahre einen Teil seines Vermögens auf seine künftigen Erben übertragen (**vorweggenommene Erbfolge**).[298] 192

Vgl. Beispiel von lit. a): Innerhalb einer vierköpfigen Familie können die beiden Elternteile an ihre beiden Kinder innerhalb von elf Jahren Vermögen mit einem Steuerwert von 3200 000 EUR (2 × 4 × 400 000 EUR) steuerfrei übertragen. 193

c) Vermeidung einer ungünstigen Steuerklasse

Bei der Aufteilung des Vermögens durch den Erblasser in der Verfügung von Todes wegen – ebenso bei Schenkung unter Lebenden – sollte immer im Auge gehalten werden, dass die Steuersätze der Klasse II und Klasse III zum Teil mehr als das Doppelte der Klasse I betragen und dass für die einzelnen Klassen unterschiedlich hohe Freibeträge gelten. 194

Soll eine Zuwendung erfolgen an Geschwister, Nichten/Neffen und Schwiegerkinder, ist zu beachten, dass diese der Steuerklasse II angehören mit einem Freibetrag von lediglich 20 000 EUR und einem Eingangssteuersatz von 15%. Im Einzelfall können Gestaltungen zweckmäßig sein, dem **Geschwister** Zuwendungen durch die Eltern,[299] dem **Schwiegerkind**[300] über das eigene Kind an deren Ehegatten zukommen zu lassen, um die dann jeweils günstigere Steuerklasse und höheren Freibetrag auszunutzen.[301] 195

---

[296] Siehe oben § 6 I. 6.a) Rn 112.

[297] Anders beim Erwerb des Familienheims durch den Ehegatten von Todes wegen, § 13 Abs. 1 Nr. 4 b Satz 5 ErbStG: Zehnjährige Selbstnutzungsverpflichtung.

[298] Zur getrennten Zuwendung von Vermögen und dessen Nutzung siehe unten lit. l Rn 222 f.

[299] Zu beachten ist, dass Eltern bei Schenkungen unter Lebenden auch der Steuerklasse II angehören (§ 15 Abs. 1 StKl. II Nr. 1 ErbStG).

[300] Zu erbschaftsteuerlichen Vorteilen „mittelbarer Zuwendungen" an Schwiegerkinder: Litzenberger, ZEV 2003, 385, 390. Aber die Übertragung an den Ehegatten kann auch zivilrechtlich der richtige Weg sein, z. B. hinsichtlich bedingter Rückübertragungsansprüche für den Fall der Scheidung.

[301] Zu beachten ist jedoch auch die „Gesamtplanrechtsprechung" des BFH. Zur Abgrenzung eines Grundstückserwerbs von den Schwiegereltern zum Durchgangserwerb eines Kindes BFH MittBayNot 2006, 363. Zu Zuwendungen im Rahmen von Dreiecksverhältnissen Gebel ZEV 2000, 173.

196 Vorsicht ist auch geboten bei **nichtehelichen Lebensgefährten**, die – wie jeder Dritte – der Steuerklasse III angehören mit einem Freibetrag von nur 20 000 EUR.[302] Wird eine solche Person auf Grund letztwilliger Verfügung Alleinerbe des anderen und der Nachlass besteht aus einem Hausgrundstück mit einem Steuerwert von 300 000 EUR, fällt bei einem steuerpflichtigen Erwerb von 280 000 EUR und einem Steuersatz von 30% Erbschaftsteuer an in Höhe von 84 000 EUR. Ist ein Vermögen mit substantiellem Steuerwert vorhanden und wird bei nichtehelichen Lebensgefährten keine Eheschließung gewünscht, kann aus steuerlichen Gründen alternativ eine (teilweise) Zuwendung an Dritte unter Einräumung eines lebzeitigen Nutzungsrechts überlegt werden. Wie meist bei steuerlich motivierten Alternativlösungen führt dies jedoch zivilrechtlich zu einem anderen Ergebnis und einer ungleich schwächeren Position des Überlebenden.

Eingetragene Lebenspartner sind hingegen Ehegatten gleichgestellt;[303] soweit diese ohne Abkömmlinge sind, ist jedoch der Erbfall des Letztversterbenden besonders zu beachten.

d) Doppelte Besteuerung vermeiden

197 Gemäß dem Prinzip der Erbanfallbesteuerung unterliegt derselbe Vermögensgegenstand bei jedem Rechtsübergang, sei es Erbgang oder lebzeitige Schenkung, der Erbschaft- bzw. Schenkungsteuer. Lediglich für Personen der Steuerklasse I kann es bei einem mehrfachen Erwerb desselben Vermögens innerhalb von bis zu zehn Jahren gemäß § 27 ErbStG eine Ermäßigung bis maximal 50% geben.

e) Insbesondere: Nacherbfolge vermeiden

198 Die Anordnung einer Vor- und Nacherbfolge führt gemäß § 6 ErbStG zu einer Doppelbesteuerung des Nachlasses, zunächst beim Vorerben und später beim Nacherben.[304] Erfolgt der Anfall der Nacherbschaft wie meist beim Tod des Vorerben (2106 Abs. 1 BGB), erfolgt grundsätzlich keine Anrechnung der vom Vorerben aus der Vorerbschaft gezahlten[305] (ersten) Erbschaftsteuer auf die vom Nacherben zu zahlende (zweite) Erbschaftsteuer.

199 Daher sollten bei der Beratung des Erblassers stets Alternativgestaltungen aufgezeigt werden, insbesondere Einsetzung der als Nacherbe vorgesehenen Person als unmittelbarer Erbe. Zugunsten der als Vorerbe vorgesehenen Person können insbesondere Vermächtnisse angeordnet werden, z. B. ein lebenslanges **Nießbrauchsrecht**, und/oder die Ernennung zum Testamentsvollstrecker. Ferner können manche Fallgestaltungen, auf Grund derer eine Nacherbfolge überlegt wird, z. B. bei Geschiedenentestamenten oder Wiederverheiratungsklauseln, durch bedingtes **Herausgabevermächtnis** einer – wenngleich auch zivilrechtlich anderen und schwächeren, manchmal aber auch besseren – Lösung zugeführt werden. Steuerlich wird hierdurch wird nicht nur die Doppelbesteuerung gemäß § 6 ErbStG vermieden, sondern auch eine Verteilung auf mehrere Bedachte erreicht. Der Erbe kann die Verbindlichkeiten aus Vermächtnissen von seinem Erwerb in Abzug bringen (§ 10 Abs. 5 Nr. 2 ErbStG).

f) Insbesondere: Überspringen einer Generation

200 Die unmittelbare Einsetzung des Enkels durch den Großvater kann bei erheblichem eigenen Vermögen des Sohnes zweckmäßig sein. Damit wird zum einen die Versteuerung des gleichen Vermögens sowohl beim Tod des Großvaters als auch des Vaters und zum anderen die Progression des Steuersatzes durch die Zusammenrechnung des beiderseitigen Vermögens beim Tod des Vaters vermieden. Da die Enkel auch bei noch lebenden

---

[302] Vgl. § 21 Rn 55 f., 57 f.
[303] Durch Jahressteuergesetz 2010.
[304] Siehe oben § 6 I.8.
[305] § 20 Abs. 4 ErbStG.

Eltern der Steuerklasse I angehören[306] und jeder Enkel nach jedem Großelternteil einen Freibetrag von 200 000 EUR hat (§ 16 Abs. 1 Nr. 3 ErbStG), kann der Enkel direkt als (Mit-)Erbe oder Vermächtnisnehmer nach seinem Großvater eingesetzt und ggf. seinem Elternteil (Kind des Erblassers) der Nießbrauch am Nachlass eingeräumt werden. Ferner bieten sich auch Mischlösungen an, d. h. die teilweise Übertragung an das Kind und teilweise an den Enkel.

Dabei kann empfehlenswert sein, eine Person, z. B das Kind, als **Verwaltungs-Testamentsvollstrecker** zu bestellen. Dies gilt insbesondere bei einer Mehrheit von Berechtigten oder falls ein Bedachter nicht unbeschränkt geschäftsfähig ist, z. B. ein Enkelkind minderjährig ist, oder dieses zwar volljährig, aber noch nicht die Lebenserfahrung zur Verwaltung von Vermögensgegenstandes besitzt. Die Dauerverwaltungsvollstreckung (§ 2209 Satz 1 Halbs. 2 BGB) kann angeordnet werden beispielsweise auf Lebenszeit des Vollstreckers oder bis zur Vollendung eines bestimmten Lebensjahres des Vollstreckers oder Enkelkindes, z. B. des 25. Lebensjahres des Enkelkindes. 201

g) Insbesondere: Einzelfallprüfung beim Berliner Testament[307]

Bei Ehegatten mit Kindern und **kleinerem Vermögen** ist das – zivilrechtlich häufig empfehlenswerte – Berliner Testament erbschaftsteuerlich unbedenklich, d. h. wenn sich der Steuerwert des Vermögens eines Ehegatten innerhalb des Freibetrags des anderen Ehegatten sowie das Gesamtvermögens innerhalb der Freibeträge der bedachten Kinder nach dem Letztversterbenden hält. Ist das Vermögen auf beide Ehegatten hälftig verteilt und sind zwei als Schlusserben vorgesehene Kinder vorhanden, kann der Steuerwert des Gesamtvermögens der Eltern dabei 800 000 EUR erreichen; ist jedoch nur ein Kind vorhanden, kann sich steuerlicher Handlungsbedarf bereits ergeben ab dessen Freibetrag von 400 000 EUR. 202

Ist das künftig zu erwartende Nachlass-Vermögen größer, haben die Eltern gewünschte zivilrechtliche Vorteile, insbesondere die starke Stellung des Verwitweten durch dessen Alleineigentum, mit erbschaftsteuerlichen Nachteilen abzuwägen und eine individuelle Lösung zu gestalten. Das Berliner Testament kann in zweierlei Hinsicht **erbschaftsteuerlich nachteilig** sein: 203

- Beim **Tod des Erstversterbenden**: Dessen Vermögen unterliegt zweimal der Steuerpflicht, einmal der Erwerb durch den überlebenden Ehegatten und, soweit bei dessen Tod noch vorhanden, zum zweiten Mal der Erwerb durch die Kinder als Schlusserben. Die Freibeträge der Kinder nach dem ersten Elternteil bleiben ungenutzt.
- Beim **Tod des Letztversterbenden**: Der Nachlass des Letztversterbenden umfasst das kumulierte Vermögen der Ehegatten, so dass dadurch bei größerem Vermögen die Freibeträge der Kinder überschritten werden.

Diese nachteilige erbschaftsteuerliche Folge beruht auf dem häufigen und häufig richtigen Willen der Erblasser-Ehegatten, den **Überlebenden zivilrechtlich zu begünstigen,** d. h. wirtschaftlich stark und unabhängig von Kindern (und ggf. von diesen danach beerbenden Schwiegerkindern und Enkeln) zu stellen auf eine ungewisse Dauer des Verwitwetseins, die lange dauern und im Alter auch mit ungewissen Kosten verbunden sein kann. Ferner kann nur dadurch – mittels willensgenauem Abänderungsvorbehalt – der Verwitwete in die Lage versetzt werden, **Kinder unterschiedlich zu bedenken, z. B.** Zuwendungserhöhungen vorzunehmen bei dem „guten" Kind, das die Pflege des verwitweten Elternteils durchführt oder aber Kürzungen (bis zur Grenze des Pflichtteils) bei dem „bösen" Kind, bei dem sich nach dem Tod des Erstversterbenden unerwartet negative Entwicklungen ergeben, auch z. B. ein Geltendmachen des Pflichtteils nach dem Erstversterbenden entgegen dem Willen des Überlebenden. 204

---

[306] Seit Erbschaftsteuerreform 1997.

[307] Siehe hierzu eingehend J. Mayer ZEV 1998, 50; N. Mayer ZEV 1997, 325.

205 Bei **großem Vermögen** wird die Altersicherung des Verwitweten möglich sein durch Zuwendung entsprechend großer Vermächtnisse. Meist ist hierbei ein unternehmerisches Vermögen vorhanden, wofür eine gesonderte zivil- und erbschaftsteuerliche Beratung erfolgt (siehe hierzu § 22). Der oder die Unternehmensnachfolger werden im Regelfall direkt als Erben eingesetzt, beschwert mit Vermächtnissen zugunsten des überlebenden nicht-unternehmerischen Ehegatten und weichenden Kindern.

206 Bei **mittleren Vermögen** kann – bei entsprechendem tatsächlichen Willen der Erblasser-Ehegatten – das Berliner Testament als Ausgangsstruktur zugrundegelegt werden, aber mit möglichen Modifizierungen: Der erstversterbende Ehegatte beschwert den überlebenden Ehegatten mit **Vermächtnissen zugunsten der Kinder** (oder Dritter).[308] Grundsätzlich führt dies zu einem steuerlichen Erwerb der Kinder nach dem erstversterbenden Elternteil (§ 3 Abs. 1 Nr. 1 ErbStG), mit dem der Freibetrag des jeweiligen Kindes (400 000 EUR) und bei übersteigenden Beträgen auch die niedrige Progression beim Steuersatz ausgenutzt werden kann. Der überlebende Ehegatte als Gesamtrechtsnachfolger kann diese Verbindlichkeiten aus Vermächtnissen von seinem Erwerb steuerlich abziehen (§ 10 Abs. 5 Nr. 2 ErbStG). Ferner reduziert sich dadurch das addierte Gesamtvermögen beim überlebenden Ehegatten, so dass der Steuerwert der nach dem Erstversterbenden vermachten Gegenstände nicht mehr der Besteuerung nach dem Letztversterbenden unterliegen. Die steuerliche Entlastungswirkung tritt aber nur ein, wenn diese Vermächtnisse mit dem Tod des Erstversterbenden anfallen und entweder sofort oder nach einer bestimmten Zeit fällig werden (§§ 271, 2181).

Keine steuerliche Entlastungswirkung tritt jedoch ein, wenn solche Vermächtnisse erst **beim Tod des Beschwerten** (Letztversterbenden) anfallen oder **fällig** werden(§ 6 Abs. 4 Alt. 2 ErbStG).[309] Die Finanzverwaltung gesteht den Abzug des Vermächtnisses als Erblasserschuld nur beim Tod des überlebenden Ehegatten zu (R 13 Satz 4 ErbStR). Es erfolgt somit, wie bei der Nacherbfolge, eine Doppelbesteuerung; der Kinderfreibetrag kann nur einmal beim Tod des Längstlebenden genutzt werden. Unberührt bleibt eine etwaige zivilrechtliche Bedeutung solcher Vermächtnisse, z. B. zur bindenden Zuwendung von Gegenständen an einseitige Kinder, falls keine sofortige Fälligkeit des Vermächtnisanspruchs gewünscht wird.

Auf Vermächtnisse, deren Fälligkeit oder Anfall an **andere Tatsachen** als den Tod des Beschwerten geknüpft sind, z. B. Wiederverehelichung des längerlebenden Ehegatten oder sonstiges Ereignis, das nicht an den Tod des Letztversterbenden anknüpft, ist § 6 Abs. 4 ErbStG nicht entsprechend anwendbar. Ihre Abwicklung erfolgt nach § 9 Abs. 1 Nr. 1 a ErbStG i. V. m. § 4 BewG. Beim Beschwerten kommt er nach Eintritt des Ereignisses zur Korrektur der ursprünglichen Veranlagung.

207 Die Verpflichtung des Überlebenden, an das Kind eine Abfindung zu zahlen für den Verzicht auf die Geltendmachung des Pflichtteils (§ 3 Abs. 2 Nr. 4 ErbStG), stellt ebenfalls nur dann eine abziehbare Nachlassverbindlichkeit i. S. des § 10 Abs. 5 Nr. 1 ErbStG dar, wenn sie eine wirtschaftliche Belastung darstellt. Hieran fehlt es, wenn der Schuldner davon ausgehen konnte, die Verpflichtungen unter normalen Umständen nicht selbst erfüllen zu müssen.[310]

Als **Alternative** zur Erbeinsetzung des überlebenden Ehegatten ist aus steuerlichen Gründen zu überlegen eine **direkte Erbeinsetzung der Kinder,** sofern die Erblasser sich über deren endgültiger Einsetzung für das Nachlassvermögen des Erstversterbenden sicher sind. Zugunsten des längerlebenden Ehegatten kann der Erbe beschwert werden mit Vermächtnissen (lebzeitiger Nießbrauch am Nachlass insgesamt oder einzelnen Nach-

[308] Zu Korrekturvermächtnissen im Berliner Testament Ebeling ZEV 2000, 87; J. Mayer ZEV 1998, 54, zur steuerlichen Flexibilität nach dem Tode durch offene Vermächtnisse Piltz ZEV 2005, 469.
[309] Siehe oben Abschnitt 8.f), Rn 151 ff; hierzu eingehend J. Mayer ZEV 1998, 50 ff.
[310] BFH, Urt. v. 5. 3. 1997 II R 24/94; Urt. v. 27. 6. 2007, II R 30/05.

lassgegenständen; vermächtnisweise eingeräumtes Erbauseinandersetzungsverbot) sowie beschränkt werden mit der Ernennung des Überlebenden zum Testamentsvollstrecker (zur Erfüllung der Anordnungen nach dem Erstversterbenden, insb. Erfüllung des Nießbrauchs-Vermächtnisses, sowie Dauerverwaltungsvollstreckung bis zum Erlöschen nach §§ 2201, 2225 BGB oder bestimmte Zeitdauer) (sog. **Württemberger Modell**).[311]

h) Insbesondere: Zweckvermächtnis nach dem erstversterbenden Ehegatten beim Berliner Testament („Supervermächtnis")

Häufig stellt sich auf Grund des vorstehend dargestellten Hintergrunds der steuerlichen Folgen des Berliner Testaments und des § 6 Abs. 4 ErbStG folgender **Interessenkonflikt** begüterter Erblasser-Ehegatten (s. auch § 21 II. 9 Rn 27): Im Zeitpunkt der Erstellung der letztwilligen Verfügung „nach Berliner Art", sei es als gemeinschaftliches Testament oder als Erbvertrag, ist hinreichendes Vermögen sowohl für die Alterssicherung des Längerlebenden als auch für Zuwendungen an Kinder nach dem Erstversterbenden vorhanden. Unsicherheit besteht, wie sich einerseits das Vermögen entwickelt,[312] ob künftig ein wesentlich höherer Lebensbedarf entsteht,[313] wie sich die gesetzlichen steuerlichen Rahmenbestimmungen ändern und schließlich, wie sich die Kinder – auch unter Einfluss von Schwiegerkindern – entwickeln. Jedoch würde sich bei einem Berliner Testament auf Grund der Überschreitung der Freibeträge nach dem Erstversterbenden und insbesondere nach dem Letztversterbenden eine spürbare Erbschaftsteuerlast ergeben. 208

Hierzu kann im Rahmen eines Berliner Testaments der Erstversterbende folgendes **Zweckvermächtnis mit Drittbestimmungsrecht des Beschwerten** (längerlebender Ehegatte) gemäß §§ 2151 ff.[314] anordnen, auf Grund der Kumulierung von Wahlrechten auch „Supervermächtnis" genannt:[315] 209

Formulierungsvorschlag:[316]

Der Erstversterbende beschwert seinen Erben mit folgendem Zweckvermächtnis gemäß §§ 2151 ff., 2156 BGB zugunsten der gemeinsamen Kinder … und deren Abkömmlingen.

Zweck des Vermächtnisses (§ 2156 BGB) ist es,
- allen oder einzelnen Vermächtnisnehmern eine Abfindung dafür zu gewähren, dass sie beim ersten Erbfall lediglich Ersatzerben sind,
- eine möglichst gerechte und wirtschaftlich sinnvolle Vermögensverteilung zu erreichen und
- dem Längerlebenden und den Bedachten das Ausnutzen der erbschaftsteuerlichen Freibeträge zu ermöglichen.

Dem Beschwerten steht das Bestimmungsrecht zu. Er ist berechtigt,
- die von ihm geschuldete Leistung nach billigem Ermessen zu bestimmen (§ 2156) sowie festzulegen,
- wer aus dem vorstehend festgelegten Kreis der Vermächtnisnehmer etwas erhält (§ 2151 BGB),

---

[311] Auch zu den Nachteilen dieser Gestaltung J. Mayer ZEV 1998, 59; Kirnberger ErbStB 2006, 232.

[312] Z. B. Kursverlust von Wertpapieren.

[313] Z. B. durch das Bedürfnis der Anstellung einer Pflegekraft oder externe kostspielige Unterbringung.

[314] Ausnahmen zum Grundsatz der höchstpersönlichen Bestimmung, § 2065. Zu Grenzen und Gestaltungsmöglichkeiten der Drittbestimmung siehe auch § 3 II.2., § 8 I.7. Rn 36 ff.

[315] Piltz, ZEV 2005, 469, 471. Die erbschaftsteuerliche Berücksichtigung erfolgt jedoch nicht bereits beim Erbfall, sondern erst nach Bestimmung und u. U. Erfüllung.

[316] Auf der Grundlage von Wälzholz, 3. Jahresarbeitstagung des Notariats 2005, DAI-Skript S. 390 f., dieser wiederum nach Vorschlag Kornexl.

- ob er etwas erhält und was und wann der jeweils Bedachte etwas erhält (§§ 2151, 2156 BGB).

Der Beschwerte kann bei der Übertragung von Gegenständen auch Ausgleichszahlungen festlegen. Insoweit wird der jeweilige Empfänger mit einem bedingten Untervermächtnis zugunsten des durch die Ausgleichzahlung Begünstigten beschwert. Auch diesbezüglich steht dem Längerlebenden ein Bestimmungsrecht zu. Begünstigter kann nur der Längerlebende von uns oder ein anderer Vermächtnisnehmer sein.

Das Vermächtnis fällt mit dem Tod des Erstversterbenden an. Der Zeitpunkt der Erfüllung ist jedoch gemäß § 2181 BGB in das freie Belieben des Beschwerten gestellt; er kann das Vermächtnis auch durch mehrere zeitlich auseinanderfallende Einzelleistungen erfüllen, spätestens jedoch zum* (*zeitlich kürzer als durchschnittliche Lebenserwartung).

Der Längerlebende ist befugt, sich einen Nießbrauch an einzelnen oder allen Vermächtnisgegenständen vorzubehalten, bei dem er alle Kosten zu tragen hat. Er kann den Nießbrauch auf eigene Kosten an nächstoffener Rangstelle im Grundbuch zur Eintragung bringen. Der Längerlebende kann sich auch einen bedingten Anspruch auf Rückübertragung vorbehalten für den Fall
- der Verfügung des Vermächtnisnehmers über den Vermächtnisgegenstand zu Lebzeiten des Längerlebenden von uns ohne dessen vorherige Zustimmung
- des Vorversterbens eines Vermächtnisnehmers vor dem Tode des Längerlebenden von uns,
- der Zwangsvollstreckung in den Vermächtnisgegenstand, ohne dass die Maßnahme innerhalb von drei Monate wieder aufgehoben worden ist,
- der Insolvenz des Vermächtnisnehmers oder der Ablehnung mangels Masse.

Der Beschwerte ist befugt, sich den bedingten Rückübertragungsanspruch bei Grundbesitz an nächstoffener Rangstelle im Grundbuch auf eigene Kosten eintragen zu lassen.

Weitere Bedeutung hat dies erhalten durch die Möglichkeit (und auch das Bedürfnis) der Lenkung der **Familienheimbegünstigung** mittels Teilungsanordnung/(Voraus-)Vermächtnis (13 Abs. 1 Nr. 4c S. 2–4 ErbStG). Die Steuerbefreiung erhält nur das Kind, das die Voraussetzungen dieser Vorschrift (insb. 10-jährige Selbstnutzung) erfüllt und nur, soweit es das Familienheim im Rahmen der Erbauseinandersetzung oder vorab mittels Vermächtnis erhält.[317]

i) Vereinbarungen zum Güterstand[318]

210 Bei dem Güterstand der **Gütertrennung** zwischen den Eheleuten besteht der Nachteil, dass Steuerfreiheit in Höhe der fiktiven Zugewinnausgleichsforderung nach § 5 Abs. 1 ErbStG im Falle des Todes entfällt, ebenso die konkrete Zugewinnausgleichsforderung nach § 5 Abs. 2 ErbStG.[319]

211 Soweit daher Ehegatten einen Zugewinnausgleich im Falle der Scheidung abbedingen wollen, ist es erbschaftsteuerlich vorteilhafter, wenn sie statt völliger Gütertrennung ehevertraglich lediglich den Zugewinnausgleich für den Fall der Scheidung der Ehe oder den vorzeitigen Zugewinnausgleich ausschließen, ihn aber insbesondere für den Fall der Beendigung durch den Todesfall (Zugewinnausgleich im Todesfall: Erbrechtliche Lösung gem. §§ 1371 Abs. 1, 1971 BGB oder – soweit nicht gesondert abbedungen – güterrechtliche Lösung nach § 1371 Abs. 2, 3 BGB) belassen (**sog. modifizierte Zugewinngemeinschaft**). Das ist bürgerlich-rechtlich zulässig und wird auch erbschaftsteuerlich anerkannt.

---

[317] Siehe oben § 6 I. 4. d) bb) eee) Rn 73.

[318] Hierzu eingehend Geck ZEV 2006, 62; ders. DNotZ 2007, 278; Jülicher ZEV 2006, 338. Zu Vereinbarungen zum Güterstand aus pflichtteilsrechtlichen Gründen siehe § 21 IX. 3. Rn 134 ff.

[319] Siehe oben § 6 I.7 Rn 118 ff.

Formulierungsvorschlag: 212

Für den Fall, dass der Güterstand auf andere Weise als durch den Tod eines Ehegatten (§ 1372 BGB) oder einvernehmlich durch Vereinbarung der Gütertrennung beendet wird, wird der Ausgleich des Zugewinns vollkommen ausgeschlossen, insbesondere für den Falle der Scheidung der Ehe oder bei vorzeitigem Zugewinnausgleich (§§ 1385f. BGB). Jeder Ehegatte verzichtet insoweit auf jeglichen Zugewinnausgleichsanspruch. Der Notar hat über die rechtliche Tragweite eingehend unterrichtet, insbesondere dass jeder Ehegatte für seine Vermögensbildung selbst verantwortlich ist. Für den Fall der Beendigung des Güterstandes durch den Tod eines Ehegatten verbleibt es bei den Regelungen des § 1371 BGB, für den Fall der Beendigung durch spätere ehevertragliche Vereinbarung der Gütertrennung bei den Regelungen der §§ 1372ff., 1378 BGB. Klargestellt wird, dass entgegen § 1414 Satz 2 Fall 1 BGB durch vorstehenden Ausschluss des Ausgleichs des Zugewinns nicht der Güterstand der Gütertrennung eintreten soll.

Haben die Ehegatten den gesetzlichen (oder auch ehevertraglich modifizierten) Güterstand der **Zugewinngemeinschaft** können sie durch Ehevertrag (§ 1414 Satz 1 BGB) in den Güterstand der **Gütertrennung** wechseln. Dadurch entsteht die gesetzliche **Zugewinnausgleichsforderung** des Ehegatten gemäß §§ 1372ff., 1378 BGB. Diese ist keine freigebige Zuwendung und unterliegt nicht der Schenkungsteuer. Dies kann insbesondere auch nutzbar gemacht werden zur erforderlichen Vermögensverteilung auf beide Ehegatten hinsichtlich einer späteren Schenkung durch beide Elternteile an ihre Kinder.[320] Die Forderung des ausgleichsberechtigten Ehegatten kann auch in eine Darlehensforderung umgewandelt werden. 213

Erforderlich ist, das der Güterstand der Zugewinngemeinschaft tatsächlich durch Vereinbarung der Gütertrennung beendigt wird; wird nur ein schuldrechtlicher (Zwischen-) Ausgleich des Zugewinns vereinbart (**„fliegender Güterstandswechsel"**), entsteht kein gesetzlicher Anspruch des anderen Ehegatten und ist nicht schenkungsteuerfrei.[321] Hierbei kann die Möglichkeit bestehen, durch nachfolgende Vereinbarung der Gütertrennung eine entstandene Schenkungsteuer gemäß § 29 Abs. 1 Nr. 3 ErbStG rückwirkend zum Erlöschen zu bringen.[322] 214

Diese Möglichkeit der steuerfreien lebzeitigen Übertragung von Vermögenswerten unter Ehegatten zu Lebzeiten mittels durch ehevertraglicher Vereinbarung der Gütertrennung begründeter gesetzlicher Zugewinnausgleichsforderung (§ 1378) besteht nicht bei 215
- bereits vereinbarter Gütertrennung;
- Modifizierung des gesetzlichen Güterstandes in der häufig vorgefundenen Formulierung, wonach ein Zugewinnausgleich nur stattfindet im Falle der Beendigung des Güterstandes im Falle des Todes eines Ehegatten (§ 1371). Aus diesem Grund ist im vorstehenden Formulierungsvorschlag der Zugewinnausgleich (§§ 1372ff.) vorbehalten für den Fall der späteren einvernehmlichen ehevertraglichen Vereinbarung der Gütertrennung.

Auch derjenige, der **Gütertrennung** vereinbart hat, kann zum gesetzlichen Güterstand der **Zugewinngemeinschaft** oder zu der modifizierten Zugewinngemeinschaft zurückkehren (**„Güterstandschaukel"**); diese ist grundsätzlich möglich,[323] jedoch sollte der Wechsel zurück auch im Hinblick auf § 42 AO auf außersteuerlichen Gründen beruhen. Allerdings ist die Begründung des Güterstands der Zugewinngemeinschaft gem. § 5 Abs. 1 S. 4 ErbStG erbschaftsteuerlich nicht mit rückwirkender Kraft auf den Beginn der Ehe 216

---

[320] Siehe hierzu § 6 II. 2. a) Rn 118ff.
[321] BFH ZEV 2006, 41 m. Anm. Münch S. 44.
[322] Vgl. Jülicher in Troll/Gebel/Jülicher, § 29 ErbStG Rn 40a.
[323] BFH ZEV 2005, 490 = NJW 2005, 3663. Zum Güterstandswechsel Müller ErbStB 2007, 13.

möglich. Nachträgliche ehevertragliche Rückkehr zur Zugewinngemeinschaft führt hinsichtlich des Freibetrages nach § 5 Abs. 1 ErbStG nur zu einer Berücksichtigung des Zugewinns ab dem Tag des Vertragsschlusses.

217 **Formulierungsvorschlag:**

Wir heben den mit Urkunde des Notars ... vom ... URNr. ... vereinbarten Güterstand der Gütertrennung mit sofortiger Wirkung auf. Wir sind darüber einig, dass wir künftig[324] im gesetzlichen Güterstand der Zugewinngemeinschaft leben. Der Notar hat über die rechtliche Tragweite unterrichtet, insbesondere dass bei der Beendigung des Güterstandes, sei es durch Tod, Scheidung oder Vereinbarung der Gütertrennung der Zugewinnausgleich stattfindet, sowie auf § 1365 BGB. ... (Etwaige Modifizierung).

j) Wechsel des Familienstandes

218 Aufgrund des großen Belastungsunterschieds zwischen der Steuerklasse I einerseits und der Klasse II und III andererseits, ist es steuerlich vorteilhaft, wenn

- der Erblasser/Schenker den vorgesehenen, nicht (nahe) verwandten Bedachten **adoptiert**;[325]
- Verlobte oder in außerehelicher Lebensgemeinschaft lebende Paare einander **heiraten**[326] (bzw. gleichgeschlechtliche Partner eine eingetragene Lebenspartnerschaft begründen).[327]

Das wirkt sich nicht nur auf die Steuerklasse der unmittelbar davon Betroffenen aus, sondern kann auch bei den Steuerklassen ihrer Verwandten zu einer positiven Änderung führen; so erhalten z. B. die Kinder des Adoptierten nach dem Annehmenden die Steuerklasse I gemäß § 15 Abs. 1 Nr. 3 (Abkömmling des Kindes) ErbStG, die (einseitigen) Kinder des Verheirateten nach dem Ehegatten die Steuerklasse I gemäß § 15 Abs. 1 Nr. 2 (Stiefkind) ErbStG. Die Rückwirkung einer nach dem Tode des Erblassers erfolgten Adoption durch Ausspruch der Annahme durch das Amtsgericht hat wegen der zivilrechtlichen Betrachtungsweise des ErbStG unmittelbare Auswirkungen auf die Erbschaftsteuer.[328] Klarzustellen ist, dass diese Schritte mit ihren weitreichenden, vertraglich zum Teil nicht abdingbaren Rechtsfolgen familien- und erbrechtlicher Art (z. B. Unterhalts- und Namensrecht, Pflichtteilsrecht) nur zu erwägen sind, wenn diese vorwiegend aus außersteuerlichen Gründen gewollt werden.

Das Gericht prüft bei einer Adoption eingehend, ob das erforderliche „Eltern-Kind-Verhältnis" (§ 1741 BGB) vorliegt. Rechtsfolge ist jedoch in erbschaftssteuerlicher Hin-

---

[324] Bürgerlich-rechtlich können die Ehegatten im Ehevertrag vereinbaren, sich schuldrechtlich so zu stellen, als hätten sie stets und ununterbrochen seit Eheschließung im Güterstand der Zugewinngemeinschaft gelebt hätten.

[325] Beispiel: Onkel O adoptiert Neffen N. Nachlass-/Schenkvermögen Steuerwert 1000 TEUR:
a) vor Adoption: Freibetrag 20 TEUR, zu versteuern 980 TEUR, Steuersatz 30%, Steuer 294 TEUR.
b) nach Adoption: Freibetrag 400 TEUR, zu versteuern 600 TEUR, Steuersatz 15%, Steuer 90 TEUR.

[326] Beispiel: A heiratet Lebensgefährtin F. Nachlass-/Schenkvermögen Steuerwert 1000 TEUR:
a) vor Heirat: Freibetrag 20 TEUR, zu versteuern 980 TEUR, Steuersatz 30%, Steuer 294 TEUR.
b) nach Heirat: Freibetrag 500 TEUR, zu versteuern 500 TEUR, Steuersatz 15%, Steuer 75 TEUR; soweit Familienheim: Völlig steuerfrei nach Maßgabe von § 13 Abs. 1 Nr. 4 a (lebzeitig) bzw. 4 b (von Todes wegen).

Zur Erwachsenenadoption als Instrument der Nachlassplanung: Becker ZEV 2009, 25 ff.

[327] Gleichstellung mit Ehegatten durch JStG 2010.

[328] FG München (LS) MittBayNot 2007, 250.

sicht, dass sich die begünstigten Verwandtschaftsverhältnisse verdoppeln: Auch wenn bürgerlich-rechtlich die Verwandtschaftsverhältnisse erlöschen (§§ 1755, 1772 BGB), gelten die Steuerklassen I und II Nr. 1 bis 3 ErbStG auch weiterhin zwischen dem Adoptierten und seinen bisherigen Verwandten gemäß § 15 Abs. 1 a ErbStG.

Soweit unternehmerisches Vermögen vererbt werden soll, ist dies auf Grund § 19a ErbStG für erbschaftsteuerliche Zwecke entbehrlich, da nach ihr bei Erwerbern der Steuerklasse II und III im Umfang des übernommenen Betriebsvermögens der Steuersatz der Klasse I angewendet wird.[329]

k) Wechsel des anwendbaren Rechts

Zum weitreichenden Zugriff des deutschen Erbschaftsteuerrechts auch nach Wegzug aus der Bundesrepublik Deutschland siehe oben § 6 I.2. Rn 20ff. Gemäß § 2 Abs. 1 Nr. 1 b) ErbStG sind deutsche Staatsangehörige unbeschränkt steuerpflichtig i. S. d. Erbschaftsteuergesetzes, „die sich nicht länger als fünf Jahre dauernd im Ausland aufgehalten haben, ohne im Inland einen Wohnsitz zu haben". 219

Die Rechtsprechung geht in der Bejahung eines **Wohnsitzes** (§ 8 AO) sehr weit.[330] Allein die Nutzungsmöglichkeit einer inländischen Immobilie kann zur Annahme eines „Wohnsitzes" führen. 220

Liegt jedoch ohnehin der Wille beim Steuerpflichtigen vor, den Wohnsitz mit der steuerlich erforderlichen Konsequenz dauerhaft in das Ausland zu verlagern, kann sich im Einzelfall bei großen Vermögen eine erhebliche Ersparnis ergeben, da mittlerweile mehrere Staaten und Schweizer Kantone die Erbschaftsteuer abgeschafft oder auf ein niederes Niveau abgesenkt haben. Zu beachten ist jedoch die **beschränkte Steuerpflicht** gemäß § 1 Abs. 1 Nr. 3 ErbStG für **Inlandsvermögen.** 221

l) Getrennte Zuwendung von Vermögen und Vermögensnutzung

Renten-, Nießbrauchs- oder sonstige Nutzungsrechte können mit ihrem Kapitalwert von dem durch sie belasteten Erwerb **abgezogen** werden und wirken sich dadurch erbschaftsteuermindernd aus. 222

Dies gilt insbesondere für die häufige Gestaltung, dass 223
- der Schenker bei einer Zuwendung an einen Abkömmling sich den Nießbrauch vorbehält, ggf. zudem aufschiebend bedingt mit seinem Vorversterben seinem überlebenden Ehegatten einen Nießbrauch zuwendet;[331]
- der Erblasser bei Erbeinsetzung oder Vermächtnis zugunsten eines Kindes seinem überlebenden Ehegatten den Nießbrauch auf dessen Lebensdauer einräumt.[332]

Es ist aber auch wegen der Freibeträge und der Steuerprogression erbschaftsteuerlich denkbar, das Vermögen horizontal aufzuspalten und etwa dem einen Abkömmling das Vermögen und dem anderen die Nutzung daran zuzuwenden. Dabei ist neben etwaigen zivilrechtlichen und familiären Verwerfungen auch das Ertragsteuerrecht zu beachten, insbesondere dass der Vermächtnisnießbrauch wie ein unentgeltlicher Zuwendungsnießbrauch behandelt wird, so dass dem Vermächtnisnießbraucher bei vermieteten Objekten keine Gebäudeabschreibung zusteht. Ferner ist bei der letztwilligen Zuwendung des Familienheims an den Ehegatten (§ 13 Abs. 1 Nr. 4 b) oder an Kinder/Abkömmlinge (§ 13 Abs. 1 Nr. 4 c) erforderlich, deren Voraussetzungen bezüglich Erwerb und Selbstnutzung des Zuwendungsempfängers einzuhalten. 224

---

[329] Siehe oben Rn 23.
[330] Überblick z. B. bei Meincke, § 2 ErbStG, Rn 6.
[331] Berechnungsbeispiel bei Bauer/Wartenburger, MittBayNot 2010, 85, 87 f.
[332] Das frühere Abzugsverbot des § 25 ErbStG wurde zum 31. 12. 2008 aufgehoben.

225 Der Wert des kapitalisierten Nutzungsrechts – ebenso einer Rente – ist vom Erwerb abzuziehen.[333, 334] Der Verzicht des Nießbrauchers zu dessen Lebzeiten auf den vorbehaltenen/eingeräumten Nießbrauch stellt eine weitere Zuwendung an den Grundstückserwerber dar. Erlischt hingegen der auf Lebensdauer eingeräumte Nießbrauch durch den Tod des Nießbrauchers, liegt keine weitere Bereicherung vor.

m) Abzug von Schulden

226 Nachlassverbindlichkeiten im Erbfall und übernommene Verbindlichkeiten (Schuldübernahme) bei lebzeitigen (gemischten) Schenkungen sind grundsätzlich in voller Höhe abzugsfähig (§ 10 Abs. 5 ErbStG),[335] sofern sich kein Abzugsverbot aus § 10 Abs. 6 bis 9 ErbStG ergibt.

n) Privilegierte Vermögensarten nutzen!

227 Für einzelne Wirtschaftsgüter bestehen durch die Verschonungsregelungen des seit 2009 geltenden Erbschaftsteuerrechts verschiedene Privilegierungen für Zwecke der Erbschafts- und Schenkungssteuer, insbesondere für das Familienheim und Betriebsvermögen/Anteile an Unternehmen.[336]

228 Dies kann Gestaltungen ermöglichen, auch durch rechtzeitige Einbringung von Vermögensgegenständen in steuerlich begünstigte Gesellschaften.

229 Die steuerliche Maßgeblichkeit von Teilungsanordnungen ist nutzbar zu machen, insbesondere durch Zuweisung des Familienheims an das Kind, das die Voraussetzungen für die Steuerbefreiung erfüllen kann.

230 Der 10%-Abschlag für vermietete Wohn-Immobilien gemäß § 13c ErbStG wird für Gestaltungen meist zu marginal sein.

231 Soweit Ertragswerte maßgeblich sind, kann die Übergabe in oder nach wirtschaftlich schlechten Jahren erbschaftsteuerlich zweckmäßig sein.

o) Lebensversicherung

232 Der Vermögensvorteil aus einer Lebensversicherung durch einen anderen als den Versicherungsnehmer[337] im Todesfall ist ein Erwerb durch Vertrag zu Gunsten Dritter und steuerpflichtig gemäß § 3 Abs. 1 Nr. 4 ErbStG. Soweit der Bezugsberechtigte die Prämien für die Versicherung selbst gezahlt hat, ist die Versicherung in Höhe des vom Bezugsberechtigten selbst betragenen Anteils an den Beiträgen steuerfrei.[338] Zweckmäßiger dürfte jedoch in solchen Fällen sein, dass der Beitragszahlender direkt Versicherungsnehmer wird.

Ferner ist zu unterscheiden bei der Zuwendung einer Lebensversicherung zu Lebzeiten, ob nur der Auszahlungsanspruch abgetreten wird, so dass bei Auszahlung aufschiebend bedingt besteuert wird (§ 9 Abs. 1 Nr. 1 lit. a) ErbStG), oder ob die Lebensversicherung als solche abgetreten wird und sie beim Übergang mit dem Rückkaufswert nach § 12 Abs. 4 BewG besteuert wird.

p) Abweichende Anordnung der Steuertragung (§ 10 Abs. 2 ErbStG)

233 Grundsätzlich ist Steuerschuldner der Erwerber (§ 20 Abs. 1 Halbs. 1 ErbStG). Soweit nach dieser Vorschrift bei einer Schenkung „auch der Schenker" Steuerschuldner ist und

---

[333] Durch die Änderung des § 14 BewG (Abstellen auf die aktuelle Sterbetafel) wird der Kapitalwert des Nießbrauchs seit 2009 höher bewertet. BMF-Schreiben vom 20. 1. 2009 zum Vervielfältiger für Bewertungsstichtage ab 1. 1. 2009: MittBayNot 2009, 172ff.

[334] § 10 Abs. 6 Satz 6 ErbStG stellt klar, dass ein solcher Abzug nicht möglich ist, wenn sich das Nutzungsrecht als Grundstücksbelastung bei der Ermittlung des gemeinen Werts des Grundbesitzes bereits ausgewirkt hat.

[335] Die frühere nur proratarische Abzugsmöglichkeit bei der gemischten Schenkung aufgrund unterschiedlicher Steuerwerte gilt seit 2009 nicht mehr.

[336] Siehe hierzu § 6 I. 4. Rn 71ff., 85ff.

[337] Unterscheide hiervon: Wessen Leben ist versichert?

[338] Ländererlasse v. 23. 2. 2010, BStBl. I 2010, 194.

als Gesamtschuldner haftet, hat ein Schenker gegen den Beschenkten einen Ausgleichsanspruch; aus der Schenkungsabrede ergibt sich als andere Bestimmung i. S. d. § 426 Abs. 1 Satz 1 BGB, dass nur der Schenkungsgegenstand zugewendet ist und nicht auch die Steuer.

Anderes kann jedoch bestimmt werden, was steuerlich Vorteile bringen kann.[339] Bei einer **Schenkung** können sich zwei Vorteile ergeben: 234

- Zum einen ergibt sich eine Verringerung der insgesamt zu tragenden Steuer durch die **Vereinfachungsregelung des § 10 Abs. 2 ErbStG.**
  - Beispiel 1 (Beschenkte B trägt Steuer): A schenkt der Lebensgefährtin B 270 000 EUR. Steuerbelastung 30% aus 250 000,– EUR,[340] somit 75 000 EUR Schenkungsteuer. Der B verbleibt netto 175 000 EUR.
  - Beispiel 2 (Schenker A trägt Steuer: **Zuwendung des Steuerbetrags**): A schenkt der Lebensgefährtin B den (niedrigeren) Nettobetrag und übernimmt die Entrichtung der vom Beschenkten geschuldeten Steuer selbst (§ 10 Abs. 2 ErbStG): Steuerbelastung bei dieser Gestaltung: 195 000 EUR ./. Freibetrag = 175 000 EUR. Hieraus 30% = 52 250 EUR. Zusätzlich hieraus 30% = 15 675 EUR. Gesamtsteuerbelastung bei Beispiel 2: 67 925 EUR (statt 75 000 EUR beim Beispiel 1). Der Steuerspareffekt ergibt sich durch die Anordnung, dass aus der errechneten Steuer (hier 15 675 EUR) nicht weitere Male die Steuer errechnet wird.

Zum anderen kann sich ein Vorteil ergeben, wenn der Schenker zwei Zuwendungen vornimmt, und den einen Erwerber – neben seiner eigenen Steuerlast – **mit der Steuerlast des anderen Erwerbers beschwert.** Der Beschwerte kann – anders als der Schenker selbst, der keinen Erwerb hat – diese Last von seinem Erwerb wie eine Leistungsauflage in Abzug bringen. 235

Bei einem **Erwerb von Todes wegen** kann sich letztgenannter Vorteil ergeben. Beispielweise kann der Erblasser anordnen, dass der Erbe auch die Steuerschuld des Vermächtnisnehmers zu tragen hat. Diese Anordnung erhöht den Wert des Vermächtnisses, jedoch auch den vom Beschwerten von seiner Bereicherung abzuziehenden Betrages. Haben die Zuwendungsempfänger unterschiedliche Steuerklassen oder unterschiedliche Progressionsstufen, ergibt sich ein Vorteil. 236

3. Gestaltungsmöglichkeiten nach dem Erbfall

Auch nach dem Erbfall kann der Erbschaftsteuerfall mit dem Ziel der Minimierung der Gesamtsteuerbelastung durch verschiedene Maßnahmen gestaltet werden. 237

Es sind dies im Wesentlichen:

a) Einverständliche Geltendmachung des Pflichtteils, Verzicht auf den (noch nicht) geltend gemachten Pflichtteil

Wurde kein Vermächtnis angeordnet[341] und befindet sich im Vermögen des Längerlebenden Werte, die dieser nicht benötigt für seine Alterssicherung, können die Kinder einvernehmlich **gegenüber dem überlebenden Elternteil ihren Pflichtteil geltend machen.** Dies führt in Höhe des gesamten Pflichtteilsanspruchs zu einem erbschaftsteuerlichen Erwerb des Kindes (§ 3 Abs. 1 Nr. 1 letzte Var. ErbStG).[342] 238

Da der Erbe eine geltend gemachte Pflichtteilsforderung gem. § 10 Abs. 5 Nr. 2 ErbStG von dem von ihm zu versteuernden Nachlasswert abziehen kann, mindert sich dadurch seine Steuerlast und durch das dadurch reduzierte künftige Nachlassvermögen des Letztversterbenden auch die künftige Steuerlast der Kinder beim zweiten Elternerb- 239

[339] Jedoch verursacht diese denkbare Optimierung auch eine vom Schenker häufig nicht gewünschte Komplizierung und, falls nicht hinreichend kommuniziert, beim Beschwerten Undank.

[340] 270 000 EUR minus 20 000 EUR persönlicher Freibetrag, § 16 ErbStG.

[341] Siehe Abschnitt 2. g, h, Rn 202 ff., 208 ff.

[342] Beck'sches Formularbuch Erbrecht/Kleensang/Mutter, S. 176.

fall. Dagegen kann der Pflichtteilsberechtigte einen ihm zustehenden persönlichen Steuerfreibetrag bzw. seinen günstigeren Steuersatz ausnützen.

240 Der Pflichtteilsanspruch verjährt gemäß §§ 195, 199 BGB grundsätzlich innerhalb von drei Jahren ab Ende des Jahres, in welchem Kenntnis des Erbfalls und der beeinträchtigenden Verfügung erlangt wird. Dies gibt jedoch dem Erben nur ein Leistungsverweigerungsrecht, so dass eine einvernehmliche Geltendmachung auch nach Eintritt der Verjährung möglich ist.

241 Der abfindungslose Verzicht auf die Geltendmachung des Pflichtteils ist steuerfrei (§ 13 Abs. 1 Nr. 11 ErbStG).

242 Erhält der Pflichtteilsberechtigte für seinen Verzicht auf den entstandenen (unterscheide hiervon den Verzicht vor dem Erbfall: § 7 Abs. 1 Nr. 5 ErbStG), aber noch nicht geltendgemachten Pflichtteilsanspruch eine **Abfindung**, ist diese als Erwerb vom Erblasser steuerpflichtig (§ 3 Abs. 2 Nr. 4 ErbSt). Maßgeblich ist hierbei – anders als bei § 3 Abs. 1 Nr. 1 Fall 4 ErbStG[343] – der Steuerwert der hingegebenen Abfindung.[344]

b) Ausschlagung der Erbschaft aus erbschaftsteuerlichen Gründen

243 Ein weiteres Mittel zur Steuerersparnis ist die Ausschlagung der Erbschaft,[345] wenn dadurch erreicht wird, dass der an die Stelle des Ausschlagenden Tretende einer günstigeren Steuerklasse angehört (§ 15 Abs. 1 ErbStG), so dass für ihn ein höherer persönlicher Freibetrag (§ 16 Abs. 1 ErbStG) und ein niedrigerer Steuersatz (§ 19 Abs. 1 ErbStG) gilt, oder wenn mehrere Ersatzerben an die Stelle des Ausschlaggebenden treten, so dass der persönliche Freibetrag mehrfach ausgenützt werden kann und durch die Aufteilung des Nachlasses die Steuerprogression gemildert wird.[346] Ferner kann sich eine Ersparnis ergeben unter dem Aspekt des Überspringens einer Generation[347] und Vermeidung einer Doppelbesteuerung,[348] insbesondere wenn der vorrangig Bedachte substantielles eigenes Vermögen hat.

244 Steuerlich ist die Ausschlagung einer Erbschaft auch dann zu berücksichtigen, wenn sie nur zu dem Zweck erfolgt, Erbschaftsteuer zu sparen.[349] Da gem. § 1947 nicht unter der echten Bedingung (nicht nur Rechtsbedingung oder Beweggrund) ausgeschlagen werden darf, dass die Erbschaft dadurch an einen bestimmten Dritten gelangt,[350] muss sich der Ausschlagende jeweils genau vergewissern, wer nach seiner Ausschlagung an seiner Stelle Erbe wird. Es kann ein ausdrücklich (§ 2096) oder stillschweigend (vermutet) eingesetzter (§§ 2069, 2102) Ersatzerbe sein oder es tritt Anwachsung bei den anderen eingesetzten Erben (§§ 2094, 2099) oder im Falle der Alleinerbeinsetzung die gesetzliche Erbfolge ein.[351] Außerdem gilt es zu bedenken, dass die Ausschlagung nach § 2271 Abs. 2 Satz 1 die eventuelle erbrechtliche Bindung des überlebenden Ehegatten beseitigt, so dass die Schlusserbeneinsetzung der Abkömmlinge nicht mehr gesichert ist.[352] Wird zugunsten eines Dritten als echter Bedingung ausgeschlagen, so ist diese Ausschlagung

---

[343] Siehe hierzu oben Rn 30 und 36; Meincke, § 3 ErbStG Rn 101.

[344] Zu steuerrechtlichen Gestaltungen mit und um das Pflichtteilsrecht von Oertzen/Cornelius ErbStB 2006, 49; zur erbschaftsteuerentlastenden Funktion des Pflichtteilsrechts J. Mayer ZEV 1998, 53.

[345] Siehe hierzu unten § 25.

[346] Siebert ZEV 2010, 454, 457; Troll BB 1988, 2153, 2154; J. Mayer ZEV 1998, 60.

[347] Siehe oben Abschnitt 2.f., Rn 200.

[348] Siehe oben Abschnitt 2.d., Rn 197.

[349] BFH BStBl. III 1958, 475 = BB 1958, 1238; FG Düsseldorf EFG 1965, 183; Troll BB 1988, 2153; Mehne BB 1988, 951, 953.

[350] Palandt/Edenhofer § 1947 Rn 2.

[351] Siehe hierzu unten § 22.

[352] Eingehend zu den Gefahren der Ausschlagung aus erbschaftsteuerlichen Gründen beim Berliner Testament siehe Heidinger DNotI-Report 1997, 179 f.

unwirksam.[353] Es wird jedoch vertreten,[354] dass auf Grund § 41 Abs. 1 AO auch eine wegen einer solchen Bedingung unwirksame Erbausschlagung erbschaftsteuerlich anzuerkennen ist, soweit und solange die Beteiligten gleichwohl das wirtschaftliche Ergebnis eintreten und bestehen lassen.

Die Ausschlagung selbst ist gem. § 517 keine Schenkung[355] und daher auch kein steuerpflichtiger Vorgang. Was jedoch als Abfindung für die Ausschlagung gewährt wird, ist als Erwerb vom Erblasser zu versteuern (§ 3 Abs. 2 Nr. 4 ErbStG), der (neue) Erbe kann den Abfindungsbetrag von dem ihm zufallenden Erwerb abziehen gemäß § 10 Abs. 5 Nr. 3 ErbStG. Die Ausschlagung eines Teils der Erbschaft ist nicht zulässig (§ 1950), so dass insoweit kein Gestaltungsspielraum besteht. 245

c) Erbauseinandersetzung zur Erlangung von Begünstigungen

Seit der Erbschaftsteuerreform 2009 ist zur Erlangung bestimmter Begünstigungen erforderlich, dass der Nachlassgegenstand entweder mittels letztwilliger Verfügung (z.B. Vermächtnis oder Teilungsanordnung) oder aber mittels einvernehmlicher Erbauseinandersetzung (§§ 2032ff BGB) auf den Miterben übergeht, der die Tatbestandsvoraussetzungen der Begünstigungsvorschrift erfüllen kann. Dies gilt insbesondere für die Steuerfreiheit des Familienheims für den überlebenden Ehegatten (§ 13 Abs. 1 Nr. 4b ErbStG) oder für das Kind (§ 13 Abs. 1 Nr. 4c ErbStG); nur wenn der Miterbe, der das Familienheim auf die Dauer von 10 Jahren (voraussichtlich) selbst nutzen kann, die Anteile am Familienheim erwirbt, kann die Steuerbefreiung in vollem Maße ausgeschöpft werden.[356] 246

Schrifttum: *Bardenheuer,* Das Erbschaftsteuerreformgesetz und seine Auswirkungen auf die notarielle Praxis, RNotZ 2009, 293; *Bauer/Wartenburger,* Die Reform des Erbschaftsteuer- und Bewertungsgesetzes, MittBayNot 2009, 85ff; ;*Crezelius,* Das neue Erbschaft- und Schenkungsteuerrecht im Rechtssystem, ZEV 2009, 1; *ders.* Unternehmenserbrecht, 2. Aufl. 2009; *Daragan*, Vermächtnisse als Mittel der Erbschaftsteuergestaltung, DStR 1998, 357; *Drosdzol,* Die Bewertung und Besteuerung des Erwerbs von Grundvermögen, ZEV 2009,7; *Ebeling,* Korrekturvermächtnisse im Berliner Testament und deren erbschaftsteuerliche Folgen, ZEV 2000, 87ff.; *Everts,* Neues vom Erbschaftsteuervermächtnis, ZErb 2004, 373; *Geck,* Die Erbschaftsteuerreform kurz vor dem Ziel – Überblick zum geänderten ErbStRG und Gestaltungsempfehlungen vor Inkrafttreten des neuen Rechts, ZEV 2008, 557; *Hannes/Onderka,* Die Übertragung von Betriebsvermögen nach dem neuen Erbschaftsteuergesetz, ZEV 2009, 10; *dies.* Bewertung und Verschonung des Betriebsvermögens: Erste Erkenntnisse aus den Erlassen der Finanzverwaltung, ZEV 2009, 421; *Hoyenberg, von,* Vorweggenommene Erbfolge, 2010; *Hutmacher,* Die Bewertung und Besteuerung von land- und forstwirtschaftlichem Vermögen, ZEV 2009, 22; *Kapp/Ebeling,* Erbschaftsteuer- und Schenkungsteuergesetz; *Krug/Daragan,* Die Immobilie im Erbrecht, 2010; *Langenfeld,* Testamentsgestaltung und Steuerrecht: Das Berliner Testament mit Supervermächtnis, JuS 2002, 351; *Leipold* in Münchener Kommentar, Band 9 Erbrecht, 2010, Einleitung Abschnitt F. Erbschaftsteuerrecht (Rn. 217ff); *J. Mayer,* Berliner Testament ade? – Ein Auslaufmodell wegen zu hoher Erbschaftsteuerbelastung? ZEV 1998, 50; ders., Erbschaftsteuersparen um jeden Preis? DStR 2004, 1371 und 1409ff; *N. Mayer,* Neuregelung der Steuerbefreiung für das Familienheim durch die Erbschaftsteuerreform – Auswirkungen auf die Vertragsgestaltung, ZEV 2009, 439; *ders.* Neues zum Berliner Testament aufgrund der Erbschaftsteuerreform?, ZEV 1997, 325; *Meincke,* Erbschaftsteuer- und Schenkungsteuergesetz, Komm., 15. Aufl. 2009; *Moench,* Erbschaftsteuer- und Schenkungsteuergesetz; *Moench/Albrecht,* Erbschaftssteuerrecht, 2. Aufl. 2009; *Petzold,* Erbschaftsteuerbelastung bei Zugewinngemeinschaft, 1984; *Piltz,* Steuerliche Flexibilität nach dem Tod durch offene Vermächtnisse, ZEV 2005, 469; ; *Reich* in Würzburger Notarhandbuch, 2. Aufl. 2010, Teil 4 Erbrecht, Kapitel 3: Steuerliche Überlegungen der Vermögensnachfolgeplanung;; *Troll/Gebel/Jülicher,* Erbschaftsteuer- und Schenkungssteuergesetz, 39. Ergänzungslieferung 2010; *Tiedtke/Schmitt,* Die Zuwendung eines Familienheims nach der Erbschaftsteuerreform 2008/2009, NJW 2009, 2632; *Troll/Gebel/Jülicher,* Erbschaftsteuer- und Schenkungsteuergesetz; *Völkers/Weinmann/Jordanl,* Erbschaft- und Schenkungsteuer-

[353] BayObLGZ 1977, 163; BayObLG Rpfleger 1982, 69.
[354] Kapp BB 1980, 117, 119; Troll BB 1988, 2153, 2154; siehe hierzu auch oben Rn 14.
[355] Siehe oben Rn 37.
[356] Siehe hierzu oben Rn 73.

recht, 3. Aufl. 2009; *Wachter,* Paukenschlag aus Karlsruhe, DNotZ 2007, 173; *Wälzholz,* Erbauseinandersetzung und Teilungsanordnung nach der Erbschaftsteuerreform, ZEV 2009, 113 ff.; *Weber/Schwind*, Vertragliche Ausgestaltung von Poolvereinbarungen unter Berücksichtigung des neuen Erbschaftsteuerrechts, ZEV 2009, 16.

§ 7 Die Feststellung der Testierfähigkeit des Erblassers sowie die Aufgaben und Pflichten der Beratungsperson bei Verfügungen von Todes wegen

I. Die Feststellung der Testierfähigkeit des Erblassers

1. Der Begriff der Testierfähigkeit

Der Testierer muss im Zeitpunkt der Testamentserrichtung testierfähig sein. Die Testierfähigkeit, d.h. die Fähigkeit, ein Testament zu errichten, abzuändern oder aufzuheben, ist zwar ein Unterfall der Geschäftsfähigkeit, ist aber unabhängig von den §§ 104 Nr. 2, 105 Abs. 1, 2 als spezielle Ausprägung der Geschäftsfähigkeit auf dem Gebiet des Erbrechts[1] in § 2229 geregelt (für Erbverträge verweist § 2275 auf die Regeln zur Geschäftsfähigkeit). 1

Testierunfähig ist:

Ein Minderjähriger, der das 16. Lebensjahr noch nicht vollendet hat (§ 2229 Abs. 1) (**Testierunmündigkeit**). Minderjährige, die das 16. Lebensjahr vollendet haben, können ohne Zustimmung des gesetzlichen Vertreters wirksam testieren (§ 2229 Abs. 2), jedoch nur öffentlich durch Erklärung gegenüber dem Notar (oder dem Bürgermeister beim Nottestament) oder durch Übergabe einer offenen Schrift (§§ 2233 Abs. 1, 2247 Abs. 4, 2249 Abs. 1). Vor dem 3. 10. 1990 im Beitrittsgebiet durch einen Minderjährigen errichtete Testamente bleiben unwirksam gem. Art. 235 § 2 S. 1 EGBGB, § 370 Abs. 1 S. 2 ZGB. 2

Wer wegen krankhafter Störung der Geistestätigkeit, wegen Geistesschwäche oder wegen Bewusstseinsstörung nicht in der Lage ist, die Bedeutung einer von ihm abgegebenen Willenserklärung einzusehen und nach dieser Einsicht zu handeln (§ 2229 Abs. 4) (**Geistes- und Bewusstseinsstörung**), ist testierunfähig. Während sich die Testierunfähigkeit wegen Testierunmündigkeit leicht feststellen lässt, bietet die Feststellung der Testierunfähigkeit wegen krankhafter Störung der Geistestätigkeit, Geistesschwäche oder Bewusstseinsstörung (§ 2229 Abs. 4) in der Praxis große Schwierigkeiten. 3

Die Testierunfähigkeit nach § 2229 Abs. 4 setzt voraus, dass 4

- der Testierer dauernd oder vorübergehend geisteskrank, geistesschwach (dies entspricht der **krankhaften Störung der Geistestätigkeit** nach § 104 Nr. 2) oder bewusstseinsgestört (dies entspricht der Bewusstlosigkeit nach § 105 Abs. 2) ist (diagnostische Ebene)[2] und dass dieser Zustand so schwer ist, dass er dadurch
- unfähig ist, die Bedeutung einer testamentarischen Willenserklärung nach Inhalt und Tragweite zu erkennen - **Einsichtsvermögen** - und vor allem,
- nach dieser Einsicht zu handeln – **freie Willensbestimmung** – (Ebene der psychopathologischen Symptomatik bzw. der psychisch-geistigen Funktionsdefizite).[3]

Fehlt im Einzelfall eine dieser Voraussetzungen, bei denen von den beiden letzten die Freiheit der Willensbestimmung dominiert, kann keine Testierunfähigkeit gem. § 2229 Abs. 4 angenommen werden.[4] Durch die krankhafte Geistes- oder Bewusstseinsstörung muss somit die geistige Aufnahmefähigkeit (**intellektuelle Komponente**) und/oder die Entschlussfähigkeit (**voluntative Komponente**) des Erblassers beeinträchtigt sein. Zu beachten ist nach der h.M., dass die Testierfähigkeit keine Qualifikation der einzelnen 5

---

[1] BayObLG RNotZ 2001, 524; OLG München NJW-RR 2008, 164, 167.
[2] Cording ZEV 2010, 115.
[3] Cording ZEV 2010, 115.
[4] Voit in R/B/M § 2229 Rn 9.

Willenserklärung ist, sondern eine solche des Erblassers, was daraus abgeleitet wird, dass § 2229 Abs. 4 auch nicht von „dem" gerade zur Rede stehenden Testament und „der" darin enthaltenen Willenserklärung, sondern allgemein von „einem" Testament und „einer" Willenserklärung spricht.[5] Nach der h. M. ist somit die Geschäfts- und Testierfähigkeit nicht am konkreten Rechtsgeschäft zu messen und festzustellen, ob die geistige Störung in irgend einer Weise für die spezielle Willenserklärung kausal gewesen ist, sondern die Willenserklärung ist nichtig, wenn zum Zeitpunkt ihrer Abgabe dem Betreffenden wegen der Geistesstörung allgemein die Fähigkeit fehlte, die Bedeutung einer Willenserklärung zu erkennen und nach dieser Erkenntnis zu handeln.[6] Indes, auch nach der h. M. ist Testierfähigkeit nur gegeben, wenn der Erblasser die Folgen seiner konkreten Erklärung im Hinblick auf die Konsequenzen für die Betroffenen zu überblicken in der Lage ist; nur allgemeine Vorstellungen hinsichtlich der Errichtung eines Testaments genügen nicht.[7] Dann erscheint nicht schlüssig, bei dieser Bewertung nach den Fähigkeiten des Erblassers nicht auch den Umfang und die Kompliziertheit der letztwilligen Verfügung mit einzubeziehen.[8] Demgemäß ist der Auffassung der Vorzug zu geben, dass ein Erblasser im Einzelfall zwar zur Errichtung eines einfachen Testaments in der Lage sein kann, nicht jedoch zur Errichtung einer komplizierten Verfügung von Todes wegen und somit die Möglichkeit einer „relativen Testierfähigkeit" zu bejahen ist.[9] Bei der Geschäfts- und Testierunfähigkeit hat der Gesetzgeber nur an die eindeutig schweren Störungen gedacht. Würde jede Abweichung von der Norm zur Geschäftsunfähigkeit führen, dann müsste das unerträgliche Konsequenzen im Geschäftsleben nach sich ziehen.

6 **Bis zum 31. 12. 1991** war auch testierunfähig, wer wegen Geisteskrankheit, Geistesschwäche, Verschwendung, Rauschgiftsucht oder Trunksucht **entmündigt war,** und zwar schon von dem Zeitpunkt an, in welchem die Entmündigung beantragt wurde, vorausgesetzt, dass diese daraufhin wirklich erfolgte (§ 2229 Abs. 3 a. F.), und zwar auch während sog. lichter Augenblicke *(lucida intervalla)* und auch wenn die Entmündigung zu Unrecht erfolgte (**Entmündigung**). Die Testierfähigkeit des Erblassers war jedoch nicht beeinträchtigt, wenn der Entmündigungsbeschluss auf Anfechtungsklage (§§ 664, 684 ZPO), für die auch der Entmündigte prozessfähig blieb, aufgehoben wurde. Desgleichen nicht, wenn der Entmündigte starb, bevor der Entmündigungsbeschluss unanfechtbar geworden war (§ 2230 Abs. 1 a. F.). Errichtete ein Entmündigter nach Stellung eines Antrags auf Aufhebung der Entmündigung ein Testament und wurde seinem Antrag entsprochen, war seine Testierfähigkeit ab der Antragstellung gegeben (§ 2230 Abs. 2 a. F.). Starb er jedoch vor Rechtskraft des Aufhebungsbeschlusses, blieb sein Testament nichtig. Wer unter vorläufiger Vormundschaft stand (§§ 114, 1906 a. F.) war testierfähig, soweit auf ihn zum Zeitpunkt der Testamentserrichtung nicht § 2229 Abs. 4 zutraf. Er bedurfte ebenso wie der Minderjährige nicht der Zustimmung seines gesetzlichen Vertreters (§ 2229 Abs. 2). Wurde er allerdings endgültig entmündigt, wurde das Testament rückwirkend nichtig (§ 2229 Abs. 3 Satz 2 a. F.), sofern der Testator nicht vor der Unanfechtbarkeit des Entmündigungsbeschlusses verstarb (§ 2230 Abs. 1 a. F.). Wegen Geistesschwäche, Verschwendung, Trunksucht oder Rauschgiftsucht Entmündigte konnten gem. § 2253 Abs. 2 a. F. ohne Zustimmung ihrer gesetzlichen Vertreter ein vor der Entmündigung errichtetes Testament widerrufen, sofern bei ihnen nicht zugleich die Voraussetzungen des § 2229 Abs. 4 gegeben waren.[10] Der Widerruf konnte erfolgen durch reines Wi-

[5] OGHZ 2, 45, 53 = NJW 1949, 544; OLG Hamburg MDR 1950, 731, 732.

[6] Gebauer AcP 153, 332, 343 u. 351 f.

[7] Vgl. BGH FamRZ 1958, 127, 128; BayObLGZ 2001, 290, 293 f.

[8] MünchKomm/Hagena § 2229 Rn 15; a. A. die hM: OLG München NJW-RR 2008, 164, 167 m. w. N.; NK-BGB/Beck § 2229 Rn 2.

[9] Flume, Allg. Teil, Bd. II, 1965, § 13, 5; Voit in R/B/M § 2229 Rn 12; MünchKomm/Hagena § 2229 Rn 15.

[10] BayObLGZ 1975, 212 = Rpfleger 1975, 303.

derrufstestament (§ 2254), Vernichtung des eigenhändigen Testaments oder ähnliche schlüssige Handlung (§ 2255) und Rücknahme des öffentlichen Testaments aus der amtlichen Verwahrung (§ 2256), jedoch nicht durch Errichtung eines widersprechenden Testaments (§ 2258). Die h.M.[11] ließ auch zu, dass der Entmündigte gem. § 2253 Abs. 2 a.F. ein früheres Widerrufstestament (§ 2254) oder widersprechendes Testament (§ 2258 Abs. 1) mit der Folge widerrief, dass das ursprüngliche Testament gem. §§ 2257, 2258 Abs. 2 wieder auflebte, da das Widerrufsrecht nicht auf die Wiederherstellung der gesetzlichen Erbfolge beschränkt sei. Dagegen war der Widerruf eines nach der Entmündigung erfolgten Widerrufs nicht möglich.[12]

Durch das am 1. 1. 1992 in Kraft getretene Betreuungsgesetz v. 12. 9. 1990 (BGBl. I 7
2002) wurde die Möglichkeit der **Entmündigung abgeschafft** und die Vormundschaft und Ergänzungspflegschaft über Volljährige durch die **„Betreuung“** ersetzt. Dabei wurden die §§ 2229 Abs. 3, 2253 Abs. 3 aufgehoben, sodass seither ein unter Betreuung stehender Erblasser testieren, sein Testament widerrufen und auch einen Erbvertrag errichten kann, wenn er im Einzelfall gem. § 2229 Abs. 4 testierfähig bzw. geschäftsfähig ist.[13] § 1903 Abs. 2 stellt klar, dass sich auch ein Einwilligungsvorbehalt nicht auf Verfügungen von Todes wegen erstrecken kann. Der Betreuer hat daher in keinem Fall die rechtliche Möglichkeit, die Errichtung, Änderung oder Aufhebung eines Testaments durch den Betreuten zu bewirken.[14]

2. Die Voraussetzungen der Testierunfähigkeit

a) Geistesstörung und Geistesschwäche

Krankhafte Störungen der Geistestätigkeit oder Geistesschwäche sind alle geistig- 8
seelischen Anomalien von einigem Gewicht, auch wenn sie nur vorübergehend bestehen. Ob es sich um einen Dauerzustand handelt oder um einen vorübergehenden Zustand, ist unerheblich.[15] Geistesschwäche bezeichnet lediglich einen leichteren Grad der Geisteskrankheit.[16] Beide sind wie auch die Bewusstseinsstörung und die anderen Voraussetzungen des § 2229 Abs. 4 Rechtsbegriffe, die nicht in medizinische Begriffe einzuordnen sind.[17] Das Gesetz stellt nicht auf die medizinischen Ursachen ab, sondern auf den Folgezustand, auf die Auswirkungen im gesellschaftlichen Leben.[18] Die medizinischen Krankheitsbegriffe haben daher nur eine Hilfsfunktion als Ausgangspunkt der juristischen Beurteilung.[19] Eine krankhafte Geistesstörung oder Bewusstseinsstörung muss konkret vorliegen, um eine Testierunfähigkeit gem. § 2229 Abs. 4 feststellen zu können. Bloße Willensschwäche und leichte Beeinflussbarkeit genügen nicht, solange die äußeren Einflüsse in normaler Weise als Motive wirken.[20] Zu den krankhaften Geistesstörungen gehören auf jeden Fall alle geistig-seelischen Erkrankungen, die unter dem medizinischen Begriff der Psychose zusammengefasst werden. Altersbedingte Cerebralsklerose (Gehirnarterienverkalkung) führt erfahrungsgemäß im Laufe der Zeit zu einem Zustand der

[11] OLG Köln NJW 1955, 466; MünchKomm/Hagena § 2253 Rn 8; Staudinger/Baumann § 2253 Rn 13; a.M. Jauering/Stürner § 2253 Anm. 2; Kipp/Coing § 17 I 2 b.

[12] BayObLGZ 1975, 212.

[13] MünchKomm/Hagena § 2229 Rn 10 f.

[14] Weser MittBayNot 1992, 161, 169 f.

[15] Bamberger/Roth/Litzenburger § 2229 Rn 9; MünchKomm/Hagena § 2229 Rn 3.

[16] RGZ 130, 69, 71; RGZ 162, 223, 228; BGH WPM 1965, 895, 896.

[17] RGZ 130, 69, 71; RGZ 162, 223, 228; BGH WPM 1965, 895; Göppinger Die Justiz 1968, 148, 149, 153.

[18] Göppinger Die Justiz 1968, 148, 150.

[19] BayObLG ZEV 2002, 234, 235; Göppinger Die Justiz 1968, 148, 153; Voit in R/B/M § 2229 Rn 11.

[20] Siehe § 7 Rn 12.

Testierunfähigkeit mit lichten Momenten *(lucida intervalla),*[21] die allerdings im letzten Stadium nicht mehr eintreten.[22] Bei manisch-depressivem Irresein (Wechsel zwischen übertriebener Heiterkeit und Niedergeschlagenheit) ist der Erkrankte nur im Zeitraum der unregelmäßig auftretenden manischen und depressiven Phasen geschäfts- und testierunfähig.[23] Psychopathie ist grundsätzlich keine krankhafte Störung der Geistestätigkeit und schließt die Geschäfts und Testierfähigkeit daher in der Regel nicht aus, selbst bei einem besonders hohen Grad der Psychopathie nur ausnahmsweise.[24] Rauschgiftsüchtige sind nur im Rausch und bei Entzugserscheinungen testierunfähig.[25] Bei einem durch Selbsttötung verstorbenen Testierer kann Testierunfähigkeit vorgelegen haben, wenn die Tat auf eine krankheitsbedingte, also endogene oder organisch begründete Depression zurückzuführen ist, nicht dagegen, wenn sie wegen einer subjektiv oder objektiv ausweglosen Situation erfolgte.[26] Eine angeborene eingeschränkte Intelligenz (**Minderbegabung oder einfache Beschränktheit**), d.h. eine Einschränkung der Fähigkeit zum logischen Denken, kritischen Urteilen und zur Kombination oder, anders ausgedrückt, die Lebensaufgaben zweckmäßig und selbständig zu lösen, führt nur bei extrem hohen Graden der Intelligenzminderung (bei IQ unter 35%) grundsätzlich zur Geschäfts- und Testierunfähigkeit; bei mittlerer Intelligenzminderung (IQ 35 bis 49) ist ein sicherer Schluss auf die Testierunfähigkeit wohl nicht mehr möglich.[27] Kommen allerdings bei einer mittleren oder leichten Intelligenzminderung andere regelwidrige Beeinflussungen hinzu, etwa ein übermäßiges Beherrschtsein durch den Einfluss anderer Personen, so kann deshalb Geschäftsunfähigkeit gegeben sein.[28] Geistesschwäche kann bereits angenommen werden, wenn das geistige Vermögen einer Person unvollkommen entwickelt ist, ohne dass die Ursache in einer Erkrankung liegt.[29] Eine solche angeborene geistige Insuffizienz kann geschäfts- und damit testierunfähig machen, selbst wenn einfache Verrichtungen des täglichen Lebens ordnungsgemäß vorgenommen werden.[30] Das Gleiche gilt für altersbedingte geistige Insuffizienz, insbesondere, wenn sie mit manischer Färbung auf hysterischer Grundlage auftritt.[31] Ist die angeborene oder altersbedingte geistige Insuffizienz leichterer Natur, so muss die freie Willensbestimmung nicht notwendig ausgeschlossen sein.[32] Die gewöhnlichen Alterserscheinungen, wie z.B. Nachlassen der Merkfähigkeit und Einengung der Interessen allein genügen als Beweisanzeichen einer Testierunfähigkeit nicht, da die Errichtung eines Testaments keine rein verstandesmäßige Angelegenheit ist, sondern mehr von der Gesamterfassung der persönlichen Situation und gefühlsmäßigen Bindungen abhängt und auch bei deutlichen Merkfähigkeitsstörungen die Fähigkeit zu sachlichem Denken und Urteilen erhalten geblieben sein kann.[33] Ein Erblasser muss seine letztwilligen Verfügungen nicht durch vernünftige und von Dritten nachvollziehbare Gründe rechtfertigen.[34]

---

[21] BGH NJW 1951, 481; BGH FamRZ 1958, 127 = DNotZ 1958, 601; BayObLGZ 1970, 256 = Rpfleger 1970, 256; BayObLGZ 1979, 256 = Rpfleger 1979, 422; BayObLG FamRZ 1985, 314.

[22] OLG Celle NdsRpfl 1962, 201 = DNotZ 1962, 657.

[23] BGH WPM 1956, 1184; LAG Hannover Betr. 1956, 404.

[24] BayObLGZ 1991, 59, 65 = NJW 1992, 248.

[25] BayObLGZ 1956, 377, 382.

[26] BayObLG Rpfleger 1984, 317; FamRZ 1990, 801.

[27] MünchKomm/Hagena § 2229 Rn 19.

[28] Langelüddeke/Bresser, Gerichtliche Psychiatrie S. 372f.

[29] RG JW 1917, 846.

[30] RG JW 1938, 1590.

[31] RG LZ 1927, 1007; RG HRR 1929 Nr. 793; zur altersbedingten geistigen Insuffizienz siehe Wetterling/Neubauer/Neubauer ZEV 1995, 46.

[32] HRR 1929 Nr. 793; BGH FamRZ 1970, 545.

[33] Langelüddeke/Bresser, Gerichtliche Psychiatrie S. 378.

[34] BayObLGZ 1991, 59 = Rpfleger 1991, 205 = NJW 1992, 248.

Liegt bei Minderbegabung kein hoher Grad von geistiger Insuffizienz vor, so begründet das dadurch gegebene Unvermögen einer Person, die Tragweite einer konkreten Willenserklärung zu ermessen oder bestimmte schwierige rechtliche Beziehungen verstandesmäßig zu erfassen, keine Geschäfts- und Testierunfähigkeit, sofern sie im Übrigen in der Lage ist, ihren Willen frei zu bestimmen.[35] Es muss ihr vielmehr überlassen bleiben, auf welche Weise sie mit besonderen Lagen fertig werden will. Wenn sie dem Rat einer dritten Person folgt, so kann dies auf Grund einer vernünftigen freien Willensentschließung geschehen.[36] Wird der im Testament erklärte Wille durch einen Irrtum beeinflusst, kann eine letztwillige Verfügung durch Anfechtung beseitigt und die Rechtslage dem mutmaßlichen Willen des Erblassers angepasst werden (§ 2078 Abs. 1 und 2). Die Testierfähigkeit ist aus diesem Grund nicht in Frage gestellt.[37] Personen, die zwar in der Lage sind, ihren Willen frei zu bestimmen, deren Fähigkeiten aber nicht ausreichen, um bestimmte schwierige rechtliche Verhältnisse sinnvoll zu regeln, werden durch die Möglichkeit der Bestellung eines Betreuers gem. §§ 1896 ff., der Wiedereinsetzung in den vorigen Stand[38] und in gewissem Umfang durch § 138 und das Anfechtungsrecht gem. §§ 119, 123, 2078 geschützt. Insbesondere Erbverträge solcher Erblasser können auch wegen ihres sittenwidrigen Zustandekommens nichtig sein.[39] Zur krankhaften Störung der Geistestätigkeit müssen beim Testierer ein dadurch gestörtes Einsichtsvermögen und die Unfähigkeit danach seinen Willen frei zu bestimmen hinzukommen, damit Testierunfähigkeit gem. § 2229 Abs. 4 angenommen werden kann.[40] 9

b) Bewusstseinsstörung

Zur Bewusstseinsstörung ist nicht das völlige Schwinden des Bewusstseins der Außenwelt und die Einstellung der Sinnestätigkeit erforderlich. Es genügt ein Zustand, in dem ungeachtet der nicht beeinträchtigten physischen Fähigkeiten äußeren Handelns das Selbstbewusstsein in vorübergehender Sinnesaufregung so weit untergegangen ist, dass dem Geist die Erkenntnis des Inhalts und des Wesens der vorgenommenen Handlung, sei es überhaupt, sei es in bestimmter Richtung, mangelt.[41] Beispiele für eine Bewusstseinsstörung sind Volltrunkenheit, Hypnose, Suggestion, Schlaftrunkenheit, Drogeneinfluss, manische oder depressive Phasen, epileptische Anfälle, Fieberwahn, Delirien, nervöse Erschöpfung u. ä.[42] Auch die Bewusstseinsstörung kommt als Nichtigkeitsursache nur dann in Betracht, wenn sie so schwer war, dass die freie Willensbestimmung des Erblassers ausgeschlossen war.[43] 10

c) Einsichtsfähigkeit

Das Gesetz verbindet nicht mit jeder Geisteskrankheit oder Geistesschwäche die Testierunfähigkeit,[44] sondern sieht die Fähigkeit, die Bedeutung der letztwilligen Verfügung zu erkennen und sich bei seiner Entschließung von normalen Erwägungen leiten zu lassen, als maßgebend an. Dabei geht es nicht darum, den Inhalt der letztwilligen Verfügung auf seine Angemessenheit zu beurteilen,[45] sondern nur darum, ob sie frei von 11

[35] BGH NJW 1953, 1342 = DNotZ 1953, 595; BGH NW 1961, 261; BGH NJW 1970, 1680, 1681 = FamRZ 1970, 545 = DNotZ 1970, 656; Staudinger/Knothe § 104 Rn 14.

[36] BGH NJW 1970, 1680, 1681 = FamRZ 1970, 545, 546 = DNotZ 1970, 656; vgl. MünchKomm/Hagena § 2229 Rn 24.

[37] BayObLGZ 1991, 59 = Rpfleger 1991, 205 = NJW 1992, 248.

[38] BGH NJW 1970, 1680.

[39] Siehe insoweit § 3 Rn 33.

[40] RG LZ 1919, 1130, 1131; MünchKomm/Hagena § 2229 Rn 21.

[41] BGH WPM 1972, 972.

[42] Langelüddeke/Bresser, Gerichtliche Psychiatrie, S. 371.

[43] BGHZ 30, 112; BayObLG FamRZ 1990, 318; MünchKomm/Hagena § 2229 Rn 20.

[44] BayObLG ZEV 2002, 234, 235 = MittBayNot 2001, 571.

[45] BayObLG MittBayNot 2005, 235, 236.

krankheitsbedingten Störungen zustande gekommen ist und von einem klaren Urteil über die Bedeutung seiner Anordnungen getragen wird.[46] Der Testator muss dann in der Lage sein, nach diesem Urteil frei von Einflüssen etwaiger interessierter Dritter zu handeln.[47] Zum Vorliegen der Einsichtsfähigkeit des Geistesgestörten genügt es nach der Rechtsprechung[48] nicht, dass der Erblasser nur eine allgemeine Vorstellung von der Tatsache der Errichtung eines Testaments und vom Inhalt letztwilliger Anordnungen hat. Er muss vielmehr auch in der Lage sein, sich über die Auswirkungen solcher Anordnungen auf die persönlichen und wirtschaftlichen Verhältnisse der Betroffenen und über die Gründe, die für oder gegen ihre sittliche Berechtigung sprechen, ein klares Urteil zu bilden und nach diesem frei von Einflüssen etwaiger interessierter Dritter zu handeln. Damit stellt die Rechtsprechung an die für die Testierfähigkeit des Erblassers erforderliche Einsichtsfähigkeit höhere Anforderungen als bei der allgemeinen Geschäftsfähigkeit, da diese auch bei Unvermögen des Betreffenden vorliegen kann, die Tragweite einer Erklärung zu ermessen.[49] Diese Verschärfung der Anforderungen spricht für die Anerkennung einer relativen Testierunfähigkeit.[50]

d) Freie Willensbildung

12 Zur freien Willensbildung[51] kommt es darauf an, ob eine freie Entscheidung auf Grund einer Abwägung des Für und Wider und einer sachlichen Prüfung der in Betracht kommenden Gesichtspunkte und ein dementsprechendes Handeln möglich ist, oder ob der Erblasser infolge krankhafter Geistesstörung fremden Willenseinflüssen unterliegt oder sein Wille durch unkontrollierte Triebe und Vorstellungen beherrscht wird.[52] Trotzdem bestehen gegen die Mitwirkung eines Dritten bei der Testamentserrichtung keine Bedenken. Es kommt allein darauf an, ob der Entschluss zur Errichtung des konkreten Testaments eigen- oder fremdbestimmt ist.[53] Bei einer unzulässigen Mitwirkung vollzieht der Erblasser einen fremden Willen, bei der zulässigen nimmt er die an ihn herangebrachten Testamentsinhalte in seinen eigenen Willen auf.[54] Bloße Willensschwäche und leichte Beeinflussbarkeit durch andere Personen schließen die Möglichkeit freier Willensbestimmung nicht aus, solange die auf den Willen einwirkenden äußeren Einflüsse noch in normaler Weise als Motive wirken und vom Testierer bewusst und kraft eigenen Entschlusses übernommen werden und nicht infolge krankhafter Störung der Geistestätigkeit nach Art mechanischer Ursachen die als Willensbetätigung erscheinende Wirkung auslösen.[55] Bezüglich der beiden Voraussetzungen des § 2229 Abs. 4, der Einsichtsfähigkeit in die Bedeutung der Willenserklärung und dem Vermögen, nach dieser Einsicht zu

---

[46] OLG Celle FGPrax 2006, 268.

[47] BayObLGZ 2004, 237, 241.

[48] BGH FamRZ 1958, 127 = DNotZ 1958, 601; BayObLGZ 1959, 360, 363; BayObLGZ 1962, 219, 223 f.; OLG Hamm MDR 1967, 496; BayObLGZ 1979, 256, 264 = Rpfleger 1979, 422; BayObLG FamRZ 1986, 728, 730; BayObLG FamRZ 1996, 635; BayObLG FGPrax 1998, 62; ebenso MünchKomm/Hagena § 2229 Rn 22.

[49] BGH NJW 1961, 61; NJW 1953, 1342; vgl. Bamberger/Roth/Wendtland § 104 Rn 10.

[50] Siehe oben § 7 Rn 5.

[51] Zu psychopathologischen Funktionsdefiziten (Symptomen) in diesem Zusammenhang: Cording ZEV 2010, 115, 117 ff.

[52] RGZ 103, 399, 401; RGZ 130, 69, 71; RGZ 162, 223, 228; BGH NJW 1953, 1342; BGH FamRZ 1958, 127 = MDR 1958, 316 = DNotZ 1958, 601; BayObLGZ 1962, 219, 224; OLG Hamm MDR 1967, 469.

[53] BayObLG NJW-RR 1990, 202, 203 = Rpfleger 1990, 56 = FamRZ 1990, 318; BayObLG FamRZ 2000, 701.

[54] Voit in R/B/M § 2229 Rn 17.

[55] RG Warn 1917 Nr. 234; RG JW 1936, 1205; RG JW 1937, 35; OLGZ 2, 45, 53 = NJW 1949, 544; Staudinger/Baumann § 2229 Rn 28, 29; Voit in R/B/M § 2229 Rn 17.

handeln, vertritt der BGH[56] die Meinung, dass weniger die Fähigkeit des Verstandes als die Freiheit der Willensbestimmung ausschlaggebend sind. Ein Erblasser muss seine letztwilligen Verfügungen jedoch nicht durch vernünftige und von Dritten nachvollziehbare Gründe rechtfertigen. Es ist allein sein Wille entscheidend.[57]

e) **Geistesstörung**

Die Geistesstörung i.S. des § 104 Ziffer 2 bzw. § 2229 Abs. 4 und der dadurch hervorgerufene Ausschluss der freien Willensbestimmung wird regelmäßig die ganze Persönlichkeit des Testierers erfassen und sich auf alle Rechtshandlungen auswirken.[58] Nach der hM[59] kann sie sich ausnahmsweise **bei der Geschäftsfähigkeit** gem. § 104 Ziffer 2 auf einen bestimmten gegenständlich – nicht schwierigkeitsmäßig – abgegrenzten Bereich von Angelegenheiten beschränken (**sog. partielle Geschäftsunfähigkeit**), so z.B. Querulantenwahn für die Prozessführung oder krankhafte Eifersucht im Bereich der Ehe. Die partielle Geschäftsunfähigkeit ist dann auf diesem Gebiet allgemein, sodass alle darauf gerichteten Willenserklärungen nichtig sind. 13

f) Partielle und abgestufte Testierfähigkeit

Dagegen lehnt die h.M. in Rechtsprechung und Literatur[60] sowohl eine **partielle Testierfähigkeit,** d.h. für einen bestimmten, gegenständlich abgegrenzten Lebensbereich – wie bei der Geschäftsfähigkeit – als auch eine nach Schwierigkeitsgraden **abgestufte (relative) Testierfähigkeit,** d.h. dass der Erblasser zur Errichtung eines schwierigen Testaments nicht mehr fähig wäre, wohl aber zur Errichtung eines einfacheren, ab. Die Ablehnung wird damit begründet, dass die Anerkennung einer partiellen oder abgestuften Testierfähigkeit zu einer großen Rechtsunsicherheit führen würde, da es zu erheblichen Abgrenzungsschwierigkeiten hinsichtlich des Schwierigkeitsgrades des Testaments und des Maßes der dem Testierenden zuzubilligenden Einsichtsfähigkeit kommen würde. Auch sei psychiatrisch eine Abgrenzung partieller Bereiche, in denen eine Testierfähigkeit besteht, von solchen, in denen eine Testierunfähigkeit besteht, bei Dementen kaum möglich.[61] Der Erblasser könne daher nur testierfähig oder nicht testierfähig sein.[62] 14

Dem kann aus den unter Rn 5 dargelegten Gründen mit der dort zitierten Mindermeinung nicht gefolgt werden. Für die Anerkennung einer relativen Testierunfähigkeit spricht weiter das Argument,[63] man müsse sonst ein Testament gelten lassen, dessen Inhalt der Testator verstandesmäßig nicht erfasst habe, nur weil er einfache Geschäfte noch vornehmen konnte, auch wenn es bei notariellen Testamenten kaum praktisch werden kann, da dem Notar seine Aufklärungs- und Belehrungspflicht nach § 17 Abs. 1 BeurkG verbietet, ein Testament zu beurkunden, das der Testator in seiner rechtlichen Bedeutung und wirtschaftlichen Tragweite nicht hinreichend verstandesmäßig erfasst 15

---

[56] BGH NJW 1953, 1342 = DNotZ 1953, 595; BGH NJW 1970, 1680, 1681 = DNotZ 1970, 656; BGH FamRZ 1984, 1003 = WPM 1984, 1063; BGH FamRZ 1988, 768.

[57] BayObLGZ 2001, 289, 295.

[58] BGH NJW 1953, 1342.

[59] BVerfG NJW 2003, 1382; BGHZ 18, 184, 186f. = NJW 1955, 1714; BGHZ 30, 112, 117 = NJW 1959, 1587; BGH NJW 1970, 1680, 1681; BayObLG 1992, 2100, 2101; Bamberger/Roth/Wendtland § 104 Rn 11; Palandt/Ellenberger § 104 Rn 6; Gebauer AcP 153, 332.

[60] BGH NJW 1953, 1342 = DNotZ 1953, 595; BGHZ 30, 112, 117 = NJW 1959, 1587; BGH NJW 1961, 261; BGH NJW 1970, 1680 = DNotZ 1970, 656; BGH WPM 1975; 1280; KG FamRZ 1969, 440; BayObLGZ 1991, 59 = NJW 1992, 248 = DNotZ 1991, 904, unter ausdrücklicher Abkehr von BayObLG FamRZ 1985, 539 = Rpfleger 1984, 467; Palandt/Edenhofer § 2229 Rn 1; Weser MittBayNot 1992, 161, 169; a.M. BGHZ 18, 184; OLG Köln NJW 1960, 1389; Flume, Allg. Teil, § 13, 5; /Voit in R/B/M § 2229 Rn 16; MünchKomm/Hagena § 2229 Rn 16.

[61] Wetterling/Neubauer/Neubauer ZEV 1995, 46, 50.

[62] OLG München ZEV 2008, 37, 39 = FGPrax 2007, 234 = FamRZ 2008, 112; BayObLGZ 1991, 59.

[63] Flume, Allg. Teil, Bd. II, 1965, § 13, 5, S. 188.

hat. Bei einem dem Testator von interessierter Seite vorformulierten eigenhändigen Testament ist jedoch die in der h. M. begründete Gefahr der Erbschleicherei nicht von der Hand zu weisen.

3. Die eingeschränkte Testierfähigkeit und die faktische Testierunfähigkeit

a) Eingeschränkte Testierfähigkeit

16 Lediglich in bestimmter Weise können testieren:

- Minderjährige, die das 16. aber noch nicht das 18. Lebensjahr vollendet haben, können nur durch Erklärung oder Übergabe einer offenen Schrift vor einem Notar testieren (§ 2233 Abs. 1) und können daher kein eigenhändiges Testament errichten (§ 2247 Abs. 4). Sie bedürfen allerdings auch nicht der Zustimmung ihres gesetzlichen Vertreters (§ 2229 Abs. 2).
- Wer nicht lesen kann, darf sein Testament nur durch Erklärung vor einem Notar errichten (§ 2233 Abs. 2) und kann daher kein eigenhändiges Testament errichten (§ 2247 Abs. 4).
- Wer nicht schreiben kann, ist gehindert, ein eigenhändiges Testament zu errichten (§ 2247 Abs. 1). Blindenschrift genügt nicht.
- Ein Stummer, der schreiben kann, darf ein öffentliches Testament nur durch Übergabe einer Schrift errichten (§ 2233 Abs. 3) oder – seit der Gesetzesänderung ab 1. 8. 2002 – auch durch sonstige, nonverbale Erklärung gegenüber dem Notar (§ 2232 Satz 1 1. Alt.).[64] Er kann natürlich auch ein eigenhändiges Testament errichten.

b) Faktische Testierunfähigkeit

17 Nach der Gesetzeslage vor dem 1. 8. 2002 waren, da sie die vorgeschriebenen Förmlichkeiten nicht zu erfüllen konnten, folgende Personengruppen faktisch testierunfähig:

- Stumme, die schreibunfähig waren (§§ 2233 Abs. 3 BGB a.F., 31 BeurkG a.F.) selbst, wenn sie lesen konnten, und Stumme, die zwar schreiben aber nicht lesen konnten (§ 2233 Abs. 2), etwa weil sie blind waren. Ihnen konnte allerdings bereits früher u. U. durch Kombination eines Erbvertrages mit einem Ehevertrag geholfen werden, für die die Form des Ehevertrages genügt (§ 2276 Abs. 2), sodass nach § 24 BeurkG die Verständigung mittels einer Vertrauensperson zulässig wurde.
- Taube, die zwar nicht stumm waren, mit denen man sich aber weder schriftlich noch durch eine Vertrauensperson verständigen konnte (§ 24 Abs. 1 BeurkG).
- Ein Minderjähriger, der stumm war und nicht schreiben konnte (§§ 2233 Abs. 3, 31 BeurkG a.F.).

18 Die Gesetzeslage hatte zur Folge, dass ein Stummer, der nicht schreiben konnte, etwa wenn er blind war oder Analphabet, selbst wenn er testierfähig war, wegen der §§ 2233 Abs. 3 BGB, 31 BeurkG nicht testieren konnte, da § 31 BeurkG zwingend vorschrieb, dass er eigenhändig schreiben müsse, dass die übergebene Schrift seinen letzten Willen enthalte. Dies konnte nicht durch eine Verständigung mit ihm durch eine Vertrauensperson gem. § 24 BeurkG ersetzt werden, da der seit 1. 8. 2002 aufgehobene § 31 BeurkG als Spezialvorschrift für Verfügungen von Todes wegen dem § 24 BeurkG vorging. Dagegen wurden in der Literatur bereits seit einiger Zeit verfassungsrechtliche Bedenken vorgebracht.[65] Das Bundesverfassungsgericht hat durch Beschluss vom 19. 1. 1999 die §§ 2232, 2233 BGB, 31 BeurkG insoweit für **verfassungswidrig** erklärt, als sie generell **schreib- und sprechunfähige Personen** von der Testiermöglichkeit ausschließen, da das gegen die Erbrechtsgarantie des Art. 14 Abs. 1 GG sowie gegen den allgemeinen Gleichheitssatz des Art. 3 Abs. 1 GG und das Benachteiligungsverbot für Behinderte in Art. 3 Abs. 3 Satz 2 GG verstößt.

---

[64] Eingehend zur Abschaffung des Mündlichkeitserfordernisses durch das OLGVertrÄndG v. 23. 7. 2002 BGBl. I S. 2850: MünchKomm/Hagena § 2232 Rn 2.

[65] Rossak MittBayNot 1991, 143; ders. ZEV 1995, 236; Ertl MittBayNot 1991, 969.

Hierauf hat der Gesetzgeber mit Wirkung ab 1. 8. 2002 reagiert und das Mündlichkeitserfordernis insgesamt (lediglich mit Ausnahme des Dreizeugentestaments) abgeschafft. 19

Bei Behinderten oder gar Mehrfachbehinderten ist der **Feststellung der Testierfähigkeit** durch den Notar (§§ 4, 11 Abs. 1, 17 Abs. 2 Satz 2, 28 BeurkG) und dem Vermerk seiner Wahrnehmungen in der Niederschrift selbst (§§ 11, 28 BeurkG) größte Bedeutung beizumessen. 20

4. Fähigkeit zum Abschluss eines Erbvertrages

Als Erblasser kann einen Erbvertrag nur schließen, wer unbeschränkt geschäftsfähig ist (§ 2275 Abs. 1).[66] Ein Erbvertrag, den ein geschäftsunfähiger (§ 104) oder beschränkt geschäftsfähiger (§§ 106, 114) Erblasser schließt, ist nichtig.[67] Eine Ausnahme dieser Regel bilden gem. § 2275 Abs. 2, 3 Ehegatten und Verlobte (auch i. S. § 1 Abs. 3 LPartG). Sie können, auch wenn sie beschränkt geschäftsfähig sind, mit ihren Ehegatten oder Verlobten einen Erbvertrag schließen (§ 2275 Abs. 2 u. 3). Sie bedürfen dazu jedoch der Zustimmung ihres gesetzlichen Vertreters und wenn dies ein Vormund ist, zusätzlich der Genehmigung des Familiengerichts (§ 2275 Abs. 2 Satz 2). Für die Zustimmung des gesetzlichen Vertreters gelten die §§ 108, 109, 182 ff. Sie kann daher formlos, sowohl vor dem Abschluss des Erbvertrages als auch nachträglich und sowohl gegenüber dem beschränkt Geschäftsfähigen als auch seinem Vertragspartner, d. h. seinem Ehegatten oder Verlobten, gegenüber erklärt werden.[68] Nach dem Tod des Erblassers kann der Erbvertrag weder genehmigt noch ihm zugestimmt werden.[69] Die Anordnung der Betreuung und zwar auch mit Einwilligungsvorbehalt beschränkt gemäß § 1903 Abs. 2 für sich allein nicht die Fähigkeit zur Errichtung eines Erbvertrages.[70] Die Beurkundung eines Erbvertrags unter Ehegatten oder Verlobten darf nicht deswegen abgelehnt werden, weil die Zustimmung des gesetzlichen Vertreters noch nicht vorliegt.[71] Die Formerleichterungsvorschrift des § 2276 Abs. 2 hat infolge der zwischenzeitlich erfolgten Änderungen der Anforderungen an die Form von Erbverträgen ihre Bedeutung praktisch eingebüßt[72] Bei Verheirateten kann, da die Ehemündigkeit gem. § 1303 Abs. 2 erst ab dem 17. Lebensjahr beginnt, durch diese Ausnahmevorschrift der Zeitpunkt der Testierfähigkeit gem. § 2229 nicht vorverlegt werden, wohl aber bei Verlobten, weil Ehemündigkeit zum Verlöbnis nicht erforderlich ist,[73] da zur Gültigkeit einer Verlobung Einsichtsfähigkeit genügt, wenn auch im Hinblick auf die wirtschaftlichen Risiken des Verlöbnisses die Zustimmung des gesetzlichen Vertreters erforderlich ist.[74] Streitig ist, ob derjenige, der zwar testierunfähig, aber nach § 2275 Abs. 2 oder 3 fähig ist, einen Erbvertrag wirksam zu schließen, in diesem Erbvertrag auch einseitige Verfügungen von Todes wegen treffen kann. Die jetzt wohl überwiegende Meinung bejaht diese (nach der Änderung des Betreuungsrechts allenfalls noch für unter 16 Jahre alte Verlobte relevante) Frage zu Recht und wendet auch auf einseitige Verfügungen von Todes wegen die Vorschriften von § 2275 Abs. 2 und 3 an.[75] Für die Geschäftsfähigkeit des anderen Vertragsschließenden 21

[66] BayObLG Rpfleger 1982, 286; BayObLG FamRZ 1984, 1003.
[67] MünchKomm/Musielak § 2275 Rn 3.
[68] Bengel in R/B/M § 2275 Rn 5.
[69] BGH NJW 1978, 1159; MünchKomm/Musielak § 2275 Rn 8 u. § 2276 Rn 6; zweifelnd BayObLGZ 1959, 370, 377.
[70] Weser MittBayNot 1992, 161, 170.
[71] Staudinger/Kanzleiter § 2275 Rn 7; Bamberger/Roth/Litzenburger § 2275 Rn 6; J. Mayer in R/B/M § 2275 Rn 10; a. A. Palandt/Edenhofer § 2275 Rn 2 (außer bei Gefahr in Verzug).
[72] MünchKomm/Musielak § 2276 Rn 9; Bamberger/Roth/Litzenburger § 2276 Rn 9.
[73] Staudinger/Kanzleiter § 2275 Rn 4; J. Mayer in R/B/M § 2275 Rn 6.
[74] Palandt/Brudermüller Einf. Vor § 1297 Rn 1.
[75] MünchKomm/Musielak § 2299 Rn 4; J. Mayer in R/B/M § 2299 Rn 11; a. A. Palandt/Edenhofer § 2299 Rn 1.

gelten die allgemeinen Vorschriften der §§ 104 ff., d.h. wenn er geschäftsunfähig ist, kann sein Vertreter für ihn das Vertragsangebot annehmen, und wenn er beschränkt geschäftsfähig ist, benötigt er keine Zustimmung seines gesetzlichen Vertreters, da für ihn durch den Vertrag weder Rechte noch Pflichten begründet werden, § 107.[76] Somit ist das Geschäft für ihn rechtlich neutral oder er erlangt – wenn man die Bindung des Testierenden so versteht – sogar einen rechtlichen Vorteil.

5. Maßgeblicher Zeitpunkt

22 Der Erblasser muss bei der Testamentserrichtung (vom Beginn der Errichtung bis zum Abschluss des Vorgangs) testierfähig sein. Testierunfähigkeit zu einem früheren oder späteren Zeitpunkt ist grundsätzlich ohne Bedeutung.[77] Ein während der Testierunmündigkeit oder im Zustand der Testierunfähigkeit errichtetes Testament wird nicht durch Mündigwerden oder Erlangung der Testierfähigkeit nachträglich gültig. Es muss vielmehr formell ordnungsgemäß neu errichtet werden, was beim privatschriftlichen Testament zumindest eine erneute Unterzeichnung voraussetzt.[78] Bei notarieller Errichtung des Testaments muss die volle Testierfähigkeit nur bei den Angaben des Erblassers für den Notar vorliegen. Im Zeitpunkt der Verlesung und mündlichen Genehmigung des vom Notar weisungsgemäß erstellten Testaments reicht es aus, wenn der Erblasser noch allgemein die Bedeutung des Testaments erkennen und sich frei entschließen kann. Seine Fähigkeit zur autonomen Inhaltsbestimmung und Formulierung kann, z.B. durch einen zwischenzeitlichen Schlaganfall, getrübt sein.[79] Im Gegensatz zur Testierunfähigkeit wegen Testierunmündigkeit sind Testamente, die von geistesgestörten Personen i.S. von § 2229 Abs. 4 in **lichten Augenblicken** *(lucida intervalla)* errichtet werden, voll wirksam, wenngleich diese nur schwer nachweisbar sein werden.[80] Es liegt somit in solchen Fällen nur eine zeitlich beschränkte Testierunfähigkeit vor, verbunden mit Testierfähigkeit in der übrigen Zeit.[81]

6. Beweis- und Feststellungslast[82]

23 Die Testierfähigkeit eines Erblassers ist mittels einer posthumen ärztlichen Begutachtung nicht immer mit der nötigen Gewissheit nachweisbar.[83] Grundsätzlich trägt derjenige, der unter Berufung auf eine letztwillige Verfügung Rechte geltend macht, für diesen Berufungsgrund im Streitverfahren die Darlegungs- und Beweislast und im FamFG-Verfahren die Darlegungs- und Feststellungslast.[84] Dazu gehört jedoch grundsätzlich nicht der Nachweis der Testierfähigkeit des Erblassers, da diese vermutet wird.[85] Diese Vermutung gilt auch dann, wenn der Erblasser unter Betreuung wegen einer Störung der Geistestätigkeit stand.[86] Die die Testierunfähigkeit begründenden Tatsachen muss der

---

[76] MünchKomm/Musielak § 2275 Rn 6.

[77] Voit in R/B/M § 2229 Rn 18.

[78] Staudinger/Baumann § 2229 Rn 37; MünchKomm/Hagena § 2229 Rn 40.

[79] BGHZ 30, 294 = NJW 1959, 1822.

[80] MünchKomm/Hagena § 2229 Rn 26.

[81] Voit in R/B/M § 2229 Rn 22.

[82] Hierzu insbesondere Klingelhöffer ZEV 1997, 92.

[83] Wetterling/Neubauer/Neubauer ZEV 1995, 46.

[84] BayObLG ZEV 2005, 345, 348 = MittBayNot 2006, 159; Baumgärtel/Laumen/Schmitz § 2229 Rn 1.

[85] BayObLGZ 1979, 256, 261; BayObLG FamRZ 1997, 1511; BayObLG FamRZ 1998, 514; OLG Hamm FamRZ 2004, 659; Palandt/Ellenberger § 104 Rn 8; Kingelhöffer ZEV 1997, 92, 93.

[86] BayObLGZ 1982, 305; BayObLG FamRZ 1994, 593; OLG Frankfurt FamRZ 1996, 635; Klingelhöffer a.a.O.

beweisen, der sich auf die Nichtigkeit der Verfügung von Todes wegen beruft.[87] Diese Beweislastverteilung folgt daraus, dass die Testierunfähigkeit als Ausnahme von der Regel angesehen wird; entsprechend dem Regel-Ausnahmeprinzip ist daher derjenige beweispflichtig, der sich auf die Ausnahme beruft.[88] Der Erblasser ist solange als testierfähig anzusehen, als nicht die Testierunfähigkeit zur Überzeugung des Gerichts feststeht.[89] Die Frage der Beweis- bzw. Feststellungslast stellt sich jedoch erst dann, wenn die zur Feststellung der Tatsachen erforderlichen Ermittlungen und Beweiserhebungen durchgeführt sind und danach unter Berücksichtigung aller wesentlichen Umstände und der für die Feststellung maßgebenden Beweisregeln einschließlich der Grundsätze über den Beweis des ersten Anscheins nicht behebbare Zweifel bleiben.[90] Die Frage der Testierfähigkeit liegt auf tatsächlichem Gebiet und ist daher in der Rechtsbeschwerde- und Revisionsinstanz nur auf Rechtsfehler nachprüfbar.[91] Die pauschale Behauptung der Testierunfähigkeit des Erblassers zum Zeitpunkt der Testamentserrichtung, die nicht durch konkrete Umstände untermauert wird, genügt nicht, um das Nachlassgericht zu weiteren Ermittlungen von Amts wegen zu veranlassen, da ohne Darlegung bestimmter auffälliger Verhaltensweisen oder psychischer Eigenheiten des Erblassers in der Regel keine Ermittlungspflicht besteht.[92] Zur Feststellung der Testierunfähigkeit im Prozess und im Erbscheinsverfahren ist in der Regel nach sorgfältiger Ermittlung des medizinischen Befundes ein neurologisches Sachverständigengutachten erforderlich.[93] Ist die Testierunfähigkeit für die Zeiträume vor und nach der Testamentserrichtung nachgewiesen, so spricht der Beweis des ersten Anscheins für seine Testierunfähigkeit zum Zeitpunkt der Testamentserrichtung und derjenige, der trotzdem Rechte aus dem Testament herleitet, trägt die Beweis- bzw. Feststellungslast für das Vorliegen eines **lichten Moments** *(lucidum intervallum)* im Augenblick der Errichtung der letztwilligen Verfügung.[94] Dabei finden die Grundsätze über den Beweis des ersten Anscheins Anwendung, die auch im FamFG-Verfahren gelten.[95] Ist das Testament, das in einem lichten Moment errichtet sein soll, allerdings undatiert, so ist es nach dem BayObLG[96] gem. § 2247 Abs. 5 unwirksam. Aufgrund der Beweis- bzw. Feststellungslast darf allerdings erst entschieden werden, wenn alle in Betracht kommenden Erkenntnismöglichkeiten ausgeschöpft sind.[97] Zur Beantwortung der Frage, ob im konkreten Fall Testierfähigkeit vorliegt oder vorgelegen hat, ist im Allgemeinen nur ein Nervenarzt (Psychiater oder Neurologe) in der Lage, der den medizinischen Befund der Geistesstörung und ihre Auswirkungen auf die Einsichts- und Willensbildungsfähigkeit feststellen kann, da geistig erkrankte Personen auf Laien

[87] BayObLG FamRZ 1986, 728, 730; BayObLGZ 1982, 309, 312 = Rpfleger 1982, 473 = FamRZ 1983, 99; BayObLGZ 1962, 299, 303 = FamRZ 1963, 461; BayObLG Rpfleger 1980, 189; BayObLG NJW-RR 1990, 202, 203; Grziwotz MDR 1998, 1445, 1446.

[88] Baumgärtel/Laumen/Schmitz § 2229 Rn 1.

[89] BayObLGZ 1975, 212; BayObLG Rpfleger 1980, 189; BayObLGZ 1982, 308, 312; BayObLG Rpfleger 1988, 413, 414.

[90] BayObLG MittBayNot 1995, 56.

[91] BayObLG NJW-RR 1996, 457 = FamRZ 1996, 566; BayObLG ZEV 1997, 125; BayObLG FamRZ 2005, 555.

[92] OLG Hamm FamRZ 1997, 1026 = ZEV 1997, 75.

[93] BGH FamRZ 1984, 1004; OLG Köln FamRZ 1994, 1135 m. w. Nachw.; BayObLG Rpfleger 2005, 341, 342.

[94] BGH NJW 1988, 3011; BayObLG FamRZ 1990, 801, 803; OLG Köln NJW-RR 1991, 1412 = FamRZ 1992, 729 = Rpfleger 1992, 26; BayObLG FamRZ 1994, 1137 = ZEV 1994, 303; Jerschke ZEV 1994, 304 f.

[95] BayObLGZ 1979, 256 = Rpfleger 1979, 422; BayObLG FamRZ 1994, 593.

[96] BayObLG NJW-RR 1996, 1160 = FamRZ 1996, 1438 = ZEV 1996, 390 mit abl. Anm. Jerschke ZEV 1996, 392 und zust. Anm. Roth ZEV 1997, 94.

[97] BayObLGZ 1951, 598; BGH MDR 1963, 751; KG NJW 1961, 2066; OLG Hamm MDR 1967, 496.

unter Umständen einen durchaus normalen Eindruck machen können.[98] Wenn jedoch nach den im Einzelfall gebotenen Ermittlungen dem Gericht keine Zweifel verbleiben, darf es auch ohne Zuziehung eines Nervenarztes die Testierungsfähigkeit verneinen.[99] Der den Erblasser zurzeit der Testamentserrichtung behandelnde Arzt hat auch bezüglich der Umstände, die auf eine Testierunfähigkeit hindeuten, eine über den Tod seines Patienten hinausreichende Schweigepflicht (§ 203 Abs. 4 StGB).[100] Ob und in welchem Umfang er zu ihrer Einhaltung verpflichtet ist, richtet sich in erster Linie nach dem Willen des Erblassers. Hat dieser sich bei Lebzeiten hierzu nicht geäußert, ist sein mutmaßlicher Wille zu erforschen. Dabei geht das Interesse des Erblassers im Allgemeinen dahin, aufkommende Zweifel über seine Testierunfähigkeit nach Möglichkeit auszuräumen, und zwar auch, wenn dies zur Feststellung seiner Testierunfähigkeit führt.[101]

24 Normalerweise ist ein selbständiges Beweisverfahren vor dem Nachlassgericht über die Testierfähigkeit eines noch lebenden Erblasser unzulässig.[102] Denkbar und möglich ist es allerdings, wenn innerhalb eines Erbscheinsverfahrens auf Ableben des erstversterbenden der Eheleute, infolge der Testierunfähigkeit des überlebenden und noch lebenden Ehegatte, wegen der Wechselbezüglichkeit auch die Verfügungen des verstorbenen Ehegatten unwirksam sein könnten.[103]

7. Prüfung, Feststellung und Protokollierung der Testier- und Geschäftsfähigkeit durch den Notar

25 Im Allgemeinen sind Feststellungen über die Geschäftsfähigkeit in der Niederschrift nur zu vermerken, wenn dafür ein besonderer Anlass besteht (§ 11 BeurkG). Bei der Beurkundung einer Verfügung von Todes wegen soll der Notar jedoch nach § 28 BeurkG immer seine Wahrnehmungen über die erforderliche Geschäftsfähigkeit in der Urkunde vermerken. Obwohl es sich bei den §§ 11 Abs. 1 Satz 2, 28 BeurkG um Soll-Vorschriften handelt, sind diese Vermerke vom Notar in die Urkunde selbst aufzunehmen und auch nicht ausnahmsweise außerhalb in einen Aktenvermerk.[104] Infolge einer auf der Menschenwürde des Erblassers gegründeten Rücksichtnahme kann der Vermerk in der Urkunde jedoch auch relativ kurz zusammenfassend sein, wenn eine gesondert erstellte ausführliche Tatsachenfeststellung die Wahrnehmungen des Notars detailliert wiedergibt und der Niederschrift beigefügt wird.[105] Nur die tatsächlichen Wahrnehmungen, die der Notar hinsichtlich der Testierfähigkeit des Testators gemacht hat, werden mit der Beweiskraft des § 415 ZPO bezeugt, nicht dagegen sein Urteil über die Testierfähigkeit des Testators.[106] Der Notar wird auch nicht als (psychiatrischer Hilfs-) Gutachter tätig, sondern seine Feststellungen sollen dem Richter und ggf. dem von diesem zugezogenen Sachverständigen Tatsachenmaterial im Rahmen von deren Prüfung liefern.[107] Diese un-

---

[98] BGH FamRZ 1984, 1003; BayObLG Rpfleger 1985, 239 = FamRZ 1985, 742; OLG Hamm MDR 1967, 496; BayObLG FamRZ 1984, 823.

[99] BayObLG NJW-RR 1990, 1419.

[100] Siehe hierzu eingehend Hülsmann/Baldamus ZEV 1999, 91.

[101] BGHZ 91, 392, 400; BayObLG NJW-RR 1991, 1287; BayObLG NJW 1987, 1492, 1493; KG OLGZ 29, 118, 119.

[102] LG Frankfurt/M Rpfleger 1997, 165.

[103] BayObLG NJW-RR 1996, 457 = FamRZ 1996, 566.

[104] BayObLG DNotZ 1993, 471; MünchKomm/Hagena, § 28 BeurkG Rn 25; Kanzleiter DNotZ 1993, 434, nach dem jedoch auch gesonderte Feststellungen (Aktenvermerke) in die amtliche Verwahrung zu geben sind und nicht in den Nebenakten verwahrt werden dürfen.

[105] Winkler BeurkG § 11 Rn 15 f.; Lichtenwimmer MittBayNot 2002, 240, 244; MünchKomm/Hagena § 28 BeurkG Rn 25.

[106] Vgl. Cording ZEV 2010, 23, 27.

[107] Müller DNotZ 2006, 325, 326; gegen „psychopathologische Kurztests“ durch den Notar aus medizinischer Sicht auch Cording/Foerster DNotZ 2006, 329; a. A. Stoppe/Lichtenwimmer DNotZ 2005, 806.

terliegt im Streitfall der freien Beweiswürdigung (§ 286 ZPO). Beim öffentlichen Testament darf sich der Notar nicht darauf beschränken, in der Urkunde festzustellen, der Testierer sei unbedenklich voll geschäftsfähig, sondern muss nach § 28 BeurkG stets auch aufnehmen, worauf sich seine Überzeugung gründet. Als Wahrnehmungen, die dieser Feststellung dienen, kommen in Betracht der persönliche Eindruck, den der Notar bei der Unterhaltung mit dem Erblasser gewonnen hat, gegebenenfalls aber auch Bekundungen von dessen Angehörigen oder dem behandelnden Arzt.[108] Da das Gesetz (§ 2229) den Begriff der Testierfähigkeit nicht kennt, sollte man ihn auch bei der Feststellung nicht gebrauchen.[109]

Hat der Notar Zweifel an der erforderlichen Geschäftsfähigkeit des Testierers, so hat er sie in der Niederschrift festzulegen (§ 11 Abs. 1 Satz 2 BeurkG). Eine schwere Krankheit des Testierers ist, auch wenn der Notar von dessen Testierfähigkeit überzeugt ist, im Protokoll festzustellen (§ 11 Abs. 2 BeurkG). Bei alten oder schwerkranken Personen sollte der Notar Erkundigungen beim behandelnden Arzt oder dem Stationsarzt im Krankenhaus einholen und das Ergebnis der Niederschrift festhalten.[110] Fehlt dem Testierer nach der Überzeugung des Notars die erforderliche Geschäftsfähigkeit, so soll die Beurkundung abgelehnt werden (§ 11 Abs. 1 Satz 1 BeurkG). Dies sollte jedoch nur geschehen, wenn der Notar die sichere Überzeugung dessen hat, etwa weil der Erblasser bereits in Agonie liegt oder eine Verständigung mit ihm nicht mehr möglich ist. Wenn irgend möglich, sollte der Notar unter Schilderung seiner Wahrnehmungen und Zweifel[111] die Beurkundung vornehmen, um die Bedachten nicht um ihre Chance zu bringen, dass sich in einem späteren Prozess die Zweifel des Notars als unbegründet erweisen. Durch die Beurkundung einer sich später als unwirksam erweisenden letztwilligen Verfügung kann niemand geschädigt werden, wohl jedoch durch eine meist irreparable Verweigerung der Beurkundung.[112] Die Empfehlung muss daher lauten: „In dubio pro testamento."[113] Andererseits kann der Notar für entstandene Prozesskosten haftbar werden, wenn er erkennbare Symptome, die gegen die Testierfähigkeit des Erblassers sprechen, nicht erkennt und/oder nicht in die Niederschrift aufnimmt.[114] 26

8. Übersicht über die Testier- und Erbvertragsfähigkeit

27

	Testierfähigkeit	Erbvertragsfähigkeit
Vor Vollendung des 16. Lebensjahres	testierunfähig (§ 2229 Abs. 1)	nicht erbvertragsfähig – außer wenn gültig verlobt, dann wie nachfolgend vor Vollendung des 18. Lebensjahres – (§§ 2275 Abs. 1, 104, 106)
Nach Vollendung des 16. aber vor Vollendung des 18. Lebensjahres	testierfähig (§ 2229 Abs. 1, 2), jedoch nur in den Formen der §§ 2233 Abs. 1, 2247 Abs. 4	nur Ehegatten u. Verlobte sind mit Zustimmung ihrer gesetzlichen Vertreter erbvertragsfähig (§ 2275 Abs. 2, 3)
Nach Vollendung des 18. Lebensjahres	testierfähig (§ 2233)	erbvertragsfähig (§ 2275 Abs. 1)

[108] MünchKomm/Hagena, § 28 BeurkG Rn 17.
[109] Winkler BeurkG § 28 Rn 10.
[110] Winkler BeurkG § 28 Rn 10; Limmer in R/B/M § 11 BeurkG Rn 17.
[111] Firsching DNotZ 1955, 283, 286.
[112] Limmer in R/B/M § 11 BeurkG Rn 15.
[113] Jerschke ZEV 1994, 305.
[114] OLG Oldenburg DNotZ 1974, 19 ff.

	Testierfähigkeit	Erbvertragsfähigkeit
Bei krankhafter Störung der Geistestätigkeit, Geistesschwäche oder Bewusstseinsstörung	testierunfähig (§ 2229 Abs. 4) Ausnahme: lichte Momente	nicht erbvertragsfähig (§ 2275 Abs. 1, 104 Nr. 2) Ausnahme: lichte Momente
Unter Betreuung stehend (§§ 1806 ff)	testierfähig, sofern nicht § 2229 Abs. 4 vorliegt	erbvertragsfähig, sofern nicht § 2229 Abs. 4 vorliegt

Schrifttum: *Gebauer,* Die Lehre von der Teilgeschäftsunfähigkeit und ihre Folgen, AcP 153 (1954), 333; *Göppiger,* Probleme des Unterbringungsrechts mit Betrachtungen über den juristischen Begriff der Geisteskrankheit und Geistesschwäche, Die Justiz 1968, 148; *Kanzleiter,* Feststellungen über die Geschäftsfähigkeit inner- oder außerhalb der Niederschrift? DNotZ 1993, 434; *Klingelhöffer,* Testierunfähigkeit und ihre Geltendmachung im Nachlaßverfahren, ZEV 1997, 92; *Langelüddeke/Bresser,* Gerichtliche Psychiatrie, 4. Aufl. 1976; *Lichtenwimmer,* Die Feststellung der Geschäfts- und Testierfähigkeit durch den Notar, MittBayNot 2002, 240; *Rossak,* Folgen des verfassungswidrigen Ausschlusses Mehrfachbehinderter von jeglicher Testiermöglichkeit für die notarielle Praxis, ZEV 1999, 254; *Weser,* Die Auswirkungen des Betreuungsgesetzes auf die notarielle Praxis, MittBayNot 1992, 161; *Wetterling/Neubauer/Neubauer,* Psychiatrische Gesichtspunkte zur Beurteilung der Testierfähigkeit Dementer, ZEV 1995, 46.

II. Die Aufgaben und Pflichten der Beratungspersonen bei Verfügungen von Todes wegen

1. Allgemeines

28 Auch bei der Gestaltung einer Verfügung von Todes wegen ist der Notar gem. § 17 Abs. 1 BeurkG verpflichtet, den Willen der Beteiligten zu erforschen, den Sachverhalt zu klären, die Beteiligten über die rechtliche Tragweite des Geschäfts zu belehren und ihre Erklärung klar und unzweideutig in der Niederschrift wiederzugeben. Außerdem soll er darauf achten, dass Irrtümer und Zweifel vermieden sowie unerfahrene und ungewandte Beteiligte nicht benachteiligt werden. Der Rechtsanwalt ist durch den Beratungsvertrag (= Dienstvertrag über Dienste höherer Art, der eine Geschäftsbesorgung zum Gegenstand hat, §§ 627, 675) ebenfalls zu einer umfassenden und möglichst erschöpfenden Belehrung und Beratung verpflichtet, um den Mandanten vor einer möglichen Schädigung zu bewahren.[115] Darüber hinaus ist der Anwalt gehalten, *„die Interessen seines Auftraggebers in den Grenzen des erteilten Mandats nach jeder Richtung umfassend wahrzunehmen“*.[116] Ferner hat er eine gewünschte Vereinbarung eindeutig zu formulieren.[117] An einen Rechtsanwalt werden somit bei der Gestaltung einer Verfügung von Todes wegen ähnliche Anforderungen gestellt wie an einen Notar, sodass die im Folgenden aufgeführten Sorgfaltspflichten der Notare auch für den rechtsgestaltend tätigen Anwalt gelten. Die Pflichten des Rechtsanwalts können allerdings insoweit über die des Notars hinausgehen, als er meist auf Grund des Anwaltsvertrages gehalten ist, seinem Mandanten sämtliche Gestaltungsmöglichkeiten zur Erreichung seines wirtschaftlichen Ziels gutachtlich zu erarbeiten, während der Notar häufig erst tätig wird, wenn die Beteiligten einen bestimmten rechtlichen Weg gewählt haben.[118] Auch ist dem Rechtsanwalt im Gegensatz zum Notar im Rahmen des § 51 a BRAO die Vereinbarung einer Haftungsbegrenzung erlaubt.

[115] BGH DNotZ 1970, 49; BGH NJW 1986, 581; BGH NJW 1988, 566; BGH NJW 1991, 2079; Lang BB 1988 Beil. Nr. 9 S. 3; Odersky NJW 1989, 1, 3; Hübner NJW 1989, 57.

[116] BGH NJW-RR 1990, 1241, 1242.

[117] BGH NJW 1988, 20.

[118] Ganter WPM 1996, 701, 702.

Verletzt ein Notar schuldhaft, d.h. vorsätzlich oder fahrlässig die ihm einem anderen gegenüber obliegenden Amtspflicht, insbesondere eine der in den §§ 17ff. BeurkG niedergelegten, hat er gem. § 19 BNotO diesem den daraus entstehenden Schaden zu ersetzen. Da der Notar – sofern keine (außerordentliche) Nebentätigkeit i.S. § 8 Abs. 3 oder Abs. 4 BNotO in Frage steht – stets hoheitlich tätig wird, haftet er nie vertraglich, sondern immer auf Grund der an die Beamtenhaftung nach § 839 BGB angelehnten Amtshaftung nach § 19 BNotO.[119] Für Notare im Landesdienst in Baden-Württemberg haftet in solchen Fällen gem. Art. 34 GG i.V. mit § 839 BGB das Land, das bei Vorsatz oder grober Fahrlässigkeit bei dem Amtsnotar Rückgriff nehmen kann (§ 96 LBG). Der Rechtsanwalt haftet bei einer schuldhaften Verletzung einer ihm obliegenden Pflicht seinem Mandanten auf Ersatz des ihm daraus erwachsenen Schadens – gleichgültig ob eine Leistungs- oder Nebenpflicht in Frage steht – gem. § 280 Abs. 1, ggf. i.V.m. § 311 Abs. 2 oder Abs. 3.[120] Wagen sich ziviljuristische Laien, z.B. Steuerberater, an die geschäftsmäßige Gestaltung von Verfügungen von Todes wegen, so ist bereits darin, dass sie es unterlassen, sich einer Beratungstätigkeit zu enthalten und ihre Mandanten an einen Rechtsanwalt oder Notar zu verweisen, ein haftungsbegründender Umstand zu erblicken.[121] 29

Die Haftung für Amtspflichtverletzung ist keine Garantie- oder Gefährdungshaftung sondern durch Gesetz und Rechtsprechung in verschiedener Weise eingeschränkt.[122] Zunächst ist die Amtshaftung Verschuldenshaftung. Sie setzt daher objektiv eine Verletzung einer Amtspflicht und subjektiv ein Verschulden voraus (§ 19 Abs. 1 BNotO).[123] Zum Vorsatz gehört dabei neben der Kenntnis der die Amtspflichtwidrigkeit begründenden tatsächlichen Umstände das Bewusstsein, damit gegen eine Amtspflicht zu verstoßen oder doch das der Möglichkeit eines solchen Verstoßes, verbunden mit seiner billigenden Inkaufnahme (bedingter Vorsatz).[124] Fahrlässig handelt ein Amtsträger, wenn er die im Verkehr erforderliche Sorgfalt außer acht lässt (§ 279), d.h. wenn er zwar die Verletzung einer Amtspflicht nicht bemerkt oder erkennt, aber bei gehöriger Aufmerksamkeit und bei Beachtung der für einen pflichtmäßigen Amtsträger im Geschäftsverkehr erforderlichen Aufmerksamkeit hätte erkennen können. Dabei ist nicht der Maßstab eines musterhaften Amtsträgers, sondern der eines durchschnittlich erfahrenen und pflichtbewussten Notars mit den zur Führung des Amtes erforderlichen Kenntnissen anzulegen.[125] Die Rechtsprechung differenziert bei Amtshaftungsprozessen wegen unrichtiger Rechtsanwendung stets danach, welche konkrete Amtsstellung der Beamte einnimmt.[126] Die Anforderungen an die Sorgfaltspflicht des Notars werden dabei von der Rechtsprechung sehr hoch angesetzt.[127] In gewissem Umfang kann sich der Notar dagegen schützen, indem er die anerkannten Regeln der Vertragsgestaltung einhält. Nur wenn von diesen Regeln der Praxis abgewichen wird, kann eine Amtspflichtverletzung angenommen werden.[128] Eine objektiv unrichtige Gesetzesauslegung oder Rechtsanwendung ist dann schuldhaft, wenn sie gegen den klaren, bestimmten und eindeutigen Wortlaut der Norm verstößt oder wenn die bei ihr aufgetretenen Zweifelsfragen durch die höchstrichterliche Rechtsprechung geklärt sind.[129] Dabei kann bereits eine einzige Entscheidung eines 30

119 BGH WPM 1987, 1205; Schramm in Schippel/Bracker § 19 Rn 4.
120 Palandt/Grüneberg § 280 Rn 66; Borgmann in Borgmann/Jungk/Grams, V Rn 3 ff.
121 BGH NJW 1986, 1050.
122 BGH DNotZ 1978, 175; Haug DNotZ 1972, 388, 477.
123 Schramm in Schippel/Bracker § 19 Rn 50.
124 BGH DNotZ 1973, 494 = VersR 1973, 443; BGH VersR 1984, 379 m. Anm. Deutsch S. 553.
125 BGH NJW 2005, 3495, 3496; BGH DNotZ 2001, 49, 54; Scheffler NJW 1961, 583; Schramm in Schippel/Bracker § 19 Rn 51.
126 BGH NJW 1979, 2097.
127 BGH MDR 1970, 998 = VersR 1970, 932.
128 Reithmann FS „125 Jahre Bayerisches Notariat“, 1987, S. 183.
129 BGHZ 30, 19, 22; BGH MDR 1980, 38, 39.

Obersten Bundesgerichts diese Klärung herbeigeführt haben.[130] Bestehen bei einem Notar bei ungeklärter Rechtslage Zweifel an der Wirksamkeit des Geschäfts, hat er seine rechtlichen Bedenken mit den Beteiligten zu erörtern und die Belehrung in der Niederschrift zu vermerken (§ 17 Abs. 2 BeurkG).[131] Zu beachten ist, dass sich das für die Amtspflichtverletzung des Amtsträgers erforderliche Verschulden (Vorsatz oder Fahrlässigkeit) nur auf die Amtspflichtverletzung selbst, nicht auch auf den Kausalzusammenhang zwischen ihr und dem Schaden, d.h. auf die Schadensfolge zu beziehen braucht.[132]

31 Das Verschulden des Amtswalters hinsichtlich einer objektiv gegebenen Amtspflichtverletzung konnte bisher grundsätzlich von einer höheren Gerichtsinstanz nicht mehr bejaht werden, wenn ein mit mehreren Rechtskundigen besetztes Kollegialgericht auf Grund sorgfältiger Prüfung des Sachverhalts das betreffende Verhalten des Amtswalters als objektiv pflicht- und rechtmäßig gebilligt hat (**„entschuldigende Wirkung von Kollegialgerichtsentscheidungen“**).[133] Ausnahmen hiervon machte bisher die Rechtsprechung, wenn das Kollegialgericht von einem unrichtigen Sachverhalt ausgegangen ist[134] oder den Sachverhalt nicht erschöpfend gewürdigt hat,[135] oder das Vorgehen des Amtsträgers aus Rechtsgründen gebilligt hat, die er selbst nicht erwogen hat,[136] oder die Entscheidung des Kollegialgerichts bereits mit mangelndem Verschulden begründet war,[137] oder das Kollegialgericht eine eindeutige Bestimmung handgreiflich falsch ausgelegt hat (offensichtlicher und eklatanter Rechtsirrtum),[138] oder sich das Gericht „bereits in seinem Ausgangspunkt von einer rechtlich verfehlten Betrachtungsweise nicht hat freimachen können“[139] oder es sich um rechtliche Spezialfragen handelt, mit denen nicht das Gericht, wohl aber der Beamte in besonderem Maße vertraut ist.[140] Bei diesen vielen Ausnahmen, dürfte die Regel zur Leerformel verkommen sein und es ist daher kein Wunder, wenn sich die Stimmen häufen, die sie völlig in Frage stellen.[141]

32 Eine Schadensersatzpflicht aus Amtspflichtverletzung entsteht nur, wenn zwischen ihr und dem Schaden ein ursächlicher Zusammenhang im natürlichen Sinn besteht, d.h. wenn die Pflichtverletzung nicht weggedacht werden kann, ohne dass der Schaden entfällt *(condicio sine qua non)*. Eine weitere Einschränkung besteht darin, dass der Amtsträger, wie auch sonst im Zivilrecht, nur für „adäquate“ Folgen seiner Amtspflichtverletzung verantwortlich ist.[142] Ein adäquater Zurechnungszusammenhang besteht nur, wenn eine Tatsache im Allgemeinen und nicht nur unter besonders eigenartigen, ganz unwahrscheinlichen und nach dem regelmäßigen Verlauf der Dinge außer Betracht zu lassenden Umständen zur Herbeiführung eines Erfolges geeignet war.[143] Auszugehen ist dabei von einer *„nachträglichen objektiven Prognose“* eines *„optimalen Beobachters“* auf Grund

---

[130] BGH NJW 1963, 1453, 1454; OVG Münster NJW 1979, 2061, 2063.

[131] Köhler FS „125 Jahre Bayerisches Notariat“, 1987, S. 197ff.; Kanzleiter DNotZ 1987, 698.

[132] BGHZ 34, 375, 381; BGH VersR 1981, 256, 258; BGH VersR 1984, 68; BayObLG VersR 1984, 990.

[133] RG DNotZ 1938, 248, 252; BGH NJW 1982, 36, 37; BGH NJW 1986, 576, 578; BGH NJW 1988, 1143, 1144 = DNotZ 1988, 383; BGH NJW 1989, 102.

[134] BGHZ 117, 240, 250.

[135] BGH NJW 1990, 3206, 3207; BGH NJW 2005, 3495, 3497.

[136] BGH NJW 1982, 36, 37.

[137] BGH DNotZ 1963, 308, 311; BGH WPM 1980, 935, 937; Hill WPM 1982, 890, 894.

[138] RG DNotZ 1938, 248, 252; BGHZ 17, 153, 158; BGHZ 27, 338, 343; BGH VersR 1983, 399; OLG Köln DNotZ 1985, 769, 772 m. abl. Anm. Rinsche.

[139] BGH NJW 1989, 96, 99.

[140] BGH NJW 1962, 793, 794; BGH NJW 1971, 1699, 1701; Bender JZ 1986, 843.

[141] Ganter DNotZ 1998, 851, 861 f. m.w. Nachw.

[142] MünchKomm/Papier § 839 Rn 276; Bender, JZ 1986, 843; Schramm in Schippel/Bracker § 19 Rn 75ff.; BGH VersR 1985, 358.

[143] BGHZ 3, 261; BGHZ 63, 189, 191; BGH VersR 1980, 649; BGH NJW 1986, 1329 = ZIP 1985, 1143.

aller zum Zeitpunkt des Ereignisses objektiv erkennbaren sowie darüber hinaus der dem Urheber subjektiv bekannten Umstände.[144] Die Ursächlichkeit (Kausalität) einer in einem Unterlassen bestehenden Amtspflichtverletzung für einen Schaden ist dabei unbeschadet gewisser Beweiserleichterungen bei typischen Geschehensabläufen nur gegeben, wenn das in jeder Hinsicht amtspflichtmäßige Verhalten den Eintritt des Schadens nicht nur möglicherweise, sondern mit an Sicherheit grenzender Wahrscheinlichkeit verhindert hätte.[145] Das Regulativ der sozialadäquaten Verursachung wird von der Rechtsprechung durch die aus § 823 Abs. 2 entwickelte sog. Schutzzwecklehre teils erweitert, teils eingeschränkt.[146] Nach ihr lösen einerseits nur solche adäquat verursachte Schäden eine Ersatzpflicht aus, vor denen die betreffende Haftungsnorm oder der Vertragszweck gerade schützen will,[147] andererseits kann aber im Rahmen des Schutzbereichs der Norm ein Anspruch trotz fehlender Adäquanz auch hinsichtlich eines *„unwahrscheinlichen"* Schadens gegeben sein.[148] Die Ursächlichkeit einer Amtspflichtverletzung kann auch aus dem Gesichtspunkt des rechtmäßigen Alternativverhaltens entfallen, wenn der durch die Amtspflichtverletzung verursachte Schaden auch eingetreten wäre, wenn sich der Amtsträgers recht- und pflichtmäßig verhalten hätte,[149] jedoch wiederum nur, wenn der Schutzzweck der verletzten Norm nicht trotzdem eine Entschädigung gebietet, was beim Notar der Fall sein soll, der unter Verletzung grundlegender Verfahrensvorschriften einen Beurkundungsfehler begangen hat.[150] Trotz fehlender Adäquanz bzw. bei rechtmäßigem Alternativverhalten wird der Zurechnungszusammenhang somit vom BGH bejaht, wenn die Auswirkungen der Amtspflichtverletzung in den Bereich der Schäden fallen, denen die spezielle Amtspflicht gerade vorbeugen will. Der adäquate Ursachenzusammenhang kann auch fehlen, wenn der Geschädigte selbst in ungewöhnlicher und unsachgemäßer Weise in den Geschehensablauf eingegriffen und eine weitere Ursache gesetzt hat (sog. psychisch vermittelte Kausalität), die den Schaden erst endgültig herbeiführt, es sei denn für seine auf einem freien Entschluss beruhende Zweithandlung bestand ein rechtfertigender Anlass oder sie wurde durch das haftungsbegründende Ereignis herausgefordert (Herausforderungscharakter) und stellt eine nicht ungewöhnliche Reaktion auf dieses Ereignis dar.[151] Dieselben Grundsätze gelten nach der Rechtsprechung auch, wenn der endgültige Schaden erst durch die auf einem freien Willensentschluss eines Dritten beruhende Handlung herbeigeführt wurde.[152]

Auch im Amtshaftungsrecht kann ein mitwirkendes Verschulden (§ 254) des Geschä- 33
digten die Schadensersatzpflicht mindern oder in seltenen Fällen ganz wegfallen lassen.[153] Der Geschädigte muss sich dabei auch im Rahmen einer vertragsähnlichen öffentlich-rechtlichen Beziehung in entspr. Anwendung von § 278 das Mitverschulden seiner

---

[144] BGHZ 3, 261, 266 f.; v. Caemmerer NJW 1956, 571; MünchKomm/Oetker § 249 Rn 106.

[145] BGHZ 64, 46, 51 = NJW 1975, 824, 825; BGH NJW 1961, 868, 870; BGHZ 7, 198; BGH DNotZ 1989, 48; BGH DNotZ 1986, 406 = NJW 1986, 576.

[146] Sieg BB 1988, 1609; eingehend MünchKomm/Oetker § 249 Rn 104 ff.

[147] Lange JZ 1976, 198 ff.; Sieg BB 1988, 1609, 1610; BGHZ 70, 374, 376 = NJW 1978, 1005 = DNotZ 1978, 503; BGHZ 106, 323, 331; BGH MDR 2003, 1113; BGH NJW 2005, 742, 743.

[148] Sieg BB 1988, 1609, 1610; BGH NJW 1982, 572 = DNotZ 1982, 498 m. abl. Anm. Hanau; Hill WPM 1982, 890, 895.

[149] BGHZ 96, 157, 172; BGH DNotZ 1989, 48.

[150] BGH NJW 1982, 572 = DNotZ 1982, 498 m. abl. Anm. Hanau; BGHZ 96, 157, 170 ff. = DNotZ 1986, 406 m. abl. Anm. Hanau = NJW 1986, 576, 579; OLG Düsseldorf 1988, 393.

[151] BGH NJW 1988, 1143 = DNotZ 1988, 383; BGH NJW 1988, 1262 = DNotZ 1989, 41; BGH NJW 1989, 99, 100; BGH NJW 1991, 1109; BGH NJW 1993, 1587; BGH NJW-RR 2001, 1639 m. w. N.; BGH NJW 2002, 1655; Eylmann/Vaasen/Frenz § 19 BNotO Rn 32; Schramm in Schippel/Bracker § 19 Rn 83.

[152] BGH NJW 1986, 1329; BGH NJW-RR 1990, 204; Zimmermann JZ 1980, 10, 14 ff.

[153] BGH NJW 1993, 1587; BGH NJW 1996, 464; BGH NJW-RR 2001, 1428; Eylmann/Vaasen/Frenz § 19 BNotO Rn 45 ff.; Schramm in Schippel/Bracker § 19 Rn 102 ff.

Hilfsperson (gesetzliche Vertreter und Erfüllungsgehilfen) anrechnen lassen,[154] desgleichen das seiner Verrichtungsgehilfen i.S. von § 831.[155] Da der Notar seine Amtspflichten jedoch in eigener Person zu erfüllen hat, lastet ihm die Rechtsprechung auch bisher schon ein Fehlverhalten seines Büropersonal wegen der ungenügenden Büroorganisation oder eines Auswahl- und Überwachungsverschuldens an.[156] Seit der Grundsatzentscheidung des BGH vom 23. 11. 1995[157] haftet der Notar nach § 278 für Pflichtverletzungen von Hilfspersonen. Ein besonderer Fall mitwirkenden Verschuldens ist für die Amtspflichtverletzung in den §§ 839 Abs. 3 BGB, 19 Abs. 1 Satz 3 BNotO geregelt, wonach die schuldhafte Versäumung eines Rechtsmittels gegen die Pflichtverletzung jeden Schadensersatz vollständig ausschließt.[158] Rechtsmittel sind dabei nicht nur alle Rechtsbehelfe, sondern auch Gegenvorstellungen, Erinnerungen an die Erledigung des Amtsgeschäfts,[159] Mahnungen, formlose Beschwerden und Dienstaufsichtsbeschwerden[160] und somit auch die Beschwerde gegen die Amtsverweigerung eines Notars gem. § 15 Abs. 1 BNotO an die Beschwerdekammer des Landgerichts.[161]

34 Gem. §§ 839 Abs. 1 Satz 2 BGB, 19 Abs. 1 Satz 2 BNotO haftet ein Beamter bzw. Notar bei bloßer Fahrlässigkeit für eine Amtspflichtverletzung nur, wenn der Geschädigte **nicht auf andere Weise Ersatz erlangen kann.**[162] Als maßgeblicher Zeitpunkt für das Vorliegen einer anderweitigen Ersatzmöglichkeit ist grundsätzlich die Erhebung der Notarhaftungsklage anzusehen.[163] Der Geschädigte muss auch diese negative Anspruchsvoraussetzung darlegen und beweisen.[164] Dieses Verweisungsprivileg des Notars steht allerdings unter dem Vorbehalt, dass die Geltendmachung der anderweitigen Ersatzmöglichkeit für den Geschädigten zumutbar sein muss.[165] Für Notare gilt diese Haftungssubsidiarität allerdings nicht bezüglich ihrer Verwahrgeschäfte gem. § 23 BNotO und ihren außerhalb der Urkundstätigkeit übernommenen Betreuungsgeschäften gem. § 24 BNotO.[166] Für diese Geschäfte besteht allerdings grundsätzlich auch keine Pflicht zur Amtsübernahme.[167] Als anderweitige Ersatzpflichtige können vor allem Vorstandsmitglieder, Angestellte, Pfleger, Betreuer, Vormünder und Rechtsbeistände des Geschädigten in Frage kommen[168] aber auch beratende Rechtsanwälte und Makler.[169] Soweit solche Personen jedoch ihrerseits als mittelbar Beteiligte in den Schutzbereich des § 19 Abs. 1 Satz 1 BNotO einbezogen sind,[170] weil sie dem Notar (auch) eigene Belange anvertraut hatten, stellen sie faktisch keine anderweitige Ersatzmöglichkeit dar, weil ihnen ja ihrer-

---

[154] BGH DNotZ 1981, 775, 777.

[155] BGHZ 1, 248, 240 = NJW 1951, 477.

[156] RGZ 162, 24, 29; BGH DNotZ 1958, 33, 37; BGHZ 31, 5, 9; BGH NJW 1989, 586; OLG Köln DNotZ 1975, 369, 379; Pagendarm DRiZ 1959, 133, 134; Pikart WPM 1965, 763.

[157] BGHZ 131, 200 = DNotZ 1996, 581 = JR 1996, 458 m. Anm. Grziwotz; Ganter WPM 1996, 701, 707.

[158] Schramm in Schippel/Bracker § 19 Rn 129, 131.

[159] Haftpflichtecke DNotZ 1974, 600; OLG Bremen NJW-RR 1989, 334; BGH NJW 1997, 2327 = DNotZ 1997, 791 m. Anm. Preuß; OLG Köln MittRhNotK 1996, 67; Schlee ZNotP 1998, 94.

[160] BGH DNotZ 1974, 374; BGH VersR 1985, 281; OLG Bremen DNotZ 1989, 59, 60; Bender JZ 1986, 844; Schramm in Schippel/Bracker § 19 Rn 129.

[161] Ganz abw. daher OLG Karlsruhe „Die Justiz" 1986, 301, 302.

[162] BGH WPM 1987, 1516, 1518.

[163] BGHZ 120, 124, 131 = NJW 1993, 1647; BGH NJW 1993, 2741 = DNotZ 1993, 752; Ganter DNotZ 1998, 851, 863.

[164] BGH NJW 1985, 2027.

[165] BGH DNotZ 1996, 118, 120.

[166] BGH DNotZ 1985, 48; OLG Bremen DNotZ 1989, 59; Haftpflichtecke DNotZ 1981, 105.

[167] Zimmermann DNotZ 1980, 451, 453.

[168] Schramm in Schippel/Bracker § 19 Rn 115.

[169] BGH DNotZ 2004, 362; Schramm in Schippel/Bracker § 19 Rn 114; Haftpflichtecke DNotZ 1981, 109.

[170] Hierzu Schramm in Schippel/Bracker § 19 Rn 23.

seits der Rückgriff auf den Notar möglich wäre.[171] Eine anderweitige Ersatzmöglichkeit kann auch darin liegen, dass sich der Geschädigte durch Anfechtung von Willenserklärungen schadlos halten kann.[172]

Ein gewisses **Korrektiv** der strengen Haftung hinsichtlich notarieller und anwaltschaftlicher Belehrungs- und Beratungspflichten bildet auch die **Beweislastverteilung.**[173] Nach feststehender Rechtsprechung trägt derjenige, der einen Notar oder Rechtsanwalt auf Schadensersatz in Anspruch nimmt, weil dieser seine Pflichten nicht gehörig erfüllt habe, für dieses Unterlassen die Darlegungs- und Beweislast, auch wenn ihm damit der Beweis einer negativen Tatsache aufgebürdet wird.[174] Der Notar braucht nur in den im BeurkG ausdrücklich vorgeschriebenen Fällen einen Vermerk über die erfolgte Belehrung in die Urkunde aufzunehmen[175] und nur falls ein gesetzlich vorgeschriebener Vermerk fehlt, findet eine Umkehr der Beweislast statt.[176] In allen anderen Fällen verbleibt es beim Fehlen eines Vermerks über eine erfolgte Belehrung bei der Beweislast des Anspruchstellers.[177] Allerdings ist der Belehrungsvermerk jeweils zu Beweiszwecken empfehlenswert.[178] Der Belehrungsvermerk sollte allerdings nicht zu allgemein gehalten sein, sondern deutlich und für Laien verständlich.[179] Der Belehrungsvermerk ist nicht zuletzt auch notwendig, weil Rechtsanwälte und Notare sich grundsätzlich gegenüber dem Vorwurf eine gebotene Belehrung unterlassen zu haben nicht mit Nichtwissen (§ 138 Abs. 4 ZPO), sondern nur substantiiert verteidigen dürfen, wollen sie nicht Gefahr laufen, dass das Vorbringen des Klägers nach § 138 Abs. 3 ZPO als zugestanden gilt.[180] Grundsätzlich hat der Geschädigte auch den ursächlichen Zusammenhang zwischen der angeblichen Amtspflichtverletzung und dem behaupteten Schaden (haftungsausfüllende Kausalität) zu beweisen.[181] Hier gewährt ihm jedoch die Rechtsprechung[182] eine Beweiserleichterung in der Weise, dass es dem Notar, der eine gebotene Warnung unterlässt, obliegt, darzulegen, warum der Geschädigte die Warnung nicht beachtet haben würde, obwohl in dem besonderen Fall die Lebenserfahrung dafür spricht (tatsächliche Vermutung bera- 35

[171] BGH NJW-RR 2001, 204; Schramm in Schippel/Bracker § 19 Rn 115.

[172] BGH WPM 1960, 1012, 1013.

[173] Prinz VersR 1986, 317, 319.

[174] Für den Notar: BGH VersR 1968, 1059 = WPM 1968, 1042; BGH VersR 1980, 649; BGH VersR 1985, 144, 145; BGH NJW 1985, 2028, 2029 = DNotZ 1985, 234, 236; BGH DNotZ 1990, 441; OLG Hamm VersR 1980, 683; OLG Hamm VersR 1984, 449, 450; Haftpflichtecke DNotZ 1972, 719; Riederer v. Paar DNotZ 1985, 25, 26; Eylmann/Vaasen/Frenz § 19 BNotO Rn 63; Schramm in Schippel/Bracker § 19 Rn 170; Haug DNotZ 1985, 238; für Rechtsanwälte: BGH NJW 1985, 264; BGH VersR 1987, 684; BGH NJW 1988, 706; Prinz VersR 1986, 319; Lang WPM 1988 Beil. 9 S. 7.

[175] BGH WPM 1990, 115 = DNotZ 1990, 441 m. Anm. Heinemann; BGH WM 1995, 64, 67; OLG Hamm DNotZ 1981, 777; Lichtenberger DNotZ 1988, 543; Eylmann/Vaasen/Frenz § 19 BNotO Rn 64.

[176] OLG Frankfurt NJW 1985, 1129 = VersR 1985, 1094; Haftpflichtecke DNotZ 1972, 719, 720.

[177] BGH WPM 1968, 1042, 1044 = VersR 1968, 1059, 1061; KG DNotZ 1951, 460, 463; OLG Hamm VersR 1980, 683, 684; OLG Hamm DNotZ 1981, 777, 778; Haftpflichtecke DNotZ 1972, 719, 720; Winkler DNotZ 1976, 124.

[178] BGH NJW 1996, 522; OLG Saarbrücken MDR 2002, 1399; Winkler BeurkG § 17 Rn 277; Stauch BWNotZ 1984, 97.

[179] OLG München v. 26. 5. 1970, zitiert bei Haug DNotZ 1972, 484; ähnlich OLG Düsseldorf v. 23. 12. 1981 – 18 U 144, 81 –, ferner eingehend Stauch BWNotZ 1984, 97, 98 f.

[180] Stauch BWNotZ 1984, 97, 101; BGH NJW 1987, 1322, 1323.

[181] BGH NJW 1988, 20; BGH WPM 1988, 905.

[182] BGH DNotZ 1961, 162; BGH NJW 1974, 453, 454; BGHZ 61, 118, 122; BGH VersR 1981, 982, 985; BGH WPM 1981, 1309, 1310; BGH NJW-RR 1999, 1214; BGH NJW-RR 2001, 204; BGH DNotZ 2003, 845; Schramm in Schippel/Bracker § 19 Rn 172; Riederer v. Paar DNotZ 1985, 25, 30 ff. m. w. N.

tungsgemäßen Verhaltens),[183] d.h. die eingetretene Schadensfolge entspricht einem typischen Geschehensablauf. In solchen Fällen eines Wahrscheinlichkeitszusammenhangs ist die Kausalität zwischen Pflichtverletzung und Schaden bereits gegeben, sobald die Amtspflichtverletzung festgestellt ist. Dem Notar obliegt der Gegenbeweis. Im Übrigen gelten für den Beweis des Ursachenzusammenhangs zwischen Pflichtverletzung und Schaden die Erleichterungen des § 287 ZPO.[184]

36 Die strenge Haftung kann die Anwaltschaft in gewissen Grenzen (leichte Fahrlässigkeit, ausreichende Versicherung, ausdrücklicher Hinweis) ausschließen,[185] während den Notaren private Vereinbarungen über eine Haftungsbeschränkung wegen ihrer öffentlich-rechtlichen Stellung nicht erlaubt sind.[186]

2. Allgemeine Pflichten der Notare bei der Beurkundung

37 Die Amtspflichten der Notare sind nur zum Teil gesetzlich geregelt und dann nur teils speziell (§§ 10 bis 13, 18 bis 21 BeurkG und §§ 14, 15, 16, 19a BNotO) meist jedoch in ausfüllungsbedürftigen Generalklauseln (§ 14 BNotO und § 17 BeurkG). In der Hauptsache sind sie jedoch auf Grund dieser Generalklausel und ihrer Vorläufer von der Rechtsprechung entwickelt worden. Die für die Praxis wichtigsten Amtspflichten bei der Beurkundungstätigkeit und hierbei wiederum für die Beurkundung von Willenserklärungen sind in § 17 BeurkG normiert. Sie dienen dazu, bei der notariellen Beurkundung eine ausreichende Beratung und Belehrung sicherzustellen und sind:

a) Pflicht zur Willensermittlung (§ 17 Abs. 1 Satz 1 BeurkG)

38 Zur Erforschung des wahren Willens der Beteiligten hat der Notar zunächst zu ermitteln, was sie rechtsgeschäftlich ernsthaft wollen.[187]

39 Dabei darf er sich nicht ohne weiteres mit äußerlich unbedenklichen Erklärungen der Beteiligten begnügen, er muss vielmehr deren wahren Willen erforschen, sich erklären lassen und danach die Urkunde formulieren.[188]

40 Diese Pflicht des Notars soll gewährleisten, dass Wille und Erklärung übereinstimmen und Irrtümer und Zweifel vermieden werden (§ 17 Abs. 1 Satz 2 BeurkG). Zur Willenserforschung muss der Notar mit den Beteiligten verhandeln. Die Pflicht obliegt ihm persönlich und darf nicht auf andere delegiert werden.[189]

b) Pflicht zur Sachaufklärung (§ 17 Abs. 1 Satz 1 BeurkG)

41 Der Notar kann den Willen der Beteiligten nur dann richtig erfassen und in die passende rechtliche Form kleiden, wenn er den zugrunde liegenden Sachverhalt kennt. Er muss deshalb den Tatsachenkern des Geschäfts aufklären.[190] Das bedeutet allerdings nicht, dass ihm eine dem § 26 FamFG vergleichbare Amtsermittlungspflicht obliegt.[191] Die Sachaufklärung hat vielmehr durch Befragen der Parteien zu erfolgen.[192] Der Notar darf sich dabei grundsätzlich auf die Angaben der Beteiligten verlassen, wenn nicht besondere Umstände Anlass zu Zweifeln geben.[193] Er muss dabei aber bedenken, dass die Beteiligten oft nicht wissen, worauf es für die rechtliche Wirksamkeit und den rechtli-

---

183 BGH NJW 1996, 3009.
184 BGH NJW 1996, 3343; BGH NJW 2000, 734.
185 Prinz VersR 1986, 317, 320 m.w.N.; Terbille in Rinsche/Fahrendorf/Terbille Rn 1836ff.
186 Hübner NJW 1989, 5, 9; Schramm in Schippel/Bracker § 19 Rn 100f. m.w.N.
187 Haug DNotZ 1972, 400.
188 BGH DNotZ 1954, 329; BGH DNotZ 1963, 308; BGH DNotZ 1961, 162.
189 BGH NJW 1995, 1761.
190 BGH NJW 1987, 1266 = JR 1987, 285, 287 m. Anm. Winkler.
191 BGH NJW 1995, 2794; OLG Nürnberg DNotZ 1953, 261; Maurer DNotZ 1977, 497.
192 OLG Frankfurt DNotZ 1985, 244, 245.
193 BGH DNotZ 1976, 629; BGH NJW 1987, 1266 = JR 1987, 285 m. Anm. Winkler; BGH WPM 1992, 527, 529; BGH WPM 1992, 1662, 1667.

chen Erfolg ankommt und dass sie rechtliche Begriffe falsch gebrauchen, sodass er darüber belehren und entsprechende Fragen stellen muss *(Erörterungspflicht)*.[194] Deshalb muss der Notar, um den Sachverhalt und den Willen der Beteiligten zutreffend zu erfassen, sachdienliche Fragen stellen.[195] Die erbrechtlichen Auslegungsvorschriften des BGB können eine Richtschnur dafür geben, in welchem Umfang der Erblasserwille aufgeklärt und in der letztwilligen Verfügung niedergelegt werden muss.[196] Eine ausdrückliche Ermittlungspflicht besteht gem. § 21 BeurkG hinsichtlich des Grundbuchstandes.[197] Spezielle Prüfungspflichten sind dem Notar darüber hinaus in den §§ 10, 11, 12, 18 BeurkG und §§ 27, 28, 29, 35, 36 BNotO auferlegt. Bei einer Verfügung von Todes wegen ist insbesondere aufklärungsbedürftig die Zusammensetzung und Beschaffenheit des mutmaßlichen künftigen Nachlasses (soweit von erkennbarer rechtlicher Bedeutung),[198] die Geschäfts- bzw. Testierfähigkeit des Erblassers,[199] der Güterstand des Erblassers, das Vorhandensein pflichtteilsberechtigter Verwandter und nichtehelicher Abkömmlinge, ferner ob der Erblasser bereits durch Erbvertrag oder wechselbezügliche Verfügung eines gemeinschaftlichen Testaments letztwillig gebunden ist[200] (dies erleichtert künftig die Auskunftserteilung vor dem Zentralen Testamentsregister gem. § 78d Abs. 1 BNotO n.F.) und letztlich bei gegebenem Anlass auch die Staatsangehörigkeit des Erblassers.[201] Zwangsläufig wird meist mit der Willensermittlung und Sachverhaltsaufklärung eine Beratung über die sachgerechte Gestaltung und ihre Alternativen verbunden sein, wobei man jedoch dem Notar einen Beurteilungsspielraum einräumen und seine Verpflichtung dazu auf die anerkannten Vertrags- oder Regelungstypen beschränken muss.[202] Natürlich kann nicht vom Notar verlangt werden, dass er seine Aufklärungsbemühungen hinsichtlich des Sachverhalts irgendwie dokumentiert.[203] Dass er seiner Aufklärungspflicht nachgekommen ist, kann nur aus dem Inhalt der Urkunde und einem – nicht vorgeschriebenen – Belehrungsvermerk indirekt entnommen werden.

c) Belehrungspflicht aus Urkundstätigkeit über die „rechtliche Tragweite" (§ 17 Abs. 1 Satz 1 BeurkG), sog. Rechtsbelehrung

Den an der Beurkundung formell Beteiligten i.S. des § 6 Abs. 2 BeurkG, d.h. primär den erschienenen Personen,[204] im Einzelfall auch den von ihnen ggf. vertretenen Personen gegenüber,[205] die Willenserklärungen abgeben, besteht gem. § 17 Abs. 1 Satz 1 BeurkG die Pflicht des Notars zur Belehrung über die rechtliche Tragweite des Rechtsgeschäfts. Eine solche Pflicht kann ausnahmsweise auch gegenüber anderen Personen bestehen, welche mittelbar Beteiligte sind,[206] insbesondere wer im eigenen Interesse bei der Beurkundung anwesend ist, weil er aus dem beurkundeten Rechtsgeschäft verpflichtet werden oder Rechte erwerben soll,[207] wer von den unmittelbar Beteiligten zu der Beurkundung hinzugezogen wird, um ihn „faktisch einzubinden", ferner, wer sich aus Anlass der Beurkundung an den Notar gewandt hat, und ihm eigene Belange anvertraut **42**

[194] Winkler BeurkG § 17 Rn 213; BGH NJW 1987, 1266 = DNotZ 1987, 450 = JR 1987, 285 m. Anm. Winkler.
[195] BGH WPM 1993, 1513, 1515; BGH NJW 1994, 2283.
[196] Tappmeier NJW 1988, 2714.
[197] Siehe Haftpflichtecke DNotZ 1972, 422.
[198] Siehe oben § 1 Rn 96; Reimann in R/B/M § 17 BeurkG Rn 7.
[199] Reimann in R/B/M § 17 BeurkG Rn 8; siehe oben § 1 Rn 25 f.
[200] Siehe § 11 Rn 1, 4 ff.
[201] BGH DNotZ 1963, 315.
[202] Langenfeld BWNotZ 1990, 101 ff.
[203] Lichtenberger DNotZ 1988, 543.
[204] BGH DNotZ 2004, 843, 844 = MittBayNot 2004, 374; BGH NJW 1993, 2614, 2618 = DNotZ 1995, 494.
[205] Erweiternd z.B. BGH DNotZ 1989, 43, 44; OLG Schleswig NZG 2005, 89, 90.
[206] BGH DNotZ 2004, 843, 844 = MittBayNot 2004, 374.
[207] NJW-RR 1992, 393, 395 = BGH DNotZ 1992, 457.

hat.[208] Im Wort „Tragweite" liegt, auch wenn sie nur die rechtliche sein soll, eine unendlich erscheinende Kausalitätskette. Bei der Beurkundung eines Testaments könnte sich so die Belehrung auf die Erbfolge der Erbeserben nach den eingesetzten Erben erstrecken müssen. Dass dies nicht sein kann und soll, ist allgemein anerkannt.[209] Da die in § 17 Abs. 1 Satz 1 BeurkG festgelegten Pflichten zur Willensermittlung, Sachverhaltsaufklärung und Rechtsbelehrung nur gewährleisten sollen, dass der Notar eine rechtswirksame Urkunde über den wahren Willen der Beteiligten errichtet, findet die Belehrungspflicht über die „rechtliche Tragweite" der beurkundeten Willenserklärung in diesem Zwecke ihre inhaltliche Begrenzung.[210] Das bedeutet, dass diese Belehrungspflicht sich grundsätzlich nicht auf die wirtschaftlichen und steuerlichen Folgen und Risiken des Geschäfts erstreckt, da sie nicht zur „rechtlichen Tragweite" gehören.[211] Demgegenüber muss der Anwalt, anders als der Notar, seinen Mandanten auch über mögliche wirtschaftliche Gefahren des beabsichtigten Geschäfts belehren.[212] Ferner erstreckt sich die Rechtsbelehrung nur auf Hinweise,

- was außer der beurkundeten Willenserklärung **noch erforderlich ist, um den erstrebten rechtlichen Erfolg eintreten zu lassen,** z. B. Grundbuchvollzug, Genehmigungserfordernisse (§§ 18, 19 BeurkG), gesetzliche Vorkaufsrechte, Grundpfandbriefübergabe usw.
- welche **unmittelbaren rechtlichen Folgen** über den erstrebten Erfolg hinaus durch das Rechtsgeschäft eintreten bzw. nicht eintreten, obwohl sie Laien daran zu knüpfen pflegen, z. B. Eintritt in Miet- und Pachtverhältnisse beim Grundstückskauf, Haftung des alten Schuldners trotz befreiender Schuldübernahme.[213]

43 Kurz gesagt, muss der Notar infolge seiner Belehrungspflicht über die „rechtliche Tragweite" des Geschäfts nur für seine rechtliche Gültigkeit einstehen. Über weitergehende (mittelbare) Rechtswirkungen des Rechtsgeschäfts und Rechtsverhältnisse die außerhalb des beurkundeten Rechtsgeschäfts liegen, hat der Notar nur bei Gefährdung eines Beteiligten im Rahmen seiner sog. betreuenden Belehrungspflicht (siehe unten lit. d) zu belehren.[214] Notwendigkeit, Umfang und Inhalt der Belehrung richten sich nach der Persönlichkeit der Beteiligten und den sonstigen Umständen des Einzelfalles. Sie entfällt daher, wenn die Beteiligten die rechtliche Tragweite ohnehin genau kennen.[215] Bei geschäftsfähigen Beteiligten kann davon ausgegangen werden, dass sie sich über Grundbegriffe des Rechtsverkehrs im klaren sind.[216] Auch der einfache und eindeutige Wortlaut der Beurkundung, dessen Tragweite auch für einen juristischen Laien ohne weiteres erkennbar ist, kann eine Belehrung überflüssig machen (Formulierung mit Belehrungswirkung).[217] Der Belehrung über ihre rechtliche Tragweite bedürftige Rechtsgeschäfte sind im erbrechtlichen Bereich[218] vor allem die Bindungswirkung bei Erbverträgen und ge-

[208] BGH DNotZ 1982, 384, 385.

[209] Haug BWNotZ 1971, 104; ders., DNotZ 1972, 407 m. w. N.

[210] BGH DNotZ 1987, 157 = ZIP 1986, 1328 m. w. N.; BGH DNotZ 1988, 383, 384 = NJW 1988, 1143, 114; BGH DNotZ 1989, 45, 46; BGH NJW-RR 1988, 1367; Hill WPM 1982, 890.

[211] BGH DNotZ 1970, 48, 50; BGH NJW 1975, 2016; OLG Celle DNotZ 1973, 504, 505; OLG Hamm MittBayNot 1979, 89, 91; KG DNotZ 1987, 56, 57; OLG Düsseldorf DNotZ 1985, 185, 188; BGH NJW 1995, 2794.

[212] BGH DNotZ 1970, 48, 50 m. w. N.

[213] Reithmann DNotZ 1969, 70, 81 f.

[214] BGHZ 58, 343, 347 = DNotZ 1973, 240; BGH VersR 1968, 1059 = MDR 1968, 1002; BGH NJW 1975, 2016 = DNotZ 1976, 54; BGH NJW-RR 1987, 84, 85 = DNotZ 1987, 157.

[215] OLG Schleswig DNotZ 1972, 561.

[216] OLG Schleswig DNotZ 1972, 561; OLG Celle DNotZ 1983, 58; Winkler BeurkG § 17 Rn 219.

[217] KG DNotZ 1987, 55, 56.

[218] Siehe hierzu Lerch BWNotZ 1997, 53, 58 f.

meinschaftlichen Testamenten[219] und die Möglichkeiten ihrer Aufhebung, die möglichen Pflichtteilsansprüche übergangener gesetzlicher Erben[220] und die Rechtswirkungen der Erbausschlagung.[221]

d) Hinweis- und Warnpflicht auf Grund geschuldeter Betreuung (betreuende Belehrungspflicht)

Der BGH hat die Belehrungspflicht des Notars über die aus Urkundstätigkeit gem. § 17 Abs. 1 Satz 1 BeurkG hinaus stark erweitert. Seit der grundlegenden Entscheidung vom 29. 10. 1953[222] legt der BGH dem Notar aus seiner Betreuungspflicht als Organ der vorsorgenden Rechtspflege heraus eine Sorgfaltspflicht auf, die sich auch auf außerhalb eines beurkundeten Vorgangs liegende rechtliche Erfordernisse erstrecken kann. Sie *„kann dem Notar zur Pflicht machen, den Beteiligten, die ihn in dem Vertrauen darauf angehen, vor nicht bedachten rechtlichen Folgen ihrer beurkundeten Erklärungen oder vor dem Nichteintritt der mit ihren Erklärungen erwarteten Folgen bewahrt zu bleiben, die nötige Aufklärung zu geben. Der Notar als Träger der vorsorgenden Rechtspflege darf es nicht untätig geschehen lassen, dass Beteiligte in die Gefahr eines folgenschweren Schadens geraten, der durch eine mit wenigen Worten zu gebende sachgemäße Belehrung zu vermeiden ist. Eine solche Belehrungspflicht kann jedoch nicht schon dann bestehen, wenn eine Frage, dem Notar erkennbar, für die Beteiligten von besonderer Bedeutung ist. Sie setzt vielmehr voraus, dass besondere Umstände vermuten lassen, einem Beteiligten drohe ein Schaden und der Beteiligte sei sich dessen namentlich wegen mangelnder Kenntnis der Rechtslage nicht oder nicht voll bewusst … Die wirtschaftliche Seite der Erklärung braucht der Notar dagegen im Allgemeinen nicht zu prüfen; erst dann wird er zur Aufklärung verpflichtet, wenn nach den besonderen Umständen des Einzelfalles die Vermutung naheliegt, dass ein Beteiligter aus seiner Erklärung Schaden erleiden werde, sich aber nicht mit Sicherheit ergibt, dass er die Gefahr erkannt hat“.*[223] Diese betreuende Belehrungspflicht wurde früher aus § 17 Abs. 1 Satz 2 BeurkG, jetzt aber allgemein aus § 14 BNotO[224] (Der Notar *„ist nicht Vertreter einer Partei, sondern unparteiischer Betreuer der Beteiligten.“*) abgeleitet. Sie ist insoweit begrenzt, als sie nur eintritt,[225] wenn 44

- es **auf Grund besonderer Umstände des Einzelfalles** nahe liegt, dass **einem Beteiligten** ein – wenn auch wirtschaftlicher – (anwendbarer) **Schaden droht** und der sich dessen aus rechtlichen oder tatsächlichen Gründen nicht oder nicht voll bewusst ist;
- dies dem **Notar bekannt ist oder objektiv erkennbar sein muss**, d.h. ein objektiver Anlass zu einer solchen Vermutung besteht;[226]
- jene besonderen Umstände sich **aus der rechtlichen Gestaltung des Vertragswerkes** oder der Art seiner Durchführung ergeben.[227]

Diese Belehrungspflicht entfällt erst, wenn der Notar mit Sicherheit annehmen kann, dass die Beteiligten die sich für sie ergebenden Gefahren erkennen und nicht schon, 45

[219] BGH DNotZ 1974, 296.

[220] Pagendarm DRiZ 1959, 133; Scheffler MittRhNotK 1967, 427; Reithmann DNotZ 1969, 70, 81.

[221] Haftpflichtecke DNotZ 1974, 597; Lang AnwBl. 1983, 166.

[222] BGH DNotZ 1954, 329, 331.

[223] Ebenso BGHZ 58, 343, 348 = DNotZ 1973, 240 = NJW 1972, 1422, 1424; BGH DNotZ 1987, 157 = NJW-RR 1987, 84; BGH DNotZ 1989, 45, 47 = ZIP 1988, 696; BGH NJW 1993, 330; BGH NJW 1995, 2713, 2794; BGH NJW 1996, 522; BGH NJW 2000, 664.

[224] BGH NJW 1995, 2713; BGH NJW 1995, 2794; Merz FS „125 Jahre Bayerisches. Notariat“, 1987 S. 189; Reithmann FS „125 Jahre Bayerisches. Notariat“, 1987 S. 168; Reithmann NJW 1995, 3370.

[225] Lerch BWNotZ 1997, 53, 55.

[226] BGH MDR 1985, 577.

[227] BGH DNotZ 1967, 323; BGH DNotZ 1967, 446; BGH DNotZ 1969, 173; BGH DNotZ 1976, 54; Haug DNotZ 1972, 474; Ganter NJW 1986, 1017, 1019.

wenn sie sie hätten erkennen müssen,[228] und dass sie auch bei einer Belehrung das Risiko auf sich nehmen würden.

46 Sofern sich die nahe liegende und von den Beteiligten nicht bedachte Gefahr aus der rechtlichen Anlage des zu beurkundenden Geschäfts ergibt, hat der Notar auch über die mit dem Geschäft verbundenen wirtschaftlichen Folgen und Gefahren zu belehren.[229] Während die Rechtsbelehrung sich nie auf die wirtschaftlichen Folgen des beabsichtigten Geschäfts erstreckt, können drohende wirtschaftliche Gefahren durchaus die Hinweis- und Warnpflicht analog § 14 Abs. 1 Satz 2 BNotO auslösen.[230] Der Bundesgerichtshof verlangt aus der allgemeinen Betreuungsverpflichtung heraus nicht nur, dass der Notar auf nicht bedachte rechtliche Folgen hinweist und vor wirtschaftlichen Gefahren warnt, sondern darüber hinaus auch, dass er den Beteiligten andere risikofreie Vertragsgestaltungen vorschlägt, mit denen die aufgezeigten Risiken zu vermeiden sind (Beratungs- und Vorschlagspflicht).[231] Im Urteil v. 23. 3. 1971[232] hat der BGH wohl in einem Sonderfall sogar ohne nahe liegende gefahrbegründende Umstände, d. h. ohne besondere Gefahrenlage, eine Vorschlagspflicht dann bejaht, wenn die Sicherung zugunsten eines Beteiligten nur zweckmäßig erscheint und die zu empfehlende Sicherung dem anderen Beteiligten ohne weiteres angesonnen werden kann.[233] Der IX. Zivilsenat des BGH hat diese zusätzliche Beratungs- und Vorschlagspflicht – nicht auch die Belehrungspflicht – aus dem Gesichtspunkt der Unparteilichkeit des Notars gem. § 14 Abs. 1 Satz 2 BNotO heraus dahin eingeschränkt,[234] dass, falls eine Vertragspartei einen bestimmten Geschäftszweck verfolgt, der Notar dessen Vertragsgegner zwar vor sich daraus ergebenden Risiken zu warnen hat, ihm aber nicht von sich aus Sicherungsmöglichkeiten anraten soll, die nicht im Rahmen dieses Geschäftszwecks liegen. Er darf somit unbeschadet seiner Belehrungspflicht nicht von sich aus ungefragt zugunsten eines von mehreren Beteiligten Sicherungen vorschlagen, die im Widerspruch zu dem erkennbaren Willen eines anderen Beteiligten stehen.[235] Es bleibt abzuwarten, ob diese Einschränkung der allgemeinen Betreuungsverpflichtung des Notars Bestand behält. Während die Belehrungspflicht nach § 17 Abs. 1 Satz 1 BeurkG nur gegenüber den Beteiligten i. S. des § 6 Abs. 2 BeurkG besteht,[236] gilt die betreuende Belehrungspflicht auch Dritten gegenüber, die zwar selbst keine urkundlichen Erklärungen abgeben, aber mit dem Notar in Verbindung treten und in ihren Belangen durch den Urkundsakt berührt werden (mittelbare Urkundsbeteiligte).[237] Die Amtspflichten – nicht die Belehrungspflicht – des Notars gegenüber Dritten können jedoch über diesen Kreis der zu belehrenden Personen noch hinausgehen (**drittbezogene Amtspflichten**), soweit deren Interesse nach Art und Zweck

---

[228] BGH NJW 1995, 330; OLG Saarbrücken RNotZ 2006, 296; Winkler BeurkG § 17 Rn 242.

[229] BGH DNotZ 1976, 629; BGH NJW 1978, 219; BGH VersR 1982, 158, 159; Haug DNotZ 1972, 474.

[230] Ganter DNotZ 1968, 851, 857.

[231] BGHZ 56, 26 = NJW 1972, 1363 = DNotZ 1971, 591; BGHZ 58, 343 = DNotZ 1973, 240; BGH DNotZ 1976, 629; KG DNotZ 1987, 55, 56; Haug DNotZ 1972, 388, 413; Merz FS „125 Jahre Bayerisches Notariat", 1987, S. 187, 189.

[232] BGHZ 56, 26 = NJW 1972, 1363 = DNotZ 1971, 591.

[233] Zustimmend: Arndt NJW 1972, 1980, 1981; Ganter NJW 1986, 1017; siehe auch BGH NJW 1989, 102; ablehnend: OLG Schleswig NJW 1972, 2001 u. NJW 1973, 334 = DNotZ 1973, 438 m. zust. Anm. Haug; Wenzel NJW 1973, 307.

[234] BGH DNotZ 1987, 157 = NJW-RR 1987, 84; BGH DNotZ 1989, 45 = ZIP 1988, 696; BGH WPM 1992, 1662; Merz FS „125 Jahre Bayerisches Notariat", 1987, S. 187, 189 ff.; Ganter WPM Beil. 1, 1993, 3, 9.

[235] Merz FS „125 Jahre Bayerisches Notariat", 1987, S. 187, 192.

[236] BGH DNotZ 1981, 773; BGH DNotZ 1982, 384.

[237] BGH DNotZ 1958, 545; BGH DNotZ 1969, 507; BGH DNotZ 1981, 311; BGH DNotZ 1982, 384; OLG Celle 1983, 58, 60; Hill WPM 1982, 891; Bernhard DNotZ 1988, 375.

des Amtsgeschäfts hierdurch berührt wird.[238] Folgenden Personengruppen gegenüber bestehen gem. § 19 Abs. 1 BNotO Amtspflichten, auch wenn sie nie mit dem Notar in Verbindung getreten sind: Dritte, in deren Interesse die Urkunde errichtet wurde (z.B. Vertretene) oder deren Interessen nach der besonderen Natur des Amtsgeschäfts gegen Beeinträchtigungen geschützt werden sollen bzw. in deren Rechtskreis eingegriffen werden kann[239] und solche, die im Vertrauen auf die Rechtsgültigkeit der Beurkundung und auf die durch das beurkundete Rechtsgeschäft geschaffene Rechtslage im Rechtsverkehr tätig werden.[240] Ein Rechtsanwalt haftet in ähnlichen Fällen auf Grund Verletzung einer Pflicht aus dem Anwaltsvertrag mit Schutzwirkung zugunsten Dritter.[241] Der Belehrung auf Grund der betreuenden Belehrungspflicht bedürftige Geschäfte sind im erbrechtlichen Bereich insbesondere die zu geringe (Testament) oder zu weitgehende Bindung (gemeinschaftliches Testament, Erbvertrag) bei einer Verfügung von Todes wegen. Der Rechtsgestalter hat daher auf die unterschiedlichen Bindungsgrade der verschiedenen Verfügungen von Todes wegen und die Möglichkeit, durch individuelle Klauseln (gegenständliche Einschränkung der Bindung, Rücktrittsvorbehalt, Freistellungsklausel, Wiederverehelichungsklausel) Abstufungen zu erzielen, hinzuweisen.[242] Auf die steuerlichen Auswirkungen einer Verfügung von Todes wegen braucht der Notar grundsätzlich nicht hinzuweisen.[243]

e) Grundsatz des „sicheren Weges"

Bestehen mehrere rechtliche Gestaltungsmöglichkeiten, muss der Notar für die Beteiligten den sichersten mit den geringsten rechtlichen Risiken aufzeigen.[244] Im Widerstreit zwischen dem billigsten und dem sichersten Weg hat der Notar den Beteiligten den sichersten zu empfehlen (Sicherheit geht vor Sparsamkeit).[245] 47

f) Formulierungspflicht

Den erklärten und ermittelten rechtsgeschäftlichen Willen der Beteiligten hat der Notar klar und unzweideutig in der Niederschaft wiederzugeben (§ 17 Abs. 1 Satz 1 BeurkG). Dabei sollen Irrtümer und Zweifel vermieden werden (§ 17 Abs. 1 Satz 2 BeurkG). Bei Verfügungen von Todes wegen ist insbesondere darauf zu achten, dass die verwendeten Rechtsbegriffe (z.B. Ersatzerben, Vor- und Nacherben, Schlusserben usw.) in dem von den Beteiligten gewollten Sinn und zutreffend verwendet werden.[246] Grundsätzlich verdient bei der Formulierung die Gesetzessprache den Vorzug,[247] was jedoch gegen das Verständlichkeitsgebot abzuwägen ist. *„Besser umständlich als elegant"*.[248] Ferner ist der Umfang der Bindungswirkung beim Erbvertrag und dem gemeinschaftli- 48

[238] BGH DNotZ 2001, 483; Palandt/Sprau, § 839 Rn 151; Preuß DNotZ 1997, 796 ff.; Haug DNotZ 1972, 458.

[239] BGH DNotZ 1960, 157; BGH DNotZ 1977, 119; BGH WPM 1982, 615; BGH DNotZ 1983, 509; BGH DNotZ 2001, 483.

[240] BGHZ 19, 5 = DNotZ 1956, 319; Berhard DNotZ 1988, 375, 377; BGHZ 27, 274 = DNotZ 1958, 454; BGHZ 31, 5, 10 = DNotZ 1960, 260; Arndt DNotZ 1961, 466; a. M. Haftpflichtecke DNotZ 1958, 200, 202 f.

[241] BGH NJW 1965, 1955 = JZ 1966, 141 m. abl. Anm. Lorenz; Böhmer MDR 1966, 468.

[242] Reimann in R/B/M § 17 BeurkG Rn 10.

[243] BGH DNotZ 1968, 303; BGH NJW 1975, 2016 = DNotZ 1976, 54; OLG Düsseldorf DNotZ 1981, 138; Spiegelberger DNotZ 1988, 210; über Ausnahmen im Hinblick auf die betreuende Belehrungspflicht siehe: BGH NJW 1985, 1225; BGH NJW 1989, 586 = DNotZ 1989, 452.

[244] BGH WPM 1983, 343; BGH VersR 1976, 730; BGHZ 27, 274, 276; BGHZ 70, 375; BGH DNotZ 1978, 177, 179; Haug DNotZ 1972, 388, 453, 473; Winkler BeurkG § 17 Rn 210.

[245] BGH DNotZ 1974, 296; BGH DNotZ 1978, 177, 179; OLG Frankfurt DNotZ 1978, 118; OLG Celle DNotZ 1972, 374; BayObLG DNotZ 1976, 60; Winkler BeurkG § 17 Rn 211.

[246] Eylmann/Vaasen/Frenz § 17 BeurkG Rn 5.

[247] Winkler BeurkG, § 17 Rn 275.

[248] Daimer DNotZ 1955, 622.

chen Testament klarzustellen. Häufig werden auch ausdrückliche Bestimmungen notwendig sein, ob die gesetzlichen Auslegungsregeln (z.B. §§ 2069, 2097, 2102 Abs. 2, 2108 Abs. 2) anwendbar sein sollen oder nicht.[249] Bedarf eine notariell beurkundete Verfügung von Todes wegen infolge Mehrdeutigkeit der Auslegung, so kommt es auf den Willen und die Vorstellung des Erklärenden an, nicht auf die Auffassung des Notars.[250]

g) Selbständige betreuende Amtstätigkeit

49 Neben der Urkundstätigkeit des Notars (§§ 20 bis 22 BNotO) steht die sog. betreuende Amtstätigkeit gem. §§ 23, 24 BNotO.[251] In diesem Rahmen können sich besondere Hinweis- und Belehrungspflichten aus einer übernommenen Beratung ergeben.[252] Zur Übernahme dieser selbständigen Betreuungsgeschäfte ist der Notar nicht verpflichtet (§ 15 BeurkG). Übernimmt er sie jedoch, unterliegt er der gleichen Prüfungs- und Belehrungspflicht wie bei seiner Urkundstätigkeit. Die Verweisung auf eine anderweitige Ersatzmöglichkeit gem. § 19 Abs. 1 BNotO ist im Haftungsfall bei Betreuungsgeschäften i.S. der §§ 23, 24 BNotO ausgeschlossen. Die Rechtsprechung neigt dazu, die Einreichungs- und Vollzugstätigkeit einschließlich der Anderkontenführung auch bei Zusammenhang mit einer Beurkundung nicht als ihr zuzurechnende Nebentätigkeit, sondern als selbständiges Betreuungsgeschäft i.S. des § 24 Abs. 1 BNotO anzusehen, sodass im Haftungsfall die subsidiäre Haftung nach § 19 Abs. 1 BNotO nicht eingewandt werden kann.[253]

50 Bei der selbständigen Betreuungstätigkeit nach § 24 BNotO obliegen dem Notar in der Regel nur Amtspflichten gegenüber seiner Auftraggeber. Der Kreis der geschützten Personen ist daher enger als bei der Urkundstätigkeit.[254] Dagegen können bei der Treuhandtätigkeit nach § 23 BNotO Amtspflichten gegenüber Dritten bestehen.[255]

3. Pflichten und Risiken des Rechtsgestalters im erbrechtlichen Bereich

51 Der Umfang der „Regeln der Praxis", ihre Vielschichtigkeit und die Haftungsgefahren bei der Prüfungs- und Belehrungspflicht eines Rechtsberaters im erbrechtlichen Bereich ergeben sich aus der folgenden Auswahl aus Rechtsprechung und Literatur:

52 • Bedarf der Testator einer **Schreibhilfe**, besteht immer die Gefahr, dass Interessenten einwenden, er habe bei der Unterschrift nicht aktiv mitgewirkt und sie sei daher unwirksam.[256] Trotz des sich auf die nicht abstufbare Überzeugung des Notars stützenden klagabweisenden Urteils des BGH v. 19. 5. 1958[257] sollte der Notar in Zweifelsfällen sich dazu durchringen, den Testierer als schreibunfähig anzusehen und einen Schreibzeugen zuziehen.[258]

53 • Bevor mit dem Inkrafttreten des § 35 BeurkG am 1. 1. 1970 bestimmt wurde, dass die fehlende **Unterschrift des Notars** unter einem Testament durch seine Unterschrift auf dem Testamentsumschlag ersetzt wird, waren solche fehlende Unterschriften gängige Haftungsfälle der Notare.[259] Streitig ist, ob diese Vorschrift auch auf vor dem 1. 1. 1970 errichtete Testamente, bei denen der Erbfall erst danach eintrat, anzuwenden ist oder nicht.[260]

---

[249] Reimann in R/B/M § 17 BeurkG Rn 17; Tappmeier NJW 1988, 2714.
[250] RG JW 1910, 61; Kapp BB 1984, 2079.
[251] Siehe hierzu eingehend Reithmann DNotZ 1975, 324.
[252] Reithmann DNotZ 1969, 70.
[253] BGH WPM 1983, 123; BGH DNotZ 1985, 48; BGH NJW-RR 1999, 1579.
[254] KG DNotZ 1978, 182; BGH DNotZ 1983, 509 m. Anm. Reithmann; siehe jedoch BGH DNotZ 1988, 373 m. Anm. Bernhard.
[255] Haug DNotZ 1982, 475, 539, 476.
[256] BGH FamRZ 1981, 651 = NJW 1981, 1900.
[257] BGHZ 27, 274 = DNotZ 1958, 554 = NJW 1958, 1398.
[258] Bengel in R/B/M § 25 BeurkG Rn 8.
[259] BGHZ 17, 69 = NJW 1955, 788 = DNotZ 1955, 431.
[260] Dafür: Johannsen WPM 1971, 405; Dumoulin DNotZ 1973, 56; Winkler BeurkG Vorb. §§ 27ff. Rn 12; dagegen: Staudinger/Baumann Vorbem. zu §§ 2229ff. Rn 33; Voit in R/B/M vor § 2229 Rn 10; vgl. OLG Frankfurt OLGZ 1971, 308 = DNotZ 1971, 498.

• Unterbleibt infolge des Verschuldens der Beratungsperson (Rechtsanwalt, Notar) die Erbeinsetzung oder ist die Verfügung von Todes wegen fehlerhaft, so entsteht der **Schaden** nicht in der Person des Erblassers, sondern erst in der des verhinderten Erben oder Vermächtnisnehmers. Die Begründung eines Schadensersatzanspruchs zu seinen Gunsten stützt sich gegenüber einem Notar auf die obige Rechtsprechung, nach der er zum Kreis der geschützten „Dritten“ gehört.[261] Gegenüber einem Anwalt wird der Anspruch aus Verletzung seines Anwaltsvertrages mit Schutzwirkung zugunsten Dritter begründet.[262] Das Problem, dass dann der Erbe den Nachlass und der verhinderte Erbe wertgleichen Schadensersatz erhält *(lachende Doppelerben)*, will Kegel[263] dadurch lösen, dass er den gewollten als besseren Erblasserwillen durchdringen lässt und den Formmangel für unschädlich hält. Der BGH hat in einem späteren Fall der Nachlass- und Erbenverdoppelung,[264] bei dem der Schadensersatzanspruch für die entgangene Erbschaft den Eltern der durch die Amtspflichtverletzung zu Erben gewordenen Kindern zustand, den Anspruch nach Treu und Glauben (§ 242) ermäßigt. 54

• Unterbleibt infolge der zögerlichen Vorbereitung des Notars und des Todes des Erblassers die **Beurkundung des Testaments,** so ist der Notar den verhinderten Erben oder Vermächtnisnehmern nicht zum Schadensersatz verpflichtet, wenn diese es schuldhaft unterlassen haben, den Notar zu erinnern. Dies stellt ein nach §§ 19 Abs. 1 Satz 3 BNotO, 839 Abs. 3 BGB haftungsausschließendes Unterlassen eines Rechtsmittels dar.[265] 55

• Eine ähnliche Rechtslage ist gegeben, wenn durch das Verschulden des Notars der **Widerruf** eines gemeinschaftlichen Ehegattentestaments zu Lebzeiten beider Ehegatten (§ 2271 Abs. 1) (siehe § 11 Rn 34) oder der vorbehaltene **Rücktritt** bei einem Erbvertrag gegenüber dem Vertragsgegner (§§ 2293, 2296)[266] nicht rechtswirksam[267] erfolgt, weil die Zustellung einer Ausfertigung nötig ist und die einer beglaubigten Abschrift nicht genügt. Auch hier haftet der Notar gegenüber dem verhinderten Erben.[268] 56

• Als *„Dritte“*, deren Interessen nach der besonderen Natur des Amtsgeschäfts berührt werden, erkennt der BGH[269] auch an, wer dadurch an der Erbfolge verhindert wurde, dass der Notar bei einer Adoption nicht auf das Fortbestehen gegenseitiger Erb- und Pflichtteilsrechte zwischen dem Angenommenen und seinen leiblichen Verwandten hingewiesen und die Möglichkeiten ihres Ausschlusses erörtert hat.[270] 57

• Auch dem an der Beurkundung des Erbscheinsantrags nicht beteiligten **Nacherben** wird vom BGH[271] ein Schutzwirkung zugesprochen, sofern der Notar den unrichtigen Erbschein dem Vorerben ohne Prüfung auf seine Richtigkeit weiterleitet. 58

• Dem Notar, der ein Testament beurkundet, dem ein bindend gewordenes gemeinschaftliches Testament entgegensteht, kann auch den darin eingesetzten **Schlusserben** gegenüber die Amtspflicht obliegen, den Erblasser über Bedenken gegen die Wirksamkeit des späteren Testaments aufzuklären und zu belehren.[272] 59

• Errichten **kinderlose Eheleute** ein gemeinschaftliches Testament oder einen Erbvertrag, in dem sie sich gegenseitig zu Erben einsetzen, wird es teilweise als Amtspflicht des 60

---

[261] BGHZ 58, 343 = DNotZ 1973, 240; Haug DNotZ 1972, 460 m. w. N.; Bernhard DNotZ 1988, 377.

[262] BGH NJW 1965, 1955 = FamRZ 1965, 552 = JZ 1966, 141 m. abl. Anm. Lorenz; a. M. Böhmer MDR 1966, 468; Zimmermann FamRZ 1980, 99.

[263] FS f. Flume, 1978, Bd. I S. 545.

[264] BGH NJW 1979, 2033 = FamRZ 1980, 133.

[265] BGH NJW 1997, 2327 = DNotZ 1997, 791; Schlee ZNotP 1998, 94.

[266] Siehe § 11 Rn 75.

[267] BGHZ 36, 201; BGHZ 64, 5.

[268] BGHZ 31, 5 = DNotZ 1960, 260 = NJW 1960, 33 m. Anm. Jansen in NJW 1960, 475.

[269] BGHZ 58, 343 = NJW 1972, 1422 = DNotZ 1973, 240.

[270] Siehe oben § 1 Rn 90 ff.

[271] BGH NJW 1988, 63 = DNotZ 1988, 372 m. abl. Anm. Bernhard.

[272] BGH DNotZ 1974, 296.

Notars betrachtet, darauf hinzuweisen, dass sich die Eheleute Gedanken darüber machen, an wen der Nachlass beim Tod des Längstlebenden fallen soll. Treffen die Eheleute keine Verfügungen auf Ableben des Längstlebenden, kann der Notar den erfolgten Hinweis durch die Aufnahme des Satzes ins Testament dokumentieren:

„Auf Ableben des Längstlebenden von uns wollen wir heute keine Verfügungen treffen."

61 • Setzt in einem notariellen Testament nur ein Ehegatte den anderen zu seinem **Vorerben** und Dritte zu **Nacherben** ein und stirbt dann der als Vorerbe vorgesehene Ehegatte, zuerst, kann der Notar haften, wenn er nicht durch einen entsprechenden Zusatz klargestellt hat, ob in diesem Fall die Auslegungsregel des § 2102 Abs. 1 mit der Folge Anwendung finden soll, dass die Dritten, die durch das Vorversterben des vorgesehenen Vorerben nicht mehr „Nacherben" werden können, Ersatzerben des überlebenden Ehegatten werden oder nicht.[273]

62 • Schließt der Erblasser einen Abkömmling oder seinen Ehegatten von der Erbfolge aus, so hat der Notar über das **Pflichtteilsrecht** zu belehren. Auch auf das Pflichtteilsrecht des nichtehelichen Kindes gegenüber dem Vater ist hinzuweisen, allerdings nur, wenn der Notar weiß, dass nichteheliche Kinder vorhanden sind.

63 • **Unterlässt der Notar** bei der Beurkundung letztwilliger Verfügungen die **Nachfrage** nach bereits errichteten Erbverträgen oder bindend gewordenen gemeinschaftlichen Testamenten,[274] so kann er auf verschiedene Weise schadensersatzpflichtig werden: Der verhinderte Erbe kann seine Schadensersatzforderung damit begründen, dass der Erblasser nicht darüber belehrt wurde, dass er durch Ausschlagung der Erbschaft von seinem verstorbenen Ehegatten gem. § 2271 Abs. 2 bzw. förmlichen Widerruf gegenüber seinem noch lebenden Ehegatten von der Bindung an seine wechselbezüglichen Verfügungen frei wird.[275] Oder er kann den Schadensersatz damit begründen, dass der Notar den Erblasser nicht darauf hingewiesen hat, dass er sich von der Bindung an den widersprechenden Erbvertrag durch Ausübung eines vorbehaltenen Rücktrittsrechts befreien kann.[276] Ein bindend zum Erben Eingesetzter kann durch das Vertrauen auf die Rechtsgültigkeit eines widersprechenden notariellen Testaments einen Schaden erleiden.[277] Wurde mangels Frage nach der Testierfreiheit eine weitere, der bindend vorhandenen widersprechende, Verfügung von Todes wegen errichtet, kann der Bedachte aus dem zweiten Testament seine Anwaltskosten sowie den Schaden gegen den Notar geltend machen, den er dadurch erlitten hat, dass, wie feststeht, der Erblasser bei richtiger Belehrung auf jeden Fall ihm den Nachlass zu Lebzeiten als Belohnung für langjährige Pflege und Betreuung übertragen hätte.[278]

64 • Ist in einem notariellen Testament eine von der gesetzlichen Verteilung der Pflichtteilslast beabsichtigte **abweichende Verteilung** (§ 2324)[279] nicht mit genügender Klarheit zum Ausdruck gekommen, sodass sich der Erbe auf einen ihm ungünstigen Vergleich einlassen muss, so kann der Notar für den Fehler haftbar gemacht werden.[280]

65 • Die durch sein Fehlverhalten entstandenen **Mehrkosten** hat der Notar zu ersetzen, der entgegen den §§ 2290, 2276 den Aufhebungsvertrag bezüglich eines Erbvertrags

---

[273] KG OLGZ 1987, 1 = FamRZ 1987, 413; Nehlsen-von Stryk DNotZ 1988, 147.
[274] Siehe § 3 Rn 81 f.
[275] BGH VersR 1959, 1005, 1007; BGH VersR 1982, 653, 654.
[276] OLG Köln DNotZ 1936, 631.
[277] RG DNotZ 1940, 152.
[278] BGH VersR 1958, 782.
[279] Siehe oben § 2 Rn 90 ff.
[280] RG WarnR 1939 Nr. 63.

nicht bei gleichzeitiger Anwesenheit beider Teile, sondern sukzessiv mittels Angebot und Annahme beurkundet und dadurch die Unwirksamkeit der Aufhebung und Fortgeltung des Erbvertrages bewirkt, selbst wenn diese Erklärungen schließlich in einen Rücktritt vom Erbvertrag (§ 2295) umgedeutet (§ 140) werden.[281]

• Wenn ein eingesetzter Erbe die Erbschaft ausschlägt, erhält er außer in den Fällen der §§ 2306 Abs. 1, 2307 Abs. 1 Satz 1 und 1371 Abs. 3 auch keinen Pflichtteil, mit Ausnahme eines etwa entstandenen **Pflichtteilsrestanspruchs** gem. §§ 2305, 2307 Abs. 1 Satz 2.[282] Das wird in der Beratungspraxis oft zum Schaden der Beteiligten übersehen.[283] 66

• Will der durch letztwillige Verfügung eingesetzte Erbe die Erbschaft gem. § 1948 als eingesetzter Erbe ausschlagen, um sie als gesetzlicher Erbe anzunehmen, muss geprüft werden, ob nicht **Ersatzerbschaft** (z. B. nach § 2069) eintritt oder der ausgeschlagene Erbteil dem anderen eingesetzten Miterben gem. § 2094 anwächst.[284] Diese Prüfung hat der Notar auch vorzunehmen, wenn der Erbe zuvor von einem Rechtsanwalt beraten wurde.[285] 67

• Zur Haftung führt die Beurkundung eines Erb- und Pflichtteilsverzichtsvertrages einer Tochter gegenüber ihrem Vater, bei der entgegen § 2347 Abs. 2 der Vater als Erblasser durch den **Bürovorsteher** des Notars vertreten wurde.[286] 68

• Ein Rechtsanwalt verletzt die ihm obliegende Beratungspflicht, wenn er seinen Mandanten nicht über die Möglichkeit der Erbausschlagung und der damit verbundenen steuerlichen Vorteile **belehrt** und deshalb wegen des hohen Alters des Mandanten innerhalb kurzer Zeit sowohl vom Mandanten als auch seinen Kindern Erbschaftsteuer entrichtet werden muss.[287] 69

• Ein Rechtsanwalt verletzt seine Verpflichtungen aus dem Anwaltsvertrag, wenn er seinen Mandanten nicht hinreichend darüber **aufklärt,** dass der Nacherbe gem. § 2306 Pflichtteilsansprüche erst nach Ausschlagung der Erbschaft geltend machen kann.[288] 70

• Der BGH[289] sieht den Notar als verpflichtet an, einen Erblasser darüber zu belehren, dass ein **Erbverzicht** einzelner seiner Kinder wegen § 2310[290] die Pflichtteilsquoten der anderen Kinder erhöht und daher ein bloßer Pflichtteilsverzicht vorzuziehen ist, bei dem diese Rechtsfolge nicht eintritt. 71

• Bei der Beurkundung eines **Erbteilskaufvertrages** muss der Notar auf das Vorkaufsrecht der Miterben hinweisen.[291] 72

• Übernimmt bei einer **Erbauseinandersetzung** ein Miterbe im Innenverhältnis **Nachlassverbindlichkeiten,** so hat der Notar die anderen Miterben auf die Fortdauer ihrer gesamtschuldnerischen Haftung für die übernommenen Nachlassverbindlichkeiten gem. §§ 2058, 2060 hinzuweisen.[292] 73

• Bei **Kauf des gesamten Nachlasses** oder bei **Erbteilskauf** ist darauf hinzuweisen, dass eine Haftung des Käufers für sämtliche Nachlassverbindlichkeiten eintritt.[293] 74

---

[281] BGH DNotZ 1983, 776; siehe hinsichtlich der Umdeutung auch OLG Hamm DNotZ 1977, 751, 752.
[282] Siehe oben § 2 Rn 18.
[283] BGH DNotZ 1974, 597, 599; OLG Koblenz VersR 1985, 600; Haftpflichtecke DNotZ 1974, 597; Lang AnwBl. 1983, 166.
[284] Haftpflichtecke DNotZ 1974, 597.
[285] BGH VersR 1959, 997.
[286] BGH NJW 1996, 1062 = ZEV 1996, 228 m. Anm. Krampe.
[287] LG Köln NJW 1981, 351.
[288] OLG Karlsruhe „Die Justiz" 1988, 21.
[289] BGH VersR 1981, 1037; BGHZ 111, 138 = BGH NJW 1990, 2063.
[290] Siehe hierzu § 19 Rn 2.
[291] BGH WPM 1968, 1042 = BWNotZ 1968, 265 = BB 1968, 1016 = MDR 1968, 1002.
[292] RG DNotZ 1936, 627.
[293] BGH DNotZ 1965, 693.

75 • Ein Rechtsanwalt riet seinem Mandanten, der unter anderem einen Kommanditanteil von 14 Mio. DM hielt, seine Ehefrau und seinen Sohn je zur Hälfte als Erben einzusetzen. In dem Gesellschaftsvertrag der Kommanditgesellschaft, den der Rechtsanwalt kannte, war bestimmt, dass beim Tod eines Gesellschafters, falls seine Erben nicht Mitgesellschafter oder seine Abkömmlinge wären, die übrigen Gesellschafter beschließen konnten, dass der verstorbene Gesellschafter gegen eine Abfindung zum bilanziell errechneten Verkehrswert – ohne Berücksichtigung des Firmenwerts – auszuscheiden habe. Nach dem Tod des Erblassers machten die übrigen Gesellschafter von dieser Möglichkeit Gebrauch. Den Erben des Verstorbenen wurde der Unterschiedsbetrag zum vollen Verkehrswert als Schadensersatz zugesprochen, da das Ausscheiden nicht hätte erzwungen werden können, wenn der Sohn zum Alleinerben und die Ehefrau zur Vermächtnisnehmerin im Wert des hälftigen Nachlasses eingesetzt worden wäre.[294]

• Ein Rechtsanwalt erhielt von einem Schwerkranken, der von seiner Ehefrau getrennt lebte, den Auftrag, diese vom Erbe auszuschließen. In einem zwischen den Eheleuten geschlossenen **Ehe- und Erbvertrag,** war die Möglichkeit des **bedingungslosen Rücktritts vom Erbvertrag** festgelegt. Statt der Ehefrau eine notariell beurkundete Rücktrittserklärung zustellen zu lassen (§§ 2293, 2296, 2298 Abs. 2), stellt der Rechtsanwalt Scheidungsantrag, der jedoch erst nach dem Tod des Erblassers zugestellt wurde, sodass die Voraussetzungen des § 1933 nicht erfüllt waren und das Erbrecht der Ehefrau bestehen blieb.[295]

76 Ein Rechtsanwalt versäumte in einem gegen den Erben aus einer Nachlassverbindlichkeit gerichteten Prozess, den **Vorbehalt der beschränkten Erbenhaftung** gem. § 780 ZPO in das Urteil aufnehmen zu lassen.[296]

Schrifttum: *Arndt,* Der von der Notartätigkeit betroffene Dritte, DNotZ 1961, 466; *ders.,* Beratungspflicht des Notars hinsichtlich einer Auflassungsvormerkung, NJW 1972, 1980; *Bender,* Die Rechtsprechung des BGH zum Staatshaftungsrecht 1984/85, JZ 1986, 838, 888; *Cording,* Beweismittel zur Klärung der Testier(un)fähigkeit, ZEV 2010, 23; *ders.,* Kriterien zur Feststellung der Testier(un)fähigkeit, ZEV 2010, 115; *Cording/Foerster,* Psychopathologische Kurztests durch den Notar – ein im Grundsatz verfehlter Vorschlag, DNotZ 2006, 329; *Daimer/Weber,* Gedanken zur Prüfungs- und Belehrungspflicht des Notars, DNotZ 1955, 621; *Ganter,* Die Belehrungspflicht des Notars über die Erforderlichkeit einer Auflassungsvormerkung, NJW 1986, 1017; *ders.,* Die Rechtsprechung des Bundesgerichtshofs zu den Belehrungs-, Hinweis- und Warnpflichten der Notare, WM Beil. 1/1993; *ders.,* Die Rechtsprechung des Bundesgerichtshofs zu den Belehrungs-, Hinweis- und Warnpflichten des Notars seit 1992, WM 1996, 701; *ders.,* Zweifelsfragen im Notarhaftungsrecht, DNotZ 1998, 851; *Gruber,* Anwaltshaftung bei grenzüberschreitenden Sachverhalten, MDR 1998, 1399; *Haug,* Die notarielle Belehrungspflicht unter Berücksichtigung des Amtsnotariats in Baden-Württemberg, BWNotZ 1971, 97; *ders.,* Inhalt und Grenzen der notariellen Belehrungspflicht, DNotZ 1972, 388, 451; *Hill,* Die Rechtsprechung des Bundesgerichtshofes zur Belehrungspflicht der Notare, WPM 1982, 890; *Honsell/Harrer,* Entwicklungstendenzen im Schadensersatzrecht, JuS 1985, 161; *Hübner,* Die Berufshaftung – ein zumutbares Berufsrisiko? NJW 1989, 5; *Kegel,* Die lachenden Doppelerben: Erbfolge beim Versagen von Urkundspersonen, FS f. Werner Flume, 1978 Bd. I S. 545; *Köhler,* Rechtsprechungsprognose als Amtspflicht des Notars, FS „125 Jahre Bayerisches Notariat“, 1987 S. 197; *Lange,* Adäquanztheorie, Rechtswidrigkeitszusammenhang, Schutzzwecklehre und selbständig Zurechnungsmomente, JZ 1976, 198; *Lang,* Die neuere Rechtsprechung des Bundesgerichtshofes zu Antrag, Geschäftsbesorgung und Geschäftsführung ohne Auftrag, WPM 1988 Beil. 9; *Lersch,* Inhalt und Grenzen der Belehrungspflichten durch den Notar unter besonderer Berücksichtigung der haftungsrechtlichen Konsequenzen, BWNotZ 1997, 53; *Lichtenberger,* Zum Umfang des Formzwangs und zur Belehrungspflicht, DNotZ 1988, 531; *Lichtenwimmer,* Die Feststellung der Geschäfts- und Testierfähigkeit durch den Notar, MittBayNot 2002, 240; *Lorenz,* Anwaltshaftung wegen Untätigkeit bei der Errichtung letztwilliger Verfügungen, JZ 1995, 317; *Mecke,* Beurkundungsgesetz, 1970; *Mertens,* Berufshaftung – Haftungs-

[294] BGH NJW 1995, 2551 = ZEV 1995, 340.

[295] BGH NJW 1995, 51 = ZEV 1994, 358.

[296] BGH NJW 1992, 2694 = FamRZ 1992, 1409; BGH NJW 1991, 2839, 2840.

probleme alter Professionen, VersR 1974, 509; *Merz,* Tatbestände der Notarhaftung nach der Rechtsprechung des Bundesgerichtshofs, FS „125 Jahre Bayerisches Notariat", 1987 S. 187; *Müller,* Erwiderung zum Beitrag von Stoppe/Lichtenwimmer, Die Feststellung der Geschäfts- und Testierfähigkeit beim alten Menschen durch den Notar – ein interdisziplinärer Vorschlag, DNotZ 2005, 806 ff., DNotZ 2006, 325; *Odersky,* Die Berufshaftung – ein zumutbares Berufsrisiko? NJW 1989, 1; *Pagendarm,* Die Haftung des Notars nach der Rechtsprechung des Bundesgerichtshofs, DRiZ 1959, 133; *Pikart,* Die Rechtsprechung des Bundesgerichtshofes zur Notarhaftung, WPM 1961, 1134 u. 1965, 758; *Prinz,* Der juristische Supermann als Maßstab, VersR 1986, 317; *Reithmann,* Die Beratung bei der Beurkundung, DNotZ Sonderheft 1965, 86; *ders.,* Belehrungspflicht, Beratung und Betreuung bei der Beurkundung von Grundstückskaufverträgen, DNotZ 1969, 70; *ders.,* Zur Haftung des Notars – Wem gegenüber obliegen dem Notar Amtspflichten? DNotZ 1970, 5; *ders.,* Kautelarjurisprudenz und vorsorgende Rechtspflege, FS „125 Jahre Bayerisches Notariat", 1987 S. 159; *Riederer von Paar,* Die Beweislast im Notarhaftpflichtprozeß, DNotZ 1986, 25; *Rinsche,* Die Haftung des Rechtsanwalts und des Notars, 3. Aufl. 1989; *ders.,* Grundsätze der Notarhaftung, ZAP Fach 23, Seite 273; *ders.,* Grundsätze der Anwaltshaftung, ZAP Fach 23, Seite 249; *Saage,* Die Prüfungs- und Belehrungspflichten des Notars, Betr. 1962, 1165; *Scheffler,* Amtspflichten – Anwaltsverschulden, NJW 1961, 577; *ders.,* Belehrungspflicht und Urkundenvollzug, MittRhNotK 1967, 427; *Sieg,* Neuere Entwicklungen der Kausalitätsproblematik im Recht der unerlaubten Handlungen, BB 1988, 1609; *Stauch,* Der Belehrungsvermerk in notariellen Urkunden, BWNotZ 1984, 97; *Stoppe/Lichtenwimmer,* Die Feststellung der Geschäfts- und Testierfähigkeit beim alten Menschen durch den Notar – ein interdisziplinärer Vorschlag, DNotZ 2005, 806; *Weber,* Über die Belehrungspflichten des Notars bei der Beurkundung einseitiger Eintragungsbewilligungen, DNotZ 1956, 285; *Zimmermann,* Herausforderungsformel und Haftung für fremde Willensbetätigung nach § 823 I BGB, JZ 1980, 10; *ders.,* Lachende Doppelerben? – Erbfolge und Schadensersatz bei Anwaltsverschulden, FamRZ 1980, 99.

2. Teil. Die erbrechtlichen Gestaltungsmittel

§ 8 Zuwendungen des Nachlasses im Ganzen oder zu Bruchteilen

I. Erbeinsetzung

1. Die Universalsukzession

Da der Grundsatz der Gesamtrechtsnachfolge (§ 1922) in unserem Erbrecht eine unmittelbare Einzelzuwendung von Nachlassgegenständen verbietet,[1] ist bei Erbenmehrheit nur die dingliche Beteiligung an sämtlichen Nachlassgegenständen nach Anteilen (Erbquoten) möglich. Jede Verfügung von Todes wegen muss, da es keinen erbenlosen Nachlass geben kann, direkt oder indirekt durch Erbeinsetzung nach Vermögensgruppen, Zuwendung des Hauptvermögens oder durch – ausdrückliche oder stillschweigende – Aufrechterhaltung der gesetzlichen Erbfolge eine Erbeinsetzung enthalten. Auch wenn, was zulässig ist,[2] der Erblasser seinen ganzen Nachlass erschöpfend durch Vermächtnisse verteilt, entfällt die gesetzliche Erbfolge nicht, es gibt keinen erbenlosen Nachlass,[3] wohl aber kann es einen vermögenslosen Nachlass geben. Die Erbenstellung hängt nicht davon ab, dass dem Erben aus der Erbschaft ein wirtschaftlicher Vorteil zukommt.[4] Wenn ein Erblasser eine solche erschöpfende Verteilung durch Einzelzuweisung vornimmt, ist durch Auslegung zu ermitteln, ob er damit die gesetzliche Erbfolge aufrecht erhalten oder ob er eine Erbeinsetzung im Wertverhältnis der zugewiesenen Gegenstände zueinander vornehmen[5] oder ob, sofern eine der Einzelzuweisungen das Hauptvermögen des Erblassers umfasst, er dem damit Bedachten – entgegen der Auslegungsregel des § 2087 Abs. 2 – die Erbenstellung verschaffen wollte.[6] In einem notariellen Testament sollte allerdings immer eine **ausdrückliche Erbeinsetzung** erfolgen, wenigstens die Erbeinsetzung der Bedachten zu den dem Werteverhältnis der Einzelzuwendungen zueinander entsprechenden Quoten; zur Vermeidung eines Erbscheins gemäß § 35 Abs. 1 Satz 2 GBO oder hilfsweise zur zügigen Erteilung eines solchen sollten diese Quoten auch in der Urkunde niedergelegt werden. 1

Daneben hat der Erblassers durch die Rechtsfiguren des Vermächtnisses, insbesondere in der Form des Vorausvermächtnisses, der Teilungsanordnung, der Auflage und der Testamentsvollstreckung die Möglichkeit, alle oder einzelne Nachlassgegenstände konkret zu verteilen, und zwar nach seiner Wahl unter Anrechnung auf die Erbquote (**Teilungsanordnung gem. § 2048**) oder über die Erbquote hinaus (**Vorausvermächtnis gem. § 2150**). Der Erblasser kann sich bei einer Mehrheit von Bedachten immer dann mit der Erbeinsetzung nach Quoten begnügen, wenn er nur rechnerisch-abstrakte Verteilungsvorstellungen hat,[7] d. h. es ihm nur auf die wertmäßige Verteilung seines Nachlasses an-

[1] Gesetzlich angeordnete Ausnahmefälle der Sonderrechtsnachfolge sind die Vererbung von Anteilen einer Personengesellschaft und im Bereich des Höferechts. Zu Letzterem siehe § 3 IV. Rn 83 ff. sowie Überblick bei MünchKomm/Leipold, Einl. vor § 1922, Rn 108 ff.; Ruby ZEV 2007, 351 und Söbbeke ZEV 2007, 395.

[2] RG LZ 1923, 321. Zu trennen ist hiervon die Frage der Zweckmäßigkeit. Hierzu auch § 21 VIII.6., Rn 178.

[3] BayObLG MDR 1979, 847.

[4] BayObLG FamRZ 1986, 835, 837.

[5] BGH DNotZ 1972, 500 m. w. N.

[6] BayObLG MittBayNot 2004, 282, 284; Staudinger/Otte § 2087 Rn 20 ff.

[7] Mattern DNotZ 1963, 453.

kommt und er die konkrete Verteilung der einzelnen Nachlassgegenstände seinen Erben oder einem Testamentsvollstrecker überlassen will. Das hat für ihn den Vorteil, dass er damit auch über diejenigen Nachlassgegenstände bestimmt, an die er bei der Errichtung der Verfügung von Todes wegen nicht denkt, weil sie ihm nicht gegenwärtig sind oder weil sie erst später Bestandteil seines Vermögens werden.[8]

Anders als beim Vermächtnis (§ 2169 Abs. 1), das im Zweifel entfällt, wenn sein Gegenstand sich beim Erbfall nicht im Nachlass befindet, umfasst die Erbquote den Bestand des Nachlasses zum Zeitpunkt des Erbfalls und es entstehen bei der Quotenzuwendung keine Auslegungsschwierigkeiten wie bei der Erbeinsetzung durch Zuwendung des Hauptvermögens, wenn zwischen Testamentserrichtung und Erbfall größere Veränderungen im Vermögensstand des Testators eintreten. Eine Verfügung von Todes wegen, die nur eine Festsetzung der Erbquoten enthält und auf eine konkrete Verteilung der Nachlassgegenstände verzichtet, braucht daher bei einer **Veränderung im Vermögensbestand** nicht geändert zu werden. Um einerseits dem Erblasser dies nochmals deutlich zu machen, und andererseits etwaigen späteren Anfechtungsversuchen entgegenzutreten, z.B. der Erblasser hätte bei Kenntnis der nach Errichtung der letztwilligen Verfügung eingetretenen Vermögensmehrung oder -minderung anderes verfügen wollen, kann im Einzelfall folgende Klarstellung zweckmäßig sein:

Formulierungsvorschlag:

Klargestellt wird, dass die heutigen Verfügungen von Todes wegen Geltung haben unabhängig davon, wie sich der Nachlass beim Erbfall konkret zusammensetzen wird, soweit nicht künftig anderes bestimmt wird.

Erbfähig ist der natürliche Mensch, die juristische Person sowie die OHG bzw. KG (§§ 124, 161 Abs. 2 HGB). Eine im Rechtsverkehrs auftretende Gesellschaft bürgerlichen Rechts (Außen-GbR) ist ebenfalls erbfähig.[9] Ob ein nicht rechtsfähiger Verein in dem Sinne erbfähig ist, dass der Erwerb von Todes wegen unmittelbar Vermögen des Vereins wird, ist strittig.[10] In Vorverlegung der Erbfähigkeit bestimmt § 1923 Abs. 2, dass der bereits erzeugte, aber noch nicht geborene Mensch (nasciturus) als vor dem Erbfall geboren gilt. Dies gilt auch für Vermächtnisnehmer, wobei mit einem Vermächtnis auch noch nicht erzeugte Personen (nondem conceptus) bedacht werden können.[11] Gemäß § 84 kann eine Stiftung Erbe werden, auch wenn sie erst nach dem Tod des Stifters als rechtsfähig anerkannt wird.[12]

2. Erbeinsetzung

a) Überblick

2 Der Erblasser kann in einer Verfügung von Todes wegen eine Person zum **Alleinerben** einsetzen oder mehrere Personen zu **Miterben** zu beliebigen Erbquoten; der Nachlass wird dann deren gemeinschaftliches Vermögen (§§ 2032 Abs. 1, 1922 Abs. 2). Der Erb-

[8] Barz NJW 1972, 1174, 1176.

[9] Scherer/Feick, ZEV 2003, 342 m.w.N. bei Fn. 14; vgl. BGH NJW 2001, 1056. Vgl. BGH DNotZ 2007, 134, wonach umgekehrt die Grundsätze zur Rechtsfähigkeit der Gesellschaft bürgerlichen Rechts und der Wohnungseigentümergemeinschaft nicht auf die Erbengemeinschaft zu übertragen sind. Zur Erbeinsetzung einer juristischen Person/Personenvereinigung: Beck'sches Formularbuch Erbrecht/Keim S. 98, bezüglich kirchlicher juristischer Personen Kemmer ZEV 2004, 492 ff.

[10] Bamberger/Roth/Müller-Christmann, § 1923, Rn 13.

[11] § 2178 Alt. 1.

[12] Zur Historie des sog. „Städel-Paragraphen“: Flick, Hannes, von Oertzen, Prominente Testamente, S. 119.

lasser kann ferner für den Fall, dass ein Erbe vor oder nach dem Erbfall wegfällt, einen **Ersatzerben** bestimmen (§ 2096) oder eine Ersatzerbfolge ausschließen und stattdessen **Anwachsung** (§ 2094) anordnen. Der Erblasser kann auch einen Erben in der Weise einsetzen, dass dieser (**Nacherbe**) erst Erbe wird, nachdem zunächst ein anderer (**Vorerbe**) Erbe geworden ist (§ 2100). Personen, die sich gegenseitig für den ersten Todesfall zum Erben einsetzen, insbesondere Ehegatten beim sog. Berliner Testament (§ 2269 Abs. 1) oder einem entsprechenden Erbvertrag (§§ 2274 ff.), können einen Dritten als Erben nach dem Tod des Längerlebenden für den dann kumulierten Nachlass einsetzen („**Schlusserbe**").[13] Eine **Enterbung** eines Verwandten oder Ehegatten[14] kann entweder erfolgen gemäß § 1938 „ohne Erbeinsetzung" durch Testament mittels Ausschließung von der gesetzlichen Erbfolge oder aber mittels erschöpfender Einsetzung anderer Personen zu Erben.

b) Zuwendung des Vermögens im Ganzen oder zu Bruchteilen

Wendet der Erblasser einer Person sein ganzes Vermögen zu oder mehreren zu Bruchteilen, ist diese Verfügung nach § 2087 Abs. 1 als Erbeinsetzung anzusehen. Die Vorschrift ist nicht zwingend, sondern nur dispositive Ergänzungsregel für den Fall, dass der Erblasser nichts anderes bestimmt hat.[15] Der Erblasser kann daher die Zuwendung des ganzen Vermögens oder eines Bruchteils davon auch so verstanden wissen wollen, dass der Bedachte die Zuwendung nicht als sein Gesamtrechtsnachfolger, sondern über einen schuldrechtlichen Vermächtnisanspruch gegen die gesetzlichen Erben erhalten soll.[16] Der Erblasser wollte dann den Bedachten trotz quotaler Beteiligung als Außenstehenden behandeln, der zwar Werte aus dem Nachlass erhalten, sich aber nicht in dessen Abwicklung einmischen soll.[17] Mögliche Ausnahmefälle von der Regel des § 2087 Abs. 1 sind:

aa) Universalvermächtnis. Das Universalvermächtnis, bei dem der gesamte oder nahe- 3
zu ganze nach Begleichung aller Nachlassverbindlichkeiten verbleibende Nachlassrest vermacht ist und der Erblasser dabei kundtut, dass er die rechtstechnische Realisierung seines Willens dem Vermächtnisrecht unterstellen will.[18] Wenn in diesen Fällen kein oder keine gewillkürten Erben eingesetzt sind, tritt die gesetzliche Erbfolge ein. Da Erben, die aus der Erbschaft keinen materiellen Vorteil ziehen, wenig geneigt sein werden, die Nachlassabwicklung durchzuführen, empfiehlt es sich, einen Testamentsvollstrecker einzusetzen;[19] aber auch dann droht eine Ausschlagung des Erbes durch die Erben. Beim Universalvermächtnis hat der Vermächtnisnehmer analog §§ 2378 Abs. 1, 2385 die Nachlassverbindlichkeiten zu tragen.[20]

bb) Quotenvermächtnis. Das Quotenvermächtnis, bei dem ein Bruchteil des Nach- 4
lasswertes, z. B. vom Barerlös des nach Begleichung aller Nachlassverbindlichkeiten verbliebenen Nachlassrestes, vermacht ist.[21]

c) Zuwendung einzelner Gegenstände

Wendet der Erblasser einzelne Gegenstände zu, so ist dies nach der Auslegungsregel 5
des § 2087 Abs. 2 im Zweifel als **Vermächtnisanordnung** aufzufassen. Auch hier kann sich aus dem eindeutig ermittelbaren Erblasserwillen eine von dieser Auslegungsregel

[13] Zur Ersatzerbeinsetzung siehe unten II.1., u. a. Rn 71.
[14] Entsprechendes gilt für den eingetragenen Lebenspartner.
[15] MünchKomm/Schlichting, § 2087 Rn 6; zur Abgrenzung von Erbeinsetzung und Vermächtnis: BayObLG DNotZ 2003, 870.
[16] Staudinger/Otte § 2087 Rn 2.
[17] Lange/Kuchinke, Lb. d. ErbR, 4. Aufl., § 27 II 2.
[18] N. Mayer ZEV 1995, 247.
[19] Siehe Muster hierzu in MünchVertrHdb/Nieder/Otto, Bd. 6/2.
[20] Dobroschke Betr 1967, 803, 805.
[21] BGH DNotZ 1978, 487.

abweichende Auslegung ergeben.[22] Für die Entscheidung, ob eine Person trotz gegenständlicher Nachlasserteilung als Erbe eingesetzt ist, kommt es wesentlich darauf an, **wer nach dem Willen des Erblassers den Nachlass zu regeln und die Nachlassschulden zu tilgen hat** und ob der Bedachte unmittelbare Rechte am Nachlass oder nur Ansprüche gegen andere Bedachte erwerben soll,[23] d.h. ob der Erblasser an einen unmittelbaren Rechtsübergang an den Bedachten gedacht hat, wie ihn nur die Erbeinsetzung ermöglicht[24] und ob der Erblasser seine wirtschaftliche Stellung durch den Bedachten zumindest im Wesentlichen fortgesetzt wissen wollte.[25] Die Einzelstückzuweisung ist nur mit schuldrechtlicher Wirkung gegenüber dem oder den Erben durch Vermächtnis (§§ 2147ff.), Teilungsanordnung (§ 2048) oder Auflage (§ 2192) möglich. Mit dinglicher Wirkung ist dies nur möglich im Ausnahmefall des Vorausvermächtnisses an einen alleinigen Vorerben, wobei der Vermächtnisgegenstand ohne weitere Erfüllungshandlung in das unbeschwerte Eigentum des Vorerben übergeht.

6 Als Auslegungshilfen bei Einzelstückzuwendungen ohne Erbeinsetzung hat die obergerichtliche Rechtsprechung eine Reihe von tatsächlichen Vermutungen über den Erblasserwillen aufgestellt, die jeweils der Auslegungsregel nach § 2087 Abs. 2 vorgehen. Die **Auslegungsregel des § 2087 Abs. 2 muss** nach dem Willen des Erblassers aufgrund dieser Vermutungen bei folgenden Fallgruppen **zurücktreten (sog. „gegenständliche Erbeinsetzung"):**

7 *aa) Zuwendung des Hauptvermögens.* Wendet der Erblasser ohne ausdrückliche Erbeinsetzung im Wege der Einzelzuweisung **mehreren Personen** Einzelgegenstände zu, die sein gesamtes Vermögen erschöpfen, wird die Auslegung grundsätzlich ergeben, dass er dem **Hauptbedachten** die Stellung des Alleinerben verschaffen wollte.[26]

8 *bb) Einzelzuwendung des wesentlichen Vermögensgegenstandes.* Wendet der Erblasser ohne ausdrückliche Erbeinsetzung **einem Bedachten** einen einzelnen Gegenstand zu, der sein wesentliches Vermögen bildet (z.B. sein einziges Hausgrundstück), ist darin regelmäßig seine Einsetzung zum Alleinerben anzunehmen, so dass dem Bedachten als Erben auch die im Testament nicht ausdrücklich erwähnten Gegenstände zufallen.[27]

9 *cc) Erbeinsetzung nach Vermögensgruppen.* Wenn der Erblasser ohne ausdrückliche Erbeinsetzung sein gesamtes Vermögen gegenständlich auf verschiedene Personen verteilt – ohne dass jemand der Hauptbedachte ist –, wird die Auslegung entgegen § 2087 Abs. 2 in der Regel ergeben, dass er in Wirklichkeit Erbeinsetzungen vornehmen wollte.[28] Die Verfügung enthält in diesem Fall die Erbeinsetzung zu den Quoten, welche sich aus dem Wertverhältnis des Zugewiesenen zum Gesamtnachlass ergeben (**gegenständlich ermittelte Erbquoten**) und gleichzeitig die Teilungsanordnung (§ 2048) an die Miterben, sich der Zuweisung gemäß auseinander zu setzen.[29] Es ist bei dieser Gestaltung jedoch auch möglich, dass der Erblasser die gesetzliche Erbfolge mit (Voraus-)Vermächtnissen wollte.

10 Die Erbeinsetzung durch Zuwendung einzelner Gegenstände bringt viele Unsicherheiten mit sich; allein aus dem Umstand, dass sich die Erteilung des dann stets erforderlichen Erbscheins bis zum Abschluss der Wertermittlung hinauszögert, sollte davon Abstand genommen werden. Dagegen sind keine spezifischen Vorteile dieser Gestaltung ersichtlich, die nicht ebenso durch quotaler Erbeinsetzung in Verbindung mit Teilungs-

---

[22] Eingehend hierzu auch Loritz NJW 1988, 2697, 2703ff.; BayObLG ZEV 2003, 331 bei Nichterwähnung erheblichen „Schwarzgeldvermögens".
[23] BayObLG FamRZ 1986, 604; BayObLG FamRZ 1986, 835.
[24] BayObLG 1986, 604, 605.
[25] BGH FamRZ 1972, 561, 563; OLG Köln Rpfleger 1989, 105.
[26] BayObLG ZEV 1997, 162.
[27] BayObLG FamRZ 1995, 835 OLG Düsseldorf ZEV 1995, 410 m. Anm. Reimann.
[28] BGHZ 120, 96 = NJW 1993, 1005 BayObLG FamRZ 1995, 246, 248.
[29] BGH ZEV 1994, 113 unter A I 2; OLG Köln Rpfleger 1993, 133 = DNotZ 1993, 133.

anordnung, Vermächtnis oder Auflage erreicht werden könnten.[30] Kann der Rechtsberater den Erblasser nicht von der Einsetzung nach Vermögensgruppen abbringen, sollte er zur Klarstellung der letztwilligen Verfügung folgende Klausel beifügen, verbunden mit dem Hinweis auf die damit verbundenen Schwierigkeiten:

„Ich setze die Zuwendungsempfänger zu meinen Erben zu den Quoten ein, welche sich aus dem Wertverhältnis des Zugewiesenen zum Gesamtnachlass (ggf. ergänzen, siehe nachstehenden Abschnitt), bezogen auf den Zeitpunkt a) der heutigen Errichtung der Verfügung; b) des Erbfalls,) ergeben."

dd) Zeitpunkt der Wertberechnung. Streitig ist, ob sich die für die Feststellung des 11
Hauptvermögens, der Vermögensgruppen und der Höhe der Erbteile maßgebliche Wertberechnung nach dem Zeitpunkt der Testamentserrichtung oder des Erbfalls richtet. Grundsätzlich ist nach Rechtsprechung und Literatur der **Zeitpunkt der Testamentserrichtung** maßgebend, wenn es dem Erblasser darauf ankam, die oder den Bedachten in einem bestimmten Verhältnis am Nachlass zu beteiligen und ihm damit eine bestimmte Erbquote am Gesamtnachlass zu sichern.[31] In diesem Fall ändert auch ein späterer Vermögenszuwachs nichts an den Erbquoten.[32] Will jedoch der Erblasser den Bedachten lediglich bestimmte Gegenstände unabhängig von deren Wert ohne Ausgleichszahlungen zukommen lassen, dann wird es auf deren **Wert zur Zeit des Erbfalls** ankommen.[33]

Über die Schwierigkeiten, die sich bei diesen Fallgruppen ergeben können, wenn zwi- 12
schen Testamentserrichtung und Erbfall größere Veränderungen im Vermögensbestand des Testator eintreten siehe § 23 Rn 44, 62 ff.[34]

3. Gemeinschaftlicher Erbteil

Das Gesetz lässt in § 2093 die Möglichkeit zu, mehrere Erben auf einen und denselben 13
Bruchteil der Erbschaft einzusetzen (**gemeinschaftlicher Erbteil**). Das hat zur Rechtsfolge, dass der gemeinschaftliche Teil für die Berechnung der Bruchteile (§§ 2093, 2089 bis 2092), der Anwachsung (§ 2094 Abs. 1 Satz 2 Abs. 2) und der Ersatzberufung (§ 2098 Abs. 2) einen gedachten Einheitsbruchteil bildet. Sofern der Erblasser nichts anderes anordnet, erben die Erben innerhalb der Gruppe gem. § 2091 zu gleichen Unterbruchteilen, also nach Kopfteilen;[35] eine Auslegung kann jedoch anderes ergeben, insbesondere eine Erbeinsetzung zu gleichen Stammanteilen oder gesetzlichen Erbteilen (vgl. §§ 2066 ff.). Nach außen und mit Ausnahme der oben genannten Rechtswirkungen auch im Innenverhältnis der Gruppe sind die Unterbruchteile des gemeinschaftlichen Erbteils selbständige Erbteile.[36] Deshalb sind auch nur die auf das Ganze umgerechneten Unterbruchteile und nicht der Einheitsbruchteil im Erbschein aufzuführen. Der gemeinschaftliche Erbteil erfüllt in der gewillkürten Erbfolge im wesentlichen die Aufgaben, die bei der gesetzlichen Erbfolge die Berufung nach Stämmen hat (§ 1924 Abs. 3).

Die Einsetzung auf einen gemeinschaftlichen Erbteil erfolgt durch den ausdrücklich 14
oder in irgendeiner anderen Weise kundgegebenen Willen des Erblassers. Anhaltspunkte können dabei sein z. B. die Zusammenfassung mehrerer Erben unter einer Nummer oder einer Gesamtbezeichnung, die räumliche Anordnung der Bedachten im Testament, die

[30] Skibbe ZEV 1997, 25.
[31] BGH NJW 1997, 392 = ZEV 1997, 22 m. Anm. Skibbe; BayObLG ZEV 1997, 162.
[32] BGH FamRZ 1972, 561 unter 3 a. E.
[33] BGH NJW 1997, 392 = ZEV 1997, 22 m. Anm. Skibbe.
[34] Barz NJW 1972, 1174; Skibbe ZEV 1997, 24 f.
[35] Staudinger/Otte § 2093 Rn 3.
[36] Lange/Kuchinke ErbR, 4. Aufl., § 27 III.

Anlehnung an die gesetzliche Erbfolge nach Stämmen oder bei einer Erbeinsetzung nach Gegenständen die Einsetzung mehrerer auf denselben Gegenstand.[37]

4. Die nur bestimmbare Erbeinsetzung

a) Vermeidung von Mehrdeutigkeit

15 Der oder die Erben müssen in der Verfügung von Todes wegen nicht namentlich oder als Person bestimmt bezeichnet werden. Es genügt, dass die Person des Erben so bezeichnet ist, dass sie allein aufgrund der dort enthaltenen Willensäußerung des Erblassers zweifelsfrei ermittelt werden kann; **Bestimmbarkeit genügt.**[38] Außerhalb der Verfügung von Todes wegen liegende Umstände können lediglich in begrenztem Umfang zur **Auslegung**[39] eines insoweit lückenhaften Testaments herangezogen werden.[40] Sie müssen jedoch gem. § 2065 Abs. 2 überhaupt außer Betracht bleiben, wenn die Feststellung der Person des oder der Erben nur dadurch möglich wäre, dass ein Dritter, gegebenenfalls das Nachlassgericht, zwangsläufig hierfür außerhalb der Urkunde liegende Tatsachen nach seinem Ermessen würdigen müsste.[41] Zulässig ist die **nur bestimmbare Erbeinsetzung,** wenn die Person des Bedachten für jede sachkundige Person objektiv bestimmbar ist.[42] Bei solchen Gestaltungen ist allerdings Mehrdeutigkeit häufig.

16 Bei der Erbeinsetzung, Ersatzerbeinsetzung, Nacherbeinsetzung und Ersatznacherbeinsetzung von eigenen oder fremden Abkömmlingen wird in der notariellen Praxis oft statt der namentlichen Bezeichnung der Eingesetzten formuliert, dass als Erben die **Abkömmlinge einer bestimmten Person** *„gemäß der gesetzlichen Erbfolge erster Ordnung"* oder *„entsprechend der gesetzlichen Erbregel erster Ordnung"* eingesetzt werden. Der Zweck ist, auch die Veränderungen im Kreis der Eingesetzten zwischen der Testamentserrichtung und dem Erbfall zu erfassen. Es fragt sich, ob diese Formulierung ausreichend ist, um den Willen des Erblassers klar und deutlich zum Ausdruck zu bringen, oder ob, was bei notariellen Testamenten vermieden werden sollte, die gesetzlichen Auslegungsregeln (z.B. § 2066) herangezogen werden müssen und ob diese überhaupt einschlägig sind. Durch die Verweisung auf die gesetzliche Erbregelung ist der eingesetzte Personenkreis und die Höhe der Erbteile bestimmbar, wenn der für die Bestimmung maßgebliche Zeitpunkt hinzukommt. Da die Zeugungsfähigkeit individuell verschieden ist, jeder bis zu seinem Tod adoptieren kann und die Generationenfolge weitergeht, ist vor allem wichtig, in der Verfügung den **Zeitpunkt** genau zu **bezeichnen,** zu dem der Kreis der bedachten Abkömmlinge festgestellt und damit geschlossen sein soll, so dass nur die dann lebenden oder gezeugten Abkömmlinge Erben sein und ihre Erbteile endgültig festgestellt und ohne Beschränkung in ihr Vermögen übergehen sollen. Fraglich ist, inwieweit man diesen Zeitpunkt durch eine Verweisung festlegen kann oder ob man dazu immer die Worte *„zum Zeitpunkt meines Todes"* oder *„zum Zeitpunkt des Todes des ..."* hinzufügen muss.

Bei der Erbeinsetzung kommen als maßgebliche Zeitpunkte die **Testamentserrichtung** oder der **Erbfall** in Betracht, bei der Nacherbeinsetzung ferner der **Nacherbfall.** Bei bloßer Bezeichnung der Eingesetzten als *„gesetzliche Erben"* oder *„Abkömmlinge"* einer bestimmten Person ohne nähere Bezeichnung wäre zweifelhaft, zu welchem Zeitpunkt die Erben anhand dieser Merkmale festgestellt werden sollen. Die Bestimmung des maß-

---

[37] Staudinger/Otte § 2093 Rn 1.

[38] BGH NJW 1981, 1736, 1737 = DNotZ 1982, 323, 325.

[39] Zur Auslegung eingehend § 23.

[40] BayObLG FamRZ 1981, 402, 403; zur stillschweigenden Schlusserbenbestimmung in gemeinschaftlichen Testamenten: OLG München MittBayNot 2007, 63 mit Anm. J. Mayer MittBayNot 2007, 19.

[41] BayObLG FamRZ 1981, 402, 403.

[42] OLG Köln BB 1984, 878, 879.

geblichen Zeitpunkts ist bei einer solchen Formulierung nur mit Hilfe der analogen Anwendung der Auslegungsregeln der §§ 2066, 2067[43] möglich. Geht die Verweisung aber auf die Erben oder eines Teils von ihnen **gemäß der gesetzlichen Erbfolge erster Ordnung einer bestimmten Person,** sind damit die Gruppe, der Zeitpunkt ihrer Feststellung, nämlich der Tod der betreffenden Person und ihre Erbquoten, nämlich die gesetzlichen der ersten Ordnung, eindeutig festgelegt. Nach der gesetzlichen Erbfolge erster Ordnung können vorverstorbene Abkömmlinge gem. § 1923 nicht erben. An ihre Stelle treten kraft des Eintrittsrechts gem. § 1924 Abs. 3 die nächsten Abkömmlinge. **Schlagen** Abkömmlinge nach dem Erbfall die **Erbschaft aus,** tritt gem. § 1953 kraft Gesetzes die gleiche Wirkung ein. Auch zwischen der Testamentserrichtung und dem Erb- bzw. Nacherbfall geborene oder erzeugte nähere Abkömmlinge werden danach Erben, da die gesetzliche Erbfolge erster Ordnung alle zur Zeit des Erbfalls lebenden bzw. erzeugten Abkömmlinge umfasst (§§ 1924, 1923 Abs. 2).

Grundsätzlich gilt daher gleichermaßen für Erb-, Ersatzerb-, Nacherb- und Ersatznacherbeinsetzung, dass sich die Bezeichnung der Eingesetzten als Abkömmlinge einer bestimmten Person gemäß der gesetzlichen Erbfolge erster Ordnung nur auf ihre zu diesem **Zeitpunkt des Erbfalls** vorhandenen gesetzlich erbberechtigten Abkömmlinge beziehen kann und ein den maßgeblichen Zeitpunkt ausdrücklich festlegender Zusatz nicht notwendig erscheint. Da sich die Testator dessen aber meist nur bei den leicht überschaubaren Verhältnissen der Erb- und Ersatzerbeinsetzung bewusst sind, sollte man bei der Nacherb- und Ersatzerbeinsetzung trotzdem den maßgeblichen Zeitpunkt im Testament ausdrücklich bezeichnen. In diesen Fällen könnte nämlich durchaus einmal eine abweichende Festlegung des maßgeblichen Zeitpunkts, z.B. der Vorerbfall, zweckmäßig und gewünscht sein,[44] so dass die ausdrückliche Festlegung zur Klarstellung, zum Hinweis und als Formulierung mit Belehrungswirkung dient.

Der **Vorteil** einer unbestimmten, aber nach den Verhältnissen im Zeitpunkt des Erbfalls bestimmbaren Erbeinsetzung besteht darin, dass eine ausdrückliche Ersatzerbeinsetzung (§ 2096) dadurch entbehrlich wird, da bei einem Wegfall eines Bestimmten nach dem Erbfall die Bestimmung der Erben nach den festgelegten Kriterien dann eben erneut vorgenommen werden muss. 17

Ihr **Nachteil** ist, dass das Grundbuchamt gem. § 35 GBO in solchen Fällen trotz des Vorliegens eines notariellen Testaments mit Eröffnungsprotokoll einen Erbschein verlangen muss.[45] 18

b) Der Begriff des Abkömmlings

Der Begriff des „Abkömmlings" wird vom Gesetz in §§ 1924ff. verwendet, ist aber nicht näher bestimmt. In Übereinstimmung mit dem allgemeinen Sprachgebrauch sind alle jenen Personen gemeint, die im Rechtssinne vom Erblasser abstammen, also Kinder, Enkel usw., d.h. alle Personen, die mit dem Erblasser in absteigender gerader Linie (§ 1589 S. 1) verwandt sind. Maßgeblich ist die Abstammung nach den Bestimmungen des Familienrechts (§§ 1591, 1592), die von der biologischen Abstammung abweichen kann.[46] Die Frage, ob darunter auch nichteheliche und adoptierte Kinder zu verstehen sind, wird zu den einzelnen gesetzlichen Bestimmungen, die diesen Begriff verwenden, unterschiedlich beantwortet.[47] 19

Bezüglich der **Annahme als Kind** ist grundsätzlich zu unterscheiden zwischen der **Minderjährigenadoption,** wonach das Kind in vollem Umfang die rechtliche Stellung eines Kindes des Annehmenden erhält (§ 1754), und der **Volljährigenadoption,** wonach 20

[43] OLG Zweibrücken Rpfleger 1990, 257.
[44] LG Frankfurt Rpfleger 1984, 271 m. Anm. Grunsky.
[45] Meyer-Stolte Rpfleger 1984, 231.
[46] MünchKomm/Leipold, § 1924 Rn 3; Bausch FamRZ 1980, 413.
[47] Spellenberg FamRZ 1977, 185.

der Angenommene (und dessen Abkömmlinge) zwar gesetzlicher Erbe nach dem Annehmenden wird, nicht aber nach dessen Verwandten (§ 1770 Abs. 1 S. 1), sowie der Angenommene mit seinen Verwandten verwandt bleibt (§ 1770 Abs. 2), er also gesetzlicher Erbe erster Ordnung nach seinen leiblichen Eltern bleibt.[48] Bei der Auslegung des vom Erblasser in einer Verfügung von Todes wegen verwendeten Begriffs „Abkömmlinge" kann sich jedoch anderes ergeben, so dass in der letztwilligen Verfügung klarstellende Definitionen zweckmäßig sein können. Grundsätzlich haben sich die Gerichte dahin ausgesprochen, dass darunter auch **Adoptivkinder** zu verstehen sind, sofern nicht ein gegenteiliger Wille des Erblassers zum Ausdruck kommt.[49]

21 Bei sog. **„nichtehelichen" Kindern**[50] bestehen erbrechtlich[51] von Gesetzes wegen grundsätzlich keine Unterschiede[52] zu ehelichen Kindern, so dass der Begriff „Abkömmlinge" auch diese umfasst. Anderes kann sich jedoch im Einzelfall bei der Auslegung letztwilliger Verfügungen ergeben. Die Rechtsprechung ist hierzu nicht einheitlich.[53] Es ist daher zweckmäßig, dass die Erblasser in ihren Verfügungen sich zumindest hinsichtlich ihrer nichtehelichen Verwandten klar ausdrücken.[54] Will man nichteheliche Abkömmlinge von männlichen Nachkommen allgemein ausschließen, muss man etwa formulieren:

22 **Formulierungsvorschlag:**[55]

... Abkömmlinge, einschließlich adoptierter, jedoch mit Ausnahme nichtehelicher Kinder männlicher Nachkommen und deren Abkömmlingen, ...

Den gleichen Effekt und darüber hinaus auch den Ausschluss eigener nichtehelicher Kinder des Erblassers erzielt man mit folgendem

Formulierungsvorschlag:[56]

Erbfolgen aus nichtehelicher Verwandtschaft in der väterlichen Linie werden ausgeschlossen.

23 Die Formulierung umfasst den Fall, dass der Erblasser nichteheliche Kinder seiner weiblichen Nachkommen im Familienverband akzeptiert, nicht jedoch die nichtehelichen seiner männlichen Nachkommen.[57] Ferner wirkt die Formulierung, was gerade bei der

---

[48] Anderes gilt, wenn bei einer Volljährigenadoption ausnahmsweise eine Bestimmung nach § 1772 erfolgt bezüglich der Wirkungen einer Minderjährigenadoption.

[49] BayObLG NJW-RR 1992, 839.

[50] D. h.: Kinder, deren Eltern bei Geburt nicht miteinander verheiratet waren.

[51] Seit Erbrechtsgleichstellungsgesetz, in Kraft getreten am 1. 4. 1998; weitere rechtliche Unterscheidungen wurden aufgehoben durch das Kindschaftsrechtsreformgesetz, in Kraft getreten am 1. 7. 1998.

[52] Zum Erbrecht nach dem Vater von Kindern, die vor dem 1. 7. 1949 geboren wurden: Siehe § 1 I. 4 Rn 63 ff.

[53] Z. B. dafür: OLG Stuttgart FamRZ 1973, 278; OLG Köln NJW 1994, 266 = FamRZ 1993, 856 = Rpfleger 1993, 404; dagegen: BayObLG FamRZ 1974, 384 = NJW 1974, 954; LG Stuttgart Rpfleger 1996, 159, 160 m. Anm. Breyer.

[54] Bosch FamRZ 1972, 179; Spellenberg FamRZ 1977, 185, 193.

[55] Die Formulierung folgt Schramm MDR 1980, 363, 365.

[56] Schramm BWNotZ 1970, 9, 13.

[57] Zur Änderung der Stellung nichtehelicher Kinder und unterschiedlicher Gruppen siehe § 21 X.

Ersatzerbenberufung wichtig ist, auch hinsichtlich entfernter Abkömmlinge. Setzt man die „ehelichen" Abkömmlinge zu Ersatzerben ein, würde dies zwar eigene nichteheliche Abkömmlinge ausschließen, nicht jedoch solche der eigenen Abkömmlinge.

5. Ungenaue Erbeinsetzung

Für den Fall der ungenauen Erbeinsetzung durch den Erblasser enthält das BGB eine Reihe von ergänzenden Rechtssätzen und Auslegungsregeln. Hat der Erblasser **nur über einen Teil** der Erbschaft letztwillig verfügt und ist ein anderer Wille des Erblassers nicht feststellbar, so tritt gem. § 2088 für den nicht vergebenen Teil die gesetzliche Erbfolge ein.[58] Hat der Erblasser seine ganze Erbschaft vergeben wollen, die Erbteile aber **zu niedrig** angegeben, so werden sie verhältnismäßig erhöht (§ 2089), hat er sie **zu hoch** angegeben, verhältnismäßig gemindert (§ 2090). Sind mehrere Erben **ohne Bestimmung der Erbteile** eingesetzt, können auch nicht durch die vom Erblasser gebrauchte Verwandtschaftsbezeichnung gem. §§ 2066–2069 die Bruchteile der gesetzlichen Erbfolge ermittelt werden[59] und ist kein anderer Wille des Erblassers ersichtlich, so ist gem. § 2091 anzunehmen, dass die mehreren Erben zu gleichen Teilen eingesetzt sind. Hat der Erblasser einige Erben auf nicht erschöpfende Bruchteile, andere ohne Angaben von Bruchteilen eingesetzt, so teilen sich die letzteren den Rest (§ 2092 Abs. 1). 24

6. Erbeinsetzung Nachgeborener

Hat der Erblasser die Kinder oder Abkömmlinge einer Person zu Erben oder Ersatzerben eingesetzt, so sind darunter wegen der Regel des § 1923 Abs. 2 im Zweifel auch die zur Zeit des Erbfalls bereits erzeugten, jedoch noch nicht geborenen Abkömmlinge zu verstehen. Fraglich ist jedoch, ob darunter auch die **nach dem Erbfall erzeugten Personen** dieses Kreises gemeint sind, die zwar nicht Erben, wohl aber Nacherben (§ 2101) werden können. Die Feststellung ist Sache der Auslegung.[60] Dabei kommen verschiedene gesetzliche Auslegungsregeln zu Hilfe. Hat der Erblasser *„seine gesetzlichen Erben"*, seine *„Verwandten oder seine näheren Verwandten"* oder *„seine Kinder"* jeweils ohne nähere Bestimmung bedacht, dann sind im Zweifel nach den §§ 2066, 2067 und 2068 beim Erbfall noch nicht erzeugte Personen ausgeschlossen. Auch die vermutete Ersatzerbschaft der Abkömmlinge eines vom Erblasser eingesetzten eigenen Abkömmlings schließt gem. § 2069 beim Erbfall noch nicht erzeugte Abkömmlinge aus. Auch wenn der Erblasser die **Abkömmlinge eines Dritten** ohne nähere Bestimmung bedenkt, sind gem. § 2070 im Zweifel die nach dem Erbfall erzeugten Personen dieses Kreises von der Erbfolge ausgeschlossen, da der Erblasser bei Testamentserrichtung kaum an ihre komplizierte Einsetzung als Nacherben gem. §§ 1923, 2101 Abs. 1, 2105 Abs. 2, 2106 Abs. 2 gedacht hat.[61] 25

Keine gesetzliche Auslegungsregel gibt es dagegen für den Fall, dass der Erblasser unter **Überspringen einer Generation** die Abkömmlinge einer Person zu Erben einsetzt (z. B. die Kinder seiner Tochter), die ihrerseits zu seinen eigenen Abkömmlingen gehört. Nach der h. M.[62] kann hier nur aufgrund individueller Auslegung entschieden werden. Sollen nach dem ausdrücklichen Wortlaut der Verfügung oder dem durch Auslegung ermittelten Erblasserwillen auch beim Erbfall noch nicht erzeugte Abkömmlinge Erben werden, so bedeutet das ihre Einsetzung als Nacherben (§§ 1923, 2101 Abs. 1).[63] Der Nacherbfall 26

---

[58] BayObLGZ 1965, 166.

[59] OLG Hamm Rpfleger 1986, 480.

[60] OLG Köln DNotZ 1993, 813 m. Anm. Nieder.

[61] Bamberger/Roth/Litzenburger, § 2070 Rn 3.

[62] Staudinger/Otte § 2070 Rn 4; KG DNotZ 1933, 417 = JFG 10, 63, 65 unter Aufgabe von KG OLGE 24, 72; OLG Köln Rpfleger 1992, 391 = DNotZ 1993, 814; a. M. MünchKomm/Leipold, § 2070 Rn 3 m. w. N. bei Fn. 2, wonach §§ 2066, 2067 bzw. 2070 entspr. anzuwenden ist.

[63] OLG Köln Rpfleger 1992, 391 = DNotZ 1992, 814 m. Anm. Nieder.

ist im Zweifel die Geburt des Eingesetzten (§ 2106 Abs. 2 Satz 1), Vorerben sind zu noch unbestimmten Anteilen bis dahin die gesetzlichen Erben (§ 2105 Abs. 2).[64]

27 Formulierungsvorschläge der **Erbeinsetzung von künftigen Abkömmlingen** für die denkbaren Fallgruppen:

a) Zeitpunkt: Erbfall

28 Sofern der Erblasser wie bei der gesetzlichen Erbfolge (§ 1923) lediglich bis zu seinem Erbfall geborene oder erzeugte Abkömmlinge einer Person zu seinen Erben einsetzen will:

„Zu meinen Erben setze ich die leiblichen und ehelichen Abkömmlinge des A, die zum Zeitpunkt meines Todes leben oder erzeugt sind, gemäß der gesetzlichen Erbfolge erster Ordnung ein."

29 Durch die Bezugnahme auf die gesetzliche Erbfolge ergibt sich bereits, dass nur die zum Zeitpunkt des Erbfalls lebenden oder gezeugten Abkömmlinge gemeint sind und dass sich die Erbschaft unter ihnen nach der gesetzlichen Erbregel, d.h. nach Stämmen und innerhalb deren nach Köpfen verteilt und dass anstelle bis zum Erbfall weggefallener Abkömmlinge deren Abkömmlinge treten (Eintrittsrecht, § 1924 Abs. 3).

b) Zeitpunkt: Tod des Dritten

30 Sofern der Erblasser die Abkömmlinge einer Person zu Erben machen will und dabei in diesen Kreis auch die von ihr nach dem Erbfall geborenen oder gezeugten, d.h. nachgeborenen Abkömmlinge einschließen will, werden diese gemäß §§ 1923, 2101 Abs. 1 bis zu dem mit ihrer Geburt eintretenden Nacherbfall (§ 2106 Abs. 2) zwingend **Nacherben.**[65] Bis zur Geburt dieser Nachkömmlinge sind im Zweifel die gesetzlichen Erben des Erblassers gemäß § 2105 Abs. 2 ihre Vorerben. Zu Vorerben wird der Erblasser statt der gesetzlichen Erben aber regelmäßig die bereits beim Erbfall vorhandenen Abkömmlinge einsetzen wollen.

31 **Formulierungsvorschlag:**

„Zu meinen Erben setze ich die leiblichen und ehelichen Abkömmlinge des A in der Weise ein, dass seine bei meinem Tod vorhandenen Abkömmlinge nach den Regeln der gesetzlichen Erbfolge erster Ordnung, bezogen auf ihn zum Zeitpunkt meines Todes, Vollerben werden mit der Maßgabe, dass die ihnen jeweils nach meinem Tod bis zum Tod des A, **nachgeborenen Geschwister** ihre **Nacherben** zu den Quoten werden, die diese als Vollerben bekommen hätten, wenn sie bereits bei meinem Tod gelebt hätten. Hinsichtlich dieser unbestimmten Quoten sind die bei meinem Tod vorhandenen Abkömmlinge des A von den gesetzlichen Beschränkungen nicht befreite Vorerben. Die Nacherbenanteile fallen den nachgeborenen Geschwistern jeweils mit ihrer Geburt an. Das gleiche Verhältnis soll zwischen den als erste nach dem Erbfall geborenen Geschwistern jeweils zu den später geborenen bestehen, so dass mit jeder weiteren Geburt nach dem Tod des Erblassers ein weiterer Nacherbfall gegenüber allen bereits vorhandenen Abkömmlingen eintritt. Die Nacherbanwartschaften sind jeweils weder vererblich noch veräußerlich."

32 Bei dieser Gestaltung wird bei jeder weiteren Geburt der Erbschein unrichtig und ist daher einzuziehen.[66]

---

[64] Nieder DNotZ 1993, 819 f.

[65] So im Fall OLG Köln Rpfleger 1992, 391 = DNotZ 1993, 814 m. Anm. Nieder.

[66] OLG Hamm Rpfleger 1969, 299.

Die in dieser Formulierung vorgenommene ausdrückliche Einsetzung der bis zum Erbfall geborenen oder erzeugten Abkömmlinge der bestimmten Person zu Vollerben ist notwendig, da der Erblasser seine Erbfolge auch in der Weise regeln könnte, dass der Kreis der erbenden Abkömmlinge der bestimmten Person zu einem nach dem Erbfall liegenden **Zeitpunkt** zu den Erbquoten **festgestellt** werden soll, zu dem diese die bestimmte Person oder den fiktiv dann noch lebenden Erblasser zu diesem Zeitpunkt gesetzlich beerben würden. Dann wären allerdings auch die vor dem Erbfall geborenen oder erzeugten Abkömmlinge bis zu diesem Zeitpunkt unbestimmt, da sie ja in der Zwischenzeit wegfallen könnten, wären daher nur Nacherben und die **gesetzlichen Erben** des Erblassers wären **Vorerben** (§ 2105 Abs. 2). 33

c) Alle Nachkommen bis zum Fristablauf

Will der Erblasser alle nachgeborenen eigenen Abkömmlinge oder die eines Dritten, die bis zur zeitlichen Grenze des § 2109 geboren werden, zu seinen Erben einsetzen, so ist dies mit Hilfe der **sog. mehrfachen oder erweiterten Nacherbfolge**[67] möglich, bei der mehrere nacheinander als Nacherben eingesetzt werden und wobei jeweils der zunächst berufene Nacherbe dem folgenden als Vorerben vorhergeht. In einem solchen Fall dürfen bei dem Formulierungsvorschlag unter lit. b die beim Tod des Erblassers vorhandenen Abkömmlinge nur zu Vorerben eingesetzt werden und man müsste sie wie folgt ergänzen: 34

Formulierungsvorschlag:

„Nacherben der ersten Vorerben und weitere Nacherben jeweils auf den Tod der früheren Nacherben sind jeweils deren Abkömmlinge gemäß der gesetzlichen Erbfolge erster Ordnung zum Zeitpunkt des Todes des vorhergehenden Nacherben. Die Vorerben sind jeweils von den gesetzlichen Beschränkungen nicht befreit. Auch die weiteren Nacherbanwartschaften sind weder vererblich noch veräußerlich."

d) Vermächtnislösung

Der Testamentsgestalter sollte, wenn ein solcher Wunsch besteht, sich nicht auf die Auslegungsregeln verlassen, sondern die Gestaltung ausdrücklich ausformulieren, vor allem um dem Erblasser deutlich zu machen, welche **Verfügungsbeschränkungen und Kontroll- und Sicherungspflichten** er damit seinen Erben auflädt. Eine die Erben weniger einschränkende Alternative zur Bedenkung nachgeborener Abkömmlinge sind entsprechende **Herausgabevermächtnisse** (§ 2178)[68] oder **Nachvermächtnisse** (§ 2191). Der Vermächtnisnehmer braucht nämlich beim Erbfall überhaupt noch nicht erzeugt zu sein (§ 2178). Der Anfall des Vermächtnisses wird bei einem noch nicht erzeugten Bedachten bis zu seiner Geburt hinausgeschoben. Bis dahin wird das Vermächtnis als aufschiebend bedingt (§ 2177) behandelt (§ 2179). Mit dem Erbfall entsteht für den Bedachten ein Anwartschaftsrecht, das durch die §§ 160, 162, nicht jedoch 161, geschützt wird.[69] 35

---

[67] OLG Zweibrücken Rpfleger 1977, 305; Formular in MünchVertrHdb/Nieder/Otto, Bd. 6/2.

[68] Zum Herausgabevermächtnis siehe auch: § 1 II.3.c) Rn 118 zur Feststellung des Nachlasses bei Herausgabevermächtnissen; § 9 I.10. lit. s), Rn 72; zum aufschiebend bedingten Vermächtnis § 10 III., Rn 131 ff.; zum Herausgabevermächtnis der Endbedachten bei der Trennungslösung von Ehegattenverfügungen § 14 III.3.d) Rn 98; § 15 III. Rn 170 ff. zu bedingten Zuwendungen; § 21 IV.3. Rn 43 ff. zur Herausgabevermächtnislösung beim Geschiedenentestament m. w. N. und Formulierungsvorschlag bei Rn 54.

[69] BGH MDR 1963, 824; BGH NJW 1991, 1736, 1737; Bungeroth NJW 1967, 1357; Bühler BWNotZ 1967, 174.

Formulierungsvorschlag:

§ 1 Erbeinsetzung

Ich setze hiermit die Abkömmlinge meiner Tochter B zu meinen Erben unter sich nach der gesetzlichen Erbregel erster Ordnung zum Zeitpunkt meines Todes ein.

§ 2 Vermächtnisse für Nachgeborene

Sollten meiner Tochter nach meinem Tod weitere Abkömmlinge geboren werden, so erhalten diese jeweils mit ihrer Geburt anfallende Geldvermächtnisse in Höhe der Quote aus dem Nachlasswert zum Zeitpunkt des Erbfalls, die sie als Erben bekommen hätten, wenn sie bereits beim Erbfall gelebt hätten. Die Vermächtnisse berechnen sich aus dem Aktivnachlass zum Zeitpunkt des Erbfalls nach Abzug der Erblasserschulden und der Erbfallschulden.

7. Drittbestimmungsmöglichkeiten

a) Das Drittbestimmungsverbot

36 Das deutsche Erbrecht fordert zwar nicht mehr wie das klassische römische Recht zwingend die Erbeinsetzung am Anfang eines Testaments, jedoch dass der Erblasser sein Testament **persönlich errichtet** (§ 2064) bzw. seinen Erbvertrag persönlich schließt (§ 2274), und dass er selbst über seinen letzten Willen entscheidet (**§ 2065 – Grundsatz der Selbstentscheidung**). Der Erblasser kann die Bestimmung, wer sein Erbe wird, nicht einem anderen überlassen (§ 2065 Abs. 2). Er kann jedoch die Bezeichnung der Person einem Dritten übertragen; dann müssen jedoch die Hinweise im Testament so genau sein, dass den Bedachten eine jede mit genügender Sachkunde ausgestattete Person bezeichnen kann, ohne dass deren Ermessen auch nur mitbestimmend ist.[70] Der Erblasser kann ferner keine andere Person ermächtigen, die Erbquoten zu bestimmen oder die Wahl unter festgelegten Quoten zu treffen. Auch die Entscheidung, ob seine letztwillige Verfügung gelten soll, kann der Erblasser keinem anderen überlassen (§ 2065 Abs. 1).

37 § 2064 BGB schließt bei der Errichtung eines Testaments jede Stellvertretung des Erblassers im Willen oder in der Erklärung aus (**formelle Höchstpersönlichkeit**). Entsprechend kann nach § 2065 BGB der Erblasser die Bestimmung der Person, die eine Zuwendung erhalten soll, oder des Gegenstands der Zuwendung nicht einem anderen überlassen (**materielle Höchstpersönlichkeit**). Die Reichweite dieser Vorschrift ist zweifelhaft und umstritten.[71] Die Rspr.[72] lässt die **Drittbestimmung** bei der Erbeinsetzung nur in engen Grenzen (= kleiner Personenkreis und jedes Auswahlermessen ausschließende Festlegung der Auswahlkriterien) zu.[73] Siehe hierzu oben § 3 Rn 40 ff.[74]

b) Erbeinsetzung unter einer Potestativbedingung

38 Ein Spezialproblem innerhalb der Grundsatzes der Selbstentscheidung ist die umstrittene Frage, ob und inwieweit die Erbeinsetzung unter einer Potestativbedingung gegen § 2065 verstößt.[75] Bei einer Potestativbedingung macht der Erblasser die Zuwendung davon abhängig, dass ein Dritter nach seinem Belieben etwas unterlässt oder fortgesetzt

---

[70] BayObLG MittBayNot 2004, 453; siehe oben § 3 Rn 38.

[71] Meinungsstand bei Staudinger/Otte, § 2065 BGB, Rn 31 ff.

[72] RGZ 159, 296, 299 („Ritterguts-Entscheidung") BGHZ 15, 199 = DNotZ 1955, 402; N. Mayer, ZEV 1995, 247; Wagner, Der Grundsatz der Selbstentscheidung bei Errichtung letztwilliger Verfügungen – eine gesetzgeberische Unentschlossenheit?, 1997; Drittbestimmung des Unternehmensnachfolger-Erben? Goebel DNotZ 2004, 101.

[73] Zu Grenzen und Gestaltungsmöglichkeiten der Drittbestimmung siehe auch § 3 II.2., § 6 II.2.h) Rn 209 „Supervermächtnis", § 9 I.10.g) Rn 55 ff.

[74] Zur sog. „Dieterle-Klausel" siehe auch § 10 II.12. Rn 75.

[75] Wagner ZEV 1998, 255.

tut. Unzulässig ist gemäß § 2065 Abs. 1, dass ein anderer zu bestimmen hat, ob die letztwillige Verfügung gelten soll. Hingegen ist die Erbeinsetzung unter der Bedingung, dass der Erbe oder ein Dritter nach seinem Belieben etwas tut oder unterlässt, grundsätzlich zulässig, auch wenn der Eintritt der Bedingung damit vom Willen des Bedachten oder Dritten abhängt.[76] Der Erblasser muss jedoch dabei die Person des Bedachten und den Gegenstand der Zuwendung so bestimmt angeben, dass die Bestimmung des Erben durch einen Dritten für jede sachkundige Person objektiv möglich ist, ohne dass ihr eigenes Ermessen dabei bestimmend ist.[77] In der Literatur werden verschiedene Auffassungen vertreten, wie zulässige von unzulässigen Potestativbedingungen bei der Erbeinsetzung voneinander abzugrenzen sind.[78] Der BGH[79] stellt ab auf den vom Erblasser verfolgten Zweck und das Kriterium der (Un-)Entschlossenheit des Erblassers: Die Bedingung sei unzulässig, wenn der Erblasser hinsichtlich seiner Entscheidung unentschlossen war, andererseits zulässig, wenn er für den Fall des Eintritts oder Nichteintritts der Bedingung einen bestimmten, die Gültigkeit der Verfügung betreffenden Willen hatte. Zulässig sind nur solche Potestativbedingungen, bei denen der Erblasser seinen Willen vollständig gebildet hat und in seine Überlegungen das mögliche, wenn auch willensabhängige künftige Ereignis einbezogen hat. Nach Leipold muss das Ereignis allein genommen für den Entschluss des Erblassers und seine Vorstellungen Bedeutung haben, nicht lediglich der darin zum Ausdruck kommende Wille des Dritten als solcher.[80] Otte stellt hingegen ab auf das Kriterium des Interesses: Besteht kein Interesse des Erblassers am Eintritt oder Nichteintritt der Bedingung, dann stellt die Potestativbedingung eine Delegation der Entscheidung dar, die dann gegen das Drittbestimmungsverbot verstößt; nicht maßgeblich ist, ob man die Drittentscheidungen als Entscheidungen über die Geltung der Verfügung (§ 2065 Abs. 1) oder über die Auswahl des Bedachten (§ 2065 Abs. 2) ansieht.[81] Schließlich wird vertreten, dass Potestativbedingungen nur dann unzulässig sein sollen, wenn sie einer Wollensbedingung ganz nahe kommen, was vorliegt, wenn die Bedingung an ein vollkommen unbedeutendes Verhalten anknüpft.[82] Ein bedeutsamer Anwendungsfall sind die sog. Verwirkungsklauseln, wobei der Erblasser die testamentarische Zuwendung unter die Bedingung stellt, dass der Bedachte nichts erhält, wenn er gegen den letzten Willen des Erblassers vorgeht.[83]

39 Häufig müssen sich die Obergerichte mit bedingten Erbeinsetzungen befassen, die ungenau formuliert sind. So z. B. Erbeinsetzung des Enkelkindes, das *„am besten für die Landwirtschaft geeignet ist"*,[84] in einem Handschreiben an eine bestimmte Person: *„Dir gehört alles, was Du willst"*,[85] derjenige der dem Erblasser *„beistehen werde"*,[86] wer den Erblasser *„im Alter pflegt und die Beerdigung übernimmt"*,[87] diejenigen *„welche die Beisetzung und die Grabpflege übernehmen"*,[88] diejenigen, *„die mir Gutes tun, mich pflegen und sich um mein Grab kümmern"*,[89] *„wer mich zuletzt pflegt, bekommt alles"*[90] oder

[76] KG ZEV 1998, 182, 183; KG ZEV 1998, 260, 261; Staudinger/Otte, § 2065 Rn 13.
[77] BGHZ 15, 199, 201 = NJW 1955, 100 = DNotZ 1955, 402; KG ZEV 1998, 182, 183; KG ZEV 1998, 260, 261.
[78] Wagner ZEV 1998, 256.
[79] BGHZ 15, 199, 201.
[80] MünchKomm/Leipold § 2065 Rn 10.
[81] Staudinger/Otte § 2065 Rn 14.
[82] Helms, ZEV 2007, 5.
[83] BayObLG MittBayNot 2004, 451.
[84] BGH NJW 1965, 2201.
[85] OLG Zweibrücken OLGZ 1989, 268, 270.
[86] BayObLG FamRZ 1991, 610.
[87] OLG Frankfurt FamRZ 1992, 226.
[88] OLG Oldenburg FamRZ 1992, 987.
[89] BayObLG Rpfleger 1993, 200.
[90] OLG Frankfurt DNotZ 1996, 56.

gar *„wer die tätowierten Hautpartien des Erblassers abziehen, konservieren und auf einen Rahmen spannen"* lässt.[91] Die Obergerichte lösen diese Fälle regelmäßig dahin, dass, wenn die individuelle Auslegung zu keinem eindeutigen Ergebnis führt, sie unter Hinweis auf § 2065 Abs. 2 und die Entscheidung BGHZ 15, 199 als unwirksam erklären, weil die vom Erblasser gegebenen Kriterien zu unbestimmt sind und daher ein Dritter nach seinem Ermessen den oder die Erben benennen müssten.[92] Vorrangig ist jedoch eine solche unbestimmte Formulierung im Einzelfall durch Auslegung zu bestimmen, welches Verhalten des Bedachten die gewünschte Folge auslösen soll.[93]

c) Zulässige Ausnahmen vom Grundsatz der Selbstentscheidung[94]

40 Das **Drittbestimmungsverbot** besteht in aller Schärfe jedoch nur für die Erbeinsetzung. Gesetzliche **Ausnahmen** hiervon bestehen für die **Erbauseinandersetzung**, die der Erblasser in das billige Ermessen eines Dritten (z.B. Testamentsvollstrecker) stellen kann (§ 2048 Satz 2) sowie in Bestimmungen der **Höfeordnung** hinsichtlich der Bestimmung des Hofnachfolgers (siehe § 3 Rn 83 ff., 91). Vor allem aber ist das Verbot der Entscheidungsverlagerung bereits beim Vermächtnis stark abgemildert (§§ 2151–2156)und stärker noch bei der Auflage (§ 2193). Die Bestimmung der Person des Testamentsvollstreckers (§§ 2198–2200) kann der Erblasser sogar einem Dritten nach dessen freiem Belieben überlassen. Bezüglich der zulässigen Möglichkeiten der Drittbestimmung bei den erbrechtlichen Gestaltungsmöglichkeiten siehe eingehend oben § 3 Rn 40 ff.

41 Während die Drittbestimmung eines Erben lediglich als feststellende Bezeichnung zulässig ist und daher einen zu schwankenden Boden für eine zuverlässige letztwillige Anordnung bildet, kann, wenn der Nachlass gegenständlich durch Vermächtnisse, Auflagen oder einer Teilungsanordnung zugeteilt wird, kraft ausdrücklicher gesetzlicher Bestimmungen ein vom Erblasser ermächtigter Dritter bei der **Auswahl der Bedachten echte Ermessensentscheidungen** treffen.[95] Nach § 2151 Abs. 1 kann der Erblasser mehrere mit einem Vermächtnis in der Weise bedenken, dass der Beschwerte oder ein Dritter (Bestimmungsberechtigter) zu bestimmen hat, **wer** von ihnen das Vermächtnis erhalten soll. Der Erblasser darf die Auswahl allerdings nur aus einem objektiv bestimmbaren, beschränkten und leicht überschaubaren Personenkreis anordnen.[96] Es muss sich um ein Vermächtnis handeln, also die Zuwendung eines oder mehrerer einzelner Vermögensgegenstände, etwa eines Unternehmens, und nicht um eine Erbeinsetzung. Grundsätzlich entscheidet der Bestimmungsberechtigte bei der Auswahl nach Belieben, und seine Entscheidung ist gerichtlich nicht nachprüfbar. Der Erblasser kann jedoch Auswahlrichtlinien festlegen und dabei wiederum entweder eine gerichtliche Überprüfungsmöglichkeit zulassen oder ausschließen.[97] Die Auswahl ist vom Bestimmungsberechtigten dem Beschwerten gegenüber formlos zu erklären (§ 2151 Abs. 2). Kann oder will der Dritte die Wahl trotz Fristsetzung durch das Nachlassgericht nicht treffen, sind alle, die als Bedachte in Frage kommen, Gesamtgläubiger (§ 2151 Abs. 3).

42 Durch die sich dadurch eröffnenden Gestaltungsmöglichkeiten können die oben unter lit. b gewünschten letztwilligen Zuwendungen an Personen, die für den Erblasser kurz vor oder nach seinem Tod etwas tun oder unterlassen, vorgenommen werden, ohne dass die Gefahr ihrer Unwirksamkeit wegen des Verstoßes gegen das Drittbestimmungsverbot

---

91 KG ZEV 1998, 260.

92 Krit. hierzu Wagner ZEV 1998, 256.

93 BayObLG MittBayNot 2004, 451.

94 Siehe zum grundsätzlichen Verbot der Drittbestimmung und den gesetzlichen Ausnahmen oben § 3 II.2.b) Rn 36 sowie zu Anwendungsmöglichkeiten siehe unten § 21 XII.3. Rn 174.

95 Westermann, Die Auswahl des Nachfolgers im frühzeitigen Unternehmertestament, FS f. Möhring, 1965, S. 194.

96 RGZ 96, 15, 17.

97 Staudinger/Otte § 2151 Rn 7.

besteht.[98] Da der Erblasser nur bei Vermächtnissen die Selbstentscheidung delegieren kann, muss der Nachlass im Testament gegenständlich verteilt werden oder der Erblasser muss ein sog. Universalvermächtnis[99] anordnen. Wenn er den Nachlass gegenständlich verteilt, sollte er, da dies nicht erschöpfend sein kann, zur Vermeidung von Auslegungsschwierigkeiten den Restnachlass nach Begleichung aller Nachlassverbindlichkeiten einer Person vermachen. Im Regelfall wird jedoch stets – jedenfalls zur Nachlassabwicklung, siehe unten Abschnitt 8, Rn 44 – die Einsetzung eines oder mehrerer Erben zweckmäßig sein, auch zum Rechtsnachfolgenachweis.[100]

Formulierungsvorschlag: 43

§ 1 Keine Erbeinsetzung

Verfügungen zur Erbfolge will ich heute nicht treffen.
Ich weiß, dass bis zu einer solchen Verfügung die gesetzliche Erbfolge eintritt.

§ 2 Vermächtnisse

Ich vermache hiermit den nach Verwertung meines Nachlasses und Begleichung aller Nachlassverbindlichkeiten verbleibenden Geldbetrag denjenigen Personen, die mindestens während des letzten Monats vor meinem Tod in einem Krankenhaus oder bei mir zu Hause mit meiner Pflege beschäftigt sind sowie dem Deutschen Roten Kreuz Ortsverein X-Stadt und soweit dies zulässig ist nach § 14 HeimG oder deren landesrechtlichen Nachfolgevorschriften.[101] Diese Vermächtniseinsetzung erfolgt ohne Rücksicht darauf, ob in meinem Vermögensstand von heute bis zum Erbfall Veränderungen eintreten. Die Auswahl der Bedachten aus dem genannten Personenkreis und die Festsetzung ihrer Anteile hat durch den Testamentsvollstrecker zu erfolgen. Bei der Bestimmung der Anteile hat er sich dabei am Ausmaß der mir erbrachten Dienstleistungen zu orientieren. Sollte ich ohne Pflegeleistung versterben oder sollte die Pflege nicht ordnungsgemäß erfolgt sein, soll der Testamentsvollstrecker ausschließlich das Deutsche Rote Kreuz Ortsverein X-Stadt als Bedachten auswählen.

§ 3 Testamentsvollstreckung

Ich ordne für meinen Nachlass Testamentsvollstreckung an. Zu meinem Testamentsvollstrecker ernenne ich Herrn Rechtsanwalt .... Sollte er das Amt nicht annehmen wollen, können oder nach seiner Annahme wegfallen, ersuche ich das Nachlassgericht, einen Testamentsvollstrecker für meinen Nachlass zu ernennen. Der Testamentsvollstrecker hat meinen Nachlass zu veräußern und den nach Tilgung der Nachlassschulden, Zahlung der Beerdigungskosten, der Grabanlage, der Kosten für die Sicherstellung der Grabpflege für die Dauer der Ruhezeit, seiner eigenen Vergütung und sämtlicher anderen mit der Nachlassauseinandersetzung verbundenen Aufwendungen verbleibenden Restbetrag entsprechend seinem Bestimmungsrecht nach § 2 an die Vermächtnisnehmer auszuzahlen. Seine Vergütung beträgt 4% des Bruttonachlasses zuzüglich gesetzlicher Mehrwertsteuer.

8. Anwendungsbereich der Erbeinsetzung

Die Erbeinsetzung dient vor allem dem Zweck, den wirtschaftlichen Wert des Nachlasses einem Alleinerben oder mehreren Miterben zu Bruchteilen zuzuweisen und eine Person oder Personengemeinschaft zu bestimmen, die anstelle des Erblassers in seine materielle Rechtszuständigkeit eintritt und die Abwicklung des Nachlasses vornimmt. Der Erblasser kann sich dieses erbrechtlichen Gestaltungsmittels jedoch auch nur zur 44

[98] Siehe auch MünchVertrHdb/Nieder/Otto, Bd. 6/2.

[99] Über dessen Zulässigkeit siehe Palandt/Edenhofer Einf. v. § 2147 Rn 2.

[100] Z. B. ist gemäß § 52 GBO die Eintragung des Testamentsvollstreckervermerks nur möglich mit Eintragung der Erben.

[101] Zu letztwilligen Verfügungen zugunsten des Heimträgers oben § 3 I.1.b), Rn 3 und unten § 21 VII. (Behindertentestament), ferner Tersteegen RNotZ 2009, 222.

Nachlassabwicklung bedienen. Ist das Vertrauen des Erblassers in die von ihm zur Nachlassregelung bestimmte Person unbegrenzt, so kann er sie statt zum Testamentsvollstrecker zum Alleinerben einsetzen und durch ein entsprechendes Universalvermächtnis, Quotenvermächtnisse oder Stückvermächtnisse den Nachlass verteilen. Ein solcher Vollstrecker des Erblasserwillens ist dann im Gegensatz zum Testamentsvollstrecker keiner Einschränkung und Kontrolle unterworfen. Der Nachlass erhält dadurch einen unbeschränkten Rechtsträger. Die Vergütung dieses Alleinerbenvollstreckers kann durch ein Vorausvermächtnis erfolgen. Wegen der Pflichten des Erben, u. a. gegenüber Pflichtteilsberechtigten und der Finanzverwaltung, sollte für diese außergewöhnliche Gestaltung das Einverständnis des vorgesehenen Erben eingeholt werden, damit dieser die Erbschaft nicht ausschlägt.

Wenn der Testator sich nicht zu einer Erbfolge zu Vermögensbruchteilen entschließen kann, sondern seinen Nachlass gegenständlich verteilt wissen will, kann er die gesetzliche Erbfolge belassen (**Verzicht auf Erbeinsetzung**), seine Nachlassgegenstände durch Vermächtnisse verteilen, muss dabei allerdings unbedingt einem der Vermächtnisnehmer den Restnachlass vermachen und einen Testamentsvollstrecker zur Nachlassregelung einsetzen, da die wirtschaftlich nicht bedachten gesetzlichen Erben die Vermächtnisse nur widerwillig erfüllen würden. Etwa vorhandene Pflichtteilsberechtigte können die Regelung allerdings durchkreuzen. Da Vermächtnisanordnungen der Drittbestimmung zugänglicher sind als die Erbeinsetzung,[102] kann er in diesem Fall auch einzelne Vermächtnisnehmer durch den Testamentsvollstrecker auswählen lassen.[103] Ein bewusster Verzicht auf eine Erbeinsetzung kombiniert mit einer Testamentsvollstreckung und einem Universalvermächtnis kann auch angezeigt sein, wenn ein nicht rechtsfähiger Verein zum Erben eingesetzt werden soll, da deren passive Erbfähigkeit umstritten ist. Letztlich kann man immer dann auf diese Konstruktion, verbunden mit einem Bestimmungsvermächtnis und/oder Verteilungsvermächtnis ausweichen, wenn man im Drange der Zeit die genaue Bezeichnung der Person der Personenvereinigung, die der Erblasser bedenken will, nicht ermitteln kann. Aufgrund der weitreichenden Bedeutung des Erben als Rechtsträger, aber auch z. B. als Schuldner von Pflichtteilsansprüchen, Erbschaftsteuer und weiterer gesetzlich angeordneter Lasten, ist jedoch regelmäßig empfehlenswert, eine Erbeinsetzung durchzuführen.

II. Ersatzerbeinsetzung und Anwachsung

1. Ersatzerbfolge

a) Der Wegfall des Erstbedachten

45 Die Grundsätze der Universalsukzession (§ 1922 Abs. 1) und des Von-Selbst-Erwerbs (§ 1942 Abs. 1) erfordern im deutschen Erbrecht, dass der oder die Erben bereits im Augenblick des Todes des Erblassers der Person nach feststehen, wenn auch bis zu ihrer Ermittlung geraume Zeit vergehen kann. Das deutsche Erbrecht kennt keinen erbenlosen Nachlass, auch nicht für einen kurzen Zeitraum.[104] Die Erben werden von der gesetzlichen Erbordnung (§§ 1924 ff.) und bei der gewillkürten Erbfolge vom Erblasser (§ 2087) bestimmt. Diese Bestimmung wird gestört, wenn ein Erbe vor oder nach dem Erbfall wegfällt. Während die gesetzliche Erbordnung (§§ 1924 ff.) beim Wegfall eines gesetzlichen Erben durch das Eintrittsrecht nach §§ 1924 Abs. 3, 1925 Abs. 3, 1926 Abs. 3–5 und 1928 Abs. 3 garantiert, dass sofort andere gesetzliche Erben an seine Stelle treten, ist bei der gewillkürten Erbfolge erforderlich, dass der Erblasser selbst für Ersatzerben sorgt

---

[102] Siehe oben § 3 Rn 47 und § 9 Rn 88 ff.
[103] Siehe hierzu Formular in MünchVertrHdb/Nieder/Otto, Bd. 6/2.
[104] BayObLG MDR 1979, 847.

und dadurch die sonst bei noch vorhandenen Miterben eintretende Anwachsung (§ 2094) oder den Eintritt der gesetzlichen Erbfolge (§§ 1924 ff.) ausschließt.

Der **Ersatzerbe** (§ 2096) ist streng vom Nacherben (§§ 2100 ff.) zu unterscheiden. Der 46
Ersatzerbe ist nicht Nachfolger des Erben, sondern ist statt des Erben in der Verfügung von Todes wegen für den Fall berufen, dass der **erstberufene Erbe** – vor oder nach Eintritt des Erbfalls – mit Wirkung auf den Erbfall **wegfällt.** Der Erstberufene darf somit nie Erbe gewesen sein oder muss mit Rückwirkung auf den Erbfall danach weggefallen sein. Der Nacherbe (§§ 2100 ff.) ist dagegen (weiterer) Erbe des Erblassers und Nachfolger des (Vor-)Erben (§ 2139).

Voraussetzung für den Eintritt des Ersatzerben an Stelle des Erben ist außer dem Erbfall der Wegfall des in erster Linie berufenen Erben. Der gesetzliche Begriff des „Wegfallens" nach § 2096 ist im wesentlichen der gleiche wie bei der Anwachsung nach § 2094. Lediglich die ursprüngliche Nichtigkeit wird bei der Anwachsung nicht als Wegfallsgrund betrachtet, da sich die Anwachsung von der nichtigen ursprünglichen Erbeinsetzung ableitet und nicht von ihr selbständig ist wie die Ersatzerbeinsetzung.[105]

Die Gründe, die zum **Wegfall des Erstbedachten** i. S. des § 2096 führen, sind:

• **Wegfall vor dem Erbfall:**

– Tod des zunächst eingesetzten Erben vor dem Tod des Erblassers (§ 1923) 47
– Erb-, Zuwendungsverzichtsvertrag (§§ 2346 Abs. 1, 2352)
– Eintritt einer auflösenden Bedingung vor dem Erbfall
– Nichterleben einer aufschiebenden Bedingung (§ 2074)
– Nichtigkeit der Erbeinsetzung
– Widerruf der Erbeinsetzung eines zunächst Bedachten durch den Erblasser, aber nur bei ausdrücklicher und damit selbständiger Ersatzerbeinsetzung[106]

In den beiden letztgenannten Fällen ist immer zu prüfen, ob die Nichtigkeit oder der 48
Widerruf nicht auch die Ersatzerbeinsetzung umfasst.

• **Wegfall nach dem Erbfall mit Rückwirkungsfiktion:**

– Ausschlagung des eingesetzten Erben (§ 1953) oder Erbeserben (§ 1952) 49
– Erbunwürdigerklärung des Erstberufenen (§ 2344)
– Erfolgreiche Anfechtung der Erbeinsetzung gem. §§ 2078, 2079, sofern sie nicht auch die Ersatzerbeinsetzung ergreift[107]

Kein Wegfallsgrund ist der Tod des Erben nach dem Erbfall, da er dann die Erbschaft 50
weitervererbt. Da es keine gesetzliche Ersatzerbfolge gibt, der Erblasser vielmehr jeweils den oder die Ersatzerben bestimmen muss oder diese durch nachträgliche Lückenergänzung festgestellt werden müssen, hat es der Erblasser in der Hand, den Eintritt des Ersatzerbfalles auch auf bestimmte Wegfallsgründe zu beschränken.

b) Die Rechtsstellung des Ersatzerben

§ 2074 findet auf die Ersatzerbfolge keine Anwendung.[108] Der Ersatzerbe braucht da- 51
her nur den Erbfall, zumindest als Erzeugter, zu erleben, nicht auch den Wegfall des Erstberufenen.[109] Vor dem Erbfall hat der Ersatzerbe keinerlei Anwartschaft.[110] Nach dem Erbfall, aber vor dem Wegfall des Erstberufenen durch einen der oben genannten Gründe, steht ihm nach der h. M.[111] eine im Zweifel vererbliche und übertragbare **Anwartschaft** zu. Er kann in dieser Zwischenzeit die Erbschaft auch bereits ausschlagen oder annehmen.[112] Der Ersatzerbe rückt nach dem Wegfall in die Stellung des Erstberu-

[105] Faber BWNotZ 1987, 7, 8.
[106] Staudinger/Otte, § 2096 Rn 6.
[107] MünchKomm/Schlichting, § 2094 Rn 3.
[108] MünchKomm/Schlichting, § 2096 Rn 3.
[109] KGJ 42 A 104, insbes. 106.
[110] BGHZ 40, 115.
[111] BayObLGZ 60, 407, 410 = Rpfleger 1961, 203; Kempf NJW 1961, 1797.
[112] RGZ 80, 377, 382.

fenen ein, so dass die für diesen geltenden Regelungen grundsätzlich auch ihn treffen. Vermächtnisse und Auflagen belasten daher im Zweifel auch ihn (§§ 2161, 2192). Ebenso trifft ihn die Ausgleichungspflicht (§ 2051 Abs. 2) und auch Teilungsanordnungen gelten im Zweifel für den Ersatzerben. Ob er auch ein dem Erstberufenen zugewendetes Vorausvermächtnis (§ 2150) erhält, ist Auslegungsfrage.[113] Der Erblasser muss dem Ersatzerben aber nicht dieselbe Rechtsposition belassen wie dem Erstberufenen. Er kann ihn z. B. auf einen geringeren Erbteil setzen oder mit Vermächtnissen belasten, mit denen er den Erstberufenen nicht beschwert hat.

c) Die ausdrückliche Ersatzerbeinsetzung

52 Nach § 2096 kann der Erblasser durch Verfügung von Todes wegen für den Fall, dass ein Erbe vor oder nach dem Eintritt des Erbfalls wegfällt, einen anderen als Erben einsetzen (**Ersatzerbe**). § 2097 stellt ergänzend dazu die Auslegungsregel auf, dass falls der Erblasser nur einen der beiden Gruppen von Wegfallsgründen (= zunächst berufener Erbe **kann** nicht Erbe sein oder **will** nicht Erbe sein) ausdrücklich als Ersatzerbfall bestimmt hat, dies im Zweifel auch für die Fälle der andere Gruppe anzunehmen ist. Wie immer bei gesetzlichen Auslegungsregeln, geht auch hier die Auslegung im Einzelfall der Regel vor.[114] Denkbar ist bei einer ausdrücklichen Ersatzerbeinsetzung auch eine ergänzende Auslegung dahin, sie sei nur auf einen bestimmten Wegfallsgrund beschränkt.[115]

53 Grundsätzlich gilt auch für Ersatzerben die Vorschrift des § 2091, wonach mehrere – nebeneinander eingesetzte – Erben zu gleichen Teilen eingesetzt sind, soweit nicht anderes bestimmt ist. Hierzu enthält § 2098 eine vorrangige Auslegungsregel. Sind **Miterben gegenseitig** oder sind für einen von ihnen die übrigen zu Ersatzerben ohne Bestimmung der Ersatzerbteile eingesetzt, fällt ihnen gem. § 2098 Abs. 1 auch der Ersatzerbteil im Verhältnis ihrer ursprünglichen Erbteile an. Sind einige Miterben auf einen **gemeinschaftlichen Erbteil** i. S. des § 2093 zu Ersatzerben berufen, gehen sie gemäß § 2098 Abs. 2 im Zweifel für diesen Erbteil den anderen Miterben als Ersatzerben vor.

54 Bei der Anordnung einer Vor- und Nacherfolge ist die Bestimmung eines Ersatznacherben besonders wichtig, da die mit dieser Gestaltung verfolgten Zwecke nur dann erreicht werden können, wenn gewährleistet ist, dass auch bei Wegfall des zunächst berufenen Nacherben an seine Stelle ein Ersatznacherbe tritt. Sonst würde u. U. der Vorerbe unbeschränkter Vollerbe.[116]

d) Die mutmaßliche Ersatzerbeinsetzung

55 *aa) Ergänzende Auslegung, gesetzliche Auslegungsregeln und tatsächliche Vermutungen.* Oft enthält aber die Verfügung von Todes wegen keine ausdrückliche Ersatzerbeinsetzung, da der Erblasser die Möglichkeit des Wegfalls des eingesetzten Erben gar nicht in Betracht gezogen hat. Es besteht dann in erster Linie die Aufgabe, durch einfache oder ergänzende Auslegung zu ermitteln, wie der Erblasser in diesem Punkt testiert hätte, wenn er die Möglichkeit des Wegfalls des Erben in seine Erwägungen einbezogen hätte.[117] Bei der Ermittlung des tatsächlichen oder hypothetischen Erblasserwillens sind dabei auch außerhalb der Testamentsurkunde liegende Umstände, wie z. B. Äußerungen des Erblassers und die allgemeine Lebenserfahrung zu berücksichtigen.[118] Immer muss jedoch der so ermittelte tatsächliche oder hypothetische Erblasserwille in der Testamentsurkunde selbst irgendwie – wenn auch nur andeutungsweise oder versteckt – zum Ausdruck gekommen sein (**Anhalts- oder Andeutungstheorie**).[119]

---

[113] Palandt/Edenhofer, § 2096 Rn 6.
[114] BayObLG MittBayNot 1989, 161.
[115] BayObLG FamRZ 1989, 666.
[116] J. Mayer MittBayNot 1994, 111.
[117] BayObLG NJW 1988, 2744, 2745; Lange/Kuchinke, 4. Aufl., § 27 VI 1.
[118] BayObLG a. a. O.
[119] BGHZ 80, 246, 248 = NJW 1981, 1736.

Erst wenn trotzdem Zweifel bleiben und damit die individuelle Auslegung versagt hat, können die im Folgenden behandelten gesetzlichen Auslegungsregeln und tatsächlichen Vermutungen Anwendung finden. 56

Für die Ersatzerbfolge hat der Gesetzgeber einige Auslegungsregeln in das BGB aufgenommen (z.B. §§ 2097, 2069, 2102 Abs. 1), die immer dann eingreifen, wenn die individuelle Auslegung der Verfügung von Todes wegen, die immer den Vorrang hat, nicht zur sicheren Feststellung des Erblasserwillens geführt hat. Darüber hinaus haben die Obergerichte gerade in diesem Rechtsgebiet sogenannte tatsächlichen Vermutungen[120] aufgestellt, die einerseits die Rechtsfindung vereinheitlichen, andererseits vom Testamentsgestalter beachtet werden müssen. Bei den Tatsachenvermutungen handelt es sich um Schlussfolgerungen aus Erfahrungssätzen, d.h. um Schlüsse die aus der allgemeinen Lebenserfahrung gewonnen werden. Sie gehören also entweder der allgemeinen Lebenserfahrung oder der besonderen Fachkunde an. Die Lebenserfahrung begründet die hohe Wahrscheinlichkeit eines gewissen Ablaufs, einen Erfahrungssatz, eine tatsächliche oder unechte Vermutung. Sie kann bei freier Beweiswürdigung weiteren Beweis überflüssig machen oder, wenn ihr eine so starke Beweiskraft nicht zukommt, neben anderen Umständen gewürdigt werden.[121] Sie sind letztlich Beweislastnormen.[122] Alle tatsächlichen Vermutungen lassen den Gegenbeweis zu, der dahin geht, dass die vermutete Tatsache nicht zutrifft. 57

bb) Die Auslegungsregel für Erblasserabkömmlinge als Ersatzbedachte (§§ 2068, 2069). Hat der Erblasser einen seiner **Abkömmlinge** als Erben eingesetzt, eine ausdrückliche Ersatzerbeinsetzung aber unterlassen, sind kraft der gesetzlichen Auslegungsregel des § 2069 im Zweifel die nach der gesetzlichen Erbfolge berufenen Abkömmlinge seines von ihm eingesetzten Abkömmlings als Ersatzerben berufen, wenn der Abkömmling nach Errichtung des Testaments wegfällt. Diese Auslegungsregel gilt nicht nur für die Erbeinsetzung einschließlich der Vor- und Nacherbeinsetzung, sondern auch für Vermächtnisse und Auflagen,[123] ferner auch bei der Einsetzung eines Schlusserben im gemeinschaftlichen Testament[124] und Ehegatten-Erbvertrag.[125] Vorrangig ist stets die Willenserforschung, was der Erblasser beim Wegfall eines Bedachten, möglicherweise auch differenziert nach Wegfallgrund, wünscht und dessen ausdrückliche Niederlegung in der Verfügung von Todes wegen. 58

Die Auslegungsregel gilt nur, wenn kein abweichender Wille des Erblassers aus der Verfügung erkennbar ist. Der Auslegung der Verfügung im Einzelfall gebührt stets der Vorrang. Dies ist im Einzelfall schwer festzustellen: Die Rechtsprechung ging davon aus, dass durch die Erklärung in einem notariellem Testament **„Ersatzerbbestimmungen** werden **nicht getroffen"** es an Zweifeln fehle, welche die Anwendung der Auslegungsregel des § 2069 voraussetzen würde.[126] Dem ist über den entschiedenen Einzelfall hinaus

[120] Baumgärtel in FS f. Schwab, 1990, S. 43ff.

[121] BGH NJW 1961, 777, 779.

[122] Baumgärtel FS f. Schwab, 1990, S. 45, 50f.

[123] „Bedacht". Siehe zum Ersatzvermächtnisnehmer unten § 9 I.6. Rn 22.

[124] BGH DNotZ 2002, 662.

[125] OLG München DNotZ 2006, 69.

[126] BayObLG DNotZ 2005, 631. Dietz (ZEV 2010, 241) führt hierzu aus, dieser Rechtsprechung liege die zutreffende Überlegung zugrunde, dass es gängiger notarieller Praxis entspricht, eine **gewünschte** Ersatzerbenregelung in der letztwilligen Verfügung positiv auszuformulieren und nicht auf die Anwendung gesetzlicher Zweifelsregelungen zu setzen. Dies ist richtig, wenn der Erblasser in der Beurkundungssituation einen dahingehenden Wunsch/Willen gebildet hat. Standardsituation der genannten Formulierung ist jedoch, dass der Beteiligte meist gar nicht an den Wegfall des Bedachten gedacht hat, vom Notar auf diese Möglichkeit hingewiesen wurde, aber derzeit nicht in der Lage ist, den Willen zu einer Ersatzregelung zu bilden, auch nicht des Abbedingens gesetzlicher Regelungen, und schließlich die Beurkundung der letztwilligen Verfügung bezüglich des Hauptbedachten dennoch sofort wünscht.

nicht zuzustimmen: Nicht selten wird der Erblasser in der Beurkundungsverhandlung durch Unterrichtung des Notars über den möglichen Wegfall des benannten Erben auf die Tragweite der dadurch entstehenden Problematik hingewiesen und dass zur Vermeidung von Auslegungszweifeln eine ausdrückliche Ersatzerbeinsetzung empfehlenswert sei. Der Erblasser fühlt sich jedoch nicht imstande, eine detaillierte Ersatzerbbenennung ad hoc durchzuführen, will aber die Beurkundung nicht zurückstellen. Es kann jedoch ohne weiteres dem mutmaßlichen Erblasserwillen entsprechen, dass die Rechtsfolge des § 2069 bei Wegfall des benannten Erben eintritt. Der Erblasser will eben zur Ersatzerbfolge keine Bestimmungen treffen, auch keinen Ausschluss der Anwendungsmöglichkeit der gesetzlichen Auslegungsregeln. So hat dann auch das OLG München bei der Formulierung „Einen Ersatzerben will ich heute ausdrücklich nicht bestimmen" eine Anwendbarkeit des § 2069 und damit Ersatzerbenbestimmung aufgrund Auslegung des Testaments bejaht.[127] In einer solchen Beurkundungssituation ist weiterhin empfehlenswert, in der Niederschrift festzuhalten, dass über die Möglichkeit und zur Vermeidung von Zweifeln[128] die Zweckmäßigkeit einer ausdrücklichen Ersatzerbeinsetzung unterrichtet wurde, aber der Erblasser dies derzeit nicht wünsche. Bis zu einer weiteren Präzisierung der Rechtsprechung kann es jedoch zweckmäßig sein klarzustellen, dass damit jedoch kein Ausschluss gesetzlicher Auslegungsregeln verbunden ist.

59 Hat der Erblasser ohne nähere Bestimmung seine **Kinder** bedacht und ist ein **Kind vor der Testamentserrichtung** verstorben, ist nach § 2068 im Zweifel anzunehmen, dass dessen Abkömmlinge insoweit bedacht sind, als sie bei gesetzlicher Erbfolge, d.h. nach § 1924 Abs. 3, 4 kraft ihres Eintrittsrechts an die Stelle des Kindes treten würden.

60 Der Unterschied zwischen § 2068 und § 2069 ist, dass bei § 2068 ein Kind (kein Enkel usw.) des Erblassers **vor der Testamentserrichtung durch Vorversterben** weggefallen sein muss, während nach § 2069 ein Abkömmling, d.h. auch Enkel usw., **nach** der Testamentserrichtung weggefallen sein muss und es dabei auf den Grund des Wegfallens nicht ankommt.

61 *cc) Der Nacherbe als Ersatzerbe (§ 2102 Abs. 1).* Nach der Auslegungsregel des § 2102 Abs. 1 tritt, wenn der Vorerbe – vor oder nach dem Erbfall – wegfällt, im Zweifel der Nacherbe als Ersatzerbe an seine Stelle. Umgekehrt gilt die Regel nicht, d.h. die Einsetzung eines Ersatzerben enthält nicht auch die als Nacherbe.

62 Umstritten ist die Anwendung der Auslegungsregel in den Fällen, in denen sich die Eheleute in einem gemeinschaftlichen Ehegattentestament – entgegen der Auslegungsregel des § 2269 Abs. 1 – gegenseitig zu alleinigen Vorerben und Dritte zu Nacherben einsetzen, jedoch über den eigenen **Nachlass des Überlebenden** bei dessen Tod keine ausdrückliche Erbregelung treffen. Die Vor- und Nacherbfolge kann dann nur bei Tod des Erstversterbenden bezüglich dessen Nachlass eintreten. Fraglich ist nun, ob beim Tod des Längstlebenden dessen mit dem Tod des Erstversterbenden gegenstandslos gewordene Nacherbeneinsetzung gem. § 2102 Abs. 1 als Ersatzerbeinsetzung auf den eigenen Tod gewertet werden kann, so dass die als „Nacherben" bezeichneten Personen als Ersatzerben Rechtsnachfolger des Letztversterbenden werden und insbesondere nicht dessen gesetzliche Erben. Die wohl h.M.[129] bejaht dies im Zweifel; im Regelfall wird der Vermögensverteilungsplan erkennbar sein, dass der Dritte nach beider Ableben der Rechtsnachfolger sein soll. Aber auch wenn man die Anwendbarkeit des § 2102 Abs. 1 auf solche Fälle mit der h.M. bejaht, ist jeweils gesondert zu prüfen, ob auch insoweit eine

---

[127] OLG München DNotZ 2009, 685 ff. = ZEV 2009, 239 mit Anm. Dietz S. 241: „Der Gestalter letztwilliger Verfügungen kann mit vermeintlichen „bekannten und bewährten" Formulierungen nicht vorsichtig genug umgehen.

[128] Vgl. § 17 Abs. 1 Satz 2 BeurkG.

[129] KG FamRZ 1987, 413 = NJW-RR 1987, 451; Nehlsen-von Stryk DNotZ 1988, 147; Muscheler JZ 1994, 630, 631; Staudinger/Avenarius, § 2102 Rn 3; MünchKomm/Grunsky, § 2102 Rn 4 m.w.N.; a.M. RG Recht 1922 Nr. 438; OLG Karlsruhe FamRZ 1970, 255, 256.

Wechselbezüglichkeit und damit Bindung nach dem Tod des Erstversterbenden zum Zeitpunkt der Testamentserrichtung gewollt war.[130]

Will der Testamentsgestalter hier Zufallsergebnisse vermeiden, sollte er zumindest bei gemeinschaftlichen Testamenten ausdrücklich klarstellen, ob der Nacherbe Ersatzerbe sein soll oder nicht. 63

Formulierungsvorschlag nach einer ausdrücklichen Ersatzerbeinsetzung:
„Die Nacherben sind auf den Tod des Überlebenden seine Ersatzerben."

Der Formulierungsvorschlag unten bei lit. *d) dd)* würde auch diesen Fall umfassen. 64

dd) Das Verhältnis der ausdrücklichen Ersatzerbenbestimmung zu den gesetzlichen Auslegungsregeln der §§ 2269, 2102. In überraschender Weise ist auch strittig, ob ein ausdrücklich eingesetzter Ersatzerbe (§ 2096) im Zweifel hinter den in den §§ 2069, 2102 Abs. 1 genannten Personen zurückstehen muss,[131] oder ob umgekehrt ihm der Vorrang zusteht, da der Erblasser ja gerade durch die ausdrückliche Ersatzberufung seinen Willen zum Ausdruck gebracht hat und daher die Feststellung seines mutmaßlichen Willens nicht in Frage kommt.[132] Das BayObLG[133] hat eine Auslegung im Einzelfall verlangt, da nach seiner Auffassung sich aus der ausdrücklichen Anordnung der Ersatzerbfolge nicht eindeutig ergebe, dass § 2069 keine Anwendung finden solle. 65

Gegen diese Unsicherheit hilft in der Praxis nur eine ausdrückliche Klarstellung in der Verfügung von Todes wegen. 66

Formulierungsvorschlag:[134]
„Abweichend von anderslautenden gesetzlichen Auslegungs-, Vermutungs- und Ergänzungsregelungen und anderen gesetzlichen Bestimmungen wird zum alleinigen und ausschließlichen Ersatz(nach)erben bestimmt ..."

ee) Die durch ergänzende Auslegung ermittelten Ersatzerben. Die Auslegungsregel nach § 2069 bezieht sich nur auf den Wegfall eines bedachten Abkömmling des Erblassers. Die Regel kann auch nicht analog auf den Wegfall anderer eingesetzter Erben (z. B. der Geschwister oder der zweiten Ehefrau des Erblassers) und deren Abkömmlinge angewandt werden.[135] Deren Näheverhältnis zum Erblasser begründet nach den Wertungen des Erbrechts keine hinreichende Vergleichbarkeit zur Abkömmlings-Eigenschaft.[136] 67

Ist in solchen Fällen kein Ersatzerbe ausdrücklich bestimmt, kann allerdings die letztwillige Verfügung dadurch lückenhaft sein und der ergänzenden Auslegung nach allgemeinen Grundsätzen bedürfen. 68

Es ist in der Rechtsprechung anerkannt, dass der dem § 2069 bei gewillkürter Erbfolge und § 1924 Abs. 3 bei gesetzlicher Erbfolge zugrunde liegende Rechtsgedanke (= Bedenkung des Stammes des Erben) bei einer solchen ergänzenden Auslegung herangezogen werden kann, wenn es sich bei der ursprünglich bedachten und weggefallenen Person um einen nahen Angehörigen des Erblassers handelt oder sonst ein besonders enges Verhältnis zu ihm bestanden hat, das mit dem zu einem eigenen Abkömmling ver- 69

[130] KG OLGZ 1987, 1, 7 f. = FamRZ 1987, 413.
[131] Staudinger/Otte, § 2096 Rn 3 m. w. N.
[132] MünchKomm/Schlichting, § 2096 Rn 8 m. w. N.; Musielak ZEV 1995, 5, 7; Muscheler JR 1995, 309, 313; J. Mayer MittBayNot 1994, 111.
[133] Keine generelle Regel: BayObLGZ 1993, 334 = MittBayNot 1994, 149, 150.
[134] Nach J. Mayer in MittBayNot 1994, 111, 114.
[135] BGH FamRZ 1973, 133 = DNotZ 1973, 421; OLG München DNotZ 2006, 936.
[136] MünchKomm/Leipold, § 2069 Rn 33.

gleichbar ist. Lag ein solches Verhältnis zwischen dem Erblasser und dem weggefallenen Bedachten vor, so kann bereits in der Einsetzung des Bedachten der nach der Andeutungstheorie erforderliche geringe Anhaltspunkt in der Testamentsurkunde gefunden werden für den weitergehenden, auf die Ersatzberufung der Abkömmlinge des Bedachten gerichteten hypothetischen Erblasserwillen, zu dessen abschließender Feststellung dann auch außerhalb des Testaments liegende Umstände herangezogen werden können.[137] Somit besteht eine tatsächliche Vermutung, dass nicht nur in den von § 2096 unmittelbar erfassten Fällen, sondern auch dann, wenn es sich bei dem Bedachten um eine dem Erblasser im obigen Sinne **nahestehende Person** handelt, im Zweifel anzunehmen ist, dass ihre Erbeinsetzung auch die Ersatzberufung von deren Abkömmlingen zu Inhalt hat.[138] Von der Rechtsprechung wurde in folgenden Fällen ein solches **enges Verhältnis** zwischen Erblasser und Erstbedachten für möglich gehalten:

- *Zum anderen Ehegatten:* KG MDR 1954, 39; BayObLG ZEV 1996, 192; BayObLGZ 88, 165 = NJW 1988, 2744; OLG Hamburg FamRZ 1988, 1322, 1323; OLG Frankfurt ZEV 1995, 457;
- *Zu Stief- oder Geschwisterkindern (Nichten, Neffen) und deren Abkömmlingen:* RGZ 99, 82; BayObLG Rpfleger 1974, 345; OLG Karlsruhe NJW-RR 1992, 1482; BayObLG NJW-RR 1992, 73; OLG München DNotZ 2006, 936;
- *Zu Geschwistern:* OLG Karlsruhe FamRZ 1993, 363, 364; BayObLG FamRZ 2000, 1186;
- *Zu Cousin/Cousine:* BayObLGZ 1982, 159;
- *Zur Mutter:* OLG Hamburg FamRZ 1988;
- *Zum Schwiegersohn:* OLG Hamburg NJW-RR 1991, 1349;
- *Zur Tochter der Geliebten:* BayObLG NJW-RR 1993, 459;
- *Zur Tochter der Lebensgefährtin:* BayObLG FamRZ 1991, 865.

70 Fällt ein eingesetzter Abkömmling aufgrund **Zuwendungsverzichts** (§ 2352) weg, ist zu unterscheiden: Erfolgt der Verzicht gegen Abfindung, wird dadurch eine tatsächliche Vermutung dafür begründet, dass eine Ersatzberufung der Abkömmlinge nicht dem Willen des Erblassers entspricht.[139] Anderenfalls ist bei der Auslegung der letztwilligen Verfügung die Möglichkeit einer stillschweigenden Ersatzberufung der Abkömmlinge dieses Abkömmlings in Erwägung zu ziehen.[140]

71 *ff) Der Schlusserbe als Ersatzerbe.* Stirbt beim Berliner Testament (§ 2269 Abs. 1) der erste der Eheleute, wird der andere sein Vollerbe. Nach dessen eigenem Tod folgt ihm der Schlusserbe. Wie aber, wenn der Überlebende nicht verstirbt, sondern aus einem anderen Grund wegfällt, z.B. er die Erbschaft ausschlägt. Wie wird dann der Erstversterbende beerbt? Eine verbreitete Meinung[141] sieht hier, obwohl eine dem § 2102 Abs. 1 entsprechende Vorschrift fehlt, im Wege der ergänzenden Auslegung in der **Schlusserbeinsetzung auch eine Ersatzberufung hinsichtlich des Nachlasses des Erstversterbenden.** Dies wird im Regelfall zu bejahen sein, insbesondere wenn Ehegatten als Schlusserben alle oder einzelne ihrer gemeinsamen Kinder zu Schlusserben berufen haben, aber auch darüber hinaus, wenn in der gemeinschaftlichen Verfügung der Vermögensverteilungsplan erkennbar ist, dass der Dritte nach beider Ableben der Rechtsnachfolger sein soll.

72 *gg) Regelungen zum „gleichzeitigen Versterben".* Zweifel ergeben sich, wenn Ehegatten sich grundsätzlich gegenseitig zum Alleinerben einsetzen sowie Dritte bedenken für den Fall des **„gleichzeitigen Versterbens"**, jedoch der Tod nicht bei beiden Ehegatten zu

---

[137] RGZ 134, 289, 290; BayObLG FamRZ 1988, 986 = DNotZ 1989, 176; OLG München DNotZ 2006, 936.

[138] OLG Hamm NJW-RR 1987, 648, 649 = DNotZ 1987, 434.

[139] BGH NJW 1974, 43 = DNotZ 1974, 231.

[140] OLG München DNotZ 2006, 68.

[141] RGZ 60, 115, 117; Staudinger/Kanzleiter, § 2269 Rn 18 (auch mit Hinweis auf § 2097); OLG Stuttgart DNotZ 1979, 615 = BWNotZ 1979, 11; Wintermantel BWNotZ 1993, 120.

demselben Zeitpunkt eintritt. Zwar wird gemäß § 11 VerschG die Gleichzeitigkeit des Todes vermutet, wenn nicht nachweisbar ist, dass von mehreren Verstorbenen der eine den anderen überlebt hat. Dennoch ist der Tatbestand des gleichzeitigen Versterbens selten. Der Begriff ist eindeutig: Im Ausnahmefall des gleichzeitigen Todes kann keiner Erbe des anderen werden (§ 1923 Abs. 1). Für diesen Fall bedarf es lediglich einer Ersatzerbeinsetzung.

Wenn jedoch der Erbe den Erblasser „auch nur um den Bruchteil einer Sekunde" **überlebt,** tritt Erbfolge gesondert nach jedem der Verstorbenen ein. Die Formulierungen sind im Einzelfall unterschiedlich („Für den Fall unseres gemeinsamen Todes"; „falls wir zusammen sterben"; „falls uns beiden etwas zustößt"; „sollte mir und meiner Ehefrau gemeinsam was passieren ..."),[142] ebenso sind die jeweiligen Sachverhalte, insbesondere zeitlicher Abstand, Identität des Risikoeintritts und Geschehensabläufen, unterschiedlich. Der Wille der Ehegatten geht meist dahin, dass für den Fall, wenn die Ehegatten aufgrund desselben Ereignisses kurz hintereinander eines unnatürlichen Todes sterben, der benannte Dritte bedacht sein soll. Nach dem Wortlaut („gleichzeitiger Tod" o.ä.) ist dieser nicht bedacht. Insbesondere wird der Dritte **nicht** als **Ersatzerbe** Erbe **des erstversterbenden Ehegatten,** da sich der Wegfall „nach dem Eintritt des Erbfalls" i.S. des § 2096 Fall 2 nur bezieht auf Umstände, die auf den Zeitpunkt des Erbfalls zurückbezogen werden, z.B. Erbausschlagung oder Erbverzicht.[143] Jedoch bedarf eine solche letztwillige Verfügung der Auslegung. Die Rechtsprechung legt derartige Formulierungen im typischen Falle dahingehend aus, dass diese auch für den Fall des aufeinanderfolgenden Todes Geltung haben können.[144] Soweit im Einzelfall einschlägig, ist der Dritte, meist die gemeinsamen Kinder der Ehegatten oder die Kinder dieses Ehegatten, vom Erstverstorbenen aufschiebend bedingt als Erbe (oder sonstig Bedachter) eingesetzt für den Fall des Todes des anderen Ehegatten. Der Eintritt dieser Bedingung hat keine Rückwirkung (§ 158 Abs. 1). Der Dritte wird somit a) **nach dem Erstverstorbenen Nacherbe,** wobei der primär eingesetzte Ehegatte Vorerbe war, ansonsten gemäß § 2105 Abs. 1 die gesetzlichen Erben; b) **nach dem letztversterbenden Ehegatten** als Ersatzerbe unmittelbar Erbe. Zivilrechtlich ist die Nacherbeinsetzung insbesondere von Bedeutung, wenn die Ehegatten nicht nur gemeinschaftliche Abkömmlinge haben („Patchwork-Familie"). Aber nicht nur dann sollte eine vom Erblasser gewünschte sog. **„Katastrophen-Klausel"** präzise gefasst werden und klargestellt, dass für den Fall eines näher gemäß dem Erblasserwille zu bezeichnenden aufeinanderfolgenden Versterbens der Dritte als aufschiebend bedingter Nacherbe eingesetzt ist. 73

Die Vor- und Nacherbfolge nach dem Erstversterbenden hat, auch wenn diese nur Sekunden bestanden hat, die **erbschaftsteuerlichen Folgen** gemäß § 6 ErbStG.[145] Eine Versteuerung nach jedem Erblasser tritt jedoch auch ein bei einem zweifachen Übergang nach „Berliner Art", zunächst nach dem Erstversterbenden auf den anderen Ehegatten und nach diesem das kumulierte Vermögen auf den Dritten. wirtschaftliche Linderung ermöglicht ein Pflichtteilsverlangen nach dem Erstversterbenden und die Ermäßigung gemäß § 27 ErbStG.[146] 74

e) Der Ersatznacherbe[147]

Gemäß §§ 2108 Abs. 1, 1923 kann Nacherbe nur werden, wer zur Zeit des Erbfalls gelebt hat oder jedenfalls gezeugt war. Stirbt der eingesetzte Nacherbe vor dem Erbfall 75

---

[142] BayObLG ZEV 1996, 472.
[143] Feick ZEV 2006, 17 m.w.N.
[144] BayObLG ZEV 1996, 470; BayObLG ZEV 2004, 200 m. Anm. Kasper; OLG Düsseldorf ZEV 2004, 202; C. Keim ZEV 2005, 11, je m.w.N.
[145] Zu zivil- und erbschaftsteuerlichen Folgen von Klauseln zum gemeinsamen Versterben: Feick ZEV 2006, 16 sowie kontrovers Bestelmeyer ZEV 2006, 146.
[146] Berechnungsbeispiele bei Bestelmeyer ZEV 2006, 148 f.
[147] Siehe auch unten § 10 I.8.

und ist kein Ersatznacherbe eingesetzt, ist die Anordnung der Nacherbfolge gegenstandslos.

76 Der Ersatznacherbe ist für den Fall eingesetzt, dass der Nacherbe vor oder nach Eintritt des Nacherbfalls wegfällt; § 2096 findet auch hierauf Anwendung. Hier kommt insbesondere ein Wegfall des Nacherben in der u. U. langen Zeit zwischen dem Erbfall und dem Nacherbfall in Frage. Auch der Ersatznacherbe muss beim Nacherbfall bereits erzeugt sein (§ 1923). Neben der ausdrücklichen Ersatzerbenberufung gilt hier auch die vermutete bezüglich der Abkömmlinge des als Nacherben eingesetzten Abkömmlings des Erblasser gem. § 2069.[148] Auch hier kann der Ersatznacherbe durch ergänzende Auslegung ermittelt werden (siehe oben Ziffer **1 d)** *ee* (Rn 67 ff.). Der Ersatznacherbe hat nach dem Erbfall ein nur schwaches, aber, falls der Erblasser dies nicht ausgeschlossen hat, vererbliches und übertragbares Anwartschaftsrecht.[149] Nach der h. M.[150] stehen ihm jedoch vor dem Eintritt des Ersatznacherbfalls die Kontroll- und Sicherungs- und Mitwirkungsrechte nach den §§ 2113 nicht zu und insbesondere ist seine **Zustimmung zu Rechtsgeschäften des Vorerben nicht erforderlich,** damit diese Geschäfte ihm gegenüber im Ersatznacherbfall wirksam sind,[151] weil er hinter dem primären Nacherben steht und ihn dessen Zustimmung bindet.

77 Bei der Gestaltung ist jedoch stets zu beachten, dass ab dem Erbfall dem Nacherben eine **Nacherbenanwartschaft** zusteht. Diese ist im Zweifel vererblich gemäß § 2108 Abs. 2 Satz 1. Damit geht im Falle des Todes des Nacherben dessen Vermögen einschließlich der Rechte aus der Nacherbenanwartschaft über auf dessen Erben; ein Rechtsübergang der Anwartschaft auf den vom Erblasser eingesetzten Ersatzerben erfolgt nur, wenn vom Erblasser die **Vererblichkeit** der Nacherbenanwartschaft **ausgeschlossen** wurde (siehe nachstehend lit. f) aa) Rn 78). Ferner kann die Nacherbschaft auflösend bedingt angeordnet werden für den Fall, dass der Nacherbe seine Anwartschaft auf den Vorerben (oder sonstige Personen) überträgt, da andernfalls die Zustimmung der Ersatznacherben erforderlich wäre.[152]

f) Die mittelbaren Auswirkungen der Ersatzerbeinsetzung

78 *aa) Die Konkurrenz zwischen der Vererblichkeit der Nacherbenanwartschaft nach § 2108 Abs. 2 Satz 1 und der Ersatznacherbeinsetzung.*[153] Der Nacherbe erlangt mit dem Tod des Erblassers, durch den der Nachlass auf den oder die Vorerben übergeht, ein gegenwärtiges Anwartschaftsrecht auf die spätere Nacherbschaft.[154] Erlebt der Nacherbe den Tod des Erblasser, stirbt aber vor dem Eintritt des Nacherbfolge, ist gemäß der widerlegbaren Vermutung des § 2108 Abs. 2 Satz 1 seine **Nacherbanwartschaft vererblich,** sofern nicht ein anderer Wille des Erblassers anzunehmen ist. Ist allerdings der Nacherbe unter einer aufschiebenden Bedingung eingesetzt (z. B. bei der Wiederverehelichungsklausel), entfällt im Zweifel die Nacherbfolge und die Verbindlichkeit ihrer Anwartschaft und der Vorerbe wird Vollerbe, wenn der Nacherbe den Eintritt der Bedingung nicht erlebt (§§ 2108 Abs. 2 Satz 2, 2074).

79 Der Erblasser kann in der Verfügung von Todes wegen die **Vererblichkeit der Nacherbanwartschaft ausschließen** und zwar ist dies ausdrücklich möglich, kann aber auch durch ergänzende Auslegung gefunden werden.[155] Streitig ist die Frage, wie die aus-

---

[148] BGHZ 33, 60; OLG Bremen NJW 1970, 1932.

[149] Kanzleiter DNotZ 1970, 693, 695 Fn. 16, 17.

[150] RGZ 145, 316; BGHZ 40, 115, 119 = NJW 1963, 2320; BayObLGZ 60, 407, 410.

[151] Kanzleiter DNotZ 1970, 693, 694 Fn. 9 m. w. N.

[152] Für etwaige ungeborene Ersatznacherben wäre ansonsten die Zustimmung eines Pflegers erforderlich sowie für nicht unbeschränkt geschäftsfähige Ersatznacherben die Genehmigung des Vormundschaftsgerichts (§ 1822 Nr. 1). Formulierungsvorschlag unten bei Rn 81.

[153] Nieder, ZEV 1996, 244.

[154] BGHZ 37, 319, 325; BGHZ 87, 367, 369; Haegele Rpfleger 1967, 161 m. w. N.

[155] OLG Oldenburg Rpfleger 1989, 106.

drückliche oder stillschweigende Berufung eines Ersatznacherben sich auf die Vererblichkeit der Nacherbenanwartschaft auswirkt. Durch die ausdrückliche Einsetzung eines Ersatzerben nach § 2096 wird im Regelfall die Vererblichkeit der Nacherbenanwartschaft ausgeschlossen sein,[156] jedoch liegt in der Anordnung der Ersatznacherbschaft nicht ohne weiteres ein Ausschluss der Vererblichkeit der Nacherbenanwartschaft.[157] Die Vererblichkeit des Nacherbenrechts ist jedenfalls dann ausgeschlossen, wenn „zweifelsfrei Ersatznacherben auch für den Fall des Versterbens der zunächst in Betracht kommenden Nacherben vor dem Nacherbfall bestimmt sind".[158] Beweispflichtig ist für den Ausschluss der Vererblichkeit aufgrund § 2108 Abs. 2 Satz 1 die Partei, die sich darauf beruft;[159] zweckmäßig ist stets eine klarstellende Anordnung.

Umstritten ist die Auswirkung der **vermuteten Ersatzerbeinsetzung** der Abkömmlinge 80
nach § 2069 BGB auf die Vererblichkeit der Nacherbenanwartschaft. Nach der einen Meinung[160] soll allein daraus nicht auf den Ausschluss der Vererblichkeit geschlossen werden können, da die Ersatzerbeinsetzung auch nur für die anderen Wegfallsgründe, z. B. dem der Ausschlagung getroffen sein kann. Nach der Gegenmeinung[161] liegt in der Ersatznacherbenberufung im Zweifel immer die schlüssige Erklärung des Erblassers, dass die Vererblichkeit der Nacherbanwartschaft ausgeschlossen sein soll. Eine mittlere Lösung lässt aufgrund Auslegung des hypothetischen Erblasserwillens die Vererblichkeit durch die Ersatznacherbeinsetzung nur entfallen bei Weitervererbung der Anwartschaft an Erben des Nacherben, die weder Abkömmlinge noch Schwiegerkinder sind.[162] Nach der heute wohl h. M.[163] spricht eine Vermutung in solchen Fällen weder für noch gegen die Vererblichkeit, sondern maßgebend ist allein der durch Auslegung zu ermittelnde Wille des Erblassers im Einzelfall. Dies soll nach dem BayObLG nicht nur für den stillschweigend eingesetzten Ersatznacherben (§ 2069) gelten, sondern auch für gemäß § 2096 BGB ausdrücklich eingesetzte.

Regelmäßig besteht hier zur Vermeidung von Streitigkeiten bei der Gestaltung der Ver- 81
fügung von Todes wegen Regelungsbedarf.

Formulierungsvorschlag:

Die Nacherbenanwartschaft ist insgesamt nicht vererblich[164] und nicht übertragbar.[165] Ausgenommen ist die Übertragung an den Vorerben. In diesem Fall entfällt auch jede ausdrückliche oder stillschweigende Ersatznacherbeinsetzung.

bb) Die Veräußerung der Nacherbenanwartschaft an den Vorerben. Die Nacher- 82
benanwartschaft, die der Nacherbe nach dem Erbfall hat, kann er, sofern der Erblasser

[156] Haegele Rpfleger 1967, 161 f.; Musielak ZEV 1995, 6.
[157] MünchKomm/*Grunsky* § 2102 Rn 7.
[158] BayObLG ZEV 2001, 440 LS. 3.
[159] BayObLG Rpfleger 1983, 11.
[160] RGZ 95, 97, 98 f.; RGZ 169, 38, 40 ff.; BayObLGZ 1951, 570; BayObLGZ 1961, 132; OLG Köln NJW 1955, 633; OLG Köln OLGZ 1968, 91; OLG Oldenburg Rpfleger 1989, 106.
[161] Staudinger/Avenarius, § 2108 Rn 16; Haegele Rpfleger 1967, 162; OLG Bremen NJW 1970, 1923; OLG Braunschweig FamRZ 1995, 443, 444.
[162] BGH NJW 1963, 1150; OLG Oldenburg Rpfleger 1989, 106; OLG Hamm Rpfleger 1976, 132.
[163] BGH LM § 2108 Nr. 1; BayObLGZ 1993, 334 = FamRZ 1994, 783; J. Mayer MittBayNot 1994, 111, 114; Musielak ZEV 1995, 5, 7.
[164] Zur Möglichkeit, den Ausschluss der Vererblichkeit einzuschränken z. B. auf einen bestimmten Personenkreis, eines Bruchteils der Erbschaft oder nur bis zu einer zeitlichen Grenze: MünchKomm/Grunsky § 2108 Rn 7.
[165] Die Übertragbarkeit kann ausgeschlossen werden: RGZ 170, 163, 168. A. A. Staudinger/Avenarius, § 2100/Rn 76.

dies nicht ausgeschlossen hat, veräußern. Die Übertragung bedarf entsprechend § 2033 BGB der notariellen Beurkundung, ebenso die Verpflichtung hierzu entsprechend § 2371 BGB. Die Übertragung kann auch auf den Vorerben erfolgen. Der Vorerbe erwirbt dann jedoch das Anwartschaftsrecht nur mit dem Inhalt, den es vor der Übertragung hatte, da der Nacherbe nicht mehr Rechte übertragen kann, als er selbst innehatte. Deshalb wird der Vorerbe durch die Übertragung der Nacherbenanwartschaft auf ihn nur dann endgültiger Vollerbe, wenn keine Ersatznacherbfolge vom Erblasser ausdrücklich angeordnet war oder – insbesondere aufgrund § 2069 BGB – vermutet wird.[166] Bei einer entgeltlichen Übertragung der Nacherbenanwartschaft auf den Vorerben kann die Auslegung der letztwilligen Verfügung nach dem mutmaßlichen Willen des Erblassers allerdings auch ergeben, dass eine Ersatzerbeinsetzung für diesen Fall nicht angeordnet sein sollte.[167] Ansonst wird die **Rechtsstellung des Ersatznacherben** durch die Übertragung des Nacherbenanwartschaftsrechts auf den Vorerben nicht berührt und bleibt weiter bestehen. Der Vorerbe verliert seine durch die Übertragung erworbene Rechtsstellung als gleichzeitiger Nacherbe in dem Fall und zu dem Zeitpunkt an den Ersatznacherben, an dem sie auch der ursprüngliche Nacherbe verloren hätte,[168] allerdings nur insoweit, als die einzelnen Nachlassgegenstände noch nicht vom Vorerben veräußert wurden.[169]

83 Das Problem kann vermieden werden, wenn man, wie oben vorgeschlagen, für den Fall der Veräußerung der Nacherbenanwartschaft an den Vorerben jegliche Ersatzerbeneinsetzung ausdrücklich ausschließt.

84 *cc) Die Ausschlagung der Nacherbschaft zugunsten des Vorerben.* Der Nacherbe kann die Nacherbschaft ausschlagen, sobald der Erbfall eingetreten ist (§ 2142 Abs. 1). Schlägt der Nacherbe die Erbschaft aus, verbleibt sie dem Vorerben als Vollerben, soweit der Erblasser nichts anderes bestimmt hat (§ 2142 Abs. 2). Dies ist bei ausdrücklicher (§ 2096) oder stillschweigender (§ 2069) Ersatznacherbenberufung anzunehmen und deshalb fällt in diesen Fällen die Erbschaft in der Regel den Ersatznacherben und nicht gem. § 2142 Abs. 2 dem Vorerben an.[170]

85 *dd) Die Ausschlagung zwecks Pflichtteilsverlangen und die Ersatzerbfolge.* Bei einer Ersatzerbeinsetzung besteht die Möglichkeit, dass der Erstberufene, sofern die Voraussetzungen nach §§ 2305, 2307 dazu vorliegen, die Erbschaft oder das Vermächtnis ausschlägt, um den Pflichtteil zu verlangen und dass dann infolge der Ersatzberufung trotzdem Angehörige seines Stammes Erben oder Vermächtnisnehmer werden, allerdings u. U. belastet mit der Pflichtteilslast gem. § 2320 Abs. 2. Hierzu hat die Rechtsprechung folgende **tatsächliche Vermutungen** aufgestellt:

- Erfolgt die Ausschlagung zwecks Pflichtteilsverlangen bei der gemäß § 2069 vermuteten Ersatzerbfolge, vermutet die wohl h. M.,[171] dass der Erblasser keine Ersatzerbberufung der Abkömmlinge des ausschlagenden Erstberufenen gewollt hat, da ja dessen Stamm nicht leer ausgeht, sondern in der Person des Ausschlagenden den Pflichtteil als Ersatzstück seines Erbrechts erhält. Bei einer Aufrechterhaltung der vermuteten Ersatzerbeinsetzung würde er dagegen doppelt berücksichtigt.
- Die gleiche Ansicht vertritt die Rechtsprechung auch bei einer Ausschlagung des Nacherben zwecks Pflichtteilsverlangen nach § 2306 Abs. 2[172]

[166] BGHZ 33, 61 = NJW 1960, 1899; LG Duisburg NJW 1960, 1205.
[167] LG München II MittBayNot 1980, 29; OLG Stuttgart BWNotZ 1982, 64 = Rpfleger 1982, 106.
[168] BayObLGZ 1970, 137 = NJW 1970, 1794, 1795; OLG Stuttgart BWNotZ 1957, 152.
[169] BayObLGZ 1970, 137 = DNotZ 1970, 687 m. Anm. Kanzleiter in DNotZ 1970, 693 ff.
[170] RGWarn 13 Nr. 241; OLG Zweibrücken OLGZ 84, 3.
[171] Braga AcP 153, 144, 154; BGHZ 33, 60, 62 = NJW 1960, 1899; OLG Frankfurt Rpfleger 1970, 391.
[172] OLG Düsseldorf NJW 1956, 1880.

– Für den Fall der ausdrücklichen Ersatzerbberufung gem. § 2096 hat die Rechtsprechung jedoch keine entsprechende tatsächliche Vermutung aufgestellt.[173]

Will der Erblasser auch in diesem Fall diese Rechtsfolge zuverlässig ausschließen, muss 86
er eine Verwirkungsklausel etwa folgenden Inhalts in seine Verfügung von Todes wegen aufnehmen:

Formulierungsvorschlag:

Ein den Pflichtteil gegen den Willen des Erben[174] verlangender Bedachter ist mit seinem ganzen Stamm von Zuwendungen jeder Art ausgeschlossen.

ee) Die Erlangung der Testierfreiheit durch Ausschlagung des Zugewendeten beim 87
Berliner Testament. Nach § 2271 Abs. 2 Satz 1, 2. Halbsatz BGB kann der überlebende Ehegatte seine auf seinen Tod getroffenen wechselseitigen Verfügungen aufheben, wenn er das ihm vom verstorbenen Ehegatten Zugewendete ausschlägt. Wurde dem Überlebenden vom erstverstorbenen Ehegatten **nichts zugewendet**, waren aber die Verfügungen des Überlebenden zugunsten Dritter wechselbezüglich zu denen des erstverstorbenen Ehegatten, kann der Überlebende nichts ausschlagen und sich somit auch nicht von seiner Bindung befreien.[175] Es bringt ihm dabei keinen Vorteil, gemäß § 1948 Abs. 1 nur das ihm testamentarisch Zugewandte auszuschlagen, jedoch seinen gesetzlichen Ehegattenerbteil anzunehmen, sofern sich durch seine Ausschlagung für ihn die gesetzliche Erbfolge nicht öffnet, weil der ausgeschlagene Erbteil einem ausdrücklich eingesetzten (§ 2096) oder vermuteten (§§ 2096, 2102 Abs. 1) Ersatzerben anfällt.[176] Dabei ist auch zu beachten, dass beim sogenannten Berliner Testament die Schlusserben im Zweifel Ersatzerben des Erstversterbenden sind.[177] Ergänzend sei vermerkt, dass selbst wenn sich für den Überlebenden durch seine Ausschlagung die gesetzliche Ehegattenerbfolge öffnen würde, er dadurch nach der h. M.[178] nur von seiner Bindung an seine eigenen Verfügungen frei würde, wenn er auch den gesetzlichen Erbteil ausschlagen würde, es sei denn, sein gesetzlicher Erbteil wäre erheblich kleiner als der ihm testamentarisch zugewendete.

ff) Zuwendungsverzichtsvertrag[179] und Ersatzerbeinsetzung. Seit der Erbrechtsreform 88
2010[180] (§ 2349) erstreckt sich die Wirkung des Zuwendungsverzichtsvertrages – wie beim Erb- und Pflichtteilsverzichtsvertrag – auf die Abkömmlinge des Verzichtenden, soweit nicht ein anderes bestimmt wird (§§ 2352 Satz 3, 2349). Insbesondere erstreckt sich der Verzicht auch auf ausdrücklich (§ 2069) oder stillschweigend (§ 2069) eingesetzte Ersatzberufene.[181] Für stillschweigende Ersatzberufungen, bei denen der Zuwendungsverzicht gegen eine vollständige Abfindung erfolgt, hatte die Rechtsprechung[182] bereits vor der Änderung des § 2352 eine tatsächliche Vermutung dahingehend aufgestellt, dass

---

[173] Staudinger/Otte (1996), § 2096 Rn 8.

[174] Dies ermöglicht einvernehmliche Gestaltungen, insbesondere aus erbschaftsteuerlichen Gründen (§ 10 Abs. 5 Nr. 2 Fall 3 ErbStG).

[175] Staudinger/Kanzleiter, § 2271 Rn 40.

[176] BGH VersR 1959, 997; BayObLGZ 1977, 163, 166.

[177] Nach überwiegender Ansicht. Siehe oben Ziffer II, 1 d) ff. Rn 71.

[178] KG NJW-RR 1991, 330 = OLGZ 1991, 6; a. M. Tiedke FamRZ 1991, 1259. Darstellung des Meinungsstandes bei Staudinger/Kanzleiter § 2271 Rn 43.

[179] Zum Zuwendungsverzichtsvertrag siehe eingehend unten § 19 II.

[180] Gesetz zur Änderung des Erb- und Verjährungsrechts vom 24. 9. 2009. Die Verweisung des § 2352 Satz 3 bezieht sich nun auch auf § 2349.

[181] Kritisch z. B. Kanzleiter DNotZ 2010, 520 ff., DNotZ 2009, 805 („… ein Missgriff des Gesetzgebers!); Weidlich ZEV 2010, 166.

[182] BGH NJW 1974, 43, 44; OLG Düsseldorf DNotZ 1974, 231; OLG Köln FamRZ 1990, 99.

hier der Erblasser keine Ersatzberufung gewollt habe, da sonst der Stamm des Bedachten doppelt begünstigt würde.

89 Bei diesem Ergebnis bleibt es auch, wenn ein Erbe seine erbrechtliche Stellung ausschlägt. Auch dann ist der Erbe weggefallen und an seine Stelle würden die ausdrücklichen oder mutmaßlichen Ersatzerben treten.

90 Soweit ein Änderung der letztwilligen Verfügung möglich ist, insbesondere keine Bindungswirkung eingetreten ist, ist eine Anpassung der Verfügung stets vorzugswürdig zu einem Verzicht des Bedachten.

91 *gg) Die Ersatzerben bei sogenannten Erbschaftsverträgen.* Nach § 311b Abs. 5 BGB sind schuldrechtlich verpflichtende Verträge, d.h. ohne erbrechtlich-dingliche Wirkung in notarieller Urkunde zwischen abstrakt möglichen gesetzlichen Erben über ihre gesetzlichen Erbteile, den Pflichtteil oder einen ihnen letztwillig zugewendeten Erbteil bis zur Höhe des gesetzlichen Erbteils[183] zulässig.[184] Ein Nachteil dieser Verträge ist jedoch, dass sie bei einer späteren, von der vorgesehenen Erbfolge abweichenden Erbfolge die an dem Vertrag nicht beteiligte Ersatzerben nicht binden, da es einen Vertrag zu Lasten Dritter nicht gibt. In einem solchen Fall können z.B. die Abkömmlinge des Vertragschließenden, die zugleich Abkömmlinge des Erblassers sind (§ 2069), aus eigenem Erb- oder Pflichtteilsrecht vorgehen, ohne an den Erbschaftsvertrag gebunden zu sein.[185]

92 *hh) Die Ersatzbedachten bei der Zustimmung des bindend Bedachten zu ihn beeinträchtigenden Schenkungen gem. §§ 2287, 2288.* Die Ansprüche des Vertrags- oder Schlusserben oder -vermächtnisnehmers gem. §§ 2287, 2288 sind ausgeschlossen, wenn der bindend Bedachte gegenüber dem gebundenen Erblasser der beabsichtigten oder bereits vorgenommenen beeinträchtigenden Schenkung in notarieller Urkunde zustimmt.[186] Diese Zustimmung geht jedoch ins Leere, wenn der bindend bedachte Vertrags- oder Schlusserbe oder -vermächtnisnehmer vor dem Erblasser verstirbt und ein ausdrücklicher oder mutmaßlicher Ersatzbedachter an seine Stelle tritt.

93 *ii) Der Wegfall bindender Verfügungen von Todes wegen Gegenstandslosigkeit.* Ist oder wird eine bindende Verfügung von Todes wegen in einem Erbvertrag oder einem bindend gewordenen gemeinschaftlichen Ehegattentestament wegen Vorversterbens des Bedachten, Zuwendungsverzicht des Bedachten, Eintritt einer auflösenden Bedingung, Nichtigkeit der Verfügung, Ausschlagung des Bedachten, Erbunwürdigkeit des Bedachten oder Anfechtung der Verfügung unwirksam oder gegenstandslos, entfällt normalerweise insoweit für den Erblasser die Sperre und er erlangt wieder seine Testierfreiheit.[187] Dies ist allerdings nur der Fall, wenn sämtliche Bedachte wegfallen, d.h. auch die ausdrücklich bestimmten oder vermuteten bzw. durch hypothetische Auslegung gewonnenen Ersatzbedachten (§§ 2096, 2069, 2191) sowie etwaige anwachsungsberechtigte Miterben (§§ 2094, 2158).[188]

94 *kk) Die Vermeidung der mittelbaren Auswirkung der Ersatzerbfolge.* Die gesetzlichen Auslegungsvorschriften und die von der Rechtsprechung aufgestellten tatsächlichen Vermutungen machen das Recht der Ersatzberufung für die Praxis unsicher und in den Auswirkungen unvorhersehbar. Dazu kommt, dass der Wandel der erbrechtlichen Auslegungsmethoden die Rechtsprechung mehr und mehr veranlasst, sogar die gesetzlichen Auslegungsvorschriften in diesem Bereich zu negieren und durch die individuelle Auslegung zu ersetzen,[189] was die Vorhersehbarkeit noch weiter schmälert. Hier bleibt der

---

[183] Dies ist seit BGHZ 104, 279 = NJW 1988, 2726 zulässig.
[184] Vormals § 312 BGB; Kaufhold ZEV 1996, 454. Hierzu eingehend § 19 IV.
[185] Schwarz BWNotZ 1995, 139, 141.
[186] BGHZ 108, 252 = BGH NJW 1989, 2618, 2619.
[187] OLG Zweibrücken OLGZ 1990, 134 = FamRZ 1989, 1355.
[188] OLG Hamm OLGZ 1982, 272 = FamRZ 1982, 203: BayObLGZ 1960, 216, 222 = NJW 1960, 2287; Brems FamRZ 1983, 1278.
[189] J. Mayer MittBayNot 1994, 111, 113.

Praxis nur der Weg, bei der Errichtung von Verfügungen von Todes wegen durch eine eindeutige Formulierung zu versuchen, die verlorene Sicherheit wieder zu gewinnen.

Will man die erforderlichen und möglichen Gestaltungen gliedern, so können zwei Gruppen unterschieden werden: 95

- **Gestaltungen die dem Erblasser Sicherheit bezüglich des Erbganges seines Nachlasses geben sollen:**
  - Ausdrückliche Einsetzung von Ersatzerben, Ersatznacherben und Ersatzvermächtnisnehmer
  - Ausschluss sämtlicher anders als die ausdrückliche Ersatzregelung lautender gesetzlicher Auslegungs-, Vermutungs- und Ergänzungsregelungen (siehe oben Ziffer **II, 1 d,** *dd Rn 66*)
  - Ausschluss jeglicher Ersatzberufungen für die Abkömmlinge dessen, der zwecks Pflichtteilsverlangen ausschlägt oder auf seine Zuwendung gegen volles Entgelt verzichtet (siehe oben Ziffer **II, 1 f.,** *dd Rn 85*)
  - Bei Nacherbeinsetzung Ausschluss der Vererblichkeit der Nacherbenanwartschaft sowie zumindest eingeschränkter Ausschluss ihrer Veräußerlichkeit, z. B. kein Ausschluss bei Veräußerung an den Vorerben (siehe oben Ziffer **II, 1 f.,** *aa Rn 79*)
- **Eine Gestaltung die den Bedachten weitgehend in seiner Verfügungsmöglichkeit über die Erbschaft freistellt:**
  Ausschluss der ausdrücklich angeordneten Ersatzberufung für den Fall, dass der Bedachte die Zuwendung ausschlägt oder die Erbschaft oder Nacherbenanwartschaft veräußert (siehe oben Ziffer **II, 1 f.,** *aa Rn 79*)

g) Der Ersatzvermächtnisnehmer

Lebt der Bedachte eines Vermächtnisses zur Zeit des Erbfalls nicht mehr, so ist das 96
Vermächtnis gemäß § 2160 unwirksam. Dies gilt jedoch nur, wenn kein Ersatzberufener vorliegt. Dies kann erfolgen, indem der Erblasser ausdrücklich einen Ersatzvermächtnisnehmer (§ 2190)[190] bestimmt, eine stillschweigende Ersatzberufung eintritt (insbesondere gemäß § 2069), durch ergänzende Auslegung ein Ersatzbedachter gefunden wird oder es erfolgt, falls derselbe Gegenstand mehreren vermacht ist, Anwachsung gemäß § 2158. Nach § 2190 finden für den Ersatzvermächtnisnehmer die für die Einsetzung eines Ersatzerben geltenden Vorschriften der §§ 2097 bis 2099 entsprechende Anwendung. Allerdings kann nach der h. M.[191] § 2098 nur angewendet werden, falls der Weggefallene und die Ersatzvermächtnisnehmer **mit demselben Gegenstand bedacht** waren: Sind diese gegenseitig[192] bedacht, so ist im Zweifel anzunehmen, dass sie im Verhältnis ihrer Vermächtnisanteile bedacht sind (§ 2098 Abs. 1) sowie, falls diese gemeinschaftlich mit einem Anteil an einem Vermächtnis bedacht sind, für diesen Anteil anderen als Ersatzvermächtnisnehmer vorgehen (§ 2098 Abs. 2). Sind hingegen mehrere Personen mit bei **verschiedenen Gegenständen** gegenseitig bedacht, erwerben die Ersatzvermächtnisnehmer nach Kopfteilen (§§ 2157, 2091). Gemäß § 2099 i.V. mit § 2190 ist die Ersatzberufung vorrangig zur Anwachsung (§ 2158).

Der Ersatzvermächtnisnehmer erhält das Vermächtnis nicht nur, wenn der Vermächt- 97
nisnehmer durch den Tod vor dem Erbfall wegfällt (§ 2160), sondern auch bei dessen Vermächtnisverzicht (§ 2352), Vermächtnisausschlagung (§ 2180), seiner Vermächtnisunwürdigkeit (§ 2345), seinem Tod vor Eintritt der aufschiebenden Bedingung (§ 2074) oder dem Ausfall einer Bedingung oder dem Ende einer Befristung (§ 2077). Hingegen hat ein Erlassvertrag (§ 397 Abs. 1) zwischen Bedachten und Beschwerten nur Wirkung zugunsten des beschwerten, nicht zugunsten von Ersatzvermächtnisnehmern.[193]

---

[190] Siehe auch § 9 I.10.q) Rn 69.
[191] Staudinger/Otte § 2190 Rn 7.
[192] Oder sind für einen der Bedachten die übrigen als Ersatzbedachte eingesetzt.
[193] Staudinger/Otte (1996) § 2180 Rn 18.

Formulierungsbeispiel:

Ich vermache mein Wertpapierdepot ...

a) zu einem Anteil von 60/100
meinem Bruder ..., ersatzweise dessen Ehegattin, wiederum deren Schwester ...

b) zu einem Anteil von 40/100
den Abkömmlingen meiner Schwester ... zu gleichen Stammanteilen, ersatzweise dem Bedachten zu lit. a).

2. Die Anwachsung

98 Hat der Erblasser durch Verfügung von Todes wegen mehrere Personen in der Weise zu Miterben berufen, dass sie die gesetzliche Erbfolge ganz ausschließen und **fällt einer der eingesetzten Miterben** vor oder nach dem Erbfall **weg,** dann wächst nach § 2094 der Anteil des Weggefallenen den übrigen Miterben im Verhältnis ihrer Erbteile an, d.h. deren Erbteil vergrößert sich.[194] Dies gilt jedoch nicht, wenn eine – ausdrückliche, vermutete oder durch ergänzende Auslegung ermittelte – Ersatzerbeinsetzung vorliegt, die gemäß § 2099 vorgeht.[195] Der Anwachsung entspricht bei der gesetzlichen Erbfolge die Erbteilserhöhung gemäß § 1935.

99 Die Anwachsung scheidet ferner aus, wenn der Erblasser die Anwachsung ausdrücklich oder schlüssig ausgeschlossen hat (§ 2094 Abs. 3).

100 Aufgrund des **Vorrangs der Ersatzerbfolge** (§ 2099) ist bei jeder Verfügung von Todes wegen zunächst zu prüfen, ob der Erblasser ausdrücklich Ersatzerben bestimmt hat, ob eine Auslegungsregel eingreift oder ob ein Ersatzerbe durch ergänzende Auslegung ermittelt werden kann. Erst wenn das nicht der Fall ist, kann unter den Voraussetzungen des § 2094 (= vorhandener Miterbe) eine Anwachsung stattfinden. Diese Voraussetzungen sind

- Abschließende und vollständige **Aufteilung des ganzen Nachlasses** unter die eingesetzten Erben in der Verfügung von Todes wegen durch den Erblasser, so dass dadurch die gesetzliche Erbfolge ausgeschlossen ist (§ 2094 Abs. 1). Hat der Erblasser nur über einen Teil des Nachlasses testiert, tritt Anwachsung nur ein, wenn die Testaterben auf einen gemeinsamen Erbteil gem. § 2093 eingesetzt sind (§ 2094 Abs. 2).
- Wegfall eines Miterben (§ 2094 Abs. 1).

101 Die Wegfallsgründe sind bei der Anwachsung im Wesentlichen die gleichen wie bei der Ersatzerbfolge. Lediglich die anfängliche Nichtigkeit der Erbeinsetzung ist bei der Anwachsung in der Regel kein Wegfallsgrund, weil die Anwachsung auf der ursprünglichen Erbeinsetzung beruht und daher von deren Fehlerhaftigkeit ergriffen wird.[196]

102 Der anwachsende Erbteil ist rechtlich nicht selbständig und kann daher nicht gesondert ausgeschlagen werden. Lediglich in Ansehung der Vermächtnisse, Auflagen und Ausgleichungspflichten wird nach § 2095 seine Selbständigkeit fingiert.

III. Checkliste zur Erbeinsetzung

103
- Sollen ein Alleinerbe oder mehrere Miterben zu Erbquoten (**Bruchteile oder Prozentsätze**) eingesetzt werden? Die Erben müssen bestimmt oder im Zeitpunkt des Erbfalls bestimmbar sein. Eine gegenständliche Erbeinsetzung ist zu vermeiden.
- Soll eine Gruppe von Miterben gem. § 2093 auf einen **gemeinschaftlichen Erbteil** eingesetzt werden?

---

194 Siehe zur Anwachsung und ihrer Berechnung eingehend Faber BWNotZ 1987, 7 ff.

195 OLG Karlsruhe FamRZ 1993, 363 = NJW-RR 1992, 1482; BayObLG FamRZ 1993, 736.

196 Staudinger/Otte, § 2094 Rn 2.

- Sollen ausdrücklich **Ersatzerben** (§ 2096) berufen werden? Es empfiehlt sich mehrere nacheinander zu berufen und gegebenenfalls mit der Bestimmung, dass sie
  - vermuteten Ersatzerben vorgehen (oben Rn 487);
  - ein den Pflichtteil – gegen den Willen des Erblassers – verlangender Erbe mit seinem ganzen Stamm ausgeschlossen ist (oben Rn 495);
  - ausdrückliche und vermutete Ersatzerbenberufungen bei einem Zuwendungsverzicht eines Vorberufenen entfallen (oben Rn 492).
  - Sollen keine Ersatzerben berufen werden, empfiehlt sich, schon zum Nachweis, dass der Notar insoweit seiner Aufklärungspflicht nachgekommen ist, die Aufnahme eines ausdrücklichen Verzichts.

IV. Enterbung, Pflichtteilszuwendung und Pflichtteilsentziehung

1. Enterbung

Enterbung ist der Ausschluss eines Erben, und zwar des Ehegatten/Lebenspartner und/ 104 oder einen Verwandten, von der gesetzlichen Erbfolge durch Verfügung von Todes wegen (§ 1938). Der Fiskus kann als gesetzlicher Noterbe nicht enterbt werden, weil sonst der Nachlass möglicherweise ohne Rechtsträger wäre (§§ 1936 Abs. 1, 1938). Die Enterbung kann dadurch erfolgen, dass der Erblasser einen, mehrere oder alle der vorgenannten gesetzlichen Erben von der Erbfolge ausschließt, ohne andere Erben einzusetzen (§ 1938), so dass zwar weiterhin die gesetzliche Erbfolge eintritt, jedoch so, als ob die testamentarisch Enterbten nicht vorhanden wären (**negatives Testament**). Die Enterbung kann sich auch im Wege der Auslegung ergeben. So wird eine Entziehung des Pflichtteils (§ 2333) im Regelfall auch als Enterbung auszulegen sein;[197] dies gilt hingegen nicht, wenn die Pflichtteilsentziehung den Zweck hatte, den gesetzlichen Erben von einer Erbausschlagung abzuhalten.[198] Die bloße Enterbung eines gesetzlichen Erben – ohne Erbeinsetzung – kann in einem gemeinschaftlichen Testament nicht wechselbezüglich und nicht vertraglich in einem Erbvertrag getroffen werden, sondern nur als einseitige Verfügung.[199]

Die andere – häufig vorzugswürdige – Möglichkeit ist, dass der Erblasser unter Über- 105 gehung der zu Enterbenden andere Personen zu seinen gewillkürten Erben einsetzt, dabei den vollen Nachlass vergibt und damit konkludent die Übergangenen enterbt (**positives Testament**). Bleibt auch nur ein geringfügiger Bruchteil übrig, tritt insoweit die gesetzliche Erbfolge ein (§ 2088 Abs. 1). Bei der mittelbaren Enterbung durch positives Testament stellt sich die Frage, ob bei Nichtigkeit der Erbeinsetzung die enterbende Wirkung der Verfügung erhalten bleibt. Nach der Rechtsprechung[200] besteht jedoch keine Vermutung für eine Enterbung auf jeden Fall, d.h. auch bei Unwirksamkeit der Einsetzung der gewillkürten Erben.

Die **Enterbung** eines gesetzlichen Erben wirkt grundsätzlich nur in seiner Person und 106 **hindert das Eintrittsrecht** (§ 1924 Abs. 3) seiner Abkömmlinge **nicht**. Die §§ 2069 und 2349 sind als Ausnahmevorschriften nicht analog auf die Enterbung anwendbar.[201] Enterbungen werden nicht vermutet. Die individuelle Auslegung kann jedoch ergeben, dass sich die Ausschließung auch auf die Abkömmlinge, d.h. den ganzen Stamm erstrecken soll.[202] Will der Erblasser den ganzen Stamm enterben, sollte er die Enterbung ausdrück-

[197] BayObLG FamRZ 1996, 826, 828.

[198] BayObLG ZEV 2000, 280.

[199] OLG München DNotZ 2006, 132 = MittBayNot 2006, 57; MünchKomm/Leipold, § 1938 Rn 1.

[200] OLG Stuttgart BWNotZ 1981, 141; KG OLGE 40, 114, 116.

[201] RGZ 61, 14; BGH FamRZ 1959, 149 = LM § 1938 Nr. 1; BayObLG FamRZ 1989, 1232 = DNotZ 1990, 425; kritisch Scherer ZEV 1999, 41, 44.

[202] BayObLGZ 1965, 176; BayObLG Rpfleger 1976, 290; OLG Karlsruhe BWNotZ 1984, 69; BayObLG Rpfleger 1989, 369 = FamRZ 1989, 1006.

lich auch auf dessen Abkömmlinge zu erstrecken. Umgekehrt sollte die Verfügung stets die Klarstellung enthalten, falls die Abkömmlinge von der Enterbung nicht umfasst sind.[203]

107 Die Enterbung berührt das Pflichtteilsrecht nicht. Es kann zusätzlich, jedoch nur unter den besonderen Voraussetzungen der §§ 2333 ff. entzogen werden. Anders als die Pflichtteilsentziehung (§ 2336 Abs. 2 Satz 1) bedarf die Enterbung keiner Angabe von Gründen. Auch ist § 2337 nicht entsprechend anwendbar: Eine Verzeihung bezieht sich nur auf die Pflichtteilsentziehung und lässt eine Enterbung unberührt.[204]

2. Pflichtteilszuweisung

108 Wenn der Erblasser letztwillig einen Pflichtteilsberechtigten auf den Pflichtteil setzt (z. B. „Mein Kind … soll nur den Pflichtteil bekommen."), so sind drei **Auslegungsmöglichkeiten** denkbar:[205]

- Es kann sich um eine **Erbeinsetzung** in Höhe der Pflichtteilsquote handeln. Diese Auslegungsmöglichkeit gilt jedoch nach der Auslegungsregel des § 2304 im Zweifel nicht.
- Es kann sich um eine **Enterbung** durch negatives Testament gem. § 1938 handeln, verbunden mit einer bloßen **Verweisung** auf den gesetzlichen Pflichtteilsanspruch (**Pflichtteilsverweisung**). Für den gesetzlichen Pflichtteilsanspruch gilt die 3-jährige Regelverjährung ab Entstehung (§ 199 Abs. 1 Nr. 1, § 2317 Abs. 1: Mit dem Erbfall, somit dem Tod des Erblassers, § 1922 Abs. 1) und dem Schluss des Jahres, in welchem der Berechtigte von seinem Anspruch Kenntnis erlangt (§ 199 Abs. 1 Nr. 2; „Sylvesterverjährung"), spätestens nach Ablauf von 30 Jahren ab Entstehung des Anspruchs (§ 199 Abs. 3 a).[206]
- Es kann sich um eine **Vermächtniszuwendung** in Höhe des Pflichtteilsanspruchs handeln. In diesem Fall sind auf die Zuwendung statt der Pflichtteilsbestimmungen diejenigen für Vermächtnisse, insbesondere die §§ 2180, 2307 anwendbar. Für die Verjährung gilt seit der Erbrechtsreform 2010[207] die allgemeine dreijährige Regelverjährung.[208]

109 Die Auslegung ist maßgeblich, welche der Alternativen im Einzelfall zutreffen.[209] Entscheidend kommt es darauf an, ob der Erblasser die pflichtteilsberechtigte Person begünstigen wollte (**dann Vermächtnis**) oder ihr nur belassen wollte, was er ihr nach dem Gesetz nicht entziehen konnte (**dann nur Pflichtteilsverweisung**).[210]

110 Schwierigkeiten bereitet die Pflichtteilszuweisung an den **überlebenden Ehegatten** beim gesetzlichen Güterstand der Zugewinngemeinschaft. Handelt es sich dabei nur um eine Pflichtteilsverweisung, so erhält der überlebende Ehegatte den kleinen Pflichtteil nebst den güterrechtlichen Zugewinnausgleichsanspruch ohne Wahlmöglichkeit.[211] Eine Verweisung auf den großen Pflichtteil ist nicht möglich.[212] Bei einem Vermächtnis dürfte es sich in der Regel um das des erhöhten Pflichtteils handeln, mit der Folge, dass der überlebende Ehegatte es ausschlagen und den kleinen Pflichtteil nebst dem güterrechtli-

[203] Formulierungsbeispiel bei Keim, in Beck'sches Formularbuch Erbrecht, 2007, S. 129.
[204] MünchKomm/Lange § 2337 Rn 9.
[205] Zur Abgrenzung: BGH DNotZ 2005, 45 (Florida-Fall); Reimann in Reimann/Bengel/J. Mayer, Testament und Erbvertrag, 5. Aufl. 2006, Syst. Teil A, Rn 152 ff.
[206] Die Sonderregelung des § 2332 für Pflichtteilsansprüche wurde mit dem Gesetz zur Änderung des Erb- und Verjährungsrechts vom 24. 9. 2009 in die Systematik der dreijährigen Regelverjährung übergeführt. § 2332 hat seit 1. 1. 2010 einen anderen Regelungsgehalt.
[207] Gesetz zur Änderung des Erb- und Verjährungsrechts vom 24. 9. 2009.
[208] Bis 31. 12. 2009: 30-Jährige Sonderverjährung gemäß § 197 Abs. 1 Nr. 2 a. F.
[209] Siehe hierzu auch § 9 Rn 53; Ferid NJW 1960, 121, 124.
[210] BGH ZEV 2004, 374 (Florida-Fall).
[211] Bohnen NJW 1970, 1531.
[212] Staudinger/Haas § 2304 Rn 21.

chen Zugewinnausgleich verlangen kann. Ist ausdrücklich der kleine Pflichtteil vermächtnisweise zugewendet, so kann er den Restanspruch zum großen Pflichtteil oder statt dessen neben dem kleinen Pflichtteil den güterrechtlichen Zugewinnausgleich verlangen. Liegt ausnahmsweise eine Erbeinsetzung des Überlebenden in Höhe des Pflichtteils vor, muss er ausschlagen, um den güterrechtlichen Zugewinnausgleich neben dem kleinen Pflichtteil verlangen zu können.

Stets sollte der Gestalter einer Verfügung von Todes wegen niemals den Ausdruck *„auf den Pflichtteil setzen"* oder ähnlich gebrauchen, sondern jeweils ausdrücklich klarstellen, welche der obigen Varianten gewollt ist. 111

3. Pflichtteilsentziehung[213]

a) Überblick

Die bedarfsunabhängige wirtschaftliche Mindestbeteiligung der Kinder des Erblassers an dessen Nachlass ist nach der Rechtsprechung des BVerfG grundsätzlich unentziehbar und genießt Schutz durch die Erbrechtsgarantie des Art. 14 Abs. 1 Satz 1 GG i.V. mit Art. 6 Abs. 1 GG.[214] Nur wenn besondere schwere Verfehlungen der Pflichtteilsberechtigten gegenüber dem Erblasser oder seinem Ehegatten vorliegen, kann der Erblasser den Pflichtteil entziehen. Die Entziehungsgründe gegenüber Abkömmlingen, Eltern dem Ehegatten sind in § 2333 abschließend aufgezählt.[215] Sie sind nicht ausdehnungs- oder analogiefähig.[216] Sie setzen alle Rechtswidrigkeit, Verschulden und damit auch Zurechnungsfähigkeit voraus; war der Täter jedoch schuldunfähig i.S. des Strafrechts, kann für das pflichtteilsentziehungsrechtlich erforderliche Verschulden ausreichen, dass der Täter den Unrechtstatbestand wissentlich und willentlich verwirklichte (natürlicher Vorsatz).[217] Die Pflichtteilsentziehung hat heute keine große praktische Bedeutung.[218] Grund dafür ist zum einen, dass der Katalog der Pflichtteilsentziehungsgründe von der Rechtsprechung restriktiv ausgelegt wird, zum anderen aufgrund der hohen formellen Anforderungen und schließlich auf der großzügigen Bejahung der Verzeihung (§ 2337). 112

b) Pflichtteilsentziehungsgründe[219]

- Pflichtteilsentziehungsgründe sind gemäß § 2333 Abs. 1 bezüglich Abkömmlingen, was gemäß Absatz 2 entsprechend gilt für Ehegatten und Eltern. 113

Trachten nach dem Leben des Erblassers, seines Ehegatten, eines (anderen) Abkömmlings oder einer dem Erblasser ähnlich nahestehenden Person (§ 2333 Abs. 1 Nr. 1,

---

[213] Siehe auch unten § 21 IX.5.b).

[214] BVerfG DNotZ 2006, 60. Auch die Konkretisierungsanforderungen des § 2336 Abs. 2 sind erforderlich, um das Pflichtteilsrecht des Kindes zu schützen, das nur dann hinter die Testierfreiheit zurücktreten muss, wenn in der letztwilligen Verfügung eine hinreichend substantielle Tatsachengrundlage angegeben wird: BVerfG DNotZ 2005, 792.

[215] Gemäß Gesetz zur Änderung des Erb- und Verjährungsrechts vom 24. 9. 2009 wurden §§ 2333 ff. in weiten Teilen neufasst. Die Pflichtteilsentziehungsgründe gemäß §§ 2333 Nr. 2, 2334 Satz 1, 2335 Nr. 1 (vorsätzliche körperliche Misshandlung) und § 2333 Nr. 5 (ehrloser oder unsittlicher Lebenswandel) sind weggefallen. Zur Neuregelung des Pflichtteilsrechts: Keim, Die Reform des Erb- und Verjährungsrechts und ihre Auswirkungen auf die Gestaltungspraxis, ZEV 2008, 161; Lange, Das Gesetz zur Reform des Erb- und Verjährungsrechts, DNotZ 2009, 732; Muscheler, Die geplanten Änderungen im Erbrecht, Verjährungsrecht und Nachlassverfahrensrecht, ZEV 2998, 105. Zur historischen Auslegung der Pflichtteilsentziehungsvorschriften des BGB: Kleensang, DNotZ 2005, 509.

[216] BGH NJW 1974, 1084 = LM § 2333 Nr. 2; BGH NJW 1977, 339.

[217] BVerfG NJW 2005, 1561.

[218] Lange, Die Pflichtteilsentziehung im Spiegel der neueren Rechtsprechung, ZErb 2008, 59.

[219] Die frühere Differenzierung der Pflichtteilsentziehungsgründe nach Abkömmlingen (§ 2333 a.F.), Eltern (§ 2334 a.F.) und Ehegatten (§ 2335 a.F.) wurde durch die Pflichtteilsreform zum 1. 1. 2010 aufgehoben (BGBl. 2009 I 3142).

Abs. 2). Dies setzt den ernsten Willen zur Herbeiführung des Todes voraus. Anstiftung, Beihilfe, Versuch und bloße Vorbereitungshandlungen genügen.

114 Die in § 2333 Abs. 1 Nr. 1 und 2 geschützte **„dem Erblasser ähnlich nahestehenden Person“** wurde durch die Erbrechtsreform 2010 aufgenommen. Der Personenkreis wird erst durch die Rechtsprechung seine Konkretisierung erfahren. Der eingetragene Lebenspartner ist damit nicht gemeint, da für diesen das Entziehungsrecht gilt gemäß § 10 Abs. 6 Satz 2 LPartG. Der Gesetzgeber hat für die Bestimmung der erforderlichen Nähe eine auf Dauer angelegte Lebensgemeinschaft genannt.[220] Umfasst werden damit z. B. Stiefeltern und Pflegekinder; fraglich hingegen ist, ob z. B. das Kind des Lebensgefährten eine solche Nähe aufweist. Ferner kann die Lebensgemeinschaft im Haushalt nicht alleiniges Kriterium sein, da die nach der Vorschrift ausdrücklich geschützten Abkömmlinge/Kinder sich zum Zeitpunkt des Erbfalls häufig nicht mehr im Haushalt des Erblassers leben.[221]

115 • **Verbrechen oder schweres vorsätzliches Vergehen** gegen eine in § 2333 Nr. 1 bezeichneten Personen (§ 2333 Abs. 1 Nr. 2, Abs. 2). Beide Begriffe sind im Sinne des Strafrechts zu verstehen (§ 12 Abs. 1, 2 StGB). Die Schwere des Vergehens wird dabei nicht abstrakt nach dem Strafrahmen des verletzten Strafgesetzes, sondern konkret nach dem Einzelfall bewertet. Eine vereinzelte Beleidigung ist regelmäßig nicht als schweres Vergehen anzusehen.[222]

116 Das „sich schuldig machen“ in § 2333 Abs. 1 Nr. 2 setzt – anders als bei Nr. 4, siehe unten – keine strafrechtliche Verurteilung des Abkömmlings voraus. Das Recht zur Entziehung verbleibt dem Erblasser, auch wenn er keinen Strafantrag stellt. Dies kann nur in Ausnahmefällen als eine Verzeihung (§ 2337) gedeutet werden, weil dem Erblasser stets die Entscheidung offen steht, den Pflichtteilsberechtigten bezüglich des privaten Erb- und Pflichtteilsrechts zu sanktionieren, aber nicht den Weg des öffentlichen Strafrechts ergänzend zu wählen.[223]

117 • **Böswillige Verletzung der gesetzlichen Unterhaltspflicht** durch den Abkömmling gegenüber dem Erblasser ((§ 2333 Abs. 1 Nr. 3, Abs. 2). Die Vorschrift ist praktisch bedeutungslos, da ein unterhaltsbedürftiger Erblasser nicht viel hinterlassen wird. Unterhaltsberechtigt ist nur, wer bedürftig ist, d. h. außerstande, sich selbst zu unterhalten (§ 1602 Abs. 1). Da Unterhalt grundsätzlich nur durch Entrichtung einer Geldrente geschuldet ist (§ 1612 Abs. 1), kann die Pflichtteilsentziehung nicht auf die Versagung persönlicher Pflege im Krankheitsfall gestützt werden.[224]

118 • **Rechtskräftige Verurteilung wegen einer vorsätzlichen Straftat zu einer Freiheitsstrafe von einem Jahr ohne Bewährung (§ 2333 Abs. 1 Nr. 4 Satz 1, Abs. 2).** Dieser Entziehungsgrund wurde zum 1. 1. 2010 durch das Erbrechtsreformgesetz neu eingeführt und trat an die Stelle des früheren, die Familienehre schützenden Entziehungsgrundes des „ehrlosen und unsittlichen Lebenswandels“ (§ 2333 Nr. 5 a. F.). Trotz der vom Gesetzgeber gewünschten Objektivierung bedarf die Formulierung des Gesetzes noch einer Konkretisierung durch die Rechtsprechung.

119 Die **vorsätzliche Straftat** kann auch ein Vergehen erfassen. Auch eine Jugendstrafe ist vom Tatbestand erfasst. Ausreichend ist ein einmaliger, aber schwerwiegender Verstoß gegen Strafnormen; ein ehrloser Charakter oder die Umstände der Tatbegehung sind ohne Belang.[225] Die **„rechtskräftige Verurteilung** ohne Bewährung“[226] muss zum Zeit-

[220] RegE BT-Drucks. 16/8954, S. 23.

[221] MünchKomm/Lange, § 233 Rn 17. Gegen eine abstrakte Betrachtung: Schaal/Grigas BWNotZ 2008, 2, 18.

[222] OLG Celle Rpfleger 1992, 523; im Einzelfall andere Beurteilung BGH NJW 1974, 1085.

[223] J. Mayer in Mayer/Süß/Tanck/Bittler/Wälzholz, Handbuch Pflichtteilsrecht, § 8 Rn 33.

[224] Staudinger/Ohlshausen § 2333 Rn 16.

[225] MünchKomm/Lange § 2333 Rn 36.

[226] Es erfolgt keine rechtskräftige Verurteilung, sondern ein Urteil erwächst in Rechtskraft. Es erfolgt keine Verurteilung ohne Bewährung, sondern das Gericht setzt die Vollstreckung der Strafe zur Bewährung aus (§§ 56 ff. StGB).

punkt der Pflichtteilsentziehung noch nicht vorliegen (§ 2336 Abs. 2 Satz 2); der Erblasser muss den Grund angeben, aber nicht den Eintritt der Rechtskraft abwarten. Bezüglich der Mindeststrafe von einem Jahr dürfte auch eine Gesamtstrafe (§ 54 StGB) ausreichen. Eine Verurteilung zu einer solchen Strafe durch ein ausländisches Gericht wird dann einen solchen Pflichtteilsentziehungsgrund darstellen, wenn das fremde Strafrecht nicht vom deutschen im Grunde abweicht, auch bezüglich der Strafandrohung.

Die Freiheitsstrafe stellt auf den – für die Pflichtteilsentziehung auch maßgeblichen – Unrechtsgehalt der Tat ab, die Aussetzung des Strafvollzugs **zur Bewährung** hingegen auf die Sozialprognose. Der Gesetzgeber nimmt damit in Kauf, dass eine schwerwiegendere Tat mit einer Verurteilung zu zwei Jahren Freiheitsstrafe „mit Bewährung" keine Pflichtteilsentziehung zulässt, eine weniger gewichtige Tat mit einer Verurteilung von einem Jahr „ohne Bewährung" hingegen schon.

Die Teilhabe des Pflichtteilsberechtigten am Nachlass muss **deshalb** für den Erblasser 120
unzumutbar sein (§ 2333 Abs. 1 Nr. 4 Satz 1 Halbs. 2). Die Straftat muss den persönlichen, in der Familie gelebten Wertvorstellungen des Erblassers in hohem Maße widersprechen. Dies liegt bei schweren Straftaten regelmäßig nahe.[227] Anderes gilt insbesondere dann, wenn der Erblasser ähnliche Delikte begangen hat.[228] Auch diese Kausalität („deshalb") ist bei der Angabe der Gründe der Entziehung gemäß § 2336 Abs. 2 anzugeben. Der Umstand, dass jene Straftat

Die strafrechtliche Verurteilung setzt **Verschulden** voraus; hierzu genügt nach der 121
Rechtsprechung des BVerfG die Verwirklichung des Entziehungsgrundes mit „natürlichem Vorsatz".[229] Auch Angriffe von Personen, die nicht schuldhaft im strafrechtlichen Sinne handeln können, z. B. psychisch Kranke, können eine Einbuße des Pflichtteilsrechts nach sich ziehen. Als Pflichtteilsentziehungsgrund wurde aufgrund dessen auch bei der Erbrechtsreform 2010 aufgenommen, wenn die Unterbringung des Pflichtteilsberechtigten in einem psychiatrischen Krankenhaus oder in einer Entziehungsanstalt wegen einer ähnlich schwerwiegenden vorsätzlichen Tat rechtskräftig angeordnet wird (§ 2333 Abs. 1 Nr. 4 Satz 2, Abs. 2).

c) Form und Begründung der Entziehung

Die Entziehung des Pflichtteils hat nach § 2336 Abs. 1 durch letztwillige Verfügung zu 122
erfolgen.[230] Zulässig sind alle Testamentsformen und auch die einseitige Verfügung im Erbvertrag. Der Grund der Entziehung muss zur Zeit der Errichtung der letztwilligen Verfügung bestehen und in ihr angegeben werden (§ 2336 Abs. 2).[231] Die Rechtsprechung hat hohe formale Anforderungen gestellt.[232] So fordert der BGH[233] neben der Entziehungserklärung die Angabe eines (zutreffenden) **Sachverhaltskerns,** d. h. der individualisierenden Umschreibung der tatsächlichen Vorgänge auf die der Erblasser die Entziehung stützt. Die Anforderungen an diese substantiierte Bezeichnung wurde von den Instanzgerichten weiter verschärft. Es reicht nicht aus, wenn der Erblasser wegen des Entziehungsgrundes lediglich auf andere, der Testamentsform nicht entsprechende Erklä-

---

227 MünchKomm/Lange § 2333 Rn 41.

228 Beispiel: Der Pflichtteilsberechtigte wird wegen Steuerstraftaten verurteilt, welche auch der Erblasser begangen hat. Vgl. auch BGH NJW 1980, 936; OLG Köln ZEV 2008, 383 zur früheren Pflichtteilsentziehung wegen ehrlosem Lebenswandel: Eine Beeinträchtigung der Familienehre kommt nicht in Betracht, wenn zwischen Erblasser und Abkömmling keinerlei Beziehungen bestanden.

229 BVerfG NJW 2005, 1561.

230 Formulierungsbeispiele bei *Kleensang* in Beck'sches Formularbuch Erbrecht, Abschnitt C. VI.2.

231 Zur Verfassungsmäßigkeit von § 2336 Abs. 2: BVerfG DNotZ 2005, 791.

232 Die Rechtsprechung hält auch verfassungsrechtlichen Anforderungen stand: BVerfG ZEV 2005, 388.

233 BGH FamRZ 1964, 86 = DNotZ 1964, 628; BGH NJW 1985, 1554 = DNotZ 1985, 556; siehe auch OLG Köln ZEV 1996, 430 = FamRZ 1997, 454.

rungen verweist.[234] Der Hinweis auf den Inhalt von Akten der Kriminalpolizei soll ohne Angabe des Aktenzeichen nicht genügen.[235] Nicht ausreichend sei auch die Formulierung, dass die Entziehung erfolgt, „da sie mich mehrmals geschlagen hat und mit Totschlag bedroht hat."[236] Allgemeine Ausführungen wie „fortlaufende Repressalien" genügen nicht für eine Pflichtteilsentziehung; erforderlich ist, dass der Erblasser einen nach **Zeit, Ort und Art der Taten unverwechselbaren Kernsachverhalt** schildert und den Kreis der Vorfälle eingrenzt, da andernfalls die Entziehung auf Vorwürfe gestützt werden könnte, die für den Erblasser nicht bestimmend waren, sondern erst nachträglich vom Erben erhoben werden könnten.[237]

Die **Beweislast** für das Vorliegen des vom Erblasser in der letztwilligen Verfügung angegebenen Entziehungsgrundes im Zeitpunkt der Errichtung trifft gem. § 2336 Abs. 3 denjenigen, der sich auf die Entziehung beruft, sei es der Erbe, der Beschenkte (§ 2329) oder der gem. §§ 2318 ff. zur Tragung der Pflichtteilslasten Verpflichtete.[238] Die Genannten trifft auch die Beweislast für das Nichtvorliegen von Rechtfertigungs- und Entschuldigungsgründen, wie z. B. einer vom Pflichtteilsberechtigten behaupteten Notwehr.[239] Auf die durch diese Beweislastverteilung nach dem Erbfall in der Regel auftretenden Beweisschwierigkeiten sollte der Erblasser in der Beratungspraxis hingewiesen werden.[240] Der Erblasser kann durch Feststellungsklage sein Entziehungsrecht schon zu seinen Lebzeiten gerichtlich feststellen lassen.[241] Auch der zukünftige Pflichtteilsberechtigte kann die Frage, ob Grund zur Entziehung seines Pflichtteils besteht, zum Gegenstand einer Feststellungsklage gegen den Erblasser machen.[242] Der Notar und sonstige testamentsgestaltende Berater ist verpflichtet, auch über die Beweislastregel des § 2336 Abs. 3 zu unterrichten.[243]

d) Verzeihung

123 Das Recht zur Entziehung des Pflichtteils erlischt durch Verzeihung (§ 2337 Satz 1). Die Entziehungsverfügung wird durch die Verzeihung unwirksam (§ 2337 Satz 2). Die Verzeihung braucht nicht ausdrücklich zu erfolgen. Es genügt, wenn aus dem Verhalten des Erblassers gegenüber dem Pflichtteilsberechtigten der Wille erkennbar ist, über die erlittene Kränkung hinwegzusehen und daraus nichts mehr herleiten zu wollen;[244] der Nachweis der Verzeihung durch tatsächliches Verhalten des Erblassers ist erschwert, wenn der Erblasser in der Entziehungsverfügung erklärt, dass eine Verzeihung durch ihn nur stattfindet, wenn dies ausdrücklich in einer aufhebenden neuen letztwilligen Verfügung niedergelegt ist. Setzt der Abkömmling sein Verhalten trotz der Verzeihung fort, wird dieses spätere Verhalten nicht von der Wirkung des § 2337 erfasst.[245] Der Erblasser hat dann jedoch eine erneute Entziehungsverfügung zu erstellen. Die Beweislast für die Verzeihung trägt der Pflichtteilsberechtigte.[246]

---

[234] BGH NJW 1985, 1554 = DNotZ 1985, 556. Kritisch z. B. Lange ZErb 2008, 59, 63; ders. DNotZ 2009, 732, 740.

[235] OLG Düsseldorf FamRZ 1999, 1469.

[236] OLG Frankfurt ZFE 2005, 295.

[237] OLG Hamm FamRZ 2008, 94.

[238] Baumgärtel, Beweislast, § 2336 Rn 1.

[239] BGH NJW-RR 1986, 371.

[240] Göppinger FamRZ 1963, 412, 415.

[241] RGZ 92, 1, 4 ff.; BGH NJW 1974, 1085 = FamRZ 1974, 303; BGHZ 109, 306, 309 f. = NJW 1990, 911; OLG Hamburg NJW 1988, 977.

[242] OLG Saarbrücken NJW 1986, 1182; BGH FamRZ 1990, 398, 399 = BGHZ 109, 306; a. M. Leipold JZ 1990, 700.

[243] OLG Köln ZEV 2003, 1575.

[244] BGH NJW 1974, 1084 = LM § 2333 Nr. 2.

[245] BGH a. a. O.

[246] Baumgärtel, Beweislast, § 2337 Rn 1 m. w. N.

e) Erb- und Pflichtteilsunwürdigkeit

Hat sich ein Erbe einer der im § 2339 Abs. 1 bezeichneten Verfehlungen schuldig gemacht, ist er **erbunwürdig.** Ein nach § 2341 Anfechtungsberechtigter, insbesondere ein bei Wegfall des Erben an dessen Stelle tretender Erbe (§ 2344 Abs. 2), kann den Erbschaftserwerb nach dem Erbfall anfechten (§ 2340). Dies hat zu erfolgen durch Erhebung der Anfechtungsklage (§ 2342) binnen der Jahresfrist der §§ 2340 Abs. 3, 2082. Mit Rechtskraft des Urteils wird der ursprüngliche Erbe für erbunwürdig erklärt und verliert rückwirkend sein Erbrecht (§ 2342 Abs. 2, 2344 Abs. 1). 124

Hat sich ein Pflichtteilsberechtigter einer der im § 2339 Abs. 1 bezeichneten Verfehlungen schuldig gemacht, ist er **pflichtteilsunwürdig** (§ 2345 Abs. 2). Der Anwendungsbereich des § 2345 Abs. 2 umfasst den Fall, dass der Erblasser bereits den Unwürdigen enterbt hat (andernfalls Erbunwürdigkeit § 2345 Abs. 1), aber ihm nicht den Pflichtteil gemäß §§ 2333 ff. entzogen hat.

Die Unwürdigkeit ist durch formlose Anfechtungserklärung gegenüber dem Unwürdigen geltend zu machen. Klage wie bei der Erbunwürdigkeit ist nicht erforderlich. Antragsberechtigt ist jeder, dem der Wegfall – wenn auch nur mittelbar – zustatten kommt (§ 2341). 125

V. Pflichtteilsbeschränkung in guter Absicht[247]

1. Zweck der Pflichtteilsbeschränkung in guter Absicht

§ 2338 gestattet dem Erblasser eines pflichtteilsberechtigten Abkömmlings, der überschuldet ist oder einen verschwenderischen Lebenswandel führt, dessen Pflichtteil **entgegen § 2306** durch Anordnung der Nacherbfolge, einem Nachvermächtnis und/oder der Testamentsvollstreckung zu belasten.[248] Durch das Zusammenwirken der Vorschriften der §§ 2115 und 2214 wird dadurch beim Erben der Zugriff seiner Eigengläubiger auf die Nachlasssubstanz verhindert. 126

Außerdem wird er in diesen Fällen durch § 863 ZPO gegenüber seinen Eigengläubigern zusätzlich dadurch geschützt, dass die ihm als Vorerben zustehenden und grundsätzlich pfändbaren Nutzungen des Nachlasses der Pfändung insoweit entzogen sind, als sie zur Erfüllung der ihm seinem Ehegatten und seinen Verwandten gegenüber obliegenden Unterhaltspflichten und zur Bestreitung seines eigenen standesmäßigen Unterhalts erforderlich sind.[249] 127

Die Vorschrift soll dazu dienen, das Familienvermögen zugunsten der Familienangehörigen vor der Gefahr des Verlustes durch Verschwendungssucht oder Überschuldung zu schützen und stellt damit einen Akt der Zwangsfürsorge dar.[250] Sie hat, anders als § 2333, keinen Strafcharakter; unbeachtlich ist daher auch eine Verzeihung oder Einverständnis des Erblassers mit der Lebensweise des Abkömmlings.[251] 128

Für die Pflichtteilsbeschränkung ist gesetzlich eine **Durchbrechung der Bindungswirkung** angeordnet beim Erbvertrag gemäß § 2289 Abs. 2 sowie für wechselbezügliche Verfügungen beim gemeinschaftlichen Testament in § 2271 Abs. 3; ferner besteht bei einer fortgesetzten Gütergemeinschaft für den überlebenden Ehegatten gemäß § 1513 129

---

[247] Zum Bedürftigentestament siehe unten § 21 VIII. Rn 116 ff. Zur Pflichtteilsbeschränkung in guter Absicht siehe Baumann, Die Pflichtteilsbeschränkung „in guter Absicht", ZEV 1996, 121; Chr. Keim ZEV 1998, 127, 129; J. S. Engelmann, Letztwillige Verfügungen zugunsten Verschuldeter oder Sozialhilfebedürftiger; MünchVertrHdb/Nieder/Otto, Bd. 6/2; *Kleensang,* in Beck'sches Formularbuch Erbrecht, C. VI.3; Kessel, Eingriffe in die Vorerbschaft, MittRhNotK 1991, 137, 145.

[248] Kessel MittRhNotK 1991, 137, 146; Baumann ZEV 1996, 121, 122.

[249] Kessel a. a. O., S. 145.

[250] Baumann, ZEV 1996, 121, 122.

[251] Staudinger/Olshausen § 2338 Rn 2.

Abs. 2 die Befugnis, den Anteil des Abkömmlings am Gesamtgut den entsprechenden Beschränkungen des § 2338 zu unterwerfen; auch hierfür besteht Vollstreckungsschutz gemäß § 863 Abs. 3 ZPO.

Zum Anwendungsbereich des **Bedürftigentestaments** siehe eingehend unten § 21 Abschnitt VIII.[252]

2. Voraussetzungen der Pflichtteilsbeschränkung

130 Voraussetzung für die Pflichtteilsbeschränkung in guter Absicht sind gem. § 2338:

a) Nur gegenüber Abkömmlingen

131 Die Beschränkungen sind mit der Wirkung des § 2338, d.h. trotz zulässigem Pflichtteilsverlangen auch den Pflichtteil beschränkend und des § 863 ZPO, d.h. die Pfändung der Nutzungen beschränkend, **nur gegenüber Abkömmlingen des Erblasser** jeglichen Grades, d.h. auch adoptierten und nichtehelichen zulässig, nicht dagegen gegenüber Eltern und dem Ehegatten.[253]

b) Nur bei Überschuldung oder Verschwendung

132 Der spätere Erbschaftserwerb muss entweder durch die **Verschwendungssucht oder die Überschuldung** des Abkömmlings erheblich gefährdet sein. Überschuldung liegt vor, wenn die Passiva die Gesamtheit der Aktiva übersteigen (§§ 11, 19, 320, 322 InsO). Maßgebende Zeitpunkt für das Vorliegen dieser Umstände in der Person des Abkömmlings sind die Errichtung der beschränkenden Verfügung und der Erbfall (§ 2338 Abs. 2). Sonstige Gründe, die den Erbschaftserwerb erheblich gefährden, z.B. Rauschgiftsucht oder Alkoholabhängigkeit, sind nicht entsprechend anzuwenden.

133 Die Anordnungen sind unwirksam, wenn zur Zeit des Erbfalls der Abkömmling sich dauernd von dem verschwenderischen Leben abgewendet hat oder die den Grund der Anordnung bildende Überschuldung nicht mehr besteht (§ 2338 Abs. 2 Satz 2). Das Vorliegen des Beschränkungsgrundes zum Zeitpunkt des Erbfalls hat derjenige zu beweisen, der sich darauf beruft. Wendet der Abkömmling ein, er habe sich schon vor dem Zeitpunkt der Anordnung von der Verschwendungssucht abgewandt bzw. sei entschuldet gewesen, hat dies ebenfalls der Gegner zu widerlegen. Beruft er sich jedoch für die Zeit nach der Anordnung bis zum Erbfall auf diese Änderung, ist er selbst beweispflichtig. Besserung oder Entschuldung des Abkömmlings nach dem Erbfall lassen die Beschränkungen unberührt, sofern der Erblasser nichts anders bestimmt hat.[254] Da eine nur künftig drohende Überschuldung nicht genügt, ist diese Gestaltungsmöglichkeit auch nicht für Eltern behinderter Kinder geeignet, weil zum Zeitpunkt der Testamentserrichtung vom Behinderten selbst keine Einsatzpflicht gemäß §§ 2 ff., 41 Abs. 2, 90 Abs. 1 SGB XII erfüllt werden kann und muss, da diese Pflicht gegenwärtiges Einkommen oder Vermögen des Behinderten voraussetzt.[255]

134 Die gute Absicht, dem Pflichtteilsberechtigten zu nützen, ist vom Gesetz nicht als Erfordernis aufgestellt worden. Nicht erforderlich ist auch, dass dem Abkömmling sein gesetzlicher Erbteil belassen oder doch gewisse Zuwendungen gemacht werden, er kann auch **ganz enterbt und dann nur sein Pflichtteil beschränkt** werden. Andererseits ist es auch zulässig, die Beschränkungen mit einer Zuwendung zu verknüpfen, die die Hälfte des gesetzlichen Erbteils des Abkömmlings übersteigt,[256] wenn nur die Voraussetzungen des § 2338 vorliegen.

---

[252] Zur Anwendung der Gestaltung des § 2338 bei überschuldeten Erben: Limmer ZEV 2004, 133, 137.

[253] Kessel MittRhNotK 1991, 137, 145 ff.; Baumann a.a.O.; Chr. Keim a.a.O.; J.S. Engelmann a.a.O.

[254] Baumgärtel, Beweislast, § 2338 Rn 1–4.

[255] Baumann ZEV 1996, 121, 127 Fn 76 noch zu §§ 28, 29, 43 BSHG.

[256] RGZ 85, 347; KG KGJ 48, A 143.

Der Beschränkungsgrund muss in der Verfügung von Todes wegen angegeben werden (§§ 2338 Abs. 2, 2336 Abs. 2), d. h. es muss aus ihr hervorgehen, ob die Beschränkung wegen Verschwendung oder Überschuldung getroffen ist.[257] Nähere Einzelheiten brauchen jedoch nicht angegeben werden, können allerdings aus Beweisgründen zweckmäßig sein, da die Beschränkungsverfügung nur Bestand hat, wenn die Beschränkungsgründe bewiesen werden,[258] was demjenigen obliegt, der sich auf die Beschränkung beruft (§§ 2338 Abs. 2, 2336 Abs. 3). Die Beschränkung des Pflichtteils in guter Absicht ist durch **letztwillige Verfügung** zu treffen (§§ 2338 Abs. 2 Satz 1, 2336 Abs. 1).

c) Fehlen oder Wegfall der Voraussetzungen

Nach § 2338 Abs. 2 Satz 1 i. V. m. § 2336 Abs. 2 Satz 1 muss der Beschränkungsgrund zum Zeitpunkt der Errichtung der letztwilligen Verfügung bestehen. Gemäß § 2338 Abs. 2 Satz 2 sind die Anordnungen jedoch unwirksam, wenn zur Zeit des Erbfalls der Abkömmling sich dauernd von dem verschwenderischen Leben abgewendet hat oder die den Grund der Anordnung bildende Überschuldung nicht mehr besteht. Da alle Voraussetzungen nach § 2338 vorliegen müssen, wird die Pflichtteilsbeschränkung in guter Absicht nur in seltenen Fällen möglich sein.[259] **135**

Werden über die gesetzlich zulässigen Beschränkungsmöglichkeiten hinaus weitere Beschränkungen angeordnet, so findet darauf § 2338 als Ausnahmeregelung zu § 2306 keine Anwendung.[260] **136**

3. Die Beschränkungsmöglichkeiten des Pflichtteils

§ 2338 lässt folgende Beschränkungen der Verfügungsmacht des Erben zu, mit der besonderen Wirkung, dass sie bei Pflichtteilsverlangen auch den Pflichtteil[261] erfassen: **137**

a) Vor- und Nacherbschaft oder Vor- und Nachvermächtnis

Einsetzung der **gesetzlichen Erben** des Abkömmlings gemäß den sie nach der gesetzlichen Erbfolge treffenden Anteilen als **Nacherben oder als Nachvermächtnisnehmer.** Eine Einsetzung anderer Personen oder zu anderen Erbquoten hätte nicht die Wirkung der §§ 2338 BGB, 863 ZPO.[262] Es empfiehlt sich daher, im Testament den Kreis der Nacherben ohne Umschreibungen, Zusätze und vor allem ohne individuelle Bezeichnung nach dem Gesetzeswortlaut als die gesetzlichen Erben des Abkömmlings gemäß § 2066 zu bezeichnen. Gesetzliche Erben des Abkömmlings sind auch seine Ehefrau und adoptierte und nichteheliche Kinder. Ein Ausschluss nichtehelicher Kinder des Abkömmlings im Testament würde die Wirkungen der Pflichtteilsbeschränkung in guter Absicht beseitigen. Man könnte hier allenfalls eine normale vom Erben geduldete Nacherbeinsetzung nur der ehelichen Kinder kombinieren mit einer für den Fall der Ausschlagung und des Pflichtteilsverlangens bedingt angeordneten Beschränkung gem. § 2338 durch Nacherbeinsetzung der gesetzlichen Erben des Abkömmlings. **138**

Durch die Nacherbeinsetzung wird der Abkömmling sowohl vor sich selbst geschützt (**durch die Verfügungsbeschränkungen gem. §§ 2111 ff.**), als auch vor dem **Zugriff seiner Eigengläubiger** (§ 2115). Durch die §§ 2115 BGB, 773 ZPO, 83 Abs. 2 InsO wird nämlich das gesamte der Nacherbenbindung unterliegende Sondervermögen zugunsten des Nacherben vor der haftungsrechtlichen Verwertung – nicht jedoch auch der Pfändung – durch die Eigengläubiger des Vorerben geschützt.[263] Dieser Schutz wird durch § 863 **139**

---

[257] Staudinger/Olshausen § 2338 Rn 16.
[258] Staudinger/Olshausen § 2338 Rn 18.
[259] Kessel MittRhNotK 1991, 137, 145.
[260] Baumann a. a. O., S. 125.
[261] Ob sich die Beschränkungen auch auf einen Pflichtteilsrestanspruch gemäß § 2305 erstrecken, ist im Einzelfall durch Auslegung zu ermitteln. Siehe unten Rn 146.
[262] KG in OLGE 6, 332.
[263] Siehe hierzu im Einzelnen MünchVertrHdb/Nieder/Otto, Bd. 6/2.

ZPO insoweit ergänzt, dass die ihm als Vorerben zustehenden und grundsätzlich pfändbaren Nutzungen des Nachlasses der Pfändung insoweit entzogen sind, als sie zur Erfüllung der ihm seinem Ehegatten und seinen Verwandten gegenüber obliegenden Unterhaltspflichten und zur Bestreitung seines eigenen standesmäßigen Unterhalts erforderlich sind. Im Falle des bloßen Nachvermächtnisses sind dagegen die Eigengläubiger des Pflichtteilsberechtigten weder am Zugriff auf die nachvermachten Nachlassgegenstände noch auf deren Nutzungen gehindert, weil weder § 2115 BGB noch § 863 ZPO dies verbieten. Der Zweck des § 2338 kann hier nur dadurch verwirklicht werden, dass zusätzlich Testamentsvollstreckung angeordnet wird.[264]

b) Testamentsvollstreckung

140 Die Einsetzung eines **Verwaltungstestamentsvollstreckers** mit der Maßgabe, dass dem Abkömmling der Anspruch auf den jährlichen Reinertrag des Pflichtteils verbleibt, ist ein Sonderfall der in § 2209 geregelten Verwaltungsvollstreckung. Der dem Abkömmling nach § 2338 Abs. 1 Satz 2 zustehende Anspruch auf den jährlichen Reinertrag ist dabei gemäß § 863 Abs. 1 Satz 2 ZPO nur beschränkt durch seine Eigengläubiger pfändbar. Mit der Wirkung des § 2338 kann der Erblasser keine andere Art der Testamentsvollstreckung anordnen.

141 Unterstellt der Erblasser dem Testamentsvollstrecker nicht nur den Nachlass, **sondern – entgegen § 2338 Abs. 1 Satz 2 – auch die Verwaltung der Nachlasserträge,** soweit sie nicht zur Erfüllung der dem Schuldner seinem Ehegatten, seinem früheren Ehegatten oder seinen Verwandten gegenüber gesetzlich obliegenden Unterhaltspflicht und zur Bestreitung seines standesmäßigen Unterhalts erforderlich sind und daher gem. § 836 Abs. 1 ZPO pfandfrei sind, so verstößt dies gegen § 2338 Abs. 1 S. 2 und der Erbe kann sich von dieser Beschränkung durch Ausschlagung und Pflichtteilsverlangen befreien. **Duldet er sie jedoch,** wird in Rechtsprechung und Schrifttum mit Recht vertreten, dass auch dann die Nutzungen dem Zugriff seiner Eigengläubiger entzogen sind, da der Erblasser auch außerhalb des Regelungsbereiches des § 2338 die Eigengläubiger des Erben durch Anordnung einer Verwaltungstestamentsvollstreckung vom Zugriff auf den Reinertrag ausschließen kann.[265] Wenn die Verwaltungstestamentsvollstreckung bis zum Nacherbfall angeordnet ist und dies der Tod des Vorerben ist, ist sie gemäß § 2210 Satz 2 nicht auf die Dauer von dreißig Jahren beschränkt.

142 Mit der Anordnung der Verwaltung durch den Testamentsvollstrecker entzieht der Erblasser dem Abkömmling zu seinem lebenslangen Schutz das Verfügungsrecht unter Lebenden (§ 2211), schließt zugleich dessen Eigengläubiger nicht nur von der Pfandverwertung, sondern auch vom Pfändungszugriff auf den Nachlass aus (§ 2214)[266] und entzieht ihnen auch die Nutzungen des Nachlasses nach Maßgabe des § 863 ZPO. D.h., dass die ihm als Vorerben zustehenden und grundsätzlich pfändbaren Nutzungen des Nachlasses der Pfändung insoweit entzogen sind, als sie zur Erfüllung der ihm seinem Ehegatten und seinen Verwandten gegenüber obliegenden Unterhaltspflichten und zur Bestreitung seines eigenen standesmäßigen Unterhalts erforderlich sind.[267]

c) Kombinationslösung

143 Der Erblasser kann beide Beschränkungsmöglichkeiten gleichzeitig und nebeneinander anordnen. Besonders zu empfehlen ist die **Kombination der Anordnung einer Nacherbfolge** oder eines Nachvermächtnisses zur Pflichtteilsbeschränkung in guter Absicht **mit**

---

[264] Lange/Kuchinke, 4. Aufl., § 37 XIII. 2b Fn 692.

[265] RG SeuffA 74 Nr. 101; OLG Bremen, FamRZ 1984, 213, 214 m.w.N.; eingehend: Baumann ZEV 1996, 121, 124; J.S. Engelmann, Letztwillige Verfügungen zugunsten Verschuldeter oder Sozialhilfeempfänger, 1999, S. 172f.; krit. Kessel MittRhNotK 1991, 137, 145f.; a.M. RGZ 85, 347, 350.

[266] Siehe hierzu im Einzelnen MünchVertrHdb/Nieder/Otto, Bd. 6/2.

[267] Kessel a.a.O., S. 145.

der zusätzlichen Anordnung einer Verwaltungstestamentsvollstreckung,[268] da allein durch die Anordnung der Nacherbfolge keine volle Verfügungsbeschränkung eintritt und daher der Vorerbe selbst zu Lasten des Nacherben über den Gegenstand verfügen kann und, da § 863 ZPO den Fall des Nachvermächtnisses nicht umfasst, die Eigengläubiger in den Vermächtnisgegenstand und seine Nutzungen vollstrecken können. Die nebeneinander angeordneten Maßnahmen sind in ihrem Bestand voneinander unabhängig.[269]

4. Die Wirkung der zulässigen Beschränkungen des Pflichtteils gegenüber dem Abkömmling

Bei Vorliegen der Tatbestandselemente des § 2338 wirken sich im Rahmen dieser Vorschrift angeordnete Pflichtteilsbeschränkungen **auf jeden Pflichtteilserwerb** aus, gleichgültig, ob es sich um den Anspruch des völlig Übergangenen, um die verschiedenen Rechte der gem. §§ 2305 bis 2307 unzureichend oder mit Belastungen Bedachten oder um die Ansprüche aus Anrechnung und Ausgleichung gem. §§ 2315, 2316 handelt.[270] Im einzelnen ist hinsichtlich des Umfangs der Wirkungen von nach § 2338 zulässig angeordneten Beschränkungen zu unterscheiden: **144**

- Wenn der Abkömmling die Erbschaft[271] **nicht ausschlägt,** bleibt er an die angeordneten Beschränkungen gebunden und zwar gleichgültig, ob die Voraussetzungen des § 2338 vorliegen oder nicht.[272] **Schlägt** der als Erbe eingesetzte und nach § 2338 beschränkte Abkömmling den Erbteil gem. § 2306 Abs. 1 **aus,** so unterliegt der ihm dann zustehende Pflichtteil weiterhin den Anordnungen gem. § 2338, wenn dessen Voraussetzungen vorliegen, da § 2338 gegenüber § 2306 die speziellere Vorschrift ist.[273] Bestand die Beschränkung gem. § 2338 in der Anordnung der Nacherbfolge, geht wegen der Natur des Pflichtteilsanspruchs als einer Geldforderung die Nacherbfolge auf diesen in eine dem Nachvermächtnis ähnliche Beschwerung über.[274] Liegen die Beschränkungsvoraussetzungen nach § 2338 nicht vor, erhält der Abkömmling nach Ausschlagung den Pflichtteil gemäß § 2306 Abs. 1 ohne die Beschränkung. **145**
- Ob sich die Beschränkungen auch auf den **Pflichtteilsrestanspruch** nach § 2305 erstrecken, ist durch Auslegung zu ermitteln, soweit dies nicht ausdrücklich angeordnet ist.[275] **146**

An sich ergeben sich diese Wirkungen bei ordnungsgemäßer Pflichtteilsbeschränkung in guter Absicht von selbst. Es erscheint jedoch zweckmäßig, diese Wirkungen in der Verfügung von Todes wegen ausdrücklich klarzustellen.[276] **147**

5. Anwendungsbereich der Pflichtteilsbeschränkung in guter Absicht

Die Pflichtteilsbeschränkung in guter Absicht gem. § 2338 setzt voraus, dass ein Abkömmling des Erblassers sich entweder derart der Verschwendung ergeben hat oder in einem solchen Maß überschuldet ist, dass der spätere Erwerb der Erbschaft oder des Erbteils erheblich gefährdet wird. Unter diesen Voraussetzungen kann der Erblasser nicht nur Erbschaft oder Erbteil, sondern auch den Pflichtteil dieses Abkömmlings durch **148**

---

[268] So auch Baumann ZEV 1996, 121, 126.
[269] KG in OLG 6, 332, 333.
[270] Staudinger/Olshausen § 2338 Rn 38.
[271] Die frühere Differenzierung der Rechtswirkung nach der Größe des Erbteils in § 2306 Abs. 1 Satz 1 und 2 wurde durch die Erbrechtsreform 2010 aufgegeben, so dass dem Pflichtteilsberechtigten stets ein Ausschlagungsrecht zusteht gemäß dem § 2306 Abs. 1 Satz 2 a. F.
[272] RGZ 85, 347, 350; Häfele BWNotZ 1957, 49, 50.
[273] KGJ 40, 61; KG in OLG 6, 332, 334; OLG Bremen FamRZ 1984, 213; Häfele BWNotZ 1957, 49.
[274] KGJ 40, 61, 63.
[275] MünchKomm/Lange § 2338 Rn 3; Staudinger/Olshausen, § 2338 Rn 26.
[276] Klug MittRhNotK 1971, 169, 172.

Anordnung der Nacherbfolge oder eines Nachvermächtnisses **zugunsten der gesetzlichen Erben** des Abkömmlings oder durch Anordnung einer Verwaltungstestamentsvollstreckung beschränken. Damit wird der Abkömmling in der Verfügungsmacht über den Pflichtteil beschränkt. Wenn alle in § 2338 vorgesehene Beschränkungen angeordnet werden, wird der Vollstreckungsschutz zugunsten des Nacherben gem. § 2115 und das Zugriffsverbot auf der Testamentsvollstreckung unterliegende Nachlassgegenstände gem. § 863 ZPO dadurch ergänzt, dass auch die Nutzungen der Erbschaft oder des Pflichtteils der Pfändung nicht unterworfen sind, soweit sie zur Erfüllung der dem Schuldner, seinem Ehegatten, früheren Ehegatten oder seinen Verwandten gegenüber gesetzlichen obliegenden Unterhaltspflichten und zur Bestreitung seines eigenen standesmäßigen Unterhalts benötigt werden. Durch die Anordnung der gem. § 2338 zulässigen Beschränkungen kann somit der Erblasser, sofern die Tatbestandselemente des § 2338 vorliegen, auch die Substanz des Pflichtteils vor Verfügungen seitens des Erben und diese und die Nutzungen vor dem Zugriff durch dessen persönliche Gläubiger schützen.

149 Die Bindungswirkungen eines Erbvertrages oder eines gemeinschaftlichen Testaments nach dem Tode des Ehegatten verbietet kraft ausdrücklicher gesetzlicher Vorschrift (§§ 2289 Abs. 2, 2271 Abs. 3) dem Erblasser nicht, durch eine spätere letztwillige Verfügung einen Abkömmling gem. § 2338 zu **beschränken**[277] und zwar **hinsichtlich der ganzen Zuwendung,** nicht nur bezüglich des Pflichtteils.[278] Ferner kann nach § 1513 Abs. 2 bei der Gütergemeinschaft jeder Ehegatte für den Fall, dass mit seinem Tod die fortgesetzt Gütergemeinschaft eintritt, bei Vorliegen der Voraussetzungen den Anteil eines Abkömmlings am Gesamtgut den Beschränkungen nach § 2338 unterwerfen.

150 Normalerweise eignet sich § 2338 nicht als Gestaltungsmittel für das sog. Behindertentestament, da der behinderte Abkömmling in der Regel nicht überschuldet sein wird.

151 **Vorsicht!** Die Gestaltungsmöglichkeiten nach § 2338 haben verschiedene Nachteile:[279]

- Als Nacherben oder Nachvermächtnisnehmer können nur die gesetzlichen Erben des Abkömmlings und nur im Verhältnis ihrer gesetzlichen Erbteile eingesetzt werden. Er kann keine dieser Personen bevorzugen oder benachteiligen oder gar ausschließen.
- Die Voraussetzung der Überschuldung des Abkömmlings ist selten vom Erblasser zweifelsfrei feststellbar.
- Fällt die Überschuldung vor Eintritt des Erbfalls weg, werden die Anordnungen gemäß § 2338 Abs. 2 automatisch unwirksam.
- Die Beweislast für die Überschuldung oder Verschwendungssucht trägt nach dem Erbfall derjenige, der sich auf die vom Erblasser angeordneten Beschränkungen beruft. Da von diesen Fragen die Bestimmung des Nacherben, Nachvermächtnisnehmers und/ oder Testamentsvollstreckers abhängen, kann dies zu erheblichen Schwierigkeiten und Unsicherheiten führen.

152 **Formulierungsvorschlag:**

§ 1 Erbeinsetzung

Ich setze hiermit meine Kinder A, B und C zu je 1/3 Erbteil zu meinen Erben ein. Ersatzerben der Kinder A und C sind jeweils deren Abkömmlinge, einschließlich adoptierter, nach der gesetzlichen Erbregel erster Ordnung.

§ 2 Pflichtteilsbeschränkung in guter Absicht

Mein Sohn B ist stark überschuldet und ein Antrag auf Eröffnung des Insolvenzverfahrens über sein Vermögen ist mangels Masse abgelehnt worden. Durch diese Überschuldung ist sein späterer Erwerb erheblich gefährdet. Ich setze daher gemäß § 2338 BGB meinen

[277] OLG Köln Rpfleger 1983, 113.

[278] KGJ 48, 144, 150.

[279] Siehe hierzu Chr. Keim ZEV 1998, 127, 129.

Sohn B bezüglich seines Erbteils nur zum Vorerben ein. Nacherben auf seinen Tod sind seine gesetzlichen Erben nach den Regeln der gesetzlichen Erbfolge. Das Anwartschaftsrecht der Nacherben ist weder vererblich noch übertragbar. Der Vorerbe wird ferner gemäß § 2338 BGB durch eine Verwaltungstestamentsvollstreckung für die Zeit der Vorerbschaft beschränkt. Die Testamentsvollstreckung soll sich dabei auch auf den Teil des jährlichen Reinertrages erstrecken, der den gemäß § 863 Abs. 1 Satz 1 ZPO unpfändbaren Betrag übersteigt, sofern mein Sohn mit dieser Beschränkung einverstanden ist.[280] Der Testamentsvollstrecker hat gleichzeitig die Befugnisse gem. § 2222 BGB (Nacherbentestamentsvollstreckung). Ich ersuche das Nachlassgericht einen geeigneten Testamentsvollstrecker zu bestimmen. Sollte mein Sohn B seinen Erbteil ausschlagen und seinen Pflichtteil verlangen, so soll dieser Pflichtteil den gleichen Beschränkungen unterliegen, wie sie vorstehend für den Erbteil angeordnet sind. Sollte mein Sohn nicht Erbe werden können oder wollen, so sind die Nacherben seine Ersatzerben und sämtliche Beschränkungen entfallen.

6. Gestaltungsmöglichkeiten hinsichtlich anderer Vollstreckungsgefährdeter[281]

Die Beschränkungsmöglichkeiten gem. §§ 2338 BGB, 863 ZPO helfen nur gegenüber einem **verschwenderischen oder überschuldeten Abkömmling,** dann allerdings sogar gegen seinen Willen. Außerdem ist die Pflichtteilsbeschränkung nach § 2338 nur zu Gunsten der gesetzlichen Erben des Pflichtteilsberechtigten als Nacherben oder Nachvermächtnisnehmer zulässig. Gegenüber einem verschuldeten Ehegatten oder anderer Verschuldeter oder Sozialhilfeempfänger können, aber nur mit ihrem Willen, andere Gestaltungsmöglichkeiten Erfolg haben; zu den Gestaltungen beim sog. „Bedürftigentestament" siehe eingehend unten § 21 Abschnitt VIII. 153

a) Zuwendung „pfändungssicherer" Rechte

aa) Vermächtnis eines Wohnungsrechts gem. § 1093. Unpfändbar ist ein vermächtnisweise dem Vollstreckungsgefährdeten zugewandtes dingliches Wohnungsrecht gem. § 1093, wie auch alle anderen beschränkten persönlichen Dienstbarkeiten, sofern gemäß dem gesetzlichen Regelfall die Ausübung nicht an Dritte übertragbar ist.[282] 154

Die Befugnis zur Ausübung der Dienstbarkeit bzw. des Wohnungsrechtes kann aber einem anderen überlassen werden, wenn die Überlassung gestattet ist (§ 1092 Abs. 1 Satz 2). In diesem Fall kann dann die Dienstbarkeit zu Zwecke der Ausübung gepfändet werden (§ 857 Abs. 3 ZPO).

bb) Rentenvermächtnis. Fortlaufende Leistungen, die der Schuldner aufgrund letztwilliger Verfügungen „aufgrund der Fürsorge oder Freigebigkeit" des Erblassers als Vermächtnisnehmer erhält, unterfallen dem § 850 b Abs. 1 Nr. 3 ZPO. und sind somit in Höhe des jeweiligen Pfändungsfreibetrages nach § 850 c ZPO unpfändbar.[283] Dabei ist allerdings zu beachten, dass ihm etwa noch zusätzlich vermachte Naturalleistungen gem. § 850 a Nr. 3 ZPO und Arbeitseinkommen auf diesen Pfändungsfreibetrag angerechnet werden. 155

cc) Nießbrauchsvermächtnis. Die Zuwendung eines Nießbrauchs an den überschuldeten Ehegatten ist hingegen **nicht** vollstreckungsfest. Gegenstand einer Pfändung ist der 156

---

[280] OLG Bremen FamRZ 1984, 213, 214 m. w. N.; Baumann ZEV 1996, 121, 124; J. S. Engelmann, Letztwillige Verfügungen zugunsten Verschuldeter oder Sozialhilfeempfänger, 1999, S. 172 f.; krit. Kessel MittRhNotK 1991, 137, 145 f.

[281] Siehe hierzu auch Literaturhinweise nach § 21 Abschnitt VIII.

[282] Zur Obliegenheit eines Schuldners im Restschuldbefreiungsverfahren (Wohlverhaltensphase), die Hälfte des Wertes des Erwerbs von Todes wegen an den Treuhänder herauszugeben: Siehe unten § 21 VIII.

[283] Engelmann, Letztwilligen Verfügungen zugunsten Verschuldeter oder Sozialhilfebedürftiger, S. 68 f.

Nießbrauch selbst und nicht der obligatorische Anspruch auf seine Ausübung mit der Folge, dass nach der Pfändung vom Berechtigten nicht mehr ohne Zustimmung des Pfändungsgläubigers auf den Nießbrauch verzichtet werden kann.[284] Ferner hält der BGH[285] zwar einen ausdrücklichen vertraglichen Ausschluss der Überlassung der Ausübung des Nießbrauchs für zulässig (§ 1059 Satz 2), lässt dies aber gem. § 857 Abs. 1, 3 ZPO i.V.m. § 851 Abs. 2 ZPO nicht zur Unpfändbarkeit der Ausübung des betreffenden Nießbrauchsrechts führen.

b) Vor- und Nacherbfolge und Testamentsvollstreckung

157 Der Schutz des ihm zugewandten Nachlasses gegen Zugriffe der Eigengläubiger des Vollstreckungsgefährdeten wird dabei erreicht durch die Anordnung einer Nacherbfolge, verbunden mit einer Dauertestamentsvollstreckung für die Zeit der Vorerbschaft.[286] Dadurch wird gem. §§ 2115, 2214 der Zugriff der Eigengläubiger des verschuldeten Vorerben auf die Nachlasssubstanz vereitelt. Der Schutz des § 2115 *(nur Nacherbfolge)* würde allein nicht ausreichen, da er die Gläubiger nur an der zwangsweisen Verwertung der einzelnen Nachlassgegenstände hindert, nicht auch an ihrer Pfändung oder Beschlagnahme. Dagegen verhindert das auch im Insolvenzverfahren wirksame Zugriffsverbot gem. § 2214 jede Zwangsvollstreckungsmaßnahme in die der Testamentsvollstreckung unterworfenen Nachlassgegenstände durch die Eigengläubiger des Erben. Der Nachteil der Gestaltung ist, dass die vom Testamentsvollstrecker an den Vorerben herauszugebenden Erträgnisse des Nachlasses von den Eigengläubigern des Vorerben gepfändet werden können, da eine dem § 863 ZPO ähnliche Vorschrift fehlt. Ansprüche des Erben gegen den Testamentsvollstrecker auf Überlassung von Nachlassgegenständen gem. § 2217 Abs. 1 BGB kann der Eigengläubiger grundsätzlich pfänden.[287] Ob und inwieweit **Nutzungen** des Nachlasses **dem Erben herauszugeben** sind, entscheidet sich aber nicht nach § 2217, sondern nach § 2216.[288] Grundsätzlich ist der Testamentsvollstrecker, falls der Erblasser darüber nichts angeordnet hat, bei der Dauervollstreckung nicht verpflichtet, die Erträgnisse des Nachlasses alljährlich an den oder die Erben herauszugeben.[289] Richtlinie für eine Herausgabeverpflichtung der Nutzungen dürfte jedoch der Grundsatz der ordnungsmäßigen Verwaltung (§ 2216) sein.[290] Auf jeden Fall hat eine Anordnung des Erblassers Vorrang[291] und kann auch nicht durch Privatgläubiger des Erben durch Pfändung umgestoßen werden. Von der Rechtsprechung[292] wurde z.B. ausdrücklich die Anordnung des Erblassers anerkannt, der Testamentsvollstrecker dürfe dem Erben die Reinerträgnisse seines Erbteils nur in Form der Naturalverpflegung zukommen lassen und zwar auch, wenn dadurch die Eigengläubiger des Erben benachteiligt werden.[293] Darüber hinaus wird von der Rechtsprechung ganz allgemein anerkannt, dass der Erblasser durch entsprechende Verwaltungsanordnung nach § 2216 Abs. 2 Satz 1 die jährlichen Reinerträge des Nachlasses der Verwaltung des Testamentsvollstreckers unterstellen kann.[294] Bedenken dürften jedoch bei einer Gestaltung begründet sein,

---

[284] BGH NJW 1974, 796 = DNotZ 1974, 433; Strutz Rpfleger 1968, 145.

[285] BGHZ 95, 99 = NJW 1985, 2827.

[286] Siehe zum Anwendungsbereich des „klassischen Bedürftigentestaments“ unten § 21 Abschnitt VIII. Formular hierzu in MünchVertrHdb/Nieder/Otto, Bd. 6/2.

[287] Gutbell, ZEV 2001, 260.

[288] Staudinger/Reimann § 2217 Rn 13.

[289] Staudinger/Reimann § 2209 Rn 19.

[290] BGH FamRZ 1986, 900 = Rpfleger 1986, 434; BGH FamRZ 1988, 279 = DNotZ 1988, 440.

[291] OLG Bremen FamRZ 1984, 213, 214; Staudinger/Reimann § 2209 Rn 19.

[292] RGWarn Rspr. 1919 Nr. 71 = SeuffA 74 Nr. 101, S. 178.

[293] Staudinger/Reimann § 2209 Rn 20.

[294] RG LZ 1918, 1268; RGWarn Rspr. 1919 Nr. 71 = SeuffA 74 Nr. 101, S. 178; BGH FamRZ 1986, 900 = Rpfleger 1986, 434; BGH FamRZ 1988, 279 = DNotZ 1988, 440; J.S. Engelmann, Letztwillige Verfügungen zugunsten Verschuldeter oder Sozialhilfebedürftiger, S. 126 ff.; a. A. Krampe

bei der der Reinertrag zwar grundsätzlich dem Erben, im Falle einer Abtretung oder Pfändung aber dem Testamentsvollstrecker zwecks Naturalverpflegung des Erben zustehen soll.[295] Bei dieser Rechtslage dürfte auch, wie bei dem unten gebrachten Formulierungsvorschlag, die Überlassung von Wohnraum zur ausschließlichen Eigennutzung vom Erblasser angeordnet werden können und gegenüber den Eigengläubigern wirksam sein.

Im unten aufgeführten Formulierungsvorschlag gibt der Erblasser als **Motiv für die Beschränkung des Erben** durch Nacherbfolge und Testamentsvollstreckung den Schutz des Nachlasses vor dem Zugriff der Eigengläubiger des Erben an.[296] Dies bietet dem Erben für den Fall, dass er wider Erwarten schuldenfrei wird, die Möglichkeit, diese Beschränkungen durch **Anfechtung** gem. § 2078 Abs. 2 BGB zu Fall zu bringen. Die Möglichkeit besteht auch, wenn die Schuldenfreiheit erst nach dem Erbfall eintritt, denn nach der wohl h. M.[297] kann auch ein Irrtum über die Entwicklung von Tatsachen nach dem Erbfall die Anfechtung begründen. Die Anfechtung wäre innerhalb eines Jahres nach Eintritt der Schuldenfreiheit (§ 2082 Abs. 1, 2) gegenüber dem zuständigen Nachlassgericht (§ 2081 Abs. 1) vom Erben (§ 2080 Abs. 1) zu erklären. Wenn bei einem laufenden Verbraucherinsolvenzverfahren sichergestellt ist, dass der Erbe nach dessen Abschluss und Restschuldbefreiung frei von jeglichen Verbindlichkeiten[298] sein wird, könnte man auch[299] die Schuldenfreiheit zur **auflösenden Bedingung** von Testamentsvollstreckung und Nacherbfolge machen.[300] Dabei bietet sich an, die Bedingung dahin zu präzisieren, dass sie an die Restschuldbefreiung im Insolvenzverfahren geknüpft wird. Der Unterschied zwischen diesen beiden Möglichkeiten, den Fortbestand der Beschränkungen des Erben von der Besserung seiner wirtschaftlichen Verhältnisse abhängig zu machen, ist zum einen, dass beim Eintritt der auflösenden Bedingung der frühere Rechtszustand ohne rückwirkende Kraft eintritt (§ 159), während die Anfechtung mit rückwirkender Kraft wirkt (§ 142 Abs. 1). Zum anderen besteht bei der Bedingungslösung die Gefahr, dass die Anwartschaftsrechte des (noch) Verschuldeten für den Fall des Eintritts der Bedingung von Gläubigern gepfändet werden können.[301]

Formulierungsvorschlag: 158

§ 1 Vorerbeinsetzung

Ich setze meinen Ehemann A zu meinem alleinigen Vorerben ein. Er ist von allen Beschränkungen befreit, von denen nach dem Gesetz Befreiung erteilt werden kann. Der Nacherbfall tritt mit dem Tode des Vorerben ein. Das Anwartschaftsrecht der Nacherben ist weder vererblich noch übertragbar.

§ 2 Nacherbeinsetzung

Nacherben sind unsere gemeinschaftlichen Abkömmlinge, einschließlich adoptierter, gemäß der gesetzlichen Erbfolge erster Ordnung zum Zeitpunkt des Nacherbfalls.

§ 3 Testamentsvollstreckung

Der Vorerbe wird durch eine allgemeine Dauertestamentsvollstreckung für die Zeit der Vorerbschaft beschränkt. Der Testamentsvollstrecker hat gleichzeitig die Befugnisse gem.

AcPO 191, 526, 545 ff., der vertritt, dass sämtliche Nachlassfrüchte nach § 2216 Abs. 1 an den pflichtteilsberechtigten Erben auszukehren wären.

[295] Kessel MittRhNotK 1991, 137, 147.

[296] Zu Gestaltungsvarianten zum Wegfall der Beschränkungen des Bedürftigen: Siehe unten § 21 VIII.6.

[297] RGZ 86, 206, 210; BGH Betr. 1966, 379 LS; u. bereits Motive, Bd. V, S. 49.

[298] Z. B. aus deliktischem Handeln.

[299] (Unbelegt).

[300] Vgl. Flik BWNotZ 1979, 53, 54.

[301] Siehe hierzu unten zum Bedürftigentestament § 21 VIII.6.

§ 2222 BGB (Nacherbentestamentsvollstrecker). Der Testamentsvollstrecker ist in der Eingehung von Verbindlichkeiten für den Nachlass nicht beschränkt. Der Testamentsvollstreckung unterliegen auch die jährlichen Reinerträge des Nachlasses. Es unterliegt dem billigen Ermessen des Testamentsvollstreckers im Rahmen der von mir in § 4 offengelegten Motive dem Vorerben die Nutzungen des Nachlasses und einzelne Nachlassgegenstände zur freien Verfügung zu überlassen. Er kann dabei dem Vorerben die Reinerträge auch in Form von Naturalverpflegung und Wohnraum zur ausschließlichen Eigennutzung herausgeben. Dies ist eine Verwaltungsanordnung nach § 2216 Abs. 2 BGB. Zum Testamentsvollstrecker ernenne ich Herrn Rechtsanwalt .... Er hat das Recht, einen Nachfolger zu ernennen. Sollte er das Amt nicht annehmen oder nach seiner Annahme wegfallen, ohne einen Nachfolger ernannt zu haben, ersuche ich das Nachlassgericht, eine geeignete Person als Testamentsvollstrecker zu bestimmen. Der Testamentsvollstrecker erhält eine einmalige Vergütung von 5% des Bruttonachlasses, zuzüglich gesetzlicher Mehrwertsteuer.

§ 4 Motivangabe

Die Beschränkungen meines Ehemannes durch Nacherbfolge und Testamentsvollstreckung erfolgen allein zu dem Zweck, den Nachlass vor dem Zugriff seiner Eigengläubiger zu schützen.

§ 9 Zuwendung einzelner Nachlassgegenstände

Durch den Grundsatz der Gesamtrechtsnachfolge (§ 1922) ist es dem Erblasser regelmäßig[1] verwehrt, mit dinglicher Wirkung einzelne Nachlassgegenstände unter die Bedachten zu verteilen. Ihm stehen jedoch eine Reihe von Möglichkeiten zur Verfügung, den Personen, die er mit einzelnen Nachlassgegenständen bedenken will, Forderungsrechte auf Übertragung dieser Gegenstände gegen den oder die Erben oder andere Beschwerte einzuräumen. 1

I. Vermächtnis (§§ 1939, 2147 ff.)

1. Begriff des Vermächtnisses

Vermächtnis ist gemäß der Legaldefinition des § 1939 die **Zuwendung eines Vermögensvorteils** an einen anderen (**Bedachten**), ohne ihn als Erben einzusetzen; zur Abgrenzung zur Erbeinsetzung siehe § 8 Rn 2, 5 ff. Bezüglich der Zuwendung einzelner Gegenstände enthält § 2087 Abs. 2 eine Auslegungsregel.[2] Das Vermächtnis kann enthalten sein in einem Testament oder – als vertragsmäßige (§ 2278 Abs. 2) oder einseitige (§ 2299) – Verfügung in einem Erbvertrag. Dabei genügt ein bloß objektiver Vermögensvorteil nicht, es muss ein hierauf gerichteter Begünstigungswille vorhanden sein.[3] 2

Das Vermächtnis begründet keine unmittelbare Rechtsnachfolge. Der zugewandte Vorteil geht nicht mit dem Anfall des Vermächtnisses (§ 2176) von selbst in das Vermögen des Vermächtnisnehmers über. Der Bedachte erhält lediglich einen **schuldrechtlichen Anspruch** auf Erfüllung gegen den Beschwerten (§ 2147). Vor dem Anfall des Vermächtnisses ist auch keine dingliche Sicherung des mit einem Grundstücksvermächtnis Bedachten durch eine Vormerkung gem. § 883 möglich, da vorher für den Bedachten lediglich eine Hoffnung, aber **keine gesicherte Anwartschaft** besteht.[4] Das gilt auch für Vermächtnisansprüche aus einem Erbvertrag oder gemeinschaftlichen Testament.[5] Der künftige Erblasser kann sich allerdings in einer selbständigen, u. U. formbedürftigen Zusatzvereinbarung zum Erbvertrag (**Vertrag unter Lebenden**) obligatorisch verpflichten, zu Lebzeiten **Verfügungen** über den vermachten Gegenstand **zu unterlassen.** Dieser Unterlassungsanspruch ist zwar ebenfalls nicht vormerkbar, es kann aber ferner schuldrechtlich vereinbart werden, dass der durch Erbvertrag gebundene zukünftige Erblasser im Falle einer Zuwiderhandlung gegen das schuldrechtliche Verfügungsverbot das vermachte Liegenschaftsrecht sofort auf den Vermächtnisnehmer zu übertragen hat und dieser bedingte Anspruch ist vormerkbar.[6] Beim gemeinschaftlichen Testament kann der Zweitbedachte (**Schlusserbe oder Nachvermächtnisnehmer**) für die Zeit nach dem ersten Erbfall gegen beeinträchtigende Verfügungen des Überlebenden in gleicher Weise durch **Unterlassungsauflage** (oben § 3 Rn 73) oder **Verfügungsunterlassungsvermächtnis** (oben § 3 Rn 75) nebst aufschiebend bedingtem Vermächtnis und ausdrücklich vermachter Vor-

---

[1] Gesetzlich angeordnete Ausnahmefälle der Sonderrechtsnachfolge sind die Vererbung von Anteilen einer Personengesellschaft und im Bereich des Höferechts. Zu letzterem siehe § 3 IV. Rn 83 ff. sowie Überblick bei MünchKomm/Leipold, Einl. vor § 1922, Rn 108 ff., Ruby ZEV 2007, 351 und Söbbeke ZEV 2007, 395.

[2] Zur Abgrenzung zwischen § 2087 Abs. 1 und 2, wenn die einzelnen Gegenstände dem Wert nach im Wesentlichen den Nachlass ausmachen: BGH ZEV 1999, 269.

[3] BGHZ 36, 115, 119 = NJW 1962, 343.

[4] BGH NJW 1954, 633 = DNotZ 1954, 264 m. Anm. Hieber; BGH NJW 1961, 1916.

[5] Palandt/Bassenge § 883 Rn 18 m. w. N.

[6] Oben § 3 Rn 78; Formular in MünchVertrHdb/Nieder/Otto, Bd. 6/2 Muster XVI. 31.

merkung bezüglich des vermachten Gegenstandes (oben § 3 Rn 78, 80 sowie § 9 Rn 28) gesichert werden.[7] Lediglich bei einem Vorausvermächtnis an einen alleinigen Vorerben erwirbt dieser den ihm vermachten Nachlassgegenstand unmittelbar und unbeschränkt mit dem Erbfall (siehe unten Rn 45).[8]

3 Die durch die Erfüllung des Vermächtnisses entstehenden **Kosten,** z.B. des Vermächtniserfüllungsvertrages und die Grundbuchkosten eines Grundstücksvermächtnisses sind nach allgemeinen Grundsätzen vom Verpflichteten, also im Regelfall dem Erben als dem Beschwerten (§ 2147) zu tragen;[9] § 448 ist nicht entsprechend anwendbar. Da dies häufig nicht dem Erblasserwille entsprechen wird, ist eine abweichende Regelung möglich und meist gewünscht.

4 **Formulierungsvorschlag:**

Die Kosten der Vermächtniserfüllung, insbesondere die Notarkosten des Vermächtniserfüllungsvertrags und die hierfür anfallenden Grundbuchkosten, haben die beiden Vermächtnisnehmer zu gleichen Teilen zu tragen.

5 Schuldner der **Erbschaftsteuer** ist hinsichtlich des Vermächtnisses der Bedachte (§ 20 Abs. Satz 1, § 3 Abs. 1 Nr. 1 ErbStG). Für den Erben stellt die Verbindlichkeit aus dem Vermächtnis eine abzugsfähige Nachlassverbindlichkeit dar (§ 10 Abs. 5 Nr. 2 ErbStG). Der Grundstückserwerb von Todes wegen ist gemäß § 3 Nr. 2 GrErwStG von der Grunderwerbsbesteuerung ausgenommen.

6 Das **Stückvermächtnis** erstreckt sich im Zweifel auf das zur Zeit des Erbfalls vorhandene **Zubehör** (§ 2164 Abs. 1). Nach dem Anfall des Vermächtnisses entsteht zwischen dem Beschwerten und dem Vermächtnisnehmer ein Schuldverhältnis. Es ist ein einseitiges Schuldverhältnis, so dass die Vorschriften der §§ 241 bis 304 anwendbar sind, soweit sie nicht von den spezielleren des Vermächtnisrechts verdrängt werden.[10] Im Falle von Leistungsstörungen sind die Vorschriften des Allgemeinen Schuldrechts für Schadensersatz wegen Pflichtverletzung anzuwenden (§§ 280ff.), wobei §§ 2170ff. Sonderregelungen vorsehen.

7 Der Beschwerte hat beim Stückvermächtnis dem Bedachten die seit dem Anfall gezogenen Früchte herauszugeben (§ 2184 Abs. 1). Umgekehrt hat der Bedachte dem Beschwerten beim Vermächtnis einer bestimmten Nachlasssache die von diesem nach dem Erbfall für die Sache erbrachten Verwendungen und Aufwendungen nach Maßgabe der §§ 994ff. zu ersetzen (§ 2185). Die Haftung für Rechts- und Sachmängel folgt beim Gattungsvermächtnis im Wesentlichen den entsprechenden Regeln beim Kaufvertrag (§§ 2182, 2183). Beim Stückvermächtnis besteht im Zweifel **keine Haftung des Beschwerten für Rechts- und Sachmängel** (Umkehrschluss aus §§ 2182, 2183).

2. Gegenstand des Vermächtnisses

a) Nachlassgegenstand

8 „Vermögensvorteil" i.S. des § 1939 und damit möglicher Gegenstand eines Vermächtnisses kann alles sein, was Ziel eines Anspruchs (§ 194 Abs. 1), also Inhalt einer Leistung sein kann.[11] Es kann sein eine **Sache** oder ein **Recht,** wie z.B. Nutzungsrecht, Nieß-

---

[7] Formular in MünchVertrHdb/Nieder/Otto, Bd. 6/2 Muster XVI. 31.
[8] BGHZ 32, 60.
[9] BGH NJW 1963, 1602; Palandt/Edenhofer § 2174 Rn 9.
[10] Lange/Kuchinke, 4. Aufl., § 29 II 2 d.
[11] Bamberger/Roth/Müller-Christmann § 1939 Rn 4; z.B. BGH DNotZ 2005, 49: Vermächtnis zugunsten des Nacherben, wonach der Vorerbe verpflichtet wird, die Grundpfandrechte aus den an sich dem Vorerben zustehenden Nutzungen der Erbschaft zu tilgen mit der Folge, dass Erstattungsansprüche aus § 2124 Abs. 2 nicht geltend gemacht werden können.

brauch, Wohnrecht, Altenteil, Urheberrecht, Rente, GmbH-Anteil, das Recht, dem Auseinandersetzungsverlangen eines Miterben zu widersprechen und ein Handelsgeschäft oder eine sonstige Sachgesamtheit (Sachinbegriff gem. § 92 Abs. 2). Ferner können Vermächtnisgegenstand sein **Forderungsrechte,** wie z.B. auf Anerkennung oder Sicherung einer Schuld, auf Leistung von Diensten, auf Unterlassung, auf Aufnahme in eine Gesellschaft, auf Zahlung einer Geldsumme. Diese muss nicht ziffernmäßig bestimmt sein, sondern muss lediglich anhand anderer Kriterien, wie z.B. Gewinnanteil oder Preis einer Ware bestimmbar sein kann, z.B. auch in Höhe des Werts des gesetzlichen Erbteils oder eines Bruchteils des Nachlasswertes (Quotenvermächtnis) oder in Höhe des Pflichtteils.[12] Letztlich kann auch der Anspruch auf Befreiung von einer Verbindlichkeit, auf bloße Stundung und dem Verzicht auf die Ausübung von Gestaltungsrechten oder Einreden vermacht werden.[13] Im Gegensatz zur Auflage (§ 1940 = bloße Leistungspflicht) muss die Zuwendung beim Vermächtnis einen **Vermögensvorteil** darstellen (§ 1939); dieser ist jedoch im weitesten Sinne zu verstehen. Eine Bereicherung oder Vermögensmehrung im Sinne einer wirtschaftlichen Besserstellung ist nicht erforderlich.[14] Die Bestimmung bzw. Auswahl des Vermächtnisgegenstandes kann in den Fällen der §§ 2151–2156 einem Dritten überlassen werden (siehe oben § 3 Rn 52).

b) Fehlende Zugehörigkeit zum Nachlass

Gehört beim Stückvermächtnis der vermachte Gegenstand zum Zeitpunkt des Erbfalls 9
nicht zum Nachlass, so wird nach § 2169 Abs. 1 die Unwirksamkeit des Vermächtnisses vermutet.[15] War der Erblasser zwar Eigentümer der vermachten Sache, aber zu ihrer Veräußerung verpflichtet, dann gehört die Sache gem. § 2169 Abs. 4 in diesem Sinne nicht mehr zur Erbschaft. Dagegen ist umgekehrt bei einer Sache, die dem Erblasser nicht gehört, auf die er aber einen Anspruch – z.B. als Käufer gem. § 433 Abs. 1 Satz 1 aus einem noch nicht erfüllten Kaufvertrag – hat, gem. § 2169 Abs. 3 im Zweifel nicht diese Sache, sondern dieser Anspruch vermacht.[16] Wurde der vermachte Gegenstand dem Erblasser ohne seinen Willen entzogen oder wurde er beschädigt, so gilt im Zweifel gem. §§ 2164 Abs. 2, 2169 Abs. 3 der Wertersatzanspruch des Erblassers als vermacht.

Beim Vermächtnis einer dem Erblasser zustehenden **Geldforderung** gilt im Zweifel die vor dem Erbfall zur Erfüllung gezahlte Geldsumme als vermacht, auch wenn sie sich nicht in der Erbschaft vorfindet (§ 2173 Satz 2). Wird eine Schuldurkunde (z.B. ein Sparkassenbuch) vermacht, ist regelmäßig die Zuwendung der verbrieften Forderung in ihrer beim Erbfall bestehenden Höhe gemeint.[17] Bei anderen Forderungen gilt dies für die Leistung nur dann, wenn sie sich noch im Nachlass befindet (§ 2173 Satz 1). Ist der Gegenstand nach Anordnung des Vermächtnisses untergegangen oder dem Erblasser entzogen worden, und steht dem Erblasser ein Wertersatzanspruch zu, so gilt gemäß § 2169 Abs. 3 im Zweifel dieser Anspruch als vermacht. Aus diesen Sondervorschriften kann jedoch kein allgemeiner Grundsatz wirtschaftlicher Surrogation beim Vermächtnis abgeleitet werden.[18] Hat der Erblasser den Gegenstand willentlich **veräußert,** so entfällt grundsätzlich das Vermächtnis,[19] und zwar auch dann, wenn das Vermächtnis erbvertraglich zugewendet wurde.[20] Im Wege der ergänzenden Testamentsauslegung kann jedoch als Wille des Erblassers anzunehmen sein, dass dem bedachten Vermächtnisnehmer

[12] Staudinger/Otte § 1939 Rn 6.
[13] Staudinger/Otte § 1939 Rn 7.
[14] Staudinger/Otte § 1939 Rn 8.
[15] Baumgärtel/Strieder, Beweislast, § 2169 Rn 1.
[16] BGH WPM 1983, 1211.
[17] Palandt/Edenhofer § 2173 Rn 1.
[18] OLG Koblenz, Beschl. v. 2. 9. 2009, BeckRS 2009, 88052; Soergel/Wolf § 2169 Rn 13.
[19] BGHZ 22, 357, 359 = NJW 1957, 424 = LM § 2169 Nr. 1 m. Anm. Johannsen = JZ 1957, 174.
[20] BGHZ 31, 13, 22 = NJW 1959, 2252 = DNotZ 1960, 207 m. Anm. Hieber = JZ 1960, 537 m. Anm. Coing.

der wertmäßig noch im Nachlass befindliche Erlös für den veräußerten Gegenstand vermacht sein soll.[21] Klarheit im Einzelfall kann – je wie vom Erblasser gewünscht – eine der folgenden Klauseln in der letztwilligen Verfügung bringen:

10 **Formulierungsvorschlag:**

Soweit Gegenstände vermacht sind, die beim Erbfall nicht mehr zu meinem Nachlass gehören, gelten deren noch im Nachlass befindliche Surrogate i. S. des § 2041 BGB als vermacht.

Formulierungsvorschlag:

Soweit Gegenstände vermacht sind, die beim Erbfall nicht mehr zu meinem Nachlass gehören, entfällt das Vermächtnis insoweit ersatzlos.

11 Der Erblasser kann darüber hinaus auch eine Verschaffungspflicht bezüglich eines nicht zur Erbschaft gehörenden Gegenstandes ausdrücklich anordnen (qualifizierter Zuwendungswille); diese ausnahmsweise Verschaffungspflicht des Beschwerten kann auch im Wege der Testamentsauslegung hergeleitet werden. Dann liegt ein sog. **Verschaffungsvermächtnis** gem. § 2170 vor (siehe dazu unten Rn 61 ff.). § 2169 Abs. 1 enthält jedoch die Vermutung gegen ein Verschaffungsvermächtnis, so dass der Bedachte die Beweislast hat, dass der Erblasser ihm entgegen § 2169 Abs. 1 einen nachlassfremden Gegenstand zuwenden wollte.

12 Der Beschwerte ist im Zweifel nicht zur Beseitigung von **dinglichen Rechten** verpflichtet, mit denen der vermachte Nachlassgegenstand belastet ist (§ 2165 Abs. 1 Satz 1). Das Vermächtnis erstreckt sich aber im Zweifel auf einen evtl. bestehenden Beseitigungsanspruch des Erblassers (§ 2165 Abs. 1 Satz 2). Zu Pfandrechten auf einem vermachten Grundstück siehe unten Abschnitt 9. Rn 36 ff.

13 Wenn der Erblasser nach Errichtung der Verfügung von Todes wegen **dem Bedachten** den Vermächtnisgegenstand bereits unter Lebenden **unentgeltlich übertragen** hat, kommt es nach der h. M. darauf an, ob ein Stückvermächtnis oder ein Gattungsvermächtnis vorliegt.[22] Im ersten Fall entfällt der Leistungsanspruch infolge Unmöglichkeit,[23] im zweiten ist die nochmalige Leistung an sich möglich und es kommt daher darauf an, ob das Vermächtnis unter der stillschweigenden Bedingung steht, dass es nicht schon unter Lebenden erfüllt werden und ob die Leistung unter Lebenden zur Vorauserfüllung des künftigen Vermächtnisanspruchs geleistet wurde.[24] In solchen Fällen sollte bei einem Zuwendungsgeschäft die Willensrichtung des Erblassers und Zuwendenden deutlich zum Ausdruck gebracht werden.[25]

3. Anfall, Fälligkeit

14 Ein Vermächtnis **fällt** grundsätzlich **mit dem Erbfall an** (§§ 2176, 1922 Abs. 1). Ein **aufschiebend bedingtes** oder **befristetes Vermächtnis** fällt dagegen erst mit dem Eintritt der Bedingung oder des Termins an (§ 2177).[26] Ist der Bedachte beim Erbfall noch nicht

---

[21] BGH 22, 357, 360 = NJW 1957, 421 = LM § 2169 Nr. 1; BGHZ 31, 13, 22; Mattern BWNotZ 1961, 277, 282.

[22] Siehe hierzu auch § 23 Rn 45.

[23] Kuchinke JZ 1983, 483; Haegele Rpfleger 1964, 581, 589 ff.

[24] OLG Hamm MDR 1995, 1236 m. w. Nachw.; Leipold JZ 1996, 287, 295; OLG Frankfurt ZEV 1997, 295; krit. Kuchinke JZ 1983, 483.

[25] Kuchinke JZ 1983, 483, 486.

[26] Bühler BWNotZ 1967, 174; Zawar, Das Vermächtnis in der Kautelarjurisprudenz, dargestellt am aufschiebend bedingten und befristeten Vermächtnis, 1983; ders., DNotZ 1986, 515, 521.

erzeugt oder wird seine Persönlichkeit erst durch ein nach dem Erbfall eintretendes Ereignis bestimmt, so erfolgt der Anfall des Vermächtnisses erst mit der Geburt oder dem Ereignis (§ 2178). Für beim Erbfall bereits erzeugte, aber noch nicht geborene Vermächtnisnehmer gilt § 1923 Abs. 2 entsprechend.[27] Haben beim sog. Berliner Testament (§ 2269) die Ehegatten sich gegenseitig als Erben eingesetzt und ein Vermächtnis angeordnet, das nach dem Tod des Überlebenden erfüllt werden soll, so ist gem. § 2269 Abs. 2 im Zweifel anzunehmen, dass das Vermächtnis dem Bedachten erst mit dem Tod des Überlebenden anfallen soll.[28] Mit dem Anfall erwirbt der Vermächtnisnehmer einen Anspruch gegen den Beschwerten, die Leistung des vermachten Gegenstandes zu fordern (§§ 2176, 2174). Geht der Anspruch auf dingliche Rechtsänderung an einem Grundstück oder Grundstücksrecht, so ist er ab dem Anfall und bei aufschiebend bedingten oder befristeten Vermächtnissen ab dem Erbfall vormerkungsfähig, jedoch nur wenn der Erblasser einen entsprechenden Anspruch mitvermacht hat.[29]

Vom Anfall des Vermächtnisses ist seine **Fälligkeit** zu unterscheiden. Sie tritt nach all- 15 gemeinen Vorschriften gem. § 271 Abs. 1 sofort mit dem Anfall ein, wenn der Erblasser nichts anderes bestimmt hat.[30] Hat jedoch der Erblasser die Zeit der Erfüllung dem freien Belieben des Beschwerten überlassen hat, wird es gem. § 2181 im Zweifel erst mit dem Tod des Beschwerten fällig. Ein Untervermächtnis wird nicht vor dem Hauptvermächtnis fällig (§ 2186). Bezüglich des Anwartschaftsrechts des Bedachten, seiner Sicherung, Vererb- und Veräußerlichkeit und der zeitlichen Begrenzung in der **Zeit zwischen dem Erbfall und dem Anfall des Vermächtnisses** siehe § 10 Rn 154. Ist ein Geld-Vermächtnisanspruch fällig, wird aber **länger als ein Jahr gestundet**, ist nach der Rechtsprechung des BFH[31] selbst bei Ausschluss der Verzinsung die Leistung steuerlich aufzuteilen in einen Kapital- und einen Zinsanteil.[32] Ist kein Zins vereinbart, ist der **Zinsanteil** entsprechend § 12 Abs. 3 BewG zu berechnen und es sind 5,5% anzusetzen.[33] Die so errechneten fiktiven Zinsen führen zu Einkünften aus Kapitalvermögen (§ 20 Abs. 1 Nr. 7 EStG) im Zeitpunkt des Zuflusses des Vermächtnisses.

4. Annahme und Ausschlagung des Vermächtnisses[34]

Der Bedachte kann das Vermächtnis durch formlose empfangsbedürftige Willenserklä- 16 rung gegenüber dem Beschwerten (nicht gegenüber dem Nachlassgericht) annehmen oder ausschlagen (§§ 2176, 2180). Die Annahme- oder Ausschlagungserklärung kann **erst nach dem Erbfall** erfolgen, dann aber auch für den gem. § 2177 hinausgeschobenen Anfall. Beide sind bedingungs- und befristungsfeindlich (§ 2180 Abs. 2). Nach der Annahme kann der Vermächtnisnehmer das Vermächtnis nicht mehr ausschlagen (§ 2180). Eine **Ausschlagungsfrist besteht** – anders als bei der Erbeinsetzung, § 1944 – **nicht.** Eine Fristsetzung durch den beschwerten Erben ist nur möglich gegenüber dem mit einem Vermächtnis bedachten Pflichtteilsberechtigten (§ 2307); im Übrigen kann der Beschwerte dem Bedachten keine Erklärungsfrist, auch nicht entspr. dem § 2307 Abs. 2, setzen. Der Bedachte kann ihn daher beliebig lang hinhalten bis zum Ablauf der Verjährungsfrist. Der Erblasser kann jedoch anordnen, dass das Vermächtnis entfällt, falls es der Be-

---

27 Hafner BWNotZ 1984, 67.

28 Zu erbschaftsteuerlichen Nachteilen siehe § 6 Abs. 4 ErbStG.

29 BayObLG Rpfleger 1981, 190; § 3 Rn 78.

30 Beachte jedoch die Dreimonatseinrede nach § 2014.

31 BFH BStBl. II 1993, 298; zur unverzinslichen Erbauseinandersetzungsausgleichsforderung BFH ZEV 1997, 84.

32 Vgl. Schmidt/Weber-Grellet, § 22 EStG Rn 76.

33 § 12 Abs. 3 Satz 2 BewG. Schmidt/Weber-Grellet, § 20 EStG Rn 163; Schmidt/Heinicke, § 4 EStG Rn 85; Daragan DStR 1998, 360.

34 van Venrooy, Annahme und Ausschlagung von Vermächtnissen, 1990.

dachte nicht binnen einer bestimmten Frist ausdrücklich annimmt.[35] Das Ausschlagungsrecht ist vererblich (§§ 2180 Abs. 3, 1952 Abs. 1). Annahme und Ausschlagung können gem. §§ 119–124, 142–144 angefochten werden. Nur bei der Anfechtung der Ausschlagung finden gem. § 2308 Abs. 2 die für die Anfechtung der Ausschlagung einer Erbschaft geltenden Vorschriften der §§ 1954, 1956 ff. entsprechende Anwendung (§ 2308 Abs. 2), so dass sie fristgebunden ist. Erklärungsgegner ist der Beschwerte, nicht das Nachlassgericht.[36]

17 **Erfüllungsort** für das Vermächtnis ist, falls sich aus der Anordnung des Erblassers oder der Natur des Schuldverhältnisses nichts anderes ergibt, gem. § 269 Abs. 1 der Wohnsitz des Beschwerten.[37] Der Vermächtnisanspruch **verjährt** gem. §§ 195, 199 Abs. 1 in der Regelfrist von drei Jahren, gerechnet ab dem Jahresende, in dem der Bedachte die anspruchsbegründenden Umstände und die Person des Schuldners kennt ohne grobe Fahrlässigkeit kennen müsste („Sylvesterverjährung"). Kenntnisunabhängig verjährt der Anspruch in 30 Jahren ab Entstehung des Anspruchs (§ 199 Abs. 3 a).[38]

5. Beschwerter, Bedachter

18 Mit dem Vermächtnis kann ein Erbe oder ein Vermächtnisnehmer **beschwert** werden (§ 2147 Satz 1). Auch der Ersatzerbe und ein Nacherbe können beschwert werden. Nicht beschwert werden können Auflagebegünstigte, (nur) Pflichtteilsberechtigte, Erbeserben und Dritte, die vom Erblasser durch Rechtsgeschäft unter Lebenden eine unentgeltliche Zuwendung erhalten haben.[39] Soweit der Erblasser nichts anderes bestimmt, ist der **Erbe beschwert** (§ 2147 Satz 2). Mehrere Erben oder Vermächtnisnehmer sind im Zweifel unter sich im Verhältnis ihrer Erbquoten bzw. dem Wert ihrer Vermächtnisse beschwert (§ 2148). Dem Vermächtnisnehmer gegenüber haften sie gem. § 2958 als Gesamtschuldner. Das einen Vermächtnisnehmer beschwerende Vermächtnis ist ein **Untervermächtnis** (§§ 2186–2188), falls der Vermächtnisgegenstand identisch ist ein **Nachvermächtnis** (§ 2191).

19 **Fällt der Beschwerte** vor Eintritt des Erbfalls **weg,** so bleibt das Vermächtnis im Zweifel wirksam. Beschwert ist dann derjenige, welchem der Wegfall des zunächst Beschwerten unmittelbar zustatten kommt (§ 2161). Lebt der **Bedachte** zur Zeit des Erbfalls nicht mehr, so ist das Vermächtnis unwirksam (§ 2160). Dies gilt jedoch nur, wenn keine Ersatzbedachter bestimmt ist (siehe hierzu unten Rn 20 ff.). Dies kann erfolgen, indem der Erblasser ausdrücklich einen Ersatzvermächtnisnehmer bestimmt hat (§§ 2190, 2097–2099), eine stillschweigende Ersatzberufung eintritt (insbesondere durch die Auslegungsregel des § 2069) oder, falls derselbe Gegenstand mehreren vermacht ist, im Wege der Anwachsung (§ 2158). Weitere **Unwirksamkeitsgründe**, die zum **Wegfall** des zunächst **Bedachten** und den gleichen Rechtswirkungen führen, sind vor dem Erbfall der Zuwendungsverzicht (§ 2352), die Eheauflösung (§ 2077) und die ursprüngliche Nichtigkeit oder Unwirksamkeit der Vermächtnisanordnung und nach dem Erbfall die Ausschlagung des Vermächtnisses (§§ 2180 Abs. 3, 1953 Abs. 1), die Anfechtung wegen Vermächtnisunwürdigkeit (§ 2345), die Anfechtung wegen Irrtums oder Drohung (§ 2078), das Nichterleben der aufschiebenden Bedingung (§§ 2177, 2074) und der Zeitablauf (§§ 2162, 2163). Die Auswahl des Bedachten kann in den Fällen der §§ 2151, 2153 einem Dritten überlassen werden (siehe oben § 3 Rn 55).

---

[35] Reichel AcP 138, 194, 202.
[36] MünchKomm/Schlichting, § 2180 Rn 3.
[37] Staudinger/Otte § 2174 Rn 14.
[38] Grundlegend geändert zum 1. 1. 2010 durch das Gesetz zur Änderung des Erb- und Verjährungsrechts vom 24. 9. 2009 BGBl. I 3142; MünchKomm/Schlichting § 2174 Rn 20.
[39] BGH FamRZ 1985, 697 = NJW-RR 1986, 164.

6. Ersatzvermächtnisnehmer und Anwachsung[40]

a) Ausdrückliche Ersatzberufung

Wenn der Erblasser ausdrücklich für den Fall, dass der zunächst mit dem Vermächtnis Bedachte **wegfällt**, den Gegenstand einem anderen zugewandt hat, finden gem. § 2190 die für die Einsetzung eines Ersatzerben geltenden Vorschriften des §§ 2097 bis 2099 entsprechende Anwendung. Das bedeutet insbesondere, dass das Recht des Ersatzvermächtnisnehmers dem Anwachsungsrecht gem. § 2158 vorgeht; letzteres hat, wenn der gleiche Gegenstand mehreren vermacht ist, ansonsten bei Wegfall des einen die **Anwachsung** (Vergrößerung des Vermächtnisanteils) für die anderen zur Folge. 20

Der Ersatzvermächtnisnehmer erhält das Vermächtnis wenn der Vermächtnisnehmer wegfällt. **Wegfallgrund** ist nicht nur, wenn der Bedachte vorverstirbt (§ 2160), sondern auch bei dessen Vermächtnisverzicht (§ 2180), seiner Vermächtnisunwürdigkeit (§ 2345), seinem Tod vor Eintritt der aufschiebenden Bedingung (§ 2074) oder dem Ausfall einer Bedingung oder dem Ende einer Befristung (§ 2077).[41]

b) Stillschweigende Ersatzberufung

Auch bei einem Vermächtnis gilt gem. § 2069 die Auslegungsregel, dass, falls der Erblasser damit einen seiner **Abkömmlinge** bedacht hat, bei dessen Wegfall nach Errichtung des Testaments im Zweifel dessen Abkömmlinge unter sich nach den Regeln der gesetzlichen Erbfolge an seine Stelle als Ersatzvermächtnisnehmer treten. Da durch ergänzende Testamentsauslegung teilweise auch eine stillschweigende Ersatzberufung von Abkömmlingen anderer naher Angehöriger angenommen wird,[42] sollte man auch bei jeder Vermächtnisanordnung entweder ausdrücklich Ersatzvermächtnisnehmer berufen oder die Ersatznachfolge ausdrücklich ausschließen. 21

Formulierungsvorschlag: 22

Vermächtnisnehmer ist …, ersatzweise zu gleichen Stammanteilen dessen Abkömmlinge, wiederum ersatzweise …

Formulierungsvorschlag:

Vermächtnisnehmer ist …. Sollte dieser wegfallen, unabhängig aus welchem Grund, fällt das Vermächtnis ersatzlos weg. Dies gilt vorrangig zu allen gesetzlichen Vermutungs- und Auslegungsregeln.

7. Sicherstellung der Vermächtniserfüllung[43]

Da das Vermächtnis nicht dinglich wirkt, sondern nach Erbfall, Anfall und Fälligkeit die Vermächtniserfüllung durch den oder die Erben erfordert, der vom Beschwerten oft nur widerwillig oder gar erst nach rechtskräftiger Verurteilung nachgekommen wird, hat die Kautelarjurisprudenz nach Möglichkeiten der Sicherung gesucht. Es bieten sich folgende Lösungswege an:[44] 23

---

[40] Siehe hierzu insb. Nieder, Die ausdrücklichen oder mutmaßlichen Ersatzbedachten im deutschen Erbrecht, ZEV 1996, 241.

[41] Lange/Kuchinke, 4. Aufl., § 29 V 1 b Fn 145.

[42] Nieder ZEV 1996, 241, 243 f.; OLG München DNotZ 2009, 685 ff. = ZEV 2009, 239 mit Anm. Dietz S. 241: „Der Gestalter letztwilliger Verfügungen kann mit vermeintlichen „bekannten und bewährten" Formulierungen nicht vorsichtig genug umgehen. Siehe zur stillschweigenden Ersatzberufung beim Erben oben § 8 II.1.d) Rn 58.

[43] Siehe hierzu U. Mayer, Die Sicherung des Vermächtnisnehmers – Darstellung und Vergleich der verschiedenen Möglichkeiten, BWNotZ 1997, 62; Halding-Hoppenheit, Sicherstellung der Vermächtniserfüllung, RNotZ 2005, 311.

[44] Lindemann DNotZ 1951, 215; Schermann, Der Schutz des Vermächtnisnehmers im gemeinschaftlichen Testament und Ehegattenerbvertrag, 2006.

a) Bevollmächtigung des Bedachten

24 Der Erblasser kann den **Vermächtnisnehmer** selbst **bevollmächtigen,** was auch in der Verfügung von Todes wegen erfolgen kann, sich nach dem Erbfall den Vermächtnisgegenstand selbst zu übertragen.[45] Dies Vollmacht kann jedoch durch den Gesamtrechtsnachfolger widerrufen werden; aufgrund dessen ist die Ernennung zum Testamentsvollstrecker im Regelfall vorzugswürdiger. Die Vollmachtserteilung sollte zweckmäßigerweise in einer **gesonderten Vollmachtsurkunde** erfolgen, insbesondere zur Vorlage der Urschrift/Ausfertigung im Rechtsverkehr (§ 172) oder bei Widerruf der Vollmacht; sie kann jedoch auch rechtlich in der Verfügung von Todes wegen enthalten sein.[46]

b) Vermächtnisnehmer als Testamentsvollstrecker

25 Der Erblasser kann den Vermächtnisnehmer[47] zu seinem **Testamentsvollstrecker** mit der alleinigen Aufgabe (§ 2208) **ernennen,** nach dem Erbfall das Vermächtnis gegenüber sich selbst zu erfüllen. Das ist ohne Verstoß gegen § 181 zulässig, da es der ausschließlichen Erfüllung einer Verbindlichkeit dient;[48] eine gesonderte Befreiung hiervon ist somit nicht erforderlich. Die Beschränkung ist im Testamentsvollstreckerzeugnis anzugeben (§ 2368 Abs. 1). Da die Ernennung primär zur Erleichterung der Abwicklung und damit zugunsten des Bedachten erfolgt, wird regelmäßig zweckmäßig die Anordnung sein, dass für diese Testamentsvollstreckertätigkeit kein Anspruch auf Vergütung (§ 2221) besteht.

26 Diese, ein **Vermächtnis flankierende Testamentsvollstreckerernennung** ist regelmäßig zweckmäßig, wenn für das später erforderliche Erfüllungsgeschäft das Zusammentreffen von Erben und Vermächtnisnehmer vermieden werden soll. Besonders empfehlenswert ist diese Testamentsvollstreckerernennung bei großen Erbengemeinschaften und/oder bei zu erwartenden Spannungen zwischen Erben einerseits und Bedachtem andererseits, z. B. bei Wiederverheiratung des Erblassers. Bei einem Grundstücksvermächtnis bedarf es zur Auflassung in Erfüllung des Vermächtnisanspruchs dann nur noch der Anwesenheit des Bedachten, der dann handelt zum einen auf der übertragenden Seite als Testamentsvollstrecker über den Nachlass des Verstorbenen und zum anderen eigenen Namens als Bedachter und Erwerber.

27 **Formulierungsvorschlag:**

Ich ordne Testamentsvollstreckung nach meinem Tode gemäß nachfolgender Bestimmungen an. Der Testamentsvollstrecker hat als Aufgabe ausschließlich die Abwicklungsvollstreckung dergestalt, das gemäß Abschnitt II Ziffer 2 dieser Urkunde angeordnete Vermächtnis ... zu erfüllen. Eine weitergehende Aufgabenerteilung, auch eine Verwaltungsvollstreckung oder Abwicklung weiterer Verfügungen, wünsche ich nicht. Zum Testamentsvollstrecker wird bestimmt Herr ... (insbesondere der Vermächtnisnehmer selbst!) Der Testamentsvollstrecker erhält weder den Ersatz seiner Auslagen noch für seine Tätigkeit eine Vergütung.

c) Sicherung durch Vormerkung

28 Vor dem Erbfall hat der Vermächtnisnehmer lediglich eine Chance auf Rechtserwerb, so dass für ihn keine Vormerkung im Grundbuch eingetragen werden kann.[49] Anders ist es jedoch in der Schwebezeit zwischen dem Erbfall und dem Anfall des Vermächtnisses

---

[45] Lindemann DNotZ 1951, 215.

[46] Staudinger/Reimann, Vorbem. § 2197 Rn 55 ff., 60; OLG Köln NJW 1950, 702; OLG Köln MittRhNotK 1992, 88 = MittBayNot 1992, 405.

[47] BayObLG NJW-RR 1986, 629.

[48] MünchKomm/Brandner § 2205 Rn 75; Soergel/Damrau § 2205 Rn 58; Palandt/Edenhofer § 2205 Rn 31; Kraiß BWNotZ 1986, 12.

[49] Kritisch für den Fall der Testierunfähigkeit des Erblassers: Baldus/Stremnitzer DNotZ 2006, 598 m. w. N. mit zutreffender Erwiderung Zimmer DNotZ 2006, 724.

bei aufschiebend bedingten oder befristeten Vermächtnissen. Aber auch dann besteht ein Anspruch des Vermächtnisnehmers auf Sicherung seiner Anwartschaft durch eine **Vormerkung** gem. § 883 ab dem Erbfall nur, wenn er mitvermacht ist.[50] Dann aber ist nach dem Erbfall zur Sicherung der Anwartschaft auch ein Antrag auf Erlass einer einstweiligen Verfügung auf Eintragung einer Vormerkung gem. § 885 Abs. 1 zulässig, und zwar ohne dass eine Gefährdung des Anspruchs glaubhaft gemacht werden müsste.[51]

d) Schadensersatzverpflichtung

Im Übrigen haftet der Beschwerte dem Bedachten gem. § 160 Abs. 1 für jedes Verschulden während des Schwebezustandes.[52] Die Stellung des Vermächtnisnehmers in der Zeit zwischen dem Erbfall und dem Anfall des Vermächtnisses kann bei Gefährdung auch durch Arrest oder einstweilige Verfügung gesichert werden (§§ 916 Abs. 2, 936 ZPO). Gemäß § 242 wird dem Bedachten gegen den Beschwerten ein Anspruch auf Erteilung aller für die Geltendmachung des Vermächtnisanspruchs erforderlichen Auskünfte zuerkannt. Bei einem Quotenvermächtnis geht der auch auf Auskunft über den Bestand des Nachlasses und, falls es sich aus dem Reinnachlass errechnen soll, auch auf Rechnungslegung über die Einnahmen und Ausgaben. Beim Vermächtnis eines Sachinbegriffs hat er gem. § 260 einen Anspruch auf Vorlage eines Bestandsverzeichnisses, dessen Vollständigkeit an Eides Statt zu versichern ist und beim Wahlvermächtnis gem. § 809 auf Vorlage der zur Wahl stehenden Sachen.[53] 29

e) Parallele Verfügungsunterlassungsverpflichtung

Soll die Vermächtniserfüllung bereits vor dem Erbfall gesichert sein, ist dies nur durch eine mittels Rechtsgeschäft unter Lebenden zu vereinbarende **Verfügungsunterlassungsverpflichtung** bzw. beim Berliner Testament (§ 2269) für die Zeit zwischen dem ersten und zweiten Erbfall durch ein Verfügungsunterlassungsvermächtnis möglich. Diese Verfügungsunterlassungsverpflichtungen können jeweils durch einen durch die Zuwiderhandlung aufschiebend bedingten Übertragungsanspruch bezüglich des Vermächtnisgegenstandes ergänzt und sanktioniert werden, der dann bei Grundstücken durch eine Vormerkung sicherbar ist.[54] 30

8. Haftung des Beschwerten

Der Vermächtnisnehmer ist zwar Nachlassbeteiligter, hauptsächlich jedoch Nachlassgläubiger, und zwar minderen Grades, da ihm Erblasserschulden und Ansprüche Pflichtteilsberechtigter vorgehen und, soweit der Erblasser nicht gem. § 2189 eine Rangfolge festgesetzt hat, andere Vermächtnisse und Auflagen im Range gleichstehen (§§ 1980 Abs. 1 Satz 3, 1990, 1991 Abs. 4, §§ 317, 322, 327 InsO). Das Vermächtnis ist Nach- 31

[50] Siehe Rn 2 sowie § 3 Rn 78; RG JR 1925 Nr. 1526; RG DNotZ 1932, 539 Nr. 20; BayObLG Rpfleger 1981, 190; Staudinger/Otte § 2179 Rn 12 und § 2174, Rn 20; Zawar DNotZ 1986, 515, 525; demgegenüber gewährt eine Meinung bei Rechtsgeschäften unter Lebenden als Nebenpflicht jedes vormerkungsfähigen Anspruchs i. S. des § 883 auch einen Anspruch auf Bestellung einer Vormerkung, ohne dass es einer ausdrücklichen Sicherungsabrede dazu bedürfe; Friese DNotZ 1955, 243; LG Stuttgart ZEV 1999, 144, das bei einem Nachvermächtnis davon ausgeht, dass mit dem Auflassungsanspruch auch der Anspruch auf Bewilligung einer Vormerkung aus einer gesetzlichen Nebenverpflichtung des Auflassungsschuldners verbunden ist; a. M. mit Recht, da das Gesetz hierfür keinerlei Anhaltspunkt bietet: Staudinger/Gursky (1996) § 883 Rn 19 m. w. N.

[51] Staudinger/Otte § 2179 Rn 12.

[52] § 161 ist dagegen, weil keine Verfügung gegeben ist, nicht anwendbar; Bungeroth NJW 1967, 1357; Bühler BWNotZ 1967, 174; Zawar DNotZ 1986, 515, 524; Buchholz Jura 1989, 393, 400; a. M. Gudian NJW 1967, 431.

[53] Staudinger/Otte § 2174 Rn 12.

[54] Siehe oben Rn 28; Formular in MünchVertrHdb/Nieder/Otto, Bd. 6/2; Buchholz Jura 1989, 393, 398.

lassverbindlichkeit (§ 1967). Beschwert sind im Zweifel alle Miterben (§§ 2147, 2148), und zwar als Gesamtschuldner (§§ 2058, 431). Sie haften mit ihrem gesamten Vermögen, also sowohl mit dem ererbten Vermögen (**Nachlass**) als auch mit dem bereits besessenen sonstigen Vermögen. Ein Vermächtnis muss grundsätzlich bis zur völligen Ausschöpfung des Nachlasses erfüllt werden.[55]

32 Die Erben können jedoch, sofern sie nicht bereits unbeschränkt haften (§ 2013), was nur bei Verletzung der Inventarpflicht (§ 1994), bei Inventaruntreue (§ 2005) und bei Verzicht auf Beschränkung gegenüber allen Nachlassgläubigern (§ 2001 Abs. 1 Satz 3) der Fall ist, die **Haftung** auf den Nachlass **beschränken.** Dazu bedarf es der Anordnung der Nachlassverwaltung (§ 1975), der Eröffnung der Nachlassinsolvenz (§ 1975) oder, falls sich beides mangels Masse oder Vorschuss nicht lohnt, der Erhebung der Dürftigkeits- und Unzulänglichkeitseinrede (§ 1990). Die **Dürftigkeitseinrede** ist als sog. Überschwerungs- oder Überlastungseinrede gem. § 1990 bei Überschuldung durch Vermächtnisse und Auflagen (**sog. Überschwerung**) diesen Ansprüchen gegenüber auch dann zulässig, wenn eine die Kosten der Nachlassverwaltung oder des Nachlassinsolvenzverfahrens deckende Masse vorhanden ist. Der Erbe muss sich dabei auch gegenüber Vermächtnis- und Auflagegläubigern die Beschränkung seiner Haftung im Urteil gem. § 780 Abs. 1 ZPO vorbehalten lassen, um Vollstreckungen in sein Eigenvermögen zu verhindern. Nach dieser Überschwerungseinrede hat der Erbe gem. den in § 1992 Satz 1 in Bezug genommenen §§ 1990, 1991 die Verbindlichkeiten, Vermächtnisse und Auflagen entsprechend ihrem insolvenzmäßigen Rangverhältnis gem. § 327 InsO aus Mitteln des Nachlasses soweit wie möglich zu befriedigen (§ 1991 Abs. 4).[56] Nach Erschöpfung des Nachlasses kann der Erbe die Befriedigung verweigern. Darüber hinaus kann der Erbe gem. § 1992 Satz 2 Vermächtnis- und Auflagegläubigern gegenüber die Herausgabe der noch vorhandenen Nachlassgegenstände durch Zahlung des Wertes abwenden. Da jedoch dadurch der Vermächtnisnehmer auch bei einer verhältnismäßig geringfügigen Überschuldung um die Gegenstandssubstanz gebracht werden könnte, legt die h. M.[57] § 1992 dahin aus, dass demgegenüber auch der Vermächtnisnehmer die Befugnis hat, gegen eine die Überschuldung ausgleichende Aufzahlung in Geld die Übertragung des Vermächtnisgegenstandes in Natur (in ungekürztem Umfang) zu verlangen.

33 Der mit dem Vermächtnis beschwerte Erbe kann aber auch die Erbschaft form- und fristgerecht **ausschlagen** (§§ 1944, 1945) und, falls ein Fall des § 2306 vorliegt, den Pflichtteil verlangen. Nach der Ausschlagung trifft die Pflicht zur Erfüllung des Vermächtnisses denjenigen, dem sein Wegfall unmittelbar zustatten kommt (§ 2161).

34 Der mit Untervermächtnissen oder Auflagen **beschwerte Vermächtnisnehmer** kann bei Überlastung stets die Erfüllung aus dem eigenen Vermögen verweigern (§§ 2186–2188). Er haftet kraft Einrede nur mit dem ihm Vermachten (§§ 2187 Abs. 1, 3, 1992), wenn er den **Beschränkungsvorbehalt** im Urteil erwirkt hat (§§ 786, 780 Abs. 1 ZPO).

9. Haftung des Bedachten

35 Der Vermächtnisnehmer haftet direkt nicht für die Nachlassverbindlichkeiten, soweit sie dem Vermächtnisnehmer nicht im Wege des Untervermächtnisses zu Gunsten des Erben auferlegt sind (z. B. *„er erhält das Unternehmen mit Aktiven und Passiven“*). Soweit nichts anderes angeordnet ist gilt der Grundsatz des § 1967 Abs. 1, wonach der Erbe für Nachlassverbindlichkeiten haftet. Für Stückvermächtnisse (vgl. zum Gattungs- und Verschaffungsvermächtnis: §§ 2182, 2183) enthält § 2165 Abs. 1 die Auslegungsregel, dass der Vermächtnisnehmer die auf dem vermachten Gegenstand lastenden **dinglichen Rechte** zu **übernehmen** hat.

---

[55] BGH NJW 1993, 850 = FamRZ 1993, 422 = MittRhNotK 1993, 95.
[56] Bühler DNotZ 1964, 596, der dies „Privatkonkursverfahren“ nannte.
[57] BGH NJW 1964, 2298 = DNotZ 1964, 630.

Ist Vermächtnisgegenstand ein **Grundstück** und bestehen **Belastungen in Abt. III** des Grundbuch,[58] ist folgendes zu beachten: Steht die Hypothek, Grundschuld oder Rentenschuld dem Eigentümer selbst zu, also insbesondere bei **Eigentümer-Grundschulden** und getilgten Hypothekenforderungen, so ist gemäß § 2165 Abs. 2 aus den Umständen zu entnehmen, ob die Gläubigerrechte als mitvermacht zu gelten haben; die Vorschrift enthält keine Auslegungsregel. Der Gestalter wird stets darauf hinwirken, dass in der Verfügung von Todes wegen eine Regelung hierüber getroffen wird, sofern der Fortbestand dieser Rechte überhaupt zweckmäßig und gewünscht ist.[59] Meist wird es der Wunsch des Erblassers sein, dass neben dem Eigentum am Grundstück (Abt. I des Grundbuchs) **auch** die **Gläubigerrechte** eines solches Pfandrecht **mitvermacht** sind, da andernfalls die Eigentümergrundschuld des Erblassers zur Fremdgrundschuld zugunsten der Erben würde (Abt. III des Grundbuch). 36

Formulierungsvorschlag: 37

... erhält vermächtnisweise das Grundstück Flst. ... der Gemarkung ... mit Bestandteilen und dem gesetzlichen Zubehör sowie alle Rechte aus der in Abt. III lfd. Nr. 1 für mich als Gläubiger eingetragenen Grundschuld mit Brief zu ... EUR nebst eingetragenen Zinsen und Nebenleistungen ab dem Erbfall; der Grundschuldbrief befindet sich in meinem Banksafe bei ....

Gemäß der Auslegungsregel des § 2166 Abs. 1 für **hypothekenbelastete Grundstücke** ist im Verhältnis zwischen Erben und Vermächtnisnehmer im Zweifel letzterer verpflichtet, **gesicherte Darlehensschulden** bis zur Höhe des Grundstückswerts zu befriedigen. Die Vorschrift ergänzt die grundsätzliche Belastungsübernahmepflicht des Bedachten gemäß § 2165 Abs. 1, damit dieser nicht den Hypothekengläubiger befriedigen kann und damit gemäß § 1143 Inhaber der persönlichen Forderung gegen den Erben wird. § 2166 Abs. 1, 2 sind nicht anwendbar auf Höchstbetragshypotheken (§ 1190). Die gesetzliche Regelung begründet keinen Anspruch des dritten Gläubigers; der Vermächtnisnehmer ist weder zur Freistellung des Erben noch zur Sicherheitsleistung verpflichtet.[60] 38

Bei **Grundschulden** trifft den Vermächtnisnehmer grundsätzlich die Belastungsübernahmepflicht gemäß § 2165 Abs. 1. Soweit es sich – wie heute im Regelfall – um eine **Sicherungsgrundschuld** handelt zur Sicherung einer persönlichen Verbindlichkeit des Erblassers, ist § 2166 entsprechend anzuwenden.[61] Soweit die Grundschuld zur Sicherung eines Kreditverhältnisses in laufender Rechnung mit stets wechselndem Schuldenstand diente, liegt die Interessenlage des § 2166 Abs. 3 vor, so dass dann § 2166 nicht entsprechend anwendbar ist. 39

Zur Vermeidung von Streitfällen sollte bei **Anordnung eines Grundstücksvermächtnisses** geklärt werden, welche Belastungen bestehen, welche (sofort zu Lebzeiten) gelöscht werden können, welches Pfandrecht mit welchen Verbindlichkeiten valutiert sind, welche künftigen Belastungen und Valuten denkbar sind, und schließlich, wie die Belastungen zwischen Erben und Vermächtnisnehmer nach dem Erblasserwille verteilt werden sollen. 40

---

[58] Zweckmäßig wird bei Grundstücksvermächtnissen stets sein, auf die Vorlage eines vollständigen und aktuellen Grundbuchauszugs hinzuwirken. Neben der Überprüfung der Eigentumsverhältnisse ist stets eine Überprüfung der Abt. II (Vormerkungsgesicherte Ansprüche? Nutzungsrechte?) und Abt. III dringend empfehlenswert, auch hinsichtlich häufiger Fehlvorstellungen des Erblassers, dass Darlehenstilgungen auch ohne weiteres zur dinglichen Lastenfreistellung führen.

[59] Zu prüfen ist insbesondere bei einer nicht mehr benötigten Eigentümergrundschuld, ob nicht eine lebzeitige Löschung durch den Erblasser vorzugswürdig ist aufgrund der sonst anfallenden Kosten der Eintragung der Abtretung der Gläubigerrechte in Abt. III des Grundbuchs sowie – bei einem Briefrecht – der Berichtigung des Gläubigers im Grundschuldbrief.

[60] MünchKomm/Schlichting § 2166 Rn 2.

[61] BGH NJW 1963, 1612.

41 **Formulierungsvorschlag:**

Der Vermächtnisnehmer hat an dem Vermächtnisgegenstand im Grundbuch im Zeitpunkt des Erbfalls in Abt. II und III eingetragene Rechte sowie etwa durch den Vermächtnisgegenstand gesicherte Verbindlichkeiten zu übernehmen, soweit der Erblasser Darlehensnehmer ist und die Darlehen dazu dienten, den Vermächtnisgegenstand anzuschaffen, oder Verwendungen, gegebenenfalls auch weitreichende Umbaumaßnahmen (weiter Verwendungsbegriff) auf den Vermächtnisgegenstand zu machen.

42 Indirekt können den Vermächtnisnehmer über die §§ 1992, 2318 Nachlassverbindlichkeiten treffen.

10. Vermächtnisarten

Man unterscheidet folgende hauptsächlichen Arten von Vermächtnissen:

a) Vorausvermächtnis

43 Ist das Vermächtnis einem Erben selbst zugewendet (**Vorausvermächtnis**),[62] so gilt es als Vermächtnis auch insoweit, als der Erbe selbst beschwert ist (§ 2150). Das Vorausvermächtnis kann sowohl zugunsten eines Miterben als auch eines alleinigen Vollerben ausgesetzt werden. Im letzten Fall ist das Vermächtnis nur scheinbar bedeutungslos. Es gewährt vielmehr dem Alleinerben eine Reihe von Vorteilen, so z.B. gegenüber dem Testamentsvollstrecker, dem Nachlassverwalter und im Grundbuchverkehr (siehe § 15 Rn 206 ff.).

44 Der mit dem Vorausvermächtnis bedachte Miterbe ist insoweit Nachlassgläubiger und kann die Erfüllung seines Vermächtnisanspruchs grundsätzlich schon vor der Erbauseinandersetzung verlangen.

b) Das Vorausvermächtnis an den Vorerben

45 Einer der Hauptanwendungsbereiche des Vorausvermächtnisses ist das an den Vorerben. Soll der Vorerbe hinsichtlich bestimmter Gegenstände des Nachlasses vollständig von den Beschränkungen der Nacherbfolge befreit werden, bietet sich das Vorausvermächtnis (§ 2150) als geeignetes Gestaltungsmittel an (siehe auch § 15 Rn 219). Nach § 2110 Abs. 2 scheidet im Regelfall der dem Vorerben durch Vorausvermächtnis zugewandte Gegenstand mit Anfall des Vermächtnisses aus dem gebundenen Nachlass aus, fällt in das freie Eigenvermögen des Vorerben und unterliegt nach Eintritt des Nacherbfalls weder dem Anfallsrecht des Nacherben nach § 2139 noch der obligatorischen Herausgabepflicht des Vorerben nach §§ 2130, 2138. Das dem Vorerben vermachte Vorausvermächtnis ist auch nicht notwendig mit dem Erwerb der Erbenstellung verbunden, da letztere aufschiebend bedingt oder befristet sein oder ausgeschlagen werden kann, während das Vorausvermächtnis sofort zustehen soll oder angenommen wird.[63] Ist das Vorausvermächtnis einem Mitvorerben zugewandt, ist die Mitvorerbengemeinschaft verpflichtet, ihm den Gegenstand zu freiem Recht zu übertragen (§ 2174). Ist das Vorausvermächtnis dagegen dem Alleinerben zugewandt, fällt der Vermächtnisgegenstand mit dem Erbfall automatisch in das freie Vermögen des Vorerben, so dass das Vorausvermächtnis in diesem Sonderfall eine dingliche Wirkung hat,[64] die dem Vermächtnisrecht des BGB sonst fremd ist. Im Erbschein ist anzugeben, dass sich das Nacherbenrecht nicht auf den vermachten Gegenstand erstreckt[65] und wenn der Gegenstand ein Grundstück ist, ist bei ihm im Grundbuch kein Nacherbenvermerk einzutragen.[66]

---

[62] Legaldefinition in § 2150. Zu unterscheiden von dem Vor- (und Nach-)Vermächtnis, § 2191.

[63] Lange/Kuchinke, 4. Aufl., § 29 V 1 d, Fn 168.

[64] BGHZ 32, 60, 62 = NJW 1960, 959.

[65] KG JFG 21, 122; Technau BWNotZ 1984, 63, 65 f.

[66] OLG München JFG 23, 300.

Die gesetzlich (§§ 2087, 2100, 2174) nicht mögliche Nacherbfolge bezüglich eines bestimmten Gegenstandes kann indirekt dadurch erreicht werden, dass eine bestimmte Person zum Vorerben berufen wird und man ihr alle Nachlassgegenstände mit Ausnahme desjenigen, für den die Vor- und Nacherbfolge gedacht ist, als Vorausvermächtnis zuwendet, die dann gem. § 2110 Abs. 2 der Nacherbfolge nicht unterliegen.[67] Man kommt dadurch zu einer **„gegenständlichen" Nacherbfolge.** Will ein Ehegatte bezüglich seines wertvollsten Vermögensgegenstandes, z. B. seines Hausgrundstücks, erreichen, dass nach seinem Tod sein Ehegatte daran die Nutzung hat, die Substanz jedoch seinen Kindern vor allem vor Pflichtteilsansprüchen eines neuen Ehepartners oder einseitiger Kinder geschützt bleibt, kann er seinen Ehegatten zum Vorerben und die Kinder zu Nacherben seines Nachlasses einsetzen und dem Ehegatten sein gesamtes Vermögen mit Ausnahme des betreffenden Gegenstandes im Voraus vermachen. Dann verbleibt die Nacherbfolge auf diesen Gegenstand beschränkt.[68]

Formulierungsvorschlag: 46

§ 1 Vorerbeinsetzung und Vorausvermächtnis

(1) Ich setze hiermit meine Ehefrau A, geb. E zu meiner von allen gesetzlichen Beschränkungen befreiten Vorerbin ein.

(2) Zugleich erhält meine Ehefrau im Wege des nicht der Nacherbfolge unterliegenden Vorausvermächtnisses meine sämtlichen Nachlassgegenstände, ohne Rücksicht auf Veränderungen im Bestand meines Vermögens bis zum Erbfall, mit Ausnahme sämtlicher Grundstücke und grundstücksgleicher Rechte. Ersatzvermächtnisnehmer bestimme ich nicht.

§ 2 Nacherbeinsetzung

Zu meinen Nacherben auf den Tod der Vorerbin setze ich hiermit meine beiden Kinder B und C zu gleichen Teilen ein, die ich in gleicher Weise auch als Ersatzerben einsetze für den Fall, dass meine Ehefrau A wegfallen sollte. Die Anwartschaftsrechte meiner vorgenannten Nacherben sind vom Eintritt des Erbfalls bis zum Eintritt der Nacherbfolge weder übertragbar noch vererblich. Zu Ersatznacherben berufe ich jeweils die Abkömmlinge der Nacherben, einschließlich adoptierter, gemäß der gesetzlichen Erbfolge erster Ordnung zum Zeitpunkt des Nacherbfalls.

Da § 2110 Abs. 2 nur eine Auslegungsregel ist, kann der Erblasser, wenn er den Willen 47
dazu ausdrücklich in einer letztwilligen Verfügung zum Ausdruck bringt,[69] das **Recht des Nacherben** auch auf das dem Vorerben zugewendete **Vorausvermächtnis erstrecken.** Das hat zur Folge, dass der Vermächtnisgegenstand, anders als wenn bezüglich seiner Vor- und Nachvermächtnis angeordnet worden wäre (§ 2191 Abs. 2), allen zum Schutz des Nacherben dem Vorerben auferlegten Verfügungsbeschränkungen (§§ 2113 bis 2115) und Kontroll- und Sicherungsberechtigten (§§ 2116 bis 2120, 2124 ff., 2128) unterliegt und er dem Nacherben beim Nacherbfall als Bestandteil der Erbschaft zufällt (§ 2139) und an ihn herauszugeben ist. Der Erblasser kann diese Gestaltungsmöglichkeit vor allem wählen, wenn er einen Mitvorerben gegenüber den anderen über seinen Vorerbteil hinaus dadurch bevorzugen will, dass er ihm die Nutzung eines Nachlassgrundstücks zuwenden will, ohne das Recht der Nacherben schmälern zu wollen.[70] Die Regelung kann auch in Betracht kommen, wenn ein bestimmter Erbschaftsgegenstand einem kin-

---

[67] BGHZ 32, 60 = NJW 1969, 959; MünchKomm/Grunsky, § 2110 Rn 3.
[68] Formular hierzu in MünchVertrHdb/Nieder/Otto, Bd. 6/2. Ein anderer, von der Schutzwirkung schwächerer Gestaltungsweg ist ein bedingtes Vermächtnis hinsichtlich des Hausgrundstücks für die Kinder, z. B. für den Fall des Ablebens der Mutter.
[69] (Unbelegt).
[70] Staudinger/Avenarius § 2110 Rn 5.

derlosen Mitvorerben nur zur alleinigen lebtäglichen Nutzung zugewandt werden, ihm jedoch eine dem reinen Nießbrauch gegenüber stärkere Stellung eingeräumt werden soll. Abzuwägen sind hierbei die zivilrechtlichen Vorteile mit den regelmäßig bei einer Nacherbfolge einhergehenden erbschaftsteuerlichen Nachteile gemäß § 6 Abs. 4 ErbStG; insoweit ist im Einzelfall auch zu prüfen, ob nicht der Erblasserwille hinreichend umgesetzt werden kann mit einem Nießbrauch nebst einer ergänzenden begrenzten Testamentsvollstreckung. Gebräuchlich ist das Vorausvermächtnis auch, um beim Ehegattentestament, sofern der Überlebende nicht zum Alleinerben eingesetzt wird, ihm das Alleineigentum an sämtlichen Haushaltsgegenständen und allen sonstigen persönlichen Gebrauchsgegenständen, die im Eigentum des Erstversterbenden standen, zu verschaffen.[71] Über das Verhältnis zwischen Vorausvermächtnis und Teilungsanordnung siehe § 15 Rn 206ff.

c) Universalvermächtnis

48 Ein Erblasser kann seinen ganzen oder nahezu ganzen Nachlass als Vermächtnis zuwenden (**Universalvermächtnis**).[72] Aufgrund der Ergänzungsregel des § 2087 Abs. 1, wonach bei der Zuwendung des Erblasservermögens die Verfügung als Erbeinsetzung anzusehen ist, auch wenn sie anders bezeichnet wurde, ist dies ausdrücklich in der Verfügung niederzulegen und als Vermächtnisanordnung zu bezeichnen. Es ist kundzutun, dass der Erblasser die rechtstechnische Realisierung seines Willens dem Vermächtnisrecht unterstellen will.[73]

49 Es ist bezweifelt worden, ob auch zur Auswahl des Bedachten eines solchen Universalvermächtnisses gem. § 2151 ein Bestimmungsberechtigter eingesetzt werden kann. Die Verneinung[74] wird damit begründet, dass eine Verfügung, mit der der Erblasser seinen Nachlass im ganzen zuwendet gem. § 2087 Abs. 1 als Erbeinsetzung anzusehen ist und bei dieser nach § 2065 die Drittbestimmung verboten sei. Dabei wird jedoch verkannt, dass § 2087 Abs. 1 und 2 nicht zwingender Natur sind[75] und die Ausnützung dieser Tatsache keine zulässige Gesetzesumgehung sein kann, da der Gesetzgeber bewusst den § 2087 nur als Auslegungsregel ausgestaltet hat und damit als Schaltstelle der Gestaltungsmöglichkeit einer Universalzuwendung als Erb- oder Vermächtniseinsetzung.[76] Die h.M. lässt daher das Universalvermächtnis und die Bestimmung des Bedachten gem. § 2151 durch einen Dritten zu.[77] Wegen dieser gegenüber der Erbeinsetzung großzügigeren Möglichkeit den Bedachten durch einen Dritten bestimmen zu lassen eignet sich das Universalvermächtnis vor allem für die Auswahl des Nachfolgers im vorzeitigen Unternehmertestament.[78]

50 Beim Universalvermächtnis hat der Vermächtnisnehmer analog §§ 2378 Abs. 1, 2385 die Nachlassverbindlichkeiten zu tragen.[79]

d) Quotenvermächtnis

51 Gegenstand eines Quotenvermächtnisses ist entweder – unter ausdrücklicher Abweichung von der Auslegungsregel des § 2087 Abs. 1 Alt. 2 – ein bestimmter Bruchteil des gesamten Erbschaftsvermögens, z.B. ein Bruchteil vom Barerlös des nach Begleichung aller Nachlassverbindlichkeiten verbleibenden Nachlassrests[80] oder ein bestimmter Bruchteil einzelner Nachlassteile, z.B. des beim Erbfall vorhandenen Kapitalvermögens.

---

[71] Keller BWNotZ 1970, 49, 53.
[72] Zum aufschiebend bedingten Universalherausgabevermächtnis Hölscher, ZEV 2009, 213ff.
[73] Zum Universalvermächtnis Schlitt ZErb 2006, 226.
[74] Menz Betr. 1966, 1719; Sudhoff Betr. 1966, 1720.
[75] RG DNotZ 1937, 340; KGJ 38 A 69.
[76] Klunzinger BB 1970, 1197, 1200.
[77] Helms, ZEV 2007, 2; Haegele BWNotZ 1972, 74, 79; Staudinger/Otte § 2151 Rn 2 m.w.N.
[78] Langenfeld BWNotZ 1981, 51, 52; Formular in MünchVertrHdb/Nieder/Otto, Bd. 6/2 Muster XVI. 7.
[79] v. Lübtow, ErbR, I S. 355; Dobroschke Betr. 1967, 803, 805.
[80] Schwenck MDR 1988, 545.

Formulierungsbeispiel: 52

Der Erbe wird mit folgendem Vermächtnis beschwert:
..., ersatzweise ... erhält vermächtnisweise einen 50% – in Worten: fünfzig von Hundert – Anteil des im Zeitpunkt meines Ablebens noch vorhandenen Bargelds, Guthaben bei Kreditinstituten und Wertpapieren (Kapitalvermögen), nach Abzug etwaiger vom Erblasser herrührender Schulden, der Begräbniskosten, Verbindlichkeiten aus Pflichtteilsrechten sowie etwaiger sonstiger Nachlassverbindlichkeiten.

e) Pflichtteilsvermächtnis

Eine der beiden Möglichkeiten der Auslegungsregel des § 2304, nach der im Zweifel, 53
wenn der Pflichtteil zugewendet wird, dies entweder als Verweisung auf den Pflichtteil oder als Vermächtnis eines Geldbetrages in Höhe des Pflichtteilsanspruchs anzusehen ist (siehe § 8 Rn 108 ff.). Aufgrund der grundlegend anderen Rechtsfolgen, z. B. der Verjährung des Anspruchs, sollte der Rechtscharakter der Anordnung stets klargestellt werden. Maßgeblich ist, ob der Erblasser die pflichtteilsberechtigte Person begünstigen wollte oder ihr nur belassen, was er ihr nach dem Gesetz nicht entziehen konnte.[81]

Formulierungsbeispiel:

Der Erbe wird mit folgendem Vermächtnis beschwert:
Mein Sohn aus meiner ersten Ehe, ..., erhält vermächtnisweise einen Geldanspruch, der seinem gesetzlichen Pflichtteil nach mir entspricht.

f) Stückvermächtnis

Bei ihm wird ein bestimmter zur Erbschaft gehörender Gegenstand vermacht (§§ 2169, 54
2184, 2185).[82]

g) Bestimmungsvermächtnis (§ 2151)[83]

Der Beschwerte oder ein Dritter haben den Bedachten aus mehreren vom Erblasser 55
Benannten auszuwählen (§ 2151).[84]

h) Verteilungsvermächtnis (§ 2153)

Der Erblasser bedenkt mehrere Personen mit einem bestimmten zumindest ideell teilba- 56
ren Vermächtnisgegenstand in der Weise, dass der Beschwerte oder ein Dritter zu bestimmen hat, was jeder von dem vermachten Gegenstand erhalten soll (siehe § 3 Rn 50).

i) Wahlvermächtnis (§ 2154)

Hierbei soll der Bedachte von mehreren Gegenständen nach Wahl eines Dritten nur 57
den einen oder anderen erhalten (§ 2154).[85] Die Wahl kann dabei einem Dritten oder auch dem Bedachten übertragen werden.[86]

---

[81] Zur Abgrenzung zwischen der Verweisung auf den Pflichtteil und Pflichtteilsvermächtnis: BGH ZEV 2004, 374 („Florida-Fall“).

[82] *Kornexl,* Geld-, Immobilien- und Hausratsvermächtnisse: Risiken für den Verteilungsplan des Erblassers und gestalterische Vorsorge, ZEV 2002, 142 und 173.

[83] Zu Grenzen und Gestaltungsmöglichkeiten der Drittbestimmung siehe auch § 3 II.2., § 6 II.2.h) Rn 209 „Supervermächtnis“, § 8 I.7. Rn 36 ff.

[84] Formular in MünchVertrHdb/Nieder/Otto, Bd. 6/2 Muster XVI. 4.; zu Möglichkeiten und Grenzen der Drittbestimmung bei Vermächtnissen J. Mayer MittBayNot 1999, 447, zum Bestimmungsvermächtnis S. 450; *Halding-Hoppenheit,* Verbot der Drittbestimmung im Erbrecht, Diss. 2003.

[85] Siehe oben Rn 293; Formular in MünchVertrHdb/Nieder/Otto, Bd. 6/2.

[86] MünchKomm/Schlichting, § 2154 Rn 4; J. Mayer MittBayNot 1999, 450.

k) Gattungsvermächtnis (§ 2155)

58 Der Erblasser hat den Vermächtnisgegenstand nur der Gattung nach bestimmt. Es ist dabei gleichgültig, ob das Vermächtnis vertretbare oder unvertretbare Sachen betrifft. Es muss sich auch nicht auf körperliche Gegenstände, sondern kann sich auch auf Rechte oder Dienstleistungen beziehen.[87] Ein Gegenstand dieser Art muss nicht zur Zeit des Erbfalls im Nachlass vorhanden sein.[88] § 2169 Abs. 1 betrifft nur das Stückvermächtnis, d.h. das Vermächtnis eines bestimmten Gegenstandes. Abweichend von § 243 Abs. 1 ist beim Gattungsvermächtnis nicht eine Sache von mittlerer Art und Güte, sondern eine den **Verhältnisses des Bedachten** entsprechende Sache zu leisten (§ 2155 Abs. 1). Die Bestimmung der Sache obliegt, wie sich aus §§ 243 Abs. 2 ergibt, regelmäßig dem Beschwerten. Hat der Erblasser die Bestimmung der Sache dem Bedachten oder einem Dritten, etwa einem Testamentsvollstrecker, übertragen, so gelten gem. § 2155 Abs. 2 die Vorschriften über das Wahlrecht des Dritten beim Wahlvermächtnis (§ 2154 Abs. 1 Satz 2 und Abs. 2) entsprechend.[89] Die Bestimmung kann auch dem Bedachten überlassen werden.[90]

59 Für das – eher seltene – Gattungsvermächtnis ordnet § 2182 Abs. 1, 3 eine **Mängelhaftung des Beschwerten** an. Während beim Stückvermächtnis der Bedachte das vom Erblasser Zugewandte so zu nehmen hat, wie es ist, bedarf es beim Gattungsvermächtnis Schutz, dass der Beschwerte das Vermächtnis nicht durch eine Leistung erfüllt, die rechtlich oder tatsächlich nicht dem Geschuldeten, insbesondere gemäß § 2155, entspricht. Ist ein **Grundstück** Inhalt des Gattungsvermächtnisses („... ein Bauplatz aus der Flur ..."), ist es frei von Rechtsmängeln i.S. des § 435 zu verschaffen, jedoch können gemäß § 2182 Abs. 3 im Zweifel Dienstbarkeiten und Reallasten bestehen bleiben; §§ 2165 bis § 2168 a gelten nur für Stückvermächtnisse und sind nicht entsprechend anzuwenden.[91] Ferner haftet der Beschwerte gemäß §§ 2182 Abs. 1 Satz 1, 436 für Erschließungskosten und sonstige **Anliegerbeiträge,** die bis zum Anfall des Vermächtnisses bautechnisch begonnen sind.[92] Da dies aus Sicht des Erblassers unwägbar und im Ergebnis zufällig ist, sollte dies regelmäßig in der Anordnung des Gattungsvermächtnisses ausgeschlossen werden und ggf. ergänzt werden durch ein Geldvermächtnis in Höhe der geschätzten Anliegerbeiträge.

l) Zweckvermächtnis (§ 2156)

60 Hier bestimmt der Erblasser die Person des Bedachten, der Vermächtnisgegenstand wird jedoch nicht von ihm, sondern aufgrund einer vom Erblasser angegebenen Zweckbestimmung vom Beschwerten oder einem Dritten (nicht vom Vermächtnisnehmer selbst!)[93] bestimmt (§ 2155).[94] Durch Zweckvermächtnisse für die Abkömmlinge und weit gestaltete Drittbestimmungsmöglichkeiten für den beschwerten länger lebenden Ehegatten besteht beim Berliner Testament die Möglichkeit, dessen erbschaftsteuerlichen Nachteile (Verfallenlassen der Freibeträge der Kinder nach dem erstversterbenden Elternteil, etwaige Steuerpflicht des überlebenden Ehegatten und vor allem Steuerpflicht der Kindern nach dem letztversterbenden Elternteil) und zu mindern, und andererseits

---

[87] MünchKomm/Schlichting, § 2155 Rn 2, a.M. Palandt/Edenhofer § 2155 Rn 1.
[88] Muscheler, Erbrecht, Rn 2595.
[89] Formular in MünchVertrHdb/Nieder/Otto, Bd. 6/2 Muster XVI. 4.
[90] MünchKomm/Schlichting, § 2155 Rn 7.
[91] Staudinger/Otte, § 2165 Rn 1.
[92] Brambring, ZEV 2002, 140.
[93] BGH NJW 1991, 1885 = FamRZ 1991, 933 = DNotZ 1992, 509 m.w. Nachw.; a.A. Kanzleiter DNotZ 1992, 511.
[94] Zur Drittbestimmung siehe oben bei lit. g), Fn. 83; zur erforderlichen Zweckbestimmung BayObLG 1999, 484; J. Mayer, MittBayNot 1999, 447; Formular in MünchVertrHdb/Nieder/Otto, Bd. 6/2 Muster XVI. 4.

die – noch unbekannte – Liquiditätslage des Verwitweten nach dem Tod des erstversterbenden Ehegatten zu berücksichtigen.[95]

m) Verschaffungsvermächtnis[96]

Der Erblasser vermacht einen **nicht zum Nachlass gehörender** bestimmter **Gegenstand** 61
und der Beschwerte ist nach dem Willen des Erblassers entgegen dem Grundsatz des 2169 Abs. 1 verpflichtet, den Gegenstand dem Bedachten zu verschaffen (§ 2170) (qualifizierter Zuwendungswille). Ist der Beschwerte zur Verschaffung außerstande, so hat er den Wert zu entrichten (§ 2170 Abs. 2 Satz 1). Ist die Verschaffung nur mit unverhältnismäßigen Aufwendungen möglich, so kann sich der Beschwerte durch Entrichtung des Wertes befreien (§ 2170 Abs. 2 Satz 2). Beim erbvertraglichen Vermächtnis braucht der Erblasser den Fortbestand des Vermächtnisses bei Nichtzugehörigkeit des Vermachten zum Nachlass dann nicht besonders angeordnet zu haben, wenn er den Gegenstand in Beeinträchtigungsabsicht veräußert oder belastet hat (§ 2288 Abs. 2).

Da § 2169 Abs. 1 eine Vermutung für die Unwirksamkeit des Vermächtnisses eines 62
nicht zum Nachlass gehörenden Gegenstandes und damit gegen die Annahme eines Verschaffungsvermächtnisses enthält, trägt der Bedachte die Beweislast dafür, dass der Erblasser entgegen dieser Regel ihm den nachlassfremden Gegenstand zuwenden wollte.[97] Ein Indiz für ein Verschaffungsvermächtnis kann dabei darin liegen, dass der Erblasser im Zeitpunkt seiner Anordnung wusste, dass der Gegenstand nicht zum Nachlass gehören wird.[98] Ein Verschaffungsvermächtnis kann aber auch dann gegeben sein, wenn der Erblasser irrtümlich davon ausging, der zugewandte Gegenstand gehöre zu seinem Vermögen. Es wird nämlich nicht das Bewusstsein des Erblassers vorausgesetzt, dass der vermachte Gegenstand nicht zum Nachlass gehört. Entscheidend kommt es auf die Intensität des durch Auslegung zu ermittelnden Zuwendungswillens des Erblassers an.[99] Wollte er dem Bedachten den Gegenstand unbedingt zukommen lassen, liegt ein Verschaffungsvermächtnis vor. Ferner liegt die Annahme eines Verschaffungsvermächtnisses nahe, wenn der vermachte Gegenstand zwar rechtlich nicht zum Nachlass gehört, aber wirtschaftlich in ihm enthalten ist.[100] Bei dieser Rechtslage ist es empfehlenswert, in eine Verfügung von Todes den entsprechenden Erblasserwillen klarzustellen:[101]

Formulierungsvorschlag: 63

Soweit hier Vermächtnisse über Gegenstände angeordnet sind , die im Zeitpunkt des Erbfalls nicht oder nicht ganz zum Nachlass des Erblassers gehören, gelten die Anordnungen als Verschaffungsvermächtnisse, soweit ich nicht künftig anderes anordne.

Formulierungsvorschlag:

Soweit ein Vermächtnisgegenstand nicht zum Nachlass gehört, entfällt das Vermächtnis insoweit ersatzlos.

---

[95] Zur steuerlichen Flexibilität nach dem Tode durch offene Vermächtnisse: Piltz ZEV 2005, 469.

[96] Formulierungsbeispiel bei *R. Kössinger* in Beck'sches Formularbuch Erbrecht, C.V.7.; *Bühler,* Das Verschaffungsvermächtnis, Inhalt und Durchsetzung, DNotZ 1964, 581.

[97] Baumgärtel/Strieder, Beweislast, § 2169 Rn 2 m.w.N.

[98] Haegele Rpfleger 1964, 138, 139; Wellenhofer in Hausmann/Hohloch, Handbuch des Erbrechts, Kap. 11 Rn 69.

[99] BGH WPM 1982, 1439 = NJW 1983, 937; BGH WPM 1983, 1211 = FamRZ 1984, 41; BGH FamRZ 1984, 165 = NJW 1984, 731, 732.

[100] BayObLGZ 1960, 254, 260; BGH WPM 1982, 1439 = NJW 1983, 937; LG München II ZEV 1995, 373 m. Anm. Skibbe; Haegele Rpfleger 1964, 138, 139.

[101] Haegele Rpfleger 1964, 138, 139.

64 Verschaffungsvermächtnisse kommen in der Praxis häufig in den Fällen vor, in denen der Erblasser am Vermächtnisgegenstand **nur gesamthänderisch oder als Miteigentümer beteiligt** ist und die zu Miterben berufenen Gesamthandbeteiligten oder Miteigentümer mit einem Verschaffungsvermächtnis zugunsten eines von ihnen bezüglich des gemeinschaftlichen Gegenstandes beschwert sind.[102] Ein weiterer Anwendungsfall ist gegeben, wenn der Alleinerbe oder ein Miterbe nach der Erbteilung einen Inbegriff von Gegenständen oder einen Bestand von Zubehörstücken (z. B. Viehbestand) aufgrund eines bedingten oder befristeten Vermächtnisses herauszugeben hat (Herausgabevermächtnis), dessen Umfang sich nicht nach seinem Bestand im Erbfall, sondern zum Zeitpunkt des Eintritts der Bedingung oder des Termins richten soll. In diesem Fall müssen, da insoweit dingliche Surrogationsnormen fehlen, nicht zur Erbschaft gehörende Ersatzstücke durch besondere Verschaffungsvermächtnisse zugewandt werden.[103]

65 Ein Verschaffungsvermächtnis findet gegenüber einem Erben seine Grenzen an dessen Möglichkeit, sich auf die **beschränkte Erbenhaftung** zu berufen und gegenüber einem mit einem Unterverschaffungsvermächtnis beschwerten Vermächtnisnehmer an der gesetzlichen Beschränkung eines Untervermächtnisses auf den Wert des Hauptvermächtnisses gem. § 2187 Abs. 1. Grundsätzlich kann daher der Erblasser mit der Erfüllung eines von ihm angeordneten Verschaffungsvermächtnisses nur rechnen, wenn er den Eigentümer oder Mitberechtigten des vermachten Gegenstandes selbst zum Miterben oder Vermächtnisnehmer beruft und ihm dabei mehr zuwendet, als der Wert des Vermächtnisses ausmacht.[104] Im Übrigen kann es bei der Schwierigkeit der Durchsetzung des Verschaffungsanspruchs[105] im Einzelfall zu überlegen sein, statt eines Verschaffungsvermächtnisses die Mitwirkung bei der Übertragung des Zuwendungsgegenstandes zur aufschiebenden Bedingung der Erbeinsetzung[106] oder Vermächtniszuwendung der an ihm Beteiligten zu machen.[107] Kraft Gesetzes wandelt sich ein Stückvermächtnis gem. § 2288 Abs. 2 in ein Verschaffungsvermächtnis, wenn der Erblasser in Beeinträchtigungsabsicht den erbvertraglich oder durch bindend gewordenes gemeinschaftliches Testament zugewendeten Vermächtnisgegenstand veräußert oder belastet.

n) Forderungsvermächtnis

66 Der zugewendete Vermögensvorteil ist eine dem Erblasser zustehende Forderung (§ 2173). Ist in diesem Fall die Forderung zum Zeitpunkt des Erbfalls bereits erfüllt, ist nach § 2173 im Zweifel der noch im Nachlass befindliche Gegenstand bzw. die Geldsumme als vermacht anzusehen.

o) Untervermächtnis

67 Beschwerter eines Vermächtnisses kann entweder der Erbe oder ein Vermächtnisnehmer sein (§ 2147 Satz 1). Ist nichts geregelt, ist der Erbe beschwert (§ 2147 Satz 2). Wird hingegen ein **Vermächtnisnehmer beschwert**, handelt es sich um ein Untervermächtnis. Für dieses gelten bezüglich Fälligkeit und Haftung §§ 2186, 2187.[108] Beim Untervermächtnis sollte eine Bestimmung getroffen werden, ob der Untervermächtnisnehmer sich an den Pflichtteilslasten zu beteiligen hat (§ 2188). Fällt der Hauptvermächtnisnehmer weg, bleibt das Untervermächtnis bestehen und erstarkt zum Hauptvermächtnis (§ 2161).

---

[102] BGH NJW 1964, 2298 = DNotZ 1964, 630; BGH NJW 1984, 731, 732 = FamRZ 1984, 165; Bühler DNotZ 1964, 581 Fn. 4; Haegele Rpfleger 1964, 138, 139.

[103] Bühler DNotZ 1964, 581 Fn. 4; Formulierungsvorschlag hierzu bei MünchVertrHdb/Nieder/Otto, Bd. 6/2.

[104] Haegele Rpfleger 1964, 138, 141.

[105] Zur prozessualen Geltendmachung eines Vermächtnisses: Muscheler, Erbrecht, Rn 2654 ff.

[106] Zu beachten ist, dass eine aufschiebende Erbeinsetzung zu einer Vor- und Nacherbfolge führt mit allen Konsequenzen, auch erbschaftsteuerlicher Art gemäß § 6 ErbStG und es dann grundsätzlich nicht mehr zum Nachweis der Erbfolge gemäß § 35 Abs. 1 Satz 2 GBO geeignet ist.

[107] BGH NJW 1964, 2298 = DNotZ 1964, 630; KG JW 1931, 1369 Nr. 3 m. Anm. Herzfelder.

[108] Formular in MünchVertrHdb/Nieder/Otto, Bd. 6/2 Muster XVI. 6.

Ist der Gegenstand des Untervermächtnisses identisch mit dem des Hauptvermächtnisses, handelt es sich um ein **Nachvermächtnis.**

p) Hauptvermächtnis

Das Hauptvermächtnis ist ein Vermächtnis, das seinerseits mit einem Untervermächtnis oder einer Auflage beschwert ist (§ 2187). 68

q) Ersatzvermächtnis

Ist einem anderen zugewandt, für den Fall, dass der zunächst Bedachte wegfällt (§ 2190).[109] 69

r) Nachvermächtnis

Beim Nachvermächtnis hat der (Vor-)Vermächtnisnehmer zu einem bestimmten Zeitpunkt oder Ereignis, den Vermächtnisgegenstand an den Nachvermächtnisnehmer herauszugeben (§ 2191).[110] Näheres § 10 Rn 151 ff. 70

s) Aufschiebend bedingtes oder befristetes (betagtes) Vermächtnis, Herausgabevermächtnis

Zu einem Vermächtnis, das erst nach Eintritt eines bestimmten Ereignisses oder zu einem bestimmten Zeitpunkt anfällt (§§ 2177, 2179) siehe unten § 10 III., Rn 131 ff. 71

Hierzu gehört regelmäßig auch das **Herausgabevermächtnis**, wonach – insbesondere als mildere Alternative zur Vor- und Nacherbfolge – der Erstbedachte zum Vollerben eingesetzt wird und mit dem Vermächtnis beschwert, die bei seinem Ableben noch vorhandenen Nachlassgegenstände – ggf. nebst Surrogaten – an einen Endbedachten herauszugeben. Da anders als bei der Nacherbfolge hierfür kein spezielles gesetzliches Regelwerk besteht, bedarf es ergänzender Anordnungen des Erblassers. Zum wichtigen Anwendungsfall beim **Geschiedenentestament** siehe unten § 21 IV.3.[111] 72

t) Schuldbefreiungsvermächtnis, Erlassvermächtnis

Mit einem Schuldbefreiungsvermächtnis wird der Beschwerte verpflichtet, den Bedachten von einer Verbindlichkeit gegenüber sich, dem Erblasser, dem Beschwerten oder einem Dritten zu befreien (§ 2174). Die Erfüllung des Vermächtnisanspruchs erfolgt durch Erlassvertrag (§ 397 Abs. 1), soweit die Schuld besteht gegenüber dem Beschwerten, sei es als dessen eigene Forderung, sei es als vom Erblasser ererbte Forderung, im Übrigen durch Schuldübernahmevereinbarung (§§ 414 ff.) mit dem dritten Gläubiger. 73

Formulierungsvorschlag: 74

Den Erben, meinen Sohn S, beschwere ich mit folgendem Vermächtnis:

Ich habe eine Darlehensforderung gegen meine Tochter T aus dem Darlehensvertrag vom ... in Höhe von ursprünglich ... EUR, derzeit noch ... EUR. Meiner Tochter T erlasse ich vermächtnisweise diese Darlehensforderung einschließlich etwaiger offener Zins- und Tilgungsraten, soweit diese bei meinem Erbfall noch besteht.

---

[109] Siehe hierzu § 8 II.1.g) Rn 96.

[110] Baltzer, Das Vor- und Nachvermächtnis in der Kautelarjurisprudenz 2007; Muscheler, Das Vor- und Nachvermächtnis, AcP 208, 2008, S. 69 ff.; Watzek MittRhNotK 1999, 37; Bühler BWNotZ 1967, 174; Zawar DNotZ 1986, 515; Bengel NJW 1990, 1826; Maur NJW 1990, 1161; BGH DNotZ 2001, 634; Formular in MünchVertrHdb/Nieder/Otto, Bd. 6/2 Muster XVI. 6.

[111] Zum Herausgabevermächtnis siehe auch: § 1 II.3.c) Rn 118 zur Feststellung des Nachlasses bei Herausgabevermächtnissen; § 8 I.6.d) Rn 35 zur Vermächtnislösung zur Bedenkung nachgeborener Abkömmlinge; zum aufschiebend bedingten Vermächtnis § 10 III., Rn 131 ff.; zum Herausgabevermächtnis der Endbedachten bei der Trennungslösung von Ehegattenverfügungen § 14 III.3.d) Rn 98; § 15 III. Rn 170 ff. zu bedingten Zuwendungen; § 21 IV.3. Rn 43 ff. zur Herausgabevermächtnislösung beim Geschiedenentestament m. w. N. und Formulierungsvorschlag bei Rn 54.

u) Gemeinschaftliches Vermächtnis (Mitvermächtnis)

75 Mehrere Personen wird derselbe Gegenstand vermacht (§ 2157). Auf ein solches Vermächtnis finden die Vorschriften der §§ 2089 bis 2093 entsprechende Anwendung. Insbesondere wird nach § 2091 vermutet, dass die Personen zu gleichen Teilen bedacht sind. Der Erblasser kann jedoch gemäß § 2153 Abs. 1 die Bestimmung der Anteile dem Beschwerten oder einem Dritten übertragen. Auch dann tritt jedoch bei Wegfall eines Bedachten Anwachsung ein (§ 2158 Abs. 1 Satz 2).

76 Die Mitvermächtnisnehmer sind Teilgläubiger (§ 420), wenn der Vermächtnisgegenstand teilbar ist, ansonsten Mitgläubiger (§ 432). Eine Gesamtgläubigerschaft ergibt sich nur im Falle des § 2151 Abs. 3 Satz 1.[112]

v) Rentenvermächtnis, vermächtnisweise dauernde Last

77 *aa) Allgemeines.* Mit einem Rentenvermächtnis werden dem Bedachten periodisch **wiederkehrende gleichbleibende Leistungen** in Geld oder vertretbare Sachen auf Lebenszeit (**Leibrente,** §§ 759 bis 761) oder einen genau festgelegten Zeitraum (**Zeitrente**) vermacht. Charakteristisch für eine **Rente**[113] ist nicht nur, dass Fälligkeit und Gegenstand der einzelnen Leistungen gleichmäßig und ihre Höhe bestimmt sein müssen, sondern auch, dass sie keine Mehrzahl einzelner selbständiger Ansprüche mit fortlaufend aufeinander folgenden Fälligkeitsterminen ist, sondern ein selbständiges Rentenstammrecht voraussetzt, aus dem die einzelnen Rentenleistungen als Rechtsfrüchte gem. §§ 99, 100 erwachsen.[114] Das Rentenstammrecht braucht nicht ausdrücklich begründet zu werden. Die Erfüllung der in § 761 für Leibrenten vorgeschriebene Schriftform ist bei deren vermächtnisweisen Zuwendung unproblematisch, da für Verfügungen von Todes wegen noch strengere Formvorschriften bestehen.

78 **Dauernde Lasten**[115] sind ebenfalls wiederkehrende Leistungen, die sich auch auf einen besonderen Verpflichtungsgrund zurückführen lassen, die aber ungleichmäßig oder **abänderbar** sind. Insbesondere kann vereinbart werden, dass sowohl Schuldner wie auch Gläubiger der wiederkehrenden Leistung bei einer wesentlichen Veränderung derjenigen Verhältnisse, die für die Bestimmung der Höhe der Leistungen maßgebend waren, entsprechend § 323a ZPO berechtigt ist, eine entsprechende Abänderung zu verlangen.[116] Diese Abänderbarkeit kann aber nicht zum Inhalt einer Reallast (§ 1105) gemacht werden aufgrund des sachenrechtlichen Bestimmtheitsgrundsatzes; die jeweilige Belastung muss sich ohne Prüfung außerhalb des Grundbuchs liegender Umstände feststellbar sein.[117] Eine Wertsicherungsklausel ist hingegen reallastfähig.[118]

79 *bb) Rentenvermächtnis in der Erbschaftsteuer.* Erbschaftsteuerlich ist die vermachte Rente einerseits von dem Bedachten gem. § 3 Abs. 1 Ziff. 1 ErbStG mit ihrem Kapitalwert zu versteuern und kann andererseits von dem Beschwerten von seinem Erwerb als Verbindlichkeit aus Vermächtnis (§ 10 Abs. 5 Nr. 2 ErbStG) in Abzug gebracht werden. Der Bedachte kann dabei nach § 23 ErbStG wählen, ob er die Erbschaftsteuer aus der kapitalisierten und abgezinsten Rente sofort entrichten will oder jeweils jährlich aufgrund des Jahreswertes. Der **Kapitalwert** berechnet sich bei einer Zeitrente nach § 13

---

[112] Staudinger/Otte § 2157 Rn 5.

[113] Schmidt/Weber-Grellet, § 22 Rn 20.

[114] RGZ 89, 259; BGH BB 1966, 305; Palandt/Edenhofer, § 2177 Rn 4: Bei Leibrente handelt es sich im Zweifel um ein einheitliches Recht. Vgl. auch Gebel in Troll/Gebel/Jülicher, § 3ErbStG Rn 178.

[115] Schmidt/Weber-Grellet, EStG, § 22 Rn 31.

[116] § 323 a ZPO ist seit 1. 9. 2009 an die Stelle des früheren § 323 ZPO getreten, FGG-ReformG BGBl. 2008 I 2586. Zum Wegfall der einkommensteuerlichen Relevanz seit 1. 1. 2008 siehe unten cc).

[117] BGH DNotZ 1996, 93, 95.

[118] Kersten/Bühling/Basty, § 66, Rn 9.

Abs. 1 BewG und bei einer Leibrente (lebenslängliche Leistung) nach § 14 BewG.[119] Die Höchstwertbegrenzung gem. § 16 BewG findet keine Anwendung, da sie ausdrücklich nur für Nutzungen und nicht für wiederkehrende Leistungen gilt.

cc) Rentenvermächtnis in der Einkommensteuer. Der Gesetzgeber[120] hat zum 1. 1. 80
2008 die einkommensteuerliche Rechtslage für Vermögensübergaben gegen Gegenleistungen in § 10 Abs. 1 Nr. 1 a EStG neben der Einschränkung des begünstigen Vermögens[121] dahingehend wesentlich geändert, dass die Unterscheidung zwischen einerseits dauernder Last mit Vollabzug und -versteuerung beim Verpflichteten und bzw. Empfänger und andererseits Versorgungsrente mit steuerlicher Berücksichtigung nur des Ertragsanteils aufgegeben wurde. Hierzu erging zur einkommensteuerrechtlichen Behandlung von wiederkehrenden Leistungen im Zusammenhang mit einer – unentgeltlichen oder entgeltlichen – Vermögensübertragung (Betriebsvermögen, Privatvermögen) der „Rentenerlass IV".[122] Liegen die Voraussetzungen des § 10 Abs. 1 Nr. 1 a EStG vor, sind die Versorgungsleistungen beim Verpflichteten als Sonderausgaben abziehbar, und beim Berechtigten nach § 22 Nr. 1 b EStG steuerpflichtig. Unterhaltsleistungen dürfen nach § 12 Nr. 2 EStG nicht abgezogen werden.[123]

Die Regelungen gelten grundsätzlich für lebzeitige Vermögensübertragungen; Versor- 81
gungsleistungen können ihren Entstehungsgrund jedoch auch in einer **Verfügung von Todes wegen** (Erbeinsetzung, Vermächtnis) haben;[124] dies gilt dann, wenn sie bei einer Vermögensübergabe im Wege vorweggenommener Erbfolge zu Lebzeiten des Erblassers als Versorgungsleistungen zu beurteilen wären.[125] Entgegen dem gesetzliche Begriff „vereinbarten Vermögensübertragungen" (§ 52 Abs. 23 g EStG) sind die Grundsätze auch weiterhin anwendbar auf die Anordnung einer **letztwillig verfügten Versorgungsleistung**, soweit die Voraussetzungen des § 10 Abs. 1 Satz 1 Nr. 1 a EStG vorliegen. Davon geht auch den Rentenerlass IV aus.[126] Hiernach ist für die zeitliche Einordnung bei der Regelung der Vermögensübertragung in einer Verfügung von Todes wegen der Eintritt des Erbfalles maßgeblich. Ergibt sich der Anspruch auf Versorgungsleistungen aus einem in einer Verfügung von Todes wegen geregelten **Vermächtnis**, ist auf den Zeitpunkt des Anfalls des entsprechenden Vermächtnisses, also auf den Zeitpunkt der schuldrechtlichen Entstehung des Vermächtnisanspruchs oder der Auflagebegünstigung abzustellen. Voraussetzung für eine steuerliche Anerkennung ist auch, dass die Versorgungsleistung auf die Lebenszeit des Empfängers bezahlt wird.[127]

In dieser Auflage nicht belegt. 82

Formulierungsvorschlag Leibrente:[128] 83

(1) Den Erben, mein Kind K, ersatzweise den eingesetzten Ersatzerben, beschwere ich mit folgendem Vermächtnis:

---

[119] Hierzu Gebel in Troll/Gebel/Jülicher, § 12 ErbStG Rn 140 ff. (zu §§ 13 ff. BewG).

[120] JStG 2008 v. 20. 12. 2007, BGBl I 3150.

[121] Grundsätzlich nur noch betriebliche Sachgesamtheiten sowie qualifizierte GmbH-Anteile gemäß § 10 Abs. 1 Satz 1 Nr. 1 a lit. a)–c) EStG.

[122] BMF-Schr.v. 11. 3. 2010, ZEV 2010, 212 ff., welcher den Rentenerlass III vom 16. 9. 2004 (ZEV 2004, 415 = BStBl. 2004 I S. 922. Hierzu Hipler ZEV 2004, 412; Geck, DStR 2005, 85; Everts, MittBayNot 2005, 13; Schwenke DStR 2004, 1679) ergänzt; zum Rentenerlass IV Geck, ZEV 2010, 161 ff.; Wälzholz DStR 2010, 850.

[123] Rentenerlass IV, Rn 1, ZEV 2010, 212.

[124] BFH v. 27. 2. 1992 X R 139/88; BFH ZEV 1994, 187; Dhonau ZEV 2004, 22.

[125] BFH DStR 1992, 977; III. Rentenerlass, Textziffer 2, 40.

[126] Rentenerlass IV, Rn 83; ZEV 2010, 212, 219.

[127] Rentenerlass IV, Rn 56; ZEV 2010, 212, 217; a. A. Wälzholz DStR 2008, 273, 277.

[128] Siehe auch MünchVertrHdb/Nieder/Otto, Bd. 6/2 Muster XVI. 8.

Meiner Ehefrau W vermache ich eine monatlich im voraus ab dem auf meinen Tod folgenden Monat zahlbare Leibrente von 2000,– EUR pro Monat auf Lebenszeit. Dieses Rentenvermächtnis entfällt ersatzlos, wenn K vor mir oder gleichzeitig mit mir versterben sollte.

(2) a) Für diese regelmäßige Zahlung wird folgende Wertsicherung[129] bestimmt: Die Höhe dieser Rente soll sich sowohl in der Zeit von heute bis zu meinem Tode als auch danach in dem gleichen prozentualen Verhältnis nach oben oder unten verändern, in dem sich der vom Statistischen Bundesamt festgestellten Verbraucherpreisindex für Deutschland (Gesamtlebenshaltung) (Basis 2005 = 100) verändert.[130] Dabei sind **bis zu meinem Tode** alle Veränderungen zu berücksichtigen, **danach** soll sich die Rente nur bei Veränderungen über 10% jeweils ab Beginn des folgenden Jahres entsprechend ändern. Jeweils nach erneutem Eintreten der genannten Bedingungen erfolgt, ausgehend vom Stand der vorangegangenen Anpassung, erneut entsprechende Anpassung.

b) Eine Abänderung ist im Übrigen vollständig ausgeschlossen. Weder Beschwerter noch Rentenberechtigter kann eine Abänderung verlangen. Die Veränderung anderer Umstände als der in lit. a) genannten soll ohne Einfluss auf die Höhe der Rente bleiben, insbesondere soll die Rente nicht durch Veränderungen in der Leistungsfähigkeit des Verpflichteten und/oder dem Bedürfnis der Berechtigten beeinträchtigt werden.

(3) Die Rentenberechtigte ist berechtigt, aber nicht verpflichtet, den gesamten jeweils für die Zukunft noch ausstehenden, nach finanzmathematischen Grundsätzen unter Zugrundelegung eines Zinssatzes von 5,5% und der allgemeinen Lebenserwartung der Berechtigten nach der neuesten amtlichen allgemeinen Sterbetafel zu errechnenden Betrag ohne besondere Inverzugsetzung des Verpflichteten auf einmal zu fordern, wenn einer der folgenden Voraussetzungen vorliegt:

a) Zahlungsverzug in Höhe von drei Monaten,

b) Eröffnung des Insolvenzverfahrens oder Ablehnung der Eröffnung mangels Masse,

c) Anordnung des Zwangsversteigerungs- oder Zwangsverwaltungsverfahrens bezüglich des mit der Rentenreallast belasteten Grundstücks und diese Maßnahme wird nicht binnen drei Monaten aufgehoben.

(4) Der Erbe ist verpflichtet, diese Rentenzahlungsverpflichtung innerhalb dreier Monate nach meinem Tode durch Eintragung einer Rentenreallast im Grundbuch auf meinem Mehrfamilienhausgrundstück in ... Fl. St. Nr. ... im Range innerhalb von 80% des amtlichen Schätzwerts des Grundstücks dinglich zu sichern. Dabei ist zum dinglichen Inhalt der Reallast zu machen, dass die Berechtigte entsprechend der obigen schuldrechtlichen Verfallklausel bei Eintritt einer der genannten Bedingungen auch aus der Reallast statt der einzelnen Rentenbeträge eine nach den obigen Grundsätzen bestimmte Ablösungssumme gegen Löschung der Reallast verlangen kann. Der Beschwerte hat sich wegen seiner schuldrechtlichen Rentenverpflichtung und wegen der dinglichen und persönlichen Ansprüche aus der Rentenreallast innerhalb von drei Monaten nach meinem Tod der sofortigen Zwangsvollstreckung aus notarieller Urkunde zu unterwerfen und zwar unter Verzicht auf den Nachweis der Fälligkeitsbedingungen.

w) Nießbrauchsvermächtnis

84 Dem Bedachten wird ein Nießbrauchsrecht an einer Sache oder einem Recht vermacht. Eingehend hierzu unten § 10 Abschnitt V., Rn 157 ff.

x) Wohnungsrechtsvermächtnis[131]

84a Vermächtnisgegenstand[132] kann auch ein Wohnungsrecht – auch „Wohnrecht“ genannt – sein, wenn der Erblasser ein Wohnbedürfnis des Bedachten befriedigen will. Dies

---

[129] Zur Wertsicherung siehe unten § 9. V. Rn 145 ff.

[130] Wertsicherungsklauseln unterliegen dem Preisklauselverbot mit Erlaubnisvorbehalt gemäß dem Preisklauselgesetz (BGBl. I 2007, 2247 ff.).

[131] Eingehend zum Wohnungsrechtsvermächtnis und Grundbucheintragung: Grziwotz ZEV 2010, 130 ff.

[132] „Vermögensvorteil“ i. S. des § 1939.

wird sich meist beziehen auf eine sich im Nachlass befindliche Immobilie, kann aber auch ausdrücklich als Verschaffungsvermächtnis gestaltet werden und sich auf eine Immobilie beziehen, die einem anderweitig Bedachten gehört. Beschwert werden kann gemäß § 2147 der Erbe (mit einem Hauptvermächtnis) oder aber ein Vermächtnisnehmer (mit einem Untervermächtnis). Wohnungsrecht kann wiederum sein ausnahmsweise eine bloß schuldrechtliche Nutzungsbefugnis[133] oder aber – wovon im Regelfall auszugehen ist – ein **dingliches Wohnungsrecht** gemäß § 1093.[134] Hierbei ist festzulegen, ob der Ausübungsbereich das ganze Gebäude zu Wohnzwecken oder nur einen zu bestimmenden Teil des Gebäudes[135] umfasst, den der Bedachte unter Ausschluss des Eigentümers benutzen kann. Ferner können aufgenommen werden– soweit vom Erblasser gewünscht – die Gestattung, die Ausübung der Dienstbarkeit einem anderen zu überlassen,[136] ferner vom Gesetz abweichende Kostentragungsregelungen; eine Entgeltregelung kann jedoch nicht zum Inhalt des dinglichen Rechts gemacht werden.[137] Ferner kann die Dauer des Wohnungsrechts bestimmt werden, sei es auf eine bestimmte Frist (z.B. fünf Jahre) oder bis zu einem bestimmten Ereignis (Eheschließung, Vollendung des 25. Lebensjahres) oder auf Lebensdauer des Bedachten. Das Wohnungsrecht ist als beschränkte persönliche Dienstbarkeit nicht übertragbar (§ 1092 Abs. 1 Satz 1); selbstverständlich ist, dass das Wohnungsrecht vom Bedachten nicht seinerseits an Dritte vererbt/vermacht kann.

Das dingliche Wohnungsrecht ist als beschränkte persönliche Dienstbarkeit im **Grundbuch** nach dem Erbfall einzutragen. Der Erblasser kann auch hierzu Regelungen treffen, z.B. bezüglich der vom Beschwerten zu verschaffenden Rangstelle oder zur Kostentragung; ist nichts geregelt, hat der Beschwerte der Vermächtniserfüllung, somit die Kosten für die notarielle Eintragungsbewilligung, ggf. Rangrücktrittskosten und das Grundbuchamt zu tragen. Da das dingliche Wohnungsrecht erst mit Eintragung entsteht, kann in der letztwilligen Verfügung ergänzend verfügt werden, dass ab dem Erbfall bis zur Entstehung des dinglichen Wohnungsrechts ein inhaltlich entsprechendes schuldrechtliches Wohnungsrecht vermacht ist; ist ein solches nicht ausdrücklich vermacht, wird sich jedoch meist aus der Auslegung des Wohnungsrechtsvermächtnisses eine solche Nutzungsbefugnis bis zur Eintragung im Grundbuch ergeben. Ferner ist anzuordnen, ob im Grundbuch einzutragen ist, dass zur Löschung des Rechts der Nachweis des Todes des Berechtigten genügt;[138] andernfalls ist das Recht erst löschbar unter den Voraussetzungen des § 23 Abs. 1 GBO.

11. Anwendungsbereich

Für das Erbrecht gilt der Grundsatz des numerus clausus der erbrechtlichen Institute, 85
um die Vermögenszuordnung sicherzustellen. Da durch Vermächtnisse keine unmittelbaren Rechtsänderungen bewirkt, sondern lediglich schuldrechtliche Ansprüche (§ 2174) geschaffen werden, ebnet das Vermächtnis des Weg in die Gestaltungsfreiheit des Schuldrechts: Vermacht werden kann alles, was Gegenstand eines schuldrechtlichen Anspruchs sein kann.

Der Hauptanwendungsfall des Vermächtnisses ist die **Einzelstückzuwendung,** bei der 86
es mit der Auflage, der Zuwendung durch eine Bedingung und der Verfügung unter Lebenden auf den Tod konkurriert. Dadurch, dass das Vermächtnis dem Bedachten nur Anspruch gegen den Beschwerten verschafft, ihn jedoch außerhalb der Erbengemeinschaft belässt, eignet es sich darüber hinaus auch für Fälle, in denen ein gesetzlicher Erbe

[133] LG Deggendorf ZEV 2003, 247: Qualifizierung als Leihe.
[134] Grziwotz ZEV 2010, 130, 132.
[135] Dann besteht das Mitbenutzungsrecht gemäß § 1093 Abs. 3.
[136] § 1092 Abs. 1 Satz 2. Zu unterscheiden ist hiervon die Aufnahmebefugnis nach § 1093 Abs. 2.
[137] Palandt § 1093 Rn 14.
[138] Löschungserleichterung gemäß § 23 Abs. 2 GBO. Zur Löschung bedarf es dann nur einer Sterbeurkunde und eines Löschungsantrags.

und/oder Pflichtteilsberechtigter zwar seinen Anteil am Nachlass bekommen, er aber aus der auf Harmonie angewiesenen Erbengemeinschaft ausgeschlossen sein soll. Die Miterben werden sich dann zwar nach dem Erbfall alsbald den Ansprüchen aus solchen Vermächtnissen ausgesetzt sehen, gewinnen damit aber den Vorteil leichterer Willensbildung in der Erbengemeinschaft.[139] Das kann besonders bei der Vererbung eines Unternehmens oder einer Unternehmensbeteiligung wünschenswert sein. Erwägenswert ist in diesem Zusammenhang auch die Zuwendung eines Vermächtnisses in variabler Höhe (**wachsendes Vermächtnis**) in der Weise, dass der Pflichtteilsberechtigte enterbt und ihm ein Quotenvermächtnis in Höhe seines Pflichtteils zugewendet wird und für den Fall, dass er dies nicht geltend macht, ein dadurch aufschiebend bedingtes zweites Vermächtnis mindestens in Höhe seines gesetzlichen Erbteils, das ihm jedoch erst beim Eintritt eines bestimmten Ereignisses (z.B. dem Tod des überlebenden Eltern- oder Großelternteils, seiner Volljährigkeit) anfällt.[140]

87 Für die Erbeinsetzung gilt der Grundsatz der höchstpersönlichen Bestimmung (Prinzip der materiellen Höchstpersönlichkeit) der Verfügungen von Todes wegen (§ 2065 Abs. 2). Will der Erblasser – in beschränktem Umfang – **Dritten Entscheidungen ermöglichen**, sehen §§ 2151 bis 2156 für Vermächtnisse entsprechende Gestaltungsmöglichkeiten vor (siehe hierzu insb. § 3 Rn 47ff.).

12. Erbschaftsteuer[141]

Das Vermächtnis unterliegt wie der Erbanfall als Erwerb von Todes wegen der Erbschaftsteuer gem. §§ 1 Abs. 1 Nr. 1, 3 Abs. 1 Nr. 1 ErbStG. Die Steuer entsteht grundsätzlich mit dem Tod des Erblassers (§ 9 Abs. 1 Nr. 1 ErbStG), jedoch bei aufschiebender Bedingung, Betagung oder Befristung erst mit dem Zeitpunkt des Eintritts der Bedingung oder des Ereignisses (§ 9 Abs. 1 Nr. 1a ErbStG). Der Nachlass haftet gem. § 20 Abs. 3 ErbStG bis zur Auseinandersetzung auch für die Steuer des Vermächtnisnehmers. Nach § 10 Abs. 5 Nr. 2 ErbStG sind Verbindlichkeiten aus Vermächtnissen von dem Erwerb des Erben oder beschwerten Hauptvermächtnisnehmers erbschaftsteuerlich abzugsfähig und zwar auch beim Vollzug unwirksamer Vermächtnisse.[142] Der steuerliche Aufteilungsmaßstab richtet sich grundsätzlich nach den Erbquoten. Teilungsanordnungen sind für die Erbschaftsbesteuerung grundsätzlich unbeachtlich.[143]

13. Checkliste bei Vermächtnissen

a) Vermächtnisgegenstand?

88 – Bei Geldvermächtnissen: Kürzung von Geldvermächtnissen bei Verschlechterung der Vermögenssituation? Wertsicherung bei Rentenvermächtnissen?
– Bei Grundstücksvermächtnissen: Hat der Vermächtnisnehmer eingetragene Belastungen zu übernehmen oder nicht (§§ 2165ff.)? Sind mit dem Grundstück gesicherte Verbindlichkeiten vom Erben zu tragen oder hat ihn der Vermächtnisnehmer freizustellen?

---

[139] Dubischar DNotZ 1989, 132, 144ff.

[140] Dubischar DNotZ 1989, 132, 141.

[141] Zur Erbschaftsteuer siehe grundsätzlich oben § 6. Neben der Erbschaftsteuer sind im Einzelfall auch ertragsteuerliche Aspekte zu beachten. Insbesondere kann ein Vermächtnis über ein Grundstück, das sich im Betriebsvermögen befindet, zu einer Entnahme und zur Aufdeckung stiller Reserven führen.

[142] BFH NJW 1982, 407.

[143] BFH BStBl. II 1983, 329. Jedoch sieht das Erbschaftsteuergesetz seit 2009 einzelne Tatbestände (z.B. § 13c Abs. 2 ErbStG) vor, die auf die Teilung des Nachlasses – sei es aufgrund Teilungsanordnung, sei es aufgrund einvernehmlicher Auseinandersetzung der Miterben – abstellt. Siehe hierzu näher § 6.

– Gehört der vermachte Gegenstand mit Sicherheit beim Erbfall noch zum Nachlass? Sonst sind Bestimmungen darüber erforderlich, ob es sich um ein Verschaffungsvermächtnis oder ein Wertvermächtnis handeln soll (§§ 2169, 2170).
– **Drittbestimmung:**[144] Bestimmung durch Beschwerten oder Dritten, wer von den mehreren Gegenständen nur den einen oder den anderen erhalten soll (§ 2154, **Wahlvermächtnis**)? Ist nichts bestimmt, steht die Auswahl dem Beschwerten zu (§ 262). Möglich, aber „nicht ratsam"[145] ist, das Wahlrecht mehreren Personen zu übertragen, die dann das Recht gemeinschaftlich ausüben (§ 747 Satz 2). Soll hingegen die Entscheidung durch Los erfolgen, handelt es sich um bedingte Vermächtnisse, die nicht § 2154 unterliegen. Die Gegenstände müssen vom Erblasser hinreichend bestimmt sein.
Konkrete Bestimmung durch Bedachten oder Dritten des vom Erblasser gattungsmäßig bestimmten Vermächtnisgegenstands (**Gattungsvermächtnis;** § 2155 Abs. 2); ist nichts bestimmt, erfolgt Konkretisierung durch den Beschwerten gemäß § 243 Abs. 2, wobei § 2155 Abs. 1 vorrangig ist zur Regelung des § 243 Abs. 1. 89
Konkrete Bestimmung der Leistung durch Beschwerten oder Dritten (nicht den Bedachten;[146] anders § 315: auch für Gläubiger möglich) gemäß dessen billigem Ermessen hinsichtlich des Vermächtnisses, dessen Zweck vom Erblasser bestimmt ist (**Zweckvermächtnis;** § 2156); die Leistungsbestimmung kann umfassen den Gegenstand, Leistungsort, Leistungszeit und weitere Leistungsregelungen, z. B. einzuräumende Nutzungsrechte und/oder bedingte Rückübertragungsansprüche bei Grundbesitzvermächtnissen. 90

b) Wer ist **beschwert?**

Ist niemand bestimmt, ist der Erbe beschwert (§ 2147 Satz 2). 91
Alle Miterben zu gleichen oder unterschiedlichen Teilen oder nur ein Miterbe (ansonsten § 2148)? Mehrere (vgl. § 2148) oder ein einzelner Hauptvermächtnisnehmer mit einem Unter- oder Nachvermächtnis (§ 2191)?
Bei gemeinschaftlichen Testament oder Erbvertrag: Erbe des Erst- oder des Zweitversterbenden (Auslegungsregel des § 2269 Abs. 2)?[147]

c) Wer ist **bedacht?**

– Bei mehreren in welchem **Gemeinschaftsverhältnis?** Ist nichts geregelt gelten §§ 2157, 2089 ff.; grundsätzlich Erwerb zu gleichen Teilen, § 2091. Sind die Bedachten mehrdeutig bezeichnet, gelten sie als zu gleichen Teilen bedacht (§ 2073). 92
– **Drittbestimmung:**[148] Bestimmung durch Beschwerten oder Dritten, wer von den mehreren (hinreichend bestimmter Personenkreis, § 2151)[149] oder von den zwei oder mehreren konkret bezeichneten Personen alternativ (§ 2152 „Personenwahlvermächtnis", wobei vermutet wird dass dem Beschwerten das Wahlrecht zusteht) das Vermächtnis erhalten soll? Siehe die Drittbestimmungsmöglichkeiten eingehend § 3 Rn 40 ff. 93
Bestimmung durch Beschwerten oder Dritten, wie unter den mehreren hinsichtlich des Vermächtnisgegenstands die **Anteile bestimmt** werden (§ 2153)? Es kann sich sowohl um ideelle als auch um reale Anteile handeln. Das Wahlrecht nach § 2151 kann mit dem Wahlrecht nach § 2153 verbunden werden, so dass der Bestimmungsberechtigte auch einzelne aus dem vorgegebenen Personenkreis übergehen kann.
– **Wegfall eines Bedachten:** Soll das Vermächtnis beim Wegfall des Erstbedachten unwirksam sein (§ 2160) oder soll ein/mehrere Ersatzvermächtnisnehmer bestimmt werden (§§ 2190, 2097–2099) oder soll, wenn mehreren derselbe Gegenstand vermacht ist, Anwachsung eintreten (§§ 2158 f., 2190, 2099)? 94

---

[144] Siehe § 3 II.2., § 6 II.2.h) Rn 209 „Supervermächtnis", § 8 I.7.Rn 36 ff., § 9 I.10. g), Rn 55.
[145] Bengel/Reimann, Beck'sches Notarhandbuch, Teil C. Rn 82.
[146] BGH NJW 1991, 1885 = DNotZ 1992, 509 mit krit. Anm. Kanzleiter (511).
[147] § 2269 Abs. 2 hat über ihren Wortlaut hinaus die Bedeutung, dass das Vermächtnis im Zweifel als vom überlebenden Ehegatten angeordnet anzusehen ist: Staudinger/Kanzleiter § 2269 Rn 66.
[148] Zur Drittbestimmung siehe bereits oben bei lit. a).
[149] Nicht erforderlich bei Zweckauflage: Weitergehende Drittbestimmungsmöglichkeit (§ 2193).

95 – **Nachvermächtnis:** Soll der Vermächtnisgegenstand nach dem Erstbedachten ab einem bestimmten Zeitpunkt oder Ereignis einem Dritten zugewendet werden (§ 2190)?

96 d) **Anfall** des Vermächtnisses (Entstehung des Forderungsrechts): Grundsätzlich mit dem Erbfall (§ 1922 Abs. 1). Möglich auch Anordnung einer Bedingung oder Befristung (§§ 2177 ff.).

97 e) **Fälligkeit** des Anspruchs (Leistungszeit §§ 2174, 271): Grundsätzlich sofort ab Anfall, jedoch Dreimonatseinrede des Erben (§ 2014). Möglich jedoch abweichende Anordnung, z.B. nach Ablauf einer Frist, nach Eintritt einer Bedingung, freies Belieben des Beschwerten (§ 2181). Erbschaftsteuerlich ist zu beachten, dass Vermächtnisse, die beim Tode des Beschwerten fällig sind, Nacherbschaften gleichgestellt sind gemäß § 6 Abs. 4 ErbStG. Einkommensteuerlich ist bei Geldvermächtnissen, die erst nach mehr als einem Jahr zu erfüllen sind, zu beachten, dass es auch bei Unverzinslichkeit nach der Rechtsprechung des BFH[150] in einen Kapital- und einen Zinsanteil aufzuteilen ist und die so errechneten fiktiven Zinsen zu Einkünften aus Kapitalvermögen führen.[151]

98 f) Wer hat die **Kosten der Vermächtniserfüllung** zu tragen? Grundsätzlich Kostentragung durch Beschwerten, soweit keine abweichende Regelung.

Wer hat die auf den vermachten Gegenstand entfallende **Erbschaftsteuer** zu tragen? Grundsätzlich ist Bedachter gesetzlicher Steuerschuldner (Erwerber i.S. der §§ 20, 3 Abs. 1 Nr. 1 ErbStG); möglich jedoch Anordnung der Übernahmepflicht durch den Beschwerten.

99 g) Abweichende Regelung zur **Pflichtteilslast** (§ 2324)? Grundsätzlich ist Erbe Pflichtteilsschuldner (§ 2303), jedoch Kürzungsmöglichkeit gemäß §§ 2318 ff.

100 h) Soll zur Vermächtniserfüllung ein Bevollmächtigter bestellt oder ein **Testamentsvollstrecker** (insbesondere der Bedachte selbst) ernannt werden?

101 i) Sollen zusätzlich zum Vermächtnis Ansprüche gegen den Beschwerten auf **Auskunft, Rechnungslegung oder Sicherung der Erfüllung** mitvermacht werden?

Soll die Vermächtniserfüllung bereits vor dem Erbfall durch eine zwischen Erblasser (= Eigentümer des Vermächtnisgegenstandes) und Bedachtem mittels Rechtsgeschäfts unter Lebenden zu vereinbarende **Verfügungsunterlassungsverpflichtung** bezüglich des Vermächtnisgegenstandes gesichert werden? Evtl. auch noch durch eine durch die Zuwiderhandlung aufschiebend bedingte Übertragungsverpflichtung, die bei Grundstücken durch Vormerkung sichtbar ist?

102 j) Klarstellung des **Rechtscharakters** als Vermächtnis, soweit Anlass gegeben: Insbesondere bei umfangreichen Vermächtnissen und/oder isolierten Vermächtnissen (Abgrenzung zur Erbeinsetzung, § 2087 Abs. 1, 2), bei Zuwendung in Höhe des Pflichtteilsanspruchs (Abgrenzung zum gesetzlichen Pflichtteilsrecht, vgl. § 2304), ggf. Abgrenzung zur Auflage.

II. Erbrechtliche Auflage (§§ 1940, 2192 ff.)

1. Begriff, Rechtsnatur und Anwendungsbereich

a) Allgemein

103 Die Auflage ist eine Anordnung von Todes wegen, durch die der Erblasser den Erben oder einen Vermächtnisnehmer zu einer Leistung verpflichtet, ohne einem anderen ein Recht auf diese Leistung im eigenen Interesse zuzuwenden (§ 1940). Die Leistung kann auch in einem Unterlassen bestehen (§ 214 Abs. 1 Satz 2). Sie ist anders als die Erbeinsetzung und das Vermächtnis keine letztwillige Zuwendung (Wortlaut § 1939 gegenüber

[150] BFH ZEV 1997, 84.
[151] Siehe hierzu oben § 9 I.3. Rn 15.

§§ 1940, 2192), kann jedoch eine Zuwendung beinhalten.[152] Ihr Wesen besteht darin, dass der Leistungs- oder Unterlassungsverpflichtung des Beschwerten kein Erfüllungsanspruch eines eventuell Begünstigten gegenübersteht (**Auflage = Verpflichtung ohne Rechtszuwendung**). Die aufgrund der Auflage zu erbringende Leistung braucht auch im Gegensatz zum Vermächtnis (§ 1939: Vermögensvorteil) keinen Vermögenswert zu besitzen (**§ 1940: nur Leistungsverpflichtung**).[153] Ferner setzt die Auflage keinen Begünstigten voraus, da für die Auflage nicht die Zuwendung, sondern die Verpflichtung des Beschwerten im Vorderrund steht.[154] Sie kann sogar auch den Vorteil des Beschwerten bezwecken, z.B. Anweisung zur Geldanlage oder Geschäftsführung).[155] Die Auflage kann auch vertragsmäßig bindend (§ 2278 Abs. 2) und wechselbezüglich in einem gemeinschaftlichen Ehegattentestament (§ 2270 Abs. 3) angeordnet werden.

Vom Vermächtnis unterscheidet sich die Auflage dadurch, dass bei diesem ein Vermö- 104
gensvorteil zugewendet wird und ein Bedachter vorhanden sein muss, der ihn im eigenen Interesse einziehen kann, während bei der Auflage keine Zuwendung, sondern nur eine Leistungspflicht ohne Erfüllungsanspruch eines Begünstigten vorhanden ist.[156] Von der **Zuwendung unter einer Bedingung** (siehe oben Rn 137ff.) **unterscheidet** sich die Auflage dadurch, dass zwar dem Begünstigten bei beidem kein Erfüllungsanspruch zusteht, dass aber erst die Erfüllung der Leistungsverpflichtung die dadurch bedingte Zuwendung beim Beschwerten entstehen lässt, während bei der Auflage die Verpflichtung unbedingt ist und sofort entsteht, sofern der Beschwerte seine ihm sofort zustehende Zuwendung nicht ausschlägt. Ferner ist die Auflage gegenüber Verfügungen hinsichtlich Anordnungen hinsichtlich einer **Testamentsvollstreckung,** z.B. zu befolgende Verwaltungsanordnungen gemäß § 2216 Abs. 2, **abzugrenzen.**[157]

Obwohl die Auflage keine Zuwendung wie die Erbeinsetzung und das Vermächtnis ist, 105
erklärt das Gesetz in § 2192, da sie auf der Passivseite, d.h. beim Beschwerten, dem Vermächtnis ähnelt, bestimmte Vorschriften des Vermächtnisrechts für entsprechend anwendbar.[158] Für die Wirksamkeit der Auflage gelten, wie beim Stiftungsgeschäft (§ 83), aber anders als beim Vermächtnis (§§ 2162, 2163) oder der Nacherbfolge (§ 2109), **keine zeitlichen Grenzen,**[159] da der Gesetzgeber mit Vorbedacht in § 2192 die §§ 2162, 2163 über die zeitliche Beschränkung des Vermächtnisses nicht herangezogen hat, um stiftungsähnliche Wirkungen herbeiführen zu können.[160] Diese Wirkung wird allerdings nur dann erzielt, wenn eine juristische Person mit der Auflage beschwert wird und ihr Inhalt in wiederkehrenden Leistungen besteht; eine fideikommissähnliche Pflicht zur Weitergabe der Zuwendung ist nicht möglich, da der Auflagenbegünstigte als solcher nicht Beschwerter der Auflage sein kann (§ 2192 i.V. mit § 2147 Satz 1).[161] Die **Verjährung** (§§ 195, 199 Abs. 1, Abs. 3 a) des Vollziehungsanspruchs gem. § 2194 bleibt unberührt. Hingegen gelten die Vorschriften über den Vermächtnisanfall (§§ 2176–2179) entsprechend für die Auflage bezüglich des Entstehungszeitpunkt der Leistungspflicht des Beschwerten.[162]

---

152 Vorwerk, Geldzuwendung durch erbrechtliche Auflage, ZEV 1998, 297.
153 Muscheler, Erbrecht, § 39 Rn 2657.
154 MünchKomm/Schlichting, § 2192 Rn 10.
155 Palandt/Edenhofer, § 2192 Rn 1.
156 Zur Abgrenzung von Vermächtnis und Auflage KG ZEV 1998, 306.
157 BayObLG ZEV 1996, 33: Die bloße Verpflichtung des Erben zur Erhaltung des angelegten Kapitals wäre als Auflage auszulegen; falls hingegen der Erbe über das zugewendete Geldvermögen nicht verfügen können soll, handelt es sich um eine Testaments-Dauervollstreckung.
158 Wegen darüber hinaus entspr. anwendbaren Vermächtnisvorschriften siehe Staudinger/Otte § 2192 Rn 15ff.
159 Staudinger/Otte § 2192 Rn 20.
160 Lange/Kuchinke, 4. Aufl., § 30 III 1.
161 Vgl. Staudinger/Otte § 2192 Rn 20.
162 Staudinger/Otte, § 2192 Rn 19.

b) Normzweck, Anwendungsbereich

106 Wegen dieser Rechtsnatur (kein Begünstigter und kein Vermögensvorteil) eignet sich die Auflage in der Kautelarpraxis besonders für folgende Fallgruppen:

107 • Da kein Begünstigter vorhanden sein muss, eignet sich die Auflage für die **Begünstigung von Erbunfähigen,** z. B. nicht rechtsfähigen Personengemeinschaften, Institutionen und Tieren.

108 • Der Erblasser kann mit der Auflage eigennützige, fremdnützige oder objektive (unpersönliche) **Zwecke für die Zeit nach seinem Tod verfolgen,** ohne deshalb jemand bestimmten begünstigen oder ihm gar ein subjektives Recht zuwenden zu müssen. Er kann dadurch auch auf das **Verhalten** der von ihm mit Zuwendungen bedachten Personen über seinen Tod hinaus **Einfluss nehmen,** ihnen Pflichten auferlegen und sie zur Förderung seiner Ziele veranlassen. Denkbar ist dies dadurch zu verstärken, indem er die Erfüllung der Auflage zur Bedingung der Zuwendung an sie macht;[163] wie generell sollte jedoch das scharfe Schwert der Bedingung der Erbeinsetzung nur in Ausnahmefällen eingesetzt werden, da es zu einer Vor- und Nacherbfolge führt und den damit verbundenen, auch erbschaftsteuerlichen Nachteilen. Solche durch Auflagen auferlegte Pflichten können sein z. B. ein Grundstück nicht zu veräußern, zu heiraten, einen bestimmten Beruf zu ergreifen, den Beruf, die Konfession oder den Wohnsitz nicht zu wechseln, einer Vereinigung beizutreten oder nicht beizutreten, wobei jedoch stets zu prüfen ist, ob die Verpflichtung zulässig und nicht sittenwidrig ist (siehe hierzu § 3 I Rn 8 ff.).

109 • Da die Leistung im Gegensatz zum Vermächtnis **niemandem** einen **Vermögensvorteil** bringen muss, eignet sich die Auflage für erbrechtliche Anordnungen, bei denen dies nicht der Fall oder zumindest zweifelhaft ist (siehe hierzu unten Rn 112).

110 • **„Abgeschwächtes Vermächtnis":** So kann der Erblasser damit wie beim Vermächtnis einem Begünstigten eine Zuwendung zukommen lassen (Auflage zugunsten einer Person), ohne den damit Beschwerten wie beim Vermächtnis dem Drängen des unmittelbar Begünstigten auszusetzen.[164]

111 • **Drittbestimmung hinsichtlich des Begünstigten:** Als Ausnahme zum Grundsatz der Selbstentscheidung des Erblassers (§ 2065) sind **Wahlauflagen** (§§ 2154 Abs. 1 Satz 1 i. V. mit § 2192), **Gattungsauflagen** (§§ 2155 Abs. 1 i. V. mit § 2192) sowie **Zweckauflagen** (§§ 2156 i. V. mit § 2192) möglich; siehe hierzu Abschnitt I. Rn 57 ff., 88 ff. zum Vermächtnisrecht. Weitergehend jedoch als beim Zweckvermächtnis (§ 2156 Satz 1), bei dem der Erblasser die Bestimmung der Leistung dem Beschwerten oder einem Dritten überlassen kann ermöglicht § 2193 dem Erblasser, – neben der Leistungsbestimmung – auch die Bestimmung der Person, an den die Leistung erfolgen soll, durch einen von ihm benannten Dritten oder dem Beschwerten zu überlassen.[165] § 2192 verweist jedoch nicht auf §§ 2151–2153; somit ist keine Auflage möglich, in derer der Erblasser lediglich einen Personenkreis angibt, aus dem der Beschwerte oder ein Dritter den Leistungsempfänger auswählen soll, sofern sich nicht – insbesondere aus der Bezeichnung des Personenkreises – eine Zweckbestimmung der Auflage ergibt.

• **Unselbständige Stiftung:** Letztlich eignet sich die Auflage wegen ihrer zeitlich unbegrenzten Wirksamkeit (§ 2192 verweist nicht auf die 30-Jahresfrist der §§ 2162 f.) als Ersatzform für die rechtsfähige Stiftung (§§ 80 ff.), wenn der Erblasser als „Stifter" einer natürlichen oder juristischen Person ein Vermächtnis unter der Auflage macht, dieses Vermögen auf Dauer zur Erreichung des von ihm bestimmten Stiftungszwecks zu verwenden (zur unselbständigen Stiftung siehe § 15 Rn 308 ff.).[166]

---

[163] Formular hierzu in MünchVertrHdb/Nieder/Otto, Bd. 6/2.

[164] „Fall des KG ZEV 1998, 306; hierzu und zu Geldzuwendungen durch erbrechtliche Auflage Vorwerk ZEV 1998, 297; Formular hierzu in MünchVertrHdb/Nieder/Otto, Bd. 6/2.

[165] BGHZ 121, 357 = NJW 1993, 2168 = JR 1994, 154 m. Anm. Schubert. Siehe hierzu § 3 Rn 57 ff.

[166] Lange/Kuchinke, 4. Aufl., § 30 III 1 b; Staudinger/Otte, § 2192 Rn 20; a. A. nur Schack JZ 1989, 612, der für die analoge Anwendung des § 2162 ist.

2. Inhalt der erbrechtlichen Auflage

Dem Beschwerten kann im Wege der Auflage ein Tun, auch Unterlassen oder Duldung, jeglicher Art i.S. des § 241 schuldrechtlich zur Pflicht gemacht werden, ohne dass jemand ein Recht erhält, im eigenen Interesse die Vollziehung zu verlangen (§ 1940). Keine Auflagen sind bloße vom Erblasser geäußerte Wünsche, Ratschläge, Empfehlungen oder Erwartungen.[167] Neben dem Vermächtnis, das dem Bedachten eine schuldrechtliche Forderung gegen den Beschwerten verschafft, bietet die Auflage dem durch die starre Gesamtrechtsnachfolge eingeschränkten Erblasser die Möglichkeit durch entsprechende Ausgestaltung der schuldrechtlichen Leistungsinhalte, seine jeweiligen wirtschaftlichen Absichten weitgehend zu verwirklichen.[168] Auch ein Verlangen nach einem Verhalten des Beschwerten, das nur für ihn selbst vorteilhaft ist, z.B. Alkoholabstinenz, kann Gegenstand einer Auflage sein.[169] Eine solche Anordnung kann jedoch auch eine – aufschiebend oder auflösend – bedingte Zuwendung darstellen.[170] 112

Da Inhalt der Auflage nur sein kann, was auch Gegenstand eines Schuldvertrages unter Lebenden sein kann (§ 241), findet er seine Begrenzung am Verbot sittenwidriger (§ 138), unmöglicher und gesetzwidriger (§§ 134, 2171, 2192) Leistungen. Daher ist die Auflage, eine bestimmte Verfügung von Todes wegen zu errichten, nicht zu errichten, aufzuheben oder nicht aufzuheben wegen des Verbotes nach § 2302 nichtig.[171] Eine solche Auflage kann jedoch meist in die Anordnung einer Nacherbfolge, eines Nachvermächtnisses oder einer Bedingung umgedeutet werden.[172] Dagegen kann eine Zuwendung an die Bedingung geknüpft werden, dass ihr Empfänger seinerseits jemand letztwillig bedenkt, weil dadurch lediglich die Zuwendung, nicht jedoch die Testierfreiheit (§ 2302) eingeschränkt wird (**kaptatorische Verfügung**).[173] 113

Einem Dritten kann der Erblasser nach dem unmittelbar anwendbaren § 2065 Abs. 1 **nicht die Bestimmung überlassen,** ob die angeordnete Auflage gelten soll und nach dem gem. § 2192 entsprechend anwendbaren § 2065 Abs. 2 kann er grundsätzlich auch die Person des Begünstigten oder den Leistungsgegenstand nicht von einem Dritten bestimmen lassen. Von diesem Grundsatz weicht jedoch das Gesetz bei der Zweckauflage (§ 2193) weitgehend ab.[174] Werden zulässigerweise die §§ 2193 Abs. 1, 2192, 2156 miteinander kombiniert, kann der Erblasser im Rahmen einer **Zweckauflage** sogar einen **Bestimmungsberechtigten** einsetzen, der nicht nur den Leistungsgegenstand und -umfang nach billigem Ermessen, sondern auch den Auflagebegünstigten [175] nach freiem Belieben bestimmen kann, wenn der Erblasser nur den Zweck der Auflage mit hinreichender Deutlichkeit bestimmt hat (Zweckangabe genügt!).[176] Bestimmungsberechtigter kann auch der Beschwerte selbst sein. Wie das Vermächtnis bewirkt die Auflage beim Erbfall keine unmittelbare Rechtsänderung, sondern wirkt nur schuldrechtlich, nicht dinglich, und bedarf eines gesonderten Erfüllungsgeschäfts.[177] 114

---

[167] OLG Koblenz NJW-RR 1986, 1039, 1040.
[168] Strothmann Jura 1982, 349, 356f.
[169] MünchKomm/Leipold § 1940 Rn 4; Lange/Kuchinke, 4. Aufl., § 30 II 3 Fn. 32; MünchKomm/Schlichting, § 2192 Rn 1; a.A. Schlüter, ErbR, 13. Aufl., Rn 934; v. Lübtow, Bd. 1, S. 392.
[170] LG Deggendorf ZEV 2003, 247.
[171] BayObLGZ 1958, 225, 230; BayObLG FamRZ 1986, 608, 609.
[172] OLG Hamm NJW 1974, 60 = Rpfleger 1974, 15; BayObLG FamRZ 1986, 608, 609.
[173] BGH LM 533 Nr. 1 = WPM 1971, 1506; BGH NJW 1977, 950 = DNotZ 1978, 154; MünchKomm/Leipold, § 2074 Rn 13.
[174] Siehe § 3 Rn 57; BayObLG NJW 1988, 2742 = FamRZ 1988, 1098.
[175] Insofern weitergehend als beim Zweckvermächtnis (§ 2156), bei dem der Erblasser den Kreis der Bedachten festlegen muss.
[176] RGZ 96, 15; BGH NJW-RR 1987, 1070 = WPM 1987, 564, 565; BayObLG 13, 743; Lange/Kuchinke, 4. Aufl., § 30 II 3.
[177] MünchKomm/Leipold, § 1940 Rn 7.

115 Häufiger als die zwar keinen Leistungsanspruch begründende, den Beschwerten aber zu einer vermögenswerten Leistung an einen Begünstigten verpflichtende Auflage, sind Auflagen, mit denen der Erblasser über seinen Tod hinaus einen Zweck verfolgt, **ohne eine bestimmte Person begünstigen** zu wollen. Damit bietet die Auflage Möglichkeiten für Leistungen, die nicht Gegenstand eines Vermächtnisses sein können. Beispiele hierfür sind: **Pflege von Tieren,** Art der Bestattung, Grabanlage und -pflege, Lesung von Seelenmessen, Zugänglichmachung eines Parks, einer Gemäldesammlung oder einer Bibliothek, Errichtung eines Museums, Unterstützung der Armen, Veräußerungsverbot für ein Grundstück[178] oder eine andere schuldrechtliche Veräußerungsbeschränkung. Ein Erbteilungsverbot gem. § 2044 wird, sofern es vom Erbenwillen abhängig sein soll, von der h. M. als Vorausvermächtnis zugunsten aller oder einzelnen Miterben eingeordnet und kann von den Erben einstimmig durchbrochen werden; soll es jedoch vom Erbenwillen unabhängig sein, wird es als Auflage qualifiziert, wirkt dann ebenfalls nur schuldrechtlich (§§ 2033, 137 Abs. 1), kann aber gegen den Willen der Erben von den Vollziehungsberechtigten gem. § 2194 erzwungen werden.[179] Erblasserbestimmungen, die von der gemeinschaftlichen Verwaltung des Nachlasses durch alle Miterben abweichen, sind je nach dem auszulegenden Erblasserwillen entweder allen Miterben gemachte Auflagen[180] oder Verwaltungsvorausvermächtnisse.[181] Zulässig ist auch, die Erben durch Auflage zu verpflichten, eine Gesellschaft zur Fortführung des Unternehmens zu gründen oder umzugründen,[182] ebenso die Verpflichtung, einen Dritten nicht zum Prokuristen einer GmbH zu bestellen,[183] eine Vollmacht zu erteilen oder eine trans- oder postmortale Vollmacht nicht zu widerrufen.[184] Wegen der Zulässigkeit einer Auflage an die Erben, die Fortführung eines Einzelunternehmens oder die Ausübung der mit einer Gesellschaftsbeteiligung verbundenen Verwaltungsrechte dem Testamentsvollstrecker zu überlassen siehe § 15 Rn 133. Die Verpflichtung kann sich auch auf Gegenstände beziehen, die außerhalb des dem Beschwerten erbrechtlich Zugewendeten liegen.[185] Im Wege der Auflage kann auch eine sog. unselbständige Stiftung (siehe § 15 Rn 308 ff.) angeordnet werden, und zwar als Zuwendung eines Vermögenswertes an einen Erben oder Vermächtnisnehmer mit der Auflage, aus diesem Vermögen Leistungen zugunsten bestimmter Zwecke oder Personen zu erbringen.[186] Eine Auflage ist nicht unter dem Gesichtspunkt ihrer Unmöglichkeit unwirksam, wenn dem mit ihr zum Ausdruck gebrachten und durch Auslegung zu ermittelnden Anliegen des Erblassers durch eine andere Art der Vollziehung Rechnung getragen werden kann.[187]

3. Auflagebeschwerter und -begünstigter

116 **Beschwert** mit einer Auflage kann nur ein Erbe oder ein Vermächtnisnehmer werden (§ 1940), kein Auflagebegünstigter. Bei diesem kann jedoch die Erfüllung des ihm Auferlegten zur Bedingung der ihn begünstigenden Auflage gemacht werden. Fehlt die Be-

[178] BayObLG FamRZ 1986, 608, 60; BayObLG JurBüro 1991, 1662; OLG Köln FamRZ 1990, 1401 = NJW-RR 1991, 525.

[179] BGHZ 40, 115, 117 = NJW 1963, 2320; BGHZ 56, 275, 280; hierzu Weckbach, Die Bindungswirkung von Erbteilungsverboten, 1987, S. 32 ff. m. w. N.; Kegel FS f. Lange, 1976, S. 927 Beck'sches Formularbuch Erbrecht/Kössinger C. IV. 2 Anm. 2.

[180] RG HRR 1929 Nr. 500.

[181] BGHZ 6, 76, 78 = NJW 1952, 1252.

[182] Strothmann, Die letztwillige Gesellschaftsgründungsklausel, 1983; ders. ZIP 1985, 969; K. Schmidt NJW 1985, 2785, 2792; Winter ZHR 148, 77, 78; Formular hierzu in MünchVertrHdb/Nieder/Otto, Bd. 6/2.

[183] OLG Koblenz NJW-RR 1986, 1939.

[184] Siehe hierzu § 15 Rn 115 ff.; BayObLGZ 1986, 34 = DNotZ 1986, 549.

[185] BGH FamRZ 1985, 278, 279 = WPM 1985, 174.

[186] MünchKomm/Leipold, § 1940 Rn 6.

[187] BGHZ 42, 327, 330 = LM § 2195 Nr. 1 m. zust. Anm. Kreft.

stimmung des Auflagebeschwerten, ist der Erbe beschwert (§§ 2192, 2147 Satz 2). Wie beim Verschaffungsvermächtnis braucht sich die Auflageverpflichtung nicht auf einen Nachlassgegenstand zu beziehen.[188] Wird der Beschwerte nicht Erbe oder Vermächtnisnehmer, etwa weil er die Zuwendung ausschlägt, so bleibt die angeordnete Auflage wirksam, sofern nicht ein anderer Wille des Erblassers anzunehmen ist. Beschwert ist dann der, dem der **Wegfall des zunächst Beschwerten** unmittelbar zustatten kommt (§§ 2192, 2161). Soweit die Auflage einen höchstpersönlichen Charakter besitzt, als sie nur einen ganz bestimmten Beschwerten treffen soll, ist nur dieser beschwerte Erben oder Vermächtnisnehmer selbst, nicht auch dessen Rechtsnachfolger beschwert.[189] Der Nacherbe kann nicht mit einer vor dem Nacherbfall zu erfüllenden Auflage beschwert werden.[190] **Mehrere Beschwerte** sind im Innenverhältnis im Zweifel im Verhältnis ihrer Zuwendung beschwert (§§ 2192, 2148). Die Auflage ist für den Erben eine Beschwerung i. S. des § 2306, mit allen danach eintretenden Folgen und gegebenen Möglichkeiten.

Ein **Begünstigter** ist für eine wirksame Auflage nicht begriffsnotwendig. Wegen seines 117
fehlenden Anspruchs wirkt sich seine Rechtsposition nur dahin aus, dass die ihm vom Beschwerten erbrachte Leistung nicht ohne rechtlichen Grund erfolgt.[191] Der Auflagebegünstigte muss im Zeitpunkt ihres Anfalls noch leben (§ 2160). Es kann aber ausdrückliche (§ 2190) oder gesetzlich vermutete (insbesondere § 2069) Ersatzberufung eintreten. Bestimmt der Erblasser den Leistungsgegenstand und wenigstens allgemein den Zweck der Auflage, wobei die Grenzen für eine wirksame Zweckbestimmung recht weit gezogen werden,[192] so kann er die **Bestimmung der Personen**, an welche die Leistung erfolgen soll, dem Beschwerten oder einem **Dritten**, z. B. dem Testamentsvollstrecker, nach dessen freien Belieben **überlassen** (§ 2193 Abs. 1). Der Erblasser braucht dabei nicht einmal, wie beim Vermächtnis (§§ 2151, 2152) den Personenkreis der Begünstigten genau zu umschreiben. Trifft der Beschwerte die Bestimmung nicht, so kann ein Vollziehungsberechtigter (§ 2194) nach rechtskräftiger Verurteilung des Beschwerten und nach Setzung einer angemessenen Frist die Bestimmung treffen (§ 2193 Abs. 2). Ist ein Dritter bestimmungsberechtigt, so geht das Bestimmungsrecht auf den Beschwerten über, wenn er es z. B. wegen Vorversterbens nicht ausüben kann oder wenn er eine ihm vom Nachlassgericht auf Antrag gesetzte Frist fruchtlos verstreichen lässt (§ 2193 Abs. 3). Hat der Erblasser den Zweck der Auflage mit hinreichender Deutlichkeit angegeben, so kann er nicht nur die Bestimmung des Leistungsempfängers, sondern darüber hinaus auch die des Leistungsgegenstandes und -umfangs dem Beschwerten oder einem Dritten überlassen (§§ 2193 u. 2192 i. V. m. 2156).[193]

Wendet der Erblasser einen Teil seines Vermögens gemeinnützigen Organisationen in 118
der Weise zu, dass dies den Bestimmungsanforderungen des § 2065 Abs. 2 nicht genügt, kann eine Auslegung als Zweckauflage (§§ 2193, 2192, 2156) in Betracht kommen, ohne dass es einer Umdeutung bedarf.[194] Ob sich die Zweckauflage (§ 2193) zur Sicherung der Unternehmensnachfolge in der Weise eignet, dass der Erblasser eine Auflage „zum Zwecke der Erhaltung des Unternehmens" anordnen und die Auswahl des Leistungsempfängers einem Dritten überlassen kann oder ob dies gegen § 2065 Abs. 2 verstößt, ist streitig.[195]

[188] BGH FamRZ 1985, 278, 279.

[189] Palandt/Edenhofer § 2192 Rn 2.

[190] BayObLGZ 1966, 271 = NJW 1967, 446.

[191] MünchKomm/Schlichting, § 2192 Rn 10; KG ZEV 1998, 307: Die Begünstigung aufgrund einer Auflage ist bloßer Reflex der dem Begünstigten auferlegten Verpflichtung.

[192] RGZ 96, 15; BayObLGZ 1913, 743; BayObLG MDR 1979, 847; BayObLG NJW 1988, 2742 = FamRZ 1988, 1098.

[193] Staudinger/Otte § 2193 Rn 2.

[194] BGH NJW-RR 1987, 1070 = WPM 1987, 564.

[195] Dafür: Westermann FS f. Möhring, 1966, S. 183, 197; Klunzinger BB 1970, 1197; dagegen: Großfeld JZ 1968, 115.

4. Vollziehungsberechtigte

119 Da bei der Auflage kein Begünstigter vorhanden sein muss bzw. einem Begünstigten kein Vollziehungsanspruch zusteht, hat das Gesetz, um die Vollziehung nicht vom Belieben des Beschwerten abhängig zu machen, den in § 2194 genannten Personen das Recht eingeräumt, die Erfüllung der Auflage notfalls im Wege der Klage vom Beschwerten zu verlangen. Die Wahrnehmung des Vollziehungsanspruchs nach § 2194 hat eine treuhänderische Funktion, es ist ein „fremdnütziger Anspruch", der „gleichsam altruistisch der Verwirklichung des Erblasserwillens dient".[196] **Vollziehungsberechtigte Personen** sind nach § 2194:
- der **Erbe,** falls ein Vermächtnisnehmer mit der Auflage beschwert ist,
- ein **Miterbe** gegenüber dem beschwerten Miterben oder Vermächtnisnehmer,
- alle Personen, denen der Wegfall des mit der Auflage zunächst Beschwerten unmittelbar zustatten kommen würde (**Wegfallbegünstigte**), d. h. bei der Beschwerung eines gesetzlichen Erben die nächstberufenen gesetzlichen Erben, bei beschwerten gewillkürten Erben die Ersatzerben, Nacherben, Anwachsungsberechtigte oder gesetzliche Erben, bei Vermächtnisnehmern die Ersatzvermächtnisnehmer, die anwachsungsberechtigten Mitvermächtnisnehmer oder mangels solcher der mit dem Vermächtnis Beschwerte,
- die **zuständige Behörde,** wenn die Vollziehung im öffentlichen Interesse liegt (§ 2194 Satz 2), wobei die Zuständigkeit landesrechtlich verschieden geregelt ist;[197] über die in § 2194 Genannten hinaus:
- der **Testamentsvollstrecker,** dessen Befugnis aus den §§ 2203, 2208 Abs. 2, 2223 folgt,[198] neben dem aber auch der Erbe vollziehungsberechtigt bleibt,
- diejenigen, die vom Erblasser als **Vollziehungsberechtigte in einer Verfügung von Todes wegen benannt** werden.[199] Ob der durch die Auflage Begünstigte selbst Vollziehungsberechtigter sein kann, wenn er zum Personenkreis des § 2194 gehört, ist streitig.[200]

120 Der Erblasser kann in der Verfügung von Todes wegen einem in § 2194 Genannten auch seine **Vollziehungsberechtigung entziehen.**[201]

121 Umstritten ist, ob Vollziehungsberechtigter auch der sein kann, der durch die Auflage begünstigt wird. Teile der Rechtsprechung und Literatur bejahen dies, auch im Hinblick auf den weiten Wortlaut des § 2194 und mit dem Argument, der Vollziehungsberechtigung stehe es nicht entgegen, wenn eine der in § 2194 genannten Personen auch zum Kreis der Begünstigten gehört.[202] Für die Gegenansicht spricht, dass § 1940 gerade vorsieht, dass hinsichtlich der Leistungspflicht des Beschwerten dem anderen kein Recht auf die Leistung zugewendet werden kann;[203] ist hingegen vom Erblasser letzteres gewollt, ist zu prüfen, ob ein Vermächtnis vorliegt.

---

[196] J. Mayer ZEV 2004, 333; *Sturm,* Der Vollziehungsberechtigte der erbrechtlichen Auflage und seine Befugnisse, Diss. 1985.

[197] Zur Zuständigkeit siehe MünchKomm/Schlichting, 4. Aufl., § 2194 Rn 8.

[198] BayObLGZ 1986, 34 = NJW-RR 1986, 629.

[199] Staudinger/Otte § 2194 Rn 6.

[200] Mit Recht dafür: Staudinger/Otte, § 2194 Rn 9; MünchKomm/Schlichting, § 2194 Rn 3; Sturm, Der Vollziehungsberechtigte der erbrechtlichen Auflage und seine Befugnisse, Diss. Konstanz 1985, S. 75 ff.; dagegen, weil dadurch dem Begünstigten auf einem Umweg doch ein Anspruchsrecht verschafft würde und dies in der Sache einem Vermächtnis gleichkäme: Wochner MittRhNotK 1994, 97; Vorwerk ZEV 1998, 297 unter Hinweis auf BGH Urt. v. 8. 5. 52 – IV ZR 220, 51 und m. w. N.; Kegel FS f. Lange, 1976, S. 927, 932; Soergel/Dieckmann, § 2194 Rn 7.

[201] MünchKomm/Schlichting, § 2194 Rn 5.

[202] OLG Karlsruhe ZEV 2004, 331; Staudinger/Otte, § 2194 Rn 9; MünchKomm/Schlichting § 2194 Rn 3 m. w. N. bei Fn. 3.

[203] J. Mayer ZEV 2004, 333 m. w. N.; Vorwerk ZEV 1998, 297.

Mehrere nebeneinander Vollziehungsberechtigte sind jeder für sich allein berechtigt. Der Vollziehungsanspruch geht auf Leistung an den Begünstigten. Der Vollziehungsanspruch ist vom Vollziehungsberechtigten erforderlichenfalls durch Leistungs- bzw. Unterlassungsklage geltend zu machen und nach den §§ 887, 890 ZPO zu vollstrecken. 122

Die Vollziehungsberechtigung ist, soweit sie auf der Erben- bzw. Miterbenstellung beruht,[204] vererblich, aber als fremdnütziges Recht nicht übertragbar, kann nicht verpfändet oder gepfändet werden[205] und fällt nicht in die Insolvenzmasse des Vollziehungsberechtigten.[206] 123

Die Ausübung des Vollziehungsrechts steht im Belieben des Berechtigten.[207] Nur der Testamentsvollstrecker ist kraft seines Amtes zur Geltendmachung verpflichtet.[208] Da es bei der Auflage an einem Anspruch des Begünstigten fehlt, kann auch kein Anspruch auf Schadensersatz wegen ihrer Nichterfüllung entstehen.[209] Gesichert werden kann die Erfüllung der Auflage jedoch durch die aufschiebende oder auflösende Bedingung der mit ihr beschwerten Zuwendung.[210] Verpflichtungen, die sich aus der Auflage ergeben, sind nach § 1967 Abs. 2 Nachlassverbindlichkeiten, die der Erbe nur insoweit zu erfüllen braucht, als er Vermächtnisse erfüllen muss. Die Haftung eines mit einer Auflage beschwerten Vermächtnisnehmers richtet sich nach den für die Erfüllung von Untervermächtnissen geltenden Vorschriften (§ 2187). 124

5. Unwirksamkeit der Auflage

Durch § 2195 wird der Grundsatz des § 2085, dass mehrere in einer Verfügung von Todes wegen erhaltene Verfügungen im Zweifel voneinander unabhängig wirksam sind, für den Fall präzisiert, dass bei einer unter Auflage gemachten **Zuwendung die Auflage unwirksam** ist. Das hat nach § 2195 die Unwirksamkeit auch der Zuwendung nur zur Folge, wenn anzunehmen ist, dass der Erblasser die Zuwendung ohne die Auflage nicht gemacht hätte. Die Selbständigkeit der Auflage ist somit der Regelfall. 125

§ 2195 ist nicht anzuwenden auf den umgekehrten Fall: Ist die **Zuwendung unwirksam,** bleibt in entsprechender Anwendung des § 2161 die Auflage wirksam, sofern kein anderer Wille des Erblassers anzunehmen ist.[211] 126

6. Unmöglichkeit der Vollziehung der Auflage

Ist die Vollziehung einer wirksamen Auflage unmöglich und hat dies der **Beschwerte zu vertreten** (§ 276), so hat gemäß § 2196 der unmittelbare Wegfallbegünstigte i. S. von § 2194 gegen den Beschwerten einen Anspruch auf Herausgabe nach den Vorschriften über die ungerechtfertigte Bereicherung auf die ihm gemachte und mit der Auflage beschwerte Zuwendung, soweit er sie zur Vollziehung der Auflage hätte verwenden müssen, d. h. auf das durch die Nichtvollziehung der Auflage Ersparte. Erfordert die Auflage keinen Vermögensaufwand, besteht auch kein Bereicherungsanspruch.[212] Dies dürfte häufig bei Unterlassungsauflagen der Fall sein. Der Bereicherungsanspruch entsteht auch, wenn die Auflage in einer höchstpersönlichen Leistung des Beschwerten bestand, er rechtskräftig zur Leistung verurteilt wurde, die gegen ihn getroffenen Vollstreckungs- 127

---

[204] Sturm a. a. O., S. 87 m. w. N.
[205] Vorwerk ZEV 1998, 298.
[206] Lange/Kuchinke, 4. Aufl., § 30 III 4.
[207] MünchKomm/Schlichting, § 2194 Rn 7.
[208] Haß SchlHAnz. 1978, 61.
[209] RG WarnR 1937 Nr. 133.
[210] RG SeuffA 74, Nr. 101; Strothmann ZIP 1985, 969, 976; Formular in MünchVertrHdb/Nieder/Otto, Bd. 6/2 Auflage in Muster XVI. 3.
[211] MünchKomm/Schlichting, § 2195 Rn 1.
[212] Palandt/Edenhofer, § 2196 Rn 1.

maßnahmen (§§ 888, 890 ZPO) aber erfolglos blieben (§ 2196 Abs. 2). Der Anspruch richtet sich in seinem Umfang nach Bereicherungsrecht (§§ 2196, 818 ff.). Mit dem § 2196 soll eine Bereicherung des Beschwerten verhindert und er mittelbar zum Vollzug der Auflage gezwungen werden.

128 Ist die Vollziehung der Auflage unmöglich, ohne dass der Beschwerte dies zu vertreten hat, wird er von der Vollziehung frei (§§ 2195, 2196).

7. Erbschaftsteuer

129 Der Erwerb des Begünstigten einer Auflage unterliegt nach § 3 Abs. 2 Nr. 2 Alt. 1 ErbStG der Erbschaftsteuer. Der Beschwerte kann die Verbindlichkeit aus der Auflage als Nachlassverbindlichkeit abziehen (§ 10 Abs. 5 Nr. 2, Abs. 9 ErbStG). Hat der Erblasser einen unbestimmten Personenkreis bedacht, liegt eine **Zweckzuwendung** vor (§ 1 Abs. 1 Nr. 3 ErbStG) und gem. § 8 ErbStG wird der in der Auflage liegende Zweck der Besteuerung unterworfen. Steuerschuldner ist dann der Beschwerte (§ 20 Abs. 1 Satz 1 ErbStG). Anzuwenden ist Steuerklasse III (§ 15 Abs. 1 ErbStG). Zuwendungen, die ausschließlich kirchlichen, gemeinnützigen oder mildtätigen Zwecken gewidmet sind, bleiben jedoch steuerfrei (§ 13 Abs. 1 Nr. 17, 16.b) ErbStG).

8. Checkliste für Auflagen

a) **Gegenstand** der Auflage (Verpflichtung zur Leistung i.S. des § 1940)?

130 Drittbestimmung (Wahlauflage, Gattungsauflage, Zweckauflage: §§ 2193, 2192, 2151 ff.)?

b) Wer ist **beschwert** (Erbe oder Vermächtnisnehmer)?

131 Ist niemand bestimmt, ist der Erbe beschwert (§§ 2192, 2147 Satz 2).
Alle Miterben (oder Vermächtnisnehmer) zu gleichen oder unterschiedlichen Teilen oder nur ein Miterbe (ansonsten §§ 2192, 2148)?
Bei Gemeinschaftlichen Testament oder Erbvertrag: Erbe des Erst- oder des Zweitversterbenden?[213]
Wegfall des Beschwerten?

c) Wer ist **begünstigt?**

132 Drittbestimmung?
Bei Zweckauflage auch nicht die Bestimmung des Personenkreises erforderlich (§ 2193), jedoch Bestimmung des Zwecks der Auflage unter gleichzeitiger Einsetzung eines Bestimmungsberechtigten für den Leistungsgegenstand und den Leistungsempfänger (§§ 2156, 2192, 2193).

133 d) Bestimmung eines **Vollziehungsberechtigten**, ggf. Ersatzregelungen und Anordnung, ob Vollziehungsberechtigung vererblich.
Ausschluss einzelner der gem. § 2194 gesetzlich Vollzugsberechtigten?

134 e) Sicherung des Vollzugs der Auflage durch Ernennung eines Testamentsvollstreckers oder aufschiebende oder auflösende Bedingung der mit der Auflage beschwerten Zuwendung.

135 f) **Zeitpunkt der Erfüllung** der Auflage: Ist die Zeit der Erfüllung der Auflage dem freien Belieben des Beschwerten überlassen, so wird die Leistung im Zweifel mit dem Tod des Beschwerten fällig (§§ 2192, 2181). Hat der Erblasser einen Vermächtnisnehmer beschwert, ist dieser zur Erfüllung erst dann verpflichtet, wenn er die Erfüllung des ihm zugewendeten Vermächtnisses zu verlangen berechtigt ist (§ 2186).

136 g) Bei Auflage stets empfehlenswert: Klarstellung des **Rechtscharakters** als Auflage. Insbesondere Festlegung, dass es sich bei der Anordnung um eine Auflage handelt, evtl. durch den Zusatz, dass der Begünstigte keinen Vollziehungsanspruch haben soll.

---

[213] Vgl. Rechtsgedanken des § 2269 Abs. 2, wonach Zuwendungen an Dritte im Zweifel erst nach dem Ableben des Überlebenden anfallen.

III. Zuwendung durch Erfüllung einer Bedingung

1. Bedingte Zuwendung von Todes wegen im Allgemeinen

Verfügungen von Todes wegen können wie Rechtsgeschäfte unter Lebenden auch **unter einer Bedingung oder Zeitbestimmung** getroffen werden. Dem Erblasser wird dadurch die Möglichkeit gegeben, durch entsprechende Klauseln in einem Testament oder Erbvertrag künftigen Entwicklungen Rechnung zu tragen, die Herrschaft über sein Vermögen über seinen Tod hinaus zu erstrecken und den Willen des Bedachten durch seinen eigenen in der Rechtswirkung fortlebenden Willen zu beeinflussen.[214] Dabei kann er durch Zuwendung unter einer **aufschiebenden Bedingung** (§§ 158 Abs. 1, 2074) den Bedachten vornehmlich zu einer Handlung veranlassen und durch eine solche unter **auflösender Bedingung** (§§ 158 Abs. 2, 2075) zu einer Unterlassung bewegen. Unter einer Bedingung wird die einer Willenserklärung beigefügte Beschränkung verstanden, durch die der Eintritt oder das Ende einer Rechtswirkung von einem in der Zukunft liegenden ungewissen Umstand abhängig gemacht wird.[215] Eine **echte Bedingung** liegt vor, wenn das künftige Ereignis sowohl objektiv als auch nach den Vorstellungen des Erklärenden ungewiss ist.[216] Es können, wie aus § 2075 hervorgeht, auch solche Umstände zur Bedingung gemacht werden, deren Eintritt oder Nichteintritt vom Willen des mit der Zuwendung Bedachten abhängen (**Potestativbedingung;** zur Erbeinsetzung unter einer solchen Bedingung siehe § 8 Rn 38).[217] Sie finden allerdings ihre Schranken an § 2065 Abs. 1, d.h. Geltung, Inhalt oder Empfänger einer Zuwendung können nicht von der bloßen Willensäußerung eines anderen, auch nicht des Bedachten, abhängig gemacht werden. Weitere Schranke ist § 138 Abs. 1, d.h. das Verhalten, zu dem der Bedachte veranlasst werden soll, darf nicht sittenwidrig sein.[218] Dabei sind die Grenzen der Testierfreiheit zu beachten, die durch die Wertordnung des Grundgesetzes im Rahmen der §§ 138, 242 gezogen werden.[219] 137

Das für die Bedingung dargestellte gilt jeweils entsprechend für **befristete** Zuwendungen (§ 163). Ist in einer Verfügung von Todes wegen eine Bedingung enthalten, so unterliegt der dadurch gemachte Vorbehalt den allgemeinen Vorschriften der §§ 158 bis 163, ergänzt durch die §§ 2074 bis 2076.[220] Dabei ist jedoch zu beachten, dass eine bedingte letztwillige Verfügung keine bedingte Verfügung i.S. von § 161 ist.[221] 138

2. Bedingung zum Vorteil eines Dritten (§ 2076)

Die Handlung, zu der der Erblasser den Erben, Vermächtnisnehmer oder Auflagebegünstigten durch deren aufschiebend oder auflösend bedingten Einsetzung veranlassen will, kann speziell bezwecken, **einem Dritten,** d.h. jedem, der nicht Erblasser oder unmittelbar Bedachter ist, einen **Vorteil zu verschaffen,** der nicht notwendig ein geldwerter Vorteil zu sein braucht.[222] In Betracht kommen vor allem Geld- oder Sachleistungen an 139

---

[214] Hilgers MittRhNotK 1962, 381; *Zawar,* Das Vermächtnis in der Kautelarjurisprudenz, dargestellt am aufschiebend bedingten oder befristeten Vermächtnis, 1983; *ders.,* Der bedingte oder befristete Erwerb von Todes wegen, DNotZ 1986, 515; siehe bezüglich der Einflussnahme des Erblassers über seinen Tod hinaus § 15 Rn 170ff.

[215] Haegele JurBüro 1969, 1.

[216] BayObLG NJW 1967, 729.

[217] BayObLG FamRZ 1988, 606, 607 m.w.N.

[218] MünchKomm/Leipold, 4. Aufl., § 2074 Rn 18, 14; Keuk FamRZ 1972, 9.

[219] BVerfG DNotZ 2004, 799 zur Ebenbürtigkeitsklausel im Erbvertrag des Hauses Hohenzollern.

[220] OLG Hamm OLGZ 68, 80, 85.

[221] Palandt/Edenhofer § 2074 Rn 1.

[222] Arg. § 2076 u. § 3 Abs. 2 Nr. 2 ErbStG; OGHZ 1, 161 = MDR 1949, 287; KG JW 1931, 1369 Nr. 3 m. Anm. Herzfelder; BGH NJW 1964, 2298, 2299 = DNotZ 1964, 630, 631.

den Dritten, die Einräumung von dinglichen Rechten zu seinen Gunsten, aber auch die Aufnahme in die Wohnung. Denkbar ist auch das Vermächtnis eines Gegenstandes unter der aufschiebenden Bedingung, dass der Vermächtnisnehmer sich förmlich gegenüber einem Dritten verpflichtet, diesem nach seinem Tod den Gegenstand übertragen zu lassen. Es ist dies eine Alternative zu dem bedingten Herausgabevermächtnis (siehe § 10 Rn 131 ff.). Die Verpflichtung kann bei Grundstücken oder Grundstücksrechten durch Eintragung einer Vormerkung im Grundbuch gesichert werden.

140 Der Dritte erhält bei dieser Gestaltung vom Erblasser **kein Forderungsrecht** (wie beim Vermächtnis) zugewendet, sondern erhält die Leistung nur, wenn sie der bedingt Bedachte zur Erfüllung der ihm vom Erblasser gestellten Bedingung *(condicionis implendae causa)* erbringt.[223] Dem begünstigten Dritten ist die Zuwendung daher noch weniger sicher als dem Auflagebegünstigten, dem die Vollziehungsberechtigten dazu verhelfen können; der Wunsch des Bedachten nach der Endgültigkeit und Unbedingtheit der ihm gemachten Zuwendung ist lediglich ein psychologischer Hebel, um dem Dritten seine Zuwendung zukommen zu lassen

141 Will der Erblasser einen Bedachten unbedingt zu einer Leistung an einen Dritten verpflichten, so muss er sich dazu eines Vermächtnisses bzw. Untervermächtnisses oder einer Auflage bedienen, wobei das Vermächtnis dem Dritten einen eigenen Anspruch auf die Leistung gibt, die Auflage dagegen nicht. Dagegen kann der Erblasser den Vollzug der dem Beschwerten zugunsten eines Dritten auferlegten Leistungspflicht zur aufschiebenden Bedingung seiner Zuwendung machen, wenn er die **Zuwendung an den Dritten von dem Entschluss des bedingt Bedachten abhängig machen will,** an den Dritten zu leisten, um seinerseits die Zuwendung zu erhalten. Ist eine Erbeinsetzung in dieser Weise bedingt, so tritt bis zum Eintritt oder Ausfall der Bedingung gem. §§ 2104, 2105 sog. konstruktive Vor- und Nacherbfolge mit allen, auch steuerlichen Folgen ein (siehe dazu § 3 Rn 78 und § 10 Rn 6); wird dennoch vom Erblasser die bedingte Erbeinsetzung gewünscht, empfiehlt es sich jedenfalls zusätzlich einen Endtermin zu setzen.

142 § 2076 bestimmt für letztwillige Zuwendungen, die an eine zum Vorteil eines Dritten gereichende Bedingung geknüpft sind, dass die Bedingung im Zweifel als eingetreten gilt, wenn der **Dritte** die zum Eintritt der Bedingung erforderliche **Zustimmung verweigert.** Anders als § 162 ist bei § 2076 ein Verstoß gegen Treu und Glauben keine ausdrückliche Voraussetzung. Dennoch ist der § 162 allgemein zugrundeliegende Rechtsgedanke auch hier anzuwenden: Wird die erforderliche Mitwirkung vom Dritten aus berechtigtem Anlass verweigert, kann dies den Bedingungseintritt nicht herbeiführen.[224]

143 Nach Erfüllung der Bedingung ist der begünstigte Dritte **erbschaftsteuerpflichtig** (§ 3 Abs. 2 Nr. 2 Alt. 2 ErbStG).

IV. Zuwendungen durch lebzeitiges Rechtsgeschäft auf den Tod

144 Wenn ein Erblasser auf seinen Tod eine Einzelstückzuwendung beabsichtigt, sollte immer geprüft werden, ob sich seine Regelungsziele nicht einfacher und besser durch ein Rechtsgeschäft unter Lebenden auf den Tod erreichen lassen (siehe hierzu oben § 4). Bezüglich der Vor- und Nachteile solcher Geschäfte gegenüber den Verfügungen von Todes wegen siehe § 4 Rn 78 ff.

---

[223] Mot. z. BGB, Bd. 5 S. 9 f.
[224] So auch Staudinger/Otte § 2076 Rn 3.

V. Wertsicherung gegenständlicher Zuwendungen

1. Überblick, Preisklauselverbot, Zulässigkeit von Wertsicherungsklauseln

Während bei der Zuwendung des Nachlasses im ganzen oder zu Bruchteilen sich eine Wertsicherung für die Zeit bis zum Erbfall und darüber hinaus erübrigt, kann dies bei der **Zuwendung einzelner Nachlassgegenstände** zweckmäßig sein, insbesondere der **vermächtnisweisen Zuwendung einer Geldrente** oder eines bestimmten Geldbetrages (siehe hierzu oben Rn 77 ff., 82). 145

Die **Zulässigkeit einer Wertsicherungsklausel** richtet sich nach dem Gesetz über das Verbot der Verwendung von Preisklauseln bei der Bestimmung von Geldschulden (**Preisklauselgesetz,** nachstehend **PrKG**). Dieses trat in Kraft am 14. September 2007[225] und trat an die Stelle des vormaligen § 2 Preisangaben- und Preisklauselgesetz (PaPkG)[226] i. V. m. §§ 1 ff. Preisklauselverordnung (PrKV).[227] Wesentliche Neuerung war, dass statt des früheren Genehmigungsvorbehalts ein unmittelbar im PrKG enthaltener Erlaubnisvorbehalt gilt. Soweit die in Testamenten oder Übergabeverträgen enthaltenen Wertsicherungsklauseln den Anforderungen des PrKG, insbesondere §§ 3 und 2 PrKG, entsprechen, sind diese kraft Gesetz zulässig. Eine **Genehmigung,** wie früher durch das Bundesamt für Wirtschaft und Ausfuhrkontrolle (BAFA, Eschborn/Taunus) ist **nicht erforderlich.** Die Prüfung, ob die vereinbarte konkrete Wertsicherungsklausel dem gesetzlichen Erlaubnisvorbehalt entspricht, haben die Beteiligten selbst durchzuführen oder durch entsprechenden Prüfungsauftrag an einen Berater zu delegieren. Die **Unwirksamkeit** einer Preisklausel tritt gemäß § 8 PrKG erst zum Zeitpunkt eines rechtkräftig festgestellten Verstoßes gegen das Preisklauselgesetz ein, soweit nicht eine frühere Unwirksamkeit vereinbart ist.

Das PrKG enthält in § 1 Abs. 1 das **grundsätzliche Preisklauselverbot:** Der Betrag von Geldschulden darf nicht unmittelbar und selbständig durch den Preis oder Wert von anderen Gütern und Leistungen bestimmt werden, die mit den vereinbarten Gütern oder Leistungen nicht vergleichbar sind. 146

Nur automatisch wirkende Wertsicherungsklauseln unterliegen diesem grundsätzlichen Verbot. § 1 Abs. 2 PrKG bestimmt, dass das Verbot nicht gilt für bestimmte Klauseln, insbesondere bloße **Ermäßigungsklauseln, Leistungsvorbehaltsklauseln- oder Spannungsklauseln,** die die Höhe der Geldschuld vom künftigen Preis oder Wert gleichartiger Güter abhängig machen. 147

§ 2 Abs. 1 Satz 1, §§ 3–7 PrKG enthalten **Ausnahmen** vom grundsätzlichen Verbot. § 3 PrKG bestimmt die Zulässigkeit von Preisklauseln in langfristigen Verträgen. Gemäß § 3 Abs. 1 sind u. a. **Preisklauseln zulässig** 148

---

[225] Zweites Gesetz zum Abbau bürokratischer Hemmnisse insbesondere in der mittelständischen Wirtschaft, Art. 2 und 30, BGBl. I 2007, 2247 ff.

[226] Vom 22. 7. 1997; deren Vorgängervorschrift § 3 WährG wurde durch Art. 9 § 1 Euro-Einführungsgesetz v. 9. 6. 1998 (BGBl. I 1998, 1242) mit Wirkung zum 1. 1. 1999 aufgehoben. Inhaltlich wurde dabei das in § 3 Satz 1 WährG enthaltene Fremdwährungsverbot ersatzlos gestrichen. Im Übrigen wurde jedoch die bisherige Regelung der Genehmigungsrichtlinien der Deutschen Bundesbank grundsätzlich fortgeführt. Jedoch diente die Vorschrift nicht mehr der Währungs-, sondern der Preisstabilität sowie dem Verbraucherschutz. § 2 des PaPkG (Verbots- und Ermächtigungsnorm für PrKV) wurde aufgehoben, das Gesetz besteht fort als „Gesetz über die Preisangaben (Preisangabengesetz)".

[227] Die PrKV (BGBl. I 1998, 3043) regelte Ausnahmen von dem Verbot und Genehmigungsvoraussetzungen, die nunmehr direkt aufgenommen wurden in das PrKG. Noch zum bis 13. 9. 2007 geltenden Recht hinsichtlich der Anforderungen an die Klauseln z. B. Schöner/Stöber, Vierter Teil, I. Abschnitt N, Rn 3254, 3262 ff.; Limmer, Wertsicherungsklauseln und die Neuregelung durch das Euro-Einführungsgesetz, ZNotP 1999, 148; v. Heynitz, Zur Euroeinführung – Ein neues deutsches Sonderrecht für Wertsicherungsvereinbarungen, MittBayNot 1998, 398; Kluge, Wertsicherungsklauseln in der notariellen Praxis. MittRhNot 2000, 409; Schmidt-Räntsch, Wertsicherungsklauseln nach dem Euro-Einführungsgesetz, NJW 1998, 3166.

- in Verträgen über wiederkehrende Zahlungen, die zu erbringen sind auf **Lebenszeit** des Gläubigers, Schuldners oder eines Beteiligten (§ 3 Abs. 1 Nr. 1 a PrKG);
- in Verträgen über wiederkehrende Zahlungen, die zu erbringen sind für die Dauer von mindestens **zehn Jahren,** gerechnet vom Vertragsabschluss bis zur Fälligkeit der letzten Zahlung (§ 3 Abs. 1 Nr. 1 d PrKG);
- über Zahlungen, die zu erbringen sind auf Grund einer Verbindlichkeit aus der **Auseinandersetzung von Miterben, Ehegatten,** Eltern und Kindern (§ 3 Abs. 1 Nr. 2 a Halbs. 1 PrKG);
- über Zahlungen, die zu erbringen sind **auf Grund einer Verfügung von Todes wegen** (§ 3 Abs. 1 Nr. 2 a Halbs. 2 PrKG),

jeweils dann, wenn der geschuldete Betrag durch die Änderung eines von dem Statistischen Bundesamt oder einem Statistischem Landesamt ermittelten **Preisindexes für die Gesamtlebenshaltung** oder eines vom Statistischen Amt der Europäischen Gemeinschaft ermittelten Verbraucherpreisindexes bestimmt werden soll. In der Praxis wird als solcher überwiegend verwendet der **Verbraucherpreisindex für Deutschland** des Statistischen Bundesamtes (VPI, früher: Preisindex für die Lebenshaltung aller privaten Haushalte in Deutschland).[228]

149 Gemäß § 2 Abs. 1 Satz 2 PrKG gilt die Ausnahme u.a. in § 3 (langfristige Verträge) nur, wenn die Preisklausel im Einzelfall **hinreichend bestimmt** ist und **keine Vertragspartei unangemessen** benachteiligt wird.

2. Wertsicherung für die Zeit zwischen Testamentserrichtung und Erbfall

150 Für die Zeit zwischen der Errichtung der Verfügung von Todes wegen und dem Tod des Erblassers können Geldvermächtnisse und -auflagen, sachwertabhängige Teilungsanordnungen, aber auch Bestimmungen über die Anrechnung oder Ausgleichung von Vorempfängen und dergleichen von Vergleichsgrößen abhängig gemacht werden, insbesondere dem Preisindex für die Gesamtlebenshaltung des Statistischen Bundesamtes, einem bestimmten Beamtengehalt oder dem Preis bestimmter Güter, da § 1 Abs. 1 PrKG[229] ein Schuldverhältnis („Geldschulden“) voraussetzt, das im Zeitpunkt der Errichtung der Verfügung von Todes wegen noch nicht gegeben ist.[230] Damit unterliegt die Anordnung einer Wertsicherung in der Zeit zwischen Testamentserrichtung und Erbfall nicht dem Verbot des § 1 Abs. 1 PrKV; gleichwohl ist empfehlenswert, die Rechtsgedanken der §§ 2, 3 PrKV, auch hinsichtlich der Bestimmtheit, bei der Gestaltung zu berücksichtigen.

3. Wertsicherung für die Zeit nach Eintritt des Erbfalles

151 Sollen die Wertsicherungen z.B. für erst später anfallende oder fällige sachwertgebundene Geldvermächtnisse und -auflagen oder Rentenvermächtnisse auch über den Erbfall hinaus Wirksamkeit behalten, haben diese dem in Abschnitt 1 (Rn 145 ff.) dargestellten Erlaubnisvorbehalt gemäß §§ 2, 3 Abs. 1 PrKV zu entsprechen, falls es sich nicht um Leistungsvorbehalte oder Spannungsklauseln i.S. des § 1 Abs. 2 PrKG handelt.[231] Indexklauseln sind insbesondere nicht zulässig, wenn sie nicht hinreichend bestimmt sind (§ 2 Abs. 1 Satz 2, Abs. 2 PrKG; z.B. keine konkreter Index; vgl. auch die Anforde-

[228] www.destatis.de. Dieser basiert derzeit auf Basis 2005 = 100 und wird monatlich in der DNotZ veröffentlicht. Hierzu sowie zu weiteren in Frage kommenden Preisindizes Reul DNotZ 2003, 92; Kluge MittRhNotK 2000, 416.

[229] Bis zum Inkrafttreten des PrKG: § 2 Abs. 1 PaPkG.

[230] Zu § 3 WährG: v. Oertzen ZEV 1994, 160.

[231] Noch zur PrKV v. Oertzen ZEV 1994, 160; Schmidt-Räntsch NJW 1998, 3166; G. Kirchhoff, DNotZ 2007, 11.

rungen an den Index in § 3 Abs. 1 a. E. PrKG), oder wenn eine Vertragspartei unangemessen benachteiligt wird, insbesondere bei Einseitigkeitsklauseln (§ 2 Abs. 2 Satz 2, Abs. 3 Nr. 1, 2 PrKG) oder überproportionalen Änderungen (§ 2 Abs. 2 Satz 2, Abs. 3 Nr. 3 PrKG).

Schrifttum: Sarres, Vermächtnis, 2009.

§ 10 Gestaltungen zur Erhaltung des Nachlasses für Endbedachte

I. Übersicht

1 Während in den beiden vorstehenden Paragraphen 8 und 9 die Verteilung des Nachlasses durch den Erblasser nach Bruchteilen oder Gegenständen behandelt wurde, handelt der folgende von den Möglichkeiten seiner Aufteilung nach Substanz und zeitlicher Nutzung. Dabei sollen die Nutzungen zunächst einem Erstbedachten und die Vermögenssubstanz danach einem Endbedachten zugewendet werden. Die einzelnen Gestaltungsmöglichkeiten unterscheiden sich vor allem durch das Maß der Verfügungsbeschränkungen des Erstbedachten und die Stärke der Kontroll- und Sicherungsrechte des Endbedachten gegenüber dem oder den Erstbedachten:

- Die für die Erbfolge des Endbedachten sicherste Möglichkeit ist die, den **Endbedachten zum Erben** einzusetzen und dem **Erstbedachten** nur den **Nießbrauch** am Nachlass zu vermachen (unten Abschnitt V., Rn 157). Diese Lösung ist variabel, z.B. kann der Nießbrauchsvermächtnisnehmer zugleich zum Testamentsvollstrecker eingesetzt werden (**Testamentsvollstrecker-Nießbrauch-Lösung**).
- Freier ist die Stellung des Erstbedachten, wenn er zum **Vorerben und der Endbedachte zum Nacherben** eingesetzt wird (unten Abschnitt II., Rn 7) und noch freier, wenn dabei der Vorerbe von – einzelnen oder – allen gesetzlichen Beschränkungen befreit wird (unten Abschnitt II.6., Rn 34).
- Die stärkste Stellung hat bei dieser Zielsetzung der **Erstbedachte**, wenn er zum **Vollerben** eingesetzt wird und nur beim Eintreten bestimmter Ereignisse (z.B. seiner Wiederheirat oder seines Todes) vermächtnisweise verpflichtet ist, bestimmte Nachlassgegenstände an den Endbedachten herauszugeben (**Herausgabevermächtnis**) (unten Abschnitt III., Rn 131).

2 Der Erblasser sollte allerdings eine Aufteilung des Nachlasses in zeitliche Nutzung und Substanz nur wählen, wenn anzunehmen ist, dass der nur nutzungsberechtigte Erstbedachte die Vermögenssubstanz nicht angreifen muss oder die eingeräumte Zugriffsmöglichkeit (befreite Vorerbschaft, Vermächtnis auf den Überrest) für dessen Bedürfnisse, z.B. Pflege im Alter, ausreicht.

II. Vor- und Nacherbschaft

1. Begriff und Bedeutung

3 Nach § 2100 kann der Erblasser einen Erben in der Weise einsetzen, dass dieser Erbe (**Nacherbe**) wird, nachdem zunächst ein anderer Erbe (**Vorerbe**) geworden ist. Vorerbe wie Nacherbe sind jeweils Erben nach dem Erblassers, nicht untereinander. Jeder ist auf Zeit Erbe und beide sind jeweils Gesamtrechtsnachfolger des Erblassers, der somit zweimal beerbt wird.[1] Nach dem Erbfall entsteht für den Nacherben innerhalb der Vorerbschaft ein Anwartschaftsrecht.[2] Da das der Nacherbschaft unterliegende Vermögen des Erblassers nicht vom Vorerben weitervererbt wird, entstehen auch keine gesetzlichen Erb- oder Pflichtteilsansprüche der Verwandten des Vorerben. Der Erbfall tritt ein mit dem Tod des Erblassers, der Nacherbfall mit dem Eintritt des vom Erblasser dafür gesetzten Ereignisses oder Zeitpunkts (§ 2103). Hat der Erblasser einen solchen Zeitpunkt oder ein Ereignis nicht gesetzt, tritt der Nacherbfall mit dem Tod des Vorerben ein (§ 2106 Abs. 1).

---

[1] Zu erbschaftsteuerlichen Nachteilen und Besonderheiten siehe § 6 I.8; eingehend zur Vor- und Nacherbschaft im Steuerrecht: Hannes/Mielke in Roth/Hannes/Mielke, Vor- und Nacherbschaft, 7. Teil.

[2] RGZ 101, 185; BGHZ 87, 367, 369; BGHZ 37, 319, 322.

Ist der vom Erblasser für den Eintritt der Nacherbfolge bestimmte Zeitpunkt oder das Ereignis binnen **30 Jahren ab Erbfall** (§ 2109 Abs. 1 Satz 1) noch nicht eingetreten, **entfällt die Nacherbfolge;** wer zu diesem Zeitpunkt Vorerbe ist, wird automatisch Vollerbe. Hiermit soll eine übermäßig lange Bindung des Vermögens durch den Erblasser und damit ein dem Familien-Fideikomiss vergleichbarer Zustand verhindert werden.[3] Die Frist beginnt mit dem auf den Tod des Erblassers folgenden Tag und endet 30 Jahre später (§ 187 Abs. 1, § 188 Abs. 2). Die 30-jährige Begrenzung der Nachfolgeanordnung gilt auch bei der gestaffelten Nachfolgeanordnung, so dass auch insoweit die angeordnete Nacherbfolge 30 Jahre nach Eintritt des Erbfalls unwirksam wird.[4]

Die Nacherbeinsetzung bleibt jedoch nach dem Gesetz **auch nach dieser Zeit wirksam,** 4
wenn einer der folgenden Ausnahmefälle vorliegt; dann gilt keinerlei Höchstfrist.[5]

- Die Nacherbfolge ist für den Fall angeordnet, dass in der Person des Vorerben oder des Nacherben ein bestimmtes Ereignis eintritt (**personenbezogenes Ereignis**) und derjenige, in dessen Person das Ereignis eintreten soll, **zur Zeit des Erbfalls bereits lebt** (= zeitliche Koexistenz mit dem Erblasser) (§ 2109 Abs. 1 Satz 2 Nr. 1). Nach § 2109 Abs. 2 gilt die Ausnahmeregelung nicht, wenn Vor- oder Nacherbe eine juristische Person ist.

  Soll das Ereignis zu Lebzeiten des Vorerben eintreten (z. B. sein eigener Tod), dann braucht der Nacherbe nicht bereits beim Erbfall zu leben. Es genügt, wenn er bei Eintritt des Nacherbfalls gezeugt ist.[6] Das wichtigste Beispiel für ein personenbezogenes Ereignis ist der **Tod des Vorerben** als Nacherbfall. Dies wird nach § 2106 Abs. 1 auch gesetzlich vermutet. Umstritten ist, ob für das Tatbestandsmerkmal „in der Person“ nur personenspezifische Ereignisse, z. B. Wiederverheiratung des Vorerben oder Erreichen einer bestimmten Ausbildung oder Alters durch den Nacherben, in Frage kommen[7] oder ob jedes Ereignis zu Lebzeiten der Person des Vor- oder Nacherben, z. B. eine politische Änderung, ausreicht.[8] Letzterer Ansicht dürfte der Vorzug zu geben sein und damit der grundsätzlichen Testierfreiheit des Erblassers: Diese soll nur insoweit eingeschränkt werden, als das Ereignis und damit der Nacherbfall auch nach dem Tod der Person eintreten können soll; eine besondere rechtliche oder wirtschaftliche Beziehung des Ereignisses zum Vor- oder Nacherben ist nicht Voraussetzung für die Anordnung. Hiervon ist zu trennen, dass es nicht ausreicht, dass das Ereignis in der Person eines Dritten eintritt;[9] dann bleibt die 30-Jahresfrist unberührt.
- Der Erblasser hat **ungeborene Geschwister** des Vor- oder Nacherben als weitere Nacherben bestimmt (§ 2109 Abs. 1 Satz 2 Nr. 2). Die zeitliche Grenze für die Wirksamkeit der Nacherbeinsetzung wird in diesem Fall durch die Lebensdauer der Eltern des Geschwisterteils, das Nacherbe werden soll, gezogen.[10] Der nachgeborene Bruder bzw. Schwester kann auch erst mit einem späteren Ereignis zu Nacherben eingesetzt sein; nicht erforderlich ist, dass das Geschwister bereits mit Geburt Nacherbe wird. Zu den Geschwistern gehören auch Halbgeschwister und nach überwiegender Ansicht auch minderjährige Adoptivkinder.[11]

---

[3] Reimann, NJW 2007, 3034, 3035.

[4] OLG Köln ZEV 2008, 443, 445; Palandt/Edenhofer, § 2109 Rn 4.

[5] Siehe hierzu eingehend Edenfeld DNotZ 2003, 4, 10 und Roth in Roth/Hannes/Mielke, Vor- und Nacherbschaft, § 17.

[6] Edenfeld a. a. O.

[7] So RGRK/Johannsen § 2109 Rn 7; Erman/M. Schmidt § 2109 Rn 2; Palandt/Edenhofer, § 2109 Rn 3.

[8] MünchKomm/Grunsky § 2109 Rn 5; Staudinger/Behrends/Avenarius § 2109 Rn 8; Litzenburger in Bamberger/Roth § 2109 Rn 2; LG Berlin NJW 1993, 272 (zur deutschen Wiedervereinigung).

[9] Beispiel nach MünchKomm/Grunsky, § 2109 Rn 5: „Erbe ist mein Sohn; stirbt dessen Sohn vor dem Vater, so ist Nacherbin meine Tochter.“

[10] Damrau/Hennicke, Erbrecht, § 2109 Rn 5.

[11] MünchKomm/Grunsky § 2109 Rn 6 m. w. N.

5 Die Nacherbeinsetzung kann grundsätzlich nur durch eine **Verfügung von Todes** wegen erfolgen. Das Gesetz kennt aber Fälle, in denen die Nacherbeinsetzung vermutet wird, um zu verhindern, dass sonst die Erbeinsetzung unwirksam wäre. So ist die Einsetzung einer beim Erbfall noch nicht erzeugten Person als Erbe im Zweifel als Nacherbeinsetzung anzusehen (§ 2101 Abs. 1). Der Nacherbfall tritt dann mit der Geburt des Nacherben ein (§ 2106 Abs. 2 Satz 1).

6 Ferner tritt gem. §§ 2104, 2105 Vor- bzw. Nacherbschaft zugunsten der gesetzlichen Erben ein, wenn der Erblasser einen Erben nur bis zu einem Ereignis oder Zeitpunkt oder ab einem solchen, d.h. unter einer auflösenden oder aufschiebenden **Bedingung** (§§ 2070, 2074, 2075) oder Befristung eingesetzt hat, ohne für die übrige Zeit eine Regelung getroffen, d.h. jemand zu Vor- und Nacherben eingesetzt zu haben (**sog. konstruktive oder gedachte Vor- und Nacherbfolge**).[12] Diese Vorschriften enthalten keine gesetzlich angeordneten Nacherbfolgen, sondern wollen als **Auslegungsregeln** bei Erbeinsetzungen noch nicht gezeugter Personen bzw. zeitweisem Fehlen eines Erben, da auch zeitweise eine Erbschaft ohne Rechtsträger nicht möglich ist, die sonst eintretende Unwirksamkeit der Verfügung von Todes wegen verhindern.[13] Konstruktive Nacherbschaft gemäß § 2104 Satz 1 kann auch eintreten, wenn der Erblasser entgegen § 2065 Abs. 2 es dem Vorerben überlässt, den Nacherben zu bestimmen.[14]

6a Die Anordnung der Vor- und Nacherbschaft begründet meist – rechtlich wie tatsächlich – zum komplexe **Beziehungen zwischen Vor- und Nacherben**, insbesondere

- die eingeschränkten Verfügungsrechte des Vorerben (§§ 2113–2115), die in der Praxis Verfügungen – insbesondere im Grundstücksbereich – erheblich erschweren können;
- das Surrogationsprinzip (§ 2111). Häufig sind Vorerben nicht in der Lage, deren beiden Vermögensmassen – eigenes freies Vermögen und das der Nacherbenbindung unterliegende Vermögen – über Jahrzehnte hinweg getrennt zu halten;[15]
- die Vermögensanlagebeschränkungen der §§ 2116–2119;
- die Rechenschaftspflichten des Vorerben und Auskunftsrechte der Nacherben (§§ 2121–2123, 2127, 2130)
- die dem Nießbrauch nahekommende Behandlung von Kosten, Lasten und Verwendungen (§§ 2124–2126) nebst Sicherheitsleistung (§§ 2128, 1052, 2129)
- und sonstige bei langjährigen Dauerschuldverhältnissen schwer vermeidbare Friktionen, z.B. aus §§ 2131–2135.

Der Rechtsgestalter hat den Erblasser im Rahmen seiner Unterrichtung über die rechtliche Tragweite auch über diese möglichen Auswirkungen der Vor- und Nacherbfolge zu unterrichten.

2. Die Rechtsstellung des Vorerben

7 Der **Vorerbe ist echter Erbe,** wenn auch nur auf Zeit (§ 2139),[16] nicht nur Nießbraucher, sondern Eigentümer der Nachlassgegenstände und Inhaber der zum Nachlass gehörenden Rechte. Auf den Vorerben gehen das gesamte Vermögen (§ 1922), der Besitz des

[12] BayObLGZ 1962, 47, 57 = NJW 1962, 1060, 1061; BayObLGZ 1965, 457, 462; BayObLGZ 1966, 49, 54; BayObLGZ 1966, 229; Haegele Rpfleger 1971, 121, 132; Birk DNotZ 1972, 284, 291; MünchKomm/Leipold, § 2074 Rn 13; MünchKomm/Grunsky, § 2105 Rn 1; Staudinger/Behrends § 2100 Rn 11; eingehend Wilhelm NJW 1990, 2860.

[13] BGH NJW 1986, 1812 = FamRZ 1986, 462; Bergermann MittRhNotK 1972, 743/748; nach einer verbreiteten Meinung soll allerdings zumindest die aufschiebend bedingte oder befristete Erbeinsetzung gem. § 2105 eine gesetzliche Nacherbeinsetzung sein, so Lange/Kuchinke, 4. Aufl. § 28 II 1 e m.w.N.

[14] OLG Hamm NJW-RR 1995, 1477 = ZEV 1995, 376 = FamRZ 1996, 378.

[15] Typisches Beispiel: Verwendungen, z.B. Renovierungen, auf das sich in der Nacherbschaft befindliche Haus werden – ggf. teilweise – mit Eigenmitteln des Vorerben bezahlt.

[16] RGZ 80, 30.

Erblassers (§ 857), sowie dessen Verbindlichkeiten (§ 1967) über (§ 2100). Auf den Vorerben geht daher die Erbschaft als Ganzes oder zu einem Bruchteil über und eine Vererbung einzelner Gegenstände durch Vonselbsterwerb beim Todesfall ist nicht möglich. Es gibt deshalb keine gegenständliche, etwa auf das Betriebsvermögen beschränkte Vor- und Nacherbschaft. Ihre Wirkung kann jedoch dadurch erreicht werden, dass dem Vorerben alle Nachlassgegenstände mit Ausnahme dessen, was der gegenständlich beschränkten Vorerbschaft unterfallen soll, als Vorausvermächtnis zugewendet werden (§§ 2150, 2110 Abs. 2) (siehe oben § 9 Rn 46?). Der Vorerbe ist nach Maßgabe der §§ 2113 bis 2115 im Interesse des Nacherben in der Verfügungsmöglichkeit über Nachlassgegenstände beschränkt. Soweit sich jedoch aus diesen Bestimmungen keine Beschränkung der Verfügungsbefugnis ergibt, kann der Vorerbe über die Nachlassgegenstände frei verfügen (§ 2112), wobei allerdings gem. § 2111 (**dingliche Surrogation**) der Verfügungserlös an die Stelle des Erbschaftsgegenstandes tritt.

Hierin liegt ein wesentlicher Unterschied zum Nießbrauchsvermächtnis, bei dem der Nießbraucher über die dem Nießbrauch unterliegenden Gegenstände kraft Gesetzes grundsätzlich nicht verfügungsberechtigt ist, ihm lediglich nach §§ 1074, 1077, 1087 Abs. 2 ein sehr eingeschränktes Verfügungsrecht gegeben ist.[17] Ein weiterer großer **Unterschied zwischen Vorerbschaft und Nießbrauchsvermächtnis** liegt darin, dass der Vorerbe den Nachlass grundsätzlich nach seinem eigenen Ermessen, wenn auch ordnungsmäßig, verwalten, ja sogar Nachlassgegenstände gegen Wertersatz nach Eintritt der Nacherbfolge für sich verwenden darf (§ 2134), und eine Ersatzpflicht wegen Verletzung seiner Sorgfaltspflicht, die zudem auf das Maß, das er in eigenen Angelegenheiten anzuwenden pflegt, gemindert ist (§ 2131), erst nach Eintritt des Nacherbfalls in Betracht kommt (§ 2130). Der Vorerbe haftet, und das auch noch gemindert auf den Haftungsmaßstab des § 277, nur für die Erhaltung der wertmäßigen Substanz des Nachlasses, nicht auf die Erhaltung der konkreten Nachlassgegenstände.[18] Der Nießbraucher ist verpflichtet, die wirtschaftliche Bestimmung (§§ 1036 Abs. 2, 1037 Abs. 1) und die Sachsubstanz (§ 1041) der konkreten Nießbrauchsgegenstände zu erhalten und haftet dafür voll. Im wirtschaftlichen Bereich, d. h. bezüglich des Nutzungsrechts und der Lastentragungspflicht gleichen sich die Positionen des Vorerben und des Nießbrauchsvermächtnisnehmers jedoch weitgehend.

Soweit der Vorerbe über Nachlassgegenstände verfügen kann, tritt der Gegenwert an die Stelle des veräußerten Gegenstandes und fällt gem. § 2111 in die Erbmasse (**dingliche Surrogation**). Der Nachlass bildet in der Hand des Vorerben wegen der Beschränkungen zugunsten des Nacherben ein Sondervermögen, das zwar denselben Rechtsträger wie das Eigenvermögen hat, aber im Interesse der Nachlassgläubiger und des Nacherben sein eigenes rechtliches Schicksal besitzt und in seiner rechtlichen Identität durch den Grundsatz der dinglichen Surrogation (§ 2111) erhalten wird. Trotzdem wird grundsätzlich der Nachlass auch bei ihm mit seinem Eigenvermögen verschmolzen. Die Vermögensverschmelzung ist jedoch von geringerer Intensität als die bei einem unbeschränkten Alleinerben.[19] Die Vereinigung des Nachlasses mit dem Eigenvermögen eines Vorerben endet mit dem Eintritt des Nacherbfalls. Der Vorerbe kann diesem Sondervermögen nicht mit dinglicher Wirkung Gegenstände seines freien Vermögens zuweisen.[20]

Der Vorerbe kann sich unbeschadet der Rechte des Nacherben gem. §§ 2371 ff. zur 8
Übertragung der ganzen Erbschaft oder seines Miterbenanteils verpflichten.[21] Die Erfüllung dieser Verpflichtung erfolgt bei alleinigen Vorerben durch Übertragung der Einzel-

[17] Eingehend über die Unterschiede zwischen Nießbrauchsvermächtnis und Vor- und Nacherbschaft siehe Schlieper, MittRhNotK 1995, 249.

[18] Staudinger/Behrends § 2130 Rn 7, 8.

[19] Staudinger/Marotzke § 1922 Rn 79.

[20] OLG Stuttgart OLGZ 1973, 262 = DNotZ 1974, 365; Maurer DNotZ 1981, 223, 225.

[21] Neusser MittRhNotK 1979, 143, 144 f.

nen zur Vorerbschaft gehörenden Vermögensstücke in der jeweils dafür vorgeschriebenen Form an den Erwerber. Ist der Vorerbe nur Miterbe, erfolgt das Erfüllungsgeschäft gem. § 2033 als Gesamtverfügung.

Über die Vererblichkeit der Rechtsstellung des Vorerben siehe oben § 1 Rn 163.

3. Die Verteilung der Nutzungen und Lasten zwischen Vor- und Nacherben

9 Der Vorerbe hat gemäß den Regeln der ordnungsgemäßen Verwaltung den Nachlass für den Nacherben zu erhalten. Hierbei hat der Vorerbe bis zum Eintritt des Nacherbfalls **Erhaltungs- und Verwaltungskosten** sowie weitere **Aufwendungen** für den Nachlass zu tätigen. Hierbei ergeben sich die – im Einzelfall häufig schwierigen und streitbefangenen – Abgrenzungen, ob die Kosten der Vorerbe aus dem Vorerbenvermögen (Vorerbschaft) entnehmen darf oder aus seinem Eigenvermögen bestreiten muss, inwieweit ein Erstattungsanspruch gegen den Nacherben besteht sowie bezüglich des Umfangs des Wegnahmerechts des Vorerben gemäß § 2125 Abs. 2.[22] Die **Tragung der Kosten und Lasten** ist für das Verhältnis von Vor- und Nacherben in §§ 2124–2126 geregelt, in § 2124 bezüglich der Erhaltungskosten, in § 2125 bezüglich sonstigen Verwendungen und in § 2126 bezüglich außerordentlicher Lasten. Soweit Lasten hiernach vom Vorerben zu tragen sind, sind die Regelungen zwingend; eine **Befreiung** ist gemäß § 2136 **nicht möglich.** Der Erblasser kann jedoch das wirtschaftliche Ergebnis erreichen, in dem er zu Gunsten des Vorerben ein entsprechendes Vermächtnis anordnet sowie den Vorerben gemäß § 2136 von der Herausgebepflicht nach § 2130 und der Ersatzpflicht nach §§ 2134 befreit.

Wie dem Nießbraucher am Nießbrauchsgegenstand (§ 1030 Abs. 1), so gebühren dem Vorerben gem. § 2111 Abs. 1 **nur die Nutzungen des Nachlasses i.S. der §§ 99, 100** für die Zeit der Vorerbschaft (§ 101) mit Ausnahme der sog. Übermaßfrüchte (§ 2133) und fallen in sein freies Vermögen.[23] Die **gewöhnlichen Erhaltungs- und Verwaltungskosten** der Nachlassgegenstände (z.B. normale Verschleißreparaturen; Renovierungskosten von Mietwohnungen) hat der Vorerbe dafür aus eigenen Mitteln zu tragen (§ 2124 Abs. 1), desgleichen die **ordentlichen Lasten,** wie z.B. Grundsteuer und Versicherungen (§ 2124 Abs. 1).[24] **Andere Aufwendungen,** welche der Vorerbe den Umständen nach **für erforderlich halten darf (= außergewöhnliche notwendige Aufwendungen)** (z.B. Kosten für die Erneuerung des Daches oder der Heizungsanlage) (§ 2124 Abs. 2),[25] und **außerordentliche Lasten,** die als auf den Stammwert der Erbschaftsgegenstände gelegt anzusehen sind (z.B. Schulden des Erblassers, Pflichtteilsansprüche, Erschließungsbeiträge für Nachlassgrundstücke) (§ 2126), kann er aus der Erbschaft bestreiten und sind ihm vom Nacherben nach Eintritt der Nacherbfolge zu ersetzen.[26] Die Erhaltungskosten müssen nicht objektiv erforderlich gewesen sein. Es genügt, dass der Vorerbe sie den Umständen nach gemäß seinem gutgläubig ausgeübtem Ermessen zufolge für erforderlich halten durfte.

Streitig ist, ob der Vorerbe zur Finanzierung von außergewöhnlichen notwendigen Aufwendungen i.S. von § 2124 Abs. 2 Satz 1 einen **Kredit** aufnehmen kann, wenn die Erträge der Vorerbschaft die Zinsen und angemessene Tilgung nicht decken.[27] Dann hat er die dafür anfallenden Zinsen aus seinen eigenen Mitteln zu bestreiten.[28] Der BGH[29]

---

[22] Eingehend zur Lastenverteilung zwischen Vor- und Nacherben: Roth in Roth/Hannes/Mielke, § 2 Rn 24ff.

[23] BGH NJW 1983, 2875; BGH Rpfleger 1986, 434.

[24] BGH NJW 1985, 384; BGH NJW 1993, 3198 = FamRZ 1993, 1311.

[25] Zur Abgrenzung der gewöhnlichen Erhaltungskosten von den außergewöhnlichen notwendigen Aufwendungen siehe eingehend Voit, ZEV 1994, 138; BGH a.a.O.

[26] BGH NJW 1980, 2466; BGH NJW-RR 1986, 1069 = WPM 1986, 1095; Maur NJW 1990, 1162.

[27] Roth in Roth/Hannes/Mielke, § 2 Rn 30.

[28] MünchKomm/Grunsky, § 2126 Rn 3.

[29] BGH NJW 1993, 3198 = FamRZ 1993, 1311 = Rpfleger 1993, 493.

ist darüber hinaus aber der Meinung, dass er auch einen angemessene Teil der Tilgung zu erbringen habe, deren Höhe sich nach den durch die finanzierte Maßnahme aufrechterhaltenen oder erhöhten Nutzungen bemesse.[30] Aus der Verpflichtung des Vorerben zur ordnungsgemäßen Nachlassverwaltung folgert der BGH,[31] dass bei einer Kreditaufnahme des Vorerben zu Lasten des Nachlasses ein Treuhänder eingeschaltet werden muss, ohne dessen Zustimmung er über die Kreditmittel nicht verfügen darf.

Von Krediten des Vorerben zu unterscheiden sind **Verbindlichkeiten**, welche noch der **Erblasser** aufnahm, die beim Vorerbfall noch bestanden und für die der Vorerbe haftet (§ 1967). Grundsätzlich stehen dem Vorerben die vollen Nutzungen (§ 100) der Erbschaft zu. Mithin stellen Grundpfandrechte und damit gesicherte Darlehen, mit denen schon der Erblasser Nachlassgrundstücke belastet hat, stets außerordentliche, auf den Stammwert von Erbschaftsgegenständen gelegte Lasten dar, deren **Tilgung** gemäß §§ 2126, 2124 Abs. 2 **aus der Substanz der Erbschaft** zu leisten oder vom Nacherben zu erstatten sind.[32] Der Erblasser kann jedoch den Vorerben im Wege eines Vermächtnisses zu Gunsten des Nacherben verpflichten, die Grundpfandrechte aus den an sich dem Vorerben zustehenden Nutzungen der Erbschaft zu tilgen mit der Folge, dass Erstattungsansprüche aus § 2124 Abs. 2 insoweit nicht geltend gemacht werden können. Damit erfolgt die Werterhöhung der Substanz des Nachlasses auf Kosten des Vorerben.[33]

Sonstige Verwendungen auf die Erbschaft, **die der Vorerbe nicht für erforderlich halten durfte,** (z.B. Betriebserweiterungen, Luxusanschaffungen, Bebauung eines Grundstücks) hat der Nacherbe dem Vorerben nach dem Eintritt der Nacherbfolge nach den Vorschriften über die Geschäftsführung ohne Auftrag zu ersetzen (§ 2125 Abs. 1). Das bedeutet, dass er sie nach §§ 683, 679 nur ersetzt bekommt, wenn sie dem wirklichen oder mutmaßlichen Willen des Nacherben entsprechen oder die Aufwendungen der Erfüllung einer im öffentlichen Interesse liegenden Pflicht dienen. Ist dies nicht der Fall, steht nach § 684 dem Vorerben lediglich ein Bereicherungsanspruch zu. Auf jeden Fall steht dem Vorerben nach § 2125 Abs. 2 ein Wegnahmerecht (§ 258) bezüglich der Verwendungen zu. Soweit Verwendungen im Einverständnis mit dem Nacherben gemacht worden sind, durfte sie der Vorerbe immer als erforderlich ansehen.[34] Ansprüche aus §§ 987ff. wegen Verwendungen auf die Nachlassgegenstände können wegen der erst beim Nacherbfall eintretenden Unwirksamkeit erst ab diesem Zeitpunkt geltend gemacht werden, für die Zeit der Vorerbschaft gelten die §§ 2124–2126.[35] 10

4. Die Wirkungen des Nacherbfalls

Bei Eintritt des Nacherbfalls fällt das Sondervermögen als Nachlass des Erblassers, nicht des Vorerben, dem Nacherben an und der Vorerbe hört auf, Erbe zu sein (§ 2139). Der Nacherbe erwirbt mit dem Eintritt des Nacherbfalls das Recht, vom Vorerben die Herausgabe der Erbschaft zu verlangen (§ 2130 Abs. 1). Aufgrund der Verwaltungs- und Herausgabepflicht nach § 2130 hat der nicht befreite Vorerbe bzw. dessen Erben dem Nacherben die Erbschaft in dem Zustand herauszugeben, der sich bei einer bis zur Herausgabe fortgesetzten ordnungsmäßigen Verwaltung ergibt. Verstößt der Vorerbe gegen diese Verpflichtung, ist er dem Nacherben schadensersatzpflichtig.[36] Seine Haftung beschränkt sich aber, soweit es sich nicht um im Einzelnen geregelte gesetzliche Vorschrif- 11

[30] Ablehnend hinsichtlich der Tilgungspflicht des Vorerben Voit ZEV 1994, 138, 139ff.

[31] BGHZ 110, 176 = NJW 1990, 1237; BGH NJW 1993, 1582 = FamRZ 1993, 801 = DNotZ 1993, 538.

[32] BGH ZEV 2004, 425, 426 (mit Anm. de Leve S. 427) = NJW 2004, 2981; Änderung der Rspr. zum Urteil des BGH v. 31. 10. 1984.

[33] BGH ZEV 2004, 425, 427 und LS. 3.

[34] MünchKomm/Grunsky, § 2125 Rn 1.

[35] BGH NJW 1985, 382 = FamRZ 1985, 176 = DNotZ 1985, 482.

[36] BGH MDR 1973, 749 = LM § 1967 Nr. 4.

ten handelt, auf **diejenige Sorgfalt, welche er in eigenen Angelegenheiten anzuwenden pflegt** (§ 2131, 277). Er haftet auch nicht für Veränderungen und Verschlechterungen, die auch durch ordnungsgemäße Benutzung herbeigeführt werden (§ 2132). Kann der Vorerbe einen Erbschaftsgegenstand nicht herausgeben, weil er ihn für sich verwendet hat, muss er statt dessen Wertersatz leisten (§ 2134 Abs. 1). Falls der Vorerbe während der Vorerbschaft Früchte den Regeln einer ordnungsgemäßen Wirtschaft zuwider gezogen hat (z. B. Raubbau), hat er nach § 2133 dem Nacherben nach Eintritt des Nacherbfalls den Mehrbetrag herauszugeben oder zu ersetzen. Alle mit dem Erbfall durch Konfusion erloschenen Rechtsverhältnisse zwischen Erblasser und Vorerben leben gemäß § 2143 mit dem Nacherbfall automatisch wieder auf.[37]

5. Schutz des Nacherben durch Beschränkung des Vorerben bei der nicht befreiten Vorerbschaft

a) Schutz durch Verfügungsbeschränkungen

12 Der Grundsatz der freien Verfügungsmacht des Vorerben gem. § 2112 ist im Interesse und zum Schutz des Nacherben durch die §§ 2113 bis 2115 erheblich eingeschränkt, wobei allerdings der Erblasser den Vorerben gem. §§ 2136, 2137 von der Mehrzahl dieser Beschränkungen und Verpflichtungen befreien kann. Im Einzelnen hat der Nacherbe danach folgende Mitverwaltungsrechte bzw. ist der Vorerbe wie folgt in seiner **Verfügungsbefugnis beschränkt** und wobei es sich um absolute Verfügungsverbote handelt, die gegenüber jedermann wirken:[38]

13 *aa) Bei Grundstücksverfügungen.*[39] Verfügungen über Grundstücke einschließlich ideeller Bruchteile daran und Rechte an Grundstücken sind gemäß § 2113 Abs. 1 im Falle des Eintritts der Nacherbfolge insoweit unwirksam, als sie das **Recht des Nacherben vereiteln oder beeinträchtigen** würden. Dabei ist auch die Bewilligung einer Vormerkung als Verfügung i. S. von § 2113 Abs. 1 anzusehen ist.[40] Gemäß der grundbuchrechtlich dem § 2113 korrespondierenden Vorschrift des § 51 GBO wird zum Schutz des Rechtsverkehrs ein entsprechender, ggf. auch eine Befreiung bekundender **Nacherbenvermerk** im Grundbuch eingetragen zum Schutz vor einem gutgläubigen Dritterwerb.

14 § 2113 Abs. 1 setzt Nachlasszugehörigkeit eines Grundstücks oder Rechts an einem Grundstück voraus. Befindet sich hingegen im Nachlass ein **Anteil an einem Gesamthandsvermögen**, insbesondere Anteil an einer Erbengemeinschaft, einer Gesellschaft bürgerlichen Rechts oder einer ehelichen Gütergemeinschaft, in welchem wiederum Grundstücke enthalten sind, ist eine unmittelbare Anwendung von § 2113 (und § 5 GBO) nicht möglich ist. Bezüglich der analogen Anwendung der Vorschrift auf diese Fälle hat die Rechtsprechung und h. M.[41] abgewogen zwischen dem Schutzbedürfnis des Nacherben, den die Vorschrift sichern will, und der Handlungsfreiheit der übrigen Gesamthänder, die Anteile halten, die nicht durch Nacherbfolge beschränkt sind.[42]

---

[37] MünchKomm/Grunsky, § 2143 Rn 2.

[38] BGHZ 52, 269; MünchKomm/Grunsky § 2113 Rn 10; U. Mayer, Die Sicherung des Vermächtnisnehmers – Darstellung und Vergleich der verschiedenen Möglichkeiten, BWNotZ 1997, 62.

[39] Zur Vor- und Nacherbschaft im Grundstücksrecht: Schöner/Stöber, Grundstücksrecht, 14. Aufl., Vierter Teil, Abschnitt V., Rn 3476 ff.

[40] BGH NJW 1981, 446, 447; BGH NJW 1970, 943; MünchKomm/Grunsky, § 2113 Rn 7; a. M. Erman/Schmidt § 2113 Rn 9.

[41] BGHZ 26, 378, 382 = NJW 1958, 708; BGH NJW 1964, 768; BGH NJW 1976, 893 = DNotZ 1976, 554, unter Aufgabe von BGH NJW 1970, 943; BGH NJW 1978, 698; BayObLG Rpfleger 1981, 282; BayObLG ZEV 1996, 64 m. Anm. Kanzleiter; Staudinger/Behrends/Avenarius § 2113 Rn 10 ff. m. w. N.; MünchKomm/Grunsky, § 2113 Rn 3, 4; a. M. OLG Hamm OLGZ 1976, 180, 182; MünchKomm/Kanzleiter § 1482 Rn 5; differenzierend: K. Schmidt FamRZ 1976, 683 m. w. N.; siehe auch OLG Köln NJW-RR 1987, 267 m. abl. Anm. Ludwig Rpfleger 1987, 155.

[42] Siehe hierzu insb. K. Schmidt FamRZ 1976, 683; Schaub, ZEV 1998, 372.

Sofern ein Gesamthänder verstirbt und **vom anderen** – einzigen weiteren – **Gesamthänder** als alleiniger Vorerbe **beerbt** wird, kommt es zur Beendigung der Gesamthand. Hierzu hat die Rechtsprechung entschieden, dass in diesem Falle kein Nacherbenvermerk im Grundbuch eingetragen wird. Andernfalls würde auch der bisher von der Nacherbenbindung freie Anteil des überlebenden Gesamthänders beeinträchtigt, weil er zu künftigen Verfügungen von der Nacherbenzustimmung abhängig wäre.[43] Der Nacherbe ist damit allein durch die §§ 2130, 2138 Abs. 2 geschützt.[44]

Später hat die Rechtsprechung entschieden, dass wenn ein Gesamthänder **von einem Dritten als Vorerben beerbt** wird, § 2113 Abs. 1 deshalb keine Anwendung findet, damit nicht indirekt in die Rechtspositionen der anderen Gesamthänder eingegriffen wird. Im Grundbuch ist damit auch kein Nacherbenvermerk einzutragen.[45] Wird allerdings nach erfolgter Auseinandersetzung der Gesamthandanteil durch Grundstückseigentum ersetzt, so muss an diesem Surrogat der Nacherbenvermerk eingetragen werden.[46]

Zu unterscheiden von den obigen Fällen, in denen in einer Vorerbschaft ein Gesamtgutsanteil enthalten ist, sind die, in denen ein Vorerbe nach dem Erbfall mit seinem Ehegatten **Gütergemeinschaft** vereinbart. Hier wird der mit der Nacherbfolge belastete Nachlass Gesamtgut der Gütergemeinschaft, jedoch unbeschadet der Nacherbenrechte. In der Vereinbarung der Gütergemeinschaft liegt keine den Beschränkungen der §§ 2113 ff. unterliegende Verfügung, weil diese Vorschriften nur Verfügungen über einzelne Gegenstände betreffen.[47]

Zur Eintragung einer **Grundschuld** für ein Kreditgeschäft, das zur ordnungsgemäßen Verwaltung des Nachlasses erforderlich ist, sind die Nacherben nach § 2120 zur Zustimmung verpflichtet. Diese Bestimmung wirkt aber nur im Innenverhältnis zwischen Vor- und Nacherben und erweitert die Verfügungsbefugnis des Vorerben nicht.[48] Um für die kreditierende Bank als Sicherheit dienen zu können, ist daher die Zustimmung des Nacherben unerlässlich. Liegt sie dem Grundbuchamt in der Form des § 29 GBO vor, muss das Grundbuchamt auf Antrag einen sogenannten Wirksamkeitsvermerk bei der Grundschuld im Grundbuch mit dem Inhalt eintragen, dass die Grundschuld dem Nacherben gegenüber wirksam ist.[49]

bb) Bei unentgeltlichen Verfügungen.[50] Alle ganz oder teilweise **unentgeltlichen Verfügungen** (auch rechtsgrundlose und mit ungleichwertiger Gegenleistung)[51] sind gemäß 15
§ 2113 Abs. 2 im Falle des Eintritts der Nacherbfolge insoweit unwirksam, als sie das **Rechts des Nacherben vereiteln oder beeinträchtigen** würden. Dabei ist eine Verfügung des Vorerben nach der Unentgeltlichkeitsformel der Rechtsprechung[52] dann **unentgeltlich,** wenn

[43] BGH NJW 1976, 893 = LM Nr. 14 zu § 2113; BGH NJW 1978, 698; BayObLG ZEV 1996, 64 m. Anm. Kanzleiter; B. Schaub ZEV 1998, 373; ders. ZEV 2007, 325.

[44] K. Schmidt, FamRZ 1976, 683, 689.

[45] BGH ZEV 2007, 323 mit Anm. Schaub S. 325. Schöner/Stöber, Rn 3487 b ff. Vormals a. A.: OLG Hamm Rpfleger 1995, 21, 22; zum früheren Streitstand B. Schaub ZEV 1998, 372, 374.

[46] BayObLG, DNotZ 1989, 182 = Rpfleger 1988, 525.

[47] Staudinger/Behrends/Avenarius,§ 2112 Rn 13 f.

[48] MünchKomm/Grunsky, § 2120 Rn 1. Schöner/Stöber, Rn 3490.

[49] Schöner/Stöber, Grundbuchrecht, 14. Aufl., Vierter Teil, Abschnitt IV., Rn 3476 ff., Rn 296; BayObLG Rpfleger 1997, 429.

[50] Harder, Unentgeltliche Verfügungen und ordnungsmäßige Nachlaßverwaltung des Vorerben, DNotZ 1994, 822; Heider, Die Befugnis des Vorerben zu unentgeltlichen Verfügungen über Nachlaßgegenstände, ZEV 1995, 1.

[51] Spellenberg FamRZ 1974, 350, 353 ff.

[52] RGZ 125, 242, 245; RGZ 159, 389; BGHZ 5, 173; BGHZ 7, 274, 278; BGH NJW 1955, 1354; BGH NJW 1963, 1613; BGH NJW 1984, 366; Spellenberg FamRZ 1974, 350; siehe zum Meinungsstand Schöner/Stöber, Rn 3479; Harder DNotZ 1994, 822, 824 Fn 15.

- durch sie **objektiv** keine gleichwertige Gegenleistung an den Nachlass fällt und
- **subjektiv** der Vorerbe entweder weiß, dass eine gleichwertige Gegenleistung fehlt oder bei **ordnungsmäßiger Verwaltung des Nachlasses** unter Berücksichtigung seiner künftigen Pflicht, die Erbschaft dem Nacherben herauszugeben, das Fehlen oder die Unzulänglichkeit der Gegenleistung hätte erkennen müssen.[53]

16 Bei der Unentgeltlichkeit i. S. des § 2113 Abs. 2 ist eine rechtsgeschäftliche Vereinbarung über die Unentgeltlichkeit i. S. des § 516 Abs. 1 nicht erforderlich.[54] Bei nur **teilweise unentgeltlicher Verfügung des Vorerben** ist die ganze Verfügung unwirksam.[55] Dagegen hilft auch keine weitere Zahlung des Erwerbers an den Nacherben zwecks Ausgleichung der Differenz zwischen Leistung und Gegenleistung.[56] Allerdings liegt hier die Beeinträchtigung lediglich in dieser Wertdifferenz.[57] Der Nacherbe kann daher die Herausgabe des Gegenstandes nur gegen Erstattung der Gegenleistung verlangen. Ausgenommen von dem absoluten Verfügungsverbot des § 2113 Abs. 2 sind Schenkungen, durch die einer sittlichen Pflicht oder einer auf den Anstand zu nehmenden Rücksicht entsprochen wird. Wenn entsprechende Anhaltspunkte vorliegen, d. h. nicht nur zur Ausforschung, räumt der BGH[58] dem Nacherben gegenüber dem vom Vorerben Beschenkten auf Grund § 242 einen Auskunftsanspruch ein.

17 Ein Irrtum des Erwerbers über die Unentgeltlichkeit wird nicht geschützt, d. h. Unwirksamkeit tritt auch ein, wenn er die Unzulänglichkeit der Gegenleistung nicht erkennen konnte und musste.[59] Gegenleistung für eine Grundschuldbestellung ist die Möglichkeit dadurch gesicherte Darlehen aufzunehmen, sodass die Bestellung immer dann entgeltlich ist, wenn sie ausschließlich den Nachlass betreffende Verbindlichkeiten sichern soll.[60]

18 *cc) Bei Zwangsverfügungen gegen den Vorerben.* Alle **Zwangsverfügungen** von Eigengläubigern bzw. des Insolvenzverwalters gegen den Vorerben (§ 2115 BGB, § 773 ZPO, § 83 Abs. 2 InsO) sind im Falle des Eintritts der Nacherbfolge insoweit unwirksam, als sie das **Recht des Nacherben vereiteln oder beeinträchtigen** würden. Eine Zwangsverfügung gegen den Vorerben ist unbeschränkt wirksam, wenn der Anspruch eines Nachlassgläubigers oder ein an einem Erbschaftsgegenstand bestehendes Recht damit geltend gemacht wird, das im Falle des Eintritts der Nacherbfolge dem Nacherben gegenüber wirksam ist (§ 2115 Satz 2).[61]

19 *dd) Unwirksamkeit wegen Verstoßes.* Die Unwirksamkeit ist in allen drei Fällen jeweils bis zum **Eintritt des Nacherbfalls** hinausgeschoben. Vorher sind solche Verfügungen grundsätzlich wirksam.[62] Die Unwirksamkeit betrifft jeweils nur das dingliche Rechtsgeschäft und berührt das Kausalgeschäft nicht (§ 2113).[63] Um die Einhaltung dieser gesetzlichen Verfügungsbeschränkungen zu sichern, ist vorgesehen, dass das Recht des Nacherben, die Voraussetzungen des Eintritts der Nacherbfolge und die Personen des Nacherben sowie etwaige vom Erblasser angeordnete Befreiungen im Erbschein anzugeben (§ 2363) und im Grundbuch einzutragen sind (§ 51 GBO). Der Nacherbenvermerk im Grundbuch bewirkt jedoch keine Grundbuchsperre. Der gute Glaube des Erwerbers, der über den Erbschaftsgegenstand Verfügende handle nicht als Vorerbe, oder sei doch

---

[53] Auch sog. ehebedingte Zuwendungen sind unentgeltliche Verfügungen i. S. von § 2113 Abs. 2, siehe insoweit Sandweg NJW 1989, 1965, 1971.
[54] Spellenberg FamRZ 1974, 350, 351 m. w. N.
[55] BGH LM § 2113 Nr. 1; BGH NJW 1985, 382; OLG Hamm Rpfleger 1971, 174 m. Anm. Haegele; BayObLG 1957, 290; a. M. MünchKomm/Grunsky § 2113 Rn 37.
[56] RG DR 45, 57.
[57] BGH NJW 1985, 382; BGH FamRZ 1990, 1344, 1345.
[58] BGHZ 58, 237 = NJW 1972, 907 = Anm. Johannsen in LM § 2314 Nr. 7.
[59] BGH NJW 1963, 1614 = LM § 2205 Nr. 10.
[60] BGHZ 110, 176 = NJW 1990, 1237 = FamRZ 1990, 511.
[61] BGHZ 110, 176 = NJW 1990, 1237 = FamRZ 1990, 511.
[62] BGHZ 52, 269, 270; MünchKomm/Grunsky § 2113 Rn 9.
[63] Schlüter, 13. Aufl., Rn 754.

von den Beschränkungen gem. § 2136 befreit, wird geschützt, sofern die Nacherbfolge im Grundbuch nicht vermerkt und dem Erwerber auch nicht positiv bekannt ist (§ 2113 Abs. 3). Liegt weder eine Verfügung über ein Grundstück oder ein Recht an einem Grundstück noch eine unentgeltliche Verfügung i. S. von § 2113 Abs. 2 vor, so beschränkt sich der Schutz des Nacherben im Wesentlichen auf die Surrogate der Verfügungen (§ 2111), sowie auf Schadensersatzansprüche wegen nicht ordnungsgemäßer Verwaltung der Vorerbschaft (§§ 2139, 2131). Ist der Nacherbe zugleich Vertragserbe, greift zu seinem Schutz gegen unentgeltliche Rechtsgeschäfte auch § 2287 ein, der nicht nur gegen Verfügungen, sondern gegen reine Verpflichtungsgeschäfte schützt.[64]

ee) Beeinträchtigung oder Vereitelung des Nacherbenrechts. Keine Beeinträchtigung 20
des Nacherben liegt nach der h. M. vor, wenn der Vorerbe eine gültige **Vermächtnis- oder Teilungsanordnung** des Erblassers erfüllt oder in Erfüllung einer bereits vom Erblasser eingegangenen Verpflichtung Grundstücke veräußert oder belastet.[65]

ff) Wirksamwerden der Verfügung durch Zustimmung des Nacherben. Keine Vereite- 21
lung oder Beeinträchtigung der Rechte des Nacherben bei Eintritt des Nacherbfalls liegt vor, wenn jeder Nacherbe der Verfügung zustimmt, d. h. einwillig oder genehmigt.[66] Dabei ist auch die Zustimmung des bedingten Nacherben[67] und des evtl. weiteren Nacherben (Mitnacherben und Nachnacherben) erforderlich. Die Zustimmung kann gegenüber dem Vorerben oder gegenüber dem Erwerber erklärt werden.[68] Ist einer der Nacherben gesetzlich vertreten, so muss sein gesetzlicher Vertreter zustimmen und dessen Erklärung bedarf nach § 1821 Abs. 1 Nr. 1 der gerichtlichen Genehmigung.[69]

Nicht erforderlich ist die Zustimmung des Ersatznacherben und zwar auch nicht bei unentgeltlichen Verfügungen,[70] wenn der Vorerbe **an den Nacherben unentgeltlich veräußert.**[71] Das Reichsgericht[72] und der Bundesgerichtshof[73] rechtfertigen das aus dem Gesetzeswortlaut des § 2120 und daraus, dass es regelmäßig dem Erblasserwillen entspreche. Der Ersatznacherbe hat noch keine Rechte und Pflichten in Bezug auf den Nachlass und kann daher mit Zustimmung des Nacherben vorgenommene und damit endgültig wirksame Verfügungen des Vorerben nicht verhindern. Gegen nicht ordnungsmäßige Verfügungen des Vorerben, die mit Zustimmung des Nacherben vorgenommen werden, ist der Ersatznacherbe insofern geschützt, als ihm vom Eintritt des Ersatzfalles an gegen den Vorerben die Ansprüche gemäß §§ 2130 Abs. 1, 2138 Abs. 2 auf ordnungsmäßige Verwaltung des Nachlasses zustehen und zwar rückwirkend vom Zeitpunkt des Erbfalles an.[74] Die Zustimmung des Mündels als Nacherbe zu Verfügungen des Vorerben bedarf der gerichtlichen Genehmigung.[75]

---

[64] OLG Celle MDR 1948, 142.

[65] KG JFG 22, 98; OLG Hamm NJW-RR 1995, 1289 = FGPrax 1995, 7; BayObLG FamRZ 1992, 728; OLG Düsseldorf ZNotP 1999, 365; Beck DNotZ 1961, 573; Deimann Rpfleger 1978, 244; a. M. MünchKomm/Grunsky, § 2113 Rn 13 f.

[66] BGHZ 40, 115, 119; BGHZ 69, 47, 49; MünchKomm/Grunsky § 2113 Rn 16 m. w. N.

[67] RGZ 65, 214, 219; BGHZ 40, 115 = NJW 1963, 2320; OLG Hamm DNotZ 1970, 360; siehe auch Heider, ZEV 1995, 1.

[68] OLG Hamm NJW 1965, 1489, 1490.

[69] LG Berlin Rpfleger 1987, 457.

[70] RGZ 145, 316, 320 f.; BGHZ 40, 115, 119 m. Anm. Nirk in LM § 2096 Nr. 2/3 = NJW 1963, 2320; KG JFG 21, 251, 253; BayObLGZ 1959, 493, 497; BayObLG DNotZ 1983, 320, 322; BayObLG DNotZ 1993, 404 = Rpfleger 1993, 148; BayObLG NJW-RR 2005, 956; Kanzleiter DNotZ 1970, 326 u. 69; Heider, ZEV 1995, 1; Dumoulin, DNotZ 2003, 571; a. M. Staudinger/Behrends/Avenarius, § 2100 Rn 73; Lange/Kuchinke, 4. Aufl., § 28 VII 3 e.

[71] LG Tübingen BWNotZ 1981, 143; LG Oldenburg DNotZ 1982, 370.

[72] RGZ 145, 316, 320.

[73] BGHZ 40, 115, 119.

[74] v. Lübtow, ErbR, Bd. II, S. 635.

[75] RGZ 148, 385, 392.

22 *gg) Zustimmungspflicht des Nacherben.* Ist die Verfügung zur **ordnungsgemäßen Verwaltung erforderlich,** so ist der Nacherbe gemäß § 2120 zur Einwilligung verpflichtet. Bei nicht ordnungsmäßiger Verwaltung ist der Nacherbe nie und zwar auch nicht gegenüber einem befreiten Vorerben zur Zustimmung verpflichtet.[76] Der Nacherbe kann auch zur Klarstellung und Beseitigung von Zweifeln zur Zustimmung verpflichtet sein, obwohl der Vorerbe die Verfügung an sich allein treffen könnte. Nach dem BGH[77] soll es bei einer Kreditaufnahme zu Lasten des Nachlasses zur ordnungsmäßigen Nachlassverwaltung auch gehören, dass ein erfahrener und zuverlässiger Treuhänder eingeschaltet wird, ohne dessen Zustimmung der Vorerbe über die Kreditmittel nicht verfügen darf. Dabei muss auch sichergestellt sein, dass bei der nicht befreiten Vorerbschaft die fortlaufenden Zinsen und die Tilgung nicht zu einer Auszehrung des Nachlasses führen kann.[78] Die Zustimmung muss der Nacherbe auf Verlangen des Vorerben in öffentlich beglaubigter Form auf Kosten des Vorerben erteilen (§ 2120 Satz 2, 3).

b) Schutz durch Mitwirkungs- und -verwaltungsrechte

23 In folgenden Ausnahmefällen steht dem Nacherben ein gewisses Mitverwaltungsrecht zu:

- Die **Kündigung und die Einziehung** einer zur Erbschaft gehörenden **Hypothekenforderung, Grund- und Rentenschuld** steht zwar dem Vorerben zu, er kann dabei aber nur verlangen, dass das Kapital an ihn nach Beibringung der Einwilligung des Nacherben gezahlt oder dass es für ihn und den Nacherben hinterlegt wird (§ 2114). Der Vorerbe kann die Zustimmung des Nacherben dazu nach § 2120 erzwingen, falls sie zur ordnungsmäßigen Verwaltung des Nachlasses notwendig sind.
- Nach §§ 2116 ff. kann der Nacherbe vom Vorerben Maßnahmen verlangen, die diesem eine Verfügung über gewisse zur Erbschaft gehörige **Wertpapiere oder Buchforderungen** gegen den Bund oder ein Land nur mit Zustimmung des Nacherben ermöglichen.

c) Schutz durch Kontroll- und Sicherungsrechte[79]

24 *aa) Verzeichnis der Erbschaftsgegenstände.* Der Vorerbe muss dem Nacherben, allerdings nur einmal,[80] auf dessen Verlangen ein **Verzeichnis** der zur Erbschaft gehörenden Gegenstände **mitteilen** (§ 2121). Das Verzeichnis muss die zum Zeitpunkt seiner Errichtung, nicht etwa des Erbfalls, zur Erbschaft gehörenden Gegenstände angeben.[81] Nach dem Erbfall in den Nachlass gefallene Surrogate sind daher in das Verzeichnis aufzunehmen, nicht dagegen inzwischen ausgeschiedene Nachlassgegenstände. In das Verzeichnis sind nur die Aktiva der Erbschaft aufzunehmen. Über die Nachlassverbindlichkeiten braucht es keine Angaben zu enthalten. Ebenso sind Wertangaben über die Nachlassgegenstände nicht erforderlich.[82] Das Verzeichnis ist mit der Angabe des Tages der Aufnahme zu versehen und von dem Vorerben zu unterzeichnen (§ 2121 Abs. 1). Seine Unterschrift ist auf Verlangen des Nacherben öffentlich zu beglaubigen. Der Nacherbe kann verlangen, bei der Aufnahme des Verzeichnisses zugezogen zu werden (§ 2121 Abs. 2). Das Verzeichnis muss auf Verlangen des Nacherben durch einen hierzu nach Bundesrecht (§ 20 Abs. 1 BNotO) zuständigen Notar oder eine landesrechtlich (Art. 147, 148 EGBGB) zuständige Behörde oder einen Beamten aufgenommen werden (§ 2121 Abs. 3).

---

[76] MünchKomm/Grunsky, § 2120 Rn 4.

[77] BGHZ 110, 176 = NJW 1990, 1237 = FamRZ 1990, 511; BGHZ 114, 16 = NJW 1991, 1736; BGH NJW 1993, 1582 = FamRZ 1993, 801 = DNotZ 1993, 538.

[78] BGHZ 110, 176 = NJW 1990, 1237 = FamRZ 1990, 511; BGH NJW 1993, 1528 = FamRZ 1993, 656 = DNotZ 1993, 538.

[79] Hierzu eingehend Kessel MittRhNotK 1991, 137, 147 ff.; Sarres, Auskunftspflichten bei Vor- und Nacherbschaft, ZEV 2004, 56.

[80] RGZ 164, 208; zum Folgenden insbes. Kessel MittRhNotK 1991, 137, 147 ff.

[81] RGZ 164, 208.

[82] MünchKomm/Grunsky § 2122 Rn 2.

Die Kosten der Aufnahme und der Beglaubigung fallen dem Nachlass zur Last (§ 2121 Abs. 4). Eine eidesstattliche Versicherung über die Richtigkeit des Verzeichnisses hat der Vorerbe nicht zu leisten.[83]

bb) Feststellung des Zustandes der Erbschaft, Wirtschaftsplan. Der Vorerbe und der Nacherbe können jeweils auf Kosten des Antragstellers den **Zustand der zur Erbschaft** gehörenden Sachen durch Sachverständige feststellen lassen (§ 2122). Dies soll dem Vorerben gegen ungerechtfertigte Ansprüche des Nacherben wegen angeblicher Verschlechterung der Sachen bzw. dem Nacherben zur Sicherung seiner berechtigten Ansprüche wegen Verschlechterung von Nachlasssachen dienen. Für einen zum Nachlass gehörenden Wald kann die Aufstellung eines **Wirtschaftsplanes** verlangt werden, desgleichen bei einem zur Erbschaft gehörenden Bergwerk oder einer anderen auf die Gewinnung von Bodenbestandteilen gerichteten Anlage (§ 2123). 25

cc) Sicherheitsleistung und Entziehung der Verwaltung. Der Grundsatz der freien Verwaltung des Nachlasses durch den Vorerben, der zwar für ihre ordnungsmäßige Führung, jedoch nur mit der in eigenen Angelegenheiten angewandten Sorgfalt (§ 2131) und erst nach Eintritt des Nacherbfalles (§ 2130) haftet, sowie die Berechtigung des Vorerben gem. § 2134 Erbschaftsgegenstände eigennützig für sich zu verwenden und deren Wert erst nach Eintritt der Nacherbfolge ersetzen zu müssen, birgt die Gefahr der Beeinträchtigung des Anspruchs des Nacherben auf Herausgabe des Nachlasses nach Eintritt des Nacherbfalles in sich. Um sie zu verringern, stehen dem Nacherben bis zum Eintritt des Nacherbfalles unter der Voraussetzung der Verletzung oder Gefährdung seines zukünftigen Herausgabeanspruchs gem. § 2130 folgende **Kontroll- und Sicherungsmöglichkeiten** zur Verfügung: 26

- Nach § 2127 hat der Nacherbe gegen den Vorerben ein **Auskunftsrecht**[84] über den gegenwärtigen Bestand der Erbschaft, wenn Grund zu der Annahme besteht, dass der Vorerbe durch seine Verwaltung die Rechte des Nacherben erheblich verletzt. Eine tatsächliche Verletzung ist nicht erforderlich, die Gefahr einer erst künftigen Verletzung genügt.[85] Die Gefährdung des Nacherben muss auf der Art der Verwaltung des Nachlasses beruhen. Eine nur schlechte Vermögenslage des Vorerben reicht anders als bei § 2128 nicht aus.[86] Der Inhalt des Anspruchs geht auf Auskunft über den derzeitigen Bestand es Nachlasses, nicht dagegen über seit dem Erbfall eingetretene Veränderungen; insbesondere schuldet der Vorerbe keine Auskunft über den zwischenzeitlichen Verbleib von Erbschaftsgegenständen.[87] Gemäß § 260, der als allgemeine Regel Anwendung findet, kann der Nacherbe die Vorlegung eines Bestandverzeichnisses und bei Zweifeln an der erforderlichen Sorgfalt seiner Erstellung auch seine eidesstattliche Versicherung verlangen. Rechnungslegung, d.h. eine die geordnete Zusammenstellung der Einnahmen und Ausgaben enthaltende Rechnung kann gem. § 2127 nicht verlangt werden. Zu ihr ist der Vorerbe erst gem. § 2139 Abs. 2 nach Eintritt der Nacherbfolge verpflichtet. Auch einem pflichtteilsberechtigten Nacherben steht vor dem Eintritt der Nacherbfolge neben den Ansprüchen aus §§ 2121, 2122 und 2127 kein weitergehender Auskunftsanspruch gegen den Vorerben zu, und zwar auch nicht der den Nachlass weit mehr belastende Anspruch nach § 2314 in entsprechender Anwendung[88] und zwar auch dann nicht, wenn die Nacherbschaft auflösend bedingt ist.[89] Auskunft nach § 2127 kann, wenn eine neue Verletzung oder Gefährdung erfolgt oder eingetreten ist, auch **wiederholt verlangt werden.**[90] 27

---

[83] Palandt/Edenhofer § 2121 Rn 4.
[84] Siehe hierzu eingehend: Sarres ZEV 2004, 56.
[85] Kessel MittRhNotK 1991, 137, 148.
[86] MünchKomm/Grunsky § 2127 Rn 3.
[87] BayObLG Recht 1903 Nr. 2379; MünchKomm/Grunsky, § 2127 Rn 4.
[88] BGH NJW 1981, 2051 = LM § 2314 Nr. 11.
[89] BGH NJW 1981, 2051 = LM § 2314 Nr. 11.
[90] Staudinger/Behrends/Avenarius § 2127 Rn 10.

28 • Nach § 2128 kann der Nacherbe vom Vorerben **Sicherheitsleistung** verlangen, wenn durch dessen Verhalten oder durch seine ungünstige Vermögenslage die Besorgnis einer erheblichen Verletzung der Rechte des Nacherben begründet wird. Gem. §§ 2128 Abs. 2, 1052 ist, falls der Vorerbe nach rechtskräftiger Verurteilung zur Sicherheitsleistung diese nicht binnen einer vom Gericht festzusetzenden Frist erbringt, auf Antrag des Nacherben die Verwaltung der Vorerbschaft einem vom Prozessgericht zu bestellenden Verwalter zu übertragen (Zwangsverwaltung). Damit verliert der Vorerbe zugleich gem. § 2129 die Verfügungsbefugnis hinsichtlich der Gegenstände der Erbschaft.

29 • Nach Eintritt der Nacherbfolge, hat der Vorerbe auf Verlangen dem Nacherben gem. § 2130 Abs. 2 **Rechnung zu legen,** d.h. gem. § 259 eine die geordnete Zusammenstellung der Einnahmen und Ausgaben enthaltende Rechnung mitzuteilen und, soweit Belege erteilt zu werden pflegen, auch diese Belege vorzulegen.[91] Die Rechenschaftspflicht nach § 2130 Abs. 2 erstreckt sich dabei jedoch weder auf die gezogenen Nutzungen, mit Ausnahme des Falles der übermäßigen Fruchtziehung gem. § 2133, noch auf die gewöhnlichen Erhaltungs- und Verwaltungskosten, sondern beschränkt sich auf die eigentliche Verwaltung des fremden Gutes. Bei Zweifel an der erforderlichen Sorgfalt der Rechnungslegung kann der Nacherbe eine eidesstattliche Versicherung verlangen (§ 259 Abs. 2).

30 • **„Geld, das nach den Regeln einer ordnungsmäßigen Wirtschaft dauernd anzulegen ist“**, ist gemäß § 2119 mündelsicher anzulegen. Das bedeutet, dass es nach den in den §§ 1807f. vorgesehenen Anlageformen anzulegen ist. Der Erblasser sollte jeweils prüfen, ob er dem Vorerben nicht auch zinsbringendere Anlageformen gestatten will.

d) Schutz durch Surrogation[92]

31 Neben den Verfügungsbeschränkungen (oben lit. a), Mitverwaltungsrechten (oben lit. b) und den Kontroll- und Sicherungsrechten (oben lit. c) dient vor allem die Vorschrift des § 2111 (**Surrogation**) dazu, den Nacherben und die Nachlassgläubiger vor einer **Verminderung der Nachlasssubstanz** zu sichern. Nach dieser Bestimmung gehört zur Erbschaft, was der Vorerbe auf Grund eines zur Erbschaft gehörenden Rechts oder als Ersatz für die Zerstörung, Beschädigung oder Entziehung eines Erbschaftsgegenstandes oder durch Rechtsgeschäft mit Mitteln der Erbschaft erwirbt (**Mittelsurrogation**). An den Begriff „mit Mitteln“ ist kein formaler enger, sondern ein wirtschaftlicher Maßstab anzulegen.[93] Entscheidend ist allein die Herkunft der Mittel, gleichgültig ob der Austausch durch Vertrag, auf Grund gesetzlicher Vorschrift oder durch andere Akte veranlasst ist.[94] Es fällt somit nicht nur das darunter, was auf Grund eines zum Nachlass gehörenden Rechts oder als Ersatz für die Zerstörung, Beschädigung oder Entziehung eines zum Nachlass gehörenden Gegenstandes erworben wird.[95] Was der Vormiterbe im Wege der Auseinandersetzung unter Aufgabe seiner Gesamthandsbeteiligung erwirbt, gilt mit Mitteln der Nacherbschaft erworben, sodass § 2111 eingreift.[96] Der Rechtsübergang erfolgt jeweils im Wege der dinglichen Surrogation.[97] Wird der Gegenstand nur teilweise mit Mitteln des Nachlasses erworben, kann der Surrogationserwerb auch zu einem Bruchteil eintreten.[98] Die Beweislast für den Surrogationsvorgang trägt der Nach-

---

[91] Staudinger/Behrends/Avenarius § 2130 Rn 20.

[92] Eingehend zur Surrogation bei Vor- und Nacherbfolge siehe Roggendorf, MittRhNotK 1981, 29.

[93] BGHZ 40, 115, 123 = NJW 1996, 994; OLG Stuttgart BWNotZ 1980, 92; Staudinger/Behrends/Avenarius § 2111 Rn 27.

[94] Wolf JuS 1975, 713.

[95] Wolf JuS 1975, 713.

[96] LG Köln MittRhNotK 1988, 21; Staudinger/Behrends/Avenarius § 2111 Rn 27.

[97] Im Einzelnen dazu Roggendorf MittRhNotK 1981, 29ff.; Wolf JuS 1975, 643ff., 710ff. u. 1976, 32ff., 104ff.

[98] BGH NJW 1977, 1631, 1632 = DNotZ 1977, 745; OLG Frankfurt Rpfleger 1980, 228; a.M. Wolf JuS 1981, 14.

erbe.[99] Durch die dingliche Surrogation sowie die Verpflichtung des Vorerben zur ordnungsmäßigen Verwaltung soll der Nachlass nach seiner Wertsubstanz erhalten bleiben, und zwar ebenso wie beim Nießbrauch dadurch, dass dem Nießbraucher die Verfügungsbefugnis weitgehend vorenthalten wird, durch das Substanzerhaltungsgebot (§ 1041) und das Zweckbestimmungserhaltungsgebot (§§ 1036 Abs. 2, 1037 Abs. 1) die konkreten Nießbrauchsgegenstände erhalten bleiben sollen.

e) Mittelbare Verstärkung der Schutzvorschriften

Die gesetzlichen Beschränkungen des Vorerben können wegen § 137 durch den Erblasser mit dinglicher Wirkung nicht vermehrt oder verstärkt werden.[100] Wohl kann er aber durch Auflagen und Vermächtnisse dem Vorerben weitere schuldrechtliche Verwaltungspflichten auferlegen.[101] Der Erblasser kann insoweit auch anordnen, dass der Vorerbe einen Teil der Nutzungen des Nachlasses an den Nacherben oder einen Dritten herauszugeben hat.[102] Auch diese zusätzlichen schuldrechtlichen Verwaltungsverpflichtungen unterstehen dem Schutz der Sicherungsrechte gem. §§ 2127 bis 2129. Die umfangreiche Verfügungsbefugnis auch des nicht befreiten Vorerben kann durch Einsetzung eines Testamentsvollstreckers gem. § 2211 Abs. 1 entzogen werden,[103] und zwar auch bei befreiter Vorerbschaft.[104] Auch soweit sich die Testamentsvollstreckung nur auf das Vorerbenrecht bezieht, kann der Testamentsvollstrecker die dem Vorerben zustehenden Rechte wahrnehmen, d.h. er braucht in den Fällen der §§ 2113 ff. nicht die Zustimmung des Nacherben. Ist der Testamentsvollstrecker dagegen für das Vorerben- und das Nacherbenrecht eingesetzt, so kann er unbestritten über Nachlassgegenstände im Rahmen des § 2205 verfügen.[105] Als Testamentsvollstrecker kann auch der Nacherbe eingesetzt werden.[106] Der alleinige Vorerbe kann dagegen nach h.M. grundsätzlich nicht Nacherbentestamentsvollstrecker sein.[107] Nicht geeignet, die Beschränkungen des Vorerben zu verstärken, ist dagegen eine vom Erblasser einem Dritten erteilte, über den Erbfall hinaus geltende Vollmacht, da sie vom Vorerben jederzeit widerrufen werden kann.[108] Letztlich ist eine Verstärkung der Nacherbenstellung durch die Bedingung möglich, dass bei Vornahme eines die Erbschaft aushöhlenden Geschäftes des Vorerben unter Lebenden die Nacherbfolge vorzeitig eintreten soll.[109] 32

f) Wirkung der Schutzvorschriften für bedingte Nacherben und Ersatznacherben

Die obengenannten Verfügungsbeschränkungen und Kontroll- und Sicherungsrechte zum Schutz des Nacherben, wirken auch zugunsten eines Nacherben, der nur unter einer Bedingung eingesetzt ist (siehe unten Rn 68). 33

---

[99] BGH NJW 1983, 2874 = FamRZ 1983, 1018.
[100] OLG Bremen, DNotZ 1956, 149; OLG Oldenburg, DNotZ 1958, 95.
[101] Staudinger/Behrends/Avenarius § 2100 Rn 33; Bühler BWNotZ 1967, 174, 179; Kessel, MittRhNotK 1991, 137, 140 ff.
[102] RG WarnR 1912 Nr. 174.
[103] KG OLG 26, 346; 44, 93; MünchKomm/Grunsky, § 2112 Rn 9.
[104] BayObLG 59, 128 = NJW 1959, 1920.
[105] BGHZ 40, 115, 119 = LM § 2113 Nr. 617 m. Anm. Nirk.
[106] BGH NJW 1990, 2055, 2056; KGJ 52 A, 77; BayObLG NJW 1959, 1920; MünchKomm/Grunsky, § 2113 Rn 9.
[107] RGZ 77, 177, 178; MünchKomm/Zimmermann § 2197 Rn 11; anders zu einem Sonderfall BGH NJW-RR 2005, 591.
[108] Staudinger/Behrends § 2112 Rn 30.
[109] Recker MittRhNotK 1978, 125, 127. Wegen der Tragweite sollte diese Gestaltung auf Ausnahmen beschränkt bleiben und dann den Bedingungseintritt sorgfältig definieren.

6. Befreite Vorerbschaft[110]

34 Der Grundsatz der freien Verfügungsmacht des Vorerben gemäß § 2112 ist im Interesse und zum Schutz des Nacherben durch die Kontroll-, Sicherungs- und Mitwirkungsrechte der §§ 2113 bis 2115 stark eingeschränkt. Allerdings kann der Erblasser gemäß §§ 2136, 2137 den Vorerben von der Mehrzahl dieser Beschränkungen und Verpflichtungen in der Verfügung von Todes wegen befreien (befreiter Vorerbe).

a) Unmittelbare Befreiungsmöglichkeiten und ihre Grenzen[111]

35 Nach § 2136 hat der Erblasser die Möglichkeit, durch ausdrückliche Anordnung die Rechtsstellung des Vorerben weitgehend zu verbessern und die des Nacherben entsprechend zu verringern, indem er den Vorerben von den in dieser Vorschrift aufgezählten **gesetzlichen Beschränkungen und Verpflichtungen** ganz oder teilweise befreit. Im Einzelnen besteht für den Erblasser nach dieser Vorschrift die Möglichkeit **den Vorerben zu befreien:**
- von der Verfügungsbeschränkung über Grundstücke und Rechte an solchen (§ 2113 Abs. 1), sowie über Hypothekenforderungen, Grund- und Rentenschulden (§ 2114);
- von der Hinterlegung bzw. Umschreibung von Wertpapieren und der Anlegung von Geld (§§ 2116 bis 2119);
- von der Aufstellung eines Wirtschaftsplanes bei Wald und der Gewinnung von Bodenschätzen (§ 2123);
- von den Kontroll- und Sicherungsrechten des Nacherben nach §§ 2127 bis 2129 (Auskunftserteilung, Sicherheitsleistung, Entziehung des Verwaltungs- und Verfügungsrechts);
- von dem Gebot der ordnungsmäßigen Verwaltung, der Rechnungslegungsverpflichtung nach § 2130 und dem Haftungsmaßstab für Vorerben nach § 2131, sodass der davon befreite Vorerbe beim Eintritt des Nacherbfalles nur die noch vorhandenen Erbschaftsgegenstände an den Nacherben herauszugeben hat (§ 2138 Abs. 1), ihm aber, jedoch erst nach Eintritt des Nacherbfalls,[112] zum Schadensersatz verpflichtet ist, wenn er entgegen § 2113 Abs. 2 unentgeltlich über einen Nachlassgegenstand verfügt oder die Erbschaft in der Absicht, den Nacherben zu benachteiligen, vermindert hat (§ 2138 Abs. 2);
- von dem Wertersatz für Raub- und Übermaßfrüchte (§ 2133) und für eigennützige Verwendung von Erbschaftsgegenstände (§ 2134);
- nach einer Mindermeinung[113] von der in § 2136 nicht aufgeführten Verpflichtung zur Tragung der gewöhnlichen Erhaltungskosten nach § 2124 Abs. 1, da sie in der Verpflichtung zur ordnungsmäßigen Verwaltung (§ 2130) und dem Verbot der eigennützigen Verwendung von Nachlassgegenständen (§ 2134) enthalten ist und von beiden gem. § 2136 Befreiung erteilt werden kann (bestr.).

b) Die Schranken der Befreiungsmöglichkeit des Vorerben durch den Erblasser[114]

36 **Nicht befreien** kann der Erblasser den Vorerben von Folgendem:
- Die Unwirksamkeit **unentgeltlicher Verfügungen** des Vorerben über Nachlassgegenstände nach Eintritt der Nacherbfolge (§ 2113 Abs. 2), wobei rechtsgrundlose Verfügungsgeschäfte den unentgeltlichen zugerechnet werden.[115]

---

110 Siehe hierzu eingehend: *J. Mayer,* Der superbefreite Vorerbe? – Möglichkeiten und Grenzen der Befreiung des Vorerben, ZEV 2000, 1; *N. Mayer,* Ermächtigung des Vorerben zur Beseitigung der Nacherbschaft, ZEV 1996, 104; *G. Müller,* Möglichkeiten der Befreiung des Vorerben über § 2136 hinaus, ZEV 1996, 179.

111 Siehe hierzu die Übersicht bei J. Mayer ZEV 2000, 1, 10.

112 Staudinger/Behrends § 2138 Rn 18.

113 So Staudinger/Behrends/Avenarius, § 2136 Rn 9; a.M. MünchKomm/Grunsky, § 2124 Rn 1, wobei ein entsprechendes Ergebnis mittels eines Vermächtnisses erzielbar ist.

114 Siehe hierzu insb. C. Wendel, Der Schutz des Nacherben bei der befreiten Vorerbschaft, 1994.

115 RGZ 105, 246; RGZ 163, 348; BGH NJW 1963, 1613, 1614; a.M. Spellenberg FamRZ 1974, 350, 353.

- Die Unwirksamkeit von **Zwangsverfügungen der Eigengläubiger** der Vorerben in den Nachlass nach Eintritt des Nacherbfalls (§ 2115).
- Die zugunsten des Nacherben eintretende **Surrogation** von mit Mitteln des Nachlasses erworbenen Gegenständen – Mittelsurrogation (§ 2111).
- Nach der h. M. die Verpflichtung des Vorerben, gemäß § 2124 Abs. 1 die **gewöhnlichen Erhaltungskosten** der Nachlassgegenstände zu tragen (bestr.; siehe bei vorstehender Randnummer).
- Die Verpflichtung des Vorerben den Nacherben auf deren Verlangen, allerdings nur einmal, ein **Nachlassverzeichnis** mitzuteilen (§ 2121).
- Die Verpflichtung des Vorerben auf Verlangen des Nacherben den **Zustand der Nachlassgegenstände feststellen** zu lassen (§ 2122).
- Die **Haftung des Vorerben** gegenüber dem Nacherben nach Eintritt der Nacherbfolge nach § 2138 Abs. 2, wenn er
- entgegen dem **Schenkungsverbot** über einen Erbschaftsgegenstand verfügt hat oder
- die Erbschaft in der **Absicht, den Nacherben zu benachteiligen,** vermindert hat. Wobei jedoch Benachteiligungsabsicht mehr erfordert als nur eine vorsätzliche Schädigung und dieser Schadensersatzanspruch erst nach dem Erbfall entsteht.

c) Der Begriff der Unentgeltlichkeit

Im Einzelnen ergibt sich, dass der von allen gesetzlichen Beschränkungen **befreite Vorerbe** im Interesse und zum Schutz des Nacherben vor allem über Nachlassgegenstände nicht unentgeltlich verfügen darf. Dabei ist, wie bei der nicht befreiten Vorerbschaft, die **Unentgeltlichkeit der Verfügung** gegeben, wenn nach wirtschaftlichen Gesichtspunkten 37

- **objektiv** eine in den Nachlass zu erbringende Gegenleistung fehlt oder dem aus der Erbmasse erbrachten Opfer nicht gleichwertig ist und
- **subjektiv** der Vorerbe die Ungleichwertigkeit entweder erkannt oder jedenfalls bei **ordnungsmäßiger Verwaltung** das Fehlen bzw. die Unzulänglichkeit der Gegenleistung hätte erkennen müssen.[116]

Die Gegenleistung muss grundsätzlich dem Nachlass selbst zugute kommen (§ 2111). 38
Gegenleistung für eine Grundschuldbestellung ist die Möglichkeit dadurch gesicherte Darlehen aufzunehmen, sodass die Bestellung immer dann entgeltlich ist, wenn sie ausschließlich den Nachlass betreffende Verbindlichkeiten sichern soll.[117] Bei der befreiten Vorerbschaft kann die vollwertige Gegenleistung allerdings auch in das Eigenvermögen des befreiten Vorerben fließen.[118] Rechtsprechung und Literatur verlangen jedoch in diesen Fällen neben der Bereicherung des befreiten Vorerben durch die vollwertige Gegenleistung oft noch weitere Voraussetzungen, damit sie die Verfügung als entgeltliche anerkennen. So wird teilweise vertreten, der Vorerbe müsse mit der Gegenleistung seinen Lebensunterhalt bestreiten bzw. sie müsse zu seiner Unterhaltssicherung dienen.[119] Auch wird vertreten, dass bei einer Kreditaufnahme für den Eigenbedarf des befreiten Vorerben eine unentgeltliche Verfügung vorliegt, wenn der Kredit nicht zu seiner Unterhaltssicherung benötigt wird.[120] Vor allem beurteilt die h. M.[121] **beim befreiten Vorerben wie**

---

[116] RGZ 81, 364 ff. = JW 1913, 494 f. (Grundsatzentscheidung); BGH NJW 1984, 366 = FamRZ 1984, 258; BGH FamRZ 1971, 643; BayObLGZ 1973, 272.

[117] BGHZ 110, 176 = NJW 1990, 1237 = FamRZ 1990, 511; BGH NJW 1984, 366 = FamRZ 1984, 384.

[118] BGH NJW 1952, 698; BGHZ 7, 274, 278 = NJW 1953, 219; BGHZ 69, 47, 51 = NJW 1977, 1540; BGH NJW 1977, 2075; BGH NJW 1984, 366, 367 = FamRZ 1984, 258; BGH NJW 1985, 382, 383.

[119] Staudinger/Behrends/Avenarius, § 2113 Rn 77, 80; BGHZ 69, 47, 51 = NJW 1977, 1540.

[120] Staudinger/Behrends/Avenarius, § 2113 Rn 77 f.

[121] RGZ 81, 364, 365 = JW 1913, 494 (Grundsatzentscheidung); RGZ 105, 246, 248; RGZ 117, 97; RGZ 125, 242; RGZ 148, 385, 391; RGZ 159, 382; KG JW 1925, 375, 376; KG OLGE 35, 371; KG HRR 30 Nr. 984 = DNotZ 1930, 476; BGHZ 5, 174, 182; BGHZ 7, 274, 278 f. = NJW

beim nicht befreiten Vorerben die Frage der Entgeltlichkeit einer Verfügung über einen der Nacherbfolge unterliegenden Nachlassgegenstand, auch wenn die Gegenleistung in das Vermögen des befreiten Vorerben fließt, danach, ob sich das Geschäft im **Rahmen einer ordnungsmäßigen Verwaltung** des Nachlasses unter Berücksichtigung der künftigen Pflicht des Vorerben ihn an den Nacherben herauszugeben hält. D.h. die Frage der Entgeltlichkeit der Verfügung ist auch beim befreiten Vorerben vom Standpunkt des an einer ordnungsmäßigen Verwaltung des Nachlasses besorgten Vorerben zu entscheiden, der auch auf seine künftige Herausgabepflicht Rücksicht nimmt. Dies wird aus dem Rechtsgedanken der §§ 2120, 2130 Abs. 1 geschlossen.[122] Die Beachtung dieser Schranke ist dort wichtig, wo die Gegenleistung nicht als Surrogat gemäß § 2111 im Nachlass verbleibt, sondern zum Eigennutzen des befreiten Vorerben verbraucht wird. Besteht z.B. die Gegenleistung in einem Leibgeding für den befreiten Vorerben, so muss der aus dessen Jahreswert und der statistischen Lebenserwartung des Vorerben zu errechnende Kapitalwert des Leibgedings wertmäßig der Leistung aus der Erbschaft entsprechen.[123] Maßgeblich für die Beurteilung der Entgeltlichkeit ist immer der Zeitpunkt des Vertragsabschlusses, sodass der so errechnete Kapitalwert auch gilt, wenn der Vorerbe wider Erwarten kurz darauf verstorben ist.[124]

Bei einer Kreditaufnahme durch den befreiten Vorerben zu Lasten des Nachlasses, darf das Darlehen nicht einem Dritten zufließen, sonst ist die Verfügung unentgeltlich und damit unwirksam.[125] Baut der befreite Vorerbe auf einem in seinem Eigenvermögen stehenden Grundstück mit Nachlassmitteln ein Haus, dann ist die Bautätigkeit insoweit entgeltlich als sie eine Verwendung von Nachlassmitteln für eigene Zwecke des befreiten Vorerben darstellt, d.h. soweit das erbaute Haus für die Zeit seiner statistischen Lebenserwartung zur Befriedigung seiner eigenen Wohnbedürfnisse dienen wird. Dieser Wert kann durch Kapitalisierung eines angemessenen Jahresmietzinses mit seiner statistischen Lebenserwartung berechnet werden.[126] Bei dieser Rechtslage ist oft nicht sicher, ab das Geschäft entgeltlich oder unentgeltlich ist. Banken, die einem befreiten Vorerben Kredit geben, der durch ein Grundpfandrecht auf einem der Nacherbfolge unterliegenden Grundstück gesichert werden soll, sind daher erheblichen Risiken ausgesetzt, da die Sanktion bei Unentgeltlichkeit die Unwirksamkeit des Grundpfandrecht bei Eintritt der Nacherbfolge ist.[127] Es empfiehlt sich daher in diesen Fällen auch bei der befreiten Vorerbschaft die Zustimmung des Nacherben zu verlangen in der Form des § 29 GBO.[128]

d) Die Anordnung der Befreiung

39 Die **Befreiung** von allen im § 2136 bezeichneten Beschränkungen und Verpflichtungen gilt als angeordnet, wenn der Erblasser den Nacherben auf dasjenige eingesetzt hat, was von der Erbschaft beim Eintritt der Nacherbfolge übrig sein wird, d.h. **Einsetzung auf den Überrest** (§ 2137 Abs. 1). Das Gleiche ist im Zweifel anzunehmen, wenn der Vorer-

---

1953, 219; BGHZ 32, 60 = NJW 1960, 959; BGH LM § 2136 Nr. 1 = Betrieb 1954, 103; BGH NJW 1984, 366, 367 = FamRZ 1984, 258; Tillmann Pyszka, Unentgeltliche Verfügungen des Vorerben und des Testamentsvollstreckers, 1989, S. 35; sowie die bei Harder DNotZ 1994, 822, 824 Fn 15 Genannten; krit. hierzu Harder DNotZ 1994, 822, 827f.

[122] RGZ 81, 364, 365ff.; RGZ 105, 246, 248.

[123] BayObLGZ 1957, 285; OLG Hamm OLGZ 1991, 137, 141 = Rpfleger 1991, 59 = FamRZ 1991, 113; BGH NJW 1977, 2075 = FamRZ 1977, 389; Brinkmann Rpfleger 1991, 300.

[124] RGZ 117, 97, 99; BGHZ 5, 173, 183 = NJW 1952, 689, 699; BayObLGZ 1957, 285 = DNotZ 1958, 89.

[125] Staudinger/Behrends/Avenarius, § 2113 Rn 75.

[126] Wolf JuS 1981, 14, 18; siehe hierzu auch BGH NJW 1977, 1631 = FamRZ 1977, 389 = DNotZ 1977, 745 m. krit. Anm. Peters NJW 1977, 2075.

[127] BGHZ 110, 176 = NJW 1990, 1237 = FamRZ 1990, 511.

[128] Sichtermann/Hennings, Bedeutung und Behandlung der Eintragungen in Abt. II, 10. Aufl., S. 139.

be zur **freien Verfügung** über die Erbschaft berechtigt sein soll (§ 2137 Abs. 2). Im Einzelfall ist zu unterscheiden, ob der Wille des Erblassers dahin ging, den Erben zum Vollerben einzusetzen und den anderen Bedachten ein (bedingtes) Herausgabevermächtnis auf den Überrest einzuräumen;[129] in diesem Falle steht dem Erben ein über § 2136 hinausgehendes Verfügungsrecht zu.

Nach bestrittener Auffassung kann der Erblasser die Befreiung auch gegenständlich beschränken, so z.B. Befreiung nur hinsichtlich des Privat-, nicht auch für das Geschäftsvermögen[130] erteilen. Auch kann die Befreiung lediglich gegenüber einzelnen von mehreren Nacherben erteilt werden.[131] Weiter kann er auch zwischen einzelnen Arten von Verfügungen differenzieren, z.B. Befreiung für Grundstücksbelastungen, nicht aber für Veräußerungen.[132] Bei vollständiger Befreiung sollte korrekt formuliert werden:

Der Vorerbe wird von den gesetzlichen Beschränkungen und Verpflichtungen befreit, soweit dies gesetzlich zulässig ist.

Setzt der Erblasser seinen Ehegatten zum Vollerben ein, bestimmt aber, dass im Falle seiner **Wiederheirat** die gemeinsamen Kinder Nacherben sein sollen (bedingte Vor- und Nacherbschaft), so ist nach überwiegender Meinung auf Grund einer tatsächlichen Vermutung mangels anderer Anhaltspunkte befreite Vorerbschaft anzunehmen sein.[133]

e) Mittelbare Befreiungsmöglichkeiten über § 2136 hinaus[134]

Der Erblasser kann mittels folgender Anordnungen mittelbar über die Möglichkeiten des § 2136 hinaus die Rechtsstellung des Vorerben verbessern: 40

aa) Vollerbeinsetzung mit Vermächtnissen. Der Wille des Erblassers zu einer vollständigen, über die Grenzen des § 2136 hinausgehenden Befreiung lässt sich ganz allgemein durch eine mit Vermächtnissen beschwerte **Vollerbeinsetzung** verwirklichen.[135] 41

bb) Vorausvermächtnis. Will der Erblasser dagegen nur **einzelne Gegenstände** oder ihre Surrogate dem Nacherbenrecht entziehen, kann er sie dem Vorerben als **Vorausvermächtnisse** (§ 2110 Abs. 2) zuwenden.[136] Der Vorerbe erwirbt diese Gegenstände ohne weiteres mit dem Erbfall, sie werden sein freies Vermögen, über das er nach Belieben, also auch unentgeltlich, verfügen kann.[137] Der alleinige Vorerbe erwirbt in diesem Fall den Vorausvermächtnisgegenstand beim Erbfall sofort dinglich,[138] während es bei mehreren Vorerben (Mitvorerben) bei der schuldrechtlichen Vermächtniswirkung bleibt.[139] Im Erbschein ist in einem solchen Fall anzugeben, dass sich das Recht des Nacherben auf 42

---

[129] Hierzu unten Abschnitt III Rn 131 ff.

[130] Bejahend: MünchKomm/Grunsky § 2136 Rn 9; verneinend: Staudinger/Behrends/Avenarius, § 2136 Rn 3.

[131] LG Frankfurt NJW 1980, 387.

[132] MünchKomm/Grunsky, 3. Aufl., § 2136 Rn 9.

[133] KG JW 1938, 1266 = DNotZ 1938, 308; KGJ 42, 109, 115; BGH FamRZ 1961, 275, 276; BayObLGZ 66, 227; OLG Hamm DNotZ 1972, 96; MünchKomm/Grunsky, § 2136 Rn 5.

[134] Siehe hierzu insb. Kanzleiter, Ermächtigung des Vorerben zu Schenkungen aus dem Nachlass?, FS f. Schippel, 1996, S. 287; G. Müller, Möglichkeiten der Befreiung des Vorerben über § 2136 BGB hinaus, ZEV 1996, 179; J. Mayer ZEV 2000, 1, 4; Wingerter, Die Erweiterung der Befugnisse des befreiten Vorerben, 2000.

[135] Staudinger/Behrends/Avenarius § 2136 Rn 11.

[136] Über die dogmatische Begründung dieser Gestaltung siehe Sonntag, ZEV 1996, 450.

[137] BGHZ 32, 60 = NJW 1960, 959; OLG München JFG 21, 122; G. Müller ZEV 1996, 180.

[138] KG OLGE 30, 202, 203; KG DNotZ 40, 410; BGHZ 32, 60, 61 f.; siehe hierzu insb. Sonntag ZEV 1996, 450.

[139] Lange/Kuchinke, 4. Aufl., § 28 II 5 Fn 62.

den bestimmten Gegenstand nicht erstreckt.[140] Handelt es sich bei dem im Voraus vermachten Gegenstand um ein Grundstück, ist die Eintragung eines Nacherbenvermerks im Grundbuch (§ 51 GBO) unzulässig. Will der Erblasser einen bestimmten Nachlassgegenstand einem **Mitvorerben** nicht zur freien Verfügung, sondern bis zum Nacherbfall nur zur alleinigen Nutzung zuwenden, kann er entgegen der Auslegungsregel des § 2110 Abs. 2 ausdrücklich das Recht des Nacherben auf das dem Vorerben zugewendete Vorausvermächtnis erstrecken, wodurch der Vermächtnisgegenstand dann wie die anderen Nachlassgegenstände allen dem Schutz des Nacherben dienenden Verfügungsbeschränkungen und Kontroll- und Sicherungsrechten unterliegt[141] und beim Nacherbfall an den Nacherben herauszugeben ist.

43 *cc) Aufschiebend bedingtes Vorausvermächtnis.* Das Vorausvermächtnis an den Vorerben kann auch dazu benützt werden, dem Vorerben die Möglichkeit zu wertverschiebender Verteilung des Nachlasses unter mehreren Nacherben zu geben. So können etwa dem überlebenden Ehegatten bestimmte Nachlassgegenstände unter der **aufschiebenden Bedingung als Vorausvermächtnis** zugewendet werden, dass er diese Gegenstände unter Lebenden oder von Todes wegen den als Nacherben eingesetzten Kindern nach seinem Belieben zuwendet.[142, 143]

Formulierungsvorschlag:

Der Vorerbe ist berechtigt, vor Eintritt des Nacherbfalles den zur Vorerbschaft gehörenden Grundbesitz an einen oder mehrere unserer gemeinschaftlichen Abkömmlinge zu übertragen. Macht der Vorerbe von dieser Befugnis Gebrauch, so ist ihm dadurch aufschiebend bedingt der jeweils überlassene Grundbesitz durch Vorausvermächtnis zugewandt und unterliegt nicht mehr der Nacherbfolge.

44 *dd) Zustimmungsvermächtnis.* Der Erblasser kann den Vorerben auch dadurch mittelbar in seiner Verwaltung freier stellen, dass er den Nacherben für den Fall, dass er durch den Eintritt des Nacherbfalls Erbe wird, mit dem **Vermächtnis** beschwert, **bestimmten Verfügungen oder Verwaltungshandlungen des Vorerben zuzustimmen.** Er ist dann bei Eintritt des Nacherbfalls verpflichtet, die betreffenden Verwaltungsmaßnahmen des Vorerben als ordnungsgemäß nach § 2130 anzuerkennen.[144] Der Erblasser kann z. B. den Nacherben durch Vermächtnis damit beschweren, dass er **bestimmten** unentgeltlichen Verfügungen des Vorerben zuzustimmen hat.[145] Ob diese Zustimmungsverpflichtung auch generell angeordnet werden kann, ist bestr.[146] und wohl abzulehnen. Unstreitig kann der Nacherbe jedoch durch Vermächtnis verpflichtet werden, die dem Nacherbfall gegen den Vorerben entstehenden Schadensersatzansprüche wegen unentgeltlicher Verfügung zu erlassen.[147]

45 *ee) Auflösend bedingte Nacherbschaft.* Der Erblasser kann auch das **Anwartschaftsrecht des Nacherben,** d. h. die Nacherbeinsetzung in den Grenzen des § 138 **auflösend bedingen** und dadurch die Nacherbeinsetzung insgesamt für den Fall der unentgeltlichen

---

140 Staudinger/Behrends/Avenarius § 2136 Rn 5 m. w. Nachw.

141 Siehe hierzu insb. Flad DGWR 1937, 233.

142 Keller BWNotZ 1970, 49, 53; Kanzleiter, FS f. Schippel, S. 287, 300 Fn. 53; G. Müller, ZEV 1996, 180; J. Mayer ZEV 2000, 5.

143 Formular hierzu in MünchVertrHdb/Nieder/Otto, Bd. 6/2, XVI.11 Anm. 10.

144 OLG Düsseldorf NJW-RR 2000 = ZEV 2000, 29, 375; Staudinger/Behrends/Avenarius, § 2113 Rn 57 und § 2100 Rn 32 m. w. Nachw.; G. Müller, ZEV 1996, 179, 180; J. Mayer, ZEV 2000, 1, 4 Fn. 36 m. w. Nachw.; a. M. MünchKomm/Grunsky, 3. Aufl., § 2136 Rn 10.

145 OLG Düsseldorf NJW-RR 2000, 375; a. A. Ludwig DNotZ 2001, 102.

146 Bühler BWNotZ 1967, 174, 179 f. m. w. N.

147 Bühler BWNotZ 1967, 174, 180.

Verfügung des Vorerben über einen bestimmten oder wesentlichen oder gar über alle Nachlassgegenstände wegfallen lassen.[148] Bei einzelnen Gegenständen würde es sich dabei um ein bedingtes Vorausvermächtnis zugunsten des Vorerben und bei allen um eine auflösend bedingte Nacherbschaft handeln.

ff) Keine Testamentsvollstreckung des alleinigen Vorerben. Nach h. M. kann die Rechtsstellung des befreiten Vorerben jedoch **nicht** dadurch erweitert werden, dass der alleinige Vorerbe zum alleinigen Testamentsvollstrecker des Nacherben ernannt wird,[149] oder dass ihn der Erblasser über seinen Tod hinaus bevollmächtigt.[150] 46

gg) Aufschieben bedingtes Vermächtnis. Wo vor allem auf die Weitervererbung eines bestimmten Nachlassgegenstandes durch den Erstbedachten Wert gelegt wird und weniger auf die Sicherung des Anfalls an den Endbedachten und wo man vor allem dem Erben die unverzichtbaren Beschränkungen des befreiten Vorerben nicht zumuten will, bietet sich die Anordnung eines auf den Tod des Beschwerden **aufschiebend bedingten bzw. befristeten Herausgabevermächtnisses** an.[151] 47

Formulierungsbeispiel:

Zu Lasten meines Sohnes B vermache ich seinen ehelichen Abkömmlingen, einschließlich adoptierter, jedoch mit Ausnahme nichtehelicher Kinder männlicher Abkömmlinge, unter sich im Anteilsverhältnis der gesetzlichen Erbfolge erster Ordnung zum Zeitpunkt des Anfalls des Vermächtnisses, mein Einfamilienhausgrundstücks in X-Stadt in der Y-Straße Nr. 19, eingetragen um Grundbuch von X-Stadt Blatt Nr. 1557 mit der Flst. Nr. 1718 mit der Maßgabe, dass dieses Vermächtnis den Vermächtnisnehmern erst mit dem Tod meines Sohnes B anfallen und erst drei Monate nach seinem Tod fällig ist. Mitvermacht ist die Verpflichtung des Erben nach dem Erbfall, das Anwartschaftsrecht der Vermächtnisnehmer durch eine Vormerkung im Grundbuch sichern zu lassen.

f) Die Pflicht des befreiten Vorerben zur ordnungsmäßigen Verwaltung des Nachlasses als weitere Schranke der Befreiungsmöglichkeit des Vorerben

Gemäß § 2130 Abs. 1 hat der Vorerbe nach dem Eintritt der Nacherbfolge den Nachlass dem Nacherben in dem Zustand herauszugeben, der sich bei einer bis zur Herausgabe fortgesetzten ordnungsmäßigen Verwaltung ergibt. Ferner kann der Vorerbe vom Nacherben, notfalls im Prozessweg, die Einwilligung zu allen Verfügungen über Nachlassgegenstände verlangen, die zur ordnungsmäßigen Verwaltung des Nachlasses erforderlich sind. Aus diesen Vorschriften ergibt sich die obligatorische Pflicht des nicht befreiten Vorerben, den Nachlass ordnungsgemäß zu verwalten. Der befreite Vorerbe kann jedoch gemäß § 2136 von dem qualifizierten Herausgabeanspruch nach § 2130 vom Erblasser befreit werden. Dies hat zur Folge, dass der so befreite Vorerbe hinsichtlich der Herausgabe des Nachlasses nach Eintritt der Nacherbfolge allein dem Anspruch des Nacherben aus § 2138 Abs. 1 unterliegt und damit nur verpflichtet ist, den dann noch vorhandenen Nachlass herauszugeben. Damit kann aber bei der befreiten Vorerbschaft keine allgemeine Pflicht des von § 2130 befreiten Vorerben zur ordnungsmäßigen Verwaltung des Nachlasses anerkannt werden.[152] Eine solche Verpflichtung würde dazu füh- 48

[148] Bühler BWNotZ 1967, 174, 180; Kanzleiter a. a. O., S. 296.

[149] KG JFG 11, 126.

[150] RGZ 77, 177.

[151] BayObLG FamRZ 1997, 1568, 1569 = ZEV 1997, 418; BayObLG FamRZ 1996, 1036; BayObLG NJW-RR 1997, 389 = FamRZ 1996, 1304 = ZEV 1996, 393; G. Müller, ZEV 1996, 179, 181; Formulierungsbeispiel in: MünchVertrHdb/Nieder/Otto, Bd. 6/2, XVI.5. Zum Herausgabevermächtnis siehe unten Abschnitt III.

[152] Harder DNotZ 1994, 822, 842; OLG Karlsruhe ZEV 1994, 45 m. zust. Anm. Kummer; a. M. RGZ 148, 385, 391; OLG Oldenburg NJW 1994, 2772.

ren, dass auch der befreite Vorerbe wie der nicht befreite Vorerbe nach dem Eintritt der Nacherbfolge in entsprechender Anwendung des § 2130 Abs. 2 dem Nacherben Rechenschaft darüber führen müsste, dass er während der Dauer der Vorerbschaft den Nachlass in seiner Gesamtheit ordnungsgemäß verwaltet hat.[153] Das würde die klare gesetzliche Abgrenzung zwischen befreiter und nicht befreiter Vorerbschaft verwischen.[154] Wohl aber bietet der Begriff der **„ordnungsmäßigen Verwaltung“** (§§ 2120, 2130 Abs. 1), wie oben unter Ziffer 7c dargelegt, auch bei der befreiten Vorerbschaft den Maßstab für die Prüfung, ob eine Verfügung über einen Nachlassgegenstand i. S. des § 2113 Abs. 2 entgeltlich oder unentgeltlich erfolgt ist.[155]

g) Die Sicherung der Rechte des Nacherben während der befreiten Vorerbschaft

49 Auch der gemäß § 2136 gänzlich befreite Vorerbe ist in Bezug auf Verfügungen über Nachlassgegenstände insoweit nicht frei, als er
- sie nicht – auch nicht teilweise – verschenken darf (§ 2113 Abs. 2), wobei die Entgeltlichkeit unter dem Gesichtspunkt ordnungsmäßiger Verwaltung zu beurteilen ist und er
- die Erbschaft nicht in der Absicht, den Nacherben zu benachteiligen, vermindern darf (§ 2138 Abs. 2).

50 Gesichert werden diese beiden Verpflichtungen gegen Zuwiderhandlungen des befreiten Vorerben durch die mit dem Nacherbfall entstehende Schadensersatzpflicht gemäß § 2138 Abs. 2.

51 Um die wirtschaftliche Bewegungsfreiheit des befreiten Vorerben während der Vorerbschaft nicht zu sehr einzuschränken, können jedoch diese Schadensersatzansprüche erst nach dem Eintritt des Nacherbfalles geltend gemacht werden.[156]

52 Während der Vorerbschaft kann aber vom Nacherben bei einem Verstoß des Vorerben gegen die obigen Verpflichtungen Feststellungsklage mit der Begründung erhoben werden, dass eine Verfügung des Vorerben unwirksam sei oder eine Schadensersatzpflicht begründet.[157] Daneben sind auch alle allgemeinen Sicherungsmittel gegeben, wie Arrest und einstweilige Verfügung.[158]

53 Gegen den nicht befreiten Vorerben stehen dem Nacherben während der Vorerbschaft daneben die gesetzlichen Sicherungsmöglichkeiten nach den §§ 2127–2129 offen.

h) Die Rechte des Nacherben nach Eintritt des Nacherbfalles bei der befreiten Vorerbschaft

54 *aa) Die Herausgabepflicht bei unentgeltlichem Erwerb.* Hat der befreite Vorerbe ganz oder teilweise unentgeltlich oder rechtsgrundlos über einen Nachlassgegenstand verfügt, so ist gemäß § 2113 Abs. 2 diese Verfügung vom Eintritt der Nacherbfolge an unwirksam, soweit sie das Recht des Nacherben vereitelt oder beeinträchtigt. Die Unwirksamkeit ist bis zum Eintritt des Nacherbfalles hinausgeschoben. Vorher sind diese Verfügungen wirksam.[159] Die Verfügungen des Vorerben sind ab dem Erbfall jedoch nicht nur gegenüber dem Nacherben, sondern absolut unwirksam (§§ 163, 161).[160]

55 Von dem Erwerber kann daher Herausgabe des betreffenden Nachlassgegenstandes verlangt werden. Allerdings finden in den Fällen, in denen dem Erwerber die Nacher-

---

[153] RG WarnR 1937 Nr. 133.
[154] OLG Karlsruhe ZEV 1994, 45, 46, gegen das die Revision vom BGH nicht angenommen wurde.
[155] So auch Kummer ZEV 1994, 47.
[156] Palandt/Edenhofer § 2138 Rn 2.
[157] BGH NJW 1977, 1631, 1632.
[158] OLG Köln AgrarR 1977, 150 = RdL 1977, 150.
[159] BGHZ 52, 269, 270 = NJW 1969, 2043, 2045; BGH NJW 1985, 382, 383.
[160] BGHZ 52, 269 = NJW 1969, 2043.

benbindung des Nachlassgegenstandes nicht erkennbar war, die Vorschriften über den gutgläubigen Erwerb vom Nichtberechtigten entsprechende Anwendung (§ 2113 Abs. 3).

Eine teilweise unentgeltliche Verfügung (gemischte Schenkung) ist nach der h.M. insgesamt unwirksam.[161] Allerdings hat in diesen Fällen bei der nach § 2113 Abs. 2 gebotenen Rückabwicklung die Herausgabe des Gegenstandes nur Zug um Zug gegen die Rückerstattung der Gegenleistung zu erfolgen.[162] 56

bb) Schadensersatzpflicht des Vorerben nach Eintritt des Nacherbfalles. Hat der befreite Vorerbe gegen das Verbot der unentgeltlichen Verfügung über Nachlassgegenstände gemäß § 2113 Abs. 2 verstoßen oder die Erbschaft in der Absicht, den Nacherben zu benachteiligen, vermindert, ist er gemäß § 2138 Abs. 2 BGB dem Nacherben nach Eintritt der Nacherbfolge zum Schadensersatz (§§ 249 ff., 280) verpflichtet. Dabei erfordert die Benachteiligungsabsicht jedoch Arglist des Vorerben und nicht nur Vorsatz. 57

7. Anordnung weiterer Nacherbfolgen

a) Mehrere Nacherbfolgen

Der Erblasser kann mit den Mitteln der Bedingungs- oder Fristsetzung ohne weiteres mehrere Nacherben hintereinander einsetzen, und zwar theoretisch ohne Beschränkung der Zahl.[163] Beschränkt ist er dabei nur insoweit, als die Nacherbenbindung gem. § 2109 die **Gesamtfrist von 30 Jahren** oder **die individuelle Lebensdauer Beteiligter nicht überschreiten darf.** Diese 30-Jahresfrist ist auch die Höchstdauer für aufschiebend bedingte oder befristete Vermächtnisse (§§ 2162, 2163/2191), für die Dauertestamentsvollstreckung (§§ 2209, 2210) und für den Auseinandersetzungsausschluss von Erbengemeinschaften (§ 2044 Abs. 2) (siehe auch oben § 3 Rn 62). Nach Ablauf der Frist wird die Nacherbenberufung unwirksam und das zu diesem Zeitpunkt bestehende Vorerbenrecht erstarkt zur unbeschränkten Vollerbschaft. Sind mehrere Nacherben nacheinander eingesetzt, kommt die Unwirksamkeit der Nacherbenbindung demjenigen zustatten, der die Erbschaft bei Fristablauf als Vorerbe innehat.[164] 58

Von der Regelfrist des § 2109 Abs. 1 Satz 1 gibt es zwei Ausnahmen, die sie fast völlig zurückdrängen und die es dem Erblasser ermöglichen, den Nachlass für zwei Generationen innerhalb der Familie festzulegen. 59

Die Begrenzung auf 30 Jahre gilt nach § 2109 Abs. 1 Satz 2 in folgenden Fällen **nicht:**

aa) Ereignis in der Person des Vor- oder Nacherben. Wenn die Nacherbfolge (auch eine weitere) für den Fall angeordnet ist, dass in der Person des Vor- oder Nacherben ein bestimmtes Ereignis eintritt und derjenige Vor- oder Nacherbe, in dessen Person das Ereignis eintreten soll, zurzeit des Erbfalls lebt (§ 2109 Abs. 1 Nr. 1) oder doch bereits erzeugt war (§ 1923 Abs. 2).[165] Es muss sich dabei nicht um ein Ereignis in der Person der ersten Vor- oder Nacherben handeln, es kann auch ein weiterer Vor- oder Nacherbe sein, wenn er nur zurzeit des Erbfalls schon gelebt hat.[166] Die Begrenzung besteht hier in der individuellen Lebensdauer eines beim Erbfall bereits lebenden Menschen. Unstreitig kommen als Ereignis in der Person des Vor- oder Nacherben die Geburt eines eigenen Kindes, die eigene Heirat, der eigene Tod und wirtschaftliche Ereignisse in der eigenen Person[167] in Frage, umstritten ist jedoch, ob auch **äußere Ereignisse**, die der Vor- oder 60

---

[161] BGHZ 5, 173, 182 = NJW 1952, 698; BGH LM § 2113 Nr. 1.
[162] BGH NJW 1985, 382; BGH FamRZ 1990, 1344.
[163] OLG Karlsruhe OLGZ 14, 299; BayObLG FamRZ 1995, 124, 126; BayObLG FamRZ 1997, 316.
[164] Staudinger/Behrends/Avenarius § 2109 Rn 6.
[165] OLG Hamburg FamRZ 1985, 538.
[166] Staudinger/Behrends/Avenarius § 2109 Rn 7.
[167] BGH NJW 1969, 1112.

Nacherbe **nur miterlebt,** zum Wegfall der Regelfrist führen können.[168] Ein Anwendungsfall dieser Ausnahmeregelung wäre der Erblasser, der seine Ehefrau zur Vorerbin einsetzt und seinen beim Erfall bereits lebenden Sohn zum Nacherben und dessen Abkömmlinge zu weiteren Nacherben. Wäre der beim Erbfall auch schon lebende Enkel beim Erbfall noch sehr jung, kann sich die Regelung des Erblassers weit über die Dreißigjahresgrenze erstrecken. Ist nämlich als Nacherbfall der Tod des jeweiligen Vorerben ausdrücklich vom Erblasser oder durch die Ergänzungsvorschrift des § 2106 Abs. 1 bestimmt, bleibt die Nacherbeinsetzung auch dann wirksam, wenn der letzte Vorerbe den Erblasser um mehr als 30 Jahre überlebt.[169] Noch deutlicher wird dies an der Nachfolgeregelung eines norddeutschen Adelshauses, die Edenfeld mitgeteilt hat.[170] Dort hat der Erblasser jeweils den ältesten Sohn seiner und der nachfolgenden Generationen zu Vorerben und dessen jeweiligen ältesten Sohn zu Nacherben und Vorerben des Nächsten eingesetzt hat. Der Erblasser verstarb 1962 und hinterließ einen Sohn und einen soeben geborenen Enkel. Der Sohn verstarb 1983 (1. Nacherbfall) und der Enkel wurde Nacherbe und zugleich Vorerbe für seinen ältesten Sohn (Urenkel), da er zurzeit des Erbfalls bereits lebte. Wenn der Enkel einmal stirbt (2. Nacherbfall), wird sein ältester Sohn letzter Nacherbe und zugleich Vollerbe und unterbricht die Nacherbenreihe, da er erst nach dem Erbfall (1962) geboren ist und damit bei ihm die *zeitliche Koexistenz* mit dem Erblasser fehlt. Als letzter Nacherbe brauchte er zwar nicht zurzeit des Erbfalls gelebt zu haben, beendet aber die Nacherbenreihe und wird automatisch Vollerbe.[171] In dem berichteten Fall dauerte die Nacherbenbindung damit weit über die Regel von 30-Jahren hinaus.[172]

61 Klärt man den Erblasser allerdings über die Beschränkungen auf, denen die beim Erbfall lebenden Kinder bis zum Tod eines Elternteils unterworfen sind, wird er stattdessen meist die Zuwendung aufschiebend bedingter Herausgabevermächtnisse (§§ 2178, 2179) an die Nachgeborenen wählen (siehe unten Abschnitt III.).

62 *bb) Geburt von Geschwistern.* Der Erblasser will einem, also nicht nur dem ersten, der innerhalb der 30-Jahresfrist Vor- oder Nacherben geworden ist, dessen voll- oder halbbürtige Geschwister,[173] die nach dem ihn betreffenden Erb- oder Nacherbfall geboren werden, als Nacherben bestimmen, um auf diese Weise sein Vermögen einer ganzen Familiengeneration zuzuwenden (§ 2109 Abs. 1 Nr. 2). Als Äußerste zeitliche Schranke ist hier auf die Lebensdauer oder genauer die Dauer der Zeugungsfähigkeit des gemeinsamen Elternteils der zu Erben berufenen Geschwister abgestellt. Zu beachten ist dabei, dass die Nacherbenberufung des ersten als Nacherbe eingesetzten Geschwisterteils bei dem weiteren Nacherbfall nicht, wegen Zeitablaufs und weil die Ausnahmeregelung gem. § 2109 Abs. 1 Nr. 1 nicht vorliegt, ausgefallen sein darf, da dies sonst auch die Unwirksamkeit und Gegenstandslosigkeit der sie (teilweise) ablösenden weiteren Nacherbfolge des nachgeborenen Geschwisterteils zur Folge hätte.[174] Ist dies jedoch nicht der Fall, braucht auch nicht unbedingt die Geburt des nachgeborenen Geschwisterteils Zeitpunkt der Nacherbfolge sein, sondern auch etwa die Erreichung eines bestimmten Lebensalters oder der Tod des Erstberufenen.[175] Umstritten ist, ob die Ausnahmeregelung

---

[168] LG Berlin NJW 1993, 272; MünchKomm/Grunsky, § 2109 Rn 4.

[169] BayObLG 1975, 63, 66; KG DNotZ 1976, 609 = Rpfleger 1976, 249; BayObLG NJW-RR 1990, 199, 200.

[170] Edenfeld DNotZ 2003, 4, 10; weitere ähnliche Fallgestaltungen siehe KG OLGR 42, 127; BayObLG NJW-RR 1990, 199; BayObLG NJW-RR 1991, 1094.

[171] So auch Palandt/Edenhofer § 2109 Rn 4; Edenfeld DNotZ 2003, 4, 11; OLG Hamburg FamRZ 1985, 538.

[172] Vgl. zur längstmöglichen Dauer einer Testamentsvollstreckung § 14 Rn 166 a ff.

[173] Staudinger/Behrends/Avenarius § 2109 Rn 9; MünchKomm/Grunsky, § 2109 Rn 6.

[174] Staudinger/Behrends/Avenarius § 2109 Rn 9.

[175] MünchKomm/Grunsky, § 2109 Rn 6; ; a. A. Staudinger/Behrends § 2109 Rn 10 der, falls seit dem Erbfall 30 Jahre verstrichen sind, als Zeitpunkt des weiteren Nacherbfalls nur den der Geburt des nachgeborenen Geschwisterteils zulässt, da sonst eine nach Wortlaut und Sinn des Gesetzes

nur für leibliche voll- oder halbbürtige Geschwister[176] oder auch für adoptierte gilt.[177] Als Anwendungsfall ist denkbar, dass ein wesentlich älterer Ehemann seine junge Frau zur Vorerbin, das gemeinsame Baby zum Nacherben und dessen etwaige Geschwister, auch aus neuen Ehen, zu weiteren Mitnacherben nicht bereits mit ihrer Geburt, sondern mit Erreichung eines bestimmten Lebensalters einsetzt. Für die juristische Person gelten diese Ausnahmen nicht (§ 2109 Abs. 2).

b) Die Rechtsstellung der weiteren Nacherben

Sind mehrere Nacherben hintereinander eingesetzt, so erhält der erste Nacherbe mit 63 dem Eintritt des ersten Nacherbfalles die Stellung eines Vorerben gegenüber den weiter berufenen Nacherben usw. Die weiteren Nacherben haben schon bevor sie aufrücken gegenüber dem Vorerben die Stellung voller Nacherben, sind als solche im Erbschein (§ 2363) und im Grundbuch (§ 51 GBO) aufzuführen und zustimmungsbedürftige Geschäfte bedürfen auch ihrer Zustimmung,[178] anders als bei Ersatzerben, deren Zustimmung nicht erforderlich ist.[179] Falls die ersten Nacherben gegenüber den weiteren Nacherben von den Beschränkungen des § 2136 befreit sein sollten, müsste dies der Erblasser anordnen. Wie der Erbe zurzeit des Erbfalls leben oder doch erzeugt sein muss, so muss auch der Nacherbe zurzeit des Eintritts der Nacherbfolge leben oder erzeugt sein (§§ 2108, 1923). Die weiteren Nacherben müssen dies nur bei Eintritt ihres Nacherbfalles. Wird eine zum Zeitpunkt des Nacherbfalls noch nicht erzeugte Person zum Nacherben eingesetzt, so ist sie entsprechend § 2101 Abs. 1 als zweiter Nacherbe anzusehen, dem die Erbschaft gem. § 2106 Abs. 1 mit der Geburt anfällt.

8. Ersatznacherben[180]

Der Ersatznacherbe ist für den Fall eingesetzt, dass der Nacherbe **vor oder nach Eintritt des Erbfalls wegfällt** (§ 2096 entspr.). Als Fälle des Wegfalls kommen in Betracht 64
vor Eintritt des Nacherbfalls:
- der Tod des Nacherben vor dem Nacherbfall,
- sein Zuwendungsverzicht gem. § 2352,[181]
- das Nichterleben einer aufschiebenden Bedingung, sofern nicht §§ 2108 Abs. 2 Satz 2, 2074 eintritt,
- Eintritt einer auflösenden Bedingung vor dem Nacherbfall;

nach Eintritt des Nacherbfalls:
- seine Ausschlagung nach § 2042,
- seine Erbunwürdigkeit (§ 2344 Abs. 1),
- die Anfechtung gem. §§ 2078 ff.,[182] ohne dass dadurch zugleich die Unwirksamkeit der Nacherbfolge begründet wird.

Neben der ausdrücklichen Ersatzberufung gilt auch die vermutete der Abkömmlinge des als Nacherben eingesetzten Abkömmlings des Erblassers gem. § 2069 (siehe oben § 9 Rn 21)[183] sowie die durch ergänzende Auslegung ermittelte Ersatznacherbenberu- 65

---

nicht zulässige Kombination der Ausnahmeregelungen nach § 2109 Abs. 1 Nr. 1 und 2 vorliegen würde.

[176] So Staudinger/Behrends/Avenarius § 2109 Rn 9.

[177] So MünchKomm/Grunsky § 2109 Rn 6.

[178] Staudinger/Behrends/Avenarius § 2100 Rn 26.

[179] BGHZ 40, 115/119 = NJW 1963, 2320.

[180] Siehe auch oben § 8 II.1.e).

[181] OLG Düsseldorf DNotZ 1974, 367, 369; OLG Frankfurt MittBayNot 1997, 195; J. Mayer ZEV 1996, 127, 131; Nieder ZEV 1996, 241, 246 f.; a. M. Kanzleiter ZEV 1997, 261, 265.

[182] Technau BWNotZ 1984, 63.

[183] BGHZ 33, 60; BayObLG NJW 1961, 1678; KG HRR 1933, 732; OLG Köln OLGZ 1968, 91, 93; OLG Bremen NJW 1970, 1923; Palandt/Edenhofer § 2069 Rn 6.

fung.[184] Schlägt der Nacherbe vor Eintritt des Nacherbfalls die Erbschaft aus (§ 2142), um vom Vorerben den Pflichtteil zu verlangen (§ 2306 Abs. 2), so spricht eine tatsächliche Vermutung dafür, dass seine Abkömmlinge nicht als Ersatznacherben an seine Stelle treten, da sonst der Stamm gegenüber den anderen bevorzugt würde (siehe oben § 8 Rn 85).

Fällt der nach seiner Person bestimmte oder bestimmbare **Nacherbe vor dem Nacherbfall weg**, ohne dass eine ausdrückliche oder mutmaßliche Ersatznacherbenberufung vorliegt, wird nach § 2142 Abs. 2 vermutet, dass der Vorerbe Vollerbe wird. § 2104 gilt nur für Fälle, in denen es bereits formal an einer Nacherbeneinsetzung fehlt oder der Erblasser den Vorerben unabhängig von der Person des Nacherben beschränken wollte.[185] Stirbt der Nacherbe **nach dem Erbfall**, vererbt sich eine **Nacherbanwartschaft** im Zweifel gem. § 2108 Abs. 2 auf seine Erben, soweit dies nicht ausgeschlossen ist, und geht dann einer Ersatznacherbeinsetzung vor.[186] Bezüglich der Streitfrage, inwieweit eine ausdrückliche oder stillschweigende **Ersatznacherbenberufung die Vererblichkeit der Nacherbenanwartschaft ausschließt**, d. h. der Konkurrenz zwischen Vererblichkeit des Nacherbrechts und der Ersatznacherbfolge wird der Ausschluss im Regelfall zu vermuten sein, wenn der Erblasser **ausdrücklich** einen Ersatznacherben bestimmt hat.[187] Wird die Ersatznacherbfolge jedoch auf Grund der Auslegungsregel des § 2069 oder sonstwie vermutet. so soll dies nach der h. M. nicht reichen, um der Nacherbenanwartschaft die Vererblichkeit und Veräußerlichkeit zu nehmen, weil das dispositive Recht des § 2108 Abs. 2 Satz 1 Vorrang vor der Auslegungsregel des § 2069 genießt.[188] Wer sich auf einen von der Regel des § 2108 Abs. 1 abweichenden Erblasserwillen beruft, ist dafür beweispflichtig; im entschiedenen Fall hatten sich Ehegatten zum Vorerben und ihren einzigen verheirateten und aber kinderlosen Sohn zum Nacherben eingesetzt. Der Sohn starb nach der Mutter, aber vor dem Vater. Die Schwiegertochter als Alleinerbin des Sohnes erbte die Nacherbenanwartschaft des Sohnes nach der Mutter und wurde nach dem Tod des Schwiegervaters als Nacherbin Eigentümerin u. a. des Familienwohnheims.[189]

Wegen der unsicheren Rechtslage, schlägt J. Mayer[190] mit Recht für die Ersatzerben – und Ersatznacherbenberufung folgende Klausel in die Verfügung von Todes wegen aufzunehmen:

Formulierungsbeispiel:

Abweichend von anders lautenden gesetzlichen Auslegungs-. Vermutungs- und Ergänzungsregeln und anderen gesetzlichen Bestimmungen wird zum (alleinigen) Ersatz(nach)-erben bestimmt …

66 Nach der h. M. stehen dem Ersatznacherben vor dem Eintritt des Ersatzfalls die Kontroll- und Sicherungsrechte des Nacherben nicht zu[191] und seine Zustimmung ist zu

---

[184] Siehe Nieder, ZEV 1996, 241, 244, 243 f.

[185] Coing NJW 1975, 521; BGH NJW 1986, 1812 = DNotZ 1987, 109 m. Anm. Cieslar; Palandt/Edenhofer § 2104 Rn 2.

[186] Musielak ZEV 1995, 5; Palandt/Edenhofer § 2069 Rn 6; Keim, Die Anwartschaft des Nacherben – das „Überraschungspaket“ beim vorzeitigen Tod des Nacherben, NJW-Spezial 2009, 399; ferner unten Rn 80.

[187] Lange/Kuchinke § 27 VII; zum Meinungstand MünchKomm/Grunsky § 2102 Rn 9.

[188] Staudinger/Behrends/Avenarius § 2108 Rn 16 m. w. Nachw.; a. A. BayObLGZ 1993, 335 = MittBayNot 1994, 149, das immer, d. h. auch bei ausdrücklicher Ersatzberufung der konkreten Auslegung den Vorrang gibt; krit. hierzu J. Mayer MittBayNot 1994, 111; OLG Braunschweig FamRZ 1995, 433, 444.

[189] OLG Karlsruhe ZEV 2009, 34 ff.

[190] MittBayNot 1994, 114.

[191] RGZ 145, 316; BGHZ 40, 115, 119 = NJW 1963, 2320; BayObLGZ 60, 407, 410; Staudinger/Behrends/Avenarius § 2100 Rn 73; MünchKomm/Grunsky, § 2102 Rn 15.

Rechtsgeschäften des Vorerben nicht erforderlich, damit diese Geschäfte ihm gegenüber im Ersatzerbenfall wirksam sind,[192] weil er hinter dem primären Nacherben steht und ihn dessen Zustimmung bindet. Dagegen ist er im Erbschein des Vorerben anzugeben[193] und ist zur Sicherung seiner Anwartschaft im Grundbuch einzutragen.[194] Vor Eintritt des Nacherbfalls und Annahme der Nacherbschaft durch den Nacherben bedarf die **Löschung des Nacherbenvermerks** der **Zustimmung des Ersatznacherben,**[195] es sei denn, die Löschung erfolgt auf Grund Unrichtigkeitsnachweis gem. § 22 GBO, weil der befreite Vorerbe das Grundstück entgeltlich oder der nicht befreite mit Zustimmung des Nacherben veräußert hat.[196]

9. Die „unbekannten" Nacherben[197]

Wenn der Erblasser diejenigen gemeinschaftlichen Abkömmlinge zu Nacherben beruft, 67
die zum Zeitpunkt des Nacherbfalles gesetzliche Erben beider Ehegatten sind, so sind die Nacherben zwar benannt, da sie nach Merkmalen bestimmbar sind,[198] aber **bis zum Eintritt des Nacherbfalles unbekannt**, da erst zu diesem Zeitpunkt feststeht, um wen es sich dabei handelt.[199] Nicht zu verwechseln ist ein solcher noch „unbekannter" Nacherbe mit einem Ersatznacherben (§ 2096 entspr.), der vom Erblasser für den Fall eingesetzt ist, dass der von ihm ausdrücklich benannte Nacherbe vor oder nach dem Nacherbfall wegfällt, er also nicht Nacherbe sein kann oder sein will.[200] Eine Einsetzung solcher Ersatzerben erübrigt sich, wenn die Nacherben sowieso erst im Zeitpunkt des Nacherbfalls bestimmt sind. Wird die Persönlichkeit eines Nacherben erst durch ein künftiges Ereignis bestimmt, ist für ihn nach § 1913 bis zum Eintritt der Nacherbfolge ein Pfleger zu bestellen.[201]

Nach der herrschenden Auffassung in Lehre und Praxis[202] gelten auch diejenigen **späteren gesetzlichen Erben als unbestimmt** oder nur bedingt bekannt, die vor dem Eintritt der Nacherbfolge bereits leben, weil sie fortfallen können und damit noch nicht endgültig bestimmt sind.[203] Lediglich wenn der Erblasser die bereits vorhandenen Abkömmlinge in der Verfügung von Todes wegen ausdrücklich namentlich aufgeführt und weiter bestimmt habe, dass sich deren Nacherbquoten zugunsten etwa später noch hinzutretender Abkömmlinge mindert bzw. beim Wegfall eines Abkömmlings entsprechend erhöhen sollen, seien die vorhandenen Abkömmlinge als Nacherben von Anfang an bekannt,[204] könnten selbst handeln und nur für die noch nicht vorhandenen Nacherben bleibe es bei der Notwendigkeit der Pflegerbestellung nach § 1913.[205] Nach der h. M. entscheidet so-

[192] BGH 40, 115, 119 m. w. N. = NJW 1963, 2320; RGZ 145, 316; BayObLGZ 1959, 493, 497; BayObLGZ 1960, 407, 410; Kanzleiter DNotZ 1970, 693, 694 m. w. N. Fn. 9.

[193] RGZ 142, 171, 173; KGJ 49, 79, 82.

[194] OLG Köln NJW 1955, 633; KG JFG 21, 253; OLG Oldenburg DNotZ 1963, 23; OLG Hamm DNotZ 1966, 108; Haegele Rpfleger 1969, 348; Kanzleiter a. a. O., S. 697 Fn. 24 m. w. N.

[195] OLG Hamm DNotZ 1955, 538; OLG Frankfurt DNotZ 1970, 691; OLG Hamm NJW 1970, 1606 m. Anm. Lehmann NJW 1970, 2028.

[196] OLG Oldenburg DNotZ 1962, 405; LG Oldenburg DNotZ 1982, 370; Ripfel BWNotZ 1959, 177, 184; Haegele Rpfleger 1971, 121, 130.

[197] *I. Ludwig,* Der „unbekannte" Nacherbe, DNotZ 1996, 995.

[198] Dies ist ausreichend: BayObLG NJW 1966, 662, 663.

[199] Kanzleiter DNotZ 1970, 326; Ripfel BWNotZ 1959, 177, 183; Haegele Rpfleger 1969, 348.

[200] Bezgl. des Unterschieds zwischen Nacherb- und Ersatznacherbeinsetzung siehe Diederichsen NJW 1965, 671.

[201] BayObLG FamRZ 1982, 1139 = DNotZ 1983, 318 = Rpfleger 1982, 277.

[202] Zitiert bei Kanzleiter DNotZ 1970, 326, 327 Anm. 9 u. 10; BayObLG DNotZ 1983, 318, 319.

[203] Staudinger/Behrens/Avenarius § 2104 Rn 16.

[204] KGJ 42, 224, 227; Kanzleiter DNotZ 1970, 326, 328 f.

[205] Staudinger/Behrens § 2104 Rn 17.

mit die Fassung des Testaments, ob die Nacherben vom Tode des Erblassers an bis zum Nacherbfall bekannt oder unbekannt sind.[206] Die h. M. wurde von Kanzleiter[207] überzeugend mit dem Argument widerlegt, dass die von § 1913 aufgestellten Kriterien „unbekannt" und „ungewiss" objektiver Natur sind und daher, wenn bereits vorhandene Personen nach objektiven Gesichtspunkten feststehen, kein Grund besteht, ihnen die Wahrnehmung ihrer Rechte vorzuenthalten, nur weil sie unter der gesetzlich aufschiebenden Bedingung stehen, dass sie zum Zeitpunkt des Nacherbfalls noch gesetzliche Erben sind, dass somit nicht die Formulierung der letztwilligen Verfügung entscheidet, sondern ob der Berufene erbrechtlich objektiv feststellbar vorhanden ist. Diese Streitfrage kann jedoch umgangen werden, wenn der Erblasser zur Wahrnehmung der Rechte und Pflichten der bekannten und noch unbekannten Nacherben bis zum Eintritt der Nacherbfolge eine **Nacherbentestamentsvollstreckung** gem. § 2222 anordnet.[208] Überhaupt sind bei unbestimmten Nacherbfolgen ohne Nacherbentestamentsvollstreckung vorzeitige Auseinandersetzungen oder Verfügungen über Nachlassgegenständen kaum möglich.

10. Bedingte Nacherbeinsetzung

68 Die Nacherbfolge ist begriffsnotwendig aufschiebend befristet oder bedingt, entweder entsprechend der Auslegungsregel des § 2106 Abs. 1 auf den Tod des Vorerben, oder auf einen vom Erblasser innerhalb der zeitlichen Grenze des § 2109 bestimmten Zeitpunkt oder ein Ereignis.[209] Die Nacherbfolge kann auch **zusätzlich auflösend befristet** und/oder **aufschiebend oder auflösend bedingt** sein.[210] Die aufschiebende Bedingung kann dabei entweder zur aufschiebenden Befristung hinzutreten (so z. B. beim Ehegattentestament mit Vor- und Nacherbschaft und dem vorzeitigen Eintritt der Nacherbfolge bei Wiederverheiratung des Überlebenden) oder an ihre Stelle treten (so z. B. beim Ehegattentestament mit Voll- und Schlusserbfolge und Nacherbfolge nur bei Wiederverheiratung des Überlebenden oder lebzeitiger Verfügung über einen bestimmten Nachlassgegenstand). Der letztgenannte Fall, d. h. die Vollerbeinsetzung nebst Nacherbfolge allein bei Eintritt eines vom Erblasser bestimmten Ereignisses, wird nach der früher unangefochtenen und heute noch h. M. dogmatisch so gesehen, dass die Vollerbeinsetzung des Erstbedachten auflösend bedingt ist, verbunden mit seiner aufschiebend bedingten Vorerbeinsetzung und der aufschiebend bedingten Nacherbeinsetzung des Letztbedachten.[211] Der Erstbedachte hat somit die **Doppelstellung als auflösend bedingter Vollerbe und zugleich aufschiebend bedingter Vorerbe.** Das vom Erblasser bestimmte Ereignis (z. B. die Wiederheirat) löst somit ein Rechtsverhältnis (die Vollerbschaft) auf und lässt gleichzeitig ein

[206] Ludwig DNotZ 1996, 995, 998 Fn 7; Haegele Rpfleger 1969, 348.

[207] DNotZ 1970, 326 m. Zustimmung von Staudinger/Behrends/Avenarius § 2104 Rn 17; einen weiteren Lösungsvorschlag bringt Ludwig, DNotZ 1996, 995.

[208] Haegele Rpfleger 1969, 349; Ripfel BWNotZ 1959, 177, 183; Formular in MünchVertrHdb/Nieder/Otto, Bd. 6/2, XVI. 11 § 8.

[209] Zawar DNotZ 1986, 515, 520.

[210] MünchKomm/Grunsky, § 2100 Rn 14;; siehe auch Ripfel Rpfleger 1951, 577, 579; a. M. Wilhelm NJW 1990, 2857, 2860 f., der aufschiebend (im Gegensatz zu auflösend) bedingte oder befristete Nacherbeinsetzungen und auflösend (im Gegensatz zu aufschiebend) bedingte oder befristete Vorerbeinsetzungen als Pleonasmus ansieht, bei ihnen vielmehr die bereits begrifflich notwendigen Bedingungen oder Befristungen durch weitere ergänzt sieht.

[211] RGZ 156, 172, 180 f.; BGH FamRZ 1961, 275, 276; BGH NJW 1983, 277; BGHZ 96, 198, 204 = NJW 1988, 59 = DNotZ 1986, 541 m. Anm. Zawar = Rpfleger 1986, 15 = FamRZ 1986, 155; KG DNotZ 1943, 137; BayObLG 1961, 200, 204 ff.; BayObLG 1962, 47, 57; BayObLG FamRZ 1967, 695, 696; Staudinger/Kanzleiter § 2269 Rn 43; Staudinger/Behrends/Avenarius § 2100 Rn 27 m. w. N.; Simshäuser FamRZ 1972, 273; Stürner JZ 1983, 149; Buchholz, Erbfolge und Wiederverheiratung, 1986, S. 24 f.; Zawar NJW 1988, 16.

anderes (die Nacherbfolge) entstehen.[212] Eine Mindermeinung sieht den Erstbedachten in solchen Fällen dagegen als auflösend bedingten Vorerben, verbunden mit einer aufschiebend bedingten Vollerbschaft im Falle des Ausfalls der Bedingung und den Letztbedachten als auflösend bedingten Nacherben.[213]

Eine andere Frage ist, ob der Erstbedachte zugunsten des nur bedingt Letztbedachten den Verfügungsbeschränkungen der §§ 2113 ff. unterliegt. Da die h. M. den Erstbedachten als auflösend bedingten Vollerben ansieht, dürfte sie ihn konsequenterweise bis zum Bedingungseintritt nicht diesen Beschränkungen unterwerfen.[214] Trotzdem wendet die h. M.[215] die **Schutzvorschriften der §§ 2113 ff.** mit Recht auch **zugunsten der nur aufschiebend oder auflösend bedingt eingesetzten Nacherben** an (Vorwirkung der Verfügungsbeschränkungen nach §§ 2113 ff.), da allein dies dem Sinn der bedingten Nacherbeinsetzung entspricht, dem Letztbedachten im Falle des Eintritts des Ereignisses (z. B. der Wiederheirat) den ihm zugedachten Anteil am Nachlassvermögen zukommen zu lassen. Eine Mindermeinung[216] will die Palette testamentarischer Regelungsmöglichkeiten erweitern, indem sie es zur Wahl des Erblassers stellt, ob er dem Erstbedachten die vorläufigen Verfügungsbeschränkungen für den Fall des Eintritts des Ereignisses auferlegen will (dann auflösend bedingter Vorerbe + aufschiebend bedingter Vollerbe) oder nicht (dann auflösend bedingter Vollerbe + aufschiebend bedingter Vorerbe), d. h. den Erstbedachten (z. B. den überlebenden Ehegatten) von den Beschränkungen einer Vorerbschaft bis zum Bedingungseintritt freizustellen. Diese Ansicht ist für das geltende Recht abzulehnen, da sie gegen die §§ 2136, 2139 verstößt, weil eine „Nacherbfolge" geschaffen werden würde, die einerseits keinerlei Beschränkungen unterliegen (**sog. superbefreiter Vorerbe**), andererseits aber zu einem automatischen Rechtsübergang beim „Nacherbfall" führen würde.[217] Will der Erblasser den Erstbedachten nicht einmal mit den Minimum der gesetzlich vorgeschriebenen Beschränkungen beschweren, von denen der befreite Vorerbe gem. § 2136 nicht befreit werden kann, muss er den Weg des Herausgabevermächtnisses wählen (siehe unten Abschnitt III., Rn 131).

Um **wertverschiebende Verteilungen** des Nachlasses des verstorbenen Ehegatten zwischen den gemeinschaftlichen Abkömmlingen durch den zum Vorerben eingesetzten überlebenden Ehegatten **zu ermöglichen**, kann der Erstversterbende die Nacherbfolge durch eine solche Verteilung seines Nachlasses durch Rechtsgeschäft unter Lebenden oder von Todes wegen auflösend bedingen und zugleich die Vollerbschaft des Überlebenden dadurch aufschiebend bedingen bzw., wenn diese Möglichkeit nur hinsichtlich einzelner Nachlassgegenstände gegeben sein soll, dem überlebenden Ehegatten diese mit einem dadurch aufschiebend bedingten Vorausvermächtnis zuwenden.[218] Die Bedingun- 69

---

[212] Bökelmann JR 1986, 157.

[213] MünchKomm/Musielak § 2269 Rn 54; Leipold, FamRZ 1988, 352, 353; Otte JZ 1986, 1107 u. AcP 187, 603, 605, der die Möglichkeit einer auflösend bedingten Vollerbschaft verneint.

[214] So MünchKomm/Musielak, § 2269 Rn 54; Leipold, FamRZ 1988, 352, 353; Buchholz MDR 1990, 375, 380; offen gelassen von BGHZ 96, 198, 204; wer wie Otte JZ 1986, 1107 u. AcP 187, 603, 605 die auflösend bedingte Vollerbschaft ablehnt, hat hier keine Probleme, da der auflösend bedingte Vorerbe auf jeden Fall den Beschränkungen unterliegt.

[215] RGZ 156, 172, 180; BayObLG NJW 1958, 1684; Staudinger/Kanzleiter § 2269 Rn 42; MünchKomm/Grunsky, § 2113 Rn 16; Kanzleiter DNotZ 1970, 326, 330; Simshäuser FamRZ 1972, 274; Haegele Rpfleger 1976, 76; Dippel AcP 177, 361; Brambring DNotZ 1980, 727; zweifelnd John FamRZ 1983, 1090, 1083.

[216] MünchKomm/Musielak, § 2269 Rn 57 ff.; Leipold, ErbR, 6. Aufl., Rn 369; zweifelnd: Stürner JZ 1983, 150; Buchholz, Erbfolge und Wiederverheiratung, 1986, S. 15 ff. will grundsätzlich für nur bedingt eingesetzte Nacherben die Vorwirkung der Schutzvorschriften der §§ 2113 ff. nicht gelten lassen; dagegen: J. Mayer ZEV 2000, 1.

[217] Im Ergebnis ebenso: Otte AcP 187, 603, 695; Zawar NJW 1988, 16, 19 f.; Schmidt-Kessel WPM 1988 Beil. 8, S. 10; ders., DNotZ 1989 Sonderh., S. 159.

[218] Raape AcP 140 (1935), 233, 238; Frank MittBayNot 1987, 231, 234.

gen und Befristungen unterliegen grundsätzlich den allgemeinen Vorschriften der §§ 158 bis 163 und werden nur durch die §§ 2074 bis 2076 ergänzt.[219] Das bedeutet, dass die treuwidrige Verhinderung bzw. Herbeiführung des Eintritts der Bedingung nach § 162 unwirksam ist.[220] Ferner, dass nach §§ 2074, 2108 Abs. 2 Satz 2 eine aufschiebend bedingte Nacherbeinsetzung im Zweifel nicht vererblich ist.[221]

11. Nacherbeinsetzung unter der auflösenden Bedingung anderweitiger Verfügungen des Vorerben

70 Nach der h. M.[222] kann der Eintritt der Nacherbfolge davon abhängig gemacht werden, dass der Vorerbe nicht anderweitig letztwillig über seine eigene Erbschaft verfügt. Die Nacherbfolge wird dabei unter dieser **auflösende Bedingung** angeordnet angesehen, was zulässig ist, wie sich mittelbar aus den §§ 2108 Abs. 2, 2075 ergibt. Mit dem Tod des Vorerben steht der Eintritt oder Ausfall dieser Bedingung fest. Dabei hängt dies zum einen nicht entgegen § 2065 BGB vom Willen eines Dritten ab, sondern von dem des Vorerben. Zum anderen bewirkt diese anderweitige Verfügung des Vorerben über die Vorerbschaft, dass der Nachlass infolge Wegfalls der Nacherbfolge bereits ab dem Erbfall in sein unbeschränktes Vermögen gefallen ist[223] und der Vorerbe deshalb nicht in unzulässiger Weise (§ 2065 BGB) eine fremde letztwillige Verfügung abgeändert, sondern über **seinen eigenen Nachlass letztwillig verfügt hat,** wenn sich dies auch infolge der vom Erblasser gesetzten Bedingung **mittelbar** auf die Rechtsstellung des Nacherben durch ihren Wegfall auswirkt.[224] Die anderweitige Verfügung des Vorerben darf allerdings von ihm nicht bereits zu Lebzeiten des Erblassers erfolgen, da er ja dann noch kein Vollerbe werden kann.[225] Verfügungen, zu welchen der Vorerbe durch eine solche Anordnung ermächtigt wird, sind neben der Änderung der Erbeinsetzung auch eine Vermächtnisanordnung,[226] Teilungsanordnungen und die Ernennung von Testamentsvollstreckern.[227] Dies ist bis auf die oben aufgeführten Gegenmeinungen unbestritten, soweit der Vorerbe vom Erblasser ermächtigt wird, über die ganze Erbschaft völlig frei von Todes wegen zu verfügen. Je nachdem er von dieser Befugnis Gebrauch macht, **entfällt** damit in diesem Umfang **rückwirkend die Nacherbfolge.** Der Vorerbe kann sich somit durch einfaches eigenes Testament zum vollen Erben machen und in ihm über das frühere Erblasservermögen, das durch Eintritt der Bedingung sein eigenes geworden ist, frei verfügen.

Der oft verkannte **Nachteil dieser Lösung ist** allerdings, dass, sofern beim Tod des Vorerben eine die Bedingung auslösende wirksame letztwillige Verfügung vorliegt, damit feststeht, dass der „Vorerbe“ von Anfang an Vollerbe war und dass dann auch von Anfang an die zum Schutz des Nacherben bestehenden Verfügungsbeschränkungen der

---

[219] Palandt/Edenhofer § 2074 Rn 1.

[220] OLG Stuttgart FamRZ 1981, 818 m. Anm. Bausch.

[221] Palandt/Edenhofer § 2074 Rn 2.

[222] RGZ 95, 278, 279 = JW 1920, 286; KG DNotZ 1956, 195; BGHZ 2, 35 = NJW 1951, 959; BGHZ 15, 199, 204 = NJW 1955, 100 = DNotZ 1955, 402; BGH DNotZ 1970, 358 = LM § 2065 Nr. 6; BGHZ 59, 220, 222 = NJW 1972, 1987 = DNotZ 1973, 105; OLG Hamm ZNotP 1999, 444; BayObLGZ 1982, 331; OLG Oldenburg FamRZ 1991, 862 = NJW-RR 1991, 646; BayObLG FamRZ 1991, 1488 = DNotZ 1992, 520 = MittBayNot 1991, 262; BayObLG NJW-RR 2001, 1588; MünchKomm/Grunsky, § 2100 Rn 16; Staudinger/Otte, § 2065 Rn 19 f.; Staudinger/Behrends/Avenarius § 2100 Rn 29; Raape AcP 140, 233; Herrmann AcP 155 (1956), 434; Brox, Festschrift für Bartholomeyczik, 1973, S. 41; N. Mayer, ZEV 1996, 104; J. Mayer ZEV 2000, 1, 6; a. M. Maenner LZ 1925, 570; v. Lübtow ErbR I, S. 140 f.; BGH JZ 1981, 229, 230 = NJW 1981, 2051 = DNotZ 1981, 765, 768 hat die Frage ausdrücklich offengelassen; kritisch Frank MittBayNot 1987, 231.

[223] KG JFG 20, 145; KG DNotZ 1956, 195, 200.

[224] OLG Hamm DNotZ 1973, 110, 111.

[225] BGH DNotZ 1970, 358 = LM § 2065 Nr. 6.

[226] RG HRR 1942 Nr. 838; OLG Oldenburg NJW-RR 1991, 646 = FamRZ 1991, 862.

[227] KG DNotZ 1956, 195, 200.

§§ 2113 ff. BGB nicht gegeben waren,[228] mit der Folge, dass dagegen **verstoßende Verfügungen** unter Lebenden des „Vorerben" vom „Nacherben" und auch den vom „Vorerben" an seiner Stelle Bedachten nach dem Tod des „Vorerben" nicht mehr mit Erfolg angegriffen werden können. Auch kann die rückwirkende Erlangung der Vollerbenstellung durch den bisherigen Vorerben zur mittelbaren Beteiligung von Pflichtteilsberechtigten am Nachlass führen, die gerade durch die Nacherbfolge verhindert werden sollte.[229] Bis zum Tode des „Vorerben" ist allerdings der Eintritt der Bedingung unsicher, daher bleibt bei Grundstücken der Nacherbvermerk im Grundbuch eingetragene[230] und hat eine gewisse Abschreckungswirkung auf Erwerber und außerdem hat der „Nacherbe" die Kontroll- und Sicherungsrechte der §§ 2127 bis 2129 BGB. Die in der Rspr. h. M. lässt jedoch auch eine eingeschränkte Ermächtigung durch den Erblasser zu, sodass der Vorerbe nur im Rahmen der ihm vom Erblasser gesetzten Bedingungen die Nacherbfolge durch eine eigene Verfügung von Todes wegen beseitigen kann.[231] Dies wird in der Literatur teilweise[232] als nach § 2065 Abs. 2 BGB unzulässige Vertretung des Erblassers im Willen angesehen. Im Einzelnen sind danach folgende Fallgruppen zu unterscheiden und werden mit Ausnahme der obigen Gegenmeinungen als zulässig angesehen:

- Ermächtigung des Vorerben, beliebig anderweitig letztwillig über den Nachlass zu verfügen;[233]
- Ermächtigung des Vorerben unter den als Nacherben eingesetzten Abkömmlingen letztwillig eine anderweitige Verteilung des Nachlasses vorzunehmen;[234]
- Ermächtigung des Vorerben aus mehreren zu Nacherben bestimmten Personen denjenigen auszuwählen, der den Nachlass des Erblassers als Schlusserbe erhalten sollen.[235]

Auch nachdem die h. M.[236] letztwillige Zuwendungen für nicht gegen § 2302 BGB 71
verstoßend und daher zulässig hält, die an die auflösende Bedingung geknüpft sind, dass der Empfänger einen Dritten von Todes wegen bedenkt (**kaptatorische Verfügung**), dürfte nichts im Wege stehen, Verfügungen von Todes wegen, in denen ein Nacherbe unter der auflösenden Bedingung eingesetzt wird, dass der Vorerbe selbst anderweitig innerhalb eines vom Erblasser gesetzten Rahmens verfügt, dahin auszulegen, dass dem Vorerben die Möglichkeit sein Vorerbenrecht in ein Vollrecht umzuwandeln nur unter der Be-

---

[228] Siehe hierzu eingehend J. Mayer ZEV 2000, 1, 6 f.

[229] N. Mayer ZEV 1996, 104, 105.

[230] LG Duisburg Rpfleger 1969, 17 = DNotZ 1969, 306; OLG Frankfurt Rpfleger 1991, 204; OLG Hamm ZNotP 1999, 444, 445.

[231] OLG Hamm DNotZ 1973, 110 = Rpfleger 1972, 445 m. zust. Anm. Haegele = OLG 73, 103; KG DNotZ 1956, 195; BGHZ 59, 220, 222 = NJW 1972, 1987 = DNotZ 1973, 105 = LM § 2065 Nr. 7 m. Anm. Mattern = Rpfleger 1972, 435 m. zust. Anm. Haegele; BGH LM § 2065 Nr. 2 = JZ 1954, 98 = DNotZ 1954, 492 LS; OLG Oldenburg Rpfleger 1966, 47; Staudinger/Behrends/Avenarius § 2100 Rn 29; Westermann Festschrift für Möhring, S. 183, 194 Fn. 15.

[232] Brox in Festschrift für Bartholomeyczik, 1973, S. 41 Fn. 38; Stiegeler, Der Grundsatz der Selbstentscheidung des Erblassers, S. 99; zweifelnd Grossfeld JZ 1968, 113, 115 Fn. 17, der dies allenfalls beim wechselbezüglichen gemeinschaftlichen Testament zulassen will, worauf es aber nach Haegele Rpfleger 1965, 355, 258 nicht ankommen kann.

[233] RGZ 95, 278, 279 = JW 1920, 268 Nr. 8 m. zust. Anm. Kipp; Raape AcP 140, 233.

[234] KG DNotZ 1956, 195; BGHZ 59, 220, 222 = NJW 1972, 1987 = Rpfleger 1972, 435 m. Anm. Haegele = DNotZ 1973, 105 = LM § 2065 Nr. 7 m. Anm. Mattern; Haegele Rpfleger 1971, 121, 132; a. M. die oben zitierten Autoren.

[235] OLG Celle RdL 1953, 211; OLG Hamm RdL 1951, 369; OLG Hamm DNotZ 1973, 110 = Rpfleger 1972, 445 m. zust. Anm. Haegele = OLG 73, 103 BGH LM § 2065 Nr. 2 = JZ 1954, 98 = DNotZ 1954, 492 LS; Johannsen WM 1970, 8; OLG Oldenburg Rpfleger 1966, 47; Haegele Rpfleger 1971, 121, 132; a. M. die oben zitierten Autoren; Bedenken bei BGH RdL 1954, 78 = LM § 2065 Nr. 2).

[236] MünchKomm/Leipold, § 2065 Rn 10 u. § 2074 Rn 14; Haegele JurBüro 1969, 1, 6; BGH LM § 533 Nr. 1 = WPM 1971, 1510 = MDR 1972, 36; BGH NJW 1977, 950; OLG Hamm OLGZ 1973, 103 = MDR 1972, 1036.

dingung gegeben ist, dass er selbst **hinsichtlich des vom Erblasser ererbten Vermögens** eine letztwillige Verfügung errichtet, die den vom Erblasser bestimmten Anordnungen hinsichtlich der Auswahl der Erben oder Vermächtnisnehmer entspricht.[237]

72 Rechtsunsicherheiten bezüglich der **Zulässigkeit von in dieser Weise auflösend bedingter Nacherbfolgen** könnten durch genaue Formulierung solcher Verfügungen von Todes wegen vermieden werden:

73 • Zum einen verstößt es gegen § 2065 Abs. 2 BGB, wenn man zulässt, dass der Vorerbe bestimmt, wer bzw. zu welchen Erbquoten Nacherbe werden soll.[238]
- Zum anderen ist gemäß § 2075 BGB eine auflösend bedingte Nacherbfolge zulässig und zwar, wie aus dem Text von § 2075 BGB hervorgeht, auch als sog. Potestativbedingung.[239]
- Ferner gibt es keine gegenständlich beschränkte Nacherbfolge.[240] Das bedeutet, dass die Nacherbfolge nur hinsichtlich des ganzen Nachlasses oder eines Bruchteils desselben auflösend bedingt sein kann, nicht bezüglich bestimmter Nachlassgegenstände,[241] es sei denn, diese sind dem Vorerben als Vorausvermächtnis zugewendet.
- Letztlich fällt damit beim Eintritt der auflösenden Bedingung, d.h. der anderweitigen Verfügung von Todes wegen des Vorerben, je nach den Bestimmungen des Erblassers der ganze Nachlass oder ein Bruchteil desselben in das freie Vermögen des Vorerben. Dann darf aber der bisherige Vorerbe in seiner letztwilligen Verfügung diese Teile seines Vermögens nicht mehr als Nacherbschaft und die von ihm damit Bedachten auch nicht als Nacherben bezeichnen. Wenn der Vorerbe über diese für ihn freigewordenen Teile der Nacherbschaft verfügt, muss er sie entweder als integrierte Teile seines Nachlasses behandeln und sie fallen dann seinen eigenen gewillkürten Erben an, oder falls er über sie getrennt von seinem eigenen Vermögen von Todes wegen verfügen will, geht das nur im Wege des Vermächtnisses. Dies sollte der Vorerbe in seiner eigenen, die Bedingung auslösenden Verfügung von Todes wegen deutlich zum Ausdruck bringen, sonst muss es nach seinem Tod im Wege der erläuternden (einfachen) Auslegung festgestellt werden.

Formulierungsvorschlag:

Die Nacherbfolge ist in der Weise auflösend bedingt, dass der Vorerbe Vollerbe wird, wenn er über seinen Nachlass und damit auch über den in ihm enthaltenen Nachlass des Erblassers innerhalb des Kreises der oben eingesetzten Nacherben anderweitig von Todes wegen verfügt. Er kann dabei die Erbquoten der bisherigen Nacherben verändern oder ihnen nur Vermächtnisse zuwenden, darf aber keine Personen außerhalb dieses Kreises bedenken. Die Änderung kann in diesem Rahmen mehrfach erfolgen, muss jedoch beim Tod des Vorerben wirksam sein.

74 Wer trotzdem noch Bedenken gegen eine Nacherbeinsetzung unter der Bedingung anderweitiger Verfügungen des Vorerben hat, mag die Möglichkeit der späteren Fremdbestimmung des Endbedachten durch ein stets zulässiges **Bestimmungsvermächtnis gem. § 2151 BGB** lösen.[242]

---

[237] So auch OLG Hamm OLGZ 1973, 103 = MDR 1972, 1036; Staudinger/Otte § 2065 Rn 24; wohl auch BGHZ 59, 220 = NJW 1972, 1987; N. Mayer, ZEV 1996, 104, 105; BayObLGZ 58, 225, 232.

[238] Frank MittBayNot 1987, 231, 235; OLG Hamm NJW-RR 1995, 1477 = FamRZ 1996, 378 = ZEV 1995, 376, 377.

[239] MünchKomm/Leipold, § 2074 Rn 14 ff.; Frank MittBayNot 1987, 231 f.

[240] MünchKomm/Grunsky, § 2100 Rn 19. Unberührt bleibt, dass dies als wirtschaftliches Ergebnis bei entsprechender Gestaltung mit umfassenden Vorausvermächtnissen erzielt werden kann.

[241] OLG Hamm FamRZ 2000, 446; J. Mayer ZEV 2000, 1, 6.

[242] Siehe MünchVertrHdb/Nieder/Otto, Bd. 6/2, XVI.7 § 2.

12. Einsetzung der eigenen Erben des Vorerben als Nacherben

Nach § 2065 Abs. 2 kann der Erblasser die Bestimmung der Person, die eine Zuwendung erhalten soll, nicht einem anderen überlassen. Trotzdem war es nach der früher überwiegenden Meinung zulässig, diejenigen Personen zu seinen Erben einzusetzen, die ein anderer, z. B. der Vorerbe, zu seinen Erben beruft (**Dieterle-Klausel**).[243] Die Person des Bedachten braucht nicht namentlich bezeichnet zu sein, es genügt, dass sie umschrieben und daraus erkennbar ist. Es können grundsätzlich auch Personen, die erst durch Eintritt gewisser in der Zukunft liegender Umstände bestimmt werden sollen, bedacht werden.[244] 75

Wenngleich die h. M. in der Literatur weiterhin von der Zulässigkeit der Gestaltung ausgeht,[245] kann seit der Entscheidung des OLG Frankfurt dies als sicherer Weg nicht empfohlen werden bis zu einer höchstrichterlichen Entscheidung. Die auf Sicherheit bedachte Kautelarjurisprudenz wird solange auf das Bestimmungsvermächtnis (§ 2151) ausweichen.[246]

13. Nacherbfolge bezüglich eines Bruchteils

Der Erblasser kann die Nacherbfolge nur hinsichtlich des **Erbteils eines Miterben** anordnen.[247] Der Erblasser kann aber auch einen eingesetzten Erben nur teilweise mit einer Nacherbfolge belasten, sodass er zu einem **Teil seines Erbteils** Vollerbe und zum anderen nur Vorerbe wird.[248] Die Frage ist dann, ob und wie der Vorerbe, um sich einen freien Nachlassbereich zu schaffen, der Höhe seiner Vollerbquote entsprechende Nachlassgegenstände aus dem mit der Teilnacherbschaft beschwerten Nachlass herauslösen und seinem freien Vermögen zuführen kann. Nach der wohl h. M.[249] ist der Nacherbe gem. § 2120 verpflichtet, in eine solche gegenständliche Teilung einzuwilligen. Ohne Mitwirkung des Nacherben kann der Vorerbe sich nur dann Nachlassgegenstände zu freiem Vermögen übertragen, wenn der Erblasser sie ihm im Wege des Vorausvermächtnisses zugewandt hat.[250] Dies muss auch gelten, wenn der Vorerbe von allen gesetzlichen Beschränkungen befreit ist, da die Übertragung zumindest teilweise eine den Nacherben beeinträchtigende unentgeltliche Verfügung sein kann (§ 2113 Abs. 2). Im Übrigen ist der Vorerbe, der nur teilweise als Vollerbe eingesetzt ist, nicht ohne weiteres als von den Beschränkungen des Vorerben befreit anzusehen.[251] 76

---

[243] Dieterle BWNotZ 1971, 15; Schäfer BWNotZ 1962, 203; Gaberdiel Rpfleger 1966, 265; Wagner ZEV 1998, 255; J. Mayer ZEV 1995, 247; Ivo DNotZ 2002, 260, 264 f.; Otte ZEV 2001, 318, 319; Keim, FamRZ 2003, 137, 140; Schnabel, Das Geschiedenmentestament, 2001, S. 128; Staudinger/Otte § 2065 Rn 16; MünchKomm/Leipold, § 2065 Rn 19; v. Lübtow, ErbR, Bd. I, S. 143; a. M. OLG Frankfurt/M ZEV 2001, 316 = FamRZ 2000, 1607, 1608 mit unscharfer Begründung und ohne auf die Gegenmeinung einzugehen; da in diesen Fällen der Erblasser die Auswahl seines Erben einem Dritten überlässt und nicht nur, wie bei der Potestativbedingung, diesen über die Geltung des vom ihm gebildeten Willens entscheiden lässt; zweifelnd Kanzleiter DNotZ 2001, 149.

[244] Zum grundsätzlichen Verbot der Drittbestimmung und den zulässigen Ausnahmen siehe eingehend oben § 8 I.7. Rn 36 ff. und zum Grundsatz der materiellen Höchstpersönlichkeit § 3 II.2.b) Rn 36 ff.

[245] Staudinger/Otte § 2065 Rn 16; MünchKomm/Leipold § 2065 Rn 19; Palandt/Edenhofer § 2065 Rn 7.

[246] Keim, FamRZ 2003, 137, 140.

[247] BayObLGZ 58, 109; BayObLGZ 61, 205; KG OLGZ 39, 17; Ember NJW 1982, 87.

[248] Staudinger/Behrends/Avenarius § 2100 Rn 7; MünchKomm/Grunsky, § 2100 Rn 16; BGH Rpfleger 1980, 95; KG OLGZ 39, 17, 18; BayObLGZ 1958, 109 = NJW 1958, 1683; Asbeck MDR 1959, 897, 899.

[249] BayObLGZ 1958, 109 = NJW 1958, 1683; Staudinger/Behrends/Avenarius, § 2112 Rn 17 u. § 2120 Rn 6; Hurst MittRhNotK 1962, 447; Haegele Rpfleger 1976, 73, 77.

[250] Staudinger/Behrends/Avenarius § 2100 Rn 7.

[251] BayObLGZ 1958, 109 = NJW 1958, 1683; Palandt/Edenhofer § 2136 Rn 5.

14. Erbauseinandersetzung der Vormiterbengemeinschaft

77 Sind mehrere Vorerben eingesetzt, bilden sie eine Miterbengemeinschaft, in der jeder Mitvorerbe gemäß § 2042 jederzeit die Auseinandersetzung verlangen kann. Eine Mitwirkung des Nacherben an der Auseinandersetzung ist an sich nicht erforderlich. Sind jedoch zum Vollzug der Auseinandersetzung Verfügungen erforderlich, die unter die Beschränkungen der §§ 2113 Abs. 1 oder 2114 fallen, muss der **Nacherbe,** nicht auch der Ersatznacherbe,[252] ihnen **zustimmen,** da sie sonst nach dem Eintritt des Nacherbfalles unwirksam wären.[253] Der Nacherbe ist auch zur dieser Zustimmung gemäß § 2120 verpflichtet, da das Nacherbenrecht nicht das Recht einschließt, die Aufhebung der Erbengemeinschaft zu verhindern und der Nacherbe durch die Surrogation (§ 2121) hinreichend geschützt ist.[254] Bei der befreiten Vorerbschaft entfällt das Zustimmungserfordernis bei Grundstücksverfügungen in diesen Fällen ganz, da infolge der Surrogation die Erbauseinandersetzung der entgeltlichen Verfügung gleichsteht.[255] Dies gilt allerdings nur, soweit nicht unentgeltlich i. S. des § 2113 Abs. 2 verfügt wird.[256] Die Grundstücksverfügung bedarf dann nicht der Zustimmung der Nacherben, wenn sie allein der **Erfüllung einer Teilungsanordnung des Erblassers** oder **eines (fälligen) Vermächtnisses** dient.[257] Entbehrlich ist die Zustimmung des Nacherben auch, wenn bei der Erbauseinandersetzung der Vorerbe wertmäßig nicht mehr erhält, als ihm auf Grund seiner Erwerbsquote gebührt.[258] Mit Mitteln der Erbschaft erworben und daher Surrogat nach § 2121 ist dasjenige, was dem Vorerben bei der Auseinandersetzung der Vorerbengemeinschaft übertragen worden ist.[259] Bei Grundstücken muss daher der Nacherbenvermerk eingetragen werden.

78 Wenn mehreren Vorerben nicht der oder die gleichen Nacherben eingesetzt wurden, sondern jedem eigene, d. h. dass sie jeweils selbständig durch Nacherbeinsetzung beschränkt sind, können sie sich mit Zustimmung sämtlicher Nacherben, nicht auch der Ersatznacherben, dahin auseinandersetzen, dass jedem Vorerben Grundstücke zu Alleineigentum zugewiesen werden und auf diesen dann nur noch die Nacherbenvermerke für ihre eigenen Nacherben eingetragen werden.[260] Erfolgt diese Auseinandersetzung ohne die Zustimmung der Nacherben, ist bei jedem zugeteilten Grundstück wieder ein sämtliche Nacherben umfassender Nacherbenvermerk einzutragen.[261]

79 Ob eine Vor- und Nacherbschaft durch einen Erbauseinandersetzungsvertrag nach § 2042 aufgehoben werden kann, ist fraglich,[262] weil zwischen Vor- und Nacherben keine der Miterbengemeinschaft vergleichbare Rechtsgemeinschaft besteht.[263]

---

[252] MünchKomm/Grunsky § 2113 Rn 17.

[253] RGZ 75, 363, 366; OLG Hamm NJW-RR 1995, 1289 = ZEV 1995, 336 m. Anm. Graf = FamRZ 1995, 961; Deimann, Rpfleger 1978, 244; Staudinger/Behrends/Avenarius, § 2113 Rn 16.

[254] Staudinger/Behrends/Avenarius, § 2113 Rn 16.

[255] OLG Dresden Recht 1920 Nr. 1908 = ZBlFG 1920, 324; Ivo ZEV 2003, 297.

[256] BayObLGZ 1986, 208, 210; KG DNotZ 1993, 607, 609.

[257] OLG Hamm NJW-RR 1995, 1289 = ZEV 1995, 336 m. Anm. Graf = FamRZ 1995, 961; BayObLGZ 2001, 118 = NJW-RR 2001, 1665; OLG Düsseldorf ZEV 2003, 296 m. Anm. Ivo = DNotZ 2003, 637, das den Nachweis des Vermächtnisses sogar durch ein privatschriftliches Testament zulässt.

[258] BayObLG DNotZ 1983, 320 = Rpfleger 1982, 468; BayObLGZ 1986, 208 = FamRZ 1987, 104 = Rpfleger 1986, 470; Graf ZEV 1995, 339.

[259] BayObLGZ 1986, 208; LG Köln MittRhNotK 1988, 21; OLG Hamm NJW-RR 1995, 1289 = ZEV 1995, 336 m. Anm. Graf = FamRZ 1995, 961; Deimann, Rpfleger 1978, 244; Staudinger/Behrends/Avenarius, § 2111 Rn 27.

[260] KG DNotZ 1993, 607, 609 = NJW-RR 1993, 268; BayObLGZ 1986, 208, 213 = Rpfleger 1986, 470; OLG Hamm ZEV 1995, 336, 338; Siehe dazu eingehend Deimann Rpfleger 1978, 244.

[261] Deimann a. a. O.

[262] So Gantzer, MittBayNot 1993, 67.

[263] Lange/Kuchinke, 4. Aufl., § 28 VII 1 c.

15. Vererb- und Veräußerlichkeit der Nacherbenanwartschaft

a) Vererbung der Nacherbanwartschaft[264]

Der Nacherbe erlangt mit dem Tod des Erblassers, durch den der Nachlass auf den oder die Vorerben übergeht, ein gegenwärtiges Anwartschaftsrecht auf die spätere Nacherbschaft.[265] Erlebt der Nacherbe den Tod des Erblasser, stirbt aber vor dem Eintritt des Nacherbfolge, ist gemäß der widerlegbaren Vermutung des § 2108 Abs. 2 Satz 1 seine **Nacherbanwartschaft vererblich,** sofern nicht ein anderer Wille des Erblassers anzunehmen ist. Ist allerdings der Nacherbe unter einer **aufschiebenden Bedingung** eingesetzt (z. B. bei der Wiederverehelichungsklausel), entfällt im Zweifel die Nacherbfolge und die Vererblichkeit ihrer Anwartschaft und der Vorerbe wird Vollerbe, wenn der Nacherbe den Eintritt der Bedingung nicht erlebt (§§ 2108 Abs. 2 Satz 2, 2074).[266] 80

Der Erblasser kann in der Verfügung von Todes wegen die Vererblichkeit der Nacherbanwartschaft ausschließen und zwar ist dies ausdrücklich möglich, kann aber auch durch ergänzende Auslegung gefunden werden.[267] Streitig ist die Frage, wie sich die **ausdrückliche oder mutmaßliche Ersatznacherbenberufung** auf die Vererblichkeit der Nacherbenanwartschaft auswirkt. Unstreitig war bisher, dass durch die **ausdrückliche Einsetzung eines Ersatzerben** nach § 2096 im Zweifel der Erblasser die Vererblichkeit der Nacherbenanwartschaft ausgeschlossen hat, da anderenfalls der Tod des Nacherben vor Eintritt des Nacherbfalls kein Ersatzfall wäre.[268] Umstritten war nur die Auswirkung der **mutmaßlichen Ersatzerbeinsetzung** der Abkömmlinge nach § 2069 bzw. auf Grund ergänzender Auslegung auf die Vererblichkeit der Nacherbenanwartschaft. Nach der einen Meinung[269] soll allein daraus nicht auf den Ausschluss der Vererblichkeit geschlossen werden können, da die Ersatzerbeinsetzung auch nur für die anderen Wegfallsgründe, z. B. dem der Ausschlagung, getroffen sein kann. Nach der Gegenmeinung[270] liegt in der Ersatznacherbenberufung im Zweifel immer die schlüssige Erklärung des Erblassers, dass die Vererblichkeit der Nacherbanwartschaft ausgeschlossen sein soll. Eine mittlere Lösung lässt auf Grund Auslegung des hypothetischen Erblasserwillens die Vererblichkeit durch die Ersatznacherbeinsetzung nur entfallen bei Weitervererbung der Anwartschaft an Erben des Nacherben, die weder Abkömmlinge noch Schwiegerkinder sind.[271] Nach der heute wohl überwiegenden Meinung[272] spricht eine Vermutung in solchen Fällen weder für noch gegen die Vererblichkeit, sondern maßgebend ist allein der durch individuelle Auslegung zu ermittelnde Wille des Erblassers im Einzelfall. Dies soll nach einer heftig umstrittenen Entscheidung des BayObLG[273] allerdings nicht nur für den

---

[264] *Musielak,* Zur Vererblichkeit des Anwartschaftsrechts eines Nacherben, ZEV 1995, 5.

[265] BGHZ 37, 319, 325; BGHZ 87, 367, 369; Haegele Rpfleger 1967, 161 m. w. N.

[266] Staudinger/Behrends/Avenarius, § 2108 Rn 21.

[267] OLG Oldenburg Rpfleger 1989, 106.

[268] OLG Braunschweig FamRZ 1995, 443; Staudinger/Behrends/Avenarius § 2108 Rn 14; Haegele Rpfleger 1967, 161 f.; Musielak ZEV 1995, 6, 7.

[269] RGZ 95, 97, 98 f.; RGZ 169, 38, 40 ff.; BayObLGZ 1951, 570; BayObLGZ 1961, 132; OLG Köln NJW 1955, 633; Palandt/Edenhofer, § 2108 Rn 4; OLG Köln OLGZ 1968, 91; OLG Oldenburg Rpfleger 1989, 106 = MittRhNotK 1989, 143.

[270] Staudinger/Behrends/Avenarius, § 2108 Rn 16; Soergel/Harder, 12. Aufl., § 2108 Rn 3; MünchKomm/Grunsky, § 2102 Rn 9; RGRK/Johannsen § 2108 Rn 3; Kipp/Coing, 14. Aufl., § 47 IV 2 b; Haegele Rpfleger 1967, 162; OLG Bremen NJW 1970, 1923; OLG Braunschweig FamRZ 1995, 443, 444.

[271] BGH NJW 1963, 1150 = MDR 1963, 487; OLG Hamm Rpfleger 1976, 132; OLG Oldenburg Rpfleger 1989, 106 = MittRhNotK 1989, 143.

[272] BGH LM § 2108 Nr. 1; BayObLGZ 1993, 334 = NJW-RR 1994, 460 = FamRZ 1994, 783 = ZEV 1995, 25; OLG Köln OLGZ 1968, 91; OLG Oldenburg Rpfleger 1989, 106; so auch Lange/Kuchinke, 4. Aufl., § 28 VII 1 a; J. Mayer MittBayNot 1994, 111, 114; Musielak ZEV 1995, 5, 7.

[273] BayObLGZ 1993, 334 = NJW-RR 1994, 149 = FamRZ 1994, 783 = ZEV 1995, 25; krit. mit Recht: J. Mayer MittBayNot 1994, 11; Musielak ZEV 1995, 5; Muscheler JR 1995, 309; Staudinger/Behrends/Avenarius § 2108 Rn 6.

stillschweigend eingesetzten (§ 2069 BGB) oder durch ergänzende Auslegung gewonnenen Ersatznacherben gelten, sondern auch für gemäß § 2096 BGB ausdrücklich vom Erblasser eingesetzte. Das BayObLG hält eine ausdrückliche Ersatznacherbeinsetzung nicht für eindeutig in dem Sinne, dass der Erblasser damit die Vererbbarkeit der Anwartschaft ausschließen wollte, sondern hält auch die Auslegung für möglich, dass er die Ersatzperson erst eintreten lassen wollte, wenn der ganze Stamm eines eingesetzten Nacherben ausgefallen ist. In seiner Begründung lässt das BayObLG auch wieder die überwunden geglaubte Meinung aufleben, bei Einsetzung von Abkömmlingen des Erblassers könnten gemäß § 2069 dessen Abkömmlinge den ausdrücklich gemäß § 2096 berufenen Ersatzerben im Range vorgehen. Diese Vorgehensweise des BayObLG birgt die Gefahr einer Erosion der gesetzlichen Auslegungsregeln.[274]

81 Zur Vermeidung von Streitigkeiten sollte daher bei der Gestaltung der Verfügung von Todes wegen ausdrücklich die Vererblichkeit der Nacherbanwartschaft ausgeschlossen werden.

Formulierungsvorschlag:

Die Nacherbenanwartschaft ist weder vererblich noch veräußerlich, ausgenommen die Veräußerung an den Vorerben. In diesem Fall entfällt auch jede ausdrückliche oder stillschweigende Ersatznacherbeinsetzung.

b) Veräußerung der Nacherbanwartschaft

82 Trotz Schweigen des Gesetzes ist die Veräußerlichkeit, auch Verpfändbarkeit und Pfändbarkeit, des Nacherbenanwartschaftsrechts heute gewohnheitsrechtlich anerkannt.[275] Dabei ist die Übertragung des Anwartschaftsrechts des Mitnacherben gem. § 2033 unproblematisch, aber auch das des Alleinnacherben erfolgt in entsprechender Anwendung des § 2033 Abs. 1 als Gesamtverfügung.[276] Zur Übertragung ist in entsprechender Anwendung des § 2033 notarielle Beurkundung erforderlich.[277] Zu der Übertragung der Nacherbenanwartschaft bedarf der Nacherbe nicht der Mitwirkung des Ersatznacherben,[278] sie wirkt ihm gegenüber aber auch nicht.[279] Der schuldrechtliche Veräußerungsvertrag über das Anwartschaftsrecht des Nacherben richtet sich nach §§ 2371 ff.[280] Trotz Übertragung der Nacherbanwartschaft ist im Erbschein nicht der Erwerber, sondern der Nacherbe als Erbe auszuweisen.[281]

Umstritten ist die Frage, ob der Erblasser die Übertragbarkeit des dem Nacherben zustehenden Anwartschaftsrechts ausschließen kann.[282] Auf jeden Fall kann man den **Ausschluss der Übertragbarkeit** aber als Nacherbeinsetzung unter der Bedingung auslegen, dass nur der Nacherbe im Nacherbfall die Erbschaft im vollen Umfang erwirbt.[283] Fer-

[274] Staudinger/Behrends/Avenarius, § 2108 Rn 6.

[275] RGZ 101, 185, 191; 170, 163, 168; 139, 347; KG JW 1937, 1553; BGHZ 27, 319, 326; BGHZ 87, 367, 369; BayObLG NJW 1970, 1795; OLG Frankfurt Rpfleger 1980, 228; Haegele Rpfleger 1971, 121, 130.

[276] Schmidt BWNotZ 1966, 148, 149; Neusser MittRhNotK 1979, 143, 145.

[277] Schöner/Stöber, Grundbuchrecht, 14. Aufl., Rn 3528.

[278] RGZ 145, 316; OLG Köln NJW 1955, 633.

[279] Schmidt BWNotZ 1966, 144.

[280] Neusser MittRhNotK 1979, 143.

[281] OLG Düsseldorf MDR 1981, 143; OLG Düsseldorf OLGZ 1991, 134; Bestelmeyer, Rpfleger 1994, 189.

[282] Dafür: Andeutung in RGZ 170, 163, 168; OLG Köln NJW 1955, 633, 634 m. w. N.; Palandt/Edenhofer § 2108 Rn 4; dagegen: wegen § 137 Staudinger/Behrends § 2100 Rn 60; Mezger AcP 152, 382.

[283] Lange/Kuchinke, ErbR, 4. Aufl., § 28 VII 3 e; Kanzleiter DNotZ 1970, 695 Anm. 13.

ner kann die Anordnung einer Nacherbentestamentsvollstreckung eine Veräußerung verhindern, da ein nach § 2222 bestellter Testamentsvollstrecker die Anwartschaft nicht übertragen kann.[284] Nach Ripfel[285] erübrigt sich eine Bestimmung über den Ausschluss der Vererblichkeit der Nacherbenanwartschaft, wenn diese wegen entsprechender Bedingungen erst mit dem Eintritt der Nacherbfolge feststeht. Da jedoch die Meinung vertreten wird, dass Verfügungen über die Nacherbenanwartschaft für alle Fälle der Nacherbschaft und somit auch für eine bedingte Nacherbschaft zulässig sind[286] dürften sie auch zumindest nach der von Kanzleiter[287] erstmals vertretenen und oben dargelegten Ansicht auch für nur bedingt bekannte oder noch nicht endgültig bestimmte Nacherben zulässig sein. Ein vorsichtiger Notar wird daher auch in diesen Fällen die Vererb- und Veräußerlichkeit der Anwartschaft ausdrücklich ausschließen.

Bei der Bewertung der Nacherbenanwartschaft zur Berechnung des Zugewinnausgleichs ist § 2313 nicht entsprechend anwendbar und eine Nacherbenanwartschaft ist beim Anfangs- und Endvermögen mit dem gleichen Wert zu veranschlagen, d.h. auch eine echte Wertsteigerung der Anwartschaft erbringt keinen ausgleichspflichtigen Zugewinn.[288] Dagegen kann eine echte, d.h. um den Kaufkraftschwund bereinigte, Wertsteigerung des Nutzungswerts einer Vorerbschaft während der Ehedauer ein ausgleichspflichtiger Zugewinn sein.[289] 83

16. Ausschlagung bei der Vor- und Nacherbschaft

a) Ausschlagung des Vorerben

Schlägt der Vorerbe die Erbschaft aus, so ist der Nacherbe nach der Auslegungsregel 84
des § 2102 Abs. 1 im Zweifel der Ersatzerbe (siehe hierzu oben § 8 Rn 61) und tritt als Vollerbe an dessen Stelle. Der Vorerbe wird insbesondere ausschlagen, wenn er den Pflichtteil für günstiger hält als die mit der Nacherbfolge beschwerte Erbschaft. Er muss dabei jedoch die Bestimmungen des § 2306 beachten (siehe oben § 2 Rn 11ff.).

b) Ausschlagung des Nacherben

Der Nacherbe kann nach § 2142 Abs. 1 die Erbschaft ausschlagen, sobald der Erbfall 85
eingetreten ist, d.h. nicht erst ab dem Nacherbfall. Dies gilt auch für den unter einer aufschiebenden Bedingung oder Befristung eingesetzten Nacherben.[290] Auch die Annahme der Nacherbfolge kann schon vor dem Nacherbfall erfolgen, wie sich aus § 1946 ergibt.[291] Die Ausschlagungsfrist von regelmäßig 6 Wochen beginnt für den Nacherben nach § 1944 Abs. 2 Satz 1 in Verbindung mit § 2139 frühestens mit dem Eintritt des Nacherbfalls,[292] d.h. ab dessen Kenntnis. Da jedoch für den pflichtteilsberechtigten Nacherben die Verjährung seines Pflichtteilsanspruchs unabhängig davon ab dem Erbfall läuft, ist er zur Ausschlagung innerhalb dieser 3-Jahresfrist gezwungen. Der Nacherbe muss ausschlagen, um den Pflichtteil verlangen zu können. Ist er nur unter einer aufschiebenden Bedingung zum Nacherben eingesetzt, gilt er als enterbt und kann ohne Ausschlagung den Pflichtteil verlangen (oben § 2 Rn 25).

Schlägt der Nacherbe die Erbschaft aus, verbleibt sie dem Vorerben als Vollerben, soweit der Erblasser nicht ein anderes bestimmt hat (§ 2142 Abs. 2). Die Erbausschla-

---

284 KG HRR 1937, 931 = JW 1937, 1553.
285 Rpfleger 1951, 578, 581.
286 Lange/Kuchinke, 4. Aufl., § 28 VII 3 e; Kanzleiter DNotZ 1970, 326, 327 Anm. 8.
287 DNotZ 1970, 326.
288 BGHZ 87, 367 = FamRZ 1983, 882 = DNotZ 1984, 394; krit. hierzu Gernhuber FamRZ 1984, 1059; Schubert JR 1984, 24.
289 Brambring DNotZ 1980, 725.
290 Staudinger/Behrends § 2142 Rn 4; Palandt/Edenhofer § 2142 Rn 4.
291 Palandt/Edenhofer § 2142 Rn 4.
292 RGZ 59, 341, 345.

gungsfrist bewirkt gem. § 1953 den Wegfall des Nacherben mit Rückwirkung auf den Erbfall *(ex tunc)*.

86 Bei ausdrücklicher (§ 2096) oder stillschweigender (§ 2069) **Ersatznacherbenberufung** fällt die Erbschaft in der Regel den Ersatznacherben und nicht gem. § 2142 Abs. 2 dem Vorerben an.[293] Sind Mitnacherben vorhanden, kann die Ausschlagung auch zu einer Anwachsung bei ihnen erfolgen (§§ 2094, 2099). Lediglich wenn Ersatznacherben die Abkömmlinge des Nacherben sind und die **Ausschlagung zwecks Pflichtteilsverlangen** erfolgt, entspricht es erfahrungsgemäß dem Willen des Erblassers, dass nicht die Ersatznacherbfolge eintritt, sondern die Erbschaft dem Vorerben verbleibt, da sonst eine Doppelbegünstigung des Stammes eintreten würde.[294] Dies gilt nach der h. M. nicht nur bei gesetzlichen und vermuteten Ersatzberufungen, sondern auch, wenn der Erblasser ausdrücklich die Abkömmlinge seiner Kinder zu Ersatznacherben berufen hat.[295] Diese Erfahrungssätze und Auslegungsregeln greifen allerdings nur ein, wenn ein tatsächlicher oder hypothetischer Wille des Erblassers nicht feststellbar ist.[296] Sind mehrere Nacherben vorhanden,[297] so geht das Anwachsungsrecht gem. § 2094 dem Anrecht des Vorerben gem. § 2142 Abs. 2 vor, steht aber gem. § 2099 einer Ersatzberufung nach. Im Falle des § 2104 (konstruktive Nacherbschaft) rücken bei Ausschlagung (§ 2142 Abs. 2) der zunächst berufenen gesetzlichen Erben die entfernteren nach. Wer nur zum Ersatznacherben eingesetzt ist, braucht dies nicht auszuschlagen, um den Pflichtteil zu erhalten, da er auf Grund der schwachen Rechtsstellung als Ersatzbedachter als enterbt angesehen wird.[298]

17. Übersicht über die Folgen des Wegfalls eines Nacherben

87

Zeitpunkt des Wegfalls durch Tod oder Ausschlagung:	**Anstelle des Weggefallenen treten in der Rangfolge der Ziffern:**
Vor dem Erbfall:	1. Der ausdrücklich eingesetzte Ersatznacherbe. 2. Der gem. § 2069 oder ergänzende Auslegung vermutete Ersatznacherbe. 3. Bei mehreren Nacherben Anwachsung gem. § 2094. 4. Sonst Wegfall der Beschwerung und Vorerbe wird Vollerbe.
Nach dem Erbfall:	1. Der ausdrücklich eingesetzte Ersatznacherbe. 2. Sonst im Zweifel Vererblichkeit der Nacherbenanwartschaft gem. § 2108 Abs. 2 Satz 1. 3. Bei aufschiebend bedingter Nacherbschaft im Zweifel gem. §§ 2108 Abs. 2 Satz 2, 2074 keine Vererblichkeit. 4. Bei Unvererblichkeit der gem. § 2069 oder ergänzende Auslegung vermutete Ersatznacherbe. 5. Bei mehren Nacherben Anwachsung gem. § 2094. 6. Wenn weder Vererblichkeit noch Ersatznacherben Wegfall der Beschwerung und Vorerbe wird Vollerbe.
Nach dem Nacherbfall:	Normale Erbgang vom Nacherben auf dessen gesetzliche oder gewillkürte Erben.

[293] RG Warn 13 Nr. 241; OLG Zweibrücken OLGZ 84, 3.
[294] BGHZ 33, 60 = NJW 1960, 1899; OLG Frankfurt Rpfleger 1970, 391; BayObLG ZEV 2000, 274 = NJW-RR 2000, 1391.
[295] BayObLGZ 62, 239, 244; OLG Stuttgart BWNotZ 1982, 64; BayObLG ZEV 2000, 274 = NJW-RR 2000, 1391.
[296] BGHZ 33, 60, 63 = NJW 1960, 1899; BayObLG ZEV 2000, 274 = NJW-RR 2000, 1391.
[297] MünchKomm/Grunsky, § 2142 Rn 5 m. w. N.
[298] OLG Oldenburg NJW 1991, 988.

Hinweis: Die obige Rangfolge der Auslegungsregeln über den Ersatz von weggefallenen Nacherben ist nicht unbestritten, sondern gibt nur die derzeit überwiegend im Schrifttum vertretene Meinung wieder.[299] Wie aus der Begründung der Entscheidung des BayObLG vom 30. 9. 1993[300] hervorgeht, werden von einer im Wachsen begriffenen Meinung jegliche theoretischen Überlegungen über generelle Rangfolgen hinsichtlich der Anwendbarkeit dieser Auslegungsnormen abgelehnt und statt dessen der konkreten Ermittlung des Erblasserwillens die Hauptbedeutung zugemessen. 88

18. Übertragung des Anwartschaftsrechts des Nacherben auf den Vorerben[301]

Die Nacherbenanwartschaft, die der Nacherbe nach dem Erbfall hat, kann er, sofern der Erblasser dies nicht ausgeschlossen hat, veräußern.[302] Die Übertragung bedarf entsprechend § 2033 BGB der notariellen Beurkundung, ebenso die Verpflichtung hierzu entsprechend § 2371 BGB. Die Übertragung kann auch auf den Vorerben erfolgen. Der Vorerbe erwirbt dann jedoch das Anwartschaftsrecht nur mit dem Inhalt, den es vor der Übertragung hatte, da der Nacherbe nicht mehr Rechte übertragen kann, als er selbst innehatte. Deshalb wird der Vorerbe durch die Übertragung der Nacherbenanwartschaft auf ihn **nur** dann **endgültiger Vollerbe**, wenn **keine Ersatznacherbfolge** vom Erblasser ausdrücklich angeordnet war oder auf Grund § 2069 BGB vermutet wird.[303] Bei einer Übertragung der Nacherbenanwartschaft auf den Vorerben gegen Entgelt, das mindestens dem Wert des Pflichtteils entspricht, kann die Auslegung der letztwilligen Verfügung nach dem mutmaßlichen Willen des Erblassers im Einzelfall auch ergeben, dass eine Ersatzerbeinsetzung für diesen Fall nicht angeordnet sein sollte.[304] Ansonsten wird die Rechtsstellung des Ersatznacherben durch die Übertragung des Nacherbenanwartschaftsrechts auf den Vorerben nicht berührt und bleibt weiter bestehen.[305] Der Vorerbe verliert seine durch die Übertragung erworbene Rechtsstellung als gleichzeitiger Nacherbe in dem Fall und zu dem Zeitpunkt an den Ersatznacherben, an dem sie auch der ursprüngliche Nacherbe verloren hätte, d.h. mit dem Eintritt des Ersatzfalls (Versterben des Nacherben vor dem Nacherbfall),[306] allerdings nur insoweit, als die einzelnen Nachlassgegenstände noch nicht vom Vorerben = Nacherben veräußert wurden.[307] 89

Da somit ein Ersatznacherbe trotz Veräußerung der Anwartschaft an den Vorerben bei einem Vorversterben des Nacherben vor dem Nacherbfall immer noch zum Zuge kommen kann, kann nach der Übertragung des Anwartschaftsrechts des Nacherben auf den Vorerben auch die **Löschung des Nacherbenvermerks** im Grundbuch nicht ohne Zustimmung des oder der Ersatznacherben erfolgen.[308] Dies ist nur hinsichtlich solcher

[299] So vor allem J. Mayer ZEV 1994, 111; Musielak ZEV 1995, 5.

[300] BayObLGZ 1993, 334 = NJW-RR 1994, 460 = FamRZ 1994, 783 = ZEV 1994, 25 = MittBayNot 1994, 149.

[301] *Friederich,* Rechtsgeschäfte zwischen Vorerben und Nacherben, 1999; *Gantzer,* Rechtsgeschäfte zur Aufhebung der Vor–Nacherbschaft und ihre Form, MittBayNot 1993, 67.

[302] Siehe auch oben Absatz 15, Rn 80.

[303] BGHZ 33, 61 = NJW 1960, 1899; LG Duisburg NJW 1960, 1205; Schöner/Stöber, Grundbuchrecht, Rn 3528.

[304] LG München II MittBayNot 1980, 29; OLG Stuttgart BWNotZ 1982, 64 = Rpfleger 1982, 106.

[305] OLG Köln NJW 1955, 633.

[306] BayObLGZ 1970, 137, 141 = NJW 1970, 1794, 1795 = DNotZ 1970, 687 m. Anm. Kanzleiter in DNotZ 1970, 693; OLG Stuttgart BWNotZ 1957, 152; Friederich, Rechtsgeschäfte zwischen Vorerben und Nacherben, 1999, Rn 56.

[307] BayObLGZ 1970, 137 = NJW 1970, 1794 = DNotZ 1970, 687 m. Anm. Kanzleiter in DNotZ 1970, 693 ff.; Friederich, Rechtsgeschäfte zwischen Vorerben und Nacherben, 1999, Rn 55 m.w. Nachw.

[308] BayObLGZ 1970, 137 = DNotZ 1970, 687; OLG Stuttgart BWNotZ 1957, 152; OLG Hamm DNotZ 1970, 688 = FamRZ 1970, 607; OLG Frankfurt DNotZ 1970, 691; Schulze NJW

Grundstücke möglich, die der Vor- und Nacherbe veräußert hat. Will der Vorerbe sicher gehen, dass er endgültiger Vollerbe wird, so muss er sich sämtliche Anwartschaftsrechte, d.h. auch das des Ersatznacherben übertragen lassen.[309] Dabei kann u.U. eine Pflegschaft für die minderjährigen oder noch nicht gezeugten Ersatznacherben notwendig werden.[310] Beabsichtigt allerdings der Vor- und Nacherbe, die wesentlichen Nachlassgegenstände alsbald etwa an seine Kinder zu veräußern, bedarf es der zusätzlichen Übertragung der Ersatzerbenanwartschaftsrechte nicht, da diese durch die Veräußerung von der Ersatznacherbfolge frei werden. Es dürfte zweckmäßig sein, den Erblasser bei ausdrücklicher oder stillschweigender (§ 2069) Anordnung einer Ersatznacherbfolge auf diese Probleme hinzuweisen. Er könnte zu ihrer Vermeidung ausdrücklich anordnen, dass die Ersatznacherbfolge erlöschen soll, wenn der Nacherbe sein Anwartschaftsrecht auf den Vorerben überträgt.[311]

Formulierungsvorschlag:

Die Nacherbenanwartschaft kann an den Vorerben veräußert werden. In diesem Fall entfällt auch jede ausdrückliche oder stillschweigende Ersatznacherbeinsetzung.

90 Enthält die Verfügung von Todes wegen keine solche Klausel, muss die Position des erwerbenden Vorerben in anderer Weise gesichert werden.

Häufig lässt dann die Praxis den die Anwartschaft übertragenden Nacherben schuldrechtlich eine Freistellungsverpflichtung gegenüber dem Vorerben in der Weise übernehmen, dass er diesen im Falle des Eintritts der Ersatznacherbfolge so zu stellen hat, als hätten der oder die Ersatznacherben ihre Anwartschaft ebenfalls auf den Vorerben übertragen. Diese schuldrechtliche Freistellungsverpflichtung vererbt sich im Falle des Vorversterbens des Nacherben vor dem Nacherbfall auf seine Erben, die oft auch die Ersatznacherben sein werden.

91 Sicherer ist jedoch, wenn sich Vor- und Nacherben in solchen Fällen die h.M.[312] zunutze machen, nach der bei **Verfügungen des** befreiten oder nicht befreiten **Vorerben über einzelne Nachlassgegenstände** und zwar gleichgültig, ob diese entgeltlich oder unentgeltlich erfolgen, diese Nachlassgegenstände **aus der Nacherbfolge frei werden,** sofern sämtliche gegenwärtigen Nacherben, auch bedingt eingesetzte Nacherben und auch weitere, sog. Nach-Nacherben zustimmen, während die Ersatznacherben nicht zustimmen müssen. Statt daher die ganze Nacherbenanwartschaft auf den Vorerben zu übertragen oder die Nacherbschaft auszuschlagen, sollte der Nacherbe mit dem Vorerben sich hinsichtlich der wesentlichen einzelnen Nachlassgegenstände dahin auseinandersetzen, dass diese dem Vorerben entgeltlich oder unentgeltlich zu Eigentum übertragen werden. Diese Möglichkeit lässt sich allerdings dogmatisch nicht so leicht begründen wie umgekehrt der Eigenerwerb eines Nachlassgegenstandes durch den Nacherben vom Vorerben,[313] da

---

1970, 1606; Lehmann NJW 1970, 2028; Neusser MittRhNotK 1979, 143, 146; Schöner/Stöber, Grundbuchrecht, Rn 3528; a.M. Becher NJW 1969, 1463.

[309] OLG Köln NJW 1955, 633; BayObLG FamRZ 1992, 727, 729; Kempf NJW 1961, 1797, 1799; Kanzleiter DNotZ 1970, 697.

[310] LG Duisburg NJW 1960, 1205.

[311] Kanzleiter DNotZ 1970, 697 m.w.N.

[312] RGZ 145, 316, 318f. = DNotZ 1935, 396; BGHZ 40, 115, 119 = NJW 1963, 2320; KG JW 1936, 3562; KG JFG 21, 253; BayObLGZ 1959, 497; BayObLGZ 1960, 410; OLG Oldenburg DNotZ 1962, 405; OLG Hamm Rpfleger 1984, 312; LG Oldenburg DNotZ 1982, 370; BayObLG DNotZ 1983, 320, 322; Palandt/Edenhofer § 2113 Rn 7; Erman/Schmidt § 2113 Rn 5; Staudinger/Berends/Avenarius, § 2113 Rn 18; MünchKomm/Grunsky, 3. Aufl., § 2113 Rn 16; Soergel/Harder, § 2113 Rn 8; RGRK/Johannsen, § 213 Rn 11; Schlüter, ErbR, 13. Aufl., Rn 788.

[313] Maurer DNotZ 1981, 223, 224.

das Anwartschaftsrecht des Nacherben nicht an den einzelnen Nachlassgegenständen besteht[314] und er daher nicht darauf hinsichtlich einzelner Nachlassgegenstände verzichten kann.[315] Aus der gesetzlichen Regelung, dass mit Zustimmung des Nacherben jede Verfügung des Vorerben auf die Dauer wirksam ist (§ 2113), folgt jedoch, dass mit Zustimmung des Nacherben der **Vorerbe einen Nachlassgegenstand an sich selbst in sein freies Vermögen übertragen kann** und dass dadurch die dem Vorerben nach § 2130 im Zeitpunkt des Eintritts der Nacherbfolge obliegende Herausgabepflicht hinsichtlich dieses Gegenstandes erlischt,[316] und zwar auch ohne dass man auf die zweifellos wirksame aber komplizierte Konstruktion einer Doppelübereignung zwischen Vor- und Nacherben zurückgreifen muss.[317] Schließlich kann der Vorerbe als Träger eines nachlassfreien Vermögens hinsichtlich des Ausscheidens eines Nachlassgegenstandes aus der Nacherbschaft durch Zustimmung des Nacherben nicht ungünstiger gestellt sein als ein Dritter.[318] Bei Grundstücken ist dazu nach der Rechtsprechung eine Auflassung erforderlich, auch wenn der Vorerbe bereits als Eigentümer (belastet mit dem Nacherbenvermerk) im Grundbuch eingetragen ist.[319] Bei dieser Gestaltung erlöschen mit der Nacherbenrechtsstellung an dem Nachlassgegenstand gleichzeitig auch sämtliche etwaigen Ersatznacherbenrechte, weil die Ersatznacherben hinter dem primären Nacherben stehen und sie dessen Zustimmung bindet.[320]

19. Übertragung von einzelnen Nachlassgegenständen auf Vor- oder Nacherbe

a) Veräußerung von Gegenständen aus der Vorerbschaft an Dritte

Da der Vorerbe Vollerbe auf Zeit bis zum Eintritt des Nacherbfalls ist, kann er gem. 92
§ 2112 grundsätzlich über die einzelnen Nachlassgegenstände verfügen. Einschränkungen der Verfügungsberechtigung ergeben sich aus den §§ 2113 bis 2115. Aber auch in diesen Fällen ist die Verfügung wirksam, wenn sämtliche Nacherben der Verfügung zustimmt, d.h. einwillig oder genehmigt.[321] Dabei ist auch die Zustimmung des bedingten Nacherben[322] und des evtl. weiteren Nacherben (Mitnacherben und Nachnacherben) erforderlich. **Nicht erforderlich** ist jedoch **die Zustimmung des Ersatznacherben** und zwar auch nicht bei unentgeltlichen Verfügungen.[323] Die zunächst unwirksame Verfügung kann auch gemäß § 185 Abs. 2 Satz 1 durch Genehmigung des Nacherben geheilt werden.[324]

b) Veräußerung von Gegenständen der Vorerbschaft an den Nacherben

Auch das ist nach der h. M. zulässig, wenn sämtliche weiteren Nacherben, ausgenom- 93
men die Ersatznacherben, zustimmen.[325]

---

314 Kipp/Coing, ErbR, 14. Bearb., § 20 I, 1.
315 Lange/Kuchinke, 4. Aufl., § 28 VII 1 a; Maurer DNotZ 1981, 223, 228.
316 KG JFG 11, 121, 123 f. = HRR 1933 Nr. 1202; MünchKomm/Grunsky, 3. Aufl., § 2113 Rn 15.
317 So Maurer DNotZ 1981, 223, 229 f.
318 KG JFG 11, 121, 123 = HRR 1933 Nr. 1933 Nr. 1202; offen gelassen von OLG Stuttgart OLGZ 1973, 262, 264.
319 BayObLG DNotZ 2005, 790 = NJW-RR 2005, 956 = RNotZ 2005, 366 m. Anm. Keim; Palandt/Edenhofer § 2100 Rn 18; a. A. Schöner/Stöber, Rn 3529b.
320 Maurer DNotZ 1981, 223, 232 f.
321 BGHZ 40, 115, 119; BGHZ 69, 47, 49.
322 RGZ 65, 214, 219; BGHZ 40, 115; OLG Hamm DNotZ 1970, 360; Heider ZEV 1995, 1.
323 RGZ 145, 316, 320 f.; BGHZ 40, 115, 119 m. Anm. Nirk in LM § 2096 Nr. 2/3 = NJW 1963, 2320; BayObLGZ 1959, 493, 497; OLG Hamm Rpfleger 1984, 312; BayObLG DNotZ 1983, 320, 322; BayObLG DNotZ 1993, 404 = Rpfleger 1993, 148; Kanzleiter DNotZ 1970, 326 und 69; Maurer DNotZ 1981, 233; Heider, ZEV 1995, 1; a. M. grds. Staudinger/Behrends § 2100 Rn 73, jedoch anders bei § 2113 Rn 18; Lange/Kuchinke, 4. Aufl., § 28 VII 3 e.
324 BayObLG FamRZ 1997, 710 = Rpfleger 1997, 156.
325 LG Tübingen BWNotZ 1981, 143; LG Oldenburg DNotZ 1982, 370; Maurer DNotZ 1981, 223, 224.

c) Entnahmen aus der Vorerbschaft zugunsten des Vorerben

94 Schwieriger ist es, dem Vorerben an Gegenständen der Erbschaft von der Anwartschaft des Nacherben freies Eigentum zu verschaffen.[326] Ein Verzicht des Nacherben auf sein Anwartschaftsrecht nach Eintritt des Erbfalls sieht das deutsche Erbrecht nicht vor.[327] Denkbar ist jedoch, dass der Vorerbe eine Insichverfügung gem. § 181 vom gebundenen in sein freies Vermögen vornimmt, die von sämtlichen Nacherben gemäß § 185 Abs. 2 Satz 1, Fall 1 genehmigt wird.[328] Hiergegen bestehen jedoch insoweit Bedenken, als der Vorerbe nicht für zwei verschiedene Rechtsträger handelt, sondern als derselbe Träger zweier eigenen Vermögensmassen (Vorerbschafts- und freies Vermögen) und daher ein Insichgeschäft nach § 181 nicht möglich sei.[329] Nach Maurer müsste daher der Vorerbe in solchen Fällen den Nachlassgegenstand zuerst an den Nacherben veräußern, wodurch zusammen mit der Nacherbenrechtsstellung auch gleichzeitig sämtliche Ersatznacherbenrechte erlöschen würden und ihn dann von diesem zurückerwerben (**Maurersche Doppelübereignung zwischen Vor- und Nacherben**).[330]

Dies dürfte allerdings dogmatisch überspitzt sein. Wenn schon der befreite Vorerbe mit Zustimmung des Nacherben zugunsten Dritter sogar unentgeltlich verfügen kann, sollte es auch zulässig sein, dass mit Zustimmung des Nacherben der **Vorerbe einen Nachlassgegenstand frei von den Beschränkungen der Nacherbfolge erhält.**[331] Bei Grundstücken ist dazu allerdings nach der Rechtsprechung eine Auflassung erforderlich, obwohl der Vorerbe bereits als Eigentümer im Grundbuch eingetragen ist, allerdings belastet mit dem Nacherbenvermerk.[332] Der BGH[333] dem gegenüber in einem Fall, in dem die Mitvorerben zugleich Nacherben der jeweils anderen Mitvorerben waren, die endgültige Auseinandersetzung zwischen diesen Personen mit der Folge zugelassen, dass die dem Vorerben übertragenen Gegenstände aus dem Nachlass ausscheiden und von der Nacherbeneinsetzung frei werden (**Auseinandersetzungslösung des BGH**). Der BGH hat sich allerdings dabei nicht mit der entgegenstehenden Literatur auseinandergesetzt und auch keine dogmatische Begründung gegeben. Das BayObLG[334] hat sich dieser Meinung angeschlossen und vertritt ebenfalls ohne dogmatische Bedenken die Meinung, man könne allein durch Auseinandersetzung zwischen Vor- und Nacherben, einschließlich weiterer Nacherben (Nach-Nacherben), aber ohne die Ersatznacherben, einen Nachlassgegenstand aus dem Gesamthandseigentum der Erbengemeinschaft in das freie, d.h. nicht nacherbengebundene Alleineigentum des Vorerben überführen.

20. Vollstreckungsschutz zugunsten der Nacherben

95 Durch §§ 2115 BGB, 773 ZPO (Drittwiderspruchsklage des Nacherben), 83 Abs. 2 InsO (Schuldner ist Vorerbe) wird das gesamte der Nacherbenbindung unterliegende Sondervermögen zugunsten des Nacherben vor der haftungsrechtlichen Verwertung

[326] Siehe hierzu eingehend Maurer DNotZ 1981, 223 und Friederich, Rechtsgeschäfte zwischen Vor- und Nacherben, 1999, Rn 295 ff.; Sonntag, Zur Rechtsnatur des Vorausvermächtnisses an den Vorerben, ZEV 1996, 450.

[327] KGJ 51, 214; KG DNotZ 1954, 389; Gantzer MittBayNot 1993, 68; Maurer DNotZ 1981, 223, 227.

[328] So MünchKomm/Grunsky, § 2113 Rn 16.

[329] So im Ergebnis OLG Stuttgart OLGZ 1973, 262 = DNotZ 1974, 365; Maurer DNotZ 1981, 223, 226.

[330] Maurer DNotZ 1981, 223, 229 ff.

[331] KG JFG 11, 121, 123 f. = HRR 1933 Nr. 1202; MünchKomm/Grunsky, § 2113 Rn 16 m. w. N.

[332] Siehe bereits oben Abschnitt 18 bei Fn 332: BayObLG DNotZ 2005, 790 = NJW-RR 2005, 956 = RNotZ 2005, 366 m. Anm. Keim; Palandt/Edenhofer § 2100 Rn 18; a. A. Schöner/Stöber, Rn 3529b.

[333] BGH NJW-RR 2001, 217 = ZEV 2001, 19 = DNotZ 2001, 392.

[334] BayObLG NJW-RR 2005, 956 = RNotZ 2005, 366 m. Anm. Keim = DNotZ 2005, 790.

durch die **Eigengläubiger des Vorerben** geschützt. Die im Wege der Einzelzwangsvollstreckung (§§ 803ff. ZPO) oder der Arrestvollziehung (§§ 928ff. ZPO) begründeten Pfandrechte, die Beschlagnahmewirkung der Insolvenzverfahrenseröffnung (§§ 35, 80 InsO) und die Grundstücksbeschlagnahme durch Anordnung der Zwangsversteigerung (§§ 15, 20 ZVG) sind dabei durch den Eintritt des Nacherbfalls auflösend bedingt für die Dauer der Vorerbschaft wirksam, die entsprechenden Verwertungsakte sind jedoch auf Grund der gem. §§ 773 ZPO, 83 InsO eintretenden Vorwirkung der aufschiebend bedingten Unwirksamkeit der Zwangsverfügung gem. § 2115 unzulässig (**sog. Halbvollstreckung**).[335] Die durch Pfändung oder Beschlagnahme begründeten Sicherungsrechte **verlieren** somit **erst mit dem Eintritt des Nacherbfalls ihre Wirkung** und dienen deshalb nur dazu, den Eigengläubigern des Vorerben den Rang für die Befriedigung zu sichern, falls die Nacherbfolge z.B. durch Nichteintritt der Bedingung, Nichtvererblichkeit der Anwartschaft oder Übertragung der Anwartschaft auf den Vorerben nicht eintritt und um ihnen den Weg zur Vollstreckung in die Nutzungen der einzelnen Nachlassgegenstände offenzuhalten.[336] Da der Mitvorerbe seinen Vorerbteil veräußern kann (§ 2033), ohne dass dadurch die Nacherbenrechte berührt werden,[337] können auch die Eigengläubiger des **Mitvorerben dessen Erbanteil pfänden.**[338] Ob dann der gepfändete Vorerbteil dem Gläubiger zur Einziehung überwiesen und von ihm gem. §§ 844, 857 Abs. 5 ZPO unbeschadet der Nacherbenrechte veräußert werden kann oder ob weder die Überweisung noch die Veräußerung des Vorerbteils angeordnet werden kann[339] oder ob das Nachlassgericht gem. §§ 844, 857 Abs. 4 ZPO eine andere Art der Verwertung des Erbteils anordnen kann[340] ist umstritten, auf jeden Fall aber bedeutungslos, da für den Vorerbteil wegen des Fortbestands der Nacherbenrechte sowieso kein Erwerber zu finden sein wird.

Unbeschränkt wirksam ist dagegen die Zwangsvollstreckung einschließlich der Zwangsverwertung von Eigengläubigern in die **dem Vorerben zustehenden Nutzungen** der Erbschaft (§ 2111), d.h. beim Alleinvorerben der einzelnen Nachlassgegenstände und beim Mitvorerben seines Erbteils, da diese dinglich in das freie Vermögen des Vorerben fallen.[341] Insbesondere kann auch bei einem Nachlassgrundstück Zwangsverwaltung (§ 146 ZVG) angeordnet werden.[342] Bei Pfändung der Nutzungen genießt dabei der Vorerbe nicht den Pfändungsschutz nach § 850b Nr. 3 ZPO, da er selbst Fruchtziehungsberechtigter und während der Dauer seines Rechts Eigentümer der Substanz ist und daher keine fortlaufenden Einkünfte von einem Dritten bezieht.[343] Notarielle Beurkundung ist dabei erforderlich, soweit die Übertragung des Nachlassgegenstandes dies erfordert (z.B. § 311b Abs. 1).

Formulierungsvorschlag:

Die Erschienenen (Vor- und Nacherben) sind sich darüber einig, dass der vorbenannte Grundbesitz aus dem nacherbengebundenen Nachlass des X ausscheidet und in das nicht nacherbengebundene Eigenvermögen des Vorerben überführt wird. Die Löschung des Nacherbenvermerks wegen Unrichtigkeit (§ 22 GBO) wird beantragt.

---

335 BGHZ 110, 176 = WPM 1990, 895 = NJW 1990, 1237 = FamRZ 1990, 511; Kessel MittRhNotK 1991, 137ff.
336 Staudinger/Behrends/Avenarius § 2115 Rn 17.
337 Staudinger/Behrends/Avenarius § 2112 Rn 9.
338 KGJ 47, 165.
339 Haegele BWNotZ 1975, 129, 132.
340 Staudinger/Behrends/Avenarius § 2100 Rn 48.
341 RGZ 80, 7; MünchKomm/Grunsky, § 2115 Rn 3.
342 Gutbell ZEV 2001, 260, 261.
343 Herzfelder JW 1919, 119; Staudinger/Behrends/Avenarius § 2100 Rn 45.

21. Testamentsvollstreckung bei Vor- und Nacherbschaft

96 Bei der Vor- und Nacherbschaft ist die Anordnung von Testamentsvollsteckung[344] mit folgenden Aufgabenbereichen denkbar:

a) Testamentsvollstreckung mit Normalbefugnissen

97 Sie beschränkt sich darauf, dass der Testamentsvollstrecker den Nachlass in Besitz nimmt, das Nachlass- und Schuldenverzeichnis aufstellt, die Schulden, soweit dies einer ordnungsmäßigen Verwaltung entspricht, begleicht, evtl. Vermächtnisse und Auflagen erfüllt und die sonstigen mit der Regelung des Nachlasses verbundenen Arbeiten erledigt, dann aber den Nachlass dem Vorerben aushändigt (§§ 2203, 2209).[345]

b) Allgemeine Testamentsvollstreckung für die Vorerbschaft

98 Sie beginnt mit dem Erbfall und ist eine Verwaltungsvollstreckung gem. § 2209 für die Dauer der Vorerbschaft. Sie beschränkt die Rechte des Vorerben über das gesetzliche Maß hinaus dadurch, dass für die Dauer der Vorerbschaft allein dem Testamentsvollstrecker die Verwaltungs- und Verfügungsbefugnis über den Nachlass zusteht. Dieser Testamentsvollstrecker ist nach der h.M. in seinem Verfügungsrecht nicht wie der Vorerbe gem. §§ 2113, 2114 beschränkt, sondern nur nach § 2205 Satz 3.[346]

c) Allgemeine Testamentsvollstreckung für die Nacherbschaft

99 Sie tritt erst ab Eintritt der Nacherbfolge in Kraft, besteht für den Nacherben während der Nacherbschaft[347] und nimmt dem Nacherben seine Verwaltungs- und Verfügungsbefugnis.

d) Allgemeine Testamentsvollstreckung für Vor- und Nacherbschaft

100 Der Testamentsvollstrecker ist hier zugleich für den Vor- und Nacherben ernannt mit der Folge, dass er ab dem Erbfall während der Dauer der Vor- und Nacherbschaft das Verwaltungs- und Verfügungsrecht anstelle des Vor- und danach des Nacherben ausübt. In diesem Fall ist der Testamentsvollstrecker während der Vorerbschaft unbestritten nur gem. § 2205 Satz 3 in der Verfügung beschränkt, nicht dagegen nach den weitergehenden §§ 2113, 2114.[348]

Grundsätzlich ist zulässig, dass der Erblasser den gleichen Testamentsvollstrecker für den Vorerben und zugleich für den Nacherben ernennt.[349] Bei dieser Gestaltung kann zweifelhaft sein, ob der Testamentsvollstrecker während der Vorerbschaft auch die Kontroll-, Sicherungs- und Mitwirkungsrechte des Nacherben an dessen Stelle ausüben können soll.[350] Das ist nur bei Vorliegen ausreichender Anhaltspunkte für einen entsprechenden Erblasserwillen zu bejahen, während im Zweifel nicht angenommen werden kann, dass der allgemeine Testamentsvollstrecker auch die Funktionen nach § 2222 haben soll.[351] Der Testamentsvollstrecker muss bei Vermeidung seiner Schadensersatzpflicht bei seiner Verwaltung die gesetzliche Verteilung von Nutzen und Lasten zwischen Vor- und Nacherben (siehe oben Rn 9) genau beachten.[352]

---

[344] Siehe hierzu auch Abschnitt § 15 II.

[345] Krech DNotZ 1940, 268, 270; Kessel MittRhNotK 1991, 137, 142 ff.

[346] RG JW 1938, 1454; KGJ 13, 252 OLG Neustadt NJW 1956, 1881; OLG Stuttgart BWNotZ 1980, 92; Kummer, FS Brandner 1996, S. 755 ff.; Schöner/Stöber, Grundbuchrecht, Rn 3433; a. M., d. h. der Testamentsvollstrecker könne hier nicht mehr Rechte als der Vorerbe haben: MünchKomm/Zimmermann, § 2222 Rn 9 m. w. N.

[347] BGH NJW 1986, 2431.

[348] BGHZ 40, 115 = NJW 1963, 2320; BayObLG MittBayNot 1991, 122; Schöner/Stöber, Grundbuchrecht, Rn 3433.

[349] Staudinger/Reimann § 2222 Rn 18.

[350] BayObLG 1958, 301.

[351] BayObLG 1959, 128 = NJW 1959, 1920.

[352] BGH NJW-RR 1986, 1069 = FamRZ 1986, 900 = WPM 1986, 1095; BGH NJW-RR 1988, 386 = DNotZ 1988, 440 = WPM 1988, 125.

e) Nacherbentestamentsvollstreckung gem. § 2222

Hier hat der Testamentsvollstrecker vom Erbfall bis zum Nacherbfall die Aufgabe, die Rechte des Nacherben, insbesondere seine Kontroll-, Sicherungs- und Mitwirkungsrechte an seiner Stelle auszuüben und seine Pflichten zu erfüllen. Diese Nacherbentestamentsvollstreckung kann mit den unter lit. a) bis d) beschriebenen Typen kombiniert[353] werden.[354] Die Nacherbentestamentsvollstreckung gem. § 2222 beschränkt nicht den Vorerben, sondern den Nacherben, da dieser seine Rechte nicht wahrnehmen kann.[355] Soweit der Vorerbe nach den §§ 2113ff. zu einer Verfügung über Erbschaftsgegenstände der Zustimmung des Nacherben bedarf, ist der Testamentsvollstrecker und nur er befugt, die Zustimmung zu erteilen; der Nacherbe selbst ist ausgeschaltet.[356] 101

Insbesondere wenn unbekannte Nacherben, d.h. solche, die erst im Zeitpunkt des Nacherbfalls feststehen, eingesetzt sind, ist die Anordnung einer Nacherbentestamentsvollstreckung zweckmäßig, da dann die Notwendigkeit entfällt, für die noch unbekannten Nacherben zur Wahrnehmung ihrer Rechte und Pflichten einen Pfleger gem. §§ 1909, 1912, 1913 zu bestellen.[357] Der Nacherbentestamentsvollstecker kann die erforderliche Zustimmung des Nacherben bei Verfügungen über Nachlassgegenstände erteilen, ohne eine sonst erforderliche Genehmigung des Familien- oder Betreuungsgerichts zu benötigen.[358] Die Anordnung einer Nacherbentestamentsvollstreckung nach § 2222 ist daher besonders zweckmäßig, wenn der Nacherbe unter der elterlichen Sorge oder Vormundschaft des Vorerben steht, wenn er noch nicht geboren oder noch nicht erzeugt ist oder seine Persönlichkeit erst durch ein künftiges Ereignis bestimmt werden soll.[359] Zweckmäßig ist die Anordnung einer Nacherbentestamentsvollstreckung gem. § 2222 auch, wenn eine noch nicht genehmigte Stiftung (§ 83) Nacherbin ist.

f) Vorerbe als Testamentsvollstrecker

Der alleinige Vorerbe kann, mit Ausnahme einer Vermächtnisvollstreckung nach § 2223, ebenso wenig wie der alleinige Vollerbe zum einzigen Testamentsvollstrecker bestellt werden, und zwar auch nicht zum Nacherbentestamentsvollstrecker gem. § 2222.[360] Als zulässig werden jedoch folgende Gestaltungsmöglichkeiten angesehen: 102

- Alleiniger Vorerbe neben dritten Mittestamentsvollstreckern, wenn gewährleistet ist, dass der Wegfall der anderen nicht zur alleinigen Vollstreckung durch den Vorerben führt.[361]
- Mitvorerbe, wenn neben ihm Dritte zur gemeinschaftlichen Testamentsvollstreckung berufen sind.[362]
- Mehrere Miterben können zu Mittestamentsvollstrecker für den Nachlass oder den Nacherben ernannt werden, da hier eine gewisse gegenseitige Kontrolle besteht.[363]
- Von mehreren Vorerben kann einer zum Nacherbentestamentsvollstrecker gem. § 2222 ernannt werden.[364]

---

353 Staudinger/Reimann § 2222 Rn 4.

354 Formular hierzu in MünchVertrHdb/Nieder/Otto, Bd. 6/2, XVI.11 § 8.

355 Staudinger/Reimann § 2222 Rn 4.

356 Staudinger/Reimann § 2222 Rn 10.

357 BayObLG 1959, 493 = NJW 1960, 966; KG JW 1936, 3562; Haegele Rpfleger 1971, 121, 122; Kanzleiter DNotZ 1970, 335; Staudinger/Reimann § 2222 Rn 6.

358 Haegele Rpfleger 1971, 122; Kanzleiter DNotZ 1970, 335; BayObLG NJW-RR 1989, 1096.

359 Staudinger/Reimann § 2222 Rn 6.

360 H. M. RGZ 77, 177; Staudinger/Reimann § 2222 Rn 15; Staudinger/Behrends/Avenarius § 2100 Rn 37; a. M. Rohlff DNotZ 1971, 518, 527ff.

361 BayObLG 20, 242 = Recht 1920 Nr. 247; KG JFG 11, 126.

362 BayObLG 1976, 67 = NJW 1976, 1692.

363 Staudinger/Behrends/Avenarius § 2100 Rn 38.

364 RGZ 77, 177; KG OLG 42, 139; BayObLG NJW-RR 1989, 1096 = Rpfleger 1989, 413.

- Ein Testamentsvollstrecker der zugleich Mitvorerbe oder ein alleiniger Vorerbe der zugleich Mittestamentsvollstrecker ist, ist, sofern er nicht zugleich die Rechte des Nacherben wahrzunehmen hat, in seiner Verfügungsmacht wie ein Vorerbe beschränkt.[365]
- Der Nacherben oder einer von mehreren Nacherben kann zum den Vorerben beschränkenden Testamentsvollstrecker ernannt werden.[366] Dann unterliegt er natürlich nicht den Beschränkungen der §§ 2113, 2114.[367]

103 Bei der Vielfalt der Kombinationsmöglichkeiten ist bei der Abfassung des Testaments besondere Klarheit geboten. Insbesondere sollte jeweils ausdrücklich vermerkt werden, wenn der Testamentsvollstrecker während der Dauer der Vorerbschaft auch die Kontroll-, Sicherungs- und Mitwirkungsrechte des Nacherben an seiner Stelle ausüben soll. Eine nicht eindeutige testamentarische Anordnung des Erblassers insoweit muss nach § 2084 ausgelegt werden.[368]

22. Erbenhaftung bei der Vor- und Nacherbfolge

104 Vor dem Nacherbfall haftet der Vorerbe wie jeder andere Erbe, der Nacherbe dagegen nicht. Nach dem Nacherbfall **haftet der Nacherbe** als Erbe des Erblassers für ungetilgte Nachlassschulden wie ein Erbe, dem die Erbschaft schon mit dem Tod des Erblassers angefallen ist (§ 2144 Abs. 1). Dabei begründen Geschäfte, die der Vorerbe in Verwaltung des Nachlasses eingegangen ist, nur dann Nachlassschulden, „wenn sie vom Standpunkt eines sorgfältigen Beobachters in ordnungsmäßiger Verwaltung des Nachlasses eingegangen wurden".[369]

Nach dem Nacherbfall **haftet der Vorerbe** weiter nur für sog. Nachlasserbenschulden, d. h. Eigenverbindlichkeiten, ferner für reine Nachlassverbindlichkeiten, wenn er die Haftungsbeschränkungsmöglichkeit, z. B. durch Inventarvergehen, verloren hatte (§ 2145 Abs. 2), und ferner mit der Möglichkeit der Haftungsbeschränkung gem. § 2145 Abs. 2 auf die ihm verbliebenen Nutzungen oder ihre Surrogate, für Nachlassverbindlichkeiten, die ihm im Verhältnis zum Nacherben allein zur Last fallen (§ 2145 Abs. 1) oder bei fehlender oder nicht realisierbarer Haftung des Nacherben (§ 2145 Abs. 1).[370]

23. Abgrenzung der Nacherbfolge zum Nießbrauchsvermächtnis

105 Durch die wirtschaftliche Ähnlichkeit zwischen Vorerbschaft und Nießbrauchsvermächtnis ist oft unsicher, ob vom Erblasser Vorerbschaft angeordnet oder nur ein Nießbrauchsvermächtnis eingeräumt worden ist. In Zweifelsfällen ist dabei nach der Rspr. ein Entscheidungskriterium, ob der Bedachte erst von dem Erben die Einräumung des Nießbrauchs am Nachlass verlangen können, oder ob er sogleich dinglicher Vermögensinhaber und Herr des Nachlasses sein sollte,[371] bedeutsamer noch, ob dem Bedachten über die Nutzungsbefugnis hinaus auch die Verfügungsbefugnis eingeräumt werden sollte,[372] was nur durch Vorerbschaft erreicht werden kann.[373] Ausschlaggebend ist danach, ob

---

[365] MünchKomm/Zimmermann, § 2205 Rn 33.

[366] KGJ 25 A 278; 52 A 77; KG OLG 40, 136; KG Recht 1920 Nr. 1279; BayObLG 1959, 128 = NJW 1959, 1920.

[367] MünchKomm/Zimmermann § 2222 Rn 9.

[368] MünchKomm/Zimmermann § 2222 Rn 3.

[369] BGHZ 32, 60, 64 m. w. N. = NJW 1960, 959 = DNotZ 1960, 553 = LM § 1967 Nr. 1 m. Anm. Mattern; BGH WPM 1973, 361 = FamRZ 1973, 188; BGH NJW 1990, 1237 = WPM 1990, 895; MünchKomm/Grunsky, § 2144 Rn 2.

[370] Palandt/Edenhofer § 2145 Rn 1.

[371] BGH Rpfleger 1952, 181 = LM § 2100 Nr. 2; BayObLG 1965, 457, 461 = NJW 1966, 662.

[372] BGH Rpfleger 1952, 181 = LM § 2100 Nr. 2.

[373] Siehe zur Auslegung Staudinger/Behrends/Avenarius § 2100 Rn 15 ff.

der Erblasser dem Bedachten weniger oder mehr Rechtsmacht am Nachlass einräumten wollte. Das Erste spricht für den Nießbrauch, das letzte für Vorerbschaft.[374]

24. Nacherbfolge im Grundbuch

Für den Vorerben ergeben sich aus den §§ 2113 ff. Beschränkungen in Bezug auf Verfügungen über Grundstücke. Um den Nacherben vor einem Verlust seiner Rechte durch einen gutgläubigen Erwerb Dritter gemäß §§ 2113 Abs. 3, 892 zu schützen, ordnet § 51 GBO an, dass von Amts wegen bei der Eintragung des Vorerben zugleich das Recht des Nacherben und, soweit der Vorerbe von den Beschränkungen gem. § 2136 befreit ist, auch diese Befreiung von Amts wegen im Grundbuch einzutragen ist (**Vor- und Nacherbfolgevermerk**; § 51 GBO). Bei mehrfacher Nacherbschaft sind sämtliche Nacherben einzutragen.[375] Auch Ersatznacherben sind einzutragen.[376] Befindet sich jedoch im Nachlass nicht ein Grundstück, sondern der Anteil an einem Gesamthandsvermögen, zu dem Grundbesitz gehört, unterliegt dieser Anteil nicht den Verfügungsbeschränkungen des § 2113 und es ist am Grundbesitz der Gesamthand kein Nacherbenvermerk einzutragen.[377] 106

Der Vermerk bewirkt jedoch keine Grundbuchsperre.[378] Das Grundbuchamt hat daher Anträge des Vorerben zu vollziehen, gleichgültig ob er befreiter oder nicht befreiter Vorerbe ist, sofern der Nacherbenvermerk bestehen bleibt.[379] Lediglich der Löschung eines der Nacherbfolge unterliegenden beschränkt dinglichen Rechts darf nicht, ohne Zustimmung der Nacherben oder Unentgeltlichkeitsnachweis bei befreiter Vorerbschaft, stattgegeben werden, da sonst die Schutzwirkung des Nacherbenvermerks hinfällig würde, da er zusammen mit dem Recht gelöscht würde.[380] Der Nacherbenvermerk schützt den Nacherben davor, dass Verfügungen des Vorerben infolge gutgläubigen Erwerbs entgegen § 2113 Abs. 1, 2 Rechtswirksamkeit gegenüber dem Nacherben behalten (§§ 2113 Abs. 3, 892 Abs. 1 Satz 2).[381] Der Nacherbenvermerk ist auch auf Grundstücken einzutragen, die gem. § 2111 mit Mitteln der Erbschaft erworben sind und deshalb im Wege der dinglichen Surrogation der Nacherbfolge unterliegen. Um ein Surrogationsgrundstück handelt es sich auch, wenn es ein Mitvorerbe auf Grund einer Teilungsanordnung des Erblassers oder mit Zustimmung des Nacherben im Wege der Erbauseinandersetzung unter den Vorerben aus dem Nachlass zu Alleineigentum erwirbt. Deshalb hat auf ihm der Nacherbenvermerk zu verbleiben.[382] Nur wenn sich die Vorerben mit sämtlichen Nacherben (nicht auch den Ersatznacherben) bereits vor dem Eintritt des Nacherbfalls endgültig auseinandersetzen, scheiden die betreffenden Nachlassgegenstände aus dem der Nacherbfolge unterworfenen Nachlass aus.[383] Wird der Gegenstand nur teilweise mit Mitteln des Nachlasses erworben, kann Surrogationserwerb auch zu einem Bruchteil eintreten.[384]

[374] BayObLG Rpfleger 1981, 64.

[375] OLG Hamm OLGZ 75, 151, 155.

[376] OLG Frankfurt DNotZ 1970, 691 m. Anm. Kanzleiter.

[377] BGH NJW 2007, 2114 (zur Erbengemeinschaft) mit Anm. Keim; zum Problemkreis des Nacherbenvermerks bei Grundstücken im Gesamthandsvermögen Schaub ZEV 1998, 372 ff. und Keim, DAI-Jahresarbeitstagung des Notariats 2008, S. 279 ff.

[378] RGZ 102, 332, 334; RGZ 148, 385, 392; BayObLGZ 1968, 110 = Rpfleger 1968, 221.

[379] OLG Düsseldorf Rpfleger 1957, 413.

[380] OLG Düsseldorf Rpfleger 1957, 413; Bestelmeyer; Rpfleger 1994, 189.

[381] BGH NJW 1970, 943 m. Anm. Batsch NJW 1970, 1314.

[382] Deimann Rpfleger 1978, 244 m. w. N.; BayObLGZ 1986, 208 = FamRZ 1987, 104, 106 m. w. N. = Rpfleger 1986, 470; LG Köln MittRhNotK 1988, 21; a. M. Beck DNotZ 1961, 573; BayObLG Rpfleger 1982, 467, 468.

[383] LG Köln MittRhNotK 1988, 21, 22; KG JFG 21, 251.

[384] BGH NJW 1977, 1631, 1632 = DNotZ 1977, 745; OLG Frankfurt Rpfleger 1980, 228; a. M. Wolf JuS 1981, 14.

Der Nacherbe kann auch ohne Ausschlagung der Nacherbschaft auf die Eintragung des Nacherbenvermerks in der Form des § 29 GBO verzichten (**nur Verzicht auf den grundbuchmäßigen Schutz!**). Er bedarf dazu jedoch der Mitwirkung etwaiger Ersatznacherben.[385] Ein solcher Verzicht hat nur zur Folge, dass das sachlich fortbestehende Nacherbenrecht im Grundbuchverkehr nicht mehr beachtet wird und deshalb der Gefahr des Untergangs durch gutgläubigen Erwerb Dritter ausgesetzt ist.[386]

107 Vor dem Eintritt der Nacherbfolge kann der **Nacherbenvermerk im Grundbuch nur gelöscht werden,**

- wenn der **Nacherbe auf die Eintragung verzichtet,** wenn er seine Löschung gemäß § 19 GBO in der Form des § 29 GBO bewilligt, wozu wiederum die Zustimmung aller etwaiger **Ersatznacherben** erforderlich ist[387] und was ebenfalls nur zum Verzicht auf den grundbuchmäßigen Schutz gegen gutgläubigen Rechtserwerb führt,[388]
  oder
- **auf Grund Unrichtigkeitsnachweises** (§ 22 Abs. 1 GBO).

Letzteres vor allem, wenn der Nachlassgegenstand mit Wirkung gegen den Nacherben veräußert worden ist, d.h. **entgeltlich vom befreiten Vorerben** oder **mit Zustimmung des Nacherben,** jedoch **ohne** die etwaiger **Ersatznacherben.**[389] Sofern der Nacherbe der Veräußerung nicht in Form des § 29 GBO zustimmt, hat das Grundbuchamt zu prüfen, ob die Entgeltlichkeit der Veräußerung gem. § 29 Abs. 1 Satz 2 GBO offenkundig ist.[390] Er kann sich dabei auf Erfahrungssätze, Wahrscheinlichkeitserwägungen und tatsächliche Vermutungen stützen.[391] Dabei ist keine überzogene, auch die entferntesten Möglichkeiten noch berücksichtigende Betrachtungsweise geboten.[392]

Offenkundigkeit der **Entgeltlichkeit** ist anzunehmen, wenn bei vernünftiger Würdigung der Sachlage eine unentgeltliche Verfügung ausgeschlossen erscheint, so z.B. bei zweiseitigen Rechtsgeschäften, die beiderseitige Verpflichtungen auslösen, mit nicht ersichtlich dem Vorerben nahe stehenden Dritten.[393] Dagegen sind bei Bestehen verwandtschaftlicher Beziehungen zwischen dem verfügenden Vorerben und seinem Vertragsgegner Zweifel an der Entgeltlichkeit der Verfügung geboten.[394] Die Beweismittelbeschränkung des § 29 GBO gilt für den Entgeltlichkeitsnachweis nicht, vielmehr sind alle Beweismittel zulässig.[395] Kann die Entgeltlichkeit nicht nachgewiesen werden, hat das Grundbuchamt von der Unentgeltlichkeit auszugehen[396] und die Zustimmung der Nacherben zu fordern.

---

385 OLG Köln NJW 1955, 633, 634; OLG Frankfurt Rpfleger 1980, 228; Haegele Rpfleger 1956, 159; ders., Rpfleger 1971, 121, 129; Bestelmeyer, Rpfleger 1994, 189.

386 OLG Frankfurt Rpfleger 1980, 228; BayObLG NJW-RR 1989, 1096 = Rpfleger 1989, 413.

387 OLG Hamm DNotZ 1955, 538 = Rpfleger 1956, 159; OLG Hamm NJW-RR 1997, 1095 = ZEV 1997, 208, 209; Demharder, § 51 GBO Rn 37.

388 OLG Hamm DNotZ 1955, 538; OLG Köln NJW 1955, 634; OLG Frankfurt Rpfleger 1971, 146; OLG Frankfurt Rpfleger 1980, 228; Deimann Rpfleger 1974, 244; Bestelmeyer, Rpfleger 1994, 189.

389 BayObLG DNotZ 1983, 318, 320; BayObLG DNotZ 1983, 320, 321 f.; BayObLG Rpfleger 1982, 467.

390 BayObLGZ 1956, 54 = DNotZ 1956, 304; OLG Hamm Rpfleger 1969, 347; OLG Frankfurt Rpfleger 1980, 107.

391 Staudinger/Behrends/Avenarius § 2113 Rn 95; Haegele Rpfleger 1971, 130; BayObLG DNotZ 1989, 182 = Rpfleger 1988, 525.

392 LG Aachen Rpfleger 1986, 260.

393 LG Kleve MDR 1954, 418; LG Nürnberg-Fürth DNotZ 1962, 656; Schöner/Stöber, Grundbuchrecht Rn 3485.

394 OLG Frankfurt Rpfleger 1977, 170; OLG Frankfurt Rpfleger 1980, 107; LG Freiburg BWNotZ 1982, 17; OLG Braunschweig Rpfleger 1991, 204.

395 Schöner/Stöber, Grundbuchrecht, Rn 3518; a.M. LG Freiburg BWNotZ 1982, 17 m. abl. Anm. d. Schriftleitung.

396 OLG Frankfurt Rpfleger 1977, 170.

Die sicherste Form des Nachweises der nachträglichen Unrichtigkeit des Nacherbenvermerks ist die **Zustimmung sämtlicher Nacherben,** auch der bedingt eingesetzten und der sogenannten weiteren Nacherben (Nach-Nacherben), jedoch **nicht der** (auch bedingt eingesetzten) **Ersatznacherben,**[397] zur Veräußerung des Grundstücks durch den Vorerben in der Form des § 29 GBO, da eine vom Nacherben erteilte Zustimmung zu einer Verfügung des Vorerben den Ersatznacherben bindet, weil damit der Nachlassgegenstand endgültig aus dem Nachlass ausgeschieden ist und sich auch die Ersatznacherbfolge nicht mehr auf ihn erstrecken kann. Nur zum Verzicht auf den Nacherbenvermerk und zu dessen Löschung im Grundbuch bedarf es nicht nur der Zustimmung des Nacherben, sondern auch der Ersatznacherben, da der Gegenstand hier sachlich weiterhin zum Nachlass gehört und der Nacherbfolge unterliegt. Bezüglich der Behandlung der Ersatznacherben im Grundbuchrecht siehe auch oben Ziff. 8 (Rn 66).

Sind z. Zt. **unbekannte** bzw. noch nicht bestimmbare Personen zu **Nacherben** eingesetzt, so ist ihre Bewilligung zur Löschung des Nacherbenvermerks bzw. Zustimmung zur Verfügung des Vorerben von einem gem. § 1913 bestellten Pfleger abzugeben, der in den Fällen der §§ 1915, 1821 hierzu der Genehmigung des Betreuungs- bzw. Familiengerichts bedarf.[398] In gleicher Weise ist zu verfahren, wenn bei unbestimmten Ersatznacherben auf den Vermerk verzichtet oder seine Löschung bewilligt werden soll, während zu einer Verfügung des Vorerben die Zustimmung des Nacherben allein genügt. Der Nacherbentestamentsvollstrecker (§ 2222) kann auf die Eintragung des Nacherbenvermerks verzichten, ohne dass das Grundbuchamt die Zweckmäßigkeit nachprüfen darf.[399]

Sind in einem notariellen Testament die Nacherben oder Ersatznacherben nur auf den **108**
Nacherbfall bestimmbar angegeben (z. B. die beim Nacherbfall vorhandenen Abkömmlinge), so kann das Grundbuchamt deshalb nicht die Vorlage eines Erbscheins verlangen, da dieser die Nacherben oder Ersatznacherben auch nicht genauer bezeichnen könnte.[400]

Nach Eintritt des Nacherbfalles bedarf es zur Grundbuchberichtigung durch Eintra- **109**
gung der Nacherben und Löschung des Nacherbenvermerks der Vorlage eines neuen, die Nacherbfolge ausweisenden Erbscheins.[401] Der Vorerbenerbschein genügt nicht, auch wenn in seinem Nacherbschaftsvermerk die Nacherben der Person nach genau bezeichnet sind, da vor Eintritt des Nacherbfalles eine angeordnete Nacherbschaft der Bezeugung in einem Erbschein nicht fähig ist.[402]

25. Nacherbschaft und Pflichtteilsrecht

a) Pflichtteilsberechtigter als Vorerbe

Ist ein Pflichtteilsberechtigter als Erbe berufen, aber mit der Einsetzung eines Nacher- **110**
ben beschränkt, d. h. nur zum Vorerben (wenn auch zum befreiten) eingesetzt, so hat der Vorerbe gemäß § 2306 Abs. 1 die Wahl, dies zu akzeptieren oder die Erbschaft auszuschlagen und seinen Pflichtteil zu verlangen.[403] Läuft die Ausschlagungsfrist des Vorer-

---

[397] BGHZ 40, 115 = NJW 1963, 2320; OLG Oldenburg JR 1963, 23 m. Anm. Jansen = DNotZ 1962, 405 = Rpfleger 1962, 180; BayObLG NJW 1970, 1794, 1796; OLG Hamm Rpfleger 1984, 312; BayObLG DNotZ 1983, 320, 322 = Rpfleger 1982, 467.

[398] OLG Hamm Rpfleger 1969, 347; BayObLG DNotZ 1983, 318, 320 = Rpfleger 1982, 467; OLG Hamm OLG Hamm Rpfleger 1984, 312, 313; BayObLGZ 2002, 208 = NJW-RR 2003, 649 = Rpfleger 2003, 82 ff. m. Anm. Zorn; Kanzleiter DNotZ 1970, 326, 336; Bergermann, MittRhNotK 1972, 734, 763 f.

[399] BayObLG NJW-RR 1989, 1096 = Rpfleger 1989, 413 = DNotZ 1990, 56.

[400] OLG Hamm DNotZ 1966, 180.

[401] BGHZ 84, 196 = NJW 1982, 2499 = DNotZ 1983, 315.

[402] BGHZ 84, 196, 199; OLG Frankfurt MittRhNotK 1986, 23.

[403] Die frühere Unterscheidung nach der Größe des Erbteils gemäß § 2306 Abs. 1 Satz 1 bzw. Satz 2 wurde durch das Gesetz zur Änderung des Erb- und Verjährungsrechts vom 24. 9. 2009 aufgehoben.

ben noch bei seinem eigenen Tod, können seine Erben die Vorerbschaft noch ausschlagen und dadurch gegebenenfalls Ansprüche nach den §§ 2306 Abs. 1, 1371 Abs. 2 u. 3 geltend machen, auch wenn mit dem Tod des Vorerben der Nacherbfall eingetreten ist.[404]

b) Pflichtteilsberechtigter als Nacherbe

111 Nach § 2306 Abs. 2 steht die Einsetzung des Pflichtteilsberechtigten als Nacherbe der Beschränkung und Beschwerung der Erbeinsetzung nach § 2306 Abs. 1 gleich. Dies bedeutet, dass er das Wahlrecht nach § 2306 Abs. 1 hat, dies zu akzeptieren oder andererseits auszuschlagen und den Pflichtteil zu verlangen. § 2306 Abs. 2 ist nicht anwendbar, wenn die Nacherbschaft aufschiebend bedingt angeordnet ist, da dann zunächst ein Ausschluss von der Erbfolge vorliegt und der Pflichtteil ohne Ausschlagung verlangt werden kann.[405]

Die Ausschlagungsfrist beginnt für den Pflichtteilsberechtigten Nacherben nicht vor Eintritt der Nacherbfolge (§ 1944), er kann aber bereits nach dem Erbfall ausschlagen (§ 2142 Abs. 1). Will der Nacherbe jedoch ausschlagen, um den Pflichtteil zu verlangen, so läuft die dreijährige Verjährung des Pflichtteilsanspruchs ab seiner Kenntnis vom Erbfall (§ 199 Abs. 1 Nr. 2), sodass er die Ausübung seines Wahlrechts nicht bis zum Eintritt des Nacherbfalls hinausschieben kann.[406] Bei der Ausschlagung des Nacherben vor Eintritt des Nacherbfalls zwecks Pflichtteilsverlangen (§ 2306 Abs. 2) besteht eine Vermutung, dass der Erblasser dann den ganzen Stamm des Nacherben ausgeschlossen haben wollte. Dies gilt unabhängig davon, ob die Ersatznacherbfolge ausdrücklich angeordnet war oder aus § 2069 folgt, da dieser Stamm sonst durch sofortigen Erhalt des Pflichtteils und Wegfall des Risikos des Nachlassschwundes während der Vorerbschaft bevorzugt wäre.[407]

26. Die Vorerbschaft im Unternehmensbereich

112 Die Vor- und Nacherbschaft kann im Einzelfall auch beim Unternehmertestament als Gestaltungsmittel geeignet sind. Sie kann dort der Versorgung des überlebenden Ehegatten dienen, wenn dieser zur Unternehmensführung geeignet ist, ferner der Nachfolgebestimmung durch den Vorerben, der Vorsorge für den Fall der Wiederverheiratung des Ehegatten und schließlich der Vermeidung einer Einmischung des Familiengerichts wegen der Erbenstellung minderjähriger Abkömmlinge. Als kompliziertes juristisches Kunstgebilde sollte die Anordnung jedoch im Unternehmensbereich besonders zurückhaltend angewandt werden, auch wegen der Vielzahl der Sicherungs- und Kontrollrechte des Nacherben und streitbefangener Abgrenzungsfragen bezüglich Entscheidungsbefugnissen und Kostentragung.[408]

a) Die Vorerbschaft beim einzelkaufmännischen Unternehmen[409]

113 Der Vorerbe wird unmittelbarer Eigentümer sämtlicher zum Vermögen des Erblassers gehörender Gegenstände und damit auch des Betriebsvermögens. Da er im Gegensatz zum Nießbraucher nicht die wirtschaftliche Zweckbestimmung des der Nacherbfolge unterliegenden Vermögens aufrechtzuerhalten braucht,[410] entscheidet der Vorerbe allein,

---

[404] BGHZ 44, 152, 154 = NJW 1965, 2295; Lange/Kuchinke, 4. Aufl., § 8 IV 3; Staudinger/Otte, § 1952 Rn 12.

[405] MünchKomm/Frank, § 2306 Rn 10; a. M. Soergel/Dieckmann, § 2306 Rn 6.

[406] Gothe, MittRhNotK 1998, 193, 208.

[407] BGHZ 33, 60 = DNotZ 1960, 662; BayObLGZ 1962, 239.

[408] Zu den „erheblichen Nachteilen" der Anordnung einer Vor- und Nacherbschaft: J. Mayer, ZEV 2000, 1, 2.

[409] Hierzu eingehend: Roth in Roth/Hannes/Mielke, § 3 Rn 4 ff.; Baur JZ 1958, 465; Formular hierzu in MünchVertrHdb/Nieder/Otto, Bd. 6/2, XVI. 12.

[410] Petzoldt BB 1975 Beil. 6, S. 9.

ob er das einzelkaufmännische Unternehmen fortführen will, oder ob er gem. § 27 Abs. 2 HGB durch Einstellung des Geschäfts vor Ablauf von drei Monaten nach dem Zeitpunkt, in welchem er Kenntnis vom Anfall der Erbschaft erlangt hat, seine unbeschränkte handelsrechtliche Haftung für die Geschäftsschulden gem. § 25 Abs. 1 HGB abwenden will.[411] Der Vorerbe kann sogar durch seine Pflicht zur ordnungsgemäßen Verwaltung gem. § 2130 gezwungen sein, bei eigener Unfähigkeit das Geschäft zu verpachten oder zu liquidieren.[412] Führt der Vorerbe das einzelkaufmännische Unternehmen weiter, hat er sich im **Handelsregister** eintragen zu lassen.[413] Auch eine Erbengemeinschaft aus mehreren Vorerben kann ein einzelkaufmännisches Unternehmen fortführen.[414] Die Eintragung eines Nacherbenvermerks im Handelsregister ist nicht zulässig.[415] Die Mitwirkung des Nacherben ist zur Fortführung, Aufgabe und Registeranmeldung nicht erforderlich.[416]

Der nicht befreite Vorerbe unterliegt auch mit den Gegenständen des Betriebsvermögens den Verfügungsbeschränkungen gem. §§ 2116 bis 2119 und den Kontroll- und Sicherungsrechten gem. §§ 2121 bis 2123 u. 2127 bis 2129 zugunsten des Nacherben. Deshalb dürfte sich jeweils die Anordnung einer Nacherbentestamentsvollstreckung gem. § 2222 empfehlen. Der nicht befreite Vorerbe ist über den Herausgabeanspruch gem. § 2130 mittelbar den Nacherben gegenüber zur Erzielung eines ordnungsmäßigen Gesamtergebnisses der Verwaltung des Nachlasses verpflichtet. Aus dieser Pflicht zur fortgesetzten ordnungsgemäßen Verwaltung bis zum Nacherbfall ergibt sich, dass der Vorerbe den bisherigen Marktanteil des Unternehmens zu halten, die Marktchancen wahrzunehmen, die notwendigen Investitionen vorzunehmen und gegebenenfalls den Geschäftsbereich zu ändern hat.[417]

Nach § 2111 Abs. 1 Satz 1 stehen dem Vorerben die **Nutzungen** des Nachlasses als freies Vermögen zu. Gehört zum Nachlass ein Unternehmen, fehlt es an gesetzlichen Bestimmungen über die Berechnung dieser Nutzungen. In entsprechender Anwendung des früheren § 1655 a. F. über die Nutznießung des elterlichen Gewalthabers an einem dem Kind gehörenden Erwerbsgeschäft wird jedoch allgemein darunter der Reingewinn der nach kaufmännischen Grundsätzen aufzustellenden jährlichen Bilanz als Maßstab der dem Vorerben zustehenden Nutzungen angesehen.[418] Soweit für die Handelsbilanz keine bestimmten Bilanzierungs- und Bewertungsmethoden festgelegt sind, haben die Regeln der Steuerbilanz zu gelten.[419] Verstößt der Vorerbe gegen diese Methoden, macht er sich, falls er nicht insoweit befreit ist, gegenüber dem Nacherben wegen Verletzung seiner Verwaltungs- und Herausgabepflicht nach §§ 2130, 2131 schadensersatzpflichtig.[420] Verluste des Unternehmens sind mit späteren Gewinnen auszugleichen. Der Vorerbe ist jedoch nicht verpflichtet, Verluste durch Rückzahlung von früher ordnungsgemäß entnommenen Gewinnen auszugleichen.[421] Soweit es der ordnungsgemäßen Verwaltung des Gesamtnachlasses entspricht, muss er allerdings die Unternehmensverluste mit in anderen Teilen des Nachlasses erzielten Gewinnen verrechnen.[422] Da dem befreiten Vorerben auch Eingriffe in die Substanz des Nachlasses zum eigenen Verbrauch erlaubt sind (vgl.

---

[411] Petzoldt BB 1975 Beil., S. 9; Staudinger/Behrends/Avenarius § 2112 Rn 22.
[412] BGH WPM 1973, 361, 362 = FamRZ 1973, 188.
[413] Staudinger/Behrends/Avenarius § 2112 Rn 22.
[414] BGH NJW 1985, 136.
[415] Staudinger/Behrens/Avenarius § 2112 Rn 22; OLG München JFG 22, 89.
[416] Staudinger/Behrends/Avenarius a. a. O.
[417] Baur JZ 1958, 465; Staudinger/Behrends/Avenarius § 2130 Rn 9.
[418] Baur JZ 1958, 465; Baur/Grunsky ZHR 133, 208, 211 ff.; Bökelmann, Nutzungen und Gewinn beim Unternehmensnießbrauch, 1971, S. 249 f.; MünchKomm/Grunsky, § 2111 Rn 30.
[419] Baur JZ 1958, 465, 466.
[420] Staudinger/Behrends § 2111 Rn 40.
[421] MünchKomm/Grunsky § 2111 Rn 36.
[422] MünchKomm/Grunsky, § 2111 Rn 36.

§ 2136 mit §§ 2131, 2133, 2134) gelten die genannten strengen Grundsätze für die Gewinnermittlung für ihn nicht; sein Spielraum ist für die Gewinnermittlung größer. Er kann den Gewinn für sich behalten, ohne Teile davon als Rücklage dem Unternehmen lassen zu müssen.[423]

Bei **Eintritt des Nacherbfalls** ist der befreite Vorerbe nur zur Herausgabe des noch vorhandenen Betriebsvermögens einschließlich der noch vorhandenen Surrogate verpflichtet (§ 2138 Abs. 1) und er ist dem Nacherben nur insoweit zum Schadensersatz verpflichtet, als er entgegen § 2133 Abs. 2 unentgeltliche Verfügungen getroffen oder das Unternehmen in der Absicht, den Nacherben zu benachteiligen, vermindert hat (§ 2138 Abs. 2). Bürgerlichrechtlich haftet der Nacherbe nach dem Nacherbfall für die vom Vorerben begründeten Nachlassverbindlichkeiten nur, „wenn sie vom Standpunkt eines sorgfältigen Beobachters in ordnungsmäßiger Verwaltung des Nachlasses eingegangen wurden".[424]

Wird ein zum Nachlass gehörendes **Handelsgeschäft** jedoch vom Nacherben unter der alten Firma mit oder ohne einen Nachfolgezusatz **fortgeführt**, gelten die §§ 27, 25 HGB. Der Nacherbe haftet dann handelsrechtlich kraft Fortführung der Firma für alle im Betrieb des Handelsgeschäfts begründeten Verbindlichkeiten des Erblassers und der Vorerben und zwar ohne Rücksicht darauf, ob die Eingehung der Verbindlichkeit im Rahmen der ordnungsmäßigen Verwaltung lag.[425] Diese unbeschränkte handelsrechtliche Haftung kann der Nacherbe nur vermeiden, wenn er vor Ablauf von drei Monaten nach dem Zeitpunkt, in welchem er vom Anfall der Nacherbschaft Kenntnis erlangt, die Fortführung des Unternehmens einstellt (§ 27 Abs. 2 HGB) oder eine neue Firma wählt.[426]

b) Die Vorerbschaft bei Beteiligung an einer Personengesellschaft[427]

114 Zur Vorerbschaft gehört als Nachlassgegenstand auch die Beteiligung des Erblassers an einer Personengesellschaft.[428] Grundvoraussetzung ist, dass die Gesellschaftsbeteiligung kraft gesellschaftsvertraglicher Nachfolgeregelung unmittelbar vererblich ist, was zum Beispiel im Rahmen der rechtsgeschäftlichen Nachfolgeregelung oder Eintrittsklausel nicht der Fall ist. Über die Vererblichkeit des Anteils an einer OHG oder KG siehe unten § 20. Wird die offene Handelsgesellschaft gemäß dem gesetzlichen Regelfall des § 131 Abs. 3 Satz 1 Nr. 1 HGB[429] durch den Erbfall aufgelöst, unterliegt das Auseinandersetzungsguthaben der Nacherbfolge. Bei Vorliegen einer entsprechenden gesellschaftsvertraglichen Fortsetzung-, Nachfolge- oder Eintrittsklausel[430] steht es dem Vorerben frei, ob er von ihr Gebrauch machen oder die haftende Gesellschaftsbeteiligung gem. § 139 Abs. 1 HGB in eine Kommanditbeteiligung umgewandelt haben will.[431] Ist der Vorerbe Gesellschafter geworden, so kann er vorbehaltlich seiner Haftung nach §§ 2130, 2131 alle sich aus der Mitgliedschaft ergebenden Rechte ohne Mitwirkung des Nacherben ausüben.[432] Verfügungen über **einzelne zum Gesellschaftsvermögen gehörenden Gegenstände** sind nicht den Beschränkungen des §§ 2113 ff. unterworfen, da sie selbst nicht

---

[423] Bökelmann, Nutzungen und Gewinn beim Unternehmensnießbrauch, 1971, S. 253.

[424] BGHZ 32, 60, 64 m. w. N. = NJW 1960, 959 = DNotZ 1960, 553 = LM § 1967 Nr. 1 m. Anm. Mattern; BGH WPM 1973, 361 = FamRZ 1973, 188; Mattern BWNotZ 1960, 166.

[425] BGHZ 32, 60.

[426] Mattern BWNotZ 1960, 166.

[427] Hierzu eingehend: Roth in Roth/Hannes/Mielke, § 3 Rn 16 ff.; Langenbach MittRhNotK 1965, 81; Hefermehl FS f. Harry Westermann, 1974, S. 223; Michalski Betr. 1987, Beil. 16.

[428] BGHZ 69, 47, 49 f. = NJW 1977, 1540 = LM 2113 Nr. 16 m. Anm. Johannsen.

[429] Die gesetzliche Grundstruktur wurde geändert durch das Handelsrechtsreformgesetz vom 22. 6. 1998.

[430] Siehe hierzu unten § 20; Michalski Betr. 1987, Beil. 16, S. 4 ff.; u. MünchVertrHdb/Nieder/Otto, Bd. 6/2, XVI. 10.

[431] MünchKomm/Grunsky § 2112 Rn 5 ff.

[432] MünchKomm/Grunsky § 2112 Rn 8.

direkte Nachlassbestandteile sind.[433] Das gilt auch, wenn zum Gesellschaftsvermögen vorwiegend Grundstücke oder Rechte an Grundstücken gehören. Dagegen ist die Verfügungsbeschränkung bezüglich unentgeltlicher Verfügungen nach § 2113 Abs. 2 anwendbar, wenn der **Gesellschaftsanteil als solcher** veräußert wird.[434] Umstritten ist die Frage, unter welchen Voraussetzungen die **Änderung eines Gesellschaftsvertrages**, durch die in die Mitgliedschaftsrechte des Vorerben eingegriffen wird, eine unentgeltliche Verfügung über den Gesellschaftsanteil i.S. des § 2113 Abs. 2 darstellt. Die eine Meinung verneint dies bereits, wenn die Gesellschafter gleichmäßig betroffen sind und die Änderung auf Grund objektiver betriebswirtschaftlicher Erwägungen notwendig und zweckmäßig ist,[435] während die andere immer eine (zumindest subjektiv redlich angestrebte) gleichwertige Gegenleistung verlangt.[436] Es empfiehlt sich daher in solchen Fällen den Nacherben hinzuzuziehen. Die Vereinbarung einer nicht vollwertigen Abfindung i.S. von § 738 sowie das einvernehmliche Ausscheiden des Vorerben zu einer unterwertigen Abfindung ist eine teilweise unentgeltliche Verfügung i.S. des § 2113 Abs. 2, es sei denn, die Abfindungsklausel will grundsätzlich den Anteil des Ausscheidenden möglichst richtig erfassen und nicht die Abfindungsansprüche im Interesse der Lebensfähigkeit des Unternehmens oder aus anderen Gründen beschneiden, sondern lediglich zwecks Streitvermeidung eine bestimmte Bewertungsmethode und gegen Bewertungsschwierigkeiten vertretbare Pauschalsätze festlegen.[437]

Nutzungen i.S. des § 2111 Abs. 1 sind bei einer Beteiligung an einer Personengesellschaft nur der nach dem Gesellschaftsvertrag oder Gesellschafterbeschluss **entnahmefähige Gewinn**, der andere Teil des Gewinns ist kein Ertrag, sondern Zuwachs der Beteiligung und damit der Substanz.[438] Die gesellschaftsrechtliche Regelung wirkt sich somit hinsichtlich der Nutzungen auf das interne Verhältnis zwischen Gesellschafter-Vorerben und -Nacherben aus. Die gesetzliche Regelung ist zwingend. Der Erblasser kann allerdings durch Vermächtnis oder Auflage die Stellung des Vorerben etwa dadurch ändern, dass er anordnet, dass dem Gesellschafter-Vorerben während der Dauer der Vorerbschaft auch der nichtentnahmefähige Gewinn zukommen soll. Dann hätte der Gesellschafter-Vorerbe zwar ebenfalls keinen Anspruch gegen die Gesellschaft auf Entnahme dieser Beträge, wohl aber gegen den Nacherben und könnte sich aus dem übrigen Nachlass oder nach Eintritt der Nacherbfolge befriedigen.[439] 115

c) Die Vorerbschaft bei Anteilen an Kapitalgesellschaften[440]

Anteile an einer Kapitalgesellschaft gehen ohne weiteres zunächst auf den Vorerben und später auf den Nacherben über.[441] Über die Vererblichkeit des GmbH-Anteils gemäß § 15 GmbHG und die Möglichkeiten ihrer Einschränkung siehe unten § 20. Der Vorerbe wird grundsätzlich Inhaber des GmbH-Geschäftsanteils mit allen sich aus ihm ergebenden Rechten und Pflichten. Gewinnanteile oder Dividenden solcher Beteiligungen sind **Nutzungen** des Nachlasses und gebühren dem Vorerben endgültig. Die Nutzungen aus 116

[433] BGH NJW 2007, 2114 mit Anm. Keim; Schaub ZEV 2007, 325; Palandt/Edenhofer § 2113 Rn 3.

[434] BGHZ 69, 47, 50 = NJW 1977, 1540 = LM § 2113 Nr. 16 m. Anm. Johannsen.

[435] BGH II. Zivilsenat BGHZ 78, 177, 183f. = NJW 1981, 115; BGH NJW 1981, 1560 = LM § 2113 Nr. 19; BGH GmbHR 1985, 18; siehe auch Michalski Betr. 1987, Beil. 16, S. 16; Lutter ZGR 1982, 108.

[436] BGH IV a-Zivilsenat NJW 1984, 366; Paschke ZIP 1985, 129; MünchKomm/Grunsky § 2113 Rn 26f.

[437] BGH NJW 1984, 362, 364; siehe aber auch Michalski Betr. 1987, Beil. 16, S. 16.

[438] Hefermehl FS f. Harry Westermann, 1974, S. 223, 235.

[439] Hefermehl a.a.O.

[440] Hierzu eingehend: Roth in Roth/Hannes/Mielke, § 3 Rn 42ff.; Hadding FS f. Bartholomeyczik, 1973, S. 75 = GmbHRdsch 1975, 73; Michalski Betr. 1987, Beil. 16.

[441] MünchKomm/Grunsky, § 2112 Rn 4.

dem GmbH-Gesellschaftsanteil bestehen aus dem nach den Ergebnisverwendungsbeschlüssen auf ihn anteilig entfallenden Gewinnen (§§ 99 Abs. 2, 100).[442] Dagegen gehören Bezugsrechte auf neue Aktien, auch neue Anteilsrechte eines Aktionärs auf Grund einer Kapitalerhöhung aus Gesellschaftsmitteln zum Nachlass.[443]

Eine unentgeltliche **Verfügung des Vorerben** über den GmbH-Geschäftsanteil ist bei Eintritt der Nacherbfolge insoweit unwirksam, als sie das Recht des Nacherben vereiteln oder beeinträchtigen würde (§ 2113 Abs. 2). Darunter fallen die Veräußerung, die Belastung und die Zustimmung zur Einziehung (§ 34 Abs. 2 GmbHG) des Geschäftsanteils ohne vollwertiges Entgelt, nicht jedoch seine Preisgabe gem. § 27 GmbH, die Erfüllung einer vorher rechtswirksam begründeten statuarischen Abtretungspflicht und, da insoweit eine Verfügung des Vorerben fehlt, die Kaduzierung (§ 21 GmbHG) sowie bei Stimmrechtsausschluss des Betroffenen die Zwangsamortisation (§ 34 Abs. 1 GmbH). Die Ausübung der Verwaltungsrechte durch den Vorerben ist, auch wenn sie sich rechtlich oder wirtschaftlich nachteilig für die Beteiligung auswirkt, im Allgemeinen keine unentgeltliche Verfügung i. S. des § 2113 Abs. 2. Auch die erforderliche zustimmende Mitwirkung an satzungsändernden Beschlüssen, die sich auf das Mitgliedschaftsrecht des Vorerben unmittelbar rechtsmindernd oder pflichtvermehrend auswirken, sind nicht ohne weiteres unentgeltlich. Dies ist nur anzunehmen, wenn sie nicht alle Gesellschafter gleichmäßig treffen, d. h. einseitig sind und die Rechtsminderung auch nicht durch das gemeinschaftliche gesellschaftliche Interesse gerechtfertigt ist.[444]

27. Anwendungsbereich der Vor- und Nacherbfolge

117 Durch die Anordnung von Vor- und Nacherbschaft kann der Erblasser erreichen:

• Die **Umgehung eines Erben oder Pflichtteilsberechtigten des Vorerben** durch die Rechtsfolge, dass der Nachlass in der Hand des Vorerben ein Sondervermögen bildet, das bei Eintritt des Nacherbfalls als Nachlass des Erblassers und damit nicht zum Nachlass oder pflichtteilsunterworfenen Vermögens des Vorerben gehörend, dem Nacherben direkt anfällt.[445] Dadurch kann ein unerwünschtes Abwandern von Vermögen des Erblassers an Erben oder Pflichtteilsberechtigte des Vorerben verhindert werden. Als solche Erben oder Pflichtteilsberechtigte eines Vorerben kommen dabei insbesondere in Frage sein derzeitiger Ehegatte,[446] der künftige zweite Ehegatte z. B. des überlebenden Ehegatten des Erblassers, Kinder aus einer zweiten Ehe des Vorerben, der geschiedene Ehegatte des Erblassers nach den gemeinsamen Kindern („Geschiedenentestament"),[447] ein „lästiger" Enkel nach dem Kind des Erblassers[448] oder die Blutsverwandten eines Adoptierten bei der Adoption mit schwacher Wirkung (§ 1770).[449]

118 • Die **Substanz des Nachlasses** bestimmten Personen, etwa seinen Abkömmlingen oder, bei der Nacherbeinsetzung unter der Bedingung, dass der Vorerbe selbst keine Abkömmlinge hinterlässt, Seitenverwandten **zu sichern** (Erhaltung des Familiengutes), während zunächst die Nachlassnutzung einem anderen, etwa dem überlebenden Ehegatten, zuteil wird (Versorgungsmotiv). Diese Zielsetzung könnte auch durch bloße Nießbrauchszuwendung an den Erstbedachten erreicht werden. Das Ziel ist allerdings nur erreichbar, wenn der Nachlass so groß und so strukturiert ist, dass allein seine Nutzungen die Ver-

---

442 MünchKomm/Grunsky § 2111 Rn 38.

443 OLG Bremen Betr. 1970, 1436; Staudinger/Behrends § 21 11 Rn 38 ff.

444 Scholz/Winter/Löbbe, GmbHG, § 15 Rn 40 ff.; Baumbach/Hueck/Fastrich, GmbHG, § 15 Rn 16 m. w. N.

445 So im Fall BGH FamRZ 1986, 612 = DNotZ 1986, 55.

446 So im Fall des BGH LM § 242 (Ca) Nr. 13 III 5.

447 Dieterle BWNotZ 1970, 170 u. 1971, 14; Schalhorn JurBüro 1973, 700; Zawar DNotZ 1986, 515, 516; siehe zum „Geschiedenentestament" unten § 21 IV.

448 Stanovsky BWNotZ 1974, 102.

449 Siehe oben § 1 Rn 91; Zawar DNotZ 1986, 515, 517.

sorgung des Vorerben sicherstellen. Sonst wäre eher an ein Rentenvermächtnis zu denken.

• Die **Verwaltungs- und Nutzungszuständigkeit** vorübergehend nicht den vorgesehenen Erben zu gewähren, etwa weil der Erblasser fürchtet, dass diese im Augenblick noch nicht fähig sind, das Familienvermögen zu erhalten und ihnen der Vorerbe gleichsam als Treuhänder zu setzen. Diese Zielsetzung ähnelt der, die zur Einsetzung eines Testamentsvollstreckers führt.[450] 119

• Den Eintritt der Nacherbfolge an eine entsprechende Bedingung zu knüpfen, um dadurch entweder den Vorerben unter dem Druck des Verlustes der Erbschaft oder den Nacherben durch die Verheißung des Nacherbfalles zu einem bestimmten **Verhalten oder Unterlassen zu veranlassen** 120

• In Form der **aufschiebend bedingten Nacherbfolge,** den dadurch nur auflösend bedingt eingesetzten **Vollerben** bei Eintritt eines bestimmten den Nachlassbestand u.U. gefährdenden Ereignisses (z.B. Wiederheirat des überlebenden Ehegatten) zu **zwingen, die ihm zugefallene Erbschaft** ganz oder zu einem Bruchteil an den aufschiebend bedingt eingesetzten Nacherben **herauszugeben.**[451] 121

• Den **überschuldeten Vorerben** vor Vollstreckungen seiner Eigengläubiger in den Nachlass **zu schützen** (§ 2115), wobei allerdings die Nacherbeinsetzung mit einer Testamentsvollstreckung kombiniert werden muss (§ 2214), da sonst zwar die Zwangsverwertung aber nicht die Beschlagnahme der Nachlassgegenstände für Eigengläubiger des Vorerben verhindert wird.[452] Ferner ist die Vor- und Nacherbfolge – neben der Dauerverwaltungstestamentsvollstreckung und einer für diesen geltenden Anweisung nach § 2216 Abs. 1 – Kernelement des sog. **„Behindertentestaments"** in seiner klassischen Variante, um zum einen das behinderte Kind besser zu stellen und zum anderen den Nachlass dem Zugriff des Sozialhilfeträgers zu entziehen.[453] 122

• Die **Erbeinsetzung noch nicht erzeugter Personen** (§§ 2101 Abs. 1, 1923). 123

• Die Möglichkeit den Nachlass **als Einheit zu halten** und möglichst **lange** über Generationen **zu binden.**[454] Gem. § 2109 Abs. 1 Nr. 1 bleibt, wenn der Nacherbfall mit dem Tod eines Vorerben eintreten soll, der beim Erbfall bereits lebt, die Nacherbeinsetzung auch über 30 Jahre hinaus gültig. 124

• Nach früherer Auffassung:[455] Dem **Erstbedachten** entgegen § 2065 Abs. 2 **die Möglichkeit zu geben, den Zweitbedachten zu bestimmen,** indem er das Fortbestehen der Nacherbfolge auflösend bedingt durch eine dem Vorerben evtl. vorgeschriebene eigene Verfügung von Todes wegen über den durch die Erfüllung dieser Bedingung dann in seinem Vermögen befindlichen Nachlass des Erblassers (siehe oben Rn 70?). Dieses Gestaltungsmittel, z.B. zur Drittbestimmung des Unternehmensnachfolgers, kann bis zu einer höchstrichterlichen Klärung, ob es sich um einen Verstoß gegen das materielle Selbstbestimmungsgebot des § 2065 handelt, nicht empfohlen werden.[456] Die sichere Möglichkeit der Fremdbestimmung des Dritten ist die durch Bestimmungsvermächtnis (§ 2151).[457] 125

Mit der grundsätzlichen Beschränkung der Verfügungsfreiheit des Vorerben (§§ 2113 bis 2115), die ihn in die Nähe des Erbschaftsnießbrauchers rückt (§ 1089), von der der 126

---

[450] MünchKomm/Grunsky, § 2100 Rn 4.

[451] Siehe unten § 14 Rn 114; Zawar DNotZ 1986, 515.

[452] Flik BWNotZ 1979, 53.

[453] BGHZ 111, 38; BGHZ 123, 368; Nieder NJW 1994, 1266; siehe hierzu unten § 21 VII.

[454] Z.B. um so weit wie gesetzlich möglich die Funktion der aufgelösten Familienfideikommisse zu übernehmen: Staudinger/Avenarius, vor § 2100 Rn 18; MünchKomm/Grunsky § 2100 Rn 4.

[455] Bis OLG Frankfurt DNotZ 2001, 149; BayObLG MittBayNot 2004, 450.

[456] Langenfeld StbJb 1987/88, 211, 219 f.; Michalski Betr. 1987, Beil. 16, 3; Finger, Die Nachfolge in einer offenen Handelsgesellschaft beim Tode eines Gesellschafters, 1974, S. 101; Formular hierzu in MünchVertrHdb/Nieder/Otto, Bd. 6/2, XVI.12.

[457] Siehe oben § 3 Rn 48; Formular hierzu in MünchVertrHdb/Nieder/Otto, Bd. 6/2, XVI. 7.

Erblasser dem Vorerben aber bis auf einen Kernbereich Befreiung erteilen kann (§ 2136), sodass er einem Vollerben auf Zeit im Wesentlichen gleichsteht, sowie der Möglichkeit, dem Vorerben durch Vorausvermächtnis (§ 2110) bestimmte Gegenstände frei von der Nacherbbindung zuzuweisen und damit sogar eine gegenständlich beschränkte Nacherbfolge zu erzielen (siehe oben § 9 Rn 45), steht dem Erblasser ein Instrumentarium zur Verfügung, mit dem er seine Zwecke im Einzelfall erreichen kann. Diesen Vorteilen steht jedoch die rechtliche Kompliziertheit der Nacherbfolge gegenüber, die, je länger sie dauert, für die Beteiligten eine erhebliche Belastung werden kann.[458]

127 Auf jeden Fall sollte bei der Anordnung von Vor- und Nacherbfolge der Erblasser darauf hingewiesen werden, dass stets die Gefahr des Unterlaufens seiner damit beabsichtigten Ziele besteht, weil der Vorerbe stets gemäß § 2306 Abs. 1 die Möglichkeit der Ausschlagung und des Pflichtteilsverlangens hat.[459]

28. Checkliste bei Vor- und Nacherbfolge

128
- Sind Vor- und Nacherbe der Person nach bestimmt oder doch zum Erbfall bzw. Nacherbfall bestimmbar?
- Soll die Nacherbfolge aufschiebend oder auflösend bedingt oder befristet sein? Soll im Falle der aufschiebenden Bedingung die Anwartschaft trotz § 2074 vererbbar sein?
- Ist der Zeitpunkt oder das Ereignis, zu dem der Nacherbfall eintreten soll, eindeutig bestimmt?
- Soll mehrfache Nacherbfolge hintereinander angeordnet werden?
- Sind ein oder mehrere Ersatzerben für den Vorerben bestimmt? Sonst ist nach § 2102 Abs. 1 der Nacherbe Ersatzerbe des Vorerben!
- Sind ein oder mehrere Ersatznacherben für den Nacherben eingesetzt?
- Soll die Nacherbenanwartschaft nach dem Erbfall vererblich und/oder veräußerlich sein? Darüber ist auch dann eine ausdrückliche Bestimmung zu treffen, wenn Ersatznacherbfolge angeordnet ist!
- Sollen die Erbteile aller Erben der Nacherbfolge unterliegen oder nur die von einigen?
- Soll jeweils der ganze Erbteil eines Erben der Nacherbfolge unterliegen oder nur ein Bruchteil?
- Soll der Vorerbe gem. § 2136 von allen oder nur einigen der gesetzlichen Beschränkungen und Verpflichtungen befreit werden?
- Sollen dem Vorerben einzelne Nachlassgegenstände durch Vorausvermächtnis zur freien Verfügung übertragen werden?
- Soll der Vorerbe durch entsprechende Vermächtnisse oder Auflagen zu Lasten des Nacherben über die gesetzlichen Befreiungsmöglichkeiten hinaus freigestellt werden?
- Soll der Vorerbe durch Anordnung einer allgemeinen Verwaltungstestamentsvollstreckung gem. § 2206 über das gesetzliche Maß hinaus in seiner Verwaltungs- und Verfügungsbefugnis beschränkt werden?
- Soll zur Ausübung der Kontroll-, Sicherungs- und Mitwirkungsrechte des Nacherben und zur Beaufsichtigung des Vorerben eine Nacherbentestamentsvollstreckung gem. § 2222 angeordnet werden?

29. Steuern

a) Erbschaftsteuer[460]

129 Der **Vorerbe** gilt nach § 6 Abs. 1 ErbStG als Vollerbe, hat also die volle Erbschaftssteuer zu zahlen. Die mit der Nacherbschaft verbundene Verfügungsbeschränkungen

---

[458] Reimann MittBayNot 2002, 4: Gravierende Einschränkungen des Vorerben.

[459] Gothe MittRhNotK 1998, 193, 210 (noch zur Rechtslage des § 2306 Abs. 1 a. F. vor der Erbrechtsreform 2010).

[460] Eingehend hierzu Hannes/Mielke in Roth/Hannes/Mielke, § 20. Siehe hierzu auch oben § 6 I.8.

werden beim Vorerben erbschaftsteuerlich nicht berücksichtigt. Selbst wenn im Einzelfall die Stellung des Vorerben wirtschaftlich mehr der eines Nießbrauchers gleicht, kommt eine Besteuerung als Nießbraucher nicht in Betracht.[461]

Tritt der Nacherbfall ein, so hat der **Nacherbe** den Erwerb noch einmal voll zu versteuern (**Doppelbesteuerung**) und zwar entgegen der bürgerlich-rechtlichen Anschauung grundsätzlich als vom Vorerben stammend (§ 6 Abs. 2 ErbStG). Ist Nacherbfall der Tod des Vorerben, so kann der Nacherbe beantragen, dass diejenige Steuerklasse zugrunde gelegt wird, die seinem Verwandtschaftsverhältnis zum Erblasser entspricht (§ 6 Abs. 2 ErbStG). Ein solcher Antrag ist immer dann sinnvoll, wenn nach dem Verhältnis zum Erblasser die Versteuerung infolge Steuersatz und Freibetrag zu einem günstigeren Ergebnis führt. Geht in diesem Fall nicht nur das Vermögen des Erblassers, sondern auch eigenes freies Vermögen des Vorerben von Todes wegen auf den Nacherben über, so gilt der Nachlass als einheitlicher Erwerb, allerdings sind die Vermögensmassen ihrer Herkunft nach zu trennen und auf sie jeweils die entsprechende Steuerklasse anzuwenden (§ 6 Abs. 2 ErbStG). Von der Nacherbschaft wird der Freibetrag entsprechend dem Verwandtschaftsverhältnis des Nacherben zum Erblasser abgezogen. Verbleibt dabei ein Teil des Freibetrages unverbraucht, kann er zwar nicht unmittelbar auf die freie Erbschaft übertragen werden, jedoch ist bei ihr der nach dem Verwandtschaftsverhältnis zum Vorerben in Betracht kommende Freibetrag bis zur Höhe des noch verbleibenden Teils des anderen Freibetrages zu berücksichtigen (§ 6 Abs. 2 ErbStG). Das Antragsrecht auf Versteuerung im Verhältnis zum Erblasser steht auch dem zweiten und weiterer Nacherben zu.[462] Tritt die Nacherbfolge durch ein anderes Ereignis als den Tod des Vorerben ein, z. B. durch Wiederverheiratung des Vorerben bei einer Wiederverheiratungsklausel, wird dem Nacherben bei der von ihm zu zahlenden Steuer die vom Vorerben erhobene angerechnet, abzüglich desjenigen Steuerbetrages, welcher der vom Vorerben entnommenen oder ihm verbleibenden Substanz der Vorerbschaft entspricht, sodass in diesem Fall keine Doppelbesteuerung stattfindet (§ 6 Abs. 3 Satz 2 ErbStG). Eine Erstattung seitens des Vorerben gezahlter Erbschaftsteuer an den Nacherben findet jedoch nicht statt.

Eine gewisse Milderung der Doppelversteuerung bei Nacherbfolge beim Tod des Vorerben gewährt § 27 ErbStG, nach dem in der Steuerklasse I die Erbschaftsteuer für den Zweiterwerb zwischen 50 und 10% ermäßigt wird, wenn dasselbe Vermögen innerhalb der letzten 10 Jahre mehrfach in diesen Steuerklassen den Erben wechselt. Die Höhe der Ermäßigung richtet sich nach einer Tabelle entsprechend der Zeitdauer, die zwischen den beiden Zeitpunkte der Entstehung der Steuer liegt. Sie darf den Betrag nicht übersteigen, der sich nach Anwendung des Ermäßigungsprozentsatzes auf die Steuer ergibt, die der Vorerwerber für den Erwerb desselben Vermögens entrichtet hat (§ 27 Abs. 3 ErbStG). Die vorzeitige Übertragung des Nachlasses auf den Nacherben wird dem Eintritt der Nacherbfolge gleichgestellt (§ 7 Abs. 1 Nr. 7 ErbStG). Veräußert der Nacherbe seine Anwartschaft, so gilt der Erlös als ihm vom Erblasser zugewandt (§ 3 Abs. 2 Nr. 6 ErbStG). Überträgt der Nacherbe die Nacherbenanwartschaft auf den Vorerben oder verzichtet er auf die Nacherbschaft, so wird der Vorerbe Vollerbe. Erfolgt die Übertragung oder der Verzicht gegen eine Abfindung, so unterliegt diese gem. § 3 Abs. 2 Nr. 6 ErbStG der Schenkungssteuer. Stirbt der Nacherbe vor dem Nacherbfall, so geht das Anwartschaftsrecht als nicht erbschaftsteuerlicher Vorgang auf die Erben des Nacherben über (§ 10 Abs. 4 ErbStG). Ein erbschaftsteuerpflichtiger Erwerb ist hier erst mit dem Eintritt der Nacherbfolge gegeben.

Gemäß §§ 2126 BGB, 20 Abs. 4 ErbStG darf der Vorerbe im Verhältnis zum Nacherben seine Erbschaftsteuer aus der Vorerbschaft entnehmen, unbeschadet seiner persönlichen Haftbarkeit gegenüber der Finanzverwaltung, so dass die (erste) Erbschaftsteuer

---

[461] RFH RStBl. 1931, 241.
[462] RFH RStBl. 1935, 1485.

des Vorerben wirtschaftlich den Nacherben belastet. Die **Nacherbfolge** ist erbschaftsteuerlich infolge der zweimaligen Versteuerung desselben Vermögens gegenüber der Alternativlösung, den Zweitberufenen stattdessen zum unmittelbaren Erben einzusetzen und dem Erstberufenen den **Nießbrauch vermächtnisweise** zuzuwenden, benachteiligt; für den Erben besteht die Abzugsmöglichkeit des kapitalisierten Nießbrauchs.[463] Das Nießbrauchsrecht ist beim Nießbraucher nur zum nach §§ 13 bis 16 BewG zu berechnenden kapitalisierten Nutzungswert, mit der Höchstwertbegrenzung des § 16 BewG auf $^1/_{18,6}$ des Steuerwertes des belasteten Gegenstandes, zu besteuern, während beim Vorerben der volle Steuerwert des Nachlasses der Erbschaftsteuer unterliegt.

b) Einkommensteuer[464]

130 Der Vorerbe ist als Vollerbe auf Zeit Eigentümer des Nachlasses und hat die Einkünfte aus dem Nachlassvermögen zu versteuern. Andererseits hat er auch die Möglichkeit, Absetzungen für Abnutzung und andere Werbungskosten (Schuldzinsen, Erhaltungsaufwand, Bewirtschaftungskosten) wie ein unbeschränkter Eigentümer geltend zu machen. Dagegen kann der vermächtnisweise mit einem Nießbrauch Bedachte Werbungskosten zwar geltend machen, soweit sie ihm gesetzlich oder vertraglich auferlegt sind und er sie auch tatsächlich trägt, hat aber keine Möglichkeit der Absetzung für Abnutzung von Gebäuden (AfA).[465]

Vor der Entscheidung zwischen Vorerbschaft und Nießbrauch sollte jeweils im Einzelfall – neben der primären zivilrechtlichen Entscheidung – ein Steuerbelastungsvergleich unter Einbeziehung von Erbschaftsteuer und Einkommensteuer vorgenommen werden.

III. Aufschiebend bedingtes oder befristetes (Herausgabe-)Vermächtnis[466]

1. Aufschiebend bedingtes oder befristetes Vermächtnis

131 Das Vermächtnis hat keine dingliche Wirkung, sondern begründet nur einen Anspruch auf Leistung des vermachten Gegenstandes (§ 2174). Der Zeitpunkt der Entstehung dieser Forderung wird vom Gesetz als **Anfall des Vermächtnisses** bezeichnet (§ 2176). Vom Anfall des Vermächtnisses ist dessen Fälligkeit zu unterscheiden; dies ist der Zeitpunkt, zu dem der entstandene Anspruch vom Beschwerten zu erfüllen ist, und zwar gemäß § 271 Abs. 1 im Zweifel mit dem Anfall des Vermächtnisses.[467]

Das Vermächtnis fällt gemäß § 2176 grundsätzlich mit dem Erbfall (§ 1922 Abs. 1) an. Ausnahmen von dieser Regel sind:

- **Aufschiebend bedingtes** oder **befristetes Vermächtnis** (§ 2177). Hier erfolgt der Anfall erst mit dem Eintritt der Bedingung oder zum Termin. Ein wichtiger Anwendungsfall ist das Herausgabevermächtnis.[468]

---

[463] Die frühere Einschränkung (Abzugsverbot) des § 25 ErbStG ist seit 2009 ersatzlos entfallen.

[464] Zur ertragsteuerlichen Behandlung der Vor- und Nacherbschaft: Hannes/Mielke in Roth/Hannes/Mielke, § 21.

[465] BFH BStBl. II 1994, 319 = NJW 1994, 2783, Randenborgh, ZEV 1998, 631.

[466] Eingehend hierzu: *Reimann,* Das Herausgabevermächtnis als Alternative zur Nacherbfolgeanordnung, MittBayNot 2002, 4; Bühler BWNotZ 1967, 174; Zawar, Das Vermächtnis in der Kautelarjurisprudenz, 1883; ders., DNotZ 1986, 515; Watzek MittRhNotK 1999, 37; Roth in Roth/Hannes/Mielke, § 1 Rn 20 ff.; zu damit verbundenen Problemen: J. Mayer, ZEV 2000, 8 f.; Formular in MünchVertrHdb/Nieder/Otto, Bd. 6/2, XVI. 5. Zum Herausgabevermächtnis siehe auch oben § 9 Abschnitt I.10. lit. s) und beim Geschiedenentestament, auch als Alternative zur Nacherbfolgeanordnung, unten § 21 Abschnitt IV.3.

[467] Staudinger/Otte § 2176 Rn 5.

[468] Zum Herausgabevermächtnis siehe auch: § 1 II.3.c) Rn 118 zur Feststellung des Nachlasses bei Herausgabevermächtnissen; § 8 I.6.d) Rn 35 zur Vermächtnislösung zur Bedenkung nachgeborener Abkömmlinge; § 9 I.10. lit. s), Rn 72; zum Herausgabevermächtnis der Endbedachten bei der

- Vermächtnis, bei dem der **Bedachte** zur Zeit des Erbfalls **noch nicht geboren** ist oder in seiner Persönlichkeit erst durch ein Ereignis nach dem Erbfall bestimmt wird (§ 2178). Hier erfolgt der Anfall erst mit der Geburt oder dem Eintritt des Ereignisses.

Nach allg. M.[469] ist es zulässig, den Anfall eines Vermächtnisses erst mit dem Tod des damit beschwerten Erben eintreten zu lassen (befristetes Herausgabevermächtnis) und auch dadurch aufschiebend bedingt, dass der Bedachte den Beschwerten überlebt, sowie auch auf das beim Tode des Erben noch vorhandene Restvermögen des Erblassers. 132

Ist ein aufschiebend bedingtes oder befristete Vermächtnis (§ 2177) oder ein Vermächtnis an eine noch nicht erzeugte oder in ihrer Persönlichkeit erst durch ein nach dem Erbfall eintretendes Ereignis bestimmte Person (§ 2178) **30 Jahre** nach dem Erbfall noch nicht angefallen (§§ 2176, 2177, 2178), wird es gem. § 2162 unwirksam. Es bleibt aber, wie nach § 2107 bei der Nacherbschaft, gem. § 2163 Abs. 1 über diesen Zeitraum hinaus wirksam: 133

- wenn es für den Fall angeordnet ist, dass in der Person des Beschwerten oder des Bedachten ein bestimmtes Ereignis eintritt, und derjenige, in dessen Person das Ereignis eintreten soll, zur Zeit des Erbfalls lebt;[470]
- wenn der Erbe, ein Nacherbe oder ein Vermächtnisnehmer für den Fall, dass ihm ein Bruder oder eine Schwester geboren wird, mit einem Vermächtnis zugunsten dieses Bruders oder dieser Schwester beschwert ist.

Die Vorschrift gilt nicht, wenn der Beschwerte oder Bedachte, in dessen Person das Ereignis eintreten soll, eine juristische Person ist (§ 2163 Abs. 2). 134

2. Vermächtnisanwartschaft

Der Bedachte hat zwischen Erbfall und Eintritt oder Ausfall der Bedingung bzw. des Termins eine geschützte Rechtsposition (**Anwartschaft**), die grundsätzlich vererblich, übertragbar und verpfändbar ist.[471] Bei aufschiebend bedingten Vermächtnissen ist dabei § 2074 zu beachten, wonach im Zweifel die Zuwendung nur gelten soll, wenn der Bedachte die Bedingung erlebt, d.h., wenn er nicht zwischen Erbfall und Anfall des Vermächtnisses stirbt; im Zweifel ist somit ein aufschiebend bedingtes Vermächtnis nicht vererblich. Für aufschiebend befristete Vermächtnisse enthält das BGB keine entsprechende Auslegungsregel, sodass hier über die Vererblichkeit die freie Auslegung der Vermächtnisanordnung entscheidet.[472] In solchen Fällen ist jedoch jeweils zu prüfen, ob der Erblasser nicht ausdrücklich einen Ersatzvermächtnisnehmer bestimmt hat (§§ 2190, 2097–2099) oder eine stillschweigende Ersatzberufung nach § 2069 eintritt.[473] Bei aufschiebend befristeten Vermächtnissen entscheidet mangels einer den § 2074 entsprechenden gesetzlichen Regelung die freie Auslegung der letztwilligen Verfügung.[474] Es ist daher bei bedingten oder befristeten Vermächtnissen immer erforderlich, im Testament Anordnungen über die Vererblichkeit und Übertragbarkeit des Vermächtnisanwartschaftsrechts zu treffen.[475] 135

Trennungslösung von Ehegattenverfügungen § 14 III.3.d) Rn 98; § 15 III. Rn 170ff. zu bedingten Zuwendungen; § 21 IV.3. Rn 43ff. zur Herausgabevermächtnislösung beim Geschiedenentestament m.w.N. und Formulierungsvorschlag bei Rn 54.

469 RG JW 1918, 502; RG DNotZ 1932, 539; OLG Bremen DNotZ 1956, 149, 151; Olshausen DNotZ 1979, 707, 716 m.w.N.

470 OLG Hamburg FamRZ 1985, 538.

471 RGZ 67, 425; BHG MDR 1963, 824; OLG Oldenburg NJW-RR 1990, 650 m.w.N.; Bengel, NJW 1990, 1826; Staudinger/Otte § 2179 Rn 7–9; MünchKomm/Schlichting, § 2179 Rn 71.

472 Motive V 25; Staudinger/Otte, § 2179 Rn 8.

473 BGH NJW 1958, 22 = LM § 2069 Nr. 1 = Rpfleger 1958, 22.

474 Staudinger/Otte § 2179 Rn 8; MünchKomm/Leipold § 2074 Rn 3.

475 So auch Dieterle BWNotZ 1970, 18.

3. Gesetzlicher Inhalt der Anwartschaft bei bedingten oder befristeten Vermächtnissen

136 In der Schwebezeit zwischen dem Erbfall und dem Anfall des Vermächtnisses finden nach § 2179 bei aufschiebend bedingten oder befristeten Vermächtnissen die Vorschriften des allgemeinen Teils des BGB über **aufschiebende Bedingungen** Anwendung. Das bedeutet im Einzelnen:[476]

137 • Der Bedachte genießt (nur!) den **Schutz des § 160 Abs. 1** (nicht auch den nach § 161 = Unwirksamkeit von Zwischenverfügungen). Nach Anfall des Vermächtnisses kann er somit Schadensersatz verlangen, wenn sein Recht während der Schwebezeit zwischen Erbfall und Anfall durch Verschulden des Beschwerten (§ 276) vereitelt oder beeinträchtigt worden ist. Die Unanwendbarkeit des § 161 bedeutet, dass eine Verfügung des Beschwerten über den Vermächtnisgegenstand in der Zeit zwischen dem Erbfall und dem Anfall des Vermächtnisses dem Bedachten gegenüber wirksam ist und er gegen den Beschwerten lediglich den Schadensersatzanspruch nach § 160 Abs. 1 hat.[477] Dies gilt auch für Zwangsverfügungen Dritter gegen den Beschwerten in der Schwebezeit in den vermachten Gegenstand, sodass der Bedachte das Risiko der Überschuldung des Beschwerten trägt. Ist der Anfall des Vermächtnisses auf den Tod des Beschwerten aufschiebend befristet, ist die Vermächtnisforderung im Nachlassinsolvenzverfahren des Beschwerten nur eine normale Insolvenzforderung und nicht etwa gemäß § 327 Abs. 1 Ziffer 2 InsO nachrangig; diese Vorschrift setzt ein vom Erb-lasser, hier dem Beschwerten, angeordnetes Vermächtnis voraus und nicht eines, das den Erblasser aus einem anderen Erbfall beschwert hat.[478] Bei aufschiebend bedingten oder befristeten Vermächtnisse können **die Nachlassgläubiger und die Eigengläubiger** des Beschwerten auf die vermachten Gegenstände so lange zugreifen, bis sie dem Vermächtnisnehmern übertragen sind. Bei den Nachlassgläubigern ist dies verständlich, aber auch die Eigengläubiger des Beschwerten können jederzeit auf den Vermächtnisgegenstand zugreifen, da er zum Vermögen des Bedachten gehört.[479]

138 • Anwendbarkeit des § 285 (**Schuldrechtliche Surrogation**).[480] Eine dem § 2111 entsprechende Vorschrift zur dinglichen Surrogation fehlt beim Herausgabevermächtnis und beim Nachvermächtnis. An die Stelle der dinglichen Surrogation tritt die Möglichkeit der schuldrechtlichen Ersatzpflicht und im Rahmen des allgemeinen Schadensersatzrechts die Möglichkeit des Herausgabeverlangens des schadensersatzrechtlichen Surrogats nach § 285.

139 • Nach § 159 werden die Eintrittsfolgen nur dann auf den Zeitpunkt des Erbfalls zurückbezogen, wenn aus der Verfügung ein hierauf bezüglicher Wille des Erblassers erkennbar ist.[481] Sonst folgt aus § 2184, dass bis zum Vermächtnisanfall gezogene **Nutzungen** nicht zu ersetzen sind.[482] Für schuldhafte Substanzbeeinträchtigungen vor dem Vermächtnisanfall hat der Beschwerte einzustehen, jedoch nicht für im Übermaß gezogene Früchte.[483] Auch insoweit empfiehlt sich eine detaillierte Regelung in der Verfügung von Todes wegen.

140 • Der Beschwerte kann gem. § 2185 für die in der Schwebezeit **gemachten Verwendungen** Ersatz gem. den Vorschriften der §§ 994ff. vom Bedachten verlangen.[484] Danach

---

[476] Bühler BWNotZ 1967, 174; Zawar DNotZ 1986, 515, 24.

[477] Staudinger/Otte § 2179 Rn 5.

[478] Watzek MittRhNotK 1999, 37, 41 m. w. Nachw.

[479] Lange/Kuchinke, 4. Aufl., § 29 II 1 a.

[480] Bühler BWNotZ 1967, 174, 175; Staudinger/Otte § 2179 Rn 3.

[481] Staudinger/Otte § 2179 Rn 6.

[482] BGHZ 114, 16, 22; Bühler BWNotZ 1967, 176.

[483] Bühler BWNotZ 1967, 176.

[484] BGHZ 114, 16, 17 = NJW 1991, 1736 = DNotZ 1992, 247 = JZ 1991, 986 m. Anm. Leipold; Watzek MittRhNotK 1999, 37, 44ff.; a. M. d. h. analoge Anwendung der §§ 2124ff.; Maur NJW 1990, 1161, 1162.

sind objektiv notwendige Verwendungen, mit Ausnahme der gewöhnlichen Erhaltungskosten, sowie Aufwendungen für außerordentliche, auf den Stammwert gelegte Lasten, die vor Kenntnis der Vermächtnisanordnung gemacht wurden, in voller Höhe zu ersetzen, nach Kenntnis gemachte aber nur gem. den Vorschriften über die Geschäftsführung ohne Auftrag.[485] Letzteres bedeutet, dass ein entgegenstehender wirklicher Wille des Bedachten den Ersatzanspruch aus §§ 683, 670 entfallen lässt und die Ersatzpflicht des Bedachten sich auf den Wert der durch die notwendigen Verwendungen bei ihm eingetretenen Bereicherung beschränkt (§ 684). Bei dieser Rechtslage empfiehlt es sich, was möglich ist,[486] den Ersatz von Verwendungen ausdrücklich und gegebenenfalls detailliert in der Verfügung von Todes wegen zu regeln.

• Der Beschwerte ist gegenüber dem Bedachten grundsätzlich mit der Pflicht zur **ordnungsgemäßen Verwaltung** des vermachten Gegenstandes belastet, sie kann ihm aber auch zusätzlich durch ein Vermächtnis auferlegt werden.[487] 141

• Wird der Eintritt der Bedingung, unter der das Vermächtnis angeordnet ist, von dem Beschwerten **wider Treu und Glauben verhindert,** so gilt die Bedingung als eingetreten (§ 162 Abs. 1). Umgekehrt gilt der Eintritt der Bedingung als nicht erfolgt, wenn sie vom Bedachten wider Treu und Glauben herbeigeführt wurde (§ 162 Abs. 2).[488] 142

4. Sicherung der Vermächtnisanwartschaft

Einen Anspruch auf Sicherheitsleistung gegen den Beschwerten gewährt die Anwartschaft dem Vermächtnisnehmer nicht. Der Beschwerte ist zwar dem Bedachten zur Auskunft verpflichtet,[489] ihm kann aber nicht die Verwaltung des Vermächtnisgegenstandes entzogen werden.[490] Bei Gefährdung kann der Vermächtnisnehmer jedoch durch Arrest oder einstweilige Verfügung gem. §§ 916 Abs. 2, 936 ZPO gesichert werden.[491] 143

Den Schutz des § 161 gegen Zwischenverfügungen erfährt der bedingte Vermächtnisanspruch nicht, da die Vermächtniszuwendung kein Teil einer Verfügung ist, sondern nur einen schuldrechtlichen Anspruch begründet.[492] Er hat jedoch den Schutz des § 160 Abs. 1. Die Rechtsstellung des aufschiebend bedingt oder befristet eingesetzten Vermächtnisnehmers ist daher verglichen mit der des Nacherben zwischen Erbfall und Anfall des Vermächtnisses schwach, da sie ihm keinen dinglichen Schutz gegen beeinträchtigende Verfügungen des Beschwerten oder seiner Eigengläubiger bietet.[493] Sie lässt sich jedoch durch entsprechende Vermächtnisse des Erblassers wesentlich verbessern.[494]

5. Pflichtteilsfestigkeit des Herausgabeanspruchs

Der Herausgabeanspruch des Vermächtnisnehmers richtet sich nach dem Tod des Beschwerten gegen dessen Nachlass. Er steht dabei im gleichen Rang mit den Ansprüchen der übrigen Nachlassgläubiger des Beschwerten. Fraglich ist jedoch, in welchem Rang sich der Herausgabeanspruch gegenüber den gegen den Nachlass des Beschwerten ge- 144

[485] Bühler BWNotZ 1967, 177; a. M. Maur NJW 1990, 1161.

[486] Bühler BWNotZ 1967, 181.

[487] BGHZ 114, 16, 21 = NJW 1991, 1736 = DNotZ 1992, 247 = JZ 1991, 986 m. Anm. Leipold; a. M. Bühler BWNotZ 1967, 174, 178.

[488] Staudinger/Otte § 2179 Rn 4; OLG Stuttgart FamRZ 1981, 818 m. Anm. Bausch.

[489] Aufgrund RG JW 1918, 502 Staudinger/Otte § 2179 Rn 13 = Anspruch auf Vorlegung eines Verzeichnisses gem. § 260, falls ein Sachinbegriff vermacht ist; OLG Oldenburg NJW-RR 1990, 650 m. w. N.

[490] Bühler a. a. O., S. 176.

[491] Zawar DNotZ 1986, 515, 524.

[492] Bühler BWNotZ 1967, 174; Bungeroth NJW 1967, 1357; Staudinger/Otte § 2179 Rn 5; Zawar DNotZ 1986, 515, 524; a. M. Gudian NJW 1967, 431.

[493] Zawar DNotZ 1986, 515, 524; s. auch das Beispiel bei Wacke DNotZ 1990, 405.

[494] Hierzu eingehend: Zawar, Das Vermächtnis in der Kautalarjurisprudenz, 1983, S. 83 ff.

richteten Pflichtteilsansprüchen verhält. Hierzu ist § 2311 maßgeblich. Danach ist für die Pflichtteilsberechnung der Nachlassbestand zugrunde zu legen, der sich durch Vergleich der zum Zeitpunkt des Erbfalls vorhandenen Aktiva und Passiva ergibt.[495] Unter diesen Gesichtspunkten kommt die h.M.[496] zu dem Schluss, dass der Herausgabeanspruch des Vermächtnisnehmers eines aufschiebend bedingten Vermächtnisses eine gegenüber den gegen den Nachlass des beschwerten Erben gerichteten Pflichtteilsansprüchen **vorrangige Erblasserschuld** ist.

145 Das umstrittenste Problem in diesem Zusammenhang ist jedoch das Verhältnis des Vermächtnisherausgabeanspruchs zur sozialhilferechtlichen Erbenhaftung nach § 102 SGB XII.[497] Es tritt bei der sog. Vermächtnislösung beim Behindertentestament auf. Dort bekommt das behinderte Kind lediglich ein wertmäßig über seinem Pflichtteil liegendes Vermächtnis, das es auf seinen Tod aufschiebend bedingt an die gesunden Kindes herauszugeben hat. Beim Tod des Kindes richtet sich dann gegen seinen Nachlass sowohl dieser Herausgabeanspruch, als auch der Kostenersatzanspruch nach § 102 SGB XII. Auf dieses Problem hat als erster Damrau[498] aufmerksam gemacht und kam zum Schluss, dass beide Ansprüche gleichrangig seien und es daher zur Teilung zwischen Sozialhilfeträger und Herausgabeanspruchsgläubiger komme. Dies ist wesentlicher Gesichtspunkt gegen die Verwendung der Vermächtnislösung beim Behindertentestament. Die Literatur dazu – Rechtsprechung gibt es bis jetzt nicht – spaltete sich in Befürworter und Gegner Damraus.[499] Das Problem kommt wieder darauf hinaus, welche Nachlassverbindlichkeiten vom Aktivnachlass abzuziehen sind, um den Wert des Nachlasses nach § 2311 zu ermitteln. Das spricht zunächst für die Meinung Damraus. Dem ist mit guten Gründen entgegenzuhalten, dass nach dem Wortlaut des § 120 Abs. 2 Satz 2 SGB XII der Erbe für den Ersatzanspruch nur mit dem Wert des im Zeitpunkt des Erbfalles vorhandenen Nachlasses haftet und damit der Herausgabeanspruch als Erblasserschuld dem Ersatzanspruch im Rang vorgeht, da er als Verbindlichkeit vom Nachlass abzuziehen ist, bevor dieser für den Ersatzanspruch haftet.[500]

6. Abweichende Bestimmung des Inhalts der Vermächtnisanwartschaft durch den Erblasser

146 Die Rechtsstellung des Vermächtnisanwartschaftsberechtigten kann vom Erblasser in den allgemeinen Grenzen der §§ 137, 138, 276 Abs. 1, 226 abweichend vom Gesetz geregelt werden.[501] Er kann jedoch keine dinglich wirkende Verfügungsbeschränkungen des Beschwerten anordnen (§ 137) und ihn auch nicht von der Haftung für Vorsatz befreien (§ 276 Abs. 3). Dagegen kann der Erblasser dem Beschwerten auch leicht oder grob fahrlässig unentgeltliche Verfügungen oder sonstige Beeinträchtigungen gestatten.[502] Ferner kann er Vereitelungen oder Beeinträchtigungen der Anwartschaft durch den Beschwerten entweder zur auflösenden Bedingung des Vermächtnisses machen oder

---

495 Palandt/Edenhofer § 2311 Rn 1.

496 Reimann, MittBayNot 2002, 4, 7; Schnabel, Das Geschiedenentestament, Diss. Regensburg 2000, S. 150 ff.; Watzek, MittRhNotK 1999, 37, 41; Randt BWNotZ 2001, 73; zweifelnd jedoch, sofern der Vermächtnisanfall erst mit dem Tod des Beschwerten eintreten soll: J. Mayer in Mayer/Süß/Tanck/Bittler/Wälzholz, Handbuch Pflichtteilsrecht, § 12 Rn 25.

497 Siehe hierzu eingehend: Baltzer, Das Vor- und Nachvermächtnis in der Kautelarjurisprudenz, Diss. München 2007, Rn 326 bis 372.

498 Damrau ZEV 1998, 1; Damrau/J. Mayer, ZEV 2001, 293.

499 Gegen Damrau: DNotI-Gutachten in DNotI-Report 1999, 149; G. Müller in Würzburger Notarhandbuch, Teil 4 Kapitel 1 Rn 386; Hartmann ZEV 2001, 93; Weidlich ZEV 2001, 97; Spall MittBayNot 2001, 249; Joussen, NJW 2003, 1851, 1852 f.; dafür: Trilsch-Eckart ZEV 2001, 229.

500 Siehe hierzu Baltzer a. a. O. Rn 340 ff.

501 Bühler BWNotZ 1967, 180; Palandt/Edenhofer § 2179 Rn 1.

502 Bühler BWNotZ 1967, 180; Palandt/Edenhofer § 2179 Rn 1.

den Erlass der Schadensersatzforderung dem Bedachten als Untervermächtnis auferlegen und auf diese Weise dem Beschwerten die Verwendung des vermachten Gegenstandes für sich selbst ermöglichen.[503] Der Erblasser kann auch die Rechtsstellung des Bedachten dadurch verbessern, dass er die Haftung des Beschwerten auf Zufall ausdehnt und/oder ihm generell oder unter gewissen Voraussetzungen durch zusätzliche unbedingte Vermächtnisse einen Anspruch auf Auskunft mitvermacht.[504]

In gleicher Weise können auch folgende **Sicherheiten** durch ergänzendes – unbedingtes – Vermächtnis mitvermacht werden:

- Anspruch auf Eintragung einer **Vormerkung** gem. § 883 nach dem Erbfall, wenn der Vermächtnisgegenstand ein Grundstück, Grundstücksrecht oder ein Anspruch auf Aufhebung oder Inhaltsänderung eines Grundstücksrechts ist.[505] Dagegen kann der Ansicht, bereits aus dem Grundstücksvermächtnis sei ein Anspruch auf Eintragung einer Vormerkung gegeben, nicht gefolgt werden, sofern sich hierfür kein Anhaltspunkt für einen entsprechenden Erblasserwillen ergibt.[506]
- **Verpflichtung des Beschwerten,** dem Bedachten, soweit dies rechtlich möglich ist, d.h. keine Bedingungs- und Befristungsfeindlichkeit besteht, bereits nach dem Erbfall **den Vermächtnisgegenstand** auf den Vermächtnisanfall **aufschiebend bedingt zu übertragen,**[507] womit der Bedachte dann bereits während der Schwebezeit den Schutz des § 161 erhält,[508] der allerdings wegen § 161 Abs. 3 wiederum eingeschränkt ist.
- Anordnung einer **Verwaltungstestamentsvollstreckung** bezüglich des vermachten Gegenstandes, evtl. mit Ernennung von Beschwertem und Bedachtem zu gemeinschaftlichen Testamentsvollstreckern, was zu gemeinschaftlicher Verfügungsbefugnis und gem. § 2214 zum Schutz des Vermächtnisgegenstandes vor Eigengläubigern des Beschwerten führt.[509]
- Bei Grundstücksvermächtnissen ist darüber hinaus bereits vor dem Erbfall eine Sicherung durch eine mittels Rechtsgeschäfts unter Lebenden vereinbarte **Verfügungsunterlassungsverpflichtung** (siehe unten § 13 Rn 29) oder beim Berliner Testament (§ 2269) vor dem zweiten Erbfall durch ein zusätzliches **Verfügungsunterlassungsvermächtnis** (siehe unten § 13 Rn 22) möglich, die jeweils mittels eines ebenfalls vereinbarten oder vermachten und durch die Zuwiderhandlung aufschiebend bedingten Übertragungsanspruchs bezüglich des Grundstücks sanktioniert sind, der seinerseits durch eine Vormerkung sicherbar ist.[510]

Soweit die Bestellung dieser Sicherungsmaßnahmen die Mitwirkung des Bedachten erfordern, wäre in den Fällen des § 2178 ein Pfleger gem. § 1923 zu bestellen.[511] **147**

7. Anwendungsbereich

Das auf den Tod des Beschwerten aufschiebend bedingte Herausgabevermächtnis kann überall dort Anwendung finden, wo auch die Anordnung der Nacherbfolge zweckmäßig **148**

---

503 Bühler BWNotZ 1967, 181; Zawar DNotZ 1986, 515, 524.

504 Zawar DNotZ 1986, 515, 525 f.

505 RG SeuffA 87 Nr. 10 = DNotZ 1932, 539 Nr. 20; BayObLG Rpfleger 1981, 190; Staudinger/Otte § 2179 Rn 12; MünchKomm/Schlichting, § 2179 Rn 8; s. auch Maur NJW 1990, 1161; Watzek MittRhNotK 1999, 37, 42 ff.

506 So auch Staudinger/Otte, § 2179 Rn 12; MünchKomm/Schlichting, § 2179 Rn 8; Szawar DNotZ 1986, 402; RG DNotZ 1932, 539 Nr. 20; a.M. OLG Hamm MDR 1984, 402; Staudinger/Gursky § 883 Rn 53.

507 Bühler BWNotZ 1967, 181; Zawar, Das Vermächtnis in der Kautelarjurisprudenz, 1983, S. 86; Watzek MittRhNotK 1999, 37, 47.

508 Zawar DNotZ 1986, 515, 525; Staudinger/Otte, § 2179 Rn 5.

509 Bühler BWNotZ 1967, 181; Kraiß BWNotZ 1986, 12.

510 Siehe oben § 13 Rn 35; Formular hierzu in MünchVertrHdb/Nieder/Otto, Bd. 6/2, XVI. 28 § 4.

511 Palandt/Edenhofer § 2179 Rn 1.

wäre, wo aber hauptsächlich auf den Ausschluss der Weitervererbung eines bestimmten Gegenstandes durch den Erben Wert gelegt wird und weniger auf die Sicherung des späteren Anfalls an den Endbedachten, ferner wo man dem Erben auch diejenigen Beschränkungen nicht zumuten will, von denen ein Vorerbe nicht befreit werden kann. Unter diesen Voraussetzungen ist die Gestaltungsmöglichkeit für die oben Rn 117 aufgeführten Fallgruppen verwendbar; siehe insbesondere zum Geschiedenentestament § 21 Abschnitt IV. Das durch den Tod oder etwa die Wiederheirat des beschwerten Erben aufschiebend bedingte bzw. befristete Herausgabevermächtnis kann nur einen bestimmten Nachlassgegenstand betreffen (z.B. Hausgrundstück), aber auch den Überrest vom Erblasser ererbter Gegenstände, evtl. nebst ihren Surrogaten, die allerdings im Wege des Verschaffungsvermächtnisses ausdrücklich vermacht werden müssen.[512] Bedenken gegen die Gestaltung aus § 2087, sofern der Erblasser sein gesamtes Restvermögen dem Endbedachten zuwendet (**Universalvermächtnis**), bestehen nicht. § 2087 Abs. 1 u. 2 sind nicht zwingend, sondern Ergänzungsregeln, die nur eingreifen, wenn der Erblasser nicht ausdrücklich etwas anderes bestimmt hat.[513] Ein bedingtes Herausgabevermächtnis kann auch beim gemeinschaftlichen Testament oder Erbvertrag zur Sicherung des Endbedachten gegen beeinträchtigende lebzeitige Verfügungen des Erstbedachten über einen bestimmten Nachlassgegenstand Anwendung finden, indem dieser Gegenstand dem Endbedachten unter der aufschiebenden Bedingung des Verstoßes des Erstbedachten gegen eine ihm vermächtnisweise auferlegte oder mit ihm vereinbarte Verfügungsunterlassungspflicht bezüglich des Gegenstandes vermacht wird.[514]

8. Erbschaftsteuer

Das Herausgabevermächtnis unterliegt als „beim Tod des Beschwerten fälliges Vermächtnis" **erbschaftsteuerlich** der Sondervorschrift des § 6 Abs. 4 Fall 2 ErbStG: Nach § 6 Abs. 4 ErbStG stehen **Nachvermächtnisse und beim Tod des Beschwerten fällige Vermächtnisse** (oder Auflagen) der Nacherbschaft gleich, es ist daher nach § 6 Abs. 2 ErbStG zu verfahren, d.h. der Vermächtnisgegenstand wird beim Erbfall beim Erben und nach seinem Tod nochmals beim Vermächtnisnehmer versteuert, ohne dass eine Anrechnungsmöglichkeit besteht.

149 Bei einem aufschiebend bedingten Vermächtnis, das **von einem andern Ereignis als dem Tod des Beschwerten abhängt** (z.B. Wiederheirat), erfolgt dagegen die erbschaftsteuerliche Abwicklung in der Weise, dass beim **Erbfall** der Vermächtnisgegenstand gem. § 5 Abs. 1 BewG beim Erben versteuert wird, der dann beim **Vermächtnisanfall** gemäß § 5 Abs. 2 BewG beantragen kann, die Steuer zu berichtigen. Der Vermächtnisnehmer hat den Gegenstand dann nach § 9 Abs. 1 Nr. 1a ErbStG i.V.m. §§ 4ff. BewG zu versteuern. Grds. entsteht die Erbschaftsteuer bei Erwerben von Todes wegen – und damit auch bei Vermächtnissen (§ 3 Abs. 1 Nr. 1 Fall 2 ErbStG) – mit dem Todes des Erblassers (§ 9 Abs. 1 Nr. 1 Halbs. 1 ErbStG). Gemäß § 9 Abs. 1 Nr. 1 Halbs. 2 lit. a ErbStG entsteht die Steuer bei Erwerben von Todes wegen für den Erwerb des unter einer aufschiebenden Bedingung Bedachten jedoch erst mit dem Zeitpunkt der Eintritts der Bedingung, beim Geschiedenentestament somit beim Tod des Kindes (und Überleben des anderen Elternteils). Für den (dritten) Bedachten entsteht die Steuer somit erst zu diesem Zeitpunkt. Dies korrespondiert der Anweisung des § 6 Abs. 4 Fall 2, Abs. 2 Satz 1 ErbStG, wonach der Erwerb als vom Beschwerten (d.h. vom Kind; s.o.) stammend zu versteuern ist. Grds. „gilt" ein Vermächtniserwerb „als vom Erblasser zugewendet" (§ 3 Abs. 1 Nr. 1, Abs. 2 ErbStG). Aufgrund § 6 Abs. 4 Fall 2, Abs. 2 Satz 1 ErbStG ist jedoch der

[512] Bühler DNotZ 1964, 581 Fn. 4b; Zawar, Das Vermächtnis in der Kautelarjurisprudenz, 1983, S. 117; Formular hierzu in MünchVertrHdb/Nieder/Otto, Bd. 6/2, XVI. 5.

[513] MünchKomm/Schlichting § 2087 Rn 6; KG DNotZ 1933, 288; Hieber MittBayNot 1960, 117, 120f.; Bengel NJW 1990, 1829.

[514] Langenfeld NJW 1987, 1580; Buchholz Jura 1989, 393, 401.

Erwerb eines Herausgabevermächtnisses als vom Beschwerten (d.h. vom Kind) stammend zu versteuern.

Grds. kann der Beschwerte eine Verbindlichkeit aus Vermächtnissen (§ 2174) als Nachlassverbindlichkeit von seinem Erwerb abziehen und damit seine Steuerlast mindern (§ 10 Abs. 5 Nr. 2 Fall 1 ErbStG). Aufgrund § 6 Abs. 4 Fall 2, Abs. 2 Satz 1 ErbStG wird jedoch der Beschwerte eines Herausgabevermächtnisses so behandelt, als hätte der Beschwerte selbst und nicht der Erblasser das Vermächtnis angeordnet und kann es daher nicht bei dem ihm vom Erblasser zugefallenen Nachlass bereicherungsmindernd geltend machen.[515]

9. Checkliste bei aufschiebend bedingten oder befristeten Vermächtnissen

Neben den in der **„Checkliste für Vermächtnisse"** (oben § 9 Rn 88) aufgeführten Punkte sind zusätzlich zu beachten: 150

- Wann soll der Zeitpunkt oder das Ereignis sein, zu dem das Vermächtnis anfallen soll?
- Wann soll das Vermächtnis fällig sein, sofern die Fälligkeit von seinem Anfall abweicht?
- Soll die Vermächtnisanwartschaft zwischen Erbfall und Vermächtnisanfall vererblich und/oder übertragbar sein?
- Sollen Bestimmungen über die Nutzungen des Vermächtnisgegenstandes und die auf ihn gemachten Verwendungen für die Zeit zwischen dem Erbfall und dem Vermächtnisfall getroffen werden?
- Soll dem Beschwerten für diese Schwebezeit die besondere Verpflichtung zur ordnungsgemäßen Verwaltung des vermachten Gegenstandes auferlegt werden?
- Soll die Erfüllung des Vermächtnisses durch den Beschwerten gesichert werden, etwa durch eine ihm auferlegte Auskunftserteilungspflicht, die Verpflichtung zur Eintragung einer Vormerkung gem. § 883 oder zur aufschiebend bedingten Übertragung des Vermächtnisgegenstandes auf den Zeitpunkt seines Anfalls?

IV. Vor- und Nachvermächtnis[516]

1. Rechtsnatur

Das Nachvermächtnis ist stets ein **aufschiebend bedingtes oder befristetes Vermächtnis.**[517] Es hat gemäß § 2191 zur Voraussetzung: 151

- dass mit ihm ein Vermächtnisnehmer (Vorvermächtnisnehmer) und – entgegen § 2147 Satz 2 – nicht der Erbe beschwert ist, dass es somit immer **Untervermächtnis** ist und daher auch die Bestimmungen der §§ 2186–2188 Anwendung finden und
- dass der Gegenstand des Nachvermächtnisses ganz oder teilweise der gleiche wie der des Vorvermächtnisses ist (Identität des Gegenstandes)[518] und
- dass der Vermächtnisgegenstand zunächst dem Vorvermächtnisnehmer zustehen und nach Eintritt des vom Erblasser bestimmten Ereignisses oder Termins dem Nachvermächtnisnehmer zufallen soll.

---

[515] Meincke, ErbStG, § 6 Rn 24.

[516] Eingehend Watzek, Vor- und Nachvermächtnis, MittRhNotK 1999, 37; Werkmüller ZEV 1999, 343; Randt, Das Vor- und Nachvermächtnis, BWNotZ 2001, 75; Baltzer, Das Vor- und Nachvermächtnis in der Kautelarjurisprudenz, Diss. München, 2007; Watzek, Vor- und Nachvermächtnis, MittRhNotK 1999, 37; Werkmüller, Gestaltungsmöglichkeiten des Erblassers bei der Anordnung von Vor- und Nachvermächtnissen, ZEV 1999, 343; Zawar, Das Vermächtnis in der Kautalarjurisprudenz, 1983.
Formular hierzu in MünchVertrHdb/Nieder/Otto, Bd. 6/2, XVI. 6.

[517] BayObLG OLGE 30, 202; MünchKomm/Schlichting, § 2191 Rn 5.

[518] MünchKomm/Schlichting, § 2191 Rn 4.

152 Liegen diese Voraussetzungen vor, so finden, und das ist der einzige Unterschied zu einem normalen aufschiebend bedingten oder befristeten Vermächtnis gem. § 2177, auf das Nachvermächtnis gem. § 2191 Abs. 2 **folgende Vorschriften der Nacherbfolge Anwendung:**

- Die Berufung als Nachvermächtnisnehmer enthält im Zweifel auch die Berufung als **Ersatzvermächtnisnehmer** (§ 2102).
- Hat der Erblasser keinen **Zeitpunkt** für den **Anfall** bestimmt, fällt das Nachvermächtnis mit dem Tode des Vorvermächtnisnehmer an (§ 2106 Abs. 1).
- Hat der Erblasser einen kinderlosen Abkömmling zum Vermächtnisnehmer berufen und mit einem Nachvermächtnis beschwert, so ist das Nachvermächtnis im Zweifel nur für den Fall bestimmt, dass der Vorvermächtnisnehmer ohne Abkömmlinge stirbt (§ 2107).
- Das Recht des Nachvermächtnisnehmers erstreckt sich im Zweifel auch auf einen Vermächtnisanteil, der dem Vorvermächtnisnehmer infolge Wegfalls eines Mitvermächtnisnehmers angefallen ist (§ 2110 Abs. 1).

153 **Alle übrigen Vorschriften über die Nacherbfolge** sind **auf das Nachvermächtnis** auch **nicht** entsprechend **anwendbar.**[519] Das bedeutet vor allem, dass es beim Nachvermächtnis keine dingliche Surrogation wie nach § 2211 gibt. Der Nachvermächtnisnehmer wird aber durch die schuldrechtliche Surrogation gemäß § 285 sowie durch die Schadensersatzpflicht nach § 280 geschützt.[520] Bezüglich beider Ansprüche trägt der Nachvermächtnisnehmer jedoch das Risiko, dass sie nicht durchsetzbar sind. Das Nachvermächtnis ist ein Sonderfall des aufschiebend bedingten oder befristeten Vermächtnisses gem. § 2177.[521] Hinsichtlich der Pflichtteilsfestigkeit des Nachvermächtnisses beim Tod des Vorvermächtnisnehmers kann daher auf die obigen Ausführungen unter Rn 144 Bezug genommen werden. Gemäß § 2179 finden die Vorschriften des Bedingungsrechts im allgemeinen Teil des BGB auf das Nachvermächtnis Anwendung.[522] Es kann insoweit auf die Ausführungen oben unter Rn 131 verwiesen werden. Eventuelle Verwendungsersatzansprüche des Vorvermächtnisnehmers gegen den Nachvermächtnisnehmer sollten auch hier in der Verfügung ausdrücklich geregelt werden. Der Erblasser kann mehrere Nachvermächtnisse hintereinander anordnen. Eine zeitliche Grenze wird durch die §§ 2162, 2163 gezogen.[523]

2. Die Anwartschaft des Nachvermächtnisnehmers in der Schwebezeit

154 Der Bedachte des Nachvermächtnisses hat zwischen Erbfall und dem Anfall des Nachvermächtnisses eine Anwartschaft.[524] Da das Nachvermächtnis aufschiebend bedingt oder befristet i.S. von § 2177 ist, findet § 2179 Anwendung.[525] Das bedeutet, dass die Nachvermächtnisanwartschaft – sofern nicht § 2074 entgegensteht – vererblich und übertragbar ist und verpfändet und gepfändet werden kann.[526] Da nach § 2191 Abs. 2 auf das Nachvermächtnis der § 2106 Abs. 1 anwendbar ist, fällt es, wenn der Erblasser den Zeitpunkt oder das Ereignis seines Anfalls nicht bestimmt hat, im Zweifel mit dem Tod des Vorvermächtnisnehmers an. Damit ist es in diesen Fällen aufschiebend befristet,

---

[519] Staudinger/Otte § 2191 Rn 6.

[520] Staudinger/Otte § 2191 Rn 7.

[521] MünchKomm/Schlichting, § 2191 Rn 5; Buchholz Jura 1989, 393, 399; eingehend Bengel NJW 1990, 1826.

[522] BGH BWNotZ 1961, 265.

[523] Formular eines Nachvermächtnisses in MünchVertrHdb/Nieder/Otto, Bd. 6/2, XVI.6; zum Nachvermächtnis auf den Überrest Bengel NJW 1990, 1829.

[524] BGH NJW 1963, 1918 = MDR 1963, 824; Watzek MittRhNotK 1999, 37, 40 f.

[525] BGH BWNotZ 1961, 265.

[526] MünchKomm/Schlichting, § 2179 Rn 7; Bengel NJW 1960, 1826, 1827.

da der Tod ein nur der Zeit nach ungewisses Ereignis ist,[527] unterfällt nicht dem § 2074 und kann damit vererblich sein. Jedenfalls ist die ausdrückliche Festlegung, ob die Anwartschaft des Nachvermächtnisnehmers vererblich sein soll und die Bestimmung oder den Ausschluss eines Ersatznachvermächtnisnehmers für den Erblasser empfehlenswert.[528]

Als aufschiebend bedingtem oder befristetem Vermächtnis gewährt das Gesetz dem Nachvermächtnis in der Schwebezeit zwischen Erbfall und seinem Anfall über § 2179 nur den schwachen Schutz des § 160 Abs. 1, d. h. Schadensersatz im Falle der Vereitelung oder Beeinträchtigung des Eintritts der Bedingung.[529] Der Nachvermächtnisnehmer ist dinglich gegen Verfügungen des Vorvermächtnisnehmers nicht geschützt. Bei Gefährdung kann die Anwartschaft jedoch durch Arrest oder einstweiliger Verfügung gem. §§ 916 Abs. 2, 935, 936 ZPO geschützt werden.[530] Bei Grundstücksvermächtnissen kann, wenn ein Anspruch darauf vom Erblasser **mitvermacht wurde,** die Position des Nachvermächtnisnehmers, wenn der Vorvermächtnisnehmer im Grundbuch eingetragen ist, nach dem Erbfall durch eine **Vormerkung** im Grundbuch gesichert werden.[531] Im Nachlassinsolvenzverfahren des Vorvermächtnisnehmers ist die Vermächtnisforderung des Nachvermächtnisnehmers eine vollberechtigte Insolvenzforderung, da § 327 Abs. 1 Ziffer 2 InsO ein vom Erblasser, hier dem Vorvermächtnisnehmer, angeordnetes Vermächtnis voraussetzt und nicht eines, mit dem der Erblasser selbst beschwert war.[532] Auch gehen der Vermächtnisforderung die Pflichtteilsforderungen auf Ableben des Vorvermächtnisnehmers nicht im Range vor, da es sich bei dem Nachvermächtnis nicht um ein vom Erblasser – dem Vorvermächtnisnehmer – angeordnetes Vermächtnis i. S. v. § 327 Abs. 1 Ziffer 2 InsO handelt, sondern um eine Erblasserschuld, die vor der Berechnung des Pflichtteils vom Wert des Nachlasses abzuziehen ist.[533]

3. Sicherungsmöglichkeiten der Nachvermächtnisanwartschaft

Erblassern, denen dieser Schutz der Nachvermächtnisnehmer nicht ausreicht, haben folgende Möglichkeiten, ihn stärker zu sichern: 155

- Bei Grundstücken durch die oben erwähnte **Vormerkung,** die jedoch nach der h. M. ausdrücklich mitvermacht werden muss.[534]
- Bei beweglichen Gegenständen und Forderungen durch Anordnung der sofortigen Erfüllung des aufgeschobenen Vermächtnisses durch **aufschiebend bedingtes oder befristetes Erfüllungsgeschäft.** Dann ist der Nachvermächtnisnehmer nach Maßgabe des § 161 geschützt und hat nur gemäß § 161 Abs. 3 einen gutgläubigen Erwerb durch einen Dritten zu fürchten, sofern dieser nicht wie bei Forderungen überhaupt ausgeschlossen ist.[535]
- Durch eine **Vermächtnistestamentsvollstreckung,** bei der nach § 2223 dem Testamentsvollstrecker die Verwaltung des vermachten Gegenstandes während der Schwebezeit und nach dem Anfall die Erfüllung des Vermächtnisses übertragen ist.[536]

---

[527] BGH NJW 2004, 284; BGH NJW 1993, 1978; BayObLG NJW-RR 1993, 1165; Palandt/Ellenberger, § 163 Rn 1.
[528] Bengel NJW 1960, 1826, 1828.
[529] BGH BWNotZ 1961, 265; MünchKomm/Schlichting, § 2191 Rn 6.
[530] MünchKomm/Schlichting, § 2179 Rn 8.
[531] BayObLG Rpfleger 1981, 190; bzgl. Verwendungsersatzansprüche des Vorvermächtnisnehmers gegen den Nachvermächtnisnehmer siehe Maur NJW 1990, 1161; Bengel NJW 1990, 1826, 1828 lässt Vormerkbarkeit auch ohne Erblasseranordnung zu.
[532] Watzek MittRhNotK 1999, 37, 41.
[533] Watzek MittRhNotK 1999, 37, 42.
[534] Watzek MittRhNotK 1999, 37, 47.
[535] Watzek MittRhNotK 1999, 37, 47.
[536] Dietrich NJW 1971, 2017; Kraiß BWNotZ 1986, 12; Watzek MittRhNotK 1999, 37, 47.

– Letztlich bietet sich die „gegenständliche“ Nacherbfolge (siehe oben § 9 Rn 45) als Ausweichlösung an.

4. Rückvermächtnis

156 Ein Rückvermächtnis kann ein Nachvermächtnis sein, bei dem der Vermächtnisgegenstand beim Eintritt der Bedingung oder Befristung **wieder dem ersten Vermächtnisbeschwerten** herauszugeben ist. Unter einem Rückvermächtnis kann man aber auch ein auflösend bedingtes oder befristetes Vermächtnis verstehen,[537] das gem. § 2176 mit dem Erbfall anfällt. Sind Verfügungen über den Vermächtnisgegenstand bedingungsfeindlich, wie die Grundstücksübertragung (§ 925), spielt der Unterschied praktisch keine Rolle. Verträgt der Übertragungsakt jedoch Bedingungen, wie bei beweglichen Sachen oder Forderungen, kann der Erblasser anordnen, dass bei der Vermächtniserfüllung die Übertragung unter auflösender Bedingung oder Befristung vorzunehmen ist, damit bei deren Eintritt der Vermächtnisgegenstand automatisch wieder an den Beschwerten zurückfällt. Das hätte den Vorteil, dass der Endbedachte in der Schwebezeit durch § 161 Abs. 2 geschützt wäre.

V. Nießbrauchsvermächtnis

157 Lediglich im wirtschaftlichen Ergebnis ist die Stellung des Nießbrauchers mit der des Vorerben vergleichbar, da die Nutzungsrechte und Lastentragungspflichten beider sich ähneln.[538] Dagegen ist die Stellung des Vorerben zum Nacherben, ganz abgesehen von der des befreiten Vorerben, mit der des Nießbrauchsvermächtnisnehmers zum Erben insbesondere hinsichtlich der Verwaltungs- und Verfügungsbefugnisse nicht vergleichbar. Der Vorerbe ist echter Universalrechtsnachfolger des Erblassers und wird Eigentümer oder Berechtigter aller Nachlassgegenstände, während dem Nießbrauchsvermächtnisnehmer nur ihre volle Nutzung zusteht. Der Nießbraucher ist nicht zu Verfügungen über die Nachlassgegenstände befugt, während dem Vorerben gem. § 2112 dies mit den sich aus den §§ 2113 bis 2115 ergebenden Einschränkungen zusteht. Der Vorerbe haftet nur für die wertmäßige Erhaltung des Nachlasses im ganzen und dies auch erst nach Eintritt der Nacherbfolge (§ 2134) und in den Grenzen des § 2131, während der Nießbraucher nach der gesetzlichen Regelung zur Sacherhaltung und zur Aufrechterhaltung des bisherigen wirtschaftlichen Bestimmung der nießbrauchbelasteten Sachen verpflichtet ist (§§ 1036 Abs. 2, 1037 Abs. 1, 1041). Der Nießbrauch ist grundsätzlich unvererblich und unübertragbar (§§ 1061, 1068, 1059), während die Vorerbschaft unbeschadet der Rechte des Nacherben grundsätzlich vererblich und veräußerlich ist (siehe oben § 1 Rn 163). Ein Erblasser wird daher dem Erstbedachten immer dann ein Nießbrauchsvermächtnis statt der Vorerbschaft zuwenden, wenn er ihm weitgehend die Verwaltungs- und Verfügungsbefugnis über die Nachlassgegenstände vorenthalten und den Zweitbedachten entsprechend stärker schützen will.

1. Der Nießbrauch

158 Der Nießbrauch ist das **unvererbliche** (§ 1061) und bei natürlichen Personen unübertragbare (§ 1059) dingliche Recht, einen Gegenstand in Besitz zu nehmen, zu verwalten und zu bewirtschaften und die Nutzungen daraus zu ziehen (§§ 1030 Abs. 1, 1036, 1059, 106).[539] Er verpflichtet den Eigentümer nur zu Duldung dieser Nutznießung, nicht

---

[537] MünchKomm/Schlichting § 2177 Rn 6; Staudinger/Otte § 2177 Rn 8.

[538] Petzoldt BB 1975, Beil. 6, S. 4; *Schlieper*, Vor- und Nacherbschaft oder Nießbrauchsvermächtnis – Zur zweckmäßigen Gestaltung der Verfügung von Todes wegen –, MittRhNotK 1995, 249.

[539] Zum Wohnungsrechtsvermächtnis siehe oben § 9 I.10.x).

zu irgendwelchen Leistungen.[540] Auf die Substanz des Nießbrauchsgegenstandes darf der Vermächtnisnießbraucher nur auf Grund einer zusätzlichen Vermächtnisanordnung zugreifen, etwa wonach ihm für den Fall der nicht ausreichenden Versorgung durch das bloße Nutzungsrecht aus der Substanz des Nachlasses zusätzliche Mittel zum Lebensunterhalt zu gewähren sind.[541] Die Ausübungsbefugnis des Nießbrauchs kann Dritten schuldrechtlich überlassen werden (§ 1059 Satz 2), was jedoch durch Vereinbarung mit dinglicher Wirkung durch Einigung und gegebenenfalls Grundbucheintragung ausgeschlossen werden kann. Der vertragliche Ausschluss der Nießbrauchsüberlassungsbefugnis führt jedoch gemäß § 857 Abs. 1 und 3 i.V.m. § 851 Abs. 2 ZPO nicht zur Unpfändbarkeit des Nießbrauchsrechts.[542] Der Nießbrauch berechtigt nur zur Nutznießung, nicht zur Verfügung über den nießbrauchsbelasteten Gegenstand. Eine solche Verfügungsbefugnis (Dispositionsnießbrauch) kann nicht als dinglicher Inhalt eines Nießbrauchs vereinbart werden. Möglich ist jedoch, dem Nießbraucher schuldrechtlich eine Ermächtigung zur Verfügung über den Nießbrauchsgegenstand im eigenen Namen (§ 185 Abs. 1) zu erteilen.[543] Erbrechtlich kann ein Dispositionsnießbrauch indirekt dadurch erreicht werden, dass der Nießbraucher vom Erblasser gleichzeitig zum Testamentsvollstrecker zumindest bezüglich des vermachten Nießbrauchsgegenstandes eingesetzt wird.[544]

Durch den Nießbrauch entsteht zwischen den Beteiligten, dem Eigentümer und dem nutzungsberechtigten Nießbraucher ein **gesetzliches Schuldverhältnis**, das das Verhältnis zwischen dem Nießbraucher einerseits und dem Eigentümer oder Rechtsinhaber bzw. Nießbrauchsbesteller andererseits regelt.[545] Aufgrund dieses Schuldverhältnisses ist der Nießbraucher insbesondere verpflichtet zur Erhaltung und gewöhnlichen Unterhaltung (Ausbesserung und Erneuerung) des Nießbrauchsgegenstandes in seinem wirtschaftlichen Bestand (§ 1041), zur ordnungsgemäßen Bewirtschaftung (§§ 1036 Abs. 2, 1041), zur Tragung der laufenden öffentlichen und privaten Lasten (§ 1047) und der Versicherungsbeiträge (§ 1045). Zur Vornahme außergewöhnlicher Ausbesserungen oder Erneuerungen ist der Nießbraucher nicht verpflichtet, wohl aber berechtigt (§§ 1043, 1044, 1049). Er kann die Vornahme solcher außergewöhnlicher Ausbesserungen oder Erneuerungen auch nicht vom Eigentümer verlangen.[546] Den Ersatz eigener Verwendungen, die über die „gewöhnliche Unterhaltung" hinausgehen, kann er vom Eigentümer nur verlangen, wenn die Voraussetzungen der Geschäftsführung ohne Auftrag vorliegen (§ 1049). Der Nießbraucher hat die bisherige wirtschaftliche Bestimmung der Sache aufrechtzuerhalten (§ 1036 Abs. 2) und ist nicht berechtigt, sie umzugestalten oder wesentlich zu verändern (§ 1037 Abs. 1).[547]

Das gesetzliche Schuldverhältnis ist mit dinglicher Wirkung durch anfängliche oder nachträgliche Vereinbarung, gegebenenfalls nebst Eintragung im Grundbuch **abänderbar**, soweit dadurch nicht gegen den Wesenskern des Nießbrauchs verstoßen wird, insbesondere nicht die begriffswesentlichen Grenzen zwischen Eigentum und Nießbrauch verwischt werden und der Grundsatz der Erhaltung der Substanz der nießbrauchsbelasteten Sache verletzt wird.[548] Danach können die innerhalb des gesetzlichen Schuldverhältnisses den Nießbraucher gegenüber dem Eigentümer treffenden Verpflichtungen sowohl zu Gunsten als auch zu Lasten des Nießbrauchers **mit dinglicher Wirkung** abgeän- **159**

[540] BayObLG 1972, 364 = DNotZ 1973, 299.
[541] Rohlff DNotZ 1971, 518, 522.
[542] BGHZ 95, 99.
[543] OLG Celle DNotZ 1974, 731 m. Anm. Winkler; BGH NJW 1982, 31 = MDR 1982, 129.
[544] Eingehend dazu Barz DNotZ 1965, 60ff.; Rohlff DNotZ 1971, 518; Formular in MünchVertrHdb/Nieder/Otto, Bd. 6/2, XVI. 23.
[545] MünchKomm/Petzold Vor § 1030 Rn 13.
[546] BGHZ 52, 234, 237; BGHZ 113, 179.
[547] BGH NJW 1983, 932.
[548] BayObLG 1972, 364, 367; Schippers MittRhNotK 1996, 197.

dert werden,[549] nicht jedoch dem Eigentümer Leistungsverpflichtungen (z. B. Unterhaltungspflichten) gegenüber dem Nießbraucher auferlegt werden, da der Nießbrauch seinem Wesen nach eine Dienstbarkeit ist, in deren Rahmen den Eigentümer nur Duldungs- aber keine Leistungspflichten treffen können.[550] Schuldrechtlich kann der Eigentümer natürlich solche Leistungspflichten übernehmen, die dann bei Grundstücken durch eine zusätzliche Reallast für den Nießbraucher sicherbar sind. **Zulässig** ist somit z. B. die **Abdingung** der §§ 1036 Abs. 2 Halbs. 1, 1038, 1041 Satz 2, 1045–1049, 1051, 1059 Satz 2,[551] 1067, 1077–1079 und 1081–1084,[552] **nicht zulässig** die der §§ 1036, 1037 Abs. 1 und 1039 Abs. 1 Satz 2. Der Nießbrauch als dingliches Recht ist zu unterscheiden von rein schuldrechtlichen Nutzungsrechten, die auch als sog. Nutzungsvermächtnisse[553] vermacht werden können, und von dem auf die Einräumung des Nießbrauchs durch den Eigentümer oder Berechtigten gerichteten schuldrechtlichen Verpflichtungsgeschäft.

Das Nießbrauchsvermächtnis selbst stellt nur eine **schuldrechtliche Verpflichtung** des Erben (oder – als Untervermächtnis – des gemäß § 2147 Satz 1 Alt. 2 belasteten Hauptvermächtnisnehmers) gemäß § 2174 her, das dingliche Nießbrauchsrecht durch Einigung und Übergabe, Abtretung oder Grundbucheintragung zu begründen (§§ 2174, 1032, 1069, 873, 929–939).

160 Ein Nießbrauch kann bestellt werden an beweglichen und unbeweglichen Sachen aller Art (§§ 1030 bis 1067), an Rechten (§§ 1068 bis 1084), aber auch an einer Sachgesamtheit (§§ 1085 bis 1088), wie z. B. einer Erbschaft (§ 1089). Letzteres bedeutet jedoch nicht, dass insoweit der Spezialitätsgrundsatz des Sachenrechts aufgegeben wäre, da § 1085 ausdrücklich bestimmt, dass bei Sachgesamtheiten der Nießbrauch an jedem Vermögensstück gesondert bestellt werden muss. Allgemein wird zumindest bei Vorliegen eines schutzwürdigen Interesses auch die Bestellung eines Eigentümernießbrauchs für zulässig gehalten.[554] Ein so bestellter Eigentümernießbrauch kann gesondert vermacht werden.

161 Schuldrechtliches Grundgeschäft für die Bestellung eines Nießbrauchs kann sein z. B. Übergabevertrag, Schenkung, Sicherungsvertrag, aber auch eine Verfügung von Todes wegen in Form eines Vermächtnisses. Dingliches Erfüllungsgeschäft zur Bestellung des Nießbrauchs ist für Grundstücke die Einigung und Grundbucheintragung nach § 873 Abs. 1, bei Fahrnissen die Einigung und Übergabe nach § 1032, bei Rechten die Einigung über die Bestellung nach §§ 1069, 398, 413.

Der Nießbrauch entsteht erst mit Bestellung, bei Grundstücken erst mit Eintragung im Grundbuch. Die Beteiligten sind darauf hinzuweisen, dass es sich nicht um eine bloße Sicherung eines Nutzungsrechts handelt, sondern um die originäre Rechtsentstehung. Für den Zeitraum ab dem Erbfall bis zum Entstehen des Nießbrauchs kann ein ergänzendes schuldrechtliches Nutzungsrecht vermacht werden; nur dadurch ist sichergestellt, dass z. B. Mieterträge ab dem Erbfall bis zur Eintragung des Nießbrauchs im Grundbuch bereits dem Bedachten zustehen. Eine Sicherung des Vermächtnisnehmers kann erfolgen, in dem eine flankierende Testamentsvollstreckung angeordnet wird mit dem einzigen Aufgabenkreis, die Erfüllung des Vermächtnisses zu bewirken; zum Testamentsvollstrecker kann hierzu insbesondere der Bedachte selbst benannt werden; der Bedachte bedarf dann nicht der Mitwirkung des Beschwerten zur Bestellung des Rechts.[555]

---

[549] BayObLG 1979, 273, 277 = Rpfleger 1979, 382.

[550] BayObLG 1972, 364, 367; BayObLG 1985, 6.

[551] BayObLG 1977, 205 = Rpfleger 1977, 407.

[552] Hartmann/Aschfalk a. a. O., S. 67.

[553] Vgl. BGH LM § 2203 Nr. 1.

[554] LG Hamburg DNotZ 1969, 39; LG Verden NdsRpfl 1970, 208; Harder DNotZ 1970, 267, der sogar auf das Erfordernis eines schutzwürdigen Interesses verzichtet.

[555] Eine Sicherung des Vermächtnisnehmers kann im Einzelfall darin bestehen, dass z. B. beim Grundstücksnießbrauch die dingliche Einigung nach § 873 Abs. 1 und die grundbuchverfahrensrechtliche Bewilligung nach § 19 GBO bereits vom Erblasser in die notariell beurkundete Verfügung

Formulierungsvorschlag Immobiliennießbrauchsvermächtnis:

Der Erbe wird mit folgendem Vermächtnis beschwert:[556]
Meine Ehefrau AB erhält vermächtnisweise das lebenslange unentgeltliche Nießbrauchsrecht an meinem Hausgrundstück in X-Stadt Flst. Nr. Y mit folgendem Inhalt:
Der Nießbraucher hat, soweit gesetzlich zulässig, zu tragen für die Dauer des Nießbrauchs alle mit dem Nießbrauchsgegenstand verbundenen privaten und öffentlichen Lasten, auch die außerordentlichen Lasten und Erschließungskosten, sowie die außergewöhnlichen und zur Substanzerhaltung erforderlichen Ausbesserungen und Erneuerungen, je auch soweit dies kraft Gesetzes der Eigentümer zu tragen hätte.
Der Nießbrauch ist auf Kosten des Berechtigten im Grundbuch an nächstoffener Rangstelle[557] im Grundbuch einzutragen.
Ergänzend wird dem Bedachten vermacht ein inhaltsgleiches schuldrechtliches Nutzungsrecht ab dem Erbfall bis zur Entstehung des Nießbrauchs.[558]
Soweit sich vorgenanntes Hausgrundstücks sich beim Erbfall nicht mehr im Nachlass befinden sollte, entfallen vorstehende Vermächtnisse ersatzlos.[559] Die Vermächtnisse entfallen ferner, falls die Bedachte vor mir oder mit mir verstirbt.[560]
Soweit die Bedachte Miterbin sein sollte, werden vorstehende Vermächtnisse als Vorausvermächtnis und ohne Anrechnung auf den Erbteil angeordnet.[561]
Ggf. ergänzende Testamentsvollstreckung:
Ich ordne Testamentsvollstreckung nach meinem Tode gemäß nachfolgender Bestimmungen an: Der Testamentsvollstrecker hat folgende Aufgabe: Abwicklungsvollstreckung dergestalt, das vorstehend angeordnete Vermächtnis (Immobiliennießbrauchsvermächtnis für meine Ehefrau AB) zu erfüllen. Eine weitergehende Aufgabenerteilung, auch eine Verwaltungsvollstreckung oder Abwicklung weiterer Verfügungen, wünsche ich nicht. Zum Testamentsvollstrecker wird bestimmt die Bedachte, meine Ehefrau AB.[562] Der Testamentsvollstrecker erhält weder den Ersatz seiner Auslagen noch für seine Tätigkeit eine Vergütung.

2. Bruchteils- und Quotennießbrauch

Der Nießbrauch kann auch nur an einem ideellen Bruchteil eines Gegenstandes und auch nur auf eine Quote seiner Nutzungen oder unter Ausschluss einzelner Nutzungen bestellt werden. Folgende Gestaltungsmöglichkeiten sind dabei zu unterscheiden: 162

a) Bruchteilsnießbrauch

§ 1066 enthält eine ausdrückliche Vorschrift für den Fall, dass ein Miteigentümer an seiner Miteigentumsquote einen Nießbrauch bestellt. Es ist aber anerkannt, dass auch ein Alleineigentümer Nießbrauch an bloßen **Bruchteilen** eines Gegenstandes begründen kann, und zwar entweder, dass er ihn mehreren jeweils an ideellen Bruchteilen des ganzen Gegenstandes bestellt und diese Bruchteile zusammen den ganzen Gegenstand bilden 163

von Todes wegen aufgenommen wird und der Nießbrauchsvermächtnisnehmer nach dem Tod des Erblassers dann den Eintragungsantrag gem. § 13 GBO stellt. Die Erben sind daran gemäß §§ 130 Abs. 2, 873 Abs. 2 gebunden. Hierzu BWNotZ 1997, 62; BGHZ 48, 351 = DNotZ 1968, 414; BayObLG 1986, 493.

[556] Soll das Nießbrauchsvermächtnis als Untervermächtnis gestaltet werden, ist statt dem Erben der Hauptvermächtnisnehmer zu beschweren, der das Eigentum an dem Grundbesitz vermächtnisweise erhält.

[557] Oder aber Rangbestimmung, z. B. „im Rang vor Eintragungen in Abt. III des Grundbuchs".

[558] So stehen z. B. Mieterträge ab dem Erbfall bis zum Grundbuchvollzug des Nießbrauchs bereits dem Bedachten zu.

[559] Klarstellung zu § 2169.

[560] Klarstellung zu § 2160. Alternativ: Bestimmung eines Ersatzvermächtnisnehmers.

[561] Klarstellung, dass Vorausvermächtnis (2150) und nicht Teilungsanordnung (§ 2048).

[562] Eine Befreiung von den Beschränkungen des § 181 ist nicht erforderlich, da es sich um die Erfüllung einer Verbindlichkeit handelt.

oder dass er von vornherein nur einem Berechtigten den Nießbrauch nur an einem ideellen Bruchteil der Sache einräumt, während der restliche Bruchteil des ganzen Gegenstandes lastenfrei bleibt (sog. Bruchteilsnießbrauch). Beides ist zulässig, obwohl sich der Gegenstand weiterhin in Alleineigentum befindet, ideelle Miteigentumsbruchteile somit gar nicht vorhanden sind. Die Zulässigkeit dieser Art der Bestellung wird allgemein damit begründet, dass beim Nießbrauch ein den §§ 1095, 1106, 1114, 1192 und 1199 entsprechendes Verbot fehlt und der Nießbrauch an einem ideellen Bruchteil der Sache daher nicht nur bestellt werden kann, wenn er Anteil eines Miteigentümers ist.[563]

b) Nießbrauch für mehrere Berechtigte

164 Zulässig ist auch die Belastung des ganzen Gegenstandes mit einem Nießbrauchsrecht, das mehreren in **Bruchteilsgemeinschaft** gem. §§ 741 ff. oder als **Gesamtberechtigte** gem. § 428 zusteht.[564]

c) Quotennießbrauch

165 Denkbar ist aber auch, dass das ganze Grundstück mit einem Nießbrauch belastet wird, der nur auf eine Quote der Gesamtnutzungen geht. Nachdem das Kammergericht[565] zunächst die Zulässigkeit eines solchen Nießbrauchs im Hinblick auf den Wortlaut des § 1030 abgelehnt hatte, erkannte es ihn später[566] für den Fall an, dass einer von mehreren Berechtigten einer Bruchteilsgemeinschaft an einem Nießbrauch verstirbt und sein Bruchteil am Nießbrauch daher erlischt (§ 1061). In Fortführung dieser Entscheidung hat das Kammergericht schließlich[567] allgemein anerkannt, dass ein Nießbrauch von vornherein am ganzen Gegenstand für einen Berechtigten beschränkt auf einen Bruchteil (Quote) der Gesamtnutzungen bestellt werden kann (sog. **Quotennießbrauch**). Die h. M. ist dem gefolgt.[568] Der Unterschied zwischen Bruchteils- und Quotennießbrauch ist, dass beim ersten nur ein ideeller Bruchteil des ganzen Gegenstandes mit dem Nießbrauch belastet ist, beim zweiten dagegen der ganze Gegenstand, der Nießbrauch aber nur auf die Nutzungen zu einer Quote geht.[569]

d) Nutzungsausschluss

166 Ferner besteht die Möglichkeit der Beschränkung des Nießbrauchs durch **Ausschluss einzelner Nutzungen** nach § 1030 Abs. 2. Es ist aber kein auf eine einzelne Nutzungsart beschränkter Nießbrauch möglich[570] und auch nicht der Ausschluss der Nießbrauchsnutzung an einer oder mehrerer Wohnungen eines Mietwohngrundstücks.[571] Hier hilft nur die Bestellung einer beschränkten persönlichen Dienstbarkeit an der Wohnung, deren Nutzung übertragen oder vorbehalten werden soll.

3. Nießbrauch am Nachlass und an Erbteilen

a) Nießbrauch am gesamten Nachlass

167 Der Nießbrauch am Nachlass ist die in der Praxis am häufigsten auftretende Form des Vermögensnießbrauchs.[572] Auf ihn finden nach § 1089 die Vorschriften der §§ 1085 bis

---

[563] LG Hamburg DNotZ 1969, 39.

[564] KGJ 49, 191; KG Recht 1929, 480; KG OLGRspr. 40, 52; RG HRR 1937 Nr. 1443; BayObLG DNotZ 1956, 209; Faber BWNotZ 1978, 151, 153.

[565] KG OLGRspr. 26, 85.

[566] KGJ 49, 191.

[567] KG JFG 13, 447 = JW 1936, 2747.

[568] BayObLGZ 1973, 168, 172 = DNotZ 1974, 241; BayObLGZ 30, 342; BGH NJW-RR 2003, 1290; Palandt/Bassenge § 1030 Rn 5; Beyerle JZ 1955, 257, 259.

[569] Muster eines Quotennießbrauchvermächtnisses in MünchVertrHdb/Nieder/Otto, Bd. 6/2, XVI. 22.

[570] BayObLG Rpfleger 1981, 439.

[571] BayObLG Rpfleger 1980, 17 = MittBayNot 1979, 230.

[572] MünchKomm/Petzoldt § 1089 Rn 1.

1088 über den Nießbrauch an einem Vermögen entsprechende Anwendung. Der Nießbrauch an einem Nachlass hat wie der an einem Vermögen als dingliches Recht keinen besonderen Inhalt. Er ist Nießbrauch an den einzelnen Nachlassgegenständen. Er wird wie der Nießbrauch am Vermögen gem. § 1085 **an den einzelnen Gegenständen** nach den für sie geltenden Vorschriften **bestellt**. Scheiden einzelne Nachlassgegenstände nachträglich aus dem Nachlass aus, besteht der Nießbrauch an ihnen fort, bis der Nießbraucher ihn nach den jeweils dafür geltenden Vorschriften aufgibt. Kommen nachträglich Nachlassersatzgegenstände hinzu, entsteht an ihnen der Nießbrauch nicht von selbst, sondern muss jeweils an ihnen, soweit ein Anspruch darauf besteht, ausdrücklich bestellt werden. Eine dingliche Surrogation der Art, dass der Nießbrauch sich beim Ausscheiden einzelner Gegenstände aus dem Nachlass ohne weiteres auf die Ersatzgegenstände erstrecken würde, ist weder für den Vermögens- noch für den Nachlassnießbrauch vorgesehen.[573] Der Erblasser kann natürlich durch ein weiteres Vermächtnis dem Nießbraucher einen Anspruch auf Nießbrauchsbestellung an solchen später in den Nachlass gelangenden Ersatzstücken bestellen, jedoch besteht dann, falls die Verfügung nicht klar und eindeutig ist, die Gefahr, dass mittels Auslegung Vorerbschaft statt vermachtem Nießbrauch angenommen wird. Der Nießbrauch kann auch an einem Bruchteil des einem Alleinerben zustehenden Nachlasses vermacht werden.[574] Die Bestellung eines solchen Nießbrauchs hat ebenso wie beim Nießbrauch an der ganzen Erbschaft an den einzelnen Nachlassgegenständen zu erfolgen.[575]

b) Nießbrauch am Erbteil

Die Rechtslage ist beim Nießbrauch an einem Erbteil, der ein Rechtsnießbrauch nach § 1068 ist, gerade umgekehrt. Im Falle der Veräußerung eines Nachlassgegenstandes ist hier zwar gem. § 1071 die Zustimmung des Nießbrauchers notwendig, dann scheidet aber der Gegenstand ohne weiteres unbelastet aus der Nachlassmasse aus und an seine Stelle tritt die Gegenleistung, ohne dass an ihr der Nießbrauch neu begründet werden müsste.[576] Der Nießbrauch an einem Erbteil oder an allen Erbteilen ist etwas anderes als der Nießbrauch am Nachlass oder an einem Bruchteil des Nachlasses. Ist letzterer Vermögensnießbrauch (§ 1089) und besteht an den einzelnen Nachlassgegenständen und ist, wenn er vermächtnisweise zugewandt wird, durch Vermächtniserfüllungsvertrag an den einzelnen Gegenständen nach den für sie geltenden Vorschriften zu bestellen, ist der Nießbrauch am Erbteil Nießbrauch an einem Recht und fällt unter §§ 1068 ff. Gem. § 1069 erfolgt die Bestellung des Nießbrauchs an einem Recht nach den für die Übertragung geltenden Vorschriften, d. h. beim Erbteil durch notariell beurkundeten Erbteilsübertragungsvertrag gem. § 2033 Abs. 1. Aus welchen Gegenständen der Nachlass besteht, vielleicht nur aus einem einzigen Gegenstand, spielt dafür keine Rolle. 168

Da der Nießbrauch am gesamten Nachlass und der an allen Erbteilen praktisch wirtschaftlich zum selben Ergebnis führen, wird oft zwischen beiden Möglichkeiten nicht klar unterschieden und werden sie als austauschbar erachtet. Dabei wird jeweils der Nießbrauch an allen Erbteilen bevorzugt, da er zwar immer notarielle Beurkundung erfordert (§§ 2033 Abs. 1, 1068) aber in einem Akt erfolgt, während der Nießbrauch am gesamten Nachlass als Summe von Nießbrauchsrechten an den einzelnen Nachlassgegenständen recht schwerfällig bestellt werden muss. Da zwischen beiden Möglichkeiten neben der unterschiedlichen Bestellung verschiedene wichtige Unterschiede in Wirkung und bei der Nachlassauseinandersetzung bestehen,[577] sollte in der letztwilligen Verfügung klar bestimmt werden, **welche Nießbrauchsart** zugewandt werden soll. Derjenige, 169

[573] OLG Bremen Betr. 1970, 1436.
[574] Petzoldt BB 1975 Beil. 6, S. 3.
[575] Petzoldt a. a. O.
[576] Bünger BWNotZ 1963, 100, 101 m. w. N.
[577] Bünger BWNotZ 1963, 100.

dem der Nießbrauch am gesamten Nachlass vermacht ist, braucht sich nicht darauf einzulassen, dass ihm die Erben den Nießbrauch an sämtlichen Erbanteilen bestellen.[578] Legt der Erblasser, der den Nießbraucher nicht zugleich mit dem Testamentsvollstrecker einsetzt, Wert darauf, dass dieser ein Mitspracherecht bei Verfügungen der Erben über Nachlassgegenstände, insbesondere bei der Erbauseinandersetzung erhält, muss er ihm statt des Nießbrauchs am gesamten Nachlass den „an allen Erbteilen" vermachen.[579] Während nämlich beim **Nießbrauch am gesamten Nachlass** die Erben die Auseinandersetzung ohne den Nießbraucher vornehmen können, dessen Recht auch nach der Teilung unverändert als Belastung der einzelnen Gegenstände bestehen bleibt, können sie sich beim **Nießbrauch an allen Erbteilen** gem. §§ 1068 Abs. 2, 1066 Abs. 2 u. 3, 1071 nur mit Zustimmung des Nießbrauchers auseinandersetzen, da mit der Aufhebung der Erbengemeinschaft der Nießbrauch an den Erbteilen untergehen würde.[580] Diese Möglichkeit ist natürlich bei Einsetzung eines Alleinerben nicht möglich, hier kann nur ein Nießbrauch am ganzen Nachlass oder an einem Bruchteil desselben vermacht werden. Die Ähnlichkeit zwischen Vorerbschaft und Nachlassnießbrauch kann mangels Klarheit der betreffenden Verfügung von Todes wegen Auslegungsschwierigkeiten auslösen. Eine Vermutung für die eine oder andere Regelung besteht nicht.[581]

4. Nießbrauchsvermächtnis mit Testamentsvollstreckung[582]

170 Die dem Nießbrauchsvermächtnisnehmer am Nachlass oder einem Nachlassgegenstand fehlende Verfügungsbefugnis über den oder die Nießbrauchsgegenstände kann ihm dadurch gegeben werden, dass der Erblasser ihn zusätzlich zum verwaltenden Testamentsvollstrecker gem. § 2209 ernennt (**Dispositionsnießbrauch**). Dies ist nach allg. M. zulässig.[583] Die Verbindung von Nießbrauch und Testamentsvollstreckung ist geradezu typisch für die Fälle des Versorgungsnießbrauchs zugunsten des überlebenden Ehegatten.[584] Hinsichtlich des gesamten Nachlasses und ergänzt durch einen Teilungsausschuss gem. § 2044 findet diese Gestaltung zugunsten des überlebenden Ehegatten insbesondere im Landesteil Württemberg des Bundeslandes Baden-Württemberg Anwendung (sog. Württemberger Testament").[585] Die Verknüpfung von Nießbrauch und Testamentsvollstreckung gewähren dem Bedachten eine umfassende Verwaltungs- und Verfügungsbefugnis (§ 2205) über den oder die Vermächtnisgegenstände in den Grenzen einer ordnungsgemäßen Verwaltung (§§ 2216, 2220). Im Falle der Verfügung durch den Testamentsvollstrecker-Nießbraucher tritt dingliche Surrogation nach § 2041 ein, sodass der Erlös in den Nachlass fällt und der Nießbrauch sich daran fortsetzt und zwar auch, wenn sich Nießbrauch und die Testamentsvollstreckung auf den ganzen Nachlass erstrecken.[586] Auf die Substanz kann auch vom Nießbrauch-Testamentsvollstrecker nur mit Hilfe eines zusätzlichen Vermächtnisses zugegriffen werden.[587] Im wirtschaftlichen Ergebnis sind sich die Vorerbschaft und die Testamentsvollstrecker-Nießbrauch-Lösung

[578] Petzoldt BB 1975, Beil. 6, S. 3; Kipp-Coing, ErbR, § 113 II 2 Fn. 3.
[579] Bünger BWNotZ 1963, 100, 103.
[580] Bünger BWNotZ 1963, 100, 102.
[581] Lange/Kuchinke, 4. Aufl., § 28 II 1 b.
[582] Barz DNotTag 1965, 60 ff.; Rohlff DNotZ 1971, 518; Petzoldt BB 1975 Beil. 6; Formular hierzu in MünchVertrHdb/Nieder/Otto, Bd. 6/2, XVI. 23.
[583] Barz DNotTag 1965, 60; Rohlff DNotZ 1971, 518, 519; Petzoldt BB 1975, Beil. 6, S. 4; BayObLG Rpfleger 1981, 64, 65.
[584] Rohlff DNotZ 1971, 518, 519; BayObLG Rpfleger 1981, 64, 65.
[585] Kreher WürttNotV 1927, 250, 252; Haußmann BWNotZ 1958, 156, 159; Kehrer BWNotZ 1958, 151, 156; Keller BWNotZ 1970, 49, 53; Formular hierzu in MünchVertrHdb/Nieder/Otto, Bd. 6/2, XVI. 23.
[586] Staudinger/Reimann § 2197 Rn 59; RGZ 138, 133; Lange/Kuchinke, 4. Aufl., § 41 VI 3.
[587] Rohlff DNotZ 1971, 518, 522.

sehr ähnlich. Die Rechtsstellung der Erstbedachten gegenüber den Zweitbedachten ist jedoch unterschiedlich. Der Vorerbe ist Eigentümer des gesamten Nachlasses, wenn auch auf Zeit. Der Testamentsvollstrecker-Nießbraucher am gesamten Nachlass hat eine bei den einzelnen Nachlassgegenständen unterschiedliche Rechtsstellung und ist als Testamentsvollstrecker nur Verwalter fremden Vermögens. Die Nießbrauch-Testamentsvollstrecker-Lösung hat aus der Sicht des Erben gegenüber der Vorerbschaft den Vorteil, dass zwar bei beiden die gleiche Verfügungsbefugnis des Bedachten besteht, der Erbe aber gegenüber dem Testamentsvollstrecker gem. §§ 2218, 666 weitergehende Ansprüche auf Auskunftserteilung und Rechnungslegung hat als nach § 2121 der Nacherbe gegenüber dem Vorerben. Während den befreiten Vorerben lediglich eine Haft- und Ersatzpflicht nach Eintritt des Nacherbfalls trifft (§§ 2130, 2131, 2134) und die Befugnisse des befreiten Vorerben lediglich in dem Verbot von Schenkungen und der absichtlichen Schädigung des Nacherben eine Grenze finden (§ 2138 Abs. 2), trifft den Nießbraucher-Testamentsvollstrecker die unabdingbare Verpflichtung zur ordnungsgemäßen Ausübung seines Testamentsvollstreckeramtes (§ 2216). Ferner ist der Nießbraucher nach §§ 1036 Abs. 2, 1037, 1041 grundsätzlich verpflichtet, die bisherige wirtschaftliche Zweckbestimmung des belasteten Vermögensgegenstandes zu belassen, während der Vorerbe als Eigentümer auf Zeit dazu nicht verpflichtet ist. Der Nießbrauchsvermächtnisnehmer haftet grundsätzlich auch nicht für die Nachlassverbindlichkeiten, sondern hat nur die Zwangsvollstreckung der vorrangigen Nachlassverbindlichkeiten in den mit seinem Nießbrauch belasteten Nachlass zu dulden. Letztlich ist die Nießbrauchslösung auch nicht so kompliziert wie die Vor- und Nacherbfolge. Der Erblasser wird der Nießbrauch-Testamentsvollstrecker-Lösung immer dann den Vorrang vor der Vorerbschaft geben, wenn er eine strengere Bindung des Erstbedachten im Innenverhältnis gegenüber dem Zweitbedachten bei gleichzeitiger freier Verfügungsbefugnis im Außenverhältnis anstrebt. Aufgrund der Möglichkeit des Abzugs der Nießbrauchslast für das dem Bedachten, auch dem überlebenden Ehegatten, vermachten Nießbrauchsvermächtnis kann eine solche Gestaltung wegen der Besteuerung des Nießbrauchers höchstens aus dem auf $1/_{18,6}$ des Steuerwerts des nießbrauchsbelasteten Gegenstandes begrenzten kapitalisierten Nutzungswertes (§§ 13–16 BewG) erbschaftsteuerlich günstig sein. Ein Nießbrauchsvermächtnis ist wegen der Vermeidung der erbschaftsteuerlichen Doppelbelastung im Regelfall günstiger als die Nacherbfolge. Bei einer Anordnung der Nießbrauch-Testamentsvollstrecker-Lösung ist in einer Verfügung von Todes wegen Klarheit des Ausdrucks geboten, um zu vermeiden, dass eine spätere Auslegung Vor- und Nacherbfolge zum Ergebnis hat.[588]

5. Steuern beim Nießbrauchsvermächtnis im privaten Vermögensbereich

a) Erbschaftsteuer

Die Zuwendung eines Nießbrauchs von Todes wegen unterliegt der Erbschaftsteuer 171
(§ 3 Abs. 1 Ziff. 1 ErbStG). Der Steuerpflichtige hat dabei das Wahlrecht, entweder einmalig nach dem Kapitalwert des Nießbrauchs oder jährlich wiederkehrend nach dem Jahreswert des Nießbrauchs die Erbschaftsteuer zu entrichten (§ 23 Abs. 1 ErbStG). Wird die Versteuerung nach dem Jahreswert gewählt, besteht nach § 23 Abs. 2 ErbStG die Möglichkeit, die Jahressteuer zum nächsten Fälligkeitstermin mit ihrem Kapitalwert abzulösen. Die Bewertung des Nießbrauchs für die Erbschaftsteuer richtet sich nach §§ 13 ff. BewG jeweils nach der Art des belasteten Gegenstandes. Übersteigt dabei der errechnete Jahreswert des Nießbrauchs $1/_{18,6}$ des Steuerwerts des nießbrauchsbelasteten Gegenstandes, so ist der Jahreswert auf diesen Betrag begrenzt. Dieser Jahreswert multipliziert mit den aus den §§ 13, 14 BewG zu entnehmenden Vervielfältigern ergibt den

[588] Knur DNotTag 1965, 76; Petzoldt BB 1975, Beil. 6, S. 4; BayObLG Rpfleger 1981, 64.

Kapitalwert des Nießbrauchs. Der Steuersatz ergibt sich aus § 19 ErbStG, wobei die Freibeträge gem. § 16 ErbStG zu berücksichtigen sind.

Wird der Nießbrauch am gesamten Nachlass oder an einem Erbteil bestellt, so lässt sich der Jahreswert nicht einheitlich berechnen, sofern der Nachlass nicht nur aus einem einzigen Vermögensgegenstand besteht. So wie der Nießbrauch am gesamten Nachlass zivilrechtlich Nießbrauch an den einzelnen Nachlassgegenständen ist, ist auch für die erbschaftsteuerliche Bewertung die Summe der Werte der einzelnen Nießbrauchsrechte an den Nachlassgegenständen maßgebend. Das schließt jedoch nicht aus, dass eine Verrechnung zwischen positiven und negativen Einkünften aus den einzelnen Nießbrauchsrechten vorgenommen wird. Der mit dem Nießbrauchsvermächtnis belastete Erbe kann den Wert des Nießbrauchs von dem steuerlichen Wert des Nießbrauchsobjekts in Abzug bringen.[589] Er mindert damit seine darauf entfallende Erbschaftsteuer und vermeidet die bei Vor- und Nacherbfolge eintretende erbschaftsteuerliche Doppelbelastung.

b) Einkommensteuer

172 Für die einkommensteuerliche Beurteilung des Nießbrauchs sind Nießbrauchserlasse der Finanzverwaltung ergangen. Die Einkünfte werden steuerlich dem Nießbraucher zugerechnet, unabhängig davon, ob es sich um einen Vorbehalts- oder einen Zuwendungsnießbrauch handelt. Nur der Nießbraucher erzielt daher Einkünfte aus Vermietung und Verpachtung. Aufwendungen kann daher nur der Nießbraucher als Werbungskosten bei der Einkommensteuer geltend machen, da auch nur er Einkünfte erzielt. Die Gebäude-AfA steht nur dem Vorbehaltsnießbraucher zu, da er die entsprechenden Aufwendungen getätigt hat und die Einkünfte erzielt, während sie beim Zuwendungsnießbrauch sowohl dem Nießbraucher, der keine Aufwendungen hat, als auch dem Eigentümer, der keine Einkünfte hat, verloren geht.[590]

6. Checkliste für Nießbrauchsvermächtnisse

173 – Sollen dem Nießbrauchsvermächtnisnehmer neben den ihm nach der gesetzlichen Lastenverteilungsregelung obliegenden Lasten (§§ 1041, 1045, 1047) noch solche, die danach der Eigentümer zu tragen hat, wie z.B. die außerordentlichen öffentlichen Lasten (§ 1047), private Lasten, die nach der Nießbrauchsbestellung begründet werden (§ 1047), und die Kosten der außergewöhnlichen Ausbesserungen und Erneuerungen (§ 1043) auferlegt werden?
– Sollen dem Nießbraucher gesetzlich obliegende Verpflichtungen (§§ 1041, 1045, 1047) abbedungen werden, sodass diese Kosten und Lasten der Eigentümer zu tragen hat (**Bruttonießbrauch**)?
– Soll der Erbe durch besondere Vermächtnisse zugunsten des Nießbrauchsvermächtnisnehmers zu Leistungen hinsichtlich des Vermächtnisgegenstandes verpflichtet werden?
– Soll das Nießbrauchsrecht nach dem Erbfall im Grundbuch eingetragen werden?

7. Nießbrauch an einem einzelkaufmännischen Unternehmen[591]

174 Der Nießbrauch an einem Unternehmen kann vermächtnisweise in dreierlei Art und Weise angeordnet werden:
– Zuwendung eines Nutzungsvermächtnisses, auf Grund dessen der Vermächtnisnehmer lediglich einen schuldrechtlichen Anspruch gegen den Erben auf den ganzen oder teilweisen **Reinertrag des Unternehmens** hat.[592]
– Zuwendung des zwar dinglichen Nießbrauchs an den einzelnen Gegenständen des Unternehmens, jedoch nur auf den Ertrag gerichtet (**Ertragsnießbrauch**) und wobei

[589] Das Abzugsverbot des § 25 ErbStG wurde zum 31. 12. 2008 aufgehoben.
[590] Schubert, MittBayNot 2000, 203 m. w. Nachw.
[591] Formular hierzu in MünchVertrHdb/Nieder/Otto, Bd. 6/2, XVI.23.
[592] Barz DNotTag 1965, 64; Hassel MittRhNotK 1968, 161, 163; BGH WPM 1969, 337.

der Nießbraucher keinen unmittelbaren Besitz hat, von der Wirtschaftsführung ausgeschlossen ist, kein Unternehmer wird und nach außen nicht haftet (**unechter Unternehmensnießbrauch**). Dieser Ertragsnießbrauch ist daher nicht mehr als ein schuldrechtlicher Anspruch auf Auszahlung des Gewinns.[593] Diese Form kann mangels Unternehmerstellung des Nießbrauchers praktisch nur zu einer Quote des Ertrags (**Quotennießbrauch**) bestellt werden.[594] Dabei spricht, da das Recht zur Unternehmensleitung begrifflich nicht nach ideellen Bruchteilen aufteilbar ist, die Bestellung von Quotennießbrauch für diese Nießbrauchsform.[595]

- Zuwendung des vollen dinglichen Nießbrauchs am Unternehmen (Unternehmensnießbrauch mit Unternehmerstellung oder **echter Unternehmensnießbrauch**) mit unmittelbarem Besitz des Nießbrauchers an den Gegenständen des Unternehmens, der Verfügungsmacht über das Umlaufvermögen (das ins Eigentum des Nießbrauchers übergeht) im Rahmen der selbständigen Wirtschaftsführung, dem Recht auf Eigenerwerb des Ertrags[596] bei voller Haftung nach außen.[597]

Dieser echte Nießbrauch an einem Handelsgeschäft ist im Gesetz nicht ausdrücklich **175**
geregelt. Er wird nur in § 22 Abs. 2 HGB vorausgesetzt. Auf seine Bestellung findet § 1085 Satz 2 und auf seinen Inhalt finden die §§ 1085–1089 nur Anwendung, wenn das Unternehmen das gesamte Vermögen des Bestellers darstellt. Sonst sind auf ihn die §§ 1030–1084 über den Nießbrauch an Sachen und Rechten anzuwenden. Wie beim Vermögensnießbrauch ist auch hier eine Bestellung des Nießbrauchs durch einheitlichen Rechtsakt nicht möglich.[598] Er muss nach dem Spezialitätsprinzip des Sachenrechts **an sämtlichen Gegenständen des Unternehmens** entsprechend den jeweiligen gesetzlichen Bestimmungen **bestellt** werden, d.h. an Grundstücken durch Einigung und Grundbucheintragung (§ 873), an beweglichen Sachen nach § 1032 und an Forderungen nach § 1069. Natürlich kann er an Gegenständen, für die spezielle Formvorschriften fehlen, durch zusammenfassenden Rechtsakt u.U. auch durch schlüssiges Verhalten bestellt werden. Da der Nießbraucher das Handelsgeschäft als Inhaber betreiben muss, ist die Nießbrauchsbestellung vom Besteller und Nießbraucher zum Handelsregister anzumelden. Gemäß § 22 Abs. 2 HGB kann der Nießbraucher und muss im Zweifel aus dem Gesichtspunkt der Erhaltungspflicht heraus die bisherige Firma mit oder ohne einen Nachfolgevermerk fortführen. Beim Nießbrauchsvermächtnis sind dabei die Erben zur Zustimmung zur Firmenfortführung verpflichtet. Der Nießbraucher haftet gem. § 25 HGB im Außenverhältnis für die Geschäftsschulden des Erblassers. Die Haftung kann durch Vereinbarung mit den Erben und Eintragung im Handelsregister ausgeschlossen werden (§ 25 Abs. 2 HGB). Im Zweifel sind die Erben jedoch dazu nicht verpflichtet, da der Nießbraucher keine günstigere Stellung als der Erblasser erhalten soll.

Eigentümer des Umlaufvermögens wird gem. § 1067 der Nießbraucher, während das Anlagevermögen im Eigentum der Erben verbleibt.[599] Der Nießbraucher kann jedoch in entspr. Anwendung des § 1048 Abs. 1 innerhalb der Grenzen einer ordnungsgemäßen Wirtschaft auch über Inventarstücke verfügen und ist dann zur Ersatzbeschaffung verpflichtet.[600] Die bei Beginn bestehenden Geschäftsforderungen sind ihm abzutreten. Der Nießbraucher ist verpflichtet, die bisherige wirtschaftliche Bestimmung des Unterneh-

[593] Biergans DStR 1985, 327, 334.
[594] Beyerle JZ 1955, 257, 259; BGH DNotZ 1954, 399, 402.
[595] BayObLG 1973, 168 = DNotZ 1974, 241.
[596] BayObLG 1973, 168.
[597] Formular bezüglich eines echten Unternehmensnießbrauchs in MünchVertrHdb/Nieder/Otto, Bd. 6/2, XVI. 23.
[598] RGZ 70, 226, 232.
[599] Biergans DStR 1985, 327, 328.
[600] BGH Betr. 1973, 146; BGH Betr. 1975, 146; Biergans DStR 1985, 327, 328.

mens aufrechtzuerhalten und nach den Regeln einer ordnungsmäßigen Wirtschaft unter Beachtung der §§ 1036, 1037 Abs. 1 zu verfahren.[601] Nach der h.M.[602] steht dem Nießbraucher der bilanzmäßig ausgewiesene Reingewinn zu. Entscheidend ist also die nach kaufmännischen Grundsätzen, d.h. anerkannten Bilanzierungs- und Bewertungsmethoden aufgestellte jährliche Handelsbilanz. Der damit eingeräumte Spielraum kann natürlich durch den Erblasser eingeengt oder erweitert werden.[603] Zweckmäßig ist eine genaue Festlegung der dem Nießbraucher zustehenden Gewinnanteile und ihre Berechnung. Bei Beendigung des Nießbrauchs ist das Anlagevermögen an den Eigentümer herauszugeben. Nach § 1067 hätte der Nießbraucher bei Beendigung des Nießbrauchs nur den Wert des zu Beginn in sein Eigentum übergegangenen Umlaufvermögens zu ersetzen. Meist wird jedoch beim Unternehmensnießbrauch vereinbart, dass der Eigentümer die Herausgabe des vorhandenen Umlaufvermögens verlangen kann und nur die Wertdifferenz zum Anfangsvermögen, meist sogar zu den Wertverhältnissen bei Beendigung in Geld auszugleichen ist. Da hinsichtlich der rechtlichen Behandlung des vollen Unternehmensnießbrauchs die Meinungen vielfältig und z.T. konträr sind, wird zur Vermeidung von Unsicherheiten und ungewollten Ergebnissen geraten, vertraglich oder testamentarisch die Rechtstellung zwischen Nießbraucher und Eigentümer im Einzelfall möglichst genau zu regeln.

176 Da beim vollen dinglichen Nießbrauch an einem Einzelunternehmen der Nießbraucher das Unternehmerrisiko trägt, ist er Unternehmer im steuerlichen Sinn und bezieht originär Einkünfte nach § 15 EStG.[604] Aber auch der Nießbrauchsbesteller bleibt, wenn er nicht die Betriebsaufgabe erklärt, weiterhin Unternehmer und erzielt gegebenenfalls Einkünfte aus betrieblicher Tätigkeit.[605] Beim schuldrechtlichen Nutzungsrecht und beim schlichten Ertragsnießbrauch an Einzelunternehmen ist die einkommensteuerliche Behandlung der Einkünfte umstritten. Teils werden Eigentümer und Nießbraucher als Mitunternehmer (§ 15 Abs. 1 Ziff. 2 EStG) angesehen mit der Folge, dass beide Einkünfte aus Gewerbebetrieb erzielen, oder der Nießbraucher wird wie ein stiller Gesellschafter nach § 20 Abs. 1 Ziff. 4 EStG behandelt. In der Praxis werden dem Nießbraucher die Einkünfte meist als vom Eigentümer abgeleitet nach § 22 Ziff. 1 EStG versteuert und für den Eigentümer und Betriebsinhaber werden die an den Nießbraucher abgeführten Beträge als dauernde Last angesehen, die er nach § 10 Abs. 1 Nr. 1a EStG als Sonderausgaben abziehen kann. Daran ist er beim Vermächtnisnießbrauch mangels einer Zuwendung auch nicht durch das Abzugsverbot des § 12 Nr. 2 EStG gehindert.[606] Weder die Bestellung des vollen Nießbrauchs auf Grund des Vermächtnisses noch sein späterer Wegfall infolge Todes der Berechtigten stellt eine Entnahme aus dem Betrieb mit der Folge einer Gewinnrealisierung dar,[607] da bei Fortführung des Unternehmens durch den Nießbraucher auch für den Nießbrauchsbesteller die Voraussetzungen des Gewerbebetriebes weiterbestehen und daher keine Betriebsaufgabe vorliegt. Eine Entnahme mit steuerpflichtiger Gewinnrealisierung wird jedoch angenommen, wenn ein zu einem Betriebsvermögen gehöriges Grundstück unter Vorwegnahme der Erbfolge unentgeltlich übergeben wird, auch wenn sich der Schenker und Betriebsinhaber das unentgeltliche dingliche Nießbrauchsrecht vorbehält.[608]

---

[601] Biergans DStR 1985, 327, 328.
[602] Palandt/Bassenge § 1085 Rn 7.
[603] Des näheren zur Ermittlung des dem Nießbraucher zustehenden Reingewinns s. Fichtelmann DStR 1974, 267, 272f.; Biergans DStR 1985, 327, 328.
[604] Biergans DStR 1985, 327, 329.
[605] Biergans DStR 1985, 327, 329.
[606] Walter BB 1983, 1153.
[607] BFH BStBl. II 1976, 378; Paus BB 1990, 1675, 1682.
[608] BFH BStBl. II 1974, 481.

8. Nießbrauch an Geschäftsanteilen von Personengesellschaften[609]

Ein Nießbrauchsvermächtnis an einem Personengesellschaftsanteil kann insbesondere der Ausweg sein, wenn eine den Eintritt eines Vorerben gestattende gesellschaftsvertragliche Bestimmung fehlt. Man unterscheidet folgende Arten des Nießbrauchs an Personengesellschaftsbeteiligungen: 177

a) Nießbrauch mit voller Gesellschafterstellung durch zeitlich begrenzte Abtretung (Vollnießbrauch)

Die Beteiligung an einer Personengesellschaft ist grundsätzlich nicht übertragbar und belastbar (§§ 717, 719). Beides ist jedoch zulässig, wenn es im Gesellschaftsvertrag zugelassen ist oder die übrigen Gesellschafter zustimmen. Unter dieser Voraussetzung ist gem. § 1069 Abs. 2 eine Nießbrauchsbestellung an einer Beteiligung grundsätzlich zulässig. Früher war jedoch h. M. dass die Begründung eines normalen Nießbrauchsrechts im Sinne des BGB mit dem Verbleib der Rechtsinhaberschaft als Stammwert beim Besteller und dem Übergang der Nutzungsbefugnis mit dinglicher Wirkung auf den Nießbraucher an Personengesellschaftsanteilen nicht zulässig sei, da die Abspaltung einzelner Teilbefugnisse an dem Gesellschaftsanteil durch Übertragung an Nichtgesellschafter bei fortbestehender Gesellschafterstellung des Bestellers mit dem Wesen der Gesamthandsgemeinschaft unvereinbar sei (sog. Abspaltungsverbot).[610] Man[611] verlangte daher für die Bestellung eines Nießbrauchs an einem Personengesellschaftsanteil, dass der Nießbraucher, über die gesetzliche Gestaltung des Nießbrauchs im BGB hinausgehend, für die Dauer seines Rechts **die volle Gesellschafterstellung nach innen und außen mit allen haftungs- und registerrechtlichen Konsequenzen treuhänderisch an Stelle des Gesellschafters treten musste** (Nießbrauchsbestellung = treuhänderische Vollrechtsübertragung auf Zeit).[612] Der Nießbraucher sollte den Gesellschafter aus der Gesellschaft und dem Gesamthandsvermögen verdrängen und selbst uneingeschränkt Gesellschafter auf Zeit werden. Der auf diese Weise vom Nießbraucher treuhänderisch gewonnene Überschuss an äußerer Rechtsmacht konnte allerdings schuldrechtlich im Innenverhältnis ausgeglichen werden.[613] Bei dieser Art des Nießbrauchs ist der Nießbraucher anstelle des Bestellers als Gesellschafter im Handelsregister einzutragen.[614] Es stehen ihm alle gesellschaftlichen Verwaltungsrechte in dem Umfang zu, wie sie der bisherige Gesellschafter hatte, d. h. evtl. Geschäftsführung, Vertretung und Stimmrecht. Handelt es sich um einen Anteil an einer GbR, bei der die Gesellschafter einzeln im Grundbuch eingetragen sind, kann der Nießbraucher im Wege der Grundbuchberichtigung eingetragen werden.[615] Für die Verbindlichkeiten der Gesellschaft haftet der Nießbraucher, wenn es sich um einen OHG-Anteil oder einen sonstigen Anteil mit Vollhaftung handelt, wie jeder neu eintretende Gesellschafter sowohl für die während der Nießbrauchszeit entstehenden als auch für vorher entstandene Schulden. Im Innenverhältnis ist er ohne besondere vertragliche Regelung nicht verpflichtet, einen in der Bilanz ausgewiesenen Verlust anteilig zu übernehmen.[616] 178

[609] Siehe hierzu eingehend Götz/Jorde, Nießbrauch an Personengesellschaftsanteilen – Vertragsklauseln und ihre Tücken, ZErb 2005, 365; Formular in MünchVertrHdb/Nieder/Otto, Bd. 6/2, XVI. 24.

[610] BGHZ 3, 354 = NJW 1952, 178; BGHZ 20, 363 = NJW 1956, 1198; BGH BB 1953, 926.

[611] Siehe Übersichten bei Bökelmann, Nutzungen und Gewinn beim Unternehmensnießbrauch, 1971, S. 204; Rohlff NJW 1971, 1337, 1339 Fn. 33; Staudinger/Promberger Anh. zu §§ 1068, 1069 Rn 53, MünchKomm/Petzoldt § 1068 Rn 14; Schüller MittRhNotK 1980, 97, 100; Biergans DStR 1985, 327, 331 Fn. 49.

[612] Formular hierzu in MünchVertrHdb/Oldenburg, 4. Aufl., Bd. 1, II, 11.

[613] BGH DNotZ 1975, 735 = BB 1975, 295.

[614] S. hierzu u. zum folgenden MünchKomm/Petzoldt § 1068 Rn 17 ff.

[615] OLG Hamm DNotZ 1977, 376.

[616] Bunke DNotZ 1968, 5, 14; Biergans DStR 1985, 327, 333.

Gewinne gebühren dem Nießbraucher nur insoweit, als sie auch der Gesellschafter nach Gesetz, Gesellschaftsvertrag und Jahresabschluss zu entnehmen berechtigt gewesen wäre.[617] Da ihm auch das Stimmrecht im vollen Umfang zusteht, kann er zusammen mit den anderen Gesellschaftern den Gesellschaftsvertrag ändern, zur Aufnahme oder Ausschließung eines Gesellschafters seine Zustimmung geben und auch die eigene Beteiligung aufkündigen. Alle diese Maßnahmen sind gesellschaftsrechtlich wirksam, obwohl bürgerlich-rechtlich das Stammrecht am Gesellschaftsanteil nicht durch den Nießbraucher beeinträchtigt werden darf (§ 1071). Unbeschadet einer anderen ausdrücklichen Regelung hat der BGH[618] entschieden, dass sich der Nießbrauch nicht automatisch auf einen während seiner Dauer erhöhten Kapitalanteil erstreckt. Der entnahmefähige Gewinn ist vielmehr im Verhältnis des Realwerts des Anteils vor der Erhöhung zum neu eingezahlten Kapital aufzuteilen. Ausdrücklich zu regeln ist, ob der Besteller nach Ende des Nießbrauchs automatisch wieder in seine volle Gesellschafterstellung einrückt oder ob es dazu einer förmlichen Rückübertragung bedarf. Auch der Vollnießbrauch kann an nur einem Teil der Beteiligung eingeräumt werden (Quotennießbrauch), sodass der Besteller mit dem anderen Teil Gesellschafter bleibt.[619] Muss, wie meist bei der OHG, der Gesellschafter zur Erreichung des Gesellschaftszwecks mitarbeiten, dann eignet sich deswegen und wegen der Haftung der Vollnießbrauch nicht für den allein Versorgungszwecken dienenden Witwennießbrauch. Da die Pflicht zur Mitarbeit beim Kommanditisten nicht besteht, kann man, wenn der Witwennießbrauch unbedingt als Vollnießbrauch ausgestaltet werden soll, mit Zustimmung der Mitgesellschafter anordnen, dass die OHG-Beteiligung für die Dauer des Nießbrauchs in eine Kommanditbeteiligung umgewandelt werden soll,[620] an der dann der Nießbrauch mit voller Gesellschafterstellung unbedenklich bestellt werden kann.[621]

b) Echter Nießbrauch ohne Vollübertragung des Gesellschaftsanteils (= Aufspaltung der Gesellschafterstellung zwischen Nießbraucher und Gesellschafter)

179 Die Meinung, wegen des Abspaltungsverbotes sei keine echter Nießbrauch möglich, ist bestritten.[622] Die Gegenauffassung hält mit Zustimmung der Mitgesellschafter eine dingliche Nießbrauchsbestellung am Gesellschaftsanteil ohne dessen gleichzeitige Vollübertragung für möglich mit der Wirkung, dass der Nießbraucher, ohne zugleich Gesellschafter zu sein, die Nutzungsrechte der Mitgliedschaft und gewisse für die Sicherung diese Nutzungsrechte wesentlichen Verwaltungsbefugnisse in der Gesellschaft unmittelbar mit dinglicher Wirkung kraft seines Nießbrauchs selbst ausüben kann. Im einzelnen ist jedoch noch nicht geklärt, welche Verwaltungsrechte und Befugnisse ein solches Nießbrauchsrecht im Einzelnen vermitteln soll.[623]

c) Nießbrauch an den vermögensrechtlichen Bezügen (= Nießbrauch an den einzelnen Gewinnansprüchen oder Ertragsnießbrauch)

180 Der Nießbrauch kann auf die einzelnen Gewinnansprüche und den Anspruch auf das Auseinandersetzungsguthaben beschränkt werden. Da diese Ansprüche nach § 717 Satz 2 frei übertragbar sind, bedarf es zu dieser Nießbrauchsbestellung auch nicht der Zustimmung der Mitgesellschafter. Die Befürworter des eingeschränkten Nießbrauchs am gesamten Anteil werfen dieser Nießbrauchsform vor, der Reingewinn könne als Ge-

[617] BGHZ 58, 316 = NJW 1972, 1755.

[618] BGH GmbHR 1983, 148.

[619] MünchKomm/Petzoldt § 1068 Rn 15; Bunke DNotZ 1968, 5, 8 Fn. 17.

[620] Bunke DNotZ 1968, 5, 18.

[621] Formular hierzu MünchVertrHdb/Nieder/Otto, Bd. 6/2, XVI. 25.

[622] Finger Betr. 1977, 1033, 1036 ff.; Bender Betr. 1979, 1445; Schüller MittRhNotK 1980, 97, 101; Baums Betr. 1981, 355; Palandt/Bassenge § 1068 Rn 4; BGHZ 58, 316, 318 ff.; BFH NJW 1995, 1818, 1819.

[623] S. hierzu Finger Betr. 1977, 1033.

genstand des Nießbrauchs nicht selbst Nutzung sein und daher stünden dem Nießbraucher nur die Zinsen der nach § 1079 anzulegenden Gewinnbeträge zu. Dagegen wird mit Recht eingewandt, dass es sich bei den Gewinnansprüchen um Forderungen auf Leistung von verbrauchbaren Sachen (Geld) handelt, an denen der Nießbraucher gem. § 1075 Abs. 2 mit ihrer Auszahlung das Eigentum mit voller Verfügungsgewalt erwirbt. Gem. §§ 1075 Abs. 2, 1067 wäre er insoweit zwar nach Beendigung des Nießbrauchs zum Wertansatz und somit zur Rückzahlung verpflichtet, § 1067 kann jedoch nach allg. M. abbedungen werden.[624] Dem wird wiederum entgegengehalten, ein Ausschluss des Wertersatzes nach § 1067 wäre unwirksam, da er die charakteristischen Merkmale des Nießbrauchs beseitigen würde. Schwerwiegender ist da schon der Einwand, wenn ein Nießbrauch an den Gewinnansprüchen mit der Maßgabe eingeräumt würde, dass der Nießbraucher den Gewinn auf die Dauer behalten könne, läge in Wahrheit keine Nießbrauchsbestellung vor, sondern eine Vorausabtretung der künftigen Gewinnansprüche und damit seien die Nießbrauchsvorschriften der §§ 1069 ff. nicht anwendbar.[625] Dieser auf den Gewinnbezug beschränkte und nur schuldrechtlich wirkende Nießbrauch an den Gewinnansprüchen ist vom BGH im Urteil vom 12. 12. 1974[626] ausdrücklich anerkannt worden. Allerdings ist bei einem solchen Nießbrauch an den Gewinnansprüchen (oder Ertragsnießbrauch) der Nießbraucher weitgehend dem Gesellschafter ausgeliefert, da er kaum Möglichkeiten gegen eine Kürzung seiner Gewinnansprüche durch Änderung des Gesellschaftsvertrags, Verkürzung oder Aufgabe der Gewinnbeteiligung oder Thesaurierungsabreden hat.[627]

d) Nießbrauch am Gewinnstammrecht

Die Schwierigkeiten aus dem Nießbrauchsrecht des BGB heraus dem Nießbraucher **181**
eines Personengesellschaftsanteils mit dinglicher Wirkung die realisierten Gewinnbeträge zur freien Verfügung zu verschaffen, veranlasste Siebert[628] ein von der Mitgliedschaft getrenntes „Gewinnstammrecht" zu konstruieren, das selbständig mit einem Nießbrauch belastet werden könne und Gewinne dann als Erträge für den Nießbrauch abwerfe. Zulässigkeit und Notwendigkeit eines Nießbrauchs am „Gewinnstammrecht" vor allem von Rohlff[629] und Petzoldt.[630]

In der Beurkundungspraxis sollte man angesichts der Meinungsverschiedenheiten und Unklarheiten in der Literatur alle Nießbrauchs-Zwischenlösungen meiden und stattdessen je nach Zielrichtung entweder den Vollnießbrauch mit dem Nießbraucher als Gesellschafter auf Zeit oder den Nießbrauch an den vermögensrechtlichen Bezügen, der dem Besteller die Gesellschafterstellung und die Mitgliedschaftsrecht belässt und dem Nießbraucher nur das Gewinnbezugsrecht gibt und ihn nicht haften lässt, wählen. Soll der Vollnießbrauch gewählt werden und stört dabei die Vollhaftung und die Mitarbeitspflicht des persönlich haftenden Gesellschafters, so kann mit Zustimmung der Mitgesellschafter die Anordnung der Umwandlung der vollhaftenden Beteiligung in eine Kommanditbeteiligung für die Dauer des Nießbrauchs helfen.[631]

Da beim Vollnießbrauch der Nießbraucher für die Dauer des Nießbrauchs selbst die vollen Gesellschafterrechte wahrnimmt und Gesellschafter auf Zeit ist, wird er, da er insoweit das Unternehmerrisiko trägt und seine Einkünfte von den wirtschaftlichen Erfolgen des von der Gesellschaft betriebenen Gewerbes abhängen, einkommensteuerlich als Mitunternehmer gem. § 15 Abs. 1 Nr. 2 EStG angesehen und bezieht als solcher ori-

---

624 Bunke DNotZ 1968, 5, 10; Finger Betr. 1977, 1033; Palandt/Bassenge § 1067 Rn 1.
625 GroßKommHGB/Ulmer, § 139 Anm. 87; Finger Betr. 1977, 1033 f.
626 DNotZ 1975, 735, 737 = BB 1975, 295.
627 Finger Betr. 1977, 1033.
628 BB 1956, 1126; ebenso Sudhoff NJW 1971, 481, 483.
629 NJW 1971, 1337, 1340 f.
630 Petzoldt GmbH-Rdsch. 1980, 197; dagegen auch Flume FS f. Larenz 1973, 768, 788; Teichmann ZGR 1972, 21.
631 Formular hierzu in MünchVertrHdb/Nieder/Otto, Bd. 6/2, XVI. 24.

ginäre Einkünfte aus Gewerbebetrieb.[632] Die Einkunftsquelle ist somit zu ihm verlagert. Dem Nießbraucher ist dabei nach wohl h. M. der ganze Gewinn der Steuerbilanz als Einkunft zuzurechnen, gleichgültig ob er ihm bürgerlichrechtlich verbleibt oder nicht.[633] Sollte dem Nießbrauchsbesteller neben dem Nießbraucher die Stellung eines Mitunternehmers zukommen, so ist bei der Nießbrauchsbestellung darauf zu achten, dass dem Besteller neben dem Nießbraucher Unternehmerinitiative verbleibt, d. h. ihm im Innenverhältnis wenigstens eine Rechtsstellung verbleibt, die der eines Kommanditisten gleichkommt.[634] Aber auch wenn er nicht Mitunternehmer ist, werden, sofern im Einzelfall der Nießbraucher nicht als wirtschaftlicher Eigentümer anzusehen ist, dem Nießbrauchsbesteller weiterhin die Wirtschaftsgüter des Betriebsvermögens zugerechnet, solange er nicht die Betriebsaufgabe erklärt.[635] Die Mitunternehmerschaft des Nießbrauchers bringt es mit sich, dass der Mitunternehmer aus der Gesellschaft nur einheitliche Einkünfte beziehen kann. Wenn er daher auf Grund von schuldrechtlichen Verträgen wie z. B. Arbeits-, Miet-, Pacht- oder Darlehensverträge mit der Gesellschaft von dieser ein Entgelt bezieht, wird dies steuerrechtlich als Vorabgewinn behandelt (§ 15 Abs. 1 Nr. 2 EStG).[636] Das Entgelt mindert somit, anders als in der Handelsbilanz, den Gewinn der Gesellschaft nicht. Dies ist insbesondere bedeutsam für die Gewerbeertragsbesteuerung. Ein weiterer Nachteil der Mitunternehmerschaft ist, dass alle Wirtschaftsgüter, die ein Mitunternehmer der Gesellschaft zur Verfügung stellt, sog. Sonderbetriebsvermögen werden und er im Falle einer Veräußerung den Veräußerungsgewinn als Einkommen versteuern muss.

182 9. Nießbrauch an GmbH-Anteilen[637]

183 Der Nießbrauch an einem Geschäftsanteil einer GmbH ist ein Nießbrauch an einem Recht gem. §§ 1068 ff.[638] Seine Bestellung bedarf nach § 1069 Abs. 1 der gleichen Form wie die Übertragung des Rechts, also nach § 15 Abs. 3 GmbHG der Form der notariellen Beurkundung. Im Gegensatz zur Nießbrauchsbestellung am Anteil an einer Personengesellschaft geht bei der Bestellung eines Nießbrauchs am Geschäftsanteil einer GmbH nicht die volle Gesellschaftererstellung auf den Nießbraucher über. Nach h. M.[639] fallen dem Nießbraucher nur die Vermögensrechte zu, während die Herrschafts- oder Mitverwaltungsrechte beim Gesellschafter verbleiben. Einem Übergang auch der Mitverwaltungsrechte steht nach der h. M. bei der GmbH der gesellschaftsrechtliche Grundsatz entgegen, dass diese Rechte wegen ihres sozialrechtlichen Charakters nicht von der Person des Gesellschafters getrennt werden können (Abspaltungsverbot).[640]

184 Wenn auch die Mitverwaltungsrechte und insbesondere das Stimmrecht weiterhin dem Gesellschafter und nicht dem Nießbraucher zustehen, so hat der Gesellschafter doch bei ihrer Ausübung die Interessen des Nießbrauchers zu berücksichtigen. Schuldrechtlich könnte man bei der Nießbrauchsbestellung im Innenverhältnis den Gesellschafter hinsichtlich des Stimmrechts an die Zustimmung des Nießbrauchers binden, soweit bei seiner Ausübung das Nießbrauchsrecht unmittelbar berührt wird. Ferner könnte der Nießbraucher vom Gesellschafter, soweit es die Satzung nicht verbietet, auch zur Stimm-

---

632 Schulze zur Wiesche Betr. 1970, 171, 172 u. DStR 1980, 222; Hoyer BB 1978, 1459, 1460; Bitz Betr. 1987, 1506, 1507.

633 Bender Betr. 1979, 1445, 1446; Finger Betr. 1977, 1033, 1038; Schilling Betr. 1954, 561; Bitz Betr. 1987, 1506, 1507.

634 Schulz zur Wiesche DStR 1980, 222, 223.

635 Bitz Betr. 1987, 1506, 1508.

636 Bitz Betr. 1987, 1506, 1507.

637 Reichert/Schlitt/Düll GmbHR 1998, 565; Formular bezgl. eines solchen Nießbrauchs in MünchVertrHdb/Nieder/Otto, Bd. 6/2, XVI. 26.

638 OLG Karlsruhe WPM 1989, 534.

639 Reichert/Schlitt/Düll, GmbHR 1998, 565, 566 m. w. Nachw.

640 Petzold BB 1975 Beil. 6, S. 14; Reichert/Schlitt/Düll, GmbHR 1998, 565, 567.

abgabe bevollmächtigt werden. Zur Ausübung der Gesellschafterrechte, die zum Untergang des Geschäftsanteils führen oder ihn in einer den Nießbraucher beeinträchtigenden Weise verändern, bedarf der Gesellschafter gem. § 1071 im Innenverhältnis der Zustimmung des Nießbrauchers, wobei aber ihr Fehlen die gesellschaftsrechtliche Wirksamkeit der Maßnahme nicht beeinträchtigt, der Nießbraucher vielmehr nur einen Schadensersatzanspruch gegen den Gesellschafter erwirbt.[641]

Der Nießbraucher kann, solange der Nießbrauch besteht, die auf den Geschäftsanteil 185
entfallenden Jahresüberschuss (§ 29 GmbHG) beziehen, und zwar kann er sie kraft der Dinglichkeit seines Rechts unmittelbar von der GmbH verlangen, sobald diese die Gewinnverteilung beschlossen hat.[642] Da der Umfang der Nutzungen des Nießbrauchers umstritten ist, empfiehlt es sich vertraglich eine genaue Regelung vorzunehmen. Die Liquidationsquote, das Abfindungsentgelt und das Einziehungsentgelt sind Surrogate des Geschäftsanteils und sind daher nach § 1077 an den Nießbraucher und den Gesellschafter gemeinschaftlich auszuzahlen. Beide haben das Kapital mündelsicher und verzinslich anzulegen, wobei der Nießbraucher die Art der Anlegung bestimmt und der Nießbrauch am Kapital neu zu bestellen ist (§ 1079).

Bei einer Kapitalerhöhung aus Gesellschaftsmitteln hat der Nießbraucher einen An- 186
spruch auf Erstreckung des Nießbrauchs auf den neuen Anteil, bei einer solchen gegen Einlage auf Grund eines Bezugsrechts nur wertanteilig, um seine bisherige Nutzungsquote zu sichern.[643] Nach § 15 Abs. 1 GmbHG ist der GmbH-Anteil unbeschränkt veräußerlich und damit auch belastbar. Gesellschaftsvertragliche Abtretungsbeschränkungen nach § 15 Abs. 5 GmbH bewirken auch eine Unzulässigkeit der Nießbrauchsbestellung.

Auf den Nießbrauch am Kapitalvermögen sind die entsprechenden Vorschriften des 187
Nießbraucherlasses anzuwenden. Danach werden beim Vorbehalts- und Vermächtnisnießbrauch die Einkünfte aus Kapitalvermögen dem Nießbraucher zugerechnet.[644]

Schrifttum: Roth/Hannes/Mielke, Vor- und Nacherbschaft, 2010.

---

641 OLG Hamm DNotZ 1971, 247, 248; Hachenburg/Schilling/Zutt Anh. § 15 Rn 64; Scholz/Winter GmbHG, 7. Aufl., § 15 Rn 198; Staudinger/Promberger Anh. zu §§ 1068, 1069 Rn 88.

642 Scholz/Winter GmbHG, 7. Aufl., § 15 Rn 190.

643 Teichmann ZGR 1972, 1, 20.

644 Reichert/Schlitt/Düll, GmbHR 1998, 565, 571.

§ 11 Erbrechtlich bindende Verfügungen von Todes wegen und die Möglichkeit ihrer Beseitigung

I. Die Bindung bei Erbverträgen und gemeinschaftlichen Ehegattentestamenten

1. Die Bindungs- und Aufhebungswirkung beim Erbvertrag

1 Hinsichtlich **sog. vertragsmäßiger Verfügungen** i. S. von § 2278 Abs. 2, die zwingend **nur Erbeinsetzungen, Vermächtnisse und Auflagen** sein können, entsteht beim Erbvertrag zugunsten des anderen Vertragsschließenden bereits zu seinen Lebzeiten eine Bindung des Erblassers.[1] Sie wurzelt in der Rechtsnatur des Erbvertrages als **„wirklichem Vertrag"**[2] und kommt in den Bestimmungen des § 2289 Abs. 1 zum Ausdruck. Danach entfalten sog. vertragsmäßige Verfügungen i. S. d. § 2278, nicht dagegen sog. einseitige Verfügungen i. S. v. § 2299, eine doppelte Wirkung:

a) Die Aufhebungswirkung

2 Durch solche **vertragsmäßigen Verfügungen** im Erbvertrag werden **frühere letztwillige Verfügungen** des Erblassers **aufgehoben,** soweit sie das Recht des vertragsmäßig Bedachten **beeinträchtigen** würden (§ 2289 Abs. 1 Satz 1). Vertragsmäßig können nur Erbeinsetzungen, Vermächtnisse und Auflagen getroffen werden (§ 2278 Abs. 2). Im Erbvertrag enthaltene einseitige Verfügungen (§ 2299) haben, da für sie § 2289 nicht gilt, nur die Widerrufswirkung eines widersprechenden Testaments gem. § 2258.[3]

3 Der Aufhebungseffekt des § 2289 Abs. 1 Satz 1 ist wesentlich stärker als der eines widersprechenden Testaments nach § 2258. Während sich z. B. beim widersprechenden Testament die Aufhebungswirkung bezüglich früher angeordneter Vermächtnisse durch Auslegung ergeben muss,[4] da ein späteres Vermächtnis der früheren Erbeinsetzung oder einem früheren Vermächtnis nicht unbedingt „widerspricht", ist es beim Erbvertrag genau umgekehrt: Hier müsste sich der Fortbestand der früheren Vermächtnisse durch Auslegung ergeben,[5] da das vertragsmäßige Vermächtnis normalerweise durch das frühere testamentarische Vermächtnis „beeinträchtigt" wird. Ferner umfasst das „beeinträchtigen" des § 2289 Abs. 1 Satz 1 im Gegensatz zu dem „in Widerspruch stehen" des § 2258 neben den rechtlichen auch bloß wirtschaftliche Beeinträchtigungen des vertragsmäßig Bedachten.[6] Eine zur Unwirksamkeit führende Beeinträchtigung liegt auch

---

[1] *Bühler,* Zur Wechselbezüglichkeit und Bindung beim gemeinschaftlichen Testament und Erbvertrag, DNotZ 1962, 359; *Gerken,* Die Entstehung der Bindungswirkung bei gemeinschaftlichen Testamenten, RpflJB 1992, 220; *ders.,* Die Entstehung der Bindungswirkung beim Erbvertrag, BWNotZ 1992, 93; *Kanzleiter,* „Umverteilung" des Nachlasses mit Zustimmung des Vertragserben und Eintritt der Ersatzerbfolge, ZEV 1997, 261; *Ch. Keim,* Der Änderungsvorbehalt beim Erbvertrag – bei richtiger Handhabung ein sicheres Gestaltungsmittel, ZEV 2005, 365; *Kuchinke,* Beeinträchtigende Anordnungen des an seine Verfügungen gebundenen Erblassers, FS. f. U. v. Lübtow, 1990 S. 283; *Mohr,* Bindungswirkung beim Erbvertrag und gemeinschaftlichen Testament, BWNotZ 1997, 169; *Pfeiffer,* Das gemeinschaftliche Ehegattentestament – Konzept, Bindungsgrund und Bindungswirkungen, FamRZ 1993, 1266; *Spellenberg,* Verbotene Schenkungen gebundener Erblasser in der Rechtsprechung, NJW 1986, 2531.

[2] BGHZ 12, 115, 118; BGHZ 26, 204, 208 = NJW 1958, 498; Coing NJW 1958, 689.

[3] MünchKomm/Musielak § 2289 Rn 14.

[4] Baumgärtel/Strieder, Beweislast, § 2258 Rn 1.

[5] Johannsen DNotZ Sonderheft 1977, 70 f.

[6] BGHZ 26, 204 = NJW 1958, 498; Hülsmeier NJW 1981, 2043, 2044; a. M. d. h. Aufhebungswirkung nur bei rechtlicher Beeinträchtigung: MünchKomm/Musielak, 3. Aufl., § 2289 Rn 10 m. w. N.; Siebert FS f. Hedemann, 1958, S. 237, 256 ff.

dann vor, wenn die Verfügung den Vertragspartner nur rechtlich beeinträchtigt, wirtschaftlich aber begünstigt.[7] Das Recht des vertragsmäßig Bedachten wird beeinträchtigt durch eine letztwillige Verfügung, die die vertragsmäßige Zuwendung mindert, beschränkt oder belastet,[8] so z. B. durch die Anordnung einer Testamentsvollstreckung[9] oder durch Beschwerung mit einem Vermächtnis oder einer Auflage.[10]

Die Aufhebungswirkung entfällt, wenn der Erbvertrag später durch rechtsgeschäftliche Aufhebung oder Rücktritt beseitigt wird, oder durch Wegfall des Bedachten vor oder nach dem Erbfall gegenstandslos wird.[11] Aufhebende Wirkung kommt ferner nur einem wirksamen Erbvertrag zu, nicht einem nichtigen oder wirksam angefochtenen.[12]

b) Die Bindungswirkung und ihre Feststellung

Ab dem **Beurkundungsabschluss** sind **vertragsmäßige Verfügungen** i. S. von § 2278 Abs. 2 einseitig nicht mehr abänderbar. **Nachträgliche (spätere) Verfügungen von Todes** wegen des Erblassers sind daher **unwirksam,** soweit sie das Recht des vertragsmäßig Bedachten **beeinträchtigen** (§ 2289 Abs. 1 Satz 2),[13] es sei denn, der Erblasser hat sich die abweichende Verfügung ausdrücklich oder stillschweigend im Erbvertrag vorbehalten.[14] Auch hier ist neben der rechtlichen auch die bloß wirtschaftliche Beeinträchtigung relevant.[15] Beeinträchtigt wird z. B. der Vertragserbe durch die nachträgliche Anordnung einer **Testamentsvollstreckung.**[16] Zur Frage, 4

Bezüglich **Teilungsanordnungen** wird nach wohl überwiegender Ansicht wie folgt differenziert: Eine den Vertragserben beschwerende, d. h. wertverschiebende Teilungsanordnung.[17] Dagegen sind reine Teilungsanordnungen mit vollem Wertausgleich nach keine beeinträchtigenden Verfügungen.[18] Keine Beeinträchtigung liegt vor, wenn sich die spätere Verfügung von Todes wegen auf einen anderen Gegenstand (Erbteil oder Nachlassgegenstand) bezieht[19] oder wenn die Rechtsstellung des Bedachten durch die spätere Verfügung von Todes wegen verbessert wird,[20] wogegen seine wirtschaftliche Besserstellung die Beeinträchtigung nicht ausschließt.[21] Dies stößt jedoch auf Bedenken: Wurde im Erbvertrag eine bindende Schlusserbfolge niedergelegt und einvernehmlich das jeweilige Erbrecht des Schlusserben eingeschränkt durch eine in der Urkunde niedergelegte Teilungsanordnung, kann zwar letzte nicht bindend vereinbart werden (§ 2278 Abs. 2), wird jedoch in der Abänderung eingeschränkt durch das nur dahingehend eingeschränkte Erbrecht des Vertragsbedachten gemäß § 2289 Abs. 1 Satz 2. Der Vertragserbe hat das dahingehend nicht mehr einseitig abänderbare Recht auf Erwerb des Erbteils mit den 4a

---

[7] BGH a. a. O.

[8] BGHZ 26, 204.

[9] BGH NJW 1962, 912.

[10] BGHZ 26, 204.

[11] OLG Zweibrücken Rpfleger 1989, 459 = FamRZ 1989, 1355.

[12] Staudinger/Kanzleiter § 2289 Rn 8.

[13] Zur „Beeinträchtigung" beim gemeinschaftlichen Testament siehe unten § 11 I.2.b), Rn 27 ff., 37 f.

[14] Zum Änderungsvorbehalt eingehend Keim, ZEV 2005, 365 ff.

[15] BGHZ 26, 204 = NJW 1958, 498; a. M. MünchKomm/Musielak, 3. Aufl., § 2289 Rn 10 m. w. N.; Siebert FS f. Hedemann, 1958, S. 237, 256 ff.

[16] BGH NJW 1962, 912; RGZ 139, 41, OLG München ZEV 2008, 340, 341. Zum vermeintlichen Testamentsvollstrecker siehe unten § 15 Abschn. II.14 Rn 157. Zur Frage der Beeinträchtigung durch die Änderung der Person des Testamentsvollstreckers siehe § 15 II.3.f) Rn 29 ff.

[17] BGH NJW 1982, 441; siehe auch Lehmann MittBayNot 1988, 157.

[18] BGHZ 82, 274 = NJW 1982, 43; BGH NJW 1982, 441 = MDR 1982, 124; Kuchinke FS. f. U. v. Lübtow, 1990, S. 283, 288; a. M. Staudinger/Kanzleiter § 2289 Rn 12; Lehmann MittBayNot 1988, 157.

[19] Staudinger/Kanzleiter § 2289 Rn 13.

[20] BGHZ 30, 261 = NJW 1959, 1730; BGH NJW 1958, 499.

[21] BGHZ 26, 204 = NJW 1958, 498.

Bestimmungen der ursprünglichen Teilungsanordnung. Ein Abstellen darauf, ob dem betroffenen Miterben der Wert seines Erbteils nach Änderung der Teilungserklärung verbleibt und ggf. ein Wertausgleich vorgesehen ist, verkennt, dass auch immaterielle Beweggründe für die Teilungserklärung (Welches Kind bekommt – unter Anrechung zum Verkehrswert – das emotional wichtige Familienferienhaus am See?) für den Erblasser bedeutsam sein können und bei Niederlegung in einer Teilungserklärung regelmäßig auch wichtig sind. Dies untersteht auch dem Schutz des Erstverstorbenen auf Fortbestand der erbvertraglichen Bestimmungen. Schließlich ist ein Abstellung auf eine etwaige wirtschaftliche Besserstellung wohl ergebnislos: Liegt eine wirtschaftliche Besserstellung eines Miterben vor, korrespondiert dies stets mit einer wirtschaftlichen Schlechterstellung des anderen Miterben.

4b Die Einsetzung eines postmortalen Bevollmächtigten verstößt nicht gegen die Bindung.[22] Durch die Bindungswirkung wird die Testierfreiheit des Erblassers, nicht jedoch seine Testierfähigkeit beschränkt.[23] Durch die einvernehmliche Aufhebung eines Pflichtteilsverzichts wird der Vertragserbe nach überwiegender Ansicht rechtlich nicht beeinträchtigt.[24]

Der Erblasser kann somit die vertragsmäßigen Verfügungen nicht einseitig durch eine neue Verfügung von Todes wegen widerrufen. Solche Beeinträchtigungen durch spätere Verfügungen von Todes wegen sind weder mit formloser Zustimmung des Vertragsgegners noch mit der des Bedachten möglich.[25] Die Freistellung von der Bindung ist vielmehr mit Ausnahme der Fälle des § 2291 nur möglich durch förmlichen Aufhebungsvertrag mit dem Vertragsgegner (§ 2290) oder Zuwendungsverzichtsvertrag mit dem Bedachten (§ 2352). Nach dem Erbfall kann ein Vermächtnisnehmer gem. § 397 durch Vertrag mit dem Erben auf seine Vermächtnisforderung verzichten, der Vertragserbe kann die Erbschaft ausschlagen (§ 1942 Abs. 1). Allerdings kann es den Einwand der Arglist begründen, wenn sich der Vertragsgegner oder der Bedachte später auf die Unwirksamkeit ihrer formlosen Zustimmung berufen.[26] Teilweise[27] wird eine Zustimmung zu beeinträchtigenden Verfügungen nach dem Erbfall für wirksam gehalten, wenn sie in der für die Erbausschlagung erforderlichen Form und Frist (§§ 1944, 1945) vorgenommen wird. Auf jeden Fall gültig sind schuldrechtliche Vereinbarungen zwischen dem Bedachten und dem Beschwerten darüber, dass sie sich zueinander so stellen wollen, als wenn die Verfügung wirksam oder unwirksam wäre.[28]

5 Die Bindungswirkung betrifft wie die Aufhebungswirkung nur die sog. vertragsmäßigen Verfügungen von Todes wegen (§ 2278 Abs. 1), d.h. nur Erbeinsetzung, Vermächtnisse und Auflagen (§ 2278 Abs. 2). Alle anderen Anordnungen können im Erbvertrag nur **einseitig** (§ 2299) erfolgen. Eine Vermutung dafür, dass in einem Erbvertrag getroffene Verfügungen, soweit zulässig, grundsätzlich vertragsmäßig erfolgen, besteht nicht,[29] auch keine dem § 2270 Abs. 2 entsprechende gesetzliche Auslegungsregel. Bei der Auslegung, ob die Verfügungen eines Erbvertrages vertraglich und damit bindend sind, kann jedoch die rechtsähnliche Regelung über wechselbezügliche Verfügungen in gemeinschaftlichen Testamenten nach § 2270 mit herangezogen werden.[30] Bei einem Erbvertrag

[22] Hilberscheid DNotZ 1938, 491.
[23] RGZ 149, 201.
[24] Zum Meinungsstand Kanzleiter DNotZ 2009, 86ff.
[25] BGHZ 108, 252, 254f. = NJW 1989, 2618 = DNotZ 1990, 803 unter Abweichung von RGZ 134, 325/327; Staudinger/Kanzleiter § 2289 Rn 19 m.w.N.; MünchKomm/Musielak, § 2289 Rn 18; für formloses Einverständnis des Bedachten: Kanzleiter DNotZ 1990, 776.
[26] RGZ 134, 325; BGH MDR 1958, 430 = DNotZ 1958, 495.
[27] Siebert FS f. Hedemann, 1958, S. 262; a.M. KG JW 1938, 2746.
[28] Johannsen WPM 1979, 630.
[29] RGZ 116, 321; BGHZ 26, 204.
[30] BGH FamRZ 1961, 76 = NJW 1961, 120; BGH DNotZ 1970, 356 = WPM 1970, 482; OLG Zweibrücken FamRZ 1997, 1021.

ist für jede darin enthaltene Verfügung, sofern sie nicht gem. § 2278 Abs. 2 zwingend nur einseitig getroffen werden kann, durch Auslegung zu ermitteln, ob sie einseitig oder **vertragsmäßig (= bindend)** getroffen wurde.[31] Die Auslegung erfolgt gem. §§ 133, 157 und hat sich nach der **h. M. an dem Interesse der Vertragsparteien an der Bindung** zu orientieren.[32] Je stärker das Interesse des Vertragspartners an der Zuwendung ist, umso eher ist die bindende Wirkung der Verfügung anzunehmen.[33] Wenn somit in Bezug auf eine bestimmte, im Erbvertrag erklärte Verfügung von Todes wegen keine der Vertragsparteien an einer Bindung des Erblassers irgendein Interesse hat, so ist das ein wichtiges Moment dafür, dass sie einseitig getroffen wurde. Somit dürfte, wenn einer am Erbvertrag beteiligten Person etwas zugewendet wird, in aller Regel davon auszugehen sein, dass diese Zuwendung vertragsmäßig getroffen ist[34] und Verfügungen zugunsten von Verwandten des Erbvertragspartners dürften vertragsmäßig, solche zugunsten der eigenen Verwandten des Erblassers einseitig getroffen sein (arg. § 2270 Abs. 2).[35] Bei zweiseitigen Erbverträgen können auch die Verfügungen des einen Erblassers vertraglich sein und die des anderen nicht.[36]

Bei dieser Rechtslage ist von der Kautelarjurisprudenz der Ratschlag zu beherzigen,[37] 6
beim Erbvertrag, wie übrigens auch beim gemeinschaftlichen Ehegattentestament, bei jeder einzelnen Verfügung klarzustellen, ob sie bindend (vertragsmäßig) oder frei widerruflich (einseitig) sein soll.

Formulierungsvorschlag:[38]

Wir nehmen hiermit alle vorstehenden Verfügungen (oder die unter § ... getroffenen Verfügungen), soweit gesetzlich zulässig, mit erbvertraglicher Bindung gegenseitig an.

Die vertragliche Bindung des Erblassers geht insofern weiter, als die Bindung an wech- 7
selbezügliche Verfügungen in gemeinschaftlichen Testamenten, als sie nicht nur bei wechselbezüglichen, d. h. voneinander abhängigen, sondern bei allen zulässigerweise vertragsmäßig getroffenen Verfügungen und auch schon zu Lebzeiten des Erblassers besteht.

Verpflichtungs- und Erfüllungsgeschäft fallen beim Erbvertrag zwingend zusammen, 8
da die bloße Verpflichtung zum Abschluss eines Erbvertrages gem. § 2302 nichtig ist.[39]

Während die Bindungswirkung beim gemeinschaftlichen Ehegattentestament (§ 2271) 9
erst nach dem Tod eines Ehepartners einsetzt,[40] werden die Eheleute beim Ehegattenerbvertrag durch vertragsmäßige Verfügungen schon vom Zeitpunkt des Vertragsschlusses

[31] BayObLG Rpfleger 1983, 70; BayObLG FamRZ 1994, 196; Coing NJW 1958, 689.

[32] RGZ 116, 321, 323; 206, 209; BGHZ 26, 204, 208; BGHZ 36, 115, 120; BGHZ 106, 359, 361; BGH NJW 1961, 120 = DNotZ 1961, 417 = FamRZ 1961, 76; KG JW 1937, 2203; BayObLGZ 1961, 206, 209; BayObLG FamRZ 1997, 911 = ZEV 1997, 160; eingehend und kritisch zum „Interesse-Begriff" der h. M.: C. Nolting, Inhalt, Ermittlung und Grenzen der Bindung beim Erbvertrag, 1985 u. Buchholz, Zur bindenden Wirkung des Erbvertrages, FamRZ 1987, 440.

[33] Lange/Kuchinke, § 25 IV 2.

[34] BGHZ 26, 204, 208 = NJW 1958, 498; BGHZ 36, 116; BGHZ 106, 359, 361; OLG Zweibrücken FamRZ 1995, 1021.

[35] BGH NJW 1961, 120 = DNotZ 1961, 417 = FamRZ 1961, 76 = LM § 2278 Nr. 4; BGH WPM 1970, 482 = DNotZ 1970, 356; BayObLG FamRZ 1989, 1353.

[36] OLG Zweibrücken FamRZ 1995, 1021.

[37] C. Nolting a. a. O., S. 132; Staudinger/Kanzleiter § 2299 Rn 13.

[38] Weitere Formulierungsvorschläge im Beck'schen Formularbuch Erbrecht/Brambring, Abschnitt E. II., S. 287 ff.

[39] Stöcker WPM 1980, 482, 487.

[40] Speth NJW 1985, 463.

an gebunden. Der Ehegattenerbvertrag eignet sich daher besser als das gemeinschaftliche Testament als Instrument entgeltlicher Vertragsgestaltungen zwischen den Ehepartnern sowie bei „Patchwork-Gestaltungen": Haben sich die Ehegatten wechselseitig für den Tod des Erstversterbenden als Alleinerben eingesetzt und als Schlusserben die Kinder beider Ehegatten, so kann bei einer Niederlegung in einem gemeinschaftlichen Testament jedes Elternteil dem eigenen Kind lebzeitige Zuwendungen machen, ohne dass die Kinder des anderen Ehegatten – anders als bei Erbvertrag, dessen Bindungswirkung ab Vertragsschluss einsetzt – den Schutz des § 2287 genießen.

c) Einseitige Verfügungen im Erbvertrag

10 Im Erbvertrag kann jeder Vertragsschließende, gleichgültig, ob er selbst auch vertragsmäßige Verfügungen getroffen hat, einseitige (= nicht bindende) Verfügungen treffen (§ 2299 Abs. 1). Als einseitige Verfügungen können dabei alle durch Testament möglichen Verfügungen getroffen werden, nicht nur die sog. „anderen Verfügungen" i. S. von § 2278 Abs. 2, d. h. auch Erbeinsetzungen, Vermächtnisse und Auflagen (§ 2299 Abs. 1). Vertragsmäßig können allerdings nur die letztgenannten getroffen werden (§ 2278 Abs. 2), sodass alle anderen Anordnungen zwingend nur einseitig (= nicht bindend) getroffen werden können, wie z. B. Ernennung eines Testamentsvollstreckers (§ 2197), familienrechtliche Anordnungen (§§ 1638, 1639, 1777, 1803), Enterbungen (§ 1938), Teilungsanordnungen (§ 2048), Ausschluss der Auseinandersetzung (§ 2044), Entziehung des Pflichtteils (§ 2336), Pflichtteilsbeschränkung in guter Absicht (§ 2338) und Errichtung einer Stiftung (§ 83). Die einseitigen Verfügungen unterliegen nicht der erbvertraglichen Bindung und können daher grundsätzlich wie eine testamentarische Verfügung jederzeit frei und heimlich widerrufen werden (§§ 2299 Abs. 2, 2253 ff. insb. § 2258).

Solche einseitigen Verfügungen können aber durch **Bedingungszusammenhang** von vertragsmäßigen Verfügungen gegenseitig abhängig gemacht und so indirekt eine gewisse Bindung erreicht werden.[41] Das gleiche Ergebnis kann auch dadurch erreicht werden, dass im Erbvertrag das Motiv des Zusammenhangs von vertragsmäßigen und einseitigen Anordnungen zum Ausdruck gebracht wird, sodass bei Nichtigkeit oder Wegfall der einen Anordnung die anderen wegen Irrtums im Beweggrund nach § 2078 Abs. 2 angefochten werden können.[42]

Gemäß § 2299 Abs. 2 Satz 1 gilt für einseitige Verfügungen im Erbvertrag das Testamentsrecht, hinsichtlich seiner Formvorschriften jedoch nur nach Maßgabe des § 2276. Streitig ist, ob der Erblasser auch für einseitige Verfügungen im Erbvertrag testierfähig sein muss (§ 2229), wie dies die h. M. verlangt, oder ob die Ausnahmen für Ehegatten und Verlobte gem. § 2275 Abs. 2, 3 auch für einseitige Verfügungen im Erbvertrag gelten.[43]

Eingeschränkt wird die Möglichkeit einseitiger Verfügungen im Erbvertrag dadurch, dass sie nur in einem wirksamen Erbvertrag Bestand haben können und dass nach der h. M. einem Erbvertrag mindestens eine Verfügung vertragsmäßig und damit bindend sein muss,[44] da sonst der Erbvertrag seines eigentlichen Wesens entkleidet wird und allenfalls ein Testament vorliegt (**kein Erbvertrag bei nur einseitigen Verfügungen!**). Dieser Grundsatz muss jedoch dahingehend präzisiert werden, dass die geforderte einzige vertragsmäßige Anordnung auch dann noch vertragsmäßig in diesem Sinne bleibt, wenn bei ihr vorbehaltene Abänderungsmöglichkeit wenigstens an bestimmte Voraussetzungen geknüpft ist (**sog. spezifizierter Abänderungsvorbehalt**). Sie darf nur nicht willkürlich

[41] Lange NJW 1963, 1571, 1578; Staudinger/Kanzleiter § 2278 Rn 17.

[42] Lange a. a. O.; Staudinger/Kanzleiter a. a. O.; Bühler DNotZ 1962, 359, 369.

[43] Zum Meinungsstand MünchKomm/Musielak § 2299 Rn 4.

[44] BGHZ 26, 204, 208; BGH DNotZ 1970, 356; BGH NJW 1982, 441, 443; BGH WPM 1986, 1221; OLG Stuttgart NJW-RR 1986, 165 = DNotZ 1986, 551; OLG Köln NJW-RR 1994, 651 = MDR 1994, 71; Staudinger/Kanzleiter Vor § 2274 Rn 23; MünchKomm/Musielak, Vor § 2274 Rn 6; zum Verbot des Totaländerungsvorbehalts siehe unten Abschnitt III.2.b), Rn 85.

vom Erblasser abänderbar sein.[45] Auch die gegenseitige Erbeinsetzung von Eheleuten reicht aus.[46] Bei unzulässigem willkürlichem Totalvorbehalt kann der Erbvertrag gem. § 140 in ein Einzeltestament umgedeutet werden, wenn er den dafür geltenden Anforderungen, insbesondere den Formerfordernissen, genügt.[47]

d) Arten des Erbvertrages

Man unterscheidet: 11

- Den **zweiseitigen Erbvertrag,** bei dem beide Parteien „Erblasser" sind und vertragsmäßige Verfügungen von Todes wegen zugunsten des Vertragspartners oder zugunsten eines Dritten treffen (§ 2278 Abs. 1). Die vertragsmäßigen Verfügungen beider Parteien gelten gem. § 2298 **im Zweifel** als wechselbezügliche Verfügungen.
- Den **gegenseitige (reziproke) Erbvertrag,** einen zweiseitiger Erbvertrag, in dem sich die Erblasser gegenseitig etwas zugewendet haben.
- Den **einseitigen Erbvertrag,** bei dem nur eine Vertragspartei „Erblasser" ist und die andere Partei deren Erklärungen lediglich entgegennimmt.
- Den **mehrseitigen Erbvertrag,** in dem mehr als zwei Personen vertragsmäßige Verfügungen von Todes wegen treffen.
- **Gegenseitige Ehegattenerbverträge,** in denen sich die Eheleute gegenseitig als Erben einsetzen und auf den Tod des Überlebenden einen Dritten. Auf sie wird gem. § 2280 die Auslegungsvorschrift des § 2269 entsprechend angewendet.
- **Entgeltliche Erbverträge,** die mit einem anderen Vertrag verbunden sind, der die Verpflichtung zu Leistungen gegenüber dem Erblasser enthält. Dies hat jedoch nicht zur Folge, dass auf das Verhältnis dieser beiden die §§ 320 ff. anwendbar ist.[48]

e) Die Wechselbezüglichkeit beim gemeinschaftlichen Erbvertrag (§ 2298)

Bei **zweiseitigen Erbverträgen,** d. h. solchen bei denen jeder Vertragspartner Verfügun- 12
gen von Todes wegen trifft und zwar zugunsten des anderen oder Dritter, liegt, nach § 2298 im Zweifel (**nur Auslegungsregel = § 2298 Abs. 3!**) ein sog. **wechselbezüglicher Erbvertrag** vor, d. h. die getroffenen vertragsmäßigen Verfügungen sind in ihrer Rechtsgültigkeit in der Weise voneinander abhängig, dass

- die **Nichtigkeit einer vertragsmäßigen Verfügung** oder
- die **Ausübung eines vorbehaltenen Rücktritts** zur Folge hat,

dass **alle** in dem Vertrag getroffenen **vertragsmäßigen Verfügungen** unwirksam werden (§§ 2298 Abs. 1, Abs. 2 Satz 1).[49]

Bei solchen zweiseitigen oder gemeinschaftlichen Erbverträgen muss jeder Teil eine 13
oder mehrere vertragsmäßige Verfügungen von Todes wegen getroffen haben, sei es zugunsten des Vertragsgegners oder zugunsten eines Dritten, d. h. **sie brauchen keine gegenseitigen Erbverträge** zu sein.[50]

Durch die **Auslegungsregel des § 2298 Abs. 1** wird die gegenseitige Abhängigkeit 14
(**Wechselbezüglichkeit) aller vertraglichen Verfügungen** im zweiseitigen Erbvertrag **vermutet,** wogegen das Fehlen einer solchen Abhängigkeit als Ausnahmetatbestand behauptet und bewiesen werden muss (§ 2298 Abs. 3). Nach § 2298 Abs. 1 wird daher grundsätzlich beim zweiseitigen Erbvertrag von der gegenseitigen Abhängigkeit der vertragsmäßigen Verfügungen ausgegangen. Diese Vermutungswirkung gem. § 2298 Abs. 1 in Verbindung mit Abs. 3 geht insoweit **weiter als die nach § 2271 Abs. 2** beim **gemein-**

---

[45] Hülsmeier NJW 1986, 3115.

[46] BGH NJW 1982, 441; BGH WPM 1986, 1221; J. Mayer MittBayNot 1987, 77; ders. DNotZ 1990, 755, 774.

[47] MünchKomm/Musielak § 2299 Rn 3.

[48] MünchKomm/Musielak, Vor § 2274 Rn 28.

[49] Bühler DNotZ 1962, 359, 367; Lange NJW 1963, 1571, 1578; Staudinger/Kanzleiter, § 2298 Rn 3.

[50] Staudinger/Kanzleiter § 2298 Rn 1.

schaftlichen Ehegattentestament,[51] da beim zweiseitigen Erbvertrag die Wechselbezüglichkeit **aller** als vertragsmäßig festgestellten Verfügungen ausnahmslos widerlegbar vermutet wird, während dies beim gemeinschaftlichen Testament **nur** bei Verfügungen mit **wechselseitiger Begünstigung** der Ehegatten oder hinsichtlich Verfügungen zugunsten von Verwandten oder sonst Nahestehenden des erstversterbenden Ehegatten (§ 2271 Abs. 2) der Fall ist.[52]

15 Die Unwirksamkeit aller vertragsmäßigen Verfügungen gem. § 2298 Abs. 1 tritt auch beim zweiseitigen Erbvertrag nur für den Fall der **ursprünglichen** oder nachträglich durch Anfechtung herbeigeführte Nichtigkeit ein,[53] während sich bei **nachträglicher Gegenstandslosigkeit einer vertragsmäßigen Verfügung** etwa durch:
- Vorversterben des Bedachten (§§ 1923, 2160),
- Erbausschlagung (§§ 1953, 2180 Abs. 2),
- Erb- oder Zuwendungsverzicht des Dritten (§ 2352),
- Bedingungsausfall (§§ 158, 2075 ff.) oder
- oder Erb- oder Vermächtnisunwürdigkeit (§§ 2339 ff.)

nach der h. M.[54] die Auswirkungen auf die anderen vertragsmäßigen Verfügungen nach § 2085 beurteilen. Damit ist – anders als beim gemeinschaftlichen Testament – beim Erbvertrag eine Wechselbezüglichkeit möglich, die alle Fälle der Unwirksamkeit, d. h. auch die Gegenstandslosigkeit, umfasst. Wird nämlich eine vertragliche Verfügung des einen Erblassers, z. B. durch Vorversterben oder Erbverzicht des Bedachten, gegenstandslos, so kann bei Vorliegen der Voraussetzungen des § 2085, d. h. wenn der andere Erblasser seine Anordnungen nicht ohne die seines Vertragspartners getroffen haben würde, dies, anders als beim gemeinschaftlichen Testament, automatisch zur Unwirksamkeit der Verfügungen des anderen Erblassers führen.

Der Erbvertrag ist dadurch wesentlich geeigneter als das gemeinschaftliche Testament, eine volle Abhängigkeit der beiderseitigen Verfügungen zu erreichen.[55] Während nämlich der zweiseitige Erbvertrag zwingend ein einheitliches Rechtsgeschäft ist und daher bezüglich sämtlicher in ihm getroffener Verfügungen zueinander § 2085 über § 2279 Anwendung findet,[56] soweit nicht auf vertragsmäßige Verfügungen die speziellere Norm des § 2298 Abs. 1, 2 anzuwenden ist, wird beim gemeinschaftlichen Testament im Verhältnis der in den beiden Testamenten enthaltenen Verfügungen zueinander § 2085 voll durch die engere Vorschrift des § 2270 Abs. 1 ersetzt, sodass bezüglich der in den beiden nur durch den gemeinschaftlichen Testierwillen verbundenen Testamente enthaltenen nicht wechselbezüglichen Verfügungen zueinander bzw. bei bloßer, durch § 2270 Abs. 1 nicht erfasster, Gegenstandslosigkeit der Verfügung, § 2085 („mehrere in einem Testament enthaltene Verfügungen") keine Anwendung findet.[57]

Auf alle Verfügungen eines Ehegatten innerhalb „seines" Testaments zueinander findet allerdings § 2085 immer Anwendung.[58] Man kann allerdings auch beim gemeinschaftlichen Testament nicht wechselbezügliche Verfügungen des einen Ehegatten mit Verfügungen des anderen durch auflösende **Bedingung** oder durch einen die Anfechtbarkeit be-

---

[51] BGH NJW 1961, 120 = DNotZ 1961, 417 = FamRZ 1961, 76 = LM § 2287 Nr. 4; Staudinger/Kanzleiter § 2298 Rn 6; Werneborg DNotZ 1916, 230.

[52] OLG Hamm ZEV 1994, 367, 368 = FamRZ 1994, 994 = Rpfleger 1994, 297.

[53] Ob § 2298 Abs. 1 auch im Falle der Scheidung der Ehe zwischen Erblasser und Bedachtem gilt (§§ 2077, 2279), ist umstritten, dafür: MünchKomm/Musielak § 2298 Rn 3, wohl mit Recht dagegen: Staudinger/Kanzleiter, § 2298 Rn 7; OLG Hamm ZEV 1994, 367 = FamRZ 1994, 994 = Rpfleger 1994, 297.

[54] Bühler DNotZ 1962, 359, 367; MünchKomm/Musielak § 2298 Rn 3 m. w. N.

[55] Bühler DNotZ 1962, 359, 367 f.

[56] Bühler DNotZ 1962, 367.

[57] Bühler DNotZ 1962, 364; MünchKomm/Leipold § 2085 Rn 10; Staudinger/Otte § 2085 Rn 16.

[58] RGZ 116, 148; OLG Hamburg MDR 1955, 168, 169.

gründenden ausdrücklichen **Zusammenhang des Motivs** in ihrer rechtlichen Wirksamkeit miteinander verbinden **(unechte Wechselbezüglichkeit).**[59]

16 Durch die **Ausübung eines vorbehaltenen Rücktrittsrechts** (§ 2293) des zweiseitigen Erbvertrag durch den Erblasser werden im Zweifel sämtliche vertragsmäßigen Verfügungen (§ 2298 Abs. 2 Satz 1) und in der Folge **auch die einseitigen Verfügungen** (§ 2299 Abs. 3) aufgehoben, soweit bei ihnen nicht Umdeutung nach § 140 erfolgen kann. Diese Vermutung gilt nach der h. M.[60] auch, wenn sich nur ein Teil den Rücktritt vorbehalten hat. Erstreckt sich der Rücktritt nicht auf alle enthaltenen Verfügungen, so wird für die Anwendbarkeit der Gesamtnichtigkeitsvermutung teilweise gefordert, dass der Rücktritt wenigstens den gesamten Vorbehalt ausschöpfen müsse. Das dürfte zu bejahen sein, da aus der Beschränkung des Rücktritts auf einzelne vertragsmäßige Verfügungen hervorgehen dürfte, dass die Vertragspartner eine allseitige Abhängigkeit der Wirksamkeit gerade nicht gewollt haben.[61]

17 **Das Rücktrittsrecht erlischt im Zweifel mit dem Tode des Vertragspartners** (§ 2298 Abs. 2 Satz 2). Der Überlebende kann dann jedoch, wenn er das ihm durch Vertrag Zugewendete ausschlägt, seine Verfügungen durch Testament aufheben (§ 2298 Abs. 2 Satz 3). Nach der h. M.[62] ist § 2298 Abs. 2 nicht auf die gesetzlichen Rücktrittsrechte des Erblassers gem. §§ 2294, 2295 anwendbar. § 2298 findet nur Anwendung auf vertragsmäßige Verfügungen im zweiseitigen Erbvertrag. Die Frage nach der Weitergeltung einseitiger Verfügungen (§ 2299) im ein- oder zweiseitigen Erbvertrag bei Nichtigkeit einer vertragsmäßigen oder einseitigen Verfügung ist über § 2279 gem. § 2085 zu beantworten.[63] Streitig ist nur, ob umgekehrt auch die Nichtigkeit oder Gegenstandslosigkeit einer einseitigen Verfügung im Erbvertrag auf Grund § 2085 zur Unwirksamkeit vertragsmäßiger Verfügungen des Vertragspartners führen kann, wenn dieser sie nicht ohne die einseitigen Anordnungen des anderen getroffen haben würde,[64] oder ob diese Abhängigkeit wie beim gegenseitigen Testament ausdrücklich durch auflösende Bedingung, zur Anfechtung führenden Motivzusammenhang oder darauf beschränkten Rücktrittsvorbehalt herbeigeführt werden muss.[65] Wegen der Auslegungsregel des § 2298 ist es beim zweiseitigen Erbvertrag besonders wichtig, die Folgen der Unwirksamkeit oder Gegenstandslosigkeit der einzelnen Verfügungen sowie das Schicksal eines vorbehaltenen Rücktrittsrechts beim Tode des Vertragsgegners ausdrücklich in der Urkunde zu regeln.

18 **Hinweise für die Praxis:** Nicht nur die höchst komplizierte Regelung[66] beim Rücktrittsvorbehalt im zweiseitigen Erbvertrag (§ 2298 Abs. 2): Erbvertrag = Bindung, Rücktrittsvorbehalt = keine Bindung, Wechselbezüglichkeit = doch Bindung, jedoch nur in bestimmtem Umfang, macht das Schicksal der einzelnen Verfügungen im zweiseitigen Erbvertrag von Zufällen abhängig, sofern man nicht die gesetzlichen Vermutungen durch ausdrückliche Regelungen ausschaltet. Auch die allseitige Geltung des § 2085 im Erbvertrag, d. h. nicht nur innerhalb der einzelnen Verfügungen eines Vertragsteils, sondern auch zwischen den einzelnen Verfügungen der Vertragspartner zueinander, lässt nicht nur im Falle der Nichtigkeit einer Verfügung, sondern auch in dem häufigeren Fall der Gegenstandslosigkeit einer Verfügung, z. B. wegen Ausschlagung oder Zuwendungsverzicht,

---

59 Bühler DNotZ 1962, 364; Staudinger/Kanzleiter § 2270 Rn 37; MünchKomm/Musielak § 2270 Rn 2; BGH NJW-RR 1987, 1410.

60 Staudinger/Kanzleiter, 13. Bearb. § 2298 Rn 12.

61 MünchKomm/Musielak, § 2298 Rn 4; Staudinger/Kanzleiter, § 2298 Rn 12; Herlitz MittRhNotK 1996, 153, 163.

62 MünchKomm/Musielak § 2298 Rn 4 m. w. N.

63 Bühler DNotZ 1962, 367; Staudinger/Kanzleiter § 2298 Rn 4, 5; MünchKomm/Musielak § 2298 Rn 2.

64 So mit Recht Bühler DNotZ 1962, 368 ff., da im Erbvertrag vertragliche und einseitige Verfügungen ein einheitliches Rechtsgeschäft bilden.

65 So MünchKomm/Musielak § 2298 Rn 2.

66 Kipp/Coing § 41 2 b.

die Gültigkeit aller anderen Verfügungen von dem ungewissen Ergebnis der **Auslegung des hypothetischen Erblasserwillens** durch das Gericht abhängig sein, wenn nicht auch insoweit ausdrückliche Regelungen im Erbvertrag vorgenommen werden. Dies könnte z.B. erfolgen durch die Klausel:

„Im Falle der Nichtigkeit oder Gegenstandslosigkeit einzelner Verfügungen soll die Wirksamkeit der anderen dadurch nicht berührt werden."

19 Dadurch würde beim zweiseitigen Erbvertrag die Auslegungsregeln des § 2298 Abs. 1 für vertragsmäßige Verfügungen ausgeschaltet und für den Fall der Gegenstandslosigkeit, für einseitige Verfügungen und allgemein für einseitige Erbverträge die Unabhängigkeit der Einzelverfügungen voneinander (§ 2085) bestätigt.

20 Falls in einem zweiseitigen Erbvertrag ein Rücktrittsrecht vorbehalten sein sollte, empfiehlt sich der nach § 2298 Abs. 3 zulässige Zusatz:

„Der Rücktrittsvorbehalt soll mit dem Tod des anderen Vertragsschließenden nicht erlöschen."

21 Ferner kann ein gegenseitiger Ehegattenerbvertrag dadurch in der Bindungswirkung verstärkt werden, dass vereinbart wird (§ 2398 Abs. 3), dass der überlebende Vertragspartner entgegen § 2298 Abs. 2 Satz 3 auch durch die Ausschlagung des ihm vertraglich Zugewendeten seine Testierfreiheit nicht wiedererlangt.[67] Im Gegensatz dazu kann beim gemeinschaftlichen Testament der entsprechende § 2271 Abs. 2 Satz 2 nicht abbedungen werden.[68]

2. Die Bindungs- und Aufhebungswirkung beim gemeinschaftlichen Ehegattentestament

22 Während beim **einseitigen Erbvertrag vertragsmäßige Verfügungen,** die allerdings auch **nur Erbeinsetzungen, Vermächtnisse und Auflagen** sein können (§ 2278 Abs. 2), **nur bindend werden** und sonst keine damit automatisch verbundene Wirkung entfalten, ist beim **gemeinschaftlichen Ehegattentestament** eine solche **Bindung** nur für die Zeit **nach dem Tod des Erstversterbenden** möglich (§ 2271 Abs. 2), ebenfalls nur für Erbeinsetzungen, Vermächtnisse und Auflagen (§ 2270 Abs. 2) und **nur** hinsichtlich sog. **wechselbezüglicher** (= in ihrer Rechtsgültigkeit voneinander abhängiger) **Verfügungen** (§ 2271 Abs. 1).[69] Zur **Form** und den **Voraussetzungen** eines **gemeinschaftlichen Ehegattentestaments** siehe unten § 14 Rn 4.

23 Wer somit in einem gemeinschaftlichen Ehegattentestament die Bindung des Erblassers will, muss grundsätzlich in Kauf nehmen, dass die Verfügungen des anderen Ehegatten mit der gebundenen Verfügung stehen und fallen (Wechselbezüglichkeit), sofern dies nicht durch eine ausdrückliche Abänderungs- oder Freistellungsklausel abbedungen wird. Eine Bindung ohne Wechselbezüglichkeit ist im Gegensatz zum zweiseitigen Erbvertrag beim gemeinschaftlichen Ehegattentestament nicht möglich,[70] wohl aber nach neuerer Ansicht[71] Wechselbezüglichkeit ohne Bindung. Ferner haben wechselbezügliche

---

[67] Gerken BWNotZ 1992, 93, 95.
[68] Staudinger/Kanzleiter Vorbem. zu §§ 2265 ff. Rn 31.
[69] BayObLG FamRZ 1986, 392, 393.
[70] BayObLG FamRZ 1996, 1041 = ZEV 1996, 188 = Rpfleger 1996, 347.
[71] BGH NJW 1964, 2056 = LM § 2270 Nr. 3; BGH NJW 1987, 902; OLG Stuttgart NJW-RR 1986, 632 = DNotZ 1986, 553.

Verfügungen nicht die verstärkte Aufhebungswirkung wie vertragliche Verfügungen nach § 2289 Abs. 1, sondern nur die nach § 2258 Abs. 1 (siehe unten Ziffer 1, b) cc)).

a) Der Begriff der wechselbezüglichen Verfügung

Wechselbezügliche (korrespektive) oder – besser – gegenseitig voneinander abhängige 24
Verfügungen sind in einem gemeinschaftlichen Testament (§§ 2265 ff.) durch den gemeinschaftlichen rechtsgeschäftlichen Willen beider Ehegatten so miteinander verbunden, dass sie sich in ihrer Wirksamkeit gegenseitig bedingen. Auch Einzelurkunden können im Einzelfall ein gemeinschaftliches Testament bilden.[72] Nach der Auslegungsregel des § 2270 Abs. 1 sind die in einem gemeinschaftlichen Testament getroffenen Verfügungen wechselbezüglich, wenn anzunehmen ist, dass die Verfügung des einen Ehegatten nicht ohne die Verfügung des anderen getroffen worden wäre, oder – anders ausgedrückt – wenn jede der beiden Verfügungen mit Rücksicht auf die andere getroffen worden ist und nach dem Willen der Testierer mit ihr **stehen und fallen.**[73] Zwischen beiden Verfügungen besteht ein „Zusammenhang des Motivs".[74] An den Ausfall des Motivs, der im Testamentsrecht sonst durch Anfechtung geltend gemacht werden muss (§ 2078 Abs. 2), knüpft der Gesetzgeber ausnahmsweise die von selbst (automatisch) eintretende **Unwirksamkeit** (§ 2270 Abs. 1).[75] Wechselbezüglich ist dabei nur die einzelne Verfügung, nicht das gemeinschaftliche Testament insgesamt.[76] Die Wechselbezüglichkeit muss daher für jede einzelne Verfügung des gemeinschaftlichen Testaments gesondert geprüft werden.[77] Die Eheleute können nach Belieben im gemeinschaftlichen Testament **gar keine wechselbezüglichen** Verfügungen treffen oder neben wechselseitigen auch voneinander unabhängige. Treffen die Eheleute keine wechselbezüglichen Verfügungen, handelt es sich, falls sie nur **Dritte bedenken**, um ein bloß gleichzeitiges oder äußerliches gemeinschaftliches Testament (Testiergemeinschaft), mit dem nur die Formerleichterung gem. § 2267 ausgenützt wird, und falls sie sich zwar gegenseitig aber voneinander unabhängig bedenken, um ein gegenseitiges (reziprokes) gemeinschaftliches Testament.[78] Werden in einem gemeinschaftlichen Testament als Schlusserben gemeinsame Bekannte eingesetzt, ist nach der allgemeinen Lebenserfahrung regelmäßig nicht anzunehmen, dass die Testierenden eine Bindung des Überlebenden an die Erbeinsetzung nicht verwandter oder verschwägerter Personen herbeiführen wollten; vielmehr ist davon auszugehen, dass dem überlebenden Ehegatten das Recht belassen werden sollte, die Schlusserbeinsetzung nach dem Tod des Erstversterbenden jederzeit zu ändern.[79] Es kann auch nur die Verfügung des einen Ehegatten von der Wirksamkeit der des anderen abhängig gemacht werden, während die des anderen unabhängig sein soll (**einseitige Wechselbezüglichkeit**)[80] (siehe hierzu unten Ziffer 2 d).

---

[72] OLG München 2008, 485 ff.; siehe hierzu unten § 14 I.2. Rn 4.

[73] RGZ 116, 148, 149; BayObLGZ 1964, 94, 97 = Rpfleger 1964, 214; BayObLGZ 1982, 474 = Rpfleger 1983, 155; BayObLG FamRZ 1985, 1287 = Rpfleger 1985, 445; BayObLG FamRZ 1985, 392, 393; BayObLG FamRZ 1986, 604, 606.

[74] Prot. z. BGB, Bd. V, 451; Bühler DNotZ 1962, 359, 360; KG OLGZ 73, 88, 94 = DNotZ 1973, 158, 160 = NJW 1972, 2133 = DNotZ 1973, 158.

[75] KG OLGZ 73, 88, 94 = DNotZ 1973, 158, 160 = NJW 1972, 2133 = DNotZ 1973, 158.

[76] Staudinger/Dittmann § 2270 Rn 2; RGZ 116, 148, 149; BayObLGZ 1964, 94, 97 = Rpfleger 1964, 214; BayObLGZ 1982, 474 = Rpfleger 1983, 155; BayObLG FamRZ 1985, 1287 = Rpfleger 1985, 445; BayObLG FamRZ 1985, 392, 393; BayObLG FamRZ 1986, 604, 606.

[77] BGH LM § 2270 Nr. 2; BayObLG 65, 92; RGZ 116, 148, 149; BayObLGZ 1964, 94, 97 = Rpfleger 1964, 214; BayObLGZ 1982, 474 = Rpfleger 1983, 155; BayObLG FamRZ 1985, 1287 = Rpfleger 1985, 445; BayObLG FamRZ 1985, 392, 393; BayObLG FamRZ 1986, 604, 606.

[78] MünchKomm/Musielak Einl. § 2265 Rn 15, 16.

[79] OLG München MittBayNot 2008, 229 ff., LS. Zur Frage der Wechselbezüglichkeit der Erbeinsetzung von Neffen: OLG Düsseldorf ZErb 2008, 20.

[80] RGZ 116, 148, 149; BayObLGZ 1964, 94, 97 = Rpfleger 1964, 214; BayObLGZ 1982, 474 = Rpfleger 1983, 155; BayObLG FamRZ 1985, 1287 = Rpfleger 1985, 445; BayObLG FamRZ

25 Wechselbezüglich können gem. § 2170 Abs. 3 nur solche Verfügungen getroffen werden, die auch in einem Erbvertrag als vertragsmäßige zulässig sind, nämlich **Erbeinsetzungen, Vermächtnisse und Auflagen.**

Daher im Regelfall einschränkend formulieren:

Sämtliche von uns vorstehend getroffenen Verfügungen sind, soweit gesetzlich zulässig, wechselbezüglich.

26 Andere Verfügungen wie z. B. Ernennung eines Testamentsvollstreckers (§ 2170 Abs. 3), familienrechtliche Anordnungen, Enterbung (§ 1938), Teilungsanordnungen (§ 2048) oder Entziehung des Pflichtteils (§§ 2333 ff.) können zwar auch in einem gemeinschaftlichen Testament getroffen werden, aber nicht wechselbezüglich. Man kann aber auch solche nicht der Wechselbezüglichkeit fähigen Verfügungen durch **auflösende Bedingungen** oder durch den ausdrücklich oder stillschweigend zum Ausdruck gebrachten **Zusammenhang des Motivs,** der dann bei Ausfall durch Anfechtung (§ 2078 Abs. 2) geltend gemacht werden muss, in ihrem rechtlichen Bestand voneinander oder von wechselbezüglichen Verfügungen abhängig machen (**unechte Wechselbezüglichkeit**).[81] Der Unterschied der durch Bedingung hergestellten unechten Wechselbezüglichkeit zur echten Wechselbezüglichkeit gem. § 2270 Abs. 1 besteht darin, dass die Bedingung nicht zurückwirkt (§ 158 Abs. 2) und deshalb konstruktive Nacherbschaft (§§ 2104, 2105) oder ein Nachvermächtnis (§ 2191) anzunehmen ist, während bei der echten Wechselbezüglichkeit die Unwirksamkeit nach § 2270 Abs. 1 von Anfang an besteht und deshalb gegebenenfalls Ersatzerbschaft oder Ersatzvermächtnis eintritt. Einseitige Verfügungen im gegenseitigen Testament können vom Erblasser jederzeit widerrufen werden (§ 2253 Abs. 1).

b) Wechselbezüglichkeit

27 Bezüglich der Rechtsfolgen der Wechselbezüglichkeit unterscheidet man
- die **Abhängigkeitswirkung** oder Bestandsabhängigkeit gem. § 2270 Abs. 1 BGB sowie
- die **Bindungswirkung** gem. §§ 2271 Abs. 2, 2289 Abs. 1 analog BGB.

28 *aa) Die Abhängigkeitswirkung der Wechselbezüglichkeit.* Haben Eheleute ihre letztwilligen Verfügungen in einem gemeinschaftlichen Testament in dieser Weise voneinander abhängig, d. h. wechselbezüglich gemacht, so fordert das gegenseitige Vertrauen in den Bestand der Verfügungen des anderen einen gewissen Schutz, den der Gesetzgeber in § 2270 Abs. 1 dadurch gibt, dass, wenn sich eine wechselbezügliche Verfügung in einem gemeinschaftlichen Testament als
- **nichtig** erweist (wobei die Nichtigkeit auf formellen oder sachlichen Mängeln, z. B. Formfehler, Testierunfähigkeit, Anfechtung, beruhen und ursprünglich oder nachträglich entstanden sein kann)[82] oder
- wenn sie gem. § 2271 **wirksam widerrufen** wird,

die von ihr abhängigen (wechselbezüglichen) **Anordnungen** des anderen Ehegatten **ebenfalls unwirksam** sind, und zwar kraft Gesetzes, d. h. ohne ausdrücklichen Widerruf.

29 Nur die ursprüngliche oder später etwa durch Anfechtung eintretende Nichtigkeit oder der Widerruf einer wechselbezüglichen Verfügung des anderen Ehegatten führt kraft Gesetzes zur Unwirksamkeit der mit ihr wechselbezüglichen Verfügung des ande-

---

1985, 392, 393; BayObLG FamRZ 1986, 604, 606; eingehend siehe Buchholz Rpfleger 1990, 45.

[81] Lutter FamRZ 1959, 273; Bühler DNotZ 1962, 364; Lange NJW 1963, 1571, 1578; Kanzleiter DNotZ 1973, 133, 146; Staudinger/Kanzleiter, § 2270 Rn 20; KG OLGZ 73, 88, 94 = DNotZ 1973, 158, 160 = NJW 1972, 2133.

[82] Staudinger/Kanzleiter, § 2270 Rn 33.

ren Ehegatten (§ 2270 Abs. 1), während **diese automatische Rechtsfolge bei Gegenstandslosigkeit einer wechselbezüglichen Verfügung,** durch Vorversterben des Bedachten, Ausschlagung oder Zuwendungsverzicht des Bedachten, Erbunwürdigkeit des Bedachten oder dem Ausfall einer Bedingung,[83] **nicht eintritt,** wenn die Verfügungen nicht ausdrücklich durch auflösende Bedingung voneinander abhängig gemacht worden sind.[84]

Bei **teilweiser Unwirksamkeit** ist zu ermitteln, ob und inwieweit sich die Wechselbe- 30
züglichkeit gerade auf den unwirksamen Teil bezieht. Beim gemeinschaftlichen Testament gilt für das Verhältnis der wechselbezüglichen Verfügungen zueinander bei Nichtigkeit oder Widerruf der Verfügung eines Ehegatten statt der nur für Einzeltestamente geltenden Auslegungsregel des § 2085 die Vorschrift des § 2270 Abs. 1.[85] Dies gilt aber nicht bezüglich der einzelnen Verfügungen desselben Erblasserehegatten untereinander, sondern nur für die zwischen den Eheleuten[86] und auch hier nicht in anderen Fällen der Unwirksamkeit als wegen Nichtigkeit oder Widerruf. Bezüglich der von jedem Ehegatten innerhalb seiner Verfügungen im gemeinschaftlichen Testament getroffenen einseitigen oder wechselbezüglichen Anordnungen zueinander gilt § 2085. Die Nichtigkeit einseitiger Verfügungen und die Gegenstandslosigkeit wechselbezüglicher Verfügungen des einen Ehegatten wirkt beim gegenseitigen Ehegattentestament nicht gegenüber den Verfügungen des anderen Ehegatten, da § 2085 ein Einzeltestament voraussetzt. Anders nur, wenn die beiderseitigen Verfügungen durch auflösende Bedingung miteinander verknüpft sind oder zwischen ihnen ein die Anfechtbarkeit gem. § 2078 Abs. 2 begründender Zusammenhang der Motive vorliegt. Wegen der Bindungswirkung wechselbezüglicher Verfügungen siehe unten lit. bb), und wegen der Auswirkung der Ausnützung einer Freistellungsklausel durch den einen Ehegatten auf die wechselbezüglichen Verfügungen des anderen Ehegatten siehe unten lit. d).

bb) Die Bindungswirkung bei wechselbezüglicher Verfügungen. Die wechselbezügli- 31
chen Verfügungen in gemeinschaftlichen Ehegattentestamenten haben zwar anders als die vertragsmäßigen im Erbvertrag keine besondere Aufhebungswirkung hinsichtlich früherer letztwilliger Verfügungen, wohl aber nach dem Tod des anderen Ehegatten die **gleiche Bindungswirkung wie beim Erbvertrag.** Die Bindungswirkung wechselbezüglicher Verfügungen bedeutet, dass die Ehegatten gehindert sind, ohne weiteres einseitig abweichende Verfügungen von Todes wegen zu treffen, d.h., dass sie an ihre wechselbezüglichen Verfügungen gebunden sind. Ist oder wird eine bindende Verfügung von Todes wegen aufgrund Vorversterbens des Bedachten, Zuwendungsverzichtsvertrag des Bedachten, Eintritt einer auflösenden Bedingung, Ausschlagung des Bedachten oder Erbunwürdigkeit des Bedachten **gegenstandslos,** entfällt normalerweise insoweit für den Erblasser die Sperre und er erlangt wieder seine Testierfreiheit.[87] Dies ist allerdings nur der Fall, wenn sämtliche Bedachte wegfallen, d.h. auch die ausdrücklich bestimmten oder vermuteten bzw. durch ergänzende (hypothetische) Auslegung gewonnenen Ersatzbedachten (§§ 2096, 2069, 2191 BGB) sowie etwaige anwachsungsberechtigte Miterben (§§ 2094, 2158 BGB).[88] Erfolgt der Zuwendungsverzicht allerdings gegen vollwertige Abfindung, kommt die h.M. im Wege der ergänzenden Auslegung ausnahmsweise dazu, dass der Verzicht auch zu Lasten der vermuteten Ersatzberufenen wirkt.[89]

---

[83] MünchKomm/Musielak, § 2270 Rn 20; Staudinger/Kanzleiter, § 2270 Rn 37; OLG Frankfurt FamRZ 1995, 1026 = NJW-RR 1995, 265.

[84] MünchKomm/Musielak § 2271 Rn 20; Staudinger/Kanzleiter § 2270 Rn 37.

[85] Bühler DNotZ 1962, 359, 361; KG OLGZ 73, 88, 95.

[86] MünchKomm/Leipold § 2085 Rn 10.

[87] OLG Zweibrücken OLGZ 1990, 134 = FamRZ 1989, 1355.

[88] OLG Hamm OLGZ 1982, 272, 276 = FamRZ 1982, 203; BayObLGZ 1960, 216, 222 = NJW 1960, 2287; Blomeyer FamRZ 1974, 421, 427; Brems FamRZ 1983, 1278; J. Mayer ZEV 1996, 127, 131; Nieder ZEV 1996, 241, 247.

[89] OLG Köln FamRZ 1990, 99, 101; J. Mayer ZEV 1996, 127, 130.

32 Hinsichtlich des Umfangs der Bindung ist zu unterscheiden, ob beide Ehegatten noch leben oder einer bereits verstorben ist.

33 • **Solange beide Ehegatten leben,** können sie ihre wechselbezüglichen Verfügungen gemeinsam widerrufen (§ 2253), und zwar durch reines Widerrufstestament (§ 2254), durch widersprechendes Testament (§ 2258), durch Vernichtung oder Veränderung der Urkunde (§ 2255) oder durch gemeinsame Rücknahme des öffentlichen Testaments aus der besonderen amtlichen Verwahrung (§§ 2256, 2272)(zum gemeinsamen Widerruf siehe eingehend unten § 16 Rn 21).[90] Ferner kann, wenn in dem gemeinschaftlichen Testament Vermächtnisse und Auflagen enthalten sind, jeder Ehegatte diese in entsprechender Anwendung des § 2291 durch einfaches Testament mit notariell beurkundeter Zustimmung des anderen widerrufen.

34 • **Einseitig** kann ein Ehegatte bei Lebzeiten des anderen seine wechselseitigen Verfügungen aus Gründen der Rechtssicherheit und der Verhinderung eines heimlichen Widerrufs gem. § 2271 Abs. 1 BGB nur in der für den Rücktritt von einem Erbvertrag gem. § 2296 angeordneten Form widerrufen, d.h. der Widerrufende muss **die Urschrift oder eine Ausfertigung** seiner **notariell beurkundeten Widerrufserklärung** dem anderen Ehegatten durch den Gerichtsvollzieher **zustellen lassen** (§§ 2296 Abs. 2, 130, 132). Die Zustellung nur einer beglaubigten Abschrift genügt nicht.[91] Der Widerruf ist unwirksam, wenn sein Adressat vor seinem Zugang verstirbt.[92] Dagegen hat es gemäß § 130 Abs. 2 auf die Wirksamkeit des Widerrufs keinen Einfluss, wenn der widerrufende Ehegatte vor dem Zugang des Widerrufs überraschend verstirbt, sofern der Zugang nach seinem Tod nicht geplant war.[93]

34a Zunehmend mit der Lebenserwartung der Beteiligten steigt auch die Zahl der Personen, die nicht mehr geschäftsfähig sind, insb. aufgrund Demenzerkrankungen. Gerade bei Ehegattentestamenten nach „Berliner Art“ mit gegenseitiger Alleinerbeinsetzung besteht häufig der Wunsch des geschäftsfähigen Ehegatten, dies zu widerrufen, da im Falle des Erstversterbens des gesunden Ehegatten der Gesamtnachlass für die Pflegekosten des überlebenden geschäftsunfähigen Ehegatten herangezogen würde. Für den Zugang der Ausfertigung der Widerrufserklärung gemäß §§ 2271 Abs. 1, 2296 Abs. 2 ist in einem solchen Fall der Geschäftsunfähigkeit des Adressaten ein **Zugangsvertreter** gemäß § 131 Abs. 1 zu bestellen. Möglich ist hierfür die Bestellung eines **Betreuers** gemäß §§ 1896ff als gesetzlichen Vertreter für den anderen **geschäftsunfähigen Ehegatten.** Umstritten ist, ob der Zugang auch möglich ist an einen **Bevollmächtigten.** Keine Zweifel dürften bestehen, wenn diese Empfangnahmezuständigkeit im Rahmen einer Vorsorgevollmacht als erweiterten Generalvollmacht oder aber Spezialvollmacht ausdrücklich oder sinngemäß benannt ist. Das LG Leipzig hält dies für zulässig auch mit dem Verweis auf den 2005 eingefügten § 51 Abs. 3 ZPO; danach steht im Prozessrecht ein Bevollmächtigter einem Betreuer gleich, wenn die Bevollmächtigung geeignet ist, die Erforderlichkeit einer Betreuung entfallen zu lassen. Dieser für das Prozessrecht geltende Rechtsgedanke kann nach Ansicht des Gerichts im weiten Sinne in das materielle Recht übertragen werden.[94] Dennoch ist bis zu einer obergerichtlichen Entscheidung anzuraten, vorsorglich einen Betreuer bestellen zu lassen, wozu das Betreuungsgericht bis zu einer höchstrichterlichen Entscheidung auch zur Herbeiführung einer Rechtsicherheit auch verpflichtet ist. Besonders problematisch ist, wenn das Betreuungsgericht eine Betreuerbestellung ablehnt im Hinblick auf § 1896 Abs. 2 Satz 2, wenn eine General- oder Vorsorgevollmacht besteht,

---

[90] BayObLG Rpfleger 1980, 283.

[91] BGHZ 31, 5 = NJW 1960, 33; BGHZ 36, 201 = NJW 1962, 736; BGHZ 48, 374 = NJW 1968, 496 = DNotZ 1968, 360.

[92] RGZ 65, 270, 273.

[93] MünchKomm/Musielak, § 2271 Rn 9 m.w. Nachw.

[94] So im Ergebnis auch Keim, Widerruf wechselbezüglicher Verfügungen eines gemeinschaftlichen Testaments auch gegenüber dem Bevollmächtigten des anderen Ehegatten?, ZEV 2010, 358, 360.

da das Nachlassgericht an diese Entscheidung nicht gebunden ist.[95] Der Aufgabenkreis des Betreuers muss die Entgegennahme der Willenserklärung umfassen, wofür die Bestellung für Vermögensangelegenheiten genügt.[96] Ist der Widerrufende jedoch selbst der Betreuer des Ehegatten, ist aufgrund §§ 1908i Abs. 1 Satz 1 i.V.m. §§ 1795 Abs. 2, 181 ein Ergänzungsbetreuer zu bestellen (§ 1899 Abs. 4).

Zu trennen hiervon ist die Frage, ob überhaupt ein **Widerruf gegenüber einem geschäftsunfähigen Ehegatten** zulässig ist, da letzterer aufgrund seiner Testierunfähigkeit nicht mehr reagieren und selbst eine neue letztwillige Verfügung errichten kann.[97] Gleichwohl ist mit der h.M.[98] ein Widerruf zulässig anzusehen, zum einen aufgrund des gesetzlichen Wortlauts des § 2271 Abs. 1 („... bei Lebzeiten der Ehegatten ...“), zum anderen aufgrund der Funktion des Widerrufsrechts in der Lösung von einer sonst drohenden erbrechtlichen Bindung.[99] 34b

Zu Lebzeiten beider Ehegatten besteht somit noch keine materielle Bindung bezüglich wechselbezüglicher Verfügungen in gemeinschaftlichen Testamenten. Durch die Formbedürftigkeit des Widerrufs ist lediglich die Möglichkeit des **heimlichen Widerrufs** ausgeschaltet (Offenheitsprinzip). Das Offenheitsprinzip steht allerdings nicht einer das Vermögen und damit den künftigen Nachlass eines Ehegatten schmälernden unentgeltlichen Verfügungen unter Lebenden entgegen und zwar auch dann nicht, wenn sie durch Verträge unter Lebenden mit Wirkung erst auf den Tod erfolgen.[100] 34c

• **Nach dem Tod des einen Ehegatten** tritt die **Bindung** des überlebenden Ehegatten an seine eigenen wechselbezüglichen Verfügungen ein, ähnlich wie die des Erblassers an vertragsmäßige Verfügungen im Erbvertrag ab Vertragsschluss. Der Überlebende hat nach Annahme der Erbschaft kein Widerrufsrecht hinsichtlich der eigenen wechselbezüglichen Verfügungen mehr (§ 2271 Abs. 2 Satz 1). Wenn der Überlebende allerdings das ihm Zugewendete ausschlägt (§§ 1942ff.), kann er seine eigenen Verfügungen aufheben (§ 2271 Abs. 2 Satz 1, 2. Halbsatz). Diese Möglichkeit kann nicht wie beim gegenseitigen Ehegattenerbvertrag (§ 2298 Abs. 3) abbedungen werden.[101] Dabei bringt es ihm jedoch keinen Vorteil, wenn er gem. § 1948 Abs. 1 nur das ihm testamentarisch Zugewandte ausschlägt, jedoch seinen gesetzlichen Ehegattenerbteil annimmt, sofern sich durch seine Ausschlagung für ihn die gesetzliche Erbfolge nicht öffnet, weil der ausgeschlagene Erbteil einem ausdrücklich eingesetzten (§ 2996 BGB) oder vermuteten (§§ 2069, 2102 Abs. 1 BGB) Ersatzerben anfällt.[102] Dabei ist auch zu beachten, dass beim **sog. Berliner Testament (§ 2269)** die **Schlusserben** im Zweifel **Ersatzerben** des Erstversterbenden sind.[103] 35

Aber selbst wenn sich für den Überlebenden durch seine Ausschlagung die gesetzliche Ehegattenerbfolge öffnete, würde er dadurch nach der h.M. nur dann von seiner Bindung an seine eigenen Verfügungen frei, wenn er auch den **gesetzlichen Erbteil ausschlagen** würde (**Doppelausschlagung**), es sei denn, sein gesetzlicher Erbteil ist erheblich kleiner als der ihm testamentarisch zugewendete.[104]

---

[95] LG Leipzig FamRZ 2010, 403 = ZErb 2009, 360 = NJW-Spezial 2010, 71; instruktiv zu diesem Fragenkreis J. Mayer in DAI-Jahresarbeitstagung 2010 S. 486; Odersky, notar 2010, 282, 285.

[96] Jörg Mayer in Reimann/Bengel/Mayer, § 2271 Rn 17 m.w.N.

[97] Damrau/Rittler, ZErb 2004, 77; BGH v. 13.7.1959, NJW 1959, 1730.

[98] Keim ZEV 2010, 358 m.w.N.

[99] Jörg Mayer in Reimann/Bengel/Mayer, § 2271/Rn 17.

[100] Speth NJW 1985, 463, die insoweit eine analoge Anwendung von § 2287 vorschlägt.

[101] Staudinger/Kanzleiter Vorbem. zu §§ 2265ff. Rn 31.

[102] BGH VersR 1959, 997; BayObLGZ 1977, 163, 166; Palandt/Edenhofer § 1948 Rn 2; Nieder ZEV 1996, 241, 246.

[103] RGZ 60, 15, 117; Palandt/Edenhofer § 2269 Rn 3; Staudinger/Kanzleiter, § 2269 Rn 18; OLG Stuttgart DNotZ 1979, 615; Wintermantel BWNotZ 1993, 120; Nieder ZEV 1996, 241, 244.

[104] KG OLGZ 1991, 6 = NJW-RR 1991, 330; MünchKomm/Musielak, § 2271 Rn 25; a.M. Tiedke FamRZ 1991, 1259, Abstellen auf den Einzelfall: Palandt/Edenhofer § 2271 Rn 18.

36 • Ausnahmsweise kann der Überlebende seine Verfügungen aufheben oder ändern, wenn dem bedachten Dritten der Pflichtteil entzogen (§ 2336) oder bei Verschwendung oder Überschuldung in guter Absicht beschränkt (§ 2338) werden kann (§ 2271 Abs. 1 Satz 2, Abs. 3).[105]

Da nur wechselbezügliche Verfügungen bindend werden können (§ 2271 Abs. 1), bezieht sich die **Bindungswirkung** nicht auf die gesamten Anordnungen in einem gemeinschaftlichen Testament, sondern nur auf bestimmte **einzelne Verfügungen** des Erblassers, die nur Erbeinsetzungen, Vermächtnisse und Auflagen sein können (§ 2270 Abs. 3).[106] Andere Anordnungen des Erblassers und solche, bei denen er die Wechselbezüglichkeit ausdrücklich ausgeschlossen hat, sind nicht bindend, sodass bindende und nichtbindende Verfügungen in einem gemeinschaftlichen Testament nebeneinander stehen können und jeweils anderen Grundsätzen folgen. Die nichtbindenden Verfügungen können jederzeit grundlos und ohne Verständigung des anderen Ehegatten (**heimlich**) in den Formen der §§ 2254, 2258 widerrufen werden. Dabei hat dies grundsätzlich nicht die automatische Unwirksamkeit der bindenden oder nichtbindenden Verfügungen des anderen Ehegatten in dem gemeinschaftlichen Testament zur Folge, da diese Wirkung nur für wechselbezügliche Verfügungen gilt (§ 2270 Abs. 1). Nur bei Auflösung der Ehe entfällt das gesamte Anordnungswerk gem. § 2268,[107] sofern nicht ein sogenannter Aufrechterhaltungswille gemäß § 2268 Abs. 2 vorliegt. In diesem Fall ist die Verfügung aber auch weiterhin wechselbezüglich.[108]

37 *cc) Die Wirkung der Wechselbezüglichkeit gegenüber andere letztwillige Verfügungen.* **Widerspricht** eine wechselbezügliche Verfügung **einer früheren** einseitigen letztwilligen Verfügung, so wird das frühere Testament insoweit **aufgehoben** (§ 2258 Abs. 1). **Nachträgliche** Verfügungen von Todes wegen sind insoweit **unwirksam,** d.h. sie werden **verdrängt,** soweit sie den wechselbezüglichen Anordnungen **widersprechen** und den anderen Teil rechtlich oder wirtschaftlich **beeinträchtigen** (§ 2271 Abs. 1 Satz 2 und analog § 2289).[109] Wegen des Fehlens dieser verdrängenden Wirkung kann bei Nichteheleuten auch nicht die volle Wirkung der Wechselbezüglichkeit durch gegenseitige Bedingung der letztwilligen Verfügungen (**unechte Wechselbezüglichkeit**) erreicht werden, sondern muss auf den Erbvertrag ausgewichen werden. Ein weiterer Schwachpunkt der unechten Wechselbezüglichkeit ist, dass jeder Partner heimlich seine Verfügungen auf Ableben als Längstlebender durch eigenhändiges widersprechendes oder widerrufendes Testament aufheben kann und es später vernichten, sofern er der Längstlebende bleibt.

38 Der Begriff des **Widerspruchs i.S. von § 2258 Abs. 1** deckt sich dabei nicht ganz mit dem der **Beeinträchtigung i.S. von § 2289 Abs. 1**[110, 111] da z.B. eine vorausgehende Verfügung nicht auch widersprechend sein muss, um den vertragsmäßig Bedachten beeinträchtigen zu können.[112] **Widersprechen** wird eine nachträgliche Verfügung von Todes wegen der wechselbezüglichen früheren, wenn sie den Bedachten beeinträchtigt z.B. durch Beschwerung mit einem Vermächtnis,[113] Anordnung einer Nacherbfolge oder einer Testamentsvollstreckung,[114] während der Überlebende eine von ihm selbst einseitig

---

[105] OLG Köln Rpfleger 1983, 113.

[106] BayObLG FamRZ 1988, 660, 661.

[107] Lange NJW 1963, 1572.

[108] BGHZ 160, 33 = NJW 2004, 3113 = ZEV 2004, 423 m. Anm. Keim.

[109] Staudinger/Kanzleiter, § 2271 Rn 33; MünchKomm/Musielak, § 2271 Rn 12; RGZ 58, 64; RGZ 130, 213; BGH NJW 1959, 1730; Gerken Rpfleger 1992, 252. Zur „Beeinträchtigung" beim Erbvertrag siehe oben § 11 I.1.b), Rn 4.

[110] Siehe hierzu oben § 11 I.1.b), Rn 4 ff.

[111] MünchKomm/Musielak, § 2289 Rn 11.

[112] Palandt/Edenhofer § 2289 Rn 2.

[113] BGH FamRZ 1969, 207; BGH NJW 1978, 423 = JR 1978, 287 m. Anm. Schubert; KG DNotZ 1977, 749.

[114] Staudinger/Kanzleiter § 2271 Rn 33; KG DNotZ 1967, 438; BGH FamRZ 1964, 438.

angeordnete Testamentsvollstreckung aufheben kann.[115] Zur Frage, ob der Überlebende Ehegatte die Person eines bestimmten Testamentsvollstreckers einseitig austauschen kann siehe § 15 Rn 35 af. Bloße Teilungsanordnungen (§ 2048), die allerdings nicht die Wirkung haben können, dass ein Miterbe mehr oder weniger erhält als seinem Erbteil entspricht, kann der gebundene überlebende Ehegatte nach überwiegender Ansicht treffen, da diese gem. § 2270 Abs. 3 nicht wechselbezüglich sein können.[116]

In einem Beschwerdebeschluss gegen die Nichtzulassung der Revision hat der BGH seine ständige Rechtsprechung bestätigt, wonach die Einräumung eines unentgeltlichen schuldrechtlichen Wohnrechts – selbst bei sehr langer Dauer – keine Schenkung, sondern Leihe darstellt und der erbvertraglich oder durch wechselbezügliches Testament gebundene Erblasser nicht durch § 2287 daran gehindert ist, ein solches Wohnrecht einzuräumen;[117] diese formale Betrachtungsweise stieß in der Literatur zu Recht auf Kritik,[118] zumal der BGH bezüglich der Einräumung eines Nießbrauchsrechts anders entschieden hat.[119] Den bindend Bedachten beeinträchtigende letztwilligen Verfügungen des Überlebenden, mit denen einer sittlichen Pflicht oder einer auf den Anstand zu nehmenden Rücksicht entsprochen werden soll, sind von der Bindung nach § 2271 Abs. 2 nur ausgenommen, wenn dies ein ausdrücklicher oder im Wege der ergänzenden Auslegung ermittelnder stillschweigender Änderungsvorbehalt zulässt.[120] Missglückte letztwillige Zuwendungen mit dieser Zielsetzung können bei Vorliegen der Voraussetzungen gem. § 140 in Verfügungen unter Lebenden umgedeutet werden.[121] Die gesetzliche Regelung bewirkt jedoch nicht, dass eine einseitig widersprechende Verfügung nichtig ist. Wird nachträglich die frühere wechselbezügliche Verfügung aufgehoben oder gegenstandslos, erlangt die widersprechende einseitige Verfügung Wirksamkeit.[122] Nach h. M. wird ein Ehegatte durch frühere wechselbezügliche Verfügungen auch nicht gehindert, den anderen Ehegatten durch spätere einseitige letztwillige Verfügungen rechtlich besser zu stellen, auch wenn sie zu Lasten weiterer wechselbezüglich Bedachter geht.[123] Ein Ehegatte kann auch durch einseitige letztwillige Verfügung die **Bindung des anderen an eine wechselbezügliche Verfügung beseitigen,** weil dadurch **nicht** seine eigene Bindung wegfällt.[124] Gemeinsam können die Ehegatten ihre wechselbezüglichen Verfügungen natürlich in jeder zulässigen Form widerrufen. Im Übrigen besteht die Bindung nur dem anderen Ehegatten gegenüber und nicht gegenüber dem Bedachten.[125] Deshalb werden widersprechende letztwillige Verfügungen auch nicht schon dadurch wirksam, dass der Bedachte formlos zustimmt.[126] Nur wenn der Bedachte mit dem Überlebenden einen notariellen Zuwendungsverzichtsvertrag (§ 2352) schließt, wird die widersprechende Verfügung wirksam,

---

[115] MünchKomm/Musielak § 2271 Rn 17; KG FamRZ 1977, 485; Kuchinke FS f. U. v. Lübtow, 1990, S. 283, 285.

[116] BGHZ 82, 274, 279 = JR 1982, 153 m. Anm. Schubert = NJW 1982, 43; Kuchinke FS f. U. v. Lübtow, 1990, S. 283, 288; a. M. Lehmann MittBayNot 1988, 157; Staudinger/Kanzleiter § 2271 Rn 16. Zu Bedenken siehe oben § 8 I.1.b. Rn 4 zum Erbvertrag.

[117] BGH ZEV 2008, 192 m. Anm. J. Mayer S. 192 f.

[118] J. Mayer in Reimann/Bengel/Mayer, § 2287 Rn 25 m. w. N.

[119] BGH ZEV 1996, 25; OLG Koblenz ZEV 2002, 460. Zum Problemkreis Keim DAI Jahresarbeitstagung des Notariats 2008, S. 275.

[120] BGH NJW 1978, 423 = DNotZ 1978, 298 = JR 1978, 278 m. Anm. Schubert; KG DNotZ 1977, 749; Staudinger/Kanzleiter § 2271 Rn 33.

[121] BGH a. a. O., krit. hierzu: Schubert JR 1978, 289.

[122] RGZ 65, 275; 149, 200, 201.

[123] BGHZ 30, 261, 264 = NJW 1959, 1730 = DNotZ 1959, 591; Haegele Rpfleger 1959, 378; Buchholz Rpfleger 1990, 45, 46 m. w. N.; a. M. Bärmann NJW 1960, 142.

[124] KG DNotZ 1938, 179, 180 = JW 1938, 680; BayObLG 1966, 242, 245; MünchKomm/Musielak, § 2270 Rn 5.

[125] BGHZ 30, 261, 267 = NJW 1959, 1730 = DNotZ 1959, 591.

[126] BGH LM § 2271 Nr. 7 = DNotZ 1958, 495 = FamRZ 1958, 275; OLG Hamm OLGZ 1982, 272; Staudinger/Kanzleiter § 2271 Rn 38; Palandt/Edenhofer § 2271 Rn 15.

sofern kein Ersatzerbe oder -vermächtnisnehmer vorhanden ist oder Anwachsung eintritt. Allerdings kann bei formloser Zustimmung der Geltendmachung der Unwirksamkeit evtl. der Einwand der Arglist entgegengehalten werden.[127]

c) **Die Feststellung der Wechselbezüglichkeit**

39 Ehegatten, die ein gemeinschaftliches Testament errichten, können frei bestimmen, ob und inwieweit ihre letztwilligen Anordnungen wechselbezüglich sein sollen. Es steht ihnen frei, die Wirkungen, die das Gesetz an die Wechselbezüglichkeit knüpft, auszuschließen oder zu beschränken.[128] Daraus, dass sich eine Verfügung in einem gemeinschaftlichen Testament befindet, kann allein nicht auf ihre Wechselbezüglichkeit geschlossen werden.[129]

40 Andererseits müssen die nach dem Willen der Eheleute miteinander wechselbezüglichen Verfügungen **nicht in derselben Verfügung von Todes wegen getroffen** sein. Sie können auch durch ein späteres gemeinschaftliches Testament mit einem früheren oder einem früheren Erbvertrag durch Bezugnahme eine Gesamtregelung treffen, die zu mehr oder weniger Bindung oder Freistellung der alten und/oder neuen Verfügungen führt.[130]

41 Zweckmäßigerweise sollte man in einem gemeinschaftlichen Testament **ausdrücklich festlegen,** welche der Verfügungen und gegebenenfalls wie weit **wechselbezüglich sein sollen.** Ist die Wechselbezüglichkeit einer Verfügung nicht eindeutig aus dem Text des gegenseitigen Testaments feststellbar, so muss zunächst gem. § 133 mit den Mitteln der individuellen (**erläuternder oder ergänzender**) Auslegung versucht werden und zwar unter Einbeziehung auch außerhalb der Testamentsurkunde liegender Nebenumständen und wobei auch die allgemeine Lebenserfahrung zu berücksichtigen ist,[131] den wirklichen oder mutmaßlichen Willen des Testierers zu erforschen (§§ 133, 2084).[132] Da es sich um gemeinschaftliche Ehegattentestamente handelt, kommt es dabei auf den übereinstimmenden Willen beider Ehegatten bei Errichtung des Testaments an.[133] Lässt der sich nicht ermitteln, dann muss allerdings auf den Willen gerade des Erblassers abgestellt werden, um dessen testamentarischer Verfügung es geht, allerdings auch aus der Sicht des anderen Ehegatten. Im Rahmen der Auslegung können dabei auch Anhaltspunkte außerhalb der Testamentsurkunde ergänzend herangezogen werden.[134] Gegen die Wechselbezüglichkeit können z. B. erhebliche Unterschiede im Vermögen oder der Lebenserwartung der beiden Ehegatten sprechen.[135] Andererseits muss dies jedoch nicht so sein.[136] Grundsätzlich ist eine Freistellungsklausel kein Indiz gegen die Wechselbezüglichkeit.[137]

---

[127] BGH LM § 2271 Nr. 7 = DNotZ 1958, 495 = FamRZ 1958, 275 m. Anm. Bosch; LG Düsseldorf FamRZ 1988, 661.

[128] BGHZ 2, 35, 37 = NJW 1951, 959; BGHZ 30, 265; BGH NJW 1964, 2056; OLG Hamm NJW 1972, 1088, 1089.

[129] Bengel DNotZ 1977, 5, 7.

[130] BGH NJW 1987, 901 = DNotZ 1987, 430 m. Anm. Kanzleiter; BayObLG Rpfleger 1982, 285; BayObLG Rpfleger 1983, 402; BayObLG FamRZ 1986, 392; BayObLGZ 1987, 23, 27 = Rpfleger 1987, 249; BayObLG FamRZ 1995, 1447; OLG Frankfurt FamRZ 1996, 1039 = Rpfleger 1996, 409.

[131] RGZ 116, 148.

[132] BayObLGZ 1982, 474 = Rpfleger 1983, 155; BayObLG FamRZ 1985, 1287 = Rpfleger 1985, 445; OLG Saarbrücken FamRZ 1990, 1285.

[133] BGHZ 112, 229, 233; BGH WM 1993, 81; BayObLG FGPrax 1998, 187.

[134] MünchKomm/Musielak, § 2270 Rn 7.

[135] BayObLG FamRZ 1984, 1154 = Rpfleger 1985, 240; BayObLG FamRZ 1995, 251 = ZEV 1994, 362.

[136] OLG Saarbrücken FamRZ 1990, 1285.

[137] OLG Stuttgart NJW-RR 1986, 632 = DNotZ 1986, 553; Coing NJW 1958, 689; BGH NJW 1964, 2056; Schmidt-Kessel DNotZ 1989 Sonderbeil., S. 159 f.

Erst wenn die individuelle Auslegung misslingt, greift die **Auslegungsregel des § 2270 Abs. 2** ein, nach der bei Vorliegen einer der folgenden Voraussetzungen im gemeinschaftlichen Testament im Zweifel Wechselbezüglichkeit anzunehmen ist: 42

- Wenn sich die Ehegatten **gegenseitig bedenken** (§ 2270 Abs. 2, 1. Alt.);
- Wenn der eine Ehegatte den anderen bedenkt und dieser für den Fall seines Überlebens eine Person bedenkt, die mit dem ihn bedenkenden Ehegatten **verwandt** ist (§ 2270 Abs. 2, 2. Alt.). Früher traten nach der Rechtsprechung in Fällen, in denen der Erblasser seinen Ehegatten zum Alleinerben und seine Kinder zu Schlusserben ohne Einsetzung von Ersatzerben bestimmt hat, im Falle des Wegfalls eines Schlusserben nach der Auslegungsregel des § 2069 dessen Abkömmlinge als Ersatzerben ein und diese Ersatzerbeinsetzung wurde nach der Auslegungsregel des § 2270 Abs. 2 wegen der Verwandtschaft als wechselbezüglich und damit bindend angesehen.[138] Zu diesem Ergebnis kam man somit durch **kumulierte Anwendung der Auslegungsregeln der §§ 2069, 2270 Abs. 2.** In Bestätigung eines Vorlagebeschlusses des BayObLG[139] hat der BGH[140] die Feststellung der Wechselbezüglichkeit durch eine Kumulation der beiden Auslegungsregeln mit der Begründung abgelehnt, da sonst eine durch individuelle Auslegung nicht feststellbarer Bindungswille des Erblassers bezüglich einer ebenfalls durch individuelle Auslegung nicht zu ermittelnden Verfügung von Todes wegen angenommen werde. Eine derartige Gesetzesanwendung lasse sich nicht mehr mit allgemeinen Erfahrungen rechtfertigen. Der dem zustimmende Otte[141] begründete treffend, dass bei einer Kumulation von Vermutungen der Grad der Verlässlichkeit, mit der eine bestimmte Willensrichtung des Erblassers angenommen werden darf, zwangläufig abnimmt, daher allgemein **keine kumulierende Anwendung von Auslegungsregeln!**
- Wenn der eine Ehegatte den anderen bedenkt und dieser für den Fall seines Überlebens eine Person bedenkt, die dem ihn bedenkenden Ehegatten **sonst nahe steht** (§ 2270 Abs. 2, 3. Alt.).

Wenn sich die Eheleute gegenseitig überhaupt nicht bedenken, sondern jeweils nur den einzigen Sohn zum Alleinerben einsetzen, so sind diese Verfügungen nach dem BayObLG[142] im Zweifel nicht wechselbezüglich, weil im Allgemeinen jeder Ehegatte auf jeden Fall und unabhängig von der Verfügung des anderen das Kind zu seinem Erben machen will, so dass die in § 2270 vorausgesetzte Wirksamkeitsabhängigkeit gerade nicht dem Willen der Ehegatten entspricht. Das hat dann freilich zur Folge, dass nach dem ersten Erbfall der zweite Ehegatte hinsichtlich seiner Verfügung zugunsten des Kindes nicht gebunden ist.[143] 43

Bei den **„sonst nahe stehenden"** Personen i. S. des § 2270 Abs. 2, 3. Alt. muss es sich um solche handeln, zu denen der betreffende Ehegatte konkrete, deutlich über das normale Maß hinausgehende, mindestens dem üblichen Verhältnis zu Verwandten entsprechende, gute Beziehungen hatte.[144] Dies kann z. B. unter Berücksichtigung der Umstände des Einzelfalles gegeben sein bei Adoptiv-, Stief- oder Pflegekindern, sowie engen Freunden, bewährten Hausgenossen und langjährigen Angestellten.[145] Regelmäßig nicht der Fall dürfte es sein bei Vereinigungen irgendwelcher Art, wie z. B. der Aktion Sorgenkind, Kirchengemeinden, Tierschutzvereinen und politischen Parteien.[146] Ein bloß verträgli- 44

[138] So BGH NJW 1983, 277; BayObLG, ZEV 1994, 362; OLG Frankfurt, FamRZ 1989, 772.
[139] BayObLG ZEV 2002, 71 = FGPrax 2001, 248.
[140] BGH NJW 2002, 1126 = ZEV 2002, 150 m. Anm. Otte = DNotZ 2002, 661 m. Anm. Schmucker; OLG München RNotZ 2007, 109 = Rpfleger 2007, 146; dazu auch Keim, ZEV 2002, 437; BayObLG FamRZ 2004, 1671.
[141] Otte, ZEV 2002, 152.
[142] BayObLG FamRZ 1996, 1041 = ZEV 1996, 188 = Rpfleger 1996, 347.
[143] Leipold JZ 1998, 709; BayObLGZ 1982, 474 = Rpfleger 1983, 155.
[144] Bengel DNotZ 1977, 5, 8.
[145] BayObLGZ 1982, 474, 479 = Rpfleger 1983, 155.
[146] BayObLG FamRZ 1986, 604 m. Anm. Bosch.

ches Miteinanderauskommen oder gutes Einvernehmen genügt keinesfalls, denn in aller Regel werden die testierenden Ehegatten ohnehin nur solche Personen bedenken, zu denen sie ein spannungsfreies und ungetrübtes Verhältnis haben.[147] Verschwägerte zählen daher nicht ohne weiteres zu den nahe stehenden Personen.[148] Bei der Beurteilung der Voraussetzungen des „Nahestehenden" ist ein relativ strenger Maßstab anzulegen, um die Vermutung nicht zur gesetzlichen Regel werden zu lassen.[149]

Die Verfügung, durch die Verwandte des Mannes und der Frau Schlusserben eingesetzt sind, braucht **nicht in vollem Umfang wechselbezüglich** zu sein. Die Wechselbezüglichkeit wird hier vielmehr üblicherweise auf die Einsetzung der Verwandten des Erstversterbenden beschränkt sein.[150] Die Beweislast im Prozess bzw. die Feststellungslast im Verfahren der Freiwilligen Gerichtsbarkeit nach dem FamFG trifft für die Tatsachen, welche die Wechselbezüglichkeit einer Verfügung begründen, ebenso wie für die das Erbrecht sonst begründeten Tatsachen, denjenigen, der sein Erbrecht auf die Wechselbezüglichkeit stützt.[151]

d) Die einseitige Wechselbezüglichkeit

45 Entgegen der Logik, die eigentlich für eine Wechselbezüglichkeit begrifflich zwei Verfügungen voraussetzt, lässt die nahezu einhellige Ansicht in Literatur und Rechtsprechung[152] nach dem Willen der Eheleute auch eine einseitige Wechselbezüglichkeit zu (**einseitige Abhängigkeit und Bindung**). Deshalb muss die Wechselbezüglichkeit für jede einzelne Verfügung des Testaments gesondert geprüft werden.

46 Bei der **einseitigen Wechselbezüglichkeit** ist immer nur die von der anderen Verfügung abhängige Verfügung bindend. Wäre z.B. die Verfügung (a) nicht ohne die Verfügung (b) getroffen worden, ist die Verfügung (a) einseitig von der Verfügung (b) abhängig, nicht jedoch umgekehrt.[153] Ist dann die Verfügung (b) nichtig oder widerrufen, ist auch die Verfügung (a) unwirksam (§ 2270 Abs. 1), ferner kann die Verfügung (a) nach dem Tod des anderen Ehegatten und Annahme seiner Erbschaft nicht mehr widerrufen werden (§ 2271 Abs. 2). Ist jedoch die Verfügung (a) nichtig oder widerrufen, so wird dadurch die Verfügung (b) nicht berührt und die Verfügung (b) wird auch nach dem Tod des anderen Ehegatten und der Annahme seiner Erbschaft nicht bindend, sondern kann einseitig widerrufen oder abgeändert werden. Bei einer einseitigen Bindungswirkung sollte ein Berater stets den sachlichen Grund hierfür ermitteln und im Einzelfall auch in der Urkunde niederlegen.

47 Bei der Formulierung eines gemeinschaftlichen Testaments ist zur Vermeidung einer späteren erläuternder oder ergänzender Auslegung mit unbestimmtem Ausgang jeweils bei jeder der Verfügungen anzugeben mit (... zu oder ... gegenüber) welcher Verfügung des anderen Ehegatten sie wechselseitig sein soll und ob dies einseitig oder gegenseitig sein soll.[154]

---

[147] Bengel a.a.O.; BayObLG FamRZ 1986, 392, 394.

[148] Palandt/Edenhofer § 2270 Rn 9.

[149] BayObLG DNotZ 1977, 40, 42; BayObLGZ 1982, 474 = Rpfleger 1983, 155; BayObLG FamRZ 1985, 1287, 1289.

[150] BGH FamRZ 1957, 129; BayObLG FamRZ 1985, 392, 394; BayObLG FamRZ 1985, 1287, 1289 = Rpfleger 1985, 445; BayObLG FamRZ 1986, 392, 394.

[151] BayObLG FamRZ 1986, 392, 395; BayObLG Rpfleger 1987, 359; BayObLG FamRZ 1991, 111.

[152] KG JFG 10, 67, 69ff.; KG JFG 17, 44, 46 = DNotZ 1938, 179, 180 = JW 1938, 680; BayObLGZ 1983, 213, 217 = Rpfleger 1983, 482; BayObLG FamRZ 1984, 1154, 1155 = Rpfleger 1985, 240; BayObLG FamRZ 1985, 1287, 1289 = Rpfleger 1985, 445; MünchKomm/Musielak, § 2270 Rn 3; Palandt/Edenhofer § 2270 Rn 2; Buchholz Rpfleger 1990, 45; Pfeiffer FamRZ 1993, 1266.

[153] KG JFG 10, 67, 70.

[154] Buchholz Rpfleger 1990, 45, 47ff.

Formulierungsvorschlag:

(Für gegenseitige Wechselbezüglichkeit)
Sämtliche vorstehende Verfügungen sind, soweit gesetzlich zulässig, gegenseitig wechselbezüglich, d.h. nach dem Tod eines der Ehegatte kann der anderen Ehegatten nach Annahme des ihm Zugewendeten seine eigenen Verfügungen nicht mehr widerrufen.

(Für einseitige Wechselbezüglichkeit)
Die Verfügungen der Ehefrau sind, soweit gesetzlich zulässig, gegenüber denen des Ehemannes wechselbezüglich, nicht jedoch umgekehrt. Sie können daher nach dem Tod des Ehemannes von der Ehefrau nach Annahme des ihr von ihm Zugewendeten nicht mehr widerrufen werden.

e) Die entsprechende Anwendung von Erbvertragsrecht auf das gemeinschaftliche Testament

Da die wechselseitigen Verfügungen des überlebenden Ehegatten nach dem Tod des 48
Erstversterbenden bindend werden, besteht insoweit die gleiche Interessenlage wie bei vertraglichen Verfügungen im Erbvertrag. Die Rechtsprechung wendet daher in zwei Fällen erbvertragliche Vorschriften analog auf bindend gewordene gemeinschaftliche Testamente an:

- Die Schutzvorschriften der §§ 2287, 2288 gegen **böswillige Schenkungen** des gebundenen Erblassers unter Lebenden.[155] Im Übrigen wird jedoch das Recht des Erblassers, über sein Vermögen durch Rechtsgeschäft unter Lebenden zu verfügen, durch die Bindungswirkung nach dem Tod des Erstversterbenden der Ehegatten grundsätzlich nicht beschränkt (**analog § 2286**).[156]
- Die Vorschriften über die **Selbstanfechtung des Erblassers** bezüglich vertragsmäßiger Verfügungen nach §§ 2281 ff. i. Verb. mit §§ 2078, 2079.[157] Auch hier hat jedoch die erfolgreiche Anfechtung einer eigenen wechselbezüglichen Verfügung durch den überlebenden Ehegatten nach § 2270 Abs. 1 die Unwirksamkeit der dazu wechselbezüglichen Verfügungen des vorverstorbenen Ehegatten zur Folge.[158]

3. Der Versuch der Ausdehnung der Bindungswirkung bei Erbverträgen und gemeinschaftlichen Testamenten gegenüber lebzeitigen Schenkungen

Der Bedachte des Erbvertrages und der Schlusserbe des gemeinschaftlichen Testaments 49
erhalten – wie auch jeder nicht bindend bedachte Erbe oder Vermächtnisnehmer – die Zuwendung beim Tod des Erblassers nur insoweit, als sie noch im Nachlass vorhanden ist. Beide werden nicht davor geschützt, dass der Erblasser durch Rechtsgeschäft unter Lebenden über wesentliche Teile seines Vermögens anders verfügt, da gem. § 2286, der beim gemeinschaftlichen Testament auf die nach dem Tod des Erstversterbenden eintretende Bindung entsprechend anwendbar ist,[159] das **Recht des Erblassers, über sein Vermögen durch Rechtsgeschäft unter Lebenden zu verfügen**, durch die erbrechtliche Bindung nicht eingeschränkt wird. Dem durch Erbvertrag oder bindend gewordenes gemeinschaftliches Testament Begünstigten steht daher nach der h. M.[160] bis zum Erbfall

[155] RGZ 58, 64, 65; RGZ 77, 5, 6; BGHZ 82, 274, 278 = NJW 1982, 43; MünchKomm/Musielak, § 2271 Rn 45.

[156] BGH DNotZ 1951, 343, 345; BGH DNotZ 1965, 357.

[157] RGZ 77, 165, 172; BGHZ 37, 331, 333 = NJW 1962, 1913; BGH FamRZ 1970, 279; OLG Hamm NJW 1972, 1088; Peter BWNotZ 1977, 113; Schubert/Czub JA 1980, 334, 338; eingehend zur Anfechtung unten § 24.

[158] Staudinger/Kanzleiter, § 2271 Rn 71.

[159] BGH DNotZ 1951, 344, 345; BGH DNotZ 1965, 357 = Betr. 1966, 411.

[160] BGHZ 12, 117, 118 f. = NJW 1954, 633 = DNotZ 1954, 264 für Vertragsvermächtnisnehmer während BGHZ 37, 319, 322 = NJW 1962, 1910 = LM 2271 Nr. 13 m. Anm. Mattern für Ver-

bzw. nach dem Tod des Erstversterbenden keine rechtlich gesicherte Anwartschaft auf das Vermögen des Erblassers zu, sondern lediglich eine **tatsächliche Aussicht.** Wenn der Erblasser z.B. den bindend vermachten Gegenstand veräußert, sodass er zur Zeit des Erbfalls nicht mehr zum Nachlass gehört, ist das Vermächtnis trotz Bindung gem. § 2169 Abs. 1 grundsätzlich unwirksam, wobei jedoch, falls der Erblasser den bindend vermachten Gegenstand durch Zweitgeschäft in der Absicht veräußert hat, den Bedachten zu beeinträchtigen, das Stückvermächtnis gem. §§ 2288 Abs. 2 Satz 1, 2169 Abs. 1 kraft Gesetzes zum Verschaffungsvermächtnis wird.[161] Während die Beeinträchtigungsmöglichkeit des bindend Bedachten durch **entgeltliche Verfügungen des Erblassers** zu Lebzeiten nie angezweifelt worden ist, hat es immer wieder Bestrebungen gegeben, die erbrechtliche Bindungswirkung auf lebzeitige Schenkungen des Erblassers auszudehnen.[162] Von 1954 bis 1972 hielt der BGH[163] unter dem Schlagwort **„Testamentsaushöhlung"** Verfügungen des gebundenen Erblassers unter Lebenden (sog. Zweitgeschäfte), die wirtschaftlich dem Ziel des Erbvertrages oder bindend gewordenen gemeinschaftlichen Testaments widersprachen, entweder wegen Gesetzesumgehung gem. § 134 oder Sittenverstoßes gem. § 138 für nichtig. Während diese Schutzmöglichkeit für bindend Bedachte von keiner Seite mehr vertreten wird,[164] sind die Versuche noch aktuell, auf nachträgliche, den bindend Bedachten beeinträchtigende **Zuwendungen durch Rechtsgeschäft unter Lebenden auf den Todesfall** (das sind: Vertrag zugunsten Dritter auf den Todesfall, Schenkungsversprechen von Todes wegen ohne Überlebensbedingung und vollzogene Schenkung von Todes wegen)[165] § 2289 entsprechend anzuwenden, um zu ihrer Unwirksamkeit zu kommen. Die h.M.[166] unterstellt jedoch alle unentgeltlichen Zuwendungen unter Lebenden auf den Todesfall dieser Art dem Schenkungsrecht unter Lebenden und nicht dem Erbrecht und kommt daher zu dem Ergebnis, dass sie auch im Falle der Durchbrechung der Bindung des Erblassers auf Grund eines Erbvertrages oder eines gemeinschaftlichen Testamentes wie andere Rechtsgeschäfte unter Lebenden gem. § 2286 zu beurteilen sind. Damit stehen wie bei reinen Schenkungen den Pflichtteilsberechtigten auch gegenüber diesen Zuwendungen die §§ 2325, 2329 zur Verfügung und die Nachlassgläubiger haben die Möglichkeit der Anfechtung gem. § 4 AnfG oder § 134 InsO. Der durch Erbvertrag oder gemeinschaftliches Testament **bindend Bedachte wird gegen beeinträchtigende Schenkungen** i.S. des § 516 Abs. 1 (= objektiv: Missverhältnis zwischen Leistung und Gegenleistung u. subjektiv: Einigung über die Unentgeltlichkeit) allgemein **durch die §§ 2287, 2288 geschützt,**[167] die analog auch auf bindend gewordene gemeinschaftliche Testamente anzuwenden sind.[168]

---

tragserben die Vertragspartner des Erblassers sind bzw. Schlusserben nach dem ersten Erbfall von einer Anwartschaft spricht, die allerdings weder übertragen, vererbt, verpfändet und gepfändet, noch durch einstweilige Verfügung oder Vormerkung gesichert werden kann; BGHZ 37, 331 = NJW 1962, 1913 lässt gegen Selbstanfechtung des überlebenden Ehegatten Feststellungsklage des Schlusserben zu; Lange, NJW 1563, 1573; MünchKomm/Musielak, § 2286 Rn 3 und Staudinger/Kanzleiter § 2269 Rn 15, je m.w.N.

[161] BGHZ 31, 13 = NJW 1959, 2252 = DNotZ 1960, 207 = JZ 1960, 537 m. Anm. Coing.

[162] Staudinger/Kanzleiter, § 2289 Rn 23–26; P.A. Windel, Über die Modi der Nachfolge in das Vermögen einer natürlichen Person beim Todesfall, 1998.

[163] BGH NJW 1956, 1501 = DNotZ 1955, 85; BGHZ 59, 343 = NJW 1973, 240 = DNotZ 1973, 421.

[164] Spellenberg NJW 1986, 2531.

[165] Siehe hierzu auch unten § 12.

[166] BGHZ 66, 9, 14 = NJW 1976, 749 = LM § 2301 Nr. 6 m. Anm. Johannsen; BGH WPM 1976, 1130; Johannsen DNotZ 1977 Sonderheft, S. 69, 79ff.; Staudinger/Kanzleiter § 2289 Rn 25; Tiedtke NJW 1978, 2572; Palandt/Edenhofer § 2289 Rn 13.

[167] Eingehend hierzu Spellenberg NJW 1986, 2531.

[168] RGZ 58, 64, 65; RGZ 77, 5, 6; RGZ 132, 1; BGHZ 66, 8, 15 = NJW 1976, 749; BGHZ 82, 274, 276 = NJW 1982, 43.

II. Gesetzliche Möglichkeiten, die Bindungswirkungen zu beseitigen

1. Gesetzliche Rücktrittsrechte beim Erbvertrag

a) Rücktrittsgründe

Kraft Gesetzes und unabdingbar steht dem Erblasser ein Rücktrittsrecht von einer vertragsmäßigen Verfügung zu,[169] wenn 50

- sich der Bedachte einer Verfehlung schuldig gemacht hat, die den Erblasser zur Entziehung des Pflichtteils berechtigt oder berechtigen würde, wenn der Bedachte zum Kreis der Pflichtteilsberechtigten gehören würde (§ 2294);
- **vertragliche Gegenverpflichtungen** des Bedachten zu lebtäglich wiederkehrenden Leistungen an den Erblasser, die mit Rücksicht auf dessen erbvertragliche Verfügungen eingegangen waren (**z.B. Verpfründungsvertrag**; siehe hierzu auch § 21 XIII.), vor dem Tod des Erblassers **aufgehoben** werden (§ 2295), beispielsweise bei **Nichtigkeit** nach erfolgreicher Anfechtung,[170] durch Ausübung eines Rücktrittsrecht, durch Eintritt oder Ausfall einer Bedingung, durch nachträgliche Unmöglichkeit der zu erbringenden Leistung oder durch Aufhebungsvertrag mit dem Erblasser.[171]
- Dagegen berechtigen **Leistungsstörungen**, wie z.B. Schlechterfüllung, Verzug oder Nichterfüllung durch den Bedachten nicht zum Rücktritt auf Grund dieser Vorschrift, da dabei die Verpflichtung zur Leistung unverändert bestehen bleibt.[172] In den Fällen von Leistungsstörungen bei Gegenverpflichtungen in **entgeltlichen Erbverträgen** können nach allg. Meinung[173] die gesetzlichen Regeln über den gegenseitigen Vertrag nach §§ 320ff. keine Anwendung finden, da § 2302 jegliche Verpflichtung zu einer Verfügung von Todes wegen verbietet. Insbesondere ist der Rücktritt nach § 2295 nicht Sanktion für eine Schlecht- oder Nichterfüllung der Leistungsverpflichtung; die Rechtsfolge des § 2295 kann nur eintreten wenn die Leistungsverpflichtung erloschen ist.[174] Die einzige Möglichkeit ist in solchen Fällen nach der h.M.[175] die Selbstanfechtung durch den Erblasser wegen Motivirrtums gem. § 2078 Abs. 2. Deshalb sind entgeltliche Erbverträge Risikogeschäfte und sollten durch Rechtsgeschäfte unter Lebenden auf den Todesfall ersetzt werden[176]. Kautelarjuristisch ist das Problem der Leistungsstörung beim **entgeltlichen Erbvertrag** auf verschiedene Weise lösbar:

aa) Rücktrittsvorbehalt. Zum einen kann man eine schuldhafte Leistungsstörung mit der Gegenleistung zur Bedingung eines **vereinbarten Rücktrittsrechts** vom Erbvertrag machen,[177] was auch stillschweigend als vereinbart anzusehen sein kann.[178] Hat sich 51

---

[169] BGH NJW 1959, 625.

[170] So Palandt/Edenhofer § 2295 Rn 4; LG Köln DNotZ 1978, 685 m. abl. Anm. Bengel; Lange/Kuchinke, 4. Aufl., § 25 X 2 b m. w. N.; a. M. (In Fällen der ursprünglichen Unwirksamkeit der Verpflichtung des Bedachten steht dem Erblasser nicht der Rücktritt nach § 2295 zu, sondern unter den allgemeinen Voraussetzungen das Recht zur Anfechtung nach den §§ 2281 ff, 2078 Abs. 2) Staudinger/Kanzleiter § 2295 Rn 6; MünchKomm/Musielak, § 2295 Rn 6. Darstellung des Meinungsstandes bei J. Mayer in Reimann/Bengel/J. Mayer, § 2295, Rn 15 m. w. N.

[171] MünchKomm/Musielak, § 2295 Rn 4.

[172] J. Mayer in Reimann/Bengel/J. Mayer, § 2295, Rn 14 ff m. w. N.

[173] Siehe Zitate bei Stürzebecher NJW 1988, 2717 Fn. 2, der allerdings selbst die Anwendbarkeit der §§ 320ff. befürwortet.

[174] OLG München ZEV 2009, 345 ff. mit Anm. Keim S. 348; Odersky notar 2010, 282, 285.

[175] OLG Hamburg DNotZ 1977, 756.

[176] Siehe hierzu oben § 4.

[177] MünchKomm/Musielak, § 2293 Rn 7; Formular hierzu in MünchVertrHdb/Nieder/Otto, Bd. 6/2, XVI.31, § 4 Abs. 2.

[178] BayObLG Rpfleger 1976, 290; OLG Hamm DNotZ 1977, 751, 754; Knieper DNotZ 1968, 331, 337.

dabei der Erblasser den Rücktritt für den Fall vorbehalten, dass der Vertragserbe die Pflicht zur Verpflegung des Erblassers nicht ordnungsgemäß erfüllt, kann er nach Treu und Glauben den Rücktritt erst nach erfolgloser Abmahnung ausüben.[179] Teilweise wird sogar in diesen Fällen verlangt, dass in der notariellen Rücktrittsurkunde der Kernsachverhalt der Schlechterfüllung genau bezeichnet werden muss und dass diese Verhaltensweise zeitlich nach der Abmahnung erfolgt sein muss.[180]

52 *bb) Auflösende Bedingung.* Zum anderen kann die vertragsmäßige Zuwendung des Erblassers durch die unkorrekte Erfüllung der dem Bedachten obliegende Gegenleistungspflicht **auflösend bedingt** werden.[181]

53 *cc) Geschäftseinheit.* Weiter können die Parteien im entgeltlichen Erbvertrag ausdrücklich ihren Willen zum Ausdruck bringen, dass er mit der Verpflichtung zur Gegenleistung ein **einheitliches Geschäft** darstellt, sodass die Nichtigkeit des einen Teils die des anderen gem. § 139 nach sich zieht.[182]

54 *dd) Gegenseitiger Vertrag.* Letztlich kann statt des entgeltlichen Erbvertrages ein in der Erfüllung auf den Tod des Erblassers aufschiebend bedingter Kaufvertrag über den Vertragsgegenstand mit der Gegenleistung als Kaufpreis geschlossen werden, bei dem Leistungsstörungen unbedenklich zur direkten Anwendbarkeit der §§ 323ff. führen.[183]

55 **Form und Wirkung** der Ausübung der gesetzlichen Rücktrittsrechte sind die gleichen wie beim vorbehaltenen Rücktritt.[184] Auf die gesetzlichen Rücktrittsrechte kann nicht im Voraus verzichtet werden.[185]

b) Beschränkung pflichtteilsberechtigter Abkömmlinge in guter Absicht

56 Ist der vertragsmäßig Bedachte ein pflichtteilsberechtigter Abkömmling des Erblassers, so können gem. § 2289 Abs. 2, sofern die Voraussetzungen des § 2338 (Gefährdung durch Verschwendung oder Überschuldung) beim Abkömmling vorliegen, durch letztwillige Verfügung ohne Zustimmung des Vertragsgegners oder Bedachten, und wenn der Bedachte ein Dritter ist, auch nach dem Tod des Vertragsgegners, **die nach § 2338 zulässigen Anordnungen** [186] bezüglich der ganzen vertragsmäßigen Zuwendung und nicht nur hinsichtlich des Pflichtteilsrechts des Abkömmlings[187] getroffen werden, d.h. die Zuwendung durch Anordnung einer Nacherbfolge (§ 2100) oder eines Nachvermächtnisses (§ 2191) zugunsten der gesetzlichen Erben des Abkömmlings oder durch die Anordnung einer Verwaltungsvollstreckung für die Lebenszeit des Abkömmlings (§ 2209) in guter Absicht beschränkt werden.[188]

2. Widerruf wechselbezüglicher Verfügungen in gemeinschaftlichen Testamenten

a) Zu Lebzeiten beider Ehegatten

57 Solange beide Ehegatten leben, kann jeder von ihnen, allerdings formerschwert und nur offen gegenüber dem anderen Ehegatten, ohne Angabe von Gründen jederzeit ganz

---

[179] BGH LM § 242 (Cd) Nr. 118; BGH NJW 1981, 2299, 2300 = DNotZ 1983, 117; OLG Düsseldorf ZEV 1994, 171 = FamRZ 1995, 58 = NJW-RR 1995, 141.

[180] OLG Düsseldorf a.a.O.; dagegen zu Recht J. Kirchner MittBayNot 1996, 19.

[181] BayOLG Rpfleger 1976, 290; OLG Hamm DNotZ 1977, 751, 754; Knieper DNotZ 1968, 331, 337; Formular hierzu in MünchVertrHdb/Nieder/Otto, Bd. 6/2, XVI.31, § 4 Abs. 1.

[182] Boehmer, Entgeltliche Erbverträge, FS Lehmann, 1956, Bd. I, S. 467; MünchKomm/Musielak, § 2295 Rn 6; v. Lübtow ErbR, Bd. 1, S. 408; siehe jedoch auch BGHZ 29, 129, 131 = NJW 1959, 625; a.M. Häsemeyer FamRZ 1967, 30.

[183] Knieper DNotZ 1968, 331, 336.

[184] Siehe auch Müller-Rottach BWNotZ 1987, 42.

[185] MünchKomm/Musielak, § 2294 Rn 4.

[186] Siehe § 8 Abschnitt V.

[187] KG KGJ 48, A 143.

[188] Staudinger/Kanzleiter § 2289 Rn 20.

oder teilweise **seine eigenen wechselbezüglichen Verfügungen** in notarieller Urkunde nach den für den Rücktritt vom Erbvertrag gemäß § 2296 geltenden Vorschriften **widerrufen** (§ 2271 Abs. 1) (siehe oben Rn 34). Der Widerruf muss auch dann notariell beurkundet werden, wenn das gemeinschaftliche Testament eigenhändig war. Zusammen mit dem notariell zu beurkundenden Widerruf empfiehlt es sich den anderen Ehegatten zu enterben, da sonst im Todesfall die gesetzliche Erbfolge eintritt.

b) Nach dem Tod des Erstversterbenden

Nach dem Tod eines der Ehegatten kann der andere seine eigenen wechselbezüglichen Verfügungen **nur aufheben, wenn er das ihm Zugewendete ausschlägt** (§ 2271 Abs. 2 Satz 1, 2. Halbsatz). Die Aufhebung der wechselbezüglichen Verfügungen hat durch widerrufendes oder widersprechendes Testament zu erfolgen.[189] Näheres siehe unten Ziff. 5. 58

Aber auch **nach der Annahme** der Zuwendung kann der Überlebende gem. §§ 2271 Abs. 2 Satz 2, 2294, 2336 seine eigenen wechselbezüglichen Verfügungen aufheben, wenn sich der **Bedachte einer Verfehlung schuldig** gemacht hat, die den überlebenden Ehegatten zur Entziehung des Pflichtteils berechtigt oder berechtigen würde, wenn der Bedachte zum Kreis der Pflichtteilsberechtigten gehören würde.[190] Diese Aufhebung wegen schwerer Verfehlungen des Bedachten bewirkt grundsätzlich nicht die Unwirksamkeit der mit ihr wechselbezüglichen Verfügungen des verstorbenen Ehegatten gem. § 2070 Abs. 1, da regelmäßig eine gegenseitige stillschweigende Ermächtigung zu derartigen Aufhebungen anzunehmen sein wird.[191] Hat der überlebende Ehegatte einen eigenen pflichtteilsberechtigten Abkömmling oder einen solchen des anderen Ehegatten in einem gemeinschaftlichen Testament durch wechselbezügliche Verfügung bedacht, so kann er gem. § 2271 Abs. 3 vor oder nach dem Tod des anderen Ehegatten seine eigenen wechselbezüglichen Verfügungen durch letztwillige Verfügungen gem. § 2338 in guter Absicht durch Nacherbfolge oder Nachvermächtnis zugunsten der gesetzlichen Erben des Abkömmlings oder Verwaltungstestamentsvollstreckung beschränken, wenn der Bedachte durch Verschwendung oder Überschuldung seinen späteren Erwerb erheblich gefährdet.[192] 59

Praxistipp: Jeder Widerruf einer wechselbezüglichen Verfügung beseitigt gem. § 2270 Abs. 1 grundsätzlich auch die mit ihr wechselbezügliche Verfügung des anderen Ehegatten, es sei denn, dass ein entgegengesetzter Wille der Eheleute ausdrücklich oder stillschweigend durch Testamentsauslegung festzustellen ist.[193] 60

3. Die Aufhebung von Erbverträgen durch die Vertragsparteien

a) Aufhebung durch Vertrag

Die Vertragsschließenden können den Erbvertrag jederzeit durch einen neuen Erbvertrag ganz oder teilweise aufheben (§ 2290). Der Aufhebungsvertrag kann gemäß § 2290 Abs. 1 Satz 1 nur von den Parteien des Erbvertrages, nicht jedoch von bedachten Dritten geschlossen werden.[194] Hierbei handelt es sich regelmäßig bei einem in der Praxis häufigen sog. „**Erbvertragsnachtrag**", der typischerweise eine gänzliche oder partielle Aufhebung von Verfügungen des ersten Erbvertrags und meist auch neue – vertragsmäßige oder einseitige – Verfügungen enthält. Nach § 2290 Abs. 1 Satz 2 **entfällt die Möglichkeit eines Aufhebungsvertrages nach dem Tode eines der Vertragsschließenden.** Der Erblasser kann daher auch nicht nach dem Tod des Vertragsgegners einen Aufhebungsver- 61

---

[189] MünchKomm/Musielak, § 2271 Rn 21.
[190] Staudinger/Kanzleiter § 2271 Rn 48 ff.
[191] MünchKomm/Musielak, § 2271 Rn 28; Staudinger/Kanzleiter § 2271 Rn 50.
[192] Staudinger/Kanzleiter § 2271 Rn 54 f.
[193] Palandt/Edenhofer § 2271 Rn 24; Dittmann/Reimann/Bengel, 2. Aufl., § 2271 Rn 44; MünchKomm/Musielak, § 2271 Rn 14; Staudinger/Kanzleiter § 2271 Rn 25.
[194] MünchKomm/Musielak, § 2290 Rn 4.

trag mit dessen Erben schließen. Für einen **mehrseitigen Erbvertrag** bedeutet das, dass, da im Zweifel die Bindung des Erblassers bezüglich jeder Verfügung gegenüber sämtlichen Vertragspartner bestehen dürfte, ein Aufhebungsvertrag nur bei Mitwirkung aller Vertragsbeteiligten wirksam zustande kommt und dass nach dem Tod auch nur eines Vertragsgegners keine vertragliche Aufhebung mehr möglich ist.[195] Auch dies legt eine Zurückhaltung gegenüber mehrseitigen Erbverträgen nahe. Da ferner nach der Rechtsprechung[196] ein bedachter Vertragsschließender keinen Zuwendungsverzichtsvertrag nach § 2352 mit dem Erblasser schließen kann, da hierfür der Aufhebungsvertrag nach §§ 2290 ff gegeben ist, verbliebe eigentlich dem Erblasser in diesen Fällen lediglich die Selbstanfechtung nach § 2281 Abs. 2.[197] Wurde der Erbvertrag jedoch zwischen **mehr als zwei Personen** abgeschlossen, lässt die h. M.[198] beim Tod eines der Vertragschließenden aus Gründen der Zweckmäßigkeit trotzdem einen **Zuwendungsverzichtsvertrag** zwischen dem Erblasser und einem noch lebenden bedachten Vertragspartner zu.

62 Der im Erbvertrag **bedachte Dritte,** der nicht Vertragsschließender war, kann keinen Aufhebungsvertrag schließen und hat kein Recht auf Mitwirkung beim Aufhebungsvertrag.[199] Der Dritte kann aber in einem Zuwendungsverzichtsvertrag gem. § 2352 Satz 2 mit dem Erblasser auf seine Zuwendungen verzichten. Dies kann dagegen ein im Erbvertrag bedachter Vertragspartner nicht, weil das Gesetz für diesen Fall den Aufhebungsvertrag vorsieht, für den strengere Formvorschriften gelten.[200] Die Formerfordernisse (notarielle Urkunde) und Abschlussmodalitäten des Aufhebungsvertrages (§ 2290 Abs. 4) sind dieselben wie beim Erbvertrag. Das bedeutet, dass eine Beurkundung durch Angebot und Annahme nicht möglich ist (§§ 2290 Abs. 2, 4, 2276 Abs. 1) und dass der Erblasser den Vertrag nur persönlich (nicht durch Vertreter oder Boten) schließen kann (§ 2290 Abs. 2 Satz 1), während der Vertragspartner, der nicht zugleich Erblasser ist, sich vertreten lassen kann.[201] Ein Erblasser, der in der Geschäftsfähigkeit beschränkt ist (§§ 106, 114), kann den Aufhebungsvertrag ohne Mitwirkung oder Zustimmung seines gesetzlichen Vertreters schließen (§ 2290 Abs. 2 Satz 2), weil er durch ihn von der erbrechtlichen Bindung befreit wird (ähnlich § 2253 Abs. 2). Der Vertragsgegner und daher beim gegenseitigen Erbvertrag beide, bedarf, wenn er unter Vormundschaft oder elterlicher Sorge steht, gem. § 2290 Abs. 3 zum Aufhebungsvertrag der Genehmigung des Familiengerichts, es sei denn, dass der Vertrag unter Ehegatten oder unter Verlobten geschlossen wird.

Der Aufhebungsvertrag bewirkt, dass der Erbvertrag oder die aufgehobenen vertragsmäßigen Verfügungen außer Kraft treten. Wird der ganze Erbvertrag aufgehoben, so erstreckt sich die Aufhebungswirkung im Zweifel auch auf die in ihm enthaltenen **einseitigen Verfügungen** (§ 2299 Abs. 3). Der Aufhebungsvertrag ist anfechtbar, wobei sachlich die §§ 2078 ff. entsprechend gelten. Wird der Aufhebungsvertrag seinerseits aufgehoben oder wirksam angefochten, so lebt der ursprüngliche Erbvertrag wieder auf.[202]

b) Aufhebung durch Testament

63 Im Erbvertrag angeordnete **Vermächtnisse und Auflagen,** nicht dagegen Erbeinsetzungen, können vom Erblasser auch mittels jeder Testamentsform, d.h. auch eigenhändig,

---

[195] Reithmann DNotZ 1957, 527, 529; MünchKomm/Musielak, § 2290 Rn 4.

[196] OLG Celle NJW 1959, 1923; OLG Hamm Rpfleger 1977, 208 = DNotZ 1977, 751; OLG Stuttgart OLGZ 1979, 129 = DNotZ 1979, 107.

[197] MünchKomm/Musielak, § 2290 Rn 4.

[198] MünchKomm/Wegerhoff, § 2352 Rn 8; BayObLGZ 1965, 188, 192 = NJW 1965, 1552; BayObLGZ 1974, 401, 405 = Rpfleger 1975, 26; J. Mayer ZEV 1996, 127, 129; Reul MittRhNotK 1997, 373, 385.

[199] LG Mosbach MDR 1971, 222.

[200] OLG Hamm DNotZ 1977, 751, 753; OLG Stuttgart OLGZ 1979, 129 = DNotZ 1979, 107.

[201] MünchKomm/Musielak, § 2290 Rn 6.

[202] MünchKomm/Musielak, § 2290 Rn 9 m. w. N.

aufgehoben werden, wenn der **andere Vertragsschließende dem in notarieller Urkunde zustimmt** (§ 2291). Die Zustimmung ist eine einseitige, empfangsbedürftige Willenserklärung.[203] Sie ist unwiderruflich (§ 2291 Abs. 2). Sie kann nach dem Tod des Vertragspartners nicht mehr erklärt werden.[204] Sie wird vor der Errichtung des Aufhebungstestaments als Einwilligung oder danach als Genehmigung erteilt.

Klarzustellen ist, dass jeder Beteiligte eines Erbvertrags seine jeweiligen **einseitigen Verfügungen** von Todes wegen (§ 2299) – seien es Erbeinsetzungen, Vermächtnisse oder Auflagen, die nicht vertragsmäßig getroffen wurden, seien es sonstige Verfügungen, die gemäß § 2278 Abs. 2 gar nicht vertragsmäßig getroffen werden können – nach den allgemeinen Regelungen **einseitig widerrufen** kann; bezüglich Neuregelungen wird im Regelfall auch eine einseitige Verfügung möglich sein, jedoch ist jeweils der Wortlaut der erbvertraglichen bindenden Verfügungen zu beachten, ob keine Beeinträchtigung entstehen kann.

c) Aufhebung durch gemeinschaftliches Testament

Ein zwischen Ehegatten geschlossener Erbvertrag kann durch gemeinschaftliches Ehegattentestament (§§ 2265 ff.) in jeder Testamentsform, d.h. auch **durch eigenhändiges gemeinschaftliches Testament** ganz oder teilweise aufgehoben werden (§ 2292). Dies kann sowohl durch ausdrücklichen Widerruf (§ 2254) als auch durch Widerspruch i.S. von § 2258 Abs. 1 erfolgen.[205] In dieser Weise können auch nur einzelne vertragliche Verfügungen aufgehoben werden.[206] 64

4. Wegfall der Bindung durch Unwirksamkeit oder Gegenstandslosigkeit der bindenden Verfügung

Nur wirksam geschlossene und wirksam gebliebene Verfügungen in Erbverträgen oder bindend gewordenen gemeinschaftlichen Ehegattentestamenten entfalten die **Bindungswirkung.** Sind sie anfänglich nichtig oder werden sie später unwirksam oder gegenstandslos, entfällt ihre Bindungswirkung. **Gegenstandslos** wird dabei eine wirksame Verfügung von Todes wegen, wenn der oder die Bedachten wegfallen. Die gegenstandslose Verfügung von Todes wegen ist bleibt dann zwar wirksam, es fehlen ihr aber der oder die Bedachten, da diese nicht mehr erwerben können, wollen oder dürfen. Die Unwirksamkeit oder Gegenstandslosigkeit ist jeweils bei den einzelnen Verfügungen des Testaments oder Erbvertrages zu prüfen und festzustellen. Gründe der Unwirksamkeit oder Gegenstandslosigkeit von Verfügungen von Todes wegen sind:[207] 65

a) Vor dem Erbfall eintretend:

- Vorversterben des Bedachten (§§ 1923 Abs. 1, 2160) = Gegenstandslosigkeit, 66
- Zuwendungsverzicht des Bedachten (§ 2352) = Gegenstandslosigkeit,
- Eintritt einer auflösenden oder Ausfall einer aufschiebenden Bedingung (§§ 2074, 2075) = Gegenstandslosigkeit,[208]
- Nichtigkeit der Verfügung = Unwirksamkeit.

b) Nach dem Erbfall eintretend:

- Ausschlagung durch den Bedachten (§§ 1953, 2180 Abs. 1) = Gegenstandslosigkeit, 67
- Erbunwürdigkeit des Bedachten (§ 2344) = Gegenstandslosigkeit,
- Anfechtung der Verfügung (§§ 2078 ff.) = Unwirksamkeit.

[203] MünchKomm/Musielak § 2291 Rn 3.
[204] OLG Hamm NJW 1974, 1774, 1775.
[205] BGH NJW 1987, 901, 902.
[206] Lange/Kuchinke ErbR, 4. Aufl., § 25 VII 3 b.
[207] Siehe Faber BWNotZ 1987, 7, 8.
[208] Beispielsfall: OLG Zweibrücken OLGZ 1990, 134 = FamRZ 1989, 1355 = Rpfleger 1989, 459.

68 War die Verfügung von Todes wegen **für den Erblasser bindend** i. S. der §§ 2289 Abs. 1 Satz 2 oder 2271 Abs. 2, so entfällt für den Erblasser diese Sperre und er erlangt wieder seine **Testierfreiheit,** wenn die bindende Verfügung durch eine der obigen Tatbestände unwirksam oder gegenstandslos wird.[209] Frühere oder spätere, die wegfallende beeinträchtigende Verfügungen, werden voll wirksam, da durch die Bindung der Erblasser nicht in seiner Testierfähigkeit, sondern nur in seiner Testierfreiheit beschränkt war.[210] Die Testierfreiheit des Erblassers lebt jedoch durch die Unwirksamkeit oder Gegenstandslosigkeit der bindenden Verfügung nur insoweit wieder auf, als dadurch **sämtliche Bedachte** wegfallen und zwar auch die ausdrücklich bestimmten oder vermuteten bzw. durch hypothetische Auslegung gewonnenen **Ersatzbedachten** (§§ 2096, 2069, 2102) sowie die **anwachsungsberechtigten Miterben** (§§ 2094, 2158).[211] Das bedeutet, dass bei einem Wegfall der bindend Erstberufenen, etwa durch Zuwendungsverzicht (§ 2352), die Ersatzberechtigten automatisch an deren Stelle treten und zwar auch, wenn die Erstberufenen beim Zuwendungsverzicht den Erbfall noch erleben, da der Ersatzberufene bereits durch den Verzicht an die Stelle des in erster Linie Bedachten getreten ist.[212] Nur bei **stillschweigender Ersatzberufung,** bei der der Zuwendungsverzicht gegen eine **vollständige Abfindung** erfolgt, hat die Rechtsprechung[213] bei Erbfällen bis zum 31. 12. 2009 eine tatsächliche Vermutung dahingehend aufgestellt, dass hier der Erblasser keine Ersatzberufung gewollt hat, da sonst der Stamm des Bedachten doppelt begünstigt würde. Für Erbfälle seit dem 1. 1. 2010 besteht die Möglichkeit der Erstreckung des Verzichts – falls der Verzichtenden ein Abkömmling oder Verwandter in der Seitenlinie (§ 1589) des Erblassers ist – auf Abkömmlinge (§ 2352 Satz 3 i. V. mit § 2349).[214] Im Übrigen kann nur im Einzelfall eingewandt und nachgewiesen werden, der Erblasser habe die Ersatzberufung nicht gewollt oder zumindest nicht bindend und wobei bei Ehegattenerbverträgen und gemeinschaftlichen Testamenten der **gemeinsame Wille der Ehegatten** maßgebend ist. Das wird bei einer ausdrücklichen Ersatzberufung kaum gelingen, eher bei einer vermuteten Ersatzberufung nach § 2069 oder einer durch ergänzende Auslegung gewonnenen.[215] Bei diesen mutmaßlichen Ersatzberufungen wird sogar teilweise mit einleuchtenden Gründen vertreten, sie seien im Zweifel vom Erblasser nicht mit Bindungswirkung gewollt.[216] Denkbar ist auch in begründeten Einzelfällen eine Auslegung entgegen dem § 2097, eine ausdrückliche Ersatzregelung sei nur auf einen bestimmten Wegfallsgrund beschränkt.[217]

---

[209] MünchKomm/Musielak, § 2271 Rn 20; Peter BWNotZ 1977, 113, 115; Nieder ZEV 1996, 241, 247; OLG Köln FamRZ 1983, 873, 878; OLG Zweibrücken OLGZ 1990, 134 = FamRZ 1989, 1355.

[210] OLG Zweibrücken a. a. O.

[211] OLG Hamm OLGZ 1982, 272 = Rpfleger 1982, 148; übersehen von OLG Köln FamRZ 1983, 837, richtiggestellt von Brems FamRZ 1983, 1278; BayObLGZ 1960, 216, 222 = NJW 1960, 2287; MünchKomm/Musielak, § 2271 Rn 20; Blomeyer FamRZ 1974, 421, 427; J. Meyer ZEV 1996, 131; Nieder ZEV 1996, 241, 247.

[212] Brems FamRZ 1983, 1278, 1279; Jackschath MittRhNotK 1977, 117, 121; Mayer ZEV 1996, 127, 131; OLG Düsseldorf DNotZ 1974, 367, 369; OLG Frankfurt MittRhNotK 1997, 195; a. M. durch ergänzende Auslegung der betreffenden Verfügung von Todes wegen Kanzleiter ZEV 1997, 261, 265.

[213] KG JFG 20, 160; BGH NJW 1974, 43, 44; OLG Düsseldorf DNotZ 1974, 231; OLG Hamm OLGZ 1982, 273; OLG Köln FamRZ 1990, 99; Palandt/Edenhofer § 2352 Rn 5; Nieder ZEV 1996, 241, 247, J. Mayer ZEV 1996, 127, 130.

[214] Gesetz zur Änderung des Erb- und Verjährungsrechts vom 24. 9. 2009.

[215] Hierzu eingehend Nieder ZEV 1996, 241 ff.

[216] Baumann ZEV 1994, 351; LG Köln MittRhNotK 1991, 23; a. M. BayObLG ZEV 1994, 362.

[217] BayObLG FamRZ 1989, 666 = MittBayNotK 1989, 161, 162.

5. Gewinnung der Testierfreiheit durch Ausschlagung des Zugewendeten beim gemeinschaftlichen Testament und zweiseitigen Erbvertrag

a) Ausschlagung beim gemeinschaftlichen Testament

Nach § 2271 Abs. 2 Satz 1, 2. Halbsatz kann der überlebende Ehegatte seine wechselbezüglichen Verfügungen **im gemeinschaftlichen Ehegattentestament** auch nach dem Tod des anderen Ehegatten aufheben, wenn er das ihm von dem verstorbenen Ehegatten Zugewendete (Erbschaft, Erbteil, Vermächtnis oder Auflagebegünstigung) **ausschlägt.**[218] Ist ihm nichts zugewendet, kann er auch nicht ausschlagen, um seine Testierfreiheit wieder zu erlangen.[219] Die Ausschlagung eines Verwandten oder einer nahe stehenden Person steht in diesem Fall der Ausschlagung des Überlebenden nicht gleich und berechtigt daher nicht zur Aufhebung. Es bleibt jedoch das Anfechtungsrecht nach § 2078. War vom erstversterbenden Ehegatten sowohl dem längerlebenden Ehegatten als **auch einem Dritten** (Verwandter des anderen Ehegatten oder sonst nahestehende Person i. S. des § 2270 Abs. 2) etwas zugewendet und stehen beide Zuwendungen in Wechselbezüglichkeit zur Verfügung des überlebenden Ehegatten, wird vertreten, dass beide ausschlagen müssen, falls die Zuwendung an den Dritten, insbesondere Verwandten, nicht ganz geringfügig war.[220] Der Wortlaut des Gesetzes sowie der Umstand, dass der überlebender Ehegatte keinen Einfluss auf den Dritten nehmen kann und soll, legen jedoch nahe, dass es zur Beseitigung der Bindung des Überlebenden genügt, dass der überlebende Ehegatte das ihm Zugewendete ausschlägt.[221] 69

b) Ausschlagung beim zweiseitigen Erbvertrag

Beim zweiseitigen oder gemeinschaftlichen Erbvertrag, d. h. einem, bei dem beide Beteiligte vertragsmäßige Verfügungen von Todes wegen treffen und dabei sich entweder gegenseitig (dann gegenseitiger oder reziproker Erbvertrag) oder Dritte bedenken, bleibt gem. § 2298 Abs. 2 Satz 3 ein dem Erblasser vorbehaltenes und mit dem Tod des Vertragsgegners erlöschendes (§ 2298 Abs. 2 Satz 2) Rücktrittsrecht bestehen, wenn der Erblasser das ihm durch den Vertrag Zugewendete ausschlägt.[222] Dies gilt allerdings, anders als beim gemeinschaftlichen Testament (§ 2271 Abs. 2 Satz 1, 2. Halbsatz) nur, wenn kein anderer Wille der Vertragsschließenden anzunehmen ist (§ 2298 Abs. 3).[223] 70

Achtung! Der überlebende Ehegatte kann auch nach der Ausschlagung des ihm Zugewendeten immer nur seine eigenen Verfügungen widerrufen, nicht auch die des verstorbenen Ehegatten. 71

c) Testierfreiheit durch Ausschlagung?

Schlägt der überlebende Ehegatte beim Berliner Testament (§ 2269) das ihm vom Erstversterbenden Zugewendete aus, um seine Testierfreiheit wieder zu erlangen (§ 2271 Abs. 2 Satz 1, 2. Halbsatz), ist zweifelhaft, ob er trotzdem gem. § 1948 Abs. 1 seinen **gesetzlichen Erbteil** annehmen kann. Er erhält ihn auf jeden Fall dann nicht, wenn durch seine Ausschlagung sich für ihn die gesetzliche Erbfolge nicht öffnet, weil der ausgeschlagene Erbteil einem ausdrücklich eingesetzten (§ 2096) oder vermuteten (§§ 2069, 72

---

[218] Staudinger/Kanzleiter § 2271 Rn 40. Zur Frage, ob weitere Anordnungen des Erstversterbenden (Vorausvermächtnisse für Kinder) des Erstversterbenden bei Ausschlagung des Längerlebenden Geltung haben (abweichender Erblasserwille i. S. des § 2270 Abs. 1): OLG Celle ZEV 2009, 138 ff. mit Anm. Lustig S. 140 f.; vgl. auch OLG Zweibrücken ZEV 2008, 194; Keim, DAI Jahresarbeitstagung des Notariats 2009, S. 393 f.

[219] MünchKomm/Musielak, § 2271 Rn 23; Palandt/Edenhofer § 2271 Anm. 17.

[220] Erman/Schmidt § 2271 Rn 12; Soergel/Wolf § 2271 Rn 19; Nieder in 3. Auflage.

[221] Staudinger/Kanzleiter § 2271 Rn 41; J. Mayer in Reimann/Bengel/J. Mayer, § 2271 Rn 42; MünchKomm/Musielak, § 2271 Rn 24; Olzen JuS 2005, 673, 676.

[222] MünchKomm/Musielak, § 2298 Rn 6; Staudinger/Kanzleiter § 2298 Rn 17.

[223] Dies, obwohl infolge eines Redaktionsversehens Abs. 2 Satz 3 in Abs. 3 des § 2298 nicht angeführt ist: Staudinger/Kanzleiter § 2298 Rn 18; MünchKomm/Musielak § 2298 Rn 7 m. w. N.

2102 Abs. 1) Ersatzerben – insbesondere ersatzweise eingesetzten Kindern – anfällt oder den übrigen eingesetzten Erben anwächst (§ 2094).[224] Zur Frage, unter welchen Voraussetzungen beim sog. Berliner Testament die Schlusserben im Zweifel Ersatzerben des Überlebenden sind, siehe § 8 II.1.[225]

Öffnet sich durch seine Ausschlagung jedoch die gesetzliche Erbfolge für ihn,[226] dann wird er von seiner Bindung nach der h. M. nur frei, wenn er **auch den gesetzlichen Erbteil ausschlägt**, es sei denn, sein gesetzlicher Erbteil ist erheblich geringer als der ihm testamentarisch zugewendete.[227] Das wird damit begründet, dass mit der testamentarischen Zuwendung stillschweigend eine bedingte Enterbung des Überlebenden für den Fall verbunden ist, dass er das ihm Zugewendete ausschlägt.[228] Eine Mindermeinung sieht sogar allgemein eine Ausschlagung nur „als eingesetzter Erbe" nicht als solche i. S. des § 2271 Abs. 2 Satz 1, 2. Halbsatz an.[229] Ferner ist im Wege der ergänzenden Auslegung der Verfügung zu ermitteln, ob der überlebende Ehegatte nach dem Willen des Erstverstorbenen enterbt ist.[230] Um Auslegungsschwierigkeiten zu vermeiden, sollte der Erblasser am besten durch Einsetzung von Ersatzerben das Eintreten der gesetzlichen Erbfolge nach der Ausschlagung verhindern, hilfsweise ausdrücklich bestimmen, dass der Längstlebende im Falle seiner Ausschlagung nicht als gesetzlicher Erbe berufen ist.[231]

Formulierungsvorschlag:

Abweichend von anderslautenden gesetzlichen Auslegungs-, Vermutungs- und Ergänzungsregelungen und anderen gesetzlichen Bestimmungen wird ... zum alleinigen und ausschließlichen Ersatzerben bestimmt.

6. Testierfreiheit durch Auslegung der bindenden Verfügung

73 Zwar müssen sowohl Freistellungsklauseln beim gemeinschaftlichen Testament als auch Rücktritts- und Abänderungsvorbehalte beim Erbvertrag in erster Linie ausdrücklich in der Verfügung von Todes wegen aufgenommen sein,[232] sie können jedoch nach Rechtsprechung[233] und Literatur[234] auch stillschweigend erfolgen und durch einfache

[224] BayObLGZ 1977, 163, 166; Palandt/Edenhofer § 1948 Anm. 2; MünchKomm/Leipold, § 1948 Rn 3; Schramm DNotZ 1965, 735; Keim DAI-Jahresarbeitstagung des Notariats 2009, S. 394.

[225] Dort Rn 71.

[226] Z. B. wenn der im gemeinschaftlichen Testament oder Ehegattenerbvertrag mit gegenseitiger Erbeinsetzung (keine Anwachsung nach § 2094) bedachte Dritte nicht Ersatzerbe für den ausschlagenden Ehegatten ist.

[227] OLG München DNotZ 1937, 338; KG OLGE 1991, 6 = Rpfleger 1991, 22 = NJW-RR 1991, 330, 331; Staudinger/Dittmann (10., 11. Aufl.) § 2271 Rn 42; MünchKomm/Musielak, § 2271 Rn 25 m. w. N.; Schramm DNotZ 1965, 734, 735; a. M., d. h. Freiheit auch ohne Ausschlagung des gesetzlichen Erbteils; Drewes JW 1925, 2105; Jauernig/Stürner § 2271 Anm. 2 b aa; Tiedtke FamRZ 1991, 1259; Staudinger/Kanzleiter § 2271 Rn 43; Palandt/Edenhofer § 2271 Rn 18; eingehende Erörterung der Rechtslage ohne eigenes Ergebnis in Battes, Gemeinschaftliches Testament und Ehegattenerbvertrag als Gestaltungsmittel für die Vermögensordnung der Familie, 1974, S. 136 ff.

[228] Musielak FS f. Kegel 1987, 433, 457.

[229] Staudinger/Otte/Marotzke § 1948 Rn 7.

[230] Staudinger/Kanzleiter § 2271 Rn 43.

[231] Schramm BWNotZ 1965, 735.

[232] Palandt/Edenhofer § 2271 Rn 21 u. 2289 Rn 8.

[233] Bei gemeinschaftlichen Testamenten: PfälzOLG Zweibrücken FamRZ 1992, 608 = Rpfleger 1992, 109; PfälzOLG Zweibrücken FamRZ 1992, 608 = Rpfleger 1992, 109, 111; KG OLGZ 1966, 504; KG OLGZ 1977, 457, 462; bei Erbverträgen: BGHZ 26, 204; BayObLGZ 1961, 210; OLG Köln NJW-RR 1994, 651, 653 = Rpfleger 1994, 111; BayObLG FamRZ 1995, 899 = ZEV 1995, 229; OLG Hamm FamRZ 1996, 637 = FGPrax 1995, 241; BayObLG FamRZ 1996, 898 = DNotZ 1996, 252; BayObLG NJW-RR 1997, 1027.

[234] Bei gemeinschaftlichen Testamenten: MünchKomm/Musielak, § 2271 Rn 31; Huber Rpfleger 1981, 42; Gerken Rpfleger 1992, 252; bei Erbverträgen: MünchKomm/Musielak, § 2278 Rn 25.

oder ergänzende Auslegung aus dem Text der Verfügung von Todes wegen gewonnen werden.[235] Dabei gilt auch hier die sog. **Andeutungstheorie,** d. h. die Verfügung von Todes wegen muss irgendeinen Anhalt für den Vorbehalt bieten.[236] Bevor man allerdings eine Freistellungsklausel oder einen Abänderungsvorbehalt durch Auslegung zu gewinnen versuchen kann, hat zuvor die Prüfung zu erfolgen, ob überhaupt bei der betreffenden Verfügung überhaupt Wechselbezüglichkeit oder Vertraglichkeit und damit eine erbrechtliche Bindung vorliegt, die durch den Vorbehalt beschränkt sein könnte.[237]

7. Die Unwirksamkeit bei Auflösung der Ehe

Ebenso wie bei Testamenten gemäß nach § 2077 wird bei der Auflösung der Ehe ein zwischen Ehegatten oder Verlobten geschlossener Erbvertrag **im Zweifel** nach § 2279 Abs. 2 unwirksam, und zwar auch insoweit, als darin Dritte bedacht sind.[238] 74

III. Beseitigungsmöglichkeiten der Bindungswirkung kraft Vorbehalts oder Vereinbarung[239]

1. Rücktrittsvorbehalt beim Erbvertrag nach § 2293

a) Wesen und Inhalt des Rücktrittsvorbehalts

Der **Vertragserblasser** kann sich von der Bindung lösen, wenn ihm im Erbvertrag ein **Rücktrittsrecht vorbehalten** wurde (§ 2293). Solange der Erblasser von diesem höchstpersönlichen Recht (§ 2296 Abs. 1) keinen Gebrauch macht, besteht die erbvertragliche Bindung mit allen Wirkungen fort. Ein Rücktrittsrecht des anderen Vertragsschließenden (Vertragsgegner) vom Erbvertrag kann nicht vereinbart werden,[240] wohl aber von einem schuldrechtlichen Vertrag, der vom Vertragsgegner in dem Erbvertrag oder im Zusammenhang mit ihm mit dem Erblasser geschlossen wurde.[241] Der Erblasser kann sich den Rücktritt für den ganzen Erbvertrag oder auch nur für einzelne vertragsmäßige Verfügungen vorbehalten, d. h. schlechthin oder nur für gewisse Fälle, bedingt oder unbedingt, befristet oder unbefristet.[242] Wenn sich der Erblasser den Rücktritt vom gesamten Vertrag vorbehalten hat, kann er auch nur von einzelnen vertragsmäßigen Verfügungen zurücktreten.[243] Ist der Vorbehalt auf bestimmte Gründe beschränkt, so ist im Vertrag zu bestimmen, ob das Vorliegen der Gründe gerichtlich nachprüfbar sein soll oder, was möglich ist,[244] der Erblasser verbindlich über ihr Vorliegen befinden darf. 75

Der Rücktritt bewirkt, dass der Erbvertrag oder die betreffenden vertragsmäßigen Verfügungen **außer Kraft treten,** soweit der Vorbehalt und die Rücktrittserklärung reichen. Bei einem Rücktritt vom ganzen Vertrag treten im Zweifel auch die einseitigen Verfü-

---

[235] Eingehend zur Auslegung siehe unten § 23.

[236] BGHZ 26, 204, 210; BayObLGZ 1961, 207, 210; OLG Köln NJW-RR 1994, 651; OLG Hamm FamRZ 1996, 637 = FGPrax 1995, 241.

[237] Buchholz FamRZ 1987, 440, 442.

[238] Zur Vorsorge für den Scheidungsfall siehe unten § 14 III.7. Rn 105; zu Verfügungen geschiedener Ehegatten § 21 IV.; zur Aufrechterhaltung wechselbezüglicher Verfügungen bei Ehescheidung, d. h. ob die Erbeinsetzung der gemeinsamen Abkömmlinge in einem zwischen Ehegatten geschlossenen Erbvertrag nach ihrem hypothetischen Willen auch für den Fall der Scheidung gelten soll: OLG München ZEV 2008, 290 f. mit Anm. Purrucker S. 291 f.

[239] Siehe hierzu eingehend: Herlitz MittRhNotK 1996, 153 ff.; *Musielak,* Zur Bindung an den Erbvertrag und zu den rechtlichen Möglichkeiten einseitiger Änderung, ZEV 2007, 245.

[240] MünchKomm/Musielak, § 2293 Rn 5.

[241] Staudinger/Kanzleiter § 2293 Rn 14.

[242] Motive z. Entw. d. BGB 5, 343.

[243] MünchKomm/Musielak, § 2293 Rn 7; Höfer BWNotZ 1984, 113, 119.

[244] BGH NJW 1951, 959.

gungen außer Kraft (§ 2299 Abs. 3). Beim zweiseitigen Erbvertrag, d.h. wenn beide Vertragspartner Verfügungen von Todes wegen treffen, wird durch die Ausübung des vorbehaltenen Rücktritts im Zweifel der ganze Erbvertrag aufgehoben (§ 2298 Abs. 2 Satz 1) und das vorbehaltene Rücktrittsrecht erlischt im Zweifel mit dem Tod des anderen Vertragschließenden (§§ 2298 Abs. 2 Satz 2, Abs. 3). Hat sich der Erblasser den Rücktritt für den Fall vorbehalten, dass der Vertragserbe eine bestimmte Verpflichtung nicht ordnungsgemäß erfüllt, kann er nach Treu und Glauben erst nach einer erfolglosen Abmahnung zulässig sein.[245] Dies wird immer dann der Fall sein, wenn der Umfang der übernommenen Verpflichtungen nur sehr ungenau festgelegt ist.[246]

b) Die Form des Rücktritts

76 Der dem Erblasser vorbehaltene Rücktritt ist gemäß §§ 2296, 2297 BGB genau wie der gesetzliche wie folgt auszuüben:

77 • **Rücktritt zu Lebzeiten des Vertragsgegners.** Der Rücktritt ist gemäß § 2296 vom Erblasser höchstpersönlich in **notarieller Urkunde** gegenüber dem anderen Vertragsschließenden (Vertragsgegner) zu erklären. Weder Vertretung im Willen noch in der Erklärung ist zulässig.[247] Der Rücktritt wird nur wirksam, wenn die notarielle Rücktrittserklärung in **Urschrift oder Ausfertigung** – nicht in beglaubigter Abschrift –[248] dem anderen Teil nachweislich **zugeht** (§ 130 Abs. 1) oder wenn sie ihm durch Vermittlung des Gerichtsvollziehers nach den Vorschriften der ZPO zugestellt wird (§ 132 Abs. 1).[249] Bei mehreren Vertragschließenden muss die Rücktrittserklärung jedem Vertragspartner des Erblassers zugehen.[250] Ist der Erblasser nach Abgabe der Erklärung aber vor ihrem Zugang überraschend gestorben, so ist dies grundsätzlich ohne Einfluss auf die Wirksamkeit des Rücktritts (§ 130 Abs. 2), es sei denn der Zugang erst nach seinem Tod war geplant.[251]

Die Angabe des Grundes für den Rücktritt ist in der notariellen Urkunde grundsätzlich nicht erforderlich, ist jedoch zweckmäßig, falls das Rücktrittsrecht nach dem Vertrag von bestimmten Gründen abhängt.[252] Wenn allerdings der Rücktritt vom Vorliegen bestimmter Gründe abhängig gemacht ist, muss deren Eintritt grundsätzlich durch den zurücktretenden Erblasser bewiesen werden.[253] Die Rücktrittserklärung ist bedingungsfeindlich.[254] Wie andere einseitige, empfangsbedürftige Willenserklärungen auch, ist die Rücktrittserklärung unwiderruflich.[255] Bei kombinierten Verträgen, die unter anderem auch einen Erbvertrag enthalten, ist streitig, ob ein ausdrücklich vorbehaltener formloser Rücktritt vom ganzen Vertrag ausreicht, oder ob wegen des Erbvertrages immer eine notarielle Beurkundung des Rücktritts erforderlich ist.[256]

78 • **Rücktritt nach dem Tod des Vertragsgegners.** Nach dem Tod des Vertragsgegners verwandelt sich das vorbehaltene Rücktrittsrecht **beim einseitigen Erbvertrag** gemäß § 2297 in ein Recht zur einseitigen Aufhebung des Erbvertrages. Der zum Rücktritt be-

---

[245] BGH LM § 242 (Cd) Nr. 118 = MDR 1967, 993 = Betr. 1967, 1613.

[246] BGH NJW 1981, 2299, 2300.

[247] MünchKomm/Musielak, § 2296 Rn 2.

[248] BGHZ 31, 5, 7 = NJW 1960, 33; BGHZ 36, 201 = NJW 1962, 736; BGHZ 48, 374 = NJW 1968, 496; BGH NJW 1995, 51, 52.

[249] BGHZ 36, 201; BGHZ 48, 374; AG Blomberg/LG Detmold FamRZ 1986, 1154.

[250] BGH WM 1985, 1180, 1182.

[251] MünchKomm/Musielak, § 2296 Rn 4 m.w. Nachw.

[252] Für eine Begründung allerdings OLG Düsseldorf ZEV 1994, 171 = FamRZ 1995 = NJW-RR 1995, 141; dagegen J. Kirchner MittBayNot 1996, 19.

[253] Herlitz MittRhNotK 1996, 153, 160.

[254] OLG Stuttgart OLGZ 1979, 129 = DNotZ 1979, 107.

[255] MünchKomm/Musielak § 2296 Rn 6.

[256] So OLG Hamm DNotZ 1999, 142; a.M. Kanzleiter DNotZ 1999, 122, der in solchen Fällen den Erbvertrag als auflösend bedingt durch den formlosen Rücktritt von den anderen Vertragsteilen ansieht.

rechtigte Erblasser kann die vertragsmäßigen Verfügungen, für die er sich den Rücktritt vorbehalten hat, **durch ein Testament** in jeder zulässigen Form **aufheben.** Sofern der Erbvertrag mit mehreren Vertragspartnern geschlossen worden ist, müssen alle verstorben sein, damit § 2297 Anwendung findet. Solange noch ein Vertragspartner lebt, muss der Rücktritt nach § 2296 erfolgen.[257] Der Erblasser kann das Aufhebungstestament seinerseits widerrufen, wodurch die aufgehobenen Verfügungen wieder als vertragsmäßige wirksam werden.[258] Bei **zweiseitigen und mehrseitigen Erbverträgen** erlischt, sofern die Verfügungen wechselseitig sind, mit dem Tod des anderen Vertragsteils das vorbehaltene Rücktrittsrecht (§ 2298 Abs. 2 Satz 2). Der Überlebende kann jedoch trotzdem seine Verfügungen durch Testament aufheben, wenn er das ihm Zugewendete ausschlägt (§ 2298 Abs. 2 Satz 3). Dies kann jedoch abbedungen werden (§ 2298 Abs. 3).

c) Auswirkungen des Todes des Vertragspartners auf den Rücktrittsvorbehalt

aa) Beim einseitigen Erbvertrag. Beim einseitigen Erbvertrag wandelt sich in diesem 79
Fall das vorbehaltene Rücktrittsrecht in ein Recht zur Aufhebung der vertragsmäßigen Verfügungen durch Testament um (§ 2297). Die Beseitigung einzelner vertragsmäßiger Verfügungen verbleibt somit bei vorbehaltenem Rücktrittsrecht im Gegensatz zur vertraglichen Aufhebung gem. § 2290 Abs. 1 Satz 2 möglich.

bb) Bei zwei- oder mehrseitigem Erbvertrag. Beim zwei- oder mehrseitigen Erbvertrag 80
gilt nach § 2298 Abs. 2 Satz 2 der nach § 2298 Abs. 3 abdingbare Grundsatz, dass das vorbehaltene **Rücktrittsrecht** beim Tod des anderen Vertragspartner **erlischt.** Der Überlebende hat jedoch nach § 2298 Abs. 2 Satz 3 seine vertragsmäßigen Verfügungen dann durch Testament aufheben, wenn er das ihm vom vorverstorbenen Erbvertragspartner Zugewandte ausschlägt.[259] Ist dem Überlebenden allerdings vertraglich nichts zugewendet, kann er auch nicht ausschlagen und die Aufhebung seiner eigenen Verfügungen sind ihm dann auch nicht möglich.[260]

d) Auswirkungen der Ausübung des Rücktrittsvorbehalts

aa) Beim einseitigen Erbvertrag. Sofern vom gesamten Erbvertrag zurückgetreten oder 81
er aufgehoben wird, treten nach § 2299 Abs. 3 im Zweifel auch alle im Erbvertrag vom Zurücktretenden getroffenen einseitigen Verfügungen außer Kraft.[261]

bb) Beim zweiseitigen Erbvertrag. Die Auswirkungen bei Ausübung des Rücktritts- 82
vorbehalts in einem zweiseitigen Erbvertrag bestimmen sich nach den gemäß § 2298 Abs. 3 abdingbaren Auslegungsregeln des § 2298 Abs. 1, 2. Danach ist zu unterscheiden zwischen

- **dem Gesamtrücktritt:** Hierbei werden in der Regel nach § 2298 Abs. 2 Satz 1 sämtliche vertragsmäßigen Verfügungen beider Parteien aufgehoben und die einseitigen Verfügungen treten nach § 2299 Abs. 3 außer Kraft.
- **dem Teilrücktritt:** Hier kann aus der Beschränkung geschlossen werden, dass die Vertragsparteien kein wechselbezügliche Abhängigkeitsverhältnis haben wollten und daher die Auslegungsregel des § 2298 Abs. 2 Satz 1 nicht anwendbar ist.[262]

cc) Bei Ehe- und Erbverträgen. Ist mit dem Erbvertrag ein Ehevertrag verbunden, so 83
beurteilt sich die weitere Gültigkeit des Ehevertrags nach einem Rücktritt vom Erbvertrag nach § 139 und nicht nach § 2298.[263]

---

[257] Herlitz MittRhNotK 1996, 153, 160.
[258] MünchKomm/Musielak § 2297 Rn 5.
[259] Herlitz MittRhNotK 1996, 153, 161.
[260] Höfer BWNotZ 1984, 120.
[261] MünchKomm/Musielak, § 2299 Rn 6.
[262] MünchKomm/Musielak, § 2298 Rn 4; Herlitz MittRhNotK 1996, 153, 163.
[263] BGHZ 29, 129 = DNotZ 1959, 209; MünchKomm/Mulsielak, § 2293 Rn 9; Palandt/Edenhofer § 2293 Rn 3.

2. Der Abänderungsvorbehalt beim Erbvertrag[264]

a) Die Zulässigkeit eines Abänderungsvorbehalts

84 Aufgrund der **Vertragsfreiheit** kann die vertragsmäßige Bindung im Erbvertrag in der Form des § 2276 ausdrücklich oder stillschweigend durch den Vorbehalt des Rechts eingeschränkt oder gelockert werden, dass der Erblasser **im bestimmten Rahmen** über seinen Nachlass anders als im Erbvertrag **einseitig** testieren darf und der Erblasser sich dadurch seine Testierfreiheit im Umfang des Vorbehalts bewahrt, z. B. durch den Vorbehalt einer Änderung der vertraglichen Erbeinsetzung, der Beschwerung von Bedachten mit Vermächtnissen und/oder Auflagen,[265] der Beschränkung von Bedachten mit der Ernennung eines Testamentsvollstreckers, der anderweitigen Verteilung des Gesamtnachlasses durch den überlebenden Ehegatten oder der Zulässigkeit auch böslicher Schenkungen entgegen §§ 2287, 2288.[266] Im Unterschied zu dem gemäß § 2296 Abs. 2 an strenge Formvorschriften gebundene Ausübung eines vorbehaltenen Rücktritts, ist beim Änderungsvorbehalt der Erblasser berechtigt, **eine dem Erbvertrag widersprechende Verfügung von Todes wegen zu treffen** und braucht dies den anderen Vertragsbeteiligten nicht bekannt zu geben.[267] Der Abänderungsvorbehalt kann sich auch aus einer Pflichtteilsverwirkungsklausel[268] oder einer Wiederverheiratungsklausel in dem Erbvertrag ergeben. Die Vorbehaltsklausel entspricht der Freistellungsklausel beim gemeinschaftlichen Testament.

b) Das Verbot des Totalabänderungsvorbehalts[269]

85 Die **Grenzen** eines solchen Abänderungsvorbehalts sind streitig.[270] Der BGH[271] verlangt, dass, anders als beim Rücktrittsvorbehalt, **mindestens eine vertragsmäßige Anordnung** vom Vorbehalt nicht erfasst wird, sondern für den Erblasser verbindlich bleibt, da sonst der Vertrag seines eigentlichen Wesens entkleidet würde (**Verbot des Totalvorbehalts**).[272] Dabei genügt es nach neuerer Auffassung in der Literatur und auch Rechtsprechung, wenn bei der geforderten einzigen vertragsmäßigen Anordnung die vorbehaltene Abänderungsmöglichkeit wenigstens an **genau umgrenzte und bestimmte Voraussetzungen** geknüpft ist, sodass für die Willkür des Erblassers kein Raum bleibt (**sog. spezifizier-**

---

[264] Eingehend hierzu *J. Mayer,* Der Änderungsvorbehalt beim Erbvertrag – erbrechtliche Gestaltung zwischen Bindung und Dynamik, DNotZ 1990, 755; ders. in Reimann/Bengel/Mayer, § 2278 Rn 13 ff.; *Claus Nolting,* Inhalt, Ermittlung und Grenzen der Bindung beim Erbvertrag, 1985; *Dietmar Nolting,* Der Änderungsvorbehalt beim Erbvertrag, 1994; Keim, Der Änderungsvorbehalt beim Erbvertrag – bei richtiger Handhabung ein sicheres Gestaltungsmittel, ZEV 2005, 365; Dohr, MittRhNotK 1998, 382; Herlitz, MittRhNotK 1996, 153; *Weiler,* Änderungsvorbehalt und Vertragsmäßigkeit der erbvertraglichen Verfügung, DNotZ 1994, 427; N. Mayer, DNotZ 1990, 755; MünchKomm/Musielak, § 2278 Rn 13 ff.; Palandt/Edenhofer, § 2289 Rn 8 ff.; a. A. (gegen Änderungsvorbehalt und für Rücktrittsvorbehalt) nur R. Lehmann, BWNotZ 1999, 1; ders. BWNotZ 2000, 129.

[265] OLG Düsseldorf OLGZ 66, 68; BayObLG FamRZ 1991, 1359.

[266] LG Koblenz JurBüro 1968, 254; Coing NJW 1958, 689; BGH NJW 1982, 441; siehe auch Schmidt-Kessel DNotZ 1989 Sonderbeil., S. 159 f.

[267] Staudinger/Kanzleiter § 2293 Rn 4; MünchKomm/Musielak, § 2293 Rn 3; BayObLG FamRZ 1989, 1353; BayObLG, DNotZ 1996, 316; Mayer DNotZ 1990, 775, 772; Johannsen DNotZ Sonderheft 1977, S. 72; Herlitz MittRhNotK 1996, 153, 160; Keim ZEV 2005, 365, 369.

[268] BayObLGZ 1990, 58 = FamRZ 1990, 1158 = NJW-RR 1990, 969.

[269] Siehe hierzu insb. Keim ZEV 2005, 365.

[270] Palandt/Edenhofer § 2289 Rn 9.

[271] BGHZ 26, 204, 208 = NJW 1958, 498 = LM § 2289 Nr. 3 m. Anm. Johannsen; BGH NJW 1982, 441; BGH WPM 1986, 1221; BayObLG NJW-RR 1991, 586; OLG Köln NJW-RR 1994, 651, 652.

[272] Eingehend hierzu OLG Stuttgart NJW-RR 1986, 165 = DNotZ 1986, 551.

ten Abänderungsvorbehalt).[273] Lediglich Musielak[274] und seine Schüler[275] vertreten jetzt noch die Mindermeinung vom sog. erbvertraglichen Rest, der beim Vorbehalt verbleiben müsse, d.h. ein Vorbehalt soll nur zulässig sein, wenn die von ihm nicht erfasste und deshalb noch bindende Anordnung von vornherein nach § 2278 Abs. 2 allein zum Inhalt einer vertragsmäßigen Verfügung gemacht werden könnte, es sich somit nur um eine voraussetzungslose Erbeinsetzung, ein Vermächtnis oder eine Auflage handeln kann.

Auch die **Reichweite eines Änderungsvorbehalts** ist nach dem erkennbaren Willen der Erblasser zu bestimmen. Häufiger Anwendungsfall ist im Ehegattenerbvertrag die grundsätzlich bindende Schlusserbeinsetzung der (gemeinsamen) Kinder, jedoch im Hinblick auf mögliche künftige – positive (z.B. Pflegeleistung eins Kindes) oder negative (z.B. Geltendmachung eines Pflichtteils gegen den Willen des längerlebenden Ehegatten oder Insolvenz des Abkömmlings) Umstände die Befugnis, die letztwilligen Verfügungen des Längerlebenden „abzuändern" im Kreise der gemeinschaftlichen Abkömmlinge. Soweit sich aus Wortlaut und Einzelumständen nichts anderes ergibt, umfasst eine solche Formulierung im Regelfall auch das Recht, die Schlusserbeinsetzung eines Abkömmlings gänzlich aufzuheben.[276]

Soweit ein Abänderungsvorbehalt (und entsprechend Freistellungsklausel beim gemeinschaftlichen Testament) reicht, kann auch **keine Beeinträchtigung i.S. des § 2287** eintreten durch lebzeitige Schenkungen, so dass dem Vertragserben insoweit keine Bereicherungsansprüche zustehen.[277]

3. Wegfall der Bindung durch auflösende Bedingung

Eine Gestaltungsform, mit der der Testamentsgestalter oft ähnliche Wirkungen wie durch Rücktritts- und Abänderungsvorbehalte bei Erbverträgen und gemeinschaftlichen Testamenten herbeiführen kann, ist die **auflösende Bedingung.**[278] So kann er z.B. bei einem Erbvertrag, bei dem der andere Vertragsschließende sich gegenüber dem Erblasser zu wiederkehrenden Leistungen verpflichtet hat (§ 2295), deren Nichterfüllung, Verzug oder Schlechterfüllung zur auflösenden Bedingung der erbvertraglichen Zuwendungen machen.[279] Ein weiteres Beispiel ist, dass ein Erbvertrag zwischen nichtehelichen Lebens- 86

---

[273] OLG München DNotZ 2009, 138ff. = MittBayNot 2009, 237f. mit Anm. Kornexl S. 242f.; OLG München DNotZ 2007, 53 = ZEV 2007, 33; Hülsmeier NJW 1986, 3115, 3117f.; Bengel DNotZ 1989, 156; Buchholz Rpfleger 1990, 45, 52; J. Mayer DNotZ 1990, 755, 774; ders. in Reimann/Bengel/Mayer, § 2278 Rn 17ff., 26ff.; Weiler DNotZ 1994, 427, 436ff.; Herlitz MittRhNotK 1996, 153, 158; Staudinger/Kanzleiter, § 2278 Rn 12; Palandt/Edenhofer § 2289 Rn 9; Keller ZEV 2004, 93; Keim ZEV 2005, 365, 366.

[274] MünchKomm/Musielak, § 2278 Rn 18.

[275] Nolting, Der Änderungsvorbehalt beim Erbvertrag, 1994, S. 187ff.

[276] Insoweit missverständlich der Beschluss des OLG Düsseldorf v. 29. 1. 2007, DNotZ 2007, 774ff. Im dortigen Einzelfall lautete der Wortlaut des Erbvertrags, die Erbeinsetzung „noch zu ändern, insbesondere durch eine anderweitige Festlegung der Erbquoten ...". Soweit das OLG Düsseldorf daraus allgemein den Schluss zieht, dass Abänderung keine „Quote Null" zulasse, ist die „Entscheidung ... falsch"; so Schmucker in ihrer Anm. DNotZ 2007, 777. Richtig ist, dass kein Dritter den mittels Aufhebung der Erbeinsetzung eines Abkömmlings freiwerdenden Erbteil erhalten darf, sondern wiederum eine Person aus dem zulässigen Kreis der Destinatäre insoweit eingesetzt werden muss.

[277] OLG Frankfurt a.M. ZEV 2009, 393 m.w.N.; J. Mayer in Reimann/Bengel/Mayer, § 2287 Rn 104.

[278] Motive z. BGB V, S. 344; Staudinger/Kanzleiter § 2293 Rn 5; Hülsmeier NJW 1986, 3115, 3118; Höfer BWNotZ 1984, 113; Herlitz MittRhNotK 1996, 153, 160; Kanzleiter DNotZ 1999, 122, 124.

[279] BayObLG Rpfleger 1976, 290; OLG Hamm DNotZ 1977, 751, 754; MünchKomm/Musielak, § 2295 Rn 5.

gefährten[280] durch die Beendigung der Lebensgemeinschaft auflösend bedingt wird und dabei der Eintritt der Bedingung vermutet werden soll, wenn ein Lebensgefährte dem anderen das Ende der Beziehung schriftlich mitgeteilt hat.[281] Mit Bedingungseintritt tritt dann jeweils die einzelne Verfügung oder der ganze Erbvertrag von selbst außer Kraft und zwar ex nunc (§ 158 Abs. 2).[282] Es bedarf also nicht, wie bei der Ausübung von Rücktritts- oder Änderungsvorbehalten, einer förmlichen Handlung des Erblassers.[283]

4. Freistellungsklauseln beim gemeinschaftlichen Ehegattentestament

87 Da der Gesetzgeber es den Ehegatten freigestellt hat, ob und in welchem Umfang sie ihre letztwilligen Verfügungen wechselbezüglich sein lassen wollen (§ 2270 Abs. 1), können sie im gemeinschaftlichen Testament auch einander oder einem von ihnen das Recht einräumen, die **Bindungs- und Abhängigkeitswirkung** eigener wechselbezüglicher Verfügungen nach dem ersten Erbfall durch einseitige Verfügung von Todes wegen **ganz oder zum Teil aufzuheben oder abzuändern.**[284] Entgegen der Rechtslage beim Erbvertrag, wo der Totalabänderungsvorbehalt verboten ist, kann dem Überlebenden beim gemeinschaftlichen Testament auch die **völlige Änderungsbefugnis** seiner Verfügungen eingeräumt werden.[285] Der Änderungsvorbehalt kann sich sowohl nur auf die **Bindungswirkung**[286] als auch nur auf die **Abhängigkeitswirkung**[287] als auch auf beide erstrecken.[288] Dieser Aufhebungs- oder Änderungsvorbehalt kann dem Überlebenden auch durch ein nachträglich vom anderen Ehegatten einseitig errichtetes Testament eingeräumt werden.[289] Bei der **Freistellung** sind ohne Anspruch auf Vollständigkeit folgende Möglichkeiten denkbar:[290]

- Die Eheleute wollen hinsichtlich der Verfügungen weder vor noch nach dem ersten Erbfall gebunden sein (**gar keine Bindungswirkung**).
- Die Ehegatten wollen sich für die Zeit nach dem Tod des Erstversterbenden freie Hand lassen, bei Lebzeiten aber gegenseitig von Testamentsänderungen unterrichtet werden (**nur Offenheitsprinzip**).
- Es soll nur eine Befugnis zur teilweisen Durchbrechung der Bindung festgelegt werden (umfangmäßig **beschränkte Bindungswirkung**) und wobei die Einschränkung quotenmäßig, gegenständlich, bedingt oder unbedingt sein kann.
- Der Überlebende soll **zu Schenkungen berechtigt** sein, während die erbrechtliche Bindung verbleiben soll, sodass nur die Schutzvorschriften der §§ 2287, 2288 abbedungen sind.
- Der überlebende Ehegatte kann z. B. hinsichtlich der Erbfolge der Schlusserben gebunden sein sollen, aber zu Lasten der Schlusserben Vermächtnisse anordnen dürfen.[291]

---

[280] Zu trennen von den eingetragenen – gleichgeschlechtlichen – Lebenspartnern, für die über die Verweisung in § 10 Abs. 5 LPartG § 2077 BGB entsprechend anzuwenden ist und beim gemeinschaftlichen Testament über § 10 Abs. 4 LPartG auch §§ 2268, 2077 BGB anzuwenden ist. Beim Erbvertrag unter Lebenspartnern gilt §§ 2279, 2077 unmittelbar.

[281] Nach Kanzleiter DNotZ 1999, 122, 124.

[282] Höfer BWNotZ 1984, 113, 117.

[283] Herlitz MittRhNotK 1996, 153, 160.

[284] Huber Rpfleger 1981, 41, 42 m. w. N.; BGHZ 2, 35, 37; BGHZ 30, 261, 266; BGH NJW 1964, 2056; BGH FamRZ 1973, 189; BGH NJW 1982, 441; BGH NJW 1987, 901; OLG Stuttgart NJW-RR 1986, 632 = DNotZ 1986, 553; BayObLG NJW-RR 1989, 587.

[285] BGHZ 2, 35, 37.

[286] Staudinger/Kanzleiter, § 2270 Rn 10.

[287] Staudinger/Kanzleiter, § 2270 Rn 7.

[288] Siehe die Beispiele bei Staudinger/Kanzleiter, § 2270 Rn 7 ff.

[289] MünchKomm/Musielak, § 2271 Rn 31.

[290] Huber a. a. O.; BGH NJW 1964, 2056 = FamRZ 1964, 501 = LM § 2270 Nr. 3; Staudinger/Kanzleiter, § 2270 Rn 6 ff.

[291] BGH WM 1973, 205; BGH FamRZ 1973, 189; LG München II ZEV 1995, 373; Johannsen WM 1973, 534.

- Ferner kann die Freistellung auch vom Vorliegen bestimmter Gründe (z. B. dem Fehlverhalten oder Pflichtteilsverlangen von Abkömmlingen, Wiederheirat des Überlebenden) abhängig gemacht (**bedingte Freistellung**) werden[292] und zwar gerichtlich nachprüfbar oder nicht.[293]
- Die Eheleute können dem Überlebenden auch das **Recht zur Abänderung** seiner Verfügungen von Todes wegen einräumen, **ohne die Abhängigkeitswirkung** der Wechselbezüglichkeit **einzuschränken.** Dann führt die Abänderung nach § 2270 Abs. 1 zur Unwirksamkeit der wechselbezüglichen Verfügungen des anderen Ehegatten.[294]
- Es kann auch bestimmt werden, dass der überlebende Ehegatte abweichend testieren darf, wenn er an die Kinder dasjenige herausgibt (aufschiebend bedingtes Vermächtnis nach § 2177), was sie beim Tode des Erstversterbenden als gesetzliche Erben erhalten hätten. Der Nachteil besteht darin, dass der Umfang der Herausgabepflicht auf einen gegebenenfalls seit Jahren zurückliegenden Zeitpunkt zurück projiziert werden muss.[295]
- Die durch Gestattung von Vermächtnissen zu Lasten der Schlusserben umfangmäßig beschränkte Wechselbezüglichkeit kann auch dahin variiert werden, dass der überlebende Ehegatte diese Vermächtnisse nicht aus dem ganzen miteinander verschmolzenen Vermögen anordnen darf, sondern nur **aus dem von ihm stammenden Vermögen**[296] oder nur aus seinem Neuerwerb nach dem Tode des Erstversterbenden. Zwecks Feststellung des gegenständlichen Umfangs solcher Freistellungen ist zweckmäßigerweise die Errichtung eines amtlichen Nachlassverzeichnisses auf den Tode des Erstversterbenden über das beiderseitige Vermögen anzuordnen. Ferner ist zur Sicherung dieser Vermögensteile eine schuldrechtliche Surrogation im Wege des Verschaffungsvermächtnisses (§§ 2169 Abs. 1, 2170 Abs. 1) anzuordnen.[297]

Formulierungsvorschlag:

Sämtliche Bestimmungen dieses Testaments sind, soweit nichts anderes bestimmt und gesetzlich zulässig, wechselbezüglich.

Der Überlebende von uns wird jedoch – wobei im Rahmen der Freistellung die Wechselbezüglichkeit entfällt – bezüglich derjenigen Vermögenswerte von der Bindung an seine eigenen Verfügungen freigestellt, welche er erst nach dem Tode des Erstversterbenden erwirbt, sodass er über diese Gegenstände vermächtnisweise verfügen kann.

Zur Feststellung des der Bindung unterliegenden Vermögens hat der Überlebende beim Tod des Erstversterbenden ein notariell beurkundetes Vermögensverzeichnis über unser beiderseitiges Vermögen zu diesem Zeitpunkt errichten zu lassen. Zu den der Bindung unterliegenden Vermögenswerten gehört auch alles, was der Überlebende auf Grund eines zu diesem Vermögen gehörenden Rechts, als Ersatz für die Zerstörung, Beschädigung oder Entziehung eines Gegenstandes dieses Vermögens oder durch Rechtsgeschäft mit Mitteln dieses Vermögens erwirbt. Der Überlebende hat jeweils, wenn ein Austausch wesentlicher Vermögensstücke stattgefunden hat, das Verzeichnis in notarieller Nachtragsurkunde ergänzen zu lassen. Der Anspruch auf Errichtung des Vermögensverzeichnisses wird den Schlusserben vom Erstversterbenden im Wege des Vermächtnisses zugewandt.

Die obengenannten Ersatzgegenstände werden den Schlusserben vom Erstversterbenden im Wege des beim Tod des Längstlebenden anfallenden Verschaffungsvermächtnisses zugewandt. Über sein nicht der Bindung unterliegende Vermögen kann der Längstlebende unter Lebenden und im Wege des Vermächtnisses frei verfügen.

---

[292] BGH NJW 1951, 959; Staudinger/Kanzleiter, § 2270 Rn 13.
[293] BGH NJW 1951, 959, 960; MünchKomm/Musielak, § 2271 Rn 32.
[294] Staudinger/Kanzleiter, § 2270 Rn 11.
[295] Priester JuS 1987, 394, 399.
[296] BGH WPM 1973, 205; Staudinger/Kanzleiter, § 2270 Rn 12.
[297] Formular in MünchVertrHdb/Nieder/Otto, Bd. 6/2, Form. XVI.29.

Die Schwächen und Schwierigkeiten dieser Konstruktion liegen darin, dass die dem Berliner Testament (§ 2269) zugrunde liegende Absicht der Eheleute, ihr beiderseitiges Vermögen als eine Einheit zu behandeln und unterschiedliche Schicksale der beiden Vermögensmassen zu verhindern (Einheitslösung), durch die Gestaltung wieder weitgehend vereitelt wird. Obwohl beide Vermögensmassen dem Überlebenden als Rechtsträger zustehen, ist er schuldrechtlich gezwungen, sie getrennt zu verwalten. Man kann gegen die Gestaltung dieselben Bedenken geltend machen, die gegen die Jastrow'sche Klausel vorgebracht werden.[298] Beide sind Fremdkörper bei der Einheitslösung. Dies spricht aber nicht gegen ihre rechtliche Zulässigkeit und ihre Zweckmäßigkeit in bestimmten Fällen.

- Da kaptatorische Verfügungen, d.h. erbrechtliche Zuwendung unter der Bedingung, dass der Bedachte seinerseits jemand letztwillig bedenkt, zulässig sind,[299] kann die Freistellung des Überlebenden auch auf Abänderungen innerhalb eines umschriebenen Personenkreises begrenzt werden, z.B. auf anderweitige Verfügungen nur innerhalb der beiderseitigen Abkömmlinge oder der eigenen Verwandtschaft.[300]
- Die Ehegatten können den Überlebenden auch hinsichtlich eines Bruchteils seines Vermögens oder hinsichtlich eines bestimmten Geldbetrages von der Bindung freistellen.[301]

88 Ein Widerrufs- oder Änderungsrecht kann auch stillschweigend eingeräumt worden sein und sich im Wege einer ergänzenden Testamentsauslegung ergeben.[302] Es kann sich auch aus einer Verwirkungs- oder einer Wiederverheiratungsklausel ergeben. Insbesondere wird bei **Wiederverheiratungsklauseln** von der h.M.[303] eine Auslegungsregel dahin angenommen, dass mit der Wiederheirat und der damit verbundenen Einbuße der Rechte am Nachlass des verstorbenen Ehegatten zugunsten der Kinder regelmäßig die Bindung des Überlebenden an seine eigenen wechselbezüglichen Verfügungen entfällt. Abzulehnen ist allerdings die teilweise vertretene Ansicht, dass diese Verfügungen durch die Wiederheirat automatisch gegenstandslos würden, ohne dass es eines Widerrufstestaments des überlebenden, wiederheiratenden Ehegatten bedürfe und auf seinen Tod die gesetzliche Erbfolge eintrete.[304] Wenn in einem gemeinschaftlichen Testament derjenige Abkömmling, der beim Tod des Erstversterbenden irgendwelche Ansprüche erhebt, nur den Pflichtteil aus dem Nachlass des Erstversterbenden erhalten soll, entfällt im Eintrittsfall die Bindung des Längstlebenden.[305]

89 Zur **Ausübung** eines Widerrufs- oder Änderungsvorbehalts bedarf es **einer förmlichen letztwilligen Verfügung** des Überlebenden. Ein auf das Testament gesetzter nicht unterschriebener Vermerk reicht nicht aus.[306] Dem überlebenden Ehegatten kann wegen § 2065 grundsätzlich nur der Widerruf oder die Änderung der eigenen Verfügungen vorbehalten werden, nicht auch derjenigen des Verstorbenen.[307] Das bereitet bei der sog. Einheitslösung (Vollerbe – Schlusserbe), die im Zweifel eintritt, keine Schwierigkeiten, da

---

[298] v. Olshausen DNotZ 1979, 707, 718.

[299] Palandt/Edenhofer §§ 2074 Rn 5 u. 2302 Rn 1.

[300] BGHZ 2, 35 = NJW 1951, 959; Staudinger/Kanzleiter § 2271 Rn 62; Huber Rpfleger 1981, 41, 43.

[301] Staudinger/Kanzleiter, § 2270 Rn 14.

[302] BayObLG NJW-RR 1989, 587, 588; KG OLGZ 1966, 504; KG OLGZ 1977, 457, 462; KG NJW 1963, 766; OLG Hamm ZEV 1995, 146 = NJW-RR 1995, 777; MünchKomm/Musielak § 2271 Rn 31.

[303] MünchKomm/Musielak § 2269 Rn 59 m.w.N.; BayObLGZ 1966, 49, 55 = NJW 1966, 1223.

[304] Eingehend dazu Huken DNotZ 1965, 734; Simshäuser FamRZ 1972, 273; Dippel AcP 177 (1977), 349, 364ff.

[305] OLG Dresden OLGE 40, 143, 144; BayObLGZ 1990, 58 = NJW-RR 1990, 969 = FamRZ 1990, 1158; Palandt/Edenhofer § 2271 Rn 22; Huber Rpfleger 1981, 41, 42.

[306] OLG Stuttgart NJW-RR 1986, 632 = DNotZ 1986, 553.

[307] RGZ 79, 32, 33; RG DNotZ 1932, 348; Staudinger/Kanzleiter § 2271 Rn 62.

der Nachlass des Erstversterbenden mit dem des Längstlebenden eine Einheit bildet und er daher, wenn er vom Vorbehalt Gebrauch macht, immer nur über seinen eigenen Nachlass verfügt.[308] Bei der Trennungslösung (Vor- und Nacherbschaft) besteht dagegen grundsätzlich keine direkte Möglichkeit, dem Überlebenden hinsichtlich dem der Nacherbfolge unterliegenden Nachlass des Erstversterbenden eine Abänderungsmöglichkeit vorzubehalten. Ein Ausweg wäre, Nachlassgegenstände wegen deren der alleinige Vorerbe freigestellt werden soll, durch ein ihm zugewandtes, in diesem Fall dinglich wirkendes, Vorausvermächtnis[309] der Nacherbfolge zu entziehen[310] und ihn hinsichtlich seiner eigenen wechselbezüglichen Verfügungen bezüglich dieser Gegenstände freizustellen. Darüber hinaus lässt die Rechtsprechung[311] eine Nacherbeinsetzung unter dem Vorbehalt anderweitiger Verfügungen des Vorerben zu, ferner auch ein unter der Bedingung angeordnetes Vermächtnis, dass es nicht vom Überlebenden widerrufen wird.[312]

Ungeklärt ist die Frage, **ob** und inwieweit **durch** einen solchen **Widerrufs- oder Änderungsvorbehalt die Wechselbezüglichkeit berührt wird,**[313] d. h. ob und inwieweit die wechselbezüglichen **Verfügungen des Vorverstorbenen gem. § 2270 Abs. 1 unwirksam werden,** wenn der **Überlebende vom Vorbehalt Gebrauch macht** und seine Verfügungen aufhebt oder ändert. Kein Problem entsteht, wenn beim Vorbehalt nicht nur von der Bindung, sondern ausdrücklich auch von der Wechselbezüglichkeit als Bestandsabhängigkeit befreit wird. Ist dies jedoch nicht der Fall und kommt es zum Streit, hat der BGH früher[314] entschieden, bei Bindungsfreistellung sei auch die betreffende Verfügung nicht wechselbezüglich,, später[315] aber **trennt** er klar die **Bindungsfreistellung von der Wechselbezüglichkeit** bzw. Bestandsabhängigkeit, sodass eine Freistellungsklausel die Wechselbezüglichkeit und damit Bestandsabhängigkeit von beiderseitigen Verfügungen in einem gemeinschaftlichen Ehegattentestament nicht notwendig ausschließt, da es durchaus sein kann, dass die testierenden Eheleute sich zwar für die Zeit nach dem Tod des Erstversterbenden freie Hand lassen wollen, für die Zeit vorher aber von einer Testamentsänderung des anderen unterrichtet werden wollen.[316] Dem hat sich die Literatur weitgehend angeschlossen. [317] Danach stellt die Bindungsfreistellung einer Verfügung im gemeinschaftlichen Testament kein Indiz mehr dar für oder gegen ihre Wechselbezüglichkeit.[318] Im Streitfall haben daher derjenige, der sein Erbrecht auf die Wechselbezüglichkeit einer Verfügung stützt oder derjenige, der sie als gem. § 2070 Abs. 1 vernichtende Tatsache für das Erbrecht eines anderen heranzieht, jeweils die Beweis- bzw. Feststellungslast für die Tatsachen, welche sie begründen.[319] Dabei bietet der aus der Lebenserfahrung gezogene Schluss (Tatsachenvermutung = Erfahrungssatz) eine Beweiser- 90

---

308 BayObLGZ 1987, 23, 28 f. = FamRZ 1987, 638, 639 = Rpfleger 1987, 249.

309 BGHZ 32, 60, 62 = NJW 1960, 959.

310 Formular in MünchVertrHdb/Nieder/Otto, Bd. 6/2, XVI.12, § 3.

311 RGZ 95, 278, 279 = JW 1920, 286; BGHZ 2, 35 = NJW 1951, 959; BGHZ 15, 199, 204 = NJW 1955, 100; BGH DNotZ 1970, 358 = LM § 2065 Nr. 6; BGHZ 59, 220, 222 = 1972, 1987; KG DNotZ 1956, 195; OLG Hamm DNotZ 1973, 110; Staudinger/Kanzleiter § 2271 Rn 62; Huber Rpfleger 1981, 41, 43; Frank MittBayNot 1987, 231 m. w. N.

312 RG WarnR 1921 Nr. 75; RG Recht 1924 Nr. 1526; RG JW 1925, 2123; KG JR 1925 Nr. 1640; Staudinger/Kanzleiter § 2271 Rn 62; MünchKomm/Musielak, § 2271 Rn 32 § 2271 Rn 49.

313 Huber Rpfleger 1981, 41, 42; Gerken RpflJB 1992, 211, 220.

314 BGH FamRZ 1956, 83, 84; offengelassen in BGH 30, 261, 266 = Rpfleger 1959, 376 = NJW 1959, 1730.

315 BGH NJW 1964, 2056 = LM § 2270 Nr. 3 = MDR 1964, 997; BayObLG FamRZ 1989, 1353 = DNotZ 1990, 812; BGH FamRZ 1987, 272 = NJW 1987, 901 = WM 1987, 379 = DNotZ 1987, 430 m. Anm. Kanzleiter.

316 BayObLG Rpfleger 1987, 249 re. Sp.

317 Huber Rpfleger 1981, 41, 42 m. w. N.

318 OLG Stuttgart NJW-RR 1986, 632 = DNotZ 1986, 553.

319 BayObLGZ 70, 173, 181; BayObLG FamRZ 1986, 392, 395.

leichterung, dass die Eheleute im Rahmen von Freistellungsklauseln allenfalls eine zeitlich bis zum Tod des Erstversterbenden begrenzte Wechselbezüglichkeit zwecks Herstellung des Offenheitsprinzips während ihrer beider Lebenszeit wünschen,[320] dagegen kaum eine über den Tod des Erstversterbenden hinausgehende, die die Ausübung der Freistellungsklausel durch den Druck, das vom Verstorbenen Ererbte wieder herausgeben zu müssen, illusorisch machen würde. Zu einer anderen Verteilung der Darlegungs- und Beweislast kommen zwangsläufig diejenigen,[321] die unter Außerachtlassung dieses Erfahrungssatzes die Ausübung des vorbehaltenen Widerrufs- oder Änderungsrechts mit der des gesetzlichen Widerrufsrechts gem. § 2271 Abs. 1, 2 gleichsetzen und dann über § 2270 Abs. 1 zur grundsätzlichen Unwirksamkeit der wechselbezüglichen Verfügungen des Erstverstorbenen kommen, es sei denn, durch Auslegung kann ein anderer mutmaßlicher Wille der Eheleute festgestellt werden.[322]

Richtigerweise wird jedoch durch die **Ausübung des Vorbehalts** die widerrufene oder geänderte Verfügung nur gegenstandslos und lässt die mit ihr wechselbezüglichen Verfügungen des vorverstorbenen Ehegatten nicht gem. § 2270 Abs. 1 automatisch unwirksam werden. Die Auswirkungen der Ausübung des Vorbehalts auf diese Verfügungen beurteilt sich vielmehr nach der Auslegungsregel des § 2084, d.h. sie bleiben grundsätzlich gültig, es sei denn die Auslegung des Testaments ergibt etwas anderes,[323] wofür derjenige die Darlegungs- und Beweislast hat, der sich darauf beruft.[324] Die gegensätzliche Auffassung hätte zur Folge, dass der Überlebende im Widerrufs- oder Abänderungsfall noch nach Jahren das ihm vom Verstorbenen Zugewendete gem. § 2270 Abs. 1 wieder herauszugeben hätte. Bis zur höchstrichterlichen Klärung der Frage wird es sich für die Praxis empfehlen, durch entsprechende Klauseln im Einzelfall Klarheit zu schaffen.

Formulierungsvorschlag:

„Bei Ausübung des Änderungsvorbehalts durch den Überlebenden sollen die Verfügungen des Verstorbenen nicht gem. § 2270 Abs. 1 BGB in Wegfall kommen."
oder kurz
„Im Rahmen der Freistellung entfällt auch die Wechselbezüglichkeit der Verfügungen."

91 Letztlich kann das Problem dadurch umgangen werden, dass die Verfügungen des Längstlebenden nur einseitig getroffen werden, wodurch allerdings der heimliche einseitige Widerruf zu Lebzeiten beider Ehegatten möglich wird.

92 **Hinweise für die Praxis**

Wer ein gemeinschaftliches Ehegattentestament gestaltet, sollte unbedingt folgendes ausdrücklich festlegen:

- Hinsichtlich jeder einzelnen Verfügung, ob sie wechselseitig oder einseitig wechselbezüglich sein soll.
- Bezüglich welcher seiner wechselbezüglichen Verfügungen durch den überlebenden Ehegatten eine Abänderungsmöglichkeit und in welchem Umfang gegeben sein soll.
- Soweit eine solche Abänderungsmöglichkeit gegeben sein soll, ob bei ihre Ausübung die Wirksamkeitsabhängigkeit der Verfügungen des erstversterbenden Ehegatten gem. § 2270 Abs. 1 eintreten oder ausgeschlossen sein soll.

---

320 So auch im Fall BGH NJW 1964, 2056 = LM § 2270 Nr. 3.

321 RG SeuffArch 76 Nr. 163, S. 269; Staudinger/Dittmann 10., 11. Aufl., § 2271 Rn 63; Dittmann/Reimann/Bengel § 2271 Rn 56; Soergel/Wolf § 2271 Rn 23; RGRK/Johannsen § 2271 Rn 31.

322 BayObLGZ 1987, 23, 28.

323 Staudinger/Kanzleiter § 2271 Rn 64.

324 Baumgärtel/Strieder, Hdb. d. Beweislast, Bd. 2 § 2084 Rn 1.

5. Keine Beseitigung der Bindung durch formlose Zustimmung des Bedachten

Weder beim Erbvertrag noch beim gemeinschaftlichen Testament kann die Bindungswirkung durch formlose Zustimmung des Vertragsgegners oder des Bedachten zu der beeinträchtigenden Verfügung unter Lebenden oder von Todes wegen beseitigt werden, da das Gesetz sowohl die Aufhebung eines Erbvertrages als auch den Verzicht auf eine berechtigte Erberwartung an die Einhaltung strenger Formvorschriften knüpft (§§ 2290 ff., 2348).[325] In besonderen Ausnahmefällen kann jedoch einem Bedachten, der sich trotz seiner formlosen Zustimmung auf die Unwirksamkeit einer beeinträchtigenden Verfügung beruft, die Einrede der Arglist entgegengehalten werden.[326] 93

6. Bindungsbeseitigung durch formgebundene Vereinbarung (Zuwendungsverzicht)

Mit dem anderen Vertragschließenden kann der Erblasser gem. § 2290 Abs. 2 in notarieller Urkunde unter gleichzeitiger Anwesenheit beider Teile (§ 2290 Abs. 1, 4) den **Erbvertrag** ganz oder nur hinsichtlich einzelner vertragsmäßiger Verfügungen aufheben. Für die Aufhebung vertragsmäßiger Vermächtnisse und Auflagen sieht das Gesetz als mögliche Formerleichterung vor, dass die Aufhebung durch Testament unter einseitiger, notariell beurkundeter Zustimmung des Vertragspartners genügt (§ 2291 Abs. 2). **Nach dem Tod eines der Vertragschließenden kann die Aufhebung nicht mehr erfolgen (§ 2290 Abs. 1 Satz 2).** In diesem Fall besteht jedoch beim Erbvertrag **für den Dritten** (§ 2352 Satz 2), nicht für den Vertragspartner, die Möglichkeit des unten behandelten Zuwendungsverzichtsvertrages mit dem Erblasser gem. § 2352.[327] Nach § 2292 können Eheleute gemeinsam einen zwischen ihnen geschlossenen Ehegattenerbvertrag (§ 2280) **durch ein gemeinschaftliches Testament aufheben,** das auch eigenhändig (§ 2267) errichtet werden kann. Wechselbezüglichen Verfügungen in einem gemeinschaftlichen Testament können die Eheleute jederzeit gemeinsam widerrufen (§ 2253). Mit im Erbvertrag bedachten Dritten, die nicht selbst Vertragschließende sind, kann kein Aufhebungsvertrag geschlossen werden.[328] 94

Der erbvertraglich Bedachte (Dritter) und der im gemeinschaftlichen Testament Bedachte können jedoch mit dem Erblasser einen notariell beurkundeten **Zuwendungsverzichtsvertrag** gem. § 2352 schließen und in ihm ganz oder teilweise auf die Zuwendung verzichten.[329] **Dritter** ist beim Erbvertrag, wer weder als Erblasser noch als dessen Vertragspartner am Abschluss des Erbvertrages beteiligt war. Einen Zuwendungsverzichtsvertrag kann ein im Erbvertrag bedachter Vertragspartner grundsätzlich nicht abschließen, weil das Gesetz für diesen Fall den Aufhebungsvertrag gem. §§ 2290 ff. mit strengeren Formvorschriften vorsieht.[330] Ein solcher Aufhebungsvertrag kann nach dem Tod des anderen Vertragschließenden nicht mehr geschlossen werden (§ 2290 Abs. 1 95

---

[325] BGHZ 108, 252 = NJW 1989, 2618 = DNotZ 1990, 803 = FamRZ 1989, 1076 m. krit. Anm. Damrau FamRZ 1991, 552; OLG Hamm OLGZ 1974, 378 = NJW 1974, 1774, 1775 = Rpfleger 1974, 223; KG JW 1938, 2746; Staudinger/Kanzleiter § 2289 Rn 19; MünchKomm/Musielak, § 2289 Rn 18; a. M. RGZ 134, 325, 327; Lange/Kuchinke, 4. Aufl., § 25 V 8; differenzierend: Stumpf FamRZ 1990, 1057; nur bezüglich der Zustimmung zu böslichen Zweitverfügungen: Kanzleiter DNotZ 1990, 776; ders. ZEV 1997, 261.

[326] MünchKomm/Musielak, § 2289 Rn 18; BGH LM § 2271 Nr. 7 = DNotZ 1958, 495; BGH WPM 1978, 171, 182 = LM § 1829 Nr. 5; LG Düsseldorf FamRZ 1988, 661.

[327] OLG Frankfurt FamRZ 1998, 57, 58; Endemann JW 1925, 2791; Baumgärtel DNotZ 1959, 63, 68.

[328] MünchKomm/Musielak, § 2290 Rn 5.

[329] BayObLGZ 1974, 401, 404.

[330] OLG NJW 1959, 1923; OLG Hamm DNotZ 1977, 751, 753 = Rpfleger 1977, 208; OLG Stuttgart OLGZ 1979, 129 = DNotZ 1979, 107; MünchKomm/Wegerhoff, § 2352 Rn 8; Damrau FamRZ 1991, 552.

Satz 2), sodass dann für den Erblasser nur noch die Möglichkeit der Selbstanfechtung (§ 2281 Abs. 2) bleibt.[331] Ist der Erbvertrag jedoch zwischen **mehr als zwei Personen** abgeschlossen, besteht ein Bedürfnis für die Zulassung eines Zuwendungsverzichtsvertrages zwischen dem Erblasser und dem einzelnen bedachten Vertragspartner, auch wenn ein anderen Vertragspartner bereits verstorben ist, weil sonst eine Beseitigung der vertragsmäßigen Zuwendung zu Lebzeiten des Erblassers nicht möglich wäre.[332] Wird der ganze Erbvertrag aufgehoben, so erstreckt sich die Aufhebungswirkung im Zweifel auch auf die in ihm enthaltenen einseitigen Verfügungen (§ 2299 Abs. 3). Der Aufhebungsvertrag ist anfechtbar, wobei nach der h. M. sachlich die §§ 2078 ff. entsprechend gelten.[333] Wird der Aufhebungsvertrag seinerseits aufgehoben oder wirksam angefochten, so lebt der ursprüngliche Erbvertrag wieder auf.[334]

96 Nach dem Erbfall kann der vertragsmäßig oder durch bindend gewordenes gemeinschaftliche Testament Bedachte das ihm Zugewendete unter Wahrung der dafür vorgesehenen Form und Frist (§§ 1944, 1945) ausschlagen.

IV. Beseitigung der Bindungswirkung durch Auslegung und Selbstanfechtung

1. Die Beseitigung der Bindungswirkung durch Auslegung

97 Bezüglich der Grundsätze und Methoden der Auslegung von Verfügungen von Todes wegen siehe unten § 23 Rn 4.

98 Normalerweise erfolgt die Auslegung von Verfügungen von Todes wegen nach dem Erbfall im Rechtsstreit zwischen den Prätendenten. Aber auch der Erblasser hat, wenn er neue Verfügungen errichten will, die frühere vielleicht bindende Verfügungen beeinträchtigen, ein Interesse daran zu wissen, ob nicht die Auslegung ergibt, dass seine früheren Verfügungen in Wirklichkeit nicht vertragsmäßig oder wechselbezüglich sind oder er die **Befugnis zu ihrer Änderung** oder Aufhebung hat. Sowohl bei der Ermittlung der Wechselbezüglichkeit[335] als auch der Vertragsmäßigkeit[336] kann nämlich evtl. durch ergänzende Auslegung die Einseitigkeit der betreffenden Verfügung und damit die Testierfähigkeit des Erblassers festgestellt werden. Auch ein Aufhebungs- oder Änderungsrecht hinsichtlich gem. § 2271 Abs. 2 bindend gewordener Verfügungen im gemeinschaftlichen Testament[337] und ein Änderungsvorbehalt hinsichtlich vertragsmäßiger Verfügungen im Erbvertrag[338] kann sich durch einfache oder ergänzende Auslegung aus der Verfügung von Todes wegen ergeben. Nun nützt dem Erblasser die Hoffnung auf eine solche spätere Auslegung wenig. Er braucht Sicherheit für seine neue Verfügung. Die kann er jedoch durch eine Feststellungsklage gem. § 256 ZPO gegen den bindend Bedachten erreichen.[339] Erkennt der bindend Bedachte sofort an, muss der Kläger die Kosten tragen.

---

[331] MünchKomm/Musielak, § 2290 Rn 4.

[332] MünchKomm/Wegerhoff, § 2352 Rn 8; Peter BWNotZ 1977, 113; J. Mayer ZEV 1996, 127, 129 f.; Reul MittRhNotK 1997, 373, 385; BayObLGZ 1965, 188, 192 = NJW 1965, 1552; BayObLGZ 1974, 401, 405.

[333] MünchKomm/Musielak, § 2290 Rn 9.

[334] MünchKomm/Musielak, § 2290 Rn 9.

[335] KG DR 1941, 2448; KG NJW 1963, 768; OLG München HRR 1942 Nr. 839; OLG München DNotZ 1944, 11; BayObLG Rpfleger 1982, 285; BayObLG Rpfleger 1985, 240; MünchKomm/Musielak, § 2270 Rn 8.

[336] BayObLG Rpfleger 1983, 70; BGH NJW 1961, 120 = FamRZ 1961, 76 = LM § 2278 Nr. 4; BGH WPM 1970, 482, 483; OLG Hamm NJW 1974, 1774; BayObLGZ 1961, 207, 209; Coing NJW 1958, 690.

[337] KG OLGZ 1966, 504; KG OLGZ 1977, 457, 462; Huber Rpfleger 1981, 42.

[338] BGHZ 26, 204, 210 f. = NJW 1958, 498 = LM § 2289 Br. 3; BayObLGZ 1961, 210; OLG Hamm NJW 1974, 1774, 1775; Coing NJW 1958, 691.

[339] RGZ 169, 99; RG HRR 1928 Nr. 843; BGHZ 37, 137, 143 = NJW 1962, 1723; BGHZ 37, 331, 334 f. = NJW 1962, 1913; BGH v. 26. 4. 61 – V ZR 1984, 60 zit. bei Mattern BWNot 1962,

Will er dies nicht, muss er zuvor seinen Vertragspartner bzw. den Bedachten auffordern, mit ihm fürsorglich den der Bindung entgegengesetzten Aufhebungsakt vorzunehmen. Das wäre beim Erbvertrag der Aufhebungsvertrag mit dem Vertragspartner (§ 2290), das Aufhebungstestament mit Zustimmung des Vertragspartners (§ 2291) oder der Zuwendungsverzichtsvertrag mit dem bedachten Dritten (§ 2352 Satz 2). Nach dem Tod des Vertragspartners wäre nur noch (§ 2290 Abs. 1 Satz 2) der Zuwendungsverzichtsvertrag mit dem bedachten Dritten (§ 2352 Satz 2) möglich.[340] Beim gem. § 2271 Abs. 2 bindend gewordenen gemeinschaftlichen Testament ist nur der Zuwendungsverzichtsvertrag mit dem Bedachten (§ 2352 Satz 1) möglich.[341]

Der Zuwendungsverzichtsvertrag wirkt jeweils grundsätzlich nur gegen den Verzichtenden. Seit der Erbrechtsreform 2010 verweist jedoch § 2352 Satz 3 nunmehr auch auf § 2349, so dass eine Erstreckung auf die Abkömmlinge möglich ist. Dieser Verzicht kann somit auch die stillschweigende Ersatzberufung seiner Abkömmlinge gem. § 2069 beseitigen.[342] **99**

Entschließt sich der Erblasser zur Klärung einer Bindungswirkung zur Feststellungsklage, wird es sich prozesstaktisch empfehlen, zuvor die vermeintlich bindende Verfügung wegen Irrtums gem. § 2078 anzufechten. Da die Auslegung, und zwar auch die ergänzende der Anfechtung stets vorgeht, da sie dem wahren Willen des Erblassers zur Wirksamkeit verhilft, während die Anfechtung die Verfügung vernichtet (§ 142) und häufig zu einem vom Erblasser ungewollten Ergebnis führt (Anfechtung kassiert, reformiert nicht),[343] ist das Gericht immer gezwungen, erst durch Auslegung festzustellen, welchen Inhalt die Erklärung ohne Berücksichtigung der Anfechtung hat und ob überhaupt Wille und Erklärung auseinanderfallen, was Voraussetzung für die Anfechtung ist. **100**

2. Die Beseitigung der Bindungswirkung durch Selbstanfechtung[344]

Der Erblasser ist gemäß den §§ 2281, 2282, 2283 anfechtungsberechtigt hinsichtlich vertraglicher Verfügungen im Erbvertrag und seinen bindend gewordenen wechselbezüglichen Verfügungen im gemeinschaftlichen Ehegattentestament. Da die Voraussetzungen weitgehend die gleichen sind, wird die Selbstanfechtung unten in § 24 Rn 1 bei der Drittanfechtung näher behandelt. **101**

V. Checkliste zur erbrechtlichen Bindung

Zunächst ist im der Verfügung von Todes wegen **ausdrücklich** festzulegen, welche der Verfügungen **102**
- beim Erbvertrag **vertragsmäßig** (§ 2278)
- beim gemeinschaftliche Testament **wechselbezüglich** (§ 2270)

und damit **erbrechtlich bindend** sein sollen. Dabei ist zu beachten, dass dies immer nur Erbeinsetzungen, Vermächtnisse und Auflagen sein können.

Dabei ist auch jeweils der **Umfang der Bindung** festzulegen, d. h. ob etwa nur die Verfügungen des erstversterbenden Beteiligten bindend sein sollen, oder nur einzelne Ver- **103**

240; OLG Düsseldorf NJW 1957, 266; OLG Düsseldorf ZEV 1994, 171, 172; Mattern BWNotZ 1962, 229, 238 ff.; Lange NJW 1963, 1571, 1573; Battes AcP 178, 349; Kuchinke in FS f. Henckel, S. 475, 482 f.

340 Damrau, Der Erbverzicht als Mittel zweckmäßiger Vorsorge für den Todesfall, 1966, S. 44.

341 Damrau a. a. O., S. 42.

342 Gesetz zur Änderung des Erb- und Verjährungsrechts vom 24. 9. 2009.

343 BGH LM § 2100 Nr. 1; BGH NJW 1978, 264, 266; BayObLGZ 1966, 396; BayObLGZ 1980, 42, 50; BayObLGZ 1982, 159, 167; Palandt/Edenhofer § 2078 Rn 1.

344 Eingehend hierzu Veit NJW 1993, 1553; allgem. zur Anfechtung von Verfügungen von Todes wegen Nieder ZErb 1999, 42.

mächtnisse, die Erbeinsetzung nur zu einer bestimmten Quote und ob die Bindung wechselseitig oder nur einseitig sein soll.

104 Danach sind etwaige einseitige Abänderungsmöglichkeiten der Bindung festzulegen, d.h.

- beim Erbvertrag **Abänderungsvorbehalt** (Vorsicht: Verbot des Totalvorbehalts)
- beim gemeinschaftlichen Testament **Freistellungsklauseln.**

Dabei ist auch zu bestimmen, ob

- beim gegenseitigen Erbvertrag (§ 2298 Abs. 1) und bei
- wechselbezüglichen Verfügungen (§ 2270 Abs. 1) in gemeinschaftlichen Testamenten

die Ausübung dieser Vorbehalte zur Unwirksamkeit der korrespektiven Verfügungen des anderen Erblassers führen soll oder nicht.

105 Beim **Erbvertrag** stellt sich ferner die Frage nach einem totalen oder eingeschränkten **Rücktrittsrecht (§ 2293)**, durch dessen Ausübung die Bindung insgesamt oder in Teilen aufgehoben werden kann. Dagegen ist ein gemeinschaftliches Testament im Rahmen des § 2271 zwingend einseitig widerruflich.

106 Letztlich ist festzulegen, ob und inwieweit der Erblasser auf die Möglichkeit der **Selbstanfechtung verzichten** soll.

§ 12 Die Durchbrechung der erbrechtlichen Bindungswirkung durch Rechtsgeschäfte unter Lebenden

I. Die Bindungswirkung bei Erbverträgen und gemeinschaftlichen Testamenten

Vertragsmäßige Verfügungen (§ 2289 Abs. 1 BGB) binden beim Erbvertrag den Erblasser ab dem Vertragsschluss erbrechtlich. Neben der **Aufhebungswirkung**, wonach frühere letztwillige Verfügungen aufgehoben werden, soweit diese das Recht des vertragsmäßig Bedachten beeinträchtigen würden (§ 2289 Abs. 1 Satz 1 BGB), machen sie im gleichen Umfang auch spätere Verfügungen von Todes wegen unwirksam (**Sperrwirkung,** § 2289 Abs. 1 Satz 2 BGB). 1

Bei wechselbezüglichen Verfügungen (§ 2270 BGB) in gemeinschaftlichen Ehegattentestamenten tritt die gleiche Bindungswirkung wie nach § 2289 Abs. 1 beim Erbvertrag nach dem Tod des Erstversterbenden ein, es sei denn, der Überlebende schlägt das ihm vom Verstorbenen Zugewendete aus (§ 2271 Abs. 2 Satz 1 BGB) oder es liegt eine schwere Verfehlung des vom Überlebenden Bedachten vor (§§ 2271 Abs. 2 Satz 2, 2294, 2333 BGB). 2

Vor dem Erbfall hat der vom Erblasser bindend Bedachte keinen, auch keinen künftigen Erwerbsanspruch, sondern nur eine Erwerbsaussicht, die nicht vormerkungsfähig ist.[1] Auch wirkt die Bindung nur rein erbrechtlich. Das Recht des Erblassers, über sein Vermögen durch Rechtsgeschäft unter Lebenden zu verfügen, wird grundsätzlich nicht beschränkt (§ 2286). Dagegen gewährt das Gesetz dem bindend Bedachten nur einen schwachen Schutz. 3

Der bindend Bedachte hat, sofern der Erblasser in der Absicht ihn zu beeinträchtigen und ohne ein „lebzeitiges Eigeninteresse" eine Schenkung aus seinem Vermögen vornimmt (**sog. böswillige Schenkung**), nach dem Erbfall gegen den Beschenkten einen Bereicherungsanspruch (§ 2287); der Anspruch unterliegt der Regelverjährung (§ 195), jedoch bestimmt § 2287 Abs. 2 abweichend von § 199, dass die Verjährungsfrist unabhängig von der Kenntnis beginnt mit dem Erbfall, somit dem Anfall der Erbschaft an den Vertragserben (§§ 1922 Abs. 1, 1942 Abs. 1). Der bindend bedachte Vermächtnisnehmer ist zusätzlich auch gegen in Beeinträchtigungsabsicht erfolgenden entgeltliche Verfügungen und anderen tatsächlichen Beeinträchtigungen des Erblassers dadurch geschützt, dass sich dann das Stückvermächtnis in ein Verschaffungsvermächtnis verwandelt (§ 2288 Abs. 2 Satz 1). Letzteres gilt nicht nur für Stückvermächtnisse, sondern auch für Gattungs- und Geldvermächtnisse.[2] Die Vernachlässigung des Vermächtnisgegenstandes ist jedoch keine ersatzpflichtige Beeinträchtigung.[3] 4

Nach ständiger Rechtsprechung werden wegen der gleichen Interessenlage die §§ 2281, 2285, 2287, 2288 BGB analog auch auf nach dem Tod der Erstversterbenden bindend gewordene gemeinschaftliche Ehegattentestamente angewandt.[4]

II. Durchbrechung der Bindung durch schenkweise Zweitgeschäfte unter Lebenden bei „lebzeitigem Eigeninteresse" des Erblassers

Grundsätzlich hindert gemäß § 2286 BGB die erbvertragliche Bindung oder diejenige eines gemeinschaftlichen Testaments nach dem Tod des Erstversterbenden den Erblasser 5

---

[1] BGHZ 12, 115 = NJW 1954, 633.
[2] BGHZ 111, 138 = NJW 1990, 2063.
[3] BGH NJW 1994, 3317.
[4] RGZ 58, 64/65; RGZ 77, 5/6; BGHZ 82, 274/278 = NJW 1982, 43; BayObLG MittBayNot 2000, 446/447; MünchKomm/Musielak, § 2271 Rn 45.

nicht, über sein Vermögen durch Rechtsgeschäft unter Lebenden zu verfügen. Auch Schenkungen des Erblassers, die er mit der Absicht vornimmt, den Vertragserben zu beeinträchtigen, sind wirksam.[5]

6 *In dieser Auflage nicht belegt.*

7 Jedoch steht dem bindend Bedachten unter Anwendung des § 2287 für Vertrags- und Schlusserben bzw. des § 2288 für Vertrags- und Schlussvermächtnisnehmer bei Beeinträchtigung durch eine unentgeltliche Zweitverfügung (beeinträchtigende oder bösliche Schenkung) ein – erst mit dem Erbfall entstehender – schuldrechtlicher Bereicherungsanspruch[6] gegen den Beschenkten zu bei Vorliegen der folgenden Tatbestandsmerkmale:

1. Begriff der Schenkung

8 Der Begriff der Schenkung ist nach Inhalt und Rechtswirkungen der des § 516 Abs. 1 und damit der gleiche wie beim Pflichtteilsergänzungsanspruch nach § 2325, so dass insoweit auf die obigen Ausführungen unter § 2 II.2.a) Rn 112ff. verwiesen werden kann.

2. Missbrauchskorrektur statt Benachteiligungsabsicht

9 Nach §§ 2287, 2288 Abs. 2 muss die Schenkung mit dem subjektiver Merkmal der Absicht gemacht sein, den Vertragserben oder bindend Bedachten zu beeinträchtigen (**böswillige Schenkung**). Die „Benachteiligungsabsicht" ist mit der Absicht, den Beschenkten zu begünstigen, regelmäßig untrennbar verbunden und daher, von Ausnahmefällen abgesehen, regelmäßig gegeben.[7]

10 In restriktiver Auslegung des Wortlauts des Gesetzes stellt der BGH nicht auf die als alleiniges Abgrenzungsmerkmal unbrauchbare „Beeinträchtigungsabsicht" ab, sondern prüft, ob der Erblasser das ihm durch § 2286 gewährte Recht zu lebzeitigen Verfügungen gegenüber dem von ihm bindend Bedachten missbraucht hat (**Missbrauchskorrektur**).[8] Als Abgrenzungskriterium dient ihm dabei in ständiger Rechtsprechung die auf Spellenberg[9] zurückgehende Formel vom **„lebzeitigen Eigeninteresse"** des Erblassers, bei dessen Vorliegen die Schenkung nicht missbräuchlich ist.[10] Das lebzeitige Eigeninteresse ist vom Standpunkt eines objektiv Urteilenden unter Berücksichtigung der gegebenen Umstände zu ermitteln.[11] Die berechtigten Erberwartungen des bindend Bedachten sind gegen die Beweggründe des Erblassers abzuwägen; der BGH erkennt ein lebzeitiges Eigeninteresse nur an, wenn nach dieser Abwägung die Schenkung billigenswert und gerechtfertigt erscheint. Da sich der unbestimmte und subjektive Rechtsbegriff des „lebzeitigen Eigeninteresses" der Konkretisierung durch einzelne umfassende Kriterien entzieht, bietet sich der Ausweg an, sie durch Bildung von Fallgruppen vorzunehmen, in welchen typische Fälle zusammengefasst werden, bei denen nach der Lebenserfahrung auf eine bestimmte Einstellung des Erblassers geschlossen werden kann.[12]

---

[5] (Unbelegt).

[6] Bis zur Grundsatzentscheidung vom 5. 7. 1972 (BGHZ 59, 343, 348f.; ergänzend: BGH WPM 1973, 681; BGHZ 88, 269/271) vertrat der BGH eine auf §§ 138, 157 gestützte Rechtsprechung der sog. „Aushöhlungsnichtigkeit" von unentgeltlichen Rechtsgeschäften unter Lebenden, die bindend Bedachte beeinträchtigen, wonach dem bindend eingesetzten Erben ein dinglicher Rückgewähranspruch zustand.

[7] Gleichzeitig mit der Aufgabe der Rechtsprechung der Aushöhlungsnichtigkeit: BGHZ 59, 343/350/352; BGH ZEV 1996, 25, 26; Beckmann MittRhNotK 1977, 25/28.

[8] BGHZ 82, 274/282.

[9] FamRZ 1972, 349/355.

[10] BGHZ 59, 343/350; Staudinger/Kanzleiter § 2287 Rn 8ff. m.w.N.

[11] BGHZ 77, 264/266; BGH WPM 1979, 442/445; OLG Düsseldorf NJW-RR 1986, 806/807.

[12] MünchKomm/Musielak, § 2287 Rn 11; Spellenberg NJW 1986, 2531/2537.

Fallgruppen für beachtliche und unbeachtliche Gründe des Erblassers für die Schenkung sind im Einzelnen:[13]

a) Missbrauchsausschluss bei beachtlichen „lebzeitigen Eigeninteressen" des Erblassers[14]

aa) Eigennützige (materielle) Schenkungen des Erblassers. Gerechtfertigt sind Schenkungen des Erblassers zu eigennützigen Zwecken. Mit ihnen will der Erblasser ein ihm vorteilhaftes Verhalten des Beschenkten erreichen. Diese Fälle stehen entgeltlichen Verfügungen bzw. gemischten Schenkungen nahe.[15] Dem BGH ist grundsätzlich eine Schenkung umso billigenswerter, je materieller und eigennütziger der vom Erblasser mit ihr verfolgte Zweck ist. Hierher gehören folgende Fallgruppen: 11

• **Eigene Altersversorgung.** Als anerkennenswertes lebzeitiges Eigeninteresse wird von der Rechtsprechung[16] in erster Linie das Motiv des Erblassers anerkannt, mit der Schenkung die eigene Versorgung und Pflege im Alter sicherzustellen oder zu verbessern. Dabei kommt es aus Gründen der Rechtssicherheit nicht darauf an, ob die Verfügung zur Erlangung der Alterssicherung wirtschaftlich notwendig war oder ob der Erblasser die ihm versprochene Versorgung „billiger" oder auch vom Vertragserben hätte bekommen können, wenn er ihm den Vermögensgegenstand übereignet hätte.[17] Fraglich ist, ob zur Anerkennung des „lebzeitigen Eigeninteresses" die bloße Erwartung des Erblassers genügt, der Beschenkte werde sich angesichts der Schenkung den Versorgungswünschen des Erblassers nicht verschließen oder ob dazu eine rechtliche Absicherung erforderlich ist.[18] Nach dem BGH[19] brauchen die Versorgungsleistungen, sofern sie Geschäftsgrundlage geworden sind, nicht ausdrücklich zum Vertragsinhalt gemacht werden. Andererseits genügt nach dem OLG Oldenburg[20] die bloße mündliche Anerkennung einer moralischen Verpflichtung, die schenkende Mutter im alterbedingten Bedarfsfall zu versorgen, nicht zum Nachweis deren lebzeitigem Eigeninteresse. Sicherheitshalber sollte der Notar jedoch bei einer Durchbrechung der Bindung auf diese Weise immer auf der Aufnahme einer rechtlichen Verbindlichkeit bezüglich der Altersversorgung hinwirken. Hierher gehören auch die Fälle, in denen die Erblasserin ihren Hof unter Wert verkaufte, um einen ihr im Hinblick auf ihre Alterssicherung zuverlässigeren Hofübernehmer zu erhalten[21] oder der Erblasser seiner Freundin eine Eigentumswohnung schenkt, in die er später selbst mit einziehen wollte.[22] Das Motiv einer durch die Schenkung „erkauften" Alterssicherung verliert auch nicht dadurch seinen rechtfertigenden Charakter, dass der Erblasser die finanziellen Lasten seiner Pflege und Betreuung später selbst tragen soll.[23] 12

• Ob eine Schenkung zur **Versorgung naher, nicht notwendig aber auch pflichtteilsberechtigter Verwandter** gerechtfertigt ist, ist noch offen,[24] ausgenommen wohl die angemessene Altersicherung des Ehegatten (Vorsorgeunterhalt).[25] Der BGH[26] hat allerdings 13

[13] Siehe hierzu insb. Spellenberg NJW 1986, 2531/2537.

[14] *Remmele,* „Lebzeitiges Eigeninteresse" bei Schenkungen zugunsten des zweiten Ehegatten? NJW 1981, 2290; *Spellenberg,* Verbotene Schenkungen gebundener Erblasser in der Rechtsprechung, NJW 1986, 2531.

[15] MünchKomm/Musielak, § 2287 Rn 18.

[16] BGHZ 66, 8/16; BGHZ 97, 188; Spellenberg NJW 1986, 2531/2537.

[17] BGH NJW 1992, 2630/2631.

[18] Beckmann MittRhNotK 1977, 25/29.

[19] NJW-RR 1987, 2/3.

[20] FamRZ 1994, 1423.

[21] BGH FamRZ 1977, 539.

[22] BGH WPM 1979, 442/445.

[23] BGH WPM 1979, 442; Spellenberg NJW 1986, 2531/2537.

[24] Spellenberg NJW 1986, 2531/2538; BGH NJW-RR 1986, 2 (pflegebedürftiger Schlusserbe); OLG Köln NJW-RR 1996, 328 bezüglich der Altersversorgung der Ehefrau.

[25] Siehe unten Rn 17.

[26] NJW-RR 1987, 2.

entschieden, dass ein Erblasser seine Verfügungsfreiheit nicht durch eine Schenkung an seine zweite Ehefrau missbraucht, wenn diese seinen als Schlusserben eingesetzten pflegebedürftigen Sohn lebtäglich versorgen und betreuen soll.

14 • Ein beachtliches eigennütziges „lebzeitiges Eigeninteresse" des Erblassers kann auch sein, durch die Schenkung eines Geschäftsanteils seinem **Unternehmen** den zur Leitung befähigten Mitarbeiter **erhalten zu wollen.**[27]

15 • Ein beachtliches lebzeitiges Eigeninteresse sah der BGH[28] hinsichtlich der Schenkung eines größeren Geldbetrages in dem Bedürfnis des Erblassers, die jüngere Ehefrau zwecks Betreuung und Pflege im Alter an sich zu binden und das, obwohl über diese Gründe nichts schriftlich niedergelegt war. Aufgrund neuerer Rechtsprechung und Literaturmeinungen,[29] sollte man diese Entscheidung jedoch als **Einzelfallentscheidung** ansehen und immer, das lebzeitige Eigeninteresse in der Urkunde und vor allem den lebzeitigen Eigennutzen des Erblassers genau beschreiben.

16 Auch eine wegen „lebzeitigem Eigeninteresse" des Erblassers gegenüber dem Vertragserben oder -vermächtnisnehmer nicht missbräuchliche und daher beständige Schenkung bleibt weiterhin **Schenkung i.S. des § 2325 BGB** und kann daher von einem Pflichtteilsberechtigten, der auch der Vertragserbe sein kann, innerhalb der Zehnjahresfrist zur **Pflichtteilsergänzung** herangezogen werden.[30] **Das „lebzeitige Eigeninteresse" ist keine Gegenleistung!**

17 *bb) Exkurs: Die Besonderheiten bei ehebedingten Zuwendungen.* Der Begriff der „ehebedingten Zuwendung" ist vom BGH[31] Anfang der achtziger Jahre entwickelt worden, um dem unerwünschten Schenkungswiderruf von Ehegattenzuwendungen wegen grobem Undank nach § 530 BGB bzw. der Rückabwicklung nach den Grundsätzen des Wegfalls der Geschäftsgrundlage anlässlich der Scheidungsfolgenabwicklung die Grundlage zu entziehen.[32] Da man anfänglich davon ausging, dass die ehebedingten Zuwendungen entgeltlich seien, glaubte man[33] damit auch indirekt eine Gestaltungsform gefunden zu haben, um Zuwendungen an den anderen Ehegatten gegen Ansprüche von Vertragserben, Vertragsvermächtnisnehmern oder bindend Bedachten gemeinschaftlicher Testamente (§§ 2287, 2288, 2271 Abs. 2 BGB) sowie gegen Pflichtteilsergänzungsansprüche (§ 2325 Abs. 1 BGB) immun zu machen. Dem ist jedoch der BGH in seiner Grundsatzentscheidung vom 27. 11. 1991[34] entgegengetreten. Er sieht die ehebedingte Zuwendung „grundsätzlich" als **objektiv unentgeltlich** an und behandelt sie deshalb im Erbrecht bei den §§ 2287, 2288, 2325 BGB als Schenkungen. Die Einschränkung auf „grundsätzlich" löste seither Spekulationen aus, ob und gegebenenfalls inwieweit der BGH einzelne Fallgruppen der ehebedingten Zuwendung als entgeltlich und damit drittanspruchsfest anerkennen würde. Insbesondere Langenfeld[35] hält die Beteiligung des anderen Ehegatten am Familienheim sowie Zuwendungen zu dessen Altersicherung trotz objektiver Unentgeltlichkeit für drittanspruchsfeste Fallgruppen. Es ist jedoch zu beachten, dass der BGH[36] lediglich **obiter dicta** Ehegattenzuwendungen für eine nach den konkreten Verhältnissen angemessene Alterssicherung (**Vorsorgeunterhalt**) unter Umständen

---

[27] BGHZ 97, 188 = NJW 1986, 1755 = JuS 1986, 811 m. Anm. Hohloch = JZ 1987, 250 m. Anm. Kuchinke.

[28] NJW 1992, 2630 = Rpfleger 1993, 23 = FamRZ 1992, 1067 = WPM 1992, 1830.

[29] OLG Celle ZErb 2007, 23; OLG Celle ZEV 2002, 22; Palandt/Edenhofer 2287 Rn 7.

[30] MünchKomm/Frank, § 2325 Rn 12a; Brambring ZEV 1996, 248/251; Muscheler FamRZ 1994, 1361.

[31] Z. B. BGHZ 82, 227/234 f. = NJW 1982, 1093 = FamRZ 1982, 778.

[32] Langenfeld NJW 1996, 2603; ders. ZEV 2000, 14.

[33] Vor allem Morhard NJW 1987, 1734.

[34] BGHZ 116, 167 = NJW 1992, 564 = FamRZ 1992, 300.

[35] Hdb. d. Eheverträge und Scheidungsvereinbarungen, 3. Aufl., 1996 Rn 931; dagegen Brambring ZEV 1996, 248/251 f.

[36] BGHZ 116, 167/173 = NJW 1992, 564; bekräftigt in NJW-RR 1996, 133 = ZEV 1996, 25.

als entgeltlich und damit drittanspruchsfest ansehen will und dabei ausdrücklich betont, dass dies nicht die Regel sei.

Ehebedingte Zuwendungen sind somit grundsätzlich gegen Bereicherungsansprüche der bindend Bedachten nach dem Erbfall gem. §§ 2287, 2288 BGB **nur bei Vorhandensein eines „lebzeitigen Eigeninteresses"** des Erblassers an der Schenkung geschützt,[37] gegen **Pflichtteilsergänzungsansprüche dagegen überhaupt nicht,** es sei denn, der Ausnahmefall des Vorsorgeunterhalts liegt vor. Ferner beginnt der Fristanlauf erst bei Auflösung der Ehe (§ 2325 Abs. 3 Satz 2). 18

Einen gesetzlichen Anspruch auf vorzeitigen Zugewinnausgleich kennt das Gesetz nur unter den Voraussetzungen der §§ 1385, 1386 BGB. Als Möglichkeit, durch Vertrag den Zugewinn vorzeitig auszugleichen, kennt das Gesetz nur die Vereinbarung der Gütertrennung oder die in § 1414 BGB genannten Vereinbarungen, die zum Eintritt der Gütertrennung führen.[38] Deshalb ist gängige Gestaltung, dass Ehegatten Gütertrennung vereinbaren; jedenfalls sofern die Gestaltung nicht in der ausschließlichen Absicht der Verkürzung von Pflichtteilsansprüchen erfolgt, ist die Erfüllung der gesetzlichen Ausgleichsforderung (§ 1378) an den anderen Ehegatten entgeltlich und damit drittanspruchsfest.[39] Dies setzt allerdings voraus, dass der Zuwendungsempfänger überhaupt einen entsprechenden Ausgleichsanspruch nach § 1378 Abs. 1 BGB hat, was normalerweise nur nach längerer Ehedauer der Fall ist. Bei einer späteren ehevertraglichen Vereinbarung, die Gütertrennung wieder aufzuheben und erneut den gesetzlichen Güterstand zu vereinbaren (**Ehevertragsschaukel**), sollte die geänderte Motivlage (z.B. Ende eines Getrenntlebens/der Ehekrise) erkennbar werden, um deutlich zu machen, dass keine missbräuchliche Gestaltung vorliegt.[40] 19

cc) Immaterielle Schenkungen des Erblassers. Bereits die Protokolle zum BGB[41] sahen den Erblasser durch die erbrechtliche Bindung nicht gehindert, Schenkungen zu idealen Zwecken oder aus persönlichen Rücksichten zu machen. Der Spielraum Dem Erblasser steht trotz erbrechtlicher Bindung ein Spielraum zu, Schenkungen zu machen, mit denen er rein immaterielle Zwecke verfolgt. Entsprechende Fallgruppen sind insbesondere: 20

- **Pflicht- und Anstandsschenkungen:** Während der unentgeltliche Erwerb grundsätzlich Dritten gegenüber sehr unbeständig ist, sind unentgeltliche Pflicht- und Anstandsleistungen davon weitgehend ausgenommen (siehe §§ 534, 814, 1425 Abs. 2, 1641, 1804, 2113 Abs. 2, 2205, 2207 und 2330). Der BGH[42] bejaht daher folgerichtig bei Pflicht- und Anstandsschenkungen i.S. und im Umfang des § 534 ein rechtfertigendes „lebzeitiges Eigeninteresse". Zu beachten ist dabei allerdings, dass es sich bei Anstandsschenkungen bereits begrifflich um verhältnismäßig geringfügige Zuwendungen handelt und dass bei Pflichtschenkungen an das Verhältnis des Wertes der Schenkung zum Gesamtvermögen des Erblassers wegen seiner erbrechtlichen Bindung hohe Anforderungen zu stellen sind. 21
- **Schenkungen zu idealen Zwecken oder aus persönlichen Rücksichten:** Die Rechtsprechung gestattet über die eigentlichen Pflicht- und Anstandsschenkungen hinaus dem gebundenen Erblasser im angemessenen Umfang Schenkungen zu ideellen Zwecken und aus persönlichen Rücksichten zu machen. So ist eine Schenkung nach BGH[43] entgegen § 2287 gerechtfertigt, wenn sie als nachträglicher Dank für geleistete Dienste, Pflege 22

[37] Brambring ZEV 1996, 248/251.
[38] Brambring ZEV 1997, 8.
[39] Vergleiche auch Gestaltungsmöglichkeiten zum konkreten Zugewinnausgleich aus schenkungssteuerlichen Beweggründen, § 6 I. 7 d Rn 134.
[40] Warnend Brambring ZEV 1997, 8.
[41] Prot. z. BGB Bd. V S. 393.
[42] BGHZ 66, 8/16; BGHZ 83, 44/46.
[43] BGHZ 66, 8/16; BGH NJW 1978, 423/424; Spellenberg NJW 1986, 2531/2537; BGH NJW 1992, 2630; OLG Köln MittRhNotK 1995, 186/187; Klingelhöffer NJW 1993, 1097.

oder Hilfe erfolgt. Die Bewertung des Interesses des Erblassers an seiner Verfügungsfreiheit und dem des Vertragserben am Erwerb ist dabei in solchen Fällen unter Berücksichtigung des Wertes der Schenkung, ihrer Herkunft aus der Vermögenssubstanz oder den laufenden Erträgen, dem Grund der Zuwendung, ihrem Zeitpunkt und aus der Freigebigkeit des Erblassers vor Abschluss des Erbvertrages vorzunehmen.[44] Eine bloße langjährige personale Verbundenheit des erbvertraglich gebundenen Erblassers mit dem Beschenkten, ergibt nach dem OLG Köln[45] noch kein „lebzeitiges Eigeninteresse" und zwar auch dann nicht, wenn der Erblasser nur einen unter 20% liegenden Bruchteil seines Vermögens verschenkt hat.

b) Zum Missbrauchsausschluss ungeeignete „lebzeitige Eigeninteressen" des Erblassers

23 *aa) Wille zur Korrektur der bindenden Verfügung.* Nach ständiger Rechtsprechung fehlt ein anerkennenswertes Eigeninteresse des Erblassers in der Regel, wenn er allein wegen eines auf Korrektur seiner bindenden Verfügung von Todes wegen gerichteten Sinneswandels wesentliche Vermögenswerte anstelle der bedachten Person einer ihm genehmeren ganz oder teilweise ohne entsprechende Gegenleistung zuwendet.[46] So schließt es den Missbrauch seiner Verfügungsfreiheit unter Lebenden nicht aus, wenn der Erblasser nachträglich zur Überzeugung gelangt, dass ein Erbbeteiligter im Verhältnis zu den anderen zu kurz gekommen ist und eine Gleichbehandlung von Abkömmlingen erreichen will,[47] dass bestimmte Gegenstände im Familienbesitz bleiben sollten[48] oder dass der Grundbesitz ungeteilt und unter dem Familiennamen erhalten bleiben sollte.[49] Allerdings muss der Korrekturwille ausschließlicher Beweggrund für die Schenkung gewesen sein, um den Anspruch aus § 2287 zu begründen. Waren für den Erblasser noch andere Beweggründe ausschlaggebend, so sind auch diese im Rahmen der gebotenen Interessenabwägung zu berücksichtigen.[50]

24 *bb) Schwere Verfehlungen des bindend Bedachten.* Streitig ist, ob schwere Verfehlungen des bindend Bedachten gegenüber dem Erblasser dessen anderweitige Schenkungen rechtfertigen können. Während dies einerseits bejaht wird[51] wird es von anderen als unzulässige Bestrafung des Bedachten abgelehnt; der Erblasser hat den vom Gesetz in § 2294 eröffneten Weg des Rücktritts vom Erbvertrag zu gehen.[52] Eine Mittelmeinung will solche Schenkungen rechtfertigen, sofern die Voraussetzungen für einen Rücktritt oder eine Anfechtung bezüglich der bindenden Verfügung durch den Erblasser gegeben sind.[53] Ein lebzeitiges Eigeninteresse des Erblassers sieht der BGH[54] auch dann gegeben, wenn der Vertragserbe schuldhaft durch sein Verhalten ein Zerwürfnis zwischen dem Erblasser und seinem Ehegatten herbeigeführt hat, zu dessen Beseitigung die Schenkung als der einzig gangbare Weg erscheint.

c) Der für das „lebzeitige Eigeninteresse" maßgebliche Zeitpunkt

25 Grundsätzlich muss das lebzeitige Eigeninteresse des Erblassers durch eine geänderte Sachlage nach Eintritt der Bindungswirkung bedingt sein.[55] Allerdings darf das Bedürf-

---

[44] MünchKomm/Musielak, § 2287 Rn 16.
[45] NJW-RR 1992, 200.
[46] BGHZ 59, 343/352; BGHZ 97, 188; BGH ZEV 2005, 479.
[47] BGHZ 66, 8/16; BGHZ 77, 264/268 = NJW 1980, 2307; BGH MittBayNot 2006, 248; BGH ZEV 2006, 312 = FamRZ 2006, 473.
[48] BGHZ 59, 343/352.
[49] BGH WPM 1973, 680.
[50] BGHZ 88, 269/270.
[51] LG Gießen MDR 1981, 582.
[52] MünchKomm/Musielak, § 2287 Rn 19.
[53] Spellenberg NJW 1986, 2531/2535; Remmele NJW 1981, 2290.
[54] FamRZ 1977, 539/541.
[55] BGHZ 77, 264/268 f.; BGH NJW 1984, 731/732.

nis nach Alterssicherung nicht von vornherein deshalb außer acht gelassen werden, weil es bereits bei Abschluss des Erbvertrages vorhanden war und auch schon damals vom Erblasser voll erkannt wurde, da es erfahrungsgemäß für den einzelnen mit den Jahren immer dringender und gewichtiger wird.[56]

d) Der Grad der Beeinträchtigung des Vertragerben

Zweifellos kommt es auf den Grad der Beeinträchtigung des Vertragserben an. Der richtet sich vor allem nach der Größe der Vermögensminderung durch die schenkweise Zweitverfügung im Verhältnis zum Wert der Erbschaft. Bei kleineren Geschenken entfällt ein Missbrauch der Verfügungsmacht allein schon deshalb, weil nach der Lebenserwartung des Erblassers mit einem gewissen Abgang von Vermögenswerten gerechnet werden muss und daher deren Einbeziehung in den Vertragsschutz nicht erforderlich ist.[57] Der BGH[58] hat allerdings in einer Entscheidung ausdrücklich offengelassen, ob der Schenkungswert vom Umfang her wesentlich sein muss, um den Anspruch nach § 2287 auszulösen. Deshalb wird man eine feste Wertgrenze oder Quote, bis zu der eine Schenkung gerechtfertigt ist, nicht angeben können, zumal auch der Gesetzgeber dies bereits als unbrauchbar verworfen hat.[59] 26

e) Die objektive Beeinträchtigung des bindend Bedachten

Die Anwendbarkeit von § 2287 setzt voraus, dass der bindend Bedachte durch die Schenkung **objektiv** in seinen berechtigten Erberwartungen **beeinträchtigt** wird.[60] Sie entfällt, wenn er trotz der Schenkung beim Erbfall das erhält, was er nach dem Erbvertrag oder dem wechselbezüglichen Testament erwarten durfte. Der Schutz des § 2287 reicht nicht weiter als die erbrechtliche Bindung.[61] Deshalb **entsteht bei folgenden Fallgruppen** mangels Beeinträchtigung des bindend Bedachten kein Bereicherungsanspruch nach § 2287: 27

aa) Schenkungen an Pflichtteilsberechtigte. Da die Pflichtteilsansprüche gemäß § 327 InsO den Rechten der durch Verfügungen von Todes wegen bindend Bedachten vorgehen, werden diese durch Schenkungen des Erblassers an Pflichtteilsberechtigte mit Anrechnungsvereinbarung nicht beeinträchtigt, sofern der Wert der Schenkung den des Pflichtteils und eines etwaigen Zugewinnausgleichs nicht übersteigt.[62] Das gilt auch dann, wenn die Anfechtungsmöglichkeit nach §§ 2281, 2079 erloschen ist (§ 2285). Übersteigt er ihn, ist der Anspruch aus § 2287 Abs. 1 auf den Mehrbetrag beschränkt.[63] Das soll nach dem BGH[64] auch gelten, wenn der Beschenkte auf sein gesetzliches Erbrecht verzichtet hat, da der Erbverzicht nach § 2351 auch wieder aufgehoben werden könnte. Der Pflichtteil geht dem bindend Bedachten vor![65] 28

bb) Schenkungen unter Vorwegnahme der Erbfolge. Ferner ist der bindend Bedachte nach dem BGH nicht beeinträchtigt, wenn der Erblasser durch die Schenkung die Erfüllung einer bindenden Verfügung von Todes wegen vorwegnimmt.[66] Der durch ein bin- 29

---

[56] BGHZ 83, 44/46.
[57] Spellenberg NJW 1986, 2531/2535; BGHZ 66, 8/14.
[58] BGH WM 1979, 442/444; BGH NJW 1992, 2630.
[59] Mot. V 329.
[60] BGH NJW-RR 1989, 259 = FamRZ 1989, 175 m. Anm. Musielak in FamRZ 1989, 176.
[61] BGHZ 82, 274/278 f. = NJW 1982, 43; BGH WPM 1986, 1221/1222; MünchKomm/Musielak, 3. Aufl., § 2287 Rn 10.
[62] BGHZ 77, 264/269 = NJW 1980, 2307; BGHZ 116, 167/175; BGH NJW-RR 1996, 133 = ZEV 1996, 25; BGH ZEV 2006, 312; BGH ZEV 2006, 505, 506; OLG Karlsruhe ZErb 2006, 172/173; BGH ZEV 2005, 479.
[63] BGHZ 88, 269/272.
[64] BGHZ 77, 264/269 = NJW 1980, 2307; a. M. Hülsmeier NJW 1981, 2043.
[65] Schindler ZErb 2007, 39.
[66] BGH WPM 1986, 1221/1222; Musielak FamRZ 1989, 176.

dend gewordenes gemeinschaftliches Testament eingesetzte Miterbe sei durch eine Schenkung des gebundenen Erblassers unter Ausgleichungsanordnung gem. § 2050 Abs. 3 BGB an den anderen Miterben nicht im Sinne des § 2287 BGB beeinträchtigt, wenn der Nachlass ausreiche, ihn durch die Ausgleichung völlig gleichzustellen.[67] Auch eine durch lebzeitige Aufteilung unter den Vertragserben vorweggenommene, durch eine in der bindenden Verfügung vorbehaltenen Teilungsermächtigung beeinträchtige den Vertrags- oder Schlusserben dann nicht, wenn der Erblasser einen der Vertragserben dabei mittels §§ 328, 331 verpflichte, seinen Mehrempfang aus seinem eigenen Vermögen auszugleichen.[68] Hier erfolge keine echte Wertverschiebung. Überträgt dabei der Erblasser unter Lebenden einem Miterben mehr Vermögenswerte als dem Wert seines „Erbanteils", gemessen am Vermögen des Erblassers zu diesem Zeitpunkt, entspricht, sind nach dem Erbfall Ansprüche der anderen Miterben aus § 2287 nur in Höhe dieses Mehrbetrages gegeben.[69] Ob man aus dieser BGH-Entscheidung[70] allerdings allgemein schließen kann, nachträglich angeordnete wertwahrende Teilungsanordnungen (§ 2048 BGB) würden die bindende Erbeinsetzung mehrerer Erben nach i.S. der §§ 2289 Abs. 1, 2271 BGB nicht beeinträchtigen, erscheint zweifelhaft.[71]

30 *cc) Nachlassüberschuldung.* Der bindend Bedachte wird auch dann durch eine Schenkung nicht beeinträchtigt, wenn und soweit nach dem Erbfall ungedeckte Nachlassverbindlichkeiten in solcher Höhe offen sind, dass sie den verschenkten Gegenstand aufgezehrt haben würden, wenn er sich noch im Nachlass befunden hätte.[72]

31 *dd) Schenkungsvorbehalt bei bindenden Verfügungen von Todes wegen.* Der Schutz der §§ 2287, 2288 reicht nicht weiter als die Bindung des erbvertraglich oder durch gemeinschaftliches Testament gebundenen Erblassers. Das bedeutet, dass, soweit ein **Änderungsvorbehalt** beim Erbvertrag oder eine Freistellungsklausel beim gemeinschaftlichen Testament ihm beeinträchtigende Verfügungen von Todes wegen gestatten, dem Erblasser *in diesem Umfang* auch Schenkungen unter Lebenden erlaubt sind, ohne dass diese nach seinem Tod die Rechtsfolgen der §§ 2287, 2288 auslöst, da er ja keine berechtigten Erberwartungen geschmälert hat.[73] In dem Erbvertrag oder dem gemeinschaftlichen Testament können aber auch die Ansprüche aus §§ 2287, 2288 ausdrücklich oder allein ausgeschlossen oder modifiziert werden und damit der sonst gebundene Erblasser bezüglich Schenkungen unter Lebenden ganz oder teilweise freigestellt werden.[74]

32 *ee) Zustimmung des bindend Bedachten.* Die Ansprüche aus §§ 2287, 2288 sind ausgeschlossen, wenn der bindend Bedachte gegenüber dem Erblasser der beabsichtigten

---

[67] BGH NJW-RR 1989, 259 = FamRZ 1989, 175.

[68] BGHZ 82, 274/278 f. = NJW 1982, 43; Musielak FamRZ 1989, 176; Johannsen WPM 1982 Beil. 2 S. 13; a. M. Schubert JR 1982, 155/156 und Kornexl, Der Zuwendungsverzicht, 1998 Rdn. 146 ff., da der BGH hierbei auf die Wertverhältnisse zum Zeitpunkt der Zuwendung statt auf die beim Erbfall abstellt und damit das Risiko eines Vermögensverfalls beim Erblasser zwischen Zuwendung und Erbfall allein dem Schlusserben aufbürdet.

[69] BGH 82, 274 = NJW 1982, 43; a. M. Schubert JR 1982, 155 f.

[70] BGHZ 82, 274 = NJW 1982, 43.

[71] So aber: Kuchinke FS. f. U. v. Lübtow, 1990 Seite 287; Palandt/Edenhofer § 2271 Rn 14; a. M. mit Recht R. Lehmann MittBayNot 1988, 157; Staudinger/Kanzleiter, § 2289 Rn 12; OLG Koblenz DNotZ, 218/219, da es zweierlei ist, ob die Teilungsanordnung gem. §§ 2270 Abs. 3, 2278 Abs. 2 nicht mit bindender Wirkung angeordnet werden kann oder ob sie nach den §§ 2271 Abs. 2, 2289 Abs. 1 Satz 2 eine bindende Verfügung unzulässig beeinträchtigt.

[72] BGH NJW 1989, 2389/2391.

[73] BGH NJW 1982, 441/442; BGHZ 82, 274/278; BGH WPM 1986, 1221/1222; Lange/Kuchinke, 4. Aufl., § 25 V 5 b (1); Kuchinke JuS 1988, 855; Johannsen WPM 1982 Beil. 2 S. 13; Staudinger/Musielak, 2. Aufl., § 2287 Rn 8; Musielak FamRZ 1989, 176.

[74] BGH NJW 1982, 441; Staudinger/Kanzleiter § 2287 Rn 28, § 2288 Rn 21; MünchKomm/Musielak, § 2287 Rn 24, § 2288 Rn 10.

oder bereits vorgenommenen Schenkung zustimmt.[75] Diese Zustimmung des bindend Bedachten bedarf jedoch in Analogie zum Zuwendungsverzichtsvertrag gem. §§ 2346, 2352 der notariellen Beurkundung.[76] Falls ausdrückliche oder vermutete Ersatzerben berufen sind,. müssen auch diese förmlich zustimmen.[77] Im Einzelfall kann allerdings ausnahmsweise auch eine formlose Zustimmung zu einer beeinträchtigenden späteren Verfügung dem Anspruchsteller unter dem Gesichtspunkt des Arglisteinwandes mit Erfolg entgegengehalten werden.[78] Der gesetzliche Vertreter bedarf für die Zustimmung analog der §§ 2347 Abs. 1, 2352 der Genehmigung des Familiengerichts.[79] Nach dem Erbfall kann der Erbe oder Vermächtnisnehmer auf seinen Anspruch nach §§ 2287, 2288 ebenso wie auf einen Pflichtteilsanspruch formlos verzichten (§ 397).[80]

ff) Grundsatz der Posteriorität. Frühere Zuwendungen beeinträchtigen in der Regel 33
den bindend Bedachten weniger als spätere, so dass bei den früheren eher der Zugriff ausgeschlossen sein kann.[81]

f) Insbesondere Durchbrechung der Bindung durch unentgeltliche Rechtsgeschäfte unter Lebenden auf den Tod

Nicht nur unter Lebenden vollzogene Schenkungen, bei denen der Erblasser noch zu 34
seinen Lebzeiten das Vermögensopfer erbringt, fallen unter die §§ 2287, 2288, sondern auch alle unentgeltlichen Rechtsgeschäfte unter Lebenden, die erst auf den Tod des Schenkers erfüllt werden sollen.[82] Da diese Geschäfte in ihrer wirtschaftlichen Auswirkung einem nachträglich angeordneten Vermächtnis entsprechen, fehlt es nicht an Bestrebungen, auf sie den § 2289 Abs. 1 Satz 2 mit der Folge anzuwenden, dass sie unwirksam sind.[83]

Beim gemeinschaftlichen Testament ergibt sich das Sonderproblem, dass bei ihm 35
§ 2287 analog nur auf Schenkungen angewendet wird, die nach Eintritt der Bindungswirkung, d.h. nach dem Tod des Erstversterbenden erfolgen (§ 2271 Abs. 1).[84] Schenkungen des Ehegatten bis zum Tod des Erstversterbenden unterliegen beim gemeinschaftlichen Testament im Unterschied zum Erbvertrag nicht dem Missbrauchsschutz der §§ 2287, 2288, und zwar auch dann nicht, wenn sie heimlich und mittels Vertrag zugunsten Dritter auf den Todesfall erfolgen.[85] Diese Sicherungslücke kann beim gemeinschaftlichen Testament teilweise dadurch geschlossen werden, dass der überlebende Ehegatte seine Verfügungen für den Fall auflösend bedingt, dass der Erstversterbende Schenkungen gegen seinen Willen vornimmt bzw. er sich für diesen Fall eine Änderung seiner eigenen Verfügungen vorbehält. Der Überlebende gewinnt dadurch allerdings nur seine eigene Testierfreiheit wieder, während es bei der abredewidrigen Verteilung des Vermögens des Erstversterbenden verbleibt.

---

[75] BGH WPM 1973, 680/682; BGH NJW 1989, 2618/2619; Staudinger/Kanzleiter § 2287 Rn 30; MünchKomm/Musielak, § 2287 Rn 24; Spellenberg NJW 1986, 2531/2535; Johannsen DNotZ 1977 Sonderheft S. 88.

[76] BGHZ 108, 252, 255 = NJW 1989, 2618/2619; Spellenberg NJW 1986, 2531/2535: Stumpf FamRZ 1990, 1057; krit. zur Formbedürftigkeit Kanzleiter DNotZ 1990, 776 u. ZEV 1997, 261.

[77] Jörg Mayer ZEV 1996, 127/132; Nieder ZEV 1996, 241/247; a.M. Kanzleiter ZEV 1997, 261/265 f.

[78] BGH NJW 1989, 2618/2619 = WPM 1989, 1653; Staudinger/Kanzleiter § 2289 Rn 19 m.w.N.

[79] BGHZ 83, 44/50 = NJW 1982, 1100.

[80] Spellenberg NJW 1986, 2531/2535; Staudinger/Kanzleiter § 2287 Rn 30.

[81] BGHZ 85, 274/283; BGH WM 1991, 1311/1313 = NJW 1991, 1824; BGH ZEV 1996, 25/26 = NJW-RR 1996, 133.

[82] BGHZ 66, 8.

[83] Liessem BB 1989, 862/864.

[84] RG LZ 1920, 698 Nr. 4; BGHZ 87, 19/23 f.; Speth NJW 1985, 463/464.

[85] Speth NJW 1985, 463 u. Liessem MittRhNotK 1988, 29/38, die deshalb eine entspr. Anwendung des § 2287 auf diese Fälle vorschlagen.

Formulierungsvorschlag:
„Wir, die Eheleute X, setzen uns gegenseitig zu Alleinerben ein. Erbe des Längstlebenden von uns sollen unsere gemeinschaftlichen Abkömmlinge unter sich nach der gesetzlichen Erbregel erster Ordnung sein. Der Überlebende von uns ist an seine Verfügungen auf seinen Tod nicht mehr gebunden, wenn der Erstversterbende ohne sein schriftliches Einverständnis über seine eigenen Grundstücke unter Lebenden Verfügungen oder Verpflichtungen hierzu vorgenommen hat."

g) Der Auskunftsanspruch des bindend Bedachten

36 Ausdrücklich gesetzlich geregelte Auskunftsansprüche gewähren auf dem Gebiet des Erbrechts nur die §§ 2927, 2028, 2957, 2127 und 2314 innerhalb der dort gegebenen Rechtsverhältnisse. Sie fehlen jedoch für Pflichtteilsberechtigte, Nacherben sowie Vertragserben und Schlusserben hinsichtlich beeinträchtigender lebzeitiger Zuwendungen des Erblassers an Dritte. Ihnen gewähren wegen solcher Schenkungen nur die §§ 2127 und 2414 gesetzliche Auskunftsansprüche gegen den Erben bzw. Vorerben,[86] nicht jedoch gegen den Beschenkten, obwohl gerade diese Personen den ihnen obliegenden Nachweis von Schenkungen in Beeinträchtigungsabsicht bei schlechter Informationslage kaum erbringen können. Der BGH hat daher auf Grund § 242 unter scharf umrissenen Voraussetzungen zunächst pflichtteilsberechtigten Erben gegen die vom Erblasser Beschenkten und Nacherben gegen die vom Vorerben Beschenkten Auskunftsansprüche zugebilligt.[87] In logischer Folge hat er dann diese Rechtsprechung auch auf das Verhältnis zwischen Vertragserben und lebzeitig vom Erblasser Beschenkten übertragen.[88] Diese Rechtsprechung ist wie die gesamte Regelung der §§ 2286–2288 entsprechend auch zugunsten bindend eingesetzter Schlusserben bei gemeinschaftlichen Testamenten anwendbar.[89] Das ebenfalls auf § 242 gestützte Auskunftsrecht des Vertrags- bzw. Schlusserben gegen den Beschenkten ist an verschiedene Voraussetzungen geknüpft. Vor allem darf es nicht zur Ausforschung einer Schenkung dienen.[90] Es setzt daher voraus, dass der Vertragserbe im Rahmen seiner Darlegungs- und Beweislast den Hauptanspruch aus § 2287 schlüssig und substantiiert darlegt.[91] Er muss somit greifbare Anhaltspunkte darlegen, die dem Richter die Annahme nahe legen, es liege wenigsten teilweise eine Schenkung vor, für die ein anerkennenswertes lebzeitiges Eigeninteresse des Erblassers nicht bestand. Kann der Beschenkte demgegenüber dieses lebzeitige Eigeninteresse dartun, so schwinden entsprechend die Erfolgsaussichten für die Durchsetzung des Auskunftsanspruchs, der eben nur Hilfsanspruch für die Durchsetzung des Hauptanspruchs aus § 2287 ist.[92] Der Auskunftsanspruch umfasst keinesfalls auch eine Wertermittlung auf Kosten des Beschenkten.[93]

h) Darlegungs- und Beweislastregelung für beeinträchtigende Schenkungen

37 Der Vertragserbe trägt grundsätzlich die Darlegungs- und Beweislast sowohl für die Schenkung als auch für die Benachteiligungsabsicht des Erblassers.[94] Bezüglich des Nachweises des Einigseins zwischen Erblasser und Drittem über die Unentgeltlichkeit

[86] Über deren Umfang siehe OLG Karlsruhe ZEV 2000, 280.
[87] BGHZ 61, 180/185; BGHZ 89, 24; BGHZ 58, 237; Dieckmann NJW 1988, 1809/1812.
[88] BGHZ 97, 188 = NJW 1986, 1755.
[89] Staudinger/Kanzleiter § 2286 Rn 12 m. w. N.
[90] BGHZ 61, 180/185; BGHZ 97, 188/193.
[91] BGHZ 83, 274.
[92] Hohloch JuS 1986, 812; krit. hierzu Kuchinke JZ 1987, 253.
[93] Erman/Hense/M. Schmidt § 2287 Rn 11.
[94] BGHZ 82, 274/282 = NJW 1982, 43; BGH NJW-RR 1986, 1135; BGH NJW 1987, 890/892; OLG München NJW-RR 1987, 1485 f.; Baumgärtel/Strieder, Beweislast, § 2287 Rn 1.

der Zuwendung kommt dem Vertragserben jedoch die Beweiserleichterung zugute, dass es genügt, wenn er Tatsachen darlegt, aus denen sich ein auffallend grobes Missverhältnis von Leistung und Gegenleistung ergibt. Der BGH lässt es genügen, wenn zwischen Leistung und Gegenleistung ein objektives, über ein geringes Maß deutlich hinausgehendes Missverhältnis besteht.[95] Das führt dann zu der tatsächlichen Vermutung, dass sich die Vertragsparteien über die Unentgeltlichkeit einig waren.[96] Beim Nachweis der Benachteiligungsabsicht reicht es aus, wenn der Vertragserbe behauptet und darlegt, dass die unentgeltliche Zuwendung ohne rechtfertigendes lebzeitiges Eigeninteresse des Erblassers erfolgt ist.[97] Da dieser Beweis jedoch schwer zu erbringen ist, wenn der Vertragserbe die Hintergründe der Zuwendung nicht kennt, legt die Rechtsprechung[98] dem Beschenkten die Darlegungslast auf, alle für die Schenkung maßgeblichen Umstände offen zu legen. Verweigert der Beschenkte diese Offenlegung, kennt er den Grund der Zuwendung selbst nicht oder kann aus seinen Darlegungen nicht auf ein lebzeitiges Eigeninteresse geschlossen werden, spricht eine tatsächliche Vermutung dafür, dass der Erblasser mit der Zuwendung kein solches verfolgt hat.[99] Bei beabsichtigter Durchbrechung einer erbrechtlichen Bindung durch lebzeitige Schenkung ist es daher unbedingt notwendig, das genaue Motiv der Zuwendung in die Urkunde aufzunehmen.

3. Durchbrechung der Bindung durch *entgeltliche* Zweitgeschäfte unter Lebenden

Bei der Frage, inwieweit erbrechtliche Bindungen durch entgeltliche Rechtsgeschäfte 38
unter Lebenden durchbrochen werden können, muss unterschieden werden zwischen Vertragserben bzw. sonst bindend eingesetzten Erben einerseits und den besser geschützten bindend eingesetzten Vermächtnisnehmern andererseits.

Während **bindend eingesetzte Erben** alle ihre Erberwartungen beeinträchtigenden **ent-** 39
geltlichen Verfügungen hinnehmen müssen, selbst wenn sie durch den Erblasser in Benachteiligungsabsicht erfolgten (arg. § 2287 Abs. 1),[100] schützt § 2288 Abs. 2 die vertraglich oder sonst **bindend bedachten Vermächtnisnehmer** vor allen **unentgeltlichen und entgeltlichen** Veräußerungen oder Belastungen des Vermächtnisgegenstandes bzw. den entsprechenden schuldrechtlichen Verpflichtungen, sofern sie durch den Erblasser in Beeinträchtigungsabsicht, d. h. ohne lebzeitiges Eigeninteresse erfolgten. Die Voraussetzungen der Benachteiligungsabsicht sind dabei gem. § 2288 Abs. 2 Satz 1 nicht ganz dieselben wie bei § 2287. Hier spricht nämlich für das Vorliegen einer Beeinträchtigungsabsicht bereits die Tatsache der Veräußerung des vermachten Gegenstandes in dem Bewusstsein, dass damit dem Vermächtnis der Boden entzogen wird und dass die Gegenleistung für die Veräußerung keinen Ersatz für den Vermächtnisnehmer darstellt. Ein lebzeitiges Eigeninteresse des Erblassers, das den Missbrauch ausschließen würde, kann nur bejaht werden, wenn sich das Interesse des Erblassers gerade auf die Veräußerung des Vermächtnisgegenstandes richtet und der erstrebte Zweck nicht auch durch andere wirtschaftliche Maßnahmen zu erreichen gewesen wäre.[101] Als Sanktion für die beabsichtigte Benachteiligung verwandelt sich in diesen Fällen **ein Stückvermächtnis kraft Gesetzes in ein vom Erben zu erfüllendes Verschaffungsvermächtnis** gem. § 2170 Abs. 1, auf das § 2271 Abs. 2 entsprechend anzuwenden ist (§ 2288 Abs. 2 Satz 1), so dass der Erbe nur dann von der Verschaffungspflicht frei wird, wenn er zur Verschaffung außer-

---

[95] BGH NJW 1995, 1349/1350 = DNotZ 1996, 640; MünchKomm/Musielak, § 2287 Rn 26.
[96] BGHZ 59, 132/136; BGH FamRZ 1981, 765; Baumgärtel/Strieder, Beweislast, § 2287 Rn 2.
[97] BGHZ 59, 343/349 f.; BGHZ 66, 8/16; Baumgärtel/Strieder, Beweislast, § 2287 Rn 3.
[98] BGHZ 66, 8/17; Baumgärtel/Strieder, Beweislast, § 2287 Rn 4; OLG Köln NJW-RR 1992, 200.
[99] BGHZ 66, 8/17; Baumgärtel/Strieder, Beweislast, § 2287 Rn 5, 6.
[100] Und zwar auch nicht aus dem Gesichtspunkt des § 826 = BGH NJW 1989, 2389.
[101] BGH NJW 1984, 731 FamRZ 1984, 165; BGH ZEV 1998, 68 = MittBayNot 1998, 191.

stande oder sie nur mit unverhältnismäßigen Aufwendungen möglich ist, dann aber dem Vermächtnisnehmer ihren Wert zu entrichten hat (§ 2170 Abs. 2). Anspruchsschuldner des Verschaffungs- oder Wertersatzanspruchs ist der Erbe bzw. die Erbengemeinschaft. Bei unentgeltlichen Veräußerungen oder Belastungen richtet sich der Anspruch im Umfang des § 2287 hilfsweise gegen den Beschenkten (§ 2288 Abs. 2 Satz 2). Der vermächtnisweise bindend Bedachte ist somit generell gesetzlich besser gegen Zweitverfügungen des Erblassers geschützt als der bindend als Erbe eingesetzte.

4. Beeinträchtigung der Bindungswirkung durch tatsächliche Handlungen und familienrechtliche Akte

40 Durch tatsächliche Handlungen, wie z.B. Zerstören, Beiseiteschaffen oder Beschädigen, sowie Untergang des Gegenstandes durch Verbrauch, Verarbeitung, Verbindung oder Vermischung, kann jeder bindend Bedachte beeinträchtigt werden, sofern dies vom Erblasser nicht in Beeinträchtigungsabsicht geschieht. Aber auch wenn solche Handlungen durch den Erblasser in Beeinträchtigungsabsicht erfolgen, ist der vertraglich oder sonst bindend eingesetzte Erbe nicht geschützt.[102]

41 Dagegen sind Vermächtnisse bindender Art für den Fall, dass der Erblasser den Vermächtnisgegenstand in Beeinträchtigungsabsicht zerstört, beiseite schafft oder beschädigt, gem. § 2288 Abs. 1 in der Weise geschützt, dass der Erbe, soweit er durch diese Handlung außerstande ist, die Vermächtnisleistung zu bewirken, an ihrer Stelle den Wert des Gegenstandes zu ersetzen hat. Dies gilt auch, wenn der vermachte Gegenstand in Beeinträchtigungsabsicht verbraucht wird oder wenn das Eigentum des Erblassers an der vermachten Sache in dieser Absicht durch Verbindung, Vermischung oder dergleichen untergeht.[103] Sind die Schäden an dem im Erbvertrag vermachten Hausgrundstück jedoch allein darauf zurückzuführen, dass der Erblasser das Objekt zu seinen Lebzeiten nicht instandgehalten hat, hat der Vertragsvermächtnisnehmer keinen Anspruch gegen den Erben auf Wertersatz aus § 2288 Abs. 1 BGB.[104]

42 Familienrechtliche Handlungen, wie z.B. Eheschließung, Annahme eines Kindes, Ehelichkeitserklärung, Vereinbarung der Gütergemeinschaft, auch der fortgesetzten Gütergemeinschaft, sind dem Erblasser nicht verwehrt, obwohl diese Handlungen unter Umständen Rechte, insbesondere Pflichtteilsrechte, Dritter begründen und auf diese Weise mittelbar den bindend Bedachten beeinträchtigen können.[105]

43 Letztlich ist der Erblasser auch nicht gehindert, einen Erb- und/oder Pflichtteilsverzichtsvertrag durch Aufhebungsvertrag gem. § 2351 aufzuheben, auch wenn dadurch die berechtigten Erberwartungen des bindend Bedachten beeinträchtigt werden.[106] Eine gewisse Sicherung dagegen könnte sein, dass sich der Erblasser in dem Erb- und/oder Pflichtteilsverzichtsvertrag mittels echtem Vertrag zugunsten der durch eine Aufhebung benachteiligten Erben als Dritten verpflichtet, im Falle der Aufhebung bestimmte Leistungen an diese Dritten zu erbringen.

5. Keine Durchbrechung der Bindungswirkung durch spätere Verfügungen von Todes wegen

44 Eine erbrechtlich bindende Verfügung von Todes wegen in einem Erbvertrag oder einem gegenseitigen Ehegattentestament nach dem Tod des Erstversterbenden kann nach § 2289 Abs. 1 Satz 2 nicht durch eine spätere Verfügung von Todes wegen aufgehoben

---

[102] BGH NJW 1994, 317.
[103] Staudinger/Kanzleiter § 2288 Rn 8; MünchKomm/Musielak, § 2288 Rn 2.
[104] BGH NJW 1994, 317.
[105] BGH FamRZ 1969, 207; Staudinger/Kanzleiter § 2286 Rn 11.
[106] BGHZ 77, 264 = NJW 1980, 2307; a.M. Hülsmeier NJW 1981, 2043, der darauf § 2289 Abs. 1 entsprechend anwenden will.

oder beeinträchtigt werden. Wohl kann jedoch der Erblasser vertragliche Verfügungen beim Erbvertrag und kraft Analogie auch wechselbezügliche Verfügungen beim bindend gewordenen gemeinschaftlichen Ehegattentestament gemäß § 2281 anfechten (**Selbstanfechtung**) und sie damit zu Fall bringen, wenn für ihn ein Anfechtungsgrund nach §§ 2078, 2079 vorliegt.[107]

[107] BGHZ 37, 33; RGZ 132, 4; BayObLG FamRZ 1995, 1024.

§ 13 Die Sicherung erbrechtlicher Erwerbsaussichten

1 Wie im vorstehenden Paragraphen aufgezeigt, sichert das Gesetz die Erwerbsaussichten des erbrechtlich bindend Bedachten nur sehr eingeschränkt. Vor dem Erbfall hat der vom Erblasser bindend Bedachte keinen, auch keinen künftigen Erwerbsanspruch, sondern nur eine Erwerbsaussicht, die nicht vormerkungsfähig ist.[1] Auch wirkt die Bindung nur rein erbrechtlich. Das Recht des Erblassers, über sein Vermögen durch Rechtsgeschäft unter Lebenden zu verfügen, wird grundsätzlich nicht beschränkt (§ 2286).[2]Außer den erbrechtlichen **Ausgleichsansprüchen gem. §§ 2050ff.**, die jedoch lediglich Abkömmlinge des Erblassers vor seinen lebtäglichen Zuwendungen an andere Abkömmlinge schützen, und dem **Pflichtteilsergänzungsanspruch gem. § 2325**, der lediglich der engeren Familie einen Ausgleich bis zur Hälfte des Wertes des jeweiligen gesetzlichen Erbteils bietet, schützt das Gesetz den von Todes wegen bindend Bedachten nur durch die drei Jahre nach dem Erbfall verjährende erbrechtlichen **Bereicherungsansprüche der §§ 2287, 2288** bei böswilligen Schenkungen bzw. der Vereitelung von Vermächtnissen. Daraus folgt, dass ein wirksamer gesetzlicher Schutz des durch Verfügung von Todes wegen Bedachten sowohl vor wie nach dem Erbfall nicht besteht.[3] Der Ausweg muss bei der derzeitigen Rechtslage in entsprechenden Rechtsgeschäften unter Lebenden gesucht werden, soweit nicht besondere Verfügungen von Todes wegen in Frage kommen. Im Folgenden muss jeweils unterschieden werden zwischen Beeinträchtigung dieser Erwerbsaussichten in der Zeit bis zum Erbfall und bei gemeinschaftlichen Testamenten und gegenseitigen Erbverträgen zusätzlich solchen in der Zeit zwischen dem ersten und dem zweiten Erbfall zwecks Sicherung der Zuwendungen an den Endbedachten.

I. Die gesetzlichen Ansprüche der bindend Bedachten nach §§ 2287, 2288

2 Sofern der Erblasser in Beeinträchtigungsabsicht gehandelt hat, gewähren die §§ 2287, 2288 den Vertragserben und -vermächtnisnehmern nach Voraussetzung, Art und Anspruchsschuldner unterschiedliche Ansprüche. Nach ständiger Rechtsprechung werden wegen der gleichen Interessenlage die §§ 2287, 2288 BGB analog auch auf nach dem Tod der Erstversterbenden bindend gewordene gemeinschaftliche Ehegattentestamente, d.h. zugunsten von Schlusserben und Schlussvermächtnisnehmern angewandt.[4] Diese Ansprüche sind im Einzelnen und wobei Voraussetzungen immer das Vorliegen einer **Beeinträchtigungsabsicht,** d.h. **das Fehlen eines lebzeitigen Eigeninteresses**[5] beim Erblasser ist:

1. Beeinträchtigte Vertragserben und Schlusserben als Anspruchsberechtigte

3 Bei **reinen Schenkungen** oder **gemischten Schenkungen** von Vermögensgegenständen mittels Rechtsgeschäft unter Lebenden (auch auf den Tod) durch den Erblasser an Dritte entsteht **dem Vertragserben** nach dem Erbfall gem. § 2287 Abs. 1 ein Bereicherungsanspruch **gegen den Beschenkten** auf Herausgabe des Geschenkes nach Maßgabe der

[1] BGHZ 12, 115 = NJW 1954, 633.

[2] Hierzu eingehend Mathias Fleischmann, Lebzeitige Verfügungsfreiheit bei erbrechtlicher Bindung und Pflichtteilsberechtigung nach den Vorschriften des BGB, 1989.

[3] Recker MittRhNotK 1978, 125/127.

[4] RGZ 58, 64/65; RGZ 77, 5/6; BGHZ 82, 274/278 = NJW 1982, 43; MünchKomm/Musielak, § 2271 Rn 45.

[5] Siehe hierzu oben § 11.

§§ 818–822, sodass auch der Wegfall der Bereicherung gem. § 818 Abs. 3 eingewandt werden kann.[6] Ob auch § 822 entsprechend anwendbar ist, d. h. ein Dritter, dem der Beschenkte das Geschenk weitergeschenkt hat, zur Herausgabe verpflichtet ist, ist streitig.[7] Der Bereicherungsanspruch verjährt innerhalb der dreijährigen Regelverjährung, wobei der Verjährungsbeginn – abweichend von § 199 Abs. 1 – erfolgt ab dem Anfall der Erbschaft (§ 2287 Abs. 2), somit unabhängig davon, ob der Vertragserbe Kenntnis hat von seiner Erbeinsetzung, der Schenkung und der Beeinträchtigungsabsicht des Erblassers.[8]

Der Anspruch gehört nicht zum Nachlass[9] und unterliegt deshalb auch nicht dem Zugriff der Nachlassgläubiger.[10] Schlägt der Vertragserbe die Erbschaft aus, dann gilt der Anfall der Erbschaft nach der Fiktion des § 1953 Abs. 1 als nicht erfolgt und der Anspruch aus § 2287 fällt rückwirkend weg.[11] Wird ein **Pflichtteilsberechtigter** vom Erblasser zu Lasten eines bindend Bedachten beschenkt und macht dieser mit Erfolg seinen Anspruch gem. § 2287 geltend, muss der Pflichtteilsanspruch unter Einbeziehung des Wertes des Geschenks berechnet werden, obwohl der Anspruch nach § 2287 nicht zum Nachlass gehört.[12] Bei einer Erbengemeinschaft steht der Anspruch nicht der Erbengemeinschaft in gesamthänderischer Bindung zu, sondern dem einzelnen Miterben zu einem seiner Erbquote entsprechenden Bruchteil.[13] Auch der gutgläubige Beschenkte ist vor dem Anspruch nicht geschützt, aber der Bösgläubige haftet verschärft (§ 819). Der Bereicherungsanspruch kann nicht höher sein als die durch die Schenkung herbeigeführte Beeinträchtigung des Vertrags- oder Schlusserben, selbst wenn der Erblasser eine darüber hinausgehende Benachteiligung beabsichtigt hat.[14] Bei gemischten Schenkungen geht der Anspruch nur dann auf Herausgabe Zug um Zug gegen Ausgleichszahlung, wenn die Unentgeltlichkeit überwiegt, sonst nur auf Erstattung der Wertdifferenz.[15] Maßgebend ist hierbei der Zeitpunkt des Veräußerungsgeschäfts.[16] Ist der Beschenkte pflichtteilsberechtigt, kann der Vertrags- bzw. Schlusserbe den Herausgabeanspruch nur Zug um Zug gegen Zahlung des Pflichtteilsbetrages geltend machen.[17] Der Anspruch nach § 2287 kann mit dem Pflichtteilsergänzungsanspruch nach § 2325 konkurrieren. Während der **Pflichtteilsergänzungsanspruch** alle Schenkungen der **letzten zehn Jahre** erfasst, betrifft der **Bereicherungsanspruch** nach § 2287 nur die in Benachteiligungsabsicht gemachten, dafür aber **ohne zeitliche Grenze.**

Bei **entgeltlichen Verfügungen sowie tatsächlichen Handlungen über Nachlassgegenstände** des Erblassers sind grundsätzlich keine Ansprüche der dadurch beeinträchtigten Vertrags- bzw. Schlusserben gegeben. Sie müssen alle ihre Erberwartungen beeinträchti- 4

[6] Siehe hierzu eingehend Dorothee Strunz, Der Anspruch des Vertrags- oder Schlusserben wegen beeinträchtigender Schenkungen – § 2287 BGB, 1989, sowie Hohmann ZEV 1994, 133.

[7] Dafür: MünchKomm/Musielak, § 2287 Rn 21 m. w. N.; dagegen: Staudinger/Kanzleiter § 2287 Rn 23 mit der Begründung, § 2287 Abs. 1 sei eine sog. Rechtsfolgeverweisung und keine Rechtsgrundverweisung auf den selbständigen Anspruch aus § 822.

[8] MünchKomm/Musielak, § 2287 Rn 25.

[9] BGHZ 78, 1/3; BGHZ 108, 73 = BGH NJW 1989, 2389/2391 = FamRZ 1989, 961/963; OLG Frankfurt NJW-RR 1991, 1157; Palandt/Edenhofer § 2287 Rn 11; krit. hierzu für Sonderfälle wie Nachlassgläubiger, Pflichtteilsrecht, nicht erfülltes Schenkungsversprechen, Testamentsvollstreckung u. Vor- und Nacherbfolge: Muscheler FamRZ 1994, 1361.

[10] BGH NJW 1980, 2461; a. M. Spellenberg NJW 1986, 2531/2540.

[11] Palandt/Edenhofer § 2287 Rn 10; MünchKomm/Musielak, § 2287 Rn 20; Muscheler FamRZ 1994, 1361/1363 f.

[12] MünchKomm/Lange, § 2325 Rn 7 ff.; a. M. Ludewig MDR 1985, 372.

[13] BGH NJW 1961, 120; BGH NJW 1989, 2389.

[14] BGH NJW-RR 1989, 259 = FamRZ 1989, 175 = WPM 1988, 1759.

[15] BGHZ 77, 264/272 = NJW 1980, 2307; BGHZ 82, 274/279 = NJW 1982, 43; BGHZ 88, 269/272 = NJW 1984, 121.

[16] BGH FamRZ 1964, 429.

[17] BGHZ 88, 269 = NJW 1984, 121.

genden entgeltlichen Verfügungen hinnehmen, selbst wenn sie durch den Erblasser in Benachteiligungsabsicht erfolgen (arg. § 2287 Abs. 1).[18] Ansprüche haben sie insoweit auch nicht aus dem Gesichtspunkt des § 826.[19]

5 **Familienrechtliche Handlungen,** wie z.B. Eheschließung, Annahme eines Kindes, Ehelichkeitserklärung, Vereinbarung der Gütergemeinschaft und sogar der fortgesetzten Gütergemeinschaft sind dem Erblasser nicht verwehrt, obwohl diese Handlungen unter Umständen Rechte, insbesondere Pflichtteilsrechte Dritter begründen und auf diese Weise mittelbar den bindend Bedachten beeinträchtigen können.[20]

6 Letztlich ist der Erblasser auch nicht gehindert, einen Erb- und/oder Pflichtteilsverzichtsvertrag durch Aufhebungsvertrag gem. § 2351 aufzuheben, auch wenn dadurch die berechtigten Erberwartungen des bindend Bedachten beeinträchtigt werden.[21] Eine gewisse Sicherung dagegen könnte sein, dass sich der Erblasser in dem Erb- und/oder Pflichtteilsverzichtsvertrag mittels echtem Vertrag zugunsten der durch eine Aufhebung benachteiligten Erben als Dritten verpflichtet, im Falle der Aufhebung bestimmte Leistungen an diese Dritten zu erbringen.

2. Beeinträchtigte Vertrags- und Schlussvermächtnisnehmer als Anspruchsberechtigte

7 § 2288 Abs. 2 schützt die **vertraglich oder sonst bindend bedachten Vermächtnisnehmer** vor allen **unentgeltlichen und entgeltlichen** Veräußerungen oder Belastungen des Vermächtnisgegenstandes bzw. den entsprechenden schuldrechtlichen Verpflichtungen, sofern sie durch den Erblasser **in Beeinträchtigungsabsicht,** d.h. **ohne lebzeitiges Eigeninteresse erfolgten.** Die Voraussetzungen der Benachteiligungsabsicht sind dabei gem. § 2288 Abs. 2 Satz 1 nicht ganz dieselben wie bei § 2287. Hier spricht nämlich für das Vorliegen einer Beeinträchtigungsabsicht bereits die Tatsache der Veräußerung des vermachten Gegenstandes in dem Bewusstsein, dass damit dem Vermächtnis der Boden entzogen wird und dass die Gegenleistung für die Veräußerung keinen Ersatz für den Vermächtnisnehmer darstellt. Ein lebzeitiges Eigeninteresse des Erblassers, das den Missbrauch ausschließen würde, kann nur bejaht werden, wenn sich das Interesse des Erblassers gerade auf die Veräußerung des Vermächtnisgegenstandes richtet und der erstrebte Zweck nicht auch durch andere wirtschaftliche Maßnahmen zu erreichen gewesen wäre.[22] Hinsichtlich der Sanktion ist **zu unterscheiden zwischen:**

a) der schenkweisen Veräußerung oder Belastung des Vermächtnisgegenstandes durch den Erblasser in Beeinträchtigungsabsicht

8
- Nach dem Erbfall entsteht in diesem Fall ein Verschaffungsanspruch gem. § 2170 Abs. 1 bezüglich des verschenkten Vermächtnisgegenstandes gegen den Erben (§ 2288 Abs. 2 Satz 1), auch wenn dieser nicht der Beschenkte ist und nicht mit dem Vermächtnis beschwert war. Ist der Erbe zur Beschaffung außerstande oder ist sie nur unter unverhältnismäßigen Aufwendungen möglich, hat er den Wert zu entrichten (§ 2170 Abs. 2)
- Kann vom Erben auch kein Wertersatz erlangt werden, etwa weil dieser beschränkt haftet oder zahlungsunfähig ist, steht dem Bedachten subsidiär gegen den Beschenkten ein Anspruch nach § 2287 auf Herausgabe des Geschenkes nach den Vorschriften über die Herausgabe einer ungerechtfertigten Bereicherung (§§ 818–822) zu (§ 2288 Abs. 2

---

[18] MünchKomm/Musielak, § 2288 Rn 2; BGH NJW 1994, 317.
[19] BGH NJW 1989, 2389.
[20] BGH FamRZ 1969, 207; Staudinger/Kanzleiter § 2286 Rn 11; MünchKomm/Musielak, § 2286 Rn 2.
[21] BGHZ 77, 264 = NJW 1980, 2307; a.M. Hülsmeier NJW 1981, 2043, der darauf § 2289 Abs. 1 entsprechend anwenden will.
[22] BGH NJW 1984, 731 FamRZ 1984, 165; BGH ZEV 1998, 68 = MittBayNot 1998, 191.

Satz 2). Die Vorschrift betrifft zwar in erster Linie Stückvermächtnisse, findet aber auch auf Geld- und sonstige Gattungsvermächtnisse Anwendung.[23] Bei Geld- oder sonstigen Gattungsvermächtnissen ist der Anspruch nach § 2288 Abs. 2 Satz 2 auch dann gegeben, wenn der Erblasser sein Vermögen zum großen Teil weggeschenkt und dadurch den Geldvermächtnisanspruch vereitelt hat.[24]

b) der entgeltlichen Veräußerung oder Belastung des Vermächtnisgegenstandes durch den Erblasser in Beeinträchtigungsabsicht

Nach dem Erbfall entsteht in diesem Fall ein Verschaffungsanspruch gem. § 2170 9
Abs. 1 bezüglich des Vermächtnisgegenstandes gegen den Erben (§ 2288 Abs. 2 Satz 1), und zwar auch dann, wenn er mit dem Vermächtnis nicht beschwert war. Ist der Erbe zur Beschaffung außerstande oder ist sie nur unter unverhältnismäßigen Aufwendungen möglich, hat er den Wert zu entrichten (§ 2170 Abs. 2).

c) der tatsächlichen Beeinträchtigung des Vermächtnisgegenstandes durch Zerstörung, Beiseiteschaffung oder Beschädigung durch den Erblasser in Beeinträchtigungsabsicht

Soweit dadurch der Erbe außerstande gesetzt ist, die Vermächtnisleistung zu erbrin- 10
gen, hat er gemäß § 2288 Abs. 1 nach dem Erbfall dem Bedachten den Wert des vermachten Gegenstandes zu ersetzen. Dies gilt auch, wenn der vermachte Gegenstand in Beeinträchtigungsabsicht verbraucht wird oder wenn das Eigentum des Erblassers an der vermachten Sache in dieser Absicht durch Verbindung, Vermischung oder dergleichen untergeht.[25] Sind die Schäden an dem im Erbvertrag vermachten Hausgrundstück jedoch allein darauf zurückzuführen, dass der Erblasser das Objekt zu seinen Lebzeiten nicht instandgehalten hat, hat der Vertragsvermächtnisnehmer keinen Anspruch gegen den Erben auf Wertersatz aus § 2288 Abs. 1 BGB.[26]

II. Schutz der bindend Bedachten durch allgemeine Vorschriften

1. Sittenwidrige vorsätzliche Schädigung (§ 826)

Nach § 826 ist derjenige, der in einer gegen die guten Sitten verstoßenden Weise einem 11
anderen vorsätzlich einen Schaden zufügt, diesem zum Ersatz des Schadens verpflichtet. Diese Vorschrift schützt grundsätzlich auch bloße Erwerbsaussichten.[27] Dem erbvertraglich Bedachten stehen jedoch keine Ansprüche aus § 826 zu.[28] In einer Grundsatzentscheidung hat der BGH[29] jedoch ausdrücklich entschieden, dass die §§ 2286, 2287 als Sonderregelungen einem eigenen Anspruch der bindend eingesetzten Erben aus § 826 vorgehen, und zwar auch bei kollusivem Zusammenwirken von Erblasser und Drittem zwecks Schädigung des Vertragserben.[30] Auch ergibt sich kein Anspruch aus § 823: Die Rechtsstellung des Vertragserben stellt kein „sonstiges Recht" i.S. des § 823 Abs. 1 dar

---

[23] BGHZ 111, 138/140 = NJW 1990, 2063/2064 = FamRZ 1990, 872; MünchKomm/Musielak, § 2288 Rn 5; Staudinger/Kanzleiter § 2288 Rn 14.

[24] Staudinger/Kanzleiter § 2288 Rn 14; BGHZ 111, 138/140 = NJW 1990, 2063/2065 = FamRZ 1990, 872.

[25] BGHZ 124, 35/38 = NJW 1994, 317; BGHZ 124, 35, 38 = NJW 1994, 317; Staudinger/Kanzleiter § 2288 Rn 7; MünchKomm/Musielak, § 2288 Rn 2.

[26] BGH NJW 1994, 317.

[27] RGZ 111, 156.

[28] MünchKomm/Musielak, § 2286 Rn 5 m. w. N.

[29] NJW 1989, 2389 = FamRZ 1989, 961 = JuS 1989, 1017 m. Anm. Hohloch = JR 1990, 157 m. krit. Anm. Schubert; BGH NJW 1991, 1952; OLG Köln ZEV 1996, 23/24 m. Anm. Hohmann = NJW-RR 1996, 327.

[30] Krit. hierzu Kohler FamRZ 1990, 464.

und die §§ 2287, 2288 sind keine Schutzgesetze i. S. von § 823 Abs. 2.[31] Erberwartungen sind kein durch Deliktsrecht zu schützendes Vermögen.

Anders könne es sich nur verhalten, wenn sich die vorsätzliche sittenwidrige Schädigung gegen den Erblasser selbst gerichtet hat, d. h. bereits sein Vermögen geschädigt wurde, dann können dieser, bzw. nach Eintritt des Erbfalls der Vertragserbe an seiner Stelle Schadensersatzansprüche aus § 826 haben.[32]

2. Nichtigkeit des Zweitgeschäftes wegen Verstoßes gegen die guten Sitten (§ 138)

12 Trotz Abkehr von der „Aushöhlungsnichtigkeit" kann ein gegen bindende Verfügungen eines Erbvertrages oder eines gemeinschaftlichen Testaments verstoßendes lebzeitiges Zweitgeschäft des Erblassers immer noch nach § 138 nichtig sein, wenn besondere Umstände hinzutreten, die es als unvereinbar mit den guten Sitten kennzeichnen.[33] Dies kann der Fall sein, wenn sowohl das Verhalten des Erblassers als auch des Dritten einen Unrechtgehalt aufweisen, der über die in § 2287 vorausgesetzte Benachteiligungsabsicht hinausgeht oder der Dritte einseitig sittenwidrig gegenüber dem Erblasser handelt.[34] Als Beispiel für das Durchgreifen des § 138 in solchen Fällen nannte der BGH[35] ein anstößiges Zusammenwirken zwischen Erblasser und Drittem, um die Bindung im Ergebnis wirkungslos zu machen. Die Anstößigkeit sah der BGH dabei darin, dass eine „ausgewogene Regelung hinter dem Rücken der Klägerin abgeändert" worden sei.[36]

3. Die einstweilige Sicherung von Zuwendungen an Bedachte

13 Vor dem Erbfall besteht kein Anspruch des Bedachten gegen den Erblasser, auch kein zukünftiger i. S. des § 883 Abs. 1 Satz 2, und auch keine Anwartschaft, sondern lediglich eine Erwerbaussicht, die nicht durch eine Vormerkung gesichert werden kann.[37] Vor dem Erbfall kann ein Bedachter daher auch nicht diese Erwerbsaussicht gegenüber dem Erblasser durch Arrest oder einstweilige Verfügung (§§ 916, 935 ZPO) sichern lassen.[38] Da der Vertragserbe bzw. -vermächtnisnehmer den Anspruch nach §§ 2287, 2288 erst erwirbt, „nachdem ihm die Erbschaft angefallen ist" lässt die h. M.[39] bis dahin keine Maßnahmen zur Sicherung dieses künftigen Anspruchs durch Arrest, einstweiliger Verfügung (§§ 916, 935 ZPO) oder Vormerkung zu.[40]

4. Feststellungsklage (§ 256 ZPO) zur Klärung der Bindungswirkung[41]

14 Umstritten ist, ob und inwieweit die künftige Aussicht auf erbrechtlichen Erwerb des Endbedachten im Zweifelsfall durch eine **Feststellungsklage** bereits **zu Lebzeiten des Erblassers** geklärt werden kann. Dabei ist zu unterscheiden:

---

[31] MünchKomm/Musielak, § 2286 Rn 5.

[32] BGH NJW 1989, 2389/2390 = FamRZ 1989, 961/962 f.

[33] BGHZ 59, 343/348 = NJW 1973, 240; BGH FamRZ 1989, 961/962 f. = NJW 1989, 2389/2390.

[34] Schubert JR 1990, 161.

[35] BGHZ 59, 343/348 u. 351 = NJW 1973, 240.

[36] Dilcher Jura 1988, 72/77.

[37] BGHZ 12, 115; KG OLGE 21, 326; Lange/Kuchinke, 4. Aufl., § 25 V 11 a; MünchKomm/Musielak, § 2286 Rn 6; Staudinger/Kanzleiter § 2286 Rn 7; Hohmann ZEV 1994, 133/135.

[38] Hohmann ZEV 1994, 133/135.

[39] Siehe hierzu den Meinungsstand bei Hohmann ZEV 1994, 133/136 f.; MünchKomm/Musielak, § 2287 Rn 20.

[40] A. M. Hohmann ZEV 1994, 133/136 f.

[41] Siehe hierzu insb. Hohmann, ZEV 1994, 133.

a) Die Klärung erbrechtlicher Positionen gegenüber dem Erblasser

Der Bedachte einer bindenden Verfügung von Todes wegen kann ein Interesse an der Feststellung haben, ob diese Verfügung wirksam ist. Eine positive Feststellungsklage insoweit gegen den Erblasser wird oft mit der Begründung verneint, der Erblasser habe ein Recht darauf, zu Lebzeiten nicht mit Rechtsstreitigkeiten hinsichtlich seiner Erbfolge behelligt zu werden.[42] Überwiegend wird jetzt jedoch die Zulässigkeit einer Feststellungsklage des erbrechtlich bindend Bedachten gegen den Erblasser auf Feststellung der **Wirksamkeit der bindenden Verfügung,** z. B. trotz Selbstanfechtung, mit der Begründung zugelassen, der Erblasser habe sich schließlich durch seine Verfügung von Todes wegen auf diese Möglichkeit eingelassen.[43] Der Klageantrag ist dabei nicht auf die künftige Erbenstellung, sondern auf die erbrechtliche Bindung zu richten.[44] 15

b) Klärung des künftigen Anspruchs aus § 2287 BGB gegenüber dem Beschenkten

Die Zulässigkeit einer Feststellungsklage zur Klärung des Bestehens eines Anspruchs des Vertragserben bzw. -vermächtnisnehmers aus § 2287 gegen den Beschenkten (nicht gegen den Erblasser) auf Grund einer erfolgten „böslichen" Schenkung ist stark umstritten. Diejenigen, die das Feststellungsinteresse ablehnen, begründen dies meist damit, dass vor dem Erbfall zwischen dem Vertragserben und dem Beschenkten kein gegenwärtiges Rechtsverhältnis bestünde.[45] Eine Gegenmeinung[46] lässt die Feststellungsklage jedoch mit der Begründung zu, die bindende Bedenkung begründe eine Rechtsposition, die nach § 2287 auch gegen lebzeitige Verfügungen geschützt sei. 16

c) Feststellungsklage des künftigen Erblassers

Wenn der künftige Erblasser selbst klagt, kann dagegen nicht eingewandt werden, erbrechtliche Verhältnisse nach einer noch lebenden Person seien nicht feststellungsfähig, da der Erblasser nicht behelligt werden soll. Seine Klage auf negative Feststellung, ob und gegebenenfalls inwieweit er einer erbrechtlichen Bindung unterliegt, muss daher immer zugelassen werden.[47]

III. Schutz des von Todes wegen bindend Bedachten durch rein erbrechtliche Gestaltungen

Erbrechtliche Schutzmechanismen gegen eine Beeinträchtigung des bindend Bedachten durch lebzeitige Verfügungen setzen eine Mehrheit von Erben voraus, die der Erblasser in bestimmter Reihenfolge nacheinander bedenken will. Sie sind daher nur bei der Vor- und Nacherbfolge, beim gegenseitigen Erbvertrag (z. B. Ehegattenerbvertrag gem. § 2280) und beim gemeinschaftlichen Testament möglich, indem der Erstbedachte gegenüber dem Vorerben bzw. Überlebenden durch entsprechende erbrechtliche Gestaltungen gesichert wird. Gegen lebzeitige Zweitgeschäfte des Erblassers bei einer Einzelverfü- 17

[42] Lange NJW 1963, 1571/1573; Recker MittRhNotK 1978, 126; Staudinger/Kanzleiter § 2281 Rn 39.

[43] BGHZ 37, 331; OLG Düsseldorf ZEV 1994, 171 = NJW-RR 1995, 141 = FamRZ 1995, 58; MünchKomm/Musielak, § 2286 Rn 7; Lange/Kuchinke, 4. Aufl., § 25 V 11 b u. § 24 VI 6; Hohmann ZEV 1994, 133/134.

[44] J. Mayer in Dittmann/Reimann/Bengel, 4. Aufl., § 2269 Rn 48.

[45] MünchKomm/Musielak, § 2287 Rn 20; Staudinger/Kanzleiter § 2287 Rn 18; Lange NJW 1963, 1571/1573.

[46] OLG Koblenz MDR 1987, 935; Lange/Kuchinke, 4. Aufl. § 25 V 9 a; Kipp/Coing § 38 IV 2 a Fn. 28; Palandt/Edenhofer, § 2287 Rn 17; einschränkend auf Ausnahmefälle: OLG München NJW-RR 1996, 328 = FamRZ 1996, 253.

[47] Lange NJW 1963, 1573; Kuchinke FS f. Henckel, 1995 S. 475/428 f.; BGHZ 37, 331/333; OLG Köln FamRZ 1983, 837; OLG Düsseldorf ZEV 1994, 171/172.

gung von Todes wegen hilft dagegen immer nur ein mit dem Erblasser abgeschlossener Verfügungsunterlassungsvertrag, verbunden mit einer durch eine verbotswidrige Verfügung aufschiebend bedingten Übereignung oder Übereignungsverpflichtung (siehe unten Abschnitt IV.). Bei gegenseitigen Verfügungen von Todes wegen kann demgegenüber der Endbedachte in gewissem Umfang vor beeinträchtigenden lebzeitigen Zweitgeschäften des überlebenden Erblassers in der Zeit vor dem ersten Erbfall dadurch gesichert werden, dass der erstversterbende Erblasser seine Verfügungen zugunsten des überlebenden durch eine verbotswidrige Verfügung unter Lebenden auflösend bedingt (siehe oben § 12 Rn 35). Im Einzelnen sind für die **Zeit zwischen dem ersten und dem zweiten Erbfall** bei gegenseitigen Verfügungen von Todes wegen gegen beeinträchtigende Zweitverfügungen des überlebenden Erblassers **zugunsten des Endbedachten folgende Sicherungsmöglichkeiten** gegeben:

1. Einsetzung des Überlebenden zum nicht befreiten Vorerben und des Endbedachten zum Nacherben

18 Hier erhält der Endbedachte bereits mit dem Tod des erstversterbenden Erblassers (Vorerbfall) ein unentziehbares, unbeschränkbares, vererbliches und übertragbares Anwartschaftsrecht,[48] das gem. den §§ 2112ff. bis zum Nacherbfall vor beeinträchtigenden Verfügungen des Vorerben weitgehend geschützt ist (siehe oben § 10 Abschnitt II.). Die Nacherbenstellung kann dadurch verstärkt werden, dass bereits bei Vornahme eines beeinträchtigenden Zweitgeschäfts durch den Vorerben die Nacherbfolge vorzeitig eintreten soll (oben § 10 Rn 32). Eine weitere Verstärkung der Nacherbenstellung ist durch die Einsetzung eines Testamentsvollstreckers für die Vorerbschaft zu erreichen, durch die dem Vorerben auch die ihm bei nicht befreiter Vorerbschaft noch verbliebene Verpflichtungs- und Verfügungsbefugnis entzogen wird (§ 2211 Abs. 1) (siehe oben § 10 Rn 32). Wird dieser Testamentsvollstrecker auch noch hinsichtlich des ganzen Nachlasses oder etwa des Grundbesitzes auf die reine Verwaltung beschränkt (§ 2209), ist dadurch eine volle erbrechtliche Sicherung des bindend Bedachten erreicht. Allerdings ist damit auch eine weitgehende Entziehung von Rechten des Vorerben verbunden, so dass bei der Gestaltung zu prüfen ist, ob es zweckmäßig ist. diesen überhaupt zum (Vor-)Erben einzusetzen.

2. Bedingte Vermächtniseinsetzung zugunsten des Endbedachten

19 Ist lediglich die Sicherung des Erwerbs **eines** bestimmten **Nachlassgegenstandes** oder eines begrenzten Inbegriffs von Nachlassgegenständen zugunsten des Endbedachten beabsichtigt, genügt es, den Erben mit einem **Herausgabevermächtnis**[49] bezüglich des Gegenstandes auf seinen Tod, verbunden mit einem Verfügungsunterlassungsvermächtnis, beides zugunsten des Endbedachten, zu beschweren. Verstößt der Erblasser gegen dieses schuldrechtliche Verfügungsverbot, entsteht ein Schadensersatzanspruch, den der bindend eingesetzte Vermächtnisnehmer nach dem Erbfall gegen den Erben des Nachlasses geltend machen kann.[50] Noch besser ist der Vermächtnisnehmer geschützt, wenn der Erblasser zusätzlich bestimmt, dass, falls der Erbe gegen die Unterlassungsverpflichtung verstößt, die aufschiebende Bedingung des Vermächtnisses vorzeitig eintritt und der Endbedachte die sofortige Übereignung des Vermächtnisgegenstandes verlangen kann.[51] Die dadurch mit dem Tod des erstversterbenden Erblassers gem. §§ 2179, 160 Abs. 1, 162 Abs. 2 (nicht jedoch § 161!) entstehende Vermächtnisanwartschaft[52] kann, sofern

[48] BGHZ 37, 319/326; BGH NJW 1972, 436; BGHZ 87, 367/369.
[49] Zum Herausgabevermächtnis siehe eingehend oben § 10 Abschnitt III.
[50] Baumgärtel MDR 1960, 296.
[51] Langenfeld NJW 1987, 1577/1580f.
[52] Zawar DNotZ 1986, 523.

der Erblasser dies angeordnet hat, bei Grundstücken nach dem Erbfall durch eine Vormerkung im Grundbuch gesichert werden.[53]

Formulierungsvorschlag:

Mitvermacht ist die Verpflichtung des Erben nach dem Erbfall, das Anwartschaftsrecht des Vermächtnisnehmers durch eine Vormerkung im Grundbuch zu sichern.

Bei beweglichen Gegenständen und Forderungen kann der mit dem Vermächtnis Beschwerte zusätzlich vermächtnisweise verpflichtet werden, bereits nach dem Erbfall den Vermächtnisgegenstand durch eine verbotswidrige Verfügung aufschiebend bedingt dem Bedachten zu übertragen, der dadurch den allerdings durch gutgläubigen Erwerb gefährdeten Schutz des § 161 erhält.[54] 20

3. Sicherung der Rechtsstellung des Schlusserben oder -vermächtnisnehmers beim gemeinschaftlichen Testament nach dem ersten Erbfall

Im Unterschied zum Nacherben hat der Schlusserbe beim gemeinschaftlichen Testament oder Ehegattenerbvertrag gem. § 2280 (**Einheitslösung**) auch zwischen dem ersten und zweiten Erbfall lediglich, wie vor dem ersten Erbfall auch, eine bloße Erwerbsaussicht.[55] Seine Rechtsposition kann jedoch durch den Erblasser in der Verfügung von Todes wegen wie folgt verstärkt werden: 21

a) Verfügungsunterlassungsvermächtnis zugunsten des Schlusserben

Der Erstversterbende kann den Überlebenden mit dem **Vermächtnis zugunsten des Schlusserben** beschweren, über bestimmte Nachlassgegenstände, etwa Grundstücke, nicht zu verfügen.[56] Das durch ein Vermächtnis begründete Forderungsrecht gegenüber dem Erben kann auch auf eine Unterlassung gerichtet sein. Durch dieses Vermächtnis entsteht bereits beim Tod des erstversterbenden Elternteils ein schuldrechtlicher Vermächtniserfüllungsanspruch des Schlusserben gegen den überlebenden Ehegatten auf Unterlassung einer anderweitigen Verfügung über das Grundstück.[57] Dieser Anspruch leidet allerdings unter denselben Schwächen, wie ein durch Verfügungsunterlassungsvertrag (§ 137 Satz 2) unter Lebenden begründeter Verfügungsunterlassungsanspruch.[58] Wie dieser ist er nicht durch Vormerkung im Grundbuch sicherungsfähig[59] und bei Verstoß gegen die übernommene Verpflichtung erwirbt der Schlusserbe erst mit dem Erbfall[60] gegen den Erben, d. h. hier gegen sich selbst als Schlusserben, einen Anspruch auf Wiederherstellung des früheren Zustands und bei deren Unmöglichkeit Schadensersatzansprüche[61] gemäß den §§ 241, 275, 276, 280, 286, da das Vermächtnis ein einseitig verpflichtendes Rechtsgeschäft ist. Da ab dem ersten Erbfall den Schlusserben gegen den Längstlebenden ein Verfügungsunterlassungsanspruch zusteht, können diese allerdings 22

---

[53] BayObLG Rpfleger 1981, 190; MünchKomm/Schlichting, § 2179 Rn 8; Formular in MünchVertrHdb/Nieder/Otto, Bd. 6/2, XVI. 5 § 2 a.

[54] MünchKomm/Schlichting, § 2179 Rn 4; Bühler BWNotZ 1967, 174/181; Deubner JuS 1973, 239/240 Fn. 6; Zawar, Das Vermächtnis in der Kautelarjurisprudenz, 1983 S. 39.

[55] MünchKomm/Musielak, § 2269 Rn 34; im Ergebnis auch BGHZ 37, 319/322 f. = NJW 1962, 1910.

[56] Mattern BWNotZ 1966, 1/13; Recker MittRhNotK 1978, 125/127 f.

[57] Mattern BWNotZ 1966, 1/13.

[58] Mattern BWNotZ 1966, 1/13.

[59] MünchKomm/Musielak, § 2286 Rn 13 m. w. N.

[60] Recker MittRhNotK 1978, 125/128.

[61] MünchKomm/Musielak § 2286, 3. Aufl. Rn 12 m. w. N.

bei Gefahr eines Verstoßes gegen ihn eine einstweilige Verfügung erwirken[62] und das auf diese Weise erwirkte Veräußerungsverbot im Grundbuch eintragen lassen.[63]

b) Bedingte Vermächtniseinsetzung zugunsten des Schlusserben

23 Der Verstoß gegen das Verfügungsunterlassungsvermächtnis kann wirksamer gegenüber dem Erben nach dem Erstverstorbenen zugunsten des Schlusserben dadurch sanktioniert werden, dass der Fall des Verstoßes gegen die Verfügungsunterlassungsverpflichtung zur **aufschiebenden Bedingung des Vermächtnisses an den Schlusserben** gemacht wird.[64] Die dadurch zwischen dem ersten Erbfall und dem Eintritt oder Ausfall der Bedingung gem. §§ 2179, 160 Abs. 1, 162 Abs. 2 (nicht jedoch § 161!) gegebene Vermächtnisanwartschaft ist, sofern vom Erblasser angeordnet, nach dem ersten Erbfall durch Vormerkung im Grundbuch sicherbar.

Formulierungsvorschlag:

(1) Der Erstversterbende von uns beschwert den Überlebenden mit dem Vermächtnis zugunsten der Schlusserben, über das Hausgrundstück in M-Stadt in der S-Straße Nr. 10, eingetragen im Grundbuch des Amtsgerichts von M-Stadt Blatt 3117 mit der Flst. Nr. 2710 unter Lebenden nicht zu verfügen.

(2) Sollte der Überlebende gegen dieses schuldrechtliche Verfügungsverbot verstoßen, so hat er, wie der Erstversterbende hiermit vermächtnisweise anordnet, auf seine Kosten das genannte Hausgrundstück an diejenigen unserer gemeinschaftlichen Abkömmlinge, einschließlich adoptierter, jedoch mit Ausnahme nichtehelicher Abkömmlinge in männlichen Linien, unentgeltlich zu übertragen, welche zurzeit der Zuwiderhandlung gesetzliche Erben des Erstversterbenden wären, wenn er erst in diesem Zeitpunkt verstorben wäre und zwar zu den ihren gesetzlichen Erbteilen entsprechenden Miteigentumsbruchteilen. Abkömmlinge, die auf Ableben des Erstversterbenden den Pflichtteil verlangt und erhalten haben und ihre Nachkommen sind von diesem bedingten Vermächtnis ausgeschlossen. Soweit der Erstversterbende bei diesen Vermächtnissen über Gegenstände verfügt, die nicht oder nicht ganz zu seinem Nachlass gehören, gelten die Anordnungen als Verschaffungsvermächtnisse. Zur Sicherung dieses bedingten Übereignungsanspruchs hat der Überlebende nach dem Tod des Erstversterbenden auf dem Grundstück zugunsten der Vermächtnisnehmer in Gesamtberechtigung gem. § 428 BGB eine Vormerkung im Grundbuch an bereitester Rangstelle eintragen zu lassen.

24 Erwägenswert ist, ob der Erblasser nicht im Einzelfall Ausnahmen vom Verfügungsverbot für den Fall zulassen sollte, dass der Überlebende in Not gerät oder er das Grundstück begrenzt mit Grundpfandrechten belasten will. Will man hingegen dem Erstversterbenden keinerlei Verfügungen gestatten, ist zu prüfen, ob nicht – auch aus erbschaftsteuerlichen Gründen – eine direkte Zuwendung an den Dritten (vorgesehener Schlusserbe), verbunden mit einem lebzeitigen Nutzungsrecht für den überlebenden Ehegatten, zielführender ist.

c) Bedingte Nacherbeinsetzung des Schlusserben

25 Eine Sicherung des Schlusserben ist auch dadurch möglich, dass der Erblasser eine durch eine aushöhlende Verfügung über einen Nachlassgegenstand bedingte Nacherbfolge zugunsten des Schlusserben anordnet. Die betreffende Verfügung wäre dann gem. §§ 2113, 2136 Abs. 1 nichtig, gutgläubiger Erwerb bliebe allerdings möglich (§ 2113

[62] BGH DNotZ 1962, 497/499; OLG Stuttgart BWNotZ 1959, 70; Recker MittRhNotK 1978, 125/130.

[63] MünchKomm/Musielak, § 2286 Rn 13; Staudinger/Kanzleiter § 2286 Rn 16.

[64] Strobel, Mittelbare Sicherung erbrechtlicher Erwerbsaussichten, 1982 S. 77f.; Formular in MünchVertrHdb/Nieder/Otto, Bd. 6/2, XVI.28 § 4.

Abs. 3). Man belastet dadurch allerdings den überlebenden Ehegatten mit den Verfügungsbeschränkungen und Kontroll- und Sicherungsrechten zugunsten der bedingten Nacherben.[65]

d) Testamentsvollstreckung

Die Interessen des Schlusserben können auch durch Anordnung von Testamentsvollstreckung gesichert werden, was allerdings eine völlige Entziehung der Verfügungsbefugnis des Längstlebenden über den Nachlass mit sich bringt. 26

4. Restrisiko des bindend Bedachten bei rein erbrechtlicher Gestaltung

Keinen Schutz gewähren die rein erbrechtlichen Gestaltungsmöglichkeiten dagegen, 27 dass der erbvertraglich oder durch gemeinschaftliches Testament gebundene Erblasser sich wieder verheiratet, weitere Kinder zeugt oder adoptiert und dadurch Pflichtteils- oder güterrechtliche Ansprüche entstehen, die den Endbedachten beeinträchtigen. Ferner ist durch sie nicht sichergestellt, dass auch das Eigenvermögen des Vorerben bzw. Längstlebenden ohne Beeinträchtigung durch lebzeitige Zweitverfügungen auf den Endbedachten übergeht. Dies wäre nur durch den zusätzlichen Abschluss eines unter Lebenden abzuschließenden Verfügungsunterlassungsvertrags mit vormerkungsgesicherter aufschiebend bedingter Übereignungsverpflichtung sicherbar (siehe unten Ziffer 4., Rn 35).

IV. Schutz durch Kombination von Verfügung von Todes wegen mit Rechtsgeschäft unter Lebenden

Genügen dem erbrechtlich bindend Bedachten die vorstehenden Sicherungen nicht, 28 muss er mit dem Erblasser zusätzlich eine schuldrechtliche Vereinbarung treffen, mit der man wenigstens eine mittelbare Sicherung des Bedachten gegen lebzeitige Verfügungen des Erblassers erreichen kann. Dabei ist stets zu beachten, dass die nach dem Erbrecht bestehende Bindung des Erblassers selbst nicht durch obligatorische Vereinbarungen verstärkt werden kann, dass die schuldrechtliche Verpflichtung vielmehr selbständig sein und einen anderen außererbrechtlichen Grund haben muss,[66] d.h. durch ein selbständiges Rechtsgeschäft unter Lebenden begründet sein muss.[67]

1. Verfügungsunterlassungsvereinbarung

Die Erwerbsaussicht des durch Verfügung von Todes wegen bindend Bedachten ge- 29 genüber lebzeitigen Zweitverfügungen des Erblassers kann dadurch rechtsgeschäftlich gesichert werden, dass sich der Erblasser dem Bedachten gegenüber durch selbständiges schuldrechtliches **Rechtsgeschäft unter Lebenden** verpflichtet, **nicht über den von Todes wegen zugewendeten Gegenstand unter Lebenden zu verfügen.**[68] Empfehlenswert ist es, das Verbot auf eine Verpflichtung zur Verfügung auszudehnen, um dem Erblasser die Möglichkeit zu nehmen, sich zu einer Verfügung nach seinem Tod zu verpflichten und evtl. sogar diese Verpflichtung durch eine „nachrangige" Auflassungsvormerkung zu sichern, ohne dadurch die Übereignungsbedingung auszulösen. Einer schuldrechtlichen Verfügungsunterlassungsvereinbarung steht § 137 Satz 1 nicht entgegen, da sie lediglich

---

[65] Kohler NJW 1964, 1393/1394.

[66] BayObLG DNotZ 1979, 27/31.

[67] BGHZ 31, 13/19; siehe hierzu auch eingehend Lüke, Vertragliche Störungen beim „entgeltlichen" Erbvertrag, 1990, Seite 57ff.

[68] BGHZ 12, 115/121; BGHZ 31, 13/18; BGHZ 59, 243/250; BayObLG FamRZ 1989, 321; OLG Köln NJW-RR 1996, 158 = FamRZ 1996, 251 = ZEV 1996, 23 m. Anm. Hohmann; Staudinger/Kanzleiter § 2286 Rn 16; MünchKomm/Musielak, § 2286 Rn 11; Recker MittRhNotK 1978, 125/129f.

schuldrechtliche Wirkung hat und in § 137 Satz 2 ausdrücklich zugelassen ist. Sie verstößt auch nicht gegen § 2302, da es sich um eine Verfügung unter Lebenden handelt.[69] Bereits die Motive des BGB erwähnen diese Möglichkeit.[70] Der Verfügungsunterlassungsvertrag wird entweder unmittelbar zwischen dem Erblasser und den Erben oder zwischen ihm und dem anderen Vertragschließenden bzw. dem anderen Ehegatten zugunsten des Endbedachten geschlossen.[71] Beim sog. **„entgeltlichen" Erbvertrag** können die **Gegenleistungsverpflichtungen des Vertragserben** und die **Verfügungsunterlassungspflicht des Erblassers** entweder zu einem einheitlichen Rechtsgeschäft i. S. des § 139 zusammengefasst werden, oder beide Verpflichtungen (nicht auch der Erbvertrag) können als gegenseitiger Vertrag i. S. der §§ 320 ff geschlossen werden. Der Verfügungsunterlassungsvertrag kann auch stillschweigend abgeschlossen werden, wobei allerdings an den Nachweis strenge Anforderungen zu stellen sind.[72] Jedenfalls besteht für das Vorliegen einer stillschweigend getroffenen Verfügungsunterlassungsabrede keine rechtliche oder tatsächliche Vermutung.[73]

Der Verfügungsunterlassungsvertrag ist grundsätzlich **nicht formbedürftig,**[74] und zwar auch dann nicht, wenn das positive Verpflichtungsgeschäft, etwa wegen § 311 b Abs. 1, formbedürftig ist, da § 311 b Abs. 1 nur die Verpflichtung zur Veräußerung und dem Erwerb eines Grundstücks der Form unterwirft.[75] Lediglich wenn der Verfügungsunterlassungsvertrag mit dem Erbvertrag durch den Einheitlichkeitswillen der Parteien zu einer rechtlichen Einheit i. S. des § 139 zusammengefasst wird, bedarf auch er der Form des Erbvertrages.[76] Die Parteien können bestimmte Verfügungsarten von der Unterlassungsverpflichtung ausnehmen oder die Unterlassung nur für bestimmte Verfügungsarten verabreden[77] und es können Ausnahmen für etwaige Notlagen des Erblassers[78] oder für Belastungen mit Grundpfandrechten[79] vereinbart werden. Die Verfügungsunterlassungsverpflichtung kann sich auf einzelne (die vermachten) Gegenstände beziehen,[80] sie kann aber auch den ganzen Nachlass umfassen und damit den Erblasser zur Erhaltung des Nachlasses in seiner derzeitigen Größe und Zusammensetzung verpflichten.[81] Allerdings muss sich eine solche Verpflichtung an § 138 und dem daraus abgeleiteten Verbot der Selbstknebelung messen lassen.[82] Wird der Verstoß gegen die Verfügungsunterlassungsverpflichtung durch eine aufschiebend bedingte Übereignungsverpflichtung sanktioniert, steht einer Gesamtübereignungsverpflichtung § 311 b Abs. 3 entgegen.

30 **Verstößt** der Erblasser gegen eine solche Verfügungsunterlassungsverpflichtung, entsteht nach der wohl h. M.,[83] solange der Erblasser noch in der Lage ist, den Gegenstand zurückzuerlangen,[84] gegen ihn ein verschuldensunabhängiger Erfüllungs- und Wieder-

---

[69] Knieper DNotZ 1968, 331/337.
[70] Motive BGB Bd. V S. 327.
[71] BGHZ 31, 13/19; Kohler NJW 1964, 1393/1395.
[72] BGHZ 31, 13/19; BGH FamRZ 1970, 470/471; OLG Köln NJW-RR 1996, 158 = ZEV 1996, 23; MünchKomm/Musielak, § 2286 Rn 12 m. w. N.; Hohmann ZEV 1996, 24.
[73] BGH NJW 1963, 1602/1603; BGH DNotZ 1969, 759/760.
[74] OLG Köln NJW-RR 1996, 327.
[75] BGHZ 31, 13/19; BGH NJW 1963, 1603; BGHZ 103, 238; MünchKomm/Musielak, § 2286 Rn 11 m. w. N.
[76] BGHZ 36, 65/70; BGH FamRZ 1967, 470/471; MünchKomm/Musielak, § 2286 Rn 11 m. w. N.
[77] BGH FamRZ 1967, 470/472.
[78] BGH FamRZ 1967, 470/472.
[79] BGH FamRZ 1967, 470/472.
[80] BGH NJW 1963, 1602/1603.
[81] BGH FamRZ 1967, 470/472; Soergel/Wolf § 2286 Rn 4; Palandt/Edenhofer § 2286 Rn 1.
[82] MünchKomm/Musielak, 3. Aufl., § 2286 Rn 10 Fn. 33; Teichmann JZ 1974, 32/34.
[83] BGH NJW 1962, 1963; BGH NJW 1963, 1602/1604; BGH NJW 1964, 547; Köhler AcP 190, 496/502/516; MünchKomm/Musielak, § 2286 Rn 13; a. M. Hohmann ZEV 1996, 25.
[84] BGHZ 37, 147/150 f.

herstellungsanspruch,[85] der sich, sofern die verbotswidrige Verfügung bereits vollzogen und dem Erblasser deshalb die Erfüllung der Unterlassungspflicht unmöglich geworden ist, im Falle seines regelmäßig anzunehmenden[86] Vertretenmüssens, in einem Schadensersatzanspruch umwandelt (§§ 325, 276, 280, 249).[87] Dieser Schadensersatzanspruch richtet sich bereits gegen den Erblasser, obwohl der Schaden beim Vertragserben erst mit dem Erbfall eintritt.[88] Er vererbt sich auf die Erben und ist daher für den vertraglichen Alleinerben oder alleinigen Schlusserben uninteressant.[89] Für Vertrags- und Schlussvermächtnisnehmer ist dieser gegen den Erblasser entstehende Schadensersatzanspruch von Bedeutung, da sie ihn nach dem Erbfall gegen den oder die Erben geltend machen können.[90]

Der aus der Verletzung des Verfügungsunterlassungsanspruchs folgende Schadensersatzanspruch kann durch Vertragsstrafen, Pfandrechte oder Bürgschaften gesichert werden.[91] 31

Bezieht er sich auf ein Grundstück, so kann er nicht durch eine Vormerkung gesichert werden, da diese nach § 883 einen positiven Anspruch auf dingliche Rechtsänderung voraussetzt.[92] 32

2. Sicherung der Unterlassungsverpflichtung durch einstweilige Verfügung

Nach der h. M. kann bei Gefährdung des Unterlassungsanspruchs im Wege der einstweiligen Verfügung ein gerichtliches Veräußerungsverbot gem. §§ 136, 135 BGB, 938 Abs. 2 ZPO erlassen werden,[93] das, falls sich das Verbot auf ein Grundstück bezieht, im Grundbuch eingetragen werden kann.[94] 33

3. Sicherung der Unterlassungsverpflichtung durch aufschiebend bedingte Übereignungsansprüche

Effektiver kann der Verfügungsunterlassungsanspruch durch die zusätzliche lebzeitige **Verpflichtung des Erblassers** verstärkt werden, bei verbotswidriger Verfügung bzw. schon bei einer Verpflichtung zu einer solchen, den betreffenden Gegenstand (für den gesamten Nachlass geht das wegen § 310 nicht)[95] sofort auf den bindend Bedachten zu übertragen (**aufschiebend bedingter Übereignungsanspruch**).[96] Diese Konstruktion wird auch **„Sicherungsschenkung"** genannt, da der Erblasser dem von Todes wegen bindend Bedachten zwecks Sicherung seiner Erwerbsaussicht verspricht, ihm einen bestimmten Gegenstand zu schenken, sobald er über ihn lebzeitig verfügt. Es sollte jeweils bereits eine Verpflichtung des Erblassers zu einer verbotswidrigen Verfügung über den betreffenden Gegenstand zur Bedingung der Entstehung des Übertragungsanspruchs gemacht 34

[85] Johannsen WPM 1969, 1226; BGH DNotZ 1964, 232/233; Köhler AcP 190, 496/502/516; Hohmann ZEV 1996, 25.

[86] Teichmann JZ 1974, 32/34.

[87] BGH NJW 1964, 547/549; BGH WPM 1970, 1367; OLG Köln NJW-RR 1996, 327; MünchKomm/Musielak, § 2286 Rn 13; Kohler NJW 1964, 1395.

[88] BGHZ 31, 13/19.

[89] Johannsen DNotZ 1977 Sonderheft S. 79.

[90] Baumgärtel MDR 1960, 296.

[91] MünchKomm/Musielak, § 2286 Rn 13; Recker MittRhNotK 1978, 125/130.

[92] BGH FamRZ 1967, 470/472; MünchKomm/Musielak, § 2286 Rn 13 m. w. N.

[93] BGH NJW 1962, 1344; BGH NJW 1963, 1602/1603; MünchKomm/Musielak, § 2286 Rn 13; Staudinger/Kanzleiter § 2286 Rn 16.

[94] BGH DNotZ 1962, 497/499; MünchKomm/Musielak, § 2286 Rn 13 m. w. N.; krit. Lange NJW 1963, 1571/1576 Fn. 84; Hohmann ZEV 1996, 25.

[95] BGHZ 8, 23/34.

[96] Staudinger/Kanzleiter § 2286 Rn 17; MünchKomm/Musielak, § 2286 Rn 10; Hohmann ZEV 1996, 25.

werden, damit der Erblasser das sanktionierte Verbot nicht umgehen kann. Wird die bedingte Übertragungsverpflichtung nicht zugunsten des Vertragserben, sondern zugunsten eines anderen begründet, sollte jeweils gem. § 328 bestimmt werden, ob der Dritte selbst ein unmittelbares Forderungsrecht erwerben soll.[97] Die aufschiebend bedingte positive Übereignungsverpflichtung bedarf bei Grundstücken, sofern sie durch Vertrag unter Lebenden begründet wird, gem. § 311 b Abs. 1 der notariellen Beurkundung.[98] Während die Bedingungsfeindlichkeit der Auflassung (§ 925 Abs. 2) bei Grundstücken nur eine aufschiebend bedingte Übereignungsverpflichtung zulässt, können Forderungen, bewegliche Sachen und beschränkt dingliche Rechte sofort durch den Verstoß gegen die Unterlassungsverpflichtung aufschiebend bedingt auf den Bedachten übertragen werden.[99] Diese aufschiebend bedingte Übertragung schützt den Bedachten vor beeinträchtigenden Verfügungen des Erblassers unter Lebenden nur im Umfang der §§ 160 ff., sodass bei beweglichen Sachen und beschränkt dinglichen Rechten der gutgläubige Erwerb durch Dritte möglich ist.[100]

4. Vormerkbarkeit des aufschiebend bedingten Übereignungsanspruchs bei Grundstücken

35 Streitig war bis zur Entscheidung des BGH vom 5. 12. 1996,[101] ob bei Grundstücken der durch den Verstoß gegen die Unterlassungsverpflichtung aufschiebend bedingte Übereignungsanspruch durch eine Vormerkung im Grundbuch gesichert werden kann. Gegen die Zulässigkeit wurde entgegen dem Wortlaut des § 883 Abs. 1 Satz 2 eingewandt, dass das Verbot rechtsgeschäftlicher dinglich wirkender Verfügungsbeschränkungen gem. § 137 Satz 1 durch die mittelbare Verdinglichung des schuldrechtlichen Verfügungsunterlassungsvertrages gem. § 137 Satz 2 umgangen würde, was den betreffenden Gegenstand dem Verkehr entziehen und zu einer Gläubigerbenachteiligung führe.[102] Ferner wird teilweise eingewandt, die Vormerkungsfähigkeit des Rückübertragungsanspruchs scheitere auch daran, dass die Bedingung in dem künftigen Verhalten des Verpflichteten liege (**sog. Potestativbedingung**). Dem ist zu entgegnen, dass § 161 Abs. 3 sicherstellt, dass bedingt übertragene bewegliche Gegenstände verkehrsfähig bleiben[103] und dass die Auflassungsvormerkung durch ihre Eintragung im Grundbuch publik wird und die Gläubiger sich auf sie einstellen können.[104] Nach der h. M.[105] sind solche **bedingte Übertragungsansprüche bei Grundstücken durch Vormerkung sicherbar**, sofern sie einen zulässig bestehenden Anspruch verstärken und nicht nur die Beschränkung der Verfügungsfreiheit des Betroffenen mit dinglicher Wirkung bezwecken. Sofern die Vormerkung den die Zwangsversteigerung betreibenden Gläubigern im Range vorgeht, bleibt sie bei einer Zwangsversteigerung des Grundstücks bestehen (§ 44 Abs. 1 ZVG). Die Erben müssen trotz der Zwangsversteigerung das Grundstück nach dem Erbfall an den Bedachten auflassen und der Ersteher muss dieser Verfügung gem. §§ 883 Abs. 2, 888 Abs. 1 zustimmen.[106] Geht die Vormerkung jedoch dem betreibenden Gläubiger im

---

[97] LG Mosbach MDR 1971, 222.

[98] Staudinger/Kanzleiter § 2286 Rn 17.

[99] Recker MittRhNotK 1978, 125/128.

[100] Recker MittRhNotK 1978, 125/128.

[101] BGHZ 134, 182 = NJW 1997, 861.

[102] Flume, Allg. Teil, Bd. 2, § 17, 7 S. 363; Timm JZ 1989, 13/21 f.; zweifelnd: RGRK/Kregel § 2286 Rn 2.

[103] Timm JZ 1989, 13/17.

[104] BayObLG NJW 1978, 700; BayObLG DNotZ 1979, 27; BayObLG DNotZ 1989, 372; OLG Zweibrücken Rpfleger 1981, 189; Buchholz Jura 1989, 393/398; Palandt/Ellenberger, § 137 Rn 4 u. 6.

[105] MünchKomm/Musielak, § 2286 Rn 10 m. w. Nachw.

[106] BGHZ 46, 124/129 m. w. N.

Range nach, fällt, da die Veräußerung im Wege der Zwangsvollstreckung keinen Verstoß gegen die Verfügungsunterlassungsverpflichtung darstellt, sofern sie vom Erblasser nicht zwecks Umgehung selbst herbeigeführt wurde, die Bedingung aus, der aufschiebend bedingte Übereignungsanspruch kann endgültig nicht mehr entstehen, erlischt und damit entfällt auch die mit ihr akzessorische Vormerkung. Als zulässig wird auch angesehen, Verfügungen im Wege der Zwangsvollstreckung bzw. bereits das Einleiten von Zwangsvollstreckungsmaßnahmen ihrerseits zur aufschiebenden Bedingung der Übereignungsverpflichtung zu machen,[107] dann greift auch in der Zwangsvollstreckung der Schutz des § 883 Abs. 2 Satz 2 ein. Allerdings kann dies für die Gläubiger ein Anfechtungsrecht nach dem Anfechtungsgesetz auslösen.

Aus allem verstößt die Sicherung der Erwerbsaussicht von Vertrags- und Schlusserben 36
bzw. Vertrags- oder Schlussvermächtnisnehmern durch einen durch Vormerkung gesicherten aufschiebend bedingten Übereignungsanspruch nach der h. M. nicht gegen § 137 Satz 1 und stellt ein zulässiges Mittel dar, mit dem der Schutz des bindend Bedachten verbessert werden kann.[108] Auch dass die aufschiebende Bedingung des Übereignungsanspruchs in einem künftigen Verhalten des Verpflichteten besteht, macht ihre Sicherung durch eine Auflassungsvormerkung nicht unzulässig, da sie unabhängig davon eintritt, ob diese Rechtsfolge zum Zeitpunkt des Eintritts nach gewollt ist oder nicht.[109]

5. Restrisiko des durch sanktioniertes schuldrechtliches Verfügungsverbot gesicherten bindend Bedachten

Kein Schutz bietet die vorstehende kombinierte Gestaltung gegen Beeinträchtigung 37
durch **tatsächliche Handlungen** und **familienrechtliche Akte** des Erblassers. Ferner kommt, da die erbrechtliche Regelung primär ist und die Übertragungsverpflichtung nur ihrer Sicherung dient, bei einem Rücktritt vom Erbvertrag oder seiner Anfechtung gem. §§ 2078 ff (Motivirrtum!) gem. § 139 die ganze Regelung zu Fall. Letztlich kann der Erblasser die Erwerbsaussichten des bindend Bedachten durch bloßes Schuldenmachen entwerten,[110] da die Erblasserschulden dem Vermächtnis im Range vorgehen (§ 327 InsO).

6. Formulierungsvorschlag eines Erbvertrages mit Unterhalts- und Verfügungsunterlassungsvertrag

Verhandelt zu … 38
am … (kann nur in notarieller Urkunde errichtet werden!)

§ 1 Vertragliche Vermächtniseinsetzung

(1) Ich, die A, vermache hiermit, unter Aufrechterhaltung der gesetzlichen Erbfolge und zu Lasten meiner Erben erbvertraglich und damit bindend mit der C, dieser mein in M-Stadt in der R-Straße Nr. 5 gelegenes Einfamilienhausgrundstück, eingetragen im Grundbuch von M-Stadt Blatt Nr. … mit der Flst. Nr. … Ersatzvermächtnisnehmer sind die Abkömmlinge der C, einschließlich adoptierter, jedoch mit Ausnahme nichtehelicher Kinder männlicher Nachkommen und ihren Abkömmlingen, zu den ihren gesetzlichen Erbquoten nach der C zum Zeitpunkt meines Todes entsprechenden Bruchteilen. Ich, die C, nehme diese Erklärungen hiermit als erbvertragliche an.

---

[107] OLG Hamm Rpfleger 1978, 137.

[108] LG Bad Kreuznach DNotZ 1965, 301; BayObLG NJW 1978, 700; BayObLG DNotZ 1979, 27; Buchholz Jura 1989, 393/398; Kohler DNotZ 1989, 339; Merrem JR 1993, 53; Stadler Jura 1998, 189; BGHZ 134, 182 = NJW 1997, 861.

[109] BGH WM 1996, 1734; BGHZ 134, 182 = NJW 1997, 861.

[110] Fassbender DNotZ 1984, 121.

(2) Durch einseitige Verfügung vermache ich, die A, hiermit meiner Schwägerin E den Sarough-Perserteppich aus meinem Wohnzimmer. Ersatzvermächtnisnehmer bestelle ich nicht. Die A behält sich die Einsetzung von Erben vor.

§ 2 Verfügungsunterlassungsanspruch und bedingter Übertragungsanspruch

(1) Die A verpflichtet sich hiermit schuldrechtlich gegenüber der C und nach deren Wegfall gegenüber den Ersatzvermächtnisnehmern gem. § 1 Abs. 1 über das unter § 1 Abs. 1 beschriebene Hausgrundstück nicht zu verfügen oder sich zu einer solchen Verfügung zu verpflichten.

(2) Sollte die A gegen dieser Verpflichtung verstoßen oder gegen das Grundstück Zwangsvollstreckungsmaßnahmen ergriffen werden, so können die C bzw. nach ihrem Wegfall die Ersatzvermächtnisnehmer verlangen, dass die A unter dem Vorbehalt ihres lebtäglichen und unentgeltlichen Nießbrauchs das genannte Hausgrundstück sofort der C oder nach ihrem Wegfall den unter § 1 Abs. 1 genannten Ersatzvermächtnisnehmern, die insoweit ein eigenes Recht erhalten, auf deren Kosten unentgeltlich zu Eigentum überträgt. Zur Sicherung dieser bedingten Übertragungsansprüche bewilligt die A und beantragt die C die Eintragung je einer Vormerkung zu ihren Gunsten und im Rang danach für den Fall ihres Wegfalles zu Gunsten der Ersatzvermächtnisnehmer gem. § 1 Abs. 1 zu den dort genannten Bruchteilen im Grundbuch an breitester Rangstelle.

(3) Die Unterhaltsverpflichtung gemäß § 3 wird durch die Übertragung des Eigentums auf die C oder die Ersatzvermächtnisnehmer nicht berührt. Zur Sicherung des Rückübertragungsanspruchs der A für den Fall ihres berechtigten Rücktritts gemäß § 4 Abs. 2 ist bei der Übertragung des Eigentums am Grundstück eine Rückübertragungsvormerkung für sie im Grundbuch einzutragen.

§ 3 Unterhaltsvertrag

Ich, die C, verpflichte mich, die A bis zu ihrem Tod in gesunden und kranken Tagen zu pflegen und zu verpflegen, und zwar auch bei dauernder Pflegebedürftigkeit. Die C hat dabei, sofern es der Gesundheitszustand der A erfordert, bei ihr Wohnung zu nehmen. Ferner hat die C das von der Berechtigten bewohnte Einfamilienhaus in der R-Straße Nr. 5 zu reinigen, ihre Wäsche zu waschen, die Kleider auszubessern und der Berechtigten die notwendigen Dienste und Handreichungen zu leisten sowie die erforderlichen Gänge zu erledigen. Dabei sind die hierfür von der C, ihren Familienangehörigen oder einer gem. § 4 Abs. 2 gestellten Ersatzkraft geleisteten persönlichen Dienste für die A unentgeltlich, während alle anderen Aufwendungen, insbesondere die Kosten für die Nahrungs- und Verbrauchsmittel, einschließlich der eigenen Verpflegung der C, wenn sie bei der A wohnt, sowie die der Gegenstände des persönlichen Gebrauchs der Berechtigten und ihrer Arzt-, Arznei- und Krankenhauskosten von dieser zu tragen sind.

§ 4 Verbindung der Verträge

(1) Der Unterhaltsvertrag unter § 3 erfolgt im Hinblick auf die unter den §§ 1 und 2 getroffenen Vereinbarungen hinsichtlich des Einfamilienhausgrundstücks. Die Wirksamkeit dieser Verträge wird hiermit wechselseitig zu ihrer Bedingung gemacht.

(2) Sollte die C ihre unter § 3 übernommenen Verpflichtungen trotz erfolgter Abmahnung objektiv nicht ordnungsgemäß erfüllen, ist die A zum Rücktritt vom Erbvertrag und den unter § 2 eingegangenen Verpflichtungen berechtigt. Dieses Rücktrittsrecht steht ihr auch zu, wenn die C wegfällt oder infolge Krankheit zur Leistung der von ihr unter § 3 übernommenen Verpflichtungen unfähig wird und die C oder ihre Erben keine der A genehme Ersatzkraft stellen. Im Falle des berechtigten Rücktritts der A steht der C oder ihren Erben kein Anspruch auf Entgelt für bereits auf Grund des § 3 geleisteten Dienste zu. Weitere Rücktrittsrechte werden nicht vereinbart.

(3) Die A verzichtet auf ihr Anfechtungsrecht nach den § 2079 BGB.

V. Rechtsgeschäft unter Lebenden anstatt Verfügung von Todes wegen

Wem, insbesondere wenn „Gegenleistungen" vereinbart sind, die Sicherung des Bedachten durch einen Erbvertrag mit zusätzlichem Verfügungsunterlassungsvertrag und bedingter Übertragungsverpflichtung bei Verstoß gegen die Unterlassungspflicht *(= Sicherungsschenkung)* nicht genügt, muss auf ein reines Rechtsgeschäft unter Lebenden auf den Todesfall ausweichen (siehe hierzu eingehend oben § 4). Die für diesen Zweck gebräuchlichsten Rechtsgeschäfte unter Lebenden auf den Todesfall sind: 39

1. Zuwendungen unter Lebenden unter Nutzungs- und/oder Rückübertragungsvorbehalt

Eine Übertragung des zugewandten Gegenstandes bereits zu Lebzeiten des Erblassers gewährt dem Begünstigten naturgemäß den größten Schutz. Der Zuwendungsgegenstand, regelmäßig der Vermögenskern, wird dem Begünstigten dabei auf Grund Rechtsgeschäft unter Lebenden, das Schenkung, gemischte Schenkung, Schenkung unter Auflage oder Ausstattung sein kann, durch Übereignung, Abtretung und gegebenenfalls Auflassung übertragen.[111] Die Interessen des Zuwendenden (**Erblasser**) können dabei auf verschiedene Weise berücksichtigt werden: 40

- Der Zuwendende behält sich das Nießbrauchsrecht, ein Wohnungsrecht, eine Rentenzahlung oder ein ganzes Leibgeding (Altenteil) vor.[112]
- Der Zuwendende überträgt bei beweglichen Sachen und Forderungen (**wegen § 925 Abs. 2 nicht bei Grundstücken**) den Zuwendungsgegenstand entweder
  - auf seinen Todesfall aufschiebend befristet (**betagt**),[113] was trotz § 2301 Abs. 1 auch unter der zusätzlichen Bedingung möglich ist, dass der Begünstigte den Zuwendenden überlebt, da das dingliche Vollzugsgeschäft trotz Bedingung als vollzogen i.S. des § 2301 Abs. 2 angesehen wird,[114] oder
  - durch das Vorliegen anderer Umstände aufschiebend oder auflösend bedingt oder befristet und das wiederum mit oder ohne zusätzliche Überlebensbedingung.[115]

  Durch diese bedingte oder befristete Übertragung wird der Begünstigte im Rahmen der §§ 160 ff. geschützt, wobei allerdings gutgläubiger Erwerb Dritter an dem Zuwendungsgegenstand nicht ausgeschlossen ist.
- Die Übertragung des Zuwendungsgegenstandes, der hier auch ein Grundstück sein kann, erfolgt zwar unbedingt und unbefristet, jedoch unter Vorbehalt eines unbedingten oder vom Vorliegen bestimmter Umstände abhängigen Rücktrittsrechts oder einer Rückübertragungsverpflichtung.[116] Der durch die unbedingte Übereignung eines Grundstücks unter Rücktrittsvorbehalt entstehende bedingte Rückübereignungsanspruch kann durch eine Rückauflassungsvormerkung gesichert werden.[117] Das ist zu Unrecht für den Rückübertragungsanspruch streitig, wenn der schuldrechtliche Zuwendungsvertrag seinerseits durch das Vorversterben des Zuwendungsempfängers auflösend bedingt ist (siehe oben § 4 Rn 21). Zur Sicherheit sollte man jedoch den obligatorischen Zuwendungsvertrag ausdrücklich unbedingt, d. h. ohne Überlebensbedin-

---

[111] Recker MittRhNotK 1978, 126/128.

[112] Siehe hierzu eingehend: Langenfeld, Grundstückszuwendungen im Zivil- und Steuerrecht, 3. Aufl. S. 84 ff.; J. Mayer, Der Übergabevertrag, 1998.

[113] BGH NJW 1953, 182/183; BayObLGZ 1953, 226/229; Mattern DNotZ 1964, 196/213; ders., BWNotZ 1966, 1/8; Recker MittRhNotK 1978, 126/128.

[114] BGHZ 8, 23/31; BGHZ 66, 8/12 f.

[115] Recker MittRhNotK 1978, 126/128.

[116] Recker MittRhNotK 1978, 125/129 f.; LG Köln MittRhNotK 1990, 168.

[117] MünchKomm/Musielak, § 2286 Rn 10.

gung abschließen und stattdessen dem Zuwendenden für den Fall des Vorversterbens des Zuwendungsempfängers nur ein Rücktrittsrecht vorbehalten.[118]

2. Die Zuwendung mit auf den Tod des Zuwendenden verzögerter (betagter) Erfüllung

a) Ohne zusätzliche Überlebensbedingung

41 Hierbei wird jeweils der schuldrechtliche Verpflichtungsvertrag (z. B. Schenkungs- oder Übergabevertrag) bedingungslos geschlossen, seine Erfüllung jedoch bis zum Tod des Zuwendenden hinausgeschoben.[119] Die verzögerte Erfüllung kann bei Grundstücken wegen der Bedingungsfeindlichkeit der Auflassung (§ 925 Abs. 2) nur durch eine ausdrückliche schuldrechtliche Vereinbarung innerhalb des Verpflichtungsvertrages erreicht werden, bei beweglichen Sachen und Forderungen, bei denen das **Verfügungsgeschäft** nicht bedingungsfeindlich ist, kann dieses selbst (nicht das Verpflichtungsgeschäft!) **auf den Tod des Zuwendenden aufschiebend befristet** geschlossen werden und ist auch dann kein formbedürftiges Schenkungsversprechen (siehe oben § 4 Rn 18). Bei Grundstücken hat man zur Erreichung der Verzögerung der Erfüllung die Wahl

- sich mit der bloßen schuldrechtlichen Vereinbarung zu begnügen und den Erben die Erfüllung zu überlassen, oder
- jemanden unwiderruflich und über den Tod des Zuwendenden hinaus zu bevollmächtigen, nach dessen Tod die Auflassung zu erklären und die Eigentumsumschreibung herbeizuführen, oder
- die Auflassung sofort mit dem Verpflichtungsgeschäft zu erklären, den Notar jedoch unwiderruflich gem. §§ 51, 53 BeurkG anzuweisen, Ausfertigungen und beglaubigte Abschriften der Auflassung erst zu erteilen und dem Grundbuchamt einzureichen, wenn der Zuwendende verstorben ist.[120]

42 In allen diesen Fällen kann der Auflassungs- oder Eigentumserwerbsanspruch bei Grundstücken durch eine Vormerkung im Grundbuch gesichert werden.[121] Bei einem Vorversterben des so Bedachten erben dessen Erben den vererblichen Eigentumserwerbsanspruch.

Formulierungsbeispiel für eine in der Erfüllung auf den Tod des Schenkers betagte Grundstücksschenkung:[122]

Der A schenkt hiermit sein Grundstück Flst. Nr.... unbedingt, d. h. insbesondere ohne die Bedingung, dass der Beschenkte den Schenker überlebt, dem B, der diese Schenkung annimmt. Die Erfüllung dieser Schenkung durch Auflassung und Grundbucheintragung soll jedoch erst nach dem Tod des Schenkers erfolgen. Danach soll der B das Grundstück auf Grund der ihm hiermit erteilten Vollmacht und einer Sterbeurkunde des A auf sich auflassen und den Antrag zum Vollzug des Eigentumswechsels im Grundbuch stellen können. Bis zum Tod des Schenkers ist der Anspruch des Beschenkten durch Eintragung einer Vormerkung im Grundbuch zu sichern, die hiermit bewilligt und beantragt wird."

43 Im Wege des schuldrechtlichen echten Vertrages zugunsten Dritter (§ 328 Abs. 1) kann allerdings für diesen Fall auch ein besonderer Rechtsnachfolger bestimmt und auch des-

---

[118] Liessem MittRhNotK 1988, 29/31 Fn. 26.

[119] BGHZ 8, 23/31; BGH FamRZ 1957, 171/173 = LM § 2288 Nr. 2; MünchKomm/Musielak, § 2286 Rn 10.

[120] Recker MittRhNotK 1978, 125/129; MünchKomm/Musielak, § 2286 Rn 10; Formular hierzu in MünchVertrHdb/Nieder/Otto, Bd. 6/2, XVI. 33.

[121] Recker MittRhNotK 1978, 125/129 m. w. N.

[122] Siehe Fall des BGHZ 8, 23.

sen bedingter Übertragungsanspruch durch Vormerkung gesichert werden (siehe hierzu oben § 4 Rn 36).

Diese Gestaltungsmöglichkeit konkurriert wirtschaftlich und bezüglich der Sicherheit für den Bedachten mit der sofortigen dinglichen Übertragung unter Nießbrauchsvorbehalt des Zuwendenden. Die Wahl zwischen beiden wird von steuerlichen und psychologischen Aspekten bestimmt. Oft ist es der gefühlsmäßige Wunsch des Veräußerers, bis zu seinem Tod nomineller Eigentümer zu bleiben. 44

b) Mit zusätzlicher Überlebensbedingung

Wird bei einer Schenkung als Verpflichtungsgeschäft zu der aufschiebenden Befristung des Vollzugsgeschäfts auf den Tod des Zuwendenden noch das Verpflichtungsgeschäft durch das Vorversterben des Zuwendungsempfängers auflösend bedingt, dann handelt es sich um eine Schenkung von Todes wegen i.S. des § 2301, auf die nach § 2301 Abs. 2 nur dann statt der erbvertraglichen die Vorschriften über Schenkungen unter Lebenden Anwendung finden, wenn die Schenkung durch Leistung des zugewendeten Gegenstandes unter Lebenden vollzogen ist. Bei beweglichen Sachen und Forderungen ist dies nach der h.M.[123] auch dann der Fall, wenn das dingliche Vollzugsgeschäft seinerseits unter der Überlebensbedingung steht, sofern alle anderen Voraussetzungen für den Rechtserwerb erfüllt sind. Wegen § 925 Abs. 2 ist das bei Grundstücken nicht möglich. Bei ihnen muss zum Vollzug i.S. von § 2301 Abs. 2 ein dingliches Anwartschaftsrecht des Beschenkten begründet sein, d.h. die Auflassung muss erklärt und beim Grundbuchamt eingelaufen sein und entweder der Erwerber, nicht nur der Veräußerer, muss den Vollzugsantrag gestellt haben oder es muss für den Erwerber bereits eine Vormerkung im Grundbuch eingetragen sein (siehe oben § 4 Rn 21). 45

3. Zuwendung durch ein befristetes Vertragsangebot

Letztlich kann dem Bedachten vom Zuwendenden ein bindendes Angebot auf Abschluss eines schuldrechtlichen Veräußerungsvertrages gemacht werden, das dieser jedoch erst nach dem Tod des Zuwendenden annehmen darf und wobei bei Grundstücken der künftige Eigentumserwerbsanspruch des Bedachten wiederum durch Eintragung einer Auflassungsvormerkung gesichert werden kann.[124] Der Verpflichtungsvertrag kann auch hier eine Schenkung sein, sofern sie nicht unter Überlebensbedingung steht. Da jedoch die Erben, sofern es sich nicht um ein befristetes notarielles Angebot handelt, das Zustandekommen eines Schenkungsvertrages dadurch verhindern können, das sie das einseitige Schenkungsangebot nach dem Tod des Schenkers und vor seiner Annahme durch den Beschenkten widerrufen,[125] sollte der Beschenkte bereits vor dem Tod des Schenkers von dem Angebot unterrichtet werden.[126] 46

4. Vor- und Nachteile der Gestaltungsmöglichkeiten durch reines Rechtsgeschäft unter Lebenden

Die obigen Rechtsgeschäfte unter Lebenden auf den Todesfall belassen einerseits alle dem Erblasser bis zu seinem Tod formal seine bisherige Rechtsposition, **binden** ihn aber andererseits im Gegensatz zu Verfügungen von Todes wegen endgültig hinsichtlich weiterer Verfügungen unter Lebenden über den betreffenden Gegenstand, d.h. sie verhindern – für den Bedachten zuverlässig, andererseits für den Erblasser ohne Änderungsmöglichkeit, z.B. bei Eintritt von Notfällen – alle den Bedachten beeinträchtigende lebzeitige Zweitgeschäfte. Der Erblasser kann ein solches Geschäft nicht mehr nach §§ 2078ff., 47

---

[123] BGHZ 8, 23/31; BGH NJW 1978, 424; MünchKomm/Musielak, § 2286 Rn 10.
[124] Recker MittRhNotK 1978, 125/129.
[125] BGH NJW 1975, 382/383f.; BGH WPM 1976, 1130/1132.
[126] Liessem BB 1989, 865.

sondern nur noch im engen Rahmen der §§ 119ff. anfechten. Beim Erbfall haftet das durch ein solches Geschäft erworbene Vermögen nicht den Nachlassgläubigern[127] und auch die aus ihm entstandenen Ansprüche gehen gem. § 327 InsO den Verbindlichkeiten aus Vermächtnissen, Pflichtteilen und einer Freigebigkeit des Erblassers vor und rangieren, sofern für sie bereits eine Vormerkung eingetragen ist, auch vor den vom Erblasser herrührenden anderen Verbindlichkeiten gem. § 1967 Abs. 2. Der Anspruch des so Bedachten kann daher nicht vom Erblasser durch Schuldenmachen beeinträchtigt werden. Die Nachlassgläubiger können allerdings eine darin liegende Schenkung innerhalb der Fristen der §§ 134 InsO, 4 AnfG anfechten.[128] Soweit es sich bei dem Rechtsgeschäft unter Lebenden auf den Todesfall um eine Schenkung handelt, sind allerdings die Pflichtteilsberechtigten des Schenkers durch den **Pflichtteilsergänzungsanspruch** gem. § 2325 geschützt, da der BGH[129] für den Beginn der Zehnjahresfrist gem. § 2325 Abs. 3 die wirtschaftliche Ausgliederung des Geschenks aus dem Vermögen des Erblassers verlangt, was bei allen aufschiebend bedingten oder befristeten Übertragungen oder Verpflichtungen nicht der Fall ist und bei sofortigen Übertragungen unter Nutzungs- oder Rückübertragungsvorbehalt zumindest im Einzelfall zweifelhaft sein kann (siehe hierzu oben § 2 Rn 147). Ferner kann das Rechtsgeschäft unter Lebenden auf den Todesfall ohne weiteres in Widerspruch stehen zu **früheren bindenden Verfügungen** in einem Erbvertrag oder einem gemeinschaftlichen Testament, ohne daran durch § 2289 Abs. 1 Satz 2 gehindert zu sein. Es können gegen den Bedachten höchstens Ansprüche aus den §§ 2287, 2288 entstehen.[130] Eine Einschränkung bedeutet es, dass alle diese Verträge praktisch nur über einzelne Vermögensstücke oder bestimmte Sachgesamtheiten (wie z.B. ein Wirtschaftsunternehmen) geschlossen werden können. Ein solcher Vertrag unter Lebenden über das ganze gegenwärtige Vermögen des Erblassers bedürfte gem. § 311b Abs. 3 der notariellen Beurkundung und einer über sein künftiges Vermögen wäre gem. § 311b Abs. 2 nichtig.[131]

Schrifttum: *Buchholz,* Verfügungsunterlassungsvertrag, Vormerkung und künftige Ansprüche, Jura 1989, 393; *ders.,* Zur bindenden Wirkung des Erbvertrages, FamRZ 1987, 440; *Dieckmann,* Zum Auskunfts- und Wertermittlungsanspruch des Pflichtteilsberechtigten, NJW 1988, 1809; *Dilcher,* Die Grenzen erbrechtlicher Bindung zwischen Verfügungsfreiheit und Aushöhlungsnichtigkeit, Jura 1988, 72; *Mathias Fleischmann,* Lebzeitige Verfügungsfreiheit bei erbrechtlicher Bindung und Pflichtteilsberechtigung nach den Vorschriften des BGB, 1989; *Hepting,* Der Gutglaubensschutz bei Vormerkungen für künftige Ansprüche, NJW 1987, 865; *Hohmann,* Die Sicherung des Vertragserben vor lebzeitigen Verfügungen des Erblassers, ZEV 1994,133; *Hülsmeier,* Die Abwertung der Rechtsstellung des Vertragserben, NJW 1981, 2043; *ders.,* Der Vorbehalt abweichender Verfügungen von Todes wegen beim Erbvertrag, NJW 1986, 3115; *Kohler,* Vormerkbarkeit eines durch abredewidrige Veräußerung bedingten Rückerwerbsanspruchs, DNotZ 1989, 339; *ders.,* Erblasserfreiheit oder Vertragserbenschutz und § 826 BGB, FamRZ 1990, 464; *Kuchinke,* Enttäuschte Erberwartungen eines Schlußerben, JuS 1988, 853; *Langenfeld,* Freiheit oder Bindung beim gemeinschaftlichen Testament oder Erbvertrag von Ehegatten, NJW 1987, 1577; *Liessem,* Das Verhältnis von Schenkung von Todes wegen und Vertrag zugunsten Dritter zum Erbrecht, MittRhNotK 1988, 29; *ders.,* Anwendungsmöglichkeiten und Vorteile der Schenkung von Todes wegen gegenüber erbrechtlichen Lösungen, BB 1989, 862; *Ludewig,* Pflichtteilskürzung durch Schenkung an den Pflichtteilsberechtigten beim Erbvertrag, MDR 1985, 372; *Lüke,* Vertragliche Störungen beim „entgeltlichen“ Erbvertrag, 1990; *Mümmler,* Erbvertrag und Vermächtnisanordnung, JurBüro 1983, 985; *Recker,* Schutz des von Todes wegen Bedachten, MittRhNotK 1978, 125; *Remmele,* „Lebzeitiges Eigeninteresse“ bei Schenkungen zugunsten des zweiten Ehegatten? NJW 1981, 2290; *Spellenberg,* Verbotene Schenkungen gebundener Erblasser in der Rechtsprechung, NJW 1986, 2531; *Speth,* Schutz des überlebenden Ehegatten bei gemeinschaftlichem Testament, NJW 1985, 463; *Monika Strobel,* Mit-

---

[127] BGHZ 13, 226/232f.; OLG Stuttgart NJW 1956, 1073; Liessem BB 1989, 864.
[128] Liessem MittRhNotK 1988, 29/39.
[129] BGHZ 98, 232; BGHZ 102, 292.
[130] Liessem BB 1989, 864.
[131] BGHZ 8, 23/34.

telbare Sicherung erbrechtlicher Erwerbsaussichten, 1982; *Dorothea Strunz,* Der Anspruch des Vertrags- oder Schlußerben wegen beeinträchtigender Schenkungen – § 2287 BGB, 1989; *Timm,* Außenwirkungen vertraglicher Verfügungsverbote? JZ 1989, 13; *Ziegler,* Bedingte Verfügungen und § 137 Satz 1 BGB, Diss. Regensburg 1980.

§ 14 Gestaltungsmöglichkeiten von Ehegattenverfügungen von Todes wegen

I. Regelungsziele bei Ehegattenverfügungen von Todes wegen

1 Außer bei der Gütergemeinschaft (§ 1416) führt die Ehe nicht zu einem gemeinschaftlichen Ehevermögen, sondern jedem Ehegatten bleiben weiterhin seine Vermögensgegenstände dinglich zugeordnet. Trotzdem betrachten viele Eheleute während der Ehe ihr beiderseitiges Vermögen faktisch als Einheit (so auch der Normzweck des § 1365) und wollen diese meist auch beim Tod eines von ihnen bewahren. Sie wollen damit einerseits die Unabhängigkeit des Überlebenden von den gemeinsamen Kindern bzw. den Verwandten des Verstorbenen oder bei nicht genügendem eigenen Einkommen des Überlebenden dessen Unterhalt gewährleisten und andererseits das beiderseitige Vermögen für Endbedachte nach dem Tod des Längstlebenden sichern.

Die gesetzliche Erbfolge befriedigt dieses Bedürfnis nicht, weil sie den Nachlass des erstversterbenden Ehegatte zwischen dem überlebenden Ehegatten und den gemeinschaftlichen Kindern oder den Verwandten des Verstorbenen aufteilt (**Teilungsprinzip**). Eheleute verlangen demgegenüber hauptsächlich nach einem Regelungsmodell, das einerseits mindestens die Alleinverwaltung des „Ehevermögens", bestehend aus dem Nachlass des Erstversterbenden und dem Eigenvermögen des Überlebenden, durch den Überlebenden sichert und andererseits verhindert, dass der überlebende Ehegatte die gemeinsam getroffene Nachfolgeregelung auf Ableben des Längstlebenden durch Verfügungen von Todes wegen oder unter Lebenden durchkreuzt (**Nutzungsprinzip**). Eine andere Motivation mag bei Eheleuten ohne gemeinschaftliche Kinder mit jeweils ausreichendem eigenen Vermögen und/oder Einkommen bestehen und zu Einzelregelungen von Todes wegen ohne Rücksicht auf die Ehe führen. Weitere Merkmale, die sich zur Typisierung der Regelungsziele und ihrer Lösungsmöglichkeiten eignen und daher beim Entwurf einer Nachfolgeregelung von Todes wegen unter Eheleuten zu beachten sind, können z. B. sein: Das Alter der Eheleute, die Dauer ihrer Ehe, das Vorhandensein einseitiger, nichtehelicher oder behinderter Abkömmlinge (bei denen die Überleitung des Nachlasses auf den Sozialhilfeträger vermieden werden soll), der Altersunterschied und Gesundheitszustand der Ehegatten, das Wertverhältnis ihrer beider Vermögen zueinander, seine Struktur, ob das Vermögen im wesentlichen während der Ehezeit oder vor Eheschließung gebildet wurde, ferner eine etwaige Überschuldung eines Ehegatten oder eines vorgesehenen Endbedachten, da der Nachlass nicht dessen Gläubigern zugute kommen soll. Eheleute in jungen oder mittleren Jahren werden meist das gemeinsame Vermögen dem Überlebenden zur Verfügung stellen wollen, während bei älteren Eheleuten die Nachfolge nach ihrer beider Tod im Vordergrund steht.

II. Formelle Gestaltungsmöglichkeiten

1. Gemeinschaftliches Ehegattentestament

a) Allgemein

2 Ein gemeinschaftliches Testament liegt vor, wenn Ehegatten ihren letzten Willen gemeinschaftlich erklären, wobei jedoch, sofern es sich nicht um wechselbezügliche Verfügungen (§ 2270 Abs. 1) handelt, jeder von ihnen ohne inneres Beziehungsverhältnis einseitig für den Fall seines Todes verfügt, beide aber einen gemeinsamen Testierwillen haben, der in einer der gewählten Testamentsform entsprechenden Weise zum Ausdruck

gebracht werden muss **(Errichtungszusammenhang).**[1] Ein solches gemeinschaftliches Testament ist nur zwischen Eheleuten (§ 2265) und eingetragenen (gleichgeschlechtlichen) Lebenspartnern[2] (§ 10 Abs. 4 LPartG) zulässig. Eine analoge Anwendung der §§ 2265 ff. auf Verlobte ist aufgrund der Formenstrenge des Erbrechts nicht möglich, selbst wenn der eine Verlobte vor der Eheschließung überraschend verstirbt.[3] Unter gewissen Voraussetzungen besteht jedoch mindestens bezüglich nicht wechselbezüglicher Verfügungen die Möglichkeit der Aufrechterhaltung eines zwischen Nichteheleuten geschlossenen gemeinschaftlichen Testaments als einseitige letztwillige Verfügung durch Umdeutung (§ 140).[4] Ein gemeinschaftliches Testament muss im Gegensatz zum Ehegattenerbvertrag stets letztwillige Verfügungen beider Ehegatten enthalten, seien es wechselbezügliche (§ 2270 Abs. 1) oder einseitige. Es braucht weder eine wechselbezügliche Verfügung noch eine gegenseitige Zuwendung enthalten, sondern kann ausschließlich aus einseitigen und unabhängigen Verfügungen bestehen.

Nach dem Inhalt der beiden letztwilligen Verfügungen der Ehegatten und ihrem Verhältnis zueinander werden herkömmlich folgende drei Arten gemeinschaftlicher Testamente unterschieden:[5] 3

- **Gleichzeitige oder äußerliche gemeinschaftliche Testamente.** Hier handelt es sich um inhaltlich voneinander verschiedene und voneinander unabhängige Einzelverfügungen der Ehegatten, die nur äußerlich zu einem gemeinschaftlichen Testament zusammengefasst sind, inhaltlich aber in keiner Beziehung zueinander stehen. Die Eheleute machen sich hier nur die Formerleichterungen der §§ 2266, 2267 zunutze, sowie das Offenheitsprinzip (§ 2272), sofern sie das Testament in die besondere amtliche Verwahrung gegeben haben.
- **Gegenseitige oder reziproke gemeinschaftliche Testamente.** Die Ehegatten setzen sich gegenseitig zu Erben ein oder bedenken denselben Dritten, **ohne** dass diese Verfügungen, entgegen der Auslegungsregel des § 2270 Abs. 2, in ihrer Wirksamkeit voneinander abhängig, d. h. **wechselbezüglich** i. S. des § 2270 Abs. 1 sind.
- **Wechselbezügliche, korrespektive oder abhängige gemeinschaftliche Testamente.** Hier sollen die Verfügungen der Eheleute sämtlich oder teilweise so gegenseitig voneinander abhängig sein, dass die Verfügungen des einen nur mit Rücksicht auf die des anderen getroffen wurden und jede Verfügung in ihrem Bestand von der des anderen abhängig ist (§ 2270 Abs. 1). Ferner sind diese wechselbezüglichen Verfügungen nach dem Tod des anderen Ehegatten grundsätzlich einseitig unwiderruflich (§ 2271 Abs. 2). Gegenseitige Verfügungen in gemeinschaftlichen Testamenten sind nach der Auslegungsregel des § 2270 Abs. 2 im Zweifel wechselbezüglich, müssen es aber nicht sein. Umgekehrt gibt es auch wechselbezügliche Verfügungen, die nicht gegenseitig sind, und es können auch die Verfügungen des einen Ehegatten wechselbezüglich sein, die des anderen nicht.[6] Wechselbezügliche Verfügungen sind nur in Form von **Erbeinsetzungen, Vermächtnissen und Auflagen** möglich (§ 2270 Abs. 3). Die Wirkungen wechselbezüglicher Verfügungen in gemeinschaftlichen Testamenten nähern sich den vertraglichen ei-

---

[1] BGHZ 9, 113, 115 f. = NJW 1953, 698; BGH FamRZ 1977, 390.

[2] Zu unterscheiden von den bloßen – anders- oder gleichgeschlechtlichen Lebensgefährten, welche keine Lebenspartnerschaft i. S. des § 1 LPartG geschlossen haben. „Lebenspartner" sind zur sprachlichen Straffung i. d. R. nicht gesondert im Text aufgeführt, soweit für sie keine besonderen Regelungen gelten, da das LPartG in § 10 Abs. 4 Satz 2 auf die entsprechenden Bestimmungen für Ehegatten verweist.

[3] J. Mayer in Reimann/Bengel/J. Mayer, § 2265 Rn 3.

[4] Kanzleiter DNotZ 1973, 133; Staudinger/Kanzleiter § 2265 Rn 4; ders. ZEV 1996, 306; Lutter FamRZ 1959, 273; BGH NJW-RR 1987, 1410 = DNotZ 1988, 178 m. w. N.; OLG Zweibrücken FamRZ 1989, 7; OLG Hamm ZEV 1996, 304.

[5] Staudinger/Kanzleiter Vorbem. zu §§ 2265 ff. Rn 36; MünchKomm/Musielak, Vor § 2265 Rn 14 ff.; BayObLGZ 1957, 376, 380.

[6] MünchKomm/Musielak, Vor § 2265 Rn 16.

nes Erbvertrages, sobald der erste Ehegatte verstorben ist und der Überlebende die Erbschaft des Erstversterbenden angenommen hat (§ 2271 Abs. 2).

Formulierungsvorschlag:
Sämtliche Verfügungen dieses Testaments sind, soweit nichts anderes bestimmt und soweit dies gesetzlich zulässig ist, wechselbezüglich und können daher nach dem Tod des erstversterbenden Ehegatten und nach Annahme der Erbschaft durch den Überlebenden von diesem nicht mehr einseitig widerrufen werden.

b) Form des gemeinschaftlichen Testaments

4 Der Begriff des gemeinschaftlichen Testaments ist im BGB nicht definiert. Unstreitig ist, dass **zwei** körperlich getrennte letztwillige Verfügungen von Ehegatten nur dann als gemeinschaftliches Testament angesehen werden und die damit verbundenen Rechtswirkungen entfalten können, wenn sie auf Grund eines gemeinsamen Testierwillens errichtet worden sind (**Errichtungszusammenhang**). Umstritten sind jedoch die Erfordernisse, aus denen dieser Errichtungszusammenhang festgestellt werden kann.[7] Nach der Rechtsprechung des Reichsgerichts[8] war er nur anzunehmen, wenn die Erklärungen rein äußerlich unabhängig vom Willen der Testierenden in einer Urkunde (**Urkundeneinheit**) zusammengefasst waren (**objektive Theorie**). Demgegenüber will sich die **subjektive Theorie** mit einem Gemeinschaftlichkeitswillen, der aus irgendwelchen, auch nur außerhalb der Urkunde liegenden Umständen, herzuleiten sein soll, begnügen.[9] Nach der jetzt herrschenden **vermittelnden Theorie** vom Wesen des gemeinschaftlichen Testaments ist ein Gemeinschaftlichkeitswille erforderlich, der jedoch in Anlehnung an die Andeutungstheorie bei der Auslegung aus der Verfügung selbst erkennbar sein muss.[10] Nach ihr kann ein gemeinschaftliches Testament von den Eheleuten auch in verschiedenen öffentlichen Urkunden oder eigenhändig beschriebenen Papierbogen niedergelegt werden, wenn nur der Wille, gemeinsam letztwillig zu verfügen, aus den Einzeltestamenten selbst erkennbar ist. Die **vermittelnde Theorie** hält somit letztlich sowohl ein subjektives Element (**Einheit des Willens**) als auch ein objektives (**Gemeinschaftlichkeit der Erklärung**) für erforderlich.[11] Nach der Rechtsprechung des BGH kann ein gemeinschaftliches Testament auch in zwei getrennten Urkunden errichtet werden, es muss sich aber der Wille zum gemeinsamen Testieren aus beiden Urkunden jedenfalls andeutungsweise erkennen lassen. Allein der Umstand, dass die Testamente von den Ehegatten am selben Tag und am selben Ort errichtet wurden und sich im Wortlaut gleichen, reicht nicht aus, um ein gemeinschaftliches Testament mit der Bindungsfolge nach § 2271 Abs. 2 anzunehmen.[12] Der gemeinschaftliche Testierwille ist kein rechtsgeschäftlicher Wille, sondern tatsächlicher Natur und beschränkt sich auf die gemeinschaftliche Errichtung.[13] Der gemeinschaftliche Testierwille bezieht sich nur auf den Errichtungsakt, nicht auf eine inhaltliche Übereinstimmung der beiden letztwilligen Verfügungen, die nicht miteinander abgestimmt zu sein

---

[7] Zum Meinungsstand siehe MünchKomm/Musielak, Vor § 2265 Rn 6 ff.

[8] RGZ 50, 308, 309; RGZ 72, 204, 206.

[9] OGHZ 1, 333, 337 = NJW 1949, 304; OLG Freiburg NJW 1949, 80; Brox ErbR, Rn 174; Kipp/Coing § 33 II 2; Staudinger/Kanzleiter Vorbem. zu §§ 2265 ff. Rn 14 ff.

[10] BGHZ 9, 113, 115 = NJW 1953, 698 – dort allerdings offengelassen; BGH NJW 1977, 1728 = FamRZ 1977, 390; OLG Braunschweig ZEV 2007, 178; BayObLG FamRZ 1991, 1485; Coing JZ 1952, 611, 613; MünchKomm/Musielak, Vor § 2265 Rn 9 ff.

[11] Palandt/Edenhofer Einf v § 2265 Rn 2; J. Mayer in Reimann/Bengel/J. Mayer, Vorbem zu §§ 2265 ff. Rn 21.

[12] OLG München ZEV 2008, 485 ff.; Keim, DAI-Jahresarbeitstagung des Notariats 2009, S. 389; zum Begriff der wechselbezüglichen Verfügung siehe § 11 I.2., Rn 24.

[13] Kanzleiter DNotZ 1973, 133.

brauchen.[14] Bei seiner Feststellung kann auch auf außerhalb der Urkunde liegende Umstände zurückgegriffen werden. Er muss sich aber wenigstens andeutungsweise aus der Urkunde ergeben.[15] Für die Umstände außerhalb der Testamentsurkunde, aus denen sich der gemeinsame Testamentswille ergeben soll, ist derjenige beweispflichtig, der die Gültigkeit des Testaments für sich in Anspruch nimmt.

Natürlich können die Eheleute, wie im öffentlichen Testament üblich, in einer einheitlichen Urkunde bzw. beim eigenhändigen auf einem Blatt in der Weise testieren, dass jeder seine letztwillige Verfügung in der allgemeinen Form erklärt (**zwei Haupterklärungen**). Hierbei wird der gemeinsame Testierwille bereits daraus entnommen werden können, dass beide Eheleute in einer Niederschrift testieren. Besser ist es jedoch auch hier, wenn dieser Wille aus den beiden Erklärungen selbst nach außen erkennbar ist, etwa durch die Worte „wir" oder „auch ich".[16] Haben die Eheleute zwei getrennte Testamentsurkunden errichtet, so kann der gemeinsame Testierwille aus einer inhaltlichen Bezugnahme der letztwilligen Verfügungen aufeinander geschlossen werden.[17] Ein gemeinschaftliches Testament kann auch durch ein späteres gemeinschaftliches Testament in der Weise ergänzt werden, dass die beiden Verfügungen sich als ein einziges gemeinschaftliches Testament darstellen und die früheren Verfügungen mit den späteren wechselbezüglich sind.[18] So müssen z.B. die gegenseitige Erbeinsetzung und die Berufung eines Schlusserben nicht in derselben Verfügung getroffen werden.[19]

5 § 2267 bringt für das gemeinschaftliche eigenhändige Ehegattentestament ein **Formprivileg** in der Weise, dass es genügt, wenn ein Ehegatte das Testament in der vorgeschriebenen privatschriftlichen Form errichtet und der andere die Erklärung eigenhändig mitunterzeichnet. Der mitunterzeichnende Ehegatte „soll" hierbei den Zeitpunkt (Tag, Monat, Jahr) seiner Mitunterzeichnung angeben. Das Gesetz dispensiert damit den einen Ehegatten von dem Zwang, seine Verfügung in vollem Umfang selbst eigenhändig schreiben zu müssen. Bei dieser Form ist die Feststellung des gemeinsamen Testierwillens völlig unproblematisch, da er im Regelfall durch die Mitunterzeichnung zum Ausdruck kommt.[20] Eine gemeinschaftliches Testament kann auch als Bürgermeister- oder Dreizeugentestament nach §§ 2249, 2250 schon dann errichtet werden, wenn die Todesbesorgnis nur bei einem der Ehegatten vorliegt (§ 2266).

c) Die Besonderheiten des gemeinschaftlichen Testaments

6 • Der gemeinschaftliche Testierwille der Eheleute beim gemeinschaftlichen Testament schließt den Willen zu rückhaltloser Offenlegung der eigenen letztwilligen Verfügungen dem Ehepartner gegenüber ein (**Offenheitsprinzip**) und zwar auch für nicht wechselbezügliche Verfügungen.[21] Die Folge ist, dass, wenn der eine Ehegatte seinen Teil des gemeinschaftlichen Testaments formrichtig errichtet hat, seine Verfügung trotzdem solange unwirksam ist, bis auch der andere verfügt hat, da bis dahin kein abgeschlossenes gemeinschaftliches Testament vorliegt.[22] Ferner kann keiner der Eheleute für seinen Teil des gemeinschaftlichen Testaments eine Errichtungsform wählen, die dem anderen die Erkennbarkeit verwehrt. So kann nicht der eine mündlich, der andere durch Übergabe

---

14 Palandt/Edenhofer Einf v § 2265 Rn 2.

15 Staudinger/Kanzleiter Vorbem zu §§ 2265 ff. Rn 17 ff.; BGHZ 9, 113, 115 f. = NJW 1953, 698; BGH NJW 1977, 1728 = FamRZ 1977, 390; BayObLGZ 1959, 199 = NJW 1959, 1969.

16 Staudinger/Kanzleiter Vorbem. zu §§ 2265 ff. Rn 22; eingehend zur Kenntlichmachung des Gemeinschaftlichkeitswillens J. Mayer in Reimann/Bengel/J. Mayer, Vorbem zu §§ 2265 ff. Rn 22 f.

17 BayObLGZ 1959, 228.

18 BayObLG Rpfleger 1980, 283; BayObLG FamRZ 1986, 392; BayObLG FamRZ 1994, 191 = DNotZ 1994, 791 m. Anm. Musielak; OLG Frankfurt Rpfleger 1996, 409 = FamRZ 1996, 1102.

19 OLG Frankfurt a. a. O.

20 MünchKomm/Musielak, 3. Aufl., § 2267 Rn 14; BayObLGZ 1959, 199 = NJW 1959, 1969.

21 Bühler DNotZ 1962, 359, 362.

22 Bühler DNotZ 1962, 359, 362.

einer verschlossenen, dem anderen nicht bekannten Schrift testieren. Wenn einer Geschriebenes nicht lesen kann, müssen beide mündlich testieren.[23] Auf den Schutz des Offenheitsprinzips kann allerdings verzichtet werden. Da zur Errichtung eines gemeinschaftlichen Testaments auch in öffentlich Form gleichzeitige Anwesenheit der Ehegatten nicht erforderlich ist, können beide ihre Anordnung zu verschiedenen Zeiten und vor verschiedenen Notaren treffen und dem zuerst Verfügenden nützt dann die Erkennbarkeit der Anordnungen des zuletzt Verfügenden nichts mehr.[24] Gegen eine sonst mögliche heimliche Aufhebung der nicht wechselbezüglichen Verfügungen des Ehepartners in einem gemeinschaftlichen Testament durch Rücknahme aus der besonderen amtlichen Verwahrung schützt § 2272, wonach ein gemeinschaftliches Testament nur von beiden Ehegatten gemeinsam zurückgenommen werden kann. Kein Schutz ist gegen die heimliche Aufhebung nicht wechselbezüglicher Verfügungen durch ein Widerrufstestament (§ 2254) oder ein widersprechendes Testament (§ 2258) gegeben. Grundsätzlich kann bei einem gegenseitigen Testament jeder Ehegatte jederzeit, d.h. auch nach dem Tod des anderen Ehegatten, einseitig seine nicht wechselbezüglichen Verfügungen widerrufen (§ 2253 Abs. 1). Wenn sich das gemeinschaftliche Testament nicht in besonderer amtlicher Verwahrung befindet, kann jeder Ehegatte seine einseitigen Verfügungen, soweit sie sich von denen des anderen sondern lassen, auch dadurch widerrufen, dass er sie durchstreicht oder den sie enthaltenden Teil der Testamentsurkunde vernichtet.

7 • Für die **Eröffnung gemeinschaftlicher Testamente** gilt neben der allgemeinen Eröffnungsvorschrift des § 348 FamFG die besondere Vorschrift des § 349 FamFG.[25] Vor allem sind danach nach dem Tod des Erstversterbenden die Verfügungen des Überlebenden nicht zu verkünden, soweit sie sich sondern lassen.

8 • Wird beim Vorliegen eines gemeinschaftlichen Testaments **die Ehe aufgelöst** oder waren die Scheidungsvoraussetzungen gegeben und hatte der Erblasser Scheidung beantragt oder ihr zugestimmt, so werden dadurch nicht nur die Verfügungen unwirksam, mit denen sich die Eheleute gegenseitig bedacht haben (§ 2077 Abs. 1), sofern nicht anzunehmen ist, dass sie auch für diesen Fall getroffen sein sollen (§ 2077 Abs. 1), sondern das Testament wird seinem ganzen Inhalt nach unwirksam (§ 2268 Abs. 1), sofern nicht diese anderen Verfügungen auch für diesen Fall getroffen sein sollten (§ 2268 Abs. 2). Bezüglich des für die Fortgeltung auch nach Eheauflösung sprechenden **Fortgeltungswillens** (Aufrechterhaltungswillen) des Erblassers kommt es dabei jeweils auf den Zeitpunkt der Errichtung der letztwilligen Verfügung an.[26]

9 • Für gemeinschaftliche Testamente, in denen sich die Ehegatten gegenseitig bedacht und einen Endbedachten bestimmt haben (gegenseitige gemeinschaftliche Testamente), stellt § 2269 (sog. Berliner Testament) eine Auslegungsregel zugunsten der sog. Einheitslösung (= Voll- und Schlusserbfolge) auf.

10 • In erster Linie bietet das gemeinschaftliche Testament den Eheleuten jedoch die Möglichkeit, einzelne Verfügungen **wechselbezüglich,** d.h. in ihrem rechtlichen Bestand wechselseitig **voneinander abhängig** zu machen (§ 2270 Abs. 1), was vor allem die Folge hat, dass sie mit dem Tod des Ehepartners Vertragscharakter und damit für den Überlebenden **Bindungswirkung** erhalten (§ 2271 Abs. 2) (siehe hierzu eingehend oben § 11 Abschnitt I.). Die Bindungswirkungen für den Überlebenden sind beim gemeinschaftlichen Testament und beim Ehegattenerbvertrag nicht völlig gleich, so tritt z.B. die Bindung beim Erbvertrag sofort mit Beendigung der notariellen Beurkundung ein, bei gemeinschaftlichen Testament aber erst nach dem Tod des Erstversterbenden der Eheleute und beim ihm ist eine erbrechtliche Bindung nur bezüglich sog. wechselbezüglicher, d.h.

---

[23] Bühler DNotZ 1962, 359, 363.
[24] Bühler DNotZ 1962, 359, 364.
[25] §§ 2273, 2260 ff. wurden aufgehoben durch das FGG-Reformgesetz 2009. Siehe unten Rn 15.
[26] Dieterle BWNotZ 1970, 170.

voreinander abhängigen Verfügungen möglich, während dies beim Erbvertrag bezüglich aller vertraglichen Verfügungen möglich ist.

2. Ehegattenerbvertrag

Vertragsmäßig und damit bindend können durch Erbvertrag nur Erben eingesetzt (§ 1937) und Vermächtnisse (§ 1939) und Auflagen (§ 1940) angeordnet werden (§§ 1941 Abs. 1, 2278 Abs. 2). Als Erbe (*Vertragserbe;* Legaldefinition in § 1941 Abs. 2) oder Vermächtnisnehmer kann dabei sowohl der andere Vertragsschließende als auch ein Dritter bedacht werden (§ 1941 Abs. 2). 11

Formulierungsvorschlag:

Wir nehmen alle vorstehenden Verfügungen soweit gesetzlich zulässig mit erbvertraglicher Bindung gegenseitig an.

Lediglich **einseitig** (§ 2299) und nicht vertragsmäßig können in einem Erbvertrag verfügt werden z.B. die Ernennung eines Testamentsvollstreckers (§ 2197), familienrechtliche Anordnungen (§§ 1418 Abs. 2 Nr. 2, 1638, 1777) oder Enterbung (§ 1938).[27] Ein Erbvertrag ist im Gegensatz zum gemeinschaftlichen Testament nicht auf Ehegatten beschränkt. 12

Der Erbvertrag ist ein wirklicher Vertrag,[28] der eine Bindung des Erblassers an seine vertragsmäßigen Verfügungen von Todes wegen bewirkt.[29] Durch den Erbvertrag wird für den Begünstigten unmittelbar der Berufungsgrund als Erbe oder Vermächtnisnehmer geschaffen, was jedoch nicht bedeutet, dass bereits zu Lebzeiten des Erblassers eine Rechtsposition des Begünstigten entsteht, die Rechte und Pflichten begründet. Solche **Rechtswirkungen** treten **erst mit dem Erbfall** ein. Dies unterscheidet den Erbvertrag von einem Rechtsgeschäft unter Lebenden und weist ihn als Verfügung von Todes wegen aus.[30] Die Unterscheidung zwischen vertragsmäßigen und einseitigen Verfügungen innerhalb eines Erbvertrages ist für die Bindung des Erblassers bedeutsam. Er ist nur an vertragsmäßige Verfügungen gebunden, einseitige kann er ohne weiteres widerrufen.[31] Ein Erbvertrag muss **mindestens eine vertragsmäßige Verfügung** enthalten.[32]

Man unterscheidet einseitige und zweiseitige Erbverträge. Von einem **einseitigen Erbvertrag** spricht man, wenn nur ein Vertragspartner vertragsmäßige Verfügungen von Todes wegen trifft und der andere die Erklärungen lediglich annimmt. Treffen beide Vertragspartner vertragsmäßige Verfügungen von Todes wegen (§ 2278 Abs. 1), liegt ein **zweiseitiger** oder gemeinschaftlicher **Erbvertrag** vor, und, wenn sie sich darin gegenseitig etwas zuwenden, wie normalerweise beim Ehegattenerbvertrag, ein **gegenseitiger (reziproker) Erbvertrag.** Es können auch mehr als zwei Personen vertragsmäßige Verfügungen von Todes wegen treffen. Man spricht dann von einem **mehrseitigen Erbvertrag.**[33] Ein Erbvertrag kann im Gegensatz zu einem Testament auch in Form eines gerichtlichen

---

[27] Auch die Erklärung einer Vollmacht, z.B. Auflassungsvollmacht, für den Todesfall im Rahmen eines Erbvertrags kann nur einseitig erklärt werden. Grundsätzlich ist jedoch zu einer gesonderten Vollmachtsurkunde zu raten, auch im Hinblick auf die besonderen Vorschriften zum Erbvertrag einerseits (Ablieferung der Urschrift an das Nachlassgericht) und § 172 andererseits und sich daraus ergebende Probleme, insbesondere bei Widerruf der Vollmacht und Nachweis gegenüber Dritten.

[28] BGHZ 26, 204, 207 = NJW 1958, 498.

[29] MünchKomm/Musielak, Einl. vor § 2274 Rn 4.

[30] MünchKomm/Musielak, Einl. vor § 2274 Rn 3.

[31] MünchKomm/Musielak, Einl. vor § 2274 Rn 6.

[32] MünchKomm/Musielak, Einl. vor § 2274 Rn 6.

[33] MünchKomm/Musielak, Einl. vor § 2274 Rn 25.

Vergleichs geschlossen werden,[34] da der Prozessvergleich die notarielle Beurkundung ersetzt (§ 127 a). Notwendig dazu ist, dass der Erblasser persönlich anwesend ist und im Anwaltsprozess auch sein Anwalt.[35] Der bloß vertragsschließende Teil kann sich auch hier vertreten lassen (§ 2274).

13 Bei Erbverträgen zwischen Verlobten und Ehegatten gewährt das Gesetz gewisse Erleichterungen und trifft verschiedene den gemeinschaftlichen Testamenten ähnliche Regelungen:

14 So können auch in der Geschäftsfähigkeit beschränkte Verlobte und Ehegatten als Erblasser einen Erbvertrag schließen (§ 2275 Abs. 2, 3) und die Form des Ehevertrages ist für den Erbvertrag ausreichend, wenn beide Verträge in derselben Urkunde verbunden werden (§ 2276 Abs. 2).[36] Die Verbindung eines Ehevertrages mit einem Erbvertrag bedeutet für letzteren insoweit eine Erschwerung, als er dann nicht wie sonst (§§ 2276 Abs. 1 Satz 2, 2232 Satz 2, 2233 Satz 3 BGB, 33, 30 BeurkG) durch Übergabe einer verschlossenen Schrift errichtet werden kann, diese vielmehr dem Notar offen übergeben werden muss (§§ 9 Abs. 1 Nr. 2, 13 Abs. 1 Satz 1 BeurkG). Weiter kann ein Erbvertrag auch durch ein gemeinschaftliches Testament der Ehegatten aufgehoben werden (§ 2292). Ferner ist die Wirksamkeit des Erbvertrages in gleicher Weise vom Fortbestand der Ehe bzw. der Verlobung abhängig, wie dies beim gemeinschaftlichen Testament der Fall ist (§§ 2279, 2077, 2298). Ferner ist, wenn im Erbvertrag sich die Ehegatten gegenseitig zu Erben eingesetzt haben und der Nachlass beim Tod des Längstlebenden an einen Dritten fallen soll, wie beim gemeinschaftlichen Testament nach § 2269 im Zweifel die Einheitslösung (= **Voll- und Schlusserbfolge**) als gewollt anzusehen (§ 2280). Letztlich wird bei der Beurkundung eines mit einem Ehevertrag verbundenen Erbvertrages die doppelte Gebühr gem. § 46 Abs. 3 KostO nur einmal nach dem Vertragsteil mit dem höchsten Geschäftswert berechnet.

3. Trennbare Gestaltung von Ehegattenverfügungen

15 Bei gemeinschaftlichen Testamenten und zweiseitigen Ehegattenerbverträgen besteht meist der Wunsch, im Interesse des Familienfriedens die **Bestimmungen des überlebenden Ehegatten** auf sein Ableben **nicht schon beim Tod des Erstversterbenden bekannt werden zu lassen**. In welchem Umfang solche Verfügungen von Todes wegen nach dem Tod des Erstversterbenden zu eröffnen sind, regelt § 349 FamFG. Danach sind die Verfügungen des überlebenden Ehegatten, soweit sie sich trennen lassen, den Beteiligten nicht bekannt zu geben.

Nach der in der Rspr. h. M. sind jedoch Verfügungen, die in Wir-Form gehalten sind oder so formuliert sind, dass allgemein von Bestimmungen des erstversterbenden Ehegatten und solchen des Überlebenden gesprochen wird, nicht trennbar und müssen daher beim Tode des Erstversterbenden **vollständig eröffnet** werden, und zwar auch dann, wenn sie durch den Tod des Erstversterbenden ungültig oder gegenstandslos geworden sind.[37] Als Grund hierfür wird im Anschluss an die Begründung in RGZ 150, 315 angeführt, dass die Verfügungen grundsätzlich ohne Rücksicht auf ihre Wirksamkeit oder

---

[34] RG JW 1901, 474 = RGZ 48, 183; BGHZ 14, 381 = DNotZ 1955, 190; BGH FamRZ 1960, 28; Köln OLGZ 1970, 114.

[35] RGZ 48, 183; BayObLG NJW 1965, 1276.

[36] Seit jedoch das Testamentsgesetz 1938 auf die zwingende Zuziehung eines zweiten Notars oder zweier Zeugen beim Erbvertrag und öffentlichen Testament verzichtet hat, kommt dieser Formerleichterung keine Bedeutung mehr zu; Lange/Kuchinke, 4. Aufl., § 25 III 2. Siehe hierzu MünchVertrHdb/Nieder/Otto, Bd. 6/2, XV.16.

[37] RGZ 150, 315 = DNotZ 1936, 366 m. abl. Anm. Pütz; OLG Hamburg NJW 1965, 1969 m. abl. Anm. Lützeler NJW 1966, 58; OLG Hamm Rpfleger 1974, 156 = FamRZ 1974, 387; KG OLGZ 1977, 394, 396 = Rpfleger 1977, 256; KG DNotZ 1979, 556; OLG Hamm Rpfleger 1981, 486; BGHZ 91, 105 = NJW 1984, 2098 = Rpfleger 1984, 318; OLG Köln DNotZ 1988, 721 m. zust. Anm. Cypionka; BayObLG Rpfleger 1990, 22 = NJW-RR 1990, 135.

Gegenstandslosigkeit zu eröffnen seien, damit die Beteiligten prüfen können, ob sie die sie ausschließenden Verfügungen des Erstversterbenden anfechten (§§ 2078, 2079) oder den Pflichtteil fordern wollen, ob sich hinter der Verfügung des Erstversterbenden eine Nacherbeneinsetzung verbirgt oder Anlass besteht, die Testierfähigkeit des Erblassers in Zweifel zu ziehen. Das formalisierte Eröffnungsverfahren sei weder dazu bestimmt noch dafür geeignet, über die Wirksamkeit und Gültigkeit letztwilliger Verfügungen zu befinden.[38] Diese Erwägungen treffen nicht zu und die Verfügung des Längstlebenden ist beim Tode des Erstversterbenden daher nicht zu eröffnen, wenn jeder Ehegatte für den Fall, dass er der Längerlebende ist, einem Dritten ein Vermächtnis zugewandt hat.[39] Nun kann man die Bestimmungen von Mann und Frau **sprachlich vollkommen getrennt halten** und etwa formulieren:

Teil A:
„Ich, der Ehemann, bestimme:
a) für den Fall, dass ich vor meiner Ehefrau versterben sollte: …
b) für den Fall, dass ich nach meiner Ehefrau oder gleichzeitig mit dieser versterben sollte …
Teil B:
Ich, die Ehefrau, bestimme:
a) …"

und so verhindern, dass beim Tod des Erstversterbenden auch die Verfügungen des überlebenden Ehegatten auf seinen Tod eröffnet und verkündet werden. Da dann weder die Wir-Form noch die Abstraktion der beiden Erbfälle gegeben ist, lassen sich die beiderseitigen Verfügungen gem. § 2273 Abs. 1 trennen.[40] Dies wird jedoch u.U. nicht die Geheimhaltung der Verfügungen des überlebenden Ehegatten sicherstellen, da nach der obengenannten Rechtsprechung auch die Verfügungen des Erstversterbenden für den zweiten Erbfall, **obwohl gegenstandslos,** mitverkündet werden müssen, da nicht auf den Zeitpunkt der Testamentseröffnung, sondern auf den der Testamentserrichtung abzustellen ist,[41] sodass sich die Beteiligten ggf. denken können, dass der überlebende Ehegatte in gleicher oder zumindest ähnlicher Weise testiert haben wird wie der verstorbene.[42]

4. Die Wahl zwischen Einzeltestament, gemeinschaftlichem Testament, Ehegattenerbvertrag und Verfügung unter Lebenden auf den Tod

Der **Hauptunterschied** dieser Gestaltungsmöglichkeiten besteht im Maß der Bindung 16
der durch sie getroffenen Verfügungen gegenüber sie beeinträchtigenden weiteren Verfügungen des Erblassers von Todes wegen oder unter Lebenden. Sie unterscheiden sich im Einzelnen wie folgt:

a) Einseitiges Testament

Vorteile: Es ist jederzeit frei widerruflich (§ 2253) und kann daher bis zum Tod des Erb- 17
lassers seiner jeweiligen Vermögenslage und den geänderten Umständen angepasst werden.

---

[38] A. A., d.h. für den Vorrang des Interesses des überlebenden Ehegatten an der Geheimhaltung seines eigenen letzten Willens: Pütz DNotZ 1936, 369; Lützeler NJW 1966, 58; Haegele Rpfleger 1968, 137 u. 1977, 207; Bühler BWNotZ 1980, 34 ff.; ders. ZPR 1988, 59; Langenfeld NJW 1987, 1582; OLG Stuttgart DNotZ 1984, 505 in einem durch BGHZ 91, 105 erledigten Vorlagebeschluss; nicht einschlägig, da einen Sonderfall betreffend OLG Frankfurt Rpfleger 1977, 206 m. Anm. Haegele.
[39] BGHZ 70, 173 = DNotZ 1978, 302 = NJW 1978, 633.
[40] So auch Cypionka DNotZ 1988, 724.
[41] Haegele Rpfleger 1958, 137, 144; Asbeck MDR 1959, 897, 898.
[42] Bühler ZRP 1988, 59; Langenfeld NJW 1987, 1582.

18 **Nachteile:** Auch wenn die Verfügungen im Einzeltestament eines Ehegatten mit denen im Testament des anderen Ehegatten abgestimmt sind, kann jeder Ehegatte seine Verfügungen ohne Wissen und Willen des anderen heimlich durch ein späteres Widerrufstestament (§ 2254) oder ein widersprechendes Testament (§ 2258 Abs. 1) aufheben oder ändern. Eheleute können daher nur dann in gesonderten Einzeltestamenten testieren, wenn sie entweder wegen Art oder Umfang ihrer Vermögens- und Einkommensverhältnisse über ihre Nachlässe unabhängig voneinander verfügen wollen, oder großes Vertrauen zueinander haben.[43] Nur in evtl. durch Bedingungszusammenhang aufeinander abgestimmten einseitigen Testamenten können Eheleute testieren, wenn wegen Auslandsberührung eine fremde Rechtsordnung eingreift, die eine erbrechtliche Bindung wie beim gemeinschaftlichen Testament und dem Erbvertrag ablehnt.

b) Gemeinschaftliches Testament

Vorteile:

19 • Ein gemeinschaftliches Testament kann wie jedes Testament sowohl als öffentliches als auch als privatschriftliches Testament errichtet werden (§§ 2232, 2247, 2267), während der Erbvertrag nur notariell geschlossen werden kann (§ 2276).

20 • Da die Bindungswirkungen wechselbezüglicher Verfügungen in einem gemeinschaftlichen Testament nach dem Erbfall und der Erbschaftsannahme durch den überlebenden Ehegatten mit denen vertraglicher Verfügungen in einem Erbvertrag vergleichbar sind, **wendet die Rechtsprechung**[44] sowohl die beim Erbvertrag geltenden Vorschriften über die Anfechtung (§§ 2281 ff., 2078 ff.) als auch die über beeinträchtigende Schenkungen unter Lebenden (§§ 2287, 2288 Abs. 2 Satz 2) und Beeinträchtigungen, Veräußerung und Belastung eines Vermächtnisses (§ 2288 Abs. 1 u. 2 Satz 1) auf bindend gewordenen wechselbezüglichen Verfügungen in gemeinschaftlichen Testamenten **entsprechend an.** Wählen daher die Eheleute die Form des eigenhändigen gemeinschaftlichen Testamentes (§§ 2267, 2247), so können sie für die Zeit nach dem Tod eines von ihnen und – sofern der Überlebende die Erbschaft annimmt – bezüglich dessen eigenen wechselbezüglichen Verfügungen ohne den Zwang und die Kosten der notariellen Beurkundung eine den vertraglichen Verfügungen im Erbvertrag ähnliche Bindungswirkung erzielen.

21 • Das gemeinschaftliche Testament braucht keine wechselbezüglichen Verfügungen i. S. des § 2270 Abs. 1 zu enthalten. Beide Ehegatten können daher völlig unabhängig voneinander testieren, wenn sie nur einen gemeinsamen Testamentserrichtungswillen haben und dieser andeutungsweise aus der oder den Testamentsurkunden hervorgeht. Beim Erbvertrag muss dagegen nach der h. M. mindestens eine Verfügung vertragsmäßig sein **(Verbot des Totalvorbehalts).**

22 • Für die Errichtung eines gemeinschaftlichen Testaments genügt die ab dem 16. Lebensalter erlangte Testierfähigkeit (§§ 2229, 2230), während der Abschluss eines Erbvertrages vom Erblasser mit Ausnahme des Sonderfalles gem. § 2275 Abs. 2, 3 unbeschränkte Geschäftsfähigkeit verlangt (§ 2275).

23 • Das gemeinschaftliche Testament kann zu Lebzeiten beider Ehegatten auch einseitig von ihnen widerrufen werden, allerdings nicht heimlich, sondern gem. §§ 2271 Abs. 1, 2296 nur durch Zustellung einer Ausfertigung (beglaubigte Abschrift genügt nicht!) der zwingend notariell zu beurkundenden **Widerrufserklärung.** Diese Widerrufsmöglichkeit verhindert das „Überfahrenwerden" durch den anderen Ehepartner, denn bis zum Tode eines von ihnen kann der andere immer noch etwaiger besserer Einsicht folgen.[45]

24 • Beim gemeinschaftlichen Testament ist die Form des Nottestaments (§§ 2249 ff.) zugelassen, ja sogar erleichtert (§ 2266), während sie beim Erbvertrag ausgeschlossen ist.

---

[43] Staudinger/Kanzleiter Vorbem. zu §§ 2265 ff. Rn 24.

[44] RGZ 132, 4; BGH DNotZ 1951, 344; BGH DNotZ 1965, 357; BGHZ 37, 331, 333; BGH FamRZ 1960, 145; BGH FamRZ 1970, 79, 80; BGHZ 82, 274; Peter BWNotZ 1977, 113; Speth NJW 1985, 463.

[45] John, Grdzge d. ErbR, 1981, Rn 159.

• Das gemeinschaftliche Testament muss als eigenhändiges Testament von einem Ehegatten handgeschrieben und unterschrieben werden, braucht jedoch vom anderen Ehegatten nur mitunterschrieben zu werden (Formerleichterung) (§§ 2266, 2267). 25

Nachteile:[46]

• Das gemeinschaftliche Testament kann zu Lebzeiten beider Ehegatten auch bezüglich der wechselbezüglichen Verfügungen einseitig widerrufen werden, allerdings nicht heimlich, sondern in erschwerter Form (§ 2271 Abs. 1), nach dem Tod eines der Ehegatten durch den Überlebenden nur dann, wenn er die Erbschaft ausschlägt (§ 2271 Abs. 2 Satz 1). Beim gemeinschaftlichen Testament kann zwingend auf diese Widerrufsmöglichkeiten nicht verzichtet werden, während sie beim gemeinschaftlichen Ehegattenerbvertrag gemäß § 2298 Abs. 3 abbedungen werden können.[47] Das gemeinschaftliche Testament bietet daher keinen völligen Schutz gegen das Abwandern von Familienvermögen im Erbgang. 26

• Andererseits kann aber auch die erschwerte Form des Widerrufs wechselbezüglicher Verfügungen zu Lebzeiten beider Ehegatten (§ 2271 Abs. 1) und die endgültige Bindung des längerlebenden Ehegatten an seine Schlusserbeneinsetzung (§ 2271 Abs. 2) besonders bei jungen Eheleuten ein Nachteil sein. Vor allem, weil sie sich beim eigenhändigen gemeinschaftlichen Testament (ohne Beratung) oft überhaupt nicht bewusst sind, dass damit eine Bindungswirkung erzielt wird, die nur durch eine notarielle Urkunde beseitigt werden kann. Deshalb sollte man bei jungen Eheleuten die strikte Bindung des längerlebenden Ehegatten vermeiden und stattdessen die Abkömmlinge nur vorsorglich, d.h. durch einseitige Verfügung, als Schlusserben einsetzen oder dem Längstlebenden zumindest eine beschränkte Änderungsbefugnis (Freistellungsklausel) einräumen. 27

• Ein gemeinschaftliches Testament kann nur von Ehegatten (nicht von Verlobten!) errichtet werden (§ 2265), während ein Erbvertrag mit jedem geschlossen werden kann, weshalb er sich für Verlobte und Partner einer nichtehelichen Lebensgemeinschaft eignet. 28

• Beim gemeinschaftlichen Testament müssen beide Ehegatten letztwillige Verfügungen treffen, während dies beim Erbvertrag nur der Erblasser tun muss.[48] 29

• Das gemeinschaftliche notarielle Testament muss zwingend in die besondere amtliche Verwahrung gebracht werden (§ 34 Abs. 1 BeurkG), während beim Erbvertrag von den Vertragsschließenden darauf verzichtet werden kann (§ 34 Abs. 2 BeurkG).[49] 30

• Beim gemeinschaftlichen Testament können nur wechselbezügliche Verfügungen **nach dem Tod des Erstversterbenden Bindungswirkung** erlangen. Dabei kommt es wegen der Auslegungsregel des § 2270 Abs. 2 im Einzelfall oft zum Streit, ob Wechselbezüglichkeit vorliegt.[50] Beim Erbvertrag ist die Bindung des Erblassers an vertragsmäßige Verfügung demgegenüber einfacher und übersichtlicher gestaltet (§§ 2278, 2289).[51] Wegen der schwer verständlichen gesetzlichen Regelung sollten in öffentlichen gemeinschaftlichen Testamenten daher Hinweise auf die Widerrufsmöglichkeiten zu Lebzeiten und nach dem Tod des Erstversterbenden aufgenommen werden.[52] 31

• Wie auch die vertragsmäßigen Verfügungen beim Erbvertrag unterliegen die wechselbezüglichen Verfügungen in gemeinschaftlichen Testamenten der Anfechtung durch den überlebenden Ehegatten bzw. Dritter gem. den §§ 2078 ff. einschließlich des fast immer konstruierbaren Motivirrtums.[53] Der Erblasser kann allerdings nach der h.M. in 32

[46] Zu Gefahren des gemeinschaftlichen Testaments: J. Mayer in Reimann/Bengel/J. Mayer, Vorbem. zu §§ 2265 ff., Rn 44 ff.

[47] Staudinger/Kanzleiter Vorbem. zu §§ 2265 ff. Rn 30.

[48] Staudinger/Kanzleiter Vorbem. zu §§ 2265 ff. Rn 29.

[49] Siehe jedoch unten Rn 43 zur Zweckmäßigkeit der Verwahrung und der einmaligen Verwahrungsgebühr.

[50] Bengel DNotZ 1977, 5.

[51] Staudinger/Kanzleiter Vorbem. zu §§ 2265 ff. Rn 26.

[52] Staudinger/Kanzleiter Vorbem. zu §§ 2265 ff. Rn 34.

[53] Palandt/Edenhofer § 2271 Rn 28.

der Verfügung im Voraus auf das **Anfechtungsrecht verzichten** (arg. §§ 2078 Abs. 1, 2079 Satz 2).

33 • Wie beim Erbvertrag so ist auch beim gemeinschaftlichen Testament der Bedachte gegen lebzeitige Zweitverfügungen nur insoweit geschützt, als er ihn benachteiligende Schenkungen, für die der Erblasser kein „lebzeitiges Eigeninteresse" hatte, nach dem Erbfall vom Beschenkten herausverlangen kann (§§ 2287, 2288 entspr.). Gegen solche beeinträchtigende Zweitverfügungen kann allerdings zusätzlich eine schuldrechtliche Verfügungsbeschränkung mit Übertragungsverpflichtung bei Verstoß und gegebenenfalls Bestellung einer Auflassungsvormerkung durch Vertrag unter Lebenden zwischen dem Erblasser und dem Bedachten vereinbart werden (sanktionierter Verfügungsunterlassungsvertrag).

34 • Beim gemeinschaftlichen Testament tritt der Schutz des Schlusserben vor dem Erblasser in Beeinträchtigungsabsicht gemachten Schenkungen durch entsprechende Anwendung der §§ 2287, 2288 Abs. 2 Satz 2 und Beeinträchtigungen, Veräußerung und Belastung eines Vermächtnisses (§ 2288 Abs. 1 u. 2 Satz 1) erst ein, wenn die betreffende Verfügung bindend geworden ist, d.h. erst nach dem Tod des Erstversterbenden, der seinerseits überhaupt nicht davor geschützt ist,[54] während dies beim Erbvertrag bereits ab Vertragsschluss der Fall ist.

35 Dem kann jedoch dadurch begegnet werden, dass man die Verfügungen des Längstlebenden durch böswillige Schenkungen auflösend bedingt oder freistellt:

Formulierungsvorschlag:

Wir, die Eheleute X, setzen uns gegenseitig zu Alleinerben ein. Erbe des Längstlebenden von uns sollen unsere gemeinschaftlichen Abkömmlinge unter sich nach der gesetzlichen Erbregel erster Ordnung sein. Der Überlebende von uns ist an seine Verfügungen auf seinen Tod jedoch nicht mehr gebunden, wenn der Erstversterbende ohne sein schriftliches Einverständnis über seine eigenen Grundstücke unter Lebenden Verfügungen oder Verpflichtungen hierzu vorgenommen hat.

c) **Ehegattenerbvertrag (§ 2280)**

36 **Vorteile:**[55]

• Der Erbvertrag kann nicht nur wie das gemeinschaftliche Testament zwischen Eheleuten errichtet werden, sondern zwischen beliebigen Personen, insbesondere auch zwischen Verlobten und nichtehelich Zusammenlebenden.

37 • Beim Erbvertrag braucht nur der Erblasser Verfügungen von Todes wegen zu treffen, der andere Vertragsschließende nicht. Dagegen müssen beim gemeinschaftlichen Testament beide Eheleute letztwillige Verfügungen treffen.[56]

38 • Hinsichtlich vertragsmäßiger Verfügungen ist der Erblasser grundsätzlich auch schon zu Lebzeiten seines Vertragspartners gebunden und kann von ihnen, sofern sie nicht durch Vorversterben, Zuwendungsverzicht, Erbunwürdigkeit oder Ausschlagung des Bedachten gegenstandslos werden, nur durch Anfechtung (§§ 2281 ff., 2078 ff.), vorbehaltenen Rücktritt (§ 2293) oder gesetzlichen Rücktritt in besonders schwerwiegenden Fällen auf Grund eng begrenzter Voraussetzungen (§§ 2294 ff.) einseitig frei werden, während die **Bindungswirkung beim gemeinschaftlichen Ehegattentestament frühestens nach dem Tod eines Ehepartners** einsetzt.[57] Der Ehegattenvertrag eignet sich daher besser als das gemeinschaftliche Testament als Instrument entgeltlicher Vertragsgestaltung

---

[54] BGHZ 87, 19, 23 = NJW 1983, 1487.

[55] Zu Vorteilen des Erbvertrags: J. Mayer in Reimann/Bengel/J. Mayer, Vorbem. zu §§ 2265 ff., Rn 34.

[56] Staudinger/Kanzleiter Vorbem. zu §§ 2265 ff. Rn 30.

[57] Speth NJW 1985, 463, 464.

zwischen den Ehegatten.[58] Durch Vereinbarung eines Rücktrittsrechts (§ 2293) kann allerdings eine Widerruflichkeit des Erbvertrages herbeigeführt werden und er dadurch den zwingenden Regelungen des gemeinschaftlichen Testaments angeglichen werden, während dies umgekehrt nicht möglich ist.[59] Das **Verbot des Totalvorbehalts** hindert dabei jedoch die Vereinbarung einer voraussetzungslosen Abänderungsmöglichkeit bezüglich aller vertragsmäßigen Verfügungen, während der Vorbehalt des Rücktritts vom gesamten Erbvertrag ohne weiteres möglich bleibt.

• Beim Erbvertrag tritt der Schutz des anderen Ehegatten und des Schlusserben vor vom Erblasser in Beeinträchtigungsabsicht gemachter Schenkung gem. §§ 2287, 2288 Abs. 1 Satz 2 und tatsächliche Beeinträchtigungen, Veräußerung und Belastung eines Vermächtnisses (§ 2288 Abs. 1 u. 2 Satz 1) bereits mit Vertragsschluss ein, beim gemeinschaftlichen Testament erst ab dem Tod des Erstversterbenden. 39

• Beim Erbvertrag sind vertragliche Verfügungen mit Bindungswirkung möglich, ohne dass sie mit denen des Vertragspartners wechselbezüglich sein müssen,[60] während beim gemeinschaftlichen Testament gem. § 2271 Abs. 1 nur wechselbezügliche Verfügungen ab dem Tod des Erstversterbenden bindend werden können. Andererseits können beim gemeinschaftlichen Erbvertrag im Gegensatz zum gemeinschaftlichen Testament die Verfügungen so voneinander abhängig gemacht werden, dass die Wirkungen ihrer Wechselbezüglichkeit in allen Fällen der Unwirksamkeit, d.h. z.B. auch bei nachträglicher Gegenstandslosigkeit, eintreten. 40

• Beim gemeinschaftlichen Erbvertrag kann der überlebende Ehegatte sich zwar auch nach § 2298 Abs. 2 Satz 3 durch Ausschlagung des ihm Zugewendeten von seinen bindend gewordenen eigenen Verfügung von Todes wegen lösen, dies kann aber im Gegensatz zum gemeinschaftlichen Testament gemäß § 2298 Abs. 3 abbedungen werden. 41

• Während vertragsmäßige Verfügungen in gegenseitigen Ehegattenerbverträgen nach den allgemeinen Regeln über die Vertragsauslegung (§§ 133, 157) auszulegen sind, d.h. nach der objektiven Erklärungsbedeutung ihres Wortlauts, sind wechselbezügliche Verfügungen in gemeinschaftlichen Testamenten nach dem subjektiven gemeinsamen Willen beider Ehegatten auszulegen. Damit sind die Ergebnisse der Auslegung beim Ehegattenerbvertrag vorhersehbarer. 42

• Da das notarielle gemeinschaftliche Testament zwingend in die besondere amtliche Verwahrung verbracht werden muss, der Erbvertrag jedoch nicht (§ 34 BeurkG), entfällt beim Erbvertrag die 1/4-Gebühr gem. § 101 KostO für die Hinterlegung und er ist daher insoweit billiger als ein gleichlautendes notariell beurkundetes gemeinschaftliches Testament.[61] 43

• Wird der Erbvertrag gleichzeitig mit einem Ehevertrag beurkundet, fällt dafür die doppelte Gebühr nur einmal aus dem Vertragsteil mit dem höchsten Geschäftswert an (§ 46 Abs. 3 KostO).[62] 44

Nachteile:[63]

• Wie beim gemeinschaftlichen Testament unterliegt auch der Erbvertrag der Selbst- und Drittanfechtung gem. §§ 2078 ff. einschließlich des Motivirrtums (§§ 2281 ff.), je- 45

---

[58] Meincke DStR 1981, 523, 528.

[59] Staudinger/Kanzleiter Vorbem. zu §§ 2265 ff. Rn 31.

[60] Bei einer einseitigen Bindungswirkung ist eine besondere Belehrungspflicht des Notars gegeben, § 17 Abs. 1 BeurkG.

[61] Die mögliche Ersparnis der einmaligen 1/4-Verwahrungsgebühr bei Gericht sollte kein sachlicher Grund für das gemeinschaftliche Testament sein: Die gerichtliche Verwahrung sichert die sichere und dauerhafte Verwahrung der letztwilligen Verfügung; Staudinger/Kanzleiter Vorbem. zu §§ 2265 ff. Rn 33. Richtigerweise werden daher zunehmend auch Erbverträge gemäß der gesetzlichen Regel des § 34 Abs. 2 Halbs. 1, Abs. 1 BeurkG in die amtliche gerichtliche Verwahrung gegeben.

[62] Speth NJW 1985, 463, 464.

[63] Zu Nachteilen des Erbvertrags: J. Mayer in Reimann/Bengel/J. Mayer, Vorbem. zu §§ 2265 ff., Rn 35.

doch mit der Möglichkeit des vorherigen Verzichts auf das Anfechtungsrecht durch den Erblasser, und der Bedachte ist gegen beeinträchtigende Zweitverfügungen unter Lebenden und tatsächliche Beeinträchtigungen von Vermächtnissen gem. §§ 2287, 2288 nur geschützt, wenn es sich um Schenkungen mit der Absicht der Benachteiligung des Bedachten, d.h. ohne ein **„lebzeitiges Eigeninteresse"** des Erblassers handelt.

46 • Die gesetzlichen Rücktrittsrechte von vertragsmäßigen Verfügungen gem. §§ 2294, 2295 können nicht abbedungen werden.

47 • Der frühere Unterschied, dass ein gemeinschaftliches Testament aus der amtlichen Verwahrung zurückgenommen und vernichtet werden konnte, während das bei einem Erbvertrag ausgeschlossen war, wurde durch die Neuregelung des § 2300 Abs. 2 beseitigt.[64] Der Erblasser kann daher auch die Inhalte eines Erbvertrags für Dritte, z.B. darin früher enterbte Abkömmlinge, nicht mehr erkennbar machen, wie dies beim gemeinschaftlichen Testament schon seit jeher der Fall war.

48 • Nach der h.M. muss in einem Erbvertrag **mindestens eine Verfügung** vertragsmäßig und damit bindend sein, da sonst der Erbvertrag seines eigentlichen Wesens entkleidet wird (**Verbot des Totalvorbehalts**). Dagegen braucht ein gemeinschaftliches Testament keine wechselbezüglichen Verfügungen zu enthalten.

d) Verfügungen unter Lebenden auf den Tod

49 **Vorteile:** Nur bei dieser Gestaltungsmöglichkeit hat der Bedachte bereits zu Lebzeiten des Schenkers ein gesichertes **Anwartschaftsrecht** auf Erwerb des Zuwendungsgegenstandes beim Tod des Schenkers. Durch solche Verträge können die Beteiligten, insbesondere wenn der Bedachte seinerseits Leistungen erbracht hat, ihre Interessen wesentlich besser wahrnehmen als durch den Abschluss von Erbverträgen.[65]

50 **Nachteile:** Diese könnten in der Bindung des Schenkers zu Lebzeiten gesehen werden, die jedoch durch einen Rücktrittsvorbehalt unter genau umrissenen Voraussetzungen gemildert werden kann.

III. Materiell-rechtliche Gestaltungsmöglichkeiten

51 Wollen Eheleute nicht völlig unabhängig voneinander testieren, betrachten sie vielmehr ihr beiderseitiges Vermögen als wirtschaftliche Einheit und wollen es sich zunächst gegenseitig mehr oder weniger zur Verfügung stellen und nach dem Tod des Längstlebenden einem oder mehreren Dritten als rechtliche Einheit zuwenden, bieten sich ihnen für gemeinschaftliche Verfügungen von Todes wegen (gemeinschaftliches Testament oder Ehegattenerbvertrag) hauptsächlich folgende Gestaltungsmöglichkeiten:

1. Alleinige gegenseitige Vollerbeinsetzung

52 Die Ehegatten können sich in einem gemeinschaftlichen Testament oder einem Erbvertrag gegenseitig zu unbeschränkten Erben (Vollerben) einsetzen, ohne eine Bestimmung darüber zu treffen, wer Erbe des Letztversterbenden werden soll. Es ist dann ganz in das Ermessen des Längstlebenden gestellt, was er mit dem Familienvermögen anfängt und wen er zu seinem Erben beruft. Die Wahl dieser Lösung sollte im Testament allerdings ausdrücklich getroffen werden, etwa durch die Sätze:

> „Auf Ableben des Längstlebenden von uns wollen wir keine Verfügungen treffen"
> oder
> „Der Längstlebende von uns soll frei und ungebunden unter Lebenden und von Todes wegen über unser beiderseitiges Vermögen verfügen können".

[64] OLG-VertrÄndG v. 23. 7. 2002, BGBl. I 2850; Staudinger/Kanzleiter Vorbem. zu §§ 2265 ff Rn 33; Weihrich DNotZ 1997, 4.

[65] Johannsen DNotZ 1977, Sonderheft „75 Jahre DNotZ", S. 69, 98.

Sonst kann, insbesondere beim Vorhandensein gemeinschaftlicher Abkömmlinge, die Auslegung doch zu einer Schlusserbeinsetzung kommen. Die bloße gegenseitige Vollerbeinsetzung können die Eheleute nur wählen, wenn ein gutes Einvernehmen nicht nur zwischen ihnen, sondern innerhalb der gesamten Familie besteht (**Pflichtteilsansprüche der Kinder!**) und beide Ehegatten den Willen und das erforderliche Selbstvertrauen besitzen, als Längstlebende selbständig zu bestimmen, wie das Familienvermögen verteilt werden soll.[66]

Überall, wo diese Voraussetzungen nicht erfüllt sind, erscheint es ratsam, den **Kindern oder anderen Dritten gewisse Rechte am Nachlass beider Ehegatten einzuräumen.** Hierbei ergeben sich nachfolgende Wege. 53

2. Einheitslösung (Vollerbschaft des Überlebenden nebst Schlusserbfolge) = Berliner Testament (§ 2269)

Die Einheitslösung kann sowohl in einem gemeinschaftlichen **„Berliner Testament"** (§ 2269) erfolgen als auch in einem Ehegattenerbvertrag (§ 2280) als sog. **„unumstößliches Berliner Testament"**. 54

a) Regelungen auf den ersten und zweiten Erbfall

Sehen die Ehegatten ihr beiderseitiges Vermögen als wirtschaftliche Einheit und wollen sie 55

- die Trennung der beiden Vermögensmassen beim Tod des Überlebenden von ihnen ausschließen, sie vielmehr dann einem oder mehreren Dritten (z. B. ihren Abkömmlingen) zukommen lassen, wollen sie ferner
- eine verschiedene Rechtsstellung des überlebenden Ehegatten zu den beiden ursprünglichen Teilen des Gesamtvermögens während seiner Lebenszeit, wie bei der Vor- und Nacherbschaft, verhindern und
- haben sie so viel Vertrauen zueinander, dass sie es nicht für nötig halten, zur Erhaltung des Nachlasses für den oder die Drittbedachten eine ausdrückliche Beschränkung der Verfügungsgewalt des Überlebenden wie bei der Vor- und Nacherbschaft anzuordnen,

wollen sie vielmehr den Überlebenden möglichst unabhängig und von allen Bindungen zugunsten der späteren Erben freistellen, dann können sie sich gegenseitig zu unbeschränkten Vollerben einsetzen und den oder die Dritten (z. B. ihre Abkömmlinge) zu Erben des Überlebenden (**sog. Schlusserben**), hinsichtlich dessen Nachlass, in dem sich sein ursprünglich eigenes und das vom Erstverstorbenen ererbte Vermögen zu einer Einheit verschmolzen haben.[67]

Formulierungsvorschlag:

§ 1 Erster Erbfall

(1) Wir die Eheleute A und A, geb. B, setzen uns hiermit gegenseitig zu alleinigen und ausschließlichen Vollerben ein. Eine Nacherbfolge findet nicht statt.

(2) Schlägt der Längstlebende die Erbschaft aus, so ist er nicht als gesetzlicher Miterbe berufen.

§ 2 Zweiter Erbfall

Schlusserben auf den Tod des Überlebenden von uns und Erben von uns beiden im Falle unseres gleichzeitigen Versterbens sind unsere gemeinschaftlichen Abkömmlinge, einschließlich adoptierter, unter sich nach den Regeln der gesetzlichen Erbfolge erster Ordnung zum Zeitpunkt des zweiten Erbfalls.

---

[66] Raitz von Frentz DNotZ 1962, 635.

[67] RGZ 79, 277; RGZ 113, 234, 240; BayObLGZ 1966, 408, 417 = NJW 1967, 1136.

§ 3 Bindung
Sämtliche Bestimmungen dieses Testaments sind soweit gesetzlich zulässig wechselbezüglich und können daher vom Überlebenden von uns nach Annahme der Erbschaft nicht mehr widerrufen werden.

56 Diese sog. Einheitslösung (**sog. Berliner Testament**) ist nach der Auslegungsregel des § 2269 Abs. 1 „im Zweifel" anzunehmen, wenn die Eheleute sich in einem gemeinschaftlichen Testament oder Ehegattenerbvertrag gegenseitig als Erben eingesetzt haben und bestimmten, dass nach dem Tod des Überlebenden der beiderseitige Nachlass an einen Dritten fallen soll (**sog. Berliner Testament**).[68] Voraussetzungen für die Anwendbarkeit der Auslegungsregel des § 2269 Abs. 1 sind somit:
- Wirksames gemeinschaftliches Testament,
- gegenseitige Erbeinsetzung der Ehegatten,
- Schlusserbeneinsetzung eines Dritten sowie
- Verfügung über den beiderseitigen Nachlass.

57 Wenn die Eheleute in einem gemeinschaftlichen Testament ein **Vermächtnis** angeordnet haben, das nach dem Tod des Überlebenden erfüllt werden soll, ist gem. § 2269 Abs. 2 im Zweifel anzunehmen, dass das Vermächtnis dem Bedachten erst mit dem Tod des Überlebenden als dessen Vermächtnis und aus seinem Nachlass anfallen soll,[69] sodass der Vermächtnisnehmer den zweiten Erbfall erlebt haben muss (§ 2160).

58 Die Auslegungsregeln des § 2269 gelten nur **„im Zweifel"**, d.h. wenn sich aus dem Testament nicht ein entgegenstehender Wille der Erblasser ergibt und wobei grundsätzlich der Wille beider Ehegatten maßgeblich ist.[70] Die Auslegungsregel des § 2269 gilt auch, wenn die Verfügungen der Eheleute nicht in dem Verhältnis der Wechselbezüglichkeit zueinander stehen,[71] wenn auch die Vermutung des § 2270 Abs. 2 häufig dafür sprechen wird. § 2269 ist nur auf gemeinschaftliche Testamente und gem. § 2280 auf Ehegattenerbverträge anwendbar, nicht auf Einzeltestamente.[72] Auslegungskriterien dafür, ob die Einheitslösung oder die Trennungslösung (= Vor- und Nacherbfolge nach dem Erstverstehenden und Erbeinsetzung des Nacherben auf Ableben des Längstlebenden) vorliegt, können nach der Rechtsprechung sein: Vor allem bei eigenhändigen Testamenten kann die Einheitslösung gegeben sein, obwohl die Bezeichnung „Vor- und Nacherbe" verwandt wurde.[73] Dies kann aber ausnahmsweise auch bei einem notariellen Testament der Fall sein.[74] Aus den im Testament verwendeten Rechtsbegriffen kann deshalb zur Beantwortung der Frage, ob die Eheleute die Einheitslösung wünschten, grundsätzlich nichts Endgültiges entnommen werden, und zwar auch nicht, wenn es sich um ein notarielles Testament handelt.[75] Auf jeden Fall kommt es nicht darauf an, wie der Notar eine gewählte Formulierung im Testament verstanden hat, sondern wie sie von den Erblassern aufgefasst und gemeint wurden.[76] Bei der Auslegung können nachträgliche Erklärungen des überlebenden Ehegatten nur mit großer Vorsicht verwertet werden.[77] Der „Alleinerbe" (Gegensatz: Miterbe) ist nicht dasselbe wie der „Vollerbe" (Gegensatz:

[68] BGHZ 22, 366.
[69] Fall im BGH NJW 1983, 277 = JZ 1983, 147 m. Anm. Stürner.
[70] BGH LM § 242 Nr. 7.
[71] Staudinger/Kanzleiter § 2269 Rn 26.
[72] MünchKomm/Musielak, § 2269 Rn 7.
[73] OLG Karlsruhe OLGZ 1969, 495; OLG Frankfurt OLGZ 1972, 122, BGH NJW 1983, 277 = JZ 1983, 147 m. Anm. Stürner; BayObLG Rpfleger 1983, 402; BayObLGZ 1966, 408, 419.
[74] BGH LM § 2100 Nr. 1.
[75] MünchKomm/Musielak, § 2269 Rn 18.
[76] BGH LM § 2100 Nr. 1; KG Rpfleger 1987, 110.
[77] BayObLGZ 66, 49; OLG Karlsruhe OLGZ 69, 497.

Vorerbe). Die Berufung des überlebenden Ehegatten zum „Alleinerben" schließt daher die Annahme von Vor- und Nacherbfolge nicht aus.[78] Vor- und Nacherbschaft ist in der Regel anzunehmen, wenn beim Tod des Längstlebenden das Auseinanderfallen des Vermögens in seine ursprünglichen Bestandteile gewollt war, so beispielsweise, wenn jeweils die eigenen Verwandten Erben der jeweiligen Nachlässe auf Ableben des Längstlebenden werden sollen.[79] **Vermögenslosigkeit eines Ehegatten** kann erst dann als Hinweis auf Vor- und Nacherbfolge angesehen werden, wenn anzunehmen ist, dass der vermögende Ehegatte darauf Wert legt, dass die Substanz seines Vermögens unvermindert auf den Drittbenannten übergehen und der weniger vermögende Gatte daher in der Verfügung beschränkt werden soll.[80] Wird im Testament bestimmt, dass der überlebende Ehegatte den Nachlass nur gemeinsam mit einem Dritten verwalten soll, so deutet dies auf eine Vor- und Nacherbschaft hin,[81] desgleichen, wenn dem Überlebenden nur das Recht eingeräumt ist, über den Ertrag des Nachlasses frei zu verfügen, er jedoch nicht die Substanz angreifen darf.[82]

Erbeinsetzung eines Dritten für den Fall **gleichzeitigen Versterbens** der Ehegatten bedeutet nicht, dass er gem. § 2269 auch Schlusserbe ist,[83] es sei denn, dass ganz besondere Umstände des Einzelfalles vorliegen.[84] Dabei gilt die Voraussetzung des „gleichzeitigen" Versterbens auch als erfüllt, wenn die beiden Todesfälle die Folge desselben äußeren Ereignisses (z. B. eines Unfalles) sind und der zunächst überlebende Ehegatte deshalb bis zu seinem Tod der Willensbildung und -äußerung nicht mehr fähig war.[85] Dagegen ist die Einsetzung für den Fall des „gemeinsamen Todes" nicht eindeutig und unterliegt daher der individuellen Auslegung,[86] wobei bei Vorliegen ausreichender Anhaltspunkte darin auch die Einsetzung der so Bedachten als Schlusserben gefunden werden kann.[87] Die Einsetzung einer Wiederverehelichungsklausel steht einer Auslegung zu Gunsten der Einheitslösung grundsätzlich nicht entgegen,[88] wobei allerdings der Überlebende nur auflösend bedingter Vollerbe und zugleich aufschiebend bedingter Vorerbe mit allen Beschränkungen eines Vorerben wird.[89]

Beim gemeinschaftlichen Testament ergibt sich beim Tode des Erstversterbenden, dass 59
von der gegenseitigen Erbeinsetzung nur dessen Verfügungen zugunsten des Überlebenden wirksam werden, während die des Überlebenden zugunsten des Verstorbenen nach § 1923 Abs. 1 unwirksam sind. Fällt der Längstlebende vor oder nach dem Erbfall des Erstversterbenden i. S. des § 2096 weg, schlägt er z. B. die Erbschaft aus, sind nach einer verbreiteten Meinung, obwohl eine dem § 2102 Abs. 1 entsprechende Vorschrift fehlt, im Wege der ergänzenden Auslegung die Schlusserben als Ersatzerben anzusehen,[90] notfalls

[78] OLG Köln HEZ 3, 36; BayObLGZ 1966, 49, 53 = NJW 1966, 1223; J. Mayer in Reimann/Bengel/J. Mayer, § 2269 Rn 33.
[79] RGZ 79, 277.
[80] BayObLGZ 1966, 49, 63 = NJW 1966, 1223; BGH NJW 1983, 277, 278 = JZ 1983, 147 m. Anm. Stürner; J. Mayer, § 2269 Rn 35; MünchKomm/Musielak, § 2269 Rn 22.
[81] RGZ 60, 115.
[82] KG DFG 1936, 34; MünchKomm/Musielak, § 2269 Rn 21.
[83] KG FamRZ 1968, 217; KG FamRZ 1970, 148.
[84] BayObLGZ 79, 427, 432; BayObLGZ 81, 79, 86 ff.
[85] OLG Stuttgart OLGZ 1982, 311 = BWNotZ 1982, 124; KG FamRZ 1970, 148, 149.
[86] BayObLGZ 86, 426 = NJW-RR 1987, 263 = Rpfleger 1987, 69; OLG Karlsruhe OLGZ 1988, 24 = NJW-RR 1988, 9 = DNotZ 1988, 180.
[87] BayObLG FamRZ 1988, 879.
[88] BGH NJW 1983, 277, 278 = JZ 1983, 147 m. Anm. Stürner; MünchKomm/Musielak, § 2269 Rn 47.
[89] Seit RGZ 156, 172, 181; BGHZ 96, 198 = NJW 1988, 59, 60; MünchKomm/Musielak, § 2269 Rn 54.
[90] RGZ 60, 115/117; Staudinger/Kanzleiter § 2269 Rn 18; OLG Stuttgart DNotZ 1979, 615 = BWNotZ 1979, 11; Wintermantel BWNotZ 1993, 120; Nieder ZEV 1996, 241, 244.

tritt die gesetzliche Erbfolge ein. Es empfiehlt sich, eine ausdrückliche **Ersatzerbeinsetzung nach dem Erstversterbenden**, etwa mit den Worten:

> „Ersatzerben des Erstversterbenden sind die Schlusserben."
> oder
> „Abweichend von anderslautenden gesetzlichen Auslegungs-, Vermutungs- und Ergänzungsregelungen und anderen gesetzlichen Bestimmungen wird zum alleinigen und ausschließlichen Ersatzerben bestimmt."

60 Ferner entfällt beim Tode des Erstversterbenden seine Erbeinsetzung des Drittbedachten, da sie nur für den Fall erfolgte, dass er der Längstlebende ist. Der Drittbedachte erbt allein auf Grund der Verfügung des Längstlebenden als dessen (Ersatz-)Erbe.[91] Der Längstlebende unterliegt deshalb mit dem Ererbten auch keinerlei unmittelbaren Verfügungsbeschränkungen zu Gunsten des Schlusserben. Dieser ist nur schwach durch die entsprechende Anwendung[92] der §§ 2287, 2288 geschützt. Stirbt der eingesetzte Schlusserbe vor dem zweiten Erbfall, treten an seine Stelle gem. § 2069 seine Abkömmlinge, wenn sie gemeinsame Abkömmlinge beider Ehegatten sind. Der Rechtsgedanke des § 2069 (Bedenkung des Stammes des Erben) kann jedoch auch zu einem durch ergänzende Auslegung ermittelten Ersatzerben führen, so z.B. zu den nur einseitige Abkömmlinge des Erstversterbenden.[93] Auch insoweit empfiehlt es sich eine ausdrückliche Ersatzerbeinsetzung nach dem Schlusserben. Es ist auch zulässig, dass die Ehegatten in dem gemeinschaftlichen Testament oder dem Erbvertrag nur die Person des Schlusserben bestimmen, die Festlegung der Erbteile aber dem überlebenden Ehegatten überlassen. Das verstößt nicht gegen § 2065, da der überlebende Ehegatte dabei nur über seinen eigenen Nachlass verfügt.[94] Ferner können die Eheleute nach dem Schlusserben noch Nacherben einsetzen und ihn damit zum bloßen Vorerben machen.[95]

b) Der ungeregelte zweite Erbfall bei der Einheitslösung[96]

61 Ein Fall des § 2269 ist nicht gegeben, wenn die Ehegatten sich nur gegenseitig zu Erben einsetzen, **ohne zu bestimmen, an wen der Nachlass nach dem Tod des Überlebenden fallen soll.** Die Bestimmung, dass der beiderseitige Nachlass Dritten als Schlusserben zufallen soll, braucht jedoch nicht ausdrücklich im Testament enthalten zu sein, sondern kann **auch im Wege der Auslegung** aus dem gemeinsamen Willen der Eheleute ermittelt werden, insbesondere wenn gemeinschaftliche Abkömmlinge vorhanden sind.[97] Eine stillschweigende, sich hinter anderen Bestimmungen versteckende Schlusserbeneinsetzung der gemeinsamen Abkömmlinge kann z.B. aus einer **Pflichtteilsstrafklausel** entnommen werden, weil sie ohne Erbeinsetzung der Abkömmlinge auf Ableben des Längstlebenden wenig Abschreckungswirkung hätte.[98] Ergibt auch die Auslegung keine

---

[91] RGZ 60, 115, 117.

[92] BGHZ 82, 274; BGH NJW 1982, 43; BGH NJW 1976, 749; Palandt/Edenhofer § 2271 Rn 12.

[93] MünchKomm/Musielak, § 2269 Rn 43; Nieder ZEV 1996, 241, 243 f.

[94] Staudinger/Kanzleiter § 2269 Rn 36.

[95] BayObLG FamRZ 1986, 610.

[96] Siehe hierzu insb. J. Fischer, Die Pflichtteilsstrafklausel beim gemeinschaftlichen Testament bei Fehlen einer ausdrücklichen Schlusserbeneinsetzung der gemeinsamen Kinder, ZEV 2005, 189.

[97] BayObLGZ 1959, 199 = NJW 1959, 1969; BayObLGZ 1960, 216, 219; OLG Bremen ZEV 1994, 365; MünchKomm/Musielak, § 2269 Rn 14; Staudinger/Kanzleiter § 2269 Rn 24; J. Mayer in Reimann/Bengel/J. Mayer, § 2269 Rn 11 ff.

[98] BayObLGZ 1960, 216, 219; OLG Frankfurt ZEV 2002, 109/110 = FamRZ 2002, 352; OLG Saarbrücken NJW-RR 1994, 844; OLG München ZErb 2006, 203; dazu J. Mayer MittBayNot 2007, 19; a.M. OLG Hamm DNotZ 1951, 41 m. abl. Anm. Rohs; Staudinger/Kanzleiter § 2269 Rn 24.

Schlusserbeneinsetzung auf den Tod des Überlebenden, so ist ihm die Regelung seiner Erbfolge überlassen.[99] Macht er davon keinen Gebrauch, tritt die gesetzliche Erbfolge ein. Bei kinderlosen Eheleuten, die sich gegenseitig zu Alleinerben einsetzen, wird es als Amtspflicht des Notars angesehen, dass er sie auf die vom Zufall abhängige Erbfolge nach dem Längstlebenden hinweist, falls sie keine Verfügungen auf dessen Ableben treffen. Das Unterlassen einer Regelung auf Ableben des Längstlebenden bei gegenseitiger Erbeinsetzung von Ehegatten verbietet sich insbesondere auch im Hinblick auf die Möglichkeit des gleichzeitigen Versterbens durch Unfall.[100] Die Anordnung, dass nach dem Tod des Überlebenden es bei der gesetzlichen Erbfolge verbleiben soll, kann die Einsetzung der beiderseitigen gesetzlichen Erben als testamentarische Erben bedeuten, daneben aber auch die Freistellung des Überlebenden von der Bindung enthalten.[101]

c) Die Rechtsstellung der Ehegatten bei der Einheitslösung

Zu Lebzeiten beider Ehegatten: 62

• An Verfügungen unter Lebenden über ihr jeweils eigenes Vermögen sind die Eheleute durch das gemeinschaftliche Testament nicht gehindert, sodass weder der Ehepartner noch der Schlusserbe gegen Minderungen des Nachlasses zu Lebzeiten beider Ehegatten durch heimliche oder nicht gebilligte Schenkungen des anderen Ehegatten geschützt sind, und zwar auch dann nicht, wenn sie in Benachteiligungsabsicht i. S. der §§ 2287, 2288 erfolgten.[102] Die entsprechende Anwendung der §§ 2287, 2288 auf gemeinschaftliche Testamente beschränkt sich auf die Fälle, in denen die Verfügungen durch den Tod des Erstversterbenden bindend geworden sind.[103] Eine Sicherung dagegen kann nur durch einen zusätzlichen, durch eine bedingte Übertragungsverpflichtung sanktionierte Verfügungsunterlassungsvertrag zwischen den Eheleuten getroffen werden.[104] Bei Erbverträgen sind dagegen der andere Ehegatte und der Schlusserbe gem. §§ 2287, 2288 Abs. 2 Satz 2 bereits ab Vertragsschluss gegen in Beeinträchtigungsabsicht, d. h. ohne beachtenswertes „lebzeitiges Eigeninteresse" des Erblassers von ihm gemachte Schenkungen, durch einen dem Bedachten jedoch erst nach dem Tod des Erblassers zustehenden Bereicherungsanspruch gegen den Beschenkten gesichert.[105]

• Spätere Verfügungen von Todes wegen sind, soweit sie sog. wechselbezüglichen Verfügungen im gemeinschaftlichen Testament widersprechen, unwirksam (§ 2271 Abs. 1 Satz 2). Die Wechselbezüglichkeit der einzelnen Verfügungen steht im Belieben der Eheleute, was gegebenenfalls durch Auslegung festzustellen ist, und kann nur bezüglich Erbeinsetzungen, Vermächtnissen und Auflagen erfolgen. Versagt die Auslegung, greift die Auslegungsregel des § 2270 Abs. 2 ein. Der Umfang der Wechselbezüglichkeit der einzelnen Verfügungen kann durch entsprechende Freistellungsklauseln variiert werden. Eine einseitige Verfügung eines Ehegatten, die einer wechselbezüglichen widerspricht, ist trotzdem wirksam, wenn sie den anderen Ehegatten lediglich rechtlich besser stellt, selbst wenn sie zu Lasten weiterer wechselbezüglich Bedachter (etwa gemeinsamer Kinder) geht. Das gilt jedoch nicht beim Ehegattenerbvertrag.[106] Durch Zustellung einer Ausfertigung (nicht auch einer beglaubigten Abschrift) der seinen Widerruf beurkundenden notariellen Urkunde an den anderen Ehegatten kann der Erblasser zu Lebzeiten beider 63

[99] So im Fall OLG Saarbrücken NJW-RR 1992, 841 = Rpfleger 1992, 393.
[100] Ripfel BB 1961, 583.
[101] BayObLGZ 1965, 53, 57 = NJW 1965, 916.
[102] Speth NJW 1985, 43, 464; Liessem MittRhNotK 1988, 38.
[103] BGHZ 87, 19, 23 = NJW 1983, 1487 = WPM 1983, 411; Speth NJW 1985, 463, 464; oben Rn 820.
[104] BayObLG DNotZ 1979, 27, 29; Kohler DNotZ 1989, 339, 340; Buchholz Jura 1989, 393; Palandt/Edenhofer § 2286 Rn 2.
[105] Johannsen DNotZ Sonderheft 1975 „75 Jahre DNotZ", S. 69, 86; Speth NJW 1985, 463, 464.
[106] Buchholz Rpfleger 1990, 45, 46 u. 52 m. w. N.

Ehegatten jederzeit von der Bindung an wechselbezüglichen Verfügungen loskommen (§ 2271 Abs. 1 Satz 1).

64 Beim Erbvertrag sind nachträgliche Verfügungen von Todes wegen unwirksam, soweit sie das Recht des vertragsmäßig Bedachten beeinträchtigen (§ 2289 Abs. 1 Satz 2). Diese Bindungswirkung haben nur sog. **vertragsmäßige Verfügungen** (§ 2278 Abs. 1) und dies können nur **Erbeinsetzungen, Vermächtnisse und Auflagen** sein (§ 2278 Abs. 2). Auch beim Erbvertrag bestimmt sich, wie beim gemeinschaftlichen Testament, die Bindungswirkung allein nach dem Willen der Vertragsschließenden und der Erblasser kann sich hier Rücktritt und Änderungsbefugnis vorbehalten. Eine gesetzliche Rücktrittmöglichkeit hinsichtlich vertragsmäßiger Verfügungen ist beim Erbvertrag nur in sehr engen Grenzen gegeben (§§ 2294, 2295).

65 **Nach dem Tode eines Ehegatten:**

• Da der überlebende Ehegatte bei der Einheitslösung (**Berliner Testament**) Vollerbe des Verstorbenen wird, kann er in entsprechender Anwendung des § 2286 grundsätzlich über das vom Verstorbenen ererbte Vermögen genau so frei verfügen, wie über das ihm schon zuvor gehörende.[107] Während dies über den Teil seines Vermögens, der ihm schon zuvor gehörte, uneingeschränkt der Fall ist, darf er hinsichtlich des vom anderen Ehegatten ererbte Vermögen soweit die Bindung an die wechselbezüglichen Verfügungen zugunsten des Schlusserben geht, in entsprechender Anwendung der §§ 2287, 2288 Abs. 2 Satz 2 keine Schenkungen in Beeinträchtigungsabsicht, d.h. ohne beachtenswertes „lebzeitiges Eigeninteresse" vornehmen und darf auch kein gegen das bindend gewordenen gemeinschaftliche Testament verstoßendes lebzeitiges Zweitgeschäft vornehmen, das wegen besonderer Umstände mit den guten Sitten (§§ 138, 826) unvereinbar ist.[108]

66 • Beim Erbvertrag gilt dasselbe hinsichtlich sog. vertragsmäßiger Verfügungen und wobei die §§ 2286, 2288 Abs. 2 Satz 2 direkt anwendbar sind. Über sein eigenes Vermögen, d.h. alles was er nicht vom vorverstorbenen Ehegatten ererbt hat, kann der überlebende Ehegatte unter Lebenden frei verfügen. Diese Verfügungsbefugnis kann auch nicht im gemeinschaftlichen Testament oder dem Erbvertrag beschränkt werden (§ 137),[109] wohl aber in einem evtl. auch stillschweigend geschlossenen separaten schuldrechtlichen Verfügungsunterlassungsvertrag.[110]

67 • Durch den Tod des Erstversterbenden bindend gewordene wechselbezügliche Verfügungen kann beim gemeinschaftlichen Testament der Überlebende nicht mehr durch andere Verfügungen von Todes wegen abändern, es sei denn, er schlägt das ihm durch gemeinschaftliches Testament Zugewendete innerhalb der Ausschlagungsfrist aus (§ 2271 Abs. 2 Satz 1) (siehe hierzu jedoch oben § 11 Rn 69). Über die sonstigen Möglichkeiten der Beseitigung der Bindungswirkung durch den Überlebenden siehe oben § 11 Abschn. II. und III., Rn 50, 75. Beim Erbvertrag mit Rücktrittsvorbehalt gilt das Gleiche hinsichtlich vertragsmäßiger Verfügungen (§ 2298 Abs. 2 Satz 2).

68 • **Familienrechtliche Handlungen** wie Eheschließung, Annahme eines Kindes und Ehelichkeitserklärung sind dem gebundenen Erblasser nicht verwehrt, obwohl durch sie unter Umständen Pflichtteilsrechte Dritter begründet werden können und auf diese Weise der bindend Bedachte benachteiligt werden kann.[111] Hiergegen könnte der Verzicht des Erblassers auf die Anfechtung wegen übergangener Pflichtteilsberechtigter (§§ 2079, 2279, 2285) sowie eine bedingte Übertragungsverpflichtung an den Bedachten für den Fall, dass der Erblasser mit den neuen Pflichtteilsberechtigten keine Pflichtteilsverzichtsverträge zustande bringt, helfen.

---

[107] BGHZ 31, 13, 15; BGHZ 26, 274, 278; BGH WPM 1973, 680; MünchKomm/Musielak, § 2269 Rn 27.

[108] BGHZ 59, 343, 348 = NJW 1973, 240.

[109] J. Mayer in Reimann/Bengel/J. Mayer, § 2269 Rn 44.

[110] Palandt/Edenhofer § 2286 Rn 3; Buchholz Jura 1989, 393.

[111] Palandt/Edenhofer § 2286 Rn 2.

d) Die Rechtsstellung des Schlusserben bei der Einheitslösung

Vor dem ersten Erbfall besteht grundsätzlich keine schutzwürdige Rechtsposition des Schlusserben. Er hat wie jeder andere Testamentserbe vor dem Erbfall nur eine tatsächliche Erwerbsaussicht. 69

In der Zeit **zwischen den beiden Erbfällen** hat der Schlusserbe eine Anwartschaft (str.) (= Vorstufe zum Erwerb eines Rechts) auf die Erbschaft,[112] im Gegensatz zum Vermächtnisnehmer, bei dem der Erblasser den Vermächtnisgegenstand jederzeit aus seinem Vermögen ausscheiden kann (§ 2169 Abs. 1). Diese Anwartschaft berechtigt den Schlusserben zur Feststellungsklage, falls der überlebende Ehegatte entgegen § 2271 Abs. 2 letztwillig verfügt oder das Testament anficht.[113] Er kann jedoch über die Anwartschaft nicht verfügen[114] und sie ist auch nicht vererblich.[115] Die Anwartschaft des Bedachten unterliegt nicht der Zwangsvollstreckung und fällt auch nicht in seine Insolvenzmasse. Die Rechtsstellung des Schlusserben ist daher vor dem zweiten Erbfall praktisch wertlos[116] und kann auch nicht durch einstweilige Verfügung[117] oder Vormerkung[118] gesichert werden.

Beim **Erbvertrag** ist die Rechtsstellung des Bedachten vor dem Erbfall die gleiche wie die des Schlusserben beim gemeinschaftlichen Testament nach dem ersten Erbfall.[119] 70

Eine mittelbare Sicherung des Schlusserben ist jedoch möglich. Einmal können die Eheleute hinsichtlich eines oder einzelner Vermögensgegenstände lebzeitige Verfügungsunterlassungsverträge abschließen und diese Verpflichtungen können durch bei Grundstücken vormerkungsgesicherte Übereignungsverpflichtungen für den Fall vertrags- oder verpflichtungswidriger Verfügungen mittelbar gesichert werden.[120] Zum anderen kann der betreffende Vermögensgegenstand vom Erstversterbenden direkt dem Endbedachten zu Lasten des Überlebenden vermacht werden, aufschiebend bedingt durch einen Verstoß gegen die ebenfalls vermachte Unterlassungsverpflichtung und wobei dann bei Grundstücken wiederum, sofern dies mitvermacht ist, der bedingte Auflassungsanspruch nach dem ersten Erbfall durch Eintragung einer Vormerkung gesichert werden kann.[121] 71

e) Pflichtteilsansprüche bei der Einheitslösung (Pflichtteilsstrafklauseln)

aa) Pflichtteilsansprüche des überlebenden Ehegatten. Es ist fraglich, ob, wenn beim Berliner Testament der überlebende Ehegatte das vom Erstversterbenden Zugewendete ausschlägt, er den gesetzlichen Erbteil erhält und zugleich seine Testierfreiheit wieder erlangt. Es bringt dem überlebenden Ehegatten nämlich meist keinen Vorteil, wenn er gem. § 1948 Abs. 1 BGB nur das ihm testamentarisch Zugewandte ausschlägt, jedoch seinen gesetzlichen Ehegattenerbteil annehmen will, sofern durch seine Ausschlagung sich für ihn die gesetzliche Erbfolge nicht öffnet, weil der ausgeschlagene Erbteil einem ausdrücklich eingesetzten (§ 2096) oder vermuteten (§§ 2069, 2102 Abs. 1) Ersatzerben anfällt.[122] Dabei ist zu beachten, dass beim sog. Berliner Testament die Schlusserben im 72

---

[112] BGHZ 37, 319, 322 = NJW 1962, 1910, 1911 = LM § 2271 Nr. 13 m. Anm. Mattern; Mattern BWNotZ 1962, 229, 234; a. A. d. h. nur rechtlich begründete Aussicht: Staudinger/Kanzleiter § 2269 Rn 14; vermittelnd („terminologischer Streit"): J. Mayer in Reimann/Bengel/J. Mayer, § 2269 Rn 47.

[113] RG HRR 28 Nr. 843; BGHZ 37, 331 = NJW 1962, 1913.

[114] BGHZ 37, 319, 321; Blomeyer FamRZ 1974, 421.

[115] J. Mayer in Reimann/Bengel/J. Mayer, § 2269 Rn 47.

[116] Recker MittRhNotK 1978, 125, 126.

[117] KG OLGE 21, 363.

[118] BGHZ 12, 115.

[119] Palandt/Edenhofer § 2287 Rn 1.

[120] Buchholz Jura 1989, 393.

[121] Langenfeld NJW 1987, 1577, 1580; Buchholz Jura 1989, 393, 401; Formular in MünchVertrHdb/Nieder/Otto, Bd. 6/2, XVI. 28 § 4.

[122] Palandt/Edenhofer § 1948 Rn 2.

Zweifel **Ersatzerben** des Erstversterbenden sind.[123] Selbst wenn sich für den Überlebenden durch seine Ausschlagung die gesetzliche Ehegattenerbfolge öffnen würde, wird er dadurch nach der h. M.[124] von seiner Bindung an seine eigenen Verfügungen nur frei, wenn er auch den gesetzlichen Ehegattenerbteil ausschlägt, es sei denn, sein gesetzlicher Erbteil wäre erheblich kleiner als der ihm testamentarisch zugewendete. Dagegen kann er, sofern die Eheleute im gesetzlichen Güterstand leben (§ 1371 Abs. 3) oder ein Fall des §§ 2306 Abs. 1, 2307 Abs. 1 Satz 1 vorliegt, das ihm Zugewandte ausschlagen, um den kleinen Pflichtteil (§ 1371 Abs. 3 BGB) sowie den rechnerischen Zugewinnausgleich zu erhalten und seine eigene Testierfreiheit wieder zu erlangen (§ 2271 Abs. 2 Satz 1). Der Überlebende kann damit die gemeinschaftliche erbrechtliche Gestaltung zumindest teilweise durchkreuzen. Das Risiko, dass er sich dazu entschließt, ist gegeben, wenn er sich vom vermögenden Ehegatten nicht genügend bedacht fühlt oder als der Vermögendere seine Testierfreiheit wiedererlangen will.

73 **Abwehrmöglichkeit:** Mit dem gemeinschaftlichen Testament kann ein notariell zu beurkundender gegenseitiger Pflichtteilsverzicht der Eheleute (§§ 2346 Abs. 2, 2348) verbunden werden, der zweckmäßigerweise unter der aufschiebenden Bedingung erfolgt, dass die zugunsten des jeweiligen Verzichtenden getroffenen Verfügungen von Todes wegen nicht widerrufen werden.[125]

Formulierungsvorschlag:

Die Eheleute verzichten hiermit gegenseitig für sich und ihre Abkömmlinge auf ihre Pflichtteilsrechte einschließlich dem etwaigen Ausgleichungspflichtteil und einem Pflichtteilsergänzungsanspruch bei Ableben des anderen Ehegatten unter der Bedingung, dass der andere Ehegatte seine oben getroffenen Verfügungen nicht widerruft.

74 Bei geschiedenen oder in Scheidung lebenden Eheleuten ist bei Pflichtteilsverzichtsverträgen der § 1586b zu beachten.[126] Nach ihm ist der Unterhaltsanspruch eines geschiedenen Ehegatten nach dem Tod des unterhaltsverpflichteten anderen Ehegatten von dessen Erben bis zu dem Betrag weiter zu erfüllen, der dem fiktiven Pflichtteil des unterhaltsberechtigten Ehegatten entsprechen würde, wenn die Eheleute bis zum Erbfall noch verheiratet gewesen wären. Grundsätzlich umfasst ein allgemeiner Pflichtteilsverzicht eines Ehegatten diesen Anspruch mit;[127] im Hinblick auf Stimmen, die einen reinen Pflichtteilsverzichtsvertrag nicht für ausreichend halten, sondern einen ausdrücklichen Verzicht auf diese postmortale Unterhaltsforderung verlangen[128] kann in solchen Fällen der Pflichtteilsverzichtsvertrag wie folgt klarstellend ergänzt werden:[129]

„Klargestellt wird, dass der Verzicht der Eheleute auch umfasst den gegenseitigen Verzicht auf etwaige Unterhaltsansprüche in Höhe des Pflichtteils gegen die Erben des Erstversterbenden von ihnen gemäß § 1586b und § 1933 Satz 3 BGB im Fall der Scheidung ihrer Ehe."

---

[123] OLG Stuttgart DNotZ 1979, 615.

[124] KG NJW-RR 1991, 330; Palandt/Edenhofer § 2271 Rn 17; a. M. Tiedke FamRZ 1991, 1259.

[125] BGHZ 37, 219 = NJW 1962, 1910, 1912; BayObLGZ 1957, 292 = NJW 1958, 344; Muster hierzu in MünchVertrHdb/Nieder/Otto Bd. 6/2, XVIII.1 § 2.

[126] OLG Celle FamRZ 1987, 1038, 1039.

[127] Z. B. Dieckmann NJW 1980, 2777; ders., FamRZ 1992, 633; Langenfeld, Hdb. d. Eheverträge u. Scheidungsvereinbarungen, 3. Aufl., Rn 860.

[128] So Grziwotz FamRZ 1991, 1258; Frenz ZEV 1997, 450; Reul MittRhNotK 1997, 376.

[129] Siehe hierzu auch mit Gestaltungsvorschlägen Frenz ZEV 1997, 450, sowie Klingelhöffer ZEV 1999, 13, der Abfindungen durch eine Lebensversicherung vorschlägt.

Der **Pflichtteilsverzicht** kann auf bestimmte Vermögenswerte **gegenständlich beschränkt** werden.[130] Nach dem BGH[131] kann sogar in einem notariell beurkundeten gemeinschaftlichen Testament ein stillschweigend erklärter Pflichtteilsverzicht eines oder beider Ehegatten gesehen werden. 75

bb) Pflichtteilsansprüche der Abkömmlinge. Naheliegender als das Pflichtteilsverlangen des Überlebenden ist bei der Einheitslösung dasjenige der Abkömmlinge als Schlusserben. Die **pflichtteilsberechtigten Schlusserben** können nämlich **beim ersten Erbfall** den Pflichtteil aus dem Nachlass des erstversterbenden Ehegatten verlangen, ohne einen Erbteil ausschlagen zu müssen, da sie kein Erbrecht am Nachlass des Erstversterbenden haben. Trotzdem erhalten sie beim zweiten Erbfall ihren Erbteil aus dem Nachlass des Längstlebenden, einschließlich der darin enthaltenen Vermögenswerte des Erstversterbenden. Die anderen Schlusserben erhalten dagegen nur ihren Erbteil, dessen Wert durch die Entrichtung des Pflichtteils beim ersten Erbfall geschmälert ist.[132] Der Eintritt der auflösenden Bedingung (Wegfall der Schlusserbenstellung) kann auch noch nach dem Tod des überlebenden Ehegatten, nach Annahme der Schlusserbschaft und nach Verjährung des Pflichtteilsanspruchs herbeigeführt[133] werden. Trotz der Entscheidung des BVerfG, dass das Pflichtteilsrecht als grundsätzlich unentziehbare und bedarfsunabhängige wirtschaftliche Mindestbeteiligung der Kinder des Erblassers an dessen Nachlass der Erbrechtsgarantie des Art. 14 Abs. 1 Satz 1 i. V. m. Art. 6 Abs. 1 GG unterliegt,[134] dürften die gängigen Pflichtteilsstrafklauseln als Ausprägung der ebenfalls verfassungsrechtlich geschützten Testierfreiheit nicht der Gefahr einer Sittenwidrigkeit unterliegen.[135] 76

Abwehrmöglichkeiten: Die vollkommenste Sicherstellung des im gemeinschaftlichen Berliner Testament oder einem Erbvertrag mit dem gleichen Regelungsgehalt zum Ausdruck gebrachten gemeinschaftlichen Erblasserwillens gegen das Pflichtteilsverlangen der Schlusserben beim Tod des Erstversterbenden wird durch einen **Pflichtteilsverzichtsvertrag** zwischen den pflichtteilsberechtigten Abkömmlingen (Schlusserben) und dem Erblasser erreicht.[136] Dabei sollte der Pflichtteilsverzicht wiederum unter der aufschiebenden Bedingung erfolgen, dass die Schlusserbeneinsetzung des Verzichtenden beim Tod des Längstlebenden noch besteht. Meist wird dem Verzicht des gemeinschaftlichen Abkömmlings zugrunde liegen die Erwartung, dass Erbe nach dem Erstversterbenden dessen Ehegatte und damit der andere Elternteil des Verzichtenden ist; dies kann als – ggf. weitere – ausdrückliche Bedingung aufgenommen werden, so dessen Verzicht nur zugunsten des Ehegatten des Erblassers gelten soll; die diesen Gedanken enthaltende Regelung des § 2350 Abs. 2 ist nach h. M. nur auf den Erbverzicht, nicht auch auf den Pflichtteilsverzicht anwendbar.[137] Ist die Einheitslösung (§ 2269) in einem Erbvertrag (§ 2280) zwischen den Erblasser-Eltern und dem zum Schlusserben berufenen Abkömmling enthalten, hat der BGH[138] dem im Wege der ergänzenden Auslegung einen still- 77

[130] Palandt/Edenhofer § 2346 Rn 15.

[131] BGH NJW 1977, 1728 = WPM 1977, 645 = FamRZ 1977, 390 = JuS 1977, 765 m. Anm. Jochem; Buchholz FamRZ 1985, 872, 877; Johannsen WPM 1979, 631; a. M. Habermann JuS 1979, 169.

[132] Staudinger/Kanzleiter § 2269 Rn 53; Buchholz FamRZ 1985, 872, 873.

[133] BGH MittBayNot 2007, 223 f. mit Anm. Selbherr S. 224 ff.

[134] BVerfG v. 19. 4. 2005, MittBayNot 2006, 512 ff.; hierzu Führ MittBayNot 2006, 461 ff.

[135] Langenfeld ZEV 2007, 454, 456.

[136] Raitz von Frentz DNotZ 1962, 635, 641; Damrau, Der Erbverzicht als Mittel zweckmäßiger Vorsorge für den Todesfall, 1966, S. 53; Bosch FamRZ 1983, 233; Staudinger/Kanzleiter § 2269 Rn 61; Buchholz FamRZ 1985, 872, 876.

[137] MünchKomm/Wegerhoff, § 2350 Rn 2; a. A. mit guten Gründen Frenz, FS 50 Jahre DAI, S. 387, 392.

[138] BGHZ 22, 364 = NJW 1957, 422 = FamRZ 1957, 96 = LM § 2348 Nr. 1 m. Anm. Johannsen = JR 1957, 339 m. abl. Anm. v. Lübtow; BGH NJW 1977, 1728 = JuS 1977, 765 m. Anm. Jochem.

schweigenden Pflichtteilsverzicht des Schlusserben auf Ableben des Erstversterbenden entnommen.

Besteht zum Abschluss eines solchen parallelen Pflichtteilsverzichtsvertrages keine Bereitschaft der als Schlusserben vorgesehenen Abkömmlinge, pflegt die Kautelarpraxis zur Verhütung der Störung der gleichmäßigen Vermögensverteilung unter den Schlusserben durch Geltendmachung von Pflichtteilsansprüchen einzelner Schlusserben auf den Tod des erstversterbenden Ehegatten **die den Pflichtteil verlangenden Schlusserben auf den Tod des Längstlebenden zu enterben (Pflichtteilsstrafklausel).**[139] Die Abschreckungswirkung dieser Klausel wird dadurch beträchtlich vermindert, dass das den Pflichtteil verlangende Kind ihn faktisch zweimal vom Nachlass des Erstversterbenden erhält, nämlich einmal bei dessen Tod und ein zweites Mal beim Tod des Längstlebenden, weil sich in dessen Nachlass bei der Einheitslösung (Berliner Testament) auch der Nachlass des Erstversterbenden befindet. **Jastrow** hat daher vorgeschlagen,[140] der Erstversterbende solle für die anderen Abkömmlinge Vermächtnisse in Höhe ihrer gesetzlichen Erbteile aussetzen, die sofort anfallen (richtiger gem. § 2177 mit dem zeitlich nach dem Tod liegenden Pflichtteilsverlangen), aber erst beim Tod des Überlebenden fällig sein sollen (§ 2181). Als vom Erstversterbenden angeordnet, gehören diese Vermächtnisse zu seinen Nachlassverbindlichkeiten und mindern daher von vornherein den Wert des Nachlasses des Längstlebenden und damit auch die Höhe der gegen seinen Nachlass gerichteten Pflichtteilsansprüche. Die Klausel ist mehrfach verbessert worden. So hat Weiss[141] darauf hingewiesen, dass die sofort anfallenden und nur auf den Tod des Längstlebenden gestundeten Vermächtnisse vererblich sind und daher u. U. beim Vorversterben eines Abkömmlings durch sie Familienfremde hereinkommen können. Er schlägt statt dessen die Anordnung im Anfall auf den Tod des Längstlebenden aufschiebend befristeter (**betagter**) Vermächtnisse vor, deren Vererblichkeit und Übertragbarkeit ausgeschlossen werden bzw. die aufschiebend bedingt davon abhängen, dass die Bedachten den Beschwerten überleben.[142]

78 Bei dieser Lösung entsteht gem. § 9 Abs. 1 Nr. 1 a ErbStG die Erbschaftsteuer bezüglich dieser aufschiebend bedingten Vermächtnisse erst mit ihrem Anfall beim Tod des Längstlebenden, während der sofortige Anfall mit Aussetzung der Fälligkeit bis zum Tod des Längstlebenden die Steuer nach Ansicht des RFH,[143] sofern der Pflichtteil verlangt wurde, bereits mit dem ersten Erbfall entstehen ließe.[144]

79 Strobel[145] hat zusätzlich vorgeschlagen, den Kreis der Vermächtnisnehmer auf den Zeitpunkt des Schlusserbfalls bestimmbar zu bezeichnen und den ganzen Stamm des den Pflichtteil Verlangenden auszuschließen, damit nicht seine Abkömmlinge über die Auslegungsregel des § 2069 an seiner Stelle die Strafvermächtnisse erhalten. Letztlich hat v. Olshausen[146] vorgeschlagen, die Vermächtnisse auf das beim Tod des Überlebenden noch vorhandene Vermögen des Erstversterbenden zu begrenzen,[147] damit nicht die mit den Vermächtnissen bedachten Kinder zur Sicherung ihrer bedingten Ansprüche u. U. die Anordnungen eines Arrestes (§ 916 Abs. 2 ZPO), einer einstweiligen Verfügung (§ 935 ZPO) oder einer Nachlassverwaltung (§ 1981 Abs. 2) beantragen können.

---

[139] Allgemein zu besonderen Verwirkungsklauseln siehe unten § 15 III.2.b). Übersicht zu Pflichtteilsstrafklausel z. B. bei J. Mayer in Reimann/Bengel/Mayer, Syst. Teil A Rn 413 ff.

[140] DNotV 1904, 424; siehe Fall in BayObLG FamRZ 1989, 1355; zur Klausel eingehend und zum Teil kritisch: J. Mayer ZEV 1995, 136; ders. in Reimann/Bengel/J. Mayer, Testament und Erbvertrag, Teil A Rn 425 ff., 429 ff.

[141] MDR 1979, 812.

[142] RG JW 1918, 502; von Olshausen DNotZ 1979, 707, 717.

[143] RStBl. 1931, 895.

[144] Dagegen: Meincke DStR 1981, 523, 527, da es sich hierbei gem. § 6 Abs. 4 ErbStG um ein der Nacherbschaft gleich zu behandelndes beim Tod des Beschwerten fälliges Vermächtnis handelt.

[145] MDR 1980, 363.

[146] DNotZ 1979, 707, 714 Fn. 19.

[147] Was möglich ist: OLG Bremen DNotZ 1956, 149, 150.

Formulierungsvorschlag:[148]

§ X Pflichtteilsklausel

(1) Verlangt[149, 150] einer unserer Abkömmlinge auf den Tod des Erstversterbenden gegen den Willen des Längstlebenden seinen Pflichtteil, so sind er und seine Abkömmlinge von der Erbfolge auf Ableben des Längstlebenden ausgeschlossen.

(2) Ferner erhält in diesem Fall jeder der oben berufenen Abkömmlinge mit Ausnahme dessen, der den Pflichtteil verlangt und erhalten hat und seinen Nachkommen, aus dem Nachlass des Erstversterbenden ein Geldvermächtnis in Höhe des Wertes seines gesetzlichen Erbteils auf Ableben des Erstversterbenden, wobei der gesetzliche Erbteil nach den Verhältnissen im Zeitpunkt des Todes des überlebenden Ehegatten zu bestimmen ist, berechnet aus dem Wert des zum Zeitpunkt des Todes des Längstlebenden noch vorhandenen Nachlasses des Erstversterbenden. Diese Vermächtnisse fallen erst mit dem Tod des Längstlebenden an und nur an zu diesem Zeitpunkt noch lebende Bedachte.

Will man die Beeinträchtigung vermeiden, die dem überlebenden Ehegatten dadurch entsteht, dass er, obwohl er bei der Einheitslösung doch weitgehend frei gestellt sein sollte, das ererbte Vermögen, das allein für die Strafvermächtnisse haftet, nicht mit seinem eigenen vermischen darf,[151] muss man die Strafvermächtnisse zusätzlich unter die auflösende Bedingung stellen, dass die Schlusserben entweder durch formlosen Erlassvertrag (§ 397) auf ihre Pflichtteilsansprüche auf Ableben des Erstversterbenden verzichten oder diese verjähren lassen.[152] 80

Als „Enterbungen" sind Pflichtteilsklauseln nur dann gem. §§ 2270 Abs. 3, 2278 Abs. 2 nicht bindend, wenn sie ohne gleichzeitige Schlusserbenregelung getroffen sind. Ist eine solche erfolgt, sind sie als „auflösend bedingte" Erbeinsetzungen bindend, sofern keine ausdrückliche Freistellung erfolgt ist.[153] 81

Die frühere h. M.[154] verlangt für die Enterbung im zweiten Erbfall auf Grund einer entsprechenden Pflichtteilsstrafklausel, dass sich der den Pflichtteil fordernde Erbe in vorwerfbarer Weise gegen den Willen des Erblassers aufgelehnt hat, wozu jedoch ein **bewusster Ungehorsam** ausreicht und keine zusätzliche Böswilligkeit erforderlich ist.[155] 82

[148] Formulierungsvorschlag einer erweiterten Jastrow'schen Klausel nach MünchVertrHdb/Nieder/Otto, Bd. 6/2, XVI.28 § 5; Buchholz (FamRZ 1985, 872, 874) ist allerdings einzuräumen, dass diese Fassung die fachjuristischen Verständnisgrenzen übersteigt und wegen ihrer Länge und Komplexität sich kaum für die normale Testierpraxis eignet; krit. zur Jastrow'schen Klausel J. Mayer ZEV 1995, 136 und in Reimann/Bengel/J. Mayer, Testament und Erbvertrag, Teil A Rn 429 ff.

[149] Zum Begriff des „Verlangens" und der Abgrenzung zum erbschaftsteuerlichen Begriff der Geltendmachung (§§ 3 Abs. 1 Nr. 1 Fall 3, 9 Abs. 1 Nr. 1 a ErbStG), woran das Erbschaftsteuergesetz einerseits die Besteuerung des Berechtigten und andererseits die Abzugsfähigkeit beim Beschwerten knüpft: J. Mayer in Reimann/Bengel/J. Mayer, Testament und Erbvertrag, Teil A Rn 425, Purrucker, ZEV 2008, 343, 344.

[150] Die Ergänzung „und erhält" (so noch 3. Aufl., Rn 79; krit. J. Mayer in Reimann/Bengel/J. Mayer, Testament und Erbvertrag, Teil A Rn 425) soll den Fall ausschließen, dass ein Kind/Abkömmling nach dem Verlangen wieder auf den Erhalt des Pflichtteils verzichtet. Dies ist jedoch aufgrund der Bedeutung des Verlangens des Pflichtteils nicht geeignet: Damit steht dem Pflichtteilsberechtigten der Anspruch zu. Ab wirksamen Verlangen stellt ein Nicht-mehr-Einfordern entweder eine Stundung oder aber – falls endgültig – einen Verzicht auf die entstandene Forderung dar, was zum einen die Rechtswirkungen von Bedingungen, die daran anknüpfen, nicht rückgängig macht, und zum anderen einen neuen schenkungssteuerbaren Tatbestand darstellt.

[151] Von Olshausen DNotZ 1979, 707, 718.

[152] Von Olshausen DNotZ 1979, 707, 719.

[153] Lübbert NJW 1988, 2706, 2708 m. w. N.

[154] Siehe hierzu Lübbert NJW 1988, 2706, 2710 ff. m. w. N.

[155] MünchKomm/Musielak, § 2269 Rn 65 m. w. N.; OLG Braunschweig OLGZ 1977, 186 verlangt vorwerfbare Missachtung des Erblasserwillens; OLG Stuttgart OLGZ 1979, 52 verlangt „böswillige Auflehnung".

Nach anderer Meinung genügt zur Auslösung der Klausel, das **bewusste Geltendmachen des Pflichtteils,** ohne dass ein böswilliges Verhalten oder eine vorwerfbare Missachtung des Erblasserwillens vorzuliegen braucht; richtigerweise steht nicht der Strafcharakter im Vordergrund, sondern die Sorge des Erblassers um die Durchführung der angestrebten Vermögensverteilung, insbesondere der gleichmäßigen Bedenkung der Kinder.[156] In subjektiver Hinsicht ist für den Tatbestand des Verlangens des Pflichtteils nach dem ersten Todesfall nach neuerer Rechtsprechung somit im Zweifel nur zu fordern, dass der Pflichtteilsberechtigte bewusst in Kenntnis der Verwirkungsklausel den Pflichtteil verlangt.[157]

83 Sofern das gegenseitige Testament keine Strafklausel enthält, kann der überlebende Ehegatte seine Erbeinsetzung des den Pflichtteil fordernden Abkömmlings **wegen Motivirrtums anfechten,** ohne befürchten zu müssen, dass dadurch die Verfügungen des Erstversterbenden zu seinen Gunsten gem. § 2270 Abs. 1 automatisch nichtig werden, da man diese Verfügungen des Erstversterbenden dahin auslegen muss, dass er sie auch getroffen hätte, wenn ihm die Anfechtung und ihr Grund bekannt gewesen wären (hypothetischer Erblasserwille). Beide Verfügungen müssen daher insoweit inhaltlich als nur beschränkt wechselbezüglich angesehen werden.[158] Um diese Anfechtungsmöglichkeit zu sichern, kann in das Testament das Motiv aufgenommen werden, dass die beiden Ehegatten übereinstimmend davon ausgehen, dass keiner der Schlusserben beim Tod des Erstversterbenden seinen Pflichtteil verlangt.

84 Eine mildere Form der Pflichtteilsstrafklausel ist die Anordnung, dass der Schlusserbe, der beim ersten Erbfall seinen Pflichtteil erhält, sich dessen Wert auf seinen Erbteil am Nachlass des Letztversterbenden **anrechnen** lassen muss.[159] Das ist ein den ungehorsamen Schlusserben belastendes Vermächtnis zugunsten der gehorsamen auf den zweiten Erbfall.[160] Der ungehorsame Schlusserbe kann sich daher, da es ihn auf den zweiten Erbfall beschwert, gem. § 2306 von ihm lösen, den unbelasteten Pflichtteil verlangen und so die Klausel umgehen, sodass, um die dann eintretende zweifache Berücksichtigung des Vermögens des Erstversterbenden bei der Pflichtteilsberechnung zu verhüten, für diesen Fall wieder die Jastrow'schen auf den Tod des Längstlebenden fälligen oder anfallenden Vermächtnisse angeordnet werden müssten. Eine Anrechnung des Pflichtteils nach dem Erstversterbenden auf den Erbteil der Schlusserbschaft kann sich auch durch ergänzende Auslegung der Verfügung ergeben.[161]

85 Eine weitere und vorzugswürdige Möglichkeit der Sanktion des Pflichtteilsverlangens nach dem ersten Erbfall ist, den überlebenden Ehegatten für den Fall des Pflichtteilsverlangens eines Schlusserben ihm gegenüber **von der Bindung an die Schlusserbeinsetzung zu befreien (fakultative Ausschlussklausel).**[162]

Formulierungsvorschlag:

Verlangt einer unserer Abkömmlinge auf den Tod des Erstversterbenden gegen den Willen des Längstlebenden seinen Pflichtteil, so ist der Längstlebende gegenüber ihm und seinem Stamm von der Bindung an seine Verfügungen von Todes wegen frei.

---

[156] MünchKomm/Leipold, § 2074 Rn 46a; Staudinger/Otte § 2074 Rn 64, 54; Lübbert NJW 1988, 2706, 2712; BayObLG NJW-RR 1990, 969; BayObLG FamRZ 1995, 1447, 1448; BayObLG FamRZ 1996, 440, 441.

[157] BayObLG ZEV 2004, 202, 204; OLG München ZEV 2008, 341, 343 m. Anm. Purrucker.

[158] Holzhauser, Erbrechtliche Probleme, 1973, S. 129 Fn 82; OLG Hamm NJW 1972, 1089; Staudinger/Kanzleiter § 2271 Rn 71; MünchKomm/Musielak, Peter BWNotZ 1977, 114.

[159] Staudinger/Kanzleiter § 2269 Anm. 62.

[160] Karch BWNotZ 1989, 75.

[161] OLG Braunschweig OLGZ 1977, 185.

[162] Staudinger/Kanzleiter § 2269 Rn 59; Weirich, Erben und Vererben, 4. Aufl., Rn 919, 1463.

Die strengen, d.h. automatisch bei Pflichtteilsverlangen bezüglich den zweiten Erbfall enterbenden Strafklauseln, führen zu einer beträchtlichen Rechtsunsicherheit, wenn der zweite Erbfall innerhalb der Pflichtteilsverjährungsfrist von drei Jahren eintritt, sodass die Pflichtteilsansprüche der Schlusserben auf Ableben des Erstversterbenden noch nicht verjährt sind und daher auch noch nach dem zweiten Erbfall geltend gemacht werden können. Bis zum Ablauf der Verjährungsfrist sind dann die Schlusserben zunächst nur auflösend bedingte konstruktive **Vorerben**[163] und erst nach Eintritt oder Ausfall der Bedingung, d.h. Geltendmachung, Verzicht oder Verjährung der Pflichtteilsansprüche auf Ableben des Erstversterbenden, Nacherben. Dies kann vor allem in dem Bestimmtheitsgrundsatz verpflichteten Grundbuchverfahren zu Schwierigkeiten führen.[164] 86

Enthält das „Berliner Testament" (§§ 2269, 2280) keine Pflichtteilsstrafklausel, so kann der selbst pflichtteilsberechtigte Schlusserbe, sofern gegen ihn nach dem Tod des Längstlebenden Pflichtteilsansprüche geltend gemacht werden, seine eigenen Pflichtteilsansprüche auf Ableben des Erstversterbenden auch dann noch gegen den Nachlass geltend machen, wenn sie eigentlich verjährt oder durch Konfusion (= Vereinigung von Recht und Verbindlichkeit) erloschen sind.[165] 87

f) Erbschaftsteuer bei der Einheitslösung

Wie bei der Vor- und Nacherbschaft ergibt sich auch bei der Einheitslösung der steuerliche Nachteil, dass der Nachlass des Erstverstorbenen zweimal der Erbschaftsteuer unterliegt. Nach § 15 Abs. 3 ErbStG ist jedoch, soweit der überlebende Ehegatte an die Verfügung gebunden ist, nach seinem Tod, falls die Schlusserben mit dem Erstverstorbenen näher verwandt waren als mit ihm, ihnen gegenüber der Nachlass als vom Erstverstorbenen herrührend anzusehen, soweit das für sie steuerlich günstiger ist. Diese Begünstigungsklausel ist auch anwendbar, wenn der Überlebende zwar von der Bindung freigestellt war, er davon aber keinen Gebrauch gemacht hat.[166] Ferner besteht nach Maßgabe von § 27 ErbStG eine zeitlich gestaffelte Begünstigung beim mehrfachen Erwerb desselben Vermögens durch Personen der Steuerklasse I. 88

3. Trennungslösung

Bei der Trennungslösung geht entgegen der Auslegungsregel des § 2269 das beiderseitige Vermögen der Ehegatten nicht beim Tod des Längstlebenden als Einheit auf Schlusserben (**Endbedachte**) über, sondern dem überlebenden Ehegatten steht zunächst der **Nachlass des Erstversterbenden** – nach Maßgabe der gewählten Gestaltung – eingeschränkt durch die Rechte der Endbedachten zu, während ihm sein **Eigenvermögen** grundsätzlich unbeschränkt zusteht und er insoweit nur durch entsprechende wechselbezügliche Verfügungen im gemeinschaftlichen Testament (§ 2271 Abs. 2) oder vertragliche im Erbvertrag (§ 2289 Abs. 1) an weiteren beeinträchtigenden Verfügungen von Todes wegen gehindert ist. 89

- Der Normalfall der Trennungslösung ist, dass jeder Ehegatte den andern als seinen (meist befreiten) **Vorerben** einsetzt und die Endbedachten (z.B. die Abkömmlinge) als seine **Nacherben** und zugleich Ersatzerben für den Fall seines Überlebens (siehe unten lit. a).

---

[163] OLG Stuttgart OLGZ 1979, 52, 54 = DNotZ 1979, 104; BayObLG NJW-RR 1988, 968; Birk DNotZ 1972, 284, 291; v. Olshausen DNotZ 1979, 707; Buchholz FamRZ 1985, 872, 875.

[164] Siehe hierzu LG Stuttgart BWNotZ 1988, 163, das das Pflichtteilsverlangen als entfernte abstrakte Möglichkeit ansieht; dagegen Böhringer BWNotZ 1988, 155, nach dem in solchen Fällen das GBA immer einen Erbschein fordern muss.

[165] BGHZ 88, 102, 108 = NJW 1983, 2875; BGHZ 98, 382, 389 = NJW 1987, 1260, 1262; Kuchinke JZ 1984, 97f.; Dieckmann FamRZ 1983, 1105ff.; Damrau JR 1984, 113.

[166] BFH BStBl. II 1983, 44; Kapp BB 1980, 689; BFH MittBayNot 1991, 134 = BB 1990, 2394 = BWNotZ 1991, 98 m. Anm. Geißler; BFH ZNotP 1999, 481; Jülicher ZEV 1996, 18.

- Eine andere Trennungslösung ist die Einsetzung der **Endbedachten als Vollerben** auf den ersten Erbfall nebst der vermächtnisweisen Zuwendung des **Nießbrauchs** am Nachlass zugunsten des überlebenden Ehegatten (siehe unten lit. c).
- Letztlich kann der Trennungslösung auch der Fall zugeordnet werden, dass der Erstversterbende den **Überlebenden zu seinem Vollerben** einsetzt und ihn mit einem erst bei seinem Tod anfallenden oder fälligen **Herausgabevermächtnis** bezüglich des ganzen Nachlasses, eines Teils desselben oder nur des Überrestes zugunsten der Endbedachten beschwert (siehe unten lit. d).

90 Bei allen diesen Gestaltungsmöglichkeiten ist der Nachlass des Erstversterbenden im Vermögen des Überlebenden mehr oder weniger vom Eigenvermögen des Überlebenden getrennt und zugunsten der Endbedachten gesichert. Sie eignen sich daher vor allem für Fälle, in denen auf Ableben der Eheleute voraussichtlich unterschiedliche Pflichtteilsberechtigte vorhanden sein werden und verhindert werden soll, dass die des Längstlebenden indirekt am Nachlass des Erstversterbenden teilhaben.

a) Vorerbschaft des Überlebenden

91 Bei dieser Gestaltung ist der Überlebenden in Bezug auf das vom Ehegatten hinterlassene Vermögen lediglich Vorerbe. Als solcher kann er zwar grundsätzlich über die Nachlassgegenstände verfügen (§ 2112), er unterliegt jedoch zugunsten der Nacherben einer Reihe von Beschränkungen, von denen ihn der Erblasser allerdings weitgehend befreien kann. Nicht befreien kann der Erblasser den Vorerben vom Verbot unentgeltlicher Verfügungen (§ 2113 Abs. 2), von der Verpflichtung ein Nachlassverzeichnis zu erstellen (§ 2121) und den Zustand der Nachlassgegenstände feststellen zu lassen (§ 2122), von der Haftung gem. §§ 2113 Abs. 2, 2138 Abs. 2, von der Vollstreckungsbeschränkung (§ 2115), von der Verpflichtung des Vorerben, die gewöhnlichen Erhaltungskosten der Nachlasssachen zu tragen (§ 2124) und von der zugunsten des Nacherben eintretenden Surrogation (§ 2111).

92 Der zum Vorerben eingesetzte Ehegatte ist grundsätzlich dadurch nicht etwa stillschweigend von den gesetzlichen Beschränkungen im Umfang des § 2136 befreit. Lediglich wenn der Erblasser wegen Fehlens eigener Abkömmlinge entferntere Verwandte zu Nacherben eingesetzt und der Vorerbe wesentlich zum Vermögenserwerb des Erblassers beigetragen hat, kann dies im Einzelfall angenommen werden.[167]

93 Die Nacherbeinsetzung des Dritten kann unter der auflösenden Bedingung erfolgen, dass der überlebende Ehegatte nicht anderweitig über den Nachlass des Erstversterbenden verfügt und sich dadurch selbst zum Vollerben aufschwingt. Mit dem Tod des erstversterbenden Ehegatten erlangt der Dritte als Nacherbe ein veräußerliches, vererbliches, verpfändbares und pfändbares Anwartschaftsrecht auf den Nachlass des Erstversterbenden,[168] das auch auf den Vorerben übertragen und ausgeschlagen werden kann. Die Vererblichkeit und Übertragbarkeit kann jedoch vom Erblasser ausgeschlossen werden.[169]

Formulierungsvorschlag:

§ 1 Erster Erbfall

Der Erstversterbende von uns, den Eheleuten A und A, geb. B, setzt den Überlebenden zu seinem alleinigen Vorerben ein. Dieser ist von allen Beschränkungen befreit, von denen nach dem Gesetz Befreiung erteilt werden kann. Der Nacherbfall tritt mit dem Tode des Vorerben ein.

---

[167] BayObLGZ 1960, 437.
[168] Palandt/Edenhofer § 2108 Rn 2.
[169] BGH NJW 1963, 1150; RGZ 170, 168; Palandt/Edenhofer § 2108 Rn 4.

§ 2 Nacherbfolge

Nacherben sind unsere gemeinschaftlichen Abkömmlinge, einschließlich adoptierter, gemäß der gesetzlichen Erbfolge erster Ordnung zum Zeitpunkt des Nacherbfalles. Die Nacherbenanwartschaft ist weder vererblich noch veräußerlich, ausgenommen die Veräußerung an den Vorerben. In diesem Fall entfällt auch jede ausdrückliche oder stillschweigende Ersatznacherbeneinsetzung.

§ 3 Zweiter Erbfall

(1) Der Längstlebende von uns setzt auf seinen Tod unsere gemeinschaftlichen Abkömmlinge, einschließlich adoptierter, gemäß der gesetzlichen Erbfolge erster Ordnung zu seinen Erben ein.

(2) Die Erbeinsetzung in Absatz 1 soll auch für den Fall des gleichzeitigen Versterbens von uns beiden gelten.

b) Der ungeregelte zweite Erbfall bei der Trennungslösung

Umstritten ist, ob, wenn sich die Ehegatten gegenseitig zu Vorerben und einen Dritten 94 zum Nacherben eingesetzt, jedoch hinsichtlich des Eigenvermögens des Überlebenden keine ausdrückliche Verfügung getroffen haben, die Auslegungsregel des § 2102 Abs. 1 Anwendung findet, sodass im Zweifel die **Nacherben auch Ersatzerben** des Überlebenden sind.[170] Bejaht wird dies jedoch von der derzeit h. M.[171] Eine andere Frage und gesondert zu prüfen ist, ob insoweit von den Ehegatten Bindungswirkung gewollt war.[172]

Bei der Trennungslösung können die Pflichtteilsberechtigten des Erstversterbenden, 95 wenn sie zu Nacherben eingesetzt sind, beim ersten Erbfall den Pflichtteil nur verlangen, wenn sie die Nacherbfolge ausschlagen (§ 2306 Abs. 1, Abs. 2). Beim zweiten Erbfall (**Tod des überlebenden Ehegatten**) können sie den Pflichtteil bezüglich dessen eigenem Nachlass nur dann fordern, wenn sie von ihm, etwa durch eine Pflichtteilsstrafklausel, enterbt sind (§ 2303) und dann nur berechnet aus dessen eigenem Vermögen, nicht auch aus dem der Nacherbfolge unterliegenden Nachlass des Erstversterbenden.[173] Deshalb ist eine Pflichtteilsstrafklausel bei dieser Gestaltung problemlos. Der überlebende Ehegatte kann die Vorerbschaft gem. § 2306 Abs. 1 ausschlagen und seinen bei Zugewinngemeinschaft kleinen Pflichtteil (§ 1371 Abs. 3 BGB) plus güterrechtlichem Zugewinnausgleich[174] verlangen.

c) Nießbrauchsvermächtnis des Überlebenden

Hierbei werden die **Endbedachten** beim ersten Erbfall hinsichtlich des Nachlasses des 96 Erstversterbenden **sofort Vollerben**, jedoch beschwert mit dem **Nießbrauch des Überlebenden** am Nachlass, der bei dessen Tod automatisch erlischt (§ 1061). Alternativ kann auch der Nießbrauch nur an einzelnen Nachlassgegenständen vermacht werden. Verbunden mit dem lebtäglichen Testamentsvollstreckeramt des Überlebenden ist dies ein gebräuchliches Gestaltungsmittel. Ist von den Eheleuten keine Bestimmung über die Erbfolge auf Ableben des Längstlebenden bezüglich seines Vermögens getroffen, tritt insoweit die gesetzliche Erbfolge ein.

Die pflichtteilsberechtigten Abkömmlinge können bei dieser Gestaltung gem. § 2306 97 Abs. 1 die Erbschaft ausschlagen, um ihren Pflichtteil zu erlangen. Desgleichen kann der überlebende Ehegatte gem. § 2307 Abs. 1 Satz 1 ausschlagen, um seinen Pflichtteil zu

---

170 Nehlsen von Stryk DNotZ 1988, 147.

171 KG OLGZ 1987, 1 = NJW-RR 1987, 451 = FamRZ 1987, 413 = DNotZ 1987, 673 (LS) = Rpfleger 1987, 111; OLG Köln FGPrax 2000, 89; Nehlsen-von-Stryk DNotZ 1988, 147; Muscheler JZ 1994, 630; MünchKomm/Grunsky, § 2102 Rn 3 f.; a. M. OLG Karlsruhe FamRZ 1970, 256.

172 KG a. a. O.

173 Staudinger/Kanzleiter § 2269 Rn 53; J. Mayer in Reimann/Bengel/J. Mayer, § 2269 Rn 50.

174 BGHZ 42, 182 = NJW 1964, 2404; BGH NJW 1976, 2131; BGH NJW 1982, 2497.

verlangen, und zwar ohne Fristbegrenzung, sofern der Erbe ihm keine Erklärungsfrist gem. § 2307 Abs. 2 gesetzt hat, oder er kann den Pflichtteilsrestanspruch gem. § 2307 Abs. 1 Satz 2 geltend machen.

Formulierungsvorschlag:

§ 1 Erster Erbfall

Der Erstversterbende von uns setzt hiermit unsere gemeinschaftlichen zum Zeitpunkt seines Todes ihm gegenüber gesetzlich erbberechtigten Abkömmlinge, einschließlich adoptierter, unter sich nach Maßgabe der gesetzlichen Erbregel erster Ordnung zu seinen Erben ein.

§ 2 Vermächtnisse

Der Erstversterbende von uns vermacht dem Überlebenden an seinem gesamten Nachlass den Nießbrauch auf Lebenszeit.

§ 3 Testamentsvollstreckung

Der Erstversterbende von uns ernennt hiermit den überlebenden Ehegatten zu seinem Testamentsvollstrecker mit der Aufgabe, sich selbst den Nießbrauch am Nachlass zu verschaffen und ihn zu verwalten. Er ist in der Eingehung von Verbindlichkeiten für den Nachlass nicht beschränkt und von § 181 BGB befreit.

§ 4 Zweiter Erbfall

Der Längstlebende von uns, sowie für den Fall, dass wir gleichzeitig versterben jeder von uns, setzt hiermit auf seinen Tod unsere gemeinschaftlichen zum Zeitpunkt seines Todes gesetzlich erbberechtigten Abkömmlinge, einschließlich adoptierter, zu seinen Erben gemäß der gesetzlichen Erbregel erster Ordnung ein.

d) Herausgabevermächtnis der Endbedachten

98 Hierbei setzen sich die **Eheleute gegenseitig zu Vollerben** ein und beschweren sich gegenseitig zugunsten des oder der Endbedachten mit dem auf den Tod des Längstlebenden aufschiebend befristeten **Vermächtnis (Herausgabevermächtnis)**[175] auf bestimmte oder die dann noch vorhandenen **Nachlassgegenstände des Erstversterbenden.**[176] Die nach dem ersten Erbfall entstehende Vermächtnisanwartschaft der Endbedachten ist grundsätzlich vererblich und veräußerlich. Das Vermächtnis kann aber auch dadurch aufschiebend bedingt werden, dass der Bedachte den Beschwerten überlebt. Auch hier tritt die gesetzliche Erbfolge ein, wenn die Eheleute bezüglich des zweiten Erbfalls keine Erbregelung treffen.

99 Wollen pflichtteilsberechtigte Abkömmlinge ihr Pflichtteil geltend machen, müssen sie die bedingten Vermächtnisse gem. § 2307 ausschlagen.[177] Der mit dem bedingten Herausgabevermächtnis beschwerte überlebende Ehegatte kann gem. § 2306 Abs. 1 Satz 2 ausschlagen und den kleinen Pflichtteil (§ 1371 Abs. 3 BGB) geltend machen.

Formulierungsvorschlag:

§ 1 Erster Erbfall

Wir, die Eheleute A und A, geb. B, setzen uns hiermit zu unbeschränkten Vollerben ein.

---

[175] Zum Herausgabevermächtnis siehe auch: § 1 II.3.c) Rn 118 zur Feststellung des Nachlasses bei Herausgabevermächtnissen; § 8 I.6.d) Rn 35 zur Vermächtnislösung zur Bedenkung nachgeborener Abkömmlinge; § 9 I.10. lit. s), Rn 72; § 10 III., Rn 131 ff. zum aufschiebend bedingten Vermächtnis, § 15 III. Rn 170 ff. zu bedingten Zuwendungen; § 21 IV.3. Rn 43 ff. zur Herausgabevermächtnislösung beim Geschiedenentestament m. w. N. und Formulierungsvorschlag bei Rn 54.

[176] Formular in MünchVertrHdb/Nieder/Otto, Bd. 6/2, XVI. 5.

[177] Staudinger/Haas § 2307 Rn 14.

§ 2 Vermächtnisse

(1) Der Erstversterbende von uns beschwert hiermit den Überlebenden von uns mit dem Vermächtnis, sämtliche vom Erstversterbenden geerbten Nachlassgegenstände, soweit sie bei seinem eigenen Tod noch vorhanden sind, an die unten genannten Vermächtnisnehmer herauszugeben.

(2) Dieses Vermächtnis soll erst mit dem Tode des Längstlebenden von uns anfallen und erst drei Monate nach seinem Tod fällig sein. Im Wege des Verschaffungsvermächtnisses umfasst dieses Vermächtnis auch alle Gegenstände, die in entsprechender Anwendung des § 2111 BGB als Surrogate ererbter Gegenstände anzusehen sind, soweit auch sie beim Tod des Längstlebenden noch vorhanden sind.

(3) Vermächtnisnehmer sind unsere gemeinschaftlichen zum Zeitpunkt des Todes des Längstlebenden gesetzlich erbberechtigten Abkömmlinge, einschließlich adoptierter, untereinander zu den Bruchteilen, die der gesetzlichen Erbregel erster Ordnung entsprechen.

§ 3 Zweiter Erbfall

Der Längstlebende von uns, sowie für den Fall, dass wir gleichzeitig versterben jeder von uns, setzt hiermit auf seinen Tod unsere gemeinschaftlichen zum Zeitpunkt seines Todes gesetzlich erbberechtigten Abkömmlinge, einschließlich adoptierter, zu seinen Erben gemäß der gesetzlichen Erbregel erster Ordnung ein.

e) Vor- und Nachteile der einzelnen Trennungslösungen

Die für den überlebenden Ehegatten günstigste der drei Lösungen ist die des **Herausgabevermächtnisses des Überrestes.** Hier ist er in keiner Weise in seiner Verfügungsbefugnis unter Lebenden gehindert und die Endbedachten sind nur durch die recht schwache Schutzwirkung des § 2288 mit ihrem späteren Erwerb gesichert. Die **befreite Vorerbschaft** (§ 2136) des Überlebenden kommt dem Herausgabevermächtnis in der Wirkung am nächsten, verhindert jedoch Schenkungen aus dem Nachlass (§ 2113 Abs. 2) und sichert den Endbedachten insoweit. Den nur als **nichtbefreiten Vorerben** eingesetzten überlebenden Ehegatten treffen zugunsten des Endbedachten alle Verfügungsbeschränkungen und Kontroll- und Sicherungsrechte gem. §§ 2113 ff. Der nur mit dem **Nachlassnießbrauch** bedachte Überlebende hat nur die Nutzungsbefugnis an den Nachlassgegenständen, aber keine Verfügungsbefugnis. Diese Lösung sichert daher die Endbedachten, die mit dem ersten Erbfall Vollerben werden, am umfassendsten. Ist der Überlebende allerdings gleichzeitig **Testamentsvollstrecker**, erhält er wenigstens die Verfügungsbefugnis im Umfang der §§ 2205 ff., sodass seine Rechtsstellung der eines nicht befreiten Vorerben ähnelt. 100

f) Pflichtteilsansprüche bei der Trennungslösung

Bei der Trennungslösung lässt sich die Strafsanktion demgegenüber unschwer und ohne die aufgezeigten Komplikationen erreichen, wenn der Erstversterbende den Überlebenden zum bloßen befreiten Vorerben einsetzt und das **Nacherbenrecht der Kinder** am Nachlass des Erstversterbenden und ihr Erbrecht am Nachlass des Überlebenden durch die Geltendmachung ihres Pflichtteils am Nachlass des Erstversterbenden **auflösend bedingt.**[178] Sie können dann zwar auch in beiden Erbfällen ihren Pflichtteil verlangen, beim zweiten Erbfall aber nur aus dem Eigenvermögen des Längstlebenden, da die Vorerbschaft nicht zu seinem Nachlass gehört. Bei Vorhandensein einseitiger Abkömmlinge sollte man bevorzugt diese Lösung wählen, da sich die Einheitslösung kompliziert gestaltet.[179] Ein Nachteil sind allerdings die Beschränkungen und Verpflichtungen, denen der überlebende Ehegatte selbst als befreiter Vorerbe unterliegt (§ 2136). 101

[178] Olshausen DNotZ 1979, 707, 713; zur bedingten Nacherbfolge: Staudinger/Kanzleiter § 2069 Rn 42.

[179] Siehe hierzu v. Olshausen DNotZ 1979, 707 ff.

Formulierungsvorschlag:
Verlangt einer unserer Abkömmlinge auf den Tod des Erstversterbenden von uns seinen Pflichtteil, so entfällt für ihn und seine Abkömmlinge die Nacherbfolge und sie sind von der Erbfolge auf Ableben des Längstlebenden von uns ausgeschlossen.

4. Verbindung von Einheits- und Trennungslösung

102 Eine Verbindung der Einheits- mit der Trennungslösung ist zulässig und beispielsweise gegeben, wenn die Ehegatten sich gegenseitig zu Vorerben einsetzen und einen **Dritten zum Nacherben** und für den Fall, dass dieser vor dem zweiten Erbfall wegfällt, statt eines Ersatznacherben einen – insoweit **bedingt eingesetzten – Schlusserben.**[180] Fällt dann der vorgesehene Nacherbe zwischen dem ersten und zweiten Erbfall weg, wird der überlebende Ehegatte Vollerbe und nach seinem Tod der ersatzweise eingesetzte Dritte Schlusserbe.[181] Der umgekehrte Fall einer Verbindung der beiden Lösungen ist es, wenn sich die Eheleute gegenseitig zu Vollerben einsetzen und Dritte zu Schlusserben, jedoch für den Fall der Wiederverheiratung des Überlebenden bestimmen, dass dann die Dritten – insoweit **bedingt – Nacherben** sein sollen und der Nacherbfall entweder sofort mit der Wiederheirat oder beim Tod des Überlebenden eintreten soll.[182]

5. Hausratsvermächtnis

103 Bei jeder der Lösungen, bei der der überlebende Ehegatte nicht zum unbeschränkten Vollerben eingesetzt wird, sollte erwogen werden, ihm im Wege des Vorausvermächtnisses sämtliche Haushaltsgegenstände und alle sonstigen persönlichen Gebrauchsgegenstände, die im Eigentum des Erstversterbenden standen, zu Alleineigentum zuzuwenden.[183] Dies entspricht dem Gedanken der gesetzlichen Anordnung des Voraus (§ 1932).

Formulierungsvorschlag:
Der Erstversterbende von uns vermacht hiermit dem Überlebenden zum Alleineigentum alle zum ehelichen Haushalt gehörenden Gegenstände im weitesten Sinne, soweit diese in seinem Eigentum stehen, sowie alle seine persönlichen Gebrauchsgegenstände.

6. Vorsorge für gleichzeitiges Versterben

104 Gleichzeitiges Versterben bedeutet an sich Versterben im gleichen Augenblick. In Fällen, in denen nicht bewiesen werden kann, wer von mehreren Verstorbenen den anderen überlebt hat, wird gem. § 11 VerschG vermutet, dass sie gleichzeitig verstorben sind. Versterben die Ehegatten, etwa bei einem Autounfall, wirklich im gleichen Augenblick oder wird dies gem. § 11 VerschG vermutet, so beerbt keiner den anderen (§ 1923 Abs. 1), eine gegenseitige Erbeinsetzung wird gegenstandslos[184] und jeder wird von seinen gesetzlichen oder gewillkürten Erben beerbt. Haben die Eheleute in einer gemeinschaftlichen Ehegattenverfügung (§§ 2269, 2280) Bestimmungen auf Ableben des Längstlebenden getroffen, so finden diese Verfügungen bezüglich jedes von ihnen auch bei ihrem gleich-

---

[180] Siehe insb. BayObLG FamRZ 1986, 610.

[181] BayObLGZ 1966, 408, 419 = NJW 1967, 1136; BayObLG FamRZ 1983, 839; MünchKomm/Musielak, § 2269 Rn 46.

[182] BGHZ 96, 198 = DNotZ 1986, 541 m. Anm. Zawar = NJW 1988, 59.

[183] Keller BWNotZ 1970, 49, 53. Das Vermächtnis kann zu dessen erleichterter Erfüllung flankiert werden mit einer Ernennung des Bedachten zum Testamentsvollstrecker (Aufgabe: Nur Erfüllung dieses Vermächtnisses).

[184] RGZ 149, 200, 201.

zeitigen Versterben Anwendung, da eine verbreitete Meinung,[185] obwohl eine dem § 2102 Abs. 1 BGB entsprechende Vorschrift bei der Schlusserbeinsetzung fehlt, im Wege der ergänzenden Auslegung in der **Schlusserbeinsetzung auch eine Ersatzberufung** sieht. Haben die Eheleute allerdings umgekehrt nur für den Fall ihres „gleichzeitigen Versterbens" Verfügungen von Todes wegen getroffen, kann dies nicht ohne weiteres dahin ausgelegt werden, dass es auch gelten soll, wenn sie nacheinander sterben, da sie für diesen Fall auch den Längstlebenden hätten freigestellt haben wollen,[186] es sei denn, es liegen ausreichende Anhaltspunkte für die gegenteilige Auslegung vor.[187] Der Begriff „gleichzeitiges Versterben" ist auslegungsfähig in dem Sinne, dass er auch die Fälle eines kurzzeitigen Nacheinander-Versterbens umfasst, d. h. wenn die Eheleute etwa infolge des gleichen äußeren Ereignisses (Unfall) tödlich verletzt werden und der zunächst Überlebende bis zu seinem Tod nicht mehr in der Lage ist, ein neues Testament zu errichten.[188] Will man in diesem Zusammenhang allerdings Auslegungsstreitigkeiten vermeiden, sollte man bei Ehegattenverfügungen die Bestimmungen auf Ableben des Längstlebenden ergänzen durch die Worte:

„... oder wenn wir beide gleichzeitig oder binnen eines Monats hintereinander aus gleichem Anlass versterben sollten ..."

Dies führt jedoch stets zu einer Vorerbschaft, auch mit den erbschaftsteuerlichen Folgen des § 6 ErbStG.[189]

7. Vorsorge für den Scheidungsfall[190]

Hat der Erblasser in einem Testament oder einem Ehegatten- bzw. Verlobtenerbvertrag **105**
Verfügungen getroffen, durch die er seinen Ehegatten bzw. Verlobten bedacht hat, so sind diese Verfügungen nach der Auslegungsregel der §§ 2077 Abs. 1, 2279 Abs. 1 im Zweifel unwirksam, wenn die Ehe nichtig ist oder vor dem Erbfall aufgehoben oder geschieden wurde oder die Verlobung vor dem Erbfall gelöst wurde oder die Voraussetzungen der Eheaufhebung oder Ehescheidung vorlagen und das Scheidungs- bzw. Aufhebungsverfahren **eingeleitet wurde** und der Erblasser die Scheidung beantragt oder dem Antrag des anderen Ehegatten zustimmt **und die Voraussetzungen für die Eheauflösung gegeben waren** (§ 1565: Scheitern der Ehe, u. a. Trennungsjahr).[191] Dies setzt im Einzelnen voraus, dass

[185] RGZ 60, 115, 117; OLG Stuttgart DNotZ 1979, 615; Palandt/Edenhofer § 2269 Rn 3; Lange/Kuchinke, 4. Aufl., § 24 IV 1 c; Staudinger/Kanzleiter, § 2269 Rn 31; Wintermantel BWNotZ 1993, 120; Nieder ZEV 1996, 241, 244.

[186] KG FamRZ 1968, 217; KG FamRZ 1970, 148 = NJW 1970, 758; BayObLGZ 1979, 427; BayObLGZ 1981, 79 = BWNotZ 1981, 117; BayObLGZ 1986, 426 = FamRZ 1987, 208 = Rpfleger 1987, 69 = NJW-RR 1987, 263; OLG Karlsruhe OLGZ 1988, 24 = NJW-RR 1988, 9 = DNotZ 1988, 180.

[187] BayObLG FamRZ 1988, 879; Staudinger/Kanzleiter § 2269 Rn 31; jetzt mehr für Anwendung auch bei nacheinander versterben: OLG Stuttgart FamRZ 1994, 852; OLG Ffm Rpfleger 1996, 409.

[188] KG FamRZ 1970, 149 = NJW 1970, 758; OLG Stuttgart OLGZ 1982, 311 = BWNotZ 1982, 124 = FamRZ 1982, 1136; BayObLGZ 1981, 79, 84; OLG Köln FamRZ 1992, 860.

[189] Siehe hierzu § 6 I.8.

[190] Siehe hierzu Abschnitt § 21 IV. Rn 35 ff. (Geschiedentestament) sowie eingehend Nieder, Das Geschiedenentestament und seine Ausgestaltung, ZEV 1994, 156 und Frenz, ZNotP 2000, 67 ff. u. 102 ff.; *Scheuren-Brandes,* Wiederverheiratungsklauseln nach der Hohenzollern-Entscheidung – Handlungsbedarf für die Gestaltungspraxis? ZEV 2005, 185; *Zawar,* Zur Wiederverheiratungsklausel in FS f. Schippel, 1996, S. 327 ff.

[191] OLG Bremen FamRZ 1986, 833.

- der **Erblasser** vor seinem Tod die Scheidung (oder Eheaufhebung) beantragt hat und der Scheidungsantrag dem anderen Ehegatten zugestellt wurde[192] oder
- der **Erblasser** vor seinem Tod dem Scheidungsantrag des anderen Ehegatten förmlich zugestimmt hat, d.h. zu Protokoll der Geschäftsstelle, in der mündlichen Verhandlung zur Niederschrift des Gerichts oder durch einen Schriftsatz seines bevollmächtigten Rechtsanwalts gestellt wurde (**formelle Voraussetzung**) und
- zum Zeitpunkt des Todes des Erblassers die Voraussetzungen für die Scheidung (§§ 1565 bis 1568 BGB) oder die Aufhebung (§ 1314 BGB) der Ehe gegeben waren (**materielle Voraussetzung**).[193]

106 Die Regelung entspricht der gem. § 1933 bei der gesetzlichen Ehegattenerbfolge getroffenen.[194] Nicht entsprechend anwendbar ist § 2077 auf eine nichteheliche Lebensgemeinschaft.[195]

Nach den §§ 2077 Abs. 3, 2279 Abs. 1, 2268 Abs. 2 ist die Verfügung jedoch trotzdem wirksam, wenn anzunehmen ist, dass der Erblasser den Ehegatten oder Verlobten auch für den Fall der Nichtigkeit der Ehe, ihrer Aufhebung oder Scheidung bzw. Auflösung der Verlobung einsetzen wollte, **d.h. er den Aufrechterhaltungswillen hatte.**[196] Unmittelbar anwendbar ist § 2077 nur auf einseitige Testamente.[197] Sind die durch Nichtigkeit oder Auflösung der Ehe gem. § 2077 unwirksamen Verfügungen zugunsten des anderen Ehegatten in einem gemeinschaftlichen Ehegattentestament gem. §§ 2265 ff. enthalten, das keine wechselbezüglichen Verfügungen zu enthalten braucht, so werden nicht nur die mit diesen Verfügungen wechselbezüglichen Verfügungen gem. § 2270 Abs. 1 unwirksam,[198] sondern auch die nicht wechselbezüglichen des Erblassers zugunsten Dritter und die des überlebenden Ehegatten werden gem. § 2268 Abs. 2 unwirksam, soweit bei geschiedener, aufgehobener, scheidbarer oder aufhebbarer Ehe nicht anzunehmen ist, dass sie auch für diesen Fall getroffen sind, während sie bei nichtiger Ehe gem. § 2268 Abs. 1 auf jeden Fall unwirksam sind. Bei Ehegatten- und Verlobtenerbverträgen sind in solchen Fällen die Verfügungen des Erblassers zugunsten des überlebenden Ehegatten gem. §§ 2077, 2279 Abs. 1 unwirksam,[199] die zugunsten Dritter gem. § 2279 Abs. 2, jeweils soweit nicht gem. § 2077 Abs. 3 die Aufrechterhaltung gewollt war und bezüglich vertragsmäßiger und wechselbezüglicher Verfügungen des überlebenden Ehegatten im Erbvertrag wird die Unwirksamkeit gem. § 2298 Abs. 1, 3 vermutet.

Die §§ 2077 Abs. 3, 2279 Abs. 2, 2268 Abs. 2 stellen für die Geltung der letztwilligen Verfügungen trotz Eheauflösung auf den tatsächlichen oder hypothetischen **Aufrechterhaltungswillen** des Erblassers ab.[200] Dieser Aufrechterhaltungswille des Erblassers i.S. des § 2077 Abs. 3 muss dabei im Zeitpunkt der Errichtung der Verfügung gegeben sein;[201] spätere Umstände können nur als Anzeichen für den bereits bei Errichtung vorhandenen Erblasserwillen gewertet werden.[202] Der Wille des Erblassers wird bei Einsetzung der gemeinschaftlichen Abkömmlinge in einem Berliner Testament als Schlusserben regelmäßig dahin gehen, dass sie durch eine Ehescheidung nicht unwirksam werden soll.[203] Für den der Auslegungsregel des § 2077 Abs. 1, 2 entgegenstehenden **Aufrechter-**

---

[192] BGHZ 111, 329 = NJW 1990, 2382 = FamRZ 1990, 1109.

[193] OLG Bremen FamRZ 1986, 833; OLG Schleswig NJW 1993, 1082; OLG Zweibrücken NJW 2001, 236 m.w. Nachw. Palandt/ Edenhofer, § 1933 Rn 7.

[194] Tappmeier DNotZ 1987, 715, 721.

[195] BayObLG FamRZ 1983, 1226 = Rpfleger 1983, 440.

[196] Hierzu eingehend Gutachten des DNotI in DNotI-Report 2005, 45.

[197] Dieterle BWNotZ 1970, 170.

[198] Dieterle BWNotZ 1970, 170; MünchKomm/Musielak, 3. Aufl., § 2268 Rn 1.

[199] OLG Stuttgart OLGZ 1976, 17; Mümmler JurBüro 1983, 39.

[200] BGH FamRZ 1960, 28, 29; Battes JZ 1978, 733; DNotI-Report 2005, 45, 46.

[201] BGH FamRZ 1960, 28; BayObLG JurBüro 1981, 1728.

[202] Dieterle BWNotZ 1970, 170.

[203] OLG Stuttgart OLGZ 1976, 17, 19.

haltungswillen des Erblassers gem. § 2077 Abs. 3 trägt der durch die Verfügung begünstigte Ehegatte oder Verlobte die Darlegungs- und Beweislast,[204] desgleichen bei § 2279 Abs. 2.[205]

Liegt dieser **Aufrechterhaltungswille bezüglich einer wechselbezüglichen Verfügung** vor, ist damit noch nichts darüber gesagt, ob die Verfügung auch nach der Scheidung wechselbezüglich i. S. der §§ 2270, 2271 bleibt oder nur einseitig und damit frei widerruflich weitergelten soll. Die Literatur hat dazu vertreten, dass mit der Eheauflösung zwingend jede Wechselbezüglichkeit entfällt und die Verfügungen frei widerruflich werden.[206] Dem ist der BGH[207] entgegengetreten. Nach ihm **behalten wechselbezügliche Verfügungen**, die auf Grund eines entsprechenden Aufrechtungserhaltungswillens gemäß § 2268 Abs. 2 nach der Eheauflösung aufrecht erhalten bleiben, **auch danach ihre Wechselbezüglichkeit** und können daher nicht gemäß § 2271 Abs. 1 Satz 2 durch einseitige Verfügung von Todes wegen aufgehoben werden. Bei § 2268 Abs. 2 ist derjenige darlegungs- und beweispflichtig, der sich trotz der Unwirksamkeit der den anderen Ehegatten begünstigenden Verfügungen auf die Wirksamkeit der anderen Verfügungen des Testaments beruft.[208] Auch bei § 2298 trägt der die Darlegungs- und Beweislast, der einen abweichenden Parteiwillen behauptet.[209]

Da sich der Kautelarjurist nie auf gesetzliche Auslegungsregeln verlassen sollte, empfiehlt sich in Ehegattenverfügungen von Todes wegen jeweils die Klausel aufzunehmen: 107

„Bei Auflösung, ausgenommen durch Tod, oder Nichtigkeit unserer Ehe soll die Verfügung von Todes wegen ihrem ganzen Inhalt nach unwirksam sein. Die Anwendung von § 2077 Abs. 3 BGB wird ausgeschlossen."

Ist ein gemeinschaftliches Testament durch rechtskräftige Scheidung gem. §§ 2077, 2268 unwirksam geworden, lebt es nicht wieder auf, wenn die Eheleute einander **wieder heiraten;**[210] jedoch kann die Wiederheirat bei der Ermittlung des hypothetischen Erblasserwillens bei der ergänzenden Auslegung Berücksichtigung finden und gegebenenfalls zur Weitergeltung führen.[211] Anders wird dies teilweise bei einseitigen letztwilligen Verfügungen gesehen.[212] 108

Die den überlebenden Ehegatten begünstigende Verfügung beim gemeinschaftlichen Testament oder Ehegattenerbvertrag wird **nicht unwirksam**, wenn nicht der Erblasser, sondern sein **Ehegatte den Scheidungsantrag gestellt hat** und über ihn wegen des Todes des Erblassers nicht mehr entschieden werden konnte und der Erblasser dem Scheidungsantrag auch nicht zugestimmt hat (§§ 2077 Abs. 1 Satz 2, 2279 Abs. 2).[213] Um 109

[204] BGH FamRZ 1960, 20; Baumgärtel, Beweislast, § 2077 Rn 4.

[205] Baumgärtel/Strieder, Beweislast, § 2279 Rn 1.

[206] Muscheler DNotZ 1994, 733, 742 f. unter Hinweis auf die Entstehungsgeschichte; Kuchinke DNotZ 1996, 310; Staudinger/Kanzleiter § 2268 Rn 11; Litzenburger in Bamberger/Roth § 2268 Rn 8.

[207] BGHZ 160, 33 = NJW 2004, 3113 = ZEV 2004, 423 = DNotZ 2005, 51 m. Anm. Keim; anders noch das KG als Vorinstanz, KG FamRB 2004, 16.

[208] Baumgärtel/Strieder, Beweislast, § 2268 Rn 2.

[209] Baumgärtel/Strieder, Beweislast, § 2298 Rn 1.

[210] KG FamRZ 1968, 217; Staudinger/Kanzleiter § 2268 Rn 7; MünchKomm/Musielak, 3. Aufl., § 2268 Rn 14.

[211] BayObLG ZEV 1995, 331 = NJW 1996, 133 = DNotZ 1996, 302 m. Anm. Kuchinke; krit. dazu Reimann ZEV 1995, 329, 330.

[212] MünchKomm/Leipold, § 2077 Rn 17; Dieterle BWNotZ 1970, 170.

[213] Staudinger/Kanzleiter § 2268 Rn 8; OLG Hamm FamRZ 1968, 78; BayObLG NJW-RR 1990, 200, 201 m. w. N.

Auslegungsschwierigkeiten zu vermeiden, die aus dieser Rechtslage entstehen können, sollte man einer Ehegattenverfügung von Todes wegen die Klausel anfügen:

„Ist beim Tode eines Ehegatten ein Scheidungsantrag zugestellt, sollen die Verfügungen von Todes wegen ihrem ganzen Inhalt nach unwirksam sein und zwar ohne dass die gesetzlichen Voraussetzungen für die Eheauflösung gegeben sein müssten. Die Anwendung von § 2077 Abs. 3 BGB wird ausgeschlossen."

110 Eine weitergehende Vorsorge für den Scheidungsfall erübrigt sich, da mit der rechtskräftigen Ehescheidung jeder Ehegatte in aller Regel seine volle Testierfreiheit ohne sein Zutun automatisch wiedererlangt. Sollten einzelne wechselbezügliche Anordnungen eines gemeinschaftlichen Testaments ausnahmsweise nicht automatisch unwirksam werden, kann sie jeder der früheren Ehegatten gem. § 2271 Abs. 1 förmlich widerrufen. Werden allerdings erbvertragliche Bestimmungen nicht automatisch unwirksam und ist kein Rücktrittsrecht vom Erbvertrag vorbehalten, ist der Erblasser auch künftig in seiner Testierfreiheit beschränkt, kann jedoch gegebenenfalls den Erbvertrag gem. §§ 2281, 2078, 2079 anfechten.[214] Dies gibt Anlass, beim Ehegattenerbvertrag die Vereinbarung eines Rücktrittsvorbehalts gemäß § 2293 nahe zu legen.

8. Vorsorge für die Wiederheirat des Überlebenden (Wiederverheiratungsklausel)[215]

111 Mit einer **Wiederverheiratungsklausel** in der Ehegattenverfügung wollen die Eheleute verhindern, dass nach dem Tod des Erstversterbenden durch eine Wiederheirat des Überlebenden der ungeschmälerte Übergang des Nachlassvermögens des Erstversterbenden nach dem Tod des Längstlebenden auf die Endbedachten gefährdet wird.[216] Diese Gefährdung besteht vor allem in dem durch die Wiederheirat automatisch entstehenden Pflichtteilsrecht des zweiten Ehegatten und denen der evtl. aus der neuen Ehe hervorgehenden Kinder. Die Klausel soll daher letztlich das Abwandern des Vermögens in einen fremden Stamm verhindern. Eine funktionierende Wiederverheiratungsklausel muss daher entweder das **Nachlassvermögen des Erstversterbenden** spätestens mit der Wiederheirat vom Eigenvermögen des Überlebenden **trennen oder dessen Gesamtvermögen** mit den Pflichtteilsansprüchen der neuen Pflichtteilsberechtigten im Range vorgehenden schuldrechtlichen Ansprüchen **zugunsten der Endbedachten belasten.**

Dieses Regelungsziel lässt sich verhältnismäßig einfach bei der Trennungslösung erreichen, da hier bereits ab dem ersten Erbfall das Nachlassvermögen des Erstversterbenden vom Eigenvermögen des Überlebenden getrennt wird, während bei der Einheitslösung, bei der die beiden Vermögensmassen zu einer Einheit verschmolzen sind, sich deren nachträgliche Trennung im Wiederverheiratungsfall als dogmatisch und praktisch schwierig erweist. Einfacher ist wiederum die Lösung, wenn man sich für den Wiederverheiratungsfall mit vermächtnisweise begründeten schuldrechtlichen Ansprüchen für die Endbedachten auf Leistungen aus dem Nachlass des Erstversterbenden begnügt, wobei dann jedoch deren Sicherung Schwierigkeiten bereitet. Gleichgültig, welche der unten beschriebenen Lösungen man wählt, dürfte es der Billigkeit entsprechen, bei Wiederverehelichungsklauseln dem überlebenden Ehegatten für den Fall der Wiederheirat die zum ehelichen Haushalt gehörenden und die seinem persönlichen Gebrauch dienenden Gegenstände als

[214] Dieterle BWNotZ 1970, 170, 172.

[215] Siehe hierzu Scheuren-Brandes, Wiederverheiratungsklauseln nach der Hohenzollern-Entscheidung – Handlungsbedarf für die Gestaltungspraxis?, ZEV 2005, 185. Allgemein zu besonderen Verwirkungsklauseln siehe unten § 15 III.2.b) Rn 193.

[216] Zawar NJW 1988, 16.

Vermächtnis zuzuwenden.[217] Ferner verbietet sich eine unreflektierte Anwendung einer Wiederverheiratungsklausel: Stets ist im Einzelfall zu prüfen, ob nicht doch dem Überlebenden Handlungsspielraum eingeräumt sein sollte, insbesondere zur Versorgung von späteren (einseitigen) Abkömmlingen oder auch des ihn im Alter pflegenden neuen Partners.

Die gebräuchlichsten Wiederverheiratungsklauseln teilen sich in folgende Gruppen:[218] 112

a) **Bei der Trennungslösung**

Ist der überlebende Ehegatte nur zum Vorerben eingesetzt und die Endbedachten (z.B. 113 Abkömmlinge) zu Nacherben auf den Tod des Vorerben, so liegt bereits von vornherein eine Trennung des Nachlassvermögens vom Eigenvermögen vor. Ist der überlebende Ehegatte kein gem. § 2136 befreiter Vorerbe, so besteht an sich keine dringende Notwendigkeit einer zusätzlichen Sicherung der Nacherben für den Fall der Wiederverehelichung. Die gewählte Einsetzungsform gewährleistet bereits das notwendige Maß an Sicherung für die Endbedachten.[219] Ist der Überlebende aber im Umfang des § 2136 von den gesetzlichen Beschränkungen befreit, kommen im Wesentlichen folgende durch die Wiederheirat bedingten Anordnungen in Frage:

• Da die Anordnung der **Befreiung des Vorerben** von den Beschränkungen und Ver- 114 pflichtungen gem. § 2136 grundsätzlich wie jedes andere Rechtsgeschäft auch unter einer Bedingung oder Befristung erfolgen kann,[220] kann sie auch unter der **auflösenden Bedingung der Wiederverheiratung** des Vorerben getroffen werden, sodass gegen diesen dann alle Verfügungsbeschränkungen, Mitverwaltungs-, Kontroll- und Sicherungsrechte zugunsten der Nacherben in Kraft treten.[221] Zusätzlich können hierbei die Rechte der Nacherben durch Anordnung einer Testamentsvollstreckung ab der Wiederverheiratung gesichert werden.

• Der ohnehin auf den Tod des überlebenden Ehegatten als Vorerben befristeten 115 Nacherbfolge wird als zusätzliche **die Nacherbfolge auslösende Bedingung die Wiederverheiratung** des Vorerben hinzugefügt.[222] Die Nacherbfolge selbst ist hierbei nicht bedingt, lediglich der Eintritt des Nacherbfalls, sodass hier nicht § 2108 Abs. 2 Satz 2, sondern Satz 1 Anwendung findet und die Nacherbanwartschaft im Zweifel vererblich ist. Tritt die Nacherbfolge bereits durch die Wiederheirat ein, so wird die für den Tod vorgesehene Nacherbfolge gegenstandslos. Begnügen sich die Eheleute nicht mit dem Eintritt der Nacherbfolge beim Tod des Längstlebenden, sondern lassen sie sie auch mit der Wiederheirat eintreten, so liegt nach verbreiteter Ansicht die Auslegung nahe, dass der überlebende Ehegatte bis dahin befreiter Vorerbe sein soll.[223]

• Mit der Wiederverheiratung tritt wie zuvor zugunsten der Nacherben der Nacherb- 116 fall bezüglich des ganzen Nachlasses des Erstversterbenden ein. Der überlebende Ehegatte bekommt jedoch durch aufschiebend bedingtes **Vermächtnis den Nießbrauch** am gesamten Nachlass auf Lebenszeit oder ein Geld- oder Rentenvermächtnis aus dem Nachlass des Erstversterbenden.

• Zugunsten des überlebenden Ehegatten kann die durch die Wiederheirat bedingte 117 Nacherbfolge dadurch gemildert werden, dass sie nur zu einem Bruchteil des Nachlasses, etwa dem gesetzlichen Erbteil der Abkömmlinge auf Ableben des Erstversterbenden,

[217] Ripfel Rpfleger 1951, 577, 583; Haegele Rpfleger 1976, 73, 77.

[218] Siehe hierzu insb. Ripfel Rpfleger 1951, 578; Hurst MittRhNotK 1962, 435; Simshäuser FamRZ 1972, 273; Haegele Rpfleger 1976, 73; Dippel AcP 177 (1977), 349; Buchholz, Erbfolge und Wiederverheiratung, 1986; Zawar NJW 1988, 16.

[219] Buchholz, Erbfolge und Wiederverheiratung, 1986, S. 16.

[220] MünchKomm/Grunsky, § 2136 Rn 2.

[221] Haegele Rpfleger 1976, 73, 74.

[222] J. Mayer in Reimann/Bengel/J. Mayer, § 2269 Rn 60.

[223] BayObLGZ 1961, 200, 204 = DNotZ 1961, 155; BGH FamRZ 1961, 275; BGH FamRZ 1972, 36; BayObLGZ 1966, 227; Haegele Rpfleger 1976, 73, 74.

eintreten soll (**Vorerbschaft mit gesetzlicher Erbfolge bei Wiederverheiratung**), während der dem Ehegattenerbteil entsprechende Restbruchteil für den Überlebenden mit seiner Wiederheirat von der Nacherbenbindung frei wird.[224] Bei dieser Mischform ist der überlebende Ehegatte auflösend bedingter Vorerbe auf das Ganze und aufschiebend bedingter Vollerbe hinsichtlich des gesetzlichen Ehegattenerbteils. Das Freiwerden des Bruchteils für den Überlebenden von der Nacherbenbindung sollte ausdrücklich im Testament festgelegt werden, damit nicht die Nacherbfolge hinsichtlich dieser Quote weiterhin als erst mit dem Tod des wiederverheirateten Überlebenden eintretend angesehen wird.[225]

Formulierungsvorschlag:

Wenn der Überlebende von uns wieder heiratet, tritt die Nacherbfolge ein mit der Maßgabe, dass der Überlebende in diesem Fall im Wege der Erbeinsetzung eines Erbquote in Höhe seines gegebenenfalls gem. § 1371 Abs. 1 BGB erhöhten Pflichtteils erhält, auf die sich die Nacherbfolge nicht erstreckt.

118 Eine reale Aussonderung des Teils, der vom bedingten Nacherbenrecht erfasst und desjenigen, der unbedingtes freies Vermögen des überlebenden Ehegatten bleiben soll, findet bei dieser Quotenanordnung nicht statt.[226] Dem überlebenden Ehegatten kann bei dieser Regelung ein völlig freier Vermögensbereich am Nachlass des Erblassers nur dadurch geschaffen werden, dass man aus § 2120 die Verpflichtung der Nacherben ableitet, einer Freigabe aus der Nacherbschaft von Nachlassgegenständen zuzustimmen, deren Wert der Höhe seiner Quote als Vollerbe entspricht.[227]

b) Bei der Einheitslösung

119 Hier setzen die Ehegatten einander zu alleinigen Vollerben ein und bestimmen **für den Wiederverheiratungsfall, dass der Überlebende den Nachlass** ganz oder zu Bruchteilen **an die** vorgesehenen **Schlusserben herauszugeben hat**. Nach der h.M. ist seit RGZ 156, 172/180 der überlebende Ehegatte bei einer solchen Wiederverehelichungsklausel ab dem ersten Erbfall sowohl **durch die Wiederheirat auflösend bedingter Vollerbe** als auch gleichzeitig dadurch **aufschiebend bedingter Vorerbe,**[228] d.h. die Klausel verwandelt die Einheitslösung in die Vorerblösung. Da die h.M. die Schutzvorschriften der §§ 2113ff. auch zugunsten aufschiebend bedingter Nacherben anwendet, macht eine solche Klausel aus dem als Vollerbe des Erstversterbenden den Schlusserben gegenüber hinsichtlich Verfügungen unter Lebenden weitgehend (§§ 2287, 2288) freigestellten überlebenden Ehegatten einen mit den Verfügungsbeschränkungen, Mitwirkungs-, Kontroll- und Sicherungsrechten belasteten, wenn auch aufschiebend bedingten Vorerben. Der einzige Trost für ihn ist, dass er nach überwiegender Meinung auf Grund einer tatsächlichen Vermutung in solchen Fällen mangels anderer Anhaltspunkte als befreiter Vorerbe anzusehen ist.[229]

120 Die einzelnen Varianten dieser Lösung sind:

- Mit der Wiederverheiratung tritt zugleich der Nacherbfall ein, und der Nachlass des Erstversterbenden ist dann je nach Erblasseranordnung ganz oder teilweise an die Nacherben herauszugeben.[230]

---

[224] BayObLGZ 1958, 109, 112 = NJW 1958, 1683; RGZ 106, 355; BGH Rpfleger 1980, 95.

[225] Ripfel Rpfleger 1951, 577, 581; Haegele Rpfleger 1976, 73, 75; Scheuren-Brandes, ZEV 2005, 185, 186; Formular in MünchVertrHdb/Nieder/Otto, Bd. 6/2, XVI.11 § 3.

[226] Haegele Rpfleger 1976, 73, 77.

[227] Haegele Rpfleger 1976, 73, 77; BayObLGZ 1958, 109 = NJW 1958, 1683.

[228] BGHZ 96, 198 = NJW 1988, 59, 60 = DNotZ 1986, 541 m. Anm. Zawar; a.M. MünchKomm/Musielak, § 2269 Rn 54ff.; siehe zum Stand der Meinungen und teilweise vom BGH abweichend Wilhelm NJW 1990, 2857; Zawar NJW 1988, 16; ders. FS f. Schippel, S. 335ff.

[229] BGH FamRZ 1961, 275; BayObLGZ 66, 227; OLG Hamm DNotZ 1972, 96.

[230] RGZ 156, 172, 180ff.

- Der Erblasser kann aber auch anordnen, dass die bedingten Nacherben zwar mit der Wiederverheiratung unbedingte Nacherben werden, der Nacherbfall aber erst mit dem Tod des Vorerben eintreten soll.[231]
- Der Erblasser kann auch, statt eine durch die Wiederheirat bedingte Nacherbfolge für den ganzen Nachlass anzuordnen, dies nur für einen Bruchteil, z.B. in Höhe der gesetzlichen Erbteile der Abkömmlinge, tun und auch dann wieder den Nacherbfall sofort oder erst beim Tod des Vorerben eintreten lassen. Aber auch dann unterliegt bis zur Wiederheirat der ganze Nachlass den bei einer Vorerbschaft zugunsten der bedingten Nacherben geltenden Beschränkungen.[232]

Mit der Wiederverheiratung und damit dem Eintritt des Nacherbfalls entfällt regel- 121
mäßig die Bindung des überlebenden Ehegatten an seinen wechselbezüglichen Verfügungen im gemeinschaftlichen Testament. Diese Befreiung ist Inhalt jeder Wiederverheiratungsklausel, sofern nicht ausdrücklich eine gegenteilige Anordnung getroffen wird.[233] Automatisch (***von selbst***) fallen die eigenen Verfügungen des überlebenden Ehegatten jedoch im Falle der Wiederverheiratung nicht weg,[234] sondern bleiben gültig, wenn sie nicht durch eine neue Verfügung von Todes wegen aufgehoben oder ersetzt werden.[235]

c) Bei der Herausgabevermächtnislösung

Der Erblasser beruft den Ehegatten zu seinem alleinigen Vollerben, bestimmt aber, 122
dass dieser im Falle seiner Wiederverheiratung den **noch vorhandenen Rest des Nachlasses**, eine bestimmte Quote des Nachlasswertes in Geld, einen bestimmten Geldbetrag oder bestimmte Nachlassgegenstände an die Abkömmlinge **als Vermächtnis herauszugeben** hat und wobei wieder variiert werden kann, ob dieses Vermächtnis sofort bei der Wiederheirat oder erst beim Tod des Überlebenden anfallen oder fällig sein soll.[236] Es handelt sich in diesen Fällen um aufschiebend bedingte Vermächtnisse. Beim Vermächtnisanfall verbleibt der Überlebende unverändert alleiniger Vollerbe. Er ist vor und nach der Wiederverheiratung über den Nachlass verfügungsberechtigt, kann auch unentgeltliche Verfügungen vornehmen und ist durch keine Verfügungsbeschränkungen und Kontroll- und Sicherungsrechte beeinträchtigt.[237] In dieser Weise vermachte Geldforderungen können nach dem Erbfall durch ein Grundpfandrecht gesichert werden.[238] Falls der vermachte Geldbetrag sich aus dem Wert des Nachlasses beim Erbfall errechnen soll, empfiehlt es sich, die Erstellung eines amtlichen Nachlassverzeichnisses und eine Nachlassschätzung anzuordnen.[239] Ferner sollte angeordnet werden, welche Auswirkungen die Geltendmachung des Pflichtteilsanspruchs durch einen Abkömmling auf sein Vermächtnis haben soll.[240]

d) Vermächtnisbefugnis zugunsten des neuen Ehegatten

Bei allen genannten Arten von Wiederverehelichungsklauseln besteht die Möglichkeit, 123
dem überlebenden Ehegatten im Falle seiner Wiederheirat das Recht einzuräumen, seinem neuen Ehegatten zu Lasten des vorhandenen Grundbesitzes, auch wenn er vom

---

[231] Haegele Rpfleger 1976, 73, 75.
[232] Haegele Rpfleger 1976, 73, 76.
[233] MünchKomm/Musielak, § 2269 Rn 62 m. w. Nachw.
[234] So aber KG NJW 1957, 1073; KG FamRZ 1968, 333; OLG Hamm ZEV 1994, 365, 366; offen gelassen: BGH WPM 1985, 1178, 1179.
[235] MünchKomm/Musielak, § 2269 Rn 62; Staudinger/Kanzleiter § 2269 Rn 50; Lange/Kuchinke, 4. Aufl., § 24 IV 3 d.
[236] Weihe DNotZ 1939, 12; siehe hierzu auch Raitz von Frentz DNotZ 1962, 635; Zawar NJW 1988, 16.
[237] Haegele Rpfleger 1976, 73, 77; Ripfel Rpfleger 1951, 577, 583 f.
[238] Haegele a. a. O.; Ripfel a. a. O.
[239] Ripfel a. a. O.
[240] Ripfel a. a. O.

Erstversterbenden stammt, nach seinem Ermessen unentgeltlich ein Nutzungsrecht, z. B. Wohnungsrecht oder Nießbrauchsrecht einzuräumen, evtl. mit der Einschränkung, dass das Recht bei einer Wiederheirat des Berechtigten erlöschen soll. Die rechtliche Zulässigkeit beruht auf einer durch die Ausübung des Rechts auflösend bedingten Nacherbeinsetzung.

e) Rechtslage nach Wiederverheiratung

124 Umstritten ist, was bei Wiederverheiratung mit den vom Längstlebenden auf seinen Tod getroffenen Anordnungen wird. Nach der wohl h. M.[241] ist es, sofern nicht ausdrücklich eine gegenteilige Anordnung getroffen ist, als Inhalt jeder Wiederverheiratungsklausel anzusehen, dass mit der Wiederheirat und der damit verbundenen Einbuße der Rechte am Nachlass des verstorbenen Ehegatten zugunsten der Kinder regelmäßig die Bindung des überlebenden Ehegatten an seine wechselbezüglichen Verfügungen im gemeinschaftlichen Testament oder vertraglichen im Erbvertrag entfällt. Streitig ist, ob nur diese Bindung entfällt und er damit in die Lage versetzt wird, seine Verfügungen frei aufzuheben oder abzuändern[242] oder ob, wie eine Mindermeinung vertritt,[243] diese Verfügungen allein durch die Wiederheirat von selbst gegenstandslos werden, ohne dass es einer neuen abweichenden Verfügung des überlebenden Ehegatten bedarf. Folgt man dieser Auffassung, so tritt auf den Tod des überlebenden Ehegatten die gesetzliche Erbfolge ein, falls dieser nicht bis dahin testamentarisch etwas anderes bestimmt hat.[244] Bei dieser unklaren Rechtslage ist es zweckmäßig, immer in gemeinschaftlichen Testamenten mit Wiederverehelichungsklausel aufzunehmen, was nach Eintritt der Wiederverehelichungsklausel mit den wechselbezüglichen Verfügungen des Überlebenden geschehen soll.[245]

Formulierungsvorschläge:[246]

Entweder: „Im Falle einer Wiederverheiratung kann der überlebende Ehegatte die Erbeinsetzung der Abkömmling ganz oder teilweise widerrufen."

oder: „Im Falle einer Wiederverheiratung des überlebenden Ehegatten gilt die von ihm vorgenommene Erbeinsetzung der Kinder als nicht angeordnet."

f) Pflichtteil und Wiederverheiratungsklausel

125 Der mit einer Wiederverheiratungsklausel belastete, als Erbe eingesetzte überlebende Ehegatte kann im Fall seiner Wiederheirat nach Ablauf der Pflichtteilsverjährungsfrist von 3 Jahren einen Pflichtteil nicht geltend machen, auch wenn er dann die ganze Erbschaft verliert. Er hätte bereits beim Erbfall die Erbschaft fristgemäß ausschlagen und den Pflichtteil verlangen müssen (§ 2306 Abs. 1). Ist der Überlebende dagegen **nur mit**

---

[241] KG JFG 15, 325, 329 = JW 1937, 2520; MünchKomm/Musielak, § 2269 Rn 62; Simshäuser FamRZ 1972, 277; Dippel AcP 177 (1977), 349, 362 ff.

[242] Huken DNotZ 1965, 729; Staudinger/Kanzleiter § 2269 Rn 48; MünchKomm/Musielak, § 2269 Rn 62; Huber Rpfleger 1981, 41, 44; Wilhelm NJW 1990, 2857, 2864 Fn. 48; BayObLG NJW 1962, 1727; OLG Zweibrücken OLGZ 1973, 217, 219; OLG Köln FamRZ 1976, 552; OLG Karlsruhe 1961, 1410.

[243] KG JW 1937, 2520 = JFG 15, 325, 29; KG DNotZ 1938, 204 = JW 1938, 2748; KG NJW 1957, 1072 = DNotZ 1957, 557; KG FamRZ 1968, 331; OLG Hamm FamRZ 1995, 250 = ZEV 1994, 365; Soergel/Wolf § 2269 Rn 23; für ergänzende Auslegung im Einzelfall: Palandt/Edenhofer § 2269 Rn 19; offengelassen: BGH WPM 1985, 1178, 1179.

[244] Haegele Rpfleger 1976, 73, 78.

[245] Huken DNotZ 1965, 729, 734; MünchKomm/Musielak, 3. Aufl., § 2269 Rn 62.

[246] Nach Haegele Rpfleger 1976, 73, 78.

einem Vermächtnis bedacht, so kann er innerhalb von drei Jahren (§§ 195, 199 Abs. 1) entweder seinen Pflichtteilsrestanspruch oder, falls er das Vermächtnis noch nicht angenommen hat, nach seiner Ausschlagung fristlos den vollen Pflichtteil verlangen (§ 2307), da beim Vermächtnis keine Ausschlagungsfrist läuft (§ 2180), sofern ihm der Erbe nicht gemäß § 2307 Abs. 2 eine Frist gesetzt hat.

Leben die Ehegatten in Zugewinngemeinschaft, so steht der Überlebende vor der Wahl, ob er die Erbschaft mit der Wiederverehelichungsklausel annehmen oder ausschlagen soll (§ 1371 Abs. 3). Im Falle der Ausschlagung erhält er den rechnerischen Zugewinnausgleich und daneben den Pflichtteil aus dem um den Zugewinn verringerten Nachlass zu der um das Zugewinnviertel gekürzten Pflichtteilsquote (**kleiner Pflichtteil**).[247] Ist der überlebende Ehegatte zum **Vorerben** und sind die Abkömmlinge zu Nacherben berufen, können diese im Rahmen des § 2306 die Erbschaft ausschlagen und den Pflichtteil verlangen. Da die Ausschlagungsfrist für Nacherben frühestens mit dem Eintritt der Nacherbfolge beginnt (§§ 2139, 2106), haben sie dazu drei Jahre, d.h. bis zur Verjährung des Pflichtteils Zeit. Ist der überlebende Ehegatte alleiniger **Vollerbe**, sind die Abkömmlinge, auch wenn sie durch seine Wiederverheiratung aufschiebend bedingten Nacherben eingesetzt sind, von der Erbfolge nach dem Erstversterbenden ausgeschlossen[248] und können daher, ohne die bedingte Nacherbschaft ausschlagen zu müssen, den Pflichtteil verlangen (§ 2303 Abs. 1 Satz 1), müssen sich diesen allerdings im Falle des Eintritts der Nacherbschaft auf sie anrechnen lassen.[249]

Bei einem durch die Wiederverehelichung des Vollerben aufschiebend bedingten Vermächtnis zugunsten des Schlusserben (Wiederverehelichungsvermächtnis) beim Berliner Testament muss nach der h. M.[250] der Schlusserbe das Vermächtnis innerhalb der Verjährungsfrist des Pflichtteilsanspruchs ausschlagen, um den vollen Pflichtteil zu erlangen, obwohl dies dem § 2307 nicht direkt entnommen werden kann. Dies wird mit dem Zweck des § 2307 begründet, rasch klare Verhältnisse herbeizuführen. **126**

g) Übergabeverpflichtung durch Rechtsgeschäft unter Lebenden

Eine andere Lösung des Wiederverehelichungsproblems ist, dass jeder Ehegatte neben der Verfügung von Todes wegen sich durch Vertrag zugunsten Dritte (§ 328) gegenüber dem anderen verpflichtet, im Falle seiner Wiederverheiratung den Hauptgegenstand seines Nachlasses den gemeinschaftlichen Abkömmlingen oder einem oder einigen von ihnen zu übertragen. Diese Lösung hat gegenüber den obigen erbrechtlichen Lösungen den Vorteil, dass sie vom überlebenden Ehegatten nicht durch Ausschlagung und Pflichtteilsverlangen vereitelt werden kann und dass sie auch für den Fall der Ehescheidung anwendbar ist. **127**

9. Befugnis des überlebenden Ehegatten zur wertverschiebenden Verteilung der Nachlassgegenstände des Erstversterbenden unter Lebenden und von Todes wegen

Solche Bestimmungen in Ehegattenverfügungen von Todes wegen sollen dazu dienen, dem Überlebenden in festgelegten Grenzen die Möglichkeit zu geben, wertmäßig eine von den Erbquoten abweichende Erbteilung des Nachlasses des Erstversterbenden zwischen den Endbedachten (z. B. Abkömmlingen) vorzunehmen. **128**

---

[247] Haegele Rpfleger 1976, 73, 82.

[248] BayObLG 1966, 227 = FamRZ 1967, 695.

[249] BayObLG 1966, 227 = FamRZ 1967, 695.

[250] OLG Oldenburg NJW 1991, 988, 989; a.M. d.h. bis zur Vermächtnisverjährung Strecker ZEV 1996, 327.

a) Regelungsmöglichkeiten bei der Einheitslösung

129 Beim Berliner Testament (§ 2269) und einem ihm inhaltlich entsprechenden Ehegattenerbvertrag (§ 2280) kann dem überlebenden Ehegatten, der Vollerbe nach dem Erstversterbenden wird, dadurch die Möglichkeit zur wertverschiebenden Verteilung des Nachlasses durch Verfügung unter Lebenden oder von Todes wegen eingeräumt werden, dass man ihn insoweit – insgesamt oder nur eingeschränkt – von der Bindung an seine eigenen wechselbezüglichen oder vertragsmäßigen Verfügungen freistellt. Dies geschieht beim gemeinschaftlichen Ehegattentestament durch eine Freistellungsklausel und beim Ehegattenerbvertrag durch Änderungsvorbehalt.

b) Regelungsmöglichkeiten bei der Nießbrauchslösung

130 Wegen § 2065 ist es hier nicht möglich, dem Überlebenden, dem nur der Nießbrauch am Nachlass vermacht ist, ein Widerrufungsrecht bezüglich der Verfügungen des Erstversterbenden einzuräumen.[251] Eine Möglichkeit, das Regelungsziel zu erreichen, ist, den überlebenden Ehegatten zusätzlich zum Testamentsvollstrecker einzusetzen.[252] Dabei legt der Erblasser fest, dass der Überlebende nur so lange Testamentsvollstrecker bezüglich eines bestimmten Nachlassgegenstandes bleibt, bis er selbst bezüglich dieses Gegenstandes die Auseinandersetzung verlangt.

Formulierungsvorschlag:

Der Erstversterbende von uns ernennt hiermit den überlebenden Ehegatten zu seinem Testamentsvollstrecker mit der Aufgabe, sich selbst den Nießbrauch am Nachlass zu verschaffen und den Nachlass zu verwalten. Er ist in der Eingehung von Verbindlichkeiten für den Nachlass nicht beschränkt und von § 181 BGB befreit. Mit seiner Wiederverheiratung endet die Testamentsvollstreckung.

131 Damit entfällt die Unsicherheit über seine Befugnis zur Freigabe von Nachlassgegenständen gem. § 2217.[253] Ferner erhält der Überlebende gem. § 2048 Satz 2 die Befugnis, die Auseinandersetzung der Nachlassgegenstände unter den Erben nach seinem billigem Ermessen vorzunehmen. Dieses Bestimmungsrecht kann er auch in einer Verfügung von Todes wegen ausüben.[254] Damit kann der Überlebende jedoch noch keine Wertverschiebungen zwischen den Erben vornehmen, diese müssen sich vielmehr mit den ihnen vom Überlebenden zugeteilten Nachlassgegenständen nach ihren Erbquoten ausgleichen. Um dem Überlebenden auch die Möglichkeit zu geben, zu Lasten des Nachlasses des Erstversterbenden Anordnungen zu treffen, die **Wertverschiebungen** unter dessen Erben zur Folge haben, werden die Erben mit einem Bestimmungs- und Verteilungsvermächtnis gem. §§ 2151, 2153, verbunden mit einem Zweckvermächtnis gem. § 2156 beschwert, und zum Bestimmungsberechtigten der Überlebende ernannt. Dieser kann dann gem. § 2156 innerhalb des ihm vom Erblasser gesetzten Rahmens, z.B. dem der Ausstattung gem. § 1624, Gegenstand, Zeitpunkt und Bedingungen der Leistung aus dem Nachlass des Erstversterbenden nach billigem Ermessen bestimmen. Ferner bestimmt er nach freiem Ermessen gem. § 2151 die Person des Berechtigten und gem. § 2153 dessen Anteil am Nachlassgegenstand.[255]

---

[251] Huber Rpfleger 1981, 41, 43 m.w.N.
[252] Formular bezüglich dieser Lösung in MünchVertrHdb/Nieder/Otto, Bd. 6/2, XVI.20.
[253] Keller BWNotZ 1970, 49, 50.
[254] Keller BWNotZ 1970, 49, 51.
[255] Keller BWNotZ 1970, 49, 52.

Formulierungsvorschlag:

(dem Formulierungsbeispiel oben Rn 97 ist anzufügen:)

§ 5 Befugnisse des Überlebenden zur Erbauseinandersetzung und zu Ausstattungen

(1) Der Überlebende ist berechtigt, den Nachlass des Erstversterbenden hinsichtlich einzelner Nachlassgegenstände auseinander zu setzen. In diesem Fall endet sein Testamentsvollstreckeramt bezüglich dieser Gegenstände.

(2) Der Erstversterbende räumt dem Überlebenden das Recht ein, gem. § 2048 BGB nach seinem billigen Ermessen Bestimmungen über die Auseinandersetzung des Nachlasses des Erstversterbenden auch in einer Verfügung von Todes wegen zu treffen.

(3) Der Erstversterbende beschwert seine Erben im Wege des Vermächtnisses zu Lasten ihrer Erbteile zu dulden, dass einzelne von ihnen Geld- und Sachleistungen mit Rücksicht auf ihre Verheiratung oder auf die Erlangung einer selbständigen Lebensstellung zur Begründung oder zur Erhaltung der Wirtschaft oder der Lebensstellung jeweils im Sinne des § 1624 BGB aus dem Nachlass des Erstversterbenden zugewendet werden. Der Überlebende bestimmt nach billigem Ermessen die Person, den Gegenstand, den Zeitpunkt, die Form und den Anrechnungsbetrag der Zuwendung. Das Bestimmungsrecht endet mit dem Todes des Überlebenden, gleichzeitig fällt auch das Vermächtnis ersatzlos weg.

§ 6 Herausgabevermächtnis

Für den Fall, dass einer der Erben des Erstversterbenden vor dem Längstlebenden ohne Hinterlassung von (ggf.: ehelichen) Abkömmlingen versterben sollte, hat er vermächtnisweise bei seinem Todes alles herauszugeben, was er vom Erstversterbenden zugewandt bekommen hat und bei seinem Tod noch vorhanden ist. Bedacht sind die übrigen Erben des Erstversterbenden im Verhältnis ihrer Erbteile, ersatzweise der überlebende Ehegatte.

Eine andere Gestaltungsmöglichkeit, dem Überlebenden die freie, wertmäßige Verteilung des Nachlasses des Erstversterbenden nach seinem Ermessen zu ermöglichen, wäre, einzelne Nachlassgegenstände oder eine Gruppe von Nachlassgegenständen, z. B. sämtliche Grundstücke, den Kindern gemeinsam als Vorausvermächtnis zuzuwenden und dem Überlebenden gem. § 2151 das Recht einzuräumen, evtl. unter gleichzeitiger Anordnung von Ausgleichszahlungen zu bestimmen, wer von den Abkömmlingen jeweils das Vermächtnis erhalten soll.[256] Modifizieren lässt sich diese Gestaltungsmöglichkeit dadurch, dass gem. § 2153 dem Überlebenden auch das Recht eingeräumt werden kann, die Quoten zu bestimmen, zu denen bestimmte Gegenstände zugewandt sein sollen.[257] Wegen im Schrifttum[258] geäußerten Zweifeln sollte in der Verfügung ausdrücklich bestimmt werden, dass die anteilsmäßige Verteilung auch getrennt für jeden einzelnen der vermachten Gegenstände erfolgen kann.[259] 132

c) **Regelungsmöglichkeiten bei der Vorerblösung**

Während die Einräumung der Befugnis des Überlebenden eine solche wertverschiebende Verteilung vorzunehmen beim Ehegattentestament mit Nießbrauchsvermächtnis auf Schwierigkeiten stößt, ist ihre Konstruktion bei der Vor- und Nacherbschaft wie folgt zu gestalten: 133

– Man kann diese Befugnis dem Überlebenden entweder dadurch einräumen, dass die **Nacherben** nur unter der **Bedingung** eingesetzt werden, dass der Vorerbe nicht letztwillig anders unter den gemeinschaftlichen Abkömmlingen unter Lebenden oder von Todes wegen verfügt;

---

[256] Vogt BWNotZ 1955, 60; Keller BWNotZ 1970, 49, 51.
[257] Keller BWNotZ 1970, 49, 51.
[258] Staudinger/Seybold § 2153 Anm. 4.
[259] Keller BWNotZ 1970, 49, 52.

– oder kann bestimmte Vermögensgegenstände dem Überlebenden als durch die Verteilung dieser Gegenstände unter die gemeinschaftlichen Abkömmlinge **aufschiebend bedingtes Vorausvermächtnis** zuwenden.

134 In gleicher Weise kann der überlebende Ehegatte auch für Übergaben an die Abkömmlinge durch Vertrag unter Lebenden von der Nacherbfolge freigestellt werden.

d) Regelungsmöglichkeit bei der Herausgabevermächtnislösung

135 Auch hier kann der Erblasser ähnlich der Vorerblösung das Herausgabevermächtnis für den Fall auflösend bedingt bestellen, dass der Überlebende die Nachlassgegenstände bereits unter Lebenden unter die gemeinschaftlichen Abkömmlinge verteilt.

10. Die Grenzen der Regelungsmöglichkeiten durch gemeinschaftliche Ehegattenverfügungen

136 Für den Erstversterbenden und den Endbedachten (Vertrags- oder Schlusserbe oder -vermächtnisnehmer) bietet nur die Trennungslösung je nach ihrer Ausgestaltung mehr oder weniger Sicherheit, dass der Endbedachte die Vermögensgegenstände des Erstversterbenden nach dem Tod des Längstlebenden erhält. Bei der Einheitslösung ist dies bezüglich beider Vermögensmassen und bei der Trennungslösung bezüglich des Eigenvermögens des Längstlebenden nicht der Fall. Die beim Erbvertrag mit dem Vertragsschluss und beim gemeinschaftlichen Ehegattentestament nach dem Tod des erstversterbenden Ehegatten eintretende Bindungswirkung schützt vollkommen nur gegen nachträgliche, das Recht des Bedachten beeinträchtigende Verfügungen von Todes wegen (§§ 2289 Abs. 1 Satz 2, 2271 Abs. 1 Satz 2), jedoch grundsätzlich nicht gegen beeinträchtigende Rechtsgeschäfte unter Lebenden, und zwar auch nicht gegen erst auf den Tod wirksame. Da der lediglich von Todes wegen gebundene Erblasser gem. § 2286, der entspr. auch für das gemeinschaftliche Testament gilt,[260] grundsätzlich das Recht behält, über seine Vermögensgegenstände durch Rechtsgeschäft unter Lebenden zu verfügen, ist der Schutz der Endbedachten (Vertrags- oder Schlusserben oder -vermächtnisnehmer) gegen seine Erwerbsaussichten beeinträchtigende Verfügungen nur in folgenden Fällen gegeben:

a) Erbrechtliche Sicherungen

137 • Hat der Erblasser in der Absicht, den Vertrags- oder Schlusserben zu beeinträchtigen (Missbrauchskorrektur), eine Schenkung i.S. des § 516 gemacht (bösliche Schenkung), so kann der Vertrags- oder Schlusserbe, nachdem ihm die Erbschaft angefallen ist, vom Beschenkten gem. § 2287, der auch auf bindend gewordene wechselbezügliche Verfügungen entspr. anwendbar ist,[261] die Herausgabe des Geschenks nach den Vorschriften über die Herausgabe einer ungerechtfertigten Bereicherung (§§ 818–822) verlangen. Aber auch dieser Schutz ist nach der Rechtsprechung des BGH[262] nicht gegeben, wenn die Schenkung **nicht missbräuchlich** ist, weil der Erblasser ein **„lebzeitiges Eigeninteresse"** an ihr hat. Ein solches ist anzunehmen, wenn nach dem Urteil eines objektiven Betrachters die Schenkung in Anbetracht der gegebenen Umstände auch unter Berücksichtigung der Bindung als billigenswert und gerechtfertigt erscheint.[263]

138 • Besser als Vertrags- und Schlusserben sind Vertrags- und Schlussvermächtnisnehmer gegen Rechtsgeschäfte unter Lebenden und tatsächliche Beeinträchtigungen des **Vermächtnisgegenstandes** geschützt.[264] Das Gesetz schützt sie nämlich nicht nur wie die Vertrags- und Schlusserben gegen missbräuchliches Verschenken des Vermächtnisgegenstandes durch den Erblasser (§ 2288 Abs. 2 Satz 2), sondern auch gegen vom Erblasser

---

260 BGH NJW 1959, 2252.

261 BGHZ 66, 9, 15 = NJW 1976, 749; BGH NJW 1982, 43, 44.

262 Siehe Spellenberg NJW 1986, 2531.

263 Siehe hierzu eingehend § 12 II.

264 Siehe hierzu auch eingehend § 12 und § 13 I.

in Benachteiligungsabsicht, d.h. missbräuchlich vorgenommene Zerstörung, Beiseiteschaffung, Beschädigung (§ 2288 Abs. 1), entgeltliche Veräußerung und Belastung des Vermächtnisgegenstandes (§ 2288 Abs. 2 Satz 1). Bei den genannten tatsächlichen Beeinträchtigungen tritt an die Stelle des Vermächtnisgegenstandes sein Wert und bei Veräußerung oder Belastung die Verschaffungspflicht bzw. die Pflicht zur Beseitigung der Belastung. Die Ansprüche richten sich jeweils gegen den Erben oder die Erbengemeinschaft, und zwar nach der h.M. auch, wenn nicht er, sondern ein anderer Vermächtnisnehmer mit einem Untervermächtnis beschwert war.[265] Auch § 2288 ist auf bindend gewordene gemeinschaftliche Testamente entspr. anwendbar.[266]

• Der Erblasser kann als erbrechtliches Druckmittel verfügen, dass im Falle von die Erwerbsaussicht der Endbedachten vereitelnden lebzeitigen Verfügungen oder tatsächlichen Beeinträchtigungen eine dadurch bedingte Nacherbschaft eintritt[267] oder der Vermächtnisgegenstand dadurch bedingt als Vermächtnis des Erstversterbenden dem Endbedachten anfällt (**sanktioniertes Verfügungsunterlassungsvermächtnis**).[268] 139

b) Zusätzliche rechtsgeschäftliche Sicherungsmöglichkeiten

Wem diese erbrechtlichen Sicherungen der Erwerbsaussicht des Endbedachten gegen die Gefahren lebzeitiger Verfügungen und tatsächlicher Beeinträchtigungen nicht genügen, muss zu anderen Rechtsformen greifen, wobei diese jeweils bezüglich ihrer Zweckmäßigkeit sorgfältig zu prüfen sind: 140

• Durch **schuldrechtliche Vereinbarung** kann sich der Erblasser zusätzlich zum Erbvertrag verpflichten, nicht über einen oder mehrere Vermögensgegenstände (wegen § 311b Abs. 2 nicht über alle – sein Vermögen – oder einen Bruchteil von ihnen!) unter Lebenden zu verfügen (**Verfügungsunterlassungsvertrag**). Als Druckmittel kann er sich zusätzlich verpflichten, im Falle des Verstoßes gegen die Unterlassungspflicht den Gegenstand vorzeitig unter Lebenden auf den Endbedachten zu übertragen.[269] Ein in dieser Weise bedingter Übertragungsanspruch ist bei Grundstücken vormerkungsfähig.[270] 141

Formulierungsbeispiel eines Verfügungsunterlassungsvertrages mit bedingtem Übertragungsanspruch

(1) Die A verpflichtet sich hiermit schuldrechtlich gegenüber der C über das oben beschriebene Hausgrundstück nicht zu verfügen oder sich zu einer solchen Verfügung zu verpflichten.

(2) Sollte die A gegen dieser Verpflichtung verstoßen oder gegen das Grundstück Zwangsvollstreckungsmaßnahmen ergriffen und letztere nicht binnen drei Monaten eingestellt werden, so kann die C verlangen, dass die A unter dem Vorbehalt ihres lebtäglichen und unentgeltlichen Nießbrauchs das genannte Hausgrundstück sofort der C auf deren Kosten unentgeltlich zu Eigentum überträgt.

(3) Zur Sicherung dieses bedingten Übertragungsanspruchs bewilligt die A und beantragt die C die Eintragung einer Vormerkung zu ihren Gunsten im Grundbuch an bereitester Rangstelle.

In gleicher Weise kann beim Berliner Testament der Längstlebende mit einem **Verfügungsunterlassungsvermächtnis** beschwert werden.[271] Auch bei einer Sicherung der Erb- 142

[265] MünchKomm/Musielak, § 2288 Rn 9.
[266] Palandt/Edenhofer § 2288 Rn 1; BGH NJW 1959, 2252; BGHZ 82, 274 = NJW 1982, 56 = FamRZ 1981, 274.
[267] Lange/Kuchinke, 4. Aufl., § 25 V 11c.
[268] Lange/Kuchinke a. a. O.
[269] Buchholz Jura 1989, 393.
[270] Kohler DNotZ 1989, 339.
[271] Buchholz Jura 1989, 393, 401; Formular in MünchVertrHdb/Nieder/Otto, Bd. 6/2, XVI. 28 § 4.

aussicht durch einen sanktionierten Verfügungsunterlassungsvertrag oder ein Verfügungsunterlassungsvermächtnis ist der Endbedachte nicht dagegen gefeit, dass seine Erwerbsaussicht durch **Statusänderungen**, insbesondere Eheschließung, Geburt, Annahme eines Kindes oder dessen Ehelichkeitserklärung und damit neu entstehende Pflichtteils- oder Zugewinnausgleichsansprüche beeinträchtigt werden kann.[272] Dies kann auch der Fall sein, wenn ein Erb- und/oder Pflichtteilsverzichtsvertrag aufgehoben wird und dadurch Pflichtteilsansprüche wieder erwachsen[273] oder eine Pflichtteilsentziehung (§§ 2333 ff.) aufgehoben wird oder durch Verzeihung (§ 2337) unwirksam wird. Als Sicherung kann dagegen eine sofortige Übertragungsverpflichtung des oder der Vermögensgegenstände vereinbart werden, wenn es dem Erblasser nicht binnen einer bestimmten Frist gelingt, mit den neuen Pflichtteilsberechtigten einen Pflichtteilsverzichtsvertrag abzuschließen.

143 • Einfacher und daher bei Einzelstückzuwendungen auf den Todesfall im Einzelfall eher zu empfehlen ist der Abschluss eines notariellen **Schenkungsversprechens unter Lebenden** ohne Überlebensbedingung, dessen Erfüllung bis zum Tod des Schenkers hinausgeschoben ist[274] oder eines anderen Rechtsgeschäfts unter Lebenden auf den Tod, das einer umfassenden Bindungs- und Sicherungsmöglichkeit zugänglich ist.

Formulierungsbeispiel für eine in der Erfüllung auf den Tod des Schenkers betagte Grundstücksschenkung:[275]

Der A schenkt hiermit sein Grundstück Flst. Nr.... unbedingt, d.h. insbesondere ohne die Bedingung, dass der Beschenkte den Schenker überlebt, dem B, der diese Schenkung annimmt. Die Erfüllung dieser Schenkung durch Auflassung und Grundbucheintragung soll jedoch erst nach dem Tod des Schenkers erfolgen. Danach soll der B das Grundstück auf Grund der ihm hiermit erteilten Vollmacht[276] und einer Sterbeurkunde des A auf sich auflassen und den Antrag zum Vollzug des Eigentumswechsels im Grundbuch stellen können. Bis zum Tod des Schenkers ist der Anspruch des Beschenkten durch Eintragung einer Vormerkung im Grundbuch zu sichern, die hiermit bewilligt und beantragt wird.

144 • Eine Gefährdung bindender Verfügungen von Todes wegen ist auch ihre verhältnismäßig leichte Anfechtbarkeit gem. §§ 2281, 2078, 2079 (wobei sogar Motivirrtum genügt!) durch den Erblasser und nach seinem Tod durch diejenigen, denen die Aufhebung der betreffenden Verfügungen unmittelbar zustatten kommen würde (§ 2080). Dagegen kann ein ausdrücklicher **Verzicht des Erblassers auf sein Anfechtungsrecht** in der Verfügung von Todes wegen helfen.

IV. Checkliste für Ehegattenverfügungen von Todes wegen

145 – Wahl zwischen getrennten Einzeltestamenten, gemeinschaftlichem Testament oder Ehegattenerbvertrag
– Wahl zwischen Einsetzung des überlebenden Ehegatten und der Abkömmlinge als **Miterben**, insbesondere der Beibehaltung und evtl. Modifizierung des gesetzlichen Teilungsprinzips zwischen dem überlebenden Ehegatten und den Abkömmlingen (z.B. durch Erbquotenänderung), der **Vollerbeinsetzung** des Überlebenden mit Schlusserbeinsetzung der Abkömmlinge (Einheitslösung) oder dem Nutzungsprinzip mit **Vorerb-**

[272] Palandt/Edenhofer § 2271 Rn 11 u. § 2286 Rn 2 u. § 2289 Rn 13.
[273] BGHZ 77, 264, 269f. = NJW 1980, 2307, 2308.
[274] Lange/Kuchinke, 4. Aufl., § 25 V 11c; Formular in MünchVertrHdb/Nieder/Otto, Bd. 6/2, XVI. 33.
[275] Siehe Fall des BGHZ 8, 23.
[276] Zu klären ist, ob die Vollmacht aufgrund der eingetretenen Bindung unwiderruflich sein soll. Dem Bevollmächtigten ist eine Ausfertigung zu erteilen.

einsetzung des Überlebenden (Trennungslösung), bloßem **Herausgabevermächtnis** für die Abkömmlinge oder nur einem **Nießbrauchsvermächtnis** für den Überlebenden
- Trennbare Gestaltung der Verfügungen?
- Aufnahme einer Pflichtteilsstrafklausel, z. B. Enterbung bei der Trennungslösung oder modifizierte Jastrow'sche Klausel bei der Einheitslösung[277]
- Hausratsvorausvermächtnis zugunsten des überlebenden Ehegatten bei der Trennungslösung
- Aufnahme von Bestimmungen für das gleichzeitige Versterben beider Ehegatten
- Vorsorge für den Scheidungsfall
- Wiederverehelichungsklausel, z. B.
- Verschärfung der Vorerbenbeschränkung oder Eintritt der Nacherbfolge bei der Trennungslösung
- Bedingte Nacherbfolge oder Herausgabevermächtnis bei der Einheitslösung
- Enterbung des überlebenden Ehegatten hinsichtlich der gesetzlichen Erbfolge für den Fall, dass er das ihm Zugewendete ausschlägt oder anficht, um seine Testierfreiheit wiederzuerlangen
- Einräumung der Befugnis des Überlebenden zur wertverschiebenden Nachlassverteilung unter den Endbedachten
- Verzicht des überlebenden Ehegatten auf sein Anfechtungsrecht gem. §§ 2281, 2078, 2079 bezüglich seiner eigenen Verfügungen
- Sicherung des Endbedachten gegen beeinträchtigende Zweitverfügungen des Überlebenden unter Lebenden durch zusätzliches Rechtsgeschäft unter Lebenden (Unterlassungsvertrag mit bedingter Übereignungsverpflichtung) oder durch Verstoß gegen die Unterlassungspflicht aufschiebend bedingtes Vermächtnis
- Vorbehalt der Beseitigung der Bindungswirkung durch Rücktritts- oder Änderungsvorbehalt bzw. Freistellungsklausel

V. Fortgesetzte Gütergemeinschaft

1. Grundzüge der Gütergemeinschaft[278]

Vereinbaren die Eheleute in notarieller Urkunde (§§ 1410, 1415) für ihre Ehe die Gütergemeinschaft (§§ 1415 ff.), so wird ihr beiderseitiges Vermögen einschließlich des Erwerbs während der Ehe im Wege der Universalsukzession gemeinschaftliches Vermögen (**Gesamtgut**) beider Ehegatten (§ 1416), das ihnen in Gesamthandsgemeinschaft zusteht. Vom Gesamtgut sind die Gegenstände ausgeschlossen, die nicht durch Rechtsgeschäft übertragen werden können (**Sondergut, § 1417**). 146

Ferner ist das **Vorbehaltsgut** (§ 1418) vom Gesamtgut ausgeschlossen. Es umfasst insbesondere die Gegenstände, die durch Ehevertrag zum Vorbehaltsgut eines Ehegatten erklärt sind und die ein Ehegatte von Todes wegen erwirbt oder ihm von Dritten unentgeltlich zugewendet werden, sofern der Erblasser in der letztwilligen Verfügung oder der Dritte bei der Zuwendung bestimmt hat, dass der Erwerb Vorbehaltsgut sein soll.

Formulierungsbeispiel für eine Vorbehaltsgutsbestimmung (§ 1418 Abs. 2 Nr. 2 BGB) bei einer Grundstücksschenkung an das im vertraglichen Güterstand der Gütergemeinschaft lebende Kind:

Die Ehegatte M und F überlassen hiermit im Wege einer unentgeltlichen Zuwendung das Grundstück Flst. Nr. … an ihr Kind K zum Alleineigentum, das diese Zuwendung annimmt, wobei hierzu gemäß § 1418 Abs. 2 Nr. 2 BGB bestimmt wird, dass der Erwerb Vorbehaltsgut des K sein soll.

[277] *J. Mayer*, Ja zu „Jastrow"? – Pflichtteilsklausel auf dem Prüfstand, ZEV 1995, 136.
[278] *Behmer*, Ist die Gütergemeinschaft als Wahlgüterstand „obsolet"?, FamRZ 1988, 339.

Das Gesamthandsprinzip ist hinsichtlich des Gesamtguts der Gütergemeinschaft strenger durchgeführt als bei anderen Gesamthandsgemeinschaften, da, solange die Gütergemeinschaft besteht, kein Ehegatte über seinen Gesamthandsanteil verfügen (§ 1419), die Teilung verlangen oder kündigen kann. Ferner ist der Anteil am Gesamtgut unpfändbar (§ 860 Abs. 1 ZPO) und unterliegt dem Insolvenzverfahren nur nach Maßgabe der §§ 11 Abs. 2 Nr. 1, 333 f. InsO. Jeder Ehegatte verwaltet sein Sondergut und sein Vorbehaltsgut selbständig (§§ 1417 Abs. 3, 1418 Abs. 3).[279] Das Gesamtgut wird von den Ehegatten gemeinschaftlich verwaltet, wenn nicht im Ehevertrag vereinbart ist, dass einer von ihnen allein verwaltungsberechtigt sein soll (§ 1421). Haben die Ehegatten die Gütergemeinschaft vor dem 1. 4. 1953 vereinbart, so wird das Gesamtgut weiterhin vom Mann verwaltet.[280] Bei gemeinschaftlicher Verwaltung **haftet das Gesamtgut** grundsätzlich für alle Schulden jedes Ehegatten (Ausnahmen: §§ 1460, 1461, 1462) und **beide Eheleute haften persönlich** für alle Gesamtgutsschulden (§ 1459). Bei der Einzelverwaltung des Gesamtguts haftet dieses für alle Schulden des Verwalters und, mit Ausnahme der Fälle der §§ 1439, 1440, auch für die Schulden des anderen Ehegatten. Ferner haftet der Verwalter zusätzlich für die Gesamtgutsschulden persönlich (§ 1437). Letztlich haftet das Gesamtgut gem. § 1604 für alle Unterhaltsschulden beider Ehegatten. Das Gesamtgut und damit der Verwalter persönlich haften allerdings für eine von einem Ehegatten eingegangene rechtsgeschäftliche Verbindlichkeit nur dann, wenn der andere Ehegatte dem Geschäft zugestimmt hat oder es auf Grund der §§ 1452, 1454–1456, 1357 ohne diese Zustimmung für das Gesamtgut wirksam ist (§§ 1438, 1460 Abs. 1).[281]

Beendet wird die Gütergemeinschaft durch die Auflösung der Ehe, Ehevertrag oder Aufhebungsurteil. Nach der Aufhebung erfolgt die **Auseinandersetzung des Gesamtguts.** Bei ihr gebührt **jedem Ehegatten die Hälfte des Überschusses** nach Befriedigung der Gesamtgutsverbindlichkeiten, gleichgültig wieviel er eingebracht oder errungen hat (§§ 1475, 1476 Abs. 1, 1477 Abs. 1, 752, 753). Hinsichtlich der **eingebrachten Gegenstände** und der des persönlichen Gebrauchs besteht jedoch ein gesetzliches Übernahmerecht gegen Wertersatz (§ 1477 Abs. 2).[282] Bei einer **Scheidung** der Ehe kann jeder Ehegatte verlangen, dass ihm der Wert dessen zurückerstattet wird, was er in die Gütergemeinschaft eingebracht hat oder ihm von Todes wegen, durch vorweggenommene Erbfolge, Schenkung oder Ausstattung zugewendet wurde (§ 1478 Abs. 2). Ehevertragliche Abänderungen sind möglich.[283] Reicht hierzu der Wert des Gesamtgutes nicht aus, so haben die Eheleute den Fehlbetrag nach dem Verhältnis des Wertes ihres Eingebrachten zueinander zu tragen (§ 1478 Abs. 1). Wird die Ehe durch den **Tod eines Ehegatten** aufgelöst, so gehört – sofern nicht die Fortsetzung der Gütergemeinschaft vereinbart ist – der hälftige Anteil des verstorbenen Ehegatten am Gesamtgut neben seinem Sondergut und Vorbehaltsgut zu seinem Nachlass (§ 1482). Der gesetzliche Erbteil des überlebenden Ehegatten richtet sich bei der Gütergemeinschaft ausschließlich nach § 1931, beträgt somit neben Abkömmlingen ¼ des Nachlasses.

147 **Nachteile der Gütergemeinschaft:**

• Die **Haftungsgemeinschaft der Ehegatten,** insbesondere für unerlaubte Handlungen, Gefährdungshaftung und Unterhaltsschulden des anderen Ehegatten (§ 1604), sodass ein Ehegatte über das allgemeine Unterhaltsrecht hinaus mit seinem Anteil am Gesamtgut und bei der Gesamtverwaltung auch **persönlich mithaftet für den Unterhalt der Verwandten des Ehegatten,** insbesondere seiner Schwiegereltern, Stiefkinder und deren Abkömmlinge. Gemildert wird diese Haftung durch die Überschaubarkeit der vorehelichen

---

[279] LG Frankenthal Rpfleger 1981, 241.

[280] Art. 8 I Nr. 6 Abs. 2 GleichberG v. 18. 6. 1957 – BGBl. I 1957, 609.

[281] Zur Haftungssituation bei der Gütergemeinschaft eingehend: Behmer FamRZ 1988, 339, 344 ff.

[282] Eingehend Kotzur BWNotZ 1987, 134; BGH NJW 1990, 445.

[283] Siehe hierzu mit Formulierungsvorschlägen Stumpp MittBayNot 1980, 107; siehe auch Behmer MittBayNot 1989, 7.

Schulden und der zu erwartenden Unterhaltsverpflichtungen, der Versicherungsmöglichkeit für unerlaubte Handlungen und Gefährdungshaftung, sowie der Tatsache, dass für rechtsgeschäftliche Verbindlichkeiten das Gesamtgut und sein Verwalter persönlich nur haften, wenn beide Ehegatten dem anspruchsbegründenden Rechtsgeschäft zugestimmt haben.[284] Diese Haftungseinschränkung für einseitige Schulden führt z. B. bezüglich eines im Gesamtgut stehenden Hausgrundstücks zu einem besseren Vollstreckungsschutz, als bei Zuordnung in Bruchteilsgemeinschaft.[285] Lediglich wenn ein Ehegatte ein selbständiges Erwerbsgeschäft betreibt oder Freiberufler[286] ist, haftet gem. § 1456 das Gesamtgut für die Geschäftsschulden, sofern der Betrieb nicht ins Vorbehaltsgut überführt wird. Um der Gesamthaftung zu entgehen, wird in der Praxis, sofern es den Eheleuten nur auf die dingliche Zuordnung des vorhandenen Vermögens in Gemeinschaft zur gesamten Hand ankommt, die Gütergemeinschaft alsbald nach ihrer Vereinbarung aufgehoben, das Gesamtgut jedoch nicht auseinandergesetzt.[287]

• Die **hälftige Teilung des Gesamtguts bei Beendigung der Gütergemeinschaft** ohne Rücksicht darauf, wer das Vermögen eingebracht oder errungen hat. Diese gesetzliche Regelung ist jedoch nicht zwingend (§ 1474) und kann ehevertraglich abgeändert werden.[288] 148

• Die **Kompliziertheit** der Gütergemeinschaft mit ihren fünf denkbaren Vermögensmassen widerspricht der laienhaften Vorstellung von der naturgegebenen Einfachheit der Vergemeinschaftung des ehelichen Vermögens in eklatanter Weise.[289] 149

• Gehört einem Ehegatten ein gewerblicher **Betrieb** oder ist er **Freiberufler** und fällt dieser ins Gesamtgut, so gelten **beide ertragssteuerlich als Mitunternehmer** und deshalb werden nach § 15 Abs. 1 Satz 1 Nr. 2 EStG, der gem. § 18 Abs. 4 EStG auch für Freiberufler gilt, Löhne und Gehälter, die der andere Ehegatte auf Grund eines zivilrechtlich wirksamen Arbeitsvertrages vom Gewerbetreibenden bezieht, und der Arbeitgeberanteil zur Sozialversicherung den Einkünften aus Gewerbebetrieb zugerechnet und sind keine gewinnmindernde Betriebsausgaben.[290] Hiergegen kann allerdings die Herausnahme des Betriebes ins Vorbehaltsgut helfen. 150

• Anlässlich der Auseinandersetzung des Gesamtguts, zu dem ein Unternehmen gehört, kann ein steuerpflichtiger Entnahmegewinn entstehen.[291] 151

• Nach § 7 Abs. 1 Nr. 4 ErbStG gilt die Bereicherung, die ein Ehegatte bei der Vereinbarung der Gütergemeinschaft erfährt, als steuerpflichtige Schenkung. 152

Vorteile der Gütergemeinschaft: 153

• Durch die gesamthänderische Bindung des gemeinschaftlichen Vermögens wird im Gegensatz zur Miteigentümergemeinschaft die einseitige Verfügung eines Ehegatten über seinen Anteil zuverlässig unmöglich gemacht.

• Durch Vereinbarung der Gütergemeinschaft kann bewusst eine Vermögensverschiebung zwischen den Eheleuten herbeigeführt werden, etwa um die zufällige Verschiedenheit der Pflichtteilsansprüche von Kindern auszuschließen. Da die Vereinbarung der Gütergemeinschaft, auch wenn die Einbringung des einen wertvoller ist als die des anderen, im Allgemeinen keine Schenkung nach § 516 darstellt, liegt dabei, von Missbrauchsfällen abgesehen, kein Tatbestand der Gläubigeranfechtung und der Entstehung von Pflichtteilsergänzungsansprüchen gem. § 2325 vor.[292] 154

---

[284] Behmer FamRZ 1988, 339, 345, 348.

[285] Behmer FamRZ 1988, 339, 345 f.

[286] BGH FamRZ 1982, 468 = Betr 1982, 1051.

[287] OLG Stuttgart BWNotZ 1990, 113.

[288] *Stumpp,* Ehevertragliche Vereinbarungen über die Auseinandersetzung des Gesamtgutes, MittBayNot 1980, 1071.

[289] Langenfeld, Hdb. d. Eheverträge u. Scheidungsvereinbarungen, 3. Aufl., Rn 493.

[290] Behmer FamRZ 1988, 339, 347.

[291] Thoma DStR 1980, 279.

[292] BGHZ 116, 178 = NJW 1992, 558; Wegmann ZEV 1996, 201; MünchKomm/Lange, § 2325 Rn 25 m. w. N.

2. Fortsetzung der Gütergemeinschaft beim Tod eines Ehegatten

a) Gesetzliche Ausgestaltung und Gestaltungsmöglichkeiten[293]

155 Nach § 1483 können die Ehegatten bei der Gütergemeinschaft im Ehevertrag vereinbaren, dass diese nach dem Tod eines von ihnen **zwischen dem Überlebenden und ihren gemeinschaftlichen Abkömmlingen fortgesetzt** werden soll. Auf diese Weise wird für die Zeit des Bestehens dieser fortgesetzten Gütergemeinschaft eine **erbrechtliche Auseinandersetzung** mit den gemeinschaftlichen Abkömmlingen hinsichtlich des Gesamtgutes der bisherigen ehelichen Gütergemeinschaft **vermieden.** Für bis zum 1. 7. 1958, dem Inkrafttreten des Gleichberechtigungsgesetzes vom 18. 6. 1957,[294] ehevertraglich vereinbarte Gütergemeinschaften gilt noch die alte Regelung, dass sie kraft Gesetzes fortgesetzt wird, wenn die Ehegatten dies nicht durch Ehevertrag (§ 1508 a.F.) oder letztwillige Verfügung (§ 1509 a.F.) ausgeschlossen haben (Art. 8 I Nr. 6 Abs. 1 GleichberG). Dabei kann der Ausschluss auch stillschweigend erfolgt sein, insbesondere wenn der Inhalt des Erbvertrages oder des Testaments ihn voraussetzt.[295] Die Eheleute können auch heute noch durch gemeinschaftliche Verfügung von Todes wegen oder durch letztwillige Einzelverfügung mit notariell beurkundeter Zustimmung des anderen Ehegatten einen, **einzelne** oder alle gemeinschaftlichen **Abkömmlinge von der fortgesetzten Gütergemeinschaft ausschließen** (§§ 1511, 1516). Der Ausschluss muss nicht ausdrücklich geschehen, sondern kann auch nach den allgemeinen Grundsätzen durch Auslegung ermittelt werden, so z.B. aus der wechselseitigen Einsetzung der Ehegatten zu Alleinerben in einem gegenseitigen Testament.[296] Letztlich scheitert die Fortsetzung der Gütergemeinschaft an jedem gemeinschaftlichen Testament oder Ehegattenerbvertrag, dessen Inhalt mit ihrer Fortsetzung unvereinbar ist. Die Ausschließung kann auch unter einer Bedingung erfolgen. Dem Ausgeschlossenen steht beim Tod des Erstversterbenden zwingend (§ 1518) aus dem Wert des Gesamtguts ein Betrag zu, der sich entsprechend den für den Pflichtteilsanspruch geltenden Vorschriften berechnet (§ 1511). Jeder Ehegatte kann für den Fall, dass er der Erstversterbende sein wird, **durch letztwillige Verfügung die Fortsetzung der Gütergemeinschaft ausschließen**, wenn er berechtigt ist, dem anderen Ehegatten den Pflichtteil zu entziehen, auf Aufhebung der Gütergemeinschaft zu klagen oder auf Aufhebung der Ehe zu klagen und diese Klage erhoben hat (§ 1506). In gemeinschaftlichen Verfügungen von Todes wegen oder durch Einzelverfügung mit notariell beurkundeter Zustimmung des anderen Ehegatten (§ 1516) kann jeder Ehegatte für den Fall, dass er der Erstversterbende sein wird, den Anteil eines anteilsberechtigten Abkömmlings am Gesamtgut – auch bedingt – um die Hälfte herabsetzen (§ 1512), einem solchen Abkömmling den Anteil entziehen, wenn Pflichtteilsentziehungsgründe vorliegen (§ 1513), die so entzogenen Beträge Dritten zuwenden (§ 1514) oder einem Abkömmling ein Übernahmerecht an einzelnen Gesamtgutsgegenständen einräumen (§ 1515).

Solange beide Ehegatten leben, kann ein gemeinschaftlicher **Abkömmling** in einem notariell zu beurkundenden Vertrag mit beiden Elternteilen oder einem von ihnen mit notariell beurkundeter Zustimmung des anderen auf seinen Anteil am Gesamtgut **verzichten** (§ 1517). Der Verzicht führt zum Ausscheiden des Abkömmlings, als wäre er vor dem Eintritt der fortgesetzten Gütergemeinschaft verstorben (§§ 1517 Abs. 2, 2346 Abs. 1 Satz 1) und erstreckt sich im Zweifel auf seine Abkömmlinge (§§ 1517 Abs. 2, 2349).

---

[293] van Venrooy, Fortgesetzte Gütergemeinschaft: Überlegungen zum Vertrag nach §§ 1491 II und 1492 II BGB, FamRZ 1988, 561.

[294] BGBl. I 1957, 609.

[295] RGZ 94, 317.

[296] RGZ 94, 314; RG Recht 1930 Nr. 1720; KG OLGE 7, 59, 62; KG OLGE 40, 78; OLG München Recht 1935 Nr. 5957; BayObLG JFG 13, 359.

b) Nichteintritt der fortgesetzten Gütergemeinschaft

Die fortgesetzte Gütergemeinschaft tritt mit dem Tod eines der im Güterstand der Gütergemeinschaft lebenden Eheleute ein, wenn sie dies ehevertraglich vereinbart haben und gemeinschaftliche Abkömmlinge vorhanden sind (§ 1483 Abs. 1). Trotz Vereinbarung im Ehevertrag **tritt sie jedoch nicht ein,** wenn: 156

- beide Ehegatten gleichzeitig versterben oder keine gemeinschaftlichen Abkömmlinge vorhanden sind;[297]
- der überlebende Ehegatte die Fortsetzung innerhalb der Erbausschlagungsfrist (§ 1944) in öffentlich beglaubigter Urkunde gegenüber dem Nachlassgericht ablehnt (§ 1484);
- der verstorbene Ehegatte die Fortsetzung der Gütergemeinschaft gem. § 1509 in letztwilliger Verfügung ausgeschlossen hat;
- der überlebende Ehegatte oder alle gemeinschaftlichen Abkömmlinge in Ansehung des Nachlasses des verstorbenen Ehegatten für erbunwürdig (§§ 2339 ff.) erklärt worden sind (§ 1506);
- alle gemeinschaftlichen Abkömmlinge gem. §§ 1511, 1516 von der Fortsetzung der Gütergemeinschaft ausgeschlossen sind;
- alle gemeinschaftlichen Abkömmlinge gem. § 1517 auf ihren Anteil am Gesamtgut verzichtet haben.

In allen diesen Fällen wird die Gütergemeinschaft nicht fortgesetzt, sondern es verbleibt bei der Vererbung des Gesamtguts nach § 1482. 157

c) Wirkungen der fortgesetzten Gütergemeinschaft

Die Gütergemeinschaft wird **nur mit gemeinschaftlichen Abkömmlingen** der Eheleute fortgesetzt. Ihnen gegenüber gehört der **Anteil des verstorbenen Ehegatten am Gesamtgut nicht zum Nachlass** (§ 1483 Abs. 1 Satz 3). Er wird vielmehr am Nachlass vorbeigeführt. Sie haben daher auf den ersten Erbfall ihrer Eltern hinsichtlich des Gesamtguts **weder ordentliche Pflichtteilsansprüche noch Pflichtteilsergänzungsansprüche.** Für alle während der Dauer der Gütergemeinschaft von beiden Ehegatten aus dem Gesamtgut gemachten Schenkungen können nach § 1505 die gemeinschaftlichen Abkömmlinge Pflichtteilsergänzungsansprüche erst nach Beendigung der fortgesetzten Gütergemeinschaft geltend machen und auch das dann nicht mehr, wenn einer von beiden Ehegatten die Schenkung um mehr als zehn Jahre überlebt. 158

Die gemeinschaftlichen Abkömmlinge **beerben** den verstorbenen Ehegatten nur hinsichtlich seines Vorbehalts- und Sondergutes. Anders ist es bei **einseitigen Abkömmlingen** des verstorbenen Ehegatten, d. h. denen aus früheren Ehen, den nichtehelichen und den nicht gemeinsam adoptierten. Bei ihnen bestimmen sich gem. § 1483 Abs. 2 das Erbrecht und die Erb- und Pflichtteilsansprüche so, als ob die fortgesetzte Gütergemeinschaft nicht eingetreten wäre. Es kommt insoweit zu einer „Abschichtung",[298] die aber den Eintritt der fortgesetzten Gütergemeinschaft nicht hemmt. Die Ansprüche der einseitigen Abkömmlinge des Verstorbenen hinsichtlich des Gesamtgutes sowie die der ausgeschlossenen gemeinschaftlichen Abkömmlinge gem. § 1511 sind soweit als möglich aus dem Vorbehalts- und Sondergut des Verstorbenen, sonst aus dem Gesamtgut zu entnehmen (§ 1485 Abs. 1). Trotz der dadurch gegebenen Gefährdung des Gesamtgutes billigt die h. M. den einseitigen Abkömmlingen einen Anspruch auf zwangsweise Auseinandersetzung des Gesamtgutes gem. §§ 2042, 753 zu.[299] Bei Vorhandensein gemeinschaftlicher und einseitiger Abkömmlinge sind gegebenenfalls zwei voneinander unabhängige nach-

---

[297] Staudinger/Thiele/Thiele Vorbem. zu §§ 1483–1518.

[298] Gernhuber, Lb. d. FamRZ, 3. Aufl., § 39 I 5.

[299] Müller FamRZ 1956, 339; Palandt/Diederichsen § 1483 Rn 3; a. M. MünchKomm/Kanzleiter, 3. Aufl., § 1483 Rn 14, der die Möglichkeit einer Teilungsversteigerung des Gesamtgutes nach §§ 2042, 753 als mit dem Grundgedanken der fortgesetzten Gütergemeinschaft unvereinbar ablehnt.

lassgerichtliche Zeugnisse erforderlich: Einmal das **Zeugnis über die Fortsetzung der Gütergemeinschaft** gem. § 1507, in das auch die einseitigen Abkömmlinge des verstorbenen Ehegatten aufzunehmen sind, weil deren Erbrecht den Umfang des Gesamtguts der fortgesetzten Gütergemeinschaft gem. § 1483 Abs. 2 schmälert.[300] Zum anderen der **Erbschein gem. § 2353 hinsichtlich des Vorbehalts- und Sonderguts** des verstorbenen Ehegatten, in den bei gesetzlicher Erbfolge auch die einseitigen Abkömmlinge des verstorbenen Ehegatten aufzunehmen sind.

Das **Gesamtgut** der fortgesetzten Gütergemeinschaft setzt sich zusammen aus dem bisherigen Gesamtgut der ehelichen Gütergemeinschaft abzüglich dessen, was einseitigen Abkömmlingen gem. § 1483 Abs. 2 zusteht und was ausgeschlossene gemeinschaftliche Abkömmlinge gem. § 1511 Abs. 2 verlangen können. Hierzu kommt, was der überlebende Ehegatte aus dem Nachlass des verstorbenen Ehegatten erhält und was er während der fortgesetzten Gütergemeinschaft selbst erwirbt, einschließlich der Nutzungen und Surrogate des Gesamtgutes (§ 1484 Abs. 1). Nicht zum Gesamtgut gehört das Vorbehalts- und Sondergut des überlebenden Ehegatten und das Vermögen der Abkömmlinge, und zwar gleichgültig, wann sie es erworben haben (§§ 1485 Abs. 2, 1486). Die Verwaltung des Gesamtgutes der fortgesetzten Gütergemeinschaft steht zwingend dem überlebenden Ehegatten zu (§ 1487 Abs. 1). Für **Geschäfte** über das Gesamtgut im ganzen (§ 1423), **über Grundstücke** (§ 1424) und für Schenkungen aus dem Gesamtgut (§ 1425) bedarf er der **Mitwirkung sämtliche anteilsberechtigter Abkömmlinge** (§ 1487 Abs. 1). Das Gesamtgut haftet für alle Gesamtgutsverbindlichkeiten. Das sind die Verbindlichkeiten des verstorbenen Ehegatten, soweit sie dies bisher schon waren und alle Verbindlichkeiten des überlebenden Ehegatten (§ 1488). Für die Gesamtgutsverbindlichkeiten haftet der überlebende Ehegatte auch persönlich (§ 1489 Abs. 1). Für Verbindlichkeiten der Abkömmlinge haftet das Gesamtgut nie und sie haften auch nicht persönlich für die Verbindlichkeiten des verstorbenen oder des überlebenden Ehegatten (§ 1489 Abs. 3).

159 **Stirbt ein gemeinschaftlicher, anteilsberechtigter Abkömmling**, so gehört sein Anteil am Gesamtgut nicht zu seinem Nachlass. Es treten vielmehr nach § 1490 seine erbberechtigten Abkömmlinge, nicht auch sein Ehegatte, an seiner Stelle nach Maßgabe der gesetzlichen Erbfolge in die Gütergemeinschaft ein. Über seinen Anteil am Gesamtgut kann der überlebende Ehegatte zwar nicht unter Lebenden, wohl aber von Todes wegen verfügen.[301] Vermacht er einen zum Gesamtgut gehörenden Gegenstand, wird es sich regelmäßig um ein Verschaffungsvermächtnis gem. § 2170 handeln.[302]

d) Beendigung und Auseinandersetzung der fortgesetzten Gütergemeinschaft

160 Die fortgesetzte Gütergemeinschaft endet
- durch Aufhebung mittels einseitiger Erklärung des überlebenden Ehegatten (§ 1492 Abs. 1);
- durch Aufhebung mittels Vertrag zwischen dem überlebenden Ehegatten und den anteilsberechtigten Abkömmlingen (§ 1492 Abs. 2);
- durch Wiederverheiratung[303] des überlebenden Ehegatten (§ 1493 Abs. 1);
- durch den Tod oder die Todeserklärung des überlebenden Ehegatten (§ 1494);
- durch Urteil auf Aufhebungsklage eines anteilsberechtigten Abkömmlings (§§ 1495, 1496);
- durch den Tod oder Verzicht aller anteilsberechtigten Abkömmlinge (§§ 1490, 1491).

161 Für den nach Beendigung der fortgesetzten Gütergemeinschaft eingetretenen Liquidationszustand und die Auseinandersetzung gelten grundsätzlich die gleichen Regelungen wie bei der ehelichen Gütergemeinschaft (§§ 1497, 1498) unter Ergänzung durch die

---

[300] BGHZ 63, 35, 40 = NJW 1974, 1965, KG DNotZ 1934, 616 = KGJ 34, 229; Palandt/Diederichsen § 1507 Rn 3; a. M. MünchKomm/Kanzleiter, 3. Aufl., § 1507 Rn 4.

[301] BGH NJW 1964, 2298 = FamRZ 1964, 423 = DNotZ 1964, 630; BayObLGZ 60, 254.

[302] BGH a. a. O.; BayObLG a. a. O.

[303] Oder Begründung einer Lebenspartnerschaft.

Bestimmungen der §§ 1499 bis 1505. Das bedeutet, dass den Ehegatten bzw. dem an Stelle des verstorbenen Ehegatten tretenden Abkömmling der Überschuss des Gesamtguts je zur Hälfte zusteht (§§ 1498, 1476 Abs. 1).

e) Atypische Fortsetzung der Gütergemeinschaft

Da die gesetzliche Ausgestaltung der fortgesetzten Gütergemeinschaft zwingender Natur ist (§ 1518), ist sie einer individuellen Gestaltung grundsätzlich verschlossen. Alternativ besteht die Möglichkeit, nicht die Fortsetzung zu vereinbaren, sondern neben dem Ehevertrag einen **Erbvertrag** abzuschließen, in dem das erbrechtliche Schicksal des hälftigen Anteils des Verstorbenen am Gesamtgut individuell geregelt wird.[304] Ergänzend sei hierzu auf eine in Bayern vormals verbreitete Gestaltung der Hofnachfolge hingewiesen, bei der die Ehegatten Gütergemeinschaft vereinbaren und sich erbvertraglich gegenseitig zu alleinigen Erben einsetzen. Gleichzeitig bestimmen sie vermächtnisweise, dass der längstlebende Ehegatte verpflichtet ist, den Hof bei Erreichung eines bestimmten Lebensalters an ein von ihm zu bestimmendes Kind aus der gemeinschaftlichen Ehe zu übergeben oder, falls er die Bestimmung unterlässt, an das Kind, das am längsten auf dem Hof mitgearbeitet hat. Zur Sicherung der Vermächtniserfüllung verpflichten sich die Eheleute zusätzlich gegenseitig durch Vertrag unter Lebenden zu dieser Nachfolgeregelung. 162

f) Wertung der fortgesetzten Gütergemeinschaft

Für und gegen die fortgesetzte Gütergemeinschaft sprechen zunächst dieselben Gründe wie bei der ehelichen Gütergemeinschaft. Zusätzlich sollte zu ihren Gunsten erwogen werden: 163

- Die starke Stellung des überlebenden Ehegatten hinsichtlich des Gesamtgutes, die zuverlässig durch **keine Pflichtteilsansprüche** gemeinschaftlicher Abkömmlinge geschmälert werden kann. Die fortgesetzte Gütergemeinschaft kann daher u. U. bei gleichzeitiger Bestimmung von Vorbehaltsgut durchaus als erbrechtliches Gestaltungsmittel für Eheleute im höheren Lebensalter, wenn die Haftungsgemeinschaft beider Ehegatten nicht mehr schreckt, sinnvoll sein.
- Die Beschränkung des Kreises der Beteiligten auf die gemeinschaftlichen Abkömmlinge und damit die Blutsverwandtschaft.
- Das **Fehlen von Auseinandersetzungsansprüchen** der gemeinschaftlichen Abkömmlinge bezüglich des Gesamtguts bei gleichzeitiger Möglichkeit, jederzeit selbst die Auseinandersetzung herbeiführen zu können.
- **Keine Haftung des Gesamtgutes für Verbindlichkeiten der Abkömmlinge**, was bei der Erbengemeinschaft nicht erreichbar ist.
- Sie bietet die Möglichkeit, anders als bei der Vorerbschaft, den überlebenden Ehegatten auch hinsichtlich seines eigenen Anteils am Gesamtgut zu binden.
- Vermeidung erbschaftssteuerlicher Nachteile durch die Kumulierung des Vermögens beider Ehegatten beim Überlebenden, da nach § 4 ErbStG der Anteil des Verstorbenen am Gesamtgut den Abkömmlingen sofort zugerechnet wird und eine Doppelbesteuerung beim überlebenden Elternteil vermieden wird.

Die Kautelarjurisprudenz sollte daher dieses Rechtsinstitut nicht in Vergessenheit geraten lassen, es vielmehr für Sonderfälle in Bereitschaft halten. 164

VI. Regelungsziele und Gestaltungsmöglichkeiten bei nichtehelicher Lebensgemeinschaft[305]

1. Regelungsziele

Nichtehelich zusammenlebende Partner wollen meist vorsorgen, dass im Falle des überraschenden Todes eines von ihnen der andere nicht von dessen Verwandten mit über 165

[304] Siehe hierzu mit Formulierungsvorschlag Herb „Die Justiz" 1960, 108.
[305] Siehe hierzu auch § 21 V. Rn 55 ff.

die gesetzlichen Pflichtteilsrechte hinausgehenden Erbansprüchen belastet wird. Im Übrigen wollen sie sich aber, so wie sie sich auch nicht in ihrer Gemeinschaft binden wollen, nicht von Todes wegen binden, sondern jeder soll, allerdings nicht ohne Wissen des anderen, jederzeit anderweitig letztwillig verfügen können. Zur erbschaftsteuerlichen Situation siehe unten § 21 V.3.[306]

2. Gestaltungsmöglichkeiten

a) Überblick

166 Ein gesetzliches Erbrecht besteht für Partner einer nichtehelichen Gemeinschaft nicht.[307] Durch Verfügung von Todes wegen kann jedoch jeder den anderen bedenken, jedenfalls zweifelsfrei dann, wenn keiner von ihnen anderweitig verheiratet ist.[308] Bei beiderseits ungebundenen Partnern bestehen die früher aus § 138 *(Sittenwidrigkeit)* hergeleiteten Bedenken ohnehin nicht. Aber auch wenn einer oder beide nichteheliche Partner verheiratet ist, kommt nach der Rechtsprechung die Nichtigkeit einer letztwilligen Verfügung aus dem Gesichtspunkt des Mätressentestaments kaum mehr in Frage. Allenfalls könnte in krassen Ausnahmefällen der ebenfalls zur Nichtigkeit führende Vorwurf familienfeindlicher Gesinnung begründet sein. Er kommt in Betracht, wenn der Erblasser pflichtteilsberechtigte Hinterbliebene, insbesondere den Ehegatten und eheliche Kinder, zugunsten der oder des nichtehelichen Partners zu stark zurückgesetzt hat.

Hinsichtlich der Form ist zu beachten, dass Testamentsformen, die eine gültige Ehe voraussetzen (§§ 2265, 2267), für die eheähnliche Gemeinschaft nicht gelten, und zwar auch nicht die für ein Verlöbnis (§ 2276 Abs. 2) bestehenden, weil die Partner einer solchen Gemeinschaft gerade keine gültige Ehe eingehen wollen und daher auch nicht i. S. des BGB miteinander verlobt sind.[309] Insbesondere können die Partner einer nichtehelichen Gemeinschaft kein gemeinschaftliches Testament mit wechselbezüglichen Verfügungen (§ 2270 Abs. 1) errichten. Sie können jedoch mit einem gegenseitigen Erbvertrag (§ 2298) dieselben Rechtswirkungen erzielen.[310] Wenn sie sich z. B. vertragsmäßig gegenseitig zu Alleinerben einsetzen und der Längstlebende vertragsmäßig einen Dritten einsetzt und sie behalten sich, solange sie beide leben, gegenseitig bedingungslose Rücktrittsrechte vor, nicht jedoch für die Zeit nach dem Tod des Erstversterbenden, erreichen sie damit die Bindungswirkung des Berliner Testaments (§ 2269) und des Ehegattenerbvertrags (§ 2280). Wie beim gemeinschaftlichen Testament nach § 2271 Abs. 1 wird der Überlebende beim zweiseitigen Erbvertrag gem. § 2298 Abs. 2 Satz 3 von seiner Bindung an seine eigenen Verfügungen von Todes wegen frei, wenn er das ihm durch den Vertrag Zugewendete ausschlägt. Nach der h. M.[311] soll die Auslegungsregel der §§ 2269, 2280 sogar über ihren Wortlaut hinaus auf Fälle anwendbar sein, in denen zwischen den Vertragsschließenden ein ähnlich starkes Vertrauensverhältnis wie zwischen Eheleuten besteht. Grundsätzlich kommen hinsichtlich der erbvertraglichen Bindungswirkung folgende Gestaltungsmöglichkeiten zwischen Partnern einer nichtehelichen Gemeinschaft in Frage:

b) Alleinerbeinsetzung mit Rücktrittsrecht

167 Sie können sich vertragsmäßig gegenseitig zu Alleinerben einsetzen und sich **bedingungslose Rücktrittsrechte** vorbehalten.[312] Eine solche Regelung hat trotz des vollen

---

[306] Siehe ferner auch § 6.

[307] Auch nicht analog: OLG Saarbrücken NJW 1979, 2050, 2051.

[308] Meier-Scherling DRiZ 1979, 298.

[309] Meier-Scherling DRiZ 1979, 298.

[310] Grziwotz MittBayNot 1989, 182, 190; ders. ZEV 1999, 299.

[311] OLG Köln FamRZ 1974, 387; OLG Hamm FamRZ 1994, 995; MünchKomm/Musielak, § 2280 Rn 4 m. w. N.

[312] Formular in MünchVertrHdb/Nieder/Otto, Bd. 6/2, XVI. 32; Grziwotz MittBayNot 1989, 182, 190.

Rücktrittsvorbehalts gegenüber Einzeltestamenten den Vorteil, dass keiner seine Verfügungen widerrufen kann, ohne dass es der andere erfährt, da der Rücktritt in notarieller Urkunde erklärt und dem Vertragsgegner in Ausfertigung zugehen muss (§ 2296 Abs. 2).[313] Diese Regelung macht sich den Schutz des Offenheitsprinzips zunutze. Außerdem fällt mit dem Rücktritt des einen Partners auch dessen Erbeinsetzung durch den anderen automatisch weg (§ 2298 Abs. 1). Wenn die Partner zusätzlich gegenseitig auf ihre künftigen Anfechtungsrechte gem. §§ 2078, 2079 verzichten, hindert das vor allem die Entstehung von Anfechtungsrechten Dritter[314] und verhindert, dass Verwandte des Erstversterbenden seine vertragsmäßigen Verfügungen aus Gründen anfechten, die ihn selbst nicht zur Anfechtung veranlasst hätten. Eine solche Drittanfechtung dürfte immer drohen, wenn die Verwandtschaft das Verhältnis missbilligt.

c) Alleinerbeinsetzung mit eingeschränktem Rücktrittsrecht

Früher wurde im Einzelfall vorgesehen, dass die Partner die Rücktrittsmöglichkeiten nur für den Fall zulassen, dass der andere Partner durch sein Verhalten die Lebensgemeinschaft so zerrüttet hat, dass dem anderen ein Festhalten daran nicht mehr zugemutet werden kann. Damit wurde dem an der Auflösung der Lebensgemeinschaft schuldigen Partner die Rücktrittsmöglichkeit verweigert. Auch wenn die rechtliche Zulässigkeit bejaht wurde, auch da eine Bindung ohne jeden Rücktrittsvorbehalt durch Erbvertrag zulässig sei,[315] wenn nur die gesetzlichen Rücktrittsrechte gem. §§ 2294, 2295 verbleiben, ist diese Gestaltung als äußerst streitbefangen nicht mehr zu empfehlen. 168

Generell sollte, sobald das Rücktrittsrecht vom Vorliegen bestimmter Gründe abhängen soll, diese nachvollziehbar definiert werden sowie ausdrücklich klargestellt werden, ob deren Vorliegen gerichtlich nachprüfbar sein soll.[316]

d) Bedingte Erbeinsetzung

Letztlich kann die gegenseitige Erbeinsetzung der Lebensgefährten auch unter der aufschiebenden Bedingung erfolgen, dass die Lebensgemeinschaft beim Tod des Erstversterbenden noch besteht. Auch hier können Nachweisprobleme entstehen, z.B. wenn einer der Lebensgefährten in der letzten Lebensphase gesundheitshalber anderenorts wohnt. 169

e) Erbeinsetzung ohne Rücktrittsvorbehalt

Haben sich die nichtehelichen Partner ohne Rücktrittsvorbehalt letztwillig bedacht, so wird dies bei vorzeitiger Auflösung ihrer Gemeinschaft nicht ohne weiteres hinfällig. § 2077 Abs. 2, der dies für Verfügungen zugunsten Verlobter im Zweifel vorsieht, ist nicht entsprechend auf die nichteheliche Lebensgemeinschaft anwendbar, weil er auf dem Gedanken beruht, dass die Einsetzung eines Verlobten regelmäßig durch die beiderseitige Erwartung des späteren Eheschlusses bedingt ist.[317] Allerdings kann jeder von ihnen im Falle des Scheiterns der Lebensgemeinschaft seine eigenen Verfügungen gem. §§ 2281, 2078 Abs. 2 wegen Motivirrtums, der in den enttäuschten Erwartungen zu finden wäre, anfechten.[318] Generell sollte **jeder Erbvertrag von Nichtverheirateten einen Rücktrittsvorbehalt beinhalten**; ein Absehen im Einzelfall bedarf besonderer Beratung des Notars über die rechtliche Tragweite. 170

f) Gegenseitige Erbeinsetzung mit unechter Wechselbezüglichkeit

Möglich wäre, wenn die Lebensgefährten statt in einem Erbvertrag sich in zwei Einzeltestamenten gegenseitig zu Alleinerben einsetzen würden, und, um eine Bindung zu errei- 171

---

[313] Küster JZ 1958, 394, 395.
[314] MünchKomm/Musielak, § 2285 Rn 5.
[315] Siehe 3. Aufl. § 14 Rn 168 m. w. N.
[316] MünchKomm/Musielak, § 2293 Rn 7; BGHZ 2, 35 = NJW 1951, 959; Grziwotz MittBayNot 1989, 182, 190.
[317] BayObLG FamRZ 1983, 1226 m. w. N.; a. M. Meier-Scherling DRiZ 1979, 296, 299.
[318] Lange/Kuchinke, 4. Aufl., § 35 I 5 d.

chen, entweder gegenseitig die Wirksamkeit der Verfügung des anderen zur Bedingung der eigenen machen, oder sie ausdrücklich gegenseitig zum Motiv der eigenen Verfügung zu erklären, damit der Ausfall der Bedingung zur Anfechtung berechtigt (**unechte Wechselbezüglichkeit**).[319] Die so erreichte unechte Wechselbezüglichkeit hat den Nachteil, dass sie entgegen der Rechtslage bei der echten (§ 2271 Abs. 1 Satz 2) **keine verdrängende Wirkung auf spätere beeinträchtigende letztwillige Verfügungen** hat und deshalb jeder der Partner heimlich seine Verfügung durch eigenhändiges widersprechendes oder widerrufendes Testament aufheben kann, in der Hoffnung, selbst der Längstlebende zu bleiben, sodass sein Testament gegenstandslos wird und geheim bleiben kann.

g) Erbeinsetzung in Einzeltestamenten

172 Wenn sich die Partner der nichtehelichen Gemeinschaft uneingeschränkt vertrauen, genügen zwei Einzeltestamente, in denen sie sich jeweils zu Alleinerben einsetzen und einen oder mehrere Ersatzerben bestimmen. Die Wirkung ist die gleiche wie beim Berliner Testament (§ 2269), nur fehlt die Wechselbezüglichkeit mit ihren Wirkungen.

[319] Bühler DNotZ 1962, 359, 364.

§ 15 Einflussnahme des Erblassers über seinen Tod hinaus

I. Überblick

In vorstehenden Paragraphen werden diejenigen erbrechtlichen Gestaltungsmittel behandelt, mit denen der Erblasser die Verteilung seines Nachlasses unter den Bedachten regeln kann. In § 15 werden die erbrechtlichen Möglichkeiten aufgezeigt, mit denen der Erblasser für die **Zeit nach seinem Tod** auf deren Tun oder Unterlassen, insbesondere auf die spätere Verwendung seines Vermögens, **Einfluss nehmen** kann.[1] Es sind dies die auflösend bedingte Erbeinsetzung (§ 2075) oder Vermächtniszuwendung (Rückvermächtnis – §§ 2176, 2191), das aufgeschobene Vermächtnis (§ 2177), das Erbteilungsverbot (§ 2044), die Teilungsanordnung (§ 2048), die dem Erben die Verfügungsmacht entziehende (§§ 2211, 2205) Testamentsvollstreckung (§§ 2197ff.) und die sie nur beschränkende Nacherbschaft (§§ 2100ff.). Ferner kann die Auflage (§§ 1940, 2192ff.) ein geeignetes Gestaltungsmittel sein, die in Abschnitt § 9 II. (Rn 103ff.) dargestellt wird. 1

Dabei ist allerdings zu beachten, dass diese erbrechtlichen Institute dem Erblasser nur erlauben, für die Dauer von grundsätzlich 30 Jahren, im Einzelfall verlängerbar bis höchstens zum Ableben einer Person,[2] zu planen (§§ 2044 Abs. 2, 2109, 2162, 2163, 2210). Will der Erblasser seinem Willen darüber hinaus Geltung verschaffen, kann er dies durch langfristige Verpflichtungsgeschäfte noch zu Lebzeiten versuchen, die gem. § 137 Satz 2 grundsätzlich zulässig sind und die Verfügungsmacht der Erben über den Nachlass praktisch aushöhlen können,[3] jedoch auf Grund der zwangsläufigen Änderung der Lebensumstände und der nur durch alle Vertragsparteien möglichen Vertragsanpassung allenfalls in Einzelfällen empfehlenswert sind. 2

II. Testamentsvollstreckung

1. Zweck der Testamentsvollstreckung

Mittels Anordnung einer Testamentsvollstreckung kann der Erblasser über seinen Tod hinaus Einfluss auf den Nachlass nehmen, indem er eine Person seines Vertrauens, Testamentsvollstrecker genannt, in einer Verfügung von Todes wegen mit gesetzlich festgelegten, testamentarisch modifizierbaren Befugnissen für die Zeit nach dem Erbfall hinsichtlich des Nachlasses ausstattet.[4] Die der Testamentsvollstreckung unterliegende Erbschaft geht mit dem Erbfall in das Eigentum des Erben über (§ 1922 Abs. 1), bildet jedoch ein von dessen sonstigen Vermögen getrennt zu verwaltendes Sondervermögen. Der Erblasser will dabei seine Herrschaft über sein Vermögen mit seinem Tod nicht aufgeben, sondern sie über sein Ableben hinaus durch die Person des Testamentsvollstreckers weiter ausüben lassen. Das Vertrauen, das der Erblasser seinen Erben nicht entgegenbringt, schenkt er dem Testamentsvollstrecker.[5] In der Praxis ergeben sich drei tatsächliche Typen der Aufgabenübertragung: Eine nur punktuelle Aufgabenerteilung, insbesondere Erfüllung eines Vermächtnisses (**eingeschränkte Abwicklungsvollstreckung**, § 2203), die Aufgabenüber- 3

[1] Siehe hierzu auch oben § 3 Rn 68ff.

[2] Zur längstmöglichen Dauer einer Testamentsvollstreckung: Siehe unten Abschnitt II.16 Rn 166.

[3] Kegel FS f. Lange 1976, 927, 928; Großfeld/Gersch JZ 1988, 937, 944; Schack JZ 1989, 609, 612.

[4] Zur abweichenden Bedeutung der Testamentsvollstreckung im ZGB der DDR: Böhringer DNotZ 2004, 699.

[5] Lange JuS 1970, 102.

tragung zur sachkundigen Abwicklung mit einer meist überschaubaren Tätigkeitsdauer des Testamentsvollstreckers (**Abwicklungsvollstreckung**, §§ 2203 ff.) und/oder einer länger- oder langfristigen Aufgabenstellung, insbesondere **Dauerverwaltungsvollstreckung** (§ 2209 Satz 1 Halbs. 2) oder **Nacherbenvollstreckung** (§ 2222).[6]

4 Im Wesentlichen wird dem Erblasser durch die Anordnung einer Testamentsvollstreckung die Erreichung folgender **Ziele** ermöglicht:

- Den Nachlass vor dem Zugriff (möglicherweise) ungeeigneter oder böswilliger Erben zu schützen, deren Interessen gegen die des Erblassers stehen könnten.
- Den Nachlass vor Verlusten durch Handlungen eines geschäftlich unerfahrenen Erben zu bewahren.[7]
- Einem Erben vor den übrigen Miterben den Vorrang einzuräumen, indem er ihn zum Testamentsvollstrecker ernennt (z. B. seinen überlebenden Ehegatten).
- Abwicklung und Verwaltung des Nachlasses zu vereinfachen, etwa bei einer großen Zahl von Beteiligten oder bei im Ausland lebenden Beteiligten oder nicht unbeschränkt geschäftsfähigen Erben.[8]
- Die Unternehmensnachfolge zu sichern (siehe unten Rn 111).
- Indirekt kann eine gegenständliche Vererbung des Nachlasses durch Einsetzung eines Testamentsvollstreckers zur Erfüllung der den Nachlass – ganz oder teilweise – ausschöpfenden, damit eine Erbeinsetzung wirtschaftlich unbedeutend machenden Vermächtnisse erreicht werden.[9]
- Der Testator kann sein Vermögen ganz oder zum Teil an noch unbestimmte Personen aus einem bestimmten Personenkreis oder zu einem bestimmten Zweck vermachen, indem er – wirtschaftlich vorrangig zu einer Erbeinsetzung – diesen Personen seinen Nachlass in Form von Bestimmungsvermächtnissen (§ 2151), verbunden mit einem Verteilungsvermächtnis (§ 2153) oder in Form einer Zweckauflage (§ 2193) zuwendet und einen Testamentsvollstrecker zur Auswahl der Bedachten und Bestimmung der zugewendeten Gegenstände einsetzt.[10]
- Durch Verknüpfung von Nießbrauchsvermächtnis und Testamentsvollstreckung (sog. erbrechtlicher Dispositionsnießbrauch) wird der Nießbraucher in die Lage versetzt, in den Grenzen einer ordnungsgemäßen Nachlassverwaltung (§§ 2216, 2220) über alle Nachlassgegenstände zu verfügen.[11]
- Den Zugriff der Eigengläubiger oder Erben auf den Nachlass zu verhindern (§ 2214).

2. Arten der Testamentsvollstreckung

5 Die Testamentsvollstreckung kann gestaltet werden in folgenden Arten, die miteinander kombiniert werden können:[12]

a) Abwicklungsvollstreckung (§§ 2203, 2204)

6 Normalerweise (Regeltypus), d. h., wenn der Erblasser die Aufgaben nicht anders bestimmt, hat der Testamentsvollstrecker die letztwilligen Verfügungen des Erblassers zur Ausführung zu bringen (§ 2303) und bei Erbenmehrheit den Nachlass auseinander zu setzen (§ 2204 **Auseinandersetzungsvollstreckung**). Solange hat der Testamentsvollstrecker auch den Nachlass zu verwalten (§ 2205 Satz 1).[13] Die auszuführenden letztwilligen Anordnungen des Erblassers können dabei verschiedenster Art sein, z. B. Vermächtnisse

---

[6] Übersicht möglicher Aufgabenkreise bei *Reimann* in Bengel/Reimann, TV, § 2 Rn 40 ff.
[7] Z. B. BGH WPM 1983, 369, 370.
[8] BGH ZEV 2006, 262.
[9] Siehe § 8 Rn 42 f.; Formular in MünchVertrHdb/Nieder/Otto, Bd. 6/2 Muster XVI. 14.
[10] Siehe § 3 Rn 47; Formular in MünchVertrHdb/Nieder/Otto, Bd. 6/2 Muster XVI. 4.
[11] Siehe oben Rn 697; Formular in MünchVertrHdb/Nieder/Otto, Bd. 6/2 Muster XVI. 20.
[12] Mayer/Bonefeld/Wälzholz/Weidlich/ *J. Mayer*, Testamentsvollstreckung, 2. Aufl. 2007, Rn 15.
[13] Eingehend zu Verwaltungstätigkeiten *Bengel* in Bengel/Reimann, TV, § 1 Rn 64, 72 ff.

oder Auflagen zu Lasten der Erben, Teilungsanordnungen und überhaupt alle Verfügungen, die ohne Ernennung eines Testamentsvollstreckers die Erben auszuführen hätten.[14] Ferner hat der Testamentsvollstrecker die **Nachlassverbindlichkeiten zu erfüllen.**[15]

Der Testamentsvollstrecker ist berechtigt, aber auch verpflichtet, die Auseinander- 7
setzung unter Miterben, alsbald zu bewirken.[16] Anderes gilt, soweit der Erblasser die Auseinandersetzung nach § 2044 ausgeschlossen hat; jedoch auch dann ist diese bei Vorliegen eines wichtigen Grundes (§§ 2044 Abs. 1 Satz 2, 749 Abs. 2,3) oder bei Eheschließung eines vermögenssorgeberechtigten Elternteils (§ 1683) durchzuführen. Führt er die Auseinandersetzung nicht in gehöriger Zeit durch, kann dies zum einen zu Schadensersatzansprüchen führen und zum anderen einen wichtigen Grund für einen Antrag auf Entlassung gemäß § 2227 darstellen. Ist bezüglich der Auseinandersetzung Testamentsvollstreckung angeordnet, richtet sich der Durchführungsanspruch (§ 2042) der Miterben ausschließlich gegen den Testamentsvollstrecker. Die Auseinandersetzung hat, soweit der Erblasser keine besonderen Anordnungen getroffen hat, nach den gesetzlichen Vorschriften über die Auseinandersetzung zwischen Miterben (§§ 2204, 2042, 2046 ff., 2050 ff., 752 bis 754, 755 ff.) zu erfolgen. Der Testamentsvollstrecker hat somit die in Natur nicht teilbaren Nachlassgegenstände zu veräußern, und zwar bewegliche Sachen nach den Vorschriften über den Pfandverkauf, Grundstücke durch Zwangsversteigerung oder freihändigen Verkauf.[17] Entspricht dies nicht dem Willen des Erblassers, empfiehlt sich die zusätzliche Anordnung gem. § 2048 Satz 2, 3, dass die **Auseinandersetzung** des Nachlasses durch den Testamentsvollstrecker **nach** seinem **billigen Ermessen** erfolgen soll.[18]

Das Gesetz sieht für die Dauer der Abwicklungsvollstreckung keine zeitliche Höchst- 8
dauer vor, anders als bei der Dauer-Verwaltungsvollstreckung gemäß § 2210. Mit vollständiger Auseinandersetzung **endet** das Amt des Abwicklungsvollstreckers von selbst (Amtsbeendigung); eine gesonderte Entlassung des Testamentsvollstreckers aus dem Amt oder Aufhebung der Testamentsvollstreckung durch das Nachlassgericht ist nicht erforderlich.[19]

Formulierungsvorschlag:[20] 9

Ich ordne Testamentsvollstreckung nach meinem Tode an.[21]

Der Testamentsvollstrecker hat folgende **Aufgaben:**

- Erfüllung aller Vermächtnisse und Auflagen, die in diesem Testament und etwaigen künftigen letztwilligen Verfügungen von mir angeordnet sind und werden. Die Überwachung der Auflage zur Pflege meines Grabes auf die übliche Liegezeit gemäß Abschnitt ... endet jedoch auch mit Beendigung der Erbauseinandersetzung;
- Auseinandersetzung des Nachlasses. Diese hat grundsätzlich zu erfolgen gemäß den gesetzlichen Bestimmungen. Jedoch soll die Auseinandersetzung des vorhandenen Schmucks und Kunstgegenstände nach dem billigem Ermessen des Testamentsvollstreckers erfolgen;

[14] Staudinger/Reimann § 2203 Rn 2.

[15] MünchKomm/ Zimmermann, 4. Aufl., § 2203 Rn 5.

[16] Staudinger/Reimann § 2204 Rn 9.

[17] § 2205 Satz 2 verdrängt § 753: RGZ 108, 289; Staudinger/Reimann § 2204 Rn 18.

[18] Natter JZ 1959, 151, 153.

[19] BGH NJW 1964, 1316.

[20] Weitere Formularbeispiele für Abwicklungsvollstreckungen siehe MünchVertrHdb/Nieder/Otto, Bd. 6/2.

[21] Bei letztwilligen Verfügungen von Ehegatten ist zu beachten: 1. Anordnung der Testamentsvollstreckung kann nicht bindend erfolgen (§§ 2270 Abs. 3, 2278 Abs. 2). 2. Es ist klarzustellen, ob die Anordnung gilt nach jedem Ehegatten oder nach einem der Ehegatten oder – wie meist – nur nach dem Ableben des Letztversterbenden.

- Verwaltung des Nachlasses bis zum Abschluss der Durchführung der Auseinandersetzung. Der Testamentsvollstrecker soll zur Erstellung der Erbschaftsteuererklärung und Durchführung sonstiger steuerlicher Pflichten bis zur Beendigung der Testamentsvollstreckung einen von ihm zu bestimmenden Steuerberater auf Kosten des Nachlasses beauftragen.

Zum Testamentsvollstrecker **ernenne** ich ..., ersatzweise ..., letzteren mit dem Recht einen Nachfolger zu ernennen. Wiederum ersatzweise wird das Nachlassgericht ersucht, einen Testamentsvollstrecker zu ernennen.

Als **Vergütung** des Testamentsvollstreckers bestimme ich einen Betrag in Höhe von 3% des Nachlassreinwertes, zuzüglich gesetzlicher Mehrwertsteuer sowie Ersatz der notwendigen Auslagen. Die Vergütung ist zu leisten in zwei gleichen Teilen, zum einen nach der Konstituierung des Nachlasses einschließlich Erstellung des gerichtlichen Nachlassverzeichnisses, zum anderen nach vollständiger Auseinandersetzung des Nachlasses.

b) Dauertestamentsvollstreckung (§ 2209 Satz 1 Halbs. 2)

10 Der Erblasser kann den Aufgabenkreis des Testamentsvollstreckers dahin erweitern, dass er ihm die **Fortführung der Verwaltung des Nachlasses** auch für die Zeit nach der Erledigung seiner sonstigen Aufgaben überträgt. Die Erledigung der sonst zugewiesenen Aufgaben führt somit nicht zu der dann normalerweise eintretenden Amtsbeendigung, sondern die Verwaltung dauert fort bis zu dem vom Erblasser festgesetzten Zeitpunkt bzw. bis zur zeitlichen 30-Jahres-Grenze nach § 2210 Satz 1.[22] Nach § 2210 Satz 2 kann der Erblasser sogar anordnen, dass die Verwaltung bis zum Tode des Erben[23] oder des Testamentsvollstreckers, sofern sie keine juristischen Personen sind, oder bis zum Eintritt eines anderen Ereignisses in der Person des einen oder anderen fortdauern soll.[24] Insbesondere wird damit möglich, den Erben – auch den Nacherben – auf Lebensdauer durch Testamentsvollstreckung zu beschränken und von der Verfügungsbefugnis auszuschließen. Ferner ist möglich, einem Testamentsvollstrecker ein lebenslanges Amt zu verschaffen, das nur durch wichtigem Grund nach § 2227 beendet werden könnte. Wie stets bei Anordnungen, die langdauernde und schwerwiegende Folgen nach dem Tod des Erblassers mit sich führen, ist deren Zweckmäßigkeit im Einzelfall besonders zu prüfen. Die Anordnung einer Dauerverwaltungsvollstreckung kann im Wege der Auslegung auch die Anordnung des Ausschlusses der Auseinandersetzung (Teilungsverbot, § 2044; siehe hierzu unten Rn 247ff.) für die angeordnete Dauer der Testamentsvollstreckung beinhalten; die Dauerverwaltungsvollstreckung kann sich jedoch auch nach einer Auseinandersetzung der Erbengemeinschaft an den Nachlassgegenständen fortsetzen.[25]

11 **Formulierungsvorschlag:**

... Der Testamentsvollstrecker hat ferner als **Dauertestamentsvollstreckung** die Aufgabe, die Verwaltung des jeweiligen Erbteils bis zur Vollendung des 25. Lebensjahres des jeweiligen Erben bzw. Ersatzerben fortzuführen.

c) Schlichte Verwaltungsvollstreckung (§ 2209 Satz 1 Halbs. 1)

12 Hier ist nach der Anordnung des Erblassers die bloße Verwaltung des Nachlasses die einzige Aufgabe des Testamentsvollstreckers. Der Testamentsvollstrecker soll und kann

---

[22] Die grundsätzliche 30-Jahres-Frist gilt nur für die Verwaltungsvollstreckung, nicht die Abwicklungsvollstreckung; vgl. Gottwald ZEV 2006, 296.

[23] OLG Zweibrücken Rpfleger 1982, 106.

[24] Zur längstmöglichen Dauer einer Testamentsvollstreckung: Siehe unten Abschnitt II.16 Rn 166.

[25] Zur sog. Flad'schen Regel: Scheuren-Brandes ZEV 2007, 306f.

die Nachlassauseinandersetzung nicht durchführen. Diese Verwaltungsvollstreckung kann z.B. angeordnet werden bis zur Volljährigkeit oder eines sonstigen bestimmten Lebensalters des Erben oder von allen oder einzelnen Miterben,[26] zu Gunsten des überlebenden Ehegatten auf dessen Lebenszeit,[27] als Instrument der Enterbung in guter Absicht gem. § 2338[28] und allgemein um einen überschuldeten Erben vor seinen Eigengläubigern zu schützen.[29] Die Vollstreckung kann sich auch auf einzelne Erbteile beschränken.

d) Nacherbentestamentsvollstreckung (§ 2222)

Der Nacherbentestamentsvollstrecker übt während einer Vorerbschaft bis zum Eintritt der Nacherbfolge die Rechte der Nacherben aus.[30] 13

e) Vermächtnisvollstreckung

Hinsichtlich Testamentsvollstreckung bei Vermächtnissen sind drei unterschiedliche Fallgruppen zu unterscheiden: 14

aa) Vermächtnisvollstreckung (§ 2223). Bei der Vermächtnisvollstreckung im eigentlichen Sinne ernennt der Erblasser den Testamentsvollstrecker nur zu dem Zweck, für die Ausführung der einem **Vermächtnisnehmer auferlegten Beschwerungen,** d.h. Auflagen, Nach- oder Untervermächtnisse zu sorgen. Hier kann auch der Alleinerbe Testamentsvollstrecker sein. 15

bb) Dauertestamentsvollstreckung bezüglich Verwaltung eines Vermächtnisgegenstandes. Der Erblasser kann auch anordnen, dass der **Vermächtnisgegenstand** nach Erfüllung des Vermächtnisses weiter im Wege der Dauervollstreckung gem. § 2209 Satz 1 Halbs. 1 vom Vermächtnisvollstrecker oder einem sonstigen Verwaltungsvollstrecker **verwaltet** wird;[31] hierbei handelt es sich jedoch um eine Verwaltungsvollstreckung nach allgemeinen Regeln, nicht um eine Vermächtnisvollstreckung i.S. des § 2223. 16

cc) Abwicklungsvollstreckung bezüglich eines Vermächtnisgegenstandes. Die in der Praxis wichtigste Fallgestaltung umfasst eine Abwicklungsvollstreckung nach allgemeinen Regeln (§ 2203), wonach ausschließliche Aufgabe des Testamentsvollstreckers ist, ein **Vermächtnis zu erfüllen.** Dies hat besondere Bedeutung, wenn die Erbengemeinschaft aus mehreren Personen oder nicht ausschließlich unbeschränkt geschäftsfähigen Personen bestehen wird oder zwischen Erben und Vermächtnisnehmer ein Spannungsverhältnis zu erwarten ist. Beispiel: Kinder aus erster Ehe sind als alleinige Erben eingesetzt und der zweite Ehegatte ist zu dessen Alterssicherung mit einem Grundstücksvermächtnis bedacht. Ist keine Testamentsvollstreckung angeordnet, bedarf die zur Eigentumsumschreibung erforderliche Auflassung der Erklärung „bei gleichzeitiger Anwesenheit beider Teile" (§ 925). Ernennt der Erblasser den Vermächtnisnehmer selbst zugleich auch zum Testamentsvollstrecker mit dem Aufgabenkreis der Erfüllung des Vermächtnisses an sich selbst (vermächtnisflankierende Testamentsvollstreckung), kann der Bedachte selbst die Auflassung erklären, einerseits für die Erbengemeinschaft in seinem Amt als Testamentsvollstrecker und andererseits als Erwerber eigenen Namens. Ein Fall des § 181 liegt nicht vor, da es sich um die Erfüllung der Vermächtnisverbindlichkeit handelt. 17

f) Testamentsvollstreckung mit beschränktem Aufgabenkreis (§ 2208)

Nach dieser Vorschrift kann der Erblasser den Wirkungskreis des Testamentsvollstreckers, und zwar auch dinglich[32] nach jeder Richtung, auch zeitlich beschränken, insbe- 18

[26] Formular in MünchVertrHdb/Nieder/Otto, Bd. 6/2.
[27] Formular in MünchVertrHdb/Nieder/Otto, Bd. 6/2.
[28] Formular in MünchVertrHdb/Nieder/Otto, Bd. 6/2.
[29] Formular in MünchVertrHdb/Nieder/Otto, Bd. 6/2.
[30] Formular in MünchVertrHdb/Nieder/Otto, Bd. 6/2.
[31] MünchKomm/Zimmermann, § 2223 Rn 2; BGHZ 13, 203, 206; BayObLG NJW-RR 1986, 629, 631; Kraiß BWNotZ 1986, 12; BayObLG MittRhNotK 1990, 171 = FamRZ 1991, 490.
[32] BGH NJW 1984, 2464 = Rpfleger 1984, 357; OLG Köln FamRZ 1990, 1402.

sondere kann er anordnen, dass die Verwaltung des Nachlasses dem Testamentsvollstrecker nur hinsichtlich einzelner Nachlassgegenstände zustehen soll.

3. Beginn der Testamentsvollstreckung, Ernennung des Testamentsvollstreckers

a) Beginn der Testamentsvollstreckung

19 Die Anordnung der Testamentsvollstreckung einschließlich deren Aufgabenkreis ist eine Belastung des Nachlasses und Beschränkung des Erben (§ 2306 Abs. 1). Die **Testamentsvollstreckung** als solche **beginnt** mit dem Erbfall, sofern der Erblasser keinen anderen Zeitpunkt bestimmt hat. Hiervon ist zu trennen das **Amt** des konkreten **Testamentsvollstreckers.** Dieses **beginnt** mit dem Zeitpunkt, in welchem der Ernannte das Amt annimmt (§ 2202 Abs. 1; siehe unten lit. h) Rn 37). Daraus ergibt sich stets eine zeitliche Differenz, in der die Testamentsvollstreckung besteht, aber noch kein Testamentsvollstrecker amtiert.[33]

b) Bestimmung des Testamentsvollstreckers

20 Der Erblasser hat auch die Bestimmung (Ernennung) der Person des vorgesehenen Amtsinhabers vorzunehmen oder jedenfalls deren Bestimmungsberechtigten nach Maßgabe von §§ 2198 ff. Die Verfügungen hierzu können – auch sprachlich – zusammengefasst sein oder aber – auch in getrennten letztwilligen Verfügungen – gesondert erfolgen.

21 Grundsätzlich bestimmt der **Erblasser selbst** die Person des Testamentsvollstreckers, auch ggf. für dessen Wegfall eines Ersatztestamentsvollstreckers (§ 2197 Abs. 2), mittels derer Ernennung. Er kann einen oder mehrere Testamentsvollstrecker ernennen.[34] **Mehrere** Testamentsvollstrecker führen im Regelfall ihr Amt gemeinschaftlich (§ 2224). Es kann jedoch ein besonderer Wirkungskreis mit eigener Verantwortung und voller Vertretungsmacht zugewiesen werden.

Das Gesetz sieht jedoch – als Ausnahmeregelung zum grundsätzlichen Fremdbestimmungsverbot, § 2065 – folgende weitreichenden Möglichkeiten der **Drittbestimmung** der Person des Testamentsvollstreckers vor: Der Erblasser kann die Bestimmung der Person des Testamentsvollstreckers einem **Dritten** überlassen (§ 2198).[35] Dritter kann jede geschäftsfähige Person sein, auch eine juristische Person oder ein Erbe.[36] So kann z. B. der Vorerbe ermächtigt werden, einen Nacherbentestamentsvollstrecker (§ 2222) zu bestimmen.

Der Dritte kann zur **Ausübung des Bestimmungsrechts** nicht gezwungen werden. Die Auswahl der Person steht in seinem Ermessen. Er kann jede Person bestimmen, die der Erblasser als Testamentsvollstrecker ernennen könnte, auch einen Erben[37] oder sich auch selbst. Mit Eingang der Bestimmungserklärung beim Nachlassgericht wird diese wirksam und unwiderruflich. Das Bestimmungsrecht erlischt grundsätzlich mit vollständiger Ausübung durch Eingang der Erklärung bei Gericht, spätestens mit dem Ablauf einer ihm auf Antrag eines Beteiligten vom Nachlassgericht bestimmten Frist (§ 2198 Abs. 2). Umstritten ist, ob der Dritte das **Bestimmungsrecht nochmals ausüben** kann, wenn der Ernannte das Amt nicht annimmt oder die Ernennung aus anderem Grunde unwirksam ist. Teilweise wird dies verneint,[38] nach a. A. wird dies bejaht, wofür auch ein praktisches

---

[33] W. Zimmermann ZEV 2006, 174.

[34] Ausnahmsweise kann auch der alleinige Erbe oder Vorerbe zum Testamentsvollstrecker ernannt werden, wenn ein sachlicher Grund für die Doppelbestellung besteht, z. B. der Vollstreckungsschutz nach § 2214. Zu den weiteren Voraussetzungen BGH DNotZ 2005, 700.

[35] Zur Fristsetzung des Nachlassgerichts auf Antrag eines Beteiligten gemäß § 2198 Abs. 2: Gottwald ZEV 2006, 349.

[36] RGZ 92, 68; MünchKomm/Zimmermann § 2198 Rn 2.

[37] Jedoch nicht den Alleinerben.

[38] Damrau FamRZ 2004, 421 m. w. N.

Bedürfnis besteht.[39] Der Erblasser kann in jedem Falle im Testament einem Dritten ausdrücklich eine weitere Ernennungsermächtigung einräumen für den Fall,[40] dass der Ersternannte das Amt nicht annimmt oder wegfällt (§§ 2225, 2227) oder direkt hierfür einen Ersatzvollstrecker benennen. Ist dies nicht ausdrücklich angeordnet und ergibt sich aus der letztwilligen Verfügung, dass der Erblasser mit dem Drittbestimmungsrecht erreichen möchte, dass der Dritte durch Ausübung des Bestimmungsrechts eine wirksame Ernennung eines Testamentsvollstreckers herbeiführen können soll, wird im Regelfall jedenfalls ein mutmaßlicher Wille des Erblassers erkennbar sein, dass sich das Bestimmungsrecht nicht auf die einmalige Ausübung beschränkt.[41]

c) **Nachfolgerernennung (§ 2199 Abs. 2)**

22 Ferner kann ein **Testamentsvollstrecker** seinerseits testamentarisch ermächtigt werden, einen oder mehrere Mitvollstrecker und/oder seinen **Nachfolger** – für den Fall des Erlöschens seines Amtes – zu ernennen (§ 2199). Die Ernennung (§§ 2199 Abs. 3, 2198 Abs. 1 Satz 2) muss noch während der Amtsdauer des ermächtigten Testamentsvollstreckers erfolgen.[42] Die Erklärung wird wirksam, wenn sie dem zuständigen Nachlassgericht zugeht (§ 130 Abs. 1). Gemäß § 130 Abs. 2 Fall 1 wird die Wirksamkeit nicht gehindert, wenn der Erklärende nach der Abgabe stirbt. Jedoch muss dieser bereits alles unternommen haben zur Veranlassung des Zugangs der Erklärung an das Gericht; nicht wirksam ist daher eine vorsorgliche „Schubladenernennung", die nur unter der Bedingung des Todes des Ernennenden weiterzuleiten wäre.

23 Problematisch ist bei einer Nachfolgerklausel i. S. des § 2199 Abs. 2, dass nach h. M. das **Nachfolgerernennungsrecht** endgültig und **unwiderruflich ausgeübt** ist mit Zugang der Bestimmungserklärung beim Nachlassgericht mit Verweis auf § 130 Abs. 1.[43] Das Gestaltungsrecht sei mit seiner erstmaligen Ausübung verbraucht. Nach anderer Auffassung wird die Nachfolgerernennung erst wirksam und unwiderruflich mit Erlöschen des Amtes des bestimmungsberechtigten primären Testamentsvollstreckers, nicht bereits mit Eingang beim Nachlassgericht; die Verweisung in § 2199 Abs. 3 auf § 2198 Abs. 1 Satz 2 beziehe sich nur auf die Form.[44] Einerseits obliegt dem primär ernannten Testamentsvollstrecker gemäß dem Willen des Erblassers für den Fall seines plötzlichen Wegfalls – die Nachfolgerernennung kann nur während seiner Amtszeit erfolgen – alsbald einen Nachfolger zu bestimmen. Andererseits kann diese Bestimmung insbesondere bei einer länger dauernden Verwaltungsvollstreckung korrekturbedürftig werden. Der Testamentsvollstrecker unterliegt auch bei seiner Entscheidung über die Nachfolgerernennung gemäß § 2199 Abs. 2 der Schadensersatzpflicht gemäß § 2219.

24 Hierbei ergeben sich zwei Sachverhaltsgruppen: Ist der Nachfolger durch Erklärung des gemäß § 2199 Abs. 2 Ernennungsberechtigten willens und nach den gesetzlichen Voraussetzungen (z. B. § 2201) auch in der Lage, das Amt anzunehmen, und entstanden nur später Zweifel an dessen weitergehender Eignung, besteht keine Möglichkeit der späteren Korrektur. Hierfür ist der Erbe dann auf den Antrag auf Entlassung wegen Unfähigkeit (§ 2227) verwiesen. Ist der ernannte Nachfolger hingegen endgültig weggefallen, insbesondere durch dessen Ableben (§ 2225) oder hat er das Amt nicht angenommen, ist eine nochmalige Ausübung desselben Gestaltungsrecht nach vorgenannter h. M. nicht möglich. Der Wortlaut des § 2199 Abs. 2 („… einen Nachfolger zu ernennen") legt

[39] Reimann in Bengel/Reimann, Hdb. der Testamentsvollstreckung, 2. Kapitel Rn 144; Bamberger/Roth/J. Mayer § 2198 Rn 4 m. w. N.
[40] Die Bestimmungserklärung kann auch unter einer Bedingung abgeben werden; Staudinger/Reimann, § 2198 Rn 11.
[41] Vgl. auch MünchKomm/Zimmermann § 2198 Rn 6.
[42] Zum Wegfall der Befugnis zur Nachfolgerernennung bei Entlassung des Testamentsvollstreckers: OLG München ZEV 2009, 532 ff.
[43] Nachweise bei Säcker, ZEV 2006, 290 sowie Damrau FamRZ 2004, 422.
[44] Säcker ZEV 2006, 290, 292.

auch nicht nahe, dass die Ermächtigung das Gestaltungsrecht zu einer zweiten Nachfolgerernennung umfassen kann. Der Erblasser könnte jedoch im Testament einem Dritten eine Ernennungsermächtigung gemäß § 2198 einräumen für den Fall, dass – nach einem Wegfall des primären Testamentsvollstreckers – der ernannte Nachfolger das Amt nicht annimmt oder wegfällt; ferner kann der Erblasser direkt hierfür einen Ersatzvollstrecker benennen.

25 Bei der Ermächtigung zur Bestimmung eines Nachfolgers ist zweckmäßig anzuordnen, ob diese nur gilt für den Fall, dass ein vom Erblasser selbst bestimmter **Ersatzvollstrecker** weggefallen ist (§ 2197 Abs. 2). Umgekehrt kann der Erblasser eine von ihm angeordnete Ersatztestamentsvollstreckerbestimmung bedingen für den Fall, dass der primär ernannte Testamentsvollstrecker keine Nachfolgerernennung durchgeführt hat oder ein solcher Ernannter weggefallen ist.

d) Nachlassgericht auf Grund Ersuchen (§ 2200)

26 Letztlich kann der Erblasser das **Nachlassgericht** in der Verfügung von Todes wegen um Ernennung eines Testamentsvollstreckers **ersuchen** (§ 2200). Die Auswahl und Ernennung des Testamentsvollstreckers durch das Nachlassgericht ist eine rechtsgestaltende Verfügung der freiwilligen Gerichtsbarkeit und damit für das Prozessgericht und andere Behörden bindend.[45]

27 Der Erblasser braucht das Ersuchen an das Nachlassgericht gem. § 2200 Abs. 1 nicht ausdrücklich zu stellen, es genügt, dass sich durch gegebenenfalls auch ergänzende Auslegung ein darauf gerichteter Wille des Erblassers feststellen lässt.[46] Dafür reicht zwar nicht aus, dass eine vom Erblasser bestimmte Person das Amt des Testamentsvollstreckers abgelehnt hat.[47] Jedoch sind an die Feststellung eines Ersuchens i. S. von § 2200 Abs. 1 keine strengen Anforderungen zu stellen. Es genügt, dass der Wille des Erblassers erkennbar wird, die Testamentsvollstreckung auch nach dem Wegfall der von ihm benannten Person fortdauern bzw. bestehen zu lassen. Dabei muss der Wille nicht einmal wirklich vorhanden und dem Erblasser bewusst gewesen sein. Maßgeblich sind dafür auch die Gründe, die den Erblasser zur Anordnung der Testamentsvollstreckung bewogen haben und ob diese Gründe, von seinem Standpunkt aus, auch nach dem Wegfall der im Testament benannten Person fortbestehen.[48] Liegt ein Ersuchen des Erblassers gem. § 2200 Abs. 1 vor, hat das Nachlassgericht nach pflichtgemäßen Ermessen unter Berücksichtigung der Lage des Nachlasses und des Interesses der Beteiligten zu entscheiden, ob es ihm nachkommen oder aus Zweckmäßigkeitsgründen von der Ernennung absehen will.[49]

e) Form

28 Die Bestimmung des Testamentsvollstreckers erfolgt in den Fällen der §§ 2198, 2199 in der **Form** einer öffentlich beglaubigten Erklärung (§ 129) gegenüber dem Nachlassgericht (§ 2198 Abs. 1). Dieses Formerfordernis entfällt, wenn der Bestimmungsberechtigte im Rahmen seiner Amtsbefugnisse tätig wird.[50]

f) Person des Testamentsvollstreckers

29 Bezüglich der Wahl der **Person** des Testamentsvollstreckers ist der Erblasser grundsätzlich frei; das Bürgerliche Gesetzbuch sieht keine besondere Qualifikation für das Amt

---

[45] Jansen NJW 1966, 331; OLG Hamburg NJW 1965, 68; zur Auswahl von Testamentsvollstreckern durch das Nachlassgericht W. Zimmermann ZEV 2007, 313.

[46] BayObLG NJW-RR 1988, 387 = FamRZ 1988, 325.

[47] BayObLG FamRZ 1987, 98.

[48] Pfälz. OLG Zweibrücken DNotZ 2006, 773.

[49] OLG Hamm Rpfleger 1984, 316 m. w. N. = OLGZ 1984, 272, 288; OLG Frankfurt Rpfleger 1978, 178, 179; MünchKomm/Zimmermann, § 2200 Rn 5.

[50] OLG Stuttgart NJW-RR 1986, 7.

des Testamentsvollstreckers vor.[51] Es kann jede **natürliche oder juristische** (vgl. §§ 2210 S. 3, 2163 Abs. 2) Person sein, soweit kein Fall des § 2201 (insb. Beschränkung der Geschäftsfähigkeit) vorliegt und keine sonstigen Gründe entgegenstehen. Insbesondere können auch Bedachte, z.B. ein Vermächtnisnehmer, oder sonst Benannte, z.B. ein Vormund, ernannt werden. Eine Behörde, insbesondere das Nachlassgericht, kann nicht Testamentsvollstrecker sein.[52] Jedoch kann der Inhaber eines bestimmten Amtes, z.B. der jeweilige Bürgermeister einer Gemeinde, oder der jeweilige Notar einer bestimmten Notarstelle,[53] zum Testamentsvollstrecker ernannt werden kann; gerade dann ist jedoch sicherzustellen, dass die Bereitschaft zur Übernahme des Amtes zu erwarten ist.

Der **Alleinerbe** oder der alleinige Vorerbe kann grundsätzlich nicht zum alleinigen Tes- 30
tamentsvollstrecker, sondern nur zum Mitvollstrecker ernannt werden.[54] Jedoch kann dieser die Funktion der Vermächtnisvollstreckung (§ 2223) ausüben; dieselbe Person kann auch in Bezug auf einen Vermächtnisgegenstand gleichzeitig Testamentsvollstrecker für den Erben und (zur Verwaltung des vermachten Gegenstandes) auch für den Vermächtnisnehmer sein kann.[55] Ferner kann der alleinige Erbe ausnahmsweise dann zum Testamentsvollstrecker ernannt werden, wenn diese Doppelstellung nicht sinnlos erscheint. Dies ist z.B. dann der Fall, wenn sich die Aufgabe auf den sofortigen Vollzug bestimmter Vermächtnisse zu Lasten der Erbschaft beschränkt und bei groben Pflichtverstößen des testamentsvollstreckenden Erben ein anderer an dessen Stelle tritt. U.a. kann dann ein Gläubiger des Erben nicht in diese Gegenstände vollstrecken (§ 2214); ferner unterliegt die Verpflichtung des Testamentsvollstreckers, die letztwilligen Verfügungen des Erblassers zur Ausführung zu bringen (§ 2203), der Kontrolle des Nachlassgerichts.[56] Ein **Miterbe** oder Mitvorerbe kann dagegen bestellt werden.[57] Auch sämtliche Miterben können zu Testamentsvollstreckern ernannt werden,[58] ferner der Nacherbe für die Vorerbschaft.[59] Die Einsetzung des alleinigen Vorerben als Testamentsvollstrecker mit der Aufgabe, die Verwaltungs- und Verfügungsbefugnisse des Vorerben auszuüben, ist hingegen unwirksam.[60]

Soweit **Eltern** gleichzeitig alleinige gesetzliche Vertreter ihrer Kinder als auch Testamentsvollstrecker sind, ist umstritten, ob hierdurch bereits ohne konkreten Anlass ein Interessengegensatz besteht und die Eltern an der Besorgung verhindert sind (§ 1909 Abs. 1) und somit eine Ergänzungspflegschaft erforderlich ist. Der BGH hat dies verneint in einem Einzelfall, in welchem der Vater zugleich Testamentsvollstrecker und sein Sohn Erbe war und beide Mitgesellschafter einer Kapital- und Personengesellschaft waren; ein „typischer" Interessengegensatz werde zwar im Regelfall die Annahme rechtfertigen, dass es zu Konfliktsituationen kommen kann, denen durch die Bestellung eines (Ergänzungs-)Pflegers rechtzeitig vorgebeugt werden sollte. Anderes kann sich jedoch dann ergeben, wenn aufgrund der bisherigen Erfahrungen und des engen persönlichen Verhältnisses zwischen Vater und Kind keinerlei Anlass zur der Annahme bestehe, der Vater werde unbeschadet seiner eigenen Interessen die Belange des Kindes nicht in gebotenem Maße wahren und fördern.[61] Aufgrund der Kontrollpflichten und der Rechtsbeziehun-

---

[51] BGH MittBayNot 205, 418.

[52] *Reimann* in Reimann/Bengel/J. Mayer, Testament und Erbvertrag, 5. Aufl. 2006, Syst. Teil A, Rn 118 f.

[53] BayObLGZ 20, 55.

[54] RGZ 77, 177, 178; RZ 163, 57, 58; weitere Nachw. bei Adams, ZEV 2005, 206; siehe auch § 10 Rn 102.

[55] BGH v. 1. 3. 2005 DNotZ 2005, 790.

[56] BGH MittBayNot 2005, 508 = ZEV 2005, 204 mit Anm. Adams S. 205.

[57] BGHZ 30, 67, 70 = NJW 1959, 1429.

[58] Palandt/Edenhofer § 2197 Rn 3.

[59] BayObLG NJW 1959, 1920.

[60] OLG Jena ZEV 2009, 244 f.

[61] BGH v. 5. 3. 2008 ZEV 2008, 330 ff. mit Anm. Muscheler S. 332 f. = MittBayNot 2008, 297 ff. Vorinstanz OLG Zweibrücken ZEV 2007, 333 m. Anm. Scherer/Lehmann S. 319; für Ergänzungs-

gen zwischen Erben und Testamentsvollstrecker sowie § 181 sollte diese Doppelfunktion der Eltern jedoch nach Möglichkeit vermieden werden, da gemäß dem Bundesgerichtshof jeweils – „im Rahmen der tatrichterlichen Verantwortung" – eine Einzelfallentscheidung zu treffen ist. Hat ein Erblasser als Beschränkung der Vermögenssorge gemäß § 1638 verfügt, dass die Eltern ein dem Kinde von Todes wegen zugewendetes Vermögen nicht verwalten soll, und wurde auf Grund dessen gemäß § 1909 und ggf. letztwilliger Verfügung gemäß § 1917 Abs. 1 ein **Ergänzungspfleger** bestellt, kann dieser wegen vorgenannter Gründe nicht zugleich Testamentsvollstrecker sein.[62]

31 Der **Notar,** der die Verfügung von Todes wegen beurkundet hat, die die Anordnung der Testamentsvollstreckung enthält, und die in § 7 BeurkG genannten Personen können durch diese Verfügung nicht zum Testamentsvollstrecker ernannt werden; die letztwillige Verfügung wäre insoweit unwirksam (§§ 7, 27 BeurkG). Ferner soll darin nicht sein Sozius zum Testamentsvollstrecker ernannt werden, gemäß § 3 Abs. 1 Nr. 4 BeurkG, da der Notar nicht an einer Beurkundung mitwirken **soll,** wenn es sich um Angelegenheiten einer Person handelt, mit der sich der Notar zur gemeinsamen Berufsausübung verbunden oder mit der er gemeinsame Geschäftsräume hat.[63] Jedoch steht es dem Erblasser frei, den Notar oder die anderen vom BeurkG erfassten Personen durch gesondertes Testament zum Testamentsvollstrecker zu ernennen; hierbei ist sicherzustellen zum einen, dass es nicht im Widerspruch steht zu den letztwilligen Verfügungen in der anderen, die Testamentsvollstreckung an sich anordnenden Verfügung von Todes wegen, zum anderen soweit es sich um ein privatschriftliches Testament handelt, dass auch das gesonderte Testament dem Nachlassgericht zur Kenntnis kommt, insbesondere durch eine Einreichung beim Nachlassgericht zur besonderen amtlichen Verwahrung (§ 346 FamFG).

32 **Rechtsanwälte** und **Steuerberater** können grundsätzlich zum Testamentsvollstrecker ernannt werden. Die Tätigkeit des Testamentsvollstreckers ist für den Steuerberater keine Besorgung fremder Rechtsangelegenheiten.[64] Die Testamentsvollstreckertätigkeit darf jedoch nicht zur Übernahme gewerbsmäßiger Tätigkeiten führen.[65]

33 **Kreditinstitute (Banken, Sparkassen)** können grundsätzlich zum Testamentsvollstrecker ernannt werden.[66] Bei dem testamentsvollstreckenden Kreditinstitut können sich jedoch bei der Durchführung Probleme ergeben.[67] Gemäß §§ 2218 Abs. 1, 664 Abs. 1 Satz 1 darf der Testamentsvollstrecker im Zweifel die Ausführung nicht einem Dritten übertragen (**Substitutionsverbot**), sondern lediglich Gehilfen zuziehen (vgl. § 664 Abs. 1 Satz 3). Damit obliegt grundsätzlich die Ausführung den Organen (Vorstand) des Kreditinstituts als deren gesetzliche Vertreter; die h. M. mildert dies, wonach das Substitutionsverbot nicht gelte, wenn die Wahrnehmung durch Dritte nach den Grundsätzen einer ordnungsgemäßen Nachlassverwaltung (§ 2216 Abs. 1) bei Berücksichtigung der Umstände des Einzelfalls und der Verkehrssitte unbedenklich ist.[68] Ferner ergeben sich Schwierigkeiten, wenn zwar der Testamentsvollstrecker vom Erblasser von den Beschränkungen des § 181 befreit wurde und diese Befreiung auch erforderlich ist, aber anderer-

pflegschaft jedenfalls bei Auskunfts- und Rechnungslegungsrechten des Erben (Kind) gegenüber der Mutter, die Mittestamentsvollstreckerin war: OLG Nürnberg ZEV 2002, 158 m. Anm. Schlüter.

[62] OLG Schleswig, Beschluss v. 23. 3. 2007, BeckRS 2007, 10327.

[63] Anders bis zur Novellierung von § 3 BeurkG: BGH DNotZ 1987, 768; BGH DNotZ 1997, 466 m. Anm. Reimann = ZEV 1997, 113 m. Anm. Kummer.

[64] BGH vom 11. 11. 2004 MittBayNot 2005, 416 = ZEV 2005, 123 (Steuerberater) m. Anm. Stracke ZEV 2005, 125; J. Mayer, MittBayNot 2005, 366; vgl. noch die frühere Rspr. OLG Düsseldorf MittBayNot 2001, 88 mit Anm. Schaub S. 90.

[65] J. Mayer, MittBayNot 2005, 370.

[66] BGH vom 11. 11. 2004 MittBayNot 2004, 419 = ZEV 2005, 122 m. Anm. Stracke ZEV 2005, 125; J. Mayer, MittBayNot 2005, 366, 90.

[67] Zu Besonderheiten der Testamentsvollstreckung durch Banken und Vermögensverwalter Müller/Tolksdorf ErbStB 2006, 284.

[68] Staudinger/Reimann § 2218 Rn 10; J. Mayer MittBayNot 2005, 369.

seits das betreffende Organ hiervon nicht befreit ist.[69] Ferner können sich Interessenkonflikte bei der Vermögensverwaltung ergeben.[70]

34 Die Ernennung eines Trägers eines **Heimes** oder deren Leitung oder Beschäftigten zum Testamentsvollstrecker verstößt jedenfalls dann gegen § 14 Abs. 1, 5 HeimG, wenn über den Aufwendungsersatz hinaus ein Vergütungsanspruch besteht, sei es auf Grund Anordnung in der letztwilligen Verfügung oder bei deren Schweigen auf Grund § 2221. Aber auch bei einer unentgeltlichen Führung der Testamentsvollstreckung ist möglich, dass die Ernennung eine „geldwerte Leistung" i. S. des § 14 HeimG darstellt. Soweit eine solche Gestaltung gewünscht wird, sollte hierzu bis zu einer gerichtlichen Klärung eine heimaufsichtliche Genehmigung nach § 14 Abs. 6 HeimG eingeholt werden.[71]

g) Durch Testament

35 Die Ernennung des Testamentsvollstreckers erfolgt **„durch Testament"** (§ 2197 Abs. 1); möglich ist dies auch als einseitige Verfügung im Erbvertrag (§ 2299). Im gemeinschaftlichen Testament ist eine wechselbezügliche Verfügung ausgeschlossen gemäß § 2270 Abs. 3, im Erbvertrag eine vertragliche Vereinbarung gemäß § 2278 Abs. 2; bei einem Verstoß hiergegen wird jedoch regelmäßig die Auslegung ergeben, dass die Anordnung als einseitige Verfügung Geltung erlangen soll.

35a Zu unterscheiden hiervon ist eine bereits eingetretene **Bindungswirkung** hinsichtlich des Testators: Wurde eine Person bindend bedacht, z. B. im Wege einer vertragsmäßigen Erbeinsetzung, ist dieser gemäß § 2289 Abs. 1 Satz 2 hinsichtlich der unbeschränkten Erbeinsetzung geschützt und es kann diese nicht einseitig nachträglich mittels einer Testamentsvollstreckung beschränkt werden, sofern diese Abänderungsmöglichkeit (Vorbehalt der Beschränkbarkeit durch Ernennung eines Testamentsvollstreckers) nicht vorbehalten wurde.

35b Umstritten ist, ob auch die **Änderung der Person des Testamentsvollstreckers** in einer späteren einseitigen Verfügung eine Beeinträchtigung im Sinne des § 2289 Abs. 1 Satz 2 i. V. mit Satz 1 darstellen kann, wenn im früheren Erbvertrag bezüglich der vertragsmäßigen Verfügung – z.B. Erbeinsetzung, Vermächtnis – die Beschränkung durch Testamentsvollstreckung durch Ernennung einer bestimmten Person niedergelegt war: Das OLG Düsseldorf entschied, dass die bloße Auswechslung der Person des Testamentsvollstreckers regelmäßig keine unzulässige Beeinträchtigung des erbvertragsmäßig Bedachten ist.[72] Das Kammergericht kam – ähnlich wie bereits früher das OLG Stuttgart[73] – hingegen zur Auffassung, dass bei Festlegung der Person des Testamentsvollstreckers im Erbvertrag mit der späteren Ernennung einer anderen Person zum Testamentsvollstrecker im späteren Testament im Einzelfall eine Beeinträchtigung des vertragsmäßig Bedachten liegen kann.[74] Im Regelfall ist letzterer Auffassung der Vorzug zu geben: Zum einen be-

[69] Vgl. Staudinger/Reimann § 2197 Rn 66.

[70] J. Mayer, MittBayNot 2005, 369 f.; vgl. auch BGH ZEV 2006, 558 zur Unvereinbarkeit der Tätigkeit eines Erbschafts- und Stiftungsmanagers (estate planner) einer Bank mit dem Anwaltsberuf.

[71] Everts ZEV 2006, 546; Rossak MittBayNot 1998, 407, auch zu OLG Düsseldorf ZEV 1997, 459. Zur ordnungsgemäßen Verwaltung des Nachlassvermögens im Wertpapierbereich Farkas-Richling ZEV 2007, 311.

[72] OLG Düsseldorf ZEV 1994, 302 LS. 2. Auch das OLG Hamm sieht grundsätzlich keine Beeinträchtigung durch die Auswechslung eines im gemeinschaftlichen Testament ernannten Testamentsvollstreckers: ZEV 2001, 271 (LS. 1), 272, wobei jedoch nicht auf § 2289 Abs. 1 Satz 2, sondern auf die fehlende Wechselbezüglichkeit der Testamentsvollstreckeranordnung abgestellt wird. Vgl. auch Palandt/Edenhofer § 2289 Rn 5. Der Meinungsstand ist dargestellt bei der Entscheidung des KG in ZEV 2010, 40, 42.

[73] OLGZ 1979, 49 ff.

[74] KG ZEV 2010, 40 LS 2. mit Anm. Walter Zimmermann S. 43 f. Weitere „Hohenzollern-Entscheidung": Im Erbvertrag von 1938 wurden Personen zu Testamentsvollstreckern ernannt. Der ehemalige Kronprinz Wilhelm von Preussen hat in seinem Testament von 1950 andere Personen bestimmt.

stimmt das Gesetz eine Personalisierung des Testamentsvollstreckers (§ 2197 Abs. 1: „Der Erblasser kann durch Testament einen oder mehrere Testamentsvollstrecker ernennen.“), zum anderen statuiert das deutsche Testamentsvollstreckerrecht eine starke Stellung dieser Person, so dass meist gerade ein Vertrauensverhältnis zur (erst-)benannten Person mit der Beschränkung des Bedachten einhergehen wird. Ob aber vor Beginn der Tätigkeit des ausgetauschten Testamentsvollstreckers „eine konkret messbare Benachteiligung des Vertragserben“[75] festgestellt werden kann, ist zweifelhaft.[76] Der Rechtsgestalter sollte daher bei der Ernennung des Testamentsvollstreckers (und auch seiner Ersatzleute, ferner auch bezüglich der Befugnis der Ernennung eines Nachfolgers) im Rahmen eines Erbvertrags den Willen der Beteiligten klären und in der Urkunde niederlegen, ob später einseitig eine Auswechslung durch Testament zulässig ist, um auf spätere Entwicklungen reagieren zu können.[77] Ist dies ausdrücklich nicht erfolgt, sind die Erklärungen im Einzelfall auszulegen, ob die Zustimmung des weiteren Erbvertragsbeteiligten sich nur auf eine Beschränkung des Vertragserben bezüglich der festgelegten Person bezieht oder auf eine Beschränkung durch Anordnung einer Testamentsvollstreckung – mit auch anderen Personen – im allgemeinen;[78] hierbei wird auch eine Rolle spielen der Aufgabenkreis, so dass bei einer bloßen Abwicklungsvollstreckung die Anforderungen andere sein können als bei einer langjährigen Dauerverwaltungsvollstreckung.

35c Erfolgte die Testamentsvollstreckeranordnung in einem Erbvertrag oder gemeinschaftlichen Testament, ist sprachlich klarzustellen, **für welchen Erbfall** die Anordnung getroffen ist, d.h. ob diese jeweils für jeden Erblasser gilt oder aber nur für einen konkreten Erblasser oder aber – wie häufig bei Ehegattenverfügungen – nur für das Ableben des letztversterbenden Erblassers, gleichviel welcher dies ist, und/oder für den Fall des gleichzeitigen Ablebens für beide Erblasser. Ist nichts bestimmt, ist der Wille durch Auslegung zu ermitteln, wobei im Zweifel die Anordnung für beide Nachlässe anzunehmen ist, außer es ist nach dem Tod des Erstversterbenden der Überlebende zu Alleinerben eingesetzt und es ergeben sich keine Anhaltspunkte, dass die Verfügungsmacht dann bereits der dritten Person zustehen soll.[79]

36 Die letztwillige Verfügung kann daneben auch beliebige weitere Verfügungen enthalten oder aber nur isoliert die Testamentsvollstreckung selbst oder auch nur Einzelregelungen hierzu; die Testamentsvollstreckung ist insbesondere auch möglich bei gesetzlicher Erbfolge. In gleicher Weise erfolgt der Widerruf (§§ 2253 ff.) der Anordnungen zur Testamentsvollstreckung insgesamt oder aber einzelner Regelungen, z.B. einer Änderung der Person des Testamentsvollstreckers oder des Aufgabenkreises. Der Erblasser kann mittels Rechtsgeschäft unter Lebenden mit dem vorgesehenen Testamentsvollstrecker Vereinbarungen treffen für den Fall von dessen Amtsübernahme zur Bestimmung der angemessenen Vergütung i.S. des § 2221, jedoch keinerlei Regelungen zur Testamentsvollstreckung selbst.

h) Beginn des Amtes des Testamentsvollstreckers (§ 2202 Abs. 1)

37 Das Amt des Testamentsvollstreckers **beginnt** erst mit dem Zeitpunkt, in dem der Ernannte das Amt annimmt, nicht bereits auf Grund Ernennung und Eintritt des Erbfalles.[80] Die Annahme kann erst nach dem Erbfall, aber schon vor der Testamentseröffnung erklärt werden und ist bedingungsfeindlich (§ 2202). Die Annahme ist formfrei. Zur An-

[75] KG ZEV 2010, 40, 43.

[76] Im vom Kammergericht entschiedenen Fall sollte gemäß Erbvertrag der jeweilige vertragsmäßig bedachte Erbe ab Vollendung seines 28. Lebensjahres selbst Testamentsvollstrecker sein. Eine Beeinträchtigung von dessen Recht bei Austausch des Testamentsvollstreckers dürfte hierbei naheliegend sein.

[77] So auch Reimann, ZEV 2001, 273, 274 (Anm. zu OLG Hamm).

[78] So auch Meyding, ZEV 1994, 98, 101.

[79] Vgl. *Reimann* in Bengel/Reimann, TV, § 2 Rn 13.

[80] 8 Checklisten zur Annahme des Amtes als Testamentsvollstrecker bei Gluth ErbStB 2007, 23.

nahme des Amtes ist niemand verpflichtet; dies korrespondiert mit dem jederzeitigen Kündigungsrecht gemäß § 2226. Rechtsgeschäfte des (späteren) Testamentsvollstreckers **vor Beginn des Amtes** sind unwirksam und werden nicht mit Amtsbeginn nachträglich wirksam; nach Amtsbeginn sind einseitige Rechtsgeschäfte erneut vorzunehmen (§§ 180, 141 Abs. 1), sonstige Rechtsgeschäfte können nach allgemeinen Vorschriften (§§ 177, 185 Abs. 2 Satz 1 Alt. 1) genehmigt werden.

Probleme ergeben sich, wenn Testamentsvollstreckung als solche angeordnet ist, je- 38
doch **kein Testamentsvollstrecker amtiert.** Dies ist stets gegeben, solange der ernannte Testamentsvollstrecker sein Amt noch nicht angenommen hat (§ 2202), ebenso bei einem Ersatztestamentsvollstrecker nach dem Wegfall des vormaligen (§§ 2225 ff.). Es kann ferner eintreten, wenn ein Testamentsvollstrecker noch nicht gemäß § 2198 bestimmt bzw. nach § 2200 ernannt ist.[81] Soweit nicht Vorsorge durch eine postmortale Vollmacht getroffen ist, können weder Verwaltungsmaßnahmen noch Verfügungen über Nachlassgegenstände getroffen werden, da die Erben gemäß § 2211 hiervon – auch bei Vakanz des Testamentsvollstreckeramtes – ausgeschlossen sind. Bengel schlägt hierfür zu Recht auf Grund der bestehenden Regelungslücke die entsprechende Anwendung des § 1960 zur Nachlasspflegschaft vor.[82] Das Nachlassgericht kann hiernach bei Vorliegen eines Sicherungsbedürfnisses einen Pfleger bestellen.

4. Regelmäßige Aufgaben und Befugnisse des Testamentsvollstreckers

a) Die Verwaltungs- und Verfügungsbefugnis des Testamentsvollstreckers

Der Testamentsvollstrecker hat den Nachlass zu verwalten (§ 2205 Satz 1). Zum Ver- 39
waltungsrecht gehört neben dem Recht, den Nachlass in Besitz zu nehmen, auch die Befugnis über die Nachlassgegenstände zu verfügen (**Verfügungsbefugnis**) (§ 2205 Satz 2). Die Verfügungsmacht umfasst dabei jedes rechtsgeschäftlich relevante Verhalten, das eine unmittelbare Änderung einer dem Nachlass zuzurechnenden Rechtsposition bewirkt, wie z. B. auch die Annahme einer Leistung, die Kündigung von Rechtsverhältnissen, die Anfechtung von Willenserklärungen sowie die Erteilung von Löschungsbewilligungen.[83] Der Testamentsvollstrecker kann über Miterbenanteile an dem seiner Verwaltung unterliegenden Nachlass nicht verfügen, wohl aber über in ihm befindliche Erbteile an anderen Nachlässen, die bereits dem Erblasser zugestanden haben.[84]

Im Innenverhältnis, d. h. gegenüber den Erben und Vermächtnisnehmern ist die Hand- 40
lungsmacht des Testamentsvollstreckers durch das zwingende Gebot ordnungsmäßiger Verwaltung des Nachlasses (§§ 2216 Abs. 1, 2219, 2220) beschränkt, das ins Außenverhältnis, d. h. hinsichtlich der Wirksamkeit seiner Geschäfte, jedoch nur bei Verpflichtungsgeschäften (§ 2206 Abs. 1 Satz 1) und Geschäften mit sich selbst (§ 181) durchschlägt.

Soweit gem. § 2208 kein anderer Wille des Erblassers zum Ausdruck gekommen ist, ist die Verwaltungs- und Verfügungsbefugnis des Erblassers im Außenverhältnis grundsätzlich unbeschränkt. Insbesondere darf der Testamentsvollstrecker – anders als der Vorerbe – über Grundstücke und Grundstücksrechte verfügen.

Seine Verfügungsbefugnis wird gesetzlich **beschränkt** durch das Verbot unentgeltlicher 41
und nicht voll entgeltlicher Verfügungen mit Ausnahme von Pflicht- und Anstandsschenkungen (§ 2205 Satz 3). Das Verbot von Insichgeschäften und Mehrfachvertretung gem. **§ 181** ist auf Grund der Stellung des Testamentsvollstreckers als Treuhänder des Erblas-

[81] Zu möglichen Gründen für eine Verzögerung des Amtsbeginns: Damrau ZEV 1996, 81.

[82] Bengel in Bengel/Reimann, TV, 1. Kapitel, Rn 8; auch für Pflegerbestellung, jedoch analog § 1913 (Pflegschaft für unbekannte Beteiligte) Damrau, Der Nachlass vor Beginn des Testamentsvollstreckeramtes, ZEV 1996, 81, 83, wonach jedoch das Vormundschaftsgericht zuständig wäre.

[83] K. Müller WPM 1982, 466.

[84] BGH NJW 1984, 2464 = Rpfleger 1984, 357 = JR 1985, 104 m. zust. Anm. Damrau.

sers, der im eigenen Namens handelt und nicht als Vertreter der Erben, nicht unmittelbar anzuwenden, wird aber auf Grund der gleichgelagerten Interessenkonfliktsituation entsprechend angewandt.[85] Eine Gestattung solcher Geschäfte kann nur durch den Erblasser erfolgen. Ist keine ausdrückliche Regelung getroffen, kann sich im Rahmen der Auslegung ergeben, ob und inwieweit der Erblasser eine solche Gestattung stillschweigend erteilt hat. Jedoch ist auch eine Gestattung dann unwirksam, soweit sie gegen das zwingende Gebot der ordnungsgemäßen Verwaltung verstoßen sollte.[86] Die gesetzlichen Beschränkungen wirken dinglich, unbeschadet des Verkehrsschutzes durch den öffentlichen Glauben des Testamentsvollstreckerzeugnisses.[87] Nach § 2216 Abs. 1 ist der Testamentsvollstrecker im Innenverhältnis zur ordnungsgemäßen Verwaltung des Nachlasses verpflichtet. Die „Ordnungsmäßigkeit" ist nach objektiven Gesichtspunkten zu beurteilen.[88] Er hat dabei nach seinem Ermessen in eigener Verantwortung zu entscheiden, und zwar unter Umständen gegen den Willen aller Erben.[89] Bei der Anlage von Nachlassvermögen braucht er nicht den „sichersten Weg" zu gehen, ihm sind nur solche Anlagen verwehrt, die nach Lage des Falles den Grundsätzen einer wirtschaftlichen Vermögensverwaltung zuwiderlaufen würden.[90]

Die Wirksamkeit seiner Verfügungen nach außen hängt grundsätzlich nicht von der Ordnungsmäßigkeit der Verwaltung gem. § 2216 Abs. 1 ab. In entspr. Anwendung der für den Missbrauch der Vertretungsmacht allgemein entwickelten Grundsätze ist die Verfügung jedoch nach der Rspr. unwirksam, wenn der Dritte den ordnungswidrigen Charakter der Verfügung erkannt hat oder hätte erkennen müssen.[91] Damit ist Außen- und Innenverhältnis miteinander verklammert und dem Missbrauch kommt Außenwirkung zu. Zu unterscheiden von den – gemäß § 2216 Abs. 2 Satz 2 aufhebbaren – Verwaltungsanordnungen des Erblassers nach § 2216 Abs. 2 Satz 1 ist eine – posthum nicht änderbare – **Begrenzung der Rechte** durch den Erblasser gemäß **§ 2208 Abs. 1 Satz 1.** Letzteres hat nach h. M. stets dingliche Wirkung. Soweit die Begrenzung wirkt, bedarf es zu Verfügungen der Mitwirkung der Erben.[92]

42 Bei **ordnungswidriger Verwaltung** macht sich der Testamentsverwalter nach § 2219 schadensersatzpflichtig, kann nach § 2227 vom Nachlassgericht auf Antrag entlassen werden und die Erben können gegen ihn auf Vornahme einer gebotenen oder Unterlassung einer ordnungswidrigen Maßnahme klagen.

43 Bei seiner Verwaltung hat der Testamentsvollstrecker gem. § 2216 Abs. 2 Satz 1 in erster Linie Anordnungen, die der Erblasser für die Verwaltung des Nachlasses durch letztwillige Verfügung getroffen hat, zu befolgen. **Verwaltungsanordnungen** dieser Art sind alle Anordnungen des Erblassers für den Testamentsvollstrecker, die einerseits keine erbrechtlichen Gestaltungstypen sind und andererseits keine bloßen Wünsche oder Vorschläge des Erblassers.[93] Solche Verwaltungsanordnungen des Erblassers können jedoch auf Antrag des Testamentsvollstreckers oder eines anderen Beteiligten (nicht jedoch Nachlassgläubiger) vom Nachlassgericht außer Kraft gesetzt werden, wenn ihre Befolgung den Nachlass erheblich gefährden würde (§ 2216 Abs. 2 Satz 2).[94] Erbrechtliche Anordnungen in Verfügungen von Todes wegen (z. B. Anordnung der Testamentsvollstre-

[85] BGHZ 30, 67, 69 = NJW 1959, 1429; BGHZ 51, 209, 215; BGH FamRZ 1989, 963, 964.
[86] Hierzu Staudinger/Reimann § 2205 Rn 62 f.
[87] MünchKomm/Zimmermann, § 2205 Rn 91 f.
[88] BGHZ 25, 275, 280; BGH WPM 1967, 25, 27.
[89] BGH NJW 1987, 1070, 1071 = FamRZ 1987, 377; BGH FamRZ 1995, 478 = NJW-RR 1995, 577; Klumpp, ZEV 1994, 65, 68 ff.
[90] BGH NJW 1987, 1070 = WPM 1987, 239.
[91] BGHZ 30, 67, 71 = NJW 1959, 1429; RGZ 75, 299; RGZ 83, 348, 353; RGZ 130, 131, 134; BGH NJW 1983, 40 = JuS 1983, 309 m. Anm. Hohloch.
[92] Keim, ZEV 2002, 133.
[93] BayObLG NJW 1976, 1692.
[94] BayObLG Betr. 1983, 708 = Rpfleger 1983, 112.

ckung selbst, ihre Dauer und etwaigen Beschränkungen, Anordnung der Nacherbfolge und Teilungsanordnungen) können vom Nachlassgericht nicht aufgehoben werden, wohl aber **Verwaltungsanordnungen** auch dann, wenn sie **gleichzeitig** positive oder negative (Teilungsverbot) **Teilungsanordnungen** (§§ 2048, 2044) sind, und zwar auch, wenn dadurch die Ausführung der Teilungsanordnung unmöglich wird.[95]

Eine Surrogationsvorschrift wie bei der Vorerbschaft enthält das Gesetz bei der Testamentsvollstreckung nicht. Trotzdem wendet die h. M.[96] die dingliche **Surrogation** des § 2041 bei der Erbengemeinschaft auch auf das Verwaltungshandeln des Testamentsvollstreckers an und zwar auch, wenn er nicht erkennbar für den Nachlass handelt. 44

Eine Einschränkung der Befugnisse des Testamentsvollstreckers ergibt sich ferner aus § 2213 Abs. 1 Satz 3: Auch wenn dem Testamentsvollstrecker die Verwaltung des Nachlasses zusteht, kann ein **Pflichtteilsanspruch** zwingend **nur gegen den Erben** geltend gemacht werden. Dies gilt nicht nur für die Zahlungsklage, sondern auch für die Feststellung der Nachlasshöhe. Die Vorschrift führt damit zu praktischen Problemen, da hierzu der Erbe den Testamentsvollstrecker auffordern muss, die nötigen Auskünfte zu geben.[97] Will der Erblasser gerade, dass der Testamentsvollstrecker die Abwicklung der Pflichtteilsproblematik durchführt, kann er auf Grund der genannten Vorschrift die Befugnis des Testamentsvollstreckers nicht durch letztwillige Verfügung entsprechend erweitern, sondern lediglich insoweit eine postmortale Vollmacht erteilen.[98] Eine neuere Rechtsprechung schränkt jedoch § 2213 Abs. 1 Satz 3, eine Regelung, deren „Sinn und Zweck ... nicht ohne weiteres einsichtig“ sind,[99] dahingehend ein, dass der Erblasser anordnen kann, dass Pflichtteilsberechtigte ihre Ansprüche gegenüber dem Testamentsvollstrecker geltend machen können.[100] 45

b) Das Schenkungsverbot

Unwirksam sind **unentgeltliche und teilweise unentgeltliche Verfügungen** des Testamentsvollstreckers, soweit sie nicht einer sittlichen Pflicht oder einer auf den Anstand zu nehmenden Rücksicht entsprechen (§ 2205 Satz 3). Durch diese Bestimmung wird die Verfügungsmacht des Testamentsvollstreckers **dinglich beschränkt,** so dass eine dem Testamentsvollstrecker verbotene unentgeltliche Verfügung (schwebend) unwirksam ist.[101] Eine unentgeltliche Verfügung des Testamentsvollstreckers liegt, wie beim Vorerben, dann vor, wenn er 46
- **objektiv** ohne gleichwertige Gegenleistung Opfer aus der Erbmasse bringt und
- **subjektiv** entweder weiß, dass dem Opfer keine gleichwertige Leistung an die Erbmasse gegenübersteht, oder doch bei ordnungsmäßiger Verwaltung der Masse unter Berücksichtigung seiner künftigen Pflicht, die Erbschaft an den Erben herauszugeben, das Fehlen oder die Unzulänglichkeit der Gegenleistung hätte erkennen müssen.[102]

Im Unterschied zur Schenkung (§ 516 Abs. 1) setzt eine **unentgeltliche Verfügung** i. S. von § 2205 keine Einigung der Beteiligten über die Unentgeltlichkeit der Zuwendung voraus.[103] Auch eine **rechtsgrundlose Verfügung** über einen Nachlassgegenstand wird 47

---

[95] KG JFG 14, 154; Staudinger/Reimann § 2216 Rn 29.

[96] RGZ 138, 133; BayObLG NJW-RR 1992, 62; BGH NJW 1990, 1237; Wolf JuS 1975, 714; Krug ZEV 1999, 381, 383.

[97] Zur Auskunftspflicht des Testamentsvollstreckers *Sarres,* ZEV 2000, 90.

[98] Eingehend *Klingelhöffer* ZEV 2000, 261 f.

[99] Storz, ZEV 2009, 397, 398.

[100] LG Stuttgart ZEV 2009, 396 f. mit Anm. Storz S. 397 f.

[101] BGH LM § 2205 Nr. 10; BGH NJW 1963, 1631; BGH NJW 1971, 2264; BayObLG FamRZ 1987, 104.

[102] RGZ 105, 246, 248; BGHZ 5, 173, 182 = NJW 1952, 698; BGHZ 57, 84, 89 = NJW 1971, 2264; BGH NJW 1991, 842; zum Nachweis der Entgeltlichkeit von Verfügungen des Testamentsvollstreckers im Grundbuchverkehr Keim, ZEV 2007, 470.

[103] MünchKomm/Zimmermann, § 2205 Rn 72; a. M. Klaus Müller WPM 1982, 466, 470.

von der h. M.[104] als unentgeltlich angesehen und ist deshalb unwirksam. Letztlich sind teilweise unentgeltliche Verfügungen (Verkauf unter Verkehrswert) im Ganzen unwirksam; wenn hier auch die subjektiven Voraussetzungen für die Annahme der Unentgeltlichkeit (Ungleichwertigkeit erkennen oder hätte erkennen müssen) besonders genau zu beachten sind.[105] Wie beim Vorerben kommt es nur auf die subjektive Erkennbarkeit der Ungleichwertigkeit durch den Testamentsvollstrecker an, nicht auf die des Vertragsgegners, so dass dieser ungeschützt ist.[106] Die Erfüllung einer vom Erblasser durch Verfügung von Todes wegen angeordneten Leistungspflicht aus Vermächtnissen und Auflagen ist nie eine unentgeltliche Verfügung i. S. von § 2205.[107] Nach der Rspr.[108] ist der Testamentsvollstrecker dann zur Vornahme unentgeltlicher Verfügungen berechtigt (§ 137 Satz 1 hat Vorrang), wenn **sämtliche Erben,** auch Vor- und Nacherben (auch unbestimmte Nacherben und weitere Nacherben, nicht jedoch Ersatznacherben) und die Vermächtnisnehmer sowie Auflagenbegünstigte bei der Verfügung **mitwirken.** Die Zustimmung auch der Vermächtnisnehmer und Auflagenbegünstigten ist erforderlich, da das Schenkungsverbot, wie sich aus §§ 2219 Abs. 1, 2216 Abs. 1 ergibt, auch ihren Schutz vor ungerechtfertigten Verfügungen des Testamentsvollstreckers bezweckt.[109] Nicht erforderlich ist, dass kein entgegenstehender Wille des Erblassers erkennbar sein darf und dass andere Nachlassgläubiger als Vermächtnisnehmer nicht geschädigt werden.[110] Der Erblasser kann sich gegen ein derartiges Zusammenwirken von Testamentsvollstrecker und Erben nur mittelbar durch Straf- oder Verwirkungsklauseln gegen die Erben bzw. den Vollstrecker schützen.

c) Die Verpflichtungsbefugnis des Testamentsvollstreckers

48 Der Testamentsvollstrecker kann in bestimmten Fällen Verbindlichkeiten mit Wirkung für den Nachlass eingehen. Diese Verpflichtungen werden Nachlassverbindlichkeiten, für die der Erbe immer mit dem Nachlass und, falls er die Beschränkung nicht herbeigeführt hat, auch persönlich haftet. Voraussetzungen für die **Haftung des Erben** sind:

49 *aa) Allgemeine Verpflichtungsgeschäfte.* Der Testamentsvollstrecker ist, soweit es sich nicht um die Verpflichtung zur Verfügung über einen Nachlassgegenstand handelt, nur berechtigt, Verbindlichkeiten für den Nachlass einzugehen, deren Eingehung zur ordnungsgemäßen Verwaltung erforderlich ist (**Verpflichtungsbefugnis**) (§ 2206 Abs. 1 Satz 1). Nach § 2206 Abs. 2 ist der Erbe auf Verlangen des Testamentsvollstreckers verpflichtet, zur Eingehung solcher Verbindlichkeiten seine Einwilligung zu erteilen, allerdings unbeschadet seines Rechts, die Haftungsbeschränkung auf den Nachlass geltend zu machen. Aus dieser Einschränkung folgert die ganz h. M.,[111] dass ein Testamentsvollstrecker als solcher nicht die Rechtsmacht hat, neben dem Nachlass auch das Eigenvermögen des Erben mit neuen, nicht unter dem erbrechtlichen Beschränkungsvorbehalt stehenden Verbindlichkeiten zu belasten. Ein **Dritter** wird in entspr. Anwendung der beim Missbrauch der Vertretungsmacht entwickelten Grundsätze in seinem guten Glauben

[104] RGZ 105, 246; RGZ 163, 348, 357; BGH FamRZ 1963, 426; a. M. Spellenberg FamRZ 1974, 353; Klaus Müller WPM 1982, 473.

[105] BGHZ 5, 173; BGHZ 18, 67; BayObLGZ 1956, 55; krit. hierzu Klaus Müller WPM 1982, 466.

[106] BGH NJW 1963, 1613, 1614; zweifelnd Lange/Kuchinke, 4. Aufl., § 31 VI 2 b; a. M. Klaus Müller WPM 1982, 467.

[107] OLG Düsseldorf ZIP 1987, 227, 229; BayObLG Rpfleger 1989, 200.

[108] BGHZ 57, 84, 92 = NJW 1971, 2264 = DNotZ 1972, 90; BGH FamRZ 1991, 188, 189; BayObLG Rpfleger 1989, 200; Mattern LM § 2205 Nr. 14; a. M. RGZ 105, 246, 249.

[109] BGHZ 57, 84, 94 = NJW 1971, 2264; a. M. Neuschwander BWNotZ 1978, 73.

[110] BGHZ 57, 84, 94 = NJW 1971, 2264; Mattern BWNotZ 1961, 149, 152; zu der BGH-Entscheidung siehe eingehend Haegele Rpfleger 1972, 43.

[111] RGZ 170, 392, 394; BGHZ 24, 106, 113; BGH NJW 1954, 636; Damrau NJW 1984, 2785, 2788; Marotzke JZ 1986, 457, 561.

geschützt, wenn er bei Vertragsschluss annahm und ohne Fahrlässigkeit annehmen konnte, dass nach den gegebenen Umständen für den Testamentsvollstrecker die Eingehung der Verbindlichkeit zur ordnungsgemäßen Verwaltung geboten war.[112] War der Vertragsgegner nicht gutgläubig, kann er aus dem Geschäft keine Rechte gegen den Nachlass herleiten, sondern nur den Testamentsvollstrecker nach § 179 in Anspruch nehmen.[113] Hat der Vertragsgegner dagegen angenommen und ohne Fahrlässigkeit annehmen können, die Eingehung der Verbindlichkeit sei zur ordnungsmäßigen Verwaltung des Nachlasses erforderlich, dann wird eine Nachlassverbindlichkeit begründet, die der Testamentsvollstrecker erfüllen muss, obwohl er sich u.U. gem. § 2219 selbst schadensersatzpflichtig gemacht hat.[114]

bb) Verpflichtung zu einer Verfügung über einen Nachlassgegenstand. Soweit die Verbindlichkeit vom Testamentsvollstrecker zur Verfügung über einen Nachlassgegenstand im Rahmen seiner Verfügungsbefugnis gem. § 2205 eingegangen wird, entfällt gem. § 2206 Abs. 1 Satz 2 die Voraussetzung, dass ihre Eingehung zur ordnungsmäßigen Verwaltung erforderlich sein muss.[115] Dingliche Verfügungsmacht und Verpflichtungsermächtigung haben damit hier den gleichen Umfang, weil ein Zurückbleiben der Verpflichtungsbefugnis hinter der Verfügungsmacht nicht sinnvoll wäre.[116] Aber auch hier kann in entspr. Anwendung der beim Missbrauch der Vertretungsmacht entwickelten Grundsätze dem Anspruch auf Vertragserfüllung der Einwand unzulässiger Rechtsausübung entgegenstehen, wenn ein Testamentsvollstrecker in ersichtlich verdächtiger Weise von seiner Vertretungsmacht nach § 2206 Abs. 1 Satz 2 Gebrauch macht.[117] 50

cc) Erweiterte Verpflichtungsbefugnis. Der Erblasser kann nach § 2207 Satz 1 über den Rahmen des § 2206 hinaus die Verpflichtungsbefugnis des Testamentsvollstreckers dahin erweitern, dass dieser Verbindlichkeiten für den Nachlass, ausgenommen von Schenkungsversprechen, auch eingehen darf, soweit sie zur ordnungsgemäßen Verwaltung (§ 2206 Abs. 1 Satz 1) nicht erforderlich sind. Die erweiterte Verpflichtungsbefugnis ist im Testamentsvollstreckerzeugnis anzugeben (§ 2368 Abs. 1 Satz 2 Alt. 2). Dies betrifft jedoch nur das Außenverhältnis; im Innenverhältnis ist der Testamentsvollstrecker zu einer ordnungsgemäßen Verwaltung des Nachlasses auch bei der Eingehung von Verpflichtungen verpflichtet (§ 2216) verantwortlich und hierfür haftbar (2219). Hiervon kann der Erblasser den Testamentsvollstrecker auch nicht befreien (§ 2200);[118] jedoch kann eine solche Befreiung Bedeutung haben für die zulässige Ausübung des Ermessens des Testamentsvollstreckers bei der Einschätzung der Ordnungsmäßigkeit eines Verpflichtungsgeschäfts. 51

Sowohl bei der schlichten Verwaltungsvollstreckung (§ 2209 Satz 1 Halbs. 1) als auch der Dauerverwaltungsvollstreckung (§ 2209 Satz 1 Halbs. 2) ist im Zweifel anzunehmen, dass dem Testamentsvollstrecker diese Ermächtigung erteilt ist (§ 2209 Satz 2). Ferner ist diese Ermächtigung regelmäßig anzunehmen, soweit die Aufgabe des Testamentsvollstreckers auch die Erfüllung eines Verschaffungsvermächtnisses umfasst: Die Beschaffung des Gegenstandes gehört nicht zur ordnungsgemäßen Verwaltung des vorhandenen Nachlasses, sondern ist die Ausführung der letztwilligen Verfügung.[119] 52

dd) Freiheit des Testamentsvollstreckers von Verfügungsbeschränkungen. Der **Testamentsvollstrecker unterliegt nicht** den sich aus § 1365 für den gesetzlichen Güter- 53

[112] RGZ 83, 348, 353; RGZ 130, 131, 134; BGH WPM 1982, 1082 = NJW 1983, 40, 41 = JuS 1983, 309 m. Anm. Hohloch.
[113] BGHZ 30, 67 = NJW 1959, 1429.
[114] BGH NJW 1983, 40 m. Anm. Hohloch JuS 1983, 309.
[115] BGH NJW-RR 1989, 642.
[116] MünchKomm/Zimmermann, § 2206 Rn 4.
[117] RGZ 75, 299; BGH NJW-RR 1989, 642; Soergel/Damrau § 2205 Rn 72.
[118] *Schaub* in Bengel/Reimann, TV, § 4 Rn 91.
[119] Staudinger/Reimann § 2207 Rn 2.

stand[120] oder aus den entsprechenden Vorschriften bei den vertraglichen Güterständen[121] für einen Erben ergebenden **Verfügungsbeschränkungen.** Er bedarf auch **keiner familien- oder betreuungsgerichtlichen Genehmigung,** wenn sich unter den Erben geschäftsunfähige oder in der Geschäftsfähigkeit beschränkte Personen befinden, für die der gesetzliche Vertreter für die betreffende Rechtshandlung dieser Genehmigung bedürfte.[122] Die Anordnung der Testamentsvollstreckung eignet sich daher, die erbrechtliche Abwicklung solcher Fälle zu vereinfachen. Ist der Testamentsvollstrecker nur für den Vorerben bestellt, hat er nicht mehr Rechte, als dieser ohne Testamentsvollstreckung hätte und seine Verfügungsmacht ist daher gem. §§ 2113, 2114 beschränkt (bestr.).[123] Anders ist es allerdings, wenn der Testamentsvollstrecker sowohl für den Vor- als auch den Nacherben eingesetzt ist.[124]

5. Möglichkeiten, die Testamentsvollstreckung gegenüber dem Normalfall abzuändern

a) Regelmäßiger Aufgabenkreis

54 Wenn der Erblasser nur die Testamentsvollstreckung anordnet, ohne die Aufgaben des Testamentsvollstreckers im Einzelnen zu bestimmen, sind seine regelmäßigen Aufgaben die **Ausführung der letztwilligen Verfügungen** (§ 2203), die **Auseinandersetzung unter den Miterben** (§ 2204) und, soweit und solange es zur Erfüllung dieser Aufgaben notwendig ist, die **Verwaltung des Nachlasses** (sog. **Abwicklungsvollstreckung**). Die regelmäßigen Befugnisse des Testamentsvollstreckers sind in den §§ 2203–2207, seine Verpflichtungen in den §§ 2215–2219 geregelt. Zu ausdrücklichen Anordnungen des Erblassers über den Umfang der Testamentsvollstreckung und den Befugnissen und Verpflichtungen des Testamentsvollstreckers in der Verfügung von Todes wegen besteht nur Veranlassung und sie müssen dann auch klar und deutlich zum Ausdruck kommen, wenn und soweit dies abweichend gewünscht wird.

b) Die Einschränkung der Befugnisse des Testamentsvollstreckers gem. § 2208

55 *aa) Allgemeines.* Ein Mindestumfang für die verbleibenden Befugnisse des Testamentsvollstreckers ist nicht vorgeschrieben. Der Erblasser kann dem Testamentsvollstrecker als einzige Aufgabe z.B. die Ausführung einer Bestattungsanordnung übertragen.[125] Wer sich auf die Beschränkung beruft, hat hierfür die Darlegungs- und Beweislast.[126] Über alle dem Testamentsvollstrecker gem. § 2208 auferlegten Beschränkungen, namentlich Verfügungs- und Auseinandersetzungsverbote, kann er sich, wie bei der Teilungsanordnung, mit dem Einverständnis aller Erben (einschließlich etwaiger Nacherben, nicht jedoch Ersatznacherben und Vermächtnisnehmer) hinwegsetzen,[127] da dies sonst gegen das Verbot der Beschränkung der dinglichen Verfügungsbefugnis gem. § 137 Abs. 1 verstoßen würde.

Im Einzelnen sind solche Beschränkungen:

56 *bb) Inhaltliche Beschränkungen.* Inhaltliche Beschränkungen, bei denen der Erblasser dem Testamentsvollstrecker die ihm in §§ 2203 bis 2206 zugewiesenen Regelaufgaben

---

120 Haegele Rpfleger 1960, 386.

121 Haegele a. a. O.

122 RGZ 61, 144; KG OLGE 38, 260; 39, 263; siehe hierzu eingehend Haegele Rpfleger 1957, 149 u. 1963, 330, 336.

123 MünchKomm/Zimmermann, § 2205 Rn 64; Staudinger/Reimann, § 2205 Rn 157 je mit w. N.; a. M. z. B. OLG Neustadt NJW 1956, 1881; OLG Stuttgart BWNotZ 1980, 92.

124 BGHZ 40, 115.

125 Staudinger/Reimann § 2208 Rn 6.

126 Baumgärtel/Strieder, Beweislast § 2208 Rn 1 m. w. N.

127 BGHZ 40, 115, 118 = NJW 1963, 2320; BGHZ 56, 275, 281 = NJW 1971, 1805; BGHZ 57, 84, 87 = NJW 1971, 2264.

und Befugnisse, insbesondere die Verwaltungs-, Verfügungs- und Verpflichtungsbefugnis ganz oder teilweise entzieht oder ihm nur einzelne Aufgaben dieser Art überträgt. Inhaltliche Beschränkungen sind z. B. die Übertragung der Verwaltung als einziger Aufgabe (§ 2209), d. h. ohne dass der Testamentsvollstrecker die Auseinandersetzung der Miterbengemeinschaft vorzunehmen hat, die bloße Beaufsichtigung der Erben nach § 2208 Abs. 2, so dass dem Testamentsvollstrecker die Ausführung der letztwilligen Verfügung (§ 2203) nicht obliegt und die Beschränkung der Verfügungsmacht des Testamentsvollstreckers (§ 2205) auf Zeit oder dauernd, ganz oder teilweise und hinsichtlich aller oder einzelner Nachlassgegenstände.[128]

Weitere gesetzlich geregelte, inhaltlich beschränkte Testamentsvollstreckungen sind die **Nacherbentestamentsvollstreckung** gem. § 2222 und die nach § 2223 zu dem alleinigen Zweck angeordnete, für die Ausführung der einem Vermächtnisnehmer auferlegten Beschwerung zu sorgen (**Vermächtnisvollstreckung**). Der Testamentsvollstrecker kann auch bestimmte Rechtsgeschäfte, z. B. die Veräußerung von Grundbesitz, **nur mit Zustimmung der Erben** vornehmen dürfen. Umgekehrt kann angeordnet werden, dass der Wirkungskreis des Testamentsvollstreckers sich darauf beschränkt, dass die Erben seiner Zustimmung zu Verfügungen über Nachlassgegenstände bedürfen[129] oder dass er an Weisungen Dritter gebunden wird.[130] Der Erblasser kann jedoch nicht anordnen, dass der Testamentsvollstrecker bei seiner Tätigkeit über das Gesetz hinaus der Aufsicht des Nachlassgerichts untersteht oder von dort Weisungen entgegenzunehmen hat.[131] 57

cc) Gegenständliche Beschränkung. Die Befugnisse des Testamentsvollstreckers können auch auf einzelne Nachlassgegenstände beschränkt werden (§ 2208 Abs. 1 Satz 2);[132] zu beachten ist jedoch das grundsätzliche Gebot der vollständigen Auseinandersetzung des Nachlasses, so dass eine gegenständlich beschränkte Teilauseinandersetzung nur zulässig ist bei Zustimmung aller Miterben oder den sonstigen Voraussetzungen, bei denen ausnahmsweise eine Teilauseinandersetzung für zulässig anerkannt wird.[133] 58

Der Erblasser kann Testamentsvollstreckung auch nur für den Erbteil eines Miterben oder Mitvorerben anordnen.[134] 59

dd) Zeitliche Beschränkung. Der Erblasser kann die Testamentsvollstreckung auch befristen oder auflösend bedingen.[135] Gesetzlich ist die Testamentsvollstreckung auf 30 Jahre befristet (§ 2210 Satz 1). Der Erblasser kann diese beliebig verkürzen oder aber gemäß § 2210 Satz 2 verlängern bis zu einem Ereignis in der Person des Erben oder des Testamentsvollstreckers, z. B. des Todes eines dieser Personen.[136] 60

ee) Angabe der Beschränkung im Testamentsvollstreckerzeugnis. Die Beschränkungen sind, soweit sie für den rechtsgeschäftlichen Verkehr des Testamentsvollstreckers mit Dritten erheblich sind, im Testamentsvollstreckerzeugnis anzugeben (§ 2368 Abs. 1 Satz 2.[137] 61

Alle rechtsgeschäftlichen Beschränkungen gem. § 2208 kann der Erblasser mit dinglicher Wirkung anordnen, sie sind dann drittwirksam vorbehaltlich des Verkehrsschutzes durch das Testamentsvollstreckerzeugnis.[138] Dabei ist streitig, ob sich Beschränkungen 62

---

[128] Damrau JR 1985, 106.
[129] BayObLG MittRhNotK 1990, 171, 172.
[130] Staudinger/Reimann § 2208 Rn 14 f.
[131] Staudinger/Reimann § 2208 Rn 16.
[132] BayObLG Rpfleger 1982, 226, 227.
[133] Staudinger/Reimann § 2208 Rn 11.
[134] Staudinger/Reimann § 2208 Rn 12.
[135] Staudinger/Reimann § 2208 Rn 13.
[136] Zur längstmöglichen Dauer einer Testamentsvollstreckung: Siehe unten Abschnitt II.16 Rn 166.
[137] BayObLG DNotZ 2005, 930.
[138] BGHZ 40, 115, 118 = NJW 1963, 2320; BGHZ 56, 275, 278 = NJW 1971, 2264; BGH NJW 1984, 2464 = Rpfleger 1984, 357; a. M. Lehmann AcP 188 (1988), 1.

i. S. von § 2208 nach dem Willen des Erblassers in der Regel auch auf die Verfügungsmacht des Testamentsvollstreckers erstrecken, also dinglich wirksam sind, oder sie jeweils im Einzelfall ermittelt werden muss.[139] Bei der Gestaltung von Verfügungen von Todes wegen empfiehlt es sich daher, den Erblasser auch insoweit jeweils zu genauen Angaben zu veranlassen.

c) Die Erweiterung der Befugnisse des Testamentsvollstreckers

63 Die Erweiterung der Befugnis des Testamentsvollstreckers unterliegt Grenzen.[140] Erweiterungsmöglichkeiten sind innerhalb seines gesetzlichen Wirkungskreises sind:

64 • Die **Dauervollstreckung** nach § 2209 Satz 1 Halbs. 2, bei der dem Testamentsvollstrecker die Verwaltung des Nachlasses auch für die Zeit nach der Erledigung seiner sonstigen Aufgaben übertragen ist. Mit ihr ist gem. § 2209 Satz 2 im Zweifel dem Testamentsvollstrecker auch die erweiterte Verpflichtungsbefugnis gem. § 2207 Satz 1 erteilt. Die Dauervollstreckung wird vom Erblasser insbesondere gewollt sein, wenn er bei Alleinerbschaft ohne weitere Anordnungen Testamentsvollstreckung bestimmt hat.[141] Die Dauervollstreckung ist gem. § 2210 auf grundsätzlich 30 Jahre befristet.[142]

65 • Die erweiterte Verpflichtungsbefugnis nach § 2207 Satz 1, bei der der Testamentsvollstrecker vom Erblasser ermächtigt ist, Verbindlichkeiten für den Nachlass auch einzugehen, soweit sie zur ordnungsgemäßen Verwaltung nicht erforderlich sind. Das Ordnungsmäßigkeitsgebot des § 2216 Abs. 1 bleibt dann für diese Geschäfte auf das Innenverhältnis beschränkt. Für unentgeltliche Verpflichtungsgeschäfte besteht diese Ermächtigungsmöglichkeit jedoch nicht (§ 2207 Satz 2). Die erweiterte Verpflichtungsbefugnis nach § 2207 Satz 1 ist bei der Dauertestamentsvollstreckung gem. § 2209 im Zweifel als erteilt anzunehmen (§ 2209 Satz 2). Die erweiterte Verpflichtungsbefugnis des Testamentsvollstreckers kommt dem Gläubiger dann nicht zugute, wenn er erkannte oder infolge grober Fahrlässigkeit nicht erkannte, dass der Testamentsvollstrecker seine erweiterten Befugnisse überschreitet. Dafür trägt der dies behauptende Erbe die Beweislast.[143]

66 • Wenn bei der Einsetzung **mehrerer Testamentsvollstrecker** von der Regel der gemeinschaftlichen Amtsführung, der Entscheidung von Meinungsverschiedenheiten durch das Nachlassgericht und der Amtsführung der übrigen beim Wegfall eines Vollstreckers vom Erblasser abweichende Anordnungen getroffen werden (§ 2224 Abs. 1 Satz 3).

67 • Wenn der Erblasser den **Testamentsvollstrecker von den Beschränkungen des § 181 befreit.**[144] Diese Gestattung ist auch stillschweigend möglich,[145] wobei grundsätzlich davon ausgegangen werden kann, dass dies der Fall ist, wenn der Testamentsvollstrecker zugleich Miterbe ist. Die Befreiung von dem Verbot des § 181 kann jedoch nicht als Erweiterung der Verfügungsbefugnis in das Testamentsvollstreckerzeugnis aufgenommen werden.[146] Da der Erblasser jedoch den Testamentsvollstrecker nicht von der Verpflichtung, den Nachlass ordnungsgemäß zu verwalten, befreien kann (§§ 2216 Abs. 1, 2220), muss zur Gestattung nach § 181 stets hinzutreten, dass das Insichgeschäft der ordnungsmäßigen Verwaltung nicht widerspricht.

68 • Mittelbar, dass nach § 2220 der Erblasser den Testamentsvollstrecker lediglich **von folgenden zwingenden Verpflichtungen nicht befreien** darf: Von der Verpflichtung zur

[139] Für diese Vermutung: BGH NJW 1984, 2464 = Rpfleger 1984, 357, LG Köln MittRhNot 1981, 140; dagegen: Damrau JR 1985, 106.
[140] MünchKomm/Zimmermann, § 2208 Rn 2 u. 14.
[141] BGH NJW 1983, 2248.
[142] Siehe oben Rn 60. Zur längstmöglichen Dauer einer Testamentsvollstreckung: Siehe unten Abschnitt II.16 Rn 166.
[143] Baumgärtel/Strieder, Beweislast § 2207 Rn 1.
[144] RGZ 61, 139; BGHZ 30, 67 = NJW 1959, 1429 = DNotZ 1959, 480; BGH FamRZ 1989, 963.
[145] RGZ 121, 50; BGHZ 30, 67, 69 = NJW 1959, 1429.
[146] OLG Hamm DNotZ 2004, 808.

Aufnahme des Nachlassverzeichnisses (§ 2215), zur ordnungsgemäßen Verwaltung des Nachlasses (§ 2216), zur Unterrichtung der Erben, Erteilung von Auskunft, Rechenschaftslegung und zur Herausgabe des Nachlasses an die Erben (§ 2218) und zum Ersatz des verschuldeten Schadens (§ 2219). Ferner kann der Erblasser den Testamentsvollstrecker nicht vom Verbot der unentgeltlichen Verfügung (§ 2205 Satz 3) und des Schenkungsversprechens (§ 2207 Satz 2) befreien. Von **allen anderen Verpflichtungen** kann der Erblasser den Testamentsvollstrecker **befreien,** somit z.B. von der Verpflichtung, Nachlassgegenstände, deren er zur Erfüllung seiner Obliegenheiten offenbar nicht bedarf, dem Erben auf Verlangen zur freien Verfügung zu überlassen (§ 2217 Abs. 1).

• Alle obigen Erweiterungen sind als Abweichungen von der gesetzlichen Normalregelung im Testamentsvollstreckerzeugnis anzugeben (§ 2368 Abs. 1). 69

d) Übertragung von Sonderfunktionen auf den Testamentsvollstrecker

Der Erblasser kann den **Testamentsvollstrecker** über dessen gesetzlichen Aufgabenrahmen hinaus auch **mit Sonderfunktionen betrauen,** die auch ein Dritter wahrnehmen könnte.[147] 70

aa) Erbauseinandersetzung nach billigem Ermessen. Der Erblasser kann dem Testamentsvollstrecker die Erbauseinandersetzung nach billigem Ermessen übertragen (§ 2048 Satz 2), ferner das Bestimmungsrecht bei Vermächtnissen (§§ 2151, 2152) oder bei Auflagen (§ 2193), ihm eine über den Tod hinaus gültige Generalvollmacht erteilen, die allerdings vom Erben widerrufen werden kann. Er kann ihn auch zum Schiedsrichter in Testamentsauslegungsstreitigkeiten bestellen, jedoch nicht hinsichtlich der Auslegung solcher Bestimmungen, die den Bestand des Testamentsvollstreckeramtes selbst betreffen, da niemand Richter in eigener Sache sein kann.[148] Diese erweiterten Befugnisse können dadurch verstärkt werden, dass die Erben zu ihrer Einräumung und Respektierung durch Auflagen verpflichtet werden und/oder die Erfüllung der Anordnungen zur aufschiebenden oder ihre Nichterfüllung zur auflösenden Bedingung der Erbeinsetzung gemacht werden.[149] Zu beachten ist, dass in allen Fällen, in denen der Testamentsvollstrecker nicht eine Aufgabe im Rahmen seiner gesetzlichen Zuständigkeit wahrnimmt, sondern eine ihm vom Erblasser übertragene Sonderfunktion, bei Minderjährigkeit der Erben die familiengerichtliche Genehmigung notwendig sein kann.[150] 71

bb) Bevollmächtigung des Testamentsvollstreckers. Die zwingende Beschränkung der Verfügungsbefugnis des Testamentsvollstreckers auf entgeltliche Verfügungen (§ 2205 Satz 2), der fehlende Schutz des Erwerbers auch bei für ihn unerkennbar teilunentgeltlichen Verfügungen sowie die Beschränkung der Verpflichtungsbefugnis des Testamentsvollstreckers auf Verbindlichkeiten, deren Eingehung zur ordnungsgemäßen Verwaltung erforderlich sind (§ 2206 Abs. 1 Satz 1) veranlasste die Kautelarjurisprudenz zu mehrspurigen Gestaltungen, bei der der **Testamentsvollstrecker** in der Verfügung von Todes wegen mittels **postmortaler Vollmacht** (auch Generalvollmacht) zugleich zum Bevollmächtigten der Erben bestellt wird, womit seine Machtbefugnisse im Außenverhältnis erweitert werden. Diese wird allgemein für zulässig erachtet.[151] Der Testamentsvollstrecker, der auf Grund einer solchen Vollmacht tätig wird, unterliegt mit Ausnahme des Missbrauchsverbots keinen Beschränkungen, kann dann auch unentgeltliche Geschäfte vornehmen und bedarf keines Erbnachweises oder Testamentsvollstreckerzeugnisses.[152] Das Recht auf Abschluss von Insichgeschäften (§ 181) darf ihm jedoch in der Vollmacht 72

---

[147] Staudinger/Reimann § 2208 Rn 25.
[148] BGHZ 41, 23, 25 f. = NJW 1964, 1316 m. Anm. Strickrodt.
[149] Lange JuS 1970, 102.
[150] OLG Hamburg DNotZ 1983, 381.
[151] BGH NJW 1962, 1718 = Rpfleger 1962, 438 m. Anm. Haegele = DNotZ 1963, 305; Reithmann BB 1984, 1394; Staudinger/Reimann Vorbem. zu §§ 2197 ff. Rn 76.
[152] BGH NJW 1962, 1718, 1719 = Rpfleger 1962, 438 m. Anm. Haegele.

nicht erteilt werden[153] und die Vollmacht kann auch nicht unwiderruflich sein.[154] Die Vollmacht kann vielmehr jederzeit von allen oder einzelnen Erben widerrufen werden. Der Erblasser kann jedoch indirekt eine Unwiderruflichkeit der Vollmacht dadurch herbeiführen, dass er den oder die Erben auflösend bedingt für den Fall des Widerrufs der Vollmacht durch sie einsetzt, oder sie für diesen Fall mit einem aufschiebend bedingten Vermächtnis beschwert, oder ihnen einfach die Unwiderruflichkeit der Vollmacht zur vom Testamentsvollstrecker zu überwachenden Auflage macht.[155] Gegen die Gefahr, die in dem über das rechtliche Dürfen hinausschießende rechtliche Können des zugleich zum postmortalen Bevollmächtigten bestellten Testamentsvollstreckers liegt (überschießende Außenmacht), kann der Erblasser die postmortale Vollmacht inhaltlich oder zeitlich begrenzen, so etwa dadurch, dass er sie dem jeweiligen Testamentsvollstrecker erteilt oder ihren Gebrauch durch eine weitere Vertrauensperson, am besten einen Mittestamentsvollstrecker, überwachen lässt.[156] Diese zusätzliche Vollmachtserteilung an den Testamentsvollstrecker ist insbesondere gebräuchlich als Übergangslösung für die Zeit zwischen dem Erbfall und der Beschaffung des Erbnachweises bzw. des Testamentsvollstreckerzeugnisses, zur Erleichterung von Verfügungen über Nachlassgegenstände, des Nachweises der Unentgeltlichkeit und zur Überwindung der rechtlichen Schwierigkeiten bei der Verwaltungstestamentsvollstreckung an Handelsgeschäften und Personengesellschaftsanteilen (Vollmachtslösung).

73 *cc) Der Supervollstrecker.* Wünscht jedoch der Erblasser einen von allen Einschränkungen und Kontrollen befreiten Vollstrecker seines Willens, muss er ihn **zum Alleinerben einsetzen** und durch entsprechendes Universalvermächtnis, Quotenvermächtnisse oder Stückvermächtnisse seinen Nachlass verteilen oder die Verteilung ganz dem Belieben des Alleinerben überlassen.

e) Die Verbesserung der Kontrolle des Testamentsvollstreckers durch Maßnahmen des Erblassers[157]

74 Die vom Gesetzgeber vorgesehene Kontrolle des Testamentsvollstreckers ist gering. Der Testamentsvollstrecker unterliegt insbesondere nicht der Aufsicht des Nachlassgerichts, bedarf – da er seine Rechtsmacht vom Erblasser, nicht von den Erben ableitet – bei minderjährigen Erben keiner Zustimmung der gesetzlichen Vertreter und keiner Genehmigung des Familiengerichts sowie keiner Einwilligung des Ehegatten des Erblassers nach § 1365.[158] Der Erblasser kann sie jedoch durch geeignete Gestaltungen verstärken. Hier kommen vor allem in Frage:

75 *aa) Die Ernennung mehrerer Testamentsvollstrecker.* Diese führen grundsätzlich das Amt gemeinschaftlich und bei Meinungsverschiedenheiten entscheidet das Nachlassgericht (§ 2224 Abs. 1 Satz 1).

76 *bb) Die Beteiligung von Erben und Dritten an der Testamentsvollstreckung.* Als Möglichkeiten kommen dabei die Beschränkung der Rechte des Testamentsvollstreckers nach § 2208 durch den Erblasser sowie Verwaltungsanordnungen nach § 2216 in Betracht. Dabei ist es für den Erblasser unproblematisch, im Wege der Verwaltungsanordnung nach § 2216 zu bestimmen, dass der Testamentsvollstrecker der Zustimmung der Erben oder eines Dritten, auch eines Gremiums, etwa eines Schiedsgerichts, bedarf. Dritter könnte auch ein Wirtschaftsprüfungsunternehmen oder eine Stiftung sein.[159] Dies hat

[153] Palandt/Edenhofer Einf v § 2197 Rn 12.
[154] BGH NJW 1962, 1718, 1719.
[155] Reithmann BB 1984, 1394, 1397; Lange JuS 1970, 102; Staudinger/Reimann Vorbem zu §§ 2197 ff. Rn 77.
[156] Reithmann BB 1984, 1394, 1398.
[157] Siehe hierzu insbesondere Reimann, FamRZ 1995, 588.
[158] *Bengel* in Bengel/Reimann, TV, § 1 Rn 26 ff.
[159] Reimann a. a. O., S. 592.

allerdings nur schuldrechtliche Wirkung. Fraglich ist jedoch, ob der Erblasser die Rechte des Testamentsvollstreckers gemäß § 2208 dinglich insoweit einschränken kann, dass er bei Verfügungen an die Zustimmung der Erben oder Dritter gebunden ist. Die Bindung an die Erben dürfte dabei zulässig sein, während die an einen Dritten wohl gegen § 137 verstoßen würde.[160] Verstößt der Testamentsvollstrecker gegen Anweisungen des Erblassers, kann dies einen wichtigen Grund darstellen für einen Entlassungsantrag gemäß § 2227.

6. Rechtsstellung des Testamentsvollstreckers

Der Testamentsvollstrecker ist weder Vertreter des Erblassers, der Erben, des Nachlasses noch der Nachlassgläubiger, sondern hat die Stellung eines Treuhänders und ist Träger eines privaten Amtes zu eigenem Recht, aber im fremden Interesse (Amtstheorie).[161] 77
Er hat im Rahmen der letztwilligen Anordnungen Verpflichtungs-, Verfügungs-, Erwerbs- und Prozessführungsermächtigung (§§ 2205, 2206).[162] Er kann im eigenen Namen über Nachlassgegenstände verfügen, den Erben verpflichten, für ihn erwerben und Rechtsstreitigkeiten über Nachlassgegenstände als Partei kraft Amtes mit Wirkung für und gegen den Erben führen.[163] Der Testamentsvollstrecker sollte jedoch stets im Rechtsverkehr mit dem Zusatz *„als Testamentsvollstrecker des Nachlasses nach …“* handeln und zeichnen, damit die materiellrechtlichen und prozessualen Folgen seines Handelns nicht ihn selbst treffen. Aus den Rechtshandlungen des Testamentsvollstreckers wird der **Erbe nur als Träger des Sondervermögens Nachlass**, nicht als Träger seines Eigenvermögens berechtigt und **verpflichtet.**[164] Der Testamentsvollstrecker kann seine vor der Amtsannahme vorgenommenen Rechtsgeschäfte nach der Annahme nach Maßgabe der §§ 177, 180 durch Genehmigung wirksam machen.[165] Rechtsgeschäfte des vermeintlichen Testamentsvollstreckers können jedoch nicht in entsprechender Anwendung des § 177 genehmigt werden.[166]

7. Die Rechtsstellung der Erben und ihr Verhältnis zum Testamentsvollstrecker

Soweit die Verfügungsbefugnis des Testamentsvollstreckers reicht, ist dem oder den Erben die **Verfügungsbefugnis entzogen** (§§ 2205 Satz 2, 2211, 2212). Die Verfügungsbefugnis des Testamentsvollstreckers verdrängt somit – anders als bei der post- oder transmortalen Vollmacht – diejenige der Erben. **Soweit der Testamentsvollstrecker** an der Ausübung seines Amts aus Rechtsgründen **verhindert ist** (z. B. § 181) bzw. der Erblasser sie an einem Nachlassgegenstand ausgeschlossen hat, steht die Verfügungsmacht regelmäßig den Erben zu,[167] nicht jedoch, wenn der ernannte Testamentsvollstrecker nur tatsächlich verhindert ist oder kein Testamentsvollstrecker ernannt ist. Die Anordnung der Testamentsvollstreckung enthält somit eine Beschränkung der Rechtsstellung des Erben (§ 2211 Abs. 1; vgl. §§ 2306, 2338 Abs. 1, 2376). Die trotzdem vorgenommenen Verfügungen des Erben sind absolut unwirksam. 78

Die Verfügungsbeschränkung des Erben beginnt mit dem Erbfall, und zwar unabhängig davon, ob der Testamentsvollstrecker sein Amt angenommen hat oder nicht.[168] Vor

[160] So Reimann a. a. O., S. 592.
[161] BGHZ 13, 203, 205 = NJW 1954, 1036; BGHZ 25, 275, 279.
[162] Zur Frage der Wirksamkeit einer Verfügung bei beschränktem Wirkungskreis des Testamentsvollstreckers: K. Winkler, DNotZ 2001, 402.
[163] RG JW 1912, 147.
[164] Staudinger/Reimann Vorbem zu §§ 2197 ff. Rn 8.
[165] Palandt/Edenhofer § 2202 Rn 1.
[166] RGZ 80, 417; Schäfer BWNotZ 1954, 1; Müller JZ 1981, 370, 376.
[167] BGHZ 51, 209, 217; OLG Düsseldorf NJW 1961, 561, 562.
[168] BGHZ 25, 282.

dem Amtsantritt ist weder der Erbe noch der Testamentsvollstrecker verfügungsberechtigt.[169] Deshalb kann sich eine über den Tod hinaus gültige **Vollmacht** empfehlen. Diese kann entweder auflösend bedingt erteilt werden mit dem Amtsantritt des Testamentsvollstreckers; vorzugswürdig ist jedoch für die Verwendung im Rechtsverkehr eine unbedingte Erteilung verbunden mit der Pflicht des Bevollmächtigten, die Urschrift/Ausfertigung im Hinblick auf § 172 nach Amtsantritt an den Testamentsvollstrecker zu übergeben. Über Nachlassgegenstände, die der Verwaltung des Testamentsvollstreckers nicht unterliegen (§§ 2208, 2217), kann der Erbe verfügen. Schuldrechtliche Verpflichtungen in Bezug auf Nachlassgegenstände kann der Erbe eingehen,[170] z.B. für die Zeit nach Beendigung einer zeitlich befristeten Testamentsvollstreckung. Ferner kann ein Miterbe, unbeschadet der Fortdauer der Rechte des Testamentsvollstreckers, über seinen **Erbteil** nach § 2033 verfügen.[171] Solche Verpflichtungen und Verfügungen kann der Erblasser allenfalls durch entsprechende Straf- und Verwirkungsklauseln in der letztwilligen Verfügung zu verhindern suchen. Nach § 2211 Abs. 2 wird ein Dritter bei einem Rechtsgeschäft mit dem Erben geschützt, wenn er das Bestehen einer Testamentsvollstreckung nicht kannte oder gutgläubig annahm, dass der Gegenstand nicht zum Nachlass gehört oder der Verwaltung des Testamentsvollstreckers nicht unterliegt. Durch die Eintragung des Testamentsvollstreckervermerks gem. § 52 GBO im Grundbuch wird das Grundbuch gegen Verfügungen der Erben gesperrt. Da ferner die Testamentsvollstreckung und ihr Umfang in den Erbschein aufzunehmen ist (§§ 2364, 2366), wird gutgläubiger Erwerb vom Erben trotz Vorliegen einer Testamentsvollstreckung nur möglich sein, sofern bei Grundstücken der Vermerk sowohl im Grundbuch als auch im Erbschein fehlt und bei beweglichen Gegenständen der Erbe in ihrem Besitz ist, der Vermerk im Erbschein fehlt und er als Eigentümer auftritt.

79 Die Verfügungsbeschränkung der Erben macht den **Nachlass** zu einem **Sondervermögen.**[172] Die sonst mit dem Erbfall eintretende Vereinigung des Nachlasses mit dem Eigenvermögen des alleinigen Erben wird durch die Testamentsvollstreckung aufgehoben.[173] Den Eigengläubigern des Erben ist nach § 2214 vom Erbfall an der Zugriff auf die der Verwaltung des Testamentsvollstreckers unterliegenden Nachlassgegenstände verwehrt.

80 Auf das Rechtsverhältnis zwischen Testamentsvollstrecker und Erben finden nach § 2218 gewisse für den Auftrag geltende Vorschriften entsprechende Anwendung. Der Testamentsvollstrecker hat gegenüber den Erben das **Recht,** die Herausgabe des Nachlasses an ihn (§ 2205 Satz 1), den Ersatz seiner notwendigen Aufwendungen (§§ 2218, 670) und eine angemessene Vergütung (§ 2221) zu verlangen. Für den Testamentsvollstrecker, sei es eine natürliche oder eine juristische Person, gilt der Grundsatz der persönlichen Amtsausübung (§§ 2218 Abs. 1, 664).

81 Die **Pflichten** des Testamentsvollstreckers gegenüber den Erben ergeben sich aus den §§ 2215 bis 2219 und sind – mit Ausnahme von § 2217 (Überlassung von Nachlassgegenständen – gem. § 2220 zwingender Natur. Es sind im Einzelnen die Ansprüche der Erben gegen den Testamentsvollstrecker auf Mitteilung eines Nachlassverzeichnisses (§ 2215), auf ordnungsmäßige Verwaltung des Nachlasses (§ 2216) sowie auf Auskunftserteilung und Rechnungslegung (§§ 2218, 666).

82 Zwingend ist auch die Haftung des Testamentsvollstreckers auf **Schadensersatz** gegenüber Erben und ggf. Vermächtnisnehmern, wenn er schuldhaft eine ihm obliegende Pflicht verletzt (§ 2219).[174] Der Erblasser kann den Testamentsvollstrecker hiervon **nicht**

[169] KGJ 40, 196, 200.
[170] RG HRR 1929 Nr. 1833; BGHZ 25, 274 = NJW 1957, 1916.
[171] RGRK/Kregel § 2211 Rn 6.
[172] BGH JZ 1967, 703.
[173] BGHZ 48, 214.
[174] Zur Beweislast im Testamentsvollstreckerhaftpflichtverfahren Reimann, ZEV 2006, 186.

befreien (§ 2220). Der Testamentsvollstrecker haftet für vorsätzliches und fahrlässiges Handeln (§ 276). Der Erblasser kann keinen milderen Haftungsmaßstab anordnen, insbesondere den Testamentsvollstrecker nicht von der Haftung für fahrlässiges Handeln freistellen; jedoch kann er bei der Aufgabenstellung und mittels Verwaltungsanordnung dessen gebotenes Handeln vorgeben, z. B. dass er beauftragt und berechtigt ist, hinsichtlich im Nachlass befindlicher Aktien und sonstiger Unternehmensbeteiligungen oder Geldanlagen näher zu bezeichnende Risiken einzugehen.[175] Eine Haftungsfreistellung ist jedoch möglich durch die Erben bzw. Vermächtnisnehmer; bei risikogeneigten Rechtshandlungen, z. B. Abschluss von Vergleichen oder Verschmelzungen oder anderen Rechtsänderungen nach dem UmwG mit der Abgrenzungsschwierigkeit zu unentgeltlichen Geschäften i. S. des § 2205 Satz 3, ist dem Testamentsvollstrecker zu raten, vorab die Zustimmung aller Erben oder aber eine Haftungsfreistellungsverpflichtung der zustimmenden Erben gegenüber Dritten einzuholen. Bei Eingehung von Verbindlichkeiten kann der Testamentsvollstrecker die Einwilligung der Erben gemäß § 2206 Abs. 2 einholen.[176]

Der Testamentsvollstrecker ist gem. § 2217 Abs. 1 Satz 1 den Erben zur **Überlassung von Nachlassgegenständen** verpflichtet, wenn sie es verlangen und er den Gegenstand nicht zur Erfüllung seiner Obliegenheiten benötigt.[177] Bei der Verwaltungs- und Dauervollstreckung (§ 2209) ist bis zu deren Beendigung für eine Freigabe des verwaltungsunterworfenen Nachlasses mangels Entbehrlichkeit in der Regel kein Raum.[178] Durch die Freigabe verliert der Testamentsvollstrecker mit dinglicher Wirkung seine Verwaltungs-, Verfügungs- und Prozessführungsrechte hinsichtlich des freigegebenen Gegenstandes (§ 2217 Abs. 1 Satz 2). Werden Nachlassgegenstände für die Erfüllung von Nachlassverbindlichkeiten oder bedingter oder betagter Vermächtnisse oder Auflagen benötigt, so darf der Testamentsvollstrecker die Überlassung nicht deswegen verweigern, wenn der Erbe Sicherheit leistet (§ 2217 Abs. 2). Der Testamentsvollstrecker kann auch ohne Vorliegen der Voraussetzungen des § 2217 Abs. 1 Satz 1 (Verlangen und Entbehrlichkeit) Nachlassgegenstände freiwillig den Erben überlassen. Eine solche Freigabe ist auf jeden Fall nach außen wirksam, kann allerdings Schadensersatzansprüche gegen ihn nach § 2219 auslösen, so dass es sich für ihn in jedem Fall empfiehlt, die Zustimmung sämtlicher Erben und Nacherben (nicht jedoch Vermächtnisnehmer, sofern keine Unentgeltlichkeit gegeben ist und Ersatznacherben) einzuholen.[179] Mit Zustimmung dieser Beteiligter kann auch ein sonst vom Testamentsvollstrecker zu beachtendes und dinglich wirkendes[180] Freigabeverbot des Erblassers überwunden werden (§ 137 Satz 1 hat Vorrang).[181] Eine Freigabe von Nachlassgegenständen, damit der Erbe darüber selbständig unentgeltlich verfügen kann, ist als Gesetzesumgehung unzulässig,[182] es muss der Weg der Testamentsvollstreckerverfügung mit Zustimmung der Erben und Vermächtnisnehmer gewählt werden. 83

Die Herausgabe von **Nutzungen** aus Nachlassgegenständen richtet sich nicht nach § 2217, sondern nach § 2116.[183] In allen Fällen der Beendigung seines Amtes hat der Testamentsvollstrecker den Nachlass an den Erben herauszugeben (§§ 2218 Abs. 1, 667) und auf Verlangen des Erben über den Bestand des Nachlasses Auskunft zu erteilen sowie Rechenschaft über seine Amtsführung abzulegen (§§ 2218 Abs. 1, 666, 259, 260). 84

---

[175] Zu weiteren möglichen Anspruchsgrundlagen Reimann, ZEV 2004, 234, zur gesamtschuldnerischen Haftung sukzessiv tätiger Testamentsvollstrecker S. 236.
[176] Zur Klage auf Einwilligung: *Bonefeld* in M/B/W/W, § 42.4, Rn 987 ff.
[177] Häußermann, BWNotZ 1967, 234; Lange JuS 1970, 101, 106.
[178] BGHZ 56, 275, 284 = NJW 1971, 1805.
[179] BGH 57, 84, 88, 94 = NJW 1971, 2264.
[180] AG Starnberg Rpfleger 1985, 57.
[181] BGHZ 56, 275, 284 = NJW 1971, 1085; BGHZ 57, 84, 87 = NJW 1971, 2264.
[182] BGHZ 57, 84, 89 = NJW 1971, 2264.
[183] BGH NJW-RR 1986, 1069 = Rpfleger 1986, 434 = WPM 1986, 1095, 1096.

Mit dem Ende des Amtes des Testamentsvollstreckers wird der Erbe wieder berechtigt, den Nachlass selbst zu verwalten und frei über Nachlassgegenstände zu verfügen.

85 Im Falle einer angeordneten Testamentsvollstreckung kann der gesetzliche Erbe gem. § 2306 Abs. 1 Satz 2 die **Erbschaft ausschlagen** und seinen davon unbeschwerten Pflichtteil verlangen.[184] Ferner kann er die Anordnungen gem. § 2078 anfechten, wenn sich der Erblasser über die Notwendigkeit der Anordnung geirrt hat.[185] Gegen den einzelnen Testamentsvollstrecker hat der Erbe die Möglichkeit bei Vorliegen eines **wichtigen Grundes** beim Nachlassgericht gem. § 2227 seine **Entlassung** zu beantragen. Ein solcher Grund ist nach dem Gesetz insbesondere bei grober Pflichtverletzung oder Unfähigkeit zur ordnungsmäßigen Geschäftsführung gegeben. Die Entlassung ist nicht nur bei Verschulden oder Unfähigkeit des Vollstreckers zulässig, sondern auch aus anderen wichtigen Gründen, die auch in der Person des Erben, eines Erbbeteiligten oder in der Entwicklung der Verhältnisse liegen und unverschuldet sein können.[186] So genügt ein begründeter Anlass zur Annahme, dass ein längeres Verbleiben des berufenen Testamentsvollstreckers im Amt der Ausführung des letzten Willens hinderlich sei oder sich dadurch Schädigung oder eine erhebliche Gefährdung der Interessen der an der Ausführung und am Nachlass Beteiligten ergeben würde.[187] Ferner genügt auch ein auf Tatsachen beruhendes Misstrauen eines Erben in die unparteiliche Amtsführung, wenn der Testamentsvollstrecker, auch ohne Verschulden, Anlass zu diesem Misstrauen gegeben hat.[188] Letztlich kann auch ein erheblicher Interessengegensatz zwischen Testamentsvollstrecker und Erben einen wichtigen Grund darstellen. Im Einzelnen wurde von der Rechtsprechung als wichtiger Grund angesehen z. B. berechtigtes Misstrauen gegen den Vollstrecker,[189] Interessenkonflikt,[190] Verfeindung zwischen Erben und Vollstrecker,[191] Missachtung testamentarisch verfügter Anordnungen des Erblassers,[192] wenn der Testamentsvollstrecker kein den Anforderungen des § 2215 gerecht werdendes Nachlassverzeichnis erstellt[193] und wenn der Testamentvollstrecker auf mehrere Ersuchen des Erben um Auskunft und Rechnungslegung nicht antwortet und stattdessen nur unzulänglich Auskunft über den Nachlass erteilt.[194] In der Praxis dient der Antrag eines Erben auf Entlassung des Testamentsvollstreckers oft nur dazu, auf diesem Weg zu einer Überwachung des Testamentsvollstreckers durch das Nachlassgericht zu kommen,[195] die sonst nicht möglich ist. Anordnungen des Erblassers, wie z. B. eine auflösend bedingte Erbeinsetzung, die den Erben davon abhalten sollen, die Entlassung des Testamentsvollstreckers gem. § 2227 zu beantragen, sind unwirksam.[196]

8. Vollstreckungsschutz durch Testamentsvollstreckung

86 Nach § 2214 haben die persönlichen **Gläubiger des Erben** (Privatgläubiger, Eigengläubiger) **keine Zugriffsmöglichkeit** auf die der Verwaltung des Testamentsvollstreckers

---

184 BGHZ 12, 103; Weiler, DNotZ 1952, 296; Holch DNotZ 1958, 295.
185 Lange JuS 1970, 107.
186 Lange JuS 1970, 107; OLG Düsseldorf DNotZ 1950, 67; BayObLG NJW-RR 1990, 1420.
187 BayObLGZ 1985, 298, 302; Bengel ZEV 1995, 369.
188 BayObLGZ 1957, 317; BayObLGZ 1985, 302 m. w. Nachw.; Bengel a. a. O.
189 BayObLG 1957, 317; OLG Hamm Rpfleger NJW 1968, 800 = DNotZ 1968, 443; OLG Zweibrücken DNotZ 1973, 112; BayObLG Rpfleger 1988, 265; BayObLG FamRZ 1987, 101; BayObLG ZEV 1995, 366.
190 OLG Dresden JFG 3, 169; BayObLG Rpfleger 1985, 444.
191 OLG Köln OLGZ 1969, 281 = Rpfleger 1969, 207; BayObLG Rpfleger 1988, 265.
192 OLG Zweibrücken FamRZ 1989, 788.
193 OLG Hamm OLGZ 1986, 1 = Rpfleger 1986, 16.
194 BayObLG FamRZ 1988, 436 = NJW-RR 1988, 645.
195 Lange JuS 1970, 107.
196 RGZ 133, 128, 135.

unterliegenden Nachlassgegenstände. Dagegen ändert die Testamentsvollstreckung nichts an der Haftung des Erben und des Nachlasses gegenüber **Nachlassgläubigern** und führt auch zu keiner unbeschränkten Erbenhaftung. Die Eigengläubiger sind gem. § 2214 nicht –wie nach § 2115 bei der Vor- und Nacherbschaft – nur an der zwangsweisen Verwertung der einzelnen Nachlassgegenstände gehindert (aber nicht an ihrer Pfändung und Beschlagnahme; siehe § 10 Rn 95), sondern entsprechend der fehlenden Verfügungsmacht des Erben gem. § 2211 an jeglichen Vollstreckungshandlungen einschließlich des Insolvenzverfahrens.[197] Die Ernennung eines Testamentsvollstreckers schließt auch die Anordnung der Versteigerung eines Grundstücks zum Zwecke der Aufhebung der Gemeinschaft an einem der Testamentsvollstreckung unterliegenden Grundstück auch gegenüber einem Gläubiger eines Miterben aus, der dessen Anteil an dem Nachlass gepfändet hat.[198] Wird über das Vermögen eines **Erben** das **Insolvenzverfahren** eröffnet, fällt der der Testamentsvollstreckung unterliegende Nachlass in die Insolvenzmasse (§ 35 InsO). Dieser Nachlass bildet jedoch bis zur Beendigung der Testamentsvollstreckung eine Sondermasse, auf die die Nachlassgläubiger, nicht aber die Erbengläubiger Zugriff nehmen können.[199] Gemäß § 83 Abs. 1 Satz 1 InsO steht die Annahme oder Ausschlagung der Erbschaft dem Schuldner zu.

Ansprüche des Erben auf Überlassung von Nachlassgegenständen gem. § 2217 Abs. 1 87
und auf Auszahlung von Nutzungen (§ 2216) können die Privatgläubiger dagegen **pfänden.**[200] Ferner ist der Erbteil eines Miterben pfändbar (§ 859 Abs. 2 ZPO).[201] Das lässt jedoch die alleinige Verfügungsbefugnis des Testamentsvollstreckers an den einzelnen Nachlassgegenständen unberührt.[202] Der Pfandgläubiger hat dabei nicht mehr Rechte als der Erbe selbst, dessen Erbteil er gepfändet hat.[203] Gegen den Pfandgläubiger des Erbteils hat gem. §§ 2044 Abs. 1 Satz 2, 751 Satz 2 ein vom Erblasser verfügtes Auseinandersetzungsverbot gem. § 2044 keine Wirkung, wohl aber das in der Anordnung einer echten Dauervollstreckung zwangsläufig enthaltene befristete Erbteilungsverbot, da § 2214 als Ausnahmevorschrift den §§ 2044, 751 vorgeht und diese nur in den Grenzen ihres Grundgedankens analogiefähig sind.[204] Wie die §§ 2338 BGB, 863 ZPO zeigen, nimmt der Gesetzgeber den Vollstreckungsschutz zugunsten des Erben während der Testamentsvollstreckung bewusst in Kauf. Eine gegen § 2214 verstoßende Zwangsvollstreckungshandlung ist unzulässig, aber nicht nichtig. Der Testamentsvollstrecker muss mit Erinnerung gegen die Art und Weise der Zwangsvollstreckung (§ 766 ZPO) gegen sie vorgehen.[205] Die Testamentsvollstreckung hat damit den Charakter einer Schutzherrschaft für verschuldete Erben. Deshalb ist sie auch neben der Vor- und Nacherbfolge (§ 2115) eine der beiden Möglichkeiten zur Pflichtteilsbeschränkung in guter Absicht gem. § 2338 (siehe § 8 Rn 126 ff.), wobei dann auch gem. § 863 ZPO die Nutzungen vom Vollstreckungszugriff verschont bleiben, soweit sie der Erbe zu seinem und seiner Angehörigen standesmäßigen Unterhalt benötigt. Aber auch soweit die Voraussetzungen des § 2338 nicht vorliegen, kann durch eine Nacherbfolge, verbunden mit einer Dauertestamentsvollstreckung für die Zeit der Vorerbschaft, die Substanz des Nachlasses den Eigengläubigern des Erben entzogen werden, so dass sie sich nur an die Nutzungen halten können.[206] Der durch die Testamentsvollstreckung entstehende Vollstreckungsschutz hinsichtlich des Nachlasses gegenüber Eigengläubigern des Erben wirkt grundsätzlich

---

[197] MünchKomm/Zimmermann, § 2214 Rn 3.
[198] BGH ZEV 2009, 391 f. mit Anm. Kiderlen S. 392 = NJW 2009, 2458.
[199] BGH DNotZ 2006, 865 = ZEV 2006, 405 mit Anm. Siegmann S. 408.
[200] MünchKomm/Zimmermann, § 2214 Rn 4.
[201] BGH NJW 1984, 2464.
[202] Staudinger/Reimann § 2214 Rn 6; BayObLGZ 1982, 459 = Rpfleger 1983, 112.
[203] BayObLGZ 1982, 459 = Rpfleger 1983, 112 = Betr. 1983, 708.
[204] A. M. Ensthaler Rpfleger 1988, 94.
[205] MünchKomm/Zimmermann, § 2214 Rn 5.
[206] Siehe § 8 Rn 157; Formular in MünchVertrHdb/Nieder/Otto, Bd. 6/2.

auch gegen die Durchsetzung eines Zugewinnausgleichsanspruchs nach Scheidung der Ehe des Erben.[207]

9. Verhältnis des Testamentsvollstreckers zum Nachlassgericht

88 Die Amtsführung des Testamentsvollstreckers unterliegt nicht der Kontrolle des Nachlassgerichtes.[208] Der Erblasser kann den Testamentsvollstrecker auch nicht durch letztwillige Verfügung der Aufsicht des Nachlassgerichts unterstellen.[209] Für Rechtsstreitigkeiten zwischen Testamentsvollstrecker und Erbe ist das Prozessgericht zuständig.

89 Das **Nachlassgericht** wirkt bei der Testamentsvollstreckung **nur in folgenden gesetzlich angeordneten Fällen** mit:

- Bei der Entgegennahme der Annahme oder Ablehnung des Amtes durch den Testamentsvollstrecker (§ 2202 Abs. 2 Satz 1).
- Bei der Entgegennahme der Bestimmung des Testamentsvollstreckers durch den vom Erblasser dazu bestimmten Dritten in öffentlich beglaubigter Form (§ 2198 Abs. 1).
- Bei der Ernennung des Testamentsvollstreckers, wenn das Nachlassgericht vom Erblasser darum ersucht war (§ 2200).
- Indem es dem bestimmungsberechtigten Dritten auf Antrag eines Beteiligten eine Frist zur Bestimmung des Testamentsvollstreckers setzt (§ 2198 Abs. 2).
- Bei der Außerkraftsetzung von Verwaltungsanordnungen (nicht erbrechtlichen Anordnungen!) des Erblassers (§ 2216 Abs. 2).[210]
- Bei der Entscheidung über Meinungsverschiedenheiten mehrerer Testamentsvollstrecker, wenn der Erblasser für diesen Fall keine Anordnungen getroffen hat (§ 2224 Abs. 1).[211]
- Bei der Entgegennahme der Kündigung des Testamentsvollstreckers (§ 2226).
- Bei der Entlassung des Testamentsvollstreckers aus wichtigem Grund (§ 2227).[212]
- Bei der Erteilung und Einziehung des Testamentsvollstreckerzeugnisses (§§ 2368, 2361).

90 Durch das ihm auf Antrag zu erteilende Testamentsvollstreckerzeugnis (§ 2368 Abs. 1 Satz 1) legitimiert sich der Testamentsvollstrecker im Rechtsverkehr. Das **Testamentsvollstreckerzeugnis** enthält den Namen des Erblassers und des Testamentsvollstreckers (nicht den des Erben), ferner gem. § 2368 Abs. 1 Satz 2 Einschränkungen der gesetzlichen Verfügungs- (§§ 2205, 222 bis 2224) und Verpflichtungsbefugnis (§ 2207) sowie deren Erweiterungen (§§ 2207, 2209), soweit sie für den rechtsgeschäftlichen Verkehr des Testamentsvollstreckers mit Dritten erheblich sind,[213] nicht jedoch Verwaltungsanordnungen gem. § 2216 Abs. 2, wenn sie die Verfügungs- und Verpflichtungsbefugnis unberührt lassen.[214]

91 Nach § 2368 Abs. 3, 1. Halbs. finden die Gutglaubensvorschriften des Erbscheins (§§ 2365 bis 2367) auf das Testamentsvollstreckerzeugnis entsprechende Anwendung. Dadurch wird bei einem inhaltlich unrichtigen Zeugnis bei Gutgläubigkeit des Dritten vermutet und fingiert, dass der in ihm Bezeichnete rechtsgültig Testamentsvollstrecker geworden ist und durch keine anderen als die angegebenen Anordnungen beschränkt ist und dass die aufgeführten Erweiterungen seiner Befugnisse bestehen.[215] Die Vermutung des § 2368 besagt nicht, dass der Gegenstand, über den der Testamentsvollstrecker das

[207] BGH FamRZ 1986, 799 = DNotZ 1987, 116; Reimann FamRZ 1989, 1248, 1256.
[208] KG JR 1951, 732; BayObLGZ 1953, 357, 361; OLG Köln OLGZ 1987, 280.
[209] KG OLGE 7, 360; 14, 302; 40, 136.
[210] Siehe hierzu Haegele BWNotZ 1974, 104, 120.
[211] Siehe hierzu Haegele BWNotZ 1974, 109, 121.
[212] Siehe hierzu Haegele BWNotZ 1974, 109, 118.
[213] KGJ 31 A 94, 97.
[214] Jauernig/Stürner § 2368 Anm. 1 b.
[215] MünchKomm/J. Mayer, 4. Aufl., § 2368 Rn 38.

Rechtsgeschäft schließt, zum Nachlass gehört.[216] Die Einziehungs- und Kraftlosigkeitserklärungsvorschriften für Erbscheine nach § 2361 gelten gem. § 2368 Abs. 3 entsprechend nur für von vornherein unrichtige Testamentsvollstreckerzeugnisse, während im Regelfall der **Beendigung des Amtes** nach den §§ 2225 bis 2527 gem. § 2368 Abs. 3, 2. Halbs. das **Zeugnis automatisch kraftlos** wird und seinen **Gutglaubensschutz verliert.**[217] Es empfiehlt sich daher für den Vertragspartner, der für das Fortbestehen des Testamentsvollstreckeramtes die Beweislast trägt,[218] jeweils beim Nachlassgericht nachzufragen, ob der Testamentsvollstrecker noch im Amt ist – bei Grundstücksgeschäften nicht nur bis zur Erklärung der Auflassung, sondern bis zur Vollendung des Rechtserwerbs –, da sonst automatisch die Kraftlosigkeit des Testamentsvollstreckerzeugnisses eingetreten wäre, ohne Rücksicht auf den beim Vertragspartner vorhandenen guten Glauben an den Fortbestand des Amtes.

Bei bestehender Testamentsvollstreckung liegt regelmäßig **kein Bedürfnis** i. S. des § 1960 Abs. 1 für das Nachlassgericht zur Anordnung einer **Nachlasspflegschaft** vor. Dies gilt auch, wenn eine noch zu gründende Stiftung Alleinerbin werden soll.[219]

10. Testamentsvollstreckung, trans- und postmortale Vollmacht sowie Treuhand

Neben der Testamentsvollstreckung als erbrechtlicher Lösung stehen dem Erblasser durch Rechtsgeschäft unter Lebenden verschiedene Möglichkeiten zur Verfügung, mit denen er ebenfalls zwecks Verwaltung seines Nachlasses oder einzelner Nachlassgegenstände eine Person seines Vertrauens einsetzen kann. 92

a) Vollmacht ab dem Tod und über den Tod hinaus

Terminologisch unterscheidet man die transmortale und die postmortale Vollmacht.[220] 93 Unter **transmortaler Vollmacht (Vollmacht über den Tod hinaus)** versteht man eine Vollmacht, die bereits gegenüber dem Erblasser als Vollmachtgeber bestand und über seinen Tod hinaus gegenüber seinen Erben Gültigkeit haben soll. Das **Erlöschen einer Vollmacht** richtet sich gem. § 168 Satz 1 nach dem ihr zugrundeliegenden Rechtsverhältnis. Da ein Auftrag bzw. Geschäftsbesorgungsvertrag gem. §§ 672 Satz 1, 675 Abs. 1 im Zweifel nicht durch den Tod des Auftraggebers erlischt, bleibt eine **kausalen Vollmacht** im Regelfall über den Tod hinaus bestehen; unberührt bleibt das Recht der Erben zum Widerruf. Bei einer **isolierten Vollmacht** (ohne wirksames Kausalverhältnis) ist auf Grund Auslegung zu ermitteln, ob diese nach dem Tode des Vollmachtgebers weiter gelten soll; sind keine entgegenstehenden Gesichtspunkte erkennbar, wird der Wille des Vollmachtgebers regelmäßig dahingehen, dass die erteilte Vertretungsmacht (gerade auch) nach einem Ableben – bis zu einem etwaigen Widerruf durch die Gesamtrechtsnachfolger – fortbestehen soll, soweit sich nicht aus den Umständen oder dem besonderen Inhalt der Vollmacht ergibt, dass kein Fortgeltungswille anzunehmen ist.[221] Zweck-

[216] BGH NJW 1981, 1271, 1272.

[217] OLG München NJW 1951, 74; BGHZ 41, 23, 29 = NJW 1964, 2316; OLG Köln Rpfleger 1986, 261.

[218] Baumgärtel, Beweislast, § 2368 Rn 3.

[219] LG Stuttgart ZEV 2009, 396 f. mit Anm. Storz S. 397 f.

[220] Hierzu Trapp, ZEV 1995, 314.

[221] Gemäß Staudinger/Reimann, Vorbem zu §§ 2197 ff. Rn 53, gilt die isolierte Vollmacht nach dem Grundsatz der Gesamtrechtsnachfolge im Zweifel nach dem Tode des Machtgebers weiter; a. A. Nieder, Handbuch der Testamentsgestaltung, 2. Aufl., Rn 926, wonach eine Fortgeltung ausdrücklich bestimmt werden muss; Kuchinke FamRZ 1984, 109; BGHZ 127, 239; OLG Zweibrücken DNotZ 1983, 105; Trapp ZEV 1995, 314; offengelassen in BayObLG MittBayNot 1989, 308, 309; Palandt/Edenhofer, Einf v § 2197 Rn 9. Zum Bedürfnis einer Vollmacht zur Sicherung der Handlungsfähigkeit, auch bei einem Testamentsvollstrecker bis zur Ausstellung von dessen Zeugnis: Werkmüller, ZEV 2000, 306.

mäßig ist stets, eine gewünschte Fortgeltung in der Vollmacht klarzustellen; wird dies vom Vollmachtgeber nicht gewünscht, ist dieser auf §§ 169ff., insbesondere § 172 hinzuweisen, andererseits auf entstehende Schwierigkeiten im Rechtsverkehr. Würde in die Vollmachtsurkunde aufgenommen, dass deren Wirksamkeit erlischt mit dem Tode des Vollmachtgebers, würde die Vollmacht untauglich, da stets ein (nicht führbarer) Lebensnachweis erbracht werden müsste. Vom Umfang her kann es sich dabei sowohl um eine Spezialvollmacht als auch um eine Generalvollmacht handeln. Darüber hinaus ist jedoch[222] auch eine Vollmacht des Erblassers zulässig, die aufschiebend bedingt erst nach seinem Tod (**Vollmacht ab dem Tod**) gegenüber seinen Erben wirksam werden soll (**postmortale Vollmacht**), und zwar auch, wenn sie zum Abschluss unentgeltlicher Geschäfte dienen soll (siehe § 4 Rn 26ff.).

94 Eine solche Vollmacht bedarf nicht der Form einer letztwilligen Verfügung.[223] Sie kann aber auch im Rahmen einer letztwilligen Verfügung erteilt werden,[224] wobei allerdings ihr Zugang (§§ 167 Abs. 1, 168, 130 Abs. 2) beim Erbfall sichergestellt sein muss, was jedoch durch die Vorschriften über die Testamentsablieferung und -eröffnung (§§ 2260, 2262, 2248, 2259) grundsätzlich gewährleistet ist.[225] Dennoch ist regelmäßig davon abzuraten und zweckmäßig, eine gesonderte Vollmachtsurkunde zu erstellen, da der Bevollmächtigte deren Urschrift (oder bei notariellen Niederschriften Ausfertigung i.S. des §§ 47, 51 Abs. 1 BeurkG) gemäß § 172 BGB Dritten vorzulegen hat und bei Widerruf dem Vollmachtgeber bzw. dessen Rechtsnachfolger zurückzugeben ist, was bei einer beim Nachlassgericht befindlichen und dort aufzubewahrenden letztwilligen Verfügung nicht möglich ist. Eine über den Tod hinaus oder ab dem Tod des Vollmachtgebers geltende und damit vererbliche Vollmacht bedarf keiner besonderen Form, sofern dies nicht speziell vorgeschrieben ist.

95 Durch eine über den Tod hinaus oder ab dem Tod geltende Vollmacht erwirbt der Bevollmächtigte nach dem Tod des Vollmachtgebers keine eigenen Rechte am Nachlass.[226] Durch die Vollmacht vertritt der Bevollmächtigte nach dem Tod des Vollmachtgebers dessen Erben.[227] Der postmortal Bevollmächtigte kann ohne Erbnachweis über Nachlassgegenstände verfügen[228] und bedarf keiner Genehmigung des Vormundschaftsgerichts, wenn minderjährige Erben beteiligt sind.[229] Der Umfang einer postmortalen Vollmacht für und gegen die Erben ist jedoch auf den Nachlass beschränkt und bezieht sich nicht auf die sonstigen Angelegenheiten der Erben, und zwar auch, wenn es sich um eine Generalvollmacht über den Tod hinaus handelt.[230] Die Vertretungsmacht erstreckt sich somit nicht auf das Privatvermögen des Erben, so dass der postmortal Bevollmächtigte den Erben nicht mit seinem Eigenvermögen verpflichten darf, sofern dieser nicht zustimmt. Die in § 2206 Abs. 1 enthaltene Wertung ist insoweit auf den postmortal Bevollmächtigten zu übertragen. Die kraft einer über den Tod hinaus erteilten Vollmacht begründeten Schulden sind vom Erblasser herrührende Schulden i.S. von § 1967 Abs. 2 und keine Eigenverbindlichkeiten der Erben.[231] Obwohl er die Erben vertritt, braucht der Bevollmächtigte nach dem Tod des Vollmachtgebers vor einer Vertretung keine

---

[222] RGZ 114, 351, 354; BGH NJW 1969, 1245; BGHZ 87, 19, 25 = NJW 1983, 1487; Kuchinke FamRZ 184, 109 m.w.N.

[223] RGZ 114, 351.

[224] OLG Köln NJW 1950, 702; Haegele Rpfleger 1968, 345; Staudinger/Reimann Vorbem. zu §§ 2197ff. Rn 56f.

[225] OLG Köln NJW 1950, 702; OLG Köln FamRZ 1992, 859 = DNotZ 1993.

[226] OLG Köln ZIP 1988, 1203, 1204.

[227] OLG Hamburg DNotZ 1967, 30, 31; BGHZ 87, 19.

[228] KG JFG 12, 275.

[229] RGZ 106, 186.

[230] RGZ 106, 185, 187; BGH FamRZ 1983, 477.

[231] Staudinger/Marotzke § 1967 Rn 28; a.M. bezgl. § 52 Abs. 3 HGB BGHZ 3, 391/396; Beuthien FS Fischer, 1979, S. 1/18.

Rückfrage bei den Erben zu halten.[232] Lediglich ein evidenter Vollmachtsmissbrauch gegenüber dem Erben bildet die Grenze für das Handeln des über den Tod hinaus Bevollmächtigten.[233] Er liegt vor, wenn der Vertreter bewusst die ihm auferlegte Pflichtbindung überschreitet und der Vertragspartner den Missbrauch kennt oder er für ihn evident ist oder beide zum Nachteil des Vertretenen zusammenwirken.[234] Bei der Prüfung, ob etwa ein Missbrauch der Vollmacht vorliegt, darf nicht einseitig auf die Interessen des Erben abgestellt werden; vielmehr sind auch die fortwirkenden Interessen des Erblassers zu beachten.[235]

Die Erben sind de jure dadurch geschützt, dass sie eine über den Tod des Vollmachtgebers hinaus wirkende Vollmacht grundsätzlich jederzeit **widerrufen** können;[236] tatsächlich bedürfen sie jedoch der Kenntnis der Existenz bestehender Vollmachten. Miterben können den Widerruf einzeln und mit Wirkung für sich erklären.[237] Zum Widerruf sind auch der Testamentsvollstrecker und der Nachlassverwalter befugt und auch der Nachlasspfleger (§ 1960).[238] Ob eine über den Tod hinaus oder ab dem Tod des Vollmachtgebers geltende Vollmacht unwiderruflich sein kann, richtet sich wie bei jeder anderen gem. § 168 nach dem ihrer Erteilung zugrunde liegenden Rechtsgeschäft.[239] Ist dies ein Auftrag, der nur den Interessen des Auftraggebers dient, ist sie wie der Auftrag nach § 671 Abs. 1 jederzeit widerruflich und eine Unwiderruflichkeitsabrede wirkungslos.[240] Liegt der Auftrag, die Geschäftsbesorgung oder ein anderes der Vollmacht zugrunde liegendes Rechtsverhältnis aber auch im zumindest mit dem des Vollmachtgebers gleichwertigen Interesse des Bevollmächtigten, kann die Vollmacht unwiderruflich erteilt werden.[241] Ausreichend ist die Sicherung oder Verwirklichung eines Rechts oder Anspruchs, nicht ein bloßes Lohn- oder Provisionsinteresse.[242] Bei Eigeninteresse des Bevollmächtigten oder eines Dritten an der Durchführung des Geschäfts wird allgemein sogar ein stillschweigender Verzicht auf die Widerruflichkeit der Vollmacht angenommen.[243] Die Unwiderruflichkeit der Vollmacht kann nur durch Vertrag mit dem Bevollmächtigten begründet werden. Ein einseitiger Verzicht des Vollmachtgebers auf Widerruf ist unwirksam.[244] Wegen des fortwährenden Interesses des Erblassers an einer Vermögensvorsorge wird ihm weitgehend die Möglichkeit zuerkannt, seinem **Testamentsvollstrecker** eine unwiderrufliche postmortale **Vollmacht** zu erteilen.[245] Aber auch eine zulässigerweise unwiderruflich erteilte Vollmacht kann jederzeit aus wichtigem Grund widerrufen werden.[246] 96

Liegt der Vollmacht kein Kausalverhältnis zugrunde (isolierte Vollmacht), kann sie nicht unwiderruflich erteilt werden.[247] Eine unwiderrufliche postmortale Generalvoll- 97

[232] BGH NJW 1969, 1245 m. abl. Anm. Finger; in NJW 1969, 1624; BGH NJW 1995, 215; Hopt ZHR 133 (1970), 305; a. M. Flume, Allg. Teil, Bd. II, § 51, 5 b.
[233] BGH DNotZ 1963, 305.
[234] BGH NJW 1966, 1911; BGH Betr. 1984, 661.
[235] BGH FamRZ 1985, 693.
[236] OLG Hamburg DNotZ 1967, 31.
[237] BGH NJW 1962, 1718 = LM § 2205 Nr. 9.
[238] Siehe hierzu auch Gleißner Rpfleger 1985, 482.
[239] BGH DNotZ 1972, 229.
[240] RGZ 160, 122, 125; BGH WPM 1971, 956; BGH DNotZ 1972, 229.
[241] BGH WPM 1971, 956, 957; BGH WPM 1985, 646, 647; OLG Zweibrücken OLGZ 1985, 45, 46; BayObLG MittBayNot 1989, 308, 309.
[242] Lange/Kuchinke, 4. Aufl., § 33 III 3 b Fn. 115.
[243] RGZ 160, 122, 127 f.; BGH WPM 1965, 107; BGH WPM 1965, 1006, 1007; BGH WPM 1969, 1009; BGM WPM 1971, 956, 957; BayObLG MittBayNot 1989, 308, 309.
[244] RGZ 109, 333; Hopt ZHR 133 (1970), 317.
[245] Ulmer ZHR 146 (1982), 571; Staudinger/Reimann Vorbem zu §§ 2197 ff. Rn 76.
[246] BGH WPM 1969, 1009; BGH WPM 1985, 646, 647; BayObLG MittBayNot 1989, 308, 309.
[247] RGZ 62, 335, 337; BGH NJW 1988, 2603 m. w. N.; OLG Zweibrücken OLGZ 1985, 45, 46; BayObLG MittBayNot 1989, 308, 309.

macht wird heute nahezu allgemein wegen nicht zu billigender Knebelung der Erben und Umgehung der Testamentsvollstreckung als sittenwidrig (§ 138) und damit unzulässig erachtet.[248] Die Unwirksamkeit beschränkt sich in den Fällen einer unzulässig unwiderruflichen Vollmacht über den Tod hinaus jedoch in der Regel auf die Ausschlussklausel, während sie selbst gem. § 139 wirksam bleibt.[249]

98 Die postmortale Vollmacht erlischt nicht allein dadurch, dass der Erblasser auch eine andere Person zum Testamentsvollstrecker ernannt hat.[250] Im Übrigen ist jedoch das **Verhältnis** zwischen gleichzeitigem **Testamentsvollstrecker** und personenverschiedenem **postmortal Bevollmächtigtem** streitig. Neben denen, die aus der Tatsache, dass der postmortal Bevollmächtige die Erben vertritt, folgern, dass er nur außerhalb der Beschränkungen der Testamentsvollstreckung handeln könne[251] und denen,[252] die in einer später angeordneten Testamentsvollstreckung einen konkludenten Vollmachtswiderruf sehen, besteht die Meinung, dass der so Bevollmächtigte grundsätzlich ohne Rücksicht auf die gleichzeitig bestehende Testamentsvollstreckung im Rahmen der ihm erteilten Vertretungsmacht bis zu ihrem ordnungsmäßigen Widerruf über die Nachlassgegenstände verfügungsberechtigt ist, weil der Bevollmächtigte seine Vollmacht nicht von den durch die Testamentsvollstreckung beschränkten Erben herleitet, sondern von dem frei verfügungsbefugten Erblasser.[253] Richtigerweise ist stets der Erblasserwille maßgeblich, für dessen Auslegung neben Wortlaut von Vollmacht und Testamentsvollstreckeranordnung auch der verfolgte Zweck und die Begleitumstände zu berücksichtigen sind:[254] Ist weder in der Vollmacht noch in der Anordnung der Testamentsvollstreckung eine Aussage hierzu getroffen noch aus den Umständen anderes erkennbar, wird auch auf die zeitliche Abfolge zu achten sein. Erfolgte die Vollmachtserteilung gleichzeitig mit oder – in deren Kenntnis – nach der Anordnung der Testamentsvollstreckung, wird dies indizieren, dass der Erblasser insoweit jedenfalls die Vertretungsmacht des Bevollmächtigten neben der des Testamentsvollstreckers bestehen lassen wollte. Erfolgte die Anordnung der Testamentsvollstreckung nach und in Kenntnis der Vollmachtserteilung, kann dies einen – ggf. teilweisen – Widerruf der Vollmacht indizieren; diese Vollmachtseinschränkung ist jedoch dem Bevollmächtigten mitzuteilen.[255] Überwiegend[256] wird die Möglichkeit einer die rechtsgeschäftliche Handlungsfähigkeit der Erben **verdrängenden** post- oder transmortalen Vollmacht im Hinblick auf § 137 verneint.

99 Gegen einen Widerruf durch die Erben kann der Erblasser und Vollmachtgeber eine postmortale Vollmacht mittelbar durch eine Strafklausel sichern. So kann[257]

- der Erbe unter der Bedingung eingesetzt werden, dass er die Vollmacht nicht widerruft. Dies hat jedoch als schwerwiegende Folge, dass dadurch gem. §§ 2075, 2104 eine sog. konstruktive Nacherbfolge der gesetzlichen Erben kraft Gesetzes entsteht und der eingesetzte Erbe nur Vorerbe wird;

---

248 BGHZ 12, 104; KG JFG 1, 318, 320.

249 Palandt/Edenhofer Einf. v. § 2197 Rn 13.

250 BGHZ 9, 233 = DNotZ 1952, 415.

251 MünchKomm/Zimmermann, Vor § 2197 Rn 15; Staudinger/Reimann Vorbem zu §§ 2197 ff. Rn 68.

252 Rehmann BB 1987, 213, 214.

253 Haegele BWNotZ 1974, 109, 123; Merkel WPM 1987, 1001; KG KGJ 37, A 231; Nieder, Handbuch der Testamentsgestaltung, 2. Aufl. Rn 927; dagegen betrifft BGH NJW 1962, 840 = LM § 2205 Nr. 9 Personenidentität zwischen Bevollmächtigtem und Vollstrecker und ist daher nicht einschlägig.

254 Vgl. *Bengel* in Bengel/Reimann, TV, § 1 Rn 38 ff.

255 Vgl. Palandt/Edenhofer, Einf v § 2197 Rn 12.

256 MünchKomm/Zimmermann, Vor § 2197 Rn 16 m. w. N.; a. M. Ulmer ZHR 146 (1982), 571 ff.

257 Reithmann BB 1984, 1394, 1397; BayObLG FamRZ 1986, 34; einschränkend auf das dem Erben zumutbare: Johannsens WPM 1970, 579.

- der Erbe für den Fall des Widerrufs der Vollmacht mit einem aufschiebend bedingten Vermächtnis beschwert werden (§ 2177);
- dem Erben die Auflage gemacht werden, die Vollmacht nicht zu widerrufen und auch nicht selbst hinsichtlich des Nachlasses tätig zu werden, was sich jedoch nur empfiehlt, wenn die Durchsetzung und Überwachung der Auflage, etwa durch einen Testamentsvollstrecker, gesichert ist.[258]

Die über den Tod oder ab dem Tod des Vollmachtgebers geltende Vollmacht (**trans- oder postmortale Vollmacht**) unterscheidet sich von der Testamentsvollstreckung dadurch, dass bei ihr keine Rechtsbeschränkung der Erben eintritt, d. h. sie die Erben nicht verdrängt,[259] sondern eine **konkurrierende Zuständigkeit von Erben und Bevollmächtigtem** gegeben ist. Eine vom Willen der Erben unabhängige Verwaltung des Nachlasses kann somit mittels einer über den Tod hinaus erteilten Vollmacht nicht herbeigeführt werden. Eine solche Möglichkeit besteht nur bei Anordnung einer Testamentsvollstreckung.[260] Ferner können die Erben die Vollmacht grundsätzlich widerrufen, während sie die Rechtsmacht des Testamentsvollstreckers nicht beliebig beenden können, da selbst bei Vorliegen eines wichtigen Grundes i. S. von § 2227 Abs. 1 das Nachlassgericht in aller Regel nur den betreffenden Testamentsvollstrecker entlassen, die Testamentsvollstreckung als solche aber nicht aufheben wird. Letztlich ist die Rechtsmacht des Bevollmächtigten im Regelfall im Außenverhältnis weiter als die des Testamentsvollstreckers, da er nicht dessen zwingenden Beschränkungen (§§ 2205 Satz 2, 2206 Abs. 1 Satz 1, 2216) unterworfen ist. Mit der Möglichkeit, eine postmortale Vollmacht zu erteilen, steht dem Erblasser – völliges Vertrauen zum Bevollmächtigten vorausgesetzt – eine Übergangslösung für die Zeit vom Erbfall bis zur Beschaffung des Erbnachweises oder des Testamentsvollstreckerzeugnisses zur Verfügung und erhält die Handlungsfähigkeit bezüglich seines Vermögens nach seinem Tod und damit die Kontinuität bei den einer ununterbrochenen Verwaltung bedürftigen Vermögensbestandteilen (z. B. Unternehmen).[261] Über die Rolle der widerruflichen postmortalen Vollmacht bei Schenkungsgeschäften auf den Tod siehe § 4 Rn 25 ff. In ihr kann die postmortale Vollmacht insbesondere den Ausweg in Fällen bieten, in denen der überlebende Ehegatte an der Verfügung über sein Vermögen von Todes wegen durch ein gemeinschaftliches Testament oder einen Erbvertrag verhindert ist.[262] 100

b) Durch erbrechtliche Druckmittel erzwungene Vollmacht des Erben

Nach der wohl h. M. kann der Erblasser die Erben durch eine entsprechende auflösende Bedingung (**Vorsicht! §§ 2104, 2105**) oder eine Auflage indirekt zwingen, dem Testamentsvollstrecker oder einem Dritten eine Vollmacht zu erteilen, die ihn bevollmächtigt, die Erben über den Nachlass hinaus auch persönlich mit ihrem Privatvermögen zu verpflichten.[263] Bedenken dagegen ist entgegenzuhalten, dass der Erbe der Vollmachtsauflage durch Ausschlagung der Erbschaft entgehen kann.[264] Der in der überschießenden Außenmacht einer solchen erzwungenen Vollmacht liegenden Gefahr kann durch ihre inhaltliche Begrenzung oder Überwachung durch eine weitere Vertrauensperson begegnet werden.[265] 101

[258] Reithmann BB 1984, 1384, 1397.
[259] BGH WPM 1971, 956; a. M. Ulmer ZHR 146 (1982), 571 f.
[260] Haegele Rpfleger 1965, 306.
[261] Merkel WPM 1987, 1001.
[262] Hilderscheid DNotZ 1938, 491; Haegele Rpfleger 1965, 305.
[263] RGZ 172, 199, 205; BGHZ 12, 100, 103 = NJW 1954, 636; BayObLGZ 1969, 138; Staudinger/Reimann § 2205 Rn 97; Lange/Kuchinke, 4. Aufl., § 31 V 7 b; a. M. Nordemann NJW 1963, 1140; Schopp Rpfleger 1978, 79; John BB 1980, 757, 758; Bedenken auch obiter dicta in BGH WPM 1969, 492.
[264] BGHZ 12, 100, 103 = NJW 1954, 636; Holch DNotZ 1957, 282, 294.
[265] Reithmann BB 1984, 1394, 1398.

c) Treuhandlösung

102 Diese Gestaltung besteht in einer treuhänderisch dinglichen Übertragung des betreffenden Vermögensgegenstandes durch den Erblasser bereits zu seinen Lebzeiten auf den von ihm ausgewählten Treuhänder evtl. durch Vereinbarung eines Besitzmittlungsverhältnisses gem. § 930[266] oder, falls der Übertragungsakt nicht bedingungsfeindlich ist, unter einer auf den Todesfall aufschiebend bedingten Übertragung. Dabei kann der Erblasser jeweils auf sein jederzeitiges Widerrufsrecht auf Grund Auftragsrechts (§ 671 Abs. 1) verzichten, da der Auftrag zumindest auch im gleichwertigen Interesse des Begünstigten und nicht ausschließlich dem des Auftraggebers liegt.[267] Ist der Übertragungsakt jedoch bedingungsfeindlich und will sich der Erblasser zu seinen Lebzeiten von ihm nicht trennen, so bleibt allein eine durch letztwillig angeordnete Bedingung oder Auflage von den Erben erzwungene Übertragung auf den Treuhänder übrig, deren Zulässigkeit allerdings umstritten ist.[268]

103 Über die Möglichkeit mittels eines Treuhänders und eines mit ihm geschlossenen Vertrages zugunsten Dritter eine Schenkung auf den Todesfall zu machen siehe § 4 Rn 25 ff.

11. Testamentsvollstreckung und Grundbuch[269]

104 Die Testamentsvollstreckung ist gem. § 52 GBO von Amts wegen – zugleich mit der Berichtigung des Grundbuchs durch Eintragung der Erben – **im Grundbuch zu vermerken,** es sei denn dass das Nachlassgrundstück oder ein Recht an einem Grundstück der Testamentsvollstreckung nicht unterliegt.[270] Die Eintragung des Testamentsvollstreckervermerks in das Grundbuch ohne **gleichzeitige Eintragung der Erben** ist nicht zulässig.[271] Den Grundbuchberichtigungsantrag auf Eintragung der Erben kann dabei nur der Testamentsvollstrecker stellen.[272] Der Erblasser kann die Eintragung des Testamentsvollstreckervermerks nicht ausschließen und der Testamentsvollstrecker kann auf seine Eintragung nicht verzichten, da er sein Amt nicht im eigenen Interesse, sondern in dem der Erben auszuüben hat.[273] Er kann aber Nachlassgrundstücke aus seiner Verwaltung freigeben (§ 2217). Durch die Eintragung des Testamentsvollstreckervermerks wird das Grundbuch für Verfügungen der Erben gesperrt, da § 2211 Abs. 1 eine Entziehung der Verfügungsbefugnis der Erben enthält; ein gutgläubiger Erwerb eines Dritten ist ab Eintragung des Testamentsvollstreckervermerks nicht mehr möglich (§§ 2211 Abs. 2, § 892 Abs. 1 Satz 2). Eine Verfügung der Erben über ein der Testamentsvollstreckung unterliegendes Grundstück ist trotz § 2211 wirksam, wenn sie mit Einwilligung (§ 185 Abs. 1) oder Genehmigung (§ 185 Abs. 2 Satz 1 Halbs. 1) des Testamentsvollstreckers erfolgt; das Gleiche gilt, wenn die Testamentsvollstreckung – für das Grundstück oder insgesamt – beendet ist.[274] Der Antrag auf Eintragung der Erben mittels Grundbuchberichtigung sowie des Testamentsvollstreckervermerks kann jedoch unterbleiben, falls kein Bedürfnis hierfür besteht, insbesondere wenn der Testamentsvollstrecker trotz seiner Pflicht zur ordnungsgemäßen Verwaltung auf die Verlautbarung der Verfügungsbeschränkung des

[266] Liessem MittRhNotK 1988, 29, 33; siehe auch § 4 Rn 63.
[267] BGH WPM 1971, 956; Olzen Jura 1987, 123 m. w. N.
[268] MünchKomm/ Zimmermann, Vor § 2197 Rn 21.
[269] Zur Testamentsvollstreckung im Grundstücksrecht eingehend: Schöner/Stöber, Grundbuchrecht, Vierter Teil, Abschnitt IV., Rn 3424 ff.; *Schaub* in Bengel/Reimann, Handbuch der Testamentsvollstreckung, 5. Kapitel Abschnitt I., Rn 1 ff.; Schmenger, Testamentsvollstreckung im Grundbuchverkehr, BWNotZ 2004, 97; Zahn, Testamentsvollstreckung im Grundbuchverkehr, MittRhNotK 2000, 89.
[270] KG DNotZ 1956, 195.
[271] BayObLG DNotZ 1996, 99.
[272] KGJ 51, 216; OLG München JFG 20, 373; a. M. Bertsch Rpfleger 1968, 178.
[273] OLG München JFG 20, 294.
[274] Schöner/Stöber, Grundbuchrecht, Rn 3472.

§ 2211 verzichten kann, da im Erbschein die Testamentsvollstreckung[275] gemäß § 2364 Abs. 1 anzugeben wäre. Der Testamentsvollstrecker kann auch ohne Vermerk im Grundbuch über Grundstücke verfügen gemäß § 40 Abs. 2 GBO, wobei er seine Verfügungsbefugnis gemäß § 35 Abs. 2 Halbs. 2, Abs. 1 GBO nachzuweisen hat.

Bei der **Veräußerung eines Nachlassgrundstücks**[276] an Dritte oder auch einzelne Erben durch den Testamentsvollstrecker scheidet dieses aus dem Nachlass aus. Ein Testamentsvollstreckervermerk ist von Amts wegen zu löschen (§ 53 GBO) im Zeitpunkt von dessen Eigentumsübergang. Bei der **Überlassung eines Nachlassgrundstücks an Erben** gemäß § 2217 (**Freigabe**) durch den Testamentsvollstrecker erfolgt eine gegenständlich beschränkte Beendigung der Testamentsvollstreckung. Diese kann der Testamentsvollstrecker durch grundsätzlich formlose, jedoch für das Grundbuchamt in der Form des § 29 GBO abzugebende Freigabeerklärung nachweisen; da dieser Gegenstand dann nicht mehr seiner Verwaltung unterliegt (§ 52 Halbs. 2 GBO), ist insoweit der Testamentsvollstreckervermerk auf Antrag des Testamentsvollstreckers oder eines Erben am betreffenden Grundstück zu löschen.[277] 105

Soweit der **Testamentsvollstreckervermerk** (§ 52 GBO) an Nachlassgrundstücken im Grundbuch bei **Beendigung der Testamentsvollstreckung** an sich (siehe hierzu Abschnitt § 15 II. 16. Rn 163 ff.) noch eingetragen ist, ist dieser zur **Löschung** zu beantragen, da dies von Amts wegen nicht erfolgt. Der Testamentsvollstreckervermerk ist auf Antrag (§ 13 GBO) des Erben (jeder Miterbe allein) oder des Testamentsvollstreckers jedenfalls dann zu **löschen,** wenn insoweit die Unrichtigkeit des Grundbuchs nachgewiesen (§ 22 Abs. 1 Satz 2 GBO) oder die Beendigung der Testamentsvollsteckung offenkundig ist (§ 29 Abs. 1 Satz 2 GBO). Unrichtig ist das Grundbuch, wenn die Testamentsvollsteckung entweder überhaupt nicht angeordnet ist, ihr das Grundstück nicht unterliegt, der Testamentsvollstrecker das Nachlassgrundstück dem Erben zur freien Verfügung überlassen hat (§ 2217), das Grundstück wirksam veräußert wurde oder die Testamentsvollstreckung beendet ist.[278] Der Nachweis dieser Voraussetzungen muss jeweils in der Form des § 29 GBO dem Grundbuchamt substantiiert dargelegt werden, eine bloße Löschungsbewilligung des Testamentsvollstreckers genügt nach h. M. nicht zur Löschung des Vermerks.[279] Nach bestrittener, aber überzeugender Ansicht reicht hingegen zur Löschung bei Beendigung der Testamentsvollstreckung ein Antrag des noch amtierenden Testamentsvollstreckers in der Form des § 29 GBO aus, da zum einen diese Form genügt zur Löschung des Vermerks bei Überlassung von Nachlassgegenständen (Freigabe) gemäß § 2217 und zum anderen der Nachweis durch die Erben, dass keine Testamentsvollstreckung besteht, nur zu führen wäre durch einen neuen Erbschein, der keine Testamentsvollstreckung mehr gemäß § 2364 angeben würde; ein „Negativattest" ist gesetzlich nicht vorgesehen.[280] 106

Der Testamentsvollstrecker weist gegenüber dem Grundbuchamt seine Befugnis zur Verfügung über einen Nachlassgegenstand nach entweder durch ein **Testamentsvollstreckerzeugnis** (§§ 2368 f.), für welches die Vermutung der Richtigkeit (§§ 2368 Abs. 3, 2365) gilt, oder aber durch Vorlage einer **öffentlichen Urkunde,** insbesondere notarielles Testament oder Erbvertrag, die die Ernennung der Person und dessen Aufgabenkreis 107

[275] Entgegen dem Wortlaut des § 2364 Abs. 1 nicht der Testamentsvollstrecker; *Reimann* in Bengel/Reimann, Handbuch der Testamentsvollstreckung, § 2 Rn 246.

[276] Schöner/Stöber, Grundbuchrecht, Rn 3473, lit. b).

[277] Schöner/Stöber, Grundbuchrecht, Rn 3456; OLG Hamm DNotZ 1973, 428.

[278] Schöner/Stöber, Grundbuchrecht, Rn 3473.

[279] Bonefeld in M/B/W/W, § 41.5, Rn 933; AG Starnberg Rpfleger 1985, 57; weitere Nachweise bei K. Winkler ZEV 1995, 372. Jedoch kann eine „Löschungsbewilligung" im Einzelfall auszulegen sein als eine Überlassung des sich im Nachlass befindlichen Grundstücks zur freien Verfügung an die Erben gemäß § 2217.

[280] K. Winkler ZEV 1995, 371.

bestimmt, nebst Eröffnungsniederschrift (§ 35 Abs. 2 Halbs. 2, Abs. 1 Satz 2 GBO) sowie Nachweis über die Annahme des Amtes (§ 2202).

108 Da der Testamentsvollstrecker wegen des Schenkungsverbots nach § 2205 Satz 3 zu unentgeltlichen Verfügungen über Nachlassgrundstücke grundsätzlich nicht befugt ist, darf das Grundbuchamt die Veräußerung eines der Testamentsvollsteckung unterliegenden Grundstücks nur vollziehen, wenn entweder ihm deren **Entgeltlichkeit** glaubhaft gemacht ist oder alle Erben (auch etwaige Nacherben, jedoch nicht Ersatznacherben) und etwaige Vermächtnisnehmer zustimmen, die auf den Schutz des § 2205 Satz 3 verzichten können. Diese Ausnahmevorschrift zur grundsätzlichen Verwaltungs- und Verfügungsbefugnis (§ 2205 Satz 1, 2) wird von der Rechtsprechung weit ausgelegt wie auch bei der gleichgelagerten Problemstellung beim Vorerben (§ 2113 Abs. 2): **Keine Verfügungsbefugnis** besteht nicht nur bei Schenkungen (subjektive Willensübereinstimmung über Unentgeltlichkeit), sondern auch bei rechtsgrundlosen Verfügungen und entgeltlichen Verfügungen, bei denen die Gegenleistung objektiv weniger wert ist als die Leistung aus dem Nachlass.[281] Die Prüfung der Entgeltlichkeit macht es erforderlich, auf den Rechtsgrund der Verfügung einzugehen. Der Nachweis der Entgeltlichkeit einer Grundstücksverfügung braucht dabei dem Grundbuchamt nicht in der Form des § 29 GBO erbracht zu werden, da deren Beweis durch öffentliche oder öffentlich beglaubigte Urkunden regelmäßig unmöglich wäre.[282] Es genügt, wenn der Testamentsvollstrecker dem Grundbuchamt privatschriftlich die Beweggründe seiner Maßnahme im Einzelnen angibt, diese auf Grund allgemeiner Erfahrungssätze verständlich und der Wirklichkeit gerecht werdend erscheinen und keine begründeten Zweifel an der Pflichtmäßigkeit der Handlung ersichtlich sind.[283] Dem Grundbuchamt kommt dabei vor allem der allgemeine Erfahrungssatz zu Hilfe, dass ein Veräußerungsvertrag an einen Nichterben grundsätzlich entgeltlich sein wird.[284]

Soll eine **Grundschuld** unmittelbar zugunsten eines Dritten eingetragen oder eine Eigentümergrundschuld abgetreten werden, so muss zum Nachweis der Entgeltlichkeit der Testamentsvollstrecker grundsätzlich die Beweggründe für die Belastung oder Abtretung und deren Zweck darlegen. Handelt es sich jedoch im Rahmen eines Verkaufsvertrages an einen Dritten um eine **Finanzierungsgrundschuld** für das Kreditinstitut des Käufers, die als Auszahlungsvoraussetzung der finanzierenden Bank vor Eigentumsumschreibung noch am Nachlassgrundstück unter Mitwirkung des Testamentsvollstreckers bestellt wird, und welche die übliche Sicherung des Verkäufers enthält durch Einschränkung des Sicherungszwecks zur ausschließlichen Zahlung der Kaufpreisschuld, steht der Eintragung der Grundschuld nichts entgegen und bedarf es keiner Darlegung der Entgeltlichkeit, wenn dem Grundbuchamt keine gegenteiligen Tatsachen bekannt sind.[285]

109 Das Gleiche gilt, wenn der Testamentsvollstrecker nicht direkt mitwirkt bei der Bestellung des Pfandrechts, sondern im Kaufvertrag dem Käufer eine **Finanzierungsvollmacht** hierzu erteilt unter der Bedingung, dass die Grundschuldbestellung die den Verkäufer sichernde Zweckbestimmungseinschränkung vorsieht. Der Testamentsvollstrecker kann im Rahmen seiner Befugnisse für einzelne Rechtsgeschäfte Vollmacht erteilen. Die **Vollmacht erlischt** jedoch, wenn die Testamentsvollstreckung endet, nach h. M. bereits dann,

---

[281] Zum Nachweis der Entgeltlichkeit von Verfügungen des Testamentsvollstreckers im Grundbuchverkehr: Keim ZEV 2007, 470 m. w. N.; hierzu auch *Schaub*, Die Veräußerung von Grundstücken durch den Testamentvollstrecker, ZEV 2000, 49; zum Zustimmungserfordernis bei unentgeltlichen Verfügungen BGHZ 57, 84, 92 = Rpfleger 1972, 49; Pfälz. OLG Zweibrücken ZEV 2007, 32; Jung, Unentgeltliche Verfügungen des Testamentsvollstreckers und des befreiten Vorerben, RPfleger 1999, 204.

[282] RGZ 65, 223; RGZ 69, 257; OLG Zweibrücken Rpfleger 1968, 89 m. Anm. Haegele.

[283] BayObLG RPfleger 1986, 470 = FamRZ 1987, 104; BayObLG NJW-RR 1989, 266 = Rpfleger 1989, 200; LG Köln MittRhNotK 1989, 172 m. w. N.

[284] Schöner/Stöber, Grundbuchrecht, Rn 3441.

[285] LG Aachen Rpfleger 1984, 98; Schöner/Stöber, Grundbuchrecht, Rn 3443 f.; auch wenn die Belastung die Höhe des Kaufpreises übersteigt: Keim ZEV 2007, 472.

wenn die die Vollmacht erteilende Person aus dem Amt des Testamentsvollstreckers ausscheidet, auch wenn die Verwaltung andauert.[286] Nicht vollständigen Schutz bietend, aber dennoch zweckmäßig ist daher die Verpflichtung des Testamentsvollstreckers, den anderen Vertragsteil von Änderungen in der Testamentsvollstreckung zu benachrichtigen; der andere Vertragsteil sollte nach Vollendung des Rechtserwerbs sicherstellen, dass die Verfügungsmacht des Testamentsvollstreckers bis dahin angedauert hat.

Risiken können sich ergeben für Vertragspartner aus einem **Vertragsverhältnis,** das **bei Beendigung der Testamentsvollstreckung noch nicht abgewickelt** ist. Regelmäßig erfolgt zum Schutz des Verkäufers die Eigentumsumschreibung erst, nachdem der Käufer des Nachlassgrundstücks bereits bezahlt hat. Ferner ergeben sich häufig auch sonstige erhebliche Verzögerungen bis zum Eigentumsübergang durch Eintragung der Rechtsänderung in das Grundbuch (§ 873 Abs. 1). Die Voraussetzungen für den Rechtserwerb müssen grundsätzlich so lange vorliegen, bis der Erwerb vollzogen ist; ausnahmsweise tritt jedoch der Rechtserwerb ein trotz zwischenzeitlicher Verfügungsbeschränkung, wenn die Voraussetzungen des § 878 vorliegen. **Endet das Amt** des Testamentsvollstreckers zwischenzeitlich, liegt zwar keine Verfügungsbeschränkung vor, sondern ein Verlust der Verfügungsmacht als Amtsinhaber; jedoch ist dem Käufer mit der im Vordringen befindlichen, aber umstrittenen Auffassung der Vertrauensschutz des § 878 entsprechend zuzubilligen.[287] Bis zur Änderung der Rechtsprechung in dieser Frage sowie auf Grund sonstigen Risiken, auch bis zur Vorlage des Eigentumseintragungsantrags bei dem Grundbuchamt, ist stets die Eintragung einer Auflassungsvormerkung vor Gegenleistungen geboten; abweichend von der sonst üblichen Handhabung sollte der den Grundstückserwerb vom Testamentsvollstrecker abwickelnde Notar die Löschung der Auflassungsvormerkung nicht beantragen Zug um Zug mit – lastenfreier – Umschreibung des Eigentums auf den Erwerber, sondern erst gesondert später, wenn nach Eintragung der Erwerbers im Grundbuch eine nochmalige Prüfung ergeben hat, dass der Testamentsvollstrecker bis zu diesem Zeitpunkt das Amt innehatte und nicht verloren hat, z.B. durch Ableben oder Niederlegung oder Amtsenthebung. Das vom noch amtierenden Testamentsvollstrecker geschlossene Rechtsgeschäft bleibt auch nach Beendigung der Testamentsvollstreckung (oder Wechsel der Person des Testamentsvollstreckers) wirksam und der Vormerkungsschutz (§§ 883, 888) bestehen. Der Käufer hätte dann die Erben auf Erteilung der Auflassung in Anspruch zu nehmen. Bei Anhaltspunkten für den Risikoeintritt sind die weiteren üblichen Sicherungsmittel empfohlen wie Abwicklung über Notaranderkonto oder vom Verkäufer zu stellende Bürgschaften zur Sicherung eines etwaigen Rückzahlungsanspruchs bis zur Eigentumsumschreibung.[288] **110**

12. Testamentsvollstreckung im Unternehmensbereich[289]

a) Einführung, eingeschränkte Zulässigkeit

Befindet sich im Nachlass unternehmerisches Vermögen, ist die Sicherstellung der Handlungsfähigkeit nach dem Todesfall[290] des (Mit-)Unternehmers besonders wichtig. **111**

[286] OLG Düsseldorf ZEV 2001, 281 mit Anm. Winkler S. 283 und Darstellung des Meinungsstandes.

[287] Zutreffend Palandt/Bassenge § 878 Rn 11, Schöner/Stöber, Grundbuchrecht, Rn 124 und W. Kössinger in Bauer/v. Oefele, Grundbuchordnung, § 19 Rn 172 f. mit Darstellung der Gegenauffassung. Das BayObLG hat diese Frage in ZEV 1999, 69 nicht abschließend entschieden, aber ausdrücklich angemerkt, dass der Senat „mit der in der Rechtsprechung ganz überwiegend vertretenen Meinung“ dazu neigt, die entsprechende Anwendbarkeit des § 878 zu verneinen. Kritisch hierzu *Reimann* ZEV 1999, 69.

[288] Schaub, ZEV 2000, 51.

[289] Siehe hierzu insbesondere D. Mayer in Bengel/Reimann, Handbuch der Testamentsvollstreckung, 5. Kapitel Abschnitt II., Rn 109 ff.; Lorz, Testamentsvollstreckung und Unternehmensrecht, 1995.

[290] Aber auch vor dem Todesfall, insbesondere für Zeiträume der Geschäftsunfähigkeit mittels einer Vorsorgevollmacht zur Vermeidung einer Betreuung (§ 1896 Abs. 2 Satz 2).

Dies gilt zum einen für die Abwicklungsphase nach dem Ableben des Unternehmers, zum anderen häufig darüber hinaus auch für eine länger dauernde Verwaltung, insbesondere dann, wenn der oder die Erben noch minderjährig oder noch nicht hinreichend geschäftserfahren sind, unter den Miterben – wie regelmäßig – Meinungsverschiedenheiten nicht ausgeschlossen werden können oder aus sonstigen Gründen, wonach der Erblasser den Willen hat, seine Rechtsstellung im Unternehmen zumindest für eine gewisse Zeit anstelle von seinen Erben durch einen Testamentsvollstrecker wahrnehmen zu lassen. Diesem Wunsch stehen jedoch, bedingt durch die **Unvereinbarkeit von Haftungsprinzipien des Erbrechts einerseits und des Handels- und Gesellschaftsrechts** andererseits sowie etwaiger gesellschaftsvertraglicher Vereinbarungen Hindernisse entgegen. Insbesondere ist bei einem **einzelkaufmännischen Unternehmen** und einem **persönlich haftenden Gesellschafter** bei einer Offenen Handelsgesellschaft, einer Kommanditgesellschaft oder einer Gesellschaft bürgerlichen Rechts eine **Testamentsvollstreckung nur eingeschränkt möglich** und der Testamentsvollstrecker kann das ererbte Handelsgeschäft oder die ererbte persönlich haftende Beteiligung nicht kraft seines ihm erbrechtlich übertragenen Amtes verwalten.[291] Der Testamentsvollstrecker kann nur Verpflichtungen für den Nachlass begründen, nicht aber mit Wirkung für den Erben persönlich. Der genaue Umfang der Grenzziehung ist nicht vollständig geklärt sowie von der jeweiligen Gesellschafterstellung und Rechtsform des Unternehmens abhängig.[292]

b) Einzelkaufmännisches Unternehmen

112 *aa) Grundsätzliche Unzulässigkeit der Verwaltungstestamentsvollstreckung.* Fällt ein einzelkaufmännisches Unternehmen in den Nachlass, kann die Testamentsvollstreckung hinsichtlich des Einzelunternehmens keine normale Verwaltungstestamentsvollstreckung sein; unberührt bleibt die Zulässigkeit einer bloßen Abwicklungsvollstreckung,[293] soweit die damit verbundene Verwaltungsbefugnis nicht nachstehenden Haftungsgrundsätzen der Rechtsprechung zuwiderläuft. Würde der Testamentsvollstrecker als solcher ein einzelkaufmännisches Unternehmen fortführen, würde er selbst gem. §§ 2206, 2207 für die von ihm neu begründeten Verbindlichkeiten persönlich nicht haften, und die Erben würden als Unternehmensträger dafür nur auf den Nachlass beschränkbar (§§ 1967, 1973ff., 1980, 1990) haften. Dies würde auf die Zulassung eines „einzelkaufmännischen Unternehmens mit beschränkter Haftung" hinauslaufen. Ferner ist die Eintragung der Testamentsvollstreckung im Handelsregister nach umstrittener Auffassung nicht zulässig.[294] Die normale Testamentsvollstreckung wird daher fast einhellig zur Verwaltung eines einzelkaufmännischen Unternehmens für unzulässig gehalten.[295]

113 *bb) Ersatzlösungen.* Zur Lösung dieses Dilemmas haben Rspr.[296] und Schrifttum[297] folgende Ersatzkonstruktionen entwickelt, die im wesentlichen darauf hinauslaufen, dass

---

[291] Ganz h. M., D. Mayer in Bengel/Reimann, Handbuch der Testamentsvollstreckung, § 5 Rn 113 m. w. N. A. A. MünchKomm/Zimmermann § 2205 Rn 14ff., der der Verwaltungsvollstreckung im Handels- und Gesellschaftsrecht den rechtlich möglichen Raum – ohne die Notwendigkeit des Rückgriffs auf Ersatzlösungen – zu verschaffen sucht.

[292] Vg. Werkmüller ZEV 2006, 491 m. w. N.

[293] MünchKomm/Zimmermann, § 2205 Rn 18; Plank ZEV 1998, 326 m. w. N. bei Fn. 7.

[294] Krafka/Willer/Kühn, Registerrecht, 8. Auflage 2010, Rn 563 (Einzelkaufmann), Rn 104 (Personengesellschaften), Rn 642 (OHG), Rn 769 (Kommanditanteil); a. A. mit Darstellung der die Eintragungsfähigkeit des Testamentsvollstreckervermerks bejahenden Gegenmeinung bei Fn. 1: Plank ZEV 1998, 325.

[295] RGZ 132, 138, 144 vom 26. 3. 1931; BGHZ 12, 100; John BB 1980, 757 m. w. N. Fn. 1; Staudinger/Reimann §§ 2205 f. Rn 9 f.; a. M. Baur FS f. Dölle, 1963, S. 249 ff. und MünchKomm/Zimmermann § 2205 Rn 22 („Testamentsvollstreckerlösung") und Rn 23 (Eintragungsfähigkeit und -pflicht der Testamentsvollstreckung und deklaratorisch der Person des Vollstreckers).

[296] BGHZ 12, 100 = NJW 1954, 636 = DNotZ 1954, 279.

[297] Z. B. Reimann in Reimann/Bengel/Mayer, Syst. Teil A, Rn 450 ff.; John BB 1980, 757 m. w. N.

entweder der Erbe (**Vollmachtslösung**) oder der Testamentsvollstrecker (**Treuhandlösung**) die unbeschränkte Haftung übernehmen. Ordnet der Erblasser letztwillig eine Testamentsvollstreckung zur Verwaltung eines von ihm betriebenen Einzelunternehmens an, ohne ausdrücklich eine der möglichen Lösungen zu wählen, ist **im Zweifel** anzunehmen, dass der Testamentsvollstrecker das Geschäft als **Treuhänder** im eigenen Namen für Rechnung der Erben führen soll.[298] Beim Abfassen der Verfügung von Todes wegen sollte jedoch klargestellt werden, welche Ersatzlösung gewollt ist.

• **Vollmachtslösung (= Testamentsvollstrecker als Bevollmächtigter der Erben):**[299]

Bei der Vollmachtslösung führt der Testamentsvollstrecker das Handelsgeschäft im Namen der Erben als deren Bevollmächtigter weiter.[300] Der oder die Erben bleiben dabei Inhaber des von Todes wegen erworbenen (§ 22 Abs. 1 HGB) Handelsgeschäfts, welche die persönliche Haftung zu tragen haben. Dies ist nur möglich mit dem Einverständnis der Erben, die dem Testamentsvollstrecker hierzu eine Vollmacht zu erteilen haben. **114**

Nur die Erben melden die Fortführung des Unternehmens beim Handelsregister an und werden, ggf. als Erbengemeinschaft, als Inhaber im Handelsregister eingetragen, und zwar, da nach überwiegender Ansicht unzulässig, ohne Testamentsvollstreckervermerk.[301] Die Erbengemeinschaft wird dadurch nicht ohne weiteres zur OHG,[302] lediglich auf die Rechtsbeziehung der Miterben untereinander können die Rechtssätze des Rechts der OHG entsprechend angewendet werden.[303] In Vollmacht und im Namen der Erben führt der Testamentsvollstrecker das Unternehmen fort mit der Folge, dass er persönlich weder für die Alt- noch die Neuschulden haftet, die Erben für die Neuschulden unbeschränkt haften und für die Altschulden, sofern sie das Geschäft ohne die Firma fortführen, erbrechtlich beschränkbar, oder falls sie es unter Übernahme der Firma mit oder ohne Nachfolgezusatz fortführen, unbeschränkt (§§ 25, 27 HGB), jedoch mit der Möglichkeit durch Bekanntmachung oder entsprechenden Eintrag im Handelsregister auch dann nur erbrechtlich beschränkbar zu haften (§ 25 Abs. 2 HGB entspr.).

Die Verwaltungs- und Verfügungsbefugnisse, derer der Testamentsvollstrecker bei der Vollmachtslösung zur Fortführung des Unternehmens bedarf, ergeben sich nur zum Teil aus seinem Amt. Um den Erben persönlich verpflichten zu können, benötigt er eine entsprechende **Bevollmächtigung** über den Rahmen der §§ 2206, 2207 hinaus durch den Erben.[304] Diese Vollmacht darf dabei keine gegenständlichen Beschränkungen aufweisen, außer vielleicht die auf „alle Geschäfte, die im Betrieb des Handelsunternehmens anfallen", da sie die einem Einzelunternehmen entsprechende Haftung der Erben erzielen muss;[305] sie ist in der Regel in der Form einer Prokura oder Generalhandlungsvollmacht erteilt.[306] Ferner darf der Erbe dem Testamentsvollstrecker die Vollmacht nicht ohne stichhaltige Begründung entziehen können.[307] Der Erblasser kann die Erben ausdrücklich durch entsprechende testamentarische auflösende Bedingung (§§ 2074 ff.) oder Auflage (§§ 1940, 2192 ff.) die Erben zur Erteilung dieser Vollmacht verpflichten.[308] Gem. **115**

---

[298] BGHZ 24, 106, 112; Staudinger/Reimann § 2205 Rn 93.

[299] Formulierungsvorschlag für eine Vollmacht im Testament zur Ausübung der Testamentsvollstreckerrechte bei einzelkaufmännischen Unternehmen bei D. Mayer in Bengel/Reimann, Handbuch der Testamentsvollstreckung, 5. Kap. Rn 140; MünchVertrHdb/Nieder/Otto, Bd. 6/2.

[300] Schaub ZEV 1994, 72.

[301] Siehe dazu Plank ZEV 1998, 325.

[302] RGZ 132, 138; BGHZ 12, 100.

[303] BGHZ 17, 299 = NJW 1955, 1227.

[304] BGHZ 12, 100, 103; BayObLG NJW 1969, 2051; John BB 1980, 757, 758 m. w. N. für die Vollmachtslösung unter Fn. 3.

[305] John BB 1980, 757, 758.

[306] Bamberger/Roth/J. Mayer § 2205 Rn 28.

[307] John BB 1980, 757, 758.

[308] BGHZ 12, 100, 104; Palandt/Edenhofer, § 2205 Rn 9; Formulierungsvorschlag für Testamentsvollstrecker als Treuhänder: Reimann/Bengel/J. Mayer, Formularteil B. V.6.n) (S. 448).

§§ 2208 Abs. 2, 2194 kann dann der Testamentsvollstrecker von den Erben die Vollziehung der Bedingung oder Auflage verlangen.[309] Eingehend über erbrechtliche Druckmittel des Erblassers zur Sicherung der Erteilung der Vollmacht siehe § 9 Rn 115.

116 Die **Vollmachtslösung** ist **problematisch** geworden, seit sich die Stimmen mehren, der Erbe könne nicht gezwungen werden, gegen seinen Willen das Handelsgeschäft selbst zu betreiben und handelsrechtlich voll zu haften.[310] Da im Handelsregister nur die Erben eingetragen sind, bleibt bei der Vollmachtslösung einem Dritten der interne Ausschluss der Erben von der Geschäftsführung verborgen. Ferner ist die Vollmachtslösung kein taugliches Mittel, falls der Erblasser sicherstellen will, dass die Erben nicht selbst unternehmerisch tätig werden können. Da die Vollmacht keine verdrängende Wirkung haben kann, ist jederzeit ein eigenes Tätigwerden der Erben möglich.[311]

117 Eine weitere Gestaltungsmöglichkeit ist die **vollstreckungsergänzende Vollmacht.** Diese lässt die Befugnisse des Testamentsvollstreckers (insb. §§ 2205, 2212) und Beschränkungen für die Erben (§ 2211) und für die Gläubiger (§ 2214) bestehen. Beim unternehmerischen Tätigwerden im Übrigen, insbesondere der Eingehung von Verbindlichkeiten, handelt der zum Testamentsvollstrecker Ernannte auf Grund Vollmacht der Erben.

118 Sind die **Erben noch minderjährig,** wird die Vollmachtslösung in der Praxis untauglich sein. Zwar bedarf nach überwiegender Ansicht die Fortführung eines ererbten Geschäfts, und zwar auch in ungeteilter Erbengemeinschaft, nicht der familiengerichtlichen Genehmigung gemäß § 1822 Ziff. 3 oder § 1823.[312] Ferner unterliegt die Erteilung einer Vollmacht des Minderjährigen, vertreten durch dessen Vermögenssorgeberechtigte (§§ 1629, 1626, 1680), an den Testamentsvollstrecker an sich keinem Genehmigungstatbestand des § 1822. Fraglich ist jedoch bezüglich der Vollmacht für den Betrieb des Handelsgeschäfts zum einen, ob sich aus dem Rechtsgedanken des § 112 Abs. 1 Satz 1 ein Genehmigungsbedürfnis durch das Familiengericht ergibt trotz der Beschränkung der Minderjährigenhaftung gemäß § 1629a, ferner ob der Vermögenssorgeberechtigte mittels einer solchen Vollmacht die Sorge für einen wichtigen Bereich des Kindesvermögens auf Dritte übertragen kann. Jedoch wird regelmäßig ohnehin die Beschränkung der Haftung für Verbindlichkeiten des Minderjährigen auf das bei Eintritt der Volljährigkeit vorhandene Vermögen gemäß § 1629a eine Teilnahme am Geschäftverkehr unmöglich machen. Die Haftungsbeschränkung gilt gemäß § 1629a Abs. 2 Alt. 1 nicht für Verbindlichkeiten aus dem selbständigen Betrieb eines Erwerbsgeschäfts, soweit der Minderjährige hierzu nach § 112 ermächtigt war; diese unbeschränkte Haftung des Minderjährigen wird wiederum die Genehmigung des Familiengerichts gemäß § 112 Abs. 1 Satz 1 in der Praxis unmöglich machen, da das Gericht das allgemeine Persönlichkeitsrecht des Minderjährigen gemäß der Vorgaben des Bundesverfassungsgerichts[313] zu schützen hat. Soweit jedoch im Einzelfall dem Minderjährigen eine solche Ermächtigung gemäß § 112 erteilt ist, kann dieser selbst und genehmigungsfrei Vollmachten erteilen.

• **Treuhandlösung (= Rechtsinhaberschaft des Testamentsvollstreckers):**

119 Bei der Treuhandlösung führt der Testamentsvollstrecker das Handelsgeschäft nach außen im eigenen Namen und in eigener unbeschränkter Haftung fort, im Innenverhältnis allerdings für Rechnung der Erben als deren Treuhänder.[314] Diese persönliche Haf-

---

309 BGHZ 12, 100, 103.

310 John BB 1980, 757, 758; MünchKomm/Zimmermann, § 2205 Rn 24 ff.; Brandner, FS f. Simpels, S. 991, 1003.

311 Bamberger/Roth/ *J. Mayer* § 2205 Rn 28.

312 Palandt/Diederichsen § 1822 Rn 10; Bamberger/Roth/J. Mayer § 2205 Rn 29; zu Problemstellungen des Minderjährigen in Gesellschaften: Reimann DNotZ 1999, 179.

313 BVerfG NJW 1986, 1859.

314 John BB 1980, 757, 758 ff. m. w. N. für die Treuhandlösung unter Fn. 9; RGZ 132, 138, 142; RGZ 172, 199, 205; BGHZ 12, 100, 102; BGHZ 35, 13, 15; Schaub ZEV 1994, 72; Bamberger/Roth/J. Mayer § 2205 Rn 29; Goebel, ZEV 2003, 260; Muster zur Treuhandlösung in MünchVertrHdb/Nieder/Otto, Bd. 6/2; Johansson in Beck'sches Formularbuch Erbrecht, G. IX.2.

tung im Außenverhältnis wird meist Anlass sein, dass der Testamentsvollstrecker hierzu nicht bereit sein wird. Nur der Testamentsvollstrecker wird bei dieser Gestaltung als Inhaber des Geschäftes in das **Handelsregister** eingetragen; es erfolgt weder ein Vermerk der Testamentsvollstreckung noch ein erläuternder Vermerk hinsichtlich seiner Treuhänderstellung, dass er im Innenverhältnis für Rechnung und Risiko der Erben handelt.[315] Bei der Handelsregisteranmeldung haben die Erben, da sie nach außen die Übertragung eines Handelsgeschäfts anmelden, mitzuwirken.[316]

Auch bei der Treuhandlösung muss der Erblasser durch Auflage die Erben zumindest konkludent durch die Anordnung der Testamentsvollstreckung verpflichten, eine treuhänderische Übertragung des Geschäfts auf den Testamentsvollstrecker vorzunehmen, da die Fortführung des Geschäfts über seine Amtsbefugnisse hinausgeht und der Testamentsvollstrecker gegen die Erben auch einen Anspruch auf Befreiung von seiner unbeschränkten Außenhaftung für die übernommenen und neu begründeten Geschäftsschulden nach §§ 2218, 670 erhält,[317] jedoch das Risiko der Durchsetzbarkeit des Befreiungsanspruchs trägt. Für die Altschulden haften die Erben nach der treuhänderischen Übertragung nicht mehr persönlich, da sie selbst den Geschäftsbetrieb eingestellt haben (§ 27 Abs. 2 HGB).[318] Dem Testamentsvollstrecker wird man bei der Treuhandlösung die Möglichkeit geben müssen, die Haftung für die Altschulden entspr. §§ 27 Abs. 1, 25 Abs. 2 HGB auf den Nachlass zu beschränken,[319] insbesondere dann, wenn, wie bei der Ermächtigung des Testamentsvollstreckers zur Erbenauswahl, ein Erbe noch nicht feststeht. Für neu begründete Geschäftsschulden haftet der Testamentsvollstrecker unbeschränkt mit seinem Privatvermögen. **120**

Die Treuhandlösung ist zum einen möglich als bloße **Ermächtigungstreuhand** (Verwaltungstreuhand), bei welcher dem Testamentsvollstrecker die Verfügungsmacht übertragen wird und zum anderen die **Vollrechtstreuhand,** bei der die Erben dem Testamentvollstrecker die Inhaberschaft aller Rechte und Pflichten des Handelsgeschäfts übertragen, was eine Einzelrechtsübertragung erforderlich macht; ferner sind Kombinationen aus beidem möglich.[320] Ist nichts anderes bestimmt, ist von einer bloßen Ermächtigungstreuhand auszugehen. Somit bleiben die Erben Eigentümer des Geschäftsvermögens und Inhaber der zu ihm gehörenden Forderungen.[321] Die Erben sind nicht zur treuhänderischen Übertragung der Gegenstände des Geschäftsvermögens an den Testamentsvollstrecker verpflichtet.[322] Der Testamentsvollstrecker kann jedoch über das Geschäftsvermögen kraft der ihm erteilten Ermächtigung verfügen (Ermächtigungstreuhand).[323] Das Geschäftsvermögen haftet für von ihm begründete Verbindlichkeiten nur, wenn er die ihm gezogenen Grenzen nicht überschreitet.[324] Da jedoch eine Verpflichtungsermächtigung nicht anerkannt wird, stößt die Begründung der Verpflichtung des Geschäftsvermögens durch den Testamentsvollstrecker bei der Treuhandlösung ohnehin auf große Schwierigkeiten[325] und da auch eine Erwerbsermächtigung nicht anerkannt wird, kann auch der Erwerb neuer Gegenstände für das Geschäftsvermögen nur durch analoge Anwendung des Surrogationsprinzips begründet werden.[326] **121**

---

[315] Plank ZEV 1998, 326; Staudinger/Reimann § 2205 Rn 93, 96.
[316] Staudinger/Reimann § 2205 Rn 96.
[317] MünchKomm/Zimmermann, § 2205, Rn 28; BGHZ 12, 100, 104.
[318] John BB 1980, 758.
[319] Schelter DNotZ 1976, 703; John BB 1980, 759; a. M. die bei John BB 1980, 758 Fn. 11 zitierten u. Haegele Rpfleger 1973, 113, 114.
[320] Staudinger/Reimann § 2205 Rn 94.
[321] Haegele Rpfleger 1973, 114; Holch DNotZ 1956, 292; KG JW 1939, 104; BGH NJW 1975, 54.
[322] MünchKomm/Zimmermann, § 2205 Rn 27.
[323] John BB 1980, 759.
[324] KG JW 1939, 104; Holch DNotZ 1956, 292.
[325] John BB 1980, 759 m. w. N.
[326] John BB 1980, 760.

122 John[327] schlägt deshalb vor, der Erblasser solle bei der Treuhandlösung anordnen, dem Testamentsvollstrecker alle zum Handelsgeschäft gehörenden Rechtsgegenstände mit Ausnahme der Betriebsgrundstücke sowie allen späteren Erwerb zu vollem Recht zu übertragen und ihn statt nur zur ordnungsgemäßen Verwaltung (§ 2216 Abs. 1) zum unternehmerischen Handeln im Rahmen der Sorgfalt eines ordentlichen Kaufmanns zu verpflichten und zu berechtigen (Vollrechtstreuhand). Dann könne sich der Testamentsvollstrecker nach dem Erbfall diese Positionen durch Geschäft mit sich selbst ohne Mitwirkung der Erben verschaffen. Soweit die Eingehung neuer Verbindlichkeiten zur ordnungsgemäßen Verwaltung des Nachlasses erforderlich war, kann der Testamentsvollstrecker im Innenverhältnis von den Erben Befreiung von seiner persönlichen Haftung oder Ersatz verlangen (§§ 2216, 2218, 670).[328] Umstritten ist, ob die Erben bei der Treuhandlösung für diese Freistellungsverpflichtung gegenüber dem Testamentsvollstrecker auf den Nachlass beschränkbar haften.[329] Im Verhältnis zu den Erben unterscheidet sich die Stellung des Testamentsvollstreckers bei der Treuhandlösung nicht von der eines normalen Verwaltungstestamentsvollstreckers.[330] Er hat somit gegenüber den Erben die Verpflichtungen nach den §§ 2215, 2216, 2218 u. 2219 und kann davon auch nicht durch den Erblasser befreit werden (§ 2220). Bei Beteiligung **Minderjähriger** an der Erbengemeinschaft ergeben sich auch bei der Treuhandlösung die vorstehend unter Rn 118 aufgeführten rechtlichen und praktischen Probleme, da das Erwerbsgeschäft vom Testamentsvollstrecker im Innenverhältnis für Rechnung und Risiko der Erben geführt wird.

- **Weisungsgeberlösung:**

123 Bei der **Weisungsgeberlösung** bezüglich der wirtschaftlichen Fortführung eines Einzelunternehmens durch einen Testamentsvollstrecker gibt dieser das Handelsgeschäft an die Erben im Außenverhältnis frei (§ 2217), jedoch unter Vorbehalt der Entscheidungsbefugnis im Innenverhältnis. Dies setzt entweder eine entsprechende Ermächtigung durch den Erblasser oder eine Einigung mit den Erben voraus.[331] Die Erben, ggf. in Erbengemeinschaft, werden in das Handelsregister eingetragen und haften für die entstehenden Geschäftsverbindlichkeiten persönlich. Diese Gestaltung kommt in Frage, wenn der Testamentsvollstrecker die persönliche Haftung als Treuhänder im Außenverhältnis nicht übernehmen will und andererseits die Erben nicht zu einer Vollmachtserteilung an den Testamentsvollstrecker bereit sind.[332]

- **Umwandlung des Einzelunternehmens:**

124 Letztlich ist möglich den Erben durch Auflage und den Testamentsvollstrecker durch Anordnung zu veranlassen, das zum Nachlass gehörende einzelkaufmännische Unternehmen in eine zu errichtende GmbH oder GmbH & Co. KG einzubringen,[333] in der dann der Testamentsvollstrecker allein oder mit einem Dritten die Geschäftsführung zu übernehmen hat.[334] Die rechtlichen und praktischen Probleme aller vorgenannten Lösungswege als auch einer Umwandlung durch die Rechtsnachfolger sollten jedem Ein-

[327] BB 1980, 757, 760f.

[328] Palandt/Edenhofer § 2205 Rn 8.

[329] Siehe zum Meinungsstand John BB 1980, 761 Fn. 34; ders., FamRZ 1983, 1092; Staudinger/Reimann § 2205 Rn 95.

[330] KG JW 1939, 104; Staudinger/Reimann § 2205 Rn 95; Haegele Rpfleger 1973, 114.

[331] Staudinger/Reimann § 2205 Rn 101; Donner DNotZ 1944, 144.

[332] Plank ZEV 1998, 326.

[333] Ein einzelkaufmännisches Unternehmen kann kein Ausgangs-Rechtsträger für einen Formwechsel sein, § 191 Abs. 1 UmwG; zur Unternehmensnachfolge und Umwandlung: D. Mayer ZEV 2005, 325.

[334] Brandner FS f. Simpel, S. 991, 1005; Frank, ZEV 2003, 5; Werkmüller ZEV 2006, 491; Formulierungsvorschläge für eine Umwandlungsanordnung siehe Reimann/Bengel/J. Mayer, 5. Aufl., Formularteil B. V.6.h) (S. 446) und D. Mayer in Bengel/Reimann, Handbuch der Testamentsvollstreckung, 5. Kap. Rn 143 und 268. Zu Auswirkungen von Umwandlungen auf Testamentsvollstreckungen: Reimann ZEV 2000, 381.

zelkaufmann nahe legen, sein Unternehmen zu Lebzeiten in eine nachfolgetaugliche und fremdgeschäftsführungsfähige Rechtsform überzuführen.

c) Beteiligung als persönlich haftender Gesellschafter (OHG, KG, GbR)

aa) Grundsätzliche Unzulässigkeit der Verwaltungstestamentsvollstreckung bei Fortsetzung der Gesellschaft. Für den Fall, dass beim Tod eines Gesellschafters die **Personengesellschaft aufgelöst** wird, sei es auf Grund Gesetzes (§ 727 Abs. 1) oder gesellschaftsvertraglicher Bestimmungen oder Beschluss der Gesellschafter (§ 131 Abs. 1 Nr. 2 HGB), kann dem Testamentsvollstrecker die Aufgabe erteilt werden, die Auseinandersetzung (§§ 730 ff.) für die Erben durchzuführen. Für den Fall, dass beim Tod eines Gesellschafters dieser **ausscheidet** (§ 736) und die **Personengesellschaft unter den verbliebenen Gesellschaftern fortgesetzt** wird, insbesondere gemäß § 131 Abs. 3 Satz 1 Nr. 1 HGB oder gesellschaftsvertraglicher Bestimmungen, kann dem Testamentsvollstrecker die Aufgabe erteilt werden, die Auseinandersetzung beim Ausscheiden für die Erben durchzuführen, insbesondere den Abfindungsanspruch (§ 738 Abs. 1 Satz 2, Halbs. 2) geltend zu machen. 125

Besonderes gilt hingegen, wenn die **Personengesellschaft mit den Erben fortgesetzt** wird: Der im Gesellschaftsvertrag vererblich gestellte Anteil an einer Personengesellschaft wird nicht gemeinschaftliches Gesamthandsvermögen der Nachfolger-Erben, sondern geht im Wege der Sondererbfolge unmittelbar quotal auf den oder die Nachfolger-Erben über; die so auf die Nachfolger-Erben aufgeteilten Gesellschaftsanteile gehören gleichwohl zum Nachlass.[335] Damit kann sich eine vom Erblasser angeordnete Testamentsvollstreckung grundsätzlich auch auf die der Sondererbfolge unterliegenden Gesellschaftsanteile erstrecken.[336] 126

War der Erblasser an einer Personengesellschaft als unbeschränkt persönlich haftender Gesellschafter beteiligt, sei es als Gesellschafter einer Offenen Handelsgesellschaft (OHG) oder Gesellschaft bürgerlichen Rechts (GbR)[337] oder als persönlich unbeschränkt haftender Gesellschafter (Komplementär) einer Kommanditgesellschaft (KG), ergeben sich Probleme zum einen im Wesentlichen gleichgelagert wie beim Einzelkaufmann (siehe oben lit. b) Rn 112 ff.[338] und zum anderen aus dem Kernbereichsschutz des Gesellschaftererben sowie den berechtigten Interessen der Mitgesellschafter, soweit diese nicht ihre Zustimmung erteilten. 127

Die Zulässigkeit einer automatischen Erstreckung einer vom Erblasser angeordneten **Dauertestamentsvollstreckung** auf die Beteiligung des Erblassers an einer offenen Handelsgesellschaft oder als persönlich haftender Gesellschafter an einer Kommanditgesellschaft wird ganz überwiegend **abgelehnt.**[339] Begründet wird dies mit der Diskrepanz zwischen dem Erbrecht einerseits, das dem Testamentsvollstrecker gem. § 2206 Satz 1 nur gestattet, Verbindlichkeiten für den Nachlass einzugehen, die den erbrechtlichen Haftungsbeschränkungen der §§ 1975, 1990, 2059 Abs. 1 Satz 1 unterliegen und dem Gesellschaftsrecht andererseits, das im § 128 HGB die unbeschränkte persönliche Haftung der Gesellschafter festlegt, zu der der Testamentsvollstrecker die Erben nicht ohne 128

[335] Ausnahme um Grundsatz der Gesamtrechtsnachfolge. Der Erbrechtssenat des BGH hat sich in seinem Urteil vom 4. 5. 1983 (IV a ZR 229/81, NJW 1983, 2376) ausdrücklich der Rechtsprechung der Gesellschaftsrechtsenate angeschlossen.

[336] BGH ZEV 1996, 111.

[337] Zur GbR: BGH NJW 1996, 1284 = ZEV 1996, 110 m. Anm. Lorz S. 112= MittBayNot 1996, 118 mit Anm. Weidlich S. 121; BayObLGZ 1986, 34 = FamRZ 1986, 613, 617; BGHZ 98, 48, 56 f. = NJW 1986, 2431, 2433 = DNotZ 1987, 116; Weidlich ZEV 1998, 339; Formulierungsvorschlag für die Anordnung einer Testamentsvollstreckung bei einer BGB-Gesellschaft bei D. Mayer in Bengel/Reimann, Handbuch der Testamentsvollstreckung, 5. Kap. Rn 221.

[338] Jedoch wäre hierbei ein Formwechsel möglich, § 191 Abs. 1 Nr. 1 UmwG.

[339] RGZ 170, 392, 394; BGHZ 24, 106, 112 f.; BGHZ 108, 187, 195; BayObLGZ 1983, 176; Bommert BB 1984, 178 Fn. 9.

ihr Einverständnis verpflichten kann. Dagegen bildet die früher vom Gesellschaftssenat des BGH[340] vertretene These, dass angesichts der Sondervererbung des Gesellschaftsanteils an den oder die Erben nur die vom Anteil abspaltbaren Vermögensrechte, nicht aber der Anteil selbst Nachlassbestandteil würde (Abspaltungsthese), kein Hinderungsgrund mehr, nachdem alle fachlich zuständigen Senate des BGH[341] jetzt trotz Sondervererbung des Anteils an einer Personengesellschaft von dessen **Nachlasszugehörigkeit** ausgehen.

Unstreitig erstreckt sich eine bloße **Abwicklungsvollstreckung,** sofern im Gesellschaftsvertrag zugelassen und es trotz der Sondererbfolge bezüglich des Anteils etwas abzuwickeln gibt, auch auf eine Personengesellschaftsbeteiligung.[342] Auf ein bereits vor dem Erbfall entstandenes Auseinandersetzungsguthaben einer Personengesellschaftsbeteiligung erstreckt sich auch eine Verwaltungstestamentsvollstreckung.[343]

129 Der Anteil eines persönlich haftenden Gesellschafters kann als Nachlassbestandteil hauptsächlich im Interesse seiner Bestandssicherung zugunsten der Nachlassgläubiger auch mit seiner sogenannten **„Außenseite“**, d.h. den mit der Gesellschaftsbeteiligung verbundenen **Vermögensrechten,** der Verwaltung eines eingesetzten Dauertestamentsvollstreckers unterliegen.[344] Somit sind dem Testamentsvollstrecker die laufenden Gewinnansprüche und ein künftiger Auseinandersetzungsanspruch, d.h. der Anteilswert und die Vermögensrechte des Erblassers, unterstellt. Im Einzelnen können sich bezüglich der grundsätzlichen Verwaltungsbefugnis des Testamentsvollstreckers einerseits und dem gebotenen Mindestschutz des Gesellschaftererben hinsichtlich des **Kernbereichs** der Mitgliedschaft „schwierige Abgrenzungsfragen“ ergeben.[345] Bei Verfügungen über den Gesellschaftsanteil sollte der Testamentsvollstrecker die Zustimmung des Gesellschaftererben einholen, soweit insoweit keine Anordnung des Erblassers gemäß § 2216 Abs. 2 vorliegt.[346] Diese eingeschränkte Verwaltungsvollstreckung ist auch ohne Zustimmung sämtlicher Mitgesellschafter, im Gesellschaftsvertrag oder ad hoc, zulässig.[347] Ferner gilt dies auch, wenn die Erben des Gesellschaftsanteils vor dem Erbfall **bereits** an der Gesellschaft **beteiligt** waren; der Grundsatz der Einheitlichkeit der Mitgliedschaft steht dem Fortbestehen der Testamentsvollstreckung an den ererbten Gesellschaftsanteilen insoweit nicht entgegen, als es sich um die aus diesem Anteil folgenden übertragbaren Vermögensrechte handelt.[348]

130 Der Testamentsvollstrecker ist hingegen von Geschäftsführung, Vertretung und Stimmrecht, d.h. der Ausübung der **nicht vermögensrechtlichen innergesellschaftlichen Mitgliedschaftsrechte (Innenseite)** ausgeschlossen,[349] soweit dem nicht alle Gesellschafter

[340] BGHZ 22, 186, 192f.; BGH 68, 225, 239; BGH 91, 132, 135; BGH NJW 1981, 749, 750; BGH JZ 1987, 880 m. Anm. Ulmer.

[341] BGHZ 98, 48 = NJW 1986, 2431, 2433 = DNotZ 1987, 116 (IVa-Senat); BGHZ 108, 189 = NJW 1989, 3152 (II. Senat); BGH NJW 1996, 1284 = FamRZ 1996, 409 = ZEV 1996, 110 (IV. Senat).

[342] Großkomm. HGB/Ulmer § 139 Anm. 67 m.w.N.; ders., FS f. Wolfgang Schilling, S. 97; differenzierend Damrau NJW 1984, 2785f.

[343] BGH BB 1981, 201 = WPM 1981, 140; BGH BB 1985, 951 = NJW 1985, 1953.

[344] BGHZ 98, 48, 56f. = NJW 1986, 2431, 2433 = DNotZ 1987, 116; BGHZ 108, 187, 191ff. = NJW 1989, 3152; BGH NJW 1996, 1284, 1286 = ZEV 1996, 110; BGH NJW 1998, 1313 = ZEV 1998, 72 = JZ 1998, 468 m. Anm. Ulmer; im Einzelnen siehe Lotz, Testamentsvollstreckung und Unternehmensrecht, 1995, S. 154ff.

[345] *D. Mayer* in Bengel/Reimann, Handbuch der Testamentsvollstreckung, 5. Kapitel Rn 174ff.; Weidlich, ZEV 1994, 209; Dörrie ZEV 1996, 370, 375.

[346] Zweifelnd („unklar“) Weidlich ZEV 1994, 210.

[347] BGHZ 98, 48, 56f. = NJW 1986, 2431, 2433 = DNotZ 1987, 116; D. Mayer, ZIP 1990, 976, 979; Weidlich, ZEV 1994, 205, 210; Dörrie, ZEV 1996, 370, 375; Lorz, ZEV 1996, 112.

[348] BGH NJW 1996, 1284 = ZEV 1996, 110, 112 zur GbR.

[349] Zustimmend: Flume NJW 1988, 161; Marotzke JZ 1986, 457; ders., AcP 187 (1987), 223ff.; K. Müller JR 1986, 504; Esch NJW 1984, 339; Reimann MittbayNot 1986, 232; Schmitz ZGR 1988, 140; Lotz, Testamentsvollstreckung und Unternehmensrecht, 1995, S. 154 m.w. Nachw.; ablehnend: D. Weber FS f. Stiefel, 1987, S. 860.

zustimmen. Ist im Gesellschaftsvertrag daher keine Regelung über die Zulässigkeit der Testamentsvollstreckung enthalten und stimmen die überlebenden Gesellschafter auch nicht ad hoc zu und hat der Erblasser trotzdem Testamentsvollstreckung angeordnet, so sind die Erben dadurch nicht gehindert, die Innenseite ihrer Gesellschaftsrechte selbst wahrzunehmen. Der Testamentsvollstrecker hat lediglich eine beaufsichtigende Funktion und kann verhindern, dass die Gesellschafter-Erben über ihre ererbten Geschäftsanteile verfügen und dass ihre Eigengläubiger in den Anteil und die daraus erwachsenden Vermögensrechte vollstrecken (§ 2214).[350] Ferner bedürfen die Gesellschafter-Erben zu allen die vermögensrechtliche Außenseite ihrer Anteile betreffenden Maßnahmen der Zustimmung des Testamentsvollstreckers.[351] Die Anmeldung des Eintritts eines Gesellschafters im Wege der Erbfolge zum Handelsregister hat zu erfolgen durch alle Erben und alle weiteren Gesellschafter.[352] Die Eintragung eines Testamentsvollstreckervermerks ist nicht möglich.[353]

Will man bei einem Personengesellschaftsanteil eine **umfassende Testamentsvollstreckung** erreichen, muss man immer noch eine der folgenden Ersatzlösungen wählen.[354] 131

Bei bestehendem Bedürfnis bieten sich verschiedene Lösungsmöglichkeiten an, um 132
dem Testamentsvollstrecker auch die Ausübung der **nicht vermögensrechtlichen Mitgliedschaftsrechte (Innenseite)** an der Beteiligung zu ermöglichen. Die Probleme und Einwendungen gegen die einzelnen Ersatzlösungen sind dabei denen ähnlich, die gegen die Erstreckung einer Verwaltungstestamentsvollstreckung auf ein einzelkaufmännisches Unternehmen vorgebracht werden (siehe oben Rn 112 ff.). Auch die Ersatzlösungen setzen alle die Zustimmung der Mitgesellschafter im Gesellschaftsvertrag oder nach dem Erbfall voraus.[355] Bei den Ersatzlösungen werden für das Verhältnis des Testamentsvollstreckers zu den Erben die Regeln der §§ 2197 ff. analog angewendet. Allerdings ist hierbei noch vieles offen, insbesondere die Rolle des Nachlassgerichts.[356]

• **Auflage, Bedingung zur Einflussnahme auf Erben:**

Da alle Ersatzlösungen neben der Zustimmung der Mitgesellschafter voraussetzen, 133
dass die Erben dem Testamentsvollstrecker eigene Rechte übertragen oder Ermächtigungen zu ihrer Ausübung erteilen, stellt sich auch hier die Frage nach der Zulässigkeit entsprechender erbrechtlicher Einflussnahmemittel. Das Reichsgericht[357] und zunächst auch der Bundesgerichtshof[358] haben grundsätzlich bejaht, dass der Erblasser den Erben durch Auflage zwingen kann, die Ausübung der Mitgliedschaftsrechte dem Testamentsvollstrecker zu überlassen. Der BGH[359] hat dies später aber in einem obiter dictum ausdrücklich im Gegensatz zum Reichsgericht[360] in Frage gestellt. Auch gegen die Verwendung der auflösenden Bedingung als Druckmittel gibt es Gegenstimmen.[361] Diese Lösung hat jedoch vor allem den entscheidenden Nachteil, dass der Erblasser dann einen Nacherben oder Nachvermächtnisnehmer für den Anteil einsetzen muss,[362] da im Falle der

---

[350] D. Mayer ZIP 1990, 976, 979.

[351] D. Mayer in Bengel/Reimann, Hdb. d. Testamentsvollstreckung, 3. Aufl., 5. Kap. Rn 161.

[352] Krafka/Willer/Kühn, Registerrecht, 8. Aufl. 2010, Rn 636 ff.

[353] Krafka/Willer/Kühn, Registerrecht, 8. Aufl. 2010, Rn 642.

[354] Zu den Ersatzlösungen siehe insbesondere Weidlich, ZEV 1994, 205, 210 ff.

[355] Weidlich in Mayer/Bonefeld/Wälzholz/Weidlich, Testamentsvollstreckung, 2. Aufl. 2005, Rn 402.

[356] Damrau NJW 1984, 2789.

[357] RGZ 172, 199, 205.

[358] BGHZ 12, 100, 103; so auch BayObLGZ 1969, 138, 141; BayObLGZ 1986, 34 = FamRZ 1986, 613, 616.

[359] MDR 1954, 32, 33; WPM 1969, 492, 493 = BB 1969, 773.

[360] RGZ 172, 199, 205.

[361] Wiedemann, Die Übertragung und Vererbung von Mitgliedschaftsrechten bei Handelsgesellschaften, 1965, S. 333; Emmerich ZHR 132, 314; Schmellenkamp MittRhNotK 1986, 181, 190.

[362] Damrau NJW 1984, 2789.

bedingten Erbeinsetzung sog. konstruktive Nacherbfolge nach §§ 2104, 2105 eintritt. Die Entscheidung der Frage, ob mit Auflage oder Bedingung den Erben eine Quasitestamentsvollstreckung bezüglich des Anteils aufgedrängt werden kann, lässt sich nicht generell, sondern nur getrennt für die einzelnen Lösungswege beantworten, auf denen die Überlassung der Gesellschaftsrechte an den Testamentsvollstrecker erfolgen soll. Anordnung der Testamentsvollstreckung, Auflagen[363] und Bedingungen können im Übrigen pflichtteilsberechtigte Testamentserben zur Ausschlagung und zum Pflichtteilsverlangen nach § 2306 und damit zur Vereitelung der Nachfolgelösung veranlassen. Will man dem entgehen, sollte der Erblasser zu Lebzeiten mit ihnen einen Erb- und Erbverzichtsvertrag[364] oder besser einen Pflichtteilsverzichtsvertrag gegen entsprechende Gegenleistung abschließen.

• **Treuhänderische Übertragung der Gesellschaftsbeteiligung an den Testamentsvollstrecker:**

134 Sie wird von der Rechtsprechung und dem Schrifttum allgemein als zulässig angesehen.[365] In der Praxis dürfte der Weg jedoch bei vollhaftender Beteiligung neben anfallenden Transaktionskosten daran scheitern, dass sich kaum ein Testamentsvollstrecker bereit finden wird, die zwingende Haftung aus § 128 HGB zu übernehmen,[366] wenngleich er im Innenverhältnis von Erben Aufwendungsersatz und Freistellung nach § 670 verlangen kann.[367]

• **Vollmacht der Erben an den Testamentsvollstrecker:**

135 Diese Gestaltung wird weitgehend als zulässig erachtet, soweit ihre Widerruflichkeit aus wichtigem Grund nicht ausgeschlossen ist.[368] Durch eine widerrufliche Vollmacht wird indessen dem Anliegen des Erblassers kaum Genüge getan. Einer Stimmrechtsvollmacht wird zudem von der h. M. mit Rücksicht auf das Abspaltungsverbot nach § 717 Satz 1 die Unwiderruflichkeit versagt.[369] Es verbleibt die Möglichkeit, den Widerruf mittels erbrechtlichen Druckes *(Auflage, auflösende Bedingung)* zu vermeiden zu suchen.[370] Es wird jedoch teilweise geltend gemacht, der Erblasser könne die Erben nicht zwingen, durch Erteilung der Vollmacht dem Testamentsvollstrecker eine Verpflichtungsbefugnis über ihr Privatvermögen einzuräumen.[371]

• **Postmortale Vollmacht des Erblassers für den Testamentsvollstrecker:**

136 Hierbei erteilt der Erblasser zu seinen Lebzeiten dem Testamentsvollstrecker auf seinen Tod aufschiebend bedingte Vollmacht zur Ausübung der Gesellschafterrechte.[372] Auch hierbei stellt sich allerdings das Problem der Widerruflichkeit durch die Erben nach dem Erbfall. Sie ist grundsätzlich jederzeit von jedem der Erben widerruflich.[373] Einer Sanktion des Widerrufs bzw. der verdrängenden Wirkung der Vollmacht[374] stehen wiederum die oben genannten Bedenken entgegen. Vor allem scheitert diese Lösung aber

[363] Formulierungsvorschlag für eine Auflage: Reimann/Bengel/J. Mayer, 5. Aufl., Formularteil B. V.6.n, Rn 77.

[364] Klussmann BB 1966, 1209, 1211.

[365] RGZ 132, 138; BGHZ 12, 100, 103; Esch NJW 1981, 2226; BayObLGZ 1986, 34 = FamRZ 1986, 613; Rehmann BB 1985, 297, 300.

[366] Hdb-PersGes/H. Westermann I Rn 511.

[367] MünchKomm/Zimmermann, § 2205 Rn 28.

[368] Großkomm. HGB/Ulmer § 139 Anm. 77; RGZ 172, 199, 205; KG DNotZ 1955, 422; BayObLGZ 1986, 34 = FamRZ 1986, 613; Rehmann BB 1985, 297, 299.

[369] A. A., d. h. für unwiderrufliche verdrängende Vollmacht Ulmer ZHR 146 (1982), 570.

[370] Damrau NJW 1984, 2789; Rehmann BB 1985, 300; Formulierungsvorschlag für die Vollmachtslösung bei D. Mayer in Bengel/Reimann, Hdb. d. Testamentsvollstreckung, 5. Kap. Rn 173.

[371] Baur FS f. Dölle, 1963, S. 249, 257; Emmerich ZHR 132, 297, 314.

[372] Ulmer ZGR 146 (1982), 574 f.; Reithmann BB 1984, 1394; Rehmann BB 1984, 301.

[373] HA. A., d. h. für unwiderrufliche und verdrängende Erteilung Ulmer ZHR 146 (1982), 575.

[374] So Rehmann BB 1985, 301; Reithmann BB 1984, 1396 f.

daran, dass grundsätzlich durch eine postmortale Vollmacht eine persönliche Haftung des Gesellschaftererben nicht geschaffen werden kann.[375]

- **Umwandlung in eine Kommanditbeteiligung der Erben:**[376]

Hierbei soll der für die Testamentsvollstreckung vorgesehene Anteil nach dem Erbfall für die Zeit der Testamentsvollstreckung in einen Kommanditanteil umgewandelt werden mit dem Anspruch auf Rückumwandlung nach Beendigung der Testamentsvollstreckung in eine vollhaftende Beteiligung.[377] Dazu ist eine entsprechende gesellschaftsvertragliche Regelung erforderlich und die Unterstellung des Kommanditanteils unter die Testamentsvollstreckung durch den Erblasser in letztwilliger Verfügung (siehe unten lit. d) Rn 140 ff. **137**

- **Testamentsvollstrecker als Weisungsgeber:**

Der Testamentsvollstrecker übt hierbei lediglich im Innenverhältnis gegenüber den Erben als Gesellschafter-Nachfolger das ihm vom Erblasser auf der Grundlage des § 2208 Abs. 2 übertragene Weisungsrecht aus.[378] **138**

Bei dieser Rechtslage sollte die Praxis davon Abstand nehmen, eine vollhaftende Beteiligung an einer Personengesellschaft einer Verwaltungstestamentsvollstreckung unterstellen zu wollen.[379] Falls dies jedoch unumgänglich ist, sollte man das angestrebte Ziel, dem Testamentsvollstrecker die Ausübung der Mitgliedschaftsrechte zu ermöglichen, auf mehreren Wegen zu erreichen versuchen.[380] Welche Ersatzlösung gewünscht wird, sollte in der Verfügung von Todes wegen klargestellt und dem Testamentsvollstrecker ein Wahlrecht eingeräumt werden.[381] **139**

d) Testamentsvollstreckung an Kommanditanteilen

aa) Allgemeines. Beim Tod des Kommanditisten wird die Kommanditgesellschaft mit den Erben fortgesetzt, soweit im Gesellschaftsvertrag nichts anderes bestimmt ist (§ 177 HGB). Sind mehrere Erben, wird nicht die Erbengemeinschaft Kommanditistin, sondern es erwirbt jeder Miterbe einzeln die Beteiligung gemäß seiner Erbquote. Auch wenn dies erfolgt mittels Sonderrechtsnachfolge, gehören diese Anteile gleichwohl zum Nachlass und unterliegen einer angeordneten Testamentsvollstreckung. Aufgrund der unmittelbaren Teilung des Kommanditanteils bedarf es keiner Auseinandersetzungsvollstreckung.[382] **140**

bb) Grundsätzliche Zulässigkeit der Verwaltungstestamentsvollstreckung. Grundsätzlich ist die Testamentsvollstreckung an Kommanditanteilen zulässig.[383] Sofern die Mitgesellschafter dem entweder bereits im Gesellschaftsvertrag oder später zustimmen, gilt dies auch für die Einbeziehung der gesamten Kommanditistenstellung, d. h. auch der **141**

---

375 Offenbar a. M. Reithmann BB 1984, 1394; Rehmann BB 1985, 301.

376 Siehe hierzu Weidlich, ZEV 1994, 205, 212 ff. mit Formulierungsvorschlag für den Gesellschaftsvertrag und die Verfügung von Todes wegen; zur Unternehmensnachfolge und Umwandlung: D. Mayer ZEV 2005, 325. Formulierungsvorschlag für eine Umwandlungsanordnung einer GmbH & Co. KG in eine Kapitalgesellschaft: Reimann/Bengel/J. Mayer, 5. Aufl., Formularteil B. V.6.j, Rn 71.

377 Wiedemann, Die Übertragung und Vererbung von Mitgliedschaftsrechten bei Handelsgesellschaften, 1965, S. 345 f.

378 Lorz, ZEV 1996, 113.

379 Vgl. zum einzelkaufmännischen Unternehmen Rn 124.

380 Reithmann BB 1984, 1397.

381 Formulierungsvorschlag hierzu in Reimann/Bengel/J. Mayer, Testament und Erbvertrag, 5. Aufl., Formularteil B. V.6.o, Rn 78; MünchVertrHdb/Nieder/Otto, Bd. 6/2 Muster 23; Schmitz ZGR 1988, 140, 161.

382 Vgl. MünchKomm/Zimmermann § 2205 Rn 43.

383 BGHZ 108, 187 (II. Senat vom 3. 7. 1989) = DNotZ 1990, 187 mit Anm. Reimann DNotZ 1990, 190 = NJW 1989, 3152; Ulmer NJW 1990, 73; D. Mayer ZIP 1990, 979; ders., MittBayNot 1992, 1; Weidlich ZEV 1994, 205. Darstellung der früheren Rechtsprechung in der 2. Auflage Rn 940; Formulierungsbeispiel bei *Johansson* in Beck'sches Formularbuch Erbrecht, G. IX.1.

Mitgliedschaftsrechte („**Innenseite**" der Beteiligung), in eine Dauertestamentsvollstreckung.[384] Die Ausübung der mit dem Kommanditanteil verbundenen Gesellschaftsrechte steht dann während der Dauer der Testamentsvollstreckung grundsätzlich dem Testamentsvollstrecker zu. Lediglich zu Vertragsänderungen, die entweder
- in den **Kernbereich der Mitgliedschaftsrechte** der Kommanditisten-Erben eingreifen,[385]
- oder ihre **persönliche Haftung** begründen,
- oder die **erbrechtliche Beschränkung des Testamentsvollstreckeramtes nach § 2205 Satz 3** tangieren,

bedarf es des Zusammenwirkens von Testamentsvollstrecker und Erben.[386]

Soweit der KG-Gesellschaftsvertrag eine Testamentsvollstreckung nicht zulässt und die Mitgesellschafter des Kommanditisten der Testamentsvollstreckung nicht zustimmen, ist eine Verwaltungsvollstreckung dennoch zulässig an der sog. „**Außenseite**" der Kommanditbeteiligung, d.h. den mit der Gesellschaftsbeteiligung verbundenen Vermögensrechten (siehe oben lit. c) Rn 129.[387]

142 Hinsichtlich der **Anmeldung zum Handelsregister** ist zu unterscheiden: Handelt es sich um eine bloße Auseinandersetzungs- bzw. Abwicklungsvollstreckung, bleibt die Sondererbfolge der Kommanditbeteiligungen unberührt; anmeldepflichtig sind dann die Erben, zusammen mit den weiteren Gesellschaftern. Handelt es sich hingegen um eine Verwaltungsvollstreckung (§ 2209 Satz 1 Halbs. 1) oder Dauertestamentsvollstreckung (§ 2209 Satz 1 Halbs. 2), obliegt die Anmeldung dem Testamentsvollstrecker zusammen mit den weiteren Gesellschaftern; die Erben sind damit von der Mitwirkung bei der Anmeldung ausgeschlossen.[388]

e) Testamentsvollstreckung an GmbH-Anteilen

143 Ein GmbH-Geschäftsanteil ist gemäß § 15 Abs. 1 GmbHG vererblich (siehe § 1 Rn 184). Dies kann gesellschaftsvertraglich nicht abbedungen werden, jedoch können Einziehungsklauseln und/oder Abtretungsverpflichtungen vereinbart werden. Mehrere Miterben erwerben in Erbengemeinschaft (§ 2032 BGB; § 18 GmbHG). Zur Auseinandersetzung ist eine Anteilsübertragung erforderlich, für die die allgemeinen Vorschriften gelten, insbesondere etwaige Zustimmungserfordernisse gemäß § 15 Abs. 5 GmbHG. Zur Teilung eines Geschäftsanteils ist die Genehmigung der Gesellschaft erforderlich, sofern dies nicht im Gesellschaftsvertrag gemäß § 17 Abs. 3 GmbHG ausgeschlossen wurde. Ist kein Alleinerbe vorgesehen, hat somit stets eine Erbauseinandersetzung hinsichtlich des GmbH-Geschäftsanteils zu erfolgen, wozu eine **Auseinandersetzungsvollstreckung** zulässig und meist zweckmäßig ist.

---

[384] Formulierungsvorschlag für die Anordnung einer Testamentsvollstreckung bei einer KG-Beteiligung im Testament und im Gesellschaftsvertrag bei D. Mayer in Bengel/Reimann, Hdb. d. Testamentsvollstreckung, 5. Kap. Rn 206 und 207.

[385] Zur Kernrechtsproblematik Bamberger/Roth/ J. Mayer § 2205 Rn 43.

[385] Reimann DNotZ 1990, 190, 192; D. Mayer ZIP 1990, 976, 978; Weidlich, ZEV 1994, 205, 208 f.; a. A. Dörrie, ZEV 1996, 370, 374.

[386] Zu den Grundsätzen der Testamentsvollstreckung über Gesellschaftsanteile und der Begrenztheit der Rechtsposition des Testamentsvollstreckers: OLG Düsseldorf ZEV 2008, 142, 143 f.; Ulmer NJW 1990, 83; siehe im Einzelnen Lotz, Testamentsvollstreckung und Unternehmensrecht, 1995, S. 173 ff.

[387] Bamberger/Roth/*J. Mayer* § 2205 Rn 50; Ivo ZEV 2006, 306.

[388] Krafka/Willer/Kühn, Registerrecht, 8. Aufl. 2010, Rn 767; BGH DNotZ 1990, 183 mit Anm. Reimann DNotZ 1990, 194. Gemäß LG Berlin ZEV 2004, 29 (mit Anm. Rosener/Bugge, S. 30) kann jedenfalls der Dauertestamentsvollstrecker in Vollzug einer dahingehenden Teilungsanordnung die Übertragung von (Teil-)Kommanditanteilen für den begünstigten Miterben ohne dessen Mitwirkung annehmen und zur Eintragung in das Handelsregister anmelden; auch die sog. Kernbereichslehre stehe dem nicht entgegen.

Die **Verwaltungsvollstreckung** an einem GmbH-Geschäftsanteil ist **grundsätzlich zulässig.**[389] Dieser Grundsatz wird einerseits **erbrechtlich** dadurch **eingeschränkt,** dass der Testamentsvollstrecker den Erben gem. § 2206 Abs. 1 Satz 1 nicht über die Mittel des Nachlasses hinaus persönlich verpflichten kann, so z. B. bei einer Kapitalerhöhung gegen Einlage oder bei der Begründung neuer Nebenpflichten[390] und dass er gem. § 2205 Satz 3 keine unentgeltlichen Verfügungen treffen darf, wie z. B. eine Kündigung der Mitgliedschaft ohne angemessene Abfindung.[391] **Gesellschaftsrechtlich** kann die Satzung die Ausübung von Verwaltungsrechten durch Außenstehende und damit auch einen Testamentsvollstrecker wirksam beschränken oder ausschließen (höchstpersönliche Rechtsausübung); soweit hierzu keine einschränkende Regelung getroffen ist, bedarf die Verwaltungsvollstreckung nicht der Zustimmung der Mitgesellschafter, auch nicht in einer personalistisch strukturierten GmbH.[392] Stets ist jedoch eine Verwaltungsvollstreckung bezüglich der „Außenseite" des GmbH-Geschäftsanteils möglich. Ferner ist dem Testamentsvollstrecker die Mitwirkung an solchen Gesellschafterbeschlüssen versagt, die zu ihrer Wirksamkeit einer Zustimmung des betroffenen Gesellschafters bedürfen.[393] Problemlagen ergeben sich im Rahmen von Kapitalerhöhungen, soweit diese nicht ausschließlich aus Gesellschaftsmitteln (§§ 57c ff. GmbHG) erfolgen, hinsichtlich der Begründung einer wirksamen Einlageverpflichtung (Übernahmeerklärung gemäß § 55 GmbHG) sowie der Ausfallhaftung für Fehlbeträge anderer Gesellschafter gemäß § 24 GmbHG.[394] Letztlich bedarf der Testamentsvollstrecker der Zustimmung des Gesellschafter-Erben bei Eingriffen in den sog. Kernbereich der Mitgliedschaft.[395] 144

f) Testamentsvollstreckung über Aktien

Im Nachlass befindliche Aktien (Inhaber- und Namensaktien) verwaltet der Testamentsvollstrecker mit allen Rechten und Pflichten und mit den Einschränkungen, die für GmbH-Anteile gelten. Insbesondere übt der Testamentsvollstrecker das Stimmrecht (§ 134 AktG) und das Bezugsrecht (§ 186 AktG) aus.[396] Der Testamentsvollstrecker ist nach überwiegender Ansicht auch berechtigt, entgeltliche Veräußerungen der Aktien ohne Zustimmung der Erben vorzunehmen, soweit der Erblasser keine abweichenden ausdrücklichen oder konkludenten (Familiengesellschaften) Anordnungen getroffen hat.[397] 145

g) Stille Gesellschaft

Durch den **Tod des stillen Gesellschafters** wird die Gesellschaft nicht aufgelöst (§ 234 Abs. 2 HGB). Da die – typische wie atypische – stille Gesellschaft nur schuldrechtliche Beziehungen begründet, ist bei einer im Nachlass befindlichen Beteiligung des Erblassers an einer stillen Gesellschaft eine Testamentsvollstreckung unbeschränkt zulässig.[398] 146

Durch den **Tod des Geschäftsinhabers** wird die Gesellschaft aufgelöst und sogleich beendet, da mangels Gesellschaftsvermögens keine Liquidation erforderlich ist, sofern im 147

---

389 Siehe hierzu eingehend J. Mayer ZEV 2002, 209; Priester FS f. Stimpel, 1985 S. 463 ff.; BGHZ 24, 106; BGH NJW 1959, 1820; BGHZ 51, 209; BGH FamRZ 1989, 963; Ivo, ZEV 2006, 256; Klumpp, ZEV 2006, 258.

390 *D. Mayer* in Bengel/Reimann, Handbuch der Testamentsvollstreckung, 5. Kapitel Rn 235; Heinemann GmbH-Rdsch. 1985, 349.

391 BGHZ 78, 177, 182 = NJW 1981, 115.

392 MünchKomm/Zimmermann, § 2205 Rn 51; BGH NJW 1959, 1820.

393 BGH FamRZ 1989, 963.

394 J. Mayer ZEV 2002, 211.

395 Priester FS f. Stimpel, S. 463 ff.; a. A. Dörrie, ZEV 1996, 370, 374.

396 Weidlich in Mayer/Bonefeld/Wälzholz/Weidlich, Rn 431.

397 Frank ZEV 2002, 394 m. w. N.

398 Staudinger/Reimann § 2205 Rn 137; a. A. MünchKomm/Zimmermann § 2205 Rn 49, der für die Ausübung der Rechte des stillen Gesellschafters durch den Testamentsvollstrecker die Zustimmung des Geschäftsinhabers für erforderlich hält.

Gesellschaftsvertrag nichts anderes bestimmt ist. Für den Testamentsvollstrecker des verstorbenen Geschäftsinhabers gilt die gleiche Rechtslage wie für denjenigen, der ein einzelkaufmännisches Unternehmen zu verwalten hat (siehe oben lit. b) Rn 112ff.).[399]

13. Die Vergütung des Testamentsvollstreckers[400]

148 Der Testamentsvollstrecker kann gem. § 2221 für die Führung seines Amtes eine angemessene Vergütung verlangen, sofern der Erblasser nicht ein anderes bestimmt hat.

149 Hat der Erblasser die **Vergütung** des Testamentsvollstreckers **bestimmt,** so ist dies verbindlich, auch wenn sie nicht angemessen ist.[401] Die Bestimmung erfolgt regelmäßig durch den Erblasser durch letztwillige Verfügung;[402] sie kann auch erfolgen durch lebzeitige Vereinbarung eines Geschäftsbesorgungsvertrags (§ 675) zwischen dem Erblasser und dem vorgesehenen Testamentsvollstrecker.[403] Die Maßgeblichkeit des Erblasserwillens gilt auch dann, wenn eine Vergütung ganz ausgeschlossen ist. Dem vorgesehenen Testamentsvollstrecker bleibt nur die Möglichkeit, das Amt abzulehnen oder, falls bereits angenommen, zu kündigen (§ 2226), sofern nicht die Erben mit dem Testamentsvollstrecker eine einvernehmliche Vergütungsregelung treffen. Eine letztwillig festgesetzte **unangemessen hohe** Vergütung kann hinsichtlich des überschießenden Betrages nur ein durch die Amtsannahme bedingtes Vermächtnis sein, soweit sich Anhaltspunkte für eine unentgeltlichen Zuwendungswillen ergeben und die Zuwendung weder tatsächlich noch rechtlich mit der Testamentsvollstreckung zusammenhängt;[404] insoweit unterliegt die Vergütung ausnahmsweise dann der Erbschaftsteuer.[405] Ansonsten unterliegt die vom Erblasser bestimmte Testamentsvollstreckervergütung, auch soweit sie eine angemessene Höhe überschreitet, im Regelfall nicht der Erbschaftsteuer, sondern in vollem Umfang der Einkommensteuer.[406] Ferner unterliegen Lieferungen und sonstige Leistungen, die ein Unternehmer gegen Entgelt im Rahmen seines Unternehmens ausführt, gemäß § 1 UStG der Umsatzsteuer. Unternehmer ist gemäß § 2 Abs. 1UStG, wer eine gewerbliche oder berufliche Tätigkeit selbstständig ausübt. Gewerblich oder beruflich ist jede „nachhaltige Tätigkeit zur Erzielung von Einnahmen“, auch wenn die Absicht, Gewinn zu erzielen, fehlt (§ 2 Abs. 1 Satz 3 UStG). Wenn ein Rechtsanwalt oder Steuerberater Testamentsvollstreckungen übernimmt, erfolgt dies regelmäßig im Zusammenhang mit seiner Haupttätigkeit und löst damit – auch bei einmaligem Tätigwerden – im Regelfall Umsatzsteuer aus.[407]

150 Die Bestimmung kann nach richtiger Ansicht auch erfolgen durch Bezugnahme auf veröffentlichte Vergütungstabellen, so dass eine Wiedergabe durch den Erblasser in der letztwilligen Verfügung nicht erforderlich ist, da es sich nicht um die Einbeziehung des

---

[399] MünchKomm/Zimmermann, § 2205 Rn 49.

[400] Eingehend zur Vergütung des Testamentsvollstreckers u. a.: *Eckelskemper* in Bengel/Reimann, Handbuch der Testamentsvollstreckung, 10. Kapitel; *Haas/Lieb*, Die Angemessenheit der Testamentsvollstreckervergütung nach § 2221 BGB, ZErb 2002, 202; *Lieb*, Die Vergütung des Testamentsvollstreckers, 2004; *Reimann*, Die Festsetzung der Testamentsvollstreckervergütung, ZEV 1995, 57; *ders.* Die Testamentsvollstreckervergütung nach den Empfehlungen des Deutschen Notarvereins, DNotZ 2001, 344; *Reithmann*, Die Vergütung des Testamentsvollstreckers im notariellen Testament, ZEV 2001, 385; *Tiling*, Die Vergütung des Testamentsvollstreckers , ZEV 1998, 331; *Zimmermann*, Die angemessene Testamentsvollstreckervergütung, ZEV 2001, 334; *ders.* Zur Höhe der Testamentsvollstreckervergütung: BGH-Rechtsprechung und Neue Rheinische Tabelle, FS Damrau 2007, S. 37.

[401] BayObLGZ 1980, 152 = Rpfleger 1980, 152.

[402] Formulierungsvorschläge bei Nieder, Münchener Vertragshandbuch, Bürgerliches Recht VI, Bd. 2, XVI.4, XVI.26; Reimann/Bengel/J. Mayer, Testament und Erbvertrag, Formular Rn 41.

[403] J. Mayer in Mayer/Bonefeld/Wälzholz/Weidlich, Rn 470.

[404] BFH Urt. v. 2. 2. 2005, ZEV 2005, 357f. = DStR 2005, 825.

[405] MünchKomm/Zimmermann, § 2221 Rn 4.

[406] BFH ZEV 2005, 357 m. Anm. Billig S. 358 = DStR 2005, 825.

[407] Zum Testamentsvollstrecker und Steuerrecht: Siebert, ZEV 2010, 121, 125.

Vergütungstabellentextes in die letztwillige Verfügung handelt, sondern um die Erläuterung des in der Niederschrift enthaltenen Erblasserwillens durch außerhalb der Niederschrift liegende Umstände.[408]

Hat der Erblasser **keine Bestimmung getroffen,** steht dem Testamentsvollstrecker gemäß der gesetzlichen Generalklausel des § 2221 die **angemessene Vergütung** zu. Es gibt **keine** weitergehende **gesetzliche Vergütungsregelung,** auch keine verbindlichen Vergütungsrichtlinien. Auch wenn der Testamentsvollstrecker einem rechts-, steuer- oder wirtschaftsberatenden Beruf angehört, ist dessen allgemeine Gebührenordnung nicht maßgeblich.[409] Der Testamentsvollstrecker ist nicht berechtigt, seine Gebühren selbst verbindlich festzulegen.[410] Die Vergütung ist nach den Umständen des Einzelfalles hinsichtlich der „Führung seines Amtes" zu ermitteln.[411] Hierbei sind zu berücksichtigen der ihm nach letztwilliger Verfügung und Gesetz obliegende Pflichtenkreis, der Umfang der ihn treffenden Verantwortung und die von ihm geleistete Arbeit, wobei die Schwierigkeit der gelösten Aufgaben, die Dauer der Abwicklung oder der Verwaltung, die Verwertung besonderer Erkenntnisse und Erfahrungen und auch die Bewährung einer sich im Erfolg auswirkenden Geschicklichkeit.[412] Maßgebliche Faktoren sind dabei auch die Struktur des Nachlasses (u. a. Verbindlichkeiten, unternehmerisches Vermögen, Auslandsbezug, Anzahl der Erben), Umfang und Komplexität der zu erfüllenden letztwilligen Anordnungen, Haftungsrisiken, auch im Hinblick auf die steuerliche Mitverantwortlichkeit (§§ 31 Abs. 5 Satz 1, 32 Abs. 1 Satz 2 ErbStG). Bezüglich der dem Testamentsvollstrecker zugewiesenen Aufgaben ist im Einzelfall der Aufwand einzuschätzen für die Konstituierung[413] (insbesondere Inbesitznahme, Erstellung des Nachlassverzeichnisses) des Nachlasses (einfachster Fall: geordnetes, einfach zu ermittelndes schuldenfreies Vermögen im Inland ohne Gesellschaftsanteile), Erfüllung von Vermächtnissen und Auflagen, Auseinandersetzung (einfachster Fall: teilbares versteuertes Geldvermögen im Inland), Verwaltung bis zur Auseinandersetzung (Notwendigkeit sofortiger Sicherungsmaßnahmen für Unternehmen oder Immobilien? Regelung fällig werdender Verbindlichkeiten und Zinszahlungen; Veranlassung der Erbschaftsteuererklärung, wobei der Testamentsvollstrecker hierfür im Regelfall auf Kosten des Nachlasses einen Steuerberater beauftragen kann, falls er nicht selbst sachkundig ist) oder als Dauervollstreckung auch danach? Möglich ist neben einer reinen **Festbetragsvergütung,** welche häufig von Erblasser in der letztwilligen Verfügung bestimmt wird, eine **Wertvergütung,** welche insbesondere auch das Maß der Verantwortung und der Haftung des Testamentsvollstreckers wiedergibt,[414] eine **Zeitvergütung,**[415] die das Äquivalenzprinzip bezüglich des Zeitaufwandes sicherstellt, oder eine **Kombination** beider. Wird dem Testamentsvollstrecker keine länger dauernde Verwaltung des Nachlasses abverlangt, steht ihm nur eine einmalige Vergütung zu.[416] 151

Als Anhalt für den Normalfall wurde von der Praxis und der Rechtsprechung[417] die „Rheinische Tabelle" (Richtlinien des Rheinpreußischen Notarvereins von 1925)[418] he- 152

[408] Reithmann ZEV 2001, 385; a. A. Zimmermann ZEV 2001, 334.

[409] MünchKomm/Zimmermann, § 2221 Rn 9.

[410] OLG Köln ZEV 2008, 335 f.

[411] BayObLGZ 1980, 152 = Rpfleger 1980, 152, 153; Tiling, ZEV 1998, 331; Eckelskemper in Bengel/Reimann, TV, § 10 Rn 11 ff.

[412] BGH NJW 1963, 487; BGH NJW 1967, 2400.

[413] Palandt/Edenhofer § 2221 Rn 7.

[414] J. Mayer in Mayer/Bonefeld/Wälzholz/Weidlich, Rn 476.

[415] Zimmermann ZEV 2001,338; MünchKomm/Zimmermann § 2221 Rn 17; krit. BGH ZEV 2005, 24 mit Anm. Haas/Lieb S. 25 f.

[416] OLG Köln ZEV 1995, 70.

[417] BGH ZEV 2005, 23; BGH NJW 1967, 2400, 2402 = Rpfleger 1968, 85 m. Anm. Haegele; OLG Köln NJW-RR 1987, 1097, 1098 = Rpfleger 1987, 458.

[418] Siehe Plassmann JW 1935, 1830, 1831; wiedergegeben bei J. Mayer in Mayer/Bonefeld/Wälzholz/Weidlich, Rn 483.

rangezogen, d. h. in vier Stufen degressiv, ausgehend vom Bruttonachlasswert von 4% bis zu 1% als Konstituierungsgebühr.[419] Bei besonders umfangreichen, zeitraubenden oder längerdauernden Tätigkeiten kann daneben eine Verwaltungsgebühr von 1/3 bis 1/2% jährlich in Frage kommen.[420] Neben verschiedenen privaten Tabellen[421] stellte der Deutsche Notarverein die **„Neue Rheinische Tabelle“** vor:[422] Diese geht aus von einem Vergütungsgrundbetrag von 4% des Bruttonachlasswertes bis 250 000 Euro, degressiv bis 1,5% des Bruttonachlasswertes ab 5 Millionen Euro. Hinzu kommen fünf mögliche Zuschläge[423] für über dem Normalfall liegende Erschwerungen der Tätigkeit, die aber insgesamt höchstens das Zweifache der Grundvergütung ausmachen sollen. Die Neue Rheinische Tabelle ist nach obergerichtlicher Rechtsprechung grundsätzlich geeignet, die angemessene Vergütung in typisierter und kalkulierbarer Weise zu ermitteln, wobei jedoch die Besonderheiten des Einzelfalles zu berücksichtigen sind. Auszugehen ist dabei von Bruttonachlasswert, wenn die Begleichung der Verbindlichkeiten zum Aufgabenkreis des Testamentsvollstreckers gehören. Hingegen wird die in der Literatur vertretene Auffassung abgelehnt, dass die Vorausempfänge der Erben hinzuzählen sind, wenn diese vom Testamentsvollstrecker in der Nachlassauseinandersetzung zu berücksichtigen sind.[424]

Bei Wertgebühren ist grundsätzlich vom Wert des Bruttonachlasses im Zeitpunkt des Erbfalls auszugehen. Da sich ein Erbteilsvollstrecker auch gegenüber den Miterben haftbar machen kann, rechtfertigt dies, bei einer Dauervollstreckung über einen Erbteil die Gebühr aus dem gesamten Nachlass zu berechnen.[425] Nachlassverbindlichkeiten erschweren die Aufgabe des Testamentsvollstreckers und sind nicht in Abzug zu bringen. Umfasst die Aufgabenstellung des Testamentsvollstreckers nur einen Teil des Nachlasses oder die Erfüllung eines Vermächtnisses, ist nur dieser Teilwert Bemessungsgrundlage.

153 Das Nachlassgericht ist nicht befugt, eine angemessene Vergütung festzusetzen, und zwar auch dann nicht, wenn es dazu vom Erblasser ersucht ist. Wohl kann der Erblasser jedoch dazu eine dritte Person ersuchen (§ 317).[426] Der Erblasser kann auch den Testamentsvollstrecker selbst ermächtigen, seine Vergütung festzusetzen.[427] Kommt es zum Streit über die Höhe der Vergütung, entscheidet das Prozessgericht und nicht das Nachlassgericht.[428]

154 Die Vergütung wird in der Regel mit Beendigung des Amtes und nach der Rechnungslegung in einem Betrag fällig.[429] Bei einer umfassenderen und länger dauernden Vollstreckung sollte der Erblasser eine oder mehrere Vorabzahlungen anordnen; ist dies nicht erfolgt, ist dem Vollstrecker bei derartiger Sachlage zuzubilligen, nach Erledigung we-

---

[419] Abgedruckt bei OLG Köln ZEV 1994, 118, 119; in jener Entscheidung wurde das Ergebnis nach Rheinischer Tabelle um 50% aufgestockt; gegen schematische Anwendung OLG Köln ZEV 1995, 70. Siehe hierzu auch Glaser MDR 1983, 93; Eckelskemper MittRhNotK 1981, 147.

[420] BGHZ 46, 268.

[421] Übersicht bei J. Mayer in Mayer/Bonefeld/Wälzholz/Weidlich, Rn 488 ff.; MünchKomm/Zimmermann § 2221 Rn 8 ff.; Eckelskemper in Bengel/Reimann, Handbuch der Testamentsvollstreckung, 10. Kapitel, 34 ff. und Reimann, DNotZ 2001, 346 f., je m. w. N.

[422] Abrufbar auf der Homepage des Deutschen Notarvereins unter www.dnotv.de; ZEV 2000, 181; hierzu Reimann DNotZ 2001, 344; Zimmermann, Zur Höhe der Testamentsvollstreckervergütung: BGH-Rechtsprechung und Neue Rheinische Tabelle, FS Damrau 2007, S. 37.

[423] Überblick bei J. Mayer in Mayer/Bonefeld/Wälzholz/Weidlich, Rn 486 und MünchKomm/Zimmermann § 2221 Rn 10. Zu Anforderungen an weitergehende Zuschläge: OLG Köln ZEV 2008, 335 ff.

[424] OLG Schleswig MittBayNot 2010, 139 ff. mit Anm. Reimann S. 143 f.; Odersky, notar 2010, 282, 286.

[425] BGH ZEV 2005, 22.

[426] BGH WPM 1972, 101.

[427] BGH NJW 1957, 947.

[428] BGH WPM 1972, 101; Johannsen WPM 1973, 536.

[429] BGH LM § 2221 Nr. 1.

sentlicher Tätigkeitsbereiche, z. B. der Konstituierung des Nachlasses einschließlich Erstellung des Nachlassverzeichnisses und der Erbschaftsteuererklärung eine angemessene Teilabrechnung vorzunehmen. Der Testamentsvollstrecker kann sie selbst aus dem Nachlass entnehmen.[430] Die Entnahme einer unangemessen hohen Vergütung kann eine zur Entlassung führende Pflichtverletzung des Testamentsvollstreckers sein.[431] Für die Vergütung haftet der Erbe als Nachlassverbindlichkeit.[432] Der Vergütungsanspruch des Testamentsvollstreckers kann verwirkt sein, wenn er besonders schwer gegen seine Amtspflichten verstoßen hat, z. B. eigene Interessen oder die dritter Personen verfolgt hat.[433] Mehrere Testamentsvollstrecker müssen sich nicht eine Regelvergütung teilen, sondern haben unabhängig voneinander einen Vergütungsanspruch, der nach Maßgabe ihres jeweiligen Tätigwerdens zu bemessen ist.[434]

Ein Testamentsvollstrecker, der über einen längeren Zeitraum eine Vielzahl von Handlungen vornimmt, wird regelmäßig nachhaltig und damit unternehmerisch tätig und unterliegt der **Umsatzsteuer**; dies gilt auch bei einer Auseinandersetzungsvollstreckung sowie auch dann, wenn die Tätigkeit als Testamentsvollstrecker aus privatem Anlass aufgenommen wurde.[435] Hingegen wird der Amtsinhaber bei nur einmaliger Tätigkeit im Regelfall nicht zum umsatzsteuerlichen Unternehmer.[436] Der Erblasser sollte klarstellen, ob eine etwa anfallende **Mehrwertsteuer** vom Testamentsvollstrecker zusätzlich erhoben werden kann. Nach früherer vorwiegender Ansicht konnte diese der Testamentsvollstrecker nicht zusätzlich verlangen, die die Vergütung als Bruttovergütung ansah.[437] Richtigerweise wird aber in dem Fall, dass der Erblasser eine Person zum Testamentsvollstrecker ernennt, von der er weiß oder wissen musste, dass dessen Vergütung der Mehrwertsteuer unterliegt, davon auszugehen sein, dass der Wille dahingehend bestand, dass eine anfallende Mehrwertsteuer gesondert erhoben werden kann.[438] So entschieden nun auch Obergerichte, dass die bei berufsmäßiger Testamentsvollstreckung geschuldete Umsatzsteuer zusätzlich geschuldet ist.[439] 155

Aufwendungsersatz kann der Testamentsvollstrecker gem. §§ 2218, 670 unabhängig von der Vergütung verlangen. Dazu zählen auch eigene berufliche Dienstleistungen, die regelmäßig nur gegen Entgelt geleistet werden, wie z. B. Tätigkeiten als Rechtsanwalt, Notar, Steuer- oder Wirtschaftsberater usw.[440] Die Vergütung ist vom Testamentsvollstrecker gem. § 18 Abs. 1 Nr. 3 EStG als Einkunft aus selbständiger Arbeit zu versteuern. Die Kosten einer Dauer- bzw. Verwaltungsvollstreckung sind als Betriebsausgaben oder Werbungskosten abzugsfähig, nicht dagegen die einer Abwicklungs- oder Auseinandersetzungsvollstreckung.[441] Hingegen sind nur die „Kosten, die dem Erwerber unmittelbar in Zusammenhang mit der Abwicklung, Regelung oder Verteilung des Nachlasses oder mit der Erlangung des Erwerbs entstehen" als Nachlassverbindlichkeiten erbschaftsteu- 156

[430] BGH NJW 1963, 1615; BGH WPM 1972, 101; OLG Köln NJW-RR 1987, 1097 = Rpfleger 1987, 458.
[431] BayObLG Rpfleger 1980, 152.
[432] BayObLG Rpfleger 1980, 152.
[433] BGH WPM 1979, 1116 = DNotZ 1980, 164; Johannsen WPM 1982, Beil. 2, S. 11; BGH BB 1976, 814; BGH DNotZ 1979, 164.
[434] BGH NJW 1967, 2400, 2401 = Rpfleger 1968, 85 m. Anm. Haegele = LM § 2221 Nr. 4.
[435] BFH ZEV 2007, 45; hierzu Demme ErbStB 2007, 50.
[436] Kirnberger, ZEV 1998, 345.
[437] OLG Köln ZEV 1994, LS. 5
[438] Vgl. Klingelhöffer ZEV 1994, 121; Kirnberger ZEV 1998, 342, 345; Haas/Lieb ZErb 2002, 202, 210.
[439] OLG Schleswig MittBayNot 2010, 139, 142 m. w. N. mit Anm. Reimann S. 143, 144: „Nunmehr wohl herrschende Meinung"; OLG Köln ZErb 2010, 122; Odersky, notar 2010, 282, 286.
[440] RGZ 149, 121, 124; KG NJW 1965, 1540; unberührt bleiben berufsrechtliche Mitwirkungsverbote.
[441] BFH BStBl. II 1978, 499; BFH BStBl. II 1980, 351; Friedrich Betr. 1978, 1901.

erlich abzugsfähig (§ 10 Abs. 5 Nr. 3 Satz 1 ErbStG); abzugsfähig sind somit die Kosten der Testamentsvollstreckung für die Konstituierung des Nachlasses und seiner Auseinandersetzung, nicht hingegen die Kosten einer Dauerverwaltung.

14. Der vermeintliche Testamentsvollstrecker

157 Eine Person kann aus verschiedenen Gründen **irrtümlich annehmen, Testamentsvollstrecker zu sein:** Die seine Ernennung enthaltene Verfügung kann unwirksam sein,[442] sei es **von Anfang an** (z.B. mangelnde Testierfreiheit auf Grund erbvertraglicher Bindungswirkung, § 2289 Abs. 1 Satz 2,[443] oder Formunwirksamkeit, irrtümliche Auslegung der Rechtsnatur der Anordnung) oder **auf Grund späterer Ereignisse** (z.B. später aufgefundener Widerruf, Anfechtung, Eintritt eines Ereignisses gemäß § 2210 Satz 2). Ferner kann das einmal wirksam entstandene Amt eines Testamentsvollstreckers **später erloschen** sein (z.B. Ablauf einer Frist, Eintritt einer angeordneten auflösenden Bedingung, Erledigung der angeordneten Aufgaben) und der vermeintliche Testamentsvollstrecker hatte hiervon nicht Kenntnis erlangt und musste das Erlöschen nicht kennen.

158 Für das **Innenverhältnis** zwischen vermeintlichem Testamentsvollstrecker und Erben ist nur der letztere Fall ist geregelt in §§ 2218, 674, wonach der vermeintliche Testamentsvollstrecker, der zunächst wirksam ernannt sowie ohne Verschulden über den Fortbestand im Irrtum war, Ansprüche gemäß § 2221 gegen die Erben geltend machen kann.[444] War die Ernennung von Anfang an unwirksam und wird die Wirksamkeit seiner Ernennung von den Erben von Anfang an bestritten, kann der Testamentsvollstrecker auch bei Gutgläubigkeit weder Vergütung noch Aufwendungsersatz geltend machen, sondern trägt insoweit allein das Risiko der Gerichtsentscheidung.[445] Für ihn kann u.U. lediglich ein Bereicherungsanspruch gegen den evtl. bereicherten Nachlass bestehen, der jedoch wegen der aufgedrängten Bereicherung lediglich beschränkt sein dürfte. Widersprechen die Erben nicht, kann dem vermeintlichen Testamentsvollstrecker ein Anspruch auf Vergütung und Aufwendungsersatz zustehen auf Grund Geschäftsbesorgungsvertrag gemäß §§ 675, 612, 683.[446] Bei dieser Rechtslage kann dem ernannten Testamentsvollstrecker in zweifelhaften Fällen nur geraten werden, das Amt nur mit Einverständnis der Erben anzunehmen und mit ihnen eine Vereinbarung über den Abschluss des Geschäftsbesorgungsvertrags einschließlich seiner Vergütung zu treffen.[447] Andere sind aus dem Gesichtspunkt des Vertrauensschutzes heraus für eine analoge Anwendung der §§ 2218, 2221 auf den gutgläubigen vermeintlichen Testamentsvollstrecker auch bei widersprechenden Erben.[448]

159 Für das **Außenverhältnis** gelten die allgemeinen Bestimmungen. Weist sich der vermeintliche Testamentsvollstrecker gegenüber Dritten im Rechtsverkehr durch ein Testamentsvollstreckerzeugnis aus, gilt für ihn die Vermutung der Richtigkeit (§§ 2368 Abs. 3, 2365). Diese Vermutung gilt jedoch nicht, wenn der Nachweis der Befugnis des Testamentsvollstreckers zur Verfügung über einen Nachlassgegenstand durch Vorlage einer öffentlichen Urkunde nebst Eröffnungsniederschrift (§ 35 Abs. 2 Halbs. 2, Abs. 1 Satz 2 GBO) geführt wurde; in diesem Falle können die Grundsätze zur Duldungs- und Anscheinsvollmacht eingreifen.[449]

---

[442] Übersicht zu Unwirksamkeitsgründen bei *Reimann* in Bengel/Reimann, TV, § 2 Rn 1 ff.

[443] Zur Beeinträchtigung des Vertragserben durch nachträgliche Anordnung einer Testamentsvollstreckung: Siehe oben § 11 Abschn. I. 1.b), Rn 4.

[444] Tiling ZEV 1998, 339.

[445] BGHZ 69, 235, 240 = NJW 1977, 1726 = DNotZ 1978, 490; Johannsen WPM 1979, 607.

[446] Bengel in Bengel/Reimann, Handbuch der Testamentsvollstreckung, § 1 Rn 242.

[447] Bund JuS 1966, 60, 65.

[448] Schelter DNotZ 1978, 493, 494; RG JW 1937, 3187 = DNotZ 1937, 902 für einen vermeintlichen Gesamtgutsverwalter.

[449] *Bengel* in Bengel/Reimann, Handbuch der Testamentsvollstreckung, 1. Kapitel Rn 242.

15. Rechte und Pflichten des Testamentsvollstreckers im erbschaftsteuerlichen Verfahren[450]

Bei einer Testamentsvollstreckung fällt der erbschaftsteuerliche Erwerber (insbesondere Erbe, Vermächtnisnehmer, § 3 Abs. 1 Nr. 1 ErbStG) und der zivilrechtlich Verwaltungs- und Verfügungsberechtigte (§§ 2205, 2211) auseinander. Steuerschuldner ist grundsätzlich nur der steuerliche Erwerber, aber das Gesetz ordnet für den Testamentsvollstrecker im Hinblick auf dessen Verfügungsmacht Pflichten und auch Haftungstatbestände an. Das Nachlassgericht hat dem Finanzamt gemäß § 7 Abs. 1 Nr. 3 ErbStDV eine beglaubigte Abschrift des Testamentsvollstreckerzeugnisses zu übersenden. 160

Eine Anzeigepflicht besteht gemäß § 30 Abs. 3 ErbStG für Testamentsvollstrecker nicht, da deren Berufung stets auf einer zu eröffnenden letztwilligen Verfügung beruht. Gem. § 31 Abs. 5 ErbStG, § 150 AO ist der Testamentsvollstrecker jedoch verpflichtet, für den Erbfall eine **Erbschaftsteuererklärung** abzugeben, falls das Finanzamt das Verlangen gemäß § 31 Abs. 1 ErbStG stellt.[451] Die gesetzte Frist kann bei schwieriger Konstituierung des Nachlasses gemäß § 109 AO verlängert werden. Regelmäßig erfolgt ein Erbschaftsteuerbescheid; die Selbstberechnung der Steuer gemäß § 31 Abs. 7 Satz 2 ErbStG und Zahlungspflicht innerhalb eines Monats nach Abgabe der Steuererklärung wird praktisch nicht durchgeführt. Daneben hat der Testamentsvollstrecker gem. § 32 Abs. 1 Satz 2 ErbStG „für die Bezahlung der Erbschaftsteuer zu sorgen"; dies kann für den Testamentsvollstrecker erhebliche Interessenkonflikte begründen, beispielweise bei – zivilrechtlich sofort fälligen – Geldvermächtnissen für im Ausland lebende Bedachte. Auf Verlangen des Finanzamts ist aus dem Nachlass Sicherheit zu leisten (§ 32 Abs. 1 Satz 3 ErbStG). Aus diesem Grunde ist der Testamentsvollstrecker berechtigt, derartige Zahlungen erst zu leisten nach Vorliegen einer steuerlichen Unbedenklichkeitsbescheinigung des Finanzamtes. Verletzt der Testamentsvollstrecker diese ihm gesetzlich obliegenden Verpflichtungen vorsätzlich oder grob fahrlässig, haftet er gem. § 69 AO persönlich.[452] 161

Die zusammengefassten Erbschaftsteuerbescheide für die einzelnen Erben sind gem. § 32 Abs. 1 Satz 1 ErbStG abweichend vom Grundsatz des § 122 Abs. 1 Satz 1 AO dem Testamentsvollstrecker bekannt zu geben. Damit wird er jedoch nicht zum Beteiligten im Erbschaftsteuerverfahren und kann daher den Steuerbescheid auch nicht selbst anfechten. Dies kann er nur, wenn er auf Grund einer persönlichen Haftung nach § 69 AO in Anspruch genommen wird. Mit Bekanntgabe wird die Steuer fällig (§ 220 AO) und lässt die Einspruchsfrist anlaufen (§ 355 AO). 162

16. Beendigung der Testamentsvollstreckung

Die Beendigung der Testamentsvollstreckung ist von erheblicher Bedeutung, jedoch nur unvollständig kodifiziert. Zu unterscheiden ist die Ablösung der Person des Testamentsvollstreckers (das Erlöschen des Amtes eines konkreten Testamentsvollstreckers) einerseits,[453] wodurch insbesondere dessen Verfügungsbefugnis (§ 2205 Satz 2) endet, und der Beendigung der Testamentsvollstreckung als solcher andererseits, wodurch insbesondere die Verfügungsbeschränkung der Erben (§ 2211) wegfällt. Besteht hierüber Streit, ist hierfür nicht das Nachlassgericht, sondern das Prozessgericht zuständig. 163

---

[450] Zur Testamentsvollstreckung im Steuerrecht, insbesondere Pflichten aus sonstigen Steuergesetzen wie Einkommensteuer und Umsatzsteuer: Piltz in Bengel/Reimann, TV, § 8 Rn 10 ff., 101 ff.

[451] Hinweise zur Abgabe der ErbSt-Erklärung bei Bonefeld in M/B/W/W, § 39.2, Rn 891 ff.

[452] Zur steuerlichen Haftung des Testamentsvollstreckers: Piltz ZEV 2001, 262; ders. in Bengel/Reimann, Handbuch der Testamentsvollstreckung, 8. Kapitel Rn 92.

[453] Übersicht bei Werner, ZEV 2010, 126 ff.: „Wie man einen Testamentsvollstrecker los wird".

164 Das **Amt des Testamentsvollstreckers erlischt** gemäß § 2225 mit dessen **Tod** oder wenn ein Fall der **Amtsunfähigkeit** gem. § 2201[454] eintritt. Ferner endet das Amt des Testamentsvollstreckers mit der **Kündigung** durch den Testamentsvollstrecker (§ 2226) sowie mit seiner **Entlassung**[455] durch das Nachlassgericht aus wichtigem Grund[456] auf Antrag eines Beteiligten[457] (§ 2227); als wichtiger Grund führt das Gesetz in § 2227 Halbs. 2 namentlich auf die grobe Pflichtverletzung oder Unfähigkeit zur ordnungsgemäßen Geschäftsführung.[458] Umstritten ist, ob auch der Pflichtteilsberechtigte Beteiligter ist.[459] Der Erblasser kann das Recht des Erben, bei Unfähigkeit oder Nachlässigkeit des Testamentsvollstreckers dessen Entlassung zu beantragen, weder ausschließen noch beschränken; daher kann die Entlassung gemäß § 2227 nach überwiegender Ansicht nicht einem Schiedsgericht übertragen werden.[460] Enthält eine Verfügung von Todes wegen eine umfassende Schiedsklausel, so empfiehlt sich entweder die Herausnahme des Entlassungsverfahrens oder jedenfalls eine Teilwirksamkeitsklausel.[461]

Die Kündigung des Amtes ist jederzeit möglich (§ 2226 Satz 1) und wird mit Eingang beim Nachlassgericht wirksam, soweit in der Kündigung kein späterer Zeitpunkt bestimmt ist; jedoch kann eine zur Unzeit erfolgte Kündigung schadensersatzpflichtig machen (§ 671 Abs. 2, 3). Mit Beendigung des Amts als Testamentsvollstrecker wird ein erteiltes Testamentsvollstreckerzeugnis auf Grund Gesetzes kraftlos (§ 2368 Abs. 3 Halbs. 2); eine Einziehung oder Kraftloserklärung wie beim Erbschein sieht das Gesetz nicht vor.

165 Damit ist jedoch jeweils nicht automatisch eine Beendigung der Testamentsvollstreckung als solche verbunden.[462] Diese besteht dann fort, wenn entweder ein **weiterer Testamentsvollstrecker** vorhanden ist (§ 2225 Abs. 1 Satz 2) oder der Erblasser Vorsorge getroffen hat durch die **Ersatzbestimmungen** der §§ 2197 Abs. 2 (Ernennung eines Ersatztestamentsvollstreckers für den Fall, dass der Ersternannte wegfällt), 2199 Abs. 2 (Ermächtigung des Testamentsvollstreckers, einen Nachfolger zu ernennen) oder §§ 2200 (Ersuch an das Nachlassgericht, einen Nachfolger zu ernennen).

166 Die **Testamentsvollstreckung als solche endet** mit einem vom Erblasser etwa bestimmten Endtermin oder Eintritt einer auflösenden Bedingung. Ansonsten endet sie ohne ausdrückliche Aufhebung automatisch mit der Erledigung aller dem Testamentsvollstrecker

---

[454] Von den in § 2201 aufgeführten Fällen der Einschränkung der Geschäftsfähigkeit ist zu trennen die – bei bestehender Geschäftsfähigkeit –. Unfähigkeit zur Amtsführung; Letzteres stellt einen wichtigen Grund dar zur Entlassung nach § 2227 Halbs. 2 Alt. 2.

[455] Zum Wegfall der Befugnis zur Nachfolgerernennung bei Entlassung des Testamentsvollstreckers: OLG München ZEV 2009, 532 ff. = DNotZ 2010, 71 f. Zum Rechtsweg beim Streit über die Beendigung der Testamentsvollstreckung: OLG Hamm ZEV 2008, 337 ff. = FamRZ 2008, 1569.

[456] Zu Grundsätzen der Entlassung eines Testamentsvollstreckers aus wichtigem Grund, insb. Unfähigkeit zur Amtsführung: OLG Hamm, ZEV 2008, 337, 338 f. und BayObLG FamRZ 2002, 272, 273.

[457] Ein vollstreckungsfreier Miterbe kann dann zur Antragstellung nach § 2227 Abs. 1 mit dem Ziel der Entlassung des Testamentsvollstreckers befugt sein, der sein Amt nur für einen Miterben ausübt, wenn der Testamentsvollstrecker durch konkrete Pflichtwidrigkeiten bei der Verwaltung oder Auseinandersetzung des Nachlasses (auch) die Rechte des vollstreckungsfreien Miterben gefährdet: OLG Hamm ZEV 2009, 565; a. A. Litzenburger FD-ErbR 2009, 287992.

[458] Zur Entlassung sowie Darstellung der Rspr. zum „wichtigen Grund“: *Reimann* in Bengel/Reimann, TV, § 7 Rn 15 ff. Bezüglich eines sonstigen wichtigen Grundes erfordert die Rechtsprechung ein „nachlassbezogenes Interesse des Erben.

[459] Dagegen Muscheler, AcP 197, 1997, 226, 240 ff.; ders. ZErb 2009, 54 ff.

[460] OLG Karlsruhe v. 28. 7. 2009, MittBayNot 2010, 214 ff. mit Darstellung des Meinungstandes und Anm. Reimann S. 216.

[461] Odersky, notar 2010, 282, 286. Eingehend zur Entlassung des Testamentsvollstreckers und letztwillige Schiedsklausel: Muscheler ZEV 2009, 317 ff.

[462] OLG München MittBayNot 2006, 427 f.; hierzu und zur Löschung des Testamentsvollstreckervermerks ohne Berichtigung des Erbscheins: Weidlich MittBayNot 2006, 390.

zugewiesenen Aufgaben,[463] ferner auch dann, wenn der Nachlass erschöpft ist.[464] Ferner endet die Testamentsvollstreckung ohne weiteres mit Eintritt eines vom Erblasser gemäß § 2210 Satz 2 bestimmten Ereignisses.

Die Verwaltungsvollstreckungsanordnung wird jedoch unwirksam mit Ablauf der **30-Jahres-Frist** des § 2210 Satz 1, sofern kein Fall des **§ 2210 Satz 2** vorliegt.[465] Hiernach kann der Erblasser eine **Fortdauer der Verwaltung** über die Regelfrist von 30 Jahren **anordnen** gemäß 166a

Alt. 1. **bis zum Tode des Erben.** Anwendungsbereich z. B. bei behindertem Kind als Erben. Anwendbar ist dies auch für den Fortbestand der Testamentsvollstreckung für die Dauer der Nacherbfolge, so dass diese dann gelten könnte bis zum Tode des Nacherben;

– Alt. 2. **bis zum Tode des Testamentsvollstreckers.** Dies dürfte häufig nicht zweckmäßig sein im Hinblick auf die heute zu erwartende Lebenserwartung und mögliche Einschränkung der Handlungsfähigkeit in der letzten Lebensphase.[466] Zur längstmöglichen Dauer siehe unten.

– Alt. 3.1. **bis zum Eintritt eines anderen Ereignisses** – als des Todes, z. B. Eheschließung, Abschluss Berufausbildung, Geburt von Kindern – **in der Person des Erben** („des einen").

– Alt. 3.2. **bis zum Eintritt eines anderen Ereignisses** – als des Todes, z. B. Beendigung der Berufsausübung als Rechtsanwalt – **in der Person des Testamentsvollstreckers** („des anderen").

Ist hingegen eine juristische Person Erbe oder Testamentsvollstrecker, besteht keine Verlängerungsmöglichkeit (§§ 2010 S. 3, 2163 Abs. 2), da ansonsten eine immerwährende Verwaltungsvollstreckung eintreten könnte.[467]

Der Erblasser kann die auf den Erben oder den Testamentsvollstrecker bezogenen **Beendigungstatbestände** miteinander **kombinieren.** So kann der Erblasser letztwillig verfügen, dass die Testamentsvollstreckung endet, wenn – alternativ – entweder der Tod des Erben oder der Tod des Testamentsvollstreckers eingetreten ist, so dass ein Ende der Testamentsvollstreckdung erst anzunehmen ist, wenn beide Bedingungen erfüllt sind.[468]

Streit bestand, inwieweit der Erblasser durch die Perpetuierungsmöglichkeit (Nachfolgerernennung) des § 2199 Abs. 2 die **Testamentsvollstreckung** – über die 30-Jahres-Grenze des § 2210 Satz 1 hinaus – **verlängern** kann.[469] Nach dem Wortlaut des § 2210 Satz 2 Alt. 2 könnte der Erblasser die Testamentsvollstreckung gleichsam verewigen, in dem der jeweils amtierende Testamentsvollstrecker (oder das Nachlassgericht) einen Testamentsvollstrecker-Nachfolger ernennt. Das würde jedoch dem Zweck und der Entstehungsgeschichte des § 2210 nicht gerecht, woraus sich nach Ansicht des BGH eindeutig ergebe, die Wirksamkeit der Anordnung einer Dauertestamentsvollstreckung zeitlich zu begrenzen.[470] Durch die Regelung des § 2210 soll verhindert werden, dass dem Erben 166b

---

[463] BayObLG ZEV 1995, 370 mit Anm. K. Winkler S. 371.

[464] KG OLGE 37, 259.

[465] Eingehend *Reimann* in Bengel/Reimann, Handbuch der Testamentsvollstreckung, 7. Kapitel Rn 46 ff.

[466] Zu Recht hierzu kritisch: Zimmermann, ZEV 2006, 508 (Anm. zur Hohenzollernentscheidung des LG Berlin vom 15. 2. 2006).

[467] Hierzu auch Bonefeld, FS Damrau, 2008, 213.

[468] BGH v. 5. 12. 2008 (Hohenzollern-Entscheidung), ZEV 2008, 138, 139.

[469] Darstellung der unterschiedlichen Meinungen bei BGH, ZEV 2008, 138, 139 f. und Reimann in Bengel/Reimann, Handbuch der Testamentsvollstreckung, 7. Kapitel, Rn 57, insbesondere der früheren h. M., wonach in Anlehnung an § 2109 Abs. 1 Satz 2 Nr. 1 (Nacherbschaft) und § 2163 Abs. 1 Nr. 1 (Vermächtnis) darauf abzustellen sei, ob der (Ersatz-)Testamentsvollstrecker zur Zeit des Erbfalls bereits gelebt habe („Generationentheorie").

[470] BGH ZEV 2008, 138, 139. Siehe auch Reimann, a. a. O., Rn 57: § 2210 Satz 2 Alt. 2 sei eigentlich ein „Fremdkörper im Kontext der rules against perpetuities im BGB" und eine „Endlosschleife" zu vermeiden (auch ZEV 2008, 142).

die Herrschaft über den Nachlass für immer entzogen wird.[471] Gemäß der „Hohenzollern/Kronprinzen"- Entscheidung des BGH vom 5. 12. 2007[472] verliert die Anordnung der Dauertestamentsvollstreckung ihre Wirksamkeit mit dem **Tode des letzten Testamentsvollstreckers, der innerhalb von 30 Jahren seit dem Erbfall zum Testamentsvollstrecker ernannt wurde.** Die Bestellung eines Ersatztestamentsvollstreckers ist insoweit auf diesen Zeitpunkt befristet. Der BGH schloss sich damit der vom Reichsgerichtsrätekommentar vertretenen Amtstheorie an. Irrelevant ist, ob die Ernennung des Testamentsvollstreckers durch den Erblasser selbst oder nach §§ 2198–2200 vorgenommen wurde.[473] Ungeklärt ist noch, ob es bei mehreren Testamentsvollstreckern ausreichend ist, dass nur ein Mitvollstrecker innerhalb der 30-Jahres-Frsit berufen wird.[474] Will ein Erblasser somit die längstmögliche Vollstreckungsdauer erreichen, hat er letztwillig anzuordnen, im 30. Jahr nach dem Erbfall einen weiteren – jungen und gesunden – Testamentsvollstrecker, z. B. den jüngsten Partner einer Notar-, Anwalts- oder Steuerberatersozietät, nach Maßgabe der §§ 2198 ff. als Nachfolger zu ernennen; jedoch ist – wie bei allen so lange nach dem Tod fortwirkenden Verfügungen – vom Erblasser eingehend und höchstkritisch zu prüfen, ob eine solche Verfügung zweckmäßig ist, auch ob es sich bei den Erben, die so lange von Verwaltung und Verfügung ausgeschlossen sein sollen, um die geeigneten Gesamtrechtsnachfolger handelt.

166c Vorgenannte 30-Jahres-Frist betrifft jedoch nur die Verwaltungsvollstreckung (§ 2209); soweit noch letztwillige Anordnungen i. S. des § 2203 noch nicht ausgeführt sind, besteht insoweit die Testamentsvollstreckung fort. Bedeutung hat dies insbesondere für erbrechtliche Auflagen, für die mangels Verweisung in § 2192 nicht die 30-Jahres-Frist für das Vermächtnis gemäß §§ 2162 f. gilt. Eine Nacherbenvollstreckung endet mit dem Eintritt einer angeordneten Nacherbfolge (§ 2222). Eine gegenständlich beschränkte Beendigung erfolgt durch Veräußerung von Nachlassgegenständen an Dritte sowie Überlassung von Nachlassgegenständen an Erben gemäß § 2217 durch den Testamentsvollstrecker im Zeitpunkt von deren Eigentumsübergang.

167 Zur bei Beendigung noch erforderlichen Löschung des **Testamentsvollstreckervermerk** (§ 52 GBO) an Nachlassgrundstücken siehe oben Abschnitt § 15 II.11. Rn 106.

168 Zu Risiken von Vertragspartnern aus Vertragsverhältnissen, die bei Beendigung der Testamentsvollstreckung noch nicht abgewickelt sind, siehe oben Abschnitt § 15 II. Abs. 11 Rn 110.

---

[471] Weidlich, MittBayNot 2008, 263.

[472] ZEV 2008, 138 mit Anm. Reimann S. 142 = DNotZ 2008, 539 = FamRZ 2008, 406 = MittBayNot 2008, 301 = ZNotP 2008, 120. Aufgrund einer hiergegen eingelegten Verfassungsbeschwerde eines Enkels des Kronprinzen Wilhelm von Preussen wurde das Urteil bestätigt durch das BVerfG ZEV 2009, 390; der begünstigte Erbe könne den grundrechtlichen Schutz nur in dem jeweils vom Erblasser gewährten Umfang erreichen. § 2210 enthalte eine nach Art. 14 Abs. 1 Satz 2 Grundgesetz zulässige Beschränkung der Testierfreiheit des Erblassers. Vorentscheidungen zur längstmöglichen Dauer der Testamentsvollstreckung des Hauses Preussen über den Nachlass des am 20. 7. 1951 verstorbenen Kronprinzen Wilhelm Prinz von Preussen (Erblasser; ältester Sohn des im Jahre 1941 verstorbenen ehemaligen Deutschen Kaisers Wilhelm II.); Beklagter war der älteste Sohn des am 25. September 1994 verstorbenen Louis Ferdinand Prinz von Preussen, der wiederum zweitältester Sohn des Erblassers war: KG ZEV 2007, 335 und – mit ergänzendem Sachverhalt – LG Berlin ZEV 2006, 506 mit Anm. W. Zimmermann S. 508. Zur Problematik und Entscheidung des BGH auch Weidlich, Die zulässige Höchstdauer einer Testamentsvollstreckung, MittBayNot 2008, 263; Zimmer, Die Fortdauer der Testamentsvollstreckung über den Zeitraum von 30 Jahren hinaus, NJW 2008, 1125.

[473] Reimann in Bengel/Reimann, Handbuch der Testamentsvollstreckung, 7. Kapitel, Rn 57 a. E.

[474] Weidlich, MittBayNot 2008, 263, 267.

17. Checkliste für die Testamentsvollstreckung

a) Gesamtkonzept der Regelungsziele: Abstimmung der primären Verfügungen des Erblassers mit der Testamentsvollstreckung 169
b) Anordnung der Testamentsvollstreckung (unabhängig von der Person)
c) Ernennung des oder der Testamentsvollstrecker entweder
   – durch den Erblasser selbst (§ 2197) oder
   – durch Ermächtigung eines Dritten (§ 2198) oder
   – durch Ersuchen des Nachlassgerichts (§ 2200).
   – Benennung von Ersatzvollstreckern (§ 2197 Abs. 2)
   – Ermächtigung des Testamentsvollstreckers, einen Nachfolger zu ernennen (§ 2199 Abs. 2), ggf. bedingt für den Wegfall benannter Ersatzvollstrecker
   – Ermächtigung des Testamentsvollstreckers, einen oder mehrere Mitvollstrecker zu ernennen (§ 2199 Abs. 1).
   – Falls mehrere Testamentsvollstrecker: Aufteilung der Befugnisse, da sie sonst das Amt gemeinschaftlich führen (§ 2224 Abs. 1: Grundsatz der Gesamtvollstreckung).
d) – Festlegung der Aufgaben des Testamentsvollstreckers und damit seiner Befugnisse und Beschränkung der Rechte des/r Erben:
   – Abwicklungsvollstreckung (§§ 2203, 2204)
   – eingeschränkte Abwicklungsvollstreckung, z.B. nur zur Erfüllung eines Vermächtnisses;
   – sonstige Beschränkungen, z.B. auf einen bestimmten Erbteil oder auf bestimmte Nachlassgegenstände (§ 2208 Abs. 1 Satz 2)
   – reine Verwaltungsvollstreckung (§ 2209 Satz 1 Halbs. 1)
   – Dauervollstreckung (§ 2209 Satz 1 Halbs. 2)
   – Nacherbenvollstrecker (§ 2222)
   – Vor- und Nacherbschaft: Genaue Festlegung des Aufgabenbereichs des Testamentsvollstreckers genau festzulegen.
   – Vermächtnisvollstrecker (§ 2223).
e) – Bei Verwaltungsvollstreckung: Bestimmung der Zeitdauer
f) Festlegung vom Erblasser gewünschter Anordnungen für die Verwaltung des Nachlasses gem. § 2216 Abs. 2 Satz 1.
   Bei Abwicklungsvollstreckung: Vorgabe, bis wann die Auseinandersetzung oder sonstige Abwicklung durchzuführen ist und damit die Abwicklungsvollstreckung endet.
g) Erweiterung der Befugnisse des Testamentsvollstreckers im gesetzlich zulässigen Rahmen, insbesondere
   – Erweiterung der Verpflichtungsbefugnis (§§ 2207, 2206, 2220)
   – bei Abwicklungsvollstreckung: Ermächtigung, die Erbauseinandersetzung nach billigem Ermessen vornehmen zu können (§ 2048 Satz 2, 3)
   – Befreiung des Testamentsvollstreckers von den Beschränkungen des § 181 Alt. 1 (Verbot des Insichgeschäfts) und/oder Alt. 2 (Verbot der Mehrfachvertretung)
h) Beschränkung der gesetzlichen Befugnisse des Testamentsvollstreckers unter ausdrücklicher Angabe, ob dies mit dinglicher oder nur schuldrechtlicher Wirkung erfolgen soll.
   – Pflicht zur Zustimmung/bloße Anhörung Dritter.
i) Zuweisung von Sonderfunktionen an den Testamentsvollstrecker neben seinen gesetzlichen Befugnissen, z.B. postmortale Vollmacht, Einsetzung als Schiedsrichter usw.
k) – Ist im Nachlass ein einzelkaufmännisches Unternehmen oder eine Beteiligung an der Personengesellschaft enthalten, kann für eine Verwaltungsvollstreckung im Einzelfall durch Auflage eine der Ersatzlösungen zweckmäßig sein (siehe Rn 113ff., 131ff.):
   – Vollmachtlösung
   – Treuhandlösung

- Mitwirkung nur im Innenverhältnis
- Aufsichtsfunktion
- Umstrukturierung des Unternehmens und anschließende Verwaltungsvollstreckung; ferner Regelungen zur Beendigung einer Unternehmens-Testamentsvollstreckung, z. B. Freistellung von einer persönlichen Haftung.

l) – Bestimmung, der Vergütung des Testamentsvollstreckers einschließlich Regelung, ob etwaige Mehrwertsteuer zusätzlich erhoben werden kann (siehe Rn 148 ff.).

Schrifttum zur Testamentsvollstreckung und zur postmortalen Vollmacht: *Bengel/Reimann,* Handbuch der Testamentsvollstreckung, 4. Aufl. 2009; *Birk,* Vergütung und Aufwendungsersatz des Testamentsvollstreckers, Diss. 2003; *Bork,* Testamentsvollstreckung durch Banken, WM 1995, 225; *Brandner,* Das einzelkaufmännische Unternehmen unter Testamentsvollstreckung, FS f. Simpel, 1985, S. 991; Crezelius, Unternehmenserbrecht, § 2 III.4.; *Damrau,* Kann ein Testamentsvollstrecker einen Kommanditanteil erwerben? DNotZ 1984, 660; *ders.,* Zur Testamentsvollstreckung am Kommanditanteil, NJW 1984, 2785; *ders.,* Der Testamentsvollstrecker, JA 1984, 130; *ders.,* Auswirkungen des Testamentsvollstreckeramtes auf die elterliche Sorge, Vormundsamt und Betreuung, ZEV 1994, 1; *Dörrie,* Reichweite der Kompetenzen des Testamentsvollstreckers an Gesellschaftsbeteiligungen, ZEV 1996, 370; *Eckelskemper,* in Beck'sches Formularbuch Erbrecht, 2. Aufl. 2009, C. VII; *ders.* Die Vergütung des Testamentsvollstreckers, MittRhNotK 1981, 147; *Everts,* Die Testamentsvollstreckung an Personengesellschaften in der notariellen Praxis, MittBayNot 2003, 427; *Finger,* Vollmacht auf den Todesfall/über den Tod hinaus und Vertrag zugunsten Dritter auf den Todesfall, WPM 1981, 9; *Flume,* Die Erben-Nachfolge in die Beteiligung an einer Personengesellschaft und die sonstige Erbfolge in Hinsicht auf die Problematik von Nachlassverwaltung und Testamentsvollstreckung, FS f. Wolfram Müller-Freienfels, 1986, S. 113 ff.; *Grunsky/Hohmann,* Die Teilbarkeit des Testamentsvollstreckeramtes, ZEV 2005, 41; *Gutbell,* Schutz des Nachlasses gegen Zwangsvollstreckungsmaßnahmen bei Testamentsvollstreckung und Vorerbschaft, ZEV 2001, 260; *Haegele,* Möglichkeiten und Grenzen der postmortalen Vollmacht, Rpfleger 1968, 345; *ders.,* Zu den Verfügungsrechten eines Testamentsvollstreckers, Rpfleger 1972, 43; *ders.,* Der Testamentsvollstrecker im Handels- und Gesellschaftsrecht, Rpfleger 1973, 113; *ders.,* Einzelfragen der Testamentsvollstreckung, BWNotZ 1974, 109; *Heil,* Erwerberschutz bei Grundstücksveräußerung durch Testamentsvollstrecker, RNotZ 2001, 269; *Jansen,* Zur bindenden Wirkung der Ernennung eines Testamentsvollstreckers durch das Nachlassgericht, NJW 1966, 331; *Johansson,* in Beck'sches Formularbuch Erbrecht, 2. Aufl. 2009, G. IX. (Testamentsvollstreckung im Unternehmensbereich); *John,* Testamentsvollstreckung über ein einzelkaufmännisches Unternehmen, BB 1980, 757; *Jung,* Unentgeltliche Verfügungen des Testamentsvollstreckers und des befreiten Vorerben, Rpfleger 1999, 204; *Kapp,* Die rechtliche Stellung des Testamentsvollstreckers zum Erben, BB 1981, 113; *ders.,* Rechte und Pflichten des Testamentsvollstreckers im Besteuerungsverfahren, DStR 1985, 725; *Kirnberger,* Besteuerung der Testamentsvollstreckervergütung als Einkommen oder Vermögensanfall von Todes wegen, ZEV 2001, 267; *Kraiß,* Testamentsvollstreckung und Vermächtnis, BWNotZ 1986, 12; *Lehmann,* Die unbeschränkbare Verfügungsbefugnis des Testamentsvollstreckers, AcP 188 (1988), 1; *Lieb,* Die Vergütung des Testamentsvollstreckers, Diss. 2004; *Lorz,* Testamentsvollstreckung und Unternehmensrecht, 1995; *Marotzke,* Die Mitgliedschaft in einer offenen Handelsgesellschaft als Gegenstand der Testamentsvollstreckung, JZ 1986, 457; *J. Mayer/Bonefeld/Wälzholz/Weidlich,* Testamentsvollstreckung, 2. Aufl. 2007; *D. Mayer,* Testamentsvollstreckung im Handels- und Gesellschaftsrecht, in Bengel/Reimann s. o.; *J. Mayer* in Bamberger/Roth, Bürgerliches Gesetzbuch, Band 3, §§ 2197 ff., 2. Aufl. 2008; *Merkel,* Die Anordnung der Testamentsvollstreckung – Auswirkung auf eine postmortale Bankvollmacht, WPM 1987, 1011; *Meyding,* Erbvertrag und nachträgliche Auswechslung des Testamentsvollstreckers, ZEV 1994, 98; *Müller,* Zur Heilung der fehlenden Verpflichtungsbefugnis eines Testamentsvollstreckers, JZ 1981, 370; *ders.,* Zur Unentgeltlichkeit der Verfügung als Schranke der Verfügungsmacht des Testamentsvollstreckers, WPM 1982, 466; *Moench/Kien-Hümbert,* Der Testamentsvollstrecker im Dienste des Fiskus, DStR 1987, 38; *Muscheler,* Die Haftungsordnung des Testamentsvollstreckers, 1994; ders. Testamentsvollstreckung über Erbteile, AcP 195 (1995), 35; *Nägele,* Das vermeintliche Testamentsvollstreckeramt, Diss. Konstanz 1986; *Neuschwander,* Testamentsvollstrecker und unentgeltliche Verfügung, BWNotZ 1978, 73; *Offergeld,* Die Rechtsstellung des Testamentsvollstreckers, 1995; *Piltz,* Zur steuerlichen Haftung des Testamentsvollstreckers, ZEV 2001, 263; *Plank,* Die Eintragungsfähigkeit des Testamentsvollstreckervermerks im Handelsregister, ZEV 1998, 325; *Priester,* Testamentsvollstreckung am GmbH-Anteil, FS f. Stimpel, 1985, S. 463; *Quack,* Die Testamentsvollstreckung an Kommanditanteilen, BB 1989, 2271; *Rehmann*, Testamentsvollstreckung an Gesellschaftsanteilen, BB 1985, 297; *ders.*, Zur Beschränkung der postmortalen Vollmacht durch eine angeordnete Testamentsvollstreckung am Beispiel der Bankvollmacht, BB 1987, 213; *Reimann*, Testamentsvollstreckung an Gesellschaftsanteilen jetzt möglich? MittBayNot 1986, 232; *ders.*, Der Notar als Testamentsvollstrecker, FS. f. U. v. Lübtow, 1990, S. 317; *ders.*, Notare als Testamentsvollstrecker, DNotZ 1994, 659; *ders.*, Die Kontrolle des Testamentsvollstreckers, FamRZ 1995, 588; *ders.* in Reimann/Bengel/J. Mayer, Testament und Erbvertrag, 5. Aufl. 2006; *Reithmann*, Testamentsvollstreckung und postmortale Vollmacht als Instrument der Kautelarjurisprudenz, BB 1984, 1394; *Schaub*, Die Veräußerung von Grundstücken durch den Testamentsvollstrecker, ZEV 2000, 49; *ders.*, Unentgeltliche Verfügungen des Testamentsvollstreckers, ZEV 2001, 257; *Schmellenkamp*, Die Testamentsvollstreckung an Gesellschaftsanteilen, insbesondere Kommanditanteilen, und Ersatzlösungen, MittRhNotK 1986, 181; *Schaub*, Testamentsvollstreckung durch Banken, FamRZ 1995, 845; *Schöner/Stöber*, Grundbuchrecht 14. Aufl. 2008, 4. Teil IV. (Rn 3424 ff.) Testamentsvollstreckung im Grundstücksrecht; *Sudhoff*, Unternehmensnachfolge, 5. Aufl. 2005; *Ulmer*, Testamentsvollstreckung am Kommanditanteil – Voraussetzungen und Rechtsfolge, NJW 1990, 73; *Wachter*, Testamentsvollstreckung an GmbH-Anteilen, ZNotP 1999, 226; *Weidlich*, Die Testamentsvollstreckung im Recht der Personengesellschaften, 1994; *ders.*, Die Testamentsvollstreckung an Beteiligungen einer werbenden OHG bzw. Kommanditgesellschaft, ZEV 1994, 205; *K. Winkler*, Der Testamentsvollstrecker nach bürgerlichem, Handels- und Steuerrecht, 19. Aufl. 2008; *Zahn*, Testamentsvollstreckung im Grundbuchverkehr, MittRhNotK 2000, 89; *Zeuner*, Zur Stellung des wirklichen und des vermeintlichen Testamentsvollstreckers gegenüber Nachlass und Erben, FS f. Otto Mühl, 1981, S. 721; *W. Zimmermann*, Die Testamentsvollstreckung, 3. Aufl. 2008; *ders.* in MünchKommBGB, 5. Aufl. 2010, Band 9 Erbrecht, §§ 2197 ff.; *ders.*, Die angemessene Testamentsvollstreckervergütung, ZEV 2001, 334.

III. Bedingte Zuwendung, insbesondere erbrechtliche Straf- und Verwirkungsklauseln

1. Bedingte Zuwendungen

a) Zulässigkeit, Begriff und Inhalt

Erbrechtliche Zuwendungen wie Rechtsgeschäfte unter Lebenden können bedingt oder befristet i. S. der §§ 158 ff. vorgenommen werden. Die §§ 2074 bis 2076, 2108 Abs. 2 Satz 2, 2109, 2162, 2163 und 2177 setzen dies voraus.[475] Merkmal einer echten Bedingung ist die Ungewissheit eines zukünftigen (nach dem Erbfall) Umstandes oder Ereignisses, von dem die rechtliche Wirksamkeit der erbrechtlichen Verfügung abhängen soll. Es kann sich dabei um Umstände handeln, die von keiner Person beeinflusst zu werden vermögen (**Zufallsbedingungen**) oder die in der Willensentscheidung einer Person bestehen, und zwar entweder eines beliebigen Dritten, oder aber auch um solche, deren Eintritt oder Nichteintritt vom Willen des Bedachten abhängen (**Potestativbedingungen;** siehe hierzu auch § 8 Rn 38).[476] **Verwirkungsklauseln** umfassen nicht nur Fälle des Verstoßes gegen den Erblasserwillen, in denen der Bedachte gegen die letztwillige Verfügung vorgeht und deren Gültigkeit in Frage stellt. Für Verwirkungsklauseln ist kennzeichnend und auch ausreichend, wenn das Verhalten des Bedachten, von dem die Zuwendung abhängen soll, in einem irgendwie gearteten Angriff oder Zuwiderhandlung gegen die Anordnungen des Erblassers besteht.[477] 170

---

[475] Hülsmeier NJW 1986, 3118; siehe auch oben § 9 Rn 137 ff. bezüglich der Zuwendung einzelner Nachlassgegenstände.

[476] OLG Hamm OLGZ 1968, 80, 84; BayObLG FamRZ 1986, 606, 607; a. M. Keuk FamRZ 1972, 9 ff., die Potestativbedingungen auf den Vermögensbereich beschränken will; über die Potestativbedingung in den Motiven zum BGB siehe eingehend Stiegeler, Der Grundsatz der Selbstentscheidung des Erblassers, Diss. Freiburg 1985, S. 32 ff.

[477] BGH DNotZ 2010, 201, 203.

Die grundsätzliche Zulässigkeit solcher Potestativbedingungen wird durch § 2075 bestätigt, der voraussetzt, dass ein fortgesetztes Tun oder Unterlassen des Bedachten auch dann Bedingung sein kann, wenn es allein in seiner Willkür liegt.[478] So kann auch die Nichterfüllung einer Auflage mit einer auflösenden Bedingung gemäß § 2075 verknüpft werden; dadurch kann der Erblasser die Einhaltung der Auflage dem übereinstimmenden Willen der Miterben entziehen und seiner endgültigen Willensbildung unterstellen. Auch sehr weitgefasste Verwirkungsklauseln, die lediglich an ein irgendwie geartetes Zuwiderhandeln gegen die Anordnungen des Erblassers anknüpfen, sind zulässig und grundsätzlich von der Testierfreiheit gedeckt.[479]

Eine Zulässigkeitsgrenze für erbrechtliche Potestativbedingungen bildet grundsätzlich nur die materielle Höchstpersönlichkeit letztwilliger Verfügungen nach § 2065 Abs. 1, 2: Bei der zur Bedingung gemachten Willensäußerung darf es sich nicht um die bloße Vertretung des unentschlossenen oder verantwortungsscheuen Erblassers im Willen durch den Bedachten oder einen Dritten oder die bloße Entscheidung des Bedachten oder eines Dritten über die Geltung oder den Inhalt der letztwilligen Verfügung (**Wollensbedingung**) handeln, sondern um die vom Erblasser gewollte Verknüpfung des von ihm festgelegten Inhalts der Verfügung mit dem als Bedingung gesetzten und ihn interessierenden Tun oder Unterlassen des Bedachten oder eines Dritten.[480] Die an das äußere Verhalten eines anderen anknüpfende Potestativbedingung ist auch zulässig, wenn es von seinem Willen abhängt und der andere um die Rechtswirkung seines Verhaltens weiß,[481] wenn nur der Bedingungseintritt unabhängig von seinem Willen erfolgt, so dass seine Willenserklärung nur **mittelbar** als zur Bedingung gemachtes Verhalten und nicht selbst unmittelbar auf die Gültigkeit der Verfügung, die Person des Zuwendungsempfängers oder den Gegenstand der Zuwendung gerichtet ist.[482] Umstritten ist, ob der Bedachte selbst als „anderer" i.S. des § 2065 zu verstehen ist.[483] Nach dem Gesetzeswortlaut ist hiervon grundsätzlich auch der Bedachte umfasst. Jedoch wird § 2065 Abs. 1 überlagert von dem Rechtsinstitut der Ausschlagung: Zulässig ist damit die bloße Rechtsbedingung, dass der Bedachte die Zuwendung nicht ausschlägt. Ferner kann der Erblasser Verfügungen bedingt für den Fall der Ausschlagung treffen, insbesondere die Einsetzung von Ersatzerben bzw. Ersatzvermächtnisnehmern.

Der „Hohenzollern-Schluss" des BVerfG[484] sowie die Rechtsprechung des BVerfG zum Verfassungsrang des Pflichtteilsrechts[485] haben Anlass gegeben, die Wirksamkeit letztwilliger Potestativbedingungen erneut zu überdenken. Unverändert ist jedoch von der Wirk-

---

[478] MünchKomm/Leipold, § 2074 Rn 14.

[479] BGH ZEV 2009, 459 ff. mit Anm. Kroppenberg S. 463; Odersky, notar 2010, 282, 285.

[480] MünchKomm/Leipold § 2074 Rn 15; Staudinger/Otte § 2065 Rn 13; BGHZ 15, 199, 201 f. = NJW 1955, 100 = DNotZ 1955, 402; Schäfer BWNotZ 1962, 188, 193 f.; Raape FS f. Zitelmann, 1913, S. 7; Stiegeler BWNotZ 1986, 25, 26; siehe auch § 3 Rn 36, 43. Zum wichtigen Anwendungsfall des (bedingten) Herausgabevermächtnisses siehe auch: § 1 II.3.c) Rn 118 zur Feststellung des Nachlasses bei Herausgabevermächtnissen; § 8 I.6.d) Rn 35 zur Vermächtnislösung zur Bedenkung nachgeborener Abkömmlinge; § 9 I.10. lit. s), Rn 72; § 10 III., Rn 131 ff. zum aufschiebend bedingten Vermächtnis, § 14 III.3.d) Rn 98 zum Herausgabevermächtnis der Endbedachten bei der Trennungslösung von Ehegattenverfügungen; § 21 IV.3. Rn 43 ff. zur Herausgabevermächtnislösung beim Geschiedenentestament m. w. N. und Formulierungsvorschlag bei Rn 54.

[481] Raape FS f. Zitelmann, 1913, S. 3 ff., der Potestativbedingungen als Willkürbedingungen im Gegensatz zu den Wollensbedingungen bezeichnet.

[482] Staudinger/Otte § 2074 Rn 29; Stiegeler BWNotZ 1986, 25, 26.

[483] Dagegen Raape AcP 140 (1935), 233; Brox, ErbR, 17. Aufl., Rn 103; RG DNotZ 1942, 375; BayObLGZ 1982, 331, 341; Nieder, Handbuch des Testamentsgestaltung, 2. Aufl. Rn 959; dafür MünchKomm/Leipold § 2065 Rn 15; Staudinger/Otte § 2065 Rn 18; Stiegeler BWNotZ 1986, 25, 26; Frank MittBayNot 1987, 231, 233; siehe auch OLG Zweibrücken NJW-RR 1989, 453, 454.

[484] Beschl. v. 22. 3. 2004, DNotZ 2004, 798 über die Erbfolge des 1951 verstorbenen Kronprinz Wilhelm von Preussen; hierzu u. a. Isensee DNotZ 2004, 754 ff.

[485] Beschl. v. 19. 4. 2005, MittBayNot 2006, 512 ff.

samkeit gängiger erbrechtlicher Potestativbedingungen auszugehen. Nur in besonderen Einzelfällen dürfte eine solche sittenwidrig und nach § 138 unwirksam sein.[486]

Die bloße Angabe eines **Beweggrundes** im Testament stellt regelmäßig keine Bedingung dar, so dass die letztwillige Verfügung unbedingt und ohne zeitliche Beschränkung gültig ist.[487] Die Annahme einer Bedingung erfordert, dass der Erblasser die Wirksamkeit der Verfügung unmittelbar verknüpfen wollte mit dem für ungewiss gehaltenen Umstand.[488] 171

Durch aufschiebende oder auflösende Bedingungen kann der Erblasser seine Verfügungen künftigen Verhältnissen anpassen und, wenn es sich um Potestativbedingungen handelt, die Herrschaft über sein Vermögen über seinen Tod hinaus erstrecken, den Willen des Bedachten mit seinem in der Rechtswirksamkeit fortlebenden Willen zwingen und so gleichsam mit Zuckerbrot und Peitsche seine Ziele zu verwirklichen versuchen.[489] 172

Die **Rechtsfolgen** auch der erbrechtlichen Bedingungen bestimmen sich nach den §§ 158 ff.; die §§ 2074 ff. enthalten nur Auslegungsregeln. Da eine erbrechtliche Zuwendung keine dingliche Verfügung ist und keine Anwartschaft begründet, gilt jedoch § 161 nicht. Dagegen gilt § 162 bei treuwidriger Verhinderung oder Herbeiführung der Bedingung.[490] 173

Von den echten Bedingungen, die auf ein zukünftiges, ungewisses Ereignis in der Zeit nach dem Erbfall abstellen, sind diejenigen zu unterscheiden, die sich auf die zukünftige Kenntnis von bei der Errichtung der Verfügung von Todes wegen bereits Geschehenem beziehen *(condicio in praesens vel in praeteritum collata oder unechte Bedingung)* oder auf Ereignisse zwischen ihrer Errichtung und dem Erbfall. Bezüglich dieser für die automatische Anpassung der Verfügung wichtigen Gestaltungsmittel siehe § 23 Rn 62 ff.[491] 174

Das vom Bedachten durch die potestative Bedingung verlangte Verhalten darf weder in sich bereits sittenwidrig i.S. von § 138 sein und noch die persönliche Entscheidungsfreiheit des Bedachten im Einzelfall in sittenwidriger Weise einschränken (siehe hierzu § 3 Rn 23 ff.).[492] Über die Auswirkungen einer wegen Sittenwidrigkeit nichtigen Bedingung auf die durch sie bedingte Verfügung siehe § 3 Rn 28.[493] Die Bindung des Bedachten durch eine Bedingung und damit die Einwirkungsmöglichkeit des Erblassers über seinen Tod hinaus ist zeitlich allgemein auf höchstens ein Menschenalter begrenzt (§§ 2109, 2162, 2163, 2210).[494] 175

b) Rechtsfolgen des Eintritts oder Ausfalls der Bedingung

Ein aufschiebend bedingtes **Vermächtnis** fällt nach § 2177 erst mit dem Eintritt der Bedingung an (siehe hierzu § 10 Rn 131 ff.). Das auflösend bedingte Vermächtnis verschafft dagegen dem Bedachten sogleich mit dem Erbfall den Anspruch auf Leistung des vermachten Gegenstandes. Tritt die auflösende Bedingung später ein, ist der vermachte Gegenstand an den Beschwerten wegen Wegfalls des rechtlichen Grundes zurückzugewähren (§ 812 Abs. 1 Satz 1) oder, falls dies der Erblasser ausdrücklich angeordnet hat, als Nachvermächtnis (§ 2191) an den von ihm bestimmten Nachvermächtnisnehmer herauszugeben.[495] 176

---

486 Führ, MittBayNot 2006, 461, 466.
487 BayObLG MDR 1982, 145; BayObLG FamRZ 1983, 1226, 1228.
488 MünchKomm/Leipold § 2074 Rn 8.
489 Lange/Kuchinke, 4. Aufl., § 34 VI 3 e; a. M. Keuk FamRZ 1972, 9.
490 OLG Stuttgart FamRZ 1981, 81, wo die durch Kinderlosigkeit aufschiebend bedingte Zuwendung durch Annahme eines Volljährigen umgangen werden sollte.
491 Siehe auch Staudinger/Otte § 2074 Rn 16 f.
492 Siehe hierzu insbesondere Schlitt, Klassische Testamentsklauseln, 1991, S. 60 ff.
493 MünchKomm/Leipold § 2074 Rn 27.
494 Zur Verlängerung der Testamentsvollstreckung siehe oben Abschnitt II.16., Rn 166.
495 BayObLG MittBayNot 1982, 40, 42.

177 Bei der **Erbeinsetzung unter einer Bedingung** muss dagegen der zwingende Grundsatz berücksichtigt werden, dass die Erbschaft sofort mit dem Erbfall auf den oder die Erben übergeht (Grundsätze der Gesamtrechtsnachfolge und des Vonselbsterwerbs, §§ 1922, 1942) und es keine Erbschaft ohne Rechtsträger (keinen ruhenden Nachlass) gibt. Eine aufschiebend bedingte Erbeinsetzung führt zwingend zur **sog. konstruktiven** (im Gegensatz zur ausdrücklich angeordneten) **Vor- und Nacherbfolge,** auch wenn sich der Erblasser dazu nicht geäußert hat (siehe § 10 Rn 6).[496] Mangels anderer Bestimmung durch den Erblasser sind dabei die gesetzlichen Erben zu Vorerben berufen (§ 2105 Abs. 1). Ebenso führt bei auflösend bedingter Erbeinsetzung der Eintritt der Bedingung zwingend zur Nacherbfolge, auch wenn der Erblasser dies nicht besonders verfügt hat. Nacherben sind dann, mangels Anordnung des Erblassers, seine gesetzlichen Erben zum Zeitpunkt des Bedingungseintritts (§ 2104). Die Beeinträchtigung des bedingt eingesetzten Erben besteht darin, dass alle gesetzlichen Kontroll-, Sicherungs- und Mitwirkungsrechte der §§ 2113ff. auch zugunsten des bedingten Nacherben gelten. Die Nacherbfolge ist im Erbschein auszuweisen.

178 **Folgerungen für die Praxis:** Wegen dieser Rechtsfolgen sollte eine **bedingte Erbeinsetzung grundsätzlich vermieden** und stattdessen auf ein bedingtes Vermächtnis ausgewichen werden.[497] Bei bedingter Erbeinsetzung kann auch das notarielle Testament oder Erbvertrag nicht als Nachweis der Rechtsnachfolge und zur Entbehrlichkeit des Erbscheins nach § 35 Abs. 1 Satz 2 GBO dienen, da das Grundbuchamt den Eintritt bzw. Nichteintritt der Bedingung nicht prüfen kann. Das Grundbuchamt kann Zweifel tatsächlicher Art grundsätzlich nicht durch eigene Ermittlungen ausräumen, da es gemäß § 29 GBO einer Beweismittelbeschränkung unterliegt;[498] es hat dann die Vorlage eines Erbscheins zu verlangen. Ist jedoch eine bedingte Erbeinsetzung unvermeidlich, sollte der Erblasser ausdrücklich die Vor- und Nacherbfolge anordnen und Nacherben einsetzen[499] und durch entsprechende Befristung den Eintritt oder Ausfall der Bedingung und damit den Zeitraum der Vor- und Nacherbfolge möglichst kurz bemessen[500] und/oder einen Testamentsvollstrecker mit umfassenden Befugnissen ernennen.[501]

c) **Auslegungsregeln**

179 Gelingt es keiner Partei, Umstände für eine abweichende Auslegung zu beweisen, so gelten für bedingte letztwillige Zuwendungen folgende gesetzliche Auslegungsregeln:

180 Aufschiebend bedingte Zuwendungen sollen gem. § 2074 im Zweifel nur gelten, wenn der Bedachte den Bedingungseintritt erlebt oder zumindest gezeugt war. Ist er nach dem Erbfall, aber **vor Eintritt der Bedingung verstorben,** so wird die bedingte Zuwendung im Zweifel unwirksam, d.h. es entsteht im Zweifel keine vererbliche Anwartschaft auf Grund einer aufschiebend bedingten Zuwendung. Es können jedoch ausdrücklich eingesetzte oder vermutete Ersatzerben oder -vermächtnisnehmer vorhanden sein.

181 Hat der Erblasser ein fortgesetztes Tun oder Unterlassen des Bedachten als Potestativbedingung einer Zuwendung bestimmt, wie z.B. bei Verwirkungsklauseln oder Wiederverheiratungsklauseln, so soll gem. § 2075 das entgegengesetzte Verhalten des Bedachten im Zweifel als auflösende Bedingung der Zuwendung i.S. des § 158 Abs. 2 ausgelegt werden, so dass beim Bedingungseintritt die Zuwendung ohne Rückwirkung ihre Wirksamkeit verliert.

182 Bezweckt die Bedingung, unter der eine letztwillige Zuwendung gemacht ist, den Vorteil eines Dritten, so gilt sie gem. § 2076 im Zweifel als eingetreten, wenn der Dritte die

---

[496] BayObLG ZEV 2004, 462 mit Anm. Heinemann; MünchKomm/Leipold § 2074 Rn 13 u. 44; Haegele JurBüro 1969, 1, 3; Birk DNotZ 1972, 284, 291 m.w.N.

[497] Kehrer BWNotZ 1957, 125, 135f.; Haegele JurBüro 1969, 1, 5.

[498] BayObLG ZEV 2000, 233, 234.

[499] Kehrer BWNotZ 1957, 125, 137.

[500] Siehe Fall des OLG Stuttgart OLGZ 1974, 67.

[501] Haegele JurBüro 969, 2, 5.

zum Eintritt der Bedingung erforderliche Mitwirkung verweigert (siehe § 9 Rn 139). Die Vorschrift verlangt nach ihrem Wortlaut anders als § 162 kein treuwidriges Verhalten des Dritten; dennoch ist aus dem Rechtsgedanken des § 162 herzuleiten, dass eine Verweigerung der Mitwirkung aus berechtigtem Anlass nicht als Bedingungseintritt gelten kann.[502]

d) Anwendungsfälle bedingter Zuwendungen

Die in der Praxis wichtigsten Anwendungsmöglichkeiten für bedingte erbrechtliche Zuwendungen sind außer den unten gesondert behandelten sog. Straf- und Verwirkungsklauseln 183
- das bedingte Vermächtnis (oben § 10 Rn 131 ff.),
- die Zuwendung durch eine Bedingung zum Vorteil eines Bedachten (oben § 9 Rn 139),
- die bedingte Nacherbeinsetzung (oben § 10 Rn 68 ff.) und dabei insbesondere die Nacherbeinsetzung unter der Bedingung anderweitiger Verfügung des Vorerben (oben § 10 Rn 70),
- die Verknüpfung einer Verfügung von Todes wegen mit einer Gegenleistung durch eine Bedingung;
- die Erbeinsetzung eines Bedachten unter der auflösenden oder aufschiebenden Bedingung der Übernahme eines konkreten Nachlassgegenstandes.[503]

2. Insbesondere erbrechtliche Straf- und Verwirkungsklauseln

a) Allgemeine Verwirkungsklauseln

aa) Begriff. Während in den sog. speziellen oder besonderen Verwirkungsklauseln der Erblasser dem Bedachten genaue Verhaltensregeln setzt und ihre Einhaltung zur Bedingung der Zuwendung macht (z. B. Pflichtteilsstrafklauseln, Wiederverehelichungsklauseln, Veräußerungsverbote usw.) macht er bei der sog. allgemeinen Verwirkungsklausel zur auflösenden Bedingung der Zuwendung nur allgemein, dass sich der Bedachte in irgendeiner Weise seinem letzten Willen widersetzt.[504] 184

Formulierungsbeispiel: 185

Sollte sich einer meiner Erben gegen mein Testament in irgendeiner Weise auflehnen, so werden er und seine Abkömmlinge enterbt.

Mangels Bestimmtheit bleibt für die Beteiligten meist unklar, bei welchem Verhalten die Klausel eingreift und der Bedachte seine Zuwendung verliert. Dies lässt sich nur durch Auslegung ermitteln.[505] Eine gewisse Reduzierung der Unsicherheit könnte die Anordnung bringen, dass Streitigkeiten über den Eintritt der Verwirkung ein vom Erblasser ernannter Schiedsrichter zu entscheiden hat.[506] Der oft verfehlte Zweck derartiger 186

502 Staudinger/Otte § 2076 Rn 3.

503 Rudolf, Teilungsanordnung und Vorausvermächtnis, Diss. Tübingen 1966, S. 88 f.; Benk MittRhNotK 1979, 53, 61.

504 Siehe hierzu Kehrer BWNotZ 1957, 125, 132; Haegele JurBüro 1969, 1; Hilgers MittRhNotK 1962, 381, 384 ff.; insb. Birk DNotZ 1972, 286 ff.; Binz, Die erbrechtliche Verwirkungsklausel, Diss. Mainz 1968; Simon FS f. Ernst Wolf, 1985, S. 627.

505 MünchKomm/Leipold, § 2074 Rn 30; zur Auslegung einer Verwirkungsklausel bei möglichem Verlust der (Vor-)Erbenstellung: BGH, Urteil. v. 24. 6. 2009, IV ZR 202/07, ZEV 2009, 459 („Privatbankiersfall") mit Anm. Kroppenberg S. 463 = ZErb 2009, 309 mit Anm. Hamdan; dieser Fall illustriert auch die Schwierigkeit der Beurteilung, ob das in der Verwirkungsklausel bezeichnete sanktionierte Verhalten auch tatsächlich verwirklicht wurde.

506 Kohler DNotZ 1962, 125; Walter MittRhNotK 1984, 69.

Klauseln liegt darin, die Verwirklichung des letzten Willens zu sichern und Streitigkeiten unter den Hinterbliebenen zu verhindern.[507]

187 *bb) Rechtswirkung.* Nach allg. Meinung[508] wird die allgemeine Verwirkungsklausel im Zweifel gem. § 2075 als für den Fall der Zuwiderhandlung potestativ **auflösend bedingte Zuwendung** angesehen, so dass bei Erbeinsetzung konstruktive Vor- und Nacherbfolge und bei einer Vermächtniszuwendung ein auflösend bedingtes Vermächtnis entsteht. Der unter eine Verwirkungsklausel gestellte Erbe ist auflösend bedingter Vollerbe und aufschiebend bedingter Vorerbe und die Nacherbschaft ist aufschiebend bedingt, da erst beim Tod des Bedachten feststeht, ob er nicht gegen die Klausel verstoßen hat und daher Vollerbe geblieben ist.[509] Der Vorerbe ist dabei in der Regel befreiter Vorerbe.[510] Fraglich ist meist auch, ob im Falle einer Verwirkungshandlung des Nacherben weitere Nacherbfolge eintreten soll.[511] Die Verwirkungsklausel kann jedoch auch so auszulegen sein, dass die Erbenstellung verbleibt, der Erbe jedoch verpflichtet ist, den Nachlass oder Teile davon an Dritte als Vermächtnisnehmer herauszugeben, so dass insoweit ein aufschiebend bedingtes Vermächtnis vorliegt.[512]

Bei der inhaltlichen Gestaltung der Potestativbedingungen sind die Grenzen auch nach verfassungsrechtlichen Vorgaben zu beachten. Nachdem der BGH die Vorgaben des Lüth-Urteils[513] 1978 in seine erbrechtliche Rechtsprechung übernahm,[514] ist auch die Drittwirkung des Grundrechte in der Hohenzollernentscheidung des BVerfG vom 22. 3. 2004[515] deutlich geworden. Eine erbrechtliche Potestivbedingung kann sittenwidrig und gemäß § 138 BGB nichtig sein, wenn sie unzumutbaren Druck auf die Entschließungsfreiheit oder sonstige Rechte des Bedachten ausübt. Entscheidend ist dabei, ob eine gegen die guten Sitten verstoßende Verknüpfung von Mittel und Zweck vorliegt.[516]

188 *cc) Relevanz des Angriffs.* Eine allgemeine Verwirkungsklausel löst die Bedingung nur aus, wenn neben der objektiven Erfüllung des sanktionsbewehrten Tuns das Verhalten des Bedachten auch in subjektiver Hinsicht eine „böswillige Auflehnung" oder einen „bewussten Ungehorsam" gegen den Willen des Erblassers darstellt oder wenn es als strafwürdige" vorwerfbare Handlungsweise zu erachten ist.[517] Anders ausgedrückt sind von der allgemeinen Verwirkungsklausel alle Verhaltensweisen ausgenommen, die sich nicht gegen den wahren Willen des Erblassers richten, so z.B. die objektiv unrichtige, jedoch verständliche Auslegung der Klausel durch den Bedachten,[518] die Berufung auf einen Formfehler des Testaments, seine Unechtheit oder seine Anfechtung aus beachtlichen Gründen. Nach anderer Meinung wäre es gesetzwidrig, wenn der Erblasser mit

---

507 MünchKomm/Leipold, § 2074 Rn 29.

508 MünchKomm/Leipold, § 2074 Rn 29; Birk DNotZ 1972, 284, 291 jeweils m.w.N.; BayObLGZ 1962, 47 = NJW 1962, 1060; BayObLGZ 1966, 49, 54 = NJW 1966, 1223.

509 Simon FS f. Ernst Wolf, 1985, 627, 628 m.w.N.; BGHZ 96, 198 = NJW 1988, 59 = DNotZ 1986, 541 m. Anm. Zawar NJW 1988, 16.

510 BayObLGZ 1962, 47, 57 = NJW 1962, 1060.

511 BayObLG NJW 1962, 1060, 1061 m.w.N.

512 BayObLGZ 1962, 47, 57; Staudinger/Otte § 2074 Rn 60.

513 BVerfG 7, 198, 206f.

514 Leipold in 50 Jahre Bundesgerichtshof, 2000, I S. 1011, 1039.

515 DNotZ 2004, 798 = NJW 2004, 2008; hierzu u.a. Isensee DNotZ 2004, 754; Otte ZEV 2004, 393; Staudinger FamRZ 2004, 768; Gaier ZEV 2006, 2; Weiler MittBayNot 2006, 296; Führ MittBayNot 2006, 461; Reimann FS Spiegelberger 2009, 1095.

516 J. Mayer in DAI Jahresarbeitstagung 2010, S. 494; MünchKomm/Leipold, § 2074 Rn 21.

517 MünchKomm/Leipold, § 2074 Rn 38; Lange/Kuchinke, 4. Aufl., § 34 VI 3f.; BayObLGZ 1963, 271, 275; OLG Stuttgart OLGZ 1968, 242; OLG Braunschweig OLGZ 1977, 185, 188; OLG Celle ZEV 1996, 307 m. Anm. Skibbe; krit. Staudinger/Otte § 2074 Rn 60.

518 OLG Braunschweig OLGZ 1977, 185, 188; s. auch BayObLG MittRhNotK 1990, 169, 171 = NJW-RR 1990, 969.

einer allgemein formulierten Verwirkungsklausel den Bedachten mittelbar zwingen könnte, Rechtsfolgen des zwingenden Rechts nicht geltend zu machen.[519]

dd) Ersatzerbfall oder Anwachsung. Tritt der Verwirkungsfall ein, so stellt sich die Frage, ob dann an die Stelle des Weggefallenen gem. § 2069 seine Abkömmlinge oder aufgrund der Auslegungsregel des § 2104 seine gesetzlichen Erben als Nacherben treten oder, falls nur einer der Miterben gegen die Klausel verstößt, gem. § 2094 Anwachsung bei der anderen eintritt.[520] Im Allgemeinen wird es jedoch dem Zweck der Strafklausel entsprechen, dass nicht nur der Erstbedachte, sondern auch seine Abkömmlinge, somit der ganze Stamm, durch die Verwirkung enterbt sein soll; anderes gilt, wenn erkennbar ist, dass die Bedingung ausschließlich auf den zunächst Bedachten gerichtet war.[521] Bei gemeinschaftlichen Testamenten wird bei Verstoß durch Abkömmlinge allgemein der Ausschluss ihres gesamten Stammes vermutet.[522] 189

Problem: Auch bei einer Erbeinsetzung unter Strafklausel läuft für einen pflichtteilsberechtigten Erben die dreijährige Pflichtteilsverjährungsfrist nach § 195 ab Jahresschluss (§ 199 Abs. 1) ab Kenntnis der durch die Klausel beeinträchtigten Verfügung und nicht erst ab dem Verwirkungsfall.[523] Verstößt daher der Erbe nach Ablauf der Dreijahresfrist gegen den Erblasserwillen und löst dadurch den Verwirkungsfall aus, kann er infolge Verjährung auch seinen Pflichtteil nicht mehr verlangen,[524] es sei denn durch Auslegung kann man entgegen der Vermutung des § 2304 zu einer bedingten Erbeinsetzung in Höhe der Pflichtteilsquote oder zu einer Vermächtniszuwendung in Höhe des Pflichtteilswertes kommen.[525] 190

Folgerungen für die Praxis: Wenn überhaupt eine Strafklausel verwendet werden soll, sollte man als Sanktion statt einer auflösend bedingten Erbeinsetzung lieber ein auflösend bedingtes Herausgabevermächtnis wählen.[526] 191

Wenn unumgänglich, sollte man die vom Erblasser missbilligte Verhaltensweise möglichst genau beschreiben sowie ausdrücklich Nacherbfolge für den Verwirkungsfall anordnen – mit allen Konsequenzen der konstruktiven Vorerbfolge – und die Nacherben bestimmen; der Erblasser sollte ferner festlegen, ob nur der Ungehorsame selbst oder sein ganzer Stamm ausgeschlossen sein soll. Ferner sollte der Erblasser die zeitliche Wirkung der Klausel dadurch begrenzen, dass sie bei vertraglicher Anerkennung der Verfügung von Todes wegen und Verzicht auf ihre Anfechtung innerhalb einer bestimmten Frist durch sämtliche Beteiligten entfällt.[527] Da die Erbfolge der Disposition der Beteiligten entzogen ist, kann sie durch ein solches Anerkenntnis nicht dinglich abgeändert werden. Es kann sich vielmehr nur um ein schuldrechtliches Verpflichtungsgeschäft zwischen den Beteiligten mit dem Ziel handeln, einander schuldrechtlich so zu stellen, als sei die anerkannte Rechtsfolge dinglich eingetreten.[528] Da im Anerkenntnis die Übertragung 192

---

[519] Simon FS f. Ernst Wolf, 1985, S. 627, 632 ff.; Natter Dt. Rechts-Ztschr. 1946 163, 165; Birk DNotZ 1972, 284, 293.

[520] BayObLGZ 1962, 57 = NJW 1962, 106; siehe hierzu insbesondere Wacke DNotZ 1990, 403.

[521] Staudinge/Behrends/Avenarius § 2104 Rn 15; vgl. Staudinger/Otte § 2069 Rn 13; Kipp/Coing, 13. Bearb., § 80 I 4; a. M. Strobel MDR 1980, 363, 364, der zu Recht ausdrückliche Regelung im Testament empfiehlt; Wacke DNotZ 1990, 403, der generell die Abkömmlinge eintreten lassen will.

[522] KG JFG 20, 17; KG DNotZ 1941, 424; KG DNotZ 1942, 147; BGHZ 33, 60; Wacke DNotZ 1990, 410.

[523] Binz, Die erbrechtliche Verwirkungsklausel, Diss. Mainz 1968, S. 62 ff.; a. M. Wacke DNotZ 1990, 403.

[524] Oertmann ZBlFG 15, 376 ff.

[525] Siehe auch § 8 Rn 108.

[526] Kehrer BWNotZ 1957, 125, 137 f.

[527] Siehe Fall des OLG Stuttgart OLGZ 1974, 67.

[528] BGH NJW 1986, 1812 = JR 1986, 373 m. Anm. Damrau = DNotZ 1987, 109 m. Anm. Cieslar; Weiß GS f. Küchenhoff, 1987, S. 388, 393; Lange/Kuchinke, 4. Aufl., § 34 IV; LG Freiburg BWNotZ 1979, 67.

einer bereits angefallenen Erbschaft oder eines Erbteils liegen kann, die nach §§ 2385, 2371 der notariellen Beurkundung bedarf, sollte für die Anerkennung diese Form vorgeschrieben werden.[529]

b) Besondere Verwirkungsklauseln

193 Bei den speziellen Verwirkungsklauseln setzt der Erblasser den Bedachten genaue Verhaltensregeln und ordnet für den Fall des Verstoßes als Sanktion den Verlust der Zuwendung an. Die in der Praxis gebräuchlichsten besonderen Verwirkungsklauseln sind:

- Verwirkungsklauseln zur Sicherung des Vollzugs eines Vermächtnisses, einer Auflage oder einer sonstigen Leistung an einen Dritten, eines Verfügungs- oder Auseinandersetzungsverbots, der Einsetzung eines Schiedsgerichts,[530]
- **Pflichtteilsstrafklauseln,** z. B. Jastrowsche Klausel (siehe § 14 III.2.e), Rn 72 ff.),

Wiederverehelichungsklauseln (siehe § 14 III.8., Rn 111 ff.),
- Kaptatorische Verfügungen, d. h. Zuwendungen unter der Bedingung, dass der Bedachte selbst in bestimmter Weise von Todes wegen verfügt (siehe § 3 Rn 27, 68).
- Die früher gebräuchliche **Socinische Klausel** (cautela Socini)[531] ist vom BGH[532] für unwirksam erklärt worden. Dabei wird dem Pflichtteilsberechtigten ein beschränkter und/oder beschwerter Erbteil zugewendet. Um eine Ausschlagung und mit dem Pflichtteil einhergehende sofort fällige Belastung zu vermeiden setzt der Erblasser für den Fall, dass der Bedachte nach § 2306 Abs. 1 ausschlägt, diesen ein erneut als Miterben ein mit einer Erbquote in Höhe der Hälfte seines gesetzlichen Erbteils (§ 2303 Abs. 1 Satz 2) mit der Hoffnung, dass der Pflichtteilsberechtigte – um den Bindungen einer Erbengemeinschaft zu entgehen – auch hierfür ausschlägt und damit gar nichts, auch keinen Pflichtteil erhält. Mit der Sozinischen Klausel konnte der Erblasser den Pflichtteilsberechtigten vor die Wahl stellen, entweder den belasteten/beschwertengrößeren Erbteil anzunehmen oder diesen unbelasteten Erbteil in Höhe seines Pflichtteils, ohne dass ein sofort fälliger Pflichtteil ausbezahlt werden muss. Trotz der Änderung des § 2306 Abs. 1 durch die Erbrechtsreform 2009[533] bleiben die Bedenken gegen die Verwendung der Klausel bestehen.[534]
- Bei der **Schwiegerkinderklausel** macht der Erblasser die Zuwendung von der Bedingung abhängig, dass bei seinem Ableben der Bedachte noch mit einer bestimmten Person verheiratet ist und diese Ehe auch nicht durch anhängigen Scheidungsantrag oder dauerndes Getrenntleben in Frage gestellt ist.[535]

194 Nach überwiegender Ansicht ist wie bei den generell auslegungsbedürftigen allgemeinen Verwirkungsklauseln auch bei den besonderen Verwirkungsklauseln erforderlich, dass der Verwirkungsfall nur eintreten soll, wenn zum objektiven Verstoß des Bedachten gegen die ihm vom Erblasser gesetzten Verhaltensregeln noch subjektiv hinzukommt, dass sich der Bedachte in vorwerfbarer Weise gegen den Willen des Erblassers auflehnt.[536]

---

[529] Natter Dt. Rechts-Ztschr. 1946, 163, 167; Weiß a. a. O., S. 396; Damrau JR 1986, 375; Cieslar DNotZ 1987, 113.

[530] Kohler DNotZ 1962, 125, 134; Walter MittRhNotK 1984, 69, 79.

[531] Darstellung z. B. bei Kornexl, Nachlassplanung bei Problemkindern, Rn 645 ff. und J. Mayer ZEV 2010, 2,3; Schlitt, Klassische Testamentsklauseln, S. 79 ff.

[532] BGHZ 120, 96, 99 ff. = NJW 1993, 1005 = FamRZ 1993, 17; a. M. Kanzleiter DNotZ 1997, 780.

[533] Bis zum Gesetz zur Änderung des Erb- und Verjährungsrechts vom 24. 9. 2009.

[534] J. Mayer ZEV 2010, 2, 4; siehe auch § 21 Rn 182.

[535] Eine solche Klausel wurde vom OLG Saarbrücken NJW-RR 1994, 589 = FamRZ 1994, 1205 aus einem Erbvertrag, in dem die Schwiegertochter als Ersatzerbin eingesetzt war, durch Auslegung gewonnen; Staudinger/Otte, § 2074, Rn 48.

[536] So z. B. BayObLGZ 1962, 47, 57; BayObLGZ 1963, 271, 275; BayObLG FamRZ 1964, 472; BayObLGZ 1966, 49, 55; OLG Stuttgart OLGZ 1968, 246; OLG Celle NdsRpfl. 1972, 238; OLG

3. Checkliste für bedingte Zuwendungen

a) Grundsatz: Zurückhaltung bei Bedingungen im Erbrecht aus Gründen der Rechtssicherheit und des Rechtsfriedens! Wer nicht sicher ist, etwas behalten zu können oder etwas zu erwerben, wird hierfür keine Fürsorge aufbringen und nichts darin investieren. 195

b) Soweit der Erblasser die Niederlegung von bloßen Wünschen und Beweggründen möchte: Klarstellen, dass es sich um keine Bedingung handelt! Umgekehrt bei Bedingung deren Rechtscharakter klarstellen!

c) Bedingte Erbeinsetzungen sind zu vermeiden, da die Kontroll-, Sicherungs- und Mitwirkungsrechte der §§ 2113ff. auch zugunsten konstruktiver Nacherben gelten sowie die steuerlichen Folgen des § 6 ErbStG eintreten. Stattdessen sollte auf bedingte Vermächtnisse ausgewichen werden.

d) – Falls dennoch bedingte Erbeinsetzung: Dann sollte die zwangsläufig damit verbundene Nacherbeinsetzung ausdrücklich geregelt werden. Auf die Auslegungsregeln der §§ 2104, 2105 sollte man sich nicht verlassen.
– Es sollte jeweils ausdrücklich festgelegt werden, ob die Zuwendung aufschiebend oder auflösend bedingt sein soll.

e) – Verwirkungsklauseln:
– Allgemeine Verwirkungsklauseln sind unbedingt zu vermeiden.
– Bei besonderen Verwirkungsklauseln muss das den Verwirkungsfall auslösende Verhalten des Bedachten bestimmt und zweifelsfrei festgelegt werden und als Sanktion sollte statt der Nacherbfolge ein Herausgabevermächtnis gewählt werden.

f) Stets:
– Genaue Festlegung der Voraussetzungen! Bloß objektive Voraussetzungen oder auch subjektiver Tatbestand? Letzterer wird meist gewünscht, schafft aber weiteres Streitpotential.
– Genaue Festlegung der Rechtsfolgen eines Verstoßes gegen die Verwirkungsklausel: Nacherbschaft oder auflösend bedingtes Vermächtnis und Ersatzberufung oder Miterbenanwachsung?

Schrifttum zu bedingten Zuwendungen: *Binz,* Die erbrechtliche Verwirkungsklausel, Diss. Mainz 1968; *Birk,* Die Problematik der Verwirkungsklauseln in letztwilligen Verfügungen, DNotZ 1972, 284; *Haegele,* Bedingte, namentlich unter einer Verwirkungs- oder Strafklausel stehende testamentarische Anordnungen, JurBüro 1969, 2; *Hilgers,* Die bedingte Erbeinsetzung, MittRhNotK 1962, 381; *Kanzleiter,* Verwirkungsklausel zu Lasten eines Erben, dem ein belasteter Erbteil in Höhe des Pflichtteils (oder weniger) zugewendet ist?, DNotZ 1993, 780; *Kehrer,* Strafklauseln in letztwilligen Verfügungen, BWNotZ 1957, 125; *Keuk,* Der Erblasserwille post testamentum – Zur Unzulässigkeit der testamentarischen Potestativbedingungen, FamRZ 1972, 9; *Lübbert,* Verwirkung der Schlusserbfolge durch Geltendmachung des Pflichtteils, NJW 1988, 2706; *Simon,* Die erbrechtliche Verwirkungsklausel – ein Prüfstein für Privatautonomie, FS f. Ernst Wolf, 1985, S. 627; *Stiegeler,* Der Grundsatz der Selbstentscheidung des Erblassers, Diss. Freiburg 1985; *ders.,* Die Nacherbeinsetzung, abhängig vom Willen des Vorerben, BWNotZ 1986, 25; *Wacke,* Rechtsfolgen testamentarischer Verwirkungsklauseln, DNotZ 1990, 403.

IV. Teilungsanordnung, Übernahmerecht und Teilungsverbot

1. Überblick

Entsteht eine Erbengemeinschaft, enthalten §§ 2032ff. Regelungen für das Rechtsverhältnis der Miterben untereinander. Hierbei wird verwiesen auf einzelne Vorschriften der 196

Braunschweig OLGZ 1977, 185, 188; Staudinger/Kanzleiter § 2269 Rn 58; a.M. d.h. gegen eine Subjektivierung der besonderen Verwirkungsklauseln: Staudinger/Otte § 2074 Rn 60; Lübbert NJW 1988, 2706, 2712; offengelassen in BGH ZEV 2009, 459, 463.

Bruchteilsgemeinschaft gemäß § 2038 für die gemeinschaftliche Verwaltung des Nachlasses als auch gemäß § 2042 für die Auseinandersetzung der Erbengemeinschaft.

197 Wie aus §§ 2048, 2044 und 2049 hervorgeht, kann der Erblasser von den gesetzlichen Vorschriften über die **Nachlassverwaltung** (§ 2038) und die **Erbauseinandersetzung** (§§ 2042 ff., 750–758) abweichende Anordnungen über die Nachlassverwaltung, die Art und Weise der Durchführung der Erbauseinandersetzung und die Erschwerung und den zeitlichen Ausschluss der Erbauseinandersetzung treffen. Diese Anordnungen sind nur schuldrechtlich wirksam und daher für die Miterben bei Übereinstimmung unbeachtlich. Eine Änderung der durch die Erbquoten gegebenen wertmäßigen Beteiligungen der Miterben am Nachlass ist hierdurch nicht verbunden; ist insoweit eine Bevorzugung gewünscht, kommt ein Vorausvermächtnis (§ 2150) in Betracht.

2. Verwaltungsanordnungen

198 Nach § 2038 verwalten die Miterben die Miterbengemeinschaft grundsätzlich gemeinschaftlich. Der Erblasser kann jedoch einzelnen Miterben und auch Dritten Verwaltungsrechte einräumen.[537] Es kann dann eine Verwaltungsvollstreckung gem. § 2209 Satz 1 Halbs. 1, ggf. 2, vorliegen, oder eine den Miterben gemachte Auflage (§ 1940),[538] unter Umständen auch ein Verwaltungsvorausvermächtnis,[539] wobei jedoch der beim Vermächtnis erforderliche Vermögensvorteil fraglich sein dürfte.[540] Sind derartige schuldrechtliche Anordnungen nicht als Verwaltungsvollstreckung oder Vermächtnis anzusehen, können sie die Miterben einvernehmlich außer Kraft setzen.

3. Teilungsanordnungen (§ 2048)

a) Rechtsnatur

199 Die **Teilungsanordnung**[541] gem. § 2048 ist weder Auflage noch Vermächtnis, sondern ein erbrechtliches Rechtsinstitut eigener Art,[542] obwohl sie gleichzeitig auch Vermächtnis oder eine Auflage sein kann.[543] Wie Vermächtnis und Auflage ist die Teilungsanordnung nur schuldrechtlicher Natur,[544] hat daher keine unmittelbar dingliche Zuordnung beim Erbfall zur Folge,[545] begründet keine Sondererbfolge an einzelnen Nachlassgegenständen[546] und berührt deren gesamthänderische Zuordnung an die Miterbengemeinschaft nicht. Sofern die Anordnung nicht sowieso nur die **Art und Weise der Verwaltung** des Nachlasses regelt (**Verwaltungsanordnung**), sondern die **Auseinandersetzung** des Nachlasses, kann sie nur die Nachlassverteilung unter Wertausgleich zwischen den Miterben mit feststehenden Erbteilen zur Folge haben und nicht, dass ein Miterbe durch sie wertmäßig einen größeren oder kleineren Anteil am Nachlass bekommt, als ihm nach der Erbquote zusteht. Die Teilungsanordnung ist dadurch charakterisiert, dass sie sich auf Fragen der technischen Durchführung der Auseinandersetzung ohne wertmäßige Bevor-

---

[537] Lange/Kuchinke, 4. Aufl., § 43 II 5 a; MünchKomm/Gergen, § 2038 Rn 20.

[538] RG HRR 1929 Nr. 500.

[539] BGHZ 6, 76, 78 = NJW 1952, 1252.

[540] Lange/Kuchinke, 4. Aufl., § 43 II 5 a.

[541] Vgl. § 2306 Abs. 1; auch „Auseinandersetzungsanordnung“.

[542] Müller, Das erbrechtliche Übernahmerecht – Teilungsanordnung oder Vorausvermächtnis? Diss. Freiburg 1970, S. 28 f. m. w. N.; Rudolf, Teilungsanordnung und Vorausvermächtnis, Diss. Tübingen 1966, S. 64.

[543] Mot. z. BGB Bd. V, S. 688; Coing JZ 1962, 529; RG DR 1942, 977, 978 = DNotZ 1942, 182, 183; BGH LM § 2048 Nr. 5 a = DNotZ 1963, 112; BGH FamRZ 1987, 475, 476; Ruby ZEV 2007, 19.

[544] KGJ 28 A 196; BGH nach Johannsen WPM 1970, 747.

[545] RGZ 110, 270, 274; RGZ 170, 163, 170.

[546] KG OLGZ 1967, 358, 361.

zugung eines Miterben beschränkt. Der Miterbe muss sich daher den Wert des ihm durch die Teilungsanordnung zugewiesenen Nachlassgegenstandes voll auf seinen Erbteil anrechnen lassen. Eine dem Erblasser bewusste oder unbewusste **überquotalen Zuweisung** von Nachlassgegenständen an einen Miterben stellt eine hinsichtlich der Wertverschiebung ausgleichspflichtige bloße (reine) Teilungsanordnung gem. § 2048 dar, sofern der Erblasser keinen Begünstigungswillen hatte und zumindest hinsichtlich des Mehrwertes ein Vorausvermächtnis (§ 2150).[547]

Die Teilungsanordnung verpflichtet die Erbengemeinschaft schuldrechtlich wie eine 200
Miterbenvereinbarung, die Verwaltung des Nachlasses bzw. die Erbauseinandersetzung entsprechend dieser Anwendung vorzunehmen.[548] Sie verpflichtet gegebenenfalls zugleich den sie betreffenden Miterben zur Übernahme des ihm zugewiesenen Nachlassgegenstandes, und zwar ohne ihm eine Ausschlagungsmöglichkeit zu geben wie beim Vorausvermächtnis. Will der Miterbe den ihm zugewiesenen Gegenstand nicht annehmen, hat er keinen Anspruch darauf, in Höhe seines Wertes anderweitig aus dem Nachlass befriedigt zu werden,[549] es sei denn, der Erblasser wollte ihm nur ein Übernahmerecht und nicht zugleich auch eine Übernahmepflicht zuwenden.

Die Rechte und Pflichten aus der Teilungsanordnung entstehen zwar mit dem Erbfall, 201
ihre Wirkung ist aber bis zur Auseinandersetzungsreife aufgeschoben. Der durch die Teilungsanordnung begünstigte Miterbe kann daher eine auf den ihm zugewiesenen Nachlassgegenstand gegenständlich beschränkte Teilerbauseinandersetzung nur verlangen, wenn Nachlassverbindlichkeiten nicht mehr bestehen und berechtigte Belange der Erbengemeinschaft und der einzelnen Miterben nicht gefährdet werden.[550] Wegen ihrer nur schuldrechtlichen Wirkung können sich die Miterben einverständlich über Teilungsanordnungen hinwegsetzen, sofern diese nicht gleichzeitig Auflagen zu Lasten aller Miterben sind.[551] Testamentsvollstrecker sind jedoch bei der Erbauseinandersetzung an die Anordnungen gebunden, ebenso Richter und Notare bei ihrer Vermittlung nach §§ 86 ff. FGG, sofern die Miterben nicht übereinstimmend abweichende Anträge stellen.[552]

Eine Teilungsanordnung ist eine Beschränkung i. S. des § 2306 Abs. 1, so dass ein 202
Pflichtteilsberechtigter seinen Erbteil ausschlagen und den Pflichtteil verlangen kann (§ 2306 Abs. 1), beides nach der h. M.[553] jedoch dann nicht, wenn sie ihn nicht beeinträchtigt oder gar nicht berührt. Die Miterben können über die Verwaltung des Nachlasses sowie seine Auseinandersetzung jederzeit auch vertragliche Vereinbarungen treffen.[554]

b) Arten von Teilungsanordnungen

Man unterscheidet materielle und formelle Teilungsanordnungen.[555]

aa) Formelle Teilungsanordnungen. Unter die formellen Teilungsanordnungen, die nur 203
schuldrechtlich unter den Miterben wirken, fallen zunächst alle Anordnungen des Erblassers über die Art der Verwaltung des Nachlasses (Verwaltungsanordnung), die von

---

547 BGH FamRZ 1987, 475; BGH NJW 1985, 51, 52 = FamRZ 1984, 688; zur Abgrenzung von Vorausvermächtnis und Teilungsanordnung: Staudinger/Otte § 2150 Rn 9 f.; zur früher vom BGH vertretenen Möglichkeit einer „wertverschiebenden Teilungsanordnung": BGHZ 82, 274, 279 = NJW 1982, 43; Loritz NJW, 1988, 2697, 2705; Siegmann ZEV 19996, 47; 2. Auflage Rn 974 m. w. N.

548 BGH DNotZ 2003, 57.

549 Staudinger/Otte § 2150 Rn 11.

550 BGH NJW 1985, 51, 52 = FamRZ 1984, 688; Johannsen WPM 1977, 271.

551 BGHZ 40, 115, 117 = NJW 1963, 2320.

552 MünchKomm/Ann, § 2048 Rn 8.

553 MünchKomm/Lange, § 2306 Rn 11; U. Mayer DNotZ 1996, 423.

554 Siehe hierzu Welter MittRhNotK 1986, 140.

555 Müller, Das erbrechtliche Übernahmerecht – Tilgungsanordnung oder Vorausvermächtnis? Diss. Freiburg 1970, S. 30 f.

den dispositiven gesetzlichen Vorschriften nach § 2038 abweichen. So kann z. B. der Erblasser einem Miterben – ohne ihn ausdrücklich zum Testamentsvollstrecker zu ernennen – im Wege der Teilungsanordnung besondere Verwaltungsbefugnisse übertragen.[556] Sodann rechnet man zu ihnen Bestimmungen, die Art und Weise und den Zeitpunkt der Erbauseinandersetzung abweichend von den §§ 2042 ff. regeln.[557] Letztlich zählt hierzu die Anordnung des Erblassers, dass die Erbteilung von einem Dritten nach billigem Ermessen vorzunehmen ist (§ 2048 Satz 2, 3) und die Einsetzung eines Schiedsgerichts zur Entscheidung von Streitigkeiten bei der Erbauseinandersetzung gem. § 1066 ZPO.[558] Auseinandersetzungsberechtigter Dritter i. S. von § 2048 Satz 2 kann jede Person innerhalb und außerhalb der Erbengemeinschaft sein, auch ein Miterbe[559] oder ein Testamentsvollstrecker.[560] Ist der Dritte nicht zugleich Testamentsvollstrecker, kann er die Erbteilung nicht selbst vornehmen, sondern ist darauf beschränkt, einen Auseinandersetzungsplan aufzustellen, ohne dabei an die gesetzlichen Teilungsregeln gebunden zu sein.[561] Die Erben sind dann einander schuldrechtlich verpflichtet, die Erbauseinandersetzung in der vom Dritten bestimmten Weise vorzunehmen. Die Bestimmungen des Dritten sind nicht verbindlich, wenn sie offenbar unbillig sind (§ 2048 Satz 3), die Bestimmung erfolgt dann durch Urteil. Kann oder will der Dritte die Entscheidung nicht treffen oder verzögert er sie, ist § 319 Abs. 1 Satz 2 entsprechend anwendbar.[562] Die reinen Teilungsanordnungen betreffen lediglich die gesetzlichen Auseinandersetzungsbestimmung und sind im Rahmen des Teilungsplanes zu berücksichtigen.[563]

204 *bb) Materiellrechtliche Teilungsanordnungen.* Materiellrechtliche Teilungsanordnungen betreffen nicht das Auseinandersetzungsverfahren, sondern die Auseinandersetzung des Nachlasses selbst, insbesondere die Zuweisung einzelner Nachlassgegenstände an die Miterben, falls erforderlich unter Wertausgleich. Nur bei ihnen können Zweifel entstehen, ob es sich im Einzelfall um bloße (reine) Teilungsanordnungen nach § 2048 handelt, um Vorausvermächtnis (§ 2150) oder um Auflagen (§ 1940). Neben solchen gegenständlichen Zuwendungen kann der Erblasser nach § 2048 auch Regelungen über die Lastentragung der Miterben im Innenverhältnis treffen, auch bezüglich Vermächtnissen und Pflichtteilsverbindlichkeiten,[564] so z. B., dass die Forderungen eines Miterben an den Nachlass erst im Rahmen der Erbauseinandersetzung zu begleichen sind.[565] Weiter gehören hierher die sog. negativen Auseinandersetzungsanordnungen (Teilungsverbote und -beschränkungen) nach § 2044.[566]

c) Sicherung der Erfüllung von Teilungsanordnungen

205 Wegen ihrer allein schuldrechtlichen Wirkung (§ 137) bieten Teilungsanordnungen dem Erblasser keine Gewähr, dass sie nach seinem Tod erfüllt werden, da sie einverständlich von den Erben unbeachtet gelassen werden können.[567] Der Erblasser kann jedoch durch mittelbaren Zwang die Erfüllung seiner Teilungsanordnung weitgehend sicherstellen. Vor allem kann er sie zum Inhalt einer alle Miterben belastenden Auflage

[556] Staudinger/Werner § 2038 Rn 24.
[557] RGZ 110, 270, 273.
[558] Staudinger/Werner § 2048 Rn 4; RGZ 100, 77.
[559] RGZ 110, 274.
[560] Staudinger/Werner § 2048 Rn 13.
[561] Staudinger/Werner § 2048 Rn 12.
[562] Staudinger/Werner § 2048 Rn 16 m. w. N.; Formular für eine Drittbestimmung bei der Auseinandersetzung in MünchVertrHdb/Nieder/Otto, Bd. 6/2.
[563] BGHZ 80, 263 = NJW 1991, 1837.
[564] BGH LM § 138 (Cd) Nr. 2.
[565] OLG Stuttgart BWNotZ 1976, 67.
[566] BGHZ 56, 275, 280.
[567] Staudinger/Werner § 2048 Rn 3.

gem. §§ 1940, 2192 machen.[568] Dies hat allerdings nur dann Sinn, wenn ein Vollziehungsberechtigter gem. § 2194 vorhanden ist, z. B. ein Ersatzerbe (jedoch nicht auch ein Ersatznacherbe), der die Erfüllung der Auflage zu erzwingen bereit ist (siehe § 9 Rn 119 ff.). Eine weitere Möglichkeit ist, dass der Erblasser die Erfüllung seiner Teilungsanordnung durch die Miterben zur jeweils auflösenden Bedingung ihrer Erbeinsetzungen macht,[569] was allerdings eine konstruktive Nacherbfolge (§ 2104) hervorruft. Letztlich kann der Erblasser einen Testamentsvollstrecker einsetzen, der gem. §§ 2203, 2204 Abs. 1 grundsätzlich an die Teilungsanordnungen des Erblassers gebunden ist, sich aber im Einverständnis mit sämtlichen Erben auch darüber hinwegsetzen kann.[570]

d) Teilungsanordnung und Vorausvermächtnis

Die Zuweisung eines Einzelgegenstandes an einen Miterben kann der Erblasser mit einer Teilungsanordnung (§ 2048) oder einem Vorausvermächtnis (§ 2150) (siehe hierzu § 9 Rn 43 ff.) erreichen, wobei der Vorausvermächtnisnehmer mehrfach besser gestellt wird.[571] 206

aa) Die rechtlichen und praktischen Unterschiede. Zwischen diesen beiden Rechtsinstituten bestehen insbesondere folgende Unterschiede:[572] 207

- Beim Vorausvermächtnis erfolgt keine Anrechnung auf den Erbteil. 208
- Das Vorausvermächtnis muss dem Bedachten einen objektiven Vermögensvorteil gewähren und der Erblasser muss einen darauf gerichteten Begünstigungswillen haben,[573] während dies bei der Teilungsanordnung nicht der Fall zu sein braucht. Die Teilungsanordnung konkretisiert nur den Erbteil, während das Vorausvermächtnis zusätzlich zum Erbteil erworben wird. 209
- Die Teilungsanordnung kann nur und erst im Wege der Erbauseinandersetzung geltend gemacht werden, während der durch ein Vorausvermächtnis bedachte Miterbe sofort mit dem Erbfall einen schuldrechtlichen Erfüllungsanspruch gegen die Erbengemeinschaft erhält (§§ 2174, 2176). Der Vorausbedachte kann als Nachlassgläubiger (§ 1967 Abs. 2: Verbindlichkeit aus Vermächtnis) mittels Gesamthandsklage (§ 2059 Abs. 2) seinen Anspruch gegen die Miterben auch bei ungeteiltem Nachlass geltend machen, soweit der Erblasser nichts anderes bestimmt hat.[574] 210
- Dies führt auch zu einem besseren Befriedigungsrang: Der Vorausvermächtnisnehmer rangiert zwar hinter den normalen Nachlassgläubigern (§§ 1991 Abs. 4, 1992 BGB i. V. mit § 327 Abs. 1 Nr. 2 InsO), kann aber den Vollzug seines Vermächtnisses verlangen, bevor der Nachlass unter den Miterben unter Berücksichtigung der Teilungsanordnungen geteilt wird (§ 2046 gegenüber § 2047). 211
- Nur das Vermächtnis kann ausgeschlagen werden (§ 2180), eine Teilungsanordnung jedoch nicht. Der Miterbe kann daher die Übernahme des ihm durch eine Teilungsanordnung zugewiesenen Gegenstandes nicht verweigern, auch wenn er ihn nicht gebrauchen kann, es sei denn, dass der Erblasser ihm nur ein Übernahmerecht und keine Übernahmepflicht einräumen wollte, was dann allerdings mehr für ein Vorausvermächtnis spricht. Nur wenn er in seinem Pflichtteilsrecht beeinträchtigt wird, kann er sich nach Maßgabe der §§ 2305, 2306 Abs. 1 Satz 2 wehren.[575] 212

---

[568] Mattern BWNotZ 1965, 1, 6; BGHZ 40, 115/117 = NJW 1963, 2320 = DNotZ 1964, 623.
[569] MünchKomm/Ann § 2048 Rn 15.
[570] BGHZ 56, 275, 280 = NJW 1971, 1805; Kegel FS f. Lange, 1976, S. 934.
[571] Staudinger/Werner § 2048 Rn 7.
[572] Siehe hierzu: Coing JZ 1962, 529, 530; Mattern DNotZ 1963, 450, 454 ff.; Loritz NJW 1988, 2697, 2699; BGH ZEV 1996, 70 m. Anm. Kummer S. 71; Rudolf, Teilungsanordnung und Vorausvermächtnis, Diss. Tübingen 1966, S. 46 ff.; Beck'sches Formularbuch Erbrecht/Kössinger, C. IV.1. Anm.11.
[573] BGHZ 35, 115, 119 = NJW 1962, 343 = LM § 2048 Nr. 4 m. Anm. Mattern.
[574] Staudinger/Otte § 2150 Rn 6.
[575] Lange/Kuchinke, 4. Aufl., § 44 4 d.

213 • Schlägt der Erbe die Erbschaft aus, so wird auch die mit seinem Erbteil verbundene Teilungsanordnung gegenstandslos, während er ein ihm zugewendetes Vorausvermächtnis annehmen kann. Der Erblasser kann allerdings das Vorausvermächtnis unter die Bedingung stellen, dass der Bedachte auch die Erbschaft annimmt.[576]

214 • Für die Ausschlagung des mit der Teilungsanordnung beschwerten Erbteils gilt die Frist des § 1944, für die Ausschlagung des Vorausvermächtnisses besteht keine Frist.

215 • Dem Vorausvermächtnis kann kraft ausdrücklicher gesetzlicher Vorschrift im gemeinschaftlichen Testament (§§ 2270 Abs. 3, 2271) und im Erbvertrag (§§ 2278 Abs. 2, 2289) bindende Wirkung von Todes wegen beigelegt werden, während Teilungsanordnungen stets frei widerruflich sind (§§ 2253, 2299).

216 • In der Folge genießt der durch ein Vorausvermächtnis bindend Bedachte schon vor dem Erbfall den Schutz des § 2288 gegen lebzeitige Zweitverfügungen des Erblassers, nicht dagegen der nur durch eine Teilungsanordnung Begünstigte.

217 • Der Vorausvermächtnisgegenstand unterliegt gem. § 2110 Abs. 2 im Zweifel nicht der Nacherbenbeschränkung und ist beim schuldrechtlichen Erbteilsverkauf nicht als mitverkauft anzusehen (§ 2373 Satz 1), während der durch eine Teilungsanordnung einem Miterben zugewiesene Gegenstand von der Nacherbeinsetzung und vom Erbteilsverkauf mitumfasst wird.[577] Beides kann allerdings in der Verfügung von Todes wegen bzw. im Kaufvertrag ausdrücklich anders geregelt werden. Diese Rechtsfolge kann auch rechtfertigen, einem Alleinerben ein Vorausvermächtnis einzuräumen.

218 • Grundsätzlich unterliegt zwar der durch Teilungsanordnung zugewiesene Nachlassgegenstand der Testamentsvollstreckung, nicht dagegen ein im Voraus vermachter; der Vorausvermächtnisgegenstand ist vom Testamentsvollstrecker an den Bedachten zu leisten (§§ 2174, 2203; Klagemöglichkeit gemäß § 2213). Anderes gilt, wenn die Testamentsvollstreckung, was zulässig ist,[578] auch bezüglich des Vorausvermächtnisses angeordnet ist.

219 • Grundsätzlich bedarf es sowohl bei der Teilungsanordnung als auch beim Vorausvermächtnis einer gesonderten Erfüllungshandlung, insbesondere Übereignung, nach allgemeinen Vorschriften. Jedoch erwirbt der alleinige Vorerbe den ihm zugewandten Vorausvermächtnisgegenstand unbeschränkt direkt durch den Vorerbgang. Demgemäß ist im Erbschein anzugeben, dass sich das Recht des Nacherben nicht auf den Gegenstand des Vorausvermächtnisses erstreckt (siehe auch § 9 Rn 45).[579]

220 • Bei der beschränkten Erbenhaftung gehört ein Nachlassgegenstand, der einem Miterben in Ausführung einer Teilungsanordnung zugewiesen wurde, auch nach Durchführung des Aufgebotsverfahrens weiterhin zum haftenden Nachlass, nicht dagegen nach § 1973 ein im Voraus vermachter nach Vollzug des Vermächtnisses.[580] Er ist nach dem Vermächtnisvollzug nur noch durch eine Anfechtung der Nachlassgläubiger gem. § 322 InsO oder § 5 AnfG bedroht.

221 • Die rechtlichen Möglichkeiten eines als Erben berufenen Pflichtteilsberechtigten bei Belastung mit einer Teilungsanordnung sind in § 2306 Abs. 1 geregelt. Ist dagegen ein pflichtteilsberechtigter Erbe, dessen Erbteil die Hälfte seines gesetzlichen Erbteils nicht übersteigt, mit einem Vorausvermächtnis bedacht, so kann er, falls Vermächtnis und Erbteil zusammen wertmäßig kleiner als sein Pflichtteil sind, den Pflichtteilsrechtspruch gem. §§ 2305, 2307 geltend machen oder das Vermächtnis ausschlagen, den Erbteil annehmen und den vollen Pflichtteilsrestanspruch gem. § 2305 geltend machen.

222 *bb) Die Abgrenzung bei der Auslegung.* Sofern der Notar oder beratende Rechtsanwalt vom Erblasser die Aufgabe gestellt bekommt, einzelne oder alle Gegenstände seines

---

[576] Mattern DNotZ 1963, 450, 455; Beck DNotZ 1961, 565, 572.
[577] Mattern DNotZ 1963, 450, 455.
[578] BGHZ 13, 203 = NJW 1954, 1036.
[579] Bengel/Reimann in Beck'sches Notarhandbuch, Teil C, Rn 77.
[580] BayObLGZ 1974, 312, 315.

Vermögens unter seine Erben zu verteilen, ist es seine Pflicht, durch Befragen des Erblassers festzustellen und durch eindeutige Formulierung festzuhalten, ob dies durch Vorausvermächtnis oder Teilungsanordnung geschehen soll. Letzteres ergibt sich jedenfalls bei notariell beurkundeten Verfügungen von Todes wegen regelmäßig bereits aus der Bezeichnung der Verfügung, dies kann jedoch z. B. durch die Worte „im Wege des Vorausvermächtnisses, d. h. ohne Anrechnung auf den Erbteil" oder „im Wege der bloßen (reinen) Teilungsanordnung, d. h. in Anrechnung auf den Erbteil" insbesondere bei privatschriftlichen Testamenten klargestellt werden.

In Fällen, in denen dies unterlassen wurde, meist jedoch in eigenhändigen Testamen- **223**
ten, muss der gegebenenfalls zweifelhafte Wortlaut nach folgenden von der Rechtsprechung herausgearbeiteten Abgrenzungskriterien ausgelegt werden:[581]

- Der BGH[582] stellt bei der Auslegung solcher Anordnungen in erster Linie darauf ab, ob durch sie eine **objektive Wertverschiebung gegenüber der durch die Erbquoten festgelegten Beteiligung** des Miterben am Nachlass eintritt (**objektives Merkmal**).
- Ist dies nicht der Fall, weil der Erblasser entweder die volle wertmäßige Anrechnung auf den Erbteil vorgesehen oder Ausgleichszahlungen angeordnet hat, so liegt eine **Teilungsanordnung** vor. Kommt es jedoch objektiv zu einer **Wertverschiebung,** so ist weiter zu fragen, ob der Erblasser den **Begünstigungswillen** hatte (**subjektives Merkmal**). Ist er vorhanden, so liegt, jedenfalls wegen des Mehrwertes, ein Vorausvermächtnis vor.
- Hatte er **keinen Begünstigungswillen,** so wird eine wirksame Teilungsanordnung nur dann angenommen, wenn der begünstigte Miterbe bereit ist, den überquotalen Mehrwert notfalls aus seinem Privatvermögen auszugleichen.[583] Ist der Miterbe dazu nicht bereit, ist die Anordnung unbeachtlich, sofern die Ausgleichungspflicht nicht sogar zur aufschiebenden Bedingung für die Wirksamkeit der Teilungsanordnung gemacht ist.[584]

Andererseits kann nach dem BGH[585] auch beim Fehlen einer wertmäßigen Begünsti- **224**
gung ein Vorausvermächtnis vorliegen, wenn nach dem Erblasser das Vermächtnis einen von der Erbeinsetzung unabhängigen Geltungsgrund haben sollte und z. B. dem Berechtigten auch zustehen sollte, wenn er das Erbe ausschlägt oder aus anderen Gründen nicht Erbe wird. Wird der Miterbe in einem entgeltlichen Erbvertrag durch die Anordnung objektiv begünstigt, so vermutet der BGH[586] das Vorliegen eines Begünstigungswillens beim Erblasser und damit eines Vorausvermächtnisses.

Die Abgrenzung zwischen Vorausvermächtnis und Teilungsanordnung bereitet in der **225**
Praxis Schwierigkeiten.[587] Handelt es sich um eine notarielle letztwillige Verfügung oder wurde deren Entwurf von einem Rechtsanwalt entworfen, ist zu vermuten, dass der gewählte Terminus den Erblasserwillen zutreffend wiedergibt. Ansonsten eignen sich die

---

[581] Zur Entwicklung der Rechtsprechung s. Loritz NJW 1988, 2697, 2700 f.; 2. Auflage bei Rn 979; Dieckmann FS f. Coing, 1982, S. 53.

[582] BGHZ 82, 274, 275 = NJW 1982, 43; BGH FamRZ 1982, 370; BGH NJW 1985, 51 = FamRZ 1984, 688; BGH FamRZ 1985, 62, 63 = WPM 1984, 1006; BGH FamRZ 1987, 475, 476; BGH FamRZ 1990, 396, 397 = NJW-RR 1990, 391; BGH NJW-RR 1990, 1220 = FamRZ 1990, 1112; BGH NJW-RR 1992, 772, 774 = DNotZ 1992, 811; BGH NJW 1995, 721 = ZEV 1995, 144 mit Anm. Skibbe; OLG Braunschweig ZEV 1996, 69.

[583] BGHZ 82, 274, 279; BGH NJW 1985, 51, 52; BGH FamRZ 1985, 62, 63; BGH FamRZ 1987, 475, 476; BGH ZEV 1996, 70 m. Anm. Kummer; Rudolf FamRZ 1985, 63, 54; Palandt/ Edenhofer § 2048 Rn 5; Eidenmüller JA 1991, 150, 155; krit. Loritz NJW 1988, 2697, 2703 f.

[584] Johannsen WPM 1985 Beil. 1, S. 8; für Eventualanträge innerhalb einer Erbteilungsklage Kummer ZEV 1996, 71.

[585] BGHZ 36, 115, 117 f.; BGH NJW 1995, 721 = ZEV 1995, 144; Skibbe ZEV 1995, 145.

[586] BGHZ 36, 115, 119 = NJW 1962, 343.

[587] Staudinger/Otte § 2150 Rn 9 ff.; Lange/Kuchinke, 4. Aufl., § 29 V 1, S. 601; zur Begünstigung und Begünstigungswille als Abgrenzung zwischen Vorausvermächtnis und Teilungsanordnung: Gergen, ZErb 2006, 362.

beiden Fachbegriffe ohne nähere Erläuterung oder zumindest dem Zitat der entsprechenden Paragraphen des BGB nicht zur eindeutigen Festlegung des Erblasserwillens in einer Verfügung von Todes wegen.[588] Zur zweckmäßigen Klarstellung des gewählten Rechtsinstituts siehe oben Rn 222.

e) Gestaltungsmöglichkeiten für gegenständliche Zuwendungen

226 Will der Erblasser, der seine Erben zu bestimmten Erbquoten eingesetzt hat, zusätzlich alle oder verschiedene Nachlassgegenstände unter sie verteilen, stehen ihm folgende rechtliche Konstruktionsmöglichkeiten zur Verfügung, wobei die Wahl, um Auslegungsschwierigkeiten zu vermeiden, in der Verfügung eindeutig zum Ausdruck gebracht werden sollte. Die Gestaltungswahl hat nach der wirtschaftlichen Zielsetzung des Erblassers im Hinblick auf die verschiedenen Rechtsfolgen der beiden Rechtsinstitute zu erfolgen.[589]

227 *aa) Reine Teilungsanordnung (§ 2048 Satz 1).* Zuweisung des Nachlassgegenstandes an den Miterben unter der ausdrücklichen Bestimmung, dass er ihn sich auf seine Erbquote anrechnen lassen muss oder, falls deren Wert nicht ausreicht, die entsprechende Ausgleichszahlung aus seinem eigenen Vermögen zu leisten hat, was innerhalb einer Teilungsanordnung nur dadurch ermöglicht wird, dass man sie als durch die Ausgleichszahlung bedingt ansieht.[590]

Formulierungsvorschlag:

Diesen Nachlassgegenstand erhält der Miterbe im Wege der reinen Teilungsanordnung, d. h. unter Anrechnung auf seinen Erbteil bzw. Ausgleichung aus seinem sonstigen Vermögen.

228 Die Ausgleichungspflicht könnte – zur Vermeidung einer bedingten Erbeinsetzung und der damit entstehenden konstruktiven Nacherbfolge – auch als Vermächtnis konstruiert werden, dann aber besser aufschiebend bedingt durch die Übernahme des Gegenstandes, da sonst der Vermächtnisnehmer die Übernahme indirekt erzwingen kann.

229 *bb) Reines Vorausvermächtnis (§ 2150).* Der Miterbe erhält den Nachlassgegenstand im Wege des Vorausvermächtnisses und somit unter vollständigem Ausschluss der Anrechnung auf seinen Erbteil oder der Ausgleichung aus seinem Privatvermögen so zugeteilt, als sei er nicht Miterbe, sondern als Dritter Vermächtnisnehmer.

Formulierungsvorschlag:

Diesen Nachlassgegenstand erhält der Miterbe im Wege des Vorausvermächtnisses und somit ohne Anrechnung auf seinen Erbteil oder Ausgleichung aus seinem sonstigen Vermögen.

230 Die Wertdifferenz zwischen Gegenstand und Erbquote kann auch bei einem reinen Vorausvermächtnis durch ausdrückliche Erblasseranordnung wie folgt ausgeglichen werden. Entweder kann der Erblasser das Vorausvermächtnis unter die aufschiebende Bedingung stellen, dass der begünstigte Miterbe und Vermächtnisnehmer es sich auf seinen Erbteil anrechnen lässt oder es aus seinem Privatvermögen ausgleicht[591] oder er be-

[588] Vgl. Dieckmann in FS f. Coing, 1982, S. 71.
[589] Mattern DNotZ 1963, 450, 454.
[590] BGHZ 82, 274, 279; BGH FamRZ 1985, 62, 63; BGH NJW 1985, 51, 52; BGH FamRZ 1987, 475, 476; Johannsen WPM 1985 Beil. 1, S. 8.
[591] BGH in Johannsen WPM 1977, 276.

schwert den Vorausvermächtnisnehmer mit einem Untervermächtnis zugunsten der anderen Miterben in Höhe dieses Mehrwertes.[592]

Durch ein aufschiebend bedingtes Haupt- oder Untervermächtnis (siehe § 9 Rn 14, § 10 Rn 131 ff.) kann eine Spekulationsklausel bezüglich eines durch Teilungsanordnung oder Vorausvermächtnis zugewiesenen Nachlassgegenstandes in der Weise konstruiert werden, dass dem Ausgleichsberechtigten der anteilige Mehrerlös für den Fall des Verkaufs des Nachlassgegenstandes vermacht wird, allerdings wegen § 2163 zeitlich begrenzt auf Verkaufsfälle innerhalb von 30 Jahren bzw. der Lebenszeit des Zuwendungsempfängers. 231

cc) Kombination von Teilungsanordnung und Vorausvermächtnis (überquotale Teilungsanordnung). Dieselbe Anordnung des Erblassers kann in voller Höhe Ansicht wegen der unterschiedlichen Rechtsfolgen dieser beiden Rechtsinstitute nicht zugleich Teilungsanordnung und Vorausvermächtnis sein.[593] Deshalb kann man auch im Einzelfall nicht dahingestellt sein lassen, ob eine Verfügung des Erblassers als Teilungsanordnung oder als Vorausvermächtnis zu qualifizieren ist.[594] 232

Man kann jedoch beide Rechtsinstitute so kombinieren, dass die Anordnung des Erblassers hinsichtlich der Gegenstandszuweisung selbst bis zum Wert der Erbquote eine Teilungsanordnung unter Anrechnung auf den Erbteil sein soll (§ 2048 Satz 1) und in Höhe des Mehrwerts, d.h. der Differenz, um den der Verkehrswert des zugewiesenen Nachlassgegenstandes den der Erbquote übersteigt, ein Vorausvermächtnis gem. § 2150 als Wertvermächtnis zu Lasten der anderen Miterben.[595] 233

Formulierungsbeispiel:

Ich setze A, B und C zu gleichen Erbteilen zu meinen Erben ein. Meine folgenden Nachlassgegenstände teile ich meinen Erben wie folgt zu:

...

Falls dadurch einer meiner Erben wertmäßig mehr erhält, als es seiner Erbquote entspricht, so wird ihm dieser Überschuss als Vorausvermächtnis zugewandt, so dass ein Ausgleich zwischen den Erben nicht stattfindet. Das Vorausvermächtnis wird unter der Bedingung der Annahme der Erbschaft angeordnet und fällt erst bei Auseinandersetzung des Nachlasses an.

Diese Kombination der beiden Rechtsinstitute sollte jedoch wegen deren erheblichen Unterschieden auch hinsichtlich der Rechtsfolgen, vermieden werden.[596] Ein weiterer Nachteil einer solchen Konstruktion liegt darin, dass einerseits der so Bedachte die Erbschaft ausschlagen und nur den Mehrwert als Vermächtnis verlangen kann, wenn die Annahme der Erbschaft nicht zur Bedingung seines Anfalls gemacht ist[597] und andererseits er mit der Erfüllung des Vorausvermächtnisses bis zur Erbauseinandersetzung warten muss, was allerdings auch zur Berechtigung dieser Konstruktion angeführt wird.[598] Besser sollte man daher, wenn der Erblasser einen Miterben in dieser Weise bevorzugen 234

[592] Lange/Kuchinke, 4. Aufl., § 44 III 4 e.

[593] Coing JZ 1962, 529, 533; Staudinger/Otte § 2150 Rn 9 m. w. Nachw.; Lange/Kuchinke, 4. Aufl., § 29 V 1 d; Loritz NJW 1988, 2697, 2702; Eidenmüller JA 1991, 154; BGH FamRZ 1985, 62 m. zust. Anm. Rudolf; a. M. BGH LM § 2048 Nr. 5 a = DNotZ 1963, 112 = NJW 1962, 1058; Mattern DNotZ 1963, 450, 463.

[594] Rudolf, Teilungsanordnung und Vorausvermächtnis, Diss. Tübingen 1966, S. 64.

[595] So z. B. BGH NJW 1985, 51, 52; BGH FamRZ 1985, 62, 63; BGH FamRZ 1987, 475, 476; Palandt/Edenhofer § 2048 Rn 5; MünchKomm/Ann § 2150 Rn 16.

[596] Vgl. auch Staudinger/Otte § 2150 Rn 9.

[597] Rudolf FamRZ 1985, 64.

[598] Loritz NJW 1888, 2702.

will, ihm den gesamten Nachlassgegenstand im Wege des reinen Vorausvermächtnisses zuwenden und ihn mit einem Untervermächtnis zugunsten der Miterben belasten.

235 *dd) Erbeinsetzung nach Vermögensgruppen.* Letztlich kann die Auslegung eines Testaments trotz „Teilungsanordnungen" eine Erbeinsetzung nach Vermögensgruppen ergeben, so dass die Erben zu den Quoten eingesetzt sind, die sich aus dem Wert der jeweils zugewendeten Gegenständen im Verhältnis zum Gesamtnachlass ergibt.[599]

f) Teilungsanordnung und Nacherbfolge

236 Ein Vorerbe ist grundsätzlich gem. § 2112 während der Dauer der Vorerbschaft hinsichtlich des gesamten Nachlasses verfügungsbefugt und kann gem. § 2042 von seinen Mitvorerben jederzeit die Auseinandersetzung der Vormiterbengemeinschaft verlangen.[600] Zur Auseinandersetzung dieser Vormiterbengemeinschaft bedarf es der Zustimmung der Nacherben nur, wenn die Verfügung unter die Beschränkung der §§ 2113 Abs. 1 oder 2114 fällt.[601] Gehören daher zum Nachlass Grundstücke, so bedarf es zur Erbauseinandersetzung nur bei einer **nicht befreiten Vorerbschaft** gem. § 2113 Abs. 1 der Zustimmung des Nacherben, nicht jedoch wenn der Vorerbe von dieser Beschränkung befreit (§ 2136) ist, da infolge der Surrogation die Erbauseinandersetzung der entgeltlichen Verfügung gleichsteht.[602] Die Beschränkung des § 2113 Abs. 2 (Schenkungsverbot) greift dagegen bei einer Erbauseinandersetzung nur ein, weil sie, sofern der Miterbe dabei wertmäßig nicht mehr erhält, als ihm nach seiner Erbquote zusteht, nicht unentgeltlich ist und außerdem alles, was er in der Auseinandersetzung erwirbt, Surrogat gem. § 2112 ist und deshalb der Nacherbe nicht beeinträchtigt wird.[603] Dies gilt auch, wenn die Erbauseinandersetzung zwischen den Mitvorerben auf Grund einer Teilungsanordnung erfolgt, jedoch mit der Besonderheit, dass dann nach der h. M. die Zustimmung des Nacherben gem. § 2113 Abs. 1 bei Verfügungen über Grundbesitz auch bei der nicht befreiten Vorerbschaft nicht erforderlich ist, da die Teilungsanordnung auch gegenüber dem Nacherben wirkt, rechtlich nicht nachteilig ist und der Vorerbe insoweit von der Verfügungsbeschränkung des § 2113 Abs. 1 befreit ist.[604] Unwirksam ist allerdings ohne Zustimmung des Nacherben eine Verfügung, die der Vorerbe vornimmt, um einer Teilungsanordnung vorzeitig nachzukommen, die dem Nacherben auferlegt ist.[605] Die Grundstücksverfügung bedarf dann nicht der Zustimmung des Nacherben, wenn sie allein der Erfüllung einer Teilungsanordnung des Erblassers dient.[606] Entbehrlich ist die Zustimmung des Nacherben auch, wenn bei der Erbauseinandersetzung der Vorerbe wertmäßig nicht mehr erhält, als ihm auf Grund seiner Erbquote gebührt.[607] Auf jeden Fall ist jedoch, da der Erwerb des Mitvorerben in der Erbauseinandersetzung, und zwar auch wenn er auf Grund einer Teilungsanordnung erfolgt, als Surrogat weiterhin in der Nacherbschaft verbleibt, der Nacherbvermerk (§ 51 GBO) auf einem in dieser Weise erworbenen Grundstück, Grundstücksanteil oder Grundstücksrecht wieder einzutragen.[608] Soll ein Nachlassgegenstand bereits in der Hand eines Mitvorerben ganz aus der

---

[599] BGH WPM 1990, 854.

[600] Staudinger/Behrends/Avenarius § 2112 Rn 15.

[601] RGZ 75, 363, 366; MünchKomm/Grunsky, § 2100 Rn 18.

[602] OLG Dresden Recht 1920 Nr. 1908 = ZBlFG 1920, 324.

[603] MünchKomm/Grunsky § 2111 Rn 12.

[604] KG HRR 1941 Nr. 129; KGJ 32 A 305; Staudinger/Behrends/Avenarius § 2110 Rn 12; KG JFG 22, 98; LG Hanau Rpfleger 1986, 433; a. M., d. h. lediglich Zustimmungsverpflichtung des Nacherben gem. § 2120: MünchKomm/Grunsky, § 2113 Rn 13.

[605] BayObLG NJW 1974, 2323 = DNotZ 1975, 417.

[606] OLG Hamm NJW-RR 1995, 1289 = ZEV 1995, 336 m. Anm. Graf = FamRZ 1995, 961.

[607] Graf ZEV 1995, 339.

[608] RGZ 89, 53, 58; BGH LM § 242 (Ca) Nr. 13 = MDR 1959, 290 = FamRZ 1959, 290; BayObLG JurBüro 1984, 751 = Rpfleger 1984, 142; BayObLGZ 1986, 208, 213 = Rpfleger 1986, 470;

Nacherbschaft ausscheiden, bleibt nur der Weg eines Vorausvermächtnisses an den betreffenden Vorerben. Erfolgt die Auseinandersetzung von Grundbesitz zwischen Mitvorerben, die jeweils durch selbständige Nacherbeinsetzungen (z. B. nach Stämmen) beschränkt sind, sind auf den zugeteilten Surrogatgrundstücken beim Nacherbvermerk nicht alle ursprünglichen Nacherben, sondern jeweils nur die eigenen Nacherben dieses Vorerben einzutragen.[609] Wird bei der Erbauseinandersetzung zwischen einem befreiten Vorerben und seinem Mitvollerben Grundbesitz auf den letzteren übertragen, so scheidet dieser ohne Mitwirkung des Nacherben aus der Nacherbschaft aus und der Nacherbvermerk kann gelöscht werden, wenn es sich um eine entgeltliche Verfügung handelt, d. h. der Vollerbe nicht mehr bekommt als einem Erbteil entspricht.[610]

237 Vor Eintritt der Nacherbfolge kann der Nacherbenvermerk im Grundbuch nur gelöscht werden, wenn der Nacherbe einschließlich der Ersatznacherben in der Form des § 29 GBO seine Löschung bewilligen, was jedoch nur zum Verzicht auf den grundbuchmäßigen Schutz gegen gutgläubigen Rechtserwerb führt, oder auf Grund Unrichtigkeitsnachweis gem. § 22 Abs. 1 GBO.

238 **Hinweis für die Praxis: Teilungsanordnungen bei Vor- und Nacherbfolge** müssen jeweils erkennen lassen, ob sie bereits unter den Vorerben vollzogen werden sollen oder erst nach Eintritt der Nacherbfolge. Sollen sie bereits von den Vorerben vollzogen werden, muss sich der Erblasser darüber klar sein, dass durch sie keine endgültige Erbauseinandersetzung erfolgen kann, es sei denn, er setzt für jeden Vorerben getrennt einen oder mehrere Nacherben ein.

g) Teilungsanordnung und erbrechtliche Bindung

239 Teilungsanordnungen können gem. §§ 2070 Abs. 3, 2278 Abs. 2 weder wechselbezüglich noch vertragsmäßig angeordnet werden. Dass bedeutet, dass diese ein Erblasser, wenn sie in sonst erbrechtlich bindenden Verfügungen von Todes wegen enthalten sind, ohne weiteres aufheben kann. Will man daher beim gemeinschaftlichen Testament oder beim Erbvertrag eine der Teilungsanordnung ähnliche Gestaltung mit bindender Wirkung erreichen, muss man auf Vermächtnisse und Auflagen ausweichen, so z. B. die Vermächtnisse jeweils mit Untervermächtnissen zwecks Gleichstellung belasten.

240 Die Frage, ob man sie auch **nachträglich trotz bindender Verfügungen von Todes wegen anordnen** kann, beantwortet sich danach, ob dadurch der bindend Bedachte i. S. des § 2289 Abs. 1 Satz 2 beeinträchtigt wird. Nach der Meinung des BGH[611] kann ein durch bindend gewordene wechselbezügliche Verfügung oder vertragsmäßig an die Erbeinsetzung gebundener Erblasser, auch wenn er sich das in der Verfügung von Todes wegen nicht ausdrücklich oder stillschweigend vorbehalten hat, nachträglich Teilungsanordnungen treffen oder getroffene abändern, sofern dadurch nicht eine Wertverschiebung zu Lasten des bindend Bedachten eintritt, vielmehr die Ausgleichung entsprechend der Erbquoten sichergestellt ist. Überzeugender ist jedoch, dass eine Teilungsanordnung auch bei vollem Wertausgleich eine Beeinträchtigung i. S. des § 2289 Abs. 1 darstellt. So ergibt sich aus § 2306 Abs. 1, dass eine Teilungsanordnung eine Beschränkung des Erben darstellt. Ist kein Abänderungsvorbehalt vorgesehen, ist der Vertragsmiterbe dahingehend geschützt, dass er nicht nur wertmäßig seine Erbquote erhält, sondern auch eine entsprechende Beteiligung an allen Nachlassgegenständen, so dass auch nur mit ihm Verfügungen über Nachlassgegenstände möglich sind (§ 2040 Abs. 1).[612] Gleiches gilt für das ge-

---

BayObLG FamRZ 1987, 104, 106; LG Köln MittRhNotK 1988, 21; Deimann Rpfleger 1978, 244; a. M. Beck DNotZ 1961, 573 u. evtl. BayObLG Rpfleger 1982, 467 = DNotZ 1983, 320.

609 Siehe dazu eingehend Deimann Rpfleger 1978, 244, 245.

610 KGJ 32 A 305; Schöner/Stöber, Grundbuchrecht, Rn 3520.

611 BGHZ 82, 274, 278 f. = NJW 1982, 43 = FamRZ 1982, 56 = JR 1982, 153 m. abl. Anm. Schubert; BGH NJW 1982, 441; OLG Braunschweig ZEV 1996, 69, 70; Musielak FamRZ 1989, 176; Kuchinke JuS 1988, 853.

612 So auch Staudinger/Kanzleiter § 2289 Rn 12.

meinschaftliche Testament: Die Beschränkung des Schlussmiterben durch eine Teilungsanordnung steht im Widerspruch zur unbeschränkten Miterbeneinsetzung und stellt einen teilweisen Widerruf (§ 2258 Abs. 1) der wechselbezüglichen Verfügung dar,[613] was zu Lebzeiten unzulässig ist gemäß § 2271 Abs. 1 Satz 2 und nach dem Tod des anderen Ehegatten gemäß § 2271 Abs. 2 Satz 1 nur zulässig ist bei Ausschlagung.

h) Teilungsanordnung und Erbschaftsteuer

241 Reine Teilungsanordnungen des Erblassers und Auseinandersetzungsvereinbarungen der Miterben untereinander berühren die erbschaftsteuerliche Aufteilung des Nachlasses grundsätzlich nicht.[614] Bei dem einzelnen Miterben ist daher nicht der Wert der ihm effektiv zugefallenen Vermögensgegenstände erbschaftsteuerlich zu erfassen, sondern der seiner Erbquote entsprechende Anteil am Steuerwert des gesamten Nachlasses. Entsprechend dem bürgerlichen Recht ist Steuertatbestand der Erwerb durch den Erbfall (Erbquote) und nicht der Erwerb auf Grund eines Erbfalls, d. h. des Ergebnisses der Nachlassauseinandersetzung. Jedoch gelten seit der Erbschaftsteuerreform 2009 für Todesfälle seit dem 1. 1. 2009 verschiedene Vorschriften (z. B. § 13 Abs. 1 Nr. 4b Satz 2–4, Nr. 4c Satz 2–4 ErbStG zum Familienwohnheim, § 13b Abs. 3 zum Betriebsvermögen), die sicherstellen sollen, das die Begünstigung nur den tatsächlichen Empfänger trifft und deshalb hierfür eine Teilungsanordnung oder Erbauseinandersetzung ausnahmsweise relevant ist.[615]

242 Bei einem reinen Vorausvermächtnis ist der Erbe auch steuerlich Erb- und Vermächtnisnehmer zugleich. Er hat also den zusammengerechneten Wert aus Erbanteil – gemindert um den anteiligen Vermächtniswert – und Vermächtniswert zu versteuern.

4. Übernahmerecht[616]

243 Die häufigste Form der Teilungsanordnung ist die Zuweisung eines bestimmten Nachlassgegenstandes an einen Miterben. Dies kann bedeuten, dass entweder der betreffende Miterbe das bloße Recht haben soll, den Gegenstand in Anrechnung auf seinen Erbteil zu übernehmen, und zwar entweder zum Verkehrswert oder zu einem vom Erblasser festgesetzten Übernahmepreis (**Übernahmerecht**), oder dass der betreffende Erbe gleichzeitig verpflichtet sein soll, den Gegenstand in Anrechnung auf seinen Erbteil zu übernehmen (**Übernahmepflicht**).[617] Ändert sich zwischen der Errichtung der Verfügung von Todes wegen und dem Erbfall das Verhältnis von Übernahmepreis und Verkehrswert des zugeteilten Gegenstandes erheblich, kann u. U. über § 242 geholfen werden.[618] Inhaltlich kann das Übernahmerecht sowohl bloße Teilungsanordnung als auch – bei entsprechendem Begünstigungswillen – Vorausvermächtnis sein[619] (zu den Auslegungskriterien und unterschiedlichen Rechtsfolgen dieser beiden Rechtsinstitute siehe oben Rn 206 ff.):

244 • Wird das **Übernahmerecht** als Vermächtnis zugunsten eines Nichterben oder Vorausvermächtnis zugunsten eines Erben gestaltet, so ist der Nachlassgegenstand unter der aufschiebenden Potestativbedingung vermacht, dass der Vermächtnisnehmer sein Übernahmerecht ausübt.[620] Erst nach Ausübung dieses Gestaltungsrechts kann der Vermächtnisnehmer die Übereignung des Vermächtnisgegenstandes, allerdings schon vor der Nachlassauseinandersetzung, verlangen. Man sollte im Testament jeweils eine Frist für

---

613 Lehmann MittBayNot 1988, 158.

614 BFH v. 30. 6. 1960 II 254/57 U, BStBl. III 1960, 348; Troll/Gebel/Jülicher, § 3 ErbStG Rn 114.

615 Zur Erbauseinandersetzung und Teilungsanordnung nach der Erbschaftsteuerreform: Wälzholz, ZEV 2009, 113 ff.

616 Siehe hierzu Brambring ZAP 1989, 721.

617 Staudinger/Werner § 2048 Rn 6; Staudinger/Otte § 2150 Rn 11.

618 RGZ 108, 83; BGH NJW 1960, 1759 = MDR 1960, 832.

619 Benk MittRhNotK 1979, 53, 61.

620 BGHZ 31, 13 = NJW 1959, 2252; Natter JZ 1959, 151, 152; Emmerich JuS 1962, 269, 271.

die Annahme des Übernahmerechts vorsehen. Der Erblasser kann den Anrechnungswert des Übernahmegegenstandes festsetzen. Unterlässt er dies, ist der Verkehrswert maßgebend.[621] Bei einem Landgut[622] ist gem. § 2049 im Zweifel anzunehmen, dass es mit dem Ertragswert anzusetzen ist. Auch bei einem **objektiv vollwertigen Übernahmepreis** kann ein Übernahmerecht zugunsten eines Miterben ein **Vorausvermächtnis** sein, wenn ein entsprechender Begünstigungswille des Erblassers vorliegt und wobei der erforderliche Vermögensvorteil des Begünstigten in der Möglichkeit der Entscheidung liegt, den Übernahmegegenstand zu erwerben oder nicht (**Wahlmöglichkeit = Vermögensvorteil**).[623]

• Auch in der Form der bloßen **Teilungsanordnung** wird beim Übernahmerecht dem **245** betreffenden Miterben ein Gestaltungsrecht eingeräumt, das er durch eine rechtsgestaltende Übernahmeerklärung ausüben kann. Allerdings muss hierbei der Erblasser ausdrücklich bestimmen, dass er dem Miterben lediglich ein Recht zur Übernahme geben will, da dieser sonst bei der bloßen Teilungsanordnung auch zur Übernahme verpflichtet ist.[624] Liegt der Anrechnungswert bei der Teilungsanordnung bewusst unter dem Verkehrswert, so handelt es sich nur in seiner Höhe um eine Teilungsanordnung, darüber hinaus um ein Vorausvermächtnis (im Übrigen siehe oben Rn 232 ff.). Trotz Abgabe der rechtsgestaltenden Übernahmeerklärung kann der übernahmeberechtigte Miterbe bei der bloßen Teilungsanordnung die Übertragung des Gegenstandes nur im Rahmen und zum Zeitpunkt der Gesamtnachlassauseinandersetzung verlangen.[625]

• Eine **Übernahmepflicht** bezüglich eines bestimmten Nachlassgegenstandes kann in **246** verschiedener Weise begründet werden: Einmal enthält, wie oben dargelegt, bereits das Übernahmerecht im Wege der bloßen Teilungsanordnung eine Übernahmeverpflichtung, die allerdings bei Einstimmigkeit der Erben unbeachtlich gelassen werden kann. Als Verstärkung kann die Übernahmeverpflichtung im Wege der Auflage festgelegt werden (§§ 1940, 2192 ff.) und kann dann von den Vollziehungsberechtigten (§ 2194) erzwungen werden[626]. Wirkliche Sicherheit bietet jedoch nur, wenn der Erblasser die Übernahmeerklärung bezüglich des konkreten Nachlassgegenstandes durch den Bedachten zur aufschiebenden oder auflösenden Bedingung seiner Erbeinsetzung macht, was jedoch wegen der dann eintretenden konstruktiven Nacherbfolge in der Praxis nicht zu empfehlen ist.[627]

5. Erbteilungsverbot[628]

a) Mögliche Rechtsnatur des Teilungsverbots

Ein Teilungsverbot kann sein:[629] **247**
- eine rechtlich unverbindliche Bitte oder Ratschlag,
- eine reine schuldrechtliche Teilungsanordnung nach § 2044 Abs. 1 (hierzu lit. b, Rn 248),
- eine Auflage nach §§ 1940, 2194 ff.,
- ein Vermächtnis zugunsten der anderen Miterben nach §§ 1939, 2147 ff.,

---

[621] v. Lübtow, ErbR, Bd. 2, S. 262.
[622] Zum Begriff des Landgutes und des Ertragswertes siehe oben Rn 119.
[623] BGHZ 36, 115 = NJW 1962, 343 = DNotZ 1962, 322 = LM § 2048 Nr. 4 m. Anm. Mattern.
[624] Staudinger/Werner § 2048 Rn 6; Lange/Kuchinke, 4. Aufl., § 44 III 4 d Fn. 120; siehe hierzu auch Brambring ZAP 1989, 721.
[625] BGH NJW 1985, 51, 52 = FamRZ 1984, 688; Beck MittRhNotK 1979, 53, 58; Rudolf, Teilungsanordnung und Vorausvermächtnis, Diss. Tübingen 1966, S. 80.
[626] Siehe § 9 Rn 119 ff.
[627] Rudolf, Teilungsanordnung und Vorausvermächtnis, Diss. Tübingen 1966, S. 89; Benk MittRhNotK 1979, 53, 61.
[628] Hierzu insbesondere Bengel, ZEV 1995, 178; Formular in Beck'sches Formularbuch Erbrecht/Kössinger C. IV.2.
[629] Bengel, a. a. O.; Bengel/Reimann, Beck'sches Notarhandbuch, Teil C., Rn 88.

- eine bedingte Erbeinsetzung,
- eine vom Testamentsvollstrecker zu beachtende Verwaltungsanordnung i.S. des § 2216 Abs. 2 Satz 1, falls eine Testamentsvollstreckung angeordnet ist.

b) Die reine Teilungsanordnung nach § 2044 Abs. 1 (Ausschluss der Auseinandersetzung)

248 Will der Erblasser den Nachlass – ganz oder einzelne Nachlassgegenstände – den Erben ungeteilt auf bestimmte Dauer erhalten, kann er sowohl bei gewillkürter als auch bei gesetzlicher Erbfolge[630] gemäß §§ 2044ff. durch letztwillige Verfügung die Auseinandersetzung bezüglich des ganzen Nachlasses oder einzelner Nachlassgegenstände zeitweilig ausschließen (richtiger: aufschieben), von der Einhaltung einer Kündigungsfrist abhängig machen oder in sonstiger Weise erschweren, so z.B. vom Mehrheitsbeschluss der Miterben abhängig machen.[631] Die Anordnung einer Dauerverwaltungs-Testamentsvollstreckung gemäß § 2209 Satz 1 kann im Wege der Auslegung für die angeordnete Dauer der Vollstreckung ein Auseinandersetzungsverbot enthalten.[632] Der Ausschluss der Auseinandersetzung wirkt nach §§ 2044 Abs. 1 Satz 2, 751 Satz 1 für und gegen die Sondernachfolger, die den Erbteil gem. § 2033 erworben haben.[633]

249 Zeitlich ist eine solche Anordnung gem. § 2044 Abs. 2 begrenzt auf 30 Jahre nach dem Erbfall bzw. dem Eintritt eines bestimmten Ereignisses in der Person eines Miterben, dem Eintritt einer angeordneten Nacherbfolge oder dem Anfall eines ausgesetzten Vermächtnisses, wobei für die beiden letztgenannten Fälle auch entsprechende Zeitgrenzen bestehen (§§ 2109, 2102f.).[634] Sachlich ist der Auseinandersetzungsausschluss gem. §§ 2044 Abs. 1 Satz 2, 749 Abs. 2 **wirkungslos**, wenn ein wichtiger Grund vorliegt. Wann ein wichtiger Grund i.S. des § 749 Abs. 2 vorliegt, so dass trotz Teilungsverbots zwingend (§ 749 Abs. 3) ein Anspruch auf Auseinandersetzung besteht, hängt von den Umständen des Einzelfalles ab.[635] Ferner wirkt er nicht gegenüber einem Pfändungsgläubiger des Erbteils (§ 751 Satz 2) und im Insolvenzverfahren (§ 84 Abs. 2 InsO) und tritt bei zeitlichem Ausschluss im Zweifel mit dem Tod eines Miterben außer Kraft (§ 750).

250 Obwohl im Gesetz speziell geregelt (§ 2044), sind Teilungsverbote und -beschränkungen zunächst nichts anderes als Teilungsanordnungen i.S. von § 2048 (**sog. negative Auseinandersetzungsanordnungen**),[636] weil durch sie vom Erblasser die Auseinandersetzung des Nachlasses betreffende Anweisungen gegeben werden. Wie alle Teilungsanordnungen wirken auch Teilungsverbote nicht dinglich, weil die Verfügungsmacht nicht rechtsgeschäftlich ausgeschlossen oder beschränkt werden kann (§ 137 Satz 1). Es handelt sich lediglich um schuldrechtliche Unterlassungsverpflichtungen i.S. von § 137 Satz 2.[637]

c) Verstärkte Teilungsanordnungen

251 Wie andere Teilungsanordnungen können auch Teilungsverbote Inhalt von Vermächtnissen oder Auflagen sein.[638] Diese rechtliche Qualifizierungen sind notwendig, teils um die Durchsetzbarkeit des Teilungsverbots zu gewährleisten, teils um trotz der §§ 2070 Abs. 3, 2278 Abs. 2 der Anordnung die Wechselbezüglichkeit im gemeinschaftlichen Testament und die Vertragsmäßigkeit im Erbvertrag und damit die erbrechtliche Bindungs-

---

630 BayObLGZ 1966, 408, 414 = NJW 1967, 1136.
631 RGZ 110, 273.
632 Sog. Flad'sche Regel. Kritisch Scheuren-Brandes ZEV 2007, 306.
633 OLG Hamburg NJW 1961, 610, 611.
634 MünchKomm/Heldrich § 2044 Rn 21.
635 OLG Hamburg NJW 1961, 610.
636 BGHZ 56, 275, 280 = NJW 1971, 1805.
637 BayObLG Rpfleger 1982, 467, 468.
638 Weckbach, Die Bindungswirkung von Erbteilungsverboten, 1987, S. 32 m.w.N.; nach Münch/Komm/Ann § 2048 Rn 3 sind Teilungsverbote immer entweder Vermächtnisse oder Auflagen.

wirkung zu ermöglichen.[639] Nach dem Maß, in dem der Erblasser die Freiheit der Miterben einschränken will, können vom Erblasser zwei Arten von Teilungsverboten erlassen werden:[640]

- Ein mildes Teilungsverbot, wobei die Miterben **einstimmig** die Teilung vornehmen können und das daher nur die Minderheit schützt. Es stellt nach der h. M. ein Vorausvermächtnis zugunsten und zu Lasten jedes Miterben dar.[641]
- Ein strenges, echtes Teilungsverbot, bei dem die Teilung auch einverständlich nicht möglich ist. Sie stellt eine Auflage (§§ 1940, 2192 ff.) zugunsten und zu Lasten jedes Miterben dar, so dass die Auseinandersetzung außer von einem Miterben auch von außenstehenden Vollziehungsberechtigten gem. § 2194 verhindert werden kann.[642]

Formulierungsbeispiel:

Mein Vermögen an Wertpapieren, die ich im Depotkonto Nr. ... bei der ...-Bank in ... habe, soll zur Versorgung meiner Erben ungeteilt und unter Dauerverwaltung des Testamentsvollstreckers bleiben. Ich schließe daher insoweit im Wege der Auflage das Recht, die Auseinandersetzung zu verlangen, auf die Dauer von 30 Jahren nach meinem Tod aus. Das Teilungsverbot soll auch nach dem Tod eines Miterben fortbestehen. (... Anordnungen zur Testamentsvollstreckung)

Umstritten ist, ob ein Elternteil, der mit minderjährigen Kindern in einer Erbenge- 252
meinschaft auf Ableben seines verstorbenen Ehegatten lebt, sich gem. § 1638 bei seiner Wiederheirat mit ihnen entgegen eines Teilungsverbots des verstorbenen Ehegatten auseinandersetzen muss.[643]

Pflichtteilsberechtigte Erben, deren Erbteil die Hälfte des gesetzlichen Erbteils über- 253
steigt, haben gegen Teilungsverbote die Möglichkeit den Erbteil auszuschlagen und den Pflichtteil zu verlangen (§ 2306 Abs. 1 Satz 2).[644] Sonst bleibt ihnen nur die Möglichkeit, ihren Anteil zu veräußern oder die Aufhebung der Gemeinschaft aus wichtigem Grund (§§ 2044 Abs. 1 Satz 2, 749 Abs. 2) zu verlangen.[645]

d) Zeitliche Begrenzung

Fehlt eine eindeutige zeitliche Begrenzung des Auseinandersetzungsverbots durch den 254
Erblasser, so gilt § 2044 Abs. 2 Satz 1 und das Teilungsverbot wird 30 Jahre nach Eintritt des Erbfalls unwirksam. Allerdings verlängert sich diese Frist nach § 2044 Abs. 2 Satz 2 dann, wenn der Erblasser auf den Eintritt eines bestimmten Ereignisses in der Person eines natürlichen Miterben, oder auf den Anfall eines Vermächtnisses oder den Eintritt der Nacherbfolge abgestellt hat.

Zu trennen von der rechtlichen Zulässigkeit ist die Frage der Zweckmäßigkeit eines 255
Teilungsverbots. Das Gesetz geht mit gutem Grund vom Grundsatz der unverzüglichen Auseinandersetzung der Miterben aus.[646] Hinsichtlich des sachlichen und zeitlichen Um-

---

639 Weckbach a. a. O.

640 Siehe hierzu insb. Kegel FS f. Lange, 1976, S. 927, 929 f.

641 Palandt/Edenhofer § 2044 Rn 2; a. M., d. h. nur schlichte Teilungsanordnung: Weckbach a. a. O., S. 34.

642 BGHZ 40, 115, 117 = NJW 1963, 2320; BGH WPM 1985, 174, 175 = FamRZ 1985, 278; BayObLG FamRZ 1986, 608, 609.

643 Richtigerweise dafür: BayObLGZ 1967, 230 = NJW 1967, 2407; dagegen: Schumacher BWNotZ 1968, 204; Staudenmaier BWNotZ 1968, 251. Zum volljährig gewordenen Miterben: Amtl. Begr. des Minderjährigenhaftungsbeschränkungsgesetz bei Habersack MittBayNot 1999, 23.

644 OLG Hamburg NJW-RR 1231.

645 Kohler DNotZ 1958, 245, 246.

646 Keim RNotZ 2003, 375; kritisch zu lebenslangen Bindungen im Erbrecht: Edenfeld DNotZ 2003, 4.

fangs solcher Verbote ist Zurückhaltung geboten, um nicht Miterben – und ggf. wiederum deren Rechtsnachfolger – mit divergierenden Interessen ohne sachlichen Grund über Jahrzehnte in der Erbengemeinschaft eingebunden sein zu lassen.

e) Maßnahmen zur Durchsetzung des Erblasserwillens

256 Auch strenge Erbteilungsverbote sind kraftlos, weil es davon abhängt, dass sich wenigstens eine der **Auseinandersetzungspersonen** (ein Miterbe, der Testamentsvollstrecker oder ein Vollziehungsberechtigter einer Auflage) gegen die Auseinandersetzung wehrt.[647] Zusätzlich kann der Erblasser sein Verbot noch dadurch abzusichern versuchen, dass er einen Testamentsvollstrecker einsetzt, der dann zwar an das sogar i. S. der §§ 2208, 2205 dinglich wirkende[648] Verbot gebunden ist, aber wegen § 137 Satz 1 auch wieder mit Zustimmung aller Miterben davon abweichen kann.[649] Wirklich gesichert ist das Verbot nur, wenn der Erblasser **die Erbeinsetzung** jedes Miterben jeweils dadurch **auflösend bedingt,** dass er die Auseinandersetzung verlangt, wodurch dann allerdings eine konstruktive Nacherbfolge eintreten würde und er für diesen Fall Nacherben einsetzten müsste (§ 2104).[650] Klarer wäre daher, wenn man direkt eine durch Zuwiderhandlung gegen das Verbot ausgelöste Nacherbfolge anordnen würde.[651] Sanftere und im Regelfall zur Vermeidung der Vor-/Nacherbfolge empfehlenswertere Druckmittel sind das Aussetzen von Vermächtnissen (Strafvermächtnis) oder Auflagen für den Fall des Teilungsverlangens.

f) Teilungsverbot und Grundbuch

257 Auseinandersetzungsbeschränkungen können nicht ins Grundbuch eingetragen werden.[652] Die in § 2044 Abs. 1 Satz 2 angeordnete entsprechende Anwendung von § 1010 Abs. 1 setzt voraus, dass der Erblasser die Umwandlung der Erbengemeinschaft in eine Bruchteilsgemeinschaft gestattet, deren Teilung aber verboten hat.[653] Dann ist der Teilungsausschluss im Grundbuch eintragbar und wirkt für und gegen einen Sondernachfolger in den Anteil des Miterben an der Bruchteilsgemeinschaft.[654]

6. Checkliste zu Erblasseranordnungen über die Nachlassauseinandersetzung

258 Allgemein muss wegen der bestehenden Abgrenzungsschwierigkeiten der Kautelarjurist bei Auseinandersetzungsanordnungen besonders präzise und eindeutig formulieren.
- Durch entsprechende Formulierung ist jeweils eindeutig festzulegen, ob eine gegenständliche Einzelzuweisung an einen Miterben **Vorausvermächtnis oder Teilungsanordnung** sein soll.
- **Wertausgleichanordnungen** sollten jeweils entweder als innerhalb der Teilungsanordnung erfolgt, als Vermächtnis oder bei einem Vorausvermächtnis als Untervermächtnis begründet werden.
- Gegebenenfalls ist die **Ausführung** der Teilungsanordnung durch Auflage, bedingte Erbeinsetzung (dadurch eintretende konstruktive Nacherbschaft!) oder Strafvermächtnis **sicherzustellen.**

---

[647] Grunsky AcP 189 (1989), 196.

[648] BGH NJW 1984, 2464 = JR 1985, 104 m. krit. Anm. Damrau.

[649] BGHZ 40, 115, 118 = NJW 1963, 2320; BGHZ 56, 275, 281 = NJW 1971, 1805; BGHZ 57, 84, 87 = NJW 1971, 2264; BGH NJW 1984, 2464, 2465 = FamRZ 1984, 780 = JR 1985, 104 m. Anm. Damrau; LG Bremen Rpfleger 1967, 411 m. Anm. Haegele.

[650] Lange/Kuchinke, 4. Aufl., § 44 II 3 a; Kegel FS f. Lange, 1976, S. 933; Kohler DNotZ 1958, 245, 247; siehe auch BGH WPM 1985, 174, 175 = FamRZ 1985, 278.

[651] Kohler DNotZ 1958, 245, 247 u. 252.

[652] KG DR 1944, 191 = DNotZ 1944, 15; Keim in Würzburger Notarhandbuch, Teil 4 Rn 205.

[653] KG JW 1935, 3121; KG DR 1944/45, 191; Formular hierzu in MünchVertrHdb/Nieder/Otto, Bd. 6/2.

[654] Staudinger/Werner § 2044 Rn 16.

- Bei Anordnung von **Nacherbfolge** ist festzulegen, ob die Teilungsanordnung bereits von den Vorerben oder erst den Nacherben ausgeführt werden soll.
- Soll eine **erbrechtliche Bindung** hergestellt werden, sind für gegenständliche Zuwendungen und ihre Ausgleichung Vermächtnisse, Untervermächtnisse und Auflagen zu verwenden.
- Bei **Übernahmerechten** ist festzulegen, ob durch sie auch Übernahmepflichten entstehen sollen, und wenn ja, in welcher Rechtsform.
- Bei **Teilungsverboten** und -beschränkungen ist festzulegen, ob sie Vorausvermächtnisse oder Auflagen sein sollen und ob sie durch bedingte Erbeinsetzung (Nacherben!) oder Strafvermächtnis verstärkt werden sollen.
- Umfasst das Teilungsverbot den **gesamten Nachlass** oder nur einzelne Gegenstände?
- Die Auseinandersetzung kann trotz Teilungsverbot zwingend verlangt werden, wenn ein wichtiger Grund vorliegt.
- Bei einem zeitlichen Teilungsausschluss ist festzulegen, ob er entgegen der Auslegungsregel der §§ 2044 Abs. 1 Satz 2, 750 auch nach dem Tod eines Miterben in Kraft bleiben soll.

Schrifttum zu Teilungsanordnungen: *Bengel,* Zur Rechtsnatur des vom Erblasser verfügten Erteilungsverbots, ZEV 1995, 178; *ders.* in Reimann/Bengel/J. Mayer, Testament und Erbvertrag, 5. Aufl. 2006, Syst. Teil A Rn 246 ff.; *Bengel/Reimann* in Beck'sches Notarhandbuch (5. Aufl. 2009), Teil C. IV. 5., Rn 86; *Benk,* Teilungsanordnung, Vorausvermächtnis, Übernahmerecht, MittRhNotK 1979, 53; *Brambring,* Teilungsanordnung – Vorausvermächtnis – Übernahmerecht, ZAP 1989, 721; *Coing,* Vorausvermächtnis und Teilungsanordnung, JZ 1962, 529; *Dieckmann,* Bemerkungen zur „wertverschiebenden" Teilungsanordnung, FS f. Coing, 1982, S. 53; *Eidenmüller,* Vorausvermächtnis und Teilungsanordnung, JA 1991, 150; *Esch,* Letztwillige Teilungsanordnungen, BB 1994, 1651; *Grunsky,* Zur Abgrenzung der Teilungsanordnung gegenüber dem Vorausvermächtnis, JZ 1963, 250; *Kegel,* Nemo minus iuris transferre potest, quam ipse habet, oder warum Teilungsverbote so kraftlos sind, FS f. Lange, 1976 S. 927; *Keim,* Würzburger Notarhandbuch, Teil 4 Kapitel 1 Abschnitt III. Rn 203 ff.; *R. Kössinger* in Beck'sches Formularbuch Erbrecht 2007, C. IV.; *Lehmann,* Ist eine Teilungsanordnung keine beeinträchtigende Verfügung? MittBayNot 1988, 157; *Loritz,* Teilungsanordnung und Vorausvermächtnis, NJW 1988, 2679; *Müller,* Das erbrechtliche Übernahmerecht, Teilungsanordnung oder Vorausvermächtnis, Diss. Freiburg 1970; *Rudolf,* Teilungsanordnung und Vorausvermächtnis, Diss. Tübingen 1966; *Sarres,* Aufschub und Ausschluss der Erbauseinandersetzung, ZEV 2005, 191; *Sommer,* „Echte" und „überquotale" Teilungsanordnungen – zivil- und steuerrechtliche Probleme, ZEV 2004, 13; *Weckbach,* Die Bindungswirkung von Erbteilungsverboten 1987; *Welter,* Vertragliche Vereinbarungen im Rahmen einer Erbengemeinschaft, MittRhNotK 1986, 140.

V. Stiftungen

1. Überblick

Die Zahl der Stiftungen bürgerlichen Rechts ist in jüngerer Zeit drastisch gestiegen.[655] **259**
Sie wird zunehmend für die erbrechtliche Nachfolgeplanung sowohl für privates Vermögen als auch für betriebliches Vermögen und Unternehmen verwendet, ferner traditionell für Gemeinwohlzwecke.[656]

Das Stiftungsrecht ist nur unvollständig und **nicht einheitlich kodifiziert.** In §§ 80 ff. **260**
sind die privatrechtlichen Voraussetzungen zur Errichtung und zur Verfassung einer rechtsfähigen Stiftung niedergelegt, wobei in § 86 auf vereinsrechtliche Vorschriften verwiesen wird.[657] Öffentlich-rechtliche Anforderungen, z. B. die Stiftungsaufsicht, sind

[655] Wernicke ZEV 2003, 301.

[656] Wochner MittRhNotK 1994, 89; zur Abziehbarkeit von Zuwendungen an steuerbegünstigte Stiftungen von Oertzen ErbStB 2006, 218.

[657] Die Voraussetzungen wurden einheitlich und abschließend geregelt, auch durch Niederlegung des gebundenen Genehmigungsanspruchs (§ 80 Abs. 2), im Gesetz zur Modernisierung des Stiftungsrechts v. 15. 7. 2002, BGBl. I 2002, 2634.

hingegen geregelt in den Landestiftungsgesetzen.[658] Die unselbständige Stiftung[659] ist gesetzlich speziell überhaupt nicht geregelt. Es bestehen steuerliche Regelungen in Einzelsteuergesetzen, insbesondere zur Erbschaft- und Schenkungsteuer, zu Ertragsteuern sowie in der Abgabenordnung zum Gemeinnützigkeitsrecht. Ferner bestehen Sondervorschriften, z.B. im Kirchen- und Kommunalrecht.

261 Neben Stiftungen des bürgerlichen Rechts bestehen Stiftungen des öffentlichen Rechts[660] und kommunale sowie kirchliche Stiftungen (vgl. § 80 Abs. 3). Die Stiftungen des bürgerlichen Rechts unterteilen sich wiederum gemäß dem durch die Leistung begünstigten Personenkreis in

- private Stiftungen, z.B. Familienstiftungen,[661] Unternehmens- oder Beteiligungsträgerstiftungen;
- öffentliche Stiftungen (des privaten Rechts; vgl. Art. 1 BayStG), insbesondere gemeinnützige Stiftungen i.S. der §§ 51ff. AO.

262 Der Stifter kann entweder **zu seinen Lebzeiten oder durch letztwillige Verfügung** eine Stiftung errichten. Die letztwillige Stiftung ist „fast immer eine Notlösung".[662] Hat sich der Stifter entschieden, sein Vermögen (oder Teile davon) in eine Stiftung einzubringen, ist regelmäßig empfehlenswert, diese bereits zu Lebzeiten zu begründen. Denkbar ist auch die Stufengründung, wonach zu Lebzeiten nur eine vermögensmäßige Mindestausstattung erfolgt, aber der Gründungsakt einschließlich etwaiger Anerkennung durchgeführt wird und die Stiftungsorgane eingespielt werden, und auf Grund letztwilliger Verfügung, sei es durch Erbeinsetzung oder Vermächtnis, aus dem Nachlass eine weitere Dotation erfolgt.

263 Eine Stiftung bietet insbesondere auch kinderlosen Erblassern die Möglichkeit, ihr Vermögen einem förderungswürdigen, in der Regel gemeinnützigen Zweck zukommen zu lassen und dabei auch den Namen des Stifters auf diese Weise fortleben zu lassen. Dabei ist jedoch vor Stiftungserrichtung zu bedenken, dass der Stiftungszweck grundsätzlich unabänderlich ist und das eingebrachte Vermögen endgültig aus der Verfügungsmacht des Stifters bzw. deren Rechtsnachfolger ausscheidet.

264 Vor Abfassung des Stiftungsgeschäfts, sei es unter Lebenden, sei es in einer Verfügung von Todes wegen, ist es zweckmäßig, den **Entwurf** bei einer rechtsfähigen Stiftung der zuständigen **Anerkennungsbehörde** vorzulegen, um deren landesrechtliche Anforderungen zu berücksichtigen, bei einer nicht rechtsfähigen Stiftung dem künftigen Rechtsträger, dem die Verwaltung obliegen wird. Ist beabsichtigt, dass die Stiftung gemeinnützige, mildtätige oder kirchliche Zwecke selbstlos zu fördern und die steuerlichen Vergünstigungen gemäß §§ 51ff. AO erhalten soll, ist ferner zweckmäßig, den Entwurf der Stiftungssatzung dem zuständigen **Finanzamt** zur Prüfung der steuerlichen Anerkennungsfähigkeit vorzulegen (vgl. §§ 59, 60 AO).

2. Rechtsfähige Stiftung (§§ 80ff.)

a) Begriff, Rechtsnatur und Anwendungsbereich

265 Der Begriff der „Stiftung" ist weder im BGB noch in den landesrechtlichen Vorschriften definiert. Er drückt sowohl die Widmung von Vermögensgegenständen durch den

---

[658] Übersicht zu Stiftungsgesetzen und Stiftungs-/Anerkennungsbehörden der Länder in Jülicher in Troll/Gebel/Jülicher, § 1 ErbStG, Rn 13; Palandt/Ellenberger Vorbem. v. § 80 Rn 13 sowie Richter ZEV 2005, 517.

[659] Siehe unten Abschnitt 3. Rn 308ff.

[660] BFH ZEV 2003, 258 LS 1: „Die Zugehörigkeit einer Stiftung zum Bereich des öffentlichen oder privaten Rechts richtet sich nach den gesamten Umständen des Streitfalls, insbesondere der Entstehungsform und dem Stiftungszweck.

[661] Vgl. § 1 Abs. 1 Nr. 4 ErbStG; zu Stiftungen als Instrument der Unternehmens- und Vermögensnachfolge Werner ZEV 2006, 539.

[662] Langenfeld ZEV 2002, 481.

Stifter zu einem bestimmten Zweck als auch die hieraus hervorgegangene Einrichtung aus.

Eine rechtsfähige Stiftung ist eine mit eigener Rechtspersönlichkeit ausgestattete, nicht mitgliedschaftlich organisierte Vermögensmasse zur Verwirklichung des vom Stifter bestimmten Zwecks. Sie ist zwar juristische Person, aber keine Personenvereinigung und hat keine Mitglieder, sondern allenfalls Empfänger von Stiftungsleistungen (**sog. Destinatäre**). Sie ist eine reine Verwaltungsorganisation.[663] Während alle bisher behandelten Einflussmöglichkeiten des Erblassers über seinen Tod hinaus wie Nacherbfolge, Testamentsvollstreckung und Erbteilungsverbot zeitlich begrenzt sind auf 30 Jahre oder die Lebensdauer eines Menschen, bietet die rechtsfähige Stiftung dem Erblasser die Möglichkeit, seinen Willen unsterblich zu machen, da der Stiftungszweck **ohne zeitliche Beschränkung** vom Stifter (Erblasser) festgelegt wird und eine Zweckänderung nur erfolgen kann, wenn seine Erfüllung unmöglich geworden ist oder das Gemeinwohl gefährdet (§ 87 Abs. 1).[664] Dadurch unterscheidet sich die Stiftung von dem anderen Gestaltungsweg, dass der Erblasser sein Vermögen einer von ihm unter Lebenden gegründeten oder durch eine Auflage zur Gesellschaftsgründung veranlassten juristischen Person überträgt, da deren Willensbildung sich über Mitgliedschaftsrechte vollzieht, die letzten Endes von natürlichen Personen gehalten werden, auf deren Willen der Erblasser nach seinem Tod keinen Einfluss mehr hat;[665] die Gesellschaft hat hingegen der Stiftung auch den Vorteil, dass zum einen ein etwa über lange Zeit untunlich gewordener Zweck angepasst werden kann und zum anderen, dass die Anteilsinhaber ein natürliches Interesse an der Kontrolle der Organe der Gesellschaft haben, während die Stiftung ein Vermögen ohne Eigentümer ist. 266

Eine „Stiftung" bedarf zu ihrer Entstehen neben dem Stiftungsgeschäft auch der staatlichen **Anerkennung** (§ 80 Abs. 1, 2). Sie unterliegt ferner der landesrechtlich geregelten **Stiftungsaufsicht.** Diese sorgt dafür, dass der Stifterwille als oberstes Gebot eingehalten wird.[666] 267

b) Wesensmerkmale der rechtsfähigen Stiftung

Im Stiftungsgeschäft (§§ 81, 83) sind die wesentlichen Merkmale einer rechtsfähigen Stiftung zu regeln, die die Grundlagen ihrer Entstehung sind: 268

- **Stiftungszweck** (§ 81 Abs. 1 Satz 3 Nr. 3): Er ist die der Stiftung vom Stifter ausdrücklich zu setzende **Daueraufgabe,** um derentwillen sie begründet wird. Der in der Stiftungsurkunde niedergelegte Stifterwille ist oberstes Prinzip des Stiftungsrechts und auch bei einer Satzungsänderung (§ 87) zu respektieren und zu verwirklichen.[667] Der Stiftungszweck muss auf Dauer angelegt sein, was jedoch die Zulässigkeit von auf gewisse Zeit errichteten Stiftungen nicht generell ausschließt, sofern ein Mindestmaß an Beständigkeit des Stiftungszwecks zu erwarten ist. Der vom Stifter vorgegebene Zweck ist grundsätzlich (Ausnahme in § 87) unabänderlich. Den Organen der Stiftung oder Dritten kann nicht die Befugnis eingeräumt werden, den Zweck der Stiftung nachträglich zu ändern.[668] Der Stifter kann mit der Errichtung einer Stiftung sämtliche Zwecke verfolgen, die das Gemeinwohl nicht gefährden (sog. gemeinwohlkonforme Allzweckstiftung). Besteht der Stiftungszweck ausschließlich im Betrieb eines Unternehmens, liegt eine nach überwiegender Ansicht unzulässige Selbstzweckstiftung vor.[669] 269
- **Stiftungsvermögen** (§ 81 Abs. 1 Satz 2 und Satz 3 Nr. 4): Das der Stiftung vom Stifter zur Erreichung des Stiftungszwecks auf Dauer zur Verfügung gestellte „gewidmete" 270

[663] BGHZ 99, 344, 350.
[664] Schack JZ 1989, 609, 613.
[665] Schack JZ 1989, 609, 613.
[666] BGHZ 99, 344, 348.
[667] BGHZ 99, 344, 348.
[668] BVerwG NJW 1991, 713.
[669] Staudinger/Rawert, 13. Bearb., vor § 80 Rn 88.

Vermögen, das zu seiner Verwirklichung ausreichend sein muss. Es kann auch in Form eines Anspruchs an den Stifter auf regelmäßige Zuwendungen bestehen. Ein bestimmtes Mindestvermögen ist zwar gesetzlich nicht vorgeschrieben, jedoch ist zur Anerkennung gemäß der Praxis der Behörden eine Mindestgröße erforderlich.[670] Ein Stiftungsvermögen von 50000 EUR wird jedoch nicht zielführend sein: Da die Stiftung nur Ausschüttungen aus den Erträgen machen kann, und vorab die laufenden Kosten, insbesondere für Organe und Verwaltung, zu begleichen sind, dürfte zur Errichtung einer rechtsfähigen Stiftung meist ein Mindestvermögen von etwa 500000 EUR zweckmäßig sein.[671] Steht dies nicht zur Verfügung, bietet sich die nicht rechtsfähige Stiftung an (siehe hierzu unten Rn 308ff.).[672]

271 • **Stiftungseigenorganisation** (**Vorstand,** § 81 Abs. 1 Satz 3 Nr. 5, und **Verwaltung**). Die Stiftung unterscheidet sich von anderen juristischen Personen des Privatrechts dadurch, dass sie nicht aus einem Personenverband besteht und daher keine Mitglieder hat, sondern allenfalls Destinatäre (= begünstigte Personen). Sie bedarf daher handlungsfähiger Organe und einer Verfassung (§ 85). Diese richtet sich nach § 81 und § 86 (der einige Vorschriften des Vereinsrechts für entsprechend anwendbar erklärt), den Bestimmungen des jeweiligen Landesstiftungsgesetzes und dem Stiftungsgeschäft.

272 Die Stiftung lebt von dem präzise umrissenen Zweck und dem ihm dienenden Vermögen sowie der ihren Zweck verwirklichenden Organisation. Der Zweck soll seinem Inhalt nach und das Vermögen soll in Struktur und Substanz unabhängig von den Vorstellungen und Ambitionen der Nachfolger und Erben des Stifters erhalten bleiben, soweit dies dem Stifterwillen entspricht.[673]

c) Entstehung und Funktion der Stiftung

273 Zur Entstehung der Stiftung ist
- ein entsprechendes Rechtsgeschäft des Stifters (**Stiftungsgeschäft**) unter Lebenden (§ 81) oder von Todes wegen (§ 83) und
- eine **staatliche Anerkennung** (§ 80) erforderlich.

274 *aa) Stiftungsgeschäft unter Lebenden.*[674] Es ist ein einseitiges, nicht empfangsbedürftiges Rechtsgeschäft unter Lebenden. Zu Lebzeiten können auch mehrere Stifter eine Stiftung gemeinsam nach Maßgabe von § 126 Abs. 2 errichten; aber auch dann handelt es sich um ein einseitiges Rechtsgeschäft.[675] Es bedarf der Schriftform (§§ 81 Abs. 1 Satz 1, 126);[676] Landesstiftungsgesetze verlangen vereinzelt die öffentliche Beglaubigung der Unterschriften der Stifter. Bei der **Einbringung von Grundstücken** in eine Stiftung ist nach h.M. für die Widmung das Formerfordernis des § 311b Abs. 1 einzuhalten.[677] Mit Anerkennung der Stiftung entsteht die Übertragungspflicht des Stifters (§ 82). Soweit nicht ein Fall des § 82 Satz 2 vorliegt, bedarf es dann eines **gesonderten Übertragungsaktes.** Bei Grundstücken ist in jedem Falle nach Anerkennung und Entstehung der Stiftung die Auflassung (§§ 873, 925) durch den Stifter auf die Stiftung erforderlich. Kostenrechtlich ist es bei Grundstückseinbringungen für den Stifter günstiger, das Stiftungsgeschäft zu

---

670 Siehe hierzu Damrau/Wehinger, ZEV 1998, 178ff.

671 A.A. Turner, ZEV 1995, 206.

672 Wochner ZEV 1999, 126.

673 Weimar/Geitzhaus/Delp BB 1986, 1999, 2001.

674 Formular hierzu in MünchVertrHdb/Hof, 4. Aufl.

675 Bei notarieller Beurkundung fällt für das Stiftungsgeschäft nur eine 10/10-Gebühr nach § 36 Abs. 1 KostO an, auch wenn es sich um mehrere Stifter handelt.

676 In verschiedenen Nachbarstaaten wie Österreich, Schweiz und den Niederlanden bedarf das Stiftungsgeschäft der notariellen Beurkundung.

677 Staudinger/Wufka, (2006) § 311b Rn 59 m.w.N.; a.A. OLG Schleswig DNotZ 1996, 770 m. Anm. Wochner S. 773.

beurkunden.[678] Bei einzubringenden **GmbH-Geschäftsanteilen** bedarf es einer notariellen Beurkundung für die Abtretung gemäß § 15 Abs. 3 GmbHG; kostenrechtlich gilt wiederum, dass die notarielle Beurkundung auch des Stiftungsgeschäfts insgesamt günstiger ist.[679]

Für das lebzeitige Stiftungsgeschäft ist keine Höchstpersönlichkeit vorgeschrieben; für 275
die Stellvertretung sind jedoch die Besonderheiten für einseitige Rechtsgeschäfte zu beachten (§§ 174, 180). Der Stifter muss unbeschränkt **geschäftsfähig** sein; für Minderjährige kann das Stiftungsgeschäft nicht genehmigt werden (§ 111) und für diesen auf Grund des Schenkungscharakters auch nicht durch dessen gesetzlichen Vertreter vorgenommen werden (§§ 1641, 1804).[680]

Das Stiftungsgeschäft kann vom Stifter bis zur Erteilung der staatlichen Anerkennung 276
widerrufen werden (§ 81 Abs. 2 Satz 1). Stirbt der Stifter nach Abschluss des Stiftungsgeschäfts, aber vor deren Anerkennung, geht das Widerrufsrecht im Wege der Gesamtrechtsnachfolge (§ 1922) auf den Erben über; der Erbe des Stifters ist zum Widerruf nicht berechtigt, wenn der Stifter den Antrag bereits bei der zuständigen Behörde gestellt oder bei einem notariell beurkundeten Stiftungsgeschäft den Notar mit dieser Antragstellung betraut hatte (§ 81 Abs. 2 Satz 3). Eine auflösende **Bedingung** (§ 158 Abs. 2) sind für das Stiftungsgeschäft aus Gründen der Rechtssicherheit über den Bestand der Stiftung als juristischer Person unzulässig, zulässig ist hingegen eine aufschiebende Bedingung (§ 158 Abs. 1),[681] wobei die Anerkennung erst möglich ist nach Eintritt der Bedingung.

Erst durch die staatliche **Anerkennung** erlangt die Stiftung die Rechtsfähigkeit, d.h. es 277
gibt keine Vor-Stiftung.[682] Jedoch wird die Stiftung bereits **steuerlich** vor Erteilung der stiftungsrechtlichen Anerkennung anerkannt, wenn das Stiftungsgeschäft einschließlich Feststellung der Satzung wirksam abgeschlossen ist, der Vorstand über das Vermögen verfügen kann, der Stifter sich gegenüber der Stiftungsbehörde verpflichtet hat, sein Widerrufsrecht (§ 82 Abs. 2) nicht auszuüben oder, falls zulässig, auf sein Widerrufsrecht verzichtet hat,[683] sowie die Stiftung später anerkannt wird.

Die Anerkennung ist ein privatrechtsgestaltender Verwaltungsakt und wird auf Antrag 278
des Stifters erteilt. Sie heilt nicht etwaige Mängel des Stiftungsgeschäfts.[684] Auf die Anerkennung besteht ein Rechtsanspruch unter den Voraussetzungen des § 80 Abs. 2. Die Anerkennungsbehörde teilt dies dem Finanzamt – Schenkungsteuerstelle – mit (§ 34 A. 1 ErbStG, § 10 Abs. 1 Satz 4 Nr. 5 ErbStDV).

Nach der Anerkennung ist der Stifter verpflichtet, das von ihm der Stiftung zugesicher- 279
te Vermögen auf sie durch die entsprechenden Übertragungsakte zu übertragen, wobei jedoch Forderungsrechte im Zweifel von selbst übergehen (§ 82). Nach Anerkennung ist kein Widerruf mehr möglich, sondern lediglich eine Anfechtung des Stiftungsgeschäfts

---

[678] Bei Einbringung von Grundbesitz gilt: 1) Notarielle Beurkundung: a) Stiftungsgeschäft $^{10}/_{10}$ gemäß § 36 Abs. 1 KostO, Geschäftswert maximal € 5 000 000,– (entspr. § 39 Abs. 4 KostO); b) spätere Auflassung nur $^{5}/_{10}$-Gebühr gemäß § 38 Abs. 2 Nr. 6 a KostO, ebenfalls aus vorgenanntem gedeckelten Geschäftswert. c) insgesamt: $^{15}/_{10}$-Gebühr. 2) Erfolgt keine Beurkundung des Stiftungsgeschäfts: Für die Auflassung des gewidmeten Grundbesitzes auf die Stiftung fällt eine $^{20}/_{10}$-Gebühr gemäß § 36 Abs. 2 an; a. A. OLG Schleswig-Holstein DNotZ 1996, 770 mit Anm. Wochner.

[679] Wie Vorgenanntes zum Grundstücksgeschäft; für die spätere Abtretung des GmbH-Anteils fällt nur eine $^{5}/_{10}$-Gebühr gemäß § 38 Abs. 2 Nr. 6 d) KostO an, wenn das Stiftungsgeschäft bereits beurkundet ist.

[680] A. A. zur Zulässigkeit von Stiftungen entsprechend dem Willen des Betreuten: Grziwotz ZEV 2005, 338.

[681] BGH NJW 1978, 943.

[682] BGHZ 70, 313, 321 u. 326.

[683] So gegen h. M. Muscheler ZEV 2003, 46.

[684] BGH NJW 1978, 943; BVerwG NJW 1969, 340.

durch den Stifter. Zu unterscheiden hiervon ist eine Anfechtung der Vermögenszuwendung (Widmung) durch einen Insolvenzverwalter (§§ 129ff. InsO) oder Gläubiger des Stifters nach dem Anfechtungsgesetz.

280 Das Stiftungsgeschäft enthält einen personen-/organisationsrechtlichen (**Errichtung der juristischen Personen**) und einen vermögensrechtlichen Teil (**Widmung/Zuwendung des Vermögens**). Die rechtliche Behandlung des Ausstattungsversprechens (Bewidmungsaktes) ist bei der Stiftung unter Lebenden nicht abschließend geklärt. Die heute h. M. qualifiziert es als Rechtsgeschäft sui generis; bei der einseitigen, nicht empfangsbedürftigen Willenserklärung des Stifters erfolgt keine vertragliche Vereinbarung über die Unentgeltlichkeit i. S. des § 516, so dass § 2325 nicht unmittelbar anwendbar ist. Jedoch wird auf sie als freigiebige Vermögensübertragung das Schenkungsrecht analog anwendet,[685] soweit dadurch **Rechte Dritter** tangiert werden. Pflichtteilsergänzungsberechtigte können daher nach dem Tod des Stifter **Pflichtteilsergänzungsansprüche** wegen der erfolgten Ausstattung geltend machen,[686] vertragsmäßig Bedachte Ansprüche nach §§ 2287f., Gläubiger Anfechtungsrechte nach dem AnfG und Insolvenzverwalter nach §§ 129ff. InsO. Hinsichtlich **Zugewinnausgleichsansprüchen** von Ehegatten sind Vermögenszuweisungen an die Stiftung dem Endvermögen hinzuzurechnen (§ 1375 Abs. 2 Nr. 1), soweit nicht zehn Jahre seit Vermögensminderung und Beendigung des Güterstandes eingetreten sind oder der Ehegatte mit der unentgeltlichen Zuwendung einverstanden war (§ 1375 Abs. 3); daher sollte bei Stiftern, die im gesetzlichen Güterstand leben, der Ehegatte beim Stiftungsgeschäft mitwirken und seine Einwilligung erklären oder aber eine ehevertragliche Vereinbarung geschlossen werden, dass das gewidmete und übertragene Vermögen von der Berechnung des Zugewinns ausgeschlossen ist. Fraglich ist, ob das Schenkungsrecht auch gilt für das Verhältnis zwischen Stifter (bei lebzeitigem Stiftungsgeschäft) und Stiftung, insbesondere ein Anspruch auf Rückforderung wegen Verarmung des Schenkers gemäß § 528 bestehen kann.

281 **Im Stiftungsgeschäft ist zu bestimmen:**
- Namen der Stiftung
- Sitz der Stiftung; dies begründet das anwendbare Landestiftungsrecht und die zuständige Aufsichtsbehörde;
- (auf Dauer festgelegter) Zweck der Stiftung
- Bestimmung des auf Dauer diesem Zweck gewidmeten Vermögens der Stiftung
- Bildung des Vorstands der Stiftung.

Ferner sollte bestimmt werden
- die Stiftungsverfassung (§ 85), insbesondere eine Satzung,[687] auch weitere Organe wie Stiftungsrat/Kuratorium
- die Festlegung, ob die Destinatäre einen klagbaren Anspruch haben auf Leistungen der Stiftung.

282 *bb) Stiftung von Todes wegen.*[688] Nach § 83 Satz 1 kann das Stiftungsgeschäft auch in einer Verfügung von Todes wegen enthalten sein, und zwar in einem einseitigen oder gemeinschaftlichen Testament(§ 1937) oder einem Erbvertrag (§ 1941).[689] Da das Gesetz keine Einschränkungen vorsieht, genügt es, wenn die Stiftung in einem privatschriftlichen Testament (§ 2247) errichtet wird.

---

[685] Rawert ZEV 1999, 153.

[686] Siehe hierzu Röthel ZEV 2006, 8; Rawert/Katschinski, ZEV 1996, 161, 162ff.; LG Baden-Baden, ZEV 1999, 152 m. Anm. Rawert S. 153; Hüttemann/Rawert, ZEV 2007, 108.

[687] Mustersatzung und Hinweise im Internet z. B. unter 1. www.innenministerium.bayern.de/buerger/staat/stiftungen und 2. www.regierung.schwaben.bayern.de (Wir für Sie – Genehmigungen – Bereich 1 – Stiftungen).

[688] Formular hierzu in MünchVertrHdb/Hof, 4. Aufl., Bd. 1.

[689] Muster für die Errichtung einer Stiftung durch Stiftungsgeschäft von Todes wegen: Langenfeld, ZEV 2002, 483; Reimann/Bengel/J. Mayer, 5. Aufl. 2006, Formularteil Rn 30.

Neben dem Stiftungsgeschäft muss auch die **Vermögenszuwendung** an die künftige Stiftung in der Verfügung von Todes wegen enthalten sein.[690] Sie kann in einer Erbeinsetzung, einem Vermächtnis oder der Begünstigung durch eine Auflage bestehen.[691] 283

• **Erbeinsetzung:** Bei der Einsetzung zum Alleinerben bedarf es keines weiteren Übertragungsaktes (§§ 1922, 84). Bei der Einsetzung zum Miterben bedarf es der Erbauseinandersetzung, die jedoch bis zur Anerkennung der Stiftung ausgeschlossen ist (§ 2043 Abs. 2 letzter Fall). Eine Einsetzung der Stiftung zum Vorerben ist nicht möglich, weil damit keiner dauerhafter Vermögenserwerb erfolgen würde, jedoch die Einsetzung zum Nacherben sowie zum Ersatzerben; in beiden letzteren Fällen wird die Anerkennung regelmäßig erst nach Eintritt der Bedingung (Nacherbfall, Ersatzerbfall) erfolgen. Bei jedem Fall der Erbeinsetzung ist die Beachtung des **Drittbestimmungsverbotes** (§ 2065) zu beachten; insbesondere muss der Stifter selbst den Stiftungszweck einschließlich etwaiger Destinatäre sowie, soweit bei einer Erbeinsetzung erforderlich, ein etwa beschränktes Stiftungsvermögen bestimmen. 284

• **Vermächtnis:** Der Stifter kann der Stiftung das Vermögen auch mittels eines Vermächtnisses zuwenden. Das Vermächtnis fällt an mit dem Tod des stiftenden Erblassers (§§ 2176, 1922 Abs. 1, 2178 Fall 2, 84); die Stiftung ist bis zur Erfüllung des Vermächtnisanspruchs (§ 2174) geschützt gegenüber Verfügungen des Erben bezüglich des gewidmeten Vermögens (§§ 2179, 161 Abs. 1). Die Früchte (§ 99, insbesondere die Rechtsfrüchte wie Zinsen, Dividende und Mieterträge) des Vermächtnisgegenstandes stehen der Stiftung ab dem Erbfall zu (§§ 2184, 84). Anders als bei der Erbeinsetzung kann der Erblasser die **Drittbestimmungsmöglichkeiten** des Vermächtnisrechts nutzen (§§ 2151 ff.),[692] insbesondere kann der Erblasser bei hinreichender Bestimmung des Zwecks der Zuwendung dem billigen Ermessen des Beschwerten oder eines Dritten die Bestimmung der Leistung überlassen (§ 2156). Einkommensteuerlich kann ein Vermächtnis zugunsten einer gemeinnützigen Stiftung (oder sonstigen Einrichtung) nachteilig sein gegenüber einer Erbeinsetzung: Nach der Rechtsprechung des BFH liegt weder beim Erblasser eine Zuwendung an die Stiftung vor (sondern an die Erben), noch beim Erben, da dieser nicht freigiebig, sondern in Erfüllung des Vermächtnisanspruchs der Stiftung (§ 2174) leistet.[693] 285

• **Auflage zur Leistung an eine Stiftung von Todes wegen:** Der Erblasser kann auch den Erben oder Vermächtnisnehmer mittels erbrechtlicher Auflage beschweren, der Stiftung das gewidmete Vermögen zu übertragen. Der Stiftung steht dabei – anders als beim Vermächtnis – kein eigenes Recht auf die Leistung zu (§ 1940). Ist die Vollziehung der Auflage im öffentlichen Interesse, was bei einem Stiftungsausrichtung zu gemeinnützigen oder mildtätigen Zwecken (§§ 51 ff. AO) in der Regel vorliegen wird, kann dies gemäß § 2194 Satz 2 auch die zuständige Behörde verlangen. Zweckmäßig dürfte jedoch hier regelmäßig die Ernennung eines Testamentsvollstreckers sein, der die Auflage zur Ausführung zu bringen hat (§ 2203) und dies vom Erben verlangen kann (§ 2208 Abs. 2). Bei der Auflage bestehen die Drittbestimmungsmöglichkeiten gemäß §§ 2192, 2154–2156, 2193; der Erblasser muss mindestens den Zweck der Auflage bestimmen. Jedoch 286

• **Auflage zur Errichtung einer Stiftung unter Lebenden:** Möglich und zu unterscheiden von Vorstehendem ist, dass der Erblasser dem Erben oder einem Vermächtnisnehmer die Auflage macht, seinerseits durch Rechtsgeschäft unter Lebenden eine Stiftung zu errichten.[694] Das Stiftungsgeschäft einschließlich Erstellung der Stiftungsverfassung erfolgt dann durch den Bedachten als Stifter nach Maßgabe der Auflage des Erblassers. 287

---

[690] Zur Auslegung O. Schmidt ZEV 2000, 219.
[691] BayObLGZ 1965, 77, 80; BayObLG NJW-RR 1991, 523.
[692] Siehe hierzu § 9 Rn 88; § 3 Rn 47 ff.
[693] BFH ZEV 1997, 83.
[694] KGJ 35 A 222.

288 Der Antrag um staatliche **Anerkennung** ist nach dem Tod des Stifters von den Erben, dem Testamentsvollstrecker oder dem Nachlassgericht an die nach Landesrecht zuständige Behörde zu richten (§ 83). Allerdings sollte bereits vor der Errichtung der Verfügung von Todes wegen mit der Stiftungsbehörde die Anerkennungsvoraussetzungen nach § 80 Abs. 2 geklärt werden, sofern nicht ohnehin eine sog. Stufengründung (siehe oben Abschnitt 1 Rn 262) zweckmäßiger erscheint. § 84 fingiert das Entstehen der Stiftung vor dem Tod des Stifters, auch wenn die Anerkennung erst nachträglich erfolgt; damit wird dem Stifter ermöglicht, als Ausnahme zu § 1923 die – noch nicht existente – Stiftung als Erben und nicht nur als Nacherben einzusetzen.[695] Für den Fall, dass die Anerkennung der vorgesehenen rechtsfähigen Stiftung nicht möglich sein sollte, auch nicht über etwa hierfür vorgesehene Abänderungsbefugnisse eines Testamentsvollstreckers oder durch die zuständige Behörde nach § 83 Abs. 1 S. 2, kann als Eventuallösung eine entsprechende unselbständige Stiftung mit einer natürlichen oder bereits bestehenden juristischen Person verfügt werden.

289 Zweckmäßig ist bei einem Stiftungsgeschäft von Todes wegen stets die Ernennung eines Testamentsvollstreckers. Erfolgt dies nicht, kann das Nachlassgericht einen Nachlasspfleger bestellen (§ 1960) oder die Bestellung eines Pflegers für die Stiftung gemäß § 1913 veranlassen.

290 Letztwilliges Stiftungsgeschäft und Vermögenszuwendung ist nach h.M. in einem gemeinschaftlichen Testament wechselbezüglich[696] und in einem Erbvertrag stets als einseitige Verfügung (§ 2299) und wohl auch vertraglich und damit erbrechtlich bindend möglich. Das beruht bezüglich der Vermögenszuwendung durch Erbeinsetzung, Vermächtnis oder Auflage auf den §§ 2070 Abs. 3 und 2278 Abs. 2, wird aber wegen der Einheitlichkeit beider und der Schutzbedürftigkeit des Vertragspartners von einer bestrittenen Ansicht[697] auch für das Stiftungsgeschäft als solches angenommen.

291 Für den Stifter gelten die allgemeinen Widerrufs- und Aufhebungsmöglichkeiten für letztwillige Verfügungen (§§ 2253ff., 2271ff., 2290ff.). Der Erbe hat anders als in § 81 Abs. 1 bei der Stiftung unter Lebenden bei der **Stiftung von Todes** wegen **keine Widerrufsmöglichkeit;**[698] § 81 Abs. 2 gilt nur für das Stiftungsgeschäft unter Lebenden. In der Verfügung von Todes wegen muss klar zum Ausdruck kommen, dass der Erblasser eine selbständige Stiftung errichten will. Bei Unklarheit insoweit kann darin, wenn wenigstens die Bestimmtheitserfordernisse des § 2065 an die Erbeinsetzung oder der §§ 2151 bis 2154, 2156 an das Vermächtnis eingehalten sind, durch wohlwollende Auslegung (§ 2084) eine unselbständige Stiftung erblickt werden.[699] Für eine selbständige Stiftung i.S. der §§ 80ff. muss wegen des Bestimmtheitserfordernisses nach § 2065 der Stiftungszweck und das Stiftungsvermögen vom Erblasser selbst in der Verfügung von Todes wegen festgelegt werden. Hinsichtlich des Stiftungsvermögens kann der Erblasser allerdings, wenn er wenigstens die Zweckbestimmung vorgenommen hat, bei Vermächtnis und Auflage der Bestimmung des zugewendeten Vermögensgegenstandes gem. §§ 2156, 2192 dem billigen Ermessen eines Dritten, also auch der Stiftungsbehörde überlassen. Die Bestimmung des Vorstandes, der inneren Organisation der Stiftung und ihres Namens kann der Stifter ohne weiteres einem Dritten oder der Stiftungsbehörde überlas-

---

[695] Zur Vorgeschichte des „Städelparagraphen" § 84 nach dem 1816 verstorbenen Bankier und Stifter Johann Friedrich Städel: Flick/Hannes/von Oetzen, Prominente Testamente, S. 119.

[696] Zur Einordnung einer Stiftung als nahe stehende Person i.S. des § 2270 Abs. 2: OLG München ZEV 2000, 104.

[697] BGHZ 70, 313, 321 = NJW 1978, 943; Muscheler ZEV 2003, 41, 43 mit w.N. bei Fn. 2; a.M. Kuchinke FS f. Neumayer, 1985, S. 389, 390ff.; ders. in Lange/Kuchinke, 4. Aufl., § 32 II 1, der die erbrechtliche Bindungswirkung nur auf die Vermögenszuwendung, nicht aber auf das Stiftungsgeschäft beziehen will.

[698] Palandt/Heinrichs § 83 Rn 1; a.a.O. Schmidt, ZEV 1999, 141.

[699] Kuchinke FS f. Neumayer, 1985, S. 389, 395ff.

sen.[700] Der Sitz der Stiftung ist, falls der Erblasser darüber keine Anordnung getroffen hat, seinem mutmaßlichen Willen zu entnehmen; ansonsten gilt als Sitz der Ort, an dem die Verwaltung geführt wird, im Zweifel der letzte Wohnsitz des Stifters (§ 83 Satz 3, 4). Die Vermögenszuwendung an die Stiftung ist gegenüber den Pflichtteilsberechtigten eine Schenkung, so dass diesen Pflichtteilsergänzungsansprüche gemäß §§ 2325 ff. zustehen.[701]

cc) Funktion der Stiftung. Die Stiftung wird durch einen **Vorstand** vertreten (§§ 86 Satz 1, 26 Abs. 2). Seine Bestellung muss im Stiftungsgeschäft geregelt werden, soweit kein Landesrecht eingreift. Der Vorstand kann aus einer oder mehreren Personen bestehen. Ist kein Vorstand vorhanden oder ist der Vorstand verhindert, kann das Amtsgericht einen Notvorstand bestellen (§§ 86 Satz 1, 29). Für den Vorstand haftet die Stiftung wie ein Verein nach §§ 86 Satz 1, 31. Da bei der Stiftung anders als einem Verband nicht eine Mitgliederversammlung Kontrolle, Abberufung und Neubestellung von Vorständen dauerhaft durchführt, ist in der Satzung hierauf besondere Sorgfalt zu verwenden, auch dass rechtzeitig vertretungsberechtigte Nachfolger bereit stehen. 292

Der Stifter kann neben dem Vorstand **weitere Stiftungsorgane** schaffen, die neben einer beratenden Funktion auch die – über die Rechtaufsicht der Stiftungsaufsicht – hinausgehende Kontrolle hinsichtlich Zweckerfüllung und Wirtschaftlichkeit ausüben. Deren Bezeichnung (Kuratorium, Aufsichtsrat, Stiftungsrat o. ä.) und Zusammensetzung und Befugnisse kann der Stifter regeln. Häufig beschließt dieses Organ über Bestellung und Abberufung der Vorstandsmitglieder (vgl. § 84 AktG). Eine Person sollte nicht beiden Organen angehören (vgl. Rechtsgedanke des § 105 Abs. 1 AktG). 293

Die landesrechtlich geregelte laufende **Stiftungsaufsicht** ist reine Rechtsaufsicht.[702] Die Aufsichtsbehörde darf nicht ihr Ermessen an die Stelle des Ermessens der Stiftungsorgane setzen. Die Stiftungsaufsicht dient in erster Linie dem öffentlichen Interesse an der Verwirklichung des Stifterwillens,[703] nicht dagegen irgendwelchen Einzelinteressen.[704] Wohl hat sie aber auch den Zweck, die Stiftung selbst vor Schäden zu bewahren, so dass ihre Verletzung einen Schadensersatzanspruch der Stiftung wegen Amtspflichtverletzung gem. § 839 begründen kann.[705] 294

Ob einem **Destinatär** ein klagbarer Anspruch gegen die Stiftung zusteht, ergibt sich aus dem Landesrecht oder dem Stiftungsgeschäft.[706] Der Stifter kann den Destinatären durch die Stiftungssatzung Ansprüche auf Stiftungsleistungen einräumen, die ihnen nach dem Gesetz nicht zustehen.[707] Überwiegend enthalten Stiftungsatzungen umgekehrt die Klarstellung zur Vermeidung von Rechtstreiten, dass kein Rechtsanspruch auf Leistungen der Stiftung besteht. 295

Bei der Verwaltung des Stiftungsvermögens einer Kapitalstiftung[708] ist zu unterscheiden zwischen dem Stiftungsvermögen (Grundstockvermögen) und den Erträgen. Das **Stiftungsvermögen** ist dauerhaft ungeschmälert zu erhalten. Es darf umgeschichtet, aber nicht verbraucht werden. Die Ertragskraft ist zu erhalten. Hinzu kommen Zustiftungen (vgl. § 58 Nr. 11 AO). 296

Grundsätzlich können und müssen die **Erträge** des Stiftungsvermögen zur Verwirklichung des Stiftungszwecks verwendet werden. Abzuziehen sind hiervon die Kosten der 297

---

[700] Kuchinke a. a. O., S. 402 f.
[701] Rawert ZEV 1999, 153; RGZ 54, 401.
[702] BVerwG DVerwBl. 1973, 795; BGHZ 99, 349.
[703] BGHZ 99, 344, 349.
[704] BVerwG NJW 1985, 2964; OVG Lüneburg NJW 1985, 1572.
[705] BGHZ 68, 142 = NJW 1977, 1148.
[706] Das Bürgerliche Gesetzbuch trifft hierzu keine Regelungen.
[707] BGH NJW 1957, 709; BGHZ 99, 344; OLG Hamm MDR 1992, 949; OLG Hamburg ZIP 1994, 1950.
[708] Zu unterscheiden von einer Anstaltsstiftung, z. B. einer Kunstsammlung.

Verwaltung der Stiftung, auch der Aufwand für die Organe und ggf. Rechnungsprüfung. Als zusätzlich zu verwendende Mittel stehen Spenden zur Verfügung, Grundsätzlich ist eine Aufstockung des Stiftungsvermögens durch Thesaurierung der Erträge (sog. Admassierung) unzulässig; jedoch dürfte jedenfalls dann, wenn der Stifter dies vorgegeben hat, eine maßvolle Rücklagenbildung zum Ausgleich allgemeiner Wertminderung (Inflation) oder besonderer Wertminderungen (z. B. Kursverfall von Wertpapieren) zulässig und geboten sein. Jedoch ist dies abzustimmen mit der Stiftungsverwaltung sowie der Finanzverwaltung im Hinblick auf die Bestimmung zur Rücklagenbildung (§ 55 Abs. 1 Nr. 6, 7, 12 AO) sowie das Gebot der zeitnahen Mittelverwendung gemäß § 55 Abs. 1 Nr. 5 AO, wonach diese spätestens im Jahre nach dem Zufluss zu erfolgen hat.

Die Vorgaben zur Vermögensanlage, insbesondere zum Erhalt des Stiftungsvermögens, ist in den Landesstiftungsgesetzen geregelt; eine frühere Beschränkung auf „mündelsichere“ Anlagearten gemäß § 1806 f wurde aufgehoben.

d) Sonderformen der rechtsfähigen Stiftung

298 *aa) Familienstiftung.* Sie dient nach ihrem Zweck ausschließlich oder wesentlich dem Interesse einer oder mehrerer bestimmter Familien und soll das vorhandene Familienvermögen vor einer Zersplitterung und den Folgen der Misswirtschaft unfähiger oder interesseloser Nachkommen bewahren.[709] Die Landesstiftungsgesetze sehen zum Teil Sonderregelungen für Familienstiftungen vor, stellen sie z. B. ganz oder teilweise von der laufenden Aufsicht frei. Die rechtsfähige Familienstiftung bietet dauerhafte Gewähr, dass das Familienvermögen erhalten bleibt, da ihr Bestand grundsätzlich zeitlich nicht beschränkt ist, weil die Destinatäre keine Erbengemeinschaft (§ 2032) bilden und daher § 2044 Abs. 2 keine Anwendung findet.[710] Auch können die persönlichen Gläubiger der Destinatäre wegen der Rechtsfähigkeit der Stiftung keinen Zugriff auf das Stiftungsvermögen selbst nehmen.[711] Steuerrechtlich liegt eine Familienstiftung dann vor, wenn die Stiftung wesentlich im Interesse einer Familie oder bestimmter Familien errichtet ist (§§ 1 Abs. 1 Nr. 4, 15 Abs. 2 Satz 1 ErbStG). Rechtspolitisch werden Familienstiftungen häufig kritisiert, weil sie angeblich gegen das Familienfideikommissverbot nach Art. 155 Abs. 2 Satz 2 WeimRVerf. und Art. 10 Abs. 2 KontrollratsG Nr. 45 verstoßen,[712] weil es nach dem verfassungsrechtlichen Gleichheitsgebot nicht wünschenswert sei, wenn eine einmal errungene gesellschaftliche oder wirtschaftlich einflussreiche Position ohne Rücksicht auf Leistung auf die Nachkommen übertragen werden könne und die langdauernde Vermögensbindung mit unserem vom Wettbewerb geprägten Wirtschaftssystem nicht vereinbar sei.[713]

299 *bb) Unternehmensverbundene Stiftungen.* Hier ist die Stiftung entweder selbst als Einzelunternehmer Träger eines Unternehmens (**Unternehmensträgerstiftung**) oder, wie weit häufiger, sie ist nur an einer Personenhandels- oder Kapitalgesellschaft allein oder mehrheitlich beteiligt (**Beteiligungsträgerstiftung**). Bei letzterer ist auch die Beschaffung zusätzlicher Eigenkapitals durch Beteiligung weiterer, stiftungsfremder Gesellschafter oder Aktionäre möglich. Stiftungsunternehmen sind auf Grund der Bindung an den Stifterwillen, die Besonderheit der Entscheidungsprozesse, der Probleme bei der Regelung der Vertretung und einer ergänzenden Kapitalbeschaffung sowie der Stiftungsaufsicht nur im Einzelfall als Unternehmensform geeignet. Eine mögliche Variante ist, die Stiftung nur als Kontrollorgan für das im Übrigen in seiner bisherigen Rechtsform weiterbestehende Unternehmen zu verwenden, etwa dadurch, dass die Stiftung Mehrheitsgesellschafterin wird

---

[709] Z. B. Fall BGHZ 70, 313; Formular in MünchVertrHdb./Seifart, 2. Aufl., VII.3.

[710] Weckbach, Die Bindungswirkung von Erbteilungsverboten, 1987, S. 26.

[711] Weckbach a. a. O., S. 26 f.

[712] Seifart ZRP 1978, 144.

[713] Däubler JZ 1969, 499, 501; Duden JZ 1968, 1, 4; a. M. Weckbach a. a. O., S. 28; Seifart ZRP 1978, 144.

und dadurch den Aufsichtsrat bestimmen kann oder der Stiftungsvorstand geborener alleinvertretungsberechtigter Geschäftsführer der GmbH ist. Auch wird von der Kautelarjurisprudenz die Stiftung & Co. KG als Unternehmensform verwendet, bei der die Stiftung persönlich haftende und geschäftsführende Gesellschafterin der Kommanditgesellschaft ist. Vorteile können sich ergeben bezüglich Schutz vor feindlichen Übernahmen, Sicherung und langfristiger Unternehmensnachfolge, ferner bezüglich der Mitbestimmung nach dem MitBestG; schließlich ist keine Durchgriffshaftung möglich. Dem sind die Nachteile gegenüber zu stellen, insbesondere der endgültige Verlust der Verfügungsbefugnis über das gewidmete Vermögen.

e) Besteuerung der rechtsfähigen Stiftung nach ErbStG

aa) Gründungsbesteuerung der Stiftung. Nicht die Errichtung der Stiftung selbst löst Steuern aus, sondern die Übertragung des Vermögens auf sie. Für die unentgeltliche Zuwendung des Stiftungsvermögens hat die Stiftung, wenn dies durch Schenkung unter Lebenden erfolgt, nach § 7 Abs. 1 Nr. 8 ErbStG, und wenn es von Todes wegen erfolgt, nach § 3 Abs. 2 Nr. 1 ErbStG Erbschaft- bzw. Schenkungsteuer zu entrichten. 300

Der Erwerb unterliegt der ungünstigsten Steuerklasse III, die bis zu 50% des zugewendeten Wertes abschöpft (§§ 15 Abs. 1, 19 ErbStG). Lediglich bei der Errichtung einer Familienstiftung bestimmt sich die Steuerklasse nach dem Verwandtschaftsgrad des Stifters zu dem nach der Satzung am entferntest berechtigten Destinatär (§ 15 Abs. 2 ErbStG). 301

Die Zuwendung ist erbschaftsteuerfrei, soweit die Stiftung nach dem Stiftungsgeschäft ausschließlich und unmittelbar kirchlichen (§ 54 AO), gemeinnützigen (§ 52 AO) oder mildtätigen (§ 53 AO) Zwecken dienen soll (§ 13 Abs. 1 Nr. 16 b ErbStG). Eine bereits entstandene Steuer erlischt mit Wirkung für die Vergangenheit gemäß § 29 Abs. 1 Nr. 4 ErbStG, soweit von Todes wegen oder durch Schenkung unter Lebenden erworbene Vermögensgegenstände innerhalb von 24 Monaten einer inländischen Stiftung zugewendet werden, die die dort genannten als gemeinnützig anzuerkennenden steuerbegünstigten Zwecke verfolgt; die Stiftung darf keine Leistungen an den Erwerber oder seine nächsten Angehörigen erbringen und es darf für die Zuwendung kein Spendenabzug, u. a. gemäß § 10 b EStG, in Anspruch genommen worden sein. Steuerfrei bleibt damit im Ergebnis sowohl die ursprüngliche Zuwendung als auch die Weiterleitung vom Ersterwerber an die Stiftung. Die allgemeinen Voraussetzungen zur Gewährung einer Steuervergünstigung sind geregelt in §§ 51 ff. AO. Insbesondere sind auch die Anforderungen an die Satzung gemäß § 60 AO zu beachten; die Satzung muss die in der in der Anlage 1 zu § 60 Abs. 1 Satz 2 AO bezeichneten, nur aus steuerlichen Gründen notwendigen Bestimmungen enthalten.[714] 302

Da die Vermögensübertragung grundsätzlich der Erbschaft- und Schenkungsteuer unterliegt, unabhängig davon, ob eine Steuerbefreiung eingreift, ist die **Übertragung eines Grundstücks** auf eine Stiftung – welche grundsätzlich dem Grunderwerbsteuergesetz unterliegt; insbesondere liegt keine Befreiung nach § 4 Nr. 1 GrEStG vor – **grunderwerbsteuerfrei** gemäß § 3 Nr. 2 GrEStG. 303

bb) Erbersatzsteuer. Familienstiftungen unterliegen gem. § 1 Abs. 1 Nr. 4 ErbStG einer Erbersatzsteuer in der Weise, dass diese jeweils im Abstand von 30 Jahren auf Grund eines fingierten Erbfalls von der Stiftung erhoben wird. Der Steuersatz richtet sich gem. § 15 Abs. 2 ErbStG nach dem Verwandtschaftsverhältnis des nach der Stiftungsurkunde entferntesten Berechtigten zum Erblasser (Stifter) richtet. Die Regelung ist nicht verfassungswidrig.[715] Nach § 24 ErbStG kann die Stiftung die Erbersatzsteuer auf 30 gleiche Jahresbeträge verteilen lassen, wobei ein Zinssatz von 5,5% zugrundegelegt wird. 304

---

[714] BGBl. 2008 I 2829 f.

[715] BVerfG NJW 1983, 841. Bis 1973 war nur der Vermögensübergang bei der Errichtung der Stiftung erbschaft- bzw. schenkungsteuerpflichtig.

305 *cc) Besteuerung von Leistungen beim Destinatär.* Soweit beim Destinatär keine Einkommensteuerpflicht besteht, sind die Zuwendungen bei ihm schenkungsteuerpflichtig als freigebige Zuwendung unter Lebenden (§ 7 Abs. 1 Nr. 1 ErbStG). Wiederkehrende Leistungen unterliegen als sonstige Einkünfte dann grundsätzlich nicht der Einkommensteuer, wenn

- die Bezüge „freiwillig oder auf Grund einer freiwillig begründeten Rechtspflicht" gewährt werden, dies wird angenommen, wenn dem Destinatär nach der Stiftungssatzung kein klagbarer Anspruch gegen die Stiftung zusteht; und
- wenn der Geber unbeschränkt einkommensteuerpflichtig oder unbeschränkt körperschaftsteuerpflichtig ist (§ 22 Nr. 1 Halbs. 1 EStG).

Stiftungen sind grundsätzlich **unbeschränkt körperschaftsteuerpflichtig** (§ 1 Abs. 1 Nr. 5 KStG), obwohl keine Gewinnausschüttung stattfinden kann; die Aufwendungen, die durch Stiftungsgeschäft vorgeschrieben sind, somit Leistungen an Destinatäre, sind nicht vom Gewinn abziehbare Aufwendungen (§ 10 Nr. 1 KStG). Es bestehen Abzugsmöglichkeiten zur Förderung mildtätiger, kirchlicher, religiöser und wissenschaftlicher Zwecke nach Maßgabe von § 9 Abs. 1 Nr. 2 KStG. Jedoch sind dem Empfänger als sonstige Einkünfte zuzurechnen Bezüge, die außerhalb der Erfüllung steuerbegünstigter Zwecke i. S. d. §§ 52 bis 54 AO gewährt werden (§ 22 Nr. 1 S. 2 EStG).

306 Stiftungen sind jedoch dann **von der Körperschaftsteuer befreit,** wenn sie nach dem Stiftungsgeschäft und nach der tatsächlichen Geschäftsführung ausschließlich und unmittelbar gemeinnützigen, mildtätigen oder kirchlichen Zwecken dient gemäß §§ 51–68 AO (§ 5 Abs. 1 Nr. 9 KStG). Damit liegt beim Destinatär keine Ausnahme von der Einkommensteuerpflicht gemäß § 22 Nr. 1 Halbs. 1 EStG vor.

307 *dd) Gemeinnützige Stiftung.* Stiftungen unterliegen grundsätzlich allen steuerlichen Belastungen. Verfolgt eine Stiftung aber ausschließlich und unmittelbar gemeinnützige, mildtätige oder kirchliche Zwecke im Sinne der §§ 51 ff. AO, so ist sie von der Erbschaftsteuer befreit (§ 13 Abs. 1 Nr. 16 b ErbStG).[716] Die Zuerkennung der Steuerbegünstigung setzt allerdings voraus, dass das Vermögen der Stiftung dauerhaft und ausschließlich den in den §§ 52 bis 54 AO genannten Zwecken gewidmet ist (Grundsatz der Vermögensbindung). Grundsätzlich muss auch die Vermögensbindung zu gemeinnützigen Zwecken dadurch gesichert werden, dass der steuerbegünstigte Zweck, für den das Vermögen bei Auflösung oder Aufhebung der Stiftung oder bei Wegfall ihres bisherigen Zweckes verwendet werden soll, in der Satzung nachprüfbar geregelt ist (§ 61 Abs. 1 AO). Nach § 58 Ziffer 5 AO ist die Steuervergünstigung nicht dadurch ausgeschlossen, dass die Stiftung einen Teil, jedoch **höchstens ein Drittel** ihres Einkommens dazu verwendet, um in angemessener Weise den Stifter und seine nächsten Angehörigen zu unterhalten, ihre Gräber zu pflegen und ihr Andenken zu ehren. Dabei ist der Begriff der nächsten Angehörigen enger als i. S. des § 15 AO und umfasst lediglich Ehegatten, Eltern, Großeltern, Kinder, Enkel, Geschwister, Pflegeeltern und Pflegekinder. Als Maßstab für die Angemessenheit der Unterhalts gilt der Lebensstandard des Zuwendungsempfängers.[717]

3. Nichtrechtsfähige Stiftung[718]

a) Anwendungsbereich, Rechtsnatur und Entstehung

308 Die nichtrechtsfähige Stiftung oder „unselbständige Stiftung" ist gesetzlich nicht ausdrücklich geregelt; sie beruht auf allgemeinen Rechtsbeziehungen des Erb-, Schuld- und

---

[716] Vgl. weitere Befreiungen in § 5 Abs. 1 Nr. 9 KStG, § 3 Nr. 6 GewStG, § 3 Abs. 1 Nr. 3 b GrStG sowie Ermäßigung in § 12 Abs. 2 Nr. 8 a UStG. Zur Abziehbarkeit von Zuwendungen an steuerbegünstigte Stiftungen von Oertzen ErbStB 2006, 218.

[717] Siehe im Einzelnen Schauhoff DB 1996, 1693.

[718] Auch „unselbständige" oder „fiduziarische" Stiftung genannt. Siehe hierzu insbesondere Wochner, ZEV 1999, 125; R. Kössinger, Das Testament Alleinstehender, 4. Muster, III. Erläuterungen zu § 3; Schulz/Werz ErbStB 2006, 224.

Sachenrechts, nicht auf einer entsprechenden Anwendung der Vorschriften der rechtsfähigen Stiftung. Sie stellt eine Alternative zur rechtsfähigen Stiftung dar, insbesondere wenn es sich um ein kleines oder mittleres Stiftungsvermögen[719] handelt.

Unter einer unselbständigen Stiftung ist zu verstehen eine Vermögenszuwendung an 309
einen bereits bestehenden Rechtsträger, d.h. eine bereits vorhandene natürliche oder juristische Person. Diesem muss das dem Stiftungszweck gewidmete Vermögen unentgeltlich und mit Stiftungsabsicht entweder **treuhänderisch unter Lebenden oder von Todes wegen** durch Erbeinsetzung oder Vermächtnis zugewendet werden; das Stiftungsvermögen geht zivilrechtlich in das Eigentum des Rechtsträgers über, ist jedoch von diesem als wirtschaftlich getrenntes Sondervermögen zu verwalten.

Ferner muss der **Stiftungszweck** entweder 310
- durch Treuhandauftrag (§ 675) oder Auflageschenkung (§§ 525 ff.) unter Lebenden oder
- durch erbrechtliche Auflage (§§ 1940, 2192 ff.) oder Vermächtnis von Todes wegen

festgelegt werden.[720] Ein als Auftrag unter Lebenden konstruiertes Stiftungsgeschäft kann durch den Stifter oder seine Erben widerrufen oder vom Träger gekündigt werden (§ 671).[721] Auf den Widerruf kann im Stiftungsgeschäft nur verzichtet werden, wenn der Auftrag auch im Interesse des Trägers erteilt wurde[722] und auf das Kündigungsrecht, wenn es für den Fall des wichtigen Grundes erhalten bleibt (§ 671 Abs. 3). Ohne Vermögen oder zumindest einer gesicherten Anwartschaft darauf besteht die unselbständige Stiftung nicht.[723] Die Rechtsbeziehungen der Beteiligten unterstehen dem Schuld- oder Erbrecht, nicht dem Recht der juristischen Personen.[724]

Die nichtrechtsfähige Stiftung hat keine eigenständige Organisation, sondern bedient 311
sich der ihres Rechtsträgers (**Stiftungsträger**) – z.B. Kommunen oder andere Gebietskörperschaft, Vereine mit langfristigen Strukturen, spezielle Stiftungsträgergesellschaften von Kreditinstituten –, innerhalb der sie nach den Bestimmungen des Stiftungsgeschäfts (Auftrag oder Auflage) verwaltet wird, häufig unter Verwendung der Bezeichnung der Stiftung; stets sollte bei dem vorgesehenen Rechtsträger dessen Zustimmung und die Bereitschaft zur Verwaltung sowie etwaige dafür anfallende Kosten geklärt werden. Um den Stifterwillen erfüllen zu können, muss der Träger das Stiftungsvermögen gesondert verwalten. Auch bei der unselbständigen Stiftung sollte eine Satzung vom Stifter mit dem Träger vereinbart oder von Stifter als Erblasser gesetzt werden, auch wenn dies nicht zwingend notwendig ist.[725] In dieser Satzung sollte der Träger ausdrücklich zur gesonderten Verwaltung des Stiftungsvermögens verpflichtet werden, um dessen Inanspruchnahme durch seine Gläubiger vorzubeugen.

Während die rechtsfähige Stiftung selbst Eigentümerin ihres Vermögens ist, geht bei der unselbständigen Stiftung das Vermögen in das **Eigentum des treuhänderischen Rechtsträgers** über.[726] Sie teilt damit das vermögensrechtliche Schicksal des Stiftungsträ-

---

719 Vgl. Wochner ZEV 1999, 126. Zur Anerkennung einer rechtsfähigen Stiftung wird häufig ein Stiftungsvermögen von 50 000 EUR verlangt. Da die Stiftung jedoch nur aus Erträgen Zuwendungen leisten kann, jedoch aus diesen vorab die laufenden Kosten (z.B. für Jahresabschlüsse und steuerliche Beratung, Kosten der Stiftungsorgane und sonstige Verwaltung), dürfte ein Stiftungsvermögen von 300 bis 500 TEUR die untere Grenze des Stiftungsvermögens einer sinnvollen selbständigen Stiftung sein.

720 OLG Hamburg NJW-RR 1986, 1305; Formulare zu den Entstehungsgeschäften der unselbständigen Stiftung in MünchVertrHdb/Neuhoff, 4. Aufl., XVII. 1–3; R. Kössinger, Das Testament Alleinstehender, 4. Muster.

721 Seifart/Hof, Hdb. d. StiftungsR, 1987 § 36 Rn 123.

722 BGH WPM 1971, 956.

723 BayObLGZ 72, 343.

724 RGZ 88, 335, 339.

725 Formular hierzu in MünchVertrHdb/Neuhoff, 4. Aufl., Bd. 4/2.

726 RG Recht 1912 Nr. 321.

gers. Gegen Zugriffe der Gläubiger dieses Rechtsträgers in das Stiftungsvermögen steht dem Stifter bzw. seinen Erben jedoch die Drittwiderspruchsklage nach § 771 ZPO bzw. das Aussonderungsrecht im Insolvenzverfahren gem. § 47 InsO zu. Dagegen kann ein Zugriff der Gläubiger des Stifters bzw. seiner Erben auf das Stiftungsvermögen nicht verhindert werden.[727] Hat allerdings der Stifter bereits die endgültige Übereignung des Stiftungsvermögens vorgenommen, können seine Gläubiger dies nur nach § 4 AnfG oder § 134 InsO anfechten.[728] Bei der unselbständigen Stiftung von Todes wegen haftet das Stiftungsvermögen den Gläubigern des verstorbenen Stifters vorrangig vor der Erfüllung von Vermächtnis und Auflage gem. §§ 1990, 1991 Abs. 4 BGB, 327 InsO. Hat der Träger das Stiftungsvermögen jedoch bereits auf Grund des Vermächtnisses erhalten, so kann der Gläubiger diesen Erwerb nur noch nach § 4 AnfG anfechten. Ist in diesem Fall das Nachlassinsolvenzverfahren eröffnet, hat sich die Anfechtung auf §§ 322, 134 InsO zu stützen.

312 Beim **Stiftungsgeschäft von Todes** wegen empfiehlt sich zur Vermeidung von Auslegungsproblemen und evtl. langwieriger Rechtsstreitigkeiten eine klare Angabe der vom Erblasser gewünschten Rechtsform, d.h. rechtsfähige oder nichtrechtsfähige (unselbständige) Stiftung. Die **Auflage** ist das verbreiteteste Mittel zur Errichtung unselbständiger Stiftungen. Wenn dem Erblasser die Vollzugssicherung nach § 2194 nicht ausreicht, kann er zur Vollziehung der Auflage eine Testamentsvollstreckung anordnen und dabei zweckmäßigerweise eine juristische Person des privaten oder öffentlichen Rechts als Testamentsvollstrecker wählen.[729] Da der Wirksamkeit einer erbrechtlichen Auflage (§§ 1940, 2192ff.) keine zeitliche Grenze gesetzt ist,[730] kann mit ihr, sofern sie eine „unsterbliche" juristische Person beschwert, eine der rechtsfähigen Stiftung vergleichbare Wirkung erzielt werden. Diese Dauerwirkung hat die Auflage nicht gegenüber einer natürlichen Person, da sie allein den Erben bzw. Vermächtnisnehmer selbst bindet und sich nicht auf deren eigene Erben erstreckt. Die Gestaltungsmöglichkeit ist, falls der durch die Auflage beschwerte Erbe pflichtteilsberechtigt ist, immer durch dessen Ausschlagungsmöglichkeit nach § 2306 Abs. 1 gefährdet.

Streitig ist die Zulässigkeit einer entsprechenden Anwendung der §§ 80ff. auf die unselbständige Stiftung. Während die wohl h.M.[731] eine analoge Anwendung wegen der Wesensverschiedenheit ablehnt, plädieren andere uneingeschränkt dafür[732] und wieder andere sind für eine Anwendung allenfalls im Innenverhältnis.[733]

313 Im **Steuerrecht** ist die nichtrechtsfähige Stiftung als Zweckvermögen mit steuerlichen Pflichten belastet (z.B. § 34 AO, § 1 Abs. 1 Ziff. 5 KStG; § 8 ErbStG). Erbersatzsteuerpflichtig sind nichtrechtsfähige Stiftungen nicht.[734] Auch nichtrechtsfähige Stiftungen auf Grund einer Verfügung von Todes wegen können als gemeinnützig i.S. der §§ 51ff. AO anerkannt werden.

314 Für die nichtrechtsfähige Stiftung spricht – als Vorteil gegenüber einer rechtsfähigen Stiftung – die einfachere Errichtung durch das Fehlen des Anerkennungsverfahrens, die größere Gestaltungsfreiheit, die einfachere Verwaltung, die häufig durch den Rechtsträger miterledigt wird, das Fehlen der staatlichen Stiftungsaufsicht über die laufende Stiftungstätigkeit, die Nichterhebung der periodischen Erbersatzsteuer und eine gleichfalls mögliche Anerkennung der Gemeinnützigkeit durch die Steuerbehörde. Jedoch ist die fehlende Stiftungsaufsicht durch anderweitige Kontrollmechanismen zu ersetzen; dies

[727] MünchKomm/Reuter, Vor § 80 Rn 36; a.M. Soergel/Neuhoff Vor § 80 Rn 26.
[728] Seifart/Hof, Hdb. d. StiftungsR, 1987, § 26 Rn 117.
[729] Seifart/Hof, Hdb. d. StiftungsR, 1987, § 36 Rn 81.
[730] Lange/Kuchinke, § 30 III 1 b.
[731] RGZ 105, 305, 306.
[732] Soergel/Neuhoff Vor § 80 Rn 27ff.
[733] MünchKomm/Reuter, Vor § 80 Rn 37.
[734] Sorg BB 1983, 1620, 1626.

wird im Regelfall durch die allgemeine staatliche Aufsicht, auch hinsichtlich der Rechnungsprüfung, gegeben sein, falls als Stiftungsträger eine öffentlich-rechtliche Körperschaft gewählt wird.

b) Testamentarisches Familiengut

Eine Variante der unselbständigen Stiftung hat Kohler[735] zur Einkommenssicherung der Abkömmlinge des Erblassers vorgeschlagen. Es ist die Kombination eines Teilungsverbotes (§ 2044) bezüglich bestimmter Nachlassgegenstände (Familiengut) mit Verwaltungsanordnungen (§ 2048), einem Bestimmungsvermächtnis (§ 2151) und einer Testamentsvollstreckung (§§ 2197 ff.) unter Sicherung durch eine Verwirkungsklausel. Aus den Erträgnissen des Familiengutes sollen jeweils minderbemittelten oder unverschuldet in Not geratenen Abkömmlingen Unterhaltsbeiträge geleistet werden. Wegen § 2044 Abs. 2 kann diese Gestaltung allerdings nur bis zum Tod des längstlebenden Erben, wenigstens jedoch 30 Jahre Bestand haben. 315

c) Andere Ersatzformen der Stiftung

Die Verwirklichung des Motivs einer Stiftung, die dauernde Zweckwidmung eines Vermögens unter Bindung an den Willen des Stifters, ist nicht auf die Rechtsformen der rechtsfähigen und der unselbständigen Stiftung beschränkt, sondern kann auch durch andere rechtsfähige und ebenfalls genehmigungs- und aufsichtsfreie Vereinigungen wie z. B. den rechtsfähigen **Idealverein** oder die **GmbH** erfolgen.[736] In diesen Körperschaften besteht jedoch im Gegensatz zu der mitgliederlosen Stiftung durch die widerstrebenden Interessen ihrer Mitglieder, die grundsätzlich austreten, ihre Anteile übertragen und den Zusammenschluss u. U. sogar auflösen können, eine interne Dynamik,[737] die die juristische Vertragstechnik vor die schwierige Aufgabe stellt, auf Grund der Vertragsfreiheit und der Satzungsautonomie Stiftungsähnlichkeit herzustellen.[738] Man versucht dabei die Zahl der Mitglieder klein zu halten, durch interne Nachwahl oder Drittbenennungsrecht für eine gewisse personelle Homogenität zu sorgen, Satzungsänderungen zu erschweren, den Mitgliedern, etwa durch entsprechende unentgeltliche Einziehungsrechte, nur unveräußerliche und unvererbliche Mitgliedschaftsrechte zu gewähren und bei Auflösung keine Auseinandersetzung zugunsten der Mitglieder zuzulassen.[739] 316

VI. Familienrechtliche Anordnungen

1. Beschränkung der elterlichen Vermögenssorge[740]

Die Vermögenssorge ist – neben der Personensorge – ein Teil der elterlichen Sorge (§ 1626 Abs. 1 Satz 2), die grundsätzlich beiden Elternteilen gemeinschaftlich obliegt; die Eltern vertreten insoweit gemeinschaftlich (§ 1629 Abs. 1 Sätze 1, 2). Stirbt ein Elternteil, so steht die elterliche Sorge dem überlebenden Elternteil zu (§ 1680 Abs. 1). Will dieser wieder heiraten, hat er dies dem Familiengericht anzuzeigen und insbesondere ein Verzeichnis des Kindesvermögens einzureichen (§ 1683 Abs. 1).[741] 317

---

[735] NJW 1957, 1173; DNotZ 1958, 245.
[736] Staudinger/Rawert, vor § 80 Rn 177 ff.
[737] Großfeld/Gersch JZ 1988, 939.
[738] Krit. hierzu MünchKomm/Reuter, Vor § 80 Rn 32 f.
[739] Zur Konstruktion z. B. der Robert-Bosch-Stiftung GmbH siehe Reuter, Privatrechtliche Schranken der Perpetuierung von Unternehmen, 1973, S. 414–418.
[740] Siehe hierzu insbesondere Frenz DNotZ 1995, 908, 911.
[741] Unberührt bleibt die Verpflichtung zur Einreichung eines Verzeichnisses über das Kindesvermögen, soweit dies 15 000 EUR übersteigt, nach § 1640.

318 Nach § 1638 Abs. 1 kann der Zuwendende (der auch ein Elternteil sein kann) bei einer unentgeltlichen **Zuwendung unter Lebenden** und der Erblasser bei einer **letztwilligen Zuwendung** an einen Minderjährigen ausdrücklich oder konkludent[742] bestimmen, dass dessen Eltern oder ein Elternteil das zugewendete **Vermögen** (und dessen Surrogate, § 1638 Abs. 2) ganz oder teilweise **nicht verwalten** dürfen. In gleicher Weise kann auch ein Vormund von der Verwaltung des zugewendeten Vermögens ausgeschlossen und für diese ein Zuwendungspfleger benannt werden (§§ 1909 Abs. 1 Satz 2, 1794, 1917 Abs. 1). Die Beschränkung kann auch hinsichtlich des gesetzlichen Erbteils,[743] des Pflichtteilsanspruchs und des zu seiner Erfüllung Geleisteten erfolgen;[744] § 1638 eröffnet somit die Möglichkeit, auch für die Geltendmachung von Pflichtteilsansprüchen das Sorgerecht eines Elternteils auszuschließen und hierfür einen Sorgeberechtigten zu benennen.[745] Die Bestimmung kann auch unter einer Bedingung oder Zeitbestimmung getroffen werden, z.B. für den Fall der Wiederverheiratung des sorgeberechtigten Elternteils.[746] Die Entziehung stellt keine erbrechtliche Beschränkung oder Beschwerung i.S. des § 2306 dar.[747] Umstritten ist, ob bei Vorliegen einer letztwilligen Anordnung nach § 1638 eine Annahme bzw. **Ausschlagung** der letztwilligen Zuwendung noch durch die Eltern oder durch den Pfleger für den Minderjährigen zu erfolgen hat.[748]

319 Die Bestimmung hat bei der lebzeitigen Zuwendung und in der letztwilligen Verfügung zu erfolgen, kann jedoch nicht vertragsmäßiger (§ 2299) Inhalt des Erbvertrages sein.[749] Die letztwillige Ausschließung kann auch in einer späteren letztwilligen Verfügung erfolgen.[750] Dagegen kann bei einer unentgeltlichen Zuwendung unter Lebenden die Ausschließung des Verwaltungsrechts nicht vorher oder später, sondern nur bei der Zuwendung erfolgen. Wird die Verwaltungsbefugnis nur einem Elternteil entzogen, verwaltet der andere allein (§ 1638 Abs. 3). Die Entziehung steht im Belieben des Zuwendenden, braucht daher nicht begründet zu werden. Wird sie beiden Elternteilen oder dem Überlebenden von ihnen entzogen, ist gem. § 1909 Abs. 1 Satz 2 ein Pfleger zu bestellen. Der Zuwendende hat nach § 1917 Abs. 1 **bezüglich des Pflegers ein Benennungsrecht** (= benannter Vermögenssorgeberechtigter).[751] Die Eltern sind nach § 1909 Abs. 2 dem Familiengericht anzeigepflichtig, wenn eine solche Pflegschaft erforderlich wird. Liegt eine Bestimmung nach § 1638 Abs. 1 neben einer Dauertestamentsvollstreckung vor, so nimmt der Pfleger die Rechte des Kindes gegenüber dem Testamentsvollstrecker wahr.[752] Soweit Eltern von der Vermögenssorge ausgeschlossen sind, besteht auch kein Vertretungsrecht (§ 1629 Abs. 1). Nach § 1638 Abs. 2 gilt für das der Vermögenssorge der Eltern entzogene Vermögen das Surrogationsprinzip. Trotz der Ausschließung verbleibt nach h.M. den sorgeberechtigten Eltern die Befugnis, die Erbschaft für den Minderjährigen anzunehmen oder auszuschlagen.[753]

---

[742] BayObLG FamRZ 1964, 522. Der Ausschluss kann in der Bitte um eine Pflegerbestellung enthalten sein (Bamberger/Roth/*Veit*, § 1638 BGB, Rn 3).

[743] BayObLG FamRZ 1964, 522.

[744] OLG Hamm FamRZ 1969, 662; Frenz DNotZ 1995, 908, 914.

[745] Frenz DNotZ 1995, 914 m.w.N. bei FN 20.

[746] KG FamRZ 1962, 432, 435.

[747] Wendelstein BWNotZ 1974, 10; Damrau ZEV 1998, 90.

[748] Siehe Rn 319.

[749] § 2278 Abs. 2.

[750] Frenz, DNotZ 1995, 915.

[751] Zur Rechtsstellung des benannten Vermögenssorgeberechtigten siehe Frenz DNotZ 1995, 908, 916ff.

[752] Frenz, DNotZ 1995, 915.

[753] BayObLGZ 1977, 105, 109; OLG Karlsruhe OLGZ 1965, 260 = FamRZ 1965, 573; Baur DNotZ 1964, 484; Damrau ZEV 1998, 90 m.w. Nachw.; a.A. Frenz DNotZ 1995, 908, 913ff.

Formulierungsvorschlag:[754] 320

Soweit Kinder von mir zum Zeitpunkt meines Todes noch minderjährig sind, bestimme ich, dass mein geschiedener Ehegatte ... das von den Kindern von Todes wegen erworbene Vermögen der Kinder nicht verwalten soll. Zum Pfleger benenne ich meinen Bruder ..., ersatzweise meine Nichte .... Gemäß §§ 1852 bis 1856 BGB wird der Pfleger von allen dort niedergelegten Beschränkungen befreit, soweit gesetzlich möglich.

Nach § 1639 kann der Erblasser bzw. Zuwendende, neben einer Verfügung nach 321
§ 1638 (z.B. für den weiterhin sorgeberechtigten Elternteil) oder statt den Eltern die Vermögensverwaltung gem. § 1638 ganz oder teilweise zu entziehen, durch letztwillige Verfügung oder bei der unentgeltlichen Zuwendung unter Lebenden für die Eltern Anordnungen hinsichtlich der **Verwaltung des zugewendeten Vermögens** getroffen werden, die vom zuständigen Familiengericht mittels geeigneter und in seinem Ermessen stehender Maßnahmen durchgesetzt werden können[755] und im Falle der Zuwiderhandlung nach § 1664 zum Schadensersatz verpflichten.[756] Als Maßnahmen des Familiengerichts kommen in Betracht: Mündliche oder schriftliche Aufforderungen, Verpflichtung der Eltern zur Sicherheitsleistung, äußerstenfalls wohl auch Entziehung der Verwaltung der dem Kind zugewendeten Gegenstände und Übertragung der Verwaltung auf einen Pfleger.[757] Ausnahmsweise dürfen die Eltern gem. § 1639 Abs. 2 wie der Vormund nach § 1803 Abs. 2, 3 in gewissen Fällen von den Anordnungen des Erblassers oder des Zuwendenden abweichen.

Die Reichweite vorstehender Anordnungen endet mit Erreichung der Volljährigkeit 322
des Kindes. Will der Erblasser die Verwaltung des letztwillig zugewendeten Vermögens über das 18. Lebensjahr des Bedachten hinaus der Verwaltung eines Dritten unterstellen, kann der Erblasser in der letztwilligen Verfügung[758] eine **Testamentsvollstreckung** als Dauerverwaltungsvollstreckung (§ 2209 Satz 1 Halbs. 2) anordnen. Die Anordnung der Testamentsvollstreckung kann auch neben einer Anordnung nach § 1638 bestehen. Letztere hat für die Dauer bis zum Erreichen der Volljährigkeit die Bedeutung, dass die gegenüber dem Testamentsvollstrecker bestehenden Kontrollrechte nicht von den Eltern, sondern dem vom Erblasser zu benennenden Dritten wahrgenommen werden.[759] Bis zur Volljährigkeit des Kindes sollte der Pfleger und der Testamentsvollstrecker nicht personenidentisch sein.

2. Vormundbenennungsrecht der Eltern[760]

Ein Minderjähriger erhält insbesondere dann gemäß § 1773 einen Vormund, wenn er 323
nicht mehr unter elterlicher Sorge steht, weil beide Eltern verstorben sind. Durch familienrechtliche Anordnung in einer letztwilligen Verfügung (§ 1777 Abs. 3) kann jeder Elternteil, wenn ihm zurzeit seines Todes die Sorge für die Person und das Vermögen des Kindes zusteht (§ 1777 Abs. 1), für das Kind einen **Vormund benennen** (§ 1776 Abs. 1) oder jemanden **als Vormund ausschließen** (§ 1782). Unzulässig ist die Ausschließung

[754] Formulierungsvorschläge zum Entzug des Verwaltungsrechts und zur Verbindung mit einer Testamentsvollstreckung bei R. Kössinger, Das Testament Alleinstehender, 3. Muster, §§ 4, 5 und Damrau ZEV 1998, 90f.

[755] BayObLG Rpfleger 1982, 180.

[756] Erman/Michalski § 1639 Rn 1.

[757] Staudinger/Engler § 1639 Rn 12.

[758] § 2197 Abs. 1.

[759] Frenz DNotZ 1995, 915 m.w.N.

[760] Siehe hierzu insbesondere Frenz DNotZ 1995, 908, 918; über die Kombination von Testamentsvollstreckung und Benennung eines Vormunds im Elterntestament mit Formulierungsvorschlag siehe J. Kirchner MittBayNot 1997, 203.

ganzer Personenklassen oder der Amtsvormundschaft.[761] Haben Vater und Mutter verschiedene Personen benannt, so gilt die Benennung durch den zuletzt verstorbenen Elternteil und nicht etwa die zeitlich letzte Benennung (§ 1776 Abs. 2). Die Benennung ist wegen ihres höchstpersönlichen Charakters jederzeit und bei gemeinsamer Benennung auch einseitig, und zwar auch wenn sie in einem Erbvertrag oder einem bindend gewordenen gemeinschaftlichen Testament erfolgt ist, frei widerruflich. Ein so benannter Vormund darf ohne seine Zustimmung nur übergangen werden, wenn einer der unter § 1778 Abs. 1 aufgeführten Gründe vorliegt. Ferner haben die Eltern die Möglichkeit, den von ihnen benannten Vormund nach Maßgabe der §§ 1851–1854 von seinen regelmäßigen **Beschränkungen zu befreien** (§ 1856) (sog. befreite Vormundschaft).

Formulierungsvorschlag:[762]

Für den Fall, dass für meine Kinder eine Vormundschaft angeordnet wird, benenne ich meinen Bruder ..., ersatzweise meine Nichte ... als Vormund. Ferner ordne ich an, dass die Mutter meiner geschiedenen Ehegattin ..., Frau ... von der Vormundschaft ausgeschlossen ist. Gemäß §§ 1852 bis 1856 BGB wird der Vormund von allen dort niedergelegten Beschränkungen befreit, soweit gesetzlich möglich.
...

324 Es können auch besondere Anordnungen über die Führung der Vormundschaft durch mehrere von ihnen benannte Vormünder getroffen werden (§ 1797 Abs. 3). Letztlich können gem. § 1803 für einen Vormund und gem. §§ 1915, 1917 Abs. 3 für einen Pfleger durch letztwillige Verfügung oder bei der lebzeitigen Zuwendung **Verwaltungsanordnungen** für das von Todes wegen erworbene oder unentgeltlich zugewandte Vermögen getroffen werden.

325 Neben der Benennung eines Vormunds kann auch die letztwillige Anordnung einer **Testamentsvollstreckung** erfolgen. Bedeutsam ist dies insbesondere, weil das Kind einer Vormundbestellung widersprechen kann, wenn es das 14. Lebensjahr vollendet hat (§ 1778 Abs. 1 Nr. 5) sowie, weil der Testamentsvollstrecker für Rechtsgeschäfte nicht der Genehmigung des Vormundschaftsgerichts bedarf. Ferner kann die Testamentsvollstreckung über das 18. Lebensjahr hinaus angeordnet werden. Sind beide Personen identisch, ist wegen des Interessenkonflikts, insbesondere bezüglich der Kontrollrechte gegenüber dem Testamentsvollstrecker, ein Ergänzungspfleger zu bestellen.[763]

3. Regelung güterrechtlicher Verhältnisse

326 Wird eine Person bedacht, die im vertraglichen Güterstand der Gütergemeinschaft lebt, kann der Erblasser kann gem. §§ 1418 Abs. 2 Nr. 2, 1486 Abs. 1 in der letztwilligen Verfügung bestimmen, dass der Erwerb **Vorbehaltsgut** sein soll. Das Zugewandte fällt somit nicht in das Gesamtgut (§ 1416 Abs. 1 Satz 1) der Gütergemeinschaft des Zuwendungsempfängers, sondern wird dessen **Vorbehaltsgut.**

Formulierungsvorschlag:

Vermächtnis: Mein grundsätzlich im Güterstand der Gütergemeinschaft lebendes Kind K erhält (voraus-?)vermächtnisweise den in § 1.3. bezeichneten Grundbesitz zum Alleineigentum, und zwar unter der hiermit erklärten Bestimmung gemäß § 1418 Abs. 2 Nr. 2 Alt. 1 BGB, dass der Erwerb Vorbehaltsgut sein soll.
(allgemeine Vermächtnisbestimmungen)

---

[761] BayObLGZ 1961, 189 = NJW 1961, 1865.
[762] Vgl. R. Kössinger, Das Testament Alleinstehender, 3. Muster, § 6.
[763] Kirchner MittBayNot 1997, 205.

Ferner kann der in Gütergemeinschaft mit seinem Ehegatten lebende Erblasser gem. § 1509, insbesondere wenn er berechtigt ist dem anderen den Pflichtteil zu entziehen oder auf Aufhebung der Gütergemeinschaft zu klagen, die vereinbarte **Fortsetzung der Gütergemeinschaft** durch letztwillige Verfügung **ausschließen.** 327

Beide Ehegatten können gem. §§ 1511, 1516 durch letztwillige Verfügung voraussetzungslos einzelne oder alle gemeinschaftlichen Abkömmlinge von der fortgesetzten Gütergemeinschaft ausschließen. Dies kann erfolgen in einem gemeinschaftlichen Testament (§ 1516 Abs. 3); im Übrigen bedarf die Verfügung der höchstpersönlichen notariell beurkundeten Zustimmungserklärung des anderen Ehegatten (§ 1516 Abs. 1, 2). Ausschluss und gleichzeitige Zustimmung kann ferner erfolgen im Rahmen eines Erbvertrags als nicht vertragsmäßige Erklärungen. 328

VII. Letztwillige Schiedsklauseln[764]

Der Erblasser kann zum einen durch letztwillige Verfügung ein Schiedsgericht anordnen und zum anderen eine schiedsgutachterliche Tätigkeit bestimmen. 329

Zur Entscheidung erbrechtlicher Streitigkeiten kann nach § 1066 ZPO[765] durch eine Schiedsklausel in der Verfügung von Todes wegen die ausschließliche Schiedsgerichtsbarkeit angeordnet werden;[766] Inhalt und Reichweite dieser Vorschrift ist umstritten.[767] Streitigkeiten werden dann durch den Schiedsspruch entschieden (§ 1055 ZPO); dem vor einen ordentlichen Gericht Verklagten steht die prozessuale Einrede der Schiedsgerichtsbarkeit zu. Schiedsfähig ist grundsätzlich, was testierfähig ist;[768] nach anderer Auffassung richtet sich die objektive Schiedsfähigkeit nach § 1030 ZPO.[769] Die Schiedsklausel kann grundsätzlich alle enthaltenen letztwilligen Verfügungen und deren Auslegung umfassen. Umgekehrt bestimmt auch die Grenze der materiellen Testierfähigkeit die Schranke der Schiedsfähigkeit; insbesondere können nach h. M. Pflichtteilsansprüche nicht dem Spruch des Schiedsgerichts unterworfen werden.[770] Da das Schiedsgericht anstelle des ordentlichen Gerichts tätig wird, kann es auch nicht Fragen entscheiden, welche in die Zuständigkeit des Nachlassgerichts fallen, auch über die Entlassung eines Testamentsvollstreckers. Ferner kann der Erblasser nicht anordnen, dass das Schiedsgericht nach ausländischem Recht tätig werden soll (§ 1051 Abs. 1 ZPO) oder nach Billigkeit entscheiden soll (§ 1051 Abs. 3 ZPO).[771] 330

Die Anordnung des Schiedsgerichts erfolgt in der Form einer letztwilligen Verfügung durch den Erblasser;[772] die Formvorschrift des § 1031 ZPO ist bei einer letztwilligen 331

---

[764] Hierzu eingehend Haas, Letztwillige Schiedsklauseln i. S. des § 1066 ZPO, ZEV 2007, 49; Kohler, Letztwillige Schiedsklauseln, DNotZ 1962, 125; Reimann in Bengel/Reimann, Testamentsvollstreckung, 3. Auflage, § 2 Rn 117 ff.; Walter, Schiedsverträge und Schiedsklauseln in der notariellen Praxis, insbesondere bei letztwilligen Verfügungen, MittRhNotK 1984, 69.

[765] Wesentlich geändert durch Ges. vom 22. 12. 1997 (BGBl. I, 3224). Bis 31. 12. 1997 galten die Formvorschriften der §§ 1025, 1027 ZPO (Festlegung der Schiedsklausel auf einem gesonderten Blatt), was bei Testamenten jedoch keine Anwendung fand. Bei Erbverträgen war bis zu diesem Zeitpunkt die Schiedsklausel im Anschluss an den Erbvertrag zu vereinbaren und vom Erblasser gesondert zu unterzeichnen (§§ 1025, 1027 ZPO a. F.).

[766] RGZ 100, 76, 77; RGZ 170, 380, 383; Schulze MDR 2000, 314; Formulierungsvorschlag bei Wegmann, ZEV 2003, 22 sowie bei Reimann/Bengel/J. Mayer, 5. Aufl. 2006, Formularteil Rn 39.

[767] Haas ZEV 2007, 55; ebenso werde gemäß Haas, S. 49, kontrovers beurteilt, ob die Schiedsgerichtsbarkeit in Erbrechtsstreitigkeiten ebenso vorzugswürdig sei wie z. B. in vertragsrechtlichen Streitigkeiten.

[768] Otte gemäß Gsänger/Souren, DNotZ 2007, 8.

[769] Haas, ZEV 2007, 52 f.

[770] A. A. Pawlytta ZEV 2003, 89 ff. m. w. N. bei Fn. 8.

[771] Otte gemäß Gsänger/Souren, DNotZ 2007, 8.

[772] Kohler DNotZ 1962, 125, 127.

Verfügung nicht anzuwenden.[773] Es handelt sich um eine Verfügung „sonstigen Inhalts";[774] nach anderer Auffassung kann die Schiedsklausel als Auflage angeordnet werden.[775] Von Bedeutung ist das Problem der Rechtsnatur der Schiedsklausel für die Frage, ob sie mit bindender Wirkung nach § 2278 Abs. 2 angeordnet werden kann, was nur als Auflage möglich ist.

332 Grundsätzlich kann auch der Testamentsvollstrecker zum Schiedsrichter bestellt werden.[776] Jedoch darf auf diesem Weg das Drittbestimmungsverbot des § 2065 nicht umgangen werden.[777] Ferner kann er auch nicht für Streitigkeiten über den Bestand seines Amtes zum Schiedsrichter berufen werden, weil er nicht in eigener Sache Richter sein kann.[778] Meist wird die Bestellung des Testamentsvollstreckers unzweckmäßig sein, da er regelmäßig am Prozess beteiligt sein wird und daher nicht als Schiedsrichter zur Verfügung stehen würde.[779]

333 Sollen lediglich tatsächliche Feststellungen getroffen und nicht endgültig über Rechtsfolgen entschieden werden, wie z.B. die Festlegung eines Grundstücks- oder Geschäftswertes oder eines Übernahmepreises, so handelt es sich um **schiedsgutachterliche** Tätigkeit,[780] für welche die Regeln der ZPO über das Schiedsgerichtsverfahren weder unmittelbar noch analog anwendbar sind, vielmehr die Vorschriften der §§ 315 ff. unmittelbar gelten,[781] so dass die Feststellung gem. § 319 Abs. 1 bei offenbarer Unbilligkeit nicht verbindlich ist. Schiedsgutachter können im Rahmen der §§ 2048 Satz 2, 2151, 2153, 2154 Abs. 1 Satz 2, 2155 Abs. 2, 2156, 2193 und 2198 wirksam durch Verfügung von Todes wegen eingesetzt werden.

334 **Formulierungsvorschlag:**

Im Wege der Auflage schließe ich für alle Erben, Vermächtnisnehmer und Auflagebegünstigten für alle Streitigkeiten, die ihren Grund im Erbfall haben und/oder im Zusammenhang mit der Verfügung von Todes wegen oder ihrer Ausführung stehen, die ordentlichen Gerichte aus.

Zum Schiedsrichter mit den nachfolgenden Funktionen bestimme ich ... ersatzweise ... Der Schiedsrichter entscheidet als Einzelrichter und hat zugleich die Aufgabe, sich in Bewertungsfragen gutachtlich verbindlich zu äußern.

Der Schiedsrichter entscheidet, sofern keine zwingenden gesetzlichen Bestimmungen entgegenstehen, prozessrechtlich nach freiem Ermessen, im Übrigen, falls er von seinem Ermessen keinen Gebrauch macht, nach den einschlägigen Bestimmungen der Zivilprozessordnung und des Gerichtsverfassungsgesetzes, jedoch mit der Maßgabe, dass die Verhandlung nicht öffentlich ist und kein Anwaltszwang besteht. (Vergütungsregelung)

VIII. Trans- und postmortale Vollmacht

335 Mittel, mit denen der Erblasser versuchen kann, seinem Willen über seinen Tod hinaus Wirkung zu verschaffen, sind auch eine von ihm zu Lebzeiten erteilte und mit Wirkung

[773] Reimann in Reimann/Bengel/J. Mayer, Teil A Rn 481.

[774] Walter MittRhNotK 1984, 69; Otte gemäß Gsänger/Souren, DNotZ 2007, 8.

[775] Kohler DNotZ 1962, 125, 127; dies ist zu verneinen, da eine Auflage nur materiell-rechtliche Wirkungen entfalten kann und nicht die prozessuale Wirkung einer Schiedsgerichtseinrede.

[776] RGZ 100, 76, 78; BGHZ 41, 23, 25 = NJW 1964, 1316; BGH WPM 1970, 930, 931; Baumbach/Lauterbach/Albers/Hartmann, Zivilprozessordnung, § 1066 Rn 2.

[777] BGHZ 15, 199 = NJW 1955, 100; siehe auch oben Rn 283.

[778] BGHZ 41, 23 = NJW 1964, 1316.

[779] Otte gemäß Gsänger/Souren, DNotZ 2007, 8.

[780] Zum Unterschied zwischen Schiedsgutachtervertrag und Schiedsvertrag Volmer BB 1984, 1010.

[781] Kohler DNotZ 1962, 125, 131 f. u. 134; Walter MittRhNotK 1984, 69, 78; Reimann in Reimann/Bengel/J. Mayer, Teil A Rn 480; *Voit* in Reimann/Bengel/J. Mayer, vor § 2229 BGB Rn 21.

über seinen Tod hinaus versehene Vollmacht (transmortale Vollmacht) oder eine von ihm erteilte Vollmacht, die ausdrücklich erst nach seinem Tod Wirkung haben soll (postmortale Vollmacht). Über beide und vor allem über ihre durch die Widerrufsmöglichkeit der Erben bestehenden Begrenzung siehe eingehend § 4 Rn 25 ff.

IX. Motivangabe zwecks Auslegungs- und Anfechtungsmöglichkeit

Steht der Erblasserwille unbedingt und endgültig fest und sind auch keine Umstände zu erwarten, die diesen Willen zum Wegfall bringen können, empfiehlt sich grundsätzlich zum Zwecke der Rechtssicherheit, die letztwilligen Verfügungen knapp und ohne Angabe von Beweggründen niederzulegen. 336

Im Einzelfall können Gründe dafür sprechen, die Verfügung von Todes wegen anpassungsfähig auch für die Zeit nach dem Erbfall dadurch zu gestalten, dass der Erblasser die Beweggründe (Motive) für seine Bestimmungen in der Urkunde selbst ausdrücklich angibt.[782] Er liefert damit die nach der Andeutungstheorie[783] erforderlichen Anhaltspunkte für eine Auslegung als echte Bedingung oder unverbindlichen Wunsch,[784] hilfsweise einen Anfechtungsgrund wegen Motivirrtums.[785] Dabei ist der dem wahren Willen des Erblassers zur Geltung verhelfenden Auslegung immer der Vorrang vor der die Verfügung vernichtenden Anfechtung zu geben. Die Motivangabe wird immer dann angezeigt sein, wenn der Erblasser das Vorhandensein, den Eintritt oder Nichteintritt der seinen Motiven zugrundeliegenden Umstände als ziemlich sicher ansieht und nur für den unwahrscheinlichen Fall des Gegenteils in seine Verfügung von Todes wegen einen Ausweg einbauen will oder wenn er die klarere alternative Gestaltungsform der Anordnung einer – aufschiebenden oder auflösenden – **Bedingung** wegen der zwingend damit verbundenen Vor- und Nacherbfolge (§§ 2104, 2105) scheut. Letzteres tritt allerdings nur bei Bedingungen ein, die sich erst nach dem Erbfall entscheiden. Die Angabe des Motivs in einer Verfügung von Todes wegen ist allerdings ein zweischneidiges Schwert. Sie kann gerade zum Scheitern des Erblasserwillens wegen Sittenwidrigkeit oder begründeter Anfechtung führen, während er ohne Motivangabe nicht angreifbar gewesen wäre.[786] 337

Anwendungsfälle für die ausdrückliche Motivangabe in Verfügungen von Todes wegen, durch die bewusst zur späteren Korrektur der Verfügung die Möglichkeit der Anfechtung wegen Motivirrtums gem. § 2078 Abs. 2 geschaffen werden soll, sind z.B.: 338

- Wenn ein bei Errichtung der Verfügung von Todes wegen gegenwärtiges oder bereits vergangenes objektiv gewisses aber subjektiv ungewisses Ereignis *(condicio in praesens vel in praeteritum colata)* zum Motiv gemacht wird (siehe § 23 Rn 65) (z.B. der Tod des vermissten Sohnes).
- Wenn Vorgänge in der Zeit zwischen der Errichtung der Verfügung von Todes wegen und dem Erbfall (Voraussetzungen) zum Motiv gemacht werden (z.B. Pflege in gesunden und/oder falls nötig kranken Tagen).
- Wenn eine Gegenleistung zu der Verfügung von Todes wegen zum Motiv gemacht wird.[787]
- Wenn der Pflichtteilsentzug oder die Enterbung eines gesetzlichen Erben durch Angabe des Motivs korrigierbar gemacht werden soll.[788]

---

782 Siehe § 24 Rn 16; MünchKomm/Leipold, § 2074 Rn 7.
783 Staudinger/Otte Vorbem zu §§ 2064 ff. Rn 28.
784 Siehe § 23 Rn 18 ff.
785 Siehe § 11 Rn 101, § 24 Rn 8 ff.
786 Mikat FS f. Nipperdey, 1965, S. 581, 600; Thielmann, Sittenwidrige Verfügungen von Todes wegen, 1973, S. 140.
787 Siehe oben Rn 337; Thielmann, Sittenwidrige Verfügungen von Todes wegen, 1973, S. 102.
788 Siehe auch Flik BWNotZ 1979, 53.

- Wenn Anordnungen auf Grund möglicherweise nur vorübergehender Umstände getroffen werden, z.B. Ausschluss von der Erbfolge oder Verfügungsbeschränkungen für Abkömmlinge, die sich bei Errichtung der Verfügung von Todes wegen in Vermögensverfall befinden (z.B. Insolvenzverfahren im Hinblick auf § 295 Abs. 1 Nr. 2 InsO, wonach es dem Schuldner obliegt, während der Laufzeit der Abtretungserklärung das Vermögen, das er von Todes wegen erwirbt, zur Hälfte des Wertes an den Treuhänder herauszugeben).
- Wenn eine sog. unechte Wechselbezüglichkeit zwischen mehreren letztwilligen Verfügungen hergestellt werden soll (siehe § 11 Rn 37).

X. Übersicht über die Einflussmöglichkeiten des Erblassers nach seinem Tod

339 Im Folgenden sollen die verschiedenen Möglichkeiten, die dem Erblasser zur Einflussnahme auf seinen Nachlass und das Verhalten der Bedachten für die Zeit nach seinem Tod zur Verfügung stehen, nach Wirkungsgrad, Verbindlichkeit und Wirkungsdauer miteinander verglichen werden.

1. Wirkungsgrad

340 • Am intensivsten beschwert der Erblasser den Bedachten und sichert gleichzeitig seinen fortdauernden Einfluss auf den Nachlass durch die **Anordnung einer Testamentsvollstreckung,** da diese einerseits dem Bedachten die Verfügungsbefugnis über den Nachlass und die einzelnen Nachlassgegenstände nimmt (§ 2211 Abs. 1) und andererseits den Testamentsvollstrecker verpflichtet, die Anordnungen des Erblassers zu befolgen (§ 2216 Abs. 2). Diese Art der Einflussnahme hat vor allem den Vorteil, dass sie nicht starr ist, sondern durch den Willen des Testamentsvollstreckers jeweils den veränderten Umständen angepasst werden kann.

341 • Ebenfalls stark, jedoch nicht so flexibel, ist die Wirkung, die der Erblasser, allerdings wegen § 311b Abs. 2 nur hinsichtlich einzelner Nachlassgegenstände, durch über seinen Tod hinaus wirksame und damit **seinen Nachlass belastende schuldrechtliche Verpflichtungsverträge** evtl. zugunsten Dritter (§§ 328ff.)[789] bezüglich seines Nachlasses und dem Verhalten der Bedachten erzielen kann. Solche langfristigen schuldrechtlichen Verpflichtungen haben allerdings den Nachteil, dass sie keine dingliche Außenwirkung zeitigen und daher nach dem Tod des interessierten Erblassers in Vergessenheit geraten können. Dagegen helfen **vertragliche Verfügungsverbote** (§ 137 Satz 2), sanktioniert bei Mobilien und Forderungen durch auflösend bedingtes Grund- und dingliches Erfüllungsgeschäft und bei Immobilien durch auflösend bedingtes Grundgeschäft mit dadurch aufschiebend bedingtem Rückübertragungsanspruch[790] und wobei letzterer noch durch Vormerkung im Grundbuch gesichert werden kann.[791] Wie bei allen langdauernden Vertragsverhältnissen ist hierbei große Zurückhaltung bei der Anwendung und größte Sorgfalt bei der in die Zukunft gerichteten Gestaltung geboten.

342 • Eine sehr intensive und erbrechtlich dinglich wirkende Einflussmöglichkeit hinsichtlich einer späteren Zuordnung des Nachlasses oder eines Bruchteils desselben an einen anderen Rechtsträger hat der Erblasser durch die **Anordnung von Vor- und Nacherbfolge**[792] oder bezüglich einzelner Nachlassgegenständen in der Zuwendung eines aufschie-

---

[789] Siehe § 4 Rn 4ff.

[790] Siehe hierzu § 13 Rn 34; Timm JZ 1989, 13; Buchholz Jura 1989, 393; Kohler DNotZ 1989, 339.

[791] BGHZ 134, 182 = NJW 1997, 861; Buchholz Jura 1989, 393; Kohler DNotZ 1989, 339; oben Rn 1219; a.M. Timm JZ 1989, 13, 21.

[792] Siehe § 10 Rn 1ff.

bend bedingten oder befristeten **Herausgabe- oder Nachvermächtnisses.**[793] Sie stuft den Erstbedachten wirtschaftlich zum bloßen Nießbraucher des Nachlasses oder des betreffenden Nachlassgegenstandes herab.

343 • Auf das Verhalten der Bedachten nach dem Erbfall kann der Erblasser am wirksamsten durch **aufschiebend oder auflösend bedingte Zuwendungen**[794] Einfluss nehmen. Sie wirken automatisch und die Bedachten haben nur die Alternative zwischen Vermögensnachteil oder Gehorsam.[795] Die bedingte Erbeinsetzung hat jedoch zwingend eine Vor- und Nacherbschaft zur Folge (§§ 2204, 2205). Vorteile sind abzuwägen mit der damit verbundenen Rechtsunsicherheit und u. U. steuerlichen Nachteilen.

344 • Sofern genügend willige Vollziehungsberechtigte (§ 2194) vorhanden sind, kann durch die allerdings nicht automatisch wirkende **erbrechtliche Auflage (§§ 1940, 2192)** gleichfalls ein bestimmtes Verhalten der Bedachten nach dem Tod des Erblassers erreicht werden.

345 • Nur partiell hinsichtlich Verwaltung und Abwicklung des Nachlasses kann der Erblasser durch **Teilungsverbote, Teilungsanordnungen und Übernahmerechte (§§ 2044, 2048, 2049)** (siehe oben § 15 Rn 196 ff.) das Schicksal seines Nachlasses nach dem Erbfall vorherbestimmen zu suchen.

346 • Nur eine sehr geringe Einflussmöglichkeit sichert dem Erblasser die Erteilung von trans- oder **postmortalen Vollmachten** nebst den dazugehörigen Aufträgen, da ihre Ausführung vom guten Willen des Bevollmächtigten abhängt und sie zumindest aus wichtigem Grund von den Erben widerrufen werden können.

347 Im **Unternehmensbereich** stehen dem Erblasser eine Reihe gesellschaftsrechtlicher Gestaltungsmöglichkeiten zwecks Perpetuierung seines Unternehmens zur Verfügung. Neben den **Nachfolgeklauseln bei Personengesellschaften**[796] sind wegen der Möglichkeit der Fremdorganschaft insbesondere **Kapitalgesellschaften** oder Personengesellschaften, deren Vertretung durch eine Kapitalgesellschaft erfolgt (GmbH & Co. KG), ein geeignetes Mittel zur Lösung des Nachfolgeproblems und der zeitlich unbegrenzten Unternehmensfortdauer.[797]

2. Verbindlichkeit

348 Für den Erblasser ist grundsätzlich nicht sicher, dass die von ihm geplanten Einflussnahmen nach seinem Tod auch stattfinden. Wegen § 137 Satz 1 kann sich der Testamentsvollstrecker im Einverständnis mit den Erben über die gesetzlichen Beschränkungen und die Anordnungen des Erblassers hinwegsetzen,[798] bei bedingten Zuwendungen kann den Bedachten der Vermögensvorteil nicht reizen und die mit der Auflage Bedachten können die Zuwendung ausschlagen. Vor- und Nacherben können ebenfalls wegen § 137 Satz 1 in Übereinstimmung über den Nachlass in jeder Weise verfügen und der Nacherbe kann seine Anwartschaft an den Vorerben übertragen und umgekehrt der seine Erbschaft an den Nacherben. Auch können beide ihre Erbschaften ausschlagen. Auch Teilungsverbote, Teilungsanordnungen und Übernahmerechte brauchen bei Einigkeit der Erben und eines evtl. Testamentsvollstreckers nicht eingehalten zu werden. Trans- und postmortale Vollmachten können von den Erben widerrufen werden. Letztlich können auch die über seinen Tod hinaus wirkenden Rechtsgeschäfte des Erblassers unter Lebenden bei Übereinstimmung sämtlicher Beteiligter abgeändert oder aufgehoben werden.

349 Hinsichtlich der Einhaltung der Anordnungen des Erblassers nach seinem Tod kommt es daher im Einzelfall allein auf das Geschick des Rechtsgestalters an, mit Hilfe entspre-

[793] Siehe § 10 Rn 131 ff.
[794] Siehe § 15 Rn 170 ff.
[795] Thielmann, Sittenwidrige Verfügungen von Todes wegen, 1973, S. 118.
[796] Siehe dazu § 22 Rn 1 ff.
[797] Siehe hierzu § 22.
[798] Siehe § 15 Rn 78.

chender Gestaltungsmittel die Interessen der Bedachten und der sonstigen Beteiligten so zu verflechten, dass sie nicht den Erblasserwillen übereinstimmend durchkreuzen wollen.

3. Wirkungsdauer

350 Fast alle erbrechtlichen Gestaltungsmittel, die sich zur Einflussnahme des Erblassers über seinen Tod hinaus eignen, sind in ihrer Wirkung auf 30 Jahre nach dem Erbfall, höchstenfalls auf die Lebenszeit eines beim Erbfall bereits lebenden Menschen begrenzt.[799] Lediglich die rechtsfähige Stiftung (§§ 80ff.) und die erbrechtliche Auflage und mit ihr die unselbständige Stiftung sind zeitlich unbegrenzt. Dagegen ist die Dauer der vom Erblasser geschlossenen Rechtsgeschäfte unter Lebenden im geltenden Recht grundsätzlich zeitlich nicht begrenzt.[800] In der Literatur wird allerdings verschiedentlich in über 30 Jahre hinausgehenden Bindungen eine verbotene Umgehung von § 137 Satz 1 gesehen.[801] Auf der gleichen Linie liegt, wenn für eine bestimmte aber lange Zeit eingegangenen Personengesellschaften (§§ 723, 724) nach 30 Jahren auch ohne wichtigen Grund kündbar sein sollen.[802]

4. Gleichlauf mehrerer Beschränkungen

351 Werden mehrere Beschränkungen des Erben nebeneinander angeordnet, z.B. befreite Vorerbschaft und Erbteilungsverbot (§ 2044), so ist durch entsprechende Ausgestaltung, z.B. umfangmäßige Begrenzung, sicherzustellen, dass die verschiedenen Bestimmungen sich nicht gegenseitig widersprechen und vielmehr Gleichlauf erzielt wird.

---

[799] Großfeld/Gersch JZ 1988, 937, 939. Zur längstmöglichen Dauer einer Testamentsvollstreckung siehe oben § 15 II.16. Rn 166.
[800] Schack JZ 1989, 609, 612.
[801] Großfeld/Gersch JZ 1989, 937, 944; Birk DNotZ 1972, 284, 300.
[802] So z.B. Großfeld/Gersch JZ 1988, 937.

§ 16 Widerruf und Aufhebung von Verfügungen von Todes wegen

I. Widerruf testamentarischer Verfügungen

Soweit kein im Rahmen des § 2078 beachtlicher Irrtum bei der Testamentserrichtung vorliegt,[1] der die Anfechtung der letztwilligen Verfügung rechtfertigt,[2] bleibt ein späterer Gesinnungswandel des Erblassers und auch ein Vergessen unbeachtlich, soweit und solange dies nicht in einem den §§ 2254 bis 2256 entsprechenden Widerruf oder einer Aufhebung nach § 2258 ihren Niederschlag gefunden hat.[3] 1

1. Rechtsnatur und Voraussetzungen des Widerrufs

Nach § 2253 Abs. 1 kann der Erblasser ein Testament jederzeit ganz oder teilweise ohne Begründung widerrufen. Dieses Recht entspringt der Testierfreiheit, liegt im Wesen des Testaments als einer erst mit dem Tod wirksamen Verfügung und ist gem. § 2302 unverzichtbar. Nach § 2302 kann umgekehrt auch eine Widerrufspflicht nicht vertraglich vereinbart werden.[4] Der Widerruf selbst ist eine negative letztwillige Verfügung, und zwar auch dann, wenn er nicht durch ein Widerrufstestament (§ 2254) erfolgt, sondern durch eine schlüssige Handlung nach § 2255 (Vernichtung oder Veränderung der Testamentsurkunde).[5] 2

Die Rücknahme eines öffentlichen Testaments[6] aus der amtlichen Verwahrung wirkt gem. § 2256 Abs. 1 Satz 1 als letztwillige Verfügung; die h. M. lässt daher eine Anfechtung der Rücknahme gem. § 2078 zu. Sie ist aber keine letztwillige Verfügung, so dass die Rücknahme nicht nach § 2257 widerrufen werden kann.[7] 3

Da der Widerruf somit in jeder Form letztwillige Verfügung ist oder als solche wirkt, erfordert er grundsätzlich Testier- bzw. Widerrufsfähigkeit (§ 2229). Ein gemäß §§ 1896 ff. unter **Betreuung** stehender Erblasser kann sein Testament jederzeit widerrufen, sofern er nicht testierunfähig ist (§ 2229 Abs. 4); ein Einwilligungsvorbehalt kann sich gem. § 1903 Abs. 2 nicht auf Verfügungen von Todes wegen erstrecken. Der Widerruf eines Testaments oder einzelner in ihm enthaltener Verfügungen kann nur durch Widerrufstestament (§ 2254), Vernichtung oder Veränderung der Urkunde (§ 2255), Rücknahme aus der amtlichen Verwahrung (§ 2256) oder ein späteres widersprechendes Testament (§ 2258) erfolgen, nicht jedoch in einem Prozessvergleich.[8] Der Widerruf durch Testament gem. § 2254 kann nach § 2257 seinerseits widerrufen werden. Auch ein widerrufenes Testament ist dem Nachlassgericht abzuliefern und zu eröffnen (§§ 2259, 2260).[9] 4

2. Arten des Widerrufs

a) Widerruf durch Testament (§ 2254)

Es kann sich dabei um ein reines Widerrufstestament handeln, das sonst keine Verfügungen enthält.[10] Der ausdrückliche Widerruf kann aber auch in einem neuen Testament 5

---

[1] Siehe hierzu § 11 Rn 101 ff.
[2] Zur Anfechtbarkeit des Erbvertrags wegen Motivirrtum: Krebber DNotZ 2003, 20.
[3] BGHZ 42, 327, 333 = NJW 1965, 688.
[4] BGH FamRZ 1960, 28.
[5] MünchKomm/Hagena § 2255 Rn 3.
[6] Die Widerrufswirkung gilt jedoch nicht für ein aus der Verwahrung genommenes privatschriftliches Testament.
[7] Staudinger/Baumann § 2256 Rn 4.
[8] BGH FamRZ 1960, 28, 30; BGH NJW 1983, 1622; BayObLG NJW 1965, 1276.
[9] OLG Düsseldorf OLGZ 1966, 64 = DNotZ 1966, 112; KG MDR 1977, 845.
[10] OLG Frankfurt NJW 1950, 607.

neben weiteren positiven Verfügungen erfolgen. Zweckmäßigerweise sollte zur Vermeidung von Zweifeln (§ 17 Abs. 1 Satz 2 BeurkG) jedes nachfolgende Testament eingehen auf das Schicksal bisheriger (aufhebbarer Verfügungen), sei es Klarstellung von deren Fortbestand, sei es deren Widerruf.[11]

Der Widerruf gem. § 2254 braucht nicht ausdrücklich erklärt zu werden. Ein entsprechender Wille des Erblassers kann auch durch Auslegung ermittelt werden, sofern sich aus dem späteren Testament, notfalls durch Berücksichtigung außerhalb der Urkunde liegender Umstände und Vorgänge, ausreichende Anhaltspunkte für seine Widerrufsabsicht ergeben.[12] Das Widerrufstestament bedarf nicht der gleichen Form wie das von ihm widerrufene, sondern kann in jeder zulässigen Testamentsform erfolgen.[13] Der Widerruf oder die Einschränkung gem. § 2254 eines in besonderer amtlicher Verwahrung befindlichen öffentlichen Testaments kann auch durch einen handschriftlichen und unterschriebenen Vermerk des Erblassers auf seiner maschinenschriftlichen Testamentsabschrift erfolgen.[14] Der Widerruf ist auch bedingt oder auf einzelne Anordnungen beschränkt zulässig.

b) Widerruf durch Vernichtung oder Veränderung der Testamentsurkunde (§ 2255)[15]

6 Nach § 2255 kann ein Testament auch dadurch widerrufen werden, dass der Erblasser in Widerrufsabsicht die Testamentsurkunde vernichtet oder an ihr Veränderungen vornimmt, durch die der Wille, eine schriftliche Willenserklärung aufzuheben, ausgedrückt zu werden pflegt. Da der Widerruf durch Vernichtung oder Veränderung der Testamentsurkunde eine rechtsgeschäftliche Handlung ist,[16] erfordert er die volle **Testierfähigkeit** des Handelnden. Weitere Voraussetzung ist das Vorhandensein einer **Widerrufsabsicht** im Zeitpunkt der Ausführungshandlung.[17] Ein Testament, das ohne diese Widerrufsabsicht verloren geht, vernichtet oder unleserlich wird, bleibt gültig und seine Errichtung und sein Inhalt sind mit den zulässigen Beweismitteln von demjenigen zu beweisen, der Rechte aus ihm geltend macht.[18]

Weitere Voraussetzung für das Zustandekommen des Widerrufs ist eine auf der Widerrufsabsicht beruhende **Ausführungshandlung**, die in der Vernichtung oder Veränderung der Testamentsurkunde bestehen kann.[19] Dass ein Testament nicht auffindbar ist, begründet keine Vermutung dafür, dass es vom Erblasser vernichtet worden ist.[20] Für die Vernichtung oder Veränderung der Testamentsurkunde durch den Erblasser bzw. einen dazu von ihm Beauftragten ist derjenige darlegungs- und beweispflichtig, der den Widerruf des Testaments behauptet.[21] Die Beweisanforderungen für die Vernichtung des Testaments durch den Erblasser dürfen allerdings nicht zu hoch gespannt werden.[22] Steht allerdings fest oder ist bewiesen, dass der Erblasser oder ein von ihm dazu Beauftragter das Testament vernichtet hat, so greift die Vermutung des § 2255 Satz 2 ein, d. h. die Widerrufsabsicht des Erblassers wird widerlegbar vermutet.[23] Das Vernichten der Ur-

[11] Formulierungsvorschlag unten bei Rn 11. Zum Widerruf durch späteres Testament (§ 2258) siehe unten lit. d) Rn 9.

[12] BGH NJW 1966, 201, 202; BGH NJW 1981, 2745.

[13] OLG Köln OLGZ 68, 325.

[14] BGH NJW 1966, 201 = DNotZ 1966, 498 = FamRZ 1966, 100.

[15] Siehe hierzu eingehend Schmidt MDR 1951, 322; BayObLG NJW-RR 1990, 1480, 1481.

[16] BGH NJW 1951, 559 = JZ 1951, 591.

[17] BGH a. a. O.; OLG Freiburg Rpfleger 1952, 340, 341.

[18] OLG Frankfurt Rpfleger 1978, 310; BayObLG MDR 1981, 933; BayObLG FamRZ 1985, 839 = Rpfleger 1985, 194; BayObLG FamRZ 1986, 1043.

[19] BGH NJW 1951, 559 = JZ 1951, 591 m. Anm. Coing; a. M. Schmidt JZ 1951, 745.

[20] OLG Hamm NJW 1974, 1827 = OLGZ 1975, 87.

[21] BayObLG Rpfleger 1980, 60; OLG Zweibrücken Rpfleger 1987, 373; BayObLG FamRZ 1986, 1043.

[22] BayObLG MDR 1981, 933; BayObLGZ 1983, 204, 208.

[23] Baumgärtel/Strieder, Beweislast, § 2255 Rn 4 m. w. N.

kunde geschieht z.B. durch Zerreißen, Verbrennen, Zerschneiden, das Verändern durch Durchstreichen, Ausradieren, Unleserlichmachen, Zerknüllen[24] oder durch einen eindeutigen Entwertungsvermerk,[25] und zwar auch wenn der Entwertungsvermerk die Schriftzeichen des Testaments nicht überdeckt und nicht unterschrieben ist.[26] Umstritten ist, ob das **bloße Wegwerfen** als Widerrufshandlung genügt; richtigerweise wird man beim jeweiligen Einzelfall abstellen müssen auf die Handlungsweise des Erblassers, z.B. die Art des Wegwerfens, und ob zum Wegwerfen noch verstärkende Umstände kommen wie Einreißen oder Zerknüllen.[27] Die Vernichtung oder Veränderung kann auch im Auftrag und zu Lebzeiten des Erblassers und mit seinem Wissen und Willen durch einen Dritten als seinem Werkzeug erfolgen.[28] Eine nachträgliche Genehmigung des Erblassers zur Vernichtung des Testaments durch einen Dritten ist nicht möglich, da § 185 Abs. 2 auf tatsächliche Handlungen nicht anwendbar ist, desgleichen die formlose passive Billigung des zufällig eingetretenen Verlustes der Testamentsurkunde, da dann die Gültigkeit des Testaments allein vom Willensentschluss des Erblassers abhängen würde, der sich in keiner bestimmten Form zu äußern bräuchte.[29] Es muss in solchen Fällen ein ausdrücklicher Widerruf in der Form der §§ 2254 oder 2258 erfolgen.[30]

Ein Widerruf eines durch schlüssiges Handeln nach § 2255 erfolgten Testamentswiderrufs ist nicht nach § 2257, sondern nur durch ein neues Testament möglich.

c) Widerruf durch Rücknahme eines öffentlichen Testaments aus der besonderen amtlichen Verwahrung (§ 2256)[31]

Nach § 2256 gilt die Rücknahme eines **öffentlichen**, d.h. vor einem Notar (§ 2232) 7
oder Bürgermeister (§ 2249) errichteten Testaments aus der besonderen amtlichen Verwahrung auf Verlangen des Erblassers unwiderleglich als sein Widerruf, und zwar auch dann, wenn der Erblasser nicht den Willen oder die Absicht eines Widerrufs hatte (**Widerrufsfiktion**).[32] Die Vorschrift beruht auf dem Gedanken, dass ein öffentliches Testament nur dann als zuverlässig erachtet werden kann, wenn es sich ohne Unterbrechung in amtlicher Verwahrung befunden hat.[33] Ein erneutes Verbringen in die besondere amtliche Verwahrung macht den Widerruf nicht rückgängig.[34] Ohne Rückgabeverlangen des Erblassers tritt die Widerrufswirkung nicht ein. Vorlage an den Erblasser zur Einsicht oder versehentliche Zusendung an ihn ist daher keine Rücknahme.[35] Ein **eigenhändiges** Testament bleibt hingegen, falls es die gesetzlichen Erfordernisse erfüllt, gültig, auch wenn es aus der amtlichen Verwahrung zurückgenommen wird.

Die Rückgabe darf nur an den Erblasser, bei gemeinschaftlichen Testamenten an beide 8
Ehegatten (§ 2272) persönlich erfolgen (§ 2256 Abs. 2), sonst tritt die Aufhebungswirkung nicht ein.[36] Jede Stellvertretung ist ausgeschlossen. Die Rückgabe wird kraft der

---

[24] BayObLGZ 1980, 95 = Rpfleger 1980, 283.
[25] Staudinger/Baumann § 2255 Rn 13 f.
[26] KG NJW 1957, 1364.
[27] Staudinger/Baumann § 2255 Rn 10.
[28] KG JFG 14, 280; BayObLG Rpfleger 1987, 359.
[29] BGH NJW 1951, 559 = JZ 1951, 591 m. Anm. Coing; a.M. Schmidt MDR 1951, 321, 323; ders. JZ 1951, 745.
[30] BGH a.a.O.; Johannsen WPM 1971, 408.
[31] *Granicky,* Durchführung der Rückgabe eines Testaments gemäß § 2256 BGB, Rpfleger 1957, 246; *Merle,* Zur Rückgabe eines öffentlichen Testaments aus der amtlichen Verwahrung, AcP 171 [1971], 486.
[32] KGJ 41, 94, 97.
[33] v. Lübtow NJW 1968, 1849, 1850.
[34] BayObLG DNotZ 1973, 630.
[35] BGH NJW 1959, 2113 = LM § 2085 Nr. 2; OLG Hamm DNotZ 1974, 460.
[36] OLG Saarbrücken NJW-RR 1992, 586 = Rpfleger 1992, 64.

Fiktion des § 2256 in jeder Hinsicht wie eine letztwillige Verfügung behandelt.[37] Voraussetzung ist somit Testierfähigkeit, zumindest gem. § 2253 Abs. 2, des die Rückgabe verlangenden Erblassers.[38] Nach § 2256 Abs. 1 Satz 2 soll die zurückgebende Amtsstelle den Erblasser über die Widerrufswirkung belehren und dies sowohl auf der Testamentsurkunde vermerken als auch darüber eine zu den Akten zu nehmende Niederschrift aufnehmen. Ein durch Rücknahme aus der besonderen amtlichen Verwahrung widerrufenes öffentliches Testament kann nicht gem. § 2257 wiederhergestellt werden, sondern muss neu errichtet werden.[39]

d) Widerruf durch ein späteres Testament abweichenden Inhalts (§ 2258)

9 Nach § 2258 Abs. 1 wird durch die Errichtung eines gültigen[40] Testaments ein älteres Testament insoweit aufgehoben, als das jüngere Testament mit ihm in Widerspruch steht, und zwar ohne dass es einer auf diese Rechtsfolge gerichteten Willenserklärung bedarf. Ein **Widerspruch** besteht, wenn und soweit der positive Inhalt des jüngeren mit dem des älteren Testaments objektiv-sachlich unvereinbar ist und sie sich deshalb gegenseitig ausschließen (Zur stärkeren Aufhebungswirkung eines späteren Erbvertrags – „Beeinträchtigung" statt „Widerspruch" – siehe unten Rn 22 und § 11 Rn 2 ff.).[41] Die Widerrufswirkung ist in diesem Fall lediglich Reflex und gründet nicht in einer rechtsgeschäftlichen Erklärung, da der Erblasser weder den Widerspruch erkennen noch die Widerrufswirkung bedacht haben muss.[42] Aber auch bei sachlicher Vereinbarkeit beider Testamente kann, u.U. auch nur in einem Teilbereich,[43] ein den Widerruf nach § 2258 auslösender Widerspruch darin bestehen, dass nach dem durch Auslegung zu ermittelnden Erblasserwillen die jüngere Verfügung eine ausschließliche und alleinige Geltung haben sollte, weil der Erblasser durch sie die Erbfolge abschließend und umfassend (ausschließlich) regeln wollte.[44] Allgemein kommt es nicht darauf an, ob der Erblasser an seine ältere Verfügung überhaupt noch gedacht hat.[45] Der Erblasser braucht sich der Aufhebungswirkung nicht bewusst gewesen zu sein. Im Gegensatz zu § 2254 ergibt sich die Aufhebung nach § 2258 Abs. 1 kraft Gesetzes allein aus einem Widerspruch des späteren zu der früheren Verfügung.[46]

10 Wird das **spätere widersprechende Testament** seinerseits in einer der Formen der §§ 2254, 2255, 2256 **widerrufen**, lebt nach der widerlegbaren Auslegungsregel des § 2258 Abs. 2 das frühere Testament im Zweifel wieder auf, wie wenn es nicht aufgehoben worden wäre.[47] Das frühere Testament wird nur dann nicht wieder wirksam, wenn sich der Wille des Erblassers im Zeitpunkt des Widerrufs positiv feststellen lässt, die Wirksamkeit des früheren Testaments nicht wieder herzustellen.[48] Ist das frühere Testament außerdem aus der amtlichen Verwahrung genommen (§ 2256) oder die Testa-

---

[37] BGHZ 23, 207, 211 = NJW 1957, 906; BGH Rpfleger 1980, 337; BayObLGZ 1973, 35 = Rpfleger 1973, 170.

[38] BGHZ 23, 207, 211 = NJW 1957, 906.

[39] BayObLGZ 73, 35 = DNotZ 1973, 630.

[40] KG DNotZ 1956, 564.

[41] BGH NJW 1981, 2745 = LM § 2258 Nr. 2; BGH NJW 1985, 969; BayObLG ZEV 2003, 332 (Schweizer Schwarzgeld-Fall).

[42] Lange/Kuchinke, § 23 I 2 a.

[43] BGH NJW 1985, 969 = Rpfleger 1985, 115.

[44] BGH NJW 1985, 969 = Rpfleger 1985, 115; BGH NJW 1986, 2571, 2572; BayObLG NJW 1965, 1276, 1277; BayObLG Rpfleger 1980, 417; BayObLG NJW-RR 1989, 328 = FamRZ 1989, 441.

[45] BGH NJW 1981, 2746 = LM § 2258 Nr. 2; BGHZ 42, 327 = NJW 1965, 688; OLG Hamm DNotZ 1972, 101; BayObLG NJW-RR 1989, 328 = FamRZ 1989, 441.

[46] BGH WPM 1981, 1137; BGH WPM 1987, 379.

[47] OLG Hamm Rpfleger 1983, 401.

[48] OLG Köln ZEV 2007, 129.

mentsurkunde vernichtet oder verändert (§ 2255), verbleibt es bei der Unwirksamkeit.[49] Die Auslegungsregel des § 2258 Abs. 2 findet auch keine Anwendung, wenn das jüngere Testament aus anderen Gründen als seiner Aufhebung wirkungs- oder gegenstandslos geworden ist.[50] Bei dieser Rechtslage ist es im Interesse einer klaren Regelung ratsam, jeweils einen ausdrücklichen Widerruf aller früheren – widerruflichen, also nicht gemäß § 2289 Abs. 1 S. 2 oder § 2271 bindenden gewordenen – Verfügungen gem. § 2254 einer neuen erschöpfenden letztwilligen Verfügung vorauszuschicken oder anzufügen.[51]

Formulierungsvorschlag:
Ich widerrufe alle von mir bisher getroffenen letztwilligen Verfügungen.

Werden nur Teile früherer letztwilliger Verfügungen aufgehoben, ist Sorgfalt bei der Durchsicht der früheren Verfügungen und bei der Formulierung des Widerrufsumfangs geboten. Dies gilt insbesondere dann, wenn ein früherer (Teil-)Widerruf gemäß § 2257 widerrufen werden soll. Meist wird dann empfehlenswert sein, alle bisherigen Testamente aufzuheben und insgesamt neu zu testieren, zum einen wegen der Rechtsklarheit nach dem Erbfall und zum anderen für die Übersichtlichkeit hinsichtlich der getroffenen und gültigen Verfügungen für den Erblasser. 11

Bezüglich der verstärkten Widerrufswirkung eines späteren Erbvertrages auf frühere letztwillige Verfügungen siehe § 11 Rn 2 ff.

e) Widerruf durch erschöpfende spätere Verfügung von Todes wegen

Trotz **sachlicher Vereinbarkeit** der späteren Verfügung von Todes wegen mit der früheren, kann es sein, dass nach dem Willen des Erblassers nur die spätere Verfügung gelten soll, da er in der späteren Verfügung seinen letzten Willen **umfassend und abschließend** (erschöpfend) regeln wollte.[52] Dieser Erblasserwille muss im Wege der Auslegung ermittelt werden, wobei nach den allgemeinen Grundsätzen der Testamentsauslegung außer dem Wortlaut auch Umstände außerhalb des Testaments heranzuziehen sind, soweit sie zur Ermittlung des wirklichen Willens des Erblassers von Bedeutung sein können. 12

f) Widerrufswirkung

Der Testamentswiderruf, gleichgültig in welcher Form, führt zur Aufhebung der widerrufenen Verfügungen und verhindert den Eintritt von deren Rechtswirkungen beim Tod des Erblassers.[53] Diese erbrechtlichen Regelungen werden durch den Widerruf sofort unmittelbar aufgehoben, jedoch endgültig nur, wenn der Widerruf erfolgte mittels (ihrerseits nicht widerrufbarer) Handlungen gemäß §§ 2255, 2256. Erfolgte der Widerruf durch Testament gemäß § 2254 oder § 2258 Abs. 1, ist dieser nicht endgültig, da dieser Widerruf bis zum Tod des Erblassers widerrufen werden kann; die widerrufenen Verfügungen im früheren Testament sind solange schwebend unwirksam.[54] 13

3. Beseitigung des Widerrufs

a) Widerruf des Widerrufs (§ 2257)

Nach § 2257 kann (nur!) ein durch Testament gem. § 2254 erfolgter Widerruf einer letztwilligen Verfügung durch einen neuerlichen Widerruf beseitigt werden. Durch diesen 14

[49] BayObLG Rpfleger 1979, 123.
[50] BayObLGZ 1965, 86.
[51] Lange/Kuchinke, § 23 II 1 a; Klunzinger DNotZ 1974, 278, 289.
[52] BGH NJW 1981, 2745 = FamRZ 1981, 1173; BayObLG NJW 1985, 969; BayObLG FamRZ 1992, 607; BayObLG NJW-RR 1996, 967.
[53] MünchKomm/Hagena § 2253 Rn 5.
[54] Staudinger/Baumann § 2253 Rn 12.

Widerruf des Widerrufs wird im Zweifel (Auslegungsregel!) die Wirksamkeit der ursprünglichen Verfügung wiederhergestellt. Gegenstand dieses zweiten Widerrufs kann nach der h.M.[55] nur ein durch eigenhändiges oder öffentliches Testament gem. § 2254 erfolgter erster Widerruf sein, nicht ein nach §§ 2255 oder 2256 erfolgter.[56] In den letztgenannten Fällen hilft nur die formgerechte Neuerrichtung.

15 Der Widerruf des Widerrufs kann in allen zulässigen Formen der §§ 2254 bis 2256, 2258 erfolgen.[57] Die Wirksamkeit des zweiten Widerrufs wird auf den Zeitpunkt des ersten Widerrufs zurückbezogen. Dies setzt voraus, dass das widerrufene Testament nicht nach seinem Widerruf gem. § 2254 in Widerrufsabsicht verändert oder vernichtet (§ 2255) oder aus der besonderen amtlichen Verwahrung (§ 2256) genommen wurde.[58] Auch der Widerruf eines Widerrufstestaments kann gem. §§ 2078 ff. angefochten werden.

b) Anfechtung des Widerrufs (§§ 2078 ff.)

16 Nach der h.M. kann ein Widerruf, nicht nur wenn er durch ein Testament gem. §§ 2254 oder 2258 erfolgt ist, durch die Anfechtungsberechtigten (nicht durch den Erblasser) gem. §§ 2078 ff. angefochten werden, sondern auch, wenn der Widerruf durch Einwirkungen des Erblassers auf die Testamentsurkunde gem. § 2255 oder durch Rücknahme eines öffentlichen Testaments aus der besonderen amtlichen Verwahrung erfolgte.[59] Ein beachtlicher Irrtum gem. § 2078 Abs. 1 liegt vor, wenn der Erblasser eine Erklärung dieses Inhalts (Widerruf) überhaupt nicht abgeben wollte. Erfolgte dabei der Widerruf durch schlüssige Handlung gem. § 2255, so lässt das durch den Irrtum bedingte Fehlen der Widerrufsabsicht bereits den Widerrufstatbestand nach § 2255 entfallen, so dass keine Anfechtung notwendig ist.[60] Erfolgt jedoch der Widerruf durch Rücknahme eines öffentlichen Testaments aus der besonderen amtlichen Verwahrung, so hält die h.M. auch den **Inhaltsirrtum** (§ 2078 Abs. 1) über die Widerrufsbedeutung dieser Rücknahme für anfechtungsbegründend.[61] Ein Irrtum des Erblassers muss sich dabei auf die Rücknahme beziehen. Allerdings dürfte bei Einhaltung der Belehrungspflicht gem. § 2256 Abs. 1 Satz 2 dieser Fall kaum vorkommen.[62]

17 Anfechtbar gem. § 2078 Abs. 2 ist nach ganz h.M. jede Widerrufsart, wenn der Erblasser dabei zu ihr durch die irrige Annahme oder Erwartung des Eintritts oder Nichteintritts eines Umstandes (**Motivirrtum**) oder widerrechtlich durch Drohung bestimmt worden ist. Beispiele hierfür aus der Rechtsprechung sind: Drohung eines Sohnes gegenüber dem Erblasser, er werde die gemeinsame Gesellschaft kündigen und sich selbständig machen, wenn ein bestimmtes Testament nicht sofort widerrufen werde.[63] Der Erblasser widerrief ein Testament, weil er annahm, seine zur Erbin eingesetzte Haushälterin werde ihn verlassen und sich nicht, wie geschehen, mit ihm wieder aussöhnen.[64] Der Erblasser

---

[55] RGZ 102, 60; BayObLGZ 1973, 35 = DNotZ 1973, 630; BayObLG NJW-RR 1990, 1481; a.M. für den Fall des § 2256: KG OLGZ 1970, 242 = NJW 1970, 612, 613.

[56] BayObLG NJW-RR 1992, 1225 = FamRZ 1992, 1353.

[57] BayObLG Rpfleger 1973, 170.

[58] BayObLGZ 1965, 86, 90; BayObLG Rpfleger 1973, 170.

[59] KGJ 41, 94, 97 = Recht 1911 Nr. 3104 = RJA 11, 180; KG NJW 1970, 612 m. krit. Anm. Riedel NJW 1970, 1278 = FamRZ 1970, 130 = Rpfleger 1970, 91; BayObLGZ 1960, 490, 494 = MDR 1961, 505; Klunzinger DNotZ 1974, 278, 288; a.M. bzgl. Widerruf nach § 2256; v. Lübtow NJW 1968, 1849, 1851; Merle AcP 171 (1971), 486, 504; Riedel NJW 1970, 1278, 1279.

[60] OLG Freiburg Rpfleger 1952, 340, 341.

[61] KG JFG 21, 323, 325 = DNotZ 1941, 28, unter Aufgabe seiner gegenteiligen Ansicht in KGJ 41, 94, 97 = Recht 1911 Nr. 3104; BayObLG FamRZ 1990, 1404 = NJW-RR 1990, 1481.

[62] Vogels DR 1942, 144, vgl. jedoch BayObLG MittBayNot 2005, 510, 511: „Es fällt auf, dass in den Nachlassakten eine ordnungsgemäße Belehrung der Erblasserin über die Wirkungen der Rücknahme nach § 2256 Abs. 1 Satz 2 BGB nicht aufzufinden ist."

[63] BayObLGZ 1960, 490 = MDR 1961, 505.

[64] KG DR 1942, 143 = DNotZ 1942, 186.

wurde zur Rücknahme des öffentlichen Testaments aus der amtlichen Verwahrung durch die irrige Annahme veranlasst, dass er die Widerrufsfolgen durch erneuten Widerruf jederzeit wieder aufheben könne.[65] Rücknahme eines öffentlichen Testaments aus der besonderen amtlichen Verwahrung in der irrtümlichen Annahme, ein neues zweites Testament sei gültig errichtet, jedoch nur, wenn dieses zweite Testament im Wesentlichen inhaltsgleich mit dem widerrufenen ist, da sonst das erste Testament nicht mehr dem Willen des Erblassers zum Zeitpunkt des Widerrufs entspricht.[66] Diese Inhaltsgleichheit ist auch zu verlangen, wenn angefochten wird, weil der Erblasser durch die irrige Erwartung zum Widerruf veranlasst wurde, seine Lebenszeit reiche noch zur Errichtung eines neuen bereits inhaltlich feststehenden Testaments aus.

Der Motivirrtum muss jedoch jeweils bereits im Zeitpunkt des Widerrufs, z.B. der Rücknahme aus der amtlichen Verwahrung, beim Erblasser vorgelegen haben. Ein nachträglicher Gesinnungswandel bleibt unbeachtlich. Zur Anfechtung **berechtigt** ist nach § 2080 Abs. 1 derjenige, welchem die Aufhebung des Widerrufs unmittelbar zustatten kommen würde. Die Anfechtung hat gem. § 2081 Abs. 1 durch formlose Erklärung binnen Jahresfrist seit Kenntnis von dem Anfechtungsgrund (§ 2082) zu erfolgen. Sie muss, soweit sie die Erbeinsetzung betrifft, gegenüber dem Nachlassgericht (§ 2081 Abs. 1) und soweit sie sich gegen den Widerruf von Vermächtnissen richtet, gegenüber dem Anfechtungsgegner (§ 143), d.h. dem, der durch den Widerruf einen unmittelbaren rechtlichen Vorteil erlangt hat, erfolgen.[67] Die begründete Anfechtung hat gem. § 142 Abs. 1 die Nichtigkeit des Widerrufs zur Folge. 18

II. Widerruf gemeinschaftlicher Testamente

1. Widerruf einseitiger Verfügungen

Seine einseitigen, d.h. nicht wechselbezügliche Verfügungen i.S. des § 2270, kann in einem gemeinschaftlichen Testament (§§ 2265 ff.) jeder Ehegatte jederzeit und auch nach dem Tode des anderen Ehegatten wie ein einseitiges Testament allein und frei widerrufen. Dies kann durch den Erblasser erfolgen durch Widerrufstestament (§ 2254), widersprechendes Testament (§ 2258) oder gem. § 2255, indem er seine trennbaren einseitigen Verfügungen mit Entwertungsvermerk versieht, durchstreicht oder den sie enthaltenden Teil der Testamentsurkunde vernichtet.[68] 19

Durch Rücknahme des gemeinschaftlichen öffentlichen Testaments aus der amtlichen Verwahrung (§ 2256) kann ein Ehegatte dagegen seine einseitigen Verfügungen nicht ohne Zustimmung des anderen Ehegatten widerrufen, weil nach § 2272 ein gemeinschaftliches Testament nur von beiden Ehegatten und nach dem Tod des einen überhaupt nicht mehr aus der amtlichen Verwahrung zurückgenommen werden kann.[69] 20

2. Widerruf wechselbezüglicher Verfügungen

Bezüglich der **einseitigen** Widerrufsmöglichkeiten wechselbezüglicher Verfügungen zu Lebzeiten beider Ehegatten[70] gemäß §§ 2271 Abs. 1, 2296 siehe § 11 Rn 34 und bezüglich ihrer Aufhebung nach dem Tod des erstverstorbenen Ehegatten (§ 2271 Abs. 2) siehe § 11 Rn 35 ff. **Gemeinsam** können die Eheleute ihre wechselbezüglichen Verfügun- 21

[65] KG NJW 1970, 612, 614 = OLGZ 1970, 242 = Rpfleger 1970, 91; BayObLG NJW-RR 1990, 1481; a.M. Riedel NJW 1970, 1278 f.
[66] KGJ 41, 94, 98 = RJA 11, 180 = Recht 1911, 3104; OLG Dresden JW 1934, 2636.
[67] BayObLGZ 1960, 490, 495.
[68] Staudinger/Kanzleiter § 2271 Rn 4.
[69] Staudinger/Kanzleiter § 2271 Rn 6.
[70] Zum Widerruf bei Geschäftsunfähigkeit des Widerrufgegners Zimmer ZEV 2007, 159.

gen ganz oder teilweise widerrufen (arg. § 2271 Abs. 1 Satz 2), und zwar durch gemeinschaftliches widerrufendes (§ 2254) oder widersprechendes (§ 2258) Testament oder Ehegattenerbvertrag, durch gemeinschaftliche Rücknahme des gemeinschaftlichen öffentlichen Testaments aus der besonderen amtlichen Verwahrung (§ 2256) oder durch einvernehmliche Vornahme einer schlüssigen Widerrufshandlung nach § 2255.[71] Der Widerruf von Vermächtnissen und Auflagen kann in entsprechender Anwendung des § 2291 in einem einseitigen, auch eigenhändigen Testament erfolgen, dem der andere Ehegatte in einer öffentlich beurkundeten Erklärung zustimmen muss.[72] Der einseitige Widerruf gem. § 2271 Abs. 1 ist als letztwillige Verfügung nach § 2078 anfechtbar.[73] Ein Widerruf des einseitigen Widerrufs gem. § 2271 Abs. 1 ist unzulässig und unwirksam. § 2257 ist nicht anwendbar.[74]

III. Aufhebung und Rücktritt vom Erbvertrag[75]

22 **Einseitige Verfügungen** in Erbverträgen (§ 2299) unterliegen nicht der erbvertraglichen Bindung und können grundsätzlich wie testamentarische Verfügungen jederzeit frei und heimlich in den Formen der §§ 2254, 2255 und 2258 widerrufen werden (siehe oben Rn 1 ff.).

Wegen **vertragsmäßiger Verfügungen** in Erbverträgen (§ 2278) siehe bezüglich ihrer Aufhebungsmöglichkeit § 11 Rn 61 ff., der gesetzlichen Rücktrittsrechte § 11 Rn 50 ff., dem vorbehaltenen Rücktrittsrecht § 11 Rn 75 ff. und dem Änderungsvorbehalt § 11 Rn 84 ff. Ein Ehegattenerbvertrag (§ 2280) kann auch durch ein gemeinschaftliches Testament der Ehegatten aufgehoben werden (§ 2292). Bezüglich der gegenüber § 2258 verstärkten Aufhebungswirkung eines späteren Erbvertrages gemäß § 2289 Abs. 1 S. 1 hinsichtlich früherer letztwilliger Verfügungen siehe § 11 Rn 2 ff. Diese Aufhebungswirkung entfällt, wenn der Erbvertrag später durch rechtsgeschäftliche Aufhebung oder Rücktritt beseitigt wird oder durch Wegfall des Bedachten vor oder nach dem Erbfall gegenstandslos wird.[76] Zu einem etwaigen Fortgeltungswillen siehe § 21 IV. 1. Rn 35.

23 Erbverträge sind gemäß dem gesetzlichen Regelfall vom Notar dem Gericht unverzüglich zur besonderen **amtlichen Verwahrung** zu übergeben (§ 34 Abs. 2 Halbs. 1 Alt. 1, Abs. 1 Satz 4 BeurkG, §§ 346 ff. FamFG). Die Vertragschließenden können jedoch im Erbvertrag die besondere amtliche Verwahrung ausschließen, wonach die Erbvertragsurkunde bis zum Eintritt des Erbfalls in der Verwahrung des Notars bleibt (§ 34 Abs. 2 Halbs. 1 Alt. 2, Abs. 3 BeurkG, § 347 Abs. 3 FamFG);[77] in diesem Falle ist die Benachrichtigung der Standesämter vom Notar durchzuführen (§ 20 Abs. 2 DONot). Ist der

---

[71] BayObLG MDR 1981, 933; zur erforderlichen Gemeinschaftlichkeit des Widerrufs eines gemeinschaftlichen Testaments in getrennten Urkunden: OLG Braunschweig ZEV 2007, 178 mit Anm. Sticherling S. 179.

[72] Staudinger/Kanzleiter § 2271 Rn 7.

[73] MünchKommm/Musielak, § 2271 Rn 11.

[74] Staudinger/Kanzleiter § 2271 Rn 26 m. w. N; J. Mayer in Reimann/Bengel/J. Mayer, Testament und Erbvertrag, Rn 26.

[75] Brambring in Brambring/Mutter, Beck'sches Formularbuch Erbrecht, A II. 2, 3; von Dickhuth-Harrach, Die Rückgabe eines Erbvertrages aus der notariellen Verwahrung, RNotZ 2002, 384; Keim, Die Aufhebung von Erbverträgen durch Rücknahme aus der amtlichen Verwahrung, ZEV 2003, 55; Keller, Aufhebung, Änderung und Ergänzung eines Erbvertrags durch die Vertragspartner, ZEV 2004, 92; Schneider, Wie ist der Rücktritt vom Erbvertrag, wie der Widerruf eines gemeinschaftlichen Testaments zu erklären? ZEV 1996, 220.

[76] OLG Zweibrücken Rpfleger 1989, 459 = FamRZ 1989, 1355.

[77] Es fällt dann nicht die gerichtliche Verwahrungsgebühr gemäß § 101 KostO an. Für den Notar – und dessen Amtsnachfolger – ergeben sich Pflichten meist langdauernder Art, z. B. hinsichtlich der geeigneten und sicheren Aufbewahrung oder der periodischen Prüfung nach Ablauf von 30 Jahren gemäß §§ 2300 a, 2263 a BGB, § 20 Abs. 5 DONot.

Erbvertrag mit einem anderen Vertrag in derselben Urkunde verbunden, insbesondere einem Ehe- und Erbvertrag oder einem Verpfründungsvertrag, ist im Zweifel anzunehmen, dass die amtliche Verwahrung ausgeschlossen ist. Zur Vermeidung solcher Zweifel sollte im Erbvertrag stets der Willen der Vertragsschließenden über Durchführung[78] oder Ausschließung der amtlichen Verwahrung niedergelegt sein.

Sowohl bei der amtlichen (gerichtlichen) Verwahrung als auch bei der notariellen Verwahrung besteht für die Beteiligten die **Möglichkeit der Rücknahme** gemäß § 2300 Abs. 2, § 20 Abs. 3 DONot,[79] wenn der Erbvertrag **nur Verfügungen von Todes wegen** enthält, sei es vertragsmäßige oder einseitige letztwillige Verfügungen. Ausgeschlossen ist dem gemäß die Zurücknahme eines Ehe- und Erbvertrags oder eines Erbvertrags mit Pflegeverpflichtung (Verpfründungsvertrag). Ausgeschlossen ist die Rückgabe aber auch dann, wenn im Erbvertrag eine Vollmacht enthalten ist oder ein Pflichtteilsverzicht; dies ist haftungsrechtlich besonders problematisch durch die Rechtsprechung, wonach in gemeinschaftlichen Verfügungen ein stillschweigender Pflichtteilsverzicht enthalten sein kann. Gibt der Notar einen Erbvertrag zurück, obwohl die Voraussetzungen des § 2300 Abs. 2 nicht vorliegen, insbesondere dieser nicht nur Verfügungen von Todes wegen enthält (§ 2300 Abs. 2 Satz 1), tritt die Widerrufsfiktion des § 2300 Abs. 2 Satz 3 i.V. mit § 2256 Abs. 1 nicht ein. Dem Erblasser ist in allen Fällen, in denen auch nur die entfernteste Möglichkeit in Betracht kommt, dass der Erbvertrag auch ein lebzeitiges Rechtsgeschäft mit beinhaltet, der Rat zu geben ist, zusätzlich zur Rücknahme eine vertragliche Aufhebung gemäß § 2290 zu beurkunden.[80] 24

Problematisch ist ferner, wenn der zurückgenommene Erbvertrag zugleich die **Aufhebung eines früheren Erbvertrags** enthält. Im Zweifel wird der frühere Vertrag entsprechend § 2257 wieder wirksam. Wollen die Erblasser die gesetzliche Erbfolge eintreten lassen, sollten, um Zweifel auszuschließen, alle Erbverträge – falls möglich – zurückgenommen werden, ansonsten diese gemäß § 2290 vertraglich aufgehoben werden.[81] 25

Wenngleich die materiellrechtliche Aufhebung auch gesondert durchgeführt werden kann und im Zweifelsfällen durchgeführt werden sollte, ist die Rücknahme möglich und von Bedeutung, wenn die Erblasser ihre frühere Willensbildung nicht mehr offenkundig werden lassen möchten, z.B. bei menschlich problematischen Sachverhalten wie Entziehung eines Pflichtteils eines Abkömmlings und der hierfür erforderlichen Darstellung des Grundes nach § 2336 Abs. 2, wenn dieser später entfallen ist. Auch inhaltlich aufgehobene letztwillige Verfügungen sind vom Nachlassgericht zu eröffnen, jedoch nicht, wenn diese aus der amtlichen Verwahrung bei Gericht oder der notariellen Verwahrung zurückgenommen sind. Bei einer gesonderten Aufhebung des Erbvertrages fällt eine $^5/_{10}$-Gebühr gemäß § 46 Abs. 2 Satz 1 Halbs. 1 KostO an. 26

Für die Zurücknahme des Erbvertrags gelten Bestimmungen zum Widerruf durch Rücknahme eines öffentlichen Testaments aus der besonderen amtlichen Verwahrung (§ 2256) entsprechend (siehe oben Rn 7f.). Die Rückgabe kann nur **an beide Vertragschließenden gemeinschaftlich** erfolgen auf deren Rücknahmeverlangen hin; die Zurücknahme ist ausgeschlossen nach dem Tode eines Beteiligten (§ 2300 Abs. 2 S. 2 Halbs. 1 und 2, § 2290 Abs. 1 S. 2). Die Zurücknahme kann **nur höchstpersönlich** durch die Beteiligten erfolgen; eine Vertretung ist nicht möglich (§ 2300 Abs. 2 S. 2 Halbs. 2, § 2290 Abs. 2). Auf der anderen Seite ist „zurückgebenden Stelle" i.S. der §§ 2300 Abs. 2 Satz 3, 2256 Abs. 1 Satz 2 der (bisher) verwahrende Notar, so dass nur dieser selbst bzw. dessen amtlich bestellter Vertreter die Rückgabehandlung durchführen kann (§ 25

[78] Auch: Beibehaltung der amtlichen Verwahrung trotz Verbindung mit einem anderen Vertrag entgegen § 34 Abs. 2 Halbs. 2 BeurkG.

[79] Eingefügt durch OLGVertrÄndG v. 23. 7. 2002 (BGBl. I S. 2850); bis zu dessen Inkrafttreten konnten Erbverträge nicht mehr aus der Verwahrung entnommen werden.

[80] So zutreffend Keim, ZEV 2003, 56; von Dickhuth-Harrach RNotZ 2002, 389.

[81] Keim ZEV 2003, 57.

BNotO).[82] Eine Durchführung durch Notariatsangestellte ist nicht möglich, ebenso führt eine Übersendung per Post nicht zur Widerrufsfiktion. Bei Vormundschaft oder Betreuung ist die Genehmigung des Amtsgerichts erforderlich nach Maßgabe von § 2300 Abs. 2 S. 2 Halbs. 2, § 2290 Abs. 3. Aufgrund der materiellen Aufhebungswirkung ist auch Prüfung der Geschäftsfähigkeit erforderlich.

27 Als Rechtsfolge der ordnungsgemäßen Rücknahme **gilt der Erbvertrag als widerrufen** (**Widerrufsfiktion**, § 2300 Abs. 2 S. 3, § 2256 Abs. 1 S. 1). Die zurückgebende Stelle – Nachlassgericht[83] oder Notar[84] – soll die Erblasser über diese Folge der Rückgabe belehren, dies auf der Urkunde vermerken und dies aktenkundig machen. Der sicherste Weg ist die Erstellung einer Niederschrift gemäß § 36 BeurkG, ausreichend ist jedoch auch ein bloßer Aktenvermerk (vgl. § 20 Abs. 3 Satz 4 DONot: „Aktennotiz") oder ein Vermerk gemäß § 39 BeurkG. Zur Beweissicherung für den u. U. erst nach Jahrzehnten eintretenden Todesfall des Erblassers kann eine Unterschriftsbeglaubigung zweckmäßig sein. Sinn und Zweck des Informationssystems der Benachrichtigung der Standesämter legt nahe, diese entsprechend § 20 Abs. 2 DONot zu benachrichtigen,[85] damit das später zuständige Nachlassgericht – neben der früheren letztwilligen Verfügung – auch Kenntnis erhält von der eingetretenen Widerrufsfiktion.[86] Anderes gilt dann, wenn die letztwilligen Verfügungen bereits in einer neuen Verfügung aufgehoben wurden und das Geburtsstandesamt hinsichtlich dieser neuen Verfügung benachrichtigt wird; das Nachlassgericht erhält dann inhaltlich der neuen Verfügung Kenntnis über die erfolgte Aufhebung der früheren, ihr vorliegenden Verfügung. Die Rückgabe ist nach bestrittener Ansicht kostenfrei.[87]

Formulierungsvorschlag:

(Aktennotiz gemäß § 20 Abs. 3 DONot, zweckmäßigerweise zu Beweiszwecken ergänzend mit Unterschriftsbeglaubigung der Erbvertragsbeteiligten; zugleich Checkliste für Notar bei der Rückgabe)

Zurückgabe eines Erbvertrags
aus der notariellen Verwahrung (§§ 2300 Abs. 2, 2256 Abs. 1 BGB)

1. Die Unterzeichneten, und zwar … (gemäß §§ 20 Abs. 3 S. 4, 26 Abs. 2 DONot erforderliche Bezeichnung!)
– Herr …, geb. am
– und Frau …, geborene …, geb. am
beide wohnhaft …und ausgewiesen durch Lichtbildausweise
sind sämtliche Vertragsschließenden des Erbvertrags der Notarstelle …
URNr. … vom …
– auch „Erbvertrag" genannt –.

Sie erklären, dass dieser nur Verfügungen von Todes wegen (§ 2300 Abs. 2 S. 1 BGB) enthält, insbesondere keine Rechtsgeschäfte unter Lebenden, keine ehevertragliche Vereinbarungen, keinen Pflichtteilsverzicht und keine Vollmacht.

Dieser befand sich in der notariellen Verwahrung; eine amtliche Verwahrung beim Nachlassgericht wurde nicht gewünscht.

---

[82] *Limmer/Frenz* in Würzburger Notarhandbuch, Teil 4, Rn 47.

[83] Zur Rücknahme eines notariellen Testaments aus der amtlichen Verwahrung: BayObLG MittBayNot 2005, 510.

[84] Zur Rückgabe eines Erbvertrags aus der notariellen Verwahrung: § 20 Abs. 3 DONot, hierzu Krebs, MittBayNot 2005, 363, 365. Zur Kostenfolge bei der Rückgabe eines Erbvertrags aus der notariellen Verwahrung: Schmidt, RNotZ 2002, 503.

[85] A. A. Bengel/Reimann in Beck'sches Notarhandbuch, Abschnitt C Rn 49 e.

[86] A. A. Keim ZEV 2003, 58.

[87] Bengel/Reimann in Beck'sches Notarhandbuch, Abschnitt C Rn 49 f. m. w. N.

2.
Alt. 1: Die Verfügungen in jenem Erbvertrag wurden bereits zu gesonderter Urkunde vom heutigen Tage URNr.... inhaltlich aufgehoben.

Alt. 2: Eine vorsorgliche Aufhebung der Verfügungen in jenem Erbvertrag wird nicht gewünscht. **Ende Alt. 2**

Die Beteiligten beantragen die Zurücknahme des Erbvertrags aus der notariellen Verwahrung und die Zurückgabe an die Vertragsschließenden.

3. Die Unterzeichneten als ausschließliche Beteiligte des Erbvertrags bestätigen, dass sie die Urschrift des Erbvertrags mittels Rückgabe durch den Notar erhielten am heutigen Tage.

4. Die Vertragsschließenden bestätigen ferner, vom Notar über die rechtliche Tragweite unterrichtet worden zu sein, insbesondere dass

- gemäß § 2300 Abs. 2 Satz 2 BGB die Rückgabe nur an alle Vertragsschließenden zu deren Lebzeiten gemeinschaftlich erfolgen kann;
- **durch die Zurücknahme des Erbvertrags dieser** – auch einschließlich eines etwa darin enthaltenen Widerrufs, § 2257 BGB – **als widerrufen gilt** (§ 2256 Abs. 1, § 2300 Abs. 2 Satz 3 BGB),
- jeder Erblasser über diese Folge der Rückgabe sowie die Voraussetzungen für eine Widerrufsfiktion belehrt wurde.

5. Nach dem Tod eines Vertragsschließenden oder bei Geschäftsunfähigkeit kann die Aufhebung nicht mehr erfolgen kann (§§ 2300 Abs. 2 Satz 2 Halbs. 2, 2290 Abs. 1 Satz 2 BGB).

6. Der unterzeichnete Notar bestätigt, dass

a) die Zurückgabe heute an alle Erblasser persönlich erfolgt ist;

b) die sämtlichen Erblasser gemäß dem mit ihnen vor der Rückgabe geführten Sachgespräch voll testierfähig und nicht in der Geschäftsfähigkeit beschränkt sind.

Der Notar wies darauf hin, dass wenn ein Teil unter Vormundschaft steht oder die Aufhebung vom Aufgabenkreis eines Betreuers erfasst wird, die Genehmigung des Familien-/Betreuungsgerichts erforderlich ist (§ 2300 Abs. 2 Satz 2 Halbs. 2, § 2290 BGB). Die Beteiligten erklären hierzu, dass ein vorstehender Fall nicht vorliegt.

7. Auf a) der beglaubigten Abschrift des Erbvertrags zur Urkundensammlung und

b) dem Erbvertragsverzeichnis

ist zu vermerken und aktenkundig zu machen, dass sowohl die Rückgabe als auch die Belehrung geschehen ist.

8. Von dieser Vermerksurkunde erhält.

Urschrift: Notar zu vorgenanntem Erbvertrag zur Weiterleitung an das Nachlassgericht nach dem Erbfall

beglaubigte Abschrift:

- Beteiligte
- Notar zur Urkundensammlung zur begl. Abschrift des vorgenannten Erbvertrags
- Notar zur Urkundensammlung bezüglich dieser Vermerksurkunde

8.
Alt. 1: Zur Kenntnisgabe der Widerrufsfiktion hinsichtlich des zurückgegebenen Erbvertrags hat entsprechend § 20 Abs. 2 DONot eine Benachrichtigung der Geburtsstandesämter durch den Notar erfolgen.

Alt. 2: Die Beteiligten erklären, dass auf Grund der bereits erfolgten vollständigen inhaltlichen Aufhebung der Verfügungen im zurückerhaltenen Erbvertrag zum neuen Erbvertrag des unterzeichneten Notars URNr.... keine Benachrichtigung der Geburtsstandesämter durch den Notar erfolgen soll.

Ende Alt. 2
..., den
Alle Beteiligten:

N, Notar
(Beglaubigungsvermerk des Notars über die vorstehenden, vor ihm vollzogenen Unterschriften der Erbvertragsbeteiligten)

Verfügung:

1. Eintragung der Rücknahme und des Tages in das Erbvertragsverzeichnis (§ 20 Abs. 3 S. 5 DONot)
2. Begl. Abschrift des Vermerkblatt zu begl. Abschrift der Vorurkunde einheften, Original einlegen (für spätere Abgabe)
3. Ggf.: Mitteilung an Geburtsstandesämter

3. Teil. Form, Formulierung und Aufbau von Verfügungen von Todes wegen

§ 17 Die Form der Errichtung von Verfügungen von Todes wegen

I. Testamentsformen, Formzwecke und Folgen eines Formverstoßes

Im Unterschied zu den meisten schuldrechtlichen Rechtsgeschäften unterliegen Verfügungen von Todes wegen einem strengen Formzwang. Durch diese Formstrenge soll der Erblasser angehalten werden, seinen „letzten Willen" zu überdenken und soll vor Übereilung geschützt werden (**Warnfunktion oder Übereilungsschutz**), er soll seinen Willen präzisieren und sich dabei gegebenenfalls juristischen Rates bedienen (**Rechtsklarheitsfunktion oder Hilfestellungszweck**) und es soll sichergestellt werden, dass der Erblasserwille nach Echtheit und Inhalt beweiskräftig festgelegt wird, da er erst Wirkung entfaltet, wenn sein Urheber verstorben ist (**Beweisfunktion oder Sicherstellungszweck**).[1] Indirekt sind daher auch die Begünstigten geschützt. Ein Formverstoß macht die Verfügung von Todes wegen nach § 125 Satz 1 unheilbar nichtig. Ein Formmangel ist auch dann nicht unschädlich, wenn der „bessere" Wille des Erblassers feststeht.[2] Soweit es sich um Verstöße gegen Mussvorschriften bezüglich des Errichtungsvorganges oder der äußeren Form der Verfügung von Todes wegen handelt, kann diese unerfreuliche Folge auch nicht durch wohlwollende Auslegung gem. § 2084 gemildert werden, da diese Vorschrift bei Formmängeln grundsätzlich unanwendbar ist, weil nur eine wirksame Willenserklärung ausgelegt werden kann.[3] Allerdings hat die Rechtsprechung im Laufe der Zeit die Formvorschriften selbst, vor allem beim eigenhändigen Testament, durch restriktive Gesetzesauslegung abgemildert.[4] Gegebenenfalls kann bei Formnichtigkeit der Verfügung von Todes wegen eine Umdeutung gem. § 140 in eine andere Testamentsform oder ein Rechtsgeschäft unter Lebenden helfen, wenn sie alle wesentlichen Merkmale des anderen Rechtsgeschäfts aufweist und dieses dem mutmaßlichen Parteiwillen entspricht.[5] Hinsichtlich des Inhalts einer formgültigen Verfügung von Todes wegen ist jedoch eine Auslegung gem. § 2084 mit der von der Rechtsprechung gemachten Einschränkung möglich, dass der Erblasserwille zumindest andeutungsweise aus dem Text der Verfügung hervorgehen muss (**Andeutungstheorie**).[6] Eine Durchbrechung der Formstrenge bei Verfügungen von Todes wegen stellt die sog. formlose Hoferbenbestimmung im Bereich der Höfeordnung dar (§ 6 Abs. 1 Nr. 1, 2 HöfeO).[7] Das BGB sieht für den Normalfall zwei ordentliche Testamentsformen vor: 1

---

[1] BGHZ 80, 242, 246 = NJW 1981, 1737; BGHZ 80, 246, 251 = NJW 1981, 1736; Reimann in R/B/M Rn A 70 ff.; Lange/Kuchinke § 16 IV 3; Häsemeyer JuS 1980, 1; Wolf/Gangel JuS 1983, 663, 665.

[2] BGH NJW 1981, 1900, 1901.

[3] Reimann in R/B/M Rn A 79; MünchKomm/Leipold § 2084 Rn 72; Staudinger/Otte § 2084 Rn 3; OLG Neustadt Rpfleger 1962, 446 m. Anm. Haegele.

[4] Kipp/Coing, § 19 IV 3; Grundmann AcP 187 (1987), 429.

[5] MünchKomm/Leipold § 2084 Rn 122 ff., 138 ff.; Staudinger/Otte § 2084 Rn 1, 4 ff.; Kanzleiter DNotZ 1973, 133; BGH NJW-RR 1987, 1410; OLG Zweibrücken FamRZ 1989, 790; LG Freiburg 1986, 150; Firsching DNotZ 1955, 283, 296; siehe auch Rn 377 § 4, 2 § 14.

[6] Siehe Rn 8 § 23; Staudinger/Otte Vorbem. zu §§ 2064–2086 Rn 28 ff.

[7] Siehe oben Rn 91 f. § 3.

- Das **öffentliche Testament,** das durch Erklärung zur Niederschrift eines Notars oder durch Übergabe einer offenen oder verschlossenen Schrift an diesen errichtet werden kann (§ 2232).
- Das **eigenhändige (privatschriftliche) Testament** (§ 2247).
- Für besondere Notsituationen stehen daneben die sog. **außerordentlichen Testamentsformen (= Nottestamente)** zur Verfügung, die jedoch ebenfalls nicht auf ein Minimum an Formvorschriften verzichten:
- Das Nottestament vor dem Bürgermeister (§ 2249 Abs. 1).
- Das Dreizeugentestament (§§ 2250 Abs. 1, 2, 3, 2249).
- Das Seetestament (§§ 2251, 2250 Abs. 3).

2 Der **Erbvertrag** bedarf nach § 2276 Abs. 1 Satz 1 immer der notariellen Beurkundung bei gleichzeitiger Anwesenheit beider Vertragspartner, d. h. keine Sukzessivbeurkundung gem. § 152 möglich, wohl aber Vertretung des anderen (keine Verfügungen von Todes wegen treffenden) Vertragsschließenden, nicht des Erblassers (§ 2274). Ein Testament kann trotz § 127a als einseitige Willenserklärung nicht Gegenstand eines Prozessvergleichs sein, da dieser immer ein beiderseitiges Nachgeben voraussetzt.[8] Dagegen können ein Erbvertrag und ein Erbverzichtsvertrag auch in der Form eines Prozessvergleichs geschlossen werden.[9] Notwendig ist dazu allerdings, dass der Erblasser persönlich anwesend ist und im Anwaltsprozess auch sein Anwalt, während der bloß vertragsschließende bzw. verzichtende Teil sich auch hier vertreten lassen kann.[10]

II. Die Wahl zwischen den ordentlichen Testamentsformen

3 Öffentliche und privatschriftliche Testamente sind bezüglich ihrer erbrechtsgestaltenden Wirkung gleichwertig, da auch im eigenhändigen Testament alle zulässigen Verfügungen von Todes wegen getroffen werden können. Hinsichtlich der erbrechtsbezeugenden Funktion verdient jedoch das öffentliche Testament eindeutig den Vorzug.[11] Es ist eine öffentliche Urkunde i. S. der §§ 415, 418 ZPO, d. h. es begründet vollen Beweis der in ihm bezeugten Tatsachen, somit von Ort und Zeit seiner Errichtung, der Identität des Testierers und dem Inhalt und der Vollständigkeit der von ihm als letztwillig abgegebenen Erklärungen, nicht jedoch ihrer Richtigkeit.[12] Demgegenüber ist der Gegenbeweis der unrichtigen Beurkundung zulässig (§ 415 Abs. 2 ZPO). Während mit einem eigenhändigen Testament nach dem Erbfall dem Grundbuchamt gegenüber nicht der Nachweis der Erbfolge erbracht werden kann, vielmehr hier immer ein Erbschein vorgelegt werden muss, genügt gem. § 35 Abs. 1 Satz 2 GBO grds. ein öffentliches Testament zusammen mit dem Protokoll über seine Eröffnung. Vor allem aber gewährt das öffentliche Testament dem Testierer den Vorteil der sachverständigen Lenkung und Beratung durch den Notar.[13] Seine Mitwirkung macht es wahrscheinlicher, dass der letzte Wille formell richtig und materiell klar niedergelegt wird[14] und dass nicht, wie häufig in eigenhändigen Testamenten, Rechtsbegriffe falsch verwandt werden und dadurch Auslegungsschwierigkeiten entstehen. Da das öffentliche Testament anders als das eigenhändige (§ 2248) stets unverzüglich in die besondere amtliche Verwahrung beim Amtsgericht verbracht werden soll (§ 34 BeurkG), ist die Gefahr, dass es später verfälscht wird, ausgeschlossen und es

---

[8] RGZ 48, 183, 187; BGH FamRZ 1960, 28, 30.

[9] RGZ 48, 183; BGHZ 14, 381 = NJW 1954, 1886 = DNotZ 1955, 190; BGH FamRZ 1960, 28, 30; BGHZ 77, 264 = NJW 1980, 2307; OLG Köln OLGZ 1970, 114; OLG Stuttgart NJW 1989, 2700, 2701.

[10] RGZ 48, 183; BayObLG NJW 1965, 1276.

[11] Voit in R/B/M § 2231 Rn 5; OLG Frankfurt Rpfleger 1990, 290.

[12] OLG Frankfurt Rpfleger 1990, 290.

[13] MünchKomm/Hagena, § 2231 Rn 17, 24.

[14] Voit in R/B/M § 2231 Rn 6.

ist gewährleistet, dass es nach dem Tode des Erblassers eröffnet wird und nicht verloren geht oder von interessierter Seite unterdrückt wird.[15] Auf der anderen Seite verursacht das eigenhändige Testament dem Testierer zunächst keine Kosten, zwingt ihn nicht, einem Fremden seine Probleme anzuvertrauen und kann wegen der relativ geringen Formvorschrift jederzeit und überall schnell errichtet und auch widerrufen werden. Ferner hat der Gesetzgeber durch zahlreiche Auslegungsregeln, z.B. in den §§ 2067, 2070 bis 2074 dafür gesorgt, dass dem Erblasserwillen auch bei ungenauer und unbestimmter Ausdrucksweise soweit wie möglich Rechnung getragen wird.

III. Form der Errichtung des Testaments

1. Das öffentliche Testament

a) Errichtung durch Erklärung gegenüber dem Notar

Nach § 2232 Satz 1 1. Halbs. kann ein Erblasser zur Niederschrift eines Notars ein Testament errichten, indem er dem Notar seinen letzten Willen erklärt. 4

aa) Erfordernisse der Niederschrift. Über die Verfügung von Todes wegen ist eine Niederschrift aufzunehmen (§ 8 BeurkG), und zwar grundsätzlich in deutscher Sprache, auch wenn der Erblasser kein Deutsch versteht (§ 5 Abs. 1 BeurkG). Auf Verlangen kann der Notar die Niederschrift auch in einer anderen Sprache errichten, soll dies jedoch nur, wenn er der fremden Sprache hinreichend kundig ist (§ 5 Abs. 2 BeurkG). Die Verfügung von Todes wegen ist nichtig, falls eine Niederschrift fehlt oder sie gegen eine der folgenden Mussvorschriften verstößt, während der Verstoß gegen Sollvorschriften ihre Gültigkeit unberührt lässt. 5

• **Die Niederschrift muss enthalten** (§ 9 Abs. 1 BeurkG): 6
- Die Bezeichnung des Notars sowie des Erblassers.
- Die Erklärung des letzten Willens des Erblassers.

• **Die Niederschrift soll enthalten** 7
- Ort und Tag der Verhandlung (§ 9 Abs. 2 BeurkG).
- Wahrnehmungen über die Geschäftsfähigkeit (§ 28 BeurkG).
- Zweifel an der Gültigkeit der beabsichtigten Verfügung von Todes wegen, den Inhalt der Belehrung des Notars darüber und die evtl. Erklärungen der Beteiligten dazu (§ 17 Abs. 2 Satz 2 BeurkG).
- Hinweis auf eine etwa bestehende Genehmigungspflicht (§ 18 BeurkG).
- Feststellungen über die Zuziehung von Zeugen, einem zweiten Notar oder einer Verständigungsperson und die ggf. zugrunde liegenden Feststellungen über Behinderungen des Erblassers (§§ 22, 24, 25, 29 BeurkG).
- Feststellung über die Vorlage der Niederschrift bei tauben Erblassern (§ 23 BeurkG).

• Die Niederschrift muss in Gegenwart des Notars, nicht notwendig von ihm selbst, vorgelesen, vom Erblasser genehmigt, nicht notwendig mündlich, sondern auch durch schlüssige Handlung, wie z.B. Kopfnicken oder vorbehaltloses Unterzeichnen,[16] und vom Erblasser eigenhändig unterschrieben werden (§ 13 Abs. 1 Satz 1 BeurkG). In der Niederschrift soll festgestellt werden, dass dies geschehen ist (§ 13 Abs. 1 Satz 2 BeurkG). Die Niederschrift muss ferner vom Notar eigenhändig unterschrieben werden (§ 13 Abs. 3 BeurkG). Die Unterschrift des Notars auf dem Testamentsumschlag ersetzt dabei nach § 35 BeurkG seine fehlende Unterschrift unter der Niederschrift. 8

• Die Erklärungen des letzten Willens können auch in einem anderen Schriftstück enthalten sein, auf das in der Niederschrift verwiesen, dieser durch Schnur und Siegel beigefügt und dessen Inhalt mit vorgelesen werden muss (§ 9 Abs. 1 Satz 2 BeurkG). Auch auf 9

---

[15] Voit in R/B/M § 2231 Rn 6.
[16] RGZ 108, 403; BayObLG NJW 1966, 56.

in dieser Weise der Urkunde beigefügte Karten und Pläne, die dem Testierer zur Durchsicht vorgelegt werden müssen, kann verwiesen werden (§ 9 Abs. 1 Satz 3 BeurkG). Bezüglich des Regelungsinhalts des Testaments kann aber auch auf eine andere notarielle Beurkundung verwiesen werden (**ersetzende Verweisung oder ergänzende Bezugnahme**), ohne dass diese der Niederschrift beigefügt und mitverlesen werden muss, wenn die Beteiligten ausdrücklich darauf verzichten (§ 13a BeurkG). Der Inhalt der in Bezug genommenen notariellen Beurkundung wird dann selbst als zum Inhalt der Niederschrift gehörig angesehen. Ohne besondere Förmlichkeiten kann im Testament zur Identifizierung, Verdeutlichung oder Erläuterung dessen, was im Haupttext inhaltlich zumindest andeutungsweise aufgeführt ist, auf bestehende Tatsachen oder Rechtsverhältnisse, wie z. B. frühere Testamente verwiesen werden (**unechte, hinweisende oder erläuternde Bezugnahme**).[17] Bei den Verweisungen ist zu beachten, dass ein notarielles Testament wegen Formmangels gem. § 125 Satz 1 ungültig ist, das eine Erbeinsetzung enthält, ohne die zum Erben eingesetzte Person wenigstens andeutungsweise zu nennen oder sonst zu bestimmen, z. B. nach § 2066 durch Einsetzung der „gesetzlichen Erben".[18]

bb) Ausschluss des Notars von der Beurkundung der Verfügung von Todes wegen:

10 • Ausschließungsgründe, deren Verletzung die Verfügung insgesamt unwirksam machen:

Der Notar darf bei Sanktion der Unwirksamkeit im gesamten keine Verfügungen von Todes wegen beurkunden, bei denen als Testierer oder nichttestierender Partner eines Erbvertrages oder Ehe- und Erbvertrages formell folgende Personen beteiligt sind (§ 6 Abs. 2 BeurkG), d. h. im eigenen oder fremden Namen zu beurkundende Erklärungen abgeben:

- er selbst (§ 6 Abs. 1 Ziff. 1 BeurkG),
- sein derzeitiger Ehegatte (§ 6 Abs. 1 Ziff. 2 BeurkG),
- sein derzeitiger Lebenspartner (§ 6 Abs. 1 Ziff. 2a BeurkG),
- ein mit ihm in gerader Linie Verwandter (§ 6 Abs. 1 Ziff. 3 BeurkG),
- ein Vertreter der oben genannten Personen (§ 6 Abs. 1 Ziff. 4 BeurkG).

11 • **Ausschließungsgründe, deren Verletzung die Verfügung nur teilweise unwirksam machen:**

Eine von einem Notar beurkundete Verfügung von Todes wegen ist insoweit unwirksam, als sie den folgenden Personen einen rechtlichen Vorteil bringt (§ 7 BeurkG), insbesondere soweit sie in der Verfügung von Todes wegen bedacht oder zum Testamentsvollstrecker ernannt sind (§ 27 BeurkG):[19]

- der Notar selbst (§ 7 Ziff. 1 BeurkG),
- sein Ehegatte oder früherer Ehegatte (§ 7 Ziff. 2 BeurkG),
- sein Lebenspartner oder früherer Lebenspartner (§ 7 Ziff. 2a BeurkG),
- Personen, die mit dem Notar in gerader Linie verwandt oder verschwägert oder in der Seitenlinie bis zum dritten Grade verwandt oder bis zum zweiten Grade verschwägert sind (§ 7 Ziff. 3 BeurkG).

Dies gilt auch, wenn der Testierer seinen letzten Willen in Form der Übergabe einer verschlossenen Schrift errichtet, deren Inhalt der Notar nicht kennt.[20]

12 • **Mitwirkungsverbote, deren Verletzung nicht zur Unwirksamkeit der Verfügung führen:**

Der Notar soll nach § 3 Abs. 1 BeurkG keine Verfügung von Todes wegen beurkunden, an der als Testierer, Vertragspartei des Erbvertrages, Bedachter, Testamentsvollstre-

[17] Winkler BeurkG § 9 Rn 72ff.; § 13a Rn 20; Brambring DNotZ 1980, 287; Nieder BB 1980, 1130, 1133; Bellinger, Die Bezugnahme in notariellen Urkunden, 1987, S. 140.

[18] BGHZ 80, 246, 251 = NJW 1981, 1736, 1737; BGHZ 80, 242, 246 = NJW 1981, 1737; OLG Köln Rpfleger 1981, 357.

[19] OLG Oldenburg DNotZ 1990, 431 m. Anm. Reimann.

[20] Limmer in R/B/M § 7 BeurkG Rn 4.

cker (§ 27 BeurkG) oder übergangener Pflichtteilsberechtigter[21] in ihren Rechten und Pflichten unmittelbar betroffen sind:
- er selbst, wenn auch nur mitberechtigt oder mitverpflichtet (§ 3 Abs. 1 Ziff. 1 BeurkG),
- sein Ehegatte, früherer Ehegatte oder Verlobter (§ 3 Abs. 1 Ziff. 2 BeurkG),
- sein Lebenspartner oder früherer Lebenspartner oder Verlobter i. S. d. LPartG (§ 3 Abs. 1 Ziff. 2 a BeurkG),
- Personen, die mit dem Notar in gerader Linie verwandt oder verschwägert oder in der Seitenlinie bis zum dritten Grade verwandt oder bis zum zweiten Grade verschwägert sind oder waren (§ 3 Abs. 1 Ziff. 3 BeurkG),
- Personen, mit denen sich der Notar zur gemeinsamen Berufsausübung verbunden hat oder mit denen er gemeinsame Büroräume hat (§ 3 Abs. 1 Ziff. 4 BeurkG),
- Personen, deren gesetzlicher Vertreter der Notar oder eine Person im Sinne von Nummer 4 ist (§ 3 Abs. 1 Ziff. 5 BeurkG),
- Personen, deren vertretungsberechtigtem Organ der Notar oder eine Person im Sinne von Nummer 4 angehört (§ 3 Abs. 1 Ziff. 6 BeurkG), mit Ausnahme von Gemeinde- oder Kreisvertretungen oder Kirchenorganen, wo den Notar nach § 3 Abs. 3 BeurkG nur eine Hinweispflicht trifft,
- Personen, für die der Notar oder eine Person im Sinne von Nummer 4 außerhalb seiner/ihrer Amtstätigkeit in derselben Angelegenheit tätig war oder ist, es sei denn, die Tätigkeit wurde im Auftrag aller Beteiligter ausgeübt, die an der Beurkundung beteiligt sind (§ 3 Abs. 1 Ziff. 7 BeurkG).
- Personen, die den Notar in derselben Angelegenheit (= **rechtlich-wirtschaftlicher Lebenssachverhalt**) bevollmächtigt haben oder zu denen er oder eine Person im Sinne von Nummer 4 in einem ständigen Dienst- oder ähnlichen ständigen Geschäftsverhältnis steht (§ 3 Abs. 1 Ziff. 8 BeurkG).

Dies gilt jeweils, sofern nicht bereits absolute Ausschließungsgründe gem. §§ 6, 7 BeurkG seine Mitwirkung verbieten.

• **Frage-/Hinweispflichten:** 13

Der Notar hat vor der Beurkundung nach einer Vorbefassung im Sinne von § 3 Abs. 1 S. 1 Nr. 7 zu fragen und die Antwort in der Urkunde zu vermerken, § 3 Abs. 1 Satz 2 BeurkG. Für den hauptberuflichen Notar ist diese Bestimmung ihrem Sinn und Zweck nach einschränkend auszulegen.[22] War der Notar früher gesetzlicher Vertreter oder Bevollmächtigter eines der obengenannten Beteiligten oder ist er für einen von ihnen in einer anderen Sache als Bevollmächtigter tätig, so hat er den Testierer oder die anderen Beteiligten des Erbvertrages darauf hinzuweisen und sie zu fragen, ob er die Beurkundung trotzdem vornehmen soll (§ 3 Abs. 2 BeurkG). Hinweis, Frage und Antwort sind in der Urkunde zu vermerken. Die gleiche Hinweispflicht trifft den Notar, wenn zu dem betroffenen Personenkreis eine juristische Person gehört, deren nicht vertretungsberechtigtem Organ der Notar angehört oder eine Gemeinde, Landkreis oder kirchliche Organisation, deren Organ der Notar angehört (§ 3 Abs. 3 BeurkG).

cc) Identitätsfeststellung. Nach § 10 BeurkG (er enthält nur Soll-Vorschriften) soll der Notar die Person des Beteiligten, hier des Testierers, in der Niederschrift so genau bezeichnen, dass Zweifel und Verwechslungen ausgeschlossen sind. Das bedeutet nach § 26 Abs. 2 DONot, dass der Name, ein vom Familiennamen abweichender Geburtsname, Geburtsdatum sowie grds. Wohnort und Wohnung angegeben werden sollen. Der Notar soll ferner angeben, ob er den Testierer kennt oder wie er sich Gewissheit über seine Person verschafft hat. Dies geschieht in erster Linie durch Vorlage eines mit Lichtbild versehenen Ausweises, dessen Gültigkeit zu überprüfen ist, gegebenenfalls aber auch durch 14

[21] Limmer in R/B/M § 3 BeurkG Rn 7–12.

[22] Heller/Vollrath MittBayNot 1998, 322; Winkler BeurkG § 3 Rn 102 ff.; a. A. Eylmann/Vaasen § 3 BeurkG Rn 42 m. w. N. pro und contra.

Vorstellung durch eine dritte Person (**Erkennungs- oder Nämlichkeitszeuge**), deren Glaubwürdigkeit zu prüfen ist, sodass hierzu regelmäßig nur Personen geeignet sind, die der Notar selbst als zuverlässig kennt und die nicht am Gegenstand der Amtshandlung beteiligt sind und zu Beteiligten nicht in näheren verwandtschaftlichen oder sonstigen Beziehungen stehen. Kann sich der Notar keine Gewissheit über die Person des Testierers verschaffen, besteht dieser aber trotzdem auf der Beurkundung, so hat der Notar diese zwar vorzunehmen, sollte jedoch die mangelnde Feststellung der Identität des Erblassers in der Urkunde vermerken (§ 10 Abs. 2 BeurkG). In einem solchen Fall sollte der Notar jedoch versuchen, die Identität des Testierers nachträglich festzustellen.[23]

15 *dd) Umfang der Aufnahme der Personalien.* Welche Personalien des Testierers ins Testament aufzunehmen bzw. jedenfalls im Testamentsumschlag einzutragen sind, richtet sich nach dem Inhalt der gemäß § 34a BeurkG, § 347 FamFG erforderlichen Mitteilungen, welcher in den landesrechtlichen Verordnungen konkretisiert ist, die aufgrund § 347 Abs. 4, 6 FamFG (teilweise noch aufgrund § 82a Abs. 6 FGG) erlassen sind[24] (vgl. auch BMJ, Anordnung über die Mitteilungen in Zivilsachen vom 29. 4. 1989, zuletzt geändert 28. 7. 2010, BAnz S. 2893). Danach ist zusätzlich zu den oben genannten Personalien auch der Geburtsort (und – soweit nach Befragen möglich – zusätzlich Postleitzahl des Geburtsortes, Gemeinde und Kreis, Standesamt und Geburtenregisternummer) des Testierers samt Geburtsstandesamt und dortiger Geburtsregisternummer zwecks dessen Benachrichtigung bei der Verwahrung und auch der Familienname aus früheren Ehen/Lebenspartnerschaften sowie die Namen der Eltern des Testierers anzugeben.

16 *ee) Staatsangehörigkeit des Testierers.* Zweckmäßig ist auch die Feststellung der Staatsangehörigkeit des Testierers, da davon gem. Art. 25 EGBGB das Erbstatut abhängt.[25] Nach Ansicht des BGH[26] braucht allerdings der Notar die Staatsangehörigkeit des Testierers nur festzustellen, wenn die Umstände des Einzelfalles (z. B. fremder Akzent, exotisches Aussehen, Geburtsort im Ausland) Anlass geben, an die Möglichkeit einer Auslandsberührung zu denken.[27] Der Testierer sollte auch nach **Auslandsgrundbesitz** gefragt werden, da manche Länder, z. B. Frankreich und England für die Beerbung des unbeweglichen Nachlasses Belegenheitsrecht anwenden, was über die Vortrittsklausel des Art. 3a Abs. 2 EGBGB zur Anwendung fremden Erbrechts für den Auslandsgrundbesitz und damit zur Nachlassspaltung führt.[28] Selbst bei Anwendbarkeit des materiellen deutschen Rechts können aus der Sicht des Belegenheitsstaates besondere Anforderungen der ausländischen Rechtsordnung für die Anerkennung einer Verfügung von Todes wegen bestehen.

17 *ff) Feststellungen über die Geschäftsfähigkeit.* Siehe hierzu oben § 7 Rn 1 ff. Nach § 28 BeurkG soll der Notar bei der Beurkundung von Verfügungen von Todes wegen seine Wahrnehmungen über die erforderliche Geschäftsfähigkeit des Erblassers in der Niederschrift vermerken.[29]

18 *gg) Zuziehung von Zeugen.* Auf Verlangen soll der Notar bei der Beurkundung bis zu zwei Zeugen oder einen zweiten Notar als Überwachungspersonen zuziehen (§ 29

---

[23] Limmer in R/B/M § 10 BeurkG Rn 13.

[24] Baden-Württemberg GBl. 2008, S. 493; Bayern GVBl. 2010, S. 159; Berlin GVBl. 2009, S. 50; Brandenburg GVBl. II/08, S. 510, II/10, Nr. 44; Bremen GBl. 2008, S. 415; Hamburg GVBl. 2010, S. 375; Hessen GVBl. I 2008, 1030; Mecklenburg-Vorpommern GVOBl. 2008, S. 529; Niedersachsen GVBl. 2009 S. 326; Nordrhein-Westfalen GV. 2010, S. 258; Rheinland-Pfalz GVBl. 2009, S. 173; Saarland ABl. 2008, S. 2106; Sachsen GVBl. 2008, S. 442; 2010, S. 49; Sachsen-Anhalt GBl. LSA 2008, S. 457; Schleswig-Holstein GVBl. 2009, S. 228; Thüringen GVBl. 2008, S. 442.

[25] Siehe hierzu oben § 5 Rn 2, 4.

[26] DNotZ 1963, 315.

[27] Siehe oben § 5 Rn 12.

[28] BGHZ 24, 352, 366; siehe oben Rn 9 f.

[29] Siehe hierzu oben § 7 Rn 25 f.

BeurkG). Sind etwa beim gemeinschaftlichen Testament mehrere Personen beteiligt, so müssen alle diesen Wunsch äußern.[30] Das Verlangen ist in der Niederschrift zu vermerken (§ 29 Satz 1 BeurkG). Es empfiehlt sich auch ein Vermerk darüber, dass die Zuziehung von Zeugen nicht gewünscht wird,[31] da dadurch festgehalten ist, dass der Notar den Punkt zur Sprache gebracht hat. Gegen den Willen eines Beteiligten darf der Notar keinen Zeugen zuziehen.[32] Die Zeugen oder der zweite Notar sollen die Niederschrift mitunterschreiben (§ 29 Satz 2 BeurkG). Unabhängig davon hat der Notar auch gegen den Willen der Beteiligten einen Zeugen oder zweiten Notar zuzuziehen bei tauben, stummen oder blinden Testierern, falls nicht alle darauf verzichten (**§ 22 BeurkG – Sollvorschrift**), und auf Verlangen eines hör- oder sprachbehinderten Beteiligten einen Gebärdendolmetscher, sowie falls der Testierer seinen Namen nicht schreiben kann (§ 25 BeurkG – **Mussvorschrift**). Der Notar hat bei tauben oder stummen Testierern, mit denen eine schriftliche Verständigung nicht möglich ist, (unbeschadet des Erfordernisses gem. § 22 BeurkG der Zuziehung eines Zeugen oder zweiten Notars, § 24 Abs. 3 BeurkG) eine Person zuzuziehen, die zur Verständigung mit dem behinderten Beteiligten in der Lage ist (§ 24 BeurkG – Mussvorschrift) und bei der deutschen Sprache unkundigen Testierern einen Dolmetscher (§ 16 BeurkG – Mussvorschrift). Für die Verständigungsperson gilt gemäß § 24 Abs. 2 BeurkG eine dem § 7 BeurkG entsprechende Unwirksamkeitsregelung. Mitwirkungsverbote für den zweiten Notar und Zeugen sind in § 26 BeurkG geregelt.

hh) Die Erklärung:

• **Rechtslage bis zum BVerfG-Beschluss vom 19. 1. 1999:**[33] Die Erklärung des Erblassers (sowohl die den letzen Willen beinhaltende als auch die Erklärung, wonach eine übergebene Schrift den letzten Willen enthalte) musste grundsätzlich durch **verständlich ausgesprochene Worte,** also mit Mitteln der Lautsprache erfolgen. Der Erblasser brauchte seinen Willen dabei nicht Wort für Wort zu sprechen und seine Erklärung brauchten nicht in ausführlicher oder zusammenhängender Rede zu erfolgen. Sein Wille konnte auch im Wege der Rede und Gegenrede, Frage und Antwort zwischen ihm und dem Notar zum Ausdruck kommen.[34] Dabei konnte als äußerste Möglichkeit auch ein von dritter Seite oder vom Notar auf Grund Angaben Dritter vorher angefertigter Testamentsentwurf dem Erblasser vorgelesen werden, zu dem er „Ja" sagte.[35] Gebärden, Zeichen, schlüssiges Handeln, vorbehaltloses Unterschreiben, Kopfnicken oder -schütteln konnten bei diesem Verfahren jedoch das geforderte klare und verständliche „Ja" nicht ersetzen (**bisher Mindesterfordernis des Ja-sagens**), da sie nicht so deutlich wahrgenommen werden können wie das gesprochene Wort und daher unzuverlässige Verständigungsmittel sind.[36] Die Erklärung des letzten Willens gem. § 2232 und die Genehmigung gem. § 13 Abs. 1 Satz 1 BeurkG konnten durch den Erblasser im Falle der Bezugnahme auf einen vorgefertigten Testamentsentwurf in einem Akt vollzogen werden.[37] Es war daher nicht notwendig, dass der Testamentsentwurf dem Erblasser zunächst vorgelesen und evtl. zur Durchsicht vorgelegt wurde, er daraufhin sein Einverständnis und damit seinen letzten Willen mündlich gem. § 2232 a. F. erklärte und dass dann der Entwurf nochmals als Nie- 19

[30] Winkler BeurkG § 29 Rn 5.
[31] Winkler BeurkG § 29 Rn 10.
[32] Bengel in R/B/M, § 29 BeurkG Rn 6.
[33] BVerfG ZEV 1999, 147 = DNotZ 1999, 409 m. Anm. Rossak = DNotI-Report 1999, 60.
[34] RGZ 63, 86; 108, 397; RGZ 161, 378, 382; OGHZ 3, 383, 387 = MDR 1950, 417.
[35] RGZ 63, 86; 161, 378; BGHZ 2, 172 = DNotZ 1952, 75 m. Anm. Seybold; BGHZ 37, 79 = NJW 1962, 1149; KG DNotZ 1960, 485; BayObLGZ 1968, 268 = DNotZ 1969, 301; OLG Hamm FamRZ 1989, 437, 439 = DNotZ 1989, 584 m. Anm. Burkart; Formular zum (mündlich) erklärten notariellen Testament durch Ja-sagen in MünchVertrHdb/Nieder/Otto, Bd. 6/2, XV.12.
[36] RGZ 161, 378, 382; BGHZ 2, 172, 175; BayObLG DNotZ 1969, 301, 302; KG DNotZ 1960, 485, 489.
[37] RGZ 161, 378, 380; BGHZ 37, 79, 80 = NJW 1962, 1149; KG DNotZ 1960, 485, 488.

derschrift abgeschrieben und noch ein zweites Mal vorgelesen und erst daraufhin vom Erblasser gem. § 13 Abs. 1 Satz 1 BeurkG genehmigt wurde.[38] Beide Erfordernisse konnten vielmehr bei dem Errichtungsakt zu einem einheitlichen Vorgang zusammengezogen werden, der dann aus einem einmaligen Vorlesen und der Bejahung des Inhalts durch den Testierer bestand.[39] Der Notar kann nach seinem Ermessen den Entwurf, der mehrere Verfügungen von Todes wegen enthält, abschnittsweise verlesen (und ggf. erläutern) und sich jeweils der Zustimmungserklärung versichern, oder aber den Entwurf insgesamt verlesen, dann (und/oder davor) ergänzende Erläuterungen vornehmen und die bestätigende Erklärung des Erblassers, dass dies sein letzter Wille sei, lediglich abschließend für alle Verfügungen herbeiführen.[40] Bei dieser Sachlage hat der sorgfältige Notar in Fällen dieser Art, „insbesondere bei umfangreichen Testamenten zur Vermeidung von Missverständnissen und späteren Streitigkeiten die Vorlesung der Niederschrift nach Möglichkeit oft unterbrochen und sich gewissenhaft davon überzeugt, ob das Niedergeschriebene auch wirklich dem letzten Willen des Erblassers entsprach".[41] Dieser Vorgang sollte im eigenen Interesse auch in der Niederschrift festhalten werden.[42] Das OLG Hamm[43] ließ ein Testament durch bloßes „Ja"-Sagen zu einem Testamentsentwurf anstelle der vollständigen mündlichen Erklärung nicht zu, wenn der Testierer taub war und ihm daher nach § 23 BeurkG die Niederschrift zur Durchsicht vorgelegt werden musste, da in solchen Grenzfällen die Durchsicht nicht gleichwertig mit dem Verlesen erachtet werden könnte.

20 Bei dieser Rechtslage waren gemäß den §§ 2232, 2233 BGB, 31 BeurkG sprech- und schreibunfähige sowie sprech- und leseunfähige Personen faktisch testierunfähig,[44] da sie infolge ihrer Schreibunfähigkeit nicht gemäß § 31 BeurkG bei der Übergabe ihres letzten Willens eigenhändig in die notarielle Niederschrift oder ein besonderes Blatt schreiben konnten, dass die übergebene Schrift ihren letzten Willen enthalte. Die bei notariellen Beurkundungen von Willenserklärungen unter Lebenden gemäß §§ 24, 25 BeurkG zulässige Verständigung mit sprech- und schreibunfähigen Personen mittels einer zugezogene Vertrauensperson und einem Schreibzeugen war jedoch bei Verfügungen von Todes wegen nicht möglich, da der § 31 BeurkG dem § 24 BeurkG als Spezialnorm vorging.[45] Die letzten veröffentlichten Entscheidungen, die diese Rechtslage vertraten, waren die des OLG Hamm vom 8. 10. 1993,[46] des OLG Köln vom 22. 4. 1994[47] und des OLG Hamm vom 13. 10. 1994[48] und wobei gegen die letztgenannte Entscheidung das BVerfG angerufen wurde. Die Rechtslage, d.h. dass eine Person, die sich weder mündlich noch schriftlich ausdrücken kann, keine letztwillige Verfügung errichten kann, wurde in der Literatur[49] wiederholt als verfassungswidrig kritisiert.

21 • **Rechtslage ab dem BVerfG-Beschluss vom 19. 1. 1999:**[50] Auf die Verfassungsbeschwerde gegen das obengenannte Urteil des OLG Hamm vom 13. 10. 1994 entschied

---

[38] RGZ 161, 378, 380; BGHZ 37, 79, 84 = NJW 1962, 1149; OLG Zweibrücken NJW-RR 1987, 135 = Rpfleger 1987, 22.

[39] Firsching DNotZ 1955, 283, 288; Staudinger/Baumann § 2232 Rn 30.

[40] So RGZ 161, 378; KG DNotZ 1960, 485; Staudinger/Baumann § 2232 Rn 29.

[41] KG DNotZ 1960, 485, 488.

[42] Formulierungsvorschlag dazu in MünchVertrHdb/Nieder/Otto, Bd. 6/2, XV. 12.

[43] FamRZ 1989, 437 = DNotZ 1989, 584 m. krit. Anm. Burkart.

[44] Rossak ZEV 1995, 238.

[45] OLG Hamm ZEV 1995, 261.

[46] NJW-RR 1994, 593 = FamRZ 1994, 993.

[47] ZEV 1994, 372 = MDR 1994, 806 = MittRhNotK 1994, 221.

[48] ZEV 1995, 261, dem wiederum die Entscheidung des LG Bochum in NJW-RR 1993, 969 zugrunde lag.

[49] Canaris JZ 1987, 999; Rossak MittBayNot 1991, 193; ders., ZEV 1995, 236; Ertl MittBayNot 1991, 196; Baumann FamRZ 1994, 994.

[50] BVerfGE 99, 341 = NJW 1999, 1853 = ZEV 1999, 147 = DNotZ 1999, 409 Anm. Rossak.

das BVerfG am 19. 1. 1999, dass der **generelle Ausschluss schreib- und sprechunfähiger Personen** von der Testiermöglichkeit durch die §§ 2232, 2233 BGB, 31 BeurkG a. F. gegen die Erbrechtsgarantie des Art. 14 Abs. 1 GG, sowie gegen den allgemeinen Gleichheitssatz des Art. 3 Abs. 1 GG und das Benachteiligungsverbot für Behinderte in Art. 3 Abs. 3 Satz 2 GG verstößt. Bis zum Inkrafttreten der gebotenen gesetzlichen Neuregelung konnten Personen, die weder schreiben noch sprechen können, aber testierfähig sind, künftig ein notarielles Testament i. S. des § 2231 Ziff. 1 in der Weise errichten, wie ihnen dies bisher schon gem. den §§ 22 bis 26 BeurkG hinsichtlich ihrer rechtsgeschäftlichen Erklärungen unter Lebenden möglich war und wobei darüber hinaus den Besonderheiten der Beurkundung letztwilliger Verfügungen durch Anwendung der §§ 27 bis 29, 34 und 35 BeurkG Rechnung zu tragen war. Das BVerfG wies ausdrücklich darauf hin, dass künftig letztwilligen Verfügungen als rechtswirksam anzuerkennen sind, die bisher schon von schreibunfähigen Stummen in Ermangelung anderer Regelungen entsprechend den Anforderungen der §§ 22 bis 26 BeurkG errichtet wurden.

Gesetzliche Neuregelung: Durch das OLGVertrÄndG vom 23. 7. 2002[51] wurde mit 22
Wirkung ab 1. August 2002 das Erfordernis der Mündlichkeit der Erblassererklärung aufgegeben und nicht etwa nur eine Sonderregelung für Mehrfachbehinderte geschaffen. Dies ist im Hinblick auf die Entwicklung der Rechtsprechung zum bloßen „Ja-Sagen" konsequent.[52] Die Abgrenzung zwischen mündlicher Erklärung (lautliche Bildung von für einen anderen verständlichen Worten oder eines Wortes)[53] und sonstiger Erklärung bleibt im Hinblick auf die Anforderungen der §§ 22 ff. BeurkG und die hinsichtlich der Mündlichkeit unveränderten Bestimmungen zu den Nottestamenten in §§ 2250, 2251 weiter von Bedeutung. Die nonverbale Erklärung kann in jeder Art geäußert werden, welche einen sicheren Schluss auf den ausgedrückten Willen zulässt (Gebärden, auch taktil wahrnehmbare, Kopfnicken, Wimpernschlag). Der Erblasser muss selbst aktiv werden und auch zur gegenteiligen Meinungsäußerung in der Lage sein.[54] Die Verständigungsperson hat die Verständigung des Notars mit dem behinderten Testierer zu vermitteln und kann sich dabei auch der Gebärdensprache bedienen. Ist dies nicht möglich, z. B. bei einem taubstummen Blinden, dann scheitert das Beurkundungsverfahren.[55] Solche Behinderten sind auch nach der gesetzlichen Neuregelung faktisch testierunfähig.[56] Eine Übergangsregelung (für vor dem 19. 1. 1999 bzw. 1. 8. 2002 ohne volle Beachtung der seinerzeit geltenden Vorschriften errichtete Verfügungen von Todes wegen) enthält das Gesetz nicht, so dass auf die Entscheidung des Bundesverfassungsgerichts selbst und auf allgemeine intertemporale Grundsätze zurückzugreifen ist.[57]

ii) Angaben über die Familienverhältnisse des Testierers. Der Notar muss in der Ver- 23
handlung sowieso die Familienverhältnisse des Testierers ermitteln, da durch sie die gesetzliche Erbfolge, die Pflichtteilsansprüche und damit weitgehend die Beratung bestimmt und der Umfang seiner Belehrungspflicht festgelegt wird (siehe oben § 1 Rn 1 ff.). Ihre Aufnahme in der Urkunde dient daher vor allem dem Selbstschutz des Notars, da ihm später keine Vorwürfe gemacht werden können, wenn ihm der Testierer Umstände verschwiegen hat, deren mangelnde Berücksichtigung bei der Testamentsgestaltung nach dem Erbfall zu Schwierigkeiten führt. Letztlich liegt eine möglichst genaue Aufnahme der Familienverhältnisse des Testierers im Testament im Interesse des Nachlassgerichts, dessen Ermittlungen dadurch wesentlich abgekürzt werden.

---

[51] BGBl. I S. 2850.
[52] MünchKomm/Hagena § 2232 Rn 2.
[53] Siehe oben § 17 Rn 19.
[54] Reimann FamRZ 2002, 1384; MünchKomm/Hagena § 2232 Rn 10.
[55] Rossak ZEV 1995, 236, 240.
[56] Rossak ZEV 2002, 435; Bengel in R/B/M § 24 BeurkG Rn 12.
[57] Hierzu näher MünchKomm/Hagena § 2232 Rn 11 ff.

24 *kk) Belehrung über das Pflichtteilsrecht.* Schließt der Erblasser einen Abkömmling (auch nichtehelichen) oder Ehegatten ausdrücklich oder stillschweigend von der Erbfolge aus, so hat der Notar über das Pflichtteilsrecht zu belehren.[58] Ein Vermerk über die erfolgte Belehrung in der Urkunde ist nicht nur aus Gründen des Selbstschutzes wichtig, sondern auch um eine Anfechtung wegen Übergehung eines Pflichtteilberechtigten gem. § 2079 zu verhindern, da diese Anfechtung auch bei Rechtsirrtum über das Pflichtteilsrecht eines dem Erblasser bekannten Berechtigten zulässig ist.[59] Letzteres Risiko (nicht aber die Belehrungspflicht) entfällt, wenn die Verfügungen von Todes wegen „ohne Rücksicht auf gegenwärtige oder zukünftige Pflichtteilsberechtigte" getroffen werden, also das Anfechtungsrecht ausgeschlossen wird.

25 *ll) Aufklärungspflicht über die Testierfreiheit.* Neben der Prüfung der Testierfähigkeit des Testators, der Frage, ob Überwachungspersonen zuzuziehen sind und ob bei diesen oder dem Notar selbst Ausschließungsgründe vorliegen, gehört auch die Aufklärung, ob nicht etwa Bindungen des Testierers durch frühere Verfügungen von Todes wegen bestehen, zur Vorbereitung der Errichtung einer Verfügung von Todes wegen durch den Notar.[60] Es genügt dafür, dass der Notar den Testator fragt, ob er schon früher Verfügungen von Todes wegen errichtet hat, und, falls er dies bejaht, sich weiter erkundigt, ob es sich dabei um ein gemeinschaftliches Testament oder einen Erbvertrag gehandelt hat, aus denen sich Bindungen ergeben können, die der beabsichtigten Verfügung entgegenstehen.[61] Lediglich wenn der Notar ernsthafte Zweifel an der Rechtswirksamkeit der letztwilligen Verfügung wegen fehlender Testierfreiheit hat, besteht eine weitergehende Aufklärungspflicht,[62] und ist der Notar verpflichtet, über die zweifelhafte Rechtslage zu belehren.[63] Bei der Errichtung eines Testaments einer Witwe ist der Notar nicht verpflichtet, die Nachlassakten ihres Mannes nach bindenden Verfügungen von Todes wegen zu durchforschen.[64] Auf jeden Fall empfiehlt sich zum Selbstschutz des Notars die Verneinung des Vorliegens von gemeinschaftlichen Testamenten und Erbverträgen durch den Testierer in die Urkunde aufzunehmen.[65]

26 *mm) Ausdrücklicher Widerruf früherer letztwilliger Verfügungen.* Es bereitet oft große Schwierigkeiten, mehrere vom Erblasser hinterlassene Testamente miteinander in Einklang zu bringen,[66] da nur bei objektiv-sachlicher Unvereinbarkeit das jüngere das ältere Testament eindeutig aufhebt (§ 2258 Abs. 1). Es dient daher der Streitvermeidung, wenn allgemein frühere letztwillige Verfügungen ausdrücklich gem. § 2254 im neuen Testament aufgehoben werden.[67]

27 *nn) Die Vorlesung der Niederschrift und ihre Genehmigung durch den Erblasser.* Vorzulesen ist die gesamte Niederschrift in Gegenwart des Notars.[68] Das nach § 13 Abs. 1 Satz 1 BeurkG zwingend vorgeschriebene Vorlesen der Niederschrift kann nicht durch „lautes Diktat" ersetzt werden.[69] Sinn dieser Vorschrift ist, demjenigen, dessen Erklärungen in die Niederschrift aufgenommen werden, vor der Genehmigung die Überprüfung zu ermöglichen, ob die Niederschrift seine Erklärungen auch zutreffend wiedergibt.[70] Vorge-

---

[58] Reimann in R/B/M, § 17 BeurkG Rn 10 m. w. N.; siehe auch oben § 2 Rn 3.
[59] Palandt/Edenhofer § 2079 Rn 4.
[60] BGH DNotZ 1974, 296 m. Anm. Haug; OLG Stuttgart DNotZ 1974, 22; OLG Düsseldorf DNotZ 1974, 23 ff.; siehe insb. oben § 3 Rn 81, § 4 Rn 65 ff., § 11 Rn 4 f.
[61] OLG Köln DNotZ 1936, 630; RG DNotZ 1940, 152.
[62] OLG Stuttgart BWNotZ 1960, 147.
[63] BGH VersR 1958, 782; BGH Rpfleger 1974, 59.
[64] LG Ravensburg BWNotZ 1959, 163.
[65] Formulierungsvorschlag oben § 3 Rn 81.
[66] Palandt/Edenhofer § 2258 Rn 1.
[67] Siehe hierzu oben § 16 Rn 5 ff.
[68] BayObLG 1973, 213 = DNotZ 1974, 49.
[69] BayObLG Rpfleger 1979, 458 m. w. N.
[70] BayObLG Rpfleger 1979, 458.

lesen werden muss auch ein Schriftstück, auf das in der Niederschrift verwiesen und das ihr beigefügt, d.h. mit Schnur und Prägesiegel verbunden ist (§§ 9 Abs. 1 Satz 3, 13 Abs. 1 BeurkG). Karten, Zeichnungen oder Abbildungen, auf die in der Urkunde verwiesen wird, sind ihr förmlich beizufügen (§ 9 Abs. 1 Satz 3 BeurkG) und dem Testierer anstelle des Vorlesens zur Durchsicht vorzulegen (§ 13 Abs. 1 BeurkG). Wird auf eine andere notarielle Niederschrift verwiesen, gilt auch bei Testamenten die eingeschränkte Beifügungs- und Vorlesungspflicht (§ 13 a BeurkG) auf Grund Verzichts des Testierers.[71] Ein Unterlassen des Vorlesens ist ein unheilbarer Formfehler und führt zur Nichtigkeit des Testaments.[72] Der Notar braucht das Testament nicht selbst vorzulesen, sondern kann sich dazu einer Hilfsperson oder eines Dritten bedienen.[73] Auf Verlangen soll das Testament dem Testierer vor der Genehmigung auch zur Durchsicht vorgelegt werden (§ 13 Abs. 1 Satz 4 BeurkG).

Die Niederschrift ist von dem Testierer zu genehmigen (§ 13 Abs. 1 BeurkG). Die Ge- 28
nehmigung muss zeitlich der Vorlesung nachfolgen und in Gegenwart des Notars, eines etwaigen Schreibzeugen (§ 25 Satz 1 BeurkG) und einer etwaigen Verständigungsperson (§ 24 BeurkG) geschehen.[74] Zu genehmigen haben nur der Testierer und ein sonstiger Erbvertragsbeteiligter, nicht auch die Personen, die nur Mittler- bzw. Kontrollfunktionen ausüben.[75] Die Genehmigung braucht nicht notwendig mündlich, sondern kann auch durch schlüssige Handlungen, wie z.B. Kopfnicken, Gebärden oder eine andere einwandfreie Bekundung seines Einverständnisses erfolgen,[76] so auch durch das widerspruchslose Unterschreiben.[77] Das bloße Zuhören „mit dem Ausdruck der Befriedigung" genügt nicht.[78] Wenn der Erblasser zu Beginn der notariellen Verhandlung im Vollbesitz seiner geistigen Kräfte das von ihm gewünschte Testament gedanklich gestaltet und dem Notar gegenüber verständlich zum Ausdruck gebracht hat und dann vor der Verlesung des inzwischen zu Papier gebrachten Testaments infolge eines Schlaganfalls eine Bewusstseinsstörung erleidet, so genügt zu dessen Genehmigung, dass er das verlesene Schriftstück verstehen und erfassen konnte, dass es sich um sein Testament handelt.[79] Ist ein Erbvertrag in einem laut Protokoll in Gegenwart des persönlich anwesenden Erblassers vorgelesenen Prozessvergleich enthalten, muss die Genehmigung des Protokolls nicht nur durch den Prozessvertreter, sondern auch durch den anwesenden Erblasser persönlich erklärt werden.[80]

oo) Unterschrift des Testierers. Die Niederschrift ist von dem Testierer eigenhändig zu 29
unterschreiben (§ 13 Abs. 1 Satz 1 BeurkG), und zwar grds. mit dem Vor- und Familiennamen im Sinn des Personenstandsrechts.[81] Wenn, was meist der Fall ist, keine Zweifel an der Identität verbleiben, ist die Unterschrift nur mit dem Familiennamen genügend, selbst wenn versehentlich zusätzlich mit falschem Vornamen unterschreiben wird.[82] Während die Rechtsprechung und ein Teil der Literatur die Unterschrift nur mit dem Vornamen nicht als wirksam ansieht,[83] ist mit der Gegenauffassung[84] zutreffend allein darauf

[71] Palandt/Edenhofer § 2232 Rn 6.
[72] BayObLG Rpfleger 1979, 458, 459 m.w.N.
[73] Winkler BeurkG § 13 Rn 8.
[74] Winkler BeurkG § 13 Rn 43.
[75] Winkler BeurkG § 13 Rn 43.
[76] RGZ 108, 397, 403; BayObLGZ 1965, 341 = NJW 1966, 56; OLG Frankfurt DNotZ 1991, 389, 391; Winkler BeurkG § 13 Rn 41; Burkart DNotZ 1989, 588.
[77] Limmer in R/B/M, § 13 BeurkG Rn 20.
[78] BayObLGZ 1965, 341, 346 = NJW 1966, 56.
[79] BGHZ 30, 294 = NJW 1959, 1822.
[80] OLG Düsseldorf RNotZ 2007, 219, 220 f.
[81] Reimann in R/B/M § 13 BeurkG Rn 26.
[82] OLG Köln RNotZ 2010, 345.
[83] BGH NJW 2003, 1120 = DNotZ 2003, 269 = Rpfleger 2003, 174; OLG Stuttgart NJW 2002, 832 = DNotZ 2002, 543; ebenso Winkler BeurkG § 13 Rn 56; Bengel in R/B/M § 25 BeurkG Rn 4.
[84] Heinemann DNotZ 2003, 243; Kanzleiter MittBayNot 2003, 197.

abzustellen, ob die Unterschrift einen hinreichenden Schluss auf den Willen zu einer rechtsverbindlichen Erklärung zulässt. Bei einer Verfügung von Todes wegen, die aus der Sicht des Testators primär seinen engeren Familien- und Bekanntenkreis „betrifft“, in dem der Vorname zur Identifizierung einer Person verwendet wird, kann letzteres nicht ohne weiteres verneint werden. Nicht ausreichend ist die Unterzeichnung mit einem Handzeichen, da § 13 Abs. 1 Satz 1 BeurkG im Gegensatz zu § 126 Abs. 1 diese Möglichkeit nicht vorsieht.[85] Der Erblasser kann bei der Leistung der Unterschrift von einem Dritten unterstützt werden. Die Unterstützung darf jedoch nicht soweit gehen, dass die Schriftzüge nicht mehr individuell vom Erblasser geformt, sondern durch Führung der Hand des Erblassers durch den Helfer hergestellt werden.[86] Der Beteiligte darf sich die Hand nicht willenlos führen lassen.[87] Zur Vorsicht mit Schreibhilfen sollte den Notar der, allerdings für den betroffenen Notar gut ausgegangene einschlägige Regressfall in BGHZ 27, 274 = NJW 1958, 1398, mahnen und ihn in Grenzfällen veranlassen, einen Schreibzeugen nach § 25 BeurkG zuzuziehen. Das ist ungefährlich, da ein Irrtum des Notars über die Schreibunfähigkeit des Beteiligten oder eine falsche Angabe des Beteiligten hierüber die Wirksamkeit der Beurkundung nicht beeinträchtigt.[88] Da der Schreibzeuge nur beim Vorlesen und der Genehmigung zugegen sein braucht (§ 25 Satz 1 BeurkG), kann er praktisch auch erst dann zugezogen werden, wenn sich die Unfähigkeit des Testierers erst beim Versuch zu unterschreiben herausstellt. Vorlesung und Genehmigung muss dann allerdings wiederholt werden. Schreiben können bedeutet lediglich den Namen schreiben können, ohne Rücksicht auf die sonstige Schreibfähigkeit des Testierers. Sehbehinderte, die schreiben können, müssen die Niederschrift unterzeichnen,[89] obwohl sie das, was sie unterschreiben, nicht sehen können und ihre Unterschrift daher nicht die Bedeutung einer gleichzeitigen Genehmigung der in der unterzeichneten Urkunde enthaltenen Erklärungen haben kann.[90] Neben dem Testator müssen bei Sanktion der Ungültigkeit der Beurkundung nur noch der Notar (§ 13 Abs. 3 BeurkG) und der Schreibzeuge bei schreibunfähigen Erblassern (§ 25 Satz 3 BeurkG) die Niederschrift unterzeichnen (§§ 22, 24, 29 BeurkG). Stirbt der Testator oder wird testierunfähig, bevor er selbst unterschrieben oder der gem. § 25 BeurkG zugezogene Schreibzeuge für ihn unterschrieben hat, ist das Testament nichtig, da dann ein zwingendes Merkmal der Niederschrift gem. § 13 BeurkG fehlt.[91] Hat der Erblasser die Niederschrift eigenhändig unterschrieben, so wird vermutet, dass sie ihm vorgelesen worden ist und dass er sie genehmigt hat (§ 13 Abs. 1 Satz 3 BeurkG). Mit der Unterzeichnung ist die Tätigkeit des Erblassers abgeschlossen. Nachfolgende Testierunfähigkeit schadet dann nicht mehr.[92] Einig ist man sich, dass der Notar, der die Urkunde unterschreiben muss und die sonst mitwirkenden Personen, die die Urkunde mitunterschreiben sollen, diese außer dem evtl. Schreibzeugen nicht in Gegenwart des Erblassers zu vollziehen brauchen. Sie können dies auch noch, wenn der Testierer inzwischen verstorben oder testierunfähig geworden ist.[93] Umstritten ist jedoch, innerhalb welcher zeitlicher Grenzen der Notar seine Unterschrift noch nachholen darf. Hier werden alle nur denkbaren Meinungen vertreten. Einig ist man sich nur, dass die endgültige Grenze die Eröffnung der Verfügung von Todes wegen ist und dass die Nachholung unmöglich ist, wenn der Notar aus dem Amt geschie-

[85] BGH NJW 1975, 1704.

[86] BayObLG 1951, 598 = DNotZ 1952, 78 m. Anm. Rechenmacher; BGH NJW 1981, 1900; BayObLG Rpfleger 1985, 493 = DNotZ 1986, 299; BayObLG Rpfleger 1987, 358.

[87] Reimann in R/B/M § 13 BeurkG Rn 37; siehe auch § 17 Rn 45.

[88] Winkler BeurkG, § 25 Rn 7.

[89] Winkler BeurkG § 25 Rn 9.

[90] OLG Koblenz NJW 1958, 1784.

[91] BGHZ 17, 36 = NJW 1955, 787; BGHZ 28, 188 = NJW 1958, 1915; BGHZ 31, 136 = NJW 1960, 813; BGHZ 80, 246, 251 = NJW 1981, 1736; BGH NJW 1981, 1900, 1901.

[92] Lange/Kuchinke § 18 II 1.

[93] Reimann in R/B/M § 13 BeurkG Rn 54.

den ist.[94] Aufgrund ausdrücklicher Vorschrift in § 35 BeurkG ersetzt bei seit 1. 1. 1970 errichteten Verfügungen von Todes wegen die Unterschrift des Notars auf dem Testamentsumschlag seine fehlende Unterschrift unter der Niederschrift.[95]

pp) Die Behandlung des Testaments nach Abschluss der Beurkundung. Das Testament soll der Notar nach § 34 BeurkG in einen Umschlag nehmen und diesen mit dem Prägesiegel verschließen. Dies braucht nicht in Gegenwart des Erblassers zu geschehen und belässt so dem Notar die Möglichkeit, die Niederschrift nochmals zu überprüfen und gegebenenfalls eine Ergänzung zu veranlassen.[96] Als Testamentsumschlag ist einer nach dem Muster der Anlage 1 der bundeseinheitlichen AV über die Benachrichtigung in Nachlassachen[97] zu verwenden, dessen Aufschrift den Erfordernissen des § 34 Abs. 1 BeurkG entspricht und der vom Notar zu unterschreiben ist. Danach soll der Notar nach § 34 Abs. 1 Satz 4 BeurkG veranlassen, dass das Testament unverzüglich in besondere amtliche Verwahrung gebracht wird. Zuständig für die besondere amtliche Verwahrung sind die Amtsgerichte (§ 344 Abs. 1 S. 1 Nr. 1 FamFG, § 23 a Abs. 1 Nr. 2, Abs. 2 Nr. 2 GVG), bis 31. 12. 2017 mit Ausnahme des Bundeslandes Baden-Württemberg, wo bis dahin die staatlichen Notariate zuständig sind.[98] Örtlich zuständig ist das Amtsgericht, in dessen Bezirk der Notar seinen Amtssitz hat, § 344 Abs. 1 Nr. 1 FamFG. Der Erblasser kann jedoch jederzeit die Verwahrung bei einem anderen Amtsgericht verlangen (§ 344 Abs. 1 S. 2 FamFG). Die Mitteilung an die Testamentsverzeichnisse führenden Stellen nimmt gemäß § 347 Abs. 1 FamFG das verwahrende Amtsgericht vor. Gemäß § 34 a Abs. 1 S. 1 BeurkG i. d. F. des Gesetzes zur Modernisierung des Benachrichtigungswesens in Nachlasssachen durch Schaffung des Zentralen Testamentsregisters bei der Bundesnotarkammer v. 22. 12. 2010 (BGBl. I S. 2255) obliegt die Pflicht zur Meldung an das Zentrale Testamentsregister ab dem 1. 1. 2012 dem Notar für alle von ihm errichteten erbfolgerelevanten Urkunden im Sinne des § 78 b Abs. 2 n. F., auch wenn er sie in die besondere amtliche Verwahrung gibt. 30

Nach § 20 DONot hat der Notar von jeder Verfügung von Todes wegen, die er dem Amtsgericht abliefert, für seine Urkundensammlung einen Vermerk anzufertigen, der den Namen, Geburtsdatum, Geburtsort mit Postleitzahl und Wohnort des Erblassers bzw. Vertragschließenden – ggf. auch des zweiten Notars oder der Urkundenzeugen – sowie Angaben darüber enthält, in welcher Form die Verfügung von Todes wegen errichtet worden ist, und wann und an welches Amtsgericht abgeliefert wurde. Auf dieses Vermerkblatt sind auch die Urkundenrollennummer und die nach § 154 Abs. 3 KostO zurückzubehaltende Abschrift der Kostenberechnung zu setzen. Auf Wunsch des Erblassers, und dazu sollte ihn der Notar anregen,[99] soll der Notar eine beglaubigte Abschrift der in besondere amtliche Verwahrung gegebenen Verfügung von Todes wegen bei den Akten zurückbehalten, muss sie aber auf Wunsch dem Beteiligten aushändigen (§ 20 Abs. 1 Satz 5 DONot). Sämtliche Vorschriften des § 34 BeurkG sind Sollvorschriften und berühren die Wirksamkeit der Beurkundung nicht. Insbesondere wird die Gültigkeit der Testamentserrichtung nicht dadurch beeinträchtigt, dass der Notar das Testament nicht in besondere amtliche Verwahrung bringt.[100] 31

b) Errichtung durch Übergabe einer offenen Schrift

Nach § 2232 kann ein öffentliches Testament zur Niederschrift eines Notars auch dadurch errichtet werden, dass der Erblasser dem Notar eine offene Schrift mit der Erklä- 32

[94] Reimann in R/B/M, § 13 BeurkG Rn 49 ff.
[95] Siehe auch oben § 7 Rn 53.
[96] Winkler BeurkG § 34 Rn 5.
[97] Fassung vom 10. 8. 2007, z. B. Bayern Bek. v. 9. 10. 2007 JMBl. 2007 S. 145.
[98] Art. 147 Abs. 1 EGBGB, §§ 1, 46, 38 ff. BWLFGG v. 12. 2. 1975 – GBl., S. 116 i. d. F. des Gesetzes vom 29. 7. 2010 GBl. S. 555.
[99] Kanzleiter DNotZ 1970, 581.
[100] Winkler BeurkG § 34 Rn 8.

rung übergibt, dass diese Schrift seinen letzten Willen enthält. Die Schrift braucht dabei nicht von ihm geschrieben zu sein (§ 2232 Satz 2). Über den Vorgang hat der Notar eine Niederschrift aufzunehmen und ihr die übergebene Schrift beizufügen (§ 30 BeurkG).[101]

33 *aa) Anwendungsfälle.* Da die übergebene Schrift nicht vom Testator verfasst zu sein braucht (§ 2232, S. 2 Hs. 2), eignet sich dieses Verfahren insbesondere für Fälle, in denen das Testament von einem anderen Rechtskundigen als dem beurkundenden Notar verfasst wurde, oder, da die Schrift nicht mitverlesen werden muss, für die Protokollierung umfangreicher und vorher eingehend ausgearbeiteter und besprochener Verfügungen von Todes wegen. Da ferner der Erblasser nach wohl h. M. nur die Kenntnismöglichkeit, aber keine tatsächliche Kenntnis vom Inhalt der Schrift zu haben braucht,[102] eignet sich diese Errichtungsform auch für schwerkranke aber noch testierfähige Personen, die einerseits nicht einer langwierigen Prozedur unterzogen werden sollen, andererseits der Person, die die Schrift verfasst oder bei ihrer Abfassung behilflich war, bedingungslos vertrauen. Da der Notar die Sprache, in der die Schrift abgefasst ist, nicht zu verstehen braucht, eignet sich dieses Verfahren auch für die Errichtung letztwilliger Verfügungen durch Ausländer. Letztlich ist die Form auch für Fälle geeignet, in denen Zeugen zugezogen werden müssen, die vom Inhalt des Testaments jedoch nichts erfahren sollen.[103] Minderjährige von 16 bis 18 Jahren können ein Testament, abgesehen von einer Errichtung durch (mündliche oder andere) Erklärung gegenüber dem Notar, nur durch Übergabe einer offenen Schrift errichten (§ 2233 Abs. 1).

34 *bb) Übergabe.* Die zu übergebende Schrift muss beim Übergabeakt vorhanden sein.[104] Die Übergabe der den letzten Willen enthaltenden Schrift braucht nicht von Hand zu Hand erfolgen.[105] Es genügt, wenn die Schrift mit dem Willen des Erblassers und in dessen Anwesenheit nach außen erkennbar aus seinem Verfügungsbereich in den des Notars gelangt.[106] Wegen der Risiken einer Manipulation oder eines Versehens oder einer Verwechslung erscheint es als zu weitgehend, zuzulassen, dass der Erblasser dem Notar lediglich unzweifelhaft das Schriftstück und dessen Lageort benennt und für Zugang des Notars hierzu sorgt.[107]

35 *cc) Offene Schrift.* Die Schrift braucht vom Erblasser nicht selbst geschrieben zu sein, sie kann von einem Dritten und auch von dem Notar entworfen sein.[108] Es können alle Schriftzeichen, auch die Blindenschrift,[109] gewählt werden, deren Entzifferung nicht nur auf einen engen Kreis von Sachkennern beschränkt ist und wenn der Testator sie lesen kann.[110] Das Schriftstück kann somit grds. in jeder lebenden oder toten Sprache, auch in Dialekt abgefasst werden. Voraussetzung ist jedoch nach der h. M., dass der Erblasser die Schriftzeichen entziffern kann und die Sprache hinreichend beherrscht, da er sonst insoweit als leseunfähig gilt und damit nach § 2233 Abs. 2 ein Testament nur durch Erklärung gegenüber dem Notar errichten kann.[111] Es empfiehlt sich daher die Feststellung im Protokoll, dass der Erblasser die übergebene Schrift lesen kann. Dagegen braucht der Notar weder der gebrauchten Sprache noch der Schrift mächtig zu sein. Die Kenntnis

---

[101] Formular hierzu in MünchVertrHdb/Nieder/Otto, Bd. 6/2, XV. 2.

[102] RGZ 76, 94, 95; Voit in R/B/M § 2232 BGB Rn 18.; Bamberger/Roth/Litzenburger § 2232 Rn 12; a. M. Palandt/Edenhofer § 2232 Rn 3; MünchKomm/Hagena § 2232 Rn 30.

[103] Haegele Rpfleger 1969, 414, 416 f.

[104] RGZ 81, 34.

[105] RGZ 150, 192.

[106] RGZ 150, 189, 191.

[107] So aber Voit in R/B/M § 2232 Rn 17.

[108] KG DNotZ 1960, 487.

[109] Schulze DNotZ 1955, 629; MünchKomm/Hagena § 2232 Rn 19.

[110] Bamberger/Roth/Litzenburger § 2232 Rn 12.

[111] Voit in R/B/M, § 2232 Rn 17; a. A. Lange/Kuchinke § 19 III 3 a, der die abstrakte, von der gebrauchten Schrift und Sprache unabhängige Lesefähigkeit genügen lässt.

vom Inhalt der übergebenen Schrift, die er sich nach § 30 BeurkG verschaffen soll, braucht nicht auf eigenem Lesen, sondern kann auch auf Befragen des Testierers beruhen.[112] Das Schriftstück braucht nicht mit Datum, Ort oder Unterschrift des Erblassers versehen zu sein.[113] Nach wohl h. M. muss der Erblasser keine tatsächliche Kenntnis vom Inhalt der übergebenen Schrift haben,[114] erforderlich ist jedoch die Möglichkeit der Kenntnisnahme durch die Fähigkeit des Testators, gerade das übergebene Schriftstück lesen und verstehen zu können. Hat der Erblasser tatsächlich keine Kenntnis vom Inhalt der Schrift, ist allerdings die Gefahr der Anfechtung des Testaments gem. § 2078 Abs. 1 nach dem Erbfall groß.

dd) Zusätzliche Erklärung. Die Erklärung des Erblassers, die übergebene Schrift enthalte seinen letzten Willen, hat mündlich oder in sonstiger Weise gegenüber dem Notar zu erfolgen. Es reicht aber aus, wenn der Testator die Frage des Notars, ob das übergebene Schriftstück seinen letzten Willen enthalte, mit „Ja" beantwortet.[115] Eine nonverbale Erklärung kann in jeder Weise geäußert werden, die einen sicheren Schluss auf den ausgedrückten Willen zulässt. Es ist unschädlich, wenn das Protokoll nicht ausdrücklich die Erklärung des Erblassers enthält, dass die übergebene Schrift seinen letzten Willen enthält, sofern aus ihm ihre Überreichung als Testament in sonstiger Weise hervorgeht,[116] was im Hinblick auf § 9 Abs. 1 Satz 1 Nr. 1 BeurkG unabdingbar ist. 36

ee) Pflichten des Notars. Von dem Inhalt einer offen übergebenen Schrift soll der Notar gem. § 30 Satz 4 BeurkG Kenntnis nehmen, sofern er der Sprache, in der die Schrift verfasst ist, hinreichend kundig ist. Dem Notar obliegt die Belehrungspflicht nach den allgemeinen Grundsätzen des § 17 BeurkG (§ 30 Satz 4 BeurkG). Er ist verpflichtet, die Anordnungen des Erblassers auf ihre Rechtswirksamkeit zu prüfen, etwaigen Zweifeln mit den ihm zur Verfügung stehenden Mitteln nachzugehen, von mehreren offen stehenden rechtlichen Wegen den für die Durchsetzung des Erblasserwillens sichersten und gefahrlosesten anzuraten und seine Mitwirkung zu verweigern, wenn er von der Unwirksamkeit der Anordnung überzeugt ist.[117] 37

ff) Kennzeichnung. Nach § 30 Satz 2 BeurkG soll der Notar die ihm übergebene Schrift so kennzeichnen, dass sie nicht mit anderen Schriftstücken verwechselt werden kann. Die Kennzeichnung einer offen übergebenen Schrift kann dabei entweder durch ihre Beschreibung im Protokoll, etwa „die Schrift beginnt mit den Worten ... und endet mit den Worten ..." oder durch ein auf ihr angebrachtes Zeichen und Hinweis darauf in der Niederschrift vorgenommen werden.[118] 38

gg) Beifügung der übergebenen Schrift. Die übergebene Schrift soll nach § 30 Satz 5 BeurkG der Niederschrift beigefügt werden. Die übergebene Schrift ist nicht Teil der Niederschrift und muss nicht wie diese vorgelesen werden (§ 30 Satz 5 BeurkG). Ein Zusammensiegeln der Schrift mit der Niederschrift gem. § 44 BeurkG ist nicht vorgeschrieben, aber zweckmäßig.[119] Wie das durch (i. d. R. mündliche) Erklärung gegenüber dem Notar errichtete Testament soll der Notar nach § 34 Abs. 1 BeurkG Niederschrift und übergebenes Schriftstück in einem Testamentsumschlag versiegeln und unverzüglich in die besondere amtliche Verwahrung bringen. 39

---

112 Schulze DNotZ 1955, 629.

113 Bamberger/Roth/Litzenburger § 2232 Rn 12.

114 RGZ 76, 94, 95; Voit in R/B/M § 2232 BGB Rn 18; Bamberger/Roth/Litzenburger § 2232 Rn 12; a. M. Palandt/Edenhofer § 2232 Rn 3; MünchKomm/Hagena § 2232 Rn 30.

115 RGZ 108, 400.

116 RGZ 92, 27, 32.

117 BGH DNotZ 1974, 296, 297.

118 Winkler BeurkG § 30 Rn 13.

119 Haegele Rpfleger 1969, 418.

c) Errichtung durch Übergabe einer verschlossenen Schrift

40 Nach § 2232 kann ein öffentliches Testament zur Niederschrift eines Notars auch in der Weise errichtet werden, dass der Erblasser dem Notar eine verschlossene Schrift mit der Erklärung übergibt, sie enthalte seinen letzten Willen. Über den Vorgang hat der Notar eine Niederschrift aufzunehmen, die verschlossene Schrift zu kennzeichnen und der Niederschrift beizufügen (§ 30 BeurkG).[120] Diese Art der Testamentserrichtung kommt dem Bedürfnis des Testierers nach Geheimhaltung seines letzten Willens auch gegenüber dem Notar entgegen. Sie verbindet den Vorteil der größeren Sicherheit des öffentlichen Testaments mit dem der Geheimhaltung des privaten Testaments. Der Testierer erkauft dies allerdings damit, dass er praktisch auf die ihm zustehende Rechtsbelehrung durch den Notar verzichtet. Der Notar darf von dem Inhalt der ihm verschlossen übergebenen Schrift ohne Willen des Erblassers keine Kenntnis nehmen.[121] Er ist jedoch berechtigt, aber nicht verpflichtet, den Erblasser über den Inhalt der Schrift zu befragen und ihn auf mögliche Bedenken hinzuweisen.[122] In der Niederschrift sollte die Versicherung des Erblassers festgehalten werden, dass er den Notar im Testament weder bedacht noch zum Testamentsvollstrecker ernannt hat, da die Unwirksamkeit der Zuwendung oder Ernennung nach § 27 BeurkG unabhängig davon eintritt, ob der Notar davon Kenntnis hatte.[123] Letztlich empfiehlt es sich, in die Niederschrift aufzunehmen, dass der Erblasser darauf hingewiesen wurde, dass sich durch seine evtl. mangelnden Rechtskenntnisse Gefahren für die Erreichung seiner mit dem Testament erstrebten Ziele ergeben können. Auf das Unterlassen eines solchen Hinweises kann jedoch keine Haftung des Notars gestützt werden.[124]

d) Übersicht über Sondervorschriften für Verfügungen von Todes wegen behinderter Personen

41

Art der Behinderung des Erblassers:	**Möglichkeiten der Errichtung von Vfg. v. Todes wg. und Sondervorschriften:**	Formulierungsvorschlag in MünchVertrHdb/Nieder/Otto, Bd. 6
1. Hinsichtlich der Unterschrift Schreibbehinderter, der Lesen kann	Alle öffentl. Vfg. v. Todes wg. unter Zuziehung eines Schreibzeugen od. 2. Notars (§ 25 BeurkG), wenn nicht bereits Zeuge nach § 22 BeurkG zugezogen	XV.5
2. Schrift- u. Lesensunkundiger		
a) auch hinsichtlich des Namens	Vfg. v. Todes wg. nur durch Erklärung gegenüber dem Notar (§ 2233 Abs. 2 BGB) unter Zuziehung eines Schreibzeugen od. 2. Notars (§ 25 BeurkG), wenn nicht bereits Zeuge nach § 22 BeurkG zugezogen	XV.5
b) nicht hinsichtlich des Namens	Vfg. v. Todes wg. nur durch Erklärung gegenüber dem Notar (§ 2233 Abs. 2 BGB); Zuziehung eines Zeugen oder 2. Notars, außer bei Verzicht (§ 22 BeurkG)	XV.1

[120] Formulierungsvorschlag in MünchVertrHdb/Nieder/Otto, Bd. 6/2, XV. 3.
[121] MünchKomm/Hagena § 2232 Rn 29.
[122] Winkler BeurkG § 30 Rn 10.
[123] Winkler BeurkG § 27 Rn 13.
[124] Boehmer DNotZ 1940, 144 f.

Art der Behinderung des Erblassers:	Möglichkeiten der Errichtung von Vfg. v. Todes wg. und Sondervorschriften:	Formulierungsvorschlag in MünchVertrHdb/Nieder/Otto, Bd. 6
3. Blinder		
a) Blindenschrift beherrschend	Vfg. v. Todes wg. durch Übergabe einer in Blindenschrift (verfassten Schrift § 2232 BGB) oder durch Erklärung gegenüber dem Notar. Mangels Verzichts, Zuziehung eines Zeugen od. 2. Notars (§ 22 BeurkG).	XV.6
b) Blindenschrift nicht beherrschend	Vfg. v. Todes wg. nur durch Erklärung gegenüber dem Notar (§ 2233 Abs. 2 BGB). Mangels Verzichts, Zuziehung eines Zeugen od. 2. Notars (§ 22 BeurkG)	XV.6
c) schreibunfähig	Zuziehung eines Schreibzeugen od. 2. Notars (§ 25 BeurkG), wenn nicht bereits Zeuge nach § 22 BeurkG zugezogen	XV.6
4. Stummer (nicht taub)		
a) schreib- und lesensfähig	Vfg. v. Todes wg. in jeder Form mit nonverbaler Erklärung. Mangels Verzichts, Zuziehung eines Zeugen od. 2. Notars (§ 22 BeurkG); auf Verlangen Zuziehung eines Gebärdendolmetschers. Ferner eigenhändiges Testament möglich.	XV.9
b) schreib- aber nicht lesensunfähig	Vfg. v. Todes wg. durch (nonverbale) Erklärung gegenüber dem Notar oder durch Übergabe einer Schrift unter Zuziehung einer Verständigungsperson, über welche eine Verständigung möglich ist und mit deren Zuziehung die Beteiligten einverstanden sind (§ 24 BeurkG), mangels Verzichts Zuziehung eines Zeugen oder 2. Notars (§§ 24 Abs. 3, 22 BeurkG)	XV.9
c) schreibfähig, aber lesensunfähig	Vfg. v. Todes wg. durch (nonverbale) Erklärung gegenüber dem Notar (§ 2233 Abs. 2) ohne Zuziehung einer Verständigungsperson (§ 24 BeurkG), da schriftliche Verständigung möglich;[125] Zuziehung eines Gebärdendolmetschers auf Verlangen (§ 22 Abs. 1 Satz 2 BeurkG); Zuziehung eines Zeugen oder 2. Notars, wenn nicht allseitiger Verzicht (§ 22 Abs. 1 Satz 1 BeurkG)	XV.9

[125] Winkler BeurkG § 24 Rn 4.

Art der Behinderung des Erblassers:	Möglichkeiten der Errichtung von Vfg. v. Todes wg. und Sondervorschriften:	Formulierungsvorschlag in MünchVertrHdb/Nieder/Otto, Bd. 6
5. Tauber (nicht stumm)		
a) schreib- und/oder lesensfähig	Vfg. v. Todes wg. in jeder Form. Niederschrift ist, statt vorzulesen, zur Durchsicht vorzulegen (§ 23 BeurkG). Mangels Verzichts, Zuziehung eines Zeugen od. 2. Notars (§ 22 BeurkG); auf Verlangen Zuziehung eines Gebärdensprachdolmetschers (§ 22 Abs. 1 Satz 2 BeurkG).	XV.7
b) lesensunfähig	Vfg. v. Todes wg. nur durch Erklärung gegenüber dem Notar (§ 2233 Abs. 2 BGB). Da schriftliche Verständigung nicht möglich, Zuziehung einer Verständigungsperson gem. § 24 BeurkG. Mangels Verzichts, Zuziehung eines Zeugen od. 2. Notars (§ 22 BeurkG); auf Verlangen Zuziehung eines Gebärdensprachdolmetschers. Falls Verständigung auch mittels Vertrauensperson nicht möglich, faktische Testierunfähigkeit.	XV.8
6. Taubstummer		
a) schreib- und lesensfähig	wie Ziff. 4 a, zusätzlich ist die Niederschrift statt vorzulesen zur Durchsicht vorzulegen (§ 23 BeurkG)	XV.1
b) schreib-, aber nicht lesensunfähig	wie Ziff. 4 b, zusätzlich ist die Niederschrift statt vorzulesen zur Durchsicht vorzulegen (§ 23 BeurkG)	
c) schreibfähig, aber lesensunfähig	wie Ziff. 5 b, zusätzlich ist die Niederschrift statt vorzulesen zur Durchsicht vorzulegen (§ 23 BeurkG)	XV.1.
7. Minderjähriger über 16 Jahre (schreib- und lesensfähig)	Vfg. v. Todes wegen nur durch Erklärung gegenüber dem Notar oder durch Übergabe einer offenen Schrift (§§ 2233 Abs. 1); falls stumm, nur durch Übergabe einer offenen Schrift	XV.2
8. Sprachunkundiger	Falls Notar nicht selbst übersetzt, muss Dolmetscher zugezogen werden (§ 16 BeurkG). Mangels Verzichts ist Übersetzung anzufertigen und der Niederschrift beizufügen (§ 32 BeurkG).	XV.11

Die Behinderung muss jeweils wahlweise auf Grund Angabe des Behinderten oder der Überzeugung des Notars festgestellt und in der Niederschrift festgehalten werden. 42
Der Verzicht der Beteiligten auf die Zuziehung eines Zeugen oder zweiten Notars nach § 22 BeurkG oder die Anfertigung einer Übersetzung nach § 32 BeurkG soll jeweils in der Niederschrift festgestellt werden.

Die bei der Beurkundung von Verfügungen von Todes wegen behinderter Personen 43
außer den formell Beteiligten i. S. von § 6 Abs. 2 BeurkG mitwirkenden Personen (Zeugen, zweiter Notar, Vertrauensperson, Dolmetscher) sollen bei der Verlesung der Niederschrift zugegen sein.[126] Ihre zeitweilige Abwesenheit führt jedoch nur in den Fällen zur Unwirksamkeit der Beurkundung, in denen ihre Mitwirkung zwingend vorgeschrieben war.[127] **Der Schreibzeuge muss bei der Vorlesung und Genehmigung anwesend sein,** nicht dagegen während der vorherigen Verhandlung und Erklärung der Beteiligten.[128] Er **muss ausdrücklich als Schreibzeuge zugezogen sein** und in diesem Bewusstsein und nicht nur zufällig dem Vorgang des Vorlesens und der Genehmigung beiwohnen.[129] Stellt sich die Unfähigkeit des Testierers, seinen Namen zu schreiben, erst nachträglich heraus, muss die Vorlesung und Genehmigung in Gegenwart des daraufhin zugezogenen Schreibzeugen wiederholt werden.[130] Die außer dem formell Beteiligten i. S. des § 6 Abs. 2 BeurkG mitwirkenden Personen müssen die Niederschrift nicht genehmigen, da sie nur Mittler- bzw. Kontrollfunktionen ausüben und keinen eigenen Willen bilden.[131]

2. Das eigenhändige Testament

Neben der notariellen Form lässt das Gesetz zu, dass der Erblasser ein Testament 44
durch eine eigenhändig geschriebene und unterschriebene Erklärung errichtet (§ 2247 Abs. 1). Minderjährige (von 16 bis 18 Jahren) und Leseunfähige, z. B. vollständig Erblindete[132] können kein eigenhändiges Testament errichten (§ 2247 Abs. 4).

a) Vorhandensein des Testierwillens

Anders als beim öffentlichen Testament, bei dem dies wegen der Mitwirkung eines 45
Notars kaum zweifelhaft sein kann, ist beim eigenhändigen Testament erforderlich, dass der Erblasser die privatschriftliche Willensäußerung als seinen rechtsverbindlichen letzten Willen betrachtete oder sich zumindest bewusst war, dass sie als diesen angesehen werden könne (**Testierwille**).[133] Liegt ein äußerlich formgültiges eigenhändiges Testament vor, so spricht eine tatsächliche Vermutung dafür, dass der Erblasser damit seinen letzten Willen niederlegen wollte, d. h. den Testierwillen hatte.[134] Zweifelhaft ist das Vorliegen eines Testierwillens jedoch regelmäßig bei **Brieftestamenten und Testamentsentwürfen.** Zwar kann ein eigenhändiges Testament auch in Gestalt eines Briefes errichtet werden und wobei es unbeachtlich ist, ob der Brief daneben noch sonstige erbrechtlich belanglose Mitteilungen enthält.[135] Da jedoch ein Brief im Allgemeinen nicht der übliche Weg zur Errichtung eines Testaments ist, kann er nur dann als eigenhändiges Testament angesehen werden, wenn nachgewiesen ist, dass der Erblasser den ernstlichen Testierwil-

[126] Winkler BeurkG § 13 Rn 29.
[127] Winkler BeurkG § 13 Rn 30.
[128] Winkler BeurkG § 25 Rn 11.
[129] BayObLGZ 1984, 141 = DNotZ 1985, 217.
[130] KG JFG 5, 98; Winkler BeurkG § 25 Rn 12.
[131] Winkler BeurkG § 13 Rn 43.
[132] BayObLG Rpfleger 1999, 396, 397.
[133] BayObLG Rpfleger 2001, 134, 135; BayObLGZ 1982, 59, 64; BayObLG NJW-RR 1989, 1092; Bamberger/Roth/Litzenburger § 2247 Rn 3.
[134] KG OLGZ 1991, 144, 148; BayObLG FamRZ 2005, 656, 657.
[135] RGZ 87, 110, BGH WPM 1976, 744; BayObLG Rpfleger 1980, 189, 190; BayObLG FamRZ 1981, 402.

len hatte und nicht nur eine unverbindliche, rein informatorische Mitteilung machen wollte.[136] Das Vorliegen des Testierwillens beim Brieftestament ist Tatfrage und Wege der Auslegung (§ 133) unter Heranziehung aller erheblichen auch außerhalb der Urkunde liegenden Umstände und der allgemeinen Lebenserfahrung zu beurteilen und wobei strenge Anforderungen zu stellen sind.[137] Ein Brieftestament kann auch in einem an ein Gericht gerichteten eigenhändigen Schriftsatz enthalten sein. Erforderlich ist aber, dass der Erblasser in diesem Schriftsatz die letztwillige Verfügung trifft und nicht nur von einer anderweitig getroffenen letztwilligen Verfügung berichtet.[138] Ein mit „Entwurf" versehenes, im Übrigen den Formerfordernissen eines eigenhändigen Testaments entsprechendes Schriftstück kann als Testament wirksam sein, wenn nachgewiesen wird, dass der Erblasser es mit dem ernstlichen Willen verfasst hat, es bis zur Abfassung einer neuen und endgültigen Urkunde als seinen vollgültigen letzten Willen gelten zu lassen.[139] Sowohl wenn Zweifel darüber bestehen, ob der Erblasser eine letztwillige Verfügung treffen oder nur einen unverbindlichen Wunsch äußern wollte, als auch, ob eine letztwillige Verfügung oder nur eine Ankündigung oder ein Entwurf vorliegen, ist § 2084 nicht anwendbar, d. h. der Testierwille (= Rechtbindungswille) des Erblassers darf nicht unterstellt werden, sondern ist tatsächlich zu ermitteln und nach § 133 auszulegen.[140]

b) Eigenhändige Niederschrift (§ 2247 Abs. 1, 1. Voraussetzung)

46 *aa) Formzweck.* Neben der eigenhändigen Unterschrift des Erblassers ist die eigenhändige Niederschrift durch den Erblasser ein zwingendes Formerfordernis des privatschriftlich errichteten Testaments. Das bedeutet, dass der Erblasser den gesamten Wortlaut des Testaments selbst mit der Hand schreiben muss.[141] Behinderte dürfen auch mit dem Mund, mit dem Fuß oder mit Hilfe einer Prothese schreiben.[142] Da der objektive Inhalt der Verfügung von einem Dritten zu ermitteln sein muss, muss der niedergeschriebene Text **objektiv lesbar** sein.[143] Der Zweck des Formerfordernisses ist, die Echtheit des Testaments auf Grund der individuellen Merkmale, welche die Handschrift eines jeden Menschen aufweist, nachprüfen zu können.[144] Der Erblasser kann beim Schreiben von einem Dritten unterstützt werden (**Schreibhilfe**), etwa durch Stützen aber nicht Führen des Armes oder der Hand, solange der Schriftzug noch von seinem Willen abhängig bleibt und seine Hand nicht völlig unter der Herrschaft und Leitung des Schreibhelfers gestanden hat.[145] Kein zwingendes Indiz für fehlende Eigenhändigkeit ist es, wenn das Schriftbild mehr der Schreibweise des Schreibhelfers als der des Unterzeichners entspricht.[146] Zusätze Dritter oder Einschaltungen in Maschinenschrift sind ungültig, machen jedoch andere selbständige Anordnungen des Erblassers nach § 2085 nur dann ungültig, wenn anzunehmen ist, dass der Erblasser sie nicht ohne die unwirksamen Verfügungen getroffen hätte[147] oder der eigenhändige Text nicht ausreicht, um den letzten

---

[136] BayObLG Rpfleger 1980, 189, 190; OLG Schleswig ZErb 2009, 240; MünchKomm/Hagena § 2247 Rn 30.

[137] OLG Stuttgart Rpfleger 1964, 148; BayObLG Rpfleger 1980, 189, 190.

[138] OLG Köln Rpfleger 1995, 504.

[139] BayObLGZ 1970, 173 = NJW 1970, 2300 = Rpfleger 1970, 340.

[140] Werner JuS 1973, 434; ders. DNotZ 1972, 15; KG NJW 1959, 1441; BayObLGZ 1963, 60, 61; OLG Frankfurt Rpfleger 1970, 392; BayObLG FGPrax 2004, 33; a. A. OLG Stuttgart BWNotZ 1960, 150.

[141] BayObLG FamRZ 1990, 441, 442; OLG München NJW-RR 2006, 11, 14.

[142] MünchKomm/Hagena § 2247 Rn 14; Bamberger/Roth/Litzenburger § 2247 Rn 10.

[143] OLG Hamm Rpfleger 1991, 419, 420 = NJW-RR 1991, 1352 = FamRZ 1992, 356.

[144] BGHZ 47, 68, 70 = NJW 1967, 1124; BGHZ 80, 246.

[145] BGHZ 47, 68, 71 = NJW 1967, 1124; BGH NJW 1981, 1900 = MittBayNot 1981, 144; OLG Stuttgart BWNotZ 1977, 70; BayObLG FamRZ 1985, 1286; MünchKomm/Hagena § 2247 Rn 15; Palandt/Edenhofer § 2247 Rn 7; Köhler JZ 1984, 18, 20; Rechenmacher DNotZ 1952, 80.

[146] BGH NJW 1981, 1900, 1901.

[147] BayObLG FamRZ 1986, 726, 727.

Willen des Erblassers zum Ausdruck zu bringen.[148] Sofern die Eigenhändigkeit des Testaments streitig ist, kann das Gericht selbst einen Schriftvergleich mit anderen Schriftstücken des Erblassers anstellen und sich auf das Ergebnis seines Augenscheins nach freier Überzeugung verlassen oder ein Sachverständigengutachten einholen.[149]

bb) Sprache und Schriftzeichen. Das eigenhändige Testament kann vom Erblasser in jeder lebenden oder toten Sprache (auch in jedem Dialekt) niedergeschrieben werden, die er hinreichend beherrscht und lesen kann.[150] In Blindenschrift kann nach der h. M. ein eigenhändiges Testament nicht abgefasst werden, da diese Punktschrift keine individuellen Merkmale aufweist.[151] Mit Blindenschrift kann jedoch ein öffentliches Testament durch Übergabe einer Schrift gem. § 2232 Satz 1 errichtet werden.[152] Auch eine Niederlegung in Bildern genügt dem Schriftformerfordernis nicht.[153] 47

cc) Äußere Form und Stoff der Niederschrift. Das Material, auf dem die Niederschrift erfolgt, sowie das Schreibzeug stehen im Belieben des Testators.[154] Allerdings kann aus der Wahl des Schreibmaterials u. U. auch auf die Ernstlichkeit des Testierwillens geschlossen werden.[155] Ein mittels Pauspapier (Blaupause) hergestelltes Schriftstück kann ein formgültiges Testament sein, wenn es nach dem Willen des Erblassers die Urschrift und nicht lediglich eine Durchschrift als Zweitschrift sein soll.[156] 48

dd) Bezugnahme auf nicht eigenhändige Schriftstücke. Da ein privatschriftliches Testament gem. § 2247 Abs. 1 in seinem gesamten Wortlaut vom Erblasser eigenhändig geschrieben sein muss, kann wegen seines notwendigen Inhalts (Essentialien) nur auf ihrerseits vom Erblasser eigenhändig geschriebene Schriftstücke oder sich in besonderer amtlicher Verwahrung befindliche öffentliche Testamente Bezug genommen werden, da nur diese nicht den typischen Fälschungsgefahren maschinengeschriebener Dokumente ausgesetzt sind.[157] Nicht ausreichend ist dagegen die Bezugnahme auf ein maschinengeschriebenes notarielles Testament, das durch Rücknahme, und zwar auch eine spätere, aus der besonderen amtlichen Verwahrung nach § 2256 Abs. 1 als widerrufen gilt.[158] Unschädlich ist die Bezugnahme jedoch, wenn die Essentialien der Anordnung z. B. der Erbeinsetzung oder Vermächtnisanordnung, Begünstigter, Gegenstand oder Quote aus dem eigenhändigen Text selbst hervorgehen und lediglich zum Zwecke ihrer näheren Erläuterung, Klarstellung oder Auslegung auf das nicht formgerechte Schriftstück Bezug genommen wird.[159] Bei einem teils eigenhändig, teils mit Schreibmaschine geschriebenen (und abschließend eigenhändig unterschriebenen) Testament ist der eigenhändige Teil 49

[148] Lange/Kuchinke, § 20 IV 1 c.

[149] BayObLG NJW-RR 1986, 494.

[150] OLG Zweibrücken FamRZ 1992, 608, 610; MünchKomm/Hagena, § 2247 Rn 12; Staudinger/Baumann § 2247 Rn 26.

[151] MünchKomm/Hagena § 2247 Rn 13; Voit in R/B/M § 2247 Rn 16; Palandt/Edenhofer § 2247 Rn 7; Schulze DNotZ 1955, 629; Werner DNotZ 1972, 6; Grundmann AcP 187 (1987), 429, 464 f.; LG Hannover NJW 1971, 1204; OLG Koblenz NJW 1985, 1784; Staudinger/Baumann § 2247 Rn 28, 31 (anders noch Firsching in Vorauflage); offen lassend Lange/Kuchinke, § 20 IV 1 c Fn. 42.

[152] MünchKomm/Hagena, § 2247 Rn 51.

[153] Lange/Kuchinke § 20 IV 1 c; Staudinger/Baumann § 2247 Rn 27.

[154] MünchKomm/Hagena, § 2247 Rn 13.

[155] Bamberger/Roth/Litzenburger § 2247 Rn 5; Voit in R/B/M § 2247 Rn 6, 18.

[156] BGHZ 47, 68, 71 = NJW 1967, 1124; BayObLG FamRZ 1994, 658 = Rpfleger 1993, 405.

[157] BGH MDR 1980, 831; BayObLG FamRZ 1990, 1404, 1405; OLG Hamm NJW-RR 1991, 1352 = FamRZ 1992, 356; Schubert JR 1981, 24, 25; Grundmann AcP 187 (1987), 429, 468; MünchKomm/Hagena, § 2247 Rn 20.

[158] BGH Rpfleger 1980, 337, 338; BayObLGZ 1973, 35, 39 = Rpfleger 1973, 17 = DNotZ 1973, 630; BayObLG FamRZ 1990, 1404, 1405; MünchKomm/Hagena § 2247 Rn 20.

[159] BGH Rpfleger 1980, 337 = JR 1981, 23 m. Anm. Schubert; BayObLGZ 1979, 215, 218; OLG Zweibrücken NJW-RR 1989, 1413 = FamRZ 1989, 900 = Rpfleger 1989, 284.

gültig, sofern der formgerecht verfasste Teil des Testaments für sich einen abgeschlossenen Sinn ergibt.[160] Da es nicht erforderlich ist, dass der Erblasser alle Bestandteile des eigenhändigen Testaments zum gleichen Zeitpunkt herstellt, kann er sich auch auf eine frühere eigenhändig geschriebene und unterschriebene Schrift beziehen.[161]

c) Eigenhändige Namensunterschrift des Erblassers (§ 2247 Abs. 1, 2. Voraussetzung)

50 *aa) Formzweck.* Die Erklärung des Erblassers muss eigenhändig unterschrieben sein. Sie dient neben der Handschrift als Beweis für die Authentizität (**Echtheit und Urheberschaft**) des Testaments,[162] zu seinem räumlichen Abschluss und damit zum Schutz vor nachträglichen Zusätzen (**Abschlussfunktion**)[163] und zur Abgrenzung von bloßen Vorentwürfen.[164] Die Unterschrift muss räumlich so zu der Erklärung stehen, dass diese nach dem äußeren Erscheinungsbild der Testamentsurkunde in ihrer Gesamtheit von ihr gedeckt wird.[165] Ist z.B. mangels freien Raumes unter dem Testament die Unterschrift des Erblassers neben diesem auf demselben Blatt angebracht, so kann das räumliche Erscheinungsbild der Testamentsurkunde in ihrer Gesamtheit ergeben, dass der Testamentstext von der Unterschrift des Erblassers gedeckt ist.[166] Eine „Oberschrift" genügt daher grundsätzlich nicht.[167]

51 *bb) Unterschrift als Identifizierungsmerkmal.* Die Unterschrift soll grundsätzlich den Vor- und Familiennamen des Erblassers enthalten (§ 2247 Abs. 3 Satz 1). Nach § 2247 Abs. 3 Satz 2 genügt jedoch jede Unterzeichnung „in anderer Weise", die keine Zweifel an der Identität aufkommen lässt, so z.B. Kosename, Spitzname oder Familienstellung.[168] Unter dieser Voraussetzung können auch Initialen, Paraphen und Abkürzungen genügen,[169] wenn sich an der Ernsthaftigkeit des Erklärungswillens keine Zweifel ergeben.

52 *cc) Selbstbenennung des Erblassers.* Die Selbstbenennung oder Selbstbezeichnung des Erblassers am Anfang oder im Text seines eigenhändigen Testaments stellt nach h.M. in Rechtsprechung und Schrifttum keine Unterschrift i.S. von § 2247 Abs. 1 dar,[170] da damit zwar die Identifizierung des Testierenden ermöglicht wird, nicht aber die Feststellung des Abschlusses der Verfügung. Anderes kann somit gelten bei Selbstbenennung am Schluss der Urkunde.[171]

53 *dd) Namenszug auf dem Testamentsumschlag.* Der Namenszug des Erblassers auf dem Testamentsumschlag kann das Formerfordernis der eigenhändigen Unterschrift i.S. des § 2247 Abs. 1 erfüllen, wenn bei Würdigung aller Umstände er sich nach dem Willen des Erblassers und der Verkehrsauffassung als äußere Fortsetzung und Abschluss der einliegenden Erklärung darstellt und ihm keine selbständige Bedeutung, wie etwa des bloßen Hinweises auf den Inhalt oder als Absendervermerk, zukommt und deshalb kein innerer

---

[160] Pfälz. OLG Zweibrücken DNotZ 2003, 875, 876.

[161] OLG Hamm Rpfleger 1991, 419, 421 = NJW-RR 1991, 1352 = FamRZ 1992, 356.

[162] Bamberger/Roth/Litzenburger § 2247 Rn 23; Voit in R/B/M § 2247 Rn 19; Lange/Kuchinke, § 20 III 3 a.

[163] BayObLGZ 2004, 215 = DNotZ 2005, 57 = Rpfleger 2004, 701; BayObLGZ 2003, 352, 355; Bamberger/Roth/Litzenburger § 2247 Rn 24; Voit in R/B/M § 2247 Rn 19; Lange/Kuchinke § 20 III 3 b.

[164] Bamberger/Roth/Litzenburger § 2247 Rn 23; OLG Köln Rpfleger 1968, 25.

[165] BGH NJW 1974, 1083, 1084; BayObLGZ 1981, 79, 85; BayObLG FamRZ 1986, 728, 730; OLG Hamm OLGZ 1986, 292; OLG Stuttgart Die Justiz 1979, 436.

[166] BayObLG FamRZ 1986, 728; für Einzelfallprüfung auch beim „Überschreiber" Lange/Kuchinke § 20 IV 3 b.

[167] BGHZ 113, 48, 51; BayObLG DNotZ 2005, 57, 58.

[168] BayObLG Rpfleger 1980, 189.

[169] OLG Celle NJW 1977, 1690; OLG Stuttgart Justiz 1977, 378; Palandt/Edenhofer § 2247 Rn 10.

[170] BayObLG NJW-RR 1989, 9 = FamRZ 1988, 1211 = DNotZ 1989, 18; BayObLG FamRZ 1998, 258, 260; OLG Hamm ZEV 2002, 152, 154; MünchKomm/Hagena, § 2247 Rn 28.

[171] MünchKomm/Hagena § 2247 Rn 28 m.w.N.

Zusammenhang zwischen dem Testamentstext und dem Namenszug auf dem Umschlag gegeben ist. Der Testamentsumschlag wird in diesem Fall als Teil eines aus mehreren Blättern bestehenden Testaments angesehen, von denen nur das letzte, nämlich der Umschlag, die das Testament abschließende Unterschrift tragen muss.[172] Insbesondere bei Brieftestamenten, die nachweislich **vom Erblasser verschlossen** und seitdem nicht mehr geöffnet wurden, begnügt sich die Rechtsprechung[173] mit der „Unterschrift" auf dem Briefumschlag, sofern es sich nicht bloß um den Absendervermerk handelt. Die Entscheidung der Frage, ob im Einzelfall eine Erklärung durch die Unterschrift auf dem Umschlag gedeckt wird und ob ihr keine selbständige Bedeutung zukommt, liegt im Wesentlichen auf tatsächlichem Gebiet und damit bei der Testamentsauslegung der Tatsacheninstanz.[174] Eine Unterzeichnung auf einem **unverschlossenen Umschlag** kann wegen der zu losen, jederzeit aufhebbaren Verbindung zwischen Briefumschlag und dem darin befindlichen Text die Abschlussfunktion der Unterschrift nicht erfüllen.[175]

ee) Testament auf mehreren Blättern. Wenn sich aus dem Inhalt der Erklärungen auf den mehreren Blättern ergibt, dass es sich um eine zusammenhängende Niederschrift handelt, die einen einheitlichen Willen des Erblassers enthält und somit inhaltlich eine untrennbare Urkunde darstellt, genügt die Unterschrift auf dem letzten Blatt.[176] Dies kann sich ergeben aus einem fortlaufenden Text, fortlaufenden Seitenzahlen, sonstigen Vermerken oder einer untrennbaren technischen Verknüpfung der einzelnen Blätter.[177] 54

ff) Nachträgliche Einschübe und Ergänzungen.[178] Bei nachträglichen Änderungen, Ergänzungen und Zusätze in dem eigenhändigen Testament ist zu unterscheiden zwischen: 55

- **Nachträgen in dem durch Unterschrift gedeckten Text oberhalb der Unterschrift.** Wenn bei ihnen der Nachtrag von der Unterschrift des Erblassers räumlich gedeckt ist, müssen sie, auch wenn sie sachliche Verfügungen enthalten, nicht gesondert unterzeichnet sein, wenn die Auslegung ergibt, dass sie nach dem Willen des Erblassers durch die auf dem Testament befindliche Unterschrift umfasst sein sollten und wenn das äußere Erscheinungsbild der Urkunde dem nicht entgegensteht.[179] Dies gilt auch, wenn er anstelle eines gestrichenen Textes einen neuen schreibt.[180]
- **Nachträge auf demselben Blatt unterhalb der Unterschrift.** Bei ihnen ist grundsätzlich eine gesonderte Unterschrift erforderlich, es sei denn, die Auslegung des Testaments ergibt, dass sie von der vorhandenen Unterschrift nach dem Willen des Erblassers gedeckt sein sollen.[181] Dies dürfte meist dann nicht der Fall sein, wenn der nach der Un-

[172] RGZ 61, 7; RGZ 110, 166; BayObLG Rpfleger 1982, 184, 185 = BayObLGZ 1982, 131, 133; BayObLG NJW-RR 1986, 494, 495 = FamRZ 1986, 1286; BayObLG FamRZ 1989, 1211 = DNotZ 1989, 80; BayObLG NJW-RR 2002, 1520; a. M. d. h. nur bei verschlossenem Umschlag: OLG Hamm OLGZ 1986, 292 = NJW-RR 1986, 873 = FamRZ 1986, 728.

[173] BGH BWNotZ 1961, 230 m. Anm. Mattern; BGH NJW 1974, 1083; BayObLG NJW 1970, 2300; OLG Frankfurt NJW 1971, 1811; OLG Düsseldorf NJW 1972, 260; BayObLG FamRZ 1983, 863; BayObLG FamRZ 1985, 1286.

[174] BayObLG Rpfleger 1982, 184, 185; BayObLG FamRZ 1985, 1286, 1287; BGH BWNotZ 1961, 230 m. Anm. Mattern; BayObLG NJW-RR 1989, 9 = FamRZ 1989, 1211.

[175] OLG Hamm OLGZ 1986, 292, 293.

[176] OLG Neustadt Rpfleger 1962, 446; OLG Neustadt Rpfleger 1975, 243; BayObLGZ 1975, 243; MünchKomm/Hagena § 2247 Rn 34; Voit in R/B/M § 2247 Rn 22.

[177] LG München I FamRZ 2004, 1905.

[178] Siehe hierzu insb. Stumpf FamRZ 1992, 1131.

[179] BGH NJW 1974, 1083, 1084 = FamRZ 1974, 302; BayObLGZ 1974, 440, 442 = FamRZ 1975, 287= NJW 1975, 314; BayObLG FamRZ 1982, 1137; BayObLG FamRZ 1984, 1268; BayObLG FamRZ 1985, 537; BayObLG FamRZ 1986, 835, 836; Görgens JR 1979, 361; Stumpf FamRZ 1992, 1131, 1132.

[180] Stumpf FamRZ 1992, 1131, 1132.

[181] BGH FamRZ 1974, 302 = NJW 1974, 1083, 1084; BayObLGZ 2003, 352, 355; OLG Köln NJW-RR 1994, 74 = FamRZ 1994, 330; Stumpf FamRZ 1992, 1131, 1133.

terschrift stehende Zusatz eine weitere selbständige Verfügung enthält.[182] Anderes kann sich ergeben, wenn durch Einfügungszeichen o.ä. im Text oberhalb der Unterschrift eine zweifelsfreie Verknüpfung hergestellte wird.

- **Nachträge auf einem gesonderten Blatt.** Sie tragen den Charakter einer neuen letztwilligen Verfügung und müssen daher, da sie in keinem räumlichen Zusammenhang mit dem bereits unterzeichneten Testament stehen, vom Erblasser neu unterzeichnet werden.[183]
- **Nachträge auf einer Kopie einer (im unveränderten Original noch vorhandenen) handschriftlich errichteten Verfügung von Todes wegen.** Nimmt der Erblasser auf der Kopie einer (im Original nicht vernichteten) handschriftlich errichteten Verfügung von Todes wegen später handschriftliche Änderungen, Streichungen, Ergänzungen vor, und erklärt er am Ende der Kopie handschriftlich, die Verfügung bestätigen zu wollen und unterschreibt den gesamten Text (bestehend aus Kopie und neuen Erklärungen), so kann dies dazu führen, dass beides zusammen (Original und auf der Kopie festgelegte Änderungen) zusammen ein einheitliches Ganzes bilden, was auch die Streichungen auf der Kopie zum Teil einer wirksamen Verfügung von Todes wegen macht.[184]

56 Jede Änderung, wie z.B. Durchstreichung, Einschaltung usw. (soweit nicht durch gesonderte Unterschrift zweifelsfrei gedeckt),[185] kann allerdings gem. § 419 ZPO den Beweiswert des eigenhändigen Testaments beeinträchtigen,[186] so dass entsprechende unterschriebene Zusatzvermerke empfehlenswert sind.

d) Orts- und Datumsangabe der Errichtung (§ 2274 Abs. 2, 5)

57 Nach § 2247 Abs. 2 soll das eigenhändige Testament Zeit und Ort seiner Errichtung angeben. Es handelt sich jedoch nur um eine Soll-Vorschrift, deren Verletzung die Gültigkeit des Testaments nicht beeinflusst. Enthält das Testament keine Angabe über Zeit und/oder Ort seiner Errichtung und ergeben sich hieraus Zweifel an seiner Gültigkeit, so hat nach § 2247 Abs. 5 derjenige, der sich auf es beruft, die Darlegungs- und Beweislast für Ort und Zeit seiner Errichtung.[187]

e) Beweisfragen

58 Derjenige, der sich auf ein eigenhändiges Testament beruft, ist nach allgemeinen Grundsätzen der Beweislastverteilung für seine Wirksamkeitsvoraussetzungen darlegungs- und beweispflichtig und hat daher insbesondere die Echtheit der Unterschrift, die Eigenhändigkeit des Textes und den Testierwillen des Erblassers zu beweisen, sofern dies bestritten wird.[188] Allerdings enthält ein äußerlich formgültiges Testament eine tatsächliche Vermutung dafür, dass es in dieser Form und mit diesem Inhalt vom Erblasser verfasst worden ist.[189]

59 Ist ein Testament nicht mehr auffindbar, so begründet dies keine Vermutung, dass es vom Erblasser in Aufhebungsabsicht vernichtet wurde;[190] die Wirksamkeit des Testaments wird nicht dadurch beeinträchtigt, wenn die Urkunde ohne Willen und Zutun des Erblassers vernichtet wurde, verloren ging oder nicht auffindbar ist.[191] In einem solchen

---

[182] OLG Köln NJW-RR 1994, 74, 75 = FamRZ 1994, 330.
[183] BGH NJW 1974, 1083, 1084 = FamRZ 1974, 302; Stumpf FamRZ 1992, 1131, 1134.
[184] OLG München ZEV 2006, 33, 34f.
[185] Vgl. Thomas/Putzo/Reichold § 419 Rn 1f.
[186] Baumgärtel/Laumen/Schmitz, § 2247 Rn 6.
[187] Baumgärtel/Laumen/Schmitz § 2247 Rn 15.
[188] BayObLG FamRZ 1985, 837, 838; BayObLG NJW-RR 1988, 389, 390; Baumgärtel/Laumen/Schmitz, § 2247 Rn 1ff. m.w.N.
[189] BayObLGZ 1970, 173 = NJW 1970, 2300 = FamRZ 1970, 340; Staudinger/Baumann § 2247 Rn 51; Baumgärtel/Laumen/Schmitz, § 2247 Rn 10.
[190] LG Duisburg NJW-RR 2005, 884.
[191] BayObLGZ 2004, 91, 92.

Fall können Errichtung und Inhalt des Testaments mit allen zulässigen Beweismitteln bewiesen werden. An den Nachweis sind jedoch strenge Anforderungen zu stellen,[192] was in den Formvorschriften für die Errichtung begründet ist.

f) Eigenhändiges gemeinschaftliches Testament (§ 2267)

60 Für das eigenhändige gemeinschaftliche Ehegattentestament bringt § 2267 gegenüber § 2247 insoweit eine Formerleichterung, als es genügt, wenn ein Ehegatte das Testament eigenhändig schreibt und unterschreibt und der andere Ehegatte die gemeinschaftliche Erklärung eigenhändig mitunterzeichnet. Die früher vorgeschriebene Beitrittserklärung ist nicht mehr erforderlich.[193] Der mitunterzeichnende Ehegatte soll hierbei angeben, zu welcher Zeit und an welchem Ort er seine Unterschrift beigefügt hat. Die Reihenfolge der Unterschriften der beiden Ehegatten ist gleichgültig. Die Ehegatten können auch abwechselnd Teile des gemeinschaftlichen Textes schreiben und dann unterzeichnen.[194] Immer müssen aber sämtliche Verfügungen von den Unterschriften beider Ehegatten gedeckt sein, d.h. allein vor der Unterschrift des beitretenden Ehegatten dürfen keine weiteren Anordnungen stehen. Unwirksam als gemeinschaftliches Testament ist daher, wenn ein Ehegatte auf dem gleichen Blatt erst seine eigenen Verfügungen und dann die des anderen niederschreibt und dann die Ehegatten jeweils nur die sie betreffenden Verfügungen unterschreiben.[195] Unschädlich ist eine an sich überflüssige Beitrittserklärung des nur mitunterzeichnenden Ehegatten vor seiner Unterschrift. Sie kann deshalb auch von dem die Haupterklärung schreibenden Ehegatten stammen.[196] Die eigenhändige und unterschriebene Beitrittserklärung des anderen Ehegatten zu einer wegen fehlender Unterschrift nichtigen eigenhändigen Haupterklärung eines gemeinschaftlichen Testaments kann nicht als formgültiges eigenhändiges Einzeltestament des beitretenden Ehegatten aufrechterhalten werden.[197] Die Umdeutung (§ 140) in ein Einzeltestament kommt wegen der Formbedürftigkeit praktisch nur für die Haupterklärung in Betracht.[198]

g) Verwahrung eigenhändiger Testamente

61 Auch ein eigenhändiges Testament kann vom Erblasser in die besondere amtliche Verwahrung gegeben werden (§ 2248). Es wird dadurch jedoch nicht zum öffentlichen Testament und seine Rückgabe hat keine Widerrufswirkung (§ 2256 Abs. 3). Auch ein eigenhändiges gemeinschaftliches Testament kann nur von beiden Ehegatten gemeinsam aus der besonderen amtlichen Verwahrung zurückgenommen werden (§ 2272).

3. Die Nottestamente

a) Das Bürgermeistertestament

62 *aa) Voraussetzungen.* Ein Nottestament zur Niederschrift des Bürgermeisters des Aufenthaltsortes des Erblassers unter Zuziehung zweier Zeugen ist zulässig
- wenn zu besorgen ist, dass der Erblasser früher sterben werde, als die Errichtung eines Testaments vor einem Notar möglich ist (**Todesbesorgnis**) (§ 2249 Abs. 1)
- wenn der Erblasser sich an einem Ort aufhält, der infolge außerordentlicher Umstände dergestalt abgesperrt ist, dass die Errichtung eines Testaments vor einem Notar nicht

[192] BayObLGZ 2004, 91, 92; MünchKomm/Hagena § 2255 Rn 16.
[193] Zum früheren Recht siehe BayObLG Rpfleger 1995, 119.
[194] KG HRR 1928, 718.
[195] BGHZ 9, 113 = NJW 1958, 547 = LM § 2267 Nr. 1; Rötelmann NJW 1957, 876; MünchKomm/Musielak § 2267 Rn 25; a. A. Bamberger/Roth/Litzenburger § 2267 Rn 5.
[196] Staudinger/Kanzleiter § 2267 Rn 16; Haegele Rpfleger 1972, 404; ders., BWNotZ 1977, 29, 33; LG Tübingen BWNotZ 1986, 17; a.M. bezügl. der vom Schreiber der Haupterklärung stammenden Beitrittserklärung: OLG Hamm OLGZ 1972, 139 = NJW 1972, 770 = Rpfleger 1972, 403 = DNotZ 1972, 99.
[197] BayObLGZ 1968, 311.
[198] MünchKomm/Musielak § 2267 Rn 25.

möglich oder erheblich erschwert ist (**Absperrung**) (§ 2250 Abs. 1). Für diesen Fall konkurriert das Bürgermeistertestament mit dem Dreizeugentestament (§ 2250 Abs. 1).

63 Für die Errichtung des Bürgermeistertestaments ist sachlich der Bürgermeister zuständig. Wer Bürgermeister ist, bestimmt sich nach den Ländergemeindeordnungen. Gem. § 2249 Abs. 5 ist ohne Nachweis eines Verhinderungsgrundes auch der nach den gesetzlichen Vorschriften zur Vertretung des Bürgermeisters Befugte zuständig. Er soll dabei in der Niederschrift angeben, worauf er seine Vertretungsbefugnis stützt. Örtlich zuständig ist der Bürgermeister des Aufenthaltsortes des Erblassers. Dabei genügt auch ein nur vorübergehender Aufenthalt. Die Beurkundung ist jedoch gemäß dem durch gesetzliche Verweisung anwendbaren § 2 BeurkG nicht unwirksam, wenn sie außerhalb des Gemeindebezirks vorgenommen wird. Der Bürgermeister muss zu der Beurkundung zwei Zeugen zuziehen (§ 2249 Abs. 1 Satz 2). Bei Nichtzuziehung ist das Testament nichtig. Weitere Zeugen nach §§ 22, 29 BeurkG brauchen und dürfen daneben nicht zugezogen werden. Als Zeuge darf nicht zugezogen werden, wer in der Verfügung bedacht oder zum Testamentsvollstrecker ernannt werden soll. Ferner finden die Ausschließungsgründe der §§ 7, 27 BeurkG für die Zeugen entsprechende Anwendung. Ein Verstoß dagegen macht die Zuwendung gegenüber dem Bedachten, der zu dem Personenkreis gehört, unwirksam.[199] Als Zeugen sollen nicht mitwirken der Ehegatte oder Lebenspartner des Bürgermeisters und die mit ihm in gerader Linie Verwandten, wer zu ihm in einem ständigen Dienstverhältnis steht, worunter aber nicht die Gemeindebediensteten fallen, deren Dienstherr die Gemeinde ist, letztlich Minderjährige, Geisteskranke, Geistesschwache, wer nicht hinreichend hören, sprechen oder sehen kann, wer nicht schreiben kann und wer der deutschen Sprache nicht hinreichend kundig ist (§ 2249 Abs. 1 Satz 4 BGB, § 26 Abs. 1 Nr. 3, 3a, 4, Abs. 2 BeurkG). Eine Verletzung dieser Mitwirkungsverbote führt jedoch nicht zur Unwirksamkeit des Bürgermeistertestamentes. Die Niederschrift muss auch von den Zeugen unterschrieben werden (§ 2249 Abs. 1 Satz 5). Voraussetzung für die Zuständigkeit des Bürgermeisters zur Beurkundung des Nottestamentes ist, dass der Bürgermeister nach gewissenhafter Prüfung die Besorgnis hat, der Erblasser werde früher sterben, als die Errichtung eines Testaments vor einem Notar möglich ist (§ 2249 Abs. 1 Satz 1). Dabei ist die Zuständigkeit auch gegeben, wenn die Besorgnis objektiv nicht begründet war (§ 2249 Abs. 2 Satz 2) oder wenn der Bürgermeister die Besorgnis zwar subjektiv nicht hatte, sie jedoch objektiv bestand.[200] Bestand weder objektiv noch nach Ansicht des Bürgermeisters die Besorgnis, so ist das Nottestament nichtig, da dann dem Bürgermeister die Beurkundungszuständigkeit fehlt.[201] Maßgebend ist die Besorgnis des Bürgermeisters, nicht die der Zeugen oder des Erblassers.[202] Der Besorgnis des vorzeitigen Ablebens steht die Besorgnis des Eintritts einer bis zum Tode fortdauernden Testierunfähigkeit gleich.[203] Ein gemeinschaftliches Nottestament kann von Ehegatten auch errichtet werden, wenn die Todesbesorgnis nur hinsichtlich eines der Ehegatten gegeben ist (§ 2266). Die Todesbesorgnis soll in der Niederschrift festgestellt werden (§ 2249 Abs. 2 Satz 1).

64 *bb) Form des Bürgermeisternottestaments.*[204] Das Bürgermeisternottestament kann sowohl durch Erklärung gegenüber dem Bürgermeister als auch durch Übergabe einer offenen oder verschlossenen Schrift errichtet werden (§§ 2249 Abs. 1 Satz 4, 2232). Die Beschränkungen der freien Wahl der Testierform für minderjährige und lesebehinderte Erblasser gem. § 2233 finden auch beim Bürgermeistertestament Anwendung (§§ 2249

[199] BGH NJW 1973, 843.
[200] RGZ 171, 27.
[201] Voit in R/B/M, § 2249 Rn 5.
[202] Voit in R/B/M § 2249 Rn 5.
[203] BGHZ 3, 372 = NJW 1952, 181.
[204] Formular hierzu in MünchVertrHdb/Nieder/Otto, Bd. 6/2, XV.13.

Abs. 1 Satz 4, 2233). Das Nottestament vor dem Bürgermeister ist ein öffentliches Testament, da der Bürgermeister an die Stelle des Notars tritt.[205] Der Bürgermeister hat daher bei seiner Errichtung grundsätzlich dieselben Beurkundungsvorschriften anzuwenden wie der Notar. Eine Ausnahme bilden die Vorschriften über die Zeugenzuziehung, da der Bürgermeister zwei Zeugen zuziehen muss. Im Einzelnen sind kraft ausdrücklicher gesetzlicher Verweisung in § 2249 Abs. 1 Satz 4 vom Bürgermeister folgende Vorschriften einzuhalten bzw. auf seine Beurkundung anwendbar:

§ 2232 (Errichtungsformen des Nottestaments), § 2233 (Nottestament minderjähriger 65 und leseunfähiger Erblasser), § 2 BeurkG (Überschreiten des Amtsbezirks), § 4 BeurkG (Ablehnung der Beurkundung), § 5 Abs. 1 BeurkG (Urkundssprache), § 6 BeurkG (Ausschließungsgründe), § 7 BeurkG (Unwirksamkeit der Beurkundung zugunsten des Bürgermeisters oder seiner Angehörigen), § 8 BeurkG (Aufnahme einer Niederschrift), § 9 BeurkG (Inhalt der Niederschrift), § 10 BeurkG (Feststellung der Persönlichkeit des Erblassers), § 11 Abs. 1 Satz 2 und Abs. 2 BeurkG (Feststellung der Geschäftsfähigkeit des Erblassers), § 13 Abs. 1 und 3 BeurkG (Vorlesen, Genehmigen und Unterzeichnen der Niederschrift), § 16 BeurkG (Übersetzung der Niederschrift in eine fremde Sprache), § 17 BeurkG (Prüfungs- und Belehrungspflicht des Bürgermeisters), § 23 BeurkG (hörbehinderte Erblasser), § 24 BeurkG (taube Erblasser, mit denen eine schriftliche Verständigung nicht möglich ist), § 26 Abs. 1 Nr. 3, 4 und Abs. 2 BeurkG (Mitwirkungsverbot für Zeugen), § 27 BeurkG (Mitwirkungsverbot bedachter Personen), § 28 BeurkG (Feststellung über die Testierfähigkeit des Erblassers in der Niederschrift), § 30 BeurkG (Nottestament durch Übergabe einer Schrift), § 32 BeurkG (Vorschriften bei sprachunkundigen Erblassern), § 34 BeurkG (Verschließung und Verwahrung des Nottestaments) und § 35 BeurkG (Fehlen der Unterschrift des Bürgermeisters).

Nach § 2249 Abs. 6 sind nicht nur Verstöße gegen bloße Sollvorschriften, sondern 66 auch gegen zwingende Protokollierungsvorschriften (Mussvorschriften) beim Bürgermeistertestament unschädlich, soweit sie im Zusammenhang mit der Abfassung der Niederschrift unterlaufen sind, aber dennoch mit Sicherheit anzunehmen ist, dass das Testament eine zuverlässige Wiedergabe der Erklärung des Erblassers enthält.[206] Es wird somit unterschieden zwischen Mängeln bei der textlichen Abfassung der Niederschrift (**Formfehler bei der Abfassung der Niederschrift**), die unschädlich sind, und Mängeln der materiellen Formvorschriften über den Errichtungsakt (**Mangel des Errichtungsakts**), die, falls dabei gegen Mussvorschriften verstoßen wurde, zur Nichtigkeit führen.[207] Die Abgrenzung beider Mängelarten ist schwierig und in Rechtsprechung und Schrifttum sehr umstritten und unübersichtlich.[208] Die beiden Mängelarten stimmen auch nicht etwa mit der Unterscheidung zwischen Soll- und Muss-Vorschriften im Beurkundungsrecht überein. Die Auslegung des § 2249 Abs. 6 sollte dabei nach dem BGH[209] weit zugunsten unschädlicher Formfehler bei der Abfassung erfolgen.

• **Zwingende (materielle) Errichtungserfordernisse**, bei deren Fehlen Nichtigkeit auch 67 bei Nottestamenten eintritt, sind nach der Rspr. z.B. die Wiedergabe der nach § 2232 abgegebenen Erklärungen,[210] das Vorliegen der Todesbesorgnis, die Zuständigkeit der Urkundsperson, die Zuziehung von zwei Zeugen, die ständige Anwesenheit des Erblassers und der Mitwirkenden,[211] die Aufnahme einer noch zu Lebzeiten des Erblassers gefertigten Niederschrift,[212] aus der, wenn auch durch Auslegung, hinreichend erkennbar

---

205 Palandt/Edenhofer § 2249 Rn 1.
206 Palandt/Edenhofer § 2249 Rn 11; BayObLG FamRZ 1991, 441, 492.
207 OLG Frankfurt Rpfleger 1979, 206.
208 Staudinger/Baumann § 2249 Rn 33 ff.
209 BGHZ 37, 79, 88 = NJW 1962, 1149.
210 Staudinger/Baumann § 2249 Rn 39, 46.
211 BGHZ 37, 79, 88 f. = NJW 1962, 1149.
212 KG DJ 1940, 1015; Staudinger/Baumann § 2249 Rn 41.

ist, wer Erblasser ist und wer als Urkundsperson und als Zeuge mitgewirkt hat,[213] das Vorlesen und die Genehmigung und Unterzeichnung durch den Erblasser, sofern dieser nicht schreibunfähig ist,[214] die Zuziehung keiner nach §§ 2249 Abs. 1 Satz 3 BGB, 7, 27 BeurkG ausgeschlossener Zeugen,[215] die dauernde Anwesenheit der mitwirkenden Zeugen,[216] sowie die Einhaltung zwingender Sondervorschriften bei körperlichen Gebrechen des Erblassers.[217]

68 • **Unschädliche Formfehler bei der Abfassung der Niederschrift** sind dagegen, mit dem Vorbehalt besonders schwerer Mängel, nach dem BGH[218] solche, die die Anforderungen an den Protokollinhalt selbst betreffen, wie z. B. Mangelhaftigkeit in der Bezeichnung des Erblassers und der mitwirkenden Personen, aber auch über die Art der Abgabe der Erblassererklärung (in mündlicher oder sonstiger, nonverbaler Weise, oder durch Übergabe einer Schrift). Ferner sind nach der Rspr. z. B. unschädlich das Fehlen der vorgeschriebenen Feststellung der Todesbesorgnis in der Niederschrift,[219] fehlende Angaben über Ort und Zeit der Verhandlung über die Identitätsnachweise der Beteiligten, die Überzeugung von der Schreibunfähigkeit des Erblassers, die fehlende Bezeichnung der mitunterzeichnenden Zeugen als solche und die Niederschrift in Ichform statt in Protokollform.[220] In diesen Fällen ist der Errichtungsakt formgerecht erfolgt, die Protokollierung war aber unvollständig. Der Beweis, dass die nicht protokollierten Umstände vorlagen, kann dann auch durch außerhalb des Testaments liegende Beweismittel erbracht werden.[221] Das gilt aber nur für Mängel bei der Abfassung der Niederschrift. Ist eine solche vor Ableben des Testierers nicht vorhanden, ist das Nottestament nichtig.[222] Eine nachträgliche Niederschrift der mündlichen Erklärung des Erblassers ist nicht mehr möglich.[223]

69 Das Bürgermeistertestament ist vom Erblasser zu unterschreiben (§ 2249 Abs. 1 Satz 4 BGB, § 13 Abs. 1 BeurkG). Vermag der Erblasser nach seinen Angaben oder nach der Überzeugung des Bürgermeisters seinen Namen nicht zu schreiben, so wird die Unterschrift des Erblassers durch die Feststellung dieser Angabe oder Überzeugung in der Niederschrift ersetzt (§ 2249 Abs. 1 Satz 6). Die Niederschrift muss vom Bürgermeister eigenhändig unterschrieben werden (§ 2249 Abs. 1 Satz 4 BGB, § 13 Abs. 3 BeurkG). Er soll dabei der Unterschrift seine Amtsbezeichnung beifügen. Die fehlende Unterschrift des Bürgermeisters unter der Niederschrift wird nach § 2249 Abs. 1 Satz 4 BGB, § 35 BeurkG durch seine Unterschrift auf dem Testamentsumschlag ersetzt. Die Niederschrift muss auch von den beiden Zeugen unterschrieben werden (§ 2249 Abs. 1 Satz 5). Diese Unterschriften können aber auch nach dem Tode des Erblassers jederzeit nachgeholt werden.[224] Das Nottestament ist in einen Umschlag zu nehmen, zu versiegeln und unverzüglich in die amtliche Verwahrung des zuständigen Amtsgerichts bzw. bis 31. 12. 2017 in Baden-Württemberg des zuständigen Notariats zu bringen (§ 2249 Abs. 1 Satz 4 BGB, § 34 BeurkG).

70 *cc) Gültigkeitsdauer des Bürgermeistertestaments.* Das Bürgermeistertestament verliert seine Gültigkeit, wenn seit seiner Errichtung **drei Monate** verstrichen sind und der Erb-

[213] BGHZ 37, 79, 90 = NJW 1962, 1149.

[214] BGHZ 17, 39 = NJW 1955, 787; BayObLG 79, 232, 236; BGHZ 115, 169 = NJW 1991, 3210 = FamRZ 1991, 1427.

[215] OLG Nürnberg OLGZ 65, 157.

[216] BayObLG Rpfleger 1977, 439.

[217] OLG München HRR 42 Nr. 202; Staudinger/Baumann § 2249 Rn 50.

[218] BGHZ 37, 79, 89 = NJW 1962, 1149.

[219] KG DNotZ 1942, 103.

[220] BGHZ 28, 190 = NJW 1958, 1915, 1917; BGH NJW 1962, 1149 = BGHZ 37, 79; KG NJW 1960, 1208.

[221] MünchKomm/Hagena § 2249 Rn 32.

[222] KG NJW 1947/48, 190; OLG Gera NJW 1949, 80; Staudinger/Baumann § 2249 Rn 41.

[223] BayObLG Rpfleger 1996, 248, 250.

[224] BGHZ 37, 79 = NJW 1962, 1149; Staudinger/Baumann § 2249 Rn 44.

lasser noch lebt (§ 2252 Abs. 1). Beginn und Lauf der Frist sind gehemmt, solange der Erblasser außerstande ist, ein Testament vor einem Notar zu errichten (§ 2252 Abs. 2). Der Bürgermeister soll den Erblasser auf diese beschränkte Gültigkeitsdauer hinweisen und in der Niederschrift feststellen, dass diese Belehrung erfolgt ist (§ 2249 Abs. 3). Ein Testament von Ehegatten/Lebenspartnern bleibt als gemeinschaftliches Testament voll wirksam, wenn auch nur einer der Ehegatten/Lebenspartner innerhalb von drei Monaten seit seiner Errichtung stirbt.[225] Dies gilt unabhängig davon, ob der Verstorbene derjenige ist, in dessen Person die Voraussetzungen für ein Nottestament vorlagen.[226]

b) Das Dreizeugentestament

aa) Voraussetzungen. Ein Nottestament durch mündliche Erklärung vor drei Zeugen ist zulässig 71

- bei so **naher Todesgefahr des Erblassers,** dass voraussichtlich auch die Form des Bürgermeistertestaments nach § 2249 nicht mehr eingehalten werden kann (§ 2250 Abs. 2),
- bei **Absperrung eines Ortes von der Außenwelt** (§ 2250 Abs. 1), wobei in diesem Fall wahlweise auch ein Bürgermeistertestament errichtet werden kann,
- bei **Seereisen an Bord eines deutschen Schiffes** außerhalb eines inländischen Hafens (§ 2251).

Alternative für schreibfähige Erblasser ist natürlich jeweils das eigenhändige Testament gem. § 2247 BGB. Voraussetzung für die Zulässigkeit eines Dreizeugentestaments ist so nahe Todesgefahr des Erblassers, dass voraussichtlich weder ein Testament nach § 2232 noch nach § 2249 möglich ist. Der Besorgnis naher Todesgefahr steht dabei die Befürchtung des Eintritts einer bis zum Tod fortdauernden Testierunfähigkeit gleich.[227] Die Befürchtung eines nahen Todes muss bei allen drei Zeugen vorhanden sein. Die Todesgefahr muss entweder subjektiv nach Ansicht der drei Zeugen zum Zeitpunkt der Testamentserrichtung vorliegen[228] oder objektiv bestehen.[229] Liegt weder objektiv noch subjektiv nahe Todesgefahr vor, ist das Nottestament nichtig.[230] Abzustellen ist jedoch nur auf die Lage bzw. deren Beurteilung durch die Zeugen zum Zeitpunkt der Testamentserrichtung selbst. Dass die Errichtung eines Testaments unter Mitwirkung eines Notars oder Bürgermeisters objektiv früher noch oder später wieder möglich gewesen wäre, ist unschädlich. Die Errichtung des Nottestaments erfolgt durch mündliche Erklärung vor drei Zeugen. Die Zeugen treten an die Stelle der Amtsperson und übernehmen deren Beurkundungsfunktion als mitwirkende Personen.[231] Alle drei Zeugen müssen zur Mitwirkung unter Übernahme der Verantwortung für die richtige Wiedergabe des Erblasserwillens bereit sein.[232] Die zufällige Anwesenheit eines sonst unbeteiligten Dritten genügt nicht für die Wahrung der Form.[233] Zur Gültigkeit des Testaments müssen die Zeugen während des gesamten Errichtungsvorgangs, also auch bei der Verlesung und Genehmigung der Niederschrift, zugegen sein.[234] Wird jedoch zunächst der Entwurf des Nottestaments angefertigt und danach die mündliche Erklärung des letzten Willens, zumindest durch ein deutliches „ja" des Erblassers zum Entwurf, sowie die Verlesung und Genehmigung der Testamentsniederschrift in einem Verhandlungsvorgang zusammenge- 72

[225] KGJ 51, S. 87.
[226] MünchKomm/Hagena § 2252 Rn 3; Voit in R/B/M § 2252 Rn 5.
[227] BGHZ 3, 372 = NJW 1952, 81.
[228] BGHZ 3, 372.
[229] BGHZ 3, 372.
[230] MünchKomm/Hagena § 2250 Rn 8.
[231] BGHZ 54, 89 = NJW 1970, 1601; MünchKomm/Hagena, § 2250 Rn 10.
[232] BGHZ 54, 89 = NJW 1970, 1601; BGH NJW 1972, 202.
[233] BGH NJW 1972, 202.
[234] BGHZ 54, 89 = NJW 1970, 1601; BayObLG NJW 1970, 1152; BayObLGZ 1979, 232 = Rpfleger 1979, 458; J. Mayer ZEV 2002, 140, 141.

fasst, so brauchen alle drei Zeugen erst bei diesem Vorgang dauernd anwesend zu sein.[235] Nach § 2250 Abs. 3 Satz 2 finden auf die Zeugen die Ausschließungsgründe des § 6 Abs. 1 Nr. 1 bis 3 BeurkG mit Unwirksamkeitsfolge, des § 7 BeurkG mit Teilunwirksamkeitsfolge und die Mitwirkungsverbote des § 26 Abs. 2 Nr. 2 bis 5 BeurkG als Sollvorschriften Anwendung, wobei nach § 27 BeurkG das Bedachtwerden und die Ernennung zum Testamentsvollstrecker im Nottestament als rechtlicher Vorteil anzusehen ist.[236] Wirken bei einem Nottestament mehr als drei Personen mit, müssen sie alle die erforderlichen Voraussetzungen erfüllen.[237] Die Errichtung eines Dreizeugentestaments kann nur durch mündliche Erklärung des Erblasserwillens erfolgen, nicht durch Übergabe einer offenen oder verschlossenen Schrift oder in sonstiger Form.[238] Ein Stummer kann nicht nach § 2250 testieren. Die Aufhebung des Mündlichkeitserfordernisses durch das OLGVertrÄndG bezieht sich auf die Erklärung des letzten Willens gegenüber dem Notar und dem Bürgermeister, nicht auf das Dreizeugentestament gemäß § 2250. Diese Entscheidung des Gesetzgebers wird unter dem verfassungsrechtlichen Aspekt des Schutzes der Testierfreiheit für bedenklich gehalten.[239] Die Abwägung des Gesetzgebers erscheint jedoch nicht per se willkürlich,[240] so dass eine Entscheidung des BVerfG abzuwarten bleibt.

73 *bb) Form des Dreizeugentestaments.*[241] Das Dreizeugentestament ist nicht völlig formlos. Über die mündliche Erklärung des Testaments vor drei Zeugen ist noch zu Lebzeiten des Erblassers eine Niederschrift aufzunehmen (§ 2250 Abs. 3 Satz 1). Für den Errichtungsakt und den Inhalt der Niederschrift hat der Gesetzgeber durch Verweisung in § 2250 Abs. 3 Satz 2 auf verschiedene allgemeine Beurkundungsvorschriften Minimalerfordernisse aufgestellt. Im Einzelnen sind danach bei der Niederschrift folgende Erfordernisse einzuhalten: § 8 BeurkG (Aufnahme einer Niederschrift), § 9 BeurkG (Inhalt der Niederschrift), § 10 BeurkG (Feststellung der Person des Erblassers), § 11 Abs. 1 Satz 2 BeurkG (Feststellung der Geschäfts- und Testierfähigkeit des Erblassers), § 13 Abs. 1, 3 Satz 1 BeurkG (Vorlesung, Genehmigung und Unterschrift des Erblassers sowie Unterschrift der beurkundenden Zeugen), § 23 BeurkG (Besonderheiten für hörbehinderte Erblasser), § 28 BeurkG (Aufnahme der Feststellungen über die Geschäfts- und Testierfähigkeit des Erblassers in die Niederschrift), § 2249 Abs. 1 Satz 5, 6, Abs. 2, 6 BGB (Unterschrift der Zeugen, schreibunfähige Erblasser, Feststellung der subjektiven Todesbesorgnis, Unschädlichkeit von Formfehlern).

74 Durch die Verweisung in § 2250 Abs. 3 Satz 2 auf § 2249 Abs. 6 sind beim Dreizeugentestament wie beim Bürgermeistertestament alle bei der Abfassung der Niederschrift unterlaufenen Formfehler (**Verstöße gegen Protokollierungsvorschriften**) für seine Gültigkeit unschädlich, während Mängel des Errichtungsaktes (**Verstöße gegen Errichtungsvorschriften**), soweit dabei gegen Mussvorschriften verstoßen wurde, zu seiner Nichtigkeit führen.[242] So sind das Erfordernis der Aufnahme einer Niederschrift (§ 8 BeurkG), die Aufnahme der Erklärungen des Erblassers darin (§ 9 Abs. 1 Nr. 2 BeurkG) und das Verlesen der Niederschrift, nicht nur lautes Diktat,[243] ihre Genehmigung und ihre Unterzeichnung durch den Erblasser (§ 13 Abs. 1 BeurkG) zwingender Natur und ein Verstoß

[235] OLG Zweibrücken Rpfleger 1987, 22 = NJW-RR 1987, 135.
[236] OLG Frankfurt Rpfleger 1981, 303.
[237] OLG Frankfurt NJW 1981, 2421.
[238] Voit in R/B/M § 2250 Rn 7; Palandt/Edenhofer § 2250 Rn 6.
[239] Bamberger/Roth/Litzenburger § 2250 Rn 16; Voit in R/B/M § 2250 Rn 7.
[240] Bamberger/Roth/Litzenburger sieht auch einen Verstoß gegen Art. 3 GG.
[241] Formular hierzu in MünchVertrHdb/Nieder/Otto, Bd. 6/2, XV. 14.
[242] Siehe zur Abgrenzung beider Mängelarten oben Rn 66 ff.; BayObLG FamRZ 1991, 491, 492.
[243] OLG Frankfurt Rpfleger 1979, 206, 207; BayObLGZ 1979, 232, 236 = Rpfleger 1979, 458.

führt zur Nichtigkeit des Nottestaments.[244] Liegt eine die Erklärung des Erblassers enthaltende Niederschrift vor, wenn auch in Ichform statt in Protokollform, fehlt jedoch darin die ausdrückliche Feststellung der Einhaltung vorstehender Musserfordernisse, ist das Nottestament trotzdem gültig, sofern die Einhaltung der Musserfordernisse auf andere Weise nachgewiesen werden kann.[245] Ein Nottestament ist nicht zustandegekommen, wenn der Erblasser seinen letzten Willen vor drei Zeugen erklärt hat, jedoch vor der Unterschriftsleistung unter das angefertigte Schriftstück stirbt. Nur seine Unterschrift ist geeignet, die Niederschrift zu vollenden, das nicht unterschriebene Schriftstück ist eine bedeutungslose Notiz, falls nicht Schreibunfähigkeit des Erblassers vorlag.[246] Lag Schreibunfähigkeit vor, so muss mindestens einer der drei Zeugen vor dem Tod des Erblassers unterschrieben haben, da er gleichzeitig als Schreibzeuge fungiert, seine Unterschrift an Stelle der des Erblassers tritt und damit zum Wirksamkeitserfordernis der Urkunde wird (§ 25 Satz 2 BeurkG).[247] Das Fehlen der Unterschrift der drei Zeugen beim Tode des Erblassers, der gerade noch selbst unterschreiben konnte, führt dagegen als Formfehler gem. §§ 2249 Abs. 6, 2250 Abs. 3 nicht zur Nichtigkeit.[248] Die Niederschrift kann außer in der deutschen auch in einer anderen Sprache aufgenommen werden (§ 2250 Abs. 3 Satz 3). Voraussetzung hierzu ist, dass die Zeugen und der Erblasser der fremden Sprache hinreichend kundig sind, was in der Niederschrift festgestellt werden sollte (§ 2250 Abs. 3 Satz 4). Nach der h. M.[249] stellt das Dreizeugentestament keine öffentliche Urkunde, sondern eine Privaturkunde dar. Vermag der Erblasser nach seinen Angaben oder nach der Überzeugung aller drei Zeugen seinen Namen nicht zu schreiben, so wird die Unterschrift des Erblassers durch die Feststellung dieser Angabe oder Überzeugung in der Niederschrift ersetzt (§§ 2250 Abs. 3 Satz 2, 2249 Abs. 1 Satz 6). Die drei Zeugen sollen Zweifel an der Geschäfts- und Testierfähigkeit des Erblassers in der Niederschrift feststellen (§ 2250 Abs. 3 Satz 2 BGB, § 11 Abs. 1 Satz 2 BeurkG) und wenn der Testierer schwer krank ist, dies (§ 2250 Abs. 3 Satz 2 BGB, § 11 Abs. 2 BeurkG) und ihre Wahrnehmungen über die erforderliche Geschäftsfähigkeit des Erblassers in der Niederschrift vermerken (§ 2250 Abs. 3 Satz 2 BGB, § 11 Abs. 2, 28 BeurkG). Die Unterschrift des Erblassers ist zwingendes Wirksamkeitserfordernis (§ 2250 Abs. 3 Satz 2 BGB, § 13 Abs. 1 BeurkG), es sei denn, er vermochte seinen Namen nicht mehr zu schreiben. Die Zeugen müssen ebenfalls unterschreiben (§§ 2250 Abs. 3 Satz 2, 2249 Abs. 1 Satz 4 BGB, § 13 Abs. 3 Satz 1 BeurkG). Die Unterschrift eines Zeugen ist auch nach dem Ableben des Erblassers nachholbar.[250] Umstritten ist, inwieweit das Fehlen der Unterschrift mitwirkender Zeugen noch als bei der Abfassung der Niederschrift unterlaufener und damit gem. §§ 2249 Abs. 6, 2250 Abs. 3 unschädlicher Formfehler angesehen werden kann. Die einen lassen nur eine fehlende Unterschrift zu,[251] die wohl herrschende Ansicht verlangt wenigstens eine Unterschrift,[252] die im Zeitpunkt des Todes vorhanden sein muss, während wieder andere völliges Fehlen einer Zeugenunterschrift als unschädlich ansehen, wenn der Erblasser unterschrieben hat und die Nichtunterzeichnenden tatsächlich Zeugen gewesen sind.[253] Da es sich dabei um eine Privaturkun-

---

[244] Palandt/Edenhofer § 2250 Rn 9.

[245] BGHZ 37, 79 = NJW 1962, 1149.

[246] MünchKomm/Hagena § 2250 Rn 18; BGHZ 28, 190 = NJW 1958, 1915.

[247] BayObLGZ 1979, 232, 240 f. = Rpfleger 1979, 458 = FamRZ 1980, 505.

[248] KG OLGZ 1966, 462 = NJW 1966, 1661 bestr.

[249] Staudinger/Baumann § 2250 Rn 38; MünchKomm/Hagena § 2250 Rn 1, 20; Limmer in R/B/M § 1 BeurkG Rn 15.

[250] KG NJW 1947/48, 190; BGHZ 37, 79 = NJW 1962, 1149.

[251] RG DR 1944, 841; KG JFG 21, 38; KG NJW 1947/48, 190; OLG Gera NJW 1949, 80.

[252] BGHZ 115, 169, 173; BayObLGZ 1979, 232, 240; MünchKomm/Hagena § 2250 Rn 18; BayObLG Rpfleger 1979, 458.

[253] KG DFG 1940, 15; KG OLGZ 1966, 462 = NJW 1966, 1661; Voit in R/B/M § 2250 Rn 15 m. w. N.; offen gelassen von BGHZ 115, 169, 173.

de handelt, muss das Dreizeugentestament nicht versiegelt und amtlich verwahrt werden. §§ 2256 Abs. 1 BGB, 34 BeurkG sind nicht anwendbar.[254] Die Testamentsverwahrung ist jedoch möglich.

75 *cc) Gültigkeitsdauer des Dreizeugentestaments.* Auch das Dreizeugentestament hat gem. § 2252 wie alle Nottestamente nur eine beschränkte Gültigkeitsdauer von drei Monaten ab seiner Errichtung, vorausgesetzt der Erblasser ist zurzeit des Fristablaufs noch am Leben. Hemmung des Fristbeginns und -laufs tritt ein, solange der Erblasser außerstande ist, vor einem Notar ein öffentliches Testament zu errichten.

IV. Form des gemeinschaftlichen Testaments

Bezüglich der Form des gemeinschaftlichen Testaments siehe oben § 14 Rn 4.

V. Form des Erbvertrages

1. Zweck und Rechtsnatur des Erbvertrages

76 Bezüglich des Begriffs und des Anwendungsbereichs des Erbvertrages siehe oben § 14 Rn 11, bezüglich seiner Aufhebungs- und Bindungswirkung und ihrer Beseitigung oben § 11 Rn 1 ff. und über seine Vor- und Nachteile oben § 11 Rn 36 ff. Die erbvertragliche Bindung bei ihr widersprechenden Verfügungen unter Lebenden wird unten § 12 Rn 1 ff. behandelt.

2. Die Errichtung des Erbvertrages

77 Bezüglich der Fähigkeit zum Abschluss eines Erbvertrages siehe oben § 7 Rn 21. Der Abschluss eines Erbvertrages ist nur bei gleichzeitiger Anwesenheit beider Vertragsteile möglich (§ 2276 Abs. 1 Satz 1). Dadurch ist ausgeschlossen, dass der Erbvertrag sukzessiv durch Vertragsangebot des einen Teils und Vertragsannahme des anderen abgeschlossen werden kann, wie dies sonst bei notariellen Beurkundungen gem. § 128 zugelassen ist.[255] Als Erblasser wird beim Erbvertrag bezeichnet, wer vertragsmäßige Verfügungen von Todes wegen trifft (§§ 1941, 2278). Der Erblasser kann einen Erbvertrag nur persönlich schließen (§ 2274). Er darf sich hierzu weder eines Vertreters noch eines Boten bedienen. Es ist die gleiche Regelung, die auch für Testamente (§ 2064), Erbverzichtsverträge (§ 2347 Abs. 2 Satz 1), für die Anfechtung (§ 2282 – jedoch mit Ausnahme des Abs. 2) und für die Bestätigung (§ 2284), Aufhebung (§ 2290 Abs. 2) und Rücktrittserklärung (§ 2296 Abs. 1) eines Erbvertrages gilt, die dem Erblasser die Verantwortung für die Ausgestaltung seiner Erbfolge selbst auferlegt und verhindern soll, dass ein Vertreter den Willen des Erblassers verfälscht.[256] Wie beim Testament ist es nach § 2065 dem Erblasser auch beim Erbvertrag nicht gestattet, seine Verfügungen von Todes wegen in der Weise unvollständig zu treffen, dass es einem Dritten überlassen bleibt, sie nach Belieben oder Ermessen in wesentlichen Teilen zu ergänzen.[257] Der andere Vertragsschließende, wie das Gesetz ihn nennt, oder Vertragspartner, der nicht als Erblasser vertraglich verfügt (und in derselben Urkunde auch keine einseitigen Verfügungen von Todes wegen trifft, § 2064), kann sich nach den allgemeinen Regeln durch einen gesetzlichen Vertreter oder einen Bevollmächtigten und auch vollmachtlos (§ 177), vertreten lassen.[258] Vertre-

---

[254] Palandt/Edenhofer § 2250 Rn 11.
[255] MünchKomm/Musielak § 2276 Rn 6.
[256] BGHZ 15, 199 = NJW 1955, 100.
[257] BGHZ 15, 199 = NJW 1955, 100.
[258] MünchKomm/Musielak, § 2274 Rn 2 u. § 2276 Rn 6; Bamberger/Roth/Litzenburger § 2274 Rn 7.

ter des anderen Vertragsschließenden kann auch der Erblasser selbst sein. Die Vollmacht bedarf keiner Form (§ 167 Abs. 2). Für die Geschäftsfähigkeit des anderen Vertragsschließenden gelten die allgemeinen Vorschriften der §§ 104 ff., d.h. wenn er geschäftsunfähig ist, kann sein Vertreter für ihn das Vertragsangebot annehmen, und wenn er beschränkt geschäftsfähig ist, benötigt er keine Zustimmung seines gesetzlichen Vertreters, da er durch den Vertrag nur einen rechtlichen Vorteil erlangt (§ 107),[259] wenn man die Bindung des Testators als solchen sieht, ansonsten ist das Geschäft für ihn jedenfalls neutral. Nach dem Tod des Erblassers kann der Erbvertrag weder genehmigt noch ihm zugestimmt werden.[260] Für die Errichtung eines Erbvertrages gelten grundsätzlich die für das ordentliche öffentliche Testament geltenden Vorschriften (§ 2276 Abs. 1 BGB; §§ 27 ff. BeurkG). Er muss daher zur Niederschrift eines Notars (§§ 2276 Abs. 1, 2231 Nr. 1) entweder durch (mündliche oder nonverbale) Erklärung oder durch Übergabe einer offenen oder verschlossenen Schrift errichtet werden (§§ 2276 Abs. 1, 2232). Dabei brauchen die Vertragsschließenden ihre Erklärung nicht in derselben Weise abzugeben. Der eine kann sich gegenüber dem Notar erklären, der andere eine Schrift übergeben.[261] Die Sondervorschriften für Minderjährige und Lesebehinderte gelten ebenfalls (§§ 2776 Abs. 1, 2233). Was nach diesen materiellrechtlichen Formvorschriften für den Erblasser gilt, hat auch für die anderen Vertragsschließenden Geltung (§ 2276 Abs. 1 Satz 2 Halbsatz 2). Dabei sind aber die Einschränkungen des § 2233 nur dann auf den anderen Vertragsschließenden anwendbar, wenn die Voraussetzungen auch in seiner Person erfüllt sind, d.h. er selbst nicht lesen kann oder in der Geschäftsfähigkeit beschränkt ist.[262] Für das Beurkundungsverfahren bei der Errichtung eines Erbvertrages sind die Vorschriften des Beurkundungsgesetzes maßgebend. Nach § 33 BeurkG sind dabei die speziellen Verfahrensvorschriften für die Übergabe einer Schrift (§ 30 BeurkG) und die mündliche[263] Erklärung eines Sprachunkundigen (§ 32 BeurkG) nicht nur auf den Erblasser, sondern auch auf den anderen Vertragsschließenden anzuwenden, wenn die entsprechenden Verhältnisse bei ihm oder, falls er sich vertreten lässt, in der Person des Vertreters gegeben sind.[264] Die Annahme der erbvertraglichen Verfügung des Erblassers durch den anderen Vertragsschließenden ist ein wesentliches Merkmal für den Erbvertrag und sollte daher sicherheitshalber ausdrücklich beurkundet werden. Ob die Annahmeerklärung sprachlich ausdrücklich mitbeurkundet werden muss[265] oder ob sie zwar erklärt und beurkundet werden muss, aber sprachlich nicht durch ausdrückliches Angebot und Annahme, sondern wie bei jedem anderen Vertrag ein Satz genügt, aus dem durch Auslegung die Annahmeerklärung schlüssig gefolgert wird[266] ist streitig. Deshalb sollte zumindest die pauschale Annahme beurkundet werden. Über die Zulässigkeit von Erbverträgen in Prozessvergleichen im Gegensatz zu Testamenten siehe oben § 17 Rn 2.

3. Form der Errichtung von Ehe- und Erbverträgen

Da das eheliche Güterrecht erbrechtliche Auswirkungen hat, liegt es nahe, zugleich mit 78
einem Ehevertrag Verfügungen von Todes wegen zu treffen. Der Gesetzgeber hat diese Gestaltungsmöglichkeit dadurch privilegiert, dass nach § 2276 Abs. 2 die für den Ehevertrag vorgeschriebene Form auch für den Erbvertrag zwischen Ehegatten und Verlobte genügt, falls beide in derselben Urkunde verbunden werden. Seit jedoch das Testaments-

[259] MünchKomm/Musielak, § 2275 Rn 6.
[260] MünchKomm/Musielak, § 2275 Rn 8.
[261] Palandt/Edenhofer § 2276 Rn 3.
[262] MünchKomm/Musielak, § 2276 Rn 5; J. Mayer in R/B/M § 2276 Rn 6.
[263] Die Belassung dieses Begriffes ist wohl Redaktionsversehen des Gesetzgebers, vgl. Winkler BeurkG § 32 Rn 6.
[264] Winkler BeurkG § 33 Rn 5.
[265] So OLG Oldenburg DNotZ 1966, 249.
[266] So Mattern in der abl. Anm. zu obiger Entscheidung in DNotZ 1966, 249 und ihm folgend OLG Frankfurt Rpfleger 1980, 344.

gesetz vom 31. 7. 1938 die Anforderungen an die Form von Erbverträgen wesentlich minderte, hat diese Erleichterung nur noch eingeschränkte Bedeutung.[267] Bezüglich der materiellen Formvorschriften bedeutet das für Ehe- und Erbverträge gegenüber bloßen Erbverträgen eher eine Einschränkung, da Eheverträge nicht wie Erbverträge (§ 2232 iVm. § 2276 Abs. 1 Satz 2) durch Übergabe einer verschlossenen Schrift errichtet werden können (§§ 13 Abs. 1 Satz 1, 9 Abs. 1 Satz 2 BeurkG).[268] Als Erleichterung bleibt nur bei den Verfahrensvorschriften, dass gem. § 2276 Abs. 2 beim Ehe- und Erbvertrag auch hinsichtlich des Erbvertrages die §§ 28 bis 34 BeurkG keine Anwendung finden.[269] In umgekehrter Richtung gilt dies jedoch nicht: z. B. wäre die Beurkundung des Ehevertrages durch Übergabe einer Schrift nicht zulässig, § 13 Abs. 1 Satz 1 BeurkG.[270] Ferner bietet die Zusammenbeurkundung eines Ehe- und Erbvertrages gem. § 46 KostO kostenmäßig dadurch einen Vorteil, dass für beide Verträge nur eine $^{20}/_{10}$-Gebühr anfällt. Kommt beim Ehevertrag zwischen Verlobten die Heirat nicht zustande, entfaltet der Ehevertrag keine Rechtswirkungen.[271] Wird das Verlöbnis gelöst, wird gem. §§ 2279 Abs. 2, 2077 Abs. 2, 3 im Zweifel auch der Erbvertrag unwirksam.[272] Bei Auflösung des Verlöbnisses durch den Tod bleibt der Erbvertrag jedoch in der Regel wirksam.[273] Will man diese Folge nicht, muss man den Erbvertrag ausdrücklich durch den Eheschluss aufschiebend bedingen. Die Formerleichterung wurde für Lebenspartner nicht vorgesehen, obwohl auch der Lebenspartnerschaftsvertrag in der Form des Ehevertrages zu errichten ist, § 7 Satz 2 LPartG i. V. m. § 1410 BGB.

4. Urkundenbehandlung beim Erbvertrag

a) Verwahrung durch den Notar

79 Während öffentliche Testamente in einen Umschlag verschlossen und unverzüglich in die besondere amtliche Verwahrung gebracht werden müssen (§ 34 Abs. 1 BeurkG), ist dies beim Erbvertrag nur grundsätzlich geboten, entfällt jedoch, wenn alle Vertragsschließenden die besondere amtliche Verwahrung ausschließen (§ 34 Abs. 2 BeurkG). Der Widerspruch nur eines einzelnen genügt dabei nicht.[274] Die besondere amtliche Verwahrung eines Erbvertrages kann auch noch später verlangt werden.[275] Da die besondere amtliche Verwahrung vom Willen der Vertragsschließenden abhängt, kann sie von diesen übereinstimmend auch später wieder aufgehoben werden, ohne dass diese Rücknahme wie beim öffentlichen Testament gem. § 2256 Widerrufswirkung ohne weiteres hat,[276] soweit nicht die Regelung des § 2300 Abs. 2 S. 3, § 2256 Abs. 1 bei Rückgabe an die Beteiligten zur Aufhebung führt. Die Urschrift des Erbvertrages ist dann in solchen Fällen wieder in die gewöhnliche Verwahrung des Notars nach § 34 Abs. 1 Satz 1 BeurkG zu verbringen.[277] Ein von allen Beteiligten gewollter Ausschluss der besonderen amtlichen Verwahrung des Erbvertrages ist gem. § 34 Abs. 2 Halbsatz 2 BeurkG zu vermuten, wenn er mit einem anderen Vertrag in derselben Urkunde (z. B. Ehe- oder Erbverzichtsvertrag, Adoptionsantrag – sog. gemischte Erbverträge), wenn auch nur rein äußerlich, verbunden wird.[278]

---

[267] MünchKomm/Musielak, § 2276 Rn 9.
[268] MünchKomm/Musielak, § 2276 Rn 19.
[269] Bamberger/Roth/Litzenburger § 2276 Rn 9; J. Mayer in R/B/M § 2276 Rn 25.
[270] Bamberger/Roth/Litzenburger § 2276 Rn 9; J. Mayer in R/B/M § 2276 Rn 26.
[271] Palandt/Brudermüller § 1408 Rn 1.
[272] Palandt/Edenhofer § 2276 Rn 7; J. Mayer in R/B/M, § 2276 Rn 29.
[273] KG KGJ 37 A 115, Palandt/Edenhofer § 2276 Rn 7; MünchKomm/Musielak § 2276 Rn 11; J. Mayer in R/B/M § 2276 Rn 29.
[274] Winkler BeurkG § 34 Rn 15.
[275] Winkler BeurkG § 34 Rn 15.
[276] Bengel in R/B/M, § 34 BeurkG Rn 23.
[277] OLG Hamm Rpfleger 1974, 157 = DNotZ 1974, 460 (noch zu § 25 Abs. 2 BNotO a. F.).
[278] MünchKomm/Hagena § 34 BeurkG Rn 40 f.

b) Ablieferung in die besondere amtliche Verwahrung

Wird die besondere amtliche Verwahrung des Erbvertrages nicht ausgeschlossen, hat der Urkundsnotar nach § 34 Abs. 2 BeurkG seine Urschrift in einen amtlich vorgeschriebenen Testamentsumschlag zu nehmen, mit einem Prägesiegel zu verschließen und unverzüglich beim zuständigen Amtsgericht bzw. bis 31. 12. 2017 im Bundesland Baden-Württemberg dem zuständigen staatlichen Notariat zur Verwahrung einzureichen. Er hat gem. § 20 Abs. 1 DONot vor der Ablieferung für seine Urkundensammlung einen Vermerk anzufertigen, der den Namen, Geburtsdatum, Geburtsnamen, Geburtsort mit Postleitzahl und Wohnort des Erblassers bzw. der Vertragsschließenden, ggf. des zweiten Notars oder der Urkundenzeugen sowie die Angaben darüber zu enthalten hat, in welcher Form der Erbvertrag (§§ 2232, 2276) errichtet wurde. Auf dieses Vermerkblatt sind die Nummer der Urkundenrolle und die nach § 154 Abs. 3 Satz 1 KostO zurückzubehaltende Abschrift der Kostenberechnung zu setzen. Auf Wunsch der Vertragsschließenden soll der Notar eine beglaubigte Abschrift des Erbvertrages bei seinen Akten zurückbehalten, muss sie aber nachträglich auf Wunsch den Beteiligten aushändigen. Das Amtsgericht hat gem. § 346 Abs. 3 FamFG über die Verwahrung des Erbvertrages jedem der Vertragsschließenden einen Hinterlegungsschein zu erteilen. Ist die besondere amtliche Verwahrung ausgeschlossen, verbleibt die Urschrift des Erbvertrages gem. § 34 Abs. 3 BeurkG in der Urkundensammlung des Notars. In diesem Fall hat er gem. § 347 FamFG, § 20 Abs. 2 DONot und der aufgrund § 347 Abs. 4 S. 1, Abs. 6 FamFG erlassenen Verordnungen[279] das Standesamt des Geburtsortes des Erblassers oder das Amtsgericht Schöneberg in Berlin zu benachrichtigen. Ab 1. Januar 2012 ist bei jeder Beurkundung, die erbfolgerelevant (§ 78 b Abs. 2 BNotO n. F.) ist, die Mitteilung an das Zentrale Testamentsregister bei der Bundesnotarkammer zu machen. Über die nach § 34 Abs. 3 BeurkG in seiner Verwahrung befindlichen Erbverträge hat der Notar gem. § 9 Abs. 1 DONot ein Verzeichnis zu führen, in das die Namen der Erblasser, ihr Geburtsdatum, der Tag der Beurkundung und die Urkundenrollennummer aufzunehmen ist. Anstelle dieses Verzeichnisses kann der Notar auch Abschriften der den Geburtsstandesämtern oder dem Amtsgericht Schöneberg zu übersendenden Benachrichtigungen (§ 20 Abs. 2 DONot) in Karteiform aufbewahren. Diese Verwahrnachrichten sind dabei in zeitlicher Reihenfolge zu ordnen und mit laufenden Nummern zu versehen. Nach dem Tode des Erblassers ist der in Verwahrung des Notars befindliche Erbvertrag gem. § 2300, 2259 BGB, § 34 a Abs. 2 BeurkG an das zuständige Nachlassgericht zur Eröffnung abzuliefern. Der Notar hat dabei nach § 20 Abs. 4 DONot eine beglaubigte Abschrift der Urkunde und der Kostenberechnung zu seiner Urkundensammlung zu nehmen. Auch ein aufgehobener Erbvertrag (auch bei Verbindung mit einem anderen Vertrag) ist vom Notar weiter zu verwahren und zur Eröffnung an das Amtsgericht abzuliefern (§§ 34 Abs. 3 BeurkG, 2300 Abs. 1 BGB, 34 a BeurkG).[280] Enthält ein zweiseitiger Erbvertrag Verfügungen für den zweiten Erbfall, ist er gem. § 349 Abs. 4, 2 FamFG nach seiner Eröffnung nach dem ersten Erbfall, sofern er in besonderer amtlicher Verwahrung war oder der überlebende Vertragsteil dies beantragt, in die besondere amtliche Verwahrung zurückzubringen, sonst bleibt er offen in der gewöhnlichen amtlichen Verwahrung bei den Akten des Nachlassgerichts. Auf jeden Fall darf er nicht an den Notar, der ihn übersandt hat, zurückgegeben werden (§ 27 Abs. 11 AktO). 80

c) Ermittlungen nach Ablauf von 30 Jahren

Befindet sich ein Testament, gemeinschaftliches Testament oder Erbvertrag seit mehr als dreißig Jahren in besonderer oder gewöhnlicher amtlicher Verwahrung, so hat gem. § 351 FamFG die verwahrende Stelle, also auch der Notar bezüglich der bei ihm verwahrten Erbverträge (§ 20 Abs. 5 DONot), zu ermitteln, ob der Erblasser noch lebt. Führen die Ermittlungen nicht zur Feststellung des Fortlebens des Erblassers, so ist der Erbvertrag zur Eröffnung zu bringen. Der Notar hat gem. § 20 Abs. 5 Satz 2 DONot das 81

[279] Oben § 17 Rn 15.
[280] Palandt/Edenhofer § 2300 Rn 2; OLG Köln NJW-RR 1989, 452.

Verzeichnis der Erbverträge oder die Kartei der Verwahrnachrichten am Jahresende auf solche uneröffneten Erbverträge, bei denen die Frist von dreißig Jahren abgelaufen ist, durchzusehen.

d) Zurücknahme aus der Verwahrung

82 Ein Erbvertrag, der nur Verfügungen von Todes wegen enthält, kann gemäß § 2300 Abs. 2 aus der amtlichen oder notariellen Verwahrung zurückgenommen und den Vertragschließenden (allen gemeinschaftlich) zurückgegeben werden. Erfolgen demgemäß Rücknahme und Rückgabe, gilt der Erbvertrag gem. §§ 2300 Abs. 2 Satz 3, 2256 Abs. 1 (einschließlich der in ihm enthaltenen einseitigen Verfügungen)[281] als aufgehoben.[282] Außerhalb dieser zum 1. 8. 2002 eingeführten Regelung darf ein – auch durch andere Urkunde aufgehobener – Erbvertrag vom Notar nicht aus der einfachen amtlichen Verwahrung zurückgegeben und damit ungeschehen gemacht werden, sondern ist beim Tode des Erblassers vom Notar an das Nachlassgericht abzuliefern und von diesem zu eröffnen (§§ 2300, 2259 BGB, 34 Abs. 3 Satz 2 BeurkG).[283]

e) Änderung per 1. 1. 2012

83 Nach dem Gesetz zur Modernisierung des Benachrichtigungswesens in Nachlasssachen durch Schaffung des Zentralen Testamentsregisters bei der Bundesnotarkammer v. 22. 12. 2010 (BGBl. I S. 2255) sollen die Aufgaben der Standesämter und des Amtsgerichts Schöneberg in Berlin künftig durch die Bundesnotarkammer mit Hilfe eines bei ihr zu schaffenden Zentralen Testamentsregisters wahrgenommen werden, § 347 Abs. 4 FamFG n. F. Dieses soll nach der Begründung des Gesetzesentwurfs Amtsgerichte und Notare durch einen einheitlichen Meldeweg zur Registrierung erbfolgerelevanter Urkunden entlasten, das Nachlassverfahren verbessern und beschleunigen, weil das zuständige Nachlassgericht und alle Verwahrstellen am Tag des Eingangs der Sterbefallmitteilung elektronisch benachrichtigt werden können. Dieses Register soll es Deutschland auch ermöglichen, von einer etwaigen Vernetzung nationaler Testamentskarteien auf europäischer Ebene zu profitieren.

Gemäß § 78 d Abs. 1 S. 1 Nr. 2, S. 2–3 BNotO n. F. könnten Notare auch im Vorfeld einer Beurkundung Auskünfte über bisher gemeldete erbfolgerelevante Urkunden erhalten, zu Lebzeiten des Erblassers jedoch nur mit dessen Zustimmung.

Um den Vollbetrieb des Registers binnen kurzer Frist zu gewährleisten, sollen ca. 15 Mio. karteikartengebundene Verwahrungsnachrichten der bisher zuständigen Standesämter und des AG Schöneberg strukturiert elektronisch erfasst und binnen 6 Jahren in den Datenbestand des Zentralen Testamentsregisters überführt werden. Bis zur stufenweise erfolgenden Abgabe der Akten an das Zentrale Testamentsregister (siehe hierzu das in Art. 6 des genannten Gestzes enthaltene Testamentsverzeichnisüberführungsgesetz – TVÜG) erfolgt die Bearbeitung der bis 31. 12. 2011 erfolgten Vermerke über erbfolgerelevante Urkunden noch durch die bisher zuständigen Stellen, § 347 Abs. 4 S. 1, 2 FamFG n. F.

Wenn diese Herkulesaufgabe bewältigt ist, dürfte die Trägheit und Fehleranfälligkeit des bisherigen Benachrichtigungswesens in Nachlasssachen überwunden sein.

Schrifttum über die Form von Verfügungen von Todes wegen: *Appell,* Auswirkungen des Beurkundungsgesetzes auf das Familien- und Erbrecht, FamRZ 1970, 520; *Bellinger,* Die Bezugnahme in notariellen Urkunden, 1987; *Bernard,* Formbedürftige Rechtsgeschäfte, Diss. Frankfurt/M 1979; *Beyer,* Salvatorische Klauseln, 1988; *Boehmer,* Fragen zum Testamentsgesetz, DNotZ 1940, 97 u. 140; *Burkart,* Das eigenhändige Testament nach § 2247 BGB – Seine Problematik und seine Zukunft, FS f. U. v. Lübtow 1991, 253; *von Dickhuth-Harrach,* Die Rückgabe des Erbvertrages aus der notariellen Verwahrung, RNotZ 2002, 384; *Görgens,* Die Bindung des Richters an das Gesetz und

[281] Von Dickhuth-Harrach, RNotZ 2002, 384, 390, 392.
[282] C. Keim ZEV 2003, 55, 56.
[283] Siehe hierzu oben § 14 Rn 47.

die Formerfordernisse des eigenhändigen Testaments, Diss. Bochum 1975; *ders.*, Überlegungen zur Weiterentwicklung des § 2247 BGB, JR 1979, 357; *Grauel,* Zur Lesens- und Schreibunfähigkeit beim öffentlichen Testament, Rpfleger 1961, 12; *Grundmann,* Favor Testamenti – Zu Formfreiheit und Formzwang bei privatschriftlichen Testamenten, AcP 187 (1987), 429; *Haegele,* Das eigenhändige Testament in Rechtsprechung, Schrifttum und Praxis, JurBüro 1968, 344; *ders.*, Beurkundungsgesetz, 1969, 365 u. 414; *ders.*, Zum eigenhändigen Testament, BWNotZ 1977, 29; *Häsemeyer,* Die Bedeutung der Form im Privatrecht, JuS 1980, 1; *Jessnitzer,* Dolmetscher und Übersetzer, Rpfleger 1982, 365; *C. Keim,* Die Aufhebung von Erbverträgen durch Rücknahme aus amtlicher oder notarieller Verwahrung, ZEV 2003, 55; *J. Mayer,* Zur wirksamen Errichtung eines Nottestaments, ZEV 2002, 140; *Rötelmann,* Erfordernisse des eigenhändigen gemeinschaftlichen Testaments, Rpfleger 1958, 146; *Rossak,* Kann ein schreibunfähiger Stummer ein Testament errichten?, MittBayNot 1991, 193; *ders.*, Die Testierfähigkeit bzw. Testiermöglichkeit Mehrfachbehinderter, ZEV 1995, 236; *Schulze,* Über die Verwendung der Blindenschrift bei der Errichtung letztwilliger Verfügungen, DNotZ 1955, 629; *Seybold,* Welche Anforderungen sind an die Überzeugung des Notars über die Blindheit eines Beteiligten zu stellen? DNotZ 1967, 543; *Seyfang,* Das Gesetz zur Änderung und Ergänzung beurkundungsrechtlicher Vorschriften im Blickwinkel des blinden Beteiligten, BWNotZ 1983, 82; *C. Stumpf,* Postscripta im eigenhändigen Testament, FamRZ 1992, 1131; *Walter,* Auslegung und Form testamentarischer Verfügungen 1985; *Werner,* Zur Eigenhändigkeit letztwilliger Verfügungen, DNotZ 1972, 6; *ders.*, Das kopierte Erblasserschreiben, JuS 1973, 434.

§ 18 Aufbau und äußere Gestaltung von Verfügungen von Todes wegen

1 Bezüglich der Form notarieller Urkunden und insbesondere von Verfügungen von Todes wegen schreibt das Beurkundungsgesetz in den §§ 8 bis 35 BeurkG das wesentliche vor (siehe oben § 17 Rn 4ff.). Dagegen ist ihr Aufbau und ihre Gliederung gesetzlich nicht geregelt. Im Laufe der Zeit haben sich dafür allerdings gewisse Usancen entwickelt:

- Herkömmlich beginnt die notarielle Urkunde (Urkundeneingang) mit Zeit und Ort der Verhandlung, der Bezeichnung des Notars, der Beteiligten und der sonstigen mitwirkenden Personen (Zeugen, zweiter Notar, Dolmetscher, Vertrauensperson) (siehe § 17 Rn 7), sowie der gesetzlich vorgeschriebenen bzw. erforderlichen tatsächlichen Feststellungen über diese Personen (siehe § 17 Rn 13).
- Oft kommt danach eine Vorbemerkung, in der die Familienverhältnisse des Erblassers näher dargelegt werden, ggf. Angaben zu speziell zu behandelnden Nachlassbestandteilen (z.B. im Ausland belegenes Vermögen, Gesellschaftsbeteiligungen), und, sofern dies im Einzelfall angebracht erscheint, auch die mit der Verfügung verbundenen Ziele und Absichten. Andere verweisen solche Angaben in den Schluss der Urkunde.
- Danach folgt der Notarbericht über die Erklärungen der Beteiligten, der mit der Überschrift beginnt. Diese lautet bei Verfügungen von Todes wegen abstrakt Testament, gemeinschaftliches Testament oder Erbvertrag. Der Notarbericht gliedert sich generell in der Weise, dass das Wichtige vor dem weniger Wichtigen kommt, die Regeln vor den Ausnahmen und Einschränkungen den Festlegungen folgen. Darüber hinaus sind durch die Universalsukzession (§ 1922) und das Fehlen eines dinglich wirkenden Vermächtnisses (§ 2174) im deutschen Recht die Grundzüge der Grobgliederung einer Verfügung von Todes wegen praktisch vorgegeben.
- Logischerweise muss zunächst eine Erbeinsetzung im gesamten oder zu Quoten erfolgen (§ 2087 Abs. 1) und erst danach kann die die Erben belastende Einzelstückverteilung (§ 2087 Abs. 2) durch Vermächtnis, Auflage oder Bedingung erfolgen.
- An den Schluss der Urkunde kommen die Bestimmungen über die Kostentragung, ggf. Angaben zum Geschäftswert, die Urkundenbehandlung, sowie die Hinweise und Feststellungen über die Belehrungen des Notars, sofern diese nicht bereits bei den einzelnen Verfügungen enthalten sind.

2 Vor jeder Errichtung einer Verfügung von Todes wegen, bei der es hauptsächlich um die Zuwendung eines bestimmten Gegenstandes geht, sollte jeweils hinterfragt werden, ob diese Einzelstückzuwendung nicht besser durch ein Rechtsgeschäft unter Lebenden erfolgen sollte (§ 4 Rn 1ff.). Dabei sind insbesondere die Vor- und Nachteile von Rechtsgeschäften unter Lebenden und von Todes wegen zu beachten und zu erörtern (§ 4 Rn 78ff.). In Frage kommen insbesondere die vorweggenommene Erbfolge durch Zuwendung unter Nutzungs- und/oder Rentenvorbehalt und/oder mit Rückforderungsrechten,[1] im Vollzug auf den Tod des Schenkers aufschiebend befristete Schenkungen (§ 4 Rn 15ff.) evtl. mit Sicherung der Anwartschaft durch eine Vormerkung im Grundbuch, Verträge zugunsten Dritter auf den Tod (§ 4 Rn 35) und Gesellschaftsverträge.

Die Einzelheiten über Vorgehen und Beachtenswertes bei den verschiedenen Verfügungen von Todes wegen ergeben sich aus folgenden Aufbauschema:

---

[1] Siehe hierzu insb. Krauß, Überlassungsverträge in der Praxis, Rn 1020ff., 1350ff., 1633ff.; Jörg Mayer, Der Übergabevertrag, 1998, Rn 119ff.

I. Aufbauschema für einseitige Testamente (die Feinabstimmung ist jeweils in den in Bezug genommenen Checklisten enthalten)

1. Feststellungen zur Klärung der Voraussetzungen beim Erblasser und seinem Vermögen (§ 1 Rn 1ff.). 3
   a) Feststellung der Testierfähigkeit des Erblassers (§ 7 Rn 1).
   b) Für die gesetzliche Erbfolge nach dem Erblasser relevanter Sachverhalt (§ 1 Rn 1ff.); dabei ist insbesondere zu achten auf:
      – den Güterstand des Erblassers (§ 1 Rn 18),
      – nichteheliche Kinder des Erblassers und in seiner Familie (§ 1 Rn 63),
      – adoptierte oder für ehelich erklärte Kinder des Erblassers und in seiner Familie (Rn 33),
      – die Staatsangehörigkeit des Erblassers und sein Vermögen, insbesondere Immobilien im Ausland (§ 5 Rn 1, 9); bei Auslandsberührung siehe die Handlungsanweisung unter § 5 Rn 40ff. und Wahl des Erbstatus für im Inland belegenes unbewegliches Vermögen § 5 Rn 21ff.
   c) Feststellung der beim Erbfall des Erblassers entstehenden Pflichtteilsansprüche (§ 2 Rn 4) einschließlich der Pflichtteilsergänzungsansprüche (§ 2 Rn 110).
   d) Feststellung des vermutlichen Nachlasses des Erblassers (§ 1 Rn 96).
   e) Feststellung von Sondererbfolgen beim Tod des Erblassers (Personengesellschaftsanteile: § 19 Rn 1; Höfe nach Höferecht: § 3 Rn 93)
   f) Feststellung von Ausschließungs- oder Einziehungsrisiken bei Gesellschaftsanteilen (§ 20 Rn 71), Einschränkung oder Ausschluss von Abfindungsansprüchen
2. Einsetzung eines Alleinerben oder mehreren Erben nach Bruchteilen (§ 8 Rn 1ff.; Checkliste: § 8 Rn 103).
3. Regelung der Ersatzerbfolge (§ 8 Rn 45) bzw. der Anwachsung (§ 8 Rn 98).
4. Enterbung bzw. Pflichtteilszuweisung (§ 8 Rn 104).
5. Zuwendung einzelner Nachlassgegenstände (§ 9 Rn 1) durch
   a) Vermächtnis (§ 9 Rn 2; Checkliste: § 9 Rn 88), dabei auf Einsetzung von Ersatzvermächtnisnehmern achten!
   b) Auflage (§ 9 Rn 103ff.; Checkliste: § 9 Rn 130ff.)
   c) Bedingung (§ 9 Rn 137, § 15 Rn 170; Checkliste: § 15 Rn 195)
   d) evtl. Wertsicherung der Einzelstückzuwendung (§ 9 Rn 145).
6. Vorsorge für Veränderungen in der Zeit bis zum Erbfall (z.B. durch Vermögensveränderungen: § 23 Rn 62 oder durch Geburt weiterer Abkömmlinge: § 8 Rn 15ff.).
7. Beschränkungen der Zuwendungsempfänger durch
   a) Zuwendung an mehrere nacheinander oder nebeneinander (§ 10 Rn 1ff.) mittels
      – Anordnung der Vor- und Nacherbfolge (§ 10 Rn 3ff.; Checkliste: § 10 Rn 128)
      – Zuwendung eines Herausgabevermächtnisses (§ 10 Rn 131; Checkliste: § 10 Rn 150)
      – Zuwendung eines Nachvermächtnisses (§ 10 Rn 151)
      – Zuwendung eines Nießbrauchsvermächtnisses (§ 10 Rn 157; Checkliste: § 10 Rn 173).
   b) Testamentsvollstreckung (§ 15 Rn 3ff.; Checkliste: § 15 Rn 169).
8. Einflussnahme des Erblassers auf die Zuwendungsempfänger durch
   a) Testamentsvollstreckung (§ 15 Rn 3ff.; Checkliste: § 15 Rn 169)
   b) Auflage (§ 9 Rn 103; Checkliste: § 9 Rn 130)
   c) Aufschiebende oder auflösende Bedingung (§ 15 Rn 170; Checkliste: § 15 Rn 195), insbesondere Wiederverheiratungsklauseln (§ 14 Rn 114ff.).
9. Erblasseranordnungen über die Erbauseinandersetzung (Teilungsanordnung, Übernahmerecht und Teilungsverbot – § 15 Rn 199ff.; Checkliste: § 15 Rn 258)
10. Anordnung einer letztwilligen Schiedsklausel (§ 15 Rn 329ff.).

11. Einrichtung einer Stiftung (§ 15 Rn 259 ff.).
12. Familienrechtliche Anordnungen (§ 15 Rn 317 ff.).
13. Zusätzliche Rechtsgeschäfte unter Lebenden in der Verfügung von Todes wegen (§ 4 Rn 91 ff.).
14. Sicherung der letztwilligen Verfügung gegen Pflichtteilsverlangen, insbesondere durch Pflichtteilsstrafklauseln (§ 14 Rn 72 ff.).
15. Abweichende Regelung der Tragung der Pflichtteilslasten (§ 2 Rn 90 ff.).
16. Begründete Pflichtteilsentziehung (§ 8 Rn 112 ff.) und Pflichtteilsbeschränkung in guter Absicht (§ 8 Rn 126 ff.).
17. Feststellungen hinsichtlich der Ausgleichung von Vorempfängen mit dem gesetzlichen Erbteil (§ 2 Rn 318 ff., § 21 Rn 149).
18. Feststellungen hinsichtlich der Anrechnung von Vorempfängen auf den Pflichtteil (§ 2 Rn 228).
19. Ausdrücklicher Widerruf früherer letztwilliger Verfügungen (§ 16 Rn 2 ff.).
20. Prüfung, ob eine der Verfügungen gegen den erbrechtlichen Typenzwang (§ 3 Rn 34), das Verbot der Entscheidungsverlagerung (§ 3 Rn 36 f.), die zeitliche Begrenzung (§ 3 Rn 62 ff.) oder eine Selbstbindung des Erblassers durch Erbvertrag oder gemeinschaftliches Testament (§ 3 Rn 81 f.) verstößt. Bei einer Bindung an frühere gemeinschaftliche Testamente oder Erbverträge besteht vielleicht die Möglichkeit ihrer Beseitigung (Rn 50, § 11 Rn 75) oder Durchbrechung (§ 12 Rn 5 ff.).
21. Prüfung, ob eine der Verfügungen gegen Verbotsgesetze (§ 3 Rn 1 ff.; Vorsicht: Heimgesetz bzw. landesrechtliche Nachfolgeregelungen hierfür!) oder gegen die guten Sitten (§ 3 Rn 8 ff.) verstößt.
22. Prüfung, ob die Verfügungen erbschaftsteuergünstig sind (§ 6 Rn 9 ff., insbesondere § 6 Rn 187 ff.).
23. Selbstkontrolle der Beratungsperson, ob sie ihren Aufklärungs-, Beratungs- und Belehrungspflichten gegenüber dem Erblasser nachgekommen ist und dies zum Selbstschutz dokumentiert hat (§ 7 Rn 28 ff.).
24. Bestimmungen über die Kostentragung und Ermittlung des Geschäftswertes.
25. Bestimmungen über die Behandlung der Testamentsurkunde nach Abschluss der Beurkundung (§ 17 Rn 29, 78).

II. Aufbauschema für gegenseitige Testamente

4 Bei gemeinschaftlichen Ehegattentestamenten ist zusätzlich zu dem unter Ziff. I aufgeführten zu beachten: (beachte auch Checkliste bei § 14 Rn 145).

1. Wahl zwischen gemeinschaftlichem Testament und Ehegattenerbvertrag (§ 14 Rn 16 ff.).
2. Wahl zwischen Einheitslösung (§ 14 Rn 54) und Trennungslösung (§ 14 Rn 89).
3. Festlegung inwieweit die einzelnen Verfügungen **einseitig** oder **wechselbezüglich** sein sollen.
4. Ermittlung des Willens der Eheleute,
   a) ob und inwieweit die **wechselbezüglichen** Verfügungen **frei widerruflich, völlig** (§ 11 Rn 1 ff.) **oder nur bedingt bindend** sein sollen und daher eine **Freistellungsklausel** aufgenommen werden muss (§ 11 Rn 87 ff.). Dabei sollte bedacht werden, dass die Bindung des Überlebenden hinsichtlich seines eigenen Vermögens problematisch ist und allzu weitgehende Bindungen unterlaufen zu werden pflegen,
   b) ob bei wechselbezüglichen Verfügungen neben deren **Bindungswirkung** (§ 2271 Abs. 1 u. 2) auch deren **Abhängigkeitswirkung** (§ 2270 Abs. 1) gewollt ist (§ 11 Rn 27 ff.) oder ob die Unwirksamkeit einer Verfügung des einen Erblassers **nicht** zur Unwirksamkeit der mit ihr korrespektiven Verfügung des anderen Erblassers führen soll.

5. Vorsorge für gleichzeitiges Versterben (§ 14 Rn 104).
6. Vorsorge für den Scheidungsfall (§ 14 Rn 105 ff.).
7. Wiederverehelichungsklausel (§ 14 Rn 111 ff.).
8. Evtl. gegenseitiger Verzicht auf
   a) Pflichtteil (§ 14 Rn 72 ff.)
   b) Anfechtungsrecht (§ 11 Rn 101, § 24 Rn 18)
   c) güterrechtlichen Zugewinnausgleich im Todesfall – ehevertraglich! (§ 1 Rn 55)
9. Evtl. Sicherung des Endbedachten gegen beeinträchtigende Zweitverfügungen des Überlebenden durch ein sanktioniertes Verfügungsunterlassungs- und Herausgabevermächtnis (§ 13 Rn 29 ff.).

III. Aufbauschema für Erbverträge

Beim Erbvertrag ist zusätzlich zu dem unter Ziff. I und beim Ehegattenerbvertrag auch dem unter Ziff. II, 1–9 Aufgeführten zu beachten: 5

1. Genaue Abgrenzung zwischen **vertragsmäßigen (bindenden)** (§ 2278) und **einseitigen (frei widerruflichen)** (§ 2299) Verfügungen.
2. Evtl. Vereinbarung eines Rücktrittsvorbehalts (§ 11 Rn 75).
3. Evtl. Vereinbarung eines Änderungsvorbehalts, wobei jedoch ein Totalvorbehalt verboten ist (§ 11 Rn 84 f.).
4. Festlegung, ob beim **gegenseitigen Erbvertrag** (§ 2298) für einzelne/alle **vertragsmäßigen Verfügungen** die **Abhängigkeitswirkung** (§ 2298 Abs. 1) gelten soll oder nicht (§ 2298 Abs. 3).
5. Festlegung, ob die im Erbvertrag enthaltenen **einseitigen Verfügungen** sowie **Aufhebungen früherer Verfügungen von Todes wegen** bei der Ausübung eines Rücktrittsrechts oder vertraglicher Aufhebung gemäß § 2299 Abs. 3 außer Kraft treten sollen oder nicht.
6. Evtl. Verzicht auf Anfechtungsrecht (§ 11 Rn 101, § 24 Rn 18).
7. Steht der Erbvertrag mit einer Gegenleistung im Zusammenhang („entgeltlicher“ Erbvertrag, Verpfründungsvertrag) so ist, da er wegen § 2302 kein gegenseitiger Vertrag sein kann, die Verknüpfung für den Fall von Leistungsstörungen durch eine Rücktrittsvorbehaltsvereinbarung, die Vereinheitlichung i. S. von § 139 oder durch die gegenseitige Bedingung herzustellen (§ 4 Rn 98).[2]
8. Zur Sicherung der Erwerbsaussicht des Vertragsbedachten evtl. mittelbare Einschränkung des freien Verfügungsrechts unter Lebenden bezüglich eines bestimmten Gegenstandes durch Verfügungsunterlassungsvertrag mit durch die Zuwiderhandlung aufschiebend bedingten schuldrechtlichen Übereignungsanspruch (§ 13 Rn 29 ff.).

---

[2] Insb. eingehend: Lüke, Vertragliche Störungen beim „entgeltlichen“ Erbvertrag, 1990.

4. Teil. Vorbereitende Erbfolgemaßnahmen durch Rechtsgeschäfte unter Lebenden

§ 19 Verträge mit und unter künftigen Erben

I. Erb- und/oder Pflichtteilsverzichtsvertrag

1. Begriff und Abgrenzung

Gesetzliche Erben (ausgenommen der Fiskus) können durch Erbverzichtsvertrag mit dem Erblasser auf ihr gesetzliches Erbrecht verzichten (§ 2346 Abs. 1). Verzichtende können nur potentielle gesetzliche Erben sein. Allerdings kann auch der zukünftige Ehegatte auf sein erst durch die Eheschließung entstehendes Erb- und/oder Pflichtteilsrecht verzichten, wie sich aus § 2347 Abs. 1 ergibt. Der Verzicht auf das gesetzliche Erbrecht umfasst automatisch auch das Pflichtteilsrecht (§ 2346 Abs. 2 Satz 2). Der Verzicht kann auch auf das Pflichtteilsrecht beschränkt werden (§ 2346 Abs. 2) (des näheren siehe unten Rn 11). Aber auch der gewillkürte Erbe, der durch Verfügung von Todes wegen als Erbe eingesetzt oder mit einem Vermächtnis bedacht ist, kann durch Vertrag mit dem Erblasser auf diese Zuwendung verzichten (§ 2352) (siehe hierzu unten Rn 33). Der Erbverzicht kommt durch erbrechtlichen abstrakten (selbständigen) Vertrag des Erblassers mit seinen künftigen gesetzlichen oder gewillkürten Erben, Pflichtteilsberechtigten oder Vermächtnisnehmern zustande.[1] Er ist abstrakt und ist erbrechtliches Verfügungsgeschäft, da er unmittelbar („**dinglich**") auf die Erbfolge bzw. das Pflichtteilsrecht einwirkt.[2] Er hat rein negativen Inhalt (**negativer Erbvertrag**).[3] Der Erbverzicht beseitigt nur das gesetzliche Erbrecht nach demjenigen, mit dem der Verzichtsvertrag abgeschlossen wurde, nicht auch gegenüber Personen, die Erben des verzichtsempfangenden Erblassers geworden sind.[4] 1

Der Erbverzichtsvertrag ist ein **Rechtsgeschäft unter Lebenden**[5] auf den Todesfall, daher beurteilen sich Willensmängel nach §§ 116 ff., eine teilweise Unwirksamkeit nach § 139 und nicht nach § 2085, seine Auslegung erfolgt nach §§ 133, 157, 242 und nicht nach § 2084[6] und seine Anfechtung richtet sich nach §§ 119 ff. und nicht entspr. §§ 2281 ff., 2078,[7] sodass ein Motivirrtum anders als nach § 2078 Abs. 2 unbeachtlich ist.[8] Eine Anfechtung des Erbverzichtsvertrages ist nur zu Lebzeiten des Erblassers möglich, da nach dem Erbfall die erbrechtlichen Wirkungen bereits eingetreten sind.[9] Bei arglistiger Täuschung ist allerdings Wertersatz gegen den Nachlass möglich.[10] Der Erbverzichtsvertrag ist in sich kein gegenseitiger Vertrag i. S. v. §§ 320 ff., sondern abstraktes Verfügungsgeschäft und kann auch nicht als Vertrag zugunsten Dritter geschlossen werden[11] (zum „relativen Erbverzicht" siehe unten Rn 15). Ihm liegt jedoch ein (in Fällen 1a

---

[1] BGHZ 37, 319, 327.
[2] BGHZ 37, 319, 328; KG OLGZ 1974, 263, 264; BayObLG Rpfleger 1981, 305.
[3] BGHZ 37, 319, 325.
[4] OLG Frankfurt FamRZ 1995, 1450 = MDR 1995, 1037.
[5] Allg. M. vgl. Kanzleiter DNotZ 2009, 86, 89 m. w. N.
[6] BayObLGZ 1981, 30, 31; BayObLGZ Rpfleger 1984, 191; Jordan Rpfleger 1985, 7, 8.
[7] BGH WPM 1980, 876.
[8] Palandt/Edenhofer § 2346 Rn 5.
[9] Palandt/Edenhofer § 2346 Rn 18; OLG Koblenz NJW-RR 1993, 708.
[10] OLG Koblenz NJW-RR 1993, 708.
[11] Palandt/Edenhofer § 2346 Rn 4; Degenhart Rpfleger 1969, 145, 146.

ohne Abfindung ggf. stillschweigend mit abgeschlossenes) **Kausalgeschäft** zugrunde.[12] Bei Vereinbarung einer Abfindung ist diese Regelung der explizit geregelte Teil dieses gegenseitigen schuldrechtlichen Vertrages i. S. der §§ 320 ff. (siehe hierzu unten Rn 25 ff.).

2. Rechtswirkungen

2 Vor dem Erbfall ist der Erbverzicht, wie sich aus seinem Vertragscharakter ergibt, unwiderruflich. Ein Widerrufs- oder Rücktrittsvorbehalt ist unzulässig und kann allenfalls als auflösende Bedingung gewertet werden.[13] Der Erbverzicht verhindert den Anfall der Erbschaft an den Verzichtenden, wie wenn er zurzeit des Erbfalls nicht gelebt hätte – **Verlust der Erbenstellung** – (§ 2346 Abs. 1 Satz 2). Diese Fiktion führt zu einer unmittelbaren Änderung der Erbfolge.[14] Der Erbverzicht bewirkt, dass beim Erbfall der Verzichtende von der gesetzlichen Erbfolge ausgeschlossen ist bzw. verhindert beim Zuwendungsverzicht (§ 2352) den Anfall der Zuwendung an den Verzichtenden, wie wenn er den Erbfall nicht erlebt hätte.[15] Da nach der ausdrücklichen Vorschrift des § 2310 Satz 2 bei der Feststellung des für die Berechnung des Pflichtteils maßgebenden Erbteil **die durch Erbverzicht ausgeschlossenen Pflichtteilsberechtigten nicht mitgezählt werden,** erhöhen sich durch einen Erbverzicht (**jedoch nicht beim reinen oder bloßen Pflichtteilsverzicht nach § 2346 Abs. 2!**) die Pflichtteilsquoten der anderen Pflichtteilsberechtigten (**Quotenerhöhung**).[16] Folgerichtig bleibt nach § 2316 Abs. 1 Satz 2 auch bei der Berechnung der Ausgleichspflichtteile ein erbverzichtender Abkömmling außer Betracht.[17] Auch der den Erbverzicht leistende, der z. B. wegen Enterbung auch ohne den Verzicht nicht gesetzlicher Erbe würde, ist nach § 2310 Satz 2, der insoweit dem § 2310 Satz 1 vorgeht, bei der Pflichtteilsberechnung nicht mitzuzählen.[18]

2a Unberührt bleibt von den Folgen des Erbverzichts die Möglichkeit des Erblassers, den Verzichtenden letztwillig zu bedenken, ein „dinglich" wirkender Verzicht auf Erbrechte aus künftigen Verfügungen von Todes wegen ist nicht möglich.[19] Der Erbverzicht führt auch automatisch zum Verlust des Pflichtteilsrechts (§ 2346 Abs. 1 Satz 2, 2. Hs.). Der Verzichtende kann sich jedoch das Pflichtteilsrecht vorbehalten.[20] Kraft ausdrücklicher gesetzlicher Vorschrift (§ 2346 Abs. 2) kann auch nur auf das Pflichtteilsrecht verzichtet werden (**reiner oder bloßer Pflichtteilsverzicht**), der Verzichtende bleibt dann gesetzlicher Erbe, wenn der Erblasser nicht **zusätzlich ein Enterbungstestament** errichtet. Mit dem Erbverzicht geht auch ein Pflichtteilsrestanspruch (§ 2305) und ein Pflichtteilsergänzungsanspruch (§ 2325) verloren.

3 Der Erbverzicht eines Ehegatten gegenüber seinem mit ihm in Zugewinngemeinschaft lebenden Ehepartners **umfasst nicht** etwa auch seinen etwaigen **rechnerischen Zugewinnausgleichsanspruch** nach §§ 1371 Abs. 2, 1372 ff.[21] Auf ihn kann er jedoch in einem Ehevertrag verzichten,[22] ohne dass dies zur Gütertrennung führt. Das dürfte jedoch kaum zweckmäßig sein, da dann lediglich die Verfügungsbeschränkungen der §§ 1365, 1369 aufrechterhalten bleiben. Zweckmäßiger ist als Ergänzung des Erbverzichts entweder die völlige Gütertrennung oder der Ausschluss des Zugewinnausgleichs nur für den

---

[12] Hierzu näher Staudinger/Schotten § 2346 Rn 115 ff.
[13] Staudinger/Schotten § 2346 Rn 112; BayObLG NJW 1958, 344 f.
[14] Staudinger/Schotten § 2346 Rn 57, 58.
[15] MünchKomm/Wegerhoff § 2346 Rn 30 u. § 2352 Rn 12 m. w. N.
[16] Staudinger/Schotten § 2346 Rn 62; MünchKomm/Lange § 2310 Rn 6; BGH NJW 1982, 2497; BGHZ 111, 138, 139 = NJW 1990, 2163 (Haftungsfall!).
[17] Staudinger/Schotten § 2346 Rn 61.
[18] Schramm BWNotZ 1977, 88.
[19] MünchKomm/Wegerhoff § 2352 Rn 3; BGHZ 30, 261, 267; BayObLG Rpfleger 1987, 374.
[20] Palandt/Edenhofer § 2346 Rn 7; BayObLG Rpfleger 1981, 305.
[21] Palandt/Edenhofer § 2346 Rn 12.
[22] MünchKomm/Kanzleiter § 1408 Rn 14 m. w. N.

Fall der Scheidung im Wege des Ehevertrages.[23] Zulässig ist auch ein Verzicht auf den Bruchteil des Pflichtteils, der sich durch die Erhöhung des gesetzlichen Erbteils um 1/4 gem. § 1371 ergibt. Mangels anderslautender Regelung im Erb- und/oder Pflichtteilsverzichtsvertrag wirkt der Verzicht eines Abkömmlings oder Seitenverwandten des Erblassers gem. § 2349 auch zu Lasten der Abkömmlinge des Verzichtenden, auch wenn sie dem Verzicht nicht zugestimmt haben. Diese Erstreckung tritt unabhängig davon ein, ob eine Abfindung gewährt wird.[24] Keine Erstreckung der Verzichtswirkung auf die Abkömmlinge erfolgt dagegen, wenn der Ehegatte oder ein Vorfahre des Erblassers verzichtet.[25] Die Wirkung erstreckt sich auf sämtliche Abkömmlinge des Verzichtenden, vorhandene und künftige.[26] Diese Erstreckungswirkung des Erb- und/oder Pflichtteilsverzichts kann ausgenützt werden, um entferntere Abkömmlinge auch vom Pflichtteilsrecht auszuschließen,[27] z. B. das des nichtehelichen Enkels. Nach h. M.[28] findet diese Regelung auch auf den sich auf das Pflichtteilsrecht beschränkenden Verzicht Anwendung.

3a Nach teilweise vertretener Ansicht[29] kann ein Erb- und/oder Pflichtteilsverzicht zwischen Ehegatten dazu führen, dass der Verzichtende nach der Scheidung der Ehe und dem Tod seines früheren Ehegatten auch den nachehelichen Unterhaltsanspruch gegen die Erben gem. § 1586 b Abs. 1 (= **passive Vererblichkeit des Unterhaltsanspruchs des geschiedenen Ehegatten**) verliert, da die Unterhaltsschuld durch den fiktiven Pflichtteil (§ 1586 b Abs. 1 Satz 3) begrenzt und gerechtfertigt wird.[30] Diese Regelungen gelten für den nachpartnerschaftlichen Unterhalt entsprechend, §§ 10, 16 S. 2 LPartG. Empfehlenswert ist es somit nach der Richtschnur des „sichersten Weges“, in Vereinbarungen über den nachehelichen Unterhalt, falls dieser nicht ganz ausgeschlossen wird, festzulegen, ob die Unterhaltspflicht mit dem Tod des Verpflichteten erlöschen soll, ob sie bis zur Grenze des fiktiven Pflichtteils nach § 1586 b Abs. 1 Satz 3 oder ohne summenmäßige Begrenzung bestehen soll oder ob eine Abwandlung dieser Grundmuster getroffen wird. Umgekehrt ist bei reinen Erb- oder Pflichtteilsverzichtsvereinbarungen zwischen Ehegatten/Lebenspartnern ggf. klarzustellen, dass Unterhaltsansprüche nach § 1586 b unberührt bleiben sollen.[31]

3. Wirksamkeitsschranken und Inhaltskontrolle

3b Auch für das abstrakte Rechtsgeschäft des Erb- und/oder Pflichtteilsverzichts gelten die allgemeinen Schranken der Wirksamkeit. Seine Grenzen findet die Zulässigkeit des Verzichts somit an den guten Sitten.[32] Die Absicht, der Abwanderung des Familienvermögens vorzubeugen, dürfte jedoch meist ein billigenswerter Beweggrund sein.[33] Die

---

[23] Langenfeld, Handbuch der Eheverträge und Scheidungsvereinbarungen Rn 430 f.

[24] Baumgärtel DNotZ 1959, 63, 64; Bamberger/Roth/J. Mayer § 2349 Rn 1.

[25] Regler DNotZ 1970, 646.

[26] MünchKomm/Wegerhoff § 2349 Rn 4.

[27] Stanovsky BWNotZ 1974, 102; Formular in MünchVertrHdb/Nieder/Otto, Bd. 6/2, XVI. 15.

[28] Baumgärtel DNotZ 1959, 65; Regeler DNotZ 1970, 646; Staudinger/Schotten § 2349 Rn 18 ff.; Palandt/Edenhofer § 2349 Rn 1; MünchKomm/Wegerhoff § 2349 Rn 5.

[29] Dieckmann NJW 1980, 2777 u. FamRZ 1992, 633; zustimmend: Langenfeld, Hdb. d. Eheverträge u. Scheidungsvereinbarungen Rn 860; Palandt/Brudermüller § 1586 b Rn 8; a. M. d. h. zum Verzicht separate ehevertragliche Regelung erforderlich: Grziwotz FamRZ 1991, 1258 m. weit. Nachw.; Frenz ZEV 1992, 633; Reul MittRhNotK 1997, 376; Pentz FamRZ 1998, 1344, 1346; Frenz, ZEV 1997, 450, 451; Klingelhöffer, ZEV 1999, 13; Bergschneider, FamRZ 2003, 1049, 1056 f.; Staudinger/Schotten § 2346 Rn 65 ff. m. w. N.

[30] Langenfeld, Eheverträge Rn 1068.

[31] Formulierungsbeispiel bei Langenfeld, Eheverträge Rn 1070.

[32] Staudinger/Schotten § 2349 Rn 4.

[33] Stanovsky BWNotZ 1974, 102, 105 unter Hinweis auf BGHZ 58, 343 = NJW 1972, 1422 = DNotZ 1973, 240.

Rspr. des Bundesverfassungsgerichts[34] und des Bundesgerichtshofs[35] zur Inhalts- (und Ausübungs-)kontrolle von Eheverträgen führte zur Diskussion, ob die hierbei zugrunde gelegten Überlegungen einen Erb- oder Pflichtteilsverzicht nicht nur dann mit treffen, wenn sich aus der von der Rspr. vorgenommenen „Gesamtschau" eine Gesamtnichtigkeit ergibt, sondern auch allgemein auf Erb- und Pflichtteilsverzichtsverträge zu übertragen sind, jedenfalls wenn ein Pflichtteilsanspruch auch der Sicherung des laufenden Unterhalts und der Versorgung des Pflichtteilsberechtigten dient.[36] Eine derartig pauschale Übertragung von Wertungen über Eheverträge (wo es um die Verteilung der Risiken ehebedingter Nachteile geht) auf das vom Gesetzgeber ausdrücklich zugelassene „Risikogeschäft" Erbverzichtsvertrag ist jedoch abzulehnen.[37] Einer gerichtlichen Kontrolle zugänglich verbleiben damit die Frage, ob Nichtigkeit wegen Verstoßes gegen die guten Sitten vorliegt, ob beim Kausalgeschäft eine Störung der Geschäftsgrundlage vorliegt (§ 313 BGB)[38] oder ob im Falle einer Anfechtung deren Voraussetzungen vorliegen.

4. Beschränkungsmöglichkeiten beim Verzicht[39]

4 Die Verzichtswirkung kann rechtsgeschäftlich in verschiedener Weise beschränkt werden, z. B.:

5 • **Verzicht mit Beschränkung auf das Pflichtteilsrecht (§ 2346 Abs. 2)**
Siehe hierzu des näheren unten Rn 11 f.

6 • **Verzicht lediglich auf das gesetzliche Erbrecht unter Vorbehalt des Pflichtteilsrechts,**[40] obwohl der Erblasser diese Wirkung regelmäßig auch durch Enterbung erreichen kann.[41] Evtl. will der Erblasser jedoch die Enterbung nicht ohne Zustimmung des gesetzlichen Erben vornehmen oder der Erblasser ist wegen Testierunfähigkeit zur Enterbung nicht in der Lage, während er auch als Geschäftsunfähiger durch seinen gesetzlichen Vertreter einen Erbverzicht abschließen kann.

7 • **Verzicht lediglich auf einen ideellen Bruchteil des Erbrechts,**[42] sodass der vom Verzicht nicht umfasste Erbteil an den Verzichtenden fällt, soweit die gesetzliche Erbfolge eintritt bzw. er ein Pflichtteilsrecht in Höhe des halben Wertes des nicht vom Verzicht umfassten Anteils hat.[43] Dieser Teilverzicht kann sich jedoch nur auf eine ideelle Quote des Erbrechts erstrecken, nicht auf Vermögenskomplexe, etwa Erbverzicht mit Ausnahme des nach Vertragsschluss erworbenen Vermögens oder einzelner realer Gegenstände, da dies nicht mit dem im Erbrecht herrschenden Typenzwang vereinbar wäre und das BGB keine unmittelbare erbrechtliche Rechtsnachfolge an einzelnen Gegenständen kennt.[44] Gegenständlicher Verzicht auf ein Vermächtnis ist allerdings zulässig – § 2352 –.[45] Ein unzulässiger Erbverzicht in Bezug auf einen einzelnen Gegenstand kann allerdings u. U. in einen zulässigen quotenmäßigen Verzicht umgedeutet werden.[46]

---

[34] BVerfG NJW 2001, 957.
[35] Grundlegend BGHZ 158, 81; BGHZ 178, 322; BGHZ 86, 82, 88.
[36] So Wachter ZErb 2004, 238, 243 ff.; Wendt ZNotP 2006, 2, 3; Dutta AcP 2009, 760, 793, 799 ff.
[37] Bamberger/Roth/J. Mayer § 2346 Rn 39 f.; Staudinger/Schotten § 2346 Rn 197; MünchKomm/Wegerhoff § 2346 Rn 35 ff.; von Proff ZErb 2010, 206; Vaupel RNotZ 2010, 141; J. Mayer ZEV 2007, 556, 559; vgl. nun BGH Urt. v. 19. 1. 2011 IV ZR 7/10, DNotI-Report 2011, 28.
[38] Vgl. hierzu eingehend Staudinger/Schotten § 2346 Rn 189 ff.
[39] Siehe hierzu insb. J. Mayer, Der beschränkte Pflichtteilsverzicht, ZEV 2000, 263.
[40] Staudinger/Schotten § 2346 Rn 34 ff.; Dieckmann NJW 1980, 2778 Fn 4 m. w. N.
[41] Soergel/Damrau § 2346 Rn 9.
[42] Staudinger/Schotten § 2346 Rn 41; RGZ 71, 133, 136.
[43] Staudinger/Schotten § 2346 Rn 88.
[44] KG DNotZ 1930, 165; KG JW 1937, 1734; Staudinger/Schotten § 2346 Rn 41.
[45] Coing JZ 1960, 209, 211.
[46] KG JW 1937, 1735 = DNotZ 1937, 571; Soergel/Damrau § 2346 Rn 9.

• Auch eine **zeitliche Einschränkung des Erbverzichts** in der Weise, dass der Verzichtende erst von einem bestimmten Zeitpunkt an Erbe sein will oder nach einer bestimmten Zeit aufhören will Erbe zu sein, ist zulässig[47] und führt über die §§ 2104, 2105 zur Vor- und Nacherbfolge. 8

• Der **Verzicht** kann auch **auf die Übernahme von Beschränkungen oder Beschwerungen** beschränkt werden, wie z. B. die Ernennung eines Testamentsvollstreckers, eine Teilungsanordnung, die Belastung mit Vermächtnissen und Auflagen,[48] die Umwandlung von Voll- in Vor- oder Nacherbeinsetzung,[49] die Berücksichtigung oder Nichtberücksichtigung von anrechnungs- und/oder ausgleichungspflichtigen Zuwendungen *(Vorempfängen)* gem. §§ 2315, 2050,[50] oder die Unterstellung nur des Erbteils des Verzichtenden unter die Verwaltung eines Testamentsvollstreckers.[51] Ein so beschränkter Erbverzicht ist insbesondere im Hinblick auf § 2306 empfehlenswert, da dann der Erbe nicht ausschlagen und seinen Pflichtteil fordern kann. 9

• Der **Verzicht** konnte nach alter Rechtslage in Nichtehelichenfällen auch **auf den Erbersatzanspruch beschränkt** werden.[52] 10

5. Insbesondere bloßer Pflichtteilsverzicht

Eine häufige Beschränkung der Verzichtswirkung ist der bloße Verzicht auf das Pflichtteilsrecht unter Vorbehalt des gesetzlichen Erbrechts (§ 2346 Abs. 2), wodurch der Erblasser die volle Testierfreiheit erhält. Verzichtet wird dabei auf das abstrakte Pflichtteilsrecht dessen, der zum Kreis der möglichen Pflichtteilsberechtigten gehört (§ 2303) und nicht auf den erst mit dem Erbfall konkret entstehenden Pflichtteilsanspruch (§ 2317 Abs. 1). Letzterer kann nach dem Erbfall durch formlosen Vertrag (§ 397) zwischen Berechtigtem und Erben erlassen werden. Soll dies vorweggenommen bereits vor dem Erbfall erfolgen, so bedarf die Vereinbarung notarieller Beurkundung gem. § 311 b Abs. 5 BGB.[53] 11

Auch der bloße Pflichtteilsverzicht erstreckt sich im Zweifel automatisch auf die Abkömmlinge des Verzichtenden, wenn ein Abkömmling oder Seitenverwandter des Erblassers verzichtet.[54] Gerade diese Erstreckungswirkung macht den bloßen Pflichtteilsverzicht zum geeigneten Gestaltungsmittel, um bei Übereinstimmung von Erblasser und näheren Abkömmlingen entfernteren Abkömmlingen auch den Pflichtteil zu entziehen.[55] Da hinsichtlich der Regelungen in §§ 2310 Satz 2, 2316 Abs. 1 Satz 2 der bloße Pflichtteilsverzicht dem Erb- und Pflichtteilsverzicht nicht gleichgestellt ist,[56] erhöht der bloße Pflichtteilsverzicht nicht die Pflichtteilsquoten (Quotenerhöhung) der übrigen Pflichtteilsberechtigten und auch nicht die Pflichtteilsbeträge beim durch ausgleichungspflichtige Zuwendungen unter Abkömmlingen erhöhten Pflichtteil. Hat ein in Zugewinngemeinschaft lebender Ehegatte nur auf seinen Pflichtteil verzichtet, so verbleibt ihm bei gesetzlicher Erbfolge der gem. §§ 1371 Abs. 1, 1931 um 1/4 erhöhte Erbteil. Der uneinge- 11a

[47] Staudinger/Schotten § 2346 Rn 55, 91.

[48] BGH NJW 1978, 1159; Coing JZ 1960, 209.

[49] MünchKomm/Wegerhoff § 2346 Rn 16.

[50] RGZ 71, 133; Staudinger/Schotten § 2346 Rn 129 ff.; Haegele Rpfleger 1968, 249; Damrau, Erbverzicht, S. 56.

[51] Staudinger/Schotten § 2346 Rn 52; Coing JZ 1960, 209, 211.

[52] Staudinger/Schotten § 2346 Rn 37, 88 ff.

[53] Erman/Grziwotz § 311 b Rn 97.

[54] Staudinger/Schotten § 2346 Rn 59, § 2349 Rn 7 ff.; MünchKomm/Wegerhoff § 2349 Rn 5; Soergel/Damrau § 2349 Rn 1.

[55] Stanovsky BWNotZ 1974, 102 ff.; Formular in MünchVertrHdb/Nieder/Otto, Bd. 6/2, XVI.15.

[56] Staudinger/Schotten § 2346 Rn 77.

schränkte Pflichtteilsverzicht schließt den Verzicht auf den Pflichtteilsrestanspruch (§ 2305), den Pflichtteilsanspruch bei Zuwendungen eines Vermächtnisses (§ 2307), den Wegfall der Beschränkungen und Beschwerungen gem. § 2306, den Pflichtteilsergänzungsanspruch (§ 2325) und auf die Berufungsmöglichkeiten nach den §§ 2318 Abs. 2, 2319 und 2328 ein.[57]

Beachte: Der bloße Pflichtteilsverzicht lässt die gesetzliche Erbfolge bestehen. **Er muss daher durch ein Enterbungstestament ergänzt werden!**

6. Insbesondere gegenständlich beschränkter Pflichtteilsverzicht[58]

12 Während der Erbverzicht auf einen realen Vermögensgegenstand des künftigen Nachlasses wegen des Grundsatzes der Universalsukzession nicht möglich ist,[59] wenn es sich nicht um den Zuwendungsverzicht auf ein Vermächtnis handelt, wird neben dem bruchteilsmäßigen auch der **auf bestimmte Nachlassgegenstände beschränkte** bloße Pflichtteilsverzichtsvertrag von der h. M. für zulässig gehalten.[60] Begründet wird dies damit, dass der Pflichtteilsanspruch lediglich ein Geldanspruch in Höhe des Wertes des halben Erbteils ist, d. h. eine Rechnungsgröße, auf die man teilweise verzichten kann, ohne dadurch gegen den Grundsatz der Universalsukzession zu verstoßen. Der betreffende Gegenstand ist dann bei der Berechnung des Pflichtteils nicht zu berücksichtigen.[61] A. M. sind nur Harrer,[62] der seinerzeit jede Beschränkung des Erbverzichts für unmöglich hielt und Schopp,[63] der darin einen Verstoß gegen das Verbot von Wertbestimmungen durch den Erblasser für die Pflichtteilsberechnung nach § 2311 Abs. 2 Satz 2 sieht[64] und allenfalls einen Teilpflichtteilsverzicht auf die besonderen Pflichtteilsformen nach §§ 2305, 2306 und 2325 zulassen will.

12a Ein gegenständlich beschränkter Pflichtteilsverzicht bietet sich bei der vorweggenommenen Erbfolge an, wenn dem Bedachten der gegenwärtige Vermögenserwerb im Hinblick auf den späteren Erbfall sichergestellt werden soll.[65] Weitere rechtsgeschäftliche Beschränkungen der Verzichtswirkung beim Pflichtteilsverzicht sind neben den oben Ziff. 4 genannten z. B. möglich auf einen Bruchteil, auf eine besondere Bewertungsweise, Festlegung auf eine feste Summe oder soweit der Pflichtteil eine bestimmte Summe übersteigt[66] oder auf Pflichtteilsergänzungsansprüche.[67] Ferner kann man den Pflichtteilsverzicht auf den Bruchteil beschränken, der den Wert eines bestimmten erbvertraglich dem Verzichtenden vermachten Gegenstandes übersteigt und dadurch die Nachteile vermeiden, die dem Verzichtenden aus den §§ 2310 Satz 2, 2318 Abs. 1, 2 entstehen können, wenn Pflichtteilsverzichte anderer Pflichtteilsberechtigter nicht erlangt werden können oder sich als unwirksam erweisen.[68]

---

[57] Staudinger/Schotten § 2346 Rn 30; Schramm BWNotZ 1966, 31.

[58] Bezügl. eines Formulierungsvorschlags eines gegenständlich beschränkten Pflichtteilsverzichts siehe MünchVertrHdb/Nieder/Otto, Bd. 6/2, XVIII. 1.

[59] Coing JZ 1960, 209, 210; Fette NJW 1970, 743.

[60] Staudinger/Schotten § 2346 Rn 50; Soergel/Damrau § 2346 Rn 6; MünchKomm/Wegerhoff § 2346 Rn 20; Palandt/Edenhofer § 2346 Rn 15; RGZ 71, 133, 136; Coing JZ 1960, 209, 210; Fette NJW 1970, 743; Cremer MittRhNotK 1978, 169; Jordan Rpfleger 1985, 7; Weirich DNotZ 1986, 5, 11; Ebenroth/Fuhrmann BB 1989, 2049, 2051.

[61] Fette NJW 1970, 773.

[62] ZBl FG 15, 1, 11.

[63] Rpfleger 1984, 175.

[64] Widerlegt von Jordan Rpfleger 1985, 7.

[65] Jordan Rpfleger 1985, 8; eingehend Ebenroth/Fuhrmann BB 1989, 2409.

[66] Schramm BWNotZ 1959, 227, 235.

[67] Wieser MittBayNot 1972, 106, 111; Staudinger/Schotten § 2346 Rn 51.

[68] Ebenroth/Fuhrmann BB 1989, 2049, 2060.

Formulierungsbeispiel: (notariell beurkundungspflichtig!)

Ich, der A, verzichte hiermit für mich und meine Abkömmlinge gegenüber meinem Vater B auf mein Pflichtteilsrecht, einschließlich eines etwaigen Ausgleichspflichtteils und/oder Pflichtteilsergänzungsanspruchs, bei Ableben meines Vaters B insoweit, dass bei der Nachlassbewertung zum Zwecke der Pflichtteilsberechnung der Wert der Beteiligung meines Vaters an der A-OHG und etwaiger Nachfolgegesellschaften außer Betracht bleiben soll. Der B nimmt diese gegenständlich beschränkte Pflichtteilsverzichtserklärung hiermit an.

7. Insbesondere Erb- und/oder Pflichtteilsverzicht unter einer Bedingung oder einer Befristung

a) Allgemein

Beim Erbverzichtsvertrag ist kein Rücktritts- oder Widerrufsvorbehalt möglich. Der Erbverzichtsvertrag kann jedoch unter einer auflösenden oder aufschiebenden Bedingung oder Befristung geschlossen werden. Das ergibt sich schon daraus, dass der Gesetzgeber in § 2350 bestimmte Fälle eines bedingten Erbverzichts geregelt hat.[69] 13

b) Wirkung der Bedingung oder Befristung[70]

Gemäß §§ 158, 163 wirkt der Eintritt der Bedingung oder Befristung dinglich nicht zurück (§ 159 hat nur schuldrechtliche Wirkung), die abhängig gemachte Wirkung tritt vielmehr erst ab dem Eintritt der Bedingung oder Befristung ein (aufschiebende Bedingung) oder endet mit ihrem Eintritt (auflösende Bedingung). Mit der Begründung, zum Zeitpunkt des Todes des Erblassers müsse die Erbfolgeregelung auf fester Grundlage stehen, wird daher zum Teil die Vereinbarung von Bedingungen abgelehnt, die erst nach dem Erbfall eintreten können oder eintreten.[71] Hingewiesen wird dabei auf eine Entscheidung des BGH,[72] nach der nach dem Tod des Erblassers ein wegen fehlender vormundschaftsgerichtlicher Genehmigung schwebend unwirksamer Erbvertrag oder Erbverzichtsvertrag nicht mehr durch Erteilung dieser Genehmigung oder Zustimmung des volljährig gewordenen Vertragsgegners geheilt werden kann. Diese Meinung verkennt, dass im Gegensatz zu der unsicheren Rechtslage in diesem Fall beim bedingten Erbverzicht durch die Vorschriften der §§ 2104, 2105 (sog. konstruktive oder konstruierte Nacherbfolge) beim Tod des Erblassers dadurch klare erbrechtliche Verhältnisse geschaffen werden, dass bei beim Erbfall noch laufender aufschiebender Bedingung der Verzichtende Vorerbe und die gesetzlichen Erben Nacherben (§ 2104) und bei auflösender Bedingung umgekehrt die gesetzlichen Erben Vorerben und der Verzichtende Nacherbe (§ 2105) werden.[73] Ein nur bedingt erklärter Erb- und/oder Pflichtteilsverzicht ist insbesondere zur Sicherung der Erfüllung einer vereinbarten Gegenleistung zweckmäßig.[74] Als Bedingung, wegen § 2302 jedoch nicht als Verpflichtung, kann dem Erbverzicht auch 14

---

[69] BGHZ 37, 319, 327f. = NJW 1962, 1910, 1912; BayObLGZ 1957, 292, 294 = NJW 1958, 344; Staudinger/Schotten § 2346 Rn 54; MünchKomm/Wegerhoff § 2346 Rn 15; Soergel/Damrau § 2346 Rn 12.

[70] Bezügl. eines Formulierungsvorschlags eines bedingten Pflichtteilsverzichts siehe MünchVertr-Hdb/Nieder/Otto, Bd. 6/2, XVIII.1.

[71] Lange FS Nottarp, 1961, S. 123.

[72] NJW 1978, 1156, 1159.

[73] BayObLGZ 1957, 292, 300 = NJW 1958, 344, 345; Keim, Zuwendungsausgleich durch Erbverzicht, Diss. 1979, S. 67; Soergel/Damrau § 2346 Rn 12; Staudinger/Schotten § 2346 Rn 54 m. w. Nachw.; MünchKomm/Wegerhoff, § 2346 Rn 25; insbesondere wie hier mit eingehender Begründung J. Mayer MittBayNot 1985, 101; ders. MittBayNot 1997, 85, 87, der zur Sicherheit vorschlägt, in solchen Fällen einen schuldrechtlichen Verzicht auf die künftigen Pflichtteilsansprüche beizufügen.

[74] BGHZ 37, 319, 327.

gesetzt werden, dass der Erblasser in einer bestimmten Art und Weise testiert bzw. Verfügungen von Todes wegen aufrechterhält.[75]

Formulierungsbeispiel: (notariell beurkundungspflichtig!)

Wir, die gemeinschaftlichen Kinder A und B der Eheleute X und Y, verzichten hiermit für uns und unsere Abkömmlinge gegenüber unseren Eltern auf unsere Pflichtteilsrechte einschließlich etwaiger Ausgleichspflichtteile und Pflichtteilsergänzungsansprüche auf Ableben unserer Eltern. Die Wirksamkeit dieser Pflichtteilsverzichte bedingen wir hiermit aufschiebend dadurch, dass bis zum Eintritt des jeweiligen Erbfalls … *(Einsetzung der Bedingung)* …

Wir, die Eheleute X und Y, nehmen diese Verzichte unter den genannten aufschiebenden Bedingungen hiermit an.

c) Verzicht zugunsten eines anderen (relativer Erbverzicht)

15 Der Erbverzicht kann zugunsten eines anderen erfolgen. Hierfür enthält das BGB in § 2350 zwei Auslegungsregeln. Ein Verzicht zugunsten eines anderen ist nach § 2350 Abs. 1 **im Zweifel** dadurch aufschiebend bedingt, dass der andere gesetzlicher oder gewillkürter Erbe wird. Der Anwendung dieser Regel muss jedoch der – insoweit erfolglose – Versuch vorausgehen, den diesbezüglichen Willen durch Auslegung zu ermitteln.[76] Verzichtet ein Abkömmling des Erblassers, so ist auch ohne eine solche ausdrückliche Bedingung nach § 2350 Abs. 2 **im Zweifel** anzunehmen, dass dieser Verzicht nur zugunsten der anderen Abkömmlinge und des Ehegatten des Erblassers gelten soll (**vermuteter relativer Erbverzicht**). Der Kautelarjurist sollte sich auf beide Zweifelsregelungen nicht verlassen, sondern die Bedingung und ihre gewollte Rechtswirkung jeweils im Vertrag klarstellen. Wichtig bezüglich beider Zweifelsregelungen ist auch, dass sie nach der h. M.[77] für den Pflichtteilsverzicht nicht gelten, da er nicht zu einer Erhöhung der Pflichtteilsrechte anderer führt, wie dies beim Erbverzicht der Fall ist. Bei einem entsprechenden Willen des Verzichtenden ist daher in den Vertrag eine entsprechende Bedingung aufzunehmen.[78]

16 Sehr umstritten sind von jeher die Auswirkungen dieses relativen Erbverzichts, wenn auf Grund der gesetzlichen Erbregel anstelle des Verzichtenden nicht nur der oder die Begünstigten, sondern weitere nichtbegünstigte gesetzliche Erben treten. Hier wurde die Meinung vertreten,[79] dass dann die Verfügung von Todes wegen im Zweifel so auszulegen sei, dass der ganze gesetzliche Erbteil, auf den verzichtet wurde, dem Begünstigten, unverkürzt durch vorhandene Miterben, zufällt,[80] ohne dass der Erblasser dies ausdrücklich letztwillig verfügen müsse. Begründet wird dies damit, dass der mutmaßliche Wille des Erblassers und des Verzichtenden, wenn sie einen Erbverzicht unter dieser Bedingung schließen, dahin gehe, dass der Erbteil, auf den verzichtet wird, im vollen Umfang dem Begünstigten zufallen oder anwachsen solle. Dem Erbverzicht wird somit für diesen Sonderfall positive Wirkung zugeschrieben. Die wohl h. M.[81] lehnt dies mit Recht

---

[75] Siehe oben § 3 Rn 68; Formular hierzu in MünchVertrHdb/Nieder/Otto, Bd. 6/2, XVIII.1 § 2.

[76] BGH NJW 2008, 298 = ZEV 2008, 36 = MittBayNot 2009, 135.

[77] Staudinger/Schotten, § 2350 Rn 5; Soergel/Damrau § 2350 Rn 1; J. Mayer ZEV 2000, 263, 266; a. M. Frenz in FS 50. Jhr. DAI, S. 390.

[78] Zu entsprechenden Formulierungen siehe J. Mayer, ZEV 2000, 263, 266.

[79] KG JFG 23, 179, 181 = DNotZ 1942, 148 unter Aufgabe der Gegenmeinung in KG OLGE 46, 240; Palandt/Edenhofer § 2350 Rn 2; Kipp/Coing, § 82 II 6; Faßbender MittRhNotK 1962, 609; Harrer ZBlFG 15, 7; Heine ZBlFG 19, 201.

[80] „Anwachsung kraft Erbverzichts" = Harrer ZBlFG 19, 201.

[81] OLG München JFG 15, 364; OLG Hamm OLGZ 1982, 272, 275; offen gelassen: OLG Oldenburg NJW-RR 1992, 778 = FamRZ 1992, 1226; Lange/Kuchinke § 7 III 1 c; MünchKomm/Weger-

mit der Begründung ab, in § 2346 Abs. 1 Satz 2 komme deutlich zum Ausdruck, dass dem Erbverzicht nur eine negative Wirkung in der Weise zukommt, dass er den Anfall der Erbschaft an den Verzichtenden verhindert, dass sich die Wirkung des Verzichts daher auf die Regelung zwischen dem Erblasser und dem bedingt Verzichtenden beschränkt und dem Begünstigten, sofern der Erblasser nicht ausdrücklich anders letztwillig verfügt hat, nur der auf Grund der gesetzlichen Erbfolge zufallende Teil der Verzichtsquote zuwächst, während der Rest infolge der Teilunwirksamkeit des Verzichts nach § 2350 Abs. 1 beim Verzichtenden verbleibt.

Beispiel: Der A, der zwei Brüder B und C hat, verzichtet zugunsten des B auf sein Erbrecht nach seinem verwitweten Vater. Nach der h. M. werden dann B zu $^2/_3$ und C zu $^1/_3$ Erben und nach der Mindermeinung B zu $^3/_6$ C zu $^2/_6$ und A zu $^1/_6$ Erben.

Unbestritten ist, dass der Verzicht die Stellung des nichtbegünstigten Miterben (hier des C) nicht verbessert; ihm verbleibt vielmehr die Erbquote, die ihm auch ohne den Verzicht zugestanden hat.[82] 17

Unbestritten ist auch, dass ein Zuwendungsverzicht (§ 2352) zugunsten bestimmter Personen zwar zulässig ist, aber keine unmittelbar übertragende Wirkung hat, sondern voraussetzt, dass der Begünstigte Erbe wird.[83] 18

8. Formbedürftigkeit und persönliche Voraussetzungen des Verzichts

a) Form

Der Erb- und/oder Pflichtteilsverzichtsvertrag bedarf nach § 2348 der notariellen Beurkundung. Bei der notariellen Beurkundung wird die gleichzeitige Anwesenheit beider Teile, wie sie z. B. beim Erbvertrag vorgeschrieben ist (§ 2348) nicht gefordert.[84] Die Beurkundung kann daher nacheinander, d. h. durch Trennung von Angebot und Annahme vorgenommen werden (§ 152).[85] Dabei müssen Angebot und Annahme, und zwar in dieser Reihenfolge, beurkundet werden und nicht nur die Verzichtserklärung.[86] Die Beurkundung der Annahme des Angebots auf den Erbverzichtsvertrag muss beim Eintritt des Erbfalls erfolgt sein, da die Sicherheit des Rechtsverkehrs erfordert, dass die mit dem Tod des Erblassers eingetretene Erbfolgeregelung auf einer festen Grundlage stehen muss.[87] Auch die Annahme des Angebots auf Abschluss eines Pflichtteilsverzichtsvertrages muss beim Tod des Erblassers erfolgt sein. Der BGH[88] begründet das damit, dass der Pflichtteilsberechtigte nach § 2346 Abs. 2 auf sein **Pflichtteilsrecht** verzichte, demgegenüber der nach dem Tod des Erblassers bestehende **Pflichtteilsanspruch** ein aliud sei. Die Nichtwahrung der Form bewirkt die Nichtigkeit des Erbverzichts (§ 125). Der Erblasser kann den Erbverzicht und den Pflichtteilsverzicht nur persönlich schließen (§ 2347 Abs. 2), seine Vertretung im Willen oder in der Erklärung ist ausgeschlossen.[89] Auch eine Umdeutung der in Vertretung des Erblassers erklärten Annahme des Erbverzichts in ein Angebot auf Abschluss eines Erbverzichts ist nicht möglich.[90] Der Verzichtende kann sich jedoch wie bei jedem anderen Rechtsgeschäft unter Lebenden formlos vertreten las- 19

---

hoff § 2350 Rn 9; Damrau, Der Erbverzicht, S. 37 f.; Blomeyer FamRZ 1974, 421, 426; Keim, Zuwendungsausgleich durch Erbverzicht, Diss. 1979, S. 67.

[82] OLG Oldenburg NJW-RR 1992, 778 = FamRZ 1992, 1226; Palandt/Edenhofer § 2350 Rn 2.

[83] OLG Hamm OLGZ 1982, 272 = MittBayNot 1983, 77 = Rpfleger 1982, 148.

[84] Staudinger/Schotten § 2348 Rn 12; Soergel/Damrau § 2348 Rn 1.

[85] OLG München JFG 17, 181 = JW 1938, 1244.

[86] RG JW 1909, 139.

[87] BGH NJW 1978, 1159 = DNotZ 1978, 300; MünchKomm/Wegerhoff § 2348 Rn 3.

[88] BGHZ 134, 60 = NJW 1997, 521, 522 = DNotZ 1997, 422 m. Anm. A. Albrecht; kritisch hierzu J. Mayer MittBayNot 1997, 85.

[89] BGHZ 37, 319, 321.

[90] BGH ZEV 1996, 228, 230.

sen.[91] Die Genehmigung eines ohne Vertretungsmacht abgeschlossenen Vertrages ist jedoch nur bis zum Tod des Erblassers möglich.[92] Anders wäre es jedoch, wenn der Vertreter, der auch der Erblasser sein kann, auf Grund mündlich erteilter Vollmacht gehandelt hätte und die Vollmachtsbestätigung erst nach dem Tod des Erblassers erfolgt wäre.[93] Der Erb- und/oder Pflichtteilsverzicht kann auch in einem Prozessvergleich wirksam vereinbart werden, wobei dessen Form genügt, aber der Erblasser persönlich anwesend sein muss.[94]

b) Persönliche Voraussetzungen des Erblassers

20 Wie bei der Aufhebung eines Erbvertrages (§ 2290 Abs. 2, 3) wird zwischen dem Erblasser und dem Verzichtenden unterschieden. Der **Erblasser** muss beim Abschluss des Erbverzichtsvertrags wie bei der Errichtung einer letztwilligen Verfügung (§§ 2064, 2275) grundsätzlich **persönlich handeln.**[95] Im Gegensatz zur Regelung beim Erbvertrag (§ 2274) kann für einen gem. § 104 Ziff. 1, 2 geschäftsunfähigem Erblasser sein gesetzlicher Vertreter einen Erb- und/oder Pflichtteilsverzichtsvertrag abschließen (§ 2347 Abs. 2 Satz 2). Sofern für den geschäftsunfähigen Erblasser der Vertrag nicht mit seinem Ehegatten oder Verlobten geschlossen wird und er gleichzeitig unter elterlicher Sorge steht, bedarf der gesetzliche Vertreter dazu der Genehmigung des Familiengerichts (§ 2347 Abs. 2 Satz 2, 2. Hs.). Der in der Geschäftsfähigkeit beschränkte (minderjährige) Erblasser kann den Erb- und/oder Pflichtteilsverzichtsvertrag nur persönlich abschließen und braucht dazu weder der Zustimmung seines gesetzlichen Vertreters noch die Genehmigung des Gerichts (§ 2347 Abs. 2 Satz 1), da er ihm lediglich einen rechtlichen Vorteil bringt. Für den geschäftsunfähigen volljährigen Erblasser (§ 104) handelt sein gesetzlicher Vertreter, d.h. sein Betreuer, wenn dessen Aufgabenkreis den Erbverzicht umfasst (§§ 1896 Abs. 2, 1902).[96] Nimmt ein Betreuer für den Erblasser einen Erbverzicht entgegen, ist dies nur wirksam, wenn der Erblasser wirklich geschäftsunfähig war. Im Zweifel sollte man daher auch ihn entgegen nehmen lassen. Vormund, Pfleger und Betreuer des Erblassers bedürfen stets der familien- bzw. betreuungsgerichtlichen Genehmigung (§ 2347 Abs. 2 Satz 2 Halbs. 2).

c) Persönliche Voraussetzungen des Verzichtenden

21 Für den geschäftsunfähigen **Verzichtenden** (§ 104 Ziff. 2) schließt der gesetzliche Vertreter den Erb- und/oder Pflichtteilsverzichtsvertrag. Der in der Geschäftsfähigkeit beschränkte Verzichtende (§§ 106, 114) schließt ihn selbst mit Zustimmung seines gesetzlichen Vertreters (§§ 108 ff.). Steht der Verzichtende unter Vormundschaft oder Ergänzungspflegschaft bedarf er immer dazu der gerichtlichen Genehmigung, steht er unter elterlicher Sorge nur dann nicht, wenn der Verzicht gegenüber seinem Ehegatten oder Verlobten erfolgt (§ 2347 Abs. 1). Desgleichen bedarf es der Genehmigung, wenn für den Verzichtenden ein Betreuer bestellt ist und dieser den Verzicht erklärt hat (§ 2347 Abs. 1 Satz 2). Die Zustimmung des gesetzlichen Vertreters und die gerichtliche Genehmigung müssen bis zum Tod des Erblassers erteilt werden.[97] Das Erfordernis der familien- bzw. betreuungsgerichtlichen Genehmigung nach § 2347 Abs. 1 ist nicht entspr. anwendbar auf die Übernahme von Belastungen durch Minderjährige bei vorweggenommener Erbfolge.[98]

---

[91] Staudinger/Schotten § 2347 R 6; Soergel/Damrau § 2347 Rn 2.
[92] BGH NJW 1978, 1159 = FamRZ 1978, 237 = DNotZ 1978, 300, 301.
[93] A. Albrecht DNotZ 1997, 426; J. Mayer MittBayNot 1997, 85, 87.
[94] BGH FamRZ 1960, 28, 30; BayObLG NJW 1965, 1276.
[95] MünchKomm/Wegerhoff § 2347 Rn 9.
[96] MünchKomm/Wegerhoff § 2347 Rn 10.
[97] BGH NJW 1978, 1159 = DNotZ 1978, 300.
[98] BGHZ 24, 372, 375 f.

9. Stillschweigender Erbverzicht

Entgegen der fast einhelligen Ablehnung durch die Literatur und die obergerichtliche Rechtsprechung,[99] die im Anschluss an die Rechtsprechung des Reichsgerichts[100] fordern, dass der (Erb-)Verzicht ausdrücklich erklärt werden oder sich aus dem Inhalt des Vertrages mit Zuverlässigkeit ergeben muss, hat der Bundesgerichtshof[101] in einem Erbvertrag, in dem sich die Ehegatten gegenseitig als Alleinerben einsetzen und ein gemeinsames Kind, das Vertragspartner des Erbvertrages war, zum Schlusserben bestimmten, zugleich einen stillschweigenden Verzicht dieses Kindes auf sein Pflichtteilsrecht nach dem erstversterbenden der Ehegatten gefunden. In Fortführung dieser Rechtsprechung hat dann der BGH[102] in einem notariellen gemeinschaftlichen Testament, durch das die Eheleute Dritte zu Erben einsetzten, einen Pflichtteilsverzicht des überlebenden Ehegatten auf den Tod des Erstversterbenden gesehen. Die notarielle Praxis ist durch diese Rechtsprechung gezwungen, die Frage des Pflichtteilsrechts in gemeinschaftlichen Testamenten und Ehegattenerbverträgen jeweils ausdrücklich zu regeln. 22

Demgegenüber sieht die Rechtsprechung[103] in der bei Übergabeverträgen gebräuchlichen Klausel, der Übernehmer erkläre sich „hinsichtlich seiner elterlichen Erb- und Pflichtteilsansprüche als abgefunden" (Abfindungserklärung), auch bei Einhaltung der Form keinen erbrechtlich-dinglich wirkenden Erb- oder Pflichtteilsverzicht. Solche Erklärungen seien lediglich auf das gegenwärtige, bestehende Vermögen der Eltern bezogen und enthielten regelmäßig keinen Verzicht auf die Beteiligung an einem künftigen Vermögenserwerb der Eltern. Diese Abfindungsvereinbarungen werden somit als (schuldrechtlicher) Verzicht des Übernehmers gegenüber seinen Eltern als künftigen Erblassern auf die Geltendmachung von Ausgleichs-, Anrechnungs- und evtl. auch Pflichtteilsergänzungsansprüchen hinsichtlich aller bis zu diesem Zeitpunkt von ihnen Dritten gegenüber gemachten Zuwendungen angesehen. 23

10. Aufhebung des Erbverzichts

Der Verzicht auf das gesetzliche Erbrecht oder auf Pflichtteilsansprüche kann gem. § 2351 durch Aufhebungsvertrag für den hinsichtlich Form und Vertretungsverbot des Erblassers die Vorschriften für den Erbverzichtsvertrag gelten, wieder beseitigt werden. Nach der h. M. gilt dies, obwohl § 2352 nicht auf § 2351 verweist, entsprechend auch für Zuwendungsverzichtsverträge (siehe unten Rn 45). Ist der Erblasser geschäftsunfähig, hat für ihn sein gesetzlicher Vertreter zu handeln und braucht dazu die betreuungsgerichtliche Genehmigung, sofern der Erblasser nicht unter elterlicher Sorge steht und der Aufhebungsvertrag zwischen den Verlobten oder Ehegatten geschlossen wird. 24

Der Aufhebungsvertrag hat zur Folge, dass der Erb- und/oder Pflichtteils- oder Zuwendungsverzicht beseitigt ist, so als sei er nie erfolgt.[104] Die bereits geleistete Abfindung kann kondiziert (§ 812) werden.[105] Durch die Aufhebung können Pflichtteilsansprüche wieder begründet werden. Der Aufhebungsvertrag nach § 2351 ist die einzige Beseitigungsmöglichkeit für Erb- und/oder Pflichtteilsverzichtsverträge. Ein Rücktritt kann nur bei dem ihm zugrundeliegenden Verpflichtungsvertrag, nicht beim Verzichtsvertrag selbst 24a

---

[99] Staudinger/Schotten § 2346 Rn 13 ff.; MünchKomm/Wegerhoff § 2348 Rn 7; Kipp/Coing § 82 III Fn 24; Jochem JuS 1977, 765 f.; Habermann JuS 1979, 169; BayObLGZ 1981, 35; BayObLG Rpfleger 1984, 191.

[100] RGZ 115, 391; RGZ 118, 66.

[101] BGHZ 22, 364 = NJW 1957, 422 = JR 1957, 339 m. abl. Anm. v. Lübtow.

[102] NJW 1977, 1728 = Rpfleger 1977, 247 = DNotZ 1977, 747.

[103] RG HRR 1932 Nr. 628; BayObLGZ 1981, 30, 35 = Rpfleger 1981, 305; BayObLG Rpfleger 1984, 191.

[104] Staudinger/Schotten § 2346 Rn 100.

[105] BGHZ 77, 264, 270 = NJW 1980, 2307, 2309.

vorbehalten werden, da der Erbverzicht nicht schuldrechtlicher sondern erbrechtlicher Vertrag ist und in den §§ 2346 ff. im Gegensatz zu § 2293 kein Rücktrittsvorbehalt vorgesehen ist.[106] Ein vorbehaltener Rücktritt kann jedoch in eine auflösende Bedingung umgedeutet werden.[107] Der Erb- und Pflichtteilsverzichtsvertrag kann von den Vertragschließenden nur zu ihren Lebzeiten aufgehoben werden.[108] Dies ist hinsichtlich des Todes des Erblassers unstreitig, hinsichtlich des Todes des Verzichtenden wurde vertreten,[109] dass dann die Drittwirkung des § 2349 sowohl durch Vertrag zwischen dem Erblasser und den Erben des Verzichtenden wie auch durch Vertrag zwischen ihm und den Abkömmlingen des Verzichtenden beseitigt werden könne. Dem steht für den Praktiker aber die Entscheidung des BGH[110] entgegen.

24b Eine erbvertragliche Bindung hindert den Erblasser nicht, einen Erb- und/oder Pflichtteilsverzicht aufzuheben, auch wenn dadurch gegen die Vertragserben wieder Pflichtteilsansprüche erwachsen. Er verstößt damit auch nicht gegen § 2287.[111] Die Aufhebung des Verzichtsvertrages bedarf nicht der Zustimmung dritter Personen, weder der Abkömmlinge, auf die sich die Wirkung des Verzichts nach § 2349 erstreckt, noch des Ehegatten bzw. des eingetragenen Lebenspartners oder des Insolvenzverwalters einer Vertragspartei.[112] Auch die ggf. erbvertraglich bindend durch den Erblasser bedachten Personen müssen diese „faktische" Verschlechterung ihrer Lage (durch Hinzutreten von pflichtteilsberechtigten Personen) genauso hinnehmen, wie wenn der Erblasser nach Abschluss des Erbvertrages wieder heiratet, adoptiert oder weitere leibliche Kinder bekommt.[113] Es ist auch nicht möglich, die Aufhebung eines Erbverzichts vertraglich von der Zustimmung eines Dritten abhängig zu machen.[114] Das oft – insbesondere bei lebzeitigen Zuwendungen mit oder ohne Abfindungsleistungen an Dritte – evident bestehende Bedürfnis nach „Stabilisierung der Pflichtteilslage" kann jedoch in den meisten Fällen dadurch befriedigt werden, dass parallel zum Erb- und/oder Pflichtteilsverzichtsvertrag auf der einen Seite, und ggf. dem Erbvertrag auf der anderen Seite ein Vertrag zwischen dem Verzichtenden und dem durch den Erb-/Pflichtteilsverzicht Begünstigten gemäß § 311 b Abs. 5 geschlossen wird. Dies scheitert jedoch, wenn der andere Beteiligte nicht zum Kreis (potentieller) gesetzlicher Erben im Sinne dieser Bestimmung gehört (siehe dazu nachfolgend Rn 60 f.). Nicht völlig ausgeschlossen erscheint es, u. U. eine – nach der hier vertretenen Auffassung unzulässige – Vereinbarung, wonach die Aufhebung eines Pflichtteilsverzichts der Zustimmung eines dritten Vertragsbeteiligten bedarf, so auszulegen oder umzudeuten, dass hiermit eine Vereinbarung gemäß § 311 b Abs. 5 gewollt ist.

11. Entgeltlicher Erb- und/oder Pflichtteilsverzichtsvertrag

25 Der Erbverzicht ist ein erbrechtlicher Verfügungsvertrag negativen Inhalts, der nach der gesetzlichen Begriffsbestimmung einen Verzicht des Verwandten oder Ehegatten des Erblassers auf sein gesetzliches Erbrecht enthält.[115] Der Erbverzicht hat selbst keinen

---

[106] Staudinger/Schotten § 2346 Rn 11; Soergel/Damrau § 2346 Rn 12; BayObLGZ 1957, 292, 294 = NJW 1958, 344.

[107] BayObLGZ 1957, 292; Soergel/Damrau § 2346 Rn 7.

[108] BGH NJW 1998, 3117 = ZEV 1998, 304.

[109] So Muscheler ZEV 1999, 49, 51; OLG München ZEV 1997, 299 aufgehoben durch BGH NJW 1998, 3117.

[110] BGH NJW 1998, 3117 = ZEV 1998, 304 m. zust. Anm. Siegmann in ZEV 1998, 383; siehe auch J. Mayer, MittBayNot 1999, 41.

[111] BGHZ 77, 264, 269 f. = NJW 1980, 2307, 2308; Kanzleiter DNotZ 2009, 86, 90 f.

[112] Staudinger/Schotten § 2346 Rn 98 m. w. N.

[113] Kanzleiter DNotZ 2009, 86.

[114] Staudinger/Schotten § 2346 Rn 98 m. w. N.; a. A. OLG Karlsruhe ZEV 2000, 108, 111; Schindler DNotZ 2004, 824, 838; MünchKomm/Musielak § 2287 Rn 10.

[115] BGHZ 37, 319, 325 = NJW 1962, 1910; BayObLG NJW-RR 1995, 648 = FamRZ 1995, 964 = ZEV 1995, 228.

verpflichtenden Inhalt, er ist ein abstraktes erbrechtliches Verfügungsgeschäft und führt als unmittelbare Rechtswirkung den Verlust des Erbrechts herbei.[116] Früher nahm man an, dass der Erbverzicht als Verfügungsgeschäft seine Rechtfertigung in sich selbst trage, es bei ihm daher keines Rechtsgrundes *(causa)* bedürfe. Seit Larenz[117] und vor allem Lange[118] ist jedoch h. M., dass der Erbverzicht zwar wie jedes Verfügungsgeschäft abstrakt ist, aber eines Rechtsgrundes, eines schuldrechtlichen Verpflichtungsgeschäfts (**Kausalgeschäft**) bedarf,[119] um kondiktionsfest zu sein.[120] Diesem Verpflichtungsgeschäft steht § 2302 nicht entgegen, weil der Erbverzicht keine Verfügung von Todes wegen ist.[121]

Das Verpflichtungsgeschäft ist beim unentgeltlichen Verzicht keine Schenkung, da nur eine Chance und kein subjektives Recht aufgegeben wird (arg. § 517),[122] es ist ein einseitig verpflichtender unentgeltlicher Vertrag, in dem sich der Verzichtende verpflichtet, ganz oder teilweise auf sein zukünftiges Erbrecht zu verzichten. Es ist ein Rechtsgeschäft „sui generis".[123] Beim entgeltlichen Erbverzicht kann das Verpflichtungsgeschäft ein gegenseitiger Schuldvertrag nach §§ 320 ff. sein,[124] der den einen Vertragsteil zum Abschluss eines Erbverzichtsvertrages mit dem Erblasser und den anderen zur Zahlung einer Abfindung verpflichtet.[125] Der Abfindungsvertrag bedarf nach heute wohl h. M. entsprechend § 2348 der notariellen Form.[126] Bei der häufigen Nichtbeachtung der Form tritt analog §§ 311 b Abs. 1 Satz 2, 518 Abs. 2, 766 Satz 2, 2301 Abs. 2 BGB, 15 Abs. 4 GmbHG mit Abschluss des gültigen Erbverzichtsvertrages Formheilung ein.[127] Das Stellvertretungsverbot hinsichtlich des Erblassers beim Erbverzicht nach § 2347 Abs. 2 findet auf den Verpflichtungsvertrag keine Anwendung.[128] Da das Verpflichtungsgeschäft beim entgeltlichen Erbverzicht ein echter gegenseitiger Vertrag nach §§ 320 ff. ist, können Leistungsstörungen in dem Austauschverhältnis nach diesen Vorschriften durch Leistungsklage, Schadensersatz oder Rücktritt beseitigt werden. Notfalls kann bei fehlendem oder nichtigem Erbverzicht die geleistete Abfindung kondiziert (§ 812) werden.[129] Stirbt der Erblasser vor Abschluss des Erbverzichtsvertrages, wird der zum Verzicht Verpflichtete gem. § 275 von seiner Leistung frei, da hier ein höchstpersönlicher Anspruch des Erblassers auf Regelung seiner Erbfolge vorliegt.[130] Die Erben des Erblassers können dann aber nach §§ 326 Abs. 4, 346 Rückzahlung der Abfindung für den Erbverzicht verlangen.[131] Ferner können der Erbverzicht und die Abfindungsvereinbarung durch eine Bedingung miteinander verknüpft werden, etwa in der Weise, dass die Gültigkeit der 25a

---

[116] MünchKomm/Wegerhoff § 2346 Rn 2 f.; BayObLG ZEV 1995, 228.
[117] JherJb Bd. 81 (1931), S. 22 ff.
[118] FS Nottarp, 1961, S. 119 ff.
[119] BGHZ 134, 152 = NJW 1997, 653 = ZEV 1997, 69, 70; BayObLG NJW-RR 1995, 648 = ZEV 1995, 228 = FamRZ 1995, 964, 965; eingehend: Schotten DNotZ 1998, 163; Lange/Kuchinke, § 7 I, 5 a; Staudinger/Schotten § 2346 Rn 115; MünchKomm/Wegerhoff § 2346 Rn 3, 22; Degenhardt Rpfleger 1969, 145; Haegele BWNotZ 1971, 37.
[120] J. Mayer in Bamberger/Roth, § 2346 Rn 26.
[121] MünchKomm/Wegerhoff § 2346 Rn 3.
[122] Haegele Rpfleger 1968, 250; Staudinger/Schotten § 2346 Rn 121; Lange/Kuchinke § 7 I 4 Fn 20; BGHZ 77, 264, 270; MünchKomm/Wegerhoff § 2346 Rn 5.
[123] Bamberger/Roth/J. Mayer, § 2346 Rn 27; Staudinger/Schotten, § 2346 Rn 121.
[124] MünchKomm/Wegerhoff § 2346 Rn 22.
[125] Mattern LM § 2271 Nr. 13.
[126] KG DNotZ 1975, 163; Schotten DNotZ 1998, 163, 176; Palandt/Edenhofer § 2348 Rn 1; die bei Kuchinke NJW 1983, 2354 Fn 5 Genannten; Damrau NJW 1984, 1163; a. M. Kuchinke NJW 1983, 2354, 2358.
[127] Soergel/Damrau § 2346 Rn 2 m. w. N.; Damrau NJW 1984, 1163, 1164.
[128] BGHZ 37, 319, 328.
[129] BGHZ 77, 264, 270 = NJW 1980, 2307, 2309.
[130] BGHZ 37, 319, 329 f.; MünchKomm/Wegerhoff § 2346 Rn 23.
[131] Schlüter Rn 412.

Abfindungsvereinbarung zur Bedingung des Erbverzichts gemacht wird.[132] Die Gegenleistung, die zur Bedingung des Erbverzichts gemacht wird, kann dabei auch eine Vermächtniszuwendung sein.[133]

26 Schwierigkeiten bereitet der Ausgleich allerdings bei wirksamem abstraktem Erbverzicht jedoch **fehlendem oder nichtigem Verpflichtungsvertrag.** Die sonst in solchen Fällen eingreifende Kondiktion (§§ 812 ff.) wird von der h. M. abgelehnt, weil der Erblasser durch den Erbverzicht nicht „etwas", d. h. keinen Vermögensvorteil und nicht „auf Kosten", d. h. mangels vermögenswerter Anwartschaft zum Nachteil eines anderen erlangt hat.[134] Als Ersatzlösungen wurden ein Anfechtungsrecht analog § 2081, ein Rücktrittsrecht entsprechend § 2295, eine stillschweigende Bedingung, der Einwand der unzulässigen Rechtsausübung und der Wegfall der Geschäftsgrundlage angeboten.[135] Der BGH[136] hat aus dem Gesichtspunkt der Rechtssicherheit heraus diesen Ersatzlösungen eine Absage erteilt und sieht allenfalls im Einzelfall einen Schadensersatzanspruch als prüfungswürdig. Demgegenüber kann der dem Verzicht zugrundeliegende **schuldrechtliche Abfindungsvertrag** nach den Grundsätzen über die Änderung und den **Wegfall der Geschäftsgrundlage** angepasst werden.[137] Die jüngste Entwicklung ging dahin, dass versucht wird die von BVerfG und BGH entwickelte Inhalts- und Ausübungskontrolle von Eheverträgen auf Pflichtteilsverzichtsverträge auszudehnen[138] (siehe oben Rn 3 b).

27 Aus diesem Grund empfiehlt sich immer Erbverzicht und Abfindungsvereinbarung durch Vereinbarung eines gegenseitigen Bedingungsverhältnisses rechtsgeschäftlich miteinander zu verbinden.[139] Streitig ist, ob ein solches Bedingungsverhältnis bei einem entgeltlichen Erbverzicht **stillschweigend** angenommen werden kann. Die heute wohl h. M.[140] verlangt, dass sich zumindest aus dem Wortlaut der Urkunde Anhaltspunkte für einen entsprechenden einheitlichen Geschäftswillen der Vertragsparteien auf Vereinbarung eines Bedingungsverhältnisses ergeben müssen.[141] In dieser Weise kann auch die Aufrechterhaltung einer Verfügung von Todes wegen zur auflösenden Bedingung eines Erb- und/oder Pflichtteilsverzichts gemacht werden,[142] so z. B. der als Gegenleistung gedachten erbrechtlichen Zuwendung. Eine Verpflichtung zur Errichtung einer Verfügung von Todes wegen kann dagegen wegen § 2302 nicht Gegenstand der Abfindung sein,[143] wohl aber auflösende oder aufschiebende Bedingung des Verzichts, da dieser dadurch lediglich eingeschränkt wird, nicht jedoch die Testierfreiheit (siehe oben § 3 Rn 68). Eine

---

[132] MünchKomm/Wegerhoff § 2345 Rn 25.

[133] BayObLG ZEV 1995, 228.

[134] Damrau, Der Erbverzicht, S. 99 ff.; Soergel/Damrau § 2346 Rn 11; Palandt/Edenhofer § 2346 Rn 11; a. M. MünchKomm/Wegerhoff § 2346 Rn 24 m. w. N.; Staudinger/Schotten § 2346 Rn 183 m. w. N.

[135] Siehe hierzu Staudinger/Schotten Einl. zu §§ 2346 Rn 92 ff.; Soergel/Damrau Vor § 2346 Rn 4.

[136] BGH ZEV 1999, 62 m. Anm. Skibbe ZEV 1999, 106.

[137] BGHZ 134, 152 = ZEV 1997, 69 m. Anm. Edenfeld; Bamberger/Roth/J. Mayer, § 2346 Rn 33; Wendt, ZNotP 2006, 2.

[138] Wachter, ZErb 2004, 238; heftig widersprochen von Bengel ZEV 2006, 192 u. Kapfer MittBayNot 2006, 385; siehe dazu auch das „Wildmoser"-Urteil des OLG München ZEV 2006, 313 = ZNotP 2006, 385, das einen Erbverzichtsvertrag wegen unrichtiger Schilderung der Ausgangstatsachen für sittenwidrig erklärt hat, ohne zwischen Anfechtbarkeit und Sittenwidrigkeit zu differenzieren; nun aber einschränkend BGH DNotI-Report 2011, 28.

[139] BayObLG NJW-RR 1995, 648 = ZEV 1995, 228; Lange FS Nottarp, S. 124; Haegele BWNotZ 1971, 37; Staudinger/Schotten § 2346 Rn 153 ff.; BGHZ 37, 319, 327 = NJW 1962, 1910; MünchKomm/Wegerhoff § 2346 Rn 25; Skibbe ZEV 1999, 106.

[140] Damrau, Erbverzicht, S. 92 ff.; MünchKomm/Wegerhoff § 2346 Rn 26 m. w. N.

[141] Damrau, Der Erbverzicht, S. 93 ff.

[142] Staudinger/Schotten § 2346 Rn 141 ff.

[143] BayObLGZ 1995, 29, 35 = ZEV 1995, 228, 229; Schotten DNotZ 1998, 163, 167; Staudinger/Schotten § 2346 Rn 142.

andere Möglichkeit der Verknüpfung von Grundgeschäft (**Abfindungsvertrag**) und Erbverzicht ist ihre Ausgestaltung als einheitliches Ganzes, sodass § 139 eingreift, wenn das Grundgeschäft unwirksam ist.[144] Dies kann ausdrücklich etwa mit den Worten: „Erbverzicht und Abfindungsvereinbarung bilden ein einheitliches Rechtsgeschäft i.S. 28
von § 139 BGB." erfolgen, kann aber auch aus ihrer Aufnahme in derselben Urkunde geschlossen werden. Grundsätzlich trägt jedoch derjenige, der sich darauf beruft, die Beweislast dafür, dass beide Rechtsgeschäfte Teile eines einheitlichen Rechtsgeschäfts i.S. von § 139 sein sollten.[145] Besteht das Entgelt für den Erb- und/oder Pflichtteilsverzicht statt in einer alsbald unter Lebenden zu leistenden Abfindung in einem vom Erblasser dem Verzichtenden erbvertraglich ausgesetzten Vermächtnis, so ist diese „Gegenleistung" bis zum Erbfall einer Reihe von Gefahren ausgesetzt.[146] Der Vermächtnisgegenstand kann z.B. beim Erbfall nicht mehr vorhanden sein (§ 2169), oder die Wertrelation zwischen ihm und dem Gesamtnachlass kann sich durch Zuerwerb drastisch verschieben, oder der Vermächtnisnehmer muss sich gem. § 2318 Abs. 1 das Vermächtnis, z.B. wegen anderer Pflichtteilsansprüche kürzen lassen (siehe oben § 2 Rn 83), oder beim Erbverzicht erhöht sich gem. § 2310 Satz 2 der Pflichtteil anderer planwidrig nicht verzichtender Pflichtteilsberechtigter (siehe oben § 2 Rn 35). Lösungsmöglichkeiten können in einem entsprechend bedingten und eingeschränkten Pflichtteilsverzicht bestehen und § 2318 Abs. 1 kann abbedungen werden, § 2324.[147]

12. Erb- und/oder Pflichtteilsverzicht und Pflichtteilsergänzungsanspruch

29 Verzichtet ein Pflichtteilsberechtigter gegen Abfindung auf sein gesetzliches Erb- oder Pflichtteilsrecht, so schmälert die Abfindung das Vermögen des Erblassers und damit seinen späteren Nachlass. Dies mindert die Ansprüche der übrigen Pflichtteilsberechtigten. Es fragt sich daher, ob die Gewährung der Abfindung Schenkungscharakter im Sinne des § 2325 haben kann und damit Pflichtteilsergänzungsansprüche auslöst oder ob sie durch den Erbverzicht als Gegenleistung grundsätzlich entgeltlich erfolgt. Während die wohl immer noch h.M. die grundsätzliche Entgeltlichkeit der Abfindung annimmt,[148] hält eine immer stärker werdende Meinung entweder grundsätzlich Unentgeltlichkeit für gegeben oder differenziert nach der Höhe der Abfindung.[149] Für die Praxis dürfte es zweckmäßig sein, beim Erbverzicht gegen Abfindung jeweils festzulegen, was von der Abfindung reines Entgelt für den Verzicht, was Schenkung oder was bei Abkömmlingen Ausstattung sein soll.[150]

13. Urkundenbehandlung

30 Eine besondere amtliche Verwahrung wie bei Verfügungen von Todes wegen findet beim Erbverzichtsvertrag nicht statt. Der Notar hat aber gem. § § 20 Abs. 2 DONot und der aufgrund § 347 Abs. 4 S. 1, Abs. 6 FamFG erlassenen Verordnungen das Standesamt des Geburtsortes des Erblassers oder wenn der Erblasser außerhalb des Geltungsbereichs des Grundgesetzes geboren ist, die Hauptkartei für Testamente beim Amtsgericht Schöneberg

[144] A. A. Palandt/Edenhofer § 2346 Rn 8.

[145] Baumgärtel/Laumen/Schmitz, Beweislast § 2346 Rn 4.

[146] Siehe hierzu Ebenroth/Fuhrmann BB 1989, 2049; Fuhrmann, Modelle lebzeitiger Unternehmensübertragung, Diss. Konstanz 1989, S. 36 ff.

[147] Siehe hierzu eingehend mit Formulierungsvorschlägen Ebenroth/Fuhrmann BB 1989, 2049, 2059 ff.; BayObLGZ 1995, 29 = ZEV 1995, 783.

[148] Lange FS Nottarp, 1961, S. 119 f.; Coing NJW 1967, 278; Damrau FamRZ 1969, 131.

[149] Zum Meinungsstand: Kornexl, Der Zuwendungsverzicht, 1998, Rn 89 ff.; Speckmann NJW 1970, 117 ff.; Haegele BWNotZ 1971, 36, 37 ff.; Schramm BWNotZ 1971, 162; Wieser MittBayNot 1970, 135, 139.

[150] Schramm BWNotZ 1971, 162, 163.

in Berlin (vgl. zu Gesetzesänderung per 1. 1. 2012 oben § 17 Rn 83) vom Erbverzicht zu benachrichtigen. Ferner hat der Notar, sobald er vom Erbfall Kenntnis erhält, eine beglaubigte Abschrift des Erbverzichtsvertrages dem Nachlassgericht einzureichen. Beim bloßen Pflichtteilsverzicht entfällt die Benachrichtigungspflicht an das Geburtsstandesamt, da durch ihn die Erbfolge nicht geändert wird. Da durch die obigen untergesetzlichen Vorschriften die Verschwiegenheitspflicht der Notare nach § 18 BNotO nicht geändert werden konnte,[151] sollte beim Erbverzichtsvertrag durch einen entsprechenden Antrag der Beteiligten eine Entbindung vom Schweigegebot herbeigeführt werden.

14. Erbschaft- und Schenkungsteuer

31 Nicht der Erb-, Pflichtteils- oder Vermächtnisverzicht i. S. der §§ 2346, 2352 ist steuerbar, [152] wohl aber die Abfindungsleistung für einen solchen Verzicht. Sie gilt gem. § 7 Abs. 1 Nr. 5 ErbStG als Schenkung unter Lebenden. Auch wenn die Abfindung von einem Dritten bezahlt wird, bestimmt sich die Steuerklasse jeweils nach dem Verhältnis des Verzichtenden zum Erblasser.[153] Steuerpflichtig ist der Verzichtende, der die Abfindung erhält.

15. Checkliste für Erb- und/oder Pflichtteilsverzichtsverträge

32
1. Notarielle Beurkundung ist erforderlich (§§ 2348, 2352), die jedoch auch durch Angebot und Annahme (§ 152) erfolgen kann.
2. Der Erblasser muss den Vertrag persönlich schließen (§ 2347 Abs. 2), während sich der Verzichtende vertreten lassen oder nachgenehmigen kann. Letzteres aber nicht mehr nach dem Tod des Erblassers! – Rn 19.
3. Der Vertrag kann aufschiebend oder auflösend bedingt geschlossen werden, nicht jedoch unter Widerrufs- oder Rücktrittsvorbehalt. – Rn 13.
4. Der Verzicht kann beschränkt werden auf:
   a) den Pflichtteil (§ 2346 Abs. 2) – Rn 11 f.
   b) den gesetzlichen Erbteil unter Vorbehalt des Pflichtteils – Rn 6
   c) einen ideellen Bruchteil der Erbschaft (jedoch nicht gegenständlich!)
   d) die Übernahme von Beschränkungen und Beschwerungen i. S. von § 2306
   e) die Geltendmachung des Pflichtteils bezüglich eines bestimmten Gegenstandes oder eines bestimmten Geldbetrages, oder die Festlegung einer bestimmten Berechnungsweise – Rn 12 f.
5. Verzicht zugunsten eines anderen, d. h. aufschiebend bedingt durch den Anfall bei dem anderen (§ 2350) – Rn 15.
6. Bei entgeltlichen Erb- und/oder Pflichtteilsverzichtsverträgen ist die „Gegenleistung“ genau zu beziffern und zu bewerten, und das Grundgeschäft *(Abfindungsvereinbarung)* ist mit dem Verzicht durch Bedingung oder verlautbarten Einheitlichkeitswillen i. S. des § 139 zu verknüpfen – Rn 25. Evtl. ist die Erfüllung der Abfindungsvereinbarung mit dadurch aufschiebend bedingtem Verzicht sicherzustellen – Rn 27.
7. Feststellung, ob der Verzichtende bereits in einer Verfügung von Todes wegen bedacht ist und ob sich der Verzicht auch darauf erstrecken soll.
8. Ggf. Stabilisierung der Vereinbarung im Drittinteresse durch Abschluss einer ergänzenden Vereinbarung gemäß § 311 b Abs. 5, falls diesbezügliche Einschränkung der Dispositionsbefugnis der Parteien des Verzichtsvertrages gewollt ist.

---

[151] Kanzleiter DNotZ 1972, 519, 522 u. 1975, 26, 27.
[152] Staudinger/Schotten Einl. Zu §§ 2346–2352 Rn 87.
[153] BFH BStBl. II 1977, 730; Meincke ErbStG § 7 Rn 107.

II. Zuwendungsverzichtsvertrag[154]

1. Gegenstand und Voraussetzungen des Zuwendungsverzichts

Nach § 2352 kann der Erblasser mit demjenigen, der durch Testament oder als nicht 33
am Erbvertrag beteiligter Dritter von ihm als Erbe eingesetzt oder mit einem Vermächtnis bedacht ist, einen Vertrag abschließen, in dem auf diese Zuwendung verzichtet wird. Verzichten können nicht nur die unmittelbar eingesetzten Erben, sondern auch ausdrücklich oder stillschweigend eingesetzte Ersatzerben und Ersatzvermächtnisnehmer.[155] Die Verfügung von Todes wegen, auf deren Zuwendungen verzichtet wird, muss beim Verzicht bereits vorhanden sein; ein Verzicht auf künftige Zuwendungen ist nicht zulässig.[156] Eine letztwillige Zuwendung, die nach Abschluss des Zuwendungsverzichtsvertrages gemacht wird, wird daher von ihm nicht erfasst.[157] Ein Verzichtender kann sich daher gegen letztwillige Zuwendungen an andere hinter seinem Rücken nur durch die auflösende Bedingung seines Verzichts sichern. Die Bedeutung des § 2352 wird dadurch eingeschränkt, dass Testamente grundsätzlich frei widerrufen (§§ 2253 ff.) und Erbverträge von den Vertragsschließenden jederzeit aufgehoben werden können (§ 2290). Zuwendungsverzichte sind daher nur dann zweckmäßig, wenn der Widerruf oder die Aufhebung der Verfügung von Todes wegen nicht möglich ist. Dies ist der Fall, wenn der Erblasser geschäftsunfähig geworden ist, sodass er seine Verfügung nicht aufheben, sein gesetzlicher Vertreter aber einen Zuwendungsverzichtsvertrag schließen kann, beim gemeinschaftlichen Testament hinsichtlich wechselbezüglicher Verfügungen nach dem Tod eines Ehegatten[158] und beim Erbvertrag nach dem Tod (oder auch dem Verlust der Geschäftsfähigkeit) eines der Vertragschließenden.[159] Form und persönliche Voraussetzungen sind beim Zuwendungsverzichtsvertrag gemäß den in § 2352 Satz 2 in Bezug genommenen §§ 2347, 2348 dieselben wie beim Erbverzichtsvertrag. Die Vertragsschließenden eines Erbvertrages selbst können ihre vertragsmäßigen Verfügungen, auch wenn sie Erblasser und Begünstigter sind, nicht durch Zuwendungsverzichtsvertrag aufheben, da sie nicht „Dritte“ i. S. von § 2352 Satz 2 sind, sondern nur durch Aufhebungsvertrag gem. § 2290.[160] Wurde der Erbvertrag allerdings zwischen mehr als zwei Personen abgeschlossen, so ist, nach wohl richtiger Ansicht, ein Zuwendungsverzicht zulässig.[161] Auf jeden Fall können vertragsmäßige Verfügungen eines Erbvertrages vom Erblasser und dem durch den Vertrag begünstigten, jedoch nicht am Vertragsabschluss beteiligten Dritten ohne Zuziehung und ohne Zustimmung des Vertragsgegners, also auch nach seinem Tod durch Zuwendungsverzichtsvertrag gem. § 2352 Satz 2 aufgehoben werden.[162]

[154] Siehe dazu eingehend Kornexl, Der Zuwendungsverzicht, 1998; J. Mayer ZEV 1996, 127; Dohr MittRhNotK 1998, 381, 404 ff.

[155] Staudinger/Schotten § 2352 Rn 26.

[156] BayObLG Rpfleger 1987, 374; BGHZ 30, 261, 267.

[157] MünchKomm/Wegerhoff § 2352 Rn 3.

[158] OLG Hamm Rpfleger 1982, 148.

[159] Jackschath MittRhNotK 1977, 117, 123 f.; Erman/Schlüter Vor § 2346 Rn 2.

[160] OLG Hamm Rpfleger 1977, 208; OLG Stuttgart DNotZ 1979, 107 = OLGZ 1979, 129 m. w. N.

[161] J. Mayer ZEV 1996, 127, 129; MünchKomm/Wegerhoff, § 2352 Rn 8; BayObLGZ 1965, 188, 192 f.; Kornexl a. a. O. Rn 481 f.; Reul MittRhNotK 1997, 373, 385; noch weiter gehend (für alle Fälle, in denen es den Parteien des Zuwendungsverzichtsvertrages nicht möglich ist, den Erbvertrag aufzuheben) Staudinger/Schotten § 2352 Rn 25.

[162] J. Mayer in R/B/M § 2290 Rn 14; MünchKomm/Wegerhoff § 2352 Rn 8 f.; KG OLGE 36, 236, 237 f.

2. Wirkung des Zuwendungsverzichts

a) Allgemein

34 Der Zuwendungsverzicht bewirkt nicht die Aufhebung der betroffenen Verfügung, sondern verhindert nur den Anfall der Zuwendung (Erbeinsetzung, Vermächtnis) an den Verzichtenden, wie wenn er den Erbfall nicht erlebt hätte (§ 2346 Abs. 1 Satz 2).[163] Die vom Zuwendungsverzicht betroffene Verfügung wird durch ihn, anders als bei einer Anfechtung oder einem Widerruf, nicht nichtig, sondern nur gegenstandslos, d. h. das rechtliche Schicksal der weiter in der Verfügung von Todes wegen enthaltenen Bestimmungen wird dadurch nicht berührt.[164]

b) Die (eingeschränkte) Erstreckungswirkung des Zuwendungsverzichts seit 1. Januar 2010

35 Im Gegensatz zur Rechtslage bis 31.12.2009 **erstreckt sich die Wirkung des Zuwendungsverzichts nunmehr grundsätzlich auch auf die Abkömmlinge des Verzichtenden,**[165] da die Verweisung in § 2352 S. 3 nunmehr auch § 2349 umfasst. Nach Art. 229 § 23 Abs. 4 EGBGB gelten für Erbfälle ab dem 1. 1. 2010 die neuen Vorschriften „unabhängig davon, ob an Ereignisse aus der Zeit vor dem Inkrafttreten dieser Vorschrift angeknüpft wird", so dass grds. auch früher abgeschlossene Zuwendungsverzichtsverträge hiervon erfasst sind.[166] Die Auslegung kann jedoch ergeben, dass unter der alten Rechtslage abgegebene Verzichte von den Beteiligten als dieser Lage entsprechend ohne Erstreckungswirkung gewollt waren.[167] Da weitere Bestimmungen in der Verfügung von Todes wegen, wie z. B. mit ihr vertragliche oder wechselbezügliche Bestimmungen, durch den Zuwendungsverzicht nicht berührt werden,[168] **erstreckt sich der Verzicht auch nach der Neuregelung nicht** auf ausdrücklich zu Ersatzerben (§ 2096) oder Ersatzvermächtnisnehmer (§ 2190) Berufene und grundsätzlich auch nicht auf die dazu auf Grund der Auslegungsregel des § 2069 stillschweigend Berufenen, soweit diese nicht Abkömmlinge des Erstberufenen sind. Dasselbe gilt, wenn der Erstberufene nicht Abkömmling oder Seitenverwandter des Erblassers ist[169] Durch einen Zuwendungsverzichtsvertrag **nur mit den unmittelbar berufenen Schlusserben** eines Berliner Testaments (§ 2269) kann sich der längerlebende Ehegatte auch weiterhin nicht von **der Bindung an seine wechselbezüglichen Verfügungen** befreien, wenn der Wegfall der Verzichtenden eine Anwachsung nach §§ 2094, 2158 oder eine ausdrückliche Ersatzberufung nach §§ 2096, 2190 auslöst.[170] Dagegen wird nach der Rechtsprechung[171] durch den Zuwendungsverzicht allein des unmittelbar bestimmten Schlusserben der überlebende Ehegatte von der erbrechtlichen

---

[163] MünchKomm/Wegerhoff § 2352 Rn 12.

[164] MünchKomm/Wegerhoff § 2352 Rn 12.

[165] Staudinger/Schotten § 2352 Rn 32 f. (der diese Rechtsfolge auch der alten Rechtslage entnahm, Schotten ZEV 1997, 1); zustimmend zur Neuregelung z. B. Muscheler ZEV 2008, 105, 109; Langenfeld NJW 20 090, 3121, 3122 f.; Keim RNotZ 2009, 574; ders. MittbayNot 2010, 85, 91; J. Mayer ZEV 2010, 2, 5 f.; krit. jedoch Kanzleiter DNotZ 2009, 805; ders. bereits in FS Werner (2009), 508; Klinck ZEV 2009, 533.

[166] Kanzleiter DNotZ 2009, 805, 806.

[167] Keim RNotZ 2009, 574, 576.

[168] MünchKomm/Wegerhoff § 2352 Rn 13; Blomeyer FamRZ 1974, 421, 426.

[169] Kanzleiter DNotZ 2009, 805, 810.

[170] OLG Hamm OLGZ 1982, 272, 276 = Rpfleger 1982, 148 = FamRZ 1982, 203; übersehen von OLG Köln FamRZ 183, 837 m. abl. Anm. Brems FamRZ 1983, 1278.

[171] So OLG München FGPrax 2007, 88 = DNotZ-Report 2007, 39 = Rpfleger 2007, 146 ff., das sich dabei auf die Rechtsprechung des BGHZ 149, 363 = NJW 2002, 1126 = ZEV 2002, 150 stützt, wonach die Vermutung des § 2270 Abs. 2 (Vermutung der Wechselbezüglichkeit) auf die Ersatzerbberufung der Abkömmlinge nur dann Anwendung findet, wenn die Ersatzerbeinsetzung nicht allein auf der Auslegungsregel des § 2069 beruht, sondern auf einem individuell feststellbaren Willen der Ehegatten (keine kumulative Anwendung von Auslegungsregeln).

Bindung frei und kann einseitig abändern, wenn keine ausdrückliche Ersatzerbenberufung besteht, sondern sich diese nur aus der kumulativen Anwendung der Auslegungsregeln der §§ 2069, 2270 Abs. 2 ergibt.

Trotz des dies nicht a priori ausschließenden Wortlauts wird eine sachgerechte Auslegung der Neuregelung auch ergeben, dass der Verzicht eines Zuwendungsempfängers sich nicht auf andere Zuwendungen beziehen kann, welche in derselben Verfügung von Todes wegen direkt seinen Abkömmlingen gemacht wurden.[172] Dies führt dann z. B. dazu, dass der Verzicht des Vorerben nicht die Einsetzung seiner Abkömmlinge als Nacherben gegenstandslos werden lässt, nach zutreffender Ansicht[173] in dieser Konstellation ausnahmsweise auch nicht die hierin enthaltene Ersatzerbeneinsetzung seiner Abkömmlinge.

Soweit sich die Erstreckung des Zuwendungsverzichts also auch weiterhin nicht auf ersatzweise bedachte Personen bezieht (oder sofern man einer Verfassungswidrigkeit der Neuregelung vorbauen will),[174] muss daher der Zuwendungsverzicht auch künftig mit allen vorhandenen Ersatzerben bzw. -vermächtnisnehmern abgeschlossen werden. Ist einer dieser Ersatzerben minderjährig, ist die Bestellung eines Ergänzungspflegers (§§ 2347, 1629 Abs. 2, 1795 Abs. 1 Nr. 1) und die Genehmigung des Familiengerichts erforderlich, die allerdings nur bei vollwertiger Abfindung zu erlangen ist (§ 1804). Eine den Erblasser von einer vertraglichen oder wechselbezüglichen Bindung befreiende rückwirkende Gegenstandslosigkeit der Verfügung tritt auch nicht etwa dadurch ein, dass der Verzichtende den Erbfall erlebt und daher die Ersatzberufung ohne den Verzicht des Erstberufenen gegenstandslos gewesen wäre, da die Ersatzberufenen eben gerade durch den Zuwendungsverzicht an die Stelle des Verzichtenden getreten sind.[175] Der Zuwendungsverzicht ist ein Wegfall im Sinne von § 2096 und lässt daher die Ersatzerbeinsetzung unmittelbar Wirkung erlangen. Dieselbe Situation ist gegeben beim Zuwendungsverzicht nur des in erster Linie vertraglich Bedachten beim Erbvertrag nach dem Tod eines der Vertragschließenden. 35a

c) Die Erstreckungswirkung durch ergänzende Auslegung

Eine Quasi-Erstreckung auf Ersatzberufene erfolgte jedoch bereits vor der Gesetzesänderung durch eine Reihe von tatsächlichen Vermutungen, die von der Rechtsprechung entwickelt wurden, die allerdings nicht der Auslegung des Zuwendungsverzichtsvertrages dienen, da bei ihm ja bislang durch ausdrückliche Vereinbarung eine solche Erstreckungswirkung nicht herbeigeführt werden konnte, sondern der Auslegung der Verfügung von Todes wegen durch Ermittlung des hypothetischen Erblasserwillens. Gegen diese tatsächlichen Vermutungen ist der Gegenbeweis zugelassen. Die bisherige Rechtsprechung könnte weiter fruchtbar gemacht werden, falls die gesetzliche Erstreckungswirkung gem. §§ 2352 S. 3, 2349 aufgrund Verfassungswidrigkeit nicht zum Tragen käme. Zu unterscheiden sind dabei folgende Fallgruppen: 36

- Die Verfügung von Todes wegen enthält **keine ausdrückliche Ersatzerbenberufung.** Es steht daher nur die Ersatzberufung der Abkömmlinge nach der **Auslegungsregel des § 2069** in Frage. Die wohl h. M. nahm in diesem Fall eine gegen die Ersatzberufung der Abkömmlinge nach § 2069 sprechende tatsächliche Vermutung an, **falls der Verzicht gegen vollständige Abfindung,** d. h. vollwertige Gegenleistung erfolgt, da sonst der Stamm doppelt begünstigt würde.[176] Wegen dieser Meinung zur Erstreckung des Zu-

[172] Vgl. Kanzleiter DNotZ 2009, 805, 810.

[173] Keim RNotZ 2009, 576.

[174] Zu Zweifeln vgl. Kanzleiter DNotZ 2009, 805, 812 f.

[175] Brems FamRZ 1983, 1279; Jackschath MittRhNotK 1977, 117, 121; J. Mayer ZEV 1996, 127, 131; OLG Düsseldorf DNotZ 1974, 367, 369; OLG Frankfurt MittRhNotK 1997, 195.

[176] BGH NJW 1974, 43, 44 = DNotZ 1974, 231 = JuS 1974, 392 m. Anm. Karsten Schmidt; OLG Köln FamRZ 1990, 99; BayObLG NJW-RR 1997, 1027; Baumgärtel DNotZ 1959, 63, 68 ff.;

wendungsverzichts auf Abkömmlinge kann es weiterhin ratsam sein, in die Urkunde aufzunehmen, ob und welche Abfindung gewährt wird.

- Die Verfügung von Todes wegen enthält **keine ausdrückliche Ersatzerbenberufung und** der Zuwendungsverzicht wird **ohne vollständige Abfindung** erklärt. In diesem Fall wurde, sofern sich kein entgegenstehender Wille des Erblassers feststellen ließ, nach alter Gesetzeslage die Auslegungsregel des § 2069 durch den Zuwendungsverzichtsvertrag nicht berührt, und zwar auch dann nicht, wenn der Verzichtende gleichzeitig auf sein gesetzliches Erbrecht verzichtet. Ersatzerbfolge der Abkömmlinge trat daher ein.[177] Allerdings ist sie nach der damaligen Rechtsprechung des BG[178] nicht mehr allein auf der der Vermutung des § 2270 Abs. 2 wechselbezüglich und damit erbrechtlich bindend.

37, 38 *In dieser Auflage nicht belegt.*

39 Allgemein ist zu empfehlen, bei jeder (jedenfalls erbvertragsmäßigen oder wechselbezüglichen) Verfügung von Todes wegen zu überlegen, ob eine Bestimmung aufgenommen werden soll, dass alle Ersatzerbschaften im Falle eines Zuwendungsverzichts des Vorberufenen wegfallen sollen.[179]

Formulierungsvorschlag:

Für den Fall des Zuwendungsverzichts eines Bedachten, entfallen alle auf dieselbe Zuwendung bezogenen Einsetzungen von Ersatzbedachten, einschließlich der auf Grund Auslegungs-, Vermutungs- und Ergänzungsregeln jedweder Art Berufenen (auflösende Bedingung).

oder umfassend unter Einschluss des Ausschlagungsfalles:

Für den Fall der Ausschlagung oder des Zuwendungsverzichts eines Bedachten, schließe ich hiermit alle seine Ersatzbedachten, einschließlich der auf Grund Auslegungs-, Vermutungs- und Ergänzungsregeln jedweder Art aus, so dass diese Zuwendung ersatzlos in Wegfall kommt.

40 Bestehen für die Zuwendung, auf welche verzichtet wird, ersatzweise Einsetzungen von Personen, auf welche sich die Verzichtswirkung nicht erstreckt, , so treten die erhofften Wirkungen des Zuwendungsverzichts nicht ein. War dann der Abfindungsvertrag nicht durch ergänzende Verzichte aller Ersatzbedachten aufschiebend bedingt, dürfte sich der Notar schadensersatzpflichtig gemacht haben.[180]

d) Einschränkung des Zuwendungsverzichts

41 Wie beim Erbverzicht (oben Rn 4 ff.) ist auch ein teilweiser Zuwendungsverzicht möglich,[181] so auf ideelle Bruchteile und auf Gegenstände, wenn sie vermächtnisweise zugewendet wurden.[182] Insbesondere kann durch Verzicht dem Erblasser die Befugnis einge-

---

Faßbender MittRhNotK 1962, 602, 615; Blomeyer FamRZ 1974, 421, 427; Jackschath MittRhNotK 1977, 122; J. Mayer ZEV 1996, 130.

177 OLG Hamm Rpfleger 1982, 148, 150; BayObLG Rpfleger 1984, 65, 66; Baumgärtel DNotZ 1959, 67 ff.; Jackschath MittRhNotK 1977, 122; J. Mayer ZEV 1996, 130 m. w. Nachw.

178 BGHZ 149, 363 = NJW 2002, 1126 = ZEV 2002, 150 (keine kumulative Anwendung von Auslegungsregeln).

179 OLG Stuttgart NJW 1958, 348; Baumgärtel DNotZ 1959, 63, 72.

180 BGH ZEV 1999, 62 (zur alten Rechtslage).

181 Coing JZ 1960, 209.

182 MünchKomm/Wegerhoff § 2352 Rn 4; Soergel/Damrau § 2352 Rn 1.

räumt werden, den gewillkürten Erben mit neuen Auflagen und Vermächtnissen zu beschweren, sowie Testamentsvollstreckung und Nacherbschaft anzuordnen.[183] Durch die Einräumung einer derartigen Befugnis durch Zuwendungsverzicht sind diese Beschränkungen oder Beschwerungen jedoch noch nicht angeordnet, dazu bedarf es einer entsprechenden Verfügung von Todes wegen.[184] Beschränkte Zuwendungsverzichte und damit nach § 2348 formbedürftig sind auch die Zustimmung des Bedachten eines Erbvertrages zu ihn beeinträchtigenden späteren Verfügungen von Todes wegen gem. § 2289 Abs. 1 Satz 2[185] und die Zustimmung einer durch Erbvertrag oder bindend gewordenes gemeinschaftliches Testament Bedachten zu ihn beeinträchtigenden Schenkungen unter Lebenden nach §§ 2287, 2288 (Zweitverfügungen).[186]

Formulierungsbeispiel: (notariell beurkundungspflichtig!)

Ich, der A, und meine verstorbene Ehefrau B haben ein gemeinschaftliches Testament errichtet, in dem wir uns gegenseitig zu Vollerben und der Längstlebende unsere Tochter C als Alleinerbin eingesetzt haben. Ich der A, wünsche dem Blindenverein X-Stadt e. V. ein Vermächtnis in Höhe von EUR 10 000,– testamentarisch zuzuwenden.

Ich, die C, verzichte hiermit auf das mir nach dem genannten gemeinschaftlichen Testament meiner Eltern zustehende Erbrecht insoweit, als hierdurch die Wirksamkeit der von meinem Vater beabsichtigten Vermächtnisanordnung verhindert würde. Der Verzicht soll nur gelten, wenn das Vermächtnis wirksam wird. Mein Vater hat mir zum Ausgleich zuvor EUR 10 000,– zugewendet.

Ich, der A, nehme diesen Verzicht hiermit an.

e) Ausdehnung der Verzichtswirkung auf andere letztwillige Zuwendungen durch Auslegung

Der Verzicht auf eine Zuwendung aus einer Verfügung von Todes wegen enthält nicht notwendig einen Verzicht auf das gesetzliche Erb- und Pflichtteilsrecht und umgekehrt.[187] 42
Dies kann jedoch durch Auslegung der Fall sein. So hat der Bundesgerichtshof[188] in einem Fall, in dem „auf Erbteils- und Pflichtteilsansprüche für jetzt und in alle Zukunft" verzichtet war, angenommen, dass, wenn nicht sonstige gegenteilige Umstände vorlägen, damit auch auf bereits getroffene Zuwendungen in Verfügungen von Todes wegen verzichtet werde. Das OLG Frankfurt[189] hat einen Verzicht auf das gesetzliche Erbrecht durch Auslegung auf das Erbrecht aus einem vorhandenen Erbvertrag ausgedehnt. Der Verzicht eines gesetzlichen Erben auf eine testamentarische oder erbvertragliche Zuwendung kann zugleich als Verzicht auf das gesetzliche Erbrecht/Pflichtteilsrecht anzusehen sein.[190]

Daher sollte man bei einem Zuwendungsverzichtsvertrag klar zum Ausdruck bringen, 43
ob sich der Verzicht auch auf ein evtl. gesetzliches Erb- und Pflichtteilsrecht erstrecken soll. Sind mehrere Berufungsgründe gegeben oder möglich, ist genau anzugeben, auf welche sich der Verzicht erstrecken soll, gegebenenfalls sollte vorsorglich auf alle derartigen Zuwendungen mitverzichtet werden. Umgekehrt sollte, da die Rechtsprechung

[183] MünchKomm/Wegerhoff § 2352 Rn 4; a. M. Jackschath MittRhNotK 1977, 121.
[184] MünchKomm/Wegerhoff § 2352 Rn 4.
[185] MünchKomm/Musielak § 2289 Rn 18; Soergel/Wolf § 2289 Rn 13; BayObLGZ 1974, 401.
[186] Offen gelassen in BGHZ 83, 44 = NJW 1982, 1100, 1102, aber unter Verweis auf das bejahende Schrifttum.
[187] RG LZ 1919 Sp. 594; Staudinger/Schotten § 2346 Rn 18, § 2352 Rn 49; MünchKomm/Wegerhoff § 2352 Rn 16; Haegele Rpfleger 1968, 250; Jakschatt MittRhNotK 1977, 117, 120.
[188] BGH DNotZ 1972, 500.
[189] OLG Frankfurt Rpfleger 1994, 24 = MittBayNot 1994, 235 m. Anm. Winkler.
[190] Soergel/Damrau, 12. Aufl., § 2352 Rn 1; Winkler MittBayNot 1994, 237.

stillschweigende Verzichte zulässt (siehe oben Rn 22) auch bei einem Erb- und Pflichtteilsverzichtsvertrag geregelt werden, ob etwaige Zuwendungen in bereits bestehenden Verfügungen von Todes wegen vom Verzicht miterfasst werden.[191]

44 Streitig ist, ob entgegen dem Wortlaut des § 2350 Abs. 1 und obwohl § 2350 in § 2352 Satz 3 nicht aufgeführt ist, die Auslegungsregel des § 2350 Abs. 1 auch auf einen Zuwendungsverzicht zugunsten eines anderen anwendbar ist.[192] Man sollte daher beim Zuwendungsverzicht, sofern gewünscht, diese Bedingung ausdrücklich zum Gegenstand der Parteivereinbarung machen.[193]

f) Die Aufhebbarkeit des Zuwendungsverzichtsvertrages

45 Nach der h. M.[194] ist auch beim Zuwendungsverzichtsvertrag ein Aufhebungsvertrag möglich, jedenfalls, wenn der Erblasser den Rechtszustand vor dem Zuwendungsverzicht nicht durch neue Verfügung von Todes wegen wieder herstellen kann.[195] § 2351 ist jedenfalls insoweit auf den Zuwendungsverzicht analog anwendbar.

3. Checkliste für Zuwendungsverzichtsverträge:

46
1. Ist der Erblasser durch Verfügung von Todes wegen (notariellen Erbvertrag oder gemeinschaftliches Testament mit früherem Ehegatten) gebunden oder besteht wenigstens Änderungsvorbehalt oder Freistellungsklausel?
2. Genaue Bezeichnung der Zuwendung, auf die verzichtet wird, und der Verfügung von Todes wegen, in der sie enthalten ist.
3. Auf erbvertragliche Zuwendungen können nur die begünstigten „Dritten“ verzichten, d. h. die nicht oder nur rein formal am Vertragsschluss beteiligten Begünstigten. Materiell-rechtliche Vertragspartner des Erbvertrages müssen einen Aufhebungsvertrag gem. § 2290 miteinander schließen.
4. Evtl. nur teilweiser Zuwendungsverzicht.
5. Soweit beim Zuwendungsverzicht keine Erstreckungswirkung gemäß §§ 2352 S. 3, 2249 stattfindet, müssen alle vorhandenen ausdrücklich ernannten oder vermuteten Ersatzerben und -vermächtnisnehmer ebenfalls verzichten. Evtl. ist die Bestellung eines Ergänzungspflegers und familiengerichtliche Genehmigung erforderlich. Die nicht zu beseitigende Gefahr besteht darin, dass nach Vertragsschluss weitere Ersatzerben geboren werden.
6. Sofern er nicht durch die Bindungswirkung daran gehindert ist, sollte der Erblasser beim Zuwendungsverzicht ausdrücklich letztwillig alle Ersatzberufungen widerrufen.
7. Klärung, ob sich der Zuwendungsverzicht auch auf das gesetzliche Erb- und/oder Pflichtteilsrecht erstrecken soll.

---

[191] Jackschath MittRhNotK 1977, 117, 124.

[192] Dafür: Lange/Kuchinke § 7 III 2 c; BGH NJW 1974, 43 = DNotZ 1974, 231; Blomeyer FamRZ 1974, 421, 426; Staudinger/Schotten § 2352 Rn 17; OLG Hamm OLGZ 1982, 272, 275 = MittBayNot 1983, 77; dagegen: Palandt/Edenhofer § 2350 Rn 1; Jackschath MittRhNotK 1977, 117, 119 m. w. N.

[193] OLG Hamm MittRhNotK 1982, 144, 145.

[194] BGH ZEV 2008, 237 = DNotZ 2008, 624 = MittBayNot 2008, 481; Staudinger/Schotten § 2352 Rn 50; Soergel/Damrau § 2351 Rn 5; MünchKomm/Wegerhoff § 2351 Rn 1; Jackschath MittRhNotK 1977, 123; J. Mayer ZEV 1996, 127, 129; LG Kempten MittBayNot 1978, 63 m. zust. Anm. Büttel; a. M. Kipp/Coing § 82 V 2; Brox/Walker Rn 298; Kornexl, Der Zuwendungsverzicht, Rn 566.

[195] BGH DNotZ 2008, 624 = ZEV 2008, 237 = MittBayNot 2008, 481.

III. Der Zweck von Erb- bzw. Zuwendungs- und/oder Pflichtteilsverzichtsverträgen

1. Allgemeine Zweckmäßigkeit

Normalerweise ist der bloße **Pflichtteilsverzichtsvertrag** in Verbindung mit enterben 47
dem Testament dem **Erbverzicht vorzuziehen,**[196] weil beim bloßen Pflichtteilsverzicht gem. § 2310 Satz 1 im Gegensatz zum Erbverzicht der Verzichtende mitgezählt wird und sich daher die Pflichtteilsrechte der übrigen Abkömmlinge[197] und bei der Gütertrennung auch der Ehefrau[198] nicht erhöhen (**keine Quotenerhöhung**). Dies ist allerdings keine Gefahr, wenn alle Pflichtteilsberechtigten des Erblassers wirksam Erbverzicht leisten und es dabei bleibt. Ein Verzichtender kann sich gegen Überraschungen insoweit schützen, indem er seinen Erbverzicht aufschiebend dadurch bedingt, dass alle Pflichtteilsberechtigten ebenfalls verzichten und auflösend bedingt, dass einer dieser Verzichte unwirksam ist oder wird.[199] (Alternativ kommt auch eine zusätzliche Parallelvereinbarung gemäß § 311b Abs. 5 in Betracht). Keine Quotenerhöhung gem. § 2310 Satz 2 erfolgt beim Erbverzicht unter Pflichtteilsvorbehalt.[200]

Liegt ein Fall vor, der zur Ausgleichung von Zuwendungen unter Abkömmlingen füh- 47a
ren kann, so hat der Erblasser in seine Erwägungen einzubeziehen, dass die Quotenerhöhung der übrigen Pflichtteilsberechtigten durch den Erbverzicht (§ 2316 Abs. 1 Satz 2) zugunsten der ausgleichungsberechtigten Pflichtteilsberechtigten zur Erhöhung ihrer Ausgleichungspflichtteilsansprüche oder Pflichtteilsrestansprüche aus dem um die ausgleichungspflichtigen Zuwendungen erhöhten Nachlass führt, und zwar auch, wenn sie Miterben geworden sind, aber der Wert des ausgeglichenen Pflichtteils den des ihnen hinterlassenen Erbteils übersteigt (§ 2316 Abs. 2).[201] Allerdings unterbleibt beim Erbverzicht auch die Zurechnung einer dem Verzichtenden gemachten ausgleichungspflichtigen Zuwendung. Beim bloßen Pflichtteilsverzicht wird dagegen der Verzichtende bei der Feststellung der für die Berechnung der Pflichtteile maßgeblichen Erbteile mitgezählt und daher kommt der evtl. auf ihn entfallende Ausgleichungspflichtteil aus dem um die Zuwendungen (auch an ihn) vermehrten Nachlass letztlich den Erben zugute, da sie an die übrigen Pflichtteilsberechtigten entsprechend niedrigere Pflichtteilsbeträge oder Pflichtteilsrestansprüche (§ 2316 Abs. 2) auszuzahlen haben. Grundsätzlich kann daher wegen § 2310 Satz 2 ein Erbverzicht nur empfohlen werden, wenn auch alle übrigen pflichtteilsberechtigten Personen Erbverzichte abgeben oder sicher abgeben werden. Sonst sollte zum bloßen Pflichtteilsverzicht mit ergänzender Verfügung von Todes wegen geraten werden,[202] welche dann allerdings nicht vergessen werden darf. Ein weiterer Vorteil des bloßen Pflichtteilsverzichts liegt darin, dass er im Gegensatz zum Erbverzicht eine gegenständliche Beschränkung zulässt. Gerade durch gegenständlich beschränkten Pflichtteilsverzicht (etwa auf ein vermutlich in den Nachlass fallendes Unternehmen) kann man die Gefahr vermeiden, dass der Erbe, der mit Beschränkungen oder Beschwerungen im Sinne des § 2306 beschwert ist, die Erbschaft ausschlägt und den Pflichtteil verlangt.

2. Fallgruppen

Der uneingeschränkte Erb- bzw. Zuwendungsverzichtsvertrag gem. §§ 2346 Abs. 1, 48
2352 bietet sich lediglich für Fälle an, in denen der Erblasser eine Erbaussicht nicht

[196] Damrau, Der Erbverzicht, S. 46, 51 u. 137 ff.; Wirner MittBayNot 1984, 13.
[197] Bühler DNotZ 1967, 777, 778.
[198] Soergel/Dieckmann § 2310 Rn 9, 12.
[199] Ebenroth/Fuhrmann BB 1989, 2049, 2060.
[200] Soergel/Dieckmann § 2310 Rn 2; MünchKomm/Lange § 2310 Rn 9.
[201] Bühler DNotZ 1967, 777, 778.
[202] Schramm BWNotZ 1959, 227, 230.

durch Enterbungs- oder Widerrufstestament beseitigen kann oder will. Dies sind im Wesentlichen folgende Fälle:[203]

a) **Erb- und/oder Zuwendungsverzicht**

49 • **Testierunfähigkeit des Erblassers,** da er auch bei Geschäfts- und Testierunfähigkeit einen Erbverzichtsvertrag durch seinen gesetzlichen Vertreter schließen kann, der dazu allerdings der Genehmigung des Betreuungsgerichts bedarf (§ 2347).

50 • **Beseitigung wechselbezüglicher Verfügungen** eines gemeinschaftlichen Testaments im Einverständnis des Bedachten zur Wiedererlangung der eigenen Verfügungsfreiheit, entweder um zu vermeiden, dass der andere Ehegatte durch die Zustellung des Widerrufs (§§ 2271 Abs. 1, 2296 Abs. 2) davon erfährt,[204] oder nach dem Tod des anderen Ehegatten, wenn der Erblasser das ihm Zugewendete nicht ausschlagen will.[205] Durch den Zuwendungsverzicht (§ 2352) werden die zugunsten des Erblassers vom vorverstorbenen Ehegatten getroffenen und mit denen, auf die verzichtet wird, wechselbezüglichen Verfügungen nicht gem. §§ 2270 Abs. 1 automatisch unwirksam, wie bei einer Anfechtung nach §§ 2078, 2079, da durch den Zuwendungsverzicht die Verfügungen des Erblassers nur gegenstandslos und nicht, wie § 2270 Abs. 1 voraussetzt, nichtig werden.[206] Es fällt daher nur die Bindung weg.[207] Dies ist der entscheidende Vorteil des Zuwendungsverzichts unter Abfindung gegenüber der Anfechtung wegen Motivirrtums, wenn es darum geht, die Bindung an wechselbezügliche Verfügungen in gemeinschaftlichen Testamenten zu überwinden.[208] Die gleiche Lage besteht und die gleiche Lösung hilft beim Erbvertrag nach dem Tod eines der Vertragsschließenden, wenn ein Dritter bedacht ist (§§ 2290 Abs. 1, 2298 Abs. 2).

51 • Der Zuwendungsverzichtsvertrag ist in diesen Fällen umso wichtiger, als der Versuch des OLG Düsseldorf,[209] dem Schlusserben eines Berliner Testaments bereits nach dem ersten Erbfall die Möglichkeit der Ausschlagung einzuräumen, mit Recht vom BGH[210] verworfen wurde.

52 • Beseitigung **vertragsmäßiger Verfügungen** in einem Erbvertrag nach dem Tod des anderen Vertragsschließenden, da dann die Vertragsaufhebung nicht mehr erfolgen kann (§ 2290 Abs. 1 Satz 2). In diesem Fall besteht für den erbvertraglich bedachten Dritten (§ 2352 Satz 2), nicht für den Vertragspartner, die Möglichkeit einen Zuwendungsverzichtsvertrag mit dem Erblasser zu schließen.[211] Einen Zuwendungsverzichtsvertrag kann ein im Erbvertrag bedachter **Vertragspartner** grundsätzlich nicht schließen, weil das Gesetz für diesen Fall den Aufhebungsvertrag nach §§ 2290 ff. mit strengeren Formvorschriften vorsieht.[212] Bezüglich der Rechtslage beim zwischen mehr als zwei Personen geschlossenen Erbvertrag siehe oben § 11 Rn 61.

Vorsicht! Die Verfügungsfreiheit des erbvertraglich oder durch wechselbezügliche Verfügungen gebundenen Erblassers tritt durch den Zuwendungsverzicht der Erstberufenen

---

[203] Siehe dazu eingehend Damrau, Der Erbverzicht als Mittel zweckmäßiger Vorsorge für den Todesfall, 1966, S. 31 ff.

[204] Damrau, Der Erbverzicht, S. 43.

[205] Damrau, Der Erbverzicht, S. 42.

[206] Staudinger/Kanzleiter § 2270 Rn 37; MünchKomm/Musielak § 2270 Rn 18; Soergel/Wolf § 2270 Rn 20; Peter BWNotZ 1977, 113 ff.

[207] MünchKomm/Musielak § 2271 Rn 20.

[208] Peter BWNotZ 1977, 113 ff.

[209] OLG Düsseldorf Rpfleger 1997, 381 = ZEV 1996, 310 m. zust. Anm. Edenfeld.

[210] BGH DNotI-Report 1998, 7 = ZNotP 1998, 29, 30 = ZEV 1998, 67; siehe auch Frohn Rpfleger 1997, 340, 343.

[211] OLG Frankfurt FamRZ 1998, 57, 58; BayObLGZ 1974, 401, 404; Baumgärtel DNotZ 1959, 63, 68; Palandt/Edenhofer § 2352 Rn 1.

[212] OLG Celle NJW 1959, 1923; OLG Hamm DNotZ 1977, 751, 753 = Rpfleger 1977, 208; OLG Stuttgart OLGZ 1979, 129 = DNotZ 1979, 107; MünchKomm/Wegerhoff § 2352 Rn 8; Damrau FamRZ 1991, 552.

– mit Ausnahme bei vollständiger Abfindung – dann nicht ein, wenn Ersatzerb- oder Vermächtnisfolge angeordnet (§§ 2096, 2190) ist oder vermutet wird (§ 2069) oder Anwachsung eintritt (§§ 2094, 2158), da der Zuwendungsverzicht keine Wirkung zu Lasten Dritter entfaltet (siehe oben Rn 35 f.). Es müssen daher sämtliche vorhandenen Ersatzerben bzw. -vermächtnisnehmer ebenfalls formgerecht verzichten und die nicht zu beseitigende Gefahr besteht in der Geburt weiterer Ersatzberufener.

• Haben Abkömmlinge **Vorempfänge mit oder ohne Ausgleichungspflicht** gem. §§ 2050, 2316 erhalten, die sie nach der voraussichtlichen Entwicklung des Vermögens des Erblassers besser stellen würden als ihre Geschwister, kann der Erbverzicht der Vereinfachung der späteren Nachlassabwicklung und der Verhütung von Streit dienen.[213] 53

b) Bloßer Pflichtteilsverzicht

Dagegen sind **bloße Pflichtteilsverzichte** verbunden mit einer einverständlichen testamentarischen Enterbung bzw. einem Erbvertrag im Wesentlichen als Vorsorge für den Todesfall sinnvoll und gebräuchlich in folgenden Fällen: 54

• Der **Pflichtteilsverzicht zur Sicherstellung der Befolgung eines Berliner Testaments,**[214] damit beim Tod des Erstversterbenden der Elternteile kein Kind die Erbeinsetzung des Längstlebenden durch Pflichtteilsforderung beeinträchtigen kann. Diese Lösung ist der komplizierten verbesserten Jastrow'schen Pflichtteilsstrafklausel (siehe oben § 14 Rn 79) vorzuziehen. 55

• **Pflichtteilsverzicht,** um die **einverständliche Enterbung des Verzichtenden** zwecks Übertragung seines zukünftigen Nachlassanteils oder gesamten Nachlasses auf einen Dritten im Wege der Erbfolge sicherzustellen. Dies kann an Stelle eines Vertrages unter zukünftigen gesetzlichen Erben gem. § 311 b Abs. 5 erfolgen[215] Ein Bedürfnis dazu dürfte jedoch nur bestehen, wenn ein Vertrag mit den anderen potentiellen gesetzlichen Erben nicht gewünscht wird, da nach ganz h. M. ein Vertrag nach § 311 b Abs. 5 auch dann zulässig ist, wenn Beteiligte tatsächlich gewillkürte Erben werden, sie aber sämtlich zum Kreis potentieller gesetzlicher Erben gehören.[216] Erbschaftsteuerlich wäre allerdings ein Vertrag unter künftigen gesetzlichen Erben nach § 311 b Abs. 5 zwecks Übertragung des künftigen Nachlassanteils auf den oder die Miterben immer günstiger als ein Erb- und/oder Pflichtteilsverzicht, da bei ihm nur der spätere Anfall der Erbschaft bei dem zur Übertragung Verpflichteten steuerpflichtig ist, beim Erb- und/oder Pflichtteilsverzicht aber gem. § 7 Abs. 1 Nr. 5 ErbStG die Zahlung der Abfindung, die als Schenkung unter Lebenden fingiert wird und zusätzlich der spätere Erbfall.[217] 56

• Der Pflichtteilsverzicht zur Erhaltung von Unternehmen im Familienbesitz.[218] 57

• Hat der Erblasser einem pflichtteilsberechtigten Abkömmling eine **Zuwendung ohne Anrechnungs- oder Ausgleichungsbestimmung** gem. §§ 2315 Abs. 1, 2050 Abs. 3 gemacht, kann dem im Einverständnis mit dem Zuwendungsempfänger dadurch abgeholfen werden, dass im Wege eines **gegenständlich beschränkten Pflichtteilsverzichtsvertrags** mit ihm die Anrechnung der Zuwendung auf den Pflichtteilsanspruch vereinbart wird.[219] 58

---

213 Lange FS Nottarp, S. 119, 120.

214 Damrau, Der Erbverzicht, S. 53.

215 Damrau, Der Erbverzicht, S. 54 f.

216 Wiedemann NJW 1968, 769, 771; Blomeyer FamRZ 1974, 421, 425; BGHZ 104, 279 = NJW 1988, 2726; siehe auch unten Rn 61.

217 Damrau, Der Erbverzicht, S. 35 u. 55.

218 Damrau, Der Erbverzicht, S. 77 ff.; Fuhrmann, Modelle lebzeitiger Unternehmensübertragung, Diss. Konstanz 1990, S. 32 ff.

219 RGZ 71, 133, 136; Damrau, Der Erbverzicht, S. 56; vgl. Staudinger/Haas § 2315 Rn 18.

IV. Notarieller Erbschaftsvertrag unter künftigen gesetzlichen Erben ohne Beteiligung des Erblassers (§ 311 b Abs. 5)

59 Neben dem erbrechtlich-dinglich wirkenden Erb- und/oder Pflichtteilsverzicht und dem Zuwendungsverzicht stehen für die vorweggenommene Erbfolge zwischen Erblasser und künftigen Erben sowie für die vorgezogene Erbauseinandersetzung zwischen den künftigen Erben verschiedene, allerdings nur schuldrechtlich wirkende Gestaltungsmittel zur Verfügung, die jedoch wirtschaftlich weitgehend zum gleichen Ergebnis führen wie der Erb- und/oder Pflichtteilsverzicht. Sie unterscheiden sich darin, ob der künftige Erblasser an ihnen materiell-rechtlich als Vertragspartner beteiligt ist oder nicht.

1. Die Tragweite der Verbotsnorm des § 311 b Abs. 4

a) Grundsatz

60 Alle vorgezogenen Erbauseinandersetzungen zwischen künftigen Erben **ohne Beteiligung des Erblassers** als materiell-rechtlichem Vertragspartner stehen dabei unter der gesetzlichen Beschränkung des § 311 b, nach dessen Abs. 4 **ein Vertrag über den Nachlass eines noch lebenden Dritten oder über ein Vermächtnis oder den Pflichtteil aus dessen Nachlass nichtig ist.** Dabei ist es gleichgültig, ob sich der Vertrag auf den Nachlass im Ganzen oder nur auf einen Bruchteil bezieht.[220] Ausreichend ist, dass eine Leistungspflicht von der Höhe des künftigen Nachlasses abhängig gemacht wird. Verboten nach § 311 b Abs. 4 ist die Verpflichtung zur Geldzahlung in Höhe eines **Bruchteils des Wertes der Erbschaft** eines noch lebenden Dritten, wogegen die Verpflichtung aus dem Nachlass eine betragsmäßig bestimmte Leistung, d. h. keinen Bruchteil des Nachlasses zu erbringen, gültig ist.[221]

Ein solcher Vertrag ist auch nicht mit Zustimmung des Erblassers wirksam.[222]

b) Verträge über Einzelgegenstände

60a **Verträge** zwischen beliebigen Personen **über einzelne Gegenstände eines künftigen Nachlasses** unterfallen grundsätzlich nicht den Beschränkungen des § 311 b Abs. 4,[223] es sei denn, der Nachlass wird bei Vertragsabschluss durch die Einzelgegenstände wertmäßig im Wesentlichen erschöpft oder besteht nur aus dem einen Gegenstand (**Erschöpfungstheorie**).[224] Maßgebend ist dabei der Zeitpunkt des Vertragsschlusses.[225] Da auf Verpflichtungen zur Übertragung von Einzelgegenständen, die den wesentlichen Wert des Nachlasses ausmachen, § 311 b Abs. 4 Anwendung findet. dürfte dann auch die Privilegierung des § 311 b Abs. 5 eingreifen und in seinem Rahmen Verpflichtungsgeschäfte zulässig sein.[226] Verträge mit **Abfindungs- und Wertfestsetzungsvereinbarungen**, welche sich auf einzelne Gegenstände eines (künftigen) Nachlasses beziehen (auch eine Sachge-

---

220 BGHZ 26, 320, 324 = NJW 1985, 705.

221 BGHZ 26, 320 = NJW 1958, 705 m. Anm. Johannsen in LM § 312 Nr. 2; a. M. Meincke JuS 1976, 501; Blomeyer FamRZ 1974, 423.

222 Mot. z. BGB Bd. II, S. 185; MünchKomm/Krüger § 311 b Rn 117; Staudinger/Wufka § 311 b Rn 2; BGHZ 37, 319, 324.

223 BGH DNotZ 1960, 382; BGHZ 26, 320, 325 = NJW 1958, 705; BGH WPM 1976, 744, 745; Staudinger/Wufka § 311 b Abs. 4 und 5 Rn 11; Palandt/Grüneberg § 311 b Rn 71; Kaufhold ZEV 1996, 455; DNotI-Report 1994, 2 und 1996, 142.

224 BGHZ 26, 320, 325; BGH FamRZ 1960, 228 = DNotZ 1960, 382; MünchKomm/Krüger § 311 b Rn 115; Kulke, ZEV 2000, 298, 302; weitergehend (gegen Erschöpfungstheorie) Staudinger/Wufka § 311 B Abs. 4 und 5 Rn 11.

225 BGH DNotZ 1960, 382, 383 = FamRZ 1960, 228.

226 So DNotI-Report 1996, 142.

samtheit wie ein Unternehmen), sind demgemäß ebenfalls zulässig,[227] es sei denn, sie schöpfen den Wert des Nachlasses weitgehend aus.[228]

c) Verträge über Vermächtnisse

Verträge über das Vermächtnis aus dem Nachlass eines noch lebenden Dritten unterliegen dem Verbot des § 311 b Abs. 4. Dies beeinträchtigt die Gestaltungsbedürfnisse idR nicht, da Vermächtnisse meist nur aus Einzelgegenständen oder zahlenmäßig bestimmten Geldsummen bestehen.[229] Wenn nun nicht der Vermächtnisanspruch (§ 2174) als solcher, sondern ein konkreter Gegenstand oder Geldbetrag zum Gegenstand der Vereinbarung gemacht wird, ist diese nach den Grundsätzen der vorstehenden Rn zulässig.[230] 60b

d) Erbverträge

Der Zweck des § 311 b Abs. 4, leichtsinnige Vorabverfügungen über ein künftiges, dem Umfang nach nicht sicher abschätzbares Erbe zu verhindern, greift nicht, wenn der potentielle Erbe lediglich seinerseits durch – auch vertragsmäßige – Verfügung von Todes wegen über ein ihm möglicher Weise anfallendes Erbe „verfügt", da er – mit der Grenze von § 2287 – berechtigt bleibt, seinerseits unter Lebenden zu gegebener Zeit über das ihm Angefallene zu disponieren.[231] 60c

e) Verträge des Erblassers selbst

Auch Verträge, die der Erblasser selbst über seinen künftigen Nachlass schließt, fallen nicht unter das Verbot des § 311 b Abs. 4, da es hierbei nicht um den Nachlass eines „Dritten" geht.[232] Hierfür sind vielmehr die Bestimmungen über Erbverträge, Erb- und Pflichtteilsverzichtsverträge, Zuwendungsverzichtsverträge, Verträge über das Vermögen im Ganzen (§ 311 b Abs. 2) maßgeblich. 60d

2. Verträge gemäß § 311 b Abs. 5

Der Abs. 5 des § 311 b ist eine Ausnahme von der Verbotsnorm des § 311 b Abs. 4. Daraus folgt, dass Verträge, die bereits nach § 311 b Abs. 4 zulässig sind, auch nicht unter § 311 b Abs. 5 fallen.[233] Wenn eine beabsichtigte Vereinbarung wegen Verstoßes gegen die Verbotsnorm des § 311 b Abs. 4 nichtig wäre, ist die Zulässigkeit anhand von § 311 b Abs. 5 zu prüfen. Diese Ausnahmevorschrift setzt zwei Voraussetzungen auf: hinsichtlich der Vertragsbeteiligten und hinsichtlich des Vertragsgegenstandes. 60e

a) Vertragsbeteiligte

Künftige gesetzliche Erben im Sinne des § 311 b Abs. 5 sind diejenigen, die gegenüber dem Erblasser zur Zeit des Vertragsschlusses in einem solchen Verhältnis stehen, dass sie nach §§ 1924 ff. seine gesetzlichen Erben werden können.[234] Nach überwiegender Ansicht müssen dies nicht die im Zeitpunkt des Vertragsschlusses nächstberufenen Erben sein, es können auch **entferntere mögliche gesetzliche Erben** sein, die durch den Wegfall 60f

[227] Daniels, S. 55 ff.
[228] Henssler, RNotZ 2010, 221, 227 f.; a. A. Wiedemann NJW 1968, 769 ff., der sie wohl nur im Rahmen des § 311 b Abs. 5 erlauben will.
[229] Henssler RNotZ 2 010 221, 228.
[230] Damrau ZErb 2004, 206, 212.
[231] Henssler RNotZ 2010, 221, 230.
[232] BGHZ 37, 319, 328 = NJW 1962, 1910, 1912; Damrau, Der Erbverzicht, S. 27, 49, 97; Wiedemann NJW 1968, 769, 772; Staudinger/Schotten Einl zu §§ 2346–2352 Rn 33; Palandt/Grüneberg § 311 b Rn 72; MünchKomm/Krüger § 311 b Rn 17.
[233] G. Müller in Würzburger Notarhandbuch, Teil 4, Kap. 1 Rn 516 Fn 856; a. M. allerdings Kues ZEV 2001, 13, 14.
[234] RGZ 98, 332; BGH NJW 1956, 1151, 1152; BGHZ 104, 279, 282; Staudinger/Wufka § 311 b Rn 24.

näher Berufener gesetzliche Erben werden können, d.h. alle in §§ 1924ff. Genannten einschließlich des Fiskus.[235] Nach einer abzulehnenden Mindermeinung kommen als Vertragspartner nur diejenigen in Betracht, die zur Zeit des Vertragsschusses die nächsten gesetzlichen Erben sind.[236] Ob die Vertragschließenden beim Erbfall wirklich Erben werden, ist für die Gültigkeit des Vertrages unerheblich.[237] **Es genügt die abstrakte Stellung als nächster Angehöriger.**[238]

61 Werden die Vertragsschließenden später nicht Erben, so wird der Vertrag gegenstandslos und ist rückabzuwickeln.[239] Ein Vertrag nach § 311 b Abs. 5 steht immer unter der Rechtsbedingung, dass die Erbfolge eintritt bzw. der Pflichtteilsanspruch entsteht, es sei denn, der Inhalt der Vereinbarung regelt auch diesen „Störfall". Werden die Vertragsschließenden später nicht kraft Gesetzes, sondern auf Grund letztwilliger Verfügung Erben, so war früher die Rechtsfolge streitig. Die einen[240] ließen auch testamentarische Erbfolge genügen, während die anderen[241] den Vertrag in diesem Fall als gegenstandslos ansahen. In seiner Grundsatzentscheidung vom 11. 5. 1988 (IVa ZR 325/86) lässt der IVa-Senat des BGH unter ausdrücklicher Abweichung von RGZ 98, 330 und entgegen der früheren Rechtsprechung des IV. Senats[242] auch Verträge gem. § 311 b Abs. 5 zwischen künftigen gesetzlichen Erben über ihnen durch Verfügung von Todes wegen zugewendete Erbteile zu, indem er dem Gesetzeswortlaut: *„über den gesetzlichen Erbteil"* lediglich die Bedeutung einer **quantitativen Begrenzung** der Vereinbarungsbefugnis gem. § 311 b Abs. 5 beilegt.

b) Vertragsgegenstand

61a *aa) Eingrenzung.* § 311 b Abs. 5 lässt unter den vorstehend genannten Beteiligten schuldrechtliche Verträge über den **gesetzlichen Erbteil oder den Pflichtteil** eines von ihnen zu (**Erbschaftsverträge**). Trotz der früheren Verdikte des BGH wird in der Literatur überwiegend mit Recht auch eine Vereinbarung über ein Vermächtnis zugelassen,[243] soweit das Vermächtnis wertmäßig den gesetzlichen Erbteil nicht überschreitet. Nach der h.M.[244] unterfallen § 311 b nur schuldrechtliche Verpflichtungsverträge, nicht solche mit erbrechtlich-dinglicher Verfügungswirkung über den gesamten Nachlass als solchen oder einen Bruchteil desselben, da nach den Grundsätzen des BGB solche Verträge über den Nachlass eines lebenden Dritten undenkbar sind.[245] § 311 b betrifft nicht nur die Verpflichtung zur Übertragung eines Erbteils, Pflichtteils oder Vermächtnisses, sondern alle Verpflichtungsgeschäfte mit Bezug auf den Nachlass eines lebenden Dritten, also auch Verpflichtungen zur Verpfändung, Nießbrauchsbestellung, zur Annahme oder Ausschlagung des Erbrechts, zur Nichtgeltendmachung des Pflichtteils oder zur Unterlassung der Testamentsanfechtung.[246]

61b Solange der eingesetzte Erbe auf Grund der Verfügung von Todes wegen **nicht mehr erhalten soll,** als er als gesetzlicher Erbe erhalten würde, ist die Vereinbarung nach

---

[235] RGZ 98, 330, 332; BGH NJW 1956, 1151, 1152; Soergel/Wolf § 312 Rn 10; Damrau ZEV 1995, 425, 426.

[236] Siehe zum Meinungsstand MünchKomm/Krüger § 311 b Rn 119.

[237] RGZ 98, 330, 332; BGH NJW 1956, 1151 f.

[238] BGHZ 104, 279, 282; BGH NJW 1995, 448.

[239] Siehe hierzu MünchKomm/Krüger § 311 b Rn 34, 42.

[240] Wiedemann NJW 1968, 769, 771.

[241] RGZ 98, 330, 332; BGH NJW 1956, 1151; Staudinger/Wufka § 311 b Abs. 4 und 5 Rn 34.

[242] BGH NJW 1956, 1151.

[243] Staudinger/Wufka, § 311 b Abs. 4 und 5 Rn 37; Limmer, DNotZ 1998, 927, 935; Bamberger/Roth/Gerlein, § 311 b Rn 52 m.w.N.; Palandt/Grüneberg § 311 b Rn 74.

[244] RGZ 65, 367; RGZ 71, 136; RGZ 169, 99; BGHZ 37, 319, 325 = NJW 1962, 1910.

[245] Siehe Daniels, S. 60; Blomeyer FamRZ 1974, 421, 424.

[246] Staudinger/Wufka § 311 b Abs. 4 und 5 Rn 4, 27; Palandt/Grüneberg § 311 b Abs. 4 und 5 Rn 70.

§ 311 b Abs. 5 auch über diesen testamentarisch oder erbvertraglich eingeräumten Erbteil wirksam; ist der gewillkürte zugewendete Erbteil jedoch größer als der gesetzliche Erbteil des Bedachten, ist ein Vertrag nach § 311 b Abs. 5 nur wirksam, wenn er sich in den Grenzen des gesetzlichen Erbteils hält.[247] Offen lässt die Entscheidung jedoch, ob solche Verträge auch über letztwillig zugewendete Vermächtnisse unter künftigen gesetzlichen Erben geschlossen werden können.[248] Auch wenn die Vereinbarung zwischen vermutlichen künftigen gesetzlichen Erben um das Pflichtteilsrecht geht, ist nach der h. M. nicht notwendig, dass der Vertragsgegner des Pflichtteilsberechtigten beim Erbfall gesetzlicher Erbe wird, wenn er nur bei Vertragsschluss diesem Kreis angehörte.[249] Nach der obigen Entscheidung des BGH lässt sich auch nicht mehr die Meinung aufrechterhalten, ein Vertrag gem. § 311 b Abs. 5 sei zwischen künftigen gesetzlichen Erben auf jeden Fall unwirksam, wenn er von Anfang an auf einen testamentarischen Erbteil gerichtet ist.[250]

Entgegen der früher vertretenen Meinung[251] muss auch ein Vertrag gem. § 311 b **61c**
Abs. 5 zwischen den Schlusserben eines gemeinschaftlichen Testaments nach dem Tod des Erstversterbenden möglich sein, sofern die Vertragsparteien alle künftige Erben des Längstlebenden sind und sie sich dabei entsprechend der Rechtsprechung des BGH in den Grenzen ihrer gesetzlichen Erbteile auf Ableben des Längstlebenden halten. Ein Nachteil solcher Erbschaftsverträge ist, dass zwar bei einem Wechsel auf der Gläubigerseite in der Zeit zwischen Vertragsschluss und Erbfall gemäß § 328 eine vertragliche Verpflichtung des Schuldners zugunsten der jetzigen Berechtigten angenommen werden kann, nicht aber bei einer von der gesetzlichen Erbfolge abweichenden Gesamtrechtsnachfolge auf der Schuldnerseite, da es einen Vertrag zu Lasten Dritter nicht gibt. In einem solchen Fall können die Abkömmlinge des Schuldners, die zugleich Abkömmlinge des Erblassers sind, aus eigenem Erb- oder Pflichtteilsrecht vorgehen, ohne an den Erbschaftsvertrag gebunden zu sein.[252]

bb) Einzelfälle. Hiernach können zwischen (potentiellen) künftigen gesetzlichen Erben **62**
ohne Beteiligung des künftigen Erblassers folgende, der notariellen Beurkundungsform bedürftige, Vereinbarungen als zulässig angesehen werden:

- **Schuldrechtlich verpflichtende Verträge gem. § 311 b Abs. 5,** d. h. ohne erbrechtlich- **63**
dingliche Wirkung[253] in notarieller Urkunde zwischen abstrakt möglichen gesetzlichen Erben über ihre gesetzlichen Erbteile, Pflichtteile sowie einen ihnen letztwillig zugewendeten **Erbteil bis zur Höhe des gesetzlichen Erbteils,** und insoweit auch über Vermächtnisse,[254] auch wenn sie in § 311 b Abs. 5 nicht genannt sind,[255] sowie von gesetzlichen Vermächtnissen. Dass solche Verträge nach einigen Meinungen über Vermächtnisse nicht zulässig sein sollen, bereitet der Praxis keine Schwierigkeiten, da sie meist nur aus einem Gegenstand bestehen und Vereinbarungen über Einzelgegenstände zulässig sind.[256] Kein Vertragsschluss ist dagegen möglich zwischen einem testamentarisch eingesetzten Erben, der zum Zeitpunkt des Vertragsschlusses nicht auch zum Kreis der gesetzlichen Erben

---

[247] Kuchinke JZ 1990, 601, 602.

[248] So jedoch m. E. mit Recht Palandt/Grüneberg § 311 b Rn 74, allerdings nur bis zur Höhe des gesetzlichen Erbteils; Staudinger/Wufka, § 311 b Abs. 4 und 5 Rn 37; Limmer DNotZ 1998, 927, 935.

[249] RGZ 98, 330, 334.

[250] BGH NJW 1956, 1151; MünchKomm/Krüger § 311 b Rn 120; Staudinger/Wufka § 311 b Abs. 4 und 5 Rn 34.

[251] BGH NJW 1974, 43 = DNotZ 1974, 231 m. krit. Anm. Blomeyer in FamRZ 1974, 421; ferner Anm. K. Schmidt in JuS 1974, 392; a. A. Wiedemann NJW 1968, 769, 771.

[252] Schwarz BWNotZ 1995, 139, 141.

[253] BGHZ 37, 319, 325; Erman/Grziwotz § 311 b Rn 97.

[254] MünchKomm/Krüger § 311 b Rn 120; Staudinger/Wufka § 311 b Abs. 4 und 5 Rn 37; a. M. Palandt/Grüneberg § 311 b Rn 74.

[255] Staudinger/Wufka § 311 b Abs. 4 und 5 Rn 37; MünchKomm/Krüger § 311 b Rn 103.

[256] Staudinger/Wufka § 311 b Abs. 4 und 5 2 Rn 11.

gehört, und einem künftigen gesetzlichen Erben, etwa über dessen künftiges Pflichtteilsrecht.[257]

64 • Schuldrechtliche **Ausschlagungsverpflichtungsverträge** zwischen künftigen Miterben sind nach verbreiteter Meinung im Rahmen und in der notariellen Form des § 311b Abs. 5 zulässig.[258]

65, 66 • **Abfindungs- und Wertfestsetzungsvereinbarungen** sind zwischen potentiellen gesetzlichen Erben in notarieller Form gem. § 311b Abs. 5 möglich, auch wenn sie sich nicht nur auf einen einzelnen Gegenstand aus dem Nachlass beziehen.

67 • Von den §§ 2050, 2051, 2052 abweichende **Vereinbarungen über die Ausgleichungspflicht in notarieller Form.**[259]

68 • In den oben dargestellten Fällen gegenständlich beschränkter Verzichte kann **anstelle eines** oft nicht zweckmäßigen **beschränkten Pflichtteilsverzichts** oder eines schuldrechtlichen Vertrages zugunsten Dritter mit dem künftigen Erblasser auch ein schuldrechtlicher Verzicht der Geschwister des Übernehmers eines bestimmten Gegenstandes im Rahmen des Übergabevertrages auf die künftigen Pflichtteilsergänzungsansprüche bezüglich dieses Gegenstandes erfolgen. Dieser Vertrag verstößt schon deshalb nicht gegen § 311b Abs. 4, da er nur einen Einzelgegenstand betrifft.[260] Er ist allerdings entspr. § 2348 notariell beurkundungspflichtig.

69 • Entgegen dem Grundsatz,[261] dass § 311b Abs. 5 nur schuldrechtliche Verträge und keine mit erbrechtlich-dinglicher Wirkung zulässt, lässt die h. M. in der Literatur **antizipierte Abtretungen bzw. Erlassverträge von Pflichtteilsansprüchen** zwischen potentiellen gesetzlichen Erben mit der Begründung zu, dass auch sonst Verfügungen über zukünftige Rechte und Forderungen zugelassen werden.[262] Als zusätzliche Absicherung kann man vorsorglich neben Abtretung und Erlass auch noch die zweifellos zulässige schuldrechtliche Verpflichtung zu diesen Erfüllungsgeschäften aufnehmen.[263]

70 • Eine **Abtretung des gesetzlichen Erbteils** ist dagegen erst und frühestens ab dem Erbfall zulässig.[264] Insoweit ist nur zwischen künftigen gesetzlichen Erben die schuldrechtliche Verpflichtung zur Übertragung möglich, die durch Aufnahme einer unwiderruflichen über den Tod des Vollmachtgebers hinaus gültigen und von den Beschränkungen des § 181 BGB befreiten Vollmacht des künftigen Erwerbers zur Vornahme des Verfügungsgeschäftes nach dem Tod des Dritten verstärkt werden kann.[265] Desgleichen ist die antizipierte Übertragung der Erbschaft durch den künftigen Alleinerben nicht möglich.[266] Dagegen ist die Vollmacht des künftigen Erben, wonach ein Dritter berechtigt ist, in bestimmter Weise über den Nachlass nach dessen Anfall zu verfügen, gültig, sofern sie nicht unwiderruflich sein soll.[267]

---

257 RGZ 98, 330, 332.

258 MünchKomm/Krüger § 311b Rn 120; Daniels S. 76; Damrau ZEV 1995, 425; Dohr MittRhNotK 1998, 381, 406.

259 Schwarz BWNotZ 1993, 139, 141; J. Mayer, ZEV 1996, 441, 444; Palandt/Grüneberg, § 311b Rn 74; Limmer, DNotZ 1998, 927, 933; Bamberger/Roth/Gehrlein § 311b Rn 48; a. M. lediglich Wiedemann NJW 1968, 769, 771 der Anrechnungs- und Ausgleichungsvereinbarungen formlos zulassen will, da es sich lediglich um Berechnungsfaktoren handle.

260 Daniels S. 56.

261 BGHZ 37, 319, 327.

262 Lange/Kuchinke § 37 III 3a; Staudinger/Wufka § 311b Abs. 4 und 5 Rn 32; Soergel/Wolf § 312 Rn 13; Erman/Grziwotz § 311b Rn 97; Daniels S. 130 und die dort Fn 271 Genannten; U. v. Lübtow, ErbR I, S. 550; J. Mayer MittBayNot 1985, 101, 104; ders., MittBayNot 1997, 85, 87.

263 Roellenbleg DNotZ 1973, 712.

264 BGHZ 37, 319, 325; Palandt/Grüneberg § 311b Rn 75; a. M. Daniels S. 118 ff.; Staudinger/Wufka § 311b Abs. 4 und 5 Rn 33.

265 Daniels a. a. O. S. 132.

266 Daniels a. a. O. S. 117.

267 RG Recht 1914 Nr. 2628.

• Nicht unter § 311 b Abs. 4 fällt und ist daher zulässig, die von einem Dritten gegenüber dem Vertragserben oder -vermächtnisnehmer übernommene **Verpflichtung, vom Erblasser unter Lebenden keine Zuwendungen anzunehmen die der erbvertraglichen Regelung zuwiderlaufen** oder sie doch an sie herauszugeben.[268] Diese Verpflichtung ist auch kein Erbvertrag, fällt daher nicht unter § 2276 und ist daher auch formlos gültig.[269] 71

• Nicht unter § 311 b Abs. 4 fällt auch die **Verpflichtung zur Übertragung der Nacherbschaft** in der Zeit zwischen dem Erb- und dem Nacherbfall, da hier dem Nacherben mit dem Erbfall bereits eine grundsätzlich übertragbare Anwartschaft entstanden ist.[270] 72

V. Schuldrechtliche Nachlassverträge unter Beteiligung des Erblassers

Ob man den Kreis der nach § 311 b Abs. 5 zulässigen Erbschaftsverträge dadurch erweitern kann, dass man den künftigen Erblasser daran beteiligt, ist umstritten. Einigkeit besteht darüber, dass die rein formale Zustimmung des künftigen Erblassers auf jeden Fall keine Erweiterung herbeiführen kann, sondern dass eine echte **materiell-rechtliche Vertragsbeteiligung des Erblassers** erfolgen muss, d.h. er echter Vertragspartner sein muss.[271] Hierher gehören einmal die im BGB ausdrücklich geregelten Nachlassverträge mit Beteiligung des Erblassers, wie der Erbvertrag (§§ 1941, 2274 ff.) und der Erb- und/oder Pflichtteilsverzichts- bzw. Zuwendungsverzichtsvertrag (§§ 2346, 2352), aber auch der schuldrechtliche Verpflichtungsvertrag zu den Letztgenannten und ganz allgemein schuldrechtliche Verpflichtungsgeschäfte zwischen dem Erblasser und seinen vermutlichen Erben bezüglich der späteren Erbauseinandersetzung. Hier steht der § 311 b Abs. 4 nicht entgegen, da der Erblasser nicht zugleich Dritter sein kann.[272] Sofern die dem Erblasser dabei entstehenden und für seine materiell-rechtliche Beteiligung erforderlichen schuldrechtlichen Ansprüche erst nach seinem Tod erfüllt werden sollen, ist er Versprechensempfänger von echten oder unechten Verträgen zugunsten Dritter auf den Tod gem. §§ 328, 331.[273] Dagegen sind Verträge, sofern sich die Mitwirkung des Erblassers auf seine bloße Zustimmung beschränkt, nichtig, außer wenn sie auch ohne den Erblasser gem. § 311 b Abs. 5 als Verträge unter künftigen gesetzlichen Erben wirksam sind.[274] Wenig Sinn hätten solche Nachlassverträge unter materiell-rechtlicher Beteiligung des künftigen Erblassers, wenn sie nur unter den Voraussetzungen des § 311 b Abs. 5 zulässig wären, d.h. **nur unter künftigen gesetzlichen Erben und nur in Höhe des gesetzlichen Erbteils** und sich durch sie der Kreis der gem. § 311 b Abs. 5 zulässigen Verträge über künftige Erbschaften nicht erweitern ließe.[275] Diese Frage ist bestritten. Während die einen für die Nichtanwendung des § 311 b Abs. 5 auf Verträge mit dem Erblasser als materiell-rechtlich beteiligtem Vertragspartner über seinen künftigen Nachlass sind,[276] fordern die anderen, dass auch bei solchen Verträgen die Voraussetzungen des § 311 b Abs. 5 vorliegen müssen, d.h. dass die Vertragspartner des Erblassers seine künftigen 73

---

[268] BGH WPM 1977, 689, 699; BGH WPM 1976, 744, 745 = FamRZ 1976, 518.

[269] BGH WPM 1977, 689, 699.

[270] BGHZ 37, 319, 326 = NJW 1962, 1910; siehe auch oben § 10 Rn 82.

[271] Mot. z. BGB, Bd. II, S. 183; BGHZ 37, 319, 326 ff. = NJW 1962, 1910; BGH NJW 1995, 448 = FamRZ 1995, 226 = ZEV 1995, 142 m. Anm. Thode = DNotZ 1996, 763 m. Anm. Frenz; Damrau ZEV 1995, 425, 427; Wiedemann NJW 1968, 769, 772.

[272] BGHZ 37, 319, 328 = NJW 1962, 1910, 1912; Damrau, Der Erbverzicht, S. 27, 49, 97; Staudinger/Schotten Einl §§ 2346–2352 Rn 33; Wiedemann NJW 1968, 769, 772; MünchKomm/Krüger § 311 b Rn 117.

[273] Siehe z.B. den Fall BGH WPM 1976, 744, 745 = FamRZ 1976, 518 LS; Mattern in LM § 2271 Nr. 13 a.E.; Schwarz BWNotZ 1995, 139, 141.

[274] Mot. z. BGB Bd. II, S. 185; MünchKomm/Krüger § 311 b Rn 11; BGHZ 37, 319, 324; Wiedemann NJW 1968, 772.

[275] Siehe hierzu insb. Daniels S. 141 ff.

[276] Staudinger/Wufka § 311 b Abs. 4 und 5 Rn 24; Mot. z. BGB Bd. II, S. 185; obiter dicta BGHZ 37, 319, 328 = NJW 1962, 1910; Daniels S. 144 u. 148.

gesetzlichen Erben sein müssen und der Vertragsgegenstand nur der gesetzliche Erbteil, ein testamentarischer bis zu seiner Höhe oder der Pflichtteil sein kann.[277] **Der ersten Meinung ist der Vorzug zu geben, da bei einer Mitwirkung des Erblassers mit Verpflichtungswillen alle den Schutzzweck des § 311b bildenden Gründe**[278] **entfallen.** Auf jeden Fall führt die Mitwirkung des künftigen Erblassers gleich welcher Art **nicht zur Befreiung des Vertrages von dem Formerfordernis des § 311b Abs. 5 Satz 2.**[279]

74 Bei dieser unsicheren Rechtslage können **unter Beteiligung des künftigen Erblassers** nur folgende Fallgruppen als durch die Rechtsprechung und Lehre einigermaßen gesichert angesehen werden, wobei aber auch die oben Rn 73. aufgezeigte Regelungslücke zu beachten ist:

75 • Nach § 2050 Abs. 3 hat der Erblasser die **Ausgleichung von Zuwendungen** an Abkömmlinge, die als gesetzliche Erben zur Erbfolge gelangen, vor oder spätestens bei der Zuwendung anzuordnen. Eine nachträgliche einseitige Anordnung der Ausgleichungspflicht durch den Erblasser ist nicht möglich.[280] Möglich ist allerdings eine nachträgliche Anordnung als Teilungsanordnung oder Vorausvermächtnis durch Verfügung von Todes wegen, was jedoch das Pflichtteilsrecht des Zuwendungsempfängers gem. § 2316 Abs. 3 unberührt lässt,[281] sofern er nicht vertraglich auf sein Erb- und/oder Pflichtteilsrecht verzichtet hat oder im Falle des § 2306 Abs. 1 nicht ausschlägt.[282] Ferner ist eine **nachträgliche Vereinbarung des Erblassers mit dem Begünstigten über dessen Ausgleichungspflicht als Rechtsgeschäft unter Lebenden in Form eines Vertrages zugunsten Dritter,** hier der übrigen Miterben, möglich.[283] Diese Vereinbarung hat aber nur schuldrechtliche nicht unmittelbar erbrechtlich-dingliche Wirkung und ebenfalls keine Wirkung auf die Pflichtteilsberechnung unter Berücksichtigung der Ausgleichungspflicht nach § 2316, da diese sich nach dem Wert des Erbteils in seiner gesetzlichen, entsprechend der gesetzlichen Anrechnungsvorschriften des § 2050 ermittelten Größe richtet.[284] Ob allerdings eine solche Vereinbarung formlos gültig ist,[285] ist zweifelhaft. Richtigerweise dürfte sie als Verpflichtungsvertrag über das Pflichtteilsrecht entsprechend § 2348 sowie als Erbschaftsvertrag gem. § 311 b Abs. 5 Satz 2 der notariellen Beurkundung bedürfen.[286] Auch die Anrechnungsbestimmung auf den Pflichtteil gem. § 2315 Abs. 1 muss der Erblasser durch einseitig empfangsbedürftige Erklärung vor oder bei der Zuwendung treffen.[287] Eine spätere Bestimmung durch Testament ist selbst dann nicht möglich, wenn der Pflichtteilsberechtigte zustimmt.[288] Um die nachträgliche unmittelbare erbrechtlich-dingliche Anrechnungswirkung zu erreichen, müssen Erblasser und Anrechnungsverpflichteter einen beschränkten Pflichtteilsverzichtsvertrag schließen, der die Vereinbarung der Anrechnung zum Inhalt hat.[289] Aber auch hier ist es schuldrechtlich im Wege des Vertrages zugunsten Dritter zwischen Erblasser und anrechnungsverpflichtetem Pflichtteilsberech-

[277] OGHZ Bd. 2, S. 175; Damrau, Erbverzicht, S. 97 Anm. 23; Staudinger/Wufka § 311b Abs. 4 und 5 Rn 34; jetzt wohl auch BGH NJW 1995, 448 = FamRZ 1995, 226.
[278] Siehe hierzu BGHZ 37, 319, 323; zu den Gründen BGHZ 26, 320, 324; BGH LM § 312 BGB Nr. 3.
[279] BGH NJW 1995, 448 = FamRZ 1995, 226 = ZEV 1995, 142 m. Anm. Thode = DNotZ 1996, 763 m. Anm. Frenz; Damrau ZEV 1995, 425, 427.
[280] KG OLGE 21, 318; RGRK/Kregel § 2050 Rn 19.
[281] RGZ 90, 419, 422; RGZ 71, 133, 135.
[282] Palandt/Edenhofer § 2050 Rn 11.
[283] Staudinger/Werner § 2050 Rn 33; BGH WPM 1976, 744 = FamRZ 1976, 518 (LS); RG JW 1909, 11.
[284] RGZ 71, 133, 135.
[285] So Staudinger/Werner § 2050 Rn 32.
[286] Damrau, Der Erbverzicht, S. 50; Schwarz BWNotZ 1995, 139, 141.
[287] RG SeuffA 76 Nr. 57 = LZ 1921, 144.
[288] RGZ 67, 306, 309.
[289] RGZ 71, 133, 136; Damrau, Der Erbverzicht, S. 58.

tigten möglich, die Anrechnung indirekt dadurch nachträglich zu erreichen, dass sich der pflichtteilsberechtigte Zuwendungsempfänger gegenüber dem Erblasser zugunsten der Erben verpflichtet, sich im Falle seines Pflichtteilsverlangens so behandeln zu lassen, als wäre die Anrechnungspflicht gegeben.[290] Allerdings bedarf auch dieser Vertrag nach der h. M.[291] als Verpflichtungsvertrag über das Pflichtteilsrecht entsprechend § 2348 der notariellen Form,[292] jedoch ohne das Stellvertretungsverbot für den Erblasser.[293]

• Ein zukünftiger Erbe kann sich gegenüber dem Erblasser **in Wege des Vertrages zugunsten Dritter (§§ 328, 331) verpflichten,** bestimmte Gegenstände des künftigen Nachlasses einem Dritten unentgeltlich zu übertragen.[294] Wegen § 310 geht das allerdings nicht hinsichtlich des ganzen Nachlasses oder eines Teils desselben. Handelt es sich bei dem einzelnen Gegenstand um ein Grundstück, bedarf der Vertrag gem. § 311 b Abs. 1 der notariellen Beurkundung.[295] 76

• Wird ein Abkömmling im Wege der vorweggenommenen Erbfolge gegenüber den anderen voll oder teilweise abgefunden, so steht ein **ganzer oder teilweiser Pflichtteilsverzicht zur Erwägung.**[296] Damrau schlägt hier einen Verzicht auf den Pflichtteil vor, soweit er eine bestimmte Summe übersteigt, nämlich das, was ihm wertmäßig nach dem jetzigen Stand des Erblasservermögens an seinem Erbanteil noch fehlt. Diese Lösung hat aber den Nachteil, dass sie den Verzichtenden hinsichtlich seines Pflichtteils von der Teilnahme an den künftigen Werterhöhungen des Nachlasses ausschließt.[297] Aus diesem Grund hat die Rechtsprechung[298] es auch wiederholt abgelehnt, mehrdeutige Abfindungserklärungen in Übergabeverträgen im Wege der Auslegung als Erb- oder Pflichtteilsverzicht zu werten, da der Übernehmer kaum auf die Teilhabe an einem späteren Vermögenserwerb des Übergebers verzichten will.[299] Zweckmäßiger ist es, und so haben die obigen Gerichte die Abfindungsklauseln auch ausgelegt, den Übernehmer nur hinsichtlich des gegenwärtigen Vermögens des Übergebers als abgefunden zu erklären und etwa erklärend hinzuzufügen: 77

• Schuldrechtlich verpflichtet sich der Übernehmer gegenüber dem Übergeber und zugunsten dessen späterer Erben, bei der Erbauseinandersetzung nach dem Tod des Übergebers lediglich Ansprüche auf Teilhabe am künftigen Vermögenserwerb des Übergebers geltend zu machen. 78

• Ein Pflichtteilsberechtigter kann sich ganz allgemein im **Vertrag mit dem künftigen Erblasser schuldrechtlich verpflichten,** sein eventuelles künftiges Pflichtteilsrecht nicht geltend zu machen oder zugunsten eines oder aller Erben zu erlassen oder an den oder die Erben abzutreten.[300] Es ist dies ein Verpflichtungsvertrag zugunsten Dritter, der das Versprechen, eine Forderung nicht geltend zu machen, zum Inhalt hat.[301] Auch dieser Vertrag ist jedoch, da er die Verpflichtung zum Verzicht auf das Pflichtteilsrecht enthält, entsprechend § 2348 beurkundungsbedürftig,[302] jedoch ohne das Stellvertretungsverbot für den Erblasser.[303] 79

---

[290] Damrau, Der Erbverzicht, S. 48.
[291] Bei Kuchinke NJW 1983, 2358 ff.
[292] Damrau, Der Erbverzicht, S. 50.
[293] BGHZ 37, 319, 328.
[294] BGH WPM 1976, 744 = FamRZ 1976, 518 LS; RG JW 1909, 11.
[295] BGH a. a. O.
[296] Siehe Damrau, Der Erbverzicht, S. 64 ff.
[297] Bühler DNotZ 1967, 777, 778.
[298] RG LZ 1932, 102, 103 = HRR 1932 Nr. 628; BayObLGZ 1981, 30 = Rpfleger 1981, 305; BayObLG Rpfleger 1984, 191.
[299] RG HRR 1932 Nr. 628.
[300] Damrau, Der Erbverzicht, S. 48; Roellenbleg DNotZ 1973, 708, 712.
[301] Damrau, Der Erbverzicht, S. 48 und die dort unter Fn 10 Genannten.
[302] Damrau, Der Erbverzicht, S. 50.
[303] BGHZ 37, 319, 328.

80 • Auch in einem Vertrag mit dem Erblasser kann sich ein zu den gesetzlichen Erben Zählender schuldrechtlich zur **Ausschlagung für den Fall seiner Berufung zum Erben verpflichten.**[304]

81 • Im Wege des Vertrages zugunsten Dritter auf den Tod des Übergebers pflegen auch die Zuwendungen an weichende Erben in Übergabeverträgen, insbesondere über landwirtschaftliche Anwesen, geregelt zu werden.[305] Der Übernehmer verpflichtet sich dabei gegenüber dem Übergeber zugunsten seiner Geschwister nach dem Tod des Übergebers an diese Gleichstellungsgelder zu zahlen (§ 331). Ein solcher Vertrag unterliegt auch nicht gem. § 2301 Abs. 1 den Vorschriften über Verfügungen von Todes wegen, hier also denen des Erbvertrages, da es sich meist um ein entgeltliches Geschäft handeln dürfte, die Zuwendungen an die weichenden Erben unbedingt und nicht unter Überlebensbedingung erfolgen und zumindest die Schenkung als mit Vertragsabschluss vollzogen im Sinne des § 2301 Abs. 2 anzusehen ist.[306]

82 • Für den Fall, dass die Beteiligten nicht dem Kreis der künftigen gesetzlichen Erben des Erblassers angehören und daher keinen Vertrag gem. § 311 b Abs. 5 schließen können, wird es z. T. als zulässig und sogar mit unmittelbar erbrechtlich-dinglicher Wirkung ausgestattet angesehen, dass der Veräußerer der künftigen Erbschaft mit dem künftigen Erblasser einen Erb- oder Zuwendungsverzichtsvertrag abschließt, dieser den Erwerber erbvertraglich zum Erben einsetzt und in einem schuldrechtlichen Vertrag zwischen Veräußerer und Erwerber die Abfindung des Veräußerers geregelt wird.[307] Dies ist jedoch abzulehnen:[308] In der Vereinbarung zwischen Veräußerer und Erwerber muss sachgerechter Weise (ausdrücklich oder stillschweigend) die Verpflichtung des Veräußerers mit enthalten sein, mit dem Erblasser den Verzichtsvertrag abzuschließen. Diese Regelung betrifft den künftigen Erbteil, so dass sie nur nach Maßgabe von § 311 b Abs. 5, also nur unter potentiellen gesetzlichen Erben zulässig ist

VI. Die frühere Möglichkeit eines vorzeitigen Erbausgleichs des nichtehelichen Kindes

83 **Bis zum 1. 4. 1998** wurde ein nichteheliches Kind gegenüber seinem Vater bei Vorhandensein von dessen Ehefrau und/oder ehelichen Kindern kein Miterbe, sondern erhielt lediglich einen sog. Erbersatzanspruch in Höhe des Wertes seines gesetzlichen Kindeserbteils. Dafür konnte es jedoch, anders als eheliche Kinder, zwischen seinem 21. und 27. Geburtstag von seinem nichtehelichen Vater einen sog. vorzeitigen Erbausgleich in Geld verlangen. Der Ausgleichsbetrag betrug grundsätzlich das Dreifache des Unterhalts, den der Vater dem Kind in den letzten fünf Jahren gezahlt hatte. Damit waren jedoch seine erbrechtlichen Ansprüche ein für allemal abgegolten. Die Vereinbarung zwischen Vater und nichtehelichem Kind über den vorzeitigen Erbausgleich bedurfte der notariellen Beurkundung. Wegen der Einzelheiten dieser gesetzlichen Regelung siehe Rn 911 der 1. Auflage.

Schrifttum: *Bengel,* Die gerichtliche Kontrolle von Pflichtteilsverzichten, ZEV 2006, 192; *Bergschneider*, Der Tod des Unterhaltsverpflichteten – Praktische Anmerkungen zu § 1586 b BGB -, FamRZ 2003, 1049; *Damrau,* Die Verpflichtung zur Ausschlagung der Erbschaft, ZEV 1995, 425; *Daniels,* Verträge mit Bezug auf den Nachlaß eines noch lebenden Dritten, Diss. 1973; *Dieckmann*, Zur Auswirkung eines Erb- oder Pflichtteilsverzichts auf die nachehelichen Unterhaltsansprüche

304 Damrau ZEV 1995, 425, 427; Dohr MittRhNotK 1998, 381, 406.

305 Staudinger/Kanzleiter § 2301 Rn 50.

306 BGH NJW 1975, 382 m. w. N.

307 BGHZ 37, 319, 328; BGH NJW 1995, 448; Daniels S. 144; Damrau, Der Erbverzicht, S. 97 Fn 23.l.

308 Ebenso Henssler RNotZ 2010, 221, 231.

eines (früheren) Ehegatten NJW 1980, 2777; *Dohr,* Überwindung der aufgrund gemeinschaftlichen Testaments oder Erbvertrages entstandenen erbrechtlichen Bindungswirkung, MittRhNotK 1998, 381; *Dutta*, Grenzen der Vertragsfreiheit im Pflichtteilsrecht, AcP 209, 760; *Frank*, Der Verzicht auf erbrechtlichen Erwerb zum Nachteil der Gläubiger, in: FS Leipold (2009), 983; *Frenz,* Einzelprobleme bei der Gestaltung von Pflichtteilsverzichten, FS 50. Jhr. DAI, S. 387 ff.; *Fuhrmann,* Modelle lebzeitiger Unternehmensübertragung, Diss. Konstanz 1990; *Grziwotz*, Pflichtteilsverzicht und nachehelicher Unterhalt, FamRZ 1991, 1258; *Henssler*, Erbschaftsverträge nach § 311 b Abs. 4 und 5 BGB, RNotZ 2010, 221; *Kanzleiter,* „Umverteilung" des Nachlasses mit Zustimmung des Vertragserben und Eintritt der Ersatzerbfolge, ZEV 1997, 261; *ders.*, Erstreckung der Wirkungen eines Zuwendungsverzichts auf die Abkömmlinge des Verzichtenden?, in: FS Werner (2009), 508; *ders.*, Die Beeinträchtigung des durch Erbvertrag bindend eingesetzten Erben durch die einvernehmliche Aufhebung eines Pflichtteilsverzichts, DNotZ 2009, 86; *ders.*, Die Erstreckung der Wirkungen eines Zuwendungsverzichts auf die Abkömmlinge des Verzichtenden – ein Missgriff des Gesetzgebers!, DNotZ 2009, 805; *Ch. Keim*, Der Zuwendungsverzicht nach der Reform des Pflichtteilsrechts: Ein Gestaltungsmittel wird handhabbar, RNotZ 2009, 574; *ders.*, Neues Recht in niedriger Dosierung: Das Gesetz zur Änderung des Erb- und Verjährungsrechts und seine Bedeutung für den Notar, MittBayNot 2010, 85; *Kaufhold,* Vereinbarungen über den Nachlaß oder einzelne Nachlaßgegenstände ohne Mitwirkung des künftigen Erblassers, ZEV 1996, 454; *Klinck*, Der Zuwendungsverzicht zulasten Dritter; Fortschritt durch das Gesetz zur Änderung des Erb- und Verjährungsrechts?, ZEV 2009, 533; *Kornexl,* Der Zuwendungsverzicht, 1998; *Kues,* Die vorweggenommene Ausgleichung lebzeitiger Zuwendungen unter künftigen Erben als Vertrag i. S. v. § 312 Abs. 2 BGB, ZEV 2001, 13; *Kulke,* Anwendung des § 312 Abs. 1 BGB auf Bürgschaftsverträge bei Erberwartung des einkommens- und vermögenslosen Bürgen, ZEV 2000, 298; *Langenfeld*, Das Gesetz zur Änderung des Erb- und Verjährungsrechts – Inhalt und Praxisfolgen, NJW 2009, 3121; *Lüke,* Vertragliche Störungen beim „entgeltlichen" Erbvertrag, 1990; *J. Mayer,* Wird der durch die Erbringung der Abfindungsleistung bedingt erklärte Erb- und Pflichtteilsverzicht unwirksam, wenn der Erblasser vor Leistungserfüllung verstirbt?, MittBayNot 1985, 101; *ders.,* Zweckloser Zuwendungsverzicht?, ZEV 1996, 127; *ders.,* Der beschränkte Pflichtteilsverzicht, ZEV 2000, 263; *ders.*, Die Auswirkungen der Erbrechtsreform auf die Kautelarpraxis, ZEV 2010, 2; *Muscheler,* Aufhebung des Erbverzichts nach dem Tod des Verzichtenden, ZEV 1999, 49; *ders.*, Die geplanten Änderungen im Erbrecht, Verjährungsrecht und Nachlassverfahrensrecht, ZEV 2008, 105; *ders.*, Inhaltskontrolle bei Erbverzichts- und Pflichtteilsverzichtsverträgen, in: FS Spiegelberger (2009), 1079; *Schwarz,* Vorweggenommene Erbfolge und Erbschaftsvertrag, BWNotZ 1995, 139; *Schotten,* Das Kausalgeschäft zum Erbverzicht, DNotZ 1998, 163; *Stanovsky,* Zur erbrechtlichen Ausschlachtung lästiger Enkel, BWNotZ 1974, 102; *Tiedemann,* Zur Nichtigkeit einer Beschränkung der Bürgschaft auf künftige Erbschaft nach § 312 Abs. 1 Satz 1 BGB, NJW 2000, 192; *Wachter*, Inhaltskontrolle von Pflichtteilsverzichtsverträgen?, ZErb 2004, 238, 306;*Wendt,* Unverzichtbares bei erbrechtlichen Verzichten, ZNotP 2006, 2.

§ 20 Gesellschaftsvertragliche Nachfolgeregelungen

I. Nachfolgeregelungen bei Personengesellschaften[1]

1. Die gesetzliche Regelung beim Tod eines Gesellschafters und die vertraglichen Regelungsmöglichkeiten

a) Die Gesetzliche Regelung der Vererbung von Anteilen an Personengesellschaften

1 Seit dem 1. 7. 1998 erfolgt auf Grund der Änderung durch das HRefG (§ 131 Abs. 3 Satz 1 Nr. 1 HGB) beim Tod eines persönlich haftenden Gesellschafters mangels abweichender vertraglicher Bestimmungen nur dessen Ausscheiden und keine Auflösung der Gesellschaft mehr, sodass die Gesellschaft zwischen den übrigen Gesellschaftern fortgesetzt wird.[2]

2 Bei Auflösung der Gesellschaft wegen der Gesetzeslage bis zum 1. 7. 1998 und seither bei einer entsprechenden vertraglichen Vereinbarung wurde und wird Gesellschafterin der nach Auflösung entstehenden Liquidationsgesellschaft an Stelle des verstorbenen Gesellschafters dessen Erbengemeinschaft zur gesamten Hand (§ 146 Abs. 1 Satz 2 HGB),[3] d.h. nicht automatisch aufgeteilt gemäß der unten beschriebenen Sondervererbung von Anteilen an fortgeführten Personengesellschaften. Der Anspruch der Erben gegen die Gesellschaft auf Auszahlung des Auseinandersetzungsguthabens gem. §§ 731 ff. BGB, §§ 154 ff. HGB fällt in diesen Fällen in den Nachlass und ist unter die Miterben nach den Regeln der §§ 2042 ff. BGB zu verteilen.[4] Nach Auflösung der Gesellschaft können die Erben vertraglich mit den übrigen Gesellschaftern die Fortsetzung der Gesellschaft vereinbaren. Dann wandelt sich die Abwicklungsgesellschaft wieder in eine werbende Gesellschaft. Die Erben werden in diesem Fall jedoch einzeln, nicht als Erbengemeinschaft zur gesamten Hand, Gesellschafter dieser Personengesellschaft. Nach der h.M. kann nämlich eine Erbengemeinschaft zwar ein einzelkaufmännisches Handelsgeschäft zeitlich unbegrenzt als werbendes Unternehmen fortführen,[5] nicht jedoch Gesellschafterin einer werbend tätigen Personengesellschaft sein,[6] weil die Beteiligung an einer Gesellschaft nicht nur vermögensrechtliche, sondern auch höchstpersönliche Elemente enthält, die Möglichkeit der Haftungsbeschränkung bei der Erbengemeinschaft mit der gesamtschuldnerischen, unbeschränkten Haftung der Gesellschafter nicht vereinbar ist und die Erbengemeinschaft im Rechtsverkehr nicht als geschlossene Einheit nach außen auftreten kann.[7] Hieran ist auch nach der Anerkennung der Rechtsfähigkeit der GbR durch die Rechtsprechung[8] festzuhalten,[9] zumal der BGH nun ausdrücklich entschieden hat, dass die Rechtsprechungsgrundsätze zur Rechtsfähigkeit der GbR und der Woh-

---

[1] Siehe hierzu insbesondere Zöller, MittRhNotK 1999, 121 sowie Crezelius, Unternehmenserbrecht, §§ 6, 7.

[2] Zum Übergangsrecht für Altgesellschaften gem. Art. 41 EGHGB vgl. MünchHdb.KG/Klein/Lindemeier § 40 Rn 25 ff.

[3] RGZ 106, 63, 65; OLG Düsseldorf NJW-RR 1987, 732, 733.

[4] BGH Betr. 1971, 2400.

[5] Wolf AcP 181, 480; BGHZ 92, 259 = NJW 1985, 136; Damrau NJW 1985, 2236; Karsten Schmidt NJW 1985, 2785.

[6] BGHZ 22, 186, 192 m.w.N. = NJW 1957, 180; BGHZ 68, 225, 237 = NJW 1977, 1339, 1342; BGH NJW 1983, 2376 f.; MünchKomm/Ulmer § 705 Rn 81 m.w.N.; Baumbach/Hopt § 105 Rn 29, § 139 Rn 14; krit. Staudinger/Marotzke § 1922 Rn 178 f.; a.A. Weipert ZEV 2002, 300.

[7] H.P. Westermann JuS 1979, 761, 766.

[8] BGHZ 146, 341 = DNotZ 2001, 234; zu (verfrühten) Folgerungen hieraus für die Erbengemeinschaft vgl. Eberl-Borges, ZEV 2002, 125, 127 ff.

[9] Reimann ZNotP 2006, 162; 163; a.A. Weipert ZEV 2002, 300, 302.

nungseigentümergemeinschaft[10] nicht auf die Erbengemeinschaft zu übertragen sind.[11] Nach h.M. sind daher der Anteil eines Gesellschafters an einer werbenden offenen Handelsgesellschaft und der des persönlich haftenden Gesellschafters einer Kommanditgesellschaft grundsätzlich unvererblich. Ihre Vererblichkeit ist nur gegeben, wenn und soweit sie in dem Gesellschaftsvertrag vorgesehen und zugelassen ist, d.h. die Anteile vererblich gestellt sind.[12]

Der Tod eines Kommanditisten hat dagegen nicht die Auflösung der Gesellschaft zur Folge, sondern sie wird mangels abweichender vertraglicher Bestimmungen mit den Erben fortgesetzt (§ 177 HGB), sodass der Kommanditanteil vererblich ist. Der Gesellschaftsanteil des Kommanditisten fällt somit an seine Erben, jedoch, da aus den oben angeführten Gründen eine Erbengemeinschaft nicht Mitglied einer Personengesellschaft sein kann, nicht zur gesamten Hand, sondern jedem Miterben zu dem Anteil, der seinem Erbteil entspricht.[13] 3

Kontrovers wurde lange Zeit die Frage beantwortet, ob bei einer Vererblichstellung des Gesellschaftsanteils im Gesellschaftsvertrag dieser oder nur die von ihm gem. § 717 Satz 2 selbständig abtretbaren Vermögensrechte in den Nachlass fallen. Während ersteres der für Erbrecht zuständige IVa-Senat des BGH trotz der insoweit stattfindenden Sondererbfolge (siehe unten § 20 Rn 20) uneingeschränkt bejahte[14] und eine Herauslösung der übertragbaren Vermögensrechte weder unter haftungs- noch unter gesellschaftsrechtlichen Gesichtspunkten für gerechtfertigt hielt, ließ der für Gesellschaftsrecht zuständige II. Senat des BGH nur die „nach § 717 Satz 2 selbständig abtretbaren Ansprüche auf Gewinn und das Auseinandersetzungs- (oder Abfindungs-) Guthaben in den Nachlass fallen, während die Beteiligung (**Mitgliedschaft**) auf Grund der Sondererbfolge am Nachlass vorbei direkt in das Eigen- bzw. Privatvermögen des oder der nachfolgeberechtigten Erben übergehen sollte (**Abspaltungstheorie**).[15] Praktische Bedeutung hatte die Streitfrage für die Zulässigkeit einer Testamentsvollstreckung (siehe oben § 15 Rn 125 ff.), die Zugriffsmöglichkeit der verschiedenen Gläubigergruppen (Gesellschafts-, Nachlass- und Eigengläubiger) sowie den Umfang der Erfassung des Anteils bei Nachlassverwaltung und Nachlassinsolvenz. Aufgrund von drei insoweit übereinstimmenden Urteilen der jetzt fachlich für diese Frage zuständigen BGH-Senate[16] geht die ganz h.M. trotz der Sondervererbung des Anteils an einer Personengesellschaft allgemein von dessen Nachlasszugehörigkeit aus.[17] 4

b) Vertragliche Regelungsmöglichkeiten zur Fortsetzung der Gesellschaft

Die bis zum 1.7.1998 geltende (dispositive) gesetzliche Regelung für den Tod eines persönlich haftenden Gesellschafters wurde den geänderten wirtschaftlichen Verhältnissen 5

---

[10] BGHZ 163, 154 = DNotZ 2005, 776.

[11] BGH ZEV 2007, 30 = DNotZ 2007, 134; ebenso BGH NJW 2002, 3389, 3390.

[12] BGHZ 22, 186, 191; BGHZ 68, 225, 229; BGH NJW 1983, 2376 f.; für die Rechtslage seit 1.1.1998 auch Staudinger/Marotzke § 1922 Rn 172.

[13] BGHZ 58, 316, 317; BGH DNotZ 1979, 109, 111; BGH NJW 1983, 2376 = DNotZ 1984, 35.

[14] BGH NJW 1983, 2376; BGHZ 98, 48 = NJW 1986, 2431; zustimmend: BayObLG MittRhNotK 1988, 22, 23; K. Müller JR 1986, 507; Reimann MittBayNot 1986, 232, 233; Schmitz ZGR 1988, 140, 149; Flume NJW 1988, 161; Marotzke AcP 187, 223, 229; ablehnend: Ulmer NJW 1984, 1496; ders. JuS 1986, 856, 859 ff.; Koch BB 1987, 2106.

[15] BGHZ 47, 293, 296; BGHZ 91, 132, 136 f. = NJW 1984, 2104; BGH NJW-RR 1987, 989 = DNotZ 1988, 48 = JZ 1987, 880 m. Anm. Ulmer; BGHZ 108, 187, 192 = NJW 1989, 3152 = DNotZ 1990, 183 m. Anm. Reimann; zustimmend: Ulmer NJW 1990, 73.

[16] BGHZ 98, 48 = NJW 1986, 2431, 2433 = DNotZ 1987, 116 (IVa-Senat); BGHZ 108, 189 = NJW 1989, 3152 (II. Senat); BGH NJW 1996, 1284 = FamRZ 1996, 409 = ZEV 1996, 110 (IV. Senat).

[17] Ulmer/Schäfer, ZHR 160 (1996), 413, 440; Staudinger/Marotzke § 1922 Rn 186; Palandt/Edenhofer § 1922 Rn 19.

nicht mehr gerecht[18] und hätte meist zu einem ertragssteuerlich ungewollten Liquidationsgewinn geführt. Auch die geänderte handelsrechtliche Regelung wurde mit dem Erbrecht des BGB nicht abgestimmt,[19] sodass es, wenn der verstorbene Gesellschafter von mehreren Personen beerbt wird, zu einer Kollision zwischen gesellschafts- und erbrechtlichen Grundsätzen kommt. Im Wesentlichen haben die Gesellschafter folgende Alternative:

- Sie können durch einfache Fortsetzungsklausel, rechtsgeschäftliche Nachfolgeklausel oder Eintrittsklausel im Gesellschaftsvertrag ihre Nachfolge „am Nachlass vorbei" durch Rechtsgeschäft unter Lebenden auf den Todesfall regeln (siehe unten § 20 Rn 45 ff., 52 ff. und oben § 4 Rn 62).
- Sie können durch eine einfache oder qualifizierte erbrechtliche Nachfolgeklausel im Gesellschaftsvertrag ihre Gesellschaftsanteile vererblich stellen, müssen dann aber (sofern nicht im Einzelfall bereits die gesetzliche Erbfolge das gewünschte und gesellschaftsrechtlich zulässige Ergebnis zeitigt) diese gesellschaftsvertragliche Bestimmung jeweils durch entsprechende Verfügungen von Todes wegen ergänzen. Dann erfolgt beim Erbfall nach der ständigen und gefestigten Rechtsprechung des BGH[20] beim Vorhandensein mehrerer nachfolgeberechtigter Erben die Vererbung der Beteiligung (einschließlich derjenigen eines Kommanditisten) im Wege der Sondererbfolge (**Singularsuzession**) unmittelbar und ohne weiteres Zutun entsprechend der Erbquoten aufgeteilt auf die nach letztwilliger Verfügung und Gesellschaftsvertrag zu Nachfolgern bestimmten Erben (**unmittelbare Vollnachfolge**) (siehe unten § 20 Rn 20 und oben § 2 Rn 60 ff.).

6 Bei der letztgenannten erbrechtlichen Regelung müssen die Gesellschafter dabei aber immer in Rechnung stellen, dass der erbrechtliche Nachfolger in die Stellung als persönlich haftender Gesellschafter nach § 139 HGB, und zwar vertraglich unabdingbar (§ 139 Abs. 5 HGB), von den übrigen Gesellschaftern verlangen kann, die übernommene Einlage des Erblassers unter Beibehaltung des Gewinnanteils **in eine Kommanditbeteiligung umzuwandeln.** Dabei kann allerdings weder der Erbe von den Altgesellschaftern die Anteilsumwandlung verlangen, noch sind die für die Anteilsumwandlung votierenden Mitgesellschafter gegen das Veto anderer Gesellschafter gesichert.[21] Lehnt einer der Mitgesellschafter die Umwandlung ab, kann der vorgesehene Nachfolger nur fristlos kündigen (§ 139 Abs. 2 HGB) und den Abfindungsbetrag nach § 738 Abs. 1 Satz 2 BGB von ihnen verlangen. Er muss dieses Wahlrecht innerhalb einer Frist von drei Monaten nach Kenntnis vom Anfall der Erbschaft ausüben (§ 139 Abs. 3 Satz 1 HGB) und kann seine Haftung für Gesellschaftsschulden für die Zeit vor der Umwandlung in eine Kommanditbeteiligung oder Kündigung nach den Regeln der Erbenhaftung gegenständlich auf den Nachlass beschränken (§ 139 Abs. 4 HGB). Dieses Wahlrecht des erbrechtlichen Nachfolgers kann lediglich hinsichtlich des Gewinnanteils des Verstorbenen vertraglich geändert werden, sonst nur durch letztwillige Verfügung (Auflage oder Vermächtnis) beschränkt werden.[22] Das Wahlrecht des Nachfolgers entfällt, wenn der Gesellschaftsanteil auf den Nachfolger nicht auf erbrechtlichem, sondern auf rechtsgeschäftlichem Wege übergeht[23] oder die Nachfolgeklausel mit einer Umwandlungsklausel kombiniert wird.[24]

7 Nach dem Gesetz zur Beschränkung der Haftung Minderjähriger (MHbeG) vom 25. 8. 1998,[25] das am 1. 1. 1999 in Kraft trat, hat ein volljährig Gewordener, der als Minderjähriger in die Personengesellschaft kam, neben der Möglichkeit der Haftungsbe-

---

[18] Finger Betr. 1974, 27.
[19] Zur – insoweit unveränderten – alten Rechtslage vgl. Kipp/Coing ErbR, § 91 IV 8 c.
[20] BGHZ 22, 186, 191; BGHZ 68, 225, 237; BGHZ 91, 132, 135; BGHZ 98, 48, 50 f.; BGH NJW 1989, 315.
[21] K. Schmidt BB 1989, 1702, 1703.
[22] Ebenroth/Boujong/Joost/Lorz § 139 Rn 135; Baumbach/Hopt § 139 Rn 64.
[23] Göbel DNotZ 1979, 153.
[24] K. Schmidt BB 1989, 1702; unten § 20 Rn 21 ff.
[25] BGBl. I, 1998, 2487.

schränkung nach § 1629a auch das Recht, auf Grund des außerordentlichen Kündigungsrechts nach § 723 Abs. 1 Satz 3 Nr. 2 n.F. aus der Personengesellschaft auszuscheiden. Die Vorschrift gilt über die §§ 105 Abs. 2, 161 Abs. 2 HGB auch für vollhaftende Gesellschafter in OHG und KG.[26]

Im Folgenden sollen die als gesichert anzusehenden Gestaltungsmöglichkeiten im Einzelnen dargestellt werden, von denen die Kautelarpraxis auszugehen hat.

2. Fortsetzung gemäß gesetzlicher Regelung oder auf Grund einer einfachen Fortsetzungsklausel (Ausschluss- oder Anwachsungsklausel)

a) Fortsetzung der Gesellschaft unter den übrigen Gesellschaftern (§ 131 Abs. 3 Nr. 1 HGB)

Beim Tod eines persönlich haftenden Gesellschafters wird – mangels abweichender vertraglicher Bestimmung – die Gesellschaft unter den verbleibenden Gesellschaftern fortgeführt. Den verbleibenden Gesellschaftern wächst dann der Anteil des Verstorbenen im Verhältnis ihrer Anteile an (§ 738 Abs. 1 Satz 1 BGB i. Verb. mit § 105 Abs. 3 HGB), ohne besonderen Übertragungsakt.[27] Der Anteil selbst geht nicht auf die Erben des verstorbenen Gesellschafters über, die Gesellschafterstellung ist daher in diesem Fall unvererblich.[28] Die Erben haben jedoch, falls er im Gesellschaftsvertrag nicht abbedungen ist, einen Abfindungsanspruch nach § 738 Abs. 1 Satz 2 BGB i. V.m. § 105 Abs. 3 HGB gegen die Gesellschaft. Die Gesellschaft kann nur fortgesetzt werden, wenn mindestens zwei Gesellschafter übrigbleiben.[29] Bei nur zwei Gesellschaftern können sie sich aber gegenseitig oder auch nur der eine dem anderen vertraglich das Recht einräumen, beim Tod des anderen automatisch das Geschäft mit Aktiven und Passiven zu übernehmen (**Übernahmeklausel**),[30] was nach einer vordringenden Auffassung[31] im Wege der Gesamtrechtsnachfolge, nach anderer Auffassung[32] analog §§ 105 Abs. 3, 161 Abs. 2 HGB, 738 Abs. 1 Satz 1 BGB durch Anwachsung erfolgt. Zum anderen kann vereinbart werden, dass der Überlebende durch eine entsprechende Gestaltungserklärung das Geschäft übernehmen kann (**Übernahmerecht**).[33] Durch den automatischen Übergang droht jedoch beim allein verbleibenden Übernehmer die unbeschränkte Haftung auch, wenn dieser nur Kommanditist gewesen war. Dies spricht dafür, gesellschaftsvertraglich die Auflösung der Gesellschaft verbunden mit einem Übernahmerecht vorzusehen.[34] Eine Fortsetzungsklausel einer mehrgliedrigen Personengesellschaft kann, wenn die Gesellschaft zweigliedrig geworden ist, als Übernahmerecht ausgelegt werden.[35] 8

Es besteht auch die Möglichkeit, bei einer mehrgliedrigen Gesellschaft im Gesellschaftsvertrag zu vereinbaren, dass beim Tod eines Gesellschafters die Gesellschaft zwar fortgesetzt wird, sein Anteil aber nicht allen anderen anwachsen soll, sondern nur auf einen oder Einzelne übergeht. Hierbei kann wiederum ein Übernahmerecht eingeräumt werden, das eine entsprechende Gestaltungserklärung des Übernehmers voraussetzt[36] oder, falls der Übergang des Anteils automatisch mit dem Tod erfolgen soll, durch sofor- 9

---

[26] Reimann DNotZ 1999, 179, 180f.; Baumbach/Hopt § 1 Rn 34, § 133 Rn 7; krit. Ebenroth/Boujong/Joost/Lorz § 133 Rn 22.

[27] RGZ 136, 99; BGH BB 1974, 996f.

[28] Baumbach/Hopt § 131 Rn 18.

[29] Göbel DNotZ 1979, 133, 142.

[30] Fall des BGH NJW 70, 1638; Fall des KG DNotZ 1978, 109.

[31] Baumbach/Hopt § 131 Rn 35; § 105 Rn 8; § 140 Rn 25; MünchKomm/Ulmer/Schäfer § 718 Rn 13, § 730 Rn 81.

[32] RGZ 65, 235; 68, 141; Reuter JuS 1971, 289, 290.

[33] MünchKomm/Ulmer § 730 Rn 65ff.; Fall des BGH NJW 1981, 1956; Fall des BGHZ 50, 307.

[34] Baumbach/Hopt § 131 Rn 84; Peters RNotZ 2002, 425, 440; Peters RNotZ 2002, 425, 440.

[35] BGH WM 1957, 512.

[36] BGH WPM 1971, 1338, 1339.

tige Übertragung des Anteils durch Rechtsgeschäft unter Lebenden auf den oder die bestimmten und an der Vereinbarung beteiligten Übernehmer, aufschiebend befristet durch den Tod des Gesellschafters und bedingt durch das Überleben der Übernahmeberechtigten.[37] Bei einer solchen Gestaltung ist deutlich zum Ausdruck zu bringen, dass sich der Gesellschafter bereits endgültig binden und dem oder den Übernehmern ein unentziehbares Anwartschaftsrecht an dem Anteil einräumen will.[38] Im Zweifel ist nämlich nach der Rechtsprechung[39] in diesen Fällen keine rechtsgeschäftliche, sondern eine erbrechtliche Nachfolge anzunehmen. Bezüglich der Rechte der übrigen Nachlassbeteiligten (weichende Erben, Pflichtteilsberechtigte) bei diesen Gestaltungen siehe Rn 28 ff. hinsichtlich der Übernahmeklausel die Ausführungen zu den rechtsgleichen rechtsgeschäftlichen Nachfolgeklauseln (unten Rn 20 ff.) und bezüglich der Übernahmerechte die zu den rechtsgeschäftlichen Eintrittsklauseln (unten Rn 50).

Die Fortsetzung der Gesellschaft mit den übrigen Gesellschaftern kann auch nur für den Tod einzelner Gesellschafter vereinbart werden, während beim Tod der anderen spezielle Nachfolger an ihre Stelle treten sollen.[40] Die Fortsetzung der Gesellschaft nach dem Tod eines Gesellschafters kann auch von einem einstimmig oder mit Mehrheit zu treffenden Beschluss der überlebenden Gesellschafter abhängig gemacht werden und dabei kann auch den Erben des verstorbenen Gesellschafters Stimmrecht eingeräumt werden.[41]

10 Die Fortsetzungsklausel ist in den Gesellschaftsverträgen meist mit einer Nachfolgeklausel oder mit der sie notwendig voraussetzenden Eintrittsklausel verbunden. **Das Belassen der gesetzlichen Regelung (entspricht der reinen Fortsetzungsklausel vor dem HRefG) dürfte nur in folgenden Sonderfällen zweckmäßig sein:**

- wenn sich Persönlichkeiten mit ausgeprägter Eigenart zu einer Gesellschaft zusammengetan haben, und der Wert des Unternehmens ganz überwiegend durch den persönlichen Einsatz der Gesellschafter bestimmt wird;[42]
- wenn die als Nachfolger vorgesehenen potentiellen Erben, insbesondere Ehepartner oder Abkömmlinge, bereits zu Lebzeiten in die Gesellschaft aufgenommen worden sind oder wenn die Gesellschafter ohne Abkömmlinge oder ohne nachfolgefähige Abkömmlinge sind;[43]
- wenn die Gesellschaft kein oder fast kein Vermögen hat und nur auf den Kenntnissen und Fähigkeiten der Gesellschafter beruht;[44]
- wenn einzelne Gesellschafter nur nach ihrer Person, nicht dagegen vermögensmäßig an der Gesellschaft beteiligt sind. Dies insbesondere, da nach der Rechtsprechung ein „Hinauskündigen“ mit Buchwertabfindung von Gesellschaftern mit geerbter Beteiligung nicht mehr möglich ist.[45]

b) Ausschluss oder Beschränkung des Abfindungsanspruchs der Erben

11 Der Abfindungsanspruch (für dessen Bemessung grds. vom Ertragswert auszugehen ist)[46] kann für den Ausscheidungsgrund des Todes eines Gesellschafters im Gesellschafts-

---

[37] Göbel DNotZ 1979, 133, 151 f.; Ebenroth/Boujong/Joost/Lorz § 139 Rn 51 ff.; MünchKomm/Ulmer, § 727 Rn 50 f.; Fall des BGH NJW 1970, 1638; Fall des BGH NJW 1959, 1433; Johannsen FamRZ 1980, 1074, 1077 f.

[38] BGH DNotZ 1966, 620; BayObLG DNotZ 1981, 702.

[39] BGHZ 22, 186 ff.; 68, 225, 233 f.; BayObLG DNotZ 1981, 702, 704.

[40] MünchHdb.KG/Klein/Lindemeier § 41 Rn 3, 10.

[41] MünchHdb.KG/Klein/Lindemeier § 41 Rn 11.

[42] MünchHdb.GesR I/Klein/Lindemeier § 78 Rn 11.

[43] Sudhoff Betr. 1968, 652; Zimmermann BB 1969, 965, 971; MünchHdb.GesR I/Klein/Lindemeier § 78 Rn 11; Fall des KG DNotZ 1978, 109; Fall des BGH NJW 1970, 1638.

[44] MünchHdb.KG/Klein/Lindemeier § 41 Rn 5.

[45] BGH NJW 1979, 902; hierzu Flume NJW 1979, 902; Esch NJW 1979, 1390; Eiselt FG f. U. v. Lübtow, S. 643 ff.; BGH NJW 1985, 2421.

[46] BGH NJW 1982, 2441; Riedel Rn 360.

vertrag beschränkt werden, z. B. auf den Buchwert oder Stundung der Auszahlung und auch, entgegen der Meinung für sonstige Fälle des Ausscheidens,[47] völlig ausgeschlossen werden,[48] da in diesem Fall idR keiner der sonst gegen Abfindungsbeschränkung und -ausschluss vorgebrachten Einwände, wie Verstoß gegen die guten Sitten (§ 138), Rechtsmissbrauch (§ 242), Störung der Geschäftsgrundlage (§ 313) oder Beschränkung des zwingenden Kündigungsrechts (§ 723 Abs. 3) zutrifft, vielmehr durch den Ausschluss oder die Beschränkung lediglich die Erhaltung und Fortführung des Unternehmens beim Tode eines Gesellschafters unbeschwert durch Abfindungsansprüche gesichert werden soll.[49] Von diesen gesellschaftsvertraglichen Abfindungsansprüchen sind die etwaigen erbrechtlichen Ansprüche bindend eingesetzter Erben, erbrechtliche Ausgleichsansprüche (§§ 2050 ff.) und Pflichtteilsrechte **streng zu unterscheiden.** Sie sind und können, wenn überhaupt, nicht auf gesellschaftsvertraglicher Ebene, sondern nur im Wege erbrechtlicher Gestaltung geregelt werden.[50] Ein Abfindungsausschluss mag im Einzelfall erbrechtliche Folgeprobleme auslösen (vgl. §§ 2287, 2325), gesellschaftsrechtlich ist er – jedenfalls im Regelfall – unbedenklich.[51] Der Ausschluss **unterliegt auch nicht dem Formerfordernis des § 2301 Abs. 1** oder des § 518 Abs. 1 (**Schenkungsversprechen von Todes wegen**), obwohl er unter der Überlebensbedingung steht, da es sich, falls die Abfindungsansprüche auf den Tod aller Gesellschafter (**allseits**) ausgeschlossen sind, um einen **gegenseitigen entgeltlichen Vertrag unter Lebenden** handelt.[52] Es sei denn, dass etwa verschiedene Lebensalter oder vorhersehbare Lebenserwartung auf Grund Krankheit schon bei Vertragsschluss die ungleiche Behandlung mit Wahrscheinlichkeit erwarten lässt.[53] Falls der Abfindungsanspruch nur für den Tod einzelner Gesellschafter ausgeschlossen ist (**einseitiger Abfindungsausschluss**), handelt es sich ebenfalls meist nicht um ein Schenkungsversprechen von Todes wegen, sondern um eine durch das Versterben des Gesellschafters aufschiebend befristete und meist nicht durch das Überleben der übrigen Gesellschafter aufschiebend bedingte und somit nach der h. M. unter Lebenden vollzogene gesellschaftsvertragliche Zuwendung, auf die nach § 2301 Abs. 2 die Vorschriften einer Schenkung unter Lebenden Anwendung finden.[54] Das Fehlen der Form des § 518 Abs. 1 ist durch

---

[47] Ulmer NJW 1979, 81; Rasner NJW 1983, 2905; Randenborgh MittRhNotK 1984, 133; ders. BB 1986, 75; Kellermann StbJb 1986, 87, 403; BGH NJW 1979, 104; BGH NJW 1985, 192; Langenfeld in FS f. Schippel, S. 256 ff.

[48] RGZ 145, 294; RGZ 171, 345, 350; BGHZ 22, 186, 194; BGH NJW 1959, 1433; BGH WPM 1971, 1338; BGHZ 98, 48, 56 = NJW 1986, 2431; Riedel Rn 361; Ebenroth/Boujong/Joost/Lorz § 131 Rn 123; MünchKomm/Ulmer § 738 Rn 61; ders. NJW 1979, 81, 84 m. w. N.; MünchHdb. KG/Klein § 41 Rn 104; Baumbach/Hopt, 131 Rn 62; K. Schmidt. FamRZ 1974, 518, 519; Zimmermann BB 1969, 965, 970; Göbel DNotZ 1979, 133, 142; Rasner NJW 1983, 2905, 2910; Engel NJW 1986, 345, 348; zweifelnd: Reimann ZEV 1994, 7, 11 ff. unter Hinweis auf BGH NJW 1993, 3193 ff.

[49] BGHZ 50, 307, 309.

[50] MünchHdb.KG/Klein/Lindemeier, § 41 Rn 102; § 43 Rn 26 ff., 37 ff.; zur Pflichtteilsrelevanz einer Fortsetzungsklausel mit allseitigem Abfindungsausschluss § 43 Rn 32 m. w. N.

[51] K. Schmidt, Gesellschaftsrecht, § 45 V 2 b.

[52] BGHZ 22, 186, 194; BGH DNotZ 1966, 620, 622; BGH NJW 1970, 1638; BGH NJW 1970, 941; BGH NJW 1977, 1339; BGH NJW 1981, 1956, 1957; KG OLGZ 78, 464, 467 = DNotZ 1978, 109, 111; MünchKomm/Lange § 2325 Rn 20; Palandt/Edenhofer § 2301 Rn 15; MünchHdb. KG/Klein § 43 Rn 27; a. M. Ulmer NJW 1979, 81, 84; MünchKomm/Ulmer § 738 Rn 41, der auch in diesem Fall die Nichtanwendung des § 2301 Abs. 1 wie beim einseitigen Abfindungsausschluss begründet und immer Unentgeltlichkeit annimmt.

[53] KG OLGZ 1978, 463 = DNotZ 1978, 109.

[54] BGHZ 50, 307; BGH WPM 1971, 1338, 1339; Ulmer NJW 1979, 81, 94; MünchKomm/Ulmer, § 738 Rn 61; Palandt/Edenhofer § 2301 Rn 15; Staudinger/Kanzleiter § 2301 Rn 51; Baumbach/Hopt § 131 Rn 62; Michalski Betr. 1980, Beil. 5, S. 4 m. w. Nachw. a. M. d. h. kein lebzeitiger Vollzug, da kein gegenwärtiges Vermögensopfer erfolgt: Reuter JuS 1971, 290; Reuter/Kunath JuS 1977, 376, 381 f.

den Vollzug geheilt (§ 518 Abs. 2). Schon die Frage, ob die Nachfolgeregelung im Gesellschaftsvertrag unter die Formvorschrift des § 2301 Abs. 1 fällt, mit der Folge ihrer Unterstellung unter die Vorschriften und Wirkungen von Verfügungen von Todes wegen, stellt sich natürlich dann nicht, wenn die Regelung nicht durch das Überleben anderer bedingt ist, sondern unbedingt oder unter anderen Bedingungen getroffen ist.[55]

c) **Rechtstellung der Nachlassbeteiligten**

12 Umstritten ist, ob und inwieweit bei einer Beschränkung oder dem Ausschluss der Abfindungsansprüche der Erben diese Pflichtteils- (§ 2303) oder Pflichtteilsergänzungsansprüche (§§ 2325 ff.) geltend machen können und vonseiten der Nachlassgläubiger Ansprüche aus Schenkungsanfechtung (§ 134 InsO, § 4 AnfG) bestehen können. Eine Berücksichtigung beim ordentlichen Pflichtteilsanspruch nach § 2303 sowie eine unmittelbare Haftung für Nachlassverbindlichkeiten würde voraussetzen, dass die Gesellschaftsbeteiligung beim Tod des Gesellschafters mindestens vorübergehend Nachlassbestandteil geworden ist (§ 2311). Das ist jedoch bei der einfachen Fortsetzung (auf Grund Gesetzes oder einer dem in der Wirkung entsprechenden Vertragsklausel) nicht der Fall.[56] Hierbei wird der Gesellschaftsanteil am Nachlass vorbeigesteuert.[57] A. M. sind hierin nur die, die eine Schenkung auf den Todesfall zwar formfrei zulassen, materiell aber auf den Vermögensfall Erbrecht anwenden wollen[58] oder im lediglich einseitigen, nicht für sämtliche Gesellschafter vereinbarten Abfindungsausschluss eine Schenkung gem. § 2301 sehen, die mangels gegenwärtigem Vermögensopfer nicht unter Lebenden vollzogen ist, sodass, falls die Form des § 2301 fehlt, in den Nachlass sein Anspruch gem. § 812 fällt, oder falls die Form gewahrt ist, die Abrede als Vermächtnis anzusehen und daher nicht pflichtteilschädlich ist.[59] Eine andere Frage ist, ob die Erben, sofern sie zum Kreis der Pflichtteilsberechtigten gehören, Pflichtteilsergänzungsansprüche gem. §§ 2325 ff. gegen die Erben und hilfsweise (§ 2329) gegen die Gesellschaft oder die restlichen Gesellschafter geltend machen können.[60] Wie oben dargelegt, sieht die h. M. in einem für alle Gesellschafter gleichmäßig geltenden (**allseitige**) Abfindungsausschluss grundsätzlich einen nicht unentgeltlichen Vorgang und verneint daher einen solchen Anspruch.[61] Die Entgeltlichkeit der Zuwendung bei allseitigem Abfindungsausschluss wird von der h. M. angenommen, gleichgültig, ob die weichenden Erben Pflichtteilsberechtigte des verstorbenen Erblasser-Gesellschafters waren oder nicht. Eine Ausnahme macht die h. M. allerdings dort, wo große Altersunterschiede zwischen den Gesellschaftern oder die durch eine schon bei Vertragsschluss vorhandene schwere Erkrankung deutlich geminderte Lebenserwartung eines der Gesellschafter eine einseitige Wirkung des Abfindungsausschlusses mit großer Wahrscheinlichkeit erwarten lassen.[62] In einseitigen, d. h. nicht für alle Gesellschafter vereinbarten Ausschlüssen oder Beschränkungen der Abfindungs-

---

[55] Staudinger/Kanzleiter § 2301 Rn 51.

[56] Heinrich Betr. 1973, 1003.

[57] MünchKomm/Lange § 2311 Rn 28, 31; Ulmer BB 1977, 805; Baumbach/Hopt § 131 Rn 18, 34; BGHZ 50, 307; BGH NJW 1981, 1956; BGHZ 68, 225; Zimmermann BB 1969, 971; Haegele BWNotZ 1976, 27; Göbel DNotZ 1979, 133; Randenborgh BB 1986, 75, 81; Worm RNotZ 2003, 535, 542.

[58] So Finger Betr. 1974, 27 ff.

[59] So Reuter/Kunath JuS 1977, 381.

[60] Ebenroth/Boujong/Joost/Lorz § 131 Rn 120.

[61] Siehe die oben zitierte Literatur sowie Göbel DNotZ 1979, 133, 142 f. m. w. N.; OLG Düsseldorf MDR 1977, 932 m. w. N.; KG DNotZ 1978, 109; MünchHdb.KG/Klein/Lindemeier § 43 Rn 27; MünchKomm/Lange § 2325 Rn 20; Riedel Rn 369; a. M., d. h. auch bei allseitigem Ausschluss Unentgeltlichkeit, Bamberger/Roth/J. Mayer § 2325 Rn 15; Soergel/Dieckmann § 2325 Rn 27 m. w. N.

[62] BGH NJW 1981, 1956, 1957; KG DNotZ 1978, 109, 111; OLG Düsseldorf MDR 1977, 932; Erman/Schlüter § 2311 Rn 7; Göbel DNotZ 1979, 143; Sudhoff NJW 1961, 80, 108.

ansprüche sieht auch die h. M. grundsätzlich eine unentgeltliche Zuwendung, es sei denn, besondere Umstände bei der Gesellschaftsgründung (oder der späteren Vereinbarung der Klausel) führen zur Entgeltlichkeit.[63] Andere[64] halten die Ausschlussklausel ohne Unterschied immer (oder „in aller Regel") für eine ergänzungspflichtige unentgeltliche Zuwendung. Selbst wenn man grundsätzlich oder nur beim einseitigen Ausschluss die Unentgeltlichkeit bejaht, muss immer noch im Einzelfall geprüft werden, ob bei den Gesellschaftern bei Vertragsschluss der für eine Schenkung im Sinne des § 516 erforderliche subjektive Schenkungswille beiderseits vorhanden war,[65] wobei jedoch eine tatsächliche Vermutung für sein Vorliegen spricht, wenn ein auffallendes Missverhältnis zwischen den Werten von Leistungen und Gegenleistungen festzustellen ist.[66]

Hält man bei der Ausschlussklausel die objektiven Voraussetzungen einer Schenkung für gegeben, ist wegen der Berechnung der 10-Jahres-Frist des § 2325 Abs. 3 die weitere Frage, wann die Schenkung erfolgt ist. Nach einer früher weit verbreiteten Meinung[67] sollte die Frist bereits mit dem Zeitpunkt beginnen, in dem der Schenker alles getan hatte, was von seiner Seite für den Erwerb des Leistungsgegenstandes durch den Beschenkten erforderlich war, hier also mit der vertraglichen Vereinbarung der Ausschlussklausel, während die jetzt herrschende Gegenmeinung sie erst mit dem Eintritt des wirtschaftlichen Leistungserfolgs beginnen lässt, hier also mit dem Ausscheiden des Gesellschafters durch seinen Tod.[68] Ist der Gesellschaftsanteil trotz Ausschlussklausel zur Ergänzungspflicht heranzuziehen, fragt sich weiter, von welchem Anteilswert auszugehen ist, vom Vollwert oder einem vertraglich vereinbarten geringeren Abfindungswert. Hierzu gibt es eine Vielzahl einen Kompromiss suchender Meinungen.[69] Nach der wohl h. M. ist zur Berechnung des ordentlichen Pflichtteils wie auch des Pflichtteilsergänzungsanspruchs, sofern sie bestehen, auch bei Vorliegen einer vertraglichen Abfindungsklausel der wahre wirtschaftliche Wert der fortgeführten Beteiligung, einschließlich stiller Reserven und des Firmenwertes, nach der Ertragswertmethode zugrunde zu legen.[70] Eine andere Beurteilung kann angebracht sein, wenn die Beteiligung alsbald nach dem Erbfall zum Buchwert abgefunden wird.[71] Bei Ausscheiden nicht durch den Tod, sondern nach Kündigung wird die Buchwertabfindung dann als unzulässig angesehen, wenn wegen des Missverhältnisses zwischen dem Buchwert und dem wirklichen Wert des Gesellschaftsanteils die Freiheit des Gesellschafters, sich zu einer Kündigung zu entschließen, unvertretbar einge- 13

---

[63] Palandt/Edenhofer § 2325 Rn 15; MünchKomm/Lange, § 2325 Rn 20; Staudinger/Olshausen § 2325 Rn 31; BGHZ 22, 186, 194; BGH DNotZ 1966, 620, 622; Heinrich Betr. 1973, 1003; Baumbach/Hopt § 131 Rn 62; a. A. Rittner FamRZ 1961, 505, 510 u. BGH DNotZ 1966, 620, 622, nach denen in diesem Bereich von Schenkung nicht gesprochen werden kann.

[64] Bamberger/Roth/J. Mayer § 2325 Rn 15; Worm RNotZ 2003, 535, 543; krit. und differenzierend U. Mayer ZEV 2003, 355, 356; Soergel/Dieckmann § 2325 Rn 27 m. w. N.

[65] BGHZ 50, 307; BGH NJW 1981, 1956.

[66] BGH NJW 1981, 1956.

[67] Noch BGH NJW 1970, 1638 m. krit. Anm. Speckmann; Damrau FamRZ 1969, 131 u. BB 1970, 469; Dänzer-Vanotti JZ 1981, 423; Johannsen FamRZ 1980, 1074, 1077; BGH NJW 1974, 2319 m. Anm. Finger; LG Wiesbaden FamRZ 1975, 654; Haegele BWNotZ 1972, 69, 70.

[68] BGHZ 98, 226 = NJW 1987, 122; Staudinger/Olshausen § 2325 Rn 56; MünchKomm/Lange, § 2325 Rn 21; Soergel/Dieckmann § 2325 Rn 55; Ulmer ZGR 1972, 335 Fußn. 184; Reuter JuS 1971, 289, 292; Speckmann NJW 1978, 358.

[69] Siehe im Einzelnen Eiselt NJW 1981, 2447.

[70] BGH NJW 1982, 2441; BGH NJW 1985, 192; BGH WPM 1986, 234; BayObLG NJW-RR 1996, 1125; Staudinger/Haas § 2311 Rn 89; Soergel/Dieckmann § 2325 Rn 25; MünchKomm/Lange § 2311 Rn 25; Palandt/Edenhofer § 2311 Rn 12; Baumbach/Hopt § 139 Rn 13; MünchHdb. KG/Klein § 43 Rn 33; Ulmer ZGR 1972, 324, 343; BGHZ 75, 195 = NJW 1980, 229 für Zugewinnausgleich; Randenborgh BB 1986, 75, 80 f.; Reimann DNotZ 1992, 473; ders. ZEV 1994, 7; J. Mayer, ZEV 1994, 331, 334 f.; siehe auch oben § 2 Rn 61 f.; a. A. Sudhoff Betr. 1968, 648, 652; ders. Betr. 1973, 53 u. 1006.

[71] Michalski Betr. 1980, Beil. 5, S. 22.

engt wird, was gegen § 723 Abs. 3 verstößt,[72] wenn sie von vornherein einseitig Gläubiger benachteiligt oder den ausscheidenden Gesellschafter (Knebelung) in sittenwidriger Weise einengt.[73] Da die Buchwertabfindung allgemein für die Vertragspraxis unsicher geworden ist, wird für den Fall, dass die Buchwertabfindung als unzulässig befunden wird, vorgeschlagen, eine rechtlich zulässige Auffangregelung zu vereinbaren[74] (z.B. auf der Grundlage des IDW-Standards: Grundsätze zur Durchführung von Unternehmensbewertungen – IDW S 1 –) oder stattdessen hilfsweise eine andere Klausel in Kurzform zu vereinbaren. Andere[75] empfehlen bei Vereinbarung einer Buchwertklausel aufzunehmen, dass sie keine Anwendung finden soll, wenn der Buchwert weniger als einen bestimmten Bruchteil (etwa 2/3) des tatsächlichen Wertes der Beteiligung beträgt. Der Pflichtteilsergänzungsanspruch richtet sich zwar grundsätzlich zunächst gegen die Erben (§ 2325 Abs. 1) und erst subsidiär gegen den Beschenkten, d.h. wenn der Nachlass nicht ausreicht und der Erbe nur beschränkt haftet oder wenn und soweit der Erbe, da selbst pflichtteilsberechtigt, gem. § 2328 die Ergänzung verweigern darf. Haftet dagegen der Erbe unbeschränkt, ist aber zahlungsunfähig, so geht der Ergänzungsanspruch nicht gegen den Beschenkten (siehe oben § 2 Rn 160). Wenn jedoch bei Fortsetzung mit Abfindungsausschluss das dem Alleinerben oder den Miterben vom verstorbenen Gesellschafter Hinterlassene den Wert ihres um den Geschäftsanteil ergänzten Pflichtteils nicht erreicht, steht den zu kurz gekommenen Erben ein direkter Ergänzungsanspruch gem. § 2329 gegen die in der Gesellschaft verbleibenden Gesellschafter zu.[76]

14 Somit bietet bei der „einfachen" Fortsetzung lediglich der allseitige Abfindungsausschluss nach h.M. Schutz gegen Pflichtteils- und Pflichtteilsergänzungsansprüche, während beim nur einseitigen Abfindungsausschluss die verbleibenden Gesellschafter und damit indirekt auch die Gesellschaft gem. § 2329 Pflichtteilsergänzungsansprüchen ausgesetzt sind. Außerdem ist beim einseitigen Ausschluss zu bedenken, dass beim Versterben des nicht verzichtenden Gesellschafters der anfallende Abfindungsanspruch gegen die Gesellschaft (§ 738 Abs. 1 Satz 2) in seinen Nachlass fällt.[77] Nachlassgläubiger sind lediglich im engen Rahmen der Anfechtungsvorschrift nach §§ 133 InsO, 4 AnfG gegen allseitige und einseitige Abfindungsklauseln geschützt. Dabei passt die Absichtsanfechtung nur auf Abfindungsklauseln für den Pfändungs- und Insolvenzfall, nicht jedoch für einen Abfindungsausschluss nur im Todesfall. Hier kann nur die Schenkungsanfechtung in Frage kommen, wenn man den Abfindungsausschluss unter Anwendung eines objektiven Schenkungsbegriffes als Schenkung in diesem Sinne ansieht[78] und wenn man mit Recht, da die Frist lediglich ein Jahr beträgt, die Schenkung im Sinne der Anfechtungsvorschriften erst mit dem Ausscheiden des Gesellschafters als bewirkt ansieht[79] und nicht schon mit der Vereinbarung der Abfindungsklausel.

d) Keine unterstützende Verfügung von Todes wegen erforderlich

15 Da sich der Rechtserwerb der verbleibenden Gesellschafter durch Anwachsung ipso iure auf Grund Gesetzes oder durch Rechtsgeschäft (Gesellschaftsvertrag) unter Lebenden vollzieht (§ 738 Abs. 1 Satz 1 BGB, §§ 105 Abs. 3, 161 Abs. 2 HGB), bedarf es keines Übertragungsaktes und keiner unterstützenden Verfügung von Todes wegen.[80] Auch

---

[72] BGH NJW 1985, 192; Kellermann StbJb 1986, 87, 403.

[73] Blaum/Scholz in Beck'sches Formularbuch Form. VIII. C. 3. Anm. 7.

[74] Bunte ZIP 1983, 8; vgl. Blaum/Scholz in Beck'sches Formularbuch Form. VIII. C. 3. Anm. 38 und Hennerkes/Binz Betr. 1983, 2669, die überhaupt eine ertragswertabhängige Abfindungsregelung vorschlagen, so auch BGH NJW 1985, 192.

[75] Bauer, in Weirich, Erben und Vorerben Rn 1457.

[76] BGHZ 80, 205 = NJW 1981, 1446, 1447.

[77] Michalski Betr. 1980, Beil. 5, S. 5.

[78] Siehe auch BGHZ 71.61, 69 = NJW 1978, 1326.

[79] So BGH BB 1955, 236.

[80] MünchHdb.KG/Klein/Lindemeier § 40 Rn 14; § 42 Rn 3 ff.; § 43 Rn 3.

der Abfindungsausschluss kann nur gesellschaftsvertraglich und nicht durch Verfügung von Todes wegen getroffen werden, weil das Erbrecht nur bestimmen kann, wem der Nachlass gebührt, der Wert der Beteiligung des Erblassers oder ein entsprechender Abfindungsanspruch bei der Fortsetzungsklausel mit Abfindungsausschluss aber schon nicht in den Nachlass fällt.[81] Der Unternehmensschutz würde auch nicht dadurch gestärkt, dass der Erblasser, falls wegen einseitigem Abfindungsausschluss Pflichtteilsergänzungsansprüche zu befürchten und die verbleibenden Gesellschafter und die weichenden Erben Pflichtteilsberechtigte sind, die verbleibenden Gesellschafter enterbt, damit gegen sie keine Pflichtteilsergänzungsansprüche nach § 2325 durch die weichenden pflichtteilsberechtigten Erben geltend gemacht werden können,[82] da dann eben Ergänzungsansprüche gem. § 2329 gegen sie als Beschenkte geltend gemacht werden, denen gegenüber sie als ebenfalls Pflichtteilsberechtigte lediglich in entsprechender Anwendung des § 2328 verlangen können, selbst wie ein pflichtteilsberechtigter Erbe gestellt zu werden.[83] Wenn und soweit, etwa bei einseitigem Abfindungsausschluss, Pflichtteilsergänzungsansprüche geltend gemacht werden können, nützt auch das Vorbeisteuern der Gesellschaftsbeteiligung am Nachlass nicht viel und die Fortsetzungsklausel mit Abfindungsausschluss ist für diese Fälle der erbrechtlichen Gesellschaftsnachfolge nicht überlegen. Es kann eben auch im Gesellschaftsrecht normalerweise gegen einen Pflichtteil nichts wesentliches unternommen werden.[84]

Immerhin verbleibt die Feststellung, dass die „einfache" Fortsetzung mit allseitigem 16
Abfindungsverzicht ohne Übernahmeklausel oder Übernahmerechten einzelner Gesellschafter oder einer Eintrittsklausel für Dritte die Einzige gesellschaftsrechtliche Nachfolgeregelung ist, die nach der z. Zt. noch h. M. die Gesellschaft und die verbleibenden Gesellschafter vor Pflichtteils-, Pflichtteilsergänzungs- und Ansprüchen von Gläubigern des verstorbenen Gesellschafters schützt,[85] sofern keine Sonderfälle vorliegen, welche doch zu solchen Ansprüchen führen.

e) Formulierungsvorschlag für eine einfache Fortsetzungsklausel

Beim Tode eines Gesellschafters wird die Gesellschaft zwischen den verbleibenden Gesell- 17
schaftern fortgesetzt, so dass sein Anteil ihnen zuwächst. Verbliebe hiernach nur noch ein Gesellschafter, so ist die Gesellschaft aufgelöst; die Auflösung entfällt (und das Vermögen der Gesellschaft geht mit Aktiven und Passiven ohne Abwicklung über) wenn der verbleibende Gesellschafter, wozu er berechtigt ist, binnen dreier Monate die Übernahme verlangt. Den Erben des verstorbenen Gesellschafters stehen keine Abfindungsansprüche gegen die Gesellschaft oder die/den verbleibenden Gesellschafter in dieser Eigenschaft zu.

Die einfache oder reine Fortsetzungsklausel bzw. die dispositive gesetzliche Regelung 18
empfiehlt sich nur in Fällen, in denen alle bereits in der Gesellschaft befindliche Personen fähig und gewillt sind, die Gesellschaft im Falle des Todes eines von ihnen fortzuführen. Im Extremfall führt sie schließlich dazu, dass das Unternehmen als Einzelhandelsfirma fortbetrieben wird, falls nicht unabhängig vom Todesfall neue Gesellschafter aufgenommen werden.[86] Sie eignet sich daher nicht, den Fortbestand der Gesellschaft auf die Dauer zu gewährleisten.

Dazu muss sie ergänzt werden entweder durch eine erbrechtliche Nachfolgeklausel 19
oder eine gesellschaftsvertragliche Eintrittsklausel.

[81] Michalski Betr. 1980, Beil. 5, S. 5 m. w. N.
[82] So offenbar Stauder/Westerhoff FamRZ 1972, 615.
[83] BGHZ 85, 274; BGH NJW 1985, 2828, 2829.
[84] Haegele BWNotZ 1976, 31.
[85] Zimmermann BB 1969, 965, 971.
[86] MünchHdb.KG/Klein/Lindemeier § 41 Rn 5 spricht krit. von „Lotterie auf den Todesfall".

3. Einfache erbrechtliche Nachfolgeklausel[87]

a) Rechtliche Gestaltung und Wirkung der Klausel

20 Nach der h. M.[88] haben Nachfolgeklauseln in Gesellschaftsverträgen im Zweifel die Bedeutung, den Gesellschaftsanteil entgegen der gesetzlichen Vererbungssperre gem. § 727 Abs. 1 BGB, § 131 Abs. 3 Nr. 1 HGB vererblich zu stellen. Ob dies auch für die Stellung eines Gesellschafters gilt, der ohne Kapitalanteil beteiligt war, wäre durch Auslegung zu ermitteln[89] und ist somit ggf. vorsorglich klarzustellen. Ihre Wirkung tritt **automatisch, kraft erbrechtlichen Anteilsübergangs** ein. Wer Nachfolger des verstorbenen Gesellschafters wird, bestimmt sich, wenn im Gesellschaftsvertrag eine solche Klausel enthalten ist, **allein nach der gesetzlichen oder gewillkürten Erbfolge des Gesellschafters.** Das Erbrecht hat bei den erbrechtlichen Klauseln den Vorrang vor dem Gesellschaftsrecht.[90] Die sog. einfache erbrechtliche Nachfolgeklausel sieht dabei entsprechend § 139 HGB vor, dass der Gesellschaftsanteil eines Gesellschafters bei seinem Tod auf alle seine Erben übergehen soll. Zu beachten ist, dass § 139 HGB unabdingbar vorsieht, dass jeder Erbe von den übrigen Gesellschaftern verlangen kann, die übernommene Einlage des Erblassers unter Beibehaltung des Gewinnanteils in eine Kommanditbeteiligung umzuwandeln und, falls sie dies ablehnen, ihm ein sofortiges Kündigungsrecht zusteht. Da die einfache Nachfolgeklausel den Anteil generell vererblich stellt, legt sie die Auswahl des oder der Nachfolger völlig in die Hände des einzelnen Gesellschafters, was bei mangelnder Eignung der Nachfolger für die Gesellschaft und die anderen Gesellschafter problematisch werden kann.[91] Zur erbrechtlichen, automatischen Gesellschafternachfolge berufen sind auch Ersatzerben, sowie Vor- und Nacherben (soweit nicht gesellschaftsvertraglich ausgeschlossen),[92] **nicht jedoch Vermächtnisnehmer und auf Grund Teilungsanordnung Begünstigte.**[93] Bei einer „normalen" einfachen Nachfolgeklausel entstehen keine gesellschaftsrechtlich begründeten Abfindungsansprüche, da die Beteiligung auf die Erben übergeht.[94] Ist im Gesellschaftsvertrag wie im Formulierungsvorschlag § 20 Rn 32 vorgesehen, dass die Gesellschaft beim Tod des Gesellschafters auch mit demjenigen fortgesetzt werden soll, dem der Erblassergesellschafter seinen Kapitalanteil bzw. sein Abfindungsguthaben **vermacht,** so scheitert der unmittelbare Erwerb von Todes wegen durch den Vermächtnisnehmer an § 2174.[95] Der Abfindungsanspruch steht mit dem Erbfall vielmehr den Erben zu, die verpflichtet sind, ihn in Erfüllung des Vermächtnisses dem Bedachten abzutreten (§ 2174), worauf er sich wieder in den Kapitalanteil umwandelt. Sind somit nach dem Gesellschaftsvertrag auch Vermächtnisnehmer nachfolgeberechtigt, erfolgt ihr Eintritt in die Gesellschaft nicht automatisch mit dem Erbfall, sondern es handelt sich insoweit um eine erbrechtliche Eintrittsklausel, die die Vermächtnisnehmer nur zum Eintritt in die Gesellschaft berechtigt, aber nicht verpflichtet.[96] Bestehen nach dem Gesellschaftsvertrag grds. Vinkulierungsregelungen (insbesondere Zustimmungserfordernisse), so wird die Auslegung ergeben, dass die Gesellschafter gemäß § 242 BGB verpflichtet sind, solche Zustimmung bei der Übertragung auf Vermächtnisnehmer zu erteilen. Bestimmt die Nachfolgeklausel im Gesellschaftsvertrag je-

[87] Siehe hierzu Crezelius, Unternehmenserbrecht, Rn 257 ff.
[88] BGHZ 22, 186; BGHZ 68, 225, 233.
[89] MünchKomm/Leipold § 1922 Rn 55; verneinend OLG Hamm ZEV 1999, 113.
[90] Göbel DNotZ 1979, 134.
[91] Göbel DNotZ 1979, 133, 144.
[92] Vgl. MünchHdb.KG/Klein/Lindemeier § 41 Rn 17, § 42 Rn 26.
[93] Göbel DNotZ 1979, 133, 144; MünchHdb.GesR I § 79 Rn 20.
[94] Ebenroth/Boujong/Joost/Lorz § 139 Rn 9.
[95] Wiedemann, Die Übertragung und Vererbung von Mitgliedschaftsrechten bei Handelsgesellschaften, 1965, S. 165; Göbel DNotZ 1979, 145 f.
[96] Buchwald AcP 154, 27; Schmidt BWNotZ 1983, 104.

doch nur, dass die Beteiligung vererblich ist, so liegt dies nicht ohne weiteres auf der Hand.[97] Da bei der einfachen Nachfolgeklausel der Anteil generell vererblich gestellt ist, ist der Übergang nicht davon abhängig, welche Personen als Erben berufen sind. Auch hat es der Erblasser nicht in der Hand, den Anteil letztwillig mit unmittelbarer gesellschaftsrechtlicher Wirkung nur einem Teil der zu Erben berufenen Personen zuzuweisen. In einer solchen Verfügung wäre eine bloße Teilungsanordnung (§ 2048) ohne dingliche Wirkung zu sehen.[98] Will der Gesellschafter den Anteil bei der einfachen Nachfolgeklausel einer bestimmten Person mit unmittelbarer dinglicher Wirkung zuwenden, muss er sie als **Alleinerben einsetzen.**[99] Der Alleinerbe tritt mit dem Tod des Gesellschafters nach § 1922 sowohl in dessen vermögensrechtliche als auch personenrechtliche Stellung (**Mitgliedschaft**) innerhalb der Gesellschaft ein, wenn die letztere nicht gerade an die Person des verstorbenen Gesellschafters gebunden war. Wird dagegen der verstorbene Gesellschafter von **mehreren Personen beerbt,** kommt es zur Kollision zwischen Erbrecht und Gesellschaftsrecht. Einerseits müsste nach dem Grundsatz der Universalsukzession (§ 1922 Abs. 1) die Gesellschafterstellung des Verstorbenen als Teil des Nachlasses der Miterbengemeinschaft zur gesamten Hand (§ 2032 Abs. 1) zufallen. Andererseits kann jedoch nach den Grundsätzen des Personengesellschaftsrechts eine Erbengemeinschaft nicht Mitglied einer werbenden Personengesellschaft sein (siehe oben § 20 Rn 1), sodass der Anteil den Erben nicht ungeteilt in Erbengemeinschaft anfallen kann. Der Konflikt wird von der h. M. zugunsten des Gesellschaftsrechts gelöst. Der durch die einfache Nachfolgeklausel vererblich gestellte bis zum Erbfall einheitliche Gesellschaftsanteil zerfällt und jeder der mehreren Miterben erhält **im Wege der Sondererbfolge eine selbständige Gesellschafterstellung und einen gesonderten Gesellschaftsanteil** und hat für sich das Wahlrecht nach § 139 HGB (**Sonderzuordnung des vererbten Anteils**). Der Gesellschaftsanteil wird mit dinglicher Wirkung unter den Miterben entsprechend ihren gesetzlichen oder gewillkürten Erbquoten automatisch aufgesplittet.[100] Die den Erben zugefallenen einzelnen Gesellschaftsanteile teilen, da eine Sondererbfolge vorliegt, nicht das rechtliche Schicksal der Erbteile der Erbengemeinschaft. Von deren Übertragung oder Belastung werden sie nicht erfasst. Die Möglichkeit und Wirksamkeit ihrer Übertragung richtet sich ausschließlich nach Gesellschaftsrecht.[101] Dass der vererblich gestellte Gesellschaftsanteil beim Tod des Gesellschafters im Wege der Sondererbfolge auf den oder die Erben übergeht, gilt nicht nur beim Vorhandensein mehrerer Miterben, sondern auch dann, wenn nur ein Erbe vorhanden ist.[102] Daraus wird teilweise gefolgert, dass die Vererbung der Mitgliedschaft außerhalb des Nachlasses, d. h. an ihm vorbei erfolge und dass der Gesellschaftsanteil zwar zur Erbschaft i. S. von § 1922 Abs. 1 gehöre, jedoch zumindest in seiner Gesamtheit keinen Nachlassbestandteil bilde und wobei der Begriff „Nachlass" erblasserbezogen und der „Erbschaft" erbenbezogen gesehen wird. Im Einzelnen gehe die Mitgliedschaft als solche einschließlich der Verwaltungsrechte im Wege der Sonderrechtsnachfolge auf den oder die Erben persönlich über und sei daher kein Nachlassbestandteil, lediglich die nach § 717 Satz 2 selbständig abtretbaren und daher vererblichen vermögensrechtlichen Ansprüche, wie z. B. Gewinnanspruch und Anspruch auf das Auseinandersetzungsguthaben, würden in den Nachlass fallen (**Abspaltungstheo-**

---

[97] Weitergehend MünchHdb.GesR I/Klein/Lindemeier § 79 Rn 20 m. w. N.

[98] MünchKomm/Ulmer/Schäfer, § 727 Rn 30; a. A. wohl Priester in der Urteilsanmerkung DNotZ 1977, 558, 561 m. w. N.

[99] MünchKomm/Ulmer/Schäfer, § 727 Rn 30.

[100] BGHZ 22, 186 = NJW 1957, 180; BGHZ 68, 225, 237 = NJW 1977, 1339; BGHZ 98, 48, 51 = NJW 1986, 2431; BGH JZ 1984, 890; BGH NJW 1986, 2431 f.; MünchKomm/Ulmer/Schäfer § 727 Rn 33 m. w. N.

[101] Schmidt BWNotZ 1983, 104.

[102] BGHZ 22, 186, 193; BGHZ 91, 132 = NJW 1984, 2104; Ulmer FS f. Schilling, 1973, S. 90 ff.; ders. ZHR 146 (1981), 509; MünchKomm/Leipold § 1922 Rn 59.

rie).[103] Demgegenüber gehört nach der jetzt h. M.[104] zutreffend ein Personengesellschaftsanteil trotz der Sondernachfolge grundsätzlich einschließlich der Mitgliedschaft zum Nachlass, wobei die Begriffe „Nachlass" und „Erbschaft" vollkommen identisch sind.[105] Man sollte sich jedoch bewusst bleiben, dass damit noch nicht abschließend geklärt ist, welche Rechtsfolgen daraus im Einzelnen abzuleiten sind.[106] Über den Umfang, zu dem ein im Nachlass befindlicher vollhaftender Personengesellschaftsanteil der Testamentsvollstreckung unterliegt, siehe z. B. oben § 15 Rn 125 ff. und in welcher Weise die verschiedenen Gläubigergruppen in ihn vollstrecken können, siehe unten § 20 Rn 30. Seit der Anerkennung der Rechtsfähigkeit der Außen-GbR ist es grds. möglich, eine (jedenfalls zum Zeitpunkt des Erbfalls, also zweckmäßiger Weise bereits bei Errichtung der Verfügung von Todes wegen bestehende) Gesellschaft bürgerlichen Rechts zum Erben einzusetzen. Lässt der Gesellschaftsvertrag deren Nachfolge in die Gesellschafterstellung zu, kann einer Zersplitterung der vererbten Beteiligung durch eine entsprechende Ausgestaltung des Gesellschaftsvertrages der erbenden BGB-Gesellschaft vorgebeugt werden.[107]

b) Gesellschaftsvertragliche Modifizierungen der einfachen Nachfolgeklausel

21 Die Gefahr der einfachen erbrechtlichen Nachfolgeklausel ist die Zersplitterung der Geschäftsanteile, die Vervielfältigung der Mitwirkungs- und Kontrollrechte und die damit verbundene Gefährdung der Einheit der Unternehmensführung.[108] Durch geeignete Abänderungen der nachgiebigen gesetzlichen Bestimmungen des gesellschaftsvertraglichen Organisationsrechts, durch die die Nachfolge in der Unternehmensleitung (Geschäftsführung) geregelt und der Einfluss der nichttätigen Gesellschafter eingeschränkt wird, kann dem jedoch begegnet werden. Diese gesellschaftsvertraglichen Bestimmungen für den Nachfolgefall übernehmen die Erben im Wege der Universalsukzession mit dem Erbfall.[109] Üblich und zulässig sind folgende gesellschaftsvertraglichen Verpflichtungen für den Nachfolgefall:

22 *aa) Kombinationen.* Die Erben des verstorbenen persönlich haftenden Gesellschafters werden Kommanditisten und nur einer oder einige von ihnen können Komplementär werden (**kombinierte Nachfolge- und Umwandlungsklausel**).[110] Wer von den Erben persönlich haftender Gesellschafter wird und wer sich mit der Kommanditistenstellung zufrieden geben muss, kann dabei bereits im Gesellschaftsvertrag bestimmt werden; aber auch Dritten, etwa den Erben oder den übrigen Gesellschaftern kann die Bestimmung überlassen werden.[111] Das verstößt nicht gegen § 2065 Abs. 2, da es sich hierbei nicht um die Bestimmung des Zuwendungsempfängers oder -gegenstandes handelt, sondern um die gesellschaftsrechtliche Bestimmung der Rolle der vermögensmäßig gleichgestell-

---

[103] So vor allem früher Ulmer NJW 1984, 1496, 1500; ders. JuS 1986, 856, 859 ff.; aber auch der II. Zivilsenat des BGH: BGHZ 91, 132, 136 f. = NJW 1984, 2104, 2105; BGH NJW-RR 1987, 989; BGHZ 108, 187, 192 = NJW 1989, 3152.

[104] IVa-Senat des BGH: BGH NJW 1983, 2376; BGHZ 98, 48 = NJW 1986, 2431; jetzt auch II. Senat: BGHZ 108, 187, 189 = NJW 1989, 3152 und IV. Senat: BGH NJW 1996, 1284 = ZEV 1996, 112 m. zust. Anm. Lorz; Ulmer/Schäfer, ZHR 160 (1996), 413; Marotzke JR 1988, 184; Götte DNotZ 1988, 603; Weidlich ZEV 1994, 205, 206; Palandt/Edenhofer § 1922 Rn 19; differenzierend MünchKomm/Leipold § 1922 Rn 76.

[105] Esch NW 1984, 331, 340; Staudinger/Marotzke § 1922 Rn 103.

[106] MünchKomm/Leipold, § 1922 Rn 76 f.

[107] Reimann ZNotP 2005, 162, 166.

[108] Michalski, Gesellschaftsrechtliche Gestaltungsmöglichkeiten zur Perpetuierung von Unternehmen, 1980, S. 157.

[109] Michalski a. a. O., S. 176.

[110] BGH BB 1963, 323 = DNotZ 1964, 108; BGH WPM 1967, 319 = DNotZ 1967, 387; WPM 1971, 308; Michalski Betr. 1980, Beil. 5, S. 23; eingehend K. Schmidt BB 1989, 1702, 1703.

[111] BGH BB 1963, 323.

ten Nachfolger-Erben innerhalb der Gesellschaft. Die kombinierte Nachfolge- und Umwandlungsklausel sollte insbesondere hinsichtlich Wirkungsweise und Zeitpunkt der Umwandlung genau gefasst werden.[112] Denkbare Varianten sind:

- Obligatorische Umwandlungsklauseln, die den oder bestimmte Erben einen schuldrechtlichen Anspruch gegen die Altgesellschafter einräumen, nach dem Tod des Erblassergesellschafters binnen einer Frist die Umwandlung der ererbten Beteiligung in eine Kommanditistenbeteiligung verlangen zu können.[113]
- Optionsklauseln, auf Grund deren der Erbe die Umwandlung binnen einer bestimmten Frist durch einseitige Erklärung gegenüber den Altgesellschaftern herbeiführen kann.[114]
- Klauseln mit Umwandlungsautomatik, durch die jeder oder bestimmte Erbennachfolger automatisch mit dem Erbfall Kommanditisten werden.[115]

Gemeinsam ist allen diesen Umwandlungsklauseln, dass durch sie im Zweifel das sich aus § 139 Abs. 2 HGB ergebende Austrittsrecht des oder der Erben ausgeschlossen und damit die Gesellschaft vor Kapitalentzug geschützt ist.[116] Dieses zwingende Recht des Gesellschaftererben, nicht vor die Wahl gestellt zu sein, entweder das gesamte Erbe ausschlagen zu müssen oder die Übernahme der Vollhafterstellung zu akzeptieren,[117] wird nicht berührt. Sicherheit, dass die Erben den Anspruch bzw. die Option auch ausüben oder bei Umwandlungsautomatik nicht alsbald kündigen, kann nur durch eine auf erbrechtlichem Wege durch Auflage (§ 1940) oder bedingte Zuwendung (§§ 2074, 2105) begründete Eintrittspflicht erreicht werden.[118] 23

bb) Ausschluss einzelner Komplementäre oder der Kommanditisten von der Geschäftsführung und der Vertretung der Gesellschaft.[119] Zweckmäßig kann auch ein Vorschlagsrecht nach Familienstämmen sein,[120] d.h. den Abkömmlingen der Kinder des Gesellschaftsgründers wird nach Stämmen jeweils das Recht eingeräumt, je einen Kandidaten pro Stamm aus ihren Reihen für die Geschäftsführung zu benennen. Weit verbreitet ist auch, der Nachgründergeneration einen Beirat aus Nichtgesellschaftern beizugeben, die die Auswahl der geschäftsführenden Gesellschafter vorzunehmen haben und deren Zustimmung die Geschäftsführung bei wichtigen Entscheidungen bedarf.[121] Dagegen lässt die Rechtsprechung[122] im Personengesellschaftsrecht die sog. Drittorganschaft, d.h. die Bestellung eines Nichtgesellschafters als Geschäftsführer nicht zu. Ob ein Gesellschafter-Geschäftsführer ohne Kapitalanteil zulässig ist, wird von teils bejaht,[123] teils dagegen verneint.[124] 24

cc) Sonstige Einschränkungen. Ausschluss oder Beschränkung des Stimmrechts für einzelne Gesellschafter,[125] evtl. auch Gewährung eines zusätzlichen Stimmrechts an ver- 25

---

[112] K. Schmidt BB 1989, 1702, 1709.

[113] K. Schmidt BB 1989, 1702, 1704.

[114] K. Schmidt BB 1989, 1702, 1704.

[115] K. Schmidt BB 1989, 1702, 1705.

[116] K. Schmidt BB 1989, 1702, 1705.

[117] MünchHdb.KG/Klein/Lindemeier § 41 Rn 55.

[118] Baumbach/Hopt § 139 Rn 64.

[119] BGHZ 41, 367; Michalski, Gesellschaftsrechtliche Gestaltungsmöglichkeiten zur Perpetuierung von Unternehmen, 1980, S. 159 ff.

[120] Reuter, Privatrechtliche Schranken der Perpetuierung von Unternehmen, 1973, S. 163 ff.

[121] Reuter Privatrechtliche Schranken der Perpetuierung von Unternehmen, 1973, S. 172 ff.; BGH JZ 1960, 490.

[122] BGHZ 36, 292 ff.

[123] U. Huber, Vermögensanteil, Kapitalanteil und Gesellschaftsanteil an Personengesellschaften des Handelsrechts, 1970, S. 289 ff.

[124] Reuter, Privatrechtliche Schranken der Perpetuierung von Unternehmen, 1973, S. 192 ff.

[125] BGHZ 20, 363; BGHZ 14, 269 für GmbH; Michalski, Gesellschaftsrechtliche Gestaltungsmöglichkeiten zur Perpetuierung von Unternehmen, 1980, S. 162 ff.; Michalski Betr. 1980, Beil. 5, S. 22.

schiedene Gesellschafter[126] bzw. Regelung des Stimmgewichts.[127] Dagegen ist die Abspaltung und Übertragung des Stimmrechts auf andere Gesellschafter oder Dritte[128] und auch die Erteilung einer unwiderruflichen Stimmrechtsvollmacht[129] jeweils wegen Verstoßes gegen das Abspaltungsverbot nach § 717 Satz 1 unzulässig.

26 *dd) Vertreterklausel.* Gebot an die Kommanditisten, ihr Stimmrecht nur durch einen gemeinschaftlichen Vertreter wahrzunehmen.[130] Diese Regelung, die für persönlich haftende Gesellschafter und Gesellschafter einer GbR wohl nur eingeschränkt[131] oder gar nicht zulässig ist,[132] gebietet im Zweifel auch die einheitliche Stimmrechtsausübung, sie verpflichtet zur Mitwirkung bei der Bestellung des Vertreters und bei der Erteilung von Weisungen an diesen.[133] Eine obligatorische Gruppenvertretung ist jedoch jedenfalls unzulässig im Bereich der Ausübung der Gesellschafterrechte im Kernbereich.[134]

27 *ee) Verwaltungstreuhand.* Gebot der treuhänderischen Übertragung des Gesellschaftsanteils des Erblassers auf einen Altgesellschafter.[135]

Nicht mehr möglich ist in diesem Zusammenhang eine früher bewährte Tradition der gesellschaftsvertraglichen Praxis,[136] alle pflichtteilsberechtigte Erben zwar in die Gesellschaft aufzunehmen, aber mit Ausnahme des zur Nachfolge als persönlich haftendem Gesellschafter Berufenen nur als Kommanditisten mit einer insoweit geminderten Beteiligung, dass sie vom persönlich haftenden Gesellschafter jederzeit, d. h. zu einem Zeitpunkt, zu dem Abfindungszahlungen für das Unternehmen tragbar sind, nach freiem Ermessen auch ohne wichtigen Grund hinausgekündigt werden können und sie dabei zum Buchwert, d. h. ohne Berücksichtigung der stillen Reserven und des Firmenwerts, abgefunden werden können. Der BGH[137] nimmt in solchen Fällen die Nichtigkeit der Buchwertabfindung nach § 138 an, da diese Regelung zur Bereicherung der bevorzugten Gesellschafter führe und einen besonderen Anreiz für die ausschließungsberechtigten Gesellschafter böte, von ihrem Recht aus sachfremden Erwägungen heraus und willkürlich Gebrauch zu machen.[138] Schließlich hat der BGH[139] allgemein gesellschaftsvertragliche Bestimmungen nach § 138 für nichtig erklärt, die den persönlich haftenden Gesellschaftern das Recht einräumen, Mitgesellschafter nach freiem Ermessen aus der Gesellschaft auszuschließen, es sei denn, dass eine solche Regelung wegen außergewöhnlicher Umstände sachlich gerechtfertigt ist.[140] Solche können im Einzelfall (für eine Maximalfrist von drei Jahren) dann vorliegen, wenn ein neuer Gesellschafter in einem seit langer Zeit bestehenden Betrieb (z. B. Vertragsarztpraxis) aufgenommen wurde, und das

---

[126] BGH NJW 1960, 963.

[127] U. Huber, Vermögensanteil, Kapitalanteil und Gesellschaftsanteil an Personengesellschaften des Handelsrechts, 1970, S. 44.

[128] BGH NJW 1960, 963.

[129] BGHZ 3, 357.

[130] BGHZ 22, 192; BGHZ 46, 291, 297 ff. = NJW 1967, 826; BGHZ 119, 346, 353 ff. = DB 1993, 371, 372 f.; Michalski Betr. 1980, Beil. 5, S. 23; MünchKomm/Heldrich, § 2032 Rn 59.

[131] Vgl. Reimann ZNotP 2006, 162, 165.

[132] Vgl. MünchKomm/Gergen § 2032 Rn 59; a. A. Schörnig, ZEV 2002, 343, 346.

[133] Baumbach/Hopt § 163 Rn 10.

[134] Baumbach/Hopt § 163 Rn 11; zu weiteren Schranken Ebenroth/Boujong/Joost/Weipert § 163 Rn 19 f.

[135] Michalski, Gesellschaftsrechtliche Gestaltungsmöglichkeiten zur Perpetuierung von Unternehmen, 1980, S. 182 ff.; Reuter, Privatrechtliche Schranken der Perpetuierung von Unternehmen, 1973, S. 224 ff.

[136] Flume NJW 1979, 902.

[137] BGH NJW 1979, 104; BGH NJW 1985, 192.

[138] Hierzu Flume NJW 1979, 902; Esch NJW 1979, 1390; Ulmer NJW 1979, 81; Eiselt FG U. v. Lübtow, 1980, S. 643 ff.

[139] BGHZ 81, 263, 265 ff. = NJW 1981, 2565; BGH NJW 1985, 2421.

[140] Siehe hierzu Bunte ZIP 1985, 915; Höffer ZHR 151 (1987), 396, 404.

Ausschließungsrecht allein dazu dient, dem Aufnehmenden binnen einer angemessenen Frist die Prüfung zu ermöglichen, ob zu dem neuen Partner das notwendige Vertrauen hergestellt werden kann und ob die Gesellschafter auf Dauer in der für die gemeinsame Berufsausübung erforderlichen Weise harmonisieren können.[141] Für die Kautelarpraxis bedeutet dies, dass im Gesellschaftsvertrag einzelne Gründe für die Ausschließung festgelegt werden müssen.[142]

c) Rechtsstellung der übrigen Nachlassbeteiligten

Geht auf Grund einer einfachen erbrechtlichen Nachfolgeklausel mit dem Erbfall automatisch der Gesellschaftsanteil auf den Alleinerben oder alle Miterben über, können Probleme der Abfindung und der Auseinandersetzung gegenüber der Gesellschaft und zwischen den Miterben nicht auftreten.[143] Da bei dieser Regelung die Gesellschaftsbeteiligung vermögensmäßig auf jeden Fall in den Nachlass fällt, ist sie bei der Nachlassbewertung gem. § 2311 für den ordentlichen Pflichtteilsanspruch nach § 2303 zu berücksichtigen[144] und kommt so indirekt den bei gewillkürter Erbfolge übergegangenen Pflichtteilsberechtigten zugute. Insoweit kann nur fraglich sein, ob bei der Bewertung gesellschaftsvertragliche Abfindungsklauseln unter Wert zu berücksichtigen sind (siehe hierzu oben § 2 Rn 61). 28

Trotz des Zerfalls der einheitlichen Gesellschafterstellung des Erblassers in selbständige Gesellschafterstellungen bei den Miterben gehört der Gesellschaftsanteil unabhängig von dem oben behandelten Streit wertmäßig zum Nachlass und haftet den Nachlassgläubigern gem. §§ 2058, 2059 Abs. 1,[145] da sogar die Anhänger der Abspaltungstheorie das abgespaltete Gewinn- und Auseinandersetzungsguthaben dem Nachlass und damit der Haftung unterstellten. Sehr streitig ist jedoch noch immer, in welcher Art und Weise die verschiedenen Gruppen von Gläubigern (**Nachlassgläubiger, Gesellschaftsgläubiger, Erbeneigengläubiger**) auf den Gesellschaftsanteil Zugriff nehmen können. Dabei ist man sich über die Ergebnisse weitgehend einig und nur die Begründungen differieren. 29

Wenn man mit der h. M.[146] den Gesellschaftsanteil einschließlich der Mitgliedschaft dem Nachlass zuordnet, stellt sich die Haftungssituation nach dem Tod des Gesellschaftererblassers wie folgt dar:[147] 30

- Für die **bisherigen und neuen Gesellschaftsverbindlichkeiten** haftet den Gesellschaftsgläubigern zunächst das Gesellschaftsvermögen (§§ 124 Abs. 2 HGB, 736 ZPO), danach die anteilig zu Gesellschaftern gewordenen Erben persönlich, d. h. ohne erbrechtliche Beschränkungsmöglichkeiten (§§ 128, 129, 130 HGB), sofern sie nicht von dem Wahlrecht nach § 139 HGB Gebrauch gemacht haben und letztlich den Altgläubigern, da sie gleichzeitig Nachlassgläubiger sind, der Nachlass und die Erben nach Maßgabe der §§ 2058 ff. und mit der Möglichkeit letzterer, ihre erbrechtliche Haftung (nicht die gesellschaftsrechtliche) auf den Nachlass durch Nachlassverwaltung (§ 1975), Nachlassinsolvenzverfahren (§ 1975), Aufgebotsverfahren (§ 1973), Versäumung (§ 1974), Erschöpfungseinrede (§ 1989), Dürftigkeitseinrede (§ 1990) oder Verweisung auf den ungeteilten Nachlass (§ 2059) zu beschränken.
- Den **Nachlassgläubigern,** die nicht zugleich Gesellschaftsgläubiger sind, haftet der Gesellschaftsanteil als Nachlassgegenstand gem. §§ 2058, 2059 Abs. 2. Zur Geltendmachung der Haftung ist gem. § 747 ZPO ein gegen alle Erben ergangenes Urteil erfor-

---

[141] BGH Urt. vom 7. Mai 2007, II ZR 281/05.
[142] Bunte ZIP 1985, 915.
[143] Haegele BWNotZ 1976, 27.
[144] Staudinger/Haas § 2311 Rn 91.
[145] H. P. Westermann AcP 173, 28; Ulmer/Schäfer, ZHR 160 (1996), 413, 421; BGHZ 47, 293, 295 f.
[146] Ulmer/Schäfer, ZHR 160 (1996), 413, 440; Weidlich ZEV 1994, 205, 206.
[147] Eingehend: Ulmer/Schäfer, ZHR 160 (1996), 413, 422 f.; MünchKomm/Ulmer/Schäfer § 727 Rn 34 ff.

derlich, mit dem der Gläubiger unter den Voraussetzungen des § 135 HGB das Auseinandersetzungsguthaben gem. §§ 857, 859 ZPO pfänden, sich überweisen lassen und danach die Gesellschaft mit Sechsmonatsfrist auf das Geschäftsjahresende kündigen kann. Wer, wie die unten Genannten, in der automatischen Aufteilung des Gesellschaftsanteils, der den wesentlichen Nachlasswert ausmacht, beim Erbfall unter die Miterben eine Erbteilung i. S. des § 2059 Abs. 1 sieht, muss den Nachfolger-Erben alsbald auch mit seinem Privatvermögen für die Nachlassverbindlichkeiten haften lassen. Dabei kann der Erbe diese Haftung allerdings durch eine Maßnahme nach §§ 2060, 2061 auf den seiner Erbquote entsprechenden Teil der Nachlassverbindlichkeiten beschränken.

- Wenn man im automatischen Zerfall der Gesellschafterstellung des Erblassers, sofern der Anteil den wesentlichen Nachlasswert ausmacht, in selbständige Gesellschaftsanteile der nachfolgeberechtigten Miterben eine Teilung i. S. von § 2059 Abs. 1 sieht,[148] können **Eigengläubiger der Miterben** sofort nach dem Erbfall gegen den automatisch ihrem Schuldner zugefallenen Gesellschaftsanteil in gleicher Weise vorgehen, wie vorstehend für die Nachlassgläubiger gegen den ungeteilten Anteil erläutert. Wer allerdings diese Meinung vertritt, lässt meist daneben zu, dass jeder betroffene Nachfolger-Erbe entgegen § 2062 die Nachlassverwaltung auch allein beantragen kann, was zu einer Separierung der Beteiligung und letztlich zum Vorrang der Nachlassgläubiger vor den Eigengläubigern führt.
- Eine Auffassung[149] sieht in diesen Fällen jedoch nur dann eine Teilung i. S. des § 2059 Abs. 1, wenn der Wert der Gesellschaftsbeteiligung praktisch dem **ganzen oder wesentlichen Nachlass** gleichkommt. Sonst kann der Miterbe die Einrede nach § 2059 Abs. 1 Satz 1 mit der Folge geltend machen, dass bis zur endgültigen Teilung der ihm zugefallene Teil des Gesellschaftsanteils nicht dem Vollstreckungszugriff seiner Eigengläubiger unterliegt.
- Andere[150] wollen ohne diese Einschränkung **im automatischen Zerfall des Anteils nie Teilung i. S. des § 2059 Abs. 1** sehen, da diese Vorschrift allein die rechtsgeschäftliche Aufteilung erfasse. Aber auch eine noch so großzügige Auslegung des § 2059 Abs. 1 kann einen Eigengläubiger des Nachfolgemiterben nicht hindern, dessen gesamten Erbteil gem. §§ 2033 Abs. 1 BGB, 859 Abs. 2 ZPO zu pfänden und dann die Auseinandersetzung des Nachlasses nach § 2042 Abs. 1 zu erzwingen, dem dann auch der sich noch ungeteilt i. S. des § 2059 Abs. 1 in ihm befindliche Personengesellschaftsanteil unterliegt. Im Gegenzug können die Nachlassgläubiger jedoch durch Antrag auf Nachlassverwaltung gem. § 1981 Abs. 2 oder Nachlassinsolvenzverfahren gem. § 317 InsO eine Nachlassabsonderung herbeiführen und so den Nachlass vor dem Zugriff der Eigengläubiger der Erben schützen. Wer den Gesellschaftsanteil oder zumindest die Mitgliedschaft sofort mit dem Erbfall statt dem Nachlass dem Eigenvermögen des Nachfolgers zuordnet, kann nur mit erheblichem konstruktivem Aufwand ein ähnliches vollstreckungsrechtlich gebotenes Ziel erreichen.[151]

31 Der geeignetste Weg, den Gesellschaftsanteil langfristig (§ 2210) und sicher vor dem Zugriff der Privatgläubiger des Erben zu bewahren, ist allerdings die Anordnung einer (siehe oben § 15 Rn 127 ff.) hinsichtlich der „Außenseite" des Gesellschaftsanteils zulässigen **Testamentsvollstreckung.**[152]

---

[148] So H. P. Westermann AcP 173 (1973), 24, 28 f.; Kieserling, Die erbrechtliche Haftung des Miterben-Gesellschafters, Diss. Münster 1972, S. 53 ff.; zum Streitstand siehe Raddatz, Die Nachlasszugehörigkeit vererbter Personengesellschaftsanteile, 1990, S. 60 ff.

[149] MünchKomm/Ann § 2059 Rn 8, 11; Lange/Kuchinke § 5 VI 6 f.

[150] Ulmer ZGR 1972, 193, 203 Fn. 44; ders. NJW 1984, 1496, 1500; Staudinger/Marotzke § 2059 Rn 58.

[151] Lange/Kuchinke, § 5 VI 6.

[152] Marotzke JR 1988, 184, 186.

d) Formulierungsvorschlag einer einfachen erbrechtlichen Nachfolgeklausel

Beim Tod eines Gesellschafters wird die Gesellschaft mit seinen Erben oder mit dem – bzw. denjenigen, den oder die er zu Vermächtnisnehmern der Beteiligung eingesetzt hat, fortgesetzt. Die Erben oder Vermächtnisnehmer erhalten jedoch nur die Stellung als Kommanditisten mit der Maßgabe, dass die Miterben oder Vermächtnisnehmer bzw., falls diese sich nicht einigen können, die übrigen Gesellschafter mit einfacher Mehrheit einen der Erben oder Vermächtnisnehmer innerhalb eines Jahres ab dem Erbfall als vollhaftenden Gesellschafter bestimmen können. Die Kommanditisten gewordenen Erben oder Vermächtnisnehmer können ihr Stimmrecht nur gemeinschaftlich ausüben und ihr Widerspruchsrecht gegen die Geschäftsführung ist ausgeschlossen. Die Erben oder Vermächtnisnehmer des verstorbenen Gesellschafters erhalten mit diesen Einschränkungen alle seine Rechte und Pflichten in der Gesellschaft, mit Ausnahme derer, die ihm nur wegen seiner persönlichen Eigenschaften zustanden oder auferlegt waren. Im Falle einer Zuwendung durch Vermächtnis sind die Gesellschafter verpflichtet, der Vermächtniserfüllung zuzustimmen, wenn sie innerhalb eines Jahres ab dem Erbfall erfolgt. 32

4. Qualifizierte erbrechtliche Nachfolgeklausel[153]

a) Rechtliche Gestaltung und Wirkung der Klausel

Bei der qualifizierten Nachfolgeklausel ist im Gesellschaftsvertrag bestimmt, dass nicht alle Erben in die Gesellschafterstellung des verstorbenen Gesellschafters einrücken sollen, sondern nur einer oder einzelne. Bei ihr haben es die Altgesellschafter in der Hand, die Zahl der Nachfolger zu beschränken und damit die Zersplitterung der Gesellschaft zu vermeiden und/oder Qualifikationskriterien festzulegen. Sofern bei dieser Klausel der Gesellschafter-Erblasser durch Verfügung von Todes wegen nur den oder die im Gesellschaftsvertrag abstrakt oder konkret als Nachfolger vorgesehenen Personen zu seinen Erben einsetzt (oder diese Wirkung auf Grund der konkreten gesetzlichen Erbfolge eintritt), vollzieht sich die Nachfolge in den Gesellschaftsanteil wie oben bei der einfachen Nachfolgeklausel. Anders ist es jedoch, wenn der verstorbene Gesellschafter von weiteren (nicht anderen) Personen beerbt wird, als im Gesellschaftsvertrag für die Nachfolge in die Beteiligung vorgesehen. Automatisch Nachfolger können dann nur der- oder diejenigen Miterben werden, die im Gesellschaftsvertrag vorgesehen sind, da nur insoweit die Gesellschaftsbeteiligung vererblich gestellt ist. Bezüglich des Umfangs des automatischen erbrechtlichen Übergangs des Gesellschaftsanteils beim Tod des Gesellschafters in diesen Fällen hat der Bundesgerichtshof[154] zunächst die Theorie der Teilnachfolge vertreten, d.h. auf den oder die Nachfolger-Erben sollte der Gesellschaftsanteil nur in Höhe ihrer Erbquote unmittelbar oder automatisch übergehen, die übrigen Teile sollten zunächst den übrigen Altgesellschaftern gesamthänderisch zuwachsen, die jedoch auf Grund des Gesellschaftsvertrages verpflichtet sein sollten, auch diese Teile an die Nachfolger-Erben zu übertragen. Seit dem 2. 10. 1977[155] folgt der Bundesgerichtshof jedoch mit der h.M. der **Theorie der unmittelbaren Vollnachfolge,**[156] nach der der im Gesellschaftsvertrag als Nachfolger bestimmte Erbe die Gesellschafterstellung unmittelbar und voll in dem Umfang erlangt, wie sie der Erblasser innegehabt hat. Dieser Grundsatz gilt auch dann, wenn statt eines von mehreren Miterben[157] zwar nicht alle, aber doch einige 33

[153] Siehe hierzu Crezelius, Unternehmenserbrecht, Rn 260 ff.; MünchHdb.KG/Klein/Lindemeier § 41 Rn 22 ff.; Reimann ZEV 2002, 487.

[154] BGHZ 22, 186, 195 = NJW 1957, 180.

[155] BGHZ 68, 225, 237 = NJW 1977, 1339.

[156] BGH NJW 1983, 2376; BayObLG DNotZ 1981, 702; OLG München MDR 1981, 587; Staudinger/Marotzke § 1922 Rn 181 f.; MünchKomm/Leipold, § 1922 Rn 75; MünchKomm/Ulmer/Schäfer, § 727 Rn 44.

[157] So im Fall BGHZ 68, 225.

von ihnen nach dem Gesellschaftsvertrag Nachfolger werden können.[158] Aufgrund der vom BGH[159] aus praktischen gesellschaftsrechtlichen Erwägungen entgegen erbrechtlicher Grundsätze praktizierten „unmittelbare Vollnachfolge" kann dem oder den Nachfolge-Gesellschaftern im Verhältnis zu den nicht nachfolgeberechtigten Miterben ein größerer Gesellschaftsanteil zufallen, als ihrer Erbquote entspricht.[160] Es genügt demnach im Extremfall die Zuweisung einer „symbolischen" Erbquote an den nach dem Gesellschaftsvertrag allein Nachfolgeberechtigten, um ihm den ganzen Gesellschaftsanteil durch unmittelbare Vollnachfolge zuzuwenden.[161] Die Erbquote hat – wie bei der Auseinandersetzung unter Berücksichtigung von Teilungsanordnungen – nur Bedeutung für den Wertausgleich zwischen den Erben.[162] Die qualifizierte Nachfolgeklausel wirkt somit wie eine dinglich wirkende Teilungsanordnung,[163] die mit dem Erbfall automatisch vollzogen ist. Da sich der Rechtserwerb trotz Sondernachfolge auf erbrechtlichem Weg vollzieht, ist immer Voraussetzung für den automatischen Anteilsübergang, dass der Gesellschaftererblasser für die Erbenstellung des oder der im Gesellschaftsvertrag als Nachfolger zugelassenen Personen sorgt. Dabei hat dies durch Verfügung von Todes wegen zu geschehen, sofern die Betreffenden nicht zu den gesetzlichen Erben gehören. Die Anordnung eines bloßen **Vermächtnisses für die als Nachfolger vorgesehene Person** reicht wegen dessen **nur obligatorischer Natur** nicht aus,[164] ist aber zusätzlich nötig, wenn der als Gesellschafternachfolger vorgesehene Miterbe von der Verpflichtung zum Wertausgleich gegenüber den weiteren Miterben befreit werden soll. Wird der Nachfolgeberechtigte nur Vermächtnisnehmer, scheitert wie bei der einfachen Nachfolgeklausel der unmittelbare automatische Vollerwerb des Anteils. Er fällt dann in Form des Abfindungsanspruchs den Erben an, die ihn im Wege der Vermächtniserfüllung gem. § 2174 dem nachfolgeberechtigten Vermächtnisnehmer übertragen müssen, worauf er sich wieder in einen Kapitalanteil verwandelt. Die Erfüllung des Vermächtnisses kann jedoch an gesellschaftsvertraglichen Hindernissen scheitern. Da das Erbrecht dem Gesellschaftsrecht nur insoweit weichen darf, als zwischen beiden Unvereinbarkeit besteht,[165] ist es nicht möglich, wie bei der Nachlassspaltung im IPR hinsichtlich verschiedenen Rechten unterliegenden Erbmassen (siehe oben § 5 Rn 9ff.), in der Verfügung von Todes wegen bezüglich der Vererbung des Gesellschaftsanteils mit erbrechtlich dinglicher Wirkung andere Erbquoten zu bestimmen, als für den übrigen Nachlass. Maßgeblich für die Vererblichkeit des Gesellschaftsanteils bleibt immer der Gesellschaftsvertrag.[166] In ihm ist festzulegen, zu welchen Quoten mehrere Nachfolger den Anteil erhalten sollen. Dabei können diese gesellschaftsvertraglichen Quoten unschädlich von den Erbquoten abweichen, die ihrerseits nur für den internen Wertausgleich zwischen den Miterben von Bedeutung sind. Enthält der Gesellschaftsvertrag keine Quoten für die vorgesehene Übernahme des Anteils durch mehrere Erben, erfolgt der automatische Anteilsübergang im Verhältnis ihrer Erbquoten. Ob eine davon abweichende Verfügung von Todes wegen unmittelbare gesellschaftsrechtliche Wirkung als dinglich wirkende Teilungsanordnung hat, ist str.[167] Der unmittelbar erbrechtliche Übergang des Gesellschaftsanteils als Ganzes auf den oder die Nachfolger-Erben wird entgegen dem Grundsatz der Gesamtrechtsnachfolge (§ 1922) mehrheitlich[168] in Analogie zum Höferecht und zum früheren Heim-

[158] OLG München MDR 1981, 587.
[159] BGHZ 68, 225, 238.
[160] BGHZ 68, 225, 238; Staudinger/Marotzke § 1922 Rn 182.
[161] Marotzke JR 1988, 184, 186.
[162] BGHZ 68, 225, 238.
[163] K. Schmidt, Gesellschaftsrecht § 45 V 5 b.
[164] MünchKomm/Ulmer, § 727 Rn 42.
[165] Ulmer NJW 1984, 1496, 1501.
[166] MünchHdb.GesR. I/Klein § 78 Rn 2; § 79 Rn 14.
[167] MünchHdb.GesR I/Klein/Lindemeier § 79 Rn 33 m.w.N. pro und contra.
[168] Ulmer ZGR 1972, 95, 206f.

stättenrecht als Sondererbfolge angesehen, sodass der Gesellschaftsanteil einer Personengesellschaft getrennt vom sonstigen Nachlass vererbt wird. Die den Nachfolger-Erben jeweils zugefallenen einzelnen Gesellschaftsanteile teilen, da Sondererbfolge stattfindet, nicht das rechtliche Schicksal des Erbteils der Erbengemeinschaft. Von dessen Übertragung oder Belastung werden sie nicht erfasst. Die Möglichkeit und Wirksamkeit ihrer Übertragung richtet sich allein nach Gesellschaftsrecht.[169]

b) Ausgestaltung der qualifizierten Nachfolgeklausel

Im Einzelnen können qualifizierte Nachfolgeklauseln wie folgt ausgestaltet werden:

aa) Bestimmter Nachfolgeberechtigter. Der nachfolgeberechtigte Erbe kann im Gesell- 34
schaftsvertrag namentlich aufgeführt oder nach eindeutigen Merkmalen bezeichnet werden, wie z. B. der älteste Sohn, die Witwe usw. Der Nachfolgeberechtigte ergibt sich in diesen Fällen automatisch und unmittelbar aus der Nachfolgeklausel. Diese Gestaltung kommt den Interessen der anderen Gesellschafter an der Kalkulierbarkeit der Nachfolge am weitgehendsten entgegen, hat jedoch den Nachteil, nur für einen konkreten Erbfall zu gelten, trägt das Risiko des Ausfalls des Bestimmten, bindet den Gesellschafter-Erblasser wie eine rechtsgeschäftliche Nachfolgeklausel und setzt voraus, dass der Nachfolger bereits bei seiner Aufnahme in den Vertrag feststeht.

bb) Bestimmbarkeit des Nachfolgeberechtigten. Meist sind der oder die Nachfolgebe- 35
rechtigten aber nicht namentlich oder sonstwie eindeutig im Gesellschaftsvertrag bezeichnet, sondern es wird nur der Personenkreis festgelegt, aus dem sie zu bestimmen sind und/oder die Eigenschaften und Qualifikationen, die sich aufweisen müssen. Diese elastische Gestaltung setzt zwingend die Einsetzung eines Bestimmungsberechtigten voraus. Als Bestimmungsberechtigter wird meistens der Gesellschafter-Erblasser eingesetzt. Üblicherweise wird dabei vorgesehen, dass die Bestimmung entweder durch letztwillige Verfügung oder durch Erklärung gegenüber der Gesellschaft oder den Mitgesellschaftern zu treffen ist.[170] Diese lebzeitige Erklärung gegenüber der Gesellschaft bedarf dabei nicht der Form letztwilliger Verfügungen, da sie zwar die Bestimmung des Sondererben enthält, aber trotzdem keine letztwillige Verfügung, sondern eine gesellschaftsrechtliche Erklärung ist.[171] Allerdings muss auch in diesem Fall der zum Nachfolger Bestimmte entweder gesetzlicher oder gewillkürter Erbe werden, damit der automatische Anteilsübergang erfolgen kann. Ein gesellschaftsrechtliches, nicht auch ein erbrechtliches Auswahlrecht kann aber auch anderen Personen als dem Erblasser eingeräumt werden, z. B. den verbleibenden Gesellschaftern oder den Erben. Wegen § 2065 Abs. 2 kann allerdings nur die durch den Erblasser selbst, sofern er durch den Gesellschaftsvertrag als Bestimmungsberechtigter eingesetzt ist, vorgenommene Bestimmung des Nachfolgers die erbrechtlich automatische unmittelbare Übergangswirkung hinsichtlich des vererblich gestellten Gesellschaftsanteils haben, da nach dieser Vorschrift der Erblasser die Bestimmung der Person, die eine Zuwendung erhalten soll, nicht Dritten überlassen darf.[172] Hat die Auswahl allerdings lediglich feststellende Bedeutung, ist eine solche Ermächtigung zulässig, nicht dagegen, wenn die Auswahl eine echte Ermessensentscheidung darstellt.[173] Da § 2151 die Auswahl des Vermächtnisnehmers aus einem überschaubaren Personenkreis durch Dritte zulässt, könnte der Gesellschaftsvertrag stattdessen zulassen, dass zunächst alle Erben den Gesellschaftsanteil erben, sie aber mit dem Vermächtnis belastet werden, ihn an einen von dem auswahlberechtigten Dritten aus ihren Reihen Ausgewählten zu übertragen.[174] Zulässig ist ferner, dem von Dritten Ausgewählten ein rechtsgeschäftliches

---

[169] Schmidt BWNotZ 1983, 102, 104.
[170] Fall des BGHZ 62, 20.
[171] Vgl. MünchHdb.GesR I/Klein § 79 Rn 24.
[172] MünchHdb.KG/Klein/Lindemeier § 41 Rn 24; Göbel DNotZ 1979, 149.
[173] BGHZ 15, 199.
[174] Vgl. Reimann in R/B/M Rn A 458.

Eintrittsrecht zu geben, auf Grund dessen dann, falls er es verlangt, die mit dem Erbfall Gesellschafter gewordenen Erben den Anteil ihm zu übertragen haben,[175] oder aber, dass der Gesellschaftsanteil zunächst den verbleibenden Gesellschaftern zuwachsen soll und die ihn dann an den Ausgewählten herauszugeben haben. Bei allen diesen Ersatzlösungen findet jedoch kein unmittelbarer Rechtsübergang des Gesellschaftsanteils auf den ausgewählten Nachfolger statt, da sie keine qualifizierte Nachfolgeklauseln, sondern rechtsgeschäftliche Eintrittsklauseln sind.

36 *cc) Wahlmöglichkeit.* Gebräuchlich ist bei der gesellschaftsvertraglichen Gestaltung auch, eine erbrechtliche Nachfolgeklausel nicht nur subsidiär für den Fall ihres Scheiterns, sondern wahlweise mit einer rechtsgeschäftlichen Eintrittsklausel zu verbinden, sodass der Gesellschafter-Erblasser zwischen der erbrechtlichen und der rechtsgeschäftlichen Gestaltung der Nachfolge in seinen Anteil wählen kann.[176]

37 *dd) Achtung!* Unbedingt notwendig ist bei der qualifizierten Nachfolgeklausel, dass die Erbfolgeregelung mit ihr in Übereinstimmung gebracht wird.[177] Es sollte daher niemals an der gesellschaftsvertraglichen Klausel oder an der Verfügung von Todes wegen allein etwas geändert werden, sondern jeweils nur an beiden zusammen.

c) Die fehlgeschlagene qualifizierte Nachfolgeklausel

38 Da die qualifizierte Nachfolgeklausel meist der nachträglichen Bestimmung des Nachfolgeberechtigten und, da sie lediglich den Anteil für die in ihr bezeichneten Personen vererblich stellt, immer der Ergänzung durch und Abstimmung mit der letztwilligen Verfügung bedarf, geht sie ins Leere, wenn die Bestimmung des Nachfolgeberechtigten versäumt wurde oder dieser kein Erbe wird, z.B. nur Vermächtnisnehmer (**Inkongruenz zwischen Gesellschaftsvertrag und Erbfolgeregelung**). Es ist daher unabdingbar, bei der qualifizierten Nachfolgeklausel die Folgen ihres Fehlschlagens gesellschaftsvertraglich zu regeln.[178] Dies geschieht üblicherweise durch eine subsidiäre erbrechtliche Eintrittsklausel. Enthält der Gesellschaftsvertrag keine Ersatzlösung, so wird auf jeden Fall die Gesellschaft zunächst unter den verbleibenden Gesellschaftern fortgesetzt, da eine fehlgeschlagene Nachfolgeklausel idR eine einfache Fortsetzungsklausel umfasst.[179] Im Wege der ergänzenden Vertragsauslegung wird man jedoch zusätzlich meist zum Ergebnis kommen können, dass, sofern der Nachfolger in der Klausel oder danach eindeutig benannt ist, sie als rechtsgeschäftliche Eintrittsklausel zu werten ist.[180] Verlassen sollte man sich hierauf nicht, da die Rechtsprechung etwa im Haftungsprozess zur strengeren Beurteilung neigt.[181]

d) Der Wertausgleich der nachfolgenden mit den weichenden Erben

39 Abfindungsansprüche der weichenden Erben gegen die Gesellschaft oder die Altgesellschafter entstehen bei der qualifizierten Nachfolgeklausel nicht, da der Gesellschaftsanteil im Wege der Sondererbfolge unmittelbar auf den oder die Nachfolger-Erben übergeht und daher der Gesellschaft oder den übrigen Gesellschaftern nichts anwächst, was abgefunden werden müsste.[182] Nach dem BGH[183] sind deshalb bei Vereinbarung einer qualifizierten Nachfolgeklausel im Zweifel Abfindungsansprüche der von der Gesellschaftsnachfolge ausgeschlossenen Miterben an die Gesellschaft ausgeschlossen. Dabei

[175] Göbel DNotZ 1979, 150; Tiedau MDR 1978, 356.
[176] Göbel DNotZ 1979, 151 f.
[177] Flick DStR 1987, 41.
[178] Göbel DNotZ 1979, 149; MünchHdb.KG/Klein/Lindemeier § 41 Rn 25.
[179] Michalski Betr. 1980, Beil. 5, S. 15 f.; Heckelmann FG U. v. Lübtow, 1980, S. 636.
[180] BGH BB 1966, 1123; BGH NJW 1978, 264; BGH BB 1988, 104; OLG Frankfurt NJW-RR 1988, 1251, 1252; MünchHdb.KG/Klein/Lindemeier § 41 Rn 112.
[181] BGH ZEV 2002, 322 mit krit. Anm. Limmer.
[182] MünchHdb.KG/Klein/Lindemeier § 43 Rn 9.
[183] BGHZ 68, 225, 236.

ist allerdings zu beachten, dass, falls der einrückende Miterbe die Ausgleichsansprüche der weichenden Miterben, Pflichtteilsansprüche und Ansprüche anderer Nachlassgläubiger nicht aus seinem Eigenvermögen befriedigen kann, diese Gläubiger den in den Nachlass gefallenen Anspruch auf das künftige Auseinandersetzungsguthaben[184] oder den Gesellschaftsanteil des Schuldners[185] pfänden, die Gesellschaft dann nach § 135 HGB kündigen und so indirekt auf das Gesellschaftsvermögen Zugriff nehmen können. Möglich ist allerdings auch die Kombination einer einfachen oder qualifizierten Nachfolgeklausel mit einer bloßen Fortsetzungsklausel in der Weise, dass die Nachfolge aller oder einiger Erben nur hinsichtlich eines Bruchteils des Gesellschaftsanteils stattfinden soll, während der restliche Bruchteil den verbleibenden Gesellschaftern anwachsen soll (**Teilnachfolgeklausel**). Die dann von der Gesellschaft zu zahlende Abfindung kann letztwillig der Erbengemeinschaft insgesamt oder nur den weichenden Miterben zugewendet werden.

Einigkeit besteht darüber, dass der Gesellschaftsanteil zumindest wertmäßig zum Nachlass gehört, sodass er bei der Erbauseinandersetzung unter den einrückenden und weichenden Miterben auszugleichen ist.[186] Streitig sind jedoch die rechtliche Begründung, der Umfang und die Grenzen dieser Ausgleichungspflicht.[187] Als Grundlagen für die Ausgleichungspflicht werden herangezogen die Grundsätze der Teilungsanordnung nach § 2048,[188] §§ 2050 ff., der Grundsatz von Treu und Glauben,[189] eine analoge Anwendung des § 1417 Abs. 3, aus dem das Prinzip einer Wertgemeinschaft an dem erbrechtlichen Sondergut Gesellschaftsanteil entnommen wird,[190] ein Ausgleich nach den Vorschriften über ungerechtfertigte Bereicherung gem. § 812 Abs. 1 Satz 1, 2. Alt.[191] und eine Analogie zu § 1978.[192] Zur Bewertung des Gesellschaftsanteils als Grundlage des Ausgleichsanspruchs siehe die Übersicht über den Meinungsstand bei Ulmer ZGR 1972, 324/388 ff. Es wird dabei durchweg ohne Rücksicht auf eine vertragliche Bewertungsklausel vom Vollwert (Verkehrswert) des Anteils ausgegangen[193] und das künftige Abfindungsrisiko des Übernehmers durch einen Abschlag oder künftige Rückforderungsansprüche berücksichtigt. Der Gesellschafter-Erblasser kann allerdings die Ausgleichungspflicht in einer letztwilligen Verfügung dadurch ausschließen, dass er den Anteilswert den Nachfolger-Miterben im Wege des Vorausvermächtnisses (§ 2150) zuwendet.[194] Eine Grenze bildet dabei nur das Pflichtteilsrecht der Beteiligten,[195] das automatisch dadurch berücksichtigt wird, dass bei der Feststellung des für die Berechnung des Pflichtteils maßgeblichen Nachlasswertes (§ 2311) das Vorausvermächtnis nicht abgesetzt wird.[196] Die letztwillige Verfügung kann dabei nicht nur den vollständigen Ausschluss der Ausgleichungspflicht festlegen, sondern auch einen Teilausschluss, etwa durch Festlegung eines bestimmten Wertes oder einer Bewertungsklausel, mit dem der Gesellschaftsanteil bei der Erbauseinandersetzung berücksichtigt werden soll.[197] Ob es überhaupt eines aus- 40

---

[184] Ulmer BB 1977, 807.

[185] G. u. D. Reinicke NJW 1957, 563.

[186] Nachw. bei Ulmer ZGR 1972, 324; MünchKomm/Gergen § 2032 Rn 60; Gassen RNotZ 2004, 423, 431.

[187] Übersicht über die Konstruktionsversuche bei Ulmer ZGR 1972, 326 f. und H. P. Westermann JuS 1979, 761, 769.

[188] Rüthers AcP 168, 263, 281; Ulmer ZGR 1972, 324, 327.

[189] So BGHZ 22, 186, 196 f.; Rauch DNotZ 1970, 78, 93.

[190] Wiedemann, Die Übertragung und Vererbung von Mitgliedschaftsrechten bei Handelsgesellschaften, 1965, S. 209.

[191] Heckelmann FG U. v. Lübtow, 1980, S. 627.

[192] Ulmer FS Schilling 1973, S. 94; H. P. Westermann JuS 1979, 769.

[193] Palandt/Edenhofer § 2311 Rn 9 f.

[194] Ulmer BB 1977, 807; BayObLG DNotZ 1981, 702, 706 = Betr. 1980, 2028, 2029.

[195] BayObLG DNotZ 1981, 702, 706 = Betr. 1980, 2028, 2029.

[196] Palandt/Edenhofer § 2311 Rn 5.

[197] Heckelmann FG U. v. Lübtow, 1980, S. 629.

drücklichen Ausschlusses der Ausgleichungspflicht in erbrechtlicher Form bedarf oder ob dieser Wille des Erblassers auch durch Auslegung der letztwilligen Verfügung gefunden werden kann, ist streitig.[198] Falls die Nachfolger-Miterben nicht genügend Eigenmittel zum Ausgleich für die weichenden Miterben haben, kann es sich empfehlen, die Nachfolger-Erben letztwillig vermächtnisweise zu verpflichten, mit den weichenden Miterben eine Unterbeteiligung am Gesellschaftsanteil zu vereinbaren.[199]

e) Sonderprobleme bei Nacherbfolge

41 Mangels einer entsprechenden Einschränkung im Gesellschaftsvertrag lässt eine erbrechtliche Nachfolgeklausel auch zu, dass der Erblasser bezüglich seines Gesellschaftsanteils Vor- und Nacherbfolge anordnet.[200] Bis zum Eintritt der Nacherbfolge ist der Vorerbe alleiniger Gesellschafter (§§ 2100, 2112), erst mit dem Eintritt der Nacherbfolge tritt der Nacherbe an die Stelle des Vorerben. Dem Vorerben steht daher auch das volle Wahlrecht nach § 139 HGB zu. Bleibt er persönlich haftender Gesellschafter, so hat auch der Nacherbe nach dem Nacherbfall selbst das Wahlrecht nach § 139 HGB.[201] Nur wenn der Vorerbe Kommanditist geworden oder aus der Gesellschaft ausgeschieden ist, verbleibt es dabei auch für den Nacherben.[202] Einer Verfügungsbeschränkung zum Schutz des Nacherben (§ 2113 Abs. 2) unterliegt der Vorerbe nur hinsichtlich unentgeltlicher Verfügungen über den Gesellschaftsanteil.[203]

f) Rechtsstellung der übrigen Nachlassbeteiligten

42 Da zumindest der Wert des Gesellschaftsanteils unbestritten zum Nachlass gehört,[204] ist dieser Wert der Berechnung etwaiger ordentlicher Pflichtteilsansprüche zugrundezulegen (§ 2311). Die Pflichtteilsberechtigten sind bei den erbrechtlichen Nachfolgeklauseln nicht auf Pflichtteilsergänzungsansprüche (§ 2325) angewiesen. Nach welchem Bewertungsmaßstab dabei die Bewertung durchzuführen ist, siehe oben § 2 Rn 58 ff., 61. Bezüglich der Rechtsstellung sonstiger Gläubigergruppen im Hinblick auf den in Sondernachfolge auf die nachfolgeberechtigten Miterben übergegangenen Gesellschaftsanteile siehe oben § 20 Rn 30. Zusätzlich wird bei der qualifizierten Nachfolgeklausel die Meinung vertreten, der Wertausgleichs- oder -ersatzanspruch gegen die Nachfolger-Erben falle in den Nachlass,[205] in den die Nachlassgläubiger, die keine Gesellschaftsgläubiger sind, sofort vollstrecken können. Da ferner nach dieser Meinung mit der automatischen Aufspaltung des Anteils auch die Teilung im Sinne des § 2059 Abs. 1 vollzogen ist, wenn der Gesellschaftsanteil der wesentliche Nachlassgegenstand war, müssen die Nachfolger-Erben alsbald nach dem Erbfall mit Vollstreckungsmaßnahmen von Nachlassprivatgläubigern in ihr Eigenvermögen rechnen.

---

[198] Für stillschweigenden Ausschluss: Ulmer ZGR 1972, 324, 328 Fußn. 152 m.w.N.; Heckelmann FG U. v. Lübtow, 1980, S. 7, dagegen: Rüthers AcP 168, 281.

[199] Rüthers AcP 168, 263, 281 ff.; Brox JA 1980, 565.

[200] BGHZ 69, 47, 49 f.; BGH NJW 1981, 115; BGHZ 98, 48, 58; Schmidt BWNotZ 1983, 102, 106; MünchKomm/Ulmer, § 727 Rn 68 ff.

[201] Ebenroth/Boujong/Joost/Lorz § 139 Rn 106.

[202] Ebenroth/Boujong/Joost/Lorz § 139 Rn 103.

[203] MünchKomm/Ulmer/Schäfer § 727 Rn 68; Ebeling BB 1983, 1933 und Paschke ZIP 1985, 129 ff. Zur Vor- und Nacherbfolge an Personengesellschaftsanteilen allgemein siehe auch Schmidt BWNotZ 1983, 102 ff.

[204] Ulmer ZGR 1972, 324, 328.

[205] Johannsen FamRZ 1980, 1074, 1082.

g) Formulierungsvorschlag für eine qualifizierte erbrechtliche Nachfolgeklausel

Im OHG- oder KG-Vertrag (formfrei): 43

Beim Tod eines Gesellschafters wird die Gesellschaft immer nur mit einem Erben oder Vermächtnisnehmer als Nachfolger fortgesetzt. Der Nachfolger ist durch Erklärung gegenüber der Gesellschaft zu Lebzeiten oder durch Verfügung von Todes wegen durch den Gesellschafter zu bestimmen. Übt er sein Bestimmungsrecht nicht aus oder wird der als Nachfolger Vorgesehene nicht Erbe, so sind die Erben des Verstorbenen, denen dann der Gesellschaftsanteil zufällt, verpflichtet, ihn dem Bestimmten oder, falls niemand bestimmt ist, dem zu übertragen, den der Testamentsvollstrecker oder notfalls die übrigen Gesellschafter einstimmig als Nachfolger aus der Zahl der Erben oder Vermächtnisnehmer auswählen. Die übrigen Gesellschafter sind zur Zustimmung verpflichtet, wenn die Übertragung innerhalb von sechs Monaten nach dem Erbfall erfolgt. Den übrigen Erben oder Vermächtnisnehmern des verstorbenen Gesellschafters stehen gegen die Gesellschafter in dieser Eigenschaft keinerlei Abfindungsansprüche zu. Auf den Nachfolger gehen alle Rechte und Pflichten des Verstorbenen uneingeschränkt über, ausgenommen solche, die dem Verstorbenen wegen seiner persönlichen Eigenschaften übertragen oder auferlegt waren.

In der formgebundenen Verfügung von Todes wegen: Nach Bezugnahme oder besser wörtlichem Zitat der obigen Nachfolgeklausel: 44

Zu meinen Erben setze ich meine Kinder B, C und D zu je $^1/_3$ Erbteil ein. Meinem Sohn B, den ich auf Grund meines obigen gesellschaftsvertraglichen Bestimmungsrechts als Nachfolger meiner Gesellschaftsbeteiligung bestimme, vermache ich diese Beteiligung im Wege des Vorausvermächtnisses. Er hat seine Geschwister C und D entsprechend ihren Erbquoten abzufinden. Die Abfindung erfolgt zu den Buchwerten des Unternehmens auf Grund der letzten Handelsbilanz vor meinem Tode mit einem Zuschlag von 20%, jedoch ohne Berücksichtigung der stillen Reserven, des Firmenwerts und der schwebenden Geschäfte. Die Auszahlung hat in zehn gleichen Jahresraten zu erfolgen. Die Abfindungsguthaben sind mit drei Prozentpunkten über dem jeweiligen Basiszinssatz zu verzinsen.

5. Rechtsgeschäftliche Eintrittsklausel[206]

a) Rechtliche Gestaltung und Wirkung der Klausel

Die reine Fortsetzungsklausel kann ergänzt werden durch vertragliche Bestimmungen 45
mit dem Ziel, einem oder mehreren bereits im Gesellschaftsvertrag bestimmten[207] oder von einem hierzu vertraglich Berechtigten (Altgesellschafter, Erbengemeinschaft, verbleibende Gesellschafter u. a.) zu bestimmenden Eintrittsberechtigten das Recht auf Eintritt in die Gesellschaft zu verschaffen (**sog. Eintrittsklausel**).[208] Bei der Eintrittsklausel vollzieht sich der Mitgliedschaftswechsel zum Unterschied zu den erbrechtlichen Nachfolgeklauseln und der rechtsgeschäftlichen Nachfolgeklausel **nicht automatisch, sondern nur unter Mitwirkung des Eintrittsberechtigten.**[209] Seine Mitgliedschaft in der Gesellschaft muss nach dem Erbfall erst begründet werden. Es handelt sich bei der Eintrittsklausel nicht um eine Verfügung von Todes wegen, sondern um ein reines Rechtsgeschäft unter Lebenden, das sich in einen schuldrechtlichen Teil – der Begründung des Eintrittsrechts im Gesellschaftsvertrag oder seiner Ergänzung (**Fortsetzungsvereinbarung**) und einen vollziehenden Teil – dem Eintritt des Berechtigten in die Gesellschaft (**Vollzug des Beteiligungserwerbs**) aufspaltet.[210] Die Fortsetzungsvereinbarung kann unter Teilnahme des Nachfolgers von den Gesellschaftern vereinbart werden, häufiger ist jedoch, dass das

---

[206] Siehe hierzu Crezelius, Unternehmenserbrecht, Rn 263.
[207] So Fall des OLG Hamburg MDR 1955, 43.
[208] BGH DNotZ 1980, 699, 700.
[209] Ulmer ZGR 1972, 217.
[210] MünchHdb.GesR I/Klein/Lindemeier § 79 Rn 75.

Eintrittsrecht zwischen ihnen im Wege eines echten oder unechten Vertrages zugunsten Dritter (§§ 328, 331), d.h. hier des Nachfolgers, begründet wird.[211] Der Eintrittsberechtigte braucht dabei nicht notwendig im Gesellschaftsvertrag bereits bestimmt zu sein, es genügt, wenn in ihm bestimmt ist, dass er von einem Altgesellschafter oder einem Dritten zu benennen ist.[212] Dies ist auch einer der Vorteile dieser Klausel. Sie lässt, da sie ein Rechtsgeschäft unter Lebenden ist und daher nicht dem Verbot der Drittbestimmung des Zuwendungsempfängers gem. § 2065 unterliegt, die Ermächtigung eines Dritten zur echt wertenden und auswählenden Bestimmung des Eintrittsberechtigten zu.[213] Wegen dieser Möglichkeit empfiehlt sich die Eintrittsklausel, wenn der Nachfolger erst bei Erfüllung bestimmter Voraussetzungen einrücken soll oder wenn sich die übrigen Gesellschafter die Auswahl des Eintretenden offen halten wollen.[214] Da die Eintrittsklausel praktisch nur die einfache Fortsetzungsklausel ist, ergänzt durch das gesellschaftsvertragliche Eintrittsrecht einer bestimmten oder bestimmbaren Person, stünden, wenn darüber keine besondere Regelung getroffen würde, den Erben des verstorbenen Gesellschafters nach §§ 736, 738 Abs. 1 Satz 2 HGB Abfindungsansprüche gegen die Gesellschaft zu und der Eintrittsberechtigte hätte zwar ein Eintrittsrecht, daneben aber keinen Anspruch auf die mit dem Anteil verbundenen Vermögensrechte.[215] Die Praxis löst das dahin, dass sie die Abfindungsansprüche der Erben im Gesellschaftsvertrag völlig ausschließt, allerdings durch den Nichteintritt des Berechtigten auflösend bedingt, und dem Eintrittsberechtigten die Vermögensrechte des Anteils auf eine der folgenden Art und Weisen zuwendet:

46 • Der Gesellschafter kann, was die Mitwirkung des Eintrittsberechtigten voraussetzt, ihm seinen Kapitalanteil schon zu seinen Lebzeiten durch Schenkungsvertrag mit auf seinen Tod befristeter und durch das Überleben des Eintrittsberechtigten aufschiebend bedingter Abtretung zuwenden (**rechtsgeschäftliche Eintrittsklausel**).[216] Darin liegt bereits der Vollzug der Schenkung zu Lebzeiten des Gesellschafters (§ 2301 Abs. 2), sodass die Vorschriften für die Schenkung unter Lebenden anwendbar sind.[217] Die etwa fehlende Form des Schenkungsversprechens nach § 518 Abs. 1 wird gem. § 518 Abs. 2 mit dem Tod des Gesellschafters durch Vollzug geheilt, weil dann der Eintrittsberechtigte den Kapitalanteil unmittelbar erwirbt. Bei dieser Lösung ist der Gesellschafter allerdings schon zu Lebzeiten gebunden, was nicht immer erwünscht ist.[218]

47 • Ferner kann der Gesellschafter dem Eintrittsberechtigten seinen Abschichtungsanspruch durch Erbeinsetzung oder Vermächtnis auf erbrechtlichem Weg zuwenden (**erbrechtliche Eintrittsklausel**).[219] Hierzu ist jedenfalls zusätzlich zu raten, es sei denn, die gesellschaftsvertraglichen Regelungen sind absolut klar formuliert.[220]

48 • Letztlich kann er (so der Formulierungsvorschlag unter lit. c) seine Mitgesellschafter durch Vertrag zugunsten eines Dritten (= des Eintrittsberechtigten) (§ 328) verpflichten, nach seinem Tod den ihnen anwachsenden Kapitalanteil bis zur Entscheidung des Berechtigten über seinen Eintritt treuhänderisch selbst zu halten und ihn danach auf den Eintrittsberechtigten zu übertragen (**eigentliche rechtsgeschäftliche Eintrittsklausel**).[221] Auch dieser Fall unterfällt nicht der Formvorschrift des § 2301 Abs. 1, da nach der h.M.

---

[211] OLG Hamburg MDR 1955, 43; MünchKomm/Ulmer § 727 Rn 57.
[212] MünchKomm/Ulmer/Schäfer § 727 Rn 54.
[213] MünchKomm/Ulmer/Schäfer § 727 Rn 58.
[214] Göbel DNotZ 1979, 153.
[215] MünchKomm/Ulmer/Schäfer, § 727 Rn 58.
[216] Göbel DNotZ 1979, 154; Fall des BGH NJW 1959, 1433; Fall des BGH NJW 1970, 1638.
[217] BGH NJW 1969, 1245; BGHZ 46, 198; BGHZ 50, 307.
[218] Göbel DNotZ 1979, 152.
[219] Ulmer ZGR 1972, 222; MünchHdb.GesR I/Klein/Lindemeier § 79 Rn 82; BGH NJW 1978, 264, 265; OLG Frankfurt NJW-RR 1988, 1251, 1252.
[220] MünchHdb.GesR I/Klein/Lindemeier § 79 Rn 82.
[221] Göbel DNotZ 1979, 154; Ulmer ZGR 1972, 220; Zöller MittRhNotK 1999, 121, 134; BGH NJW 1978, 264, 265; OLG Frankfurt NJW-RR 1988, 1251, 1252.

in Rechtsprechung[222] und Schrifttum[223] sich bei Verträgen zugunsten Dritter auf den Todesfall die Formbedürftigkeit nicht nach dem Valutaverhältnis, sondern nach dem Deckungsverhältnis richtet. Die fehlende Form des Schenkungsversprechens nach § 518 Abs. 1 wird auch hier gem. § 518 Abs. 2 geheilt, da mit dem Tod des Gesellschafters der Anspruch des Eintrittsberechtigten gegen die übrigen Gesellschafter auf Übertragung des Kapitalanteils entsteht.[224] Ob man den letztgenannten Weg der mittelbaren Zuwendung des Kapitalanteils an den Eintrittsberechtigten auch so variieren kann, dass die Gesellschafter sich versprechen, den Auseinandersetzungsanspruch beim Todesfall eines von ihnen nicht dessen Erben, sondern automatisch dem Eintrittsberechtigten zu schulden,[225] hängt davon ab, ob Verfügungen zugunsten Dritter möglich sind.[226] Da dies jedoch von der h. M. abgelehnt wird,[227] empfiehlt sich diese Variante nicht für die Praxis. Will man Risiken durch einen späteren Streit über Formerfordernisse vermeiden, empfiehlt es sich, zusätzlich vorsorglich dem Eintrittsberechtigten durch Verfügung von Todes wegen den Kapitalanteil bzw. etwaige Abfindungsansprüche zuzuwenden.[228]

Ein Vorteil der Eintrittsklausel ist, dass durch sie nicht nur Erben oder Vermächtnis- 49
nehmer des Gesellschafters, sondern außenstehende Dritte zu Nachfolgern bestimmt werden können. Daher kann eine Nachfolgeklausel, die daran gescheitert ist, dass der in ihr vorgesehene Nachfolger nicht Erbe wurde, häufig in eine gültige Eintrittsklausel **umgedeutet** werden.[229] Umgekehrt ist, sofern der vorgesehene Nachfolger zum Kreis der voraussichtlichen Erben des Gesellschafters gehört, im Zweifel das Vorliegen einer erbrechtlichen Nachfolgeklausel anzunehmen, mit der, zusammen mit einer entsprechenden letztwilligen Verfügung, eine automatische Nachfolge herbeigeführt werden kann.[230] Ein weiterer Vorteil der Eintrittsklausel ist, dass im Gegensatz zur erbrechtlichen Nachfolge keine Wahlmöglichkeit des Nachfolgers nach § 139 HGB besteht.[231] Schließlich muss, den Ausschluss des Abfindungsanspruchs vorausgesetzt, die Eintrittsklausel im Gegensatz zu den erbrechtlichen Nachfolgeklauseln nicht mit der Erbfolge abgestimmt werden.[232] Ein Nachteil liegt in der Unsicherheit, ob der Eintrittsberechtigte von seinem Eintrittsrecht wirklich Gebrauch macht und damit die Kontinuität der Gesellschaft gesichert ist[233] oder ob die Gesellschaft Abfindungen zahlen und dazu das Gesellschaftskapital schmälern muss.[234] Nur wenn der Eintrittsberechtigte zugleich Erbe oder Vermächtnisnehmer des Gesellschafters wird, kann er indirekt durch Auflage (§ 1940) oder aufschiebend bedingte Erbeinsetzung oder Vermächtniszuwendung (§§ 2074, 2177) zum Eintritt veranlasst werden.[235]

b) Rechtsstellung der übrigen Nachlassbeteiligten

Anders als meist bei der bloßen Fortsetzungsklausel mit allseitigem Abfindungsaus- 50
schluss ist der Vollzug des Beteiligungserwerbs durch den Eintrittsberechtigten grund-

[222] RGZ 80, 175, 177; BGHZ 41, 95, 96; BGHZ 66, 8, 12 f.; BGH NJW 1975, 382, 383.
[223] Palandt/Edenhofer § 2301 Rn 17.
[224] BGH NJW 1975, 382, 383.
[225] Wiedemann, Die Übertragung und Vererbung von Mitgliedschaftsrechten bei Handelsgesellschaften, 1965, unter Hinweis auf § 332; Göbel DNotZ 1979, 154, Variante 4.
[226] Vgl. Bamberger/Roth/Janoschk § 328 Rn 4.
[227] BGHZ 41, 95 = NJW 1964, 1124; BGH NJW-RR 1986, 848, 849; OLG Frankfurt NJW-RR 1988, 1251, 1252; Bamberger/Roth/Kössinger § 873 Rn 14.
[228] Vgl. MünchHdb.KG/Klein/Lindemeier § 41 Rn 82.
[229] BGH NJW 1978, 264, 265; BGHZ 68, 224, 233 = NJW 1977, 1339, 1341; OLG Frankfurt NJW-RR 1988, 1251, 1252.
[230] BGHZ 68, 225, 231 = NJW 1977, 1339.
[231] Göbel DNotZ 1979, 153.
[232] MünchKomm/Ulmer/Schäfer, § 727 Rn 54.
[233] Ulmer BB 1977, 805, 807.
[234] BGHZ 68, 225, 233.
[235] MünchKomm/Ulmer/Schäfer § 727 Rn 55.

sätzlich ein unentgeltlicher Vorgang, der bei den weichenden Erben und Pflichtteilsberechtigten Ansprüche nach den Vorschriften für unentgeltliche lebzeitige Zuwendungen auslösen kann.[236] Ist der Eintrittsberechtigte gesetzlicher Erbe geworden, können Ausgleichungsansprüche nach §§ 2050 ff. in Frage kommen.[237] Ein Kondiktionsanspruch der Erben wegen Formnichtigkeit der Zuwendung scheidet aus, da die fehlende Form der §§ 518 Abs. 2, 2301 Abs. 1, wie oben dargelegt, durch Vollzug geheilt bzw. § 2301 Abs. 1 auf das Valutaverhältnis nicht anzuwenden ist. Wenn der Kapitalanteil durch Rechtsgeschäft unter Lebenden und nicht auf erbrechtlichem Weg auf den Eintrittsberechtigten übergeht und somit nicht in den Nachlass fällt, sondern an ihm vorbeigeführt wird (**rechtsgeschäftliche Eintrittsklausel**),[238] scheiden allerdings ordentliche Pflichtteilsansprüche nach §§ 2303 ff. aus. Es verbleiben lediglich, sofern die Voraussetzungen dazu vorliegen, Pflichtteilsergänzungsansprüche nach §§ 2325, 2326 Satz 2, 2329 Abs. 1 gegen die Erben oder den Eintrittsberechtigten.[239] Bei einer allseitigen Eintrittsklausel kann allerdings bereits die Unentgeltlichkeit entfallen.[240] Über den Streit, ob die Bewertung des Anteils in diesen Fällen nach dem Vollwert, d. h. einschließlich aller Reserven und des Firmenwerts, oder einem beschränkten Klauselwert vorzunehmen ist, siehe oben § 2 Rn 61. Die Zehnjahresfrist des § 2325 Abs. 3 läuft nach wohl h. M. (siehe oben § 2 Rn 145 ff.) ab dem Todesfall und nicht dem Tag der Vereinbarung. Wurde der Kapitalanteil vom Gesellschafter dem Eintrittsberechtigten durch Erbeinsetzung oder Vermächtnis zugewandt (erbrechtliche Eintrittsklausel), können den benachteiligten Erben bzw. Pflichtteilsberechtigten des Gesellschafters normale Ansprüche nach §§ 2303, 2305, 2306 und 2307 zustehen. Nachlassgläubigern stehen bei rechtsgeschäftlicher Zuwendung lediglich beim Vorliegen der Voraussetzungen Ansprüche aus Schenkungsanfechtung gem. §§ 134 InsO, 4 AnfG zu.

c) Formulierungsvorschlag für eine rechtsgeschäftliche Eintrittsklausel

51 Beim Tode des Gesellschafters A steht demjenigen, den der Verstorbene durch Erklärung gegenüber der Gesellschaft zu Lebzeiten oder durch Verfügung von Todes wegen aus dem Kreis seiner Abkömmlinge als seinen Nachfolger bestimmt hat, das Recht zu, zu den Bedingungen der Mitgliedschaft des Verstorbenen seinen Eintritt in die Gesellschaft als persönlich haftender Gesellschafter zu erklären. Der Eintritt hat durch Erklärung gegenüber den übrigen Gesellschaftern spätestens 3 Monate nach dem Erbfall zu erfolgen. Nach fruchtlosem Ablauf dieser Frist wird die Gesellschaft von den übrigen Gesellschaftern unter Abfindung der Erben des Verstorbenen fortgesetzt. Tritt der Eintrittsberechtigte in die Gesellschaft ein, so haben ihm die überlebenden Gesellschafter, wozu sie sich hiermit ihm gegenüber verpflichten, den bis dahin treuhänderisch gehaltenen Kapitalanteil des Verstorbenen unentgeltlich zu übertragen. Abfindungsansprüche der Erben des Verstorbenen gegen die Gesellschaft oder die Gesellschafter in dieser Eigenschaft sind in diesem Fall ausgeschlossen.

6. Gesellschaftsvertragliche Nachfolgeklausel

a) Rechtliche Gestaltung und Wirkung der Klausel

52 Die Eintrittsklausel wäre ideal ergänzt, wenn durch entsprechende vertragliche Gestaltung (Vertrag zugunsten Dritter gem. §§ 331, 328) erreicht werden könnte, dass der zum Eintritt vorgesehene, jedoch nicht am Gesellschaftsvertrag Beteiligte, mit dem Tod des Gesellschafters automatisch allein auf Grund des Gesellschaftsvertrages und unmittelbar

---

[236] Ulmer ZGR 1972, 331; BGH NJW 1970, 1638.
[237] MünchHdb.GesR I/Klein/Lindemeier § 81 Rn 37.
[238] OLG Hamburg MDR 1955, 43.
[239] Ulmer ZGR 1972, 335 f.
[240] BGH DNotZ 1966, 620, 621.

in dessen personenrechtliche und vermögensrechtliche Gesellschafterstellung einrücken und sich dieser Vorgang außerhalb des Erbrechts am Nachlass vorbei vollziehen würde.[241] Rechtsprechung[242] und die h. M. im Schrifttum[243] lehnen jedoch die Zulässigkeit solcher rechtsgeschäftlicher Nachfolgeklauseln ohne Beteiligung des Nachfolgers mit der zutreffenden Begründung ab, dass es sich dabei um eine unzulässige Verfügung zugunsten Dritter[244] und vor allem um einen ebenfalls unzulässigen Vertrag zu Lasten Dritter[245] handelt.

Möglich ist eine solche rechtsgeschäftliche Nachfolgeklausel allerdings, wenn der Nachfolger an der Vereinbarung der Klausel beteiligt ist, insbesondere, wenn er bereits Mitgesellschafter ist.[246] Auf diese Weise kann auch ein Dritter automatisch mit dem Tod seines Vorgängers in die Gesellschaft kommen. Um Verwechslungen mit erbrechtlichen Nachfolgeklauseln zu vermeiden, empfiehlt es sich, im Gesellschaftsvertrag ausdrücklich festzustellen, dass eine rechtsgeschäftliche Nachfolgeklausel gewollt ist, die der Ausfüllung durch das Erbrecht nicht mehr bedarf. Konstruktiv handelt es sich um eine einfache Fortsetzungsklausel, verbunden mit einer auf den Tod des Gesellschafters befristete und durch das Überleben des Nachfolgers aufschiebend bedingte Abtretung des Kapitalanteils unter Zustimmung der übrigen Gesellschafter.[247] Auch hier müssen die Abfindungsansprüche der weichenden Erben ausgeschlossen werden. 53

b) Rechtsstellung der übrigen Nachlassbeteiligten

Ebenso wie bei der bloßen Fortsetzungsklausel und der Eintrittsklausel wird auch bei der rechtsgeschäftlichen Nachfolgeklausel der Mitgliedschaftswert am Nachlass vorbeigesteuert.[248] Hier wie dort ist eine Ausgleichung für die Benachteiligten nach Bereicherungsrecht in Verbindung mit den Formvorschriften der §§ 2301 Abs. 1, 518 Abs. 1 nicht möglich, weil die h. M. Vollzug annimmt (§§ 2301 Abs. 2, 518 Abs. 2) bzw. das Valutaverhältnis keine Schenkung ist. Ist der Nachfolger gleichzeitig gesetzlicher Erbe, kann eine Ausgleichungspflicht nach § 2050 in Frage kommen. Sonst verbleiben den weichenden Erben bzw. Pflichtteilsberechtigten nur der Pflichtteilsergänzungsanspruch gegen die Erben nach § 2325 bzw. subsidiär nach § 2329 gegen den Nachfolger.[249] Die 10-Jahresfrist des § 2325 Abs. 3 beginnt erst mit dem Erbfall. Der Anspruch besteht nicht, soweit der Nachfolger den Erben ein Entgelt zu zahlen hat.[250] Sofern alle Gesellschafter sich gegenseitig zur Übertragung verpflichtet haben, entfällt bereits die Unentgeltlichkeit.[251] Nachlassgläubigern stehen bei Vorliegen der Voraussetzungen und innerhalb der Fristen Ansprüche aus Schenkungsanfechtung gem. §§ 134 InsO, 4 AnfG zu. 54

c) Formulierungsvorschlag einer gesellschaftsvertraglichen Nachfolgeklausel

Beim Tod eines Gesellschafters wird die Gesellschaft unter den übrigen Gesellschaftern fortgesetzt. Beim Tode des Gesellschafters A geht jedoch dessen Beteiligung auf seinen Sohn B über, der diesen Vertrag als zukünftiger Gesellschafter neben sämtlichen anderen 55

[241] Flume FS Wolfgang Schilling, 1973, S. 23 ff.
[242] BGHZ 22, 186, BGHZ 68, 225, 231 = NJW 1977, 1339.
[243] Göbel DNotZ 1979, 135; Crezelius, Unternehmenserbrecht, Rn 147.
[244] BGHZ 41, 95; Bamberger/Roth/Kössinger § 873 Rn 14; vgl. oben Rn 48.
[245] BGHZ 41, 95; BGHZ 78, 374.
[246] BGHZ 68, 225, 232; Priester DNotZ 1977, 558, 559; Ulmer, ZGR 1972, 212; Rüthers AcP 168, 274; K. Schmidt, GesellschaftsR § 45 V 6 c.
[247] Fall des BGH NJW 1959, 1433; Fall des BGH NJW 1970, 1638.
[248] Heckelmann, Abfindungsklauseln in Gesellschaftsverträgen, 1973, S. 267.
[249] MünchHdb.GesR I/Klein/Lindemeier § 81 Rn 28.
[250] BGH NJW 1959, 1433.
[251] BGH DNotZ 1966, 620, 621.

Gesellschaftern zwecks Begründung der Anwartschaft auf unmittelbaren und automatischen Übergang der Beteiligung auf ihn beim Tode seines Vaters kraft Rechtsgeschäfts unter Lebenden mit unterzeichnet. Den Erben des A stehen keine Abfindungsansprüche gegen die Gesellschaft oder die Gesellschafter in dieser Eigenschaft zu.

7. Erwägungen zur Auswahl der Nachfolgeklausel

56 Die Gesellschafter haben sich bei der Auswahl der von der Kautelarjurisprudenz entwickelten Klauselarten für ihren konkreten Gesellschaftsvertrag zunächst zu fragen, ob mit der geplanten Nachfolgeregelung im Todesfall in erster Linie den Gemeinschaftsinteressen der verbleibenden Gesellschafter oder dem Interesse des Gesellschafter-Erblassers an der Nachfolge in den Wert seiner Beteiligung Rechnung getragen werden soll. Ersteres wird wohl bei der Nachfolge in vollhaftende Beteiligungen, letzteres bei Kommanditanteilen der Fall sein.

a) Lösung zugunsten der Gesellschaft

57 Steht das Interesse der übrigen Gesellschafter und der Gesellschaft an einer berechenbaren Nachfolgeregelung im Vordergrund, dann bietet sich eine rechtsgeschäftliche Nachfolgeklausel an, da bei ihr grundsätzlich die persönliche Gestaltungsfreiheit des Gesellschafter-Erblassers am weitesten eingeschränkt werden kann und die übrigen Gesellschafter die Gewähr haben, dass er nach Person und Quote an die in der Klausel Aufgeführten gebunden bleibt.[252] Die größte Sicherheit für Gesellschaft und übrige Gesellschafter bietet dabei die einfache Fortsetzungsklausel mit allseitigem Ausschluss der Abfindungsansprüche, da hier nach dem Erbfall keine neuen Gesellschafter in die Gesellschaft kommen, sie vielmehr nur mit den übrigen fortgesetzt wird. Zudem entstehen beim Erbfall meist weder ordentliche Pflichtteilsansprüche noch Pflichtteilsergänzungsansprüche. Diese Gestaltung dürfte aber nur bei Familiengesellschaften in Betracht kommen, bei denen die für die Nachfolge vorgesehenen Abkömmlinge bereits zu Lebzeiten des Erblassers in die Gesellschaft aufgenommen wurden.[253] Eine klare Nachfolgeregelung, mit Sicherheit darüber, wer eintritt und dass er eintritt, bietet auch die rechtsgeschäftliche Nachfolgeklausel mit Beteiligung des Nachfolgers. Sie wird jedoch nur bei hohem Alter oder durch Krankheit geminderter Lebenserwartung des Erblasser-Gesellschafters in Frage kommen. Geminderte Sicherheit bietet die rechtsgeschäftliche Eintrittsklausel bei Festlegung des Kreises der Nachfolgeberechtigten und subsidiärem Benennungsrecht der übrigen Gesellschafter, da nicht sicher ist, ob der Nachfolgeberechtigte von seinem Recht Gebrauch macht und dadurch die Gesellschaft von Abfindungsansprüchen verschont bleibt.[254] Gehört der Nachfolger nicht zu den Erben des Erblassers, so kommt sowieso nur die Vereinbarung einer Eintrittsklausel im Gesellschaftsvertrag in Betracht.[255] Der generelle Nachteil aller rechtsgeschäftlichen Klauseln ist, dass sie den Gesellschafter-Erblasser vorzeitig binden und diese Bindung nur gemeinsam mit den Mitgesellschaftern (je nach Ausgestaltung zusätzlich nur unter Zustimmung des bereits rechtlich begünstigten Nachfolgers) beseitigt werden kann.[256] Vorteile der rechtsgeschäftlichen Klauseln gegenüber den erbrechtlichen sind, dass durch sie die Bindungswirkung gemeinschaftlicher Testamente (§ 2271 Abs. 2) und Erbverträge (§ 2289 Abs. 1) – unbeschadet etwaiger Ansprüche gemäß §§ 2287, 2288 – durchbrochen werden kann,[257] dass sie als Rechtsgeschäfte unter Lebenden nicht wegen Motivirrtums (§§ 2078

---

252 Priester DNotZ 1977, 560.
253 Haegele BWNotZ 1976, 31.
254 Wiedemann JZ 1977, 690; BGHZ 68, 225.
255 Brox JA 1980, 565.
256 Göbel DNotZ 1979, 135.
257 BGH DNotZ 1974, 296, 299; BGHZ 62, 20, 25.

Abs. 2 1. Alt., 2079) angefochten werden können, und bei ihnen der Nachfolger kein Wahlrecht nach § 139 hat. Da bei den rechtsgeschäftlichen Nachfolgeklauseln die Beteiligung am Nachlass vorbeigeführt wird, können bei ihnen keine Ausgleichs- oder ordentliche Pflichtteilsansprüche entstehen, wohl aber Pflichtteilsergänzungsansprüche mit Ausnahme bei der einfachen Fortsetzungsklausel mit allseitigem Abfindungsausschluss.

Es muss daher davor gewarnt werden, allein aus Gründen der Pflichtteilsvermeidung eine rechtsgeschäftliche Nachfolgeklausel zu wählen. Auch im Handels- und Gesellschaftsrecht kann gegen einen Pflichtteil nichts wesentliches unternommen werden.[258] Das Einzige sichere Mittel gegen Pflichtteilsansprüche ist ein Pflichtteilsverzichtsvertrag, evtl. verbunden mit der Zuwendung einer Unterbeteiligung an den Verzichtenden. 58

Weiterer Vorteil der rechtsgeschäftlichen Klauseln ist, dass sie keiner Ergänzung durch übereinstimmende Verfügungen von Todes wegen bedürfen.

b) Lösung zugunsten der Gesellschaftererben

Kommt es bei der Gestaltung hauptsächlich darauf an, den Wert der Beteiligung auf die Erben der Gesellschafter zu übertragen, bieten sich die erbrechtlichen Nachfolgeklauseln an. Hier wiederum gewährt die einfache erbrechtliche Nachfolgeklausel dem Gesellschafter-Erblasser die größte Gestaltungsfreiheit, da bei ihr der Anteil generell vererblich gestellt ist und er daher durch entsprechende Erbeinsetzung praktisch jedermann in die Gesellschaft hineinbringen kann. Hiergegen helfen nur gesellschaftsvertragliche Organisationsvereinbarungen für den Nachfolgefall, die die Erben im Wege der Universalsukzession übernehmen müssen.[259] Die Aufnahme aller pflichtteilsberechtigten Nachfolger, modifiziert durch die Bestimmung, dass nur einer Komplementär, die anderen Kommanditisten werden müssen, wie sie durch die einfache erbrechtliche Nachfolgeklausel ermöglicht wird, kann als Mittel, den Kapitalentzug durch Pflichtteilsansprüche zu verhindern, erwägenswert sein. Eine andere Lösung dieses Problems ist allerdings die Unterbeteiligung der Pflichtteilsberechtigten am Gesellschaftsanteil des Nachfolger-Erben.[260] Mehr auch den Interessen der übrigen Gesellschafter gerecht wird die qualifizierte Nachfolgeklausel, und zwar je mehr sie den Kreis der Nachfolgeberechtigten beschränkt. Dafür verlangen die im Unterschied zur einfachen erbrechtlichen Nachfolgeklausel bei dieser Gestaltung entstehenden Ausgleichungsansprüche der weichenden Erben besondere Aufmerksamkeit.[261] Eindeutiger Vorteil der erbrechtlichen Nachfolgeklausel ist, dass der oder die Nachfolger-Erben automatisch mit dem Erbfall Gesellschafter werden, sodass keine Ungewissheit darüber entsteht, ob sie eintreten werden.[262] Dem folgt dann allerdings das Wahlrecht nach § 139 HGB. 59

Ein großer Nachteil der erbrechtlichen Klauseln ist, dass bei ihnen ständig auf die Übereinstimmung von Gesellschaftsvertrag und Unternehmertestament geachtet werden muss, was in der Praxis häufig versäumt wird. 60

8. Die steuerlichen Auswirkungen der verschiedenen Nachfolgeregelungen

a) Erbschaftsteuer

• **Fortsetzungsklausel.** Wird auf Grund einer vertraglichen Fortsetzungsklausel das Gesellschaftsverhältnis mit dem Tod eines Gesellschafters auf die überlebenden Gesellschafter beschränkt, so haben diese verbleibenden Gesellschafter aus dem Betrag Erbschaftsteuer zu zahlen, zu dem die gezahlte Abfindung unter dem nach § 12 ErbStG errechneten Steuerwert des Anteils liegt (§ 3 Abs. 1 Nr. 2 Satz 2 ErbStG). § 3 Abs. 1 Nr. 2 61

[258] Haegele BWNotZ 1976, 31.

[259] Michalski, Gesellschaftsrechtliche Gestaltungsmöglichkeiten zur Perpetuierung von Unternehmen, 1980, S. 176.

[260] Brox JA 1980, 565.

[261] Michalski Betr. 1980, Beil. 5, S. 22.

[262] MünchKomm/Ulmer, § 727 Rn 55.

korrespondiert mit § 7 Abs. 7 ErbStG für die Anwachsung unter Lebenden. Bei der Ermittlung des erbschaftsteuerlichen Wertes des Anteils wird zunächst der Wert des Betriebsvermögens der Gesellschaft insgesamt nach den Grundsätzen des § 12 Abs. 5 ErbStG festgestellt[263] und dann dieser Stichtagswert nach § 3 BewG auf die Gesellschafter anteilig aufgeteilt. Die Erben haben einen evtl. Abfindungsbetrag zu versteuern.

62 • **Erbrechtliche Nachfolgeklauseln.** Die erbrechtlichen Nachfolgeklauseln, und zwar sowohl die einfache als auch die qualifizierte, werden erbschaftsteuerlich als Unterfall bloßer Teilungsanordnungen behandelt mit der Folge, dass sie bis 31. 12. 2008 für die Besteuerung des Erbfalles des einzelnen Miterben grds. ohne Bedeutung waren, jeder der Miterben vielmehr entsprechend seiner Erbquote zur Erbschaftsteuer veranlagt wurde.[264] Die qualifizierte Nachfolgeklausel war nach der Auffassung der Rspr.[265] und der Finanzverwaltung ebenso wie eine schuldrechtlich wirkende Teilungsanordnung einer erbschaftsteuerlich unbeachtlichen Erbauseinandersetzung gleichzubehandeln.[266] Während bei der Fortsetzungsklausel ein Abfindungsanspruch mit dem Nominalwert zugrunde gelegt wird (§ 12 Abs. 1 ErbStG i.V.m. § 12 Abs. 1 BewG), wurde ein dem weichenden Erben im Fall einer qualifizierten Nachfolgeklausel zustehender Ausgleichsanspruch erbschaftsteuerlich mit dem Steuerwert des Anteils angesetzt. Dieser Nachteil für den Nachfolger-Erben konnte nur dadurch vermieden werden, dass dieser entweder als Alleinerbe eingesetzt wird, ihm die Beteiligung zusätzlich als Vermächtnis (auch Vorausvermächtnis) zugewandt wird, oder jedenfalls der Freibetrag gemäß § 13a Abs. 1 Satz 1 Nr. 1 ErbStG dem Nachfolger allein zugewiesen wird (auch dies wäre eine „Aufteilung“ im Sinne dieser Bestimmung.[267] Die Alleinerbeneinsetzung des Nachfolgers (und vermächtnisweise Zuwendung anderen Vermögens an die anderen zu begünstigenden Personen) ist – ungeachtet „psychologischer Hemmnisse“ – auch im Hinblick auf etwaiges Sonderbetriebsvermögen weiterhin dringend anzuraten.[268] Die Regelungen der §§ 13a Abs. 3, 19a Abs. 2, 13b Abs. 3 ErbStG führen seit 1. 1. 2009 jedoch dazu, dass Nachfolgeklauseln erbschaftsteuerlich nicht mehr unbeachtlich sind.[269]

63 • **Eintrittsklausel.** Ist der Eintrittsberechtigte Alleinerbe, hat er den Anteil zum wie oben bei der Fortsetzungsklausel errechneten Steuerwert zu versteuern. Sind Miterben vorhanden, erfolgt die Versteuerung zu den oben für die Nachfolgeklausel dargelegten Grundsätzen, da die Eintrittsklauseln in ihrer Funktion der Nachfolgeklausel gleichkommt.

63a • **Gesellschaftsvertragliche Übertragungsverpflichtung**

§ 10 Abs. 10 S. 1 ErbStG n. F. regelt den Fall, dass ein zunächst zivilrechtlich zum Gesellschafter gewordener Erbe aufgrund Verpflichtung im Gesellschaftsvertrag den Anteil unverzüglich auf Mitgesellschafter überträgt. Dies wird so behandelt, als habe der Erbe von vornherein nur den Abfindungsanspruch erworben.[270]

b) Einkommensteuer

64 • **Fortsetzungsklausel.** Bei ihr scheidet der Erblasser mit dem Tod aus und die verbleibenden Gesellschafter führen den Betrieb weiter. Soweit hier der Abfindungsanspruch der Erben gegen die Gesellschaft höher ist als der Buchwert des Gesellschaftsanteils, entsteht, als habe der verstorbene Gesellschafter seinen Mitunternehmeranteil an die ver-

---

[263] Zur Wertermittlung siehe Troll BB 1990, 674; Moench DStR 1989, 594; Hörger/Pauli GmbHR 1999, 945, 949.

[264] BFH BStBl. II 1983, 329, 331 = Betr. 1983, 1289 = MittBayNot 1983, 266; BFH BStBl. II 1992, 669; a.M. Flume Betr. 1983, 2271, 2272.

[265] BFH BStBl II 1983, 329.

[266] BFH NJW-RR 1992, 1123; Meincke § 13a Rn 9; Reimann ZEV 2002, 487, 490.

[267] Reimann ZEV 2002, 487, 490.

[268] Reimann ZEV 2002, 487, 492.

[269] MünchHdb.GesR I/Fabian/Farle § 82 Rn 41.

[270] MünchHdb.GesR I/Fabian/Farle § 82 Rn 43.

bleibenden veräußert, in dieser Höhe noch beim Erblasser und ab dem Todestag den Erben als Nachlassverbindlichkeit,[271] ein nach § 16 Abs. 1 Nr. 2 EStG zu versteuernder Veräußerungsgewinn, der allerdings nach §§ 16, 34 Abs. 2 EStG tarifbegünstigt ist. Die verbleibenden Gesellschafter haben in Höhe des den Buchwert übersteigenden Abfindungsbetrages abschreibungsfähige Anschaffungskosten, auch soweit einer dieser Gesellschafter Miterbe ist.[272] Ist der Abfindungsanspruch ausgeschlossen und ist dies nicht (z.B. weil auf familiären Gründen beruhend) unentgeltlich, sondern betrieblich veranlasst (z.B. allseitig vereinbart, zwischen nicht nahe stehenden Personen getroffen, deren Lebenserwartung nicht relevant abweicht), entsteht in der Person des Verstorbenen ein Veräußerungsverlust. Die erwerbenden, fortführenden Gesellschafter haben – je nach Vorstellung der Beteiligten zurzeit der Vereinbarung der Klausel über den Wert des Gesellschaftsvermögens – entweder die Anteile des Erblassers am Gesellschaftsvermögen abzustocken oder die Buchwerte fortzuführen und in deren Höhe einen laufenden Gewinn.[273]

• **Einfache erbrechtliche Nachfolgeklausel (auch § 177 HGB).** Bei ihr führen die au- 65
tomatisch in die Gesellschaft eingetretenen Erben die sich zum Todestag ergebenden Buchwerte des Erblassers fort (§ 6 Abs. 3 EStG) und haben künftig Einkünfte aus Gewerbebetrieb nach § 15 Abs. 1 Nr. 2 EStG. Die Erben sind Mitunternehmer, in der Person des Verstorbenen entsteht kein Veräußerungsgewinn. Setzen sich die Erben entgegen Gesellschaftsvertrag und Verfügung von Todes wegen hinsichtlich des Gesellschaftsanteils dahin auseinander, dass Einzelne von ihnen gegen Abfindung ausscheiden, so wird die Erbauseinandersetzung grundsätzlich als getrennter, entgeltlicher Vorgang beurteilt. Dies führt dazu, dass die Erben bereits als Mitunternehmer gem. § 15 Abs. 1 Nr. 2 EStG anzusehen sind und sie bei Abfindungszahlungen an einen weichenden Erben und bei Aufwendungen für den Erwerb des Erbteils eines Miterben bei Vorhandensein von Betriebsvermögen dadurch Gewinnrealisierungen herbeiführen und damit zu abschreibungsfähigen Anschaffungskosten beim übernehmenden Erben und entsprechenden Veräußerungsgewinnen beim weichenden Erben kommen. Maßgebend dafür ist, dass der Miterbe mehr erlangt, als seinem Erbteil entspricht und wobei gleichgültig ist, ob der Ausgleich aus dem erlangten Nachlassvermögen oder dem Eigenvermögen des übernehmenden Miterben geleistet wird.[274] Die Erben sind vom Erbfall an als gemeinsame unentgeltliche Rechtsnachfolger des Erblassers (§ 6 Abs. 3 EStG) „geborene" Mitunternehmer i.S. von § 15 Abs. 1 Nr. 2 EStG hinsichtlich des Betriebsvermögens mit allen sich daraus ergebenden einkommensteuerlichen Konsequenzen.[275] Alle Miterben treten in die Betriebsvermögensposition des Erben ein. Die Folge davon ist, dass die entgeltliche Übertragung des Anteils auf einen oder mehrere Miterben die Veräußerung eines Mitunternehmeranteils darstellt, mit der Folge eines beim Veräußerer gem. §§ 16, 34 Abs. 2 EStG begünstigt zu versteuernden Veräußerungsgewinns aus der Differenz zwischen Buchwert und Abfindung und dem Entstehen abschreibungsfähiger Anschaffungskosten in Höhe der ganzen Abfindung beim Erwerber.[276] Diese einkommensteuerlichen Folgen entstehen nicht, soweit die Grundsätze über eine Erbauseinandersetzung durch Realteilung bzw. durch Abfindung mit Wirtschaftsgütern des Betriebsvermögens maßgeblich sind (§ 16 Abs. 3 Sätze 2ff. EStG).[277] Gleiches gilt, wenn auf Grund Vermächtnisses der Anteil herauszugeben ist oder hieran eine Unterbeteiligung einzuräumen ist: der Erbe erwirbt – steuerrechtlich gesehen – unentgeltlich vom Erblasser und der Vermächtnisnehmer vom

[271] Schmidt/Wacker § 16 Rn 661; BFH BStBl. 1981 II 614.
[272] Schmidt/Wacker § 16 Rn 661.
[273] Schmidt/Wacker § 16 Rn 663.
[274] Meincke NJW 1991, 198, 201; Schmidt/Wacker § 16 Rn 670.
[275] Schmidt/Wacker § 16 Rn 670.
[276] Schmidt/Wacker § 16 Rn 670.
[277] Schmidt/Wacker § 16 Rn 670.

Erben.[278] Wird ein weichender Erbe mit einem Grundstück aus dem Sonderbetriebsvermögen des Erblassers abgefunden, das er seinem Privatvermögen zuführt, entsteht insoweit ein Entnahmegewinn, der beim Abgefundenen als laufende, nicht begünstigte Einnahme aus Gewerbebetrieb (§ 15 Abs. 1 Nr. 1 EStG) zu versteuern ist.[279]

66 • **Teilnachfolgeklausel.** Sollen nach der Nachfolgeregelung die oder einige Miterben mit den ihren Erbquoten entsprechenden Bruchteilen nur hinsichtlich eines Bruchteils des Gesellschaftsanteils des verstorbenen Gesellschafters in die Gesellschaft eingetreten, während der restliche Bruchteil den Altgesellschaftern zuwachsen soll, so ist die einkommensteuerliche Rechtslage bezüglich der Nachfolger-Erben dieselbe wie bei der einfachen Nachfolgeklausel, und bezüglich der für den anwachsenden Bruchteil zu zahlenden Abfindung liegt eine entgeltliche Veräußerung von Mitunternehmeranteilen vor, die noch beim Erblasser zu einem nach §§ 16 Abs. 4, 34 Abs. 1 EStG begünstigten Veräußerungsgewinn führen kann. Die verbleibenden Gesellschafter haben in der Höhe der Abfindung Anschaffungskosten.[280]

67 • **Qualifizierte erbrechtliche Nachfolgeklausel.** Bezüglich der einkommensteuerlichen Folgen von qualifizierten Nachfolgeklauseln, bei denen nur einer oder einige der Miterben bezüglich des Gesellschaftsanteils nachfolgeberechtigt sind, folgt die einkommensteuerliche Beurteilung nach h. M.[281] grds. dem Zivilrecht: Erben, die nicht Inhaber des Gesellschaftsanteils werden, werden nicht Mitunternehmer; weder beim Erblasser noch bei den zu Nachfolgern berufenen Erben entsteht ein Veräußerungsgewinn. Die Wertausgleichsschuld des/der Nachfolger-Miterben stellt weder Anschaffungskosten der Nachfolger noch Veräußerungserlöse der anderen Erben dar. Will man Risiken im Hinblick auf die gegenteilige Auffassung ausschließen, empfiehlt es sich, den oder die Nachfolgeberechtigten zu den vorgesehenen Anteilsquoten zu Erben einzusetzen und den Ausgleich durch Vermächtnisanordnungen zu treffen. Kritisch ist die einkommensteuerliche Situation, wenn zum steuerrechtlichen Betriebsvermögen neben dem Gesamthandvermögen der Gesellschaft auch **sog. Sonderbetriebsvermögen** der Gesellschafter gehört, d. h. Wirtschaftsgüter, die einem Gesellschafter allein oder einer neben der Personengesellschaft bestehenden Gemeinschaft gehören und dem Betrieb der Gesellschaft dienen. Dieses Sonderbetriebsvermögen wird zivilrechtlich Gesamthandvermögen der Erbengemeinschaft und damit wird bereits mit dem Erbfall ein nicht begünstigter Entnahmegewinn bezüglich der Anteile der nicht zu Gesellschaftern berufenen Miterben realisiert.[282] Ob die Zuwendung des Sonderbetriebsvermögens an den Nachfolger-Erben durch Vorausvermächtnis oder Teilungsanordnung genügt, ist sehr zweifelhaft. Eine insoweit sichere Lösung ist nur noch, den qualifizierten Nachfolger zum Alleinerben bzw. mehrere qualifizierte Nachfolger im Verhältnis ihrer vorgesehenen Anteile zu Miterben einzusetzen,[283] wenn nicht bereits zu Lebzeiten entsprechende vorbereitende Maßnahmen z. B. Einbringung in das (Gesamtshands-)Betriebsvermögen der Gesellschaft selbst oder in eine Schwester- GmbH & Co. KG) erfolgen.[284]

68 • **Eintrittsklausel.** Bei Eintrittsklauseln zugunsten der Erben entsprechen die Folgen bei Nichtausübung des Eintrittsrechts denen der Fortsetzungsklausel.[285] Wird das Eintrittsrecht ausgeübt, und ist Treuhandlösung vereinbart, so entsprechen die einkommensteuerlichen Folgen denen der einfachen Nachfolgeklausel.[286] Ist vereinbart, dass der Erbe

[278] Schmidt/Wacker § 16 Rn 668.
[279] BFH BStBl. 1980 II 383.
[280] Schmidt/Wacker § 16 Rn 676.
[281] BFHE 173, 515; Schmidt/Wacker § 16 Rn 672 f. m. w. N. pro und contra.
[282] Schmidt/Wacker § 16 Rn 675; MünchHdb.GesR I/Fabian/Farle § 82 Rn 16; Crezelius, Unternehmenserbrecht, Rn 277 u. 289.
[283] Crezelius, Unternehmenserbrecht, Rn 277; Reimann ZEV 2002, 487, 492.
[284] Vgl. Schmidt/Wacker § 16 Rn 675; Reimann ZNotP 2006, 162, 168 f.
[285] Märkle DStR 1993, 1616, 1620.
[286] Schmidt/Wacker § 16 Rn 677.

einen Abfindungsanspruch erwirbt und bei Option für Eintritt durch Aufrechnung mit diesem seine Einlagepflicht erfüllt („Abfindungslösung"), entsprechen die Folgen denen der Fortsetzungsklausel (Veräußerungsgewinn des Erblassers/entgeltlicher Erwerb durch den Eintretenden).[287] Die Verwaltung geht für beide Fälle von den Folgen wie bei Nachfolgeklausel aus, jedoch nur sofern das Eintrittsrecht innerhalb von sechs Monaten ausgeübt wird.[288] Ein Eintrittsrecht zugunsten von Nichterben hat nach allgem. M.[289] die einkommensteuerlichen Folgen einer Fortsetzungsklausel, sofern der Gesellschaftererblasser dem Nichterben den Abfindungsanspruch gegen die Gesellschaft nicht vermächtnisweise zugewandt hat. In diesem Fall entsprechen die einkommensteuerlichen Folgen denen eines Anteilsübergangs kraft einfacher Nachfolgeklausel, wenn der Begünstigte sein Eintrittsrecht innerhalb von sechs Monaten ausübt.[290] Bei dieser nicht abschließend geklärten Rechtslage dürfte die Eintrittsklausel unter steuerlichem Blickwinkel eher zu meiden sein.[291]

II. Nachfolgeregelungen bei Gesellschaften mit beschränkter Haftung[292]

Im Gegensatz zu den Beteiligungen an Personengesellschaften, die grundsätzlich gem. §§ 717, 719 nicht übertragbar und vererblich sind, können Geschäftsanteile veräußert und vererbt werden (§ 15 Abs. 1 GmbHG). Der GmbH-Anteil geht auf mehrere Erben in der gesamthänderischen Gebundenheit der Erbengemeinschaft über und nicht wie Personengesellschaftsanteile im Wege der Sondererbfolge auf die einzelnen Miterben zu den ihren Erbteilen entsprechenden Anteilen. Mehrere Miterben können ihre Gesellschafterrechte nach § 18 Abs. 1 GmbHG nur gemeinschaftlich ausüben. Sie müssen also entweder alle gemeinsam auftreten oder sich durch einen gemeinsam bestellten Vertreter vertreten lassen. Letzteres wird in vielen Nachfolgeklauseln ausdrücklich vorgeschrieben. Die Veräußerung eines GmbH-Geschäftsanteils erfolgt durch Abtretung in notariell beurkundeter Form (§ 15 Abs. 3, 4 GmbHG). Der Gesellschaftsvertrag kann nach § 15 Abs. 5 GmbHG nur die Abtretung von Geschäftsanteilen erschweren, d. h. z. B. von der Zustimmung der anderen Gesellschafter oder der Gesellschaft abhängig machen, ja sogar nach verbreiteter Ansicht ganz ausschließen.[293] Dagegen kann die Vererblichkeit eines Geschäftsanteils nach der h. M. durch die Satzung weder ausgeschlossen noch mit unmittelbarer (erbrechtlich dinglicher) Wirkung erschwert[294] und damit auch nicht durch Festlegung eines Genehmigungserfordernisses beschränkt werden.[295] Wohl kann jedoch eine dem Gesellschaftsverhältnis angepasste Steuerung der Gesellschaftsnachfolge in der Satzung dadurch erreicht werden (siehe hierzu auch oben Rn 117), 69

- dass der Nachfolgerkreis eingeschränkt wird und entweder nicht nachfolgeberechtigte Erben zur Abtretung verpflichtet werden (**Abtretungsklausel**),[296] 70
- oder einem Erben oder Dritten ein Eintrittsrecht eingeräumt wird,[297] oder der Gesellschaft das Recht zur Einziehung eingeräumt wird (**Einziehungsklausel**),[298] 71

---

[287] Schmidt/Wacker § 16 Rn 677.
[288] BMF-Schreiben vom 14. 3. 2006 BStBl. II S. 253 Tz. 70.
[289] Schmidt/Wacker § 16 Rn 679.
[290] Schmidt/Wacker § 16 Rn 679.
[291] Felix GmbHR 1990, 561, 566.
[292] Siehe hierzu Ivo, ZEV 2006, 252; MünchHdb.GesR III/D. Jasper/Wollbrink § 25; Crezelius, Unternehmenserbrecht, Rn 320 ff.
[293] RGZ 80, 179.
[294] Scholz/Winter, § 15 Rn 26; Baumbach/Hueck/Fastrich § 15 Rn 12.
[295] Scholz/Winter, § 15 Rn 28; H. P. Westermann ZIP 1985, 1249.
[296] Scholz/Winter, § 15 Rn 29, 32 ff.
[297] Haegele BWNotZ 1976, 53, 56 m. w. N.
[298] Scholz/Winter, § 15 Rn 30.

- oder Abtretung oder Einziehung verlangt werden kann, wenn nicht nur ein oder einzelne bestimmte Erben Nachfolger des Verstorbenen werden (**sog. qualifizierte Nachfolgeklausel**).[299]

Das Recht, auf Grund eines Gesellschafterbeschlusses (bei dem die Erben des verstorbenen Gesellschafters vom Stimmrecht ausgeschlossen sind) Einziehung oder Abtretung zu verlangen, kann auch ohne Rücksicht auf die Art und die Zahl der Erben im Gesellschaftsvertrag oder in einer einstimmig beschlossenen Vertragsänderung festgelegt werden.[300]

72 • Vererbungsbeschränkungen kann ein GmbH-Vertrag also nur in dem Sinne enthalten, dass das Behaltendürfen des Geschäftsanteils durch den oder die Erben geregelt wird.[301] Eine automatische (statutarische) Einziehung des Geschäftsanteils im Erbfall kann nicht vereinbart werden, vielmehr nur eine Verpflichtung zur Einziehung (**Einziehungsklausel**).[302] Für den Fall der Zwangseinziehung und -abtretung kann die Satzung die Abfindung regeln und grundsätzlich auch ganz ausschließen.[303] Allerdings ist hier wie bei Personengesellschaftsanteilen die Zulässigkeit derartiger Minderentgeltsklauseln durch neuere Einzelfallentscheidungen des BGH[304] in Kündigungsfällen fraglich geworden. Soweit allerdings eine solche Klausel die Zwangseinziehung bzw. -abtretung auf den Todesfall eines Gesellschafters betrifft und für alle Gesellschafter gleichmäßig gilt, wird sie wie bei Personengesellschaften von der z. Zt. noch h. M. als zulässig betrachtet.[305] Über die Auswirkungen statutarischer Abtretungsverpflichtungen und Einziehungsermächtigungen auf den Todesfall in Verbindung mit Minderentgeltsklauseln auf Pflichtteils- und Pflichtteilsergänzungsansprüche siehe oben § 2 Rn 64ff. Mit dem Tod des Gesellschafters geht der Anteil ohne weiteres auf die gesetzlichen oder testamentarischen Erben in Erbengemeinschaft über. Soll nur einer von mehreren Miterben Gesellschafter der GmbH werden, so muss dies der Erblasser testamentarisch durch Vermächtnis oder Teilungsanordnung regeln. Soll im Wege der Erbauseinandersetzung oder der Vermächtniserfüllung oder darf nach der Satzung den Geschäftsanteil nur ein Erbe oder ein Dritter erhalten, so muss die Abtretung in notariell beurkundeter Form geschehen (§ 15 Abs. 3 GmbHG). Ist im Gesellschaftsvertrag bestimmt, dass die Veräußerung von Geschäftsanteilen der Genehmigung der Gesellschaft oder der Gesellschafter bedarf, so gilt dies auch für diese Fälle.[306] Testamentsvollstreckung an GmbH-Anteilen ist zulässig.[307] Die Sicherung der gewünschten Nachfolge gegen die nicht nachfolgeberechtigten Erben und vor allem deren Gläubigern kann durch auf den Tod des Gesellschafter-Erblassers aufschiebend befristete und das Überleben des Erwerbers bedingte Abtretung des Anteils am Nachlass vorbei oder durch Anordnung einer entsprechenden Testamentsvollstreckung erfolgen. Eine solche auf den Tod des Abtretenden befristete und das Überleben des Abtretungsempfängers bedingte Abtretung setzt jedoch die Mitwirkung des Nachfolgers bei der Vereinbarung der hierzu erforderlichen Satzungsbestimmung voraus, da eine Abtretung zugunsten eines am Vertrag nicht beteiligten Dritten daran scheitert, dass es Verfügungen zugunsten und Verträge zu Lasten Dritter nicht gibt.[308]

---

299 Scholz/Winter § 15 Rn 30.

300 Ivo ZEV 2006, 252, 254.

301 Lessmann GmbHR 1986, 409.

302 Baumbach/Hueck/Fastrich § 15 Rn 12f.

303 Baumbach/Hueck/Fastrich § 15 Rn 14; BGH BB 1977, 564 = NJW 1977, 2316; siehe auch Gessler GmbHR 1984, 29; Rittstieg Betr. 1985, 2285; Harst GmbHR 1987, 183; sowie BGH GmbHR 1990, 449; Formulierungsvorschläge über Abfindungsklauseln in GmbH-Verträgen siehe Haibt MittRhNotK 1998, 261.

304 Z. B. BGH NJW 1979, 104; BGH NJW 1985, 192.

305 Siehe hierzu oben § 2 Rn 63; BGH GmbHR 1977, 81; Priester GmbHR 1981, 206, 210f.; Paulick GmbHR 1978, 121, 122.

306 OLG Düsseldorf NJW-RR 1987, 732; siehe auch Lessmann GmbHR 1986, 409.

307 Priester FS f. Stimpel, 1985, S. 463f.

308 Priester GmbHR 1981, 206, 209; ders. DNotZ 1977, 558, 559.

• Neben den verbreiteten Abtretungs- und Einziehungklauseln in GmbH-Gesellschaftsverträgen können die Gesellschafter für den Fall des Todes eines Gesellschafters auch das **Kaduzierungsverfahren** nach §§ 21 bis 25 GmbHG vorsehen, sodass ein Gesellschafter zwangsweise aus der Gesellschaft ausgeschlossen werden kann, wenn er nicht nach der Satzung nachfolgeberechtigt ist.[309] 73

Schrifttum: *Brox,* Zweckmäßige Gestaltung der Erbfolge im Unternehmen, JA 1980, 561; *Bunte,* Ausschließung und Abfindung von Gesellschaftern einer Personengesellschaft, ZIP 1983, 8; *Crezelius,* Unternehmenserbrecht, 2. A. 2009; *Casper/Altgen,* Gesellschaftsvertragliche Abfindungsklauseln – Auswirkungen der Erbschaftsteuerreform, DStR 2008, 2319; *Damrau,* Zur Testamentsvollstreckung am Kommanditanteil, NJW 1984, 2785; *ders.,* Kann ein Testamentsvollstrecker einen Kommanditanteil erwerben?, DNotZ 1984, 660; *Dinstühler,* Einkommensteuerrechtliche Probleme der Gewinnrealisierung und Gewinnvermeidung infolge von Veränderungen des Betriebs- und Sonderbetriebsvermögens bei Mitunternehmerschaften in der notariellen Gestaltungspraxis, RNotZ 2001, 477; *Ebeling,* Zivilrechtliche und steuerrechtliche Auswirkungen unentgeltlicher Verfügungen des Vorerben in seiner Eigenschaft als Personengesellschafter, BB 1983, 1933; *Eberl-Borges,* Die Rechtsnatur der Erbengemeinschaft nach dem Urteil des BGH vom 29. 1. 2001 zur Rechtsfähigkeit der (Außen-)GbR, ZEV 2002, 125; *Eiselt,* Zum Ausschluß des Gesellschafters minderen Rechts unter Buchwertabfindung, De justitia et jure, FG U. v. Lübtow, 1980, 643; *ders.,* Buchwertabfindung in Personengesellschaften und Pflichtteil, NJW 1981, 2447; *Engel,* Abfindungsklauseln – eine systematische Übersicht, NJW 1986, 345; *Esch,* Zur Zulässigkeit der Testamentsvollstreckung an Kommanditbeteiligungen, NJW 1981, 2222; *ders.,* Die Nachlaßzugehörigkeit vererbter Personengesellschaftsbeteiligungen, NJW 1984, 339; *Felix,* Die Einmann-Betriebsaufspaltung sowie die Beteiligung an der Besitz-GmbH & Co KG und der Betriebs-GmbH in der Erbauseinandersetzung, GmbHR 1990, 561; *Flick,* Typische Fehler: Auseinanderfallen von Gesellschaftsvertrag und letztwilliger Verfügung, DStR 1987, 41; *Flume,* Die Nachfolge in die Mitgliedschaft in einer Personengesellschaft beim Tode eines Gesellschafters, FS Wolfgang Schilling, 1973, 25; *ders.,* Teilungsanordnung und Erbschaftssteuer, Betr. 1983, 2271; *ders.,* Die Erbennachfolge in den Anteil an einer Personengesellschaft und die Zugehörigkeit des Anteils zum Nachlaß, NJW 1988, 161; *ders.,* Die Nachfolge von Todes wegen in ein Vermögen mit Betriebsvermögen und die Einkommensteuer bei der Übernahme von Ausgleichsverpflichtungen durch den Nachfolger in ein Einzelunternehmen oder die Beteiligung an einer Personengesellschaft, Betr. 1990, 2390; *Gassen,* Zulässigkeit und Grenzen gesellschaftsrechtlich vereinbarter Pflichten zur Vornahme familien- und erbrechtlicher Vereinbarungen mit Dritten, RNotzZ 2004, 423; *Gessler,* Zur Buchwertabfindung bei Ausscheiden aus einer GmbH, GmbHR 1984, 29; *Gebel,* Betriebsvermögen und Unternehmensnachfolge, 1997; *Göbel,* Gestaltung der Gesellschaftsnachfolge für den Todesfall, DNotZ 1979, 133; *Götte,* Die Gewinn- und Auseinandersetzungsansprüche bei einer Gesellschafternachfolge aufgrund rechtsgeschäftlichen Eintrittsrechtes, DNotZ 1988, 603; *Großfeld,* Recht der Unternehmensbewertung, 5. A. 2009; *Haegele,* Der Pflichtteil im Handels- und Gesellschaftsrecht, BWNotZ 1976, 25; *Hennerkes/May,* Der Gesellschaftsvertrag des Familienunternehmens, NJW 1988, 2761; *Hirtz,* Die Abfindung des Gesellschafters einer Personengesellschaft nach der Ausschließung ohne wichtigen Grund, BB 1981, 761; *Hübner,* Die Unternehmensnachfolge im Erbschaft- und Schenkungssteuerrecht, 1997; *Hüffer,* 100 Bände BGHZ: Personengesellschaftsrecht, ZHR 151 (1987), 396; *Iversen,* Gesellschaftsvertragliche Abfindungsklauseln und pflichtteilsrechtliche Nachlassbewertung – Vorschläge für die Praxis, NJW 2010, 183; *Ivo,* Die Vererbung von GmbH-Geschäftsanteilen, ZEV 2006, 252; *Jülicher,* Der Freibetrag nach § 13a Abs. 1 ErbStG, ZEV 2001, 60; *Kieper/Fromm,* Erbrecht und Gesellschaftsrecht bei der Gesellschafternachfolge, NJW 1980, 2677; Leitzen, Abfindungsklauseln bei Personengesellschaften und GmbH's – Aktuelle Entwicklungen und Auswirkungen der Erbschaftsteuerreform, RNotZ 2009, 315; *Lessmann,* Vinkulierungsklauseln bei der Vererbung von GmbH-Geschäftsanteilen, GmbHR 1986, 409; *Marotzke,* Die Mitgliedschaft in einer offenen Handelsgesellschaft als Gegenstand der Testamentsvollstreckung, JZ 1986, 457; *ders.,* Die Nachlaßzugehörigkeit ererbter Personengesellschaftsanteile und der Machtbereich des Testamentsvollstreckers nach dem Urteil des Bundesgerichtshofs vom 14. Mai 1986, AcP 187 (1987), 123; *ders.,* Drei Ziele unter einem Hut? JR 1988, 184; *D. Mayer,* Unternehmensnachfolge und Umwandlung, ZEV 2005, 325; *U. Mayer,* Der Abfindungsausschluss im Gesellschaftsrecht: pflichtteilsfester Vermögenstransfer am Nachlass vorbei?, ZEV 2003, 355; *Meincke,* Erbauseinandersetzung und

[309] MünchHdb.GesR III/U. Jasper/Wollbrink § 25 Rn 27 f.

vorweggenommene Erbfolge im Einkommensteuerrecht, NJW 1991, 198; *Michalski,* Gesellschaftsrechtliche Gestaltungsmöglichkeiten zur Perpetuierung von Unternehmen, 1980; *ders.,* Nachfolgeregelungen in Personengesellschaften, Betr. 1980, Beil. 5; *Moench,* Schenkungssteuer und Erbschaftssteuer bei der Unternehmensnachfolge, DStR 1989, 594; *Miesen,* Gesellschaftsrechtliche Hinauskündigungsklauseln in der Rechtsprechung des Bundesgerichtshofs, RNotZ 2006, 522; *Peters,* Die Haftung des Kommanditisten, RNotZ 2002, 425; *Piltz,* Die Besteuerung beim Ausscheiden aus einer Personengesellschaft mit dem Tode, ZEV 2006, 205; *Pöting,* Die Erbauseinandersetzung in der notariellen Vertragsgestaltung, MittBayNot 2007, 273, 376; *Priester,* Nachfolgeklauseln im GmbH-Vertrag, GmbHR 1981, 206; *Quack,* Die Testamentsvollstreckung an Kommanditanteilen, BB 1989, 2271; *Randenborgh,* Abfindungsklauseln in Gesellschaftsverträgen, MittRhNotK 1984, 133; *ders.,* Abfindungsklauseln in Gesellschaftsverträgen, BB 1986, 75; *Rasner,* Abfindungsklauseln in OHG- und KG-Verträgen, NJW 1983, 2905; *Rehmann,* Testamentsvollstreckung an Gesellschaftsanteilen, BB 1985, 297; *Reich,* Ertragsteuerliche Probleme der Erbauseinandersetzung, MittBayNot 2007, 280; *Reimann,* Testamentsvollstreckung an Gesellschaftsanteilen jetzt möglich?, MittRhNot 1986, 232; *ders.,* Unternehmenssteuerreform und die Nachfolgeregelung in Gesellschaftsverträgen, ZEV 2002, 47; *ders.,* Die qualifizierte Nachfolgeklausel – Gestaltungsmittel und Störfaktor, ZEV 2002, 487; *ders.,* Gesellschaftsvertragliche Nachfolgeregelungen in der Kautelarpraxis – zivilrechtliche und steuerrechtliche Fragen, ZNotP 2006, 162; *Reithmann,* Testamentsvollstreckung und postmortale Vollmacht als Instrument der Kautelarjurisprudenz, BB 1984, 1394; *Reuter,* Privatrechtliche Schranken der Perpetuierung von Unternehmen, 1973; *Reuter/Kuhn,* Gütergemeinschaft und Ehegatten-OHG, JuS 1977, 376; *Riedel,* Die Bewertung von Gesellschaftsanteilen im Pflichtteilsrecht, 2006; *Rittstieg,* Zur Problematik von Abfindungsbeschränkungen im GmbH-Recht, Betr. 1985, 2285; *Röhrig/Doege,* Ausgewählte Aspekte der ertragsteuerlichen Behandlung der Erbengemeinschaft und Erbauseinandersetzung – Zugleich Anmerkungen zu den BMF-Schreiben vom 14. 3. 2006 und 30. 3. 2006, DStR 2006, 969; *Schild,* Erbschaftssteuer und Erbschaftssteuerpolitik bei der Unternehmensnachfolge, 1980; *Schmellenkamp,* Die Testamentsvollstreckung an Gesellschaftsanteilen, insbesondere Kommanditanteilen, und Ersatzlösungen, MittRhNotK 1986, 181; *K. Schmidt,* Abfindung, Unternehmensbewertung und schwebende Geschäfte, Betr. 1983, 2401; *ders.,* Zur kombinierten Nachfolge- und Umwandlungsklausel bei OHG- oder Komplementäranteilen, BB 1989, 1702; *S. Schmidt,* Vor- und Nacherbfolge im Recht der Personengesellschaften, BWNotZ 1983, 102; *Schmitz,* Testamentsvollstreckung an Personengesellschaftsanteilen, ZGR 1988, 140; *Schörnig,* Die gesellschaftsrechtliche Zulässigkeit einer obligatorischen Gruppenvertretung bei Personen- und Kapitalgesellschaften durch eine sog. Vertreterklausel, ZEV 2002, 343; *Spiegelberger,* Vermögensnachfolge, 2. A. 2009; *Terpitz,* Die erbschaftsteuerliche Behandlung qualifizierter Nachfolgeklauseln, ZEV 1999, 45; *Ulmer,* Gesellschaftsnachfolge und Erbrecht, ZGR 1972, 195 u. 325; *ders.,* Die Sonderzuordnung des vererbten OHG-Anteils, FS Wolfgang Schilling, 1973, 79; *ders.,* Testamentsvollstreckung an Kommanditanteilen?, ZGR 146 (1982), 555; *ders.,* Nachlaßzugehörigkeit vererbter Personengesellschaftsbeteiligungen, NJW 1984, 1496; *ders.,* Probleme der Vererbung von Personengesellschaftsanteilen – BGH, NJW 1986, 2431, JuS 1986, 856; *ders.,* Testamentsvollstreckung am Kommanditanteil – Voraussetzungen und Rechtsfolge, NJW 1990, 73; *Ulmer/Schäfer,* Die Zugriffsmöglichkeiten der Nachlaß- und Privatgläubiger auf den durch Sondervererbung übergegangenen Anteil an einer Personengesellschaft, ZHR 160 (1996), 413; *Weber/Hikel,* Die Wirksamkeit von „Hinauskündigungsklauseln" im Recht der Personenhandelsgesellschaften, NJW 1986, 2752; *Weipert,* Die Erbengemeinschaft als Mitglied einer Personengesellschaft, ZEV 2002, 300; *H. P. Westermann,* Haftung für Nachlaßschulden bei Beerbung eines Personengesellschafters durch eine Erbengemeinschaft, AcP 173 (1973), 24; *Winkler,* Unternehmensnachfolge und Pflichtteilsrecht – Wege zur Minimierung des Störfaktors „Pflichtteilsansprüche", ZEV 2005, 89; *Wolf,* Die Fortführung eines Handelsgeschäfts durch die Erbengemeinschaft, AcP 181 (1981), 480; *Worm,* Pflichtteilserschwerungen und Pflichtteilsstrafklauseln, RNotZ 2003, 535; *Zöller,* Nachfolge von Todes wegen bei Beteiligungen an Personengesellschaften, MittRhNotK 1999, 121.

5. Teil. Fallgruppen von Gestaltungsmöglichkeiten von Todes wegen

§ 21 Regelungstypen im Privatbereich

I. Fallgruppenbildung

Jeder Fall liegt anders und jeder Rechtsgestalter, der Notar gem. § 17 Abs. 1 BeurkG, muss daher vor der Testamentsgestaltung den Willen der Beteiligten erforschen, den Sachverhalt klären und dabei die Beteiligten auch über die zur Willensverwirklichung zur Verfügung stehenden Gestaltungsmittel informieren. Es liegt auf der Hand, dass es bei diesem Vorgang nicht ohne Typisierung geht. Hat der Testamentsgestalter die Familien- und Vermögensverhältnisse des Testators erfragt und darüber hinaus vielleicht auch noch die in der engeren Familie bestehenden persönlichen Zu- und Abneigungen, das Verhältnis zu den Schwiegerkindern und die charakterlichen und beruflichen Qualifikationen der einzelnen Familienmitglieder ermitteln können, wird er aus seinem Erfahrungsschatz einen Gestaltungstyp vorschlagen und von ihm aus mit den Beteiligten die individuelle Regelung erarbeiten. In diesem komplexen Prozess liegt die Kunst des Kautelarjuristen, dessen Arbeitsweise auf der Fallgruppenbildung, dem typologischen Denken beruht.[1] Die Bildung von Fallgruppen macht jeweils die spezifischen Probleme einer bestimmten Interessen- und Konfliktslage bewusst und bildet die Grundlage zu differenzierten Lösungen. Wie bei den schuldrechtlichen Vertragstypen, so ist auch bei der Verfügung von Todes wegen die Typologie notwendigerweise immer offen. 1

Im Folgenden soll für den privaten Bereich – sowie anschließend in § 22 für den unternehmerischen Bereich – ohne Anspruch auf Vollständigkeit der Versuch unternommen werden, eine Reihe von typischen Regelungen für typische persönliche Verhältnisse und Vermögenssituationen zu entwickeln. 2

II. Verfügungen von Todes wegen zwischen Ehegatten[2]

1. Überblick

„Die erbrechtliche Stellung des überlebenden Ehegatten zu gestalten, ist eines der schwierigsten Probleme des Erbrechts“.[3] Die Schwierigkeit besteht zunächst darin, dass zwei verschiedene Erbfälle bedacht und aufeinander abgestimmt werden müssen, deren zeitliche Reihenfolge unbekannt ist. Weiter muss entschieden werden, ob dem überlebenden Ehegatten am Nachlass des Erstversterbenden wie bei der gesetzlichen Erbfolge neben den Abkömmlingen eine **dingliche Erbbeteiligung** eingeräumt werden soll (Tei- 3

[1] Siehe hierzu Langenfeld DNotZ 1985, Sonderheft S. 167ff.; ders. FamRZ 1987, 9; ders., Vertragsgestaltung, Methode – Verfahren – Vertragstypen, 3. Aufl. 2004; Langenfeld gebührt das Verdienst, die als „Topik“ oder „Typusdenken“ bezeichnete dogmatische Richtung der juristischen Methodenlehre (Viehweg, Topik und Jurisprudenz, 1974; Leenen, Typus und Rechtfindung, 1971, Bydlinski, Juristische Methodenlehre und Rechtbegriff, 1982) für die praktische Kautelarjurisprudenz nutzbar gemacht zu haben. Bezüglich der gängigen Fallgruppen und Gestaltungstypen bei Verfügungen von Todes wegen siehe auch Langenfeld Testamentsgestaltung.

[2] Siehe hierzu u. a. auch Wegmann, Ehegattentestament und Erbvertrag; Langenfeld, Testamentsgestaltung.

[3] Kipp/Coing, § 5 I.

lungsprinzip) oder nur eine **lebzeitige Nutzung** (Nutzungsprinzip) oder Mischformen hiervon, oder ob er Alleinerbe werden soll und nach ihm die Abkömmlinge und dabei wieder entweder nur alleiniger Vorerbe (**Trennungslösung**) oder Vollerbe und die Abkömmlinge Schlusserben (**Einheitslösung**). Letztlich ist zu klären, ob die einzelnen Verfügungen einseitig frei widerruflich oder gegenüber dem anderen Ehegatten völlig oder nur bedingt und/oder beschränkt bindend sein sollen und ob und gegebenenfalls inwieweit der Überlebende auch hinsichtlich seines eigenen Vermögens gebunden sein soll. Über die einzelnen Gestaltungsmöglichkeiten für gemeinsame Regelungen von Todes wegen zwischen Ehegatten siehe oben § 14 Rn 2ff.

4 Im Folgenden sollen verschiedene Fallgruppen mit Standardlösungen als Entscheidungshilfen gebracht werden, die jedoch im Einzelfall jeweils der Überprüfung, Angleichung oder Verbindung miteinander bedürfen. Falls Betriebsvermögen u./o. Gesellschaftsanteile vorhanden sind, sind ferner jeweils die in § 22 behandelten Sonderprobleme zu beachten.

5 Einleitend sei darauf hingewiesen, dass es früher in manchen Gebieten üblich war, vor oder kurz nach der Heirat einen Ehe- und Erbvertrag zu schließen und dabei im Erbvertrag zu versuchen, die Erbfolge für alle denkbaren künftigen Entwicklungen in der Familie zu regeln und daran den überlebenden Ehegatten weitmöglichst zu binden. Während es im Einzelfall möglich sein kann, bei der als gesetzlichem Güterstand vom Gesetzgeber gewählten Zugewinngemeinschaft eine grundsätzliche und dauerhafte Anpassung des Ehevermögens- und Scheidungsfolgenrechts an den individuell gelebten Ehetyp durch einen Ehevertrag für den Fall des Scheiterns der Ehe herbeizuführen, ist es hinsichtlich der Erbfolge regelmäßig nicht dauerhaft möglich. Die Erbfolge muss vielmehr den während der Ehe wechselnden, zu Ehebeginn nicht bekannten und nicht prognostizierbaren Familien- und Vermögensverhältnissen, aber auch dem sich ändernden zivil- und steuerrechtlichen Umfeld **angepasst** werden. Eine zu Beginn der Ehe getroffene Lösung wird den Ehegatten im Unglücksfalle gegenüber der pauschalen gesetzlichen Regelung entscheidende Vorteile bringen, bedarf aber stets des deutlichen Hinweises, dass die Regelung periodisch, jedenfalls aber bei grundlegenden Sachverhaltsänderungen überprüft und gegebenenfalls angepasst werden müsse.

2. Noch kinderlose junge Ehegatten

6 Junge kinderlose Ehegatten werden zunächst nur verhindern wollen, dass bei einem plötzlichen Tod eines von ihnen der andere mit den Eltern oder Geschwistern des Verstorbenen in eine Erbengemeinschaft gerät. Solange das Vermögen der jungen Eheleute nur aus ihrem Hausrat besteht, wird dieser Wunsch am einfachsten durch die Belassung der gesetzlichen Erbfolge verbunden mit dem dabei automatisch gem. § 1932 Abs. 1 Satz 1 dem Überlebenden zustehenden großen **Voraus**[4] erfüllt, welcher auch dem Pflichtteil nicht unterliegt (§ 2311 Abs. 1 Satz 2), ggf. flankiert von einer Testamentsvollstreckung für den Längerlebenden. Haben jedoch junge Ehegatten nicht unwesentliche Ersparnisse, so dürfte zur Verhinderung einer Erbengemeinschaft mit den Verwandten des Verstorbenen die gegenseitige Vollerbeinsetzung in Frage kommen.[5]

Hat einer der Ehegatten **von seinen Verwandten** (Eltern, Großeltern) bereits **Vermögensgegenstände bekommen,** ist zu unterscheiden: Wurde in dem lebzeitigen Übergabevertrag eine Rückübertragungsklausel für den Fall des kinderlosen Vorversterbens aufgenommen,[6] beschwert dieser Anspruch den oder die Erben, so dass dieser Vermögensgegenstand aus dem Nachlass ausscheiden wird. Erfolgte der Erwerb von Todes wegen, ist zu prüfen, ob in der letztwilligen Verfügung des Erblassers Kautelen für den Tod des

[4] Siehe hierzu § 1 I.2.f), Rn 42ff.
[5] Siehe hierzu § 14 III.1. Rn 52.
[6] Siehe hierzu § 1 II.3.c) Rn 116.

Bedachten, also des jungen Ehegatten, niedergelegt sind, z.B. eine Nacherbfolge oder Herausgabevermächtnis, das ebenfalls vorrangig zu beachten ist. Liegt beides nicht vor und handelt es sich um frei letztwillig verfügbares Vermögen des Ehegatten, wird von diesem zum Teil gewünscht, dass auch dieser Vermögensgegenstand dem Ehegatten zufallen soll, was durch die unbeschwerte Alleinerbeinsetzung zu gestalten ist. Zu ermitteln ist hierbei, ob der Erblasser ergänzende Regelungen wünscht, z.B. eine Wiederverheiratungsklausel. Häufig wird jedoch in dieser Fallgruppe der noch kinderlosen Ehegatten gewünscht, dass ein solcher, nicht selbst erarbeiteter, sondern aus der Familie stammender Vermögensgegenstand bei einem kinderlosen Vorversterben wieder an die Eltern zurückfällt (bei Rückfall geschenkter Gegenstände an Eltern: Erbschaftsteuerbefreiung gemäß § 13 Abs. 1 Nr. 10 ErbStG) oder an Geschwister übertragen werden soll. Ist dies gewünscht, so kann dieser Vermögensgegenstand der eigenen Verwandtschaft vom Erstversterbenden durch ein sofort fälliges Vermächtnis oder ein Herausgabevermächtnis[7] beim Tod oder der Wiederverheiratung des Überlebenden gesichert werden, sofern nicht generell Vorerbschaft des Überlebenden und Nacherbfolge etwaiger künftiger eigener Abkömmlinge, ersatzweise der eigenen Verwandten gewählt wird.

3. Ehegatten mit Kindern

7 Hier ist zunächst zu klären, ob der Schutz des überlebenden Ehegatten vor den Kindern (dann Einheitslösung = „Berliner Testament" gem. § 2269) (siehe § 14 Rn 54ff.) oder deren Schutz vor dem Überlebenden (dann Nutzungslösung = Vor- und Nacherbfolge, Nießbrauchsvermächtnis oder Herausgabevermächtnis) (siehe § 14 Rn 89ff.) den Vorrang haben soll. Klarheit wird man insoweit allerdings nur in Extremfällen erhalten, z.B. bei offen zu Tage tretenden Spannungen zwischen den Eheleuten.

8 Meist wird diesen sich widerstreitenden Interessen bei Ehegatten mit Kindern, insbesondere wenn sie im Wesentlichen gemeinsam erworbenes Vermögen besitzen, eine durch entsprechende Freistellungsklauseln gemilderte **Einheitslösung** gerecht, bei der sich die Ehegatten gegenseitig zu Vollerben einsetzen und der Überlebende die gemeinschaftlichen Abkömmlinge zu Schlusserben (§ 2269). Dazu wird beim Ehegattenerbvertrag (§§ 2269, 2280) die grundsätzliche Bindung des Überlebenden an seine eigenen Verfügungen für bestimmte Fälle und in bestimmtem Umfang durch Rücktrittsvorbehalt (siehe § 11 Rn 75ff.) oder Änderungsvorbehalt (siehe § 11 Rn 84ff.) und beim gemeinschaftlichen Testament durch eine entsprechende Freistellungsklausel (siehe § 11 Rn 87ff.) gemildert. Zweckdienlich kann insbesondere bei jüngeren Eheleuten mit Kindern beim „Berliner Testament" eine gegenständlich beschränkte Freistellung des Überlebenden für **Vermögensteile** sein, die der **Überlebende erst nach dem Tod des Erstversterbenden erwirbt.**[8]

Formulierungsvorschlag (Ergänzung zum Formulierungsvorschlag in Rn 11):

Der überlebende Ehegatte ist jedoch berechtigt, Vermögensgegenstände, die er erst **nach dem Tode des Erstversterbenden**, und zwar nicht mit Mitteln aus dem Nachlass des Erstversterbenden, **erworben hat**, im Wege von Vermächtnissen anderen Personen als gemeinschaftlichen Abkömmlingen zuzuwenden. Der Notar hat auf mögliche Abgrenzungs- und Beweisschwierigkeiten hingewiesen und auf die Zweckmäßigkeit eines Nachlassverzeichnisses nach dem Erstversterbenden.

9 Im Einzelfall kann es jedoch auch bei Ehegatten mit Kindern zweckmäßig sein, diese bereits beim Tod des erstversterbenden Elternteils in irgendeiner Form an dessen Nach-

[7] Siehe hierzu auch § 10 II.1. Rn 131.
[8] Formular hierzu in MünchVertrHdb/Nieder/Otto, Bd. 6/2, XVI. 29.

lass zu beteiligen (**Trennungs- oder Nutzungslösung**). Dies empfiehlt sich vor allem bei Vorhandensein eines vergleichsweise **großen Vermögens.**[9] Dafür sprechen vor allem erbschaftsteuerliche Erwägungen, so der Wegfall der doppelten Besteuerung und die Ausnutzung der Kinderfreibeträge. Ferner kann damit im Einzelfall die wirtschaftliche Eigenständigkeit der Kinder früher erreicht werden. Ist das Vermögen so groß, dass der Überlebende voraussichtlich von dessen Erträgnissen ohne weiteres leben kann, können die Kinder vom Erstversterbenden sogleich als Erben eingesetzt und dem Überlebenden lediglich die ganze oder teilweise Nutzung des Nachlasses durch eine der oben § 14 Rn 89 ff. dargestellten Lösungen zugewendet werden; zur Verstärkung der Rechtsstellung des Überlebenden kann dieser zum Testamentsvollstrecker ernannt werden mit dem Aufgabenbereich der Verwaltungsvollstreckung über eine gewisse Zeit. Diese Lösung kommt auch in Frage, wenn beide Ehegatten weitgehend durch eigenes Vermögen bzw. Rentenansprüche sichergestellt sind.

10 Besteht zu den Kindern ein gutes Verhältnis und ist zu erwarten, dass deren Persönlichkeitsentwicklung abgeschlossen ist können die Vermögensteile, deren der Überlebende zu dessen Alterssicherung auch bei vorsichtiger Prognose nicht bedarf, durch **Vermächtnisse nach dem Ableben des Erstversterbenden** den Kindern übertragen werden; sofern diese Vermächtnisse nicht erst mit Tod des Längerlebenden fällig werden,[10] führt dies zu einer erheblichen erbschaftsteuerlichen Entlastung sowie zur Vermeidung der Geltendmachung von Pflichtteilsansprüchen (vgl. § 2307).

11 Zu beachten ist hinsichtlich der Verfügungen des Überlebenden stets, dass er sie gem. § 2079 selbst anfechten kann, wenn er wieder heiratet und/oder ihm Kinder geboren oder von ihm adoptiert werden. Auf diese **Anfechtungsmöglichkeit** kann er jedoch in der Verfügung von Todes wegen verzichten (siehe § 11 Rn 101). Zumindest bei der Einheitslösung („Berliner Testament" gem. § 2269) sollten bei Eheleuten in jungen oder mittleren Jahren die erbrechtlichen Folgen einer Wiederheirat des Überlebenden nicht außer acht gelassen werden (siehe § 14 Rn 111). Wenn Abkömmlinge als Schlusserben eingesetzt werden, sind Pflichtteilsstrafklauseln mit ihrem Für und Wider in Betracht zu ziehen (siehe § 14 Rn 72 ff.); häufig wird jedoch einem unbedingten oder für den Fall der Pflichtteilsgeltendmachung bedingten Abänderungsvorbehalt der Vorzug zu geben sein. Stets sollte in Erwägung gezogen werden, dem Überlebenden die Möglichkeit zu geben, eine wertmäßig von den Erbquoten abweichende Erbteilung des Nachlasses des Erstversterbenden unter den gemeinschaftlichen Abkömmlingen (beschränkter Abänderungsvorbehalt) vornehmen zu können (siehe § 14 Rn 128 ff.).

Formulierungsvorschlag:

Als vertragsmäßige Verfügung treffen wir, die Ehegatten ..., die gegenseitige Erbeinsetzung für den Fall des Ablebens des Erstversterbenden von uns in Ziffer ... Grundsätzlich treffen wir auch die Schlusserbeneinsetzung unserer Abkömmlinge in Ziffer ... vertragsmäßig. Jedoch ist jeder von uns für den Fall seines Überlebens berechtigt, die für den Todesfall des Zuletztversterbenden getroffenen Verfügungen in einseitiger Weise beliebig **abzuändern**, jedoch **nur innerhalb des Kreises der gemeinschaftlichen Abkömmlinge**. Verfügungen zugunsten sonstiger Personen sind nicht zulässig. Klargestellt wird, dass Verfügungen zugunsten einzelner Abkömmlinge auch **aufgehoben** werden können, wenn dabei andere gemeinschaftliche Abkömmlinge insoweit bedacht werden.

(Ggf. ergänzen, insbesondere falls durch Ersatzschlusserbfolge minderjährige Enkel Miterben würden:) Zulässig sind jedoch beliebige Verfügungen bezüglich **Testamentsvollstreckung**.

---

[9] Priester JuS 1987, 394, 396 f.

[10] § 6 Abs. 4 Fall 2 ErbStG.

Ob und inwieweit der **Überlebende** hinsichtlich der von ihm auf seinen Tod getroffenen Verfügungen **gebunden** sein soll hängt von der Mentalität der Eheleute und deren gegenseitigem Vertrauen ab und muss deshalb von ihnen selbst getroffen werden.[11] Die Bindung kann durch entsprechende Vorbehalte und Klauseln (siehe § 11 Rn 75 ff.) weitgehend eingeschränkt und damit dem Einzelfall angepasst werden kann. Bei der Trennungslösung bedarf es seltener einer Bindung, da bei ihr der Übergang des Nachlasses des Erstversterbenden auf seine Abkömmlinge bereits durch sie gesichert ist, es also nur noch um eine Bindung des Überlebenden bezüglich seines eigenen Vermögens geht, während bei der Einheitslösung sich im Nachlass des Längstlebenden auch der des Erstversterbenden befindet. Im Zweifel sollte ist jedoch der Freistellung der Vorzug zu geben.[12] Wollen die Eheleute auch sicherstellen, dass der Überlebende von ihnen seine bindenden Verfügungen von Todes wegen auf sein Ableben nicht durch beeinträchtigende Zweitgeschäfte unter Lebenden durchbrechen kann, können sie das nur durch Vereinbarung der Gütergemeinschaft (siehe § 14 Rn 155) oder durch eine sog. sanktionierte Verfügungsunterlassungsvereinbarung (siehe § 13 Rn 29) erreichen. 12

Stets sollte das Ehegattentestament so formuliert werden, dass es auch bei **gleichzeitigem Versterben** der Ehegatten brauchbar ist (siehe § 14 Rn 104). 13

Neben der Vermögenszuweisung nach dem Erst- und Letztversterbenden durch Erbeinsetzung und ggf. Vermächtnisse ist bei Ehegatten mit jüngeren Kindern auch wichtig für Sorge für deren Kinder, insbesondere für den Fall des Ablebens beider Elternteile. Hierzu kann sowohl im Einzeltestament wie auch im gemeinschaftlichen Testament oder Erbvertrag jeweils als Einzelverfügung aufgenommen werden insbesondere eine **Vormundbenennung** (§ 1777 Abs. 3; siehe § 15 Rn 323) und/oder die Ernennung eines **Testamentsvollstreckers** (§§ 2197 ff.; siehe § 15 Rn 3 ff.). 14

4. Ältere Ehegatten mit Kindern

Je älter die testierenden Ehegatten sind, desto überschaubarer und sicherer sind die für die Verfügung maßgeblichen Daten, d. h. die allgemeinen Verhältnisse, die wirtschaftlichen Verhältnisse der Eheleute, ihr persönliches Vertrauen zueinander und die Entwicklung ihrer Abkömmlinge.[13] Die oben unter Ziffer 3. aufgeführten Umstände sind daher bei älteren Eheleuten vom Testamentsgestalter leichter zu ermitteln als bei jüngeren. Während für Ehegatten in jungen oder mittleren Jahren häufig der Gedanke im Vordergrund steht, dem Überlebenden das beiderseitige Vermögen für seine Bedürfnisse zur Verfügung zu stellen, hat bei Eheleuten in höherem Alter die Vermögensnachfolge nach dem Tod des Längstlebenden den Vorrang. Sie wünschen daher öfter als jüngere die Aufnahme von Teilungsanordnungen, Teilungsverboten und Übernahmerechten (siehe § 15 Rn 196 ff.). Insbesondere ist bei älteren Ehegatten auch die Frage der Bindung des Überlebenden an seine eigenen Verfügungen leichter zu beantworten. Bei älteren Eheleuten verhindert die **Bindung** des Überlebenden unvernünftige Verfügungen im hohen Alter und schützt den Längstlebenden vor dem Drängen einzelner Abkömmlinge auf Bevorzugung. Die Bindung des Längstlebenden sollte jedoch mindestens soweit eingeschränkt sein, dass er denjenigen seiner Abkömmlinge bevorzugen kann, der ihn pflegt. Aber auch weitergehende Einschränkungen einer grundsätzlich gewünschten Bindung des längerlebenden sollten stets geprüft werden, z. B. Freiheitsgrade hinsichtlich Vermächtnissen (Geld, Einräumung von Wohn- oder sonstigen Nutzungsrechten) zugunsten Dritter, auch Lebengefährten im Alter. Wiederverehelichungsklauseln werden von älteren Eheleuten seltener gewünscht. Dagegen sind bei ihnen Pflichtteilsstrafklauseln gegen die Abkömmlinge im Einzelfall erwägenswert, sofern nicht z. B. bei lebzeitigen Zuwendungen das 15

[11] Langenfeld NJW 1987, 1577, 1583.
[12] Langenfeld NJW 1987, 1577, 1582.
[13] Langenfeld NJW 1987, 1577, 1583.

Kind einen Pflichtteilsverzicht abgegeben hat, ggf. beschränkt auf das Ableben des Erstversterbenden oder auf einzelne Nachlassgegenstände; grundsätzlich ist jedoch ein bloßer Abänderungsvorbehalt vorzugswürdig, da dieser auch größere steuerliche Gestaltungsfreiheit lässt im Gegensatz zu Pflichtteilsklauseln.

5. Ältere Ehegatten ohne Kinder

16 Ältere Eheleute, die ohne Kinder oder sonstige Abkömmlinge sind, werden zunächst einmal die völlige Sicher- und Freistellung des Überlebenden hinsichtlich beiderseitigen Vermögens wollen. Danach werden sie meist festgelegt haben wollen, dass das, was beim Tode des Längstlebenden übrig bleibt, in irgendeiner Weise unter den beiderseitigen Verwandten aufgeteilt werden soll. Hier bietet sich die gegenseitige Vollerbeinsetzung an, verbunden mit der Einsetzung der beiderseitigen Verwandten je zur Hälfte als Schlusserben, unter sich jeweils nach Maßgabe der gesetzlichen Erbfolge und mit der Einschränkung, dass der Überlebende jederzeit anders letztwillig verfügen kann.

Formulierungsvorschlag:

a) Für den Fall des Todes des Erstversterbenden von uns setzen wir uns gegenseitig zum alleinigen Erben ein.

b) Der Zuletztversterbende von uns setzt als seine Erben ein unsere etwaigen künftigen gemeinschaftlichen (ggf. ergänzen: oder einseitigen) Abkömmlinge nach den Regeln der gesetzlichen Erbfolge (höchstvorsorglich stets vorrangig anordnen für den Fall der unerwarteten späten Erfüllung des Kinderwunsches).

Sollten beim Ableben des Zuletztversterbenden von uns keine Abkömmlinge vorhanden sein, so setzt der Zuletztversterbende zu seinen Erben ein

– die Verwandten des vorverstorbenen Ehegatten zur Hälfte und
– die Verwandten des letztversterbenden Ehegatten zur Hälfte

und zwar jeweils nach den Bestimmungen der gesetzlichen Erbfolge gemäß §§ 1925 ff. BGB.

c) Die Anordnung zu lit. b) gilt auch für den Fall unseres gleichzeitigen Ablebens.

17 Der gelegentlich geäußerte Wunsch, nach dem Tode des Längstlebenden solle das Vermögen, soweit noch vorhanden, in die Verwandtschaft zurückfließen, aus der es gekommen war, lässt sich nur durch entsprechende Vermächtnisse auf den Überrest realisieren, soweit die Vermögensherkunft noch nachvollziehbar ist.

6. Ehegatten nach Wiederverheiratung im vorgerückten Alter

18 Solche Eheleute wollen sich meist nicht nur güterrechtlich so stellen, als wären sie nicht miteinander verheiratet, was mit der Gütertrennung erreicht werden kann, sondern weitgehend auch erbrechtlich. Dies geschieht durch einen gegenseitigen Pflichtteilsverzichtsvertrag (siehe § 19 Rn 1 ff.) und jeweils Einzeltestamenten. Darin erfolgt im Regelfall jeweils eine Erbeinsetzung zugunsten ihrer Abkömmlinge bzw. Verwandten sowie Vermächtnisse zugunsten des neuen Ehegatten, z. B. ein lebenslanges oder befristetes Nutzungsrecht an der Wohnimmobilie, soweit dies im Eigentum des Erblassers steht sowie vermächtnisweise Eigentums- oder Nutzungszuweisung an den im Gebrauch stehenden beweglichen Gegenständen; insbesondere ist zu beachten, dass dem Ehegatten bei letztwilligen Ausschluss von der Erbfolge kein Voraus (§ 1932) zusteht. Die wechselseitige Zuwendung kann auch bindend gestaltet werden durch vertragsmäßig/wechselbezüglich angeordnete Vermächtnisse in einem Erbvertrag oder gemeinschaftlichen Testament.

7. Ehegatten mit einseitigen Abkömmlingen („Patchwork-Familie“)

a) Überblick

Während Eheleute mit gemeinschaftlichen oder gar keinen Abkömmlingen meist übereinstimmende erbrechtliche Anordnungen treffen, sind solche analogen Lösungen bei Ehegatten mit einseitigen Abkömmlingen im Regelfall nicht sachgerecht. Meist ist eine Absicherung des längerlebenden Ehegatten gewünscht, sei es durch bloße Nutzungsvermächtnisse (Nießbrauch, Wohnungsrecht) und Zuweisung von Einzelgegenständen (Vermächtnis des Eigentums[14] an zum ehelichen Haushalt gehörenden Gegenständen,[15] § 1932), bei direkter Erbeinsetzung der Kinder des Erstversterbenden, sei es durch die Einsetzung des Ehegatten zum Vorerben und der Kinder des Erstversterbenden zum Nacherben oder aber durch Erbeinsetzung des längerlebenden Ehegatten und Schlusserbeneinsetzung, wobei die Bindungswirkung hinsichtlich Personen (z. B. bloße Abänderungsbefugnisse innerhalb der beiden Familienstämme oder nur des eigenen Stammes) und Gegenstände (z. B. Abänderungsbefugnis hinsichtlich selbst erwirtschafteter Vermögenswerte) sowie Pflichtteilsansprüche besonders zu beachten sind. Hierzu ist auch erforderlich die Ermittlung, wie hoch die jeweiligen Vermögen beider Ehegatten sind. Danach richtet sich, ob die Eheleute übereinstimmende Verfügungen von Todes wegen treffen können.[16] Sind sie sehr verschieden, müssen in Ehegattenerbverträgen und gemeinschaftlichen Testamenten jeweils für jeden Ehegatten für den Fall des Erstversterbenden und des Überlebens getrennte Regelungen getroffen werden. Wird von keinem Ehegatten eine Bindungswirkung gewünscht, sind getrennte Einzeltestamente sachgerecht. Aufgrund des Pflichtteilsrechts des Ehegatten einerseits und der eigenen Abkömmlinge andererseits ist bezüglich der Anordnungen des jeweiligen Ehegatten – für den Fall seines Erst- und andererseits Letztversterbens – die Vorschrift des § 2306 bezüglich des Ausschlagungsrechts der Abkömmlinge sowohl nach dem Erst- wie auch dem Letztversterbenden zu beachten,[17] ferner § 2306 bezüglich des Pflichtteilsrestanspruchs und schließlich § 2325 Abs. 3 Satz 3 bezüglich Pflichtteilsergänzungsansprüchen hinsichtlich lebzeitiger Zuwendung an den Ehegatten. 19

Zu beachten ist ferner, dass beim Tod des Elternteils dessen geschiedener vormaliger Ehegatte im Regelfall das alleinige **Sorgerecht** über die Kinder dieses Elternpaares erhält (§ 1680). Dieser Ex-Partner erhält damit auch das Vermögenssorgerecht[18] (§ 1626 Abs. 1 Satz 2 Alt. 2) und die Befugnis zur Vertretung dieser Kinder (§ 1629). Soweit die Kinder des erstversterbenden „Patchwork-Ehegatten“ minderjährig sind und Vermögen erben, insbesondere Anteile an einer gemeinsamen Immobilie mit dem überlebenden Patchwork-Ehegatten, hat sich dieser bezüglich der Gemeinschaftsbelange mit dem früheren 20

[14] Steht dem überlebenden Ehegatten hieran nur ein Nutzungsrecht zu, kann er z. B. das Mobiliar nicht beliebig erneuern, sofern er dies nicht – nachweislich – bereits zum Alleineigentum erworben hatte.

[15] Der Voraus (§ 1932) als gesetzliches Vermächtnis steht dem überlebenden Ehegatten nur zu, wenn dieser gesetzlicher Erbe wird.

[16] Siehe der Fall des BayObLGZ 1994, 164 = ZEV 1995, 191 m. Anm. Hofstetter S. 192; Limmer in Reimann/Bengel/J. Mayer, Testament und Erbvertrag, Rn 360.

[17] Die sehr komplizierte und in der Praxis oft schwer handhabbare Regelung des § 2306 Abs. 1 wurde durch das Gesetz zur Änderung des Erb- und Verjährungsrechts vom 24. 9. 2009 (BGBl. I 3142) – Erbrechtsreformgesetz – geändert. Die häufig – falls keine Quoten niedergelegt sind – schwierige Einschätzung, ob der hinterlassene Erbteil die Hälfte des gesetzlichen Erbteils übersteigt, entfällt, auch der automatische und höchst problematische Wegfall der Beschwerungen im Falle des bisherigen § 2306 Abs. 1 Satz 1. Dem Erben steht seit 2010 stattdessen ein generelles Wahlrecht zu, ob er entweder den Erbteil mit allen Beschränkungen oder Beschwerungen annimmt oder er den Erbteil ausschlägt und den Pflichtteil verlangt.

[18] Weitere Probleme ergeben sich aus der alleinigen Personensorge. Bezüglich der Aufenthaltsbestimmung kann eine Verbleibensanordnung zugunsten von Bezugspersonen gem. § 1682 Schutz vor einer Wegnahme des Kindes bieten, jedoch nur bei verheirateten Patchwork-Paaren.

Ehegatten seines verstorbenen Partners auseinander zu setzen, soweit nicht familienrechtliche Anordnungen getroffen wurden, insbesondere nach § 1638 und/oder mittels Testamentsvollstreckung (siehe hierzu auch nachstehend Hinweise zu Regelungen beim Geschiedenentestament in Abschnitt IV., Rn 35 ff.).

21 Bezüglich des Inhalts der beiderseitigen Regelungen kommt es darauf an, wie die Eheleute ihre verschiedenen Kinder bedenken wollen. Es sind die Fallgruppen zu unterscheiden, ob die vom jeweiligen Ehegatten stammenden Kinder nach dem jeweiligen Elternausgangsvermögen bedacht werden sollen, was häufig gewünscht wird bei späterer Eheschließung, z. B. nach Auszug der Kinder (dazu lit. b) oder aber – trotz unterschiedlichem Ehegattenvermögen – sämtliche Kinder wirtschaftlich gleichbedacht werden sollen, was wiederum häufiger übereinstimmender Wille ist bei Eheschließung in jungem Alter der einseitigen Kinder (dazu lit. c).

b) Begünstigung der jeweils einseitigen Kinder

22 Will man in solchen Fällen erreichen, dass jeweils das eigene Vermögen zuletzt nur den eigenen leiblichen Abkömmlingen zufällt, der überlebende Ehegatte jedoch zuvor seine Nutzung hat, gibt es zwei Lösungsmöglichkeiten, die beide Trennungslösungen sind (siehe § 14 Rn 89 ff.):

- Erbeinsetzung des oder der einseitigen Kinder und Zuwendung eines Nießbrauchsvermächtnisses an den Ehegatten am ganzen Nachlass oder nur am Hausgrundstück evtl. mit der vermächtnisweisen Zuwendung des Hausrats nebst Pflichtteilsverzicht des Ehegatten.
- Einsetzung des Ehegatten als Vorerben und des Kindes als Nacherben nebst Pflichtteilsverzicht des Ehegatten und ggf. der Kinder.[19]

c) Gleichbehandlung aller Kinder

23 Wie aber, wenn meine, deine und unsere Kinder erbrechtlich wie gemeinschaftliche Kinder behandelt werden sollen? Scheut man nicht die Einschränkungen, die letztlich jede der Trennungslösungen (siehe § 14 Rn 100) dem Überlebenden bringen, so kann man auch hier eine solche wählen.[20] Soll jedoch ein „Berliner Testament" (§ 2269; Stiefkinder sind in § 15 Abs. 1 ErbStG leiblichen Kindern gleichgestellt) errichtet werden, besteht die Schwierigkeit, dass man hier nicht nur, wie beim Vorhandensein nur gemeinschaftlicher Abkömmlinge als Schlusserben, einer **Abwendung des Pflichtteilsverlangens** auf den Tod des erstversterbenden Ehegatten bedarf, sondern unter Umständen auch hinsichtlich solcher auf Ableben des Längstlebenden. Dies ist dann der Fall, wenn nämlich bei dessen Abkömmlingen infolge ihrer geringeren Zahl die Pflichtteilsquote am Nachlass des Längstlebenden, in dem sich auch der Nachlass des Erstverstorbenen befindet, größer ist als ihre Erbquote als Schlusserben (Zusatzpflichtteil, § 2305).[21] Dieses Problem stellt sich bei der Vor- und Nacherbschaft nicht. Hier genügt eine einfache Pflichtteilsstrafklausel auf Ableben des Erstversterbenden: Wer den Pflichtteil verlangt, wird kein Nacherbe und wird auch vom Längstlebenden enterbt.

24 Zur Sicherung gleichmäßiger Vermögensteilhabe beim „Berliner Testament" (§ 2269) bei nicht-gemeinschaftlichen Kindern als Schlusserben bieten sich wieder zwei Lösungen an:

- Die Eheleute setzen sich gegenseitig zu Alleinerben ein und ihre beiderseitigen Kinder zu **Schlusserben** zu gleichen Teilen, und zwar entweder zu gleichen Kopfteilen oder aber zu zwei gemeinschaftlichen Erbteilen (§ 2093), wonach die Ersatzerbeinsetzung

[19] Zum Pflichtteilsverzichtsaufhebungsvertrag (§ 2351) des überlebenden Ehegatten und dessen Kindern: Schindler DNotZ 2004, 824.

[20] Siehe v. Olshausen DNotZ 1979, 707, 713.

[21] Siehe OLG Stuttgart OLGZ 1979, 52 = DNotZ 1979, 104; zu den „Tücken von Pflichtteilsklauseln"; J. Mayer, MittBayNot 1999, 265, auch zu OLG Zweibrücken, MittBayNot 1999, 294; v. Olshausen, DNotZ 1979, 707; Loritz ZEV 1999, 187.

(§ 2098 Abs. 2) und die Anwachsung (§ 2094 Abs. 1 Satz 2) vorrangig innerhalb dieser Erbengruppe erfolgt. Diese Schlusserbeinsetzungen sind jedoch jeweils in der Weise **auflösend bedingt**, dass sie hinsichtlich derjenigen Kinder entfallen, die beim Tod ihres leiblichen Elternteils ihren Pflichtteil geltend machen.[22] Diese Lösung bietet allerdings keinen Schutz dagegen, dass auf Ableben des Längstlebenden dessen leibliche Abkömmlinge den Pflichtteil nach ihm fordern, weil der größer ist als der mit den anderen Abkömmlinge gleiche Erbteil.

- Dagegen kann nur die Variante Hilfe bringen, bei der der Ehegatte, dessen Kindern rechnerisch eine Benachteiligung durch ein Pflichtteilsverlangen der nach dem überlebenden Ehegatten pflichtteilsberechtigten Kindern droht, neben der normalen Pflichtteilsstrafklausel auf Ableben des Erstversterbenden **seinen Kindern** für den Fall seines Vorversterbens auf seinen Tod sofort anfallende **Vermächtnisse** in Höhe ihrer gesetzlichen Erbteile aussetzt, die jedoch bis zum Tod des Längstlebenden gestundet werden. Diese Vermächtnisse haben ferner unter der auflösenden Bedingung stehen, dass die Kinder des anderen Ehegatten auf den ihnen nach diesem zustehenden Pflichtteil verzichten, und zwar entweder zu Lebzeiten des überlebenden Ehegatten durch Vertrag gem. § 2346 Abs. 2 oder nach dessen Tod durch formlosen Erlassvertrag (§ 397), oder dass sie ihre Pflichtteilsansprüche verjähren lassen.[23]

Die Bindungswirkung sollte jeweils ausdrücklich festgelegt werden. Sie wird jeweils für die eigenen Kinder durch Freistellungs- oder Abänderungsklauseln gelockert werden können. Wird hingegen dem Längerlebenden eine unbeschränkte Abänderungsbefugnis eingeräumt, könnte dies dazu führen, dass die Kinder des Zuerstversterbenden beim Tod des Überlebenden völlig leer ausgehen könnten;[24] diese mögliche Konsequenz würde wiederum Argument für die Kinder des Zuerstversterbenden sein, nach dem Tod ihres Elternteils den Pflichtteils zu verlangen. 25

8. Einseitiges Vermögen eines Ehegatten

Auch hier sind kongruente Lösungen für beide Ehegatten häufig unzweckmäßig. Bei einseitigem Vermögen eines Ehegatten bietet sich eine der Trennungslösungen nach diesem Ehegatten an (siehe § 14 Rn 89ff.), wenn sichergestellt werden soll, dass sein Nachlass nach dem Tod des Längstlebenden an bestimmte Endbedachte fallen soll.[25] Steht zu erwarten, dass der Überlebende die Substanz des Nachlasses für seine Bedürfnisse angreifen muss, kann entweder eine befreite Vorerbschaft (siehe § 10 Rn 34) oder bezüglich einzelner Vermögensgegenstände Vermächtnisse angeordnet werden, gekoppelt mit einem Nachvermächtnis auf den Überrest für die Endbedachten. Genügen dem längerlebenden Ehegatten die Nutzungen, kommt entweder eine nichtbefreite Vorerbschaft oder, auch zur Vermeidung der zivil- und steuerlichen Nachteile vor allem die Bestellung lebenslanger Nutzungsrechte (Nießbrauch, Wohnungsrecht) in Frage. Handelt es sich nur um die Sicherstellung eines bestimmten Vermögensgegenstandes für einen Endbedachten, bietet sich im Einzelfall die sog. gegenständliche Nacherbfolge an,[26] bei der alle Nachlassgegenstände mit Ausnahme des zu schützenden dem Vorerben mittels eines Universalvorausvermächtnisses zugewendet werden. 26

9. Großes Vermögen

Ist das Vermögen der Ehegatten so groß, dass es der überlebende Ehegatte zur Sicherung seines standesgemäßen Unterhalts nicht vollständig benötigt und soll beim Überle- 27

[22] So BayObLGZ 1994, 164 = ZEV 1995, 191 m. Anm. Hofstetter S. 192.
[23] So v. Olshausen DNotZ 1979, 707, 719.
[24] Hofstetter ZEV 1995, 193.
[25] Langenfeld NJW 1987, 1577, 1583.
[26] Siehe § 9 Rn 45; Formular hierzu in MünchVertrHdb/Nieder/Otto, Bd. 6/2 XVI. 14.

benden auch nicht aus sonstigen Gründen die Verfügungsbefugnis bleiben, z. B. zur Belohnung des eine spätere Pflege ausführenden Kindes, so ist es aus erbschaftsteuerlichen Gründen zweckmäßig, Teile des Nachlasses des erstversterbenden Ehegatten schon bei seinem Tod **direkt auf die Endbedachten** übergehen zu lassen.[27] Es kann erfolgen zum einen durch Erbeinsetzung des Ehegatten und dessen Beschwerung durch Vermächtnisse zugunsten der Endbedachten. Zur Herbeiführung der erbschaftsteuerlichen Entlastungswirkung ist auf Grund § 6 Abs. 4 ErbStG erforderlich, dass diese nicht erst beim Tod des Letztversterbenden fällig werden; daher ist sicherzustellen, dass zur Erfüllung dieser Vermächtnisse die Gegenstände auch wirtschaftlich verfügungsfähig sein werden und bei Geldvermächtnissen eine hinreichende Liquidität des Längerlebenden gegeben sein wird; zu steuerlichen Gestaltungsmöglichkeiten, auch dem sog. „Supervermächtnis" siehe § 6 II.2.h Rn 208). Alternativ kann umgekehrt der oder die Endbedachten als Erben nach dem Letztversterbenden eingesetzt werden und der überlebende Ehegatte erhält Vermächtnisse, insbesondere punktuelles Eigentumsverschaffungsvermächtnis, Nießbrauchsvermächtnis (siehe § 10 Rn 157 ff.) und/oder ein Rentenvermächtnis (siehe § 9 Rn 77). Die Vor- und Nacherbenfolge sollte wegen der Doppelbesteuerung durch die Erbschaftsteuer im Regelfall vermieden werden.[28]

10. Nur Hausrat vorhanden

28 Besitzen die Eheleute im Wesentlichen nur ihren Hausrat, ist denkbar es bei der gesetzlichen Erbfolge zu belassen, da sie zusammen mit dem Voraus gem. § 1932 Abs. 1 dem überlebenden Ehegatten neben Verwandten der zweiten Ordnung und Großeltern den gesamten Nachlass belässt (§ 1932 Abs. 1 Satz 1) und neben Verwandten der ersten Ordnung zum größten Teil (§ 1932 Abs. 1 Satz 2) (siehe § 1 Rn 42). Entscheidender Vorteil ist, dass der dem überlebenden Ehegatten gebührende Voraus bei der Berechnung des Pflichtteils der Abkömmlinge und der Eltern des Erblassers außer Ansatz bleibt (§ 2311 Abs. 1 Satz 2).[29]

29 Zu beachten ist dennoch, dass der überlebende Ehegatte mit den weiteren gesetzlichen Erben eine Erbengemeinschaft bildet, welcher die Übereignung der dem Voraus unterliegenden Gegenstände von der Erbengemeinschaft nach den Vermächtnisvorschriften (§§ 1932 Abs. 2, 2147 ff., 2174) auf den verwitweten Ehegatten obliegt.

11. Ausländische oder gemischtnationale Ehegatten

30 Größte Vorsicht ist geboten, wenn ausländische oder gemischtnationale Eheleute gemeinschaftliche Testamente oder Erbverträge errichten wollen, da die Rechtsordnungen der meisten Länder[30] solche Verfügungen materiellrechtlich verbieten (siehe § 5 Rn 35).

III. Verfügungen getrennt lebender Ehegatten

31 Die Trennung von Ehegatten an sich hat keine erbrechtlichen Konsequenzen hat. Das **gesetzliche Erbrecht des Ehegatten** (§§ 1931, 1371) und damit dessen Pflichtteilsrecht (§§ 2303 Abs. 2, 2325) sowie das Recht auf den Voraus (§ 1932) entfällt erst mit Auflösung der Ehe durch Rechtskraft der Scheidung (§ 1564 Satz 2) oder bereits vorher unter den Voraussetzungen des § 1933 Satz 1, 2; hierfür ist erforderlich, dass zur Zeit des To-

---

[27] Vgl. J. Mayer, ZEV 1998, 52; Ebeling ZEV 2000, 87.

[28] Gegenläufiges Beispiel im Sachverhalt des sog. Hohenzollernbeschlusses des BVerfG DNotZ 2004, 798; hierzu Isensee DNotZ 2004, 754; Kroppenberg DNotZ 2006, 86.

[29] Siehe auch oben § 21 II.2. Rn 6 und § 1 I.2.f) Rn 42.

[30] Siehe Übersicht bei Umstätter DNotZ 1984, 532.

des des Erblassers die Voraussetzungen für die Scheidung der Ehe (§§ 1565 ff.) gegeben waren und der Erblasser(!) die Scheidung beantragt oder ihr zugestimmt hatte.[31]

Als **letztwillige Verfügung** kommt in dieser Phase der Trennung neben familienrechtlichen Anordnungen (z.B. Beschränkung der Vermögenssorge gemäß § 1638, ggf. nebst Benennung eines Pflegers gemäß § 1917 Abs. 1 und Befreiung gemäß § 1917 Abs. 2 Satz 1; siehe oben § 15. VI. Rn 317 ff.) die Erbeinsetzung der Kinder bzw. sonstiger Personen oder aber eine Enterbung (§ 1938) des Ehegatten in Betracht. Bedeutsam ist stets der noch bestehende Pflichtteil des Ehegatten und damit und die Anwendung aller Methoden, die für die Minderung des Pflichtteils vorgeschlagen werden.[32] 32

Hinsichtlich **früher errichteter letztwilliger Verfügungen** ist stets deren Widerruf zu empfehlen, soweit diese einseitig widerruflich sind, da eine letztwillige Verfügung, durch die der Erblasser seinen Ehegatten bedacht hat, grundsätzlich erst unwirksam ist, wenn die Ehe vor dem Tod des Erblasser aufgelöst wurde (§ 2077 Abs. 1 Satz 1). Bei gemeinschaftlichen Testamenten könnten die eigenen Verfügungen formerschwert (§§ 2271 Abs. 1 Satz 1, 2296) widerrufen werden (siehe § 16 Rn 21, § 11 Rn 34 ff.); hierbei ist die Rechtsprechung des BGH zu beachten, dass bei Annahme eines Fortgeltungswillens gemäß § 2268 Abs. 2 wechselbezügliche Verfügungen auch nach Scheidung der Ehe ihre Wechselbezüglichkeit behalten und gemäß § 2271 Abs. 1 Satz 2 nicht durch einseitige Verfügung von Todes wegen aufgehoben werden kann.[33] Bei einem Erbvertrag ist der Rücktritt in der Form des § 2296 Abs. 2 auszuüben, soweit dieser erbvertraglich vorbehalten war (§ 2293) oder ausnahmsweise ein gesetzlicher Rücktrittsgrund gemäß §§ 2294 f. vorliegt; ansonsten können Ehegattenerbverträge evtl. wegen Motivirrtums angefochten werden (siehe § 11 Rn 101).[34] Anderenfalls gilt die letztwillige Verfügung, durch die der Erblasser seinen Ehegatten bedacht hat, fort bis zum Eintritt der Voraussetzungen des §§ 2077 Abs. 1 Satz 2 (i. V. mit 2268 und 2279). Aber auch dann ist die Annahme eines etwaigen Fortgeltungswillens (§ 2077 Abs. 3) nicht auszuschließen, so dass stets regelmäßig bei vertraglichen Bestimmungen – soweit möglich – eine Aufhebung (§§ 2290–2292)[35] und bei einseitigen Verfügungen (§ 2299) ein Widerruf oder aber ausnahmsweise umgekehrt die Klarstellung eines Fortgeltungswillens mittels letztwilliger Verfügung sachgerecht ist. 33

Bei **Getrenntlebens-/Scheidungsvereinbarungen** im Vorfeld einer Scheidung wird häufig ein überstimmender Wille der getrennt lebenden Ehegatten bestehen, etwa früher getroffene gemeinschaftliche letztwillige Ehegattenverfügungen einvernehmlich aufzuheben, jedenfalls bezüglich einer bestehenden bindenden gegenseitigen Erbeinsetzung oder anderweitigen Zuwendung an den Noch-Ehegatten und/oder an Dritte. Ferner ist zu prüfen, ob der Wille sich auch erstreckt auf die Abgabe eines gegenseitigen Pflichtteilsverzichts (§ 2346 Abs. 2); dies wird in den Fällen der einvernehmlichen Regelung der Getrenntlebensverhältnisse und Scheidungsfolgen meist der Fall sein, da das Pflichtteilsrecht ansonsten abhängig ist von Zufälligkeiten der Zeitabfolge hinsichtlich des Eintritts der Voraussetzungen des § 1933 (i. V. mit § 2303 Abs. 2). 34

[31] Hat hingegen der andere Ehegatte die Scheidung beantragt, steht diesem während des Scheidungsverfahrens das Erb- und Pflichtteilsrecht zu, falls der Erblasser der Scheidung nicht zugestimmt hat: Eine „schwer verständliche Rechtsfolge" (Bengel ZEV 1994, 360). Zum Erbrecht in der Ehekrise Schlitt ZEV 2005, 96.

[32] Siehe hierzu unten § 21 IX. Rn 128 ff.

[33] BGH v. 7. 7. 2004 DNotZ 2005, 51 = ZEV 2004, 423 mit Anm. Keim S. 425.

[34] Nieder ZEV 1994, 157.

[35] Keller ZEV 2004, 94.

IV. Verfügungen geschiedener Ehegatten („Geschiedenentestament")[36]

1. Überblick

35 Durch die Ehescheidung bzw. ihre Einleitung nach Maßgabe der §§ 1933, 2077 (siehe dazu im Einzelnen § 1 Rn 12 ff.; vgl. auch vorstehende Rn 34) entfällt das gesetzliche Ehegattenerbrecht und im Zweifel auch eine zugunsten des anderen Ehegatten getroffene Verfügung von Todes wegen (siehe § 14 Rn 105 ff.). Um Zweifel hinsichtlich eines etwaigen **Fortgeltungswillens** gemäß § 2077 Abs. 3 auszuschließen, ist im Regelfall ein vorsorglicher **Widerruf** früherer letztwilliger Verfügungen zweckmäßig. Problematisch ist jedoch, dass nach der Rechtsprechung des BGH über § 2268 Abs. 2 fortgeltende wechselbezügliche Verfügungen auch nach der Scheidung der Ehe ihre Wechselbezüglichkeit behalten und nicht gemäß § 2271 Abs. 1 Satz 2 durch einseitige Verfügung von Todes wegen aufgehoben werden können;[37] sofern eine einvernehmliche Scheidungsvereinbarung getroffen wird, sollte diese in Zweifelsfällen den Widerruf früherer letztwilliger Verfügungen enthalten, sofern im gemeinschaftlichen Testament nicht bereits eindeutig der Fortgeltungswille i. S. des § 2268 Abs. 2 ausgeschlossen wurde. Ferner können Zweifel bestehen hinsichtlich einem etwa gewünschten Fortbestand weiterer im Ehegatten-Erbvertrag enthaltener Verfügungen.[38] Bezüglich vertragsmäßiger Verfügungen in einem Erbvertrag stellt § 2279 Abs. 2 – ergänzend zur allgemeinen Verweisung des § 2279 Abs. 1 auf das Testamentsrecht und damit auch auf § 2077 Abs. 3 – klar, dass § 2077 auch auf Erbverträge zwischen Ehegatten (und Verlobten und Lebenspartnern) anzuwenden ist. Ferner erweitert § 2279 Abs. 2 den Anwendungsbereich des § 2077 „insoweit, als ein Dritter bedacht" ist: Ist ein Dritter in einem einseitigen Erbvertrag bedacht, wird die Verfügung auch beim Tode des anderen Ehegatten unwirksam, wenn der Erblasser den Antrag auf Ehescheidung gestellt hatte und die Voraussetzungen für eine Ehescheidung erfüllt gewesen waren. Bei einem zweiseitigen Erbvertrag ergibt sich diese Folge aus § 2298 Abs. 1 auch dann, wenn die Verfügung zugunsten des Dritten von dem verstorbenen Ehegatten getroffen war und die Verfügung des überlebenden Ehegatten

[36] Siehe hierzu auch oben § 14 III.7. Rn 105 sowie: Nieder, Das Geschiedenentestament und seine Ausgestaltung, ZEV 1994, 156; Reimann, Erbrechtliche Überlegungen aus Anlass der Ehescheidung, ZEV 1995, 329; ders. Das Herausgabevermächtnis als Alternative zur Nacherbfolgeanordnung, MittBayNot 2002, 4 ff.; Wagner, Das Geschiedenentestament – eine sinnvolle erbrechtliche Gestaltungsform? ZEV 1997, 369; R. Kössinger, Das Testament Alleinstehender, 3. Muster; *ders.* in Nieder/Kössinger, § 21 IV; ders. in Beck'sches Formularbuch Erbrecht/Kössinger, Muster E. I. 3.. Muster; ders. in Aktuelle Fragen des Erbrechts, Bayer/Koch (Hrsg.), Nomos 2010, S. 105 ff.; Busse, Verfügungen von Todes wegen Geschiedener, MittRhNotK 1998, 225; Frohnmayer, Geschiedenentestament, 2004; Limmer, in Reimann/Bengel/J. Mayer, Testament und Erbvertrag, Syst. Teil A Rn 361 ff. sowie Formularteil B Rn 32, 33; *ders.* in Würzburger Notarhandbuch, Teil 4, Kapitel 1, Abschnitt III.; *ders.*Geschiedenentestament, ZFE 2002, 19 ff.; Braun, in Beck'sches Formularbuch Erbrecht, Abschnitte E. I. 3., F. III.; Damrau, Minderjährige Kinder aus geschiedenen Ehen als Erben, ZEV 1998, 90; Dieterle, Das Geschiedenen-Testament, BWNotZ 1971, 170; Enzensberger, Testamente für Geschiedene und Patchwork-Ehen; *Frenz,* DNotZ 1995, 908, Familienrechtliche Anordnungen; Kanzleiter, Die letztwillige Verfügung geschiedener Ehegatten, ZNotP 2003, 127; *ders.* Keine wechselbezüglichen Verfügungen in gemeinschaftlichen Testamenten nach der Ehescheidung! ZEV 2005, 181 ff.; Langenfeld, Testamentsgestaltung, § 16 „Die Ausschaltung des getrenntlebenden und geschiedenen Ehegatten"; J. Mayer, Der Fortbestand letztwilliger Verfügungen bei Scheitern von Ehe, Verlöbnis und Partnerschaft, ZEV 1997, 280 ff.; ders. Der superbefreite Vorerbe? – Möglichkeiten und Grenzen der Befreiung des Vorerben, ZEV 2000, 1 ff., S. 8: Aufschiebend befristetes Herausgabevermächtnis als Patentlösung?; Schnabel, Das Geschiedenentestament.

[37] BGH DNotZ 2005, 51 = ZEV 2004, 423 m. Anm. Keim; hierzu auch Kanzleiter ZEV 2005, 181.

[38] OLG München DNotZ 2006, 132 = MittBayNot 2006, 56.

unwirksam ist. Für eine einseitig getroffene letztwillige Verfügung in einem Erbvertrag gilt gemäß § 2299 Abs. 2 Satz 1 das gleiche, wie wenn sie durch Einzeltestament getroffen worden wäre.

Ist ein Fortgeltungswille im Sinne des § 2077 Abs. 3 nicht auszuschließen und ist kein Widerruf oder Rücktritt oder gemeinschaftliche Aufhebung möglich, muss dem geschiedenen Erblasser geraten werden, nach Vorhandensein von späteren Pflichtteilsberechtigten, d. h. im Falle einer neuerlichen Eheschließung und/oder der Geburt eines weiteren Kindes, die früheren Verfügungen im Erbvertrag vorsorglich gemäß §§ 2281, 2079 fristgerecht (§ 2283) und formgerecht (§ 2282, mittels notarieller Urkunde) **anzufechten.**[39]

Der geschiedene Erblasser hat regelmäßig das vordringliche Regelungsziel, dass sein 36
früherer Ehegatte (auch) nicht **mittelbar** an seinem Nachlass partizipiert. Eine Teilhabe des Geschiedenen kann erfolgen zum einen dadurch, dass der geschiedene Ehegatte den Nachlass nach dem Anfall an die noch minderjährigen (§§ 2, 106 f.) gemeinschaftlichen Kinder als dann allein Sorgeberechtigter, auch bezüglich der Vermögenssorge, **verwaltet** (§§ 1680, 1626 Abs. 1 Satz 2, 1629; hierzu Rn 37), zum anderen dass er gemeinschaftliche Kinder nachfolgend **beerbt** (§ 1925, insbesondere möglicher Alleinerbe gemäß Abs. 3 Satz 2) oder ihnen gegenüber **pflichtteilsberechtigt** wird (§ 2303 Abs. 2 Satz 1 Alt. 1), nachdem der Nachlass des erstverstorbenen Elternteils zuvor in das Vermögen der Kinder gelangt ist, insbesondere gemäß § 1924 (hierzu Rn 38 ff.).

Ferner hat der Geschiedene zu beachten, dass sich beim Tod eines Menschen ein Ver- 36a
mögensanfall auch außerhalb des Erbrechts vollziehen kann. **Verträge zugunsten Dritter,** insbesondere Lebensversicherungen, Spar- und Bausparverträge zugunsten Dritter auf den Todesfall, gehen grundsätzlich außerhalb des Erbrechts auf einen benannten Berechtigten über (§§ 328, 330 BGB; §§ 159 f. VVG). Eine anderslautende letztwillige Verfügung hat grundsätzlich keinen Einfluss hierauf. Hat sich der Versicherungsnehmer einer Lebensversicherung, Berufsunfähigkeitsversicherung (§ 176 VG) oder Unfallversicherung (§ 185 VVG) die Befugnis vorbehalten, einseitig und auch durch Verfügung von Todes wegen den benannten Dritten zu ersetzen, ist ALB 13 III zu beachten, wonach der Widerruf eines Drittrechts erst mit schriftlicher Anzeige an die Versicherung wirksam wird; eine Vorlage des Testaments nach dem Todesfall genügt nicht.[40]

Hat der Erblasser im Lebensversicherungsvertrag seinen Ehegatten, sei es namentlich, sei es „meinen Ehegatten“, (widerruflich, § 159 Abs. 2 VVG) als bezugsberechtigten Dritten bezeichnet, und diese Bezugsberechtigung bei oder nach Scheidung nicht widerrufen, findet § 2077 keine entsprechende Anwendung.[41] Die Bestimmung der begünstigten Person richtet sich dem erklärten Willen des Versicherungsnehmers im Versicherungsvertrag.[42] Der als Bezugsberechtigter benannte Ehegatte erhält daher nach h. M. im Deckungsverhältnis auch nach Scheidung die Versicherungssumme; die Erben können lediglich im Valutaverhältnis die Versicherungssumme vom geschiedenen Ehegatten des Erblassers herausverlangen, wenn sie den Beweis dafür führen können, dass der Fortbestand der ehelichen Lebensgemeinschaft (und nicht z. B. Altersversorgung oder angemessene Teilhabe am Vermögen) Geschäftsgrundlage der Zuwendung war.

Bei Scheidungsfällen ist daher stets – neben der Erstellung der letztwilligen Verfügung – bei solchen Verträgen die **Bezugsberechtigung** durch die Beteiligten zu überprüfen und ggf. gesondert anzupassen. Bei Lebensversicherungen bedarf dies einer schriftlichen Anzeige des Versicherungsnehmers/Erblassers an die Versicherung. Ferner bedarf dies der Zustimmung des geschiedenen Ehegatten, wenn die Bezugsberechtigung gemäß § 159 Abs. 3 VVG unwiderruflich eingeräumt wurde.

[39] Kanzleiter ZEV 2005, 184.
[40] Palandt/Grüneberg § 332 Rn 3.
[41] BGH NJW 1987, 3131; a. A. MünchKomm/Leipold § 2077 Rn 38 m. w. N.
[42] BGH NJW 1995, 1082, 1084.

37 Soll der geschiedene Ehegatte und Elternteil gemeinschaftlicher Kinder von der **Verwaltung** über das Kindesvermögen, z.B. Entscheidung über Anlage von Vermögenswerten, Nutzung von Immobilien, Ausübung von Gesellschafterrechten, Auswahl von Beratern u.a., wofür der Elternteil auch nur haftet für die Sorgfalt, die er in eigenen Angelegenheiten anzuwenden pflegt (§§ 1664 Abs. 1, 277) **ausgeschlossen** werden, bestehen folgende Gestaltungsmöglichkeiten:

37a Der Erblasser kann einen **Testamentsvollstrecker** ernennen (§§ 2197ff.) und zwar mit dem Aufgabenkreis einer (befristeten) Dauerverwaltungsvollstreckung (§ 2209 Satz 1); ist Nacherbfolge angeordnet (siehe unten Rn 38ff.) sollte der Aufgabenkreis auch die Nacherbenvollstreckung umfassen (§ 2222). Die Dauer der Testamentsvollstreckung kann über die Vollendung des 18. Lebensjahres hinaus gehen, z.B. bis zur Vollendung des 25. Lebensjahres, sodass das gemeinschaftliche Kind auch als (junger) Volljähriger nicht eigene Verfügungen treffen kann unter einer etwaigen persönlichen Einflussnahme durch den geschiedenen Ehegatten/längerlebenden Elternteil. Rechtsfolge dieser Testamentsvollstreckung ist insbesondere, dass die Verwaltungsbefugnis (§§ 2205, 2216) und Verfügungsmacht (§ 2211) bis zur Beendigung der Testamentsvollstreckung nicht dem Kind bzw. dessen Elternteil als gesetzlichem Vertreter, sondern dem Testamentsvollstrecker zusteht. Der Erblasser kann dem Testamentsvollstrecker auch Anordnungen für die Verwaltung des Nachlasses machen gemäß § 2216 Abs. 2 Satz 1.

37b Gemäß § 1638 Abs. 1 kann ein Erblasser durch letztwillige Verfügung bestimmen, dass die Eltern (oder ein Elternteil § 1638 Abs. 3) das Vermögen nicht verwalten sollen, welches das Kind von Todes wegen erwirbt (**Beschränkung der Vermögenssorge**; siehe § 15 Rn 317ff.); hierzu gehört, was dem Kind durch gesetzliche oder gewillkürte Erbfolge, durch Vermächtnis oder auch als Pflichtteil zufällt. Die Vermögenssorge erstreckt sich dann nicht auf dieses Nachlassvermögen und gemäß § 1638 Abs. 2 auf etwaige Surrogate. Dieser Ausschluss des anderen Elternteils (geschiedenen Ehegatten) reicht jedoch nur für die grundsätzliche Dauer der elterliche Sorge, somit bis zur Erreichung der Volljährigkeit des Kindes, anders als bei der Testamentsvollstreckung.

Für die gemäß § 1638 abgespaltene Vermögenssorge ist gemäß § 1909 Abs. 1 ein Pfleger zu bestellen. Der Erblasser kann diesen **Pfleger** selbst in der Verfügung von Todes wegen benennen (§ 1917 Abs. 1). Der Erblasser kann dabei ferner den Pfleger von bestimmten Pflichten (§§ 1852–1854, z.B. Befreiung von Rechnungslegung) befreien (§ 1917 Abs. 2).

Diese Anordnung kann eine Testamentsvollstreckungsanordnung (siehe oben Rn 37a) nicht ersetzen, auch weil diese Beschränkungen der Vermögenssorge nur Bedeutung hat bis zur Vollendung der Volljährigkeit des Kindes; ferner bedarf der sorgeberechtigte Pfleger – anders als ein Testamentsvollstrecker – für Verfügungen der familienrechtlichen Genehmigung. Diese Anordnung der Beschränkung der Vermögenssorge hat aber eine ergänzende Funktion zur Verwaltungstestamentsvollstreckung. Dann steht die Ausübung der Kontrollrechte des Kindes (Erbe) gegenüber dem Testamentsvollstrecker dem benannten Pfleger und nicht dem geschiedenen Ehegatten als dem alleinigen Elternteil zu. Insbesondere kann dann der geschiedene Ehegatte nicht in Ausübung des Kindesrechts versuchen, den Testamentsvollstrecker durch Entlassungsanträge gemäß § 2227 zur Niederlegung seines Amtes zu bewegen. Wegen dieser Kontrollfunktion sollte es sich bei dem benannten Pfleger um eine unterschiedliche Person handeln als den Testamentsvollstrecker.

Der Erblasser kann ferner
- gemäß § 1639 Abs. 1 den Eltern
- gemäß § 1803 Abs. 1 dem Vormund

durch letztwillige Verfügung **Anordnungen** erteilen **zur Verwaltung des Vermögens**, was das Kind von Todes wegen erwirbt.

38 Hinsichtlich der Sicherung der **Vermögensnachfolge**, d.h. Vermeidung einer Erbes oder Pflichtteilsrechts des geschiedenen Ehegatten und Elternteils des gemeinsamen Kindes, ist eine Lösungsmöglichkeit für den Erblasser, die gemeinsamen **Kinder als befreite**

Vorerben einzusetzen und zu Nacherben auf deren Tod deren Abkömmlinge, ersatzweise das Geschwisterkind bzw. dessen Abkömmlinge und letztlich Verwandte der eigenen Familie.[43] Der Erblasser hätte damit sein Vermögen durch Nacherbenbenennung in eine ihm genehme Richtung gelenkt. Er hätte damit aber auch die Kinder bezüglich des von ihnen ererbten Vermögens weitgehend in der Verfügung unter Lebenden und völlig in der Verfügung von Todes wegen gebunden. Die Kinder können nichts aus der Erbschaft ihren Ehepartnern oder sonstigen Personen ihrer Wahl letztwillig zuwenden.[44] Die Gestaltung, den Nacherben unter der aufschiebenden oder auflösenden Bedingung einzusetzen, dass der Vorerbe nicht selbst letztwillig anders über den Nachlass verfügt, muss hier versagen, da mit dem Eintritt der Bedingung feststände, dass der Vorerbe Vollerbe war und dann das ererbte Vermögen vom Pflichtteilsrecht des geschiedenen Ehemannes erfasst würde.[45]

Das Kind selbst könnte – ab Erreichung der Testierfähigkeit, bei notariellem Testament ab dem 16. Lebensjahr (§ 2229 Abs. 1), ansonsten ab dem 18. Lebensjahr (§ 2247 Abs. 4) – auch selbst eine entsprechende Verfügung von Todes wegen treffen. Zum einen setzt dies einen entsprechenden Willen voraus, einseitig zugunsten eines Elternteils zu verfügen und diesen Willen auch nach dem Tode des begünstigten Elternteils beizubehalten; eine entsprechende bindende erbvertragsmäßige Verfügung (§ 2278 Abs. 2) wird in jungen Jahren regelmäßig nicht gewünscht und nicht zweckmäßig sein. Zum anderen würde aber auch bei Vorliegen einer solchen, den überlebenden Elternteil von der Rechtsnachfolge ausschließenden Verfügung, diesem ein Pflichtteilsanspruch zustehen (§ 2303 Abs. 2 Satz 1 Fall 1); beim zugrundezulegenden Wert des Nachlasses des Kindes (§ 2311) würde auch der zuvor ererbte Nachlass des erstverstorbenen Elternteils mitberechnet.

Zur **Vermeidung der indirekten Teilhabe des geschiedenen Ehegatten** bzw. seiner einseitigen Verwandten am Nachlass des anderen Ehegatten bieten sich daher folgende Möglichkeiten an:[46]

2. Nacherbfolgelösung

Die Nacherbfolgelösung ist der klassische Lösungsweg für das sog. „Geschiedentestament". Hierbei werden, wie im nachfolgenden Formulierungsvorschlag, die Abkömmlinge aus der geschiedenen Ehe vom Erblasser zu von den gesetzlichen Beschränkungen befreiten Vorerben (§§ 2100, 2136 BGB) eingesetzt. Als Nacherben setzt der Erblasser Personen seiner Wahl ein, seien es Abkömmlinge des Kindes (die noch nicht gezeugt sein müssen, § 2101 Abs. 1), seien es eigene Verwandte des Erblassers wie z.B. Geschwister oder Neffen/Nichten. Für den Fall, dass weitere Abkömmlinge auch des geschiedenen Ehegatten als Nacherben eingesetzt sind (insbesondere Abkömmlinge des gemeinsamen Kindes, d.h. Enkel), sind weitere gestaffelte Nachfolgeanordnungen innerhalb der Zeitgrenze des § 2109 möglich. Nacherbfall ist im Grundtypus der Tod des Vorerben, also des Kindes, gemäß dem gesetzlichen Regelfall des § 2106 Abs. 1. Nacherben sind, um die Vorerben nicht in ihrer Testierfreiheit zu beeinträchtigen diejenigen Personen, die von den Vorerben jeweils als eigene Erben eingesetzt werden.[47] 39

Eine Alternative zu dieser modifizierten Nacherbeinsetzung wäre, sie in gleicher Weise jedoch nur **bedingt** für den Fall anzuordnen, dass Nachlassgegenstände im Wege der Erbfolge oder der Vermächtniserfüllung auf den unerwünschten Personenkreis überge- 40

[43] Beispiel „Ostmann" zur Rechtsnachfolge des Geschiedenen und einer missglückten Gestaltung; Flick/Hannes/von Oertzen, Prominente Testamente, S. 35ff.
[44] Dieterle BWNotZ 1971, 14.
[45] Dieterle BWNotZ 1971, 15.
[46] Siehe hierzu eingehend Nieder ZEV 1994, 158 ff. und Literaturnachweise bei Fußnote 29.
[47] So Reimann/Bengel/J. Mayer, Testament und Erbvertrag, Formularteil B. V.1.p).

hen oder Grundlage einer Pflichtteilsberechnung des geschiedenen Ehemannes sind.[48] Hierbei sollte man aber berücksichtigen, dass die Beeinträchtigungen des Vorerben bei der bedingten Nacherbeinsetzung die gleichen sind wie bei der unbedingten. Sofern der Erblasser für die Zeit nach dem Tod der Vorerben weiterhin Sicherungsbedarf sieht, können, wie in § 3 des Formulars, innerhalb der Zeitgrenze des § 2109 BGB weitere Nacherbfolgen angeordnet werden, wobei immer der vorgehende Nacherbe Vorerbe des ihm folgenden Nacherben wird.

41 Die Nacherbfolgeanordnung bewirkt, dass die Erbschaft (§ 1922 Abs. 1) des Erblassers als Sondervermögen gesondert zu verwalten ist. Mit dem Nacherbfall, d.h. im Grundtypus nach dem Tod des Kindes als Vorerben, geht dieses Nachlassvermögen des Erblassers über auf die vom Erblasser selbst benannten Nacherben; die Erbschaft fällt gemäß § 2139 dem Nacherben an. Da diese Erben des Erblassers, nicht des Vorerben sind, entsteht insoweit kein Pflichtteilsanspruch für den geschiedenen Elternteil nach dem Kind. Neben dieser gewünschten Wirkung führt die Nacherbeinsetzung – neben u.U. erbschaftsteuerlichen Nachteilen – zu häufig unerwünschten bürgerlich-rechtlichen Wirkungen. Sie begründet für den Vorerben zu dessen Lebzeiten Verfügungs- und Verwaltungsbeschränkungen (§§ 2113 ff.; Befreiungsmöglichkeit nur im Rahmen von § 2136. Siehe hierzu im Einzelnen § 10, Rn 34 ff.) sowie Sicherungs- und Kontrollrechte nebst Mitwirkungshandlungen des Nacherben (z.B. §§ 2121 ff., 2127 ff., 2130 Abs. 2).

Ferner kann der Vorerbe über das der Nacherbfolge unterliegende Vermögen **keine eigenen letztwilligen Verfügungen** treffen. Langjährig wurde die sogenannte **„Dieterle-Klausel"** verwendet, wonach als Nacherben diejenigen eingesetzt werden, die vom Vorerben jeweils als eigene Erben eingesetzt werden, soweit es sich nicht um den geschiedenen Ehegatten und dessen Verwandte handelt.[49] Dem Vorerben stand somit eine weitgehende Gestaltungsfreiheit zu. Insbesondere konnte das Kind auch seinen eigenen Ehegatten einsetzen. Diese Klausel wurde vom BGH als möglich angesehen.[50] Dies ist seit der Entscheidung des OLG Frankfurt bis zu einer höchstrichterlichen Entscheidung nicht als sicherer Weg empfehlenswert, da jenes Gericht einen Verstoß gegen das materielle Selbstbestimmungsgebot gemäß § 2065 Abs. 2 gesehen hat: Der Erblasser überlasse es dem Vorerben den Nacherben zu bestimmen.[51] Der Erblasser darf die Bestimmung der Person des Nacherben nicht den Vorerben überlassen (§ 2065 Abs. 2 BGB); nur die Bezeichnung, nicht die Bestimmung der Person darf einem Dritten übertragen werden.[52]

Dies führt zu „gravierenden Einschränkungen"[53] des Vorerben, also beim Geschiedenentestament der Kinder des Erblassers und damit regelmäßig auch zu deren Unzufriedenheit auf Grund dieser entmündigenden Wirkung. Daher kann eine Abwägung des Sicherungswunsches des Erblassers gegenüber seinem geschiedenen Ehegatten einerseits und den Beschränkungen der Kinder durch die Vor- und Nacherbfolge und den damit verbundenen Nachteilen andererseits ergeben, dass der Erblasser stattdessen die nach-

[48] Dieterle BWNotZ 1971, 17 f. m. entspr. Testamententwurf.

[49] Dieterle BWNotZ 1971, 15 f.

[50] BGHZ 59, 220: „Nacherben können unter der aufschiebenden Bedingung eingesetzt werden, dass der Vorerbe nicht letztwillig anders über den Nachlass verfügt." Jedoch hat der BGH in DNotZ 1981, 765, 768 offengelassen, ob an dieser Rechtsprechung noch festzuhalten sei. Hierzu auch N. Mayer ZEV 1996, 105.

[51] OLG Frankfurt DNotZ 2001, 149. Kritisch Kanzleiter DNotZ 2001, 149; ders. ZNotP 2003, 127, 130; zweifelnd (zulässig, jedoch „grenzwertige Gestaltung") Ivo, DNotZ 2002, 260, 266; Keim FamRZ 2003, 137, 140; Everts MittBayNot 2005, 298. Vgl. auch BayObLG MittBayNot 2004, 450 LS. 3: Unwirksamkeit einer testamentarischen Klausel, dass der Vorerbe berechtigt sein sollte, aus den Abkömmlingen den für die Erhaltung und Bewirtschaftung des Grundbesitzes geeignetsten Nacherben auszuwählen.

[52] BayObLG MittBayNot 2004, 450, 453.

[53] Reimann MittBayNot 2002, 4.

stehende Herausgabevermächtnislösung wählt und/oder die **Nacherbfolge modifiziert.**[54] Zur einschränkenden Modifikation der Nacherbfolge ist insbesondere möglich, dass diese befristet wird, z. B. mit Vollendung des 28. Lebensjahres des jeweiligen Kindes, und/oder **auflösend bedingt** angeordnet wird mit dem Ableben des Ex-Partner (und ggf. dessen Verwandten) und/oder Vorhandensein eigener Abkömmlinge des Kindes[55] (mit der Folge, dass jenes Enkelkind – soweit es nicht wegfällt oder eine gewillkürte Erbfolge erfolgt – den anderen – geschiedenen – Elternteil von der gesetzlichen Erbfolge verdrängen würde, §§ 1924, 1930),[56] oder eine **Einsetzung des Nacherben auf den Überrest** gemäß § 2137 Abs. 1 und/oder **Vorausvermächtnisse** für den Vorerben oder aber eine Kombination der Anordnungen (siehe hierzu unten Abschnitt 4. Rn 54).

In jedem Falle ist jedoch auf Grund der divergierenden Rechtsfolgen **klarzustellen, welche Anordnung** getroffen ist. Insbesondere kann die Bestimmung eines Endbedachten einerseits und die Bestimmung, dass der Erstbedachte „zur freien Verfügung über die Erbschaft„ berechtigt sein soll, auch im Hinblick auf die Auslegungsregel des § 2137 Abs. 2 zu Rechtsunsicherheiten führen.[57] Vor allem aber ist im Hinblick auf die Auslegungsregel des § 2103 ausdrücklich deutlich zu machen, ob eine Nacherbfolgeanordnung oder ein Herausgabevermächtnis gewählt ist. Gerade bei privatschriftlichen Testamenten können Anordnungen des Erblassers trotz „eindeutigem Wortlaut" auslegungsfähig sein.[58] 42

3. Herausgabevermächtnislösung

Ziel geschiedener Testierer ist regelmäßig, dass keine Vermögenswerte aus ihrem Nachlass an den geschiedenen Ehegatten (und dessen Verwandtschaft) fallen. Dies kann der Erblasser neben der Nacherbfolgeanordnung auch verfolgen mit einem aufschiebend bedingten **Herausgabevermächtnis.**[59] Dies hat zwar nur eine wesentlich schwächere Sicherungswirkung als die Nacherbfolgelösung (oben Ziffer 2), bewirkt aber auch nur eine geringere Beeinträchtigung der eigenen Abkömmlinge. Anders als beim unmittelbaren Rechtsübergang gemäß der Nacherbfolgelösung hat dieses Vermächtnis nur eine schuldrechtliche Wirkung und bedarf einer gesonderten Erfüllung des Vermächtnisanspruchs (§ 2174). 43

Hierbei werden die (ggf. gemeinschaftlichen) Abkömmlinge des Erblassers zu Vollerben eingesetzt. Diese werden mit jeweils erst mit ihrem Tod anfallenden Vermächtnissen beschwert, diejenigen Vermögensgegenstände einschließlich ihrer Surrogate, die sie aus dem Nachlass des Erblassers (aufgrund der Erbschaft) erworben haben und die sich zurzeit des Vermächtnisanfalls noch im Vermögen des Beschwerten befinden (Herausgabevermächtnis „auf den **Überrest**"), an die Vermächtnisnehmer herauszugeben.[60] Die Vererb- und Veräußerlichkeit des Anwartschaftsrechts aus dem Vermächtnis zwischen Erb-

[54] Zu Möglichkeiten und Grenzen der Befreiung des Vorerben: J. Mayer ZEV 2000, 1.

[55] Zudem entfällt die erbschaftsteuerliche Doppelbesteuerung, wenn der Nacherbfall nicht eintritt mit dem Tod des Vorerben, § 6 Abs. 3 ErbStG.

[56] Zur Beseitigung der Nacherbschaft durch auflösende Bedingungen: N. Mayer ZEV 1996, 106.

[57] Beispiele bei MünchKomm/Grunsky § 2138 Rn 3.

[58] Reimann MittBayNot 2002, 5.

[59] Zum Herausgabevermächtnis siehe auch: § 1 II.3.c) Rn 118 zur Feststellung des Nachlasses bei Herausgabevermächtnissen; § 8 I.6.d) Rn 35 zur Vermächtnislösung zur Bedenkung nachgeborener Abkömmlinge; § 9 I.10. lit. s), Rn 72; § 10 III., Rn 131 ff. zum aufschiebend bedingten Vermächtnis, § 14 III.3.d) Rn 98 zum Herausgabevermächtnis der Endbedachten bei der Trennungslösung von Ehegattenverfügungen; § 15 III. Rn 170 ff. zu bedingten Zuwendungen; zur Herausgabevermächtnislösung beim Geschiedenentestament Formulierungsvorschlag bei Rn 54 ; Reimann, MittBayNot 2002, 4; zu damit verbundenen Problemen: J. Mayer, ZEV 2000, 8 f., zu aufschiebend bedingten Universalherausgabevermächtnissen Hölscher ZEV 2009, 214 ff.

[60] Dieterle BWNotZ 1971, 18 m. entspr. Testamentsentwurf; Reimann/Bengel/J. Mayer, Testament und Erbvertrag, Formularteil B. V.1.q).

fall und Vermächtnisanfall kann und sollte dabei ausgeschlossen werden.[61] Bei dieser Lösung sind die Erben lediglich schuldrechtlich beschränkt, ohne Vermerk im Erbschein und – soweit nicht anderes im Vermächtnis bestimmt ist – im Grundbuch.

44 Die **Vermächtnisnehmer** können entweder direkt vom Erblasser bestimmt werden, z.B. die Abkömmlinge[62] der Kinder, ersatzweise/oder Geschwister oder sonstige Verwandte des Erblassers. Jedoch ist auch eine vom Erblasser gewünschte Offenhaltung der Bestimmung der Vermächtnisnehmer als Endbedachter beim Herausgabevermächtnis einfacher zu bewerkstelligen als bei der Nacherbfolge. Da bei Vermächtnissen das **Drittbestimmungsrecht** vom Gesetz im Rahmen der §§ 2151ff. zugelassen wird, kann der Erblasser einem von ihm für seinen oder von den Erben für ihren Nachlass ernannten Testamentsvollstrecker gem. § 2151 BGB das Recht einräumen, aus einem vom Erblasser bestimmten Personenkreis, z.B. der Verwandtschaft mit Ausnahme des geschiedenen Ehegatten und dessen einseitiger Abkömmlinge, die Vermächtnisnehmer zu bestimmen und gem. § 2153 BGB die einzelnen Vermächtnisgegenstände unter ihnen zu verteilen.[63] Zu beachten ist hierbei, dass die Erben bei dieser Gestaltung nicht wie sonst selbst zu Bestimmungsberechtigten bestimmt werden können, da die Vermächtnisse erst mit ihrem Tod anfallen und die Ausübung des Bestimmungsrechts nicht durch eine Verfügung von Todes wegen erfolgen kann und mit dem Tod des Bestimmungsberechtigten erlischt.[64] Ferner kann der Erblasser nach Maßgabe von § 2156 ein Zweckvermächtnis anordnen und die Bestimmung der Leistung Dritten überlassen (siehe zu Drittbestimmungsmöglichkeiten beim Vermächtnis eingehend § 3 Rn 47ff.).

45 Anders als bei der gesetzlich geregelten Nacherbfolge ist die gesetzliche Regelungsdichte für ein **Herausgabevermächtnis** gering, so dass die nähere **Ausgestaltung des Rechtsverhältnisses** durch den Erblasser selbst zu erfolgen hat.[65] Insbesondere können folgende Problemkreise klärungsbedürftig sein:[66]

46 • **Surrogation** bezüglich der Vermächtnisgegenstände? Beim Herausgabevermächtnis soll der Erstbedachte gerade befugt sein, nach seinem Ermessen über die Nachlassgegenstände zu verfügen. Sofern er diese nicht verschenkt – was beim Herausgabevermächtnis grundsätzlich zulässig ist im Gegensatz zur Vorerbschaft (§§ 2113 Abs. 2, 2136, 2138 Abs. 2) – unterliegt das Surrogat gesetzlich nicht dem Vermächtnisanspruch, sondern unterliegt der allgemeinen Rechtsnachfolge des Erstbedachten. Anderes gilt dann, wenn im Vermächtnis eine Surrogationsregelung entsprechend § 2111 Abs. 1 Satz 1 aufgenommen wird.

47 • Anspruch des Endbedachten auf **Eintragung einer Vormerkung,** soweit Grundbesitz im Nachlass vorhanden? Der Endbedachte hat – nach Anfall des Vermächtnisses – nach überwiegender Ansicht nur dann einen Anspruch auf Eintragung einer Vormerkung zur Sicherung seiner Vermächtnisforderung, wenn dieser Anspruch mitvermacht ist.[67] Wird dies angeordnet und eine Vormerkung im Grundbuch eingetragen, ergibt sich jedoch für den Erstbedachten eine stärkere Einschränkung seiner Verfügungsbefugnis als bei einer befreiten Vorerbschaft.[68] Daher wird der Anspruch auf Vormerkung meist nicht der Intention des Erblassers beim Herausgabevermächtnis, das auf eine größere Handlungsfreiheit des Erstbedachten abzielt, entsprechen.

---

[61] Dieterle BWNotZ 1971, 18. Zur Gestaltbarkeit des Anwartschaftsrechts: Palandt/Edenhofer § 2179 Rn 1.

[62] Da diese Abkömmlinge jedoch auch verwandt sind zum geschiedenen Großelternteil (vgl. § 1926), sind auch diese mit einem Herausgabevermächtnis zu beschweren.

[63] Dieterle BWNotZ 1971, 19; Keller BWNotZ 1970, 49, 51.

[64] Staudinger/Otte § 2151 Rn 9; eingehend zu Möglichkeiten und Grenzen der Drittbestimmung bei Vermächtnissen: J. Mayer MittBayNot 1999, 447.

[65] Siehe auch § 9 I. 10. lit. s) Rn 72; J. Mayer ZEV 2000, 8; Kornexl DNotZ 2005, 160.

[66] Eingehend Reimann MittBayNot 2002, 6.

[67] Siehe § 9 Rn 28.

[68] Watzek, MittRhNotK 1999, 42.

• **Anfall des Vermächtnisses, Befristung?** Die Forderung des Vermächtnisnehmers als Endbedachten entsteht mit Anfall des Vermächtnisses (§ 2176; siehe hierzu Kapitel § 9, Rn 14 ff.). Dies erfolgt grundsätzlich mit dem Erbfall (§ 1922 Abs. 1), sofern keine Bedingung oder Befristung gemäß § 2177 angeordnet ist. Ob ein betagtes Herausgabevermächtnis eine Befristung i. S. von § 2177 darstellt oder aber – bei sofortigem Anfall – eine bloßer Aufschub der Fälligkeit, ist umstritten,[69] so dass eine ausdrückliche Regelung zweckmäßig ist. Zweckmäßig ist die Klarstellung, dass der Anfall des Vermächtnisses **erst** erfolgt mit dem **Tod des Erstbedachten,** so dass keine Haftung gemäß §§ 2179, 160 eintritt.[70] 48

• **Tod des Bedachten vor Bedingungseintritt?** Ist das Vermächtnis aufschiebend bedingt, z. B. für den Fall der Wiederverheiratung des Erben, soll die Zuwendung gemäß § 2074 im Zweifel nur gelten, wenn der Bedachte den Eintritt der Bedingung erlebt. 49

• **Fruchtziehung?** Zweckmäßig ist die Anordnung, dass dem Endbedachten die Nutzungen (§ 100), insbesondere die **Früchte** (§ 99) der herauszugebenden Nachlassgegenstände, z. B. Zinserträge von Kapitalvermögen, erst zustehen ab dem Tod des Erstbedachten. Zum einen wird dadurch die Tragweite einer unklaren Anfallsregelung (siehe oben) gemildert. Zum anderen bedarf es keiner Klärung, ob es sich um „bestimmte zur Erbschaft gehörende Gegenstände" i. S. des § 2184 handelt. Letzteres ist für den Grundfall des Herausgabevermächtnisses (alle Nachlassgegenstände, soweit sich diese noch im Nachlass des Erstbedachten befinden) grundsätzlich zu bejahen; jedoch wird aus dem Umstand, dass der Erblasser den Erstbedachten zur – sogar schenkweisen – Veräußerung ermächtigen will, regelmäßig der Wille zu entnehmen sein, dass der Erstbedachte nicht zur Vermeidung eine Herausgabe der Früchte Gegenstände veräußern muss und damit zu seinen Lebzeiten die Früchte behalten darf. Wie aber auch bei einer Nacherbschaft sind beim Herausgabevermächtnis u. U. streitanfällige Abrechnungen dennoch nicht zu vermeiden: Stehen die Früchte dem Erben während dessen Lebzeiten (richtigerweise) zu und werden z. B. auf einem Bankkonto des Erblassers die Zinserträge thesauriert, so stehen diese nebst Zinseszins dem Erben bzw. dessen Rechtsnachfolgern zu;[71] ungleich komplizierter wird die Abrechnung bei Umschichtungen des Vermögens und der häufigen Tatsache, dass der Erbe die zwei Vermögensmassen nicht vollständig getrennt verwaltet. 50

• **Verwendungen, Aufwendungen?** Ferner wird die Anordnung zweckmäßig sein, dass der Erstbedachte (Erbe) gegen den Letztbedachten (Bedachter des Herausgabevermächtnisses) entweder gar keine Ansprüche hat auf **Verwendungen** (§§ 994 ff.) und **Aufwendungen** (vgl. § 256) gemäß § 2185 oder aber die für das Verhältnis von Nacherben zum Vorerben geltende Vorschriften (§§ 2124–2126) für anwendbar erklärt werden.[72] Werden, z. B. zur Vermeidung von Abrechnungsschwierigkeiten jedoch Ansprüche ausgeschlossen, kann dies dazu führen, dass der Erbe u. U. keine gebotenen Verwendungen tätig. Eine letztwillig angeordnete Substanzerhaltungspflicht des Erben kann dem praktisch nur wenig Abhilfe schaffen. Zweckmäßig können im Einzelfall auch weitere Regelungen sein, z. B. dass keine lebzeitigen Erhaltungs- und Abrechnungspflichten bestehen, eine Verpflichtung des Bedachten, den Beschwerten freizustellen von Verbindlichkeiten, die Vermächtnisgegenstand betreffen und die bis Vermächtnisanfall durch den Beschwerten noch nicht getilgt wurden oder umgekehrt, dass der Beschwerte (und dessen Rechtsnachfolger) keine Anspruch auf Verwendungsersatz i. S. von § 2185 haben.[73] 51

---

[69] Nachweise bei Reimann MittBayNot 2002, 6, Fn. 19 ff.

[70] J. Mayer (ZEV 2000, 9) schlägt hingegen zur Sicherung der Pflichtteilsfestigkeit vor, das Vermächtnis sofort anfallen zu lassen und erst mit dem Tod des Erben fällig zu stellen.

[71] Zur Berücksichtigung von Zinserträgen Reimann, MittBayNot 2002, 7.

[72] Reimann, MittBayNot 2002, 6 f.

[73] Zu weiteren möglichen Regelungsgegenständen zum Vermächtnis siehe oben § 9, z. B.: Checkliste § 9 I.13. Rn 88 ff.

52 Wird das Vermächtnis angeordnet für den Fall, dass der Erstbedachte verstirbt oder ein sonstiges bestimmtes Ereignis, z.B. dessen Wiederverheiratung) in der Person des Beschwerten (oder aber auch des Bedachten) eintritt, bleibt das Vermächtnis gemäß § 2163 Abs. 1 Nr. 1 auch **über die 30-Jahresfrist** des § 2162 hinaus wirksam, sofern der Beschwerte bzw. Bedachte keine juristische Person ist (§ 2163 Abs. 2).

53 Korrespondierend zu der schwächeren Beschränkung der Kinder des Erblasser ist beim Herausgabevermächtnis jedoch auch die **Schutzwirkung geringer**. So hindert die Anordnung der Vermächtnisse den Erben nicht, die Nachlassgegenstände durch Vertrag unter Lebenden an den anderen Elternteil zu übertragen; er würde sich dadurch jedoch schadensersatzpflichtig machen (§§ 2179, 160 Abs. 1 BGB). Durch die Einsetzung eines Testamentsvollstreckers kann jedoch bereits die gegen das Vermächtnis verstoßende Verfügung verhindert oder doch erschwert werden. Diese Einschränkung entfällt jedoch, wenn sich das Vermächtnis – wie im Muster – auf den Überrest beschränkt, um dem Abkömmling zu Lebzeiten umfassende Handlungsfreiheit zu gewähren.

Ferner ist bei der Herausgabevermächtnislösung zu beachten, dass der Nachlassgegenstand Eigentum des Kindes wird und – trotz der Vermächtnisanordnung – grundsätzlich dem **Pflichtteilsrecht** des längerlebenden Elternteils unterliegt, soweit dieses nach §§ 2303 Abs. 2 Satz 1, 1925 besteht, d.h. solange das Kind keine eigenen Abkömmlinge hat.[74] Zwar sind grundsätzlich Vermächtnisforderungen nicht bei der pflichtteilsrechtlichen Wertermittlung des Nachlasses abzusetzen,[75] jedoch ist „nicht völlig gesichert", ob ausnahmsweise ein erst mit dem Tod des Erben anfallendes Herausgabevermächtnis bei der Berechnung von **Pflichtteilsansprüchen** den Wert des Nachlasses des Erblassers mindert.[76]

Schließlich unterliegt das Herausgabevermächtnis als „beim Tod des Beschwerten fälliges Vermächtnis" **erbschaftssteuerlich** der Sondervorschrift des § 6 Abs. 4 Fall 2 ErbStG.[77] Gemäß § 6 Abs. 4 Fall 2, Abs. 2 Satz 1 ErbStG ist der Erwerb eines Herausgabevermächtnisses **als vom Beschwerten** (d. h. vom Kind) **stammend** zu versteuern, nicht als vom Erblasser zugewendet gemäß der grundsätzlichen Vorschrift des § 3Abs. 1 Nr. 1, Abs. 2 ErbStG). Aufgrund § 6 Abs. 4 Fall 2, Abs. 2 Satz 1 ErbStG wird der Beschwerte eines Herausgabevermächtnisses so behandelt, als hätte der Beschwerte selbst und nicht der Erblasser das Vermächtnis angeordnet und kann es daher **nicht** – anders als Verbindlichkeit aus allgemeinen Vermächtnissen (§ 2174) gemäß § 10 Abs. 5 Nr. 2 Fall 1 ErbStG – bei dem ihm vom Erblasser zugefallenen Nachlass **als Nachlassverbindlichkeit** bereicherungsmindernd geltend machen.[78]

Gemäß § 9 Abs. 1 Nr. 1 Halbs. 2 lit.a ErbStG **entsteht die Steuer** bei Erwerben von Todes wegen für den Erwerb des unter einer aufschiebenden Bedingung Bedachten erst mit dem Zeitpunkt der Eintritts der Bedingung – und damit nicht wie allgemein, auch bei Vermächtnissen (§ 3 Abs. 1 Nr. 1 Fall 2 ErbStG) mit dem Todes des Erblassers (§ 9 Abs. 1 Nr. 1 Halbs. 1 ErbStG) –, beim Geschiedenentestament somit beim Tod des Kindes (und Überleben des anderen Elternteils). Für den (dritten) Bedachten entsteht die Steuer somit erst zu diesem Zeitpunkt. Dies korrespondiert der Anweisung des § 6 Abs. 4 Fall 2, Abs. 2 Satz 1 ErbStG, wonach der Erwerb als vom Beschwerten (d. h. vom Kind; s.o.) stammend zu versteuern ist.

---

[74] Den Verwandten des längerlebenden Ehegatten („böse Schwiegermutter"; dieser das Problem verdeutlichende Begriff stammt von Grziwotz) steht nach dessen Tod zwar ein gesetzliches Erbrecht nach dem Kind zu, aber kein Pflichtteilsrecht.

[75] Z.B: Palandt/*Edenhofer* § 2311 Rn 5; Staudinger/*Haas* § 2311 Rn 46.

[76] Für eine wertmindernde Nachlassverbindlichkeit Reimann MittBayNot 2002, 7 m.w.N.; kritisch J. Mayer ZEV 2000, 1, 9, der vorschlägt, das Herausgabevermächtnis sofort mit dem Tod des (Erst-) Erblassers anfallen zu lassen und erst mit dem Tod des Erbenfällig zu stellen.

[77] Siehe hierzu oben § 10 III.8.

[78] Meincke, ErbStG, § 6 Rn 24.

4. Kombinationslösung

Da die Nacherbfolgelösung gegenüber der Herausgabevermächtnislösung einerseits die für die Erben belastendere, andererseits aber die sicherere ist, kann es zweckmäßig sein, die Nacherbfolgelösung nur für Situationen und Zeiträume zu wählen, in denen die Gefährdung der indirekten Teilhabe des geschiedenen Ehegatten an der Nachlasssubstanz besonders groß ist. Dies gilt insbesondere für die Lebenszeit des geschiedenen Ehegatten mit der Gefahr, dass er nach einem kinderlos verstorbenen gemeinschaftlichen Kind aus der geschiedenen Ehe seinen Pflichtteil gem. § 2303 Abs. 2 Satz 1 BGB geltend macht. Für diese Zeit und diese familiäre Situation kann daher die Nacherbfolge (siehe oben Ziffer 2) als sicherer Weg zu empfehlen. Sieht der Erblasser lediglich Sicherungsbedarf gegenüber seinem geschiedenen Ehegatten und nicht auch gegenüber dessen einseitiger Verwandtschaft, so genügt es, entsprechend dem Vorschlag von Wagner,[79] die eigenen Kinder als befreite Vorerben einzusetzen und deren gesetzliche oder gewillkürte Erben, mit Ausnahme des geschiedenen Ehegatten, als Nacherben. 54

Ist der geschiedene Ehegatte verstorben, kann für das Restrisiko des Anfalls an die einseitigen Verwandten des geschiedenen Ehegatten in aufsteigender Linie („böse Schwiegermutter") die Vermächtnislösung ausreichend sein. Insbesondere steht Großeltern zwar ein gesetzliches Erbrecht (§ 1926), aber kein Pflichtteilsrecht zu (§ 2303 Abs. 2). Ferner ist das Sicherungsbedürfnis reduziert, wenn das gemeinsame Kind eigene Abkömmlinge hat, welche bezüglich der gesetzlichen Erbfolge wie auch des Pflichtteilsrechts den Elternteil (geschiedenen Ehegatten) verdrängen. Für das Restrisiko eines Wegfalls all dieser Personen mag die Abwägung des Für und Wider den Erblasser – insoweit – zur Herausgabevermächtnislösung entscheiden lassen.[80]

Formulierungsvorschlag der Kombinationslösung mit Herausgabevermächtnis:

(1) Ich setze hiermit meine Abkömmlinge nach den Regeln der gesetzlichen Erbfolge zu meinen Erben ein.

(2) Sofern bei meinem Tod mein geschiedener Ehegatte noch lebt, sind die Kinder aus meiner Ehe mit ihm nur von den gesetzlichen Beschränkungen **befreite Vorerben.** Nacherben auf den Tod der Vorerben sind die gesetzlichen eigenen Erben der jeweiligen Vorerben entsprechend ihren Erbteilen nach ihnen. Davon ausgenommen sind jedoch mein geschiedener Ehegatte, seine Abkömmlinge aus anderen Verbindungen und seine Verwandten aufsteigender Linie, d.h. die Nacherbfolge gestaltet sich so, als ob dieser ausgeschlossene Personenkreis insgesamt vor dem Nacherbfall weggefallen wäre. Mit dem **Tod meines geschiedenen Ehegatten** (ggf.: oder bereits vorher mit Vollendung des 28. Lebensjahres meines jüngsten Kindes) entfallen die obigen Nacherbeinsetzungen. Stirbt einer der Vorerben unter Hinterlassung von Abkömmlingen, soll er von vornherein Vollerbe gewesen sein. Das Nacherbenanwartschaftsrecht ist jeweils zwischen Erbfall und Nacherbfall nicht vererblich und nicht übertragbar. Wenn der Nacherbfall hinsichtlich eines Vorerben eintritt und ein Abkömmling von mir Nacherbe wird, so unterliegt die Erbschaft bei ihm auch wieder der für seinen Vorerben angeordneten bedingten Nacherbfolge.

(3) **Bedingtes Herausgabevermächtnis:**
Sofern und soweit Gegenstände aus meinem Nachlass auf den Tod eines meiner Abkömmlinge – insbesondere im Wege der gesetzlichen oder gewillkürten Erbfolge oder eines Vermächtnisses – auf meinen geschiedenen Ehegatten oder Abkömmlinge meines geschiedenen Ehegatten aus anderen Verbindungen oder an seine Verwandten aufsteigender Linie fallen, **vermache** ich alle diejenigen Vermögensstücke, die der verstorbene Abkömmling von mir aus meinem Nachlass erworben hat und die sich zum Zeitpunkt des Vermächtnisan-

[79] ZEV 1997, 371.

[80] Nieder ZEV 1994, 159 m. entspr. Formulierungsvorschlag; zur Abwägung Kanzleiter ZNotP 2003, 127, 132; zu Nachteilen der Nacherbenlösung Busse, MittRhNotK 1998, 225, 235.

falls[81] noch in seinem Vermögen befinden,[82] an seine eigenen Erben, ausgenommen mein geschiedener Ehegatte, die Abkömmlinge meines geschiedenen Ehegatten aus anderen Verbindungen und seine Verwandten aufsteigender Linie, und zwar zu den Miteigentums- bzw. -berechtigungsbruchteilen, die ihren gesetzlichen Erbteilen entsprechen.

In gleicher Weise mitvermacht sind Vermögensgegenstände, die der Erbe auf Grund eines zur Erbschaft gehörenden Rechts oder als Ersatz für die Zerstörung, Beschädigung oder Entziehung eines Erbschaftsgegenstands oder durch Rechtsgeschäft mit Mitteln der Erbschaft erwirbt (**Surrogate** entsprechend § 2111), soweit sich diese im Nachlass des Abkömmlings befinden.

Der Vermächtnisanspruch ist dadurch beschränkt, dass der Beschwerte berechtigt ist, über einzelne oder alle Vermächtnisgegenstände sowie Surrogate bis zum Zeitpunkt des Vermächtnisanfalls entgeltlich oder unentgeltlich lebzeitig zu verfügen, so dass der Vermächtnisanspruch insoweit ersatzlos entfällt, soweit sich kein Surrogat im Nachlass befindet.[83] Bis zum Vermächtnisanfall stehen die Nutzungen dem Beschwerten zu. Dem Beschwerten dieses Herausgabevermächtnisses steht kein Anspruch auf Ersatz von Verwendungen oder Aufwendungen (§ 2185) bis zum Vermächtnisanfall zu. Dem Bedachten steht bis zum Vermächtnisanfall kein Anspruch auf Erhaltung und Abrechnung zu. Der Beschwerte ist jedoch verpflichtet, nach meinem Erbfall ein **Verzeichnis über den Bestand der Nachlassgegenstände** (§ 260) – ohne Ermittlung von deren Wert (§ 2314 Abs. 1) – zu erstellen zum Nachweis, welche Gegenstände ursprünglich zu meinem Nachlass gehört haben, ferner jeweils alle 10 Jahre nach meinem Ableben ein Verzeichnis über die Surrogate; diese Verzeichnisse haben weder Gebrauchsgegenstände noch Gegenstände mit einem Einzelwert von unter € 500,– zu erfassen.[84]

Diese Vermächtnisse **fallen an** erst mit dem Tod der Beschwerten und werden dann fällig. Ein vererbliches und übertragbares **Anwartschaftsrecht** soll für diese Vermächtnisse zwischen dem Erbfall und dem Vermächtnisanfall nicht bestehen.

Dem Bedachten dieses Herausgabevermächtnisses steht **kein Anspruch auf Sicherung** vor Vermächtnisanfall zu, insbesondere kein Anspruch auf Eintragung einer Vormerkung im Grundbuch.

Eventuell:

Für diese aufschiebend bedingte Vermächtnisse ordne ich jeweils ab dem Erbfall Testamentsvollstreckung an. Testamentsvollstrecker sind jeweils die Erben hinsichtlich der ihnen zugeteilten Nachlassgegenstände mit dem Aufgabenkreis, diese zu verwalten und hierüber zu verfügen, und nach dem Tod die jeweiligen Vermächtnisnehmer mit dem Aufgabenkreis der Erfüllung ihrer Vermächtnisse an sich selber.

(4) **Beschränkung der Vermögenssorge, Pflegerbestellung**
Soweit Kinder von mir aus der Ehe mit meinem geschiedenen Ehegatten bei meinem Tod noch minderjährig sind, entziehe ich meinem geschiedenen Ehegatten gemäß § 1638 BGB das Recht, den Erwerb der Kinder von Todes wegen zu verwalten. Zum Pfleger benenne ich gemäß §§ 1917 Abs. 1, 1909 ...

---

[81] Erbfall des Abkömmlings.
[82] Bei dieser Einschränkung handelt es sich um ein sog. Vermächtnis „auf den Überrest".
[83] Beschränkung auf den Überrest.
[84] Anderweitige Anordnung (kein Anspruch auf Verzeichnis) möglich. Jedoch zweckmäßig als später zu verwendender Nachweis, welche Gegenstände zum ursprünglichen Nachlass gehört haben.

V. Verfügungen von nichtehelichen Lebensgefährten[85] und eingetragenen Lebenspartnern

1. Nichteheliche Lebensgefährten

Über die Erblassermotive und Gestaltungsmöglichkeiten bei der nichtehelichen Lebensgemeinschaft siehe oben § 14 VI. Rn 165 ff. Bei eheähnlichem Zusammenleben sind auf Grund der fehlenden gesetzlichen Schutzmechanismen, wie sie für Ehegatten bestehen, letztwillige Verfügungen meist dringend erforderlich.[86] So ist bereits umstritten, ob der Schutz des „Dreißigsten" gemäß § 1969, insbesondere der wenigstens kurzfristigen Fortnutzung der Wohnung und des Hausrats, für den nichtehelichen Lebensgefährten Geltung haben.[87] 55

Entsprechend der sehr unterschiedlichen Strukturen nichtehelicher Lebensgemeinschaften werden teilweise bewusst einseitige und einseitig jederzeit änderbare Regelungen und damit Einzeltestamente bevorzugt.[88] Wird hingegen gewünscht, dass keiner der Partner ohne Wissen des anderen anderweitig letztwillig verfügen können soll, ist der Erbvertrag die richtige Form für Verfügungen von Todes wegen.[89] Die bloßen Lebensgefährten können jedoch – anders als die eingetragenen Lebenspartner, siehe unten Abs. 2 – kein gemeinschaftliches Testament errichten (§ 2265). Über die Regelungsmöglichkeiten, insbesondere bezüglich des wegen des Fehlens der Unwirksamkeit beim Scheitern der Lebensgemeinschaft unbedingt erforderlichen Rücktrittsvorbehalts beim Erbvertrag siehe § 14 Rn 167. Dabei dürfte einem freien Rücktrittsvorbehalt bei gleichzeitigem Ausschluss von Anfechtungsrechten der Vorzug zu geben sein.[90] § 2077 ist bei Scheitern der nichtehelichen Lebensgemeinschaft nicht analog anwendbar, unmittelbar anwendbar ist es erst ab Vorliegen eines Verlöbnisses (§ 2077 Abs. 2). Für die Anfechtbarkeit gemäß § 2078 Abs. 2 ist Beweis dafür zu führen, dass die Erbeinsetzung des nichtehelichen Lebensgefährten auf der Erwartung des Nichteintritts der Beendigung des eheähnlichen Zusammenlebens beruhte.[91] Hat ein nichtehelicher Lebensgefährte dem anderen eine Zuwendung gemacht und ist die Erwartung zugrundegelegen, die nichteheliche Lebensgemeinschaft, deren Ausgestaltung die Zuwendung gedient hat, werde Bestand haben, entfällt die Geschäftsgrundlage nicht dadurch, dass die Lebensgemeinschaft durch den **Tod des Zuwendenden** ein natürliches Ende gefunden hat.[92] Über gesetzliche Ansprüche aus der Beendigung einer nichtehelichen Lebensgemeinschaft durch den Tod eines der Partner siehe eingehend § 1 Rn 136. 56

---

[85] Siehe hierzu insbesondere auch oben § 14 VI. Rn 165 ff. sowie Grziwotz, Erbrechtliche und erbschaftsteuerrechtliche Probleme des nichtehelichen Zusammenlebens, ZEV 1994, 267; zum gesetzlichen Erbrecht nichtehelicher Abkömmlinge siehe § 1 Rn 63.

[86] Aber auch lebzeitige Vereinbarungen. Zum praktisch wichtigen Fall des gemeinschaftlich finanzierten Hausbaus auf den Grundstück eines nichtehelichen Lebenspartners: N. Mayer ZEV 1999, 384 ff., 435.

[87] Palandt/Edenhofer, § 1969 Rn 1 m. w. N.

[88] Formulierungsmuster hinsichtlich Vermächtnissen für den nichtehelichen Lebensgefährten (Nießbrauch, Hausrat, Kraftfahrzeug, gemeinschaftliche Bankkonten): *R. Kössinger,* Das Testament Alleinstehender, 3. Muster, § 7 (S. 72); *Brambring* in Beck'sches Formularbuch Erbrecht, E. IV.

[89] Grziwotz ZEV 1999, 299 und MittBayNot 1989, 182, 190; Formulierungsbeispiel Erbvertrag bei *Brambring* in Beck'sches Formularbuch Erbrecht, E. IV. 3.

[90] Grziwotz MittBayNot 1989, 182, 190; Formular in MünchVertrHdb/Nieder/Otto, Bd. 6/2 Muster 32, sowie in Grziwotz, Partnerschaftsvertrag für die nichteheliche und nicht eingetragene Lebensgemeinschaft, 2. Muster.

[91] OLG Celle ZEV 2003, 328 mit Anm. Leipold S. 330.

[92] BGH DNotZ 2010, 446 ff.

2. Eingetragene Lebenspartner

57 Von den bloßen, rechtlich unverbindlichen – gleich- oder andersgeschlechtlichen – Lebensgefährten sind die eingetragenen Lebenspartner (und Lebenspartnerinnen) im Sinne des § 1 Abs. 1 Satz 1 des Gesetzes über die Eingetragene Lebenspartnerschaft (Lebenspartnerschaftsgesetz – LPartG)[93] erbrechtlich streng zu trennen.[94] Die gleichgeschlechtlichen Lebenspartner sind den Ehegatten erbrechtlich[95] gemäß § 10 LPartG weitgehend gleichgestellt.[96] Zum gesetzlichen Erbrecht und Pflichtteilsrecht (§ 10 Abs. 6 LPartG) des Lebenspartners siehe § 1 I.3. Rn 69.

58 Da der eingetragene Lebenspartner jedoch nur dann Alleinerbe wird, wenn beim Güterstand der Zugewinngemeinschaft weder Abkömmlinge des verstorbenen Lebenspartners aus einer früheren heterosexuellen Beziehung, Eltern noch Großeltern noch Geschwister noch Abkömmlinge von Geschwistern des Verstorbenen vorhanden sind, ist bei Lebenspartnern eine letztwillige Verfügung regelmäßig besonders bedeutsam, insbesondere auch, wenn zu befürchten ist, dass die Miterben das „homosexuelle Umfeld" ablehnen werden.[97] Bezüglich der **gewillkürten Erbfolge** steht jedem Lebenspartner nach allgemeinen Vorschriften des Recht zu, sowohl ein Einzeltestament niederzulegen als auch einen Erbvertrag abzuschließen.[98] Ferner können Lebenspartner ein gemeinschaftliches Testament errichten (§ 10 Abs. 4 LPartG, § 2265). Ferner können Lebenspartner gemäß § 10 Ab. 7 LPartG einen Erbverzicht und damit auch den auf das Pflichtteilsrecht beschränkten Verzicht (§ 2346 Abs. 2) abschließen. Hat ein Lebenspartner den anderen in einer letztwilligen Verfügung bedacht, findet § 2077 entsprechende Anwendung.[99]

3. Erbschaftsteuer

59 Die beiden vorstehenden Personengruppen werden erbschaftsteuerlich vollkommen unterschiedlich behandelt.

Die **nichtehelichen Lebensgefährten** werden erbschaftsteuerlich behandelt wie fremde dritte Personen ohne jegliche Begünstigung. Ihnen steht ein erbschaftssteuerlicher allgemeiner **Freibetrag** von 20 000 EUR (§ 16 Abs. 1 Nr. 7 ErbStG), ferner für Hausrat und bewegliche Gegenstände ein weiterer sachlicher Freibetrag von 12 000 EUR (§ 13 Abs. 1 Satz 1 Nr. 1c ErbStG). Der Eingangsteuersatz beträgt gemäß § 19 Abs. 1 ErbStG 30%; bei einem Erwerb eines Hauses mit einem Steuerwert von 320 000 EUR durch den zum Alleinerben eingesetzten Lebensgefährten beträgt die Erbschaftssteuer somit nach Abzug des persönlichen Freibetrages von 20 000 EUR 90 000 EUR. Daher ist bei dieser Personengruppe in besonderer Weise eine vorherige steuerliche Beratung geboten. Insbesondere ist bei kinderlosen Lebensgefährten zu prüfen, ob Teile des Vermögens nicht direkt auf etwa bekannte Endbedachte übergehen sollen und dem Partner nur einzelne Gegenstände, z. B. Hausrat, PKW, Anteile an gemeinschaftlichen Konten, zum Eigentum zugewen-

---

[93] BGBl. 2001 I, 266, in Kraft getreten am 1. 8. 2001.

[94] Zweckmäßig ist auch, die Begriffe terminologisch zu trennen. Insbesondere sollte der Begriff „Lebenspartner" diesem i. S. des LPartG vorbehalten sein und nicht verwendet werden für Lebensgefährten u. a., die nicht dem LPartG unterliegen.

[95] Und seit dem Jahressteuergesetz 2010 – mit Rückwirkung zum 1. 8. 2001 – auch erbschaftssteuerlich, siehe unten Ziffer 3. und oben § 6.

[96] Zu erbrechtlichen Gesichtspunkten des „Gesetzes zur Beendigung der Diskriminierung gleichgeschlechtlicher Gemeinschaften: Lebenspartnerschaften" (BGBl. I 2001, 266): N. Mayer ZEV 2001, 172; Leipold ZEV 2001, 220; Otte, ZEV 2004, 12; Langenfeld, ZEV 2002, 9; zur Gleichstellung durch das Gesetz zur Überarbeitung des LPartG (BGBl. 2004 I, 3396): Grziwotz DNotZ 2005, 13, 26; Walter MittBayNot 2005, 198.

[97] Grziwotz DNotZ 2005, 27; ders. ZEV 2002, 66.

[98] Formulierungsbeispiel Erbvertrag bei *Brambring* in Beck'sches Formularbuch Erbrecht, E. IV.1, 2.

[99] § 10 Abs. 5 LPartG.

det werden sollen und im Übrigen, insbesondere an einer Immobilie, nur ein Nutzungsrecht.[100]

Die **eingetragenen (gleichgeschlechtlichen) Lebenspartner** sind erbschaftssteuerlich Ehegatten gleichgestellt mit Inkrafttreten des Jahressteuergesetzes 2010 mit Rückwirkung bis 2001.[101] Nach der Entscheidung des BVerfG[102] verstößt es gegen das Gleichbehandlungsverbot, Lebenspartner erbschaftsteuerlich anders zu behandeln wie Ehegatten; die Ungleichbehandlung sei auch nicht dadurch gerechtfertigt, dass grundsätzlich nur aus eine Ehe gemeinsame Kinder hervorgehen können.[103]

Beim im vorstehenden Absatz – zu Lebensgefährten – aufgeführten Beispiel eines Erwerb eines Hauses mit einem Steuerwert von 320 000 EUR durch den zum Alleinerben eingesetzten eingetragenen Lebenspartner würde keine Steuer anfallen, da der Erwerb den persönlichen Freibetrag von 500 000 EUR nicht überschreitet; falls es sich um ein „Familienheim" im Sinne des § 13 Abs. 1 Nr. 4 a ErbStG handelt, würde dies nach Maßgabe dieser Vorschrift gänzlich steuerbefreit sein und der persönliche Freibetrag für einen weiteren Erwerb zur Verfügung stehen. Bei dieser Personengruppe der eingetragenen Lebenspartner ist daher bis zu einem mittleren Vermögen im Regelfall für den Erbfall nach dem Erstversterbenden keine wesentliche Erbschaftsteuerlast zu erwarten. Gleichwohl ist eine steuerliche Beratung geboten für die **weitere geplante Nachfolge**, insbesondere wenn – in dieser Personengruppe typisch – keine Kinder vorhanden sind. Auch hier ist zu prüfen, ob Teile des Vermögens nach dem Tode des Erstversterbenden nicht direkt auf etwa bekannte Endbedachte übergehen sollen und dem Lebenspartner – wie vorstehend bei den Lebensgefährten – nur einzelne Gegenstände zum Eigentum zugewendet werden sollen und im Übrigen, insbesondere an einer Immobilie, nur ein Nutzungsrecht.[104]

VI. Letztwillige Verfügungen Alleinstehender[105]

„Alleinstehende" im engeren Sinne sind Personen, die ledig, verwitwet oder geschieden sind und **keine Kinder** oder sonstige Abkömmlinge haben. Bei ihnen fehlen die natürlichen Nachfolger mit der Folge, dass gegenüber ihrem Nachlass keine Pflichtteilsrechte entstehen können und sie daher in ihren gewillkürten Verfügungen von Todes wegen völlig ungebunden sind, sofern und soweit nicht Bindungen bestehen aus Erbverträgen oder gemeinschaftlichen Testamenten mit früheren Ehegatten. 60

Als „Alleinstehende" werden im allgemeinen Wortbegriff aber auch solche nicht oder nicht mehr verheirateten Personen verstanden, die aus früheren Beziehungen **Kinder haben.** Bei diesen tritt im Todesfalle die gesetzliche Erbfolge auf die Kinder nach Maßgabe des § 1924 ein. In diesen Fallgruppen werden häufig gewünscht Regelungen zum punktuellen Schutz eines nichtverheirateten Lebensgefährten, Regelungen zum Ausschluss von mittelbaren Rechten eines früheren Ehegatten/Elternteils der gemeinschaftlichen Kinder 61

---

[100] Siehe hierzu § 6 II.2.c, Rn 196. Vgl. Grziwotz DNotz 2005, 27 „steuerliches Fiasko"; ders. zu Gestaltungsmöglichkeiten zur Vermeidung einer hohen Erbschaftsteuerbelastung: ZEV 1994, 273; zu erbschafts- und schenkungsteuerlichen Rahmenbedingungen der Vermögensnachfolge eingetragener Lebenspartner: Reich ZEV 2002, 395; vgl. auch zur Immobilienfinanzierung durch den nichtehelichen Lebensgefährten Schlünder/Geißler, ZEV 2007, 64 sowie N. Mayer ZEV 2003, 453; Formulierungsbeispiel bei Brambring in Beck'sches Formularbuch Erbrecht, E. IV. 2 sowie Limmer in Würzburger Notarhandbuch, Teil 4, Rn 349 (2. Muster).

[101] Jahressteuergesetz 2010, verabschiedet vom Bundestag am 28. 10. 2010.

[102] Erster Senat, verkündet am 17. 8. 2010.

[103] Anders noch BFH ZEV 2006, 87: Kein verfassungsrechtliches Gebot zur Gleichbehandlung.

[104] Siehe zur Erbschaftssteuer von eingetragenen Lebensgefährten auch § 6.

[105] Siehe hierzu R. Kössinger in Beck'sches Formularbuch Erbrecht, E.I; ders., Das Testament Alleinstehender, W. Kössinger, Die letztwillige Anordnung des Alleinstehenden, ZEV 1995, 13 mit Formulierungsbeispiel.

(„Geschiedenentestament"; siehe oben Rn 35 ff.), sowie Regelungen zum Rechtsverhältnis mehrerer Abkömmlinge untereinander.

62 Bezüglich der Form der Verfügung von Todes wegen werden Alleinstehende das einseitige Testament bevorzugen, da bei ihnen erbrechtliche Bindungen meist nicht zweckmäßig sein werden. Wichtig ist für sie die – bei notariellen Testamenten stets durchzuführende – amtliche Verwahrung des Testaments, da sonst dessen Nichtauffindung oder Unterdrückung droht. Empfehlenswert dürfte häufig die Testamentsvollstreckung sein und für die Zeit unmittelbar nach dem Tod die zusätzliche postmortale Bevollmächtigung einer Vertrauensperson, z. B. des vorgesehenen Testamentsvollstreckers, zur Erledigung der unmittelbar anstehenden Aufgaben.

VII. Verfügungen von Eltern mit behinderten Kindern (Behindertentestament)

1. „Behindertentestament", sozialrechtliche Grundlagen, Regelungsziele

a) „Behindertentestament"

63 Verfügungen von Todes wegen, in welchen ein geistig Behinderter bedacht werden soll, insbesondere der Erbvertrag oder das Gemeinschaftliche Testament von **Ehegatten mit einem geistig behinderten Kind** und gesunden Kindern, werden gemeinhin ungenau als „Behindertentestament" bezeichnet. Zu unterscheiden sind hiervon einerseits Verfügungen von Eltern mit einem anderweitig, insbesondere körperlich behinderten Kind, welches jedoch seinerseits geschäftsfähig ist, und andererseits Verfügungen des Behinderten selbst, soweit dieser testierfähig ist.

b) Sozialrechtliche Grundlagen

64 Der Sozialhilfeträger gewährt dem Behinderten Eingliederungshilfe (§§ 53 ff. SGB XII), Hilfe zur Pflege (§§ 61 ff. SGB XII) sowie ergänzend Hilfe zum Lebensunterhalt (§§ 27 ff. SGB XII).[106]

65 Hierzu gilt das in §§ 2 ff., 41 Abs. 2, 90 Abs. 1 SGB XII, § 1 SGB II niedergelegte **sozialhilferechtliche Nachrangprinzip** („Subsidiaritätsprinzip"), wonach der Hilfeempfänger vorrangig sein Einkommen sowie sein gesamtes verwertbares Vermögen einzusetzen hat.[107] Soweit der Sozialhilfeträge vorleistet, ist hierauf Rückgriff zu nehmen. Ausnahmen von diesem Grundsatz ergeben sich aus § 90 Abs. 2 SGB XII („Schonvermögen"),[108] insb. Nr. 9 (anrechnungsfreier Geldbetrag)[109] und Nr. 8 (angemessenes Hausgrundstück).

66 Umfasst von der Einsatzpflicht ist auch das, was der Hilfeempfänger von Todes wegen erwirbt. Insbesondere kann der Sozialhilfehilfeträger einen **Erbteil** des Hilfeempfängers pfänden und verwerten.[110] Ferner kann der Sozialhilfeträger auch einen **Pflichtteilsanspruch** gemäß § 93 Abs. 1 Satz 1, 4 SGB XII auf sich **überleiten,** auch wenn dieser noch nicht geltend gemacht ist; auf eine Entscheidung des Pflichtteilsberechtigten kommt es nicht an.[111] Dagegen kann der Sozialhilfeträger nach h. M das Recht des pflichtteilsbe-

---

[106] Zum Kostenersatz und Anspruchsüberleitung nach Sozialhilferecht (SGB XII) siehe § 1 II.11. Rn 144 ff. Zur Abgrenzung von SGB XII, wonach überwiegend erwerbsfähige Arbeitssuchende leistungsberechtigt sind, und SGB II (Einführung durch das „Vierte Gesetz für moderne Dienstleistungen am Arbeitsmarkt" BGBl. I 2003, 2954 –„Hartz IV), wonach Erwerbsunfähige bis zum 65. Lebensjahr leistungsberechtigt sind: Hußmann, ZEV 2005, 54.

[107] Zum Sozialhilferegress hinsichtlich der beschränkten Unterhaltsheranziehung für bedürftige Eltern im Rahmen des § 94 SGB XII: Hußmann, ZEV 2005, 248.

[108] Zum Sozialhilferegress bei Schenkung von Schonvermögen Krauß, 2005, 349.

[109] Die Höhe ist geregelt in der VO zur Durchführung des § 90 Abs. 2 Nr. 9 SGB XII.

[110] Pfändung gemäß § 859 Abs. 2 ZPO, Verwertung §§ 844, 857 ZPO.

[111] BGH ZEV 2006, 76 m. w. N. Hingegen ist eine Pfändung gemäß § 852 Abs. 1 ZPO erst möglich ab vertraglicher Anerkennung oder Rechtshängigkeit; der Gesetzgeber behandelt den Sozialhil-

rechtigten Hilfeempfängers zur Ausschlagung gemäß §§ 2306 Abs. 1, 2307 Abs. 1 nicht überleiten.[112] Es handelt sich um ein höchstpersönliches Gestaltungsrecht und nicht um einen Anspruch. Die **Ausschlagung** (siehe § 25 Rn 1 ff.), die zum Pflichtteilsanspruch führen würde, erfolgt für den beschränkt geschäftsfähigen Behinderten durch dessen gesetzlichen Vertreter, der der **amtsgerichtlichen Genehmigung** bedarf (Eltern § 1643 Abs. 2 Satz 1 Fall 1; Vormund § 1822 Nr. 2, Betreuer i.V.m. § 1908 i Abs. 1 Satz 1, Pfleger i.V.m. § 1915 Abs. 1 Satz 1).[113] Zuständig ist das Amtsgericht als Familiengericht in Kindschaftssachen, betreffend die elterliche Sorge gemäß § 151 Nr. 1 FamFG, die Vormundschaft gemäß § 151 Nr. 4 FamFG, sowie als Betreuungsgericht in Betreuungssachen gemäß § 271 Nr. 3 FamFG. Die Ausschlagungsfrist (§ 1944 Abs. 1, 3) beginnt erst mit Kenntnis des gesetzlichen Vertreters vom Anfall der Erbschaft und dem Grunde der Berufung (§ 1944 Abs. 2 Satz 1). Die Genehmigungsentscheidung des Gerichts hat ausschließlich die Interessen des Behinderten zu wahren, also die Genehmigung der Ausschlagung zu versagen, wenn der Behinderte durch die Ausschlagung und Geltendmachung des Pflichtteilsanspruchs schlechter gestellt würde als durch die ihm in der letztwilligen Verfügung zugewandten Leistungen; Interessen des Sozialhilfeträgers sind ohne Belang.

Neben der Einsatzpflicht des Hilfeempfängers besteht eine **Ersatzpflicht der Erben** des Hilfeempfängers[114] für Sozialhilfekosten bzw. Grundsicherung, die innerhalb von 10 Jahren vor dem Erbfall des Hilfeempfängers aufgewendet wurden nach Maßgabe des § 102 SGB XII und des § 35 SGB II:[115, 116] Die Haftung erfasst den Nachlass (§ 102 Abs. 2 Satz 2 SGB XII). Mit dem Tod des Hilfeempfängers verliert bisheriges Schonvermögen diese Eigenschaft.[117] 67

c) Regelungsziele

Die Eltern des behinderten Kindes verfolgen meist folgende Regelungsziele: 68

- Die **Lebenssituation des Behinderten** soll **verbessert** werden durch die Zuwendung von Vermögenswerten, die sozialhilferechtlich nicht verwertbar sind. Dieses primäre Ziel muss beim Behindertentestament ersichtlich maßgebliche Zielsetzung sein zum einen für die Entscheidung des Betreuers, damit er nicht das Ausschlagungsrecht nach § 2306 Abs. 1 ausübt[118] und zum anderen für einen möglichst dauerhaften Bestand bei gerichtlicher Überprüfung der Verfügung.

---

feträger anders als andere Gläubiger des sozialhilfebedürftigen Pflichtteilsberechtigten, BGH ZEV 2006, 77. Zu „Merkwürdigkeiten", die sich aus dem „Spitzengläubiger" Sozialhilfeträger und anderen, evtl. zeitlich vorrangig pfändenden Gläubigern ergeben: Muscheler, ZEV 2005, 119. Zu unterscheiden von der Überleitung nach § 93 SGB XII (sowie nach § 33 SGB II) durch schriftliche Anzeige ist der gesetzliche Übergang von Unterhaltsansprüchen gemäß § 94 SGB XII; hierzu Hußmann, ZEV 2005, 55 f.

[112] Reimann MittBayNot 1990, 248; Karpen MittRhNotK 1988, 131, 149; Kuchinke FamRZ 1992, 363; Bengel ZEV 1994, 30; Jörg Mayer DNotZ 1994, 347, 355.

[113] Vgl. OLG Stuttgart ZEV 2002, 367 mit Anm. J. Mayer S. 369.

[114] Nach § 102 SGB XII trifft die Verpflichtung auch die Erben des Ehegatten oder Lebenspartners der leistungsberechtigten Person. Aufgrund der Einsatzgemeinschaft des Hilfeempfängers und dessen Ehegatten besteht dadurch eine Regresspflicht von Stiefkindern des Hilfeempfängers.

[115] Für geleistete Grundsicherung, insbesondere ALG II (§ 19 SGB II) und Sozialgeld (§ 28 SGB II). Unterschiedliche Betragsgrenzen. Vgl. Krauß, MittBayNot 2004, 331.

[116] Conradis, ZEV 2005, 379.

[117] VGH Mannheim NJW 1993, 2956.

[118] Die „sehr komplizierte und in der Praxis oft schwer handhabbare Regelung" (Begründung des Gesetzentwurfs zu Ziffer 20) des § 2306 Abs. 1 wurde durch das Gesetz zur Änderung des Erb- und Verjährungsrechts vom 24. 9. 2009 – Erbrechtsreformgesetz – geändert. Die häufig – falls keine Quoten niedergelegt sind – schwierige Einschätzung, ob der hinterlassene Erbteil die Hälfte des gesetzlichen Erbteils übersteigt, ist damit entfallen, auch der automatische und höchst problematische Wegfall der Beschwerungen im Falle des bisherigen § 2306 Abs. 1 Satz 1. Dem Erben steht seit

– Ferner soll der **Sozialhilfeträger die Leistungen** für das behinderte Kind **weiterhin erbringen** müssen, und dabei **nicht auf den** (künftigen elterlichen) **Nachlass zugreifen** können. Ein nicht beschränkter Erwerb von Todes wegen würde ohne die Kautelen des Behindertentestaments – wie auch ein Pflichtteilsanspruch – bis zur Höhe des Schonvermögens für die Pflege und ggf. notwendige Heimunterbringung des behinderten Kindes auf Grund der sozialrechtlichen Einsatzverpflichtung verwendet, ohne dass dies dem Behinderten einen Zugewinn an Lebensqualität erbringen würde. Aufgrund der Anordnung der Nacherbfolge gehen die am Ende der Vorerbschaft vorhandenen Nachlassgegenstände auf die gesunden Kinder über.

2. Lösungsmöglichkeiten im Überblick

a) Grundstruktur des Behindertentestaments

69 Da die Zuwendung vor dem Zugriff des Sozialhilfeträgers als Eigengläubiger des Behinderten geschützt werden soll, kommen nur Gestaltungsmittel in Betracht, die den Eigengläubigern gegenüber Vollstreckungsschutz gewähren. Das sind im deutschen Erbrecht nur die Vor- und Nacherbschaft und die Testamentsvollstreckung. Durch die §§ 2115, 773 ZPO, 83 Abs. 2 InsO wird der gesamte der Nacherbenbindung unterliegende Nachlass vor der Verwertung durch die Eigengläubiger des Vorerben geschützt, d.h. dass diese zwar die Nachlassgegenstände pfänden oder beschlagnahmen lassen können, aber nur durch den Eintritt der Nacherbfolge auflösend bedingt. Alle Verwertungsakte sind während der Dauer der Vorerbschaft jedoch unzulässig (sogenannte Halbvollstreckung). Nach § 2214 haben Eigengläubiger eines Erben während der Dauer der Testamentsvollstreckung überhaupt keine Zugriffsmöglichkeit auf die der Verwaltung des Testamentsvollstreckers unterliegenden Nachlassgegenstände. Demgemäß stellt der einer Dauerverwaltungsvollstreckung unterliegende Nachlass kein verwertbares Vermögen i. S. des Sozialhilferechts dar.[119]

70 Vor diesem Hintergrund enthält ein Behindertentestament als Grundstruktur die Verbindung von **Nacherbfolge** bzw. Nachvermächtnis, **Testamentsvollstreckung** sowie eine die Besserstellung des Behinderten bezweckende bindende **Verwaltungsanordnung** für den Testamentsvollstrecker gemäß § 2216 Abs. 2 Satz 1.

b) Überblick über Lösungsmodelle

Es bestehen folgende wesentliche Lösungsmodelle:[120]

71 • Die (Vor- und) **Nacherbschaftslösung** als „Klassiker"[121] des Behindertentestaments, wonach das behinderte Kind Vorerbe wird. Dies wird nachstehend in Ziffer 3. Rn 84 ff. dargestellt.

72 • Die **„halbe Nacherbschaftslösung"**: Nach dem Tod des erstversterbenden Elternteil wird der überlebende Ehegatte als Alleinerbe eingesetzt (Berliner Testament; insoweit „Enterbungslösung", siehe unten Rn 78) und die Nacherbschaftslösung mit deren Kautelen erst nach dem Tod des letztversterbenden Elternteils. Dies führt zur Enterbung des behinderten Kindes nach dem erstversterbenden Elternteils und damit zu dessen Pflichtteilsanspruch nach diesem, welcher dann vom Sozialhilfeträger übergeleitet wird. Siehe hierzu

---

2010 stattdessen ein generelles Wahlrecht zu, ob er entweder den Erbteil mit allen Beschränkungen oder Beschwerungen annimmt oder er den Erbteil ausschlägt und den Pflichtteil verlangt.

[119] OVG Saarland MittBayNot 2007, 65 (Pflichtteilsberechtigtes Enkelkind wurde als Vollerbe eingesetzt, jedoch mit lebenslanger Testamentsvollstreckung beschwert; noch zu § 88 Abs. 1 BSHG) mit Anm. Spall S. 69.

[120] Hierzu sowie zu Gestaltungsvarianten mit lebzeitigen Rechtsgeschäften: *Bengel* in Reimann/ Bengel/J. Mayer, Testament und Erbvertrag, Syst. Teil A Rn 530 ff.; Baltzer, a. a. O., Rn 623 ff. Kritisch zur „Testamentsvollstreckerlösung" im Hinblick auf OVG Saarland v. 17. 3. 2006: Spall MittBayNot 2007, 70.

[121] Bengel gemäß Zitat Frank, MittBayNot 2002, 163.

und zur unterschiedlichen Pflichtteilshöhe (Faktor 4) unten Rn 79.[122] Dieser Überleitung und Verwertung dieses Pflichtteils steht der Vorteil des längerlebenden Elternteils gegenüber, in keine – ggf. lebenslange – Erbengemeinschaft mit dem behinderten Kind und den damit resultierenden Beschwernissen und Verfügungshindernissen eingebunden zu sein.

• Die **„umgekehrte Vermächtnislösung"**, auch „strenge Erbschaftslösung" bezeichnet: Gemäß diesem von Grziwotz[123] vorgestellten Modell wird das behinderte Kind zum alleinigen Vorerben eingesetzt, beschwert mit weitreichenden Vermächtnissen für den überlebenden Elternteil/Ehegatten und die gesunden Geschwister.[124]

• Die **„Trennungslösung"**: Dieses von Litzenburger[125] vorgestellte Modell ist eine Variante zur klassischen Erbschaftslösung (Rn 71) (nur) bezüglich der Rechtsnachfolge nach dem erstversterbenden Elternteil: Hiernach wird der überlebende Elternteil zum alleinigen befreiten Vorerben eingesetzt, beschwert mit einer quotalen Nacherbschaft zugunsten des Behinderten, dieser wiederum belastet mit einer weiteren Nacherbschaftsanordnung zugunsten der gesunden Kinder/Geschwister. 73

Hierdurch entsteht nach dem Tod des Erstversterbenden keine Erbengemeinschaft mit dem Behinderten. Problematisch erscheint jedoch die Entscheidung des Betreuers nach § 2306 Abs. 1: Der Behinderte erhält nach dem Tod des ersten Elternteils nur eine Nacherbenanwartschaft und bis zum Eintritt des Nacherbfalles keine Erträge hieraus und dem gemäß auch keine Möglichkeit zur Verbesserung seiner Lebensstellung. Ferner kann, gerade auch im Falle einer reduzierten Lebenserwartung des Behinderten, das Risiko bestehen, dass der Behinderte den Nacherbfall nicht erlebt. Dies kann dazu führen, dass der Betreuer die Einsetzung zum Nacherben ausschlägt und den sofort realisierbaren Pflichtteilsanspruch geltend macht. 74

• Die **„Nachvermächtnislösung"**, wonach das behinderte Kind nicht Erbe wird, sondern mit einem Vorvermächtnis bedacht wird. Dies wird nachstehend in Ziffer 4. Rn 98 ff. dargestellt. 75

• Ferner wurde auch als **„Auflagelösung"** vorgeschlagen, den überlebenden Elternteil und/oder die gesunden Geschwister des Behinderten zu Erben einzusetzen und die Erben mit der Auflage (§§ 1940, 2192 ff.) zu beschweren, dem Behinderten seine Lebensqualität verbessernde laufende Zuwendungen nach freiem Ermessen zukommen zu lassen. Zwar besteht dann auf diese Zuwendungen gem. § 1940 kein auf den Sozialhilfeträger überleitbarer Anspruch, wohl aber kann dieser den daneben in voller Höhe bestehenden Pflichtteilsanspruch des enterbten Behinderten gem. § 2303 Abs. 1 auf sich überleiten. Die Auflageleistungen sind dabei jedoch nicht auf den Pflichtteilsanspruch nicht anrechenbar, da eine entsprechende Anwendung des § 2307 Abs. 1 Satz 2 auf die Auflage nicht möglich ist.[126] 76

c) Gestaltungen ohne Entlastungswirkung

Da ein mit dem Erbfall gem. § 2317 Abs. 1 automatisch, d.h. ohne vorherige Erbausschlagung entstehender Pflichtteilsanspruch des Behinderten auf den Sozialhilfeträger überleitbar ist,[127] und zwar auch ohne dass er vertraglich anerkannt oder rechtshängig geworden sein müsste, führen folgende Gestaltungen dazu, dass der Sozialhilfeträger auf Vermögenswerte des Behinderten, insbesondere dessen Pflichtteilsanspruch, zurückgrei- 77

[122] Für den ersten Todesfall – und die gewünschte Vermeidung der Erbengemeinschaft für den Verwitweten – kann die Vermächtnislösung gewählt werden. Jedoch erhöht die Koppelung der Vermächtnislösung und der späteren Nacherbschaftslösung nochmals die Komplexität der Regelungen.

[123] Grziwotz ZEV 2002, 409.

[124] Formulierungsbaustein bei Kornexl, Rn 345 ff. Nicht der allein „selig machende Königsweg": J. Mayer ZEV 2004, 299 m. w. N.

[125] Litzenburger RNotZ 2004, 138.

[126] OLG Düsseldorf FamRZ 1991, 1107, 1109.

[127] Siehe Nieder NJW 1994, 1265 m. w. Nachw.

fen kann und dieses Vermögen bis zu den gesetzlichen Schongrenzen für den Unterhalt und Pflege einsetzen und verbrauchen kann:

78 *aa)* Bei der „**Enterbungslösung**" wird der Erblasser von der gesetzlichen **Erbfolge** vollkommen **ausgeschlossen** (§ 2303 Abs. 1). Dies tritt insbesondere dann ein, wenn die Eltern ein Berliner Testament erstellen, in dem zum Schlusserben nur die gesunden Abkömmlinge eingesetzt sind.[128] Dem behinderten Kind steht nach jedem Elternteil ein Pflichtteilsanspruch zu, wobei sich der Pflichtteilsanspruch nach dem längerlebenden Elternteil beim Berliner Testament auf das kumulierte Gesamtvermögen erstreckt. Wird die Enterbungslösung gewünscht,[129] sollte neben Alternativen zum Berliner Testament auch jedenfalls die Möglichkeit einer Nachvermächtnislösung überdacht werden.

79 Gleichwohl wird dies Gestaltung trotz der verbundenen Nachteile im Einzelfall gewählt, falls die Eltern des behinderten Kindes die Komplexität des Regelungswerks eines Behindertentestaments sowie die Beschwerungen bei dessen möglicherweise langdauernder Durchführung scheuen um den Preis der Bezahlung des Pflichtteils. Insbesondere ist diese Gestaltung in Betracht zu ziehen für den Fall des **Todes des erstversterbenden Ehegatten,** um diesen zu schützen vor der Handlungseinschränkung einer Erbengemeinschaft mit dem behinderten Kind. Bei diesem Todesfall beträgt auf Grund des Ehegattenerbrechts die Pflichtteilsquote des Kindes nur die Hälfte dessen als beim Tod des Letztversterbenden; ferner ist – bei gleichmäßiger Vermögensverteilung auf beide Elternteile – auch nur die Hälfte des Familienvermögens betroffen, so dass der Pflichtteilsanspruch in diesem Fall wertmäßig nur ein Viertel des Pflichtteils nach dem letztversterbenden Elternteil beträgt.

Beispiel: Bei einem für das Behindertentestament in Betracht kommenden „mittleren Vermögen" der Ehegatten, das auf beide hälftig verteilt ist, von insgesamt 400 000 EUR und einem behinderten und zwei gesunden Kinder beträgt bei einem „Berliner Testament" der Pflichtteil des behinderten Kindes nach dem Tod des Erstversterbenden $^1/_{12}$ von 200 000 EUR, somit 16 666 EUR, nach dem Tod des Letztversterbenden $^1/_6$ von 400 000 EUR, somit das Vierfache (66 666 EUR). Letzteres ließe sich halbieren, wenn als Erben nach dem Tod des Erstversterbenden direkt die gesunden Kinder eingesetzt würden (mit Nutzungsrechten für den verwitweten Elternteil) oder aber Vermächtnisse nach dem Erstversterbenden zugunsten der gesunden Kinder, welche entgegen § 2269 Abs. 2 bereits nach dem Erstversterbenden anfallen, wobei in beiden Varianten dann die häufig gewünschte Handlungsfähigkeit des Verwitweten nicht mehr bestände. Ferner tritt bei diesen Gestaltungen nicht die beim Behindertentestament primär bezweckte Besserstellung des Kindes ein.

80 *bb)* Dem Behinderten wird eine Erbquote zugewendet, die geringer als seine Pflichtteilsquote ist (§ 2305).

81 *cc)* Dem Behinderten wird keine Erbquote, sondern ein Vermächtnis zugewendet, dessen Wert aber geringer als der seines Pflichtteils ist (§§ 2307 Abs. 1, 2305).

82 *dd)* Dem Behinderten wird eine **Erbquote** zugewendet, die **geringer oder gleich seiner Pflichtteilsquote** ist und die durch Nacherbfolge, Testamentsvollstreckung, Teilungsanordnung, Vermächtnis oder Auflage beschwert ist (§§ 2306 Abs. 1, 2305). Seit der Erbrechtsreform 2010 tritt nicht mehr der automatische und zunächst unbemerkte Wegfall der Beschwerungen ein. Jedoch unterliegt der Zusatzpflichtteil nach § 2305 nicht dem Regime von Nacherbfolge und Testamentsvollstreckung. Ferner dürfte auch künftig für

---

[128] Zur Anwendung bei der „halben Nacherbschaftslösung" siehe oben Rn 71 f.

[129] Kornexl, Rn 293 f. zu möglichen Anwendungsbereichen: Neben dem kleinen Familienvermögen auch die Erbfolge nach dem nicht vermögenden Elternteil bei „Diskrepanzfällen", in welchen das Vermögen der beiden Elternteile stark unterschiedlich ist. Für eine Besserstellung des Kindes ist jedoch auch hier z. B. eine Nachvermächtnislösung empfehlenswert; dies wird jedoch teilweise wegen der Komplexität der Regelungen nicht gewünscht.

die Ausschlagungsentscheidung des Betreuers von Bedeutung sein, dass dem Betreuten eine höhere Nachlasssubstanz zukommt als beim Verlangen des Pflichtteils.

Die bis 2009 erforderliche – im Einzelfall und im Zeitrahmen der Ausschlagungsfrist des § 1944 schwierige – Berechnung des maßgeblichen Verhältnisses zwischen dem dem Pflichtteilsberechtigten hinterlassenen Erbteil i. S. des bis 2009 geltenden § 2306 Abs. 1 Satz 1 und dem für das Pflichtteilsrecht maßgeblichen hälftigen Erbteil (§ 2303 Abs. 1 Satz 2) ist nunmehr hinfällig. 83

3. Nacherbschaftslösung

a) Vor- und Nacherbeinsetzung

Der Erblasser muss den Behinderten jeweils zu einer über dessen Pflichtteilsquote liegenden Erbquote einsetzen, da bei einer Erbeinsetzung unter seiner Pflichtteilsquote der Zusatzpflichtteil gem. § 2305 dem Zugriff durch den Sozialhilfeträger offen stünden. Ferner ist die den Pflichtteil übersteigende Erbquote auch zweckmäßig für die Ausschlagungsentscheidung gemäß § 2306 Abs. 1. Der Behinderte bzw. sein Betreuer kann jedoch auch dann gem. § 2306 Abs. 1 die Erbschaft ausschlagen und den Pflichtteil verlangen, der dann allerdings vom Sozialhilfeträger auf sich übergeleitet werden wird. Er muss daher durch Art und Höhe der Zuwendung veranlasst werden, dies zu unterlassen. Grundlage der Entscheidung des Betreuers ist dabei allein das wohlverstandene Interesse des Behinderten und nicht etwa das der Allgemeinheit, möglich wenig für ihn aufwenden zu müssen.[130] Erfolgt das Behindertentestament durch beide Elternteile im Rahmen eines Erbvertrags oder gemeinschaftlichen Testaments, ist die Vorschrift des § 2306 bei beiden Erbfällen zu beachten. 84

Beispiel: Eltern M und F mit behindertem Kind B und gesunden Kindern A und C. Nach dem Tod des erstversterbenden M sollen die Kinder A und C noch nicht als Erben einsetzt werden.[131]

Anordnungen nach **dem erstversterbenden Elternteil** (M): 85

Erben: F zu 91%, B zu 9%.[132] Für B wird nicht-befreite Nacherbschaft angeordnet; Nacherbfall ist Tod des B, Nacherbe ist F; die Nacherbenanwartschaft ist nicht vererblich[133] und nicht übertragbar. Eine Einsetzung von A und C zu Ersatznacherben ist im Hinblick auf § 2306 Abs. 2 nur zu empfehlen, wenn diese auf deren Pflichtteil verzichtet haben.[134] Ersatzerbe für B ist F, für F die Kinder A und C. Der Vorerbe B ist grds. nicht befreit von §§ 2113 ff., jedoch insbesondere von § 2119 (Pflicht zur mündelsicheren Anlage, §§ 1806 f.; zu weiteren zweckmäßigen Modifizierungen der Vorerbschaft siehe unten Rn 90).[135]

Evtl. zur Pflichtteilsminderung nach dem Längerlebenden: Vermächtnisse (nach dem Erstversterbenden) zugunsten A und C, ersatzweise deren Abkömmlinge, in Höhe z. B. von deren gesetzlichem Erbteil. Fälligkeit beim Ableben der F (damit keine steuerliche Entlastungswirkung, § 6 Abs. 4 ErbStG) oder bei hinreichender Liquidität vorher. Evtl. Drittbestimmungsmöglichkeit der F. 86

---

130 Bengel ZEV 1994, 30.

131 Insbesondere, um dem überlebenden Ehegatten zu dessen Sicherung eine starke Position einzuräumen aus den Gründen des Berliner Testaments. Die direkte Einsetzung von A und C hingegen würde den Erb- und Pflichtteil des B nach dem Tod des Letztversterbenden (F) verringern. Wie bei jeder letztwilligen Verfügung ist die Interessenlage der Erblasser ganzheitlich und jeweils für den Einzelfall zu würdigen.

132 Arg.: Gesetzlicher Erbteil des B wäre 16,7%, der zugewandte Erbteil muss größer sein als 8,4%.

133 Entgegen § 2108 Abs. 2 Satz 1.

134 Zu den vernachlässigten Erbquoten der Geschwisterkinder beim Behindertentestament und § 2306 Abs. 2: Spall ZEV 2006, 344 ff.

135 Damit ist dem verwaltenden Testamentsvollstrecker auch möglich, andere Kapitalanlagen zu wählen; Reimann/Bengel/J. Mayer, Testament und Erbvertrag, Formularteil B. V.7, Rn 79.

87 Evtl. bei lebzeitigen ausgleichungspflichtigen Vorempfängen von A und C: Vorvermächtnisse für B.

Testamentsvollstreckung, s. u.

Anordnungen **nach dem letztversterbenden Elternteil** (F):

Erben: A und C zu insgesamt 82%, B zu 18%.[136]

Nacherbenanordnung zugunsten A und C entsprechend Vorstehendem.

88 **Statt konkreter Prozentangaben,** wie im vorstehenden Beispiel zur Erläuterung verwendet, ist jedoch empfehlenswert, dies **abstrakt** zu formulieren bezugnehmend auf einen Prozentsatz des gesetzlichen Erbteils des Behinderten. Dies vermeidet den Eintritt eines „Super-GAU",[137] falls die Erbquote des Behinderten sich erhöhen und damit ein niedergelegter konkreter Prozentsatz nicht die Hälfte des Erbteils (frühere Schranke des § 2306 Abs. 1 Satz 1 a. F.) übersteigen sollte. Zum vorstehenden Beispiel: Der Vater M verunglückt mit dem gesunden Kind A, wobei zunächst A (ohne Hinterlassung von Abkömmlingen) verstirbt und später M. Durch den Wegfall des A hat sich der gesetzliche Erbteil des B auf 25% erhöht, ein konkret zugewandter Erbteil von 9% würde den nunmehrigen halben Erbteil von 12,5% unterschreiten.

Formulierungsvorschlag:

Der Erstversterbende von uns setzt zu seinen Erben ein

- unser Kind B zu einem Erbteil in Höhe von 55%[138] bezogen auf dessen rechnerischen gesetzlichen Erbteil am Nachlass des Erstversterbenden von uns, ersatzweise den Längerlebenden von uns;
- den Längerlebenden von uns zum Erben im Übrigen, ersatzweise ...

89 Bei gemeinschaftlichen Verfügungen der Eltern des behinderten Kindes, sei es durch Erbvertrag oder gemeinschaftliches Testament, ergeben sich für die Regelungen zum **Ableben des erstversterbenden Elternteils** mehrere Möglichkeiten: Will man den Pflichtteil des behinderten Kindes auch nach dem ersten Elternteil den Anordnungen des Behindertentestaments unterordnen, ist die Einsetzung zum Miterben geboten wie vorstehend dargestellt. Alternativ besteht die Möglichkeit, den anderen Ehegatten zunächst zum Alleinerben einzusetzen zur Vermeidung von dessen Einbindung in eine Erbengemeinschaft mit dem Behinderten (sog. „halbe Nacherbschaftslösung"; siehe hierzu Rn 72 und Rn 79). In beiden Fällen besteht ferner zum Zwecke der Minderung des Nachlassvermögen nach dem letztversterbenden Elternteil und damit der zweiten Pflichtteilsbemessungsgrundlage des behinderten Kindes die Möglichkeit, zugunsten der gesunden Kindern Vermächtnisse anzuordnen;[139] sind diese erst fällig beim Tod des länger lebenden Elternteils tritt keine steuerliche Entlastungswirkung ein gemäß § 6 Abs. 4 ErbStG, sind sie vorher fällig, ist sicherzustellen, dass der verwitwete Elternteil als Vermächtnisbeschwerter auch über die ausreichende Liquidität zur Erfüllung verfügt.

90 Der Behinderte sollte grundsätzlich als **nicht befreiter** Vorerbe eingesetzt werden, da seine Einsetzung als befreiter Vorerbe nach verbreiteter Meinung die Nachlassfrüchte und evtl. sogar die Nachlasssubstanz zumindest mittelbar der Zugriffsmöglichkeit des

---

[136] Arg.: Gesetzlicher Erbteil des B wäre 33,3%, der zugewandte Erbteil muss größer sein als 16,7%.

[137] Begriff nach J. Mayer in Mayer/Süß/Tanck/Bittler/Wälzholz, Hdb. Pflichtteilsrecht, S. 463 sowie nach Kornexl, Rn 311, der hinweist, das dieser auch eintreten kann bei „richtigen" Erbquoten, aber Anwendbarkeit der Werttheorie. Sprachlich ausreichend wäre bereits „GAU".

[138] Ausreichend wären bereits 50,1%. Eine großzügigere Dotierung erleichtert jedoch dem Betreuer das Unterlassen der Ausschlagung nach § 2306 Abs. 1.

[139] Formulierungsbeispiel bei Bengel in Reimann/Bengel/J. Mayer, Testament und Erbvertrag, Formularteil Rn 79.

Sozialhilfeträgers aussetzt. Zwar kann wegen § 2115 nicht direkt in den Nachlass vollstreckt werden, wohl kann aber der Sozialhilfeträger dem Behinderten unter Verweisung auf die Substanz des Nachlassvermögen, das er ja bei der befreiten Vorerbschaft für sich verwenden darf (§ 2138 Abs. 1), die Gewährung von Sozialhilfe verweigern oder verringern. Eine Befreiung kann jedoch zweckmäßig sein hinsichtlich der Verpflichtungen zur Hinterlegung von Wertpapieren (§ 2116), zur Eintragung eines Sperrvermerks im Schuldbuch (§ 2118), wenn zur Vorerbschaft Buchforderungen gegen ein Land oder den Bund gehören, sowie zur mündelsicheren Geldanlage (§ 2119). Jedoch gebühren auch dem nicht befreiten Vorerben die Früchte (§ 99) und sonstigen Nutzungen (§ 100) des Nachlasses, soweit es sich nicht um Übermaßfrüchte handelt (§ 2133). Dies kann zu Problemen führen dadurch, dass es sich nicht um Verwaltung des Nachlasses (§§ 2205 Satz 1, 2216 Abs. 1) handelt, soweit der Testamentsvollstrecker die **Nutzungen nicht auskehrt** und dies nicht einer Anordnung des Erblassers (Verwaltungsanordnung gemäß § 2216 Abs. 2, Zweckauflage § 2193) entspricht.

Die Nacherben (z.B. gesunde Kinder) – als Erben der Eltern, § 2100 – haften weder **91** nach § 1967 BGB den Gläubigern des Behinderten noch gemäß der sozialhilferechtlichen Erben-Kostenersatzhaftung nach § 102 SGB XII gegenüber dem Sozialhilfeträger. Die Pflicht zum vorrangigen Einsatz des gesamten verwertbaren Vermögens des Hilfeempfängers (§ 90 Abs. 1 SGB XII) geht im Regelfall ins Leere: Der Behinderte hat über die Nachlassgegenstände keine Verfügungsmacht (§§ 2211, 2112ff.): Er ist zwar verfügungsbefugt über seinen Erbteil (§ 2033 Abs. 1); die Verwertung des mit einem Nacherbenrecht belasteten Erbteils wird jedoch regelmäßig unwirtschaftlich sein.

b) Testamentsvollstreckung

Der Aufgabenbereich des Testamentsvollstreckers sollte – neben einer etwaigen Ab- **92** wicklungsvollstreckung bezüglich angeordneter Vermächtnisse, Auflagen und Teilungsanordnungen – umfassen die **Dauerverwaltungsvollstreckung** (§ 2209 S. 1 Halbs. 2) hinsichtlich des **Vorerbenanteils des Vorerben** (behindertes Kind) auf dessen Lebensdauer. Möglich ist ferner, insbesondere bei minderjährigen Nacherben, eine Nacherbenvollstreckung hinsichtlich der Ausübung der Rechte des Nacherben und Erfüllung von deren Pflichten. Denkbar ist ferner eine Anordnung nach § 2048 S. 2, wonach die Nachlassauseinandersetzung nach billigem Ermessen insbesondere des Testamentsvollstreckers durchzuführen ist (s. unten Rn 95).

Wird der überlebende Ehegatte zum Testamentsvollstrecker ernannt, ist Folgendes zu **93** beachten: Dieser Elternteil ist dann bei **minderjährigen behinderten Kindern** alleiniger Inhaber der elterlichen Sorge (§ 1680 Abs. 1) und vertritt das Kind allein (§ 1629 Abs. 1 Satz 3). Hinsichtlich der Wahrnehmung der Rechte des Kindes gegenüber dem Testamentsvollstrecker kann dann ein **Ergänzungspfleger** zu bestellen sein(§§ 1629 Abs. 2 Satz 3, 1796 Abs. 2, 1909). Das Bedürfnis der Kontrolle des Testamentsvollstreckers durch einen Dritten führt nach früherer h.M. regelmäßig zur Annahme eines erheblichen Interessengegensatzes i.S. des § 1796 Abs. 2.[140] Der BGH hat hingegen eine Entscheidung des OLG Zweibrücken bestätigt, wonach die Eltern die natürlichen Verwalter der Vermögensinteressen ihrer minderjährigen Kinder sind. Die Doppelstellung, einerseits als Testamentsvollstrecker, andererseits als Wahrer der Rechte des Kindes gegenüber dem Testamentsvollstrecker, begründe noch keinen derartigen Interessengegensatz, der ohne konkreten Anlass die Anordnung einer Ergänzungspflegschaft erfordere. Die bloße Risikogeneigtheit führe nicht zwangsläufig zur Anordnung einer Pflegschaft; der Tatrichter habe nach Abwägung aller Umstände zu entscheiden, ob eine vorbeugende Pflegschaftsanordnung geboten ist, weil Anlass zur Annahme besteht, der Vertreter werde die Belan-

[140] OLG Nürnberg ZEV 2002, 158 m. Anm. Schlüter; Anm. zu OLG Nürnberg sowie zur Erforderlichkeit eines Ergänzungspflegers bei (Mit-)Testamentsvollstreckung durch den gesetzlichen Vertreter des Erben: Kirchner MittBayNot 2002, 368; Ruby ZEV 2006, 69.

ge des Vertretenen nicht im gebotenen Masse wahren.[141] Da diese Entscheidung aber vorab nicht mit Sicherheit zu prognostizieren ist, sollte trotz der Änderung der Rechtsprechung zur Vermeidung einer Rechtsunsicherheit möglichst ein **Dritter zum Testamentsvollstrecker** bestimmt werden.

94 Steht der **volljährige Behinderte** unter Betreuung (§ 1896), ist folgendes zu beachten: Hinsichtlich der Wahrnehmung der Rechte gegenüber dem Testamentsvollstrecker ist die Bestellung eines **Ergänzungsbetreuers** (§ 1899 Abs. 4) jedenfalls dann im Regelfall erforderlich, wenn der **Betreuer,** z. B. der überlebende Elternteil (vgl. § 1897 Abs. 1, 5), **zum Testamentsvollstrecker ernannt** wird. Soweit es um die Wahrnehmung der vermögensrechtlichen Belange des Betreuten als Miterben geht, ist kann dies aber auch dann erforderlich sein (§§ 1908 i Abs. 1 Satz 1 i. V. mit § 1796 Abs. 2), wenn zwar Betreuer und Testamentsvollstrecker personenverschieden sind, aber eine besondere, Loyalität erfordernde **Nähebeziehung** besteht.[142] Diese Gefahr kann sich auch dann verwirklichen, wenn der Testamentsvollstrecker[143] oder der Betreuer zum Nacherben berufen ist. Für eine Entziehung der Vertretungsbefugnis des Vormunds bzw. Betreuers (§ 1908 i Abs. 1 Satz 1) durch das Familien- bzw. Betreuungsgericht gemäß § 1796 Abs. 2 und Bestellung eines Ergänzungspflegers kann neben einem Interessenkonflikt in der Person des Vormunds selbst auch genügen, dass das Interesse des Mündels in erheblichem Gegensatz steht zum Interesse einer Person, die eine in § 1796 Abs. 2 genannte Nähebeziehung hat, z. B. Ehegatte oder in gerader Linie verwandte Person.[144] Im Falle eines drohenden Interessenkonflikts und um dann die Bestellung eines Ergänzungsbetreuers zu vermeiden, sollte dem „nahe stehenden" Testamentsvollstrecker die Ermächtigung gemäß § 2199 Abs. 2 erteilt werden, einen Nachfolger zu ernennen.

95 Möglich ist ferner ergänzend eine **Teilungsanordnung,** wonach die Erbauseinandersetzung (nach einem oder beiden Elternteilen) entweder nach dem billigen Ermessen des Testamentsvollstreckers (oder eines sonstigen Dritten) erfolgen soll (§ 2048 Satz 2) oder das behinderte Kind auf den Vorerbteil bestimmte Gegenstände, z. B. ein Grundstück oder Geldvermögen, erhält, um eine erbengemeinschaftliche Bindung anderer Nachlassgegenstände beenden zu können. Das Hausverwaltungskonto bzw. das Kapitalanlagekonto wird im Rahmen der Erfüllung der Teilungsanordnung ein Konto des Vorerben, über das der Testamentsvollstrecker verfügungsbefugt ist.[145]

c) Verwaltungsanordnung (§ 2216 Abs. 2 Satz 1)

96 Durch eine Kombination von Nacherbfolge mit Dauertestamentsvollstreckung wird ein Vollstreckungsschutz der Substanz der Vorerbschaft gegenüber den Eigengläubigern des Vorerben (hier des Behinderten) und damit dem Sozialhilfeträger erzielt. Damit hat der Behinderte durch diese Gestaltung noch keinen Vorteil und die Reinerträge (Nutzungen) der Vorerbschaft wären immer noch dem Zugriff des Sozialhilfeträger ausgesetzt.

97 Um dem zu begegnen, wird der Testamentsvollstrecker vom Erblasser durch **Verwaltungsanordnung** gem. § 2216 Abs. 2 Satz 1 ausdrücklich angewiesen, die jährlichen Reinerträge der Vorerbschaft an den Behinderten ausschließlich in solchen Formen auszuschütten und zu verwenden, auf die der Sozialhilfeträger nicht Zugriff nehmen kann. Diese Anordnung ist bindend für den Testamentsvollstrecker; soweit diese Anordnung bezweckt, das behinderte Kind besser zu stellen, ist eine Außerkraftsetzung durch das Nachlassgericht gemäß § 2216 Abs. 2 Satz 2 allenfalls in atypischen Fällen denkbar.[146] Die Anordnung kann bei Ehegatten Verfügungen nur jeweils einseitig – ohne Bindungs-

---

[141] BGH ZEV 2008, 330 mit Anm. Muscheler = MittBayNot 2008, 297.
[142] OLG Zweibrücken ZEV 2004, 161 mit Anm. Spall S. 162.
[143] So im Fall des OLG Zweibrücken.
[144] Damrau ZEV 1994, 6.
[145] Formulierungsbeispiel bei Ruby ZEV 2006, 67.
[146] Der Sozialhilfeträger ist auch nicht „Beteiligter" i. S. des § 2216 Abs. 2 Satz 2 und damit nicht antragsbefugt: Hartmann, ZEV 2001, 90, Fn. 7.

wirkung – getroffen werden. Die Verwaltungsanordnung ist wesentlicher Kern jedes Behindertentestaments und verkörpert den primären Willen, dem behinderten Kind eine Verbesserung der Lebensqualität zukommen zu lassen. Dies dürfte erforderlich sein, um den rechtlichen Bestand der Regelungen dauerhaft zu erhalten.

Formulierungsvorschlag:

Der Erblasser trifft folgende, für den jeweiligen Testamentsvollstrecker verbindliche Verwaltungsanordnung gem. § 2216 Abs. 2 BGB:

Der Testamentsvollstrecker wird angewiesen, aus den Erträgen des der Nacherbschaftsanordnung unterliegenden Erbteils von unserem Kind B – in diesem Abschnitt auch „das Kind" genannt – diejenigen Zuwendungen zu leisten, die zur Verbesserung der Lebensqualität beitragen, aber nach dem Sozialhilferecht nicht dem Zugriff des Sozialhilfeträgers unterliegen und nicht auf gewährte Hilfeleistungen anzurechnen sind und dies nicht eine Beschränkung der Sozialhilfe auf das für den Erben Unerlässliche (§ 26 Abs. 1 Nr. 1 SGB XII) verursacht, und diese Zuwendungen nicht die ordnungsgemäße Verwaltung des Nachlasses beeinträchtigen.

Der Testamentvollstrecker soll insbesondere folgende Zuwendungen machen:

- Überlassung von Geldbeträgen in Höhe des jeweiligen Rahmens, der nach den einschlägigen Bestimmungen einem Behinderten maximal zur freien Verfügung stehen kann;
- angemessene Geschenke zu Feiertagen und besonderen Anlässen, insbesondere Geburtstags- und Weihnachtsgeschenke oder Geschenke bei anderen Gelegenheiten, die durch Sitte und Anstand geboten sind; bei der Auswahl der Geschenke ist auf die Bedürfnisse und Wünsche des Kindes einzugehen;
- Zuschüsse zur Finanzierung eines Urlaubes oder zur Urlaubsgestaltung sowie von Kuraufenthalten und Besuchsfahrten, einschließlich der Kosten für notwendige Betreuungs-/Begleitpersonen;
- Gegenstände zur Befriedigung von Bedürfnissen bei der Freizeitgestaltung, auch Hobbies und Liebhabereien, sowie der Zimmer- bzw. Wohnungseinrichtung und des persönlichen Bedarfes, z. B. Kleidung, soweit deren Besitz nicht Luxus ist;
- Geldbeträge zur Finanzierung der Unterbringung auf bestimmte Zeit in anderen Familien;
- Finanzierung eines etwa nötig werdenden Aufgeldes für ein Einzelzimmer, soweit es der Gesundheitszustand des Kindes erfordert und oder vom Testamentsvollstrecker für sinnvoll erachtet wird;
- Finanzierung eines eventuell nötig werdenden Betreuers oder Pflegers.

Sind größere Anschaffungen für das Kind beabsichtigt, wie beispielsweise der Kauf eines Gegenstandes zur Steigerung seines Lebensbedarfs oder eine größere Reise oder ähnliches, hat der Testamentsvollstrecker entsprechende Rücklagen zu bilden, die dann zugunsten des Kindes zur gegebenen Zeit zu verwenden sind.

Die Mittel sollen nur für das persönliche Wohl und für die persönlichen Bedürfnisse entsprechend dem Grad der Behinderung und den Wünschen des Kindes verwendet werden.

Der Testamentsvollstrecker hat bei der Entscheidung über Art, Höhe und Zeitpunkt von Zuwendungen eine umfassende Einschätzungs- und Entscheidungsbefugnis, soweit gesetzlich möglich.

4. Nachvermächtnislösung[147]

Die Grundstruktur der Nachvermächtnislösung beruht auf § 2307: Dem Behinderten 98
wird ein **Vorvermächtnis** in der Höhe zugewendet, dass ein vom Sozialhilfeträger über-

[147] Zu Vorzügen der Nachvermächtnislösung – kurz auch Vermächtnislösung genannt –: Spall MittBayNot 2001, 249; Baltzer, Das Vor- und Nachvermächtnis in der Kautelarjurisprudenz, Rn 612 ff., Darstellung der Vor- und Nachteile Rn 649 ff., Formulierungsvorschlag Rn 811 ff.; Muscheler AcP 208, 2008, 69 ff.; kritisch u. a. Damrau ZEV 1998, 1.

leitbarer Zusatzpflichtteil gem. §§ 2307, 2305 ausgeschlossen ist, z. B. ein Geldvermächtnis in Höhe des Pflichtteilsbetrags. Dieses wird unter **Dauerverwaltungs-Testamentsvollstreckung** gestellt (§§ 2223, 2209 Satz 1 Halbs. 2). Der Testamentsvollstrecker erhält hinsichtlich der Verwendung der Erträgnisse und evtl. auch der Substanz des Vermächtnisses die gleichen Verwaltungsanordnungen gem. § 2216 Abs. 2 wie bei der Nacherbfolgelösung. Für den nach dem Tod des Behinderten übrig bleibenden Rest des Vorvermächtnisses setzt der Erblasser die gesunden Geschwister des Behinderten als Nachvermächtnisnehmer ein.

99 Der Behinderte bzw. dessen Betreuer hat gemäß § 2307 Abs. 1 Satz 1 das Wahlrecht zwischen Annahme des Vorvermächtnisses oder **Ausschlagung** und Verlangen des Pflichtteils. Bei Annahme besteht kein Pflichtteilsrestanspruch, wenn der Wert des Vermächtnisses mindestens dem Pflichtteil entsprach, wobei bei der Wertberechnung die Nachvermächtnisanordnung und Testamentsvollstreckung außer Betracht bleiben (§ 2307 Abs. 1 Satz 2). Das Recht des Sozialhilfeempfängers zur Ausschlagung des Vermächtnisses kann nach derzeitiger Rechtslage nicht übergeleitet werden.[148]

100 Für die Nachvermächtnislösung spricht, dass – anders als bei der Nacherbenlösung[149] – keine Erbengemeinschaft und gesamthänderische Bindung mit dem Behinderten entsteht und keine Verfügungsbeschränkungen sowie Kontroll- und Sicherungsverpflichtungen gem. den §§ 2113 ff. eintreten. Ferner ergeben sich weitere Gestaltungsmöglichkeiten beim Vermächtnis durch die Ausnahmen zum Drittbestimmungsverbot des § 2065, insbesondere die §§ 2151 ff., 2156. Dies kann insbesondere bei unternehmerischem Vermögen die Nachvermächtnislösung als Alternative zur Nacherbfolgelösung empfehlen.

101 Jedoch ist endgültige Rechtssicherheit hierfür noch nicht gegeben.[150] Rechtlich nicht ausgeschlossen ist, dass der Rest des dem Behinderten zugewandten Vermögens nicht – wie bei der Nacherbfolgelösung – dem Zugriff des Sozialhilfeträgers wegen seines Anspruchs nach § § 102 SGB XII entzogen sei, da der Nacherbe nicht Erbe des Vorerben, sondern gem. § 2100 Erbe des ursprünglichen Erblassers ist. Demgegenüber ist das Nachvermächtnis nur eine schuldrechtliche Belastung des Nachlasses des Vorvermächtnisnehmers (Behinderten) (§ 2191 Abs. 1 anstelle § 2100), das mit den Eigenschulden des Vorvermächtnisnehmers gleichrangig sei und damit mit ihnen konkurriert.[151] Der Erbe des Behinderten, z. B. dessen gesundes Geschwister, ist zum einen dem Nachvermächtnisnehmer zur Erfüllung des Nachvermächtnisses verpflichtet (§§ 2191, 2174), zum anderen haftet er für den Kostenersatzanspruch des Sozialhilfeträgers „mit dem Wert des im Zeitpunkt des Erbfalles des Behinderten) vorhandenen Nachlasses" (§ 102 Abs. 2 Satz 2 SGB XII). Nachlassspaltende Wirkung hat nur die Anordnung von Nacherbfolge, nicht auch ein Nachvermächtnis. Der Rest des Vermächtnisses wäre in diesem Fall zwischen dem Sozialhilfeträger und den Nachvermächtnisnehmern quotenmäßig aufzuteilen, da beide Forderungen gleichrangig seien.[152]

102 Ferner ist umstritten, ob die **Vermächtnis-Testamentsvollstreckung endet beim Nachvermächtnisfall,** d. h. beim Tod des Vorvermächtnisnehmers (Behinderter)[153] oder ob der Aufgabenbereich und die Verfügungsmacht des Testamentsvollstreckers gemäß § 2223

---

[148] Siehe oben bei der Nacherbfolgelösung; zum Vermächtnis Muscheler ZEV 2005, 119.

[149] „... sehr belastende Wirkung ...": Damrau/J. Mayer ZEV 2001, 297.

[150] Bengel gemäß Zitat Frank MittBayNot 2002, 163; ebenso Spall DNotZ 2005, 299; Litzenburger RNotZ 2004, 138.

[151] So erstmals deutlich und eingehend Damrau ZEV 1998, 1 ff. sowie ders./J. Mayer ZEV 2001, 293 (S. 297: „terra inkognita", das man eher meiden sollte); Hinweise jedoch schon vorher bei Bengel ZEV 1994, 29, 30 u. Hohmann MittBayNot 1994, 313; a. A. eingehend Baltzer, a. a. O. Rn 655, 326 ff., wonach der Nachvermächtnisanspruch dem Kostenersatzanspruch gemäß § 102 SGBXII vorgehe, jedoch mit vorsorglichen zusätzlichen Absicherungsgestaltungen in Rn 372 ff.; Hartmann ZEV 2001, 90.

[152] Damrau ZEV 1998, 3.

[153] Damrau ZEV 2001, 294.

auch umfassen kann, den **Vermächtnisgegenstand noch auf den Nachvermächtnisnehmer zu übertragen.**[154] Ferner sind Risiken denkbar, falls eine Haftung des Nachvermächtnisnehmers für Nachlassverbindlichkeiten entsprechend §§ 2378 Abs. 1, 2382, 2385 für erbschaftskaufähnliche Verträge eintreten sollte, da der Vermächtnisgegenstand häufig einziger Vermögensgegenstand des Behinderten sein wird; Rechtsfolge wäre ein Kostenersatzanspruch des Sozialhilfeträgers gemäß § 102 Abs. 2 SGB XII. Schließlich besteht bei Vermächtnissen keine Ausschlagungsfrist wie bei der Nacherbschaftslösung (§ 1944), solange diese nicht nach § 2307 Abs. 2 gesetzt wird: Sollte die Rechtsprechung künftig doch eine Überleitbarkeit des Ausschlagungsrecht des Pflichtteilsberechtigten (§§ 2306 Abs. 1, 2307 Abs. 1) bejahen, könnte der Sozialhilfeträger beim Vermächtnis noch die Ausschlagung erklären, während dies bei der Nacherbschaftslösung regelmäßig auf Grund Fristablaufs nicht mehr möglich sein wird.

5. Zulässigkeit und Anwendungsbereich des Behindertentestaments

a) Zulässigkeit

Hinsichtlich aller Gestaltungsmöglichkeiten, die den Zugriff des Sozialhilfeträgers auf die erbrechtlichen Zuwendungen an den Behinderten einschließlich seinem Pflichtteil verhindern sollen, wurde der Einwand der Gläubigerbenachteiligung und Sittenwidrigkeit nach § 138 Abs. 1 wegen unerträglicher Belastung der Allgemeinheit und Umgehung des sozialhilferechtlichen Nachranggrundsatzes vorgebracht.[155] Der Bundesgerichtshof hat jedoch in zwei grundlegenden Entscheidungen die grundsätzliche Zulässigkeit bejaht.[156] Maßgeblich ist, dass sich aus der Verfügung ergibt, dass es der Erblasser „nicht darauf abgesehen hatte, die behinderte Tochter (Anm.: bzw. Sohn) zu benachteiligen", sondern darauf angelegt ist, dem behinderten Kind über die Sozialhilfeleistungen hinaus „nach Möglichkeit **noch weiteres zugute kommen zu lassen.** Ein solches Bestreben ist nicht per se anstößig, sondern entspricht der sittlichen Verantwortung von Eltern für ihre Kinder."[157] Zu beachten ist jedoch, dass diese ergingen zu „bescheidenen Vermögen"[158] bzw. zu einem mittleren Vermögen.[159] Bei einem großen Nachlassvermögen, bei dem aus den Nutzungen des Pflichtteils des Behinderten neben den Sonderzuwendungen für besondere Annehmlichkeiten auch seine gesamte Grundversorgung auf Lebenszeit bestritten werden könnte, kann aus dieser Rechtsprechung keine Rechtssicherheit gewonnen werden. Ferner hat auch die Verwaltungsgerichtsbarkeit die Zulässigkeit bestätigt.[160] 103

Durch Gesetz vom 27. 10. 1994, also nach den vorgenannten Entscheidungen des BGH, wurde Art. 3 Abs. 3 Satz 2 GG eingefügt: „Niemand darf wegen seiner Behinderung benachteiligt werden". Doch erging auch hiernach eine die grundsätzliche Zulás- 104

---

[154] Spall, ZEV 2002, 5; Hartmann, ZEV 2001, 91.

[155] Statt aller Raiser MDR 1995, 237. Zum Verstoß gegen die guten Sitten siehe auch § 3 I.2.d).

[156] BGH DNotZ 1992, 241 mit Anm. Reimann 245 = NJW 1990, 2055; BGH DNotZ 1994, 380 = NJW 1994, 248 = ZEV 1994, 35 mit Anm. Bengel S. 29. Dies wurde auch nicht in Frage gestellt durch die Entscheidungen vom 8. 12. 2004 (DNotZ 2005, 296; hierzu J. Mayer MittBayNot 2005, 286) und vom 19. 10. 2005 ZEV 2006, 76 (vgl. RiBGH Wendt gemäß Gsänger/Souren DNotZ 2007, 6/7). Vgl. auch OLG Köln ZEV 2010, 85, 86 zur Wirksamkeit eines Behindertentestaments sowie eines Pflichtteilsverzichtsvertrags eines behinderten Kindes mit seinem Eltern mit krit. Anm. Armbruster S. 88 sowie Erwiderung Bengel/Spall ZEV 2010, 195 f.

[157] BGH Urt. v. 21. 3. 1990, DNotZ 1992, 241, 243. Vgl. auch Bengel/Spall, ZEV 2010, 195, 196 m. w. N.

[158] BGH v. 21. 3. 1990: DM 30 851,03.

[159] BGH v. 20. 10. 1993: ca. TDM 460.

[160] OVG Bautzen MittBayNot 1998, 127 mit Anm. Krauß = ZEV 1997, 344; OVG Saarland MittBayNot 2007, 65 mit Anm. Spall S. 69 = ZErb 2006, 176.

sigkeit des Behindertentestaments bestätigende Rechtsprechung.[161] In diesen Entscheidung wendet der BGH eine einschränkende Auslegung von **Pflichtteilsstrafklauseln** an, wonach diese – im jeweils entschiedenen Fall – keine Geltung haben, wenn ein Sozialhilfeträger den Pflichtteilsanspruch des behinderten Kindes nach dem erstversterbenden Ehegatten auf sich überleitet und geltend macht.

105 Mit dem Allgemeinen Gleichbehandlungsgesetz (AGG) vom 14. 8. 2006[162] wurde die EU-Antidiskriminierungs-Richtlinie vom 27. 11. 2000 umgesetzt. Gemäß § 19 Abs. 1 AGG ist bei dort aufgeführten zivilrechtlichen Schuldverhältnissen eine Benachteiligung u. a. aus Gründen einer Behinderung unzulässig. Jedoch finden die Vorschriften des Abschnitts 3 (§§ 19 ff. AGG) gemäß § 19 Abs. 4 AGG keine Anwendung auf familien- und erbrechtliche Schuldverhältnisse.

106 Ein Gefahrenpunkt für Behindertentestamente ist die immer noch höchstrichterlich entschiedene Frage, ob der Sozialhilfeträger bei Vorliegen eines seinen Zugriff auf die Erbschaft ausschließenden Testaments nicht das Ausschlagungsrecht des Behinderten auf sich überleiten kann. Ferner könnten sich Risiken ergeben, wenn der Sozialhilfeträger den sich mittels Ausschlagung ergebenden Pflichtteilsanspruch als gemäß § 2 SGB XII einzusetzende Vermögensposition betrachten und seine **Hilfe für den Behinderten** gem. §§ 26 Abs. 1 Nr. 1 SGB XII mit der Begründung **kürzen** kann, insoweit sei eine Einkunftserzielungsmöglichkeit des Behinderten gegeben, um dadurch ihn bzw. seinen Betreuer zu veranlassen, die Vorerbschaft auszuschlagen und den Pflichtteil zu verlangen.[163] Dies dürfte jedoch gegen die verfassungsmäßige Garantie des Erbrechts verstoßen, da niemand gezwungen werden darf, ein erworbenes Erbrecht aufzugeben, um dadurch dem Sozialhilfeträger den Zugriff auf den Pflichtteil zu ermöglichen.[164] Außerdem dürfte bei der Nacherbschaftslösung meist die Ausschlagungsfrist (§ 1944) bereits abgelaufen sein, wenn der Sozialhilfeträger seine Prüfung beendet hat und den Behinderten bzw. seinen Betreuer zur Ausschlagung auffordert, so dass dieser das Verlangen gar nicht erfüllen können.

107 Nach überwiegender Auffassung[165] kann der Sozialhilfeträger durch die Nacherbfolge-Dauertestamentsvollstreckungslösung mit Verwaltungsanordnung nicht nur von der Nachlasssubstanz, sondern auch **von den Erträgen des Vorerbanteils** ausgeschlossen werden dergestalt, dass die Erträgnisse dem behinderten (Vor-)Erben nur in Form bestimmter Leistungen zuzuwenden sind. Die Nutzungen der Vorerbschaft stehen gem. § 2111 Abs. 1 Satz 1 grundsätzlich dem Vorerben zu und sind gem. §§ 2216 Abs. 1, 2217 Abs. 1 vom Testamentsvollstrecker an den Vorerben herauszugeben, es sei denn, dass anderweitige Verwaltungsanordnungen des Erblassers gem. § 2216 Abs. 2 vorliegen.[166] Dabei hat der Wille des Erblassers und der von ihm mit der Anordnung verfolgte Zweck den Vorrang und zwar auch vor den Interessen etwaiger Eigengläubiger des Vorerben. Dem steht die sog. Früchtethese von Krampe[167] entgegen, nach der es zur ordnungsgemäßen Verwaltung des Nachlasses durch den Testamentsvollstrecker nach § 2216 Abs. 1 gehöre, dass dieser dem pflichtteilsberechtigten Erben Nachlassfrüchte soweit auskehrt, als diese für den angemessenen Unterhalt des Erben im Sinne der §§ 1601 ff. erforderlich sind. Auch durch Verwaltungsanordnungen gem. § 2216 Abs. 2 könne der Erblasser den Testamentsvollstrecker von dieser Pflicht nicht befreien, da die-

[161] BGH vom 8. 12. 2004, DNotZ 2005, 296 mit Anm. Spall S. 299 = ZEV 2005, 117 mit Anm. Muscheler ZEV 2005, 119 sowie Anm. J. Mayer MittBayNot 2005, 286; BGH vom 19. 10. 2005 ZEV 2006, 76 (unter Aufhebung von OLG Frankfurt ZEV 2004, 24).

[162] BGBl. I S. 1897, abgedr. in Schönfelder Nr. 34.

[163] Noch zu § 25 BSHG: Karpen MittRhNotK 1988, 131, 149; Frank BWNotZ 1983, 153, 156; VGH Mannheim Justiz 1994, 100.

[164] OVG Bautzen NJW 1997, 2898 = ZEV 1997, 344.

[165] Staudinger/Reimann, § 2216 Rn 22 f.; Bamberger/Roth/J. Mayer, § 2216 Rn 26 m. w. N.

[166] Engelmann, Letztwillige Verfügungen zugunsten Verschuldeter oder Sozialhilfebedürftiger, S. 123 ff.

[167] AcP 191, 527, 544 ff.; dagegen zu Recht Eichenhofer JZ 1999, 226, 229.

se Pflicht gem. § 2220 zwingendes Recht sei. Lediglich in Mangelfällen sei es möglich zu bestimmen, wie die Erträge zu verwenden seien. Nach dieser Ansicht würden somit zwar die im Formular (Rn 97) verwendeten Verwaltungsanordnungen zulässig sein, sobald aber die jährlichen Nutzungen dadurch nicht aufgebraucht würden, wäre der Überschuss an den Vorerben herauszugeben und stünde dem Sozialhilfeträger zum Zugriff offen. Im Formular wird versucht, auch dieser Meinung dadurch gerecht zu werden, dass der Überschuss als Rücklage für spätere Maßnahmen zur Verbesserung der Lebensqualität des Behinderten zurückgelegt werden darf und nicht um die Nachlasssubstanz zugunsten der Nacherben zu stärken. Die Ansicht von Krampe verstößt m. E. gegen den eindeutigen Wortlaut des § 2216 Abs. 2 Satz 1, dass „Anordnungen, die der Erblasser für die Verwaltung durch letztwillige Verfügung getroffen hat" vom Testamentsvollstrecker zu befolgen sind.[168]

Otte[169] ist der Meinung, Verwaltungsanordnungen des Erblassers über die Nutzungs- 108
verwendung zugunsten des Behinderten wie im Formular könnten gem. § 2216 Abs. 2 Satz 2 **vom Nachlassgericht** mit der Begründung **aufgehoben** werden, der Unterhalt des Behinderten sei gefährdet. Er stützt sich dabei auf die teilweise vertretene Meinung,[170] die Außerkraftsetzung sei nicht nur bei einer erheblichen Gefährdung des Nachlasses möglich, sondern auch bei einer Schädigung der am Nachlass interessierten Personen. Dem steht m.E. entgegen, dass es sich beim § 2216 Abs. 2 Satz 2 um einen ausdrücklich vom Gesetz geregelten Fall der ergänzenden Auslegung handelt, so dass mit ihm nur einem mutmaßlichen Willen des Erblassers Geltung verschafft werden darf. Der Erblasser will jedoch gerade den Zugriff des Sozialhilfeträgers verhindern[171] und außerdem wird durch die aus den Nutzungen finanzierten zusätzlichen Leistungen der Unterhalt des Behinderten gerade verbessert. Letztlich dient nach der Rechtsprechung[172] die Aufhebungsmöglichkeit nicht den Interessen der Eigengläubiger des Erben.

Neben vorstehenden Fragen zur Sittenwidrigkeit hinsichtlich **Schutzes der Allgemein-** 109
heit bezüglich dem sozialhilferechtlichen Nachrangprinzips kann sich im Einzelfall ein Verstoß gegen die **guten Sitten** i. S. des § 138 ergeben zum **Schutze des behinderten Kind.** Grundsätzlich steht dem Erblasser die durch Art. 14 Abs. 1 Satz 1 GG geschützte Testierfreiheit zu;[173] jedoch ergibt sich aus Art. 6 Abs. 1 GG hinsichtlich dem Pflichtteilsrecht sowie Art. 3 Abs. 3 Satz 2 GG hinsichtlich dem Schutz Behinderter Grenzen. Diese sind jetzt jedoch dann gewahrt, wenn dem Behinderten durch die Gestaltung eine höhere Lebensqualität zukommt. Ein Verstoß gegen die guten Sitten könnte sich jedoch nur verwirklichen in außergewöhnlichen Ausnahmefällen, jedoch nicht, solange sichergestellt ist, dass das Dasein des Kindes durch die Kautelen angenehmer gestaltet werden. Anderes kann auch dann gelten, wenn die **behinderte Person selbst Abkömmlinge** und ein mutmaßliches Interesse hat, diesen ein selbst vererbbares Vermögen zu hinterlassen.

Ferner ergeben sich Gestaltungsgrenzen aus Sondervorschriften, z. B. § 14 HeimG und deren landesrechtliche Nachfolgevorschriften.[174]

b) Anwendungsbereich

Anwendbar wird das Behindertentestament hauptsächlich sein bei **mittleren Vermö-** 110
gen. Bei **großen Vermögen** ist die rechtliche Zulässigkeit noch offen, insbesondere wenn die Erträge aus einem Pflichtteil zur Daseinssorge des Behinderten ausreichen würden.[175] Bei **kleinen Vermögen** wird zum einen der Aufwand oft unverhältnismäßig sein, zum

[168] So auch Eichenhofer JZ 1999, 226, 229; J.S. Engelmann, S. 124 ff.
[169] JZ 1990, 1027, 1028.
[170] Palandt/Edenhofer, 69. Aufl., § 2216 Rn 5.
[171] So auch das Gutachten des DNotI in DNotI-Report 1996, 52.
[172] BGHZ 38, 296, 300 = NJW 1961, 1717; BayObLGZ 1982, 459.
[173] BGH DNotZ 1992, 241, 242.
[174] Siehe hierzu oben § 3 I.1.b) Rn 3.
[175] Siehe oben Rn 103 m. w. N.; so auch Stein, ErbStB 2007, 115.

anderen ist der Voraus (§ 1932) des überlebenden Ehegatten in dieser Konstellation häufig das Hauptvermögen und dieser ist pflichtteilsfest (§ 2311 Abs. 1 Satz 2).

111 Sind **Gesellschaftsbeteiligungen** im künftigen Nachlass, ist besondere Sorgfalt bereits bei der vorsorgenden Prüfung und ggf. eine Änderung des Gesellschaftsvertrags geboten. Zur Vermeidung der Probleme einer Beteiligung eines nicht unbeschränkt Geschäftsfähigen werden beim Personengesellschaftsvertrag entsprechende qualifizierte Nachfolgeklauseln zu prüfen sein, bei einer GmbH mit der zwingenden Vererblichkeit (§ 15 Abs. 1 GmbHG) Einziehungsklauseln oder aber ein Ausweichen auf eine Vermächtnislösung oder bei der Nacherbschaftslösung eine Teilungsanordnung (§ 2048; siehe oben Rn 95).

112 Die **Nachvermächtnislösung** ist, wie dargestellt, nicht so rechtssicher wie die klassische Nacherbschaftslösung.[176] Dennoch wird diese im Einzelfall nachgefragt, weil sie im Gegensatz zur Nacherbschaftslösung deren weitreichenden Bindungen vermindert. Sie ist insbesondere empfehlenswert für Eltern, die zwar die gesamthänderische Bindung mit dem behinderten Kind – aus häufig guten Gründen – nicht wünschen, aber den Versuch machen wollen, über ein Nachvermächtnis den Verbrauch des Nachlassanteils oder Pflichtteilzahlung zu vermeiden, vor allem aber ihrem behinderten Kind über die Verwaltungsanordnung eine verbesserte Lebensqualität zukommen zu lassen, die sie nach ihrem Tod nicht mehr selbst sicherstellen können.

113 Bei der **Nacherbschaftslösung** ist bei Ehegatten mit paritätischem Vermögen zu prüfen, ob die Einsetzung des behinderten Kindes als Vorerbe zu beschränken ist auf das Ableben des längerlebenden Elternteils und beim Tod des erstversterbenden Ehegatten der Längerlebende zum Alleinerben einzusetzen ist („halbe Nacherbschaftslösung"). Der Pflichtteil beträgt nach dem Tod des ersten Elternteils nur ein Viertel, zum einen auf Grund des Ehegattenerbrechts und zum anderen dieser nur aus dem Vermögen des Erstversterbenden zu berechnen ist; eine Pflichtteilsstrafklausel verschafft keine Abhilfe, da der Sozialhilfeträger den auf ihn übergeleiteten Pflichtteilsanspruch auch dann geltend machen kann.[177] Vorteil ist, dass dem längerlebenden Ehegatten die Beschwernisse einer ggf. langdauernden Erbengemeinschaft erspart bleiben, er insbesondere über das Vermögen frei lebzeitig verfügen kann; die gewünschte Besserstellung kann der überlebende Elternteil durch lebzeitige Zuwendungen sicherstellen, wenngleich dies nicht auf den Pflichtteil des Behinderten angerechnet werden kann.

114 In jedem Falle ist ein Behindertentestament eine anspruchsvolle Aufgabe für den Gestalter. Jedoch ist den Beteiligten, den Eltern und Geschwistern des behinderten Kindes deutlich zu machen, dass die letztwillige Verfügung für den Laien ein schwieriges Dokument darstellt sowie – möglicherweise über Jahrzehnte – auch eine komplexe Umsetzung im Alltag erfordert.

115 Schließlich sind die Beteiligten eines Behindertentestaments, die meist über die Betreuungseinrichtungen ihrer behinderten Kinder gut informiert sind, darauf hinzuweisen, dass die **künftige Entwicklung** einerseits von Gesetzgebung, Rechtsprechung und Sozialhilfepraxis und andererseits die tatsächlichen Gegebenheiten, insbesondere der Gesundheitszustand des Behinderten und die Entwicklung der gesunden Kinder sowie die Vermögensentwicklung, zu beobachten ist und die erstellte letztwillige Verfügung gegebenenfalls anzupassen ist. Hierzu ist erforderlich, den Ehegatten, auch für den Fall des Ablebens des erstversterbenden Ehegatten, in einem Erbvertrag eine weitreichende **Abänderungsbefugnis** einzuräumen.[178]

Schrifttum zum Behindertentestament: *Baltzer,* Das Vor- und Nachvermächtnis in der Kautelarjurisprudenz, 2007; *ders.,* Die Vermächtnislösung lebt, ZEV 2008, 116; *Bengel,* Gestaltung letztwilli-

---

[176] Siehe oben Rn 101 f. Golpayani/Boger, ZEV 2005, 380.

[177] BGH DNotZ 2005, 296 mit Anm. Spall S. 299; zum Pflichtteilsumfang Rn 79.

[178] Eine Abänderungsbefugnis wird meist vorzugswürdig sein gegenüber auflösenden Bedingungen, soweit keine konkreten Ansatzpunkte für einen Wegfall, z. B. der Behinderung gegeben sind. Formulierungsbeispiel für die Gesundung des Kindes bei Ruby ZEV 2006, 71.

ger Verfügungen bei Vorhandensein behinderter Abkömmlinge; zugleich Anm. zum BGH-Urteil v. 20. 10. 1993, ZEV 1994, 29; *ders.* in Reimann/Bengel/J. Mayer, Testament und Erbvertrag, 5. Aufl. 2006, Syst. Teil A Rn 528 ff. und Formularteil Rn 79; *Conradis,* „Sozialhilferegress": Kostenersatz durch den Erben, § 102 SGB XII, § 35 SGB II, ZEV 2005, 379; *Damrau,* Auswirkungen des Testamentsvollstreckeramtes auf elterliche Sorge, Vormundsamt und Betreuung, ZEV 1994, 1; *ders.,* Das Behindertentestament mit Vermächtnislösung, ZEV 1998, 1; *Damrau/J. Mayer,* Zur Vor- und Nachvermächtnislösung beim sog. Behindertentestament, ZEV 2001, 293; *Engelmann,* Das sogenannte Behindertentestament, MittBayNot 1999, 509; *Golpayegani/Boger,* Aktuelle Gestaltungsempfehlungen zum Behindertentestament, ZEV 2005, 377; *Grziwotz,* Die umgekehrte Vermächtnislösung beim Behindertentestament: der Königsweg?, ZEV 2002, 409; *Hußmann,* „Sozialhilferegress": Überleitung und Übergang von Ansprüchen nach der reform des Sozialrechts durch „Hartz IV": ZEV 2005, 54; *Kleensang,* Ehegattenverfügungen bei behinderten, sozialhilfebedürftigen oder verschuldeten Kindern: Einsetzung des Problemkindes als Nacherbe? RNotZ 2007, 22; *Kornexl,* Nachlassplanung bei Problemkindern, 2006; *Krauß,* Sozialfürsorgerecht 2005: Neuerungen im Rahmen des SGB XII und SGB II; *Litzenburger,* Die interessengerechte Gestaltung des gemeinschaftlichen Testaments von Eltern zu Gunsten behinderter Kinder, RNotZ 2004, 138; *van de Loo,* Die letztwillige Verfügung von Eltern behinderter Kinder, NJW 1990, 2852; *D. Mayer* in Bengel/Reimann, Testamentsvollstreckung, 3. Aufl., § 5 III.7, Rn 342 ff.: Testamentsvollstreckung bei behinderten Kindern; *J. Mayer,* Behindertentestament und Pflichtteilsstrafklausel, MittBayNot 2005, 286; *ders.* Das Behinderten-Testament als empfehlenswerte Gestaltungsvariante?; zugleich Anm. zum Urteil des BGH v. 20. 10. 1993, DNotZ 1994, 347; G. *Müller* in Würzburger Notarhandbuch, Teil 4, Rn 383 ff.; *dies.,* Zur Anwendung des § 14 HeimG im Rahmen des sog. Behindertentestaments, in: Zehn Jahre Deutsches Notarinstitut, 2003, S. 153; *Mundanjohl/Tanck,* Die Problematik des § 2306 Abs. 2 BGB und des § 1371 Abs. 2 Halbsatz 2 BGB beim Behindertentestament, ZErb 2006, 177; *Nieder,* Das Behindertentestament, NJW 1994, 1264; *Ruby,* Behindertentestament: Häufige Fehler und praktischer Vollzug, ZEV 2006, 66; *Schindler,* Lebzeitige Zuwendungen und Behindertentestament – zugleich ein Beitrag zur Anwendbarkeit der Werttheorie beim Bestehen von Pflichtteilsergänzungsansprüchen und zur Anwendung von § 2326 BGB, ZErb 2006, 186; *ders.,* Ersatzerbschaft und § 2306 Abs. 2 BGB, ZErb 2007, 381; *Spall,* Das Behindertentestament – ein Überblick für die notarielle Praxis, FS 200 Jahre Notarkammer Pfalz, S. 121; *ders.,* Zur so genannten Vermächtnislösung beim Behindertentestament, MittBayNot 2001, 249; ders., Die vernachlässigten Erbquoten der Geschwisterkinder, § 2306 Abs. 2 BGB und Behindertentestament, ZEV 2006, 344; *Tersteegen* in Beck'sches Formularbuch Erbrecht, Abschnitt F. I.; *ders.,* Sozialhilferechtliche Verwertbarkeit von Vermögen bei Anordnung von Verwaltungstestamentsvollstreckung, ZEV 2008, 121; *ders.,* Letztwillige Verfügungen zugunsten des Heimträgers nach Inkrafttreten des Wohn- und Teilhabegesetzes –WTG NRW, RNotZ 2009, 222; Vaupel, Der Sozialhilferegress in der notariellen Praxis, RNotZ 2009, 497; *Weidlich,* Vorweggenommene Erbfolge und Behindertentestament, ZEV 2001, 94.

VIII. Zuwendungen zugunsten Verschuldeter und Sozialhilfeempfänger („Bedürftigentestament")[179]

1. Überblick, Gestaltungsziele

Die wirtschaftliche Tragweite von verschuldeten und überschuldeten Personen ist erheblich. Neben den Fällen, in denen Gläubiger im Wege der Einzelzwangsvollstreckung vorgehen, ist auch die Zahl der Insolvenzen weiter steigend. Nach Informationen des Statistischen Bundesamts[180] für das Jahr 2009 beantragten über 100 000 Personen eine sog. Verbraucherinsolvenz mit dem Ziel einer Restschuldbefreiung (§§ 286 ff. InsO), und die Gesamtzahl aller Insolvenzen betrug über 160 000. Im Bereich des Erbrechts ist es immer häufigere Gestaltungsaufgabe für den Kautelarjuristen, wie einer solchen Personen im Erbfall Zuwendungen gemacht werden können; hierfür hat sich in den letzten Jahren der Oberbegriff „Bedürftigentestament" entwickelt. 116

[179] Zu Gestaltungsmöglichkeiten bezüglich Vollstreckungsgefährdeter siehe auch oben § 14 V.6.
[180] www.destatis.de.

117 Gemeinsame **Zielsetzung** von Erblasser und der zu bedenkenden Person, insb. ein überschuldetes Kind oder Ehegatte – nachstehend auch „Bedürftiger" genannt –, ist regelmäßig, dass

- das Nachlassvermögen nicht dem Zugriff des Gläubigers unterliegt, sei es im Wege der Einzelvollstreckung, sei es im Wege des Zugriffs des Insolvenzverwalters, sei es durch Zugriff des Sozialhilfeträgers bei Gewährung öffentlicher Leistungen an den Bedürftigen;
- im Falle eines Restschuldbefreiungsverfahrens während der sechsjährigen Laufzeit der Abtretungserklärung (sog. „Wohlverhaltensphase") keine Verletzung gegen die Obliegenheiten des Schuldners (§ 295 InsO) begangen wird, die zur Versagung der Restschuldbefreiung führen würde (§ 296 InsO);
- der Bedürftige bereits während der Bedürftigkeit soweit am Nachlass teilhaben soll, als diese keinem Zugriff Dritter unterliegt;
- der Bedürftige nach einer – erhofften – Bereinigung seiner wirtschaftlichen Schwierigkeiten, insbesondere nach Eintritt einer Restschuldbefreiung, wirtschaftlich noch weitergehend teilhaben soll am Nachlassvermögen, bei Kindern z. B. gleichgestellt mit seinen Geschwistern, soweit der Erblasser nicht befürchtet, dass sich die wirtschaftliche Zerrüttung beim Bedürftigen wiederholen wird.

Wird vom Erblasser keine vorsorgende Gestaltung hinsichtlich seiner Rechtsnachfolge getroffen, besteht für den Bedürftigen die Möglichkeit der Ausschlagung (dazu unten Abs. 2). Der Erblasser kann in seiner Verfügung von Todes wegen gestaltend Vorsorge treffen

- durch Ausschließung des Bedürftigen vom Erbe (dazu und zum etwaigen Pflichtteilsanspruch unten Abs. 3),
- durch Einsetzung des Bedürftigen als Vorerben und Anordnung einer Testamentsvollstreckung („klassisches Bedürftigentestament") und ggf. Anordnungen gemäß § 2338 (dazu unten Abs. 4),
- durch Anordnung von Vermächtnissen zu Gunsten des Bedürftigen (dazu unten Abs. 5).

In Abs. 6 werden Möglichkeiten dargestellt, wie die – im wohlgemeinten Interesse auch des Bedürftigen – angeordneten Maßnahmen nach Wegfall der Verschuldung entfallen können.

2. Gesetzliche Erbfolge, unbeschränkte und unbeschwerte erbrechtliche Zuwendung, Ausschlagung[181]

a) Zugriffsmöglichkeit

118 Wird der Bedürftige **Erbe**, sei es aufgrund gesetzlicher Erbfolge, sei es aufgrund unbeschwerter und unbeschränkter Erbeinsetzung mittels Verfügung von Todes wegen, wird der Nachlass sein Vermögen (§ 1922 Abs. 1). Alle sich darin enthaltenen pfändbaren Vermögensgegenstände und unterliegen der Pfändung und Verwertung durch seine Gläubiger. Ist der Bedürftige nur **Miterbe**, wird der Nachlass gemeinschaftliches Vermögen der Erben (§ 2032 Abs. 1). Dann unterliegt der Erbteil (§ 1922 Abs. 2) der Pfändung. Entsprechendes gilt bei der Zuwendung eines **Vermächtnisses** ab Erfüllung der Vermächtnisforderung (§§ 2147, 2174; siehe hierzu unten Abs. 5); solange ist der Vermächtnisanspruch pfändbar. Nimmt der Schuldner die Erbschaft bzw. das Vermächtnis

[181] Siehe hierzu auch § 8 V., Rn 126 ff.; zu Auswirkungen des Verbraucherinsolvenz- und Restschuldverfahren eingehend Limmer, ZEV 2004, 133; Baltzer, Das Vor- und Nachvermächtnis in der Kautelarjurisprudenz, 2007, Rn 690 ff., Formulierungsvorschlag Rn 836 ff.; Gutbell, ZEV 2001, 260; Engelmann, Letztwillige Verfügungen zugunsten Verschuldeter oder Sozialhilfsbedürftiger; Hartmann, Verfügungen von Todes wegen zugunsten verschuldeter und insolventer Personen, ZNotP 2005, 82; Kleensang, in Beck'sches Formularbuch Erbrecht, F. II; ders., RNotZ 2007, 22.

an, wird der erbrechtliche Erwerb Teil der Insolvenzmasse (§ 35 Abs. 1 InsO) und wird verwendet zur Befriedigung der Forderungen der Insolvenzgläubiger.

Eine Zugriffsgefahr besteht erst ab dem Erbfall; selbst eine erbvertraglich vereinbarte Zuwendung ist trotz des Schutzes nach §§ 2287f. eine bloß rechtlich begründete Erwartung und keine pfändbare vermögensrechtliche Rechtsposition.[182]

b) Ausschlagung

Hat der Erblasser demnach keine vorsorgende Gestaltung getroffen, besteht nur die Möglichkeit für den Erben, die Erbschaft auszuschlagen. Hierzu ist die kurze Frist gemäß § 1944 zu beachten. Auch ein Vermächtnis kann ausgeschlagen werden; hierfür bestimmt das Gesetz keine Frist; lediglich der beschwerte Erbe kann einem bedachten Pflichtteilsberechtigten eine Frist gemäß § 2307 Abs. 2 setzen. Wird die Erbschaft ausgeschlagen, „so gilt der Anfall an den Ausschlagenden als nicht erfolgt" (§ 1953 Abs. 1), d.h., es entfällt der Erbanfall mit Rückwirkung und steht nicht den Gläubigern des Anfechtenden als Haftungsmasse zur Verfügung. Entsprechendes gilt für die Ausschlagung eines Vermächtnisses (§ 2180 Abs. 3). **118a**

Die Erbausschlagung stellt jedenfalls im Insolvenzverfahren keine **Gläubigerbenachteiligung** dar. Für das **Insolvenzverfahren** bestimmt § 83 Abs. 1 Satz 1 InsO, dass die Entscheidung über die Annahme oder Ausschlagung einer vor Eröffnung des Insolvenzverfahrens oder während es Verfahrens angefallenen Erbschaft ausschließlich dem Schuldner – und nicht dem grundsätzlich verfügungsberechtigten Insolvenzverwalter, § 80 InsO – zusteht; erfolgt der Erwerb von Todes wegen jedoch während der Laufzeit der Abtretungserklärung (Wohlverhaltensphase) eines Restschuldbefreiungsverfahrens und nimmt der Schuldner die Erbschaft an, hat der Schuldner die Hälfte des Wertes an den Treuhänder herauszugeben (§ 295 Abs. 1 Nr. 2 InsO).[183] Die Ausschlagung eines Insolvenzschuldners unterliegt auch nicht der Insolvenzanfechtung gemäß §§ 129ff. InsO.[184] **118b**

Diese Wertung des § 83 InsO ist grundsätzlich auch zu übertragen auf den Bereich der **Einzelvollstreckung.** Wenn sogar der in einem Insolvenzverfahren befindliche Erbe sanktionslos die Erbschaft ausschlagen kann, so muss dies auch dem Erben möglich sein, gegen den nur Einzelvollstreckungsmaßnahmen zu befürchten sind.[185] Der persönliche Charakter des Ausschlagungsrechts, der auf den besonderen Beziehungen des Erben zum Erblasser beruht, ist auch im Insolvenzverfahren zu beachten und „darf nicht durch einen mittelbaren Zwang zur Annahme der Erbschaft" unterlaufen werden.[186]

Anderes soll nach obergerichtlicher Rechtsprechung jedoch gelten bei **Sozialleistungsempfängern** im Hinblick auf den in §§ 2 Abs. 1, 90 Abs. 1 SGB XII niedergelegten Nachranggrundsatz öffentlicher Hilfen als tragendes Prinzip des Sozialhilferechts: „Eine Ausschlagung einer werthaltigen Erbschaft, die dazu führt, dass die Sozialhilfebedürftigkeit des vorläufigen Erben fortbesteht, verstößt gegen die guten Sitten, es sei denn die Ausschlagung kann ausnahmsweise durch ein überwiegendes Interesse des Erben motiviert werden."[187]

c) Erbverzicht

Verzichtet der Schuldner **vor dem Erbfall** auf sein gesetzliches Erb- und Pflichtteilsrecht durch Vertrag mit dem Erblasser gemäß § 2346,[188] gilt Gleiches wie bei der Ausschlagung (s. oben Abs. b); zu diesem Zeitpunkt besteht noch keine gesicherte Vermö- **118c**

---

182 Limmer ZEV 2004, 133, 134 m.w.N.
183 Zum Erbverzicht: Siehe unten lit. c).
184 Limmer ZEV 2004, 133, 134 m.w.N.
185 J. Mayer, 13. DVEV – Deutsches Erbrecht-Symposium, S. 6.
186 BGH DNotZ 2009, 862, 864. mit Anm. Goltzsche DNotZ 2009, 865.
187 OLG Hamm ZEV 2009, 471f. mit Anm. Leipold S. 472f. Str.; a.A. z.B. LG Aachen ZEV 2005, 120f. auch mit Hinweis auf § 83 Abs. 1 Satz 1 InsO.
188 Zum Erb- und Pflichtteilsverzicht siehe eingehend oben § 19.

gensposition des möglichen Erben. Jedoch unterliegt eine etwa in diesem Zusammenhang erfolgte Gegenleistung, insbesondere eine Abfindung für den Verzicht, dem Gläubigerzugriff. Ein solcher Erbverzicht stellt nach h. M. auch keine Obliegenheitsverletzung des Insolvenzschuldners in der Wohlverhaltsphase des Restschuldbefreiungsverfahrens dar.[189] Erfolgt der Verzicht aber erst **nach dem Erbfall** durch Erlassvertrag oder überträgt der Schuldner seinen Erbteil, wird bereits ein bestehender Vermögenswert aufgegeben bzw. übertragen; die Aufgabe dieser Vermögensposition unterliegt im Regelfall der Gläubigeranfechtung.

3. Ausschluss des Bedürftigen vom Erbe, Pflichtteilsanspruch, Pflichtteilsverzicht

a) Ausschluss des Bedürftigen vom Erbe

119 Der Erblasser kann den Bedürftigen – soweit er zum Kreis der gesetzlich Erbberechtigten gehört – durch Verfügung von Todes wegen ausschließen, sei es durch Enterbung ohne Erbeinsetzung gemäß § 1938, sei es durch abschließende Erbeinsetzung anderer Personen gemäß § 1937. Dem Bedürftigen fällt damit keine Erbschaft an. Wird der Verschuldete durch letztwillige Verfügung des Erblassers **enterbt,** führt dies dazu, dass der Nachlass nicht dem Zugriff des Gläubigers unterliegt, soweit sich nicht aus Pflichtteilsrechten anderes ergibt (dazu nachstehenden lit. b).

b) Pflichtteilsanspruch

120 Soweit der von der Erbfolge ausgeschlossene Bedürftige[190] zum Kreis der Pflichtteilsberechtigten gemäß § 2303 gehört, steht ihm mit dem Erbfall (§§ 2317 Abs. 1, 1922 Abs. 1) der **Pflichtteilsanspruch** zu, gegebenenfalls auch ein rechtlich gesonderter Pflichtteilsergänzungsanspruch (§ 2325).

Gemäß § 852 Abs. 1 ZPO ist der Pflichtteilsanspruch der Pfändung nur unterworfen, wenn er durch Vertrag anerkannt oder rechtshängig geworden ist. Die Vorschrift bezweckt, dem Pflichtteilsberechtigten die Entscheidung zu belassen, ob der diesen Anspruch, der sich gegen die nächsten Familienangehörigen richtet, geltend machen will. Nach der Rechtsprechung kann jedoch der Pflichtteilsanspruch auch schon vor vertraglicher Anerkennung oder Rechtshängigkeit „als in seiner zwangsweisen Verwertbarkeit aufschiebend bedingter Anspruch" gepfändet werden. Der Anspruch ist dann ohne Einschränkung mit einem Pfandrecht belegt, darf aber erst verwertet werden, wenn die Voraussetzungen des § 852 Abs. 1 ZPO vorliegen.[191] Somit tritt eine Verwertungsmöglichkeit erst ein, wenn der Pflichtteilsanspruch durch Vertrag anerkannt oder rechtshängig geworden ist.

Diese durch § 852 Abs. 1 ZPO geschützte Entscheidungsfreiheit wird auch gewahrt bezüglich einer **Gläubigeranfechtung:** Das Unterlassen der Geltendmachung eines Pflichtteilsanspruchs stellt kein Verhalten dar, das der Anfechtung gemäß §§ 1 ff. AnfG oder §§ 129 ff. InsO unterliegt.[192]

Im Insolvenzverfahren gehört der Pflichtteilsanspruch – im Hinblick auf vorgenannte Pfändungsmöglichkeit – von Anfang an zur Insolvenzmasse (§§ 35, 36 Abs. 1 InsO), der Insolvenzverwalter kann die Forderung jedoch bis zum Vorliegen der Voraussetzungen des § 852 Abs. 1ZPO nicht einziehen.

---

[189] Zum Verzicht auf die Geltendmachung eines Pflichtteilsanspruchs: BGH DNotZ 862 ff. mit Anm. Goltzsche S. 865 ff. = ZEV 2009, 469.

[190] Bei einem nur mit geringem Erbteil eingesetzten Pflichtteilsberechtigten: Zusatzpflichtteil gemäß § 2305.

[191] BGH DNotZ 1994, 780 = NJW 1993, 2876; BGH ZEV 2009, 247 LS. 1 mit Anm. Musielak S. 249 f. Zum Normzweck auch Goltzsche DNotZ 2009, 865.

[192] BGH ZEV 1997, 345.

Ist der Pflichtteilsberechtigte **Sozialhilfeempfänger** ist zu beachten, dass der Sozialhilfeträger – entgegen § 852 Abs. 1 ZPO – einen **Pflichtteilsanspruch** gemäß § 93 Abs. 1 Satz 1, 4 SGB XII auf sich **überleiten** kann, auch wenn dieser noch nicht geltend gemacht ist, wobei es auf eine Entscheidung des Pflichtteilsberechtigten nicht ankommt.[193]

c) Pflichtteilsverzicht, Nichtgeltendmachung des Pflichtteils

Aufgrund der Pfändbarkeit des Pflichtteilsanspruchs ist diesbezüglich ein Pflichtteilsverzicht des Bedürftigen gegenüber dem Erblasser – zu dessen Lebzeiten, vor dem Erbfall – gemäß § 2346 Abs. 2 zweckmäßig.[194] **120a**

Ohne Verzicht ist der Pflichtteilsberechtigte und Anspruchsinhaber jedoch in seiner Entscheidung frei, den Pflichtteil geltend zu machen. Nach der Rechtsprechung stellt auch der Verzicht auf die Geltendmachung eines Pflichtteils in der Wohlverhaltensphase eines Restschuldbefreiungsverfahrens keine Obliegenheitsverletzung nach §§ 295 f. InsO dar. Der persönliche Charakter des Ausschlagungsrechts, der auf den besonderen Beziehungen des Erben zum Erblasser beruht, ist auch in der Wohlverhaltensphase zu beachten. Er darf nicht durch einen mittelbaren Zwang zur Annahme der Erbschaft oder Geltendmachung des Pflichtteils unterlaufen werden.[195]

Verzichtet jedoch der Pflichtteilsberechtigte auf einen bereits anerkannten oder rechtshängig gemachten Pflichtteilsanspruch, steht dem Pflichtteilsberechtigten der Schutz des § 852 Abs. 1 ZPO nicht mehr zu und der Verzicht ist insolvenzrechtlich anfechtbar.

4. Vorerbschaft, Testamentsvollstreckung, Anordnungen gemäß § 2338

a) Vor- und Nacherbschaft, Dauertestamentsvollstreckung

Will der Erblasser den Bedachten als Erben am Nachlass beteiligen, bieten sich als „klassische" Gestaltung eines Bedürftigentestaments die Instrumente an, die in gleicher Weise beim Behindertentestament (siehe oben Abschnitt VII. Rn 63 ff.) Anwendung finden. Die Substanz des Nachlasses wird durch Anordnung von Vor- und Nacherbschaft[196] (Verwertungsschutz gegen Eigengläubiger des Erben nach § 2115, § 773 ZPO, § 83 Abs. 2 InsO beim Vorerben)[197] und einer Testamentsvollstreckung[198] als Dauerverwaltungsvollstreckung (§§ 2214, § 2209 Satz 1 Halbs. 2)[199] vor den Eigengläubigern des Bedachten geschützt (siehe § 8 V.6.b).[200] Dadurch kann der Gläubiger, auch der Sozialhilfeträger hierauf während der Lebzeit des Bedachten und auch nach dessen Ableben nicht zugreifen. Die Zugriffssperre des § 2214 für Gläubiger beginnt bereits mit dem Erbfall. Sie gilt sowohl für die Einzel-Zwangsvollstreckung als auch im Insolvenzverfahren. Wird über das Vermögen des Erben das Insolvenzverfahren eröffnet, gehört der Nachlass zwar zur Insolvenzmasse,[201] jedoch besteht nach der Rechtsprechung die Testamentsvollstreckung fort[202] mit der Folge, dass die Verfügungsbefugnis des Testamentsvollstreckers (§ 2205) und Verfügungsbeschränkung des Erben (§ 2211) fortgilt, somit der Testamentsvollstrecker den Nachlass weiter verwalten und über Nachlassgegenstän- **121**

---

[193] Siehe hierzu oben beim Behindertentestament VII.1.b) Rn 66.

[194] Zum Pflichtteilsverzicht siehe eingehend oben § 19.

[195] BGH DNotZ 2009, 862, 864. mit Anm. Goltzsche DNotZ 2009, 865.

[196] Zur Vor- und Nacherbschaft im einzelnen, auch Nachteilen, siehe oben § 10 II., Rn 3 ff.

[197] Zum Vollstreckungsschutz bei Vor- und Nacherbschaft: Limmer in Reimann/Bengel/J. Mayer, Testament und Erbvertrag, Syst, Teil A. III.1.b)dd), Rn 390 ff.

[198] Zur Testamentsvollstreckung im einzelnen siehe oben § 15 II, Rn 3 ff.

[199] Zur Schutzwirkung der Testamentsvollstreckung: Limmer in Reimann/Bengel/J. Mayer, Testament und Erbvertrag, Syst, Teil A. III.1.b)dd), Rn 385 ff.

[200] Rn 157. Vgl. Keim ZEV 2010, 56.

[201] Trotz dem Wortlaut des § 36 Abs. 1 Satz 1 InsO.

[202] BGH ZEV 2006, 405 ff. mit Anm. Siegmann S. 408 f. = MittBayNot 2007, 58 ff. mit Anm. Weidlich S. 61.

de verfügen kann. Der unter Testamentsvollstreckung stehende Nachlass, der in die Insolvenzmasse fällt, bildet bis zur Beendigung der Testamentsvollstreckung eine Sondermasse, auf die die Nachlassgläubiger, nicht aber die Erbengläubiger Zugriff nehmen können.

Wie beim Behindertentestament kann auch hier dem Testamentsvollstrecker eine Verwaltungsanordnung nach § 2216 Abs. 2 Satz 1 erteilt werden, z.B. aus den Erträgnissen dem Bedachten laufende Zuwendungen zu machen im pfändungsfreien Rahmen. Als Nacherben werden häufig die – nicht verschuldeten – Geschwister des Bedachten eingesetzt.[203]

Der Überschuldete könnte hier gemäß § 2306 ausschlagen und seinen Pflichtteil verlangen, was jedoch auf Grund der Gläubigerrechte in der Praxis nicht erfolgen wird. Ein etwa geltend gemachter Pflichtteil und die dem Bedachten zufließenden **Nutzungen** des gebundenen Vermögens unterliegen allerdings grundsätzlich dem Zugriff seiner Eigengläubiger.[204] Zur Frage, ob der Erblasser gem. § 2216 Abs. 2 Satz 1 anordnen kann, dass die Reinerträge des der Nacherbfolge unterliegenden Vermögens vom Testamentsvollstrecker nur in Form von Naturalverpflegung an den Vorerben herauszugeben sind, und zwar selbst dann, wenn dadurch dessen Eigengläubiger benachteiligt werden siehe oben § 8 V.6.b) Rn 157.

Wird der Bedürftige nicht Alleinerbe, sondern Miterbe, kann dessen Erbanteil auch trotz einer Testamentsvollstreckung und Nacherbschaft an Dritte veräußert und übertragen werden und unterliegt auch der Pfändung von Gläubigern, ungeachtet jedoch des Fortbestands der angeordneten Beschränkungen.

122 Besonderheiten könnten sich ergeben bezüglich der Zulässigkeit eines solchen Bedürftigentestaments, wenn es sich beim Bedachten um einen **Hilfeempfänger öffentlicher Sozialleistungen** handelt. Neben den Privatgläubigern tritt zunehmend auch die „Abschirmung des Nachlasses gegen den Träger von Sozialhilfe" in den Vordergrund.[205] Das Sozialgericht Dortmund versagte einem Antragsteller bezüglich Leistungen zur Grundsicherung nach dem SGB II einstweiligen Rechtsschutz mit dem Hinweis, dieser sei gehalten, alle Möglichkeiten zur Beendigung oder Verringerung seiner Hilfebedürftigkeit auszuschöpfen. Hierzu gehöre auch „die Anfechtung eines sog. Bedürftigentestament (Anordnung der Vor- und Nacherbfolge i.V.m. Dauertestamentsvollstreckung), weil einiges dafür spricht, dass dieses sittenwidrig ist". Jedenfalls könne die Rechtsprechung des BGH nicht ohne weiteres auf einen Antragsteller übertragen werden, der nicht behindert und in der Lage ist, für sich selbst zu sorgen.[206] Hiergegen spricht insbesondere, dass die Testierfreiheit des Erblassers durch keinerlei Gebot eingeschränkt ist, einem verschuldeten Kind Zuwendungen zu machen, sondern die natürliche Verantwortung der Eltern gerade dahin gehen wird, das Familienvermögen für die nicht verschuldeten Kinder zu erhalten. Bezüglich einer Gestaltung gemäß dem „klassischen Bedürftigentestament", wonach der Pflichtteil dem Bedürftigen nicht zur Verwertung zusteht, ist zum einen die Wertung des § 2338 zu sehen, worin das Gesetz „quasi eine Handlungsanleitung gibt, wie der Gläubiger eines überschuldeten Abkömmlings vom Pflichtteil ferngehalten werden" kann.[207] Ferner sind die Wertungen des Gesetzes in § 852 Abs. 1 und § 83 InsO zu beachten, die der familiengebundenen Besonderheit des Pflichtteilsanspruch Rechnung trägt. Gleichwohl ist bis zu einer höchstrichterlichen Klärung des Spannungsfeldes mit

---

[203] Formulierungsbeispiele: Oben § 8 V.6. Rn 158; Kleensang in Beck'sches Formularbuch Erbrecht, Abschnitt F. II.2.; Litzenburger, ZEV 2009, 278, 280, Limmer in Würzburger Notarhandbuch, Teil 4, Kapitel 1, Abschnitt V., Rn 410 (S. 1898 ff.); Everts, ZErb 2005, 353, 358 f.

[204] *Limmer* in Reimann/Bengel/J. Mayer, Testament und Erbvertrag, Syst, Teil A. III.1.b)dd), Rn 386.

[205] Keim ZEV 2010, 56.

[206] SG Dortmund, Beschl. v. 25. 9. 2009, ZEV 2010, 54 ff. mit Anm. Keim S. 56.

[207] Keim ZEV 2010, 56.

dem sozialrechtlichen Nachranggebot ein besonderes Augenmaß bei der Gestaltung und vorsorglich Ersatzregelungen für den Fall der Unwirksamkeit empfehlenswert.[208]

b) Pflichtteilsbeschränkung gemäß § 2338[209]

Handelt es sich bei dem überschuldeten Bedachten um einen **Abkömmling** des Erblassers, so bietet das Gesetz mit § 2338 – als Ausnahmevorschrift zu § 2306 Abs. 1 – dem Erblasser die Möglichkeit, auch gegen den Willen des Abkömmlings dessen Pflichtteil in guter Absicht durch Anordnung einer Nacherbfolge und einer Testamentsvollstreckung mit dem Ergebnis zu beschränken, dass einerseits das ihm Zugewendete dem Zugriff seiner Eigengläubiger entzogen ist und andererseits sein standesgemäßer Unterhalt aus den Erträgnissen der Zuwendung gesichert ist. Liegen zum einen die Tatbestandsvoraussetzungen des § 2338 vor und hat der Erblasser die ihm dort vorgegebenen möglichen Verfügungen eingehalten,[210] steht dem Abkömmling trotz der Beschränkungen und Beschwerungen **kein Ausschlagungsrecht** nach § 2306 Abs. 1 zu und damit auch keine Möglichkeit zu Erlangung eines Pflichtteilsanspruchs. Ferner kann der Erblasser diese Verfügungen auch treffen trotz einer eingetretenen Bindung aus Erbvertrag oder gemeinschaftlichem Testament: §§ 2271 Abs. 3, 2289 Abs. 2 sehen hierfür jeweils eine **gesetzliche Durchbrechung der Bindungswirkung** vor. Bei Sozialhilfeempfängern handelt es sich jedoch im Regelfall um keinen verschwenderischen oder überschuldeten Abkömmling des Erblassers, so dass die Voraussetzungen der §§ 2338 BGB, 863 ZPO nicht gegeben sind. 123

5. Vermächtnis zugunsten des Bedürftigen

a) Vermächtnisweise Zuwendung nicht pfändbarer Vermögensgegenstände

Ein zugewendetes Vermächtnis unterliegt grundsätzlich dem Zugriff des Gläubigers (siehe oben Abs. 2.a), zu aufschiebend bedingten Vermächtnissen siehe unten Abs. 6.) Aus Sicht des Erblassers ist daher nur die Zuwendung pfändungssicherer Vermögensgegenstände zweckmäßig (siehe hierzu oben § 8 V.6.a), Rn 154 ff.). Im Vordergrund stehen hierfür meist 124

- ein **Wohnungsrecht** (§ 1093; siehe hierzu oben § 8 V.6.a)bb), Rn 155). Dieses ist als beschränkte persönliche Dienstbarkeit im gesetzlichen Regelfall nicht übertragbar (§ 1092 Abs. 1 Satz 1) und eine Gestattung der Überlassung nach § 1092 Abs. 1 Satz 2 ist bei der vermächtnisweisen Einräumung nicht vorzusehen;[211]
- ein **Rentenvermächtnis** (siehe hierzu oben § 8 V.6.a)cc), Rn 156).

Hingegen ist ein vermächtnisweise eingeräumter Nießbrauch[212] selbst dann pfändbar, wenn abweichend von § 1059 Satz 2 die Überlassung der Ausübung ausgeschlossen wird (siehe hierzu oben § 8 V.6.a)aa), Rn 154).

b) Ausschlagung eines Vermächtnisses

Nimmt der Bedachte das Vermächtnis an, und erfolgt der Anfall des Vermächtnisses während der Laufzeit der Abtretungserklärung (Wohlverhaltensphase) eines **Restschuldbefreiungsverfahrens,** hat er den Erwerb zur Hälfte des Wertes an den Treuhänder herauszugeben (§ 295 Abs. 1 Nr. 2 InsO).[213] Schlägt der bedachte Schuldner das Vermächt- 125

[208] So auch Tersteegen, MittBayNot 2010, 105, 107: „… gewisse Vorsicht in der Gestaltungspraxis geboten …“.

[209] Siehe hierzu eingehend oben § 8 V. Rn 126 ff.

[210] Formulierungsbeispiele: Oben § 8 V.5. Rn 152; Kleensang in Beck'sches Formularbuch Erbrecht, Abschnitt C. VI.3., Langenfeld, Testamentsgestaltung, 6. Kap. § 4 Bedürftigentestament, Abschnitt V. Zu den engen und unflexiblen Gestaltungsmöglichkeiten: Baumann ZEV 1996, 121, 122.

[211] Muster bei Kleensang in Beck'sches Formularbuch Erbrecht, F. II.1.

[212] Zum Nießbrauchsvermächtnis siehe oben § 10 V., Rn 157 ff.

[213] Zur Frage, ob der Bedachte den erbrechtlichen Erwerb des Vermächtnisses in den Zeitraum nach Beendigung der Wohlverhaltensphase verlagern kann durch Nichterklärung über Annahme oder Ausschlagung, da beim Vermächtnis nicht die Frist des § 1944 gilt: Limmer ZEV 2004, 132, 136.

nis aus, ist hieraus gemäß der Wertung des § 83 InsO und dem vom BGH bekräftigten persönlichen Charakter des Ausschlagungsrechts keine Obliegenheitspflichtverletzung anzunehmen.[214]

6. Entfallen der Anordnungen nach Wegfall der Überschuldung

126 Ist eine Beendigung der Bedürftigensituation zu erwarten, und geht der Erblasser davon aus, dass sich die nachteilige wirtschaftliche Entwicklung bei dem Bedürftigen auch nicht wieder neu einstellen wird, ist es Wunsch des Erblassers, bei den vorgenannten Regelungen Sorge zu tragen, dass die Beschränkungen für den Bedachten entfallen, sobald die wirtschaftliche Situation sich nachhaltig geändert haben sollte und keine Haftungslage mehr besteht (Wegfall der Verschuldung, z.B. mittels Restschuldbefreiung, §§ 286 ff. InsO).[215]

127 Einzig sicherer Weg ist eine **Änderung der letztwilligen Verfügungen** durch den Erblasser zu diesem späteren Zeitpunkt. Daher sollten bei einem gemeinschaftlichen Testament oder Erbvertrag die Regelungen für den Tod des längerlebenden Ehegatten bei Bedürftigenregelungen auch einseitig abänderbar sein und – jedenfalls insoweit – keiner Bindung unterliegen.

127a Will der Erblasser sofort Vorsorge treffen, dass dies auch ohne sein Zutun geändert werden kann, besteht die Möglichkeit, dessen **Motiv** für die Anordnungen der Beschränkungen in der Verfügung von Todes wegen niederzulegen. Damit soll es dem – vormals – Bedürftigen später möglich sein, die Beschränkungen zu beseitigen entweder unmittelbar im Wege der **Auslegung** oder aber im Wege der – fristgebundenen, § 2082 – **Anfechtung** („… irrige Annahme des … Nichteintritts eines Umstands …“, § 2078 Abs. 2: Entschuldung des Bedürftigen).[216]

127b Möglich wäre auch, die Beschränkungen mit einer auflösenden **Bedingung** anzuordnen für den Wegfall der näher zu definierenden Bedürftigkeit, z.B. Eintritt der Restschuldbefreiung (§ 300 InsO) oder Bestätigung eines Wirtschaftsprüfers oder Steuerberaters, dass keine Überschuldung mehr vorliegt.[217] Damit ist der Bedürftige zunächst Vorerbe, jedoch auch aufschiebend bedingt Nacherbe als Vollerbe. Dieses Anwartschaftsrecht ist jedoch pfändbar und im Insolvenzverfahren verwertbar. Der Erblasser kann zwar nach h.M. die Übertragbarkeit des Anwartschaftsrechts ausschließen, wodurch die Verwertbarkeit im Insolvenzverfahren entfällt; gleichwohl ergibt sich aus § 851 Abs. 2 ZPO, dass dennoch die Anwartschaft pfändbar bleibt.[218] Litzenburger schlägt wegen der Gefahr der Pfändung des Anwartschaftsrechts vor, die Vor- und Nacherbschaft nach Wegfall der Bedürftigensituation zwar fortbestehen zu lassen, jedoch die den Vorerben stark belastende Dauerverwaltungsvollstreckung mittels auflösender Bedingung wegfallen zu lassen und den (nicht mehr bedürftigen) Vorerben – nach Maßgabe des § 2136 – ab diesem Zeitpunkt von allen gesetzlichen Beschränkungen und Verpflichtungen zu befreien (**„Befreiungslösung“**).[219]

---

[214] BGH DNotZ 2009, 862, 864.

[215] Kornexl, Nachlassplanung bei Problemkindern, Rn 410 ff.; Hartmann ZNotP 2005, 91; Kleensang, in Beck'sches Formularbuch Erbrecht, F. II.4.

[216] Formulierungsvorschlag bei Kleensang, in Beck'sches Formularbuch Erbrecht, F. II.4. Zweifelnd, z.B. ob ein Irrtum vorliegt, wenn sich der Erblasser gegen eine (auflösende) Bedingung entschieden hat: Z.B. C. Hartmann, ZNotP 2005, 175, 178.

[217] Hierzu Limmer ZEV 2004, 133, 140; Kleensang in Beck'sches Formularbuch Erbrecht, F. II.2–4; Kornexl, Nachlassplanung bei Problemkindern, Rn 434.

[218] Zum Vorschlag, die Vollerbeinsetzung wiederum auflösend zu bedingen mit der Pfändung der Anwartschaft, was jedoch u.U. gemäß § 138 BGB aufgrund Gläubigerbenachteiligung unwirksam wäre: C. Hartmann, ZNotP 2005, 182, 88.

[219] Litzenburger, ZEV 2009, 278 ff.; kritisch bezüglich der praktischen Umsetzbarkeit J. Mayer, DVEV – 13. Deutsches Erbrecht-Symposium 2010, S. 30 f.

Als alternative Gestaltung wird vorgeschlagen ein **gestuftes Ausschlagungsrecht.**[220] Hiernach soll der Erblasser das bedürftige Kind zum Alleinerben (Vollerben) einsetzen, ersatzweise dessen Abkömmlinge als Ersatzerben (Vorerben) und das bedürftige Kind wiederum als Nacherben (Vollerben), und zwar – abweichend von § 2106 Abs. 1 – vor dem Ableben jener Abkömmlinge zu einen späteren Zeitpunkt, zu dem sich der Erblasser die Entschuldung des Kindes erhofft. Das bedürftige Kind könne dann – sollte der Bedürftigenstatus jeweils noch andauern – gegebenenfalls zweimal ausschlagen, und zwar erstmals nach dem Erbfall des Erblassers und zum zweitenmal bei Eintritt der Nacherbfolge. Dieses Gestaltungsmodell ist aus zwei Gründen zurückhaltend zu verwenden: In rechtlicher Hinsicht steht dem Bedürftigen nach der ersten Ausschlagung eine Nacherbenanwartschaft zu, die dessen Gläubiger sofort pfänden und nach Eintritt des Nacherbfalls verwerten können. In tatsächlicher Hinsicht ist die jeweilige erforderliche Ausschlagung in der kurzen Frist des § 1944 erforderlich, was u.U. Personen mit ungeordneten Vermögensverhältnissen in dieser Situation nicht präsent ist; wird diese in einem der beiden Fälle versäumt, steht dem Gläubiger der Nachlass uneingeschränkt zur Befriedigung zur Verfügung.[221] 127c

Gegen die weitere Alternative, den Bedürftigen als Nacherben einzusetzen, wobei der Nacherbfall mit Inkrafttreten der Restschuldbefreiung oder sonstiger Entschuldung bestimmt wird, spricht zum einen die vorgenannte Pfändbarkeit der Nacherbenanwartschaft, zum zweiten im Falle eines Restschuldbefreiungsverfahrens die Verpflichtung, die Nacherbenanwartschaft als „Vermögen, das er von Todes wegen ... erwirbt" gemäß § 295 Abs. 1 Nr. 2 InsO zur Hälfte des Wertes an den Treuhänder herauszugeben und zum Dritten, dass der zum Nacherben eingesetzte Pflichtteilsberechtigte gemäß § 2306 Abs. 2 das Erbe ausschlagen und den Pflichtteil verlangen kann.[222] 127d

Vorstehende Nachteile – mit Ausnahme der Ausschlagungsmöglichkeit nach § 2306, hier Abs. 1 – möchte vermeiden der Vorschlag, einen „zuverlässigen[223] Dritten" als Erben einzusetzen und diesen mit einer **Auflage** zu beschweren, dem Bedürftigen nach Wegfall von dessen misslichen Vermögensverhältnissen, insbesondere nach Eintritt der Restschuldbefreiung, Vermögenswerte aus dem Nachlass zuzuwenden.[224] Der Vorteil dieser Gestaltung ist auch deren Nachteil: Dem Bedürftigen selbst steht kein Anspruch auf Vollziehung zu, der gepfändet werden könnte oder an einen Treuhänder anteilig heraus zu geben wäre, die Sicherung des Erblasserwillens müsste über einen Testamentsvollstrecker erfolgen. 127e

Schrifttum zum Bedürftigentestament: *Baumann,* Die Pflichtteilsbeschränkung in guter Absicht, ZEV 1996, 121; *Engelmann,* Letztwillige Verfügungen zugunsten Verschuldeter oder Sozialhilfeberechtigter, 1999; *Everts,* Letztwillige Verfügungen zugunsten überschuldeter und bedürftiger Personen, ZErb 2005, 353; *Flik,* Gemeinschaftliches Testament bei überschuldetem Ehegatten, BWNotZ 1979, 53; *Gutbell,* Schutz des Nachlasses gegen Zwangsvollstreckungsmaßnahmen bei Testamentsvollstreckung und Vorerbschaft, ZEV 2001, 260; *Hartmann,* Verfügungen von Todes wegen zugunsten verschuldeter und insolventer Personen, ZNotP 2005, 82; *Keim,* Testamentsgestaltung bei „missratenen" Kindern – Neue Möglichkeiten durch die geplanten Änderungen im Pflichtteilsrecht?, NJW 2008, 2072; *ders.* Die unergiebige Pfändung des Pflichtteilsanspruchs, ZEV 1998, 127; *Kleensang,* Ehegattenverfügungen bei behinderten, sozialhilfebedürftigen oder verschuldeten Kindern, RNotZ 2007, 22; *ders.* in Beck'sches Formularbuch Erbrecht, Abschnitt F. II. und C. VI.3 (zu § 2338); *Kornexl,* Nachlassplanung bei Problemkindern; *Krauß,* Gestaltungsmöglichkeiten im Kon-

---

[220] Tönnies ZNotP 2003, 92; hierzu auch C. Hartmann ZNotP 2005, 82, 87 und Limmer ZEV 2004, 133, 141.

[221] J. Mayer, DVEV – 13. Deutsches Erbrecht-Symposium 2010, S. 27.

[222] Zur Pfändbarkeit und Verwertbarkeit des Pflichtteils nach Maßgabe des § 852 Abs. 1 ZPO siehe oben Abs. 3.b).

[223] Und erbschaftsteuerlich nicht schädlichen Dritten.

[224] Wälzholz FamRB 2006, 252, 256; vgl. auch Kornexl, Nachlassplanung bei Problemkindern, Rn 436.

fliktbereich zwischen Erbrecht und Sozialrecht, ZErb Beilage 2005, Heft 2, 24; *Langenfeld,* Testamentsgestaltung, 6. Kap. § 4 (Letztwillige Verfügungen zugunsten überschuldeter Abkömmlinge (Bedürftigentestament); *Limmer,* Testamentsgestaltung bei überschuldeten Erben im Hinblick auf die Auswirkungen des Verbraucherinsolvenz- und Restschuldbefreiungsverfahrens, ZEV 2004, 13; *ders.,* in: Würzburger Notarhandbuch, Teil 4, Kapitel 1, Abschnitt V. Bedürftigen- und Überschuldetentestament; *ders.,* in: Reimann/Bengel/J. Mayer, Testament und Erbvertrag, Syst. Teil A. III. Rn 383 ff.; *Litzenburger,* Das Bedürftigentestament – Erbfolgengestaltungen zu Gunsten von Langzeitarbeitslosen (Hartz-IV-Empfängern), ZEV 2009, 278 mit Formulierungsvorschlag S. 280; *Tersteegen,* Sozialhilferechtliche Verwertbarkeit von Vermögen bei Anordnung von Verwaltungstestamentsvollstreckung; *ders.,* in Beck'sches Formularbuch Erbrecht, Abschnitt F. II; *Wälzholz,* Testamentsgestaltung zugunsten überschuldeter Erben, FamRB 2006, 252.

IX. Vermeidung oder Minderung von Pflichtteilsansprüchen und Pflichtteilsergänzungsansprüchen (Pflichtteilsreduzierung)

1. Überblick

128 Sind Abkömmlinge, Ehegatten oder – falls keine Abkömmlinge vorhanden sind- Eltern durch Verfügung von Todes wegen von der Erbfolge ausgeschlossen, steht ihnen gemäß §§ 2303 ff. ein Anspruch auf den Pflichtteil zu. Soweit der Erblasser zu Lebzeiten Vermögensgegenstände schenkt, steht den Pflichtteilsberechtigten gemäß §§ 2325 ff. ein rechtlich gesonderter Pflichtteilsergänzungsanspruch zu (siehe hierzu eingehend oben § 2 Rn 110 ff.). Das Bundesverfassungsgericht sieht die – bedarfsunabhängige – Mindestbeteiligung der Kinder im Rahmen der Erbrechtsgarantie des Art. 14 GG als grundsätzlich unentziehbar an.[225] Neben **einvernehmlichen** Rechtsgeschäften mit dem Pflichtteilsberechtigten, insbesondere Pflichtteilsverzicht (nachstehend Abschnitt 2), bestehen jedoch für den Erblasser durch Rechtshandlungen zu Lebzeiten und durch letztwillige Verfügungen im vorgegebenen Rechtsrahmen Möglichkeiten, einen Pflichtteils- oder Pflichtteilsergänzungsanspruch **gegen den Willen des Pflichtteilsberechtigten** rechtlich und/oder wirtschaftlich zu **reduzieren.** Wie stets ist bei allen Gestaltungsmöglichkeiten der etwaige Vorteil in pflichtteilsrechtlicher Hinsicht durch den Erblasser abzuwägen mit den rechtlichen, wirtschaftlichen und ggf. steuerlichen Konsequenzen.

2. Einvernehmliche Rechtsgeschäfte mit dem Pflichtteilsberechtigten (Pflichtteilsverzicht, Vermeidung Erbverzicht, Pflichtteilsanrechnung)

a) Pflichtteilsverzichtsvertrag

129 Das beste und allein zuverlässige Mittel zur Pflichtteilsvermeidung ist der notariell zu beurkundende **Pflichtteilsverzichtsvertrag** zwischen dem Erblasser und seinem Pflichtteilsberechtigten gem. § 2346 Abs. 2 (siehe hierzu eingehend § 19 I. Abs. 1 Rn 1 ff., Abs. 4. Rn 11 ff., Abs. 10 Rn 25 ff.).[226] Dies bedarf jedoch der Einigung zwischen Erblasser und Pflichtteilsberechtigten, auch über eine regelmäßig geforderte Gegenleistung;[227]

---

[225] BVerfGE 112, 332 vom 19. 4. 2005; hierzu Kleensang ZEV 2005, 277. Auch die Rechtsprechung des Bundesgerichtshofs achtet in besonderer Weise die Rechtstellung des Pflichtteilsberechtigten.

[226] Frenz in Würzburger Notarhandbuch Teil 4 Abschnitt F. II. Rn 493 ff., Formulierungsvorschlag Pflichtteilsverzicht dort Rn 505 f. und bei Joachim in Beck'sches Formularbuch Erbrecht, I. III.6; J. Mayer, ZEV 1995, 41; ders. ZEV 1996, 127; ders. ZEV 2000, 263; ; zur Form und einem Kausalgeschäft Keller, ZEV 2005, 229. Zur Wirksamkeit eines Pflichtteilsverzichtsvertrags eines behinderten Kindes mit seinem Eltern: OLG Köln ZEV 2010, 85, 86 mit krit. Anm. Armbruster S. 88 sowie Erwiderung Bengel/Spall ZEV 2010, 195 f.

[227] Der Verzicht wirkt nur zwischen den Vertragspartnern, nicht bei weiteren Erbfällen: BayObLG MittBayNot 2006, 56; zur Nichtigkeit eines Erbverzichtsvertrags wegen Verstosses gegen die guten Sitten, auch auf Grund Ausnutzung der schwächeren Position des verzichtenden und man-

zum Anwendungsbereich eines entgeltlichen Pflichtteilsverzichtsvertrags mit dem „braven" Pflichtteilsberechtigten („gutes Kind") siehe unten Abschnitt 4.e), Rn 153). Der Pflichtteilsverzichtsvertrag kann – anders als der Erbverzicht, § 2346 Abs. 1 – auch gegenständlich beschränkt oder anderweitig modifiziert werden; ferner kann ein Verzicht eines Kindes gegenüber seinen Eltern auf den Tod des Erstversterbenden zugunsten des Überlebenden beschränkt werden (siehe dazu § 19 Rn 12 ff.). Der Pflichtteilsverzicht sollte ausdrücklich auf einen etwaigen **Pflichtteilsergänzungsanspruch** (§ 2325) erstreckt werden, da es sich hierbei um einen rechtlich selbständigen Anspruch handelt. Ferner sollte beim Verzicht eines Abkömmlings zur Vermeidung von rechtlichen Zweifeln[228] i. S. des § 2349 ausdrücklich auch die **Erstreckungswirkung auf dessen Abkömmlinge** niedergelegt werden.[229] Nicht möglich ist jedoch ein derartiger Pflichtteilsverzicht durch das Kind bedingt nur für den Fall, dass das Kind vor dem Elternteil verstirbt und damit beim Nachversterben die Enkel kein Pflichtteilsrecht (§§ 2303 Abs. 1, 1924 Abs. 3) besitzen würden; ein solcher „Verzicht zu Lasten der **bösen Enkel**" würde keine „Erstreckung" i. S. des § 2349 darstellen, da das den Verzicht erklärende Kind auf Grund der Bedingung keinen eigenen Rechtsnachteil hinnehmen muss, was Voraussetzung ist für die ausnahmsweise gesetzlich angeordnete Belastungswirkung des § 2349.

Inwieweit die Rechtsprechung die Grundsätze des BVerfG zur Inhaltskontrolle von Eheverträgen[230] in den Bereich der (Erb- und) Pflichtteilsverzichtsverträge übertragen wird bleibt abzuwarten. Zu empfehlen ist jedoch, dem Verzicht jeweils den Rechtsgrund beizufügen. Bezüglich einer Abfindung sollten die Berechnungsparameter jedenfalls im Ansatz offengelegt werden im Hinblick auf die Entscheidung des OLG München „Fall Wildmoser",[231] wonach eine Umstandssittenwidrigkeit angenommen wurde. Bei der gebotenen Transparenz für den Verzichtenden ist jedoch zu beachten, dass eine Abfindung vor dem Erbfall auch erheblich unter dem rechnerischen Wert des Pflichtteils zum Zeitpunkt des Verzichtsvertrags liegen kann, zum einen aufgrund des Abzinsungsvorteils bei Leistung vor dem Erbfall, zum anderen aufgrund der bloßen – rechtlich nicht geschützten Erwartung auf einen Pflichtteil in dieser Höhe und dass dieser aufgrund vielerlei Gründe, insbesondere wirtschaftlich negative Entwicklung oder Hinzutreten weiteren Pflichtteilsberechtigter, sich verringern oder ganz entfallen kann.

Zu unterscheiden vom Pflichtteilsverzichtsvertrag zwischen dem Erblasser und dem gesetzlichen Pflichtteilsberechtigten vor dem Erbfall ist zu unterscheiden der **Erlassvertrag** (§ 397) bezüglich dem entstandenen Pflichtteilsanspruch zwischen dem Erben (§ 2303 Abs. 1 Satz 1) und dem Pflichtteilsberechtigten **nach dem Erbfall.**

Beim **Zuwendungsverzicht** ist diese gesetzlich angeordnete Erstreckungsmöglichkeit zu Lasten Dritter seit der Erbrechtsreform 2010[232] auch möglich, da nunmehr § 2352 Satz 3 auch auf § 2349 verweist.[233] **130**

---

gelnder Aufklärung über die Berechnungsgrundlage des Abfindungsbetrags: OLG München MittBayNot 2006, 428 („Wildmoser"); hierzu und zur gerichtlichen Inhaltskontrolle von Erb- und Pflichtteilsverzichtserträgen Kapfer, MittBayNot 2006, 385; zur gerichtlichen Kontrolle von Pflichtteilsverzichten Bengel ZEV 2006, 192, zum Kausalgeschäft S. 194; zu „Unverzichtbarem bei erbrechtlichen Verzichten": Wendt, ZNotP 2006, 1.

[228] § 17 Abs. 1 Satz 2 Halbs. 1 BeurkG.

[229] Zu Einzelproblemen bei der Gestaltung von Pflichtteilsverzichten: Frenz, Festschrift 50 Jahre DAI, 387. Zur Erstreckung der Wirkungen eines Zuwendungsverzichts auf die Abkömmlinge gemäß § 2352 Satz 3, § 2349 und bestehenden Rechtsfragen und einer gebotenen teleologischen Einschränkung: Kanzleiter, DNotZ 2010, 520 ff.; ders. DNotZ 2009, 805, 810; Keim MittBayNot 2010, 85, 91 ff. und Weidlich FamRZ 2010, 166 ff.

[230] BVerfGE 103, 89 = NJW 2001, 957. Zur Inhaltskontrolle bei Erbverzichts- und Pflichtteilsverzichtsverträgen: Muscheler in Festschrift für Spiegelberger, S. 1079 ff.

[231] ZEV 2006, 313 f.

[232] Gesetz zur Änderung des Erb- und Verjährungsrechts vom 24. 9. 2009.

[233] Zu verfassungsrechtlichen Bedenken: Kanzleiter, a. a. O.

b) Vermeidung Erbverzicht

131 Ein **Erbverzicht** (§ 2346 Abs. 1) ist **pflichtteilsrechtlich nachteilig,** da sich dadurch auf Grund § 2310 Satz 2 die Pflichtteilsquoten der anderen Pflichtteilsberechtigten erhöhen (Vorversterbensfiktion § 2346 Abs. 1 Satz 2). Ferner werden Abkömmlinge, die durch Erbverzicht von der gesetzlichen Erbfolge ausgeschlossen sind, bei der Ausgleichungspflicht gemäß § 2316 Abs. 1 Satz 2 nicht mitberechnet. Stets sollte daher ein Verzicht gemäß § 2346 Abs. 2 **beschränkt werden auf das Pflichtteilsrecht,** verbunden mit einem Hinweis des Beraters, dass dadurch die Erbfolge unberührt bleibt und ergänzend eine letztwillige Verfügung durch den Erblasser/Verzichtsempfänger erforderlich ist. Ein früher geschlossener Erbverzicht kann zu Lebzeiten von Erblasser und Verzichtenden durch einen Nachtragsvertrag bezüglich des gesetzlichen Erbrechts aufgehoben[234] und auf das Pflichtteilsrecht gemäß § 2346 Abs. 2 beschränkt werden.

c) Pflichtteilsanrechnungsbestimmung

132 Der Pflichtteilsberechtigte hat sich lebzeitige Zuwendungen des Erblassers nur auf seinen künftigen Pflichtteil anrechnen zu lassen, wenn hierzu eine Bestimmung durch den Erblasser erfolgte (§ 2315 Abs. 1). Dies kann nur erfolgen bei dem Zuwendungsgeschäft. Eine spätere Anrechnungsbestimmung ist einseitig durch den Schenker nicht möglich, sondern kann nur mittels einem gegenständlich beschränkten Pflichtteilsverzicht erfolgen.[235] Ebenso müssen sonstige Änderungen, die zu einem höheren anzurechnenden Wert führen, wie Vereinbarung eines von § 2315 Abs. 2 Satz abweichenden Bewertungsstichtags, die Form des Erb- und Pflichtteilsverzichts einhalten.[236]

133 Dasselbe gilt für die Ausgleichungsanordnung des Erblassers gemäß § 2050 Abs. 3. Jedoch führt eine **gleichzeitige Ausgleichungs- und Anrechnungspflicht** gemäß § 2316 Abs. 4 dazu, dass die Zuwendung dann nur mit der Hälfte des Wertes anzurechnen ist. Der Erblasser schafft deshalb die größte Pflichtteilsentlastung mit einer bloßen Anrechnungsbestimmung.

3. Änderung des Güterstandes, Güterstandsschaukel

a) Überblick

134 Je nach den beiderseitigen Vermögensverhältnissen, der Zahl der Kinder und der Person, deren Pflichtteil geschmälert werden soll, kann im Einzelfall die Höhe des Erb- und damit auch des Pflichtteilsanspruchs durch die Wahl des ehelichen Güterstandes beeinflusst werden (siehe dazu oben § 1 Rn 22).[237]

135 Nach der Rspr. des BGH steht es den Ehegatten[238] jederzeit frei, ihre güterrechtlichen Verhältnisse für die Zukunft zu ändern. Die Bereicherung des einen Ehegatten, die eintritt durch die ausschließlich durch die Ehe motivierte Neuordnung des Güterstandes, unterliegt **grundsätzlich nicht den Rechtsfolgen einer Schenkung nach §§ 2325, 2329.** Diese für das Ehegüterrecht grundlegende Änderungsbefugnis „müssen sowohl Gläubi-

---

[234] BayObLG DNotZ 2006, 528: Die Anfechtung des Erbverzichts durch den Verzichtenden ist nach dem Eintritt des Erbfalls ausgeschlossen; zur Aufhebung eines Erbverzichts mit Drittwirkung: Kuchinke ZEV 2000, 169.

[235] Der Gesetzentwurf des BMJ für das Gesetz zur Änderung des Erb- und Verjährungsrechts vom 16. 3. 2007 sah in Ziffer 21 eine Ergänzung für § 2315 Abs. 1 vor, wonach der Erblasser die Anrechnungsbestimmung durch Verfügung von Todes wegen auch nachträglich treffen kann. Dies ist nicht Gesetz geworden. Zu den geplanten Änderungen auch Lange, DNotZ 2007, 84.

[236] Vgl. BVerfG DNotZ 2006, 772; a. A. OLG Nürnberg ZEV 2006, 361 mit Anm. Keim S. 363.

[237] Zu ehevertraglichen Gestaltungen zur Pflichtteilsreduzierung Wegmann ZEV 1996, 201; Brambring ZEV 1996, 253; zu Güterstandsänderungen aus erbschaftsteuerlichen Beweggründen siehe § 6 I.7. Rn 132 ff. und II. 2. i Rn 210 f., aus Gründen des Vermögensschutzes („asset protection") Ponath ZEV 2006, 49.

[238] Zur Eheschließung siehe unten Abs. 6.b).

ger als auch die Pflichtteilsberechtigten als eine Folge der Eheschließungsfreiheit grundsätzlich hinnehmen". Wenn hingegen festgestellt werden kann, dass die Absichten den Eheleute nach einem einheitlichen Plan nicht zwecks Verwirklichung der Ehe auf eine Ordnung der beiderseitigen Vermögen gerichtet war, sondern auf **ehefremde Zwecke, insbesondere Benachteiligung pflichtteilsberechtigter Angehöriger,** wird die ehegüterrechtliche causa für die Bereicherung „durch einen schuldrechtlichen **Schenkungsvertrag** verdrängt". Somit bejaht die Rspr. ausnahmsweise eine Schenkung i. S. des § 2325, wenn die Güterstandsvereinbarung zum Zwecke der Benachteiligung von Pflichtteilsberechtigten erfolgt.[239]

b) Wechsel in den gesetzlichen Güterstand der Zugewinngemeinschaft

Insbesondere führt der Güterstand der Gütertrennung bei zwei oder mehr Kindern zu einer Erhöhung der gesetzlichen Erbquote (§ 1931; kein pauschaler erbrechtlicher Zugewinnausgleich nach § 1371) und damit auch deren Pflichtteilsquote. Wird der Güterstand der Gütertrennung aufgehoben und ersetzt durch den **gesetzlichen Güterstand der Zugewinngemeinschaft** oder eine ehevertragliche Modifikation des gesetzlichen Güterstandes, mindert sich die Pflichtteilsquote des Kindes. 136

c) Wechsel in die Gütertrennung; lebzeitiger Zugewinnausgleich

Jedoch kann auch ein Wechsel vom gesetzlichen Güterstand in die ehevertraglich vereinbarte **Gütertrennung** zu einer wertmäßigen Verringerung des Pflichtteilsanspruchs führen trotz vorgenannter grundsätzlicher Erhöhung der Pflichtteilsquote.[240] Durch Beendigung des gesetzlichen Güterstandes durch Ehevertrag ist der Zugewinnausgleich durchzuführen gemäß §§ 1372 ff. Dem ausgleichsberechtigten Ehegatten steht dadurch – zu Lebzeiten der Ehegatten und bei fortbestehender Ehe – eine **Zugewinn-Ausgleichsforderung** gemäß § 1378 BGB zu. Diese vermindert das Vermögen des anderen Ehegatten und Elternteils pflichtteilsberechtigter Kinder; da es sich um einen gesetzlichen Anspruch handelt, stellt es keine Schenkung i. S. des § 2325 dar. Pflichtteilsrechtlich vorteilhaft kann dies sein bei ungleicher Entwicklung des Zugewinns unter Ehegatten und insbesondere bei einseitigen Kindern, wenn der Zugewinn überwiegend entstanden ist bei dem Ehegatten, der Elternteil des Kindes ist. 137

Soweit zu einem späteren Zeitpunkt die Ehegatten die Entscheidung – aus nicht pflichtteilsrechtlichen Motiven, z. B.: wegen Überwindung von Spannungen in der Ehe – treffen, wieder zur Zugewinngemeinschaft zurückzukehren, ist dies durch erneuten Ehevertrag möglich. Es handelt sich dann um eine sog. **„Güterstandsschaukel"**; zu schenkungsteuerlichen Gestaltungen siehe § 6 II.2.i) Rn 210.[241] 138

d) Vereinbarung der Gütergemeinschaft

Vereinbaren die Ehegatten – trotz wichtiger entgegenstehender Gründe – durch Ehevertrag Gütergemeinschaft, werden das Vermögen des Mannes und der Frau kraft Gesetzes gemeinschaftliches Vermögen (**Gesamtgut,** § 1416 Abs. 1 Satz 1). Dies bewirkt pflichtteilsrechtlich zum einen, dass die Erb- und damit die Pflichtteilsquote des Ehegatten niedriger ist als beim gesetzlichen Güterstand (nur noch § 1931; kein pauschales zusätzliches Viertel gemäß § 1371 Abs. 1), zum anderen erfolgt eine Übertragung von Vermögen, im Saldo wirtschaftlich zulasten des vermögenderen Ehegatten.[242] Eine pflichtteilsreduzierende Wirkung hat die Vereinbarung der Gütergemeinschaft nur, wenn 139

[239] BGH v. 27. 11. 1991, DNotZ 1992, 503 (zur Vereinbarung Gütergemeinschaft). Hierzu u. a. Münch ZEV 2005, 492; Wall ZEV 2007, 251.

[240] Jedoch keine Quotenerhöhung, falls nur ein Kind vorhanden ist.

[241] Wegmann ZEV 1996, 201, 206 f.; kritisch J. Mayer in Mayer/Süß/Tanck/Wälzholz, Handbuch Pflichtteilsrecht, 264, 434.

[242] Wegmann ZEV 1996, 201, 204 f.

das eingebrachte Vermögen des Erblassers mehr als dreimal soviel wert ist als das des letztversterbenden Ehegatten.[243]

140 Die Ehegatten können ferner ehevertraglich die **fortgesetzte Gütergemeinschaft** vereinbaren, so dass gemäß § 1483 die Gütergemeinschaft nach dem Tod des erstversterbenden Ehegatten zwischen dem überlebenden Ehegatten und den gemeinschaftlichen Abkömmlingen fortgesetzt wird. Gemäß § 1483 Abs. 1 Satz 3 gehört dann der Anteil des verstorbenen Ehegatten am Gesamtgut nicht zum Nachlass. Hinsichtlich Pflichtteils- und Pflichtteilsergänzungsansprüchen ist zu unterscheiden: Die von gemeinschaftlichen Abkömmlingen erstrecken sich nur auf das vom verstorbenen Elternteil vererbte Vorbehalts- und Sondergut, die von einseitigen Abkömmlingen des erstverstorbenen Ehegatten erstrecken sich auch auf den Gesamtgutsanteil.[244] Die Vereinbarung der fortgesetzten Gütergemeinschaft ist ein Mittel, gemeinschaftliche Abkömmlinge der Eheleute an der Geltendmachung von ordentlichen Pflichtteilsansprüchen und Pflichtteilsergänzungsansprüchen beim Tode des erstversterbenden Ehegatten zu verhindern (siehe § 14 Rn 146ff.). Gleichwohl ist hierbei größte Zurückhaltung geboten aufgrund der familien- und haftungsrechtlichen Wirkungen einer Gütergemeinschaft.

141 Grundsätzlich ist die Vereinbarung von Gütergemeinschaft auch dann nicht automatisch eine pflichtteilsergänzungspflichtige Schenkung i.S. des § 2325, wenn die Einbringung des einen Ehegatten die des anderen übersteigt (siehe § 2 Rn 128).[245] Wird jedoch später – ohne erkennbare anderweitige Motive – Gütertrennung oder Zugewinngemeinschaft vereinbart und bei der Auseinandersetzung des Gesamtgutes Vermögensteile dem vorher vermögenslosen Ehegatten übertragen, ist dies ein Fall des § 2325.[246] Die gleiche Beurteilung ist angebracht, wenn, was rechtlich zulässig ist, die vereinbarte Gütergemeinschaft in getrennter Urkunde alsbald wieder aufgehoben, das Gesamtgut aber ohne Auseinandersetzung belassen wird, so dass zwar die dingliche Zuordnung des beiderseitigen Vermögens zur gesamten Hand verbleibt, die schädliche Gesamthaftung jedoch vermieden wird.[247]

4. Verringerung des Nachlasses

a) Allgemeines, Pflichtteilsergänzung

142 Da sich der ordentliche Pflichtteilsanspruch aus dem Nachlassbestand zum Zeitpunkt des Erbfalls berechnet (§ 2311 Abs. 1 Satz 1), verringert sich dieser durch **Verbrauch** des Erblassers, was diesem im beliebigem Umfang zusteht, umgekehrt ihm dann aber auch nicht mehr zur Alterssicherung zur Verfügung steht.

Veräußerungen des Erblassers mindern ebenfalls den Nachlass, umgekehrt wird dieser durch Gegenleistungen erhöht.[248] Durch § 2325 wird jedoch der Pflichtteilsberechtigte geschützt, wenn der Erblasser diese Nachlassminderung im Wege der **Schenkung** vornimmt. Hat er Nachlassgegenstände innerhalb der letzten zehn Jahre vor dem Erbfall schenkweise veräußert, entsteht dem Pflichtteilsberechtigten gegen die Erben bzw. den Beschenkten ein Pflichtteilsergänzungsanspruch gem. §§ 2325, 2329.[249] Der Erblasser muss daher zur Verhinderung oder Minderung dieses Anspruchs bei der Zuwendung darauf achten, dass sie entweder rechtzeitig erfolgt und/oder nicht unter den Schenkungsbegriff i.S. des § 2325 Abs. 1 fällt. Dem Erblasser steht es insbesondere frei, Ver-

---

[243] Wieser, MittBayNot 1970, 137; J. Mayer, Handbuch Pflichtteilsrecht, § 8 Rn 46; Kornexl, Nachlassplanung bei Problemkindern, Rn 695.

[244] Hierzu MünchKomm/Kanzleiter § 1483 Rn 11, 13.

[245] BGHZ 116, 178 = NJW 1992, 558 = DNotZ 1992, 503; siehe bereits oben Rn 135; Brambring ZEV 1996, 252.

[246] RGZ 87, 301.

[247] OLG Stuttgart BWNotZ 1990, 113, 114.

[248] Siehe hierzu eingehend oben § 2 I.4.

[249] Siehe hierzu eingehend oben § 2 II.

mögensgegenstände entgeltlich gegen eine (versicherungs-)mathematisch berechnete lebenslange Rente zu verkaufen. Bei gemischten Schenkungen unterliegt nur der Schenkungsteil der Ergänzungspflicht.

Ehebezogene Zuwendungen, die nicht in Erfüllung eines gesetzlichen Anspruchs erfolgen, werden zwar nicht schuldrechtlich, jedoch erbrechtlich als Schenkung behandelt[250] und unterliegen somit der Pflichtteilsergänzungspflicht. **143**

b) Zehnjahresfrist; Fristanlauf bei Nießbrauchsvorbehalt

Eine Schenkung des Erblassers bleibt vollständig unberücksichtigt, wenn zurzeit des Erbfalls zehn Jahre seit der Leistung verstrichen sind (§ 2325 Abs. 3 Satz 2); mit der Erbrechtsreform 2010[251] wurde die starre Zehnjahresgrenze des § 2325 Abs. 3 Satz 1 geändert in ein in zehn Jahresschritten erfolgendes Abschmelzen, so dass bereits nach einem Jahr Zeitablauf sich der Pflichtteilsergänzungsanspruch um 10% verringert. Bei Schenkung an den **Ehegatten** beginnt die Frist jedoch nicht vor Auflösung der Ehe (§ 2325 Abs. 3 Satz 3), so dass ehebedingte Zuwendungen bei bestehender Ehe keine pflichtteilserleichternde Wirkung haben.[252] **144**

Die Frist des § 2325 beginnt erst mit Vollendung des Rechtserwerbs, bei Grundstücken erst mit Umschreibung des Eigentums im Grundbuch.[253] Zum Fristbeginn bedarf es ferner einer **„wirtschaftlichen Ausgliederung"** des Geschenks aus dem Vermögen des Erblassers. Gemäß der Rechtsprechung des BGH gelten Schenkungen, bei denen der Schenker den Genuss des verschenkten Gegenstandes auch nach der Schenkung tatsächlich nicht entbehren muss und die den Erblasser deshalb nicht schon wegen ihrer Folgen von der Schenkung abhalten, nicht als geleistet i. S. von § 2325 Abs. 3 Satz 2. Insbesondere beginnt die Frist des § 2325 Abs. 3 bei umfassenden **Nutzungsrechten** nicht, insbesondere sog. **Vorbehaltsschenkungen,** bei denen der Schenker den Schenkungsgegenstand auf Grund einer schuldrechtlichen oder dinglichen Vereinbarung (insbesondere Nießbrauch) mit dem Beschenkten weiterhin nutzt.[254] Behält sich der Erblasser statt dem umfassenden Nutzungsrecht des Nießbrauchs nur ein Wohnungsrecht vor, beginnt die Frist zu laufen, falls er einen „spürbaren Vermögensverlust" erlitten hat.[255] Hat der Erblasser hingegen sein Hausanwesen an einen Dritten zugewandt und sich lediglich ein Wohnrecht an einer der im Haus befindlichen Wohnungen einräumen lassen, so ist der verschenkte Gegenstand i. S. von § 2325 Abs. 3 mit dem Eigentumsübergang geleistet.[256] Anders ist zu beurteilen, wenn sich der Schenker einen **bedingten Rückübertragungsan-** **145**

---

[250] Z. B. Reymann ZEV 2006, 61 m. w. N.

[251] Gesetz zur Änderung des Erb- und Verjährungsrechts vom 24. 9. 2009.

[252] Maßgeblich ist die objektive Unentgeltlichkeit: MünchKomm/*Lange* § 2325 Rn 15; zum möglichen Fristanlauf, wenn der beschenkte Ehegatte den Vermögensgegenstand seinerseits durch Weiterschenkung aus der ehelichen Nutzungsgemeinschaft ausgliedert: Kornexl ZEV 2003, 198.

[253] BGHZ 102, 289, 292 = NJW 1988, 821. Abweichend hiervon der Anlauf der Zehnjahresfrist bei § 529 Abs. 1 Alt. 2 („Leistung" entspricht Vollzug der Schenkung; Anwartschaftsrecht genügt; Palandt/Weidenkaff, § 529 Rn 2, § 518 Rn 9–15, für Sachen Rn 13) und § 14 Abs. 1 Satz 1 ErbStG („letzten Erwerb": Maßgeblich ist die Entstehung der Steuer, somit bei Schenkungen unter Lebenden der Zeitpunkt der Ausführung der Schenkung, § 9 Abs. 1 Nr. 2 ErbStG. Hierzu genügt bei einer Grundstücksschenkung die Erklärung der Auflassung sowie Abgabe – nicht auch Einreichung – der für den Grundbuchvollzug erforderlichen Erklärungen in gehöriger Form; Meincke, § 9 ErbStG Rn 45).

[254] BGHZ 98, 226, 233 = NJW 1987, 122 = DNotZ 1987, 315 m. Anm. Nieder; BGHZ 125, 395 = NJW 1994, 1791 = ZEV 1994, 233 mit Anm. Meyding ZEV 1994, 202.

[255] Eingehend zur Anlauf der Frist nach § 2325 Abs. 3 bei Rückbehalt eines teilweisen Wohnungsrechts: Herrler, ZEV 2008, 461 ff.; OLG Bremen DNotZ 2005, 702 = NJW 2005, 1726 (Wohnungsrecht zur Nutzung von zwei Zimmern); OLG München ZEV 2008, 480 = MittBayNot 2009, 158: Keine Fristanlauf, wenn fortbestehende Nutzungsmöglichkeit an Wohnung im Tiefparterre; zum Fristlauf bei pflichtteilsergänzungsrechtlichen Schenkungen: Schindler ZEV 2005, 290.

[256] OLG Karlsruhe v. 15. 1. 2008 ZEV 2008, 244, 292.

spruch für bestimmte Fallgestaltungen vorbehält,[257] üblicherweise z. B. für den Fall von Verfügungen zu Lebzeiten des Veräußerers ohne dessen Zustimmung oder Insolvenz des Erwerbers, ggf. auch für den Fall des Vorversterbens des Erwerbers zu Lebzeiten des Veräußerers. In diesen Fällen hat sich der Veräußerer grundsätzlich endgültig entäußert; solange keiner dieser Sonderfälle eintritt, kann er das Eigentum an dem Zuwendungsgegenstand nicht zurückerhalten.[258] Die anderslautende Entscheidung des OLG Düsseldorf[259] ist daher zu Recht auf Kritik gestoßen und dürfte über den entschiedenen Einzelfall hinaus zu keinen allgemeinen Schlüssen geeignet sein.[260] Allenfalls in Kombination mit weiteren vorbehaltenen Rechten, insbesondere einem Teilnutzungsrecht, kann es im Rahmen einer Gesamtschau mit dazu beitragen, dass man eine wirtschaftliche Ausgliederung ablehnt.[261]

146 Gleichwohl können Schenkungen, die mangels vollständigem Fristablauf der – ggf. anteiligen – Pflichtteilsergänzung unterliegen, pflichtteilsrechtlich vorteilhaft sein: Zum einen werden reale **Wertsteigerungen** nach der Schenkung nicht berücksichtigt. Ferner können bei der Schenkung vereinbarte Gegenleistungen grundsätzlich in Abzug gebracht werden; vorbehaltene Nutzungen sind abzugsfähig, sofern gemäß § 2325 Abs. 2 der Wert im Zeitpunkt der Schenkung maßgebend ist.[262] Für die Schenkung gilt das **Niederstwertprinzip** des § 2325 Abs. 2. Hiernach ist gemäß der Rechtsprechung in solchen Fällen der für die Berechnung des Pflichtteilsergänzungsanspruchs maßgebliche Wert der Zuwendung in zwei Schritten zu berechnen. Zunächst ist ohne Berücksichtigung des Nutzungsrechts der inflationsbereinigte Wert der Zuwendung zum Zeitpunkt des Vollzugs der Schenkung mit dem zum Zeitpunkt des Erbfalls zu vergleichen. Ist letzterer geringer, etwa bei gesunkenen Grundstückswerten, bleibt der Wert des Nutzungsrechts völlig unberücksichtigt. Ist er jedoch im Zeitpunkt des Erbfalls höher, so ist vom inflationsbereinigten Wert der Zuwendung zum Schenkungszeitpunkt der kapitalisierte Nutzungswert abzuziehen.[263]

c) Gesellschaftsrechtliche Vereinbarungen

147 Die **Anwachsung** des Gesellschaftsanteils an die oder den verbleibenden Gesellschafter beim Vorliegen einer einfachen Fortsetzungs- oder Übernahmeklausel bei Personengesellschaften (siehe § 2 Rn 61, § 20 Rn 11) wird bei allseitigem **Abfindungsausschluss** zivilrechtlich nicht als Schenkung angesehen, sondern als aleatorisches Rechtsgeschäft und löst keinen Pflichtteilsergänzungsanspruch aus, wenn alle Gesellschafter ein ähnlich gelagertes Risiko des Vermögensverlustes tragen um der Chance eines Vermögenszuwachses beim Vorableben des anderen Gesellschafters („Risikoparität").[264] Dies wird auch für die sog. Ehegatten-Eigenheimgesellschaft in der Rechtsform einer Gesellschaft vertreten,[265] wobei hierbei die Rechtsprechung des BGH zum Beginn der Frist des § 2325 (bei

---

[257] Und bei Grundstücksüberlassungen auch zweckmäßigerweise durch eine Vormerkung zur Sicherung des bedingten Anspruchs sichern lässt.

[258] Anderes gilt für den Fall eines freien Rücktrittsrechts; dann liegt noch keine endgültige Entäußerung vor.

[259] OLG Düsseldorf v. 11. 4. 2008 DNotZ 2009, 67 = ZEV 2008, 524.

[260] Herrler ZEV 2008, 526; ders. ZEV 2008, 461, 463; Diehn DNotZ 2009, 68; Palandt/Edenhofer § 2325 Rn 28.

[261] Herrler ZEV 2008, 461, 463.

[262] BGH ZEV 1994, 233; Zur Abzugsfähigkeit vorbehaltener Nutzungen: Meyding ZEV 1994, 202 und Kornexl, Nachlassplanung bei Problemkindern, Rn 664 ff.

[263] BGHZ 118, 49 = NJW 1992, 2887; BGHZ 125, 395, 397 = NJW 1994, 1791; BGH FamRZ 2006,777; OLG Koblenz MittBayNot 2007, 137; siehe zur Berechnung J. Mayer a. a. O. Rn 161.

[264] Zu derartigen aleatorischen Rechtsgeschäften: Kornexl, Nachlassplanung bei Problemkindern, Rn 682. Erbschaft- und schenkungsteuerlich ist jedoch § 3 Abs. 1 Nr. 2 S. 2 ff. und § 7 Abs. 7 ErbStG zu beachten.

[265] Siehe hierzu K. Schmidt AcP 182 (1982), 481, 497; ders., JZ 1985, 909, 910 f.; Rapp MittBayNot 1987, 70, 72; krit. Zawar DNotZ 1989 Sonderheft S. 116, 124.

Ehegatten § 2325 Abs. 3 Satz 3) bei fortgesetzter Nutzung zu beachten ist. Aber auch über das Eigenheim hinaus wird die „Ehegatteninnengesellschaft" als „erbrechtliche Gestaltungsalternative zur Güterstandsschaukel" empfohlen;[266] hierzu kann nur geraten werden, wenn die Gestaltung aus sonstigen Gründen sachlich gerechtfertigt ist und die Beweggründe nachvollziehbar nicht auf pflichtteilsschädlichen Motiven beruhen.

Eine ähnliche Problematik ergibt sich aus gesellschaftsvertraglichen **Abfindungsklauseln.**[267] Verbleibt im Nachlass ein Gesellschaftsanteil, ist dieser nach dem „vollen wirtschaftlichen Wert (Verkehrswert)" zu bemessen (siehe § 2 Rn 65; § 20 Rn 11).[268] Eine vom Erblasser getroffene Wertbestimmung hat gemäß § 2311 Abs. 2 Satz 2 keinen Einfluss auf die pflichtteilsrechtliche Wertermittlung. Scheidet der Gesellschafter jedoch durch Tod aus einer Gesellschaft aus, ist für die Pflichtteilsbemessung der sich im Nachlass befindliche Abfindungsanspruch maßgeblich. Dieser hat grundsätzlich nur den Wert, der sich aus dem Gesellschaftsvertrag ergibt. Jedoch sind nach der Rechtsprechung die gesellschaftsvertraglichen Regelungen hinsichtlich der Höhe des Abfindungsguthabens bei der Wertermittlung im Rahmen der Pflichtteilsberechnung u. U. nur dann zu beachten, wenn die Kündigung der Beteiligung beim Erbfall bereits erfolgt war. Ferner kann die Vereinbarung der unter dem Verkehrswert liegenden Abfindungsklausel eine Schenkung darstellen, insbesondere wenn diese aus pflichtteilsschädlichen Gründen erfolgte oder bei einer imparitätischen Lage, z. B. auf Grund einem unterschiedlichen Lebensalter oder bezüglich der konkreten Lebenserwartung oder wenn die Regelung nicht für jeden Gesellschafter gilt.[269] Wird die unter dem gemeinen Wert liegende Abfindungsklausel nicht zu gesellschaftsbezogenen Zwecken, insbesondere zur Liquiditätssicherung und Vermeidung des Eindringens Dritter, vereinbart, sondern zur Minderung von Pflichtteilsansprüchen, handelt es sich um eine „durchaus risikobehaftete „borderline"-Gestaltung".[270] 148

d) Ausstattung

Eine Ausstattung (siehe § 2 Rn 217ff.), gilt gemäß § 1624 Abs. 1 „nur insoweit als Schenkung", als sie das den Umständen entsprechende Maß übersteigt. Bis zu dieser Grenze unterliegt diese Zuwendung nicht dem Pflichtteilsergänzungsanspruch des § 2325.[271] Jedoch unterliegt die Ausstattung zwingend[272] und unabhängig von der Frist des § 2325 Abs. 3 der Ausgleichungspflicht gemäß § 2316 sowie, falls der Erblasser bei der Zuwendung nichts anderes angeordnet hat, der Ausgleichung nach § 2050 Abs. 1.[273] 149

---

[266] Wall ZEV 2007, 249.

[267] Hierzu Wälzholz, Reduzierung von Pflichtteilsansprüchen durch gesellschaftsrechtliche Gestaltungen, NWB Pflichtteilsrecht Fach 19 S. 3971 ff Nr. 46 v. 10. 11. 2008; *Bratke,* Die Auswirkungen gesellschaftsrechtlicher Abfindungsklauseln auf pflichtteils- und erbrechtliche Ausgleichsansprüche; *ders.* ZEV 2000, 16; *Reimann,* ZEV 1994, 7; zur Unternehmensnachfolge und Pflichtteilsrecht – Wege zur Minimierung des Störfaktors „Pflichtteilsansprüche: Chr. Winkler ZEV 2005, 89.

[268] Vgl. BGH DNotZ 1992, 526.

[269] U. Mayer ZEV 2003, 357.

[270] Wegmann ZEV 1998, 137.

[271] Zur Ausstattung als Gestaltungsmöglichkeit: Knodel ZErb 2006, 225; Formulierungsvorschlag bei Lehmann in Beck'sches Formularbuch Erbrecht, I. V.

[272] § 2316 Abs. 3; zur Durchführung der Ausgleichung Kerscher/Tanck, ZEV 1997, 354.

[273] Zur Anrechnung und Ausgleichung im Erb- und Pflichtteilsrecht: J. Mayer ZErb 2007, 130; § 2050. Abs. 1 und 3 sollte gemäß Referentenentwurf des BMJ vom 16. 3. 2007, Ziffer 12, (ZEV 2007, Heft 5 S. VI) geändert werden, so dass eine „andere Anordnung" auch nachträglich durch Verfügung von Todes durch den Erblasser erfolgen kann. Ebenso sollte § 2316 Abs. 1 ergänzt werden, dass die Anrechnungsbestimmung auch nachträglich durch Verfügung von Todes durch den Erblasser erfolgen kann; diese Änderungen wurden jedoch vom Rechtsausschuss verworfen und nicht Inhalt des Gesetz zur Änderung des Erb- und Verjährungsrechts vom 24. 9. 2009.

e) **Sonstige Zuwendungen**

150 **Anstandsschenkungen** unterliegen gemäß § 2330 nicht der Pflichtteilsergänzungspflicht. Eine Schenkung, durch die einer **sittlichen Pflicht** entsprochen wird (§ 2330 Alt. 1), liegt nicht bereits dann vor, wenn sie im Rahmen des sittlich noch zu Rechtfertigenden bleibt, sondern nur dann, wenn sie in der Weise sittlich geboten war, dass ein Unterlassen der Zuwendung dem Erblasser als Verletzung der für ihn bestehenden sittlichen Pflicht zur Last zu legen wäre. Hierbei ist abzuwägen, in welchem Maße die Belange von Schenker und Beschenktem es unabweisbar erscheinen lassen, die gesetzlich vorgeschriebene Mindestbeteiligung des Pflichtteilsberechtigten einzuschränken. Schenkungen, durch die einer auf den Anstand zu nehmenden Rücksicht entsprochen wird (**Anstandsschenkungen** i. e. S.; § 2330 Alt. 2) sind lediglich kleinere Zuwendungen, wie übliche Gelegenheitsgaben zu besonderen Tagen oder Anlässen.[274]

151 Wurde durch den Erblasser zugunsten des Ehegatten oder sonstigen Dritten ein Vertrag zugunsten Dritter, insbesondere ein **Lebensversicherungs- oder Sparvertrag,** abgeschlossen mit Bezugsberechtigung des Dritten, fällt dieser zwar nicht in den Nachlass, ist jedoch pflichtteilsergänzungsrechtlich zu berücksichtigen, soweit es sich nicht um eine Unterhaltspflicht handelte. Die lange umstrittene und auch von der obergerichtlichen Rechtsprechung[275] unterschiedlich behandelte Frage, wie im Rahmen des Pflichtteilsergänzungsanspruchs eine **Kapitallebensversicherung mit widerruflichem Bezugsrecht** zu bewerten ist, wurde vom BGH unter Aufgabe seiner früheren Rechtsprechung entschieden.[276] Maßgeblich für die Pflichtteilsergänzung ist allein der Wert, den der Erblasser aus den Rechten seiner Lebensversicherung in der letzten – juristischen – Sekunde seines Lebens nach objektiven Kriterien für sein Vermögen hätte umsetzen können. In aller Regel ist dabei auf den Rückkaufwert abzustellen. Je nach Lage des Einzelfalls kann ggf. auch ein – objektiv belegter – höherer Veräußerungswert heranzuziehen sein.[277] Anderes kann dann gelten, wenn der Leistungsempfänger nicht bloßer Bezugsberechtigter ist, sondern selbst Versicherungsnehmer, und er die Prämien aus eigenen Mitteln, sei es auch aus gesetzlich gebotenen Unterhaltsleistungen, erbringt.[278]

152 Zu Leistungen in Erfüllung eines **Zugewinnausgleichsanspruch** (§ 1378) siehe oben Abschnitt 3.b) Rn 137.

153 Schließt der Erblasser mit einem anderen Pflichtteilsberechtigten, insbesondere seiner Frau oder dem „braven“ Kind[279] einen **entgeltlichen Pflichtteilsverzichtsvertrag,** kann eine Abfindung, soweit sie einem angemessenen Entgelt entspricht, eine Gegenleistung und keine Schenkung darstellen;[280] die Frage, ob die Abfindung als unentgeltliche Abfindung anzusehen ist oder gar nicht der Pflichtteilsergänzung unterliegt war strittig,[281] auch ob der (reine) Pflichtteilsverzicht eine ausgleichungspflichtige Ausstattung darstellt.[282] Der BGH hatte die Frage, ob die Abfindung für einen Erbverzicht als unentgeltliche Zuwendung anzusehen ist, die dem Pflichtteilsergänzungsanspruch unterliegt, in

[274] OLG Koblenz MittBayNot 2007, 136.

[275] Einerseits (nur) die Summe der vom Erblasser tatsächlich geleisteten Prämien (OLG Stuttgart ZEV 2008, 145 ff.), andererseits die gesamte Versicherungssumme (OLG Düsseldorf ZEV 2008, 292 ff.).

[276] BGH v. 28. 4. 2010 ZEV 2010, 305 ff., auch mit Darstellung des bisherigen Meinungsstandes, mit Anm. Wall S. 311.

[277] Zu erbrechtlichen Fragen des Vertrags zugunsten Dritter: J. Mayer DNotZ 2000, 905.

[278] Zur Lebensversicherung im Erbrecht: Elfring ZEV 2004, 305.

[279] Zum Pflichtteilsverzicht mit dem „bösen“ Kind siehe oben Abschnitt 2.a) Rn 129.

[280] Umstritten; zum Meinungsstand Theiss/Boger ZEV 2006, 144.

[281] Mauch BWNotZ 1995, 88 mit Wiedergabe des Streitstandes; MünchKomm/Lange § 2325 Rn 26 f.; J. Mayer, DAI-Jahresarbeitstagung des Notariats 2009, S. 367 ff. U. a. für Entgeltlichkeit: Heinrichs MittRhNotK 1995, 157 f.; für grundsätzliche Unentgeltlichkeit: Speckmann NJW 1970, 117 ff.

[282] MünchKomm/Lange § 2325 Rn 29.

seinem Urteil vom 8. 7. 1985[283] offengelassen. In seinem Beschluss vom 3. 12. 2008[284] hat der BGH entschieden, dass die Abfindung für einen Erbverzicht ein entgeltliches Geschäft darstellt, soweit sie sich am Wert des Erbteil orientiert und nicht deutlich über ihn hinausgeht; insoweit ist der Anwendungsbereich von § 2325 nicht eröffnet.[285] Der Pflichtteilsergänzung unterliegt nur, was über ein Entgelt bzw. über eine angemessene Abfindung hinausgeht. Dabei ist auf den Wert des Erbteils abzustellen, auf den verzichtet wird, nicht etwa auf den Wert des dem Verzichtenden zustehenden Pflichtteils.[286] Für die Frage, ob die vom Erblasser zu seinen Lebzeiten gewährte Leistung über ein Entgelt oder eine angemessene Abfindung für den Erbverzicht hinausgeht, kann sich der Pflichtteilsberechtigte auf die in der Rechtsprechung bei gemischten Schenkungen anerkannte Beweiserleichterung berufen. Danach ist eine Schenkung zu vermuten, soweit zwischen Leistung und Gegenleistung ein objektives, über ein geringes Maß deutlich hinausgehendes Missverhältnis besteht.[287] Nicht ausdrücklich geklärt ist, ob diese Rechtsprechung auch auf den isolierten Pflichtteilsverzicht anzuwenden ist, da der BGH als Argument auch auf die Pflichtteilserhöhung nach § 2310 Satz 2 abstellt, welche beim bloßen Pflichtteilsverzicht nicht eintritt.[288]

5. Gestaltung durch letztwillige Verfügung

a) Erbgänge richtig gestalten[289]

Sobald einer Person Vermögen durch Erbgang oder Vermächtnis zugefallen ist, ist dies eigenes Vermögen jenes neuen Erblassers und unterliegt dem Zugriff von dessen Pflichtteilsberechtigten.[290] Daher ist bei der Nachlassplanung darauf zu achten, „pflichtteilsgefährdeten" Personen nicht ohne Grund Vermögen zuzuwenden. 154

Hat ein Ehegatte ein **einseitiges Kind,** sei es aus einer früheren Ehe oder als nichteheliches Kind, wird dies stets Anlass sein zu prüfen, ob statt der gesetzlichen Erbfolge oder gar eines Berliner Testaments Alternativen pflichtteilsrechtlich zweckmäßiger sind, insbesondere wenn Konflikte mit dem Stiefelternteil nicht auszuschließen sind. Zur Pflichtteilsreduzierung ist vorzugswürdig die direkte Erbeinsetzung des Endbedachten, beschwert mit lebenslänglichen Nutzungsvermächtnissen (siehe § 1 Rn 109 ff.) für den anderen Ehegatten (Elternteil des Kindes) für den Fall von dessen Überleben oder aber die Einsetzung von diesem Ehegatten als Vorerben und des Endbedachten als Nacherben. 155

Ist ein Kind verheiratet, aber in gestörter Ehe lebend und erfolgte kein Pflichtteilsverzicht der Ehegatten untereinander, kann dies der Anlass für den Erblasser sein, **direkt seine Enkel** zu bedenken, ggf. flankiert von familienrechtliche Anordnungen (siehe § 15 VI. Rn 317 ff.), Benennung des Kindes als Testamentsvollstrecker und Nutzungsvermächtnissen für dieses Kind. 156

b) Pflichtteilsentziehung

Der Erblasser kann Abkömmlingen, Eltern und dem Ehegatten gemäß § 2333 den Pflichtteil durch letztwillige Verfügung (§ 2336) entziehen; siehe zu den auch nach der 157

---

[283] BGH NJW 1986, 127.
[284] ZEV 2009, 77 mit Anm. Schindler S. 80 f.
[285] BGH ZEV 2009, 77, 78 Rn 14.
[286] BGH ZEV 2009, 77, 78 Rn 16.
[287] BGH ZEV 2009, 77, 78 Rn 17.
[288] Vgl. Schindler ZEV 2009, 80, Ziffer 1.6; kritisch J. Mayer, DAI-Jahresarbeitstagung des Notariats 2009, S. 370.
[289] Zu Gestaltungen, auch im Hinblick auf die Änderungen im Rahmen des Gesetzes zur Änderung des Erb- und Verjährungsrechts v. 24. 9. 2009 BGBl. I 3142, deren Entwurf nur teilweise Gesetz geworden ist: Keim, Testamentsgestaltung bei „missratenen" Kindern, NJW 2008, 2972 ff.
[290] Zur Erbausschlagung, auch als Gestaltungsmittel, s. u. § 25.

Neufassung durch das Erbrechtsreformgesetz 2010[291] strengen Voraussetzungen hierzu § 8 IV.3. Rn 112ff.

c) Pflichtteilsbeschränkung (§ 2338)

158 Der Erblasser kann durch letztwillige Verfügung (§§ 2338 Abs. 2 Satz 1, 2336 Abs. 1) das Pflichtteilsrecht eines Abkömmlings „in guter Absicht" beschränken nach Maßgaben des § 2338, wenn dieser sich der Verschwendung ergeben hat oder überschuldet ist. Für diese Anordnungen gilt der gesetzliche Abänderungsvorbehalt (Durchbrechung der Bindungswirkung gemäß § 2289 Abs. 2, § 2271 Abs. 3. Siehe hierzu § 8 Rn 126ff. und § 21 Rn 123.

d) Landgut (§ 2312)[292]

159 Gehört der Erbe allgemein zum Kreis der pflichtteilsberechtigten Personen, kann der Erblasser nach Maßgabe des § 2312 durch letztwillige Verfügung anordnen, dass anstelle der allgemeinen Wertberechnung nach § 2311 für die Berechnung des Pflichtteils **nur der Ertragswert** oder ein anderer vom Erblasser zu bestimmender Übernahmepreis[293] (zwischen Ertragswert und unter Schätzungswert) maßgebend ist.[294] Zweck der Vorschrift ist die Erhaltung eines leistungsfähigen landwirtschaftlichen Betriebs in der Hand einer vom Gesetz begünstigten Person.[295] § 2312 Abs. 2 betrifft den Fall, dass nur ein Erbe vorhanden ist. § 2312 Abs. 1 betrifft den Fall, dass mehrere Erben vorhanden sind, aber einer davon auf Grund letztwilliger Verfügung des Erblasser das Recht hat, das Landgut zum Ertragswert oder einem anderen vorgenannten Übernahmepreis zu übernehmen. Die Anordnung einer Ertragswertklausel kann auch konkludent erfolgen.[296]

160 Unter einem **„Landgut"** ist nach der st. Rspr. des BGH eine Besitzung im Eigentum des Erblassers zu verstehen, die eine zum selbständigen und dauernden Betrieb der Landwirtschaft einschließlich der Viehzucht oder der Forstwirtschaft geeignete und bestimmte Wirtschaftseinheit darstellt und mit den nötigen Wohn- und Wirtschaftgebäuden versehen ist. Sie muss eine gewisse Größe erreichen und für den Inhaber eine selbständige Nahrungsquelle darstellen, ohne dass eine sog. Ackernahrung vorliegen muss. Der Betrieb kann auch nebenberuflich geführt werden, wenn er nur zu einem erheblichen Teil zum Lebensunterhalt seines Inhabers beiträgt.[297] Für die Qualifikation als Landgut kommt es ausschließlich auf die Verhältnisse zum Zeitpunkt des Erbfalls an.[298]

161 Ist dies gegeben, kann eine derartige Anordnung zu einer erheblichen Pflichtteilsreduzierung führen, so dass auch eine vorsorgliche Aufnahme ratsam ist.[299] Die **Höfeordnung** sieht für deren Anwendungsbereich entsprechende Gestaltungsmöglichkeiten vor, die zur Existenzsicherung des Hofes eine niedrigere Bewertung zur Folge haben.

---

[291] Gesetz zur Änderung des Erb- und Verjährungsrechts vom 24. 9. 2009, BGBl. 2009 I 3142.

[292] Vorrangig ist jedoch das Höfe- und Anerbenrecht in den Bundesländern, in denen dies Geltung hat. Siehe hierzu § 3 Rn 83ff. Allgemein zum Landgut im BGB: Ruby ZEV 2007, 263.

[293] Lex specialis zu § 2311 Abs. 2 Satz 2.

[294] Zum Ertragswertprivileg: J. Mayer MittBayNot 2004, 334.

[295] OLG München ZEV 2009, 301.

[296] OLG München ZEV 2009, 301, 303.

[297] BGH DNotZ 1987, 426; OLG München ZEV 2007, 276; Ruby ZEV 2007, 263, 264 m.w.N.; andererseits fällt der Betrieb einer Pferdepension nicht unter die nach § 2312 privilegierte landwirtschaftliche Nutzung: OLG München MittBayNot 2004, 369.

[298] OLG München ZEV 2009, 301.

[299] Beispiel im Sachverhalt von OLG München MittBayNot 2004, 370: Verkehrswert DM 2099000,–, Ertragswert DM 147000,–. Beim Verkehrswert ist jedoch eine latente Steuerlast zu berücksichtigen, wenn der Pflichtteilsanspruch nur durch Verkauf von Betriebsvermögen realisiert werden kann (S. 371). Zur stillschweigenden Anordnung: OLG München ZEV 2007, 276.

Formulierungsvorschlag:

Soweit sich in meinem Nachlass ein Landgut befindet, ist für die Berechnung des Pflichtteils der Ertragswert maßgebend.

e) Voraus des Ehegatten

Dem überlebenden Ehegatten steht nach Maßgabe des § 1932 neben dem gesetzlichen Erbteil auch der Voraus zu insbesondere bezüglich der „zum ehelichen Haushalt gehörenden Gegenstände". Dieser kann eine erhebliche wirtschaftliche Bedeutung haben.[300] Hinterlässt der Erblasser keine Abkömmlinge (Verwandte der ersten Ordnung, § 1924), handelt es sich um den „großen Voraus" gemäß § 1932 Abs. 1 Satz 1; sind auch Verwandte der ersten Ordnung, Miterben, sind deren Interessen gemäß § 1932 Abs. 1 Satz 2 mit zu berücksichtigen. Siehe hierzu § 1 Rn 42 ff. 162

Der **Voraus** des Ehegatten wird bei der Berechnung des Pflichtteils der Abkömmlinge und der Eltern **nicht berücksichtigt** (§ 2311 Abs. 1 Satz 2). Da der Voraus dem Ehegatten nur zusteht, wenn dieser gesetzlicher Erbe ist, kann im Einzelfall pflichtteilsrechtlich vorteilhaft, dem Ehegatten (nur) den gesetzlichen Erbteil zu belassen, wenn der Voraus einen großen Teil des Vermögens ausmacht. Hinsichtlich der dann entstehenden Erbengemeinschaft mit den Eltern oder Abkömmlingen des Erblassers sind dann weitere Anordnungen zu prüfen, z. B. bezüglich Teilungs- und Verwaltungsanordnungen sowie Testamentsvollstreckung. 163

In dieser Auflage nicht belegt. 164

6. Sonstiges

a) Ausländische Rechtsordnung

Rechtsordnungen anderer Staaten sehen teilweise kein Pflichtteilsrecht vor.[301] Insbesondere kennen angloamerikanische Rechtsordnungen vielfach nur zeitlich begrenzte oder bedarfsabhängige unterhaltsähnliche Ansprüche.[302] 165

Das auf das Pflichtteilsrecht anwendbare Recht unterfällt dem Erbstatut und richtet sich damit grundsätzlich gemäß Art. 25 Abs. 1 EGBGB nach der letzten Staatsangehörigkeit des Erblassers (siehe hierzu auch Abschnitt XI., Rn 170 f.).[303] Gerade diese angloamerikanischen Rechtsordnungen knüpfen jedoch die Rechtsnachfolge von Todes wegen im Immobiliarvermögen im Regelfall an dessen Belegenheitsort an. Hat somit ein deutscher Erblasser Immobilieneigentum in einem solchen Staat hinterlassen, so findet auf dieses gemäß Art. 3 Abs. 3 EGBGB das dortige – ggf. pflichtteilsfeindliche – Erbrecht 166

[300] So zählen hierzu auch dazu ein familiär genutzter Personenkraftwagen und Wohnmobil; OLG Köln FamRZ 1992, 696; einschränkend Worm, RNotZ 2003, 536.

[301] Zum Angehörigenschutz in fremden Rechtsordnungen: Pfundstein, Pflichtteil und ordre public, S. 7 ff.

[302] Überblick bei Pfundstein, a. a. O., S. 20 ff. und Böhmer ZEV 1998, 251; zum US-amerikanischen Recht Siegwart ZEV 2006, 110, zum australischen Recht Glomb ZEV 2005, 151.

[303] Vgl. OLG Frankfurt vom 20. 10. 2009, notar 2010, 341: (Schwedischer Erblasser war mit deutscher Staatsangehöriger verheiratet mitgewöhnlichem Aufenthalt in Deutschland): Ist nach einem Erbfall ausländisches Erbrecht und deutsches Güterrecht anzuwenden, so erhöht sich die Erbquote aufgrund von § 1371 Abs. 1 nicht, sofern das ausländische Recht eine solche Quotenregelung nicht kennt. Vgl. ferner Vorschlag der EU-Kommission für eine Erbrechtsverordnung (Rom IV-Verordnung)(EU-ErbVO-E) vom 14. 10. 2009, wonach bezüglich des anzuwendenden Erbrechts und damit auch Pflichtteilsrechts eine Anknüpfung an den letzten gewöhnlichen Aufenthaltsort erfolgen soll. Siehe hierzu Dörner, ZEV 2010, 421 mit Internet-Fundstelle des VO-Textes bei Fn. 1; Süß, ZErb 2009, 342; Lehmann/Schuulz, ZEV 2010, 29; Steinmetz/Löber/Alcazar, ZEV 2010, 234.

Anwendung.[304] Jedoch kann sich aus der Verfassungsgarantie der grundsätzlich unentziehbaren und bedarfsunabhängigen wirtschaftlichen Mindestbeteiligung der Kinder des Erblassers an dessen Nachlass (Art. 14 Abs. 1 Satz 1 i. V. mit Art. 6 Abs. 1 GG)[305] eine Verletzung des ordre public nach Art. 6 EGBGB ergeben, eine hinreichende Inlandsbeziehung vorausgesetzt.[306]

b) Statusänderungen, Eheschließung, Annahme als Kind

167 Die Pflichtteil besteht in der Höhe des gesetzlichen Erbteils (§ 2303 Abs. 1 Satz 2). Durch Statusänderungen ändert sich die Erbquote und damit die Pflichtteilsquote. Derartiges kann regelmäßig nicht als Gestaltung zur Pflichtteilsminderung empfohlen werden, sondern ergibt sich lediglich als Reflex, wenn solche Änderungen aus anderen Gründen eintreten.

Bei einer **Eheschließung** (§ 1310) des Erblassers halbiert sich – gesetzlichen Güterstand der Zugewinngemeinschaft (§ 1363) vorausgesetzt[307] – die Pflichtteilsquote von dessen Abkömmlingen durch den gesetzlichen Erbteil des Ehegatten (ein Viertel gemäß § 1931 Abs. 1, ein weiteres Viertel gemäß § 1371 Abs. 1).[308]

Bei einer **Annahme als Kind** (**Adoption**; §§ 1741 ff.) erlangt das Kind die rechtliche Stellung eines Kindes des Annehmenden (§ 1754 Abs. 2; bei Ehegattenadoption § 1754 Abs. 1; zur Wirkung der Annahme Volljähriger §§ 1770, 1772).[309] Bedeutsam kann die Adoption von Stiefkindern sein, z. B. wenn das Verhältnis zu den leiblichen Kindern auf Grund der Scheidung zerrüttet wurde und zwischen dem neuen Ehegatten und den Stiefkindern eine Eltern-Kind-Beziehung entstanden ist.[310] Durch das derartige Hinzutreten weiterer rechtlicher Abkömmlinge verringert sich die Erbquote (§ 1924 Abs. 1 4) und damit die Pflichtteilsquote (§ 2303 Abs. 1 Satz 2) der leiblichen Abkömmlinge des **Annehmenden.** Zu unterscheiden ist dies von der pflichtteilsentlastenden Rechtsfolge für die **leiblichen Eltern** des von einem Dritten anzunehmenden minderjährigen Kindes: Gemäß § 1755 Abs. 1 Satz 1 erlöschen mit der Annahme das Verwandtschaftsverhältnis des Kindes (und seiner Abkömmlinge) zu den bisherigen Verwandten und die sich daraus ergebende Rechte und Pflichten, auch zukünftige Erb- und Pflichtteilsrechte; diese Einbuße ist vom Familiengericht zu beachten bei der Prüfung, ob die Annahme „dem Wohl des Kindes dient“ (§ 1741 Abs. 1 Satz 1).

X. Verfügungen bei Vorhandensein eines nichtehelichen Kindes[311]

168 Ein sog. „nichteheliches Kind“, d. h. ein Kind, dessen Eltern nicht miteinander verheiratet sind, hat den sozialen Status in den vergangenen Jahrzehnten grundlegend gewandelt. Handelt es sich um ein Kind aus einer **eheähnlichen Beziehung**, deren Eltern eine verfestigte Dauerbeziehung haben und aus anderen Gründen nicht die Ehe schließen, soll das Kind im Regelfall erbrechtlich begünstigt sein wie ein gemeinsames Kind aus einer

---

304 „Florida-Fall“: BGH DNotZ 2005, 45 = ZEV 2004, 374; zur Anwendung des § 1371 Abs. 1 bei ausländischem Erbstatut: OLG Stuttgart DNotZ 2005, 632 und Ludwig NotZ 2005, 586; zum internationalen Pflichtteilsrecht Süß in Mayer/Süß/Tanck/Wälzholz, Handbuch Pflichtteilsrecht, S. 627; zu kollisionsrechtlichen Problemen des Pflichtteils Klingelhöffer ZEV 1996, 258; zu Pflichtteilsergänzungsansprüchen bei lebzeitigen Schenkungen von ausländischem Erblasservermögen: Bestelmeyer ZEV 2004, 359.

305 BVerfG v. 19. 4. 2005, ZEV 2005, 301.

306 Eingehend: Pfundstein, Pflichtteil und ordre public, S. 95 ff.; Pentz ZEV 1998, 449; a. A. Thoma ZEV 2003, 279.

307 Zur rechtlichen Tragweite des Ehegüterstandes siehe oben Abs. 3.

308 Zur gesetzlichen Erbfolge nach einem verheirateten Erblasser siehe eingehend oben § 1 I.2.

309 Zum gesetzlichen Erbrecht bei Adoption siehe eingehend oben § 1 I.5.

310 Kornexl, Nachlassplanung bei Problemkindern, Rn 654.

311 Olzen, Das nichteheliche Kind als Erbe – Ende eines dornenreichen Weges, RNotZ 2002, 398.

Ehe. Aufgrund des gesetzlichen ausschließlichen Erbrechts des oder der Kinder gemäß § 1924 sind erbrechtliche Regelungen primär zur Absicherung des anderen Elternteils erforderlich; siehe hierzu oben Abschnitt V.1. zu Verfügungen unter nichtehelichen Lebensgefährten (Rn 55 ff.).

Handelt es sich hingegen um ein Kind aus einer sog. „Einmalbeziehung“ oder einer inzwischen beendeten nichtehelichen Beziehung und besteht kein harmonischer Kontakt zu dem Kind, ist gängiges Erblassermotiv in diesem Fall, dem nichtehelichen Kind nichts oder doch möglichst wenig zukommen zu lassen. Die Lösungsmöglichkeiten unterscheiden sich je nachdem, ob es sich um den künftigen Nachlass des nichtehelichen Vaters handelt oder den eines seiner Verwandten oder eines sonstigen Erblassers, der ihn zu bedenken plant. Bezüglich der Minderungsmöglichkeiten hinsichtlich des gegen den Nachlass seines **Vaters** gerichteten Pflichtteilsanspruchs des nichtehelichen Kindes siehe oben Abschnitt IX. Rn 128 ff.

Wollen dagegen **Verwandte oder sonstige Erblasser** den nichtehelichen Vater selbst 169
bedenken, ohne dass dadurch sein nichteheliches Kind indirekt begünstigt werden soll, kommt dafür nur die Zuwendung einer der in § 1 Rn 100 ff. behandelten zeitlichen oder lebtäglichen Nutzungsrechte am Nachlass der einzelnen Nachlassgegenstände in Frage, die mit dem Tod des Begünstigten erlöschen oder doch nicht in seinen Nachlass fallen, so dass das unerwünschte Abwandern der Substanz des Vermögens zur Familie des nichtehelichen Kindes verhindert wird. Es sind dies insbesondere die vermächtnisweise Zuwendung von gesetzlich (§ 1 Rn 100 oder vertraglich (§ 1 Rn 109) auf Lebenszeit beschränkten oder beim Tod des Begünstigten herauszugebende Rechte (§ 1 Rn 116), seine Einsetzung zum Vorerben (§ 10 Rn 3 ff.), die Zuwendung von Nachlassgegenständen, die ihrerseits mit einem Herausgabe- oder Nachvermächtnis belastet sind (§ 10 Rn 131 ff.) oder die Zuwendung eines Nießbrauchsvermächtnisses (§ 10 Rn 157).

XI. Verfügungen Deutscher mit ausländischem Grundbesitz

Ein deutscher Staatsangehöriger wird gem. Art. 25 Abs. 1 EGBGB bezüglich seines ge- 170
samten Nachlasses (Weltvermögen) **grundsätzlich nach deutschem Recht beerbt,** soweit nicht ausnahmsweise vorrangige gesetzliche oder staatsvertragliche Regelungen eingreifen (siehe zum Pflichtteilsrecht auch oben hierzu auch Abschnitt IX., Rn 165 f.).[312]

Eine Ausnahme tritt gemäß Art. 3 Abs. 3 EGBGB ein, wenn er **im Ausland Vermögen** 171
(Gegenstände oder Gruppen einzelner Gegenstände, z. B. Grundstücke) hat und die ausländische Rechtsordnung diese Gegenstände besonderen Vorschriften unterwirft (Einzelstatut).[313] Keine besonderen Vorschriften i. S. von Art. 3 Abs. 3 EGBGB sind gegeben, wenn der Belegenheitsstaat eine andere Anknüpfung des Gesamtstatuts vorsieht.[314] Dagegen ist dies vor allem der Fall, wenn der ausländische Staat (wie z. B. Frankreich) für die Vererbung des unbeweglichen Vermögens das Recht der Belegenheit der Sache (lex rei sitae) bestimmt, während er für die Vererbung des übrigen Nachlasses anders, z. B. an das Heimatrecht oder an den letzten Wohnsitz des Erblassers, anknüpft. Art. 3 Abs. 3 EGBGB bestimmt für diese Fälle, dass der Sonderanknüpfung des fremden Kollisionsrechts für die einzelnen Gegenstände der Vorrang vor der allgemeinen Verweisung auf

---

[312] Vgl. jedoch Vorschlag der EU-Kommission für eine Erbrechtsverordnung (Rom IV-Verordnung) (EU-ErbVO-E) vom 14. 10. 2009, wonach bezüglich des anzuwendenden Erbrechts eine Anknüpfung an den letzten gewöhnlichen Aufenthaltsort erfolgen soll. Siehe hierzu Dörner, ZEV 2010, 421 mit Internet-Fundstelle des VO-Textes bei Fn. 1; Süß, ZErb 2009, 342; Lehmann/Schuulz, ZEV 2010, 29; Steinmetz/Löber/Alcazar, ZEV 2010, 234.

[313] Schotten, Das internationale Privatrecht in der notariellen Praxis, 1995, Rn 15; zum Auslandsvermögen im internationalen Erbrecht: Fetsch, RNotZ 2006, 1.

[314] Palandt/Heldrich Art. 3 EGBGB Rn 18.

das deutsche Recht nach Art. 25 Abs. 1 EGBGB zukommt (**Vorrang des Einzelstatuts**).[315] Das bedeutet, dass auch nach deutscher Sicht und vor deutschen Gerichten, insbesondere dem Nachlassgericht, eine **Nachlassspaltung** eintritt mit der Folge, dass für das im Ausland gelegene Grundstück das fremde Erbrecht und für den übrigen Nachlass deutsches Erbrecht zur Anwendung kommt. Um den ansonsten für die Berichtigung bei ausländischen Behörden, z.B. Grundbuchregistern, erforderliche Rechtsnachfolgenachweis zu vermeiden, kann hier u.U. eine postmortale Bevollmächtigung zweckdienlich sein; deren Inhalt und Form hat den Vorschriften des jeweils betroffenen Landes zu entsprechen, sofern die jeweilige ausländische Rechtsordnung postmortale Vollmachten überhaupt anerkennt.

Wird der Erblasser ganz oder teilweise nach deutschem Recht beerbt und ist das deutsche Nachlassgericht für ihn örtlich zuständig (§ 343 FamFG), kann der Erblasser auch vom deutschen Gericht einen Erbschein unter der Bezeugung der Erbfolge nach ausländischem Recht beantragen gemäß § 2353.[316]

Siehe insgesamt zur Auslandsberührung und internationalen Erbrecht § 5.

XII. Besondere Zielvorstellungen der Erblasser

1. Einzelzuwendungen

172 Der Grundsatz der Gesamtrechtsnachfolge (§ 1922) im Erbrecht gebietet zwingend für jeden Erbfall die abstrakt-rechnerische Einsetzung eines Erben oder mehrerer nach Bruchteilen (§ 2087 Abs. 1). Erblasser denken aber meist nicht an eine abstrakt-rechnerische Aufteilung ihres Vermögens unter mehrere Miterben, sondern an die konkrete Verteilung der einzelnen Vermögensstücke, insbesondere wenn ihr Vermögen in individuellen Sachwerten besteht, wie z.B. Hausgrundstücken oder Wirtschaftsunternehmen. Abgesehen von den schwächer wirkenden Zuwendungen durch Auflage (§ 9 Rn 103ff.) oder durch Bedingung (§ 15 Rn 170ff.), die den Zuwendungsempfängern keinen Rechtsanspruch auf den Zuwendungsgegenstand geben, stehen dem Rechtsberater zur **Einzelzuweisung** von Todes wegen das Vermächtnis (§§ 2147ff.) und die Teilungsanordnung (§ 2948) zur Verfügung. Dabei kommt für die anspruchsbegründende Zuwendung an einen Nichterben nur das **Vermächtnis** in Frage, während Einzelstückzuwendungen an Erben im Wege des **Vorausvermächtnisses** (§ 2150) (siehe § 9 Rn 43ff.) oder der **Teilungsanordnung** (§ 2948) (siehe § 15 Rn 199) erfolgen können. Der Unterschied ist, insbesondere dass sich bei der Teilungsanordnung der Miterbe den Wert des ihm durch sie zugewiesenen Nachlassgegenstandes voll auf seinen Erbteil anrechnen lassen muss, während das Vorausvermächtnis zusätzlich zum Erbteil erworben wird (zum Unterschied eingehend § 15 Rn 206ff.). Das Prinzip der Universalsukzession (§ 1922) zwingt den Erblasser trotz Einzelzuweisung seines wesentlichen Vermögens einen oder mehrere Erben einzusetzen, wenn er seine Verfügung von Todes wegen nicht einer richterlichen Auslegung mit unvorhersehbarem Ergebnis aussetzen will (siehe § 8 Rn 1).

2. Gegenständliche Verteilung des Nachlasses ohne Erbeinsetzung

173 Gelingt es dem Testamentsgestalter nicht, den auf gegenständliche Verteilung seines Nachlasses fixierten Erblasser zu einer Erbeinsetzung zu bewegen, kann er entweder alle Zuwendungsempfänger zu den Quoten als Erben einsetzen, die dem Wertverhältnis der Zuwendungen einander entsprechen (siehe § 8 Rn 9), oder besser den nach Erfüllung der ausgesetzten Vermächtnisse verbleibenden Nachlassrest einer Person vermachen und

---

[315] Schotten, a.a.O. Rn 1; Palandt/Heldrich Art. 3 EGBGB Rn 15.
[316] Hierzu Palandt/Edenhofer § 2353 Rn 20.

zwecks Erfüllung der Vermächtnisse einen Testamentsvollstrecker einsetzen;[317] der Erblasser ist hierbei jedoch eindringlich auf die Folgen hinzuweisen, die entstehen können, wenn keine Erbquote feststeht oder auf Grund erforderlicher Bewertung erst nach langer Zeit festgestellt werden kann, auch bezüglich Haftung und Inanspruchnahme bezüglich Steuern sowie dass ein Testamentsvollstreckervermerk nur bei Eintragung der Erben eintragbar ist (§ 52 GBO). Wegen der Gesamtrechtsnachfolge (§ 1922) ist jedoch auch in diesem Fall ein erbenloser Nachlass nicht möglich, wohl aber ein durch die Vermächtnisse völlig aufgezehrter und daher vermögensloser. Bei der beschriebenen Gestaltung tritt daher die gesetzliche Erbfolge ein, wenn nicht die Bedachten gemäß § 2087 Abs. 1 als (gewillkürte) Erben anzusehen sind. Die Erben werden jedoch bei der Vermächtniserfüllung vollständig durch den Testamentsvollstrecker ersetzt. Die Vermächtnisnehmer haben in diesem Fall, ohne dass dies ausdrücklich bestimmt werden müsste, analog der §§ 2385, 2378 Abs. 1 die Nachlassverbindlichkeiten zu tragen (siehe § 8 Rn 3).

Zweckmäßig ist, bei isolierten Vermächtnissen auch trotz der Auslegungsregel des § 2087 Abs. 2 klarzustellen, dass damit keine Erbeinsetzung verbunden ist. So ist nach der Rechtsprechung des BGH für die Auslegung eines Testaments im Sinne einer Erbeinsetzung nicht notwendig, dass dem Erben dem Werte nach der größte Teil des Nachlasses verbleibt.[318]

3. Drittbestimmung von Zuwendung und/oder Zuwendungsempfänger

Nur bei der Erbeinsetzung führt das deutsche Erbrecht den Grundsatz der Selbstentscheidung gem. § 2065 konsequent durch, während bei allen anderen erbrechtlichen Gestaltungsmöglichkeiten in gesetzlich angeordneten Einzelfällen eine **Drittbestimmung** zulässig ist (siehe dazu § 3 Rn 36ff.).[319] Der häufige Wunsch alleinstehender, unversorgter Erblasser ohne nähere Angehörige, dass derjenige ihren Nachlass erhalten soll, der sie vor ihrem Tod pflegt und versorgt, ist daher rechtlicherfüllbar. Die Auswahl des Bedachten erfolgt dabei auf Grund eines entsprechenden **Bestimmungsvermächtnisses** gem. § 2151 (siehe § 3 Rn 47) durch einen eingesetzten Testamentsvollstrecker als Bestimmungsberechtigtem; die Zuwendung selbst erfolgt anstatt durch eine gem. § 2065 unzulässige Erbeinsetzung durch Zuwendung eines Universalvermächtnisses.[320] Da es keinen erbenlosen, wohl aber einen vermögenslosen Nachlass gibt, sind auch bei dieser Gestaltung automatisch die gesetzlichen Erben eingesetzt, ohne dass sie zur Abwicklung des Nachlasses herangezogen zu werden brauchen; gleichwohl wird diesen aufgebürdet, vorsorglich das Erbe auszuschlagen. Aber nicht nur der Zuwendungsempfänger kann gem. § 2151 aus einem vom Erblasser bestimmten Personenkreis ausgewählt werden, sondern auch der Gegenstand der Zuwendung kann gem. § 2156 (**Zweckvermächtnis**) durch einen dazu eingesetzten Berechtigten (z.B. Testamentsvollstrecker) aus dem Nachlass bestimmt werden, wenn wenigstens der Vermächtniszweck vom Erblasser festgelegt ist (siehe § 3 Rn 54). Bestimmungs- und Zweckvermächtnis können auch kombiniert werden und dann kann der Erblasser dem Bestimmungsberechtigten sowohl die Bestimmung des Zuwendungsempfängers aus einem bestimmten Personenkreis als auch die des Zuwendungsgegenstandes für einen bestimmten Zweck überlassen (siehe § 3 Rn 55). Letztlich kann mit einer **Zweckauflage** (§ 2193) dem Bestimmungsberechtigten sogar die Auswahl der Person des Begünstigten und der Umfang der Leistung überlassen werden, wenn der Erblasser nur den Zweck hinreichend deutlich festlegt, der mit der Auflage verfolgt werden soll (siehe § 3 Rn 57). Für die Einzelstückzuwendung an einen noch zu bestimmenden Empfänger sollte auch, insbesondere wenn die Drittbestimmung auch 174

317 Formulierungsvorschlag in MünchVertrHdb/Nieder/Otto, Bd. 6/2.
318 BGH v. 7. 7. 2004, DNotZ 2005, 45.
319 Siehe zum grundsätzlichen Verbot der Drittbestimmung und den gesetzlichen Ausnahmen oben § 3 II.2.b) Rn 36 sowie § 8 I.7. Rn 36.
320 Formular in MünchVertrHdb/Nieder/Otto, Bd. 6/2 Muster XVI. 4.

noch nach Ablauf der Zeitgrenzen der §§ 2162, 2163 erfolgen können soll, die Vereinbarung eines **Vertrages zugunsten Dritter** gem. §§ 328 ff. erwogen werden, der als Vertrag unter Lebenden die Drittbestimmung sachlich und zeitlich uneingeschränkt zulässt (siehe § 4 Rn 81).

4. Getrennte Zuwendung von Nutzung und Substanz

175 Will der Erblasser der einen Person die zeitliche Nutzung seines Nachlasses zuwenden, der anderen aber dessen Substanz, stehen ihm folgende Gestaltungsmittel zur Verfügung:
- **Vor- und Nacherbschaft** (§ 10 Rn 3 ff.), wobei die nicht befreite Vorerbschaft (§ 10 Rn 34) dem bloßen Nießbrauchsvermächtnis am nächsten kommt.
- **Herausgabevermächtnis** (§ 10 Rn 131).
- **Nießbrauchsvermächtnis** (§ 10 Rn 157), evtl. in der Variante, dass der Vermächtnisnehmer zugleich als Testamentsvollstrecker eingesetzt wird (§ 10 Rn 170).

176 Will der Erblasser diese Aufteilung lediglich bezüglich eines bestimmten Nachlassgegenstandes herbeiführen, ist dies bei den beiden Vermächtnisarten möglich. Aber auch eine gegenständlich beschränkte Vorerbschaft kann konstruktiv dadurch erreicht werden, dass dem Vorerben alle Nachlassgegenstände mit Ausnahme derer, die der Nacherbfolge unterliegen sollen, als Vorausvermächtnis zugewendet werden (§§ 2150, 2110 Abs. 2) (siehe § 9 Rn 45, § 10 Rn 7).

5. Erhaltung des Nachlasses für Endbedachte

177 Will der Erblasser den Nachlass oder Teile desselben zunächst einem oder mehreren Erstbedachten und zeitlich danach einem oder mehreren Endbedachten zuwenden, sind die Lösungsmöglichkeiten die gleichen wie vorstehend bei der Aufteilung des Nachlasses nach Substanz und zeitlicher Nutzung (siehe oben Rn 175).

6. Weitgehendste Beschränkung der Bedachten

178 Befürchtet der Erblasser, der mehrere Erben einsetzt, dass diese sich über der Verwaltung und Auseinandersetzung des Nachlasses zerstreiten, kann er vor allem eine Person seines Vertrauens zum **Testamentsvollstrecker** einsetzen (siehe § 15 Rn 3 ff.) und entzieht damit seinen Erben von Anfang an die Verfügungsbefugnis über den Nachlass (§ 2111 Abs. 1). Gehen allerdings seine Befürchtungen dahin, dass die Miterben auch dem Testamentsvollstrecker Schwierigkeiten machen werden, sie z. B. alsbald nach dem Erbfall beim Nachlassgericht gem. § 2227 seine Entlassung beantragen werden, kann der Erblasser die Person seines Vertrauens statt zum Testamentsvollstrecker zum Alleinerben einsetzen und den Nachlass denjenigen, denen er ihn zugedacht hat, durch entsprechende Stückvermächtnisse und ein abschließendes **Universalvermächtnis** zuwenden (siehe § 8 Rn 3). In diesem Fall haben die Zuwendungsempfänger, sofern der Alleinerbe die Vermächtnisse erfüllt, keiner direkten Einwirkungsmöglichkeiten auf diesen **„Supertestamentsvollstrecker"**; jedoch stehen ihnen Ansprüche zu auf Erfüllung der Vermächtnisse (§ 2174). Voraussetzung für diese atypische Gestaltung ist jedoch, dass für den Erben auch ein Interesse besteht, das Erbe – das er „universell" weitergeben muss – sowie das Amt des Testamentsvollstreckers anzunehmen, was mit weitreichenden Pflichten, z. B. gegenüber Finanzamt und Pflichtteilsberechtigten, befrachtet ist. Daher wird dieses Konstrukt nur in Ausnahmesituationen zweckmäßig sein.

7. Beschwerung eines Bedachten

179 Zur Einflussnahme des Erblassers für die Zeit nach seinem Tod auf das Tun oder Unterlassen der von ihm Bedachten und insbesondere die Verwendung seines Nachlasses stehen die in § 15 Rn 1 ff. dargestellten erbrechtlichen Gestaltungsmittel zur Verfügung.

Sofern der Erblasser z.B. einen von ihm **Bedachten** seinerseits mit einer Leistungsverpflichtung zugunsten eines anderen **beschweren** will, stehen ihm folgende Gestaltungsmittel zur Verfügung:

- Das **Vermächtnis** (§§ 2147ff.) (siehe § 9 Rn 2ff.), sofern der Beschwerte Erbe ist bzw. das Untervermächtnis (§ 2186) (siehe § 9 Rn 67), sofern er nur Vermächtnisnehmer ist.
- Die **Auflage** (§§ 1940, 2192ff.) (siehe § 9 Rn 103ff.).
- Die **Bedingung** (§§ 2074, 2075) (siehe § 9 Rn 137ff.).

Mit einer solchen Leistungspflicht kann nur ein Erbe oder Vermächtnisnehmer beschwert werden, kein Erbeserbe oder gar Dritter, da ebenso wenig wie es Verträge zu Lasten Dritter gibt, auch kein Dritter durch letztwillige Verfügung zu einer Leistung verpflichtet werden kann.[321] 180

8. Spannungsfreie Erbengemeinschaft durch gezielte Erbenauswahl

Durch den Anspruch jedes Miterben, unabhängig von der Größe seines Erbteils, gem. § 2042 Abs. 1 jederzeit die **Auseinandersetzung** der Erbengemeinschaft verlangen zu können, ist deren Bestand immanent gefährdet. Dagegen kann der Erblasser zwar gem. § 2044 ein **Auseinandersetzungsverbot** erlassen, das aber gem. § 2044 Abs. 1 Satz 2, 749 Abs. 2 bei Vorliegen eines wichtigen Grundes wirkungslos wird (siehe § 15 Rn 247). Da umstritten ist, inwieweit ein Mehrheitsbeschluss der Miterben über eine Verwaltungsmaßnahme (§§ 2038 Abs. 2, 745) Außenwirkung hat,[322] kann ein Minderheitsmiterbe die laufende Verwaltung der Erbengemeinschaft erheblich stören. Abhilfe dagegen kann die Anordnung einer **Verwaltungstestamentsvollstreckung** schaffen und partiell gegenüber Schwiegerkindern der **Entzug der elterlichen Vermögensverwaltung** bezüglich der von ihren Kindern ererbten Erbteile gem. § 1638 Abs. 1 (siehe § 15 Rn 317ff.). Erkennt der Erblasser jedoch bereits bei Testamentserrichtung, dass der Erbengemeinschaft Gefahr von einem bestimmten Erbstamm droht, so steht ihm ein viel einfacheres und wirkungsvolleres Mittel zur Verfügung. Er setzt diesen Stamm nicht zum Erben ein, sondern wendet ihm ein **Vermächtnis in Höhe des vorgesehenen Erbteils** zu, so dass dieser Stamm zwar wertmäßig gleichgestellt ist, jedoch nicht die Erbengemeinschaft beeinträchtigen kann. Der Erblasser macht sich damit eine Rechtsgestaltung zunutze, die der Gesetzgeber im Interesse des Familienfriedens beim früheren Erbersatzanspruch nichtehelicher Kinder zur Norm erhoben hatte (bis 31. 3. 1998: § 1934a a.F.). Ist der Missliebige Pflichtteilsberechtigter, kann er allerdings gem. § 2307 Abs. 1 das Vermächtnis ausschlagen und den Pflichtteil verlangen, gelangt aber dadurch auch nicht in die Erbengemeinschaft. Eine Gestaltungsmöglichkeit ist in diesem Zusammenhang auch, dem Betreffenden nur ein Quotenvermächtnis in Höhe seines Pflichtteils (siehe § 8 Rn 108) zuzuwenden und daneben für den Fall, dass er dieses und seinen Pflichtteil nicht geltend macht, ein dadurch aufschiebend **bedingtes zweites Vermächtnis** mindestens in Höhe seines gesetzlichen Erbteils, das ihm jedoch erst bei Eintritt eines bestimmten Ereignisses anfällt, so z.B. dem Tod des überlebenden Elternteils oder seiner eigenen Volljährigkeit (**wachsendes Vermächtnis**).[323] Will der Erblasser ein missliebiges **Enkelkind** in Übereinstimmung mit dessen Elternteil vom Pflichtteil ausschalten, muss er nur mit seinem direkten Abkömmling einen (Erb- und/oder) Pflichtteilsverzichtsvertrag abschließen, dessen Wirkung sich dann gem. § 2349 auf den Enkel erstreckt. Sohn oder Tochter können dann durch Verfügung von Todes wegen bedacht werden.[324] 181

---

[321] BGH NJW-RR 1986, 164; siehe auch § 9 Rn 18.
[322] Lange/Kuchinke, § 43 III 6.
[323] Dubischar DNotZ 1989, 132, 140ff.
[324] Siehe hierzu eingehend Stanovsky BWNotZ 1974, 102; siehe auch § 19 Rn 11.

9. Pflichtteilsfreies Testament

182 Mit Ausnahme des überlebenden Ehegatten beim gesetzlichen Güterstand, der gem. § 1371 Abs. 3 immer die Erbschaft ausschlagen und den kleinen Pflichtteil neben dem rechnerischen Zugewinnausgleich verlangen kann,[325] kann ein Pflichtteilsberechtigter einen ihm zugewandten Erbteil nur bei Vorliegen der Voraussetzungen des § 2306 **ausschlagen** und trotzdem seinen Pflichtteil bekommen. Bei Beschränkungen oder Beschwerungen des Erbteils i. S. von § 2306 kann der Pflichtteilsberechtigte den Erbteil – seit der Erbrechtsreform 2010 unabhängig von dessen Größe – ausschlagen und den Pflichtteil verlangen (§ 2306 Abs. 1).[326] Ein unbeschränkter und unbeschwerter Erbteil, der kleiner ist als die Pflichtteilsquote, wird gem. § 2305 durch den sog. **Zusatzpflichtteil** ergänzt. Zusätzliche Vorausvermächtnisse an den Pflichtteilsberechtigten zu seinem zu geringen Erbteil ändern an diesen Rechtsfolgen nichts, da sie jederzeit gem. § 2307 Abs. 1 ausgeschlagen werden können. Berücksichtigt der Erblasser dies, so ist sein Testament gegenüber seinem Ehegatten, der mit ihm im gesetzlichen Güterstand lebt, nie pflichtteilsfest und gegenüber anderen Pflichtteilsberechtigten nur, wenn er ihnen einen unbeschränkten und unbeschwerten Erbteil in Höhe mindestens ihrer Pflichtteilsquote zuwendet.

Pflichtteilsfestigkeit trotz Beschränkungen oder Beschwerungen des Erbteils i. S. von § 2306 und bei Vermächtnissen (§ 2307) konnte seit dem Grundsatzurteil des BGH[327] nicht mehr durch Aufnahme einer sog. **socinischen Klausel** in die Verfügung von Todes wegen erzielt werden. Mit einer solchen Pflichtteilsklausel war beabsichtigt, dass der pflichtteilsberechtigte Bedachte die Zuwendung nicht erhalten solle, wenn er sich damit nicht zufrieden gebe und den Pflichtteilsanspruch geltend mache.[328] Die Änderung des § 2306 Abs. 1 durch die Erbrechtsreform 2010 ändert die Rechtslage, da bei einer Erbeinsetzung unter Beschränkungen oder Beschwerungen – unabhängig von der Größe des Erbteils – nur durch Ausschlagung der Pflichtteilsanspruch erlangt werden kann. Eine solche Klausel, die bei einem Verlangen des Pflichtteils den Wegfall der Zuwendung anordnet, steht somit nicht mehr im Widerspruch zum Gesetz.[329] Leipold weist aber richtig darauf hin, dass sie überflüssig wäre, da ein weitergehender Pflichtteilsanspruch ohnehin nur durch Ausschlagung besteht. Eine das Verlangen des Pflichtteils gegenüber § 2306 beschränkende Klausel wäre hingegen unwirksam.[330]

Zu Minderung von Pflichtteilsansprüchen siehe oben Abschnitt IX.

10. Versorgung von Tieren und Zuwendungen an nicht rechtsfähige Personen-Vereinigungen

183 Da Tiere (§ 90 a) nicht rechtsfähig sind, können sie weder Erben werden, noch kann ihnen vermächtnisweise ein Anspruch auf Versorgung zugewendet werden.[331] Die Gestaltungsmöglichkeit, die Versorgung von Tieren in Verfügungen von Todes wegen sicherzustellen, ist die **Auflage** gem. §§ 1940, 2192 ff., da bei ihr kein Begünstigter vorhanden sein muss (siehe § 9 Rn 103). Da die Auflage eines Beschwerten bedarf, wird zweckmäßigerweise der Rechtsträger eines Tierheimes oder ein Tierschutzverein als Erbe oder Vermächtnisnehmer mit der Auflage eingesetzt, den Nachlass oder die Vermächtnis-

[325] Siehe oben § 2 Rn 38.

[326] Gesetz zur Änderung des Erb- und Verjährungsrechts vom 24. 9. 2009.

[327] BGHZ 120, 96 = NJW 1993, 1005 = FamRZ 1993, 179.

[328] Hierzu z. B. MünchKomm/Leipold § 2074 Rn 43.

[329] Keim NJW 2008, 2072, 2075.

[330] MünchKomm/Leipold § 2074 Rn 43. Zum Verhältnis zu § 2305: Baumann/Karsten, RNotZ 2010, 95, 97; siehe auch § 15 Rn 193.

[331] Zur Auslegung eines Testaments, in welchem der Hund als Erbe eingesetzt ist: LG Bonn, Beschl. v. 28. 10. 2009, BeckRS 2009, 29979.

summe für das Tier zu verwenden. Zur Überwachung des Vollzugs der Auflage kann ein **Testamentsvollstrecker** eingesetzt werden.[332]

Die gleiche Rechtsgestaltung dient auch dazu, nicht rechtsfähigen Personengemeinschaften (z.B. nicht eingetragenen Vereinen, Behörden, nichtrechtsfähige Universitätsinstitute) von Todes wegen etwas zuzuwenden (siehe § 9 Rn 103). 184

11. Nachlassgegenstand soll möglichst lange im Familienbesitz bleiben

Zur Erfüllung dieses Erblasserwunsches ist zunächst an die Vor- und Nacherbfolge zu denken, die durch Anordnung weiterer **Nacherbfolgen** für die entfernteren Abkömmlinge zeitlich auf 30 Jahre ab dem Erbfall bzw. die Lebenszeit eines beim Erbfall bereits lebenden Menschen ausgedehnt werden kann (siehe § 10 Rn 58). Durch ein Universalvorausvermächtnis zugunsten des ersten Vorerben bezüglich aller Nachlassgegenstände, die nicht gesichert werden sollen, kann dabei auch eine sog. **gegenständliche Nacherbfolge** erzielt werden.[333] Bei dieser Lösung sind allerdings die Erstbedachten durch die Kontroll- und Sicherungsrechte zugunsten der Nacherben gem. §§ 2113 ff. erheblich eingeschränkt. Die gleiche Wirkung, jedoch ohne die Einschränkungen der Erstbedachten, kann mit einem aufschiebend bedingten oder befristeten **Herausgabevermächtnis** erreicht werden, dessen bedingter Anfall jedoch ebenfalls innerhalb 30 Jahren ab dem Erbfall erfolgen muss (§ 2162 Abs. 1) (siehe § 21 Rn 43 ff.). Auch durch ein **Teilungsverbot** (§ 2044) kann der für die Familie zu sichernde Gegenstand nur für die Dauer von 30 Jahren bzw. der Lebenszeit einer zum Erbfall bereits lebenden Person gesichert werden. Bezüglich der Errichtung eines sog. **Familiengutes** durch die Kombination eines Teilungsverbotes (§ 2044) mit Verwaltungsanordnungen (§ 2048), einem Bestimmungsvermächtnis (§ 2151) und einer Testamentsvollstreckung (§§ 2197 ff.)[334] siehe § 15 Rn 315. Will der Erblasser zeitlich unbeschränkt mit seinem Nachlass oder einem Teil desselben seine Familie sichern, muss er den Weg einer **rechtsfähigen Stiftung** wählen (siehe § 15 Rn 265 ff.; insb. Familienstiftung) oder auf ein Rechtsgeschäft unter Lebenden auf seinen Tod ausweichen (siehe oben § 4 Rn 4 ff.). 185

12. Zuwendungen an beim Erbfall noch nicht erzeugte Bedachte

Da Erbe nur werden kann, wer zurzeit des Erbfalls lebt (§ 1923 Abs. 1) oder doch bereits erzeugt war (§ 1923 Abs. 2), kann der Erblasser alle nach seinem Tod erzeugten Personen (z.B. seine künftigen Enkel oder Urenkel) nur zu **Nacherben** einsetzen (§ 2101 Abs. 1). Er nimmt dabei allerdings in Kauf, dass seine beim Erbfall bereits lebenden Erben durch die Kontroll- und Sicherungsrechte zugunsten der beim Erbfall noch unbekannten Nacherben belastet werden, für die jeweils nach § 1913 zu bestellende **Pfleger** handeln müssen. Wer seinen bekannten Erben dies ersparen will, sollte daher statt dessen für Zuwendungen an beim Erbfall noch nicht erzeugter Personen **aufschiebend bedingte Vermächtnisse** wählen, die den Bedachten mit ihrer Geburt anfallen (§ 2178). Sind die so Bedachten allerdings 30 Jahre nach dem Erbfall noch nicht gezeugt, werden die Vermächtnisse unwirksam (§ 2162 Abs. 2). Durch **Verträge zugunsten Dritter auf den Todesfall** (§§ 328, 331) können jedoch Einzelstücke ohne Gefährdung durch die 30-Jahresgrenze noch nicht gezeugten Personen zugewendet werden (siehe § 4 Rn 35 ff.). 186

Zu trennen von diesen rechtlichen Gestaltungsmöglichkeiten ist die Frage der Zweckmäßigkeit. Hierbei ist es Aufgabe des Beraters, den Erblasser auf Unwägbarkeiten der Bedenkung noch nicht erzeugter (und auch ungeborener) Personen hinzuweisen.

---

[332] Formulierungsvorschlag in MünchVertrHdb/Nieder/Otto, Bd. 6/2 Muster XVI. 3.

[333] Siehe § 9 Rn 45; Formular in MünchVertrHdb/Nieder/Otto, Bd. 6/2.

[334] Zur längstmöglichen Dauer einer Testamentsvollstreckung siehe § 15 II.16. Rn 166.

XIII. Verpfründungsvertrag

187 Beim sog. Verpfründungsvertrag (§ 2295) macht der Erblasser eine erbvertragliche Zuwendung mit Rücksicht auf eine vom bedachten Vertragspartner ihm gegenüber eingegangene rechtsgeschäftliche **Verpflichtung auf wiederkehrende Leistungen** (z. B. Unterhalt, häusliche Pflege) auf seine Lebenszeit. Wird in diesem Fall die Verpflichtung des Vertragspartners zu Lebzeiten des Erblassers **aufgehoben**, kann der Erblasser gem. § 2295 von seinen vertragsmäßigen Verfügungen zurücktreten. Er kann dies jedoch nicht bei Schlechterfüllung, Verzug oder bloßer **Nichterfüllung** der Verpflichtungen des Vertragspartners. In diesen Fällen hat er bei Vorliegen der Voraussetzungen nur die Möglichkeit seine eigenen vertragsmäßigen Verfügungen wegen Motivirrtums gem. §§ 2078, 2281 anzufechten.[335] Da ein Erbvertrag wegen § 2302 auch nicht Teil eines gegenseitigen Vertrages i. S. der §§ 320 ff. sein kann, können bei Leistungsstörungen auch diese Vorschriften keine Anwendung finden. Für solche Fälle muss daher eine Lösungsmöglichkeit ausdrücklich vertraglich vereinbart werden. Am einfachsten ist auch hier ein freies **Rücktrittsrecht** oder ein an eine möglichst klar definierte Bedingung geknüpftes Rücktrittsrecht des gebundenen Erblassers zu vereinbaren, verbunden mit einer Regelung für die Vergütung der bis zum Rücktritt bereits erbrachten Pflegeleistungen. Die Verknüpfung einer erbvertraglich bindenden Zuwendung mit einer rechtsgeschäftlichen Verpflichtung, insbesondere aus einem Dauerschuldverhältnis, birgt erhebliches Konfliktpotential, so dass kautelarjuristisch von diesem Instrument nur vorsichtig Gebrauch gemacht werden sollte. Wegen der lückenhaften gesetzliche Regelungen bei Leistungsstörungen sollte ein vertragliches, hinreichend bestimmtes Rücktrittsrecht im Erbvertrag vorgesehen werden.[336] Zur Sicherung des Vertragspartners kann ferner notwendig sein, einen sanktionierten **Verfügungsunterlassungsvertrag** evtl. mit Auflassungsvormerkung (siehe § 13 Rn 38) hinsichtlich der wesentlichen der erbvertraglichen Bindung unterliegenden Vermögensgegenstände zu vereinbaren, der den Vertragspartner berechtigt, im Falle einer seine Erwartungen beeinträchtigenden lebzeitigen Zweitverfügung des Erblassers deren sofortige Übereignung zu verlangen.[337]

---

[335] OLG München ZEV 2009, 345; OLG Hamm DNotZ 1977, 751, 754; BayObLG Rpfleger 1976, 290; siehe hierzu und den damit verbundenen Schwierigkeiten und Lösungsansätze § 11 Abschn. II.1.Rn 50.

[336] J. Mayer DAI-Jahrestagung 2009 S. 396.

[337] Formulierungsvorschlag in MünchVertrHdb/Nieder/Otto, Bd. 6/2 und bei Reimann/Bengel/J. Mayer, Testament und Erbvertrag, Formularteil B Rn 63.

§ 22 Typische Regelungsziele der Erblasser im Unternehmensbereich

1 Grundsätzlich sollte die Unternehmensnachfolge nicht von Todes wegen, sondern unter Lebenden im Wege der vorweggenommenen Erbfolge erfolgen. Dann entfallen die Schwierigkeiten der Auslegung der Verfügung von Todes wegen, die Möglichkeit ihrer Anfechtung wegen Motivirrtums und der Unternehmer kann seinen Nachfolger auswählen, ausbilden und einführen und die Unternehmensnachfolge so durchführen, wie es seinen Vorstellungen und den Interessen des Unternehmens entspricht. Die Übertragung auf den vorgesehenen Nachfolger kann auch in Teilschritten erfolgen, etwa durch Zuwendung einer Minderheitsbeteiligung, oder Beteiligung nur an der Betriebsgesellschaft, wobei stets auch eine sorgfältige Prüfung der Teilschritte in steuerlicher Hinsicht erforderlich ist. Ist die Auswahl des Nachfolgers noch nicht möglich, sollte der Inhaber sein Unternehmen in die Rechtsform einer Kapitalgesellschaft (GmbH, GmbH & Co. KG., GmbH & Still oder Betriebsaufspaltung)[1] überführen und sich einen geeigneten und eingearbeiteten Angestellten als Geschäftsführer für den Fall seines plötzlichen Todes beiordnen, der bis zur Übernahme durch einen Nachfolger aus der Familie die Geschäfte weiterführen kann. Sollte trotzdem die Unternehmensnachfolge von Todes wegen geregelt werden, empfiehlt sich ihre Trennung von der Nachfolge in das sonstige Vermögen. Ferner sind bei der Sicherung der Unternehmensnachfolge kompliziertere Lösungen zu erwägen, wie z. B. die Vor- und Nacherbfolge oder das Nießbrauchsvermächtnis Besondere Vorsicht ist bei allen Gestaltungen einem etwaigen Sonderbetriebsvermögen zu widmen. Bei Zuwendungen von Gegenständen des Betriebsvermögens, insbesondere Betriebsgrundstücken sollte stets die Frage einer Gewinnrealisierung sorgfältig geprüft werden. Ferner sollte geregelt werden, dass der Unternehmensnachfolger die persönlichen Steuern des Erblassers zu tragen hat, die nachträglich aus dem Betriebsvermögen herrühren und dass ihm andererseits auch evtl. Steuererstattungen zustehen.[2] In jedem Fall ist die rechtliche Unternehmensstruktur zu überprüfen und ihre Tauglichkeit für eine in Aussicht genommene Nachfolge zu überprüfen. Hier kommen Maßnahmen nach dem Umwandlungsgesetz[3] und auch die Einführung einer Holding-Struktur in Betracht.[4]

I. Nachfolgeregelungen beim einzelkaufmännischen Unternehmen

1. Einzelunternehmen bei mehreren Erben

2 Ein Einzelhandelsgeschäft ist vererblich (§ 22 HGB), es fällt mit allen Aktiven (§ 1922) und Passiven (§ 1967) in den Nachlass. Die Firma ist nur zusammen mit dem Unternehmen übertragbar und vererblich (§§ 21ff. HGB).[5] Nicht vererblich ist die Kaufmannseigenschaft, ihre Merkmale müssen in der Person des jeweiligen Inhabers vorliegen (§§ 1, 2, 3, 5, 6 HGB). Das Einzelunternehmen ist keine nachfolgeerleichternde Rechtsform.[6] Wünscht der Unternehmer nur **einen** Nachfolger, kann er dies einfach dadurch erreichen, dass er ihn zu seinem Alleinerben einsetzt und den anderen Personen, die er aus seinem Nachlass begünstigen möchte, Vermächtnisse zuwendet. Soll jedoch das Handelsgeschäft an mehrere übergehen, sollte er unbedingt eine stufenweise oder

---

[1] Crezelius, Unternehmenserbrecht Rn 410 f.
[2] Felix DStZ 1987, 599, 601.
[3] Sudhoff/Berenbrok § 56 Rn 1 f.; D. Mayer, ZEV 2005, 325.
[4] Vgl. Limmer in Würzburger Notarhandbuch, Teil F. Rn 454 f.
[5] Kuchinke ZIP 1987, 681.
[6] Felix DStR 1987, 145, 147.

gleitende Nachfolgeregelung durch Errichtung einer Personen- oder Kapitalgesellschaft evtl. zusammen mit Erbverzichtsverträgen, Schenkungsverträgen und ehevertraglichen Vereinbarungen wählen, die allein allen Beteiligten Vorteile bietet und dazu verhilft, unternehmensschädliche Konflikte zwischen den pflichtteilsberechtigten Erben zu vermeiden.[7] Es kann z.B. eine Einmann-GmbH & Co. KG mit der Einmann-GmbH als Komplementär gewählt werden oder eine KG, die aus dem Einzelunternehmer als Komplementär und seiner Einmann-GmbH als Kommanditistin gebildet wird oder eine Ehegatten-Personengesellschaft.[8] Sollte trotz dieser dringenden Empfehlung eine erbrechtliche Lösung gewählt werden, sollte den nachfolgeberechtigten Erben in der Verfügung von Todes wegen die Vereinbarung einer bestimmten Gesellschaft auferlegt werden (**Gesellschaftsgründungsklausel**).[9] Dabei verpflichtet der Erblasser in der Verfügung von Todes wegen seine Erben, nach seinem Tod ihrerseits eine Gesellschaft zu gründen, die Trägerin seines Handelsgeschäfts werden soll. Der Inhalt des abzuschließenden Gesellschaftsvertrages kann bereits in der Verfügung von Todes wegen festgelegt werden (sogar – unter bestimmten Voraussetzungen – einschließlich der Möglichkeit der freien Hinauskündbarkeit eines der Erben).[10] Eine derartige Verfügung ist rechtlich als Teilungsanordnung (§ 2048) in Verbindung mit einer Auflage (§ 1940) zu qualifizieren.[11] Führt die angeordnete Gesellschaftsgründung darüber hinaus zu einer vom Erblasser beabsichtigten wirtschaftlichen Besserstellung einzelner Miterben, so liegt darin ein Vorausvermächtnis. Durch die Teilungsanordnung wird der jedem Miterben zustehende Auseinandersetzungsanspruch gem. § 2042 Abs. 1 dahingehend modifiziert, dass jeder Miterbe von den anderen den Abschluss des Gesellschaftsvertrages verlangen kann. Durch die Auflage werden die Erben verpflichtet, sich nicht einvernehmlich über den Willen des Erblassers hinwegzusetzen. Ist allerdings kein Vollziehungsberechtigter vorhanden (siehe oben § 9 Rn 119ff.) oder ist sein Tätigwerden zweifelhaft, kann die Gesellschaftsgründung nur dadurch gesichert werden, dass die einzelnen Erbeinsetzungen durch die Nichtvornahme der Gründung innerhalb einer bestimmten Frist auflösend bedingt erfolgen.[12]

2. Erbengemeinschaft als Inhaber eines Einzelunternehmens

3 Hat, wie meist bei einem überraschenden Todesfall, der Erblasser keine Vorsorge für die Nachfolge getroffen und sind mehrere Erben vorhanden, so fällt das einzelkaufmännische Unternehmen nach der h.M.[13] in die ungeteilte Erbengemeinschaft und kann ohne zeitliche Begrenzung in dieser Rechtsform fortgeführt werden (**Miterben-Unternehmen**). Daran ändert auch das nachträgliche Ausscheiden eines oder mehrerer Miterben durch Erbteilsübertragung oder einverständliche persönliche Teilauseinandersetzung[14] nichts, solange wenigstens zwei Miterben übrigbleiben.[15] Allein durch die Tatsache, dass mehrere Miterben das Unternehmen auf Dauer fortführen, entsteht noch keine OHG oder Gesellschaft des bürgerlichen Rechts.[16] Hierzu wird der Abschluss eines besonderen Gesellschaftsvertrages vorausgesetzt, der jedoch nach der h.M. auch stillschweigend und

---

[7] Langenfeld BWNotZ 1981, 51.

[8] Felix DStR 1987, 145, 147.

[9] Strothmann, Die letztwillige Gesellschaftsgründungsklausel, 1983; ders., ZIP 1985, 969, 976; Reimann in R/B/M Rn A 445.

[10] BGH ZEV 2007, 340 m. Anm. Langenfeld.

[11] Strothmann ZIP 1985, 969, 976; siehe auch oben § 9 Rn 112.

[12] Strothmann ZIP 1985, 969, 976.

[13] BGHZ 92, 259, 262 = NJW 1985, 136, 137 m. Anm. K. Schmidt; K. Schmidt NJW 1985, 2785; Palandt/Edenhofer § 2032 Rn 4; Baumbach/Hopt § 22 Rn 2; Wolf AcP 181, 480.

[14] Palandt/Edenhofer § 2042 Rn 10.

[15] KG JW 1939, 565; Palandt/Edenhofer § 2042 Rn 10.

[16] BGHZ 92, 259 = NJW 1985, 136.

konkludent erfolgen kann.[17] Das von der Erbengemeinschaft fortgeführte Handelsgeschäft des Erblassers ist jedenfalls keine handelsrechtliche Gesellschaft, sondern bleibt ein Einzelunternehmen mit mehreren Inhabern,[18] die nach § 31 HGB als solche im Handelsregister einzutragen sind. Für das Innenverhältnis zwischen den Miterben können allerdings die Vorschriften der OHG entsprechend herangezogen werden.[19] Die auf Auseinandersetzung angelegte Erbengemeinschaft ist allerdings für den Betrieb eines Unternehmens eine wenig geeignete Organisationsform.[20] Einkommensteuerlich ist das Miterben-Unternehmen neutral, solange es mangels Auseinandersetzung des Betriebsvermögens nicht zu einer Gewinnrealisierung kommt. Diese Rechtsform wurde früher sogar bewusst zu einer einkommensteuerneutralen zeitlich hinausgeschobenen Realteilung von Betriebs- und Privatvermögen zwischen den Miterben verwandt werden (**sog. Söffing-Modell**). Nach einem Vorschlag von Söffing[21] sollte das Unternehmen von den Miterben solange in Erbengemeinschaft fortgeführt werden, bis aus dem Gewerbebetrieb durch Entnahmen innerhalb der Erbengemeinschaft **deren Privatvermögen** (z.B. durch Wertpapiere) so angereichert ist, dass mit dem Privatvermögen eine steuerneutrale Abfindung der hinsichtlich des Betriebsvermögens weichenden Erben möglich wird. Diese Lösung sieht die Finanzverwaltung jedoch als nach § 42 AO nicht anzuerkennende Gestaltung an.[22]

3. Haftung der Erben für die Geschäftsschulden

Gleichgültig, ob ein Alleinerbe, die Erbengemeinschaft oder ein übernehmender Mit- 4
erbe das einzelkaufmännische Unternehmen fortführt, stellt sich immer die Frage nach der Haftung für die Geschäftsschulden. Sicher ist, dass diejenigen, die das Geschäft fortführen, immer für die **nach dem Erbfall** begründeten Neuverbindlichkeiten analog § 128 HGB persönlich mit ihrem gesamten Vermögen haften,[23] sofern sie nicht mit den Gläubigern ausdrücklich die Beschränkung der Haftung auf den Nachlass vereinbart haben.[24] Für die im Geschäft **vor dem Erbfall** begründeten Altverbindlichkeiten haften die Erben erbrechtlich gem. §§ 2058ff. grundsätzlich unbeschränkt, jedoch, falls kein Ausnahmetatbestand (z.B. §§ 1994 Abs. 1 Satz 2, 2005f.) vorliegt, durch Nachlassverwaltung, Nachlassinsolvenzverfahren (§§ 1975ff.) oder Erschöpfungs- und Dürftigkeitseinrede (§§ 1900f.) beschränkbar. Anders ist es jedoch mit der **handelsrechtlichen Haftung** der Erben gem. § 27 HGB. Nach ihr haften der oder die Erben, sofern sie ein zum Nachlass gehörendes Handelsunternehmen unter der bisherigen Firma mit oder ohne Beifügung eines Nachfolgezusatzes fortführen oder ein besonderer Verpflichtungsgrund, wie z.B. eine handelsübliche Bekanntmachung, vorliegt, gem. §§ 27 Abs. 1, 25 Abs. 1, 3 auch für die **Altverbindlichkeiten** voll und unbeschränkbar. Neben der Fortführung des Handelsunternehmens unter der alten Firma setzt diese Haftung ferner voraus, dass der Erblasser Vollkaufmann war und dass bei Miterben jeder von ihnen mindestens in der Form einer Bevollmächtigung bezüglich der Fortführung aktiv geworden ist.[25]

---

[17] K. Schmidt NJW 1985, 2785, 2788; Palandt/Edenhofer § 2032 Rn 7.
[18] Bauer, in: Weirich, Erben und Vererben Rn 1430.
[19] BGHZ 17, 299 = NJW 1955, 1227.
[20] Palandt/Edenhofer § 2032 Rn 4; K. Schmidt NJW 1985, 2785, 2787; Johannsen FamRZ 1980, 1076; Fischer, ZHR 144 (1980), 1, 2f.; eingehend über die Nachteile: Strothmann ZIP 1985, 969, 974f.
[21] Siehe Hinweis bei Felix KÖSDI 1990, 8281; Söffing DStR 1991, 201, 204; Felix KÖSDI 1991, 8437.
[22] BMF-Schreiben vom 14. 3. 2006, BStBl 2006, I, 253 = MittBayNot 2007, 254, Tz 33.
[23] K. Schmidt NJW 1985, 2785, 2790; Palandt/Edenhofer § 2032 Rn 6.
[24] OLG Frankfurt BB 1975, 1319.
[25] K. Schmidt NJW 1985, 2785, 2790.

5 Diese handelsrechtliche persönliche Haftung der das Einzelhandelsunternehmen fortführenden Erben gem. § 27 HGB für Altverbindlichkeiten kann durch folgende Maßnahmen beseitigt werden:

- Das nach dem Erbfall zunächst fortgeführte Unternehmen wird vor Ablauf einer Bedenkzeit von **drei Monaten** seit Kenntnis vom Anfall der Erbschaft eingestellt (§ 27 Abs. 2 HGB). Eingestellt werden muss dabei nach der früher h. M.[26] nicht nur die Fortführung des Geschäfts durch den oder die Erben, sondern das Geschäft selbst, sodass weder seine Veräußerung an Dritte noch seine Einbringung in eine von den Erben gegründete Handelsgesellschaft zu einer Haftungsbefreiung nach § 27 Abs. 2 HGB führt. Nach der vorzugswürdigen vordringenden Auffassung[27] ist entscheidend lediglich die Aufgabe der Unternehmensträgereigenschaft. Bei Vor- und Nacherbschaft entscheidet der Vorerbe, ob er das Handelsgeschäft fortführt oder nicht.[28] Führt er fort, haftet er aus § 27 HGB gesellschaftsrechtlich. Die Haftung des Nacherben aus § 27 HGB betrifft, sofern er nicht seinerseits den Betrieb einstellt, auch Verbindlichkeiten, die der Vorerbe eingegangen ist. Dabei kommt es nicht darauf an, ob deren Eingehung im Rahmen einer ordnungsmäßigen Verwaltung lag.[29] Stellt der Nacherbe jedoch den Geschäftsbetrieb ein oder ändert er die Firma, haftet er nur nach erbrechtlichen Vorschriften und damit bei nicht befreiter Vorerbschaft nur für diejenigen Verbindlichkeiten, deren Eingehung beim Vorerben ordnungsmäßiger Verwaltung entsprach.[30]
- Das Unternehmen wird mit **neu gebildeter Firma** fortgeführt (§§ 27 Abs. 1, 25 Abs. 1, 3 HGB).[31] Auf jeden Fall muss der Firmenkern und nicht nur der Firmenzusatz neu gebildet werden.[32]
- In das Handelsregister wird ein **Haftungsausschluss für die Altverbindlichkeiten** eingetragen (§§ 27 Abs. 1, 25 Abs. 2 HGB).[33] Diese Ausschlussmöglichkeit ist schon deshalb problematisch, weil sie, um wirksam zu sein, **unverzüglich nach Geschäftsübernahme angemeldet** und bekanntgemacht werden muss[34] und in den meisten Fällen die erbrechtlichen Nachweise so schnell nicht beigebracht werden können.

6 Von diesen Haftungsbeschränkungsmaßnahmen ist bei einer wirklichen oder vermuteten Überschuldung des Einzelhandelsunternehmens nach allem nur die Einstellung des Geschäftsbetriebes innerhalb der Dreimonatsfrist des § 27 Abs. 2 HGB sicher und praktikabel, verbunden mit dem Antrag auf Nachlassinsolvenzverfahren bei sicherer Überschuldung bzw. Nachlassverwaltung bei bloßem Verdacht auf Überschuldung.

II. Nachfolgeregelungen bei Unternehmensbeteiligungen

7 Bezüglich der Nachfolgeregelungen bei Unternehmensbeteiligungen siehe eingehend oben § 20 Rn 1 ff. Der Erblasser sollte jeweils beachten, dem oder den Nachfolgeberechtigten auch sein (im Rechnungswesen der Gesellschaft geführtes) Privatkonto und sein Sonderbetriebsvermögen (zu denken ist insbesondere an betrieblich genutzte Grundstücke, aber auch z. B. an die Beteiligung an der GmbH, welche persönlich haftende Gesell-

---

[26] RGZ 56, 196, 199 und ihm folgend die ältere Literatur.

[27] K. Schmidt, HandelsR § 8 IV 3; ders., NJW 1985, 2785, 2790; ders., BB 1986, 1238; Weirich, Erben und Vererben, Rn 1207; Baumbach/Hopt § 27 Rn 5.

[28] Palandt/Edenhofer § 2112 Rn 2.

[29] BGHZ 32, 60, 66.

[30] Palandt/Edenhofer § 2144 Rn 2.

[31] Baumbach/Hopt § 27 Rn 3; Manfred Wolf AcP 181 (1981), 503; Hüffer ZGR 1986, 633; a. M., da § 27 HGB nur eine Rechtsfolgeverweisung sei: K. Schmidt, HandelsR § 8 IV 2 b.

[32] Wessel BB 1989, 1625.

[33] KG DR 1940, 2007 = JFG 22, 70; Baumbach/Hopt, § 27 Rn 8; Hüffer ZGR 1986, 633; Schaub ZEV 1994, 71; a. M. K. Schmidt, HandelsR § 8 IV 3 a m. w. N.

[34] RGZ 75, 141; RGZ 131, 14; Baumbach/Hopt, § 25 Rn 14; Schaub ZEV 1994, 71.

schafterin der als Unternehmensträgerin fungierenden GmbH & Co. KG ist)[35] zuzuwenden, damit diese Vermögenswerte nicht der Erbengemeinschaft anfallen und dadurch ein nicht begünstigter Entnahmegewinn entsteht.[36]

III. Die Beschränkung der Minderjährigenhaftung

Das Bundesverfassungsgericht hatte mit Beschluss vom 13. 5. 1986[37] entschieden, dass die Möglichkeit einer unbegrenzten Verpflichtung von Kindern bei der Fortführung eines ererbten Handelsgeschäfts mit dem allgemeinen Persönlichkeitsrecht Minderjähriger aus Art. 2 Abs. 1 in Verbindung mit Art. 1 Abs. 1 GG nicht vereinbar ist und daher der Gesetzgeber das Defizit an Minderjährigenschutz in Erfüllung seines Wächteramtes ausgleichen muss. Dem Regelungsauftrag des BVerfG ist der Gesetzgeber in dem Gesetz zur Beschränkung der Haftung Minderjähriger (MHbeG) vom 25. 8. 1998,[38] welches am 1. 1. 1999 in Kraft trat, zweispurig nachgekommen, 8

- durch die Möglichkeit der Haftungsbeschränkung bei Volljährigkeit (**Modell der beschränkten Erbenhaftung**) und
- eine Sonderkündigung (außerordentliches Kündigungsrecht).[39]

1. Die Haftungsbeschränkungsmöglichkeit

Nach § 1629 a Abs. 1. kann der volljährig gewordene seine Haftung auf den **Bestand des beim Eintritt der Volljährigkeit vorhandenen Vermögens beschränken.** Nach § 1629 a Abs. 2 gilt diese Haftungsbeschränkungsmöglichkeit nicht für Verbindlichkeiten aus dem selbständigen Betrieb eines Erwerbsgeschäfts, wenn der Minderjährige dazu nach § 112 ermächtigt war und auch nicht für Verbindlichkeiten aus Rechtsgeschäften, die allein der Befriedigung seiner persönlichen Bedürfnisse dienten. Beruft sich der volljährig Gewordene auf die Haftungsbeschränkung, so finden auf Grund der Rechtsfolgeverweisung des § 1629 a Abs. 1 Satz 2 die §§ 1990, 1991 entsprechende Anwendung und zwar ohne dass dies davon abhängig ist, ob sein Vermögen die Kosten eines Insolvenzverfahrens decken würde.[40] Durch die Verweisung auf den § 1990 wird dem volljährig Gewordenen somit die sog. **Erschöpfungseinrede** gewährt. Allerdings haftet er den Altgläubigern mit seinem gesamten bei Volljährigkeit vorhandenen Vermögen, nicht nur mit dem ererbten. Auf der anderen Seite umfasst die Haftungsbeschränkung auch Verbindlichkeiten aus Rechtsgeschäften, die sonstige vertretungsberechtigte Personen für den Minderjährigen eingegangen sind, sowie für solche, zu denen die Eltern die Genehmigung des Vormundschaftsgerichts erhalten haben und auch für Verbindlichkeiten, die ihm während seiner Minderjährigkeit von Todes wegen angefallen sind.[41] Das Haftungsbeschränkungsrecht ist zeitlich nicht befristet. Statt dessen stellt § 1629 a Abs. 4 folgende Vermutungen auf. Hat ein volljährig gewordenes Mitglied einer Erbengemeinschaft oder Gesellschaft nicht innerhalb von 3 Monaten nach Eintritt der Volljährigkeit die Auseinandersetzung des Nachlasses verlangt oder die Kündigung der Gesellschaft erklärt, ist im Zweifel anzunehmen, dass eine dieses Rechtsverhältnis betreffende Verbindlichkeit erst nach dem Eintritt der Volljährigkeit entstanden ist. Dieselbe Vermutung gilt für den 9

[35] Landsittel Rn 711; Reimann ZNotP 2006, 162, 169.
[36] Schmidt/Wacker § 16 Rn 674.
[37] BVerfGE 72, 155 = NJW 1986, 1859 = DNotZ 1986, 629; K. Schmidt BB 1986, 1238.
[38] BGBl. 1998 I, 2487.
[39] Siehe hierzu Reimann, DNotZ 1999, 179; ders., MittBayNot 1998, 326; Behnke, NJW 1998, 3078; Klumpp, ZEV 1998, 409; Muscheler, WM 1998, 2261; Habersack, FamRZ 1999, 1; Christmann, ZEV 1999, 416.
[40] Christmann, ZEV 1999, 416, 418 m. w. Nachw.
[41] Reimann, DNotZ 1999, 179, 180.

volljährig gewordenen Inhaber eines Handelsgeschäfts, sofern er dieses nicht innerhalb von 3 Monaten nach Eintritt seiner Volljährigkeit einstellt. Letztlich wird unter diesen Voraussetzungen vermutet, dass, das derzeitige Vermögen des volljährig Gewordenen, wenn er von einem Gläubiger in Anspruch genommen wird, bereits bei Eintritt der Volljährigkeit vorhanden war.

2. Das Sonderkündigungsrecht

10 Die außerordentlichen Kündigungsmöglichkeiten der Gesellschafter nach § 723 Abs. 1 Satz 3 wurden dahin erweitert, dass nach der neu eingeführten Ziffer 2 ein minderjähriger Gesellschafter innerhalb von 3 Monaten ab Kenntniserlangung von seiner Gesellschafterstellung kündigen kann, wenn er das 18. Lebensjahr vollendet hat. Dieses außerordentliche Kündigungsrecht wird auch gewährt, wenn der Gesellschaftsvertrag nicht auf unbestimmte, sondern auf bestimmte Zeit läuft (§ 723 Abs. 1 Satz 6 n.F.). Es besteht nicht, wenn der Gesellschafter vom gesetzlichen Vertreter mit Genehmigung des Familien-/Betreuungsgerichts nach § 112 zum selbständigen Betrieb dieses Erwerbsgeschäfts ermächtigt worden war oder wenn der Zweck der Gesellschaft allein der Befriedigung seiner persönlichen Bedürfnisse diente. Die Vorschrift gilt über die §§ 105 Abs. 3, 161 Abs. 2 HGB auch für die vollhaftenden Gesellschafter in OHG und KG.

IV. Zuwendung von Nutzungsrechten an einzelkaufmännischen Unternehmen

11 Zur Sicherstellung des überlebenden Ehepartners oder zur Abfindung weichender Erben sollen diesen Personen häufig die Nutzungen des von anderen fortgeführten Unternehmens zugewandt werden. In Frage kommt dafür zunächst die Vor- und Nacherbschaft (siehe oben § 10 Rn 3ff.). Sie setzt jedoch voraus, dass der Nutzungsberechtigte als Vorerbe zur Unternehmensführung geeignet ist.[42] Sodann ist die Vor- und Nacherbfolge nicht nur wegen der beiden Erbfälle generell erbschaftsteuerlich ungünstig, sondern auch wegen der Beschränkungen, denen auch der befreite Vorerbe unterliegt, kein gutes Mittel im Rahmen der Unternehmensnachfolge.[43] Ein erbrechtlicher Unternehmensnachfolger, der nur Vorerbe sein soll, ist offenbar der falsche Nachfolger.[44] Eine weitere Möglichkeit ist die Anordnung eines Nießbrauchvermächtnisses zugunsten dessen, dem die Nutzungen zugewendet werden sollen (siehe oben § 10 Rn 157ff.). Ein solcher Nießbrauch ist mit verschiedenem Inhalt möglich (siehe oben § 10 Rn 174ff.) und kann auch dadurch verstärkt werden, dass der Nießbraucher gleichzeitig zum Testamentsvollstrecker ernannt wird (**Dispositionsnießbrauch**).[45] Soll der Zuwendungsempfänger das Unternehmen nicht selbst führen, kommt nur der sog. Nießbrauch auf den ganzen oder teilweisen Reinertrag des Unternehmens oder der sog. unechte Unternehmens- oder Ertragsnießbrauch in der Form eines Quotennießbrauchs in Frage (siehe oben § 10 Rn 174). Soll der Nutzungsberechtigte nicht an der Unternehmensführung beteiligt sein, kann ihm auch ein das Unternehmen belastendes Rentenvermächtnis zugewendet werden (siehe oben § 9 Rn 77f.). Zu bedenken ist dabei allerdings, dass eine solche vom Erblasser als Vermächtnis oder Auflage angeordnete Rente als im privaten Bereich entstanden einkommensteuerlich als private Versorgungsrente gewertet wird und daher zu keinen Betriebsausgaben führt.[46] Eine weitere Möglichkeit ist die Zuwendung einer stillen Beteiligung gem. §§ 230f. HGB an dem Einzelunternehmen im Wege des Vermächtnisses. Dies kann als typische stille Gesellschaft erfolgen, bei der der Stille nicht am Ge-

[42] Formular hierzu in MünchVertrHdb/Nieder/Otto, Bd. 6/2, XVI.12.
[43] Petzoldt NWB 1988 Fach 18, S. 2917, 2921.
[44] Felix DStR 1987, 599, 601.
[45] Formular in MünchVertrHdb/Nieder/Otto, Bd. 6/2, XVI.23.
[46] Schulze zur Wiesche Betr. 1987, 1909, 1910.

schäftsvermögen beteiligt ist (so §§ 230f. HGB) und die einkommensteuerlich nur zu Einkünften aus Kapitalvermögen führt oder als atypische stille Gesellschaft, bei der der Stille im Auseinandersetzungsfall einem Kommanditisten gleichgestellt ist und steuerlich Mitunternehmer wird.[47]

V. Zuwendungen von Nutzungsrechten an Unternehmensbeteiligungen

Auch hier kommt zunächst wieder die Vorerbschaft in Frage (siehe oben § 10 Rn 112ff.). Die Nachfolgeregelungen für Vorerben bei Gesellschaftsbeteiligungen sind dabei die gleichen wie bei Vollerben. Weit häufiger sind allerdings Nießbrauchsvermächtnisse an Gesellschaftsbeteiligungen (siehe oben § 10 Rn 178ff.). Hier unterscheidet man bei Personengesellschaftsanteilen den Nießbrauch mit voller Gesellschafterstellung[48] und dem Nießbrauch an den Gewinnansprüchen (und einem evtl. Auseinandersetzungsguthaben),[49] wogegen ein Nießbrauch an GmbH-Anteilen nur an den Vermögensrechten zulässig ist.[50] Letztlich kann dem Nutzungsberechtigten vermächtnisweise an der Unternehmensbeteiligung eine Unterbeteiligung eingeräumt werden.[51] Diese Unterbeteiligung kann wiederum nach Art einer typischen stillen Gesellschaft ausgestaltet sein[52] oder als sog. mitunternehmerische Unterbeteiligung.[53] 12

VI. Bestimmung des Unternehmensnachfolgers durch Dritte (vorzeitiges Unternehmertestament)

Die Bestimmung des Unternehmensnachfolgers ist regelmäßig die wichtigste Anordnung im Unternehmertestament. Bei jungen Unternehmern mit noch keinen oder kleinen Kindern ist dies jedoch noch nicht möglich und es ergibt sich der Wunsch des Unternehmers, eine erbrechtlich wirkende Bestimmung des Nachfolgers durch einen Dritten, die Ehefrau oder eine sonstige Vertrauensperson, nach seinem Tod sobald als möglich vornehmen zu lassen. Dem steht jedoch § 2065 Abs. 2 entgegen, der dem Erblasser verbietet, die Bestimmung der Person, die eine Zuwendung erhalten soll, einem anderen zu überlassen (siehe oben § 3 Rn 38). Während das Reichsgericht[54] diesen Grundsatz eingeschränkt auslegte, wendet der Bundesgerichtshof[55] ihn jetzt strikt an und fordert, dass der Erblasser in der Verfügung von Todes wegen bezüglich des vom Dritten zu bestimmenden Bedachten so genaue Angaben macht, dass es auch jeder anderen mit genügend Sachkunde ausgestatteten Person möglich ist, den Bedachten auf Grund dieser Angaben zu bezeichnen, ohne dass das eigene Ermessen des Bestimmungsberechtigten dabei bestimmend oder mitbestimmend ist (siehe oben § 3 Rn 39). Damit ist aber die Brauchbarkeit dieser Gestaltungsmöglichkeit für die erbrechtliche Auswahl des Unternehmensnachfolgers nicht mehr gegeben. Die Kautelarjurisprudenz ist daher auf Auswege angewiesen. 13

Einer liegt darin, den Ehegatten zum Vorerben einzusetzen und sämtliche generell in Frage kommenden Abkömmlinge zu Nacherben mit der Bestimmung, dass der Vorerbe durch die Errichtung eines eigenen Testaments die dadurch auflösend bedingte Nacherbschaft beseitigen und selbst unbeschränkter Vollerbe werden kann, wenn er in seinem 14

[47] Binger Betr. 1988, 414.
[48] Siehe oben § 10 Rn 178; Formular in MünchVertrHdb/Nieder/Otto, Bd. 6/2, XVI.25.
[49] Siehe oben § 10 Rn 180; Formular in MünchVertrHdb/Nieder/Otto, Bd. 6/2, XVI.24.
[50] Siehe oben § 10 Rn 183; Formular in MünchVertrHdb/Nieder/Otto, Bd. 6/2, XVI.26.
[51] Bilsdorfer NJW 1980, 2785; Schüller MittRhNotK 1977, 45.
[52] Formular in MünchVertrHdb/Nieder/Otto, Bd. 6/2, XVI.12.
[53] Schulze zur Wiesche Betr. 1987, 551.
[54] RGZ 159, 296, 299.
[55] BGHZ 15, 199 = NJW 1955, 100.

eigenen Testament einen der als Nacherben benannten Abkömmlinge (= den Unternehmensnachfolger) zu seinem Alleinerben oder Vermächtnisnehmer des Unternehmens einsetzt.[56] Die weitaus bessere Möglichkeit der Fremdbestimmung des Unternehmensnachfolgers durch Dritte bietet jedoch das sog. Bestimmungsvermächtnis gem. § 2151 (siehe oben § 3 Rn 48). Bei dieser Gestaltungsmöglichkeit vermacht der Erblasser das Unternehmen allen seinen generell in Frage kommenden Kindern und ordnet an, dass der Testamentsvollstrecker zum geeigneten Zeitpunkt gem. § 2151 bestimmt, wer von den Kindern das Vermächtnis erhalten soll.[57] Nicht die schlechteste Möglichkeit ist letztlich, die verbotene Erbendrittbestimmung von Todes wegen durch einen entsprechenden Vertrag zugunsten Dritter (§§ 328 f.) zu ersetzen, der die Drittbestimmung uneingeschränkt zulässt (siehe oben § 4 Rn 81).

VII. Willensfortdauer durch Testamentsvollstreckung im Unternehmensbereich

15 Die Testamentsvollstreckung ermöglicht es dem Erblasser, seinen letzten Willen hinsichtlich Verwaltung und Verteilung des Nachlasses durch einen Dritten unabhängig vom Willen der Erben durchzusetzen (siehe oben § 4 Rn 3 f.). Über die Einsatzmöglichkeiten der Testamentsvollstreckung im Unternehmensbereich siehe oben § 15 Rn 111 ff.[58]

VIII. Ausschaltung störender Pflichtteilsansprüche

16 Jede erbrechtliche Regelung und jede vorweggenommene Erbfolge ist bei Vorhandensein Pflichtteilsberechtigter letztlich trotz aller noch so fein ersonnener Minderungsmöglichkeiten[59] durch die Geltendmachung ordentlicher (§ 2303) oder außerordentlicher (§ 2325) Pflichtteilsansprüche gefährdet. Dies vor allem, nachdem der Bundesgerichtshof in verschiedenen Urteilen,[60] die den Beginn der 10-Jahresfrist für die Nichtberücksichtigung von Schenkungen bei der Pflichtteilsergänzung betreffen, deutlich gemacht hat, dass er Manipulationen zu Lasten von Pflichtteilsberechtigten nicht duldet. Die Geltendmachung von Pflichtteils- und Pflichtteilsergänzungsansprüchen kann, wenn sich im Nachlass ein Unternehmen oder eine Unternehmensbeteiligung befindet, die vorgesehene Nachfolgeregelung durchkreuzen und den Fortbestand des Unternehmens gefährden. Der einfachste und allein sichere Weg der Abhilfe ist der Abschluss von auf das Unternehmen oder die Beteiligung gegenständlich beschränkter Pflichtteilsverzichtsverträge mit den Pflichtteilsberechtigten, die nicht nachfolgeberechtigt sein sollen (siehe oben § 19 Rn 11 f.).

17 Diese werden allerdings nicht ohne angemessene Gegenleistung zu erlangen sein. Der Erblasser sollte den Pflichtteilsberechtigten daher großzügige Angebote machen.[61] Hat der Erblasser nicht genügend Privatvermögen für diese Gegenleistungen, bietet sich die lebzeitige Einräumung oder vermächtnisweise Zuwendung von stillen Beteiligungen an einem Einzelunternehmen bzw. von Unterbeteiligungen an einem Gesellschaftsanteil an.[62]

[56] Siehe oben § 10 Rn 70 ff.; Formular in MünchVertrHdb/Nieder/Otto, Bd. 6/2, XVI.12.

[57] Formular hierzu in MünchVertrHdb/Nieder/Otto, Bd. 6/2, XVI.7.

[58] Siehe auch D. Mayer in Bengel/Reimann, TV, 5. Kapitel Rn 109 f.

[59] Siehe hierzu z. B. Sudhoff Betr. 1968, 648; ders., Betr. 1973, 53 u. 1006; Wieser MittBayNot 1970, 135 u. 1972, 106.

[60] BGHZ 98, 226 = NJW 1987, 122 = DNotZ 1987, 315 m. Anm. Nieder; BGHZ 102, 289 = NJW 1988, 821.

[61] Damrau BB 1970, 474.

[62] Rüthers AcP 168 (1968), 261, 281 f.; Wendelstein BB 1970, 735; Damrau, Der Erbverzicht als Mittel zweckmäßiger Vorsorge für den Todesfall, 1966 S. 82; Langenfeld BWNotZ 1981, 51, 52; Formular in MünchVertrHdb/Nieder/Otto, Bd. 6/2, XVI.12.

Bei verheirateten Unternehmern im gesetzlichen Güterstand ist es allerdings mit einem Pflichtteilsverzicht des Ehegatten nicht getan, da dieser dann beim Tod des Unternehmers immer noch die Möglichkeit behält, den rechnerischen Zugewinnausgleich nach § 1371 Abs. 2 geltend zu machen. Diese Möglichkeit müsste daher ehevertraglich ausgeschlossen werden.[63]

IX. Verfügungen verheirateter Unternehmer mit Abkömmlingen

18 Dafür gelten weitgehend die oben § 21 Rn 7 ff. erörterten Grundsätze für letztwillige Verfügungen von Eheleuten mit Kindern und es steht die ganze Palette der gesetzlichen Möglichkeiten zur Verfügung, die auch allgemein in diesen Fällen zur Anwendung kommen. Zu beachten ist, dass seit der Änderung der Rechtsprechung des BFH zur Erbauseinandersetzung über Betriebsvermögen der Ausgleich für weichende Erben durch Vorausvermächtnisse vorgenommen und nicht der Erbteilung überlassen werden sollte (siehe § 22 Rn 22 ff.). Erbschaftsteuerlich ist grob betrachtet die ungünstigste Nachfolgeregelung, dass der Unternehmer das ganze Vermögen bis zu seinem Tod in der Hand behält und es danach auf Grund eines „Berliner Testaments" auf den Ehepartner übergeht und nach dessen Tod auf die Kinder. Günstiger wäre schon, es bei der gesetzlichen Erbfolge und vor allem dem gesetzlichen Güterstand der Zugewinngemeinschaft zu belassen, der aus erbschaftsteuerlicher Sicht wegen der großen Freibeträge (siehe oben § 6 Rn 188 ff., 202 ff.) erhebliche Vorteile bietet. Die erbschaftsteuerlich günstigste Gestaltung dürfte oft sein, dass die Kinder beim Tod des Unternehmers das ganze (zumindest betriebliche) Vermögen erhalten und der überlebende Ehepartner nur ein Nießbrauchs- oder Rentenvermächtnis oder eine stille Beteiligung zu seiner finanziellen Sicherheit erhält.[64] Allerdings sollte der Fetisch „Steuerersparnis" dem Testator nicht die Feder führen,[65] wiewohl die mit Blickrichtung Erbschaftsteuer und Ertragsteuer günstige Gestaltung eines der wesentlichen Entscheidungskriterien ist.

X. Verfügungen eines Unternehmers zugunsten der zweiten Generation

19 Will der Unternehmer die Erhaltung des Unternehmens über die Erste ihm nachfolgende Generation hinaus mit erbrechtlichen Mitteln sichern, bietet sich ihm in erster Linie die Vor- und Nacherbschaft an (siehe oben § 10 Rn 112 ff.). Die Bindungszeit beträgt 30 Jahre ab dem Erbfall bzw. die Dauer der Lebenszeit einer beim Erbfall bereits lebenden Person (siehe oben § 10 Rn 58 ff.). Wem diese zeitliche Begrenzung nicht ausreicht, muss auf ein Rechtsgeschäft unter Lebenden (§ 4 Rn 4 ff.) oder eine Stiftung (§ 15 Rn 259 ff.) ausweichen. Eine andere Möglichkeit ist, die Abkömmlinge der zweiten Generation sofort zu Erben einzusetzen und denen der ersten Generation einen Nießbrauch am Unternehmen oder dem Gesellschaftsanteil zu vermachen (siehe oben § 10 Rn 174 ff., 177 ff.). Die letztgenannte Lösung ist meist auch erbschaftsteuerlich günstiger. Während nämlich bei der Vor- und Nacherbschaft zwei voll zu versteuernde Erbfälle eintreten, erfolgt bei der Nießbrauchslösung nur ein Erbfall und der Erbe kann nach Abschaffung von § 25 ErbStG den kapitalisierten Nießbrauch gem. § 10 Abs. 1 ErbStG bei der Berechnung seiner Erbschaftsteuer als Nachlassverbindlichkeit in Abzug bringen.

---

[63] Langenfeld, Eheverträge, Rn 453 f.
[64] Moench DStR 1989, 594, 598.
[65] Felix KÖSDI 1984, 5768, 5774.

XI. Verfügungen bei Mitarbeit des Ehepartners im Unternehmen

20 In diesen Fällen wird die Unternehmensnachfolge dadurch erleichtert, dass kein außenstehender Dritter zur Überbrückung der Zeit bis zur Übernahme des Unternehmens durch einen geeigneten Abkömmling gefunden werden muss. Bei genügendem Vertrauen kann hier der Ehepartner als Alleinerbe eingesetzt werden. Vor Pflichtteilsansprüchen der Abkömmlinge kann er durch entsprechende Pflichtteilsstrafklauseln geschützt werden (siehe oben § 14 Rn 76 ff.). Der Ehepartner kann dann später die Unternehmensnachfolge durch Rechtsgeschäft unter Lebenden (Betriebsübergabe) oder durch Verfügung von Todes wegen nach eigenem Ermessen entsprechend der dann gegebenen Sachlage vornehmen. Sofern Bedenken wegen einer Wiederverheiratung des Ehepartners bestehen, kann die spätere Betriebsübergabe daneben oder allein durch einen Vertrag der Eheleute unter Lebenden zugunsten des oder der Betriebsübernehmer als Dritte (§§ 328 ff.) gesichert werden, der gem. § 518 und meist auch gem. § 311 b Abs. 1 notariell zu beurkunden ist (siehe oben § 4 Rn 63). Der überlebende Ehepartner kann auch zum Vorerben und die Abkömmlinge zu Nacherben eingesetzt werden und dem Ehepartner kann das Unternehmen für den Fall als Vorausvermächtnis zugewendet werden, dass er es zu Lebzeiten an einen der Abkömmlinge überträgt.[66] Der Ehepartner kann auch als Vorerbe mit der Befugnis eingesetzt werden, sich dadurch zum Vollerben zu machen, dass er selbst einen der als Nacherben eingesetzten Abkömmlinge zu seinem Alleinerben und damit Unternehmensnachfolger einsetzt oder ihm das Unternehmen vermacht.[67] Eine weitere Möglichkeit ist, dass der Ehepartner zum Alleinerben eingesetzt und das Unternehmen sämtlichen Abkömmlingen als Bestimmungsvermächtnis gem. § 2151 vermacht wird, mit der Befugnis ihres längerlebenden Elternteils, den endgültigen Vermächtnisnehmer zu bestimmen.[68] Letztlich können bereits die Kinder als Erben eingesetzt werden, verbunden mit der vermächtnisweisen Begründung eines Unternehmensnießbrauchs zugunsten des Ehepartners und dessen Ernennung zum Testamentsvollstrecker auf Dauer oder für eine Übergangszeit (**Dispositionsnießbrauch**). Dem überlebenden Ehepartner kann dabei als Testamentsvollstrecker gem. § 2048 die Befugnis eingeräumt werden, die Auseinandersetzung unter den Erben nach billigem Ermessen entsprechend den Erbquoten vorzunehmen oder, sofern die Erben zusätzlich mit entsprechenden Vermächtnissen gem. §§ 2151, 2153, 2156 beschwert werden, sogar von diesen abweichen zu können.[69] All diese Wege sind jedoch stets im Einzelfall auch unter erbschaftsteuerlichen Aspekten zu prüfen.

XII. Ertragsteuerlich günstige Wahl zwischen Erbeinsetzung und Vermächtnis beim Unternehmertestament

1. Rechtslage ab der Entscheidung des Großen Senats des BFH

21 Seit dem Beschluss des Großen Senats des BFH vom 5. 7. 1990 (GrS 2/89)[70] bilden Erbfall und Erbauseinandersetzung für die Einkommenbesteuerung **keine rechtliche Einheit mehr.** Miterben sind hinsichtlich des Betriebsvermögens in der Erbschaft ab dem Erbfall **Mitunternehmer** i. S. von § 15 Abs. 1 Nr. 2 EStG mit allen sich daraus ergeben-

[66] Formular in MünchVertrHdb/Nieder/Otto, Bd. 6/2, XVI.11.

[67] Siehe oben § 10 Rn 70 ff.; Formular in MünchVertrHdb/Nieder/Otto, Bd. 6/2, XVI.12.

[68] Siehe oben § 3 Rn 48; Formular in MünchVertrHdb/Nieder/Otto, Bd. 6/2, XVI.7.

[69] Siehe oben § 14 Rn 128 ff.; eingehend: Keller BWNotZ 1970, 49; Formular in MünchVertrHdb/Nieder/Otto, Bd. 6/2, XVI.20.

[70] BStBl. II 1990, 837 = NJW 1991, 249.

den einkommensteuerlichen Konsequenzen.[71] Folglich ist jede Erbauseinandersetzung über Betriebsvermögen eine **mitunternehmerische Auseinandersetzung,** bei der dieselben Grundsätze gelten wie bei Auseinandersetzungen über das Vermögen gewerblich tätiger Personengesellschaften.[72]

2. Umsetzung dieser Rechtsprechung durch das BMF-Schreiben vom 14. 3. 2006

Die Folgerungen aus dieser Rechtsprechung des BFH traf die Finanzverwaltung zunächst mit den BMF-Schreiben vom 11. 1. 1993[73] für die Erbauseinandersetzung und vom 13. 1. 1993[74] für die vorweggenommene Erbfolge. Diese wurden ersetzt durch das BMF-Schreiben vom 14. 3. 2006.[75] Das bedeutet im Wesentlichen, dass die Erben keine vom Erblasser abgeleiteten, sondern eigene Einkünfte erzielen. Bei Gewinneinkünften sind sie Mitunternehmer, auch wenn sie sich alsbald auseinandersetzen (Tz 1, 3). Hinsichtlich der laufender Einkünfte erkennt die Finanzverwaltung jedoch eine rückwirkende Zuordnung auf den Todeszeitpunkt an, wenn innerhalb von 6 Monaten nach dem Erbfall eine Auseinandersetzungsvereinbarung getroffen wird (Tz 8, 9). Die Erfüllung eines Vermächtnisses durch den beschwerten Erben stellt kein Entgelt für den Erwerb des Erbteils dar und führt daher bei ihm nicht zu Anschaffungskosten (Tz 60). Wird ein ganzer Betrieb oder ein Teilbetrieb vermacht, so entsteht dadurch kein Aufgabe- oder Entnahmegewinn (Tz 61, 65). Der Vermächtnisnehmer hat ihn zu Buchwerten weiterzuführen, § 6 Abs. 3 EStG. Ein Sachvermächtnis hinsichtlich eines Wirtschaftgutes des Betriebsvermögens führt zur Entnahme dieses Wirtschaftgutes und zwar auch, wenn das Wirtschaftgut beim Vermächtnisnehmer wieder Betriebsvermögen wird (Tz 69). Dies gilt nach dem BFM-Schreiben vom 14. 3. 2006 auch für Vorausvermächtnisse (Tz 64, 65) mit dem Unterschied, dass hier der Vermächtnisnehmer-Miterbe bei einem in sein Betriebsvermögen überführtes Einzelwirtschaftsgut gemäß § 6 Abs. 5 EStG den Buchwert fortzuführen hat (Tz 65). Durch ein **Geldvermächtnis** entstehen grundsätzlich keine Anschaffungskosten und zwar unabhängig davon, ob es sich um einen privaten, betrieblichen oder gemischten Nachlass handelt.[76] 22

a) Steuerneutrale Realteilung

Unter **Real- oder Naturalteilung des Betriebsvermögens** versteht man die Übertragung des ganzen Betriebs oder einzelner seiner Wirtschaftsgüter im Wege der Erbauseinandersetzung auf einen oder mehrere Miterben.[77] Hierbei kann es zur Realisierung stiller Reserven kommen, wenn Betriebsvermögen seine Betriebsvermögenseigenschaft durch die Aufteilung verliert.[78] Dies kann im Wege der Entnahme, Betriebsaufgabe oder Veräußerung geschehen, wenn nicht zugleich die Voraussetzungen für eine Buchwertfortführung gemäß § 16 Abs. 3 Sätze 2 mit 4 EStG vorliegen, indem Teilbetriebe, Mitunternehmeranteile oder Einzelwirtschaftsgüter in das jeweilige Betriebsvermögen eines Miterben übertragen werden.[79] 23

---

[71] Schmidt/Wacker § 16 Rn 606; Geuenich ZEV 1998, 62.
[72] Märkle/Franz BB 1991, Beil. 5, S. 6.
[73] BStBl. I 1993, 62 = NJW 1993, 977; siehe hierzu Wacker/Franz BB 1993, Beil. 5; Obermeier, NWB Fach 3, Seite 8517 f.
[74] BStBl. I 1993, 80 und 464 = DB 1993, Beil. 2, Seite 14 f.; siehe hierzu Wacker, NWB Fach 3 Seite 8647 f.
[75] BStBl. I, 253 = ZEV 2006, 154 = MittBayNot 2007, 254; Tz bedeutet im Folgenden die Textzahl dieses BMF-Schreibens vom 14. 3. 2006.
[76] Wacker/Franz, BB 1993, Beil. 5, S. 20.
[77] Gebel, Betriebsvermögen und Unternehmernachfolge, Rn 161.
[78] Reich, MittBayNot 2007, 280.
[79] Schmidt/Wacker § 16 Rn 615.

24 **Hatte der Erlass von 1993 noch ein Wahlrecht zur Gewinnrealisierung vorgesehen und das am 1. 1. 1999 in Kraft getretene StEntlG 1999/2000/2002 vom 24. 3. 1999**[80] in § 16 Abs. 3 Satz 2 EStG weitgehende Restriktionen für eine steuerneutrale Realteilung vorgesehen, so gilt seit 1. 1. 2001 entsprechend § 16 Abs. 3 Sätze 2–4 EStG n. F. eine Pflicht zur Buchwertfortführung (vorbehaltlich Behaltefrist).

25 Gehört zum Nachlass nur Betriebsvermögen und wird dieses ohne Abfindungszahlungen real geteilt, ist dies nach Auffassung der Verwaltung kein entgeltlicher Vorgang, sondern der durch die Auseinandersetzungsvereinbarung konkretisierte gesetzliche Auseinandersetzungsanspruch. Hierdurch entstehen weder Anschaffungskosten noch Veräußerungsgewinne (Tz 10).

b) Betriebsaufgabe

26 Die Aufteilung des Betriebsvermögens ohne Betriebsfortführung ist zugleich eine Betriebsaufgabe, die zu einem (begünstigten) Aufgabegewinn gemäß § 16 Abs. 3 Satz 1, § 34 EStG führen kann (Tz 11).

c) Ausgleichszahlung

27 Erhält ein Miterbe bei einer Realteilung mehr, als ihm nach seiner Erbquote zusteht, und leistet er hierfür einen Ausgleich, so führt diese Abfindungszahlung bei ihm zu Anschaffungskosten, beim Empfänger zu einem Veräußerungserlös. Dieser kann (bei Überführung der Gegenstände in ein Betriebsvermögen) zu einem nicht begünstigten laufenden Gewinn führen, bei Übertragung in Privatvermögen zu einer nach §§ 16, 34 EStG begünstigten Betriebsaufgabe (Tz 14).

d) Übernahme von Verbindlichkeiten über die Erbquote hinaus

28 Die Übernahme von Schulden über die Erbquote hinaus führt als solche nicht zu Anschaffungskosten (Tz 18).[81] Mit BMF-Schreiben vom 30. 3. 2006[82] hat die Verwaltung die Nichtanwendung der insoweit abweichenden Entscheidung des BFH vom 14. 12. 2004[83] über den entscheidenden Fall hinaus verfügt.[84]

e) Erbauseinandersetzung über einen Mischnachlass

29 Auch bei einer Auseinandersetzung eines Nachlasses, der aus Privat- und Betriebsvermögen besteht, führt die Teilung ohne Abfindungszahlungen nicht zu Anschaffungskosten/Veräußerungserlösen (Tz 32), es sei denn, alle wesentlichen Betriebsgrundlagen werden ins Privatvermögen überführt (Tz 33). Die Schaffung von Privatvermögen durch Entnahme liquider Mittel in zeitlichem Zusammenhang mit der Auseinandersetzung will die Verwaltung als Gestaltungsmissbrauch nach § 42 AO nicht anerkennen (Tz 33).

f) Vermächtnisse aus Betriebsvermögen

30 Bezüglich **Vermächtnissen** aus dem Betriebsvermögen ergibt sich ertragsteuerlich seit dem 1. 1. 2001 folgende Rechtslage:

- Die Erfüllung eines **Sachvermächtnisses** hinsichtlich eines einzelnen Wirtschaftsgutes des Betriebsvermögens führt auf jeden Fall bei den zur Erfüllung verpflichteten Erben zu einem laufenden und nicht begünstigten Entnahmegewinn, auch wenn der Vermächtnisnehmer den Gegenstand wieder einem Betriebsvermögen zuführt (Tz 60).
- Überträgt der Erbe auf Grund eines Vermächtnisses dagegen einen **ganzen Betrieb, einen Teilbetrieb oder einen Mitunternehmeranteil** so verwirklicht er gemäß § 6 Abs. 3

---

[80] BGBl. I 1999, 402; siehe zu den Änderungen: Hörger/Mentel/Schulz DStR 1999, 565; Neufang DB 1999, 64; Breidenbach, DB 1999, 1234; Schulze zur Wiesche, BB 1999, 2223; Blumers/Beinert/Witt, BB 1999, 1786; Völkers/ Fleischer, ZEV 1999, 427.

[81] Siehe hierzu mit Beispielen Reich MittBayNot 2007, 280, 281.

[82] DStR 2006, 652.

[83] BFHE 208, 229 = DStRE 2005, 383.

[84] Zustimmend Röhrig/Doege DStR 2006, 969, 974.

Satz 1 EStG keinen Gewinn. Der Vermächtnisnehmer ist hinsichtlich eines solchen Vermächtnisgegenstandes als Einzelrechtsnachfolger gemäß § 6 Abs. 3 Satz 2 EStG an die Wertansätze des Erblassers gebunden, § 6 Abs. 3 EStG (Tz 61). Auch der Vorausvermächtnisnehmer hat in einem solchen Fall kein Wahlrecht mehr.[85]

- Bei testamentarischen **Teilungsanordnungen** droht bei Betriebsvermögen nach wie vor immer eine Gewinnrealisierung, da sie zu einer Realteilung mit Spitzenausgleich führt.[86]
- Bei einem reinen **Geldvermächtnis** entstehen nach wie vor keine Anschaffungskosten beim Erben und kein Veräußerungserlös beim Vermächtnisnehmer und zwar unabhängig davon, ob es sich um einen privaten, betrieblichen oder gemischten Nachlass handelt.[87]

Besondere Vorsicht ist bei steuerlichem **Sonderbetriebsvermögen** angebracht. Es ist 31
dürfte zweckmäßig sein, das Sonderbetriebsvermögen bereits zu Lebzeiten des Unternehmers gesamthänderisch zu binden, durch seine Einbringung z.B. in die Gesellschaft selbst oder in eine Schwester-GmbH & Co. KG, damit es beim Ableben des Unternehmers nicht auf die Erbengemeinschaft übergeht und es zu einem Entnahmegewinn kommt.[88]

3. Noch mögliche steuerneutrale Gestaltungen

Bei einem steuerorientierten Unternehmertestament darf der Erblasser den Ausgleich 32
des Betriebsvermögens entsprechend den Erbquoten nicht den Miterben im Rahmen der Erbauseinandersetzung überlassen, sondern muss ihn durch wertidentische Festsetzung der Erbquoten oder zusätzliche Vorausvermächtnisse selbst im Testament regeln. Es bieten sich ihm dabei im Wesentlichen folgende Gestaltungsmöglichkeiten:

- Der vorgesehene Betriebsübernehmer wird zum **Alleinerben** eingesetzt und der Ausgleich mit den sonstigen Bedachten erfolgt durch **Vermächtnisse** die jedoch keine Einzelwirtschaftsgüter aus dem Betriebsmögen sein dürfen.[89]
- Betriebs- und Privatvermögen wird durch Teilungsanordnungen unter die Miterben verteilt und diese werden zu den **Erbquoten** eingesetzt, die dem Wert der ihnen zugeteilten Nachlassgegenstände zueinander zum Zeitpunkt des Erbfalls entsprechen. Der Ausgleich erfolgt durch ein Geldvorausvermächtnis.[90]

Formulierungsvorschlag von Felix:[91]

Mein Sohn und meine Tochter sind Miterben im Verhältnis der Werte der ihnen durch die Teilungsanordnung zugewiesenen Vermögensteile ... Mein Sohn erhält mein Einzelunternehmen und meine Tochter mein Privatvermögen ... Mein Testamentsvollstrecker, Steuerberater A., bewertet nach freiem Ermessen nach den Grundsätzen ordnungsmäßiger Unternehmens- und Grundstücksbewertung das Betriebsvermögen und das Privatvermögen. Meine Tochter erhält ein nicht anrechnungspflichtiges Vorausvermächtnis in Höhe der Hälfte der Bewertungsdifferenz in bar, welches zwei Jahre nach meinem Tod fällig ist und den Erbteil meines Sohnes belastet.

---

[85] Völkers/Fleischer, ZEV 1999, 427, 429.
[86] Felix KÖSDI 1989, 7711.
[87] Gebel, Betriebsvermögen und Unternehmensnachfolge, 1997 Rn 45, 103; BFH BStBl. II 1992, 392; Wacker/Franz, Beil. 5 z. BB 1993, S. 20.
[88] Schmidt/Wacker § 16 Rn 662, 669, 674.
[89] Felix KÖSDI 1989, 7711; Priester DNotZ 1991, 507, 521; Reimann ZEV 2002, 487, 492.
[90] Gebel, Betriebsvermögen und Unternehmensnachfolge, 1997 Rn 45, 103; BFH BStBl. II 1992, 392; Wacker/Franz, Beil. 5 z. BB 1993, S. 20.
[91] KÖSDI 1990, 8265.

- Dem erbrechtlichen Typenzwang entsprechender und hinsichtlich der Erbscheinserteilung unproblematischer erscheint allerdings eine Erbeinsetzung der Miterben zu **bestimmten Erbquoten** und **Vornahme der Ausgleichung durch Vorausvermächtnisse.**

Formulierungsvorschlag:

Mein Sohn und meine Tochter setze ich je zur Hälfte zu meinen Erben ein. Im Wege der Teilungsanordnung erhält mein Sohn mein Einzelunternehmen und meine Tochter mein Privatvermögen. Mein Testamentsvollstrecker, Steuerberater A., bewertet nach billigem Ermessen nach den Grundsätzen ordnungsmäßiger Unternehmens- und Grundstücksbewertung das Betriebs- und Privatvermögen. Meiner Tochter vermache ich im Wege des nicht anrechnungspflichtigen Vorausvermächtnisses zu Lasten des Erbteils meines Sohnes die Hälfte der Bewertungsdifferenz in bar. Dieses Geldvermächtnis ist zwei Jahre nach meinem Tod fällig.

Diese ertragsteuerlich neutrale Lösung kann dann, wenn ein Geldvermächtnis ausgesetzt wird, das der Erbe finanzieren muss, den Nachteil haben, dass die Finanzierungskosten hierfür dauerhaft nicht als Betriebsausgabe abgezogen werden können.[92] Ob es dies rechtfertigt, die „Privatvermögensnachfolgerin" zur Alleinerbin einzusetzen und dem „Unternehmensnachfolger" ein Kaufrechtsvermächtnis (zum Buchwert) auszusetzen, muss im Einzelfall – auch unter Abwägung erbschaftsteuerlicher Nachteile – geprüft werden.[93]

- Folgt man der vorgenannten Lösung nicht, sollten die Leistungen für den Erwerb über der Erbquote möglichst gering gehalten werden. Dies ist möglich durch größere Übernahme von Verbindlichkeiten durch den übernehmenden Erben mit entsprechender Freistellung der ausscheidenden Miterben. Dann ist nur die noch verbleibende Leistung der Anschaffungsaufwand des Unternehmensnachfolgers und der Gewinn auf Seiten des ausscheidenden Miterben.
- Wurden solche Gestaltungen vom Erblasser versäumt oder die falschen gewählt, kann noch nach dem Erbfall dadurch geholfen werden, dass die „weichenden Erben" die Erbschaft ausschlagen (sofern dem keine nicht kooperierenden oder – etwa wegen nicht erreichbarer familiengerichtlicher Genehmigung – nicht kooperationsfähigen Ersatzerben entgegenstehen) und nur der Betriebsübernehmer sie annimmt. Auch dies ist einkommensteuerlich neutral.

Schrifttum: Siehe bei § 20; *v. Hoyenberg*, Ausgewählte Fragen zum Unternehmertestament, RNotZ 2007, 377; *ders.*, Vorweggenommene Erbfolge, 2010; *Institut der Wirtschaftsprüfer (Hrsg.)*, Praxis der Unternehmensnachfolge, 3. A. 2004.

---

[92] Reich MittBayNot 2007, 280, 284.
[93] Reich MittBayNot 2007, 280, 284.

6. Teil. Die Beeinflussung der Erbfolge nach dem Erbfall

Mit dem Tod des Erblassers (Erbfall) steht die gesetzliche oder gewillkürte Erbfolge fest und unterliegt daher **nicht der Disposition der Nachlassbeteiligten** und kann daher von ihnen grundsätzlich **nicht abgeändert werden.** Von diesem Grundsatz gibt es jedoch direkte und indirekte Ausnahmen. 1

Ausnahmen sind die **Auslegung (§ 2084 BGB), die Ausschlagung (§ 1942 BGB), die Anfechtung (§§ 2078 ff. BGB)** und letztlich auch die Erbteilsübertragung (§ 2033 BGB). Diese Rechtsinstitute sind interessante zivilrechtliche und steuerrechtliche **Gestaltungsmittel nach dem Eintritt des Erbfalls.**[1] Sie bergen mitunter jedoch auch erhebliche Risiken.[2] Nichts liegt näher, als dass die Nachlassbeteiligten das Risiko durch eine ***bedingte*** Vornahme des Gestaltungsmittels abzuwenden versuchen. 2

In den folgenden Paragraphen sollen diese Rechtsinstitute behandelt werden, einschließlich der Frage, wieweit sie durch Setzung von Bedingungen dem Einzelfall angepasst werden können. 3

§ 23 Die Auslegung von Verfügungen von Todes wegen

1. Auslegungsgrundsätze

a) Für Willenserklärungen unter Lebenden

Nach § 133 soll bei der Auslegung von Willenserklärungen der wirkliche subjektive Wille des Erklärenden erforscht und nicht am buchstäblichen Sinn des Ausdrucks gehaftet werden. Bei der Auslegung empfangsbedürftiger Willenserklärungen unter Lebenden wird dieser Grundsatz durch § 157 eingeschränkt, sodass im Interesse des Vertrauensschutzes des Erklärungsempfängers nur der Willensinhalt maßgeblich ist, der für den Empfänger bei Beachtung der verkehrserforderlichen Sorgfalt erkennbar sein musste (= **objektive Erklärungsbedeutung** unter Berücksichtigung des Empfängerhorizonts).[3] Bei formbedürftigen Rechtsgeschäften stellt sich die weitere Frage, ob der Wille auch formgültig erklärt worden ist.[4] Die Rechtsprechung trifft hierzu einen „vertretbaren Kompromiss zwischen Formstrenge und dem Bestreben, den Willen der Erklärenden zu berücksichtigen",[5] indem sie nur fordert, dass der aus Umständen außerhalb der Urkunde ermittelte rechtsgeschäftliche Wille des Erklärenden in der Urkunde selbst irgendwie – wenn auch nur andeutungsweise oder versteckt – zum Ausdruck gekommen sein muss (**Anhalts- oder Andeutungstheorie**).[6] Nicht einmal eine Andeutung braucht nach der Rechtsprechung in der Urkunde enthalten zu sein, wenn die Parteien das, was sie übereinstimmend wollten, so nicht beurkundet haben (**falsa demonstratio**).[7] 4

---

[1] Wachter ZNotP 2004, 176; vgl. auch Berresheim RNotZ 2007, 501.

[2] Ivo ZEV 2005, 527.

[3] BGHZ 36, 30, 33; BGHZ 47, 75, 78; BGHZ 103, 280; BGH NJW 1984, 721; Wieser JZ 1985, 407; Trupp NJW 1990, 1346; allgem. zur Auslegung von Verfügungen von Todes wegen siehe Nieder ZNotP 1999, 104 u. 183.

[4] BGHZ 94, 36, 42 = NJW 1985, 1554; Brox JA 1984, 549, 553; Wolf/Gangel JuS 1983, 663, 664.

[5] Wieling JZ 1983, 760, 761.

[6] BGHZ 80, 242, 244 = NJW 1981, 1737; BGHZ 80, 246, 248 = NJW 1981, 1736; Soergel/Hefermehl, 13. Aufl., § 125 Rn 20 m. w. N.; Palandt/Ellenberger § 133 Rn 19.

[7] BGHZ 87, 152 = NJW 1983, 1610 = JZ 1983, 759 m. abl. Anm. Wieling u. zust. Anm. Ludwig; BGH NJW 1984, 721; NJW 2008, 1658, 1659.

b) Für einseitige Testamente

5 Bei einseitigen Verfügungen von Todes wegen (Einzeltestament, einseitige Verfügungen im Erbvertrag und nicht wechselbezügliche Verfügungen im gemeinschaftlichen Testament) besteht insoweit eine Besonderheit, als hier auf den Vertrauensschutz eines Erklärungsempfängers keine Rücksicht zu nehmen ist und daher für die Auslegung statt der verkehrsüblichen Bedeutung (= **der objektiven Erklärungsbedeutung der Willenserklärung**) der tatsächliche (**reale**), subjektive Wille des Erblassers maßgeblich ist, d.h. seine Auffassung, Vorstellung und innere Meinung über den Sinn der Erklärung sowie sein subjektiver Sprachgebrauch zum Zeitpunkt der Testamentserrichtung (= **nur Berücksichtigung des Erklärenden-Horizonts**).[8] Niemand, auch nicht ein Bedachter, kann den Schutz des Vertrauens auf eine objektive Sinndeutung des Erklärten für sich in Anspruch nehmen (**kein Vertrauensschutz**).[9] Deshalb wird die Auslegung eines Testaments grundsätzlich nur von § 133 und nicht auch von § 157 oder gar § 242 bestimmt.[10] Die Testamentsauslegung hat sich nicht wie die Vertragsauslegung an einem Empfängerhorizont zu orientieren, da es keinen maßgeblichen Empfänger einseitiger testamentarischer Verfügungen gibt.[11] Maßgeblich ist jedoch nicht ein lediglich innerer Wille, sondern der in der Erklärung ausgedrückte Wille.[12]

6 Die Auslegung darf sich dabei nicht auf eine bloße **Analyse des Wortlauts** beschränken.[13] Es müssen auch außerhalb der Urkunde liegende Umstände, mögen sie vor oder nach der Errichtung liegen, zur Auslegung herangezogen werden.[14] Umstände dieser Art können z.B. sein: die Herkunft und Höhe des Vermögens des Erblassers,[15] mit welchen Mitteln ein bestimmter Gegenstand erworben wurde,[16] die Bildung und berufliche Stellung des Erblassers und seine Geschäftsgewandtheit,[17] Aussagen der bei der Testamentserrichtung beteiligten Personen,[18] Schriftstücke des Erblassers und seine widerrufenen oder formungültigen Testamente.[19] Auch mündliche Äußerungen und Verhaltensweisen des Erblassers vor und nach der Errichtung über den Inhalt seines Testaments können verwertet werden,[20] da sie zumindest Anzeichen für seine Willensrichtung im Zeitpunkt der Testamentserrichtung sind.[21] Jedoch ist dabei besondere Vorsicht geboten.[22] Auch

---

[8] BGHZ 80, 246, 249 = NJW 1981, 1736; BGHZ 86, 41, 45 = NJW 1983, 672, 673 = JZ 1983, 709 m. Anm. Leipold; BGH FamRZ 1987, 475; BGH NJW 1993, 256; BayObLG FamRZ 1986, 835, 836; BayObLG FamRZ 1995, 835, 836; MünchKomm/Leipold § 2084 Rn 17; Palandt/Ellenberger § 133 Rn 13; Palandt/Edenhofer § 2084 Rn 2; Foer AcP 153 (1954), 492, 494; Dippel AcP 177 (1977), 348, 355 m. w. N.

[9] v. Lübtow, ErbR Bd. 1, S. 272.

[10] Dippel AcP 177, 349, 355 m. w. N.

[11] Otte ZEV 1995, 409, 410.

[12] MünchKomm/Leipold § 2084 Rn 7.

[13] BGHZ 86, 41, 45 = NJW 1983, 672; BGH FamRZ 1987, 475; BGHZ 94, 36, 38 = NJW 1985, 1554, BGH NJW 1993, 256 = DNotZ 1993, 124; OLG Zweibrücken Rpfleger 1986, 479, 480; BayObLG FamRZ 1994, 853, 854 = DNotZ 1994, 399.

[14] BayObLGZ 1960, 216, 219; BayObLG FamRZ 1988, 986; BayObLG NJW 1988, 2742; BayObLG Rpfleger 1989, 22; MünchKomm/Leipold § 2084 Rn 27 ff. m. w. N.; Palandt/Edenhofer § 2084 Rn 2.

[15] RG WarnR 1913 Nr. 230.

[16] RG WarnR 1939 Nr. 46.

[17] RG SeuffA 75 Nr. 107.

[18] RG Recht 1910 Nr. 3532.

[19] OLG Hamm Rpfleger 1986, 479, 480; BGH WPM 1980, 1039, BayObLGZ 1981, 79, 81.

[20] BayObLGZ 1981, 79, 87; BayObLGZ 1982, 159, 164, 166; BayObLG Rpfleger 1982, 285, 286; BayObLGZ 1986, 426, 428 = FamRZ 1987, 208; BayObLG FamRZ 1988, 986, 988; BayObLG NJW 1988, 2742, 2743; BayObLG NJW-RR 1988, 969, 970; BayObLG Rpfleger 1989, 369, 370; BayObLG FamRZ 1994, 1206; OLG Hamm JR 1987, 376, 377.

[21] Staudinger/Otte Vorb. §§ 2064 ff. Rn 78; BayObLG Rpfleger 1989, 369, 370.

[22] OLG Karlsruhe OLGZ 1969, 495; MünchKomm/Leipold § 2084 Rn 25.

daraus, wie die Beteiligten das Testament nach dem Erbfall spontan aufgefasst haben, können sich Anhaltspunkte für den vom Erblasser gewollten Sinn ergeben.[23] Nicht zuletzt ist bei der Auslegung die allgemeine Lebenserfahrung zu berücksichtigen.[24]

Maßgebender Zeitpunkt für die Feststellung des tatsächlichen (**realen**), subjektiven 7
Willens des Erblassers ist der **Errichtungszeitpunkt.**[25] Eine Änderung des realen Willens des Erblassers nach Testamentserrichtung ist unbeachtlich.[26]

Wie bei allen formbedürftigen Willenserklärungen erfährt auch die Auslegung einseiti- 8
ger Verfügungen von Todes wegen durch den Formzwang gem. §§ 2232, 2247, 2267, 2276 insoweit eine Einschränkung, als nach der auch hier anzuwendenden **Anhalts- oder Andeutungstheorie** der wirkliche Wille des Erblassers in der Testamentsurkunde selbst irgendwie – wenn auch nur andeutungsweise oder versteckt – zum Ausdruck gekommen sein muss (**Anhaltspunkte genügen!**).[27]

§ 2084 trifft für letztwillige Verfügungen eine Sonderregelung für die relativ seltenen 9
Fälle mehrdeutiger Verfügungen, in denen eine von mehreren Auslegungsmöglichkeiten zur Unwirksamkeit führen würde. Dann ist im Zweifel diejenige Auslegungsmöglichkeit vorzuziehen, bei welcher die Verfügung Erfolg haben kann (**Grundsatz der wohlwollenden Auslegung = benigna interpretatio**).[28] § 2084 findet auch Anwendung, wenn zweifelhaft ist, ob eine Anordnung eine Verfügung von Todes wegen oder ein Rechtsgeschäft unter Lebenden sein soll. Nicht § 2084 sondern § 133 ist dagegen anzuwenden, wenn Zweifel bestehen, ob der Erblasser eine letztwillige Verfügung treffen oder nur einen unverbindlichen Wunsch äußern wollte. Eine Sonderregelung enthält auch § 2085, der den allgemeinen Grundsatz des § 139, dass Nichtigkeit von Teilen eines Rechtsgeschäfts im Zweifel zur Gesamtnichtigkeit führt, umkehrt, sodass die Unwirksamkeit einer von mehreren in einem Testament enthaltenen letztwilligen Verfügungen nur dann zur Unwirksamkeit aller anderen führt, wenn anzunehmen ist, dass der Erblasser sie ohne die unwirksame nicht getroffen hätte. Ist in einem formgültigen Testament der Vorbehalt eines Nachtrags enthalten, dieser aber unterblieben, so ist gem. § 2086 die Verfügung trotzdem gültig, sofern der Erblasser ihre Wirksamkeit nicht von der Ergänzung hat abhängig machen wollen.

Ist mit der Auslegung, die immer vorgeht,[29] nicht zu helfen, kann eine nichtige Verfü- 10
gung von Todes wegen bei Vorliegen der Voraussetzungen des § 140, d.h. Vorliegen der wesentlichen Merkmale und des mutmaßlichen Parteiwillens für das Ersatzgeschäft, unter Umständen in ein Rechtsgeschäft unter Lebenden umgedeutet werden, z.B. in ein Schuldanerkenntnis,[30] einen Erlassvertrag[31] oder ein Schenkungsversprechen ohne Über-

---

[23] OLG Hamm DNotZ 1963, 559, 561 m. Anm. Schopp.

[24] BGHZ 86, 41, 45f.; BGHZ 94, 36, 38; BayObLG FamRZ 1986, 835, 836; BayObLG NJW 1988, 2742 = FamRZ 1988, 986, 988; BayObLG Rpfleger 1989, 369, 370; BayObLG NJW-RR 1996, 1351 = FamRZ 1995, 1446.

[25] BGHZ 112, 229, 233; KG NJW 1970, 758; OLG Hamm JR 1987, 376; BayObLG NJW-RR 1989, 326, 327; Johannsen WPM 1977, 270, 273; Staudinger/Otte Vor § 2064 Rn 78; MünchKomm/Leipold § 2084 Rn 25.

[26] RGZ 99, 82, 85; RGZ 142, 171, 175; BGH WPM 1972, 780; BayObLG NJW-RR 1996, 1351 = FamRZ 1995, 1446; Johannsen WPM 1972, 64f.

[27] RGZ 59, 217; RGZ 99, 82, 86; RGZ 134, 277, 280; BGHZ 22, 357, 360; BGHZ 80, 242, 246; BayObLG NJW 1988, 2744, 2745; MünchKomm/Leipold § 2084 Rn 14 m.w.N.; Palandt/Edenhofer § 2084 Rn 4; Wolf/Gangel JuS 1983, 663, 665; Otte ZEV 1995, 409; a.M. Brox/Walker Rn 200; Smid JuS 1987, 283, 286; Häsemeyer AcP 188, 428; Foerste DNotZ 1993, 84; Gerhards JuS 1994, 642.

[28] Palandt/Edenhofer § 2084 Rn 13; BGH NJW-RR 1987, 1090 = DNotZ 1987, 768; Werner in FS f. U. v. Lübtow, 1990, S. 265ff.

[29] Palandt/Ellenberger § 140 Rn 4.

[30] OLG München OLGE 35, 374.

[31] BGH NJW 1978, 423; a.M. Tiedtke NJW 1978, 2527.

lebensbedingung.[32] Umgekehrt kann in Sonderfällen die Umdeutung (§ 140) eines nichtigen Rechtsgeschäfts unter Lebenden in eine Verfügung von Todes wegen oder einen Erbverzicht möglich sein, wenn wenigstens deren Form eingehalten ist und anzunehmen ist, dass der Erblasser dies bei Kenntnis der Nichtigkeit gewollt hätte.[33]

c) Für Erbverträge und gemeinschaftliche Testamente

11 *aa) Einseitige und nicht wechselbezügliche Verfügungen.* Einseitige Verfügungen im Erbvertrag und nicht wechselbezügliche Verfügungen in gemeinschaftlichen Testamenten sind, da der Bedachte auch hier keinen Vertrauensschutz genießt, wie einseitige testamentarische Verfügungen auszulegen, d. h. nicht nach ihrer objektiven Erklärungsbedeutung, sondern nach dem subjektiven Willen und Sprachgebrauch des Erblassers.[34]

12 *bb) Vertragsmäßige Verfügungen in einseitigen Erbverträgen und wechselbezügliche Verfügungen in gemeinschaftlichen Ehegattentestamenten.* Bei vertragsmäßigen Verfügungen (§ 2278 Abs. 1) in einseitigen Erbverträgen kommt neben § 133 auch § 157 zur Anwendung, sodass bei ihrer Auslegung nicht allein der subjektive Wille des Erblassers und sein Sprachgebrauch zu berücksichtigen ist, sondern auch die objektive Erklärungsbedeutung und der Empfängerhorizont des Vertragspartners.[35] Maßgeblich für die Auslegung ist der erklärte, übereinstimmende Wille beider Vertragsparteien.[36] Die ergänzende Auslegung einer vertragsmäßigen Verfügung im Erbvertrag soll nach MünchKomm/Leipold dagegen grundsätzlich nach dem hypothetischen Willen des Erblassers und nicht nach dem des Vertragspartners erfolgen, auch wenn er der Bedachte ist, weil die zu gewinnende Rechtsfolge außerhalb des realen vertraglichen Konsens steht.[37]

13 Auch für die Frage, ob eine Verfügung im gemeinschaftlichen Testament wechselbezüglich (§ 2270 Abs. 1) ist, kommt es auf die übereinstimmende subjektive Willensrichtung beider Ehegatten im Zeitpunkt der Testamentserrichtung bzw. auf den Willen des Erklärenden, beurteilt aus dem **Verständnishorizont des anderen Ehegatten** an, und zwar gleichgültig, ob es der reale, der mutmaßliche oder der hypothetische Wille bei der ergänzenden Auslegung ist.[38] Lässt sich ein solcher gemeinsamer Wille nicht feststellen, so muss auf den Willen des Ehegatten abgestellt werden, um dessen testamentarische Verfügung es geht, wobei aber dies gemäß dem hier anzuwendenen § 157 nach dem Empfängerhorizont des anderen Ehegatten zu beurteilen ist.[39] Der andere Ehegatte muss nämlich die Möglichkeit haben, sich bei seinen Verfügungen auf die des anderen einzustellen und umgekehrt.[40]

14 *cc) Vertragsmäßige Verfügungen in gegenseitigen Erbverträgen.* Für vertragsmäßige Verfügungen in gegenseitigen oder wechselbezüglichen Erbverträgen gelten voll die allgemeinen Regeln über die Auslegung von Verträgen (§§ 133, 157),[41] sodass es allein auf

[32] MünchKomm/Leipold § 2084 Rn 120 ff.; Palandt/Ellenberger § 140 Rn 10.

[33] BGHZ 77, 293 = NJW 1980, 2350, 2351 f; MünchKomm/Leipold § 2084 Rn 143.

[34] MünchKomm/Leipold § 2084 Rn 50 ff.; NK-BGB/Fleindl § 2084 Rn 66.

[35] BGHZ 106, 359, 361; MünchKomm/Musielak Vor § 2274 Rn 32 u. § 2278 Rn 3; Staudinger/Otte, Vorbem. zu §§ 2064 ff. Rn 140; Giencke FamRZ 1974, 241, 242; Schlüter § 18 Rn 211 a; Johannsen WPM 1969, 1223 u. 1972, 68; BayObLG Rpfleger 1983, 70; BayObLG DNotZ 1990, 53, 54; BGH DNotZ 1990, 50.

[36] BGH FamRZ 1983, 380, 381; BayObLGZ 1995, 120, 123 = NJW-RR 1995, 904; BayObLG NJW-RR 1997, 835.

[37] MünchKomm/Leipold § 2084 Rn 98.

[38] BGHZ 112, 229, 233 = NJW 1991, 169; BGH NJW 1993, 256 = FamRZ 1993, 318; OLG Saarbrücken FamRZ 1990, 1285, 1286; BayObLG FamRZ 1995, 835 = ZEV 1995, 71; LG Köln MittRhNotK 1991, 23, 24; Johannsen WPM 1972,64, 68; Bengel DNotZ 1977, 5, 6; Peiffer FamRZ 1993, 1266, 1269.

[39] BHG NJW 1993, 256 = FamRZ 1993, 318 = DNotZ 1993, 124.

[40] Palandt/Edenhofer Einf v § 2265 Rn 10.

[41] MünchKomm/Musielak § 2274 Rn 33; Lange NJW 1963, 1571.

die objektive Erklärungsbedeutung des Verfügungswortlauts ankommt. Auch wenn ein Entgelt vonseiten des Vertragsgegners oder des Bedachten dem Erblasser geleistet wurde, ist dies bei der Auslegung zu berücksichtigen.[42]

dd) Auslegung durch den erbrechtlich gebundenen Erblasser. Normalerweise erfolgt 15
die Auslegung von Verfügungen von Todes wegen nach dem Erbfall im Rechtsstreit zwischen den Prätendenten. Aber auch der Erblasser hat, wenn er neue Verfügungen errichten will, die frühere vielleicht bindende Verfügungen beeinträchtigen, ein Interesse daran zu wissen, ob nicht die Auslegung ergibt, dass seine früheren Verfügungen in Wirklichkeit nicht vertragsmäßig oder wechselbezüglich sind oder er die Befugnis zu ihrer Änderung oder Aushebung hat. Sowohl bei der Ermittlung der Wechselbezüglichkeit[43] als auch der Vertragsmäßigkeit[44] kann nämlich evtl. durch ergänzende Auslegung die Einseitigkeit der betreffenden Verfügung und damit die Testierfähigkeit des Erblassers festgestellt werden. Auch ein Aufhebungs- oder Änderungsrecht hinsichtlich gem. § 2271 Abs. 2 bindend gewordener Verfügungen im gemeinschaftlichen Testament[45] und ein Änderungsvorbehalt hinsichtlich vertragsmäßiger Verfügungen im Erbvertrag[46] kann sich durch einfache oder ergänzende Auslegung aus der Verfügung von Todes wegen ergeben.

Nun nützt dem Erblasser die Hoffnung auf eine solche spätere Auslegung wenig. Er 16
braucht Sicherheit für seine neue Verfügung. Die kann er jedoch durch eine Feststellungsklage gem. § 256 ZPO gegen den bindend Bedachten erreichen.[47] Erkennt der bindend Bedachte sofort an, muss der Kläger die Kosten tragen. Will er dies nicht, muss er zuvor seinen Vertragspartner bzw. den Bedachten auffordern, mit ihm fürsorglich den der Bindung entgegengesetzten Aufhebungsakt vorzunehmen. Das wäre beim Erbvertrag der Aufhebungsvertrag mit dem Vertragspartner (§ 2290), das Aufhebungstestament mit Zustimmung des Vertragspartners (§ 2291) oder der Zuwendungsverzichtsvertrag mit dem bedachten Dritten (§ 2352 Satz 2). Nach dem Tod des Vertragspartners wäre nur noch (§ 2290 Abs. 1 Satz 2) der Zuwendungsverzichtsvertrag mit dem bedachten Dritten (§ 2352 Satz 2) möglich.[48] Beim gem. § 2271 Abs. 2 bindend gewordenen gemeinschaftlichen Testament ist nur der Zuwendungsverzichtsvertrag mit dem Bedachten (§ 2352 Satz 1) möglich.[49] Da der künftige Erblasser selbst klagt, kann gegen die Klage nicht eingewandt werden, erbrechtliche Verhältnisse nach einer noch lebenden Person seien nicht feststellungsfähig, da der künftige Erblasser nicht behelligt werden solle.[50]

Entschließt sich der Erblasser zur **Feststellungsklage,** wird es sich prozesstaktisch emp- 17
fehlen, zuvor die vermeintlich bindende Verfügung auch wegen Irrtums über die Bindungswirkung gem. § 2078 anzufechten. Da die Auslegung, und zwar auch die ergän-

---

42 Lange/Kuchinke § 34 III 8 b; Schlüter ErbR § 20 VI 1 Rn 279.

43 KG NJW 1963, 776, 768; BayObLG Rpfleger 1982, 285; BayObLG Rpfleger 1985, 240; MünchKomm/Musielak § 2270 Rn 6 ff.

44 BayObLG Rpfleger 1983, 70; BGH NJW 1961, 120 = FamRZ 1961, 76; BGH WPM 1970, 482, 483; OLG Hamm NJW 1974, 1774; BayObLGZ 1961, 207, 209; Coing NJW 1958, 690; MünchKomm/Musielak § 2278 Rn 3.

45 KG OLGZ 1966, 503, 504; KG OLGZ 1977, 457, 462; MünchKomm/Musielak § 2271 Rn 31; Huber Rpfleger 1981, 42.

46 BGHZ 26, 204, 210 f. = NJW 1958, 498; BayObLGZ 1961, 210; BayObLG MittBayNot 1986, 265; BayObLG DNotZ 1996, 316, 317; OLG Koblenz DNotZ 1998, 218, 219; Coing NJW 1958, 690, 691; MünchKomm/Musielak § 2278 Rn 26.

47 RGZ 169, 99; BGHZ 37, 331, 334 f. = NJW 1962, 1913; OLG Düsseldorf NJW 1957, 266; Mattern BWNotZ 1962, 229, 238 ff.; Lange NJW 1963, 1571, 1573; Battes AcP 178, 349.

48 Damrau, Der Erbverzicht als Mittel zweckmäßiger Vorsorge für den Todesfall, 1966, S. 44.

49 Damrau a. a. O., S. 42 f.

50 Wie hier auch Lange NJW 1963, 1573 und Kuchinke in FS f. Henckel, 1995, S. 475, 482 f.; siehe auch BGHZ 37, 331, 333 ff.; OLG Köln FamRZ 1983, 873; OLG Düsseldorf ZEV 1994, 171, 172.

zende der Anfechtung stets vorgeht, da sie dem wahren Willen des Erblassers zur Wirksamkeit verhilft, während die Anfechtung die Verfügung vernichtet (§ 142) und häufig zu einem vom Erblasser ungewollten Ergebnis führt (**Anfechtung kassiert, reformiert nicht**),[51] ist das Gericht immer gezwungen, erst durch Auslegung festzustellen, welchen Inhalt die Erklärung ohne Berücksichtigung der Anfechtung hat und ob überhaupt Wille und Erklärung auseinanderfallen, was Voraussetzung für die Anfechtung ist. Für den Anwalt wird es in einem solchen Prozess empfehlen, neben der Begründung der Auslegung die Anfechtung **eventuell** für den Fall zu erklären, dass das Gericht der vorgetragenen Auslegung nicht folgt. Dies ist keine für die Anfechtung als Gestaltungsrecht unzulässige echte Bedingung, da nicht auf ein künftiges ungewisses Ereignis abgestellt wird, sondern auf einen objektiv bereits bestehenden Rechtszustand.[52]

2. Auslegungsmethoden

18 Die höchstrichterliche Rechtsprechung unterscheidet bei der Auslegung von Verfügungen von Todes wegen folgende Methoden und nimmt sie in folgender Prüfungsreihenfolge vor:

a) Einfache, unmittelbare oder erläuternde Auslegung

19 Die einfache Auslegung dient dazu, den Inhalt einer einzelnen Verfügung oder ihrer Gesamtheit festzustellen. Die Ermittlung des wirklichen, aktuellen oder realen Willens des Erblassers erfolgt dabei in folgenden Schritten:

20 • Zunächst ist **immer von dem Wortlaut der letztwilligen Verfügung** auszugehen, der jedoch nicht bindend ist, denn es ist der tatsächlich vorhandene, wirkliche Wille des Erblassers zum Zeitpunkt der Testamentserrichtung zu erforschen, d.h. das, was der Erblasser mit seinen Worten sagen wollte. Daher darf sich der Richter nicht auf eine Analyse des Wortlauts beschränken, sondern muss auch alle ihm zugänglichen Umstände außerhalb des Testaments auswerten, die zur Aufdeckung des Erblasserwillens möglicherweise dienlich sein können.[53] Es geht nicht um die Ermittlung eines von der Erklärung losgelösten Erblasserwillens,[54] sondern um die Klärung der Frage, was der Erblasser mit seinen Worten sagen wollte.[55] Ein Abweichen vom Wortsinn setzt jedoch immer voraus, dass Umstände vorliegen, aus denen geschlossen werden kann, dass der Erblasser mit den Worten einen anderen Sinn verbunden hat als er dem allgemeinen Sprachgebrauch entspricht.[56]

21 • Früher war man der Meinung, dass eindeutige Erklärungen nicht ausgelegt werden können (cum in verbis nulla ambiguitas est, non debet admitti voluntatis questio).[57] Durch die Zulassung des eigenhändigen Testaments und der großzügigen Anwendung des Satzes **„falsa demonstratio non nocet“**, nach dem falsche Bezeichnungen auch innerhalb einer Verfügung von Todes wegen (auch bei formbedürftigen Erklärungen) korrigiert werden können,[58] verlagerte sich in Rechtsprechung und Literatur der Schwer-

---

[51] BGH LM § 2100 Nr. 1; BGH NJW 1978, 264, 266; BayObLGZ 1980, 42, 50; BayObLGZ 1982, 159, 167; MünchKomm/Leipold, § 2078 Rn 9; Palandt/Edenhofer, § 2078 Rn 1.

[52] BGH NJW 1991, 1673, 1674; 1968, 2099; RGZ 66, 153; RGZ 146, 239; Palandt/Ellenberger § 143 Rn 2 u. Einf v § 158 Rn 6; Staudinger/Roth § 143 Rn 9; MünchKomm/Busche, § 143 Rn 6.

[53] BGHZ 86, 41, 45; BGHZ 94, 36, 38; BGH FamRZ 1987, 475; BayObLGZ 1982, 159, 164.

[54] So jedoch die Kritik von Leipold, FS f. Müller-Freienfels, 1986, S. 421, 430ff.; ders. JZ 1983, 711; Kuchinke JZ 1985, 748.

[55] BGH FamRZ 1987, 475; Schmidt-Kessel WPM 1988 Beil. 8, S. 7.

[56] BGHZ 80, 246, 249 = NJW 1981, 1736; BayObLG FamRZ 1986, 835; BayObLGZ 1997, 59, 56.

[57] Dig. 32, 25 § 1.

[58] BGHZ 87, 150, 153; BGH NJW 2008, 1658, 1659; Palandt/Edenhofer § 2084 Rn 5.

punkt der Auslegung immer mehr vom Erklärten zum vom Erblasser wirklich Gewollten (**Aufgabe der Eindeutigkeitsformel**). Heute setzt in der Rechtsprechung auch der „klare und eindeutige" Wortlaut der Verfügung der Auslegung keine Grenzen (**„Abbau der Wortlautgrenze" statt „eindeutiger Wortlaut als Schranke"**).[59] Nach dieser Ansicht ist jede Willenserklärung, auch die scheinbar klare und eindeutige, der Auslegung zugänglich.[60] Die Willensverwirklichung des Erblassers hat somit Vorrang vor dem Wortlaut der Verfügung. Allerdings hat die Eindeutigkeit des Wortlauts erhebliches Gewicht als Grundlage der widerlegbaren Vermutung, dass der Erblasser den Wortlaut nicht anders als im üblichen Sinne gemeint hat.[61] Bei der Auslegung notariell beurkundeten Verfügungen von Todes wegen sollte jedoch deren Beweiskraft gem. § 415 ZPO nicht außer acht gelassen werden.[62]

• Erst wenn der tatsächliche Wille des Erblassers bewiesen oder zugestanden oder sein mutmaßlicher Wille festgestellt ist, d.h. nach der – selbst durch einen klaren Testamentswortlaut nicht begrenzten – Auslegung des Erblasserwillens, ist in einem weiteren Schritt – in einer Art Kontrollüberlegung[63] – zu prüfen ist, ob der so ermittelte Erblasserwille in Anwendung der **Anhalts- oder Andeutungstheorie** hinreichende Anhaltspunkte im Testament selbst hat, was erforderlich ist, damit er gem. § 125 formgültig erklärt ist.[64] Die Auslegungsfrage wird somit bei diesem Vorgehen von der Formfrage getrennt. In der Literatur sind die Gegner der Andeutungstheorie auf dem Vormarsch.[65] Zutreffend ist, dass es für die Frage, welchen Willen der Testator hatte, zunächst nicht darauf ankommt, ob dieser formgerecht erklärt wurde. Bei einer formgebundenen Erklärung kann jedoch nur der Wille Wirksamkeit entfalten, welcher den Formanforderungen des Gesetzes genügt. Dass die Rechtsprechung von der Andeutungstheorie (bei formgebundenen Rechtsgeschäften) abgehe bzw. sie nicht mehr strikt verfolge[66] wird durch die angegebene Belegstelle[67] nicht bestätigt. Dort formuliert der BGH ausdrücklich, dass sich der ermittelte Parteiwille, um rechtlich Bestand zu haben, daran messen lassen müsse, ob er auch in der vorgeschriebenen Form zum Ausdruck gekommen sei. Hieran ist festzuhalten. Eine Aufgabe der Andeutungstheorie würde praktisch zur Gestattung der formlosen letztwilligen Verfügung führen.[68] Fehlt irgendein Anhaltspunkt in der Testamentsurkunde, kommt bei Abweichung des realen Willens von der objektiven Erklärung nach dem Tod des Erblassers nur die Anfechtung wegen Motivirrtums (§ 2078 Abs. 2) in Fra- **21a**

[59] Obiter dicta: BGHZ 80, 246 = NJW 1981, 1736; Grundsatzentscheidung: BGHZ 86, 41, 46 = NJW 1983, 672 = JZ 1983, 709 m. Anm. Leipold; BayObLG FamRZ 1984, 825; OLG Hamm Rpfleger 1986, 479, 480; OLG Zweibrücken Rpfleger 1986, 479, 480; BayObLG NJW-RR 1988, 969; BayObLG FamRZ 1989, 786 = NJW-RR 1989, 837 = JuS 1990, 61 m. Anm. Hohloch; a.M.: Flume NJW 1983, 2007; MünchKomm/Leipold § 2084 Rn 10.

[60] BGH NJW 1987, 3131; Schmidt-Kessel WPM 1988 Beil. 8, S. 7; Staudinger/Otte Vorb. z. §§ 2064 ff. Rn 56.

[61] Soergel/Loritz § 2084 Rn 14; Staudinger/Otte Vorb. z. §§ 2064 Rn 58.

[62] BayObLG NJW-RR 1997, 1027 = MittBayNot 1998, 110, 113 = ZEV 1997, 377.

[63] Smid JuS 1987, 283, 286.

[64] BGHZ 80, 242, 244 = NJW 1981, 1737; BGHZ 80, 246, 248 = NJW 1981, 1736; Grundsatzentscheidung: BGHZ 86, 41, 47 = NJW 1983, 672; BGH FamRZ 1987, 475, 476; BGH NJW 1987, 2437, 2438; BGHZ 94, 36, 42; OLG Karlsruhe BWNotZ 1984, 69; BayObLG NJW-RR 1988, 969; Soergel/Loritz § 2084, Rn 9; krit. bezügl. dieser Prüfungsreihenfolge: Leipold JZ 1983, 709; Kuchinke JZ 1985, 748; ders. DNotZ 1990, 427; gegen die Andeutungstheorie und für Verzicht auf das Erfordernis eines Anhaltspunkts im Testament: Brox JA 1984, 549, 552; Brox/Walker Rn 200; Smid JuS 1987, 283, 286 f.; v. Lübtow ErbR, Bd. 1, S. 267; MünchKomm/Busche § 133 Rn 57; OLG Frankfurt NJW 1980, 1592 aufgehoben durch BGHZ 80, 242; sowie die in BGHZ 80, 242, 245 zitierten.

[65] MünchKomm/Busche § 133 Rn 57; Bamberger/Roth/Wendtlandt § 133 Rn 26.

[66] Bamberger/Roth/Wendtland § 133 Rn 26.

[67] BGH NJW 1996, 2792, 2793.

[68] Schlüter Rn 192.

ge.[69] Die Prüfungsreihenfolge, erst Auslegung dann Formprüfung, hat ausschließlich materiellrechtliche und keine prozessuale Bedeutung und nötigt den Tatrichter nicht zu Beweisaufnahmen, die sich mangels entsprechender Andeutung in der Verfügung im Rahmen der vor der Beweiserhebung immer gebotenen Prüfung als von vornherein unschlüssig erweisen.[70] Allerdings wird der Richter, der bei der Auslegung einer Erklärung ein bestimmtes Ergebnis erzielt hat, eher geneigt sein, hierfür bei der Formprüfung in der Urkunde auch eine Andeutung zu finden.[71]

22 Der **geringe Stellenwert,** den die höchstrichterliche Rechtsprechung dem **„klaren und eindeutigen"** Wortlaut letztwilliger Verfügungen bei ihrer Auslegung einräumt, hat daher zu einer deutlichen Verlagerung von den Testamentsanfechtungs- zu den Auslegungsprozessen geführt.

23 Fälle des nur scheinbar klaren und eindeutigen Wortlauts sind z.B. ein nachweisbarer besonderer Sprachgebrauch des Erblassers, der vom üblichen abweicht bzw. bei vertragsmäßigen oder wechselbezüglichen Verfügungen ein übereinstimmender anderer Wille der Parteien (**falsa demonstratio**),[72] vor allem aber der Gebrauch von Rechtsbegriffen, die zwar für den Juristen, nicht aber für Laien eindeutig sind, wie z.B. Vorerbe, Nacherbe, Ersatzerbe, Vermächtnis, Testamentsvollstreckung, gesetzliche Erbfolge usw.[73] Hier kommt es darauf an, durch Heranziehung außerhalb der Testamentsurkunde liegender Umstände und der allgemeinen Lebenserfahrung den wirklichen Willen des Erblassers zu ergründen.[74] In solchen Fällen nur scheinbarer Eindeutigkeit, d.h. wirklicher Unklarheit entfällt letztlich jede Bindung an den Wortlaut des Testaments, wenn sich aus den Umständen ergibt, dass der Erklärende mit seinen Worten einen anderen Sinn verbunden hat, als es dem allgemeinen Sprachgebrauch entspricht, da dann die falsche Bezeichnung selbst als die formwahrende Andeutung angesehen wird.[75] Beim notariellen Testament wird man in der Regel vom juristischen Begriffsgebrauch auszugehen haben.[76] Allerdings kann auch in einem notariellen Testament ein juristischer Begriff (z.B. Vor- und Nacherbschaft) unter Berücksichtigung des Willens des Erblassers unrichtig und unpräzise verwendet werden[77] und außerdem ist bei der Auslegung nicht die Auffassung des beurkundenden Notars, sondern die des Erblassers maßgebend.[78] Allerdings spricht bei notarieller Beurkundung eine gewisse Vermutung dafür, dass objektiver Erklärungsinhalt und Erblasserwille übereinstimmen.[79] Auf jeden Fall ist das Verständnis des beurkundenden Notars von indizieller Bedeutung und zwar auch, wenn die Beurkundung über 20 Jahre zurückliegt.[80] Deshalb dürfte es grundsätzlich geboten sein, den die Verfügung von Todes wegen beurkundenden Notar vor der Auslegung als Zeugen zu hören.[81]

24 Die Rechtsprechung zur Auslegung auch bei klarem und eindeutigem Wortlaut der Verfügung von Todes wegen ist für die Kautelarjurisprudenz bei weitem nicht so negativ, wie dies der erste Eindruck erscheinen lässt. Die Analyse der betreffenden höchstrichter-

---

[69] Soergel/Loritz § 2078 Rn 3.

[70] Schmidt-Kessel WPM 1988 Beil. 8, S. 8; Scherer Jura 1988, 302, 305.

[71] Scherer Jura 1988, 302, 305.

[72] Köhler JR 1984, 13, 15; Smid JuS 1987, 283; MünchKomm/Leipold § 2084 Rn 10, 18; BayObLG NJW-RR 1989, 837 = FamRZ 1989, 786.

[73] MünchKomm/Leipold § 2084 Rn 11; Staudinger/Otte Vorbem. zu §§ 2064 ff. Rn 61 ff.

[74] BayObLG NJW-RR 1989, 837 = FamRZ 1989, 786 = JuS 1990, 61 m. Anm. Hohloch.

[75] BGHZ 86, 41, 46; Hohloch JuS 1990, 61; Flume NJW 1983, 2007, 2009; Staudinger/Otte Vorbem. zu §§ 2064–2086 Rn 35; Lange/Kuchinke § 33 III 4; Scherer Jura 1988, 302, 303.

[76] Staudinger/Otte Vorbem. zu §§ 2064 ff. Rn 67; MünchKomm/Leipold § 2084 Rn 38; RGZ 160, 109; BGH WPM 1990, 854, 856; OLG Köln Rpfleger 1982, 424.

[77] KG FamRZ 1987, 413, 414.

[78] BGH LM § 2100 Nr. 1.

[79] OLG Köln Rpfleger 1982, 424.

[80] BayObLG NJW-RR 1997, 835.

[81] BayObLG NJW-RR 1997, 7 = FamRZ 1997, 123.

lichen Entscheidungen zeigt, dass es sich meist um Sachverhalte handelt, bei denen der Notar bei der Übersetzung der mündlichen Erklärung des Erblassers in die Schriftform (**Formulierungspflicht**) einen Begriff aus der juristischen Fachsprache wählte, dem der Erblasser eine andere Bedeutung beilegte.[82] Dieser Gefahr kann der Testamentsgestalter entgehen, indem er dort, wo die juristische Klarheit und Präzision nicht darunter leidet, sich bei seiner Formulierung der Umgangssprache bedient oder dem rechtstechnischen Begriff eine umgangssprachliche Erläuterung beifügt.

b) Erforschung des mutmaßlichen Willens

Wenn es dem Richter – trotz Heranziehung aller zur Aufdeckung des Erblasserwillens möglicherweise dienlichen Umstände – nicht gelingt, sich von dem tatsächlich vorhanden gewesenen Willen des Erblassers zu überzeugen, muss er sich notfalls als zweitbeste Lösung damit begnügen, den Sinn zu ermitteln, der dem mutmaßlichen Erblasserwillen am ehesten entspricht.[83] Dies wird aus dem in § 2084 enthaltenen Grundsatz der benigna interpretatio gefolgert.[84] Der Tatrichter darf sich nämlich seiner Aufgabe, eine Verfügung von Todes wegen auszulegen, grundsätzlich nicht dadurch entledigen, dass er die Schwierigkeiten, die der Feststellung des wirklichen Willens des Erblassers entgegenstehen, aufzeigt und die Beseitigung der aufkommenden Zweifel für unmöglich erklärt. Gerade die Auflösung solcher Zweifel ist der Zweck der Auslegung.[85] Der **mutmaßliche Erblasserwille** ist **kein** dem Erblasser unterstellter hypothetischer, **irrealer Wille**, sondern der wirkliche Wille, den der Erblasser mutmaßlich gehabt hat, als er sein Testament errichtete.[86] Auf einen mutmaßlichen Willen des Erblassers kann nur dann geschlossen werden, wenn er im Zeitpunkt der Testamentserrichtung wenigstens an die Möglichkeit einer späteren Änderung der Umstände gedacht hat. Hat er dies nicht, kann nur in ergänzender Auslegung des Testament geprüft werden, was er hypothetisch gewollt hätte, wenn er die spätere Änderung vorausschauend in Betracht gezogene hätte.[87] Um den mutmaßlichen Erblasserwillen festzustellen, muss geprüft werden, was der Erblasser, als er das Testament errichtete, vernünftigerweise gewollt haben kann. Anhaltspunkte dafür sind aus dem Testament, aber auch aus der Auswertung aller sonstigen Umstände außerhalb des Testaments zu entnehmen.[88] Auch hier muss jedoch, wenn der Inhalt der Erklärung durch Auslegung ermittelt ist, weiter geprüft werden, ob dieser Wille genügend Ausdruck in der Urkunde gefunden hat, um formgültig zu sein.[89] Von dem durch Wortlaut und Umstände nahegelegten Verständnis darf das Gericht nur abgehen, wenn weitere Umstände von mindestens annähernd gleichgroßem Gewicht für ein Verständnis in einem anderen Sinn dargetan und bewiesen sind. Der Erblasserwille geht, wenn er feststeht und formgerecht erklärt ist, jeder anderen Interpretation vor.[90] 25

c) Gesetzliche Auslegungs- und Ergänzungsregeln

Lässt sich weder der reale noch der mutmaßliche Wille des Erblassers feststellen, so ist zu prüfen, ob nicht gesetzliche Auslegungs- oder Ergänzungsvorschriften (z.B. §§ 2067, 26

[82] NK-BGB/Fleindl § 2084 Rn 21.
[83] BGH NJW 1981, 2745; BGHZ 86, 41, 45 = NJW 1983, 672; BGH FamRZ 1985, 62, 63; BGH FamRZ 1985, 1123, 1124; BGH NJW 1993, 256; BayObLGZ 1982, 159, 165; OLG Zweibrücken Rpfleger 1986, 479; OLG Saarbrücken NJW-RR 1994, 844, 846; Dippel AcP 177, 349, 357; Lange/Kuchinke § 34 III 2 d; Staudinger/Otte Vorbem. zu §§ 2064 ff. Rn 130.
[84] Johannsen WPM 1972, 62, 65.
[85] BGH NJW 1981, 2745.
[86] RGZ 134, 277, 280; RGZ 142, 171, 175; BGH JZ 1953, 122.
[87] BGHZ 86, 41, 51; MünchKomm/Leipold § 2084 Rn 73 ff. LM § 242 (A) BGB Nr. 7 = JZ 1953, 122.
[88] NK-BGB/Fleindl § 2084 Rn 8.
[89] BGHZ 86, 41, 47 = NJW 1983, 672; OLG Zweibrücken Rpfleger 1986, 479, 480.
[90] BGH NJW 1993, 256 = FamRZ 1993, 318.

2069, 2169, 2172) einer zweifelhaften Regelung des Erblassers einen Sinn geben oder eine Lücke füllen können.[91] Dabei finden diese Regeln unabhängig davon Anwendung, ob der Erblasser tatsächlich einen ihrem Inhalt und ihren Rechtsfolgen entsprechenden Willen hatte, wenn nur ausgeschlossen ist, dass er ausdrücklich oder mutmaßlich einen anderen Willen hatte.[92] Diese erbrechtlichen Auslegungsvorschriften sind verfahrensrechtlich bereits bei der Erforschung des realen oder mutmaßlichen Erblasserwillens für die Verteilung der Darlegungs-, Beweis- bzw. Feststellungslast zu beachten, d.h. dass die Auslegungsregel im Prozess die Darlegungs- und Beweislast und im Erbscheinsverfahren die Feststellungslast regelt. Dies ist kein akademisches Problem, sondern kann in der Praxis durchaus relevant werden. Normalerweise muss der Richter den Willen des Erblassers mit allen Mitteln ermitteln oder doch den mutmaßlichen feststellen (siehe oben lit. b). Im Anwendungsbereich einer Auslegungsregel kann er jedoch nach Beweislastregeln entscheiden, d.h. die Darlegungs-, Beweis- bzw. Feststellungslast trägt dort immer derjenige, der einen von der Auslegungsregel abweichenden Erblasserwillen behauptet.[93]

d) Keine Kumulation von gesetzlichen Auslegungsregeln!

27 Unter Aufgabe seiner bisherigen Rechtsprechung[94] hat der BGH[95] eine Kumulation der Auslegungsregeln der §§ 2069 und 2270 Abs. 2 mit dem Ziel abgelehnt, zur Wechselbezüglichkeit der vermuteten Ersatzerbeinsetzung zu gelangen. Er begründet dies damit, dass sich sonst die vermutete Feststellung des Erblasserwillens auf zwei aufeinander aufbauenden Vermutungen gründen würde, was schwerlich mit der allgemeinen Lebenserfahrung in Einklang stehe. Diese Rechtsprechung dürfte m.E. auch auf andere Kombinationen von gesetzlichen Auslegungsregeln anwendbar sein.[96]

e) Tatsächliche Vermutungen

28 Über die gesetzlichen Auslegungsregeln hinaus bilden die Obergerichte auch bei der Auslegung von Verfügungen von Todes wegen sogenannte **tatsächlichen Vermutungen,**[97] die die Rechtsfindung vereinheitlichen und vom Testamentsgestalter beachtet werden müssen. Bei den **Tatsachenvermutungen** handelt es sich um Schlussfolgerungen aus **Erfahrungssätzen,** d.h. um Schlüsse die aus der allgemeinen Lebenserfahrung gewonnen werden. Sie gehören also entweder der allgemeinen Lebenserfahrung oder der besonderen Fachkunde an.[98] Die Lebenserfahrung begründet die hohe Wahrscheinlichkeit eines gewissen Ablaufs, einen Erfahrungssatz, eine tatsächliche oder unechte Vermutung. Sie kann bei freier Beweiswürdigung weiteren Beweis überflüssig machen oder, wenn ihr eine so starke Beweiskraft nicht zukommt, neben anderen Umständen gewürdigt werden.[99] Sie sind letztlich **Beweislastnormen.**[100] Alle tatsächlichen Vermutungen lassen selbstverständlich den Gegenbeweis zu, der dahin geht, dass die vermutete Tatsache nicht zutrifft.[101]

---

[91] BGH LM § 2078 Nr. 3; Lange/Kuchinke § 34 VI 1.

[92] BGH NJW 1980, 1276, 1277 = Rpfleger 1980, 95; BGH NJW 1981, 2744 = Rpfleger 1981, 436.

[93] Staudinger/Otte Vorbem. zu §§ 2064ff. Rn 126; MünchKomm/Leipold § 2084 Rn 153; Tappmeier NJW 1988, 2715, 2716; Brox/Walker Rn 206; a.M. Lange/Kuchinke, 4. Aufl., § 34 IV 2.

[94] BGH NJW 1983, 277.

[95] BGH NJW 2002, 1126 = ZEV 2002, 150 m. Anm. Otte = DNotZ 2002, 661 m. Anm. Schmucker; ebenso jetzt OLG München RNotZ 2007, 109 = Rpfleger 2007, 146.

[96] Für die erweiterte Anwendung auch Keim ZEV 2002, 437; a.A. NK-BGB/Müßig § 2270 Rn 40.

[97] Siehe hierzu Hartmann in Baumbach/Lauterbach/Albers/Hartmann ZPO Anh. § 286 Rn 14 u. § 292 Rn 6; Baumgärtel in FS f. Schwab, 1990, S. 43ff.

[98] Hartmann a.a.O. Einf § 284 Rn 22.

[99] BGH NJW 1961, 777, 779; Hartmann a.a.O. Anh § 286 Rn 14.

[100] Hartmann a.a.O. § 292 Rn 6; Baumgärtel FS f. Schwab, 1990 S. 45, 50f.

[101] Hartmann a.a.O. § 292 Rn 3.

Ein Beispiel für eine solche richterliche Tatsachenvermutung ist der vom BayObLG[102] ist ständiger Rechtsprechung gebildete Erfahrungssatz, dass Verfügungen, durch die jeder Ehegatte die gemeinschaftlichen Kinder zu seinen Schlusserben einsetzt, im Zweifel nicht gegenseitig wechselbezüglich sind, da nach der Lebenserfahrung nicht davon auszugehen sei, dass ein Elternteil die eigenen Kinder nur deshalb im Testament bedenkt, weil dies auch der andere tut. Wohl sind sie jedoch wechselbezüglich zu den Alleinerbeinsetzungen des jeweils anderen Ehegatten.[103]

3. Die ergänzende Auslegung

a) Voraussetzungen

Aufgabe der ergänzenden Auslegung ist es, eine **lückenhafte Regelung** in der Verfügung von Todes wegen zu **vervollständigen.** Die ergänzende Testamentsauslegung setzt daher immer eine **ergänzungsbedürftige Lücke** voraus.[104] Eine Lücke in diesem Sinne ist eine planwidrige Unvollkommenheit, d.h. das Fehlen einer Regelung, die der Erblasser bei Kenntnis der Sachlage getroffen hätte, irrtumsbedingt aber nicht getroffen hat.[105] Ist die Verfügung vollständig, beruht jedoch auf einem Irrtum, ist nur Anfechtung wegen Motivirrtums (§ 2078 Abs. 2) zulässig, die gem. § 142 Abs. 1 zur Nichtigkeit der letztwilligen Verfügung führt, sodass der irreale Wille des Erblassers nur negativ, aber nicht positiv berücksichtigt wird.[106] Während die einfache Auslegung dazu dient, den hinter einer ausdrücklich in der förmlichen Verfügung zum Ausdruck gekommenen Willenserklärung stehenden Willen des Erblassers zu ermitteln und zu erläutern, versucht die ergänzende Auslegung einen unvollständigen Willen des Erblassers durch seinen irrealen, hypothetischen Willen zum Zeitpunkt der Testamentserrichtung zu ergänzen,[107] Bereits die gesetzlichen Auslegungsregeln der §§ 2068, 2069, 2076, 2101, 2164 Abs. 2, 2169 Abs. 1, 3, 2172 und 2173 haben in diesem Sinne ergänzenden Charakter. 29

Hinsichtlich der **Lücken sind zu unterscheiden:**

• **Nachträgliche Lücken:** Sie entstehen, weil in der Zeit zwischen der Testamentserrichtung und dem Erbfall Veränderungen eingetreten sind, die der Erblasser nicht vorhergesehen oder erwogen hatte.[108] Bei der Nacherbfolge sind nachträgliche Lücken auch solche, die zwischen dem Erbfall und dem Nacherbfall eintreten.[109] Die ergänzende Testamentsauslegung dient insbesondere dazu, solche nachträglich auftretende Lücken im Testament zu schließen.[110] Solche nachträglichen Änderungen können rein tatsächlicher Art sein, wie z.B. das Vorversterben eines Bedachten, Veränderungen hinsichtlich des vermachten Gegenstandes oder der Vermögenslage des Erblassers, aber auch die Ände- 30

---

[102] BayObLG Rpfleger 1985, 445 = FamRZ 1985, 1287; BayObLG FamRZ 1986, 392, 394; BayObLG FamRZ 1996, 1040 = Rpfleger 1996, 347 = ZEV 1996, 188 m. Anm. B. Kössinger; anders und auf den Einzelfall abstellend jedoch: OLG Köln NJW-RR 1994, 397 = FamRZ 1993, 1371, 1373.

[103] Staudinger/Kanzleiter § 2270 Rn 28; Buchholz Rpfleger 1990, 45, 50; Pfeiffer FamRZ 1993, 1266, 1274.

[104] Staudinger/Otte Vorbem. zu §§ 2064 ff. Rn 81; MünchKomm/Leipold, § 2084 Rn 77.

[105] Staudinger/Otte a.a.O.; MünchKomm/Leipold a.a.O.; BayObLG FamRZ 1997, 1509, 1510 = ZEV 1997, 339.

[106] v. Lübtow, Probleme des Erbrechts, 1967, S. 68 ff.

[107] Bezüglich der Aufgaben und Methoden der ergänzenden Testamentsauslegung siehe insb. eingehend Gerhards JuS 1994, 642, 643 f.

[108] RGZ 99, 82, 85; RGZ 134, 277, 280, BGHZ 26, 204, 211 = NJW 1958, 498; BGH JZ 1983, 709, 711; BayObLG FamRZ 1983, 986, 987 = NJW 1988, 2744; Soergel/Loritz § 2084 Rn 34, 38; MünchKomm/Leipold § 2084 Rn 78 ff.; Staudinger/Otte Vorb. z. §§ 2064 ff. Rn 91 ff.; Dippel AcP 177, 349, 357 f.; Brox JA 1984, 549, 552 f.

[109] BayObLG FamRZ 1991, 1234; MünchKomm/Leipold § 2084 Rn 117 ff.; BGH LM § 2084 2. 5.

[110] BayObLGZ 1988, 165, 167 = FamRZ 1988, 986.

rung eines Gesetzes (z.B. Einführung der Zugewinngemeinschaft oder der Erbberechtigung nichtehelicher Kinder) oder eine sonstige Änderung im Bereich der Rechts- und Wirtschaftsordnung (z.B. Währungsreform). Der Änderung wesentlicher Umstände nach der Errichtung einer Verfügung von Todes wegen kann grundsätzlich nur mit den Mitteln der ergänzenden Auslegung Rechnung getragen werden und nicht mittels den Regeln über den Wegfall der Geschäftsgrundlage, da es sich im Erbrecht nicht wie im Schuldrecht um einen gegenseitigen Leistungsaustausch handelt, sondern um eine unentgeltliche Zuwendung erbrechtlicher Natur.[111]

31 • **Ursprüngliche Lücken:** Bei ihnen weist die Verfügung von Todes wegen bereits von Anfang an eine Lücke, d.h. eine **planwidrige Unvollständigkeit** auf, weil der Erblasser bei der Errichtung schon vorhandene Umstände oder Entwicklungen außer acht gelassen hat, da er sie nicht kannte oder sie zwar kannte aber zurzeit der Testamentserrichtung aus ihnen fehlerhafte rechtliche Schlussfolgerungen gezogen hat, sich z.B. über den Inhalt eines Vertrages geirrt hat.[112] Zwar ist die ergänzenden Auslegung anhand von Fällen nachträglicher Änderung der Verhältnisse entwickelt worden, jedoch besteht nach h.M. kein Anlass, sie auf solche Fälle zu beschränken.[113] Soweit allerdings in der Testamentsurkunde selbst die Rechtsfolgen der getroffenen Verfügungen unklar oder unvollständig geregelt sind, ist dies durch einfache Auslegung, unter Berücksichtigung des Grundsatzes der wohlwollenden Auslegung (§ 2084) und der gesetzlichen Auslegungsregeln zu berichtigen.[114] Bei der ergänzender Auslegung ursprünglicher Lücken ist allerdings auf die Grenzziehung zur Irrtumsanfechtung nach § 2078 zu achten, da sonst diese Vorschrift gegenstandslos würde.[115] Dabei ist zu beachten, dass die ergänzende Testamentsauslegung stets voraussetzt, dass der Erblasser den für die Lücke ursächlichen Sachverhalt nicht gekannt hat oder ihn zwar kannte, aus ihm aber falsche tatsächliche oder rechtliche Schlussfolgerungen gezogen und zur Grundlage seiner letztwilligen Verfügung gemacht hat.[116]

32 • **Lücken durch Ereignisse nach dem Erbfall:** Umstritten ist, ob für eine ergänzende Auslegung auch Umstände herangezogen werden können, die erst nach dem Erbfall eingetreten sind oder sich verändert haben.[117] Vor allem nach der Wiedervereinigung stellte sich die Frage, ob die veränderten politischen und rechtlichen Umstände auch nach dem Erbfall bei der Testamentsauslegung Berücksichtigung finden können.[118] Die ablehnende Haltung wird mit der Rechtssicherheit und dem Vertrauensschutz der Erben begründet, während die bejahende auf die Verwirklichung des Erblasserwillens verweist, hinter dem der Vertrauensschutz Dritter zurückzutreten habe. Auf jeden Fall können Ereignisse nach dem Erbfall nicht zu einer wiederholten Uminterpretation des Erblasserwillens führen, wie z.B. der Eintritt des Erben in eine Sekte.[119] Nach der m.E. richtigen differenzierenden Ansicht kann auf Grund Ereignissen nach dem Erbfall nur dann eine ergänzende

---

[111] RGZ 108, 83, 85; BGH NJW 1993, 850 = DNotZ 1993, 532; OLG Düsseldorf ZEV 1996, 466 m. Anm. Medicus = FamRZ 1996, 1302.

[112] Soergel/Loritz § 2084 Rn 38; BGH NJW 1978, 264.

[113] BGH NJW 1978, 264, 265f.; BayObLGZ 1997, 197 = NJW-RR 1997, 1438 = DNotZ 1998, 209; OLG Naumburg FGPrax 1996, 30, 31; Staudinger/Otte, Vorbem. zu §§ 2064ff. Rn 91; MünchKomm/Leipold § 2084 Rn 81; Soergel/Loritz § 2084 Rn 38; Johannsen WM 1972, 62, 66.

[114] MünchKomm/Leipold § 2084 Rn 81.

[115] Staudinger/Otte Vorbem. zu §§ 2064ff. Rn 36; Soergel/Loritz § 2084 Rn 38.

[116] Soergel/Loritz § 2084 Rn 38.

[117] Dafür: RGZ 86, 206, 210; OLG Karlsruhe OLGZ 1981, 399, 407; BGH NJW 1962, 1058 = FamRZ 1962, 256; BayObLG FamRZ 1991, 1234, 1235; OLG Frankfurt OLGZ 1993, 382 = FamRZ 1993, 857; Fahrenhorst JR 1992, 265, 266; dagegen: R. Meyer ZEV 1994, 12; differenzierend: MünchKomm/Leipold § 2084 Rn 117f.; Staudinger/Otte, Vorbem. zu §§ 2065ff. Rn 92; Grunewald NJW 1991, 1208, 1210.

[118] Siehe hierzu eingehend R. Meyer ZEV 1994, 12, 13.

[119] OLG München NJW 1983, 2577; Palandt/Edenhofer, § 2084 Rn 10.

Testamentsauslegung erfolgen, wenn die Verfügung mit dem Erbfall noch nicht ihre „volle Wirkung" entfaltet hat, sodass der maßgebliche Zeitpunkt nicht der Erbfall, sondern die **Wirksamkeit** der letztwilligen Verfügung ist.[120] Erbfall und Wirksamkeit des Testaments können auseinanderfallen, so z. B. wenn die Verfügung aufschiebend bedingt ist,[121] wenn Nacherbfolge angeordnet ist[122] oder bei hinausgeschobener Fälligkeit eines Vermächtnisses oder einer Auflage.[123] Spätere Veränderungen in anderer Fällen können nicht mehr durch Auslegung, sondern nur noch über die Anfechtung nach § 2078 Abs. 2 berichtigt werden, sofern dem nicht der Fristablauf (§ 2082 Abs. 1) entgegensteht.

b) Methode der ergänzenden Testamentsauslegung

Eine **ergänzende Testamentsauslegung** ist in folgenden Schritten vorzunehmen:[124]

• Methodisch ist bei der ergänzenden Auslegung zunächst mittels einfacher Auslegung 33
die **Lücke,** d. h. die planwidrige Unvollständigkeit oder das Sachverhaltsdefizit festzustellen. Dabei ist das Ziel (**= die wirkliche Willensrichtung**) des Erblassers zu ermitteln,[125] das er mit der Verfügung zum Zeitpunkt der Testamentserrichtung hatte erreichen wollen. Dieses Ziel bzw. der vom Erblasser erstrebte Erfolg ist nicht rechtlicher, sondern praktisch-wirtschaftlicher Natur. Es kann z. B. sein: Sicherung des Lebensunterhalts des Bedachten, Fortführung eines Unternehmens durch den Erben, Belohnung für die Pflege im Alter, Bedenken eines ganzen Familienstammes, wirtschaftliche Gleichbehandlung nahe stehender Personen. Zum Ziel gehören auch die Vorstellungen des Erblassers über seine Nachlassgegenstände und ihre Veränderung bis zum Erbfall, sowie über den oder die Lebenszeit, das Verhalten und die künftige wirtschaftliche Entwicklung des oder der Bedachten. Die Verwirklichung dieser Willenrichtung ist und darin besteht die Lücke, vom Erblasser durch seine Testamentsgestaltung nicht erreicht worden. Sie kann im Wege der ergänzenden Auslegung durch eine das Ziel erreichende Regelung geschlossen werden kann, sodass dadurch der Testamentsinhalt den veränderten Umständen angepasst wird.

• Als nächstes ist festzustellen, ob diese Lücke überhaupt planwidrig ist, d. h. ob der 34
Erblasser, wenn er sich ihrer bewusst gewesen wäre, eine andere Testamentsgestaltung gewählt hätte (**= Kausalität der Lücke**)[126] oder ob die Lücke nicht etwa gewollt war.

• Danach ist die **Lücke** zu **schließen.** Bei der Lückenschließung ist zu ermitteln, was 35
nach der Willensrichtung des Erblassers, d. h. seiner allgemeinen Motivation im Zeitpunkt der Testamentserrichtung, als von ihm gewollt und inhaltlich gestaltet worden wäre, wenn er die Veränderungen der Sachlage vorausgesehen hätte.[127] Es ist immer zu fragen, welche Anordnungen der Erblasser getroffen hätte oder welche unterblieben wären, d. h. wie er testiert hätte, wenn ihm im Zeitpunkt der Testamentserrichtung die nicht in Erwägung gezogenen Umstände bekannt gewesen wären.[128] Es handelt sich somit nicht darum, dass der erwiesene oder auch nur mutmaßliche wirkliche Wille des Erblassers zur Geltung gebracht wird, sondern um die Berücksichtigung eines dem Erblasser unterstellten **irrealen, hypothetischen Willens,** den der Erblasser vermutlich gehabt haben würde, wenn er bei Testamentserrichtung die künftige Entwicklung wenigstens als mög-

[120] MünchKomm/Leipold § 2084 Rn 117 f.; Soergel/Loritz § 2084 Rn 41; siehe auch Gerhards, (1996), S. 71.

[121] OLG Köln OLGZ 1969, 290; BayObLG FamRZ 1991, 1234.

[122] BGH LM § 2084 Nr. 5.

[123] BGH WM 1971, 533.

[124] Zur Methode der Auslegung siehe insb. BGHZ 80, 242; BGHZ 86, 41, 46; BGHZ 94, 36, 38, 43; OLG Saarbrücken NJW-RR 1994, 844, 845; Brox/Walker Rn 201.

[125] Zum Folgenden insbes. Gerhards JuS 1994, 642, 643 f. m. w. Nachw.

[126] Gerhards, Ergänzende Testamentsauslegung wegen postmortaler Ereignisse, 1996, S. 22; Stumpf, Erläuternde und ergänzende Auslegung letztwilliger Verfügungen im System privatautonomer Rechtsgestaltung, 1991, S. 178.

[127] BGHZ 22, 357, 362; BayObLGZ 1996, 205, 221.

[128] BayObLG FamRZ 1994, 723, 725 = ZEV 1994, 47; Lange/Kuchinke § 34 III 5 a.

lich vorausgesehen hätte.[129] Bei der Ermittlung des hypothetischen Erblasserwillens sind, wie auch bei der einfachen Auslegung, außerhalb des Testaments liegende Umstände, die allgemeine Lebenserfahrung und auch Äußerungen des Erblassers zu berücksichtigen.[130] Auch bei der ergänzenden Testamentsauslegung ist der irreale Erblasserwille zum Zeitpunkt der Testamentserrichtung und nicht ein späterer Wille festzustellen.[131] Aus einem nach der Testamentserrichtung gebildeten Willen des Erblassers können allenfalls „Rückschlüsse" auf den hypothetischen Willen zurzeit der Abfassung der Verfügung gezogen werden.[132] Bei der Lückenschließung ist aus allen denkbaren Gestaltungsmöglichkeiten diejenige zu wählen, mit der die durch den irrealen oder hypothetischen Erblasserwillen gefundenen Zwecke und Motive am besten zu verwirklichen sind.[133] Ist ein vom Wortlaut der Verfügung von Todes wegen abweichender realer oder hypothetischer Wille des Erblassers nicht erkennbar, muss es bei der Auslegung entsprechend dem Wortlaut verbleiben.[134] Bei der Lückenausfüllung kann die Verfügung von Todes wegen grundsätzlich in jeder Weise verändert werden, so kann z.B. ein Vorausvermächtnis in Wegfall kommen,[135] ein Vermächtnis durch eine auflösende Bedingung ergänzt werden,[136] eine Nacherbeinsetzung wegfallen,[137] eine Erbeinsetzung ergänzt werden durch einen weiteren nach der Testamentserrichtung geborenen Sohn der Tochter[138] oder eine Nacherbfolge ergänzt werden durch einen nach der Testamentserrichtung geborenen weiteren Abkömmling.[139] Streitig ist nur, ob die bloße Beseitigung einer Verfügung von Todes wegen möglich ist oder dies vielmehr nicht eine Aufgabe der ergänzenden Auslegung, sondern der Anfechtung ist.[140] Nach Meinung des BayObLG ist jedoch eine Verfügung gegenstandslos und gesetzliche Erbfolge tritt ein, wenn der Erblasser mangels seines Irrtums sie nicht getroffen haben würde.[141] Vor allem darf nicht ein nicht im Testament zum Ausdruck gekommenes Motiv des Erblassers mit seinem Willen gleichgesetzt und das Testament entsprechend geändert werden.[142]

36 • Zum Schluss ist die Frage zu stellen, ob dieses Auslegungsergebnis auch Bestand vor den **Formvorschriften** hat. Wie auch bei der einfachen Auslegung formgebundener Willenserklärungen ist auch die ergänzende Testamentsauslegung nach der **Anhalts- oder Andeutungstheorie** nur zulässig, wenn die Willensrichtung (= das Ziel) des Erblassers, d.h. seine allgemeine Motivation, aus der Urkunde selbst wenigstens andeutungsweise festzustellen ist.[143] Dies wird umso eher der Fall sein, je mehr das vom Erblasser erstrebte Ziel aus dem Wortlaut der Urkunde erkennbar ist. Bei der ergänzenden Testaments-

---

[129] RGZ 134, 277, 280; RGZ 142, 171, 175; BayObLG NJW-RR 1991, 1094 = FamRZ 1991, 1234; PfälzOLG Zweibrücken FamRZ 1992, 608 = Rpfleger 1992, 109, 110f. m. Anm. Gerken Rpfleger 1992, 252; OLG Hamm Rpfleger 1987, 247, 248.

[130] BayObLG FamRZ 1988, 986, 988 = NJW 1988, 2744.

[131] RGZ 142, 171, 175; BGHZ 112, 229, 233; BayObLG NJW 1988, 2744; BayObLG NJW-RR 1989, 326, 327; MünchKomm/Leipold § 2084 Rn 84; a.M. Keuk, Der Erblasserwille post testamentum und die Auslegung des Testaments, 1965, S. 16.

[132] BGH FamRZ 1962, 256; BayObLG FamRZ 1995, 1446 = NJW-RR 1996, 1351; BayObLG DNotZ 1996, 302, 305 = NJW 1996, 133 = ZEV 1995, 331.

[133] Keymer (1984) , S. 131.

[134] OLG Hamm FamRZ 1997, 121, 123.

[135] BayObLG FamRZ 1997, 1509 = ZEV 1997, 339.

[136] BGH FamRZ 1962, 256; RGZ 108, 83, 85.

[137] BGH LM § 2084 Nr. 5.

[138] BayObLG FamRZ 1991, 982.

[139] BayObLG FamRZ 1991, 1234, 1236 = NJW-RR 1991, 1094.

[140] So MünchKomm/Leipold § 2078 Rn 11 u. § 2084 Rn 91f.

[141] BayObLGZ 1966, 390 = NJW 1967, 729; ähnlich KG OLGZ 1972, 76, 82 = NJW 1971, 1192.

[142] Siehe das Beispiel bei Staudinger/Otte Vorbem. zu §§ 2064ff. Rn 90.

[143] BGHZ 74, 116, 117; BGH FamRZ 1983, 380, 382; OLG Hamburg FamRZ 1988, 1322; BayObLG FamRZ 1988, 986 = NJW 1988, 2744; BayObLGZ NJW-RR 1989, 326, 327; BayObLG FamRZ 1994, 723, 725 = ZEV 1994, 47; eingehend: MünchKomm/Leipold § 2084 Rn 14.

auslegung ist im allgemeinen Zurückhaltung geboten, weil sie nicht dazu führen darf, dasjenige als vom Erblasser gewollt anzusehen, was ein Dritter an seiner Stelle getan haben würde.[144]

c) Vorrang der Auslegung

Nach allgemein anerkannter Auffassung in Rechtsprechung[145] und Schrifttum[146] geht die Auslegung der Anfechtung vor, da sie den Erblasserwillen verwirklicht, während ihn die Anfechtung vernichtet (§ 142) und häufig zu der vom Erblasser ungewollten gesetzlichen Erbfolge führt. Der Vorrang gilt auch für die ergänzende, lückenschließende Auslegung.[147] Der Anwalt sollte es daher immer zunächst mit der Auslegung versuchen und die (unbedingte) Anfechtung immer nur für den Fall erklären, dass die Auslegung nicht in dem von ihm vorgetragenen Sinne erfolgt (**Eventualanfechtung**).[148] 37

d) Keine zeitlichen Grenzen der ergänzenden Auslegung

Die Ausschlussfristen für die Irrtumsanfechtung nach den §§ 2078 Abs. 2, 2082 sind auf die ergänzende Auslegung nicht analog anwendbar.[149] Allenfalls das Verbot des Rechtsmissbrauchs nach § 242 kann hier Grenzen setzen. 38

e) Fallgruppen ergänzender Auslegung

Wo spezielle Normen fehlen, pflegt juristisches Denken durch Fallvergleich und aus den konkreten Erfahrungen des Rechtsgefühls heraus Fallgruppen zu bilden. So auch bei der ergänzenden Auslegung.[150] Der Schwerpunkt liegt dabei im Umkreis der gesetzlichen Auslegungsregeln.[151] Allerdings sollte man sich gerade bei der Auslegung hüten, in den gebräuchlichen Fallgruppen eine Begrenzung zu sehen. Auch alle anderen Fälle sind, sofern die Voraussetzungen dazu vorliegen, der ergänzenden Auslegung zugänglich. Die häufigsten Fallgruppen sind ohne Anspruch auf Vollständigkeit: 39

aa) Die mutmaßliche Ersatzerbeinsetzung. Die Auslegungsregel nach § 2069 bezieht sich nur auf den Wegfall eines bedachten Abkömmling des Erblassers. Die Regel **kann nicht analog** auf den Wegfall anderer eingesetzter Erben (z. B. der Geschwister oder der zweiten Ehefrau des Erblassers) und deren Abkömmlinge angewandt werden.[152] Ist in solchen Fällen kein Ersatzerbe ausdrücklich bestimmt, kann allerdings die letztwillige Verfügung dadurch lückenhaft sein und der ergänzenden Auslegung bedürfen. Es ist in der Rechtsprechung anerkannt, dass der dem § 2069 zugrunde liegende Rechtsgedanke (**= Bedenkung des Stammes des Erben**) bei einer solchen ergänzenden Auslegung herangezogen werden kann, wenn es sich bei der ursprünglich bedachten und weggefallenen Person um einen nahen Angehörigen des Erblassers handelt oder sonst ein besonders enges Verhältnis zu ihm bestanden hat, das mit dem zu einem eigenen Abkömmling vergleichbar ist. Lag ein solches Verhältnis zwischen dem Erblasser und dem weggefallenen 40

---

[144] KG NJW 1963, 766, 768; KG NJW 1971, 1992 = OLGZ 1972, 76; MünchKomm/Leipold § 2084 Rn 17.

[145] RGZ 70, 391; BGH NJW 1978, 264; BayObLG FamRZ 1983, 100; BayObLG DNotZ 1998, 209 = ZEV 1997, 339, 340; OLG Frankfurt DtZ 1993, 216.

[146] MünchKomm/Leipold § 2078 Rn 11; Staudinger/Otte § 2078 Rn 6 f.; Soergel/Loritz § 2078 Rn 3; krit. Schubert/Czub JA 1980, 257, 258.

[147] BGH NJW 1978, 264, 266; BayObLG FamRZ 1991, 982; OLG Frankfurt FamRZ 1993, 857.

[148] BGH NJW 1968, 2099; RGZ 66, 153; RGZ 146, 239; Palandt/Ellenberger § 143 Rn 2 u. Einf v § 158 Rn 6; Staudinger/Roth § 143 Rn 9; MünchKomm/Busche § 143 Rn 6.

[149] BayObLG DNotZ 1998, 209 = ZEV 1997, 339, 341; MünchKomm/Leipold § 2084 Rn 97; Soergel/Loritz § 2084 Rn 41; Schlüter Rn 193; a. M. Brox, Irrtumsanfechtung, S. 159; Gerhards (1984), S. 33.

[150] Staudinger/Otte, Vorbem. zu §§ 2064 ff. Rn 95 ff.; MünchKomm/Leipold § 2084 Rn 101 ff.

[151] Staudinger/Otte, Vorbem. zu §§ 2064 ff. Rn 95.

[152] BGH NJW 1973, 240, 242; BayObLG FamRZ 1991, 865; OLG München ZEV 2007, 93 = NJW-RR 2006, 1597; OLG München ZEV 2007, 383, 385.

Bedachten vor, so kann nach dieser Rechtsprechung in der Einsetzung des Bedachten unter Hinweis auf das Verwandtschaftsverhältnis der nach der Andeutungstheorie erforderliche geringe Anhaltspunkt in der Testamentsurkunde gefunden werden für den weitergehenden, auf die Ersatzberufung der Abkömmlinge des Bedachten gerichteten hypothetischen Erblasserwillen, zu dessen abschließender Feststellung dann auch außerhalb des Testaments liegende Umstände herangezogen werden können.[153] Somit führt die ergänzende Auslegung häufig dazu, dass nicht nur in den von § 2069 unmittelbar erfassten Fällen, sondern auch dann, wenn es sich bei dem Bedachten um eine dem Erblasser im obigen Sinne nahe stehende Person handelt, anzunehmen ist, dass ihre Erbeinsetzung auch die Ersatzberufung ihrer Abkömmlinge zu Inhalt hat,[154] die Erstbedachten somit als **„Erste des Stammes"** eingesetzt wurden.[155]

41 *bb) Der Zuwendungsverzichtsvertrag.* Beim Zuwendungsverzichtsvertrag (§ 2352) erstreckte sich nach herrschender Meinung[156] **bis zum 31. Dezember 2009 (Erweiterung der Verweisung in § 2352 S. 3 auch auf § 2349 durch das ErbVerjRÄndG mit Wirkung ab 1. 1. 2010)**[157] seine Wirkung nicht auf die Abkömmlinge des Verzichtenden. Dies galt ausnahmslos bei einer ausdrücklichen Ersatzerbeinsetzung nach § 2096. In den Fällen der stillschweigenden Ersatzberufung gemäß § 2069 BGB legte die Rechtsprechung im Wege der ergänzenden Auslegung der Verfügung von Todes wegen den hypothetischen Erblasserwillen dahin aus, dass er die Ersatzberufung nicht gewollt habe, sofern der Verzicht gegen *vollständige Abfindung* erfolgt ist, da sonst eine doppelte Bedenkung des Stammes erfolgen würde.[158]

42 *cc) Nacherbenanwartschaft.* Ähnlich ist die Rechtslage bei einer **Veräußerung der Nacherbenanwartschaft an den Vorerben.**[159] Besteht hier eine ausdrücklich angeordnete oder auf Grund § 2069 vermutete Ersatznacherbschaft, so ändert sich an der Rechtstellung der Ersatznacherben durch die Übertragung der Nacherbenanwartschaft an den Vorerben durch den Nacherben nichts und der Vorerbe verliert seine durch diese Übertragung erworbene Rechtstellung als gleichzeitiger Nacherbe in dem Fall und zu dem Zeitpunkt an den Ersatznacherben, an dem sie auch der ursprüngliche Nacherbe verloren hätte.[160] Auch dieser Folge begegnet die Rechtsprechung[161] mit der ergänzenden Auslegung für den Fall, dass die Übertragung voll entgeltlich erfolgt und der Ersatzerbe nicht ausdrücklich berufen ist.

---

[153] RGZ 134, 289, 290; BayObLG FamRZ 1988, 986 = DNotZ 1989, 176; OLG München ZEV 2007, 383, 385.

[154] OLG München ZEV 2007, 383, 385 = NJW-RR 2007, 1162 = FGPrax 2007, 181.

[155] So *zum Ehegatten:* BayObLGZ 1988, 165 = NJW 1988, 2744; OLG Hamburg FamRZ 1988, 1322, 1323; BayObLG FamRZ 1996, 1037 = ZEV 1996, 191. *Zu Stief- oder Geschwisterkinder:* RGZ 99, 82; OLG Karlsruhe NJW-RR 1992, 1482; BayObLG NJW-RR 1992, 73. *Zu Geschwistern:* BGH NJW 1973, 242; OLG Karlsruhe FamRZ 1993, 363, 364; BayObLG FamRZ 1997, 641 = Rpfleger 1997, 215; BayObLG FamRZ 1997, 1177 = NJW-RR 1997, 517. *Zur Mutter:* OLG Hamburg FamRZ 1988. *Zum Schwiegersohn:* OLG Hamburg NJW-RR 1991, 1349. *Zur Tochter der Geliebten:* BayObLG NJW-RR 1993, 459. *Zur Tochter der Lebensgefährtin:* BayObLG FamRZ 1991, 865.

[156] OLG Köln FamRZ 1990, 99, 100; BayObLG NJW-RR 1997, 1027 = ZEV 1997, 377, 381; OLG Frankfurt DNotZ 1998, 230 = MittRhNotK 1997, 195; Nieder ZEV 1996, 241, 247; Kanzleiter ZEV 1997, 261, 262.

[157] Zu den Folgen der Neuregelung siehe oben § 19 Rn 35; krit. Kanzleiter DNotZ 2009, 805.

[158] BGH NJW 1974, 43, 44 = FamRZ 1974, 442 m. Anm. Blomeyer; OLG Köln FamRZ 1990, 99; OLG Frankfurt DNotZ 1998, 220, 223 f.; BayObLG NJW-RR 1997, 1027 = ZEV 1997, 377, 381; a. M. d. h. ohne Differenzierung zwischen entgeltlichem und unentgeltlichem Verzicht Kanzleiter ZEV 1997, 261, 263.

[159] Siehe hierzu eingehend Nieder ZEV 1996, 241, 245.

[160] BayObLGZ 1970, 137 = NJW 1970, 1794, 1795; OLG Hamm NJW 1970, 1606; MünchKomm/Grunsky § 2100 Rn 35.

[161] LG München II MittBayNot 1980, 29; OLG Stuttgart BWNotZ 1982, 64 = Rpfleger 1982, 106.

dd) Zustimmungserklärung. Letztlich ist die Rechtslage auch ähnlich bei der **Zustimmung des Vertragserben oder Schlusserben** zu einer lebtäglichen unentgeltlichen Verfügung des Erblassers über einen künftigen Nachlassgegenstand und deren Wirkung gegenüber dem Ersatzerben. Auch hier kann unter den obigen Voraussetzungen im Wege der ergänzenden Auslegung der Verfügung von Todes wegen die Wirkung der Zustimmung (die allerdings der notariellen Urkundsform bedarf!)[162] auf die Ersatzerben ausgedehnt werden.[163] 43

ee) Veränderung der Vermögensverhältnisse des Erblassers. Bei unzutreffenden Vorstellungen des Erblasser bei Testamentserrichtung über seine Vermögensverhältnisse zum Zeitpunkt des Erbfalls kann eine ergänzende Testamentsauslegung in Betracht kommen.[164] Grundsätzlich gehen allerdings Rechtsprechung und Schrifttum[165] davon aus, dass bei ausdrücklicher Einsetzung von Erbquoten die Erbeinsetzung auch dadurch nicht in Frage gestellt wird, dass dem Erblasser nach der Testamentserrichtung weiteres erhebliches Vermögen anfällt. Lediglich, wenn der Erblasser ohne Erbquotenangabe Einzelgegenstände oder Vermögensgruppen zuwendet, die den Nachlass zum Zeitpunkt der Testamentserrichtung praktisch erschöpfen würden, kann bei erheblichem späteren Zuerwerb die ergänzende Auslegung ergeben, dass der Erblasser mit der Zuwendung sein Vermögen doch nicht ausschöpfen wollte und deshalb die Zuwendung als Vermächtniseinsetzung oder Teilerbeinsetzung verbunden mit der gesetzlichen Erbfolge anzusehen ist.[166] Ein Vermächtnis muss grundsätzlich bis zur völligen Ausschöpfung des Nachlasses erfüllt werden und nur in Ausnahmefällen kann Änderungen der Vermögensverhältnisse des Erblassers nach der Testamentserrichtung mit der ergänzenden Auslegung Rechnung getragen werden.[167] 44

ff) Veränderungen an einem vermachten Gegenstand. Sofern der vermachte Gegenstand beim Erbfall nicht mehr zum Nachlass gehört, sind zunächst die gesetzlichen Auslegungsregeln nach §§ 2169, 2170 und 2173 heranzuziehen. Dabei ist zu beachten, dass § 2169 Abs. 3 nach der h. M.[168] weder direkt noch analog für den Fall der Veräußerung gilt. Die ergänzende Auslegung kann jedoch dazu führen, den Erlös des Veräußerungsgeschäfts, sofern er sich noch im Nachlass befindet, oder den Wert des veräußerten Gegenstandes als vermacht anzusehen.[169] 45

gg) Änderung der Rechtslage zwischen Testamentserrichtung und Erbfall. Ändert sich in der Zwischenzeit die Rechtslage, wie z. B. durch Einführung des Erbrechts des nichtehelichen Kindes nach dem Vater oder die Höhe der Ehegattenerbquote, so kann sich dies auf die Auslegung des Testaments auswirken.[170] 46

hh) Geldentwertung und Währungsänderung. Geldentwertungen können durch ergänzende Auslegung berücksichtigt werden, so z. B. durch Anpassung eines Geldvermächtnisses oder eines vom Erblasser festgesetzten Übernahmepreises.[171] 47

---

[162] BGHZ 108, 252 = DNotZ 1990, 803.
[163] Hierzu eingehend und kritisch Kanzleiter ZEV 1997, 261.
[164] OLG Hamm FamRZ 1997, 121, 123; OLG Zweibrücken NJW-RR 1992, 587 = Rpfleger 1992, 252 m. Anm. Gerken; Staudinger/Otte, Vorbem zu §§ 2064 ff. Rn 96; MünchKomm/Leipold § 2084 Rn 112.
[165] BGH FamRZ 1972, 561, 563; BayObLG Rpfleger 1980, 430; BayObLG FamRZ 1986, 835, 837; Bartz NJW 1972, 1176.
[166] Bartz NJW 1972, 1176; BayObLG Rpfleger 1983, 302; Staudinger/Otte § 2087 Rn 22.
[167] BGH NJW 1993, 245 = FamRZ 1993, 422.
[168] BGHZ 22, 357; Staudinger/Otte § 2169 Rn 16; Soergel/Wolf § 2169 Rn 14.
[169] BGHZ 86, 41 = NJW 1983, 672; OLG Oldenburg NJW-RR 1994, 843; Staudinger/Otte § 2169 Rn 16; Soergel/Wolf § 2169 Rn 14.
[170] KG FamRZ 1961, 447; Rupp NJW 1958, 12; Staudinger/Otte, Vorbem. zu § 2064 ff. Rn 98; MünchKomm/Leipold § 2084 Rn 115.
[171] RGZ 108, 83; BGH LM § 242 Nr. 7; MünchKomm/Leipold § 2084 Rn 116; Staudinger/Otte, Vorbem. zu §§ 2064 ff. Rn 97.

48 *ii)* Auch die **erbrechtliche Bindung** kann mittels ergänzender Auslegung festgestellt oder verändert werden oder gar in Wegfall kommen. So der Wegfall der Wechselbezüglichkeit eines gemeinschaftlichen Ehegattentestaments.[172] oder der Vertragsmäßigkeit einer Verfügung in einem Erbvertrag.[173]

49 *kk) Änderungsvorbehalte bei gemeinschaftlichen Ehegattentestamenten*[174] *und in Erbverträgen.*[175] Solche Bestimmungen müssen natürlich in erster Linie ausdrücklich in der Verfügung von Todes wegen aufgenommen sein. Die Rechtsprechung lässt sie jedoch auch auf Grund ergänzender Auslegung zu.[176] So z.B. auch mit der Begründung, die überlebende erbrechtlich gebundene Ehefrau habe nach dem Tod des Ehemannes Vermögen erworben, über das sie im Wege der ergänzenden Auslegung anderweitig verfügen könne.[177]

50 *ll) Unvorhergesehenes Verhalten des Bedachten.* Ein vom Erblasser unvorhergesehenes Verhalten des Bedachten kann ebenfalls Anlass für eine ergänzende Auslegung des Testaments sein.[178]

51 *mm) Ergänzende Auslegung bei Testamenten mit deutsch-deutscher Beziehung.* Der grundlegende, nicht vorhersehbare Wandel der staatlichen, rechtlichen und wirtschaftlichen Verhältnisse in den neuen Bundesländern durch die deutsche Einigung kann Anlass zu einer ergänzenden Testamentsauslegung bieten. Das ist unproblematisch, soweit die Wiedervereinigung zwischen Testamentserrichtung und Erbfall erfolgte. Umstritten ist jedoch, ob diese Veränderungen auch noch zu einer ergänzenden Auslegung führen können, wenn sich der Erbfall bereits vor der Wiedervereinigung ereignet hat.[179] Nach dem OLG Naumburg[180] soll im Wege der ergänzenden Testamentsauslegung ein Restitutionsanspruch nach dem VermG in den Nachlass fallen, obwohl Testamentserrichtung und Erbfall vor der Wiedervereinigung lagen, da der Restitutionsanspruch in „latenter Form" bereits im Zeitpunkt von Testamentserrichtung und Erbfall im Vermögen des Erblassers vorhanden gewesen sei. Hat ein Erblasser Erben eingesetzt, ohne seine Grundstücke in der ehemaligen DDR ausdrücklich zu berücksichtigen, da er sie für rechtlich verloren oder für wirtschaftlich bedeutungslos hielt, ergreift die testamentarische Erbeinsetzung grundsätzlich den gesamten Nachlass und damit auch dieses Vermögen, sofern nicht aus dem Testament Anhaltspunkte für eine andere, ergänzende Auslegung ersichtlich sind.[181]

---

[172] BayObLG Rpfleger 1982, 285; BayObLG Rpfleger 1985, 240; OLG Zweibrücken NJW-RR 1992, 587 = Rpfleger 1992, 252 m. Anm. Gerken; BayObLG FamRZ 1995, 251 = ZEV 1994, 362, 364; Staudinger/Kanzleiter § 2270 Rn 22.

[173] BayObLG Rpfleger 1983, 70; BGH NJW 1961, 120; = FamRZ 1961, 76; BGH WPM 1970, 482, 483; OLG Hamm NJW 1974, 1774; BayObLGZ 1961, 207, 209; Coing NJW 1958, 690.

[174] Bamberger/Roth/Litzenburger § 2271 Rn 19 ff.

[175] Bamberger/Roth/Litzenburger § 2289 Rn 11.

[176] Bei gemeinschaftlichen Testamenten: PfälzOLG Zweibrücken NJW-RR 1992, 587 = Rpfleger 1992, 109; Huber Rpfleger 1981, 42; Gerken Rpfleger 1992, 252; bei Erbverträgen: BGHZ 26, 204, 210 = NJW 1958, 498; OLG Köln NJW-RR 1994, 651, 653; BayObLG DNotZ 1996, 316 = MittBayNot 1996, 112.

[177] PfälzOLG Zweibrücken Rpfleger 1992, 109, 111 = FamRZ 1992, 608; Gerken Rpfleger 1992, 252.

[178] Staudinger/Otte, Vorbem. zu §§ 2064 ff. Rn 99; BGH LM § 2084 Nr. 5; BGH FamRZ 1962, 256.

[179] Bejahend: OLG Frankfurt FamRZ 1993, 857; R. Meyer ZEV 1994, 12, 14; KG FamRZ 1995, 762; MünchKomm/Leipold § 2084 Rn 115 a.E. unter Verweis auf 4. Aufl. § 2084 Rn 108 ff.; Verneinend: OLG Oldenburg DtZ 1992, 290; Grunewald NJW 1991, 1208, 1210; Wasmuth DNotZ 1992, 3, 8; Bestellmeyer Rpfleger 1992, 321, 326.

[180] FGPrax 1996, 30.

[181] OLG Hamm FamRZ 1995, 1092; KG FamRZ 1996, 569 = ZEV 1996, 234, 236; BayObLG FamRZ 1994, 723, 725 = ZEV 1994, 47; BayObLG FamRZ 1995, 1089 = ZEV 1995, 256 (m. Anm. Limmer); Gerhards JuS 1994, 642.

nn) Feststellung des Aufrechterhaltungswillens nach §§ 2077 Abs. 3, 2268 Abs. 2 BGB durch ergänzende Auslegung. Ein gemeinschaftliches Testament wird gem. den §§ 2268 Abs. 1, 2077 Abs. 2 BGB seinem ganzen Inhalt nach unwirksam, wenn die Ehe der Testierenden vor dem Tod eines Ehegatten aufgelöst wird. Nach § 2268 Abs. 2 BGB bleibt das Testament jedoch wirksam, wenn anzunehmen ist, dass es auch für diesen Fall getroffen war, d.h. dass die Testierer bei Testamentserrichtung auch für den Scheidungsfall den Aufrechterhaltungswillen hatten. Sofern die einfache Auslegung nicht bereits dazu führt, kann dieser Aufrechterhaltungswille auch durch ergänzende Auslegung in dem Testament gefunden werden.[182] Eine umstrittene ergänzende Auslegung eines notariellen gemeinschaftlichen Ehegattentestaments, in dem sich die Eheleute gegenseitig zu Alleinerben eingesetzt hatten und als Schlusserben die vorehelichen Kinder der Ehefrau, nahm das Bayerische Oberste Landesgericht in seinem Beschluss vom 23. 5. 1995[183] vor. Die Eheleute hatten 1948 geheiratet, 1954 das Testament beurkunden lassen, wurden 1958 geschieden und heirateten 1961 wieder. Das BayObLG sah in der relativ kurze Zeit nach der Scheidung erfolgten Wiederheirat zwar mit der h. M. keine Möglichkeit des Wiederauflebens des gemeinschaftlichen Testaments wohl aber einen Anhaltspunkt für die Feststellung des hypothetischen Aufrechterhaltungswillens i. S. des § 2268 Abs. 2 zum Zeitpunkt der Testamentserrichtung. 52

f) Das Verhältnis der ergänzenden Auslegung zur Anfechtung wegen Motivirrtum

Die Tatbestandsvoraussetzungen der ergänzenden Auslegung und die der Testamentsanfechtung wegen Motivirrtum nach § 2078 Abs. 2 sind in vielen Fällen identisch.[184] Trotzdem wird dadurch § 2078 Abs. 2 nicht gegenstandslos. Die Unterschiede sind: 53

- Lässt sich z. B. bei der Auslegung nur feststellen, dass der Erblasser das Erklärte nicht gewollt hat, nicht jedoch, was der Erblasser stattdessen gewollt hat, führt die Auslegung nicht zum Ziel. Hier bleibt Raum für die Anfechtung.[185]
- Auch wenn zwar festgestellt werden kann, was der Erblasser stattdessen gewollt hat, dies aber nicht mit der erforderlichen Deutlichkeit aus der Urkunde hervorgeht (**Anhalts- oder Andeutungstheorie**), bleibt nur die Anfechtung, so z. B. wenn der Erblasser den A als Erben einsetzt, weil er glaubt, dieser habe ihm das Leben gerettet. In Wirklichkeit war das aber der B. Durch ergänzende Auslegung kann nicht der B an Stelle des A gesetzt werden, da das Testament keinen Anhalt dafür ergibt.[186]
- Wenn sich der Erblasser nicht geirrt hat, sondern den Punkt überhaupt nicht bedacht hat, kann nicht angefochten werden (**keine Gleichbehandlung von Irrtum und Nichtwissen!**), da ein hypothetischer oder irrealer Wille des Erblassers im Gegensatz zu sog. unbewussten Vorstellungen nach der Rechtsprechung des BGH bei der Anfechtung nicht berücksichtigt werden kann, wohl aber bei der ergänzenden Auslegung.
- Grundsätzlich ist die bloße Beseitigung einer Verfügung von Todes wegen nicht Aufgabe der ergänzenden Auslegung, sondern der Anfechtung.[187]
- Letztlich ist die Anfechtungsmöglichkeit befristet, die der Auslegung nicht.[188]

---

[182] BayObLG NJW-RR 1993, 12 = FamRZ 1993, 362; OLG Hamm OLGZ 1994, 326 = ZEV 1994, 367; MünchKomm/Leipold § 2077 Rn 24; J. Mayer ZEV 1997, 280.

[183] BayObLGZ 1995, 197 = NJW 1996, 133= ZEV 1995, 331; kritisch: Reimann ZEV 1995, 330; Kuchinke DNotZ 1996, 306, 312; MünchKomm/Leipold § 2077 Rn 27.

[184] Gerhards, S. 35.

[185] Brox/Walker Rn 199.

[186] MünchKomm/Leipold § 2084 Rn 92.

[187] MünchKomm/Leipold § 2078 Rn 11 u. § 2084 Rn 92; a. A. (d. h. die ergänzende Auslegung kann auch die Unwirksamkeit der Verfügung ergeben) jedoch: BayObLGZ 1966, 390 = NJW 1967, 729: KG OLGZ 1972, 76, 82 = NJW 1971, 1192; Keymer, Die Anfechtung nach § 2078 Abs. 2 BGB und die Lehre von der Geschäftsgrundlage, Diss. München 1984.

[188] MünchKomm/Leipold § 2084 Rn 97; Schlüter Rn 193, die allerdings beide im Verbot des Rechtsmissbrauchs gem. § 242 eine Grenze sehen; für eine analoge Anwendung des § 2082 bei der

4. Prozessuale Behandlung der Auslegung

54 Die Auslegung der Verfügung von Todes wegen nimmt der Richter im Erbscheinsverfahren oder im Prozessverfahren vor. Er muss dabei entscheiden, auch wenn seine Auslegung nicht zu einem zweifelsfreien Ergebnis geführt hat, d.h. auch wenn nicht nur eine einzige Interpretation möglich ist und alle anderen abwegig sind. In diesem Fall muss er sich eine Überzeugung davon bilden, für welche Interpretation die überwiegenden Gründe sprechen und muss sich dabei unter Umständen mit einem durch Wortlaut und Umstände nur nahe liegenden mutmaßlichen Erblasserwillen begnügen.[189]

55 Die Beteiligten können die Auslegung einer Verfügung von Todes wegen nicht durch einen Vertrag mit unmittelbarer dinglicher Wirkung festlegen, sondern sich nur in einem sog. notariell zu beurkundenden Auslegungsvertrag schuldrechtlich zur Herbeiführung bestimmter Ergebnisse verpflichten.[190]

56 Im **Revisionsverfahren** (§§ 542ff. ZPO) und bei der **Rechtsbeschwerde** (§§ 70, 72 Abs. 1 FamFG) kann das Auslegungsergebnis der Tatsacheninstanz grundsätzlich nur angegriffen werden, wenn es denkgesetzlich, sprachgesetzlich oder nach der Erfahrung nicht möglich ist, der Tatrichter gegen Auslegungsregeln oder Verfahrensvorschriften verstoßen hat, eine in Betracht kommende Auslegung überhaupt nicht erwogen oder einen wesentlichen Umstand übersehen hat.[191] Allerdings ist auch die Auslegungsfähigkeit, z.B. trotz des scheinbar eindeutigen Wortlauts, eine nachprüfbare Rechtsfrage.[192] Es kommt für das Rechtsbeschwerdegericht darauf an, ob die vom Tatsachengericht getroffene Auslegung vertretbar und nicht ob sie die einzig mögliche ist.[193]

57 In der Praxis wird meist auf die Kriterien abgestellt, dass eine in Frage kommende andere Auslegung überhaupt nicht erwogen wurde[194] und dass ein wesentlicher Umstand übersehen worden ist,[195] da beide stark auf die Gerechtigkeit des Einzelfalls bezogen sind. Ob der sowohl bei der einfachen als auch der ergänzenden Auslegung von der Rechtsprechung geforderte „wenn auch unvollkommene Ausdruck" des Erblasserwillens in der Urkunde vorhanden ist, ist eine Rechtsfrage und daher vom Gericht der weiteren Beschwerde nachprüfbar.[196]

58 Da der eine Verfügung von Todes wegen beurkundende Notar gem. § 17 Abs. 1 BeurkG die Pflicht hat, den Willen der Beteiligten zu erforschen, sie über die Tragweite ihres Geschäftes zu belehren und ihre Erklärungen klar und unzweideutig wiederzugeben, ist der Notar grundsätzlich im Auslegungsstreit zu hören.[197]

5. Der Auslegungsvertrag

59 Wenn letztwillige Verfügungen in der Bestimmung der Bedachten oder der Zuwendungen nicht eindeutig sind, einigen sich die Beteiligten häufig vertraglich untereinander.

---

ergänzenden Auslegung allerdings Brox, Einschränkung der Irrtumsanfechtung, S. 159; Gerhards, Ergänzende Testamentsauslegung wegen postmortaler Ereignisse, 1996 S. 33.

[189] BGH NJW 1993, 256; OLG Saarbrücken NJW-RR 1994, 844, 846; Staudinger/Otte Vorbem. zu §§ 2064 Rn 130.

[190] BGH NJW 1986, 1812, 1813; BayObLG FamRZ 1989, 99, 102; OLG Frankfurt OLGZ 1990, 15; MünchKomm/Leipold § 2084 Rn 144.

[191] BGH NJW-RR 1990, 455; BGHZ 121, 357 = NJW 1993, 2168; BayObLG NJW-RR 2001, 656; Staudinger/Otte Vorbem. zu §§ 2064ff. Rn 136ff.; MünchKomm/Leipold § 2084 Rn 156ff.

[192] BGH FamRZ 1971, 641, 642; OLG Frankfurt/M. FamRZ 1994, 197, 198.

[193] OLG Düsseldorf ZEV 1998, 229, 230; OLG Köln FamRZ 1989, 549, 550; MünchKomm/Leipold § 2084 Rn 158.

[194] So BayObLG ZEV 1994, 377.

[195] So BayObLG NJW-RR 1989, 1286.

[196] BayObLGZ 1988, 165, 168 = FamRZ 1988, 986; KG FamRZ 1977, 344, 346; BayObLG FamRZ 1994, 723, 725 = ZEV 1994, 47.

[197] BayObLG NJW-RR 1997, 7, 9 = FamRZ 1997, 123.

Nach der Entscheidung des IV a-Zivilsenats des BGH vom 22. 1. 1986[198] handelt es sich bei solchen Verträgen entweder um einen Vergleich i. S. von § 779 oder einen gesetzlich nicht normierten „Feststellungs-" oder „Auslegungsvertrag" (§ 305), der jedoch nur schuldrechtliche Wirkung zwischen den Vertragsbeteiligten begründet und keine dingliche Wirkung auf die eingetretenen Erbrechtsfolgen besitzt. Wegen der vorrangigen Testierfreiheit des Erblassers können die konstitutiv mit dem Eintritt des Erbfalles entstehenden Erbrechtsfolgen dinglich nicht durch einen erbrechtlichen Auslegungsvertrag abgeändert werden.[199] Aus einem solchen Auslegungsvertrag ergibt sich allein die schuldrechtliche Verpflichtung der Parteien, einander so zu stellen, als sei die vereinbarte Auslegung zutreffend.[200] Dabei kann die Stellung der Beteiligten mit Hilfe entsprechender notarieller Erbteilsübertragungsverträge gem. § 2033 oder durch Einzelübertragungsakte der schuldrechtlich vereinbarten Rechtslage auch weitgehend dinglich angenähert werden. Schuldrechtliche Vereinbarungen hierüber fallen unter § 2385 und bedürfen daher gem. § 2371 auch der notariellen Beurkundung.[201] Betrifft der Auslegungsvertrag allerdings nur Vermächtnisse, Teilungsanordnungen oder die reine Erbauseinandersetzung (§ 2042) ohne Vereinbarungen einer abweichenden Nachlassbeteiligung, bedarf er, sofern nicht andere Formvorschriften (z. B. § 311 b Abs. 1) eingreifen, keiner Form.[202]

Im Zivilprozess oder im Erbscheinsverfahren ist das Gericht nicht an einen solchen 59a Auslegungsvertrag zwischen den Parteien gebunden,[203] soweit darin nicht eine rechtsgeschäftliche Einigung über eine der Parteidisposition unterliegende Rechtsfolge gesehen werden kann, wie z. B. die Verpflichtung zur Rücknahme der Feststellungsklage, zum Anerkenntnis des Erbrechts oder zur Rücknahme des Erbscheinsantrags.[204] Für das Erbscheinsverfahren misst der BGH[205] den einverständlichen Erklärungen aller Beteiligten über die Auslegung einer Verfügung von Todes wegen eine nicht zu unterschätzende indizielle Bedeutung zu, da die Beteiligten vielfach am besten mit den Vorstellungen und Zielen vertraut sind, von denen sich der Erblasser bei seiner letztwilligen Verfügung hat leiten lassen.[206] Dem wird man zustimmen können, soweit sie wirklich dem Sinn und Wortlaut nach noch im Rahmen der Ziele und Vorstellungen des Erblassers bei Abfassung der letztwilligen Verfügung bleiben.[207]

6. Die Funktion der besonderen gesetzlichen Auslegungsregeln

Das Erbrecht enthält eine Reihe von gesetzlichen Auslegungsregeln im weiteren Sinne, 60 die eingreifen, wenn die vom Erblasser getroffene letztwillige Verfügung unklar oder mehrdeutig ist, so z. B. §§ 2066–2076, 2087 Abs. 2, 2088–2093, 2096 ff., 2098, 2101, 2102, 2108 Abs. 2, 2110, 2148, 2165–2167, 2169 Abs. 3, 2173.[208] Sie gelten für Testamente und Erbverträge gleichermaßen (§ 2279 Abs. 1). Diese Regelungen bringen jeweils für die sie betreffenden Fallgruppen das, was der Erblasser nach der allgemeinen Lebenserfahrung gewollt haben dürfte[209] (**Ausdruck des mutmaßlichen Erblasserwillens**) und

---

[198] BGH NJW 1986, 1812 = JR 1986, 373 m. Anm. Damrau = DNotZ 1987, 109 m. Anm. Cieslar.
[199] Weiß, GS Küchenhoff, 1987, S. 389, 393 f.; Staudinger/Marotzke § 1922 Rn 38.
[200] BGH NJW 1986, 1812, 1813; Schmidt-Kessel WPM 1988 Beil. 8, S. 8.
[201] BGH NJW 1986, 1812, 1813.
[202] Damrau JR 1986, 375 f.
[203] BayObLG FamRZ 1989, 99.
[204] Frohn Rpfleger 1989, 347, 348.
[205] BGH NJW 1986, 1812, 1813.
[206] So auch Lange/Kuchinke § 34 IV 3 c; a. M. Weiß, GS f. Küchenhoff, 1987, S. 389, 405; Frohn Rpfleger 1989, 347, 348.
[207] So auch Erman/M. Schmidt § 2084 Rn 12.
[208] Aufzählung bei Staudinger/Otte Vorbem. zu §§ 2064 ff. Rn 117; MünchVertrHdb/Nieder/Otto, Bd. 6/2, XVI.1.
[209] MünchKomm/Leipold Vor § 2064 Rn 9.

gelten jeweils nur im Zweifel (**Zweifelsregelung**), d.h. erst, wenn aus der Verfügung von Todes wegen weder ausdrücklich noch durch individuelle erläuternde oder ergänzende Auslegung, die allerdings wenigstens einen gewissen Anhalt in der Urkunde voraussetzt, ein anderer Wille des Erblassers entnommen werden kann.[210] Umstritten ist, ob die Auslegungsregeln bei der Testamentsauslegung erst eingreifen, wenn die individuelle Klärung des Erblasserwillens versucht worden ist, jedoch zu keinem Ergebnis geführt hat[211] oder ob sie verfahrensrechtlich die Verteilung der Darlegungs- und Beweislast im Prozess bzw. die Feststellungslast im FamFG-Verfahren beeinflussen.[212] Dogmatisch unterscheidet man zwischen Auslegungsregeln (z.B. §§ 2067–2072) im engeren Sinne, die helfen sollen, die wirkliche Bedeutung einer in der Urkunde nicht eindeutig niedergelegten Erklärung des Erblassers zu ermitteln und Ergänzungsregeln (z.B. §§ 2066 Satz 1, 2073), die bei fehlender oder lückenhafter Regelung durch den Erblasser eingreifen sollen. Durch die weitgehende Zulassung der ergänzenden Auslegung nach dem hypothetischen Erblasserwillen und Aufgabe der Eindeutigkeitsformel ist dieser Unterschied praktisch bedeutungslos geworden.[213]

61 Die Auslegungsregeln finden unabhängig davon Anwendung, ob der Erblasser tatsächlich einen ihrem Inhalt und ihren Rechtsfolgen entsprechenden Willen hatte, wenn nur ausgeschlossen ist, dass er ausdrücklich oder mutmaßlich einen anderen Willen hatte und dieser sich wenigstens andeutungsweise aus der Urkunde ergibt.[214] Die analoge Anwendung der Auslegungsvorschriften wird von Rechtsprechung und Schrifttum hinsichtlich der einzelnen Regeln nicht einheitlich beantwortet. Während z.B. die h.M.[215] die §§ 2066, 2067 analog anwendet, wird eine analoge Anwendung der §§ 2068, 2069 einhellig abgelehnt[216] und stattdessen durch ergänzende Auslegung (siehe oben § 23 Rn 29ff.) zu helfen versucht.

Für den Kautelarjuristen sind die gesetzlichen Auslegungsvorschriften in mehrfacher Hinsicht von Bedeutung:

- Zum einen können sie vom Testamentsgestalter als **„Checkliste“** in der Weise verstanden werden, dass sie ihm eine Richtschnur geben, in welchem Umfang er den Erblasserwillen aufklären und in der Verfügung niederlegen sollte.[217]
- Zum anderen zeigen ihm die Auslegungsvorschriften das gesetzliche dispositive „Normalstatut“ und damit die Wertvorstellungen des Gesetzgebers, von denen er im Interesse einer ausgewogenen Rechtsgestaltung jeweils ausgehen sollte.[218]
- Da Veränderungen in der Zeit zwischen der Testamentserrichtung und dem Erbfall nur begrenzt vorhersehbar und durch entsprechende Regelungen vorausschauend berücksichtigt werden können (siehe Rn 62), bieten die Auslegungsvorschriften dem Kaute-

---

[210] KG FamRZ 1987, 413, 414; BGH NJW 1981, 2743, 2744 = Rpfleger 1981, 436.

[211] So die wohl immer noch h.M.: Lange/Kuchinke § 34 VI 2; Brox/Walker Rn 206; MünchKomm/Leipold Vor § 2064 Rn 8 (siehe aber auch nachfolgende Fußnote); Hack, Auslegung und Anfechtung privatschriftlicher einseitiger und gemeinschaftlicher letztwilliger Verfügungen, Diss. Göttingen 1974, S. 85.

[212] So insb. Tappmeier NJW 1988, 2714, 2716; Staudinger/Otte Vorbem. zu §§ 2064ff. Rn 121; differenzierend (teils Rechtsanwendungsregel sui generis, teils Beweislastregel) MünchKomm/Leipold § 2084 Rn 153.

[213] Lange/Kuchinke § 34 VI 2; Tappmeier, Zur Funktion der erbrechtlichen Auslegungsvorschriften des BGB, Diss. Bielefeld, 1987, S. 77, 219.

[214] BGH NJW 1980, 1276, 1277 = Rpfleger 1980, 95; BGH NJW 1981, 2743, 2744.

[215] MünchKomm/Leipold § 2066 Rn 4, § 2067 Rn 5.

[216] MünchKomm/Leipold § 2069 Rn 32; BayObLG FamRZ 1988, 986 = Rpfleger 1988, 365.

[217] MünchVertrHdb/Nieder/Otto, Bd. 6/2, XVI.1.

[218] Tappmeier, Zur Funktion der erbrechtlichen Auslegungsvorschriften des BGB, Diss. Bielefeld 1987, S. 218, der ihnen deshalb Bedeutung für die Verteilung der Beweis- und Feststellungslast beimisst; so auch Staudinger/Otte Vorbem. zu §§ 2064ff. Rn 121 u. MünchKomm/Leipold § 2084 Rn 153.

larjuristen willkommene **„Auffangregelungen"** oder **„Zweckstörungsprogramme"** (siehe Rn 63), die für solche unvorhergesehene Veränderungen „vernünftige" Lösungen bieten.[219]

- Auf jeden Fall sollte sich der ein Testament gestaltende Rechtsanwalt oder Notar **nicht auf** die besonderen gesetzlichen **Auslegungsregeln** oder ergänzende Rechtssätze **verlassen,** sondern diese Punkte ausdrücklich klären und regeln, da er sonst unter Umständen schuldhaft die Ursache für einen Rechtsstreit setzt, für dessen Kosten er schadensersatzpflichtig gemacht werden kann.[220]

7. Veränderungen der Wirklichkeit zwischen Testamentserrichtung und Erbfall

Bei einem Rechtsgeschäft unter Lebenden tritt die von den Vertragsparteien vereinbar- 62
te Regelung grundsätzlich im Zeitpunkt der Vornahme des Geschäfts in Kraft. Bei Verfügungen von Todes wegen kann dagegen der Zeitpunkt ihres Wirksamwerdens nicht von vornherein festgelegt werden. Ihre Wirksamkeit ist vom Tod des Erblassers abhängig, d.h. von einem Ereignis, dessen Eintritt zwar sicher ist, dessen genauer Zeitpunkt aber ungewiss ist. Verfügungen von Todes wegen sind daher darauf angelegt, dass zwischen ihrer Errichtung und ihrem Wirksamwerden ein Zeitraum von unbestimmter Dauer liegt. Deshalb ist zum Zeitpunkt ihrer Errichtung nicht abzusehen, ob sich in dieser Zeitspanne die Grundlagen ändern, auf denen bewusst oder unbewusst der Erblasser seine Verfügung aufgebaut hat.[221] Verfügungen von Todes wegen sind in ihrem Bestand wie in ihren Wirkungen in höherem Maße von der Entwicklung der Wirklichkeit abhängig als Rechtsgeschäfte unter Lebenden.[222]

a) Gesetzliche Anpassungsvorschriften

Das Erbrecht des BGB enthält eine Reihe von Vorschriften, die dafür bestimmt sind, 63
für häufig auftretende Wirklichkeitsabweichungen in der Zeit zwischen Errichtung und Erbfall ein gesetzliches **„Zwecksicherungsprogramm"** bereitzuhalten. Sie betreffen hauptsächlich Fälle, in denen die Zuwendung den Bedachten nicht erreichen kann, weil er zwischen Errichtung und Erbfall weggefallen ist. Im Einzelnen sind dies z.B.:

§ 2051 (Eintritt der Abkömmlinge bei Wegfall eines ausgleichspflichtigen Abkömm- 64
lings), § 2074 (Unwirksamkeit der aufschiebend bedingten Zuwendung bei Vorversterben des Bedachten), § 2069 (Ersatzberufung der Abkömmlinge bei Zuwendung an einen Abkömmling), § 2077 (Unwirksamkeit der Verfügung bei Eheauflösung), § 2094 (Anwachsung bei Wegfall eines eingesetzten Miterben), § 2102 Abs. 1 (Nacherbe ist im Zweifel Ersatzerbe), § 2107 (Nacherbeinsetzung bei kinderlosem Abkömmling entfällt, wenn der Vorerbe Kinder bekommt), § 2158 (Anwachsung bei Wegfall eines von mehreren Vermächtnisnehmern), § 2160 (Unwirksamkeit des Vermächtnisses beim Tod des Bedachten vor dem Erbfall), § 2161 (Wirksamkeit des Vermächtnisses trotz Wegfall des Beschwerten), § 2169 (Grundsätzliche Unwirksamkeit des Vermächtnisses eines nicht zum Nachlass gehörenden Gegenstandes), § 2191 (Nachvermächtnisnehmer ist im Zweifel Ersatzvermächtnisnehmer), § 2315 Abs. 3 (Eintritt der Abkömmlinge bei Wegfall eines anrechnungspflichtigen Abkömmlings). Da es sich bei diesen Vorschriften um Auslegungs- (oder Ergänzungs-) Regeln und damit um widerlegliche Vermutungen handelt, sollte sich der Erblasser nicht auf sie verlassen, sondern seinen Willen auch insoweit deutlich und eindeutig in der Verfügung von Todes wegen zum Ausdruck zu bringen.

---

[219] Tappmeier a. a. O.

[220] BGH NJW 1982, 572 = DNotZ 1982, 498; MünchVertrHdb/Nieder/Otto, Bd. 6/2, XVI.1; Tappmeier NJW 1988, 2714.

[221] Brox, Die Einschränkung der Irrtumsanfechtung, 1960, S. 138; Keuk, Der Erblasserwille post testamentum und die Auslegung des Testaments, 1965, S. 15; Keymer S. 167 f.; Mattern DNotZ 1963, 450, 451.

[222] Keymer a. a. O.

b) Vom Erblasser ausdrücklich gesetzte Voraussetzungen

65 Die obigen gesetzlichen Auslegungsregeln reichen nicht aus, um allein die generell häufigsten Wirklichkeitsabweichungen zwischen Errichtung und Erbfall zu erfassen. Der Erblasser muss daher versuchen, in seiner Verfügung von Todes wegen ein auf seinen Fall zugeschnittenes Zwecksicherungsprogramm für Wirklichkeitsveränderungen bis zum Erbfall aufzunehmen, d.h. er muss alle möglichen – wenn auch vielleicht jetzt noch unwahrscheinlichen – künftigen Entwicklungen mitbedenken und mitregeln.[223] Die Erarbeitung dieses Zwecksicherungsprogramms ist die Aufgabe des mit dem Entwurf der Verfügung betrauten Kautelarjuristen, dem hier ebenso wie bei der Vertragsgestaltung nicht nur die Erfüllungsplanung, d.h. die Verwirklichung der Sachziele des Erblassers obliegt, sondern auch die Risikoplanung, d.h. die Planung gegen die Unsicherheiten der zukünftigen Entwicklung.[224]

65a Als Gestaltungsform bietet sich gegen Wirklichkeitsabweichungen zwischen Testamentserrichtung und Erbfall die Bedingung an, da sie am geeignetsten ist, möglichen künftigen Umständen Rechnung zu tragen und die Verfügung der zukünftigen Entwicklung anzupassen. Dabei ist jedoch zu unterscheiden. Eine echte Bedingung macht ein Rechtsgeschäft von einem zukünftigen, ungewissen Ereignis abhängig (§ 158), während eine Befristung die Wirkung vom Eintritt eines bestimmten Termins, also eines zukünftigen, gewissen Ereignisses abhängig macht (§ 163).

65b Ein zukünftiges Ereignis und damit eine echte Bedingung liegt aber nicht vor, wenn auf ein gegenwärtiges oder bereits vergangenes Ereignis (condicio in praesens vel in praeteritum collata) abgestellt wird, selbst wenn dem Testierer das (objektiv gewisse) Ereignis subjektiv ungewiss ist (z.B. sollte mein vermisster Sohn doch noch leben). Man bezeichnet sie als **unechte Bedingung,** uneigentliche Bedingung, **Gegenwartsbedingung,** Scheinbedingung, Voraussetzung oder Unterstellung[225] und wendet die Vorschriften der §§ 158ff. analog auf sie an.

65c Davon zu unterscheiden sind die **echten Bedingungen,** bei denen ein nach dem Erbfall eintretendes ungewisses Ereignis die Wirkung der Verfügung erst beginnen lässt (**aufschiebende Bedingung**), oder umgekehrt die mit dem Erbfall eingetretene Wirkung beendet (**auflösende Bedingung**).[226] Auf diese Bedingungen sind die §§ 158ff. unmittelbar anzuwenden. Sie haben jedoch für die praktische Anwendung den Nachteil, dass, sofern eine aufschiebend oder auflösend bedingte oder befristete Erbeinsetzung, nicht dagegen Vermächtniszuwendung, erfolgt, diese, da das BGB keine herrenlose (ruhende) Erbschaft kennt, automatisch zu einer sog. konstruktiven, d.h. vom Erblasser nicht beabsichtigten Vor- und Nacherbfolge führt.[227]

65d Zur Steuerung von Wirklichkeitsabweichungen zwischen Testamentserrichtung und Erbfall eignen sich jedoch nur diejenigen Verknüpfungen zwischen bestimmten Ereignissen oder Gegebenheiten und der Wirksamkeit der Verfügung von Todes wegen, die auf den Eintritt des Ereignisses oder das Vorliegen der Gegebenheit in der Zeit zwischen Testamentserrichtung und dem Erbfall abstellen. Auch hier ist es wie bei den unechten Bedingungen fraglich, ob man überhaupt von Bedingungen sprechen kann, da auch hier eine Schwebelage im strengen Sinne wie bei den echten Bedingungen nicht besteht, weil

---

[223] Mattern DNotZ 1963, 450, 451.

[224] Rehbinder, Vertragsgestaltung, 2. A. 1993, S. 16f.

[225] MünchKomm/H.P. Westermann § 158 Rn 52; Staudinger/Bork Vorbem. §§ 158–163, Rn 17, 25ff.; Palandt/Ellenberger Einf. v. § 158 Rn 6; Larenz/Wolf, Allg. Teil, 9. Aufl., 2004, § 50 Rn 7; Brox/Walker, Allg. Teil, 33. Aufl., 2009 Rn 481; v. Lübtow ErbR, 1. Halbbd., S. 342; Staudinger/Otte § 2074 Rn 16.

[226] MünchKomm/Leipold § 2074 Rn 11.

[227] Staudinger/Avenarius § 2100 Rn 11; MünchKomm/Leipold § 2074 Rn 13; MünchKomm/Grunsky § 2105 Rn 1; Haegele Rpfleger 1971, 121, 132; Birk DNotZ 1972, 291; Coing NJW 1975, 521.

von einer Wirksamkeit der Verfügung von Todes wegen genau genommen vor dem Erbfall nicht gesprochen werden kann und zurzeit des Erbfalls die Ungewissheit bereits beseitigt ist.[228] Sie sollen daher in Anlehnung an v. Tuhr[229] **Voraussetzungen** genannt werden, nämlich für die Wirksamkeit der Verfügung im Erbfall. Die Anwendbarkeit der Vorschriften des allgemeinen Bedingungsrechts beschränkt sich für solche Voraussetzungen auf den § 162, ferner sind die §§ 2074 bis 2076 anwendbar.[230] Eine solche Voraussetzung kann auch durch ergänzende Testamentsauslegung gefunden werden.[231] Der Erblasser kann auch eine Verfügung für den Fall treffen, dass ein bestimmter Umstand entweder bis zum Erbfall oder nach dem Erbfall eintritt,[232] d. h. eine Verknüpfung einer Voraussetzung mit einer echten Bedingung. Das ist z. B. der Fall bei der Pflichtteilsstrafklausel im Berliner Testament, falls die Eheleute so kurz hintereinander versterben, dass die Pflichtteilsverjährungsfrist von drei Jahren des Erstversterbenden noch läuft und führt dann auf den Tod des Längstlebenden vorübergehend zur konstruktiven Vor- und Nacherbschaft.[233] Selbstverständlich ist auch eine Verknüpfung zwischen unechter Bedingung und einer Voraussetzung möglich. Durch solche Voraussetzungen kann der Erblasser nicht nur die Zuwendungsempfänger für den Wegfall der Erstbedachten oder Ersatzbedachten bis zum und beim Erbfall ausdrücklich bestimmen, es ist ihm auch möglich, ein bestimmtes Verhalten des Bedachten bis zum Erbfall zur Voraussetzung zu machen (z. B. dass sich der Bedachte nicht mehr strafbar macht oder ein Laster aufgibt), er kann damit auch Leistungen an sich sichern (z. B. Voraussetzung ist, dass der Bedachte mich bis zu meinem Tod versorgt) und mittels Voraussetzung kann er auch seine Verfügung von Todes wegen den familiären Veränderungen bis zum Erbfall anpassen (z. B. falls die Ehe bis zum Erbfall kinderlos bleibt), sowie tatsächliche Veränderungen hinsichtlich des vermachten Gegenstandes berücksichtigen (z. B. seine Veräußerung und sein Untergang). Letztlich kann er mit entsprechenden Voraussetzungen Veränderungen in seiner Vermögenslage bis zum Erbfall Rechnung tragen.

Insbesondere wenn der Erblasser in der Verfügung keine Erbquoten festsetzt, sondern **65e**
entweder von seinem Vermögen die wichtigsten Vermögensgegenstände auf verschiedene Personen verteilt (**Erbeinsetzung nach Vermögensgruppen**) oder einen Einzelgegenstand, der fast sein gesamtes Vermögen ausmacht, einer oder mehreren Personen zuwendet (**Zuwendung des Hauptvermögens**), ergeben sich Schwierigkeiten, wenn zwischen der Testamentserrichtung und dem Erbfall größere Veränderungen im Vermögensbestand des Testierers eintreten und dann auslegungsbedürftig ist, ob der Erblasser für die Erbquotenberechnung den Erbfall oder den der Errichtung der Verfügung als maßgeblichen Stichtag angesehen hat.[234] Hat der Erblasser in diesen Fällen den Zeitpunkt der Bewertung nicht ausdrücklich festgelegt, hängt es bei der Auslegung davon ab, ob es dem Erblasser darauf ankam, die Erben in einem bestimmten Verhältnis am Nachlass zu beteiligen (dann Bewertung zum Zeitpunkt der Testamentserrichtung) oder ob er ihnen bestimmte Gegenstände unabhängig von deren Wertänderungen ohne Ausgleichszahlungen zukommen lassen wollte (dann Bewertung zum Zeitpunkt des Erbfalls).[235] Aber nicht nur in diesen Fällen empfiehlt es sich, in die Verfügung von Todes wegen folgende Klausel aufzunehmen:

---

228 MünchKomm/Leipold § 2074 Rn 10; Staudinger/Otte § 2074 Rn 17.
229 Allg. Teil Bd. II/2, § 80 IV.
230 Staudinger/Otte § 2074 Rn 17.
231 BayObLG NJW 1967, 729, 730.
232 MünchKomm/Leipold § 2074 Rn 10.
233 OLG Stuttgart OLGZ 1979, 52 = DNotZ 1979, 104; v. Olshausen DNotZ 1979, 707; Palandt/Edenhofer § 2269 Rn 11.
234 Siehe hierzu Barz NJW 1972, 1174; Beck DNotZ 1961, 565, 567.
235 BGH ZEV 1997, 22 m. Anm. Skibbe = NJW 1997, 392 = FamRZ 1997, 349; Staudinger/Otte § 2087 Rn 26.

Formulierungsvorschlag:

Bei diesen Erbquoten soll es auch bleiben, falls in meinem Vermögensbestand bis zum Erbfall erhebliche Veränderungen eintreten.

bzw. bei Erbeinsetzung nach Vermögensgruppen oder Zuwendung des Hauptvermögens:

Die Zuwendungsempfänger sind meine Erben zu den Quoten, die sich aus dem Wertverhältnis der jeweiligen Zuwendung zum Gesamtvermögen zum jetzigen Zeitpunkt ergeben. Bei diesen Quoten soll es auch bleiben, falls in meinem Vermögensbestand bis zum Erbfall wesentliche Veränderungen eintreten sollten.

66 Da bei **Voraussetzungen** die Ungewissheit mit dem Erbfall beendet ist, entfällt bei ihnen die bei echten Bedingungen unweigerlich mit dem Erbfall eintretende konstruktive Vor- und Nacherbfolge und damit ein wesentliches Hindernis ihrer praktischen Anwendbarkeit. Bezüglich der Wertsicherung letztwilliger Zuwendungen bis zum Erbfall siehe § 9 Rn 150 und bezüglich der Motivangabe zwecks Anfechtungsmöglichkeit § 24 Rn 16.

c) Geltendmachung hypothetischer Voraussetzungen durch enttäuschte Erbanwärter

67 Hat der Erblasser die Änderung der Verhältnisse zwischen Errichtungszeitpunkt und Erbfall nicht in der Verfügung durch entsprechende Voraussetzungen berücksichtigt, stellt sich nach dem Erbfall die Frage, ob und was enttäuschte Erbanwärter dagegen unternehmen können. Zu erwägen ist jeweils die ergänzende Auslegung der Verfügung von Todes wegen und ihre Anfechtung wegen Motivirrtums. Dabei geht die Auslegung der Anfechtung vor, da die Anfechtung kassiert (§ 142) und häufig zur ungewollten gesetzlichen Erbfolge führt, aber nicht reformiert, während durch die ergänzende Auslegung dem wirklichen oder hypothetischen Willen des Erblassers weitgehend Rechnung getragen werden kann.[236]

68 *aa) Ergänzende Auslegung.* Gerade weil zwischen der Errichtung der Verfügung und dem Erbfall im Allgemeinen eine größere Zeitspanne liegt als zwischen dem Abschluss eines Rechtsgeschäfts unter Lebenden und seiner Wirksamkeit und weil sich in dieser Zeitspanne häufig die äußeren Verhältnisse und die Gesinnung des Erblassers ändern, berücksichtigt die Rechtsprechung bei der ergänzenden Auslegung erbrechtlicher Verfügungen auch einen unwirklichen (**hypothetischen oder irrealen**) Erblasserwillen, den der Erblasser zwar tatsächlich nicht gehabt hat, den er aber bei der Errichtung der Verfügung gehabt hätte, wenn er vorausschauend später eintretende Ereignisse bedacht hätte.[237] Die allgemeine Willensrichtung des Erblassers (**Zweckwille**), die diese Auslegung bestimmt, muss dabei jedoch nach der immer noch herrschenden Andeutungstheorie[238] wegen der strengen Formvorschriften bei Verfügungen von Todes wegen in der Verfügung selbst einen wenn auch vielleicht unvollkommenen Ausdruck gefunden haben, äußerstenfalls unter Mitberücksichtigung der gesamten Umstände außerhalb des Testaments oder der allgemeinen Lebenserfahrung.[239] Beim gemeinschaftlichen Testament und beim zweiseitigen (gemeinschaftlichen) Erbvertrag kommt es dabei auf den Willen beider Erblasser an.[240]

68a Die ergänzende Auslegung geht dabei ebenso wie die Anfechtung wegen Motivirrtum von bewussten oder unbewussten bzw. fehlenden Vorstellungen des Erblassers über ver-

---

236 RGZ 70, 391, 393; BGH NJW 1978, 264; BayObLGZ 1966, 394.

237 Schlüter ErbR Rn 193; RGZ 99, 82; RGZ 110, 306; RGZ 134, 280; BGH FamRZ 1962, 256; BayObLG NJW 1988, 2744; Palandt/Edenhofer § 2084 Rn 8 ff.

238 BGHZ 80, 242, 246; BGHZ 86, 41; Staudinger/Otte Vorbem. zu §§ 2064 ff. Rn 28 ff.; Palandt/Edenhofer § 2084 Rn 9 m. w. N.; a. M. Brox/Walker Rn 200 m. w. N.

239 Schlüter Rn 193; KG NJW 1971, 1992 = OLGZ 1972, 76.

240 KG OLGZ 1966, 506.

gangene, gegenwärtige oder zukünftige Umstände aus.[241] Maßgebend für den irrealen Erblasserwillen ist der Zeitpunkt der Testamentserrichtung.[242]

bb) Anfechtung wegen Motivirrtums. Die ergänzende Auslegung kommt in Betracht, 69
wenn sich zusätzlich zum Motivirrtum des Erblassers und zur Kausalität dieses Irrtums für die konkret getroffene Verfügung feststellen lässt, welche Verfügung der Erblasser getroffen hätte, wenn er den entscheidenden Umstand bei der Errichtung der Verfügung von Todes wegen gekannt oder bedacht hätte. Lässt sich das dagegen nicht feststellen, kommt nur die Anfechtung, also die völlige Aufhebung dieser Verfügung in Betracht[243] und führt entweder zum Anfall an einen Ersatzerben, zur Anwachsung bei den Miterben oder zur gesetzlichen Erbfolge.[244] In Frage kommt dabei § 2078 Abs. 2, nach dem die irrige Annahme eines Umstandes oder die irrige Erwartung des Eintritts oder Nichteintritts eines Umstandes (**Motivirrtum**) zur Anfechtung berechtigen, falls der Erblasser durch diesen Irrtum zu der Verfügung bestimmt worden ist. Streitig ist, ob sich beim Motivirrtum nach § 2078 Abs. 2 der Erblasser positiv eine irrtümliche Vorstellung gemacht haben muss, oder ob das Fehlen einer zutreffenden Vorstellung, bei deren Vorhandensein er anders testiert hätte, ausreicht.[245] Die Rechtsprechung[246] lässt sog. **„unbewusste Vorstellungen"** genügen, die dann vorhanden sind, wenn der Erblasser einen Umstand bei der Testamentserrichtung zwar nicht in sein Bewusstsein aufgenommen, aber als selbstverständlich vorausgesetzt hat und setzt damit im Ergebnis das Fehlen richtiger Vorstellungen dem Vorhandensein falscher Vorstellungen gleich.[247] Allerdings ist die Rechtsprechung nicht bereit, bei der Anfechtung – anders als bei der Auslegung – einen irrealen Willen des Erblassers zu berücksichtigen.[248] Deshalb und weil zur Auslegung der Verfügung von Todes wegen auch Umstände herangezogen werden dürfen, die außerhalb der Urkunde liegen, wenn der Erblasserwille wenigstens unvollkommen in ihr Ausdruck findet, genießt die ergänzende Testamentsauslegung in der Rechtspraxis eindeutig den Vorrang vor der Testamentsanfechtung.[249]

8. Folgerungen der Testamentsgestaltung aus der Auslegungspraxis

An sich ist die Auslegung der Feind der Rechtsgestaltung, da sie die vermeintlich klare 70
und eindeutige juristische Konstruktion in Frage stellen, Lücken finden und ergänzen will und damit dem Rechtsgestalter Zensuren erteilt. Wie der Gesetzgeber in keinem Gesetz alles lückenlos zu regeln vermag, kann dies auch der rechtsgestaltend tätige Jurist nicht in einem Vertrag oder einer Verfügung von Todes wegen, zumal bei der heutigen raschen Änderung und Vielschichtigkeit der Lebensverhältnisse. Gerade bei dem zeitlichen Auseinanderklaffen zwischen Errichtung und Wirksamwerden des Testaments, wäre es zwar wünschenswert, wenn in ihm alle möglichen – wenn auch vielleicht jetzt noch unwahrscheinlichen – künftigen Entwicklungen mitbedacht und mitgeregelt würden.[250]

Solche Lückenlosigkeit kann aber nur das zu erstrebende Ideal der zukunftsgerichteten 70a
Tätigkeit des Rechtsgestalters sein. § 17 Abs. 1 BeurkG bestimmt für den Notar als Rechtsgestalter, dass er den Willen der Beteiligten zu erforschen, den Sachverhalt, d.h. die bestehenden einschlägigen Umstände zu klären (siehe oben § 7 Rn 41) und die meist

---

241 Schubert/Czub JA 1980, 258.
242 BGH FamRZ 1962, 257; BGH JZ 1983, 709 m. Anm. Leipold.
243 Schubert/Czub JA 1980, 258.
244 Staudinger/Otte § 2078 Rn 34.
245 Schlüter Rn 234.
246 BayObLG FamRZ 1984, 1270 f. m. w. N.; BGH NJW-RR 1987, 1412.
247 Staudinger/Otte § 2078 Rn 18 ff.; Brox/Walker Rn 233.
248 BGH NJW 1963, 247; Schlüter Rn 234.
249 Staudinger/Otte Vorbem. zu §§ 2064 ff. Rn 26 f.
250 Mattern DNotZ 1963, 450, 451.

zwangsläufig damit verbundene Beratung der Beteiligten über die zur Willensverwirklichung zur Verfügung stehenden Gestaltungsmittel zu erteilen hat,[251] sowie die Beteiligten über alles, was zum formgültigen Zustandekommen des gewählten Rechtsgeschäfts erforderlich ist, zu belehren (siehe oben § 7 Rn 42) und letztlich die so im Zusammenwirken mit den Beteiligten erarbeitete Rechtsgestaltung klar und eindeutig zu formulieren hat (siehe oben § 7 Rn 48). Geht der Rechtsgestalter in dieser Weise vor, wird kaum mehr eine Auslegungsbedürftigkeit des Rechtsgeschäfts bestehen. Wie bei jeder zukunftsgerichteten, gestaltenden Tätigkeit besteht allerdings die Gefahr von Fehlprognosen. Diese kann man dem Rechtsgestalter jedoch nicht vorwerfen, soweit er bei der Aufklärung sorgfältig vorgegangen ist und seine Beratung sich an anerkannten Gestaltungstypen ausgerichtet hat[252] und von der gefestigten aber auch einer bloß angekündigten Rechtsprechung der obersten Gerichte ausgegangen ist.[253] Die Grenzen der Aufklärungs-, Beratungs- und Belehrungspflicht sind letztlich immer die der Vorhersehbarkeit.

a) Auslegungsgrundsätze, die die Testamentsgestaltung vor allem beeinflussen

71 Jeder rechtsgestaltend tätige Jurist muss sich bei seiner Arbeit auf die Auslegungsregeln einstellen, die erfahrungsgemäß bei einer Auslegung seiner Gestaltung durch das Gericht angewandt werden. Bei der Auslegung von Verfügungen von Todes wegen sind dies insbesondere:

72 • **Die ergänzende Auslegung** (siehe oben Rn 29 ff.): Sie dient der Ausfüllung von Lücken (= **planwidrigen Unvollständigkeiten**), die vor allem durch nicht vorausgesehene Veränderungen der Wirklichkeit zwischen der Testamentserrichtung und dem Erbfall entstehen (siehe oben Rn 30). Bei ihr wird der irreale (**unwirkliche**) oder hypothetische Wille des Erblassers berücksichtigt, den er vermutlich gehabt hätte, wenn er bei der Testamentserrichtung die künftige Entwicklung wenigstens als möglich vorausgesehen hätte. Auch die ergänzende Testamentsauslegung ist nur zulässig, wenn sich aus der Urkunde wenigstens andeutungsweise eine entsprechende Willensrichtung des Erblassers ergibt (siehe oben Rn 36).

73 • **Die Auslegung trotz klarem und eindeutigem Wortlaut:** Nach der Grundsatzentscheidung des IV a-Zivilsenats vom 8. 12. 1982[254] sind auch bei klarem und eindeutigem Testamentswortlaut der Auslegung durch eben diesen Wortlaut keine Grenzen gesetzt.

74 • **Die Andeutungsformel:** Wie bei allen formgebundenen Willenserklärungen ist die Auslegung einer Verfügung von Todes wegen auf Grund außerhalb der Urkunde liegender Umstände nur zulässig, wenn der wirkliche Wille des Erblassers in der formalisierten Erklärung selbst irgendwie – wenn auch nur andeutungsweise oder versteckt – zum Ausdruck gekommen ist (siehe oben Rn 21 a, 36).

b) Die Reaktion der Testamentsgestaltung auf diese Auslegungsgrundsätze

75 Wie sichert sich die Kautelarjurisprudenz bei der Testamentsgestaltung gegen diese Auslegungsmethoden und verhindert auslegungsprovozierende Verfügungen von Todes wegen?

76 • Gegen die **ergänzende Testamentsauslegung** hilft allein die Vermeidung von Lücken. Vor der Gestaltung einer Verfügung von Todes wegen sind unbedingt die im 1. Teil dieses Buches aufgeführten Überlegungen und Ermittlungen anzustellen, damit, wie für den Notar in § 17 BeurkG ausdrücklich vorgeschrieben, der Wille des Erblassers erforscht und der Sachverhalt geklärt werden und die Erklärungen des Erblassers klar und eindeutig in der Niederschrift wiedergegeben werden können und der Erblasser hinsichtlich der rechtlichen Tragweite seiner Erklärungen belehrt werden kann. Da die Wirksamkeit ei-

[251] Langenfeld BWNotZ 1990, 101, 103 bestr.
[252] Langenfeld BWNotZ 1990, 101, 105.
[253] Köhler FS „125 Jh. BayNot", 1987, S. 197 ff.
[254] BGHZ 86, 41 = NJW 1983, 672.

ner Verfügung von Todes wegen meist von zukünftigen, zufälligen Entwicklungen und Ereignissen abhängig ist, kann es jedoch angebracht sein, durch den bewussten Einbau von Unbestimmtheiten, verbunden mit Auslegungshilfen, dem Richter die Möglichkeit zu eröffnen, diese bewusste Lücke durch ergänzende Auslegung (siehe oben Rn 33) zu schließen und so die Verfügung unvorhersehbaren Entwicklungen anzupassen. Rechtstechnische Mittel zum Einbau solcher Auslegungshilfen sind die Motivangabe (siehe hierzu § 24 Rn 16) und die Teilunwirksamkeitsklausel als Erhaltungs- bzw. Ersetzungsklausel.[255] Die als Zweckstörungsprogramm bei Rechtsgeschäften unter Lebenden mit Recht so beliebte Einschaltung Dritter als Bestimmungsberechtigte i. S. der §§ 315 ff. scheidet allerdings wegen des Grundsatzes der Selbstentscheidung des Erblassers gem. § 2065 weitgehend aus. Hat der Erblasser seiner letztwilligen Verfügung den Vorbehalt einer nachträglichen Ergänzung beigefügt, wird gem. § 2986 die Vermutung des § 154 Abs. 1 Satz 1 umgekehrt, sodass derjenige, der bei der unterbliebenen Ergänzung die Unwirksamkeit der Verfügung geltend macht, dafür darlegungs- und beweispflichtig ist.[256]

• Die **Auslegung trotz klarem und eindeutigem Wortlaut** nötigt, weil die juristische 77
Fachsprache Wörter verwendet, die auch die Umgangssprache kennt und dadurch die Gefahr der Verwechslung gegeben ist,[257] zu besonderer Vorsicht. Entweder fügt der Notar dem Fachwort jeweils eine umgangssprachliche Erklärung bei, wie z. B. „im Wege des Vorausvermächtnisses, d. h. ohne Anrechnung auf den Erbteil", „Ersatzerben sind seine gesetzlichen Erben zum Zeitpunkt seines Todes, d. h. seine (ehelichen und nichtehelichen) Abkömmlinge" , „als von allen gesetzlichen Beschränkungen befreiter Vorerbe, sodass der Nacherbe nur den Überrest bekommt" oder er erläutert die gesamte Rechtsgestaltung bei seinen Hinweisen am Ende der Urkunde umgangssprachlich.

• Die **Andeutungsformel** zwingt den Testamentsgestalter zu deutlichen und ausführli- 78
chen Formulierungen und benachteiligt eine elegante und knappe Ausdrucksweise.[258] Ein Wort zu viel ist besser als eines zu wenig. Besonders Beschränkungen, z. B. der Befugnisse von Vorerben und Testamentsvollstreckern, sowie Anordnungen, z. B. für die Tätigkeit des Testamentsvollstreckers, sind, da sie von der gesetzlichen Regelung abweichen, nach Art und Umfang eindeutig festzulegen und aufeinander abzustimmen.

c) Sprachliche Fassung der Verfügung von Todes wegen

Die urkundliche Rechtsgestaltung hat vor allem zwei Aufgaben: Zum einen soll sie 79
Beweismittel für den Fall eines Rechtsstreites schaffen und zum anderen die Beteiligten über ihre Rechte und Pflichten unterrichten und damit der Streitvermeidung dienen. Leider stehen beide Aufgaben im Widerspruch zueinander. Die Unterrichtung der Beteiligten setzt den Gebrauch der Umgangssprache und eine leicht verständliche juristische Gestaltung voraus, während es der Richter in einem Rechtsstreit zu schätzen weiß, wenn die Urkunde in der juristischen Fachsprache verfasst ist. Der Selbstschutz gebietet dem Rechtsgestalter letzterem den Vorzug zu geben. Der Notar sollte sich daher zwar bei der Belehrung der Beteiligten über Rechtslage und Rechtsfolgen der Umgangssprache bedienen, bei der Beurkundung aber möglichst der juristischen Fachsprache.[259] Dem steht – bei Erfüllung der Belehrungspflichten – auch das von der Rechtsprechung entwickelte Transparenzgebot entgegen, das in § 307 Abs. 1 S. 2 BGB nunmehr einen gesetzlichen Niederschlag gefunden hat. Zusätzliche schriftliche Schwerpunktbelehrungen zur Erläuterung der Fachausdrücke können zumindest nützlich sein.[260]

---

[255] Siehe Kohler DNotZ 1961, 195, 197 f.

[256] Baumgärtel/Laumen/Prütting § 2086 Rn 1.

[257] Reithmann/Röll/Geßele, Hdb. d. not. Vertragsgestaltung, 6. Aufl., Rn 5.

[258] Brox JA 1984, 549, 555.

[259] Armbrüster, in Armbrüster/Preuss/Renner, BeurkG, 5. Aufl. § 17 Rn 39 ff.; Reithmann DNotTag 1965 Sonderheft, S. 106.

[260] Duve DNotTag 1981, Sonderheft, S. 52; Winkler § 17 Rn 276.

80 Sprachlich wird gebräuchlicherweise ein eigenhändiges Testament genauso wie das zwingend in Protokollform zu verfassende (§§ 2232 BGB, 9 Abs. 1 Nr. 2 BeurkG) notarielle Testament im Präsens abgefasst

„Ich setze hiermit ... zu meinen Erben ein."

und zwar das Einzeltestament in der 1. Person Singular und das gemeinschaftliche Testament in der 1. Person Plural, sofern nicht die trennbare Gestaltung gewünscht wird (siehe hierzu oben § 14 Rn 15). Eingeleitet wird die notarielle Urkunde allerdings meist im Präteritum

„Am ... erschien vor mir ... und erklärte: ..."

und erst danach bei der Erklärung der Beteiligten im historischen Präsens fortgefahren.

Schrifttum: *Belling,* Einführung in das Recht der gewillkürten Erbfolge, Jura 1986, 625; *Bernard,* Formbedürftige Rechtsgeschäfte, Diss. Frankfurt 1979; *Berresheim,* Steuerliche Gestaltungsmöglichkeiten nach dem Tod des Erblassers, RNotZ 2007, 501; *Braga,* Über die „ergänzenden Auslegungsregeln" des Erbrechts, insb. die des § 2069 BGB, FS f. Dietrich Schultz, 1987; *Brox,* Der Bundesgerichtshof und die Andeutungstheorie, JA 1984, 549; *Flume,* Testamentsauslegung bei Falschbezeichnung, NJW 1983, 2007; *R. Foer,* Die Regel „falsa demonstratio non nocet" – unter besonderer Berücksichtigung der Testamentsauslegung, 1987; *Gerhards,* Ergänzende Testamentsauslegung wegen postmortaler Ereignisse, 1996; *Grunewald,* Die Auswirkung des Irrtums über politische Entwicklungen in der DDR auf Testamente und Erbschaftsausschlagungen, NJW 1991, 1208; *Kapp,* Die Auslegung von Testamenten, BB 1984, 2077; *Keymer,* Die Anfechtung nach § 2078 Abs. 2 BGB und die Lehre von der Geschäftsgrundlage, 1984; *Köhler,* Die neuere Rechtsprechung zur Rechtsgeschäftlehre, JZ 1984, 18; *Leipold,* Wille, Erklärung und Form – insbesondere bei der Auslegung von Testamenten, FS f. Müller-Freienfels, 1986, S. 421; *Reinicke,* Der Satz von der „falsa demonstratio" im Vertragsrecht, JA 1980, 455; *M. Rudolf,* Handbuch Testamentsauslegung und -anfechtung, 2000; *Scherer,* Die Auslegung von Willenserklärungen „klaren und eindeutigen" Wortlauts, Jura 1988, 302; *Schubert/Czub,* Die Anfechtung letztwilliger Verfügungen, JA 1980, 257 u. 334; *Smid,* Probleme bei der Auslegung letztwilliger Verfügungen, JuS 1987, 283; *Stumpf,* Erläuternde und ergänzende Auslegung letztwilliger Verfügungen im System privatautonomer Rechtsgestaltung, 1991; *Tappmeier,* Zur Funktion der erbrechtlichen Auslegungsvorschriften des BGB, Diss. Bielefeld 1987; *ders.,* Die erbrechtlichen Auslegungsvorschriften in der gerichtlichen Praxis, NJW 1988, 2714; *Trupp,* Die Bedeutung des § 133 BGB für die Auslegung von Willenserklärungen, NJW 1990, 1346; *Weiß,* Wirkungen erbrechtlicher Auslegungsverträge, FS f. Küchenhoff, 1987 S. 389; *Welter,* Auslegung und Form testamentarischer Verfügungen, 1985; *Wieser,* Empirische und normative Auslegung JZ 1985, 407; *Wolf/Gangel,* Der nicht formgerecht erklärte Erblasserwille und die Auslegungsfähigkeit eindeutiger testamentarischer Verfügungen, JuS 1983, 663.

§ 24 Die Anfechtung von Verfügungen von Todes wegen

1. Anfechtungsmöglichkeiten von Verfügungen von Todes wegen

Ist dem Erklärenden bei einer Willenserklärung ein Irrtum (= **unbewusstes Auseinanderfallen von Wille und Erklärung**) unterlaufen, so räumt ihm das Gesetz unter bestimmten Voraussetzungen (§§ 119, 120) ein Anfechtungsrecht ein, desgleichen, wenn die Willenserklärung auf einer arglistigen Täuschung oder widerrechtlichen Drohung (§ 123) beruht. Die unverzügliche (§ 121) Anfechtung auf Grund dieser Gründe vernichtet das Geschäft rückwirkend (§ 142). Die Anfechtung führt jedoch zur Schadensersatzpflicht gegenüber dem, der auf die Gültigkeit der Erklärung vertraut (§ 122). Diese Normen gelten jedoch uneingeschränkt nur für Rechtsgeschäfte des Schuld- und Sachenrechts. Im Erbrecht sind diese Vorschriften nur anwendbar bei der Annahme und Ausschlagung der Erbschaft (§ 1954), der Versäumung der Ausschlagungsfrist (§ 1956) und bei Erb-, Pflichtteils- und Zuwendungsverzichtsverträgen (§§ 2346, 2352). Eine Vorschrift besonderer Art ist § 1949 Abs. 1, der bei der Erbschaftsannahme beim Irrtum über den Berufungsgrund die Anfechtungswirkung ohne Anfechtungserklärung eintreten lässt. 1

Dagegen gelten für die Anfechtung einseitiger Verfügungen von Todes wegen des Erblassers die Sonderregelungen der §§ 2078 bis 2083, die gem. § 2279 Abs. 1 für die Anfechtung vertragsmäßiger Verfügungen in Erbverträgen entsprechend anzuwenden sind, soweit die §§ 2281 bis 2285 nichts Besonderes bestimmen. Die Vorschriften über die Anfechtung vertragsmäßiger Verfügungen in Erbverträgen (§§ 2279 Abs. 1, 2078–2083, 2281–2285) sind wiederum nach allgem. Meinung auf die Selbstanfechtung eigener wechselbezüglicher Verfügungen in bindend gewordenen gemeinschaftlichen Testamenten entsprechend anwendbar. § 142 ist auch auf Verfügungen von Todes wegen anwendbar und § 143 teilweise. Zur Anfechtung muss eine letztwillige Verfügung vorliegen (§ 2078 Abs. 1). Das auf Irrtum beruhende Unterlassen der Testamentserrichtung ist nicht anfechtbar.[1] Die Anfechtbarkeit wegen Erbunwürdigkeit (§ 2339) hat durch Erhebung der Anfechtungsklage gegen den Erbunwürdigen zu erfolgen (§ 2342 Abs. 1). Die Vermächtnis- bzw. Pflichtteilsunwürdigkeit (§ 2345) ist durch Anfechtungserklärung oder einredeweise gegenüber dem Unwürdigen geltend zu machen. Die wesentlichsten Erweiterungen des erbrechtlichen Anfechtungsrechts gegenüber dem allgemeinen sind, dass gem. § 2078 Abs. 2 auch ein Irrtum in Beweggrund (**Motivirrtum**) und sogar hinsichtlich sog. unbewusster Erwartungen zur Anfechtung berechtigt, und zwar auch beim Erbvertrag (§ 2281 Abs. 1) und dem gemeinschaftlichen Testament; die Anfechtungsfristen nach §§ 2082, 2283 länger sind als die nach § 121 (unverzüglich!); die Anfechtung auch durch andere Personen als den Erklärenden erfolgen kann (§ 208) die Schadensersatzpflicht nach § 122 nicht besteht (§ 2078 Abs. 3), nicht einmal beim Erbvertrag oder beim gemeinschaftlichen Testament;[2] umstritten ist jedoch, ob dies auch bei der Selbstanfechtung durch den Erblasser gilt;[3] es nicht wie bei § 119 Abs. 1 Anfechtungsvoraussetzung ist, dass der Erblasser die erbrechtliche Verfügung „bei verständiger Würdigung des Falles", d.h. als vernünftiger Mensch nicht getroffen hätte (**objektiver Maßstab**), sondern dass ausschließlich die subjektive Denk- und Anschauungsweise des Erblassers (evtl. sogar launenhafter Eigensinn) maßgeblich ist (§ 2078 Abs. 1).[4] 2

---

[1] Brox/Walker Rn 231.

[2] MünchKomm/Leipold § 2078 Rn 59.

[3] MünchKomm/Musielak § 2281 Rn 21.

[4] BGH FamRZ 1956, 83 = LM § 2078 Nr. 4; BayObLGZ 1971, 149; BayObLG FamRZ 1995, 1523 = DNotZ 1995, 715 = ZEV 1994, 369 m. Anm. Winkler; Schubert/Czub JA 1980, 257.

3 Diese Sonderregelung erklärt sich daraus, dass dem wirklichen Willen des Erblassers Vorrang vor den Interessen des Bedachten eingeräumt wird, und zwar nicht nur bei einseitigen, sondern auch bei erbvertraglich bindenden Verfügungen.[5]

2. Die einzelnen erbrechtlichen Anfechtungsgründe

a) Anfechtung wegen Irrtums über die Erklärungshandlung oder die Erklärungsbedeutung

4 § 2078 Abs. 1 berücksichtigt die gleichen Irrtumsfälle wie § 119 Abs. 1. Dies sind im Einzelnen:

5 Beim Irrtum über die **Erklärungsbedeutung (Erklärungsirrtum)** wollte der Erblasser eine Verfügung von Todes wegen entweder überhaupt nicht oder nicht so wie geschehen errichten, d.h. er **verspricht, verschreibt oder vergreift** sich. Es sind dies Fälle wie das Verschreiben des Erblassers beim eigenhändigen Testament (§ 2247), der Irrtum des mitunterzeichnenden Ehegatten beim gemeinschaftlichen Testament über den Wortlaut der von ihm mitunterschriebenen Erklärung (§ 2267 Satz 1), der Irrtum über den Wortlaut der dem Notar übergebenen Schrift (§ 2232 Satz 2) oder der vom Notar errichteten Niederschrift (§ 2232 Satz 1)[6] oder die irrtümliche Einkleidung der unverbindlichen brieflichen Wünsche des Erblassers in die Form eines eigenhändigen Testaments.[7]

6 Beim **Irrtum über die Erklärungsbedeutung (Inhaltsirrtum)** muss sich der Erblasser in einem **Irrtum über die rechtliche Bedeutung seiner Erklärung** befunden haben, d.h. er erklärt zwar, was er erklären will, aber irrt darüber, mit welchem rechtlichen Gehalt die von ihm errichtete Verfügung von Todes wegen Geltung erlangt bzw. welche **verkehrsübliche Bedeutung** sie hat.[8] Beim Erklärungsirrtum benutzt der Erblasser Erklärungszeichen, die er nicht benutzen will, während beim Inhaltsirrtum er Erklärungszeichen gebraucht, über deren Sinn und Bedeutung er sich irrt. Beide Irrtumsarten werden gleichbehandelt (§ 2078 Abs. 1). Beim Inhaltsirrtum kann es sich sowohl um Tatsachen- als auch um Rechtsirrtum handeln, letzterer jedoch nur, wenn sich der Irrtum auf wesentliche Rechtsfolgen und damit auf die Rechtsnatur bezieht.[9] Inhaltsirrtum über die Rechtsfolgen ist nur der über die direkten, **unmittelbaren Rechtsfolgen** der anzufechtenden Willenserklärung. Sie muss nicht die erstrebte, sondern eine davon wesentlich verschiedene Rechtsfolge erzeugt haben, wogegen es nicht genügt, wenn sie außer der erstrebten Wirkung zusätzlich weitere, nicht erkannte und nicht gewollte **mittelbare Nebenwirkungen** hat.[10] Ein Irrtum über solche Nebenwirkungen ist kein Inhaltsirrtum sondern **Motivirrtum**[11] und kann nur über § 2078 Abs. 2 eine Anfechtung begründen. **Beispiele** für Inhaltsirrtum über **unmittelbare Rechtsfolgen** sind derjenige über die rechtliche Bedeutung der Vor- und Nacherbeinsetzung,[12] über die erbvertragliche Bindungswirkung,[13] darüber welche

[5] Schubert/Czub JA 1980, 257.

[6] MünchKomm/Leipold § 2078 Rn 20.

[7] Zur umgekehrten Auslegung eines Briefes als Testament OLG Schleswig ZEV 2010, 46 = ZErb 2009, 240.

[8] MünchKomm/Leipold § 2078 Rn 21.

[9] MünchKomm/Leipold § 2078 Rn 21; OLG Hamm OLGZ 1982, 41, 47 = Rpfleger 1981, 402; BayObLG ZNotP 1998, 332, 333.

[10] BayObLG ZNotP 1998, 332, 333; zu weitgehend bisher daher OLG Hamm OLGZ 1982, 41, 47 = Rpfleger. 1981, 402.

[11] BayObLGZ 1987, 356 = NJW 1988, 1270; BayObLG NJW-RR 1995, 904, 906; BGHZ 70, 47, 48 f.; BGH NJW 1997, 653.

[12] RG Recht 1919 Nr. 2135; MünchKomm/Leipold § 2078 Rn 22.

[13] RGZ 134, 195, 197; BayObLG NJW-RR 1997, 377 = ZEV 1997, 377; BayObLG NJW-RR 1997, 1027, 1028; OLG Frankfurt ZEV 1997, 422; NK-BGB/Fleindl § 2078 Rn 18.

Personen nach der gesetzlichen Erbfolge erben,[14] über die Widerrufswirkung der Rücknahme eines öffentlichen Testaments aus der besonderen amtlichen Verwahrung gem. § 2256.[15] und jetzt auch bei Irrtum über die Notwendigkeit der Ausschlagung nach § 2306 Abs. 1 Satz 2.[16] Neben der Abweichung des Erklärungstatbestandes oder der Erklärungsbedeutung vom subjektiven Willen des Erblassers ist für die Wirksamkeit der Anfechtung erforderlich, dass der Erblasser „die Erklärung bei Kenntnis der Sachlage nicht abgegeben haben würde" (§ 2078 Abs. 1 = Kausalitäts- oder Erheblichkeitsprüfung). Dabei wird keine objektive Bewertung gefordert, es ist vielmehr auf die subjektive Denk- und Anschauungsweise des Erblassers abzustellen.[17] Im Einzelnen zur Kausalitäts- oder Erheblichkeitsprüfung siehe unten lit. f. Beim Inhaltsirrtum, d. h. dem Irrtum über die verkehrsübliche Bedeutung der Erklärung, wird meist der Verfügung durch Auslegung entsprechend den Vorstellungen des Erblassers zur Wirksamkeit verholfen werden können,[18] sofern der Erblasserwille wenigstens andeutungsweise aus dem Testament selbst hervorgeht. Für die Anfechtung verbleiben somit nur die Fälle, in denen sich kein Anhalt des Erblasserwillens aus dem Testament ergibt.

b) Anfechtung wegen Drohung

Gemäß § 2078 Abs. 2 ist die Anfechtung zulässig, wenn der Erblasser zu seiner Verfügung widerrechtlich[19] durch Drohung bestimmt worden ist. Die Drohung ist widerrechtlich, wenn entweder das Mittel (das angedrohte Übel) oder der Zweck (der angestrebte Erfolg) oder die Mittel-Zweck-Relation unerlaubt ist.[20] Nicht ausreichend ist eine Beeinflussung des Erblassers durch fortgesetztes aufdringliches Bitten[21] oder durch Widerspruch gegen die von ihm beabsichtigte Verfügung.[22] Ausreichend ist dagegen die Drohung einer Familienangehörigen oder einer Haushälterin, den hilfsbedürftigen Erblasser zu verlassen, wenn er nicht in bestimmter Weise testiere.[23] Widerrechtliche Drohung kann auch die Anfechtung der Verfügung wegen Erb- bzw. Vermächtnisunwürdigkeit begründen (§§ 2339 Abs. 1 Nr. 3, 2345). Verursacht eine arglistige Täuschung beim Erblasser einen Motivirrtum, ist die Anfechtung nach § 2078 Abs. 2 gegeben,[24] sie kann aber gem. §§ 2339 Abs. 1 Nr. 3, 2345 auch zur Erb- bzw. Vermächtnisunwürdigkeit führen. 7

c) Anfechtung wegen Irrtums im Beweggrund (Motivirrtum)

Während § 119 Abs. 2 aus der Fülle der Möglichkeiten eines Irrtums im Beweggrund nur den über **verkehrswesentliche Eigenschaften der Person oder Sache** als Anfechtungsgrund zulässt, ist im Erbrecht für Verfügungen von Todes wegen gem. § 2078 Abs. 2 die Anfechtbarkeit wegen Motivirrtums, d. h. über die Erklärungsgrundlagen im vollen Umfang zugelassen. Ein Anfechtungsgrund ist nach dem Wortlaut des § 2078 Abs. 2 gegeben, **„soweit der Erblasser zu der Verfügung durch die irrige Annahme oder Erwartung des Eintritts oder Nichteintritts eines Umstandes … bestimmt worden ist."** § 2078 Abs. 2 stellt somit drei Voraussetzungen für die Anfechtung eines Testaments auf: 8

– Es muss eine Erwartung oder Vorstellung des Erblassers **im Zeitpunkt der Testamentserrichtung** vorgelegen haben,

---

[14] RGZ 70, 391; OLG Schleswig ZEV 2005, 526.
[15] BGHZ 23, 211; BayObLG NJW-RR 1997, 1027 = ZEV 1997, 377, 379; OLG München ZEV 2005, 482.
[16] BGH NJW 2006, 3353 auf Grund Vorlagebeschluss des OLG Hamm NJW 2005, 3808 = ZEV 2006, 168 m. Anm. Haas/Jeske.
[17] BGHZ 4, 91, 95; KG FamRZ 1977, 271, 273.
[18] KG DNotZ 1941, 28; Lange/Kuchinke § 36 III 1 b.
[19] BayObLGZ 1960, 490, 497.
[20] Brox/Walker Rn 234.
[21] RG Recht 1910 Nr. 1395.
[22] BGH BWNotZ 1965, 348.
[23] Soergel/Damrau § 2078 Rn 22.
[24] Lange/Kuchinke § 36 III 5.

- diese Erwartung oder Vorstellung – allein oder im Zusammenhang mit anderen Erwartungen oder Vorstellungen – muss **wesentlicher** Bestimmungsgrund (**bestimmend**) für die Errichtung der letztwilligen Verfügung gewesen sein (**Kausalität!**),[25]
- und die so qualifizierte Erwartung oder Vorstellung muss schließlich **fehlgeschlagen** sein (**Irrtum**).[26]

9 Der erwartete Umstand braucht dabei nicht die Person des Erblassers oder des Bedachten selbst zu betreffen, es kann auch ein völlig von den Beteiligten unabhängiger allgemeiner Umstand sein, wie z. B. ein Währungsverfall. Die Umstände können objektiver oder subjektiver Natur sein und in der Vergangenheit, Gegenwart oder Zukunft liegen.[27] Nach der Rechtsprechung[28] kann auch eine den Vorstellungen des Erblassers erheblich widersprechende Entwicklung der Verhältnisse nach dem Eintritt des Erbfalls die Anfechtung begründen. Für die Anfechtbarkeit kommt es nicht darauf an, ob das vom Erblasser beanstandende Verhalten des Bedachten objektiv beanstandenswert oder gar schuldhaft war, sondern allein darauf, ob es der für die Verfügung von Todes wegen bestimmend gewesenen Erwartung des Erblassers widerspricht.[29] Auch müssen diese Erwartung des Erblassers – anders als bei der Auslegung – nicht in der Verfügung von Todes wegen ihren Niederschlag gefunden haben.[30] Es müssen im Einzelfall jedoch besondere Umstände gegeben sein, die in die Richtung solcher Vorstellungen des Erblassers bei der Errichtung der Verfügung von Todes wegen deuten, da sonst die vom Gesetzgeber gewollte grundsätzliche Bindung des Erblassers an seine bindend getroffenen Verfügungen praktisch weitgehend aufgehoben würde.[31]

9a **Beispielsfälle** für einen **Motivirrtum** sind, dass der Erblasser angenommen hat, er werde nicht mehr heiraten,[32] die Bedachten seien miteinander verheiratet,[33] der beiderseitige Nachlass werde auf die gemeinsamen Abkömmlinge übergehen, was sich infolge Wiederverheiratung des überlebenden Ehegatten als falsch erweist,[34] es bestehe ein bestimmtes Verwandtschaftsverhältnis zum Bedachten, es werde demnächst eine Ehe geschlossen werden, ein erzeugtes Kind werde lebend zur Welt kommen,[35] jemand werde eine bestimmte Ausbildung erfolgreich durchlaufen, jemand habe treue Dienste geleistet bzw. werde dies in Zukunft tun,[36] einzelne Abkömmlinge lebten in besseren wirtschaftlichen Verhältnissen als andere,[37] der Bedachte werde fortlaufend Zahlungen an den Erblasser leisten oder eine Gegenleistung erbringen,[38] der Bedachte werde nicht einer religiösen Sekte mit einschlägigen vermögensmäßigen Folgen angehören,[39] der Erblasser hatte falsche Vorstellungen von der Größe seines Vermögens bei Zuwendung

[25] BayObLG FamRZ 1995, 246 = NJW-RR 1995, 369.
[26] Müller-Freienfels in FS f. Schiedermair, 1976, S. 409, 416.
[27] BGH FamRZ BGH FamRZ 1983, 898 = WPM 1983, 567; BayObLGZ 1971, 147, 149; MünchKomm/Leipold § 2078 Rn 39.
[28] BGH FamRZ 1962, 256, 258; RGZ 86, 206, 210; OLG Köln OLGZ 1969, 290, 292; OLG München NJW 1983, 2577; Staudinger/Otte § 2078 Rn 15; offengelassen: BGH WPM 1987, 1019, 1020 = NJW-RR 1987, 1412; a. M. MünchKomm/Leipold § 2078 Rn 40.
[29] BGH FamRZ 1973, 539, 541; BayObLG FamRZ 1998, 1625, 1626.
[30] BGHZ 4, 91, 95; BGH NJW 1965, 584; BayObLG FamRZ 1998, 1625, 1627.
[31] BGH FamRZ 1963, 85 = NJW 1963, 246, 248; BayObLG FamRZ 1998, 1625, 1627.
[32] RGZ 148, 218.
[33] BayObLG FamRZ 1984, 422 = Rpfleger 1983, 66.
[34] RG Gruchot 67, 667 = Recht 1924 Nr. 649.
[35] RG WarnR 1914 Nr. 125.
[36] MünchKomm/Leipold § 2078 Rn 26.
[37] RGZ 172, 83.
[38] BGH NJW 1952, 419; BayObLGZ 1963, 260 = NJW 1964, 205; OLG Hamm DNotZ 1977, 751, 756.
[39] OLG München NJW 1983, 2577.

des Überrestes,[40] er irrte sich über das künftige Verhalten des Bedachten ihm gegenüber,[41] der Erblasser erwartete, dass der Erbe oder ein Dritter ihn in bestimmter Weise betreuen würde,[42] der Erblasser glaubte, die Ehe mit der Bedachten werde sich harmonisch und glücklich entwickeln,[43] zwischen dem Erblasser und dem Bedachten würde bis zum Tod eines von ihnen Eintracht herrschen und der Bedachte werde alles vermeiden, was dem Erblasser Schwierigkeiten bereiten könne,[44] Erblasser und Bedachter würden friedlich und harmonisch im selben Haus zusammenleben,[45] die Bedachte werde nicht zum Anlass für die Zerrüttung der Ehe der Erblasserin werden,[46] der Bedachte werde seine politische Einstellung nicht ändern,[47] der Bedachte werde nicht durch grobe Fahrlässigkeit (Trunkenheitsfahrt) den Tod der Erblasserin verursachen[48] oder er sieht einen späteren unerwarteten Vermögenserwerb nicht vorher,[49] der Erblasser hat unter den Bedingungen der deutschen Teilung testiert, danach lief die Entwicklung völlig anders.[50]

Die Umstände, über die sich der Erblasser irrt, können auch von seinem eigenen Willen abhängig sein, d.h. von ihm willentlich herbeigeführt sein, z.B. seine Wiederverheiratung, die Geburt eigener Kinder oder die Adoption eines Kindes.[51] Allerdings darf der Anfechtungsgrund vom Erblasser nicht selbst unter Verstoß gegen Treu und Glauben herbeigeführt worden sein.[52]

Achtung! Anfechtbarkeit wegen Motivirrtums auch beim Erbvertrag.[53] Zunächst 10
überraschend ist, dass der Erbvertrag trotz seines Vertragcharakters wegen Motivirrtums anfechtbar ist und das sogar vom Erblasser im Wege der **Selbstanfechtung (§§ 2281 Abs. 1, 2078 Abs. 2)**. Der Grund ist darin zu finden, dass auch der Erbvertrag eine Verfügung von Todes wegen ist und bei diesen der Wille des Erblassers unabhängig von Verkehrsinteressen den Vorrang hat.[54]

Nach der Rspr. muss der Erblasser von den vergangenen, gegenwärtigen oder zukünf- 11
tigen Umständen, die die Anfechtung begründen sollen, bei der Errichtung der letztwilligen Verfügung eine positive irrtümliche Vorstellung gehabt haben.[55] Irrtum und Nichtwissen wären demnach nicht gleichzubehandeln.[56] Indes, auch der BGH sieht als hin-

---

[40] RG Recht 1912 Nr. 449.

[41] BGHZ 4, 91; BGH NJW 1963, 246, 248 = FamRZ 1963, 85 = LM § 2078 Nr. 8; BGH WPM 1971, 1153, 1155; BGH FamRZ 1973, 539; BGH WPM 1983, 567 = FamRZ 1983, 898; OLG Köln FamRZ 1990, 1038, 1039.

[42] BGH BWNotZ 1961, 181.

[43] OLG Köln OLGZ 1970, 114, 116; BayObLG FamRZ 1983, 1275, 1277; BayObLG NJW-RR 1990, 200, 201; MünchKomm/Leipold § 2078 Rn 30; OLG Hamm OLGZ 1992, 272 = NJW-RR 1992, 330.

[44] BGHZ 4, 91; BGH NJW 1963, 246; BayObLG FamRZ 1998, 1625, 1626.

[45] BGH FamRZ 1973, 539, 540.

[46] BGH LM § 2078 Nr. 3.

[47] BGH LM § 2078 Nr. 4 = FamRZ 1956, 83.

[48] BGH WPM 1971, 1153 = FamRZ 1971, 638; krit. hierzu Müller-Freierfels, in FS f. Schiedermair, 1976 S. 409.

[49] OLG Stuttgart BWNotZ 1960, 49.

[50] Staudinger/Otte § 2078 Rn 44; OLG Köln ZEV 2004, 329.

[51] RG JW 1936, 250; LG Hamburg MDR 1964, 507, 508; MünchKomm/Leipold § 2078 Rn 42; Staudinger/Kanzleiter § 2281 Rn 9.

[52] BGHZ 4, 91, 96 = NJW 1952, 419; BGH FamRZ 1962, 426, 427; BGH NJW 1970, 279 = DNotZ 1970, 167: Adoption nur, um ein Anfechtungsrecht zu konstruieren; BGH WPM 1973, 974, 976 = FamRZ 1973, 539; BayObLG FamRZ 2000, 1053.

[53] Siehe hierzu Krebber DNotZ 2003, 20.

[54] Krebber DNotZ 2003, 20, 37 m.w. Nachw.; Nolting S. 81.

[55] BGH WPM 1971, 1153, 1154 m.w.N.; BGH NJW 1963, 246 = FamRZ 1963, 85.

[56] RGZ 86, 206, 208 (anders noch RGZ 77, 165, 177); BGH NJW 1962, 1058 = LM § 2205 Nr. 8; BGH NJW 1963, 246, 247 = FamRZ 1963, 85, 87.

reichende irrtümliche Vorstellung sog. „unbewusste Vorstellungen“,[57] später modifiziert „selbstverständliche Vorstellungen[58] (hierzu näher unten Rn 13 ff.). Diese begrifflichen „Verrenkungen“ sprechen dafür, als Irrtum i. S. des Abs. 2 ausreichen zu lassen, dass jemand vergangene, gegenwärtige oder zukünftige Umstände nicht kennt, soweit sie grundlegende Bedeutung für die getroffene Verfügung haben.[59] Die Eingrenzung relevanter Umstände hat dann bei der (strengen) Kausalitätsprüfung zu erfolgen[60] (hierzu nachfolgend Rn 17 f.).

d) Anfechtung wegen Übergehung eines Pflichtteilsberechtigten

12 Einen Spezialfall des Motivirrtums enthält § 2079, nämlich die Anfechtbarkeit der letztwilligen Verfügung bei irrtümlicher Übergehung eines Pflichtteilsberechtigten (§ 2303) durch den Erblasser. Voraussetzung ist, dass der Pflichtteilsberechtigte beim Erbfall gelebt hat oder doch erzeugt war (§ 1923) (anders bei der Selbstanfechtung gem. § 2281 Abs. 1), dass ihm nichts aus dem Nachlass zugewendet wurde und dass ihn der Erblasser bei der Errichtung seiner Verfügung entweder nicht als Pflichtteilsberechtigten gekannt hat, etwa weil er noch nicht geboren war oder erst später durch Heirat pflichtteilsberechtigt geworden ist,[61] oder der Erblasser ihn infolge Rechtsirrtums nicht als Pflichtteilsberechtigten erkannte. § 2079 weist gegenüber § 2078 Abs. 2 folgende Besonderheiten auf: Der Erblasser braucht sich keine positiven Vorstellungen bezüglich des Pflichtteilsberechtigten gemacht zu haben. In diesem Sonderfall steht das unbewusste Fehlen einer Vorstellung der positiven irrtümlichen Vorstellung gleich.[62]

12a Der ursächliche Zusammenhang (**Kausalität**) zwischen dem Irrtum des Erblassers und seiner letztwilligen Verfügung wird, **wie man aus dem Wortlaut des § 2079 Satz 2 schließt,** bis zum Beweis des Gegenteils durch den Anfechtungsgegner gesetzlich **vermutet** (§ 2079 Satz 2).[63] Der Anfechtende ist demnach nur dafür darlegungs- und beweispflichtig, dass dem Erblasser bei der Errichtung das Vorhandensein des Pflichtteilsberechtigten nicht bekannt oder nicht bewusst war, während der Anfechtungsgegner die Kausalitätsvermutung des § 2079 Satz 2 zu entkräften hat, d. h. zu beweisen hat, dass die Verfügung trotz des Übergehens eines Pflichtteilsberechtigten nach dem Willen des Erblassers weiterbestehen soll. In der Regel hat die Anfechtung gem. § 2079 die Nichtigkeit des ganzen Testaments zur Folge, da § 2079 Satz 1 anders als § 2078 Abs. 1 nicht durch das Wort **„soweit“** eingeschränkt ist und die Berücksichtigung eines weiteren Erben die bestehen bleibenden Erbteile verschieben würde.[64] Sie führt somit zur gesetzlichen Erbfolge.[65] Da jedoch nach § 2079 Satz 2 die Anfechtung auch hier ausgeschlossen ist, soweit anzunehmen ist, dass der Erblasser die Verfügung auch bei Kenntnis der Sachlage getroffen haben würde (**Kausalität!**), wobei es auf den zu ermittelnden hypothetischen Willen des Erblassers zum Zeitpunkt der Errichtung der letztwilligen Verfügung ankommt,[66] ist die

---

[57] BGH FamRZ 1983, 898, 899; ähnlich BayObLGZ 1971, 147, 149; BayObLG FamRZ 1984, 1270, 1271; OLG Hamm ZEV 1994, 109, 111.

[58] BGH WM 1987, 1019, 1020 = NJW-RR 1987, 1412; vgl. auch KG NJW 2001, 903, 906; BayObLG FamRZ 2002, 915, 917; OLG München ZEV 2007, 530.

[59] MünchKomm/Leipold, § 2078 Rn 34;Schuber/Czub JA 1980, 259 ff.; Staudinger/Kanzleiter § 2281 Rn 14; Staudinger/Otte § 2078 Rn 23; Brox/Walker Rn 233; Schlüter Rn 234; Kipp/Coing, 14. Bearb. § 24 II 2 b; Lange/Kuchinke § 36 III 2 c.

[60] Bamberger/Roth/Litzenburger § 2078 Rn 8; MünchKomm/Leipold § 2078 Rn 34.

[61] BayObLG FamRZ 1983, 952.

[62] Kipp/Coing, 14. Bearb. § 24 II 2 d; Palandt/Edenhofer, § 2079 Rn 4.

[63] BGH LM § 2079 Nr. 1 = DNotZ 1954, 272, 273; OLG Frankfurt FamRZ 1995, 1522 = NJW-RR 1995, 1350; Staudinger/Otte § 2079 Rn 1; Baumgärtel/Laumen/Prütting § 2079 Rn 1, 2 m. w. N.

[64] BayObLG ZErb 2004, 389.

[65] BayObLGZ 1971, 147, 151 = NJW 1971, 1565 = DNotZ 1972, 31 m. w. N.

[66] BayObLGZ 1971, 147, 151; Reinicke NJW 1971, 1961 ff.

Gesamtnichtigkeit nur die Regel und Teilnichtigkeit kann durch Auslegung ermittelt werden, wofür allerdings der Anfechtungsgegner die Beweislast trägt.[67]

Übergangen ist ein Pflichtteilsberechtigter nur dann, wenn ihm **überhaupt nichts zugewandt** wurde und zwar nach der h. M. auch dann nicht, wenn der ihm zugewandte Erbteil oder das Vermächtnis geringer ausgefallen ist als sein gesetzlicher Erbteil.[68] Das OLG Karlsruhe[69] will ihm allerdings die Anfechtungsmöglichkeit auch dann geben, wenn er nur zu einem völlig geringfügigen Erbteil als Erbe eingesetzt ist.

e) „Unbewusste Vorstellungen" als erbrechtlicher Anfechtungsgrund

13 Wie oben lit. c dargelegt, stellt die Rechtsprechung im Gegensatz zur überwiegenden Meinung in der Literatur die irrige Erwartung oder Vorstellung des Erblassers d. h. **seinem Irrtum sein Nichtwissen nicht gleich** und lässt daher eine Anfechtung nach § 2078 Abs. 2 nicht zu, wenn er sich überhaupt keine Vorstellungen – weder bewusste noch unbewusste – gemacht hat. Das heißt, dass anders als bei der Auslegung ein hypothetischer Wille des Erblassers bei der Anfechtung nicht berücksichtigt wird.[70] Die Rechtsprechung lässt aber die Anfechtung wegen Motivirrtums (§ 2078 Abs. 2) nicht nur zu, wenn sich der Erblasser hinsichtlich positiver und deutlicher Vorstellungen geirrt hat, sondern auch dann wenn es sich bei den maßgeblichen Vorstellungen und Erwartungen um solche gehandelt hat, die der Erblasser zwar nicht in sein Bewusstsein aufgenommen, seiner Verfügung aber als selbstverständlich zugrunde gelegt hat (**sog. unbewusste Vorstellungen**).[71] Damit weicht die Rechtsprechung im praktischen Ergebnis nur wenig von der hL ab, die eine völlige Gleichstellung von Irrtum und Nichtwissen fordert.[72] Es genügt nach der Rechtsprechung, wenn festzustellen ist, dass der Erblasser die irrigen Erwartungen oder Vorstellung zweifellos gehabt hat, selbst wenn er sich ihrer nicht ganz besonders bewusst gewesen war.[73] Neuerdings ersetzt der BGH[74] den Begriff der **„unbewussten Vorstellungen"** ohne inhaltliche Änderung durch den der **„selbstverständlichen Vorstellungen"** und umschreibt diese als Umstände, die der Erblasser zwar nicht konkret im Bewusstsein geglaubt hat, aber doch jederzeit abrufen und in sein Bewusstsein hätte holen können,[75] oder anders ausgedrückt, als subjektive Selbstverständlichkeiten unterhalb der konkreten Vorstellungsebene.[76]

13a Im Gegensatz zu dem sog. hypothetischen (irrealen) Willen des Erblassers bei der ergänzenden Auslegung, durch den dort die Lücke begründet wird, sollen die sog. „unbewussten Vorstellungen" den reale Willen des Erblassers darstellen. Solche unbewusst irrigen Erwartungen oder Vorstellungen des Erblassers sind nach der Rechtsprechung beispielsweise, dass tiefgreifende Unstimmigkeiten zwischen ihm und dem Bedachten

---

[67] BayObLG a. a. O.; BayObLGZ 1980, 42, 49; BayObLG FamRZ 1983, 952, 954; OLG Hamm NJW 1972, 1088 = FamRZ 1972, 395 = DNotZ 1972, 503; Reinicke NJW 1971, 1961; Tiedtke JZ 1988, 649; Soergel/Loritz § 2079 Rn 9; a. M. d. h. das Testament ist nur insoweit nichtig, als es den Pflichtteilsberechtigten ausschließt: OLG Köln NJW 1956, 1522; LG Darmstadt NJW-RR 1988, 262 = JZ 1988, 671 m. Bspr. Tiedtke JZ 1988, 649; differenzierend MünchKomm/Leipold § 2079 Rn 23 ff., der bei Anfechtung nach dem Erbfall Teilnichtigkeit als Regel annimmt, bei Anfechtung durch den Erblasser von der Gesamtnichtigkeit als Regel ausgeht.

[68] RGZ 50, 238, 239 f.; RGZ 148, 218, 223; BayObLG NJW-RR 1994, 590, 592.

[69] ZEV 1995, 454.

[70] BGH NJW 1963, 246, 247.

[71] oben Fn 57; jeweils genaue Analysen dieser Rechtsprechung bei Pohl, S. 13 ff.; Keymer, S. 23 ff.; Heinz, S. 4 ff.; Müller-Freienfels FS f. Schiedermair, 1976, S. 409, 416 ff.

[72] Oben Fn 59.

[73] BGHZ 4, 91, 95 = NJW 1952, 419 unter Hinweis auf Fischer JherJb 71, 187, 227, der als Begründer der Lehre von den „unbewussten Vorstellungen" gelten kann, so Pohl S. 29.

[74] BGH WPM 1987, 1019, 1020 = NJW-RR 1987, 1412.

[75] MünchKomm/Leipold § 2078 Rn 29.

[76] Schmidt-Kessel WPM 1988 Beil. 8, S. 9.

nicht eintreten werden,[77] dass sich der Bedachte wohlverhält und den Nachlass nicht zugunsten einer Sekte verschleudert,[78] dass sich der Bedachte nicht wiederverheiratet[79] oder dass die Wirtschaftsverhältnisse fortdauern.[80] Die Feststellung solcher unbewussten Vorstellungen bereitet natürlich im Einzelfall Schwierigkeiten, weil sie unbewusst bleiben und daher nicht geäußert worden sind.[81] Letztlich bleibt nichts anderes übrig, als das Vorhandensein solcher unbewusster Vorstellungen mit Hilfe der allgemeinen Lebenserfahrung festzustellen.[82] Mit der Anerkennung durch die Rechtsprechung, dass auch der Irrtum über „unbewusste Vorstellungen", die der Erblasser als selbstverständlich seiner Verfügung zugrundegelegt hat, die Anfechtung wegen Motivirrtums begründen kann, entfällt für diesen Anfechtungsgrund letztlich der Nachweis, welche Vorstellungen und Erwartungen der Erblasser bei der Errichtung der Verfügung wirklich gehabt hat und wird, wie bei der Auslegung, ersetzt durch die richterliche Feststellung seines hypothetischen oder irrealen Willens, **der jedoch im Gegensatz zur Prüfung im Rahmen der Auslegung in der Urkunde selbst keinen Niederschlag gefunden haben muss.** Damit stellt man aber unter dem Deckmantel einer „unbewussten Vorstellung" beim Erblasser einen hypothetischen oder irrealen Willen zum Zeitpunkt der Testamentserrichtung fest,[83] der doch nach der Rspr. bei der Anfechtung im Gegensatz zur Auslegung unbeachtlich sein soll. Dem Umstand, dass der Erblasser Abweichungen von einem Vorstellungsbild zum Zeitpunkt der Testamentserrichtung willkürlich herbeiführen kann, misst die Rechtsprechung keine besondere Bedeutung bei, es sei denn, es geschehe wider Treu und Glauben.[84]

14 Die sonst grenzenlose Anwendbarkeit des § 2078 Abs. 2 vermeidet die h. M. durch eine strenge Handhabung des **Kausalitätsnachweises** zwischen irriger Vorstellung und letztwilliger Verfügung sowie eine Beschränkung der Anfechtungsmöglichkeit auf besonders schwerwiegende Fehlvorstellungen des Erblassers (**Erheblichkeitsprüfung**).[85]

15 Auch bei fehlgeschlagenen unbewussten Vorstellungen oder Erwartungen des Erblassers ist vor Zulassung der Anfechtung jeweils zu prüfen, ob nicht im Wege der **ergänzenden Auslegung** dem hypothetischen Willen des Erblassers Geltung verschafft werden kann, sodass die Verfügung in ihrem Bestand erhalten bleibt und lediglich entsprechend der festgestellten Willensrichtung des Erblassers modifiziert wird.[86] Dies setzt allerdings nach der Anhalts- oder Andeutungstheorie Anhaltspunkte für den Erblasserwillen in der Verfügung selbst voraus. Daneben bleiben allein der Anfechtung vorbehalten die Fälle, in denen die Willenserforschung ergibt, dass der Verfügung jede Wirksamkeit abzusprechen ist oder dass nur eine völlig neue Verfügung der Motivation des Erblassers gerecht werden würde.[87]

f) Motivangabe in der Verfügung

16 Die irrige Annahme oder Erwartung des Erblassers braucht, um Anfechtungsgrund sein zu können, in der Verfügung selbst nicht zum Ausdruck zu kommen zu sein, d. h.

---

[77] BGH LM § 2078 Nr. 8 = NJW 1963, 246 = FamRZ 1963, 85; BGH FamRZ 1983, 898, 899 = WPM 1983, 567; Johannsen WPM 1985 Beil. 1, S. 24 f.

[78] OLG München NJW 1983, 2577; BGH WPM 1971, 1153, 1155 = FamRZ 1971, 638.

[79] BGH LM § 2078 Nr. 4 = FamRZ 1956, 83; BGH FamRZ 1986, 980, 981.

[80] RG LZ 1923, 603; RG WarnR 1931 Nr. 50.

[81] Keymer S. 48 ff.; Stürzebecher NJW 1988, 2717, 2718.

[82] Keymer a. a. O., S. 52, Lange JherJb 82, 1, 27; Stürzebecher NJW 1988, 2717, 2718; Hack S. 95 ff.; BGH WPM 1971, 1153, 1155 = FamRZ 1971, 638; a. M. d. h. unbewusste Vorstellungen könnten nicht einfach aus der Lebenserfahrung abgeleitet werden, BGH LM § 2078 Nr. 8 = NJW 1963, 246, allerdings ausdrücklich nur für Erbverträge und gemeinschaftliche Testamente.

[83] Lange JherJb 82, 1, 27.

[84] RGZ 148, 218; KG OLGE 26, 312; BGHZ 4, 91, 96 = NJW 1952, 419; BGH FamRZ 1962, 426, 427; Stürzebecher NJW 1988, 2117, 2118.

[85] OLG Düsseldorf FamRZ 1997, 1506; BayObLG FamRZ 1998, 1626.

[86] Lange/Kuchinke § 36 III 3.

[87] MünchKomm/Leipold § 2084 Rn 91; § 2078 Rn 11.

zur Feststellung des Willensmangels muss sich anders als bei der Auslegung kein Anhaltspunkt aus der Verfügung selbst ergeben.[88] Trotzdem ist die ausdrückliche Angabe des Verfügungsmotivs im Testament oder Erbvertrag nicht bedeutungslos, sondern begründet die widerlegbare tatsächliche Vermutung dafür, dass die angegebenen auch die tatsächlich bestimmenden Gründe für die Errichtung der Verfügung waren.[89] Da auch irrige Erwartungen des Erblassers über Umstände in der Zeit nach dem Erbfall die Anfechtung begründen können, kann er durch eine entsprechende Motivangabe ähnlich wie durch eine bedingte Zuwendungen auf die Lebensführung des Bedachten nach dem Erbfall einwirken oder die Verfügung an die Verhältnisse (z. B. spätere Entschuldung des Bedachten) anpassungsfähig gestalten.[90] Der Unterschied zwischen Bedingung und Motivangabe ist, dass beim Eintritt der auflösenden Bedingung der frühere Rechtszustand ohne rückwirkende Kraft eintritt (§ 159), vorher jedoch bei bedingter Erbeinsetzung eine konstruktive Nacherbfolge besteht (§§ 2104, 2105), während die Anfechtung mit rückwirkender Kraft wirkt (§ 142 Abs. 1) und vorher keine Rechtswirkungen zeitigt. Bewusst kann die Motivangabe auch zur Herstellung einer sog. unechten Wechselbezüglichkeit verwandt werden, indem ausdrücklich der Zusammenhang des Motivs für mehrere Verfügungen zum Ausdruck gebracht wird, der dann gegebenenfalls durch Anfechtung gem. § 2078 Abs. 2 geltend gemacht werden kann. Durch Auslegung kann eine Motivangabe als echte Bedingung, unverbindlichen Wunsch oder Empfehlung gewertet werden.

Allerdings sollte sich der Testamentsgestalter bewusst sein, dass er mit der Aufnahme der Beweggründe des Erblassers in der Verfügung von Todes wegen potentielle Anfechtungsgründe schafft.[91]

g) Einschränkung der Anfechtungsmöglichkeit durch Kausalitäts- bzw. Erheblichkeitsprüfung

Die Anfechtbarkeit der Verfügung setzt nach § 2078 Abs. 1 voraus, dass der Erblasser 17
die Erklärung **„bei Kenntnis der Sachlage nicht abgegeben"** haben würde und Abs. 2 verweist auf Abs. 1 und fordert zusätzlich, dass er durch den Irrtum oder die Drohung zu der Verfügung **„bestimmt"** worden sein muss. Für alle Anfechtungsgründe des § 2078 wird somit als Voraussetzung der Anfechtbarkeit verlangt, dass sie kausal für die Verfügung des Erblassers gewesen sind (**Erfordernis der Kausalität**).[92] Maßgebend ist dabei kein objektiver Maßstab, etwa wie bei § 119 Abs. 1 die „verständige Würdigung des Falles", sondern allein die **subjektive Denk- und Anschauungsweise des Erblassers.**[93] Die irrige Vorstellung braucht nicht der alleinige Grund für die Verfügung gewesen sein, es genügt, wenn sie bestimmend oder wenigstens nicht wegdenkbar wesentlich mitbe-

[88] RGZ 172, 83 f.; BGH NJW 1965, 584 = DNotZ 1965, 692; KG FamRZ 1977, 271, 273; OLG Düsseldorf FamRZ 1997, 1506, 1508; MünchKomm/Leipold § 2078 Rn 36; Soergel/Loritz § 2078 Rn 20; OLG Köln FamRZ 1990, 1038, 1040.

[89] RGZ 172, 83, 84; BGH NJW 1965, 584 = FamRZ 1965, 212 ; BayObLGZ 1971, 147, 150 = NJW 1971, 1565; KG FamRZ 1977, 271, 273; MünchKomm/Leipold § 2078 Rn 36; Soergel/Loritz § 2078 Rn 20; Johannsen WPM 1972, 648.

[90] Siehe hierzu Flik BWNotZ 1979, 53; Formulierung in MünchVertrHdb/Nieder/Otto, Bd. 6/2, XVI.17; BayObLG FamRZ 1983, 1226; MünchKomm/Leipold § 2074 Rn 7 f.; a. M. Staudinger/Otte § 2074 Rn 14, der in einer Mitteilung des Beweggrundes im Testament nur als echte Bedingung oder unverbindlichen Wusch nicht aber als Motiv i. S. des § 2078 Abs. 2 sehen will.

[91] Winkler ZEV 1994, 371; Kössinger ZEV 1998, IX; BayObLG DNotZ 1995, 715 = ZEV 1994, 369.

[92] RGZ 59, 33, 39 f.; BGH LM § 2078 Nr. 4 = FamRZ 1956, 83; BGH FamRZ 1961, 364, 366; BGH NJW 1963, 246, 248; BayObLGZ 1971, 147, 150; BayObLG FamRZ 1995, 246 = NJW-RR 1995, 1096; OLG Düsseldorf FamRZ 1997, 1506, 1508; BayObLG FamRZ 1998, 1625; Staudinger/Otte § 2078 Rn 28; MünchKomm/Leipold § 2078 Rn 43; Soergel/Loritz § 2078 Rn 24; Palandt/Edenhofer, § 2078 Rn 9.

[93] BGH LM § 2078 Nr. 4 = FamRZ 1956, 83.

stimmend für die Entschließung des Erblassers gewesen ist (**Motivbündel**).[94] Der BGH[95] verlangt, dass der die Fehlvorstellung des Erblassers begründende Umstand nicht nur eine Ursache, sondern der **Beweggrund** für seinen letzten Willen war und daher nur für den Erblasser besonders schwerwiegende Umstände von erheblichem Gewicht die Anfechtung begründen können, die gerade diesen Erblasser auf Grund seiner ihm eigenen Vorstellungen mit Sicherheit dazu gebracht hätten, anders zu testieren (**subjektive Erheblichkeit**). Der Erblasserwille selbst soll maßgeblich sein, nicht eine nachträgliche Spekulation über ihn. Der ursächliche Zusammenhang fehlt z.B., wenn der Irrtum erst nach der Errichtung der Verfügung entstanden ist,[96] bei Irrtum über die steuerlichen Folgen der Verfügung[97] oder über das weitere Schicksal des Nachlasses.[98]

17a Im Verhältnis zur Testamentsauslegung ist die Anfechtung **nachrangig.** Lediglich dort, wo der notfalls durch ergänzende Auslegung zu ermittelnde subjektive Erblasserwille in der Urkunde selbst nicht hinreichend zum Ausdruck gekommen ist, schlägt die Anfechtung durch und verschafft dem Erblasserwillen wenigstens insoweit Anerkennung, als sie die ihm entgegenstehende Verfügung beseitigt (§ 142).[99] Lässt der Erblasser die letztwillige Verfügung trotz Kenntnis des Anfechtungsgrundes geflissentlich (bewusst) weiter bestehen, ist die Anfechtung regelmäßig ausgeschlossen.[100] Der Kausalzusammenhang zwischen Willensmangel und Verfügung wird von der h.M. mit Hilfe der Äquivalenztheorie und des hypothetischen Erblasserwillens durch die Fragestellung ermittelt, ob der individuelle Erblasser die Verfügung ohne die unzutreffende Vorstellung oder bei Kenntnis der Sachlage nicht getroffen haben würde.[101] Beim Sonderfall des § 2079 wird die Kausalität generell gesetzlich vermutet, kann jedoch vom eingesetzten Erben entkräftet werden (§ 2079 Satz 2).

h) Vorausverzicht auf das Anfechtungsrecht

18 Weil die Anfechtung jeweils ausgeschlossen ist, wenn der Erblasser die Verfügung auch bei Kenntnis der Sachlage getroffen hätte (§§ 2078 Abs. 1, 2079 Satz 2), wird allgemein gefolgert, dass der **Erblasser bereits im Erbvertrag oder im gemeinschaftlichen Testament auf sein künftiges Anfechtungsrecht ganz oder teilweise verzichten kann.**[102] Dieser Vorausverzicht wirkt selbstverständlich auch gegenüber anfechtungsberechtigten Dritten. Allerdings darf nach zutreffender Ansicht der Vorausverzicht nur auf einen konkret möglich erscheinenden Anfechtungsgrund (z.B. Übergehung eines Pflichtteilsberechtigten) gerichtet sein und nicht generell oder pauschal auf jede nur mögliche Anfechtungs-

---

[94] BGH LM § 2078 Nr. 4 = FamRZ 1956, 83; BGH FamRZ 1961, 364, 366; OLG Hamm OLGZ 1968, 86; BayObLGZ 1971, 147, 150 = NJW 1971, 1565; Lange/Kuchinke § 35 IV 1 Fn. 99; MünchKomm/Leipold § 2078 Rn 43.

[95] BGH WPM 1971, 1153, 1154; BGH WPM 1987, 1019 = NJW-RR 1987, 1412, 1413.

[96] Z.B. Vergessen eines Testaments BGHZ 42, 327 = NJW 1965, 688 = LM § 2078 Nr. 9 m. Anm. Kreft; BayObLG NJW-RR 1997, 1027 = ZEV 1997, 377, 379.

[97] OLG Hamburg DNotZ 1955, 597.

[98] BGH LM § 2078 Nr. 11.

[99] Staudinger/Otte § 2078 Rn 6; Soergel/Loritz § 2078 Rn 3; MünchKomm/Leipold § 2078 Rn 56.

[100] RGZ 77, 165, 170; BGH FamRZ 1977, 768; BayObLGZ 1971, 147, 151 = NJW 1971, 1565; OLG Kiel OLGE 8, 266; BayObLGZ 1981, 42; BayObLG Rpfleger 1975, 242.

[101] RGZ 50, 238, 240; RGZ 59, 33, 39f.; RGZ 77, 165, 174; RGZ 172, 83, 84; BGH LM § 2078 Nr. 4 = FamRZ 1956, 83; OLG Hamm OLGZ 1968, 86; BayObLGZ 1971, 147, 150 = NJW 1971, 1565; Keymer S. 13, 59.

[102] OLG Celle NJW 1963, 353; BGH NJW 1983, 2247, 2249 = Rpfleger 1983, 154; BGH WPM 1983, 369, 371; MünchKomm/Musielak § 2281 Rn 17 u. § 2271 Rn 37; Staudinger/Kanzleiter § 2281 Rn 20; Soergel/Wolf § 2271 Rn 29 u. § 2281 Rn 7; Erman/M. Schmidt § 2281 Rn 2; Bengel DNotZ 1984, 132, 138; Nolting, S. 88ff.; Johannsen DNotZ 1977 Sonderheft, S. 69, 74; ders., WPM 1985 Beil. 1, S. 25.

möglichkeit, also nicht auch wegen unvorhersehbarer Umstände.[103] Einen generellen Anfechtungsverzicht wird man einschränkend dahin auszulegen haben, dass der Erblasser damit nur die Anfechtung wegen solcher Tatsachen ausgeschlossen hat, mit denen er **vernünftigerweise rechnen musste.**[104] Da die Aufhebungswirkung bei der Wechselbezüglichkeit beschränkt werden kann, ist auch ihr ausdrücklicher Ausschluss nur für den Fall der Selbstanfechtung möglich.[105] Evtl. kann ein Anfechtungsverzicht auch durch Auslegung gewonnen werden.[106] Unzulässig ist allerdings ein formloser nachträglicher Anfechtungsverzicht.[107] Da ein Verzicht auf ein künftiges Anfechtungsrecht nach §§ 2078, 2079 im Erbvertrag oder gemeinschaftlichen Testament regelmäßig kein gesondertes Rechtsgeschäft unter Lebenden ist, sondern Inhalt der Verfügung von Todes wegen, kann er auch vertragsmäßig gem. § 2278 Abs. 2 bzw. wechselbezüglich gem. § 2270 Abs. 3 vereinbart werden.[108] Generell muss der eine Verfügung von Todes wegen beurkundende Notar die Beteiligten nicht über deren Anfechtbarkeit belehren. Angesichts der Tragweite des Anfechtungsrechts für bindende Verfügungen von Todes wegen ist jedoch der beratenden Praxis zu empfehlen, die Beteiligten insbesondere auf die Möglichkeit des Anfechtungsverzichts hinzuweisen.[109]

i) Bestätigung einer anfechtbaren Verfügung von Todes wegen

Nach der h. M.[110] kann der Erblasser selbst eine anfechtbare **einseitige** letztwillige Verfügung nicht bestätigen, weil ihm auch kein Anfechtungsrecht zusteht. Er kann den Anfechtungsgrund nur dadurch beseitigen, dass er die letztwillige Verfügung formgerecht wiederholt.[111] Seine Bestätigung kann jedoch im Einzelfall ein Indiz dafür sein, dass er ohne Willensmangel bei der Errichtung ebenso verfügt hätte.[112] Dagegen kann der Erblasser gem. § 2284 anfechtbare **vertragliche** Verfügungen eines Erbvertrages bestätigen, wobei dies nur durch ihn persönlich erfolgen kann und seine volle Geschäftsfähigkeit voraussetzt (§ 2284 Satz 1 u. 2). Nach der h. M.[113] bedarf diese Bestätigung nicht der Form des Erbvertrages oder seiner Anfechtung (§ 144 Abs. 2), ist nicht empfangsbedürftig und kann auch durch schlüssige Handlung erfolgen.[114] Das gleiche Bestätigungsrecht hat der überlebende Ehegatte hinsichtlich eigener **bindend gewordener wechselbezüglicher Verfügungen** nach dem Tod des Erstversterbenden.[115] Nach dem Tod des Erblassers verliert bei allen Verfügungen von Todes wegen jeder gem. §§ 2080, 2285 Anfechtungsberechtigte sein Anfechtungsrecht durch formlose einseitige und weder annahme- noch empfangsbedürftige Bestätigung gem. § 144, ohne dass es eines vertraglichen Verzichts bedarf.[116] 19

[103] Soergel/Wolf § 2281 Rn 7; Bengel DNotZ 1984, 132, 138.
[104] OLG Celle NJW 1963, 353; Soergel/Wolf § 2271 Rn 7; Soergel/Loritz § 2079 Rn 8; Staudinger/Kanzleiter § 2281 Rn 20; Staudinger/Otte § 2079 Rn 11; MünchKomm/Musielak § 2281 Rn 17; Nolting S. 88.
[105] BGH FamRZ 1957, 130; BGH NJW 1964, 2056.
[106] Staudinger/Otte § 2079 Rn 11; Johannsen WPM 1970 Beil. 3, S. 21.
[107] Bengel DNotZ 1984, 132, 138 f.
[108] Bengel DNotZ 1984, 132, 139 f.
[109] Johannsen DNotZ 1977 Sonderheft, S. 69, 74; Nolting S. 89.
[110] Kipp/Coing § 24 VII 1; Bengel DNotZ 1984, 132, 134; BayObLG Rpfleger 1975, 242; a. M. Soergel/Loritz § 2080 Rn 23; MünchKomm/Leipold § 2078 Rn 60.
[111] OLG Hamm ZEV 1994, 168 = FamRZ 1994, 1062.
[112] RGZ 77, 165, 177; BayObLG Rpfleger 1975, 242.
[113] BayObLGZ 1954, 71, 77 = NJW 1954, 1039, 1040; OLG Braunschweig OLGE 30, 169, 172; Staudinger/Kanzleiter § 2284 Rn 6 f.; Soergel/Wolf § 2284 Rn 2; Nolting S. 90 f.; a. M. Bengel, DNotZ 1984, 134.
[114] BGH NJW 1958, 177.
[115] BGH NJW 1970, 280; Ischinger Rpfleger 1951, 159, 166; Bengel DNotZ 1984, 139; Palandt/Edenhofer, § 2271 Rn 29.
[116] BayObLGZ 1965, 258, 265; Staudinger/Otte § 2080 Rn 25 f.; MünchKomm/Leipold § 2078 Rn 62.

20 Das **Anfechtungsrecht** kann somit verloren werden
- durch **„Vorausverzicht"** auf ein künftiges Anfechtungsrecht in der Verfügung selbst,
- durch Bestätigung der anfechtbaren Verfügung,
- durch vertraglichen Verzicht auf das Anfechtungsrecht[117]

und durch den Einwand der unzulässigen Rechtsausübung.[118]

3. Anfechtungsberechtigung

a) Die Selbstanfechtung des Erblassers

21 Der Erblasser ist anfechtungsberechtigt hinsichtlich vertraglicher Verfügungen im Erbvertrag (§ 2281) und seinen bindend gewordenen Verfügungen im gemeinschaftlichen Ehegattentestament. Bei beiden ist gemäß den §§ 2281, 2282, 2283 die Selbstanfechtung durch den Erblasser möglich:[119]

22 • **Die Selbstanfechtung beim Erbvertrag.** Einseitige nicht bindende Verfügungen in Erbverträgen können vom Erblasser jederzeit und grundlos durch Testament widerrufen werden (§§ 2299 Abs. 2, 2253, 2254, 2258)[120] oder durch Aufhebungsvertrag mit dem Vertragspartner (§§ 2299 Abs. 2, 2290) aufgehoben werden. Vertragsmäßige Verfügungen sind dagegen ab Vertragsschluss bindend, sofern der Rücktritt nicht vorbehalten oder ein gesetzlicher Rücktrittsgrund gegeben ist, **können aber gem. § 2281 Abs. 1 vom Erblasser selbst angefochten werden,** wenn einer der Anfechtungsgründe gem. §§ 2278, 2279 vorliegt. Bezüglich der Einzelheiten kann daher auf die vorstehenden Ausführungen über die Drittanfechtung einseitiger Verfügungen verwiesen werden. § 2079 wird durch § 2281 Abs. 1, 2. Halbsatz dahin modifiziert, als der Pflichtteilsberechtigte nur den Anfechtungszeitpunkt und nicht auch den Erbfall erleben muss. Die Anfechtungsmöglichkeit schwächt die bindende Wirkung von Erbverträgen und analog auch gemeinschaftlicher Testamente. Sie findet ihre Rechtfertigung im Schutz der Willens- und Testierfreiheit des Erblassers.[121] Vor allem wegen der Anfechtbarkeit auf Grund Motivirrtums steht die Bindungswirkung von vertragsmäßigen Verfügungen in Erbverträgen und wechselbezüglichen Verfügungen in gemeinschaftlichen Testamenten nach dem Tod des erstversterbenden Ehegatten gewissermaßen von vornherein unter einer clausula rebus sic stantibus und ist damit prinzipiell schwächer als bei Rechtsgeschäften unter Lebenden.[122]

22a Beim Motivirrtum lässt die Rechtsprechung ebenso wie bei einseitigen Verfügungen (siehe oben Rn 13) auch bei der Selbstanfechtung neben der Enttäuschung des Erblassers über seine wirklichen Vorstellungen und Erwartungen auch die über sog. „unbewusste Vorstellungen", von denen der Erblasser als selbstverständlich ausging, ohne sie in sein Bewusstsein aufgenommen zu haben, ausreichen.[123] Maßgebend sind dabei nach verbreiteter, m. E. richtiger, Meinung im bewussten Gegensatz zur Auslegung nur die hypothetischen Vorstellungen des Erblassers, wie er sie bei Abschluss des Erbvertrags in Kenntnis der wahren Sachlage gehabt hätte und nicht der Wille des Vertragspartners wie bei der Auslegung.[124] Wie bei der Drittanfechtung einseitiger Verfügungen bildet auch bei der

[117] Huken MittRhNotK 1963, 536.

[118] BGHZ 4, 91, 96 = NJW 1952, 419.

[119] BGH NJW 1970, 279; Staudinger/Otte § 2080 Rn 1.

[120] Die §§ 2255, 2256 sind beim Erbvertrag nicht anwendbar.

[121] MünchKomm/Leipold § 2078 Rn 7 f.; Johannsen WPM 1985 Beil. 1, S. 24 f.

[122] MünchKomm/Leipold § 2078 Rn 9 f.; Nolting S. 94; BGH FamRZ 1983, 898, 899.

[123] BGH FamRZ 1973, 539; BGH WPM 1983, 567 = FamRZ 1983, 898, 899; OLG Köln OLGZ 1970, 114, 116.

[124] Soergel/Wolf § 2281 Rn 10; MünchKomm/Musielak § 2271 Rn 36; MünchKomm/Leipold § 2079 Rn 16; Staudinger/Otte § 2078 Rn 27 u. § 2079 Rn 10; Lange/Kuchinke § 36 III 4 d Fn. 91; a. M. OLG Hamm NJW 1972, 1088, 1089 = OLGZ 1972, 389 = FamRZ 1972, 315 = DNotZ 1972, 503; OLG Hamm Rpfleger 1978, 179 = OLG Hamm FamRZ 1980, 505 (LS).

Selbstanfechtung vertragsmäßiger Verfügungen das Erfordernis des Nachweises des Irrtums, seiner Erheblichkeit und Ursächlichkeit für die Verfügung die gebotene Einschränkung der Anfechtungsmöglichkeit gerade beim Irrtum über „unbewusste Vorstellungen" (siehe hierzu oben Rn 14). Dabei genügt es nach dem BGH[125] für den Beweis unbewusster selbstverständlicher Erwartungen nicht, von der allgemeinen Lebenserfahrung oder einem Anscheinsbeweis auszugehen. Maßgebend sollen immer die besonderen Umstände des Einzelfalles sein. Sonst würde bei Erbverträgen und gemeinschaftlichen Testamenten die grundsätzliche Bindung des Erblassers weitgehend aufgehoben.[126] Ein Anwendungsbereich der Selbstanfechtung wegen Motivirrtums sind Störungen der Gegenleistung bei entgeltlichen Erbverträgen (**sog. Verpfründungsverträge**).[127] Der Irrtum des Erblassers über die Bindungswirkung seiner vertraglichen Verfügung kann eine Selbstanfechtung wegen Inhaltsirrtums rechtfertigen.[128] Die Selbstanfechtung wegen Übergehung eines Pflichtteilsberechtigten kann vom Erblasser auch nur in der Absicht erfolgen, sich von der vertragsmäßigen Bindung zu befreien, ohne danach den Pflichtteilsberechtigten zu bedenken.[129]

• Der Erblasser kann nach seiner Anfechtung auf Feststellung der Nichtigkeit des Erb- 23
vertrages klagen.[130]

• **Die Selbstanfechtung bei bindend gewordenen Verfügungen in gemeinschaftlichen** 24
Testamenten. Eigene wechselbezügliche Verfügungen, die nach dem ersten Erbfall bindend geworden sind, kann der überlebende Ehegatte nach allg. M. (siehe oben § 11 Rn 48) auf Grund analoger Anwendung der §§ 2281 ff. i. V. m. §§ 2078, 2079 im gleichen Umfang wie vertragsmäßige Verfügungen im Erbvertrag selbst anfechten. Es kann daher auf die Ausführungen unter Rn 22) verwiesen werden. Der wirkliche oder hypothetische Wille des verstorbenen Ehegatten ist nicht zu berücksichtigen, wenn der Überlebende seine eigenen wechselbezüglichen Verfügungen anficht, da das Gesetz die Interessen des verstorbenen Ehegatten durch die Vorschrift des § 2271 Abs. 1 genügend schützt.[131] Aber auch hier setzt die Verpflichtung des Nachweises des Irrtums durch den Anfechtungsberechtigten, seiner Erheblichkeit und seiner Ursächlichkeit für die Verfügung eine Schranke gegenüber leichtfertigen Anfechtungen (siehe oben Rn 17). Der überlebende Ehegatte kann einseitige und wechselbezügliche Verfügungen des verstorbenen Ehegatten nach § 2078 anfechten, da er zum Kreis der Anfechtungsberechtigten nach § 2080 Abs. 1 gehört, nicht jedoch nach § 2079, da dieses Anfechtungsrecht gem. § 2080 Abs. 3 nur dem übergangenen Pflichtteilsberechtigten zusteht.[132]

• **Vorsicht!** Die Selbstanfechtung bindend gewordener wechselbezüglicher Verfügun- 25
gen durch den überlebenden Ehegatten hat zur Folge, dass die Verfügungen des Verstorbenen, die mit den angefochtenen gemäß § 2270 Abs. 1 oder § 2298 Abs. 1 im Verhältnis der **Wechselbezüglichkeit** stehen, in der Regel gem. § 2270 Abs. 1 oder § 2298 Abs. 1 ebenfalls nichtig werden, sodass rückwirkend auf den ersten Erbfall die gesetzliche Erbfolge eintritt, sofern nicht ein wegen der wechselbezüglichen Verfügungen unwirksames Testament auf Grund ihrer Nichtigkeit nachträglich Wirksamkeit erlangt.[133] Im Gegensatz zur Ausschlagung zwecks Wiedererlangung der Testierfreiheit gem. § 2271 Abs. 2 Satz 1 verbleibt dem Längstlebenden bei der Selbstanfechtung allerdings wenigstens sein gesetzlicher Ehegattenerbteil auf Ableben des Erstversterbenden. Bei nur teilweiser An-

[125] BGH NJW 1963, 246, 248 = FamRZ 1963, 85; BGH WPM 1987, 1019 = NJW-RR 1987, 1412, 1413.
[126] So auch Johannsen WPM 1972, 647; Nolting S. 82 f.
[127] Siehe hierzu Schubert/Czub JA 1980, 257, 336 f.; Stürzebecher NJW 1988, 2717.
[128] RGZ 134, 195, 197; OLG Hamm OLGZ 1966, 497, 498 = FamRZ 1967, 697.
[129] BGH NJW 1970, 279 = FamRZ 1970, 79 = DNotZ 1970, 167.
[130] OLG Köln ZEV 1996, 23.
[131] MünchKomm/Musielak § 2271 Rn 36.
[132] MünchKomm/Musielak § 2271 Rn 39 m. w. N.
[133] MünchKomm/Musielak § 2271 Rn 43; Peter BWNotZ 1977, 113, 114; Helfrich S. 12.

fechtung bleiben die Verfügungen des vorverstorbenen Ehegatten wirksam, soweit anzunehmen ist, er hätte sie auch getroffen, wenn sein Ehepartner nur seine nicht angefochtenen Verfügungen getroffen hätte.[134] Die Selbstanfechtung ist daher ähnlich wie die Erbausschlagung zur Wiedererlangung der eigenen Testierfreiheit nach § 2271 Abs. 2 Satz 1 für den Längstlebenden nur empfehlenswert, wenn diese ihm wichtiger ist als das ihm vom Erstversterbenden Zugewendete, hier allerdings im Gegensatz zur Ausschlagung das ihm über seinen gesetzlichen Ehegattenerbteil hinaus Zugewendete. Bei dieser Wirkung der Anfechtung sollte man jeweils erwägen, ob nicht ein dem Schlusserben abgekaufter Zuwendungsverzichtsvertrag gem. § 2352 im Einzelfall die bessere Lösung zur Wiedererlangung der Testierfreiheit ist.[135] Auch bei zweiseitigen oder gemeinschaftlichen Erbverträgen (§ 2298 Abs. 1) hat, infolge der gem. § 2298 Abs. 3 gesetzlich vermuteten Wechselbezüglichkeit, die Nichtigkeit einer vertragsmäßigen Verfügung durch Anfechtung die der anderen zur Folge, wenn nicht ein anderer Wille beider Vertragsschließender anzunehmen ist (§ 2298 Abs. 1, 3).[136] Ob auch bei der Selbstanfechtung des Erbvertrages durch den Erblasser § 2078 Abs. 3 einen Anspruch des Vertragspartners auf Ersatz des Vertrauensschadens gemäß § 122 ausschließt, ist umstritten.[137]

26 • Der Erblasser ist bei einseitigen Verfügungen von Todes wegen in Erbverträgen und gemeinschaftlichen Testamenten nicht anfechtungsberechtigt, da er das Testament jederzeit ohne Angabe von Gründen widerrufen kann (§§ 2253 ff.).

b) Die Anfechtung durch Dritte (Fremdanfechtung)

27 • **Bei einseitigen Verfügungen von Todes wegen:** Dritte sind bei einseitigen Verfügungen von Todes wegen auch in Erbverträgen und gemeinschaftlichen Testamenten nach dem Erbfall anfechtungsberechtigt, wenn ihnen die Aufhebung der letztwilligen Verfügung unmittelbar zustatten kommen würde (§ 2080 Abs. 1);[138] bei der Irrtumsanfechtung jedoch nur derjenige, auf den sich der Irrtum bezieht (§ 2080 Abs. 2) und bei der Anfechtung wegen Übergehen eines Pflichtteilsberechtigten (§ 2079) nur dieser (§ 2080 Abs. 3). Das einmal entstandene Anfechtungsrecht ist vererblich, jedoch nicht übertragbar oder pfändbar.[139]

28 • **Bei Erbverträgen und bindend gewordenen gemeinschaftlichen Testamenten: Dritte** sind bei Erbverträgen und bindend gewordenen Verfügungen in gemeinschaftlichen Ehegattentestamenten gem. § 2285 nach dem Erbfall unter den Voraussetzungen wie bei einseitigen Verfügungen anfechtungsberechtigt, **wenn das Anfechtungsrecht des Erblassers zurzeit des Erbfalls noch nicht erloschen war.** Anfechtungsberechtigt sind danach auch andere Vertragsschließende (Vertragsgegner), wenn sie selbst Begünstigte i.S. des § 2080 Abs. 1 sind. Beim Erbvertrag kann ein Anfechtungsrecht Dritter erst mit dem Tode des Erblassers entstehen, vorher ist allein er anfechtungsberechtigt.[140] Nach dem Tod des Erblassers ist der in § 2080 bezeichnete Personenkreis anfechtungsberechtigt, sofern die Voraussetzungen der §§ 2078 ff. gegeben sind. Die Anfechtung einer vertragsmäßigen Erbeinsetzung und einer Auflage ist dabei gegenüber dem Nachlassgericht vorzunehmen (§ 2081 Abs. 1 u. 3), während die Anfechtung eines vertragsmäßigen Vermächtnisses nach der h.M.[141] gem. § 143 Abs. 4 gegenüber dem Bedachten zu erfolgen hat. Die Anfechtungserklärung ist nicht formgebunden. Wenn das eigene Anfechtungsrecht des Erblassers gem. § 2281 zum Zeitpunkt seines Todes durch Fristablauf (§ 2283),

---

[134] OLG Hamm NJW 1972, 1089; Palandt/Edenhofer § 2271 Rn 33.
[135] Peter BWNotZ 1977, 113 ff.
[136] OLG Hamm NJW 1972, 1088; MünchKomm/Musielak § 2298 Rn 1.
[137] Siehe hierzu MünchKomm/Musielak § 2281 Rn 21; dafür: OLG München ZEV 1998, 69; gegen den Ausschluss: Mankowski ZEV 1998, 46.
[138] BGH NJW 1985, 2025 = FamRZ 1985, 806.
[139] Palandt/Edenhofer, § 2080 Rn 4.
[140] MünchKomm/Musielak § 2285 Rn 2.
[141] RGZ 143, 350, 353; MünchKomm/Musielak § 2285 Rn 2; Palandt/Edenhofer § 2285 Rn 1.

Bestätigung (§ 2284), vertraglichen Vorausverzicht oder rechtmissbräuchliche Herbeiführung nicht mehr bestanden hat, können gem. § 2285 auch dritte Personen den Erbvertrag nicht mehr anfechten.[142] Die Beweislast dafür, dass das Anfechtungsrecht des Dritten gem. § 2285 ausgeschlossen ist, trifft den Anfechtungsgegner.[143] War das Anfechtungsrecht jedoch gegenüber dem Erblasser noch nicht erloschen, so müssen sich die anfechtungsberechtigten Dritten seinen Zeitablauf nicht auf ihre Ausschlussfrist anrechnen lassen, da ihnen ein neues Anfechtungsrecht mit seinem Tod entsteht.[144] Fraglich ist, inwieweit bei der Anfechtung durch Dritte **Umstände, die erst nach dem Erbfall eingetreten sind,** als Anfechtungsgrund herangezogen werden können.[145] Sowohl nach dem Tod des Erstversterbenden als auch nach dem des Überlebenden können **beim gemeinschaftlichen Testament** nach den allgemeinen Bestimmungen der §§ 2078 ff. Dritte, denen die Aufhebung der letztwilligen Verfügung des Erblassers zustatten kommen würde, die **Verfügung des Erstversterbenden** durch formlose Erklärung gegenüber dem Nachlassgericht (§ 2081) anfechten. **Verfügungen des überlebenden Ehegatten** können Dritte erst nach dessen Tod, nicht zu seinen Lebzeiten anfechten.[146] Wegen der entsprechenden Anwendung des § 2285[147] können Dritte jedoch nach dem Tod des Längstlebenden dessen eigene wechselbezügliche Verfügungen nur anfechten, wenn er sein Recht auf Selbstanfechtung gem. § 2281 nicht bereits durch Fristablauf, Bestätigung oder rechtsmissbräuchliche Herbeiführung verloren hatte (§§ 2281, 2283, 2284).[148] Einseitige Verfügungen des Längstlebenden können von Dritten ohne Beschränkung durch § 2285 gem. §§ 2078 ff. angefochten werden, da diese Vorschrift ein entsprechendes Anfechtungsrecht des Erblassers voraussetzt.[149] Auf **Verfügungen des erstversterbenden Ehegatten** findet nach zutreffender Ansicht[150] § 2285 keine Anwendung, d.h. es entsteht kein Ausschluss infolge Erlöschens des Anfechtungsrechts des Erblassers. Die Anfechtungsfrist des § 2082 beginnt für die Schlusserben immer erst mit dem Tod des Überlebenden.[151]

c) Andere Vertragsschließende

Andere Vertragsschließende (**Vertragsgegner**) beim Erbvertrag, die nicht Begünstigte i.S.d. des § 2080 Abs. 1 sind, können vor oder nach dem Erbfall nur gem. §§ 119, 123 ihre eigenen Erklärungen anfechten.[152] 29

4. Die Anfechtungserklärung

a) Bei Fremdanfechtung

Die Anfechtung ist eine empfangsbedürftige formlose Willenserklärung,[153] die 30

- bei Erbeinsetzung, Enterbung, Ernennung eines Testamentsvollstreckers und Aufhebung solcher Verfügungen gegenüber dem Nachlassgericht (§ 2081 Abs. 1),

---

[142] MünchKomm/Musielak § 2285 Rn 5.

[143] OLG Stuttgart OLGZ 82, 315 = FamRZ 1982, 1137 = BWNotZ 1982, 118.

[144] MünchKomm/Musielak § 2285 Rn 3.

[145] Dagegen: eingehend und zutreffend: MünchKomm/Leipold § 2078 Rn 40; Johannsen WPM 1972, 646; bezüglich der deutschen Einigung: Grunewald NJW 1991, 1208, 1211; Bestelmeyer Rpfleger 1992, 321, 326; offen gelassen von BGH NJW-RR 1987, 1412, 1413; BGHZ 124, 27= NJW 1994, 582 = JZ 1994, 468 m. Anm. Thode = ZEV 1994, 101 m. Anm. Otte; dafür: RGZ 86, 206, 210; BGH NJW 1985, 2025; BGH NJW 1986, 1812; OLG München NJW 1983, 2577; OLG Frankfurt FamRZ 1993, 613; Wasmuth DNotZ 1992, 3, 10; R. Meyer ZEV 1994, 12, 14.

[146] KG FamRZ 1968, 219.

[147] RGZ 77, 165; BGH FamRZ 1956, 83, 84; OLG Hamm FamRZ 1972, 395.

[148] Reimann/Bengel/J. Mayer § 2271 Rn 80 f.

[149] BGH FamRZ 1956, 83; MünchKomm/Musielak § 2285 Rn 7.

[150] Staudinger/Kanzleiter § 2271 Rn 67; Soergel/Wolf § 2271 Rn 38; MünchKomm/Musielak § 2271 Rn 41; Palandt/Edenhofer § 2271 Rn 31 f.; a. M. LG Karlsruhe NJW 1958, 714.

[151] BayObLG FamRZ 1977, 347, 349.

[152] Palandt/Edenhofer, § 2281 Rn 1.

[153] BayObLG FamRZ 1989, 1346.

- **sonst,** d.h.z.B. bei Vermächtnissen, Auflagen und familienrechtlichen Anordnungen, **gegenüber dem Anfechtungsgegner** (§ 143 Abs. 4 Satz 1), das ist beim Erbvertrag der andere Vertragschließende (Vertragsgegner),

zu erfolgen hat. Die Erklärung ist nicht höchstpersönlich, kann also mit Vollmacht durch einen Bevollmächtigten erfolgen. Die Anfechtung braucht nach der h.M.[154] nicht begründet zu werden.

b) Bei Selbstanfechtung

31 Aufgrund der Spezialvorschrift des § 2282 Abs. 3 bedarf die **Selbstanfechtung** von vertragsmäßigen Verfügungen in Erbverträgen und bindend gewordene Verfügungen in gemeinschaftlichen Ehegattentestamenten durch den Erblasser der **notariellen Beurkundung und der Erblasser darf sie nur persönlich vornehmen.** Solange der **andere Vertragsteil** lebt, ist die Anfechtung gemäß § 143 Abs. 2 stets ihm gegenüber zu erklären.[155] Die Anfechtungserklärung muss ihm in **Urschrift oder in Ausfertigung** zugehen (§ 130), der Zugang einer beglaubigten Abschrift genügt nicht.[156] Soll nach dem Tode des anderen Vertragschließenden (Vertragsgegner) eine zugunsten eines Dritten getroffene Verfügung vom Erblasser angefochten werden, so ist die Anfechtung gem. § 2281 Abs. 2 auf jeden Fall dem Nachlassgericht des verstorbenen Vertragsgegners gegenüber zu erklären.

5. Die Anfechtungsfrist

32 Die Anfechtung kann nur **binnen Jahresfrist** erfolgen (§ 2082 Abs. 1). Die Frist beginnt mit dem Zeitpunkt, in welchem der Anfechtungsberechtigte von dem Anfechtungsgrund Kenntnis erlangt (§ 2082 Abs. 2 Satz 1). Auf den Lauf der Frist finden die §§ 203, 206, 207 entsprechend Anwendung (§ 2082 Abs. 2 Satz 2). Der Fristbeginn setzt Kenntnis vom Erbfall, der anfechtungsbegründenden Tatsachen und der anzufechtenden letztwilligen Verfügung voraus.[157] Fehlvorstellungen des Anfechtungsberechtigten rein tatsächlicher Art hindern somit den Lauf der Anfechtungsfrist. Streitig ist jedoch, inwieweit auch ein Rechtsirrtum die Kenntnis vom Anfechtungsgrund ausschließt.[158]

33 Nach der wohl h.M.[159] kann ein Rechtsirrtum den Fristbeginn nur dann hinausschieben, wenn er die Unkenntnis einer die Anfechtung begründenden Tatsache zur Folge hat, während es nicht genügt, wenn es sich nur um die rechtsirrtümliche Beurteilung des Anfechtungstatbestandes handelt. Dadurch, dass der durch ein gemeinschaftliches Testament gebundene Erblasser nach seiner Wiederheirat die Bindung und/oder seine Anfechtungsmöglichkeit nach §§ 2281, 2079 BGB nicht kennt, wird daher die Anfechtungsfrist nicht gehemmt.[160] Hält er dagegen das gemeinschaftliche Testament für ungültig oder seine zweite Frau für nicht pflichtteilsberechtigt, so beginnt nach der h.M. für die Frist

[154] RGZ 65, 86, 88; BayObLG Rpfleger 1981, 510, 511; BayObLGZ 1989, 327, 330 = FamRZ 1989, 1346; BayObLG FamRZ 1992, 226; Soergel/Loritz § 2081 Rn 8; Palandt/Edenhofer, § 2081 Rn 1; a.M. MünchKomm/Leipold § 2081 Rn 18; Staudinger/Otte § 2081 Rn 12.

[155] Veit NJW 1993, 1553, 1557; MünchKomm/Musielak § 2281 Rn 22.

[156] MünchKomm/Musielak § 2282 Rn 4 m.w. Nachw.; BayObLGZ 1963, 260, 264 = NJW 1964, 205, 206.

[157] RGZ 132, 4; BayObLG Rpfleger 1995, 162 = ZEV 1995, 105, 106.

[158] Siehe hierzu eingehend Rosemeier ZEV 1995, 124; eingehend J. Mayer, Der Rechtsirrtum und seine Folgen im bürgerlichen Recht, 1989.

[159] RGZ 132, 1, 4; BGH FamRZ 1970, 79, 80 = LM § 2079 Nr. 2; OLG Hamm Rpfleger 1985, 365; BayObLGZ 1975, 6, 10; BayObLG NJW-RR 1990, 846;OLG Hamm NJW-RR 1994, 522 = ZEV 1994, 109; BayObLG NJW-RR 1997, 1027 = ZEV 1997, 377, 380; Staudinger/Kanzleiter § 2283 Rn 8; Palandt/Edenhofer, § 2283 Rn 1; krit. bezüglich der Unterscheidung zwischen Rechts- und Tatsachenirrtum MünchKomm/Leipold § 2082 Rn 5f.; Rosemeier ZEV 1995, 124, 129.

[160] RGZ 132, 1. 5; BGH FamRZ 1970, 79, 80; BayObLG NJW-RR 1991, 454; BayObLG ZEV 1995, 105, 107.

nicht.[161] Kann sich der überlebende wiederverheiratete Ehegatte ohne weitere Gedächtnishilfe nicht mehr an die bindende Schlusserbeinsetzung erinnern, beginnt die Anfechtungsfrist nach §§ 2079 Satz 1, 2082 Abs. 1, 2 BGB nicht zu laufen.[162] Allerdings soll in diesen Fällen nach dem BayObLG[163] dem Anfechtungsgegner eine Beweiserleichterung nach den Grundsätzen des Anscheinsbeweises zu Hilfe kommen. Beim gemeinschaftlichen Testament kann die Anfechtungsfrist frühestens mit dem ersten Erbfall beginnen. Ohne Rücksicht auf die Kenntnis des Anfechtungsberechtigten vom Anfechtungsgrund erlischt das Anfechtungsrecht 30 Jahre nach dem Erbfall (§ 2082 Abs. 3).

6. Einrede der Anfechtbarkeit

Bei anfechtbaren letztwilligen Verfügungen, durch die eine Verpflichtung zu einer Leis- 34
tung begründet wird (= **Vermächtnis, Auflage**), verbleibt dem Verpflichteten auch nach Ablauf der Ausschlussfrist des § 2082 ein Leistungsverweigerungsrecht nach § 2083.

7. Die Wirkung der Anfechtung

Die begründete, form- und fristgerechte, von dem dazu Berechtigten erklärte Anfech- 35
tung führt zur Nichtigkeit von Anfang an (§ 142).[164] Der Wille des Erblassers wird danach beim Motivirrtum nur negativ nicht positiv, wie bei der Auslegung, berücksichtigt.[165] Die Anfechtung erfasst mit Ausnahme des § 2079 nicht die Verfügung von Todes wegen als solche, sondern immer nur einzelne in ihr enthaltene letztwillige Verfügungen des Erblassers[166] und – wie sich auch aus dem Wort „soweit" in § 2078 Abs. 1 u. 2 ergibt – die einzelnen Verfügungen ebenfalls nur so weit, wie der Irrtum gereicht und auf den Inhalt der Erklärung eingewirkt hat.[167] Was mit dem Rest geschieht, der von der Anfechtung nicht erfasst wird, richtet sich nach § 2085, wobei nach der überwiegenden Meinung § 2085 nur bei Unwirksamkeit einzelner von mehreren Verfügungen anwendbar ist, während bei Unwirksamkeit eines Teils einer einheitlichen Verfügung (= qualitative Teilbarkeit) § 139 gilt[168], so dass im Allgemeinen lediglich Teilnichtigkeit des angefochtenen Teils eintritt. Auch die nur von einem von mehreren Anfechtungsberechtigten erklärte Anfechtung wirkt, falls sie begründet ist, absolut und kommt somit auch den übrigen Beteiligten zugute.[169] Auf die Nichtigkeit einer gewillkürten Erbeinsetzung durch Anfechtung folgt die gesetzliche Erbfolge, falls nicht ein älteres, durch das angefochtene widerrufenes Testament wieder in Kraft tritt (§§ 2257, 2258 Abs. 2)[170] oder ein späteres vom Überlebenden trotz § 2271 Abs. 2 errichtetes wirksam wird.[171] Dem wahren, nicht erklärten Willen des Erblassers, kann – falls die Auslegung mangels Anhaltspunkt im Testament versagt – durch die Anfechtung nicht zur Wirkung verholfen werden. Die Anfechtung kann immer nur zu einer Einengung des objektiv erklärten Willens, nicht aber zu einer Erweiterung führen: Beim Vorhandensein eines Willensmangels ist feststellbar, welche Verfügung der Erblasser ohne Willensmangel nicht getroffen hätte, nicht jedoch,

---

161 Gutachten in DNotI-Report 1998, 78.
162 BayObLG Rpfleger 1995, 162 = ZEV 1995, 105.
163 BayObLG ZEV 1995, 105, 106 = Rpfleger 1995, 162; krit. Leipold ZEV 1995, 99.
164 Palandt/Edenhofer, § 2078 Rn 10.
165 v. Lübtow, Probleme des Erbrechts, 1967, S. 68.
166 RGZ 70, 391, 394; BGH NJW 1985, 2025, 2026 = FamRZ 1985, 806.
167 BGH NJW 1986, 1813, BayObLGZ 1971, 147, 150 = NJW 1971, 1565.
168 Palandt/Edenhofer, § 2085 Rn 5 m. w. N.; a. M., d. h. analoge Anwendung von § 2085 auch bei Teilunwirksamkeit einer einheitlichen Verfügung: BayObLGZ 1960, 490, 495, 499; MünchKomm/Leipold § 2085 Rn 10 f. m. w. N.
169 BGH NJW 1985, 2025 = FamRZ 1985, 806 = WPM 1985, 896.
170 Krit. Klunzinger DNotZ 1974, 278.
171 Palandt/Edenhofer, § 2078 Rn 10.

wie er statt dessen verfügt hätte.[172] Aus diesem Grund hat die Auslegung (auch die ergänzende) immer den Vorrang vor der Anfechtung. Erst wenn gem. §§ 133, 3084 der reale oder hypothetische Wille des Erblassers ermittelt ist und nach seinen Anhaltspunkten in der Verfügung gesucht wurde, darf die Anfechtung geprüft werden.[173]

8. Beweislast

36 Die Darlegungs-, Beweis- bzw. Feststellungslast für die Voraussetzungen der Anfechtung trägt der, der sich auf sie beruft.[174] Der Nachweis des Irrtums des Erblassers kann mit allen Beweismitteln geführt werden, auch mit seinen eigenen nachgewiesenen mündlichen Äußerungen.[175] Auch die Kausalität (**Erheblichkeit**) zwischen Irrtum und der letztwilligen Verfügung muss vom Anfechtenden bewiesen werden.[176] Die an sich nicht erforderliche Angabe von Gründen des Erblassers in der letztwilligen Verfügung hat eine Vermutung dahin zur Folge, dass diese Gründe für den Erblasser maßgebend waren.[177] Die Beweis- bzw. Feststellungslast für den Ausschluss eines entstandenen Anfechtungsrechts durch Zeitablauf trägt nach der h. M. der Anfechtungsgegner.[178]

9. Das Verhältnis der ergänzenden Auslegung zur Anfechtung wegen Motivirrtum

37 Die Tatbestandsvoraussetzungen der ergänzenden Auslegung und die der Testamentsanfechtung wegen Motivirrtum nach § 2078 Abs. 2 BGB sind in vielen Fällen identisch.[179] Trotzdem wird dadurch § 2078 Abs. 2 BGB nicht gegenstandslos. Die Unterschiede sind:

38 • Lässt sich z. B. bei der Auslegung nur feststellen, dass der Erblasser das Erklärte nicht gewollt hat, nicht jedoch, was der Erblasser stattdessen gewollt hat, führt die Auslegung nicht zum Ziel. Hier bleibt Raum für die Anfechtung.[180]

39 • Auch wenn zwar festgestellt werden kann, was der Erblasser stattdessen gewollt hat, dies aber nicht mit der erforderlichen Deutlichkeit aus der Urkunde hervorgeht (**Anhalts- oder Andeutungstheorie**), bleibt nur die Anfechtung, so z. B. wenn der Erblasser den A als Erben einsetzt, weil er glaubt, dieser habe ihm das Leben gerettet. In Wirklichkeit war das aber der B. Durch ergänzende Auslegung kann nicht der B an Stelle des A gesetzt werden, da das Testament keinen Anhalt dafür ergibt.[181]

40 • Wenn sich der Erblasser nicht geirrt hat, sondern den Punkt überhaupt nicht bedacht hat, kann nicht angefochten werden (**keine Gleichbehandlung von Irrtum und Nichtwissen!**), da ein hypothetischer Wille oder irrealer des Erblassers im Gegensatz zu sog. unbewussten Vorstellungen nach der Rechtsprechung des BGH bei der Anfechtung nicht berücksichtigt werden kann, wohl aber bei der ergänzenden Auslegung.

---

172 NK-BGB/Fleindl § 2078 Rn 11.

173 BGH NJW 1978, 264, 266; KG NJW 1971, 1992; KG NJW 1963, 766, 767; BayObLGZ 1966, 394; Palandt/Edenhofer, § 2078 Rn 1; Huken MittRhNotK 1963, 533, 534.

174 BGH NJW 1985, 2025, 2026; BayObLG FamRZ 1984, 1270, 1271; Schmitz in: Baumgärtel/Laumen/Prütting § 2078 Rn 1 m. w. N.

175 BGH LM § 2078 Nr. 10 = NJW 1965, 584; Palandt/Edenhofer, § 2078 Rn 11; Schmitz, in: Baumgärtel/ Laumen/Prütting § 2078 Rn 1 m. w. N.

176 BayObLGZ 1971, 147, 150; Schmitz in Baumgärtel/Laumen/Prütting § 2078 Rn 2 m. w. N.

177 RGZ 172, 84; BGH LM § 2078 Nr. 10 = NJW 1965, 584; KG FamRZ 1977, 271, 273; Schmitz in Baumgärtel/Laumen/Prütting § 2078 Rn 2 m. w. N.

178 BayObLGZ 1963, 264; BayObLG ZEV 1995, 105, 106 = Rpfleger 1995, 162 = FamRZ 1995, 1024; Schmitz in Baumgärtel/Laumen/Prütting § 2283 Rn 1 m. w. N.; Palandt/Edenhofer, § 2283 Rn 2; a. M. MünchKomm/Musielak § 2283 Rn 6.

179 Gerhards, Ergänzende Testamentsauslegung wegen postmortaler Ereignisse, 1996, S. 35.

180 Brox/Walker Rn 199.

181 MünchKomm/Leipold § 2084 Rn 92.

- Grundsätzlich ist die bloße Beseitigung einer Verfügung von Todes wegen nicht Aufgabe der ergänzenden Auslegung, sondern der Anfechtung.[182] 41
- Letztlich ist die Anfechtungsmöglichkeit befristet, die der Auslegung nicht.[183] 42

10. Übersicht über die Anfechtungsmöglichkeiten in Verfügungen von Todes wegen

43

Art der Verfügung	Anfechtungsrecht und -gründe	Anfechtungsberechtigter	Anfechtungsform	Anfechtungsgegner bzw. -empfänger	Anfechtungsfrist
1. einseitige Testamente	§§ 2078, 2079 wegen Inhalts-, Erklärungs- u. Motivirrtums sowie wegen Drohung	Vor dem Erbfall niemand, da der Erblasser sein Testament jederzeit grundlos widerrufen kann. Nach dem Erbfall jeder, dem die Vernichtung der Verfügung unmittelbar zustatten kommt. (§ 2080 Abs. 1)	formlos	Gegen Erbeinsetzung, Enterbung, Testamentsvollstreckernennung oder der Aufhebung solcher Verfügungen das Nachlassgericht (§ 2081 Abs. 1), sonst der Anfechtungsgegner (§ 143 Abs. 1, 4)	ein Jahr ab Kenntnis des Anfechtungsgrundes (§ 2082 Abs. 1, 2) – einredeweise unbefristet (§ 2083) –
2. Erbverträge:					
a) vertragsmäßige Verfügungen	§§ 2281, 2078, 2079 wegen Inhalts-, Erklärungs- u. Motivirrtums sowie Drohung	Vor dem Erbfall der Erblasser (§ 2281 Abs. 1). Nach dem Erbfall jeder, dem die Vernichtung der Verfügung unmittelbar zustatten kommt (§ 2080 Abs. 1), sofern das Anfechtungs-	Durch höchstpersönliche notariell beurkundete Erklärung des Erblassers, die dem anderen Vertragsschließenden in Ausfertigung zustehen muss (§§ 2282,	Für den Erblasser: Zu Lebzeiten des anderen Vertragsschließenden dieser, danach das Nachlassgericht (§ 2281 Abs. 2). Für Dritte nach dem Erbfall: Gegen Erbeinsetzung, Enterbung,	ein Jahr ab Kenntnis des Anfechtungsgrundes (§ 2283) – einredeweise unbefristet (§ 2083) –

[182] MünchKomm/Leipold § 2078 Rn 11 u. § 2084 Rn 92; a. A. d. h. die ergänzende Auslegung kann auch zur Unwirksamkeit der Verfügung kommen jedoch: BayObLGZ 1966, 390 = NJW 1967, 729; KG OLGZ 1972, 76, 82 = NJW 1971, 1192.

[183] MünchKomm/Leipold § 2084 Rn 97; Schlüter Rn 193, die allerdings beide im Verbot des Rechtsmissbrauchs gem. § 242 eine Grenze sehen; für eine analoge Anwendung des § 2082 bei der ergänzenden Auslegung allerdings Brox, Einschränkung der Irrtumsanfechtung, S. 159; Gerhards S. 33.

Art der Verfügung	Anfechtungsrecht und -gründe	Anfechtungsberechtigter	Anfechtungsform	Anfechtungsgegner bzw. -empfänger	Anfechtungsfrist
		recht des Erblassers noch nicht erloschen war (§ 2285)	130). Dritte können nach dem Tod des Erblassers formlos anfechten (§ 2081 Abs. 1)	Testamentsvollstreckerernennung und der Aufhebung solcher Verfügungen das Nachlassgericht (§ 2081 Abs. 1), sonst der Anfechtungsgegner (§ 143 Abs. 1, 4)	
b) einseitige Verfügungen	wie bei einseitigen Testamenten				
3. Gemeinschaftliche Testamente					
a) wechselbezügliche Verfügungen	– analog wie bei vertragsmäßigen Verfügungen in Erbverträgen (BGHZ 37, 331/333 = NJW 1962, 1913)				
b) einseitige Verfügungen	wie bei einseitigen Testamenten				

11. Die bedingte Anfechtung

a) Allgemeines

44 Die Anfechtung ist ein Gestaltungsrecht und daher unwiderruflich und bedingungs- und befristungsfeindlich.[184] Der Anfechtungsgegner soll endgültig wissen, woran er ist und muss nicht den Schwebezustand hinnehmen, der infolge einer Bedingung oder Befristung eintritt.[185] Aber auch hier sind sog. Gegenwartsbedingungen und Rechtsbedingungen zulässig.

b) Die Eventualanfechtung

45 Zulässig sind nach der h. M. im Vertragrecht sog. Eventualanfechtung, bei der die Anfechtung davon abhängig gemacht (bedingt) wird, dass die von der Partei primär vorgetragene Rechtsansicht, die Erklärung sei in einem bestimmten Sinn auszulegen oder nichtig, sich als irrig erweist.[186] Bei der Eventualanfechtung wird eine unbedingte Anfech-

[184] Palandt/Ellenberger Überbl v § 104 Rn 33, § 143 Rn 2.

[185] Staudinger/H. Roth, § 143 Rn 8.

[186] Palandt/Ellenberger § 143 Rn 2; BGH NJW 1991, 1673/1674; MünchKomm/Busche § 143 Rn 6; MünchKomm/H. P. Westermann § 158 Rn 29; Staudinger/H. Roth, § 143 Rn 9.

tungserklärung für den Fall, dass sich eine bestimmter, **objektiv schon bestehender,** aber noch nicht wahrnehmbarer Zustand später herausstellt, vorsorglich abgegeben.[187] Die Eventualanfechtung findet ihre Anwendung bei zweifelhafter Vertragauslegung.

c) Vorrang der Auslegung

Im Recht der Verfügungen von Todes wegen wird das gleiche Problem unter dem Aspekt „Vorrang der Auslegung" behandelt. Weil dem wahren Willen des Erblassers durch Auslegung – auch ergänzende – Rechnung getragen werden kann, während die Anfechtung die Verfügung von Todes wegen vernichtet (§ 142), geht nach der h. M. die Auslegung der Anfechtung vor.[188] 46

Das bedeutet, dass im Erbscheinsverfahren und im Prozess der Richter auch wenn die Verfügung von Todes wegen angefochten wurde, zunächst von Amts wegen ihren Sinn auslegen muss. Wenn dann dieser den Vorstellungen des Anfechtenden entspricht, erübrigt sich die Anfechtung. Hier tritt somit der im Vertragrecht mit der Eventualanfechtung verfolgte Zweck von allein ein. Das bedeutet jedoch nicht, dass hier eine Anfechtung nicht auch ausdrücklich eventuell erfolgen könnte. Sie ist sogar zu empfehlen, um dem Richter zu zeigen, welche Auslegungsmöglichkeit der Anfechtende verfolgt. 47

Schrifttum: *Gerhards,* Ergänzende Testamentsauslegung wegen postmortaler Ereignisse, 1996; *Hack*, Auslegung und Anfechtung privatschriftlicher einseitiger und gemeinschaftlicher Verfügungen, Diss. Göttingen 1974; Heinz, Die Anfechtung gem. § 2078 Abs. 2 BGB wegen nicht bedachter Umstände, Diss. Mannheim, 1985; *Helfrich*, Die Grenzen der Bindungswirkung des § 2271 Abs. 2 Satz 1, 1. Halbsatz BGB, Diss. Köln 1972; *Keymer*, Die Anfechtung nach § 2078 Abs. 2 BGB und die Lehre von der Geschäftsgrundlage, 1984; *Krebber,* Die Anfechtbarkeit des Erbvertrages wegen Motivirrtum, DNotZ 2003, 20; *J. Mayer*, Der Rechtsirrtum und seine Folgen im bürgerlichen Recht, 1989; *Nolting*, Inhalt, Ermittlung und Grenzen der Bindung beim Erbvertrag, 1983; *Pohl,* „Unbewußte Vorstellungen" als erbrechtlicher Anfechtungsgrund, 1975; *Stumpf,* Erläuternde und ergänzende Auslegung letztwilliger Verfügungen im System privatautonomer Rechtsgestaltung, 1991; *Veit,* Die Anfechtung von Erbverträgen durch den Erblasser, NJW 1993, 1553.

[187] MünchKomm/Busche § 143 Rn 6.

[188] BGH, LM § 2100 Nr. 1; BGH NJW 1978, 264/266; BayObLGZ 1966, 390/396; BayObLG ZEV 1997, 339/340; BayObLG NJW-RR 2002, 367; Palandt/Edenhofer, § 2078 Rn 1; MünchKomm/Leipold, § 2078 Rn 11; Bamberger/Roth/Litzenberger § 2078 Rn 1.

§ 25 Die Ausschlagung der Erbschaft[1]

1. Allgemeines

1 Mit dem Tod des Erblassers fällt die Erbschaft von selbst (eo ipso) dem oder den Erben an (§ 1942 Abs. 1, – **Vonselbsterwerb**) und bedarf nicht ihrer Annahme. Die Erbschaft geht auf den oder die Erben kraft Gesetzes über, unabhängig davon, ob sie vom Erbfall Kenntnis haben oder den Erwerb überhaupt wollen. Allerdings kann der oder die Erben innerhalb von **sechs Wochen** die Erbschaft ausschlagen (§ 1944 Abs. 1). Hatte der Erblasser seinen Wohnsitz nur im Ausland oder hält sich der Erbe bei Fristbeginn im Ausland auf, verlängert sich die Ausschlagungsfrist auf **sechs Monate** (§ 1944 Abs. 3).[2] Der Erbe kann die Erbschaft nicht mehr ausschlagen, wenn er sie angenommen hat oder die Ausschlagungsfrist verstrichen ist (§ 1943). Die Annahme der Erbschaft kann sowohl durch eine **ausdrückliche Annahmeerklärung** als auch durch **schlüssiges Verhalten** erfolgen. Beide Formen der Annahme sind Willenserklärungen und können daher angefochten werden.[3]

1a Die Ausschlagung ist eine – jedenfalls bei Anwendbarkeit deutschen Rechts – amtsempfangsbedürftige, förmliche und fristgebundene Willenerklärung dem Nachlassgericht gegenüber, dessen örtliche Zuständigkeit nun in § 343 und § 344 Abs. 7 FamfG geregelt ist.[4] Sie erfolgt durch Erklärung gegenüber dem Nachlassgericht zur Niederschrift oder in öffentlich beglaubigter Form (§ 1945 Abs. 1). Der Erbe kann die Ausschlagung auf einen Berufungsgrund beschränken, wenn er auf die ganze Erbschaft oder denselben Erbteil aus mehreren Gründen (Gesetz, Testament, Erbvertrag) berufen ist (§ 1948). Im Zweifel erstreckt sich die Ausschlagung auf alle Berufungsgründe (§ 1949 Abs. 2). Die Annahme oder Ausschlagung kann nach § 1950 nicht auf einen Bruchteil der Erbschaft beschränkt werden, dies wäre insgesamt wirkungslos (**Grundsatz der Unteilbarkeit der Ausschlagung**).[5] Das Ausschlagungsrecht ist nach § 1952 Abs. 1 vererblich. Zur Erbschaftsausschlagung bedürfen **Vormund (§ 1822 Nr. 2), Betreuer (§ 1908 i Abs. 1 Satz 1) und Pfleger (§ 1915 Abs. 1)** der Genehmigung des **Familiengerichts. Eltern** benötigen zur Ausschlagung für ihre **minderjährigen** Kinder grundsätzlich ebenfalls der Genehmigung des Familiengerichts (§ 1643 Abs. 2 Satz 1). Wenn der Erbanfall an das Kind jedoch erst durch die Ausschlagung eines Elternteils eintritt, ist die Genehmigung nur dann erforderlich, wenn dieser Elternteil neben dem Kind berufen war (§ 1643 Abs. 2 Satz 2).[6]

1b Da die Anerkennung der durch § 103 FamFG i. V. m. §§ 343, 343 FamFG in Anspruch genommenen internationalen Zuständigkeit deutscher Gerichte im Ausland nicht gesichert ist, liegt es für den Notar bei Erkennbarkeit des Auslandsbezugs ggf. nahe, in dem von ihm gefertigten Entwurf der Ausschlagungserklärung einen Belehrungsvermerk nach § 17 Abs. 3 BeurkG aufzunehmen. Jedenfalls für die Beteiligten hilfreich kann dieses Vorgehen auch sein, wenn sie lediglich die Unterschriftsbeglaubigung unter einem von ihnen gefertigten Text wünschen und somit gem. § 40 Abs. 2 BeurkG keine Belehrungspflicht besteht.

---

1 Sehr instruktiv mit Formularen: Brambring/Mutter/Ivo, Beck'sches Formularbuch Erbrecht, J. I. ff.

2 Siehe hierzu des näheren Wachter ZNotP 2004, 176, 178.

3 BayObLGZ 1983, 153, 159 f. = FamRZ 1983, 1061, 1063.

4 Zu Fällen mit Auslandsrechtsbezug vgl. Fetsch MittBayNot 2007, 285.

5 Ivo ZEV 2002, 145.

6 Siehe Ivo ZEV 2002, 309.

Formulierungsvorschlag:[7]

Der Notar hat darüber belehrt, dass auf die Erbausschlagung möglicherweise (auch) ausländisches Recht zur Anwendung kommen kann, dass er dieses nicht kennt und hierüber auch nicht belehren kann. Insbesondere kann eine ausländische Rechtsordnung andere Voraussetzungen für eine wirksame Ausschlagung festlegen (z. B. betreffend Form und Frist, aber auch Inhalt) und die Abgabe der Erklärung gegenüber einer zuständigen Stelle im Ausland oder bei einer konsularischen Vertretung vorschreiben. Trotz Belehrung über die Risiken wird Beglaubigung der Unterschrift unter der Erklärung mit vorstehendem Inhalt gewünscht.

2. Der Beginn der Ausschlagungsfrist

Die Ausschlagungsfrist beginnt zu dem Zeitpunkt, in dem der Erbe von dem Anfall und dem Grund seiner Berufung Kenntnis erlangt (§ 1944 Abs. 2). Dazu müssen dem Erben folgende Tatsachen bekannt sein: 2

- Der Tod des Erblassers.
- Die die gesetzlichen Erbfolge begründenden Familieverhältnisse.
- Das Fehlen oder der Wegfall vorgehender Erben.
- Das Fehlen einer die gesetzliche Erbfolge ausschließenden Verfügung von Todes wegen.[8]

Der Erbe erlangt Kenntnis i. S. des § 1944 Abs. 2 Satz 1, wenn er die maßgeblichen Umstände zuverlässig erfährt.[9] Selbst grob fahrlässige Unkenntnis steht der Kenntnis nicht gleich.[10] 3

Ist der Erbe durch Verfügung von Todes wegen berufen (**gewillkürte Erbfolge**), so beginnt die Frist zusätzlich zu den obigen Voraussetzungen nicht vor ihrer **Bekanntgabe durch das Gericht** (§ 1944 Abs. 2), sei es mündlich im Eröffnungstermin gem. § 348 Abs. 2 FamFG (wo die Verfügung auf Verlangen auch vorzulegen ist), sei es schriftlich nach § 348 Abs. 3 S. 1 FamFG im üblichen Regelfall der „stillen Eröffnung".[11] Für einen pflichtteilsberechtigten Erben, der durch Anordnungen i. S. des § 2306 Abs. 1 beschränkt und/oder beschwert ist, beginnt die Ausschlagungsfrist erst, wenn er neben den in § 1944 Abs. 2 vorausgesetzten Tatsachen die **Beschränkung und Beschwerung kennt** (§ 2306 Abs. 1 Halbs. 2).[12] Nach der Gesetzesänderung zum 1. 1. 2010 kommt es nicht mehr darauf an, wie groß der hinterlassene Erbteil ist.[13] § 2306 Abs. 1 ist (neben dem ebenfalls verbleibenden Pflichtteilsrestanspruch nach § 2305 und den Zugewinnausgleichskonstellationen nach § 1371 Abs. 3, ggf. i. V. m. §§ 6 S. 2, 10 Abs. 6 LPartG) einer der wenigen Fälle, bei denen der Erbe trotz Ausschlagung seinen Pflichtteilsanspruch nicht verliert.[14] 4

3. Gründe für die Erbausschlagung sind vor allem:

- Die Überschuldung des Nachlasses. 5
- Die Überschuldung des Erben selbst, um zu verhindern, dass seine Gläubiger auf den Nachlass Zugriff nehmen könnten.

[7] Anlehnung an Hertel, Würzburger Notarhandbuch Teil 7 Kapitel 3 Rn 191.
[8] OLG Zweibrücken Rpfleger 2006, 407.
[9] BGH ZEV 2000, 401.
[10] OLG Zweibrücken Rpfleger 2006, 407.
[11] NK-BGB/Ivo § 1944 Rn 15.
[12] RGZ 113, 45, 47; BayObLG FamRZ 1998, 642 (zur alten Rechtslage).
[13] Zur Begründung für die Änderung BT-Drs. 16/8954, 19 f.
[14] NK-BGB/Bock § 2306 Rn 2.

- Um die Bindung eigener wechselbezüglicher oder vertraglicher Verfügungen aufzuheben (§ 2271).
- Um bei einer Erbeinsetzung über der Pflichtteilsquote aber mit Beschränkungen und Beschwerungen diese zum Wegfall zu bringen (§ 2306 Abs. 1 Satz 2).
- Um als überlebender Ehegatte im gesetzlichen Güterstand die güterrechtliche Lösung zu wählen (Zugewinnausgleich plus kleiner Pflichtteil).
- Um den Nachlass einer oder mehren anderen Personen zukommen zu lassen.

4. Die rechtliche Wirkung der Ausschlagung[15]

6 Schlägt der Erbe aus, so gilt der Anfall der Erbschaft **rückwirkend** als nicht erfolgt (§ 1953 Abs. 1). Die Erbschaft fällt dann nach § 1953 Abs. 2 demjenigen an, der berufen sein würde, wenn der Erbe zurzeit des Erbfalls **nicht mehr gelebt** hätte. Bei Verfügungen von Todes wegen kann dies auch der eingesetzte oder mutmaßliche[16] Ersatzerbe sein (§§ 2096f., 2102) sein oder es kann Anwachsung bei den gewillkürten Miterben nach § 2088 eintreten. Dabei geht nach § 2099 der Ersatzerbe dem Anwachsungsrecht vor. Die Erbschaft kann nicht zugunsten einer bestimmten Person mit der Wirkung ausgeschlagen werden, dass diese statt des Ausschlagenden Erbe wird. Will der ausschlagende Erbe einen Dritten begünstigen, der nicht Ersatzerbe ist oder bei der gesetzlichen Erbfolge nicht an seine Stelle tritt, kann er sein Ziel nur durch einen **Erbteilsübertragungsvertrag** auf den Dritten bzw. bei Alleinerbschaft deren Übertragung erreichen.

5. Vorsicht bei der Ausschlagung zwecks Befreiung von der erbrechtlichen Bindung!

7 Vorsicht ist geboten bei der Ausschlagung der gewillkürten Erbschaft bei Annahme als gesetzlicher Erbe gemäß § 1948 Abs. 1 (siehe hierzu auch oben § 11 Rn 72). Voraussetzung für die Befreiung ist nämlich, dass durch die Ausschlagung die gesetzliche Erbfolge des Ausschlagenden **im vollen Umfang eröffnet** wird,[17] was praktisch nur bei einem Alleinerben sein kann.[18] Daran fehlt es, wenn der Erblasser einen Ersatzerben eingesetzt hat (§ 2096), diese Ersatzerbschaft auf einer gesetzlichen Auslegungsregel beruht (§§ 2069, 2102 Abs. 1) oder Anwachsung bei den Miterben eintritt (§ 2094).[19] Beim Berliner Testament (§ 2269), wird zudem angenommen, dass in der Schlusserbenberufung im Zweifel auch die Berufung als Ersatzerbe für den Erstversterbenden liegt.[20] Selbst wenn diese Besonderheiten nicht vorliegen und die gesetzliche Erbfolge eintreten würde, führt nach einer weit verbreiteten Meinung die Ausschlagung des Zugewendeten nur dann zur Wiederherstellung der Testierfreiheit, wenn der gesetzliche Erbteil erheblich hinter dem zugewendeten Erbteil zurückbleibt oder auch die gesetzliche Erbfolge ausgeschlagen wird (**sog. Opfer- oder Drucktheorie**).[21]

6. Die Anfechtung der Ausschlagung nach den §§ 119ff.[22]

8 Als einer **Willenserklärung unter Lebenden** ist die Ausschlagung ebenso wie die Annahme der Erbschaft nach den allgemeinen Vorschriften **wegen Irrtums, arglistiger Täuschung oder rechtswidriger Drohung anfechtbar.**

---

[15] Zu den Gefahren bei der Ausschlagung werthaltiger Erbschaften siehe Specks ZErb 2007, 238.

[16] Siehe Nieder ZEV 1996, 241.

[17] Palandt/Edenhofer, § 1948 Rn 2; Erman/Schlüter 1948 Rn 3.

[18] Palandt/Edenhofer, § 1984 Rn 2.

[19] BayObLGZ 1977, 163, 166f.; OLG Frankfurt NJW 1955, 466.

[20] Palandt/Edenhofer § 2269 Rn 8 und § 2069 Rn 1ff.; OLG Stuttgart BWNotZ 1979, 11; Staudinger/Kanzleiter § 2269 Rn 18.

[21] KG OLGZ 1991, 6, 9f. = NJW-RR 1991, 330; eingehend J. Mayer in R/B/M § 2271 Rn 43; a.M. Tiedke FamRZ 1991, 1259, 1265.

[22] Siehe hierzu Ivo ZNotP 2004, 398f.

Am häufigsten bei der Anfechtung der Erbschaftsannahme ist der **Irrtum über den Erklärungsinhalt** gemäß § 119 Abs. 1 1. Alt. der darin besteht, dass der Erbe sich über **das Bestehen, den Lauf oder die Rechtsfolgen der Ausschlagungsfrist,** d.h. dass er sich über die **Rechtfolgen seiner Untätigkeit** geirrt hat. Obwohl hier eigentlich keine anfechtbare Willenserklärung vorliegt, hat der Gesetzgeber in § 1956 ausdrücklich bestimmt, dass auch dieses Säumnis angefochten werden darf.[23] 9

Die Anfechtung der Ausschlagung erfolgt gegenüber dem Nachlassgericht, zur Niederschrift oder in öffentlich beglaubigter Form (§ 1955). Die Anfechtungsfrist beträgt, wie die Ausschlagungsfrist, sechs Wochen (§ 1954 Abs. 1). Sie beginnt mit dem Zeitpunkt, in dem der Anfechtungsberechtigte von dem **Anfechtungsgrund Kenntnis erlangt** (§ 1954 Ans. 2). Wenn der Erbe über den **Berufungsgrund im Irrtum war,** ist die Annahme oder Ausschlagung auf Grund der **Sondervorschrift des § 1949 Abs. 1 automatisch** unwirksam, ohne dass es einer Anfechtung bedarf.[24] Aufgrund der Auslegungsregel des § 1949 Abs. 2 erstreckt sich die Ausschlagung im Zweifel auf alle Berufungsgründe, die dem Erben zurzeit der Erklärung bekannt sind.

Hat der Erblasser die Erbschaft **irrtümlich ausgeschlagen oder angenommen,** so fragt 10 sich, ob er die **Ausschlagung oder Annahme** nicht wegen Irrtums nach § 119 anfechten und damit rückgängig machen kann. Zu beachten ist dabei, dass er, da es sich bei Ausschlagung und Annahme um Rechtsgeschäfte unter Lebenden handelt, sie auf jeden Fall nicht wegen **Motivirrtums** anfechten kann, da eine dem § 2078 Abs. 2 entsprechende Vorschrift fehlt. Motivirrtum bei Willenserklärungen unter Lebenden ist lediglich in der Form des **Irrtums über eine verkehrswesentliche Eigenschaft der Person oder Sache** nach § 119 Abs. 2 anfechtbar. Als verkehrswesentlicher Irrtum über eine Sache (hier: des Nachlasses) wird dabei dessen Umfang und dessen Beschränkungen angesehen. Von der h.M. in Rechtsprechung und Literatur wird als **verkehrswesentliche Eigenschaft der Sache Nachlass** z.B. gewertet:

- Irrtümliche Vorstellung der Nachlass sei **überschuldet oder schuldenfrei.**[25] Dabei kommt es jedoch nach der h.M. darauf an, ob dieser Irrtum auf einer falschen Vorstellung über die **Zusammensetzung des Nachlasses** beruht (dann beachtlicher Eigenschaftsirrtum) oder auf einer **fehlerhaften Bewertung einzelner Nachlassgegenstände** (dann unbeachtlicher Motivirrtum).[26]
- Die Beschränkung des Nachlasses durch eine Nacherbfolge[27]
- Das Vorhandensein eines unbekannten Vermächtnisses, wenn dadurch der Pflichtteil des Erben gefährdet wird.[28] Dies soll selbst dann gelten, wenn der Irrtum über das Bestehen der Beschränkung auf einer irrigen Rechtsansicht beruht, z.B. einer falschen Testamentsauslegung.[29]

Stets ist erforderlich, dass der **Irrtum kausal** für die Annahme oder Ausschlagung war, 11 der Erbe daher diese Willenserklärung „bei Kenntnis der Sachlage und bei verständiger Würdigung des Falles“ (§ 119 Abs. 1 2. Halbsatz) nicht erklärt hätte.[30]

Nun irrt sich derjenige, der ausschlägt oder annimmt oft nicht hinsichtlich des Nach- 12 lasses und seiner Zusammensetzung, sondern hinsichtlich der **Rechtsfolgen,** die durch sein Handeln oder Unterlassen eintreten. Dieser **Irrtum über die Rechtsfolgen der Willenserklärung** wäre an sich gem. § 119 Abs. 1 Alt.1 ***(Inhaltsirrtum)*** beachtlich, wenn

[23] Palandt/Edenhofer § 1956 Rn 1 f.; OLG Zweibrücken FamRZ 2006, 892.
[24] Bamberger/Roth/Siegmann § 1949 Rn 1; krit. NK-BGB/Ivo § 1949 Rn 1.
[25] BayObLGZ 1983, 9, 11 m.w. Nachw.; KG ZEV 2004, 283 = NJW-RR 2004, 941; OLG Düsseldorf ZEV 2000, 64.
[26] BayObLG NJW 2003, 216, 221 m.w. Nachw.; BayObLGZ 1995, 120 = NJW-RR 1995, 904; Ivo NJW 2003, 185, 186.
[27] BayObLG ZEV 1996, 425, 427 m. abl. Anm. Edenfeld.
[28] BGHZ 106, 359.
[29] BayObLG ZEV 1996, 425, 426.
[30] OLG Düsseldorf ZEV 2005, 255 = Rpfleger 2005, 28.

nicht die Rechtsprechung beim **Rechtsfolgeirrtum**[31] die Unterscheidung machen würde zwischen **beachtlichem** Irrtum über die unmittelbaren oder **Hauptwirkungen** und **unbeachtlichem** mittelbaren über **Nebenwirkungen** der Ausschlagung.[32] Daraus folgt, dass die häufigen Fälle des irrtümlichen Ausschlagens oder der Annahme der Erbschaft, die auf Unkenntnis der Rechtslage im Pflichtteilsrecht beruhen, von der h.M. bisher nicht als beachtlichem Inhaltsirrtum nach § 119 Abs. 1 Alt. 1 anerkannt wurden, sondern als **unbeachtlichem Motivirrtum.**[33] Über die Hauptwirkung der Ausschlagung (rückwirkender Wegfall als Erbe gemäß § 1953 Abs. 1) hat sich in diesen Fällen der Erbe nicht geirrt, sondern über die vom Gesetz an die Ausschlagung geknüpfte weitere Folge (Nebenwirkung).[34] Dies gilt auch für die irrige Annahme der Erbschaft.[35] Das Gesetz selbst trägt dem Dilemma des Erben bei der Wahl zwischen Annahme und Ausschlagung der Erbschaft nur teilweise durch § 2308 Rechnung, der in den Fällen des § 2306 Abs. 1 Satz 2 die Anfechtung der Ausschlagung zulässt, wenn sich der Erbe in Unkenntnis darüber befand, dass Beschränkungen und Beschwerungen zurzeit seiner Ausschlagung **bereits weggefallen waren.** Gegen die strikte Rechtsprechung der Anfechtungsverweigerung beim **Rechtsfolgeirrtum hinsichtlich der §§ 2306 Abs. 1, Satz 2; 2307, Abs. 1, Satz 1; 1371 Abs. 3** hat sich schon immer das OLG Hamm gewandt.[36] Dies hat es jetzt wieder in einem ausführlich begründeten **Vorlagebeschluss gem. § 28 Abs. 2 FGG** vom 20. 9. 2005.[37] getan. Das OLG Hamm argumentiert dabei im Wesentlichen damit, dass die primär vom Erben erstrebte Rechtswirkung nicht der Verlust der Erbschaft ist, sondern seine **bestmögliche Nachlassbeteilung** und dass deren Erlangung und damit das Verhältnis von Annahme bzw. Ausschlagung zum Pflichtteilsrecht die **Haupt- und keine Nebenwirkung der Ausschlagung** ist.[38] Diesem Vorlagebeschluss und seiner Begründung hat sich der BGH[39] „WISO-Entscheidung" jetzt hinsichtlich des **Irrtums über die pflichtteilsrechtlichen Folgen der Annahme** angeschlossen und damit eine für den Rechtsberater fast unerfüllbare Aufgabe beseitigt. Der BGH hatte dabei allerdings einen Fall zu entscheiden, in dem der Betroffene hätte ausschlagen müssen, um den Pflichtteil zu erlangen (§ 2306 Abs. 1 Satz 2), d.h. über die Folgen der Annahme. Wie der umgekehrte Fall zu behandeln ist, dass der Erbe in der **irrigen Erwartung ausschlägt,** dann den Pflichtteil verlangen zu können (§ 2306 Abs. 1 Satz 1), wird bisher unterschiedlich beurteilt.[40] Es spricht aber viel dafür, dass der BGH jetzt auch diesen Irrtum als beachtlichen Rechtsfolgeirrtum ansehen wird.

---

[31] Siehe hierzu eingehend: Jörg Mayer, Der Rechtsirrtum und seine Folgen im bürgerlichen Recht, 1989.

[32] RGZ 88, 278/284; BGH NJW 1995, 1484, 1485; BGH NJW 1997, 653; Palandt/Ellenberger, § 119 Rn 15; Malitz/Benninghoven, ZEV 1998, 415, 417.

[33] BayObLG NJW-RR 1995, 904/906; BayObLG FGPrax 1998, 146/148; BayObLG ZEV 1998, 431; Palandt/Edenhofer, § 1954 Rn 4f.; MünchKomm/Leipold § 1954 Rn 9; Bamberger/Roth/J. Mayer § 2306 Rn 20; Lange/Kuchinke § 8 VII.1.c.

[34] Ivo ZEV 2005, 527.

[35] BayObLG ZEV 1998, 431; OLG Düsseldorf ZEV 2001, 109.

[36] OLG Hamm OLGZ 1982, 41 = Rpfleger 1981, 402 = MittRhNotK 1981, 202.

[37] OLG Hamm ZEV 2006, 168 m. zust. Anm. Haas u. Jeske.

[38] So jetzt auch Haas, ZEV 2006, 172 unter ausdrücklicher Aufgabe seiner früheren Meinung in Staudinger/Haas, 13. Aufl. § 2308 Rn 14.

[39] BGH NJW 2006, 3353 = DNotZ 2006, 926 = ZEV 2006, 498 m. zust. Anm. Leipold; ebenso bereits OLG Düsseldorf FamRZ 2001, 946; Keim ZEV 2003, 358, 360f.

[40] **Unbeachtlicher Motivirrtum:** Staudinger/Otte, § 1554 Rn 6; Soergel/Stein, § 1954 Rn 2; **beachtlicher Inhaltsirrtum:** OLG Hamm OLGZ 1982, 41, 49 = Rpfleger 1981, 402; Frohn, Rpfleger 1982, 56; LG München FamRZ 2004, 1326.

7. Die bedingte Ausschlagung

a) Allgemein über das Bedingungsrecht

aa) Die Bedingung i.S. des § 158 BGB. Eine Legaldefinition des Begriffs der rechtsgeschäftlichen Bedingung enthält das BGB nicht. § 158 BGB setzt den Begriff voraus und erklärt nur die Wirkungen der aufschiebenden und auflösenden Bedingungen. Aus den §§ 160, 161 BGB ist jedoch zu entnehmen, dass bei einem unter Bedingung stehenden Rechtsgeschäft ein Schwebezustand bis zum Eintritt oder Ausfall der Bedingung entsteht. Die ganz h.M. schließt daher aus den §§ 158ff. BGB, dass ein rechtsgeschäftlich bedingtes Rechtgeschäft eine Bestimmung enthalten muss, welche seine Wirkung von einem ***zukünftigen ungewissen Ereignis*** abhängig macht. Das heißt, dass das Ereignis (Bedingung) muss grundsätzlich in der Zukunft liegen und objektiv ungewiss sein muss, so dass bis zum Eintritt oder Ausfall dieses Ereignisses (Bedingung) hinsichtlich der Wirksamkeit des Rechtsgeschäfts ein ***Schwebezustand*** vorliegt. Ein zukünftiges Ereignis ist nicht gegeben, wenn die „Bedingung" auf ein **gegenwärtiges oder ein bereits vergangenes Ereignis** abstellt, selbst wenn den Beteiligten das objektiv gewisse Ereignis noch subjektiv ungewiss ist. Allerdings können nach der h.M. die Parteien auch ein bereits objektiv gewisses ihnen aber noch subjektiv ungewisses Ereignis in Analogie zu den §§ 158ff. zur echten Bedingung nach §§ 158ff. BGB machen (z.B. Lotteriegewinn nach der Ziehung aber vor der Bekanntgabe).[41] 13

Die Voraussetzungen der echten Bedingungen sind somit 14
- Abhängigmachung durch ***Rechtsgeschäft,***
- ***Zukünftigkeit*** des Ereignis,
- objektive ***Unbestimmtheit*** des Ereignisses sowie
- ***Schwebezustand*** bis zum Eintritt.

bb) Bedingungsfeindliche Rechtsgeschäfte.[42] Aus dem Grundsatz der Privatautonomie folgt, dass bei Verpflichtungs- wie auch Verfügungsgeschäften Bedingungen und Befristungen grundsätzlich zulässig sind.[43] ***Bedingungsfeindlich*** sind jedoch u.a.: 15

- Die Ausübung von ***Gestaltungsrechten,*** da dem Erklärungsempfänger keine Ungewissheit und kein Schwebezustand zugemutet werden kann,[44] wie z.B. Anfechtungserklärungen.[45]
- Kraft ***ausdrückliche gesetzlicher Vorschrift*** z.B. nach § 1947 BGB die Ausschlagung von Erbschaften, da hier im öffentlichen Interesse ein Schwebezustand vermieden werden soll.[46]

Voraussetzung für diese Unzulässigkeit ist allerdings, dass es sich jeweils um eine echte Bedingung i.S. des § 158 BGB handelt und nicht um eine bloße Motivangabe, eine sog. unechte Bedingung (Gegenwartsbedingung) oder eine Rechtsbedingungen.

cc) Motivangabe. Die bloße Motivangabe für die Willenserklärung, ohne dass der Erklärende die Wirksamkeit seiner Willenserklärung vom Eintritt des vorausgesetzten Erfolgs abhängig machen will, ist keine Bedingung i.S. des § 158.[47] Anders nur, wenn der Erklärende keineswegs mit einem anderen Erfolg als dem in seinem Motiv vorausgesetzten einverstanden ist. Ob eine Motivangabe oder eine echte Bedingung vorliegt, ist durch Auslegung zu ermitteln.[48] 16

---

[41] Brox/Walker, Allg. Teil BGB, 33. Aufl. 2009, Rn 481; Palandt/Ellenberger Einf v § 158, Rn 1 ff.
[42] MünchKomm/H.P. Westermann § 158 Rn 27ff.
[43] MünchKomm/H.P. Westermann § 158 Rn 24.
[44] BGHZ 97, 264, 265; Palandt/Ellenberger Einf v § 158 Rn 13.
[45] Palandt/Heinrichs § 143 Rn 2.
[46] MünchKomm/Leipold § 1947 Rn 1.
[47] BayObLGZ 1977, 163, 168; BayObLG Rpfleger 1982, 69.
[48] BayObLGZ 1977, 163, 168.

17 *dd) Die Gegenwartsbedingung (Unterstellung, Voraussetzung oder uneigentliche Bedingung).*[49] Keine Bedingung i. S. des § 158 BGB ist es, wenn das Rechtgeschäft von einem **objektiv bereits feststehenden, subjektiv jedoch noch unbekannten** Geschehen abhängig gemacht wird (**sog. Gegenwartsbedingung**).[50] Hier fehlt es an der Zukünftigkeit und an dem Schwebezustand und die Ungewissheit ist nur subjektiv.

18 *ee) Die Rechtsbedingung.* Keine Bedingungen i. S. des § 158 BGB sind auch sog. Rechtsbedingungen, das heißt die Aufnahme gesetzlicher Wirksamkeitserfordernisse in das Rechtsgeschäft durch die Parteien. Hierbei wird kein willentlicher ***rechtsgeschäftlicher*** Schwebezustand durch die Parteien herbeigeführt, er ist vielmehr **gesetzlich** begründet.[51]

b) Allgemeines zur bedingten Ausschlagung

19 **Aufgrund der ausdrücklichen Vorschrift des § 1947 können Annahme und Ausschlagung der Erbschaft nicht unter einer Bedingung oder einer Zeitbestimmung erfolgen.** Der Grund dafür ist, den **Schwebezustand** nach § 1942 Abs. 1 zwischen Erbanfall und Annahme eindeutig zu beenden und im Interesse der übrigen Nachlassbeteiligten **Rechtsklarheit** zu schaffen.[52] Eine gegen § 1947 verstoßende Ausschlagung ist gem. § 134 nichtig. Aus dem gleichen Grund ist die Ausschlagung auch ab ihrem Zugang beim Nachlassgericht unwiderruflich (§ 130 Abs. 1 Satz 1, Abs. 3). Welche Voraussetzungen man der Ausschlagung auch immer setzt, es darf **keine echte Bedingung i. S. des § 158** sein, da sie sonst unwirksam ist. In Frage kommen daher außer der bloßen Motivangabe nur die oben unter Rn 17, 18 aufgeführten Gestaltungen.

20 *aa) Die Fallgruppen der zulässigen Voraussetzungen:*
- Ausschlagung zugunsten eines Dritten:[53] Hier stellt sich die Frage, welche Bedeutung diese Gestaltung nach dem Willen des Ausschlagenden haben soll. Die Begünstigung des Dritten kann lediglich das Motiv der Ausschlagung sein, ohne dass seine Erfüllung zur Voraussetzung der Ausschlagung gemacht wird. Diese Motivangabe ist zulässig,[54] da hier keine Bedingung i. S. des § 1947 vorliegt.

21 Anders aber, wenn dem Erklärenden erkennbar daran liegt, dass die Erbschaft an einen bestimmten Dritten gelangt und er mit einem anderen Ergebnis auf keinen Fall einverstanden ist, da dann eine nach § 1947 unzulässige Bedingung vorliegt.

Beispiele aus der Rechtsprechung für solche **unzulässige Bedingungen:**
- Wenn der Erbschaftsanfall an den Dritten die Ausschlagung weiterer Personen voraussetzt.[55]
- Wenn der Erklärende auch die Erbschaftsannahme durch den Dritten zur Bedingung seiner Ausschlagung macht.[56]

In beiden Fällen wird auf zukünftige ungewisse Ereignisse abgestellt.

22 • **Dagegen ist es zulässig,** wenn die Ausschlagung für den Fall erfolgt, dass die Erbschaft ohne weitere Zwischenschritte einem bestimmten Dritten als Nächstberufenen anfällt, da hier ihre Wirksamkeit von einem Umstand abhängig gemacht wird, der im Zeit-

---

[49] Siehe hierzu eingehend Specks, ZEV 2007, 356, der allerdings die Zulässigkeit ablehnt.

[50] OLG Düsseldorf DNotZ 1998, 839 = ZEV 1998, 429; MünchKomm/H. P. Westermann § 158 Rn 52; Ivo ZEV 2005, 527 f.

[51] Medicus, Allg. Teil BGB, 8. Aufl. Rn 832; MünchKomm/H. P. Westermann § 158 Rn 54; Palandt/Ellenberger Einf v § 158 Rn 5.

[52] Palandt/Edenhofer § 1947 Rn 1; NK-BGB/Ivo § 1947 Rn 1.

[53] Siehe hierzu insb. Gutachten des DNotI in DNotI-Report 2006, 21 f.; Ivo ZNotP 2004, 396 ff.; Berresheim RNotZ 2007, 501, 512.

[54] BayObLGZ 1977, 163/168; BayObLG Rpfleger 1982, 69 f.; Palandt/Edenhofer § 1947 Rn 2.

[55] BayObLGZ 1977, 163, 169; BayObLG Rpfleger 1982, 69 f.

[56] KGJ 35, A 63, 65.

punkt der Ausschlagung **bereits objektiv feststeht,** so dass eine zulässige **Gegenwartsbedingung** gegeben ist.[57]

Ob eine Motivangabe oder eine echte Bedingung. vorliegt, ist durch **Auslegung** zu ermitteln, wobei auch außerhalb der Ausschlagungserklärung liegende Umstände heranzuziehen sind. 23

Der Auslegung kommt dabei die richterliche Auslegungsregel zu Hilfe, dass, wenn der Erbe die Erbschaft **„zugunsten eines bestimmten Dritten"** ausschlägt und dieser Begünstigte als nächstberechtigter Erbe gem. § 1953 Abs. 2 an die Stelle des Ausschlagenden tritt, im Zweifel angenommen wird, dass es sich bei dem Zusatz nicht um eine echte Bedingung i. S. des § 1947 handelt, sondern um eine **unschädliche Motivangabe.**[58] 24

Trotzdem kann die Zulässigkeit solcher Begünstigungen Dritter nicht als gesichert angesehen werden. Der vorsichtige Berater wird daher eher empfehlen, eine **Erbteilsübertragung** zu wählen.[59] Anfechten kann der im Irrtum über die nächstberufene Person befindliche ausschlagende Erbe nicht, da es sich hierbei um einen unbeachtlichen Motivirrtum handelt.[60] 25

bb) Ausschlagung unter Vorbehalt des Pflichtteils. Durch die Ausschlagung der Erbschaft geht grundsätzlich nach § 2303 Abs. 1 (**Ausschlagung ist kein „Ausschluss"**) das Pflichtteilsrecht verloren, es sei denn es liegt ein Fall der §§ 2306 Abs. 1, 1371 Abs. 3 vor. In diesen Fällen setzt das Pflichtteilsverlangen gerade die Ausschlagung der Erbschaft voraus.[61] Da diese Fälle – unter der bis 31. 12. 2009 geltenden Rechtslage – teilweise sehr kompliziert waren (**sog. taktische Ausschlagung**) und die Rechtslage zum Zeitpunkt der Ausschlagung oft unsicher ist, wurde teilweise vorgeschlagen, die Ausschlagung unter dem Vorbehalt des Pflichtteils zu erklären.[62] Wegen der Bedingungsfeindlichkeit der Ausschlagung nach § 1947 wird dies teilweise als nicht unproblematisch angesehen. Die Gegner der Lösung argumentieren, auch hier entstehe ein Schwebezustand, der nach dem Grundgedanken des § 1947 vermieden werden sollte.[63] Andere sind der Meinung, dass der Pflichtteilsvorbehalt eine nach § 1950 unzulässige Teilausschlagung darstelle.[64] Überwiegend wird der Vorbehalt jedoch als **Gegenwartsbedingung**[65] oder als zulässige **Rechtsbedingung**[66] angesehen und daher zugelassen.[67] Die Befürworter sehen hier mit Recht nicht die für den Schutzzweck des § 1947 erforderliche **objektive Unsicherheit** der rechtlichen Voraussetzungen als gegeben, sondern nur eine **subjektive Unsicherheit.** 26

Nachdem durch die am 1. 1. 2010 in Kraft getretene **„Reform"**[68] die früheren Tatbestandsalternativen des § 2306 Abs. 1 Satz 1 und 2 a. F. gleichgestellt wurden, hat der im 27

---

[57] Ivo ZNotP 2004, 396, 397 f.; a. M. Specks ZEV 2007, 356.

[58] KGJ 35, A 63, 65; MünchKomm/Leipold, § 1947 Rn 5.

[59] Ivo ZNotP 2004, 396, 398.

[60] OLG Schleswig ZEV 2005, 526 m. Anm. Ivo; OLG Düsseldorf ZEV 1997, 258; OLG Hamm ZEV 1998, 225; OLG Düsseldorf ZEV 1998, 429.

[61] Keim ZEV 2003, 358; U. Mayer DNotZ 1996, 422, 427; OLG Celle ZEV 2003, 365.

[62] Siehe J. Mayer in Mayer/Süß/Tanck/Bittler/Wälzholz, Handbuch Pflichtteilsrecht, § 11 Rn 170; Frohn Rpleger 1982, 56, 57; a. A. LG München FamRZ 2000, 1328, 1330.

[63] OLG Bamberg OLGE 6, 171/172; a. M. Specks, ZEV 2007, 356.

[64] Staudinger/Otte § 1950 Rn 7; dagegen jedoch mit Recht OLG Hamm OLGZ 1982, 41, 48 f.; Palandt/Edenhofer, § 1950 Rn 1.

[65] Ivo ZNotP 2004, 396, 397; ders. ZEV 2005, 529; a. M. Specks, ZEV 2007, 356 ff.

[66] Siehe oben Rn 18.

[67] **Dafür:** OLG Düsseldorf DNotZ 1998, 839 = FamRZ 1998, 387, MünchKomm/Lange § 2305 Rn 8; MünchKomm/Leipold § 1950 Rn 5 und § 1947 Rn 3, 5; Lange/Kuchinke § 8 VI 1 d; Frohn Rpfleger 1982, 56 f.; Bamberger/Roth/Siegmann/Höger § 1947 Rn 4; Ivo, ZNotP 2004, 396. 397; **dagegen:** Soergel/Dieckmann § 2305 Rn 3; OLG Hamm OLGZ 1982, 41, 46 = Rpfleger 1981, 402; J. Mayer in Mayer/Süß/Tanck/Bittler/Wälzholz, Handbuch Pflichtteilsrecht, § 11 Rn 170; Specks, ZEV 2007, 356, 357.

[68] Gesetz zur Änderung des Erb- und Verjährungsrechts vom 24. 9. 2009 BGBl. I S. 3142.

Sinne des § 2306 Abs. 1 beschränkte oder beschwerte pflichtteilsberechtigte Erbe nunmehr ohne Rücksicht auf die Höhe des ihm zufallenden Erbteils die Wahl, den Erbteil mit den Beschränkungen und Beschwerungen anzunehmen oder die Erbschaft auszuschlagen und den vollen Pflichtteil, evtl. ergänzt durch den Zusatzpflichtteil nach § 2305 zu erhalten. Dies macht eine Ausschlagung unter Pflichtteilsvorbehalt überflüssig.

Schrifttum: *Buchholz,* Insichgeschäft und Erbschaftsausschlagung – Überlegungen zu einem Problem des § 1643 Abs. 2 BGB, NJW 1993, 1161; *Damrau,* Die Verpflichtung zur Ausschlagung der Erbschaft, ZEV 1995, 425; *Fetsch,* Die Erbausschlagung bei Auslandsberührung, MittBayNot 2007, 285; *Gothe,* Erbausschlagung und Anfechtung der Erbschaftsannahme, MittRhNotK 1998, 193; *Ivo,* Vorsicht bei der Erbschaftsausschlagung zur Erbfolgesteuerung, ZNotP 2004, 398; *ders.,* Die Teilausschlagung einer Erbschaft, ZEV 2002, 145; *ders.,* Die Erbschaftsausschlagung für das minderjährige Kind, ZEV 2002, 309; *ders.,* Die Erbschaftsausschlagung eines Sozialhilfeempfängers, FamRZ 2003, 6; *ders.,* Die Erbschaftsausschlagung zwecks Pflichtteilsgeltendmachung beim „Behindertentestament", ZErb 2004, 174; *Kraiß,* Die Anfechtung der Annahme und Ausschlagung der Erbschaft, BWNotZ 1992, 31; Pohl, Mängel bei der Erbschaftsannahme und -ausschlagung, AcP 177 (1977), 52; *Specks,* Gefahren bei der Ausschlagung werthaltiger Erbschaften, ZErb 2007, 238; *Specks,* Zur Zulässigkeit der Erbschaftsausschlagung unter einer Gegenwartsbedingung, ZEV 2007, 356; *Wachter,* Erbschaftsausschlagung als steuerliches Gestaltungsmittel, ZNotP 2004, 176; *Zimmermann,* Einkommensteuerliche Risiken aus der Erbschaftsausschlagung gegen Abfindung, ZEV 2001, 5.

Stichwortverzeichnis

fette Zahlen = Paragraphen; magere Zahlen = Randnummern